中华人民共和国审计署主办
《中国审计年鉴》编委会编辑

2010
中国审计年鉴

中国时代经济出版社

图书在版编目(CIP)数据

中国审计年鉴. 2010年/《中国审计年鉴》编委会编.
—北京：中国时代经济出版社，2011.10
ISBN 978-7-5119-0740-0
Ⅰ.①中… Ⅱ.①中… Ⅲ.①审计－中国－2010－年鉴
Ⅳ.①F239.22-54
中国版本图书馆CIP数据核字(2010)第264699号

书　　名：中国审计年鉴. 2010年
作　　者：《中国审计年鉴》编委会

出版发行：中国时代经济出版社
社　　址：北京市丰台区玉林里25号
邮政编码：100069
传　　真：(010) 68320634　68320697
发行热线：(010) 68320825　88361317
网　　址：www.cmepub.com.cn
电子邮箱：zgsdjj@hotmail.com
经　　销：各地新华书店
印　　刷：北京市昌平百善印刷厂
开　　本：787×1092 1/16
字　　数：1720千字
印　　张：正文59.5印张　彩插2.5印张
版　　次：2011年10月第1版
印　　次：2011年10月第1次印刷
书　　号：ISBN 978-7-5119-0740-0
定　　价：180.00元

ISBN 978-7-5119-0740-0
9 787511 907400 >

2009年3月5日，温家宝总理在《政府工作报告》中指出：财政资金运用到哪里，审计就跟进到哪里。

2009年12月28日，温家宝总理（左二）亲切接见参加全国审计工作会议的代表。

2009年3月25日，全国政协副主席李金华（左）到吉林省考察工作。

2009年2月19日上午，国务院新闻办公室举行新闻发布会，刘家义审计长答中外记者问。

2009年12月28日，全国审计工作会议在北京召开，刘家义审计长在会上讲话。

2009年2月23日，令狐安副审计长在深入学习实践科学发展观活动总结大会上讲话。

2009年3月，董大胜副审计长在资源环境审计培训班上讲话。

2009年7月23日，余效明副审计长在中央国家机关工委来署调研座谈会上讲话。

石爱中副审计长在全国审计工作会议期间与代表交谈。

2009年4月，孙宝厚总审计师参加世界审计组织计算机审计委员会会议。

2009年3月26日至27日，中纪委驻审计署纪检组长安国在审计署召开的全国审计机关党风廉政建设工作会议上讲话。

2009年12月28日至29日，全国审计工作会议在北京召开。

2009年7月31日至8月1日，全国审计工作座谈会在杭州召开。

2009年9月21日至23日，直辖市审计工作座谈会在天津召开。

2009年5月，福建省审计机关特约审计员座谈会在连江县召开。

2009年12月15日，广东省审计厅主办“政府治理与发挥审计‘免疫系统’功能”研讨会。

2009年9月16日，北京市审计机关先进集体、先进工作者表彰大会暨第六届审计之光文艺会演合影。

2009年1月25日至26日，黑龙江省审计工作会议在哈尔滨召开。

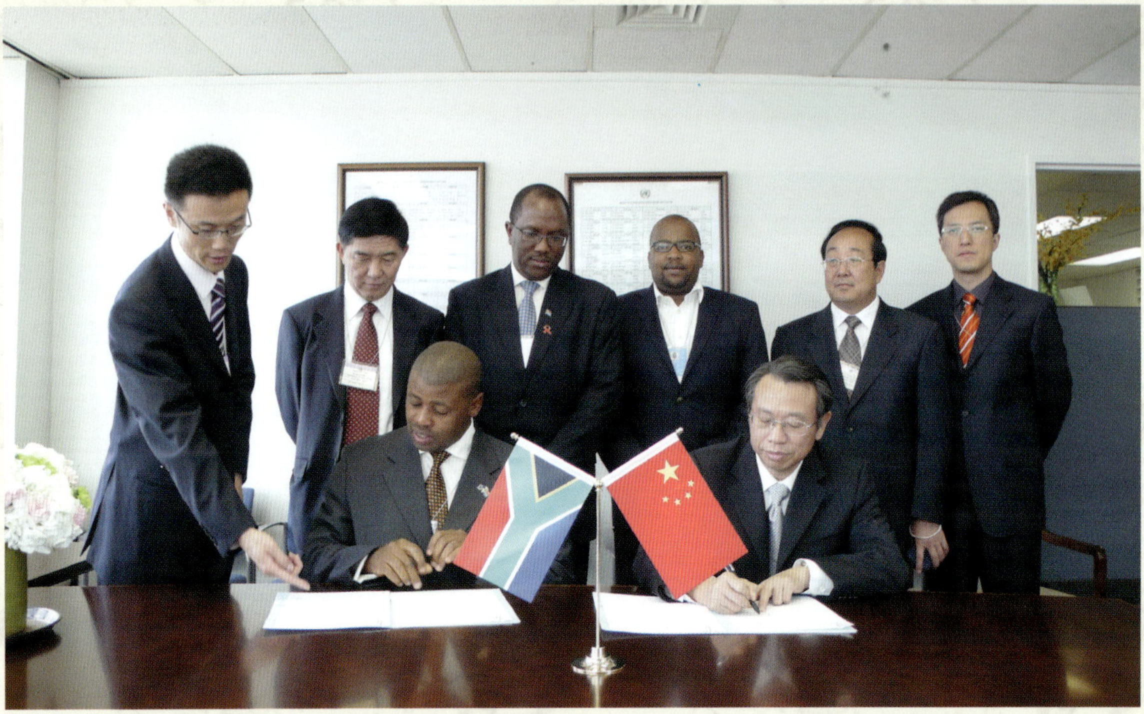

2009年7月，刘家义审计长在纽约与南非审计长特伦斯·农贝贝签订合作协议。

2009年10月，刘家义审计长访问印度，与印度审计长温诺德·莱签订合作协议。

2009年10月，刘家义审计长在巴基斯坦参加亚审组织大会与亚审组织全体理事合影。

2009年6月5日，令狐安副审计长与秘鲁审计署审计长福阿德·科里等一行人员合影。

2009年11月23日，董大胜副审计长与埃及审计署审计长高达特·艾尔玛尔特合影。

2009年6月，余效明副审计长访问厄瓜多尔与厄审计长蒙托娅女士合影。

2009年4月，孙宝厚总审计师访问乌克兰与乌克兰利沃夫州州长和州议长一起合影。

2009年9月25日，应老挝国家审计署的邀请，经云南省人民政府和审计署批准，云南省审计厅副厅长段义田率团到老挝国家审计署进行工作访问。

2009年11月10日，第三届中国非洲高级审计研讨班在西安举办。

联合国维和行动苏丹特派团审计组与联合国秘书长特别代表在特派团总部合影。

刘家义审计长看望重庆特派办绵阳灾后重建跟踪审计组同志。

2009年9月3日，刘家义审计长在辽宁省审计厅考察调研，并与审计厅领导干部合影。

上海市市长韩正（右四）在上海特派办现场调研。

令狐安副审计长在四川灾区视察。

2009年4月，董大胜副审计长在京津冀特派办河北省财政一体化审计调查组现场听取工作汇报。

重庆市政府主要领导黄奇帆同志（右一）与重庆特派办相关领导商谈审计工作。

余效明副审计长（左一）在广州特派办调研期间看望基层审计人员。

2009年10月，石爱中副审计长（中）在映秀考察四川灾后重建情况。

2009年2月25日，审计署总审计师孙宝厚（左二）在哈尔滨特派办调研。

中纪委驻审计署纪检组长安国（左一）向成都特派办负责同志了解审计工作情况。

2009年5月19日，安徽省审计厅厅长刘战平赴含山县调研指导审计工作。

内蒙古自治区审计厅厅长长江深入锡林郭勒东苏旗牧民家中了解生产生活。

昆明特派办领导到云南省姚安县指导抗震救灾工作。

2009年3月6日，四川省审计厅厅长高仁全在北川调研灾后恢复重建情况。

2009年4月21日，北京市审计局局长李颖津等领导赴什邡市视察灾后恢复重建项目审计工作。

2009年8月，福建省审计机关汶川地震灾后恢复重建项目跟踪审计组在彭州市援建项目现场。

陕西省审计厅和天津市审计局审计人员现场研究灾后恢复重建审计工作。

成都特派办汶川审计组在龙溪乡马灯村向受灾群众了解情况。

2009年5月8日，山东省审计厅组织团员青年和职工代表开展“红色记忆”主题实践活动。

2009年7月1日，长春特派办全体党员到吉林省松原市江北烈士陵园重温入党誓词。

2009年9月26日，云南省人大副主任程映萱、副省长李江等出席云南省审计系统文艺会演，并与演职人员合影。

2009年9月30日，贵州省审计厅参加省直机关"迎国庆 颂贵州"合唱大赛，荣获三等奖和优秀组织奖。

长沙特派办组织职工开展排球比赛。

十一前夕，辽宁省审计厅机关举办了庆祝建国六十周年联欢会。

2009年4月19日，哈尔滨特派办西气东输二线（西段）建设工程跟踪审计项目组在施工现场。

宁夏回族自治区审计厅审计人员在隆德县深入工地逐一核实工程量，对基本建设项目历年欠账情况进行专项审计调查。

广西建设项目全程跟踪审计签约仪式现场。

河南省平顶山市审计局对全市廉租住房保障资金筹集管理使用情况进行审计调查。

湖北省审计人员在土地整理项目审计现场丈量水渠。

湖南省审计厅审计人员在该省在建高速公路跟踪审计现场。

青海省审计厅金审一期项目验收汇报会。

上海市审计局积极开展上海世博会跟踪审计。

2009年9月，京津冀特派办对安徽省贯彻实施中央扩大内需促进经济平稳较快发展有关政策情况及效果进行专项审计调查。

2009年5月，济南特派办对城镇住房“安居工程”进行审计。

2009年8月26日，长沙特派办邀请湖南省消防总队举办消防知识讲座，并现场进行消防演习和灭火竞赛。

南京审计学院2009届毕业典礼暨学士学位授予仪式。

广州特派办大力开展案例教学活动，着力提高办、处领导“现场指导和审核把关”两种能力。

南京特派办组织职工参观建国60周年成就展。

沈阳特派办民主生活会现场。

郑州特派办党组召开民主生活会。

《中国审计年鉴》（2010）编辑委员会

《中国审计年鉴》（2010）编辑部

《中国审计年鉴》(2010) 特邀编辑

北　京　马连生（组长）　陈秋玲
天　津　苗　薇（组长）　罗　平　李　明
河　北　刘元飞（组长）　李曙光　刘　颖
山　西　姚安政（组长）　南春林　郑钰卿
内蒙古　靳素平（组长）　丹　军
辽　宁　李世鹏
吉　林　董怀志
黑龙江　李国君（组长）　张家庆　赵向荣　孙洪波
上　海　郑蔼兰（组长）　汪其水　吴伟斐
江　苏　葛笑天（组长）　程学龙　饶永志
浙　江　周孝宜
安　徽　程家楷（组长）　费明清　熊德金
福　建　陈宗光（组长）　温炎生
江　西　黎　明（组长）　万继锋　吴周平
山　东　张晓峰（组长）　吕胜杰
河　南　吕鸣莉（组长）　韩清华
湖　北　秦守成（组长）　王　琳　柳　燕
湖　南　尹秀兰（组长）　廖湖波
广　东　黄循贵（组长）　林伟强
广　西　黄必贵（组长）　陆　斌　黄庆华　兰保珍　朱　明
海　南　何洪彬（组长）　王宪省　李国安
重　庆　罗永华（组长）　丁显乔　王民安
四　川　范志彤（组长）　廖　敏　冷　琦
贵　州　范德武
云　南　吴绍吉（组长）　谢　健　汪　文
西　藏　邓东风（组长）　黄国强　黄利纯
陕　西　丁泉阿（组长）　吕富臣　黄　松
甘　肃　宋兴辉（组长）　崔思明　张晓利
青　海　王志哲
宁　夏　金　荣
新　疆　朱登云（组长）　师茂盛　张　磊
新疆生产建设兵团　焦　平

编辑说明

一、《中国审计年鉴》（2010 卷）是由中华人民共和国审计署主办并组织编纂的第十四部年鉴，具有较强的权威性、资料性、实用性、前瞻性和馆藏价值。本卷年鉴全面、系统、集中地反映了我国 2009 年审计工作发展的总体概况，起讫时间为 2009 年 1 月 1 日至 2009 年 12 月 31 日。

二、本卷年鉴以邓小平理论和“三个代表”重要思想为指导，以科学发展观为统领，以记录中国审计历史进程、展示中国审计总体风貌、探索审计事业发展规律、推动审计工作稳健发展为编撰宗旨，极具专业特色。

三、本卷年鉴文字部分由“特载”“灾后重建审计专栏”“审计署工作概况”“地方审计机关”“科研、培训、出版、学术团体”“审计理论与科研”“内部审计”“重要财经审计法规”“审计结果公告”“审计署领导活动大事记”“审计工作统计”及“附录”等部分组成。

四、本卷年鉴基本保持了以往的编撰体例和风格，增加和调整的部分如下：

1. 图片部分结合形势发展和审计工作特点，增加了“灾后重建审计专栏”“新中国成立 60 周年爱国主义教育活动”栏目，将其他栏目调整为“特载”“会议回放”“国际交往”“领导调研”“基础建设”“一线风采”，以便更直观地反映审计工作风貌。

2. 由于特殊原因，本卷年鉴没有收录解放军审计署的内容。

五、本卷年鉴继续沿用上年度年鉴体例，采用栏目、条目、统计表等体例分类排列，栏目下设类目和条目。各类目和条目在字号、字体及编排上均有区别，以便读者阅读。

六、本卷年鉴采用的稿件均由审计系统和相关部门提供。在编辑过程中得到各级审计机关的大力支持和协助，在此深表谢意！

由于编辑人员水平有限，缺点和遗漏在所难免，敬请广大读者批评指正。

《中国审计年鉴》编辑部

2010 年 12 月

目　　录

地方审计机关

科研、培训、出版、学术团体

审计理论与科研

内部审计

重要财经审计法规

审计结果公告

审计署领导活动大事记

审计工作统计

附　　录

Table of Contents

Special Issues

Post-disaster Reconstruction Audit

Overview on the Work of CNAO

Local Audit Institutions

Scientific Research, Training, Publication and Academic Institutions

Audit Theories and Researches

Internal Audit

Major Laws and Regulations for Financial and Economic Audit

Audit Findings Announcements

Chronicle of Events

Audit Statistics

Appendix

特 载

关于2008年度中央预算执行和其他财政收支的审计工作报告

——2009年6月24日在第十一届全国人民代表大会常务委员会第九次会议上

（2009年6月24日）

刘 家 义

委员长、各位副委员长、秘书长、各位委员：

我受国务院委托，向全国人大常委会报告2008年度中央预算执行和其他财政收支的审计情况，请予审议。

根据《中华人民共和国审计法》和《中央预算执行情况审计监督暂行办法》的规定，审计署对2008年度中央预算执行和其他财政收支进行了审计。审计工作坚持深入贯彻落实科学发展观，牢固树立科学审计理念，紧紧围绕保持经济平稳较快发展这条主线，切实履行审计监督职责，着力促进中央宏观经济政策的贯彻落实，着力维护国家经济安全，着力促进依法行政和规范管理，着力促进反腐倡廉建设，着力促进制度建设和创新发展，较好地发挥了审计保障国家经济社会健康运行的“免疫系统”功能。

2008年，党中央、国务院团结带领全国各族人民，沉着应对历史罕见的重大挑战和严峻考验，同心同德，顽强拼搏，保持了经济平稳较快发展和社会和谐稳定。审计结果表明，中央预算执行和其他财政收支情况总体较好，财政宏观调控和保障作用进一步增强，财政管理和改革取得新进展。

——国民经济平稳较快发展，中央财政收入总体保持较快增长。在国内外各种突发性困难显著增多的情况下，我国国内生产总值增长9%。受国际金融危机影响，下半年财政增幅虽然逐步回落，但全年总体保持了较快增长，2008年中央财政收入比上年增加5014.98亿元，增长17.5%。

——适时调整宏观经济政策，积极应对国际金融危机。党中央、国务院见事早、出手快、出拳重、措施准、工作实，适时实施积极的财政政策和适度宽松的货币政策，及时推出保持经济平稳较快发展的一揽子计划和一系列政策措施，有效地遏制了经济增速过快下滑。

——迅速启动财政应急预案，全力保障抗震救灾。面对低温雨雪冰冻以及“5·12”汶川地震等特大灾害，及时调整财政支出结构，特别是汶川地震发生后，中央财政迅速拨付抢险救灾资金384.37亿元，安排灾后恢复重建基金740亿元，压缩中央国家机关公用经费5%，节约的资金专项用于抗震救灾。

——优化财政支出结构，重点保障“三农”、民生、科教和环境保护等支出。与上年相比，“三农”、社会保障和就业支出分别增长37.9%和

19.2%，教育、科技、环境保护等支出分别增长49%、16.4%、33%，推动了经济发展方式转变，促进了社会和谐稳定。

——坚持依法行政、依法理财，圆满完成各项预算任务。2008年，中央财政收入33626.93亿元，完成预算的103.4%；中央财政支出36334.93亿元，完成预算的102.5%；安排中央预算稳定调节基金192亿元；中央财政赤字1800亿元，控制在十一届全国人大一次会议批准的数额之内。

各部门各单位在做好各项工作的同时，认真整改去年审计查出的问题，挤占挪用的267.73亿元资金已追回或归还原资金渠道，根据审计建议完善各项制度规定158项。审计发现的116起涉嫌违法犯罪案件线索移送纪检监察和司法机关查处后，已有30人被依法逮捕、起诉或判刑，117人受到党纪政纪处分。国务院已将去年审计查出问题的纠正情况向全国人大常委会作了专题报告，审计署已向社会公告。

一、中央财政管理审计情况

重点审计了中央预算管理情况，并对税收征管和财政体制运行情况进行了审计调查。

（一）中央预算管理审计情况

审计结果表明，十一届全国人大一次会议审查批准的中央预算与国民经济和社会发展计划得到了较好执行，中央预算的编制质量、执行效果和管理水平有了明显提高。财政部、国家发改委等部门及时组织实施积极的财政政策，快速出台贯彻实施中央关于“扩内需、保增长、调结构、惠民生”政策的一系列具体措施，迅速下达中央新增投资计划和预算，为保持经济平稳较快发展发挥了重要作用；深入推进财税体制改革和投资体制改革，继续试行中央国有资本经营预算，扩大基本支出定员定额和实物费用定额试点；不断加强财政管理和投资管理，建立预算执行情况通报和督察制度，进一步规范转移支付和投资审批程序；及时组织编制和实施汶川地震灾后恢复重建总体规划；不断优化预算和投资结构；继续推进中央部门预算公开和新增投资总体安排及具体项目公开。但中央预算管理中仍存在一些需进一步规范的问题。

1. 财政部对以前年度按照权责发生制核算的支出净结余541.19亿元未及时清理。

2. 财政部批复的2008年中央部门预算中，有73个部门的项目支出预算未按规定确定政府采购金额，并编制政府采购预算；76个部门项目支出中的422.56亿元政府采购预算，未按明细的采购目录列示。

3. 2005年结余的41.27亿元预算偿债基金，至2009年3月底尚未冲销；2000～2003年收缴的药品收支结余本息合计1513.29万元，放在中央财政社会保障基金专户未安排使用。

4. 截至2008年底，国际金融组织贷款还贷准备金余额折合人民币551.91亿元管理尚不规范，收回的国债转贷资金本息余额225.89亿元未及时缴入国库。

5. 2008年，中央财政安排救灾类专项转移支付603.31亿元，由中央14个部门管理和分配，在财政部内部有8个业务司管理和分配。这种方式不利于救灾资金的统筹使用。

6. 审计17个省（自治区、直辖市、计划单列市）就业再就业资金，2008年底累计结余123.71亿元。上述状况影响资金使用效益和政策实施效果。

7. 2008年，国家发改委向可行性研究报告和初步设计尚未得到批复的“甘肃石羊河流域西营河专用输水渠工程”、未取得环境影响评价文件的“第一重型机械集团铸锻基地及大型铸锻件自主化改造项目”和资料不完备的“北方重工集团大型装备产业升级项目”等3个项目下达中央预算内投资计划5.26亿元，不符合基本建设程序和中央预算内投资补助管理办法的相关规定。

8. 审计的140个“大型灌区续建配套和节水改造项目”2008年计划投资32.33亿元，当年投资完成率仅为14%，实际到位的资金有75%闲置；54个“采煤沉陷区治理项目”中，8个项目至2008年底投资完成率仅为25%，造成已到位资金69%计14.97亿元闲置。

对上述问题，财政部、国家发改委等有关部门和相关地方政府高度重视，正在按照国务院要求逐项制定整改措施。对以前年度结余的资金，正在清理，按规定安排使用；对管理不规范的资金，正在制定规范管理的办法；对按权责发生制核算的事项，正在研究完善相关制度；对不符合基本建设程序的事项，正在逐项进行清理和纠正。

（二）国税部门税收征管审计调查情况

从审计调查16个省（自治区、直辖市）的情况看，近年来，国税部门不断推进依法治税，完善各项制度，实施科学化、精细化、信息化管理，推行“一窗式”、“一站式”服务，税收征管质量进一步提高，特别是在2008年下半年受国际金融危机影响国内经济出现下滑的情况下，努力贯彻落实中央政策措施，帮助企业渡过难关，较好地完成了收入任务。但税收征管中还存在一些值得注意的问题：

一是62个县级国税局违规向169户企业提前征税或多征税款23.4亿元；抽查214户企业，国税部门违规将71户企业的130.92亿元税款延期征收，占这些企业当期应缴税款的54%。

二是抽查享受高新技术企业税收优惠的116户企业，有85户不符合条件的企业享受税收优惠36.31亿元。此外，审计调查还发现有些环保不达标的企业也享受了税收优惠。

三是消费税制度不够完善。烟、酒和化妆品类的消费税主要是在生产环节从价计征，一些生产企业通过关联交易等手段压低产品出厂价，造成少缴消费税。据对44户消费税应税企业测算，2007年和2008年少缴消费税116.15亿元，相当于这些企业同期实缴消费税的27%。

对上述问题，税务总局及各省级国税局高度重视，专门召开会议研究部署整改工作。对消费税制度不够完善和部分环保不达标企业享受税收优惠的问题，税务总局等部门按照国务院要求，正在研究完善相关政策制度。目前，违规延期征收的税款基本已征缴入库，对不具备高新技术企业资格和实际经营情况不符合高新技术企业认定条件的，已停止执行优惠政策并追缴税款，还对相关责任人进行了责任追究。

（三）财政体制审计调查情况

从18个省（自治区、直辖市）财政状况处于中等水平的48个市及其所属108个县入手，对财政体制运行状况进行了审计调查。结果表明，分税制财政体制改革在增强中央财政宏观调控能力、完善财政转移支付体系、推动省以下财政体制改革等方面发挥了重要作用。但随着公共财政体系的逐步完善，也出现了一些需要加以研究和解决的问题。

一是基层政府自主调控财力较少，事权与财力不完全匹配。2007年，18个省（自治区、直辖市）县级政府能自主调控的财力仅占其可用财力的19.3%。从支出方面看，县级财政支出占这18个省（自治区、直辖市）财政支出总额的54.8%，却承担了73%的财政供养人口和80%以上的义务教育学生、城镇低保人员的支出。相当部分支出靠上级转移支付维持和支撑。

二是地区间财力不够均衡，基本公共服务供给水平差距较大。18个省（自治区、直辖市）中，按财政供养人口计算，东、中、西部的省本级2007年人均可用财力分别为16.98万元、7.3万元和10.38万元，中西部省份人均可用财力明显低于东部省份；从县级基本公共服务供给水平看，地区间差距也比较明显，如义务教育阶段生均公用图书数、千人拥有医疗技术人员数和农村低保标准前20名的县分别是后20名的5.1倍、5倍和6.8倍。

三是部分地方收支管理不够规范。18个省（自治区、直辖市）中，有13个省本级预算2007年少编中央专项转移支付2127.71亿元，有848.26亿元土地出让收入、国有资本经营收益等未按规定纳入预算管理；抽查的43个开发区中，财政收支未纳入其所属市本级预算管理的有31个。这种做法，既影响了预算的完整性，也不利于人大和政府的有效监管。

对上述问题，国务院已责成财政部研究。对体制方面的问题，财政部和有关地方政府正在研究改进和完善相关制度；对预算管理不规范的问题，相关地方政府正在陆续将土地出让收入等应纳未纳入预算管理的收入上缴国库，纳入预算管理。

二、中央部门预算执行审计情况

此次共审计55个中央部门，延伸审计285个所属单位。2008年，这55个中央部门共收到财政拨款3451.66亿元，占中央财政本级支出的26%。审计财政拨款1159.58亿元，其中：部门本级859.03亿元，占这些部门本级财政拨款总额的95%；所属单位300.55亿元，占这些部门所属单位财政拨款总额的12%。

从审计情况看，中央部门2008年预算执行情况总体较好。一是执行预算比较严格。有98%的财政拨款预算得到及时足额批复，财政拨款支出完成预算的97%，在中央部门公用经费预算统一削减5%的基础上，44个部门公用经费实际支出控制在预算之内。二是内部管理不断完善。7个部门建立了预算内部公开制度，大部分部门探索试行了项目绩效考评制度，有的部门扩大了财务联网集中核算范围，有的开展了所属单位领导人员经济责任审计。三是依法理财和预算观念得到加强。审计发现的违法违规问题呈下降趋势，今年预算执行审计查出的违规问题金额占审计财政拨款额的比重比去年下降了3.2个百分点；44个部门还制定和完善规章制度153项，预算管理的规范化程度不断提高。

这次审计发现违规问题40.5亿元，损失浪费问题4.67亿元，分别占审计财政拨款额的3.5%和0.4%。主要是：

（一）挤占挪用和转移财政资金14.83亿元。其中：民航局、体育总局等39个部门本级5.81亿元，质检总局、国家物资储备局等39个部门所属的117个单位9.02亿元。上述资金主要被挪用于与本项目无关的其他项目支出及弥补所属单位经费等。

（二）多报多领财政资金3668万元。其中：环境保护部、农业部等5个部门本级2035万元，国土资源部、广电总局等5个部门所属的7个单位1633万元。

（三）违规收费6.22亿元，其中知识产权局、人口计生委等11个部门本级3.37亿元，交通运输部等7个部门所属的8个单位2.85亿元；未及时上缴非税收入19.08亿元，其中林业局、新闻出版总署等13个部门本级12.54亿元，商务部、国资委等12个部门所属的55个单位6.54亿元。

（四）会议费和公务出国费管理不够严格。结合中央部门预算执行审计，审计署对24个中央部门的会议费和公务出国费管理使用情况进行了审计调查。结果表明，各部门认真贯彻中央关于厉行节约和进一步加强公务出国（境）管理的要求，采取有力措施精简会议和公务出国（境）团组，费用支出明显下降。2008年，24个部门会议费支出2.17亿元，比上年下降了17.8%；公务出国费支出1.91亿元，比上年下降了17.9%。但少数部门和单位会议费和公务出国费的管理不够严格，个别单位存在铺张浪费、虚列支出和套取资金等问题，个别单位还在公务出国（境）团组中擅自增加人员和出访地点、改变行程或延长境外停留时间等。

（五）对25个中央部门2008年决算（草案）的审计，延伸审计了112个所属单位。结果表明，这些部门的决算（草案）基本反映了年度财政财务收支状况。此次审计共查出20个部门存在少计收入、少计结余和少计资产等问题，涉及金额16.71亿元。

此外，由于部门工作任务确定时间往往晚于部门预算编报时间，部门工作安排与部门预算安排不能很好地衔接，导致部分部门预算年初难以细化到具体项目和单位，影响部门预算编制的准确性和完整性。如教育部、审计署等15个部门本级年初预算有103.92亿元未细化；科技部、新华社等29个部门本级动用的以前年度财政拨款结余等45.81亿元未编入部门预算。

对上述问题，国务院已责成有关部门采取有效措施认真整改，并完善相关制度。各部门认真贯彻落实中央关于党政机关厉行节约及开展“小金库”专项治理工作等规定积极整改，在审计过程中已纠正各类问题14.72亿元，制定了86条整改措施，12个部门成立了会议费清查小组，5个部门已对有关人员给予政纪处分。部门决算（草案）审计发现的问题，相关单位已按照审计长签署的意见在财政部批复决算前予以纠正。

三、重大投资项目审计情况

主要对金沙江溪洛渡水电站工程建设项目进行了跟踪审计，对电力建设和病险水库除险加固工程情况进行了审计调查。结果表明，近年来，国家发改委等部门和相关地方政府加强了对重大投资项目的监督管理，建设单位能够较好地执行招投标、监理等管理制度，工程建设中的重大违法违规问题明显减少，工程质量得到较好保障，取得了良好的经济和社会效益。

（一）金沙江溪洛渡水电站工程建设项目跟踪审计情况。从2007年和2008年的跟踪审计情况看，三峡总公司及各参建单位克服建设周期长、技术复杂、移民安置任务重等困难，较好地完成了阶段性建设任务，建设资金管理使用比较规范。

但部分项目投资控制不到位，招投标管理也不够严格。抽查总金额 38.17 亿元、完成比例在 90%以上的 264 份工程合同，实际完成投资累计超出合同金额 10.97 亿元；在该工程应招标的 464 个分项目中，219 个未按规定招标。三峡总公司所属三峡国际公司在代理招标过程中，根据内部标准收取代理费 2571 万元，超出国家标准收费 1010 万元。

（二）电力建设审计调查情况。调查的 17 个省（自治区、直辖市）2007 年发电装机容量占全国发电装机容量的 80%。2002 年电力体制改革以来，这些地区电力工业取得较大发展，为经济快速发展提供了有力保障。但 17 个省（自治区、直辖市）2003～2007 年新增的发电装机容量中，有 35%未按规定报经有关部门批准建设；抽查建设占用的 99.86 万亩土地中，越权审批、未批先占和少批多占的有 40.13 万亩，占 40%；2004～2007 年少征、漏征差别电价 7.9 亿元，有的地方甚至违规对一些高耗能企业实行优惠电价、擅自减免专项基金和电费等，影响了国家相关政策的实施效果。

（三）病险水库除险加固工程审计调查情况。截至 2008 年底，调查的 18 个省（自治区）已完成病险水库除险加固工程投资 283 亿元，新增防洪库容 45.26 亿立方米、灌溉面积 1784 万亩，产生了良好的经济和社会效益。但部分项目工期延长，少数工程存在质量缺陷。已开工的 3332 个项目中，有 844 个存在延长工期问题；现场勘察的 554 个项目中，92 个因擅自减少或变更部分主体工程，38 个因偷工减料，32 个因设计漏项或初步设计不到位等问题，导致除险加固工程基本完工后，水库仍存在安全隐患，其中 29 座水库主体工程质量问题较为严重，影响到水库的防洪能力。

一些水库除险加固工程建设和财务管理比较混乱。抽查的 554 个项目中，194 个存在未依法招投标问题，95 个被违规转分包；重点抽查的 220 个项目中，51 个项目的 5658 万元建设资金被个人和单位侵占，42 个项目的 1.53 亿元建设资金被违规出借或挪用。

对投资项目审计发现的问题，有关部门和地方政府高度重视。水利部等部门专门发出通知，要求有关地方和单位认真整改。三峡总公司进一步规范了工程计量和合同管理，已纠正和收回 3600 多万元。对电力建设未按规定报批的问题，有关部门和地方政府对部分项目已按规定补办了手续。各地已整修或重建了 23 个存在质量问题的水库，收回挪用或多支付的资金 6550 万元，10 个省（自治区）还出台了 16 项制度。

四、汶川地震抗震救灾资金和物资跟踪审计情况

汶川地震发生后，审计机关迅速投入抗灾抢险和迅速开展抗震救灾款物审计工作。从 2008 年 5 月 14 日起，审计机关对 3.1 万多个部门和单位的救灾款物进行了全方位、全过程跟踪审计，延伸调查了重灾区的 3845 个乡镇、9526 个村和 7.67 万户受灾家庭。截至 2009 年 2 月底，中央和地方各级财政安排抗震救灾和灾后恢复重建资金 1637.76 亿元，社会各界捐赠救灾款物 760.22 亿元（包括“特殊党费”97.3 亿元）。

审计情况表明，各地区各部门对抗震救灾款物的筹集、管理和使用基本做到了严格管理、严格制度、严格法纪、严格监督和规范有序、公正公平、公开透明，救灾款物的及时拨付和有效使用保障了灾区急需和受灾群众的基本生活，广大人民群众比较满意，审计未发现重大违法违规问题，实现了党中央、国务院提出的给人民群众交一本明白账、放心账的目标。但审计也反映出一些救灾款物管理不够规范、政策不够完善和执行不完全到位等问题。

审计机关和各部门及相关地方政府紧密配合，坚持边审计、边整改、边规范、边提高，跟踪审计中提出严格执行救灾政策、强化救灾款物管理、提高救灾款物使用效益和防止损失浪费等方面的审计建议 3640 多条，有关方面根据审计建议，出台了 570 多项制度规定。审计查出的违规事项移送相关地方政府或部门查处后，相关责任人已受到党纪政纪处分。审计署发布了 4 期审计情况公告。

随着抗震救灾工作转入灾后恢复重建阶段，对灾后恢复重建项目的跟踪审计工作已全面展开。审计结果按国务院要求将适时向社会公告。

五、重点资金审计调查情况

围绕关系人民群众切身利益的重点事项，开展了对城市基础教育经费、财政支农资金和种粮农民补贴资金的审计调查。

（一）城市基础教育经费审计调查情况。调查的 19 个城市 2007 年基础教育经费投入 734.76 亿元，比上年增长 17.5%，高于同期财政经常性收入增长幅度，为城市基础教育事业的健康发展提供了有力保障。但由于教育资源尤其是优质教育资源相对有限且分布不均衡，一些地区或部门经费投入保障管理责任未完全落实到位，造成基础教育经费管理使用、招生和收费政策执行等方面还存在一些问题。2006～2007 年，一些教育部门和学校违规收取择校、补课、赞助等费用 5.02 亿元，部分城市违规统筹使用、挤占挪用基础教育经费 18.08 亿元，一些地区和部门滞留基础教育经费 24.31 亿元。还有部分学校大量举债，抽查的 17 所示范中学 2008 年 9 月底债务余额共计 20.81 亿元，平均每所学校负债 1.22 亿元，借入的资金主要用于校区建设。

（二）财政支农资金审计调查情况。调查的 10 个省（自治区、直辖市）2007 年财政支农资金比上年增长 36%，有力地推动了农村经济社会发展。但财政支农投入政策在一些地方未完全落实到位，部分支农项目效益较差。调查的 10 个省级、113 个市级和 980 个县级财政中，2007 年农业总投入增长幅度未达到财政经常性收入增长幅度的占 33%，财政支农投入增量未达到上年增长水平的占 18%；抽查 86 个应于 2007 年底完成的项目，有 32 个未达到设计要求或预期目标，占抽查项目总数的 37%，致使已到位的 8.24 亿元投资未能及时发挥效益。部分地方和主管部门还违规使用资金 26.93 亿元，其中 5837.4 万元用于建房买车。

（三）种粮农民补贴资金审计调查情况。调查了 18 个省（自治区、直辖市）种粮农民直接补贴、农业生产资料综合补贴、农作物良种补贴和农业机械购置补贴等 4 项补贴资金的管理使用情况。2006～2008 年，中央财政安排这些地区的 4 项补贴资金从 190.3 亿元增加到 691.7 亿元，增长了 2.6 倍，调动了农民的种粮积极性，促进了粮食生产稳步增长和农民增收。但由于按政策要求确定实际种粮面积难度较大，各地普遍按计税土地面积等相对稳定的依据来分配补贴，致使资金分配上存在一些与国家政策要求不相符合的问题。2008 年，有 27 个县的 320.1 万亩非种粮或非耕种土地享受补贴 2.3 亿元，有 24 个县的 569.9 万亩已种粮土地应得未得种粮补贴 3.9 亿元。还有 10 个省本级和 28 个县 2008 年未及时拨付补贴资金 28.9 亿元，滞留时间最长的达 10 个月。

对上述问题，有关部门和地方正在按国务院要求，抓紧研究进一步完善制度，加强监督和管理，确保党中央、国务院各项惠民政策落到实处。对基础教育经费审计调查发现的问题，教育部、财政部联合下发了《关于进一步加强中小学财务管理工作的意见》，对加强中小学收入、支出和资产管理提出了要求；有关城市逐项研究制定了整改措施，部分违规收取的费用已退还学生，部分滞留、挪用的经费已拨付和归还。对支农资金审计调查发现的问题，国家发改委、财政部等部门认真研究完善政策制度，督促地方整改，有关地方制定了加大财政支农投入的相关制度和考核激励办法。

六、应对国际金融危机相关审计调查情况

2008 年第四季度以来，审计署把促进经济平稳较快发展作为重中之重，及时调整计划安排，集中主要力量，紧急部署开展了对中央政策措施贯彻落实情况的审计和审计调查，同时要求 2009 年的所有审计项目都要紧紧围绕保持经济平稳较快发展这条主线，有效履行审计监督职责。审计情况表明，各地区各部门按照“出手要快、出拳要重、措施要准、工作要实”的要求，认真贯彻落实中央制定的保持经济平稳较快发展一揽子计划和各项政策措施，迅速行动，已取得初步成效。截至今年第一季度，去年新增 1000 亿元中央投资项目已进入全面实施阶段，今年新增 1300 亿元中央投资也基本下达到地方，国民经济运行出现一些积极变化，一些地区和行业出现了回暖迹象。第一季度国内生产总值同比增长 6.1%，社会消费品零售总额同比增长 15.9%，固定资产投资同比增长 28.8%，城镇新增就业 268 万人，企业家信心指数比上个季度提升 6.5 个百分点。

审计调查结果反映出，部分地方和部门在推动国家相关政策措施贯彻落实过程中还存在一些问题。主要是：有的项目地方配套资金未完全到位，有些项目不能按计划及时开工，有的已开工项目进展缓慢，一些项目已到位资金闲置，还有个别地方虚报到位配套资金和工程进度，个别项目用新增投资偿还以前年度拖欠的工程款没有形成新的实物工作量，有些扶持中小企业的政策措施还未落实到位。这些问题，影响到中央新增投资的政策效果。

对审计指出的问题，国家发改委和财政部高度重视，制定了《关于进一步加强扩大内需中央投资项目管理有关问题的紧急通知》，要求各地确保项目100%开工建设、地方配套资金100%落实和检查中发现的问题100%整改到位，确保地方政府债券资金优先并集中用于中央投资项目地方配套资金；有关地方正在采取措施，加快资金落实和项目前期工作，促进项目尽快开工并形成实物工作量。审计结果已向社会公告。

审计署将进一步加大力度，加强对中央相关政策贯彻实施情况的审计监督，尤其是对一些重特大投资项目、重大民生工程、重大基础设施和生态环境建设工程实施全过程跟踪审计，促进政策落实到位。

七、环境保护专项审计调查情况

党中央、国务院高度重视环境保护工作。国务院制定了一系列加强环境保护的政策措施，各地区各部门按照党中央、国务院的统一部署，加大了重点流域和区域水污染防治力度，加强了重点行业和重点企业的节能减排工作。对“三河三湖”（辽河、海河、淮河、太湖、巢湖、滇池）和环渤海地区水污染防治情况以及41户中央企业节能减排情况的审计调查结果表明，近年来水污染防治和节能减排工作取得积极进展，但污染治理和减排任务依然比较艰巨。

一是水污染防治措施在部分地区未能完全落实到位。截至2007年底，环渤海地区的13市“十五”期间计划建设的86座污水处理厂中，有23座尚未开工建设；34个开发区中，有15个未建成污水集中处理设施，仅2007年就有4000万吨污水未经处理直接排放。

二是监管不到位。截至2007年底，渤海16个临时性倾废区中，有7个已超过使用期限而未按规定封闭，个别地方存在政府干预海洋执法、主管部门违规审批倾倒或单位擅自倾倒等问题。

三是部分地方水污染防治资金征收管理不够严格。“三河三湖”流域13个省（自治区、直辖市）的一些部门和单位少征、套取、挪用和截留水污染防治资金41.68亿元；环渤海地区13市少征、违规使用水污染防治资金等11.85亿元，其中5.3亿元被挪用于补充环保部门经费和污水处理费代收企业的生产经营等。

此外，审计调查的41户中央企业中，截至2007年底，有36户重点耗能企业已提前完成了“十一五”期间节能879.81万吨标准煤的目标，但10户企业的二氧化硫排放总量超标，9户企业的主要污染物排放浓度超标，减排任务仍然比较艰巨。

针对上述问题，环境保护部等部门和相关地方政府正在研究完善有关政策措施，逐项加以整改。《渤海环境保护总体规划（2008～2020年）》已于2008年底经国务院批准，国家发改委正牵头起草关于加强围填海管理的意见。相关地方政府正在追缴少征、挪用和截留的资金，并追究相关人员责任。相关中央企业正在采取加快淘汰落后设备和技术改造等措施，确保节能减排任务按时完成。

八、金融机构审计情况

统一组织对中国工商银行、中国建设银行和中国中信集团公司进行了审计，对中国银行、交通银行和招商银行进行了审计调查。结果表明，上述6家银行能够认真贯彻落实党中央、国务院关于国有商业银行股份制改革的整体部署和各项要求，稳步推进各项改革，取得明显成效。总体上看，各方投资实现了保值增值，截至2008年底，6家银行资产总额、营业利润总额和股东权益分别比2005年增长59.5%、120%和107.5%；资本充足率自2005年以来保持在8%以上，不良贷款率平均在2%以下；安全度大为提高，抗风险能力明显增强。

这次审计和审计调查发现，这6家银行对基层分支机构的管理存在薄弱环节，一些基层分支机构违规发放土地储备贷款、虚假按揭贷款以及向不符合条件的房地产企业提供贷款215亿元，向不符合国家产业政策或未经批准立项的投资项目发放贷款106.9亿元，因贷后监管不严有43.6亿元信贷资金违背贷款用途。此外，部分金融机构的风险防范和公司治理结构仍不够完善。

有关部门和银行高度重视上述问题，积极整改。目前，已收回违规发放的贷款 273 亿元，其他违规贷款正在积极收回过程中，处理了 489 人次，还清理了相关规章制度。

九、企业审计情况

对中国航天科工集团公司等 13 户中央企业的审计，审计资产总额占这些企业会计报表资产总额的 60%以上。审计结果表明，这些企业按照党中央、国务院部署，采取有效措施，积极应对国际金融危机的影响，取得明显效果；企业的主业竞争能力明显增强，管理水平进一步提升，会计信息质量明显提高。审计也发现，13 户企业多计利润 12.86 亿元，少计利润 53.69 亿元，多计资产 9.67 亿元，少计资产 58.47 亿元；由于决策失误、管理不善和违规操作等，造成损失和国有资产流失 63.72 亿元。

在企业经营发展方面，引导和支持企业提升核心竞争力的相关政策措施有待进一步完善。以汽车行业为例，国内汽车生产企业大多采取“以市场换技术”的方式与国外公司合资合作，但在技术、品牌、产品制造和营销网络等方面保护中方权益、推进“以市场换技术”的规定不健全，既影响了“以市场换技术”的实施效果，还在一定程度上压缩了自主品牌的市场空间。

针对上述问题，有关部门和企业积极整改。对多计和少计的账目，进行了调整；对已造成的损失，追究了相关人员责任，并进一步完善了内部管理和控制制度；对相关政策措施不够完善的问题，相关部门正在研究健全制度。

十、重大违法违规问题揭露和查处情况

一年来，审计发现并向有关部门移送重大违法违规问题和经济犯罪案件线索 119 起，涉案人员 221 人，其中厅局级 42 人。审计署将上述案件线索移送纪检监察和司法机关后，有关部门正依法依纪立案查处。

从审计发现的案件线索情况看，大都具有违法犯罪主体侵占和转移国有资产以牟取非法利益的特征，但犯罪形式、手段和方法隐蔽多样，主要表现在：

一是滥用职权、违规决策以牟取小团体或个人利益。如首都国际机场集团公司原董事长兼总经理李培英利用职务之便，为有关单位在资金拆借和银行贷款担保等方面牟取利益，索取或收受有关单位和个人款项折合人民币 2661 万元，并转移侵占公司资金 8250 万元。此问题移送有关部门查处后，李培英一审被判处死刑。

二是相互串通转移侵占国有资产。这类案件多属于“窝案”、“串案”。如某集团公司原总经理李某伙同该公司 3 家所属企业的多名管理人员，在 2002～2004 年间侵占、转移和挪用企业国有资金 1800 多万元。

三是虚构交易、虚假担保、违规操作甚至内外勾结骗取银行贷款。如某担保公司总裁赵某等人利用虚假注资成立的公司从事非法担保活动，与企业联手从多家银行骗取大量贷款，截至 2008 年 5 月有 17.3 亿元银行资金面临风险。

四是利用专业优势或内幕信息操纵股价从中牟利。这些案件中，有的涉及上市公司高管，有的涉及股评专家，有的是上市公司与其关联公司联手操纵股价。如北京首放投资顾问有限公司原董事长汪建中 2007 年以来，借向社会公众推荐股票之机，先买入证券，然后通过“北京首放”网页向社会公开发布买入该证券的投资建议，为其持有的证券渲染造势，在投资建议发布的次日再将持有的证券卖出从中牟利。此线索移送查处后，汪建中的 1.25 亿元违法所得被没收，并被罚款 1.25 亿元，终身禁入证券市场。

对本次中央预算执行和其他财政收支审计发现的问题，审计署依法征求了被审计单位意见，已出具审计报告、下达审计决定。对各部门和单位的审计结果和整改情况，审计署依法予以公告。全面整改情况，国务院将在年底前向全国人大常委会专题报告。

十一、加强财政管理的意见

（一）尽快修订预算法，推进财政管理的统一完整和公开透明。为适应健全完善公共财政体系、加强财政管理的需要，有关部门应加快提出预算法修订草案，明确和细化人大、政府、财政部门、预算执行单位的预算管理责权，将政府收支全部纳入预算管理，并从制度上为民众的知情权、参与权和监督权提供保障。

（二）进一步加强和改进预算管理，切实推进预算公开，增强预算的约束力和严肃性。有关部门应进一步研究改进预算编制办法，细化部门预算，逐步建立起部门预算编制与业务工作计划安排、中央转移支付分配与地方政府预算编制的协调和衔接机制，进一步调整转移支付结构，提高一般性转移支付比重，切实推进预算和投资公开，增强预算的准确性和可操作性，保证依法执行预算。中央各部门应进一步加强预算和财务管理，节约行政支出。

（三）进一步加强协调、指导和监督，确保中央关于保持经济平稳较快发展各项政策措施落实到位。有关部门应进一步做好代理发行地方政府债券工作，要求和督促各地抓紧落实中央投资项目配套资金，改进和完善相关办法；进一步加强对新增投资项目的跟踪检查，坚决查处和纠正重复建设、扩大过剩生产能力、破坏环境、损失浪费以及腐败等问题，切实提高政府投资效益和宏观调控效果。

（四）加强金融监管协作，防范和化解系统性风险。各金融监管部门应进一步完善沟通协作机制，健全应对重大经济金融风险的有效监控、预警和应急机制，通过加强协调、完善制度、规范市场、加强监管，为金融业的健康发展提供良好环境。

（五）积极推进政务公开，健全责任追究和问责机制。各部门应进一步加大政务公开力度，加强对重点领域和关键环节权力运行的监督，特别是对主要负责人和关键岗位权力的有效制约和监督，实行更加严格的责任追究制，防止重大违法违规问题的发生。

在全国审计工作会议暨全国审计系统先进集体和先进工作者表彰大会上的讲话

（2009年12月28日）

刘 家 义

同志们：

这次会议的主要任务是，贯彻落实党的十七大、十七届三中、四中全会和中央经济工作会议精神，总结2009年审计工作，表彰全国审计系统先进集体和先进工作者，研究部署2010年工作。

国务院领导对这次会议很重视，12月25日，温家宝总理听取了审计署的工作汇报，充分肯定了一年来审计工作取得的成绩，对今后工作提出了要求。总理指出，审计署和地方各级审计机关按照党中央、国务院的部署和要求，紧紧围绕经济社会发展这个中心，紧紧围绕应对国际金融危机、保持经济平稳较快发展这条主线，开展了卓有成效的工作，取得了很大成绩。特别是在汶川灾后恢复重建、北京奥运会、应对国际金融危机一揽子计划的实施等重大事项中，审计机关集中力量开展全过程跟踪审计，发挥了重要作用，作出了特殊贡献。审计机关在这方面所做的工作，是审计工作围绕中心、服务大局的具体体现，也是审计作为保障国家经济社会健康运行的一个“免疫系统”、作为维护国家经济安全的有力工具所发挥作用的具体体现。对于审计部门的工作，党中央国务院是满意的，广大人民群众是认可的。党和人民对审计这一支队伍是高度信赖的，也寄予很高的希望。总理要求审计机关进一步增强责任感和使命感，更加注重依法审计、文明审计，更加注重立足整改、规范提高，更加注重提高素质、严格管理，在促进中央政策措施落实到位，推进建设责任、服务和廉洁政府，推动深化改革、完善制度，推进反腐倡廉建设等方面发挥积极作用。令狐安同志刚才传达了总理的指示和要求，我们要认真学习和贯彻落实。下面，我讲三个问题。

一、紧紧贯穿“一条主线”，认真履行审计职责，着力促进“保增长、保民生、保稳定”

2009年，在党中央、国务院和地方各级党委、政府的有力领导下，各部门单位的大力支持下，全国各级审计机关深入贯彻落实科学发展观，牢固树立科学审计理念，按照年初确定的审计工作总体思路和贯穿“一条主线”、抓住“三个重点”、完成好“六项任务”的总体要求，依法履行职责，较好地完成了各项任务。1月至11月，全国审计和调查9.9万个单位，促进国家财政增收节支521亿元，挽回损失163亿元。主要做了以下几方面工作：

（一）加强对中央扩大内需各项政策措施落实情况的跟踪审计，着力促进经济平稳较快发展

今年，各级审计机关把促进经济平稳较快发展作为重中之重。在所有的审计项目中，都着力关注了中央相关政策措施的落实情况，还组织了6600多项专项审计调查，对8000多个投资项目和1万多个汶川地震灾后恢复重建项目进行了跟踪审计。审计署年初统一组织了金融危机对地方财政收入状况的影响、中小企业扶持政策落实情况等审计调查；9月至10月，对17个省区市贯彻落实中央扩大内需政策措施的情况及效果进行了审计调查，重点抽查了1981个投资项目的建设管理和资金使用情况。同时，坚持跟踪分析商业银行每季度新增贷款情况，对148个汶川地震灾后恢复重建项目和京沪高速铁路、西气东输二线、金沙江向家坝水电站等重特大投资项目进行了全过程跟踪审计。

地方各级审计机关按照审计署和地方党委政府的要求，普遍加强了对扩大内需政策措施落实情况的审计和调查，3个汶川地震受灾省和20个对口支援省市审计机关开展了对灾后恢复重建项目的跟踪审计。湖北、广东、广西、海南、四川等地探索对扩大内需投资项目实行全省区同步跟进、上下联动的审计模式；湖南、大连等地建立了审计、监察、财政、发改委等部门之间的实时通报制度；黑龙江研发了《中央和省扩大内需促进经济增长投资建设项目审计信息管理系统》。

从审计情况看，中央的决策部署是及时的、有力的，贯彻执行的总体情况是好的，取得的效果也非常明显。但一些地方配套资金尚未完全落实到位，有些地方资金和项目管理不够严格和规范，个别项目占用或征用土地审批手续不完备，个别项目建设不完全符合环保要求。在审计过程中，各级审计机关既加强对中央政策措施执行情况的监督检查，又及时揭示和反映扩大内需工作迫切需要解决的一些政策、制度和管理上的问题。通过审计，核减投资或结算额300多亿元，挽回或避免损失100多亿元，提出5600多条审计建议，促进有关部门和地方健全完善制度近700项。如审计署提出的应抓紧落实地方配套资金、关注企业国有资产安全和境外投资风险、完善扶持中小企业政策、加快主体功能区建设、加大产业结构调整力度等建议，引起有关部门高度重视，采纳后起到了较好效果。

（二）关注经济社会运行中的薄弱环节和潜在风险，着力维护国家经济安全

今年的审计工作更加注重揭示、分析和反映财政、金融、国有资产、民生和环境保护等方面的薄弱环节和潜在风险，重点关注了以下问题：

一是地方政府性债务问题。在今年的财政审计中，重点检查了地方政府性债务情况。审计署对17个省区市地方政府性债务进行了审计调查，河北、山西、上海、江苏、浙江、江西、山东、湖北、湖南、重庆、四川、云南、陕西、青海、新疆和宁波等地开展了市县政府性债务、村级债务、公路负债、高校负债等审计调查，揭示和反映了地方政府性负债规模较大、管理监督不到位等问题，提出了规范债务管理、防范财政潜在风险等建议。

二是金融机构内部治理和监管问题。审计署在对4家金融机构及3家金融监管部门的审计中，不仅揭示了业务上存在的漏洞和风险隐患，还反映了金融监管协调机制不够顺畅等问题，提出了加强金融监管、促进金融协作配合等建议。为推进地方金融审计工作，审计署下发了关于农村信用社审计工作的指导意见，北京、河北、辽宁、黑龙江、浙江、江西、河南、湖南、重庆、四川、云南、甘肃、新疆、宁波等地开展了对农村信用社、地方投资公司等金融机构的审计和调查，提出了加强风险管理、消化历史包袱、加快推进股份制改造等建议，促进了地方金融业的健康发展。

三是国有资产安全和中小企业经营风险问题。

审计署重点审计了12家中央企业，并对2700多家中小企业进行了审计调查；河北、山西、江苏、浙江、安徽、江西、河南、湖北、广东、海南、重庆、四川、陕西、青海、深圳、宁波、厦门、新疆生产建设兵团等地开展了对地方国有企业或中小企业状况的审计和调查。从审计情况看，一些企业仍存在资产质量不高、决策不规范等问题，因管理不善造成国有资产流失的问题依然比较突出。审计反映的情况和提出的建议，为各级党委政府和有关部门全面掌握企业发展现状、采取有效扶持政策提供了重要依据。

四是重点民生工程和资金的使用效果问题。1月至11月，全国对3万多亿元专项资金进行了审计，促进资金拨付到位、增收节支和挽回损失120多亿元。审计署统一组织对种粮农民补贴、政府投资保障性住房和农村饮用水安全状况等进行了审计和调查，各地普遍开展了对涉农、教育和社会保障等资金和项目的审计和调查，跟进检查资金的管理、使用和绩效状况，发现和查处一些地方滞留、闲置或挤占挪用专项资金、侵占群众利益的问题，在促进完善相关制度、落实惠民政策等方面发挥了积极作用。

五是经济社会快速发展中的资源和环境保护问题。审计署制定了《关于加强资源环境审计工作的意见》，统一组织对土地、矿产资源管理和长江上游水污染防治状况进行了审计调查；北京、黑龙江、浙江、安徽、山东、湖北、广东、广西、海南、陕西、甘肃、青海、大连、宁波、青岛等地也积极推进了资源环境审计工作。通过审计发现，一些地方依然存在非法征地、越权审批等问题；有的地方产业结构不合理、经济发展方式粗放。

（三）坚持预防和查处并重，着力推动反腐倡廉建设和体制制度创新

在今年的审计中，我们注重把揭露问题与督促整改相结合，既严肃了财经法纪，又促进了制度创新。一方面，坚持严肃查处重大违法违规问题和经济犯罪案件。1月至11月，审计机关向司法、纪检监察机关移送案件线索和事项863件，涉及1068人。这些案件多为内外勾结的“串案”、“窝案”，犯罪手法也更加隐蔽和高智能化，有的通过多种方式大规模异地转移资金，涉嫌洗钱；有的通过多家关联企业互相出具虚假证明或票据，涉嫌骗取贷款；有的违法进行内幕交易，涉嫌非法牟利。上述案件移送后，有关部门正依法立案查处。另一方面，坚持深入分析和揭示政策、制度和管理中的问题和漏洞，提出深化改革、规范管理和健全制度的建议。1月至11月，全国审计机关提交各类审计报告和信息简报11万篇，比去年同期增长10%；提出审计建议16万条，比去年同期增长13%；促进建立健全规章制度3400多项。其中审计署向国务院报送这方面的报告和信息188篇，有关方面都按总理的批示，采取了有效措施。

同时，不断推进和完善审计结果公告制度。1月至11月，全国共发布审计结果公告2200多篇，比去年同期增长22%。审计署和地方审计机关分别向社会公告了汶川地震灾后恢复重建项目的阶段性审计情况，反响很好。

（四）注重反映评价领导干部经济责任履行情况和政府行政效能，着力推进建立健全问责机制和责任追究制度

经济责任审计工作不断深化，国有企业领导人员和地厅级及以下党政领导干部经济责任审计基本实现制度化，省部级领导干部经济责任审计试点范围逐步扩大。1月至11月，全国完成了对2万多名领导干部的经济责任审计，其中审计署对14名省部长和12家中央企业领导人员进行了任期经济责任审计。总的来看，大多数被审计的领导干部能够贯彻执行中央决策部署，认真履行职责，积极推动本地区和本单位发展提高。但审计也发现一些值得关注的问题，主要是：个别领导干部法制观念和责任意识不强；一些地方和单位的决策和管理制度不够健全，个别决策比较随意；有的地方对领导干部的绩效考核指标不够科学，尚未建立起清晰明确的问责制度。审计后，67名被审计的领导干部和164名其他人员的问题被移送司法、纪检监察机关处理。

各级审计机关还注重创新经济责任审计方式，加强规范化建设。目前，全国共出台关于经济责任审计的计划管理、操作规范、审计评价和结果运用等方面的制度规定11000多个，其中黑龙江、江苏、山东、湖南和广西等5省区以地方人大立法的形式，颁布了经济责任审计法规；黑龙江、

浙江、山东、广东、云南、宁夏、大连、青岛等地深入推进了对党委和政府主要领导的“同步审计”。

各级审计机关以预算执行审计为重点，进一步强化了对政府部门单位的审计。在审计中，更加关注预算资金的使用绩效、行政运行成本和行政效能。从审计署对55个中央部门及其285个所属单位的预算执行审计情况看，各部门执行预算比较严格，内部管理不断完善，但也存在挤占挪用、转移和多报多领财政资金等问题，少数部门和单位在会议费、公务出国费等方面的管理还不够严格。审计指出上述问题后，有关部门和单位高度重视，有14个中央部门的主要负责同志亲自抓整改工作，有11个中央部门召开专门会议部署整改事项，有的部门还对审计未涉及的单位开展了专项检查或要求其自查自纠。截至10月底，中央部门预算执行审计发现的问题已整改31.66亿元。

（五）注重加强以干部队伍建设为核心的审计基础建设，提高依法审计的能力和水平

在队伍建设方面，审计署制定了审计领军人才、业务骨干人才、急需专业人才、青年审计人才和复合型人才五类人才工程计划，完善了干部管理和选拔任用等一系列办法，组织了48期培训班，培训4800多人次，推进了案例教学；严格执行“八不准”审计规定和各项廉政纪律，认真开展重点审计项目的廉政跟踪检查；努力做到“实”、“高”、“新”、“严”、“细”，切实改进工作作风。在审计业务和机关内部管理方面，正在配合做好审计法实施条例的修订，草拟了国家审计准则（修订稿）；审计署和部分地方审计机关在内部公开了部门预算分配和执行情况，实行了审计项目审理、审计进度管理及责任追究制度；河北、江苏、江西、云南、厦门等地制定办法，规范了行政处罚自由裁量权。审计信息化建设也有较大发展，已编制了国家审计数据中心基本规划等40多项标准和管理制度，完成了国家审计数据中心的建设。在对下指导方面，审计署下发了加强对地方审计工作指导的两个办法，在人力资源和社会保障部、国家公务员局等部门的大力支持下，下发了《关于加强审计机关公务员队伍专业化建设的意见》，正在制定加强地方审计机关领导班子建设的办法，培训地方审计人员1700多人次，现场检查了12个省级审计机关的审计项目质量，增加了地方审计机关优秀和表彰审计项目的数量，把29个省区市审计机关的信息化建设列入了金审工程二期建设范围；山西、上海、山东、广东、重庆、云南、青岛等地制定了对下指导意见，湖北等地在计划、培训、规范化、信息化等方面实行全省统筹，省统筹安排项目超过了全年审计项目的一半。这些措施，使全国审计工作形成了一个有机整体，推动了审计工作水平的全面提高。

回顾2009年的审计工作，有五个突出特点：一是更加自觉地融入经济社会发展大局，有力地促进了中央决策部署的贯彻落实。二是更加强调“两手抓”。一方面，严肃揭露和查处重大违法违规问题，推动反腐败斗争；另一方面，深入分析和揭示体制机制制度方面的问题，推动体制制度创新。三是更加注重增强审计的时效性，加大跟踪审计力度。四是更加注重推进绩效审计，今年大部分审计项目都包括绩效审计的内容。1月至11月，全国审计机关涉及绩效审计的工作量已占全部审计工作量的45%，比去年同期提高5个百分点。五是更加注重立足整改，推动规范提高。

同志们，今年的审计工作虽然取得了较好成绩，审计监督在有些方面发挥了积极作用，但与党中央、国务院的要求相比还有很大差距，主要是：在审计工作的指导思想、制度机制、队伍素质等方面与科学发展观的要求还不完全符合；科学审计理念还没有完全成为广大审计人员的自觉行动，贯彻落实还不到位；审计工作自觉服务于经济社会发展大局的能力亟待进一步提高；审计机关领导班子和队伍建设与审计工作发展的要求还不相适应；审计理论研究、审计文化建设、规范化建设以及现代审计技术的推广运用还存在较大差距。这些问题需要在今后的工作中认真加以解决。

二、紧紧围绕“一个中心”，切实提高审计水平，全力促进经济平稳较快发展和经济发展方式转变

明年是实施“十一五”规划的最后一年，是应对国际金融危机的关键之年，经济社会发展的任务很繁重，审计工作面临新形势和新要求。党的十七届四中全会对进一步加强和改进新形势下党的建设作出了全面部署。前不久召开的中央经

济工作会议，深入分析了当前国际国内形势，明确了2010年经济工作的主要任务。25日，总理又对明年的审计工作提出了明确要求。我们要深入学习领会，把思想认识和行动高度统一到中央对国内外经济形势的分析判断上来，统一到明年国家经济社会发展的目标和要求上来，统一到总理的指示精神上来，认清形势，找准定位，切实安排好明年的审计工作。

明年审计工作的总体思路是：以邓小平理论和“三个代表”重要思想为指导，全面落实科学发展观，深入贯彻党的十七大、十七届三中、四中全会和中央经济工作会议精神，牢固树立科学审计理念，坚持“依法审计、服务大局、围绕中心、突出重点、求真务实”的工作方针，认真履行审计监督职责，严肃查处重大违法违规问题和经济犯罪案件，更加注重从体制、机制、制度层面揭示、分析和反映问题，更加注重增强改进和完善建议的针对性，全力维护国家经济安全，全力推进科学发展，全力推进改善民生，全力推进深化改革开放，全力推进民主法治建设，全力推进反腐倡廉建设，在更高层面发挥审计保障国家经济社会健康运行的“免疫系统”功能。

按照这个总体思路，审计工作中要切实做到：

——紧紧围绕“一个中心”：就是必须紧紧围绕经济又好又快发展这个中心。无论是研究部署工作，还是安排项目审计，都要围绕这个中心，把促进中央决策部署贯彻落实作为衡量工作成效的重要标准。

——努力实现“两大目标”：就是努力促进经济平稳较快发展和经济发展方式转变。在审计中，要按照中央经济工作会议的要求，把保持经济平稳较快发展和加快经济发展方式转变统一起来，更加关注经济增长的质量和效益，更加关注调整经济结构和提高自主创新能力，更加关注改善民生和社会和谐稳定，推动在发展中促转变，在转变中谋发展。

——力争完成“八项任务”。做好明年的审计工作，要抓住关键和重点，着力完成好以下八个方面的任务：

（一）加大对中央宏观调控政策措施执行情况的审计跟踪力度，促进经济又好又快发展

加强对宏观调控政策措施执行情况的审计监督，促进贯彻落实好中央的重大决策部署，不仅关系到应对国际金融危机、保持经济平稳较快发展的成效，而且关系到我国经济的长期又好又快发展。在今年的审计工作中，各级审计机关积极探索审计跟踪扩大内需政策执行情况的有效方法和途径，既促进了政策措施的落实，也为我们今后进一步加强这方面的跟踪审计积累了经验、提供了借鉴。在明年的工作中，审计机关要高度重视和加强对宏观调控政策实施情况的审计监督，把审计与审计调查、检查面上情况与审计重点项目、揭示问题与推动完善制度、促进当前发展与实现可持续发展结合起来，确保中央决策和部署落实到位。一方面，要注意对照宏观调控政策的重点、方向和力度，加强对中央相关政策实施情况和效果、政府投资和新增贷款等情况的审计调查，检查财政支出、政府投资和银行贷款的结构和投向，关注政策执行中出现的新情况和新问题，及时提出对策建议，促进落实积极的财政政策和适度宽松的货币政策，促进提高政策的针对性和灵活性；另一方面，要加强对政府重大投资项目的审计监督，对汶川地震灾后恢复重建、京沪高速铁路、西气东输二线、金沙江溪洛渡水电站等重特大投资项目实行全过程跟踪审计，推动项目尽早建成并发挥效益。

（二）加大对中央关于调整经济结构、提高经济增长质量和效益相关政策实施情况的审计力度，促进经济发展方式转变

党的十七大提出，要形成节约能源资源和保护生态环境的产业结构、增长方式和消费模式，努力实现经济又好又快发展。中央经济工作会议也提出，重点要在促进发展方式转变上下工夫，加大经济结构调整力度，提高经济发展质量和效益。明年的各项审计都要注意检查中央关于转变发展方式、调整经济结构相关政策的落实情况，揭露和查处破坏浪费资源、造成国有资源流失和危害资源环境安全等问题。同时，要加强对节能减排资金及钢铁、电力等重点行业节能减排政策执行情况的审计和调查，重点关注节能减排政策措施的贯彻执行、阶段性目标完成、资金管理使用、重点项目建设和重点企业节能减排情况，促进落实节能减排目标责任制，推动实现“十一五”节能减排目标。

（三）加大对经济运行中潜在风险的揭示和反映力度，全力维护国家经济安全

从总体上分析，我国明年的经济发展环境将好于今年，但经济形势仍然十分复杂严峻，存在许多不稳定不确定因素。我们一定要增强忧患意识和风险意识，密切关注经济发展变化形势，密切关注经济社会运行中的突出矛盾和潜在风险，及时发现问题，及时提出防范和化解风险的对策建议，切实维护国家经济安全。在明年的审计工作中，要突出四个方面的重点：一是关注政府性债务风险，摸清政府债务的总体情况，特别要加强对地方政府融资平台情况的审计调查，揭示存在的主要问题与运行风险，促进规范债务管理，建立健全债务风险责任制度。二是关注国际金融危机和当前货币政策对银行业资产质量的影响以及银行业面临的突出风险，从加强内部管理和风险控制等方面提出审计建议，促进商业银行更加安全、高效和稳健地运营，维护金融稳定。三是关注因决策不科学、不合规、管理不严格导致国有资产流失的问题，尤其是经济全球化冲击下的国内产业安全，维护国有资产安全和市场经济秩序，促进国有企业健康发展。四是关注在土地征用、拆迁安置、企业改制、环境污染以及工程建设等方面存在的突出问题和薄弱环节，防范可能引发社会不稳定因素。

（四）加大对民生工程和资金的审计力度，推进和谐社会建设

中央提出，要把改善民生、发展社会事业作为扩大内需、调整经济结构的重点，坚定不移地加以推进。审计机关要进一步加强对“三农”、科技、教育、卫生、文化、社会保障等重点民生项目和资金的审计监督，促进公共资源配置更多地向民生领域倾斜，切实维护人民群众的利益。审计署明年拟统一组织对农业综合开发资金、城市最低生活保障资金、政府投资保障性住房、新型农村合作医疗基金和新型农村社会养老保障基金等进行审计和调查。各地除完成好审计署统一组织的项目外，要切实加强对本地区重点民生资金和重大民生工程的审计监督。在审计中，既要关注改善民生情况，揭示和反映落实国家政策不到位、政策目标未实现以及严重影响和损害群众利益的问题；也要关注转移支付资金分配分散、使用效益不高等问题，研究如何进一步规范财政转移支付制度。

（五）深化领导干部任期经济责任审计，促进领导干部守法守纪守规尽责，严格依法行政

党的十七届四中全会指出，要完善党政主要领导干部和国有企业领导人员经济责任审计。按照这一要求，明年要加强经济责任审计的规范化建设，进一步建立健全计划、评价、结果运用、问责和整改等制度。各地要按照党的十七届四中全会精神，根据各地实际，不断总结和完善不同种类、不同级次领导干部任期经济责任审计的内容和重点。从这些年的审计实践看，领导干部任期经济责任审计实质上是经济责任的“人格化”。因此，要以领导干部履行经济责任为主线，以财政财务收支及有关经济活动的真实合法效益为基础，以守法守纪守规尽责为目标，重点关注领导干部任职期间贯彻执行国家经济法律法规、党和国家关于经济工作的重大方针政策及决策部署，促进本地区、本部门、本单位经济社会事业发展情况；重大经济决策制定和执行、重大投资项目建设和管理的合法合规及科学有效性；财政财务收支及相关经济活动的真实合法效益情况；重大管理制度制定和执行，对直接监管部门和下属单位监管的情况；领导干部执行国家财经法规及个人遵守有关廉政建设规定情况等。对违法违纪违规及失责问题，要坚决揭示和反映，并做出客观公正、实事求是的评价。审计情况要按照干部管理权限，及时报送相关党委、政府及组织部门、纪检机关，该处理的要及时按有关规定作出处理，该澄清的要及时实事求是地加以澄清。这里我要特别强调一点，就是在鉴证和评价领导干部的经济责任时，必须坚持审计什么就评价什么，审计到什么程度就评价到什么程度，切不能脱离审计内容、脱离审计机关的职责权限做出不恰当的评价。这既是依法履行审计监督职责的要求，也是对党委政府、对被审计的领导干部个人、对历史高度负责的体现，对于保证经济责任审计工作的健康发展至关重要。

（六）加大对重大违法违规问题的揭露和查处力度，推进反腐倡廉建设

从这些年的审计情况看，社会主义市场经济体制尚不完善，影响经济发展的一些深层次问题

尚未完全解决，预防腐败的机制制度尚不健全，重大违法违规问题和经济犯罪案件仍时有发生，违法犯罪的手段、方式也在不断翻新。一定时期内，尤其在当前应对国际金融危机的过程中，打击犯罪，惩治腐败，是审计机关的重要职责和任务。当前，要与工程建设领域突出问题专项治理工作结合起来，进一步加强对工程建设、金融、国有企业、土地管理等重点领域的审计监督，揭示和查处重大侵害人民群众切身利益的问题，揭示和查处重大违背国家产业、土地、投资和环境保护等政策的问题，揭示和查处重大铺张浪费和损失浪费问题，揭示和查处乱上项目、建设劳民伤财的“形象工程”、脱离实际的“政绩工程”和威胁人民生命财产安全的“豆腐渣”工程等问题，揭示和查处滥用职权、贪污贿赂、失职渎职、商业贿赂等案件。同时，我们还要更加注意结合违法违规问题的查处，揭示制度方面和制度落实方面的漏洞，推动反腐倡廉制度创新，促进更加有效地预防腐败，不断取得反腐败斗争新成效。

（七）加大对体制机制性问题的揭示和反映力度，促进深化改革、完善制度

改革是解决当前经济社会发展中体制性、结构性矛盾的根本措施。总理指出，只有从体制和制度上解决问题，才能从根本上发挥审计“免疫系统”的功能和作用。这就要求我们不仅要从宏观和全局的角度，去认识和审视审计掌握的情况，去分析和反映审计发现的问题，去研究和提出有针对性的建议；还要从宏观和全局的角度，去统筹和部署审计工作，去安排和调配审计资源，去组织和实施项目审计，从根本上提高审计工作的层次和水平。

为切实提高财政审计的宏观性、时效性和建设性，今年审计署进一步改进了审计项目的组织方式，着力构建国家财政审计大格局，探索建立以中央财政管理审计为核心，以中央部门预算执行审计、财政转移支付审计、财政专项资金审计、财政收入征管情况审计为基础的中央预算执行审计工作体系，把财政审计的重点放在推动建立健全更加统一完整的政府财政和中央预算管理制度、促进健全完善社会主义公共财政体系、促进建立事权和财力相匹配的财政管理体制、促进财政政策和货币政策的协调一致、促进提高财政资金使用效益、促进提高财政财务管理的规范性上。地方各级审计机关也要进一步提高财政审计的层次和水平，全面把握财政资金分配、管理和使用的总体情况，科学评价财政资金的使用绩效，促进地方政府深化财政改革、优化财政支出结构、提高财政资金使用效益。

（八）加大对境外机构和境外国有资产的审计力度，更好地服务于“走出去”战略

大力实施“走出去”战略，拓展经济发展空间，是我国现阶段对外开放的一个重大战略举措。明年，审计署在继续做好联合国审计委员会委员工作、国外贷援款项目公证审计及绩效审计的同时，将继续组织对中央级单位驻外机构进行审计和调查，重点关注企业执行“走出去”战略的情况、财务状况、运营情况和内部管理模式，促进“走出去”的企业依法经营，推动加强和改善管理、监督和服务，维护境外国有资产安全。

认真落实“三项要求”。为完成好上述任务，要落实好以下要求：一是着力提高审计工作的主动性，更加自觉地融入经济社会发展大局，主动调整工作思路和工作方法，主动适应新形势、履行新使命；二是着力提高审计工作的时效性，及时发现问题，及时提出对策建议，及时促进规范提高；三是着力提高审计工作的建设性，从推进建立长效机制着眼，揭示和反映政策实施效果和资金使用效益，揭示和反映体制性障碍、制度性缺陷和重大管理漏洞，促进深化经济体制改革，增强经济发展的动力和活力。

三、进一步解放思想，积极探索创新，不断深化对审计工作发展规律的认识和把握

党的十七大提出，在新的历史起点上推动科学发展、促进社会和谐，必须坚持解放思想、实事求是、与时俱进，勇于变革、勇于创新，永不僵化、永不停滞。我国审计工作的发展历程，就是一个不断地探索创新的过程。开拓创新，首要的是解放思想，冲破惯性思维的束缚，把我们基于实践形成的认识、观点鲜明地总结出来，提炼上升为经得起实践和历史检验的新理论、新观点，并用于指导和校正审计发展的路径。只有这样，才能真正把握审计工作发展规律，更好地履行审计监督职责，更好地担负起历史使命，更好地在服务于科学发展大局的过程中，实现审计工作的

科学发展。

（一）牢固树立科学审计理念，切实用于指导审计实践

审计监督是国家政治制度不可缺少的组成部分，审计事业是中国特色社会主义事业的重要方面。在审计工作中坚持解放思想、开拓创新，就是要用科学发展的世界观和方法论去总结改革开放三十多年和审计机关成立二十多年的实践探索，去深刻认识社会主义国家审计的本质、目的、内涵和要求，去准确把握经济社会发展趋势和审计发展规律，去切实理清审计事业科学发展的思路和目标。近年来，我们在总结经验、摸索规律的基础上，认识到审计是民主法治的产物和推动民主法治的手段，是维护国家经济安全的重要工具，是保障国家经济社会健康运行的一个"免疫系统"，从而提出审计工作必须以科学发展观为灵魂和指南，牢固树立科学审计理念：审计的根本目标是维护人民群众的根本利益，现阶段必须把"推进法治、维护民生、推动改革、促进发展"作为审计工作的出发点和落脚点；审计的首要任务是维护国家安全，现阶段具体体现为维护国家经济安全、保障国家利益、推进民主法治、促进全面协调可持续发展；审计工作的基本方针是"依法审计、服务大局、围绕中心、突出重点、求真务实"。这些思想和理念，既阐明了审计工作贯彻落实科学发展观的思路和方向，又揭示了发展和完善中国特色社会主义审计监督制度的路径和方法，对推动审计工作科学发展具有重要意义。

在审计工作中，我们一定不能头脑固化，局限于本本主义；不能认识僵化，局限于教条主义；不能思维定式化，局限于经验主义。我们近年来更加自觉地融入经济社会发展大局，始终坚持"两手抓"，积极探索开展了北京奥运会奥组委财务收支和场馆建设项目、汶川地震抗震救灾款物和灾后恢复重建以及中央扩大内需政策落实情况的跟踪审计、商业银行贷款投向的实时分析等工作。这些工作既没有现成经验可参照，也没有成熟理论可借鉴。但实践证明，这些工作的开展，及时促进了中央政策措施的贯彻和落实，得到了党中央、国务院的充分肯定和社会各界的高度认可，也成为发挥审计"免疫系统"功能的具体体现。因此，各级审计机关和全体审计人员一定要牢固树立起科学审计理念，深刻认识发挥审计"免疫系统"功能的重大意义，切实体现在行动上，运用在实践上，落实到制度上，不断提升审计工作的层次和水平。

（二）努力建设学习型审计机关，不断提高审计队伍的综合素质和能力

党的十七届四中全会要求，在全党营造崇尚学习的浓厚氛围，使各级党组织成为学习型党组织、各级领导班子成为学习型领导班子。近年来，各级审计机关坚持以人为本，以能力建设和作风建设为核心，把履行审计监督职责与加强审计队伍建设相结合，造就了一支政治坚定、纪律严明、作风扎实，对祖国、对人民、对审计事业忠心耿耿、任劳任怨、有高度责任感和敬业精神的队伍。这次会议表彰的全国审计机关先进集体和先进工作者，是全国审计人员的优秀代表。我们要广泛开展向这些先进集体和个人学习的活动，学习他们忠于职守、爱岗敬业、开拓创新、甘于奉献的精神风貌和可贵品质，努力建设学习型审计机关，锻造一支政治坚定、作风优良、业务精通的审计干部队伍，推进审计事业不断科学发展。

一是要以建设学习型领导班子为重点，提高审计机关领导干部的能力和水平。各级审计机关的领导班子和领导干部要进一步增强学习的自觉性和紧迫感，带头学习、持续学习，坚持用中国特色社会主义理论体系武装头脑，学习践行社会主义核心价值体系，广泛学习现代科学文化和财经法律等各方面知识，全面提高战略思维、创新思维和辩证思维能力，提高科学判断形势、处理突发事件、知人善任和创新能力。

二是要以建设学习型党支部为抓手，提高审计队伍的综合素质。每一个党支部都要确定共同学习目标，引导树立全员学习、终身学习和全程学习的思想观念，把个人自学与团队学习结合起来，把机关党建与审计文化建设结合起来，更加坚定理想信念，牢固树立科学审计理念，不断提高审计队伍的政治素质、业务素质和职业道德素质，发挥好党员的先锋模范作用和党支部的战斗堡垒作用。

三是要把学习和实践相结合，不断提高审计队伍的实战能力。审计机关要把学习作为一种工作和管理模式，把实践作为检验学习成果的第一

跑道，达到学习工作化、工作学习化。在抓好政治理论学习的同时，进一步增强业务培训的针对性和实用性，分层次、分职级、分类别、分专业地开展培训，不断完善与领军人才、骨干人才培养相结合的培训模式，下大力气抓好多媒体网络培训和案例教学，建设好固定资产投资审计等模拟实验室。还要通过学习不断优化干部队伍结构，既要严把“入口关”，着力引进各类高素质人才；又要加大干部交流力度，多岗位培养“一专多能”的复合型人才；还要探索建立以职位为基础、以职责为中心、以业务能力为标准、以工作实绩为导向的考核评价体系，进一步深化干部人事制度改革。

四是积极推行政务公开和党务公开，进一步规范审计机关反腐倡廉建设。要进一步完善审计结果公告、新闻发布、网上征集意见等制度，特别注重分析网络舆情，及时掌握社会公众对审计工作的要求、评价和意见，及时接受社会对审计工作的监督。在不涉及党和国家秘密的前提下，以适当方式向广大党员公开党的工作和党内事务。还要更加注重反腐倡廉制度建设，严格执行和不断完善审计纪律“八不准”规定、审前承诺制、审后回访制、审计组廉政监督员制、年终考核一票否决制和干部回避制等制度，加强廉政跟踪检查、巡视和审计机关主要领导干部经济责任审计工作。

（三）做好统筹规划，加强科学管理

审计管理涉及审计工作的方方面面，是一项系统工程。如果没有系统和规范的管理，审计工作是难以搞好的。当前，加强审计管理就是要着力解决审计资源调配和整合问题。首先是项目计划的整合。要搞好年度项目计划与长期发展规划之间的协调衔接，建立动态项目库，编制滚动项目计划。还要做好年度各项目之间的整合，避免交叉重复而又各自为政。今年，审计署围绕构建财政审计大格局，调整了年度计划期间，每年11月至次年4月集中力量开展预算执行审计，5月至10月开展企业、金融、经济责任、资源环境、重大投资项目等方面的审计。在统筹安排财政审计项目方面也做了一些探索，我们将不断总结、不断规范。其次是审计内容的整合，就是围绕构建有中国特色的综合审计模式，每个项目都要探索从审计财政财务收支入手，以责任履行和责任追究为重点，将合规审计与绩效审计融为一体，从政策执行、资金使用、资源利用和行政效能等诸多方面综合考虑其效益、效率和效果，以满足经济社会发展对审计的多方面需求。最后是审计方式的整合，就是根据项目特点，科学选择审计、审计调查和跟踪审计等方式，积极探索和推广多专业融合、多视角分析、多方式结合的管理模式。

加强审计管理，关键是要处理好审计任务、审计力量和审计风险之间的关系。如建设项目的跟踪审计，近年来，随着政府投资的重大建设项目逐年增加，政府和公众对这些项目的要求越来越高，很多地方不仅要求审计机关全过程参与政府投资项目管理，而且要求对所有政府投资项目开展跟踪审计。对此，各级审计机关要保持清醒头脑，坚持“突出重点、量力而行、明确责任、防范风险”的原则，把跟踪审计做得更有实效。所谓突出重点，就是要抓住重点项目、重要环节、关键时点和重点内容，在审计事项发生的过程中分阶段、有重点地实施跟踪，不能“眉毛胡子一把抓”；所谓量力而行，就是要结合审计机关的实际承受能力和审计人员的技术水平，把握好跟踪审计的尺度和分寸，量力而行，尽力而为，不能包打天下；所谓明确责任，就是要保持审计的独立监督地位，在法定职权内开展工作，不参与决策和管理，到位而不缺位、不错位、不越位；所谓防范风险，就是要逐步规范跟踪审计行为，努力提高审计人员的专业胜任能力，严格约束外聘中介机构和专业人员的执业行为，既要防范因审计与被审计双方责任不清引发的责任风险，也要防范审计质量风险和廉政风险。在这方面，一些地方已做了很多探索，如江苏、山东、四川、宁波、青岛等地制定了跟踪审计操作规程，湖北制定了跟踪审计防范风险办法。我们要进一步加强探索和总结，积极稳妥地推动跟踪审计工作健康发展。

（四）坚持依法审计，规范审计行为

依法行使审计权力，依法规范审计行为，是审计工作质量的重要保证。实现审计行为的规范化，就是要细化工作流程、统一工作标准和程序，使每个审计人员明白自己应该“干什么”、应该

"怎么干"、应该达到"什么标准"、应该承担"什么责任"，做到办事有依据、按程序、讲证据、可检查、有奖惩，从而把依法审计切实贯彻到审计工作的全过程，贯彻到每个审计人员的行动上。

加强规范化建设，一是要从制度建设入手，依照审计工作流程，构建一个标准明确、结构合理、功能完备的审计制度体系。明年，审计法实施条例即将出台，国家审计准则、关于加强经济责任审计的相关规定等经进一步修改完善后也要实施，还要全面启动审计指南体系的构建工作，健全和完善一系列相关配套规定。各级审计机关届时要认真学习和贯彻落实各项规定，在把握基本精神和基本要求的基础上，从本地实际出发，努力探索建立更加具体、更加符合自身特点的制度规范。二是要从严格执行制度着眼，强化监督约束。要全面推行审计项目审理制度，建立健全审计项目目标责任制和重大审计质量问题责任追究制，把审计质量检查工作逐步制度化和经常化。三是要切实做到依法审计、文明审计，注意加强与被审计单位和有关部门的沟通，认真听取各方面意见，深入分析研究，确保审计结果的真实可靠、实事求是和客观公正，经得起历史和人民的检验。

（五）加强审计信息化建设，积极探索数字化审计工作模式

从一定意义上讲，中国审计的出路关键在于信息化，信息化的关键在于数字化。当前的审计信息化建设，要以金审工程为依托，以创新审计方法和技术手段为基础，着力提高审计工作的技术含量和技术水平。要重点抓好以下三个方面工作：一是推进审计管理的数字化，把数字化技术应用到机关行政管理和审计质量控制的各个环节，并逐步建立和完善全国审计信息快速通道和共享平台，提高审计管理数字化的整体水平。二是提高审计业务实施的信息化，在大力推广计算机审计技术的同时，探索以在线审计、实时审计为特征的联网跟踪审计系统，加强对大项目的统一管理和现场审计的实时监控，提高在信息化条件下开展审计工作的能力。三是搞好审计数据库的建设和应用，按照"审中建、建中审"的原则，加快专业审计数据库的建设，并研究探索各专业审计数据之间的信息交换和共享。

建立数字化审计工作模式，除了计算机和网络等物质条件外，更需要广大审计干部发挥聪明才智，积极探索符合我国审计工作实际的先进技术方法。希望各级审计机关的领导干部进一步提高对审计信息化建设重要性和紧迫性的认识，不仅要重视信息化建设的项目申报、资金筹措以及工程建设，更要重视软件开发、系统规划及应用，还要创造条件培养更多的高技术人才，让掌握先进技术的人员发挥更大作用。

（六）注重研究分析，提高审计成果的质量和水平

审计成果是审计发挥职能作用的重要途径和载体。我们要牢固树立成果意识、精品意识和高端产品意识，紧紧围绕经济社会发展中心，来确定审计工作和审计成果的角度和着力点，不断提升审计成果的质量、时效和高度，为政府决策和管理提供真实的信息和依据。提高审计成果的质量水平，必须注重加强综合分析，提升审计成果的宏观性、全局性和前瞻性。这里说的综合分析，并不是几个项目、数据和结果的简单堆砌，而是要从宏观问题着眼，通过对多个单项审计情况，从多个角度、多个层面、多个时期进行分析，揭示和反映普遍性、倾向性和典型性问题，提出有针对性的、可操作的建议。这就要求我们必须加强对经济社会发展实践的热点、难点和重点问题的研究，解决在实践中提出的需要从理论层面回答的问题，比如经济结构调整、发展方式转变、财政体制改革、国家经济安全、反腐倡廉建设、防范金融系统性风险等。在一些重大审计项目的成果利用和开发方面，通过审计业务部门和审计科研人员的共同参与，既有利于提升审计成果的层次和水平，也有利于创新研究成果，还可以逐步建立起理论研究成果转化机制。审计机关各级领导干部要多花一些工夫，多琢磨全局性、宏观性的问题，着力提高调查研究能力、数据分析能力和宏观思维能力，亲自指导和参与审计成果的精加工、深加工。做好这项工作，对于从更高层面上充分地发挥审计的职能作用至关重要。

这里，我再着重强调一下审计理论研究工作。当前，审计理论研究的目标，就是建构并完善中国特色社会主义审计理论体系；研究的重点是审计人员普遍关心、需要统一思想认识的问题，社

会上还不大了解、需要给予回答、解释的问题，以及需要向国外同行们介绍、宣传的问题。在审计理论研究中，不能只是对以往的经验和实践作解释，更重要的是要善于大胆创新，打破固有观念和原有理论的枷锁，既要“顾后”更要“瞻前”，科学指导审计事业的长远发展。希望从事理论研究的同志真正潜下心来，深入研究，也希望各单位做好组织和规划，对重大的课题合力攻关，提出具有前瞻性的审计理论。

同志们，让我们高举中国特色社会主义伟大旗帜，紧密团结在以胡锦涛为总书记的党中央周围，坚定信心，开拓创新，恪尽职守，扎实工作，为应对国际金融危机、保持经济平稳较快发展、推进经济社会又好又快发展作出更大贡献！

在2009年财政审计项目培训班上的讲话

（2009年3月3日）

刘家义

这次财政审计项目培训班，是近十多年来都没有的。大家可能记得，20世纪90年代左右主要抓的是对地方财政的审计，1995年开始实行财政“同级审”后，在审计方式和内容上有所改变，重点抓了中央财政收支审计工作。署党组一直将财政审计作为一项十分重要的工作来抓。全国政协李金华副主席在担任审计长期间，强调财政审计是国家审计的永恒主题。财政审计是国家审计的永恒主题，过去如此，现在如此，将来也如此。只要国家存在，就必然有公共财政；只要公共财政存在，就必然要进行审计监督。我们现在讲，维护国家经济安全是国家审计机关的永恒主题，这与财政审计是国家审计的永恒主题没有矛盾，是一致的。维护国家经济安全，包括财政安全、金融安全等，是从审计的更高目标、宏观全局的角度讲的，国家财政审计是从审计的基本职责、内容的角度讲的。国家审计机关如果不首先抓好国家财政审计，就是没有全面准确地贯彻宪法，就是没有全面准确地履行法律赋予审计机关的职责。

这些年来，财政审计的组织方式虽然有所改变，审计重点上也有所调整，但财政审计工作依然取得了十分显著的成效，在促进深化财政改革、规范国家财政管理、健全财政制度法规、提高财政绩效水平等方面都发挥了非常重要的作用。现在，我们国家实行的部门预算、细化预算、国库集中支付等制度，提出要改善财政转移支付结构，逐步扩大一般性转移支付，规范专项转移支付管理，以及加大对民生工程的投入等财政领域的新机制、新措施等，是贯彻党中央、国务院重要方针政策的结果。在这个过程中，审计机关通过揭露问题提出相关的政策建议，对推动上述工作也起了很大的作用。但是，这些年来的财政审计工作还存在一些问题，集中表现在审计力度不够、审计资源分散、审计的层次还不高。为什么讲审计力度不够？主要是由于这些年来我们在很大程度上关注了中央财政本身的预算执行审计工作，相对弱化了转移支付审计和地方财政收支审计。为什么讲审计资源分散？主要是由于我们每年的财政审计都是按照业务司职责划分，由各司分别组织实施，没有进行有效的整合。在特派办也是这样，财政处、农业处、社保处等都审计各自不同的财政资金，虽然都揭示了问题，提出了建议，但这些问题和建议都是从一个侧面提出的，没有着眼于国家财政的整体管理现状，最终的结果导致层次不高。为什么讲审计的层次还不是很高？主要是由于我们通过审计取得了大量信息，但对这些信息没有做到有效整合和综合分析，更没有深度“挖掘”和充分利用审计取得的信息，从如何深化财政体制改革、健全财政法制、提高财政绩效水平，从建立廉洁政府、责任政府、效能政府的高度分析问题，提出建议。

针对审计力度不够、审计资源分散、审计的层次还不是很高的现状，《审计署 2008～2012 年审计工作发展规划》明确提出，要整合资源，构建国家财政审计大格局，要以维护财政安全、防范财政风险、促进深化财政体制改革、规范财政管理，确保国家财政政策得到有效实施为根本目标来开展财政审计工作。按照五年规划的要求，今年我们做一个尝试，将不同业务司负责的财政审计项目整合起来进行集中培训。下面，我讲三点意见：

一、必须进一步充分认识加强财政审计的重要性

我体会，加强财政审计的重要性体现在以下三个方面：

第一，进一步加强财政审计，是审计机关贯彻落实科学发展观的具体行动。毛主席讲，“国家预算是大问题，它规定着政府活动的范围和方向”。毛主席讲的国家预算就是国家公共财政，政府在建立社会主义市场经济体制、搞好宏观调控、实现经济社会政治文化全面协调可持续发展、按照以人为本的要求搞好民生工程构建社会主义和谐社会、加快社会主义新农村建设等方面的工作中，国家财政起着关键性、引导性的作用。如当前应对全球金融危机要刺激经济发展，如果说单一刺激经济发展可以把投资投向“两高一资”产业，但这样就会使资源环境遭到破坏、民生得不到改善、经济结构得不到调整，这样的结果是大家都不愿看到的。所以国家不仅要实行积极的财政政策，而且要通过支出结构调整、税收等具体财政政策措施的引导，使国民经济更加科学发展。审计机关就要通过对财政支出结构、资金使用方向、资金使用结果等方面的审计监督，分析国家财政是否符合科学发展观的要求，是否符合国家宏观调控政策目标。

第二，进一步加强财政审计，是促进廉洁政府、责任政府、效能政府建设的重要组成部分。党的十七大明确指出，要深化政治体制改革和行政管理体制改革，重要目标就是要建设廉洁政府、责任政府、效能政府。这在很大程度上就是从财政上体现出来的。财政作为一种公共产品，在配置使用中是否廉洁、是否有效、是否建立责任追究机制，都关系到建设廉洁政府、责任政府、效能政府目标的实现。如 2008 年第四季度以来中央实行的“扩内需、保增长、调结构”等重大战略决策，在实施中一个很重要的问题，就是“三防”，即防止向“两高一资”投资导致资源环境遭到破坏、防止重复建设、防止腐败。我们促进建设廉洁政府也要关注政府效能问题。政府决策是否科学、合理，程序是否公开透明？决策效率是高还是低？责任机制建立没有？出了问题能不能实行责任追究？财政审计要更多地关注和揭示这方面存在的问题，促进建设廉洁政府、责任政府、效能政府。

第三，进一步深化财政审计，是我们国家推动民主法制建设、民主政治建设的重要方面。政府的诸多行为实质上就是一种财政行为，政府诸多责任的具体体现实质上就是财政责任。政府在履行财政责任，实施财政行为过程中是否做到了依法行政、依法理财？是不是公开透明、公平公正？这本身就是民主法制的体现，是国家民主政治的表现。党的十七大反复强调建设社会主义民主政治，大力推进民主法制建设，我体会在很大程度上集中体现在财政责任、财政行为，当然还有国防、外交等其他方面。现在财政管理和运行中出现的很多问题，必须从体制、机制、制度上加以改革，逐步做到用法、用制度去规范和约束。

二、必须构建起国家财政审计的大格局

什么是国家财政？我理解国家财政就是我们通常说的政府公共财政，也就是政府管的钱，我国现阶段应当说是政府应该管的钱都是国家财政，包括一般预算、基金预算、国有资本经营预算、债务预算等。政府所有的收入和支出都是国家财政的范畴，与之相适应，我们要着力构建国家财政审计大格局。构建国家财政审计大格局必须做到：

第一，必须整合审计计划，实行审计计划的科学管理。审计署及其派出机构每年对国家财政进行审计，总体目标是什么，审计内容和重点是什么，总体上要抓哪几个问题，要在哪些方面提出建议，必须进行整合，统筹研究确定，然后由不同的司局和特派办具体实施和执行。今年在这个方面迈出了一小步，进行了尝试，明年力度还要加大。在审计计划安排上要坚决避免各个项目之间互不搭界、各自为政。

第二，必须整合资源，统一组织。财政审计要围绕五年规划确定的总体目标和年度工作目标，将署机关有关业务司和各个特派办的资源整合起来，统一组织实施。特派办的资源整合工作要加强，各个业务处的力量要统筹调配。署机关业务司也是这样，今年的财政审计工作由大胜同志统筹负责，各个业务司必须按照这个统一安排组织实施，任务交给特派办后要由特派办统一组织实施，到一个省（区、市）去审计也要由一个审计组统筹完成任务，分别拿出专项审计报告。

第三，必须将不同的审计项目或类型实行有效有机结合。如省长经济责任审计与地方财政收支审计，专项转移支付审计与地方财政收支审计，各种基金（如住房公积金、社保基金等）的审计与地方财政收支审计等都必须做到有效有机结合。只有把不同的审计项目有机结合起来，才能够全面准确地反映国家财政特别是中央财政在管理和体制上存在的问题。

第四，必须从财政管理体制、制度和财政绩效这个高度来整合审计信息，充分利用和挖掘审计信息。审计结束后，要按照宏观性、建设性、整体性的要求，从整个国家的财政体制和省以下财政体制、国家财政管理制度、财政政策目标的实现情况等方面充分挖掘审计取得的各类信息，分析问题，提出意见和建议。如果能够真正提出高层次的意见和建议，党中央、国务院就会高度重视，也就能更好地发挥审计的“免疫系统”功能。财政审计要提升水平，必须在审计信息上进行整合，要从深化体制改革、完善转移支付、提高财政绩效水平这个层次上去整合信息，挖掘利用信息。

三、明确责任、全力以赴，高质量、高水平地完成今年的财政审计任务

这个培训班已经把今年财政审计的目标、内容、重点、时间要求讲得很清楚。特派办必须全力以赴搞好各项任务，司里要加强统筹协调。

第一，在思想观念上必须以维护财政安全、防范和化解财政风险为着眼点。

第二，在整个审计过程中必须坚持“两手抓”，一手抓揭露和查处重大违法违规问题和涉嫌经济犯罪案件线索，一手抓揭示和反映财政运行中的体制性障碍、制度性缺陷，以及财政绩效水平不高，没有达到政策预期目标的情况。

第三，必须全面提高审计质量。在今年的财政审计中，不管是对于重大违法违规和经济犯罪线索的揭露和查处，还是对体制、机制、制度性问题的揭示和反映，审计的水平都要上一个层次。

同志们，今年署里大规模组织统筹安排财政审计，一定要结出一个丰硕的成果。特派办有这个能力，署党组也坚信这一点。对今年的整个组织方式和做法，要进一步进行总结，使之不断完善。今年的组织方式也是一种探索，可能在实施中会出现这样或那样的情况，大胜同志统筹负责，各位分管的署领导全力支持，密切协调，财政司、农业司、社保司、外资司等要统筹协调，既要有分工，也要有协作，各位特派员要切实负起责任，一定要抓好落实，并且抓到位。相信通过我们的共同努力，今年的财政审计一定能够取得各方面都满意的成绩，而且能够上一个新的台阶！

在审计新闻宣传工作培训班上的讲话

（2009 年 4 月 13 日）

刘 家 义

这是审计机关成立 20 多年来，审计署第一次举办这么大规模的审计新闻宣传培训班。今天，主要是跟大家交流一些体会。

第一，审计新闻宣传工作非常重要，是我们整个审计工作的一个重要组成部分。要通过审计宣传，把我们工作和队伍建设取得的成效和基本经验，把审计人员在平凡工作岗位中做出的不平凡、可歌可泣的业绩，通过各种渠道、各种方式、各种手段告知于世，传播于众。我体会，审计宣传工作就是要起到这样的作用，达到这样的目的。

这几年来，我们的审计宣传工作发挥了非常积极、重要的作用。通过审计宣传，向党中央、国务院和地方各级党委政府如实、客观、准确地报告了审计工作情况，向全国人民如实、客观、准确地反映了审计工作情况。通过这种反映，审计监督与新闻舆论监督有机地结合起来，使审计监督的作用得到更大程度的发挥，也使我们的审计工作和审计队伍建设自觉地置于人民群众的监督之下。我们的审计工作是做什么的、做了些什么、做的结果如何，都要通过审计新闻宣传向全国人民报告。经过 20 多年的实践，我们对审计新闻宣传工作的规律进行了初步探索和总结，积累了一些很好的经验。我们各级审计机关从事新闻宣传工作的同志做出了艰苦的、积极不懈的努力，为推进审计工作发挥了重要的作用。在此，我代表审计署党组和全体审计人员向你们这些既从事审计工作又战斗在宣传工作第一线的同志们表示衷心的祝贺和感谢！

为什么审计署现在要召开一个新闻宣传工作会议？目的就是使全体审计干部，各级审计机关的领导同志，特别是主要领导同志都要高度认识加强审计宣传工作的重要性。这种重要性到底在哪里？就是它关系到我们审计的作用能够发挥到多大程度。审计监督只有与人民群众的监督、与新闻舆论的监督密切结合起来，并自觉融入人民群众的监督与新闻舆论的监督之下，才能够真正发挥它的法定作用，才能够真正发挥在推进民主法治建设和保障国家经济社会健康运行中的“免疫系统”功能。为什么这么说？因为实施一个审计项目，它所起到的作用还只体现在被审计的这一个单位、这一个项目上。但是，如果加强宣传，就能够起到举一反三的作用，包括对某些人起到促进作用，对某些人起到威慑作用，对某些人起到借鉴作用。这种宣传效果与单纯下一个审计决定、发一个审计建议函是不可同日而语的。

我们审计是干什么的、干了些什么、怎么干的，干的结果如何，都应当向人民群众做出一个明白无误的交代。通过什么方式交代呢？向人大常委会作审计工作报告，是一个方式。还有一个方式就是通过各种渠道进行新闻宣传，向老百姓报告我们是干什么的、正在干的工作是什么和干的结果如何。同时这也就使我们的工作自觉地置于人民群众的监督之下，接受他们的监督，接受他们的考量。

我们的审计工作要想得到最广大人民群众的理解和支持，要靠审计新闻宣传工作。我们可以回顾一下新中国审计工作的发展历史，审计机关刚刚成立的时候，人民群众对于审计是干什么的普遍都不知道。经过这些年的发展，审计机关的社会影响、社会地位发生了很大的改变，或者说发生了根本性的变化，审计发挥的作用越来越大。就说 2008 年一年中，特别是在汶川大地震抗震救灾以后，国务院相关部门在拟定很多政策制度之前，国务院领导同志都要求这些部门先听听审计署的意见，看政策制度该怎么定。同志们可以想一想，审计的这个影响、这个作用该有多大！在今年“两会”期间，同志们可以从媒体上看到，“审计”和“跟踪审计”这两个词出现的频率有多高！为什么会这样呢？原因很多：一个是党中央、国务院和地方各级党委、政府对审计工作重视；另一个是我们这25年来艰苦不懈的努力，使审计工作发挥了作用；再有一个，也是很重要的一个原因就是我们加强了审计宣传工作，使党和人民了解了审计、信任审计，认识到审计能够起到其他任何部门起不到的作用，是不可替代的。所以总理讲，审计是国家政治制度不可缺少的重要组成部分。为什么是不可缺少的？就是说其他任何一个制度、机制都不能取代审计。审计既然是不可缺少的，就需要让人民更多地了解。比如2008年，全国审计机关把抗震救灾审计作为当时审计工作的重中之重，动用了12000多名审计干部，对8000多个单位进行了跟踪审计。在整个审计过程中，我们的新闻宣传工作也是跟踪进行的。通过跟踪采访和报道，通过审计公告，加强了新闻宣传，使老百姓对自己的捐款感到放心，这是给了老百姓一颗定心丸。各级各部门各单位加强了对救灾款物的管理，哪个地方出现一点问题，人民群众都会看得到，这就将审计监督与人民群众监督、与新闻舆论监督融为了一体。

2008年抗震救灾审计的效果非常好，党中央、国务院和人民群众给予了充分肯定。之所以会这样，就是通过审计等各方面的监督，整个抗震救灾资金物资没有发生大问题，实现了我们当初提出的不出问题、少出问题、至少不出大问题的审计目标。如果抗震救灾资金物资单靠我们审计机关去审计、去监督，我们把全部8万名审计人员都投进去也解决不了问题。实际上，我们投入到核心部门的也就千多人。千多人为什么会发挥这么大的作用？就是因为我们的审计监督与人民群众的监督结合起来了。我们将审计的结果及时公告，对审计的情况进行跟踪报道宣传，让老百姓和我们一起进行监督，同时也让老百姓知道审计机关在抗震救灾资金物资审计过程中是如何做的。

任何时候都不能把我们的审计工作单纯看做是我们审计人员的工作，绝不能局限在这个范围，不能说仅仅是我们审计人员做的工作才是监督工作。如果我们审计机关孤军奋战，审计工作能做得好吗？在今年2月份的新闻发布会上，有记者问为什么审计查处的一些问题屡查屡犯。我回答时讲了两条：第一，你屡犯我屡查；第二，有些问题是属于制度性的问题，要想解决就必须通过我们的审计促进制度的改进和完善。实际上还有第三条，也是更重要的一条，即人民群众的监督、民主政治没有完全跟上。如果让人民群众的监督到位了，民主政治进一步推进了，这些屡审屡犯的问题是会得到解决的。

审计新闻宣传工作，在审计工作中有着十分重要的作用，有着其他方面工作所不可替代的作用，而且具有倍增效应。为什么这么说呢？我讲一个例子，2008年抗震救灾审计中我们公告了三个案例。这三个案例反映的问题并不很典型、很突出，但在当时的情况下，也足以让人民群众十分憎恶。如果我们当时把这三个案例所反映的问题仅仅处理几个责任人而不向社会进行公告，那发挥的效果就要大打折扣。然而把它向社会公告了，实际上就是一种宣传，在社会上起到了惩戒和整治的作用。有些地方的同志告诉我，他们那里也出现了类似于我们公告的案例中所披露的问题，在我们的这三个案例公告以后，这些地方赶快就纠正了。这就很好，说明公告起到了应有的惩戒、整治作用。同时，公告也使老百姓对捐款更放心了，因为有人监督，能够保证捐款用于灾区、用于灾民。另外，通过这种宣传，也使老百姓的监督意识增强了。

我们各级审计机关的领导同志特别是主要领导同志，一定不要把新闻宣传工作看做是一种负担，是一项额外的工作。我们一定要充分认识到新闻宣传工作的重要性，牢牢把握住新闻宣传工作的主动权。一个能够驾驭全局、工作能力很强的领导人，一定高度重视新闻宣传工作，而且驾驭新闻宣传工作的能力也一定非常强。

第二，我想讲一讲审计新闻宣传工作的方针。党中央关于新闻舆论工作有明确的规定，其方针、目标、政策十分清楚，我们要坚决贯彻执行。在审计新闻宣传工作中，要坚持的基本方针是什么？

就是要以邓小平理论、“三个代表”重要思想为指导，坚持在各级审计机关党组的领导下，以科学发展观为灵魂和指南，紧紧围绕审计工作中心，服务审计工作大局，认真贯彻党的宣传工作方针、政策，实现党的宣传工作目标和我们审计工作的目标。这就是我们审计宣传工作的基本方针。

宣传舆论工作，绝不允许脱离党的领导和党的组织领导，绝不允许背离党的宣传工作方针政策。有人讲，宣传舆论的自由度应该很高。要我说，任何自由度都是相对而言的。西方媒体的自由度高不高，但他们的新闻报道要是背离了本国的法律、危及了国家利益、违背了新闻职业道德，能允许吗？绝对是不允许的。

我们讲的新闻宣传自由度要高，针对的是什么呢？是针对我们的宣传舆论工作而不是信息简报工作，宣传舆论工作是自由度非常高的。但我们现在总是容易把宣传舆论工作搞成信息简报工作。在审计新闻宣传工作中，如果不能把审计署党组、各级审计机关党组的一些方针政策和意图宣传出去，不能把我们审计工作的好做法和好经验宣传出去，不能把我们干了些什么、干得怎么样、发挥作用如何宣传出去，那么审计新闻宣传工作就是没发挥好应有的作用。所以，审计新闻宣传工作首先要坚持这一基本方针。

第三，关于审计新闻宣传工作的内容。审计新闻宣传工作的主要内容：一是社会主义核心价值观在审计工作中如何贯彻、如何体现。二是审计机关如何贯彻落实科学发展观，牢固树立科学的审计理念，充分发挥审计的“免疫系统”功能。在审计工作中如何贯彻、实践和落实科学发展观。三是如何依法履行审计职责及其效果如何。依法履行审计职责的情况，包括是否依法履行职责、职责履行得怎样。比如说当前，在“保发展、保增长、保民生、调结构、扩内需”的过程中，审计工作干了什么、怎么干的、干的结果如何。我们一直强调，在依法履行职责的同时，要“两手抓”，即一手抓加大力度严肃揭露和查处重大违法违规问题和经济犯罪案件线索，一手抓加大力度揭示和反映体制性障碍、制度性缺陷、重大管理漏洞，促进高效政府、廉洁政府、责任政府的建立。四是审计机关的党风廉政建设情况和依法审计能力的状况。包括如何加强党风廉政建设、党风廉政建设的状况如何、依法审计的能力状况如何、我们的审计职业道德状况如何、以“责任、忠诚、依法、独立、清廉”为重点的审计文化建设搞得如何，以及审计队伍中的先进事迹和先进人物。五是审计工作的经验、规律，在民主法制建设和经济社会建设中审计工作所处的位置和发挥的作用。

第四，关于审计新闻宣传工作的方式。总的要做到灵活多样、百花齐放、喜闻乐见。为什么呢？现在的审计新闻宣传工作，给人总的感觉是比较沉闷、比较呆板、比较固化，一些很活跃、为广大人民群众所喜闻乐见的审计宣传内容偏少，审计宣传的方式还比较公式化，和编写的信息简报差不多。在审计宣传方式上，要做到以下四点：

一要围绕中心、突出重点。我们审计宣传涉及的方面应当很多，刚才我讲了作为重点的五个方面，是不是这五个方面同时都要面面俱到？不一定，这五个方面在不同的时期要有不同的侧重。比如说当前，我们审计机关最核心的任务是践行科学发展观，而践行科学发展观最集中的体现是什么？是“一条主线”。在今年年初全国审计工作会议上，我们提出首先要贯彻“一条主线”。为什么要贯彻这“一条主线”？应对国际金融危机的影响，保持经济平稳较快发展是前提，是基础。没有这个前提，没有这个基础，其他的一切都谈不上。所以，我们审计机关就要践行科学发展观，加大审计监督力度，为应对金融危机的影响，促进经济平稳较快发展发挥作用。这就是我们的重点、我们的中心。如果审计新闻宣传工作脱离了这个中心、脱离了这个重点，即使做得再多，也难以发挥应有的作用。

围绕中心、抓住重点，审计机关具体要做什么呢？我们既不可能去制定某一项经济政策，也不可能去具体实施积极的财政政策和宽松的货币政策，也不可能去具体地组织实现十大产业振兴规划。我们干什么？我们要有预见性地了解情况，如实地反映情况，提出有针对性的建议，这就是审计机关的职责。我们不是说要发挥审计的“免疫系统”功能首先要最早地感受风险吗？怎么感受呢？比如，在贯彻落实“保发展、保民生、保增长、扩内需、调结构”的方针政策中，中央和地方各级政府都安排了大量投资，这些资金用得怎么样、效果如何，在使用中是否存在高污染、高耗能和产能过剩这种“两高一过剩”的问题，情况如何，是否促进了民生的改善、对就业的增长情况如何，对这些问题都要跟进审计，还要公告、宣传传播出去。只有这样，审计的作用才能发挥得更好。

二要改变方式。我们必须要改变单一的事后宣传报道的方式，多进行跟踪报道、跟踪宣传，当然事后报道也不能放弃，总之要多种形式密切结合。按照署里的要求，办公厅去年组织抗震救灾审计记者采访团，到灾区实地采访审计组，效果就很好。前一段时间办公厅又组织了对病险水库除险加固工程审计调查情况的跟踪报道，效果也很好。同志们可能都注意了，现在记者写的审计报道和一两年前写的不一样了，很感人，很真实，业内人士愿意读，业外人士也喜欢看。为什么会这样？就是因为记者是跟踪到了审计现场，实际了解了审计机关在做什么，理解了审计人员为什么要这样做。在这种了解和理解的基础上，带着感情写出来的稿件，才更有真实性和真切感。这才叫新闻哪！过去我们认为新闻是对已经发生的事情进行客观报道，其实那不是新闻，新闻是对正在发生的事情进行客观报道。所以各级审计机关要真正充分利用好新闻宣传这个资源。

三要通过多种渠道。目前，我们开展审计新闻宣传工作，主要是利用审计署门户网站、《中国审计报》和《中国审计》杂志，这些都是很好的渠道。但是仅限于此是远远不够的。因为《中国审计报》、《中国审计》杂志的受众对象毕竟主要还是审计工作者。在《中国审计报》和《中国审计》杂志上介绍一些审计技术方法、经验做法，对我们审计工作者来说是很有学习借鉴意义的。如果需要宣传审计工作更宏观、更全局的东西，比如说审计是怎么保发展、保增长、保民生的，做了什么工作，发挥了什么作用，通过审计媒体以外的其他媒体，可能产生的效果就更好。有些是公开的媒体，有些是非公开的媒体，比如说，新华社的动态清样、内参以及我们内部的《审计简报》《重要审计情况》《重要信息要目》等。我们一方面要通过内部各种渠道向各级党委政府传递审计信息，另一方面要通过各种外部渠道向广大人民群众传递审计信息，这样审计信息宣传的渠道就打开了。

四要灵活多样。审计新闻宣传工作要组织采访报道，这是一种很好的形式，也是一种传统的形式。其他形式需不需要，肯定需要。比如在一个时期，有组织、有计划地举行新闻发布会。我们的新闻发言人制度一定要建立起来，而且要发挥好它的作用。在这方面，审计署做得不是太好。我们为什么不可以定期举行新闻发言人发布会？对此办公厅要好好研究。我们可以确定几个发言人，包括一些司局长乃至一些处长，也可以有组织、有计划地安排一些司局长、处长出席新闻发布会。我们还可以考虑创作一些诗歌、散文、小说、电影、电视剧等，这些也都是非常好的宣传形式。希望各级审计机关在加强审计文化建设中考虑以上提到的这些问题。有一次我到江苏省审计厅看了一场晚会，搞得非常活跃，全都是审计人员自编自演，反映的是审计人员在现实工作生活中平凡的事例，我看了非常受感动。再比如诗歌。现在一些审计人员写出来的诗歌，我认为比一些诗人写得都要好。总之，要通过各种创作，反映审计人员的工作和生活。我们审计人员不能整天沉浸在查阅账本、琢磨“借贷”关系和财务数据当中，可以也应当搞些文艺创作，这样既宣传了我们的审计工作，同时也锻炼了我们的思维，培养了我们的情趣，陶冶了我们的情操。通过这种情操的陶冶，有利于我们把审计工作做得更好。我们审计机关为什么不可以组织一些文艺创作，编写出一些反映审计人员工作、学习、生活的有真情实感的作品呢？审计新闻宣传工作其实也是思想政治工作，不要认为思想政治工作就是光讲大道理。

第五，要培养一支以全体审计人员为基础的热爱审计工作、乐于奉献的高素质审计新闻宣传队伍。首先要以全体审计人员作为基础，在全体审计人员都重视、都积极自觉参与审计新闻宣传工作的前提下，才能培养一支热爱审计工作、乐于奉献的高素质审计新闻宣传队伍。我们要开动脑筋，多出思路，要联络社会上多方面的专业人士，建立一支一流的评论员队伍。我们的很多工作做出来或写出来以后，自己也可以进行评论，有很多同志都会写评论。最近，中国时代经济出版社给了我一本书稿看。一口气读完，可读性十分强，很有吸引力。这个书稿写的是抗震救灾资金审计情况，写得非常真实，而且非常感人。为什么写得这么感人，这么真实？因为作者深入到灾区，深入到审计人员当中，进行了为期70天的采访，搜集了大量的第一手资料，亲身感受了审计人员是怎么做的，最终形成了20多万字的书稿。像这样的作品，大家一定都喜欢读。我们审计人员的知识面要广，不然就不能更好地胜任工作。比如对能源安全问题，如果审计人员只懂得“借”和“贷”，光看法规应用的准确不准确，只知道国际价格上涨，我们财政多补贴了多少钱，那是提不出建设性、前瞻性意见的，如果长期这样，就不能真正地实现科学审计理念，不能充分发挥审计保障经济社会健康运行的“免疫系统”功能。

审计新闻宣传工作是审计工作的重要组成部分，承担着艰巨的任务，那就是要把我们依法审计的情况、践行科学发展观的情况、队伍建设情况，以及审计人员在平凡工作岗位上做出的不平凡的业绩的各种情况，通过各种方式、各种渠道广而告之，传达给社会公众，就能够发挥倍增效应，使审计监督与人民群众监督、新闻舆论监督融为一体，推进审计事业的科学发展。我们从事审计新闻宣传工作的同志责任重大。希望各级审计机关领导同志，尤其是一把手要高度重视审计新闻宣传工作，亲自去抓，亲自出题目，亲自研究和指导，让从事这项工作的同志们在更好的环境下把这项工作做得好些、再好些。

谢谢大家！

在全国审计机关党风廉政建设工作会议上的总结讲话

（2009年3月27日）

令狐安

同志们：

在昨天的大会上，家义同志作的重要讲话和安国同志作的工作报告，全面总结了去年审计系统在党风廉政方面取得的主要成果和存在的突出问题，并对今年的党风廉政建设工作任务提出了明确要求，讲得非常透彻。会议期间还有8名同志代表地方审计机关和审计署派出机构，就本单位开展党风廉政建设的经验、成果作了很好的介绍。听了以后很受启发，相信与会同志们和我感受相同。

关于这次会议精神的贯彻，希望大家结合认真学习胡锦涛同志在十七届中央纪委第三次全会、温家宝总理在国务院第二次廉政工作会议上的重要讲话精神和贺国强同志在全会上的工作报告，从审计机关和各地的实际情况出发，结合当地党委、纪委和政府提出的要求、任务，丰富和完善党风廉政建设的各项措施，提出落实意见。我今天主要想强调两点：

一、要把制度建设作为加强党风廉政建设的重要保证，认真建立健全

两位领导的讲话和8个单位的典型经验介绍，我看都突出了制度建设的要求，这是一项带有根本性的措施。制度建设包括很多内容，我在这里不再重复，只想强调一条，就是公开，权力必须在阳光下运行。无论是从国内还是国际来讲，很多经验教训都归结出一条，公开是最好的监督，公开既是一项重要的制度保证，又是促使其他各项监督制度全面落实的重要渠道和手段。

我们党和政府非常重视廉政建设，多年来也取得了很好的效果，但还存在许多不尽如人意的地方。我个人感觉监督薄弱是一个相当重要的原因。监督方面的制度建设有缺陷是带有致命性的。相比而言，自上而下的监督比较健全，自下而上的监督比较薄弱。而要实现自下而上的监督，就必须要有信息的公开，没有这一条，下级无法监督上级，群众无法监督领导。审计监督也是同样的道理。所以我们要把公开和阳光作为制度建设的重要要求去重视和落实。

审计的政务公开包括两个方面，一方面包括审计规定、程序、要求、审计纪律等；还有一个方面就是审计结果公告。两个方面相辅相成，都属于审计政务公开的重要内容，都不可忽视。今天我听了8个单位的经验介绍很有感受。像北京市审计局介绍的崇文区审计局的经验，通过查找，处级干部有55个风险点，科级干部有63个风险点，科员有156个风险点，审计组长有8个风险点；局机关有5个风险点，科室有24个风险点，加起来共311个风险点。如果全靠自上而下的监督，工作量很大，很难保证不出问题。从这几年审计实践看，真正审计搞错了，类似冤假错案的，我看不多。出问题主要是出在廉政问题上，虽然数量不多，和其他行业相比较少，但也出现了像受贿、收受贵重礼物、利用审计权力"放水"而获取好处等问题。有这么多风险点，提出这么多防控措施，如果没有自下而上的监督，广大审计人员的监督，被审计单位的监督，社会舆论的监督，这些自上而下的防控措施也很难完全落到实处。所以下级监督上级，百姓监督领导，前提是信息公开。作为审计机关应该带头贯彻政府政务公开的有关规定，有计划有步骤地迈出步伐。在这两个方面我们审计机关都存在欠缺，审计公告方面存在的欠缺可能更多一些。出于各种原因，一些审计结果无法公告、不能公告，说老实话，是丑媳妇见不得公婆，是一些领导机关存在的不规范行为见不得人民群众，公告了以后很不好看，所以只好不公告、缓公告，或改正了再公告。但是人是有惰性的，只要不公告不公开，有些部门和领导就不会去整改。这几年各级审计机关着力推动审计公告的实践突出说明，必须坚定不移地有计划有步骤地实施审计公告。实施审计公告对审计机关本身也是有力的监督。你的审计质量怎么样，真实性怎么样，其中有没有"放水"？这样做才会得到下级、被审计单位和社会舆论的有力监督，对我们自身的廉政建设也是强有力的促进。

青岛市审计局的三个领导干部公示制度走到了全国的前面。审计局领导干部重要活动每周公示，重大事项、个人收入半年公示，个人住房及配偶子女从业情况年终公示，全局11名副局以上领导干部的房屋买卖置换，配偶子女从业，婚姻变化等资料都录入系统实施动态监管。现在的领导干部个人有关事项报告制度规定仅报告未独立生活子女的情况，真正出问题的是从业的子女利用领导的影响进行权力寻租。所以说青岛市审计局不简单。青岛市的审计公告已经实施了36期，涉及项目70多个，达到当年项目数的80%，真正将审计质量管理和廉政建设纳入公众的监督之下。我看青岛市审计局的经验很值得各级审计机关认真学习借鉴。当然这项工作必须有步骤有计划地开展，逐步完善成熟，逐步变得更加科学、合理、透明、及时、有效。建立这样的审计公开制度和社会监督制度，是一个说起来容易做起来困难的事情，但是我们必须坚定不移地朝这个方向努力。这个问题解决好了，整个监督制度体系的薄弱环节就可以得到有力加强。

各级审计机关都制定了许多制度，其他党政机关也是一样，但老百姓还是不完全满意。为什么？就是落实上有差距。为什么落实上有差距？就是监督不完全得力。为什么监督还不完全得力？就是因为不够公开、透明、阳光。所以下级无法有效监督上级，群众无法有效监督领导。人民无法及时掌握信息，要害就在这个地方。

二、要把树立正确的价值观作为加强党风廉政建设的基础性工作抓好抓实

我个人体会，再好的制度和再完善的监督措施最终都需要靠人去落实。能不能真正落实，能不能真正负起责任来，关键在于要树立正确的社会主义核心价值观。其中，最突出的就是要不断坚定社会主义理想信念，这是一个要害。特别是各级领导干部的价值取向是带有导向性的，会对一个单位、部门、地方和系统的队伍、班子和群众产生重大影响。领导干部如果说一套做一套，说的是廉政勤政，干的是权力寻租，下面的干部就会跟着干。这几年我们出现的一些案件，在全国有重大影响的，像湖南的郴州，市委书记、纪委书记等6名市级领导都在经济上犯了重大错误。其中纪委书记在老百姓中产生的恶劣影响比市委书记还大，他甚至以"双规"手段去敛财，简直匪夷所思。有些领导干部的价值观取向彻底变了，用老百姓的话来讲，就是说的比唱的还好听。近日我调研路过郴州汝城县，听到干部群众对郴州市领导班子的问题反映很强烈，那是红军老根据地啊，毛主席在那儿当过湘南地委书记。我在一个单位调研时，在一个理发馆里听到职工申诉他们的不满和委屈，当然我没有表态，也没核实。这些人穿的破衣烂衫，家里也不像样子，他们感受不到多少改革开放的成果。我不敢说在这个单位所有的政策都没落实，中央提出的“三个代表”、科学发展观很好，但这里的一些群众感受不一样。所以我说一个地方、一个行业、一个单位，如果领导干部的价值取向变了，行为就变了，尽管他说的好听。像过去的国民党嘴上讲三民主义，每天早上背总理遗嘱，但实际行为和恶习完全反其道而行之，我们的根据地却成为全国人民群众向往的地方。我们绝不能重蹈国民党的覆辙。所以贯彻“三个代表”重要思想和科学发展观，关键是落实。而能不能真正落实，首先在于各级领导干部的价值观取向。除了郴州还有其他地方，如几年前黑龙江的绥化市，郑筱萸时期的食品药品监督管理局，犯错误的人有多少？现在社会上的诱惑太多了，无孔不入。所以我们各级审计机关对价值观的教育、对理想信念的教育一刻也不能放松。

在这里，我对加强价值观教育提一点建议。鉴于目前我国城乡之间、各地区之间发展存在的巨大差距，可以组织审计干部深入到一些贫困地区、困难单位、穷苦群众家里走一走，看一看。我们不少特派办和审计厅（局）都有扶贫点。除了经济上扶贫外，可以组织干部深入基层，真正听听群众讲什么，有什么要求。他爱什么、恨什么、想什么，然后反思我们的思想境界如何，工作应该注意什么，始终把人民群众的根本利益、切身利益放在心上，促使我们审计机关的风气始终保持健康向上。去年我到四川地震灾区，所有的重灾区都去了，非常受教育。成都特派办、四川省审计厅、重庆特派办、昆明特派办长期在那儿审计，体会比我更加深刻。这次灾害损失非常巨大，但在救灾中，风气也发生了很大变化。我在那儿写了一首打油诗：“各级接待真无宴，乐见川中风气变。顿顿干粮就矿泉，天天白水伴盒饭。迎来不必小车接，送往何须大礼献。时过最怕返旧俗，恶习又把膏脂眷。”我不是说今后接待都吃盒饭，但希望艰苦奋斗的风气和精神能永远保持下来。

我提出这个建议，讲这些事，意思就是我们时时刻刻不要忘记根本，这个根本就是人民群众。很多事单靠审计机关不可能完全解决，但是我们应当尽量地多做一些好事，少做一些老百姓看着生气的事。我们做每件事的时候都应该尽量考虑人民群众是不是真的喜欢，而不是从官员的角度去考虑上级是不是喜欢，同级是不是喜欢。长沙特派办出的事，站在人民群众的角度去考虑是一回事，站在官员的角度去考虑就是另外一回事，结论完全不同。办里一些同志想不开，说人家房子比我们盖得还大，比我们还好，补了几个钱就住进去了，我们为什么不行啊？所以价值观的问题，说着容易做着难，关键在于落实。价值观问题就得常提醒，抓落实。我们共产党人绝不能变成过去的国民党，嘴上说的是“三个代表”，实际行的是另一套，一定要真正永葆立党为公、执政为民的本色。

最后，我讲一件事。按照中央要求，今年要在全国范围开展清理“小金库”工作。审计机关作为参与此项工作的监督机关和领导成员，要先行一步。建议我们各级审计机关、各派出机构在去年财务自查的基础上，进一步主动进行清理，有问题早点改正。自身不干净，你有什么资格去说别人。虽然审计机关总的来说党风廉政建设搞得不错，但不是没有问题。这几年，我们对离任的审计厅（局）长和特派员进行经济责任审计的时候发现，我们审计别人的一些问题，在审计机关内部同样不同程度地存在。但因为没人监督我们、公告我们，就习以为常。在这次会议上，家义同志和安国同志代表署党组表示，审计署要带头向社会公告的有关要求，我坚决拥护。不然这么多中央部门对社会公告了，凭什么审计署不公告？虽然现在没有明确由哪个部门来审计我们、定期公告我们，但我们可以先做起来，下一步再规范，这个事确实不能等。公开、阳光，主动接受社会监督对我们加强自身建设很有好处。

这次会议精神主要是按照家义同志的讲话和安国同志的报告去贯彻。今天我讲的两点意见仅供参考。

总结经验　开拓进取　努力开创资源环境审计新局面

——在2009年资源环境审计培训班上的讲话

(2009年3月6日)

董大胜

同志们：

上午好。根据审计署2009年审计项目计划和审计培训计划，为了加强干部队伍建设，为审计系统培养更多的资源环境审计人才，进一步做好资源环境审计工作，圆满完成今年审计工作任务，我们举办这次资源环境审计培训班。使我感到特别高兴的是，这次培训班有很多来自地方审计机关的同志，审计署这几年举办有这么多地方审计机关同志参加的培训班不是很多。前不久，审计署在开展学习实践科学发展观活动中，我们查找署党组在工作上存在的差距，其中一个差距就是在主管全国审计工作方面，对地方审计机关的工作指导还不够有力，我们举办这次培训班，也是审计署学习实践科学发展观对查找出问题进行整改的一个实际举措。通过这次培训班，对于我们认真学习实践科学发展观，认真贯彻全国审计工作会议精神，充分认识当前资源环境审计面临的形势和任务，学习掌握资源环境审计的一些理论基础知识和相关的政策法规，都会有很重要的帮助和推动作用。在这个培训班上，我们要对去年的资源环境审计工作进行总结，对今年资源环境审计各个项目的审计方案进行讲解。在署里，按照党组的分工，令狐安同志分管资源环境审计工作，因为最近他到外地出差和开会，临走之前，特意委托我到这个培训班上来讲一讲。今天，我主要讲三个问题：

一、2008年资源环境审计工作取得明显成绩

2008年，全国各级审计机关在审计署和地方党委政府的领导下，深入贯彻落实科学发展观以及党中央关于推进生态文明建设的要求，紧紧围绕国家资源管理与环境保护工作的中心，积极开展资源环境审计，不断创新审计的方式和方法，努力提高审计质量和工作水平，较好地完成了各项审计任务，为维护国家资源环境安全，落实节约资源和保护环境的基本国策，促进经济社会又好又快发展发挥了重要作用。

(一)组织6个特派办开展了环渤海13市水污染防治资金审计调查，促进了国家关于海洋环境保护相关政策的落实和环渤海地区经济社会的可持续发展。通过审计调查，共查出违规挪用和少征水污染防治资金等问题金额11.85亿元，向国务院上报7篇《重要信息要目》和3篇简报通讯，向环境保护部、国家海洋局等相关部委转送了5份信息；反映了渤海局部海域的生态环境恶化速度有所减缓、水质有一定改善，但总体上海域污染面积仍然在不断扩大，这是我们调查的一个结论。污染加重的主要原因是渤海的环境保护缺少总体规划、渤海海域的整体开发利用缺乏控制计划、违法违规用海问题突出、海洋倾倒废弃物管理薄弱、海域使用金使用方向不明确、海洋执法不到位，13市污水处理能力不足、部分污水和垃圾处理设施以及企业排放不达标等。我们提出了要统筹规划渤海开发利用和环境保护工作，加大产业结构调整、工业污染治理和污水处理设施建设力度，加强用海管理和海洋执法的建议。这个报告最近就要上报国务院。审计结束后，国家海洋局等部门出台和完善了加强围填海、用海和海洋倾倒废弃物管理的一系列政策制度。地方政府及有关部门正积极进行整改，加强了渤海环境保护工作。

（二）组织 14 个特派办开展了“三河三湖”2001 年至 2007 年水污染防治绩效专项审计调查，促进了“三河三湖”水污染防治工作的顺利实施。通过审计调查，共查出违规挪用、骗取和少征水污染防治资金等问题金额 75.81 亿元，向国务院报送了 3 篇《审计要情》、16 篇《重要信息要目》和 1 篇《审计署值班信息》，向环境保护部等相关单位转送了 7 份信息；反映了“三河三湖”整体水质污染依然严重的状况，揭示了水污染防治各部门之间协调不够、配合不够、相关处罚标准偏低、环保审批前置制度不完善、生态环境补偿机制未有效建立、水污染防治统计和考核指标体系不完善、水污染防治五年规划指导性不强、环保部门未认真履行监管职责等问题，提出了改革现行水污染防治管理体制、完善水污染防治的政策措施、增强水污染防治规划的执行力，以及加大水污染防治资金的投入和监管等审计建议。审计结果引起了各级政府和有关部门的高度重视，目前正在积极进行整改。

（三）组织 12 个特派办开展了 41 户重点耗能和重点监控污染企业 2006 年至 2007 年节能减排情况专项审计调查，促进了中央企业切实执行节能减排政策、加强环境保护工作。通过审计调查，共向国务院上报审计署值班信息 1 份、重要信息要目 3 份，向有关单位转送信息 1 份；反映了节能减排工作任重道远的状况，揭示了高耗能和高污染企业增速过快，部分企业污染物排放超标严重难以完成减排任务，未能落实节能减排措施，非法转移、填埋、堆放危险废物和不当处置工业废料，以及能源消耗和污染物排放统计不准确、环保部门人为调整环境统计数据等问题。审计情况上报后，有关部门和企业高度重视，正积极采取措施进行整改。

（四）在国家重点建设资金和重大建设项目审计中积极开展环境相关内容的审计，促进了建设项目加强环境保护，减少污染排放。其中，在 17 省（市）电力建设情况专项审计调查、18 个重点电力建设项目审计和金沙江溪洛渡水电站项目审计中，重点关注了落实节能减排、“上大压小”、控制高耗能高污染项目投资等政策，以及环境保护“三同时”制度确定的环境保护措施的情况，揭示了一些电厂不安装脱硫设施、随意向江河湖海排放冷却水、废水和违规处置废料，个别省份违规建设“小火电”、擅自对高耗能企业实行电价优惠，个别建设项目未按要求建设环保设施和落实环保措施的问题；审计结束后，向国务院上报 1 篇《重要信息要目》。此外，我们在领导干部经济责任审计中，重点关注了履行环保职责、土地转让、房地产开发、环境保护和节能减排等方面情况；在财政支农资金审计中，重点关注了农村生态环境建设和面源污染治理等情况。

（五）地方各级审计机关积极围绕当地经济社会可持续发展开展资源环境审计，取得了良好的审计成果。2008 年，据不完全统计，地方审计机关共开展了 36 个审计或审计调查项目（包括 14 个资源审计项目和 22 个环境审计项目），主要涉及土地出让金、水利资金、天然林保护资金和排污费等。还有一些地方尝试对过去很少涉及的新领域进行了探索性审计。如湖南省审计厅和北京市审计局对矿产资源、江苏省审计厅对生物能源秸秆气化集中供气项目、浙江省审计厅对重点生态公益林的生态环境影响等分别开展了审计或审计调查，取得了较好的审计成果，丰富了我国资源环境审计的实践，拓宽了审计的领域，积累了一些审计经验。这些都是在资源环境审计方面很好的一些探索，表明了今后资源环境审计的发展方向。

（六）认真履行亚洲审计组织环境审计委员会主席职责，积极参与环境审计的国际交流。通过这样一些活动，扩大了中国环境审计的国际影响。2008 年，审计署当选为 2010 年在南非举行的世界审计组织第二十届大会第二个主议题“环境审计与可持续发展”的主席。这是审计署历史上第一次进入世界审计组织核心事务并担任大会主议题的主席，我们要承担这个主议题的研究任务，要起草一系列的文件、研究成果，会议上还要通过一些关于环境审计的决议。我们在做好中国审计实务的同时，还要积极参与国际审计上一些理论和实践课题的研究，要组织全球一百七八十个国家一起进行讨论，这是我们今明两年资源环境审计的一个很重要的任务，任务十分艰巨。2007 年在墨西哥第十九届大会上中国当选为理事国，

2010年中国将在南非大会上成为第一副主席，2013年世界审计组织大会将在中国举办，我们将成为主席，任主席三年之后我们还可以做三年副主席，之后还要做三年理事国，就是说在今后十几年的时间内，中国可以在世界审计组织内有比较核心的话语权。这也是中国参与国际审计事务很重要的一个事情。2008年，我们在浙江还成功地举办了有亚洲32个国家和中国香港、澳门地区69名代表参加的亚洲审计组织环境审计研讨班。我们在杭州西湖边上这样一个环境优美的地方办这样一个研讨班，表明中国的环境保护确实取得了很大成果。2010年世界环境审计大会将在中国举行，那个会的规模更大，我们不仅要选好地方、办好会务，还要拿出我们环境审计的经验，与各国的同行进行交流。如果说我们在其他审计方面比如说在绩效审计方面可能和世界发达国家有些差距，那么我们在环境审计方面可以比较快地起步，走在世界审计的前列，我们完全应该有这个信心。2008年我们还完成了亚洲审计组织“环境审计指南”研究项目组安排的水污染防治审计部分的写作任务；我们还认真履行了亚洲审计组织环境审计委员会秘书处各项工作职责，编撰了用于国际交流的《中国环境审计概况》宣传册。

从2008年资源环境审计工作的情况来看，有这么几个突出的特点：

第一个特点，环境审计已经在审计系统日益深入人心。环境审计我们讲了很多年，但最近几年环境审计应该说是渐入佳境，越来越走上了一个快速发展的轨道。大家对环境审计不仅在认识上比较高度一致，而且在行动上也在积极开展。它已经成为全署各个司局一个共同的任务，它不仅仅是农业与资源环保审计司的任务，在各个司局的其他审计项目中也都体现了环境审计的内容。比如我们搞省长经济责任审计，要涉及环境审计，要检查省长履行环境保护职责的情况怎样，这是省长经济责任审计评价的一项很重要的内容。还有土地政策的执行、土地出让金的管理，这也是省长经济责任审计的一个很重要的内容；这几年的外资审计主要在搞环境审计方面的内容；企业审计也在注重企业的节能减排，投资项目审计也在关注建设项目的环境评价、对环境的影响、环保措施的执行等。所以，环境审计确实在审计署的各个专业审计领域都已经深入人心，并且都已经在积极实践，取得了成绩。

第二个特点，环境审计是与其他类型的审计紧密结合在一起。比如说，它和财务审计、绩效审计结合在一起，和我们经济大要案审计也是结合在一起。它不是完全独立的，完全和其他审计没有关系的，而是和其他审计密切相关。在财务审计当中要有环境审计的内容，在绩效审计当中也要有环境审计的评价。绩效审计过去我们讲3E，就是经济性、效率性和效果性，最近几年又加上2E，就是加上公平性和环境性，绩效审计成了5E，环境审计是其中的一个内容。即使是经济大要案审计，环境审计当中也可以发现大要案，去年我们的一些审计实践都已经证明了这一点。

第三个特点，环境审计主要集中在节能减排和水污染防治方面。我们除了对资金进行审计之外，还对污染物的排放、对空气污染物的排放，对水污染的防治等进行审计，这是近两年审计的一个重点。

第四个特点，地方审计机关也在积极开展环境审计。所以从去年的工作情况来看，我觉得环境审计与前几年相比，迈出了很大的步伐，确实取得了明显的成绩，这是各级审计机关特别是从事资源环境审计的同志共同努力的结果。

二、资源环境审计工作面临的形势和任务

资源环境问题是现代经济社会的核心问题或者说是突出问题，它关系着中华民族的生存和发展，也是人类社会共同面临的一个问题。要做好资源环境审计工作，我们必须首先认清资源环境审计面临的形势。那么，我们资源环境审计现在面临怎样一个形势呢？

（一）我国资源环境问题依然十分严峻。当前，我国的资源环境问题依然十分严峻，主要表现在四个方面：第一个是资源能源保障能力不足。人均资源相对较少是我国的基本国情，同时我国的资源能源利用效率又比较低。今后一个时期，随着我国经济总量扩大和人口不断增加，资源能源的供需矛盾将更加加剧，面临的压力将进一步增大。我觉得这是一个制约中国经济进一步发展非常重要的一个瓶颈问题。我们中华民族是一个非常吃苦耐劳的民族，但是光有人还不行，还得有物质基础，资源能源就是制约我们今后进一步发展的一个非常突出的问题。拿土地来说，现在各个地方搞建设搞开发占用了很多耕地，18 亿亩耕地红线能不能保住，是一个非常严峻的问题。我们国家的人口还要进一步增长，峰值至少要达到 16 亿，虽然解决吃饭问题要靠科技，但没有土地也不行，土地不断减少是一个非常突出的问题。还有其他资源问题，比如铁矿石，世界上大部分出口的铁矿石都被中国买来了，我们大量依靠进口澳大利亚、巴西还有其他一些国家的铁矿石，前两年我国国内钢铁工业发展好的时候，国外几大铁矿石垄断集团就不断提高价格，我们也没有办法，怎么谈判也不行，因为我们的铁矿资源不够。还有石油资源，我们自己的储量不是很大，去年一段时间油价已将近 150 美元一桶，虽然经济危机后原油价格又下来了，但从长远发展看石油是一种不可再生资源，价格的上涨是不可避免的。我们现在搞现代化，汽车成了我们的支柱产业，汽车要进入家庭，但石油哪里来啊！我们现在进口的石油总量已经超过了使用总量的 50%。随着汽车的进一步普及，进口石油的量还要进一步增大。煤炭的消耗，这几年每年电煤到冬天都非常紧张，煤炭不够，一方面煤矿安全生产不断地出事情，另一方面我们又不得不要求煤矿开足马力进行生产，因为我们还要冬天取暖、还要发电。所以我觉得中国今后经济要进一步发展，资源能源瓶颈制约是最突出的一个矛盾。

第二个是环境污染问题十分突出。水质、大气、土壤等污染严重，化学需氧量、二氧化硫等主要污染物的排放量居世界前列，我们已经成为全球第二大二氧化碳排放国。国外也经常在攻击中国的排放，我们说我们人均排放是很低的，我们人口多，排放量一到人均就不多了。但是实事求是地说，我国排放总量还是很大，总体上说对世界环境的影响要负很大责任。假定我们今后进一步发展，汽车消费进一步发展，排放可能就会超过美国，美国人口没有中国多，再排放我们中国有可能超过它，所以我们环境污染的问题还是非常突出。当然我们环境保护也取得了很多成绩，比如北京的空气质量有很大好转，这是去年奥运会以来大力治理的结果。但是我们其他有些城市环境污染特别是空气污染还是非常突出。

第三个是环境安全事件不断发生，严重威胁到人民群众的生命和健康。比如有代表性的就是 2005 年的松花江有毒化学品的污染，2007 年太湖“蓝藻”的爆发导致无锡饮用水水源被污染，大家都去买矿泉水。2009 年 2 月 20 日，江苏盐城又爆发了导致至少 20 万人饮用水困难的水污染事件。现在经济越发达，大家越来越关注生存的环境，污染的破坏力进一步加大，各种有毒有害物质的生产、流失，一旦出事影响就很大。

第四个是生态环境恶化的趋势尚未得到扭转。这也是一个国际性的问题，不仅中国存在，因为环境是一个世界性的问题。现在这几年大家都在说全球变暖，这几年气候的变化确实非常突出。像我们中国北方地区，过去的冬天，季节特征非常明显，下大雪，气候非常的冷，今年冬天北京直到前几天才下了一场雪，两三毫米的降雨量，一个冬天几个月之内几乎没有降水，华北、河南等大部分地区干旱。世界上其他国家也出现了气候异常的状况，欧洲大雪，美国最近也在下大雪，这都是气候反常的表现。包括 2008 年年初我国南方的冰冻灾害，过去都没有发生过，这是气候异常的一个表现。我们森林资源受到破坏、土地沙化、水土流失、湿地破坏、干旱缺水、物种濒危，这些问题都十分突出，在中国非常突出，在国际上表现也是很突出的。上月我去挪威访问，重点交流的就是环境审计问题。挪威也很关心环境，因为它们地处北欧，紧邻北极，北极的冰现在不断地退缩，它们就担心北极熊没有地方生存。所以现在从国际国内看，生态环境面临的形势还是非常严峻的，尤其是我们中国，面对一个经济高速增长的时期，环境受到破坏，资源能源的制约，这个问题就更加地突出。

所以说，严峻的资源环境问题给我国经济社会发展造成了极大的困难。正如温家宝总理所说，不解决好这些问题，我们的资源支撑不住，环境容纳不下，社会承受不起，经济发展也不可能持续。今天的人们，只要还有一点长远眼光，还在为子孙后代的福祉考虑，就必须改变不可持续的生产和消费方式，以较小的资源环境代价，赢得较快的、更长久的发展。20 世纪 90 年代初，在巴西召开的联合国会议上提出了可持续发展的概念，就是当代人发展，不能影响子孙后代的发展，不然，把子孙后代的能源资源都用光了，把环境都破坏了，他们还怎么生存，那是不可持续的发展。所以看来可持续发展的思想越来越被实践证明是正确的。

（二）党中央、国务院高度重视生态文明建设。我们要把节约资源和保护环境作为我们的基本国策。国家的许多法律、党的十七大报告都对资源环境问题有非常明确的要求。党中央、国务院将建设资源节约型、环境友好型社会放在工业化、现代化发展战略的突出位置，把加快转变经济发展方式作为实现未来经济发展目标的一个关键，今后的发展主要不是靠投入，要靠经济发展方式转变来实现，要提高效益。要把节约资源和保护环境作为科学发展的内在要求，所以我们这次学习科学发展观就认识到，节约资源和保护环境是科学发展观的一个重要内容，不仅要发展，而且要科学。要将形成节约能源资源和保护生态环境的产业结构、消费模式，增强可持续发展能力作为未来一段时间在经济社会发展方面要突出抓好的工作之一。现在我们很多产业不符合这样一个要求，我觉得过度包装就是一个问题。一点点东西，一层套一层，最后搞了个大盒子，打开一看就一点点小东西。包装消耗掉了很多纸张、木材，却对人的生活没有什么实际作用，无非是感官上感到很满足。所以在这种形势下，近几年来，国家把资源节约和环境保护纳入了宏观调控的重要目标和任务，把节能减排作为促进国民经济又好又快发展的重要抓手，作为各级政府工作考核的重要指标和内容，出台了一系列节约资源和保护环境的政策措施，不断加强资源环境管理，并已经收到了积极成效。

（三）国际审计界日益高度重视环境审计。现在到国际上跟审计同行交流，环境审计肯定是对方很关心的一个话题。有的话题别人不感兴趣，他觉得他们国家不存在这个问题。今年我去维也纳参加了一个世界审计组织反舞弊和反洗钱这样一个论坛，美国、加拿大、英国这些国家都不参加，因为他们认为他们国家没有什么舞弊和洗钱。俄罗斯、印度尼西亚、南非，这些发展中国家却很积极，愿意参加、发言，所以说有些话题不是国际审计界共同关心的话题，可能某些国家关心这个话题，另外一些国家关心另外一个话题，但是谈环境审计，大家都很关心，各国审计机关也都在积极行动开展环境审计。我这次到挪威审计署交流，他们就提出几个关于环境审计的理念，我觉得很好。第一个理念是环境保护是国际社会一个迫切的任务，是国际社会共同面对的问题，比如全球变暖，气候变化，冰川融化，大家都面临这个问题。第二个理念，环境审计是重要的，在这样一个全球面临环境突出问题的情况下，审计机关在环境保护方面应该有所作为，或者说是大有作为。第三个理念，环境保护无国界。世界各国的污染排放大了，把挪威的冰融化了，把北极熊弄得没有地方捕食去了；从蒙古刮来的沙子，经过中国飘到了韩国，飘到了日本；2005 年松花江的污染，流到了俄罗斯。第四个理念，环境审计需要各国审计机关开展联合行动。仅仅中国把三北防护林搞好了，但蒙古的沙子从几千米的高空吹过来，我们也挡不住。所以环境审计正在成为国际审计界日益关心的，共同行动起来的一个问题，在明年的南非大会上要重点讨论环境审计问题。我觉得中国环境审计也应该积极开展行动，在国际审计领域发挥重要作用。我们要在环境审计的理念、方法、案例等方面能够积极参加国际审计的交流。我在挪威的时候，也跟他们介绍了中国环境审计的情况，当然他们也介绍了他们环境审计的情况，我觉得我们在环境审计方面，确实有不少成功的案例，比如青藏铁路环境审计。青藏铁路是我们做得比较好的一个工程，环境审计做得也不错。我向他们介绍了近几年开展的一些环境审计项目，他们听了很感兴趣，认为中国审计署在环境审计方面确实也做了很多事情。所以我们今后要进一步适应国际审计的发展，积极做好环境审计方面的工作。

（四）审计署十分重视加强资源环境审计。早在十年前，审计署就成立了资源环境审计机构，并积极开展了一系列的资源环境审计工作。党的十七大以来，署党组深入贯彻落实科学发展观，从工作规划、机构设置、队伍建设等方面进一步强化了资源环境审计。2008 年审计署修改了审计工作发展五年规划，资源环境审计首次成为国家审计六大审计类型之一，进一步提高了对资源环境审计的认识；2009 年 1 月，为了加强署机关环境审计的组织协调，扩大了协调领导小组成员单位，财政司和金融司加入了署环境审计协调领导小组，领导小组成员增至7家，环境审计已经成为一项全署性的工作；此外，各特派办也已初步进行了处室调整，建立了资源环境审计专门机构，充实了资源环境审计人员。这些都为广泛深入开展资源环境审计创造了良好的条件，提供了组织保障，打下了良好基础。

在当前形势下，为了深入贯彻落实节约资源和保护环境的基本国策，促进我国经济社会又好又快发展，实现可持续发展，审计署安排部署了今年的资源环境审计项目。这些审计项目和任务主要有：

一是11个省（自治区）土地开发整理资金和部分省辖市土地出让金审计调查，由11个特派办负责实施。审计调查目标是：摸清土地资源家底，揭露国有土地收益流失、破坏浪费土地资源、侵害被征地农民权益等违法违规问题，提出完善制度、加强管理的建议，促进加强土地管理，保护节约土地资源。审计调查的主要内容是土地审批、供应及使用情况，征地补偿安置和被征地农民社会保障政策落实情况，土地出让金与土地开发整理资金收支情况，土地开发整理项目实施情况。

二是山西省和内蒙古自治区矿产资源专项资金审计调查，由太原、沈阳两个特派办负责实施。审计调查目标是：摸清地方政府开发、利用、保护矿产资源和征收、管理、使用矿产资源专项资金的基本情况，揭露和查处矿产资源收益流失、乱采滥挖矿产资源、破坏矿区生态环境等违法违规问题，促进合理科学地开发利用矿产资源，维护矿产资源收益的安全完整，提出完善法规制度、加强管理的建议，探索矿产资源审计路子。这是我们第一次对矿产资源开展审计调查，中国是资源相对缺乏的一个国家，所以有效利用矿产资源非常重要，这次调查的意义也很重大。审计调查的重点内容是矿产资源规划管理情况、矿业权的设置、审批、出让转让与使用情况，矿产资源专项资金的征收、管理、使用情况和矿山环境治理情况。

三是长江上游水污染防治审计。由武汉等5个特派办和青海、云南、贵州、重庆4个地方审计机关负责实施。审计目标是：摸清长江上游水质状况，揭露环境保护和资金使用方面存在的问题，评价各地水污染防治工作绩效，提出加强和改进的建议，促进建立和完善长江上游水污染防治长效机制、落实国务院《三峡库区及长江上游水污染防治规划》，推动长江流域经济社会的可持续发展。长江是中国非常重要的一个流域，长江上游的水污染防治情况直接关系到长江中下游、华东地区包括江苏、浙江、上海、安徽、湖北等地的经济发展，这项审计也很重要。审计的重点内容是：长江上游的水质状况和水污染防治效果、主要水污染防治措施实施情况、水污染防治资金管理使用情况和三江源自然保护区生态保护情况。

四是“两江一湖”（松花江、珠江和太湖）水污染防治审计调查。由黑龙江、吉林、广东、广西、江苏、浙江6省（自治区）的地方审计机关负责实施。审计调查目标是：总体掌握“两江一湖”水污染防治工作进展，揭露防治工作和资金管理中存在的问题，提出完善措施、改进管理的意见和建议，促进水污染防治规划顺利实施。同时，积极探索我国水环境合作审计的路子。我们刚才讲过环境保护无国界，同样，环境审计也无省界。审计调查重点内容是：流域水环境质量状况和水污染防治总体效果，水污染防治规划落实和地方政府及部门职责履行情况，水污染防治项目实施情况，以及水污染防治资金筹集、管理和使用情况。

此外，审计署还将对19个省的城市和农村饮用水安全保障资金绩效情况和当地饮用水安全现状进行审计调查，也涉及一些环境方面内容的审计；在汶川地震灾后恢复重建审计、新增投资项目专项审计调查、金沙江向家坝水电站工程审计等项目中，将关注国土资源利用、污水处理设施建设、生态修复与环境保护和水土保持等资源环境审计方面的内容；在中央企业和省部级领导干部经济责任审计中，我们也将重点关注资源环境方面的情况，作为评价领导干部履行经济责任的重要内容。

三、加强和改进资源环境审计工作的几点意见

（一）要切实提高对资源环境审计重要性的认识。目前，我国大部分审计机关都在一定程度上开展了资源环境审计。但总的来说，各级审计机关对资源环境审计的重视程度还很不够，资源环境审计工作发展也很不平衡。特别是基层审计机

关这项工作基本没有开展，这是一个很重要的问题。我们目前不只是点源污染，还有面源污染。现在农村地区污染也很严重，环境受到很大的破坏。因此基层审计机关，尤其是市县审计机关怎样把资源环境审计开展起来也是我们今后急需推动的一项工作。不仅我们审计署和省一级审计机关，市县审计机关也要开展这项工作。因此，各级审计机关应当从建设生态文明和保障经济社会可持续发展的高度，充分认识到我国资源环境的严峻形势，充分认识节约资源和保护环境事关广大人民群众的切身利益和经济社会可持续发展，充分认识到加强资源环境审计的重要性、必要性和迫切性，从而树立正确的资源环境审计理念，不断加深和提高对开展资源环境审计重要意义的认识。这个问题我们要大力地宣传。相信通过这次培训班，大家对环境审计重要性的认识将进一步深化。特别是地方审计机关的同志，回去后要大力宣传这一理念。

（二）全面开展资源环境审计工作。当前，从我国审计机关资源环境审计工作实践来看，资源环境审计的覆盖面还比较狭窄，矿产资源、核废弃物、大气环境、农业面源、生态保护等一些重要的资源环境领域还很少涉及；大多数审计项目主要集中在土地出让金、水污染防治资金和林业建设工程资金等资源环境专项资金上，审计的内容和重点仍是资金征收管理使用的真实性与合法性。尽管近年来开展了一些包含绩效方面内容的审计项目，但总体来说绩效审计在资源环境审计领域还没有完全展开，远未成为资源环境审计的主要方式。为尽快改变这种局面，推进资源环境审计上层次、上水平，更好地在国家资源环境工作大局中发挥作用，各级审计机关特别是市县两级基层审计机关，要全面开展资源环境审计，根据当地的情况开展这项工作。一是要积极扩展审计领域，将审计对象从传统的范围逐步扩展到矿产资源、大气环境、固体废弃物、生物多样性等领域，当地面临的最突出问题是什么，就开展哪方面的审计；二是要不断深化审计内容，大力开展绩效审计。不能仅停留在对资源环境资金进行财务审计的较低层面，要进一步加强研究，借鉴国际资源环境审计经验，积极尝试从资源环境政策执行、资源环境资金使用、资源利用和环境保护活动的效益、效率和效果等方面实施绩效审计，努力探索出一条有中国特色资源环境绩效审计路子。

（三）要着力构建我国的资源环境审计体系。当前，资源环境审计在组织方式、技术方法、审计标准等方面都还不太成熟，有的还处在探索阶段，需要各级审计机关共同努力，在实践中不断总结、提高、完善，着力构建符合我国国情的资源环境审计体系。审计署和省、市、自治区审计厅（局）在这个方面要首先负起责任，今后要突出做好三个方面工作，一是强化对资源环境审计经验和案例的总结提炼，特别是要总结推广地方审计机关的先进经验和成功实践，当然也要把审计署资源环境审计的做法、情况、成果，除了培训班之外，通过其他方式，如充分利用媒体，及时向地方审计机关进行通报和宣传。今后，为便于掌握有关情况，请各地方审计机关及时向审计署上报资源环境审计工作情况，加强联系，互相沟通。二是积极探索资源环境审计的方法，大胆吸收借鉴国外审计机关资源环境审计的先进经验，探索资源环境信息系统审计方法和外聘专家使用办法，在审计中积极应用地理信息系统等先进手段，尽快制定出资源环境绩效评价指标体系。三是积极协调组织各特派办和地方审计机关就同一资源环境主题开展联合审计、平行审计等多种形式的合作，也可以将来探索国际审计合作。

（四）要切实加强资源环境审计队伍建设。人才是审计事业最宝贵的资源。要做好资源环境审计，必须加强队伍建设。首先，要完善机构和职能。审计署去年专门将农业与资源环保审计司原承担的农业审计职能分离出去，今后专司资源环境审计，从而增强了资源环境审计的力量。各特派办和地方各级审计机关也要尽量建立和完善资源环境审计的专职机构，充实审计人员。其次，要认识到资源环境审计是一项涉及面很广的重要工作，财政、金融、企业、投资、经济责任等专业审计中都涉及资源环境审计的内容。审计署内部设立了财政审计协调领导小组、经济责任审计协调领导小组和环境审计协调领导小组。我们建议特派办和地方审计机关也要借鉴这种做法，建立环境审计协调领导小组，努力构建环境审计一体化的格局。最后，要通过大力开展业务培训、理论研讨、引进专业人才等方式，不断强化、优化资源环境审计队伍的知识结构，着力建设一支数量充足、结构合理、素质优良、业务过硬的资源环境审计人才队伍。人才非常重要，我们开展环境审计确实需要这样一支专门的人才队伍，需要环境保护方面专门的技术人才。

（五）要努力完成好 2009 年资源环境审计任务。2009 年的资源环境审计任务已经明确，各单位要采取措施，努力完成好这些任务。首先，要加强组织领导。今年审计署组织的这几个资源环境审计项目，涉及矿产、土地资源和水污染防治等几个方面，而且政策性专业性强、涉及面广、工作时间短、情况也比较复杂。大家的工作任务很重。因此，我希望各参审单位要切实提高对这几项工作重要性的认识，加强领导，周密计划、充分准备，科学组织，保证审计工作力量和工作时间，严格按照署的统一部署和要求，高质量、高效率地完成各项审计任务。其次，要加强协调配合。今年的资源环境审计项目，内容比较丰富，涉及多个省市、多个部门。其中一些项目，与其他专业审计在项目和内容上有一定的交叉或重复。比如我们对一些地方进行土地审计，就与对这些地方的省长经济责任的审计内容有重复；对长江上游水污染防治的审计，也涉及对部分省区的省长经济责任审计；我们今年组织的“两江一湖”审计，既有特派办又有地方省厅和市局参加。因此，大家都要从全局出发，主动配合，互相支持，相互衔接，加强信息沟通，减少不必要的交叉重复，共享审计资源和有关成果。从我们过去的一些实践来看，特派办和特派办之间的合作有一定的困难，特派办与地方审计机关之间的合作更有困难。我们希望，特派办和地方审计机关要克服狭隘的观念，要增强大局意识，做好沟通配合，大家的目标都是一个，都是为了做好资源环境审计，我们的资源环境审计需要国际的联合行动，如果我们连国内都联合不了，又怎么参加国际的联合行动。所以，参加这几个审计项目的特派办和地方审计厅（局），请你们要及时向审计署上报审计情况和工作动态，农业与资源环保审计司要加强协调和指导。最后，要保证审计质量。做好资源环境审计工作，全面提升审计质量和水平，不能把工作目标仅仅停留在抓几个财务方面的违法违规问题上，这个是远远不够的。资源环境审计要从宏观大局的角度揭露问题，要从绩效的角度查找问题，要从政策、机制、体制、管理等层面分析原因，从发挥审计在保障经济社会健康运行“免疫系统”功能的角度提出建议，从而充分发挥其建设性作用。

总之，资源环境的严峻形势向我们提出了新的更高要求，2009 年的审计项目安排给我们提出了艰巨的任务。我们要齐心协力、开拓创新、扎实工作，努力做好资源环境审计工作，为维护资源环境安全、促进生态文明建设作出新的更大贡献。这次培训班非常重要，我们安排了 6 天的时间，内容很丰富，既请了外面的同志讲有关资源环境方面的知识、政策、法规，也有我们审计署的同志讲我们各个项目的审计方案，我希望大家充分利用这个机会抓紧时间学习，不断充实自己，把它作为中国进一步推动资源环境审计的一个新的起点，通过这个由审计署和地方审计机关共同参加的资源环境审计培训班，能够把我们中国的资源环境审计大大地向前推进一步，也为中国审计署在国际上对资源环境审计有更大的话语权提供丰富的实践。

谢谢大家！

发挥审计"免疫系统"功能 推动企业审计再上新台阶

——在2009年企业审计培训班上的讲话

（2009年4月8日）

余效明

同志们：

大家好！

今天，我们在这里举办2009年企业审计培训班，主要任务是进一步认真学习党的十七大、十七届三中全会和中央经济工作会议精神，深入贯彻落实科学发展观，回顾总结2008年企业审计工作，按照全国审计工作会议要求，研究部署今年的企业审计工作。下面，我谈几点意见。

一、2008年企业审计工作成效显著

2008年是很不寻常、很不平凡的一年。在审计署党组的正确领导下，企业审计深入学习实践科学发展观，紧紧围绕"质量、责任、绩效"，按照"把握总体、揭露隐患、服务发展"的审计思路，充分发挥"免疫系统"功能，在维护企业国有资产安全、促进国有资产保值增值和企业可持续发展等方面做了大量工作，取得了显著成效。总的来说，2008年的企业审计工作有三个特点：一是审计影响大。有关粮食安全、境外投资安全和国家能源安全问题的专题报告得到了胡锦涛总书记和温家宝总理的重要批示，温家宝总理在听取审计署2008年审计工作汇报时，对企业审计反映的上述问题给予了充分肯定。二是审计成果多。全年共发现损益不实金额68.2亿元，资产不实金额68.14亿元，不良资产66.24亿元，重大经济决策失误或管理不善造成国有资产损失和潜在损失54.26亿元；编发专题报告和审计信息73篇，被中办、国办采用31篇次，19篇获得国家领导人的重要批示；移送案件线索12件。中石油经济责任审计和铁路运输企业财务收支审计项目被评为2008年优秀审计项目。三是基础工作取得新进展。完成了《企业审计二十五年回顾》《国有企业审计发展战略研究》《中央企业审计数据规划》等多个课题研究，为企业审计的长远发展打下了基础。具体来说，主要做了以下几项工作：

（一）关注国有资产安全，发挥"免疫系统"功能。2008年，企业审计深刻理解审计的本质是国家经济社会健康运行的"免疫系统"，把维护国有资产安全作为工作重心，反映了影响我国粮食、境外投资和能源等方面的重大安全问题，并为国家宏观决策提出了一些建设性意见。一是关注了企业境外投资安全。如企业司、昆明特派办和沈阳特派办在审计中发现，某中央企业的许多重要信息在境外被公开披露，影响了国家境外投资安全。审计提出规范境外投资、明确境外上市企业提供信息范围、扶持中国会计师事务所等建议被国务院采纳，并责成有关部门抓紧落实。二是关注了国家能源安全。如企业司、广州特派办、京津冀特派办等单位在审计中发现，我国存在原油对外依存度过高，石油储备量低、应急保障能力弱，境外投资开发难度增大，对国际油价缺乏话语权等问题，严重影响了我国能源安全。对此，审计提出加快建立健全我国石油储备制度等若干建议，引起了中央领导的高度重视，并作出重要批示，责成有关部门深入研究落实。三是关注了国家粮食安全。如兰州特派办在审计中发现，国家粮食局等有关部门在正常轮换出库中央储备粮后，未及时下达轮换入库计划，造成中央储备小麦实际库存与账面库存相差较大，影响粮食安全。

针对审计发现的问题，提出了改革中央储备粮管理体制、加强中央储备粮管理等建议，目前，相关部门正抓紧研究落实。

（二）关注权力运行，深化经济责任审计。根据中央组织部委托，2008年审计署组织了14家特派办对中石化等12户企业开展了经济责任审计。在核查企业会计信息真实性，揭露企业违法违规问题的基础上，深化了经济责任审计的内容和重点。一是重点关注了企业重大经济决策中存在的问题。全年共发现重大经济决策问题事项70项，涉及金额290.36亿元，造成损失、潜在损失和国有资产流失53.12亿元。同时，企业司还尝试将重大经济决策问题类型进行细化，其中包括工程项目投资、股权投资、高风险投资、大额物资采购、大额担保及对外借款和重大资产处置等方面，形成了规范化的重大经济决策审计内容。广州特派办按照上述内容，对中石化原领导人任职期内投资额排名前12位的重大项目开展了重点审计，为审计评价提供了有效依据。二是重点关注了企业经营管理中存在的体制机制问题。全年共发现体制机制、政策制度层面的问题49项，提出审计建议96项，已被采纳52项。如在对一些企业的审计中发现，由于工资总额工效挂钩办法未明确规定劳务派遣工工资来源，导致企业2006年在工资总额外列支61万名劳务派遣工的劳务支出116亿元。这不仅增加了成本，减少了利润和应纳税所得额；也造成正式工享受了由劳务工创造效益带来的工资增长，工资增长过快。三是揭露了企业发展中存在的风险隐患。2008年的企业审计抓住了影响企业可持续发展的主营业务不突出、自主创新能力较弱等重要环节，有针对性地开展审计，揭露了企业发展中存在的各类风险隐患。如长春特派办在某集团审计中发现，该集团发展存在较大风险，集中体现在企业自主创新能力较弱，2007年118亿元利润总额中，与外方合资合作品牌产品利润贡献率99%，自主品牌产品利润贡献率仅为1%；深圳特派办在某集团审计中发现，2006年该集团的利润总额中，主业板块的利润4.7亿元，仅占利润总额的13%；长沙特派办在某集团审计中发现，近年来该集团把发展重心放在了非主业的房地产投资和证券投资方面，2006年房地产和证券投资获利7.5亿元，占全年利润的85%。

（三）突出行业特点，拓展财务收支审计。2008年，审计署组织了武汉、郑州、西安和昆明4个特派办对4户中央发电企业同步开展了财务收支审计。审计发现了电力行业中普遍存在的问题：一是资产负债率较高。截至2007年底，4户发电企业平均资产负债率高达77%，负债总额中，银行借款等带息债务7260亿元，占83%。2008年4户发电企业已全部亏损，亏损总额高达255.52亿元。较高的资产负债率和较低的偿债能力给4户发电企业的可持续发展带来潜在风险。二是电源结构不合理。截至2007年底，4户发电企业可控装机容量2.39亿千瓦，其中火电2.11亿千瓦，占88.3%，电源结构不合理，导致电煤供应和运力紧张，加大了发电企业运营成本。三是企业管理较为薄弱。主要表现在：第一，违规建设电站项目。2003年以来，4户发电企业未履行国家审批或核准手续建设电站项目100个，投资规模达4128亿元，截至2008年6月末，仍有28个项目未获核准，投资规模1541亿元。上述电站项目建成后虽然一定程度上保障了我国电力需求，但也存在一些电站资产闲置、效益不高等问题。第二，违规筹集和发放企业年金。2005～2007年，4户发电企业共违规筹集和发放年金37.20亿元，其中，超过国家规定企业年金缴纳标准筹集4.83亿元，动用职工工资结余筹集17.32亿元，向在职职工发放年金4.99亿元，亏损企业筹集年金10.06亿元。第三，主业向职工持股企业让利。如武汉特派办审计发现某集团公司193名职工出资1.09亿元设立职工持股企业，职工累计分红达9767万元的问题；郑州特派办审计发现某集团所属公司通过供应低价协议电方式向职工持股企业让利1.79亿元的问题。第四，个别企业管理人员损害国有权益。如昆明特派办审计发现，某集团所属企业原法定代表人利用职务便利，将国有资产转移到私营企业和其他个人名下，涉嫌侵吞国有资产2439万元的问题；武汉特派办审计发现，某集团所属公司原总经理伙同私营企业转移国有土地使用权，造成转让收益流失2亿多元的问题。这次审计，突出了电力企业的行业特点，拓展了财务收支的审计范围，取得了较好的审计效果。

（四）关注社会热点，加强专项审计调查。2008年，审计署组织了12个特派办对41户中央企业2006～2007年节能减排情况进行了专项审计调查，重点调查了能源消耗以及二氧化硫和化学需氧量排放等情况。南京、哈尔滨特派办分别对铝业和电力行业节能减排工作的特点进行全面分析，提出了操作性较强的行业审计实施方案，取得了良好效果。审计调查结果表明，41户中央企业能认真贯彻落实国家节能减排政策，节能减排工作取得了积极进展：2007年的二氧化硫排放量比2005年下降了21.64%，25户石化、钢铁及有色金属企业的化学需氧量排放量下降了24.57%。但是，由于部分企业节能减排措施未完全落实、部分政府部门监管措施不到位、固体废弃物处置不当造成环境污染隐患、部分高耗能和高污染行业过快增长等原因，导致部分企业节能减排的任务依然艰巨。针对审计调查发现的问题，41户企业高度重视，采取了加快淘汰落后产能和设备、加快脱硫改造的步伐、加快烟气脱硫及在线监测系统的建设进程、修改完善节能减排管理和考核制度等措施，认真进行了整改。

（五）立足长远发展，夯实企业审计基础。2008年，企业审计完成了《25年企业审计大事记》《企业审计二十五年回顾》《国有企业审计发展战略研究》和《境外企业审计发展战略》等多项课题研究，总结了经验，勾画了未来；完成了《中央企业审计数据规划》，按照8个业务类别，组织数据资源，整理划分了46个实体、752个数据元素。上述基础性工作的顺利完成，为企业审计奠定了良好的基础。此外，企业司及时召开中石化审计项目和节能减排审计项目中期审计碰头会，研究分析审计发现的问题，规范报告框架内容，为反映共性问题和审计汇总奠定了基础。

上述成绩的取得，得益于署党组的正确领导，得益于各特派办的协同配合，也得益于企业审计干部的勤奋敬业。在此，向大家表示敬意和感谢！

在肯定成绩的同时，我们也应清醒地认识到，当前企业审计工作仍存在一些不足：一是各特派办企业审计发展不平衡，有的特派办的企业审计质量、业务水平和工作效率有待提高；二是企业审计人员素质还需进一步提高，特别是在审计成果的综合分析与利用、反映体制机制问题、服务宏观决策方面与科学审计理念还不适应；三是基础工作相对薄弱，一些规范化工作有待加强，企业数据库亟须建设。

二、2009年企业审计工作任务

2009年是新中国成立60周年，也是全面贯彻落实党的十七大战略部署和“十一五”规划的关键一年。今年企业审计的指导思想和总体要求是：深入学习贯彻科学发展观，以维护国有资产安全、促进国有企业深化改革和转变发展方式为目标，立足经济社会发展全局，跟踪企业应对金融危机、落实宏观经济政策的情况，严肃查处重大违法违规问题，注重从体制和机制层面揭示问题、提出建设性建议，充分发挥企业审计“免疫系统”功能。

2009年企业审计的主要工作任务有：

（一）组织开展中央企业金融衍生品业务情况专项审计调查。应对国际金融危机，温家宝总理多次强调出手要快、出拳要重、措施要准、工作要实。为全面摸清中央企业从事金融衍生品业务的总体规模、主要品种、盈亏状况，揭示存在的突出问题，防范风险，从体制、机制层面上提出加强金融衍生品业务的监管和企业经营管理的建议，根据国务院领导的指示，今年1月份，企业司、金融司共同组织沈阳、京津冀、太原、上海、深圳、广州、武汉、重庆8个特派办160余名审计人员对141户中央企业从事金融衍生品业务有关情况开展了专项审计调查。审计结果表明：有60多家企业在境内外从事商品期货和远期结售汇等金融衍生品业务；场内交易风险基本可控，但场外复杂的金融衍生品，存在较大的损失风险，有的甚至影响到企业的生存和发展；从事金融衍生品的中央企业普遍存在未实时监控、未定期审计，以及不相容职务未完全分离等风险控制薄弱；政府有关监管部门统筹协调不够，部分领域的监管缺失。审计针对发现的问题，提出了四项建议，国务院已批转有关部门逐项落实。目前，国资委、证监会已出台加强监管、完善市场的具体措施，正在落实加强部门间协调配合和组织进一步核查等工作。

（二）组织开展国际金融危机对我国中小企业影响状况专项审计调查。为掌握国际金融危机影响下中小企业经营状况，了解中央和地方出台的一系列扶持政策的执行情况，揭示我国中小企业发展中存在的突出问题，提出促进其平稳较快发展的建议，今年2月至3月中旬，企业司组织了6个省审计厅和7个特派办，开展了9省（市）应对国际金融危机落实中小企业扶持政策的专项审计调查，重点关注了财政、金融、税收和就业政策的贯彻落实情况。审计调查发现，财政扶持中小企业发展资金较少且较分散；中小企业减税政策执行效果不明显、专门针对中小企业税收优惠较少；金融政策指引性的多、操作性的少，信用担保机构没有充分发挥对中小企业的扶持作用；部分就业政策出台较晚，政策效果还不明显等问题。针对发现的问题，审计提出了进一步加大财税政策扶持力度、完善和落实金融扶持政策、加快中小企业信息平台建设等建议，为国家应对国际金融危机宏观决策提供参考。

（三）组织开展11户中央企业经济责任审计。受中央组织部委托，今年审计署将组织18家特派办及山东省审计厅，重点开展中国航空集团公司、中国南方航空集团公司、中国东方航空集团公司、中国航空工业第一集团公司、中国航空工业第二集团公司、中国兵器工业集团公司、中国船舶工业集团公司、神华集团有限公司、中国华电集团公司、中国华润总公司和中国联合通信有限公司11户企业领导人员的任期经济责任审计。

企业经济责任审计，要检查企业落实中央保持经济平稳较快增长政策执行情况，检查内部管理、重大经营风险、重大经济决策、重大会计信息和遵守财经法规情况，检查企业主要负责人廉洁自律情况和企业领导人薪酬情况，结合检查社会审计机构业务质量。通过审计，客观评价企业领导人员经济责任履行情况，发现普遍性和倾向性的问题，反映体制性障碍、制度性缺陷和管理漏洞，分析问题产生的原因，提出解决问题的建议，以维护企业国有资产安全，促进企业可持续发展。

（四）组织编写《国有企业审计指南》。2009年，企业审计要在经济责任审计司编写的《国有及国有控股企业主要负责人经济责任审计操作指导意见》基础上，组织各特派办共同编写《国有企业审计指南》。企业审计指南，要增强可操作性，进一步规范要求，统一程序、内容和重点，加强质量控制和过程控制，促进提高企业审计的规范化水平。目前，企业司已将《国有企业审计指南》的内容进行了细化，并明确了各部分内容的责任单位，希望各单位要高度重视，密切配合，确保此项工作顺利完成。

（五）组织建设中央企业审计数据库。今年2月初，审计署已发布了《中央企业审计数据规划》，按照计划，将在今年底初步建成中央重点企业审计数据库。企业司、各特派办将按企业联系分工，分头实施数据规划，归集包括基础资料、测评数据、财务数据、行业数据和审计数据在内的企业数据，今年内归集完毕。年底，企业司要汇总形成中央重点企业审计数据库，为日后顺利开展企业审计、动态掌握企业发展情况提供良好的数据支撑。

三、转变观念，突出重点，推动企业审计再上新台阶

随着审计署新的五年规划的实施，企业审计迎来了新的战略发展机遇。企业审计工作应时刻以科学发展观为统领，牢牢把握审计工作发展的规律，坚持审计“二十字”工作方针，把“推进法治，维护民生，推动改革，促进发展”作为工作的出发点和落脚点，转变观念、积极进取、奋力开拓，全面履行审计职责，切实推动企业审计再上新台阶。为圆满完成好今年的企业审计任务，在此，我提几点要求：

（一）用科学的审计理念指导企业审计实践。审计署新的五年规划提出，审计的本质是国家经济社会健康运行的“免疫系统”。这是新时期站在科学发展的战略高度，对审计本质作出的精辟概括。企业审计务必以科学发展观为灵魂和指南，以五年规划为统领，自觉融入经济社会发展全局，找准工作着力点，充分发挥企业审计“免疫系统”功能，切实保障国家经济社会健康安全运行。企业审计主要可以从以下几个方面发挥“免疫系统”的功能：一是保障国家经济安全。国有企业业务多元化的特性，决定了企业领域内存在方方面面的经济安全问题。企业审计不仅要维护和保障国有资产的安全与完整，同时还应关注国有企业各业务领域的安全以及所涉及的国家财政、金融、信息、环境资源等方面的安全问题。二是推进国有企业深化改革。当前，我国正处于经济结构调整期、资源环境改变期、社会矛盾凸显期和各项改革攻坚期，影响国有企业科学发展的各种体制、机制、制度性障碍依然存在，国有企业的深化改革仍面临许多深层次的矛盾和问题。企业审计应重点关注和着力破除阻碍国有企业科学发展的各种体制、机制、制度性障碍，解决国有企业改革攻坚中出现的各类深层次矛盾和问题，推进国有企业改革的深化发展和企业改革目标的早日实现。三是促进国有企业可持续发展。从近几年企业审计的情况看，国有企业经营管理中仍存在着许多影响绩效及可持续发展的重大隐患。企业审计应从科学发展的角度出发，更多地关注企业的可持续发展能力，重点查找企业经营管理中存在的突出隐患，以及由此导致的国有资产流失等重大违法违规以及影响企业绩效和持续发展的问题，以此促进国有企业建立现代企业制度、增强核心竞争力、提高国有资本运行效率，最终推进企业的持续健康发展。

（二）加大企业审计建设性作用的发挥。审计工作要充分发挥预防、揭露、抵御的“免疫系统”功能，客观上要求通过建设性作用的发挥，增强国家经济社会健康运行的免疫力。这就要求企业审计工作必须坚持两手抓，在查找重大违法违规问题和经济犯罪案件线索的同时，要加大力度查找国有企业存在的体制、机制、制度及政策措施层面的重大缺陷和管理中的重大漏洞，提出建设性建议，促进政策制度的健全和完善，促进企业加强管理。企业审计发挥建设性作用，总体而言，要以党的十七大报告提出的我国未来经济发展大局为目标，为加快我国转变经济发展方式、完善社会主义市场经济体制服务。具体而言，就是要以深化国有企业的改革和发展为战略目标，为推进国有企业建立现代企业制度、优化结构，增强企业经济活力、控制力、影响力和带动力服务。根据上述企业审计“免疫功能”可以发挥作用的三个方面，企业审计也应从维护国家经济安全、推进企业深化改革和促进企业可持续发展三个角度发挥建设性作用，同时增强宏观意识、民本意识和服务意识。当前，尤其要关注我国应对国际金融危机各项政策措施在企业的贯彻落实情况，发现各项政策措施在制定、执行及效果等方面的问题，并从体制机制层面提出建设性建议，确保国家“扩内需、调结构、促发展”目标顺利实现。

（三）将经济责任审计与财务收支审计、效益审计有效结合。对企业经济责任审计而言，财务收支审计是基础，经济责任审计是财务收支审计人格化的体现，其核心是对企业领导人经济责任履行情况作出恰当的审计评价。经济责任审计与财务收支审计最大的区别在于，它不仅要对财务收支的真实合法进行审计和评价，同时还要利用会计信息对资金的使用效率、资金使用和配置的合理性、有效性及经济决策权力运行的绩效情况进行审计和评价。今年对11户企业领导人员开展任期经济责任审计，还要时刻注意与效益审计相结合，在财务收支审计的基础上，站在宏观管理的高度，关注企业的社会效益、经营效益以及战略效益，以便对企业一定时期内经济活动的真实合法性、经营管理的效益性、能源消耗的节约性、环保安全的有效性以及经营战略的科学性进行全面的监督、鉴证和评价，从而促进企业加强经营管理、提高经济效益，实现可持续发展。企业经济责任审计还应特别注意运用科学发展观的理念和方法，结合企业的经营机制、行业特点，以动态的意识去分析企业的会计信息，以发展的观念去认识企业的效益问题，在关注企业经营绩效的基础上，重点关注国有资本的保值增值、节能降耗、环保等情况，以作出恰当的审计评价。

根据逐步扩大审计结果公告范围的要求，今年我们将对社会公告企业经济责任审计中财务收支审计的结果。在此，我要特别提醒各相关负责单位和部门，必须打起十二分精神，在做好经济责任审计过程中，切实搞好企业财务收支审计，确保对外公告的质量和水平。

（四）切实做好企业审计基础性工作，增强审计成果时效性。做好企业审计的基础性、规范化工作，是我每年都要对企业审计反复提出的要求，因为它直接决定了审计的效率、质量和水平。今年，在这方面的要求：一是对企业司组织开展的《国有企业审计指南》编写和中央重点企业审计数据库建设两项工作，各单位必须高度重视、密切配合、细化责任、落实到人，确保这两项工作的顺利完成。二是严格执行审计署今年颁布的《审计署审计项目进度管理办法（试行）》，增强审计成果的时效性，严格控制审前调查和现场审计时间。现场审计时间要控制在3个月内，7月底必须结束，8月底前向审计署提交审计报告。三是继续加大企业计算机审计的力度，重点尝试对企业的信息系统开展审计探索，注意发现企业信息系统中存在的影响企业业务信息和财务信息质量的问题和漏洞。

（五）增强审计责任，坚持文明审计。企业审计要依据《审计机关审计项目质量控制办法（试行）》，切实规范审计行为，防范审计风险。要严格执行审计项目审理制的各项要求，在完成审计实施方案确定的各项目标和任务的基础上，从审计成果、审计建议等方面全面提高审计工作的质量和水平，切实加强企业审计的质量控制和过程控制。同时要建立和完善审计项目质量责任追究机制，对重大问题应发现而未发现，以及发现后未上报的，要追究相关人员责任。

各审计组要认真贯彻执行温家宝总理提出的“依法、程序、质量、文明”的要求，依法开展审计监督，严格执行“八不准”规定；要善于听取被审计单位的意见，尊重被审计单位人员，切实做到文明审计。

关于今年企业审计工作的要求，我就讲这么多。请大家回去后结合这次会议的精神，对下一阶段的工作认真研究，作出具体安排。希望各单位的分管特派员多抽时间亲临现场，加强对企业审计工作的现场指导，也希望各位处长和主审认真落实署对企业审计的各项要求，带领全体企业审计人员圆满地完成好今年的各项任务。

同志们，春风送暖，时不我待。让我们在署党组的正确领导下，扎实工作，推动企业审计再上一个新台阶，坚定不移地促进国有企业健康、科学、持续发展，以优异的成绩迎接新中国成立60周年！

在全国审计青年论坛上的论文点评

（2009年6月25日）

石爱中

先说说顾涛同志的《“免疫系统”功能论的实践思考》这篇论文。这篇论文总地讲观点非常鲜明，论据论述很有条理，最大的亮点，是结合她所在地方的实际，有一定说服力。文章中还有很多具体的亮点，主要有：第一，把国家审计作为一项重要的政治制度安排来理解。过去一般都认为审计是作为一种经济制度的安排，但可以发挥政治的作用。而这篇文章非常明确地提出，国家审计实际上就是政治制度的安排。第二，对刘审计长提出的发挥“免疫系统”功能的观点作了非常好的说明。认为发挥“免疫系统”功能，是审计机关应对高风险环境的理性选择。这很贴近提出这一观点的初衷——要应对高风险环境，要关注国家经济社会运行的安全性。我们经常提到安全性这样一个审计目标，今年许多审计项目都是以安全性作为唯一目标的。第三，用词巧妙，有一定的理论思考。过去很多人都说我们国家审计是大内审，而这篇文章中说，我们国家审计是政府组成部门的内生性制度安排。这就回避了以往在理论上的争议。因为，如果说我们国家审计是“大内审”，那么我们国家的外审在哪儿呢？这确实在理论上解释起来很难。这篇论文从国家审计作为政府组成部门的内生性制度安排这样一个角度，认为国家审计应有的“免疫系统”功能可以在现行制度下发挥巨大作用。第四，提出发挥审计“免疫系统”功能的几个理念。过去我们一直认为，审计主要是“诊断”而不是“治疗”，西方也一直是这样做的。尤其是民间审计，一直强调审计的“attest”，即“鉴证”功能。在我们国家1983年建立国家审计制度的时候，审计界就审计的职能提出了很多不同观点，有单职能论、双职能论、三职能论、多职能论。比较流行的是三职能论，就是鉴证、监督和评价职能。世界各国无论是内部审计还是外部审计，都没有进行处理的权限，也就是没有“治疗”的手段。但是在我们国家实行中国特色的社会主义国家审计制度，其中一个重要特点就是非常注重整改，它是外生变量的要求，也就是人大、政府和公众的要求。对进行这种整改活动完全可以理解为是“治疗”。这篇论文明确提出了审计的功能不应仅是“诊断”，还应包括“治疗”。还提出，审计要主动发挥这种“治疗”的功能，就应该主动关注体制、机制、制度等宏观层面的问题。在这里我也给这篇论文指出一个小小的缺陷：论文中提到的“上工治未病”，据我对古代医书的了解，应该是“上医治未病”。上医就是最高等的医生，就是让人不得病，而不是人得了病再给他治。当然论文中用这种“不得病”的理念，来比喻国家审计应该发挥“免疫系统”作用，是没有问题的。本文还有几个亮点，比如认为我们现在大力主张并且广泛开展的专项审计调查，实际上与审计没有明显区别，并把出现这种情况的原因归结为体制和模式上的缺陷，就是说，目前在专项审计调查方面缺乏规范，套用审计程序，使得一般审计人员区分不开审计与审计调查。当然对这个观点中的问题我们可以再商榷，但基本反映了实际情况。投资司诸多审计项目的名称中都写的是“审计和专项审计调查”，把两者合在一起，这种做法比较普遍。我们目前正在修订审计准则，其中包括要解决这个问题，但从目前情况看，解决起来确实非常困难，但我们正在深入研究，力求解决好。再有论文中还提到，现在还没有形成一个公认的国家审计理论体系来指导我们现在的审计实践。对此我要稍做一下纠正，这样的提法打击面比较大。就说在座的几位领导和教授吧：孙总审计师是改革开放后第一届博士研究生，是学习审计方向的，郝振平教授是第二届学习审计的博士研究生，我是第三届，耿建新教授和尹平教授都是研究审计理论的。就这样一句话，把我们全给打击了。这样的话在论文里讲是要很慎重的，因为要对历史负责。但能够提出这个问题还是有利于进行研讨的。我认为不能讲“没有形成”，只能说“不完善”。论文中还有一些不足，包括刚才耿建新教授指出、我也完全赞同的几个问题。此外还有，在讲现行审计模式与“免疫系统”的关系时，提出影响国家审计“免疫系统”功能充分发挥的一个原因是现行国家审计模式不适应，因此要建立“复合型的国家审计模式”，但对“复合型国家审计模式”没有论述得太清楚，没有达到学术论文所要求的清晰程度。我认为这是对“模式”和“方式”有时区分不很清楚所致。论文中提到的“审计模式”有的实际应当是“审计的组织方式和审计的类型”。

曾俊的论文题目是《职业道德规范：国家审计文化的良好载体》。论文选题立意非常好，观点比较明确，亮点很多，拾其一二来说。鲜明提出把职业道德规范作为审计文化的载体。这是自2004年研究审计文化以来首次这样提出的，有历史文献资料的价值。而且这篇论文认为，职业道德规范集中反映了审计文化中的精华，我赞同这个观点，也可能有人不同意。在座的郝振平教授是研究审计文化的，应该听听他的点评。我认为，职业道德规范并不见得是审计文化的唯一载体，但可以作为研究审计文化的一个突破口。

这篇论文也有一些不足，而且有的还比较致命，当然这些不足也可以说是写作的难点：第一，对文化是什么，讲得不明确，有好多定义。审计文化是什么？到目前还没有普遍一致认同的定义；跨进21世纪后，有人尝试下定义，但还没能说清楚。我过去写过一篇文章，题目叫做《寻绎审计文化》，文章立意是想找一找审计文化在哪里，写的时候感觉到审计文化这个概念非常虚无缥缈。曾俊的论文是最新研究这个题目的，自然也会遇到这样一些问题。第二，没有区分开审计文化与审计机关文化。在最初研讨的时候，有几位同志把审计机关绿化工作也纳进了审计文化，显然是把机关精神文明建设与审计文化相混淆了。第三，文化，包括审计文化，是历史积淀形成的还是创造的，对此现在争议颇大。文化能创造吗？还是一种积淀、一种积累？现在不论是专门搞语言学的，还是搞文化研究的，对这个问题都没有定论。从以上三个问题或者说难点看，写国家审计文化建设的论文是相当不容易的。我非常赞赏这篇论文的勇气。

另外，论文中有一句话，说我们目前还没有完全构筑起有特色、有内涵、有影响的国家审计文化。如果认为文化是不断形成、积淀的话，那么这篇论文中的这句话就不成立了。我举个例子，现在要说我们中国的国家审计有什么特点、特色，或者说各项工作都应当围绕的、大家都在自觉不自觉地去做的，可能都会讲是查处大案要案，也可以叫大案要案文化。在查处大案要案中，我们每一个审计环节，包括审计管理环节，无不从正面或者反面体现了这种文化。例如，大家很习惯于在查出问题时编制底稿，在没有查出问题时不编制底稿，而没有按照我们的审计准则和审计质量控制100条规定去做；我们的审计方案中不少都是提“要审查被审计单位是否或者有无违法违规问题”；我们的审计报告中正面评价的内容，有的并非是通过审计得到的；审计考核也是把查处大案要案作为一项重要指标。总之，这种大案要案文化是在实践中自然积淀下来的，然后我们把这些经验或者叫做习惯做法形成条文、形成准则、形成规范。我们常说的“文化建设”其实不是指“建设文化”，而是建设文化的载体。对这种关系，我建议这篇论文的作者要继续研究，包括对论文中使用的诸如“目前还没有完全构筑起国家审计文化”等语句再做推敲。要像尹平教授说的那样，一定要字斟句酌，认真研究，不急于成稿；也要像孙宝厚总审计师讲的那样，“学术研究，就得求异”。

谢谢大家。

在全国外资审计业务培训班上的讲话

（2009年1月13日）

孙宝厚

刘审计长刚才的讲话很重要，请大家一定要认真学习、领会和贯彻落实。借此机会，结合今年外资审计工作任务，我也谈谈学习、贯彻刘审计长讲话的体会，与同志们交流，供大家讨论。

我要讲的中心思想是“出活儿，别出事”。要把我们负责的工作做好，出好成果，但别出事，别出差错，别添乱。下面分别就今年要开展的两方面主要工作来谈。

一、关于饮用水安全状况审计调查

饮用水安全状况审计调查是由外资司组织各特派办实施。关于这次调查，我提四点要求：明确目标，保证质量，提高效率，协同作战。

（一）明确目标。在方案编制过程中，大家首先要明确目标，做到“细化、围绕、实现”。目标一定要细化，不要搞得太笼统、玄而又玄，不要放之四海而皆准。目标应该是很具体的。通过审计调查到底要达到什么目标？请大家务必认真研究。如果审计目标不细化，审计方案流于形式，审计人员审计时想审什么就审什么，想怎么审就怎么审，最后逮到什么就算什么，审计报告有什么就写什么，这样做是不行的。审计方案要细化，首先就要细化目标。随后制订审计调查实施方案时，还要进一步细化目标。审计调查方案确定下来后，审计实施过程中就要紧紧围绕目标进行，保证实现所定目标。“细化、围绕、实现”就是要把目标始终放在重要位置，做到目标引领，贯穿始终。

（二）保证质量。保证质量首先是要求以结果为导向，要出高质量的成果。当然，审计过程的质量也要保证，没有过程的质量就保证不了结果的质量。结果就是我们最终要出一份有情况、有问题、有原因、有分析、有建议的调查报告。关于质量问题，强调以下几点：第一，微观入手。要到相关的单位去具体调查，要针对具体问题展开调查。第二，重在宏观。审计调查要解决宏观问题，不是就问题论问题，不是关注那些细枝末节。第三，贵在建议。审计调查结束后，我们要关注提出的建议能不能在加强宏观调控、完善国家政策法规、促进管理方面发挥作用。这就要求我们把着眼点放在宏观上，提出真正有价值、起作用的建议，不是单纯地为了说问题、找原因。提出的建议一定要有针对性和可操作性，不能似是而非。第四，成为专家。这是对前三项的补充。完成一项审计调查，我们就要争取成为这方面的专家。2008年做了“三河三湖”水污染防治绩效审计调查后，我们在一定程度上应当成为环保方面的专家。或者说，在审计系统，我们比其他审计人员更应该算环保专家。今年，在对饮用水安全状况进行审计调查后，我们也要成为饮用水安全方面的专家。如果不能成为专家，不仅我们的审计质量令人怀疑，也不利于积累经验进一步做好相关的工作。

（三）提高效率。关于提高审计调查效率，请大家注意：第一，要明确这个项目是审计调查，而不是审计。第二，要处理好“批发”和“零售”的关系。现场审计调查期间，除了发现特别重大紧急的违法违规问题需要报请有关部门处理之外，不一定要急于出成果。不要“零售”时很热闹，到最后“批发”时简单重复，反而没成果了。第三，达到目标、完成任务了，就可以提前结束审计。希望饮用水安全状况审计调查能提高效率，在不影响实现目标和保证质量的前提下尽早结束。

（四）协同作战。这次调查是外资司组织几乎所有特派办参加的大型集体行动，外资司要与有关特派办协同作战。我们不是散兵游勇，不是打游击战，而是打阵地战，最后还必须取得战役的胜利。这个项目能否成功，一定意义上讲，关键取决于外资司的组织协调情况。外资司能协调到什么程度，这个项目就能成功到什么程度。因为大家要查共性问题，需要随时沟通信息，有线索时更要及时沟通。如果沟通协调不及时，统一行动不及时，最后结果汇总不上来，如何反映共性问题？如何才能使揭示的问题更有分量？如何提出有针对性的意见和建议？外资司不能制发审计工作方案后就不管了，最后有什么就算什么，这样汇总起来可能就是一堆无用的情况和数据，什么问题也说明不了。切忌出现这样一种情况：布置任务时就不清楚，实施过程中也没弄明白，最后只好不了了之。外资司2007年组织的50个外国政府贷款项目审计调查和2008年的“三河三湖”水污染防治绩效审计调查做得都不错，希望2009年的饮用水安全状况审计调查能够做得更好。

二、关于国外贷援款项目公证审计

国外贷援款项目公证审计主要由各省（市）审计厅（局）负责实施。在这方面，我们已连续审计多年，已积累了较为丰富的经验。这里我着重讲三点意见。

（一）监督与公证并重

监督与公证并重，这句话已讲了很多年，现在还要讲。这不是老调重弹，而是始终坚持。监督与公证并重，最核心的内容是审计结果的“内外合一、如实披露”。离开了这个原则，监督与公证并重就无从谈起，就落不到实处。“内外合一、如实披露”就是有什么反映、报告什么，对谁都一样，就是要实事求是、依法办事、客观公正。不能出两份审计报告，搞内外有别。具体要做到以下两点：一是依法监督到位。就是该检查的要检查，该发现的要发现，该处理的要处理，该披露的要披露。二是应需公证及时。就是为了适应、满足贷援款提供方的需求，根据贷援款协议的要求，进行审计公证。公证是例行审计，还要满足及时性的要求。特别是需要层层汇总审计结果时，及时性就显得更加重要。

（二）微观与宏观兼顾

公证审计是针对单个项目的公证，首先要注重微观，但不能仅仅停留在微观上，要做到微观与宏观兼顾。

一是真实合法与效益质量兼顾。公证审计目标主要是真实性、合法性，同时也应当关注项目执行的质量和项目的效益。

二是规范管理与改进规制兼顾。提出审计建议促使被审计单位整改，促进被审计单位加强内部管理，这就是规范管理。规制是指国家政策法规，要从宏观上提出改进完善的审计意见和建议。规范管理侧重于微观，改进规制侧重于宏观。

三是查处披露与预警免疫兼顾。审计查出的问题，该处理的要处理，该披露的要披露，这是从微观上来讲的。预警免疫就是要发挥审计的“免疫系统”功能，在微观和宏观层面都要发挥作用。从时间角度来看，查处披露侧重于过去，预警免疫则更多地着眼于未来。

（三）操作与督导协同

地方审计机关做的工作主要是操作，外资司做的工作主要是督导。督导就是既要监督又要指导。国外贷援款项目公证审计由外资中心、地方审计机关出具报告，外资司就无事可干了吗？当然不是。一定意义上讲，公证审计成功到什么程度，很大程度上取决于外资司督导到什么程度。特别是宏观层面和政策方面的问题，外资司与外资中心、地方审计机关更要增强工作的协调性，协同作战，形成合力。

在新的一年，以及在未来更长的一段时间内，我们要踏踏实实地做点事，确确实实地出点成绩、出点成果，还要出一批人才，这就叫“出活儿”。“别出事”就是外资审计工作和外资审计人员都不出差错。就外资审计人员而言既包括业务工作，也包括遵纪守法，还包括品行修养，甚至包括个人安全。如果出了事，对本人不利，对工作不利，对单位不利，对整个公务员形象不利，甚至对国家和人民利益都没有好处。我还是分管保密的。就拿保密来说，审计过程中大家必须严格遵守保密规定，确保不泄密。如果保密方面出了事，同样不能说我们审计工作做好了。

最后祝愿大家多出活儿、别出事！给大家拜年！谢谢大家！

以完善惩治和预防腐败体系为重点
深入推进审计机关党风廉政建设

——在全国审计机关党风廉政建设工作会议上的工作报告（节选）
（2009年3月26日）

安　国

同志们：

这次会议的主要任务是：以邓小平理论和“三个代表”重要思想为指导，深入贯彻落实科学发展观，认真学习贯彻第十七届中央纪委第三次全会和国务院第二次廉政工作会议精神，总结2008年审计机关反腐倡廉工作，研究部署2009年工作。

下面，我受署党组的委托作工作报告。

一、2008年主要工作回顾

2008年，各级审计机关紧紧围绕审计工作大局，深入贯彻科学发展观，认真落实党中央、国务院和各级地方党委、政府关于加强党风廉政建设和反腐败斗争的决策和部署，扎实开展反腐倡廉工作，为充分发挥审计保障经济社会健康运行的“免疫系统”功能提供了有力保证。

（一）深入学习贯彻科学发展观，不断深化党风廉政教育

各级审计机关以深入贯彻落实科学发展观为契机，坚持从思想教育入手，不断提高审计人员的责任意识和廉洁从审意识，夯实拒腐防变的思想基础。

一是深入开展学习实践科学发展观活动，强化了反腐倡廉建设是审计工作科学发展重要保证的意识。署党组把“牢固树立科学审计理念，充分发挥‘免疫系统’功能”作为活动的载体，针对审计机关实际，提出了深入查找包括党员干部党性党风党纪和班子、队伍建设等五个方面突出问题的要求。把加强党风廉政教育，为充分发挥审计“免疫系统”功能提供思想保证作为重要内容来抓。刘家义审计长在党组中心组学习会上深

入分析了审计署干部队伍特别是领导干部在作风建设、廉政建设方面存在的错误思想和行为，特别指出了存在的“骄娇”二气和攀比思想，并提醒审计干部：“选择了审计这个职业必须无怨无悔。不愿坚守清廉、艰苦奋斗、乐于奉献，不愿受审计纪律、制度约束的人，不配做审计干部。”在学习实践活动之初，署党组就强调要进一步增强“三个观念”：必须时时刻刻牢固树立是一名光荣的中国共产党党员、一名公务员、一名审计干部的观念。署党组还以长沙办违规建设职工住宅为例，进行警示教育，告诫审计干部要以维护广大人民群众根本利益为目标，以维护国家安全、保障国家利益为首要任务，不能违纪违规谋取小团体利益，曲解以人为本这个科学发展观的核心。各省级审计机关围绕树立科学审计理念，促进审计工作科学发展主题，结合本单位实际，确定了学习实践活动的载体，并以多种方式，有针对性地开展了党风廉政教育，取得良好效果。

二是领导干部带头讲廉政，推动了审计机关反腐倡廉教育工作的深入开展。署党组高度重视反腐倡廉教育，在各类干部培训中安排廉政内容，并带头宣讲。在署机关年度集中培训时，刘家义审计长在分析审计工作形势和任务的同时，专门讲述了强化“五大建设”，筑牢审计工作可持续发展的根基以及坚持审计独立性的问题；令狐安副审计长作了“我国反腐败斗争面临的问题、原因和对策”专题讲座。在市县局长培训班上，我们作了“一把手如何抓廉政”的专题讲话。许多审计机关“一把手”和纪检工作负责人在讲廉政、敲警钟、常提醒的同时，坚持以多种形式组织开展反腐倡廉教育、思想道德教育和职业道德教育，形成了常讲不断、常抓不懈的机制。

三是进一步深化精神文明建设和审计廉政文化建设，营造了风清气正的良好氛围。各级审计机关以“依法、程序、质量、文明”为核心，进一步落实《审计署关于进一步加强审计机关精神文明建设工作的意见》，全面推进文明审计建设，开展了丰富多彩的精神文明创建活动。同时，各级审计机关结合开展审计机关成立 25 周年纪念活动，大力弘扬“依法、求实、严格、奋进、奉献”的审计精神和“责任、忠诚、清廉、依法、独立、奉献”的审计文化理念。

（二）认真贯彻落实《工作规划》，整体推进惩防体系建设

中央关于《建立健全惩治和预防腐败体系 2008—2012 年工作规划》(以下简称《工作规划》）颁发后，署党组高度重视贯彻落实工作，党组书记刘家义立即作出批示，要求有关部门认真组织制定实施办法。署党风廉政建设领导小组下发学习通知，并安排了学习《工作规划》的专题报告，组织党员干部深刻领会其基本要求和主要任务，增强对建立健全惩治和预防腐败体系重要性的认识。同时，署党组成立了起草贯彻落实《工作规划》实施办法工作领导小组，加强对起草工作的组织领导。《审计署党组关于贯彻落实〈工作规划〉的实施办法》(以下简称《实施办法》）提出了 60 项具体任务，其中构建审计机关惩防体系方面有 35 项；按中央纪委贯彻《工作规划》任务分工要求，发挥审计监督职能作用方面有 25 项，并明确了每项任务牵头和协办的责任单位，《实施办法》提出的任务有些已经完成，有些正在积极落实。省级审计机关也根据当地党委要求，制定了相应的实施办法或实施细则，分解任务，细化措施，明确责任。总的来说，整体推进反腐倡廉教育、制度、监督、改革、纠风、惩处工作，加强惩防体系建设有了良好进展。

（三）严格执行党风廉政建设责任制，切实加强反腐倡廉工作的领导

按照中央纪委《关于中央和国家机关贯彻落实 2008 年反腐倡廉工作任务的分工意见》以及 2008 年全国审计机关党风廉政建设工作电视电话会议的部署，审计署制定并下发了《审计署贯彻落实中央和国家机关 2008 年反腐倡廉工作任务的分工意见》和《审计署机关 2008 年反腐倡廉工作任务分工意见》，将当年反腐倡廉工作逐项分解到各责任单位。在全国落实党风廉政建设责任制电视电话会议召开后的当天，刘家义审计长向党组传达了会议精神，研究提出了学习贯彻的具体意见。署党组随后下发通知，要求审计署各单位认真贯彻电视电话会议精神，并对 2008 年落实党风廉政建设责任制情况进行一次深入自查。从自查情况看，各单位按照“谁主管、谁负责”和“一岗双责”的要求，通过签订廉政建设责任书、实行廉政承诺等形式，明确廉政建设责任、内容和

责任追究办法，做到一级抓一级、一级对一级负责。地方各级审计机关结合各自廉政建设工作实际，把实行责任制作为廉洁从审的大事来抓，形成制度，从本单位领导直至审计组层层落实责任，取得明显成效。

（四）着力抓好制度建设，进一步健全约束机制

署党组把制度建设作为实现审计工作科学发展，切实加强反腐倡廉建设的大事来抓。在学习实践活动开展前，署党组集中部署了清理规章制度工作，并在活动中强化了组织实施，大力推动机制制度的完善。共清理规章制度和规范性文件647件，其中保留的350件，需修订的122件，废止175件。去年以来出台了一批包括党组自身建设、审计业务管理、干部人事管理、财务基建管理、勤俭节约办事、加强审计纪律、指导全国审计工作等方面新的制度，促进了贯彻落实科学发展观长效机制的建立，进一步规范健全了约束机制。

为了适应新情况、新要求，审计署对“八不准”审计纪律进行了修订完善，报经国务院领导审定同意，重新颁布了《关于加强审计纪律的八项规定》，新的“八不准”规定要求更加严格，更加切合实际。地方审计机关根据本地审计工作需要和廉政建设遇到的新问题，也进一步加强了制度建设，制定或修订了严格审计纪律、对审计执法过错进行责任追究、完善固定资产投资审计、聘请社会组织与人员参与审计、改进机关内部管理、加强政风行风建设和审计组廉政监督等多方面的制度，取得良好成效。一些地方审计机关积极推行外勤经费自理工作。据不完全统计，已有22个省（区、市）审计厅（局）及所属的143个地市、657个县区审计局实行了外勤经费自理。继续稳步推进审计结果公告。2008年，各级审计机关共向社会发布审计结果公告3140篇。审计署对汶川地震抗震救灾资金物资的审计进行了四次公告，社会反映良好。

（五）积极开展监督检查，促进加强自身建设

一是署领导带头接受监督。进一步健全审计署特约审计员制度，在审计工作中积极发挥其作用，并邀请特约审计员参加署领导述职述廉会，自觉接受外部监督；述职报告和党组民主生活会上的发言在内网上公开，自觉接受群众监督；支持配合驻署纪检组开展的监督工作，署领导填写了廉洁自律情况表。二是强化了对审计权力运行的监督。由法规司组织4个检查组，对15个特派办和6个省级审计机关2007年度重点审计项目的质量进行现场检查，对涉及地震灾区的3个特派办报送的档案材料也进行了检查，通报检查结果，促进了审计质量的提高。对来信举报审计项目实施中不作为的具体问题，有关部门委托署法制部门进行核查，保证审计机关权力的正确行使。三是开展了审计现场廉政跟踪检查工作。组织18个派驻特派办纪检组长对审计署统一组织的39个重点审计或审计调查项目开展廉政跟踪检查，项目范围覆盖了财政、金融、企业、农业环保、投资、社保等审计领域，强化了对审计现场的廉政监督力度。四是加大对干部选拔任用工作和领导干部的监督力度。先后出台了《审计署干部监督工作联席会议制度实施意见》《审计署党组关于进一步加强派驻纪检组长工作的意见》《关于公务员调出实行回避的通知》《领导干部任职试用期实施办法》（暂行）等制度规定。在普遍自查的基础上，对6个特派办和2个直属单位干部选拔任用工作进行了监督检查；初步形成了提拔使用领导干部征求纪检监察部门意见的监督机制。署党组派驻纪检组长进一步强化了对驻在单位领导班子的监督职能，领导班子成员自觉接受监督的意识有所增强。五是继续加强对财务收支活动的监督检查力度。审计署组成5个检查小组，对18个特派办第一步规范津贴补贴实施情况进行检查。对某特派办违反规定发放津补贴问题，给予其主要负责人记过处分；对其他存在违规发放津补贴问题的特派办领导班子，署党组进行了严肃认真的诫勉谈话，给予批评教育。违规发放的津补贴全部予以清退。地方审计机关加强审计组廉政监督和审计质量检查，推动加强自身建设。

（六）认真办理涉及党风廉政问题信访举报，严肃查处违纪违法问题

截至2008年12月底，驻署纪检组监察局共收到反映审计机关和审计人员的信访举报120件，其中，涉及司局级单位和人员69件，占57.5%，涉及县处级单位和人员的49件，占总数的

40.8%，其他2件。对上述举报信反映的各类问题，组局依法依纪进行了妥善处理。其中，移送有关部门和单位处理的43件，转请有关单位协助处理的18件，因线索不具体作暂存处理的36件（含重复件），直接核实和组织初核的23件（已办结19件，正在办理4件）。在署党组直接领导下，对长沙特派办违规建设职工住房问题，派出联合调查组和工作组进行调查，并由执纪部门正式立案。在认真进行调查核实有关问题的基础上，署党组决定给予原主要负责人行政降级处分。据不完全统计，2008年，全国审计机关共有2人被判处有期徒刑，3人分别受到记大过、记过和警告处分，4人受到撤职、降级处分。

总的来看，2008年全国审计机关党风廉政建设形势是好的。全国审计机关有1468个单位参加了行风评议活动，绝大多数排名靠前，其中进入前三名的305个；有1220个单位被评为文明单位。有9个省、市、县级审计机关新荣获“全国文明单位”称号；有包括审计署（机关）在内的20个审计机关新荣获“全国精神文明建设工作先进单位”称号。在汶川地震抗震救灾资金物资审计中，涌现出一大批舍己为人、团结拼搏、恪尽职守、甘于奉献的先进集体和先进个人，有19个基层审计局（处）、65名审计干部分别荣立一等功、二等功和三等功，集中展现了审计干部队伍的精神风貌。正如温家宝总理指出的那样：“审计机关是认真负责的，审计工作是卓有成效的，审计队伍是过得硬的。在审计工作中培养锻炼了这样一支队伍，应当说是我们工作中的一个很大成绩。”

二、当前党风廉政建设存在的主要问题

审计机关的党风廉政建设虽然取得了较大成绩，但各级审计机关特别是主要领导要保持高度清醒的头脑，对党风廉政建设状况不能估计过高；对存在的问题绝不能掉以轻心；对建设一支作风过硬、素质过硬的审计队伍，始终维护审计机关的良好形象和公信力绝不能松懈。当前，我们要正视审计队伍中存在的一些突出问题。

一是有些审计干部特别是领导干部廉政风险意识和法纪观念淡薄，拒腐防变的思想道德防线仍有缺失。随着依法行使的审计监督权制约力的增强，有的审计干部心态失衡、意志薄弱，成为被拉拢腐蚀的对象；有的思想松懈，交友不慎，不能坚守思想道德和职业操守，受制于人，甚至搞权钱交易；有些领导干部不能清醒认识审计机关面临的廉政风险，麻痹自满，认为不会出大问题，导致工作不力，思想教育和廉政监督不到位；还有少数干部包括领导干部法纪观念淡薄，不能以审计别人的标准审视自身，受社会“潜规则”的不良影响，执纪不严，违纪违规谋取小团体利益。

二是违法违纪行为时有发生，廉政隐患依然存在，落实“从严治理审计队伍”的方针仍需努力。近几年来，审计机关中极少数人发生的权力与利益的交易行为受到惩处，发人深省。审计署对严格规范与社会审计组织来往的三令五申，在少数审计机关并未引起高度重视。有的经不住诱惑，利用审计影响力和领导干部权力向社会中介机构介绍、联系业务，非法收取回扣、好处费受到刑事惩处或纪律处分；更有个别人，利用检查会计师事务所业务质量之机，以发现问题相要挟，低价购买商品房再转手出售而获利，受到判刑。有的收受被审计单位的礼金、购物卡，违反廉政纪律，甚至触犯法律。有的在审计中要求报销个人费用，甚至利用审计权力收取好处费被追究刑事责任。还有的在基建管理等工作中利用职权收受贿赂被判刑。同时，接受被审计单位安排的宴请、旅游和礼品等违反审计纪律的行为仍时有发生。各级审计机关都要对自身可能存在的廉政隐患保持高度警惕，严格纪律，严格管理，对触犯“高压线”的行为绝不姑息手软，把“从严治理审计队伍”的方针落到实处。

三是有些领导干部党性不强，作风不实，影响反腐倡廉建设深入开展。忽视自身修养，党的纪律观念淡化，缺乏主动接受监督的意识，我行我素，没有发挥讲党性、重品行、作表率、促团结的作用，班子和队伍凝聚力不强；没有树立正确的政绩观，重业务成果，急于求成，轻队伍建设、作风建设、廉政建设，充分发挥审计“免疫系统”功能的基础工作不牢，甚至在带好队伍上偏离了正确方向；作风漂浮，喜欢表扬，爱听好话，经不得批评；不敢坚持原则，不愿得罪人，执纪不严；了解干部不深入，不能正确把握德才兼备、以德为先的选人用人标准；搞形式主义、做表面文章习以为常，报实情、说真话、察风险、办实事却感为难；责任意识、忧患意识不强，作风不扎实，对本单位廉政建设的风险点心中无数，对苗头性、倾向性问题不能及时解决，预防腐败工作不够得力。

四是制度建设和内部管理仍有薄弱环节，预防腐败工作还不够完善。审计署对建立和完善惩防体系具有重要意义的一批制度，包括规范审计权力运行、健全反腐倡廉教育机制、严格审计纪律配套措施、规范与社会审计组织关系、惩处审计人员违纪违法行为、健全政府采购和基本建设管理等方面需要加快制定、修订工作步伐。一些单位在“外抓审计纪律，内抓机关管理”上还有薄弱环节和漏洞，已有的制度落实不到位，执行不力。地方审计机关实行审计外勤经费自理，确保审计独立性的工作进展不明显；在腐败高发的固定资产投资领域开展政府投资审计，审计风险、廉政风险大，但有些地方审计机关在规范管理、严格执法、保障经费等方面的机制制度还不健全。

三、2009 年主要工作任务

2009 年是新中国成立 60 周年，是深入学习实践科学发展观，积极应对国内严峻经济形势影响，保持经济平稳较快发展的关键一年，也是推进惩防体系建设、落实审计工作五年发展规划的重要一年。我们要认真贯彻党的十七大、第十七届中央纪委三次全会、国务院第二次廉政工作会议上和全国审计工作会议精神，按照科学发展观的要求，继续坚持“标本兼治、综合治理、惩防并举、注重预防”和“从严治理审计队伍”的方针，以完善惩治和预防腐败体系为重点，深入推进党风廉政建设，以改革创新精神抓好《工作规划》和《实施办法》的落实，树立和弘扬优良作风，加强机关制度建设，强化审计权力监督，为进一步提高审计机关公信力和执行力，促进审计工作科学发展提供有力保证。

（一）提高思想政治素质，扎实推进领导干部作风建设

首先是要严格遵守党的政治纪律。各级审计机关要深入开展党的政治纪律教育，促使广大党员干部增强政治意识、政权意识、责任意识、忧患意识。其次是要加强理论学习。要把理论学习作为一种神圣职责、一种精神境界、一种终身追求，着力用马克思主义中国化最新成果武装头脑，联系工作实际、思想实际，真正学懂弄通，掌握精神实质。要把学习实践科学发展观作为一项长期任务，不断深化认识，真正树立科学的审计理念，把学习成果切实转化为贯彻落实科学发展观的自觉行动。最后是要把加强领导干部党性修养，树立和弘扬优良作风作为审计机关重大政治任务抓紧抓好。要按照胡锦涛同志在中央纪委三次全会重要讲话提出的“四个坚持”和六项任务的要求，大力加强审计机关领导干部作风建设。参加第一批学习实践活动的单位，要结合查找的党性党风党纪方面突出问题，以多种方式开展教育，促进党员特别是领导干部加强党性修养，养成良好作风，并把真正落实整改方案作为改进作风的重要抓手。在署机关，开展“做一名合格共产党员”的教育活动；署党组主要负责同志以加强党性修养为内容给全署党员干部讲党课；集中培训期间安排一次相关教育活动；各党支部组织一次专题党课，召开一次民主生活会。参加第二批学习实践活动的单位，要按照中央和当地党委的统一部署，结合本单位实际，认真查找包括党性党风党纪方面在内的突出问题，深入分析检查，并把加强作风建设作为重要内容纳入整改落实方案，加强督促检查。

在这里，我还要代表署党组郑重提醒审计机关领导干部特别是“一把手”，要充分认识今年国际国内的特殊复杂形势，切实抓好维护稳定工作，看好自己的门，办好自己的事，带好自己的人；切实贯彻执行好党中央、国务院关于厉行节约的各项要求，并形成制度，保持和发扬审计机关廉洁公正、艰苦奋斗的精神，保护好来之不易的良好形象。

（二）开展反腐倡廉教育，切实加强廉洁自律工作

腐败行为的发生，首先是思想道德防线出了问题。因此，要把加强思想道德建设特别是拒腐防变教育作为反腐倡廉建设的第一道防线，使广大审计干部打牢廉洁从审的思想基础。一要深入开展廉洁从审教育。二要提高反腐倡廉教育的实效性。注重用审计干部自身的事例充分发挥警示教育和示范教育的作用，有针对性地开展岗位廉政教育，使反腐倡廉教育入脑入心。审计署将结合具体案例在机关开展警示教育；与人力资源和

社会保障部联合表彰全国审计机关先进集体和先进个人；在署有关媒体上开辟专栏，开展先进典型的系列报道。三要逐步完善反腐倡廉宣传教育机制。把反腐倡廉宣传工作纳入审计署年度宣传要点。在领导干部和公务员初任培训中设置反腐倡廉课程。编发《审计干部反腐倡廉教育读本》和《审计干部廉洁从政手册》。制定审计组廉政教育规定。四要加强审计文化建设和廉政文化建设。

认真落实十七届中央纪委第三次全会部署的领导干部廉洁自律要求，结合审计系统实际，重点抓好以下工作：严禁领导干部违反规定收送现金、有价证券、支付凭证和收受干股等行为；落实领导干部配偶和子女从业、投资入股、到国（境）外定居等规定和有关事项报告登记制度，严禁发生与公共利益冲突的行为；严禁违规组织集资合作建房、超标准建房、在风景名胜或公园区建房等问题；纠正领导干部违反规定发放住房补贴、多占住房、以明显低于市场价格购置住房或以劣换优、以借为名占用住房等问题；严禁领导干部相互请托，违反规定为对方的特定关系人在就业、投资入股、经商办企业等方面提供便利，谋取不正当利益；严禁审计人员利用审计权力通过社会审计组织为本人或特定关系人谋取不当利益。

（三）发扬改革创新精神，大力加强反腐倡廉制度建设

要健全审计法规和规章制度。配合有关部门争取尽快出台审计法实施条例和《经济责任审计条例》，并积极组织学习宣传。修订《中国国家审计准则》。制定《审计署审计项目责任追究办法》《审计机关封存资料资产规定》，与有关部门联合启动《建设项目审计处理暂行规定》修订工作。严格执行 2008 年印发的《审计署管辖范围内审计事项授权地方审计机关审计管理办法》。

要健全完善廉洁从审的机制和制度体系。会同监察部、人力资源和社会保障部联合制定发布《违反审计法律法规行为处分暂行规定》，充分发挥其惩治和预防功能。修订完善《审计组廉政责任规定》《审计组执行“八不准”审计纪律具体事项的规定》和严禁通过社会审计组织获取非法收入的有关规定。审计署机关和特派办要不折不扣地执行新修订的“八不准”规定。地方审计机关要按照国务院领导听取审计署工作汇报时的指示精神，加大工作力度，争取财政经费支持，从机制上保证审计独立性；同时，可结合实际情况，参照新的“八不准”规定，制定或修订相关规定，报本级人民政府批准执行。

要建立健全财务和资产管理制度。要查找财务、基建、资产、采购管理的薄弱环节和漏洞，健全完善相关制度，并严格执行。用审计别人的标准加强管理。各级审计机关要加强审计成本控制，节约利用资源，降低机关运行成本。要认真组织实施新出台的审计外勤经费管理办法以及特派办职工住房、建设项目、资产管理和署交流干部住房等规定或办法。

要继续深化干部人事制度改革。坚持德才兼备、以德为先的用人标准，克服重才轻德、以才蔽德、以绩掩德的现象，严格执行干部选拔任用工作的一系列规定。制定审计署干部管理规定、机关和特派办领导干部选拔任用工作实施办法、直属事业单位中层管理人员聘用办法、处以上干部任职前人事部门听取纪检部门意见的办法。

（四）注重源头治理，强化对审计权力的监督制约

一要逐步健全对审计权力运行全过程的监督制约机制。继续探索实行审计计划、审计实施、审计审理等职能分别由审计机关内部不同职能部门行使的制度，增强审计权力的内部监督和制约。二要加强对审计项目质量的监督检查。进一步完善审计项目质量检查制度。三要加大对审计纪律执行情况的监督力度。署机关将组成检查组并继续组织派驻特派办纪检组长，开展对重点审计项目的廉政跟踪检查，及时总结经验，逐步形成有效的监督机制。四要深入推进政务公开，自觉接受人民群众和社会监督。建立健全审计机关政府信息公开制度。积极发挥特约审计员、行风监督员的作用。组织对 2008 年审计署机关财政预算执行情况进行审计并向社会公告，2009 年署经费预算向社会公开。

（五）贯彻党内监督条例，进一步加强对党员领导干部的监督

认真贯彻党内监督条例。坚持党的民主集中制，坚持科学民主决策，健全具体制度，提高决策质量，注重实际效果，重大问题必须领导班子

集体研究决定，防止个人和少数人说了算。认真执行述职述廉、诫勉谈话、函询等制度。严格执行党员领导干部报告个人有关事项的规定。适时修订《审计署党组工作规则》《审计署工作规则》。

健全党内民主制度，加强和改进党内民主监督。探索扩大党内民主的形式，坚持党务公开，并逐步形成制度。署机关各单位和各派出机构要建立健全工作规则，不断完善依法行政和科学民主决策等工作机制；逐步推行领导干部公开述职述廉和年度述职报告上网公布；规范特派办民主生活会请示报告制度，按要求提交方案、专题报告和整改落实情况报告。

加强对各级领导班子和领导干部特别是主要负责人的监督。督促党员领导干部认真执行《中央纪委关于严格禁止利用职务上的便利谋取不正当利益的若干规定》。继续推进和完善对审计机关主要负责人的任期经济责任审计，加强对署直属事业单位和特派办的财务收支审计和主要负责人任期经济责任审计，并开展任中审计试点工作，前移监督关口。按有关规定，充分发挥署党组派驻纪检组长的作用，提高纪检组长工作水平，加强对驻在单位领导班子特别是主要领导的监督；组织开展对特派办的巡视试点工作，并逐步形成制度；坚持和完善干部监督联席会议制度，加强对干部选拔任用的监督检查。

（六）加强信访举报工作，严肃查处违纪违法问题

严肃查处以权谋私、权钱交易、徇私舞弊、滥用审计职权和其他严重违反廉政规定的案件；严格执行新修订的审计纪律规定，坚决查处违反规定的违纪行为；在严格管理加强预防的同时，严肃查处基本建设、政府采购、招标投标、委托审计等方面的违纪违规问题，以及通过社会审计组织获取非法收入的行为。

执纪部门要加强协调配合，认真做好信访举报受理和核查工作。要以认真负责的态度和扎实、高效的工作作风提高对信访信息的综合分析能力，注意发现案件线索，为领导科学决策提供重要参考，为有效惩治腐败提供有力支持。

四、2009 年党风廉政建设工作几点要求

（一）加强领导，用科学发展观指导审计机关党风廉政建设

科学发展观是发展中国特色社会主义必须坚持和贯彻的重大战略思想，是马克思主义关于发展的世界观方法论的集中体现，是我们的行动指南。各级审计机关要深入学习领会胡锦涛同志在十七届中央纪委三次全会和温家宝总理在国务院第二次廉政工作会议上的重要讲话精神，深刻理解和正确把握中央关于反腐倡廉建设的战略部署和基本要求，用科学发展观指导党风廉政建设新的实践。要坚决贯彻国务院第二次廉政工作会议精神，按照全国审计工作会议的部署和要求，正确履行审计监督职责，为党和国家工作大局服好务。要以科学发展观为指导，牢固树立正确的政绩观；以正确的政绩观促进科学发展观的贯彻落实。要认真解决"什么是政绩"、"为谁创造政绩"、"怎样创造政绩"的问题。

（二）落实责任，改进和完善党风廉政建设责任制

胡锦涛总书记强调指出：党风廉政建设责任制是深入推进党风廉政建设和反腐败斗争的一项基础性制度。各级审计机关领导干部特别是主要领导要以身作则，率先垂范，严格执行党风廉政建设责任制，以责任制为抓手扎实推进反腐倡廉各项工作。纪检监察机构要加强与有关部门的组织协调，进一步形成抓党风廉政建设和反腐败工作的合力。要明确任务分工，加强督促检查，确保今年反腐倡廉各项工作落到实处。

（三）求真务实，坚持用改革创新精神推动审计纪检监察干部队伍建设

各级审计机关纪检监察机构要以开展"做党的忠诚卫士，当群众的贴心人"主题实践活动为载体，切实加强纪检监察干部队伍建设。要适应反腐倡廉形势的新变化，联系反腐倡廉建设的新实践，把思想认识从那些不合时宜的观念、做法和体制的束缚中解放出来，克服畏难情绪和安于现状的思想，敢闯敢试、敢为人先，把改革创新精神体现在具体工作中，落实到解决具体问题上；要加大对纪检监察干部的教育培训力度，改善知识结构，拓宽工作视野，努力提高工作的专业化水平；要加强教育、管理和监督，使纪检监察干部始终保持谦虚谨慎、奋发有为的精神状态和恪尽职守、坚持原则、秉公执纪的职业操守，带头

执行廉洁从政各项规定。各级审计机关的领导要从工作上和生活上真诚关心爱护纪检监察干部，支持他们开展工作。

审计工作的科学发展对审计机关党风廉政建设提出了新的更高的要求。各级审计机关一定要深入学习实践科学发展观，与时俱进，奋发有为，勇于创新，真抓实干，以高度的责任感和使命感深入推进党风廉政建设，为保障审计工作的科学发展作出新贡献。

灾后重建审计专栏

刘家义审计长在汶川地震灾后恢复重建跟踪审计工作现场会上的讲话

（2009 年 6 月 18 日）

同志们：

灾后恢复重建跟踪审计是灾后恢复重建工作的重要组成部分。在抗震救灾阶段，各级审计机关认真履行职责，对抗震救灾资金和物资开展了跟踪审计，发挥了很重要的作用，各级党委政府和社会各界给予了充分肯定。现在，由抗震救灾阶段转入了灾后全面恢复重建阶段，审计的任务更加艰巨。它的艰巨性体现在：灾后恢复重建跟踪审计是一种非常规审计。既要跟踪项目，又要跟踪资金，审计的内容和要求也比较高。同时，这项审计与日常的预算执行审计、财政财务收支审计、外资审计、经济责任审计等有很大区别。区别在于它不仅关系到灾区人民千家万户的切身利益，而且社会敏感度极高。党中央、国务院、各级党委政府、全国人民乃至国际社会都高度重视和关注灾后恢复重建工作。再则，时间非常紧迫。灾后恢复重建跟踪审计工作量很大、项目很多，而且非常分散，可以说是千头万绪。很多项目直接关系到老百姓的居所问题和生产、生活问题，时间不等人。在这种情况下，我们不能用惯常的思维来从事这项审计工作。

从 2008 年 11 月以来，20 个援建省（市）审计厅（局）、3 个受灾省的审计机关和审计署 4 个特派办在灾后恢复重建过程中加强审计监督，按照党中央、国务院的要求和部署，认真履行职责，取得了阶段性成果，发挥了很好的作用。这次到四川调研，刘奇葆书记和蒋巨峰省长一再说，抗震救灾过程中一直担心资金出问题，现在灾后恢复重建过程中更担心出问题；审计机关的介入，既保障了抗震救灾，也能保障恢复重建，省委、省政府非常希望加大审计监督力度；如果恢复重建中出了问题，难以向党中央、国务院交代，难以向全国老百姓交代。现在灾后恢复重建跟踪审计刚开始不久，社会很关注。我们承诺要向社会公告，但目前还没有公告。因此，应时不时有点审计的声音才行。没有声音，老百姓有疑惑，要询问。在绵阳、广元、阿坝调研的时候，书记、市长都是这样的看法。针对今天大家汇报的情况和前几天几个省审计厅汇报的情况，我想讲几点意见。

一、要进一步深刻认识加强灾后恢复重建跟踪审计的极端重要性

要以对党、对人民、对国家、对历史高度负责的精神和态度，搞好灾后恢复重建跟踪审计。这项审计既是审计机关的一项法定责任，也是一项社会责任，更是一项历史责任。整个灾后恢复重建要对历史负责，我们的整个灾后恢复重建跟踪审计也要对历史负责。同志们很辛苦，不管是特派办的，还是援建省（市）的，远离家乡，大跨度的异地审计，深入到千家万户，到农户去看农房建设，生活没有规律。有很多援建省的同志是北方人，到南方来生活不习惯，即使有些南方的同志到西南来生活也不习惯。气候不适应，生活不适应，居住条件不适应，工作环境比较差。不说别的，单是交通工具就很麻烦，有的还存在语言沟通的障碍。比如从江西到四川小金县来，当地话很多四川本地人都听不懂。这给我们的工作带来了很大的困难，大家在前一阶段的工作中克服了很多困难。现在有些同志产生厌战情绪是可以理解的，但我们一定要克服。灾区很多同志失去了亲人，但仍然坚守岗位。昨天到阿坝州，州长讲他在直接指挥抗震救灾的这个地方，眼睁

睁地看着刚大学毕业的一个侄女去世；一个警察，边与他埋在废墟里的儿子说话，边组织抢救其他人，眼睁睁地看着儿子去世。审计人员要向灾区人民、灾区干部学习，学习他们抗震救灾的伟大精神，真正发扬连续作战、不怕牺牲、不怕疲劳的精神，克服一切困难。2008 年 5 月 12 日到 11 月的那段时间，在那么艰苦的条件下，我们审计人员都挺过来了，现在我们也一定能够战胜各种困难，战胜各种艰难险阻。

一定要深刻认识到这项审计工作的极端重要性。跟踪审计是抗震救灾和灾后恢复重建的一个重要组成部分，如果这个组成部分出了问题，那么灾后重建就无法画上一个圆满句号。如果灾后恢复重建过程中，审计机关没有完全履行职责，导致一些项目的资金管理使用和工程建设质量出了重大问题，包括严重违法违规、损失浪费等问题，我们就无法面对全国人民，无法面对党中央、国务院，无法面对各级党委、政府，无法面对灾区人民，无法面对历史。所以，我们必须以高度的政治责任感和历史使命感，以能够战胜一切困难的英雄气概来完成好历史赋予我们的灾后恢复重建跟踪审计任务。相信我们的审计人员都能办到。如果说哪个审计人员在这个问题上退缩不前，他就称不上是一个合格的审计人员。各级审计机关的领导要创造一切条件，关心这些现场审计人员的身体健康，可以采取分批轮换等多种方式实施跟踪审计。

二、要进一步明确这次灾后恢复重建跟踪审计的目标

这次灾后恢复重建跟踪审计的目标是什么？抗震救灾审计的目标是“保证不出问题，少出问题，至少不出大问题”。灾后恢复重建跟踪审计的目标就是“促进灾后恢复重建的顺利进行，保障灾后恢复重建不出重大问题”。也就是说通过审计，发现和处理一些制度障碍或管理不规范等问题，促进其很快得到解决，推动灾后重建工作的顺利进行。这是一个主要目标。要力争两年基本完成三年重建的目标，难度相当大。我们在座的同志很多都在灾区，领导同志也多次到灾区，大家都知道，灾后恢复重建时间拖得很长，就会影响到灾区人民的安居乐业。灾区人民不安居何以乐业？经济、社会何以发展？它始终牵动着党中央、国务院，牵动着全国人民的心。所以，我们通过审计，就是要促进和推动灾后恢复重建工作顺利进行。

与此同时，我们还要保障整个灾后重建过程中不出重大问题。比如说重大的违法违规问题、重大的损失浪费问题，重大的资源破坏问题，重大的质量事故问题，重大的耕地破坏、毁损、非法占用，甚至倒卖等问题。同志们，出现这些问题，如果得不到及时地解决、查处、纠正和整改，不仅会影响党和政府的形象，而且会伤全国人民的心。所以，审计的目标定位归纳起来就是这两句话。我们全部的审计理念、审计方式都必须围绕这个目标来进行。

三、要积极创新审计方式，切实做到全面跟踪、抓住重点

在这次跟踪审计中，各地都采取了一些很好的审计方式。比如，援建省对“交支票”项目采取的是一种审计方式，对“交钥匙”项目采取的是另一种方式。有的是全部由自己审，有的是自己审一部分，委托当地审计机关审一部分；有的是联合审计，省、市、县审计联合起来，援建和受援地方审计联合起来，这些方式都非常好。在这个问题上不要作硬性规定和要求。各地情况不一样，由援建省和受援地自己去商量，哪种方式好就采取哪种。目的就是能打胜仗，打了胜仗就是英雄。2008 年抗震救灾跟踪审计的时候，署里面也没有固定的模式和方式。这是一次非常规审计，就要采用非常规的审计方式。等全都规划好再来审计的话，一切都晚了。所以，我们要积极创新审计方式。比如说，审计和审计调查相结合，可能是在这次灾后恢复重建跟踪审计中运用得比较多的一种有效方式。审计主要选择几个重点领域，其他的方面就用审计调查方式。又如重点审计与专题调查、专项抽查相结合。如果有 500 户农户重建，500 户都需要检查到吗？2008 年救灾款物的审计全跟踪到了吗？也没有。我们讲入村入户，最后下来全国就抽查了 1 万多户，受灾的远远不止这 1 万多户。这就只能搞专项的重点抽查，500 户抽查 30 户就能发挥威慑作用，事先谁也不知道会抽查到谁。所以，审计方式要积极创新，适合什么方式就用什么方式。要积极探索创新，在创新的过程中再逐步规范并加以推广。通过创新方式来切实搞好全面跟踪。

有的同志问，从项目开始到结束一直跟踪叫跟踪呢？还是分阶段进行审计叫跟踪？还是开始来一次最后来一次叫跟踪？我看都是跟踪，具体要根据项目情况来定。比如奥运审计每年审一次，也叫跟踪；京沪高速铁路基本上一个组对它进行全程审计，也是跟踪。不要在这些概念上纠缠，这些都是从实际出发去探索。是不是百分之百的问题都审计到了，才叫全面跟踪呢？也不一定。所以，跟踪审计也要抓住重点。抓住什么重点？第一是重点领域。首要的是民生工程，其次是重要的、涉及民众切身利益的公共设施。譬如说学校、医院、桥梁，这些弄不好就出大问题。出了问题、事故怎么交代？当然其他重大项目也要审。第二是重点内容。一是总体规划和灾后恢复重建的相关政策贯彻落实情况以及贯彻落实中出现的新情况、新问题；二是灾后恢复重建资金分配、管理和使用情况；三是灾后恢复重建工程项目质量管理状况；四是灾后恢复重建过程中生态环境保护、资源利用状况；五是灾后恢复重建中，土地特别是耕地的保护利用情况。再一个，就是重点项目。有些项目是民生工程，资金量也很大，就要抓住不放；有些项目虽然不直接关系民生，但投资量大，也一定要抓住；有些项目是社会高度关注的，同样一定要抓住。比如北川中学、汶川中学、漩口中学等，就应该审，且多次审，贯穿始终审，给社会一个说法。总之，我们要积极创新审计方式，切实做到全面跟踪，抓住重点。

四、要坚持“两手抓”，切实发挥审计的建设性作用

“两手抓”，就是指在灾后恢复重建跟踪审计中，一手要加大力度揭露和查处重大违法违规和经济犯罪问题，绝对不能手软，绝对不能含糊。违法违规不仅仅是经济上的违法违规，也包括资源环境、工程质量、土地利用上的违法违规，还包括一些经济犯罪问题。同志们，不要想到恢复重建时间那么紧，违规就违规了，如果那样要我们审计干部做什么？那样做是对人民犯罪！所以，我们绝对不能放松。

另一方面，要加大力度揭示和反映灾后恢复重建过程中存在的一些制度性的问题、管理不规范的问题、需要各方面统筹协调考虑的问题、政策不完善的问题。现在有些问题确实是政策不完善造成的，大家在汇报中讲到总体规划和实际情况差距太大，原来该报的没有纳入总体规划，可以不报的又纳入了总体规划。这类问题我们要进行揭示反映。又比如，关于生态环境保护方面，有些政策不是很明确。怎么办？山东省谈到援建项目建成后资产等怎样交接，现在也没有这方面的政策。有些资金有整合问题，有中央的钱、地方财政的钱、社会捐赠的钱、援建省的钱以及从社会其他渠道筹集的钱。现在，不少地方都反映一个问题，很多项目资金有缺口，很多资金又闲置。为什么？上面的拨款一下子就一步到位了，但有的工程项目还没有开始，钱放在那，无形中形成了闲置。同时，闲置的资金由多个部门来管理，有些地方到村里没有专门的账户，有的可能放在私人存折上，增大了资金风险。有些项目确实需要资金，调剂一下又违规了。像这类问题，是政策规定的问题，我们就要反映出来进行调整。有的地方比如河北省反映，他们把援建资金拿1个亿出来建立了农户农房建设信用担保基金，拿了1个亿出来作为中小企业发展基金，刚开始实施效果就很好。为什么呢？老百姓贷款，拿一点钱进行信用担保，就把房子建立起来了。但关于这些做法，目前还没有规定，我们可以及时总结，建议有关部门把它规范起来。另外，可能是管理上缺位。一是制度缺位，二是管理人员缺位，怎么解决？我们是不是可以及时以审计情况通报的方式反映，我建议把审计建议函改成审计情况通报。建议可采纳可不采纳，有很多情况也装不进去。怎么办？我们专门搞一个灾后恢复重建情况通报，既讲情况又讲审计意见或建议。情况通报可以是审计署直接发，可以是地方审计机关发，也可以是派出机构发。通过这种方式，达到促进其及时整改、及时规范的目的。也就是我们说的边审计、边整改、边规范、边提高。我们审计是预防为主，目的是促进整改，处理的目的是发挥威慑作用。这样才能实现“一个促进、一个保障”的目标。至于审计情况通报如何反映这类问题，投资司要根据这几天调研的情况，根据这段时间大家审计的情况归纳一下。

另外，大家提出的意见和建议第一要有针对性，第二要有可操作性。这次我看了一些审计建议函，有的建议非常好，有的建议虽好但却是放之四海而皆准，操作性不强，根本办不到。比如，有的建议某某县政府要及时筹集资金弥补资金缺口，配套资金未到位，请当地政府积极筹集资金，保证配套资金到位。这个要求非常正确，但事实是没有钱，财政保证正常运转的钱都没有，让政府保证配套到位怎么能办到？包括这次扩大内需配套资金的问题。这样的建议既没有操作性，也没有针对性。同志们想一想，第一，是不是要求各种配套资金一定要一步到位？要求资金一步到位本来就是一种不科学、不现实的问题，一步到位可能会形成大量资金闲置，资金的调度也会存在问题。第二，财政收入是分12个月逐渐收起来的，要求现在一步到位根本就不现实，更何况一些地方还存在没有钱配套的问题。资金要按工程进度拨付。正如我刚才说的，现在一下子把资金都拨下去了，无形中增大了管理监督的风险。与其这样分散在若干个口子高风险地管理，还不如放在财政专户按进度拨款。任何东西都要实事求是地考虑。我们提出的审计建议、通报的审计情况，分析原因要客观、要公正，要有针对性和可操作性。审计人员如果只能提出问题，我认为是个半拉子审计人员，不是一个合格的审计人员。提出问题谁都会，指手画脚谁不会？关键是要做！提出问题只解决了问题的一个方面，更重要的是要提出解决问题的途径和办法等方面的建议。我们审计人员有这个能力，也有这个义务去提出解决问题的建议。因为我们通过全面分析以后提出的问题，就一定要考虑如何解决问题，如何才能办得到。

五、要坚持适时公告制度

审计署在灾后恢复重建跟踪审计工作安排意见中提出，要分头公告，谁审计，谁公告。这里我再明确几点：一是援建省的公告要以省为主体，而不能以援建的某个城市或审计的某个乡镇的情况进行公告。比如黑龙江，只能是由黑龙江省审计厅来公告，而不能把公告层层下放。否则可能会出问题。审计署怎么公告？我们将统筹考虑，特派办一律不单独公告，由署里统一公告。这样，公告就限于两个层面：一个层面是审计署，一个层面是省审计厅。省审计厅的公告可能会有两种情况，比如四川省会有援建省和四川省自身这两个方面的公告，四川省审计厅的公告是公告自己的审计情况，不公告援建省的审计情况；援建省的公告只公告援建省的审计情况，不公告四川省当地的审计情况。这两个的分工必须明确。

再者，公告不能是审计了一年才公告或者审计结束了才公告，这是不行的。我用了“适时”一词，就是强调要适时进行公告。没有特殊情况，我的意见是半年公告一次，一年公告两次。因为太长时间才公告，有些项目可能早就结束了，但是大家都很关心。如果自己老不公告、不发表意见，我们就会丧失话语权。所以，没有特殊情况，我们每半年公告一次。那么，半年怎么公告？就援建省来说，公告的主要内容可以包括：项目总体情况怎样？审计了多少项目？多少资金？审计的情况怎样？作为当地审计机关，比如说四川省审计厅，就要公告整个四川省灾后恢复重建的总体情况怎样？恢复重建项目有多少个？投入了多少资金（可不包括援建部分）？全省审计了多少？公告要反映审计了多少资金和项目？发现了什么问题？这些问题我们当时是如何处理的，被审计单位是如何整改的就可以了。

公告并不复杂。有些特殊情况、特殊项目尤其是社会关注度极高的一些项目，我的看法是过一段时间就要公告一次。比如说北川中学，社会关注度非常高，它的重建资金是社会捐赠资金。到底这个项目有没有建？建的过程中情况怎样？建的质量如何？标准如何？管理情况怎样？审计情况如何？等等，我们要通过公告审计情况让老百姓知道。我们做到公开透明地救灾、公开透明地重建和公开透明地审计，就起到预防作用了。有时可能只公告了几个问题，但就足以威慑其他人。所以，要坚持适时公告制度。

每次公告都要把握几个原则：第一，要实事求是；第二，要客观公正；第三，要注意社会导向和社会影响。如果公告内容涉及党和国家机密，涉及被审计单位的商业秘密和工作秘密，我们更需要慎重考虑。在第一次公告时，全国最好能搞好协调。一是公告时间要协调，审计署、援建省和受灾省的公告不能齐步走，这样公告出去效果不会很好。二是公告的口径、公告的技术处理等要协调。署投资司要做好这些协调工作。

六、要加强统筹协调，实行分工负责

关于加强统筹协调，我有几个具体意见：第

一，要加强沟通，联动互动，横向纵向都要沟通。23个省审计机关包括20个援建省和3个受灾省审计厅要随时向署里报告有关情况。这个方面做得比较好的是甘肃省，能经常看到一些反映他们省厅工作的信息。其他省的情况我看到的不多。同志们希望署里加强指导。若信息都没有报上来，如何指导？所以我讲加强指导是双向的，我们要加强指导，加强各方面经验的总结和推广，但另一方面各地要把信息及时报给我们。没有信息我们就没法指导。这点署里以前没有硬性要求。

第二，要建立协调机制。这个协调机制要建在3个受灾省，我建议在四川省成立一个协调小组，小组的组长是投资司的一位主要负责同志，副组长就由高仁全和丁仁立担任。所有在川的包括18个援建单位和其他特派办进行灾后恢复重建跟踪审计的相关情况、管理情况需要总体协调的，都通过这个协调小组来进行。这样做是为了随时全面掌握情况。甘肃省建立一个协调小组，负责人请何振中和魏强担任，投资司指定一个联络员，人员可以不固定，但一定要有联络员保持随时联络。陕西省就请屈方方和娄仲同志为负责人，投资司指定一个联络人员进行联络。各市县也要建立协调小组，由当地审计机关、援建省审计机关和参加这个县审计的相关特派办的同志组成。我认为协调小组拥有的不是权力，而是责任，目的是要统筹指挥、统筹协调，否则会打乱仗。2008年抗震救灾审计之所以没有打乱仗，就因为指挥系统很畅通。为什么在县里由本地审计机关牵头协调？因为我们只是去审计若干个项目，项目审计结束后，我们就要离开，所以当地审计机关需要全面掌握情况。

第三，协调小组要定期召开协调会、协商会或者叫通气会。这是阿坝州州长建议的，每个县的协调会原则上1个月开一次，每个市原则上2个月开一次，省以上一个季度开一次，必要的时候随时都可以开。协调会的任务：一是对这段时间的审计情况进行交流、沟通；二是向大家介绍审计经验，互相学习，取长补短；三是把其他地方的经验向下推广；四是研究审计中遇到的问题，提出解决办法，协调小组商议后该向上面报告的就报告，该就地向当地政府或项目单位提出的就向当地政府或项目单位提出。审计人员在生活中遇到困难，也可以请协调小组帮助解决。通过这种协调，既密切关系，又推广经验，有利于推动整个跟踪审计工作。

第四，要建立定期报告制度。无论是援建省还是四川、陕西、甘肃3个省的审计厅以及成都、重庆、西安、兰州特派办，均要实行月报制度，每个月在次月第5个工作日前报送一张报表。请投资司迅速设计报表的内容。报表不要搞得太复杂。比如在审计范围内，总体上恢复重建资金投入了多少？来源于哪几个方面？建了多少个项目？正在审计的有多少个项目？审计结束的有多少个项目？用了多少资金？审计中发现的案件有几个？其他方面的问题有哪些？就报几个简简单单的数据。然后是半年报告制度。每个月有月报，每半年要向审计署写一个审计工作报告。这个报告要写得详细一些，包括文字报告和报表。同时，有重大情况要随时向署里报告。

投资司要编发灾后恢复重建跟踪审计情况动态。这个动态一周可出一期，主要是为了交流。包括各地的经验、遇到的共性问题，尤其是审计中遇到的一些关键的问题要发布出来。这种情况交流也是一种培训。具体操作方式，请投资司研究。再一个，投资司要注意总结各地的经验，对特派办、省厅、援建省，每个方面都要找一个代表，通过总结目前已经成熟的做法和正在探索的做法，搞成一个灾后恢复重建跟踪审计手册。手册不要长篇大论，而是把国家大的法规和政策、审计程序上要注意的方面、要关注的事情，一共几千字就能解决问题。注意不能搞复杂，搞复杂了就会失去实际用处。还有，我们要认真研究，在统计报表中用哪几个统计指标来体现审计成果。有直接的，有间接的，比如减少了损失浪费、核减了工程投资，有的通过审计查出问题的整改提高了工作效率或缩短了工期，有的工程质量得到了改进。这些都应该算。这是需要将来研究的，但我们现在就要做好准备。

对于3个省灾后重建资金的审计，审计项目要分工负责。特派办和省厅一起掌握总体情况。省这一级的总体情况由相关的省厅和特派办组织联合审计，共同掌握。援建省、相关特派办的主要任务是审项目，各市县的总体情况由当地审计机关掌握。至于中央投资及中央投资为主的项目，不要在资金比例上做太多文章，很难讲清楚。有的资金还包括新农村建设，用于真正灾后重建的只有一小块。怎么办？对于每一批项目由谁审计，特派办和这3个省的审计厅都要做好协调。特派办要选择大一些的审计项目，有些项目资金量不是特别大，但社会关注度高，可以和省厅商量到底由谁来审？比如北川中学重建的审计情况要向社会公告，是由署里公告还是省厅公告，通过协调商谈沟通确定。再如一些外资项目、港澳援助项目，有些很敏感的项目由审计署组织审计，其他项目由省厅审计。不管谁审计，外资项目、港澳援助项目的审计报告和审计决定一定要向署里报告。

再一个问题，审计通知书不作统一规定，现在的审计通知书可以有多种考虑。我建议，可以对县人民政府发一个审计通知书，发了后由审计局进行审计，涉及由特派办来审计的有关项目，要做好配合工作。援建省如果是交钥匙工程，就要把审计通知书发给援建指挥部。特派办审计的单位，如果这个单位涉及很多个项目，就把审计通知书发给这个单位。审计通知书发给谁，审计报告、审计决定也就发给谁。各地都要从实际出发。关于这个问题，可以先这么执行，若不可行再研究。

七、要确保质量，提升水平

这里，我特别讲一讲，审计调查和专项调查都要征求意见。现在的审计准则规定，只有审计要征求意见，审计调查不需征求意见。所以，这里我要明确一点：所有的审计调查和专项抽查都要征求意见。对于上报的案件，要把违纪违规情况，包括经济犯罪或者其他方面案件逐项列出来，涉及人员、移送机关等都要逐一列出。只有逐项填列数字才能防止填错，也有利于审核。关于审计质量，我就不多说了，但务必要高度重视。

八、要严格纪律，树立良好的审计形象

这里的纪律包括审计纪律、廉政纪律、保密纪律和群众工作纪律。灾后恢复重建跟踪审计涉及方方面面，既有普通的工人、农民，也有干部，涉及面非常广。要严格执行审计纪律，所有的工作经费必须自理。不能让受灾地方贴钱，不能让审计经费在审计项目中进入成本，一定要列入政府预算。有的地方请了事务所的部分同志。对这部分同志，有几点要求：一是要严格管理；二是要提高业务水平；三是要遵守纪律。绝不能借机拉业务，一旦发现要坚决制止。同时，要注意审计职业道德。灾区的同志长期处于高度紧张状态，审计时有的人或单位可能态度不太好，有时提供材料时还要拖一拖，我们要体谅。要通过提高审计水平和职业道德，提高审计人员的职业修养，更大地提升审计形象。

跟踪审计涉及的一些具体事项，请投资司及时研究解决。总之，希望大家调整工作思路，改进工作作风，提高办事效率。

一载基层路　一生不了情

——太原特派办赴地震灾区挂职干部杨志军同志工作情况报告会侧记

2010年11月11日，对于审计署太原特派办（以下简称太原办）的年轻同志们来说，既是一个平凡的日子，又是一个难忘的日子。这天下午，在太原办八楼会议室，全办35岁以下的年轻干部们聚集在一起，共同聆听杨志军同志赴地震灾区四川省阿坝州黑水县审计局挂职工作情况的汇报。

杨志军同志曾是办财政审计处的主任科员，今年31岁，于2009年10月响应署党组的号召，自愿申请到地震灾区挂职的。按照署统一安排，他在黑水县审计局挂职副局长。杨志军同志的报告是从介绍黑水县历史沿革和风土人情开始的。他以对挂职灾区及灾区人们的满腔热爱，以图文并茂的形式，将与会同志带到了那遥远神秘却曾经遭受了灾难的土地。

黑水县地处四川省西北的阿坝藏羌族自治州中部，是青藏高原东部的一个藏区县，红军长征曾经过这里。全县平均海拔3544米，人口5.9万，其中藏族占92%。境内群山屹立，雪峰对峙，达古冰川壮美、秋季彩林漫山。但这里也是一个国家级贫困县。地震前一般预算收入不足3000万元，只占预算总支出的4.5%。就是这个“老、少、边、山、穷”的少数民族贫困县，在“5·12”地震中自然环境和基础设施遭受了严重毁损。

面对多个灾后重建审计项目，面对县委、县政府对审计工作的高标准，面对审计局干部职工对审计署派来的挂职副局长寄予的希望，作为一名从校门进入机关门的年轻干部，他感到了身上的担子是那么的沉重。但是，他没有退缩，他能够去做的，就是让自己尽快进入工作，尽快打开局面。

不顾强烈的高原反应，不顾饮食睡眠的严重不适，不顾体重的突然下降，按照局党组工作部署，他发挥业务特长，扑下身子埋头苦干。很快，在深入调研的基础上，他提出了“以‘免疫系统’功能为指导、以财政审计为龙头，围绕预算执行审计、突出灾后重建资金跟踪检查”的工作思路。在实施审计中，他针对基层审计机关人员少的实际情况，采取“统一办公地点、分组不分活、按需组织延伸”的组织方式，实现了财政审计一盘棋。他负责的财政审计项目，因反映的问题深入透彻、提出的整改建议针对性强，在被审计单位得到了切实落实，对县财政管理体制改革起到了很大推动作用，被县有关领导称为基层审计机关发挥审计“免疫系统”功能的一次有益实践。

预算执行审计的圆满完成为他赢得了荣誉和信任。可灾后重建项目都是投资工程，他还比较陌生。为尽快完善自己的知识结构，满足工作需要，他阅读了大量工程投资方面的书籍和资料，向有关专家请教，很快就掌握了工程招投标、基建审核、工程清单预算评审、概算控制等知识。为了解实情，他不畏高原缺氧、道路崎岖、泥石流频发的恶劣环境，深入藏族村寨和项目现场调查研究。扎实的业务基础和高度的责任感、使命感，转化成了丰硕的审计成果。

工作之余，他不忘挂职干部的使命，积极组织培训，开展实践指导，努力发挥“传、帮、带”作用，提高县局审计人员的业务能力，推动审计理念创新。

据参加对杨志军挂职考核的一位同志说，在黑水县审计局的一年里，他一人的工作量超过了全局人员的50%以上。可在他的汇报稿中，对此却只是轻描淡写。更多的篇幅他用来描述了黑水县的那山、那水和那些人。当讲到与他一起工作过的审计局同事们时，他语气温柔，更像是在讲述他的兄弟姐妹们；当讲到黑水县他曾经到过的村村寨寨时，他语气轻快，仿佛又见到了那美丽的彩林和清澈的山泉；当讲到由于长期失眠、强烈的高原反应以及诸多生活不适使他口舌溃疡、眼睛发炎红肿时，他语带调侃，甚至还自嘲式地给大家展示了一张他生病时的照片，仿佛那些只是他在黑水工作生活的点缀，相反却给生活增添了不少“乐趣”；当讲到由于长期离家、通信极为不便，对家人强烈的思念和愧疚之情时，他的语气凝住了、眼眶湿润了，这让我们真真切切地看到了一个七尺男儿内心最柔软的一面。他接着讲到，今年8月13日在参加一项灾后重建工程招投标审计的途中，不巧遭遇了“8·13璇映特大泥石流”灾害。他与同事们一起冒着生命危险，连续八天七夜在滑坡、泥石流中穿行。他说，亲临险境才切身感受到了什么叫做“生命与灾难擦肩而过”，自己当时感到恐惧，但所能做的就是战胜恐惧，完成审计任务。

他说，这一年，对自己是一个难得的锻炼；这一年，对自己是一生的财富；这一年，将是自己对雪域高原的不了情怀。

整整2小时的工作汇报，静静的会场只听见杨志军的叙述声和他手指切换图片的击键声。那一张张反映灾区挂职干部工作生活的图片，带给年轻干部的不仅仅是视觉上的冲击，还有对挂职干部的敬佩之情，更有对如何安排审计人生的深思……

（撰稿人：程　敏）

审计署成都办积极建设地震灾后重建跟踪审计数据库

今年以来，审计署成都特派办组织力量，建设汶川地震灾后恢复重建跟踪审计数据库，目前已基本完成数据库表的设计、数据的调查和采集、基本数据入库等工作，预计8月底前完成平台界面开发，全面投入使用。

四川省地震灾后恢复重建规划项目29704个，规划投资9386亿元。对如此众多的重建项目和资金，进行全面跟踪审计监督，任务异常繁重。如何提高审计效率，提高审计质量，降低审计成本，这是成都办面临一个急需解决的新问题。为解决这一难题，该办经过反复调查研究后决定，建设地震灾后恢复重建跟踪审计数据库，以改善审计手段，提高审计工作科技含量，实现审计工作信息化。数据库主要包含以下五项内容：

——建立灾后重建审计项目库。对 29704 个灾后重建项目建立项目库，跟踪的信息主要有：项目所在地、项目名称、项目业主、投资规模、建设内容、审批文号、资金来源、资金到位、完成投资等，便于审计组随时跟踪了解项目的建设进度、完成投资、更新数据，必要时可运用查询语句搜索出符合审计组需要的灾后重建项目。

——建立跟踪审计重点项目库。主要跟踪有更加详细的项目信息，如立项文件、可研批复文件、初设批复文件、施工图批复文件、项目概算、设计单位、各标段的施工单位和监理单位、项目开工时间、各标段的合同金额、支付金额等，审计组通过对这些情况的分析以及建立查询语句发现问题线索。

——建立特定的审计专题项目库。针对电子数据比较齐全，具备计算机辅助审计条件的灾后重建项目建立单独的数据库，将被审计单位的电子数据导入进行备份，同时导入审计人员进行计算机审计的情况、查询语句、查询结果等，以方便查询和编制计算机审计案例。

——建立跟踪审计项目问题及整改情况库。对灾后重建审计中发现的问题，以项目为单位建立发现问题以及整改情况的数据库，包括问题类型、责任主体、违纪违规金额、处理处罚情况、被审单位整改情况。

——建立审计资料库。将灾后重建审计以来形成的审计（调查）报告、专题报告、情况简报等资料进行分类、整理和汇总，以便审计人员随时查阅。

该数据库项目建设成功后，将实现四项目标。一是通过建立灾后恢复重建基本项目库和管理平台，能够准确摸清汶川地震灾后恢复重建项目的基本情况，同时建立和积累跟踪审计的历史资料和实时数据。二是通过建立跟踪审计重点项目库、审计情况库以及管理平台，能够为审计机关及有关部门，及时、准确地提供重点项目的管理、实施状况和审计情况。三是通过对数据库动态数据的综合分析利用，可以为审计机关制定相关工作计划和方案提供可靠依据，为审计组确定跟踪审计重点，发现审计线索，提高审计质量，提升审计成果，提供数据支持。四是通过数据库管理平台的建设，探索跟踪审计的信息化管理模式，培养一批人才，锻炼一支队伍，推进审计业务信息化建设。

（撰稿人：韩克宇　杨志永）

强化现场管理

——审计署重庆特派办灾后重建跟踪审计项目积极防范廉政风险

按照审计署对汶川地震灾后恢复重建跟踪审计项目的工作分工，审计署重庆特派办负责四川省绵阳、德阳两市灾后重建项目的跟踪审计工作。2009 年 4 月以来，该办根据灾后重建跟踪审计“提前介入、全程跟踪、立足服务、着眼预防、帮助规范”的总体要求，强化审计现场管理，努力做到“三个坚持”，积极防范审计风险和廉政风险，有力地保证了跟踪审计的顺利进行。坚持廉政教育“常态化”。审计组始终把廉政教育作为构筑拒腐防变思想防线的重要措施，经常对审计人员进行廉政教育。一是拓宽教育领域，现场负责人、主审在及时向审计人员宣讲审计纪律之外，还不定期与审计人员一起分析廉政执行情况和廉政风险点，研究防范措施。二是改进教育形式，除正面开展廉政教育外，组织审计人员认真学习《审计干部反腐倡廉教育警示录》一书，由现场负责人指定篇目，审计人员先行自学，召开碰头会时再进行集中讨论，并通过座谈会的形式，交流学习体会，分析审计组存在的苗头性、倾向性问题。三是丰富教育内容，组织访贫问苦、祭拜遇难同胞、重温入党誓词以及参加公益劳动等主题活动，对审计人员进行理想信念、爱国主义、集体主义教育，加强思想建设，夯实廉政教育根基。

坚持行为约束“制度化”。审计组通过完善机制，对审计人员现场审计行为严格进行管理和约束。一是实行审计人员定期混合分组制度。因灾区地域面积大、审计跨度时间长，为避免少数审计人员较长时间在同一小组工作，或审计人员较长时间在固定地点审计而滋生不廉洁因素，审计组每月对审计人员进行重新编组，并定期调整，进行“换防”。二是实行审计人员定期书面汇报工作进展情况制度，防止审计人员隐匿问题。三是实行审计取证前置制度。由小组长、主审和现场负责人提前对审计人员的审计取证记录进行审核，以加强审计质量控制，防范审计风险和廉政风险。

坚持监督检查“深入化”。一是结合灾后恢复重建跟踪审计项目点多面广的特点，现场负责人采取不提前通知审计人员、不定期到被审计单位走访、到审计现场检查等方式，听取被审计单位意见，考察审计人员现场作业情况，及时发现廉政风险点，促使审计人员严格自律，保持审计机关良好形象。二是开展审计小组满意度调查，凡审计小组在一个单位工作两周以上的，向被审计单位发放跟踪审计工作满意度调查问卷，由被审计单位填写后直接反馈至审计组现场负责人，及时了解各审计小组执行审计纪律的情况，发现存在的倾向性、苗头性问题，及时采取对策。

有效的廉政风险防范措施，为该办灾后恢复重建跟踪审计工作提供了有力保障。截至目前，审计组共提出80条审计建议。当地党委、政府和参建单位高度重视，对2009年提出的61条审计建议已全部采纳并及时进行了整改，对2010年提出的19条建议正在进行整改。审计促进26个项目加快建设进度、改善项目管理，移送案件线索2起，较好地发挥了审计对灾后恢复重建工作的监督保障作用。（撰稿人：肖　勇）

审计署重庆办汶川地震灾后恢复重建跟踪审计实现五个统一

自汶川地震灾后重建跟踪审计工作开展以来，审计署重庆特派办（以下简称重庆办）派出审计组对四川省德阳、绵阳两市灾后重建情况进行了全程跟踪审计。一年多来，重庆办坚持以审计署灾后重建跟踪审计总体要求为指导，以切实发挥跟踪审计的建设性作用为目标，采取有效措施推进跟踪审计工作开展。

灾后重建跟踪审计时间长、任务重、涉及面广，审计对象包括了对口地市及其辖区内所有区县的灾后重建情况。针对这一特点，重庆办根据审计重点和审计干部自身特点采取分组分阶段的组织方式开展工作，各小组分赴不同地区进行跟踪调查。在具体实施过程中，由于审计小组长期分散在不同地点，信息的交流沟通存在一定困难。因此，为及时了解现场审计情况，避免因人员分散造成信息传递和沟通不及时从而影响审计工作的顺利开展，重庆办跟踪审计组坚持实行审计小组组长定期碰头会制度，及时汇报工作进展情况，集中分析讨论，寻找解决办法，以实现审计目标、工作重点、工作方法、工作进度和工作要求的五个统一，努力确保审计质量，提高跟踪审计效率。

碰头会的内容主要有五项，一是各审计小组汇报近期工作进展和阶段性任务的完成情况，提出在审计过程中遇到的工作难点和问题；二是围绕遇到的难点和问题开展集中讨论，分析原因，有针对性地提出具体审计策略；三是进一步理清思路，统一目标，对类似问题制定统一工作方法，确定具体审计措施；四是根据各组进度和工作实际情况，统一分配任务，确定阶段性工作内容；五是查找不足，总结经验，对下一步工作提出统一要求，确定重点范畴，以保证实现灾后重建跟踪审计的总体目标。

参与汶川地震灾后重建跟踪审计以来，该审计组召开小组长碰头会30余次。通过“小组长碰头会”，实现了五个统一，有效地提高了审计效率，提升了审计成果，有力地确保了灾后重建跟踪审计始终紧紧围绕党中央国务院关于“灾后恢复重建三年任务两年基本完成”的指示精神和以“促进经济平稳较快发展和加快经济发展方式转变”为目标开展工作，切实发挥跟踪审计在灾后重建过程中的“免疫系统”功能。（撰稿人：曹婧）

审计这样为灾后重建“免疫”

——甘肃500余名审计人员跟进每一笔重建资金

一栋栋新房拔地而起，一张张笑脸灿若桃花，一串串欢叫的鞭炮鸣不尽喜悦，一副副鲜红的对联诉不完感恩……

震后一周年，一所所学校、医院、住宅、电站、道路、工厂纷纷开工——一场声势浩大，重建家园的宏大战役正在甘肃各灾区的废墟上如火如荼地展开。

在灾区各个重建点忙碌的人群中，穿梭着一支特殊的队伍，他们就是跟踪重建资金同时抵达灾区的甘肃审计人员。灾后恢复重建的每一个城镇和乡村的每一个建设工地、每一个角落，都能看到他们忙碌的身影，恢复重建资金流向哪里，他们便跟踪到哪里。他们像随军医生，随时监督护理着这支灾后恢复建设大军的“身体”健康。

去年“5·12”汶川大地震后，甘肃省成为仅次于四川的地震重灾区。在举国上下众志成城开展抗震救灾的队伍中，甘肃近千名审计人员发挥特有的职业优势，第一时间投入到这场特殊的“战斗”中，对救灾款物接受、分配、拨付、使用和管理情况进行了全覆盖、全过程跟踪审计，取得了阶段性成果。紧接着，灾后重建规划实施情况和省上支持灾区重建政策是否落实到位，重建资金有没有被挤占、挪用、截留、滞留，重建项目，特别是学校、医院等公共服务设施的工程质量有没有问题，是否存在违规越权审批、搭车征地、非法占地等问题，这一系列重大问题又成了他们关注的焦点。从去年9月开始，甘肃审计就及早地介入了灾后重建审计，他们用神圣的职责筑起一道“免疫”防线，确保灾后重建资金真正用于灾区建设，使恢复重建项目真正成为民心工程，这是继地震救灾款物跟踪审计之后的又一场大规模跟踪审计。

今年4月，记者在陇南武都区、文县、徽县、两当县等灾后恢复重建的村庄、学校、公路、医院施工现场看到，甘肃省审计厅厅长何振中亲自带领投资审计人员走村入户，就重建户补助金的发放、建材质量等进行跟踪审计核查。他告诉记者：“根据审计署安排，这次审计将贯穿灾后恢复重建的全过程。”

何振中介绍说，为了不辱使命，甘肃省审计厅成立了以厅长为组长、分管副厅长为副组长的灾后恢复重建审计工作领导小组，制订了《甘肃省地震灾后恢复重建审计工作方案》；同时与省纪委、省监察厅、省民政厅、省财政厅联合制发了《甘肃省灾后重建资金物资监督检查办法》，设计了《甘肃省审计厅地震灾后恢复重建审计流程图》及《甘肃省审计厅政府投资重点建设项目审计流程图》。目前，各市州相关审计机关已全面开展灾后恢复重建审计，审计覆盖面达到了资金量的80%。省厅将督促检查的重点集中在陇南、天水、甘南3市州和文县等8个地震重灾区的恢复重建项目上。对所有重点项目，他们均实行从规划、立项、施工到竣工决算的全过程跟踪审计，甚至对涉及项目建设、设计、施工、监理等质量问题的相关企业或单位，他们也将进行延伸审计和审计调查。

当好“卫士”“谋士”，要保证每一个项目的建设质量

在陇南市武都区马街镇姜家山村、蒿坪村、成县大寨村、店村镇新村，陇南一中小学、康县王坝乡李家庄村，梅园小学和徽县银杏树乡马山村党员活动室等地，建设工程正在热火朝天地进行之中。何振中厅长带领的审计人员格外认真仔细，他们在施工现场查看钢筋的粗细型号、水泥的标号，查看发放补助金的登记表，向村民询问核对建房资金到位使用情况以及监理人员是否尽责。他们重点关注小学等民生工程的质量管理情况。

据甘肃审计厅灾后恢复重建审计工作领导小组副组长胡秀龙副厅长介绍说，这是一次创新的、打破常规的审计，传统审计中，工程质量的审计往往是事后审计，审计人员只能从施工和监理单位提供的资料来判断工程是否有质量隐患。由于此次审计是全过程跟踪审计，让审计人员很便利地在工程建设一开始，就能从中发现质量隐患。因此，记者看到，审计人员对墙砖、钢筋、混凝土、沙石、水泥等建材质量是否过关严格检测，对正在建设的工程提出审计建议，排除了质量隐患，杜绝了“豆腐渣”工程。

在灾区各重建点，审计人员除了审计，还帮助乡、镇政府、村委会理清灾后重建工作思路，科学制定具体可行的工作措施及制度，完善管理。大力宣传重建政策，提高群众灾后重建的主动性，多渠道协调联系水利、电力、扶贫、金融等有关部门，争取资金和项目。随时倾听群众意见，帮助化解矛盾和难点问题，维持稳定大局，成为真正为受灾群众排忧解难的“谋士”。

当地施工队人员告诉记者，重建任务十分紧张，各方面需要协调的关系也很多，原来对审计人员审来审去有顾虑，担心会耽误了工期。然而，在施工中发现，审计人员并不都是“黑脸包公”，还能帮他们出谋划策，不仅保证了工程质量，让他们更高效合理地花钱，核减不少资金，工期也没有耽误。

目前，重建中的民生工程建设项目，如甘南藏族自治州舟曲县峰迭乡、曲告纳乡“三孤”院，舟曲一中教学楼及宿舍楼，丁字河口中藏医院等由深圳市支援的“支票”建设工程项目，在甘肃省审计人员认真审计、核算和监督下，有的已竣工并交付使用。

据了解，在此次灾后重建审计中，甘肃省重点审计灾后恢复重建物资和资金筹集、分配、管理使用情况，重建政策实施，重建规划落实，重建工程质量及工程造价决算，项目建设单位内控制度建立、执行情况等，充分发挥审计保障国家经济社会健康运行的“免疫系统”功能，这种服务意识也受到了被审计单位的欢迎。

甘肃省审计人员在相关单位和社会各界中的“黑脸包公”形象也悄然发生了变化。他们已经从过去单纯揭露个别违纪违规问题的“卫士”，逐渐向注重从体制、机制和制度层面揭示问题、分析原因、提出建议，保障经济社会运行“免疫”的“谋士”所转变。

截至目前，甘肃省各级审计机关共投入灾后恢复重建项目资金审计力量 554 人次，其中省审计厅 30 人次，市州 76 人次，县区 448 人次。他们分赴在甘肃灾后重建的现场，已开展审计项目 514 个，审计金额 23.07 亿元。

盯紧工程项目，要将每一分重建资金花在刀刃上

在陇南市文县灾后恢复重建中，天池乡屯寨河堤、碧口镇碧峰沟河堤、堡子坝河堤等工程基建以及临江乡月亮坝土地整理等项目成为当地群众关注的重点工程。甘肃审计人员与建筑工程人员密切配合，规划论证、讨论材质、商讨价格，监督检查工程的招标、收支、资金等，促进完善了投资管理，确保了重点建设项目按时、节俭、优质完成，受到了当地群众的欢迎。

“跟踪审计就像一双眼睛，紧紧盯住项目建设全过程，一方面揭露和反映项目建设过程中发生的主要违法违规问题；另一方面有针对性地提出审计建议，提高资金使用效益和工程建设管理水平。”何振中厅长告诉记者。

据甘肃省审计厅投资处负责人介绍，相比 2008 年的救灾款物跟踪审计，恢复重建的跟踪审计要面临资金量更大、项目繁多、审计时间更长等诸多难题。特别是大大小小的重建项目，有的是城乡居民住房，有的是医院学校，有的是路桥等基础设施，还有的是工矿企业。审计人员今天可能是审住房，明天可能是审公路，而这些不同的项目，每一个背后要么是有几百份合同要审读，要么错综复杂的经济关系要梳理，但这并不影响审计人员助力灾区重建的信心和决心。

尽管人手紧，项目多，资金量大，但甘肃省审计人员迎难而上，对本省财政资金、社会捐赠资金、国际优惠贷款等其他资金进行及时跟踪审计，加大对重大项目的监督，杜绝贪污腐败，把有限的资金用在刀刃上，起到了随团“医生”的保健和“免疫”作用。

甘肃省审计人员竭力为社会公众审出了“放心账”。截至 3 月底，甘肃省已落实灾后恢复重建资金 519.57 亿元，其中中央财政灾后重建基金 289.07 亿元，特殊党费 10 亿元，深圳市援建资金 27 亿元，接受红十字会、国际友人、华人华侨以及社会各界捐助资金 47 亿元，世行优惠紧急贷款 2 亿美元，金融机构发放贷款 144 亿元。

甘肃灾后恢复重建的步伐令人振奋。据统计，全省灾后恢复重建规划项目 3 万多个，截至 3 月底，开工建设项目 1301 个，已竣工项目 790 个。其中全省 38.6 万户住房重建户已有 29.4 万户开工，竣工 21.8 万户；34.1 万户住房维修户已完成 32.3 万户，重建竣工户和完成维修加固的户数分别占总户数的 56.6%和 94.7%。

（撰稿人：蒋秀中）

甘肃安排部署抗震救灾款物审计下一阶段工作　力促灾后恢复重建资金规范使用

“5·12”特大地震发生后，甘肃省审计厅紧急启动应急方案，按照省委、省政府、审计署和省抗震救灾总指挥部的安排部署，特事特办，于第一时间成立专项工作领导机构，迅速派出了由厅主要领导带队的审计调查组，深入灾区开展帮扶援助和审计监督工作，同时，配合省直有关部门开展专项督察。随后，审计厅与审计署驻兰州特派办联合成立了抗震救灾款物审计工作领导小组，组织省、市、县548名审计人员，分88个审计小组深入灾区进行全程跟踪、全面覆盖的非常规审计。为了切实加强抗震救灾款物的审计监督，确保救灾款物规范使用，审计厅先后召开5次厅务会议、6次厅长办公会议，会同兰州办多次召开座谈会、汇报会、调度会、宣传工作会，专题研究部署救灾款物审计工作，并根据抗震救灾不同阶段及时调整工作部署，突出了审计监督的针对性和时效性。

截至8月30日，审计人员已深入709个部门、830个乡镇、2753个村、39229户进行调查核对。审计省下拨资金45.79亿元，市级资金0.98亿元，市级下拨资金11.48亿元，县级资金2.26亿元，县下拨资金6.64亿元，折价物资8702.10万元，未折价物资446.53万件（顶、吨、包）。从审计情况看，各级党委、政府高度重视救灾款物的管理使用，没有发现重大违法违纪行为。对审计发现的部分救灾款物未归口管理、救灾结存物资急需处置以及“三无”、“三孤”人员核定和补贴发放中的一些问题，省抗震救灾总指挥部十分重视，责成财政厅、民政厅等部门核实整改、妥善处理。对于一些管理不够规范、手续不完善的问题，各级审计机关本着边审边改的原则，及时提出意见和建议，各级政府和有关部门高度重视，大都得到整改落实。

目前，甘肃全省审计机关应急抢险阶段救灾款物审计已告一段落，现正转入灾后恢复重建款物审计阶段。根据省委、省政府和审计署的安排部署，9月9日，省抗震救灾款物审计领导小组召开会议，安排部署了下一阶段的重点工作。

一是把握阶段性，注重时效。全省审计机关继续按照《甘肃省2008年抗震救灾资金和物资审计工作方案》，分期、分批、分阶段进行全过程跟踪审计，在方式方法上突出阶段性和时效性。审计的重点，由关注救灾款物募集、发放的真实性、完整性和合法性，转到关注救灾款物管理的规范性及灾后恢复重建资金安排、拨付、使用和投资的合规性、合理性、效益性。同时，继续加大宣传力度，通过新闻媒体大力宣传国家救灾款物管理办法、政策措施以及救灾款物审计工作中的好做法、好经验，形成良好的社会监管氛围。

二是突出建设性，督促整改。把查处问题和推动制度建设有机统一起来，深入研究分析问题成因，坚持边审边改、以审促改的原则，采取在一定范围内召开通报会、分解问题、跟踪督查等措施，督促有关部门和单位及时整改，着力推进救灾款物募集、管理、使用、监督和信息公开等关键环节的制度建设，着力促进灾后恢复重建资金的合理配置、规范管理和有效使用。

三是注重长期性，强化责任。全省各级审计机关坚持“自始至终、跟踪审计、全程监督、搞好服务”的原则，充分做好“打持久战”的思想准备，以灾后恢复重建规划为基础，合理配置审计资源，按照分级负责制，统筹安排下一阶段审计工作。审计厅主要负责指导和督查，并重点关注大宗资金、重点项目、重点物资的审计，重点关注文县等8个重灾县区恢复重建和深圳对口援建情况的审计监督，重点关注灾后住房重建的总体情况和补助发放、贷款难、建材涨价等影响灾后重建的重大问题，重点关注查出问题的整改落实；市、县审计机关全面负责本市、县的审计工作，重点对礼县等32个一般受灾县区恢复重建情况进行审计。省、市、县分工协作，各尽其责，责任到人，以认真履行职责，提高审计效率，降低审计成本，努力实现使党和政府放心，广大人民群众满意。

四是加强纪律性，确保质量。严格执行审计署有关审计纪律和各项廉政规定，树立良好审计形象，提高审计公信力；严格遵守工作纪律，既要独立开展工作，又要加强与有关部门和单位的协调配合，形成工作合力；注重审计质量，加大审计力度，客观真实地反映审计发现的问题，及时提出审计意见和建议，确保高质量地完成灾后恢复重建款物审计工作任务。

（撰稿人：崔思明　杜明诗）

山东对口支援北川灾后恢复重建项目跟踪审计措施有力效果明显

根据审计署统一部署，山东省审计厅组织全省审计机关对支援北川县灾后恢复重建资金和物资进行了跟踪审计。各级审计机关高度重视，采取有效措施，认真组织实施，本阶段跟踪审计取得明显效果。截至7月底，全省审计机关共派出37个审计组，分43批次对135个对口支援项目开展跟踪审计。审计的135个项目批准总投资22.05亿元，截至7月底已完成投资13.2亿元。在审计署召开的汶川地震灾后恢复重建跟踪审计现场会上，省审计厅就省援建跟踪审计情况作了汇报发言，受到审计署审计长刘家义的充分肯定。

一是加强对援建审计工作的组织领导。为进一步做好对口支援北川地震灾后恢复重建审计工作，今年3月份，省审计厅专门成立了由左敏厅长任组长、两位副厅长任副组长，厅属有关单位负责同志为成员的援建审计工作领导小组，在厅固定资产投资审计处设办公室，具体组织和指导、协调全省审计机关开展援建审计工作。

二是抓好援建审计规范化建设和制度推广。省审计厅制定了《关于对口支援北川地震灾后恢复重建审计工作安排意见》，对审计范围、重点、组织方式和有关要求等作出具体安排，经省发改委、财政厅、民政厅、建设厅、国资委、省援川办等部门会签，由省政府批准，发至各市人民政府。省审计厅同时向各市审计局制发了《山东省对口支援北川地震灾后恢复重建审计工作方案》，并汇集了国家有关灾后恢复重建项目的法规制度，提供给各市审计组，为确保援建审计顺利实施打好基础。

三是开展培训指导和信息交流。省审计厅先后3次举办审前培训会或工作调度会，以推进全省援建跟踪审计工作协调开展。3月份，专门举办由各市审计局分管投资审计工作的副局长、投资科（处、局）长和项目主审等60余人参加的培训班，学习相关制度法规，讨论援建审计工作方案。5月和6月，分别在北川和济南召开跟踪审计情况调度会，在总结交流阶段性审计情况的基础上，提出下一步工作重点，强调做到五个“突出关注”，即突出关注援建资金和物资筹集、分配、管理和使用情况，突出关注灾后恢复重建政策措施落实情况，突出关注援建工作质量管理情况和建设效果，突出关注审计中发现的问题并及时促进整改，突出关注发挥审计的建设性作用。同时建立各市审计情况定期报告制度，及时掌握工作动态，研究解决审计中遇到的问题和困难。还通过编发援建审计工作简报，促进各地之间信息交流和沟通。

四是抓住重点提升审计效果。省审计厅根据援建工作特点，重点对两个方面的情况组织实施审计。一是组织全省17市及部分有捐赠资金的县（市、区）审计机关对全省捐赠资金管理、使用、结余情况进行调查，摸清各市可用于乡镇援建的资金底数，为省统一调度资金提供依据。二是对已开工的援建项目及资金使用情况进行跟踪审计，重点开展五个方面的工作：对项目前期招投标进行审计监督，促进招投标的公正、公平、公开；参与工程材料价格认证工作，促进降低建设成本；关注建设质量，促进完善项目质量控制体系，提高参建单位履职的自觉性；审核工程进度款的拨付，防止超拨工程款；加强对设计变更、工程签证等的审查，把好工程结算审计关，防止高估冒算等问题。通过审计，揭示了早期开工的个别项目未按规定招投标、部分捐赠资金未纳入规定的财政专户管理等问题，并审减活动板房支出2975.24万元。

五是注重发挥审计建设性作用。各级审计机关加强对审计成果的综合分析，及时反映捐赠资金物资管理使用情况、援建活动板房建设情况以及援建项目建设管理情况等，针对审计发现的问题，对资金管理、剩余捐赠物资管理、剩余活动板房处理、援建项目建设管理及合同管理等提出审计建议。截至7月底，全省审计机关共提交审计专题报告、综合报告和信息简报127篇，被采用103篇，被各级政府及上级审计机关领导批示10篇次；共提出审计建议124条，被采纳并整改101条，促进建立健全规章制度14项，共节约投资约500万元。　　（撰稿人：山东省审计厅）

江苏审计机关以“三重视”拓宽灾后重建工程质量审计思路

江苏审计机关在汶川地震灾后恢复重建跟踪审计中，积极开展工程质量审计，帮助完善援建工程质量管理系统，促进参建各方明确质量责任、强化质量意识、规范质量行为。今年来，省审计厅和淮安、扬州等市审计局已先后派员赴汶川地震灾后恢复重建跟踪审计现场，进一步加强工程质量审计，其他参审机关近期也将陆续赴审计现场。据统计，2009 年以来，全省 21 个参审机关共促进有关单位，采取加强和改进工程质量管理措施 110 条，帮助消除质量、安全隐患 49 起。

为进一步提高灾后重建工程质量审计成效，江苏各参审机关拓宽思路，把工程质量审计与投资项目绩效审计有机结合起来，在促进提高援建工程质量的同时，注重帮助完善援建项目的使用功能，提高援建项目交付后的使用效果。在跟踪审计过程中，审计人员做到“三重视”：

一是重视审查设计方案的适用性，纠正中看不中用的“花架子设计”。审计人员提前介入，将审计关口前移至设计方案论证阶段，针对那些未充分考虑受援地百姓生活习俗和使用要求及过多考虑外观效果的“花架子设计”，及时提出审计建议，促使援建单位改进设计，取消了少数项目设计方案中的室外喷泉等不适用的项目，使援建资金更多地用在结构安全、功能配套上。

二是重视审查工程使用的安全性，消除使用过程中的安全隐患。在每个援建项目交付使用前，审计人员均深入施工现场，除检查工程实体外观质量外，尤其关注影响使用安全和使用功能的细节。江苏省援建的项目中有学校和幼儿园 62 所、医院 27 所，审计人员以此为重点，通过对幼儿园的墙（阳）角是否做了圆弧化处理；学校走廊和楼梯护栏是否坚固、安全，应急疏散通道是否符合规范要求；医院的无障碍设施是否配套到位等方面进行重点跟踪审计，促进了已完工项目顺利交付使用，避免了交付后再返工。

三是重视调查援建工程使用的满意度，促进援建单位及时采取补救措施。在每个援建项目交付使用后，审计人员及时回访，调查了解援建工程使用过程中出现的问题，听取使用人的意见，并及时反馈给援建单位，帮助解决了诸如某市政道路需增加导盲设施、某学校食堂售菜窗口高度需调整、个别幼儿园希望在幼儿室外活动场增设阳光板顶棚等一些不属于质量问题但又确实影响使用的事项，让交付项目更符合受援方的使用习惯和使用要求，取得了良好的社会效益。

（撰稿人：黄益强　徐宁生）

审计情况表明：江苏省对口支援绵竹灾后恢复重建工作成效显著

江苏省审计厅组织全省 20 个审计机关，120 名审计人员，全面开展对口支援绵竹灾后恢复重建跟踪审计工作。目前，该厅和各审计机关均已派审计组赴绵竹市工地现场实施审计。审计了解到，江苏将先后投入约 80 亿元财政资金，目前排定建设 198 个项目，对口支援绵竹恢复重建。援建项目涉及教育、卫生、安居房、道路、水利枢纽、工业园区等公共设施，对绵竹市灾后恢复重建起到重要支撑作用。

审计情况表明：江苏省各级政府及援建机构和有关部门，坚决贯彻省委、省政府关于对口支援绵竹灾后恢复重建的决策部署，满怀对灾区人民的深情和大爱，以强烈的责任感和使命感，克服困难，高效推进对口援建工作。援建中，坚持规划先行、民生优先、突出重点；在对口支援硬件建设的同时，更加重视人才科技的软件支持；在解决当前突出矛盾的同时，更加注重长远发展；在注重输血的同时，更加注重造血，增强绵竹可持续发展能力，取得了显著成效。

一是组织领导坚强有力。按照党中央一省帮一县的对口援建部署，江苏举全省之力帮助绵竹灾后恢复重建，提出了“江苏绵竹一家人、一条心、一个目标”的总体要求，制订了详细的援建工作方案。实行 13 个省辖市和 7 个经济实力较强的县（市、区）对口支援绵竹 20 个乡镇的机制，从党政机关中挑选优秀干部，迅速成立了省援建指挥部和 20 个指挥组；省委、省政府还先后派出公安、卫生、教师等各类人员赴绵竹，充分发挥江苏财力、科技、人才优势，大力支援灾区恢复重建。

二是建章立制管理尽力。为加强援建工作管理，省援建领导小组及有关部门先后制定了援建项目管理办法、资金管理办法、工程建设管理实施意见、工程质量安全监督和质量检测办法等一系列制度，各市也根据援建工作实际情况出台了一些管理办法，规范项目及资金的管理，为使援建工程成为合格工程、廉洁工程和群众满意工程奠定了坚实的基础。

三是资金保障及时得力。尽管当前遇到了国际金融危机和江苏产业结构转型调整的严峻考验，但江苏对口援建目标不变、支持力度不减、资金一分不少。截至目前，江苏省已累计安排资金15.93亿元，完成投资11.7亿元，在全国各省、市中排在前列。从审计情况看，各地援建资金保障有力，到位及时，能够满足援建项目实施进度的需要。

四是援建推进竭尽全力。审计表明，为优质高效完成恢复重建任务，江苏省援建指挥部将2009年定为"项目推进年"，援建人员大力弘扬创业、创优、创新的江苏"三创精神"，加快援建进度。一是刻不容缓推进城乡住房建设。根据绵竹市总体规划，江苏援建安置住房9个点共5553套，计50万平方米，廉租住房9个点共3493套，计16万平方米，年底前全面完成建设任务。二是全力以赴推进项目建设。为确保所有援建项目按时完成，江苏省与各市援建指挥部（组）本着紧前不紧后的原则制定了所有项目的计划完成时间节点，倒排工期，挂图作战，落实责任，跟踪督查。目前，江苏与绵竹市已排定三批援建项目198个，已开工在建87项，完成投资11.7亿元，截至4月13日，10个项目已交付使用。三是积极支持绵竹经济恢复发展。江苏不仅援建公共设施等硬件，更注重帮促绵竹经济发展。援建了江苏工业园、汉旺无锡工业园及江苏高效农业示范园。

（撰稿人：程宏伟　陆军）

浙江认真组织开展对口援建项目审计　审计覆盖面要求100％

浙江省审计厅在组织开展该省对口支援青川县灾后恢复重建审计中，明确要求做到项目、资金100％覆盖，即审计范围覆盖全省39个指挥部的所有援建资金和项目。

浙江省对口援建的青川县是地震极重灾区，损失巨大，援建任务十分繁重。根据援建规划安排的项目有211项，规划总投资60亿元。目前已下达两批援建项目实施计划，包括城乡住房、教育、卫生等11大类的149个项目，总投资25.29亿元。已开工项目127个，完工7个，累计完成投资约6.66亿元。

为确保援建资金安全合理有效使用，督促援建工作顺利开展和按时完成，切实维护灾区群众利益，浙江省审计厅对援建项目审计作了精心组织和安排。一是成立由厅长挂帅、相关部门参加的援建审计工作领导小组，加强对援建审计工作的领导和管理。二是在工作安排上坚持"五统一"：统一组织协调、统一安排部署、统一审计方案、统一问题定性和处理标准、统一汇总上报审计结果。三是研究制定了《浙江省对口支援青川县灾后恢复重建审计工作方案》，收集整理了国家有关灾后恢复重建的政策法规以及抗震救灾资金物资管理使用方面的规章制度，形成专门文件汇编供审计人员使用。四是专门举办援建项目审计培训班。五是整合审计机关、社会中介机构、援建指挥部内部审计三方资源，根据项目性质和管理情况安排审计力量，实行灵活的分类审计管理。从审计情况看，全省各级党委、政府高度重视援建工作，配备精兵强将搞援建；援建项目扎实推进，通过开展"全力奋战一百天，开工项目一百个"的双百攻坚战活动，狠抓项目前期和工程实施；建设资金安全有保障，目前全省已投入援建资金11亿元，通过严格的资金管理确保援建资金的安全有效使用。

（撰稿人：浙江省审计厅）

安徽省审计厅强化对口支援地区灾后恢复重建跟踪审计

根据省委、省政府和审计署的统一部署，安徽省审计厅从2009年起正式启动该省对口支援四川省松潘县恢复重建情况的全过程跟踪审计。为确保圆满完成这项审计任务，该厅把这项跟踪审计工作作为一项政治任务来抓，加大投入，加强领导，同步推进，及时、有效履行审计监督职责。

加强领导，精心组织。去年7月份即成立了由厅主要领导同志任组长的对口援建审计工作领导小组及其办公室，负责对口援建审计工作的组织领导、统筹协调、项目谋划等，开始跟踪了解对口援建工作进展情况，并拟订了审计工作方案。

今年3月，对省对口支援办、驻松潘援建办，省发改、财政、民政、建设等部门，以及有关慈善机构进行了审前调查，制订了跟踪审计实施方案，抽调了业务骨干力量，并外聘经验丰富、具有一定权威的注册结构工程师、监理工程师、造价工程师、会计师参加审计工作。同时派出人员随援建机构常驻松潘援建现场，动态把握建设情况。

全程跟踪，定期审计。该厅采取全过程跟踪审计方式，对口援建进展到哪，审计同步跟进到哪，充分发挥审计的“免疫系统”作用，将问题消灭在萌芽状态。为此，安徽省审计厅实行两项制度、两个结合。两项制度：一是建立对项目规划、勘察设计、招标投标、预算执行、设计变更、工程施工、货物采购、质量验收、项目结算、工程价款审核等情况的动态跟踪，以及项目预算执行情况和重点援建活动等定期及时报告制度，随时掌握动态情况；二是建立施工图设计、招标文件制订、合同签订、重大设计变更等重点环节和内容的前置审查制度。两个结合：一是实行定期审计与专项审计相结合，定期审计一般每季度开展一次，重大情况可以随时进驻开展专项审计，以审计意见书的形式提出审计意见和建议；二是资料检查和现场实体检查相结合。目前除派驻现场人员外，审计人员已3次赴松潘建设现场开展现场审计，跟踪审计项目27个，总投资14.05亿元。提出审计意见和建议8条，有关单位正在整改中。

及时报告审计情况，公布审计结果。除向有关单位出具项目审计报告外，该厅每年将审计情况汇总向省政府和审计署报告，重大审计事项视情况随时报告。还将定期向社会公布阶段性审计结果，待对口支援恢复重建全部工作结束后，将向社会公告最终审计结果。（撰稿人：安徽省审计厅）

努力做到审计工作主动跟进 同步推进、深度走进和鼎力促进 勇挑援建工作保驾护航重担

——摘自高安秀援建感言

武警消防出生的高安秀很健谈，一说到他的专业——审计工作，他更是谈得头头是道、津津有味，让一向对审计工作不怎么感兴趣的记者都听得入了迷。

高安秀来自浙江省审计厅，1992年毕业于浙江省财经学院，曾任武警浙江省消防总队审计处副处长。他精通审计业务，有丰富的实践经验，在浙江参与过大要案的查处；他工作责任心强，作风过硬，是一位公认的政治强、业务精、作风实的“铁审计”。这从高安秀在灾区援建审计工作中的表现就可见一斑。

从容挑起审计重担

内部审计作为援建工作的重要组成部分，入川伊始，浙江省援建指挥部即将其作为一项重要工作来抓，进行专题研究部署、指定高安秀负责落实。援建工作全面铺开后，浙江省援建指挥部进一步加强了内审工作的建设，成立内审机构、明确工作职责。目前，省指挥部审计室共有专职审计人员4人，另在各市指挥部设专职审计联络员11人、在省指挥部各项目办设专职审计联络员6人。

高安秀义不容辞地挑起了援建审计工作这副重担。在工作中，紧紧围绕援建工作的中心和大局，把工作的立足点和落脚点放在切实帮助全省各指挥部解决实施项目和资金运行的各种实际困难与问题上，锐意进取，务实创新，确保援建项目规范、高效、有序建设和援建资金安全、完整、有效使用，让审计室真正成为援建项目顺利推进和资金健康运行的“免疫系统”。

扮演“三员”强审计

高安秀说：内审人员要认真扮演好三个角色：即“守门员”、“教练员”、“裁判员”。针对援建工程项目和资金运行的特殊性，高安秀有的放矢地提出了“一、二、三、四、五”的援建审计工作思路，得到审计署投资司及浙川两省审计部门领导的充分肯定。“一”就是围绕一个中心——项目建设。千关键，万关键，项目落实最关键；千道理，万道理，项目落地是硬道理。两年来，审计室全力配合各指挥部打好项目攻坚战开展工作，认真扎实搞好服务。“二”就是锁定“两项目标”——促进援建工作的顺利开展和保障援建工作不出问题。寓服务于监督之中，在服务中实现有效监督、在服务中推进项目建设、在服务中体现审计价值。高安秀说：“凡是有利于援建目标早

日实现、有利于援建项目有序推进、有利于援建资金高效使用的事，我们都大胆地、旗帜鲜明地予以鼎力支持。”“三”就是发挥“三大功能”，扮演好三个角色。高安秀认为：“审计人员必须尽职尽责当好三员。”一是发挥审计“免疫系统”的抵御功能，当好“守门员”角色，做到严格制度、严格把关、严格审计。二是发挥审计“免疫系统”的预防功能，当好“教练员”角色，及时为指挥部有关项目建设的正确决策出谋划策。三是发挥审计“免疫系统”的揭露功能，当好“裁判员”角色，敢于对项目建设过程中的一些具体的不合规的行为“亮红牌”。“四”就是凸显四个“进”字——主动跟进、同步推进、深度走进、鼎力促进。通过审计计划、审计人员、审计工作的主动跟进，全面落实“全过程跟踪审计”的工作要求；通过分级实施、依靠当地、统筹协调的同步推进，全面落实“三年任务两年干”的时间要求；通过对施工现场、项目管理、资金监管的深度走进，全面落实“审计质量生命线”的质量要求；通过思想认识、组织保障、行动措施的鼎力促进，全面落实审计长“一促一保”的目标要求。“五”就是建立“五项机制”——沟通协调机制、信息互通机制、资源共享机制、重点帮扶机制、工作倒逼机制。高安秀根据异地投入、异地建设、异地审计的实际，立足援建审计“一盘棋”的思考，解决援建审计面临的时间紧、任务重、要求高的矛盾，探索全过程跟踪审计的方法与途径，创新审计的管理链、拉长审计的工作链，拓展审计的空间链，不断地发现工程质量、进度、投资、安全、廉政方面的矛盾和问题、揭露其中的风险和隐患，促进矛盾问题的解决、风险隐患的防范和制度机制的规范，有效地防止了苗头性问题演变成趋势性问题，局部性问题演变成全局性问题。

八项力举促审计

浙江援建青川共有39个指挥部，涉及援建项目547个，加之在援建的特殊工作环境下，有的是异地监管，人少事多，时间紧、任务重、要求高等矛盾十分突出，各指挥部在援建工作中能否真正做到科学援建、高效援建、廉洁援建，关系到青川百姓的基本生活和恢复生产、重建家园的顺利进行，关系到浙江人民的关心关爱能否落到受灾群众身上，关系到党和政府在人民群众中的公信力、凝聚力。为此，审计室加大了内部审计与专项审计调查力度，全面把握全省援建系统资金管理情况、项目建设情况，及时发现援建工作中存在的一些普遍性以及带有倾向性、苗头性的问题，向指挥部领导报告并提出审计意见建议，推进援建工作高标准高起点高效率运行。

——立足预防抓宣传。2008年“5·12”汶川大地震发生后，国家出台了许多有关抗震救灾资金物资管理使用方面的规章制度。为了让援建干部和广大施工、设计、监理、勘察人员明确有关法规政策，省指挥部审计室通过召开宣讲会、座谈会、个别谈心、发放资料等多种形式，认真扎实地开展了法纪宣传教育活动。在宣传重点上，突出工程建设的质量管理、安全管理、工期管理、投资管理和廉政建设；突出援建工作的合规操作和规范管理；突出重点岗位、关键环节。

——提前介入提建议。良好的开端是成功的一半。援建工作作为一项新生事物，新情况、新问题、新矛盾接连不断，为使援建工作少走弯路、不走弯路，尽量把工作做在前头，审计室及时提出了一系列可行性建议，主动为指挥部领导的正确决策出谋划策。确保了浙江省援建资金能做到投向正确、投量合理。

——尽职尽责抓双审。扎实做好省指挥部全额类援建项目的内审工作。两年里，省指挥部直接实施的剑青公路、井田坝大桥、东山小区、梁沙坝防洪堤、展览馆以及智慧岛教育园区的青川中学、职业高中以及电大等全额投资类援建项目，审计室一一进行了全过程的跟踪审计。审计的方式主要包括参加项目招投标的监督；施工、监理、勘察、设计等合同的审查；甲供材料、大宗物资采购的过程监督；项目经费开支的逐笔审查；工程变更联系单的监督；不定期的施工现场监督；等等。

——着眼规范抓指导。高安秀说：“援建工作对规范的要求和对时间的要求都非常高。办事既要把握原则又要创新办法，既要依法依规又要特事特办，操作起来难度特别大，稍有不慎极易出现差错。”审计室除了个别时候采取以会代训方式进行业务指导外，更多的是采取主动下乡的方式分片区、分指挥部一个一个地跑，加大了对基层指挥部的业务指导力度。

浙江省援建指挥部党委副书记、纪委书记赵克说："审计室的工作做到了'三个主动'：即主动对工程建设进行了业务指导；主动做好援建资金管理的业务指导；主动下基层指导。"高安秀告诉记者："事实证明，我们的'三主动'工作机制很受欢迎。对于各市、县分指挥部而言，'三主动'让他们既享受了服务，又节省了时间；对于我们审计人员而言，发现问题更及时、审计指导更有力。"

——全力以赴抓决算。财务决算作为项目建设的一个重要部分，移交实物工作量的文件依据，必须做到"项目完工，审计了结"，否则，将拖援建工作后腿。为此，审计室根据不同类型援建项目竣工财务决算工作的特点，积极做好两件事：一是努力做好已完工全额投资援建项目的促审工作。二是努力做好已完工资金补助类援建项目的促审工作。确保省指挥部财务决算工作顺利进行。

——突出沟通抓对接。审计室既是浙江省援建指挥部的内审机构，同时也是国家审计体系的重要组成部分，在国家审计与所在单位之间是一座桥梁。为充分搞好对接、以最大的诚意协调好各方关系，审计室与相关单位达成了"十个相互"的协调原则：相互尊重，而不相互伤害；相互联系，而不相互遗忘；相互理解，而不相互埋怨；相互信任，而不相互猜忌；相互配合，而不相互扯皮；相互担当，而不相互推脱；相互支持，而不相互反对；相互包容，而不相互指责；相互补台，而不相互拆台；相互欣赏，而不互相揭短。

——提升服务搞配合。做到"三早三勤"。"三早"：一是早报告。即通过各种方式与途径及时向我厅报告指挥部援建工作进展情况，以便厅里安排计划、开展审计。二是早准备。提前向有关部门、单位收集财务及工程资料备查，并通知相关单位做好迎接审计组审计的各项工作准备，为审计工作创造良好的审计环境。三是早协调。凡是审计组要找的单位和个人，早打招呼，随叫随到。"三勤"：即勤介绍、勤跑腿、勤督促。主动抓好审计组审计中发现的问题与不足的整改落实，并将结果向对应的派出审计机关报告。

——搭建平台递信息。印发《浙江省对口支援青川县灾后恢复重建审计工作动态》，并以此为平台及时向前后方传递有关援建审计工作的信息。工作动态的主要内容：一是把领导的要求、会议的精神传递给有关方面。二是内部交流情况，11个市援建指挥部交流各自援建审计的经验和存在的困难，让其他指挥部分享经验、指点迷津。三是反映各指挥部审计工作对接情况。四是通报各指挥部审计工作进度情况。五是及时表彰先进。目的是让大家对自己的工作进度有一个全面的了解和比较，从而加快审计工作的进度。

高安秀挂帅的浙江省援建指挥部审计室，多形式、多层次、全方位推进浙江援建项目的顺利实施和援建资金的健康运行，真正做到了为浙江援建工作保驾护航。（撰稿人：柳桂华）

审计高原展风采　灾区人民表真情

——江西省审计厅开展对口支援四川小金县灾后重建审计侧记

4月13日至21日，江西省审计厅根据审计署的统一部署，组织力量对该省对口支援四川省小金县灾后恢复重建工作进行了跟踪审计。在小金县灾后恢复重建审计的9个日日夜夜里，他们经历了前所未有的磨砺与考验，他们为了援建资金发挥出最大效益，为了民族兄弟的灾后恢复重建工作，在9天的时间里，克服了各种难以想象的困难，没日没夜地苦战，出色地完成了审计任务。虽然他们没有惊天动地的壮举，但他们每个人都有属于自己的故事与收获。

困难难不倒审计人

小金县位于四川省西北部，阿坝藏族羌族自治州南部，属高山峡谷区，县城海拔高度2367米。到高原审计，审计组成员虽然提前都作了些准备，但仍然遇到了难以想象的困难。最先遇到的是强烈的高原反应。审计组到达小金后，审计人员都不同程度地出现了高原反应，头痛、气促、胸闷、流鼻血、血压升高。特别是连续几天的通宵失眠，让人烦躁不安，难以忍受，但大家硬是忍了下来，迅速展开了工作。

变幻莫测的天气，是审计人员遇到的又一困难。4月的赣鄱大地早已花红柳绿，而高原天气却变幻莫测。在成都至小金的12个小时行程中，审计组感受到了一年四个季节的变化，一路上晴天丽日，万里无云，当审计组翻越海拔4110米的夹金山时，遇到的却是狂风大作，大雪纷飞。4月16日，审计组去美汗公路实地检查工程质量，出发时温度达25℃，到了工程现场，遇到的却是漫天大雪，冷得大家瑟瑟发抖。特别是到海拔4800多米的木壳壳梁子山上，呼吸都十分困难，审计组有些人员腿脚挪不动了，大伙前拉后推，互相搀扶前进。经过2个多小时的艰苦勘察，全面掌握了项目建设工程的背景及工程施工的第一手资料。

道路难行，是审计人员时时遇到的困难。“蜀道难，难于上青天”仍然是目前小金县道路状况的真实写照。县内公路等级低、路况差、弯道多，有些地段道路两旁缺乏必要的防护栏等安全设施，加之受地震影响，有些山体松动，巨大岩石从山上滚落下来的现象时有发生。审计人员每天要在这样的路上行走6个小时以上，大家不仅遇到了不少困难，甚至遇到了意外的惊险情况。4月15日，审计组在去新桥乡上户调查援建资金发放情况的途中，当车辆在狭窄的乡村盘山公路行驶时，由于路面状况极其险峻，汽车突然向悬崖倾斜30度，稍有不慎，就可能发生车毁人亡的惨剧。

面对困难，审计组没有畏惧，没有退缩，没有走捷径，而是知难而进。审计组组长夏青，自入小金县以来，每次都亲临项目现场了解工程建设进度和工程质量，连续四天到施工现场了解工程施工质量。每天晚上还要召集审计人员通报一天的审计情况，连日加班的劳累，加上严重的高原反应，她常常累得头昏脑涨。可是，她没有退缩，没有放弃，她深知自己的责任，一直坚持奋战在审计现场；征地拆迁审计小组组长熊顺泉连日来起早贪黑带着审计人员进行征地拆迁工作审计，在烈日暴晒下了解征地拆迁资金补偿到位情况，加之当地温差较大，他身体状况大不如前，脸色苍白、四肢无力。审计组要求他休息一天，他一听就急了，“和灾区的群众利益相比，我这点苦算得了什么”，坚决留在了审计一线，继续工作；由于成天在户外调查了解灾民冬令、春荒及房屋维修加固等补助资金发放情况，聂长流脸部皮肤被高原强烈的紫外线灼伤，但他不喊一声苦，不叫一声累，毫无怨言地忙碌在审计一线上，为灾后重建审计默默地奉献着自己的力量。审计组领导的亲力亲为，深深激励着审计人员。裘红洪、张闽军身患高血压病，还有强烈高原反应症，有时候忙得顾不上吃药，奔走于各被审计单位，晒红了脸庞，累肿了脚，却不能休息片刻。邓春平在上户调查灾民补助资金发放情况途中遇到意外的惊险情况，车辆险些掉入深渊，但是他们没有被危险吓倒，第二天又踏上调查补助资金发放情况的征途；蔡雪梅作为投资处唯一一名工程审计人员，当得知察看美汗公路需要一名工程人员时，不顾身体虚弱和强烈的高原反应，主动请缨，气喘吁吁地跑前跑后，掌握了工程施工的第一手资料。在9天的现场审计中，审计组行程近1000公里，深入6个乡镇，察看项目现场10余处，深入农户160余户。

哈达献给审计人

参加这次审计的11名审计人员，全部都是第一次到小金县，他们克服强烈的高原反应，顶烈日、战酷暑，顶风雪、战严寒，不辞辛苦，扎实有效地开展了灾后恢复重建审计工作，在短时间内圆满地完成了审计任务。

小金县县长泽仁达瓦在欢送审计组时感慨地说：“江西在小金县3年投入逾13亿元，建成后将给我县带来巨大变化。江西的援建完成了小金县几十年的总投入，意味着小金县的发展进程提前了几十年。假如说13亿元援助资金是江西人民带给我们小金人民巨大的物质财富的话，这次你们审计人员，又给小金人民带来了宝贵的精神财富。9天来你们身上体现出来的‘坚定信念、艰苦奋斗、实事求是、敢闯新路、依靠群众、勇于胜利’的井冈山精神时时刻刻在激励着我们，你们审计人员为了我们民族同胞的重建事业，竭尽了全力。在你们身上我们感受到了江西审计的风采、江西人民的精神面貌。”

9天来，审计人员饱满的工作热情，忘我的敬业精神，娴熟的业务技能，严谨的纪律作风，赢得了省援建指挥部及小金县同志的普遍赞誉。为表达对审计人员的敬重和谢意，他们向每位审计人员献上了珍贵礼物——哈达。

（撰稿人：康　波）

湖北审计厅抓住三点全程跟进审计四川汉源灾后恢复重建资金

2008年以来，湖北省审计厅按照省委、省政府和审计署要求，组织全省15个地市审计机关，对该省对口支援四川汉源灾后恢复重建项目进行了跟踪审计。审计中，审计人员本着“在监督中服务，在服务中监督”的原则，突出关注援建项目资金拨付、投资控制、项目招投标、建设管理、工程质量等方面情况，及时跟进，全程监督，充分发挥审计“免疫系统”功能作用，取得明显成效。截至目前，已对206个在建项目进行审计，共审计资金12.29亿元，占援建项目资金总额的64.3%。通过审计，共提出审计意见和建议62条，被相关部门和单位采纳59条。

一是突出重点，强化措施，精心组织项目审计。针对灾后恢复重建工作时间紧、任务重、设计方案变更频繁、隐蔽工程多、材料取费难以把握等特点，该厅精心制定了《湖北省审计厅关于我省对口支援汉源县灾后恢复重建跟踪审计实施方案》，明确审计目的、对象、范围、方式和组织分工及审计的主要内容，注重把工程变更签证、隐蔽工程量、材料取费定额、工程款支付等重要环节，作为审计的重点内容，实行审计关口前移。采取“四个统一”和“五个结合”的方式方法，精心组织实施审计。即统一组织、统一方案、统一内容、统一汇总上报，国家审计与社会中介机构审计相结合、援建地审计与施工现场审计相结合、就地审计与延伸调查相结合、项目审计与资金审计相结合、跟踪审计与重点专项审计相结合。切实做到现场测量、现场取证、现场签证、及时核算，杜绝弄虚作假、虚报冒领，减少损失浪费，让有限资金实现效益最大化。

二是突破难点，坚持跟进，全方位全过程跟踪监督。结合项目建设特点，对工程招投标、工程项目质量管理、项目投资控制审计等提前进行部署，并作出明确要求。一是立足事前控制，对招投标过程进行跟踪审计监督。协助制定科学的招标文件，确定准确的栏标价。改变过去招标标的文件由一家造价咨询单位编制的惯例，采取“分头预算，集中比对”的办法编制栏标价，保证了栏标价的科学准确。与此同时，还监督招投标程序是否符合要求。招标公告、资格预审文件、招标文件、招标答疑文件等是否符合公开、公平、公正的精神，中标单位的投标文件能否最大限度地满足招标文件要求，确保公正优选承包单位。二是立足于全方位控制，确保援建项目的工程质量。主要是对招标资格预审文件，特别是对投标单位、项目经理、项目监理的资质是否合规进行审核；对承包单位投标书中主要人员到位情况进行检查；对参与单位的质量控制体系运行情况进行测试；对重点工程和关键工序如基础工程的施工情况全程掌握，对不符合要求的情况则要求立即进行整改。三是立足于全过程投资控制，确保援建资金的使用效率。主要是为工程量清单、栏标价编制单位提供技术上的指导和严格把关监督；对设计变更尤其是重大变更、经济性签证的批准程序进行监督；审核工程进度款支付情况，及时纠正施工单位多报、虚报工程进度款的现象。

三是凸显关键点，加大力度，确保资金拨付使用及时有效。援建资金的筹集、拨付、使用与管理是跟踪审计的关键点，各审计组会同财政部门，对抗震救灾捐赠资金的接收、使用、结余情况进行全面审计，经审计确定的结余金额，作为援建资金的来源。同时，加大对资金拨付情况的审计力度，对通过财政专户或国库拨付到承包单位的每一笔资金审深审透，检查承包单位的申报资料、监理单位复核资料、跟踪审计人员的现场踏勘资料、援建办有关部门审批资料和财政部门的审核手续是否完善，拨付是否及时，确保资金拨付使用及时有效。截至5月，该省援建四川汉源的所有项目都实行了公开招标和邀请招标，所有开工项目，没有发生重大质量和安全事故，工程质量反映良好。项目资金拨付符合规定流程，保证了援建资金拨付的及时和有效。省审计厅“及时跟进、全程监督”的做法也得到了国务院抗震救灾资金物资监督办公室的充分肯定。

（撰稿人：汤倡平　闵国文）

审计署工作概况

署领导、党组成员

审　计　长：刘家义
副 审 计 长：令狐安
　　　　　　董大胜
　　　　　　余效明
　　　　　　石爱中
总 审 计 师：孙宝厚
纪检组组长：安　国
党 组 书 记：刘家义
党组副书记：令狐安
党 组 成 员：董大胜
　　　　　　余效明
　　　　　　孙宝厚
　　　　　　安　国

审计署机关

【审计工作简述】 2009年，在党中央、国务院和地方各级党委、政府的有力领导下，各部门单位的大力支持下，全国各级审计机关深入贯彻落实科学发展观，牢固树立科学审计理念，按照年初确定的审计工作总体思路和贯穿“一条主线”、抓住“三个重点”、完成好“六项任务”的总体要求，依法履行职责，较好地完成了各项任务。全国共审计和调查13.98万个单位，促进国家财政增收节支803亿元，挽回损失164亿元。

加强跟踪审计，着力促进经济平稳较快发展

2009年，各级审计机关把促进经济平稳较快发展作为重中之重。在所有的审计项目中，都着力关注了中央相关政策措施的落实情况，还组织了6600多项专项审计调查，对8000多个投资项目和1万多个汶川地震灾后恢复重建项目进行跟踪审计。审计署年初统一组织金融危机对地方财政收入状况的影响、中小企业扶持政策落实情况等审计调查；9月至10月，对17个省区市贯彻落实中央扩大内需政策措施的情况及效果进行审计调查，重点抽查1981个投资项目的建设管理和资金使用情况。同时，坚持跟踪分析商业银行每季度新增贷款情况，对148个汶川地震灾后恢复重建项目和京沪高速铁路、西气东输二线、金沙江向家坝水电站等重特大投资项目进行全过程跟踪审计。

地方各级审计机关按照审计署和地方党委政府的要求，普遍加强了对扩大内需政策措施落实情况的审计和调查，3个汶川地震受灾省和20个对口支援省市审计机关开展了对灾后恢复重建项目的跟踪审计。湖北、广东、广西、海南、四川等地探索对扩大内需投资项目实行全省区同步跟进、上下联动的审计模式；湖南、大连等地建立了审计、监察、财政、发改委等部门之间的实时通报制度；黑龙江研发了《中央和省扩大内需促进经济增长投资建设项目审计信息管理系统》。

从审计情况看，中央的决策部署是及时的、有力的，贯彻执行的总体情况是好的，取得的效果也非常明显。但一些地方配套资金尚未完全落实到位，有些地方资金和项目管理不够严格和规范，个别项目占用或征用土地审批手续不完备，个别项目建设不完全符合环保要求。在审计过程中，各级审计机关既加强对中央政策措施执行情况的监督检查，又及时揭示和反映扩大内需工作迫切需要解决的一些政策、制度和管理上的问题。通过审计，核减投资或结算额300多亿元，挽回或避免损失100多亿元，提出5600多条审计建议，促进有关部门和地方健全完善制度近700项。如审计署提出的应抓紧落实地方配套资金、关注企业国有资产安全和境外投资风险、完善扶持中小企业政策、加快主体功能区建设、加大产业结构调整力度等建议，引起有关部门高度重视，采纳后收到了较好效果。

关注薄弱环节和潜在风险，着力维护国家经济安全　2009年的审计工作更加注重揭示、分析和反映财政、金融、国有资产、民生和环境保护等方面的薄弱环节和潜在风险，重点关注了以下问题：

一是地方政府性债务问题。在2009年的财政审计中，重点检查了地方政府性债务情况。审计署对17个省区市地方政府性债务进行审计调查，河北、山西、上海、江苏、浙江、江西、山东、湖北、湖南、重庆、四川、云南、陕西、青海、新疆和宁波等地开展市县政府性债务、村级债务、公路负债、高校负债等审计调查，揭示和反映了地方政府性负债规模较大、管理监督不到位等问题，提出规范债务管理、防范财政潜在风险等建议。

二是金融机构内部治理和监管问题。审计署在对4家金融机构及3家金融监管部门的审计中，不仅揭示业务上存在的漏洞和风险隐患，还反映金融监管协调机制不够顺畅等问题，提出加强金融监管、促进金融协作配合等建议。为推进地方金融审计工作，审计署下发了关于农村信用社审计工作的指导意见，北京、河北、辽宁、黑龙江、浙江、江西、河南、湖南、重庆、四川、云南、甘肃、新疆、宁波等地开展对农村信用社、地方投资公司等金融机构的审计和调查，提出加强风险管理、消化历史包袱、加快推进股份制改造等建议，促进地方金融业的健康发展。

三是国有资产安全和中小企业经营风险问题。审计署重点审计12家中央企业，并对2700多家中小企业进行审计调查；河北、山西、江苏、浙江、安徽、江西、河南、湖北、广东、海南、重庆、四川、陕西、青海、深圳、宁波、厦门、新疆生产建设兵团等地开展对地方国有企业或中小企业状况的审计和调查。从审计情况看，一些企业仍存在资产质量不高、决策不规范等问题，因管理不善造成国有资产流失的问题依然比较突出。审计反映的情况和提出的建议，为各级党委政府和有关部门全面掌握企业发展现状、采取有效扶持政策提供了重要依据。

四是重点民生工程和资金的使用效果问题。审计署统一组织对种粮农民补贴、政府投资保障性住房和农村饮用水安全状况等进行审计和调查，各地普遍开展对涉农、教育和社会保障等资金和项目的审计和调查，跟进检查资金的管理、使用和绩效状况，发现和查处一些地方滞留、闲置或挤占挪用专项资金、侵占群众利益的问题，在促进完善相关制度、落实惠民政策等方面发挥了积极作用。

五是经济社会快速发展中的资源和环境保护问题。审计署制定了《关于加强资源环境审计工作的意见》，统一组织对土地、矿产资源管理和长江上游水污染防治状况进行审计调查；北京、黑龙江、浙江、安徽、山东、湖北、广东、广西、海南、陕西、甘肃、青海、大连、宁波、青岛等地也积极推进资源环境审计工作。通过审计发现，一些地方依然存在非法征地、越权审批等问题；有的地方产业结构不合理、经济发展方式粗放。

坚持预防和查处并重，着力推动反腐倡廉建设和体制制度创新　2009年，审计机关向司法、纪检监察机关移送案件线索和事项1456件，涉及1839人。这些案件多为内外勾结的“串案”、“窝案”，犯罪手法也更加隐蔽和高智能化，有的通过多种方式大规模异地转移资金，涉嫌洗钱；有的通过多家关联企业互相出具虚假证明或票据，涉嫌骗取贷款；有的违法进行内幕交易，涉嫌非法牟利。上述案件移送后，有关部门正依法立案查处。另外，坚持深入分析和揭示政策、制度和管理中的问题和漏洞，提出深化改革、规范管理和健全制度的建议。2009年，全国审计机关提交各类审计报告和信息简报15万多篇，比去年同期增长8%；提出审计建议22万条，比去年同期增长12%；促进建立健全规章制度5600多项。

同时，不断推进和完善审计结果公告制度。2009年，全国共发布审计结果公告4100多篇，比去年同期增长31%。审计署和地方审计机关分别向社会公告了汶川地震灾后恢复重建项目的阶段性审计情况，反响很好。

注重反映评价领导干部经济责任履行情况和政府行政效能，着力推进建立健全问责机制和责任追究制度　经济责任审计工作不断深化，国有企业领导人员和地厅级及以下党政领导干部经济责任审计基本实现制度化，省部级领导干部经济责任审计试点范围逐步扩大。2009年，全国完成3万多名领导干部的经济责任审计，其中审计署对14名省部长和12家中央企业领导人员进行任期经济责任审计。总的来看，大多数被审计的领导干部能够贯彻执行中央决策部署，认真履行职责，积极推动本地区和本单位发展提高。但审计也发现一些值得关注的问题，主要是：个别领导干部法制观念和责任意识不强；一些地方和单位的决策和管理制度不够健全，个别决策比较随意；有的地方对领导干部的绩效考核指标不够科学，尚未建立起清晰明确的问责制度。审计后，103名被审计的领导干部和308名其他人员的问题被移送司法、纪检监察机关处理。

各级审计机关还注重创新经济责任审计方式，加强规范化建设。目前，全国共出台关于经济责任审计的计划管理、操作规范、审计评价和结果运用等方面的制度规定11000多个，其中黑龙江、江苏、山东、湖南和广西5省区以地方人大立法的形式，颁布了经济责任审计法规；黑龙江、浙江、山东、广东、云南、宁夏、大连、青岛等地深入推进了对党委和政府主要领导的“同步审计”。

各级审计机关以预算执行审计为重点，进一步强化对政府部门单位的审计。在审计中，更加关注预算资金的使用绩效、行政运行成本和行政效能。从审计署对55个中央部门及其285个所属单位的预算执行审计情况看，各部门执行预算比较严格，内部管理不断完善，但也存在挤占挪用、转移和多报多领财政资金等问题，少数部门和单位在会议费、公务出国费等方面的管理还不够严格。审计指出上述问题后，有关部门和单位高度重视，有14个中央部门的主要负责同志亲自抓整改工作，有11个中央部门召开专门会议部署整改事项，有的部门还对审计未涉及的单位开展专项检查或要求其自查自纠。截至10月底，中央部门预算执行审计发现的问题已整改31.66亿元。

注重加强以干部队伍建设为核心的审计基础建设，提高依法审计的能力和水平　在队伍建设方面，审计署制定了审计领军人才、业务骨干人才、急需专业人才、青年审计人才和复合型人才五类人才工程计划，完善了干部管理和选拔任用等一系列办法，组织48期培训班，培训4800多人次，推进案例教学；严格执行“八不准”审计规定和各项廉政纪律，认真开展重点审计项目的廉政跟踪检查；努力做到“实”“高”“新”“严”“细”，切实改进工作作风。在审计业务和机关内部管理方面，正在配合做好审计法实施条例的修订，草拟了国家审计准则（修订稿）；审计署和部分地方审计机关在内部公开了部门预算分配和执行情况，实行审计项目审理、审计进度管理及责任追究制度；河北、江苏、江西、云南、厦门等地制定办法，规范行政处罚自由裁量权。审计信息化建设也有较大发展，已编制了国家审计数据中心基本规划等40多项标准和管理制度，完成国家审计数据中心的建设。在对下指导方面，审计署下发加强对地方审计工作指导的两个办法，在人力资源和社会保障部、国家公务员局等部门的大力支持下，下发了《关于加强审计机关公务员队伍专业化建设的意见》，正在制定加强地方审计机关领导班子建设的办法，培训地方审计人员1700多人次，现场检查12个省级审计机关的审计项目质量，增加地方审计机关优秀和表彰审计项目的数量，把29个省区市审计机关的信息化建设列入金审工程二期建设范围；山西、上海、山东、广东、重庆、云南、青岛等地制定了对下指导意见，湖北等地在计划、培训、规范化、信息化等方面实行全省统筹，省统筹安排项目超过全年审计项目的一半。这些措施，使全国审计工作形成一个有机整体，推动了审计工作水平的全面提高。

2009年的审计工作，有五个突出特点：一是更加自觉地融入经济社会发展大局，有力地促进了中央决策部署的贯彻落实。二是更加强调“两手抓”。一方面，严肃揭露和查处重大违法违规问题，推动反腐败斗争；另一方面，深入分析和揭示体制机制制度方面的问题，推动体制制度创新。三是更加注重增强审计的时效性，加大跟踪审计力度。四是更加注重推进绩效审计，2009年大部分审计项目都包括绩效审计的内容。五是更加注重立足整改，推动规范提高。

（撰稿人：王兆斌）

【办公厅】 2009年，办公厅人员编制66名，在编57人，领导职数4名。设有政策研究室、计划统计处、财务一处、财务二处、秘书处、新闻处、档案处、审计长办公室、举报中心办公室、办公室等职能处（室）。

领导成员

主　任：侯　凯

副主任：王本强（兼办公厅审计长办公室主任）
郭彩云

正司级审计员：颜建军

巡视员：周德铭（兼审计署信息化建设领导小组办公室主任）

副巡视员：葛丽娅（兼审计署举报中心办公室主任）
程志明（兼办公厅档案处处长）

工作综述 2009年，在审计署党组的正确领导下，在署各单位的大力支持和配合下，紧紧围绕审计署中心工作，注重抓大事、谋全局，抓班子、带队伍，抓规范、建制度，抓协调、促管理，更加有效地履行“调研、管理、参谋、协调、服务”职能，圆满完成了各项任务，为保障署决策部署的落实到位和重点工作的顺利实施发挥了重要作用。

服务大局，统筹谋划 一是围绕中央关于扩大内需促进经济增长的部署，根据署领导要求，先后3次下发通知安排相关审计工作，4次下发通知要求报送相关审计信息和报告，5次向中央纪委报送我署开展相关审计工作情况报告。二是在汇总和分析这些年审计情况的基础上，起草报国务院的关于扩大内需政策措施情况审计报告、关于影响国家经济安全问题的报告；参与对金融衍生品业务、中小企业扶持政策落实和扩大内需政策措施落实情况及效果等审计和调查项目的计划确定、方案制订和报告起草工作。上述审计和调查结果报告都得到国务院领导的批示，其中1期被国务院办公厅以国办发［2009］64号文件转发各省区市人民政府和中央各部门单位。三是加强和改进计划管理，加大资源整合力度。2009年，根据署领导关于构建国家财政审计大格局的要求，将年度审计工作按两个大的阶段安排，2009年11月至2010年4月集中力量开展中央预算执行审计，2010年5月至10月开展企业、金融、经济责任、资源环境、重点投资项目等方面的审计，并于2009年9月编制完成下年度署统一组织审计项目计划草案初稿，是近年来最早的一次。四是在2010年的计划安排中，努力提升现有审计资源的配置效率，适当压缩安排在单个审计项目上的特派办数量，将腾出的审计力量用于安排本专业领域其他需开展的审计项目，通过增加审计项目数量来提高审计工作覆盖面。五是加强对地方审计工作的指导，制定了《审计署管辖范围内审计事项授权地方机关审计的管理办法》和《审计署关于加强和改进地方审计工作的指导意见》等办法，升级审计统计软件和计划管理软件，提高了审计业务管理水平。

宏观分析和调查研究 2009年，共起草、修改各类重要文稿100多篇。这些文稿涉及审计工作的方方面面，其中既包括国务院领导在听取审计工作相关会议上的讲话代拟稿，也包括报全国人大和国务院的“两个报告”、预算执行审计发现问题整改情况报告、落实全国人大审议意见报告、关于审计工作的汇报提纲等，还有全国审计工作座谈会、全国审计工作会议、中组部考察审计署领导班子、学习实践活动整改、党建工作总结等重要材料。为保证文稿的质量，在加强对审计实践情况调研的基础上，进一步强化了学习、积累和理论研究，承担“中国特色社会主义审计基本规律”、“中国特色社会主义审计理论”等课题的研究，参加了关于充分发挥审计“免疫系统”功能的理论研讨会，参与了世界审计组织第20届大会、中非审计高级研讨班等国际会议材料的起草和研讨工作，正在组织编写《科学审计理念知识读本》（暂定名）一书。

在审计信息工作方面，全年编发重要信息288期。其中：上报《审计要情》39期，已有37期被国办采用，并得到党和国家领导人批示，采用和批示率为95%；上报《重要信息要目》94期，其中国办采用85期，采用率为90%；党和国家领导同志批示80期，批示率为85%；《审计署值班信息》16期，其中国办采用11期，党和国家领导同志批示11期，采用率和批示率为69%。同时，加强信息工作的管理和指导，年初下发信息工作要点；年中整训时对全署各单位干部进行信息写作摸底测试；在公文写作培训班上，专门安排信息讲座，开展信息编写大练兵；组织对各派出单位2008年以来编报的280多篇审计信息进行抽样检查和逐篇点评；制定新的审计信息审批单，规范了信息审批流程；改进了对派出机构的信息考核办法。

审计宣传 一是不断加大新闻发布力度，其中：署领导参加国务院新闻办新闻发布会3次；署领导及有关司局负责人接受中央主流媒体专访18次、参加网络在线访谈2次；在《求是》杂志和《经济日报》发表署领导署名文章各1篇，在中央主要媒体刊发审计宣传稿件500多篇（次）；根据社会关心的审计热点问题，制作了2期《焦点访谈》专题节目。二是对重点审计项目进行跟踪报道。有计划、分批次地组织人民日报、新华社、中央电视台、中央人民广播电台、光明日报、经济日报、法制日报、中国青年报等中央主流媒体和有关署管媒体，先后开展了对病险水库除险加固工程专项审计调查、四项种粮农民补贴资金专项审计调查、汶川地震灾后恢复重建审计等涉及民生和重大投资审计项目的跟踪采访报道，得到舆论好评。三是充分利用网络发布信息。2009年，署门户网站开展在线访谈1次，开辟专题宣传栏目8个，加载各类信息1万多条，日均访问量达8000多人次，为网站开通以来最高水平，各网站转载审计稿件2万多条。此外，还编发《审计宣传与舆情动态》50期，发布审计结果公告16期，涉及300多个项目和单位的审计结果；在内部事务公开方面，向署内部公开了干部提拔、住房分配和各单位预算执行情况等干部职工关心的事项。

严格部门预算执行 一是加强预算公开，首次在全署范围内将各单位财务预算批复结果公开，首次向社会公开审计署预算执行审计的结果，促进部门预算在阳光下运行。二是加强财务制度建设。先后出台了《审计署机关财务收支审批办法》《审计署预决算管理暂行办法》《审计署机关及派出机构审计外勤经费管理办法》《审计署公开署部门预算实施办法》4项制度，努力实现用制度管事、用制度管财、用制度管物。三是科学分配经费，确保预算分配的公正公平。对特派办的经费，采取“确定支出标准、分项核定定额、综合测算安排”的办法；在外勤经费和外聘经费方面，按照工作量测算预算定额，将大部分外聘经费下放到特派办统筹安排使用，同时向汶川地震灾后恢复重建跟踪审计等重点项目倾斜，保障了审计项目的顺利实施。四是加强预算执行监督检查。正式启用财务联网信息系统，做到实时了解和监控二级单位的财务状况，加强对二级预算单位预算执行情况的进度和分析并每月通报，督促各单位增强预算意识。预计2009年末，署本级经费结余与2008年末结余相比，减幅为58%，创历年预算执行进度控制的最好水平。此外，还主动配合做好审计署部门预算执行审计和“小金库”检查等各项工作。

相关服务和管理工作 一是为领导提供服务。2009年，共承担署领导有关会议的会务工作近100次，重要会议全部做到通知书面化，确保会议的顺利高效；完成署党组向党中央、国务院提交的报告和信函40多份，起草、综合整理和编发审核重要文件95份，特别是在署党组的统一领导下，起草完成了《审计署工作规则》和《审计署党组工作规则》等重要文件，明确了今后一段时期审计工作的指导思想和具体要求，增强了操作性；编写党组会议纪要61期，审计长会议纪要30期，《值班简报》和增刊22期；整理了《2008年党中央、国务院领导同志对审计工作的重要指示和批示》和《2008年审计署领导活动大事记》等文稿；协助署领导起草、整理和审核文稿200余篇，收集、处理各类资料2万余份。同时认真做好领导交办事项的跟踪督促工作，全年共催办党中央、国务院领导交办事项30余件，署领导批办事项1000余件；认真做好日常政务值班，及时应对突发事件；做好特约审计员的联系沟通工作。

二是为署机关提供组织协调。组织保障全国审计工作座谈会、审计机关离退休干部国庆60周年座谈会、全国审计工作会议暨全国审计系统先进集体和先进工作者表彰大会等多次大型会议和活动，承办全署2010年二、三类会议计划的申报工作。此外，在2009年“两会”闭幕后，在规定期限内，高质量地办结人大代表建议和政协委员30件提案的回复工作；协调安排春节慰问团拜活动、派出局总结休假等工作；组织清理了建署26年来的规章制度630多件并全部扫描上网；办理对外提供审计事项审批 20 多项、电子大屏幕稿件审批 100 多次，承办了部分接待事项；完成 2.4 万多件文件资料运转管理工作，传递文件 2800 多件。

三是公文处理规范高效。2009 年，共制发各类文件 2954 件，办理发文 5.2 万件，收文 1.3 万多件，办理机要交换和邮寄 2.9 万多件，通过远程站收发电子文件 1.2 万多件，在署专网加载新华社综合信息资料 48 万多条。公文处理总量较之 2008 年增幅在 15％以上。同时加强制度建设，按照统一部署，对署、厅以往公文管理制度进行清理，进一步完善 12 项有关规定和办法；加强文稿审核工作，每季度组织开展对报送公文进行抽查，并在全系统进行通报，促进提高审计系统公文处理工作水平；努力运用先进技术手段，完成署机关审计专网和审计密网的分离工作，开展各特派办“OA 公文管理软件升级版”的推广应用，有效提高文书处理的自动化水平；根据署、厅领导的要求，组织 1 期专题公文写作培训班，探索公文写作培训的基本思路、办法和模式，为今后同类培训积累经验。

四是档案管理逐步提高。2009 年，共检查接收审计和文书档案 1297 卷，基建档案 438 件，光盘 222 张，接收党中央国务院资料 670 件，全部进行了文档对照核对与目录标注，完成扫描、挂库工作；修改制订《审计署机关档案借阅管理办法》，接待查借阅纸质档案 171 人次、1060 卷（件）次、复制 2649 页，网上借阅（审批）9658 卷（件）次，有效地提升了档案的利用效益；举办了派出局审计项目电子档案归档培训班；顺利完成向国家档案局报送有关报表的工作；加大文件汇编力度，完成《李金华讲话汇编》《2009 年审计工作文件选编》等工作；加大对派出机构和地方审计机关档案工作的业务指导和调研力度，及时发现、解决新问题。

五是信访举报效果较好。2009 年，接收处理群众来信 7750 多件，处理回复群众网上举报 4000 多件，接待群众来访 410 批次、1000 多人次，向业务部门转送群众举报信件近 2000 多件，其中署领导阅批送交的 28 件群众举报已全部办结。起草 15 期审计信访举报动态，加载署专网工作指导信息 67 件；起草印发《审计署办公厅关于进一步做好维稳工作的通知》等文件，创新试行《网上公开群众举报及核实处理结果的规定》，对群众反映有关特派办情况和问题的核实情况进行网上公开，收到较好效果。由于信访举报工作突出，国家信访局曾 2 次专程来署调研，作为典型经验介绍单位加以表扬。

六是保密密码严格规范。针对近年来保密工作中出现的一些新情况、新问题，更加注重思想教育和监督检查，从源头上常抓不懈，做到警钟长鸣。在保密工作方面，精心组织保密承诺书集中签订工作，初次签订率达到 95％以上，受到国家保密局的好评；为全署干部职工编印、购买有关保密知识书籍；严格落实涉密载体管理规定，集中清理各类涉密介质 10 余吨；与计算机中心配合推进涉密信息系统分级保护工作。在密码安全方面，积极推进信息化密码保障工作，配用统一型号的新密码设备。特别是在乌鲁木齐“7·5”事件发生后，及时组织指导新疆审计机关制订了密码工作紧急情况处置预案；坚持每月对使用密码的远程网进行通联情况检查、通报，保证密码通信全年畅通。

党建与作风 把党建工作与理论学习紧密结合起来，与改进工作作风结合起来，引导全厅牢固树立科学审计理念，在“实”“高”“新”“严”“细”，五字上下工夫。厅党总支先后组织了关于“六个为什么”、“科学审计理念形成和发展”等党课讲座，帮助大家系统理解科学发展观和科学审计理念的内涵。认真开展党性教育活动，先后组织参观鱼子山抗日战争纪念馆及重温入党誓词、到熊尔寨乡魏家湾村访贫问苦、穿越京东大峡谷等活动，积极参加署“歌唱祖国歌颂党”歌咏活动，进一步增强了凝聚力和战斗力。一年来，在署、厅领导的言传身教下，全厅同志继续保持严谨细致、爱岗敬业、无私奉献的优良传统，涌现出一大批好人好事。（撰稿人：武晓晨）

【法规司】 2009 年，法规司人员编制 28 人，在编 22 人，领导职数 4 名。设有法规准则处、审理一处、审理二处、检查指导处、法律事务处。

领导成员

司　长：王常松（7 月—）

王秀明（—4 月）

副司长：彭华彰（—7 月）
　　　　刘绍统
副司级审计员：李淑敏
　　　　　　　张曼曼（4 月—）
　　　　　　　白冰冰（4 月—）

工作综述　2009 年，法规司在署党组和分管署领导的领导下，深入学习实践科学发展观，牢固树立科学审计理念，认真贯彻落实审计工作发展规划和全国审计工作会议精神，进一步加强审计法律规范建设，强化审计质量控制，深入开展普法依法治理工作，较好地完成了各项任务，为推进依法审计、提高审计质量、促进发挥审计"免疫系统"功能提供了法制保障。

审计立法　一是继续推动审计法实施条例修订工作。与国务院法制办共同研究修改《审计法实施条例（修订草案）》，并根据审计法实施条例修订情况，及时起草条例修订新闻通稿、国务院法制办和审计署领导联合答记者问、宣传提纲和解读材料等，为条例出台后的宣传培训工作做好准备。年底，条例草案已报请国务院常务会议审议。二是继续推进国家审计准则修订工作。年初，法规司将《中国国家审计准则（修订初稿）》分送署内外专家征求意见后，反复修改形成征求意见稿，印发全国审计机关、15 个中央部门和 25 位咨询专家征求意见，同时通过法制办法规规章征求意见系统和署门户网向社会公开征求意见。12 月，法规司组织对收到的反馈意见逐条分析研究，做了相应修改。三是及时制定审计业务规范，促进加强审计业务管理。法规司在认真总结有关地方的经验和做法并广泛征求各单位意见的基础上，相继出台了《审计署审计项目进度管理办法（试行）》《审计署关于进一步规范专项审计调查工作的意见》《审计署审计项目质量责任追究办法（试行）》《审计署关于加强审计项目管理有关事项的通知》等业务规定。四是与监察部联合起草《违反审计法律法规行为处分暂行规定》。4 月和 10 月，法规司先后两次与监察部法规司交换意见。6 月，法规司有关人员还专程前往监察部法规司，进行沟通协调。五是加强研究，认真完成立法协调工作。2009 年，法规司共办理了 53 件立法协调事项，对重点立法协调事项，广泛听取各方意见，提高办理的质量和效率，努力为审计监督营造良好的法律环境。

项目复核审理　法规司坚持做好预案、整合资源、理顺程序、总结规范的方针，在一批同类报告向署里报送前，对相关主审人员事先进行培训，统一有关同类问题的定性、处理等，保证了对不同被审计单位同类问题的审计处理更加平衡。同时，进一步明确了审理工作操作流程，修订和完善了中央部门预算执行审计报告的参考格式，统一和规范了编写要求。在预测复核审理工作量的基础上，法规司创新复核审理工作组织模式，整合司内外资源，统筹协调人员，理顺审理程序，明确首审人员和处长的复核审理工作目标和责任，及时总结经验，查找不足，提高了工作的效率和效果。2009 年，法规司共审理复核各类审计文书 875 份。其中，财政审计 604 份，金融审计 68 份，企业审计 65 份，经责审计 86 份，资源环境审计 30 份，涉外审计 22 份。审理复核工作在审计质量把关、审计风险防范方面的作用更加突出，得到署领导的充分肯定。

案件线索会商　法规司十分注重运用审计署与高检院、公安部的协调会商机制。共与高检院、公安部会商案件 31 件，对拟通过审计要情上报的 24 件案件和拟通过审计移送处理书移送的 19 件案件进行了复核，并积极跟踪移送案件的落实情况。经协调，公安部反馈了 2006～2008 年审计署移送公安部的案件办理情况，法规司研究起草了《关于我署审计移送案件线索质量问题的分析报告》和《关于加强对审计查出案件线索质量控制的几点意见》上报署领导。同时，法规司主动与监察部、高检院沟通，积极了解 2006～2008 年审计署移送监察部的案件办理情况，以及审计署与高检院建立会商机制以来移送高检院的案件办理情况。目前，监察部已经反馈意见，高检院正在汇总整理。

质量检查和评选　法规司组织四个检查组对 12 个省级审计机关 2008 年度审计项目质量进行现场检查。同时，还组织对署机关各业务司、特派办、派出局 2008 年以来编报的各类审计结论类文书和审计信息进行质量检查，汇总起草了审计质量检查分析情况报告，整理编写典型案例，并在内部网通报。法规司继续开展优秀审计项目评选工作，对署机关业务司、派出机构和地方审计机关选送的108个审计项目进行了评选。评选出署机关和派出机构实施的8个优秀审计项目和21个表彰审计项目，评选出地方审计机关实施的15个优秀审计项目和33个表彰审计项目，在年底召开的全国审计工作会议上，为获得优秀审计项目的单位颁发了奖牌。

普法依法治理　一是稳步推进“五五”普法规划和依法行政实施纲要。印发了普法依法行政工作要点和公务员学法用法工作的实施意见，组织开展“全国公务员学法用法征文”活动并编发简报，组织评选2008年度审计系统法制好新闻，开展贯彻落实全面推进依法行政实施纲要情况总结检查工作。二是认真开展“12·4”法制宣传日活动等普法工作。在《中国审计报》和审计署门户网站刊登特约评论员文章和一些普法工作成果突出单位的经验交流文章；在《中国审计》杂志专栏刊登审计机关公务员学法用法优秀论文。三是认真组织开展审计案例编写工作。配合培训中心完成审计案例教学师资培训班，草拟了《审计案例编写与教学工作方案》。经署领导批准后，及时组织4个案例编写工作组提交案例选题和行动学习计划，组织成立核心工作组并开展案例编写工作。四是组织翻译美国有关审计法律。根据署领导的指示，法规司拟定《美国审计法律翻译工作计划》，组织专门力量对美国25部审计相关法律进行了全面译核，并统一各部法律的格式和用词。目前，25部美国审计相关法律的翻译工作已经初步完成。五是认真做好行政复议工作。办理叶玉仙要求撤销福建省南平市顺昌县审计局租房协议行政复议案和吴文其要求确认上海市审计局政府信息公开申请答复违法的行政复议案共2件；向国务院法制办报送了近年来审计署办理的典型复议案件，并撰写行政复议十周年宣传文章；参加“第三次国务院部门行政复议协作会”，交流工作经验。六是继续做好治理商业贿赂、打击发票违法犯罪等专项工作。继续按照中央治理商业贿赂领导小组办公室的要求做好治理商业贿赂专项工作，报送情况报告和有关报表；参与全国打击发票违法犯罪活动工作协调工作，报送工作情况报告和审计发现的涉及假发票的典型案例；参与《联合国反腐败公约》第二阶段工作；参与整顿和规范市场经济秩序协调机制工作，报送了工作要点。此外，法规司还在审计系统组织开展“政府审计立法中法律责任设定”征文活动，组织编写出版了《审计人员常用刑事法律知识读本》一书。

相关工作　一是起草社会审计机构审计报告核查情况的报告，办理有关移送事项。起草《审计署关于2008年社会审计机构审计报告核查情况的报告（报送国务院稿）》，征求财政部、中国证监会的意见，并起草对财政部、中国证监会反馈意见的说明；起草《审计署关于社会审计机构审计报告核查发现问题的审计移送处理书》，向财政部移送核查发现的问题并就相关问题进行沟通。二是加强对内部审计工作的指导和监督。加强与中国内部审计协会的沟通和协调，形成关于加强对内部审计工作进行指导和监督的会议纪要。三是积极参与国际审计交流活动。派员参加世界审计组织国家关键指标工作组第二次会议暨研讨会，撰写参会论文和署领导的大会发言材料，并承担部分会务工作；派员参加中日韩最高审计机关第三次科研项目研讨会；派员参与最高审计组织20届大会主议题2篇主论文的撰写工作；派员参加联合国审计工作。四是加强司内制度建设。草拟了《法规司党支部工作规则》《法规司网页管理规定（试行）》等。五是认真做好其他事项。承担审计职业道德建设课题研究，参与领导干部任期经济责任审计规定的起草和相关审计文书的规范工作，起草审计署审计业务会议纪要，派员参加甘肃省省长经济责任审计项目、企业司专项审计调查项目、“企业自主创新情况审计调研”课题研究以及中央治理“小金库”领导小组办公室有关审核工作，办理人大建议和政协提案4件，回复署内外协调函件30余件，继续做好档案管理、文秘等工作。　（撰稿人：黄跃进）

【财政审计司】　2009年，财政审计司人员编制24名，在编19人，领导职数3名。设有一处、二处、三处、四处。

领导成员

司　长：李业林

副司长：马晓方

　　　　张晓霞（10月—）

审计成果　组织完成了财政部具体组织2008年度中央预算执行情况的审计、17个省（自治区、直辖市）地方财政收支情况专项审计调查、18个省（自治区、直辖市）种粮农民四项补贴专项审计调查、17个省（自治区、直辖市）地方财政收入状况专项审计调查、6名省市长任期经济责任审计。审计中，注重发挥财政审计的建设性功能，大力构建财政审计大格局，在推动财税体制改革、规范预算管理、促进积极财政政策落实等方面发挥作用。

中央预算执行审计　在全面评价2008年度财政支出结构调整、加强财政管理等中央预算执行总体情况的基础上，重点揭示了6类问题，具体是：（一）财政部对以前年度按照权责发生制核算的支出净结余541.19亿元未及时清理。（二）财政部批复的2008年中央部门预算中，有73个部门的项目支出预算未按规定确定政府采购金额，并编制政府采购预算；76个部门项目支出中的422.56亿元政府采购预算，未按明细的采购目录列示。（三）2005年结余的41.27亿元预算偿债基金，至2009年3月底尚未冲销；2000～2003年收缴的药品收支结余本息合计1513.29万元，放在中央财政社会保障基金专户未安排使用。（四）截至2008年底，国际金融组织贷款还贷准备金余额折合人民币551.91亿元管理尚不规范，收回的国债转贷资金本息余额225.89亿元未及时缴入国库。（五）2008年，中央财政安排救灾类专项转移支付603.31亿元，由中央14个部门管理和分配，在财政部内部有8个业务司管理和分配。这种方式不利于救灾资金的统筹使用。（六）审计17个省（自治区、直辖市、计划单列市）就业再就业资金，2008年底累计结余123.71亿元。上述状况影响资金使用效益和政策实施效果。对上述问题，财政部和相关地方政府高度重视，正在按照国务院要求逐项制定整改措施。这次审计提出的两条建议：尽快修订预算法，推进财政管理的统一完整和公开透明；进一步加强和改进预算管理，切实推进预算公开，增强预算的约束力和严肃性，被《国务院关于2008年度中央预算执行和其他财政收支的审计工作报告》采用。

审计调查　（1）种粮农民补贴资金。调查了18个省（自治区、直辖市）种粮农民直接补贴、农业生产资料综合补贴、农作物良种补贴和农业机械购置补贴等4项补贴资金的管理使用情况。2006～2008年，中央财政安排这些地区的4项补贴资金从190.3亿元增加到691.7亿元，增长了2.6倍，调动了农民的种粮积极性，促进了粮食生产稳步增长和农民增收。但由于按政策要求确定实际种粮面积难度较大，各地普遍按计税土地面积等相对稳定的依据来分配补贴，致使资金分配上存在一些与国家政策要求不相符合的问题。2008年，有27个县的320.1万亩非种粮或非耕种土地享受补贴2.3亿元，有24个县的569.9万亩已种粮土地应得未得种粮补贴3.9亿元。还有10个省本级和28个县2008年未及时拨付补贴资金28.9亿元，滞留时间最长的达10个月。

（2）地方财政收支情况调查。调查了17个省区市财政收支情况，主要反映了财政管理方面的3类问题：一是预算不完整、财力不真实的问题，重点揭示了收入应纳未纳预算管理、应征未征预算收入、无项目结转、虚列支出等问题；二是财政管理中账户过多、项目支出结余大、资金闲置影响形成有效需求的问题；三是分析地方政府的债务风险，揭示地方通过平台公司大量举债，增加政府性债务风险的问题。

（3）地方财政收入状况调查。对17个省区市财政收入状况专项审计调查，在摸清各地区2009年1～5月财政收入状况的基础上，分析经济、政策等因素对财政收入的影响，揭示和反映当前财税工作中影响财政收入的突出问题：一是税务部门执法不严、征收不力，企业逃避纳税义务造成税款流失；二是地方政府自定政策造成税款流失；三是消费税税制设计不完善造成税款流失；四是征过头税、虚假纳税、收入空转等虚增财政收入；五是非税收入征收不到位和未纳入预算管理等问题。

经济责任审计　对6名省市长任期经济责任进行审计，以省（市）长任职期间履行经济责任情况为主线，以财政收支及有关经济活动的真实合法效益为基础，以全省（市）经济社会发展的重大事项为重点，主要关注了4个方面的情况：一是省（市）长任职期间财政收支管理政策措施的制定和执行情况，预算执行和决算情况，核实省（市）本级财政收支的真实性、完整性、合法性和效益性；二是落实应对金融危机、扩大内需、调整产业结构、促进经济发展的政策措施制定情况、目标完成情况；三是环境保护制度建设情况，环境保护相关目标责任制以及规划环评的完成情况；四是土地政策措施建设情况、耕地保护责任目标完成情况、土地总体规划贯彻落实情况、重大建设项目用地审批情况、征地补偿安置情况等。

构建财政审计大格局　在全面总结以前年度财政审计一体化经验的基础上，牢固树立“凡是政府应该管的钱都是国家财政”的科学理念，进一步改进审计项目计划和组织模式，探索建立以中央财政管理审计为核心，以中央部门预算执行审计、财政转移支付审计、财政专项资金审计、财政收入征管情况审计为基础的中央预算执行审计工作体系，有效整合相关业务司、特派办和派出局的财政审计资源，着力构建国家财政审计大格局，切实提高中央预算执行审计的整体性、宏观性和建设性。主要是将财政部具体组织2009年度中央预算执行情况审计、中央扩大内需促进经济平稳较快发展有关政策措施实施情况及效果的专项审计调查和发改委组织分配2009年中央投资情况的审计、中央部门预算执行审计、汶川地震灾后恢复重建跟踪审计、农业综合开发资金审计、城市居民最低生活保障资金审计、政府投资保障性住房专项审计调查、节能减排专项资金审计、2009年海关关税及进口环节税征管情况审计、国资委2009年中央国有资本经营预算收入审计调查、中央金融资本收益管理现状审计调查、外债总体情况专项审计等5类12个项目纳入2009年中央预算执行审计工作总体方案。重点关注五项内容：一是促进建立统一、完整的中央预算管理制度。二是促进建立事权和财力相匹配的财政管理体制。三是促进财政政策和货币政策的协调一致。四是促进提高财政资金使用效益。五是促进财政财务管理的规范性。各专业审计注重加强协调，密切配合，实现了“五个统一”：统一组织，各业务司要做好沟通与协调工作，原则上一个特派办负责实施对一个省份的所有审计项目；统一协调，不同审计项目组之间，要确定牵头单位，及时解决审计实施中出现的问题；统一进点，一个省（自治区、直辖市）的项目一次进点，避免重复；统一实施，避免对同一资金进行重复审计，及时反映审计发现的问题；统一交换意见，提高工作效率。逐步形成资源整合、目标一致的国家财政审计大格局工作机制。

（撰稿人：肖振东）

【金融审计司】　2009年，金融审计司编制24人，在编人数18人。设有一处（中央银行和政策性银行审计）、二处（商业银行审计）、三处（信托证券审计）、四处（保险和金融资产管理公司审计）。

领导成员

司　长：袁　野

副司长：刘　星　吕劲松（2009年1—4月）

　　　　刘　丹（2009年4月—）

审计成果　2009年，组织开展对中国农业银行、中国农业发展银行和中国出口信用保险公司资产负债损益情况的审计。完成对中国工商银行、中国建设银行和中国银行等重点商业银行落实扩内需促发展有关政策措施情况的审计调查。在审计中继续加大查处大要案力度，重视金融审计应用理论研究，改进指导地方金融审计工作。在维护国家金融安全，防范金融风险以及促进国有金融机构深化改革等方面发挥了积极作用。

全年共上报《审计要情》23篇，全部得到国务院领导同志批示；上报《重要信息要目》21篇，全部被中办或国办采用。在2009年审计署优秀审计项目评选中，由金融审计司与相关特派办共同实施的2个审计项目被评为优秀，由金融审计司统一组织相关特派办实施的4个项目被予以表彰。金融审计司当年还荣获2007～2008年度先进党支部称号。

金融审计和审计调查　一是以新增信贷资金流向为切入点，关注国家宏观经济政策落实情况。在上半年对中国农业银行、中国农业发展银行和中国出口信用保险公司的资产负债损益情况审计以及下半年对中国工商银行、中国建设银行、中国银行等重点国有商业银行落实中央扩大内需促进经济平稳较快发展有关政策措施情况的专项审计调查中，金融审计司高度关注银行信贷资金对拉动内需、促进发展、调整结构、维护民生等方面发挥的主要作用以及存在的突出问题，基本摸清商业银行当年新增信贷资金投向区域、行业以及主要企业等总体情况。及时反映新增信贷资金存在中长期贷款占比高，部分行业，尤其是政府融资平台贷款集中度高等投向及结构不合理等审计信息，为有关部门制定和调整宏观调控政策提供重要参考依据。二是注重及时揭示金融机构经营管理中存在的违规问题、管理薄弱环节以及突出经营风险问题，有关金融机构根据审计建议及时采取措施加强风险控制和整改落实，在防范金融风险，促进国内金融系统稳定健康运行发挥了作用。

探索审计组织模式，提高审计监督质量　金融审计司以信息化建设为导向，改进审计技术方法，在“把握总体、突出重点”和坚持“五统一”组织方式的基础上，改进和完善金融审计组织模式，进一步加强数据集中分析工作。一是合理分工，各司其职，实现数据分析团队与业务骨干的有机结合。二是对照审计方案及目标要求，将审计数据进行系统研究和分类比对分析，提出有针对性的审计分析思路。三是有效整合审计资源，在精确分析的基础上，统筹安排金融审计力量，有针对性地实施分散核查，确保审计发现问题线索的质量，提高审计工作效果。

经济责任审计　金融审计司以金融监管部门领导人员经济责任审计为切入点，不断探索金融审计新领域新内涵。在审计过程中，一方面注重对领导干部执行国家宏观政策、财政预算管理或财务收支等情况进行审计监督；另一方面，以全面履行审计监督职责，推动监管部门依法行政为工作目标，不断创新经济责任审计内容，如将有关监管部门的行政审批情况作为重点审计内容，揭示有关单位及部门在金融机构设立、高管任职等审批程序工作中存在一些不规范做法，引起有关部门的关注。

查处金融大要案　全年金融审计共查处各类经济案件线索30多起，其中大要案23起。案件查办的特点：一是时效性不断增强。案件线索发案时间几乎全部是2007年以后的，甚至还有审计发现时仍在作案的案件。二是加强协调配合，形成整体合力，不断提高查案工作质量。例如，在中国农业发展银行审计项目中，加强“统筹调度，分工协作”工作力度，针对东北粮食收购信贷业务特点，统一组织沈阳、哈尔滨、长沙等特派办审计组，集中力量，重点揭示扰乱粮食收购秩序和影响粮食安全的典型问题，先后查处了一批不法分子利用银行管理上的漏洞，弄虚作假恶意骗贷，或与银行工作人员内外勾结、肆意侵占粮食收购资金的重大案件线索，成效显著。

应用理论研究与国际交流合作　一是金融审计司结合审计业务实践需要，分别与西南财经大学等高校进行合作，先后启动了央行会计制度改革等研究课题，并将部分审计人员安排到研究课题中承担部分科研任务，做到了理论研究与审计实践的有机结合，同时为审计项目的顺利开展发挥重要的参考作用。二是通过参与金融审计国际交流活动，扩大我国政府审计在国际审计领域的影响力。在美国华盛顿举办的最高审计组织应对金融危机交流会议上向各国介绍中国审计机关1997年以来应对两次金融危机、防范金融风险方面的成功做法和经验，引起较大的反响。年底，审计署还派代表赴俄罗斯莫斯科参加“上合组织最高审计机关在应对全球金融危机中的作用”国际会议，系统介绍政府审计在应对国际金融危机中发挥的作用，受到与会各国代表的高度关注。此外，金融审计司还派人参加有关国际组织举办的信息审计技术会议，向世界各国广泛宣传交流我国金融计算机审计运用中取得的经验。

指导地方金融审计　一是加强项目计划引导，防范地方金融风险。金融审计司配合署办公厅出台了一系列加强地方金融审计工作的指导性文件，为地方审计机关开展金融审计工作提供立项依据，受到各地欢迎。二是开展多种形式的培训。如通过举办审计技术方法、审计质量控制、计算机应用等方面的培训工作，提高业务骨干专业能力。通过适当吸收地方金融审计骨干参与到审计署统一组织的项目，促进提高地方金融审计干部的业务技能。三是开展调查研究，实行分类指导。金融审计司派出专人先后赴甘肃、河南等地开展实地调研，帮助地方金融审计转变工作思路和改进工作方法，有效地促进了金融审计工作水平的提高。如在北京市等审计局对城市和农村商业银行审计项目中，金融审计司及时提供了数据下载和数据分析方法等技术支持，在编制审计方案中提供专业指导，为审计项目顺利开展发挥了作用。

（撰稿人：王晓东）

【行政事业审计司】　2009年，行政事业审计司（以下简称行事司）人员编制 23 名（其中领导职数 4 名），在编 16 人。设有一处（综合、派出局业务考核及指导地方行政事业审计）、二处（组织中央部门预算执行审计及决算审签）、三处（组织中央部门绩效审计及直接审计）和四处（专项审计及指导特派办行政事业审计）。

领导成员

司　长：鲍国明

副司长：程　光（挂职）

赖汉雄（挂职）

卢蜀江（3—9 月挂职）

审计成果　全年先后组织开展对 55 个中央部门的预算执行审计，对 25 个中央部门决算（草案）审计，对 24 个中央部门 2006～2008 年度会议费出国费管理使用情况专项审计调查，对 17 个省（自治区、直辖市）和铁道部、国家电网公司、中国南方电网公司贯彻落实中央扩大内需促进经济平稳较快发展有关政策措施的情况和政策实施效果专项审计调查，中央“小金库”专项治理工作，对质检总局及直属出入境检验检疫局的预算执行情况上下联动审计，对国家发改委 2008 年度组织分配财政投资的上下联动审计，对中央部门涉及民生、科技自主创新、国家安全等 10 个重点专项资金绩效审计；组织协调 5 个中央部门负责人经济责任审计；承担了对国管局、中直管理局、审计署本级和驻外使领馆直接审计工作；此外，还组织开展课题研究，举办中央部门财务暨内审研讨班，完善派出局审计业务考核机制，完成 6 个专项治理部际联席会议（领导小组）联络单位的相关工作等。全年共汇总并上报审计综合报告 3 份，专题报告 1 份，编发重要信息要目 20 篇、审计署值班信息 1 篇、审计简报 2 篇、新华社《国内动态清样》2 篇，以转送部门函和审计长信函的方式转送信息 33 篇，大部分上报信息被中办、国办采用，并得到中央领导同志的重要批示。行事司有 2 名同志荣立三等功、3 名同志获得嘉奖、2 名同志被评为优秀党员和优秀兼职党务工作者。

相关政策措施落实情况审计监督　自中央出台扩大内需促进经济平稳较快发展的一揽子计划以来，行事司按照审计署统一部署，积极组织特派办和相关派出局在所开展的审计项目中把监督检查中央相关政策措施落实情况作为主要内容。

（1）在 2009 年上半年开展对国家发改委 2008 年度组织分配财政投资的上下联动审计中，行事司有针对性地对发改委 2008 年 11 月下达的 1000 亿元新增中央投资安排、计划下达、资金拨付及部分项目执行和管理情况进行审计调查。编发重要信息要目 2 篇，信息转送函 1 篇，引起国务院领导同志及有关部门高度重视，国务院领导批示主管部门抓紧督促整改，发改委根据审计调查情况对典型问题在全国范围内进行了通报，并紧急下发了若干通知，以确保扩大内需政策的有效落实。

（2）从 9 月开始，行事司牵头相关业务司、组织 18 个特派办和相关派出局，对 17 个省（自治区、直辖市）和铁道部、国家电网公司、中国南方电网公司贯彻落实中央扩大内需，促进经济平稳较快发展有关政策措施的情况和政策实施效果开展专项审计调查，得到审计署领导的充分肯定。上报国务院的审计调查报告中，客观评价各有关地区、中央部门在贯彻落实中央扩大内需政策措施方面所做的主要工作和取得的成效，同时着重揭示并反映一些中央及地方扩大内需投资项目在落实国家财政政策、投资政策、产业政策和投资资金管理使用中存在的苗头性、典型性问题，从政策、体制、机制等层面分析原因，提出审计意见和建议。国务院办公厅将审计调查报告转发各地方人民政府、国务院各部委及直属机构，要求高度重视审计调查发现的问题，深入整改，依法严肃处理重大责任人员。

中央部门预算执行审计和专项审计　（1）组织对 55 个中央部门 2008 年度预算执行和其他财政收支情况的审计，涉及财政拨款 1159.58 亿元，发现违规问题 40.5 亿元，损失浪费问题 4.67 亿元。同时还组织对 25 个中央部门 2008 年决算（草案）进行了审计，查出少计收入、少计结余和少计资产等问题金额 16.71 亿元。上述审计结果已纳入署审计结果报告和工作报告，受到国务院领导和相关部门高度关注。对审计中的重点情况和问题，行事司改变以往汇编单个审计组分析材料形成汇总信息的常规做法，创造性地采取由审计组提供基础数据，行事司进行集中数据处理、研究分析、提炼观点的工作方式，编发高质量的重要信息要目5篇，审计简报2篇，新华社动态清样1篇，办理部门转送函23篇，促进部门完善制度机制，发挥了审计建设性作用。行事司还配合办公厅协调沟通有关部门做好审计结果公告准备。审计署公告54个中央部门的审计结果，首次包括中央外宣办等5个中共中央直属单位的审计结果以及对审计署本级的审计结果，引起社会的普遍关注和赞同。

（2）行事司在中央预算执行审计中组织派出局和18个特派办，同步开展了对国家发改委组织分配中央财政投资中的“采煤沉陷区治理工程”和“大型灌区续建配套与节水改造”两类项目实施情况、对质检总局及直属出入境检验检疫局的预算执行情况进行上下联动审计。对“采煤沉陷区治理工程”和“大型灌区续建配套与节水改造”两类项目审计，编发重要信息要目2篇，审计署值班信息1篇。对检验检疫系统审计编发4篇审计信息，分别以转送部门函和审计长信函的方式转送财政部和质检总局。“上下联动”审计是深化中央部门预算执行审计的重要探索，推动了预算执行审计向纵深发展。

（3）行事司组织派出局开展对24个中央部门2006～2008年度会议费、出国费管理使用情况的专项审计调查。这是多年来首次对部门会议费、出国费开展全面的专项审计调查。调查结果一方面客观反映了各部门积极贯彻中央要求，采取措施精简会议和公务出国（境）团组，费用支出明显下降；另一方面，也揭示出一些部门和单位会议费和出国费的管理不够严格等问题。审计提出后对部门触动较大，很多部门自行组织了更大范围的自查自纠，会议主管部门也就存在的问题进行调研，调整了相关支出标准。

（4）行事司对2008年度派出局绩效审计成果进行汇总提炼，组织编发了2篇重要信息要目，并转送国务委员信函1篇、报送新华社《国内动态清样》1篇。2009年6月份，行事司在总结往年绩效审计工作经验的基础上，组织10个派出局开展对中央部门涉及民生、科技自主创新、行业长期发展规划、国家安全等10个重点专项资金开展绩效审计。这些绩效审计项目针对部门特点选题，实施效果明显，促进了中央部门加强管理、提高绩效水平。

专项治理 审计署作为中央治理“小金库”工作领导小组办公室牵头成员之一，其日常协调联络职责由行事司承担。一方面，行事司切实发挥日常协调联络职责，参与《“小金库”治理重点检查工作实施方案》《中央单位“小金库”处理处罚指导意见》等重要文件的研究起草工作，参与中央治理“小金库”工作领导小组及其办公室开展的对地方的督导工作；另一方面，按照中央治理“小金库”重点检查工作部署，7月至10月，组织协调25个派出局对35个中央部门及其部分所属京内单位和中央部门在23个省的所属单位开展“小金库”重点检查，发现和查处了一些典型性问题。行事司与外部相关单位密切协作，跟踪督导检查过程，研究处理重要事项，开展宣传报道工作；同时配合署内相关部门，规范工作程序，严控工作质量，统一处理口径。对外办理转送部门函4篇、移送处理书8份，并对26份举报信件提出处理意见。

专项资金审计（调查） 完成对19个城市基础教育经费保障及使用管理情况专项审计调查的成果汇总工作，揭示出部分城市挤占挪用基础教育经费等问题。审计调查形成专题报告1篇、公告代拟稿1篇、重要信息要目5篇、转送函1篇。国务院领导对审计调查结果高度重视，作出重要批示；国务院办公厅将审计调查结果在各地方人民政府和国务院各部委、直属机构范围内进行通报；相关部门组成检查组，督促问题整改落实已见成效。并且还开展农村卫生医疗服务体系建设及经费管理使用情况审计试点。通过收集第一手资料，探索方法，积累经验，编制出审计调查工作方案，提出审计调查需要关注的信息点和审计调查报告参考框架，为以后年度开展专项审计调查打下基础。

经济责任审计 2009年，行事司开始承担中央部门负责人经济责任审计的组织职能。与经济责任审计司共同研究制定了2009年部长经济责任审计工作方案，确定五个方面的审计内容和重点。组织协调派出局积极实施，大胆尝试，边积累边工作，较好地完成了五个中央部门负责人经济责任审计工作，并对其中涉及国家宏观管理的重大情况和问题，深入研究相关政策，及时编发4篇重要信息要目报送国务院领导。

直接审计 2009年行事司先后承担了国管局、中直管理局和本署3个预算执行审计项目和国管局“小金库”检查、对驻外使领馆的审计等。在审计时间紧、任务重、要求高的情况下，精心安排，查出相关重要问题，引起各相关部门和单位的高度重视，认真部署整改落实，发挥出审计的建设性作用。行事司按照署领导的要求，以外部审计的标准对本署预算执行情况进行审计，查出相关问题并提出建议，圆满完成审计任务。

基础工作和综合服务 （一）行事司在对派出局2008～2009年度审计业务考核过程中，新增了“审计报告成果与质量”的考核分值，着重考核审计报告的“含金量”，同时还增加了审计信息化基础工作的考核分量。考核过程中坚持公开透明的原则，严谨扎实。考核结果为署领导和人教司衡量各派出局工作业绩提供重要参考，较好地发挥了对派出局审计业务工作的激励与引导作用。

（二）业务培训。

（1）举办2009年中央部门财务暨内审工作研讨班，有130多个中央部门财务和内审机构负责同志参加。研讨班对中央部门2008年度预算执行审计情况进行了通报，对审计发现的每一类问题产生的原因进行了深入、客观的分析，说明了产生问题的根源所在，明确提出解决问题的意见和建议。通过研讨班等形式加强沟通交流已成为中央部门与审计机关沟通交流的有效桥梁。

（2）举办中央部门2009年度预算执行审计工作方案暨技术方法培训班。在培训班上，行事司除完成常规培训内容外，首次组织了“晒报告”活动，将48个中央部门的预算执行审计报告在派出局之间进行评阅，各局积极参与，相互查找不足、相互学习与促进提高。培训班期间还组织了联欢活动，活跃了培训班的气氛，提高了培训效果。

（3）举办财政审计大格局业务培训班。行事司集中各特派办、地方审计机关行政事业审计处长和派出审计局业务骨干进行财政审计大格局业务培训，除署内外专家授课外，还采取分组讨论、工作座谈、编发简报和成果汇报等多种形式开展交流互动，切实贯彻审计工作新思路、新理念。

（三）开展课题研究，将审计人员的审计实践经验上升为理论成果。行事司组织派出局组成5个课题组，围绕中央部门预算执行审计如何发挥“免疫系统”功能等五个课题开展研究。行事司协调指导各研究小组紧密结合审计业务实际，将实践经验转变为理论成果，推动中央部门预算执行审计工作的规范化、科学化。

（四）积极研究与推进中央部门预算执行联网审计，努力提高审计人员的计算机审计能力。行事司与署计算机技术中心、信息办组织“中央部门预算执行联网审计系统”运用培训，组织“部门预算执行审计方法应用实例评选”活动，进一步加强联网审计有关课题研究。

此外，行事司还参加了中央六部委清理规范津贴补贴小组工作、全国治理教育乱收费部际联席会议办公室工作，派员参加中纪委巡视组工作、中纪委扩大内需政策落实督导组工作等，均高质量完成了工作任务，取得良好的工作成果。

（撰稿人：陈平泽）

【企业审计司】 2009年，企业审计司（以下简称企业司）人员编制26人，在编23人，领导职数3名。设有一处、二处、三处、四处、五处。

领导成员

司　长：陈尘肇（11月—）

齐国生（7—10月）

王常松（—7月）

副司长：刘小丽（4月—）

彭华彰（7月—）

茅东萍（9月—）

审计成果 企业司统一组织对10户中央企业原领导人任期经济责任审计、141户中央企业从事金融衍生品业务专项审计调查以及9省市应对国际金融危机落实中小企业扶持政策专项调查。查出企业损益不实金额195.01亿元，重大经济决策事项不规范造成国有资产损失及潜在损失35.99亿元，私设“小金库”金额8.81亿元。审计提出审计建议119条，企业已全部采纳审计建议，已建立健全管理制度539项，已补缴各项税款2382.44亿元。根据审计提出问题给予112名责任人党纪政纪处分。移送司法机关、纪检监察部门处理事项14件。编发专题报告、审计信息41篇，其中中办、国办采用26篇次。

经济责任审计 组织10个特派办对中国华电集团公司、中国航空集团公司、中国东方航空集团公司、中国航空工业第一集团公司、中国航空工业第二集团公司、中国兵器工业集团公司、中国南方航空集团公司、中国船舶工业集团公司、神华集团有限责任公司、中国华润总公司10户中央企业领导人员的任期经济责任审计。重点关注并查处企业重大经济决策事项不规范、个人违法犯罪案件线索、重大经营风险、内部管理不规范、资产负债损益不实等违法违规问题，揭示和反映了影响企业可持续发展的关键问题。查出78项重大经济决策事项不规范造成损失或潜在损失35.99亿元；14件案件线索，涉案人员21名，涉及金额18.47亿元，造成国有资产损失、流失7.91亿元；17项资产负债损益不实等财务收支金额323.67亿元；私设“小金库”金额8.81亿元。另外，审计还发现航空运输和发电企业资产负债率偏高，盈利能力低下；航空工业企业过度涉足非主营业务。编发审计信息38篇，其中《审计要情》和《重要信息要目》11篇，《移送处理书》、《信息转送函》等27篇；上述信息中9篇得到总理等国家领导同志重要批示，23篇次被中办、国办采用。

专项审计（调查） 组织7个特派办和6省市地方审计机关，开展9省市应对国际金融危机落实中小企业扶持政策专项审计调查。重点揭露了一些中央部门和地方政府在制定和执行扶持中小企业政策中存在的深层问题。查出：财政扶持中小企业发展资金较少且较分散；专门针对中小企业税收优惠较少；金融政策指引性的多、操作性的少，信用担保机构没有充分发挥对中小企业的扶持作用；部分就业政策出台较晚，政策效果不明显等。针对审计发现问题，企业司专题上报国务院，建议进一步加大财税政策扶持力度、完善落实金融扶持政策、加快中小企业信息平台建设等建议，得到总理等中央领导的重要批示，根据批示精神，国家发改委召集财政部等12个部门制定并颁布了《关于进一步促进中小企业发展的若干意见》，进一步促进了我国中小企业的健康发展。另外，审计署还向国务院报送《重要信息要目》1篇，反映了中小企业信用担保体系建设中的几个突出问题，得到国务院领导的高度重视，也得到了中办、国办的采用。

与金融司共同组织8个特派办，开展对141户中央企业从事金融衍生品业务情况专项审计调查。重点揭露了部分中央企业违规从事金融衍生品业务，并出现严重亏损等问题。查出中央企业从事场外复杂的金融衍生品，存在较大的损失风险；从事金融衍生品业务的中央企业普遍存在风险控制薄弱；监管部门职责不明确，统筹协调不够等。企业司专题上报国务院，提出加强部门间协调配合，发挥监管合力，切实提高中央企业防范和控制风险的能力等建议，得到总理的重要批示。根据批示精神，国资委会同有关部门和银行，进一步核查情况，落实责任，并下发《关于进一步加强中央企业金融衍生业务监管的通知》，全面清理中央企业金融衍生业务，进一步规范企业从事金融衍生品的行为。

重大专题报告 企业司围绕企业管理、公司法人治理结构和企业自主创新等重要方面，对影响企业发展的深层次问题进行了深入研究，通过数月的专项审计调查实践，以及大量查阅近年来百份《审计报告》《审计要情》和《重要信息要目》，梳理、分析、起草了三个专题的研究报告，并向国务院合并提交了《审计署关于当前中央企业经营管理中存在的几个突出问题的报告》，得到总理等国务院相关领导的重要批示，根据批示精神，国资委等部门正对报告中提出的问题进行深入研究。

交办事项 一是派员参加了中纪委、中组部企业巡视组工作，对中国建筑总公司、中粮集团公司等企业领导人、领导班子的情况进行巡视。着重对企业领导班子的建设、企业经营状况及可持续发展能力以及部分专案开展调查，规范了企业经营行为，挽回国有资产损失。二是作为国务院减轻企业负担部际联席会议办公室成员和工资内外检查领导小组成员，派员配合相关单位起草工作方案、参与问题的查处，并向国务院减负办提出了建立企业减负工作的长效机制建议。三是派员参加全国粮食清仓查库工作，刘小丽副司长担任赴黑龙江省调查组副组长，通过对17个粮库的实地检查，发现部分报表统计数据口径不一致、粮食性质认识不到位等问题，得到了全国粮食清仓查库部际联席会议的专函表扬。四是配合财政司开展“当前财政收入有关问题的专项审计调查”，通过对当年开展经济责任审计的10户中央企业及其下属50户企业的调查。查出一些企业应缴未缴税费、个别地方税务部门违规减免税和地方政府自定政策造成税收流失等问题。

基础工作　一是加大企业审计信息化建设力度。企业司成立信息化工作领导小组，并进一步建立健全相关工作制度，通过对各特派办企业审计信息化建设情况的专题调研，起草上报了《关于特派办企业审计信息化建设情况的报告》，得到署领导高度重视和重要批示；对照《中央企业审计数据规划》的标准，企业司组织对相关特派办建成的10户中央企业数据库进行验收，最终全部批准通过；另外，为全面总结企业计算机审计的经验和规律，推广先进的技术方法，企业司申报了“企业审计计算机审计方法体系研究”课题，获得审计署批准。二是创新企业审计结果利用和宣传方式，探索推进企业审计结果公告。企业司根据2008年关于中央企业节能减排调查情况起草《41户中央企业节能减排情况审计调查结果》，并通过门户网站向社会进行公告，社会反响强烈，舆论报道正面。这是审计署首次单独公告企业审计结果，提高了审计结果的透明度和审计的公信力，并为今后做好企业审计结果公告积累了经验。

（撰稿人：郭　鹏）

【农业与资源环保审计司】　2009年，农业与资源环保审计司（以下简称农业司）人员编制18人，在编16人，领导职数3名。设有一处（负责水利和国土资源资金审计）、二处（负责农业资金审计）、三处（负责环境保护资金审计和司内综合、亚洲审计组织环境审计委员会秘书处、署环境审计协调领导小组办公室工作）。

领导成员

司　长：黄道国

副司长：王志伟（—9月）

丁　雁（9月—）

审计成果　农业与资源环保审计司组织实施审计项目6个，涉及土地资源、矿产资源、水污染防治、节能减排等多方面，并完成了2009年组织实施项目的报告审核工作，共编发《审计要情》4篇、《重要信息要目》9篇，《审计署值班信息》3篇，转送部委信息21篇，其中15篇重要信息被国务院领导同志批示和中办、国办采用。

完成审计项目　（1）组织特派办对山西、内蒙古两个省（区）矿产资源专项资金进行审计调查。发现并反映了矿产资源管理、政策执行等方面存在的问题，初步探索矿产资源审计的路子，积累了一定的经验，为今后全面开展矿产资源审计奠定了基础。

（2）组织特派办对11个省（区）土地出让金、土地开发整理资金进行审计调查、对4个直辖市2007年土地专项资金审计开展“回头看”。重点关注征收、管理、使用国有土地使用权出让金及执行相关土地管理政策的情况，土地开发整理资金的征收、管理、使用及土地开发整理项目的管理和实施情况。提出加强土地资源管理的建议，促进土地资源管理。

（3）组织特派办和地方审计机关对长江上游水污染防治资金开展专项审计调查。审计发现并反映水污染治理项目建设进展较为缓慢、水污染防治资金来源保障不力、部分城镇生活污水处理效率较低、长江上游工业企业废水、废渣污染突出、部分地区农村产业化污染较重和环保部门环境监测能力不足等问题，引起环保部和地方政府的高度重视，相关部门和单位积极采取措施进行整改。

（4）组织湖北省和重庆市审计厅（局）开展三峡库区移民资金审计。审计发现并反映移民资金计划分解不及时，无计划、超计划、擅自调整计划，挤占挪用、虚列、多头报账套取移民资金，部分移民工程项目没有严格执行招投标制度，部分移民基础设施建设项目进展缓慢等问题，促进地方政府及有关部门加强管理，切实解决移民生产生活问题。

（5）组织特派办对18个省节能减排资金开展专项审计。按照署财政审计一体化工作格局的总体要求，以中央节能减排专项资金为主线，以重点节能减排项目和企业为抓手，摸清地方政府落实节能减排政策所采取的措施和取得的效果，揭示节能减排专项资金分配、管理和使用过程中存在的问题，从政策、制度、体制等方面分析产生问题的原因，提出加强资金管理和完善政策制度的意见与建议，督促地方政府及其有关部门和单位认真履行节能减排责任与义务，严格执行国家节能减排政策法规，加强节能减排资金管理，提高资金使用效益，促进国家“十一五”规划纲要确定的节能减排目标的实现。

此外，还完成了2008年组织实施的环渤海13市水污染防治资金专项审计调查、十省（市、区）财政支农资金审计调查项目报告审核工作，并向社会公告了审计结果。

（6）出台资源环境审计发展规划。为了贯彻落实《审计署2008—2012年审计工作发展规划》，明确资源环境审计发展的思路，推动资源环境审计工作深入发展，起草并印发《审计署关于加强资源环境审计工作的意见》（以下简称《意见》）。《意见》进一步明确了今后资源环境审计工作的指导思想、主要任务和发展目标，提出了具体的工作要求。《意见》的出台，在社会上引起较大反响。审计署在门户网站发布《意见》全文后，引起国家环境保护部、国土资源部、国家林业局等资源环保主管部门和40多家媒体的关注。世界审计组织还在其网站上介绍《意见》的主要内容。

履行亚洲审计组织环境审计委员会秘书处职责　一是起草亚洲审计组织环境审计委员会工作报告稿4篇，分别用于世界审计组织环境审计工作组大会及亚洲审计组织大会等国际会议。二是派6人次参加环境审计国际会议，包括世界审计组织环境审计工作组第12次大会、指导委员会第8次会议、欧洲审计组织环境审计委员会第7次会议等国际会议；3人次参加了境外环境审计培训。三是参加亚洲审计组织环境审计指南研究，承担其中水污染防治审计部分的研究，按时完成研究任务，该指南在10月举行的亚洲审计组织理事会上顺利通过。四是牵头组织世界审计组织第20届大会主议题二“环境审计与可持续发展”项目研究工作，起草完成主论文、国家论文。五是组织部分特派办和地方审计机关参加世界审计组织环境审计工作组“气候变化审计指南”“矿产资源审计指南”和“能源可持续使用审计指南”三个项目的研究，已有三篇案例被选入指南。

审计署环境审计协调领导小组办公室工作　认真做好环境审计综合协调、信息收集提供、宣传报道等服务协调工作。

组织召开协调领导小组工作会议，并整理印发会议纪要等材料，促进了署各业务司环境审计事项的沟通、交流与协调。同时，组织署机关各业务司和地方审计机关总结2008年环境审计工作，主持编印《环境审计工作动态》5期，宣传环境审计工作，推动环境审计的深入开展。

对地方审计机关业务指导　一是探索组织开展了环境合作审计，通过实践指导地方审计机关开展环境审计。组织6个省（区）审计机关对珠江、太湖和松花江流域水环境进行了平行审计，组织5个特派办和4个省（市）地方审计机关对长江上游水环境进行了联合审计。实践表明，合作审计模式不仅审计出大量违法违规问题，有助于更好地解决跨界环境问题，同时探索了环境审计的新方法，实现了环境审计信息和经验的共享。二是组织了两期全国资源环境审计培训班，向特派办和地方审计机关系统介绍我国资源环境形势和政策，资源环境审计的基本理论、审计任务和发展历程等。三是派员参与署培训中心和中国审计学会等单位举办的5期不同地区（或范围）的审计业务培训班，专题讲授资源环境审计基本知识，介绍资源环境审计工作情况，增强基层审计人员资源环境审计意识和审计能力。四是派员到4个省审计机关组织的培训班讲授资源环境审计知识和介绍资源环境审计工作情况，帮助基层审计机关培训环境审计人员。

（1）探索资源环境审计理论体系建设相关工作。一是组织召开资源环境审计研讨会。共有来自特派办和地方审计机关的80多位代表参加会议，收到论文和案例56篇，大会主题论文《关于深化资源环境审计工作的思考》及其他多篇资源环境审计理论研究和经验总结文章在《中国审计》等刊物上发表。二是启动并开展审计署2009年度重点科研课题“水环境审计指南”课题研究。成立指南课题组，确定研究的具体内容和分工，并组织召开中期研讨会。三是完成审计署与中国科学院合作研究项目“政府环境审计研究与实践示范项目”的相关研究工作。组织召开项目专家论证会，修改完善《环境审计实务》，审校《世界审计组织环境审计文献》。四是受国务院三峡办委托，与审计署科研所联合组织部分特派办和地方审计机关开展“三峡库区移民资金审计总结性研究”和三峡库区移民资金审计资料的搜集整理工作，已完成初稿的撰写任务。五是与环保部合作，初步完成水环境审计评价指标体系研究工作。

（2）与资源环保主管部门的工作联系。一是为加强改进资源环境审计工作，在各审计和审计调查项目的方案制订和报告撰写等阶段，将工作方案及审计报告征求了各相关部委的意见，充分考虑主管部门的意见及建议。二是进一步加强与资源环保主管部门的沟通与协调。一年来，多次到环保部、国土资源部、水利部、国家林业局和国家海洋局5个单位开展调查研究，组织召开这些单位参加的资源环境审计工作座谈会，通报近年来资源环境审计工作情况，充分听取他们对加强资源环境审计工作的意见。

（3）资源环境审计信息化建设。一是与武汉办联合，启动并开展资源环境审计数据库建设。从水（包括地表水和地下水）、大气、固体废弃物三部分入手，拟定了环境保护规划、环境统计、环境监测、环境治理和环境保护收费5个方面的数据规划基本框架。二是与西安办联合，开展GPS技术在资源环境审计工作中的应用研究。积极推进运用计算机采集建设用地审批、土地出让、资金收支等数据开展审计调查，并参与开发GPS地理信息系统辅助审计软件。从软件开发和应用实践看，取得较好成效。三是运用AO系统交互平台，对土地资源等审计项目进行审计管理。该项技术的应用，保障了审计资料传递的安全性、及时性和完整性，促进审计管理工作，提高审计工作效率。

（撰稿人：邵云帆）

【社会保障审计司】 2009年，社会保障审计司（以下简称社保司）人员编制16人，在编14人，领导职数3名。设有3个职能处：一处、二处、三处。

领导成员

司　长：王中信

副司长：张瑞民

千梅海（4—10月）

李冬生（11月—）

审计成果 组织实施2007年至2009年政府投资保障性住房专项审计调查、2009年城市最低生活保障资金审计、香港各界向汶川地震捐赠款物使用管理情况调查和汶川地震社会捐赠款物审计调查。编报《审计要情》1篇、《重要信息要目》7篇，审计署值班信息1篇，受到党和国家领导人批示9篇次；转送有关部委处理的信息简报4件。

社会保障审计 （1）政府投资保障性住房专项审计调查。组织17个特派办对山东、北京等18个省（市）2007～2009年6月政府投资保障性住房情况进行专项审计调查，重点调查18个省（市）所辖的30个城市。截至2009年底，对2008年第四季度至2009年6月底中央扩大内需、促进经济增长政策措施的落实情况，以及2007年、2008年政府投资保障性住房全面情况的审计调查已经结束。通过调查，揭示了一些城市未按规定从土地出让净收益中足额提取廉租住房保障资金、廉租住房货币补贴未完全用于改善保障对象的居住条件、中央廉租住房保障专项补助资金结余过大，资金使用效率不高等管理性问题；揭示了一些省（市）廉租住房建设和棚户区改造项目工程进度不平衡、地方配套资金落实率低、少数地方弄虚作假套取中央新建廉租住房补助资金等问题。向国务院上报《审计要情》1篇，审计署值班简报1篇，《重要信息要目》4篇，全部得到国务院领导批示；向有关部门转送审计信息4篇。本次审计调查对推动住房和城乡建设部等有关部门尽快出台《关于规范廉租住房共有产权管理的通知》等规范性文件发挥了积极作用，促进我国住房保障制度的完善。

（2）城市最低生活保障资金审计。从2009年11月开始，组织18个特派办对辽宁、河北等18个省（自治区）的城市最低生活保障资金筹集、管理、使用和相关政策落实情况进行审计，重点审计省会城市及3个以上不同经济状况的县（市、区）。该审计项目目标是在摸清低保资金总体状况的基础上，检查低保政策落实和资金使用情况，揭露低保资金筹集、管理和使用等环节存在的突出问题，揭示现行低保制度中存在的不足与缺陷，提出改进建议，促进低保资金使用效益的提高及低保制度的完善。

（3）香港各界向汶川地震捐赠款物使用管理情况调查。4月中旬至5月底，根据有关要求，社保司直接对民政部、中华慈善总会、中国红十字会总会、中国教育发展基金会、中国妇女发展基金会等五个中央部门及社会组织接收的香港各界向汶川地震捐赠款物的使用管理情况进行审计调查，同时指导成都特派办对四川省财政厅、四川省慈善总会等部分省属单位接受、管理和使用香港各界向汶川地震捐赠款物的情况进行调查，对四川省部分地市和重建项目进行抽查，并向相关部门提交香港各界向汶川地震捐赠款物的使用管理情况报告。

（4）汶川地震社会捐赠款物审计调查。按照审计署党组的有关安排，9 月 15 日至 10 月 15 日，社保司组织全国审计机关对 28 个中央部门单位、31 个省（区、市）和新疆生产建设兵团汶川地震社会捐赠款物的筹集、支出和结存情况进行审计。审计结果已向社会公告。

对外业务交流　一是配合审计署国际合作司，举办亚洲审计组织社会保障审计研讨班，与来自亚洲 26 个国家和地区最高审计机关以及香港、澳门特别行政区的 29 名代表围绕“救灾审计”和“住房保障审计”两个主题进行研讨。各国高度评价中国社保审计，对中国社保审计致力于尽早发现社会保障制度运行中可能存在的重大问题和隐患，及时评价社保政策执行效果，发挥审计防范风险、保障国家社会稳定和促进经济健康发展的“免疫功能”表示赞同。二是参加第 5 届中日韩最高审计机关工作会议，撰写了论文，以案例为主，向日韩两国介绍我国社会保障审计的现状及特点。三是向香港华人会计师公会代表团介绍四川汶川地震捐款跟踪审计的总体情况和主要特点。四是参加印度尼西亚审计委员会和法国驻印度尼西亚大使馆共同主办的中央财政财务报表审计与社保审计地区研讨会，以救灾审计为案例介绍了中国社保审计现状、发展与特点，与印度尼西亚专家就救灾审计进行深层次沟通和交流。

研究课题验收　2009 年 7 月 7 日，由社保司承担的“社会保险计算机审计方法体系研究”课题在北京顺利通过中国审计学会和审计署审计科研所组织的专家验收。该课题是审计署 2008～2009 年度审计科研课题，于 2008 年 5 月立项。在一年多的时间里，先后组织北京、天津、浙江、青岛等地审计机关和哈尔滨工程大学的有关科研人员潜心研究，总结开发了五险综合、基本养老、基本医疗、失业、工伤、生育六大类 468 个计算机审计方法，基本涵盖了我国社会保险计算机审计领域的主要审计方法类别。该课题研究以国家政策为基本依据，充分考虑地方政策差异对计算机审计方法的影响，提高了审计方法的适应性，具有较强的针对性和实用性。同时，积极探索信息系统审计中数据完整性及数据表间的关系，具有一定的创新性。验收组专家认为，该课题整体设计目标明确，框架合理，研究内容较为全面，具有一定的理论深度和前瞻性，研究成果和实际应用成果显著。

此外，社保司还完成上一年度社会保障资金审计调查的收尾工作，参加社会保险基金治理专项检查验收工作，并牵头对河北、天津等地社保基金专项治理工作进行了检查验收；承担了《灾区生活志》和《社会赈灾志》中审计监督部分的编撰工作，协助审计学会完成了 2009 年社会保障审计培训班。

队伍建设　2009 年社保司在人员紧、任务重的情况下，采取多种方式，克服困难，既顺利完成各项审计任务，又不断坚持队伍建设，努力提高干部综合素质：一是加强实战能力培养，先后组织政府投资保障性住房专项审计调查秦皇岛试点审计工作和城市最低生活保障资金审计试点工作，通过一线现场审计或审计调查，使年轻干部在实战中提高业务工作能力和协调能力。二是加大培训力度。在人员短缺、任务繁忙的情况下，仍选派干部参加计算机、外语、审计专业等培训，先后派出一名处长参加为期三个月的计算机中级培训，一名业务骨干参加为期一个月的境外培训，四名业务骨干参加财政审计业务培训。

（撰稿人：康延涛）

【固定资产投资审计司】　2009 年，固定资产投资审计司人员编制 24 人，在编 16 人，领导职数 3 名。设有一处、二处、三处、四处。

领导成员

司　长：潘晓军（—5 月）
　　　　徐爱生（9 月—）
副司长：李珊珊、卢华胜（—9 月）
　　　　姜江华（7 月—）

审计成果　固定资产投资审计司完成审计和审计调查项目 7 个，提交审计和审计调查报告 7 个、审计结果公告 7 个。按照审计署统一组织审计项目计划安排，固定资产投资审计司组织和实施了灾后恢复重建、第29届奥运会组委会财务收支和奥运建设项目、京沪高速铁路、西气东输二线、金沙江向家坝水电站跟踪审计、三峡输变电竣工决算审计、病险水库除险加固工程专项审计调查。通过审计和审计调查，查出了一批比较重大的违法违规问题，提出完善建设项目制度、政策、管理等方面的审计建议。此外，投资司承担了审计署工程建设领域突出问题专项治理工作和中小学校舍安全工程两个办公室工作。投资司被国务院三峡建设委员会评为三峡工程建设资金监管工作先进集体，投资司一处被评为全国审计系统先进集体。编发《重要信息要目》15篇，审计署值班信息9篇，审计简报2篇，信息转送函15篇，审计工作动态1篇。其中，中办采用9篇，国办采用17篇，领导批示15篇。

项目跟踪审计 （1）汶川地震灾后恢复重建跟踪审计。投资司从2008年11月起，有计划、分阶段、有重点地组织4个特派办和3个受灾省、20个对口支援省（市）审计厅（局），对灾后恢复重建项目实施全过程跟踪审计。对总投资为3258.54亿元的10517多个项目进行重点跟踪审计。突出对医院、学校和民居工程以及交通、电力、通信等基础设施建设的监督。审计结果表明，各级党委、政府高度重视灾后恢复重建工作，积极落实灾后恢复重建规划和有关政策措施，不断加强资金和项目管理。目前，灾后恢复重建工作正有力、有序、有效推进，受灾群众生活、生产条件逐步得到改善；四川、甘肃、陕西3个受灾省农村住房恢复重建进展较快；交通、电力、通信等基础设施已基本恢复；民生工程抗震设防标准和建设质量得到提高。参审单位共提出审计意见和建议4382条，有4169条已被采纳，3461条已整改落实，另有708条正在整改落实；促进各级各部门和参建单位建立健全规章制度664项，节约重建资金或挽回损失11.34亿元，归还原资金渠道2.96亿元。

（2）北京奥运会财务收支和奥运场馆跟踪审计。投资司2009年继续组织对北京奥组委财务收支情况和奥运场馆进行全过程跟踪，并实施竣工决算审计。审计结果表明，北京奥组委认真落实党中央、国务院关于“廉洁办奥运、节俭办奥运”方针，坚持贯彻“绿色奥运、科技奥运、人文奥运”理念，各项内控制度比较健全，监督管理比较严格，资金支出得到较好控制，审计未发现重大违法违规问题；奥运场馆建设进展顺利，全部项目均按期建成并投入使用，验收合格率100%，工程建设中未发生重大质量和安全生产事故，审计未发现重大违法违规问题。北京奥组委、国家体育总局、教育部等部门高度重视审计发现的问题和提出意见及建议，按照国务院领导和奥组委领导批示，及时采取有效措施整改落实，加强管理，压缩开支，提高资金使用效益，节约资金超过亿元。审计工作得到了国务院总理和北京市奥组委领导的充分肯定和高度评价。

（3）京沪高速铁路建设项目跟踪审计。京沪高速铁路是我国“四纵四横”客运专线南北向主骨架，全长1318公里，概算投资2176.30亿元。投资司紧紧围绕工程建设、征地拆迁等关键环节展开跟踪审计，发现了项目投资控制，工程管理，承发包管理等方面存在的一些问题。铁道部、京沪公司及各参建单位、沿线各地方政府高度重视审计发现的问题，多次组织专题会议认真研究整改方案，边审计边整改，及时完善各项规章制度。对重大违法违规事项的责任人给予行政和司法处理。

（4）西气东输二线西段工程跟踪审计。该工程是我国第一条引进国外天然气资源的大型管道工程。自2009年3月，投资司组织5个特派办重点对西二线西段工程进行审计，涉及线路全长2461公里，总投资492.86亿元。审计工作着眼于西二线工程的长远可持续发展和中石油集团的科学管理，围绕决策审批、工程质量、建设管理、投资控制和环境及文物保护等内容，揭示和反映该工程在体制、机制和管理等方面存在的倾向性、苗头性问题。中石油集团公司积极整改审计发现的主要问题：对自行建设未经批准的项目已着手组织专题报告向国家发改委汇报；加强了招投标的管理，明确了监督责任，加大现场的监督力度，严肃处理违规施工问题；加大投资控制力度，严禁不合理成本进入项目建设投资；积极整改工程建设对环境破坏的问题，尽可能降低对生态环境的负面影响；加强与沿线地方政府的合作，积极参与和配合文物保护工作。

(5) 金沙江向家坝水电站工程跟踪审计。向家坝工程是三峡集团公司在金沙江下游开发的四个大型水电站之一，也是国家实施“西电东送”的第一期工程，可研总投资 541.65 亿元。审计结果表明，自 2006 年审计署对三峡水利枢纽工程审计后，三峡集团公司逐步完善各项内控制度，明确建设各方职责，有效地保障了工程建设顺利实施，较好地完成了阶段性建设任务。三峡集团公司非常重视审计反映的问题，积极进行整改，出台和完善了一系列管理办法，加强内部管理，促进项目的顺利实施。

(6) 三峡输变电工程审计。三峡输变电工程是长江三峡水利工程的重要组成部分，也是国家西电东送战略的中线大通道，担负着三峡电力外送的重要任务。该工程总长度 2965 公里，竣工决算投资为 348.59 亿元。通过对该工程在投资控制、建设管理、投产运行以及综合效益等方面的重点审计，肯定了建设单位自 1997 年工程开工建设以来，所作出的努力以及工程建成后安全稳定运行，为国民经济发展发挥的积极作用。

(7) 专项治理和校舍安全两个办公室工作。按照中央治理工程建设领域突出问题工作部署，审计署成立专项治理工作协调领导小组，刘家义审计长任组长，石爱中副审计长、安国纪检组长任副组长，并下发审计署《关于进一步加强工程建设项目审计工作的意见》，组织协调和指导各级审计机关结合审计工作实际开展工程建设领域突出问题专项治理工作和排查工作，定期汇总情况，上报中央治理工程建设领域突出问题工作领导小组。

按照中央部署和审计署下发的《关于加强对全国中小学校舍安全工程建设审计的指导意见》要求，组织协调和指导地方审计机关开展中小学校舍安全工程建设审计，并将在适当时机组织力量开展专项审计调查。　(撰稿人：张　明)

【外资运用审计司】　2009 年，外资运用审计司人员编制 16 人，在编人员 15 人，领导职数 3 名。设有 3 个职能处：一处负责外国政府贷援(赠)款项目（包括北欧投资银行贷款项目），联合国开发计划署、儿童基金会援助项目和蒙特利尔基金赠款项目的审计组织及业务管理；负责全国外资审计项目的授权（或安排）、计划和统计；信息收集和规章制定、工作协调和人员培训等；牵头负责外资审计数据规划和信息化建设；负责外资运用审计司文秘、行政和后勤等综合性工作。二处负责世界银行贷援（赠）款项目的审计组织及归口业务管理；负责政府外债的预算执行审计；负责与审计署国外贷援款项目审计服务中心的业务联系和协调。三处负责亚洲开发银行贷援（赠）款项目、农发基金/联合国粮食计划署贷援款项目、欧洲投资银行贷援款项目的审计组织和归口业务管理。

领导成员

司　长：徐吉明（2 月—）

副司长：徐爱生（主持工作，—2 月）

　　　　薛新华

审计成果　2009 年，全国审计机关直接审计国外贷援款项目共计 396 个，项目总共投资约 3900 亿元，其中外资约 1512 亿元，查出违规违纪金额约 91 亿元，出具审计报告 485 份，其中有保留意见审计报告 22 份。地方省级审计机关共审计项目 305 个，出具审计报告 394 份；国外贷援款项目审计服务中心（以下简称外资审计中心）直接审计项目 85 个，京津冀等 6 个特派办直接审计项目 6 个，以外资审计中心名义对外出具审计报告 91 份。整理编发 12 篇审计信息，移送违法违规案件线索 4 起。与武汉、广州、重庆特派办联合实施的云南省 2001～2007 年度滇池水污染防治绩效审计调查项目荣获 2008 年度审计署优秀审计项目。

农村饮用水安全状况审计调查　外资运用审计司组织 17 个特派办对河北、山西等 19 个省（自治区、直辖市）2006～2008 年农村饮用水安全工作进行专项审计调查，并对其中 103 个县进行重点调查。通过审计调查，发现并揭示了农村饮用水安全管理工作、农村饮用水安全保障机制制度和农村饮用水安全工程建设资金管理使用等方面的突出问题，提出进一步完善相关制度，健全农村饮用水安全保障工作长效机制等审计建议，得到有关中央部门和地方政府的高度重视。审计署通过门户网站等方式向社会发布审计结果公告，并接受新华社、中央人民广播电台、凤凰卫视等各大媒体的采访。

全国外债审计　按照年度工作计划，4月，外资运用审计司参加了署统一组织的对财政部中央预算执行情况审计。针对审计发现的部分主权外债、国际金融组织贷款还贷准备金未实行预算管理等问题，建议财政部向全国人大报告的预算草案中列示主权外债债务收支，报告还贷准备金收支及余额情况，确保在2010年前对统借统还主权外债和还贷准备金实行预算管理，并建议财政部研究统借自还主权外债管理办法，进一步促进和规范国外贷援款的预算管理。按照审计署财政审计的总体工作安排，外资运用审计司组织18个特派办和32个省、自治区、直辖市和计划单列市审计机关开展了全国外债审计工作。10月至12月，外资运用审计司积极组织开展审前调查，科学制定外债审计工作方案，并深入成都等5家特派办的审计现场，指导协调审计工作，同时根据审计工作方案，统一下发了外债项目审计信息专题。

水污染防治绩效审计调查　2009年，外资运用审计司完成了“三河三湖”水污染防治绩效审计调查后续专题报告及公告事宜等工作。一是征求相关部门对“三河三湖”水污染防治绩效审计调查情况报告和公告稿的意见；二是上报国务院关于“三河三湖”水污染防治绩效审计调查情况的报告，并于2009年10月正式向社会公告“三河三湖”水污染防治绩效审计调查结果，引起新华社等媒体的广泛关注，根据署领导要求，外资运用审计司还积极配合中纪委、环保部等部门落实中央领导有关批示精神，依法严肃查处有关挪用水污染防治资金问题。

国外贷援款项目审计　外资运用审计司继续组织全国地方审计机关对世亚行等国外贷援款项目实施审计，全面履行审计职能，加强审计监督，在保障国外贷援款项目顺利执行、提高利用外资水平和维护国家审计机关信誉等方面发挥了积极作用。同时，根据财政部和世亚行等国际金融组织有关协议，组织四川、陕西、甘肃三省审计机关对国外优惠紧急贷款汶川地震灾后恢复重建项目和港澳援建资金开展审计。1月，在北京举办了国外优惠紧急贷款汶川地震灾后恢复重建项目审前培训班，对四川、陕西、甘肃3省审计厅及有关地市的审计人员进行培训。3月，审计署下发《审计署办公厅关于印发国外优惠紧急贷款汶川地震灾后恢复重建项目公证审计工作方案的通知》。

11月至12月，外资运用审计司派出5个检查组，对河北、内蒙古等8个省（自治区）审计厅2009年国外贷援款项目审计质量进行检查。通过检查发现部分审计机关一定程度上存在着审计监督不够到位等问题。针对检查发现的问题，外资运用审计司进行了认真研究，初步拟定了进一步加强国外贷援款项目审计监督，提高国外贷援款项目审计质量的意见。4月，审计署发布第2号审计结果公告，公布了104个国外贷援款项目2008年度审计结果。这是审计署第二次将国外援贷款项目执行情况的审计结果向社会公布。公告披露了项目国内配套资金未及时、足额到位，滞留项目资金，财务管理和会计核算不规范，项目实施进度缓慢等问题，并针对存在的问题提出审计建议，同时还对项目单位的整改情况也一并进行了公告。公告发布后，引起社会舆论较大关注。

相关工作　一是积极开展外资审计计算机审计方法体系课题研究工作，并派人赴河北、江西两省为其地市级审计机关外资审计人员讲解AO2008外资审计软件的应用，推进外资审计信息化建设；二是组织全司人员参与国外贷援款项目绩效审计评价体系课题研究，推动国外贷援款项目的绩效审计；三是进一步完善修改《国外绩效审计理论与实务》《外资绩效审计案例》和《25年外资审计回顾》三本书的内容；四是加强与世界银行等国外贷援款机构的业务交流。如积极组织蒙古审计署外资审计专项培训班，参加西安非洲审计长研讨班进行外资审计经验交流等。2月，在署培训中心、国际合作司的支持下，外资司组织部分地方审计厅和特派办外资审计人员赴英国进行培训，主要了解英国环境保护的管理体制和环境审计的基本情况，学习和借鉴英国环境保护绩效审计的做法和经验。同时，外资运用审计司围绕年度中心工作，1月份举办了全国外资审计业务培训班，包括国外贷援款项目审计培训、农村饮用水工作绩效审计培训等多项培训，全国地方审计机关和各特派办外资审计业务骨干参加了相关培训。同时还积极鼓励和支持干部参加署内外组织的各类培训，计算机应用培训、相关部委组织的业务培训等，为2009年外资运用审计司圆满完成各项任务奠定基础，提供保障。

（撰稿人：安红烨）

【经济责任审计司】 2009年，经济责任审计司人员编制12人，在编11人，领导职数2名。设有一处、二处、三处。

领导成员

司　长：李树廷（—4月）

副司长：陈达时

工作综述 2009年，经济责任审计司在大力推进经济责任审计法规制度建设、继续加强省部级领导干部经济责任审计、加大署内管干部经济责任审计力度、强化对全国经济责任审计工作指导、促进联席会议成员单位之间加强沟通和协调等方面做了许多卓有成效的工作，经济责任审计法制建设取得新进展，省部级领导干部经济责任审计从试点阶段逐步走向制度化、署内管干部经济责任审计进一步规范。

经济责任审计法制化、规范化进程 配合国务院法制办完成《经济责任审计条例（草案）》的起草工作，并于2009年10月报请国务院审议。研究起草、修改完善《党政主要领导干部和国有企业领导人员经济责任审计规定》，对经济责任审计的对象、组织领导、计划管理、内容、评价和结果运用等进行明确规定，将在2010年报请党中央和国务院审定后，以中共中央办公厅和国务院办公厅的名义印发。初步完成《经济责任审计操作指导意见（试行）》的起草工作，对地方党委和政府主要负责人、党政工作部门主要负责人、国有企业主要负责人经济责任审计范围和重点、审计评价原则和内容、审计报告框架结构等分别提出具体意见，将于2010年印发。研究制定并正式印发《省部长经济责任审计工作流程》《审计署内部管理领导干部任期经济责任审计规定》，进一步规范了省部长经济责任审计的计划管理，以及署直属事业单位、驻地方特派员办事处主要负责人的审计内容和程序等。

促进省部级领导干部经济责任审计发展和规范 与审计署有关司局和中组部等部门沟通协调，研究确定2009年26名、2010年33名省部级领导干部的经济责任审计计划。研究制定《2009年部长经济责任审计工作方案》，配合行政事业司组织开展审前培训。参与6名省部长的审计进点会和领导班子谈话，对现场审计实施、审计报告的起草和修改等进行业务指导。参与2009年省部级领导干部经济责任审计工作方案、实施方案、审计报告的研究和审议，认真负责地提出修改意见和建议。与法规司和相关业务司局协作配合，及时研究解决审计过程中出现的新情况新问题，不断规范省部级党政领导干部和国有企业领导人员经济责任审计报告、审计结果报告、审计综合情况的报告和审计报告报送函等相关文书的格式和内容。省部级领导干部经济责任审计的数量不断增加，程序进一步规范，质量也得到提高。

审计系统司（局）级领导干部经济责任审计 受署人教司、地方省委组织部门委托，2009年对审计系统13名司（局）级领导干部进行经济责任审计，包括驻地方特派办特派员9名、署直属事业单位主要负责人3名、地方审计厅厅长1名。审计中以促进领导干部守法、守纪、守规和尽责为目标，以财政财务收支和有关经济活动的真实、合法、效益为基础，揭露了一些单位挤占挪用经费、资产管理相对薄弱、制度缺失操作随意、建设项目管理不符合规定、有关历史遗留问题处理不及时等问题，审计内容不断规范，审计成效明显，提高了被审计领导干部认真履行经济责任的意识。根据署领导安排，研究提出2010年度审计系统13名司局级领导干部经济责任审计的计划建议，促进加强署内管干部的管理和监督。

加强指导，推动全国经济责任审计工作深化和发展 编发2008年全国经济责任审计工作情况通报，总结工作，提出不足。研究提出2009年经济责任审计工作指导意见，明确工作重点。对全国审计机关经济责任审计机构设置、人员配备、计划管理、结果运用、法规制度建设等基本情况进行摸底调查，为起草相关法规制度和文件备好基础资料。编发11期《经济责任审计工作通讯》，宣传推广各地区、各部门好的经验和做法。转发有关省（区、市）当年制定的法规制度文件共6份，供各地区相互借鉴学习。编辑印发《经济责任审计制度选编》，收集、选录地方审计机关经济责任审计各类制度500多个。

联席会议办公室工作 组织召开三次联席会议办公室会议，并多次通过书面文件征求或交换意见，主要内容是：通报 2008 年工作情况，研究 2009 年工作任务；重新调整和确认联席会议及其办公室成员名单；讨论修改《省部长经济责任审计工作流程》《经济责任审计条例（草案）》《经济责任审计操作指导意见（试行）》、《关于进一步加强领导干部任期经济责任审计工作的意见》等文稿；研究制定 2010 年审计计划等。成员单位之间的沟通协调机制更加顺畅。

（撰稿人：刘 艳）

【国际合作司】 2009 年，国际合作司（以下简称“国际司”）人员编制 17 人，在编 13 人，司领导职数 3 名。设有一处主要负责外事工作计划、统计、档案、文秘综合及外事工作质量的管理与监督，负责港澳台事务，负责因公出国人员的证照办理和管理，负责礼宾接待、行政后勤以及物资管理工作等。二处主要负责组织实施与各国最高审计机关的双边交流活动，负责署领导出访以及重要外国团组的接待工作，管理和组织实施双边合作项目等。三处主要负责与地区、国际审计组织的交流活动，负责多边合作项目和多边会议的执行和管理，负责审计外事资料的译编出版。四处主要承担亚洲审计组织主席办公室具体职责，负责亚洲审计组织环境审计委员会主席秘书处事务，负责对外宣传工作，管理署英文网站和外事专用工作网络的更新工作。

领导成员

司 长：周维培

副司长：周文华（9 月—）

正司级审计员：李 钦（7 月—）

副司级审计员：左 玲（—4 月）

工作综述 2009 年，国际司以邓小平理论和“三个代表”重要思想为指导，以科学发展观为统领，认真贯彻落实党的十七届三中、四中全会精神和署党组的工作部署，扎实开展各项年度外事任务。以宣传中国审计发展为主线，以重大国际性研讨会和培训班为主要工作平台，以干部队伍建设和外交实践创新为推动力，继续坚持“服务、管理、宣传、引智”的工作方针，为审计事业发展服务，为国家大外交服务，各项工作取得显著进展。

双边合作交流 2009 年，国际司共组织出访团组 123 个，因公出国人数 757 人；接待来访团组 27 个（正式访问 10 个），接待来访人数 251 人（正式访问 182 人），其中接待部级以上代表团 4 个，新增塞内加尔等有访问关系国家 15 个，审计署有访问交往关系的国家数达到 145 个。2009 年，受到国际金融危机的冲击，多国最高审计机关削减预算，取消了来华访问计划。在这种情况下，国际司适时调整工作重点，把积极落实双边协议作为工作的着力点，坚持按照“大国是关键，周边是首要，发展中国家是基础，多边是重要舞台”的国家外交总体布局，加强审计领域对外交流与合作，审计外事工作取得明显成效。

（1）认真履行各项双边协议内容。在华举办中俄和中印双边研讨会；与越南审计署开展双边互访团考察访问；接待了印度尼西亚审计委员会考察计算机审计工作。利用合作协议这一对外交往的稳定平台，在深化审计交流、加强友好交往中发挥重要作用。

（2）根据外事工作发展需要，与多国最高审计机关签订新的双边合作协议。刘家义审计长在纽约参加联合国审计会议期间与南非审计长签订中国南非审计合作协议；访问印度期间与印度审计长续签中印合作协议；印度尼西亚审计委员会主席在访华期间，与刘审计长在北京签订双边审计合作协议。这些协议规定了具体的双边审计交往方式，为扩大与这些国家的审计交流奠定了良好的基础。

（3）继续保持与周边国家的友好往来。在中、日、韩协调机制框架内，派员赴日本参加中日韩工作层会议；举办亚审组织讲师培训班，推动亚洲地区审计机关合作；同时，积极拓宽渠道，利用金融危机会议团和世界审计组织国家关键指标工作组会议等机会，发展与上合组织框架内国家的往来，增强交往，发展友谊。

（4）通过加强审计援外工作，进一步推动双边交流合作，扩大中国审计的影响。以举办培训班、召开研讨会、选派专家外出讲学等多种形式，大力开展对蒙古、越南、老挝、柬埔寨、印度尼西亚、巴基斯坦等周边国家的审计外援工作，获得多方好评和赞誉。

国际组织活动 （1）2009 年，审计署在亚洲审计组织内继续担任理事会主席、环境委员会主席，在世界审计组织中担任理事会成员，以及财务与管理委员会、环境审计指导委员会、计算机审计委员会等多个重要机构的成员，认真履行职责，承担义务，积极参与决策，展现了一个大国审计的良好形象。派团参加世界审计组织第59次理事会、拉美审计组织与欧洲审计组织第6届大会、世界审计组织IT审委会第18届年会、世界审计组织PSC指委会第6次工作会议，以及上合组织金融危机会议等重要会议，在这些会议上，中国代表提出的建议和意见得到各国审计机关的高度关注。审计署还是世界审计组织多个重要工作组的成员，在环境审计工作组、应对金融危机工作组、"最高审计机关的价值和效用"工作组和审计准则专家组中表现活跃，贡献突出。

(2) 2009年，承担了世界审计组织第20届大会第二主议题主席职责，并参与第一主议题的有关工作。第一次深层次涉及世界审计组织的核心事务。在国际司的协调组织下，分别就主议题一和主议题二成立研究小组，开展大量研究工作，参加有关会议并起草国家论文，审计署起草的主议题二主论文是各国撰写国家论文的基础，体现了中国审计人员的能力和水平。同时，作为世界审计组织候任主席，与该组织秘书处积极沟通，提出2013年世界审计组织第21届大会的备选主题。

(3) 7月，审计长刘家义赴美国纽约联合国总部参加联合国审计委员会第63次例会。10月，刘家义审计长以亚洲审计组织主席身份，在巴基斯坦伊斯兰堡主持了该组织第40次和第41次理事会以及第十一届大会暨第四次研讨会，巴基斯坦总统扎尔达里会见了刘家义审计长。在这些重大国际会议上，审计署代表积极宣介中国特色科学审计理念，尤其是审计监督制度是国家政治制度中不可缺少的组成部分，是民主法治的产物和推动民主法治的手段，是维护国家经济安全的重要工具，是保障国家经济社会健康运行的一个"免疫系统"的观点，日益被国际同行重视和认可，在这些会议上也成为讨论的热点。

对外培训　继续高度重视发展中国家在审计署外交全局中的基础地位，通过举办亚洲审计组织研讨班、非洲审计长培训班，力求在更大范围、更广领域、更高层次宣传中国审计的发展和成就。面向非洲举办第三届非洲高级审计研讨班，非洲19个法语国家的22名审计长、副审计长（院长、副院长）及16名高级审计官员参加本次研讨班，为全年所有国际会议和访问团组中部长人数最多的团组。至此，对非交往覆盖面已达到与非洲建交国的73%。面向亚洲举办了亚洲审计组织社保审计培训班，来自亚洲26个国家和地区最高审计机关以及香港、澳门特别行政区的29名代表参加本次研讨班。在这些培训和研讨中，各国代表围绕环境审计、外资运用审计、绩效审计、住房保障审计以及全过程跟踪审计等内容进行深入探讨，尤其对中国审计的"免疫系统"功能及其实现机制给予高度关注，较为全面地了解中国审计机关在审计"免疫系统"理念的指导下，如何充分发挥国家审计的预防、揭露和抵御功能，在推动建设法制、廉洁、高效的责任政府、提高政府管理水平方面的做法和取得的成效。

外事宣传与理论译介　一是通过翻译中国审计材料和向国际性审计杂志投稿的方式，积极宣传中国审计成果。全年向《世界政府审计》杂志投稿5篇，向《亚洲政府审计》杂志投稿1篇，向《绿色在线》杂志投稿2篇；修订了《中国政府审计概览》（2009年中英文版）；组织翻译并校对出版2007年和2008年审计公告（中英文版）汇编。二是组织翻译国外审计资料，及时掌握国际审计动态。收集、翻译并整理世界审计组织和七大地区审计组织网站外文资料并建立资料库，完成了世界审计组织相关准则的翻译工作。三是积极进行网络建设。组织编译30多个国家的最高审计机关简况和亚审组织简况，并上载署内网；更新国际司内网和审计署英文外网各类新闻、考察报告等共80余篇，使国际司内网初见规模；同时，通过翻译免疫系统论、有中国特色的社会主义审计体系等有关材料，重点宣传中国特色社会主义审计发展理念和取得的成就，进一步提升了中国政府审计的国际影响。

外事管理　国际司根据《关于进一步加强因公出国（境）管理的若干规定》（中办发［2008］9号）和《关于坚决制止公款出国（境）旅游的通知》（中办发［2009］12号）的要求，及时召开外事工作座谈会，落实中央文件精神，建立健全外事管理规章制度，加强统筹协调和归口管理，进一步提高对加强因公出国（境）管理工作重要性的认识，切实从讲政治的高度模范遵守和执行中央关于外事管理的各项规定和要求。一是按照中央文件要求，迅速行动，在结合外事工作实际的基础上，调整本年度外事计划，原定12个高访团组取消2个，原定8个专业考察团组取消1个，原定12个培训团组取消2个。经费压缩比例为22.6%。二是严格把关，强化审核审批管理手段。严格控制出访团组人数、天数、出访国家，严格控制一般性考察团组，严格控制双跨团组，严格控制出访经费，对各类出国（境）团组起到较好的约束作用。三是实行统计核查制度。指定专人负责统计和填报实际出访团组和成员情况，及时上报制止公款出国（境）专项工作部际联席会议办公室。四是实行出访报告催报、审看制度，有效地提高了出访报告的时效性和撰写质量。

（撰稿人：高天宇）

【境外审计司】 2009年，境外审计司人员编制12人，在编10人，司局级领导职数2人。设有一处（负责组织境外审计、司内综合）、二处（负责联合国审计）和三处（兼联合国审计委员驻纽约办公室）。

领导成员

副司长：章　轲（主持工作）

审计成果 2009年，境外审计司组织实施中央级单位驻香港机构基本情况专项审计调查、我国驻埃塞俄比亚等6国使领馆及其他非经营性机构预算执行和其他财政收支审计，以及9个联合国机构和项目的审计工作。提交国务院专题报告1篇，审计报告4篇，审计决定1篇。向审计署提交审计信息13篇，被采用3篇。向联合国有关部门发出审计发现问题备忘录500多份，向联合国审计委员会提交管理意见书30份，审计报告2篇。1名同志被评为全国审计系统先进工作者，1名同志被授予中央国家机关“五一”劳动奖章，1名同志被评为审计署优秀党员。

境外审计 按照“把握总体、突出重点、防范风险、提高质量”的原则，以维护境外国有资产安全、促进境外国有资产管理和服务“走出去”战略为目标，组织实施中央级单位驻港机构基本情况审计调查和非经营性机构审计，实现了境外审计的良好开局。

（1）中央级单位驻港机构基本情况审计调查。这次调查是审计署首次对驻外使领馆以外的中央级单位驻外机构实施审计调查。采用问卷调查和重点调查相结合的方式，按照内外有别、高效低调、严谨细致的原则，在初步摸清中央级单位驻港机构的总体状况和国家对驻港机构及在港国有资产监督管理现状的基础上，选择了不同类型的10家驻港机构，围绕机构设立、产权关系、公司治理、业务运营和财务状况、投资主体监管等环节进行重点剖析，审计调查报告上报国务院得到国务院领导和有关部门的高度重视。

针对该项目政治敏感度高、涉及面广、情况不熟悉等特点，采取以下措施确保项目的顺利实施：一是加强审前调查，建立审计资料库。通过查阅文献资料、走访国内主管部门、召开驻港机构座谈会等方式，将对外投资、驻外机构和境外国有资产的管理和监督现状进行调查研究，为制定专项审计调查工作方案奠定基础，也初步构建境外审计资料库。二是加强与国内主管部门、署内相关司局之间的沟通与协调。以审前调查工作为契机，与商务部、发改委、财政部、国资委等主管部门以及国内投资主体等建立联系，介绍本次审计调查的目的、意义和实施方式等，还介绍境外审计司的职责和境外审计工作的开展情况，获得相关部门的理解和支持。三是坚持把握总体与突出重点相结合的原则。驻港机构数量大、管理分散，境外审计司设计了驻港机构基本情况调查表，通过中联办发放给所有驻港机构。在对基本情况调查表进行整理分析的基础上，确定10家具有代表性的驻港机构进行实地重点剖析。四是充分考虑到涉港事务的特殊性，探索境外审计的组织方式和管理方式。现场审计调查时间控制在2周以内，要求审计人员尊重当地法律、认真学习境外经营管理的特点、充分听取被调查对象的解释说明。

（2）驻外非经营性机构审计。2009年，和行政事业审计司共同组织对我国驻埃塞俄比亚、肯尼亚、沙特阿拉伯、芬兰、瑞典和塔吉克斯坦六个国家的使领馆（含甲类处）、新华社分社等非经营性机构2008年度预算执行和其他财政收支情况进行审计。提交审计报告 4 篇，审计决定 1 篇。

具体工作　一是审计组出发前，和行政事业司组织召开培训会，就境外审计的宏观思路、以往实施情况、相关注意事项和外事保密纪律等进行强调，统一思想、明确要求。审计组对外交部、新华社等进行审前调查，并索取预算执行相关资料进行分析研究。二是在审计内容上，除了完成预算执行审计外，根据几个国家的特点，将使领馆馆舍安全情况、外交人员随任家属情况、驻外机构管理和运行情况以及援外项目情况等作为专题，进行调查了解。审计人员通过听取使领馆、经商处的汇报，与中资企业负责人座谈，审阅相关单位提供的汇报材料和相关财务资料，到项目点或企业进行参观等方式，多方面开展调查研究，并撰写了审计工作报告，为开展境外审计搜集信息。

联合国审计　2009 年，全面组织实施审计署承担的联合国维和行动、联合国儿童基金会等 9 个联合国审计项目。在相关单位的大力支持下，全年共派出 38 个审计组，投入近 150 人次，审计地点涉及近 30 个国家和地区，工作量累计超过 500 人周。通过这些审计，共向联合国有关部门发出审计发现问题备忘录 500 多份，向联合国审计委员会提交管理意见书 30 份，审计报告 2 篇。此外，还复核联合国审计委员会其他两个委员的管理意见书 30 份，审计报告 5 篇。

在实施联合国审计过程中，始终坚持规范创新、严谨高效、以人为本的工作理念，与署相关司局密切配合，创新管理模式、深化业务培训、重视规范化建设，做好联合国审计人员选拔和培训、业务指导和质量控制、证照管理和后勤保障等各项工作，履行好联合国审计委员会委员工作领导小组办公室（简称联审办）的工作职责。联合国审计工作的详细情况参见本年鉴附录“联合国审计”专题。

基础建设　作为审计署最年轻的业务司局，2009 年是境外司组建队伍、夯实基础、探索境外审计的关键一年。在全力完成好当年各项审计任务的同时，狠抓了司内各项基础建设。

（1）组建队伍，为开展境外审计提供人员保障。2009 年年初境外审计司组建工作启动后，在署党组的正确领导和人教司及各有关单位的密切配合下，抽调一批政治素质较高、业务能力较强、具有一定国际审计经验的同志，边组建边开始履行工作职责。截至 2009 年底，司编制 12 人，实有 10 人，另有交流干部 4 人，全司平均年龄 34 岁，研究生学历 10 人，具有境外留学或中长期培训经历 6 人，具有国际会计资格 4 人，计算机中级 6 人。配合人教司，面向全国审计系统、有关高等院校和部分内审机构选拔联合国审计人员，经过考试和培训，130 人进入联合国审计人才库，为联合国审计工作的开展奠定人才基础。

（2）高标准打造境外审计团队。从“广、深、严”三个角度提出干部队伍建设的新标准，从以下方面着力打造高效团队。一是在审计实践中成长锻炼干部。全年共派出 32 人次参加联合国审计项目，人均参加项目 2.3 个。除新入署人员外，其他干部都担任审计组长或者主审，全司干部的审计实践能力有明显提升。二是要求司内同志能够多角色转换。每一位同志既要有研究能力，还要有实战能力；既要有外交能力，还要有沟通技巧；既要有服务能力，还要有管理能力。三是及时树立典型、表扬先进。及时表扬审计人员表现出的临危不乱、迎难而上的精神，营造健康向上的创先争优氛围，极大地鼓舞了联合国审计人员的士气。

（3）加强宣传报道和经验总结。一是建立并及时维护联合国审计网站，24 小时上传一线新闻报道，全年加载信息 130 余篇，反映联合国审计的最新动态、好人好事和相关参考信息，使该网站成为联合国审计人员的精神家园；二是积极向《中国审计》等刊物推荐审计人员撰写的文章，宣传广大审计人员不畏艰苦、克服困难、圆满完成审计任务的精神，总结联合国审计中的经验做法；三是积极向审计署门户网站供稿，全年发布有关联合国审计的消息 10 条；四是注重及时交流总结，要求在审计项目结束后，每个审计组提交业务工作报告，内容包括审计项目的特点、业务工作成果、经验做法和意见建议等。及时将相关总结编印成册，供大家交流借鉴，取长补短。

（撰稿人：周　颖　梁　晶）

【人事教育司】 2009年，人事教育司编制25人，在编22人，司局级领导职数5名（含派驻直属事业单位纪检组长职数2名）。设有办公室、机关干部处、地方干部处、工资调配处和教育职称处。

领导成员

司　长：席　晟（—10月）

副司长：胡利民（主持工作，10月—）

董维明

胡大华（9月—）

副司级巡视员：邓　壮

驻中国审计报社纪检组长：张有芳

驻中国时代经济出版社纪检组长：丁　方

工作综述 2009年，在署党组的正确领导下，人事教育司坚持以《审计署2008～2012年人才队伍建设规划》为指导，深入贯彻落实科学发展观，以加强领导班子建设和干部队伍建设为主线，以加强审计人才队伍的能力建设和作风建设为核心，围绕审计工作中心，选干部、配班子，建队伍、聚人才，抓落实、打基础，进一步解放思想，狠抓工作落实，提高服务水平，全司干部同心协力，圆满地完成了全年的各项工作任务，为审计“免疫系统”功能的发挥提供智力支持和人才保障。

人事改革 以制度化、规范化建设为基础，努力构建人事工作的长效机制。制定了《审计署干部管理规定（试行）》《审计署机关、派出审计局司处级领导干部选拔任用工作实施办法（试行）》《审计署驻地方特派员办事处司处级领导干部选拔任用工作实施办法（试行）》《审计署司处级干部任职前干部人事部门听取纪检监察部门意见和纪检监察部门回复干部人事部门意见试行办法》《审计署2009～2020年司（局）级领导班子后备干部队伍建设规划》《中共审计署党组巡视工作暂行规定》等11项制度。

以提高领导审计事业科学发展的能力为重点，加强司局级领导班子建设。认真贯彻落实中央组织部《关于进一步加强和改进领导班子思想政治建设的意见》，努力推动司局级领导干部提高思想政治素质。重视对司局级领导干部日常管理监督，严格执行领导干部报告个人有关事项、述职述廉、函询和诫勉等制度。加强对特派办民主生活会的指导，引导领导班子成员认真开展批评与自我批评。向署党组提出进一步加强司局级领导班子建设的建议，经署党组研究同意后组织实施了考察、任免等工作，进一步充实了班子力量。协助各级地方组织部门做好审计厅（局）领导干部管理工作，办理了地方厅局级领导干部的任免职手续。

大力加强司局级后备干部队伍建设。了解和掌握了一批在领导岗位上的优秀年轻干部，采取挂职锻炼、交流任职等多种形式进行跟踪管理和重点培养。积极探索建立动态管理的后备干部选拔培养机制，制定了《审计署2009—2020年司局级后备干部队伍建设规划》。

坚持民主、公开、竞争、择优，加大竞争性选拔任用处级干部力度。在特派办“三定”工作完成后，按照新的核定标准，批复特派办正、副处级岗位实施竞争上岗，做好署机关、派出局和直属事业单位处级干部的职务任免工作。

加大力度，拓宽渠道，继续做好干部交流锻炼工作。做好审计干部的交流、借调工作；安排署机关、派出局干部到特派办、地方政府和相关部委挂职锻炼；完成西部地区和地方审计机关到审计署挂职的工作；从部分西部省区选派地方审计机关业务骨干到派出机构参与审计项目，进行实战锻炼。另外，积极推动“两个转变”，即从重视选拔向培养与选拔并重转变，从重视培养司、处级干部向培养司、处、科三级干部转变，将年轻干部的培养从科级干部抓起，加强实践锻炼。选派部分处级及处级以下干部到地震灾区的地、市、县审计部门挂职锻炼。

以深化人事制度改革为根本，认真做好事业单位改制。认真做好中国时代经济出版社的改制工作。4月，中央各部门各单位出版社体制改革正式启动，中国时代经济出版社被确定为第一批改制单位。成立了出版社改制领导小组指导改制工作，经过反复论证、充分听取各单位意见，形成了《中国时代经济出版社体制改革工作实施方案（送审稿）》，经署党组会议研究后，送中央各部门出版社体制改革工作领导小组办公室听取意见，并将此方案送新闻出版署审核，目前该项工作基本完成。

干部教育　以全面实施人才工程为目标，扎实推进审计人才队伍专业化建设。以审计人才队伍建设为主题召开全国审计工作座谈会。与人力资源和社会保障部、国家公务员局联合下发《关于加强审计机关公务员队伍专业化建设的意见》。坚持“两手抓”，统筹推进人才队伍建设。一手抓重要政策的统筹，以领导人才、专业人才和管理人才三支队伍建设为重点，着眼于吸引人才、培养人才、使用人才、激励人才、保护人才，制定和完善相关人才政策，形成良好的政策环境和体制机制。一手抓重点人才的培养，制定了《审计署关于培养审计业务骨干人才和审计专业领军人才的实施意见（试行）》，将在年底前着手实施首次选拔，力争用三到五年的时间，培养200名左右具有宏观视野和战略思维的高层次审计专业领军人才。

完善审计干部职业教育培训体系。研究起草了《关于进一步完善审计干部职业教育培训体系的实施方案》和《关于审计考试体系的实施方案》，构建从审计实践需要出发，以教育培训对象为核心，教育培训目标、内容为基础，教育培训方法、师资、教材、考试评价等为支持，以教育培训管理为控制的审计干部职业教育培训体系，分层次、分专业、多渠道、多形式开展教育培训，形成中央和地方审计机关分级负责、合力推进的审计干部职业教育培训工作格局。全年举办3期市（地）和县级审计局长培训班，首次举办全国青年审计论坛，收集审计署和地方审计机关年轻干部提交的论文133篇，开展论文研讨和理论交流。专门举办造价工程师培训班，并组织参加培训的审计人员参加相关职业资格考试，提高专业能力。在引智工作方面，实施了审计署与香港理工大学合作培养研究生项目、中澳发展奖学金项目、英国“志奋领”奖学金项目、日本无偿援助人才培养奖学金项目（JDS）的推荐选拔工作。

其他工作　认真把好“入口关”，认真做好2009年度公务员录用工作；落实国家的相关军转安置政策，通过笔试、面试、体检和考核，完成了军转干部接收工作；完成选调人员试用期满考察工作，并为其办理了正式任职手续。

根据《审计署公务员奖励实施办法（试行）》等规定，在全署范围内开展了重大审计成果专项奖励工作；结合2008年度署机关、派出局和特派办考核结果，对先进集体和先进个人进行奖励表彰；开展全国审计系统先进集体先进工作者评选表彰工作，评选出全国审计系统先进集体80个、全国审计系统先进工作者44名，在12月底全国审计工作会议上进行了表彰。另外，完成了第七届“人民满意的公务员”人选推荐报送工作，济南办吴兆军同志荣获第七届全国“人民满意的公务员”荣誉称号。

为配合中组部干部选拔任用监督检查工作和集中推荐省部级后备干部工作，对管理的干部人事档案进行逐册审核，档案资料的完整性得以加强。整理补充历年相关任免文件、考察方案、考察预告、考察谈话记录、民主推荐结果、民主测评结果、考察情况报告，以及对群众反映各类情况的核实报告材料等归档材料。同时，积极利用内网和中国审计报宣传司内干部人事工作，向国家公务员局管理机关报送相关工作信息。

完善干部人事管理的各项基础性工作。对现有人事信息管理系统进行优化升级调研，积极探索人力资源管理软件的开发应用。进一步规范干部人事档案和干部考察文书档案管理，对特派办干部人事档案工作进行检查。按照国家政策规定，严谨细致地做好工资保险福利工作。

进一步规范人事干部工作行为，提高工作效率和水平。加强人事工作政策法规培训，注重实践锻炼，强化内部管理，坚持从严律己，着力培养造就眼界宽、思路宽、胸襟宽的人事干部队伍。

（撰稿人：杨选留）

【直属机关党委】　2009年，机关党委人员编制11人，在编10人，领导职数2名。设有办公室、组织部、宣传部、机关纪委办公室、直属机关工会。另有事业单位1个（机关图书馆），编制3名。

领导成员

机关党委书记：余效明（署党组成员、副审计长）（兼）

常务副书记：厉培明

副书记兼机关纪委书记：凌玉祥

工作综述　2009年，机关党委以邓小平理论和“三个代表”重要思想为指导，深入贯彻科学发展观，认真落实党的十七大和十七届四中全会精神，以“增强党性修养，弘扬良好作风”为主题，以庆祝新中国成立60周年为重点，坚持党建工作和精神文明建设协调发展，为完成审计工作和其他各项任务，推动审计事业持续健康发展提供思想组织保证。

加强思想建设，提高党员干部的政治理论素质　(1) 做好署党组中心组学习服务工作。协助召开第一、二、三季度中心组学习会，深入学习胡锦涛同志在纪念党的十一届三中全会召开30周年大会和十七届中央纪委三次全会上的重要讲话，十七届四中全会精神，政府工作报告，中华人民共和国宪法、党政领导干部选拔任用工作条例、中国共产党纪律处分条例等相关内容。及时通报中心组学习情况，发挥学习示范作用。

(2) 抓好以党的十七届四中全会精神为重点的经常性理论学习。组织学习科学发展观和党的十七届四中全会精神，举办了两场专题辅导报告，代署党组起草了关于贯彻2009～2013年全国党员教育培训工作规划的意见。组织春季和秋季两期党校培训，继续刊登“成长之路”系列专栏。

(3) 继续组织读书活动。在对近年来畅销图书进行初选的基础上，请署领导进行好书推荐，确定12本必读书目和3篇必读文章。在读书学习的基础上，开展学习交流、撰写读书感言和优秀读书感言评选活动。

(4) 大力宣传先进人物和先进事迹。组织学习吴大观、王彦生等同志对党无限忠诚、一心为国、全身心投入工作、大公无私的先进事迹。开展了向退休干部、老党员褚志德同志学习的活动。宣传机关和特派办涌现出来的先进集体和个人事迹，形成学习先进、赶超先进的良好氛围。

加强组织建设，增强党支部的凝聚力战斗力

(1) 认真落实学习实践科学发展观活动整改措施。督促检查各单位制定整改落实方案情况；组织审计署学习实践活动总结大会；组织学习习近平同志重要讲话；认真抓好整改落实和“回头看”工作。按照中央要求，各单位在对整改工作进行“回头看”的基础上，正逐步推进整改落实后续工作的日常化、制度化。

(2) 举办党支部书记培训班。以按照科学发展观要求加强和改进机关党的建设，努力提高党支部解决自身问题的能力为主题。刘家义同志出席培训班总结会并发表讲话，余效明同志作培训动员并进行培训总结。署机关各单位、各派出审计局党总支、党支部书记，以及各特派办机关党委专职副书记共80余人参加培训。

(3) 开展党支部工作考核和评选先进活动。通过听取各支部情况汇报，召开座谈会，进行个别谈话，查阅党支部工作记录和有关资料，开展问卷调查等形式，对支部完成党建重点工作、落实学习实践科学发展观整改方案等情况进行全面的了解和检查。在进一步修订《审计署机关先进党支部评选办法》的基础上，开展评选先进活动。

(4) 做好日常性组织工作。认真执行“三会一课”制度。指导做好支部换届、补选工作。做好党员发展和入党分子培养考察工作。开展慰问老党员和困难党员活动。继续下拨党员活动经费和党费，为支部自主活动提供支持。积极宣传支部自主活动情况，推广先进经验。

加强思想政治工作，注重人文关怀　一是继续开展心理健康教育。组织了心理健康教育知识讲座。初步研发了审计人员心理缓压仪，探索服务新方式。在两个特派办开展了心理健康服务试点工作。继续开展心理热线和心理咨询等活动。二是继续组织爱国主义教育活动。组织广大党员干部参观庆祝新中国成立60周年成就展。开展参观爱国主义教育基地活动，20多个党支部（总支）陆续组织近400名党员干部参观西柏坡中共中央旧址等爱国主义教育基地，并深入当地贫困地区开展扶贫助学等活动。三是继续开展“送温暖、献爱心”活动。组织审计署机关各单位和派出审计局共800多名干部职工参加捐助活动。累计捐款92762元，捐赠棉衣被583件，是驻区单位中捐助款物较多的部门之一，受到驻区民政部门的好评。四是继续发挥工青妇群众组织作用。举办了春节团拜会；解决职工子女入学问题；开展向干部职工送温暖活动；举办住房装修讲座，帮助联系住房装修事宜；坚持开展形式多样的文体活动；参加“五一”劳动奖章和先进集体评选活动，推荐的1个单位被评为先进集体，2名个人获得“五一”劳动奖章；组织妇女干部开展纪念“三八”妇女节活动和全国三八红旗手、三八红旗集体评选活动，推荐的集体和个人分获全国三八红旗集体和三八红旗手的光荣称号；1名青年同志被评为中央国家机关优秀青年。

加强青年工作，促进青年干部成长成才 (1)参加庆祝新中国成立60周年群众游行和联欢活动。17位青年同志代表审计署参加了首都国庆60周年群众游行和联欢活动，圆满地完成了训练和游行任务，展现出审计人员的良好素质和过硬作风。组织的游行和联欢活动多次受到表扬，先后被评为首都和中央国家机关先进单位。

(2)召开青年干部座谈会。召开了青年干部座谈会，近20名青年干部参加会议并发言。刘家义同志在座谈会上对审计青年提出了殷切希望。

(3)举办青年英语演讲比赛。包括署领导在内的8人组成的专家评委和来自署机关各单位、各派出审计局的观众评委对选手进行了现场打分投票。署领导亲自到场观看比赛并为获奖选手颁奖。

(4)开展访贫问苦活动。组织近30名青年干部赴河北顺平县开展“访贫问苦”活动，青年同志与村民们一起下地劳动，一起做饭、吃饭，做家务，并夜宿农家；参观了白洋淀雁翎队纪念馆，青年同志怀着敬仰心情学习“雁翎队”的革命精神，接受爱国主义教育。

(5)组织学习考察活动。组织署机关近30名青年干部远赴贵州进行考察学习。青年们相互交流工作心得和学习体会，还到遵义市审计局进行调研，重点了解新增中央投资等“保增长、保民生、保稳定”专项审计情况，并撰写调研报告，得到署领导的肯定。

加强精神文明建设，弘扬良好作风 一是开展文明创建活动。审计署（机关）被中央文明办评为“全国精神文明建设工作先进单位”，同时，继续被授予了首都和中央国家机关文明单位标兵的荣誉称号。1名同志被评为“全国人民满意公务员”。1个单位和2名个人分获“创建文明机关，争做人民满意的公务员”活动先进集体和个人称号。开展了“城乡统筹，文明先行”主题社会实践教育活动，与北京市门头沟区一个行政村签订共建协议，开展城乡共建活动。二是开展多种形式的文化活动。组织了以“歌唱祖国歌颂党”为主题的歌咏活动，署领导、老领导和来自署机关各单位、各派出审计局的16支合唱团相继登台，以饱满的热情和动听的歌声向党的88周年生日献礼。承办中央国家机关部长书画展。举办署机关纪念新中国成立60周年书法摄影展。选派40多名干部职工参加“中央国家机关干部职工庆祝新中国成立六十周年大型歌会”。三是加强廉政教育。组织学习中央纪委十七届三次全会和国务院廉政工作会议精神。学习全国纪委书记座谈会精神和《中国共产党巡视工作条例（试行）》《关于实行党政领导干部问责的暂行规定》《国有企业领导人员廉洁从业若干规定》和《关于开展工程建设领域突出问题专项治理工作的意见》四个文件。结合党支部工作考核，对贯彻执行廉政纪律情况进行全面检查。

加强党建创新，探索工作新方式 (1)改革评选制度，举办党支部创先推优演讲会。在各党支部民主推荐的基础上，举办“审计署机关党支部创先推优演讲会”，每个党支部派2名党员代表出席，入围的18个单位的党支部书记以演讲方式介绍本支部党建工作开展情况，97名党员代表当场投票，当场公布结果，当场宣布入围支部。

(2)深入审计一线，拓宽思想政治工作领域。注意搜集掌握第一手材料，加强对审计一线先进典型的宣传。先后深入中国农业银行、新疆西气东输二线工程、四川灾后重建等多个审计现场，以及境外审计培训班等，送去党组织的关怀和慰问，带回同志们的意见和建议，受到审计干部好评。

(3)加强与特派办的联系沟通。通过文件、简报、网络等载体，多角度介绍各特派办党建工作好的做法和经验，宣传审计工作取得的成果。还先后赴4个特派办开展党建工作调研，进一步调动特派办党建工作的积极性。

(4)注重制度建设，推进党建工作规范化。起草了《中共审计署党组关于加强学习型审计机关建设的意见（初稿）》和《中共审计署党组关于党的基层组织实行党务公开的意见（初稿）》。建立了机关党建工作联系点制度，及时掌握署机关各单位、各派出审计局党支部工作情况。

（撰稿人：刘　刚）

【驻审计署纪检组、监察局】 2009年，驻审计署纪检组、监察局（以下简称组局）人员编制10人，在编9人，领导职数2名。设有综合室、纪检监察室。

领导成员

纪检组组长：安　国

纪检组副组长、监察局局长：朱存芳

工作综述 2009年，组局按照中央纪委监察部（以下简称委部）的统一部署和要求，认真贯彻第十七届中央纪委第三、四次全会和国务院第二次廉政工作会议精神，深入开展学习实践科学发展观活动，结合审计机关的特点和实际，认真履行监督职责，积极协助审计署党组扎实推进审计机关反腐倡廉工作。

履行监督职责 一是加强对驻在部门贯彻中央重大决策部署的监督。组长通过参加党组会、审计长会、审计长业务会，局长通过列席有关会议，收集和阅看有关工作信息等方式，关注驻在部门贯彻落实情况。按照委部要求，组局五次报送了审计署落实中央扩大内需促进经济增长政策情况的报告，其中还分析了审计署落实工作的几个特点；报送了审计署开展党政领导干部问责情况、开展加强权力监督推进政务公开情况、落实党的十七届四中全会决定有关要求的工作安排意见、2009年度党风廉政建设工作等报告。二是促进制度建设，规范权力运行。按惩防体系建设工作规划实施办法中制度建设的相关要求，促进、配合审计署修订并印发署党组工作规则、审计署工作规则；促进署党组巡视工作暂行规定、审计署审计项目质量责任追究办法（试行）的出台，并积极参与了修改工作。对监察部法规司返回的《审计违法违纪行为处分规定》的修改稿再次提出较详细的修改意见及理由，得到分管署领导的肯定。组局积极参与了《审计署司处级干部任职前干部人事部门听取纪检监察部门意见和纪检监察部门回复干部人事部门意见试行办法》等五个干部管理、干部选拔任用工作规定的修改。组局还结合工作实际，对特派办年度量化指标考核体系中党风廉政建设考核项目提出更为严格的修改意见。三是积极参与相关工作，结合实际提出建议。组局选派有关人员参加干部考核、考察工作，并认真研究、回复人事部门提出的人选征求意见函。对干部选拔任用中的举报，督促人事部门进行了解，防止带病提拔。

组织协调 为深入学习贯彻第十七届中央纪委三次全会和国务院第二次廉政工作会议精神，组局协助审计署于3月26日至27日召开了全国审计机关党风廉政建设工作会议。审计署党组书记、审计长刘家义作了重要讲话，纪检组长安国同志代表署党组作了工作报告。回顾审计机关2008年党风廉政建设的主要工作，分析当前审计队伍中存在的四个方面的主要问题，部署2009年六项主要工作任务，并就落实工作提出具体要求。刘家义审计长和令狐安副审计长分别作了总结讲话。会上，组局还组织特派办和地方审计机关的8个单位作典型发言。其中北京市审计局《围绕审计工作特点认真落实廉政风险防范管理工作》的经验介绍得到审计署领导的充分肯定，也引起与会代表的强烈反响。会后，有12个单位派人到现场取经，回去后结合本单位实际制订工作方案，明确了“一年试点、两年推广、三年覆盖”的总体目标，初步形成覆盖本系统本单位的廉政风险管理工作网络，建立制度保障、程序运行、技术监控和考核评价等配套体系。

组局协助审计署制定并下发了《审计署贯彻落实中央和国家机关2009年反腐倡廉工作任务的分工意见》和《审计署机关2009年反腐倡廉工作任务分工意见》（以下简称“两个分工意见”），将反腐倡廉工作逐项分解到各责任单位。“两个分工意见”凸显了“四个明确”的原则，即明确分工任务，明确主办单位和协办单位，明确各项任务的具体措施，明确完成任务的具体时限。

依据中央纪委《关于印发〈中共中央纪委关于推进惩治和预防腐败体系建设的检查办法（试行）〉的通知》和中央纪委办公厅《关于印发〈开展2009年度推进惩治和预防腐败体系建设检查工作方案〉的通知》，组局起草并以署党组的名义下发了《开展2009年度推进惩治和预防腐败体系建设检查工作的具体实施方案》，审计署机关及派出机构对“两个分工意见”和惩防体系建设情况进行了全面自查，在自查的基础上，组局配合审计署于2010年1月组织检查组对18个特派办和其他部分单位进行抽查。

行政监察工作 一是加强对“小金库”专项

治理工作的监督检查。组局积极协助并参与了审计署开展“小金库”专项治理工作，公布了审计署贯彻落实治理“小金库”工作举报电话，驻署监察局长参加审计署专项治理“小金库”领导小组。二是加强对审计机关开展工程建设领域突出问题专项治理工作的监督检查。为贯彻落实党中央、国务院关于开展工程建设领域突出问题专项治理工作的意见，组局主动参与、积极协调审计署全面部署相关工作，在组织各级审计机关开展自查的同时，采取一系列措施加强对工程建设领域突出问题的审计监督。三是加强对审计署系统贯彻落实中央厉行节约八项要求情况的监督检查。组局配合审计署及有关部门及时制定下发了《审计署关于贯彻中共中央办公厅国务院办公厅关于党政机关厉行节约若干问题通知的意见》和《关于报送厉行节约和制止公款出国有关情况的通知》，要求署各直属事业单位和各特派办从八个方面总结报送本单位贯彻落实厉行节约和制止公款出国的情况。此外，受审计署委托，组局起草了《关于严格公务接待管理的通知》并以审计署文件下发执行，对审计机关公务接待管理做出五项具体规定，其中对署领导到特派办和地方审计机关工作时的接待工作提出明确要求。四是组织机关纪委和派驻各特派办纪检组长，对由审计署统一组织实施的2009年重点审计项目进行审计现场廉政跟踪检查。组局专门研究制定了《关于对京沪高速铁路建设和西气东输二期工程审计项目进行廉政跟踪检查的实施方案》。通过组织开展跟踪检查，有力地促进审计署派出的审计组和审计人员严格执行廉政规定和审计纪律“八不准”规定。

信访举报和案件查办工作 认真负责地做好信访举报和案件查办工作。一是组局领导高度重视受理工作。所有的涉及审计机关及人员的举报件，组长、局长均有具体批示。二是改进了提出处理意见的方式。经办人员在提出初步意见之前，认真了解与举报有关的情况，并作为附件提供给领导，而不是简单行事，从而提高了工作效率。三是加强与署领导及有关部门的沟通。对一些重要举报件，组长均与党组负责人和分管署领导沟通研究，确定如何查处。四是对省部级和司局级后备干部人选的群众举报，组局立即派人进行初核和了解，及时反馈结果。五是根据分工，对特派办的一些重要举报件，转请署党组派驻纪检组长进行核实并报结果。同时，加强对核查工作的具体指导。对实名举报和涉及司局级以上领导干部的举报材料，组局领导尤其关注，亲自审核把关，坚持做到件件有批示、事事有着落。据统计，截至2009年12月10日，组局共受理群众来信（电）来访183件（次），其中涉及审计机关和审计人员的信访举报72件，占39.3%。在涉及审计机关和审计人员的72件信访举报中，按职级划分，反映司局级单位和人员的49件，占68.1%；反映县处级单位和人员的23件，占总数的31.9%。按所属单位划分，反映审计署机关及人员的（含派出审计局和直属事业单位）共17件，占23.6%；反映各特派办及人员的共49件，占68.1%；反映地方审计机关及人员的共6件，占8.3%。对上述举报信所反映的各类问题，组局均按照《信访条例》和审计署党风廉政领导小组《关于改进涉及审计机关党风廉政建设问题信访举报受理工作意见》的要求进行妥善处理。

开展学习实践活动 在学习实践活动第三阶段，组局按照审计署学习实践活动领导小组办公室的要求，通过“回头看”，对学习实践活动开展以来征求到的所有意见和分析检查报告中归纳出的主要问题进行了深层次的梳理，进一步明确了完善整改落实方案的方向与思路。根据分析检查报告中归纳整理出的4个方面的突出问题，提出近期可以整改解决的、经过努力在一段时间内能够解决的和需要上下互动、相互协调才能解决的3个层次11项整改措施，并逐一明确整改落实的目标、方式、牵头部门和完成时限。此外，在对各项规章制度进行废、改、立的基础上，组局还将“加强反腐倡廉教育和宣传”选定为整改落实阶段集中解决的突出问题。通过全体同志扎实深入的工作，学习实践活动取得初步成效。7月，组局组织编写《警示录》，集中收录近年来发生在审计机关具有代表性的40余个违法违纪案例，并逐一进行点评分析，作为今后在审计机关开展警示教育的教材。刘家义审计长写了序言。在利用科技手段加强信访举报和查办案件工作方面，组局开发了信访举报和案件信息数据库，目前已具备基本的统计和分析功能。同时，可以自动生成各种分类统计和分析结果，便于从中发现工作重点；在录入信访信息后，数据库可以自动生成报组局领导批阅的标准化公文，与以往相比，这一环节缩短了 80%的时间。（撰稿人：顾国平）

【离退休干部办公室】 2009 年，离退休干部办公室人员编制 15 人，在编 16 人，领导职数 2 名。设有综合处、服务一处、服务二处。

领导成员

主任（正局级）：郑　济（10 月—）

副局长：郑　济（—10 月）

　　　　杨彩霞

工作综述 2009 年，在署党组的正确领导下，审计署的离退休干部工作坚持科学发展观以人为本建设和谐离退休干部队伍的基本方针，以庆祝新中国成立 60 周年为主线，围绕中心，服务大局，认真完成工作计划，工作人员以孝敬自己父母的态度和精神不断改进服务，较好地落实了离退休干部的政治和生活待遇，促进了离退休干部的政治坚定和身心健康。广大离退休干部继承发扬优良传统，与党同心同德、共克时艰，为维护稳定作出了积极贡献。

组织安排离退休干部全年的例会和其他活动 及时布置年度工作计划，安排传达重要报告和会议精神；精心组织安排离退休干部 130 余人到南通审计博物馆参观、部分离退休干部到鸟巢、水立方参观和百望山重阳节登高活动；精心组织离休干部的健康休养活动；按时为署老领导和其他离退休干部进行生日祝寿，精心筹划并组织了 11 对金婚夫妇的庆典活动。

举办书法绘画班和计算机班 有 30 余名老同志参加学习，举办作品展览和成果展示，取得较好成绩。年内又新开办摄影班，取得很好的效果，老同志参加活动热情很高。结合国庆 60 周年庆祝活动，组织了老干部合唱团，参加署机关歌颂祖国歌咏表演。

做好服务工作 完成了署老领导的阅文和党组织活动的服务工作，以及其他离退休干部阅读纸质文件与电子文件的组织工作；较好地完成了王宸生、崔建民等老领导住院期间的服务保障工作；及时对 20 余名生病住院的离退休干部进行日常慰问探视，帮助协调解决一些实际困难；圆满地处理了樊应隆、杨寿疆、张玉龙同志的丧事，协助署里办理了金基鹏同志的治丧工作；为做好甲型 H1N1 流感的预防工作，三次给全体离退休干部发放卫生消毒药品和中药；精心组织了离退休干部的元旦春节座谈、团拜会和走访慰问活动，并在会后整理纪要，提出工作整改措施，经署领导同意逐项落实；协助署机关职能部门完成离退休干部住房配售工作；组织完成国庆 60 周年离退休干部走访慰问工作，协助署组织召开国庆 60 周年离退休干部座谈会及受邀请的首任司局长在北京和南通审计博物馆参观的服务工作等各项重大活动；完成了中组部组织开展全国先进离退休干部党支部和离退休干部先进个人的评选推荐工作；积极参加机关党委、工会举办的各项活动。

加强党建和思想政治建设 2009 年，党总支组织全体离退休干部加强理论学习，学习了党的十七届三中、四中全会精神、胡锦涛同志在中央纪委三次全会上的重要讲话、中宣部编辑发行的《理论热点面对面》，组织离退休干部党员参加上级机关举办的形势报告会以及重要会议和重大工作部署的传达学习。澄清了一些模糊认识，达到了解疑释惑的效果，对中国特色社会主义理论体系有了比较正确的认识，对当前反腐倡廉的形势及中央关于反腐倡廉的战略部署加深了理解，对未来满怀希望，做到与党和国家同呼吸、共命运、心连心，总体上实现了党中央对离退休干部提出的“政治坚定、思想常新、理想永存”的要求，保持了共产党员的先进性，涌现出了一些先进模范事迹。如身后把 8 万元积蓄全部缴纳党费的曹江一同志；在日常平凡的生活中，很多老同志弘扬社会公德和家庭美德，默默无闻地为社会、为家庭、为他人奉献余热，涌现出了以李进生、王德旺同志为代表的老有所为的先进典型。2009 年中组部组织开展全国先进离退休干部党支部和离退休干部先进个人的评选工作，离退休干部第二党支部被推荐参加评选，并被中组部评为全国先进离退休干部党支部。党总支表彰了 4 个先进党支部，表扬了 10 位离退休干部个人，并编印《离退休干部园地》专辑宣传了他们的先进事迹。离退休干部各党支部结合老年人的特点开展了生动活泼的参观旅游、生日祝寿、探视慰问生病同志等工作，并且吸纳党外退休干部参加到一般性的学习娱乐活动中来，把党组织工作覆盖到了全体离退休干部。离退休干部办公室继续健全党支部联系人制度帮助离退休干部党支部处理大量具体事务性工作，并代表党总支承担起密切联系广大离退休干部，关怀“空巢”人员、重病卧床等重点困难对象的责任，有效地加强了党总支和离退休干部党支部履行职责的能力。

履行对特派办和事业单位离退休干部工作的指导职责　一是立规矩。2008 年 12 月印发了《审计署办公厅关于进一步加强离退休干部工作的意见》，全面重申国家关于离退休干部政治生活待遇的各项“规定动作”，依照审计署的相关规定，对离退休干部工作的制度建设、人员配备、履行职责、工作联系等提出明确要求。2009 年 5 月，余效明副审计长主持召开审计署离退休干部工作领导小组会议，就落实事业单位离退休干部 35 项政治、生活待遇明确责任分工，形成一份重要的会议纪要。7 月印发了《审计署关于进一步加强离退休干部工作有关问题的通知》，对全署离退休干部工作的职责分工和齐抓共管作出规定。11 月，离退休干部办公室协助人事教育司将上述文件的规定分解细化、确定分值，列入对特派办年度工作的考核指标，从制度上保证审计署文件贯彻执行，保证离退休干部工作持之以恒有效开展，保证广大离退休干部的待遇得到落实。二是通信息。离退休干部办公室及时将党中央、国务院、中组部及有关部门和审计署关于离退休干部工作的文件转发给各特派办和直属事业单位，提出执行或参照执行的要求；规定按时向署里报送年度工作计划和总结；在《离退休干部园地》上刊登他们的工作信息，加强全系统的信息沟通和工作经验交流。三是察实情。11 月，离退休干部办公室分两组前往 7 个特派办进行调查研究，采取听办领导工作汇报、与有关工作人员个别交谈、和离退休干部座谈或分别谈话、探视慰问生病老同志、现场察看老同志活动场所等方式，深入了解情况，向审计署党组提交调查报告，对做得好的地方充分肯定，对发现的问题提出解决措施和建议。

根据 2009 年会议纪要规定，协助事业单位落实离退休人员的 8 项政治和生活待遇。

在职干部队伍建设　牢固树立尊重老同志、以孝敬自己父母的态度和精神做好服务工作的意识，是队伍建设的灵魂。离退休干部办公室通过“讲党性、重品行、作表率”和“学习实践科学发展观”教育活动，把尊重老同志、强化服务意识具体概括为树立“五个观念”，即树立老同志在离退休干部工作中主体地位的观念；相信老同志、全心全意依靠老同志的观念；以让党放心、老同志满意为工作标准的观念；密切联系老同志的观念；锐意进取永不自满的观念。全体干部不断树立优良作风，更加突出以人为本，倡导用心做事，换位思考，想老同志所想，急老同志所急，尊重老同志，用耐心和爱心做工作，大家克服个人和家庭的困难尽心尽力为老同志服务，齐心协力争上游，服务水平和质量在不断提高。

（撰稿人：宋艳玲）

【机关服务局】　2009 年，机关服务局人员编制 97 人，在编 63 人，领导职数 5 名。设有办公室、基建办公室、机关事务管理处、保卫处、财务处、医疗保健处、服务一部、服务二部、文印室、华审宾馆、烟台培训基地、华审海越文化传播有限公司。

领导成员

局　长：张　力

副局长：姜永臣

郑云龙

许新琦（2 月—）

刘　仲（12 月—）

工作综述　2009 年，机关服务局在署党组和分管副审计长的正确领导下，认真学习贯彻党的十七届三中、四中全会和全国审计工作会议精神，牢固树立服务审计大局的思想，按照“安全第一、服务至上、提升素质、强化管理”的要求，从加强制度建设、强化责任意识、促进规范管理、提升队伍素质入手，把学习实践科学发展观活动整改工作贯彻到审计保障服务工作始终，切实履行“管理、保障、服务”职能，较好地完成了全年工作任务。

工作完成情况　(1) 完成制度清理修订。共清理制度 51 项，其中废止 17 项，保留 12 项，修订 18 项，新制定 4 项。并结合实际制定《国庆期间值班人员职责和突发事件处置程序》《防控甲型 H1N1 流感应急处理流程》和《强降雪防范应对工作实施方案》等具体应急操作方案。通过清理修订，进一步完善基本建设、固定资产、安全应急、机关内部管理等方面的规章制度，形成比较系统的保障服务管理规范，努力实现用制度管人、管事、管物、管财。

(2) 加强综合治理。2009 年，机关服务局紧紧围绕确保庆祝新中国成立 60 周年庆典活动的安全稳定，在继续做好署机关各项综合治理工作的同时，遵照署领导指示，大力加强对特派办防火、防盗、防交通事故等安全防范工作和平安单位创建活动的指导。针对派出机构火灾、被盗、基建安全等存在的问题，开展了全署基本建设、综合治理工作情况大检查，43 个司局级单位进行自查，机关服务局重点抽查 4 个特派办，并对存在问题下发检查意见的函。有力地推动了平安单位创建活动深入开展，确保了 60 周年大庆活动安全和全署和谐稳定。

(3) 完成署驻地方特派办固定资产清理整改。为规范对署驻地方特派办固定资产等工作的管理，在各特派办对固定资产管理工作自查自纠的基础上，按照署党组要求分别给各特派办下发了固定资产管理整改意见函，修订完善《审计署驻地方特派员办事处国有资产管理暂行实施办法》等四项管理制度。各特派办认真落实整改决定，取得较好的效果。

(4) 配售署机关职工住房。在署领导正确决策、国管局大力支持和署机关各单位积极配合下，机关服务局坚持公开、公平、公正、廉洁、高效的原则，在 2009 年 4 月份仅用 1 个月时间，顺利完成全署经济适用住房的配售工作，署机关 375 名干部职工通过购换改善住房条件。

(5) 完成署机关办公楼改造。从 2009 年 2 月至 8 月仅用半年时间，完成署机关办公楼从外墙保温节能，到楼内节约水电、改善水质、加强安防、技防、消防、餐饮设施设备的改造任务，较好地改善署机关办公条件和环境。

(6) 做好署机关办公场所回迁。机关服务局各处室积极配合，努力克服人员少、任务重、涉及面广等困难，安全高效地完成全署职工办公场所回迁工作，并在华审宾馆和双榆树两地办公期间为职工提供较好的餐饮、医疗、卫生等服务保障。

(7) 提升经常性服务质量。一是随着金审二期数据中心南配楼建设交付使用和双榆树综合楼由华审宾馆管理改为机关服务局直接管理，办公用房、设备维修维护、饮食卫生、人员服务等工作任务增加近一倍，仅办公用房面积就由原来服务 1.92 万建筑平方米增加到 3.68 万建筑平方米，虽然机关服务局干部职工的工作量增加近一倍，但各项管理、保障和服务工作运行平稳。

二是积极防范甲型 H1N1 流感，及时下发《审计署办公厅关于切实做好甲型 H1N1 流感防控工作的通知》，为 1200 余名干部职工购买甲型 H1N1 流感预防药品和消毒用品，国庆期间实行食品 24 小时备查；累计医疗门诊 8000 余人次，输液、注射、换药 449 人次，理疗 366 人次、口腔护理 622 人次。组织 860 余名干部职工体检；坚持为老干部每月一次电话巡诊，每季度为行动不便老干部家庭巡诊。同时编发健康教育期刊 12 期，制作健康教育展板 5 期，有效地做好各种疾病防治工作。

三是完成各类会议、审计业务、行政、培训等文件印刷 13.22 万件，扫描文件 2648 份，保障署正常文书工作运转。

四是严格执行食品卫生法，倡导少盐、少油、少糖等健康饮食理念；由原来服务机关一个食堂就餐，改为既服务机关食堂，又服务双榆树综合楼食堂就餐，恢复每月为职工提供自制食品外卖服务，仅 2009 年春节期间加班为职工加工制作熟牛肉 2000 斤、猪肘子 1400 斤、黄花鱼 2200 斤、狮子头 1000 斤，代售水饺 1000 斤，并送货到机关各司局，赢得职工赞誉。

五是共对 144 间办公室的 500 张桌子安装了保护性角铁，办公回迁后给各办公室摆放活性炭 2700 多袋、绿植 300 余盆，更新安装电话 840 部，修锁、配钥匙 411 件，修理各种办公桌椅 515 件套，更换了 496 具灭火器，为数据中心制作电缆 100 对。同时，加强对办公楼和自管宿舍卫生防疫消毒，为来署 100 多名交流干部提供住房和生活用品保障服务。

自身建设 (一) 明确工作目标，建立健全管理机制。一是明确工作目标，确定工作重点。年初，机关服务局认真学习贯彻全国审计工作会议精神，及时研究制定局 2009 年工作要点，提出全年要完成的工作任务，确定了工作重点。明确的目标和思路统一了大家的思想和行动，使大家能更好地履行职责。二是建立逐级负责、层层落实的责任体系，实行目标量化管理，建立健全分工协作机制，倡导和谐管理，形成自我管理、自我约束、自我控制的良好局面。三是加大监督检查和督办工作力度。制定《机关服务局督办工作规则》，局办公室加大对各部门落实责任制情况的跟踪检查和催办督办力度，对各项工作严格按照事前有目标、事中有督促、事后有总结的工作程序，确保每一项保障服务工作都落到实处。

（二）狠抓队伍建设。一是加强政治理论和廉政法规学习，提高干部理论素养，筑牢思想道德防线。重点学习了胡锦涛总书记在党的十七届四中全会上的讲话、《中共中央关于加强和改进新形势下党的建设若干重大问题的决定》和刘家义审计长关于《大力加强审计队伍建设推进审计事业科学发展》的讲话，处以上干部认真撰写发言提纲，畅谈学习体会。全国审计机关党风廉政建设工作会议召开后，迅速组织处以上干部认真传达学习贯彻刘家义审计长和令狐安、余效明副审计长的重要讲话精神，要求视廉政为高压线，勤俭办一切事情，筑牢思想道德防线，做到廉政勤政。同时，在学习中注重理论联系实际，局领导班子特别注重引导大家带着问题学习，如为有针对性解决外聘用工管理工作中存在的问题时，认真组织全体处以上干部学习原人事部《关于在事业单位试行人员聘用制度的意见》文件，不断提高运用党的方针政策解决实际问题的能力和水平。

二是严格管理，狠抓劳动纪律，逐步树立求真务实、严谨细致的工作作风，培养艰苦朴素的生活作风，较好地推动各项保障服务工作的深入开展。

三是加强干部职工的能力建设。选派 2 名处级干部到审计一线挂职锻炼，吸纳 2 名驻地方特派办司处级干部补充到我局，在工作任务极其繁忙的情况下，选派 2 名处级干部参加中央国家机关党校学习培训，选派 3 名中青年骨干参加署举办的为期 10 天公文写作培训班学习，10 多人参加国管局等部门组织的会计继续教育、应急处置、政府采购、计划生育等培训班学习，并在全局范围内举办了计算机操作应用知识和公文写作培训；支持外聘员工参加行业职业培训学习，选送 5 名外聘员工参加北京市有关部门组织的继续教育学习，20 余名员工参加电工、烹饪、文印、制冷、水暖等专业技术培训，同时加强员工在岗培训，各用工部门自行举办专业技术培训班，培训员工 70 多人次。

（三）关心职工文化生活，保障外聘用工合法权益，加强退休职工服务管理。一是活跃职工文化生活，增强队伍活力。围绕新中国成立 60 周年大庆，组织干部职工电视观摩国庆天安门阅兵仪式，代表署机关参加中央国家机关和署机关歌咏比赛，参与署机关职工书画摄影展、撰写“读书感言”，积极参加“送温暖、献爱心”活动等。通过组织丰富多彩的活动，加强了干部职工之间的交流，增强队伍活力。

二是关心干部职工生活，积极为干部职工排忧解难。努力取得署领导和相关司局的支持，解决机关服务局干部职工收入偏低的实际问题。

三是关心外聘员工，保障他们的权益。组织他们到天津平津战役纪念馆参观学习，给每个外聘员工增加工资报酬，发放节日补助。

四是加强退休职工的服务管理。全年组织 2 次退休职工学习座谈会，局领导通报署、局情况，倾听他们的意见，建立定期联络制度，加强与退休职工的沟通和联系。　（撰稿人：余永平）

审计署派出审计局

【外交外事审计局】　2009 年，外交外事审计局人员编制 12 人，在编 12 人。设有一处和二处，主要负责审计外交部、中央对外联络部、中央对外宣传办公室、中国人民对外友好协会及上述部门（单位）在京下属单位预算执行、决算和其他财政财务收支，开展相关专项审计调查，承办审计署交办的其他事项。

领导成员

副局长：胡家俊

郝云松（10 月—）

审计成果 完成审计和审计调查项目7个，包括：外交部2008年度预算执行情况审计和决算草案审签，中共中央对外宣传办公室（以下简称外宣办）2008年度预算执行情况审计，外交部2006～2008年度资产管理和使用效益专项审计调查以及对《求是》杂志社、贵州煤矿安全监察局和贵州邮政管理局等单位"小金库"专项治理重点检查。

查处违规金额19877.86万元，损失浪费金额10592万元，管理不规范金额215272万元。提交审计报告及信息简报22篇，被采用8篇。

预算执行和决算草案审计 外交部和外宣办2008年度预算执行情况审计和决算草案审签中，外交外事审计局提出了"四结合"的审计工作思路，即将审查部门预算执行和部门履行职责、业务完成情况结合起来、将财务审计和绩效审计结合起来、将一级预算单位审计和所属单位审计结合起来、将审计监督和服务部门事业发展结合起来。在揭露和查处重大违法违规问题的基础上，注意发现和反映影响部门事业发展的体制性障碍、制度性缺陷和重大管理漏洞，以实现维护财政安全、防范财政风险，规范财政管理，促进财政改革，提高财政绩效的审计工作目标。

外交部的主要问题是：授权地方外办代收的认证费等未上缴中央国库，未及时足额征收代发电报收费，部分项目结余资金多，将下年度支出列入本年支出，多报国际电讯费项目预算，提前编报开办费项目预算，部分房产和土地使用权未纳入账内核算，部分建设项目长期未办理竣工决算，个别所属单位未编报附属单位上缴收入预算。

外宣办的主要问题是：国有资产有偿使用收入未上缴财政专户，个别所属单位对外借款造成损失等。

审计发现的问题得到外交部、外宣办领导的高度重视，促进了相关单位完善内部控制，健全规章制度，提高管理水平。

专项审计（调查） 外交部2006～2008年度资产管理和使用效益专项审计调查，目的是摸清外交部家底，促进规范国有资产管理和提高资产使用效益。调查发现外交部本级部分房产未纳入账内核算，服务局部分房产出租率偏低，部分国有资产面临损失和潜在损失等问题。

"小金库"治理检查 对《求是》杂志社、贵州煤矿安全监察局和贵州邮政管理局等单位"小金库"治理情况重点检查中查出"小金库"7个，涉及资金344.47万元，账外资产及收入10896.32万元，其他违法违规金额2521.75万元。开展防治"小金库"长效机制情况调研，检查结果和调研情况纳入汇总报告。

基础工作 （1）打造运作自如的工作机制。围绕"完善制度"主题，全面梳理局内工作流程，强化制度执行力，以制度规范审计工作、日常事务和管理行为。通过这些措施，公文质量有所提高，保密工作进一步加强，内部管理效率效果有较大提高，形成了运作自如的工作机制和与相关单位良好的协调机制。

（2）狠抓能力建设。以"实、高、新、严、细"为标准，按照"依法、程序、质量、文明"要求，坚持学以致用、干中求学、学中提高。根据局内干部不同特点，有针对性地开展业务大练兵。对经验丰富的业务骨干，注意安排在重大审计项目中担当重任，促使其不断提高组织协调、查处重大问题和提升成果的能力；对年轻同志，逐步给其压担子，担任分项目组长和主审，让其负责某一方面的审计工作，促使其在审计实践中锻炼能力、增长才干。鼓励和支持全局同志参加审计署各项培训学习，参加学习的同志将学习收获在全局汇报，带动全局同志共同提高。参与"中央部门预算执行审计如何发挥'免疫系统'功能"的课题研究，学研用相结合，增强创新思路的意识和能力。

（撰稿人：乔　林）

【发展统计审计局】 2009年，发展统计审计局人员编制15人，在编12人，领导职数2名。设有一处、二处，负责对国家发展和改革委员会、国家统计局、国家信息中心、国家粮食局、国家物资储备局和中国储备粮总公司及在京所属单位的审计监督。

领导成员

局　长：丁仁立（1—2月）
　　　　徐爱生（2—9月）
副局长：刘　丹（主持工作，9月—）
　　　　张宣波（9月—）

局长助理：符放松（5—12月）

审计成果 2009年，发展统计审计局完成审计项目5个，查出违规金额4716万元，其中应归还原资金渠道4456万元，应调账处理金额62万元；已归还原资金渠道1611万元，已调账处理金额50万元。移送司法机关、纪检监察部门处理事项2件。提交审计工作报告、信息14篇，被采用4篇。

中央财政投资审计 2009年，按照《审计署关于贯彻落实中央促进经济发展政策措施的通知》（审办发［2008］133号）要求和全国审计工作会议精神，紧紧围绕"促进经济平稳较快发展"这条主线，把监督中央财政为扩大内需促进经济增长新增1000亿元投资的政策目标实现情况，作为2009年中央财政投资审计工作的主线和重中之重。一是精心组织对发改委本级组织分配情况的审计。在摸清发改委投资分配总体规模、投向、结构的基础上，围绕投向的合理性、计划下达的及时性和程序的规范性等方面开展工作。审计查出发改委未经国务院批准自行调整投资计划、投资计划下达不及时影响资金当年使用、违反基本建设程序向尚未批复可行性研究报告或初步设计的项目下达投资、对尚未取得环境影响评价批复文件的项目安排投资，以及审核把关不严、下达申报资料不实或建设条件未落实的项目投资等突出问题，全部纳入了审计结果报告。二是着力检查新增投资的项目安排和计划下达情况。采取分司、局挑选延伸审计项目的方式，加大延伸审计力度和范围，确定延伸内容和重点。各审计小组对10多个中央部门和京内20多户中央企业的新增投资资金使用情况进行延伸审计，及时揭示中央新增投资政策措施执行中出现的新情况和新问题。审计发现新增投资配套资金不到位、项目进展缓慢未能尽快形成实物工作量等影响政策目标实现的典型问题，引起国务院领导的高度重视，有关部门紧急出台相关配套政策。三是及时研究筛选适合进行上下联动审计的项目。派人配合行政事业司到湖南、湖北和河南三省专题调研，确定大型灌区续建配套与节水改造和采煤沉陷区治理两个项目为上下联动审计项目，协助行政事业司制定操作性较强的审计实施方案，协调解决延伸审计中出现的新情况和新问题，完成综合报告汇总工作。

预算执行审计 发展统计审计局在着力查处违法违规问题的基础上，更加关注体制机制和政策层面的突出问题，加大分析力度，提出意见建议。如对发改委和国家物资储备局的年度预算执行审计中，加大审计监督力度，严肃查处重大违法违规问题，查出有关单位截留收入账外存放、虚列支出转移财政资金、会议经办人员贪污会议经费等违法违规问题，并向中央纪委、监察部驻发改委纪检监察部门移送2起案件线索。针对国家石油储备基地一期建设管理中存在的危及国家能源安全的突出问题，以及发改委会议费、出国费使用中的虚列会议支出将资金存放宾馆、向地方有关部门转嫁摊派会议费等问题，向审计署报送了重要审计情况和审计信息，均被署重要信息要目采用，国务院领导作出重要批示。

经济责任审计 结合国家粮食局"三定"方案，与国家粮食局有关部门共同研究确定聂振邦同志任期经济责任的具体内容。在做好对部门本级财政财务收支审计和主要二级单位延伸审计的基础上，为进一步深化审计工作，客观评价履职情况，提升审计成果，紧紧围绕国家粮食安全研究确定粮食储备和应急能力、粮食流通体制改革、军粮供应和保障、外资垄断我国食用植物油、国家粮食局管理体制等六个方面专题内容，得到署领导的充分肯定。关于夏粮主产区仓容不足和外资大举进入我国粮油流通领域的审计信息，审计署以重要信息要目上报，国务院领导均作出重要批示；2004年进口小麦超期存储存在陈化隐患的信息，也被署重要信息要目采用；同时，针对该局科学研究院所属企业违规出借监理资质并以虚假发票列支大量咨询费的问题，移送中央纪委、监察部驻国家粮食局纪检监察部门进一步查处。

"小金库"重点检查 针对中华全国供销合作总社自查阶段"零申报"的情况，审计组围绕实施方案确定的银行账户管理、财务管理、资产管理和工资津补贴等内容进行审查。审计查出中华全国供销合作总社本级和所属单位私设"小金库"4个、该总社本级以管理所谓"社有资产"名义在财政零余额账户之外单独设账未纳入部门预决算管理，其中挪用财政性资金买卖股票且收益长期账外存放、违规投资建设楼堂馆所等问题，移送中纪委进一步查处，受到署领导和中央治理

“小金库”领导小组的好评。

此外，发展统计审计局还派出人员赴四川灾区参加抗震救灾款物跟踪审计工作。

（撰稿人：徐永胜）

【教育审计局】 2009 年，教育审计局人员编制 12 人，在编 12 人。设有审计一处、审计二处。主要负责对教育部、中共中央党校和国家行政学院及其在京所属单位的审计监督。

领导成员

局　长：鲍朔望

副局长：张跃挺

审计成果 教育审计局完成审计及审计调查项目 7 个。提交审计（调查）报告 7 份，查出违纪违规金额 0.18 亿元，管理不规范金额 115.40 亿元；编写信息 11 篇，被审计署采用 6 篇，其中转新华社《国内动态清样》2 篇，《重要信息要目》3 篇，转送部委 1 篇；向中纪委驻教育部纪检组移送案件 1 起；1 个典型案例被署结果报告采用，1 个 AO 应用实例入选审计署专家经验库并被评为优秀等次。

预算执行审计 教育审计局先后开展教育部和国家行政学院 2008 年度预算执行情况审计。一是紧紧把握教育行业特点，注重发挥监督保障国家经济健康运行的“免疫系统”功能。在对教育部的预算执行情况审计中，围绕政府部门履行职能不到位、专业学位研究生学费负担重这一问题，深入相关学校进行调查，揭示了部分高校专业学位研究生教育收费政策不完善、学校为谋取经济利益高收费、社会企业参与学校招生从中谋取经济利益等影响学生利益的问题，审计信息被新华社《国内动态清样》采用，中央领导同志作了重要批示。二是关注宏观，注重发挥审计维护国家战略利益安全的功能。通过对教育部所属某单位××专项资金管理、使用及效益情况检查，揭示了该单位财政拨款结余量大、预算执行进度低的问题，深入分析一方面预算拨款大量结余，另一方面师资和教材资源短缺、项目受到严重制约的问题，审计信息经署领导批示转教育部研究参考。三是围绕规范预算执行工作，重点解决体制、机制和制度问题。如针对教育部项目预算不细化金额比较大、屡查屡犯的问题，从项目预算管理机制不健全和预算管理问责制度缺失两个方面深入分析原因，提升了审计建议的层次和水平；从单位管理体制与预算体制冲突的角度，揭示教育部某中心用项目经费安排自身人员经费和日常公用经费等支出的问题。在国家行政学院 2008 年预算执行审计中，针对该学院两级核算体制且资金来源渠道多的实际情况，从部门预算执行和财政拨款支出预算执行两个口径进行分析，揭露了该学院没有按照中央要求削减公用经费预算的问题。

对于被审计单位存在的问题，教育审计局督促建立健全内部控制制度，从根本上杜绝问题的发生。如针对审计中发现的教育部制度建设方面存在的缺陷和问题，教育审计局提出进一步加强制度建设的审计意见，该部采纳审计建议，相继出台了《直属高校财政拨款结余资金管理暂行办法》《关于直属高校部分支出业务账务处理的几点意见》《教育部项目预算编报规程》《教育部政府采购管理暂行办法》等 4 项管理规定。国家行政学院根据审计建议，研究制定了《国家行政学院关于各种费用开支及报销规定》《国家行政学院课题经费管理办法》《考评中心交通费、通讯费报销规定》；重新修订了《国家行政学院预算编报规程》《国家行政学院预算管理办法》，制定了《关于做好 2009 年学院预算执行工作的具体措施》等管理办法，切实加强和规范学院预算管理和预算执行工作。

决算草案审签 教育审计局对国家行政学院 2008 年度决算草案开展审签工作。通过审计发现，一是国家行政学院财政结余资金 98.28 万元未及时上缴国库；二是由于编报口径不规范，导致决算（草案）多反映资产 11130.25 万元，少反映负债 407.21 万元问题，截至审计结束时，该问题国家行政学院已在编报决算过程中予以纠正。

专项审计（调查） 教育审计局先后开展教育部会议费和出国费、教育部和天津市奖助学金政策执行情况以及教育部所属北京邮电大学对外投资效益情况等四个项目的专项审计调查。在对教育部会议和出国费调查中发现如下问题：一是虚列会议费支出 10.40 万元，占会议费支出的 6.59%；二是有的研讨会公私不分，会议承担参会人员家属交通费及食宿费等，其中某个巡视会议承担家属交通费5.51万元；三是在会议费中列支礼品费和游览费10.30万元；四是向地方教育部门和直属高校摊派会议费63.50万元。在出国费管理方面，存在以定额补助的形式列支境外城市间交通费75.36万元等问题。在奖助学金政策执行情况调查中，审计组以维护民生安全为出发点和落脚点，不仅摸清各级财政、教育部门资助名额分配、预算安排和各级各类学校奖助学金申报、管理、使用情况，还揭露了地方政府资助政策存在的偏差，以及有的部门执行政策过程中资助名额分配不合理、预算安排不到位、资金拨付和发放不及时等问题，审计信息被新华社以《国内动态清样》报中央领导同志。在北京邮电大学对外投资效益情况调查中发现：学校对所属公司的投资、借款等已形成损失或潜在损失；学校或资产经营公司除个别年份因转让股权获得较高收益外，从所投资公司取得的投资收益持续偏低，大部分公司未来走向不容乐观以及无形资产投资不规范、收益低、风险高等问题，针对存在问题提出具体改进建议，受到学校的高度重视。

信息化技术运用 教育审计局要求，全体审计人员都要充分运用信息化技术方法取得对整个审计事项有重要影响的证据资料，并能在交换意见中用事实服人、以理服人。如在国家行政学院2008年预算执行情况审计中，审计组运用AO计算机审计技术，从支出明细中筛选疑点，进而内查外调，查出了该学院某课题组人员编造虚假经济事项套取现金等问题；在教育部2008年预算执行中，审计组则通过计算机技术的全面运用，将业务数据与财务数据相对比，查出了某事业单位通过抬高结算价格，向所属企业转移财政资金等问题。

（撰稿人：张跃挺）

【科学技术审计局】 2009年，科学技术审计局人员编制11人，在编10人，领导职数2名。设有审计一处、审计二处。负责对科学技术部（以下简称科技部）、国家自然科学基金委员会、国家知识产权局（以下简称知识产权局）、中国科学技术协会（以下简称中国科协）及其在京所属单位的审计监督。

领导成员

副局长：杨　明

审计成果 科学技术审计局完成审计和审计调查、专项检查项目7个，查出违规金额24473万元，管理不规范金额295192万元，应归还原渠道资金175万元，应调账处理金额956万元；已归还原渠道资金175万元，已调账处理金额956万元。移送司法机关处理事项1件。提交审计工作报告3份、审计调查报告1份、专项检查报告4份，审计信息7篇，被采用4篇。

预算执行审计 科学技术审计局对科技部、知识产权局2008年度预算执行审计紧紧围绕审计署工作方案确定的目标开展工作，充分发挥审计"免疫系统"功能作用。在科技部预算执行审计中，查出虚列支出套取财政资金、预算不细化和不完整、随意扩大开支范围等违规问题金额955万元，管理不规范问题金额281597万元；在知识产权局预算执行审计中，查出乱收费、扩大开支范围、自行调整预算等违规问题金额20452万元，管理不规范问题金额12092万元。对审计中发现的1起违法案件线索，经审计署领导批准已移送纪检机关立案。先后向审计署提交审计信息和审计要情7篇，被采用4篇。

决算草案审签 对知识产权局《2008年度部门决算报表》汇总和编制情况进行审计，发现知识产权局本级和部分所属单位少反映财政资金净结余和人员经费支出等问题，涉及问题金额3900多万元。

"小金库"专项检查 根据中央治理"小金库"工作领导小组办公室的安排，对中国科协、中国民用航空海南安全监督管理局、中国银行业监督管理委员会海南监管局和中国船级社海南分社4个单位开展"小金库"重点检查工作。共查出以虚列支出、收入不入账、假发票报销等方式设立"小金库"，涉及问题金额2200多万元。对"小金库"形成的原因、特点、危害及应该采取的根治措施进行了深入分析调研，提交了调研报告。

专项审计（调查） 对科技部2006年至2008年度出国费和会议费进行专项审计调查。查出科技部存在向下属单位或地方政府摊派、超标准开支出国费和会议费等不规范问题，涉及问题金额1300多万元，引起科技部领导和相关部门的重视。此外，还派出4名人员参加对中国科学研究院2006年至2009年6月自主创新项目专项资金管理、使用和绩效情况进行专项审计调查。

相关工作 一是强化“党建、表率和党员”意识，抓好支部工作。党建工作始终围绕署机关党建工作的整体目标展开，坚持“两手抓、两不误、两促进”，采用“走出去，请进来”的方式学习其他党支部先进经验和做法的方式，致力于每个党员素质能力的培养，努力构建和谐文明党支部，从而构建起了全体党员同心、齐抓党建的良好运行机制。领导干部带头“讲党性、重品行、作表率、树正气”，全体党员达成了“以局为家，局荣我荣，同建家园”的共识。二是扎实推进联网审计工作。在力促与所管辖的4个被审计单位实现了财务联网的基础上，积极参加审计署行政事业司组织的联网审计技术方法课题研究工作，承担部分研究内容；努力提高全体审计人员的运用计算机辅助审计的能力水平，加强计算机运用知识培训力度，全体人员均通过了审计署现场审计实施系统（简称AO）的认证考试，为进一步开展计算机审计奠定良好基础。在工作实践中，积极使用AO系统功能，提高审计成果。如关于查出知识产权局乱收费、科技部违规使用会议费资金的两个AO审计案例分别获得审计署二等奖和三等奖。三是积极参与审计署组织的大型审计项目，检验和锻炼人员。先后派出2名同志共3次参加审计署组织的联合国审计项目，分别担任审计组副组长和主审职务，均负责起草管理建议书。

（撰稿人：彭碧莲）

【工业审计局】 2009年，工业审计局人员编制11人，在编11人，领导职数2名，实有13人，交流干部1人。设有一处、二处，主要负责对工业和信息化部、国家国防科技工业局、中国人民武装警察部队黄金指挥部、中国人民武装警察部队交通指挥部、中国人民武装警察部队森林指挥部、中国人民武装警察部队水电指挥部及其在京所属单位的审计监督。

领导成员

副局长：冷奎英（主持工作）

王炽昌

审计成果 工业审计局完成工业和信息化部2008年度预算执行审计、武警交通指挥部2008年度预算执行和决算草案审签、银行业监督管理委员会“小金库”专项治理重点检查4个审计（调查）项目，查出违规金额4017万元，管理不规范金额123265万元，其中应上缴财政552万元，应调账处理金额3485万元；已上缴财政552万元，已调账处理金额3485万元。移交有关部门处理事项2件。提交审计工作专题报告、信息12篇，被采用2篇。提交审计（调查）报告9份，提出审计建议4条，被采纳4条。

预算执行和决算审签 2009年度，工业审计局在工业和信息化部预算执行和武警交通指挥部预算执行和决算审签的工作主要围绕以下几个重点：

（一）推动改革，规范管理，促进部门机构职能调整和落实。在2008年度预算执行审计工作中，工业审计局紧密结合国务院机构改革“三定”方案，将工业和信息化部预算执行审计列为重点，全面谋划、科学组织，加强理论研究和宏观分析，关注体制、机制上存在的主要问题。审计发现了该部组建一年来由于机构改革不到位，相关预算未及时划转，影响年度预算执行；部分预算资金划转较晚或未划转，致使年度预算无法执行，造成年末资金大量结余；有关部委、局之间职能设定和权力运行存在交叉、重叠现等问题，揭示了这些问题对于设立大部制，提高行政效率的影响，并在促进深化改革、理顺管理职能、完善制度上提出了可行的意见和建议。

（二）揭露隐患，强化整改，确保国有资产安全。一是通过审计发现原信息产业部以所属企业在脱钩过程中国有股权转由下属单位持有，国资委未能履行出资人职责，致使应分股利滞留在该公司，未能及时缴入国库，为此审计建议有关部门尽快理顺股权关系，确保国有资产安全和保值增值；二是通过审计发现工业和信息化部管理的电子发展基金创业风险投资项目应上缴分红和股权转让收益滞留在部属的投资公司，审计建议为确保国有资产安全应及时收缴；三是通过审计发现原邮电部人事司将企业编制人员工资结余430万元转出账外进行投资，并采用多种方式将资金转出消费，审计决定要求立即纠正，将资金余额全部纳入部门预算统一管理，并依法追究有关人员责任。

（三）关注体制，促进发展，发挥审计建设性的作用。在对武警交通指挥部的预算执行审计过程中，关注该部担负川藏公路维护、抗震抢险救灾等突发事件中救援装备损毁度高，配备不足，影响应急保障能力的问题，提出了“武警交通指挥部专项经费缺乏影响救援功能发挥应引起重视”的审计建议，引起发改委、财政部和交通运输部的重视，促成该部纳入国家应急保障体系，促进武警交通指挥部的建设，加强国家应急保障体系的力量。

相关工作 (1) 按照《审计署开展深入学习实践科学发展观活动实施方案》的统一安排，2009年度工业审计局认真制定有关方案、措施，扎扎实实完成了每一个阶段、每一个环节的学习实践任务。学习过程不走过场，追求实效，及时报送有关情况，撰写上报的信息、各阶段各环节的措施和情况总结等5篇材料被署采用，取得较好效果。为认真贯彻落实《审计署2008～2012年审计工作发展规划》，结合学习实践科学发展观活动和本局工作实际，对《工业审计局贯彻落实〈审计署2008～2012年审计工作发展规划〉的具体措施》中提出的五个方面17项重点工作进行修改完善，使之更加符合客观情况，为今后指导全局理清思路，明确目标，确保完成审计署五年发展规划打下坚实基础。

(2) 工业审计局采取措施狠抓队伍建设，提高干部政治素质和业务素质。一是营造积极向上的学习氛围，不断提高人员政治思想水平和审计业务能力。鼓励和支持人员参加各种业务学习培训。一年来，先后安排1人参加了计算机中级培训，支持3名同志读在职研究生，支持4名同志参加审计专业资格考试。二是搞好传帮带，通过实践培养审计专业人才。围绕预算执行审计，给年轻干部压担子，让他们承担重点部门和重点项目的主审；主动安排新同志参与撰写审计信息等各项工作，通过实践让他们得到锻炼和提高，尽快熟悉审计业务。三是加强党风廉政建设注重三抓：抓好学习教育，不断提高廉政意识；抓好三个落实，即责任制落实、工作落实、环节落实；抓好审计职责的履行，努力提高审计工作的主动性、时效性、建设性，充分发挥国家审计“免疫系统”功能。

(3) 工业审计局通过积极开展财经法律、法规的宣传教育，进一步增强被审计单位财务人员的法律法规意识，改善审计环境。同时，加强与被审计单位进行沟通协调，建立良好的沟通渠道，坚持原则，依法征求意见，充分考虑和尊重被审计单位的意见和建议，提高了审计工作质量。

(4) 注重通过新技术、新方法，提升工作效率和效果。一是抓好审前调查。在审计调查前，深入学习领会审计工作方案，了解审计工作的全局，力求从总体上把握审计目标，列出详细的审计调查提纲。围绕目标，抓住重点，优化审计资源，提升审计效果。二是积极开展计算机审计，充分依托和利用AO、OA系统，尝试在AO编写计算机审计ASL应用模块，并成功地用于查实以拨列支等问题。 (撰稿人：陈旭丹)

【民族宗教审计局】 2009年，民族宗教审计局编制9人，在编11人（其中1人挂职、2人交流、1人国外学习），领导职数1人，设有一处、二处两个处。主要负责对国家民族事务委员会（以下简称“国家民委”）、国家宗教事务局（以下简称“宗教局”）、国家档案局（中央档案馆）、国家保密局及所属在京单位的预算执行和其他财政收支情况进行审计监督。

领导成员

局　长：赵建设（—9月）

副局长：王志伟（主持工作，9月—）

审计成果 民族宗教审计局完成审计项目3个，审计调查项目2个，查出违规金额778.68万元，管理不规范金额17929.61万元，其中应归还原资金渠道1286.72万元，应调账处理金额5322.56万元；已归还原资金渠道1286.72万元，已调账处理金额5322.56万元。报署审计信息2篇、专题审计报告3篇，《审计要目》被采用2篇；《信息转送函》1篇，经主管审计长批示转送有关部门处理事项1件。

预算执行审计 本年度对国家保密局2008年度预算执行和其他财政收支情况审计、国家档案局2008年度预算执行和其他财政收支情况审计，并对国家档案局2006～2008年会议费和出国费管理使用情况进行专项审计调查。审计查出国家档案局本级违反规定扩大开支范围171.88万元、多收取外单位和所属单位出国人员出国费59.57万元等问题，所属6个事业单位违规多发放津贴补贴668.54万元，档案科学技术研究所私存私放资金120.74万元账外核算、编制虚假会计事项违规发放购物卡和公款旅游等问题。审计查出国家保密局财政支出核算不实372.55万元，违规改变资金用途257.85万元，以及其他问题7542.71万元。

决算草案审计　国家保密局2008年决算草案审计，查出账表不符79.47万元，少计对外投资30万元等问题。

专项资金审计（调查）　(1) 民族文化宫2002～2008年度恢复文化功能专项经费管理使用情况审计调查项目，查出违反规定扩大财政专项经费开支范围642.01万元，未按“收支两条线”管理国有资产处置收入2094.22万元，2077万元房产对外出租未按规定办理审批手续，房租收入141.99万元未纳入预算管理，部分印刷和办公家具采购业务共计53.77万元未实行政府采购等问题。

(2) 中央民族大学“十五”“211工程”资金管理使用情况专项审计调查项目。查出中央民族大学“十五”“211工程”建设项目自筹资金469.71万元未到位，挪用“211工程”专项资金192.11万元，子项目资金相互串用966.57万元，以及国家发改委、财政部“211工程”年度项目预算资金下达滞后等问题。

相关工作　(1) 关注内部控制制度建设及执行情况，促进被审计单位建章立制，强化内控，堵塞漏洞，尽量避免在审计管辖部门单位发生重大违法违纪问题。

(2) 讲求依法审计与实事求是的有机统一。如审计发现并查清了国家档案局所属非参照公务员法管理的6个事业单位违规执行公务员规范津补贴标准，多发放津贴补贴问题，以及国家保密局所属事业单位违规收费4000余万元等问题，在坚持依法查处问题的前提下，注重分析问题产生的原因并进行了妥善处理，既依法履行审计职责，又有力地促进了被审计单位规范管理，取得了较好的效果。

(3) 项目审计实施全过程质量控制，发挥审计团队整合力量。一是认真按照审计署6号令和审计实施方案进行审计，严格执行审计程序。二是注重审计力量的调配，注意发挥每一位审计人员的长处，形成合力。三是加强质量控制，防范审计风险。首先，在审前准备阶段，审计实施方案中明确审计内容分解细化到人，实行责任制；其次，在审计实施阶段，审计人员对审计事实的真实性和审计证据的证明力负责，主审复核、审计组长审核审计取证材料，提出意见和建议；最后，在报告阶段，坚持三级把关的内控制度：审计业务会议讨论研究、审计组长复核、行政领导审定，把好审计质量关。

(4) 努力提升审计成果，密切关注整改情况。首先，加大对重大违法违规问题的揭露和查处力度，把违法违规问题揭示出来，并依法严格查处。其次，立足于促进部门单位的审计整改和规范提高，不仅关注对审计发现违法违规问题的整改到位，更加重视规范提高。

队伍建设　(1) 局领导重视贯彻民主集中制原则，从不搞“一言堂”。局内大事小情，不论是审计业务工作，还是干部提职、人才培养、评选先进、党支部主题活动等，都事先征求处长意见，并听取党内外干部群众的意见和建议，必要时，召开全体会研究讨论，使决策更加民主、科学。

(2) 一批青年同志锻炼成长。一是按照“需要什么学什么，缺什么补什么”的原则，一方面强调自学为主，设立“读书角”，开展读书活动，提升综合素质；另一方面进行人员分类学习培训，对非审计专业人员，主要加强审计业务能力的学习培训，对审计相关专业人员，则主要加强计算机审计技术应用的学习培训，还主动联系署固定资产投资审计司，安排1名2007年到岗的基建专业毕业的硕士参加“西气东输”审计项目。此外，举办审计发现主要违法违规问题分析会、审计案例研讨会等，举一反三，提高审计业务能力。二是积极创造条件参加学习培训。本年度遴选1人赴澳大利亚攻读硕士学位，选派1人赴英国进行短期培训。2人通过自学取得审计师职称。目前，本局有高级职称3人，中级职称5人，通过署计算机中级水平考试4名。三是按署统一要求，局内实行“审计实务导师制”，“一帮一”结对子，互相学其所长，共同努力提高。四是有计划地给年轻同志压担子，培养审计业务骨干。本年度安排1名年轻同志担任国家保密局2008年预算执行及决算草案审计项目的主审，其他年轻同志分别担任二级单位审计小组长，在审计实践中锻炼成长。选派1名硕士参加署行政事业司组织的“文明审计”课题研究工作。通过有针对性的培养，青年干部综合素质和实战能力得到进一步提高，逐渐成长为审计业务骨干。（撰稿人：黄树平）

【政法审计局】 2009年，政法审计局人员编制15人，在编12人，领导职数2名，设有三个处，具体负责对公安部、司法部、安全部、武警警卫部队、武警边防部队、武警消防部队日常工作联系和本级及在京所属单位的审计监督。

领导成员

局　长：周敦祥

审计成果　政法审计局完成审计项目8个，分别为公安部和公安部边防局2008年度预算执行审计、公安部边防局2008年度决算（草案）审签、最高人民检察院、公安部、中国人民银行南京分行、中国医学院皮肤病医院、商务部驻南京特派员办事处5个部门“小金库”治理重点检查工作；并派员参与了中央扩大内需政策实施情况审计调查、教育收费专项检查、天津市“小金库”治理重点检查工作共3项3人次。

查出违法违规金额13302.25万元，管理不规范问题金额328560.81万元。编报审计信息、重要审计情况、专题报告共9篇，其中：1篇《重要审计情况》被刘家义审计长批示，呈送国家领导人；被署《重要信息要目》采用4篇。

公安部预算执行审计　在公安部预算执行审计中，发现其存在资金未纳入预算统一管理、项目支出预算不细化等问题，向公安部提出加强绩效考评工作，细化部门预算、加强基本建设管理的审计建议。公安部审计报告等审计成果均得到国务委员孟建柱及其他公安部领导批示。公安部针对审计报告所提问题进行认真研究，完善制度建设，修订完成《公安部外事经费管理办法》《公安部会议管理办法》等。

公安部边防局预算执行审计及决算（草案）审签　在公安部边防局预算执行审计中，发现其存在基本建设项目、固定资产管理等方面的问题，向公安部边防局提出加强基本建设管理，加强国有资产管理的审计建议。在公安部边防局决算审签中，针对公安部边防局不汇总所属各总队资产、负债、净资产上报财政部的情况，根据部队特色从体制原因上进行分析，促进公安部边防局按照国家相关规定，做好制度衔接。公安部边防局对审计发现的问题，逐项制定整改措施，并研究了进一步加强机关和部队财经管理的意见。

“小金库”重点检查　政法审计局在对最高人民检察院、公安部、中国人民银行南京分行、中国医学院皮肤病医院、商务部驻南京特派员办事处5个部门“小金库”治理重点检查工作中，发现存在以资产不入账、对外投资及收益不入账、经营等收入不入账、资产处置和出租收入不入账等方式设立“小金库”。部分问题被署《重要信息要目》采用。

此外，政法审计局还选派业务骨干参与了中央扩大内需政策实施情况审计调查、教育收费专项检查、天津市“小金库”治理重点检查工作等。

（撰稿人：曹　宇）

【监察人事审计局】 2009年，监察人事审计局人员编制12人，在编10人。设有审计一处、审计二处。主要负责审计中央纪律检查委员会、中央组织部、中央机构编制委员会办公室、监察部、国家外国专家局及上述部门在京下属单位预算执行、决算和其他财政财务收支，开展相关事项审计调查，承办审计署交办的其他事项。

领导成员

副局长：孙晓岩

审计成果　监察人事审计局完成审计项目4个，分别为国家外国专家局2008年度预算执行审计和决算草案审签项目、人力资源和社会保障部2008年度预算执行情况审计项目、中国延安干部学院教师进修及干部继续教育专项审计调查项目及国家体育总局“小金库”治理重点检查项目；正在开展的审计项目2个，为中央机构编制委员会办公室及国家外国专家局2009年度预算执行审计项目。审计查出违规金额3179.22万元，管理不规范金额14089.09万元，提交审计工作报告、信息5篇，被采用2篇。

预算执行审计　监察人事审计局针对管辖单位多为党中央和国务院重要职能部门、政治敏锐性强、部门预算资金量小、二级单位少、管理相对规范等特点，全局以“免疫系统”理论为指导，以全新的理念、崭新的视角和独特的思路开展预算执行审计工作。坚持从审前调查环节发现线索、从体制机制层面分析问题、从规范管理角度提出建议的审计思路，在审计过程中坚持做到“三结合”与“三注重”。经过努力，外专局及人力资源和社会保障部预算执行项目均实现新的突破，例如，在对外专局的预算执行审计中，既查出以前年度存在的行政事业性收费不规范问题，又对以前年度发现的问题进行更深入的剖析，在往年查出的国有资产管理不规范问题基础上，对国有资产对外经营是否办理“非转经”手续以及经营收入是否纳入“收支两条线”管理作更进一步的审查，实现广度和深度的突破。

信息化建设 监察人事审计局不断探索绩效审计和计算机联网审计的方式方法，积极开展绩效审计和计算机联网审计。将绩效审计有机融入到预算执行审计中，在开展外专局、人力资源和社会保障部预算执行审计过程中，除关注违法违规问题外，将部门重大专项资金及结余资金的管理使用及绩效情况作为审计重点并发现上述部门部分专项资金项目进展缓慢、资金效益较低等问题。正在开展的对中央机构编制委员会办公室2009年度的预算执行审计中，全局以财政审计大格局和“免疫系统”理论为指引，积极研究计算机联网审计的方式方法，力求科学地对部门预算执行情况给予总体把握和评价。通过将部门预算电子化、建立预算科目和会计科目对照表、编写SQL程序语句、运行编辑的特定程序模块等方法和步骤，实现了快速准确按照项级科目逐项汇总反映部门年度预算及其执行情况以及对部门本级、所属预算单位以及汇总的年度预算及其执行情况进行对比的目标。

队伍建设 监察人事审计局继续坚持以人为本，不断加强队伍建设，加大培养优秀年轻干部的力度，按照以老带新、“推”陈出新的思路，多给年轻同志压担子、加任务，落实实务导师制，按照“年轻同志挑起大梁、处级干部保驾护航、领导班子把握方向”的思路培养年轻同志，在注重提高年轻同志业务能力的同时，更加注重提高年轻同志的品德修养，使他们形成“讲奉献、肯付出、重品行、敢创新”的品格。一年来，通过让年轻同志担任审计项目主审和牵头分项工作等形式，经过不断的审计实践，局内年轻同志业务能力、品德修养等各方面均取得明显进步。

制度建设 2009年，监察人事审计局以深入学习科学发展观为契机，对局内部管理进行认真检查和分析，查找以往工作中存在制度不全、职责不清、程序不严、管理不紧的问题并着手完善内部制度，将局内基础工作分为文件管理、资产管理、制度管理和记录登记等“四大板块”，确定专人修改完善，相继制定《监察人事审计局工作规则》《监察人事审计局党支部工作规则》《监察人事审计局审计项目目标责任管理办法》等一系列管理规定，完善关于印章管理、公文流转等事务的操作流程，规范日常办事程序；进一步明确和细化处室岗位和人员职责分工，在调查研究的基础上建立衡量干部成果业绩的局内考评制度，逐步形成一套行之有效的工作流程和奖惩制度。（撰稿人：王中杰）

【民政社保审计局】 2009年，民政社保审计局人员编制12人，实有12人，其中交流干部1人。设有审计一处、审计二处。主要负责对人力资源和社会保障部、民政部、中国残疾人联合会、中国红十字会总会、中国宋庆龄基金会及其在京所属单位的审计监督。

领导成员

副局长：徐　露（主持工作）

　　　　李　伟（10月—）

正局级审计员：邢　建（—7月）

审计成果 民政社保审计局共完成9个审计项目，分别是民政部部长任期经济责任审计，民政部2008年度预算执行审计，民政部2008年度部门决算（草案）审计，中国红十字会总会彩票公益金管理使用情况专项审计调查，对国家邮政局“小金库”治理重点检查，对湖南省邮政管理局“小金库”治理重点检查，对中南大学湘雅医院“小金库”治理重点检查，对湖南省煤矿安全监察局“小金库”治理重点检查，人力资源和社会保障部2008年度预算执行审计（与监察人事审计局合作）。共查出违规违纪金额18007万元，管理不规范金额1653万元；全年共出具审计报告10份，决算审签意见书1份，审计建议纠正函1份，下达审计决定书3份，审计信息1篇、情况反映3篇，移送纪检监察部门处理事项1件。

预算执行审计 完成对民政部、人力资源和社会保障部2008年度预算执行审计。在审计过程中通过关注屡查屡犯问题以及二、三级单位存在的问题，从体制、机制上分析原因、提出建议，促进民政部、人力资源和社会保障部完善制度，加强管理。发现的主要问题有扩大支出范围、资产未纳入账内核算，形成账外资产、全国最低生活保障信息系统工程进展缓慢，造成6980万元财政资金闲置，彩票公益金2159.33万元未按预算及时拨付等问题。提出了应进一步严格预算执行，要按照预算批准的项目和用途使用资金，严格执行各项费用的开支范围和标准，加强项目的计划管理和执行进度，避免资金闲置，发挥财政资金的使用效益；加强固定资产管理，规范固定资产会计核算和实物登记，建立定期清查盘点和对账制度，确保国有资产的安全完整的整改建议。被审计单位对审计提出的问题十分重视，在纠正违规行为、落实审计决定的同时，组织相关部门认真研究，进一步加强制度建设和内部管理。

决算草案审签　完成对民政部2008年度部门决算草案审签，并对其所属有关二级预算单位进行延伸抽查。针对决算编制中将项目经费在往来款列收列支，造成部门决算报表少列收入、支出和结余，多列负债和少列净资产以及将收入与支出直接对冲，造成部门决算报表少列收入和支出等问题，提出处理意见。

专项治理　根据中央治理“小金库”工作领导小组的统一部署，检查工作分两个阶段。第一阶段：于2009年7月6日至31日，对国家邮政局开展“小金库”治理重点检查工作。检查组重点检查了国家邮政局本级、北京市邮政管理局、国家邮政局机关服务局、北京邮电疗养院、中华全国集邮联合会等5个单位。第二阶段：于2009年9月1日至23日对湖南省邮政管理局、中南大学湘雅医院、湖南省煤矿安全监察局开展了“小金库”治理重点检查工作。在“小金库”重点检查中，共查出设立“小金库”23个。

经济责任审计　完成民政部部长任期经济责任审计。在对部门本级审计的基础上，就有关问题对民政部管理干部学院、中国福利彩票发行管理中心、民政部国家减灾中心、中国社会工作协会等单位进行延伸审计。通过对责任人任期履行党中央、国务院赋予的职责情况、民政部参与分配的中央转移支付资金情况、重大经济决策情况和责任人遵守廉政规定情况、财务收支与资产管理情况，做出客观的、实事求是的评价。提出应进一步加强彩票发行费和彩票公益金的管理，严格执行彩票公益金预算和彩票发行费收支计划，按照《彩票管理条例》的规定安排各项支出，更好地发挥彩票资金的使用效益和社会效益；应与有关部门积极协商，在法律框架内解决民政事业发展过程中遇到的民间组织验资和基金会办学资格等问题，规范行政行为；应进一步严格预算执行，提高低保信息工程等各项建设资金的使用效益；进一步规范财政财务收支行为，加强经济活动过程中的内部控制，全部资金、资产都要纳入法定账册核算，防范财务风险；继续加强对救灾资金、社会福利资金、社会捐赠资金等重点资金的管理，加大审批、分配、使用等环节的监督检查力度，确保各项资金的安全完整等审计建议，完成中组部交办的经济责任审计任务。

队伍建设　按照署党组的安排，我局领导干部进行了调整。为加强干部队伍建设，局领导上任初始便立即着手对人员结构和干部素质进行了摸底，与局内每位同志进行谈话，了解大家的思想情况，征求对局里工作的意见和建议。根据了解到的情况和干部队伍现状，提出了进一步加强干部队伍建设，努力打造一支和谐、向上、奋进、能战斗的审计队伍的工作思路。局领导要求，在局内要树立一种尊老爱幼的良好风气，局内两位老同志具有丰富的审计工作经验，在实际工作中要以身作则，发挥模范带头作用，做好对年轻同志的“传、帮、带”；三位中年同志正是干事的时候，应承担起承上启下的责任，要注重品德修养，时刻把“德”放在首位，在工作中多沟通，严于律己，宽以待人，特别是两位处长要讲团结、顾大局；四位年轻同志要加强学习，努力钻研，尽快熟悉审计业务，在实践中锻炼提高，争取早日成为审计工作和其他各项工作的骨干。经过全局同志的共同努力，大家的主人翁意识、集体荣誉感有了进一步的增强，好人好事不断涌现，一个“善沟通、促团结、讲正气、构和谐”的工作氛围正在逐步形成。

基础工作　强化基础建设，完成了更新被审计单位资料库工作。在满足审计署数据库基本要求的同时，还搜集输入了大量有关被审单位的业务情况，为审计工作提供信息资源。完成2008年度审计项目档案的整理、立卷、归档工作，按时向署办公厅报送审计项目计划执行情况月报表，及时编制审计统计台账。认真执行保密法规规章，

落实保密责任，加强保密工作教育，采取新的保密措施。（撰稿人：曹　盾）

【财税海关审计局】　2009 年，财税海关审计局人员编制 16 人，在编 14 人。设一处、二处、三处，负责对财政部、国家税务总局、海关总署、国家农业综合开发办公室及上述部门（单位）在京下属单位、上海国家会计学院、北京国家会计学院、厦门国家会计学院、中国财税博物馆的审计监督。

领导成员

副局长：赵保林（主持工作）

白冰冰（1—4 月）

姜跃山（9 月—）

审计成果　财税海关审计局完成审计和检查项目 4 个，派员参与其他专项审计项目 5 个。查出违规金额 1508 万元，其中应归还原渠道资金 116 万元，已归还原渠道资金 116 万元。移送司法机关、纪检监察部门处理事项 3 件。提交审计工作报告、信息 16 篇，被采用 11 篇。

预算执行审计　（1）完成对财政部和国家税务总局 2008 年度预算执行情况的审计。在对财政部的审计中，结合该部门主管财政收支、财税政策、国有资本金基础工作，负责预算分配和监督管理及财政财务和政府采购政策制定的特点，围绕财政审计大格局，突出对其执行政策情况审计，发现其预算编制宽松造成新增结余过大等问题，纠正了财政部在预算编报、预算执行、政府采购等方面存在的问题。并对金财工程边申报边设计边施工问题突出、工程进度缓慢；某中心突破工资计划总额发放津补贴；因一些技术性原因和有关法规制度不完善导致政府采购法难以完全落实；政府采购过程中存在未编制采购预算、规避政府采购；一些单位超过国家规定标准提取工会经费；将行政单位房产出租收入作为经营收入等问题做了深入剖析，一些情况上报了专题信息。财政部对审计结果高度重视，召开专题会议研究提出整改措施，并责成有关部门逐项落实。

（2）对国税总局的审计中发现总局作为发票监管部门，对系统内部监督不到位，存在“灯下黑”现象。在对总局 2006～2008 年会议费管理使用情况进行专项审计调查时发现，一些司局会议费支出缺乏有效的监督制约，一些会议费支出随意，并从中报销与会议无关费用。审计还发现总局下属个别单位存在投资损失及一些基层税务机关变相公款旅游等问题。总局领导对审计发现问题非常重视，多次召开会议，要求有关单位严肃整改，一些问题的有关责任人受到党纪政纪处分。

决算审签　在对财政部 2008 年度决算草案审计中，针对财科所决算编报不完整；某些专员办以前年度未据实列支，造成少计 2008 年初结余等问题，提出处理意见。

专项治理　完成了对财政部、海关总署和中国民航大学等 6 家单位“小金库”重点治理检查。发现一些单位通过虚列会议费支出、违规收费、处置资产收入不入账等方式设立“小金库”问题。检查还发现一些财政财务收支方面的违规问题。对这些问题都依法进行了处理，审计结果引起有关单位的高度重视。

其他专项审计　根据审计署统一安排，派员参加财政司组织的对财政部具体组织预算执行情况的审计、行政事业司组织的对审计署预算执行情况的审计、自主创新专项审计、国家安全生产监督管理总局“小金库”重点治理检查、扩大内需专项检查、部门预算执行审计汇总工作及中央治理“小金库”工作领导小组办公室审理工作。

其他工作　积极投入学习实践科学发展观活动，认真开展相关学习和实践活动，及时上报有关材料。牢固树立科学审计理念，以“业务出成绩、队伍出人才、管理上水平”为目标，努力发挥审计“免疫系统”功能，加强支部和思想政治工作，加强以作风和能力建设为重点的队伍建设、以制度建设为重点的内部管理工作，修订、制定了 19 项局内规章制度。2009 年度被全国妇联评为“全国三八红旗集体”、被审计署机关党委评为“2007～2008 年度先进党支部”，一名同志荣获中央国家机关“五一”劳动奖章。在计算机审计中勇于创新，2 名同志分别在署机关 AO 实例评选中获得一等奖和优秀奖。（撰稿人：王　强）

【资源环保审计局】　2009 年，资源环保审计局人员编制 15 人，在编 15 人，领导职数 2 名。实有人员 17 人，其中交流干部 1 人。内设审计一处、审计二处、审计三处。主要负责对国土资源部、环境保护部、国家海洋局、国家测绘局及其在京所属单位的审计监督。

领导成员

局　长：冯丽茹（—2月）

　　　　李树廷（2月—）

正局级审计员：冯丽茹（2月—）

副局长：许　亚

审计成果　全年完成预算执行审计、专项审计调查和"小金库"重点检查项目9个，查出违规金额16145万元、损失浪费金额33922万元、管理不规范金额710227万元，其中应上缴财政3230万元、应归还原渠道资金2169万元，应调账处理金额5218万元；已上缴财政3230万元，已归还原渠道资金2169万元，已调账处理金额5218万元。移送司法机关、纪检监察机关和主管部门处理事项12件，转送有关部门查处事项1件。提交审计工作报告、信息9篇，被采用7篇，其中审计署《重要信息要目》和《审计简报》采用6篇、信息转送函采用1篇，并被中办采用5篇次、国办采用4篇次、国家领导人批示4篇次，向社会公告审计结果2篇。派出审计局2009年度考核排名第一，受到审计署表彰。

预算执行审计　完成2008年度中央部门预算执行审计项目2个。开展对国土资源部和环境保护部2008年度预算执行情况的审计。查出多渠道申请项目资金、虚报冒领财政资金、部门预算编制不完整、违规提高标准发放津贴补贴、片面追求预算执行率虚列支出、部分外协费支出混乱，以及有关人员涉嫌行贿、受贿、贪污违法犯罪等十大类57个方面近百个问题。被审计署审计结果报告和审计工作报告采用案例4个，以及有关人员涉嫌行贿、受贿、贪污等违法犯罪问题。查出违纪违规及管理不规范金额26.27亿元。《国土资源部所属3家单位弄虚作假利用政府采购套取国债资金1269万元》、《应加强中央部门会议费监督管理》、《中央部门财政拨款大量结余影响资金使用绩效》、《假发票案件频发危害严重》分别被审计署《重要信息要目》第4、24、41、62号采用；《中央部门高度重视审计查出问题的整改工作》被审计署《审计简报》第7期采用。

决算草案审签　3月至4月，完成2008年决算草案审签工作。开展对国土资源部2008年度决算（草案）的审计，查出部门决算报表方面的问题金额499.69万元。提出审计报告1份，决算审签意见书1份。

专项审计（调查）　（1）完成了会议费和出国费管理使用情况专项审计调查。对环境保护部本级及部分所属单位2006～2008年度会议费和出国费管理使用情况进行专项审计调查。发现环境保护部在会议费管理中存在的虚列会议费支出私设"小金库"、套取资金乱支滥用、借办会之机超标准租用豪华游船游览参观、转移资金涉嫌贪污等4个方面的7个问题，涉及金额700余万元。相关信息被署《重要信息要目》汇总反映。

（2）完成第二次全国土地调查专项资金绩效情况的审计调查。对国土资源部承担的第二次全国土地调查专项经费使用绩效情况进行审计调查。重点调查国土资源部组织实施情况，以及中国土地勘测规划院专项预算执行情况，对部分项目单位进行了延伸审计调查。以审查资金使用效益为目标，重点关注基础资料购买、处理和成果核查经费的使用情况等方面存在的突出问题。审计调查发现，专项资金损失浪费问题比较严重，资金安全存在隐患，客观上影响了专项资金的使用效益。

（3）完成了国土资源部、国家海洋局"小金库"重点检查。开展对国土资源部和国家海洋局"小金库"重点检查。查出"小金库"金额2069.33万元，其中以会议费、劳务费、培训费和咨询费等名义套取资金设立"小金库"金额107.78万元、虚列支出转出资金设立"小金库"金额403.57万元、以假发票等非法票据骗取资金设立"小金库"金额28.19万元、其他方式设立"小金库"金额1529.79万元。

教育培训　在审计任务繁重、人员不足的情况下，除参加审计署组织的各项培训外，开展了集中学习、主题讲座、自选课题攻读等多种形式的培训和学习，派出人员参加计算机中级班的学习。目前有6人取得计算机中级班培训合格证书，占全局人数的50%。1名同志获得香港理工大学攻读硕士学位资格；通过理论探讨，提高审计人员理论水平和综合素养。有6篇文章分别被《紫光阁》《中国审计》《中国审计报》等相关报纸杂志采用；通过实战训练，提高了审计能力，目前80%的年轻同志具有担任主审的经历，整体实力逐步增强。

（撰稿人：徐克广）

【建设审计局】　2009年，建设审计局编制9

人，在编9人，局领导职数1名。设有审计一处、审计二处。主要负责对住房和城乡建设部、中华全国总工会、中华全国妇女联合会、中国共产主义青年团中央委员会和中央国家机关工作委员会及其在京所属单位的审计监督。

领导成员

局　长：苏乃民

审计成果　建设审计局共完成审计项目9个，查出违规金额922万元，其中应归还原资金渠道资金40万元，应调账处理金额270万元；已归还原资金渠道资金40万元，已调账处理金额270万元。查出管理不规范金额26778万元。提交审计报告、专项审计调查报告及审计信息12篇，被批示采用7篇次。

预算执行审计　在对住房和城乡建设部2008年度预算执行及其他财政收支审计中，发现该部专项经费预算不细化、扩大专项经费支出范围、违规收费和未按规定实行政府集中采购等问题，提出了审计建议，对于该部加强预算的编制和支出管理、规范财务行为起到建设性作用。

在对中央国家机关工委2008年度预算执行及其他财政收支审计中，查出该部门未经批准调整预算、基建项目未进行公开招标、违规发放津补贴和未及时上缴非税收入等问题，审计工作得到了中央国家机关工委领导的认可。

决算草案审签　重点对中央国家机关工委的决算编制情况进行审计。在决算审签中发现决算编制中存在少计收入、所属单位决算编制不完整的问题。中央国家机关工委能及时整改，在报送财政部的部门决算报表中已将问题全部纠正。

专项调查　(1) 完成全国总工会2008年度中央财政拨付困难职工帮扶中心专项资金及配套资金管理使用效益情况专项审计调查。调查发现预算编制程序不规范、预算不细化和决算不实等问题。审计调查工作成果得到了全国总工会领导及相关部门的认可，提出的审计建议对于全国总工会及基层总工会改进专项资金的管理使用工作，提高财政资金及配套资金的使用效益，发挥积极作用。

(2) 在对住房和城乡建设部2006～2008年度出国费和会议费的专项审计调查中，在把握总体的基础上，对重点会议和出国团组进行详查，审计调查发现向地方摊派会议费、出国费实际支出超预算和出国费用由其他单位出资或补助等问题，得到住房和城乡建设部主管领导及相关部门的重视与认可，上报的问题被审计要目及审计简报汇总反映4次。

(3) 2009年7月至10月，在中央治理“小金库”工作领导小组的统一部署下，开展对全国总工会、人民银行南宁支行、广西壮族自治区邮政管理局、商务部驻南宁特派办、广西玉林市工商局等5个单位的“小金库”治理重点检查，查出以上单位存在会议费和培训费结余挂账消费、其他收入不在合法账户中反映等问题。

计算机审计　在对中央国家机关工委的2008年度预算执行审计过程中，利用现场审计实施系统（AO)，结合SQL语句，通过对补助发放金额与实际发放标准进行对比、对经济活动数据进行分析，查出该部门超标准向基建办公室人员发放补贴和下属单位利用虚假发票套取资金发放补助等问题，并上报审计署1个AO应用审计案例。

相关工作　在队伍建设上，局领导坚持以人为本，把提高队伍素质、特别是提高年轻同志的审计业务能力作为第一要务。全局积极为年轻同志创造良好的学习条件，提高队伍的业务知识和实际工作能力。全局选派1名同志参加计算机中级培训班，1名同志参加BFT英语培训班，1名同志参加公文写作培训班，1名同志通过了审计中级资格考试。同时注意在审计实践中给年轻同志压担子、提要求，项目主审均由年轻同志担任，提高了年轻同志解决实际问题的能力。

在支部建设上，积极开展党支部活动，团结凝聚审计人员力量。党支部注重对年轻同志的关心和培养，2009年有一名同志从预备党员转为正式党员。党支部紧紧围绕学习、工作、家庭开展思想政治工作，努力为全局干部创造良好的工作环境。通过组织党员干部开展有益的文体活动，如公园健步走、郊区踏青等，保持了全局同志心情舒畅、团结互助和积极向上的精神状态；通过对同志给予学习上的鼓励、工作上的支持、家庭上的关心，保持了干部队伍的学习热情、工作活力。

（撰稿人：张京奕　肖　浩）

【交通运输审计局】　2009年，交通运输审计局在职人员16人。设有3个处，主要负责铁道部、交通运输部、中国民航、国家邮政局、中国邮政集团及其在京所属单位的审计监督。

领导成员

局　长：陈太辉（1—4 月）

　　　　朱喜贵（4 月—）

副局长：张　进（4 月—）

正局级审计员：刘福祥（1—9 月）

审计成果　组织实施和参与完成审计项目 9 个，其中预算执行审计和决算（草案）审签 2 个，“上下联动”审计 2 个，经济责任审计 1 个，“小金库”治理重点检查 1 个，派人参加审计署统一组织的其他审计项目 3 个。以《重要审计情况》等形式上报审计信息 10 篇，被审计署采用 8 篇，采用率 80%。被审计署利用审计成果共 20 项，其中汇总《重要信息要目》8 篇，移送处理 2 件，转送有关部门处理 5 件（其中转送部长处理 1 件），《审计结果报告》反映问题 5 个。10 月，审计署给交通运输审计局记集体三等功；12 月，交通运输审计局审计二处获得“全国审计系统先进集体”荣誉称号。

预算执行审计和决算审签　对交通运输部、国家邮政局进行 2009 年度预算执行情况审计以及决算（草案）审签。在审计中，进一步揭露重大违法违规问题，注重长期规范，促进发挥审计“免疫系统”功能。如在某部延伸审计中，发现该部所属单位顶风作案，套取专项资金 1491 万元，私设“小金库”长达 9 年，部机关有关司局多位司处级领导涉嫌从中收受贿赂的重大问题。刘家义审计长对此高度重视，亲自批示转送该部部长处理。该部党组高度重视，确定由驻部纪检组牵头组成调查组进行专案调查。经专案组调查核实后，该部追缴了有关人员收受的现金，对 4 名司局级、3 名处级领导予以党纪政纪处分（其中 2 人被免职，2 人被调离部机关），对 3 名曾任该单位领导，由部党组进行批评。在这期间，审计组多次听取汇报，帮助提出整改和建立长效机制意见，促使其采取了以下措施：一是安排部属单位和部管社团再次开展“小金库”治理回头看、挖死角工作；二是组织部属单位行政主要负责人逐级签订《遵守国家财经纪律承诺书》；三是抓紧制定和完善财务管理和监督检查工作制度，印发了 5 项制度，并着手制定 4 项制度；四是着手研发资金管理监控系统，将于年内完成。刘家义审计长等各位署领导批示，予以充分肯定。从该问题的处理效果看，这是在中央部门预算执行审计中，充分发挥审计“免疫系统”功能的一次成功实践。

“上下联动”审计　在做好预算执行审计的同时，配合行政事业司组织实施交通运输部海事局系统和港口建设费“上下联动”审计。在项目中，及时向各方参与者提供审计资料，认真做好沟通协调，深入进行问题查证，实事求是汇总报告。汇总的有关溢油污染处理、海事系统办经济实体、港口建设费前期工作费管理等问题，审计署向国务院分别编报了《重要信息要目》，总理作了重要批示。

经济责任审计　开展交通运输部李盛霖部长任期经济责任审计。在预算执行和“上下联动”审计项目都未结束情况下，合理整合审计力量，创新审计方式方法，将预算执行审计与经济责任审计有效结合。制定了客观公正的评价指标体系；对李盛霖部长任职期间历年审计发现问题的整改情况及效果，逐项检查，明确责任，进一步推动该部审计整改落实；在经济责任审计报告模板框架内，结合交通运输部自身特点，全面、准确、客观评价李部长履行经济责任情况。

“小金库”重点检查　对交通运输部本级和福建省邮政管理局、地震局，财政部厦门专员办，商务部福州特派办等 5 家单位进行两个阶段“小金库”治理重点检查，同时负责交通运输部系统“小金库”检查汇总，取得多项成果。一是查出交通运输部下属某单位以会议费名义虚列支出，将资金存放宾馆消费，结余形成“小金库”。二是福建省地震局某单位，将收入存放在其他单位开支，结余形成“小金库”。三是交通运输部某事业单位下属公司违规使用虚假发票 296 万元，已转送交通运输部查处。四是交通运输部下属单位相关人员套取资金 12 万元的问题，移送交通运输部监察局处理。五是福建省地震局所属单位采用在税务机关代开发票的方式，从财务部门套取现金，并销毁原始单据，该问题移送中国地震局处理。

其他审计　一年来，抽调 7 人次参加审计署统一组织的 3 个审计项目。其中，抽调副局长 1 名带领建设建材审计局赴广西开展第二阶段“小金库”治理重点检查；抽调 5 人参加铁道部关于贯彻落实中央扩大内需，促进经济平稳较快发展有关政策措施情况及其效果的审计调查，查出某铁路工程存在未批先用土地、失地农民社会保障资金2.03亿元未落实、某铁路工程临时用地侵占耕地复垦困难、某铁路公司违规分包工程1.34亿元等问题；抽调1人参加对财政部的审计，查出的3个问题被《审计结果报告》采用。

相关工作 一是抓思路创新，努力发挥“免疫系统”功能。建立动态的被审计单位资料库，把现场审计与平时监督有效结合，加强对被审计单位的监督，实现“守土有责”目标。二是抓学风建设，干部综合素质明显提升。建立每周学习日制度。支持和鼓励同志们参加各种在职学习和培训。三是抓廉政建设，坚持高标准严要求。实行廉政建设“一票否决制”。驻审计署监察局进行廉政建设专项检查时，高度评价交通运输审计局廉政建设工作取得的成绩。四是抓基础管理，综合工作秩序井然。加强制度建设，明确职责分工，提高审计文书质量。

班子和队伍建设 以争创“一流班子、一流队伍、一流业绩”为目标，以创优争先和建设学习型机关为抓手，切实加强管理，打造一支能力和作风过硬的审计队伍。

（一）抓班子建设，发挥领导模范带头作用。局领导班子带头学习，带头团结协作，坚持民主集中制，坚持深入一线靠前指挥。建立正常的局务会议和全局会议制度，重要事项由局务会议研究决定；对审计署有关审计工作的新部署、新要求，以及署内网发布的相关文件、通知等，及时召开全局会议传达学习。

（二）抓作风建设，促进干部队伍快速成长。针对每位干部的特点、长处和不足，有针对性地提出发展目标和要求；充分发挥处级干部的中坚和枢纽作用，进一步提高其独立分析问题、解决问题的能力；加强年轻干部的锻炼和培养。教育年轻同志树立正确的人生观和价值观，在业务上压担子，促进快速成长；培养团队协作精神。在审计中，安排“老”同志与年轻同志合作，优势互补，取得很好效果；大力倡导文明审计。要求审计人员坚持正确的政绩观，站在客观公正的立场上思考问题，用文明的方式沟通协调，做到敢于并善于碰硬，敢于并善于坚持原则，敢于并善于同违法违规现象作斗争。

2009年在加强作风建设方面有新的探索：坚持以提高审计工作质量为核心，以有效履行审计监督职责为目的，以丰富多彩的活动为载体，加强党的建设和思想政治工作，增强党支部的凝聚力和战斗力。一是注重加强学习教育。研讨在预算执行审计中如何发挥“免疫系统”功能，开展形势教育和读书等活动，参观革命纪念馆，达到了统一认识、激发斗志的目的。二是不断加强组织建设。党支部较好地坚持了“三会一课”制度，积极开展入党积极分子的培养教育，1名同志按期转为中共正式党员，1名同志被吸收为预备党员，1名同志被确定为入党积极分子。三是组织丰富多彩的文体活动。在2009年派出局联欢会上，全体同志参加了节目表演。在全署扑克升级比赛中，参赛人员获得优胜，跳绳比赛获得第1名，有4人次代表审计署参加了国家机关运动会。

（撰稿人：王　然）

【农林水利审计局】 2009年，农林水利审计局人员编制15人，在编15人，局领导职数2名。设有三个职能处：审计一处、审计二处、审计三处。主要负责对农业部、水利部和国家林业局及其在京所属单位的审计监督。

领导成员

局　长：李季泽（2008年11月—）

副局长：梁丽军（2009年12月—）

审计成果 农林水利审计局除对国务院南水北调工程建设委员会办公室（以下简称南水北调办）主任张基尧同志进行经济责任审计外，还完成国家林业局、农业部2008年度预算执行情况和其他财政收支情况等6个项目的审计。查出问题金额253689万元，其中违规金额53112万元，管理不规范金额200577万元（应上缴财政1089万元，应归还原渠道资金4094万元，应调账处理21959万元；已上缴财政628万元，已归还原渠道资金4082万元）。移送各种案件线索5件，其中移送司法机关处理事项3件，移送纪检监察部门处理事项2件。提交重要审计情况11篇（审计署《重要信息要目》采用3篇，《审计简报》采用1篇），上报专题报告1篇，得到国务院相关领导同志批示。

预算执行以及决算（草案）审计 以科学发展观为指导，充分发挥“免疫系统”功能作用，农林水利审计局完成国家林业局、农业部2008年度预算执行情况和其他财政收支情况审计。在农业部2008年度预算执行情况和其他财政收支情况审计中发现，该部门越权审批农科院利用国有划拨农业科研土地使用权、与民营企业合作开发商品房并获取销售收入 9.08 亿元，无预算动用上年结余资金 11.51 亿元等问题。在农业部会议费出国费专项调查中，审计揭露了农业部部分司局以编造虚假会议资料和用假发票报销方式，虚列支出私存私放等方面的问题。

在国家林业局 2008 年度预算执行情况和其他财政收支情况审计中，以揭露严重违纪和经济犯罪为突破口，发现国家某绿化单位领导（正司级）在任职期间，通过开展全国绿化模范城市等评比表彰活动，违规向获奖城市和单位收取“赞助费”上千万元，并将其中绝大部分转入私人公司，被其挥霍一空，造成国有资产重大损失，该问题已移送中纪委驻国家林业局纪检组。同时发现，中央电视台某制片人，利用为国家林业局下属单位制作节目之便，通过本人和其子的个人银行卡，涉嫌收受贿赂×百万元，该问题已移送司法机关依法处理。

经济责任审计　受中共中央组织部委托，按照审计署统一部署，完成对南水北调办主任张基尧同志 2003 年 8 月至 2008 年 12 月任职期间经济责任履行情况的审计工作。审计评价肯定了张基尧同志在带领南水北调办认真履行岗位职责，积极有序地组织推进工程建设，完善预算资金管理使用等方面的重要作用。针对审计发现的新增中央预算内项目资金滞留 68189 万元等问题，南水北调办进行积极整改。

通过对河南、湖北、江苏等 5 省南水北调工程建设项目承担单位的调查走访，该项工程在建设和管理上存在进展缓慢、质量不达标、资金使用效益不高、管理体制不适应等问题，其原因主要存在于建设管理利益化、部门之间相互掣肘等。审计综合上述情况形成关于南水北调工程建设和管理情况的专题报告上报国务院。审计发现针对中线干线河北涞水四标段发生溃堤跑水事故，南水北调办未对工程质量安全隐患进行实质性的排查整改，工程仍存在重大安全隐患，该情况以审计要目的形式上报国务院。上述专题报告和审计要目均得到总理、两位副总理的重要批示。

“小金库”治理检查　根据中央治理“小金库”工作领导小组的统一部署，由农林水利审计局牵头，对中国民用航空局（以下简称民航局）及所属中国民用航空局航空安全技术中心（以下简称安技中心）等 10 家京内单位和民航华北地区空中交通管理局内蒙古分局（以下简称内蒙古空管分局）等 5 家京外单位“小金库”治理情况进行重点检查。检查共发现“小金库”65 个，资金 25821.6 万元。其中，民航局本级 8 个，涉及资金 159.07 万元；所属单位 57 个，涉及资金 25662.53 万元。审计发现，内蒙古空管分局等单位以假发票报销等手段设立“账外账”，资金累计 12854.38 万元；浙江空管分局等单位经营收入未纳入规定账簿核算，形成“账外账”9175.11 万元；安技中心、海南监管局等单位资产处置、出租收入形成“账外账”980.34 万元；安技中心、航医中心等单位以会议费、咨询费、服务费等名义套取资金设立“账外账”393.83 万元。

除上述问题外，农林水利审计局还重点揭露严重违纪和经济犯罪问题。审计发现，民航局财务司有关财务人员未将个人所得税代扣代缴税款手续费 14.31 万元记入本单位账簿，而是以奖励的名义私分，该问题已移送最高人民检察院；中国民用航空华北地区空中交通管理局内蒙古分局原局长陈××（副厅级）指使该局部分干部采取使用虚假内容发票从单位账内套取资金和截留单位收入等手段私设“小金库”1.28 亿元，并利用职务之便涉嫌贪污“小金库”资金 805 万元，该问题已移送内蒙古自治区人民检察院。

农林水利审计局在对水利部及其下属单位进行的“小金库”治理重点检查审计中发现，该部信息中心违规摊派设立“小金库”345.45 万元，在所属公司以劳务费名义发放在职人员津补贴；中国水利报社、中国水利水电科学研究院用资产出租收入设立“小金库”383.53 万元用于工资性支出；水利水电规划设计总院以经营收入未纳入规定账簿核算设立“小金库”384.39 万元用于经营性支出。

此外，农林水利审计局还对内蒙古银监局进行“小金库”重点检查，共发现“小金库”5 个，涉及 4 个单位（其中中央二级预算单位 1 个，中央三级预算单位 3 个），金额 507.39 万元。

探索预算执行跟踪审计　农林水利审计局贯彻科学审计理念，与水利部共同构建“免疫系统”功能的长效机制，探索预算执行跟踪审计的新路子。该局与水利部共同搭建联网审计平台，初步形成“3+5”联网审计模式，即将水利部财务管理、计划管理、国库集中支付管理三大系统及其五个重点单位一并纳入联网审计范围，随时发现问题，及时纠正整改。2009年7月至12月，跟踪审计发出21个审计疑点询问函，涉及资金38亿元。同时，对于部门财务检查中发现的突出问题，每年选择一至两类进行专项审计调查，从机制、体制等方面入手，研究其产生的主客观原因，以达到标本兼治的目的。 （撰稿人：郑 欣）

【贸易审计局】 2009年，贸易审计局人员编制11人，实有11人，领导职数2名。设有一处、二处，主要负责对商务部、中华全国供销合作总社和中国国际贸易促进委员会（以下简称贸促会）及其在京所属单位的审计监督。

领导成员

局 长：虞伟萍

审计成果 贸易审计局实施审计项目5个，包括商务部2008年度预算执行情况和其他财政收支情况审计、商务部2008年度决算草案审计，供销总社2008年度预算执行情况和其他财政收支情况审计、贸促会会长万季飞同志任期经济责任审计，“小金库”治理重点检查项目。前3个项目已审结，查处违规金额4704.11万元，管理不规范金额99677.51万元，其中应上缴财政2243.71万元，应调账处理金额62591.31万元，应纠正的其他违规金额39546.6万元；已上缴财政2243.71万元，已调账处理金额62591.31万元，已纠正的其他违规金额39546.6万元；移送和转送主管部门处理事项2件，提交审计工作报告及专题报告16篇、信息12篇，被采用10篇。

此外，先后派出业务骨干2人参加审计署统一组织的贸促会驻港企业审计调查和商务部驻哈萨克斯坦、芬兰、瑞典使馆经济商务参赞处审计项目，1人参加中纪委专案组工作，1人参加中央部门2008年度预算执行审计结果汇总工作。

预算执行和决算草案审计 商务部2008年度预算执行和决算草案审计、供销总社2008年度预算执行审计中，贯彻执行审计署部署和工作方案，围绕中央扩大内需促进经济平稳较快发展这条主线，坚持“严格查处、立足整改、规范提高”工作方针和“守土有责、把握总体、突出重点、整改提高”工作原则，结合被审单位的特点开展审计。

商务部审计中，针对该部是组织落实“保外需，扩内需”政策的牵头部门和掌握资源性商品出口配额分配权的特点，重点检查了中央外贸发展基金和对外援助项目预算执行情况、资源类商品出口配额安排及其招投标收费收缴等情况。审计发现，中央外贸发展基金超范围使用、项目多且散；大量专项财政资金结余闲置，为个别不符合条件的企业安排焦炭出口配额；滞留配额招标收入和配额许可证收费收入；为非预算单位申领专项预算资金，以及将某项目资金拨付非项目执行单位管理等问题，通过审计促进商务部进一步健全制度、加强管理和阳光行政。

供销总社审计中，针对该社在保障农业生产资料供应和扩大农村消费方面的重大作用，重点检查“新农村现代流通服务网络工程”项目和其他支农专项资金的管理情况及会议费、出国费使用情况。审计发现，中农集团公司收到项目财政补助款未作收入；2个支农项目“以拨代支”，资金在非预算单位闲置；1个项目的财政资金被挪用；会议费超预算、套取现金发放补贴、挤占挪用项目经费用于出国等问题。通过审计，促使供销总社全面调查新网工程项目执行情况，完善预算管理。

“小金库”治理检查 根据中央部署，组织实施对商务部和部分京内外单位“小金库”治理情况的检查，目前审计发现的问题正在处理之中。对商务部检查发现的主要问题是：商务部某些司局虚列会议费将结余在酒店挂账形成“小金库”，所属某商会未将销户的分支机构账户余款收回，所属某协会展览部将办展收入转移到其他单位、以职工个人名义购买办公用房形成账外资产等。对京外单位检查中，注意使用多种方法相结合查找问题线索，发现的主要问题是：中山医院三家内设机构的财务收支未纳入医院财务报告，少计对外投资，将应收取的收入留在其他单位账内，形成账外资产；发放职工的部分交通费补贴未在工资和津补贴科目反映。上海药物研究所未记部分对外投资；图书情报室对外服务收入未入账；设备物资采购经办人员在其参股企业及其关联企业为药物所采购设备、物资等问题。

经济责任审计 受中组部的委托，实施对贸促会会长万季飞同志任期的经济责任审计，于12月出具了审计报告。

其他工作　按照署党组部署，扎实开展科学发展观学习实践活动，坚持以能力建设和作风建设为核心，针对发现的问题，积极整改，完善制度，不断提高内部管理水平和审计能力。

制定多项措施提升审计能力，建立了审前培训、审中交流和审后总结制度，坚持每月半天的业务学习制度，全年组织业务学习11次，为提升审计能力搭建了良好平台。理顺岗位分工、健全管理制度，至2009年底共修订完善了18项制度，日常行政管理工作程序简明、流转顺畅。加强支部建设，将每月半天的政治学习固定为制度，2009年共组织了10次政治学习，加深了对科学审计理念的认识。充分发挥工会作用，积极组织和参加各项文体活动，增强了职工的归属感和凝聚力。　（撰稿人：程兴林）

【文化体育审计局】　2009年，文化体育审计局人员编制11名，在编11名，另有1名交流干部；设有两个职能处，审计一处和审计二处。主要负责对文化部、国家体育总局、国家文物局及其所属在京单位和中国对外文化集团公司的审计监督。

领导成员

局　长：贾有长

审计成果　文化体育审计局共组织完成审计及审计调查项目6个，其中预算执行审计2个、小金库专项检查项目1个、决算审签项目1个、汶川地震捐赠物资和资金审计调查项目1个。共查出问题金额45747.39万元，其中：违纪违规金额384.68万元，管理不规范金额45362.71万元。提交审计报告2份、专项审计调查报告7份、决算审签意见书1份。此外，还根据署统一安排，核实中央治理“小金库”工作领导小组办公室转来的举报信8封，查出“小金库”1个，出具8份核实报告。上报审计信息8篇，有2篇署领导做了重要批示，重要信息要目采用1篇，转送部门1篇，有3篇被综合信息采用。此外，文体审计局还上报6期《情况反映》。在促进被审计单位提高预算管理水平、增强预算刚性认识、完善内部控制等方面取得较好的审计效果。

预算执行审计及决算审签　查出国家体育总局和国家文物局在预算编报、财政专项资金管理等方面问题，审计中发现问题金额45747.39万元，其中：违纪违规金额384.68万元，管理不规范金额42953.19万元。查出国家文物局及其所属单位少计收入、虚列支出等3大类问题，违规金额2409.52万元，提出调账等纠正措施，并要求国家文物局按照决算编制的要求编制真实的部门决算。针对两个部门在预算管理、专项资金使用对所属单位的财务管理等方面存在的主要问题提出8条审计建议。

“小金库”治理检查　完成对国家文物局“小金库”专项检查工作，审计发现文物局所属5个单位存在“小金库”，金额合计6175.34万元。

受中央治理“小金库”工作领导小组办公室委托，核实转来的举报信8封，查出“小金库”1个，金额24.8万元，出具8份核实报告。

（撰稿人：乔红兵）

【卫生药品审计局】　2009年，卫生药品审计局人员编制12人，在编12人，其中交流干部1人。设有审计一处、审计二处，主要负责对卫生部、国家食品和药品监督管理局、国家人口和计划生育委员会（以下简称人口计生委）、国家中医药管理局及其在京所属单位的审计监督。

领导成员

局　长：钱啸森

副局长：胡安明

副局级审计员：廖金梅

审计成果　2009年，完成卫生部2008年度预算执行审计、人口计生委2008年度预算执行审计和决算草案审签、卫生部2006年至2008年会议费出国费管理使用情况专项审计调查、卫生部、食品药品监管局、中央部门驻山东省所属单位和山东省青岛市粮食局治理“小金库”重点检查专项审计等审计项目7个。查出违规金额5880万元，管理不规范金额29765万元，其中应归还原渠道资金2682万元，应调账处理金额649万元，应上缴财政144万元。移送司法机关、纪检监察部门处理事项3件。提交审计报告、审计调查报告、审计决定、决算审签意见书和审计建议纠正函等审计业务文书23份。提交重要审计情况5篇，审计信息3篇，其中被《重要信息要目》汇总反映2篇，向被审计部门主管领导转送审计情况报告2份，汇总反映转送综合部门1份。提出审计建议8条。被审计单位根据审计建议制定整改措施18项，建立健全规章制度3项。

预算执行审计 完成卫生部2008年度预算执行情况审计和人口计生委2008年度预算执行情况审计。在卫生部2008年度预算执行审计情况中，查出的主要问题有：有些司局和部属单位虚列会议费支出；个别所属单位违反规定扩大专项经费支出范围；少数所属单位采购不规范等。发现山东省某医学中心改制为营利性医疗机构后，违规占用公立医院的资源和资质开展诊疗活动，增加患者负担的问题，移送卫生部处理，并建议卫生部进一步完善公立医院内设科室改制为营利性医疗机构的相关政策和监管工作。促进被审计部门依法行政、规范管理，注重发现体制、机制问题，对卫生部下属某中心专家特贴等基本业务经费财政补助不足的问题进行认真研究和核实，分析体制机制问题并上报了审计信息。在人口计生委2008年度预算执行情况审计中查出的主要问题有：挪用专项资金、项目结余资金；违规收费；违规发放职工津贴补贴；某下属单位2005年至2008年采购新型避孕药具未执行政府采购规定；其所属单位违规发放津贴补贴，单位负责人违反规定在所属单位变相领取津补贴等。

决算草案审签 完成人口计生委2008年度决算草案审签的审计，发现两个基本建设项目财政收支及资产状况未纳入部门决算等问题。

专项审计（调查） 完成对卫生部2006年至2008年会议费、出国费管理使用情况专项审计调查。发现年初会议计划编制不完整；有些司局和所属单位虚列会议支出套取资金办理消费卡、在宾馆挂账；出国经费由下属单位和企业出资；超预算范围支出出国费等问题。要求有关部门采取措施加强预算管理，严格规范资金使用，防范违规问题。

"小金库"重点检查 完成对卫生部、食品药品监管局、中央部门驻山东省所属单位和山东省青岛市粮食局治理"小金库"重点检查专项审计。检查发现山东某医院等单位将取得的收费收入在账外存放；山东某医院使用虚假发票报销职工福利支出等问题，并依法作出审计处理决定。检查发现山东某市财政专项资金损失的问题；发现人民银行某支行私设"小金库"的问题。

相关工作 （1）加强领导班子、党支部建设工作。局领导班子认真贯彻落实署党组的工作方针和工作部署，重点做好领导班子和党支部建设工作。完善局内各项工作制度，召开了26次局长办公会议，8次党支部委员会；坚持民主集中制，凡是审计项目实施方案、审计报告和重要决策安排均由局长办公会议或党支部委员会研究讨论。加强支部自身建设，努力创建"学习型"派出局和"学习型"党支部，在审计署机关2007～2008年度党支部评选中被评为先进党支部。局党支部围绕新中国成立60周年，深入开展党性教育和爱国主义教育活动。

（2）加强干部队伍建设。派出业务骨干参加署统一组织的四川汶川地震救灾资金和物资重要事项审计、联合国审计、2009年部长经济责任审计等项目。安排人员参加署组织的培训项目，年内有1名同志参加信息系统审计培训，1名同志参加知识结构调整培训，1名同志通过高级审计师考试，2名同志通过中级审计师考试，1名同志通过AO培训认证考试。坚持实务导师制。坚持在实战中锻炼队伍，在审计实践中培养人才。

（3）严格廉政纪律。实行"两公示"制度，即审计组进点时，宣布审计"八不准"纪律；审计结束离开被审计单位时，张贴《审计组执行审计纪律和经费自理情况》。

（4）积极探索计算机审计技术方法。结合卫生部、人口计生委预算执行审计，加强数据库建设，探索实现数据可分析对比的技术方法，为把握被审计单位总体情况奠定基础。继续推广联网审计方式，探索联网审计条件下预算上报与批复差异等技术方法。

（撰稿人：阮哈建）

【国资监管审计局】 2009年，国资监管审计局编制12人，在编11人，领导职数2名。设有审计一处、审计二处，主要负责对国务院国有资产监督管理委员会（以下简称国资委），国家安全生产监督管理总局和国家电力监督管理委员会（以下简称电监会）及其在京所属单位的审计监督。

领导成员

局　长：翟挨才

审计成果 2009年，国资监管审计局完成审计项目6个，查出违规金额52840.00万元，其中应上缴财政 2320 万元，应归还原渠道资金 566 万元，应调账处理金额 1323 万元；已上缴财政 2320 万元，已归还原渠道资金 566 万元，已调账处理金额 1323 万元。移送纪检监察部门处理事项 3 件，建议有关部门处理事项 2 件。提交审计报告、信息 13 篇，被采用 6 篇。

预算执行审计　完成对国资委和电监会 2008 年度预算执行情况的审计，并延伸审计部分二、三级预算单位。

审计查处国资委各种违法违规金额 3.21 亿元，查出的主要问题有：国资委有的司局虚列会议费支出；国资委本级 29 个已完工基建项目未按规定办理竣工财务决算；国资委企业改革局项目支出未按规定实行政府采购；机械离退休干部局违规出租国有资产，出租收入和资产处置收入未按规定实行"收支两条线"管理；中机农汽服务中心购置汽车、电梯等固定资产未执行政府采购；国资委机关服务中心虚报基本建设项目投资、挪用建设资金；机械离退休干部局未将房产等国有资产计入固定资产账。

审计查处电监会各种违法违规金额 3.05 亿元，查出的主要问题有：电监会本级扩大项目开支范围；电监会本级行政事业性收费收入预算编报依据不足，当年未能执行；电力业务资质管理中心扩大项目开支范围；中国电力企业联合会扩大开支范围；中国电力企业联合会科技开发服务中心未经审批出租房屋。

对两部门的预算执行审计，共上报审计信息 9 篇，有 5 篇得到署领导批示，有 2 个案例分别被署 2 期《重要信息要目》采用。《财政部应尽快解决 51.40 亿元发电资产变现收入的入库、使用问题》《关于国家电力监管委员会信息中心套取财政专项资金为职工谋取不正当利益问题处理的请示》，分别被转送财政部、电监会等有关部门。审计发现国资委所属事业单位部分领导人在企业兼职、入股，以及有的所属企业领导将公款借给个人投资等问题，已移送监察部驻国资委监察局处理。

决算草案审签　完成对电监会 2008 年度决算草案的审签工作，并延伸审计电监会所属的 5 个二、三级预算单位的决算报表编制和汇总情况。查处和纠正了电监会及其所属单位报表编制和汇总问题有：中国电力企业联合会科技开发服务中心少计收入；电监会机关服务中心少计收入、少计支出；中国电力企业联合会所属中国电力企业管理杂志社多计支出；中国电力企业联合会所属中国电力企业管理杂志社收支决算总表少填报年末经营结余；电监会本级多提取职工福利基金、多分配事业基金；电监会本级账表不一致；电监会电力资质管理中心和电监会信息中心多计事业基金。

"小金库"治理检查　完成对国资委、山西煤监局、山西省邮政局、中科院山西煤化所 4 个单位"小金库"治理工作的重点检查，并延伸检查了 9 个二、三级单位。检查发现 10 个单位存在 21 个"小金库"，金额合计 49955.00 万元，设立形式主要有资产处置或出租收入不入账、上下级单位之间相互转移资金、账外资产等。在"小金库"治理重点检查中，发现涉嫌以单位的名义私分国有资产、用公款为职工购买商业保险未按规定清退等问题，已移送中纪委处理。

专项审计（调查）　（1）完成对国资委 2008 年度固定资产管理效益情况专项审计调查。发现的主要问题有：固定资产管理基础工作较为薄弱，固定资产管理未能严格执行相关规定，固定资产登记、清查核对以及报废等基础工作管理不到位；固定资产购置没有计划，配置随意；国资委所属单位固定资产出租未按照相关规定履行报批手续。基本建设项目未按计划完工和完工项目不及时办理竣工决算，导致基本建设形成的固定资产不能及时转增固定资产，纳入固定资产管理。

（2）完成对国资委 2008 年度会议费、出国费专项审计调查工作，发现主要问题有：计划外组团出国，一些团组出国超计划天数和人数，一些出国团组的组团工作未纳入国资委统一管理等。会议费审计调查，查处了有关司局虚列会议费支出的违法违纪问题，引起国资委的高度重视，3 位委领导作出重要批示。

计算机联网审计　积极扩大联网审计覆盖面，不断提高实际应用效果。以建立中央部门预算执行"免疫系统"为目标，根据《审计署 2008～2012 年信息化发展规划》的要求，在署计算机中心及有关部门的大力指导和帮助下，结合实际，积极推进联网审计工作，在扩大联网覆盖面、提高联网审计技术方法应用水平等方面取得了一定的进展和提高。努力推动部门联网工作，扩大联网覆盖面。注重实效抓成果。在预算执行审计中以联网审计网络为平台，充分挖掘现场审计实施系统的审计功能，积极发挥联网审计的作用，取得良好效果。（撰稿人：张东华）

【经济执法审计局】 2009年，经济执法审计局人员编制12人，在编9人，交流干部1人，领导职数2名。设有审计一处、审计二处。主要负责对国家质量监督检验检疫总局（以下简称质检总局）、国家工商行政管理总局（以下简称工商总局）、国务院法制办公室（以下简称法制办）和中国法学会等单位及其在京所属单位的审计监督。

领导成员

副局长：李　捷（—11月）

刘文杰（11月—）

审计成果 2009年，完成审计项目4个，分别是质检总局2008年度预算执行和其他财政收支情况审计、工商总局2008年度预算执行和其他财政收支情况以及决算（草案）审计、法制办曹康泰同志经济责任审计和参加中办、国办“小金库”大检查工作，对国家电力监督管理委员会（以下简称电监会）、工商总局、武汉海关、交通部长江航运管理局和华中医科大学附属协和医院等5家单位“小金库”进行了审计检查。派员参加了联合国专项审计、“小金库”专项治理办公室工作及中国香港中检集团审计等。查出违规金额28635万元，管理不规范金额16640万元。提交审计报告8份、审计建议纠正函2份，提出审计建议13条。提交审计信息9篇，其中：重要审计情况采用6篇。

预算执行审计 在质检总局2008年预算执行情况审计中，发现主要存在挪用项目经费、扩大范围支出、自行调整项目支出预算、虚列会议费支出和违规发放津补贴等问题，提出审计建议3条，均被部门采纳，受到好评。在工商总局2008年度预算执行和其他财政财务收支情况审计中发现，工商总局存在扩大项目经费支出范围补助地方工商机关、将以前年度政府采购结余资金挂往来账、所属单位扩大项目经费支出范围及未及时清理以前年度收入等问题，提出审计建议2条，被部门采纳，对加强预算管理起到促进作用。

部门决算审签 在工商总局2008年决算草案的审签审计中发现，工商总局机关及下属离退休干部办公室、机关服务中心决算报表少计结余问题，提出改进建议2条。

专项审计（调查） 受中共中央组织部委托，对法制办主任曹康泰同志经济责任履行情况进行审计，审计发现法制办信息中心收入未纳入单位预算统一管理、出版社计提预留费用并长期挂账等问题，提出审计建议2条。根据中央治理“小金库”工作领导小组的安排派出检查组对电监会、工商总局等5家单位开展“小金库”治理重点检查，审计发现中国电力企业联合会统计信息部（以下简称中电联信息部）私存私放公款、电监会直属机关服务中心所属单位存在账外投资及工商总局下属单位以购买图书名义获取现金回扣用于发放职工劳务费、奖金等问题，在加强监督、规范预算资金使用和完善国有资产管理等方面提出了积极建议。

相关工作 围绕党中央提出的经济、社会科学发展的新理论和审计的“免疫系统”理论，牢固树立科学审计理念。一是将政治理论学习作为思想建设平台，拓宽审计发展思路，树立正确的政绩观和科学的人才观，进一步增强党员意识、公务员意识和审计工作者意识；二是着力提高干部综合素质，全面提高党员干部综合能力，为有效发挥审计的“免疫系统”功能夯实基础；三是抓好组织建设，充分发挥支部的战斗堡垒作用，营造和谐工作氛围，提高了党员干部的政治意识、责任意识，爱岗敬业，增强了党支部的凝聚力和战斗力。

（撰稿人：梁雁玲）

【广电通讯审计局】 2009年，广电通讯审计局编制12人，实有11人，其中交流干部2人。设有审计一处、审计二处。负责对国家广播电影电视总局（以下简称广电总局）、新华通讯社（以下简称新华社）、中国外文出版发行事业局（以下简称中国外文局）、中华全国新闻工作者协会及其在京下属单位的审计监督。

领导成员

局　长：李　钦（2008年11月—2009年7月）

副局长：洪承旭（2009年7月—）

审计成果 完成广电总局2008年度预算执行审计；新华社2008年度预算执行审计和决算审

签；广电总局本级 2006～2008 年度会议费和出国费管理使用情况专项审计调查；国家电影专项资金效益情况审计调查。开展了广电总局 2009 年度预算执行审计和决算审签；中国外文局 2009 年度预算执行审计和决算审签；对广电总局、重庆海事局、重庆煤矿安全监察局、重庆市地震局、重庆市民政局等 5 个单位“小金库”治理情况进行重点检查。抽调 5 人次分别参加四川灾区救灾物资审计、联合国项目审计、扩大内需促进经济平稳较快发展有关政策措施及效果专项审计调查和中央部门负责人经济责任审计。全年审计资金 62.7 亿元，查处违纪违规金额 8.5 亿元，管理不规范金额 20.7 亿元。向审计署提交专题或综合性报告 8 份，审计信息、重要审计情况 4 份，被审计署《重要信息要目》采纳 5 篇。转送有关部门处理 1 件。提出审计建议 9 条，全部被相关部门采纳。

预算执行审计　对广电总局 2008 年度预算执行情况审计，重点延伸审计了中国国际广播电台、无线电台管理局等单位。审计发现中国国际广播电台 2005 年以来，人员经费挤占项目经费，多发放津贴补贴 1944.06 万元。在提出纠正要求的同时，还对原因进行深入的调查和分析，专门起草有关审计信息，建议财政主管部门对负责意识形态宣传和国家软实力建设的中央级媒体进行调研，研究解决办法，规范事业单位收入分配制度，推动事业单位分类改革。对新华社 2008 年度预算执行审计，打破传统审计模式，对所属《参考消息》报社报纸印刷及收入结算流程开展计算机审计，查出报社内部管理不规范，造成 1215 万元报纸发行收入应收未收。

决算草案审签　对新华社 2008 年度决算草案审计，查出新华社决算草案分别少反映资产和负债 2676.16 万元；新华社在本级事业支出科目中列支所属单位住房公积金、提租补贴、购房补贴支出 1338.41 万元，导致新华社本级 2008 年度决算草案多反映事业支出 1338.41 万元，少反映住房改革支出结余 1338.41 万元。

专项审计（调查）　对广电总局国家电影事业发展专项资金和电影精品专项资金使用效益专项审计调查，发现专项资金政策制定不够完善、资金使用效益不高、资助农村公益电影放映覆盖范围小等问题，审计组提出了建立健全规章制度、理顺管理体制、加强预决算管理、提高资助影片项目规范性和透明度等方面的审计建议。

相关工作　（一）认真开展学习实践科学发展观活动，牢固树立科学的审计理念。成立学习实践活动领导小组，制定各阶段的实施计划和方案；召开被审计单位座谈会，听取被审计单位对我局工作的意见和建议；发动全体同志认真总结经验教训，查找不适应科学发展观的思想观念、不符合审计署“二十字”工作方针方面存在的问题，查找个人在党性党风党纪方面的突出问题；制定整改措施，明确整改责任人，规定整改期限，修订整改措施。学习实践活动达到了预期目标，促进了各项工作的开展。（二）加强队伍建设和作风建设，提高凝聚力和战斗力。充分发挥处级干部审计经验丰富，组织协调能力强的优势和表率示范作用。将青年干部培养作为队伍建设的重点，认真落实导师责任制度，每位处级干部带一名青年干部，提出培养计划和培养方式。认真搞好支部自身建设，树立良好作风。坚持“三会一课”制度，定期组织全体党员干部学习有关文件精神，开展读书活动，进行理想信念和政治经济形势教育。抓好廉政责任制度建设，组织学习新修订的“八不准”，使全体同志自觉树立求真务实、严谨细致、爱岗敬业、吃苦耐劳、无私奉献、严守法纪、廉洁自律的良好作风。（三）加强审计基础工作，提高审计工作质量和水平。抓好审前调查工作，编制切实可行的审计实施方案，对重点内容的审计方法、步骤进行细化，让每一位审计人员知道干什么、怎么干。强调提高审计证明材料完整性、准确性和关联性的重要性，严格执行三级复核制度，把好审计质量关。审计中注意反映因制度缺陷导致的违规或管理不规范问题，充分发挥审计的建设性作用。利用课题研究成果，积极开展效益审计。加大计算机审计的力度，不断提高审计信息化水平。　（撰稿人：廖　辉）

【新闻报刊审计局】　2009 年，新闻报刊审计局人员编制 11 人，在编 11 人，领导职数 2 名。设有审计一处、审计二处，主要负责对新闻出版总署（版权局）、人民日报社、光明日报社、经济日报社、中国日报社和《求是》杂志社及其在京所属单位的审计监督。

领导成员

局　长：王道平

副局级审计员：胡维玉

审计成果　新闻报刊审计局完成审计项目4个，查出违规金额15306万元，应归还原渠道资金43万元，应调账处理金额9711万元，应自行纠正金额5552万元；已归还原渠道资金43万元，已调账处理金额9711万元，已自行纠正金额5552万元。建议有关部门处理事项2件。提交审计工作报告、信息7篇，被采用4篇。

预算执行审计和决算草案审签　在对新闻出版总署2008年度的预算执行审计和决算草案审签中，仔细研究该署的"三定"方案，准确把握其职责范围和工作重心，并以资金走向为主线，仔细梳理预算的编报、批复、执行等各个环节，查出该署以非预算项目挤占部门预算、相关收入游离于预算之处、数千万元支出未取得合规发票、向企业乱摊派、应收债权长期未收回等一系列违法违规问题。根据问题的性质和形成原因，提出审计建议。在对经济日报社2008年度的预算执行审计中，针对其虽为事业单位，却实行企业化管理、执行企业会计制度，既有上亿元财政拨款，又有大量经营收入的实际情况，拓宽思路，突破旧有的行政事业单位预算审计模式，以审查其广告收入为切入点，将业务流、资金流和实物流进行交叉核对，查出该报社未按规定确认收入、将广告易货实物隐匿账外并将部分实物进行私分、虚列支出及会计科目使用不规范等问题。对广告易货实物被隐匿账外和私分的问题，以《重要审计情况》上报审计署。审计署专门将此问题转送国家工商行政管理总局研究参考。

"小金库"治理检查　对新闻出版总署、安徽省邮政管理局、中国民用航空华东空中交通管理局安徽分局和青岛航海运动学校黄山摩托艇训练基地"小金库"治理和其他财务收支情况展开检查。通过张贴举报公告、设置举报箱、突击盘点保险柜现金、询问有关人员、审阅会计账簿等方式，对上述单位的"小金库"治理和其他财务收支情况进行认真检查，检查结果引起中央治理"小金库"工作领导小组办公室重视，表示将对发现的有关问题开展专门研究，以明确相关政策。

其他工作　一是结合新闻出版总署2008年度预算执行审计开展会议费出国费的专项审计调查。根据审计署的统一部署，开展新闻出版总署2006～2008年度会议费出国费管理使用情况的专项审计调查。在对会议费的调查过程中，仔细分析该署340多次会议的规模、主题、参加人数、举办地点等内容，核查2200多万元会议费的具体支出情况，查出该署无计划及超标准办会、虚列会议支出套取资金、向企业摊派会议费、在会议费中列支个人康乐消费和购买商品的支出等问题，并对会议费管理和使用的总体情况作出审计评价。在对出国费的调查中，重点关注该署是否存在无实质性内容出国及出国费用超标准等问题，通过仔细核查相关原始凭证，查出该署部分临时出国团组费用开支超标准、部分出国人员在报销时未能提供出国任务批件等问题。对会议费出国费的专项审计调查结果，引起新闻出版总署的高度重视，审计调查结果被审计署《重要信息要目》采用，其中部分案例和数据被审计结果报告采用。二是派人参加审计署对财政部预算执行审计和国家粮食局领导人任期经济责任的审计。2009年，在努力实现"守土有责"目标的基础上，牢固树立大局意识，先后派出多名业务骨干，积极配合审计署对财政部预算执行和国家粮食局领导人任期经济责任的审计。从各方反馈的结果来看，派出的审计人员在所参加的审计项目中，都发挥了积极作用，圆满地完成自身所承担的任务，得到牵头司局和被审计单位的充分肯定。

（撰稿人：呼政清）

【旅游侨务审计局】　2009年，旅游侨务审计局编制9人，在编9人，领导职数1名。设有审计一处、审计二处。主要负责对国家旅游局、国务院港澳事务办公室、国务院侨务办公室、中共中央统一战线工作部（简称中央统战部）、中共中央台湾工作办公室、中华全国台湾同胞联谊会（简称全国台联）、中华全国归国华侨联合会等部门及其在京所属单位的审计监督。

领导成员

局　长：袁定聪

审计成果　全年完成审计项目，专项审计调查项目8个，查出违规金额6005.7万元，其中应调账处理金额961.08万元；已调账处理金额929万元。移送驻部门纪检监察机构处理事项1件。

提交审计工作报告5份、专项审计调查报告5份，审计信息2篇，发出审计建议函2份。

预算执行审计和决算审签　旅游侨务审计局完成国家旅游局、国务院港澳办公室2008年度的预算执行审计和决算审签。在对国家旅游局和国务院港澳办公室2008年预算执行审计中，旅游侨务审计局将上述部门本级和所属单位项目资金的管理和使用作为审计重点，查出国家旅游局虚列项目支出、自行改变项目资金用途使用项目资金和信息中心基建项目净结余未按规定使用等问题；查出国务院港澳办公室未经财政部批准，动用结余资金安排项目支出等问题。针对审计查出的问题，两部门领导高度重视，积极整改。如国家旅游局通过采取调整财务机构设置、强化财务制度建设等措施，努力改进预算和财务管理。该局还对近五年来审计指出的所有问题、提出的处理意见和建议进行了集中梳理，对相应的整改情况进行清理，查找管理漏洞和薄弱环节，建立健全有关制度，为进一步加强管理夯实基础。

专项调查　根据中央治理“小金库”工作领导小组和审计署的统一安排部署，旅游侨务审计局负责对国务院台湾办公室、中华全国归国华侨联合会、河北煤矿安全监察局、河北银监局、国家体育总局秦皇岛训练基地“小金库”治理及执行有关财经法规等情况进行重点检查。查出“小金库”及其他违规金额2695.06万元，其中：“小金库”4个，涉及金额787.7万元；违规发放津补贴341.4万元；管理不规范等问题金额1565.96万元。根据检查结果，旅游侨务审计局及时向中央治理“小金库”工作领导小组分别上报了检查报告，并针对检查发现的问题提出处理意见和建议，以促进被检查单位整改提高。

此外，根据审计署的统一部署，旅游侨务审计局还对中共中央统一战线工作部、国务院侨务办公室、海峡两岸关系协会、中国光彩事业基金会、中华思源工程扶贫基金会截至2009年9月30日接收汶川地震捐赠资金物资的来源、支出和结存等情况进行跟踪审计，并将审计结果汇总上报审计署。

经济责任审计　旅游侨务审计局承担对国务院侨务办公室主任李海峰同志任期经济责任审计任务。根据经济责任审计特点，结合国务院侨务办公室实际情况，在明确审计的内容、重点，审计评价原则和范围的基础上，以部门预算执行、其他财政财务收支和相关经济活动的真实、合法、效益为主线，本着“审计什么，评价什么”的原则，对李海峰同志任期内履行经济责任情况进行客观评价，肯定成绩，揭示问题，同时对经济责任审计进行积极的探索，在审计中不断完善和增强审计评价的科学性和公正性。用一个多月的时间，全局同志完成了从审前调查到结束现场审计，出具审计报告并征求意见等一系列工作得到国务院侨务办公室和李海峰同志本人的认可和好评。

联网审计　旅游侨务审计局在对国家旅游局会议费和出国费进行审计调查的过程中，由于该局在会议和出国方面没有年度计划，也未归口统管，所需数据分散，整理统计十分烦琐。审计人员组织延伸调查相关单位的同时，通过联网审计，以《现场审计实施系统》为依托，利用计算机数据分析技术，运用SQL Server、Access等辅助工具，完成了大量报表的统计、筛选、汇总工作，查出超标准列支会议费，虚报会议人数天数以及由驻外办事处额外负担出国团组费用等问题，按时、保质完成审计调查任务。

此外，旅游侨务审计局2009年上报的计算机专家经验《金天鹏住房公积金管理系统归集情况审计》，经过署里的统一评选，被纳入审计署计算机专家经验库。该专家经验是审计人员通过以若干住房公积金管理中心用户为样本，研究利用该系统开展住房公积金的归集、支取和贷款等业务情况，归纳出该系统下公积金管理容易出现的典型问题及审查方法，具有较强的实际操作性。

业务培训　旅游侨务审计局按照《审计署2008～2012年审计工作发展规划》和署领导的要求，加强对局内人员的业务培训和学习，提升审计人员综合素质。除组织同志们反复学习《审计法》、《财政违法行为处罚处分条例》和行政、事业单位国有资产管理办法等法律法规外，还结合所开展的审计项目，组织大家学习经济责任审计制度和“小金库”治理工作相关文件规定等，提高全局人员的审计业务能力，全年进行四次培训，收到较好的效果。　（撰稿人：林丽华）

【科学工程审计局】　2009年，科学工程审计局人员编制12人，实有11人，其中交流干部1人。设有审计一处、审计二处，主要负责对中科院、社科院、工程院及其在京所属单位的审计监督。

领导成员

副局长：李凤雏

审计成果 科工局完成了中科院和社科院2008年度预算执行审计、社科院2008年度决算（草案）审签3个审计项目，完成了中科院自主创新项目专项资金管理、使用和绩效情况专项审计调查及署统一组织的“小金库”治理重点检查工作2项，还派员参加了扩大内需项目的检查工作2项。共发现各类违纪违规和管理不规范金额24.5亿元，其中应调账处理金额11127.71万元；已调账处理金额11127.71万元。上报审计署《重要审计情况》《审计信息》11篇，被采用7篇。其中《重要审计要目》作为单独案例采用1件，《重要审计要目》综合采用的内容有3项。转送发改委、国务院机关事务管理局、科技部等部门处理事项3件。提交审计工作报告5篇。

预算执行审计和决算审签 完成对中科院、社科院2008年度预算执行审计和社科院2008年度决算草案审签，发现两院在预算编制、预算执行及其他财政财务收支方面存在的18个问题，查出违纪违规和管理不规范金额20.28亿元。揭示中科院存在预算未细化、挤占挪用科研经费、扩大开支范围、虚列支出套取资金等问题。揭示社科院存在的扩大开支范围使用专项经费、对外投资核算不规范、收支核算不真实、虚增支出、少计收入等问题。

专项审计（调查） （一）对中科院自主创新项目进行审计调查为发挥审计监督在推进自主创新、促进经济平稳较快发展中的作用，6月至7月，科工局和科学技术、财税海关审计局一起对中科院部分自主创新项目专项资金管理、使用和绩效情况进行专项审计调查，重点抽查了电工研究所、工程热物理研究所、福建物质结构研究所等6个单位9个自主创新项目。审计调查发现自主创新项目存在科研项目进展缓慢、关键材料和设备对外依赖程度高、科研成果推广应用存在困难、科研经费管理使用不规范、国家有关政策不完善和可操作性不强等问题。

（二）按照中央统一部署，科工局抽调13人（次）参加“小金库”专项治理重点检查工作，对中科院、中山大学附属第三医院、广东海事局、中国对外贸易中心及所属的19个二级单位进行重点检查。发现“小金库”性质及其他违法违规、资金和资产管理不当金额4.22亿元并提交了重点检查报告。

科研项目绩效审计 在中科院2008年度预算执行审计中，科工局以促进提高科研经费使用效益为目标，选取“龙芯”系列CPU芯片研制项目进行了专项审计调查。审计人员从财务收支入手，通过查阅合同和账面收入、项目验收资料和CPU市场行情比较、收集被审计单位参与产品推广的企业数据与项目设定的产业化目标比较，既肯定了该项目研究及其成果对我国芯片业发展的重要意义，又揭示了其研究和发展中存在的困难和问题。调查结果受到了署领导重视，以《重要审计要目》报国务院。

相关工作 （一）局党支部注重从提高内部管理水平、提升审计工作质量、加强队伍建设出发，明确“十个坚持十个防止”。以完善制度为切入点，修改、制定了《关于进一步加强劳动纪律的规定》《关于进一步加强廉政建设纪律的规定》《关于信息系统保密项工作的规定》。进一步完善了以“三项规定”为主体的规章制度体系。

（二）根据审计署机关党委《关于开展庆祝新中国成立60周年爱国主义教育活动的通知》的要求，以“受教育、献爱心，加强党性修养，弘扬良好作风”为主题，科工局组织党员、干部赴河北平山县西柏坡参观学习，到顺平县开展“访贫问苦”捐资助学活动，瞻仰了狼牙山五壮士纪念碑，活动中局领导带头同志们踊跃参加捐献助学经费1万元。 （撰稿人：竺伟玲）

【地震气象审计局】 2009年，地震气象审计局人员编制9人，在编8人，领导职数1名。设有一处、二处。主要负责对中国气象局、中国地震局、国家信访局和国务院参事室等4个单位本级及京区所属单位的审计监督。

领导成员

局　长：刘海宇

审计成果 地震气象审计局完成审计项目4个，查出违规金额8462.28万元，其中应归还原渠道资金110.94万元，应调账处理金额2866.53万元；已归还原渠道资金110.94万元，已调账处理金额2239.65万元。提交审计报告2篇、审计决定2篇、决算草案审签意见书1篇、审计调查报告1篇、审计检查报告6篇、审计信息5篇。

预算执行审计　完成对中国气象局2008年度的预算执行审计和对中国地震局2008年度的预算执行审计。

对中国气象局预算执行审计查出的主要问题有：中国气象局本级未经批准动用项目结余资金1455万元；行政管理局以前年度基建项目净结余资金2982.09万元未按规定处理；气象探测中心、国家气候中心挪用项目资金71.94万元。

对中国地震局预算执行审计查出的主要问题有：中国地震局本级、台网中心超范围使用项目经费894.76万元；台网中心自行发放物价补贴31.81万元，超标准发放食堂补贴7.19万元；震防中心基本建设项目净结余资金100万元未按规定处理；部分单位决算报表编报不完整，少计收入1165.02万元，少计支出300.09万元，少计结余864.93万元。

根据有关法规分别对上述问题作出处理，提出审计建议，被审计单位均已落实和采纳。

决算草案审签　对中国气象局决算草案审签查出的主要问题有：国家卫星气象中心、中国气象科学研究院将课题管理费在往来科目挂账，造成决算报表多列支出、少列结余、多列负债、少列净资产各118.46万元；国家气象中心、国家气候中心等4家单位购置固定资产未入账，造成决算报表少列资产和净资产各61.41万元。

专项治理　7月，对中国地震局及部分直属事业单位进行检查，9月延伸至吉林省地震局、财政部驻吉林专员办、水利部松辽水利委员会、吉林大学第一医院和吉林市第二实验小学校等五家单位进行检查。共查出违规设立“小金库”的单位5家，涉及的“小金库”个数为6个，金额为941.59万元，其他违规问题金额337.38万元。目前关于吉林市第二实验小学校“小金库”治理重点检查的处理决定已下达，其余问题的处理意见尚未公布。

专项审计（调查）　对中国地震局2006～2008年度会议费和出国费管理使用情况进行专项审计调查。调查主要围绕部门本级进行，并就本级会议费管理使用相关情况延伸调查了机关服务中心、国谊宾馆和铁道大厦等单位，掌握了中国地震局三年期间的会议费和出国费管理使用总体情况，揭示了未经国务院办公厅批准召开二类会议、召开超标准会议、部分团组在项目经费中无预算列支项目相关出国费等问题，分析问题产生的原因，并提出强化合理使用会议费的意识、完善会议费的管理制度、严格按“两办”规定做好对系统出国（境）团组审批管理工作的建议。

相关工作　一是坚持署党组提出的“二十字”审计工作方针，积极实践“免疫系统”理论，进一步深化财政审计大格局思路。二是加强领导班子和队伍建设，坚持以人为本，始终把加强领导班子和队伍建设放在全局工作的重要位置。三是加强政治理论学习，发挥党支部的战斗堡垒作用和党员的先锋模范作用。　（撰稿人：李晓明）

【宣传审计局】　2009年，宣传审计局人员编制9人，在编7人，局级领导职数1名。设有一处、二处。

领导成员

副局长：郑凯旋（—11月）

段大波（11月—）

审计成果　宣传审计局完成审计项目7个，查出违规金额45236.46万元，其中应归还原渠道资金604.36万元，应调账处理金额20310.53万元；已归还原渠道资金604.36万元，已调账处理金额20310.53万元。建议有关部门处理事项4件。提交审计工作报告、信息5篇，被采用5篇。

预算执行审计　本年开展了中国文联和国务院发展研究中心2008年度预算执行审计工作。在审计中，坚持推动被审计单位不断加强管理、更好地依法行政，做好四个结合，即审计与审计调查相结合、部门本级审计与二、三级单位延伸审计相结合、预算执行审计与决算审计相结合、财务收支审计与效益审计相结合。紧紧围绕审计工作方案，结合被审计单位具体情况，有针对性地选择审计重点，查处违法违规问题金额、数量、力度、深度都有了新的突破。在中国文联的审计中，宣传审计局针对该部门财务管理薄弱、专项资金多、文化活动多等特点，重点以部门预算编报、私设“小金库”、财政专项资金和文化活动收入管理使用等作为审计重点，查处了中国文联虚报冒领财政资金、挤占挪用财政专项资金、滞留抗震救灾捐款、私存私放资金、公款组织出国旅游、违规发放津补贴等一系列问题，其中财政拨款结余过大、违规发放津补贴等问题，被审计署重要信息要目和信息转送函汇总采用；中国美术家协会违规组织公款出国旅游问题，被审计署向中纪委的专题审计调查报告作为单独案例采用。对于中国文联陈某、冯某挪用公款、中国美术家协会组织公款出国旅游的严重问题，审计署依法移送中国文联纪委立案查处。在国务院发展研究中心预算执行审计中，以国有资产安全完整等作为审计重点，查处该中心财政拨款结余过大，所属中国发展研究基金会违规转让国有资产、涉嫌国有资产流失，中国经济年鉴社社长杜某违规出借资金等突出问题。其中财政拨款结余过大问题被审计署《重要信息要目》汇总采用。杜某长期违规出借资金的严重问题，依法移送国务院发展研究中心纪委立案查处。

“小金库”重点治理检查　7～10月，按照署内统一部署，派出检查组，参加全国“小金库”治理重点检查工作，先后对安全监管总局、中国文联、陕西省邮政管理局、陕西省煤炭安全监察局、西安交大一附院等5个部门和单位进行检查，并作为牵头单位对全国煤矿安全监察系统“小金库”检查报告进行汇总。其间克服时间紧、人员少，对京外单位情况不熟悉的诸多困难，采取审前做好被检查单位调查分析，寻找薄弱环节；审中突出重点，合理调配人员；审计处理阶段及时与“小金办”和被检查单位沟通，提出妥善处理意见的做法；在规定时间内，圆满完成检查任务。共查出各类“小金库”性质问题金额1.9亿元，得到“小金办”领导和被检查单位的好评。其中在安全监管总局发现的预算外资金理财收益7435.68万元长期滞留账外问题，以转送部委函转送财政部，其间发现国都证券公司阜外营业部违规账外经营1.6亿元问题移交证监会后，证监会高度重视，专门组成调查组对该问题立案查处，原证券营业部总经理、财务部经理等3人被免职；在西安交大一附院检查中发现该院违规开展肾移植业务，相关收支转入个人账户问题，以转送部委函转送卫生部；此外，根据“小金办”审理意见，检查中发现中国文联等单位应移送主管部门追究相关单位和人员责任的6个性质比较严重问题，已以检查处理决定形式移送各相关单位。

专项审计（调查）　在国务院发展研究中心2006年至2008年度会议费和出国费专项审计调查中，揭露了所属金融研究所与某宾馆职工冯某弄虚作假套取会议费发放劳务费、超标准列支会议费、出国费以及出国团组自行改变行程线路和超标准宴请等突出问题，被审计署重要信息要目汇总采用。对上述冯某私刻单位公章、伪造发票、非法牟利的问题，宣传审计局按规定转送有关部门查处（冯某现已被开除公职）。

计算机辅助审计　为了提高审计工作效率，充分运用信息化审计成果，在本年审计工作中将计算机辅助审计与调查取证有机结合，合理选择审计抽样，扩大了审计覆盖面。充分利用AO系统数据采集与查询分析功能，扩大审计范围。将本级与二、三级预算单位之间、同一单位不同年度之间的账簿数据、预算决算数据进行查询、分析、对比，发现一些问题线索，然后通过进一步取证，落实违法违规问题。宣传审计局编写计算机辅助审计案例《巧妙利用AO业务表功能快速实现决算报表账表核对》，被审计署评为优秀案例。

其他审计项目　宣传审计局克服人员少、任务重的实际困难，先后抽调审计人员4人次支援审计署抗震救灾资金审计、贸促会部领导经济责任审计等项目。审计中，宣传审计局的同志坚持原则，一丝不苟，揭露和查处大量突出问题，赢得组织单位的好评。　（撰稿人：王雷鸣）

审计署驻地方特派员办事处

【京津冀特派员办事处】　2009年，京津冀特派员办事处（以下简称京津冀办）人员编制290名，在编160人，领导职数7名。设有办公室、法规处、财政审计一处、财政审计二处、行政事业审计处、资源环保审计处、固定资产投资审计处、金融审计一处、金融审计二处、企业审计一处、企业审计二处、社会保障审计处、外资运用审计处、计算机审计处、人事教育处和机关党委。

领导成员

特 派 员：刘汝焯（—2月）

李勇库（2月—）
副特派员：李占维
孙雅琴（—7月）
周树大（9月—）
蔡　峰（9月—）
纪检组长：洪承旭（—7月）
孙雅琴（7月—）
特派员助理：周树大（—9月）
正司级审计员：刘汝焯（2月—）
副司级审计员：张国强

审计成果　2009年，审计署下达京津冀办审计项目15个，截至12月底完成审计（调查）项目14个。查出违规金额8.1亿元、损失浪费金额0.8亿元、管理不规范金额466亿元。审计移送司法和纪检监察部门以及有关单位事项11件，涉及金额2.6亿元。提交审计专题、综合性报告和信息简报116篇，被批示采用193篇次。特别是《审计要情》的采用数量达到历年最高水平，超过前三年采用之和，其中独立采用2篇；提交的10篇审计专题报告有2篇被审计署采用上报国务院，实现历史性突破。京津冀办实施的河北省社会保障资金专项审计调查被评为2008年度审计署表彰审计项目。

财政审计　在H省2008年至2009年6月财政收支管理情况审计调查中，查出该省三个地市违规使用就业再就业资金2.2亿元，以建设劳动力市场的名义扩大建设劳动部门办公场所，影响了就业再就业资金的使用效果。据此撰写的审计简报被《重要信息要目》和中办、国办采用，国务院领导作出重要批示。审计查出的该省中央补助资金未编入预算等3个问题被汇总编入审计长向全国人大常委会所作的报告。

金融审计　在中国农业银行股份有限公司2008年度资产负债损益情况审计中，查出或协助查出北京某企业将贷款通过汇往深圳边境小商店洗钱后汇往境外、辽宁某公司与天津开发区某公司通过虚假供销合同涉嫌骗贷、北京某企业将贷款通过证券市场炒股洗钱并非法占有等3个案件线索，均被《审计要情》汇总采用，国务院领导作出重要批示。

企业审计　在H集团公司领导人任期经济责任履行情况以及财务收支审计中，发现该企业存在重大借款担保事项未纳入决策管理、未经批准在成本费用中列支企业年金、少计收入少缴税金等问题。审计过程中注意发现影响企业可持续发展的重要因素，据此提交关于该行业健康发展的3篇专题报告，被审计署采用上报国务院2篇。

固定资产投资审计　在京沪高速铁路建设项目审计中，查出该工程北京某段征占集体土地拆迁房屋补偿安置工作严重滞后，437个拆迁户中有近200户村民在京沪工程正线及施工便道22米范围内，严重影响了工程建设进度。据此撰写的审计简报被《审计署值班信息》汇总采用。在H省病险水库除险加固工程审计调查中，发现该省在工程建设过程中存在前期工作拖延、工期推迟等问题，无法按时达到完成除险加固的要求。据此撰写的审计简报被《重要信息要目》和中办、国办采用，国务院领导作出重要批示。

资源环保审计　重点关注农村经营性承包土地流转、国有土地使用权出让等情况，揭露和查处造成国有资源流失问题。在H省2007～2008年国有土地使用权出让金及土地开发整理资金的征收管理使用情况和相关土地管理政策法规的执行情况审计调查中，发现该省S市国土管理部门不顾土地现状，变更数千亩耕地、林地和未利用地的地类，而后出售建设用地置换指标，个人非法获利6000多万元；T市国土部门在收购该市某房地产开发有限公司的176.39亩工业用地时，按住宅用地确定收购价格，为该公司牟取不当利益9310.29万元。据此撰写的2篇审计简报均被《审计要情》采用，国务院领导作出重要批示。

明确目标，制定发展规划　为落实审计署党组关于“京津冀特派办是一个大办，要在培育自身特色和亮点上下工夫，努力发展为一个强办”的要求，京津冀办从3月11日开始，在全办范围内深入开展“大办变强办，我们怎么办”的讨论活动，广大干部职工踊跃参与、热情讨论、献计献策。通过6个多月的大讨论，办党组在广泛征求大家意见的基础上，多次召开办党组会议、特派员会议、处长会议和全办干部大会，反复论证，研究制定京津冀办《2009～2012年“大办变强办”发展规划》。规划的主题是：围绕审计署五年发展规划提出的目标任务，结合实际，进一步夯实基础，强化管理，抬高起点，加快发展，争取用三年左右时间把京津冀办建设成为业务强、队伍强、管理强，综合考核排名位于前列的特派办。这个规划是广大干部职工集体智慧的结晶，是全办干部职工的共同意志和普遍心愿，是今后几年的工作指南和行动纲领。

控制风险，提高质量　京津冀办以“增强风险意识，提高审计质量，完善制度机制”为目标，结合 2009 年“作风建设年”主题活动，在全办范围内开展审计质量大检查活动；对现有审计业务规章制度进行系统、全面的审视和修订，制订《审计项目审理复核情况季度通报制度》《审计项目审理工作试行办法》《审计项目考核评优办法》《审计项目招标投标管理办法（试行）》等制度，构建了审计实施与审理复核既分离又制约的风险控制体系，提高审计工作质量。

转变机制，整合资源　京津冀办积极推进审计方式创新，转变工作机制，激发审计活力，深化审计项目资源整合。在 H 省土地出让金审计等重点审计项目中，积极探索财政审计一体化，整合全办人力、物力、财力、信息等资源，建立了信息共享、上下联动、人员整合、项目招标、内外协调等五项工作机制，形成目标统一、内容衔接、层次清晰的财政审计一体化大格局。京津冀办加强与地方政府的配合，依托司法机关和纪检监察部门，借助行业专家和社会审计力量，形成工作合力，扩大审计成果。在 H 省土地出让金专项审计调查和 A 省、B 市中央扩大内需政策措施实施情况专项审计调查中，引入竞争机制，实行招标，提高了审计人员的竞争意识，实现“要我干”到“我要干”的转变。

队伍建设　京津冀办坚持以人为本，深入开展主题为“强作风、树形象、促作为”的作风建设年活动，组织召开党风廉政建设工作专题会议，进行全办范围的廉政风险大排查工作。组织参观纪念馆、重温入党誓词、访贫问苦等特色党支部活动和 3 次办党组中心组学习。注重干部培养、选拔和锻炼，组织副处级领导干部竞争上岗，两次推荐局级领导干部，组织新上岗人员开展入办教育和实践锻炼。关心退休干部生活，召开退休干部专题会议，通过走访慰问老领导和座谈等方式了解情况，安排退休干部专用车，建立活动中心，满足了退休干部实际需要。今年，有 1 人和 1 个处分别荣获天津市劳动模范和天津市“五一”劳动奖状先进集体称号；连续六年荣获中纪委颁发的“党风廉政建设信息联系点先进单位”称号；再次荣获全国精神文明建设先进单位称号和全国“五五”普法中期先进单位称号。

（撰稿人：胡建春）

【太原特派员办事处】　2009 年，太原特派员办事处（以下简称太原办）人员编制 150 人，实有 117 人，领导职数 6 人。设有办公室、法规处、财政审计处、行政事业审计处、资源环保审计处、农业审计处、固定资产投资审计处、金融审计处、企业审计处、社会保障审计处、外资运用审计处、计算机审计处、人事教育处和机关党委。

领导成员

特 派 员：刘满堂

副特派员：卢华胜

纪检组长：王铁英

副司级审计员：宋华民

王爱梅

审计成果　2009 年，太原办共实施审计项目 25 个，其中 17 个审计项目已按审计署规定时间完成并上报了审计报告，其余 8 个跨年度审计项目正在按计划组织实施。查出违规金额 660506 万元，其中应上缴财政 333861 万元，应归还原渠道资金 999 万元；已上缴财政 333861 万元，已归还原渠道资金 999 万元。移送司法机关、纪检监察部门处理事项 2 件，建议有关部门处理事项 2 件。提交审计报告、审计调查报告、信息 131 篇，被采用 53 篇。

财政审计　审计查出违规金额 344 万元，管理不规范金额 5273525 万元。其中未按规定征收、缴纳预算收入 1320969 万元，违规改变资金用途 577585 万元，资金滞留闲置 783488 万元，隐瞒转移截留财政收入 1315173 万元，财政收入核算不实 404471 万元，其他 836183 万元。重要问题有：企业年金制度加剧社会分配不公的问题应予重视，现行消费税税制设计不当企业少缴消费税，应高度重视当前就业形势严峻与就业资金大量结余并存的反常情况等问题。以《重要信息要目》上报国务院后，均被中办、国办采用，得到国家领导人的重要批示。

金融审计 审计发现管理不规范金额46860万元。重要问题有：银行新增贷款流向值得关注，国有商业银行新增法人贷款呈"五多五少"的态势等问题。以《重要信息要目》上报国务院后，均被中办、国办采用，得到国家领导人的重要批示。

行政事业审计 审计发现管理不规范金额322895万元。重要问题有：一些城市的优质公办中学高额举债搞建设，一些中小学校通过服务性收费和代收费方式侵占学生利益，一些地方进城务工就业农民子女义务教育工作相关政策有待全面落实，城市基础教育阶段学校违规收费现象较为普遍等。以《重要信息要目》上报国务院后，均被中办、国办采用，得到国家领导人的重要批示。

固定资产投资审计 审计发现管理不规范金额23829万元。重要问题有：电网经营企业计算机信息系统安全管理存在较大隐患，农村电网建设和运行的维护管理亟待加强，企业自备电厂小火电机组未按规定纳入关停方案，征收农网还贷资金的政策应适时调整等问题。以《重要信息要目》上报国务院后，均被中办、国办采用，得到国家领导人的重要批示。

企业审计 审计查出损失浪费金额8923万元，管理不规范金额207108万元。重要问题有：一些地方向企业乱收费乱摊派问题屡禁不止，一些中央企业主业之外投资经营的宾馆六成亏损等问题。以《重要信息要目》上报国务院后，均被中办、国办采用，得到国家领导人的重要批示。

专项资金审计（调查） 审计查出违规金额660162万元，管理不规范金额1244210万元。重要问题有：农村医疗救助资金结余较多，部分患大病贫困农民却未得到救助；廉租住房保障方式有待改进完善等。以《重要信息要目》上报国务院后，均被中办、国办采用，得到国家领导人的重要批示。

队伍建设 提高太原办审计干部政治和业务素质是太原办2009年队伍建设的中心任务。一是用科学的审计理念统一全办干部职工思想。结合学习实践科学发展观活动，引导全办干部职工牢固树立科学的审计理念，深刻认识审计"免疫系统"本质；二是着力在审计工作实践中培养干部，提高审计能力。结合审计项目，通过开展专题审计调查，撰写专题审计调查报告，明显增强了审计人员的宏观意识、综合分析能力；三是加大年轻干部的使用力度，录用高学历和缺口人才，优化队伍结构；四是以人为本，建设文明和谐特派办。太原办充分发挥群团组织的作用，开展丰富多彩、健康向上的精神文明建设活动。连续十年获得"省直文明单位标兵"称号，连续六年获得"省级文明单位"称号。 （撰稿人：郎少萍）

【沈阳特派员办事处】 2009年，沈阳特派员办事处（以下简称沈阳办）人员编制150人，在编128人，领导职数6名。设有办公室、法规处、财政审计处、行政事业审计处、农业审计处、资源环保审计处、固定资产投资审计处、金融审计处、企业审计处、社会保障审计处、外资运用审计处、计算机审计处、人事教育处、机关党委。

领导成员

特 派 员：王鸿津

副特派员：刘　丹（—9月）

夏循福（7月—）

马文辉（9月—）

刘　仲（10—12月）

纪检组长：王　地

副司级审计员：郑有富

审计成果 2009年，审计署下达沈阳办审计项目23个，加上上年跨年度项目5个，共28个。截至年末，已完成审计项目18个，正在进行的项目10个（署计划安排的跨年度项目）。已审结项目共查出违规和管理不规范金额520.31亿元。向纪检监察和司法机关等有关部门移送案件线索4件。全年报送审计报告、审计调查报告、专题报告29篇。编发《审计简报》143期，《重要审计情况》13期，被审计署采用或转部委78篇次。其中：《审计要情》采用11篇，取得建办以来的最好成绩，《重要信息要目》采用43篇，《审计简报》采用4篇，《审计署值班信息》采用1篇，中办、国办采用89篇，中央领导批示51篇，转部委17篇，《审计工作通讯》采用2篇。编发《审计宣传》215期，被《中国审计报》《中国审计》、审计署网站等媒体采用134篇次。组织实施的内蒙古电力建设情况专项审计调查项目和中国航天科工集团公司原法定代表人任期经济责任审计项目被审计署评为表彰项目。杨迪同志被评为全国审计系统先进工作者。

财政审计 对某市地方财政收支审计项目，一是揭示财政预决算管理中存在的问题。审计发现该市存在年初预算部分项目有待细化、对上级专项补助收入和部门预算编制不完整、预算外资金的收支安排未向同级人代会报告等预算管理体制中存在的问题。揭示了预算单位财政资金结余2995万元长期闲置、预算单位经费超支、应缴未缴坐支非税收入2102万元、财务报表不实等影响预算执行进度和财政决算真实性的问题。二是严肃查处国家政策执行中的违规违纪问题。查处该市2003年以来在A市异地占补耕地2245公顷，占补耕地的过程中，两市土地部门相关人员涉嫌与私营企业合谋侵占财政资金6839万元的重大违规问题。审计信息被《审计要情》采用。三是关注财政风险，提出化解风险建议。针对审计中发现的该市在协助某银行清理不良资产、实现跨区域经营的过程中，存在资产转让手续不完善、处理不良资产形成亏损9亿元等问题，建议及时协调有关部门推动资产的实质性转让，完善增资入股工作，采取积极措施消化因处理不良资产形成的亏损，防范财政风险。审计建议受到市政府的高度重视。

金融审计 对农发行某省分行的审计，一是针对分支机构违规核销呆账、违规挂账、大量信贷资金流向非农领域等问题，提出强化“库贷挂钩”意识，加强贷后监管，确保粮食收购贷款安全；坚持服务“三农”，充分发挥政策性银行的作用；加大待清收粮油准政策性贷款挂账清收力度等审计建议，受到该行高度重视。二是查处了某支行原行长、副行长等人与某公司总经理内外勾结，违法发放贷款2亿元的重大违法案件。审计署以《审计要情》上报国务院，国务院领导指示公安部立案查处。

企业审计 对某集团公司审计，严肃查处重大违法违规问题，促进国企管理。查处某上市公司违反国家关于企业之间不得变相融资的规定，以预付款名义向民营企业出借资金1.8亿元，由于目前该民营企业已全面停产，造成1.2亿元资金面临损失。审计署已将此问题转送国资委处理。在对某通信集团有限公司审计中发现一些分公司入账的代理商佣金发票中，存在面额总计为1.6亿元的假发票，由此代理商和分公司少缴税款近5000万元。

社保、农业、外资运用审计 一是在某省政府投资保障性住房情况专项审计调查中发现，某棚户区改造项目由于地方配套资金无法落实，造成验收合格的棚改新区因拖欠工程款而不能交付，2000多户棚改居民无法入住，仍居住在采沉区等危险区域，受到有关部门高度重视。二是在某省农作物良种补贴等4项补贴资金的管理和使用情况审计调查中发现，该省农业机械化扶持发展中心主任马某与某公司销售部长王某相互勾结，涉嫌侵吞国家农机购置专项资金146万元，套取农民和国家农机补贴资金881万元。三是在某省农村饮用水安全状况审计调查中发现，2006～2008年，该省农村饮用水安全项目建设中由于市、县财政大量配套资金不到位，造成农民自筹资金占实际完成投资的32%，是国家要求的3.2倍，加重了农民负担。同时，部分地区还存在由于矿山开采、地下水严重超采等原因，致使农村水源地遭到严重破坏，威胁百姓健康等问题。

资源环境审计 在某自治区矿产资源专项资金审计调查中发现，稀土资源在开发利用中存在着政出多头、开采计划管理混乱、出口管理办法不完善、产品廉价出口以及利用率低等问题。提出了统一部署全国开采总量指标，完善稀土出口管理办法，研究建立稀土资源国家战略储备制度和商业储备制度，保护国家和企业利益，维护国家安全的审计建议。审计署编发《重要信息要目》上报国务院，国家领导人作出重要批示，责成发改委、国土资源部、商务部等部门提出完善我国稀土资源管理的措施。关注矿产资源专项资金管理，严查重大违法违规问题。查出欠缴专项资金15亿元、挪用资金21.1亿元、违规处置矿权、矿山环境治理不力、无证开采等7大类39个问题，共涉及资金82.6亿元。

固定资产投资审计 在某省病险水库除险加固工程审计调查中，查处该省供水集团有限责任公司违规使用水利工程水费2.1亿元，用于水利厅职工住宅建设和房地产开发等问题。在某输变电工程审计中发现，2001年以来，某市乡镇违规占用所辖15个村的土地补偿费1.8亿元，用于基础设施工程建设，至今尚未归还，加大了资金风险，侵害了当地农民利益。在某输变电工程审计中，结合工程建设和运行情况，立足于电网运行安全的全局高度，从能源管理体制、电力技术发展等方面入手，揭示受电地区缺乏足够的备用电源，一旦出现线路故障，势必影响电力运行安全的问题。

专项审计（调查） 在某省中央扩大内需促进经济平稳较快发展有关政策措施实施情况及效果的专项审计调查中，一是着力反映资金投向不合理问题。如某市水泥总体产能已经处于过剩状态，但仍安排资金建设年产 180 万吨水泥熟料生产线，建成后将进一步加大该市水泥行业产能过剩的问题。二是关注政策执行中土地问题。截至 2009 年 8 月末，抽查的 153 个项目共需建设用地 6574.73 亩；尚未落实项目用地 2779.86 亩，占所需建设用地的 42.28%。三是揭示项目建设管理、配套资金中存在的问题。如审计抽查的 153 个项目中，有 45 个项目尚未开工建设，涉及投资 11.4 亿元，占抽查项目总数的 29.41%、总投资额的 14.47%。同时，地方配套资金总体到位率低。截至 2009 年 8 月末，该省扩大内需投资项目尚有 69.8 亿元配套资金未到位，占计划总投资的 21.3%。

审计质量 沈阳办党组针对该办审计工作质量中存在的不足，将 2009 年确定为审计工作“质量年”。出台《审计署沈阳特派办关于进一步提高审计工作质量的若干意见》（审沈特发［2009］77 号），作为统领性文件指导该办的审计质量工作全面发展。制定完善了与之配套的《审计署沈阳特派办审计项目质量考核办法》（审沈特发［2009］38 号）等制度性文件，对审计质量控制工作的流程、关键点、主要内容等方面作出了明确规定。采取审计复核关口前移、审理结果通报、公文逐级把关等方式，切实加强了审计实施方案编制、审计现场管理、审计报告撰写、审计文书审理复核、审计信息编发、审计业务会议、行政公文的质量控制。全年没有发生因审计工作质量问题引起的行政复议，在审计署办公厅对公文处理质量检查中实现零通报。

队伍建设 一是进一步完善处室和个人年度考核办法，坚持用业绩来引导处室和个人工作、用业绩决定干部职务晋升的工作思路，不断完善激励竞争机制，充分调动广大干部的积极性，使全体干部在竞争中加压、在差距中惊醒、在不足中奋起。二是办党组始终把加快建立一支年龄结构合理、专业结构配套、智能结构优化、档次配备有序的高素质干部队伍作为当务之急和长远大计来抓。一方面量身制定全办干部的个人培训三年规划，并将按年度实施，有计划、有步骤地促进干部的自我完善和发展。另一方面有组织地引导干部学习公共财政、市场经济、法律、计算机应用等相关知识。全年参加各种学历教育、资格考试 20 余人；组织参加培训 300 余人次，其中参加审计署统一组织的培训 26 人次。三是结合实际情况，逐步建立起特派办内部、特派办与地方审计机关的人才流动机制。一方面开展处级及以下干部岗位交流工作。交流范围为处级及以下干部，不考虑处室成建制变更的因素，处级及以下干部岗位交流 72 人，占处级及以下干部总数的 58%。另一方面加强与地方审计机关的干部交流。全年有 19 名新疆、辽宁省地方审计机关的干部来该办交流，实现交流培训与促进工作的“双赢”。

信息化建设 一是对全部审计项目都开展了计算机审计，并以审计实施方案为突破口，从源头上保证计算机审计工作的开展。全年有 8 篇专家经验入选审计署计算机审计专家经验，其中 2 篇被评为优秀等次。另有 2 篇 AO 应用实例获优秀奖、2 篇获应用奖、4 篇获鼓励奖。二是制定《审计署沈阳特派办信息化建设管理办法（试行）》（审沈特发［2009］70 号）等制度性文件，对信息化工作的各个环节提出具体要求，指导全办的信息化工作走向深入。完成了内网与专网的切分改造、4 台屏蔽机柜安装等工程项目，进一步加强信息化建设的软硬件管理，加快了办公自动化步伐。三是组织人员参加署信息系统审计培训和计算机中级培训；以计算机审计方法和应用实践技巧的培训为中心，开展了迷彩 U 锁传输技术等审计现场信息化培训工作。同时，认真组织，独立完成了“金审”二期工程课题“国税审计数据规划”的编制工作，并顺利通过评审。

内部管理 一是继 2008 年的《机关后勤服务管理工作手册》之后，2009 年又修订出台《财务管理工作手册》和《档案管理工作手册》。按照计划，2010年将出台《人事管理工作手册》和《质量管理工作手册》，最终将形成在“五本手册”指导下，机关内部管理工作有效、有序运转的科学管理体系。二是严格贯彻落实《审计署关于贯彻中共中央办公厅国务院办公厅关于党政机关厉行节约若干问题通知的意见》（审办发［2009］38号），压缩公用经费支出，严格控制招待费，全年节水230吨、节电17192度。三是进一步强化财务预算管理，财务活动都严格按照年初预算安排进行，切实履行政府采购程序，形成了以控制公用经费、审计项目经费为重点，全员、全额、全程控制经费使用的全面预算制度。

党建廉政工作 一是按照科学发展观的要求，大力加强领导班子建设，认真落实党组理论中心组学习制度，积极探索审计工作的本质和规律。全年有计划、有组织地开展党组理论中心组学习5次，其中3次吸收支部书记参加。同时切实贯彻民主集中制，不断完善领导班子议事规则和决策机制，在队伍建设、重大财务开支、审计项目的重大事项决策等方面，形成民主科学的议事决策机制。二是加强基层党组织建设，发挥党支部的战斗堡垒作用。各党支部分别组织参观了辽沈战役黑山阻击战纪念馆、革命圣地延安、锦州辽沈战役纪念馆，并在现场开展了重温入党誓词活动，对党员同志进行革命传统教育，引导审计干部树立正确理想信念，增强审计干部的历史使命感和现实责任感。三是健全廉政制度，严肃廉政纪律，及时总结廉政经验。积极探索有特色、有创新的廉政工作方法和途径，以教育倡廉、以制度保廉、以监督促廉，努力推动党风廉政建设和反腐倡廉工作深入有效开展。全年未发现有违反廉政纪律的行为。四是圆满完成深入学习实践科学发展观活动，全面落实整改措施。针对审计业务工作亮点不多、缺乏对审计成果的综合提炼，利用计算机开展审计力度不够、成果不明显等12个突出问题逐项整改，30项整改措施在年内全部得到落实。

（撰稿人：梁　兵）

【哈尔滨特派员办事处】 2009年，哈尔滨特派员办事处（以下简称哈尔滨办）编制150人，在编104人，领导职数4名。设有办公室、法规处、人事教育处、计算机审计处、机关党委、财政审计处、金融审计处、企业审计处、行政事业审计处、农业审计处、社会保障审计处、资源环保审计处、外资运用审计处和固定资产投资审计处。

领导成员

特 派 员：侯　凯（—3月）

副特派员：张　军（主持工作，3月—）

罗　键

罗良辰（9月—）

纪检组长：张殿志

审计成果 2009年，哈尔滨办共完成审计（调查）项目17个，其中2008年跨年项目5个。查出违规金额1167万元，损失浪费问题金额9.3亿元，管理不规范金额658亿元。向司法机关和有关主管部门移送经济犯罪案件线索4件。提交重要审计情况6篇，审计信息70篇，情况反映25篇，被审计署采用信息69篇，其中被《审计要情》采用8篇，《重要信息要目》采用44篇，《审计署值班信息》采用3篇，《审计简报》采用4篇，被中办、国办分别采用41篇、57篇，被党和国家领导人批示55篇，《信息转送函》采用14篇，《审计工作通讯》采用6篇，《审计要情》和重要信息的合计采用量均创哈尔滨办历史最高水平。2008年实施的安徽电力建设项目审计和审计调查荣获审计署表彰审计项目。

财政审计 黑龙江省地方财政收支审计调查，揭示地方财政收支管理中存在的预算编报不完整，地方大量非税收入未纳入预算管理，违规返还土地出让金以及地方政府性债务规模逐年扩大，偿债能力严重不足等7方面问题。

黑龙江省当前财政收入专项审计调查，反映当前影响地方财政收入的23个问题，涉及金额90多亿元，提出改进管理、完善制度，缓解财政收支矛盾的审计建议。

吉林省国税部门税收征管质量审计调查，揭露国税部门违规修改税收征管信息系统数据，人为调节税款入库等各类影响税款征收方面的25个问题，涉及金额70多亿元。

金融审计 中国农业发展银行辽宁省分行2008年度资产负债损益审计，发现该行贷款五级分类不真实，掩盖不良贷款16.6亿元，违规发放贷款26.6亿元，违规核销呆账贷款1.4亿元等多项违规经营问题，涉及金额 44.5 亿元，促进收回贷款 17 亿多元。审计发现 3 件涉嫌骗贷案件线索，编发的 5 篇审计信息被《审计要情》采用，经国家领导人批示，由公安部、银监会等部门立案查处。一些知名民营企业涉案的新闻被新浪网、搜狐网和《经济观察报》等媒体披露后，在国内产生较大影响。

黑龙江省建行落实宏观经济政策专项审计调查，重点调查该行 2009 年前三季度新增贷款的投放、使用和拉动内需等方面的情况，发现信贷资金监管不严，部分新增贷款被挪用或闲置等 4 方面问题，涉及金额 38.7 亿元。

行政事业审计　黑龙江出入境检验检疫局 2008 年度预算执行情况和其他财政收支情况审计，发现预算执行、非税收入征管、设备使用绩效等 4 大类 8 个方面的问题，涉及金额达 1283 万元。

固定资产投资审计　西气东输二线（西段）跟踪审计揭示出项目建设组织管理不完善，质量及造价控制不到位，施工单位财务管理不严，随意列支费用，施工成本不真实等问题。

黑龙江省 2007 年以来政府投资保障性住房情况专项审计调查，揭示廉租住房资金筹集不到位、项目建设进展缓慢、后续管理难度大和公积金结余提取不合理等 13 类 21 个问题。

黑龙江省病险水库审计调查项目共延伸调查 28 座病险水库，发现初步设计不细致，建设管理不规范，工程有质量缺陷以及地方配套资金不到位等问题。

经济责任审计　中国兵器工业集团公司法定代表人经济责任审计反映集团公司在承办国家军用电解铜进口及内销业务过程中，管理机制不健全导致享受国家补贴的电解铜未能全部用于军工生产的问题。经国家领导人批示后，财政部等四部委已经着手起草《进口军用电解铜监督管理办法》。审计揭露了华锦集团和内蒙古北方重工业集团等单位以销售收入不入账、虚列工资等手法将 1.6 亿元资金存放账外，部分用于支付招待费、发放奖金、加班费，华锦集团销售人员利用职务之便倒卖化肥金额约 3.4 亿元牟取不法利益等严重问题；揭示了华锦集团违反国家产业政策，以改扩建名义新建 500 万吨炼油装置，面临诸多经营风险等重大经济决策问题。

专项资金审计（调查）　黑龙江省贯彻实施中央扩大内需促进经济平稳较快发展有关政策措施情况及效果专项审计调查，重点调查 108 个项目的建设管理和实施情况，发现配套资金总体到位率低，投资带动效应不够明显，部分项目投向不符合国家产业结构调整方向和地方政府挪用扩内需专项资金等 12 大类 38 个问题，并从体制上深入分析原因，提出了适当调整财政支出结构、区分不同地区出台不同的拉动内需政策等 6 条审计建议。黑龙江省省长在审计调查报告上批示“对存在的问题请有关方面认真对待，采取措施纠正，较重大的要列为督办，要总结经验教训，避免和杜绝类似问题的发生”。黑龙江省副省长称赞“审计调查报告有深度，问题定性准确，原因分析对症，建议很有针对性”。

吉林省土地资源专项资金审计调查，揭露长春市非法调整 4.89 万亩基本农田规划用途、违规占用基本农田和吉林省有关部门向国家明令禁止的钼矿开采项目非法供地 172 公顷等严重违规问题。其中，揭露的长春净月经济开发区土地工作站、净月街道办事处先锋社区居民委员会有关人员编造虚假安置补偿协议和资金领取凭证，私分、转移、套取征地补偿费 677 万元等严重违法违纪问题已移交当地检察机关；揭露的长春市政府未落实失地农民社会保障制度、未能有效保护失地农民利益等亟待解决的问题，引起长春市政府的高度重视。

黑龙江省农村饮用水安全状况审计调查，反映黑龙江省农村，特别是农村学校的水源污染和饮用水安全问题，形成了 5 个典型案例，并配合署外资司和培训中心完成了审计案例教学片的现场拍摄工作。

黑龙江省四项种粮农民补贴资金审计调查，实地走访了 3 个县的 9 个乡镇、13 个村，问卷调查 300 家农户，重点揭露了投入机制不完善、补贴范围不合理、发放不及时等 20 余个问题，提出了完善农机补贴分配机制、科学合理确定资金分配方式和补贴机型等有针对性的审计建议。黑龙江省各级地方政府高度重视，其中五常市组成联合调查组对相关问题进行了专项检查，对责任人给予通报批评、撤职等党纪政纪处分，维护了农民权益。

内蒙古自治区发改委2008年度组织分配中央财政投资情况的审计调查，查出内蒙古发改委在新增1000亿元中央投资方面存在用已完工项目申报新增中央投资，利用中央新增投资偿还以前拖欠工程款，对中央财政资金缺乏有效监管使得部分项目单位利用中央资金为个人谋取私利等8个问题；采煤沉陷区工程存在未及时安置受灾居民、擅自改变安置小区建设格局等5个问题；大型灌区项目存在着投资审批手续时间过长使得工程需延后一年实施，地方配套资金多年到位率低等5个问题。

队伍建设 一是为贯彻落实《审计署2008～2012年人才队伍建设规划》，哈尔滨办以能力建设为核心，本着“缺什么，补什么”的原则，因材施训，制定了干部教育培训中长期工作方案和规划。二是为了满足审计工作需要，加快对青年干部的培养，组织副处级领导干部竞争上岗。三是为有效调动干部职工的积极性，全面提高依法审计的能力和水平，哈尔滨办在原有的对处室几项考核的基础上，根据审计署对特派办的考核要求，结合本办实际，初步建立起比较系统的处室年度考核办法。

审计质量管理 为提高审计质量，防范审计风险，哈尔滨办认真探索建立法规处人员介入审前培训、审中控制、交换意见、审终总结四大质量控制环节的“四个介入”的工作机制，加强全过程质量控制。为加强质量控制提供技术保障，制定了《审计项目质量控制规范（试行）》，收集整理相关的法律、法规、准则和制度，提炼归纳出审计全过程的质量控制点和工作要求；详细列举一、二、三级复核中需要收集的复核资料、需要审查的控制点、需要履行的工作程序和需要达到的质量标准等。还对审计人员行使法定审计权限的行为进行规范，制约审计权力，在制度上进一步堵塞管理漏洞。

信息化建设 年初，召开全办审计信息化工作动员大会，要求各处室提高认识，从2009年起凡具备条件的项目均要实施计算机审计。辽宁省农发行审计和吉林省土地资源审计调查等项目，结合被审计单位业务流程对数据进行分析，发现了集团企业通过虚假财务资料骗取贷款、长春市国土局为未缴清土地出让金的单位发放土地使用证等严重违法违规问题。在年中整训期间，哈尔滨办重点组织编写审计专家经验和AO应用实例的专题培训，并邀请沈阳办的计算机审计骨干讲解具体案例的编写和工作思路，取得较好的效果。当年共报送了6篇AO应用实例，是历年来报送篇数最多的一次。在审计署组织的IT绩效评价论文和指标征集活动中，已征集IT绩效评价指标20个，提交IT项目绩效评价论文3篇。哈尔滨办还开展OA全面推广应用工作，已全面实现网上办公。

机关管理 哈尔滨办党组根据学习实践科学发展观的要求，对现有制度做出认真清理。截至年底，共废止3项制度，重新修订10项制度，另有28项制度正在修订中。针对目前制度相对健全，执行比较薄弱的状况，办党组进一步强调制度制订与执行相结合，努力推动特派办管理由健全完善制度，向狠抓制度执行和落实转变。同时，为提高行政管理透明度，形成“比业绩、讲成本”的管理氛围，哈尔滨办全面推进以预算公开、机关运行成本费用公开、各处室工作动态公开为主要内容的“阳光政务”。在办内网站定期公布各处室工作动态、重要事项办理和督办情况、特派办预算执行情况和分析报告、各审计组外勤经费使用情况，以及办公楼日常安全、节能检查结果。

（撰稿人：张　亮）

【上海特派员办事处】 2009年，上海特派员办事处（以下简称上海办）人员编制150人，在编117人。设有办公室、法制处、计算机审计处、财政审计一处、财政审计二处、金融审计一处、金融审计二处、行政事业审计处、经贸审计处、固定资产投资审计处、外资运用审计处、人事教育处、机关党委和机关服务中心。

领导成员

特 派 员：庄晓玖（—2月）
　　　　　卢家辉（2月—）
副特派员：王俊豪
　　　　　吕劲松（5月—）
纪检组组长：李晓钟（—2月）
　　　　　　陈　音（5月—）
特派员助理：刘劲柏

审计成果 2009年，上海办共实施审计或审计调查项目21个（含上年度结转项目5个）。查出各类违法违规问题金额近300亿元，提出审计建议78条，推进被审计单位整改22项。上报的审计信息被《审计要情》采用8篇，《重要信息要目》采用30篇，《审计值班简报》采用3篇，《审计简报》采用5篇，其中中办、国办分别采用25篇和37篇，党和国家领导同志批示35篇。

专项审计（调查）　上海办把促进经济平稳较快发展作为首要任务，组成7个审计组，开展了央企从事金融衍生品投资情况、上海浙江两地扩内需中央安排4万亿元项目、中国银行上海分行和申银万国证券公司以及京沪高铁跟踪审计等落实国家扩内需政策效果的专项审计调查，重点摸清了扩内需投资进展情况和实施效果，审查部分扩内需投资项目立项审批、资金管理使用、项目建设等情况，发现大量新增贷款未投入实体经济、部分项目配套资金不到位、建设用地供需矛盾突出等影响投资拉动效果的问题，及时纠正了项目申报审批、工程建设和资金管理等方面存在的一些问题，提出加强项目资金管理、盘活存量资产挖掘土地潜力、规范政府融资平台投融资行为等有价值的建议，督促相关单位整改17项。

财政审计　按照发挥审计免疫系统功能的目标，针对当年财政审计项目的特点，重点突出对政府性资金的财政管理、预决算管理以及资金效益等方面的检查。在某市财政收支和地方债务审计中，查出虚转空转结余资金、非税收入未纳入决算等问题；发现应缴未缴财政资金、财权分散、政府性融资债务规模大等问题。提出加强财政预算管理、促进财权与事权相匹配、提高财政资金使用效益、控制政府性融资平台债务规模、防范财政风险等建议。审计中关注政府保障性投资住房等民生工程，发现廉租住房资金筹集使用管理不到位、部分廉租房闲置、补贴资金使用不合理、资格审查制度执行不严格等问题，提出建立目标责任制、加强资金和实物分配管理、完善监管机制等建议，促进其规范管理。同时，注重揭露和反映地方财政利用不正当手段向私营企业让利损害国家利益的行为，发现某跨国公司上海公司在一年半的时间里，通过关联交易、关老厂开新厂等方式偷漏税金3亿元。该问题上报后被转送国家税务总局继续调查。

在某省土地资金审计调查中，查出该省建设用地指标突破2010年控制指标、城乡建设用地增减挂钩实施中占而未补、个别地方侵占挪用土地开发整理资金、违规占用耕地、违规兴建化工区等问题，提出了确保耕地红线、规范土地出让金收支管理等审计建议，上报审计信息18篇。该省人民政府高度重视，积极整改落实，取得了较好效果。同时，结合工程建设领域突出问题专项治理工作，重点查处工程建设中的违法违纪案件。查出该省某市所辖镇及2家公司在土地整理开发项目中骗取、挪用土地专项治理资金300余万元、部分资金被转入个人账户的问题，已有1人被移送检察机关调查。

此外，查出某省部分企业虚报节能量套取中央财政奖励资金，高耗能高污染的水泥产业盲目扩张产量超规划等问题，严重影响产业结构调整政策的落实。

金融审计　金融审计查出某贸易有限公司伪造增值税专用发票骗取银行贴现资金61亿元的案件线索和任某等人通过设立空壳公司伪造发票骗取贴现资金221亿元的犯罪事实。另外，还派人查实了广东某集团骗取中国农业发展银行政策性贷款等4个协查的案件线索，涉及金额8亿余元。

在某证券公司审计中发现，某市一国有企业财务总监范某等人挪用公款炒股的案件线索后，为扩大审计成果，及时启动与该市检察机关的联合办案机制迅速查处范某等人涉嫌挪用公款7700万元炒股和贪污350万元公款的犯罪事实。范某等人已被刑拘。

固定资产投资审计　在京沪高铁等国家重大建设项目审计中，紧密结合工程建设领域突出问题专项治理工作，创新重大项目跟踪审计的方式方法，发现建设用地未批先用、违规招投标、用假发票入账等建设管理问题，提出规范建设管理、提高资金使用效益等建议。审计反映的某地方政府通过有意提价压价等方式为其指定房产商谋利9000多万元的问题，引起该市市委、市政府领导高度重视并作出重要批示，相关部门积极组织调查，有效地促进了国家重大建设项目的实施。

行政事业审计　在政府保障性投资住房等民生工程审计中，发现了廉租住房资金筹集使用管理不到位、部分廉租房闲置、补贴资金使用不合理、资格审查制度执行不严格等问题，提出了建立目标责任制、加强资金和实物分配管理、完善监管机制等建议，促进其规范管理。

对某市城市基础教育审计调查项目进行跟踪落实，向该市市委、市政府通报了有关情况，得到市领导的高度重视并作出重要批示，教育、财政等部门加强调研，认真整改，123 个问题已全部整改到位，3 人受到行政处分。

经济责任审计　对证监会主席经济责任审计，在落实某证券公司违法违规上市问题的同时，对证券发行体制提出有建设性的意见和建议。证监会随后及时整改，并于 7 月、8 月份恢复了证券发行并根据审计意见对发行体制进行改革。

企业审计　查出某集团存在的重大违法违规和损失浪费问题 3 件，直接造成国有资产损失 3.3 亿元。揭示了该集团股份公司营运控制中心原经理施某截留转移国有企业收入，私设"小金库" 1.83 亿元，并涉嫌职务侵占的违法事实，施某等三名涉案人员已被逮捕。

企业审计中还发现了一私营企业违规承揽危险废物处置业务，低价层层转包牟取暴利给环境带来严重污染隐患的问题，受到当地市领导的高度重视，要求有关部门组织调查。

外资运用审计　通过自 2006 年以来对某项目连续四年实施跟踪审计，探索与项目建设和管理同步的跟踪审计方式，及时调整审计方法和审计内容，对项目内部管理、资金安全、工程结算等方面进行跟踪审计，既揭示项目存在问题，又督促项目单位积极整改，推动项目管理水平的提高。

对上年实施的淮河流域水污染治理专项审计调查进行整改情况跟进，促进河南、江苏两省对调查出的问题采取针对性的整改措施，在严肃查处违规问题的同时，出台一些相关管理办法，完善长效管理体系，强化审计监督力度，提升环保能力建设。

其他审计　继续派 2 人参加了联合国审计工作，对联合国项目在财务、物资和采购方面提出许多有价值的管理建议。

审计质量控制　以争创优秀审计项目工作为抓手，通过争创优秀项目活动，增强审计人员质量意识，激发创新活力，全面带动审计质量提升。上海办严格按照审计署申优项目标准，制定了《开展争创优秀项目的实施意见》，细化了评分标准和评分要求，对每个审计项目实施了全过程质量控制和专项检查工作，严格审计复核程序，强化审计基础工作，对重点环节、重点工作层层量化分解，定期对审计复核结果进行通报，确保审计工作质量。

计算机审计　2009 年，上海办积极探索计算机系统审计，促进计算机技术与审计业务的融合，取得了明显成效。从信息系统的建设效益和信息安全两个角度，重点审查企业信息系统投资使用效益情况和信息系统安全及其管理漏洞、安全防控措施隐患等问题，探索出以信息系统绩效和安全为主要内容的信息系统审计方法，推选的 6 个案例，其中 2 个案例作为优秀典型案例在信息系统审计研讨会上进行了交流。同时，上海办加强业务骨干和计算机专业人员的相互融合，在银行证券、海关、企业、土地管理等项目中发挥了突出作用，查出了银行资金违规投向股市楼市、土地开发资金被挪用、企业管理人员私设"小金库"等重大问题。有 4 篇 AO 案例获得应用奖，2 篇案例获得优秀奖，还有 16 篇计算机审计案例入选审计署专家经验，被审计署评为 2008 年度计算机专家经验征集活动"优秀组织单位"，其中《房地产开发贷款资本金审计》和《高速公路计费方法合理性审查》2 篇获得优秀奖。

学习实践科学发展观　依照刘家义审计长"抓住上海的特殊性，创造性地开展工作"的重要指示精神，主动开展"解放思想，牢固树立科学审计理念，实现上海办新突破"的大讨论，深入学习实践科学发展观，以丰富多彩的主题活动为载体，引领理想信念、核心价值、人才培养、作风建设的正确导向，增强解决突出问题的力度，进一步发挥审计"免疫系统"功能。新的领导班子上任伊始，就先后组织召开了副处级以上领导干部、妇女同志、青年干部、新录用公务员、离退休老同志等座谈会，深入了解实情；结合实际，提出了"向特派办第一军团看齐，朝一流特派办迈进"的奋斗目标，制定了"抓学习，重实践，强理念；抓班子，带队伍，强能力；抓业务，创品牌，强质量；抓管理，严制度，强作风"的

"四抓四强"措施，明确发展思路，树立发展信心，真抓实干，为早日实现上海办审计工作的新突破奠定坚实的思想基础。

队伍建设 一是加强领导班子建设，充分发挥办、处两级领导干部的主导作用。办党组深刻认识办、处两级领导班子建设的重要性，充分发挥办党组的核心领导作用和处级领导干部的骨干带头作用。在工作上，认真贯彻民主集中制，做到大事集体决策，小事经常沟通，难事多加商量，急事快速反应，群策群力，相互补台，进一步提高领导班子的民主和科学决策水平和执行能力。

二是加强干部队伍建设，夯实上海办科学发展的后劲。办党组坚持德才兼备、以德为先、用绩考量的选人用人标准，为培养一批懂行、在行、内行的审计领导干部创造条件，先后有13名年青同志晋升为主任科员、5人试用期满任职、新录用8名公务员；出国学习、考察、培训10人，参加联合国审计2人，选派2名同志到署派出局交流，7人到署机关协助工作，全办组织各类培训500余人次。办党组还积极筹划，拟在青年同志中选拔一批优秀干部，让他们走上领导岗位，充实上海办领导干部队伍的实力，也为上海办长远的发展提供后劲。

文化建设 开展党团主题活动13次，体现了机关党组织的创造力，增强了机关党组织的凝聚力。一年来，有1人获得全国审计系统先进工作者称号，1人荣获"新中国60年上海百位突出贡献女性"荣誉称号，4人荣立三等功，18人受到嘉奖或表彰，评选出3个先进党支部和13名优秀共产党员，2名同志光荣加入中国共产党。

先后开展了先进党支部和优秀共产党员评选、纪念"五四"青年节、"重温誓词、重新宣誓"等多种形式主题活动，编印了《新理念　新起点　新飞跃》和《育审计人才　展青春风采》，还组织参加了上海市庆祝中华人民共和国成立60周年大型歌会、上海市公务员乒乓球比赛等活动，并荣获60周年大型歌会优秀组织奖。通过开展上述活动，促进学习交流，提高党员修养，增强了广大职工的集体荣誉感，进一步加强机关的凝聚力、向心力。

办党组集体决策，统一协调，先后解决了职工子女入托入学难、青年干部单身宿舍条件差、职工上班停车难等问题，积极落实职工住房补贴发放工作，并着力解决困扰上海办长期发展的办公用房问题。办党组十分关心退休老同志，经常慰问老同志，通报特派办的发展变化，极力争取按有关政策为退休同志调整津补贴标准，组织老同志外出旅游，创造条件让老同志们老有所乐、老有所为。

党风廉政建设 先后开展了重读党章、重温入党誓词、评选先进党支部和优秀共产党员、党员演讲、党组书记上专题党课、参观南通革命传统教育基地、到青浦监狱进行警示教育等活动，教育和引导干部坚定理想信念，牢固树立党员观念、公务员观念和审计人员观念，做一名清正廉洁、遵纪守法的审计干部。

先后建立了兼职党务干部制度、兼职廉政监督员制度、审计组进出点公告制度、审计现场廉政纪律巡查和审计结束后廉政回访制度、廉政建设情况定期通报制度。同时，提出了"预防为主，免疫为先"的工作方针，认真落实党风廉政建设责任制，用制度管权、管事、管人，有效规范权力运行，严格执行审计纪律八项规定，真正做到了"不吃、不拿、不求、不放"。

加大廉政纪律巡查监督力度，对7个审计项目进行了现场廉政检查。同时，上海办还严格内部管理，加强日常监督，严格执行规范津补贴政策，制订了《审计外勤经费管理实施细则》，加强审计成本控制，强化公务接待、物资采购、财务管理等岗位的内部控制；专职纪检干部还不定期地对机关财务核算和重大开支情况开展日常监督，促进规范管理。

内部管理 一是办党组立足长远，建立健全办内规章制度，指定部门，落实责任，对原有规章制度进行清理，废除了8项过时规章，新修订了《上海特派办工作规则》等10余项制度，建立了规范、科学的内部办事程序，用制度管人、管物、管事，杜绝粗放作风，确保严谨细致，实现严格管理。特别是，根据审计人员长期在外和异地审计的特点，建立了内部情况通报制度，对办党组重大决策、机关管理、审计质量、党风廉政建设等情况以《内部情况通报》的形式及时向全体职工传达和通报，发挥了极大的作用。

二是办党组认真总结了以往工作的经验，提

出加大交流力度，增加各项工作的开放性，主动到兄弟特派办求经问宝10多人次，邀请审计署的专家来办指导工作、举办讲座20人次，聘专家进行专题教学4次，从各种渠道取得真经40余条，并认真研究整改措施，有效地弥补工作中的不足，完善自身建设，取得了较好的效果。应西藏审计厅邀请，并经审计署批准，上海办领导带队到西藏自治区审计厅举办计算机审计培训班，送教上门。

三是办党组高度重视审计理论研究，提出“以研带学，总结创新”的工作目标，主动带头撰写理论文章，组织征集和推荐审计理论文章22篇，其中6篇入选中国审计学会专题研讨会论文集，有2篇文章大会重点发言。派人参加金融司等专业司组织的理论书籍编撰工作，还在《审计研究》、《中国审计》等刊物上发表文章7篇，展现了上海办的理论研究水平。

（撰稿人：倪巍洲　杨建荣）

【南京特派员办事处】　2009年，南京特派员办事处（以下简称南京办）人员编制150人，在编119人。设有办公室、法规处、财政审计处、行政事业审计处、农业审计处、金融审计处、资源环保审计处、企业审计处、固定资产投资审计处、社会保障审计处、外资运用审计处、计算机审计处、人教处、机关党委等14个职能处室。

领导成员

特 派 员：翁亦然（—8月）
　　　　　李　玲（8月—）
副特派员：刘　利　倪志伟（9月—）
　　　　　庄　军（9月—）
纪检组长（正司级）：杨新民

审计成果　南京办完成审计项目20个，查出违规金额4亿元、损失浪费5.9亿元和管理不规范金额403亿元。移送司法机关、纪检监察部门处理事项10件。提交审计工作报告21篇、编发重要审计情况8篇、审计简报95篇、工作动态44篇，被审计署编发要情2期、要目41期、简报5期、转送函15期，被中办采用31篇次、国办采用41篇次，被领导人批示40篇次，被署审计工作通讯采用3篇、署门户网站采用114篇。

财政审计　组织实施当前财政收入状况专项审计调查和江苏国税税收征管情况专项审计调查等项目。

在地方财政收支和当前财政收入状况审计调查中，围绕扩大内需、改善民生、促进经济社会平稳较快发展这条主线，关注经济形势变化和金融危机对地方财政收支产生的影响，重视财政资金的使用效益，分析各级地方政府的财力和政府性债务状况。调查发现部分地市扩大内需投资项目进展不理想、存在大量隐性政府负债、融资平台企业数亿元巨额财政补贴收入未纳税等突出问题；揭露了某县虚增财政收入2亿元和挪用农保基金建造办公楼的严重问题，审计还查出该县多家党政机关集中违规兴建办公楼，造成浪费，使得地方扩内需、促发展的可用财力被严重削弱，财政支出结构在一定程度上遭到扭曲。

金融审计　组织实施中国农业发展银行河南省分行2008年度资产负债损益审计、人民银行上海分行2008年财务收支审计、上海证监局2008年度预算执行情况审计和重点国有控股商业银行国家金融政策实施情况及其效果专项审计调查等项目。

对某银行的审计中注重研究金融领域违法犯罪、违纪违规的新特点和新手法，查明某公司原负责人为扩大企业规模和偿还借款，涉嫌以最高达36%的年利率为诱饵向社会不特定对象数千人累计非法吸收存款数亿元，至今仍有数千万元本金无法归还。在该企业已出现明显经营困难的情况下，某银行仍以其提供的虚假会计报表为据增加授信额度，发放数亿元贷款，被企业大量套取挪用。查清某公司2007年通过财务报表造假、重复抵押机器设备的手段，从某银行骗取逾亿元贷款，并大量挪用、转移和侵占这些信贷资金。

行政事业审计　组织实施发改委管理分配2008年度中央政府性投资情况审计、江苏省检验检疫局2008年度预算执行情况审计和中央扩大内需促进经济平稳较快发展有关政策措施实施情况及效果的专项审计调查等项目。

针对不同地区的经济发展水平、经济总量与结构等方面的特点与区别，重点分析评价新增投资结构和总体政策效应，揭露了违规投入高耗能高污染项目、资源消耗过多过快项目、产能过剩行业等问题，促进管好用好项目资金、提高投资效益、实现宏观政策意图的情况，并揭露了扩大内需的项目管理、资金使用、配套措施、发展导向等方面存在的问题与情况。

农业与资源环保审计　组织实施土地使用权出让金和土地开发整理资金专项审计调查等项目。发现国土部门某下属单位负责人以投资开发土地为名，采取买空卖空的手法倒卖数千亩土地占补平衡指标，不当获利数千万元去向可疑，部分资金涉嫌被侵占的重大案情。还发现某市政府部门和相关单位弄虚作假，将已立项并已竣工验收的23个地方投资土地整理项目重新“包装”后重复申报，套取数千万元国家土地开发整理资金，并造成虚报新增耕地面积2659亩，致使国家增加有效耕地面积、促进耕地动态平衡的政策被虚化。

重点关注生态文明和项目绩效，揭露资金被违规使用、造成污染与损失浪费的问题，促进“资源节约型和环境友好型”社会的发展。检查浙江省执行国家关于严格土地管理、加强土地调控相关政策措施的情况，重点关注用地审批情况。

固定资产投资审计　组织实施安徽病险水库除险加固工程专项审计调查和金沙江向家坝水电站建设项目跟踪审计等项目。

在安徽省病险水库除险加固工程调查项目中，将传统审计调查和效益审计结合起来，加强对资金投向和产生效益的追踪问效，从提高经济效益、扩大社会效益和保护生态效益等诸多方面综合考虑项目的效益、效率和效果。针对最终查出的未开工项目在规划期内难以完工、存在质量缺陷和安全隐患、多列概算获取资金、配套资金到位率低等问题，逐项深入分析原因，提出解决办法。

社会保障审计　组织实施政府投资建设保障性住房情况专项审计调查等项目。重点关注民生工程和社会建设，积极反映涉及群众切身利益的问题，促进提高社会保障水平，关注各项政策的健全性、合理性和有效性，结合审计发现的问题与情况，编写了“廉租房购建远离城区闲置率高”、“租赁补贴成为生活补贴影响政策目标的实现”等多篇着眼宏观、反映微观、瞄准政策、面向群众的简报。

企业审计　组织实施企业领导人员经责审计——中国东方航空集团公司、国际金融危机对中小企业资产安全影响专项审计调查和企业领导人员经责审计——中国联合通信有限公司等项目。

以促进国有企业深化改革和加强管理为目标，揭露了某公司及其下属企业私设“小金库”数百万元、偷漏国家税款过亿元的问题，并将2起涉税案件移送税务部门查处。重点关注对权力的监督和制约，通过揭露部门单位和工作人员滥用职权，造成重大国有资产流失的问题，促进廉政建设，审计组结合人民来信反映情况，从企业经济决策失误造成重大损失的问题入手，查明某公司原负责人擅自更改依法招标结果，最终造成下属公司损失472万元。此案件线索移送至地方检察机关后受到高度重视。

研究型审计　着力提高宏观分析水平，提升看待问题的高度，加大分析现象的深度，积极探索研究型审计。南京办开展的项目都提前组织参审人员认真学习讨论项目的政策背景、宏观意义和审计目标，在坚持揭露查处重大违法违纪的同时，突出关注影响经济社会发展与安全的热点、难点和重点，分析发现的问题对社会经济发展全局的影响，着力监督检查中央政策措施落实情况，促进国家制度建设的完善和社会治理的深化。

在江苏省财政收支审计调查中，发现部分地方政府平台公司融资方式、债务规模等方面均存在着影响广泛的风险因素，审计组敏锐地意识到这一问题的典型性和倾向性。在对政府平台企业新增贷款审计和商业银行宏观政策措施落实情况等专项审计调查中，均发现政府融资平台企业方面的突出问题与潜在风险。迅速组织开展对苏皖两省部分城市的融资平台相关情况的调研，对政府投融资平台公司发展的过程、发挥的作用、存在的问题、问题的成因以及解决的办法等全面深入地作了揭示和反映，引起审计署领导和财政司的高度重视，并为署财政司在制定2010年财政审计项目计划时提供有力参考。此外，还联合有关方面以健全预算管理等为课题开展了研究。

队伍建设和审计文化建设　突出审计能力建设，深化用人机制改革，实行主审竞争，提高队伍素质。制定了党组中心组学习办法，按要求及时向署党组上报了年度学习计划和总结，组织了4次共用时12天的集中学习，促进发挥班子的整体作用。围绕审计署人才队伍建设的总体要求，完善竞争上岗机制，进一步提高选人用人的公信力和透明度，促使优秀人才脱颖而出。通过竞岗有10名同志分别走上处长和副处长的领导岗位。同时，对28名干部进行了岗位交流，交流面达24%。着力激发队伍活力，加快培养年轻干部，抓紧培养一批领军人才和骨干人才，实施“五个一”工程，为他们指出一条正确的奋斗道路，引导一个积极的人生，提供一个展示才华的舞台，积累一套业绩档案，反馈一种舆论评价。通过全面推行项目“主审竞争制”，完善干部考核体系，明确人才选拔导向，积极倡导奋进向上的竞争合作精神。2009年11月至今，已有8个项目实施了主审竞争，27人次参与竞争，广泛调动积极性，促进提升审计工作质量和水平。

抓好文化作风建设，弘扬优秀传统，倡导文明创建活动。通过深化党建工作结合层面，以“五好支部”创建活动和因地制宜开展各类文体活动为载体，组织了办庆20周年文艺演出和庆祝新中国成立60周年等多个系列活动。建立党务联络员、廉政监督员和审计宣传员的“三员”制度。还通过井冈山主题学习培训活动，把审计文化建设与教育培训工作紧密结合，积极培育健康向上、朝气蓬勃的机关文化。

信息化建设 全年报送计算机审计专家经验18篇，被审计署评选为“优秀组织单位”，其中入选15篇、列第5位，有3篇被评为优秀、列第2位。上报AO应用实例12个。共完成4个信息系统审计项目，并报送了3个信息系统审计案例。审计署对征集到的210个案例经初步评选有24个获奖，其中南京办2个，获奖数量及获奖率在特派办系统均名列前茅。尤其是南京办提炼总结的燃煤电厂烟气自动监测及联网系统审计案例，受到署领导的充分肯定，并在署党组中心组学习会上进行汇报演示。

南京办积极承担审计署信息化课题研究与应用开发，参与署信息系统审计指南的研究与总撰，组织研究IT项目绩效审计、参加信息系统审计高级研讨，把握发展方向。南京办还在全国审计系统首次专门开发建设了交互式会商系统。

着力提高计算机审计水平，推进信息技术的深化应用，切实提升创新能力。土地资源专项审计人员利用地理信息系统将全省的土地垦造项目、市县的标准农田、土地整理项目上图入库数据及航拍图片资料创新性地集中整合起来，通过相关软件进行图形的重叠比较与面积计算，迅速发现了重复申报、虚假申报、套取国家资金毁林造田、虚报新增耕地等重要线索。城市低保资金审计将单纯的审计立体化，多方采集与城市低保资金审计相关的养老保险、住房公积金、房屋产权、机动车辆等数据，进行关联查询出12类疑点问题，并有重点地延伸检查和进行低保家庭入户调查，发现某市有1000多个拥有各种机动车辆（不含摩托车）的家庭，每月在领取低保金。

（撰稿人：江　江）

【济南特派员办事处】 2009年，济南特派员办事处（以下简称济南办）人员编制150人，在编128人。设有办公室、法规处、财政审计处、行政事业审计处、农业审计处、资源环保审计处、固定资产投资审计处、金融审计处、企业审计处、社会保障审计处、外资运用审计处、计算机审计处、人事教育处和机关党委。

领导成员

特 派 员：马青山

副特派员：矫　强（—9月）

尹树伟（9月—）

班东启（9月—）

纪检组长：韩大川

副司级审计员：宋伟民

审计成果 2009年，济南办完成审计项目18个，查出违规金额24483万元，其中应归还原渠道资金12005万元，应调账处理金额12478万元；已归还原渠道资金12005万元，已调账处理金额12478万元。移送司法机关、纪检监察部门处理事项7件，建议有关部门处理事项2件。提交审计工作报告、信息148篇，被采用68篇。

财政审计 在某国税局税收征管质量专项审计调查中，查出该局违规对具备查账征收所得税条件的企业实行核定征收；未对所得税核定征收企业实行逐户核定，而是全市各行业均执行最低应税所得率；批准不符合条件的企业缓缴税款1.2亿元；抽查发现有2户不符合条件的企业享受税收优惠2441.49万元；19户属于限制和淘汰类的企业2007年享受税收优惠6198.7万元，与产业政策要求不协调；消费税税制设计不尽合理，部分企业通过关联交易规避消费税等问题。

固定资产投资审计　（1）在某省病险水库除险加固工程专项审计调查中发现的主要问题：一是部分已开工项目进度滞后，未开工项目工期紧迫。有22个项目工期拖延，平均延期2年零2个月；截至2008年底，有63个除险加固项目未开工，必须进一步采取得力措施，才能如期完成加固除险建设目标。二是少数工程存在质量缺陷或安全隐患。有2座水库擅自减少主体工程；4座水库初步设计不到位或漏项；11座水库存在偷工减料现象。三是部分项目配套资金到位率低，个别地方配套资金到位率不到10%。四是部分项目管理存在疏漏。抽查有4个项目509.22万元的投资被用于与除险加固无直接关系的办公楼建设；12个项目存在招投标不合规问题，涉及合同金额5520.62万元；5个项目存在违规转分包问题，涉及金额5571.37万元；7座水库建设单位管理费用已支出2759.24万元，超概算92.58%，超过财政部《基本建设项目财务管理规定》的标准。五是22个项目存在监理人员不到位，监理工作不规范现象。

（2）在某铁路建设项目跟踪审计中，查出个别施工单位违规分包工程；部分施工单位使用不符合国家规定的发票入账结算，金额达15350万元，相关违法违纪人员已移送司法机关处理。

金融审计　（1）在某人民银行2008年度财务收支情况审计中，查出该行扩大开支范围，在其他费用支出中列支工资性支出421.72万元、账外资金8975.8万元等问题。

（2）在某保监局2008年度预算执行和其他财政收支审计中，查出该局违反规定扩大开支范围、提高开支标准118.98万元，其中以“巡考费”名义发放111.71万元，被2009年第12号《审计公告》采用；固定资产管理不规范等问题。

（3）在某省（市）农行2008年度资产负债损益审计中发现的主要问题有：一是违规经营286474.21万元。其中：违规发放各类贷款141440.26万元，向被列入关停淘汰落后生产能力名单的一家钢铁企业发放流动资金贷款2.2亿元的问题作为典型案例被审计结果公告采用；违规签发无贸易背景的承兑汇票和办理贴现136671万元；违反财务收支法规问题8903.24万元。二是经营管理存在薄弱环节，部分业务存在风险。部分涉农贷款资金未直接用于“三农”；基础管理和风险控制存在漏洞，如部分贷款资金流向房地产开发项目等。

（4）在某省工行落实中央扩大内需促进经济平稳较快发展措施实施情况和效果专项审计调查中，查出地方配套资金尚未落实、项目不符合环保要求等问题。

行政事业审计　（1）在某省出入境检验检疫局2008年度预算执行和其他财政收支情况审计中，查出预算编制不规范2389.94万元、挪用预算资金补助非预算单位经费24.24万元、虚列设备采购支出168.61万元等问题。

（2）在某省发改委2008年度组织分配中央财政投资情况审计中，查出一些项目地方配套资金到位率不高，有的项目进展缓慢，个别地方虚报配套资金等问题。

（3）在某省扩大内需促进经济平稳较快发展措施实施情况和效果专项审计调查中，查出的主要问题有：一是有些项目不完全符合环保要求，其中有5个项目未经环评审批即开工建设。二是有10个项目未经用地审批，建设单位占用土地5578.83亩，其中耕地209.88亩。三是有4个项目未按规定程序报经批准改变建设内容。此外，有的项目建设资金存在挪用的现象。

农业与资源环保审计　（1）在某省种粮农民四项专项补贴资金专项审计调查中，查出省本级及部分市、县财政部门未及时拨付中央财政种粮补贴资金，滞留时间最长达4个多月等问题。

（2）在某省土地专项资金征收使用管理及土地征收出让情况审计调查中发现的主要问题有：土地出让收入管理使用方面。一是应征未征土地出让收入，其中变相减免出让金7606.77万元；以低于基准地价70%的价格等方式，出让土地4宗1559.66亩；部分土地在提高容积率后应征未征出让收入。二是改变土地出让收入用途80481.58万元。三是违规批地用地。其中：以解决历史遗留问题名义，将应以招拍挂方式出让的7071.96亩经营性用地以协议方式出让；未经审批新设开发区等。四是未按规定及时更新基准地价，已超过3年未更新。土地开发整理方面。一是未足额征收、计提土地开发整理相关资金。其中：未足额征收耕地开垦费 3581.54 万元、未足额计提农业土地开发资金 12714.56 万元。二是改变土地开发整理相关资金用途 11206.58 万元。三是有些土地开发整理项目监管不严，主要是个别项目延期施工；虚报工程款；违规招投标、转包；因施工质量不高、后期管护不到位等原因，未能发挥应有效益等。四是新增耕地面积不实 7377.26 亩。

外资运用审计 在某省农村饮用水安全工作开展情况审计调查中，发现的主要问题有：个别市县财政配套资金未按计划到位，农村饮用水安全管理工作落实不完全到位。主要是有 7 处农村饮用水安全工程未按要求安装水质净化设施；水质卫生监测覆盖率低；农村饮用水安全机制不健全；电价等优惠政策落实不到位，加大供水成本；个别财政部门未及时下拨建设资金等问题。

审计质量控制 一是开展了审计风险点排查工作，通过查找薄弱环节、签订责任书等方式，落实审计人员质量控制责任。二是建立健全审计项目审理制度，明确业务处组织实施的年度计划项目均须审理。三是建立审计台账制度，实行严格的项目进度管理制度，加大了现场检查和重要审计情况的审核力度。四是加强法制宣传教育，制定年度普法依法行政工作意见，及时调整了领导小组成员，编制了法律知识学习清单，组织开展了“加强企业法制宣传教育积极应对国际金融危机”主题宣传、“12·4”法制宣传日、质量控制专题讲座、党组理论学习中心组专题学法用法等活动。

队伍建设 一是做好审计专业队伍发展规划。明确了今后一段时期内审计队伍建设的总体目标，量化了专业队伍建设目标，着力培养审计专业领军人才和业务骨干人才。二是加强处级干部队伍建设。着力培养处级领导队伍，严格按照德才兼备、以德为先和注重实绩、群众公认的标准选拔处级干部；坚持岗位交流制度，培养复合型领导人才；坚持处长理论学习制度、支部民主生活会制度，举办处长培训班、研讨会，提升综合素质；建立考核评价等激励机制，有效促进提高处级队伍整体素质。2009 年，济南办金融审计处原处长吴兆军同志被授予第七届全国“人民满意的公务员”荣誉称号；固定资产投资审计处被授予“全国审计系统先进集体”荣誉称号。三是不断提高全办依法审计能力。结合干部队伍结构特点，科学拟定职位需求，严把“入口”关，从源头确保引入高素质人才；完善审计实务导师制，建立和储备了导师队伍，做到“进门必结对、结对必有果”，通过加强对师徒双方的考核，切实发挥业务骨干“传、帮、带”作用，有效促进被辅导对象提高职业能力；采取多种方式拓宽培训渠道，通过邀请专家讲座、组织专题研讨、开展理论课题研究、审计论文评选和读书会、有计划地选派人员外出培训、有目的地进行岗位交流等形式，加强对审计人员培训，确保队伍素质不断提高。

党建工作 一是注重班子自身建设。坚持中心组学习制度，认真开好民主生活会，贯彻民主集中制原则，密切联系群众，注重发挥党支部战斗堡垒和党员先锋模范作用。二是认真开展党性党风党纪教育，通过开展“党在我心中”演讲比赛，重读党章、重温誓词、重新宣誓活动，组织观看警示教育片等多种形式引导干部职工树立正确的世界观、人生观和价值观。三是加强对权力运行和重点环节的制约与监督，坚决守住对外、对内、对己廉洁自律“三条线”。加大了对审计纪律执行情况的回访监督力度；通过签订质量控制责任书等方式，强化对审计监督权的监督；严格执行审计外勤经费自理的有关规定，加强内部财务控制力度；认真落实党风廉政建设责任制和领导干部廉洁自律各项规定。四是加强反腐倡廉制度建设，推进惩防体系建设。结合学习实践科学发展观活动的整改落实工作，制定并落实建立健全惩治和预防腐败体系的具体实施意见以及相关内部制度，明确了各项任务的主协办部门及完成时限；对 85 项反腐倡廉建设相关制度进行了修订完善，进一步巩固了反腐倡廉工作长效机制。五是加强机关精神文明建设。坚持“两手抓、两手硬”，不断加强和改进思想作风和工作作风建设，以转变思想作风促进转变工作作风，以转变工作作风促进提高审计工作成效，连续 11 年荣获山东省“省直文明机关”称号。六是积极实践审计“免疫系统”理论，积极反映和揭露体制、机制和制度层面存在的问题，较好地发挥审计监督在惩防体系建设中的作用。 （撰稿人：李　军）

【郑州特派员办事处】 2009年，郑州特派员办事处人员编制150人，在编125人，领导职数6名。设有办公室、法规处、财政审计处、行政事业审计处、农业审计处、资源环保审计处、固定资产投资审计处、金融审计处、企业审计处、社会保障审计处、外资运用审计处、计算机审计处、人事教育处、机关党委。

领导成员

特 派 员：赵继旺

副特派员：胡梦月（—1月）

刘文杰（—9月）

黄致敏

邓海仪（9月—）

范东军（9月—）

纪检组长：宋华民（—7月）

李　捷（10月—）

副局级审计员：陶国强

审计成果 全年完成审计和专项审计调查项目19个，查出各类问题金额1594.05亿元，其中违规金额61.49亿元、损失浪费金额3.62亿元、管理不规范金额1528.94亿元，审计决定处理处罚金额24.09亿元。向纪检司法机关移送各类违法犯罪线索8件，涉及人员19人、涉及金额1.1亿元。上报重要审计情况28篇，审计简报130篇，审计工作动态3篇，其中3篇被审计署《审计要情》采用，43篇被《重要信息要目》采用，2篇被《审计署值班信息》采用，5篇被《审计简报》采用，20篇被《信息转送函》采用，3篇被《审计工作通讯》采用，80篇次被中办、国办采用，42篇次得到国家领导同志批示。负责实施的水利部小浪底水利枢纽建设管理局2007年度预算执行和其他财政收支情况审计、湖北电力建设情况专项审计调查分别被评为2008年度审计署优秀和表彰审计项目。

财政审计 完成青海省地方财政收支专项审计调查、青海省当前财政收入状况专项审计调查和青海省省长任期经济责任审计。发现青海省夸大和虚报廉租住房建设面积，地税部门违规开立大量税款过渡账户延压税款并擅自在地区间分配国库库款，自行出台系列优惠政策减免税费和加速高耗能产业发展，省本级留存财力性资金脱离预算管理，地方国库存款闲置过多不能形成即期需求，西宁市政府违法征用耕地建设城南新区等问题。

行政事业审计 完成河南省检验检疫局2008年度预算执行及其他财务收支审计、河南省发改委2008年度组织分配中央投资情况审计、河南省2008年四项种粮农民补贴专项审计调查和铁道部扩大内需专项审计调查。发现预算编制不规范、不完整，千余户采煤沉陷区受灾居民身居危房，河南省38个大型灌区建设资金投入不足影响粮食生产安全，河南滑县85%的小麦良种补贴被中介机构获取，一些地方未落实被征地农民社会保障费用，北京一公司代办24个铁路建设项目用地预审涉嫌侵蚀铁路建设资金，少数地方征地拆迁缓慢影响地震灾后重建铁路项目建设等问题。

资源环保审计 完成贵州省2006年至2008年长江上游水污染防治和资金管理使用情况专项审计调查。发现贵州省境内三峡规划项目进展缓慢，贵阳市重要饮用水源地红枫湖水污染威胁居民饮用水安全，大量污水持续排入乌江污染下游水质近两年、污染源尚未查明，垃圾填埋场项目四度选址至今未决造成中央资金长期闲置未能发挥效益，贵州省挪用排污费建设贵州环保科技园，贵州省环境监测能力严重不足，污水处理厂低负荷运行等问题。

固定资产投资审计 完成河南省病险水库除险加固工程专项审计调查和京沪高铁建设项目四标段跟踪审计。发现河南省大量病险水库未纳入除险加固规划、存在较大安全隐患，河南省内乡县三座中型水库“投肥养鱼”水体严重污染危及人畜饮用水安全，私营小煤矿在郑州李湾水库河道内违规开采严重威胁水库及下游居民生命财产安全，京沪高铁四标段违规假发票问题突出，失地农民安置不力影响京沪高铁安徽固镇段二期拆迁等问题。

金融审计 完成人民银行西安分行2008年度财务收支审计、农业银行湖南省分行2008年度资产负债损益审计和建设银行河南省分行落实中央扩大内需促进经济平稳较快发展有关政策措施情况专项审计调查。发现人行西安分行滥发津补贴、挤占挪用资金建设办公楼、农村信用社央行票据兑付不真实，企业违规办理贴现造成新增信贷规模与投向不实，政府融资平台贷款资金被挪用、大量闲置以及违规投向产能过剩行业建设，建行河南省分行内部员工个人消费贷款资金违规进入资本市场，私营企业主串通招标低价回购不良债权、高估抵押骗取贷款等问题。

企业审计 完成中航第二集团原法定代表人任期经济责任履行情况审计。发现中航文化公司总经理指使私分职工奖金及公司奖金，平原机器厂违规设立金融机构非法融资引发群体上访事件，中航文化公司在经营活动中使用虚假发票，中航第二集团所属 2 户汽车生产企业利用关联交易规避消费税等问题。此外，工作中强化服务意识，协助昌飞公司收回地方政府借款 3000 万元。

社会保障审计 完成河南省政府投资保障性住房情况专项审计调查。发现河南省新安县和登封市虚报 2008 年新增中央投资新建廉租住房项目，郑州市和洛阳市 2008 年新增中央投资新建廉租住房项目地方配套资金未到位、建设进度缓慢，部分住房困难家庭未将租赁补贴用于改善住房条件等问题。

外资运用审计 完成河南省和青海省农村饮用水安全状况专项审计调查以及亚洲开发银行贷款郑州至西安铁路、黄河防洪项目外资公正审计。发现部分新增中央投资项目地方配套资金未到位、虚报投资完成额，农村饮用水工程水质检测体系不健全，一些工程未安装水质净化关键设备、饮用水安全问题没有得到根本解决，地下水长期超采导致河南滑县新集村地裂缝、52 户群众房屋墙体开裂 229 名群众生命财产安全受到威胁等问题。

队伍建设 一是提高公务员考核的规范化、科学化。重点以审计业绩为依据，采取定性考核与定量考核相结合，消除以往考核方式下考核处长缺乏客观条件、副处长难以确定为“优秀”等次的弊端，改变以推荐为主考核处级以下公务员和内定考核等次的传统做法，28 名业绩突出的公务员被确定为“优秀”等次并获得嘉奖，4 名公务员荣立三等功，充分体现了业绩导向作用。二是以审计业绩为依据实行激励性的教育培训措施。在选送人员参加审计署培训时坚持以考核结果为依据，选拔并吸引优秀审计业务骨干参加培训，发挥竞争机制的激励作用。三是以审计业绩为依据选拔使用干部。在 2009 年 2 月开展的处级领导岗位竞争上岗中，坚持党管干部、群众公认、注重实绩的原则，把审计业绩作为破格选拔优秀青年业务骨干的重要条件，12 名优秀中青年业务骨干脱颖而出，其中 1 名青年同志被破格选拔为副处长。

质量控制 一是逐步建立和规范审理制度。先后制订了《审计项目实施方案编制情况审理工作试行办法》和《审计项目审理工作操作管理办法》，实行第一审理人、第二审理人和集体讨论三级审理制度，为审计项目审理的全面推行奠定制度基础。二是实施全过程质量控制。将审计实施方案提前至编制阶段审理，实现质量控制关口前移，督促审计组紧紧围绕审计工作方案的目标和内容开展审前调查，制订有针对性的审计实施方案。安排审理人员结合审计项目计划进度，坚持开展审计现场审理，使审理工作贯穿审计全过程，做到早审理、早预防、早发现、早完善。三是建立“事前明确规范、事中不定期通报、通报结果与年度目标考核挂钩”的复核差错警示机制。召开项目主审及业务处审计质量控制员参加的审计规范化座谈会，严格规范审计文书的要求、要素和流程。及时总结归纳日常复核审理中发现的问题，不定期向全办通报并将结果纳入年度目标考核，避免了类似问题的再次出现。

制度建设 办党组将 2009 年定为“制度完善年”，积极推动制度建设工作向科学化、规范化发展。一是进一步完善制度体系，制订 2009 年制度废改立工作计划，全年累计新建制度 13 项，修订制度 6 项，废止制度 1 项，使现行有效的制度达到 108 项，整个制度体系更好地适应形势的变化和工作的需要，在审计项目审理、加强机关党建等方面填补了现有制度的空白。二是继续开展制度执行情况检查，在要求相关处室进行制度执行日常监督的基础上，安排法规处牵头，采取内部自查、处室互查等方式，全面检查 2009 年各项制度的执行情况并在全办进行通报，有力地促进各项制度的严格落实。三是印发《制度制定及执行工作管理办法》，使制度建设工作同样步入了制度化、规范化轨道，为今后制度体系的不断完善提供制度依托。

相关工作 一是以党性教育为抓手，弘扬优良作风。组织各支部结合工作实际开展形式多样的重温党章、重新宣誓、访贫问苦、寻根问本活动，办领导分别带领青海审计组成员和综合部门人员慰问贫困藏族同胞和兰考县贫困农户，引导全办党员干部按照党章要求加强自我教育、自我锻炼、自我改造。年中整训期间组织全办干部职工赴井冈山开展党性教育活动，由办党组书记讲授《重温〈论共产党员的修养〉树立和弘扬优良作风》专题党课。二是以监督检查为重点，加强反腐倡廉工作，确保廉洁从审。严格执行党风廉政建设责任制，办领导与14个处室负责人签订了目标责任书。坚持以监督检查为重点，强化对审计权力运行的监督与制约。全年办、处级领导干部述职述廉32人次，处级领导干部任职前廉政谈话12人次，署派驻纪检组长同处级主要负责人谈话11人次，组织21人次对9个审计项目进行审计现场廉政检查，保证审计纪律的严格执行，保持审计队伍勤政廉洁的良好形象。三是积极开展审计文化建设。相继开展以“十个一”为主要内容的审计文化建设活动，积极参加河南省直机关庆祝新中国成立60周年歌咏比赛，认真筹办书画摄影展、新春联欢会等活动，全办共青团员自发策划“铭记审计历史，争取更大光荣”系列审计史主题教育活动。（撰稿人：桂　鹏）

【武汉特派员办事处】　2009年，武汉特派员办事处（以下简称武汉办）人员编制150人，在编129人，领导职数7个。设有办公室、法规处、财政审计处、行政事业审计处、农业审计处、资源环保审计处、固定资产投资审计处、金融审计处、企业审计处、社会保障审计处、外资运用审计处、计算机审计处、人事教育处、机关党委。

领导成员

副特派员：李晓钟（主持工作，2月—）
　　　　　吕　衡（正司级）
　　　　　夏循福（—7月）
　　　　　余远华（9月—）
　　　　　杨卫东（9月—）
　　　　　张晓青（10月—）
纪检组长：吴焕亮（正司级）
副司级审计员：陈高贤

审计成果　武汉办共实施审计或审计调查项目32个（含跨年度项目11个），审计查出各类问题金额548.65亿元，促进增收节支3.94亿元。审计揭露并向司法、纪检监察机关移送案件线索和事项13件。被审计署采用各类审计信息89篇，被中办、国办采用84篇次，党和国家领导同志批示47篇次。

财政审计　主要完成江西省2008～2009年6月财政收支情况专项审计调查和省长任职期间经济责任审计。一是注重从源头上推动建立健全财政预决算制度，加强财政收支管理。先后反映部分单位预算编制不够细化、部分财政收支核算不够规范、应收未收非税收入，以及自定政策变相实行税收先征后返等问题，推进建立起完整、统一的政府财政。二是注重从源头上把握财政资金分配、管理和使用的总体情况，监督检查积极财政政策的贯彻情况和效果，反映土地出让收入用于被征地农民社会保障支出比重逐年降低、未按期完成土地开发整理复垦补充耕地计划、新增建设用地有偿使用经费和部分涉及民生的中央专项转移支付大量结余且未充分发挥效益等问题，促进各项投资尽快启动和落到实处。三是注重从源头上把握财力保障限度与建设需求程度，揭示政府性债务规模相对较大、增长较快、偿债压力大、逾期债务多、违规担保等问题，维护财政安全，防范财政风险。

行政事业审计　先后完成湖北出入境检验检疫局2008年度预算执行和其他财政收支情况审计，江西省发改委2008年度组织分配中央财政投资情况审计，湖北、四川部分地市长江上游水污染防治及资金管理使用情况专项审计调查，以及湖北省贯彻实施中央扩大内需促进经济平稳较快发展有关政策措施情况及效果专项审计调查。一是关注部门预算管理的规范性、执行的有效性，审计查出湖北出入境检验检疫局挤占、挪用财政拨入的下属单位事业经费，违规发放津补贴，违反预算安排购买仪器设备等问题，促进规范预算管理，提高行政效能。二是关注江西省发改委组织分配中央财政投资情况，反映存在的配套资金不到位，导致部分项目不能实施；大型灌区续建配套与节水改造项目损失浪费；采煤沉陷区治理工程超出初设批复概算的面积标准新建安置住宅等问题，促进完善相关制度，确保国家宏观调控政策措施落到实处。三是关注湖北、四川部分地市长江上游水污染防治及资金管理使用情况，审计查出挤占挪用排污费、规划项目建设滞后、污水处理厂运行效果不佳等问题，并对危险废物处置、上市公司环境保护问题、自然保护区环境问题、开发区环保问题、饮用水安全等问题进行有益探索，促进落实节约能源资源和环境保护基本国策。四是突出检查湖北省中央扩大内需促进经济平稳较快发展有关政策措施实施情况，加强对资金使用效果、政策实施效果和政策目标实现状况的分析评价，及时揭示项目建设进度缓慢、部分项目违规占用土地、个别项目管理不到位等问题，并从体制制度层面提出建议，推动深化改革，完善宏观调控。

农业审计　主要完成江西省 2008 年四项种粮农民补贴资金的专项审计调查，江西省 2009 年上半年财政收入状况有关问题的专项审计调查和湖北省农业综合开展资金审计。一是建立以政策为重点、以资金为主线、以效益为目标并结合专题调研的农业绩效审计机制，采取审计与审计调查相结合、实地走访与问卷调查相结合、账簿检查与电话核查相结合，审计监督农业补贴政策贯彻落实情况，分析、评价政策实施和农业资金使用的效益。二是重点揭露和查处挤占、挪用、滞留、拖欠农业专项资金，配套资金不到位等问题。审计查出克扣农民补贴、多收费、骗取农机补贴等违规金额 1082 万元，管理不规范金额 8037 万元，并结合江西省财政收入状况专项审计调查，反映漏缴税款等问题金额 3434 万元。三是注重推动整改，把整改贯穿审计工作始终。如审计促使经销商退回多收农民的购机款 2.60 万元，有关县农机部门退回在经销商报销的费用 3.55 万元等。审计查出的吉安市吉州远大农机有限公司负责人因涉嫌骗取农机补贴资金 5.7 万元，目前已被逮捕。

固定资产投资审计　主要完成江西省病险水库审计调查和三峡输变电工程审计。

在江西省病险水库审计调查中，关注项目在招投标、勘察设计、监理等方面存在的违规问题，查出部分项目建设资金被挤占挪用、转移套取 3003.87 万元，并形成账外资金 334.56 万元，以及以白条、假发票入账及大额取现等问题。针对江西省利用病险水库除险加固资金 13.54 亿元虚假注册成立江西省水利投资集团有限公司，江西省 11 座大中型病险水库除险加固工程规划、计划管理不到位，重列投资 3014.26 万元等问题，及时提出审计意见和建议，促进投资管理的科学化、精细化。审计反映的江西省于都县龙王山水库被钨矿废渣淤塞、存在溃坝风险的审计信息，被《审计署值班信息》采用，国务院总理、副总理作出重要批示，环境保护部、水利部、安全生产总局迅速组成专家组现场监督整改。

在三峡输变电项目审计中，一是关注建设资金使用、建设项目管理和工程质量，揭露建设资金被挤占挪用、不正常关联交易等问题，促进加强投资管理，实现政策效果。二是重点关注电力建设项目在落实科学发展观方面存在的问题，揭示高新技术企业、电力自动化设备生产企业股权关系不清，以及国有权益面临巨额损失，积极发挥审计“免疫系统”功能。如针对南京南瑞继保电气公司在组建和改制过程中存在的一系列问题，本着促进企业可持续发展、提高国际竞争力的理念，注重促进建立有利于科学发展的体制机制，报送《关于南京南瑞继保电气有限公司可持续发展问题的专题报告》，审计署领导四次听取汇报，给予充分肯定。

金融审计　完成中国农业发展银行安徽省分行 2008 年度资产负债损益审计，中国银行业监督管理委员会安徽监管局 2008 年度预算执行审计，工行、中行、建行湖北省分行落实中央扩大内需促进经济平稳较快发展有关政策措施专项审计调查。

在中国农业发展银行安徽省分行审计中，转变以往单纯查处经济大案要案线索的老观念，针对农业发展银行作为政策性金融机构承担着保障国家粮食调控政策和农业产业政策顺利实施职责的特点，站在维护国家粮食安全、确保惠农贷款政策效果、保障农民切身利益的高度开展审计，发挥审计“免疫系统”功能作用，努力做到“跳出金融干审计”。连续编发了 3 篇《重要审计情况》，反映部分粮食代收储企业擅自动用储备粮及用拍回的陈粮冲抵新粮，利用“转圈粮”谋利，危害国家粮食安全的问题；反映少数地方政府与基层农发行联手造假，编造虚假资料，骗取农村基础设施建设贷款后挪作他用，影响支农贷款政策效果的问题；反映部分代收储企业挪用粮食收购资金后压级压价收粮，严重损害农民利益的问题。审计署以重要信息上报国务院后，总理、副总理作出重要批示，指示发改委、国家粮食局、中储粮总公司、农发行总行和审计署组成联合调查组进行调查处理，目前已有多个直属库责任人被停职检查或者记过，违规代收储企业也受到相应处罚，有关部门完善规章制度12项，收回违规贷款1.81亿元。

企业审计　主要完成武钢金融衍生品业务和国际金融危机对湖北省中小企业影响两项审计调查，参与完成神华集团原领导人经济责任审计。一是在武钢金融衍生品业务审计调查中，客观分析企业运用金融衍生工具的动机，反映政府相关职能部门审批政策不明确且监管缺位的现状，揭示企业面临的诸多交易风险，以规范企业投资决策行为，防范和降低交易风险，减少国有企业资产损失。二是通过延伸调查武汉市和襄樊市53户中小企业，重点反映湖北省中小企业发展面临的贷款难、担保难、国家财政扶持政策难以到位等突出问题，提出加大政策扶持力度、完善政府服务体系建设等建议，为落实中央“保增长、保民生、保稳定”的方针发挥积极作用。三是在神华集团经济责任审计中，把财务收支审计与经济责任审计结合起来，重点查处改制企业通过低价评估、私自销售主业煤炭、违规设立期权股，造成巨额国有资产损失；地方政府越权减免企业所得税和企业不按规定进行纳税申报，造成国家巨额税款流失；煤炭销售定价机制混乱、人为增加销售中间环节增大国企采购成本、煤炭资源流向不合理；无证、超能开采煤炭和未获审批违规改造煤矿等问题，维护国有资产安全。

社会保障审计　主要完成对湖北省武汉市、宜昌市2007～2009年3月保障性住房专项审计调查；对湖北省武汉、襄樊和鄂州3市2008～2009年城市低保资金的筹集、管理、使用情况进行审计。

在湖北省武汉市、宜昌市2007～2009年3月保障性住房专项审计调查中，审计查出伪造虚假申报资料、用不符合条件的项目申报等方式套取中央投资补助7000多万元，以及违反土地政策，变相零地价出让土地，项目建设效果不佳等问题。先后反映宜昌葛洲坝城区棚户区安全问题突出，低收入家庭廉租房配租没有保障的问题；宜昌中央廉租住房货币补贴资金大量闲置，政策效果难发挥的问题。武汉市政府对审计反映的经济适用房建设过程中土地划拨、销售价格核定、公开销售及政府预留分配等多个环节存在的问题，高度重视，对2006年以来经济适用房的分配情况进行全面清理。在对湖北省城市低保资金筹集、管理、使用情况审计中，反映将低保资金用于福利中心建设，用于发放生活补助，弥补工作经费；虚报低保人数冒领低保资金，将不符合低保条件的人员纳入低保范围，将城市低保资金用于弥补优抚医院、光荣院、救助站等单位的经费不足，引起湖北省政府高度重视，省副省长专程到武汉办，通报湖北省政府就城市低保资金审计中发现问题的整改措施和审计建议的落实情况。

外资运用审计　先后开展江西省农村饮用水安全状况专项审计调查，亚洲开发银行贷款宜昌—万州铁路项目和世界银行贷款长江干堤加固项目公证性审计等审计项目。一是坚持查处违规问题与促进整改落实并重。审计促使萍乡市政府对涉及虚假发票、工程偷工减料等问题的10名主要责任人予以处理，对违规领取的监理费和利用虚假发票套取的资金41.6万元进行清退，对18个乡镇农饮工程中存在的问题进行全面整改。二是坚持关注在建项目管理与已建项目效益并重。审计反映的农饮工程水质处理工艺不到位、消毒设施配备不足，造成部分已建成农饮工程水质合格率低的问题，引起政府高度关注。审计反映的安徽龙王山水库淤塞填满的问题，温家宝总理、回良玉副总理作了重要批示。三是坚持微观问题审查与宏观政策分析并重。先后查处南昌县4个村委会7名人员骗取农饮资金并涉嫌贪污私分的案件线索，查处上栗县部分人员利用虚假发票、编造虚假资料套取农饮资金的违法问题，并及时提出具体的建设性意见和建议。

队伍建设　一是制定发展规划。出台《审计署武汉特派办人才队伍建设实施意见》，明确了进一步优化审计人才队伍年龄结构、知识结构、专业结构，不断提高审计人员综合素质的具体目标；二是科学选人用人。经过竞选投票、笔试、面试3个完全公开透明的程序，武汉办提拔任用4名处长、8名副处长，晋升1名正处级审计员、3名副处级审计员。经过组织推荐和考察，严格按照2009年制定的《审计署武汉特派办主任科员及以下非领导职务任职暂行办法》，任命6名主任科员和10名副主任科员，其中破格提拔主任科员2

名、副主任科员1名；三是加强教育培训。先后组织2009年春季整训和年中整训，邀请署办公厅、法规司的领导作了“审计审理与审计质量”等5场专题讲座，3名处长作了主题为“在审计实践中充分发挥审计‘免疫系统’功能”的经验交流，组织34名处级干部进行“卓越执行力”培训。

加强干部队伍的党风廉政建设。相继建立兼职廉政监督员制度，在每个处室指定1名政治素质高、原则性强的处级干部担任兼职廉政监督员，对所在处室的廉政情况进行日常监督。机关党委协助署驻办纪检组长定期组织开展廉政警示教育，对审计现场进行巡视，对赴外地审计的审计组“送教育上门”，组织观看警示教育录像片。在办党组领导下，成立廉政风险防控机制工作办公室，广泛开展查找廉政风险点活动，建立包含廉政风险自控和他控两种方式的全过程防控机制，帮助审计人员提高抵御各种诱惑和腐朽思想的“免疫力”，增强廉洁自律意识。

审计质量　一是健全业务管理制度。先后修订《审计业务会议工作规则》，起草了《审计项目审理工作试行办法》，制发《关于加强2009年审计业务的实施意见》；二是积极探索审计项目审理办法。对农发行安徽省分行资产负债损益审计等3个项目试行审理，对项目审计方案执行、审计目标实现、审计证据和审计工作底稿质量进行重点审核；三是严格执行审计业务会议制度。组织召开长江上游水污染防治审计调查等3个项目的审计实施方案审定业务会议、江西省地方财政收支审计调查等5个项目的审计报告审定业务会议；四是加强审计项目现场质量检查。对江西省种粮农民直补等支农资金审计调查等6个重点项目开展质量检查，在审计现场查找并及时解决基础工作漏洞、消除审计质量隐患；五是加大重要信息复核力度。从2009年开始，武汉办在《重要审计信息》审批流程中增设法规处的复核环节，重点对审计证据的充分性和完整性、审计定性的准确性、法规依据的适当性进行审核把关。

机关管理　严格财务管理制度，修订《审计外勤经费管理办法》，研究制定《聘请专家参与审计工作管理办法》等多项规章制度；加大对外宣传力度，配合审计署开展审计现场新闻报道，积极组织向审计署门户网站投稿，被采用94篇，稿件采用量继续位居特派办系统前列，《武汉办对扩内需促增长政策落实提出建设性意见》等3篇稿件在《中国审计报》头版头条刊登后，引起良好的社会反响；以工会、妇女委员会和团支部为平台，开展读书交流、野外踏青等活动，组织参观第11届全国美术油画作品展览，集中观看爱国教育影片《建国大业》，丰富职工文化生活；加强机关后勤服务，职工食堂餐饮质量稳步提升，中央空调改造项目圆满完成，节能降耗成效明显，每年节约燃油250吨，减少行政经费支出150万元，全年未发生重大安全责任事故。

信息化建设　一是努力探索计算机审计新方法。在农发行安徽省分行审计等多个项目中开展信息系统审计，刘家义审计长、石爱中副审计长在武汉办上报的《中国农业发展银行CM2006信贷管理系统存在缺陷》等3篇简报上做出批示予以肯定。在长江上游水污染防治审计调查中，利用图像分析技术查找在饮用水水源地设置排污口的问题，大幅提高审计效率，成功经验在全国推广。二是积极开展计算机审计理论研究。承担审计署“环保审计数据规划”课题研究任务，目前已完成近12万字的初稿。武汉办牵头负责，与济南、成都、广州特派办共同承担的“商业银行会计核算软件数据接口”国家标准的制定工作，目前进展也十分顺利。三是不断加大信息化建设投入。2009年，武汉办新购置便携机近100台，对审计一线人员使用的笔记本电脑全部进行更新，彻底解决由于设备老化影响审计工作效率的问题。顺利完成密网与非密网“两网”分离工作，安装保密屏蔽机柜，重新规划机房服务器部署方案，保证办公网的正常运行。　（撰稿人：周　俊）

【长沙特派员办事处】　2009年，长沙特派员办事处（以下简称长沙办）人员编制150人，在编126人，领导职数5人。设有办公室、法规处、财政审计处、行政事业审计处、农业审计处、资源环保审计处、固定资产投资审计处、金融审计处、企业审计处、社会保障审计处、外资运用审计处、计算机审计处、人事教育处、机关党委。

领导成员

特 派 员：李建新

副特派员：车列武

李　锋

周子祥

纪检组长：马亚力

审计成果　2009年，长沙办共实施审计或审计调查项目25个（含上年结转的4个项目）。查出各类问题金额1009.29亿元，向司法、纪检、监察机关移送案件线索7件；提交审计（调查）报告15份，报送信息简报118篇、重要审计情况6篇。上报信息被审计署《审计要情》采用6篇、《重要信息要目》采用39篇、《审计署值班信息》采用3篇、《审计简报》采用5篇、《信息转送函》采用8篇，被中办、国办采用72篇，国家领导人批示41篇。在审计署2008年度优秀审计项目评选中，与署金融审计司联合实施的中国建设银行股份有限公司（总行及北京分行）2007年度资产负债损益审计项目被评为优秀审计项目，由本办实施的河南电力建设情况专项审计调查项目被评为表彰审计项目。

财政审计　湖南省发改委2008年度组织分配中央财政投资情况审计项目将“保增长、保稳定、保民生”的审计思路贯穿始终，揭露和反映配套资金不到位、挤占挪用或滞留资金、工程进展缓慢等普遍存在的影响中央新增投资拉动作用的问题；揭示和查处采煤沉陷区内受损的农田水利设施未纳入治理范围、大型灌区支渠改造因资金不到位而难以启动等民生问题；还关注分析采煤沉陷区居民上访，影响社会稳定的问题。引起湖南省发改委和地方政府的高度重视，得到审计署行政事业审计司的肯定。

在湖南省贯彻实施中央扩大内需促进经济平稳较快发展有关政策措施情况及效果专项审计调查项目（以下简称扩大内需项目）实施过程中，组织60多人的审计队伍，奔赴长沙、岳阳、常德等7个市，在摸清总体情况的基础上，重点调查了96个项目的实施情况。突出反映了湖南省扩内需工作存在配套资金总体到位率不高、投资结构不尽合理、部分项目债务水平过高等问题；指出了发展改革部门对投资计划转发不及时、分解不到位和财政部门滞留中央投资预算等问题；重点查处了违规安排给高污染企业湖南宏大锑铅有限公司新增中央投资计划共1640万元、钱粮湖垸层山安全区移民迁建项目虚报投资完成额1.04亿元等问题。审计调查共涉及问题金额27.05亿元，提出了扩内需、保增长，促进湖南经济发展的建设性意见。得到湖南省人民政府和相关部门的高度重视，省长对审计调查报告给予高度评价，常务副省长要求各级各部门对审计指出的问题要引以为戒，逐一整改，保证政策目标的实现。

在深圳海关2007年至2008年关税及进口环节税征收情况审计项目中，查处违规金额430多亿元，涉及税收6个亿。审计组充分利用自主开发的《海关H2000联网审计软件》进行内控核查、数据分析，为审计提供线索，再紧扣当前热点问题进行专题调查，发现深圳航空、翡翠航空公司43架进口飞机脱离海关监管、违规抵押、售后回租，涉及货值18.41亿美元；深圳国有免税品公司违规销售、中国免税品公司变相转让垄断专营权，国有收益大量流向私企和个人；富士康旗下公司通过“盐保区一日游”、“香港一日游”方式内销液晶显示器等加工贸易成品，逃避税款1.71亿元；深圳从事二手挖掘机进口的多家企业伪造单证、低报价格、涉嫌走私偷逃税款情况严重等一系列重大违法违规问题。

长沙办海关联网审计课题组通过封闭式课题攻关，已完成对《海关联网审计软件（2009版）》的修改、完善及测试工作，撰写出《海关审计培训教材》和出版《海关审计技术方法指引》，使海关审计从实践升华到理论，填补了我国海关审计的理论研究和技术方法指引的空白。

金融审计　一是严肃查处重大违法违规问题和经济犯罪案件线索。在中国农业发展银行吉林省分行（以下简称吉林农发行）资产负债损益审计项目实施过程中，通过计算机数据筛选，结合粮食收购贷款“逾期即挪用”的风险特点以及银行的贷后检查报告，查处了吉林四平九丰酒业有限责任公司（以下简称九丰酒业）与银行内部人员勾结、采取虚构粮食收购业务等手段骗取吉林农发行2.66亿元贷款并大肆侵占挥霍的案件线索。审计署以《审计要情》上报给国务院，得到了中央领导人的批示，并通过公安部转送吉林省公安厅立案侦查。截至2009年5月，企业和银行相关涉案人员共12人已被检察机关正式批捕。

二是注重从宏观制度层面分析和反映问题。在吉林农发行审计过程中，针对农发行立足服务“三农”的职能定位，紧紧围绕经济和社会发展大局，从保证国家粮食安全、促进农业发展、服务农村经济、保障农民利益的高度，对涉及“三农”的粮食收购储备、土地和耕地保护政策、粮食交易平台、化肥贷款对农业生产的影响、国储粮代储点损害农民利益、政府融资平台偏离“三农”定位等问题设立专题进行重点调查，发现了一些典型问题。针对发现的问题，结合政策性银行的定位，提出了重视准政策性贷款风险、修改相应管理办法，严格执行授信制度，加强对基层行管理和正确定位商业性贷款的支持范围等建议，受到农发行的高度重视。

在中国建设银行股份有限公司湖南省分行落实中央扩内需保增长政策措施专项审计调查项目实施过程中，重点调查了解银行2009年新增信贷是否真正注入实体经济。审计重点抽查的40家政府投融资平台2009年新增贷款278.64亿元，其中，1.90亿元购买了理财产品、28.74亿元使用不规范、108.45亿元资金闲置。

行政事业审计　在湖南省出入境检验检疫局2008年度预算执行及其他财政收支情况审计项目中，审计组充分发挥计算机审计等科学的审计手段，查处了该局预算不细化、支出不实、违规发放津补贴、非税收入管理存在漏洞、检验检疫仪器设备使用绩效不高等问题，提出审计建议，引起国家质检总局和湖南省出入境检验检疫局的高度重视，撰写的多篇简报和报告内容被审计署重要信息要目采用。

农业与资源环保审计　江西省2007～2008年度国土出让金和土地整理资金专项审计调查项目作为省长经济责任审计的重要内容，以土地出让金和土地开发整理资金的征收、管理和使用情况为切入点，在整体掌握江西省国土资源“家底”的基础上，重点就土地资源及土地出让收支管理、土地开发整理项目及资金收支方面开展审计调查，发现江西省在土地资源管理及土地开发等方面存在的一系列严重问题。如南昌市人民政府高价收回其非法出让的土地，造成国土资源长期闲置浪费和数亿元国有资产损失；南昌市人民政府违规低价协议出让土地，名义上用于景观和文体项目建设，实际上却用于高尔夫球场及别墅等项目建设，并造成至少7.44亿元的国有土地收益流失；部分项目管理混乱，申报土地开发面积不实，资金被挪用，工程质量不达标；个别项目虚增耕地面积，套取巨额耕地占补平衡指标收益用于兴建办公楼等问题，引起了江西省人民政府和相关部门的高度重视。撰写的专题报告被刘家义审计长批示后，转送江西省人民政府进一步查处；撰写的多篇信息被审计署采用，并被国务院领导批示。

湖南省四项种粮农民补贴资金专项审计调查项目，客观评价湖南省种粮补贴资金取得的成效，重点揭露种粮农民补贴投入机制不完善，补贴对象、范围、标准不合理，挤占挪用结余资金等政策和管理机制上存在的问题和不足，深入分析原因，提出维护农民利益的政策建议。

广西饮用水安全绩效专项审计调查项目，揭露广西壮族自治区农村饮用水安全现状、管理、机制和体制等方面存在的突出问题。一是广西壮族自治区农村饮用水不安全人数依然较多，2008年底达到2101.95万；二是已建农村饮用水安全工程水质合格率低，只有23.22%；三是农村中小学饮用水安全问题突出；四是各部门之间协调配合不够，影响水质监测和水源保护；五是存在资金未如期到位、未完成投资额和虚报工程进度等问题。

固定资产投资审计　在西气东输二线建设项目跟踪审计过程中，发现项目在建设管理和投资效益等方面存在的一系列问题。如30.02%的设备材料和99.85%的线路工程项目未经招标或不规范招标投标；物资设备采购合同审批层次多时间长，审批程序与“倒排工期”不相适应，65%的物资设备采购为事后合同；费用开支超标准、不合理费用挤占建设成本、国内钢管采购单价约定不合理、部分合同执行不严，增加建设成本23.37亿元等。

湖南省病险水库除险加固工程专项审计调查，重点对14座大中型病险水库除险加固工程进行较深入调查，发现部分工程项目拖延工期、亟待治理的病险水库未纳入国家规划、部分工程存在质量隐患、多列设计概算、部分项目建设资金违规使用以及水库运行管理中存在的问题等，受到湖南省人民政府的高度重视。撰写的多篇信息被审计署采用，并得到国家领导的批示。

社会保障审计 湖南省政府投资保障性住房审计调查项目牵涉面广，资金量大，社会关注度高。审计组在全面掌握廉租住房保障资金的筹集、管理、使用等关键环节的基础上，着力揭示廉租住房保障机制、体制上存在的问题。如新建廉租住房中央新增投资计划落实过程中配套资金到位难、工程进展缓慢、新增投资拉动内需作用不明显等问题，湖南省在政府投资保障性住房建设中存在住房保障程度低、地方政府配套资金不到位、违规申报廉租住房建设项目套取中央补助资金、未按政策筹措住房保障资金、违规发放住房补助和虚报租金核减保障户数等问题。为促进扩大内需和经济增长政策措施的落实、提高资金使用绩效、完善住房保障制度、维护民生发挥建设性作用。

企业审计 在华润（集团）有限公司2008年度财务收支暨原法定代表人陈新华同志任职期间经济责任履行情况审计项目中，查出华润集团收购北京市华远房地产股份有限公司形成巨额不良资产，华润集团与深圳、湖南两家民营企业签订虚假合同隐瞒5亿多元交易收入、偷逃巨额企业所得税，水泥贵港公司违法占用基本农田595.81亩，原华润集团某高管违规收取印度尼西亚上市公司监事酬金，深圳几家空壳电子商行通过“网银”巨额洗钱等一系列严重违法违规问题，已将重要审计情况上报审计署。

计算机审计 在深圳海关审计中，充分运用自主开发的《海关H2000联网审计软件》，积极发挥海关联网审计软件的优势，处理数据容量高达228G，面对深圳海关两年的报关单便高达1300多万份的数据，软件的高效优势得到充分体现，节约现场审计时间和提高审计命中率，为进一步查处问题提供线索和方向。结合深圳海关审计实践，完成审计署课题计算机审计实务公告——《海关审计数据规划》，实现实践到理论的再次转化，在海关联网审计软件2005版的基础上完成2009升级版的开发任务，为海关联网审计软件在全国18个海关审计中的培训与推广应用打下基础。在华润（集团）有限公司、吉林农发行等审计项目中，计算机技术也同样大显神通，成为审计人员必备的利器。

队伍建设 继续坚持中心组学习制度，根据不同时期的特点组织学习和讨论，统一思想，提高认识，为有效地开展各项工作奠定基础；坚决贯彻党的民主集中制原则，定期召开办党组及各处室民主生活会，广泛听取群众意见，解决实际问题；深化干部人事制度改革，建立公开、公正、公平的人才选拔机制，通过公开竞争上岗和民主推荐，选拔任用9名处级领导职务和6名处级非领导职务的干部，充分体现公开、平等、竞争、择优的原则；结合“三定”工作对部分处室、部分处级岗位进行调整，加大办内人员的交流力度，发挥每位同志的积极性；切实加强领导班子及审计干部职工作风建设，强化对处级干部领导能力的培养和锻炼，千方百计加强干部职工的教育培训，颁发了《审计署长沙办关于培养审计业务骨干人才和审计专业人才领军人物实施细则（试行）》；2009年共选送人员20名参加审计署组织的各种培训，提高了干部队伍的素质，增强了审计工作的能力；在抓好队伍建设的同时，以“孝道”之心努力做好退休干部工作，配备专职人员，组织多种有益老同志身心健康的活动。

党风廉政建设 坚持以科学发展观为指导，以改革创新的精神抓好审计文化建设，通过生动活泼的形式和独特新颖的载体调动大家参与审计文化建设的积极性、创造性，营造文明和谐、奋发向上的工作氛围，提高审计干部队伍的思想道德素质和文化品位。开展文明处室、文明职工、文明家庭的评比和表彰，结合新中国成立六十周年，开展征文活动，编辑出版《品味审计人生》一书，抒发广大党员干部对祖国、对审计事业的挚爱之情，在全办范围取得较大的反响，效果突出。

坚持廉政建设是审计的生命线不动摇，通过召开各处室负责人党风廉政工作会议，学习讨论全国党风廉政建设工作会议精神，对审计项目现场实施巡查等方式，始终绷紧廉政建设这根弦。不断完善廉政建设工作的奖惩机制，通过优秀党员、先进党支部评比激励广大党员干部向先进看齐，争先创优；对于举报和巡查、回访中出现的违反廉政纪律的问题，严肃认真查处，绝不姑息。金融审计处党支部荣获“省直机关先进基层党组织”荣誉称号，另有3人次分别荣获“省直优秀共产党员”“省直优秀共青团干部”“省直优秀团员”荣誉称号。

相关工作 年内共制定和完善 11 项规章制度，有效地促进了依制治办的进程。在项目计划管理方面，通过制定执行《审计项目计划管理及成本控制暂行办法》，审计项目计划性增强，项目成本管理得到改进。每一个审计项目开始前，各业务处测算经费、办公室专人审核，在项目实施过程中，办公室及时与审计组沟通，确保项目计划进度与经费执行同步。在公文质量方面，办公室将业务公文审核关提前，同时加强公文三级复核管理，保证了重要审计业务文书质量。在财务管理方面，坚持以财务管理为核心，阳光操作，从预算的编制、执行与控制、考核等环节进行全过程统筹，切实提高预算管理的科学与准确性；精打细算，严控各项费用支出，特别是对招待费、物业管理费等行政运行经费，通过精心测算，确定压缩指标，预算管理严格按照审计署下达的指标执行。在审计宣传方面，组织撰写的金融审计团队专题报道，通过《中国审计》《中国审计报》等媒体，宣传审计成果，树立先进典型。此外，以审计现场信访管理为重点加强信访工作；开展两次保密检查，并向全办职工发放保密宣传手册，进一步强化全办职工保密意识；举办第二届审计理论文章评选，收集近 40 篇审计理论文章。后勤服务从细节入手，增强服务意识，健全规章制度，调整人员分工，加强协调管理，在保安全、抓服务、促经营、倡节能等方面取得新的成效。

（撰稿人：滕　阳）

【广州特派员办事处】 2009 年，广州特派员办事处（以下简称广州办）人员编制 150 人，在编人员 127 人。设有办公室、法规处、财政审计处、农业审计处、行政事业审计处、资源环保审计处、投资审计处、金融审计处、企业审计处、社会保障审计处、外资运用审计处、计算机审计处、人事教育处、机关党办、机关后勤服务中心。

领导成员

特 派 员：陈尘肇（—9 月）
　　　　　袁　野（9 月—）
副特派员：刘贡力
　　　　　刘　丹（—4 月）
　　　　　马学斌（2 月—）
　　　　　漆江梅（9 月—）
纪检组长：孙成余

审计成果 广州办共实施审计或审计调查项目 35 个（含上年结转项目 5 个），已完成 23 个。共查出违法违规金额 13.48 亿元（含 2008 年跨年度项目，下同），损失浪费金额 2.16 亿元，管理不规范金额 755.13 亿元。全年上报审计信息 193 篇，102 篇被审计署采用，其中：被《审计要情》采用 5 篇、《重要信息要目》采用 54 篇、《值班信息》采用 5 篇、《审计简报》采用 5 篇。被中办、国办综合采用 101 篇次，得到中央领导人批示 56 篇次。独立实施的贵州电力建设情况专项审计调查及与其他单位联合实施的中国石油化工集团公司（总部）2007 年度财务收支及原法定代表人任期经济责任审计、云南省 2001 年至 2007 年度滇池水污染防治绩效专项审计调查三个项目获 2008 年度审计署优秀审计项目。上报的 2 篇信息系统审计案例被审计署选中并参加经验交流，6 篇计算机审计经验入选审计署专家经验库，其中 1 篇被评为优秀专家经验。2 篇审计理论研究论文分获署科研所组织的审计系统“免疫系统”征文一、二等奖，另外选送的两篇研究论文获全国审计系统青年论坛征文二等奖。此外，内网建设在署网站评比中名列特派办第二名，企业处获人力资源和社会保障部、审计署颁发的“全国审计系统先进集体”称号，行政事业处获“广东省文明单位”称号。

财政审计 在××省财政收入状况审计调查项目中发现，消费税税制设计不完善，导致 3 家企业规避税收 6.05 亿元；税务部门违规对符合查账征收条件的 12 户企业实行企业所得税核定征收，少征税收 4200 多万元；税务部门把关不严，违规减免 4 户高新技术企业所得税 2500 多万元；财政部门通过资金空转，虚增财政收入 9500 万元；个别政府越权出台的税收政策，税务部门违规执行，导致 5 户私营钢厂少缴增值税 1 亿余元等问题。上述问题经上报后，引起了有关方面的高度重视。在××省财政收支管理情况审计调查中发现，该省市县级政府性债务负担较重、偿债能力不足，教育负债增长过快及部分地方金融机构历史债务包袱未解决、存在潜在风险等问题，提出加强债务归口管理和信息披露，建立规范的债务审批机制、偿债机制和风险预警机制，维护地方财政安全等审计建议。

金融审计　在××银行信贷资金专项审计调查中发现，××省部分地区近 2 亿元信贷和财政资金流入证券市场。在人民银行××分行财务收支审计调查中发现，该行 5891 万元账外资金 20 年未清理并账，违规提现 1012 万元私自存放达 8 个月的问题，并要求该行立刻整改，防止问题继续隐瞒和扩大。在××银行资产负债损益审计中发现，××公司骗贷问题，并移送至当地公安部门，现该省公安厅已立案查处。

行政事业审计　在宁夏回族自治区发展和改革委员会 2008 年度组织实施的中央财政投资情况审计中发现，宁夏灌区续建项目建设进展缓慢，灌溉水利用率偏低；宁夏回族自治区新增中央投资项目配套资金不到位问题突出等问题，经审计署汇总上报后，得到中办、国办采用和国家领导人批示。

农业与资源环保审计　在××省四项种粮农民补贴审计调查中发现，该省农资补贴资金按上一年度种粮面积发放，造成 2008 年全省新增近 49 万亩种粮面积的农民当年无法享受农资补贴 2400 多万元；部分不应补贴的种植经济作物水田享受了种粮补贴，而部分真正种粮“黑地”无法享受补贴，挫伤粮农积极性；农机主管部门监管不力，部分经销商按最高售价向农户销售农机，造成部分中央购机补贴被经销商侵占等问题，并有针对性地提出审计建议。在××省国有土地使用权出让金和土地开发整理资金审计调查中发现，该省国土部门对土地、资金等监管不力，导致部分国家投资未实际发挥效用，近 6000 亩新增耕地被人为损毁，土地整理资金 3100 万元被私营企业主套取。该问题经审计署上报国务院后，得到国家领导人批示。

固定资产投资审计　在××省病险水库除险加固工程专项审计调查中发现，该省部分病险水库除险加固工程存在质量缺陷和安全隐患等问题，提出审计建议，促进当地政府部门相继出台 4 项有关制度规定。在西气东输二线建设项目（以下简称西二线）跟踪审计中发现，西二线××段违规穿越××极旱荒漠国家级自然保护区对生态环境造成严重破坏和违规穿越××一级水源地威胁××市饮用水安全等问题，经审计署上报后，得到总理、副总理等领导人批示，并由环境保护部跟进督查，对保护生态环境和饮用水安全等工作起到良好的促进作用。

社会保障审计　在××省政府投资保障性住房审计调查中发现，××市部分保障性住房及配套中小学地基出现下沉开裂，上万居民及中小学生的人身安全受到威胁的问题，经审计署以《值班信息》上报国务院后，得到国办采用和中央领导人批示。此外，还发现部分地区出现廉租住房出售现象，廉租住房入住后出现租金物业费收取难、管理难和退出难等问题，经审计署汇总上报后，得到国办采用和中央领导人批示。

企业审计　在××航空集团公司 2008 年度财务收支审计中发现，该公司部分下属分公司私设 13 个“小金库”，涉及金额 4440.64 万元，其中 2538.63 万元用于违规发放职工奖金补贴等问题。在××网络通信有限公司××省分公司财务收支审计中发现，该分公司以低价出租资产等方式向上市公司让利造成国有企业净收益减少 10.94 亿元和 10.07 亿元工程建设项目施工与物资采购未严格按规定公开招标等问题。在国际金融危机对我国中小企业影响状况专项审计调查中发现，中小企业债务纠纷问题呈蔓延扩大之势影响社会稳定等问题。

经济责任审计　在××集团公司原企业领导人员经济责任审计中发现，××航线航班经营许可主管部门通过报销费用、提取现金等形式收受民营企业的不当获利，涉嫌商业贿赂的问题。上述问题经审计署上报国务院后，得到国办的采用和中央领导同志的重要批示，并由中纪委立案查处。在××中央企业金融衍生品投资情况专项审计调查中发现，部分中央企业从事金融衍生品业务操作过程中存在内控制度不健全，业务风险控制不到位等问题，经审计署汇总上报后得到党和国家领导人的重要批示。

专项资金审计（调查）　在××省贯彻落实中央新增投资政策及效果的审计调查中发现，该省有 13 个项目投向产能过剩行业或违规建设楼堂馆所，18 个项目不符合环保、用地等国家政策要求，6 个项目、1453 万元资金被滞留、闲置或挤占挪用，2 个项目套取政府投资补助 78 万元等问题，提出审计建议，有效地推动了中央“保增长、扩内需”政策的顺利实施。在××省农村饮用水安全状况审计调查中发现，该省农村饮用水安全保障的应急预案不健全、运行机制不完善、保障措施不到位，未形成有效的预警和应急救援机制；农村饮用水安全工程中央和省级补助资金分配方法不科学，部分农村饮用水安全工程建设资金难以保障，不利于项目顺利实施等问题，并由针对性地提出审计建议，促进该省多项相关制度的健全和完善。

队伍建设　一是以学习培训和实践活动为契机，增强干部职工政治意识、大局意识、发展意识、忧患意识、责任意识等“五种意识”，强化关注大案要案线索和注重体制机制分析“两个并重”思路，切实转变干部思想观念。二是大力开展“责任落实年”活动，培养“尽职尽责、令行禁止”的工作作风。全办干部职工工作效率显著提高。三是共组织举办 3 次办处两级领导干部培训班，办领导多次深入审计一线手把手教审计思路、工作方法，以会代训，促进审计业务质量和处级干部素质的同步提高。四是针对不同群体“因材施教”，在全办范围大力推行案例教学。全年由特派员亲自主持授课的案例教学课达 6 次，其他分管特派员和处室负责人也分别主持了 10 多次案例教学课，成效显著。五是组织 55 位干部进行岗位交流；组织实施干部选拔任用工作，19 名干部脱颖而出，充实处级干部队伍。同时，选派三名同志参加联合国审计项目，选派一名同志到四川彭州市挂职锻炼，促进年轻干部成长。

机关管理　一是明确处室、岗位职责，确保责任到人，并把每个岗位的明细职责以文件的形式固化下来，为提高工作效率打下良好的基础。二是强化制度的制定与落实，开展制度清理和完善活动，提高工作的规范化水平。三是加强财务管理工作，对办本级和服务中心的财务收支情况进行了内部审计，进一步规范了会计核算和资产管理。四是高度重视保密工作，通过层层签订保密协议书，提高全办干部保密意识，同时开展安全保密检查，有效控制风险。五是强化信息化管理，完成审计内网和专网的切分调试工作，调整和更新内网的版面和功能，制定了网站管理办法。

党风廉政建设　一是精心组织学习实践科学发展观活动，认真落实整改，全办党员干部初步树立起科学的审计理念。学习实践活动中，共编发学习实践活动简报 32 期，被审计署和广东省委学习实践活动办公室采用 22 篇，采用篇数位列十八个特派办第一名。二是举办形式多样的主题教育活动。大力开展“转变作风抓落实”、“迎接新中国成立 60 周年”“参观革命旧址、寻访先烈足迹”“缅怀审计先烈以明志，资助特困家庭以正心”“铭记海战史增强维护安全使命感，探访军营生活引导树立优良作风”等一系列主题活动，组织干部职工学习最新的党建理论，切实增强干部职工的党性修养。三是以防范廉政风险为重点，深入推进机关党风廉政建设和反腐倡廉工作。修订完善各项制度，共出台《审计项目廉政监督检查办法》《廉政风险点预防及控制办法》《内部审计工作规定》等近 10 项制度。建立了党组书记负总责，分管领导具体抓，职能部门各负其职的工作机制。积极推行审计工作与审计廉政纪律执行情况“双汇报”制度和廉政责任的逐级承诺制度。加大监督检查力度，对党员领导干部个人重大事项报告、述职述廉、民主评议等制度的执行情况、执行审计工作“八不准”纪律的情况等进行监督和检查。全年审计项目回访率达到 100%。

（撰稿人：黄文炳）

【深圳特派员办事处】　2009 年，深圳特派员办事处（以下简称深圳办）人员编制 120 人，在编 87 人。设有办公室、法规处、财政审计处、固定资产投资审计处、金融审计处、企业审计处、社会保障审计处、外资运用审计处、境外审计处、计算机审计处、人事教育处和机关党委。

领导成员

特 派 员：王淡浓

副特派员：赖汉雄（—5 月）

朱惠红

张在银

纪检组长：段大波（—11 月）

郑凯旋（11 月—）

审计成果　2009 年，深圳办共执行审计（调查）项目 28 个，其中跨年度项目 5 个；查出违规问题金额 62 亿元，管理不规范金额 424.3 亿元。向司法、纪检及地方部门移交各类重大问题线索 7 起。共报送审计报告和专题报告 33 篇、重要审计情况 18 篇和审计简报 140 篇，其中：被审计署以《审计要情》采用 5 篇、以《重要信息要目》采用 41 篇、以《审计署值班信息》采用 5 篇、以

《审计简报》采用 6 篇、以信息转送函和《审计工作通讯》采用 21 篇，被中办采用 32 篇、被国办采用 46 篇、获得领导批示 43 篇。

深圳办开展的香港中旅集团有限公司原法定代表人任期经济责任审计项目被审计署评为 2008 年度表彰项目；报送的《国际金融危机对深圳经济发展的影响及对策专题调研报告》被评为中央国家机关工委深入学习实践科学发展观优秀学习调研成果。

财政审计　2009 年是审计署积极实践、探索构建国家财政审计大格局的重要一年。深圳办年初即成立了以王淡浓特派员为组长、分管副特派员为副组长、相关处室负责人为成员的财政审计一体化领导小组，全面整合审计资源，取得一定的成效。完成深圳市国家税务局 2007～2008 年度税收征管情况审计调查、深圳市 2008 年至 2009 年 6 月财政收支情况审计调查及深圳市财政收入状况专项审计调查等项目。发现深圳市国家税务局违规扩大核定征收企业所得税的企业范围，深圳市中央就业专项补助资金大量沉淀、未能及时发挥效益，深圳市新增中央预算内投资计划与实际脱节、沿海防护林工程任务目标无法实现等问题。

金融审计　完成中国人民银行武汉分行 2008 年度财务收支情况审计和中国农业银行股份有限公司四川省分行 2008 年度资产负债损益审计。发现人民银行武汉分行虚列支出 1002.22 万元、账外资金和资产 10530.40 万元，农行四川省分行少数基层支行为完成指标考核突击发放无实际用途的虚假贷款以及向提供虚假财务报表、无效担保的企业违规发放贷款等问题。发现的农行宜宾县支行客户经理高勇在发放贷款时涉嫌收受巨额贿赂的案件线索，由审计署迅速移送至最高人民检察院，目前高勇已被捕，农行四川省分行已收回相关的全部贷款，并以记大过、记过、警告、扣发考核性工资等方式处理了 16 名相关责任人。

行政事业审计　完成深圳出入境检验检疫局 2008 年度预算执行审计，贵州省发改委组织分配中央财政投资情况和全国大型灌区续建配套与节水改造项目、采煤沉陷区治理工程等两类项目投资预算执行情况审计、并对新增 1000 亿元中央财政投资有关情况进行专项审计调查。发现深圳出入境检验检疫局经常性结余资金未纳入预算及公用经费超预算支出，贵州部分中央新增投资项目地方配套资金未及时到位、项目进展缓慢等问题。在贵州采煤沉陷区治理工程审计中，坚持揭示反映六盘水市钟山区、六枝特区政府擅自改变沉陷区治理方式，将两个采煤沉陷区本应择址重建的 2672 户居民住宅改按维修加固方式治理、上万农民的生命财产安全面临严重威胁的问题，由审计署上报国务院后，得到温家宝总理的重要批示，责成专项调查组前往六盘水市检查整改落实情况。

农业与资源环保审计　完成海南省农村饮用水安全状况的审计调查、海南省国有土地使用权出让金和土地开发整理资金专项审计调查等项目。发现海南省农村学校饮用水安全工程实施不足、饮用水工程农民自筹资金比例较高，以及海口市土地利用总体规划确定的 1.47 万亩农用地被企业用于旅游及房地产开发、海口市未按规定计提土地出让净收益并用于廉租住房建设等问题。

固定资产投资审计　完成福建省病险水库除险加固工程专项审计调查和京沪高速铁路 5、6 标段跟踪审计。在福建省病险水库除险加固工程专项审计调查中，发现福建省水库安全鉴定及病险水库除险加固规划编制工作不到位，南溪水库管理处等部分建设单位擅自变更设计、偷工减料等问题。深圳办审计组接受了新华社、中央电视台、光明日报等 6 家主流媒体的实地采访，引起很大的社会关注和反响。在京沪高速铁路 5、6 标段跟踪审计中，发现施工单位使用大量假发票入账，超标准支付拆迁补偿款，违规扩大征地拆迁范围等问题。审计查实的上海闵行区征地拆迁人员涉嫌串通被拆迁企业弄虚作假套取征地拆迁款 3094 万元的大要案线索，由审计署移送上海市人民政府，目前已刑事拘留 3 人。

社会保障审计　完成海南省和深圳市 2007 年以来政府投资保障性住房情况审计调查。发现海口市未全面完成省里下达的廉租住房建设任务、未按国家规定落实和管理廉租住房保障资金，以及深圳市公共租赁住房空置率较高、建设项目进展缓慢、廉租住房实物配租后续监督管理工作不到位等问题。

经济责任审计　深圳办牵头与长沙办联合开展华润（集团）有限公司原法定代表人陈新华同志履行经济责任情况以及华润（集团）有限公司

2008年度财务收支审计，对原董事长陈新华任期的履职情况、企业的盈利能力和发展战略、国有资产保值增值等方面进行客观评价，揭示任期内企业在重大经济决策、会计信息、重大经营风险以及遵守财经法规等方面存在的突出问题。该项目还注重结合检查国家宏观调控政策的落实情况，形成纺织、电子信息产业、离岸公司监管及在港中资企业监管等4篇专题报告，从体制、制度层面提出了16条建议。

专项资金审计（调查） 完成海南省2008年种粮农民补贴资金管理使用情况审计调查。发现海南省种粮直补政策执行中存在弊端，套取种粮农民补贴资金、发放补贴款时抵扣各种费用、农机主管部门监管不力等因素导致农机经销商骗取农机购置补贴等问题。

专项审计（调查） 以加强对中央扩大内需政策措施落实情况的检查、促进经济平稳较快发展为目标，完成中国广东核电集团有限公司金融衍生品业务开展情况审计调查、深圳市应对国际金融危机扶持中小企业政策实施情况审计调查、中国南方电网有限责任公司及中国银行股份有限公司深圳市分行和安信证券股份有限公司贯彻实施中央扩大内需促进经济平稳较快发展有关政策措施情况及效果的专项审计调查等项目，共查出各类问题31个、提出政策建议16条。在深圳市应对国际金融危机扶持中小企业政策实施情况审计调查项目中，抽取120户中小企业作为调查样本，采取发放调查问卷、召开座谈会、实施现场调查等方式提高工作效率，发现深圳市扶持中小企业财政专项资金管理使用分散、担保业务补助6670万元未及时拨付等问题。在接到中国南方电网公司审计调查任务后，深圳办迅速组织近40名审计干部分成5个调查组，奔赴云南、贵州、广西、海南、广东南方5省，深入28个市、县（州）近200个电网建设项目工地实地调查，发现广西壮族自治区电网体制影响电网建设效益、云南电网公司对部分高耗能企业实行优惠电价、部分已完工项目列入新增投资计划等问题。在安信证券股份有限公司及中国银行的专项审计调查中，发现广东地区地下庄家涉嫌有组织操纵股票价格的案件线索，由审计署上报国务院后，领导同志重要批示，目前已由证监会立案稽查。

队伍建设 一是根据审计署批复的“三定”方案，顺利完成“三定”工作，新设立固定资产投资审计处和社会保障审计处，调整部分处室的名称及职能，并于8月开展了副处级干部竞争上岗和选拔任用工作，4名年青同志走上副处级领导岗位。二是创新干部培训方式，将提高审计人员的财务报表分析能力作为全年培训的重点，将定期培训和不定期培训相结合，创新地实行“考勤、考察、考试”并举的“三考”培训机制，保证了培训效果。三是严格按照人事部公务员录用程序，恪守公平、公正、公开的原则，与广东省人事厅密切配合，经过严格的笔试、面试、专业考试及体检等程序，择优招录了8名新公务员。四是派遣十余名业务骨干参与联合国审计、干部交流、专项检查等工作，借助外部平台培养年轻干部。

机关管理 一是按照删繁就简的原则开展制度修订，共计保留30项、废止14项、修订34项、新增3项。二是继续坚持以计划为龙头的管理模式，推行全口径预算管理，及时分析研究审计业务、财务成本、预算执行等方面的控制信息，提高了财务管理和预算管理的科学性和规范性。三是继续加强审计项目质量控制，对2008年12个审计项目开展质量检查，并制定《关于进一步加强深圳办审计项目质量控制的意见》，在质量控制体系建设、审计业务会议以及审计组复核等3个方面实现了质量控制的新突破；还征询多方面意见，编制了《审计项目业务流程指南》。四是强化后勤服务，建设节约型审计机关。深圳办机关后勤服务中心全年提供服务里程17万公里，节电3.29万元、节水1.54万元，完成了900余人（次）的接待工作；在中审大厦管理方面，机关后勤服务中心通过消防系统的升级、加强大堂来访盘查和消防监控中心的跟踪等工作，做到全年无一安全消防事故发生，中审大厦被深圳市福田区莲花街道办事处评为2009年群防群治先进单位。

信息化建设 一是采取多种措施大力推行计算机辅助审计，在金融审计、企业审计、投资审计等方面取得丰硕的成果。深圳办征集了10篇计算机审计专家经验，向审计署上报了8篇AO应用实例，其中1篇被评为优秀奖、4篇被评为鼓励奖。二是全力做好网络日常维护工作，顺利完成金审工程审计业务专网和涉密审计内网的网络切换、设备更新工作。三是继续开展计算机自主培训和研发，开展了第二次AO现场审计实施系统考试自主培训，并对深圳办自主研发的人事绩效考核系统《深圳办人事绩效考核系统软件》进行系统升级。10月，召开第一次信息化工作讨论会。四是成熟的办公自动化系统为机关管理提供便捷的信息化平台，新启用的网上培训板块，进一步丰富完善OA系统功能。深圳办通过OA系统顺利发文376件、收文3005件，100%通过审计署每月一次的收发文监测。深圳办的电子档案库，已经完成2008年以前所有档案的电子化工作，扫描档案近40万页。

文化建设　一是本着“热烈、简朴”的原则，开展重温入党誓词、赴贵州审计希望小学开展“访贫问苦”、建办20件大事评选和历史图片展等二十年办庆系列活动，推进以“责任、正直、创新、宽容”为核心价值理念的机关文化建设。二是加强审计宣传和内部网站建设力度，全年在《中国审计报》等公开媒体发稿82篇，在中国审计报社2009年度评比中荣获“通联宣传工作优秀单位”称号。深圳办内部网站管理更加规范，版面更新更加及时，内容日趋全面，全年累计更新新闻1657条，在审计署2009年度内部网站评比中名列特派办第4名，并获得通报表扬。

（撰稿人：姜楠华）

【成都特派员办事处】　2009年，成都特派员办事处（以下简称成都办）在职人员121人，设有办公室、法规处、财政审计处、行政事业审计处、资源环保审计处、社会保障审计处、金融审计处、外资运用审计处、企业审计处、固定资产投资审计处、计算机审计处、人事教育处、机关党委、机关后勤服务中心。

领导成员

特 派 员：丁仁立

副特派员：任承彝（正司级）

周应良

景东华

纪检组长：赵建设（正司级）

审计成果　2009年，成都办完成审计署下达的审计（调查）项目18个，共查出问题金额7780000万元，其中违规及管理不规范问题金额7762000万元、损失浪费金额1800万元。向相关主管部门、纪检监察和司法机关办理审计移送事项8件。报送审计工作报告、专题报告、信息简报等169份，被审计署等采用共211篇次，其中《审计要情》2篇、《重要信息要目》50篇、《审计简报》5篇、转送部委函16篇、审计工作通讯2篇，被中办、国办采用89篇次，得到中央领导批示47篇次。

实施的“汶川地震救灾资金和物资审计项目”被审计署评为优秀审计项目，实施的“中国建设银行股份有限公司广东省分行资产负债损益审计项目”被评为表彰项目。被四川省直工委评为党建工作责任制先进单位，办领导班子被省直工委评为“四好班子”，党组中心组被省委宣传部和省直工委联合表彰为理论学习先进单位，党风廉政建设受到省委和省直工委通报表彰，社会保障审计处被人力资源和社会保障部、审计署授予“全国审计系统先进单位”称号。1人被国务院三峡工程建设委员会授予“三峡工程建设资金监管工作先进工作者”称号，1人被国务院机关事务管理局授予“中央国家机关先进会计工作者”称号。

财政审计　一是完成四川省2007～2009年中央农业综合开发资金管理使用情况审计。主要问题有：土地治理项目资金投向没有体现重点扶持粮食主产区的要求；部分产业化经营项目资金投向非农业综合开发县；产业化项目市县配套资金137.5万元未按规定安排预算和及时拨付；未按实施方案完成农民筹资投劳；部分土地治理项目未列入项目库；部分农业综合开发资金项目工程未进行招投标；土地治理项目开发未做到相对集中连片要求；土地治理项目农民科技培训未完成计划；简阳市农发办和巴州区农发办履职不到位，监管不力，导致项目在实施中产生的违法违规问题未能及时发现和纠正；大地公司用假发票报账套取财政无偿资金、虚构项目套取贴息资金和挪用农业综合开发资金；惠昌公司用假发票报账套取财政无偿资金，将农业综合开发资金提现后去向不明。2009年中央立项土地治理项目157个，已开工149个，8个项目因招投标原因尚未开工。

二是完成四川省2008年至2009年6月地方财政收支专项审计调查项目。在财政部门预决算管理方面主要问题：将应作为净结余1112378万元的财力性资金列结转下年支出；成都市485090万元年初预算编制不够细化；虚列财政支出35519万元；少计财政收入34903万元；一般预算收入1500万元调入基金预算收入；151793万元财政资金未纳入财政决算报表反映；未按规定使用预备费；未按规定及时收取土地出让金130698万元；部分国有土地使用权出让收入使用不合规。在财政资金管理方面主要问题：违规向非预算单位借款和拨款；部分往来款项长期未清理，存在损失风险。在基金征收管理方面主要问题：四川省大中型水库库区基金征收入库率较低，未按规定补征以前年度库区基金；征收价格调节基金未按规定程序报批。2008年至2009年6月，四川省本级累计征收天然气价格专项调节金6235.66万元、煤炭价格调节基金13609.65万元，成都市按照《成都市价格调节基金征收使用管理办法》，累计征收价格调节金50102.38万元，自贡市累计征收天然气价格专项调节金1563.96万元。在政府性债务方面主要问题：2008年四川省地方政府性债务年末余额2915.95亿元，其中直接债务余额2460.20亿元，占全省债务总额的84.37%；担保债务余额455.75亿元，占全省债务总额15.63%。从审计调查看，四川省政府性债务总量较大，存在较大财政风险，部分投融资公司债务加大了财政风险，部分投融资公司基础性公益性项目贷款未在政府债务报表中反映。

三是完成四川省当前财政收入状况有关问题的专项审计调查。发现的主要问题：多征税款14384.39万元；地方政府自定政策，直接或变相减免税145045万元；高新技术企业认定机构和一些税务机关执法不严，未能真正做到应收尽收；消费税税制设计不尽完善，引发税款流失，应税企业普遍通过关联交易、委托加工等方式规避税款，据测算2008年至2009年5月共少缴消费税43117.48万元，是这些企业同期实缴消费税的29.45%；非税收入征收不到位，部分非税收入未纳入预算管理。审计抽查发现，2008年1月至2009年5月，成都市本级、高新区、经济技术开发区及锦江区应征未征土地出让收入1758414.37万元。四川省本级财政以多种方式留存财力性资金，影响资金使用效益。

四是完成2008年种粮农民补贴资金专项审计调查。在粮食直补和农资综合补贴方面主要问题：补贴支持力度不够，粮食直补资金投入多年未增加，亩均补贴标准较低；由于四川省人多耕地少，户均补贴较低的比重较大；农资价格上涨较快，农业生产成本增长高于农资综合补贴增加额；个别地方未按实际种粮面积进行分配，种植经济作物的土地享受了种粮补贴，退耕还林、已占用耕地等非耕种面积享受了补贴，未计入计税面积的种粮土地未能享受补贴。在农作物良种补贴资金方面主要问题：每亩小麦供种数量少，且平均分配，未能充分起到推广良种的作用；地市上报省的水稻核实面积不准确；广汉市水稻补贴面积大于实际种植面积。在农业机械购置补贴资金方面主要问题：农业机械购置补贴供需矛盾较为突出，约有2.5亿元的补贴资金缺口；农业机械购置补贴商业网点不足；部分补贴农业机具最高限价定价偏高；农业机械购置补贴产品目录最高限价不公开。

金融审计　一是完成农发行湖北分行审计。发现违规发放贷款14200万元，部分贷款面临损失风险；违规发放产业化龙头企业贷款73000万元；超范围发放农村基础设施建设贷款79000万元；贷后监管不力，粮棉油收购及化肥储备贷款14140万元被挪用于投资和归还借款等；贷后监管不力，涉农项目贷款17200.86万元被挪用于非农领域；化肥储备贷款购进的化肥在规定区域外储备、销售；贷款程序执行不严格、信贷质量管理基础工作薄弱、不按项目建设进度发放贷款、对贷款企业基本信息掌握不清、部分客户信用评级不准确、未切实落实贷审会决议要求的风险防范措施、重大事项上报迟缓等管理方面存在薄弱环节和不规范等问题。通过信息系统审计，发现农发行信息系统流程控制存在缺失环节。延伸调查其他单位还发现粮食财务挂账贷款利息长期未收回、扩大财政部规定范围使用粮食风险基金、部分粮库储备粮食超期限储存等问题。

二是对中国建设银行股份有限公司四川省分行落实中央扩大内需促进经济平稳较快发展有关政策措施情况进行专项审计调查，发现政府融资平台贷款存在的突出性问题，贷款资金被用做项目资本金、被挪用归还贷款，政府融资平台贷款支持的非经营性项目占比高、缺乏稳定可控的还款来源，部分政府融资平台自身存在缺陷或经营不规范，增大银行贷款风险；发现房地产新增贷款存在的主要问题和风险，部分新增房地产开发贷款被挪用，部分新增贷款用于建设低密度住宅，部分个人住房贷款未严格执行国家二套房贷款政策；发现新增贷款存在应引起关注的问题，新增贷款资金闲置比例偏高、多晶硅项目贷款存在一定风险等问题。

三是完成中国人民银行重庆营业管理部 2009 年度财务收支审计。发现人员经费挤占公用经费、地方财政补助未作为收入核算、支出不实、项目结余资金未纳入会计报表反映等财务收支方面存在的问题，以及对国库资金监管不力、对专项借款监督不力，导致借款使用与规定用途不符等履行职责方面存在的问题。延伸审计调查重庆农村商业银行股份公司经营管理及服务“三农”发现贷款支持重点有城市化、工业化的苗头；法人治理不够完善，部分内控制度执行不严；贷款管理不严格，存在一定风险；部分资产质量反映不实，存在潜在的风险等问题。

农业审计　一是完成四川省长江上游水污染防治及资金管理使用情况专项审计调查项目。在水污染防治项目方面的问题：《三峡规划》建设项目进度未达标；部分中央新增投资环保项目建设进展缓慢；未完成“十一五”目标责任书规定的中期年度目标；部分 2008 年中央财政主要污染物减排专项资金项目进展缓慢。在城镇生活污水和垃圾处理方面的问题：现有污水处理能力与《三峡规划》要求存在差距；部分地区现有垃圾处理能力不足；部分已建成投运城市污水处理厂实际处理负荷率低，处理能力闲置；部分地方污水和垃圾处理收费政策落实不到位，运行经费保障不够；污水收集系统建设滞后和工艺落后，污水处理厂未能发挥应有功能；城市生活垃圾渗滤液处理不达标；部分城市未建立医疗废物集中处置设施，存在极大安全隐患。在长江上游工业企业污染治理方面的问题：部分工业园区水污染治理未完全落实；危险废物处置不到位，存在环境安全隐患；重点排污企业治理进度缓慢，未达到预期目标。在小水电开发建设方面的问题：流域综合规划编制工作滞后，缺乏对水电开发的宏观指导和控制；水电开发规划未进行环境影响评价；部分地方政府将水电开发规划委托企业编制，难以发挥政府在流域水电规划编制的主导作用，不利于流域的整体规划和开发；部分水电项目无序开发；水电项目未严格执行环保水保措施，影响生态环境；水电开发权管理需进一步加强，政策需进一步完善。在排污费征收管理使用方面的问题：四川省出台的排污费使用政策与国家规定不一致，三分之一以上的资金用于补充部门经费；个别地方没有坚持专款专用原则，挪用排污费资金。在环境监测工作方面的问题：四川省重点污染源自动监控项目建设处于停滞状态，在线监控系统未有效发挥作用；2008 年四川省重点水污染源在线监测系统比对结果不合格率较高，无法保证监测数据的质量；部分市州及区县环境监测能力较弱，难以对当地水环境做出正确及时的判断；地震灾区环境监测监管能力恢复步伐需要加快；四川省水质评价指标数量少于国家标准。在城市饮用水水源地保护方面的问题：水源地水质状况存在不达标的情况，湖库型水源地富营养化问题逐步显现；水源地保护区内工业污染源依然存在，部分水源地受城镇生活污染的现象没有改观；水源地保护区农业面源污染严重；饮用水安全受到特殊典型污染源威胁；绝大多数城市没有备用水源，应对环境风险能力较差；水源地环境监管工作亟待加强。

二是完成四川省 2007～2009 年节能减排专项资金审计项目。审计发现的主要问题：成都市湔江制药厂废水治理项目未按计划实施，导致 1140 万元中央节能减排资金闲置；四川省执行差别电价政策不及时、不到位。差别电价收入未安排用于节能减排工作，资金未发挥效益；在节能减排项目建设、管理等方面，部分节能项目建设进展缓慢，部分已完成的节能建设项目未审核验收，难以核减年度能源消耗量；国电深能四川华蓥发电有限公司 3 号、4 号机组延迟淘汰；国电四川电力股份有限公司白马发电厂 23 号机组脱硫工程建成后又关闭，致使政府投资损失 1780 万元；部分县污水处理、垃圾处理场建设滞后或者未达到批复要求。

企业审计　完成对兵器集团法定代表人任期经济责任和 2008 年度财务收支审计。重点对兵器集团本部及兵器集团所属的中国北方工业公司等

9家二级成员单位2008年度的重大决策、资产质量、会计信息、遵守法纪、政策破产等情况进行了审计，审计涉及的单位资产额1001.29亿元，占兵器集团2008年合并报表反映资产总额的55.92%。审计发现兵器集团及其所属单位，因合并会计报表抵消不充分、合并范围不完整，未按规定确认收入、成本和计缴税费等原因，造成2008年多计收入84.39亿元、资产25.2亿万元、负债22.68亿元，少计利润2.85亿元；以改扩建名义投资近200亿元建设国家限制类石化项目；集团本部及财务公司等贷款5.9亿元给国家限制发展的高尔夫项目形成损失风险；违规从事实业投资并为其4个房地产项目提供贷款3.2亿元；集团所属4家企业违规向集团公司以外的9家单位拆借资金3.4 1亿元，所属1家企业违规向3家私营企业1.3亿元银行贷款提供担保，其贷款面临损失风险；所属企业在经营管理中违反财经法纪设置“账外账”9924.94万元等问题。

外资运用审计　一是完成了世界银行贷款贵昆铁路六盘水至沾益段增建第二线工程（成都局界）项目。按照审计署的授权对项目业主单位的外资报表出具无保留意见的对外公证报告，审计发现材料采购环节存在的不规范问题和重点分析了征地拆迁缓慢的原因，促进材料采购的规范，加快征地拆迁的进度。

二是对四川省农村饮用水安全状况进行专项审计调查。调查发现部分项目县中央新增农村饮用水项目上报投资完成额不实、集中式供水站出水水质合格率普遍较低、农村学校的饮用水状况存在安全隐患、农村饮用水水源地保护存在薄弱环节等问题，查出虚报投资完成额、配套资金不到位等违规金额10052万元。

行政事业审计　一是完成四川出入境检验检疫局2008年预算执行审计，发现预算执行不合规74.67万元、部分基本建设项目进展缓慢造成1233.91万元项目资金结余、违规发放补贴122760元、检验检疫费收入管理不尽规范、部分单价在50万元以上的大型专用检测设备没有使用，达州和宜宾分局因实验室改造和未取得相关资质认证等原因共有660.23万元的设备未投入使用，四川出入境检验检疫局新建办公楼未及时办理竣工决算，四川嘉孚公司及其关联企业未取得从事“消、杀、灭”业务的资质认可形成的利润向机关服务中心转移等问题。

二是完成四川省新增1000亿中央投资审计。发现四川省发改委未按国家规定下达垃圾和污水处理项目配套资金计划、部分配套资金不到位、个别新增投资项目未能实现新的实物工程量、未按国家发改委批复方案内容实施项目、侵占和挪用项目资金2020万元、部分项目进展缓慢，资金滞留、部分农户未搬出采煤沉陷区等问题。

三是对四川省贯彻落实中央扩大内需促进经济平稳较快发展有关政策措施实施情况及效果进行专项审计调查。发现部分新增投资的政策效应未得到充分发挥、一些项目地方配套资金未及时到位、项目计划管理和项目建设管理存在问题、部分地方债券资金使用不符合规定、四川省游牧民定居工程建设存在问题、四川水泥行业过度投资产能过剩问题突出、农网完善和无电地区电力建设项目存在问题等。

恢复重建跟踪审计　按照《审计署汶川地震灾后恢复重建审计工作方案》，全办先后组成26个审计组、派出156人次，对140个灾后重建项目进行跟踪审计或审计调查，同时对彭州市、崇州市、理县和黑水县四个重灾县（市）灾后恢复重建情况进行审计，并重点对成都市负责建设的121所灾区中小学校和成都市、阿坝州、雅安市三个市（州）有对口援建的10个县（市）的城乡住房恢复重建情况，进行专项审计或审计调查。审计或审计调查项目总投资564.21亿元。审计发现灾后重建规划部分项目与实际情况不符，中期规划调整尚未完全到位；产业重建支持方案不明确，产业重建资金闲置，应贴息企业未获得贷款贴息，产业重建和财政贴息政策尚未发挥作用；统筹协调不够，资金缺口和结存同时并存；一些项目违反基本建设程序和规定，工程管理、进度、质量、投资控制等存在薄弱环节。同时，在中小学校专项审计中，发现学校建设资金总体缺口大，但一些地方却存在大量结存现象，一些单位存在挤占学校建设资金问题；工程进度未严格按合同控制，一些学校交付使用后处于边教学、边施工状态；施工单位主要技术管理人员不到位，有的还违法转包或出借资质；监理单位未按投标文件和合同约定派驻现场监理人员，监理人员不在现场情况突出；部分工程质量控制不符合国家标准规范；竣工验收投入使用的学校仍然遗留许多质量和安全隐患问题；新增建设用地报批滞后，以租代征土地问题比较普遍，部分废弃学校资产闲置未及时安排利用；个别小学建设质量严重失控。在城乡住房审计调查中，发现汶川县、松潘县、黑水县、崇州市等地的城镇住房重建进展缓慢，开工率在20%以下；汶川县有1655户农户由于集镇规划和工业园区建设需二次迁建等原因，无法开展灾后重建，需要通过过渡板房、过渡自建房、投亲靠友等方式进行安置；一些地方城乡住房补助资金兑付进度较为缓慢，部分受灾户补助资金因政策原因未兑付，个别地方申报城乡住房恢复重建户数超过实际需求，导致资金结存较大；重复统计、多头申报、多发放城乡住房恢复重建补助资金；个别灾区城镇损毁房应拆未拆，存在安全风险。

（撰稿人：杨志永）

【昆明特派员办事处】 2009年，昆明特派员办事处（以下简称昆明办）人员编制150人，在编110人。设有办公室、法规处、财政审计处、行政事业审计处、资源环保审计处、固定资产投资审计处、金融审计处、社会保障审计处、外资运用审计处、企业审计处、计算机审计处、人事教育处、机关党委。

领导成员

特 派 员：杨宁生

副特派员：哈耀卿

王彦斌

纪检组长：李伏廷（—9月）

矫 强（9月—）

审计成果 2009年，昆明办完成审计（调查）项目16个，查出违规金额10.6亿元，损失浪费金额11.6亿元。移送司法机关案件线索4件。提交审计信息134篇，审计署采用78篇。其中：《审计要情》采用3篇，《重要信息要目》采用43篇，《审计署值班信息》采用1篇，《审计简报》采用6篇，信息转送函18篇，《审计工作通讯》采用7篇，被中办、国办分别采用39篇、48篇，党和国家领导人批示45篇。昆明办参与实施的2008年度汶川地震救灾资金和物资审计被评为审计署优秀审计项目，独立实施的昆明市2006～2007年度城市基础教育经费专项审计调查被评为审计署表彰审计项目。

财政审计 完成重庆市财政收支专项审计调查、云南省发改委管理分配2008年度中央政府性投资情况审计、云南省贯彻实施中央扩大内需促进经济平稳较快发展有关政策措施情况及效果专项审计调查。在重庆市地方政府财政收支审计调查中，重点揭示重庆市预决算编报、反映不完整，超收收入安排不规范，津补贴发放不规范等问题。对云南省发改委组织实施中央财政投资审计揭露建设单位弄虚作假、串通投标的违规行为，及时足额收回新增中央扩大内需资金近2亿元。云南省落实中央扩大内需有关政策措施情况审计调查项目，揭示地方配套资金不到位，部分地方投资项目投向产能过剩行业等问题。

金融审计 参加金融司统一组织的对农行北京分行的试审，牵头查处某私营企业主涉嫌巨额金融诈骗等案件线索，经审计署上报国务院后，国务院领导批示由公安部查处。对农行湖北省分行的审计揭示该行原房贷处处长等涉嫌受贿、违规放贷，银行信贷资金面临损失风险的案件线索并移送检察机关，相关人员已被逮捕。工行云南省分行扩大内需信贷政策实施效果审计揭示多晶硅项目建设新增贷款流入股票市场，政府融资平台公司将贷款资金高利转贷给其他企业以获取高利差等问题，以及银行新增贷款违规流向“未批先建”项目，信贷投放结构存在“贷大、贷集中”趋势，未能充分发挥支持中小企业发展的作用等问题和情况。

资源环境审计 长江上游水环境保护资金专项审计调查揭示城镇生活污水处理和垃圾处理项目建设进展缓慢，长江上游一级支流普渡河污染严重等问题，受到云南省政府高度重视，省市领导分别作出批示，省政府召开专题会议，提出五条具体措施，对普渡河水体污染等问题进行整改；揭示金沙江中游水力资源开发缺乏统一规划，6个正在开发建设的水电站无一经过国务院核准或审批的问题，并从完善制度、加强监管方面提出审计建议。

固定资产投资审计 云南省病险水库除险加固工程专项审计调查揭露病险水库除险加固工程整体进度缓慢，地方配套资金到位率低，部分抽查项目挤占、挪用、滞留项目建设资金等问题。针对审计提出的问题，云南省领导作出批示，省政府提出4条整改措施，规范了工程建设秩序，提高了财政资金使用效益。金沙江向家坝水电站建设项目跟踪审计，揭露向家坝水电站工程建设单位和有关地方政府违规征用2400亩土地用于商业开发；库区移民安置进度滞后，影响电站蓄水发电；地方领导干部参股迁建企业，高估企业搬迁补偿费4600多万元等问题。

企业审计 中国船舶工业集团2008年度财务收支及其原法定代表人陈小津同志任期经济责任审计，查处和揭露了广州中船南沙龙穴建设发展有限公司有关领导人员涉嫌滥用职权，违规采购物资，造成国有资产重大损失；广船国际股份有限公司将近5亿元资金用于信托存款及委托贷款造成损失3.2亿元；中船集团违规将国有企业改组为中外合资经营企业，开发房地产项目造成国有资产损失8510万元等重大问题。关于中国华能集团公司科学发展问题的专题报告被转送国资委，为国家电力体制改革提供了相关依据；关于中船集团自主创新的专题报告，审计署领导作了批示。

经济责任审计 重庆市市长任期经济责任审计客观评价重庆市经济社会发展取得的成绩，反映重庆市落实宏观调控政策配套资金不到位、土地审批不规范、预算编报不完整、津补贴发放不规范等问题。特别是揭示了重庆市政府融资平台公司以政府资源和未来收益作质押等滚动举债维持经营，市政府及相关部门为企业举债提供担保，政府担保债务未全面纳入政府债务统计导致部分政府债务失去有效监管，其中6家公司开展高风险金融衍生品交易造成巨额亏损，存在企业经营风险转化为财政和金融风险等问题。提出加强地方政府性债务管理的建设性意见，促进债务管理和风险防范控制机制的建立健全。

专项资金审计（调查） 在贵州省农村饮用水安全绩效专项审计调查中，积极反映了部分地区地下水污染影响农村饮用水安全，部分农村饮用水工程水质砷和氟化物超标等问题。结合审计调查中了解到的松桃县正大乡苗王城饮用水安全项目原设计水源水质较差，多次发生病毒感染的情况，审计人员利用自身专业知识，为当地村民探寻新的合格的饮用水水源，并多方协调，使当地群众喝上了放心干净的水。正大乡人民政府代表当地群众专门发来感谢信。在云南省政府投资保障性住房审计调查中，揭示和反映地方财政未足额安排土地出让金净收益用于廉租住房建设、廉租住房货币补贴未完全用于改善保障对象的居住条件、部分项目挤占廉租住房资金、廉租住房和垦区危房改造项目建设过程中存在配套功能不完善、套型面积超标准、工作程序不规范等问题。

队伍建设 一是通过“三定”和双向选择工作，昆明办内设处室从12个调整为14个，干部交流面达到43%，其中处级干部占22%，内设处室设置更加符合审计工作的需要，绝大多数同志选择到相对合适的岗位。二是举办处级领导干部培训班，重点提高处级领导干部综合素质、创新能力和组织指挥能力；经过严格的干部选拔任用程序，14名踏实工作、努力干事、群众信任、做出一定实绩的同志得到提拔使用。三是共招录公务员8名，均为硕士研究生，专业涵盖了经济、环境科学、工程建设等领域。四是采取以学代训、以会代训、以战代训、案例交流、理论研讨等多种形式，切实抓好培训工作，组织讲座10余次；外派培训55人次（占全办干部的52%），交流挂职6人；出台了《审计专业人才培养的具体实施意见》，明确了“四手”业务骨干、领军人才及其他层次人才的标准，大力推行实务导师制，着力培养一专多能的复合型人才。昆明办哈耀卿同志被评为第五次全国民族团结进步模范个人，黄永平同志被评为全国审计系统先进工作者。

信息化建设 一是加强计算机培训。通过开展办内案例交流、解疑答惑、现场指导、派人参加署举办的各类培训等措施进一步加大计算机培训力度，提高审计人员的计算机审计技能。二是大力推广应用AO系统和OA系统，2009年审计项目全部使用AO进行管理，全面实现无纸化办公。三是深化计算机审计的实际运用。部分审计项目从审前调查和实施方案就对计算机审计提出了明确的要求，对人员的安排、项目的组织事先规划、密切协调；在一些重点项目专门安排计算机专业人员全程参与审计，协助审计人员深度挖掘审计数据，查找重大案件线索，提高了审计效率和审计工作水平。四是重视总结提炼。昆明办认真组织案例编写工作，2009年入选AO应用实例5篇、审计专家经验8篇。

党建和廉政建设　一是修订党组中心组学习制度，通过改善党组中心组学习，突出抓好处级干部和党支部书记的理论学习，发挥党支部书记和处级干部在理论学习中承上启下的带动作用；组织全办干部职工认真学习领会党的十七届三中全会、四中全会等会议精神，进一步提高了全办干部职工的理论水平。二是组织完成机关党委和纪委的换届工作，机关党委委员平均年龄降低5岁，机关纪委委员平均年龄降低8岁；及时对11个党支部进行换届改选，对2个新设党支部进行了选举。通过换届，为机关党组织注入了新的生机与活力。三是通过召开“对照标准找差距，我为党旗添光彩”专题组织生活会，开展“学党章、听党课、重温誓词”、访贫问苦等活动，培育优良机关作风。四是加强精神文明建设和机关文化建设，深入开展“创建文明单位，争做人民满意公务员”活动和“学习型、创新型、服务型机关”创建活动，举办“迎七一·唱红歌·颂祖国”歌咏比赛、庆祝新中国成立60周年文艺晚会、摄影展览、登山比赛等活动，丰富审计干部精神文化生活，提升审计文化品牌。2009年昆明办连续第三次成功创建云南省文明单位。五是通过签订廉政责任书，制定年度工作安排意见，细化分解反腐倡廉工作任务，开展警示教育和廉政回访，加强对审计现场的监督检查，完善制约监督机制等有效措施，教育督促全办干部认真执行廉洁从政有关制度规定，全面推进预防和惩治腐败体系建设。

机关管理　一是按照构建国家财政审计大格局的要求，通过人力资源整合、审计内容结合、信息资料统合、审计成果综合，优化审计资源配置，在大规模组织、统筹安排财政审计项目方面积累了经验。二是探索实践集思想政治工作、审计质量控制、审计纪律检查等多位一体的机关服务审计一线工作法，先后派出工作组到湖北、重庆、贵州等地开展服务审计一线工作，实现了“情况在一线掌握，问题在一线解决，矛盾在一线化解，工作在一线落实”的工作目标。三是对建办二十年来的优秀计算机审计案例、优秀论文和优秀审计案例进行了汇编，得到了署领导的肯定。四是坚持事权与财权审批分离制度和内部审计；严格预算控制，预算执行进度均衡，两次受到署办公厅通报表扬；认真做好“小金库”专项治理和规范津补贴自查监督工作，通过内审和财政部专员办检查，未发现违反廉政纪律、财经纪律的情况，也未发现存在“小金库”等问题。五是狠抓社会治安综合治理，稳步推进节能减排工作。荣获昆明市“平安建设先进单位”。

结合贯彻落实审计署5年发展规划，制定了2008～2012年审计业务工作、人才队伍建设、干部教育培训、信息化建设、审计法律规范建设、审计科研、机关文化建设等七个发展规划和审计专业人才培养、机关服务审计一线等两个实施意见。在学习实践活动开展过程中即已完成了第一步制度清理工作的基础上，2009年制定、修改了《党组会议制度》《审计项目审理工作试行办法》等包括党组自身建设、人事管理、预决算管理、外勤经费管理等13项制度，为促进昆明办科学发展提供了长效的制度机制保障。

（撰稿人：吴旭东）

【西安特派员办事处】　2009年，西安特派员办事处（以下简称西安办）人员编制150人，在编134人。设有办公室、法制处、财政审计一处、财政审计二处、金融审计一处、金融审计二处、行政事业审计处、经贸审计处、固定资产投资审计处、人事教育处、机关党委、计算机处及机关后勤服务中心。

领导成员

特 派 员：娄　仲

副特派员：张全廉

吴兆军（9月—）

纪检组长：姜民权

副局级审计员：董汉生

贾君敏

审计成果　西安办完成审计项目21个，查出违规金额15059万元，应调账处理金额14664万元；已调账处理金额14125万元。移送司法机关、纪检监察部门处理事项16件。提交审计工作报告19份。提交审计信息简报161篇，被审计署采用共65篇，其中，采用《审计要情》3篇、《重要信息要目》42篇、《值班信息》3篇、《审计简报》3篇、《信息转送函》12篇、《审计工作通讯》2篇。重要信息被中办采用31篇，被国办采用45

篇，国家领导人批示 43 篇。

财政审计　为积极探索构建财政审计大格局，逐步建立目标统一、内容衔接、层次清晰的财政审计一体化工作体系，西安办确立了“以审计方案为载体整合审计内容，以审计调查报告为载体整合审计成果”的工作思路，把财政收支与农业、资源环保、外资、投资等专业审计有机结合，侧重对相关重点部门支出的审计重点，协调行动，点面结合的一体化财政审计模式。

在对陕西、宁夏农村饮用水安全状况专项审计调查中，反映出两省农村饮用水项目配套资金不到位等一系列关注民生的问题。在对宁夏回族自治区四项种粮农民补贴资金专项审计调查中，查出贺兰、平罗两县部分乡镇政府套取截留补贴资金 1543 万元，侵占农民利益的问题。在对湖北国税部门税收征管质量审计调查中，发现“湖北省部分煤炭经销企业利用虚开的运输发票偷逃巨额税款”案件线索。在对陕西省西安、宝鸡等地方政府投资保障性住房审计调查中，发现西安市和宝鸡市尚有 22 个廉租房建设项目尚未开工等问题，西安办紧跟中央促进经济平稳较快发展宏观政策，转变思路，加强跟踪检查监督，使 9 个项目的相关土地、设计、规划等手续在 3 个月内完成，目前已开工建设。

固定资产投资审计　在云南电力审计调查的收尾工作中，西安办积极配合中纪委、监察部案件侦破，查出的云南省电力建设项目违规占地 57300 亩、违规征收来煤加工费 12 亿元等 9 个问题，被审计署作为案例向国务院报告。在陕西省及广元市灾后恢复重建跟踪审计中，查出灾后恢复重建项目管理中存在规划、资金和工程质量等三大类 25 个问题，其中，审计署第一个灾后恢复重建审计公告中的 18 个问题中，由西安办反映的问题有 9 个。在西气东输审计项目中，查出用地政策不完善、管材质量、中石油征地协调不力等问题被《重要信息要目》《值班信息》《信息转送函》等采用 6 期。在灾后恢复重建审计调查中，查出的四川广元剑门关景区挤占 150 万元资金、陕西省勉县金牛大道、勉县敬老院等多申报中央资金及捐赠资金等 4 个案例被审计署向国务院的报告中采用。

金融审计　在农业银行河南省分行资产负债损益审计中，揭示出民营企业法人代表涉嫌骗取银行贷款 1.1 亿元，被审计署第 19 号审计要情采用，已由温家宝总理批示查办；参与的农业银行北京分行 2008 年资产负债损益试点审计，发现的重大违法违规问题被署第 6 期、第 7 期汇总《审计要情》采用。在工商银行陕西省分行国家金融政策实施情况及其效果的专项审计调查中查出项目贷款资金闲置、购买理财产品、转作其他用途、归还前期贷款和贷款未立项先发放等违规问题 20 多亿元，延伸政府融资平台和贷款企业 40 多家，涉及新增贷款金额 360 多亿元，揭露出一批管理上的问题。

企业审计　在对中国华电集团原法定代表人经济责任审计暨 2008 年度财务收支审计项目中，查出新疆分公司由于投资不当造成损失 2 亿多元、贵州黔源电力私设账外账 1.3 亿元、四川分公司资产核算不实近 7000 万元等问题；此外，还发现贵州腾元公司违法售电问题，已移交电监会立案查处。在新增的原中国网络通信集团公司、原中国联合网络通信集团有限公司原法定代表人经济责任暨财务收支审计中，发现的原网通河北分公司存在账外负债 2500 万元、原网通河北公司县以下用户执行区间通话的资费标准增加农村用户负担 11.1 亿元等问题。

外资运用审计　在亚洲开发银行贷款太中银铁路公证审计项目中，查出太中银铁路项目工程无依据验工计价 61969 万元；在亚洲开发银行贷款西安市城市交通项目（三环路系统）工程效益审计中，查出陕西省批复的调整概算超过国家发改委批复的可研报告投资总额 18.57 亿元、三环路项目在未办理农用地转用和征地审批手续的情况下非法征地 15703 亩等问题。在科威特政府贷款西安至宝鸡高速公路效益审计中，查出陕西高速集团人为改变折旧计提方式少提折旧 4700 万元等问题。

专项审计（调查）　在对陕西省贯彻实施中央扩大内需促进经济平稳较快发展有关政策措施情况及效果的专项审计调查中，办党组高度重视，精心组织，整合办内资源，打破处室界限，成立规模大、人数多的联合审计调查组，扩大抽查样本点，追加了对地方投资项目的抽查审计。一方面反映出陕西省不断加大投资力度，努力扩大居民消费，注重改善民生，促进改革开放，确保经济平稳较快发展，取得明显成效。另一方面，揭示出陕西省扩内需投资项目在土地、资金管理、建设管理等方面，以及“扩内需，促发展”政策措施执行中存在的问题。

信息化建设　一是信息化建设取得突破性进展。西安办研制开发的《地理信息辅助审计软件》（简称 GPS 软件）在实际运用中获得了巨大成功。在宁夏土地资源专项资金审计调查项目中，运用该软件查出了未经招标、拍卖、挂牌等程序违规使用建设用地，未经农用地审批手续违规建设国务院明令禁止的别墅，某市政府以低价租赁土地方式招商引资建设国务院明令禁止的高尔夫球场项目 2300 亩等一批较为重大的问题，取得了较好的效果。此外，由西安办审计实践总结出来的“地理空间数据的审计分析方法”在 2009 年俄中联合审计研讨会中得以交流，受到与会专家的关注和好评。二是成立了金审工程领导小组，按照高起点、高标准、跨越式发展的建设思路，金审工程一期、二期建设同步进行，极大改善我办的网络办公环境，为提升审计管理水平、促进业务数据库建设、深入开展计算机审计，提供了功能丰富的网络平台。

队伍建设　一是积极探索和实践审计队伍建设分层次管理。抓班子建设，不断增强领导班子的凝聚力和战斗力；抓中层队伍，不断增强处级干部的向心力和执行力；抓年轻干部，不断提高审计队伍的综合素质和创新能力；抓老干部工作，充分发挥老干部的监督和建设作用。二是制定了《西安特派办考核激励措施》，修订了《处室年度主要工作考核评价办法》，从考核上促、从政治上促、从荣誉和经济上促，充分调动处室和干部职工的积极性、创造性，以及“比、学、赶、超”的热情。三是公开竞争上岗，一批优秀年轻同志脱颖而出，资源整合效果明显。四是创新审计廉政监督模式，积极探索创新审计现场廉政监督方式，形成“内外联动、查控结合、跟踪巡查”的监督模式，审计现场廉政监督工作取得实效。五是抓创建、求实效，机关精神文明建设和审计文化建设取得新进展。坚持两手抓，用审计文化建设鼓舞人心，激励斗志。把审计精神、延安精神、救灾精神相结合，艰苦奋斗，增强集体荣誉感。用审计成果坚定理想信念，认真履责，有效发挥审计“免疫系统”功能。

党建和精神文明建设　一是制定精神文明和审计文化建设三年规划，明确争创“省级文明单位”目标和工作步骤，以大力改善工作和生活环境为契机，正式启动争创工作。二是组织在宁夏审计的 5 个审计组、30 余名党员和积极分子，深入位于大漠深处的西气东输二线工程黄河隧道施工现场参观学习，在全办开展“重学党章、重温誓词、重新宣誓和访贫问苦”活动，增强了广大党员的党性修养和工作作风。三是组织全体干部职工向困难职工家庭捐款 5.04 万元，弘扬中华民族“一方有难、八方支援”的传统美德和西安办以人为本，和谐共生的良好氛围。四是以开展审计现场廉政跟踪检查为契机，狠抓党风廉政建设，认真执行新“八不准”审计纪律，切实守好“生命线”，防范“高压线”，确保廉洁从审、公正执法。五是丰富载体，通过举办春节联欢活动、“三八”妇女节座谈会、“五四”青年节登山健身运动、观看纪念新中国成立 60 周年革命影片、五个综合处室所在三个党支部红色革命传统学习教育、组织退休老同志外出活动，参加省直机关桥牌比赛等活动，活跃了职工精神文化生活，增强了机关凝聚力、向心力。工会在建设职工之家活动中，被省直机关工委授予“省直机关先进职工之家”称号，工会财务工作获省直机关先进单位。同时，积极选树先进典型，陈涛和吕博同志分别被表彰为省直机关工委“优秀青年”和全国审计系统先进工作者、为西安办争得荣誉，树立西安办的良好形象。　（撰稿人：吕　博）

【兰州特派员办事处】　2009 年，兰州特派员办事处（以下简称兰州办）人员编制 150 人，在编 112 人，领导职数 5 名。设有办公室、法规处、财政审计处、行政事业审计处、资源环保审计处、固定资产投资审计处、金融审计处、经贸审计处、社会保障审计处、外资运用审计处、计算机审计处、人事教育处、机关党委。

领导成员

副特派员：魏　强（主持工作）
　　　　　郑新举
　　　　　李志民（9 月—）
　　　　　张燕飞（9 月—）

纪检组长：刘天贵

特派员助理：李志民（—9月）

审计成果　兰州办完成审计（调查）项目18个；移交公安司法部门及相关单位案件线索5件；编发审计信息231期，被审计署采用87篇，其中被审计署《审计要情》《重要信息要目》采用57篇；被中办、国办采用95篇次，被国家领导人批示55篇次。2008年度参与实施的汶川地震救灾资金和物资审计项目被审计署评为优秀审计项目，实施的中国储备粮管理总公司原法定代表人任期经济责任审计项目被审计署评为表彰审计项目。

财政审计　完成审计（调查）项目8个。在甘肃省省长徐守盛同志任期经济责任审计中，对其任职期间，带领省政府做的主要工作做了客观评价；对财政管理、新增中央投资地方配套、土地管理、执行国家产业政策、抗震救灾、廉租住房建设等方面存在的问题进行了客观反映，其中甘肃省廉租住房建设项目进展缓慢、项目配套资金不到位，同时项目建设资金结余达12.67亿元的问题被《重要信息要目》采用。在地方财政收支审计调查和当前财政收入情况审计调查中，反映了预算编报不完整、财政资金脱离预算管理、人为调节税收进度、税务机关执法不严未能应收尽收、消费税税制不完善造成税款流失、政府借款和银行贷款面临损失等问题。在甘肃省四项种粮农民补贴资金专项审计调查中，查处违法违规金额998万元。在新疆维吾尔自治区土地出让金和土地开发整理资金专项审计调查中，查处违法违规问题金额48.28亿元，其中乌鲁木齐市政府部门制定荒山绿化优惠政策，以土地换项目，免征出让金4.30亿元；克拉玛依市小拐乡地区土地管理混乱，27.87万亩国有土地（林地、牧草地和未利用地）被非法开垦；乌鲁木齐市未经批准扩大经济技术开发区范围；克拉玛依市政府违规批准兴建高尔夫球场；政府监管不力，部分储备土地被违规占用；少计提用于农业开发的土地出让金70325.72万元；少缴新增建设用地土地有偿使用费79589.47万元；土地开发整理项目由于前期论证不充分，决策失误，造成损失浪费和闲置资金5644万元。在2008年度组织分配中央财政投资情况审计项目中，查出甘肃省新增1000亿元中央投资项目配套资金到位率低，有些市、县配套资金到位率仅为1.58%和项目前期工作准备不充分、进展缓慢等问题。

金融审计　完成审计（调查）项目3个。在中国农业发展银行四川省分行2008年度资产负债损益审计中，集中反映地方储备粮贷款和商业性贷款被大量挪用、部分信贷资金面临损失风险；粮食企业未能完成国家粮食临时储备和轮换计划，国家宏观调控政策效果打折扣；商业性贷款用于非农领域，弱化农发行服务“三农”等突出问题。在建行甘肃省分行落实中央扩大内需、促进经济平稳较快发展有关政策措施情况的专项审计调查项目中，查出贷款合规性审查不严、放宽条件向手续不全或资本金不到位的项目发放贷款8.53亿元；贷后监管不到位，1.75亿元贷款被挪用于股票交易、归还他行贷款本息和股权收购等影响中央宏观调控政策执行效果的问题。

固定资产投资审计　完成审计（调查）项目3个。在甘肃省病险水库除险加固审计调查项目中，查出工程存在质量隐患、建设进度缓慢、工期拖延、投资效益差、违法转包分包工程等8大类33个问题。在西气东输二线建设项目跟踪审计中，查出中石油股份公司违背国家有关文件精神，在新疆地区大量增建分输站；前期建设准备不充分，招投标制、合同制、EPC总承包制、监理制等方面执行不到位，投资处于失控状态；建设过程中发生各类工程损失4754万元；穿越赛里木湖段时，改变作业方式，造成植被损毁等问题。在国家电网公司扩大内需政策实施情况及效果专项审计调查中，发现重庆市中央预算内资金拨付率和配套资金到位率较低、将无电地区电力建设项目计划资金用于农网改造项目、部分项目未按期开工项目或审批手续不全、多报投资完成额等问题，同时发现重庆市部分县区农村还存在电网管理体制不顺，多家供电企业并存，供电价格不一的现状；查出河南省电力公司未经审批，调整扩大内需项目和内容，涉及金额3.3亿元，虚报投资完成额9832万元，配套资金银行专项贷款不到位24192万元等问题。

企业审计　完成审计（调查）项目3个。在神华集团有限责任公司原法定代表人陈必亭同志任职经济责任审计项目中，查出神华新疆矿业有限责任公司法人代表刘波坤擅自与两家民营企业签订协议，将神华集团约 11.9 亿吨储量的优质工业动力用煤转让，国有资产存在重大流失隐患，同时发现其涉嫌伙同他人贪污公款 550.78 万元；乌海煤焦化公司营销决策失误造成两个月亏损 7 亿元；四户煤矿矿产重组时，造成国家煤炭资源 800 万吨被自然人无偿占有；两矿务局在煤矿破产关闭过程中弄虚作假，套取资源枯竭矿山关闭破产费 8615 万元，该资金被地方政府、单位和个人用于购买小轿车、建设办公楼和报销医药费等支出等问题。

灾后重建跟踪审计　摸清了甘肃省灾后恢复建资金的规模、资金收支、项目安排情况和进展情况，审计发现灾后恢复重建进展缓慢，关系民生的公共服务和基础设施等项目实施较慢，正在审计的第二批 22 个项目，仅完成总投资的 21.34%；陇南市武都区将农村住房灾后重建资金 850 万元用于易地扶贫搬迁试点工程；38119 万元资金滞留在部分县乡财政专户；部分重建项目未设立专账进行核算，部分乡镇将农村住房重建资金存入个人存折；第二批正在审计的 22 个项目中，均存在建设管理、设计、施工、监理等工作不到位的问题。灾后恢复重建跟踪审计中共发出建议函 7 份，提出审计建议 26 条，已整改 18 条。

领导班子建设　一是坚持党组中心学习组集中学习制度，使中心组学习成为办党组提高政治理论水平、统一思想认识、理论联系实际、提高工作水平的重要载体。二是认真开好每一次民主生活会，真正做到知无不言、言无不尽，坦诚相待，相互尊重，互相补台，既有分工也有合作。三是坚持执行党组议事和决策制度，对涉及人事任免事项实行最后决策的无记名票决制。广泛征求群众的建议和意见，充分体现民心、集中民智，努力实现决策的民主化、程序化、科学化。四是班子成员切实做到以身作则、廉洁自律，把班子以及全体职工的注意力引导到实现兰州办科学发展的目标上来。五是既当指挥员又当战斗员，使领导干部的指导和带动作用在审计现场充分发挥。

队伍建设　一是利用年初、年中集中学习时间“请进来”一批专家学者开展宏观经济、形势分析、审计经验介绍等方面的全员集中培训，让审计干部了解国内外的经济发展形势，提高驾驭宏观形势、把握大局全局的能力；同时积极创造条件、争取机会，鼓励年轻干部“走出去”参加各类培训，到审计署相关司局交流锻炼、参加署里的临时性重要工作，为年轻干部的尽快成长拓宽渠道。二是全办上下一致树立起“实践是培养人才第一跑道”的理念，秉承“人才在一线培养”的“一线工作法”，加强审计全过程培训，强化审前培训、审中交流和审后分析评议三个环节，帮助和督促审计干部在实践中提高能力和水平。同时打破处室界限，合理调配人力资源，多岗位锻炼，将综合部门人员尽量充实到审计一线，着力培养一专多能的复合型审计人才。三是先后制定修订《主任科员、副主任科员晋升办法》《处级领导岗位竞争上岗和处级非领导职务选拔任用工作暂行办法》《干部考核管理办法》等规章制度，通过完善考核制度，进一步建立健全科学合理的业绩评价制度，落实以人为本的理念，建立了科学的激励机制，鼓励先进，鞭策后进，切实激发干部队伍的活力。

审计质量控制　进一步注重审计质量控制、审计组织方式和考核办法创新，严把“四关”，不断提高审计质量和工作效率。以检查督促整改，严把审计质量关，一方面实现审计质量关口前移，积极开展审计现场复核和检查，在源头上控制审计质量，另一方面加强对已完成审计项目的检查考核，发现问题及时督促整改；以制度约束操作，严把业务规范关，根据制度化规范化管理的要求，制定了《审计项目质量责任评估和追究办法（试行）》《优秀审计项目评选办法》等规章制度，并对审计工作底稿等 6 种审计业务文书格式进行了统一规范，为进一步加强规范化管理奠定基础；以创新促进成果，严把推优审核关，在优秀项目的评选申报工作中，认真把好审计项目质量控制的立项、组织、方案、实施、报告、审理等“六道关口”，使审计成果充分体现；以学习提升素质，严把依法行政关，充分利用各种宣传渠道和学习契机，组织学习审计质量控制方法，更新审计人员的法律知识，提高审计人员的质量意识。

信息化建设　一是先后制定《计算机设备管理办法》《计算机网络管理办法》《电子信息安全保密管理办法》等制度，加强对各网络的控制管理，建立健全了内部控制防范体系，保证网络运行安全平稳。完善设备管理制度，从购入、配发、维修、回收等各个环节都实行精细管理，落实责任，保证设备的合理充分利用。二是形成以《计算机应用工作考核办法》为核心的考核评价体系，使之与署考核内容紧密衔接。三是在固定投资审计数据规划研究课题中，广泛收集资料，深入分析，已经过初审。承担了企业数据规划——煤炭行业数据规划研究工作和神华集团业务审计数据库建设的任务，提交的煤炭行业数据规划分册，在审计署组织的专家评审会上，得到专家学者的一致好评。四是积极总结利用计算机审计经验，认真筹备、严格筛选，向审计署上报一批高层次、高质量的 AO 实例和计算机审计专家经验。五是认真组织开展了 AO 认证考试培训、信息系统安全技能培训、计算机中级培训等专业技能培训，组织学习计算机审计典型案例，更新审计人员的计算机知识结构，提高其计算机审计技能。

（撰稿人：李志华）

【长春特派员办事处】 2009 年，长春特派员办事处（以下简称长春办）编制 100 人，在编 74 人。设有办公室、法规处、财政审计处、行政事业与资源环保审计处、固定资产投资审计处、金融审计处、企业审计处、社会保障审计处、计算机审计处、人事教育处（机关党委）和机关后勤服务中心。

领导成员

办党组书记、副特派员：刘正均（主持工作）

副特派员：苑宝良（9—11 月）

许永利（10 月—）

纪检组长：李秀才

审计成果 2009 年，长春办完成审计项目 13 个，查出损失浪费金额 44974 万元，管理不规范金额 34718969 万元，应上缴财政 479 万元，应调账处理金额 4996 万元。发现重大违法违规问题线索 9 件，其中移交各级司法部门 6 件，移交主管部门 3 件。提交审计工作报告、信息 133 篇，被采用 78 篇。长春办重要信息采用数量在 18 个特派办中名列第四。实施的河北省电力建设情况专项审计调查项目和中国第一汽车集团公司原法定代表人任期经济责任审计项目被评为审计署优秀审计项目和表彰审计项目。上报的中国第一汽车集团公司自主创新问题专题调查报告反映的相关内容被刘家义审计长向全国人大常委会所作的政府审计工作报告采用。30 篇计算机审计专家经验入选审计署专家经验库、1 篇被评为优秀；1 篇 AO 应用实例获优秀奖、3 篇获应用奖、4 篇获鼓励奖。此外，长春办先后被吉林省评为“全省文明单位”“省直机关党的工作目标管理责任制先进单位”“吉林省直属机关先进工会”“五四红旗团委”，行政事业与资源环保审计处被审计署授予“全国审计系统先进集体”，投资审计处党支部被评为“省直机关 2007～2008 年度‘五好’党支部”。

财政审计 在北京市财政收入情况审计调查项目中，揭示了北京市财政预算少编报中央专项转移支付收入 190.61 亿元、预留待分配预算指标 827.79 亿元、以虚列支出等方式留存财力性资金 530.77 亿元、未纳入预算管理非税收入 621.96 亿元以及自行制定招商引资政策，对企业或个人进行税收返还、奖励及补贴 24.09 亿元等问题。在辽宁省国税局税收征管情况审计调查中，重点对消费税税制设计进行研究，由于消费税税制设计不合理，导致税收流失严重、影响消费税政策调节作用发挥的问题。审计署以《重要信息要目》上报国务院后，国务院领导作出批示，财政部、国家税务总局根据审计反映的情况并在调查研究的基础上，调整了卷烟产品消费税政策，对卷烟生产环节消费税计税价格和从价税税率出台新的规定。还查出“辽宁开原市天马废品金属回收公司等 4 户私人企业涉嫌虚开废旧物资销售发票 2.03 亿元，偷税 2039 万元”和“辽宁省一些铁矿采选企业涉嫌隐瞒销售收入偷逃税款 12 亿元”的案件线索，前者审计署以《重要信息要目》上报国务院后，得到总理的批示，目前公安部门已立案调查，后者由审计署转送有关部门处理。

金融审计 在中国农业发展银行湖南省分行 2008 年度资产负债损益情况审计项目中，根据政策性银行特点，重点关注涉农贷款资金使用情况，揭示湖南省农发行疏于管理，致使湖南湘农公司及其子公司挤占挪用中央和地方化肥淡储贷款 6500 万元用于炒股的问题。还揭露国家和地方粮食储备企业违规经营，致使农发行贷款和中央财政补贴资金 12.05 亿元面临损失风险的问题。在中国农业发展银行湖南省分行 2008 年度资产负债损益情况审计项目中，查出“湖南长沙民营企业主黎某等人涉嫌骗取农发行棉花收购贷款 1.82 亿元”和“湖南湘农公司及其子公司弄虚作假套取政府补贴 1100 多万元”的案件线索，审计署转送给湖南省省委书记和省长后，省委书记和省长均作出批示，并责成省纪委和公安厅查处，当地公安部门进行立案调查，目前其相关人员已被抓捕。

行政事业审计 在吉林省贯彻实施中央扩大内需促进经济平稳较快发展有关政策措施情况及效果专项审计调查中，着重揭示地方配套资金到位率低，部分项目未按期开工或进展缓慢，滞留、挤占挪用和套取中央预算内资金 6.84 亿元等问题，并深入分析了产生问题的主要原因，提出了加强投资项目管理，重视和防范债务风险及深化投资体制改革等建议。在吉林发改委 2008 年度组织分配中央财政投资情况的审计中，关注保民生、促增长的政策目标的落实，查出吉林省部分大型灌区续建配套和节水改造项目地方配套资金 9800 万元未落实、吉林省部分采煤沉陷区地方配套资金未到位 25126 万元、吉林省 4 个采煤沉陷区治理项目建设单位挪用项目资金 11545 万元、吉林省部分采煤沉陷区治理项目建设单位加重搬迁居民负担多收取建房资金 13198 万元等问题，被审计署《重要信息要目》采用 3 篇，均得到国家领导批示。

农业与资源环保审计 在辽宁省土地资源专项资金审计调查项目中，揭示土地部门缓收或先征后返土地出让金，造成国有土地收益流失 71.56 亿元和沈阳市财政部门在国家积极应对金融危机的关键时期，为粉饰政绩，弄虚作假，虚增一般预算收入 45.04 亿元，以及土地供应未按照国家规定实行集中统一管理，违法用地、越权审批、违规出让土地等重大问题，查出“沈阳市东陵区政府以新农村建设为名，非法圈占土地 1.91 万亩”的案件线索，审计署以审计长信函形式转送给辽宁省省长后，省长作出批示，要求沈阳市委、市政府责成有关部门对该案件线索进行调查，目前相关人员已受到行政处分。

固定资产投资审计 在京沪高速铁路建设项目跟踪审计中，揭示施工单位在材料采购、运费、机械设备租赁中使用假发票 2.33 亿元；部分监理未严格履职，致使部分钢材无质量证明书进场和部分粉煤灰技术参数不达标等问题；同时还反映项目征地拆迁标准过低、多次发生被拆迁户集体上访事件问题。有关部门及单位积极进行整改，促进提高投资效益和实现政策效果。在吉林省病险水库除险加固专项审计调查中，揭示 1030 座病险水库未列入建设规划；由于勘察设计、施工、监理和建设单位工作不到位等原因，5 座病险水库渗漏严重；因地方配套资金不到位，病险水库除险加固工程建设进度缓慢，47 座水库未能按期完成建设内容；个别水库库区修建旅游度假村；部分水库污染严重以及挤占挪用建设资金 2709 万元等问题。

社会保障审计 在吉林省农村饮用水安全状况专项审计调查中，重点反映地方政府配套资金未到位 1994 万元，导致部分项目未按期完成或运行效果不佳等问题。针对审计反映的问题，吉林省政府及时采取了措施，补拨了地方配套资金，取消县及县以下财政配套要求，健全了农村饮用水安全工程长效运营机制，使更多农民从中受益。在北京市政府投资保障性住房审计调查项目中，查出“北京市门头沟区政府有关领导在廉租房建设过程中涉嫌利用职权为私营企业谋利 3000 多万元”的案件线索，审计署以《审计要情》上报国务院后，得到总理的批示，目前中纪委已立案调查，有关人员被双规。在吉林省城市居民最低生活保障资金审计项目中，创新计算机审计思路，将吉林省低保信息系统发放数据与工商登记、房产管理和车辆管理等信息数据等进行对比分析，初步查出了扩大低保范围，多发放城市低保资金 2.6 亿元的问题。

企业审计 在中国航空工业第一集团公司 2008 年度财务收支及原法定代表人任期经济责任审计项目中，通过延伸审计查出“深圳市土地管理部门违规审批和出让土地，导致私营企业主张某侵吞国有土地使用权收益 2.2 亿元”的案件线索，审计署以《审计要情》上报国务院后，得到总理的批示，目前公安部已立案调查。在该项目中利用计算机技术，编制证券公司自营业务数据分析模型，查出其下属单位江南证券公司有关高管人员违规经营造成国有资产损失 8.52 亿元的问题。

队伍建设 在领导班子和干部队伍建设方面，长春办始终坚持集体领导，科学民主决策，以加强干部队伍的能力建设和作风建设为核心，立足提高审计干部的综合素质，加强审计队伍建设。一是从转变观念入手，加强思想建设。二是着力提高领导科学发展和驾驭复杂局面的能力，加强领导班子建设。三是重在提高执行力，加强处级干部队伍建设。四是以提高综合素质为目标，加强全员实战能力建设和作风建设。

机关内部管理　长春办以创新审计业务管理和机关内部管理为动力，以完善制度、狠抓落实为手段，以健全考核激励机制为重点，不断提高管理的制度化、科学化、规范化，为审计工作顺利开展提供强有力的保障。一是创新管理方法，提高审计质量和工作效率。二是强化制度建设，规范机关内部管理。三是增强服务意识，切实解决实际问题。

党风廉政和文化建设　长春办坚持将党风廉政建设和机关文化建设放在突出位置，加强以党支部为核心的机关党建工作，注重增强党员意识、公务员意识和审计人员意识，用高于要求别人的标准要求自己，用严于监督别人的标准监督自己，努力营造“责任、忠诚、清廉、依法、独立、奉献”的审计文化和“团结、奋进、严谨、和谐”的办风。一是加强反腐倡廉建设，强化审计干部廉洁从政意识。二是加强思想政治工作，注重人文关怀。三是定期开展主题教育活动和形式多样的文体活动，丰富职工业余文化生活。四是积极解决职工实际困难，解除审计人员后顾之忧。

（撰稿人：谭　丹）

【重庆特派员办事处】　2009 年，重庆特派员办事处（以下简称重庆办）人员编制 100 人，在编 72 人，领导职数 4 名。设有办公室、法规处、财政审计处、固定资产投资审计处、金融审计处、企业审计处、社会保障审计处、计算机审计处、人事教育处（机关党委）。

领导成员

特 派 员：张炳功
副特派员：崔振龙（4 月—）
　　　　　谢岳山（9 月—）
纪检组长：吴德珍（正司级，1—9 月）
　　　　　陈顺华（9 月—）

审计成果　重庆办完成审计项目 22 个，查出违规金额 76757 万元，损失浪费金额 275906 万元，管理不规范金额 4017487 万元，应归还原渠道资金 322 万元，应调账处理金额 4690 万元；已归还原渠道资金 322 万元，已调账处理金额 4690 万元，审计提出建议 95 条，审计后挽回（避免）损失 9158 万元；移送司法机关、纪检监察部门处理事项 3 件，建议有关部门处理事项 3 件，涉及金额 3091099 万元。全年共提交审计工作报告、信息 203 篇，被审计署重要信息采用 71 篇，信息采用数量保持特派办第 1 位。与其他办共同实施的滇池水污染防治审计项目、汶川地震抗震救灾跟踪审计项目以及独立实施的工商银行广东省分行审计项目，分别被评为审计署 2008 年度优秀审计项目和表彰审计项目；制定的《关于加强领导班子和干部队伍自身建设的实施意见》《关于努力创造“五个一流”、全面提高队伍素质的实施意见》以及党课教育材料，得到刘家义审计长、令狐安副审计长的批示肯定，并被《审计工作通讯》《审计工作动态》单篇刊发，关于培养绩效审计人才队伍的经验材料被全国审计工作座谈会采用；金融处被人力资源和社会保障部、审计署评为“全国审计系统先进集体”；在署信息办举行的审计专网各单位内部网站评比中，再次获得优秀奖，实现三连冠。全年编发外宣信息 229 篇，被署管媒体采用 202 篇；有 16 个计算机审计专家经验和 10 个 AO 应用实例获审计署奖励，覆盖了全办同期开展的 80%以上的审计项目，其中 1 个计算机审计专家经验和 1 个 AO 应用实例获得优秀奖，该办连续 2 年获得 AO 应用实例优秀组织奖。

财政审计　重庆办紧紧围绕促进经济平稳较快发展的主线，加强对中央政策措施执行情况的监督检查，积极促进政策落实到位。在重庆市发改委 2008 年度组织分配中央财政投资情况上下联动审计中，反映了中央新增投资项目地方配套资金不到位等问题。重庆市发改委高度重视，一方面积极筹措资金落实市级配套责任，另一方面通过下发文件等方式进一步要求区县资金配套责任的落实。

在云南省地方财政收支专项审计调查中，重点揭示昆明市通过 BT 模式负债、以信托产品筹集政府债务资金等地方政府债务的新情况，提示防范财政风险。

在云南省四项种粮农民补贴资金专项审计调查中，查出由于财政部门对开设种粮农民账户的基础信息审核把关不严，云南省部分乡镇和村社利用开设集体户冒领种粮农民补贴等问题。云南省政府于7月下发《关于进一步加强支农资金监管工作的通知》，责成省财政厅修订完善相关的制度。

为配合审计署对财政部的审计工作，重庆办承担对云南省家电下乡、再就业、节能减排等项目的专项审计调查工作。该办紧紧围绕资金分配、拨付和管理环节，重点检查政策效果情况，先后查出云南省家电下乡工作启动慢、再就业资金结余大、曲靖市劳动保障部门盘剥再就业资金等问题。

在重庆市贯彻实施中央扩大内需促进经济平稳较快发展有关政策措施实施情况及效果专项审计调查中，重庆办采取试点审计先行，面与点结合的方式，突出重庆市产能过剩项目的情况，以及部分开发区的情况，揭露了重庆市地方债券投向不合规，部分企业套取中央扩大内需资金以及个别区县存在未严格执行国家土地和税收政策、财政违规提供担保等问题。

金融审计 在中国出口信用保险公司2008年度资产负债损益情况的审计中，揭示其风险防范方面存在国内贸易险和融资担保风险管理不到位，融资保单防欺诈能力弱等问题，以及在依法合规经营方面存在违规预赔、超范围经营以及产品创新和信息系统功能难以满足需要等问题。

农业与资源环保审计 在长江上游水污染防治专项审计调查项目中，揭示了三峡库区水土流失严重、防治工作滞后影响长江水质安全和移民安稳致富、三峡库区175米蓄水后新生地质灾害问题突出和秀山县部分锰矿尾矿库存在安全隐患等影响三峡库区环境安全的问题。审计还发现重庆市饮用水水源地污染整治不彻底、市政水厂水质合格率较低、重搬迁企业原址土壤污染修复工作任务艰巨、部分河流水资源利用缺乏规划和部分区县财政局或环保局挪用排污费用等问题。

固定资产投资审计 在汶川地震灾后恢复重建跟踪审计项目中，反映了绵阳、德阳两地城镇居民住房损毁和除险加固补助资金拨付滞后，住房加固、重建工作进展缓慢；绵阳市和德阳市旌阳区农房重建资金缺口大、影响农房重建安置工作开展和灾区稳定，以及灾区部分学校恢复重建工程不同程度存在质量隐患等问题。有关信息被审计署采用或转送，引起国务院高度重视，已责成建设部、教育部、四川省人民政府等认真整改。

社会保障审计 在政府投资保障性住房专项审计调查项目中，发现部分区县政府虚报项目套取中央新增投资，地方配套资金到位率低，挤占挪用廉租房建设资金，未按土地出让净收益10%的比例安排廉租住房保障资金，中央专项补助资金在市、区（县）两级两年累计结余数额较大，廉租住房保障资金使用效益不高等问题。

企业审计 在中国船舶工业集团公司原法定代表人任职期间经济责任履行情况审计中，查出该集团某下属企业两名局级干部涉嫌滥用职权，造成国有资产面临巨额损失的问题，以及该公司违规建设崇明修造船基地，因未获正式规划许可，巨额资产面临损失等重大违法违纪问题。结合国务院出台的《船舶工业中长期发展规划》以及《船舶工业调整和振兴规划》要求，结合军工企业改革脱困情况，分析中船集团在自主创新发展方面存在的问题，在查找原因的基础上提出有针对性和建设性审计建议，为企业可持续发展服务。

经济责任审计 重庆办在审计中坚持严肃查处重大违法违规问题和经济犯罪案件，较好地发挥了审计在惩治腐败、加强廉政建设方面的作用。在云南省省长任期经济责任审计中，揭示个别人员涉嫌严重失职造成对外投资损失过亿元的问题。

专项资金审计 在三峡库区移民资金审计项目中，发现重庆市政府挪用三峡移民资金用于破产企业职工安置且挪用行为有扩大趋势、三峡库区开县自主外迁移民返乡集访且有蔓延趋势、三峡库区产业发展基金政策即将到期以及三峡重庆库区移民资产管理不规范存在流失隐患等问题。对三峡库区移民搬迁安置中存在的困难、问题和矛盾进行深入的调查研究，为制定实施“后三峡建设规划”、促进三峡库区移民安稳致富提出建设性意见。

审计质量控制 结合“打造绩效审计特色办”的目标，对绩效审计项目着重从评价体系的构建、绩效审计评价风险控制等方面发表审理意见；注重建立机制强化措施，推进项目进度科学管理，制定《审计项目进度控制办法（试行）》，采用“倒计时”表控制项目进度，保证各项目按时上报审计结果。

信息化建设　重庆办扎实推进信息化建设，探索信息系统审计取得初步成果。对中国出口信用保险公司信息系统的可靠性、安全性和业务流程开展信息系统审计，针对其信息系统存在的隐患提出整改意见，并受邀在审计署 2009 年信息系统审计高级研讨班上就上述案例进行汇报交流。

队伍建设　重庆办坚持按照审计署党组的要求，以实战能力为中心，培养“四手”人才，着力加强队伍专业化建设。先后完成全办各处室专业化团队实施方案的制定，全办干部个人 5 年专业化发展规划以及初步建立系统外专业化人才库等一系列工作。同时，狠抓理论研究工作，探索开展“研究式”审计的新思路，将审计实践与审计理论研究相互结合、相互促进。该办组织撰写的《创新中国特色绩效审计之路充分发挥“免疫系统”功能》获审计署科研所“免疫系统”征文一等奖，2 篇论文获优秀奖。

重庆办立足办情实际制定《建设创新型组织的实施意见》，搭建起创新型组织的基本框架，力求在审计理念创新、审计方法创新、审计组织方式创新、审计成果创新、审计理论研究创新，加上队伍建设创新和综合管理创新，即“5＋2”方面实现创新突破。通过全办范围的申报创新事项、召开创新工作座谈会、组织创新主题活动和征集重大创新课题等多种形式，基本形成“人人思创新”的良好氛围，审计人员的创新意识不断增强、创新能力不断提高，创新成果不断涌现，有力地促进了审计工作。

机关文化建设　该办坚持党组中心组学习制度，积极开展“克服审计机关‘周期律’问题，牢固树立‘三个观念’”“重读党章、重温誓词、重新宣誓”和访贫问苦、捐资助学等一系列主题教育活动，使全办干部进一步增强党性修养、弘扬良好作风。该办狠抓廉政教育不放松。通过办领导深入审计一线召开座谈会、宣讲新“八不准”等多种形式，加强廉洁从审教育，并通过重点审计项目廉政检查、审中随访和审后回访等方式加强廉政监督。注重抓好群团工作，营造和谐氛围。开展“解决职工困难月”活动，制定《送温暖活动实施办法》，切实为干部职工分忧解难；成立摄影协会和各种文体活动小组，丰富职工业余生活、提高文化素养；积极开展“青年文明号”创建活动，2 个业务处被评为重庆市“青年文明号”。

（撰稿人：施　洋）

地方审计机关

北京市

【北京市审计局】　2009年，北京市审计局共有干部职工590人。设有办公室、行财处、人事处、综合处、法制处、审计项目复核处、宣教处、机关党委、监察处、工会、老干部处、财政审计处、行政事业审计处、社会保障审计处、农业与资源环保审计处、固定资产投资审计一处、固定资产投资审计二处、经贸审计处、经济责任审计处、机关服务中心、计算机中心、科研所、审计干部培训中心、审计项目绩效考评中心、内审协会等25个处、室、中心。

领导成员

局　　长：李颖津

副 局 长：张海坤　王笑君

　　　　　徐　涓　李拥军

　　　　　郭　彤（1月—）

总审计师：王学芬

纪检组长：阎福跃

巡 视 员：张海坤（5月—）　赵济堃

副巡视员：张秋（5月—）　马连生（5月—）

审计成果　2009年，全市审计机关共审计和审计调查823个单位，查出违规金额5.65亿元，损失浪费金额2.89亿元，直接为国家财政增收节支2.4亿元，挽回损失1.1亿元。提出审计建议1347条，被采纳847条，向有关部门提交审计报告和信息简报1904篇，其中1295篇被批示、采用。

预算执行审计　北京市预算执行审计突出了三个特点：一是突出绩效。在审计计划立项、项目执行、成果利用各个环节中体现绩效审计工作的思路。二是整合资源。把不同的审计项目和类型进行有机整合，统筹安排，突出整体性和系统性，减少重复审计。三是突出重点。对公共财政体制改革政策措施的落实执行情况、财政性结余资金和事业收入预算安排使用的合理性，以及税收和非税收入征管情况进行重点审计。全年共审计和调查157个预算单位，查出违规金额1257万元，损失浪费金额4199万元，直接为国家增收节支1.36亿元。为进一步扩大审计覆盖面，市审计局在2009年继续组织未纳入预算执行审计范围的154个市级部门开展自查。自查工作取得了较好的效果。通过自查，共发现管理不规范金额25.1亿元，已有44个部门采取调账、补办手续、上缴国库、撤销账户等形式，对存在的问题进行纠正，纠正金额为2.2亿元。通过自查，各部门发现了存在的问题，增强了预算管理和财务管理意识，并针对存在的问题和管理上的薄弱环节，采取了修订或完善现行财务制度、资金使用管理办法、补办相关手续等行之有效的整改措施。

金融审计　针对信贷规模急剧放大而可能出现的风险，市审计局以促进地方金融业健康发展、金融资产的良性循环，防范风险，推动建立高效安全的现代金融体系为目标，对北京银行和北京农村商业银行有关经营状况进行专项审计调查，涉及金融资产总额7056.55亿元，查出管理不规范金额141亿元。针对企业在经营管理中存在的薄弱环节和潜在风险，及时提出防范风险和改进管理的建议，取得很好效果。

固定资产投资审计　全市审计机关先后开展对扩大内需新增60亿元政府投资任务落实情况、44个对口支援地震灾区灾后恢复重建项目、5条轨道交通线路、1000亿元土地储备项目、中小学校舍安全工程等基础设施和公共服务重点投资项目的跟踪审计，完成46个奥运工程的结算和竣工决算审计。针对查出的未严格履行建设程序、违规招投标、监理工作不到位、拆迁补助标准不统一、财务基础工作薄弱等问题，共提出审计建议236条，被审计单位采纳并整改190条，促进建设项目的规范管理。审计核减工程款 4.2 亿元，节约建设资金。

跟踪审计 全市审计机关对 60 年国庆资金，采取“双进入”方式，对市、区县两级群众游行、联欢晚会、游园等活动筹集和使用资金情况开展跟踪审计。在健全管理制度、规范采购行为、完善物品领用手续、规范合同文本等方面，提出 105 条审计建议，全部得到整改落实。市审计局建议各筹备机构加强资金结算、资产处置工作；建议相关部门在总结此次活动经验的基础上，研究建立应对大型活动的长效组织、管理机制。国庆活动资金跟踪审计得到市委市政府的充分肯定。

专项资金审计（调查） 全市审计机关主要围绕社区卫生服务体系建设及运行、部分农村义务教育投入、中关村科技园区发展专项资金、土地征收资金、乡村集体经济产权制度改革、企业节能降耗、住房公积金及部分国外贷援款项目等重点领域资金的管理使用和绩效情况开展专项审计和审计调查。共审计各类专项资金 2066 亿元，提出审计建议 143 条，被采纳 51 条。反映了有关改革政策执行、资金使用取得的成果；揭示出一些政策机制不完善、部分项目未实现预期目标、部分资金资产使用效率不高等绩效管理方面存在的突出问题，发挥审计监督在促进完善相关制度、落实惠民政策等方面的积极作用，进一步推进政府绩效管理，得到市、区县人大、政府的高度肯定。

经济责任审计 全市审计机关共完成 301 位经济责任人的审计，其中局级党政领导干部 5 人，县处级领导 272 人，县处级以下领导 1 人，国有及国有控股企业领导 23 人。查出违规金额 1.04 亿元，损失浪费金额 2.44 亿元。市审计局首次开展对区长和市级部门领导人的经济责任审计工作，标志着经济责任审计进入一个新的发展阶段。全市审计机关共出台经济责任审计制度、规定 10 余项。积极推进任中审计，任中审计已占经济责任审计的三分之一。同时，进一步加强经济责任审计联席会议制度，拓宽了经济责任审计成果的利用渠道，将经济责任审计成果在联席会议成员单位间共享，运用于干部监督、管理、培训等各项工作中。

内部审计 全市内部审计机构共开展审计项目 3462 个，查出损失浪费金额 670 万元，增加效益 4303 万元，提出建议被采纳 1206 条。

审计文化建设 一是坚持弘扬“依法、求实、严格、奋进、奉献”的审计精神。把审计事业的发展与审计干部个人的发展结合起来，做到“严、暖”结合，实实在在地解决审计干部的工作和生活困难。二是强化审计干部作风建设。以深入开展作风建设年活动为契机，以“三进两促”活动为载体，强化队伍的责任意识，倡导树立谦虚谨慎、求真务实、严谨细致、艰苦奋斗、勤俭节约的工作作风，用审计别人的标准来要求自己。三是积极开展廉政风险防范管理。坚持把廉政建设作为审计工作的生命线，召开全市审计机关的党风廉政建设工作会暨作风建设年活动动员会和推进廉政建设工作部署会；重新修改完善《北京市审计局关于加强审计纪律的八项规定》；出台开展廉政风险防范管理工作的实施意见。从抓教育、抓监督、抓制度入手，不断增强审计干部自身的“免疫力”。

（撰稿人：陈秋玲）

【东城区审计局】 2009 年，东城区审计局共有干部职工 55 人。局长陈红（—2 月）、王淑云（2 月—），副局长徐阳、焦萍。设有固定资产投资审计科、经贸企业审计科、行政事业审计科、财政金融审计科、社会保障审计科、经济责任审计科、综合法制科、内部审计指导科、人事监察科、办公室和信息中心。

审计成果 全年共完成审计项目 37 项，查出管理不规范金额 20413 万元，核减工程款 7600 万元。向市审计局、区委、区政府提交审计工作报告、专报、信息 119 篇，被领导批示（采用）54 篇（次）。

预算执行审计 以预算执行情况和结果、专项资金管理使用和效益、管理、制度运行情况等工作为重点，组织全区 67 个一级预算单位进行自查，对 21 个单位进行抽查和重点审计，对 4 家单位的资金使用进行绩效评价。通过审计，推进各单位改进管理工作，促进预算管理规范化、提高预算管理水平和财政资金使用效益，为区人大批准财政预算和预算报告提供依据。

跟踪审计 重点对 5 项专项资金等措施的落实情况进行跟踪审计。开展厉行节约检查工作，在每项审计项目中均对政策落实情况进行检查。开展“小金库”专项治理检查工作，完成 6 个区属单位的“小金库”专项检查。

固定资产投资审计　开展民生资金项目、拆迁项目、民居修缮等20多项重点工程的审计，涉及资金近67亿元，涉及居民1.5万户，充分发挥审计的预警作用，保证了区政府投入资金的合规使用。

专项资金审计　开展2008年度区社区公益事业专项补助资金管理和使用情况、2009年汶川地震捐赠资金物资审计调查和“共产党员献爱心”捐款专项审计，促进各单位在财、物的管理上进一步规范，并建立完善应急机制和捐赠款物的长效机制。目前正在积极开展就业、再就业专项资金的审计工作。

经济责任审计　完成领导干部经济责任审计7项，正在实施的经济责任审计3项，涉及区属党政机关、行政事业单位的10位领导，主要针对被审计单位财政财务收支及资产管理方面进行审计，对存在的问题和薄弱环节提出整改意见和建议，为区委、区政府管理和评价相关领导干部提供参考依据。

内部审计　对全区200多名财务人员进行专业知识培训；召开3次现场经验交流会，对152名内审人员进行继续教育。全年开展审计项目1159项，纠正违规金额0.85亿元，促进增收节支7664.77万元，有357条审计建议被部门领导采纳。

绩效审计　加大对绩效审计的理论研究与实际的探索，在取得理论研究阶段性成果的基础上，开展绩效审计研讨培训。上半年在预算执行审计中对4个单位开展绩效评价，下半年开展2项绩效审计工作。　　（撰稿人：吕学英）

【西城区审计局】　2009年，西城区审计局共有干部职工63人。局长田迪，副局长徐立维、佟丽萍、白永光，纪检组长韩云芹。设有综合办公室、宣传调研室、人事监察科、行政科、财政金融审计科、行政事业审计科、固定资产投资审计科、社保经贸审计科、内部审计指导科、经济责任审计科。

审计成果　全年共完成审计（调查）项目47个，审计（调查）延伸单位167个。查出违规金额3247万元；管理不规范金额27202万元。应调账处理金额6130万元，已调账处理金额6130万元；应上缴财政610万元，已上缴610万元。提出审计建议162条，被审计单位采纳79条，促进被审计单位制定整改措施、建立健全规章制度18项。全年报送信息281篇，被市、区有关部门采用203篇次。

财政审计　结合区情和预算执行情况，有效地开展审计监督。加强从体制机制、政策制度、内控管理等层面发现、分析、研究问题，有针对性地提出审计意见和建议。对2008年预算执行审计过程中发现的问题，督促有关部门认真落实整改；根据区人大对预算执行结果报告提出的要求，对问题进行梳理，对被审计单位的整改情况进行后续的跟踪和检查核实，确保审计意见（决定）的落实，并在《西城报》全文刊载西城预算执行审计整改工作报告，加大审计意见落实和整改的监督力度。

固定资产投资审计　一是开展对德内大街市政道路改造工程、区老年医院改扩建工程等竣工项目决算审计；二是开展对区街巷综合改造修缮工程和居民保障性住房建设工程全过程跟踪审计；三是开展区重点工程西长安街道路拓宽拆迁审计工作，并针对西长安街道路拓宽拆迁工程政府重视、社会关注的特点，采取“提前介入、事中监督”的模式，充分发挥审计的“免疫”功能。

社会保障审计　探索从政府投资效益审计角度，评价社区卫生服务的整体效益；与此同时，加大社保资金中的就业补助资金、保险补贴资金、职业技能培训资金等专项资金的审计力度，及时发现在资金管理及使用上存在的问题，从而进一步完善政府对这部分资金的管理和使用。

经济责任审计　完成区教育研修学院院长、区什刹海街道办事处主任等5项经济责任审计。坚持经济责任审计与财政财务收支审计相结合、经济责任审计与重要专项资金、重点建设项目相结合的形式，突破传统审计方法，健全动态的经济责任审计工作模式，增强经济责任审计的时效性。从财政财务收支的真实、合规，内控制度的完善以及领导干部廉洁自律三个方面进行审计评价，对审计中发现的问题提出审计建议。10月，经济责任审计科成立，作为专门负责经济责任审计的机构，为进一步加强经济责任审计提供保障。

专项资金审计（调查）　对区教育专项资金的审计，重点延伸审计16个学校及部门，抽查资金为9416万元。初步尝试对区教委系统有专项资金管理分配权的4个部门履职情况、内部管理制度和执行情况进行审计调查，还安排对9个学校进行制度执行情况的测试。审计结果引起区教委高度重视，已修订财务、财产管理内控制度16条。为配合反腐倡廉工作的深入进行，对34个重点单位中的19户开展“小金库”专项治理重点检查工作。开展了建国60周年庆典活动资金跟踪审计，对区国庆总指挥部发出了两份审计建议函，得到区领导的高度重视，区长、常务副区长分别作出批示。（撰稿人：宋　楠）

【崇文区审计局】　2009年，崇文区审计局共有干部职工49人。局长许健，副局长王诚、梁增玉、刘伟贤，纪检组长谭践。设有综合办公室、固定资产投资审计科、行政事业审计科、经济贸易审计科、财政金融审计科、人事行政管理科、经济责任审计科。

审计成果　全年共完成审计和审计调查项目30个，查出违规金额39.9万元，管理不规范金额8389.4万元，向被审计单位提出审计建议55条。向本级政府和上级审计机关提交审计信息、简报及对外宣传稿件77篇，被上级机关和有关部门采用66篇次，被评为北京市审计机关先进集体。

预算执行审计　对区财政局具体组织区级预算执行情况、区地税局地方税收征管情况、10个一级预算单位预算执行和决算草案、社区卫生资金等5个专项资金进行审计。重点关注财政政策落实情况和制度建设情况，各专项资金管理、使用情况及使用效益。针对审计发现的问题，提出审计建议23条，均已整改。相关单位通过完善制度、加强管理、强化监督等措施进一步加强预算管理工作，提高财政资金的使用效益。

固定资产投资审计　加大政府投资项目、全区重点工程项目审计力度。开展区2009年旧城房屋修缮工程、前门草厂地区胡同市政整治工程及地铁十四号线（崇文段）等拆迁工程的跟踪审计，按照市审计局工作部署，开展定安里和文章胡同东口土地储备开发项目和崇文区中小学校舍安全工程建设资金审计。将跟踪审计中发现的问题以审计建议函的形式书面告知被审计单位，并加大对审计建议落实情况的检查力度。被审计单位对审计建议高度重视，积极制定整改措施，审计建议均得到落实。

经济责任审计　对天润金百投资集团董事长、前门街道办事处主任等5位同志进行经济责任审计，并向有关部门及时提交审计结果报告，全面客观地反映领导干部履行经济责任的情况。工作中召开被审计单位座谈会，介绍经济责任审计目标和审计工作重点内容，加大与联席会议成员单位的交流，及时反馈审计中发现的问题。

效益审计　先后开展居家养老服务经费、残疾人就业保障金管理和使用情况以及北京市珐琅厂经营绩效情况的效益审计。坚持在各项审计中融入效益审计理念和效益审计内容。围绕财政资金这条主线，对重大决策的制定与执行、专项资金的管理与使用、资金使用产生的经济和社会效益等关键环节予以重点关注，揭示资金在管理、使用和效益方面存在的突出问题，有针对性地提出审计建议。（撰稿人：赵超英）

【宣武区审计局】　2009年，宣武区审计局共有干部职工48人。局长张沪生，副局长王兰生、季海旭、耿兵，纪检组长王兰生。设有综合办公室、人事管理科、财政审计科、投资审计科、行政审计科、经贸审计科、经济责任审计科和内审指导科。

审计成果　全年共审计调查单位98个，查处违规金额1470万元，应上缴财政1446万元，应减少财政拨款或补贴1385万元，应调账处理金额13万元，审计决定执行率100%。出具审计报告、信息164篇，被采用41篇。

财政审计　审计共涉及82个部门或单位，其中一级预算单位12个，二级和资金使用单位70个。审计发现的主要问题是在预算执行和其他财政收支中还存在部分财政性投入资产不完整、专项资金闲置、预算编制执行及会计核算不规范问题，影响财政资金和国有资产的安全。

行政事业审计　对7个部门共23个单位进行财务收支审计。审计发现的主要问题是专项结余未清理，个别单位资金使用不合规；固定资产管理不严，部分项目未办理财务决算；部分资产资金闲置，资金使用无效益。根据区审计局出具的审计报告和审计决定，各单位整改工作陆续展开。

固定资产投资审计　重点对广安体育馆装修改造工程、奥运前旧城区整治修缮和奥运资产进行审计。发现的主要问题是监理单位未将施工单位应列入试验计划材料的全部列入；施工单位对部分材料，未经复试便投入使用；施工单位采取多计工程量、重复取费等方式，多报工程结算价款。建设单位对监理单位管理不够严格；项目预算未经第三方评审；施工单位多报工程价款。个别单位上报的固定资产与实际不符。

专项资金审计（调查） 安排支援抗震救灾捐赠款物专项审计和国庆资金专项审计调查。审计发现的主要问题是初期接受的捐款没有及时记账、发运物资无接收单位确认手续；个别单位存在物资领用手续不完善。审计发现问题引起被审计单位高度重视，及时进行纠正。问题已当即改正。

经济责任审计 对11名主要领导干部进行经济责任审计，其中任中审计7项，占经济责任审计项目总数的64%。通过对被审计人所在单位的财务状况、专项资金管理使用情况、内控制度建设及执行情况、重大事项决策情况、重大活动组织情况及个人廉洁自律情况等进行审计，揭示个别事项未经集体讨论决定；个别支出未履行审批程序；经济事项履行不规范；固定资产管理不严格；工程项目管理不完善；资产购置手续不健全等问题。

内部审计 区属14个内部审计机构共完成审计项目151个。共查出损失浪费金额180万元，增加效益119万元，提出审计建议被采纳112条。

（撰稿人：吴春英）

【朝阳区审计局】 2009年，朝阳区审计局共有干部职工56人。局长邹立嵩（—4月）、刘野（4月—），副局长李晓峰、战春燕、苗洪、赵燕川（—8月）、文晓辉（—11月），纪检组长杜娥（—10月）、杜春华（11月—）。设有办公室、综合法制科、信息调研科、财政金融审计科、行政事业审计科、经济责任审计科、固定资产投资审计科、经贸审计科。下设审计指导中心，为全额拨款事业单位，人员编制16人，在编16人。

审计成果 全年共审计（调查）项目46个，查处违规金额6384万元，管理不规范金额52391万元；应上缴财政6384万元，已上缴财政435万元；核减工程款6134万元。提交审计报告、信息337篇，被批示、采用371篇次。

预算执行审计 围绕促进廉政建设、提升依法行政水平的目标，以向区人大常委会报告审计工作和问题整改情况、落实人大审议意见为抓手，从健全监督和整改机制着眼，不断加大审计监督和促进问题整改的力度，初步形成了监督、执行、督办“三位一体”的审计工作机制，审计决定和审议意见落实率实现100%，整改金额2.26亿元。围绕保民生、保稳定政策的落实，开展抗震救灾、残疾人就业保障、新型农村合作医疗、垃圾清运等民生资金审计。根据审计建议，相关部门研究制定捐赠工作管理办法，规范全区捐赠工作；区残联、卫生、财政联合制定政策对重性精神病人和贫困残疾人提高补助标准，加大救助力度，促进社会稳定。围绕预算管理改革，对6户一级预算单位开展政府采购、国库集中支付等专题审计调查，查找和分析带有普遍性和典型性的问题，提出加强制度建设，从源头规范等建议，达到以点带面、促进管理的目的。

固定资产投资审计 对土地储备开发项目实施全过程、分阶段跟踪审计。会同区国土局、财政局、监察局及土地储备中心联合出台《关于开展土地储备开发项目审计工作的指导意见》；制定《土地储备项目审计调查实施方案》和《土地储备开发项目审计调查操作指南》；规范阶段整改工作，下发“审计整改意见通知”。截至10月底，审计资金228.2亿元，涉及拆迁单位221个，拆迁居民1692户，拆迁补偿款32.51亿元。对城市轨道交通、中小学校舍安全工程等拆迁项目，社区卫生服务中心和卫生站建设、城市道路大中修等民生及城市基础设施项目开展跟踪或结、决算审计。突出程序、质量、资金，关口前移，发现问题及时与建设单位、施工单位和主管部门沟通，边审边纠，规范管理。

专项资金审计 选择节能减排资金首次尝试环境资金审计，对全区节能减排指标完成、节能资金管理和效益作出评价。对残疾人就业保障金和新农村建设资金等民生资金进行审计，重点关注政策执行的连续性，百姓对政策的认知度和受益度；分析政策执行中出现的新问题、新情况，从机制、体制和制度层面研究应对措施，促进政策不断完善。对国庆60年活动资金进行审计，建立审计沟通、整改和巡回检查机制，促进相关单位建立健全管理制度，规范、安全、有效使用资金，确保任务圆满完成。

经济责任审计　共完成22个单位29位领导的经济责任审计，首次实现“凡离必审”；建议并促成区委召开领导干部经济责任大会，提出落实领导干部经济发展和廉洁“双责任”要求，放映了题为“权力与监督——加强经济责任监督、促进干部依法履职”的审计宣传片。区纪委、组织部、监察局、财政局和人保局、审计局6部门联合出台《朝阳区经济责任审计工作联席会议制度》《朝阳区经济责任审计工作联席会议办公室工作规则》《朝阳区经济责任审计结果运用办法》等规范性文件。

内部审计　制发《朝阳区2009年内部审计工作指导意见》，组织180人参加内部审计岗位资格培训且全部通过，组织293人参加内部审计方法与技巧的后续教育；走访区市政管委、朝阳城建开发公司等单位，了解内审单位在落实扩内需、保增长、调结构、促和谐等政策中遇到的难点，增强内部审计指导的时效性；完成2009年度国际注册内部审计师考试报名工作，报考人数825人，比去年增长263人。

企业审计　对区城市建设综合开发公司的经营状况进行审计调查。针对企业改制前后经营收益的变化，分析影响国有资产保值增值和企业可持续发展的体制因素、环境因素等，揭示因经营管理不善，造成国有资产损失浪费的行为，分析和评价企业改制以来实现的经济效益和社会效益，为政府决策提供依据。　（撰稿人：金晓鸥）

【海淀区审计局】　2009年，海淀区审计局共有干部职工56人。局长张稷发，副局长王彩霞、段敬德、沈鹏（—11月），纪检组长段敬德（兼）。设有办公室、固定资产投资审计科、财政金融审计科、行政事业审计科、经济贸易审计科、经济责任审计科、行政管理科、人事监察科和审计信息中心（正科级全民所有制事业单位）。

审计成果　全年共完成各类审计和审计调查项目30个，审计和延伸审计单位121个，完成市、区领导和有关部门临时交办的审计事项6个。查出违规及管理不规范金额120498万元；应上缴财政25456万元，已上缴财政25456万元；要求被审计单位纠正金额45691万元。提交审计信息、审计专报等113篇，被各级信息部门采用96篇次，其中2篇得到区领导批示。

财政审计　继续深化同级财政审计，在财政资金合规合法性、财政集中支付、预算执行方面加大审计力度。重点关注税源管理情况，对10个房地产企业的纳税情况进行重点延伸，并将审计中发现的企业欠税严重的问题移交税务部门处理，督促相关涉税单位补交税费及滞纳金2.5亿元。开展全区非税收入征缴情况审计调查，重点调查建委、人事局等12个部门及下属15个单位非税收入项目管理、票据使用、征收管理等执行情况，为促进政府非税收入的依法征收和合理有效使用提供依据。对实行决算草案审计的3个部门全部所属的38个单位进行延伸，进一步拓展预算执行审计的深度。

固定资产投资审计　围绕社会关注的轨道交通、北坞城乡一体化建设、中小学校舍安全工程建设、土地储备开发等项目，以投资计划为龙头，以资金流向为主线，以项目实施为重点，开展审计或审计调查，促进相关制度的完善和政策措施的贯彻落实。共开展52个扩大内需投资项目的跟踪审计，总投资金额89亿元，完成投资审计项目15个，审计投资额96405万元，核减支出5908万元，其中完成竣工决算审计项目12项，审计投资额22631万元，核减支出3721万元，审减率为16.44%。对项目实施中建章立制及执行等环节存在的问题提出审计建议，促进投资政策的落实。

经济责任审计　开展对24名处级领导干部的经济责任审计工作。采取的主要措施：一是完善制度建设，从宏观层面推动审计工作开展。区审计局与区纪委、组织部及财政局联合出台了《海淀区经济责任审计工作联席会议制度》《海淀区经济责任审计项目计划管理办法》等四项制度。二是深化审计内容。加强对领导干部行使经济决策权、管理权、执行权和个人廉洁自律情况的审计监督，为加强领导干部监管提供参考。

专项资金审计　开展对涉及教育投入、校舍基建修缮项目、社区卫生服务等资金的专项审计或审计调查。一是启动对区教委所属15所中小学2008年度财务收支情况的审计工作。重点审计学校财务收支、资产管理、债权债务及教育收费等内容，关注教育资金的投向结构和教育资源配置的合理性、各项教育政策的落实情况以及教育资金管理使用过程中涉及制度政策、管理体制、运行机制等方面的问题。二是将区教委系统近3年来基建修缮项目决算审计纳入年度审计监督范围，采取区审计局组织实施与委托社会中介机构审核相结合的方式对重点项目进行审计，重点检查资金管理、建设程序执行的合法合规性，促进教委系统建设项目管理水平的提升。三是配合市审计局对全区社区卫生医疗服务体系建设及运行情况进行专项审计调查，摸清了机构经费投入、卫生医疗服务体系建设情况及管理现状，为促进惠民政策的有效落实发挥作用。

专项治理　根据区“小金库”专项治理工作方案的规定，对区公共委、区卫生局等15家单位进行重点检查；同时把查处私设“小金库”行为作为日常审计工作的一项内容贯彻全年审计项目始终，强化审计监督。对专项检查中发现的个别单位私存私放设立“小金库”的违纪问题，及时与纪检、财政部门沟通，协同调查，进行了严肃处理；加强对国庆60周年活动资金的跟踪审计。对重点审计的指挥部及相关单位进行巡回检查，强化对资金资产管理使用各个环节的监督，及时提出相关审计建议，确保资金的规范、安全、有效使用。　（撰稿人：乔　捷）

【丰台区审计局】　2009年，丰台区审计局共有干部职工55人。局长周衔临，副局长赵胜利、王玉昌、李振芳。设有办公室、人事科、综合科、财政金融审计科、经济责任审计科、固定资产投资审计科、经济贸易审计科、行政事业审计科、内部审计指导科、中关村科技园区丰台园审计办事处。

审计成果　全年共完成审计项目51个，查出违规金额3673万元，其中应缴财政337万元，已缴财政337万元，减少财政拨款（核减工程款）3336万元。查出管理不规范金额35196万元。提出审计建议99条。提交审计报告65篇，信息113篇，信息被采用73篇。

财政审计　重点对财政部门预算执行，专项资金使用管理和税收计划完成、征收管理情况进行审计。组织对59个一级预算单位部门预算执行情况进行自查，10个重点单位进行审计调查，进一步规范财政资金管理和资金分配行为，提高财政资金使用效益。在区人大常委会上通过了《丰台区2008年本级预算执行及其他财政收支审计工作报告》。

固定资产投资审计　完成地铁大兴线丰台段征地拆迁、地铁亦庄线丰台段征地拆迁、地铁9号线征地拆迁、地铁10号线二期征地拆迁、社区卫生服务体系建设、长辛店镇辛庄村（一期）土地储备开发、中小学校舍工程安全情况及区永合庄临时垃圾卫生填埋场除臭及雨污分流系统、无城镇危房房屋修缮解危、丰台法院大法庭翻扩建及地下车库、丰葆路过街天桥工程10项固定资产投资项目的审计。由事后查处转化为事中监督和事前预防，使审计监督贯穿于建设项目的整个过程。撰写的区劳动和社会保障局社会保障服务中心工程结算审计报告、永合庄垃圾卫生填埋场除臭及雨污分流系统项目建设工程结算审计报告得到区相关领导批示。

经济责任审计　与区纪委共同组织召开7个部门经济责任审计联席会议及2009年领导干部经济责任审计工作部署会，代拟《丰台区领导干部经济责任审计联席会议制度》，并已发布执行。完成对司法局局长李秀英等15个单位的领导干部经济责任审计，促进各被审计单位财务核算的规范和相关制度的建立与完善。

专项资金审计（调查）　完成区汶川地震捐赠资金和物资、国庆60周年活动资金、卫生服务体系及运行、农村产权制度改革政策执行等项目的审计调查或跟踪审计，完成区丽泽商务区开发建设指挥部的财务收支情况审计，促进资金规范管理，提高效益。撰写的2008年5月至2009年9月接受抗震救灾捐赠款物情况的审计调查报告得到区领导批示。

内部审计　组织召开18个内审单位网络组长会，听取各单位内部审计工作开展情况；深入10个街、乡及企业进行调研和指导；开展后续教育培训398余人；组织18个内审单位22名内部审计人员参加的外出学习交流考察活动；编辑《丰台内审》刊物6期。　（撰稿人：尹荷花）

【石景山区审计局】　2009年，石景山区审计局共有干部职工42人。局长仲长军，副局长金志刚、王岚、庞晨潮。设有行政事业审计科、财政金融审计科、经济贸易审计科、固定资产投资审计科、审计综合科、经济责任审计科、纪检监察科、办公室8个职能科室和石景山区内审指导中心、石景山区审计局经济责任审计中心2个事业中心。

审计成果 全年共完成审计项目32个，审计查处违规和管理不规范金额17.4亿元，核减工程造价560万元。提交审计信息225篇，被采用信息105篇，139篇次，其中2篇被区领导批示，3篇被评为区级优秀信息。出版内部刊物《石景山审计》6期，对市区网站及杂志办刊共发布对外宣传稿件45篇次。完成审计调研和统计分析20篇。上报审计案例5篇。

财政审计 一是在分析数据的基础上查找审计重点。二是组织方法创新，首次采取延伸审计、自查自纠与重点检查相结合的方法。三是积极探索计算机辅助审计技术，自行开发财政数据基础资源库，对国库支付系统进行数据处理。经审计，发现部分预算单位存在由零余额账户向基本账户转账现象、被审计单位绩效考评的要素设置还需完善、对形成资产后的考评过程还缺乏有效的标准加以衡量等问题。受区政府委托，向区人大常委会提交预算执行和其他财政收支的审计工作报告，得到区人大常委会的重视。

固定资产投资审计 完成老山小轮车赛场工程、石景山体育馆设施改造工程两个奥运场馆的全过程跟踪审计和西五环东辅路、规划一号路、老山南路3个奥运场馆配套设施建设工程的竣工决算审计。通过健全机制，进一步发挥联席会议作用，充分发挥国家审计“免疫系统”的作用。积极跟进市区两级扩大内需促进经济增长重大政府投资项目，对阜石路二期工程实施全过程跟踪审计。全年完成跟踪审计项目16个，涉及资金达17.83亿元。

经济责任审计 对区卫生局、区建设委员会等7个单位的领导干部进行任期经济责任审计。在制定、出台《石景山区审计局关于领导干部任期经济责任审计“四公开”实施办法》的基础上，细化审计工作方案编制，将审计重点内容拆分成审计事项表，控制到二级事项，并充分利用审计成果，提升服务水平。

专项资金审计 在教育资金审计中，发现下属单位存在账外资产、公款私存，经济合同管理不规范，内控不健全、管理不严格等问题。被审计单位积极落实审计建议，并明确表示，审计人员的意见和建议中肯、合理。开展就业再就业、便民工程、社会救助等民生资金审计调查。发现部分制度障碍和管理不规范等问题。审计部门提出具体的改进建议，促进民生资金的有效使用。

采取“双进入”和定期检查等方式，对群众游行、联欢晚会、游园等筹备机构国庆“六十周年”活动资金进行跟踪审计。审计机关提出3条审计建议均被审计单位采纳，得到整改落实。

内部审计 进一步细化内部审计工作计划，提供优质服务。走访指导重点单位，促进内部审计工作；结合内部审计人员继续教育，着力加强内部审计培训。上半年对全区70家企事业单位的184名内部审计人员进行了业务培训和后续教育，取得了较好效果。（撰稿人：代　蓉）

【门头沟区审计局】 2009年，门头沟区审计局共有干部职工36人。局长高见，副局长李秋立、张云芝、吴海臣。设有经济责任审计科、固定资产投资审计科、经贸审计科、行政事业审计科、财政金融审计科、人事教育监察科、综合法制科、办公室。

审计成果 全年共完成审计项目27个，查出违规金额21万元，核减投资（结算）额1605.67万元，指明纠正金额88001.15万元。提交审计报告、意见函79份，向各单位提出审计建议17条，均被采纳。审计信息74篇，被上级机关和有关部门采用42篇次，区委书记及区长批示4份。

预算执行审计 审计涉及单位152个，审计资金184374万元。查出财务管理不规范、出借资金未及时清理等指明纠正金额51387.18万元。提出应继续加大政府债权的催缴力度等审计建议9条。

经济责任审计 完成10项处级领导干部的经济责任审计，查出违规金额20.63万元，已出具审计决定作出处理。指明纠正金额1610.07万元。提出应规范会计核算，建章建制等审计建议4条。经济责任审计以突出对权力的制约与监督为重点，采取经济责任审计与日常财务收支相结合的方式，对领导干部任职期间的经济责任及勤政廉政进行审计和评价，取得较好效果。

固定资产投资审计 对政府投资的棚户区改造、公厕翻改建等7项重点工程进行审计。审计资金量6325万元，核减投资额1605.67万元，指明工程设备购置不符合实际，造成200多万元设备闲置，加大工程成本，影响工程进度和效果。针对问题提出相应的改进建议3条。区棚户区改造项目跟踪审计预计3～4年，现已完成2009年的审计工作，共完成前期合同审计48项，出据审计意见函48份，审计专报3份，财务收支审计1项。跟踪审计工作成效显著，核减工程造价1253万元，区长、协管副区长对审计专报作了批示。

（撰稿人：王　双）

【房山区审计局】　2009年，房山区审计局共有干部职工52人。局长李树民，党组书记张立忠，副局长李亮、范江梅、郭凤岭，纪检组长张健。设有财金科、工商基建科、农业环保科、干部经济责任审计科、综合科、人教科、办公室、内审指导中心。

审计成果　全年共完成审计项目52项，审计资金量369.46亿元，查出违规金额766.22万元，查出管理不规范金额5337.47万元，应直接上缴财政3.22万元，已全部上缴，审减工程款1.24亿元。共编发审计信息46篇，被采用36篇。

财政审计　预算执行审计开拓创新、注重实效，较好地发挥宏观建设性作用。一是强化税收审计，促进税收征管工作，为“保增长保稳定”发挥作用。二是针对审计发现问题，积极与有关部门沟通进一步强化部门预算审计和政府债务审计。三是开展了教育专项、新农村建设等专项资金审计，开展区财政大额专项资金审计，审计资金量9.128亿元，客观地评价财政资金使用效果。

经济责任审计　强化监督机制，经济责任审计进一步深化。一是注重从体制和机制上分析问题，对审计成果中普遍存在的问题进行提炼、深化；二是注重从服务和规范上分析问题，为被审计单位规范完善内部制度服务。全年共完成经济责任审计项目14个，审计资金量19.1亿元，查出管理不规范金额1025.67万元，违规金额0.65万元，已全部上缴。

固定资产投资审计　一是承担应急任务，克服困难，保重点。开展了轻轨房山线拆迁资金、京石客运房山线拆迁资金、117亿元土地储备开发资金等重点项目的跟踪审计，做到适时跟进，保证工程进度。二是在审计中坚持原则，实事求是，特事特办，妥善解决在审计中遇到的难题。三是加强对聘请社会审计机构参与政府投资建设项目审计人员的业务培训和指导，确保审计质量。四是结合政府投资项目审计，积极配合有关部门开展工程建设领域突出问题专项治理工作。全年共完成政府投资审结项目22项，在审项目48个。

专项资金审计　完成区党员献爱心资金审计、云居寺社会捐款建塔资金审计、佛舍利展资金审计、国庆60周年专项资金审计、抗震救灾捐款捐物终结审计以及治理“小金库”抽查审计等临时交办的专项资金审计项目。抽调业务能力强的审计人员，配合市审计局完成联审项目，包括区长经济责任审计、社区卫生中心站审计项目、教育资金审计、节能降耗资金审计等。

相关工作　一是优秀审计项目意识进一步增强。坚持严谨细致的工作作风，加强对审计实施方案、审计日记、审计工作底稿及审计取证等审计项目基础工作和项目质量关键控制点的管理，开展了2008年度优秀审计项目的评选工作。二是认真组织业务培训，组织AO计算机辅助审计经验交流和市审计局京OA试审项目交流等培训。三是根据被审计单位电算化工作开展情况，把计算机辅助审计项目责任到科室，落实到审计组长和项目。四是积极试运行京OA审计项目管理系统。

（撰稿人：潘文敏）

【房山区燕山审计分局】　2009年，房山区燕山审计分局共有干部职工19人。局长夏辉，副局长续秀荣、葛干。设有财政金融审计科、行政事业审计科、经济贸易审计科、综合法制指导科、办公室、经济责任审计所、行政事业经贸审计所。

审计成果　全年共完成各类审计项目15个，查处各类违规、管理不规范金额2412万元，其中固定资产投资审计核减工程造价金额943万元。提交审计报告15份，提出审计建议31条，提交审计信息47篇，采用25篇；提交调研报告18篇。

预算执行审计　通过对燕山财政分局2008年度预算执行审计，对燕山财政分局强化财政预算管理和燕山地区财政预算收支的规范性、科学性作出客观评价，也发现预算项目评审工作不够细化、个别项目结余资金管理不规范、个别单位上级主管部门拨入经费下拨不及时、财政对外借款未履行审批手续等问题，并提出了进一步细化评审工作、及时清理项目结余资金和拨入经费、加强借款管理等审计意见建议。

对燕山地税部门在加强内部制度建设和管理、提高纳税服务、加强税款征收力度等方面的成效作出客观评价。对审计中发现的房产税登记信息不准确、个别评估转稽查未登记立案等问题，提出加强房产税管理、及时做好信息核对，加强评估与稽查案件的后续监督与管理等审计意见、建议。

经济责任审计　共开展审计项目 11 个。为被审计单位强化内部管理提供预警性、前瞻性的意见、建议，为组织部门加强干部考核、管理提供依据。

固定资产投资审计　对政府投资的燕山生态园建设工程、燕山公园游乐园改造工程竣工决算进行审计，主要针对竣工决算的真实性、合法性开展审计，揭示政府投资项目管理的薄弱环节，对促进政府投入建设资金的合理、规范使用，减少损失浪费，提高资金使用效益，起到重要作用，核减工程造价金额 943 万元。

受东风街道委托，对东风街道羊耳峪羊一广场、羊耳峪居委会健身场工程进行审核，合计审定工程造价 39.79 万元，核减工程造价 8.89 万元。

专项资金审计　对燕山地区国庆 60 周年活动资金安排、使用、管理情况分阶段进行跟踪审计。审计结果表明，燕山地区国庆 60 周年活动资金管理严格、支出手续齐全，未发现挤占挪用问题。

（撰稿人：杨彩云）

【通州区审计局】　2009 年，通州区审计局共有干部职工 47 人。局长孟繁虎，副局长李汝刚、张东凤、曹温华、赵静，纪检组长安书明。设有综合指导科、办公室、人事教育科、行政事业审计科、经济责任审计科、财政金融审计科、经贸投资审计科。

审计成果　全年共完成审计项目 28 个，涉及被审计单位 152 个。查出违规和管理不规范金额 13748 万元，应上缴财政 6 万元，追回多支付拆迁中介费 510 万元。提出审计建议 16 条。提交审计信息 113 篇，被采用 118 篇次。

财政审计　对 2008 年区财政预算执行和其他财政收支情况及 2007 年审计意见的落实情况进行审计。主要审计区财政部门组织本级预算执行情况，区地税部门税收征管情况，区发改委管理使用市级资金支持区重点工程以及区卫生局等 6 个区级部门预算管理和执行情况。6 月 26 日区政府召开专题会议，听取了《关于通州区 2008 年预算执行和其他财政收支情况的审计结果报告》，区长就区 2008 年预算执行审计结果报告提出意见。6 月 30 日区第四届人大常委会第十八次会议审议通过了《关于通州区 2008 年度财政预算执行情况和其他财政收支的审计工作报告》。

经济责任审计　开展经济责任审计项目 24 个，涉及领导干部 25 人，已完成 13 个项目，查处管理不规范金额 10796 万元，应上缴财政 6 万元。

专项审计（调查）　一是对区 2009 年土地储备开发项目第一阶段进行审计调查；二是对区上营棚户区拆迁改造专项资金进行审计；三是对轨道交通亦庄线通州段征地拆迁情况进行审计；四是对区 2008 年义务教育经费实际执行情况进行审计；五是对市、区两级建国六十周年庆典活动资金使用情况进行审计；六是对 2008 年 5 月至 2009 年 9 月 30 日汶川地震救灾捐赠资金、物资进行审计调查；七是对区 2009 年 1 月至 11 月 30 日中小学校舍安全工作建设资金使用情况进行审计调查；八是对扩大内需绿色审批通道项目进行审计；九是对区工程建设领域突出问题专项治理工作进行检查。另外，完成 4 个调研课题。

内部审计　协会集中与分散组织业务培训，参加人员 133 人次。全年共完成审计项目 976 个，查出不规范金额 331 万元，被采纳审计建议 461 条。对 11 个乡镇等内审单位进行业务指导与服务。先后召开 7 次座谈会，共参加 110 人次，20 余份项目档案供大家学习观摩。开展理论研讨活动，其中一篇获北京市内审协会研讨论文三等奖，五篇获优秀奖。区内审协会向市内审协会网站报送并被采用信息 22 篇，被中国内部审计协会网站转载信息 6 篇。

（撰稿人：王建通）

【顺义区审计局】　2009 年，顺义区审计局共有干部职工 47 人。局长梁家树，副局长王超、绳桂华、任立强，纪检组长王超（兼）。设有办公室、财金科、行审科、经责科、经贸科、社保科、综合科、内审指导所、计算机中心。

审计成果　全年共完成审计项目35个，查出违规金额3437万元，其中应上缴财政163万元，应调账处理金额23914万元；已上缴财政163万元，已调账处理金额23914万元。提交审计工作报告、审计结果报告、审计报告和审计调查报告56篇；提出审计建议10条，被采纳落实10条；提交审计信息、调研论文、审计案例110篇，被采用102篇。

财政审计　分别对区2008年度财政部门预算执行情况、地方税收征管情况进行审计；对市、区两级教育专项资金、农业综合开发资金进行审计，延伸审计29个项目单位，审计资金49064万元；对城乡无社会保障老年居民养老保障资金进行审计调查，截至2008年底，全区享受老年保障待遇的人员共计53858人，区财政拨付老年保障待遇资金13045.12万元，资金在管理和使用中按照制度规定操作和审批，支付过程中及时纠正个别征地超转人员享受老年保障待遇的问题；对新型农村合作医疗资金进行审计，2008年全区共筹集新农合资金10413.02万元，资金支出共计10202.39万元，区新农合中心不断规范管理、提高效率，审计中未发现截流、挪用专项资金的问题。

企业审计　对鑫浩投资中心、鑫顺投资担保有限公司、光彩担保服务有限公司和顺创投资管理有限公司4户投融资、担保企业投资担保业务及财务收支进行审计。按照区政府要求，对北京亿汇洋进出口公司进行资产负债所有者权益情况审计。

经济责任审计　开展处级领导干部任中经济责任审计项目4个，离任经济责任审计项目17个，处级干部离任审计覆盖面达到100%。审计发现违规和管理不规范金额12181万元，应上缴财政160万元，已全部上缴。领导干部经济责任审计逐步规范和完善，加强对权力的制约和监督，揭示被审计单位经济活动中存在的问题，取得明显的成效。

审计调查　开展审计调查项目3个：为保证区中小学校舍安全审计监督工作的有序进行，按照市审计监督总体工作方案要求对中小学校舍安全资金开展专项审计调查；对区接收捐赠管理中心、慈善协会、红十字会三家机构自2008年5月至2009年9月，接收的抗震救灾捐赠款物的接收及管理情况进行审计调查，三家单位累计接收捐款人民币4341万元、上缴上级单位人民币捐款3052万元、结存人民币捐款1289万元；为保障“扩内需、促增长”政策的贯彻落实，对区2009年土地储备开发项目进行审计调查，以摸清区本次土地储备的总体情况，了解和掌握项目实施过程中需要完善和解决的问题，促进规范土地储备项目实施与管理，保障土地储备资金安全合理使用。重点调查了区国土部门土地储备开发项目资金的筹集、管理及项目的运作情况。

（撰稿人：综合科）

【怀柔区审计局】　2009年，怀柔区审计局人员编制55人，在编52人。局长高志刚（1—2月）、单景民（2月—），副局长孔祥会、刘其田、杜海芳（1—6月），纪检组长孔祥会（兼）。设有办公室、财金科、行财科、固定资产审计科、综合科、农林科、社保科、监察科等职能科室，另有非独立核算的经责所、内审所两个科级事业单位。

审计成果　怀柔区审计局完成审计项目31个。其中：指令性审计（调查）项目4个；区委、区政府委托审计项目20个；自定安排7个审计项目。查处违纪违规金额29518万元，其中违规金额985万元，管理不规范金额28533万元。违规金额中应上缴财政985万元，已上缴财政985万元。提交工作报告、信息54篇，被采用14篇。

财政审计　完成7个预算执行审计（调查）项目。即2008年度区级预算执行及其他财政收支审计，区地税局2008年度税收征管情况审计，区公安局、市政管委、农委、卫生局、旅游局五个单位2008年度部门预算执行和决算草案审计。共延伸审计88户次，查出违纪违规金额20776万元，其中违规金额465万元，管理不规范金额20311万元；违规金额中应缴已缴财政465万元。

经济责任审计　对20名处级领导干部进行经济责任审计。其中行政事业单位的领导干部16名，企业领导干部4名。共查出管理不规范金额2523万元，全部为领导干部的主管责任。提出审计建议15条，被审计单位采纳12条。

专项资金审计（调查）　完成4个专项资金审计（调查）项目。其中专项资金审计项目2个，即怀柔区中小学校舍安全工程建设项目审计和怀柔区教委2008年度义务教育经费及教育附加专项资金审计；专项审计调查项目2个，即2009年汶川地震救灾捐赠资金审计调查和北京市国土资源局怀柔分局2009年土地储备开发项目的审计调查。查出违纪违规金额6219万元，其中违规金额519万元，管理不规范金额5700万元。违规金额中应缴已缴财政519万元。共延伸审计及调查单位19户次。

“小金库”专项检查 怀柔区审计局对全区65个一级预算单位、14个镇乡进行“小金库”专项检查，重点抽查15个二级预算单位。

内部审计 2009年，怀柔区内部审计协会共有会员单位59个，内审人员150人，其中专职人员20名。全年完成审计（调查）项目58个，其中财务审计20个，经济责任审计10个，基本建设审计15个，专项审计6个，其他审计7个。查出损失浪费金额30万元，增加效益120万元。提出相关建议被采纳10条。（撰稿人：徐淑霞）

【平谷区审计局】 2009年，平谷区审计局共有干部职工45人。局长徐春英，副局长王炬、秦东英，纪检组长李素东。设有办公室、人事教育科、行政事业审计科、企业审计科、财政金融审计科、经济责任审计科、审计中心等职能科（室）。

审计成果 全年共完成审计项目42个，查出违规金额498万元，其中应上缴财政303万元，应调账处理金额636万元；已上缴财政303万元，已调账处理金额636万元。提交审计工作报告、信息47篇，被采用36篇。

财政审计 对区2008年本级预算执行及其他财政收支情况进行审计。对预算执行中存在的三项依法增长支出结构有待于平衡、政府采购管理还需进一步加强、资产动态管理水平有待于进一步提高、部门预算编制不完整、部分项目资金预算不细化、项目资金未按规定用途使用等问题提出相应审计建议。纠正地税部门部分管理工作不规范、个别企业应缴未缴税金问题。

固定资产投资审计 对区阳光校园太阳能综合利用工程进行审计，客观地评价项目所取得的经济效益和社会效益，对太阳能路灯设计缺少时控装置，节电效果与设计要求有差距等问题提出审计建议。对区中小学校舍安全工程的建设情况进行跟踪审计，重点审查了区教委安全工程排查鉴定情况、校舍安全工程规划制定情况、项目建设进展情况、财政预算及资金安排使用情况、工程招投标情况、工程抗震检测情况等，对工程存在的工程资金尚未做到全部专户存储问题提出审计建议。

社会保障审计 开展2007年至2008年区城镇无医疗保障老年人和学生儿童大病医疗保险基金筹集使用情况的审计调查，对基金支出水平较低，个人看病负担较重，政策宣传不够，参保人对政策的认知程度有待进一步提高等问题，提出审计建议。开展区2008年10月至2009年9月新型农村合作医疗资金管理使用情况的审计调查。对合作医疗证参合审核章不全，镇乡财政新农合补助资金上缴不及时，实行出院即报、随诊随报的医院未建立统一的计算机管理系统等问题，提出审计建议4条。

经济责任审计 对区21名处级领导干部任期经济责任进行审计，查出违规金额452万元，管理不规范金额12249万元，应上缴财政188万元，已上缴188万元。审计发现并纠正往来款处理不及时、往来科目核算专项资金、固定资产账实不符等财务问题。

专项资金审计（调查） 对区2008年农村雨洪利用工程资金进行审计。对工程在移交后，部分村未按移交书规定的内容要求，落实后期管护责任问题向有关部门提出了相应的审计建议。对区委宣传部、区财政局等5家单位国庆60周年活动资金安排使用情况进行跟踪审计，了解本区庆典活动组织情况，掌握财政资金拨付和支出情况，对审计中发现的票据要素不齐全的问题给予及时纠正，提出审计建议3条。（撰稿人：王海顺）

【大兴区审计局】 2009年，大兴区审计局共有干部职工46人。局长郭金江，副局长戴天太、苗静。设有办公室、人事教育科、财政金融审计科、行政事业审计科、企业经济审计科、经济责任审计科、投资审计科、审计综合科、审计综合二科和内部审计指导所。

审计成果 全年共完成审计项目31个。查出违规金额307万元，其中应上缴财政238万元，应调账处理金额192万元；已上缴财政238万元，已调账处理金额192万元；审计中还发现管理不规范金额28亿元，核减工程造价9516万元，为政府节约资金9516万元。移送纪检部门处理事项1件，移送其他部门处理事项2件。提交审计信息15篇，被采用11篇；提交审计综合报告、统计分析38篇；提交审计调研论文17篇。

预算执行审计 围绕区委、区政府的中心工作，以政策为导向、以预算为中心、以资金为主线、以支出为重点、以项目为基础、以效益为目标实施审计，促进建立科学的预算定额和支出标准，规范预算分配行为。注重从体制、机制、制度以及政策措施层面发现和分析研究问题，提出审计意见和建议，充分发挥审计机关在经济社会运行中的“免疫系统”作用，注重整体把握和评价区本级预算执行情况，不断加大对基层预算单位和项目资金使用单位的监督力度，为政府决策提供参考依据。审计共涉及被审计单位118个，其中延伸审计单位90个。共查出违规金额3.1万元、管理不规范金额26亿元。

固定资产投资审计 全年共计实施政府投资审计项目80个，审计资金量约180亿元，审减金额4.4亿元。其中完成17个，出具审计报告21份，核减工程造价9516万元，审计后为政府节约资金9516万元。

经济责任审计 全年完成9个领导干部任期经济责任审计项目，涉及领导干部12人。查出违规金额237万元，管理不规范金额24434万元。

专项治理 按照区治理“小金库”工作领导小组的统一安排，专门组成3个检查小组，由机关审计人员担任审计组长、聘请社会中介机构作为协审人员，在第三季度对20个区属行政事业单位是否存在“小金库”情况进行专项检查。通过审计，发现1个单位存在私设“小金库”67万元。

内部审计 全年共完成内部审计项目978个，其中：财务收支审计593个，效益审计76个，经济责任审计58个，专项资金审计129个，内控评审5个，其他117个。查出损失浪费金额12万元，增加效益35万元，提出审计意见被采纳465条，财务决算审签9个。 （撰稿人：郭　爽）

【昌平区审计局】 2009年，昌平区审计局共有干部职工39人。局长郭自成，副局长张爱平(正处级)、刘会春、王立军。设有办公室、综合法制科、经济责任审计科、财政金融审计科、农林行政文教审计科、固定资产投资审计科、经贸审计科。设内部审计指导所、昌平区重点工程审计中心（全额拨款事业单位）。

审计成果 全年共完成审计项目128个，查出违规金额5717万元，其中应减少财政拨款5709万元。提交各类信息宣传稿件116篇，被采用60篇，其中区领导批示7篇次。

财政审计 对2008年度区级财政预算执行和税收征管及市拨专项资金管理等情况进行审计，延伸审计10个相关单位。审计中注重整体把握区级预算执行情况，强化本级财政支出审计；深化地方税源管理、纳税评估工作开展等情况的审计，加大对重点部门及单位的财务收支和重点行业纳税人的延伸审计力度。代区政府向区人大作2008年预算执行及其他财政收支审计工作报告，得到区人大常委会的肯定。预算执行审计充分运用财审联网系统，开展计算机辅助审计，提高工作质量和效率。

固定资产投资审计 围绕全区市政基础设施建设、小城镇建设等固定资产投资项目工程结算审计，进一步加大软、硬件设施建设，全面推进计算机辅助审计。加大与社会中介机构合作力度，制定《审计项目委托社会中介机构管理办法》。全年共完成98个基建项目结算审计，送审金额6.88亿元，核减工程投资5709万元。

对区2009年沙河、回龙观、中关村科技园昌平园东区三、四期土地储备开发项目和未来科技城及滨河森林公园建设情况进行跟踪审计。重点从财务核算情况、前期手续履行情况、征地补偿和安置情况等方面进行了检查。对北京晨光昌盛投资担保有限公司截至2009年10月末1.5亿元软贷款项目资金使用情况进行审计。重点审计了资金管理、使用以及担保项目审批、风险控制、效益等情况，对北京宏福建工集团有限公司、北京温都水城旅游饭店管理有限公司等被担保企业进行延伸审计，以促进企业规范管理、防范资金风险，提高资金使用效率。

对昌平新城东区开发建设资金和北京振邦承基开发建设有限公司（创新基地）资金来源及使用情况继续实施了定期审计；对北京兴昌高科技发展总公司南口镇工业用地项目土地一级开发建设资金和中关村科技园昌平园东区开发建设资金

进行审计。通过对上述公司支付拆迁征地补偿款及大额工程款进行跟踪核实；对施工单位项目工程款的使用情况进行抽查；对政府融资资金的收支情况进行核实，进一步规范被审单位内部管理等基础工作。

经济责任审计 全年对23名处级干部进行离任经济责任审计，对于发现的问题，及时纠正。并有针对性地帮助一些单位、部门建立健全内部控制制度，加强会计核算、会计监督和财务管理，促进领导干部增强经济责任意识，提高管理水平收到明显的成效。

专项资金审计（调查） 对区新型农村合作医疗资金的管理使用情况及城镇无医疗保障老年人、学生儿童和劳动力年龄内无业居民大病医疗保险（“一老一小”）制度实施情况开展专项审计调查。在审计方法上，注重扩大抽查面，通过走访、座谈、填写调查问卷及电话问询等方式对镇（街）社保所、社区居委会以及参保人员的经济状况、医疗状况、对政策的意见和建议等内容进行调查，有针对性地提出审计建议，起到促进规范管理、有效使用相关资金，提高使用效益和社会效益的作用。

对农业综合开发资金和京津风沙源治理工程专项资金进行审计和审计调查。通过强化源头控制、加强时效控制、加大延伸审计力度等措施，抓项目管理情况、抓资金审查、抓项目建设情况，增强了资金的审计力度。

对国庆60周年活动资金、汶川地震抗震救灾捐款捐物情况进行审计。国庆60周年活动资金审计采用联合相关部门召开布置会的形式，提前对活动资金的申请、审批、使用、核算等提出要求，以保证活动资金规范、安全、有效使用。汶川地震抗震救灾捐款捐物审计调查重点核查了救灾款物的真实性、准确性，关注救灾款物的管理程序、流程及内部控制等方面。（撰稿人：李卫东）

【密云县审计局】 2009年，密云县审计局共有干部职工54人。局长李洪友（党组副书记），副局长朱全多（党组书记）、于怀全、杨学义、王红。设有办公室、人事教育科、经济责任审计科、财政金融审计科、行政事业审计科、农业与资源环保审计科、经贸审计科、固定资产投资审计科、社会保障资金审计科和经济责任审计中心、政府投资审计中心、机关后勤服务中心。

审计成果 全年开展预算执行、经济责任、政府投资等审计和审计调查项目57个，已完成41项，涉及被审计单位152个，查出管理不规范金额10472.03万元，提出审计建议45条。获县创建国家生态县先进集体、爱国卫生先进单位等荣誉称号；局长李洪友同志获全国审计系统先进工作者称号。

预算执行审计 开展县财政局具体组织预算执行和其他财政收支情况、地方税收征管情况以及水务局、体育局、地震局等16个县直部门2008年度预算执行情况的审计；组织对全县一级预算单位2008年底结存资金管理情况的审计调查。在各单位自查的基础上对52个部门进行重点检查，查明各单位共结存各类专项资金95739.51万元。依据审计发现的部门决算编报不完整、预算批复不及时和会议费、招待费等公务费控制不严以及未按规定用途使用项目资金等问题，提出进一步加强各部门和各单位银行账户、财政授权支付额度的使用和管理工作；加强政府投资建设项目资金管理；树立节约意识，切实压缩招待费、会议费、公务用车、国内国外培训考察等公务性费用，有效控制行政成本等5条建议，受到县政府的重视和支持，并责成有关部门加强管理和整改。

经济责任审计 对全县17个乡镇和2个街道、1个地区办事处及2位企业主要领导干部进行经济责任审计。揭示乡镇、街道普遍存在的政府运行成本控制需要进一步加强，调剂使用项目资金，扶持企业发展政策不统一，扶持比例与金额逐年提高和资产、负债仍需进一步清理等问题，提出加强对行政运行成本的控制，牢固树立节约意识，进一步加强对招待费、会议费、考察费、交通费等支出的控制，切实压缩公务性费用支出，加强对车辆购置的控制；进一步加强乡镇财政财务管理和村级财务管理及监督工作；稳固税源保证乡镇、街道财政收入稳步增长等审计建议。

固定资产投资审计 组建9个政府投资审计组，对101国道绕城线二期工程、密云潮白河森林公园工程、白河生态治理工程等15个政府投资重点工程实施全过程跟踪审计，跟踪项目计划投资额达12亿元。根据建设过程中出现的在拆迁补偿中存在的违规建筑界定、拆迁补偿标准执行和标的物评估等方面问题，向有关部门提出多条规范工程管理的审计建议。

审计管理 结合形势发展对审计工作的要求，确定了“创新机制，整合资源，明确任务，强化培训，注重考核”的工作措施，不断强化审计管理，努力提高审计工作的质量和效率。

（撰稿人：曹 娜）

【延庆县审计局】 2009 年，延庆县审计局共有干部职工 59 人。局长张景军，副局长马海林、焦万宏、鲁亚军，纪检组长冯运荣（6 月一）。设有办公室、企业审计科、行政事业审计科、财政金融审计科、经济责任审计科、基建审计科、综合科、信息中心、培训中心，内审指导中心。

审计结果 全年共完成审计和审计调查项目 30 个，累计审计和延伸审计 148 个单位。查处违规金额 2209 万元，上缴财政 5758 万元（当年 623 万元；2007 年度 5135 万元）、归还原渠道资金 166 万元，调账处理金额 121 万元，核减工程造价 1289 万元。要求被审计单位自行纠正金额 24964 万元。向被审计单位提出改进和完善管理的审计建议 73 条，建议落实 59 条。提交审计专题报告、综合性报告 33 篇。上报调研报告、宣传稿件和审计信息 119 篇，被市县相关部门采用 60 篇。

预算执行审计 重点对 2008 年县级预算执行和其他财政收支情况进行审计。在对县财政局、县地税局、县发改委、县教委和县农委五个主管部门审计的基础上，对县公安局、交通局、八达岭特区办事处 2008 年非税收入上缴情况和县民政局、残联、建委管理的部分专项资金进行延伸审计，共审计和延伸审计 63 个部门和单位，揭示在预算执行、工程项目、专项资金和财务管理方面存在的漏洞和问题。

受县政府委托，向县第十四届人大常委会第十八次会议报告 2008 年度预算执行和其他财政收支的审计工作，8 月 8 日，通过延庆新闻栏目依法将预算执行审计结果向社会进行公布。

经济责任审计 完成县经委、建委、财政局、旧县镇、千家店镇、城镇办事处和八达岭特区办事处等 17 个单位 21 名党政正职领导干部任中（离任）经济责任审计。审计发现部分单位存在挤占挪用专项资金、固定资产管理不规范、内控制度不健全和执行不严格、会计基础工作不规范等问题。查出违规和管理不规范金额 25017 万元，向被审计单位提出归还资金原渠道、规范固定资产管理、及时清理债权债务、加强会计基础工作等审计建议和改进意见 48 条。

专项资金审计（调查） 共完成 5 项专项资金审计（调查），涉及 15 个部门和单位。一是对 2008 年度京津风沙源治理工程资金收支情况和以前年度退耕地补助钱粮兑付情况进行审计，延伸审计了县林业局、县绿化美化服务中心等 9 个具体实施项目的有关职能部门和单位。针对存在的工程费未支出比例偏高、个别项目单位报账资料复印件提供不全、大额现金支出等问题，提出了加强对工程费的后期结算监管，严把报账审核关，确保资金专款专用等建议。二是分两个阶段对原县市政管委和县团委管理的庆典活动资金进行跟踪审计。审计结果表明：县国庆庆典活动资金支出能够履行规定程序，资料齐全，没有超范围使用等现象。三是对县 2008 年 5 月至 2009 年 9 月 30 日，汶川地震救灾捐赠资金物资的来源、支出和结存情况进行了审计调查，审计结果表明：县接受救灾捐赠事务管理中心和红十字会内控制度比较健全，接收款物手续完备、程序规范，管理合规，捐赠款物安全完整；1478 万元捐赠款物按规定上缴或发往灾区，无转移挪用等问题。四是根据市审计局授权，与北京中天恒会计师事务所有限公司合作完成 2009 年土地储备开发项目第一阶段审计调查。通过对三里河连片改造项目的重点抽查表明：项目前期批复手续基本齐全，征地及拆迁都在规定的时间内进行公示或公告，拆迁方案取得县政府批复，并且在实施过程中基本能够根据《自由街、三里河、北关村旧村连片改造土地一级开发拆迁方案》及相应实施办法的规定进行。财务核算基本符合有关规定。征地及拆迁补偿资金及时拨付到位，专款专用。五是完成县 2009 年度校舍安全工程第一阶段的审计工作，对部分未履行建设程序及未办理竣工结算手续问题提出审计建议。

固定资产投资审计 对县文化中心建设工程进行竣工决算审计。通过审计，核减工程造价 1289 万元，核减比例 8.73%。

会计报表审计 对北京夏都信达国有资产经营管理中心 2008 年度会计报表进行报送审计，通过审查借款、还款、付息和资产负债情况表明：夏都信达国有资产管理中心提供的财务资料能够反映其财务现状和经营成果，资产负债真实、完整。

交办事项　完成或配合有关单位完成“小金库”重点检查、社区卫生服务体系建设及运行情况绩效审计调查、区粮食企业粮食库存检查、2009年度教育收费检查和招商引资情况检查等临时性审计工作5项。　（撰稿人：刘宝生）

2009年北京市本级及所辖区县审计工作统计表

金额单位：万元

审计机关	完成审计项目（个）	查出违规金额	应上缴财政	应减少财政拨款或补贴	应归还原渠道资金	应调账处理金额	移送司法、纪检部门处理事项（件）	建议有关部门处理（件）	出具审计报告和审计调查报告（篇）	提出审计建议（条）	撰写审计信息（篇）
北京市本级	823	56453	28338	5307	891	27185		5	908	1347	1904
东城区审计局	37		31						46	42	119
西城区审计局	47	3247	610	2979	52	6130			47	162	281
崇文区审计局	30	39.9	39.9						29	55	77
宣武区审计局	32	1470	1446	1385		13			32	18	51
朝阳区审计局	46	58775	6384						82	131	255
海淀区审计局	30	120498	25456			45691			30	96	113
丰台区审计局	51	3673	337	3336					65	99	113
石景山区审计局	32	172986	1330		56	2447		1	34	74	225
门头沟区审计局	27	21	21						27	17	74
房山区审计局	52	766.22	3.22	12406.35		5337.47			52	74	46
燕山审计分局	15								15	31	47
通州区审计局	28	13748	6						34	16	114
顺义区审计局	35	3437	163			23914			56	10	110
怀柔区审计局	31	29518	985						31	33	54
平谷区审计局	42	498	303			636			29	58	18
大兴区审计局	31	307	238			192	1	2	35	32	15
昌平区审计局	128	5717		5717					128	160	60
密云县审计局	41								42	45	
延庆县审计局	30	2209	623		175	121			33	73	119

天津市

【天津市审计局】 2009年，天津市审计局人员编制386人，在编291人，领导职数8名。设有财政审计处、固定资产投资审计处、行政事业审计处、经贸审计处、社会保障审计处等12个审计业务处（分局）及办公室、人事教育处、综合处、法制处、政研室、信息化处等11个综合处室。并设审计科研培训中心（直属事业单位）。

领导成员

局　　长：王伟生

副 局 长：张永革　王润生

　　　　　李向前　项文卫

总审计师：谢津秋

纪检组长：杨文璁（—11月）

　　　　　白　山（11月—）

审计成果　天津市各级审计机关共审计和审计调查1363个部门和单位，查出违反财政法规金额41.17亿元，直接增加财政收入7.2亿元；促进增收节支9亿元；向各级党委、政府提交审计报告、信息1700篇，被批示采用1286篇次；向被审计单位提出审计建议已被采纳或制定整改措施396项。

预算执行审计　市级预算执行和其他财政收支审计共涉及469个部门和单位，审计各类财政资金和公共资金358.24亿元、重点建设项目资金28.54亿元。审计中关注积极财政政策的贯彻情况以及实际效果，关注用于保障民生、扩大内需、拉动经济增长投入资金的使用情况，促进优化资金使用效率效果；注重从体制、机制、制度层面发现和分析问题，提出审计意见和建议，促进构建有利于科学发展的预算管理体制；注重审计整改措施的落实，认真督促被审计单位纠正审计中发现的问题，不断完善有关政策规定，建立健全内部控制制度，预算执行审计的内容得到进一步深化。预算执行审计为政府加强预算管理和人大加强预算监督发挥了较好的作用。

企业审计　天津市审计局与天津市人民政府国有资产监督管理委员会共同对天津投资集团公司、天津市津能投资公司、天津天保控股有限公司、天津海泰控股集团有限公司等国有企业集团的国有资产使用（运营）管理情况进行专项审计调查。在贯彻国家宏观调控政策、努力转变发展方式和积极应对国际金融危机的大的背景下，国有企业审计注重与贯彻国家“调结构、促转变”的发展战略相结合，注重深入分析制约国有企业发展的深层次原因，从体制、政策、法规、管理等方面提出解决问题的对策和建议，促进企业提高风险控制能力和自主创新能力，提高经济效益和管理水平。

固定资产投资审计　对天津对口支援陕西省宁强、略阳两县灾后恢复重建的重点项目实施跟踪审计。开展天津市贷款道路通行费的审计调查、对京沪高铁天津段征地拆迁资金的专项审计调查、对天津滨海新区建设投资集团有限公司和天津城市基础设施建设投资集团有限公司资金管理使用情况及项目实施情况的专项审计调查。根据审计署授权，对世界银行贷款天津城市发展和环境二期项目等4项利用国际援、贷款项目审计，出具公正报告3份，出具对外报告11份。

经济责任审计　受市委组织部的委托，对市管党政领导干部和企业领导人员任期经济责任审计，涉及被审计领导干部11人。天津市审计局将领导干部和部门单位依法履行职能情况作为经济责任审计的一项重要内容，形成以财政财务收支审计为基础，以领导干部履行岗位经济职责、重大经济事项民主决策、执行国家和内部经济管理制度以及廉洁自律等情况为审计重点的经济责任审计工作思路，将经济责任审计与财政审计、金融审计、企业审计有机结合，审计结果为加强干部监督管理提供参考依据，为增强领导干部经济责任意识，促进党风廉政建设发挥了作用。

专项资金审计（调查）　加强对重点专项资金的审计和审计调查，检查资金管理和政策执行情况以及资金使用效果。对企业职工基本养老保险基金等五项社会保险基金收支和管理情况的审计结果表明，社会保障资金管理部门不断规范账户管理，完善相关制度规定，基金总体运行良好。开展了对中央财政专项补助资金的审计调查、对农村义务教育专项资金的审计调查、对新农村建设资金的审计调查、对城市公用事业附加费征缴情况的审计调查以及对部分非税收入收缴情况的审计调查。按照市政府的要求，天津市审计局完成经济技术开发区、滨海高新技术产业开发区、保税区财政收支状况的审计调查以及部分外贸企业经营状况和政府有关扶持政策落实情况的审计调查等 24 项审计任务。市、区两级审计机关完成天津市 86 家融资平台公司运作情况的专项审计调查工作。审计结果得到各级领导的重视和肯定，市领导同志先后对 11 份审计报告作出重要批示，为党委、政府掌握情况、科学决策提供参考依据。

内部审计 天津市有内部审计机构 1103 家，其中专职机构 331 家，内部审计人员 3009 人，其中专职人员 885 人。共开展财务收支审计、经济效益审计、经济责任审计、基本建设审计等各类审计 3221 项。查出损失浪费 578 万元，提出审计建议并被采纳 3294 条，为本部门单位增加效益 5746 万元。

基础工作 一是把加强审计队伍建设作为推进审计工作科学发展的首要任务，大力加强教育培训工作，不断改进培训方式、丰富培训内容、提高培训层次、增强培训效果。天津市审计局举办了首次青年审计论坛，并选派 12 名业务骨干到香港大学进行了为期两周的公共管理知识培训。各级审计机关在党委政府的重视和支持下，调整充实领导班子，选拔任用了一批年轻化、知识化、专业化的处科级领导干部充实审计一线，为提高审计工作水平提供了人才保证。二是推进审计法制建设，完善本市审计法律规范体系。《天津市审计监督条例》经市人大常委会第十三次会议审议通过，将于 2010 年 3 月 1 日起正式施行，为天津市审计机关更好地履行审计监督职能提供了法律支持。三是以制度建设为基础，大力加强规范化建设。加强审计业务管理，改进审计组织方式和工作方法，最大限度地整合审计资源，提高审计工作的整体性和系统性。 （撰稿人：李　明）

【和平区审计局】 2009 年，和平区审计局人员编制 43 人，在编 38 人。局长刘浩洋（—12 月）、郑国强（12 月—），副局长钟建民（—12 月）、苏爱华、杨士军（4 月—）。设有办公室、综合法制科、人事教育科、财政审计科、行政事业审计科、企业审计科、固定资产投资审计科、经济责任审计科、内部审计指导科。

审计成果 完成审计项目 18 个，查出违规金额 404 万元，管理不规范金额 28032 万元，应上缴财政 404 万元，已上缴财政 404 万元。提交审计结果报告 18 份，区领导批示 6 份。提交审计信息 22 篇，被采用 12 篇。

财政审计 审计揭示出区财政部门在组织预算收入、安排预算支出、实施总预算会计核算及预算外资金管理等方面存在的有关问题，查出违规金额 341 万元，管理不规范金额 21093 万元，上缴财额 341 万元。区人大常委会和区政府对预算执行审计工作给予充分肯定，审计工作报告得到区长批示。通过对本级预算执行情况的审计，促进区财政加强预算管理，提高财政资金使用效益。

经济责任审计 根据区委组织部门的委托，对 16 个单位的 22 名党政领导干部和企业领导人员履行经济责任情况实施审计。揭示出部分领导干部所在单位私设“小金库”、少缴纳税费、账务处理不合规等方面的问题。审计查出违规金额 63 万元，管理不规范金额 6939 万元。向区委、区政府提交审计结果报告 16 份。下达审计决定 8 份，上缴财政 63 万元。为组织部门客观公正地考核和评价领导干部提供参考依据。

专项资金审计调查 开展了和平区政府融资平台公司运作情况专项审计调查。

交办项目 完成区领导交办审计项目 23 个，审计单位 67 个。内容包括建设项目工程结算情况审计调查 17 项；财政、财务收支情况审计 3 项；资产、负债、损益情况审计 1 项；专项资金管理和使用情况审计调查 2 项。审计资金总额 45253 万元，查出违规金额 12084 万元。提交审计报告 23 份，区领导批示 16 份，批采率 70%。

内部审计 和平区共设内部审计机构 30 个，配备专兼职内部审计人员 32 人，完成审计项目 55 个，查出损失浪费金额 62 万元，提出并被所在单位领导采纳的审计意见和建议 32 条。

（撰稿人：张文花）

【河东区审计局】 2009 年，河东区审计局人员编制 45 人，在编 43 人。局长肖淑云（—6 月）、张庆岩（6 月—），副局长许建荣、张庆岩

(—6 月)、刘晶。设有企业审计科、财政审计科、事业审计科、经济责任审计科、固定资产投资审计科、法制科、内部审计指导科、人事教育科、办公室。

审计成果　共对 35 个单位进行审计，查出违规及管理不规范金额 5690 万元，应上缴财政 839 万元，应归还原渠道资金 37 万元，应调账处理金额 20 万元；已上缴财政金额 793 万元。提交审计信息 117 篇，被采用 87 篇。

预算执行审计　对教育、劳动、民政和科委等重点预算单位进行延伸审计，对预算资金下拨一、二级预算单位的管理使用情况加强审计监督。通过审计，全面核实了预算执行的真实性，查找出了存在问题，向区财政部门提出优化税源结构、加强专项资金管理、发挥中小企业担保资金扶持放大作用等四条审计建议，发挥了预算执行审计在规范预算管理、提高财政资金使用效益等方面的作用。

经济责任审计　根据区委组织部门的委托，对 21 名处级领导干部履行经济责任情况进行审计，查出漏缴税金、违反“收支两条线”规定、资产不实等问题，违规金额 2169 万元。

固定资产投资审计　对河东区民心工程满江路住宅周转房等 15 项建设工程进行跟踪审计和(预)决算审计，审计资金总额 8967.67 万元，核减金额 670.93 万元，核减率达到 7.48%。得到区纪委、区建委的好评，为今后进一步深化固定资产投资审计工作打下良好基础。

行政事业审计　对区卫生系统、街道系统财务管理进行审计，针对审计查出的问题组织撰写了《近两年河东区街道系统财务收支审计情况分析》、《河东区街道系统拆迁补偿费管理亟待加强》等专题报告，对审计发现的问题进行归纳，分析问题存在的原因，为进一步提高全区各单位财务管理水平提出建设性意见。

专项资金审计（调查）　对 16 个单位进行“小金库”专项治理检查。对天津市嘉华城市建设投资发展有限公司管理和使用政府融资情况进行专项审计调查。　（撰稿人：王敬军）

【河西区审计局】　2009 年，河西区审计局人员编制 42 人，在编 42 人。局党组书记、局长马云亮，副局长邸淑玲、陈丁。设有办公室、法制科、经济责任审计科、内部审计指导科、企业审计科、行政事业审计科、财政金融审计科、固定资产投资审计科、社会保障科。

审计成果　开展审计及审计调查 16 项，涉及全区 151 个单位部门，审计资金总额近 50 亿元。向区委、区政府提交审计专报、调研报告 13 篇。其中，区长对调研报告《河西区街道系统其他收入管理中存在问题及对策的调查研究》作出批示。审计信息宣传稿件被《中国审计报》等媒体刊物刊载 88 篇次。

预算执行审计　对区劳动局等 6 个主管预算单位预算执行情况进行审计，延伸所属 10 个基层单位，针对主管预算单位预算编制不完整、预算约束力不强，政府投资建设项目管理不规范等问题提出审计建议。区委书记和区长听取了审计情况专题汇报，审计工作报告得到区人大的肯定。

专项资金审计（调查）　河西区迎奥运市容环境综合整治工程（一期）专项资金、“数字河西”专项资金、市财政专项转移支付资金、居委会改造专项资金、社区公共卫生服务专项经费管理使用情况进行审计或审计调查，重点检查国家政策措施是否落实到位，政策目标是否实现等内容。

固定资产投资审计　根据区委、区政府的要求，对区重点项目陈塘科技商务区专项资金、河西区新一轮市容环境综合整治工程专项资金管理使用情况进行全程“跟踪”审计监督。及时关注资金投向和使用效益，提出陈塘科技商务区应编制经营收支预算，区市容委、园林局建设工程项目应严格履行招投标程序的审计意见，被区政府及有关部门采纳。对区教育局、园林局、文化局的 7 个建设项目工程造价进行审计，审减金额达 4000 万元。针对近年来本区部分财政投资项目工程管理中存在的问题，向区委、区政府提出应尽快开展财政投资评审工作，提高财政资金使用效益的审计建议。

经济责任审计　根据区委组织部门的委托，对 34 名处级领导干部履行经济责任情况进行审计，向区委报送经济责任审计结果报告 34 份。针对审计中发现的问题，按照客观公正的原则，依法提出审计处理意见，并发挥“审帮促”的作用，督促区教育、卫生、园林等部门积极整改，达到以审计促发展、增效果的目的。

（撰稿人：于金燕）

【南开区审计局】 2009 年，南开区审计局人员编制 50 人，在编 45 人。局长牟建新，副局长窦桂芳、金琦（4 月—）、李全禄（—4 月）。设有办公室、人事教育科、法制科、内部审计指导科、经济责任审计科、行政事业审计科、财政金融审计科、企业审计科、固定资产投资审计科。

审计成果 完成审计（调查）项目 32 个，涉及单位 46 个，延伸审计单位 51 个，审计（调查）资金总额 98.21 亿元，查出违规金额 339 万元。提交审计信息和宣传稿件 15 篇，审计署采用 2 篇，《中国审计报》采用 7 篇，《天津审计情况》采用 4 篇。

预算执行审计 对一级预算单位预算执行和专项资金的管理使用情况进行审计。完成区财政局本级预算执行审计 2 户，区法院、区公安局、区行政审批中心 3 户部门预算执行审计，区教育局教育经费专项资金审计 1 户，完成对区老干部局、区安监局等 10 个单位的财务收支审计。

经济责任审计 根据区委组织部门的委托，对 14 名处级领导干部进行经济责任审计。其中，领导干部任中经济责任审计约占 40%。审计资金总额 4.98 亿元，审计查出违规及管理不规范金额 923.3 万元。

审计调查 对区法院、检察院等 11 个单位进行“小金库”专项治理检查。对社区医疗管理情况、计划生育经费及园林局专项资金进行审计调查。

（撰稿人：来庆春）

【河北区审计局】 2009 年，河北区审计局人员编制 49 人，在编 36 人。局长李根生（—4 月）、张麟（4 月—），副局长赵学礼、景建。设有人事教育科、法制科、行政事业审计科、财政审计科、工商企业审计科、固定资产投资审计科、经济责任审计科、内部审计指导科、办公室。

审计成果 开展各类审计及调查项目 20 个，涉及被审计单位 63 户，查出违规金额 190.2 万元，查出管理不规范金额 41882.5 万元。提交各类报告、信息、动态及宣传稿件 417 篇，被批示采用 232 篇次。

预算执行审计 预算执行及其他财政收支情况审计 10 个部门及单位，延伸 29 个下属部门及相关单位，审计资金 156586.5 万元，查出违规金额 190.2 万元，管理不规范金额 13356.59 万元，提出审计意见及建议 23 条。审计结果得到区人大常委会的高度评价和重视，责成有关部门和单位严格执行审计处理决定，纠正审计发现问题，审计意见及建议落实率达 100%。

经济责任审计 根据区委组织部门的委托，对 15 名处级领导干部进行经济责任审计，查出管理及核算不规范金额 5254.13 万元，提出审计建议 21 条。

专项审计调查 对部分行政事业单位拆迁补偿金管理使用情况审计调查，调查涉及区教育、卫生、街道办事处等 12 个单位和部门，查出管理及核算不规范金额 23191 万元，提出审计建议 3 条。审计结果专报得到区长批示，责成区财政部门落实审计建议。开展区教育系统教育经费收支管理暨对义务教育经费保障投入情况审计调查，调查涉及 9 个单位，查出管理不规范金额 81 万元，提出审计建议 4 条。对 6 个单位进行“小金库”专项治理检查。开展区建口企业单位净资产状况审计调查，调查及延伸区属房地产开发、施工企业 29 个，全面反映资产、负债状况、拆迁资金使用情况，夯实企业净资产。参加区重点建设项目及新增中央投资项目检查，检查重点项目 14 个，提出建议 6 条。开展对政府融资公司运作情况审计调查，对区城市建设投资有限公司运作情况专项调查。

内部审计 集中走访 41 个单位，解决税收、社保政策、制度建设等问题 20 余项。开展内部审计教育培训及科长交流活动 4 次。

（撰稿人：黄明明）

【红桥区审计局】 2009 年，红桥区审计局人员编制 44 人，在编 37 人。局长张树起，副局长蒋炳友、纪耀章、王凤英。设有财政金融审计科、行政事业审计科、企业审计科、基建投资审计科、经济责任审计科、内部审计指导科、法制科、人事科、办公室。

审计成果 完成审计项目 31 个，查出违规金额 36 万元，管理不规范金额 5924 万元，直接增加财政收入 97 万元。提交审计报告、信息、内参 76 篇，其中被有关部门采纳及区领导批示 75 篇次。

财政审计 在审计区财政预算资金和财政预算外资金、财政信用资金等其他财政资金的基础上，重点延伸审计区民政局、教育局、环保局、公安红桥分局等 10 个主管预算单位，对医疗救助资金、汶川救灾捐赠资金等资金进行专项审计。区人大常委会和区政府对预算执行审计工作给予充分肯定，审计报告得到区长批示。

经济责任审计 根据区委组织部门的委托，完成对三条石街道办事处等 3 个单位负责人离任经济责任审计。加大领导干部"任中审计"力度，自行安排并完成区民政局、西于庄街道办事处负责人的任期经济责任审计。将专项资金、重点资金纳入审计内容，使审计监督关口前移，发挥审计的"免疫系统"功能。

专项资金审计 重点对西站、人民医院拆迁资金使用情况实施全程跟踪审计。向西站拆迁工程派驻审计组，帮助西站地区拆迁总指挥部建章立制，实现拆迁资金的两级核算、动态管理，为服务红桥区经济建设，促进勤政廉政发挥应有的作用。

企业审计 开展对虹桥科技投资有限公司等 5 个区属国有重点企业资产、负债、损益情况的审计。对审计发现的投资资金存在风险等问题，及时向区政府反映，为区政府进一步整合和集中管理国有资产提供决策依据。

其他审计 完成区政府交办的对民族医院的资产、负债、损益情况审计、光荣道科技产业园信托资金及房产公司供热站的审计。对区档案局等 6 个单位进行"小金库"专项治理检查。与区监察局、发改委等有关部门组成联合检查组，对以政府投资和使用国有资金的多个重点工程建设项目开展工程建设领域突出问题专项治理检查工作。对区融资平台运作情况开展专项审计调查。

内部审计 全年内部审计机构开展各类审计项目 334 个，帮助企业规范财务管理及纠正违规金额 325 万元，健全制度 70 项，提出合理化建议 297 条。（撰稿人：王凤英）

【塘沽区审计局】 2009 年，塘沽区审计局人员编制 40 人，在编 35 人。党组书记韩海英，副局长孙德红（主持工作），副局长沐伟、李先壮。设有办公室、综合科、法规科、财政金融审计科、经济责任审计科、行政事业审计科、社会保障审计科、经贸审计科、固定资产投资审计科。

审计成果 完成审计项目 24 个，查出管理不规范金额 73307 万元，违规金额 10 万元。提出审计建议 57 条，被采纳 57 条。提交审计工作报告、信息 101 篇，被采用 62 篇。

财政审计 开展预算执行审计和主管部门预算执行审计 2 项，财政决算审计 1 项。共查出管理不规范金额 15865 万元。区人大和区政府充分肯定了审计工作，并要求相关部门和单位全面整改。

行政事业审计 审计 7 个行政事业单位，查出违规金额 10 万元，管理不规范金额 883 万元。

固定资产投资审计 开展 4 个工程项目的竣工决算审计，查出管理不规范金额 1865 万元，审减金额 1230 万元，促进了政府投资行为的规范化。

专项资金审计调查 重点安排了对塘沽区最低生活保障资金、城市维护建设资金、科技资金管理使用情况，住宅配套费征收管理使用情况，街镇财政体制返还情况及塘沽区政府融资平台公司运作等情况的审计调查 9 项，查出管理不规范金额 52799 万元，提出审计建议 31 条。出具审计调查报告 9 个，其中 7 个审计调查报告得到区分管领导的批示，要求相关单位对审计调查报告揭示的问题要高度重视，建立健全有关制度，堵塞漏洞，认真加以整改。

经济责任审计 对 5 名处级领导干部进行经济责任审计，查出管理不规范金额 1895 万元。

内部审计 本区各单位内部审计部门完成各类审计项目 337 项。其中：财务审计 40 项；效益审计 27 项；经济责任审计 75 项；基本建设项目审计 3 项；专项审计 21 项；其他项目审计 171 项，查出损失浪费 30 万元，为单位增加效益 5 万元，提出意见建议被采纳 306 条。

（撰稿人：王　云）

【汉沽区审计局】 2009 年，汉沽区审计局人员编制 39 人，在编 35 人。局长王克勤，副局长李海英、孙长华（—5 月）、何立新。设有办公室、综合科、法规科、财政金融审计科、行政事业审计科、经济责任审计科、企业审计科、基本建设审计科、内部审计指导科。

审计成果　完成审计项目 63 个，查出违规金额 1753 万元，应上缴财政 1753 万元。提交审计信息 71 篇，被采用 60 篇。

财政审计　完成本级财政预算执行审计及镇级财政决算审计 5 户，应缴财政 1753 万元，其中：应纳未纳预算收入 452.5 万元、区国土资源分局应缴未缴土地出让金收入 1000 万元、天津龙达水务有限公司欠缴挂账的污水处理费 300.5 万元，向区财政局下达了审计决定，责令限期整改。审计结果报告得到了区长的批示，审计工作报告得到了区人大的肯定。应缴财政资金已全部上缴，审计提出的 8 条意见建议已全部落实。

财务收支审计　完成企业、事业单位财务收支审计 9 户。帮助被审计单位查清资产状况，理清账务，提出审计建议。

固定资产投资审计　开展政府投资项目全过程跟踪审计 8 项，审计投资及建设资金总额达 14 亿元。已全部完成 2 项，其中交警汉沽滨海大队指挥中心办公楼工程结算审计项目，核减造价 184.1 万元，核减率 19.06%；对市政基础设施建设资金的审计调查报告，得到了区长的批示。

经济责任审计　根据区委组织部门的委托，对 26 名处级领导干部进行任期或任中经济责任审计。加强对权力运行过程的监督，较好地发挥审计的预警作用。

专项资金审计（调查）　完成专项资金效益审计及审计调查 7 户。分别对区法院诉讼费收缴管理使用情况、农村饮用水管网入户改造工程专项资金、农村合作医疗基金、区小城镇建设资金、家电下乡财政资金、蔬菜大棚财政资金使用情况等进行专项审计调查。共发现各类管理不规范金额 6100 万元，揭示专项资金在归集、管理和使用中存在的问题，提出审计意见和建议。

（撰稿人：田宝娟）

【大港区审计局】　2009 年，大港区审计局人员编制 38 人，在编 37 人。局长丁连军（—7 月）、窦效良（7 月—），副局长高相元、张武。设有办公室、法制科、商贸审计科、财金审计科、固定资产投资审计科、工业审计科、经济责任审计科、行政事业审计科、农业与环保审计科。

审计成果　审计单位 22 个，完成审计调查 139 户，涉及财政资金 1292155.17 万元。查出违规金额 8549 万元，应上缴财政 9 万元，核减投资额 190 万元。上报审计信息 14 篇，分别被《中国审计报》《中国审计》《天津日报今日大港》及市审计局采用 4 篇；审计提出建议 31 条，被采纳 29 条。

预算执行审计　审计财政及主管预算单位 7 个部门，延伸审计 27 个有关单位。同时，对财政、教育等部门落实上一年度审计整改意见的情况进行检查。审计共涉及财政资金 1041003.06 万元，发现违规资金 8549 万元，应上缴财政资金 7 万元。

经济责任审计　根据区委组织部门的委托，对 14 名处级领导干部进行经济责任审计。

专项资金审计（调查）　对专项资金、政府投资建设项目，安排审计调查 139 户，占全部审计项目的 79%，涉及财政资金 133224 万元，通过审计调查，节约财政资金 1040.59 万元。

（撰稿人：黄　凯）

【东丽区审计局】　2009 年，东丽区审计局人员编制 35 人，在编 35 人。局长傅国华，副局长林跃中、时卷林、魏金凤。设有财政审计科、行政事业审计科、国有企业审计科、固定资产投资审计科、经济责任审计科、内部审计指导科、法制科、办公室。

审计成果　共完成审计项目 7 个，审计 62 个单位，延伸审计 107 个单位。审计查出违规金额 2246 万元，管理不规范金额 1.07 亿元，上缴财政 1499 万元。查处“小金库”2 户，账外资金 682 万元。向司法机关移送案件 1 起。审计稿件被《中国审计报》采用 9 篇。审计报告被区领导批示 7 篇。

财政审计　加强对本级财政预算支出的审计，以“三农”、新型合作医疗、社会保障和城镇基础建设资金为重点，延伸审计了 29 个单位，揭示和反映预算部门间人均经费支出水平差距较大、政府采购中心结余财政资金未及时上缴国库等问题。安排区教育局、区卫生局等 12 个部门的预算执行审计，延伸审计 10 个单位，揭示资金使用过程中在真实、合法、效益方面存在的问题，督促相关单位对漏缴税金、预算外资金未上缴财政专户、违规集资等问题进行整改，管理不规范金额 524 万元得到及时纠正，违规金额 207 万元足额上缴。对 7 个街乡财政决算情况进行审计，审计内容涉及财政资金的分配、拨付、使用情况，涉农资金、园区建设重点资金和收支两条线情况，延伸审计 64 个下属部门，查出长期投资账面不核算、往来款长期挂账、完工在建工程未转固定资产等问题，上缴财政 189 万元。

经济责任审计 根据区委组织部门的委托，对 18 名处级领导干部进行经济责任审计，延伸审计 14 个下属单位。发现并及时纠正部分单位存在漏缴税金、资金管理不规范、大额付现等问题。

企业审计 根据区国资委的委托对天津市丽泽供排水服务有限公司等 8 个国有企业，开展资产负债损益情况的审计。

交办事项 完成 4 项，审计 9 个单位。涉及还迁农民住宅、医院提升改造、学校建设等投资建设项目竣工决算审计，以及部门单位预算执行和资产负债损益情况审计。查处超概算 3.1 亿元，变更合同未经审批 1.4 亿元，核减工程造价，减少财政支出 2000 多万元。促进有关单位修订制度 3 项。

内部审计 组织召开全区内部审计工作会议，扩大内部审计工作影响，促进内审工作的开展。加强业务指导和监督，对 15 个内部审计项目答复了咨询，促进了内部审计工作质量的提高，服务了部门的发展。（撰稿人：马忠魁）

【西青区审计局】 2009 年，西青区审计局人员编制 29 人，在编 27 人。副局长管兴桥（主持工作），副局长张建、魏奎成。设有办公室、法制科、行政事业审计科、财政金融审计科、经济责任审计科、固定资产投资审计科、内部审计指导科。

审计成果 完成审计项目 39 个，查出违规金额 12633 万元，减少财政拨款或补贴 738 万元，调账处理金额 11848 万元。提交审计报告 56 份，提出审计意见建议 118 条，被区领导批示 10 份；提交审计信息 127 篇，被采用 207 篇次。

财政审计 对区财政局财政支付中心、政府采购中心等进行审计，重点审计财政政策执行、大宗专项资金和与农民群众关系密切的民计民生资金。下达审计决定 1 份，出具审计报告 1 份，区领导高度重视并作出了批示。审计工作报告得到区人大常委会的充分肯定。

经济责任审计 根据区委组织部门的委托，对区物价局、区环保局、西青大寺镇等 16 个单位的领导干部进行经济责任审计，出具审计报告 16 份，提出审计建议 70 条，下达审计决定书 5 份，被区领导批示 2 份。

固定资产投资审计 完成对农村饮用水安全管网入户改造工程、津港运河综合治理工程、王稳庄中学体育场地工程等 5 项审计，出具审计报告 5 份，下达审计决定 4 份，核减财政拨款 738 万元。

审计调查 完成工会系统审计调查、行政事业单位往来款审计调查、融资平台运行审计调查共 8 项，涉及被审计单位 64 户，出具审计报告 8 份，提交审计专报 4 份，区领导批示审计专报 2 份。

交办委托审计 完成领导交办和其他部门委托项目 9 个，出具审计报告 26 份，提出审计建议 20 条，为领导决策提供依据。

内部审计 制订了《西青区 2009 年内部审计工作意见》和《西青区 2010—2012 年内部审计工作规划》；对 9 个街镇和 17 个委局内审人员和财会人员培训 2 次 260 余人，配合区纪委对 3 个街镇下属 6 个部门及区教育局机关、区水利局下属 3 个单位进行了专项审计调查。（撰稿人：王洪梅）

【津南区审计局】 2009 年，津南区审计局人员编制 35 人，在编 31 人。局长魏瑞荣，副局长莒和通。设有办公室、法规科、经济责任审计科、行政事业审计科、财政金融审计科、工商基建审计科、内部审计指导科。

审计成果 完成审计项目 32 个，查出违规金额 94 万元，其中应上缴财政 64 万元；已上缴财政 64 万元，减少财政拨款或补贴 3 万元，归还原渠道资金 61 万元，调账处理金额 5920 元。提交审计报告、信息 87 篇，被采用 84 篇。

财政审计 审计 9 个单位，查出违规金额 8 万元，上缴财政 8 万元，减少财政拨款或补贴 2 万元，归还原渠道资金 60 万元。

行政事业审计 对区委、区人大、区政府、区政协、区纪委5个单位进行审计。

固定资产投资审计 审计5个单位，查出违规金额5万元。

经济责任审计 根据区委组织部门的委托，对9名处级领导干部进行经济责任审计，查出违规金额81万元，上缴财政55万元，归还原渠道资金1万元，已调账处理343万元。

专项资金审计（调查） 对红十字会、慈善协会救灾物资、款项进行专项审计，对示范型文明生态村建设资金管理使用情况、政府融资平台公司运作情况开展专项审计调查。

（撰稿人：王凤海）

【北辰区审计局】 2009年，北辰区审计局人员编制36人，在编35人。局长刘志光（—2月）、魏贺明（10月—），副局长祁惠红、孙守成。设有办公室、财政审计科、行政事业审计科、固定资产投资审计科、企业审计科、法制综合科、经济责任审计科、内部审计指导科。

审计成果 完成审计项目42个。完成领导交办的基建预、结算审计59项。完成其他交办事项6项。查出违规金额1070万元，其中应上缴财政37万元。查出管理不规范金额111749万元。核减工程预、结算造价2904.50万元。协助被审计单位纠正违规及管理不规范金额9834.41万元。提交审计结果报告、审计信息、宣传稿件157篇，被采批75篇次。

财政审计 涉及一级预算单位34个，延伸审计单位200余个。审计区财政预算执行情况，固定资产投资项目预、结（决）算情况；对镇级财政进行审计，涉及全区9个镇，主要发现欠收镇办企业改制资金、预算编制不够合理和细化等问题。

固定资产投资审计 完成京津公路建筑立面整修、丰产河改造等59项重点工程项目的预、结（决）算审计，审计资金量60090.78万元，核减工程造价2904.50万元。

专项资金审计（调查） 完成教育专项资金、科技三项经费、设施农业专项资金、旧楼区改造资金、农业综合开发项目资金、残疾人就业保障金、科技园区环东拓展区道路排水工程资金、各镇工业园建设、区政府融资平台公司运作情况等9项审计调查及房管局等单位的专项资金审计，共涉及资金主管部门13个，延伸审计47个基层用款单位，审计各类专项资金681273.73万元。揭示了残疾人就业保障金支出无预算、部分工程建设期较长等8个方面的问题，提出完善管理、提高资金使用效益的建议14条，得到了区领导及有关单位的充分肯定并予以采纳。根据审计意见，区政府制定了《北辰区关于促进残疾人事业发展的实施意见》。

经济责任审计 将常规性审计与领导干部任期经济责任审计有机结合，完成经济责任审计项目26项（其中离任8项，任中18项），涉及领导干部37人。查出违规及管理不规范金额5322.82万元，其中：被审计领导干部负有直接责任543.49万元，负有主管责任4779.33万元。出具审计报告26份。

内部审计 组织内部审计人员开展内部控制管理培训，组织内部审计部门进行经验交流、理论研讨，协助区卫生局、区教育局、大张庄镇的内审部门开展审计项目，发挥了对内部审计的监督指导作用。

（撰稿人：轧宗淑）

【武清区审计局】 2009年，武清区审计局人员编制33人，在编33人。局长雷永良，副书记王全跃，副局长谢万俊、张亚东。设有综合法制科、行政事业科、财政金融科、经济责任审计科、固定资产投资科、企业科、办公室。

审计成果 完成审计项目24个，查出违规金额241万元，其中应上缴财政156万元，应调账处理金额43万元；已上缴财政156万元，已调账处理金额43万元。提交审计报告、信息63篇，被采用15篇。

预算执行审计 对本级预算执行和其他财政收支情况进行审计，查出违规金额198万元，管理不规范金额1558万元，提交的审计报告得到了区人大的充分肯定。区政府运用同级财政审计结果，进一步规范财政行为，建立健全管理制度，完善了“收支两条线”和政府采购管理办法，加快了构建公共财政框架的进程。

行政事业审计 审计单位4个，查出管理不规范金额944万元，提出审计意见和建议12条。

经济责任审计 根据区委组织部门的委托，对18名处级领导干部进行经济责任审计。查出管理不规范金额685万元，查出专项款收入未作专项管理等问题。提出审计意见和建议31条，督促有关单位制定完善相关的内控制度，为组织部门开展干部评议和任免工作提供依据。

固定资产投资审计 开展建设项目投资审计2个，查出管理不规范金额220万元。

专项资金审计（调查） 紧紧围绕区委、区政府工作重点，开展专项资金审计与审计调查。审计调查单位8个，查出管理不规范金额337万元，针对发现的问题，提出审计意见和建议10条。

（撰稿人：付立新）

【宝坻区审计局】 2009年，宝坻区审计局人员编制35人，在编34人。局长王玉兰（—12月）、杨有生（12月—），副局长黄守福、郭杰、陈建波。设有财政金融审计科、行政事业审计科、经济责任审计科、基本建设审计科、企业审计科、法制综合科、办公室。

审计成果 完成审计项目24个，查出违规金额47986万元，已上缴财政5369万元，归还原渠道资金26737万元，调账处理金额1534万元。提交审计工作报告、信息126篇，被采用122篇。完成上级机关和区领导交办的13项审计任务。

预算执行审计 涉及部门和单位30个，共审计资金47亿元，查出违规金额40596万元。根据审计结果，提出规范预算管理和财政分配秩序、促进财政管理体制改革等6条审计建议，提升了预算执行审计的宏观效果。

经济责任审计 根据区委组织部门的委托，对16名领导干部进行经济责任审计，其中任中审计9名。查出违规金额1764万元，提出审计建议18条全部被采纳。

固定资产投资审计 完成九园污水处理厂的竣工决算审计项目，主要发现工程竣工后没有及时编制财务决算、缺少验收手续、擅自降低建设规模等问题。提出改进建议，规范政府投资秩序，发挥审计的建设性作用。

专项资金审计（调查） 安排设施农业补助资金、政府性贷款资金、绿化工程资金等效益审计和审计调查项目5个，涉及110多个部门单位，确保资金的安全管理和有效使用。

内部审计 开展经济责任审计、财务收支审计、经济效益审计、基建审计和审计调查，涉及79个单位，查出并纠正违规金额243万元，促进增收节支130万元，提出审计建议并采纳57条。

（撰稿人：陈　亮）

【蓟县审计局】 2009年，蓟县审计局人员编制33人，在编33人。局长黄长山，副局长张士海、邹双谊。设有办公室、法制综合科、行政事业科、财政金融科、企业审计科、农业资金科、基建审计科、经济责任审计科。

审计成果 完成审计项目52个，查出违规金额3451万元，其中应上缴财政492万元，应归还原渠道资金28万元，应调账处理金额161万元；已上缴财政492万元，已归还原渠道资金28万元，已调账处理金额161万元。提交审计工作报告、信息52篇，被采用19篇。

财政审计 在本级财政审计中查出应缴未缴预算资金、应纳入预算收支的财政资金未纳入预算、向非预算单位拨款、应拨未拨专项资金、预算单位未全面实行政府采购、部分单位超范围、超标准收费等违规问题。对应缴未缴预算资金452.95万元、应拨未拨专项资金1832.91万元等问题依法下达了审计决定，并向县人大常委会提交了审计查处问题整改情况的专题报告。审计查出的问题得到全面整改。对5个部门预算执行情况进行审计，查出开支手续不完备、挤占专项资金等违反财经法规问题金额21万元和超限额支出现金、应拨未及时下拨专项资金等管理不规范问题。对22个乡镇财政财务收支情况进行审计，查出一些乡镇公款私存、应拨未及时下拨专项资金、列支不合规票据等违反财经法规金额457万元。

固定资产投资审计 对30项重点基建工程预算进行审核，工程预算总额11197万元，在有关部门压缩预算20%的基础上，审计核减3056万元，核减率27%。

行政事业审计 对10个行政事业单位财务收支情况进行审计，规范财务收支，促进依法行政。

企业审计 对3家企业进行资产负债损益审计，核实企业经营情况，探讨加强管理、节支增效的方法措施，从审计监督的角度查处对企业

“三乱”的行为，为企业持续发展壮大服务。

经济责任审计　根据县委组织部门的委托，对10个单位21名主要领导开展经济责任审计，查出违规金额615万元。召开经济责任审计联席会议，对审计情况进行研究处理。

专项审计与审计调查　对县房管系统经营情况、土地复垦费管理使用情况、有关部门涉及房地产开发企业收费情况、县卫生系统部分医院经营情况、政府融资平台公司运行情况、公益性岗位补贴和失业保险金管理情况、新农村建设资金管理使用情况等开展审计调查，摸清有关情况，分析存在问题，提出整改完善的具体意见、建议。得到县领导及主管部门的认可和好评，有关部门按照审计建议制定完善有关资金管理制度9项。

（撰稿人：刘建春）

【宁河县审计局】　2009年，宁河县审计局人员编制34人，在编32人。局长刘景琪，党组书记兰铁春，副局长高宝玺（—3月）、周春芬、马如红（—10月）。设有办公室、综合科、行政事业审计科、企业审计科、财政审计科、金融基建审计科、经济责任审计科、内部审计指导科。

审计成果　审计单位42个，查出违规金额212万元，其中应上缴财政212万元，已上缴212万元，管理不规范金额71937万元。上报审计信息78篇，被采用74篇次。

预算执行审计　完成7个单位的预算执行审计，查出违规及管理不规范金额5678万元，其中应上缴财政212万元，管理不规范5466万元。提出审计建议，要求有关单位建立健全预算管理和财政收支、财务收支管理制度，规范收支行为，堵塞漏洞，提高效益。预算执行审计工作报告得到县人大的充分肯定。

经济责任审计　根据县委组织部门的委托，开展对县统计局等20个单位20名领导干部的经济责任审计，查出管理不规范金额1860万元。依法作出审计处理，并提出审计意见及建议，积极敦促被审计单位整改，完善内部控制，加强财务管理。

固定资产投资审计　对有国家投资的县医院住院大楼、县水务局污水处理厂两个重大项目进行跟踪审计，发现项目建设程序、财务管理方面的问题。与县纪委联合制定《宁河县关于对重点工程、重大项目进行审计监察的实施意见》，对审计监察重点工程、重大项目的指导思想和工作目标、范围和内容、组织领导及职责分工、时间和方法及要求均作明确规定，该实施意见已于5月份以县政府的名义发布并实施。

专项资金审计（调查）　组织了高中教育经费、社会抚养费、绿化造林资金、再就业资金、家电下乡财政补贴资金等专项审计和审计调查。重点检查资金管理和政策执行情况，关注资金使用效益和政策执行效果。揭露政策执行存在的随意性、主管部门监督管理不严格、部分收入应缴未缴财政、票据使用不规范、业务手续不健全等问题。提出审计建议11条，全部被有关部门或单位采纳。专项资金审计（调查）报告得到有关县领导批示。

（撰稿人：杨玉涛）

【静海县审计局】　2009年，静海县审计局人员编制34人，在编34人。局长刘印新，副局长孔繁明、陈军，纪检组长魏立军。设有办公室、综合法制科、财政金融审计科、行政事业审计科、投资审计科、经济责任审计科、农业与资源环境审计科、企业审计科。

审计成果　审计和调查34个单位。完成县领导交办的村（街）财务审计77个。审计查出违规金额12409万元，管理不规范金额61998万元，应调账处理金额261万元，归还原渠道资金206万元，应上缴财政8751万元，已上缴财资8749万元。查处百万元以上违规单位1个。提出审计建议58条，经采纳落实促进财政增收节支8955万元。向市县等领导部门提交审计信息78篇，被市批示采用137篇次。

财政审计　审计单位14个，审计各类财政资金251790万元。审计查出并纠正行政事业性收费收入未纳入预算管理、出让土地政府纯收益未纳入预算管理、少提取农业土地开发资金、未按规定提取失地农民风险准备金、账外资产、应税收入未依法纳税等问题金额20430万元。县政府领导对审计发现的问题非常重视，要求各被审计单位针对问题制定措施进行整改，有关职能部门起草制定《静海县城乡公路管理规定》《关于进一步规范静海县国有资产处置程序的通知》，进一步规范全县财政财务管理工作，审计决定落实率达

95%以上。县人大常委会对预算执行审计工作给予高度评价。

经济责任审计 受区委组织部门委托对12个单位、11位主要领导三年来任期经济责任情况进行审计。发现并纠正应税收入欠缴相关税费、账外资产、挤占挪用拥军优属资金、虚开发票、会计出纳一人兼任等问题，涉及金额247万元。

专项资金审计（调查） 完成市政道路建设资金、下岗再就业资金、农村饮用水安全管网改造资金等5项审计调查，揭示部分建设项目建设程序欠规范、垫资承包，县乡匹配资金不到位，主管部门对公益性公司监管不严，公益性岗位工资补贴未按规定设立银行专户发放、对“4050”人员的管理松散等问题。向县政府和有关部门提出改进管理建议，得到有关部门领导的高度重视。

交办审计事项 配合县纪检、检察机关对群体上访相对集中的村（街）组织和村集体经济组织财务收支情况进行审查，查出重大问题线索，退还侵占、贪污的集体财产12万余元，解决一些农村财务问题，缓解了干群矛盾，促进农村稳定；对9个乡镇65个村街的财务收支和管理情况进行审查，查处并移送村干部违法侵占集体财产案件一起，通过审计，促进完善村街组织民主理财、财务公开、两委定期议事、财务审批等相关制度的落实；对94个村街组织活动场所建设资金、城投公司贷款资金使用、使用国债资金建设项目、家电、汽车、摩托车财政补贴资金跟踪检查，促进完善账目设置、票据管理、贷融资金动态管理、家电资金兑付等相关制度和措施的落实；进行“小金库”专项治理检查，涉及行政事业单位20个；对抗震救灾款物进行后续跟踪检查。

内部审计 内部审计机构82个，配备内部审计人员169人。举办内部审计培训班，培训内审人员169名。完成审计及调查项目172个，审计查出并纠正损失浪费资金12万元，促进增收节支127万元，建立和完善单位内部规章45项，发现大案要案线索1件。 （撰稿人：王文凯）

【经济技术开发区审计局】 2009年，经济技术开发区审计局人员编制25人，在编25人。局长邢宝钧，副局长戴树棠、秦健。设有审计一科、审计二科、审计三科、审计四科和办公室。

审计成果 共开展6类项目审计，涉及30个单位。其中财政预算执行审计1个，行政事业单位审计1个，投资项目审计14个，经济责任审计2个，专项审计调查12个。查出违规金额187万元，管理不规范金额12115万元，核减基建工程投资额2100万元，为国家减少损失330万元。提出审计意见和建议25条，提交各类审计报告10份，各类审计信息85篇。

财政审计 关注土地出让金收缴、财政性融资平台、政策性财政补贴制度执行和管理情况。关注政府融资和政府性负债风险及偿债能力，揭示财政风险。关注政府投资建设项目资金、资产管理的安全和效益。提出了健全土地出让金收缴管理制度，健全罚没收入的收缴管理程序的具体意见，并提出了应统筹考虑区域财力、合理区分融资资金与预算资金支出范围、加大建设项目资金监管力度的建议。

固定资产投资审计 审计14个项目，占全年审计项目的50%以上，审减工程造价2100万元。同时，按照天津市“两委四局”及滨海新区纪委要求，完成对开发区政府投资的20项重点建设项目的督查工作。开展西区南大街、北大街、夏青路下穿蓟港铁路三个地道工程等10个跟踪审计项目和西区外排水工程、中北组团大运载火箭工程、自来水管线路填土工程等结算审计项目，以及30余项简易程序审计；完成东区垃圾压缩转运站、泰达医院、科技发展中心一期等重点审计项目。派出审计人员进驻南港工业区，对其建设资金进行跟踪审计。

经济责任审计 根据组织部门的委托，对2名领导干部进行经济责任审计。在财务收支审计基础上，突出对被审计单位管理制度、财政资金使用效益情况的审计，关注政府投资建设项目资金及设备购置使用和管理情况，查出管理不规范金额11824万元，注重从制度层面查找问题，分析原因和提出建议。

专项资金审计（调查） 开展开发区政府负债情况、南港工业区开发建设情况、开发区医疗卫生系统情况、政府融资平台公司运作情况等调查项目，为开发区合理调整政府负债结构、推进南港工业区开发建设与规范化管理、加快医疗卫生体制改革、加强政府融资平台公司管理等方面提供政策参考依据。审计调查得到管委会领导的肯定和重视，要求相关部门按照审计建议做好研究工作。继续对汶川地震救灾资金和物资的筹集、拨付和管理情况开展分阶段全程跟踪审计，审计结果表明，开发区救灾款物筹集、拨付和运作规范有序，社会效果良好。对 6 家行政事业单位开展“小金库”专项治理检查。对原开发区质监站账外资金问题进行专项审计调查，查出账外资金 61 万元，依法提出审计处理意见。

（撰稿人：李　萌）

2009 年天津市所辖区、县级审计工作统计表

金额单位：万元

审计机关	完成审计项目(个)	查出违规金额	应上缴财政	应减少财政拨款或补贴	应归还原渠道资金	应调账处理金额	移送司法、纪检部门处理事项(件)	建议有关部门处理(件)	出具审计报告和审计调查报告(篇)	提出审计建议(条)	撰写审计信息(篇)
天津市											
天津市本级											
和平区审计局	18	404	404						18	19	22
河东区审计局	35	2921	839		37	20			34	41	117
河西区审计局	16								16	22	134
南开区审计局	32	339							32	26	15
河北区审计局	20	190.2							20	51	397
红桥区审计局	31	36	36			1999.8			31	39	36
塘沽区审计局	24	10							24	57	101
汉沽区审计局	63	1753	1753						63	38	71
大港区审计局	22	8549	9	190					24	31	14
东丽区审计局	7	2246	1499		182	565	1		25	28	160
西青区审计局	39	12633		738		11848			56	118	127
津南区审计局	32	94	64	3	61	5920		1	34	921	53
北辰区审计局	42	1070	37						40	66	90
武清区审计局	24	241	156			43			33	60	30
宝坻区审计局	24	47986	13907		26737	1534			24	59	102
蓟县审计局	52	3451	492		28	161			52		
宁河县审计局	39	212	212						42	33	78
静海县审计局	34	12409	8751		206	261	1		35	58	78
开发区审计局	17	187							10	25	85

河北省

【河北省审计厅】　2009 年，河北省审计厅人员编制 154 人，在编 148 人。设有办公室、机关党委、监察室、法规处、人事处、离退休干部处、经济责任审计处、财政审计处、金融审计处、行政事业审计处、社保审计处、投资审计处、农业与资源环保审计处、外资审计处、企业审计处、经济执法派出审计处、农林水派出审计处、科教派出审计处、文体卫派出审计处、贸易交通派出审计处、发展建设派出审计处、计算机审计中心、教育中心、招待所。

厅　　长：葛梦彬

副 厅 长：吴兵冲、李树森、王　克

总审计师：马建平

纪检组长（监察专员）：赵　颖

巡 视 员：焦世谦

副巡视员：段　宁

审计成果　全省各级审计机关紧紧围绕全省经济工作中心，全面贯彻落实科学发展观，着力推动保增长、保民生、保稳定，共审计和调查 3805 个单位，查出违规金额 129.5 亿元，损失浪费金额 4431 万元，促进国家增收节支 33.6 亿元，向司法、纪检监察机关移送案件线索和事项 50 件，涉案 60 余人。提出审计建议并被采纳 4920 条，提交审计专题、综合性报告和信息简报并被批示采用 3337 篇，审计成果越来越多地得到各级领导的重视，被各级政府和部门转化利用，为经济平稳较快发展起到促进作用。

财政审计　共审计预算执行单位 1043 个，查出违规金额 69 亿元；省审计厅连续三年统一组织开展全省地税系统预算执行和税收征管审计。各级审计机关加大审计范围及延伸审计力度，省本级预算执行审计 19 个部门，对 95 个二、三级预算单位进行延伸审计。同时，审计机关加大了对审计整改的跟踪检查力度，省审计厅建立了审计决定落实责任制、审计决定执行情况通报制，2009 年预算执行审计整改率近 100%。

经济责任审计　全省经济责任审计工作不断深化，对 897 名经济责任人进行审计。全省 11 个市均设立了经济责任审计专职机构，176 个县中有 126 个县级审计机关设立了专职机构，占 72%，同时试行《河北省党政领导干部经济责任审计评价办法》，统一标准，使审计评价更加客观公正。省本级开展 3 名市长、7 名厅局长和 3 个大型企业原主要领导人的经济责任审计。在审计中，针对一些领导干部管理能力不高、依法行政意识淡薄、财经法规知识欠缺等问题，提出审计建议。加大与相关部门的协调配合机制，完善联席会议制度、诫勉谈话制度、审计回访制度，积极推动建立经济责任审计结果问责制、责任追究制等经济责任审计结果运用制度，使审计结果真正在干部考核、评价、选拔、任用中发挥作用。

金融审计　对部分地方商业银行、省信息产业投资有限公司进行审计，突出绩效分析，提出建议并被采纳，提升了审计监督层次和水平。统一组织 6 个市对财达证券公司及部分营业部进行审计，这次审计实现全过程运用计算机进行审计，采取“总体分析、发现疑点、分散核查、系统研究”的方式，由省审计厅统一转换数据，集中对审计数据进行分析，发现线索后下发各审计组核查，加强了省厅督导力度，使审计效率更高，监督力度更大。

专项资金审计　组织省、市、县三级审计机关，对社会保险基金、廉租住房保障资金、农业综合开发项目、土地开发整理项目和大型公益性建设项目 5 类重点专项资金进行审计。此次审计，政策性强，资金量大，涉及领域多，各地审计机关采取直审、上审下、交叉审或混合编组、同级审等多种方式进行，投入审计人员一千余人，审计涉及部门单位 1626 个，审计资金总额 418.4 亿元，审计资金覆盖率为 96.5%，针对审计建议，省政府高度重视，要求进行整改，省长批示有关部门要认真抓好落实。

企业审计　采取“省厅直审，省市联合，先行试点，分期分批”的组织形式，对全省烟草行业进行审计，在重点关注违法违规、国有资产流失、重大决策失误等问题的同时，注意揭示高利润、垄断性企业体制、制度上的问题。除审计报告外，还撰写分析建议报告，为政府宏观决策服务，确保国有资产安全，发挥审计建设性作用。

固定资产投资审计 2009年，全省围绕中央扩大内需促进经济增长政策，固定资产投资突破万亿元大关，省审计厅及时调整全省审计项目，重点关注宏观调控政策落实到位情况，加大对新增投资项目和重点建设项目的跟踪审计力度，同时对一些重特大项目实行全过程跟踪审计，确保资金使用的合规、合法、安全和有效。全年共审计建设项目256个，审计投资总额207.8亿元，核减投资额5.57亿元，促进了投资领域稳步健康发展。连续开展青银、沿海等高速公路工程项目、秦皇岛奥体中心工程、省博物馆扩建工程等大型公益性建设项目的跟踪审计；唐山对全市五百多个财政投资建设项目进行审计调研，为政府宏观决策提供依据；省审计厅先后组织派出12个审计组，对四川平武县灾后恢复重建资金和援建项目实行“全过程跟踪、全覆盖审计”，及时发现问题，把问题解决在建设过程中，充分发挥审计的时效性，保证了援建资金的使用效益，审计署刘家义审计长对此做法给予高度赞扬；随着《河北省国家建设项目审计条例》的实施，各级审计机关加快投资审计立法进程，衡水、秦皇岛等市陆续出台、完善政府投资项目审计监督办法。

法制化及制度化建设 一是省政府及省人大分别颁布实施《河北省内部审计工作的规定》和《河北省国家建设项目审计条例》。二是厅本级制定《审计业务行为规范》《审计方案重点内容统一规范》《审计干部岗位手册》等一系列规范性工作机制，明确责任范围。三是转发《审计署审计项目质量责任追究办法》，要求全省审计机关与《河北省审计机关错案和执法过错责任追究暂行办法》一并执行，健全审计机关内部经常性的层级监督机制。四是建立审计外部执法联动机制，与省检察院联合下发《关于审计机关与检察院加强协作配合的几点意见》，发挥审计在惩治腐败、加强廉政建设方面的作用。

审计管理 通过强化审计项目管理，加大对基层审计机关领导班子和干部队伍的管理力度，形成上下联动机制，增强系统凝聚力和战斗力。一是实施授权审计项目。向各市授权了22个审计项目，厅机关相关业务处室为授权项目的责任人，负责业务指导和跟踪检查，确保审计质量。二是实施直审项目。省审计厅对兴隆县、卢龙县和永年县的财政资金收支情况进行审计，树立了审计权威和客观公正的执法形象。三是加强项目质量监管。下发审计项目质量检查实施方案，通过质量检查，评选出优秀审计项目，在全系统进行展示和推广；对检查中发现的有明显质量问题的项目，重新组织复审，发现问题，进行责任追究。

信息化建设 一是进行“金审工程”二期建设，建立了全省审计业务联网监督管理系统，实现对11个市审计业务的管理，对所有审计现场进行实时指导和监控，提高了管理水平。二是建立审计专网网站，实现厅本级公文和办公会议的无纸化。三是在审计署AO实例评审中，上报的38篇论文有32篇获奖，名列前茅。

对外宣传 审计署官方网站、《中国审计报》、《中国审计》杂志、《河北日报》等主要媒体刊发稿件351篇，同比增加43%，平均每天在审计署的主要媒体都能看到反映河北省审计的做法；省审计厅官方网站共刊发稿件六千余篇，同比增加48%，平均每个工作日发稿27篇，其中“近日要闻”栏目1500篇全部被省政府官方网站转载，扩大了审计影响。 （撰稿人：刘　颖）

【石家庄市审计局】 2009年，石家庄市审计局人员编制133人，在编133人。局长杨英波（—10月）、齐惠明（10月—），副局长曹书辰、李景海、张家亮、李国辉、李士宗、郭平均、张建国，纪检组长牛胜辰。设有办公室、人事处、财政处、金融处、行政事业处、农业处、经贸处、外资处、社保处、投资处、法规处、机关党委、监察室、计算机信息中心；另设正县级开发区审计分局、副县级经济责任审计分局、培训中心和驻国资委、商务局、建设局特派办。

审计成果 石家庄市审计机关共完成审计项目538个，查出违规金额222910万元，损失浪费金额2965万元，管理不规范金额338810万元，上缴财政41902万元，向有关部门移送案件线索5起。先后获得省市文明单位、依法行政、“五五”普法、新农村建设等先进单位荣誉称号。12月28日，石家庄市审计局被人力资源和社会保障部、审计署联合授予“全国审计系统先进集体”

荣誉称号，齐惠明局长出席表彰大会，并受到温家宝总理亲切接见；连续两届获此殊荣，市委书记和市长都表示祝贺，市政府予以奖励；市审计局开展的无极县财政决算审计，被评为全国表彰审计项目。

财政审计 全市以预算执行审计为龙头，以提高财政运行质量和资金使用效益，促进财政改革、严肃财经法纪为切入点，完成71个单位预算执行审计和59个单位财政决算审计，共查出问题金额20.01亿元。市审计局代政府向市人大常委会所作的市本级预算执行审计工作报告和审计整改工作报告，均得到与会委员的赞同，市人大副主任作出批示予以肯定；同时，市人大还专程到市审计局、辛集市、高邑县视察预算执行审计工作，认为审计部门在发挥审计职能、提升审计质量、加大整改力度、推行绩效审计方面，取得了成效。经过市人大常委会的审议和满意度测评，测评结果为满意。市审计局在高邑县财政决算审计中，将销毁凭证、拒绝检查的某单位会计，移交有关部门进行处理。

固定资产投资审计 随着本市“三年大变样”和中央新增投资项目的全面展开，全市审计机关及时调整工作重点，加大对新增投资项目和重点建设工程的跟踪审计力度，共完成投资审计项目31个，核减投资款9723万元，挽回损失4803万元。市审计局积极配合市人大，完成《石家庄市国家建设项目审计条例》的立法任务，这对规范全市投资建设领域具有重要意义。按照市政府安排，选派人员赴四川平武援建工程现场，进行审计调查，提出有针对性的审计建议，得到市长和副市长的批示。11月份又抽调3名审计骨干常驻平武县龙安镇工程现场，对本市援助的恢复重建工程项目，实施全过程跟踪、全覆盖审计。

经济责任审计 全市共对140个单位的145名经济责任人进行审计，查出违规金额1.66亿元，管理不规范金额3.46亿元，市审计局通过经济责任审计，移交案件线索3起。经济责任审计在查出问题的基础上，建立了审后谈话和审计回访制度，审计整改效果得到明显改善。市主要领导多次对审计结果报告作出批示。与市委组织部结成联合工作组，对以前完成的经济责任审计项目进行回访，纠正违纪金额987万元，收缴财政95万元。对部分落实审计决定不彻底、审计整改不到位的单位进行批评，责令补课整改，维护了审计权威。

专项资金审计 全市审计机关开展社保五项基金、农业综合开发、土地开发整理、大型公益性建设项目等重点专项资金审计。共抽调178名审计人员，组成67个审计小组，分别走访了156个乡镇、729个行政村、5513户村民，审计专项资金总额36.08亿元；市审计局开展教育、医疗、环境保护、“三年大变样”建设等35类市级专项资金审计，资金量达2.5亿元。通过对上述专项资金的审计，查出配套资金不到位、财政资金拨付不及时、虚报冒领、虚列支出、挤占挪用等问题，及时纠正管理使用中存在的问题，规范全市专项资金管理。（撰稿人：周雨秀）

【张家口市审计局】 2009年，张家口市审计局人员编制56人，在编72人。局长班勇，副局长宇清光、李家富、胡学渊，总审计师孙维跃，纪检组长林平。设有办公室、党委办公室、人事科、监察室、法规科、老干部科、财政审计科、企业审计科、固定资产投资审计科、农业与资源环保审计科、行政事业审计科、金融审计科、社会保障审计科、经济责任审计科。

审计成果 张家口市审计机关完成审计项目538个，查出违规金额129596万元，纠正管理不规范金额68955万元。提交审计工作报告、信息502篇，被采用30篇。

财政审计 对市本级15个单位2008年度预算执行及其他财政财务收支情况进行审计；对2008年度6个县（区）财政收支决算及税收征收管理情况进行审计，并开展全市地税系统预算执行及税收征收管理情况审计。

金融审计 实施河北财达证券张家口明德南街营业部2008年度资产、负债、损益情况审计；对市商业银行桥东支行进行资产质量状况审计调查，对2008年度损益真实性进行审计。

行政事业审计 为促进解决群众“看病贵”问题，服务全市医疗体制改革，按照省审计厅统一安排，对河北北方学院附属第一医院药品加价及医疗收费情况进行审计，该项目被省审计厅评为表彰审计项目。

固定资产投资审计　对市清水河水环境治理三期工程项目管理和资金管理情况、高新区中心写字楼项目竣工决算、张石高速公路三期项目开工、丹拉高速公路财务管理、收支、运营等工程进行审计。出台《关于贯彻〈河北省国家建设项目审计条例〉的通知》和《张家口市国家建设项目跟踪审计实施办法》两个规范性文件。全市共审计政府投资建设项目 79 个，审计投资总额 1096144.89 万元，审减工程额 14786.69 万元。

企业审计　完成省审计厅授权的冀中能源张家口矿业集团 2008 年度财务收支项目，对全市未核实收费年限的收费站收费还贷及财务收支情况进行审计。

经济责任审计　全市共完成 138 个单位领导干部的经济责任审计，查处纠正违规金额 2750 万元。

专项资金审计　对全市 2008 年度企业职工养老保险基金，城镇职工医疗、失业、生育、工伤保险五项社保基金，2006 年至 2008 年度农业综合开发，2007 年至 2008 年度土地开发整理，大型公益性项目 4 类专项资金的管理使用情况进行审计。审计相关部门、单位 187 个，督促资金到位 1308 万元。　（撰稿人：刘　广）

【承德市审计局】　2009 年，承德市审计局人员编制 57 人，在编 60 人。局长王振廷，副局长王艳云（—5 月）、王允昌、周晓燕，总审计师王晶凤，纪检组长君慧。设有办公室、法制科、纪检监察办公室、老干部科、财金审计科、农业与外资审计科、经贸审计科、固定资产投资审计科、社会保障审计科、行政事业审计科、经济责任审计办公室和计算机审计办公室，另设培训中心（属自收自支事业单位）。

审计成果　全市审计机关共审计单位 183 个，查出违规金额 51101 万元，管理不规范金额 75128 万元，审计发现侵害人民利益全额 204 万元，应上缴财政 41558 万元，应归还原渠道资金 5847 万元，应调账处理金额 36701 万元。移送司法、纪检监察机关处理事项 1 件。提出审计建议 220 条，被采纳 184 条，提交审计专题综合性报告和信息简报 348 篇，被批示采用 170 条。全市有 3 个审计项目荣获河北省审计厅表彰项目。

财政审计　开展市本级预算执行情况审计和宽城县、双桥区等两个县（区）的决算审计，预算执行审计共完成 62 个单位的延伸审计，查出应缴未缴预算收入、乱收费、乱摊派、应收款长期挂账、固定资产核算不规范等各类违规问题。并依据法律法规提出具体的处理意见，要求被审单位按照审计意见，制定相应的整改措施。在对财政预算执行审计中，侧重对财政局所属企事业单位的经营效益进行审计，指出部分单位经营亏损、历史遗留的坏死资产多、潜在包袱大、多数公司没有开展业务等的经营现状。预算执行审计共查出应缴未缴预算收入、调控财政收支、违规收费等各类违规问题和管理不规范金额 107337 万元。

经济责任审计　完成经济责任审计项目 111 个，查出违规金额 53483.1 万元，管理不规范金额 926 万元。开展了双滦区区长、围场县县长、营子区区长、承德县县长、化建办主任、市移民办主任等 4 名县（区）领导干部和 2 名政府部门领导干部的任中经济责任审计。查出政府财政收支不实、挤占挪用专项资金、扩大开支范围、欠缴省、市级收入、违法占用土地、乱收费、税收政策执行不到位等方面存在的问题，并向检察院移送了 1 项违纪案件，向市纪检监察部门移送 2 起案件。组织 22 名审计骨干对开滦集团有限公司董事长任期经济责任进行审计，查出企业少缴各项税金、费用 3000 多万元和国有资产流失、违规收费、超计划投资、擅自改变土地使用用途等违法违规问题。在开展经济责任审计业务工作的同时，更加注重总结经济责任审计工作成果和经验，撰写了《承德市审计局关于县处级领导干部经济责任审计情况的调查》，对市县处级领导干部在经济责任审计中存在问题的主客观原因进行剖析，提出逐步开展对县、区委书记经济责任审计和逐步引入问责机制强化经济责任审计约束作用等建议，还撰写了《关于全市村级干部经济责任审计试点工作情况的综合报告》，为经济责任审计的进一步拓展和延伸进行有益尝试。

固定资产投资审计　全年共完成投资审计项目 20 个，审计总金额 8.8 亿元，核减投资金额 9244 万元。按照市政府的安排部署，对社会关注程度高的迎水坝大桥项目进行竣工决算审计，除对工程造价进行重点审计外，还对该工程的建设程序履行、设计及建设方案的选用等管理方面的问题进行审计，发现建设程序不合规、建设单位把关不严等建设管理方面存在的问题，核减工程造价 984 万元。市第三医院新建传染病医院项目附属工程竣工决算总金额 820 万元，审计查出工程量不实、高套定额、多计取费等问题，核减工程造价 185 万元，审减率 22.5 %。承德民族师范高等专科学校大学园区项目原报决算 2.5 亿元，审计核减 3224 万元。市审计局还对承德市奥体中心、文庙恢复、承德行政学院迁建、棚户区回迁楼建设、政府行政中心迁建等项目实施跟踪审计，从建设项目施工队伍资格预审到招投标监控、初步核实每月实际完成工程量、记录现场变更，直至大宗材料的采购等一系列建设行为实行全程监督、事中监督，实现建设项目监督关口前移，有效地防止高估冒算，避免了损失浪费。市审计局就投资审计工作向市人大常委会作了专题报告，得到人大常委们的高度评价。

行政事业审计　完成新华书店、河北旅游职业学院、承德第一中学等单位的财务收支审计，查出部分单位专款支出程序不规范、无收费许可收取实习材料费、自习费、寒暑假补课费和无依据发放课时费、行政岗位津贴、辅导员津贴等违规问题。还对农村“普九”债务进行调查，审定债务金额 37750 万元。分析债务形成的原因主要是教育投入不足、教育费附加减免、政府负责国办学校建设投资不到位等三方面原因。审计提出加大农村基础教育投入力度、将“普九”债务纳入农村义务教育经费和控制新债形成三方面化解债务的建议。

企业审计　开展承德国投水泥有限公司破产清算组清算收支情况审计。追回市化建医国资办收取的违规资金 1.2 万元，对超标准开支作出审计处罚。责令未在账内反映的账外资产、拍卖竞买金、以物抵账、抵押贷款入账进行财务管理。对承德市皇宫饭店财务收支情况审计，摸清了饭店管理体制、财务收支规模和结构、资产管理状况、内部管理制度等基本情况，为改制提供依据。对承德山庄宾馆资产负债损益情况进行审计。

专项资金审计（调查）　按照省审计厅统一安排，完成承德县 2006～2008 年度农业综合开发资金、隆化县土地开发整理项目资金管理使用情况审计和全市企业养老保险基金、失业保险基金、工伤保险基金、生育保险基金、医疗保险基金等五项社保基金的审计。通过审计查出招投标和政府采购制度未全部落实、配套资金不到位、多计项目工程价款、超范围列支、发票不合规等违规违纪问题，依法进行了处理和纠正。查出社保基金收入方面的问题金额 665.49 万元，基金支出方面的问题金额 59.01 万元，被挤占挪用 1643.6 万元，并依据法律法规作出审计处理。完成全市抗震救灾捐赠资金物资来源、支出和结存情况审计调查，审计捐赠资金总额 7460.87 万元，未发现违规违纪问题。

交办事项　一是核减政府赔偿数额，为政府节约资金 3305.5 万元。承德翠兴房地产开发公司窝瓜园项目因规划变更而停建，相关部门及开发公司原报停建损失费 10852 万元，审计核减多报损失费 3022 万元，审减率达 28%；市正源房地产开发有限公司原报停建损失费 4795.9 万元，审计核减多报损失费 283.5 万元。二是对四大棚户区拆迁安置资金进行审计，共审核资金补偿卷宗 2775 份，审核货币资金补偿总额 4.52 亿元，查出不合理补偿资金 397 万元。三是根据《承德市人民政府关于对破产清算组进行审计检查的通知》要求，完成全市所有破产企业清算组的审计。对违规收费、虚列支出等问题进行规范。四是根据市政府安排，对承德市城市客运管理处 2003 年至 2008 年财政收支情况进行审计。发现该单位存在进人把关不严致使客运管理业务量与人员配置比例失调、人员超编严重、未执行“收支两条线”制度、滞留应上缴财政资金 117 万元、会计基础工作较差、财务管理混乱等问题。市建设局高度重视审计结果，及时组织客运处清理账目，并调整财会人员，为交接工作打下基础。五是完成市委安排的劳动人事、农业畜牧、房产建设、工业改制办等机构改革撤并部门的清产核资工作和 6 名职务变动领导干部的任期经济责任审计工作，保证部门的顺利交接和平稳过渡。六是按照市委的要求，配合市纪委和省审计厅完成了兴隆县决算审计和案件查处工作。　（撰稿人：曹艳红）

【秦皇岛市审计局】　2009 年，秦皇岛市审计局有在职干部职工69人。局长刘文杰，副局长王海堂、焦鹏利、徐联河、殷建兵，总审计师刘勇，纪检组长张桂琴。设有办公室、法制科、财政审计科、金融审计科、行政事业审计科、社会保障审计科、经贸审计科、外资审计科、固定资产投资审计科、经济责任审计科、党总支、监察室，另设有基本建设审计中心（直属事业单位）。

审计成果 全市共审计97个单位，查出各类违规违纪金额16174万元，管理不规范金额56619万元，已上缴财政14269万元。提交审计专题、综合性报告和信息简报98篇，被各级批示采用44篇。

财政审计 审计财税部门2个，延伸审计单位18家，共查处违规违纪金额2058万元，管理不规范金额9964.66万元。先后对市财政局所属的市契税征管所等5家独立核算单位进行审计，重点延伸审计市公用事业局、市环保局、市国有资产管理监督委员会、市水务局等有关单位。审计工作报告经市人大常委会审议认为：市审计局坚持突出重点、求真务实的工作方针，按照“保增长、扩内需、调结构、惠民生”的要求，树立科学审计理念，注重加大审计力度，创新审计模式，拓展审计深度和广度，并对审计中发现的问题依法进行了处理或提出处理意见，还注意加强了对上年度审计中查处问题整改情况的跟踪监督，较好地发挥了审计监督职能作用，对此应予以充分肯定。

专项资金审计 根据《市专项资金综合治理方案》，全市两级审计机关组成4个审计组，对全市2006年至2008年5个农业综合开发产业化经营项目、12个土地治理项目和全市2007～2008年的63个土地开发整理项目的资金投入、管理、使用情况进行就地审计。共查出资金拨付不及时，大额现金支付等问题金额1163万元，协助各级政府及有关部门对问题及时纠正整改。

固定资产投资审计 对市区海滨路、和平大街、东港路、河北大街、友谊路、西港路六条道路进行工程结算审计，审计合同总造价近亿元，在财政评审的基础上审减863万元，其中一条路审减率达25%，为政府节约大量资金。对大汤河两侧带状河岸绿化工程竣工结算进行就地审计。审计发现甲方供应材料未进行明细核算、漏缴施工营业税费19.6万元、多结算工程价款54万元等问题。

经济责任审计 全年共实施经济责任审计41项。重点关注财务收支的真实、合规性，重大投资、重大决策的决策程序及合规性，以及领导干部个人违反廉政规定及财经法纪问题。通过审计，共查出违纪违规金额5380万元，管理不规范金额20332万元。对去年审计决定的落实情况进行重点跟踪，收回资金2263万元并上缴财政，有效防止了国有资产流失。

社会保障审计 全年共完成对市本级城镇低保专项资金、企业养老保险基金等五项社会保障基金的审计。结合劳动部门、税务部门、财政部门相关数据，深入企事业单位进行大量调研，掌握了第一手资料。审计发现欠缴社会保险费、缴费单位少报缴费基数，少缴企业养老保险费、企业养老保险个人账户空账运转、失业保险基金大量闲置，没有充分发挥其使用效益等问题。通过审计，促使企业补缴社保金305万元，维护群众切身利益。

（撰稿人：王政鹏）

【唐山市审计局】 2009年，唐山市审计局人员编制97人，在编95人。局长阚友合，副局长李桐、崔明山、王素梅、李树平，纪检组长宋槐春（5月—）、刘树元（—5月）。设有办公室、法制处、经济责任审计室、固定资产投资审计处、行政事业审计处、农业与资源环保审计处、金融审计处、经贸外资审计处、社会保障审计处、财政审计处，另设机关党委、监察室，教育培训中心（局直属事业单位）。此外，设立高新技术产业园区、海港开发区、南堡开发区直属分局、驻曹妃甸工业区审计工作组。

审计成果 唐山市审计机关完成审计项目433个，查出违规金额405775万元，其中应上缴财政95312万元，应减少财政拨款或补贴981万元，应归还原渠道资金18252万元，应调账处理金额50515万元；已上缴财政77989万元，已减少财政拨款或补贴957万元，已归还原渠道资金15123万元，已调账处理金额36600万元。移送司法机关、纪检监察部门处理事项2件，建议有关部门处理事项1件，提交审计工作报告、信息273篇，被采用89篇。

财政审计　市共审计预算单位 106 个，通过审计查处违规金额 298242 万元，纠正管理不规范金额 240028 万元，上缴财政 56910 万元。财政审计工作得到各级党委、人大和政府的高度重视与充分肯定。市政府常务会议专门听取审计工作汇报，强调审计工作是党委、政府决策和重大政策出台的基础性工作，特别是在促进经济社会发展、规范经济秩序、促进和谐社会建设等方面意义重大。必须进一步加大监督力度，严格审计，树立审计权威。市人大常委会在审议审计工作报告时，对审计工作给予充分肯定，要求审计部门进一步履行好监督职能，在促进依法理财、规范预算监督管理等方面更好地发挥作用。

金融审计　开展政府负债和融资情况的审计调查，为政府宏观决策提供可靠依据。注重加强对政府负债情况的审计调查，从举债债务规模、资金投向、管理方式等方面进行深入分析，为政府宏观决策提供可靠依据。先后对南湖生态城投资公司和陡河青龙河开发建设投资公司资金管理使用情况进行审计。查处违规金额 16999 万元，为财政增加收入 16969 万元。

行政事业审计　全市共审计行政事业单位 144 个，查处违规金额 24658 万元，纠正管理不规范金额 45343 万元。重点开展全市法院系统和市水务局财务收支审计，唐山师范学院等 8 所高等院校和市县一中收费情况审计，并对 10 个有收费项目的重点单位财政性收入收缴情况和 10 个行政事业单位公用经费支出情况进行审计调查。

固定资产投资审计　重加强对重点建设项目的审计，查处违规金额 21217 万元，审减建设资金 14804 万元。结合对建设领域的专项治理，认真贯彻执行《唐山市政府投资建设项目审计监督办法》，进一步加大对重点建设项目的审计监督力度。全市共审计投资项目 83 个，查出违规金额 21217 万元，纠正管理不规范资金 4556 万元，核减投资额 14804 万元。针对中央扩大内需新增投资项目监督管理的需要，制定《进一步加强对中央扩大内需新增投资项目进行审计监督的意见》。

社会保障审计　以促进构建和谐社会、维护完善社会保障体系为目标，以查处重大违规违纪问题和促进社保资金征缴为重点，进一步加强对与群众切身利益紧密相关的社保资金审计。共审计单位 22 个，审计资金总额 298931 万元，查处各类有问题金额 54137 万元，上缴财政 10252 万元。

企业审计　全市共审计单位 9 个，查处违规金额 1678 万元，纠正管理不规范金额 689 万元。

经济责任审计　全市共审计项目 107 个，查处违规金额 63115 万元，纠正管理不规范金额 46665 万元。特别是市局受市委组织部委托，市审计局先后对 23 名县级领导干部进行经济责任审计。通过审计，查处领导干部主管责任违规金额 57532 万元，直接责任违规金额 126 万元，纠正管理不规范金额 44391 万元。

专项资金审计　按照省市统一部署，对全市各级财政安排实施的 2008 年度社会保障基金、2006 年至 2008 年度农业综合开发项目资金、2007 年至 2008 年度土地开发整理项目资金和大型公益性建设项目资金等重点专项资金进行审计。共审计 14 个县（市）区、117 个项目单位，涉及资金 1251992 万元。通过审计，查处违纪违规金额 42426 万元，其中社会保障基金 15367 万元，农业综合开发资金 10446 万元，土地开发整理资金 8307 万元，大型公益性建设资金 8305 万元，审减工程款 748 万元。　　（撰稿人：陈　平）

【廊坊市审计局】　2009 年，廊坊市审计局人员编制 43 人，在编 43 人。局长韩少奇，副局长张士彦、张铁忠、贾军水、万茂才、赵志生，总审计师薛冬，纪检组长张振杰。设有办公室、人教科、法制科、财政审计科、金融审计科、行政事业审计科、社会保障审计科、经贸审计科、固定资产投资审计科、经济责任审计科。还设有纪检组和机关党委。

审计成果　廊坊市审计机关共完成审计项目 325 个。查出违规金额 47743 万元；管理不规范金额 72772 万元；应上缴财政 2987 万元，应归还原渠道资金 18820 万元，应调账处理金额 24799 万元（上缴财政、归还原渠道、调账处理已按审计决定要求落实到位）。提交审计报告及各类信息 817 篇，被各级批示或采用 790 篇。廊坊市审计局被省委、省政府表彰为河北省第五届“人民满意的公务员集体”，是全省审计系统唯一获此殊荣的单位。廊坊市审计局开展的《关于廊坊市地税局2007年度预算执行及税收征管情况的审计》项目，被审计署评为“2008年度地方优秀审计项目”；12个项目入选审计署全国计算机专家经验库；9项AO实例应用在审计署获奖的基础上，2009年又有11个项目入选审计署全国计算机专家经验库；14项AO实例应用在审计署获奖。廊坊市审计局被省审计厅表彰为专家经验评审和AO应用实例评选“优秀组织单位”。

预算执行审计　全市完成预算执行审计单位93个，查出违规金额15644万元，管理不规范金额49613万元，应上缴财政1019万元。

行政事业审计　全市完成审计单位60个，查出违规金额9636万元，管理不规范金额5241万元，应上缴财政53万元，应归还原渠道24万元，应调账处理3181万元。

固定资产投资审计　全市完成56个，延伸审计（调查）215个单位，查出违规金额5384万元，管理不规范金额103万元，应减少财政拨款或补贴350万元，应归还原渠道2698万元。

经济责任审计　全市完成176名领导干部的经济责任审计。查处违规金额8352万元，应上缴财政95万元。

专项资金审计（调查）　全市完成专项资金审计116项，审计资金总额37.4亿元，查出违规金额8727万元，应上缴财政105万元，应归还原渠道资金96万元，调账处理930万元。提出审计建议296条。

（撰稿人：李倩南）

【保定市审计局】　2009年，保定市审计局共有干部职工89人。局长孙淑花，副局长罗凯、温丽娜（兼总会计师）、范国庆、张建波、陈仕强，纪检组长朱春友。设有办公室、法制处、人教处、财政审计处、金融审计处、行政事业审计处、经贸审计处、农业与资源环保审计处、社会保障审计处、固定资产投资审计处、外资运用审计处、经济责任审计处、机关党委、监察室、内审处。下设经济责任审计办公室、基建审计中心、内部审计协会。

审计成果　全年共审计单位527个，查处违纪违规金额81251万元，管理不规范金额123355万元。通过审计，上缴财政6145万元。提交审计工作报告、信息等专题材料812篇，被上级采用307篇（次），向纪检监察部门及司法机关移送事项（案件）1件。《中国审计报》等新闻媒体，85次报道了本局的工作，审计工作得到市委、市政府的充分肯定。

财政审计　对30个部门单位财政预决算审计，重点对市本级财政预算执行情况，地方税务局税收征管情况进行审计，对8个县（市、区）的财政决算进行审计，查出和揭示部分县级政府收入不实的问题，并对产生这些问题的原因进行深入分析，提出相应的意见和建议。审计报告通过新闻媒体向社会进行公开，市人大常委会对审计工作给予充分肯定，监察机关对预算执行审计中发现的问题进行责任追究，相应责任人分别给予党纪政纪处理。

专项资金审计　对汶川地震灾区捐赠款物进行审计，对汶川灾区安置房建设项目进行审计，对援建项目进行跟踪审计。对老城区供水管网改造工程、地表水厂配套供水管网二期工程、污水二期工程进行审计，揭示了效率不高、高估冒算、损失浪费等问题。对全市农村义务教育“普九”债务情况进行专项审计调查。对农村卫生基础设施改造、新型农村合作医疗进行审计。对2007年度扶贫资金进行审计。对全市筹集的救灾资金、捐赠物资以及特殊党费的收支使用情况进行跟踪审计，审计结果向社会进行公告。对城镇职工基本养老保险、企业基本养老保险、事业保险、抚恤金进行审计，分析社会保险基金管理中存在的问题及原因，提出审计建议。

经济责任审计　受市委委托，全年对28名县级领导干部的离任审计，提出审计结果报告，为党委使用干部提供依据。

队伍建设　为提高审计干部综合素质，全市审计机关继续深入开展了创建学习型机关活动，加大了教育培训力度，市审计局有针对性地组织开展各类专业培训和计算机应用培训，到年底局机关共有18名审计干部具备高级审计师资格。

信息化建设　成立了信息化领导小组，建立信息化运行机制，市局开办审计内部网络和外部网络，与25个县（市、区）实现专线连接，资源共享。全市审计系统更新配置电脑80台，有30

个审计项目应用计算机软件，提高工作效率。

相关工作　（一）在审计系统深入开展“审计质量提高年”活动，对全市审计机关的审计质量进行了四次检查和评比，实施了审计项目工作规范，细化了审计程序，规范了执法行为，坚持审计复核和审计业务会议制度，加强法制管理和教育，组织了“12·4”法制宣传日系列活动，认真落实“五五”普法计划安排。市审计局被市政府法制办评为“法制工作先进单位”。

（二）坚持强化廉政教育，不断强化措施，打造过硬的审计行风，坚决落实关于廉政建设的各项规定，实行层次管理，一级抓一级，层层负责，一岗双责制度，实行了审前公示制度，审计回访制度，实行审计人员工作日不准饮酒的规定，为强化外部监督召开了审计监督员座谈会和行风评议代表对审计工作的意见和建议，在行风评议活动中，市局被市委、市政府评为先进单位。

（三）完善各项规章制度，加强离退休老干部工作，严格落实《离退休老干部工作规程》，受到老同志们的欢迎，加强了妇女组织建设，市局机关妇委会被评为“先进妇女组织”，加强机关财务工作，市局被评为“财政决算工作先进单位”，着力解决机关后勤管理的部分遗留问题和现实问题，严格落实审计干部休假制度。2009年，市局先后有信息宣传、档案、文明生态创建、共建社区、驻联帮解促、奥运安保等各项工作受到上级单位和有关部门的表彰，有28人次被有关部门评为先进，市局被市委、市政府授予文明单位称号。

（撰稿人：王连军）

【沧州市审计局】　2009年，沧州市审计局人员编制49人，在编49人。局长田永利，副局长朱玉山、郭锦侠、李春雷，总审计师刘根常，纪检组长窦松林。设有办公室、人事教育科、法规科、投资审计科、经贸审计科、财政审计科、金融社保审计科、行政事业审计科、经济责任审计科、农业外资审计科。

审计成果　沧州市审计机关共完成审计（调查）项目单位392个，查出违规金额5.0亿元，管理不规范金额7.0亿元；已上缴财政2.0亿元，已归还原渠道资金0.2亿元，已调账处理2.5亿元。向纪检、检察机关和有关部门移送案件线索5件。提交审计工作报告、调研报告、审计信息526篇，被当地党委、政府和省厅批示采用295篇。完成党委、政府和省审计厅临时交办事项139项。市审计局党组连续多年被市委、市政府授予“先进领导集体”称号，2009年，纪检监察和文明执法工作被评为全市优胜单位，机关党委被评为先进基层党组织；计算机审计有7篇AO应用实例分别获得审计署、省审计厅优秀和应用奖，在全省总评第三，同时市局被评为全省优秀组织单位；审计信息调研工作连续多年被市委、市政府、省审计厅评为先进单位。

财政审计　对92个预算执行单位审计或调查，全市审计机关共查出违规金额3.3亿元，管理不规范金额3.6亿元，审计处理后已上缴财政1.8亿元，已归还原渠道资金418万元，已调账处理金额1.5亿元。市审计局对财政部门提出进一步细化财政预算等建议，并建立审计跟踪处理台账，专人督促有关单位落实审计决定。市政府、市人大对2008年度预算执行审计给予较高评价：问题揭示得深，原因分析得透，意见建议中肯可行。

专项资金审计　全市审计机关承担社会保障、保障性住房、农业综合开发、土地开发整理、大型公益等5类9项专项资金使用情况的审计任务。共查出挤占挪用，少缴或欠缴失业保险、医疗保险，未按规定专户管理，未按标准发放失业金等各种违纪违规金额8031万元。按照边审计边整改的原则，审计中能整改的督促立即整改，不能当时整改的规定了整改时限。

经济责任审计　全市共完成经济责任审计项目单位116个，查出违规金额2462万元，管理不规范金额5351万元。其中市审计局完成领导干部经济责任审计或审计调查项目12个。针对查出的问题，提出了健全制度、规范行为、强化管理的审计建议。

固定资产投资审计　全市共完成固定资产投资审计20个，查出有问题金额1.4亿元。其中市审计局组织和聘请32位精通投资审计的专业工程技术审计人员参与投资审计工作。通过审计，查出项目招投标不规范、超概算投资、偷税漏税、欠缴财政规费、施工企业所报工程决算不实等违纪违规金额8190万元，其中工程决算不实核减工程造价4559万元。针对问题，认真剖析成因，对其建设资金的筹集、管理、使用提出合理化建议14条。

交办事项 全市审计机关共完成党委、政府临时交办和协助事项139件。查出各种违规金额2684万元，均依据法律法规进行处理。

（撰稿人：丁昆路）

【衡水市审计局】 2009年，衡水市审计局行政编制定编45人，实有46人；事业编制定编16人，实有14人。局长张有如，副局长张兰顺、高振华、郭志军、赵春峰，纪检组长赵志强。设有办公室、法制科、财政审计科、经贸审计科、行政事业审计科、农业外资与资源环保审计科、固定资产投资审计科、经济责任审计办公室、市经济技术开发区审计特派员办公室、社会保障和金融审计科、监察教育室。

审计成果 全市审计机关共完成审计项目415个，查出违规金额8.05亿元，管理不规范金额11.17亿元，上缴财政1939万元，核减工程造价8948万元，审增国有权益1.23亿元，促进增收节支1.16亿元；向有关部门移送案件线索和事项3件；平息化解上访事件或苗头12起；提出的意见建议被采纳908条。衡水市审计局被评为"省级文明单位"、"全市行政执法优秀单位"、"五型机关建设先进单位"、"政府信息公开工作先进单位"。

预算执行审计 预算执行审计工作方案首次以政府文件转发，并由政府组织召开预算执行审计集体进点见面会。全市共审计预算执行单位158个，查出违规金额5.7亿元，上缴财政1064万元。市审计局代政府所作的两个报告均受到与会委员的充分肯定和好评。

固定资产投资审计 以政府名义出台《衡水市政府投资项目审计监督办法》为契机，加大政府投资项目的审计力度。坚持强化投资审计培训，不断完善跟踪程序，积极探索总结跟踪审计的关键控制点、切入点，组织精干力量对"四路十桥"、衡水西湖水源地建设、滏阳河综合整治、大广高速衡水段拆迁补偿等多个项目进行审计。全市共完成89个政府投资项目的审计，送审69319万元，审定60371万元，审减工程造价8948万元，审减率为13%。

经济责任审计 全市共审计经济责任人76名，查出违规金额5571万元，管理不规范金额3859万元。

企业审计 集中全机关的审计力量和各县市区的同志，统一编组，分期分批对市直48家改制企业进行审计，共审计资产总额19.24亿元，查出违规金额1.4亿元，管理不规范金额5151万元，审增国有权益9620万元。市长、常务副市长对改制企业审计结果都给予高度评价，并作重要批示。

相关工作 一是调整队伍，增强活力。去年市审计局有14名干部得到重用。二是强化培训，提高素质。市审计局重点开展基建工程预决算审计培训、AO应用培训，并选派两名同志到京津冀特派办进行为期半年的跟班学习。三是加强基础建设，改善办公条件。市审计局去年更新电脑，购置工程审计设备，开通视频会议系统，制定了聘用人员管理办法、审计业务质量考核办法、日常考核办法等规范性文件，促进机关的高效运转。四是加强廉政建设。去年市审计局连续5年开展机关财务内部审计，强化权力监督，确定45个廉政风险点，制定16项防控措施。开展廉政回访，召开了全市内部审计工作经验交流暨民主恳谈会，对20家重点耗能企业、20家企业的内部审计工作进行检查指导。

（撰稿人：马　超）

【邢台市审计局】 2009年，邢台市审计局共有人员74人，其中行政编制66人，事业编制8人。局长毕世杰（—7月）、訾新月（9月—），副局长原振兴、杨正学、周金全、张少川、赵兰云、颜佳山，总审计师刘金锋，纪检组长董书星。设有办公室、人事教育科、机关党委、纪检监察室、法规科、财政审计科、金融审计科、行政审计科、事业审计科、农业与资源环保审计科、固定资产投资审计科、经贸审计科、社会保障审计科、经济责任审计一科、经济责任审计二科、外资审计科、高新技术开发区办事处、政府投资审计中心

审计成果 邢台市审计机关审计和审计调查832个单位，查出违规金额21862万元，纠正管理不规范金额128463万元，促进国家增收节支

6309 万元。

财政审计 一是组织开展预算执行和全市地税系统税收征管情况的审计，并延伸审计交通、电信、电力、钢铁、银行、保险等 20 个纳税企业大户。通过审计，促进财源培植、强化征管、减少了税收流失，增加收入 3020 万元。二是围绕优化财政支出结构，重点开展市水业集团、热力公司、公交公司等公益单位的财务收支及城建资金的审计，认真对市资产管理中心财务收支情况进行审计。三是高度关注财政安全性，揭示财政债务风险问题，及时向市人大、市政府提出建立偿债准备金制度，逐步把政府债务纳入预算管理，防止各部门多头举债的建议。四是注重整改，通过审计，对少数部门存在的收入不纳入预算，挤占挪用资金等问题，按照《财政违法行为处罚处分条例》等法律法规作出审计决定，相关部门积极落实审计决定，召开专门会议抓整改，问题整改落实率达到 98%以上。

固定资产投资审计 按照市政府《对中央新增投资项目开展监督检查实施方案》的要求，组织开展邢临高速公路一期工程、农村电网完善工程、七里河综合治理项目、省民政总医院建设项目和邢台医专第二附属医院等 65 个审计项目，审计资金总额 38 亿元，纠正违规金额 6097.47 万元，核减建设项目投资或结算额 10745 万元，节约建设资金，促进中央宏观经济政策的落实。

专项资金审计 围绕服务改善民生，组织全市审计机关开展社会保障资金、保障性住房建设项目资金、农业综合开发项目资金、土地开发整理项目资金、大型公益建设项目资金 5 类专项资金的审计，发现和纠正项目资金不纳入财政专户管理、截留挪用、地方投资不到位等 21 个方面的问题，纠正管理使用不规范金额 117342.66 万元。

经济责任审计 邢台市审计局对市委组织部门委托的 10 名县市区委书记、县市区长、19 名公检法"三长"和 2 名市直单位领导干部进行任期经济责任审计，纠正违规和管理不规范金额 18546 万元。各县、市、区审计局完成 163 名县直领导干部、41 名乡镇长经济责任审计，查处各类违规和管理不规范金额 2422.22 万元。

（撰稿人：刘茂耕）

【邯郸市审计局】 2009 年，邯郸市审计局人员编制 78 人，在编 72 人。局长杨志臣，副局长冯伟力、张同义、郭兴元、王利伟、张文玲（3 月—），纪检组长李金良。设有经济责任审计办公室、财政审计处、金融审计处、经贸审计处、行政事业审计处、固定资产投资审计处、农业与资源环保审计处、社会保障审计处、外资运用审计处、审计信息处、人事处、法规处、监察室、办公室、机关党委。

审计成果 全市完成审计项目 370 个，查处违规金额 33542 万元，其中应上缴财政 4558 万元，应归还原渠道资金 3792 万元，应调账处理金额 9543 万元。已上缴财政 3430 万元，已归还原渠道资金 3642 万元，已调账处理金额 5576 万元。提交审计工作报告、信息 720 篇，被采用 501 篇。

财政审计 开展财政预算执行审计，突出对重点部门、重点行业、重点项目和重点资金的审计监督，加大对金融、保险机构和房地产开发等企业纳税情况的延伸审计力度，重点查处偷税漏税影响财政收入的问题，促进税收征管和财政增收。邯郸市审计局完成预算执行审计单位（项目）96 个，查处违规金额 10534 万多元，管理不规范金额 18330 万元。

固定资产投资审计 全市审计投资项目 40 多个，揭示施工单位多报工程价款，建设单位虚列工程成本，部分项目设计不合理、监理不到位等多方面的问题，查出违规及管理不规范金额 8334 万元，核减投资额 9767 万元。

经济责任审计 对 99 名领导干部进行经济责任审计，其中县级领导干部 48 名，查处各类违规金额 9909 万元，管理不规范金额 5385 万元。邯郸市审计局积极推进《邯郸市县级主要领导干部年度经济责任审计实施意见（试行）》的贯彻落实，进一步规范审计内容，突出审计重点，完善评价体系，扩大结果运用，提升经济责任审计水平。

专项资金审计（调查） 按照省审计厅和市委、市政府的安排部署，组织对农业、社保等 8 项涉及群众切身利益的专项资金进行审计，共审计资金总额 50.8 亿元，查处违规及有问题金额

7704万元。为确保专项资金审计工作有效开展，邯郸市市、县两级审计机关加强领导，明确分工，落实责任，采取直审、上审下、交叉审等多种方式，加大审计力度，增强监督效果。专项资金综合审计报告上报市政府后，市政府领导给予充分肯定，市长、常务副市长、副市长都作出重要批示，有力地促进相关主管部门进一步规范专项资金管理，严格支出程序。（撰稿人：靳志新）

2009年河北省所辖区、县(市)级审计工作统计表

金额单位：万元

审计机关	完成审计项目(个)	查出违规金额	应上缴财政	应减少财政拨款或补贴	应归还原渠道资金	应调账处理金额	移送司法、纪检部门处理事项(件)	建议有关部门处理(件)	出具审计报告和审计调查报告(篇)	提出审计建议(条)	撰写审计信息(篇)
石家庄市											
石家庄市本级	109	129167	90613	9443	7934	99373	3		109	486	1433
长安区审计局	16	2363	9		24	6481			16	43	
桥东区审计局	11	3830	12		101	3826			11	15	
桥西区审计局	11	818	225		147	7	2		11	34	
新华区审计局	12	1614	2		6522	90			12	27	
裕华区审计局	28	1262	13						28	92	
矿区审计局	12	1162	3	77	1	2320			12	34	
辛集市审计局	17	6144	43			9621			17	43	
藁城市审计局	22	1103	575		372				22		
晋州市审计局	16	565	46		71				16	38	
新乐市审计局	32	1175	502		145	17			32	7	
鹿泉市审计局	12	15727	30		71				12	13	
井陉县审计局	24	2946	46		612				24		
正定县审计局	21	36	5						21	25	
栾城县审计局	18	18							18	3	
行唐县审计局	20	540	22	7	122	911			20	70	
灵寿县审计局	26	1715	58						26	3	
高邑县审计局	20	369	39			127			20	57	
深泽县审计局	20	35550	9						20	35	
赞皇县审计局	21	154	10	3	23	237			21		
无极县审计局	24	4647	15		1	354			24	39	
平山县审计局	21	9151	532		8548		1		21	13	
元氏县审计局	10	1460	15		347	27			10	26	
赵县审计局	17	1394	30						17	46	

（续表）

审计机关	完成审计项目（个）	查出违规金额	应上缴财政	应减少财政拨款或补贴	应归还原渠道资金	应调账处理金额	移送司法、纪检部门处理事项（件）	建议有关部门处理（件）	出具审计报告和审计调查报告（篇）	提出审计建议（条）	撰写审计信息（篇）
张家口市											
张家口市本级	50	23654	1255		2011	4860			56	7	69
桥西区审计局	7	6534	10		5	880			7	6	12
桥东区审计局	5	14180	1036			11144			5	6	24
宣化区审计局	10	12007	28		69	681			37	2	14
下花园区审计局	14	3622	14		239	81			14	4	11
宣化县审计局	45	3325	43						52	9	12
张北县审计局	32	8423	36						32	10	49
康保县审计局	13	1785	12		48				13		16
沽源县审计局	12	18818	28			61			12		32
尚义县审计局	49	9626	91		407	398			45		15
蔚县审计局	48	1780							48	3	38
阳原县审计局	33	3679	16			3121			63	3	22
怀安县审计局	30	3845	5		930	230			30	5	30
万全县审计局	36	4872	1			88			36		20
怀来县审计局	23	3305	2						29	11	51
涿鹿县审计局	48	4921	4			3000			61	3	10
赤城县审计局	25	2877	74		987	3441			20	5	26
崇礼县审计局	42	2343	961		66	476			45	1	29
承德市											
承德市本级	27	72995	41439		1314	30562	1		27	2	87
双桥区审计局	18	7256	7256			6758			18	2	12
双滦区审计局	17	446	14		5692	13494			17	30	32
鹰手营子区审计局	27	942	113						27		9
承德县审计局	26	2351	301		15				26	22	113
兴隆县审计局	21								21	7	
平泉县审计局	34	767	72		271				34	80	70
滦平县审计局	11	5	3			17139			11	29	28
隆化县审计局	17	53	15		2				17	18	20
丰宁满族自治县审计局	29	1197	37		170	400			29	21	18
宽城满族自治县审计局	28	11	4						28	38	64
围场满族蒙古族自治县审计局	20	142	56		116	377			20	47	14

（续 表）

审计机关	完成审计项目(个)	查出违规金额	应上缴财政	应减少财政拨款或补贴	应归还原渠道资金	应调账处理金额	移送司法、纪检部门处理事项(件)	建议有关部门处理(件)	出具审计报告和审计调查报告(篇)	提出审计建议(条)	撰写审计信息(篇)
秦皇岛市											
秦皇岛市本级	36	19666	12666			2510			34	54	89
海港区审计局	8								8		8
山海关区审计局	10								10		10
北戴河区审计局	9								9		9
开发区审计局	9	1463	3			1882			9	11	9
昌黎县审计局	29	82	69			104			29	45	14
抚宁县审计局	16	986	986			65			16		
卢龙县审计局	28	2199	1320		1489	3939			28	29	28
青龙满族自治县审计局	28	1012	42		2	155			24	4	42
唐山市											
唐山市本级	85	229103	88556	269	15134	27827	2	1	85	252	58
路北区审计局	14	29850	3						14	14	14
路南区审计局	9	26	1			2298			9		12
古冶区审计局	31	14363	1734		3103	240			31	80	7
开平区审计局	13	9319	5						13	35	8
丰润区审计局	46	4260	68						46	21	42
丰南区审计局	68	10094	5	122		4			68	63	35
遵化市审计局	9	460	9						9	19	12
迁安市审计局	23	2167	29	590	12	79			23	20	13
滦县审计局	18	24850	28			20036			18	21	14
滦南县审计局	41	62950	42						41	118	13
乐亭县审计局	20	15707	3425						20	25	9
迁西县审计局	21	1635	1382		3	31			21	36	18
玉田县审计局	28	810	7						28	77	10
唐海县审计局	10	181							10	19	8
廊坊市											
廊坊市本级	49	25326	2606	109	9628	20345			447	97	116
广阳区审计局	16	349	16		158				16	43	109
安次区审计局	17	240	3		7				17		69
霸州市审计局	39	7087	42	40	25	4006			38	28	30
三河市审计局	43	1100	39		74				127	112	35
固安县审计局	14	477	2		3951				14	30	49

（续表）

审计机关	完成审计项目(个)	查出违规金额	应上缴财政	应减少财政拨款或补贴	应归还原渠道资金	应调账处理金额	移送司法、纪检部门处理事项(件)	建议有关部门处理(件)	出具审计报告和审计调查报告(篇)	提出审计建议(条)	撰写审计信息(篇)
永清县审计局	20	3311	57						20	54	35
香河县审计局	32	3774	158	484	79	313			10	45	26
大城县审计局	15	462	17		20	135			15	3	104
文安县审计局	46	4919	41		4878				79	118	108
大厂回族自治县审计局	34	718	6						34	30	109
保定市											
保定市本级	61	21390	1812		1375	1476			60	29	60
新市区审计局	12	831	20						12	5	16
北市区审计局	12	1645	19		14				12	5	24
南市区审计局	9	84							9	14	8
定州市审计局	5								5		1
涿州市审计局	15	510	439			14			15	35	18
安国市审计局	13	1020	8						13	1	5
高碑店市审计局	11	36	3						11	24	19
满城县审计局	15	9899	13		10	8758			15	6	3
清苑县审计局	20	332	11						20	2	11
易县审计局	11	941	7		59	5663			11		21
徐水县审计局	9	2456	10						9	1	12
涞源县审计局	18	452	8						18	9	4
定兴县审计局	10	502	16						10	6	14
顺平县审计局	10	907	88		2758	222			10	10	20
唐县审计局	10	83	12						10	20	4
望都县审计局	6	17	13						6		3
涞水县审计局	7		4						7		7
高阳县审计局	6	3	1						6		8
安新县审计局	13	2621	8						13	11	8
雄县审计局	14	503	10						14		3
容城县审计局	11	39	2						11	20	10
曲阳县审计局	11	93	6						11		3
阜平县审计局	13	1314	29				1		13	27	6
博野县审计局	23	249	13			1			23	29	1
蠡县审计局	6	2				9			6		5

（续 表）

审计机关	完成审计项目（个）	查出违规金额	应上缴财政	应减少财政拨款或补贴	应归还原渠道资金	应调账处理金额	移送司法、纪检部门处理事项(件)	建议有关部门处理(件)	出具审计报告和审计调查报告(篇)	提出审计建议(条)	撰写审计信息(篇)
沧州市											
沧州市本级	35	20571	13574	4559	747		3		34	113	54
运河区审计局	7	261	2						7	20	3
新华区审计局	6	35	8						5	8	
泊头市审计局	12	1801	16						12	44	20
任丘市审计局	57	7266	5266	18	729	12078			60	63	23
黄骅市审计局	42	3218	72		196				41	71	23
河间市审计局	31	10875	154		128	9363			31	23	33
沧县审计局	20	316	6			78		16		20	
青县审计局	32	1220	48			2459			31	81	103
东光县审计局	11	248	8						11	23	33
海兴县审计局	9	774	356	111		308			4	18	18
盐山县审计局	42	343	24	26					42	44	48
肃宁县审计局	12	36	8			783			9	21	38
南皮县审计局	18	210	5		3	2599			8	11	35
吴桥县审计局	17	1235	9			1			16	23	
献县审计局	17	1494	17	161	424	408			16	30	70
孟村回族自治县审计局	12	177	13		193	6			10	23	17
衡水市											
衡水市本级	48	35792	191		86	17218	2		48	116	75
桃城区审计局	48	7709	573	31		4963			48	152	39
冀州市审计局	30	1698	36		59	2263			30	40	7
深州市审计局	38	3208	86		5	924			38	94	9
枣强县审计局	33	2109	17						33	70	9
武邑县审计局	28	605	29		25	1			28	77	34
武强县审计局	31	3341	127		4	142	1		31	143	42
饶阳县审计局	34	2056	579			2			34	97	24
安平县审计局	27	3776	74			9			27	86	30
故城县审计局	33	2988	82		9583	12482			33	115	35
景县审计局	28	14700	66		2	72			28	87	29
阜城县审计局	37	2548	79			329			37	72	14
邢台市											
邢台市本级	43	65751	858	286	690	10459	39400			112	41

（续表）

审计机关	完成审计项目(个)	查出违规金额	应上缴财政	应减少财政拨款或补贴	应归还原渠道资金	应调账处理金额	移送司法、纪检部门处理事项(件)	建议有关部门处理(件)	出具审计报告和审计调查报告(篇)	提出审计建议(条)	撰写审计信息(篇)
桥东区审计局	7	50	55	26	362	200	23			24	15
桥西区审计局	8	140	45	61	270	601	87			26	18
南宫市审计局	24	2600	22	301	2	189	94			42	17
沙河市审计局	9	7780	179	3729	207	7596	80			41	20
邢台县审计局	14	966	17	56	328	2855	216			34	15
临城县审计局	12	2198	36	36	105	30	2151			23	8
内丘县审计局	9	7070	6	109	725	1835	62			34	16
柏乡县审计局	24	5544	22	0	20	56	239			21	7
隆尧县审计局	16	154	319	107	43	20	86			34	12
任县审计局	13	295	234	30	51	154				41	27
南和县审计局	12	901	120	398	211	476	2051			17	6
宁晋县审计局	14	2391	13		392	61	298			12	9
巨鹿县审计局	9	4027	57	42	6	8				9	4
新河县审计局	8	91	11			1474	108			26	10
广宗县审计局	8	973	74	150	108	118	252			35	21
平乡县审计局	14	240	29	47	25	693	12			43	24
威县审计局	12	11609	62	400	28		60			24	13
清河县审计局	12	713	30	50		16479	270			14	7
临西县审计局	12	1701	18	6	54	165				16	7
邯郸市											
邯郸市本级	59	15214	3693		3575	6570			59	34	42
丛台区审计局	7	100				206			3	13	5
邯山区审计局	9	739							9	21	9
复兴区审计局	8	159	32		11	10			7	16	5
峰峰矿区审计局	13	831							13	4	9
武安市审计局	35	1328	22			191			35	51	12
邯郸县审计局	20	876	12		27				20		5
临漳县审计局	10	2640	493						10		45
成安县审计局	24	792	48		24	35			17	37	1
大名县审计局	15	854	25			274			15	14	14
涉县审计局	27	392	7						27	12	23
磁县审计局	16	391	12			2			16	34	7

（续表）

审计机关	完成审计项目(个)	查出违规金额	应上缴财政	应减少财政拨款或补贴	应归还原渠道资金	应调账处理金额	移送司法、纪检部门处理事项(件)	建议有关部门处理(件)	出具审计报告和审计调查报告(篇)	提出审计建议(条)	撰写审计信息(篇)
肥乡县审计局	18	1724	11		3	1207			18	24	17
永年县审计局	19	4045	59		2				19	13	28
邱县审计局	9	444	54						9		2
鸡泽县审计局	15	242	11						15	32	3
广平县审计局	14	85	3						14	22	4
馆陶县审计局	17				150	1048			17		6
魏县审计局	8	2598	54						8	17	2
曲周县审计局	22	88	22						22		5

山西省

【山西省审计厅】　2009年，山西省审计厅人员编制352人（公务员172人；事业单位180人），在编303人（公务员169人；事业单位134人）。设有办公室、法制处、财政审计处、金融审计处、行政事业审计处、工商企业审计处、农业环保审计处、社会保障审计处、经济责任审计处、投资审计处、外资运用审计处、人事教育处、离退休人员管理处、机关党委、督察处、审计计划管理处、发展计划审计处、经济贸易审计处、政法审计处、经济执法审计处、农林水审计处、科教文卫审计处、建设交通审计处、人事劳动民政审计处、旅游外事审计处、党群审计处。直属事业单位审计科学研究所、审计计算机技术中心、机关后勤服务中心、审计干部培训中心、审计业务指导中心、审计人力资源中心、政府投资项目审计中心。

领导成员

厅　　长：郝志远

副 厅 长：郝素珍　高爱平　姚宪华

总审计师：杨光照

纪检组长：任建平（10月—）

巡 视 员：王维荣（9月—）

副巡视员：孙权孝

　　　　　张　涵（9月—）

审计成果　全省审计机关共审计和审计调查单位4468个，查出违规金额191.23亿元，管理不规范金额339.46亿元，损失浪费金额0.68亿元，为各级财政增加收入38.4亿元，核减投资额21.28亿元。移交司法、纪检监察机关及主管部门查处的案件256件，涉及212人。有2627条审计建议得到各级政府和有关部门采纳，审计专题报告、综合报告和信息简报得到各级党委、政府批示采纳1899件（次），其中得到省领导批示的51件。

预算执行审计　省本级组织开展财政、国土、环保等16个部门及所属267个单位预算执行情况审计。针对审计发现的问题，向省人民政府提出细化和改进预算管理，增强预算的约束力，完善依法理财、民主理财、科学理财的机制；依法加强征收管理，防止财政收入流失；改进财政资金管理和分配使用方式，提高财政资金使用效益；加强监督检查；加强对财政性担保机构的管理和指导，帮助中小企业解决融资难问题；加强国有企业对外投资的宏观管理和指导；建立国有资本经营预算制度等建议，全部得到采纳。省人大常委会对厅长郝志远受人民政府委托所作的《关于2008年度省本级预算执行和其他财政收支的审计工作报告》给予充分肯定。省政府领导对省本级预算执行审计结果报告、专题报告、审计信息作出批示28次。一位副省长向省十一届人大常委会第十三次会议作整改工作报告。省政府及有关部门单位针对审计查出的问题制定 41 项相关的管理制度和办法，审计整改工作取得良好效果。

省审计厅对太原、吕梁、临汾、晋中、忻州 5 个市 2007 年、2008 年财政决算进行审计。审计查出未按规定征收、缴纳财政收入 38.03 亿元，隐瞒转移截留财政收入 7.42 亿元，财政核算不实 2.66 亿元，违规改变资金用途 10.16 亿元，通过审计已上缴财政 8.99 亿元，为规范财政收支行为，维护财政经济秩序发挥重要作用。

专项资金审计（调查）　组织全省各级审计机关对国土资源、环境保护、社会保障、三农、科技、教育、卫生等 17 项重点专项资金的征收管理使用情况进行审计和审计调查。对全省 2382 个中小学校舍安全工程进行审计和审计调查，审查项目总投资 43.84 亿元，提出审计建议 213 条，得到采纳的 112 条，建立健全规章制度 14 项。根据省政府安排，对全省 298 个政府还贷二级公路项目的债务及里程情况进行审计认定，出具审计报告 140 份。组织各级审计机关开展全省农村义务教育“普九”债务审计。审计债务责任主体 1.7 万个，审计债务 7.8 万笔，核减金额 12.2 亿元。开展全省 2007 年、2008 年财政性担保资金使用情况的专项审计调查，针对担保业务地区发展不平衡、担保机构实力和担保规模偏小、担保机构资本金和风险准备金不足等问题，就完善制度、促进担保体系建设、为中小企业发展提供更好的支持提出审计建议。根据审计署授权对全省 9 个国外贷援款项目进行审计，促进项目管理的进一步规范和利用外资水平的提高。

固定资产投资审计　根据省委、省政府和审计署的要求，全省各级审计机关把对贯彻中央扩大内需新增建设项目的跟踪检查作为重要任务，采取多种方式开展专项审计调查，调查项目 820 个。针对发现的问题及时提出审计建议，促进中央扩大内需政策的落实。省市两级审计机关还开展对口支援四川省茂县恢复重建等一批建设项目的审计。审查投资总额 35.69 亿元，核减项目投资 2.38 亿元。根据省人民政府安排，对省属五大煤炭集团公司对外投资情况进行审计。全面摸清了 2004 年以来全省 5 大煤炭集团对外投资的基本情况，针对审计发现的问题，结合省煤炭资源整合和产业发展的政策要求，就加强国有企业对外投资宏观管理和指导，正确引导企业投资方向，完善投资监管机制，控制投资风险，建立省属国有企业国有资本经营预算制度等提出审计建议。

经济责任审计　全省各级审计机关对 985 名党政领导干部和国有企业领导人员进行任期经济责任审计。查出违规金额 30.79 亿元，管理不规范金额 20.59 亿元。移交有关部门处理案件线索 63 件。各级审计机关积极参加和配合有关部门开展煤焦领域反腐败等专项工作，查处一批重大案件。会同财政、纪检监察等有关部门开展清理“小金库”的工作，为规范财政经济秩序，从源头上预防腐败发挥积极作用。

信息化建设　会同财政部门加强对市县审计机关信息化建设的扶持，启动了省级财政联网审计，计算机审计的规范化建设进一步加强，计算机审计初级、中级培训在更大范围得到开展和坚持。审计信息化建设得到审计署领导同志的肯定和表扬。

机关建设　全省各级审计机关认真贯彻省长关于加强审计机关自身建设的五项要求，创新管理方法，采取有效措施，全面加强审计机关自身建设，取得明显成效。厅领导班子成员分赴全省各地就审计队伍建设情况开展深入调研，分析审计队伍现状及存在的主要问题，研究提出加强审计队伍建设的措施；严格执行“八不准”审计纪律，坚持审计公示、“双举报箱”、廉政回访等制度和措施，开展专项督查和明察暗访，不断加强审计机关廉政建设。大力推进干部人事制度改革，面向社会公开招聘事业单位工作人员。加大干部培训力度，举办基本建设、计算机审计、审计公文写作等业务培训 7 期，培训人员 630 人。建立审计项目库并实现试运行；实行审计业务会议集体审定所有审计项目实施方案和审计结果的制度，制定审计项目进度管理办法、审计项目质量责任追究办法，开展审计质量检查、评选优秀审计项目，全面加强审计质量控制。

加强和改进对市县审计机关工作指导，加强审计宣传和审计理论研究，开展优秀审计论文评选活动，加强审计文化建设，“审计之声”合唱团参加省直机关歌咏比赛取得好成绩。

（撰稿人：郑钰卿）

【太原市审计局】　2009 年，太原市审计局人员编制 143 人，在编 127 人。局长戴天，副局长牛耀岐、苗五保、晋志平（5 月—）、李德明（5 月—）、杨玲，总审计师李贵生，纪检组长柳庆元。设有办公室、人事教育处、法制处、财政审计处、金融审计处、行政事业审计处、农业环保审计处、工商企业审计处、社会保障审计处、外资运用审计处、政府投资项目审计分局、经济责任审计分局、党群审计处、文教科卫审计处、社会和经济发展审计处、经贸审计处、城建审计处、政法审计处、机关党委、纪检监察和离退休人员管理处，事业单位机关后勤服务中心和计算机技术中心。

审计成果　审计单位 97 个，查出违规金额 341797 万元，其中应上缴财政 64038 万元，应归还原渠道资金 379 万元，应调账处理金额 805 万元，应自行纠正金额 306300 万元；已上缴财政 64038 万元，已归还原渠道资金 379 万元，已调账处理金额 805 万元，已自行纠正金额 306300 万元；移送司法机关、纪检监察部门处理事项 7 件，建议有关部门处理事项 35 件。提交审计工作报告、信息 201 篇，被采用 41 篇。

财政审计　审计财税等部门 41 个，查出滞留、坐支财政收入、应缴未缴财政专户等主要问题金额 183245 万元。经过整改，已缴财政 55306.73 万元、调整账务 2230.69 万元、归还原渠道资金 82.59 万元。对晋源、小店等 6 区 2007～2008 年度的财政决算审计，查出主要问题金额 133249.70 万元。

专项资金审计（调查）　完成矿产资源补偿费、教育经费、医疗服务体系建设及经费，污染防治、水利资金、科技资金、六大造林绿化工程资金、新农村建设资金等 15 项专项审计及审计调查，查出管理不规范金额 14744 万元。

社会保障审计　对救灾和城市低保资金及救灾捐赠中心接收的救灾捐赠资金进行审计，查出市财政局改变救灾资金用途 20 万元、市救灾捐赠管理中心捐赠物资管理存在内部控制缺陷等问题。同时，对自汶川地震发生至 2009 年 9 月 30 日市县两级政府安排的财政资金、社会捐赠款物进行第五次跟踪审计，促进救灾款物的安全完整、规范有效，公开透明。

固定资产投资审计　围绕政府投资热点，对龙城大街、祥云桥等 5 项与国计民生密切相关的政府重大投资项目进行全程跟踪审计。通过对龙城大街的工程决算审计，为政府节约投资 1.37 亿元。通过对“三桥一路”的跟踪审计，现场直接否决不合理工程项目 400 余万元，审核计量中核减多记、多报工程费 5000 余万元。对太原市中小学校舍安全工程进行审计调查，揭示项目实施及资金运作中存在的问题和薄弱环节。

行政事业审计　对市环卫局、住房公积金管理中心、自来水公司、热力公司等 9 个部门和单位的财务收支情况进行审计。

经济责任审计　按照“统一组织，分级实施，加强管理，提高质量”的方法，对李明珠、刘欣旺等 10 名领导干部任职期间履行经济责任情况及市公交公司经理高潮同志任中经济责任情况进行审计。

企业审计　对国营太原农牧场、太原市教育建设发展有限公司等单位资产负债损益情况（清产核资）进行审计，查出管理不规范金额 18366 万元。

（撰稿人：张俊庆）

【大同市审计局】　2009 年，大同市审计局人员编制 102 人，在编 129 人。局长康巨文，副局长郭生明、李恒、曹锦、王勇，总审计师计学勤，纪检组长石文泽。设有办公室、财政审计科、金融审计科、行政事业审计科、工商企业审计科、经济责任审计科、社会保障审计科、固定资产投资审计科、农业环保审计科、外资运用审计科、政法审计科、经济执法审计科、发展计划经济贸易审计科、农林水审计科、科教文卫审计科、城建交通审计科、党政群审计科、法规科、人事教育科、机关党委办公室、监察室。

审计成果　大同市审计局审计单位 108 个（项目），查出各类违规金额 13.7 亿元，其中应减少财政拨款补贴 14070 万元，已减少财政拨款补贴 14070 万元；审计挽回经济损失 3641 万元。

专项整治　继续在煤炭、土地、房地产和商业餐饮服务业开展打击偷逃税费综合整治工作，并取得显著成果。截至 2009 年 12 月，全市共查出偷欠税费 85.6 亿元（不含未提地质灾害保证金 13.57 亿元和能源基金 7.24 亿元），收缴入库 21.27 亿元。2009 年，对 71 宗土地项目、63 户房地产企业、铁路系统 43 个单位、5 个发电企业、4 户商业餐饮企业、2 户石油企业进行税费检查。

财政审计　对城区、矿区、新荣区、左云县2007～2008年财政决算进行审计，查出违纪违规金额7.4亿元，责成各单位自行纠正7.4亿元。4个县区针对审计发现的问题进行整改，有效地促进了县区财政的规范管理。

审计市直18个主管部门及部分项目执行单位，依法出具审计报告18份、下达审计决定2份，查出有问题金额10.1亿元，其中指明要求各单位自行纠正9.7亿元，决定处理处罚金额3964万元。6月8日，大同市审计局局长康巨文受市人民政府委托向大同市第十三届人大常委会第十次会议作《大同市2008年市本级预算执行和其他财政收支情况的审计工作报告》，受到市人大代表们高度评价，认为预算执行审计工作报告，如实提出问题，文字简洁。提出的预算管理的意见建议非常好，特别是打击偷逃税费专项整治做了大量的工作，贡献突出，希望政府加大收缴力度，追缴偷欠的税款，弥补财政收入，用于城市建设。

经济责任审计　对96名县处级领导干部进行经济责任审计，其中党政领导63人，事业单位领导17人，企业领导16人。查出各类违规问题金额8.6亿元。

固定资产投资审计　对大同大学教学楼、科技实验楼、图书馆、体育馆、锅炉房工程及校区附属工程项目进行审计。工程原报结算59.3亿元，经审定结算48.6亿元，核减10.7亿元，核减率18%。

专项资金审计（调查）　对大同市矿产资源补偿费、矿业权价款、土地出让金、新增建设用地土地有偿使用征收管理使用情况、全市环保专项资金征收使用情况、水利专项资金管理使用情况、农业专项资金分配管理效益情况、财政性担保资金使用情况等14项专项资金进行审计调查。

企业审计　完成对大同煤矿集团有限责任公司长期股权投资情况专项审计。审计表明，截至2009年4月底，大同煤矿集团有限责任公司投资项目77个，长期股权投资总额797002万元。在77个项目中，有投资收益的21个，投资额350047万元；亏损的21个，投资额176575万元；没有收益的19个，投资额33733万元；在建项目16个，投资额236646万元。2004年至2008年五年账面累计投资收益280068万元，投资亏损58595万元，净收益221473万元。

（撰稿人：徐景秀）

【朔州市审计局】　2009年，朔州市审计局人员编制48人，在编48人。局长王勇，副局长李保斌（—8月）、李沛、张富新（8月—）、谷如发（8月—）、梁文晓（8月—）、总审计师齐文宏（—8月）、韩杰（8月—），纪检组长李华（8月—）。设有办公室、财政审计科、金融审计科、经贸审计科、行政事业社会保障审计科、农业环保外资审计科、经济责任审计科、固定资产投资审计科、法规科、审计信息中心、建设项目审计监督中心。

审计成果　朔州市审计局完成审计项目9大类92个，审计单位281个，查出违纪违规金额71938.17万元，管理不规范金额34515.21万元，其中应上缴财政7000万元，应归还原渠道资金12363万元，应调账处理金额15963万元；已上缴财政7000万元，已归还原渠道资金12363万元，已调账处理金额15963万元；建议有关部门处理事项8件。提交审计报告、信息230篇，被各级采用转发102篇。

财政审计　开展本级财政预算执行情况审计和三个县区的2007～2008年度财政决算审计，查出违纪违规金额65438.91万元，管理不规范金额19475.02万元。审计后从体制、机制层面上分析财政资金管理上的深层次问题，并提出进一步完善和深化财政体制改革，推进依法理财，加强财政监管等一系列建议。为加强预算管理，深化财政改革，提高财政资金使用效益，发挥重要作用。

固定资产投资审计　市本级完成固定资产投资审计21个项目，审定投资总金额22552万元，查出违纪违规金额2347.74万元，核减金额5032.44万元，核减率22.3%。重点揭露了主管方管理不善、损失浪费和施工方高套定额、核算不实等问题，促进规范政府投资项目资金管理，提高了项目资金使用效益。

企业审计　完成6户民营及非国有控股企业税收征收管理情况的审计调查和2户企业绩效审计调查。查出违纪违规金额3377.61万元，纠正各类违纪违规问题25个，提出有效可行的合理化审计意见和建议23条。特别是对企业绩效审计做了有益的探索。

经济责任审计 全市对108名主要领导干部任期履行经济责任情况进行审计。其中任中经济责任审计33名，离任审计75名，共查出违规金额21788.98万元。其中：应负主管责任金额16281.88万元，直接责任金额523.88万元，领导责任金额3337.94万元，其他方面涉及金额1645.28万元。提交审计报告、审计决定、审计结果报告和信息360余篇。

专项资金审计（调查） 开展专项审计和审计调查项目22个，审计单位216个，主要开展全市民政救灾、城市低保专项资金、全市城建系统财务收支、收费管理及部分重点城建工程项目等专项资金的审计和审计调查。通过审计，揭露主管部门单位挤占挪用、截留坐支、滞留资金等问题，提出科学决策、合理分配、发挥资金效益的意见和建议。对朔州市汶川地震救灾资金物资捐赠情况开展跟踪审计。（撰稿人：白志强）

【阳泉市审计局】 2009年，阳泉市审计局人员编制70人，在编66人。局长李润萍，副局长刘文军、张东明、张冬梅（11月—），总审计师彭乃良（11月—），纪检组长弓爱文。设有办公室、审计计划科、人事教育科、法制科、政策研究室、监察室、财政审计科、行政事业审计科、固定资产投资审计科、社会保障审计科、农业环保审计科、经济责任审计科、金融审计科、经济贸易审计科、外资审计科，事业单位有信息中心（全额预算事业单位）、固定资产投资审计咨询服务中心（自收自支事业单位）。

审计成果 阳泉市审计局完成审计（调查）项目64个，审计（调查）单位64个，查出违规金额52093万元，管理不规范金额72881万元。其中应上缴财政19775万元，应归还原渠道资金3832万元，应调账处理金额3371万元。已上缴财政13249万元，已归还原渠道资金11万元，已调账处理金额248万元。移送有关部门单位处理事项1件。

财政审计 预算执行审计单位17个，查出违规金额33211万元，其中应上缴财政12290万元，已上缴财政11772万元；财政决算审计单位2个，查出违规金额8627万元，其中应上缴财政3162万元，已上缴财政474万元。

行政事业审计 审计单位12个，查出违规金额7485万元。其中应上缴财政3124万元，已上缴财政1003万元。

固定资产投资审计 审计单位17个，查出违规金额1386万元，审计核减投资额9916万元，审计后挽回损失554万元。

企业审计 审计单位3个，查出违规金额485万元，管理不规范金额1057万元。移送纪检监察部门处理事项1件，涉及1人。

经济责任审计 审计经济责任人9人，审计单位2个，查出违规金额5193万元，管理不规范金额5704万元，其中领导干部负直接责任金额6万元。

专项资金审计（调查） 审计单位13个，审计总金额7532万元，查出违规金额2285万元，管理不规范金额20223万元，应上缴财政1199万元。（撰稿人：白海峰）

【长治市审计局】 2009年，长治市审计局人员编制76人，在编73人。局长温秀成，副局长马宏斌、侯成（2008.12—）、赵治兴、张国庆（2008.11—）、江宏凌、车建科，总审计师苏庆吉（2008.12—），纪检组长牛恩毅。设有财政审计科、金融审计科、行政事业审计科、投资审计科、经贸审计科、农业审计科、外资审计科、社会保障审计科、办公室、计划管理科、人事教育科、老干部管理科、法规科、纪检监察室、督查科、党总支、工会、妇委会，另设有经济责任审计分局、固定资产投资审计中心、后勤服务中心（均为直属事业单位）。

审计成果 长治市审计局完成4大类52个审计项目的审计和审计调查，查出违规金额68209万元，其中应上缴财政7765万元，应归还原渠道资金9452万元，应调账处理金额7046万元；已上缴财政6572万元，已应归还原渠道资金8796万元，已调账处理金额4679万元。移送司法机关、纪检监察部门处理事项23件，建议有关部门处理事件9件。提交审计工作报告、信息255篇，被采用150篇。继2005年以来第二次被中央文明委表彰为“全国精神文明建设工作先进单位”；被山西省委下乡领导组表彰为“扶贫先进单位”；被山西省委、省人民政府表彰为“1999～2009年依法行政十佳单位”；被省人力资源和社会保障厅、省审计厅表彰为“先进集体”；在全国审计系统先进集体和先进工作者表彰会上，局党组书记、局长温秀成被人力资源和社会保障部、审计署共同授予为“全国审计系统先进工作者”荣誉称号，并受到了中共中央政治局常委、国务院总理温家宝和国务委员马凯同志的亲切接见。审计工作在全省审计机关综合考核中再次获得第一名，蝉联“十六连冠”。

财政审计 审计（调查）单位19个，查出违规金额31665万元，其中应缴财政1448万元，已缴财政1440万元。

行政事业审计 审计（调查）单位8个，查出违规金额9909万元，其中应缴财政328万元，已缴财政310万元。

固定资产投资审计 审计单位16个，查出违规金额4234万元，核减投资额7881万元。

经济责任审计 审计单位8个8人，查出违规金额25601万元，管理不规范金额62249万元。

专项资金审计 审计单位11个，审计总金额134175万元，查出应缴财政5952万元。

（撰稿人：李建玲）

【晋城市审计局】 2009年，晋城市审计局人员编制80人，在编69人。局长祁岩冰，副局长刘化珠、申秀英、王瑞祥，总审计师王建芳（1月—），纪检组长张海昌。设有办公室、人事科、法制科、监察室、财政审计科、固定资产投资审计科、经济责任审计科、工商企业审计科、金融外资审计科、行政事业审计科、社会保障审计科、农业环保审计科、经贸系统审计科、政法系统审计科、科教文卫系统审计科、审计稽查所、审计科研所、审计信息中心等职能科（室、所）。

审计成果 晋城市审计局完成审计项目80个，查出违规金额85338万元，其中应上缴财政39132万元，应归还原渠道资金2314万元，应调账处理金额26243万元；已上缴财政38258万元，已归还原渠道资金535万元，已调账处理金额24954万元。提交审计工作报告、信息53篇，被采用32篇。

财政审计 分别对市本级29个单位2008年预算执行情况和3个县2007年、2008年的财政决算进行审计。揭示财政管理、财政改革、税收征管、预算执行等方面存在的问题，按照建立公共财政的改革要求，针对性地提出加快经济结构调整、继续深化财政改革、科学编制和执行预算、努力降低行政成本、加强投资项目管理等建议。

社会保障审计 根据上级审计机关部署，对全市汶川地震救灾资金物资进行跟踪审计，重点审核承办单位是否及时将捐赠款物如数逐级上缴相关单位及专户，有无拖延、隐匿、挪用、浪费等问题。根据晋城市人民政府安排，对本市援助地震重灾区过渡安置房建设工程进行决算审计，审计金额6041万元，经过调查核对，核减工程价款44万元。

固定资产投资审计 根据晋城市人民政府安排，围绕“保增长、保民生、保稳定”的中心任务，对市级部分重点建设项目进行审计。共审结13个项目，审计后核减工程价款2381万元，提高建设资金使用效益，维护国家、建设单位和施工企业的合法权益。

企业审计 根据山西省审计厅授权，重点对晋城无烟煤矿业集团有限责任公司对外投资情况进行审计。该公司对外投资逾百亿元、投资范围涉及八个省市的七十多家单位。晋城市审计局从市、县审计机关调配三十多名业务骨干组成审计组，把国有资产安全和企业经营风险作为审计关注的重点，客观揭示了投资决策不尽规范、损益核算不尽真实等问题，力求为切实掌握企业发展现状、采取有效管理措施提供依据。

经济责任审计 对12名县处级领导干部进行经济责任审计。查出违规金额456万元、管理不规范金额2632万元。对被审计领导干部履行经济责任情况作出评价，对其履职期间所存在问题应承担的责任进行划分，发挥经济责任审计的制约和预防作用。

（撰稿人：史晋雷）

【忻州市审计局】 2009年，忻州市审计局人员编制62人，在编63人。局长武恩良，副局长李锁奎、顾连宽、李进明、李月文（12月—），总审计师韩建柱。设有办公室、法制科、财政审计科、金融审计科、行政事业审计科、工商企业审计科、农业环保审计科、社会保障审计科、固定资产投资审计科、人事教育科、经济责任审计分局、监察室、外资运用审计科等职能科室。

审计成果 完成审计项目163个，查出违规金额165932万元，其中应上缴财政46662万元，应减少财政拨款或补贴51万元，应归还原渠道资金 9537 万元，应调账处理金额 13554 万元，应自行纠正金额 96128 万元；已上缴财政 17495 万元，已减少财政拨款或补贴 22 万元，已归还原渠道资金 1113 万元，已调账处理金额 1178 万元，已自行纠正金额 31965 万元。移送司法机关、纪检监察部门处理事项 34 件，建议有关部门处理事项 31 件。提交审计工作报告、信息 453 篇，被批示采用 231 篇（次）。

财政审计　实施 2008 年度预算执行和其他财政收支送达审计，并对 2007 年、2008 年两年全市矿产资源补偿费、矿业权价款、污染防治专项资金、教育经费等征收管理使用情况等 14 个联动项目进行专项审计与审计调查。对五台、宁武、神池、五寨、原平、保德、偏关、静乐、岢岚、忻府区 10 个县及市经济技术开发区 2007 年度、2008 年度、2009 年度的财政决算进行审计。查出违反财政制度金额 130467.84 万元，可增加财政收入 11752.49 万元，审计直接收缴入库 1626.61 万元。

经济责任审计　对 21 名县处级领导干部进行经济责任审计，查出违纪违规金额 114262 万元，其中应负直接责任的 7319 万元，应负主管责任的 18453 万元，应负领导责任的 88490 万元。为促进干部管理监督、党风廉政建设发挥积极作用。

社会保障审计　对全市 2007 年、2008 年两年的社会保障基金存款利率执行情况进行专项审计调查。发现中行、工行等商业银行未对市本级和部分县的社保基金存款执行优惠利率，共计少付利息 1800 万元，并已责成有关银行全部补缴入库，及时挽回全市社保基金的损失。

企业审计　协助有关部门开展煤焦领域反腐败斗争，共清理检查煤焦企业 1108 个，查实全市累计欠缴各类基金、税费、价款 19.9 亿元，收缴 12.36 亿元，其中通过审计对部分企业故意隐瞒收入、偷逃税费等行为进行罚款和没收入库达 13600 万元。　（撰稿人：张海峰）

【晋中市审计局】　2009 年，晋中市审计局人员编制 66 人，在编 64 人。局长荣贵，副局长冯思义、贾建华、杨彦红、张海涛（12 月—），总审计师吕建萍，纪检组长吴荣富（—9 月）、张殿富（11 月—）。设有办公室、法制科、人事教育科、信息管理科、财政审计科、金融外资审计科、行政事业审计科、社会保障审计科、经贸审计科、农业审计科、固定资产投资审计科、经济责任审计科、监察室、后勤服务中心、经济责任审计分局、投资审计中心。

审计成果　晋中市审计局共完成审计单位 78 个，查出违规金额 181262 万元，管理不规范金额 188336 万元，其中应上缴财政 10776 万元。提交审计报告、信息 97 篇，被采用 15 篇。

财政审计　组织实施市财政局、市地税局、市国土资源局、市环保局等 17 个部门、单位的预算执行审计。

对县级财政决算审计继续采取“上审下”的审计方式，对榆次等 6 个区（县）2007 年、2008 年财政决算情况进行审计；对平遥县等 4 个县（市）进行财政收支审计。

金融审计　完成市县两级 9 家担保公司 2007 年至 2008 年度财政性担保资金的管理、使用和效益情况的审计调查；完成晋中市商业银行 2007 年至 2008 年度的资产负债损益情况审计；对市本级 2006 年至 2008 年利用国家开发银行贷款使用情况进行审计。

固定资产投资审计　完成市城区新建廉租房建设项目跟踪审计、全市中小学校舍安全工程实施情况审计调查和专项审计以及部分县区基础设施补助资金使用情况审计调查。

企业审计　完成阳涉铁路有限责任公司 2007 年、2008 年利润分配的审计，榆洪二级公路收费站及债务余额专项审计和榆洪收费站审计，晋中市嘉华热力有限公司资产、负债、损益审计。

社会保障审计　完成七项社保基金审计，汶川地震救灾物资审计情况，失业金统筹审计，农村合作医疗审计。

经济责任审计　完成经济责任审计项目 20 个，审计共查出违纪违规金额 57106.77 万元，应负直接责任金额 21.79 万元，应负领导责任的金额 25258.05 万元，应负主管责任的金额 31636.58 万元，应负其他责任 190.35 万元，审计结果被各级政府利用和转化。

专项资金审计（调查）　在财政审计中完成社保、教育、环保、国土、节能减排、水利、扶贫、农业、林业等 14 项专项资金（基金）审计和审计调查。　（撰稿人：董桂伶）

【临汾市审计局】 2009年，临汾市审计局人员编制49人，在编56人。局长王千良，副局长赵茂山、祁全保、郭安平，总审计师张百管，纪检组长周宁康。设有办公室、人事教育科、法规科、监察室、综合科、财政审计科、经济责任审计科、金融审计科、农业环保审计科、社会保障审计科、固定资产投资审计科、外资审计科、行政事业审计科、工商企业审计科。同时设经济责任审计和固定资产投资审计中心（属事业编制）。

审计成果 临汾市审计局共完成57个项目98个单位的审计和审计调查。查处违纪违规金额76913万元。应上缴财政22031万元，已上缴财政21928万元，上缴率99%，已归还原渠道资金41897万元，审计报告和审计信息被采用213篇。审计宣传工作被《中国审计》评为“全国审计系统宣传工作先进单位”、下乡扶贫和新农村建设帮扶结对推进村工作被市下乡办和新农村建设办评为“先进单位”。12月初通过省文明办检查验收，被授予“2008～2009年山西省文明和谐单位”称号，妇女工作被全国妇联授予“三八红旗岗”称号。

财政审计 审计一级预算单位32个，延伸审计三级预算执行单位61个。揭露15个方面的突出问题，在深入分析问题原因的同时，对部门单位经费供给渠道不顺、专项资金以费养人，挤占挪用、政府债务负担过重等急需解决的问题及时向政府如实反映，结合预算管理方面存在的机制、体制、制度等问题，从改革财政体制、完善管理制度等方面提出6条整改建议，帮助被审单位建立健全15项规章制度。审计查出应上缴财政22031万元，已上缴21928万元，上缴率达99%；指明要求纠正29541万元，滞留的上级财政专项资金42272万元已全部拨付到位。完成4个县（市、区）和17个县的45个乡镇2007年至2008年度财政决算审计，加大对重大违规违法问题的监督力度，为提高经济运行质量和效益、促进全市经济持续健康发展，发挥重要作用。

金融审计 对全市已成立的7家政策性担保机构使用财政资金情况进行审计，查出担保公司违规违纪金额69736万元。完成对翼城县信用联社2007年、2008年资产、负债、损益情况的审计，查出违规违纪金额8941万元。

行政事业审计 全年完成县乡医疗服务体系建设及资金管理使用情况专项审计调查，2007年至2008年度全市教育经费使用情况专项审计调查，2007年度、2008年度科学技术研究与开发专项资金管理使用情况审计调查，对全市十个县、市（区）政府采购政策落实情况、政府采购预算情况、政府采购依法实施情况、采购代理机构财务收支情况及临汾市十个县、（市、区）政府接待经费管理使用情况进行审计调查。在教育经费审计调查中，共延伸调查41所高中高职中专、93所初中、1所特殊学校。按照“普九”债务审计要求，对17个县（市、区）教育系统的2337户债务主体进行审计调查，涉及债务项目资金13428万元，按政策规定核减债务7571.83万元，有效缓解了学校资金需求，减轻学校负担。

固定资产投资审计 全年对42个重点投资项目进行审计，审计总投资金额136931万元，审计核减项目资金10341万元，其中临汾市审计局完成国道108改道项目、鼓楼西汾河大桥项目、南外环道路改造、侯马一中、滨河西路北段等14个重点投资项目的审计，审计总投资金额125460万元，核减项目资金9019万元，核减率达9.019%。

经济责任审计 对翼城、浮山、安泽、古县、霍州、侯马、乡宁7个县（市）长进行离任经济责任审计，查出违规违纪金额30926万元，同时对25名拟提拔的县级领导干部进行任前审计，共提出合理化建议28条，全部被党委、政府采纳。

外资运用审计 全年共对“林业四期”贷款项目、“日元贷款”植树造林项目、“农村能源”沼气等4个外资项目的24个资金使用单位进行公证审计和审计调查，提出合理化建议8条。

专项资金审计（调查） 完成2007年、2008年矿产资源补偿费、土地出让金征收、淘汰落后产能、污染防治专项资金、水利专项资金、新农村建设专项资金、教育经费、救灾和城市低保专项资金、医疗服务体系建设等14个项目的专项审计调查，共调查308个单位，提出18条审计建议，全部被各级政府采用。

（撰稿人：鲁双成　王志义）

【运城市审计局】 2009年，运城市审计局人员编制57人，在编65人。局长王吉海，副局长侯曙光、王乐乐、陈立定、王凌，总审计师李乃胜，纪检组长孙银虎。设有办公室、人事科、法制科、监察室、财政科、经济责任审计科、金融科、农业科、行事科、社保科、投资科、外资科、工商科，自收自支事业单位信息中心、咨询所。

审计成果　运城市审计机关共审计单位520个（审计调查121个），查出各类违纪违规金额3.12亿元，上缴财政2762万元；核减工程款3600万元；移交纪检监察部门48案50人；提交审计专题、综合性报告和信息简报1221篇，被批示采纳539篇。

财政审计　对市财政局、地税局、国土资源局、环保局、交通局、城建局、农业局等28个市直单位及其所属二、三级预算单位实施财政预算执行情况审计，并对相关专项资金进行审计调查。受市政府委托，6月17日向市二届人大常委会第25次会议作了《关于2008年市本级财政预算执行和其他财政收支情况的审计工作报告》，人大常委会对审计工作报告给予较高评价，对审计工作给予充分肯定。

固定资产投资审计　市政府6月29日出台《运城市建设项目审计办法》，于7月29日在全市正式实施，这是市建设工作和审计工作的一件大事。同时，对市直各有关单位专门发出《运城市审计局关于贯彻〈运城市建设项目审计办法〉的通知》，要求全市审计机关、有关部门和单位要认真学习，加强配合。2009年市本级投资审计及审计调查资金总额7.35亿元，重点对东城污水处理中心、市特殊教育学校综合楼项目、市城西人家住宅小区节能改造工程、市中医院门诊综合楼的审计及审计调查；完成了对市生活垃圾处理场建设项目审计，完成对汶川地震灾后重建后援项目审计和全市中小学校舍安全工程情况审计。查出设计未招标、损失浪费及超占土地等问题。

经济责任审计　市县两级审计机关全年完成经济责任审计项目115个，其中，县委书记1人，县市长1人，开发区管委会主任1人，乡镇长42人，党政领导28人，事业单位领导干部41人，企业单位领导人员1人，审计总金额12亿元，查出违纪金额7516万元，领导干部负直接责任的1005万元，负主管责任的6511万元。向司法、纪检机关移交1案1人。为了积极稳妥地推进经济责任审计工作，继续坚持党政领导一体审，财政决算和其他财务收支审计与经济责任审计相结合的方式，合理配置资源，提高审计效率。

（撰稿人：景　磊）

【吕梁市审计局】　2009年，吕梁市审计局人员编制51人，在编51人。局长卫成印，副局长贾桥、高博、张林生，总审计师王建平，纪检组长王荣金。设有办公室、人事科、法制科、财政审计科、金融经贸审计科、行政事业审计科、社会保障审计科、固定资产投资审计科、经济责任审计科、农业与资源环保审计科、外资运用审计科、监察室、工会、妇工组等职能科室，另设有审计审理复核中心、网络管理中心（均为直属事业单位）。

审计成果　审计和审计调查820个单位，审计总金额985109万元。审计查出违规金额80512万元，管理不规范金额184066万元，审计决定收缴1561万元，已收缴919万元；对党政领导干部实施经济责任审计96名；审计核减工程决算金额4194万元。共出具审计报告417份、审计调查报告403份、下达审计决定83份，完成审计综合报告87份，提出审计建议926条。警告和通报批评28个单位和个人，移送纪检监察及有关部门23案查处36个单位和22人。

财政审计　预算执行审计和调查225个单位，审计资金总额519419万元，查出各类违规违纪金额49810万元，管理不规范金额105249.83万元，可增加财政收入20765万元。对柳林、石楼、交口、交城、汾阳等5个县（市、区）2007年度、2008年度的财政决算审计，审计和延伸审计110个部门、单位及下属单位，同时延审24个单位的收费情况，审计资金总额1037313万元，查出各类违规违纪问题338867.07万元。

专项资金审计　审计和审计调查403个单位，审计和审计调查资金总额643185万元，查出各类违规违纪金额67681万元，可增加财政收入1021万元。

固定资产投资审计　审计和审计调查67个单位，审计总金额29298万元，查出各类违规违纪金额4701万元，审计核减工程款4194万元。

经济责任审计　完成96名党政领导干部的任期经济责任审计，其中县级领导干部11名，乡科级领导干部85名。

行政事业审计　审计和审计调查单位 67 个，查出违规金额 3671 万元。

金融审计　审计和审计调查单位 3 个，查出违规金额 595 万元。

企业审计　审计和审计调查单位 7 个，查出违规金额 650 万元。

（撰稿人：汪甘霖）

2009 年山西省所辖区、县(市)级审计工作统计表

金额单位：万元

审计机关	完成审计项目(个)	查出违规金额	应上缴财政	应减少财政拨款或补贴	应归还原渠道资金	应调账处理金额	应自行纠正金额	移送司法纪检部门处理事项(件)	建议有关部门处理(件)	提交审计报告、信息(篇)	审计报告、信息被采用(篇)
太原市											
太原市本级	97	341797	64038		379	805	306300	7	35	201	41
杏花岭区审计局	29	6315	10				4318			25	
小店区审计局	35	2903	4				2804			18	
迎泽区审计局	39	9931	1894			5363	7871			32	
尖草坪区审计局	20									5	
万柏林区审计局	50	5035	13				4152			23	10
晋源区审计局	52	1127	8				938			13	
古交市审计局	41						1306				
清徐县审计局	45	8957	47				8531			56	11
阳曲县审计局	31						320				
娄烦县审计局	26										
大同市											
大同市本级	108	100972		14070	14447	5544				108	
城区审计局	19	382	64							19	
矿区审计局	26	396								26	
南郊区审计局	44	621	9		477					44	
新荣区审计局	70	188		449	188					70	
阳高县审计局	63	1984	170	181	364					63	
天镇县审计局	25	264	13	13						25	
广灵县审计局	29	338	7			184				29	
灵丘县审计局	25	847	17		85					25	
浑源县审计局	18	8	2							18	
左云县审计局	27	595	21							27	
大同县审计局	23	823	10	20		102				23	

(续表)

审计机关	完成审计项目(个)	查出违规金额	应上缴财政	应减少财政拨款或补贴	应归还原渠道资金	应调账处理金额	应自行纠正金额	移送司法纪检部门处理事项(件)	建议有关部门处理(件)	提交审计报告、信息(篇)	审计报告、信息被采用(篇)
朔州市											
朔州市本级	281	71938.17	7800	1785	6939	17975	23241		6	230	102
朔城区审计局	93	3107	34.8	4641.5	998	1529			2	163	29
平鲁区审计局	117	8043.64	4941.69							45	6
山阴县审计局	199	6430.95	414.49	1424			5033.12			108	25
应县审计局	121	506.2	32.32	157.42						98	15
右玉县审计局	55	390	13							65	2
怀仁县审计局	64	5382	26							112	6
阳泉市											
阳泉市本级	64	52093	19775		3832	3371		1			
城区审计局	18	200									
矿区审计局	94	82	24							23	14
郊区审计局	57	5741	497			537					
平定县审计局	67	17987	6326		3262	1394					
盂县审计局	58	53138	361		277	2463					
长治市											
长治市本级	54	68209	7765		9452	7046		23	9	255	150
城区审计局	109	5167	764					20		126	102
郊区审计局	32	19055	1982					5		80	53
潞城市审计局	37	9963	104		2704	105		1		62	140
长治县审计局	102	39779	168			64401		17	3	202	199
襄垣县审计局	174	5789	35	13900	132			58		34	4
屯留县审计局	186	22431.4	1653.4		5720.1	8729.9	90.9	30	2	203	125
平顺县审计局	27	12556	474		451	12	6491	29	3	175	72
黎城县审计局	39	6334	245			28			5	91	62
壶关县审计局	26	7909	251		163			6	6	115	159
长子县审计局	43	1480	66		479			29	5	73	58
武乡县审计局	34	4125	3551		1182	241		12	5	68	22
沁县审计局	21	1542	57.4					7	14	39	157
沁源县审计局	66	10974	1192		101	320		16	45	263	
晋城市											
晋城市本级	80	85338	39132	50	2314	26243				133	101
城区审计局	36	4510	8		19					41	30

（续表）

审计机关	完成审计项目（个）	查出违规金额	应上缴财政	应减少财政拨款或补贴	应归还原渠道资金	应调账处理金额	应自行纠正金额	移送司法、纪检部门处理事项(件)	建议有关部门处理(件)	提交审计报告、信息(篇)	审计报告、信息被采用(篇)
高平市审计局	65	25344	2610		36	1634				92	58
泽州县审计局	36	14586	6180		3133	2452				60	45
沁水县审计局	50	23462	3435	526	16933	296				91	74
阳城县审计局	56	11098	6945		877	1219				63	49
陵川县审计局	55	912	42		383	184	1			87	53
忻州市											
忻州市本级	153	25168	19092	51	400	122	96128	34	37	252	123
忻府区审计局	23	6598	635		87		1033			37	2
原平市审计局	75	2471	874	131	867	1		3	3	97	23
定襄县审计局	20	7652	426		69	1223		5	5	75	3
五台县审计局	44	36541	177		252					48	19
代县审计局	47	6848	184		143			2	2		
繁峙县审计局	34	16097	31							38	18
宁武县审计局	70	14130	822		279	194	8163	2	2	61	5
静乐县审计局	25	22576			12538	7395	2545			27	
神池县审计局	28	2927	199					5	5	28	8
五寨县审计局	20	10299	563		468	337	346			39	
岢岚县审计局	31	2229	156				3304	2	2	32	6
河曲县审计局	46	25466	1774	91	3068	1457	6651	2	2	83	71
保德县审计局	15	5661	299		431	702	1045	8	8	32	6
偏关县审计局	59	408	176			131	101	5	5	55	
晋中市											
晋中市本级	78	181612	10776							97	15
榆次区审计局	57	5342.3	29.41							65	2
介休市审计局	56	7555	163			9075				100	32
榆社县审计局	34	80	7							57	
左权县审计局	142	9108	32.88			2.3	1			48	
和顺县审计局	129	13501	41.3			2017		2		130	23
晋阳县审计局	43	14679	14971			2143				36	
寿阳县审计局	122	1041	114							35	3
太谷县审计局	24	43	278			178				68	7
祁县审计局	54	309.73	53							77	5
平遥县审计局	66	1281	126			1	3			93	11

（续表）

审计机关	完成审计项目（个）	查出违规金额	应上缴财政	应减少财政拨款或补贴	应归还原渠道资金	应调账处理金额	应自行纠正金额	移送司法、纪检部门处理事项(件)	建议有关部门处理(件)	提交审计报告、信息(篇)	审计报告、信息被采用(篇)
灵石县审计局	23	9788	23			25			1	29	5
临汾市											
临汾市本级	98	76913	22031		41897		29451			450	213
尧都区审计局	102	224			149	2646				139	33
侯马市审计局	697	15505	21					2	6	244	387
霍州市审计局	51	3924			196	1295	214	3		196	115
曲沃县审计局	126	2461	833		500	477	820		6	276	228
翼城县审计局	102	48900	1174					6	6	100	95
襄汾县审计局	51	3855	21					2		208	208
洪洞县审计局	42	21577.2						1		231	163
古县审计局	34	1643	25		223	33984		1		136	96
安泽县审计局	79	828.44			14.13	19.97	403.9			65	49
浮山县审计局	55	6735.86			2.59						
吉县审计局	98	1759.41								300	177
乡宁县审计局	45	20600	12000		657	103				257	115
蒲县审计局	38	3773	498		396	52	2827	3		15	1
大宁县审计局	38	6173			6	769	5298	1		30	24
永和县审计局	100	4000								45	45
隰县审计局	48	300	65		86					58	58
汾西县审计局		1461	54.9			3		18		210	210
运城市											
运城市本级	41	2182	92		25	75		1		120	52
盐湖区审计局	34	2921	2430			68				46	20
永济市审计局	37	19028.6	108.34	833.3	2099.8	944		18	12	104	19
河津市审计局	80	1623.25	180.1		5271	95		12	12	261	110
芮城县审计局	33	2091	64		34	1				58	32
临猗县审计局	30	5180	16		178			16	5	74	45
万荣县审计局	34	1276	22		90	124				54	21
新绛县审计局	31	419	58		113	121				77	28
稷山县审计局	36	1043	11		72	562				45	23
闻喜县审计局	35	3150	29		35			1	1	83	14
夏县审计局	39	4100	14.51		508.29	246.93				108	36
绛县审计局	37	1427	8	8.3	61.3	146.5				96	75

（续 表）

审计机关	完成审计项目（个）	查出违规金额	应上缴财政	应减少财政拨款或补贴	应归还原渠道资金	应调账处理金额	应自行纠正金额	移送司法纪检部门处理事项(件)	建议有关部门处理(件)	提交审计报告、信息(篇)	审计报告、信息被采用(篇)
平陆县审计局	36	1380	8							54	48
垣曲县审计局	30	2476								41	16
吕梁市											
吕梁市本级	58	35970			100				3	145	74
离石区审计局	40	3074		12	160	124				100	2
孝义市审计局	63	451	22							84	3
汾阳市审计局	17	1669	8							17	
文水县审计局	25	1453	14							103	8
中阳县审计局	41	96	31							49	3
兴县审计局	35	2534	12							41	
临县审计局	42	125	7							101	11
方山县审计局	32	4000	113		3					57	1
柳林县审计局	199	464	41					1		252	17
岚县审计局	65	2428	15							92	6
交口县审计局	15	5111	11							15	1
交城县审计局	19	3916	3							19	1
石楼县审计局	169	504	6							181	2

内蒙古自治区

【内蒙古自治区审计厅】 2009年，内蒙古自治区审计厅共设行政事业编制206人，其中厅级机关行政编制120人，事业编制46人，驻海拉尔、赤峰审计处行政编制32人。设有领导干部经济责任审计局（副厅级，设党政领导干部经济责任审计处、企事业单位领导经济责任审计处两个处）、办公室、人事教育处、机关党委、纪检组、法制处、离退休人员工作处、财政审计处、行政事业审计处、金融审计处、农业与资源环保审计处、经贸审计处、固定资产投资审计处、政府投资审计处、外资审计处、社会保障审计处、审理处；另设有派驻赤峰、海拉尔两个审计处（直属派出一处、二处）；还设有审计科研培训中心、机关事务服务中心、审计信息与计算技术服务中心及内部审计管理中心直属事业单位。

领导成员

厅　　长：长　江

副 厅 长：赵慧容（女）　王月胜

　　　　　孙德志　　　　吕靖原

总审计师：郭少华

纪检组长：王玉璋

经济责任审计局局长：靳素平

副巡视员：千梅海

审计成果　2009年，全区共审计4739个单位，审计调查902个单位。审计查出违规金额141亿元，损失浪费金额4220万元，收缴财政9.4亿元，减少财政拨款或补贴金额1.4亿元，归还原渠道资金9亿元，核减投资额10亿元。上报审计专题报告、信息5576篇。提出审计建议3623条，被审计单位制定整改措施248项，建立健全规章制度148项，向社会公告审计结果90项。

财政审计　一是关注从体制、机制和制度的层面上揭示问题，关注财政支出方向，促进优化财政支出结构，推动财政管理和公共财政体系的逐步完善。二是关注审计本级预算收支的真实性、合规性，揭示和纠正预算执行过程中分配、管理和使用方面存在的问题，规范财政收支行为。三是关注规范专项转移支付管理，提高资金使用效益。四是关注揭示税收征管中存在的问题，促进提高征管质量。五是关注带有普遍性、倾向性的问题，分析原因，提出改进和完善的建议，发挥审计的建设性作用。

固定资产投资审计　全区固定资产投资审计910个单位，查出违规金额12亿元，上缴财政4671万元，减少财政拨款或补贴4132万元，核减投资额10.5亿元。对中央和自治区新增投资项目加大了监督力度，关注新增投资的使用效果；审计与审计调查相结合，充分发挥审计的建设性作用；对10条公路建设项目进行跟踪审计和竣工决算审计，对72座危险水库除险加固工程进行了审计和审计调查。危险水库综合报告和黄河防汛工程审计专题报告上报自治区政府后，政府领导作出了批示。

金融外资运用审计　全区审计金融单位3个，查处一些违规和管理不规范等问题。对自治区信用联社近两年资产、负债和损益情况进行审计，并延伸调查6个旗县信用社和5个基层营业网点。针对审计查出的问题，提出改进意见和建议。在跟踪审计常规外债项目的同时，为外资运用项目及时出具公证审计报告，为政府性外债及时拨付到位提供保障。对结核病等关系民生的项目进行效益审计，提出后续项目完善建议，得到自治区领导和有关部门的重视。

专项资金审计　全区专项资金审计和审计调查1243个单位，查出违规金额9.1亿元，管理不规范金额22亿元，上缴财政1805万元。全区三级审计机关共审计生态工程专项资金和农业综合开发资金用款单位780个，审计调查建设项目464个，走访农牧民千余户，查出违规金额5.7亿元。审计农业综合开发项目执行单位201个，项目工程336个，查出各类违规金额1.7亿元。按照自治区“小金库”专项治理领导小组的统一部署，自治区审计厅与有关部门共同制定《关于开展党政机关和事业单位“小金库”专项治理工作的实施办法》，三级审计机关积极参与了“小金库”资金专项治理工作，审计厅对自治区本级10个厅局、58个二级预算单位进行检查。

社会保障审计　一是对关系人民群众切身利益的养老、医疗、失业、工伤、生育五项社保基金进行审计。查出少缴欠缴社会保险基金，开户银行少计利息收入，违规开设银行账户，有关部门滞留社保基金，以物抵费、挤占挪用、账外核算等问题。深入剖析五项社保基金收支在政策执行和管理体制方面存在的问题，引起自治区领导的高度重视，三位副主席分别作出批示。二是开展政府投资保障性住房和棚户区改造资金的审计和审计调查。发现并剖析部分盟市未按规定将廉租住房专项资金及时拨付到项目建设单位、地方配套资金落实率低、土地出让金净收益和住房公积金增值收益净结余用于廉租住房建设的政策执行不到位、部分盟市未经批准擅自变更廉租住房建设计划、廉租住房保障资金管理不规范等问题。三是根据审计署的统一部署，对全区汶川地震救灾资金和物资进行审计调查。发现有部分救灾资金结存在盟市旗县民政、红十字会和慈善机构的现象，提出及时拨付灾区，确保各项救灾款物专款专用的建议。

企业审计　全区企业审计106个单位，查出违规金额5.9亿元，管理不规范金额1.1亿元。开展了全区政府还贷二级公路债务余额和通行费收支的审计。此项工作调查了106条政府还贷二级公路，清理了近10年的账目，最终确认全区已投入运营的政府还贷二级公路债务数额，分管副主席对此作出批示。

经济责任审计　一是加大领导干部任中审计力度，将监督“关口”前移，努力发挥经济责任审计的预防作用。二是加强对领导干部经济权力运行的监督。突出对经济决策权、执行权、监督权的审计监督，关注领导干部廉政情况，即“三权一廉”。三是推进审计成果运用，扩大审计影响。2008年自治区16名厅局级领导干部任期经济责任结果汇总梳理后，联合自治区党委组织部在自治区各委办厅局、大专院校、大企业、盟市党委政府进行通报，提出整改要求和加强管理的建议，对于扩大审计影响，促进领导干部依法行政发挥了积极作用。四是健全制度，规范经济责任审计行为。实行经济责任审计结果通报制度，扩大群众知情权。五是扩大县处级领导干部经济责任审计范围，开展乡镇长、村主任经济责任审计，推行旗县委书记、旗县长一并审计，提高了经济责任审计工作成效。2008 年全区经济责任审计 1276 人，其中县处级以上（包括县处级）130 人，县处级以下 1017 人。

相关工作 （1）班子建设。一是领导成员高度重视学习提高。2009 年，修订完善中心组学习制度，厅领导积极参加厅中心组学习，参加各级党校、国家行政学院、地方院校、审计署培训基地的培训，深入基层调查研究，带头学习政治理论、法律知识和审计业务知识，不断增强把握方向、辩证思维、科学判断形势、处理问题的能力。二是按要求开好民主生活会。会前广泛征求处室和厅属单位意见，积极开展谈心谈话活动，沟通思想，增进理解；会上认真对照检查，不讲成绩，只提缺点和不足，积极开展批评与自我批评；会后及时整改，推动工作。三是完善厅党组和厅领导班子议事规则，凡涉及人、财、物等重大问题，坚持由领导班子集体研究决定。四是“一把手”充分发挥抓班子、带队伍、出思路、把方向的作用，其他成员各负其责，每个领导成员既抓业务，又抓队伍建设，领导班子的整体功能得到较好体现。

（2）文明审计。厅党组把廉政建设视为审计工作的生命线，制定惩防并举的廉洁从审制度和纪律，落实党风廉政建设责任制的各项要求，确保审计工作进行到哪里，监督就延伸到哪里。审计组进驻被审计单位时首先要递交监督卡，主动接受监督，审计结束后，驻厅纪检组要进行回访，认真检查审计纪律的执行情况。坚持抓普法教育，切实增强审计人员学法、懂法、守法、依法办事的自觉性。

（3）队伍建设。9 月，召开全区审计干部队伍建设工作座谈会，对审计队伍建设进行总结、交流和部署。厅党组高度重视队伍建设工作，提倡争做“五个”方面的模范和保持“六个健康”：共产党员要做学习贯彻“三个代表”重要思想的模范，要做精通审计业务的模范，要做学习的模范，要做团结的模范，要做遵纪守法的模范；保持“身体健康 、精神健康、思维健康、心态健康、作风健康、行为健康”。建立人事处牵头，机关党委、法制处、计算中心、培训中心具体实施的厅机关系列教育培训体制，在审计干部队伍中大力提倡学习工作化、工作学习化的理念，增强教育培训的针对性和实用性，分层次、分类别、分专业开展培训，提高审计人员的实战能力。采取审计现场实地培训、送教上门、集中举办专业培训班、抽调审计骨干参加审计署和厅里的大中型审计项目等方式，强化审计人员的业务培训。

（撰稿人：丹　军）

【内蒙古审计厅驻海拉尔审计处】 2009 年，驻海拉尔审计处共有干部职工 18 人。处长赵国军，副处长高英玲（4 月—）、赵福春、宝玉（4 月—）。设有办公室、财税社保审计科、行政事业审计科、经济贸易审计科、固定资产投资审计科、经济责任审计科。

审计成果 全年完成审计项目 8 个，完成效益审计项目 3 个，查出违规金额 1.6 亿元，管理不规范金额 2.4 亿元，应缴财政 7904 万元，已缴财政 7904 万元，归还原渠道资金 3.8 亿元。移送司法机关案件 1 起，涉案人员 1 人，涉案金额 57 万元，提出审计建议 7 条。

经济责任审计 审计 1 个项目，涉及责任人 1 名。查出违规金额 2465 万元，管理不规范金额 3.2 亿元，应缴财政 2465 万元。移送司法机关案件 1 起，涉案人员 1 人，涉案金额 57 万元。审计实施中注意文明审计，不越权、不越位、不轻意下结论，对经济责任人在 4 年任期内应承担的经济责任和工作成果进行认定和评价，审计查出投资损失、挤占财政资金、坐支应上缴财政收入等问题。

专项资金审计 审计 2 个项目。对兴安盟本级及科尔沁右翼前旗 2008 年度五项社会保险基金进行审计，摸清收入、支出、结余的底数，对查出问题进行纠正。对内蒙古森林工业集团有限责任公司 2007 年至 2008 年度天然林保护工程资金进行审计，针对生态资金政策性强，使用分散，涉及面广的特点，将资金使用、政策落实、生态效益作为审计的重点。

（撰稿人：张慧芝）

【内蒙古审计厅驻赤峰审计处】 2009 年，驻赤峰审计处共有干部职工 16 人。处长马爱杰，副处长于震华、乌建杰，调研员姜桂华。设有办公室、经贸审计科、固定资产投资审计科、财政行政事业审计科和经济责任审计科。

审计成果 审计 7 个单位（项目），其中行政事业单位 4 个，农业专项资金 2 个，社保基金审计 1 个。查出违规金额 2.3 亿元，应缴财政 148 万元，管理不规范金额 4806 万元，应归还原渠道资金 2837 万元。提交审计信息及调研文章 17 篇，被自治区政府副主席批转 1 篇。

行政事业单位审计 对赤峰市质量技术监督局、内蒙古第十地质矿产勘查开发院、赤峰市和锡林郭勒盟公路管理处等单位的 2008 年度财务收支进行审计。查出截留、坐支、协议收取行政事业性收费 229 万元，应拨未拨养路资金 1671 万元，应计未计收入 315 万元，费用不实 868 万元，用异地发票列支工程款支出 3494 万元等。

专项资金审计 对锡林郭勒盟及所属锡林浩特市、苏尼特左旗 2007 年度、2008 年度农业综合开发资金和生态建设工程资金进行审计和审计调查。查出未落实配套资金 1.5 亿元，擅自变更项目计划 41 万元，用项目资金弥补经费不足 27 万元，降低标准少发放牧民禁牧舍饲粮食补助款 31 万元，固定资产未入账 56 万元等。

社会保险基金审计 对赤峰市本级和宁城县、克什克腾旗 2008 年度企业职工基本养老保险基金、城镇职工基本医疗保险基金、失业保险基金、工伤保险基金和生育保险基金收支、管理和使用情况进行审计，并对部分缴费企业和单位进行延伸审计。查出未提未缴自治区级储备金或调剂金 295 万元，挪用社保基金 188 万元，抵费资产出租净收益 119 万元未转入社保基金账户，部分企业少缴社会保险费 2029 万元，地方财政未将失业保险费、城镇职工基本医疗保险费列入事业单位年度预算 1990 万元，税务部门缓征五项社保基金 1398 万元，部分建设单位未缴或少缴建设工程社会保障费 1356 万元。（撰稿人：付雪峰）

【呼和浩特市审计局】 2009 年，呼和浩特市审计局共有干部职工 92 人。局长卢佳林，副局长王岩、戎志军（4 月—），总审计师王丽萍（4 月—）。设有办公室、人事教育科、法制科、计算机审计管理科、党总支、财政审计科、金融审计科、行政事业审计科、固定资产投资审计科、农业与资源环保审计科、社会保障审计科、经贸审计科，下设经济责任审计办公室、机关事务服务中心、内部审计管理中心事业单位。

审计成果 审计单位（项目）233 个，查出违规金额 13.89 亿元，决定处理处罚中应上缴财政 5478 万元，归还原渠道资金 2251 万元，核减固定资产投资 1.37 亿元。

财政审计 将全部政府性资金审计作为审计转型的突破口和深化预算执行审计工作的重要手段，重点关注国有资产（资本）收益、土地出让金、政府性债务、社会保障金以及政府减免税费等政府公共资金管理的热点、难点问题。查出违规和管理不规范金额 1.22 亿元，促使财政等有关部门调整和规范使用资金 9.5 亿元，促进财政、社保等部门完善管理制度 17 项。

固定资产投资审计 全年完成政府性固定资产投资审计项目 31 个，查出违规金额 9040 万元，核减投资 1.37 亿元。

经济责任审计 呼和浩特市两级审计机关共完成 55 个单位的 73 名领导干部和企业领导人员的经济责任审计。查处违规和管理不规范金额 12.17 亿元，提出审计建议 32 条。审计单位高度重视并认真落实审计提出的整改意见和建议，建立和完善管理制度 6 项。（撰稿人：陈振华）

【包头市审计局】 2009 年，包头市审计局共有干部职工 83 人。局长刘素梅，副局长孙郁、段玉成、高文德，纪检组长张日元。设有办公室、政工科、监察室、法制科、经济贸易审计科、党政经济责任审计科、企事业经济责任审计科、财政审计科、金融审计科、外资审计科、行政事业审计科、农业资源环保审计科、固定资产投资审计科、社会保障审计科，下设有包头市审计培训中心（事业单位）。

审计成果 全年共审计 113 个单位，查出违规金额 18.3 亿元，管理不规范金额 1.5 亿元，已上缴财政 3.2 亿元、已归还原渠道资金 1.9 亿元、已调账处理 2.3 亿元，核减投资额 1920 万元，审计罚没收入 1303 万元，移送纪检监察机关案件 1

起、移送有关部门处理4件。提交审计信息120篇，被包头市委，市政府，内蒙古自治区审计厅采用39篇（次）。审计报告、审计信息被包头市领导重点批示12篇（次）。

财政审计 重点对包头市本级及包头市稀土高新开发区2008年预算执行和其他财政收支、包头市地税局税收征管及政策执行情况进行审计。对包头市建委、民政局、环保局三个部门及其所属单位预算执行情况和包头市青山区、东河区政府2008年财政决算进行审计，查出预算编制不真实不规范、未按规定征收缴纳预算收入、资金滞留闲置、违规改变资金用途、隐瞒转移截留财政收入等违规金额8.8亿元，上缴财政3亿元，归还原渠道资金1.8亿元。揭露和反映了当前财政预算管理中存在的一些深层次、倾向性的问题。代包头市政府向包头市人大常委会作的《关于2008年度包头市本级预算执行和其他财政收支审计工作报告》，受到包头市人大领导及常委们充分肯定。

专项资金审计 为充分发挥审计在促进保障群众切身利益和构建和谐社会的作用，2009年加大了五项社保基金、政府投资保障性住房资金、农业综合开发、生态环境建设、大青山南坡绿化、围封禁牧、湿地保护、体彩、福彩等专项资金以及民政、环保、城建等部门的民生资金的审计和审计调查，查处了应缴未缴、未纳入财政专户管理、滞留、挤占和挪用专项资金等违规问题金额2.9亿元。针对存在的问题，在依法作出处理处罚决定的同时，还逐一提出整改建议和意见，得到包头市领导及被审计单位的高度重视并积极进行整改。包头市交通局针对审计发现的部分收费站存在违规免收车辆通行费等问题，按照包头市分管副市长的批示，对未履行审批手续的车辆进行清理整顿，进一步规范车辆通行费减免手续。

固定资产投资审计 重点对包头市道路监控和城市报警、青山宾馆维修改造、太平洋集团承建的路灯景观亮化、包头博物馆和美术馆等工程项目竣工决算进行审计。还根据包头市领导批示对包头市石拐沉陷区居民反映的房价问题进行审计调查。查处未履行招标投标程序直接发包工程1.4亿元，工程结算不实3521万元，多列建设成本488万元，挪用建设资金1600万元，损失浪费555万元，超付工程款1032万元等问题。

经济责任审计 完成对20名领导干部的经济责任审计，发现违规金额8.3亿元，已调账处理1亿元，促进资金到位726万元。在开展的20名领导干部的经济责任审计中，任中审计占66.7%，实现了从事后监督向事中监督的转变，充分发挥了经济责任审计的预警作用。突出对被审计单位发挥经济职能作用、履职情况及重大决策的审计。突出审计资源整合。组织部门在年初确定经济责任审计项目计划时与审计部门沟通，结合部门预算执行审计、旗县区政府财政决算审计、专项资金等审计项目统筹考虑，节约审计资源，提高工作效率，又避免重复审计。 （撰稿人：郭云婷）

【乌海市审计局】 2009年，乌海市审计局共有干部职工41人。局长冯文彬，副局长李宾、郑豫蒙、武也文，总审计师张志峰，纪检组长罗岚。设有办公室、审理科、财政金融外资审计科、经济贸易审计科、固定资产投资审计科、农业与资源环保审计科、行政事业审计科、社会保障审计科、经济责任审计局和机关事务中心。

审计成果 全年审计54个单位，查出违规金额9亿元。其中：应上缴财政2亿元，应调账处理金额1.2亿元，应归还原渠道资金3351万元。提交工作报告、信息简报259篇，被批示、采用254篇次。

预算执行审计 对财政、地税以及9个预算执行单位和18个二级预算单位进行审计。查出预算收入不实9476万元、虚列支出1.2万元、非税收入60万元未上缴财政专户、开设临时账户核算财政资金和违规返还土地出让金1.4亿元。针对审计查出的问题，乌海市委、市政府联合印发《乌海市行政责任追究暂行办法》，乌海市政府相继出台《乌海市本级行政事业单位国有资产管理暂行办法》《乌海市财政支出绩效评价管理暂行办法》《乌海市国有土地使用权出让收支管理办法》《乌海市人民政府关于加强税收协调促进财政增收的意见》等8个规范性文件。

固定资产投资审计 完成政府投资审计、审计调查项目及标底编制项目5个。审计固定资产投资金额1.3亿元，核减固定资产投资金额1903万元，查出违规及管理不规范金额4768万元。

专项资金审计 对全市廉租住房和棚户区改造项目建设及资金使用情况进行审计和审计调查，查出管理不规范金额 7320 万元。对 2008 年度全市养老、医疗、失业、工伤、生育保险基金收支、管理和使用情况进行审计，查出违规金额 5418 万元。对全市 2007 年至 2008 年度生态建设工程资金、农业综合开发项目资金进行审计和审计调查，查出项目资金管理、使用不规范、部分工程质量不合格、配套资金到位不及时等问题。

经济责任审计 完成 21 名县级领导干部任期和任中经济责任审计。查出违规金额 1353 万元，管理不规范金额 1.6 亿元。起草的《乌海市经济责任审计结果运用暂行办法》被乌海市委、市政府印发执行。 （撰稿人：王雪菖）

【赤峰市审计局】 2009 年，赤峰市审计局共有干部职工 49 人。局长徐连生（—1 月）、牛喜明（1 月—），副局长高凤岭（—1 月）、赵中建、寇国安、于宝珠，纪检组长李志杰。设有财政审计科、外资审计科、固定资产投资审计科、社会保障审计科、经贸审计科、经济责任审计办公室、金融审计科、行政事业审计科、农业与资源环保审计科、法制审理科、监察室、办公室。

审计成果 全市审计机关共完成审计项目 749 个，审计调查单位 24 个，查出违规金额 2.3 亿元，损益收支不真实 6651 万元，发现侵害人民群众利益问题金额 17 万元。审计挽回损失 2381 万元。向司法纪检监察机关移送案件线索 4 起，涉及人员 4 人，金额 202 万元。提交审计专题、综合性报告和信息简报 1346 篇，被采用 288 篇（次）。

财政审计 财政审计中发现的突出问题有违规向企业返还税款，向非本级预算单位拨款，结转各类专项资金指标，少提农业土地开发出让金等。

专项资金审计 社会保障资金审计，对全市 10 个旗县区 2009 年度企业职工基本养老保险、城镇职工基本医疗保险、失业保险、工伤保险及计划生育保险基金的征缴、管理和使用情况进行了审计，查出挪占社保基金、出借保险基金、欠缴社会保险费、少计基金存款利息等问题。农牧业专项资金审计，把国家投入的项目是否符合国家政策作为重点审计内容，把效益审计放在第一位，发现政策不落实、侵害农牧民利益等违规问题，有些项目没有发挥应有的效益。

外资运用审计 市审计局组织两级审计机关完成了对财政部门管理的政府外债资金管理情况的审计和审计厅授权的世行贷款和英国赠款结核病控制项目效益专项审计调查。

固定资产投资审计 全市审计机关共完成固定资产投资审计 156 个，项目投资总额 10 亿元，核减投资总额 1.3 亿元，取得明显的经济和社会效益。

行政事业审计 重点检查了 2007 年以来各项“小金库”资金的收支数额，以及 2006 年底“小金库”资金滚存余额和形成的资产。

企业审计 对内蒙古银都矿业有限责任公司、内蒙古自治区烟草公司赤峰市公司 2008 年度财务收支情况进行审计，查出虚增资本公积，欠缴矿产资源补偿费，少计少缴所得税，资产不实等问题。

经济责任审计 全市经济责任审计 285 个单位，审计经济责任人 317 人，共查出并纠正违纪违规金额 9434 万元。 （撰稿人：王艳辉）

【通辽市审计局】 2009 年，通辽市审计局共有干部职工 59 人。局长孟令成，副局长万英余、王志刚、马砚春，纪检组长杜金山。设有办公室、法制科、金融审计科、审理科、农业与资源环保审计科、社会保障审计科、经贸科、行政事业审计科、固定资产投资审计科、财政税务审计科、经济责任审计科、开发区审计分局。

审计成果 共审计单位 155 个，查出违规金额 1.5 亿元，管理不规范金额 2.1 亿元，上缴财政 3104 万元，归还原渠道资金 6482 万元；出具审计报告和报送审计调查报告 155 份，提出建议 198 条，被采纳 161 条，审计后挽回损失 3315 万元。提交审计信息和调研文章 103 篇，被上级机关和新闻媒体采纳 79 篇。

财政审计 对市林业局、公安局、交通局等 78 个单位的审计，查出违规金额 2256 万元，上缴财政 567 万元。以摸清全市税源和税收征管的真实情况为目标，组织各旗县审计局对全市税务机关、政府有关职能部门和纳税人的税费管理、税费政策以及税务管理制度执行情况进行审计和审计调查。查出征收和管理方面存在执法不严、征管不到位和不规范操作等问题。如通辽市和各旗县、市、区财政按地方“优惠政策”给有关工商企业和房地产开发企业退税7.3亿元，占全市当年地方税收收入的28.57%。从税收征收成本看，通辽市地税系统2007年、2008年分别完成税收收入18.2亿元、25.8亿元，税收征收成本分别为1.18亿元、1.21亿元，占当年税收收入的6.51%和4.68%，而个别旗县的税收征收成本的比重高达10%以上。

经济责任审计　坚持“离任审计”与“任中审计”并重的原则，不断增加任中审计的比重。共对55名领导干部进行任期经济责任审计，查出各类违规金额1.2亿元，查出管理不规范金额4590万元，收缴财政40万元，向纪检监察机关移送1人。任中、离任审计各占总数的50%。针对被审计单位、部门管理上存在的问题，提出审计整改建议41条。被审计单位对审计决定和所提审计建议，积极采取措施加以改进，纠正存在的问题。

固定资产投资审计　市审计局对市实验中学教学楼、农村电网完善工程、红光大街改造工程和扎旗污水处理工程等进行竣工决算审计，发挥投资审计促进项目管理、提高投资效益的作用。共审计单位56个，审计投资额3.9亿元，核减额3198万元，上缴财政357万元。

专项资金审计　全市共审计专项资金总额3.47亿元，查出违规改变项目计划和资金用途3964万元，应缴未缴专项资金207万元，虚列支出89万元，资金滞留闲置1450万元等，上缴财政370万元。加大生态环境建设资金、农业综合开发资金、土地整理项目资金、社保五项基金、廉租房保障资金、住房公积金等各类公益事业项目资金的审计力度，着重从制度方面提出合理化建议，使审计监督在规范经济秩序、改善民生等方面发挥更大作用。其中对全市殡葬行业审计和审计调查发现，殡葬用品销售加成率比较高，个人投资及国有个人承包经营的殡仪馆和公墓账目设置不全，财务收支不真实等问题，提出审计建议，得到自治区审计厅、民政厅的重视，自治区政府两位副主席分别作出重要批示。

内部审计　2009年，全市共有内审机构48个，内审人员129人，其中：专职机构37个，专职人员82人。全年完成审计项目119个，其中：财务审计62个，效益审计2个，经济责任审计16个，内控评审4个，基本建设审计19个。通过审计，促进增加效益619万元，提出建议意见被采纳189条。　（撰稿人：王　宽）

【呼伦贝尔市审计局】　2009年，呼伦贝尔市审计局共有干部职工51人。局长刘德照，副局长（兼总审计师）胡长珍，曲东红、秦远飞、成若，纪检组长马利亚。设有办公室、法制科、财政审计科、金融审计科、行政事业审计科、农业与资源环保审计科、经贸审计科、社会保障审计科、固定资产投资审计科、外资审计科、经济责任审计办公室、机关党总支、审计科研所暨审计信息中心。

审计成果　全年完成审计项目625个，查出违规金额3亿元，应上缴财政1126万元，应减少财政拨款或补贴225万元，应归还原渠道资金4537万元。提交审计报告、信息718篇，被有关部门批示、采用484篇，向司法机关、纪检监察机关移送案件2件，被内蒙古自治区人事厅、审计厅表彰为“全区审计机关先进集体”；被呼伦贝尔市政府评为实绩突出单位；定点包扶工作、信息化工作被呼伦贝尔市委、市政府评为先进集体；审计信息工作被内蒙古自治区审计厅和呼伦贝尔市委评为先进集体。

财政审计　审计本级财税部门和预算执行单位108个，查出应缴未缴收入1326万元、挤占挪用资金1580万元等问题。向市政府提交的《审计结果报告》和受政府委托向市人大常委会所作的《审计工作报告》，得到市人大常委会的充分肯定。

专项资金审计　对全市2008年度社保五项基金筹集、分配和管理使用情况进行审计，深入分析五项基金收支政策执行情况和管理体制方面存在的问题，引起了市政府领导的高度重视，向市政府提交的审计报告被批转。对全市2007～2008年度退耕还林、天然林资源保护、“三北”防护林体系建设四期、退牧还草、天然草原植被恢复建设与保护、水土保持重点防治、自然保护区建设七项工程进行审计和审计调查，促进和规范资金管理，提高资金的使用效益，向市政府提交的审计报告被批转。对全市 2007～2008 年度农业综合开发项目资金进行审计和审计调查，重点审查农业综合开发政策的落实和资金使用情况，针对查出的问题，提出审计建议，向市政府提交的审计报告被批转，市委常委、常务副市长作出批示。

固定资产投资审计　全市共完成 41 个项目的竣工决算审计，纠正多计工程造价、虚列工程成本、违反建设程序等问题，审计核减投资额 1.5 亿元，为市政府节约建设资金。同时对重点建设项目进行跟踪审计，提前介入参与对重点建设项目施工、监理、货物采购的招投标工作和原材料、设备的询价工作，对主要隐蔽工程的工程量进行确认取证。

经济责任审计　全市共开展经济责任审计项目 161 个，查出违规金额 1.3 亿元，纠正一些违反国家有关政策的行为，促进廉政建设，为组织、人事部门考察、考核、任用、奖惩干部提供重要依据。（撰稿人：吕中军）

【鄂尔多斯市审计局】　2009 年，鄂尔多斯市审计局共有干部职工 43 人。局长薛涛，副局长董政华、崔有良、武占才、布和，纪检组长郭平。设有办公室、政策法规科、财政审计科、金融外资审计科、行政事业审计科、农业与资源环保审计科、经贸审计科、社会保障审计科、固定资产投资审计科、经济责任审计办公室。

审计成果　共审计单位 132 个，审计调查单位 19 个，查出违规金额 8.3 亿元，管理不规范金额 12.9 亿元，审计决定应上缴财政 1.3 亿元，已缴纳 1.3 亿元，应归还原渠道资金 0.4 亿元，已归还原渠道资金 0.4 亿元，应调账处理金额 0.1 亿元，已调账处理金额 959 万元，核减投资 1.2 亿元。

财政审计　预算执行审计单位 10 个，审计决定应上缴财政 1.2 亿元，已缴纳 1.2 亿元。财政决算审计单位 21 个，审计决定应上缴财政 197 万元，已缴纳 197 万元。

专项资金审计　共审计单位 34 个，审计调查单位 16 个，审计专项资金 54 亿元。查出违规金额 5102 万元，应上缴财政 36 万元，已缴纳 36 万元。主要审计了农业综合开发、生态建设工程资金，向汶川地震灾区捐赠救灾资金和物资及市红十字会 2008 年接受捐赠款物分配使用和管理情况等。

固定资产投资审计　共审计竣工决算类单位 5 个，审计调查竣工决算类单位 1 个。核减投资额（结算款）1.2 亿元。对鄂尔多斯国宾宾馆贵宾楼会议中心工程、鄂尔多斯机场航站区改扩建工程等 8 项重点工程进行全过程跟踪审计，提高工程质量和投资效益，保证财政资金安全。

行政事业审计　以医疗卫生机构为重点进行审计，共审计单位 58 个，审计调查单位 2 个，审计（调查）查出违规金额 1.5 亿元，管理不规范金额 0.5 亿元。通过审计，促进被审单位严肃财经纪律，规范财经秩序，提高了资金使用效益。

企业审计　审计单位 4 个，审计决定应上缴财政 41 万元，已缴纳 41 万元。根据发现的问题提出整改建议，为加强和改善企业的经营管理、健全内控制度、提高经济效益、实现国有企业保值增值发挥作用，被审单位积极整改。

（撰稿人：庞瑞东）

【乌兰察布市审计局】　2009 年，乌兰察布市审计局共有干部职工 46 人。局长雷忠宝，副局长乔柱、胡登龙、武瑛、朱闰魁（5 月—），纪检组长刘继宁。设有办公室、法制科、财政金融外资审计科、行政事业审计科、社会保障审计科、经济贸易审计科、农牧业与资源环保审计科、固定资产投资审计科、经济责任审计科、机关服务中心。

审计成果　共审计单位 517 个，调查单位 91 个，查出违规金额 1.1 亿元，上缴财政 834 万元，促进资金到位 2782 万元，归还原渠道资金 2121 万元，核减投资 2439 万元，已调账处理 2164 万元，挽回经济损失 660 万元。审计报告、信息被市委、政府和上级审计机关批示、采用 102 篇，审计建议、意见被采纳 63 篇。

财政审计　乌兰察布市审计局对集宁、丰镇、凉城、兴和、察右后旗 5 个旗县政府，各旗县市区审计局对 50％的苏木乡镇政府 2008 年度财政决算进行审计。审计单位 101 个，查出违规金额 1143 万元。

专项资金审计　两级审计机关对全市2007年至2008年度退耕还林工程、沙源治理工程、农业综合开发专项资金进行审计和审计调查。对察右中旗、四子王旗、商都、卓资、化德5个旗县2008年度农业总体投入资金进行审计。共审计单位45个，审计调查1060户，审计总金额9亿多元，查出各类违规金额1215万元。

行政事业审计　继续对上一年未审计完的集宁区公安局、区交警大队、208高速大队、区看守所4个单位2005年至2007年度财务收支、各项收费、资金管理使用情况进行审计。并按照市政府常务会议的精神，对市技工学校、工商贸学校、职业技术中等专业学校整合建设中的财务收支以及债权债务进行审计。并按照国务院、自治区统一的要求，由市纪委、监察、财政、审计四部门组成的联合检查组，对市直党政机关和事业单位开展“小金库”专项治理检查。全市两级审计机关共审计单位123个，查出违规金额1289万元。

社会保障审计　组织各旗县审计局对全市2008年度企业职工基本养老保险基金、城镇职工基本医疗保险基金、失业保险基金、工伤保险基金、生育保险基金征缴、管理使用情况，2007年至2008年民政救灾资金、城乡居民最低生活保障资金、优抚资金的拨付、发放、管理和使用情况进行审计。并对丰镇、察右中旗廉租房资金进行审计调查。共查出违纪金额1045万元。

企业审计　对市烟草公司、内高路乌兰察布分公司2008年度财务收支情况进行了审计。对110国道、208国道乌兰察布市境内的6个收费站通行费收入状况进行审计。共查出违规金额661万元。

固定资产投资审计　共查出违规金额2039万元。市审计局对4个工程的竣工决算、2个审计厅统一安排的工程调查项目进行审计和审计调查。审计总金额17亿元，查出违规金额866万元，核减工程造价429万元。

经济责任审计　共审计经济责任人115名，其中，旗县市区党政主要领导6人，市直部门14人，乡镇苏木党政主要领导32人，旗县科局级63人。查出违规金额1510万元，其中领导负主要责任102万元，负间接责任1408万元。

（撰稿人：杜福山）

【巴彦淖尔市审计局】　2009年，巴彦淖尔市审计局共有干部职工61人。局长武志杰，副局长高国良（7月—）、崔金贵、任宏（7月—），纪检组长杨胜（7月—）。内设办公室、法制科、财政审计科、金融外资审计科、行政事业审计科、农业与资源环保审计科、经贸审计科、社会保障审计科、固定资产投资审计科、经济责任审计分局、机关党总支。

审计成果　共审计和调查498个单位（项目），查出违规金额9.1亿元，管理不规范金额7.4亿元，上缴财政1517万元，归还原渠道资金305万元，促进增收节支1822万元，核减工程结算7794万元，审计挽回损失1663万元。向社会公告审计结果81篇，向各级党政机关和上级审计机关提交审计工作报告、信息647篇，被各级领导批示、采用471篇。提出审计建议217条，被采纳182条，帮助建立健全规章制度96份，落实整改措施136项。涉嫌经济犯罪移送司法机关4人。巴彦淖尔市审计局被人力资源和社会保障部、审计署授予“全国审计系统先进集体”，被自治区党委、政府、军区命名为全区文明单位。

财政审计　共审计61个单位，查出管理不规范金额3.3亿元，上缴财政553万元。在市人大常委会上作了《2008年度市本级财政预算执行审计工作报告》，对存在问题的单位公开点名。审计报告在《巴彦淖尔日报》进行全文公告，受到社会各界广泛好评。

固定资产投资审计　对巴彦淖尔市5座危险水库、临河城区基础设施建设项目等85个政府重点投资项目进行竣工决算审计，审计项目总投资20.9亿元，核减工程结算7794万元。按照自治区审计厅的授权，对总投资21亿元的临河过境高速公路进行竣工决算审计，核减工程结算796万元。

专项资金审计　对全市7个旗县区政府投资保障性住房资金进行了专项审计和调查；对全市五项社保基金管理使用情况进行了审计，帮助处理纠正财政欠拨社会保险费、企事业单位欠缴社会保险费等问题。

巴彦淖尔市两级审计机关会同市纪检委、财政局、林业局、发改委4部门，对7个旗县区、农垦局中央新增投资、退耕还林、退牧还草和其他专项资金开展审计和调查。审计查出各类违规金额3.6亿元，向市委、政府提出11条建设性意见。按照自治区审计厅统一安排，对全市2007年、2008年京津风沙源治理、自然保护区等八项资金进行审计和调查。

企业审计　按照审计厅统一安排，对涉及巴彦淖尔市的11条政府还贷二级公路资产、负债、损益情况进行审计，摸清巴彦淖尔市还贷二级公路的债务、收支、运营等情况。针对查出的违规转让公路建设权、经营权30533万元、通行费收入未纳入财政专户管理15772万元等问题作出相应的处理决定，提出整改建议。

经济责任审计　对162名党政领导干部进行任期经济责任审计，共查出管理不规范金额4930万元，违规金额43052万元。进一步完善经济责任审计制度，出台《巴彦淖尔市县处级领导干部岗位调整经济责任事项交接试行办法》。市规划局、发改委等24个单位按照这个办法交接经济责任事项。《人民日报》、人民网、中国共产党新闻网、内蒙古电视台等对这项工作进行了宣传报道。

（撰稿人：李　明）

【兴安盟审计局】　2009年，兴安盟审计局共有干部职工38人。局长孙静波，副局长刘洪国、高明喜，总审计师梁喜发。设有办公室、经济责任审计办公室、财政税务审计科、行政事业审计科、经济贸易审计科、农业与资源环保审计科、社会保障审计科、固定资产投资审计科、金融外资审计科、审理科、法制科，另设有培训中心、后勤服务中心（直属事业单位）。

审计成果　审计单位41个，查出违规金额4.6亿元，上缴财政488万元，促进增收节支金额1669万元，核减投资额6254万元，移送处理案件1起，提交专题或综合性报告12份。

财政审计　对12个单位进行预算执行审计，将审计决定和落实整改情况作为重点，并根据审计查出的情况，在体制、机制和制度建设上提出深化财政改革的建议。提交的审计工作报告中首次写进了审计整改的情况，受到兴安盟人大工委的肯定，为政府加强财政管理、人大加强财政监督提供可靠依据。

经济责任审计　对22人进行任中经济责任审计，揭示和反映各类违纪违规问题和管理不规范金额5.4亿元。开展旗县党政"一把手"一并审计，查出土地出让、房产开发、重点项目建设等决策方面问题10余项，审计结果引起盟旗两级领导的重视。

专项资金审计　对廉租住房建设和补贴资金开展审计，查出53个家庭违规领取住房补贴低保金15万元，信息在自治区审计厅网站和北方信息网发表，在乌兰浩特地区引起强烈反响。乌兰浩特市政府取消了53户低保待遇，并对全市享受低保和廉租补贴的家庭重新进行审查。社保五项基金审计对3名药店负责人进行经济处罚，对8名交通事故患者住院费用进行收缴，并处理了相关责任人，遏制医疗保险基金违纪行为。涉农资金审计查出挤占退耕还林补贴上百万元。

固定资产投资审计　审计工程项目33个，审计资金总额26.1亿元，查处纠正各类违规金额8845万元，核减工程款6254万元。政府投资审计工作引起盟委、行署和各旗县市委、政府的高度关注，盟委、行署主要负责人亲自过问，盟行署第四次常务会议专题研究投资审计工作，并印发《兴安盟投资建设项目审计监督管理办法》，各旗县市也都制定了实施办法或细则，明确审计机关在政府投资审计中的主体地位。

（撰稿人：刘继连）

【锡林郭勒盟审计局】　2009年，锡林郭勒盟审计局共有干部职工40人。局长郝海淳，副局长钱文会、刘兴友、托雅，总审计师韩淑华(—12月)，纪检组长周东虹。设有办公室、法制审理科、财政审计科、金融外资审计科、农牧业资源与环保审计科、固定资产投资审计科、行政事业审计科、经贸审计科、社会保障审计科、经济责任审计办公室、内部审计管理中心。

审计成果　两级审计机关共审计465个单位，盟审计局审计和审计调查148个单位，查出违规金额4.6亿元，管理不规范资金1.9亿元，促进增收节支1.4亿元，归还原渠道资金9177万元，上缴财政3321万元。人均增收节支216万元。提交审计专题、综合性报告和信息 649 篇，被各级党委、政府采纳 238 篇。被审计单位采纳审计建议 239 条，制订整改措施或健全规章制度 163 项，发挥了审计建设性作用。

财政审计 开展盟本级预算执行情况审计，延伸 14 个一级预算单位和 11 个二、三级预算单位，审计资金量占盟本级财政支出的 45%。完成全盟税（费）源和税费征管情况审计调查对盟本级 2006～2008 年扶持企业项目资金开展效益审计调查，针对审计提出的部分项目选择目的性差，资金量小且分散，重点不突出，监督管理不规范等问题，盟财政局向行署上报了《关于锡林郭勒盟扶持企业资金审计调查情况的整改报告》。完成西苏旗 2008 年度财政决算及其他财政收支情况审计，规范地方财政管理，提高财政专项资金使用效益。

经济责任审计 审计党政领导干部 152 人，查出违规金额 6341 万元，管理不规范金额 7049 万元。其中主管责任 6236 万元、直接责任 105 万元。盟审计局对内蒙古新华发行集团公司锡盟分公司负责人，盟直 9 个部门的主要领导，7 个旗县市（区）公安局长进行任期经济责任审计；对阿巴嘎旗旗委、政府，白旗旗委、政府“一把手”进行一并审计。

固定资产投资审计 两级审计机关认真贯彻《锡林郭勒盟政府投资项目审计监督试行办法》，对公路建设资金和城市基础设施建设等项目进行竣工决算审计。审计项目投资总额 3.7 亿元，审计查出多计工程量、少缴税金、多套定额等违规资金 1.6 亿元，其中核减工程价款 1.4 亿元。

专项资金审计 组织开展 2007 年以来政府实施的廉租房保障制度及相关政策执行情况、2008 年度企业职工基本养老保险基金等五项社保基金收支管理和使用情况、汶川地震救灾资金的募集、分配、拨付管理情况、红十字会 2008 年接受捐赠款物分配使用和管理情况、生态建设、农业综合开发项目资金的专项审计和审计调查。

外资运用审计 完成盟财政局管理的外债项目专户资金配套资金及管理费用的审计和世行贷款结核病控制项目效益的审计调查。提出了各级财政部门要建立偿债准备金专户、严格执行提款报账制度、加强项目财务管理和相关财务制度建设、进一步规范财务管理行为的建议。

交办事项 完成自治区审计厅委托的丹拉国道主干线集宁至呼和浩特段高速公路工程竣工决算审计，并对该段高速公路 2005 年至 2008 年运营效益情况进行审计调查，对项目可行性报告的预期目标进行对比分析，为今后开展投资效益审计奠定基础。配合有关部门开展了保增长、扩内需项目资金的督促检查，为确保中央、自治区和锡林郭勒盟扩大内需各项政策措施落到实处发挥重要作用。

（撰稿人：刘国宾）

【阿拉善盟审计局】 2009 年，阿拉善盟审计局共有干部职工 29 人。局长李东亮，副局长何凤莲，纪检组长彭辉。设有办公室、法制审理科、固定资产投资审计科、财政金融审计科、社会保障审计科、经济责任审计科、经贸审计科、农牧业与资源环保审计科和行政事业审计科。

原派驻阿拉善经济开发区审计分局划归阿拉善经济开发区管理，更名为阿拉善经济开发区审计局。

审计成果 全盟审计和调查单位 210 个，查出违规金额 9083 万元，管理不规范金额 8784 万元；应上缴财政 323 万元，应减少财政拨款或补贴 1728 万元，应归还原渠道资金 293 万元，应调账处理金额 2245 万元。促进增收节支 1721 万元，核减工程投资 3434 万元。提交审计专题、综合性报告和审计信息 362 篇，被盟委、行署和上级审计机关批示采用 95 篇（次）。

预算执行审计 一是审计内容更加突出重点。在全面核实盟本级 2008 年度预算收支的真实性、合法性的基础上，更加关注自治区与盟分税制预算制度改革、国库集中收付制度和政府采购制度的实施效果。二是进一步扩大了财政专项资金审计面。围绕国家和自治区宏观调控政策和涉及人民群众切身利益的问题，加强了对重点专项资金的审计和审计调查，着力检查资金管理和政策执行情况。三是分析和处理问题更有深度，有效发挥了审计的参谋助手作用。

专项资金审计 全盟审计机关进一步加大了专项资金的监督力度。统一组织对退牧还草、天然林保护、退耕还林、“三北”防护林建设等生态建设资金开展审计和审计调查。共审计资金 4.9 亿元，审计资金面占中央投入资金的 80%；审计查处违规金额2722万元，占审计总金额的5.5%。通过审计，基本摸清全盟各类专项资金政策落实、资金总量和管理使用情况。

固定资产投资审计　按照“固定资产审计要关口前移”的要求，在关注建设资金管理、使用是否真实、合规的同时，严把合同签订关，实行同步跟进、上下联动的审计模式，对全盟重点建设项目实施跟踪审计，并以季报形式向行署报送工程进展和审计监督情况，不断深化审计监督内容，提高审计服务层次。全盟共完成政府投资审计项目16个，核减工程投资3434万元。

经济责任审计　全盟共完成经济责任审计项目44个（46人），查出领导干部负主管责任违规金额210万元、管理不规范金额542万元。

（撰稿人：林　民）

【满洲里市审计局】　2009年，满洲里市审计局共有干部职工19人。局长徐忆滨，副局长梁斌、曹积范、李艳。设有办公室、法制科、行政事业金融审计科、固定资产投资审计科、经贸审计科、经济责任审计科、农业环保与社会保障审计科。

审计成果　全年共完成审计项目18个，查出违规和管理不规范金额2.1亿元，上缴财政504万元。提交工作报告28份、信息91篇，提出审计建议41条。

财政预算审计　查出年度预算未及时足额批复用于平衡预算58万元；上级专项补助资金1亿元未及时下拨，混淆税款入库级次2万元，五项社保基金未执行国家有关规定，多头开户，挪用共用维修基金3200万元用于重点工程项目建设。同时对税源和税费征收管理的真实、合法性进行专项审计调查，对未及时足额支付“三代”手续费48万元提出完善和改进建议。

专项资金审计　开展世界银行贷款和英国赠款内蒙古结核病控制项目、满洲里市政府投资保障性住房、社保五项基金、2007～2008年度生态建设和农业综合开发项目资金、红十字会“博爱一日捐”及接受款物的审计和审计调查。查出廉租住房建设地方配套资金未到位3274万元；扎赉诺尔区廉租住房一期工程保障资金未实行专项管理和分账核算；市廉租住房工程未竣工验收就进行实物配租、投入使用；扩大养老金支出范围、以物抵费资产未变现、欠缴社保金等管理不规范资金2284万元。根据市委、市政府的要求，与财政、纪检、监察组成联合检查组，对党政机关和事业单位开展了“小金库”专项治理工作。同时对满洲里市2008年、2009年中央重点投资的项目进行监督检查。

经济责任审计　受市委组织部委托，开展对满洲里市第一医院、市机关事务管理局领导干部任期经济责任审计，查出转让资产未履行审批手续、转让收入未实行“收支两条线”管理、少提取固定资产修购基金等管理不规范金额364万元。

行政事业审计　开展了对满洲里市政府驻呼和浩特办事处、驻北京联络处财务收支审计，查出管理不规范金额805万元。对内蒙古自治区新华发行集团满洲里市新华书店2006年至2008年财务收支审计，查出企业随意冲转会计账目、影响当期利润22万元。

固定资产投资审计　加大对政府建设资金的监督力度，通过对内蒙古大学满洲里学院道路、供热和给排水工程的全面审计，共核减工程概算（造价）455万元，补缴工程税金49万元。对应缴未缴的工程税金予以收缴，对核减的工程概算下达了由建设单位调整施工单位工程价款的审计决定。

（撰稿人：董　波）

【二连浩特市审计局】　2009年，二连浩特市审计局共有干部职工12人。局长白耀武，副局长刘桂荣、张焕武。设有综合科、经济责任审计科、财税行政事业审计科、审计所等部门。

审计成果　共完成审计和审计调查单位86个，查出管理不规范金额1827元，违规金额5万元，提交审计工作报告信息55篇。

固定资产投资审计　开展固定资产投资审计项目36个，审计项目投资总额1亿元，核减工程款1464万元。（撰稿人：曹东霞）

2009年内蒙古自治区
所辖区、县(市)级审计工作统计表

金额单位：万元

审计机关	完成审计项目(个)	查出违规金额	应上缴财政	应减少财政拨款或补贴	应归还原渠道资金	应调账处理金额	移送司法、纪检部门处理事项(件)	建议有关部门处理(件)	出具审计报告和审计调查报告(篇)	提出审计建议(条)	撰写审计信息(篇)
呼和浩特市											
呼和浩特市审计局	34	134236	4958		1692	791			45	52	167
新城区审计局	30	178	17			33	3		40		46
回民区审计局	15	262	47			71			40		23
玉泉区审计局	24	22	18			1			30		11
赛罕区审计局	17	961	142						54		49
托克托县审计局	29	248	6						80		10
武川县审计局	18								23		
和林格尔县审计局	30	1818	203		319	370			30		13
清水河县审计局	24	401	80		240	8			50		15
土默特左旗审计局	12	819	7						20		
包头市											
包头市审计局	113	183209	33190		19103	23124	1	4	55	55	120
昆都仑区审计局	78	1948	12	513	4	265			58	94	25
东河区审计局	62	20666	72						57	57	40
青山区审计局	47	9375	255			9101			32	44	68
石拐区审计局	20	47	3						20	20	31
白云鄂博矿区审计局	40	369	6	352					17	26	11
九原区审计局	47	55	69			2195			47	17	9
固阳县审计局	26	419	6						7	3	29
土默特右旗审计局	39	5866	875		365	2828			32	2	28
达尔罕茂明安联合旗审计局	89	4159	424	737	127	358			56	56	16
乌海市											
乌海市审计局	54	90649	20535		3351	11524			54	103	205
海勃湾区审计局	38	11048	4						38		24
海南区审计局	33	1066	277		94	64			32	17	40
乌达区审计局	25	245	3			3			25		36

（续表）

审计机关	完成审计项目（个）	查出违规金额	应上缴财政	应减少财政拨款或补贴	应归还原渠道资金	应调账处理金额	移送司法、纪检部门处理事项（件）	建议有关部门处理（件）	出具审计报告和审计调查报告（篇）	提出审计建议（条）	撰写审计信息（篇）
赤峰市											
赤峰市审计局	42	10719	4070		200		2		48	91	16
红山区审计局	128	313	35	4032	640	319	1		129	178	9
元宝山审计局	48	1341	8	224		254			49	33	18
松山区审计局	78	2062	579	8	350	884			80	91	8
宁城县审计局	83	41	41						83	134	34
林西县审计局	43	413	29			24			44	74	8
阿鲁科尔沁旗审计局	35	221	37		22				39	12	
巴林左旗审计局	52	2059	290	276	37	448	1		57	124	11
巴林右旗审计局	55	696	118		221	10			55	83	6
克什克腾旗审计局	38	1533	37		289	278			72	106	18
翁牛特旗审计局	51	1109	13		142	947			62	57	10
喀喇沁旗审计局	50	1524	76						51	27	17
敖汉旗审计局	46	1201	52		10	14			47	69	
通辽市											
通辽市本级	40	9342	809		5918	15215			40	51	39
科尔沁区审计局	19	642	432		3				19		18
霍林郭勒市审计局	10	422	141						10	18	16
开鲁县审计局	11	177	23		10				11	20	32
库伦旗审计局	23	1424	188		162	145			23		67
奈曼旗审计局	9	185	15		38	15			9	24	27
科尔沁左翼中旗审计局	10	1204	1159						10	17	21
科尔沁左翼后旗审计局	26	551	188		177	986			26	23	17
扎鲁特旗审计局	7	1094	277		174	2457			7	45	21
呼伦贝尔市											
呼伦贝尔市本级	132	7517	506		4379	46			46	72	94
海拉尔区审计局	30	1717	49			1544			30	10	34
扎兰屯市审计局	69	3085	121			602			68	31	110
牙克石市审计局	33	1115	30			366			52	13	48
根河市审计局	18	1686	13		57				17	14	14
额尔古纳市审计局	111	762	127		5	165			24	27	45
阿荣旗审计局	42	8583	17		3	91			50	12	22
新巴尔虎右旗审计局	19	3796	5			3506	2		18	52	42

（续 表）

审计机关	完成审计项目（个）	查出违规金额	应上缴财政	应减少财政拨款或补贴	应归还原渠道资金	应调账处理金额	移送司法、纪检部门处理事项(件)	建议有关部门处理(件)	出具审计报告和审计调查报告(篇)	提出审计建议(条)	撰写审计信息(篇)
新巴尔虎左旗审计局	16	407	161		8	238			16	17	2
陈巴尔虎旗审计局	32	10	5		1	4			28	52	3
鄂伦春自治旗审计局	56	525	72	225	84	1264			37	15	36
鄂温克族自治旗审计局	33	152	4			99			30	8	11
莫力达瓦达斡尔族自治旗审计局	34	630	16						20	28	10
鄂尔多斯市											
鄂尔多斯市本级	48	82727	13326		4031	1116			62	40	12
东胜区审计局	79	19938	501		51	1862			79	12	55
达拉特旗审计局	62	225	170		1526				62	47	
准格尔旗审计局	57	929	34		11				57	26	64
鄂托克前旗审计局	87	9763	21		196	54			16	143	20
鄂托克旗审计局	74	4453	96		52	88	1		48	14	20
杭锦旗审计局	52	11661							52	2	37
乌审旗审计局	63	3567	68	9	21	674			63	10	29
伊金霍洛旗审计局	70	9589	348	6707	39				75	92	95
乌兰察布市											
乌兰察布市本级	144	5134	456	335	1152	1435			149	29	78
集宁市审计局	42	621	38	32	101	73			50	14	41
丰镇市审计局	39	463	33	48	88	68			42	9	26
卓资县审计局	29	525	39	21	93	66			38	10	27
化德县审计局	30	489	24	22	89	71			36	10	20
商都县审计局	34	522	38	23	99	66			41	9	18
兴和县审计局	28	585	33	19	69	64			33	5	22
凉城县审计局	35	488	31	21	92	63			38	6	27
察哈尔右翼前旗审计局	31	597	42	37	91	67			35	7	18
察哈尔右翼中旗审计局	26	430	29	45	87	58			34	12	16
察哈尔右翼后旗审计局	38	579	37	23	93	69			41	8	22
四子王旗审计局	41	567	34	34	67	64			46	6	23
巴彦淖尔市											
巴彦淖尔市本级	92	31198	949		437	3		1	92	87	54
临河区审计局	41	4908	56		22				41	44	35
五原县审计局	61	4528	101						61		44
磴口县审计局	56	5633	46		283	285			56	32	50

（续表）

审计机关	完成审计项目(个)	查出违规金额	应上缴财政	应减少财政拨款或补贴	应归还原渠道资金	应调账处理金额	移送司法、纪检部门处理事项(件)	建议有关部门处理(件)	出具审计报告和审计调查报告(篇)	提出审计建议(条)	撰写审计信息(篇)
乌拉特前旗审计局	29	4864	49		10	1			29		25
乌拉特中旗审计局	87	7043	70		214	26			87	20	65
乌拉特后旗审计局	83	32123	82		51	374			83	30	89
杭锦后旗审计局	49	314	507		199				49	4	48
兴安盟											
兴安盟本级	41	45750	646		27020	5409		1	41	99	50
乌兰浩特市审计局	23	15355	123		15554				23	40	14
阿尔山市审计局	27	414	70		67	1	3		27	23	28
突泉县审计局	30	2510	171						30	20	40
科尔沁右翼前旗审计局	40	3988	421		911	721			45	46	3
科尔沁右翼中旗审计局	27	1485	62		6	195			29	22	10
扎赉特旗审计局	39	8538	93		119				39	56	74
锡林郭勒盟											
锡林郭勒盟本级	90	28356	1286	200	2488	20			66	28	188
锡林浩特市审计局	18	1721	56						17	23	24
多伦县审计局	60	2704	26						13	5	50
阿巴嘎旗审计局	45	518	24		1				16	15	24
苏尼特左旗审计局	13	1542	10						8	9	27
苏尼特右旗审计局	21	2004	1934		315				15	23	66
东乌珠穆沁旗审计局	31	2744	49		2695				16	5	70
西乌珠穆沁旗审计局	21	832	56						10	10	17
太仆寺旗审计局	26	1074	13						15	14	36
镶黄旗审计局	26	106	5						9	7	18
正镶白旗审计局	42	3942	3		3648				7	6	12
正蓝旗审计局	46	82	19		30	13			12	11	35
乌拉盖管理区审计局	26	91	10						11	20	52
阿盟善盟											
阿盟善盟本级	114	5838	86	1049	257	95				135	50
阿拉善左旗审计局	47	474	235		22					82	16
阿拉善右旗审计局	9				14	2056				56	6
额济纳旗审计局	40	2771	2	679		94				89	23

辽宁省

【辽宁省审计厅】　2009年，辽宁省审计厅人员编制146人，在编140人，领导职数10名。设有办公室、综合处、机关党委、监察处、人事教育处、法制处、经济责任审计处、经济责任审计办公室、财政审计处、经贸审计处、金融审计处、行政事业审计处、农业与资源环保审计处、社会保障审计处、固定资产投资审计一处、固定资产投资审计二处、外资运用审计处、教科文卫审计处、老干部处和审计科研所、信息中心、审计干部培训中心直属事业单位。

领导成员

厅　　长：王　悦

副 厅 长：毛　泽　傅忠伟

孙东克　于俊东

邵　林　周　强（12月—）

总审计师：王卫国

纪检组长：李凤岐

审计成果　2009年，全省共审计（调查）4277个单位，查出违规和管理不规范金额306亿元，促进增收节支28亿元；向各级政府和有关部门提交审计报告和信息简报3726篇，被批示采用1501篇次，其中：省领导批示38篇（次）；提出审计建议5474条，被采纳4218条；向司法、纪检监察部门及其他部门移交经济案件线索63件。其中，在对省农信联社所属5市12县区的122家基层信用社新增贷款情况的审计调查中，查出借款人涉嫌诈骗贷款、信用社有关人员涉嫌渎职等违法案件线索25件，涉及资金1.48亿元，这些线索已移送公安机关处理。在对高速公路建设征地动迁补偿资金审计中，发现沈抚高速公路征迁补偿资金被村级侵占挪用224万元，移送有关部门处理后，7人受到了党纪政纪处分，1人被判刑。

固定资产投资审计　全省审计机关加强对扩大内需投资项目、辽宁沿海经济带、沈阳经济区、“突破辽西北”和国家新型产业基地建设等重点投资项目的审计，对全省3820个新增中央投资项目、“五点一线”沿海经济带产业项目和企业技术改造贷款贴息资金管理使用情况、哈大铁路客运专线征地动迁补偿费使用情况、沈抚、沈彰和铁阜朝等6条高速公路建设项目进行的审计或审计调查，揭示了项目资金筹集、管理、使用以及项目实施过程中存在的地方配套资金不到位、中央预算资金闲置未及时发挥效益、部分项目开工不及时或进展缓慢、套取贴息资金、挤占挪用项目资金等违规违纪和影响项目实施的问题，并针对存在问题提出审计建议，引起各级政府和有关部门的高度重视，采纳后取得较好的效果。此外，根据省委、省政府和审计署的要求，省审计厅还对省对口援建安县地震灾区的88个建设项目进行跟踪审计，并将审计结果向社会作了公告。

专项资金审计　全省审计机关重点对政府投资保障性住房建设项目、全省中小学校舍安全工程、普惠制就业培训补助资金、五项社保基金、全省民营企业参保缴费情况等进行审计和审计调查，揭示了政策落实不到位、管理不规范以及损害群众利益等违规违纪的问题，并提出审计建议，取得较好的效果。全省审计机关还对全省农村义务教育其他债务进行交叉审计认定，核减债务金额6.65亿元，占上报债务总额的30%。

农业审计　全省各级审计机关开展对农业和环保资金（项目）的审计。如在对全省农业综合开发项目、全省县域产业集群基础设施建设资金使用情况和省本级环保专项资金管理使用情况的审计和审计调查中，揭示了农业综合开发项目管理、资金管理及项目效益方面存在的问题；部分园区未按规定使用财政专项资金、融资管理及融资平台运作不规范、环保政策落实不到位以及土地使用方面存在的问题；环保项目立项审查不严、未按规定方式使用资金、项目管理和财务核算不规范等问题，并针对存在的问题，提出完善项目库建设及项目管理机制的建议，审计结果得到各级政府和有关部门的高度重视，积极采取措施进行整改。

行政事业审计　全省共审计（调查）行政事业单位2445个，查出有问题金额119亿元。审计中，各级审计机关注重从整体上揭示和反映财政资金在分配、管理和使用等环节存在的突出问题，从制度、机制、管理层面分析原因，提出规范管理、完善制度的审计建议，同时加强对审计查出问题整改工作的跟踪检查。省本级预算执行审计揭示的问题，引起省政府领导的高度重视。审计工作报告得到省人大常委会的充分肯定。按照省长的批示和人大常委会的审议意见，相关部门建立和完善规章制度，整改工作取得明显成效。

经济责任审计　全省共审计党政领导干部1475人，国有及国有控股企业领导人员48人，查出违规和管理不规范金额90亿元，移送司法、纪检监察机关处理7人。在审计中，重点关注领导干部履行法定职责情况，贯彻执行保增长、调结构、扩内需、节约资源、保护环境、改善民生等重大经济政策情况，财政资金使用绩效和行政效能情况，以及是否依法科学决策、有无越权和滥用权力造成损失浪费等问题。各级审计机关把经济责任审计同预算执行审计、专项审计、企业审计、效益审计结合起来，同建立健全干部考核评价、惩治和预防腐败体系结合起来，从离任经济责任审计为主逐步向离任与任中审计相结合转变。

绩效审计　全省各级审计机关坚持把绩效审计与财政财务收支、经济责任审计相结合，逐步扩大绩效审计的范围，共开展绩效审计项目3112个，查出损失浪费金额2232万元，促进增收节支和挽回（避免）损失5亿元。一是突出财政资金绩效审计。围绕政府采购、民生、环保等财政专项资金积极开展绩效审计，从资金使用效益、效率和效果等方面进行综合分析评价，提出完善制度、加强管理、提高资金使用效益的建议。二是突出政府投资建设项目绩效审计。审计中重点关注建设成本的真实性、资金使用的效率性、建设项目的效益性，严肃查处损失浪费、高估冒算等违法违规行为，促进规范管理，提高效益。全省审计机关通过审计共核减投资额13亿元。三是强化对行政机关的绩效审计，促进降低行政成本，提高行政效能。省审计厅对30个省直部门及所属单位会议费、招待费、出国考察经费支出情况进行审计调查，揭示部分省直单位招待费支出占比偏高，管理不规范、会议支出严重不实等问题。

相关工作　（一）以科学发展观为指导，全面加强领导班子建设。各级审计机关结合贯彻落实科学发展观和党的十七届四中全会精神，把加强领导班子思想建设、作风建设与提高执政能力结合起来，按照“政治坚定，求真务实，开拓创新，勤政廉政，团结协调”的要求，积极倡导求真务实的工作作风，不断增强领导班子的凝聚力和战斗力，提高班子的领导能力和决策水平。

（二）全省审计机关以培养高素质的审计人才为目标，积极开展多层次、多方位的教育培训。据统计，全省审计机关全年培训干部10105人次，促进了审计干部综合能力和素质的提升。

（三）进一步建立和完善各项规章制度。在学习实践科学发展观活动中，全省各级审计机关共制订和完善内部管理制度2373项。

（四）全面应用审计管理系统，实现了省市县三级审计机关的审计专网互联。积极开展计算机审计，征集AO应用实例30余份。加强了计算机审计骨干的培训，目前全省具有计算机审计中级资格证书人员达到239人。

（五）各级审计机关大力弘扬严谨细致、求真务实的工作作风，积极倡导文明审计。同时，严格执行“八不准”审计工作纪律，定期对被审计单位进行回访，确保各项廉政规定落到实处。

（六）加强审计科研和内部审计管理工作。围绕发挥“免疫系统”功能的途径和方式、审计文化建设、跟踪审计、审计工作转型和审计现场管理等课题，征集审计论文126篇，组织召开了6次专题研讨会。召开了全省内审工作管理会议；举办内审培训班12期，培训人数2000余人；完善内审协会的各项管理机制，进一步促进内审工作规范化。

（撰稿人：李世鹏）

【沈阳市审计局】　2009年，辽宁省沈阳市审计局公务员编制165人，在编151人，机关工勤人员编制13人，在编14人。局长毕华峰，副局长韩力、付立、高洪光、刘宝石，纪检组长李广志。设有办公室、法规审理处、人事教育处、审计信息化管理处、经济责任审计处、财政审计处、行政政法审计处、教科文审计处、金融审计处、农业与资源环保审计处、经贸审计处、外资运用审计处、固定资产投资审计处、社会保障审计处、案件审计处、监察处、离退休干部管理处、机关党委、驻沈阳地铁建设项目指挥部审计处。

审计成果　完成审计项目80个，查出违规金额31082万元，其中应上缴财政14195万元，应归还原渠道资金195万元，应调账处理金额14346万元；已上缴财政14195万元，已归还原渠道资金195万元，已调账处理金额14346万元。建议有关部门处理事项2件。提交审计工作报告、信息149篇，被采用140篇。

预算执行审计　对市财政和30个部门的预算执行情况进行审计，延伸审计二、三级预算单位268个。7月23日，在沈阳市十四届人大常委会第十二次会议上，市审计局局长毕华峰受市政府委托作了《关于2008年度沈阳市本级预算执行和其他财政收支审计工作的报告》。市人大、市政府对审计查出问题的整改和建议的落实工作高度重视，市人大主任和市长多次批示，常务副市长亲自抓整改。审计揭示的问题基本得到整改。12月，沈阳市审计局又向市人大财经委员会报告了本级预算执行审计中查出问题整改和建议落实的情况。

固定资产投资审计　采取"跟踪检查、跟踪审计、跟踪服务"的审计方式，对已下达到沈阳市的中央扩大内需233个投资项目，总投资72.55亿元进行跟踪审计。

经济责任审计　对26名市管领导干部进行经济责任审计。为明确领导干部前后任之间的经济责任，会同市委组织部等经济责任审计联席会议成员单位联合下发了《沈阳市市管领导干部离任重要经济事项交接办法》。全年在机构改革中离任的15名市管领导干部全部实行了离任重要经济事项交接。

专项资金审计　把社保基金、住房公积金、涉农资金等涉及民生领域的资金及市政府为城乡群众办好20件实事作为重点监督对象。对2009年全市农村饮用水安全工程建设和资金管理使用情况专项审计调查中，揭示转嫁农民负担和个别工程存在的工程质量问题。对全市新型农村合作医疗资金、南运河绿化亮化综合改造工程进行审计调查。

效益审计　组织实施"新民、辽中、法库、康平县（市）村村通公路养护项目、排水站改造资金项目"、全市电子警察及道路交通设施管理使用情况等8个效益审计项目，向政府提交的报告13次得到了市领导的批示。在对2003年至2008年度沈阳市下岗失业人员小额贷款担保基金使用和管理情况效益审计中，查出有349人属于不符合政策规定的担保人，贷款金额1031万元。

（撰稿人：余　宏）

【朝阳市审计局】　2009年，朝阳市审计局人员编制47人，在编44人。局长郭天玺，副局长张丽新、张子森（8月—），总审计师佟宝钧，纪检组长姚文卿。设有办公室（党总支合署办公）、法制综合科、财政审计科、行政事业审计科、社会保障审计科、农业与资源环保审计科、固定资产投资审计科、经贸审计科、经济责任审计室。

审计成果　朝阳市审计局完成审计（调查）项目97个，查出违规金额39577万元，其中应上缴财政1332万元，减少财政拨款或补贴292万元，应归还原渠道资金684万元，应调账处理金额17827万元；已上缴财政1245万元，已减少财政拨款或补贴279万元，已归还原渠道资金585万元，已调账处理金额17827万元。

预算执行审计　财政预算执行审计，揭示了2008年度市本级财政预算执行和其他财政收支中存在的应缴未缴预算收入2878万元、欠拨专项资金10534万元、使用专项用途资金平衡预算846万元等问题。

财务收支审计　朝阳市审计局揭示了应缴未缴预算收入3125万元、违规改变资金用途527万元、隐瞒截留收入321万元等一系列问题。

专项资金审计　加大对社保基金、饮水解困资金等关系群众切身利益的专项资金的审计监督力度，共审计33个单位，审计资金总额57226万元，查出违规金额3626万元，管理不规范金额3268万元。收回计提城镇职工基本医疗保险基金利息826万元。

固定资产投资审计　全年完成赵尚志烈士陵园等11个建设项目工程预（结）算审计。审计投资总额31784万元，审减工程结算造价617万元，查补税款28万元。揭示投资不到位、工程投资严重超概算、挪用项目资金50万元、使用不合规票据列支工程成本663万元的问题，审减工程结算造价247万元。积极推行"审计关口前移"的理念，于2009年5月25日以政府令的形式，在全省率先出台了《朝阳市政府投资项目跟踪审计办法》，并制发了《朝阳市政府投资项目跟踪审计办法实施意见》，为全面开展跟踪审计提供保障。

经济责任审计　开展经济责任审计26个。查出违规金额13052万元，其中主管责任金额11184万元、直接责任金额1868万元。

私营企业内部审计　2009年成立了朝阳市审

计局私营企业内部审计服务小组，引导私营企业逐步完善法人治理结构，3月份，向注册资金在1000万元以上的88户私营企业发函，旨在宣传私营企业内部审计服务小组，12月份，走访了柏慧燕都食品有限公司等部分私营企业，了解年度内部审计开展情况、明年总体设想、存在的困难和问题，并就审计程序和审计文书予以规范。

（撰稿人：姜国香）

【阜新市审计局】 2009年，阜新市审计局人员编制62人，在编62人。局长王智兼，副局长朱海泉、张百平，纪检组长邵荣山。设有经济责任办公室（副县级）、财政金融审计科、固定资产投资审计科、行政政法审计科、教科文审计科、经贸审计科、农业与资源环保审计科、社会保障审计科、法规审理科、综合科、人事教育科、老干部科、计算机审计指导管理科、办公室、机关党委；另外，设置阜新市审计信息中心。

审计成果 全年共查出管理不规范金额15.71亿元，违纪违规金额1.66亿元。审计处理7537万元，其中上缴各级财政974万元，责令自行上缴各种税费1894万元，审减政府投资工程价款709万元，追回国家资金挽回经济损失1035万元，清退超标准收费411万元，归还原渠道资金1221万元，调账处理1293万元。

预算执行审计 从宏观角度揭示和反映预算执行中存在的突出问题，从完善体制机制、促进规范管理的角度提出审计建议，为人大、政府加强预算监督和管理提供可靠依据。在市人大和市政府的重视下，审计查出问题得到有效整改，审计意见和建议得到落实。2008年市本级预算执行审计工作报告得到市人大常委会的高度评价，审计整改报告得到人大常委会的全票通过。

固定资产投资审计 开展海州露天矿国家矿山公园基础设施项目、五龙矿改扩建项目、市皮革产业基地建设、城市管网项目、市第二人民医院和妇产医院续建项目等政府性投资项目以及中央投资项目跟踪审计，查处建设单位套取建设资金4933万元、虚报工程款1900万元问题，责令收回多付征地补偿费219万元，抽审工程预算2264万元，审减工程价款、节约建设资金241万元，审减率10.63%。有效规范工程建设项目管理、保障建设资金的安全和有效使用，提高资金使用效益。

经济责任审计 对22个单位领导人员进行经济责任审计，查出违规金额和管理不规范金额5846万元，对违法违规问题都进行了处理处罚。针对被审计单位存在的问题，提出审计建议48条，有22篇经济责任审计报告得到市政府领导的批示。同时，在经济责任审计机制、制度建设上取得重大突破，制定了经济责任审计公示制度等5项新制度，推动经济责任审计深入发展。

效益审计 开展7户经济效益审计和行政效能审计。对某单位行政效能审计，从人才交流等5个方面进行效能分析和评价，市长对审计提出的问题和建议非常重视，作出重要批示，要求有关部门整改落实。该单位主管部门对此问题进行了认真研究，并制定了3条整改措施。市某医院经济效益审计，纠正药费、业务费核算管理体制，查实内控环节薄弱，医疗药品收入滞留在医院收款员手里等问题，帮助清理未及时上缴款项，指导修订《门诊收费处工作制度》等，完备款项交接手续，堵塞收入环节的漏洞。

其他审计 责令某单位全额退还超标准收取的血款411万元，收缴了某中心套取财政资金196万元，查出了煤铁企业漏缴税费1461万元，查处了某医疗单位超标准加价1076万元，揭示了某单位不合理支出侵占职工利益问题61万元，收缴了区级政府混淆入库级次少缴市财政87万元，追回长达9年至12年之久的具有高风险的房改资金贷款1035万元，收缴了某县土地管理部门违规收费227万元，责令被审计单位自行上缴各项税费1894万元。同时，与纪检监察、财政部门共同完成了治理“小金库”和非税收入专项检查工作。

（撰稿人：李美義）

【铁岭市审计局】 2009年，铁岭市审计局人员编制81人（行政编制64人、事业编制17人）；实有人数83人（行政63人、事业20人）。局长刘兴华（—2月）、王英伟（3月—），副局长张波、李化山、邵荣，纪检组长赵玉杰。设有办公室、人事监察教育科、法制科、综合科、经贸审计科、农业资源与环保审计科、固定资产投资审计科、财政审计科、金融审计科、行政事业审计科、经济责任审计办公室、外资运用与社会保障审计科、数据采集审计科，另外设有机关党委及计算机信息中心、审计培训中心。

审计成果　铁岭市审计机关共完成审计（调查）项目316个，查出违规金额46590万元，其中应上缴财政8570万元，应归还原渠道资金7205万元，应调账处理金额2594万元；已上缴财政7520万元，已归还原渠道资金6111万元，已调账处理金额163万元。移送司法机关、纪检监察部门处理事项2件，建议有关部门处理事项1件。提交审计工作报告、信息398篇，被批示采用168篇次。

财政审计　市本级主要审计和调查市财政部门具体组织本级预算执行情况，市直26个部门（单位）预算执行情况，全市税收征管情况、社区财务状况、本级政府采购情况，"三补贴"资金、森林生态效益补偿资金、农村低保资金、住房公积金、环境治理专项资金、捐资助教资金管理使用情况，全市养路费收支及效益情况。在肯定成绩的同时，揭示了财务管理不规范、挤占挪用专项资金、欠缴漏缴税费、政府采购制度不尽完善、住房公积金缴存基数比例不均衡及部分基金未按规定存入专户等问题，并就加强市本级预算管理工作提出了四点意见。

行政事业审计　全市共审计行政事业单位216个，查出违规金额21143万元。

农业与资源环保审计　农业综合开发资金审计，揭示总体规划衔接不够、合同不规范、管护不到位、未留质量保证金等问题，提出三方面有针对性的审计建议。全市水库移民资金审计，揭示资金拨付不及时、项目管理不规范等问题。

固定资产投资审计　新城区金鹰大厦、日鑫大厦项目竣工决算审计，共核减投资额1945万元。对哈大铁路动迁补偿费实行跟踪审计，对政府建设保障性住房情况进行专项审计。两级审计机关对中央新增投资项目和资金派驻审计监督员，实行全程跟踪审计。

社会保障审计　社保基金审计揭示管理不规范金额12687万元，查补各种保费250万元。

企业审计　市龙山宾馆资产负债损益审计，摸清宾馆情况，理清了家底，为市政府对该宾馆实施改革提供依据。

经济责任审计　全市共完成经济责任审计项目115个，审计领导干部138人，查出违规金额13357万元，管理不规范金额6896万元。其中市本级审计36个项目40人，查出违规金额11377万元，管理不规范金额6306万元。对审计发现的财政预算收入应缴未缴或未纳入预算管理、挤占挪用滞留财政专项资金、欠收和挪用土地出让金、坐支非税收入、违规收费、私存私放财政资金和不合理支出等问题进行认真处理和纠正。市政府制定《铁岭市人民政府部门行政首长经济责任问责试行办法》，得到省经济责任审计工作领导小组的充分肯定。省委常委、省纪委书记王俊莲就此作出重要批示，要求省纪委、监察厅认真研究，如可行应推广，以便真正落实一岗双责。

专项资金审计（调查）　全市共审计（调查）单位23个，审计专项资金总额147681万元。住房公积金审计指出基金使用管理及缴存等方面存在的问题，提出规范银行专户、实行属地化管理、完善内控制度、开展全面普查等建议。沈阳市农村义务教育其他债务审计共核减债务1.45亿元，核减率40.83%。市审计局、财政局、教育局三部门联合组成调查组，对市直、银州区、清河区、开发区、开原市、调兵山市2008年城市基础教育经费保障及使用管理情况进行调查。查出部分高中违规招收择校生、违规收取择校费、自立项目违规收费、挤占挪用基础教育经费等问题。

（撰稿人：杜剑一）

【抚顺市审计局】　2009年，抚顺市审计局人员编制109人，在编96人。局长解军红，副局长刘晓滨、陈亚文、韩来云，总审计师佟向阳。设有办公室、综合信息处、人事教育处、法制处、外资金融审计处、固定资产投资审计处、社会保障审计处、经济责任审计一处、经济责任审计二处、财政审计处、经贸审计处、农业与资源环保审计处、经济案件审计处、行政政法审计处、教科文卫审计处。

审计成果　抚顺市县（区）两级审计机关共完成审计253个单位，查出违规金额3.2亿元，管理不规范金额22亿元；应缴财政3284万元，已缴财政1617万元。其中：市本级完成审计76个单位，查出违规金额6188万元，管理不规范金额18亿元；应缴财政2465万元，已缴财政1019万元。

预算执行审计　在市本级预算执行情况审计中，审计资金总额88.7亿元，揭示五个方面41

个问题，涉及31个部门和单位、违规金额9142万元、管理不规范金额2.52亿元。

经济责任审计 市县区两级审计机关领导干部经济责任审计，重点关注领导干部履行法定职责情况，贯彻"保增长、保民生、保稳定"、节约资源、保护环境等重大经济决策情况，财政资金使用绩效和行政效能情况，以及是否依法科学决策、有无越权和滥用权力造成损失浪费等行为。共完成经济责任审计项目111项，查出违规金额1.5亿元，管理不规范金额3.6亿元。其中市本级完成审计项目25项，查出虚列支出、虚假配套、资金拨付不到位、未执行收支"两条线"规定等违规金额2347万元，管理不规范金额3.3亿元。

固定资产投资审计 在市城东21、22方块采沉高层住宅楼、高山路及葛布通道建设情况、新长途汽车中心客运站工程、市第二中学体育运动中心、市城市应急联动指挥中心等5个建设项目审计中，重点突出绩效审计，审计资金总额2.8亿元，查出工程质量和工程管理中存在的6个问题，审减工程款2092万元。审计高山路及葛布通道工程项目时，使用道路平整仪和雷达监测车等先进设备全面检测公路质量，查出了道路存在不符合质量标准的问题。市政府根据审计结果，已经责成相关单位扣减工程款，加强工程质量监督和监理工作。审计市中心客运站工程时，共审计资金2034万元，发现施工单位多报工程款184.1万元，避免了财政资金的损失。

社会保障审计 开展五项社会保险基金审计。审计重心从社保财务收支及五项基金合法、合规性审计，转为以社保制度运行为主线，以社保基金的真实、安全、规范为切入点，以绩效审计总揽五项社保基金审计的全过程。重点关注社保基金的使用效益，关注社保制度的缺陷，分析现行社保政策的运行效应，保证五项社保基金的安全与完整，切实维护广大人民群众的根本利益。通过审计，揭示了个别社保政策条款不够规范、抚顺市顺城区社会保险事业管理分局等6个县区分局代省局出售企业社会保障登记证和个体社会保障登记证款、全市养老金支出缺口较大等问题。抚顺社会保险事业管理局认真采纳市审计局提出的审计建议，认真整改存在的问题，从制度上堵塞漏洞，出台了《关于由业务经办部门开具收据的通知》《关于合理安排资金存储和使用的通知》《确认与核实同姓名、同身份证号码人员》等相关规定，要求有关部门单位严格执行，进一步规范管理。 （撰稿人：高玉华 唐东宏）

【本溪市审计局】 2009年，本溪市审计局人员编制91人（含纪检监察编制1名），在编94人。局长王佳才，副局长李宁波、杨冬雁、富国义，纪检组长李明远。设有机关党委、办公室、综合处、法规处、经济责任审计处、财政金融审计处、行政事业审计处、经贸审计处、农业与资源环保审计处、固定资产投资审计处、外资运用审计处、社会保障审计处、经济案件审计处、离退休干部处、监察室。

审计成果 全局共审计（调查）单位45个，查出主要问题金额113527万元。提交审计综合报告和信息145篇，被上级部门采用77篇（次）；提出审计建议110条，被采纳76条。移交移送案件线索3起，涉案人员3人。获得省委、省政府授予的2008～2009年度"文明机关"称号；获得市政府授予的2007～2008年先进集体称号和"群众体育工作先进单位"称号；财政金融审计处获得省"五一巾帼先进集体"称号，"药业基地"跟踪审计项目、"财政预算执行审计"项目分别获得2009年度市直机关上半年和下半年最佳服务成果；举办了首届本溪"十佳经济卫士"的评选活动。

财政审计 开展对8个部门的预算执行情况、辽宁（本溪）生物医药产业基地基础设施建设、地工路企业搬迁等8项政府性资金建设项目，以及涉农、民生等8项重点资金管理使用情况的审计，提出4个方面16项问题，查出应上缴财政资金2.95亿元。《关于2008年度市本级财政预算执行和其他财政收支的审计工作报告》得到了市政府主要领导的充分肯定和市人大常委的高度评价。

行政事业审计 开展对全市30户行政事业单位"小金库"检查，发现个别单位存在设置"小金库"的现象，违规金额计38余万元；开展计划生育专项补助资金审计调查，对两县四区43个乡（镇）、办事处上报的相关会计资料进行审核，延伸调查6个乡镇、办事处，审计调查金额674万元；开展2008年度农村义务教育经费"两免三补”及公用经费审计，对市、县（区）财政、教育及部分学校计 30 个单位开展审计，审计金额 3481 万元。

农业与资源环保审计　对全市的农业综合开发三年验收的专项审计，发现存在的主要问题：一是滞拨资金问题，市农业综合开发办三年滞拨资金 917 万元；二是存在列支不合理款项问题；三是监理费未列入成本问题；四是项目报账制不合规问题；五是有偿资金及占用费存在问题；六是工程审计中发现存在部分工程虚假呈报、工程逾期、工程保证金提前支付等问题。

社会保障审计　开展了五项社会保险基金、优抚专项资金、民营企业参加社会保险缴纳保费情况等审计与专项调查，连续 3 年对五项社会保险基金进行审计，共审计五项社会保险基金收入总额 808683 万元，支出总额 618048 万元，延伸审计 196 户参保单位，查出在业务管理、基金使用等方面存在 26 个问题，管理不规范和违规金额 1969 万元，已收缴 1429 万元，提出审计建议 8 条，有力促进全市社会保险工作的进一步规范。

经济责任审计　全局完成了 9 个经济责任审计项目，加强了四个方面的重点工作。一是进一步促进领导干部贯彻落实科学发展观和树立正确的政绩观为目标，提高审计质量；二是进一步阐明了关注涉及民生、就业、农业、教育等重大经济政策的贯彻执行，领导干部经济管理及决策能力的考核为重点，推进管理、考核和任用干部的法制化进程；三是进一步加强经济责任审计与预算执行审计、财务收支审计、专项资金审计及效益审计的有机结合，完善了审计方式；四是进一步完善了程序和制度，将经济责任审计工作纳入干部监督管理工作的重要组成部分，为经济责任审计提供法律保证。

固定资产投资审计　对新增中央投资中的 87 个项目进行了专项跟踪审计。揭示部分项目地方配套资金不到位、部分项目资金拨付不及时以及项目进展不利、选址不当等问题。提出进一步明确投资资金配套主体和责任，加强项目决策和管理机制；进一步加强投资建设的监管力度，建立全过程的监督机制等意见和建议，得到市领导和有关部门的高度重视。

专项资金审计　组织对农业、城建、教育、医疗、社会保障等 13 个项目的审计和审计调查。查出应缴未缴专项资金、虚列支出、损失浪费等方面有问题金额 41461 万元，上缴财政 416 万元，挽回损失 1594 万元。在促进国家宏观政策的落实，解决群众切身利益和完善各项惠民政策落实等方面起到了积极的作用。　（撰稿人：丁金艳）

【辽阳市审计局】　2009 年，辽阳市审计局人员编制 75 人，在编 78 人。局长刘晓莲（—3 月）、栗荣庆（3 月—），副局长纪辉、于兆东、袁洪起、王永华、孙柏野。设有办公室、法制科、综合科、数据采集科、人事教育科、经贸审计科、农业审计科、财政审计科、行文审计科、社保审计科、财金审计科、经济责任办公室、投资绩效审计科、城建审计科、信息中心，另设有派出机构河东审计分局。

审计成果　全地区共完成审计项目 400 个，审计调查项目 2 个，查出违规金额 18952 万元，管理不规范金额 88356 万元，应上缴财政金额 3684 万元，已上缴财政 4217 万元，核减投资额 8753 万元。

预算执行审计　对辽阳市房产局、水资源管理局、司法局等 22 个市直部门和单位的 2008 年度预算执行情况进行了审计。查出违规金额 53 万元，管理不规范金额 3 亿元，应上缴财政 53 万元。

经济责任审计　完成审计项目 43 个，查出违纪金额 15 万元，管理不规范金额 6819 万元。运用《辽阳市党政领导干部任期经济责任审计评价量化办法》，评出优秀等级 5 名，称职 36 名，基本称职 1 名。出台了《辽阳经济责任简易审计操作程序办法（暂行）》，编撰了《经济责任审计法规知识读本》。

企业审计　完成审计项目 6 个，处理上访案件 3 起，参与企业改制审计复核 19 项，参与专项审计调查 3 项。参与企业改制审计复核过程中，查出辽阳市公路工程公司沈营线未完工程少进收入 160 万元。对辽阳市供暖公司北草库锅炉工程决算项目进行审计调查，查出高套定额 38 万元，核减工程量 23 万元。

固定资产投资审计　完成审计项目 14 个，专项审计调查 1 个，核减投资额 1493 万元。对哈大客专、河东开发、辽溪铁路搬迁、城市南部开发项目，以及城市交通道路改造项目、5万平方米以上棚户区改造二期工程、城市绿化工程项目进行驻场或定点跟踪审计。分局开展了河东新城的开发动迁补偿审核工作。民宅组审核民宅460户，审核金额4800万元。

金融审计　完成辽阳市非税收入管理局非税收入审计，市地税系统税收征管情况审计，4户经济责任审计等6个审计项目，审计查出违规金额13042万元，管理不规范金额24753万元。

社会保障审计　完成审计项目6个，查出违规金额11万元，管理不规范金额4131万元，应上缴财政7万元。对辽阳市1996年至2006年农村社会养老保险基金外借资金474万元进行追缴，此项工作被辽阳市直机关工委评为辽阳市8月份最佳实事。

行政事业审计　完成辽阳市计生委、科学技术协会2个单位的2008年度预算执行审计，查出管理不规范金额146万元。经济责任审计6户，查出管理不规范金额5871万元。圆满完成了丹东市农村义务教育债务审计认定工作，认定债务金额6568万元，占总债务额的70.04%，涉及6个县（市）区、债权人882个。分局企业组审核企业34家，审核金额620万元。

农业与资源环保审计　完成审计项目11个，审计调查项目1个。加大了对农业专项资金的审计力度，重点审计2006年至2008年辽阳市农业综合开发专项资金、市灌区专项资金、2006年至2007年农村饮用水安全资金及中央特大抗旱补助资金的使用情况。其中，2006年至2008年农业综合开发专项资金审计，查出190万元专项资金未及时下拨。

外资运用审计　完成对世行贷款交通改造项目，全市结核病控制项目，亚行贷款集中供热项目，沈阳市、盘锦市地理信息系统项目，锦州市排水项目等6个项目的公证审计。

（撰稿人：张　晶）

【鞍山市审计局】　2009年，鞍山市审计局人员编制150人，在编143人。局长杜俊双，副局长阚晓阳、刘文晓、原丹，纪检组长倪洪刚。设有办公室、人事教育处、法规处、外资运用审计处、财政审计处、金融审计处、行政事业审计处、经贸审计处、政府采购审计处、农业与资源环保审计处、社会保障审计处、固定资产投资审计处、领导干部经济责任审计处、经济案件审计处。

审计成果　完成审计项目93个，查出违规金额967万元，其中应上缴财政358万元，应归还原渠道资金610万元，移送纪检监察部门处理事项1件、涉及人员5人；已上缴财政358万元，已归还原渠道资金610万元，移送纪检监察部门已处理事项1件，已给予党政纪处分5人。提交审计报告和审计调查报告93篇，提出审计建议107条，被采纳的审计建议38条，提交审计专题、综合性报告和信息简报68篇，被批示采用36篇。

预算执行审计　2009年，鞍山市审计局完成预算执行审计59个单位，查出违规金额477万元，其中应上缴财政123万元，应归还原渠道资金355万元；已上缴财政123万元，已归还原渠道资金355万元。提出审计建议29条，被采纳审计建议13条。

经济责任审计　鞍山市审计局完成34户领导干部经济责任审计，对其所辖单位的财政财务收支、债权债务、国有资产保值增值、重大经济决策及执行财经纪律和廉政规定等情况进行审计，查出违规金额490万元，其中应上缴财政235万元，应归还原渠道资金255万元；已上缴财政235万元，已归还原渠道资金255万元。

政府采购资金审计　鞍山市审计局参加政府采购项目招标现场审计监督118次，涉及预算金额4亿多元。对不符合政府采购相关规定的采购项目建议废标11次，均被采纳。参与市政府组织的验收工作32次。完成市长交办的关于市政府采购中心政府采购制度执行情况的审计调查，共查出违纪问题2项，收缴应上缴财政资金13万元，提出规范政府采购活动的审计建议4条，被市长采纳3条。

经济案件审计　2009年，鞍山市审计局认真查处群众举报的各类经济案件，全年共派出协助市纪委办案的审计人员15人次，查办违纪案件9件，工作天数93天。在对千山区拆迁资金专项审计中，发现市第三印刷厂与市福利彩票发行中心（原市募捐办）的经济往来有问题。审计调查后发现，1998年市中级人民法院判决市第三印刷厂偿还市福利彩票发行中心（以下简称市福彩中心）

的本金 141.4 万元，市第三印刷厂负责人赵某欲将资产转移至第三人曹某，赵某于 2006 年 6 月 8 日将曹某提供的 11.4 万元资金交给市福彩中心，随后市福彩中心与第三印刷厂签订《债权转让通知书》，并与曹某签订《债权购买协议》。至此，市福彩中心对市第三印刷厂享有的债权，在形式上转让给曹某，造成国有资产流失。经市长批示，市审计局把此案件线索移交市纪委，市纪委经过审理，已于 2009 年 6 月份对市福彩中心原负责人张某等及市中级人民法院有关人员共 5 人给予了党纪、政纪处分。

专项资金审计（调查） 完成省审计厅交办的鞍山市列入新增中央投资项目跟踪审计的调查、哈大高速铁路征地动迁补偿资金跟踪审计调查、政府投资保障性住房建设项目专项审计调查、鞍山地区 2006 年至 2008 年农业综合开发资金管理使用及效益情况审计；完成市长交办的对市招标管理中心有关招投标管理办法及程序的合规合法性的审计调查、职业教育城跟踪审计项目、完成三所免费高中内装饰工程结算审计等。

（撰稿人：王笑平）

【丹东市审计局】 2009 年，丹东市审计局人员编制 63 人，在编 63 人。局长张东贵，副局长李圣稙、曹瑞洲、张作群，纪检组长杨文斌。设有财政审计处、固定资产投资审计处、经贸审计处、农业与资源环保审计处、社会保障审计处、金融外资审计处、行政事业审计处、经济责任审计处、法制处、招商引资办公室、办公室。

审计成果 丹东审计机关完成审计（调查）单位 273 个，查出违规金额 24441 万元，其中应上缴财政 2747 万元，应减少财政拨款或补贴 850 万元，应归还原渠道资金 35 万元，应调账处理金额 5560 万元。提交审计专题、综合性报告和信息简报 255 篇。

财政审计 审计和审计调查本级财政部门具体组织 2008 年预算执行、有关单位税费征收缴纳以及部分直属部门及其所属单位的预算执行和重点专项资金管理使用情况，涉及部门和单位 308 个，涉及资金额 63 亿多元。审计揭示出应缴未缴、应列未列、挤占挪用、滥列支出、决算不实等有问题金额 5050 多万元。同时对上年审计决定落实情况跟踪检查，检查结果显示，通过问题整改，为财政增收节支 3949 万元，规范预算收支 4336 万元，促进专项资金有效利用 7799 万元。

专项资金审计（调查） 全市审计机关开展乡镇财政债务、职业教育、县域产业集群基地基础设施建设、农业综合开发、2008 年度“五项社保基金”、科技等专项资金审计 13 项。以“五项社保基金”的收支、结余、分布以及管理运行情况为主线，重点审计两级地税、财政、“五项社保基金”经办机构，并延伸审计部分缴费单位。查出未按规定征收缴纳社会保险费、挤占挪用社会保险基金、用失业保险基金支付贷款利息、工伤保险参保面较小等问题，提出加强保费征缴、重新核定缴费比例、强化社保基金账户管理等 8 条建议。对镇（街）财政债务情况的审计调查，使债务总体规模、产生原因、存在问题得到揭示，成为“乡财县管”的重要参考依据之一。

经济责任审计 全市审计机关认真贯彻落实《地方党政领导班子和领导干部综合考核评价试行办法》和《党政工作部门领导班子和领导干部综合考核评价实施办法》。对 105 名领导干部经济责任的审计，把全部财政性资金收支规模和结构、管理控制以及支出绩效纳入审计范围，深化审计内容，健全和完善财政支出追踪问效、内部权力制衡等工作制度，通过对财政资金全过程、全方位的监督，促进政府非税收入和资产管理，规范专项资金分配和管理，完善财政绩效评价机制，健全公用经费定额体系，使领导干部经济责任审计工作得到扎实推进。

（撰稿人：贾春荣）

【大连市审计局】 2009 年，大连市审计局机关人员编制 150 人，在编 142 人，领导职数 5 名。局长白日玲，副局长周小渝、付强、周强（—12 月）、宫本胜、包广平，总审计师张学贵。设有办公室、人事教育处、工业审计处、固定资产投资审计处、政府投资项目审计处、商粮外贸审计处、农林水利审计处、行政事业审计处、财政审计处、外资运用审计处、金融审计处、法制处、经济责任审计处、社会保障审计处。根据有关规定，大连市审计局设置纪检组、监察室（合署办公）。大连市审计局局属事业单位为大连市审计局信息中心和大连审计科研培训中心。

审计成果　大连市两级审计机关共完成 485 个审计项目，查出违规金额 2.98 亿元；核减工程造价 10.35 亿元；应上缴财政 1.42 亿元，已上缴财政 1.41 亿元。向上级机关和有关部门提交综合性及专项审计报告、信息、审计要情等 602 篇，被各级领导批示和有关部门、新闻单位采用 419 篇（次）。促进被审计单位制定整改措施 38 项，健全完善规章制度 13 份。

预算执行审计　市本级预算执行情况审计，共出具审计报告 39 份，下达审计决定 4 份，提出具有针对性的审计意见和建议近百条。大连市审计局对审计查出问题专门进行跟踪检查，并就审计结果落实情况向市人大常委会作了专题报告，促进有关部门完善制度，加强管理。

行政事业审计　大连审计机关分别对市委办公厅、市政协办公厅、市委老干部局、市司法局等 81 个行政事业单位进行审计或审计调查，并延伸审计部分下属单位。同时，大连审计机关在深化财务收支审计的基础上，进一步向绩效审计转变，在 2008 年对大连日报社进行效益审计的基础上，对大连晚报社 2007 年至 2008 年度资产负债及效益情况进行审计。摸清了该社资产负债情况，针对影响企业效益的因素，从主、客观两方面进行分析，指出经营管理中存在的问题和薄弱环节，提出加强管理、增收节支等切实可行的审计意见和建议，为市领导对大连报业集团改革提供决策依据。

农业与资源环保审计　大连审计机关在对部分涉农区县的农业产业结构调整政策落实情况专项审计调查中，针对部分农业结构调整计划搞“一刀切”，造成资金使用率低、项目闲置率高等问题，提出 5 条切实可行的审计建议，促使有关部门强化对支农资金的分配与管理，强化主管部门内部的管理机制，有效提高资金的使用效益。在对大连市 2006 年至 2008 年度排污费征收及污染治理情况的审计调查中，把环保排污费审计与环保局经济责任审计相结合，把排污费的绩效情况作为评价经济责任的重要评价指标，审计查出对部分单位未据实核定排污费等缴费不实，污染治理项目未按期完工未达到预期治理目标，污水处理厂未达标排放等问题。

固定资产投资审计　大连审计机关对扩大内需中央投资的 130 个项目进行跟踪审计，涉及资金总额达 49.9 亿元，同时还建立与监察、财政、发改委等部门的实时通报制度。为确保大连市财政投入的建设资金的安全、效益，审计机关对大连港东部地区搬迁改造项目、东联路建设项目、202 路轨道延伸线工程、胜利路动迁改造项目、城市地铁项目、哈大铁路客运专线（大连段）建设项目征地动迁项目、星海湾金融商务区动拆迁改造等 12 个重点建设项目进行跟踪审计，审计资金总额达 135 亿元。

社会保障审计　大连市审计局进一步加强对以五险资金为重点的社保资金的审计力度，在总结连续三年开展五险资金审计经验的基础上，将审计重点放在社保政策制定、政策执行方面，促进从体制、机制、制度层面规范管理，探索社保审计由真实合法性向效益性的转变，由查处违法违纪问题向检查管理漏洞和制度缺陷的转变，促进社保审计工作制度化、规范化水平不断提高。

经济责任审计　大连市两级审计机关共对 186 名党政领导干部及企业领导人员进行经济责任审计，查出违规金额 7394 万元。大连市各区市县审计机关不断深化经济责任审计工作，旅顺口区审计局通过对被审计责任人在任期内单位的财政财务收支、固定资产增减、债权债务的增减以及重大经济活动的审计分析，重点分清被审计领导应负有的主管责任和直接责任，更加科学地评价领导干部的经济责任。　（撰稿人：朱吉琦）

【营口市审计局】　营口市审计局人员编制 53 人，在编 51 人。局长迟成君，副局长徐福忠、张令（—11 月）、王文良、张丽杰（7 月—），纪检组长林从军。设有办公室、财政金融审计科、经贸审计科（年薪制审计办公室）、行政事业与社会保障审计科、农业与资源环保审计科、固定资产投资审计科、外资运用审计科、法规科、经济责任审计工作办公室。

审计成果　营口市审计局共审计（调查）党政机关、企事业单位54户。查出违规金额和管理不规范金额21.4亿元，收缴财政103万元，促进财政增收节支2038万元。完成市领导交办任务8项，配合市纪委查处案件5起，提供线索13个。提交专题、综合性报告38篇，被市领导批示7篇，提交审计要情、审计信息12篇，被省厅和市委、市政府采用10篇次。

预算执行审计　在对2008年度市本级预算执行和其他财政收支情况的审计中，发现市财政存在补助财力结转下年支出、已列支未拨付资金等问题。延伸审计时发现，市建设企业社会保险管理办公室2008年收取的养老保险金未及时上缴财政专户等问题。提出了加强政府投资项目的管理，防止损失浪费等5个方面的审计建议。在市十四届人大常委会第十三次会议上，审计工作报告得到市人大常委会和市领导的充分肯定和高度评价。

经济责任审计　受市委组织部委托，完成13名县处级党政领导干部的任期经济责任审计，提出审计建议4条。在对行政事业单位领导干部经济责任审计中，查出的主要问题一是在遵守财经法纪方面，存在用不合规票据报销费用、乱收费和乱摊派、挤占和挪用专项资金等问题；二是在执行财经管理制度方面，存在资产负债状况不实、会计基础工作不规范等问题。在对市（县）区长经济责任审计中，在传统的真实性、合法性审计基础上，加大管理审计和效益审计的内容和比重，注重从深层次揭示社会经济发展中存在的问题，为客观评价领导干部的工作业绩提供依据。

系统审计　从规范资金管理、提高依法理财水平出发，加大对社会关注度高、涉及财政资金量大的政府部门的审计监督力度，开展了对民政系统、教育系统、建委系统、交通系统、卫生系统5个系统的审计工作。其中，民政系统和教育系统的审计报告得到了市政府主要领导的批示。市民政局向市政府上报了《关于审计整改情况的报告》，对审计中查出的5个方面问题分别查明原因，制定整改措施。

固定资产投资审计　完成对滨海大道A、B、C段、滨海路鲅鱼圈至浮渡河桥段、营口高新技术产业开发区站前工业园区管委会民兴河清淤整治工程、市西部学校工程4个项目的决算审计。审计局的工程决算审计对政府拨付资金是否合规使用，并发挥应有的效益方面进行有效监督，避免损失浪费，为政府节省建设资金，维护政府资金的安全。　（撰稿人：韦昕雨）

【盘锦市审计局】　2009年，盘锦市审计局人员编制32人，在编32人。局长孙兴福，副局长戴香菊、王贺广、闫志刚，纪检组长王钧。设有办公室、法制综合科、人事监察科、固定资产投资审计科、企业审计科、财金审计科、文行审计科、农业审计科、经济责任审计室。

审计成果　盘锦市审计机关完成审计项目168个，查出违规金额27567万元，管理不规范金额53450万元；应上缴财政9441万元，应调账处理28038万元；已上缴财政8789万元；提出审计建议125条，被采纳98条；提交专题或综合性审计报告、审计信息64篇，被批示、采用42篇次。

预算执行审计　审计预算执行单位72个，查出违规金额1513万元，管理不规范金额12620万元，上缴财政507万元。审计查出问题的90%已得到有效整改。

经济责任审计　全年共完成经济责任审计项目30个，查出管理不规范金额21000余万元，审计收缴违纪款47.4万元。

专项资金审计　农业综合开发专项资金审计，查出违规资金800万元；全市2008年度养老、医疗、工伤、生育、失业五项社会保险基金的征收、管理和使用情况审计，发现盘锦北方沥青股份有限公司和招商银行股份有限公司盘锦支行2008年欠缴统筹医疗保险费83万元，市审计局已将上述违纪款项全部收缴入库；赴抚顺开展义务教育其他债务审计认定工作，审计债务金额为15241万元，审计核减债务额为2566万元，核减率为16.8%。

地税系统税收征管审计　共查出违规资金20672.93万元，其中：应征未征税金5438.8万元、应缴未缴税费2516.36万元、提前预征税款5075.3万元、税款入库不及时7145.97万元、混淆入库费种 496.5 万元。截至 2009 年 12 月末，审计查出的应入库税款 7955.16 万元已全额入库。

固定资产投资审计　一是对扩内需保增长中央新增的投资项目开展专项审计调查。重点审计项目资金的到位和管理使用情况，详细分析投资项目所带来的社会效益和经济效益，提出加强建设资金和建设项目管理的建议，为各级政府决策提供依据。二是对市政府投资的保障性住房开展专项审计调查。审计调查结果表明，截至 2009 年 6 月末，全市共到位建设资金 3395 万元。其中：国家投资 1675 万元，到位率为 100%；地方财力配套资金 1720 万元，到位率为 21.5%。针对地方配套资金到位不足的问题，提出争取地方配套资金尽快到位的审计意见。三是完成全市中小学校舍安全工程跟踪审计调查工作。四是对县域产业集群基地基础设施建设情况进行专项审计调查。为政府决策提供真实依据，为今后进一步做好县域产业集群基地基础设施建设审计打下良好基础。

（撰稿人：赵庆举）

【锦州市审计局】　2009 年末，锦州市审计局人员编制 89 人，在编 100 人。局长冯晓华，副局长何广华、马志军、李犁（兼总审计师）、孙玉琳，纪检组长吴颖。设有办公室、人事教育处、机关党委、综合处、法制处、督察处、市直财政审计处、县区财政审计处、金融审计处、行政政法审计处、教科文审计处、经贸审计处、农业与资源环保审计处、社会保障审计处、基建投资审计处、工程投资审计处、外资运用审计处、锦州市经济责任审计办公室、市直经济责任审计处、县区经济责任审计处、信息审计处。

审计成果　锦州市审计机关共完成审计项目 340 个，查出违规和管理不规范金额 15.1 亿元，审计缴款 2.3 亿元。

预算执行审计　锦州市审计局完成市本级财政预算执行情况、22 个市直部门的预算执行情况审计，延伸审计 48 个部门所属单位。向市人大常委会作了《关于锦州市 2008 年度市本级预算执行情况及其他财政收支情况审计结果的报告》，得到市人大常委会的高度评价。义县、太和区、古塔区审计局针对预算编制及管理等方面存在的问题，注重从体制、机制层面揭示问题、提出建议，促进规范管理。

经济责任审计　锦州市审计局完成 43 名领导干部的任期经济责任审计，其中任中审计占 70%。纠正领导干部在履行经济责任中的不当行为，促进领导干部提高依法履职的能力，促进了党风廉政建设。黑山县审计局加大经济责任审计力度，实现由单纯查账向深层次揭露问题的转变；凌河区审计局扎实推进党政一把手“捆绑式”审计；凌海市、北镇市、开发区、松山新区审计局进一步完善经济责任审计工作的制度和办法。

固定资产投资审计　锦州市审计局完成东湖森林公园、云飞南街桥梁、西海工业区基础设施建设、娘娘宫海域回填、滨海路工程、锦凌水库、世界银行贷款项目的当年跟踪审计及一批建设项目竣工决算审计。规范工程建设行为，促进提高建设项目资金使用效益。全年审减政府投资工程投资额 3801 万元。发出审计建议函和现场跟踪审计意见单 8 份，项目单位采纳意见和建议节约建设资金 6000 万元。

专项资金审计（调查）　锦州市审计局完成对四县一区农业综合开发资金、科技三项费用、教育事业费、社会保险基金等专项资金筹集管理使用情况审计。在开展对社会保险基金体制、机制运行及政策执行的审计中，在政策层面上提出审计建议，市政府采纳审计建议调整了全市社保的三项政策条款，全年有 5 份社保审计专报得到市领导的批示。

锦州市审计局完成 2005 年至 2008 年城市南扩建设情况、城市南扩 17 个重大建设项目 2008 年税费缴纳情况、政府投资重大建设项目资金使用管理情况、社会保障机制运行情况、民营企业参加社保缴费情况、市新型农村合作医疗资金管理使用情况的专项审计调查。通过总结经验，查找薄弱环节，提出审计建议，为市领导宏观决策提供翔实依据。其中，《锦州市 2005 年至 2008 年度城市南扩（凌南地区）建设情况审计调查结果》在《锦州日报》上公告，得到市领导的肯定，受到社会各界的关注。

（撰稿人：马苓泉）

【葫芦岛市审计局】　2009年，葫芦岛市审计局人员编制60人，实有55人。局长施民新，副局长时春明、于桂芹、董伟健、陈道发、刘玉森、赵素芝，纪检组长孙波。设有办公室、人事教育科、综合法规科、经济责任审计科、财政金融审计科、行政事业审计科、社会保障审计科、经济贸易审计科、农业与资源境保审计科、固定资产投资审计科、科学教育文化审计科。下设事业单位：国家建设项目预决算投资审计中心和审计干部培训中心。

审计成果　葫芦岛市审计局完成审计项目37个，配合省市相关单位工作10项。涉审单位254个，查出违规金额及管理不规范金额20.5亿元，增加财政收入3906万元，核减工程投资3014万元，核减鞍山市农村义务教育其他债务954万元。移送司法机关、纪检监察部门处理事项1起。提交审计报告59份，调查报告2份；提交审计信息79篇，被省市相关部门采用31篇。

财政审计　对市财政具体组织预算执行和市直12个部门及所属42个单位预算执行情况进行审计，查出应作未作预算收入、挤占挪用专项资金等违规和管理不规范金额1.7亿元。重点对30个部门及所属36个单位2007年至2008年度的会议费、出国考察经费、招待费情况进行专项审计调查，查出部分单位超预算、无预算列支会议费495.2万元、出国考察经费65.8万元，超标准列支招待费612.4万元。

行政事业审计　通过对葫芦岛市第六高级中学、第七高级中学、第八高级中学三所高中财务收支的审计，查出违纪违规资金52.7万元，及时纠正部分高级中学无证收费、未及时清算学生课本费以及违规列支、未实行政府集中采购等八个方面的问题，审计报告得到葫芦岛市教育部门和被审计单位的高度重视。对全市民政系统2008年度财务收支情况进行审计，审计22个单位，审计资金总额2.1亿元。

农业与资源环保审计　重点完成对农业综合开发资金审计，土地出让金审计，林业专项资金审计、财政扶贫资金审计和粮食综合直补、农民“四项”补贴资金审计。农业综合开发资金审计，跟踪落实未完工程项目资金1837万元。对某县土地出让金管理、使用情况审计发现，因相关部门沟通不畅等原因造成应缴未缴耕地占用税和契税750万元，已催缴入库。

固定资产投资审计　为规范投资建设项目管理，与法制办共同起草了《葫芦岛市国家建设项目审计办法》，经市政府常务会议审议通过后，市长签发第120号政府令发布实施。对化工棚户区改造、南票采煤沉陷区治理、北港工业区基础设施建设、葫芦岛海滨观光路等14个工程项目进行审计或审计调查。审计资金总额4.2亿元，核减工程造价3014万元。

社会保障审计　连续第三年对“五项”社保基金征缴、管理和使用情况进行审计。三年来，全市共审计社保基金管理单位34个（次），延伸审计缴费企业30户、定点医疗机构20个，审计查出违规及管理不规范金额1.3亿元，提出审计建议21条，相关单位按照审计建议已经整改17条，需逐步整改4条。

企业审计　对市龙源供水有限公司资产、负债及所有者权益情况进行审计。审计确认市龙源供水有限公司总资产1027万元；总负债927万元，所有者权益100万元。

经济责任审计　对24个单位、25名领导干部（人员）任期经济责任履行情况进行审计，向纪检监察部门移送违法违纪案件1起。会同市纪检委、市组织部等经济责任审计工作领导小组成员单位共同起草出台《关于深化全市经济责任审计工作的意见》以及领导干部经济责任审计结果利用、离任办理经济事项交接等办法。

专项资金审计（调查）　葫芦岛市审计局重点对石油价格补贴、住房公积金、世界银行贷款、县域产业集群基础设施建设、计划生育特别扶助、部分民营企业参保缴费、城市中小学减免学杂费、中高等职业教育等专项资金的管理、使用情况进行审计或审计调查。

（撰稿人：李儒政）

2009年辽宁省所辖区、县(市)级审计工作统计表

金额单位:万元

审计机关	完成审计项目(个)	查出违规金额	应上缴财政	应减少财政拨款或补贴	应归还原渠道资金	应调账处理金额	移送司法、纪检部门处理事项(件)	建议有关部门处理(件)	出具审计报告和审计调查报告(篇)	提出审计建议(条)	撰写审计信息(篇)
沈阳市											
沈阳市本级	80	31082	14195		195	14346		2	80	143	123
沈河区审计局	16	8561	119		34	41			16	37	38
和平区审计局	24	5878	98		451				24	10	3
大东区审计局	27	1205	292			1	1		27	65	66
皇姑区审计局	32	129	49				1		32	29	11
铁西区审计局	17								17	8	11
苏家屯区审计局	13								13	13	17
东陵区审计局	39	57	57						39	19	9
沈北新区审计局	30	15992	1671			11			30	36	79
于洪区审计局	34	255	132		42	10			34	37	8
新民市审计局	63	7126	2296						63	27	12
辽中县审计局	46	11490	3490		140	6927			46	23	13
康平县审计局	68	1121	5		270	56	1		68	35	
法库县审计局	50	3769	18		1365				50	29	
朝阳市											
朝阳市本级	97	39577	1332	292	684	17827					
双塔区审计局	22	74	8		56						
龙城区审计局	39	745	24		523	112					
北票市审计局	49	28	4		5	189					
凌源市审计局	64	254	95		156	13968					
朝阳县审计局	66	5276	85	9	557	104					
建平县审计局	122	4284	348		2800	352					
喀喇沁左翼蒙古族自治县审计局	63	5002	139		2792	622					
阜新市											
阜新市本级	101	16600	974		1221	1293		14	101	275	113
细河区审计局	15	519	13		3	1		4	15	17	9
海州区审计局	23	455	19			2			23	25	15

（续 表）

审计机关	完成审计项目（个）	查出违规金额	应上缴财政	应减少财政拨款或补贴	应归还原渠道资金	应调账处理金额	移送司法、纪检部门处理事项(件)	建议有关部门处理(件)	出具审计报告和审计调查报告(篇)	提出审计建议(条)	撰写审计信息(篇)
新邱区审计局	12	2142			777	600			12	27	25
太平区审计局	9	1281	3						9	28	4
清河门区审计局	16	608	4						16	32	2
彰武县审计局	82	3930	283	410		2677			82	95	26
阜新蒙古族自治县审计局	31	4900	29		16	37			31	167	10
铁岭市											
铁岭市本级	101	30710	7911		6036		1		101	171	65
银州区审计局	25	2016	24		87				25	42	43
清河区审计局	19	1004	28		337				19	43	19
开发区审计局	9	16	2						9	12	4
调兵山市审计局	25	216	190						25	39	20
开原市审计局	33	1239	285		91		1		33	65	30
铁岭县审计局	25	2868	27						25	43	25
西丰县审计局	38	6759	70		147			1	38	97	30
昌图县审计局	41	1541	33						41	101	30
抚顺市											
抚顺市市本级	76	6188	2465	1962	5709	15864	1	1	66	225	104
顺城区审计局	20	656	385						20	43	15
新抚区审计局	11	123	37			148			11	6	9
东洲区审计局	11	73	3						11	5	5
望花区审计局	6	6805	2			1744			6	6	23
抚顺县审计局	40	12909	65		9	35			40	53	21
新宾满族自治县审计局	52	5141	189		3				52	52	15
清原满族自治县审计局	37	403	138		154	248			37	63	10
本溪市											
本溪市本级	45	30784	29098	2420	84	1716	3		45	110	80
平山区审计局	40	1	1	91		37			40	20	9
溪湖区审计局	21	12	3						21	13	5
明山区审计局	64	68.25	68.25						64	15	12
南芬区审计局	16	22				78			16	30	12
本溪满族自治县审计局	53		499			25			53	4	10
桓仁满族自治县审计局	56	456	287			7210			56	6	10

（续 表）

审计机关	完成审计项目（个）	查出违规金额	应上缴财政	应减少财政拨款或补贴	应归还原渠道资金	应调账处理金额	移送司法、纪检部门处理事项(件)	建议有关部门处理(件)	出具审计报告和审计调查报告(篇)	提出审计建议(条)	撰写审计信息(篇)
辽阳市											
辽阳市本级	68	9301	3400			3			68	128	82
白塔区审计局	25	134	2						25	18	1
文圣区审计局	10								10	5	
宏伟区审计局	65				2169				65		
弓长岭区审计局	99								99		52
太子河区审计局	34	6551	18		20				34	33	
灯塔市审计局	58	1409	114		456				58	37	14
辽阳县审计局	43	1557	150		48	266			43	47	
鞍山市											
鞍山市本级	93	967	358		610		1		93	107	68
铁东区审计局	19								19	26	24
铁西区审计局	36								36	9	
立山区审计局	10	144	11		133				10	15	
千山区审计局	17								17	20	13
海城市审计局	67	891	611		48	76		1	67	18	125
台安县审计局	54	495	3						54	160	17
岫岩满族自治县审计局	63	258	86		90	6469			63	23	50
丹东市											
丹东市本级	19	887	332			4065			16	1	3
振兴区审计局	17	1000	100						18	28	12
元宝区审计局	24	498	62		34	125			24	24	15
振安区审计局	31	83	33	47	1				15	5	
凤城市审计局	53	13597	1520	393					53	117	24
东港市审计局	56	7566	608			1204			56	35	37
宽甸满族自治县审计局	48	310	92			166	1		48	121	32
大连市											
大连市本级	60	14428	11281		25	1501		3	60	179	210
西岗区审计局	19	48	48						19	42	9
中山区审计局	20	28	28						20	35	3
沙河口区审计局	18								18	23	4
甘井子区审计局	68	3905	633						68	168	226
旅顺口区审计局	44	3130	220			5972		1	44	124	14

（续 表）

审计机关	完成审计项目（个）	查出违规金额	应上缴财政	应减少财政拨款或补贴	应归还原渠道资金	应调账处理金额	移送司法、纪检部门处理事项（件）	建议有关部门处理（件）	出具审计报告和审计调查报告（篇）	提出审计建议（条）	撰写审计信息（篇）
金州区审计局	10	3788	56	957	2083	2034			10	30	22
瓦房店市审计局	26	326	19			1690			26	83	133
普兰店市审计局	99	54	13			981			99	135	17
庄河市审计局	59	2087	370	1159	42	58	2		59	127	68
长海县审计局	44	2024	1577		51	837	1	3	44	3	134
开发区审计局	18			24400		1087			18	19	1
营口市											
营口市本级	54	177	38			1789			54	27	12
站前区审计局	11								11	23	
西市区审计局	12								12	15	
鲅鱼圈区审计局	42								42	12	
老边区审计局	20	718	14						20	6	
大石桥市审计局	28	72	1						28	17	
盖州市审计局	52	370	11		10				52	2	4
盘锦市											
盘锦市本级	66	20969	7713	986		22294			66	82	36
兴隆台区审计局	12					286			12	3	4
双台子区审计局	27					784			27	4	2
大洼县审计局	37	3407	1045	166		2588			37	23	6
盘山县审计局	26	1391	683	482		2086			26	13	5
锦州市											
锦州市本级	126	93487	8501	629	50	25985	1	20	126	179	276
太和区审计局	19	1408	1399		20				19	45	2
古塔区审计局	12	62	62			700			12	33	
凌河区审计局	7								7	14	
凌海市审计局	23								23	5	4
北镇市审计局	14	587	21						14	41	1
黑山县审计局	66	800							66	120	4
义县审计局	26	481	11						26	29	16
开发区审计局	31	146							31	70	
葫芦岛市											
葫芦岛市本级	37	49392	1119	628	7651	4954	1		61	129	73
龙港区审计局	21	52	6		1906				21	34	12

（续表）

审计机关	完成审计项目（个）	查出违规金额	应上缴财政	应减少财政拨款或补贴	应归还原渠道资金	应调账处理金额	移送司法、纪检部门处理事项(件)	建议有关部门处理(件)	出具审计报告和审计调查报告(篇)	提出审计建议(条)	撰写审计信息(篇)
连山区审计局	25	10097	239		254	244	2		25	31	16
南票区审计局	38	1137		13					42	5	9
兴城市审计局	11	3996	3						11	32	20
绥中县审计局	29	2874	17			203			29	12	
建昌区审计局	49	663	121	68	116	160			49	62	7

吉林省

【吉林省审计厅】 2009 年，吉林省审计厅人员编制 111 人，在编 107 人，领导职数 5 名。设有办公室、法规处（审计督察处）、财政审计处、行政事业审计处、农业与资源环保审计处、固定资产投资审计处、金融审计处、社会保障审计处、经贸审计处、外资运用审计处、经济责任审计处、人事处、机关党委；派出审计机构：政法审计处、文体卫生审计处、科学教育审计处、商粮审计处、林业水利乡企审计处、经济执法审计处；直属事业单位：机关服务中心、审计研究所、经济责任审计中心、审计学会、内部审计协会、审计信息中心、审计培训中心。吉林省纪检委监察厅派驻省审计厅纪检监察室。全省共有县级以上审计机关 71 个，干部职工 2032 人。

领导成员

厅　　长：阎宝泰

副 厅 长：刘庆恒、李成姬、
徐彦夫、赵振民

纪检组长：张清华

机构改革 2009 年 3 月 1 日，吉林省人民政府办公厅印发了吉林省审计厅主要职责内设机构和人员编制规定（吉政办发［2009］31 号），对审计厅职责作了以下调整：

1. 取消办理地方性审计法规、规章的备案审查职责。

2. 调整对社会审计机构审计业务质量的监督范围，不再核查社会审计机构对审计机关审计监督对象以外的单位出具的相关审计报告。

3. 加强对经济责任、关系国计民生的资源能源、环境保护和社会保障资金、境外省属国有资产、财政资金使用效益的审计职责。

内设机构设置和职责作了部分调整，派出审计处的机构设置、人员编制和领导职数不变，审计厅机关行政编制调增至 81 名，其中增设总审计师职数 1 名（副厅级）。

审计成果 全省各级审计机关共审计和审计调查 3034 个单位、查出违规金额 140.8 亿元、损失浪费金额 2.4 亿元、应缴财政 26.3 亿元、应归还原渠道资金 19.5 亿元。共向司法机关、纪检监察部门和有关部门移送案件 37 件，涉及 44 人，涉及金额 2.8 亿元，提交专项或综合性报告和信息 5104 篇，被批示采用 2768 篇。

其中省审计厅审计和审计调查 125 个单位，查出违规金额 84.1 亿元，损失浪费金额 2.0 亿元，应缴财政 20.5 亿元，应归还原渠道资金 7.6 亿元，移送案件 14 件，涉及 8 人，涉及金额 1.8 亿元。

预算执行审计 全省各级审计机关审计预算执行单位和行政事业单位 2524 个，查出违规金额 107 亿元，损失浪费金额 3223 万元。省审计厅对省财政厅具体组织省本级预算执行、全省地税系统税收征管及财务收支，省发改委等 20 个部门及所属单位预算执行和其他财政财务收支情况进行审计，审计查出违法违规金额 28.6 亿元、管理不规范金额 39.9 亿元。

专项资金审计 全省审计机关开展专项资金

审计及审计调查 215 项，涉及专项资金总额 110.8 亿元，通过审计促进拨付资金 2.7 亿元，上缴财政 394 万元，审计后挽回经济损失 3694 万元。省审计厅对四平市等 2 个市 6 个县省级支持经济发展专项资金的审计调查，调查涉及资金总额 41.69 亿元，发现有问题和管理不规范的项目 598 个，涉及金额 14.6 亿元。对全省 2008 年度体育彩票公益金的管理和使用情况审计调查，调查涉及省、市、县各级财政、体育、教育、文化部门及其所属单位共 212 个，审计查出问题金额 50126 万元。全省 2008 年度福利彩票资金审计调查，审计调查发现 13 类 111 个问题，金额 3.3 亿元，各地相关部门向审计厅递交书面整改材料 13 份。对省级科技专项资金管理使用情况的审计调查，分析了科技人员评价机制存在弊端、科技资金投入不足、管理不科学等原因，并针对问题，提出了改进科技人员评价机制，加快推动科技成果转化等 5 条审计建议。

固定资产投资审计 全省审计机关对 149 个固定资产投资项目进行审计，发现违规金额 11.1 亿元，通过审计直接挽回经济损失 3.1 亿元。省审计厅完成营城子至松江河高速公路、哈达山水利枢纽、引嫩（江）入白（城）和西部土地整理等 15 个重点建设项目的审计和审计调查，涉及概算投资总额 584.5 亿元，审计查出超概算金额 90567 万元，多计工程款 18209 万元，套取挪用资金金额 23016 万元，拖欠工程款 261945 万元，以及违规招投标、违反基本建设程序等问题。“增产百亿斤粮食”项目跟踪审计，查出多结工程款、挪用建设资金、工程超概算以及违规转包、分包等问题。对口支援四川黑水县灾后恢复重建项目跟踪审计，黑水相关部门对审计查出的问题积极采取措施进行整改。省审计厅组织全省各级审计机关，对全省 128 个收费站和 124 条政府还贷二级收费公路债务余额及里程进行审计认定。通化至下排高速公路建设项目概预算执行情况审计项目被审计署评为 2008 年度全国表彰审计项目。

经济责任审计 全省完成 1209 个单位，1212 名领导干部的经济责任审计，审计发现违规金额 20 亿元，经济责任人受到撤职、降职处分 2 人，移送纪检监察机关 3 人。省审计厅完成经济责任审计项目 55 个、共 70 人，查出违规金额 12.7 亿元、管理不规范金额 25.5 亿元。对省质检院原院长经责审计中，查出该单位出纳员贪污公款 500 多万元和公款私存 800 多万元的问题。审计署刘家义审计长在吉林调研时对省经济责任审计工作给予充分肯定。注重加强制度建设，同省委组织部联合制定《关于加强和改进省管干部任职前经济责任审计工作的暂行规定》，编辑出版《经济责任审计工作指南》一书，面向全国发行。进一步加大对市、县经济责任审计工作的指导力度，11 月至 12 月，对全省各市（州）、长白山管委会和近 30 个县（市、区）经济责任审计工作开展情况进行联合检查。

专项审计调查 对省直 10 个部门所属的 107 个差额和自收自支事业单位的经费管理和机构设置、人员编制等情况的专项审计调查，发现经费财政化，财政供给不堪重负；编外人员多，经费支出大；在经费收支中存在挪用专项资金、出租资产未经审批、漏缴税金等违规金额 3736 万元。对日元贷款吉林省松辽流域环境治理项目效益情况的专项审计调查，发现地方配套资金到位不及时，项目建设期过长，没能及时发挥效益，污水厂未能达到设计能力等问题。组织全省开展殡葬行业收费情况专项审计调查，发现殡仪服务中违规收费、获取暴利以及公墓经营与监管中存在违法违规问题，向省纪检委移送案件线索 3 件。按照审计署的统一部署，组织对松花江流域（吉林省部分）水污染防治项目进行审计调查，查出违法违规金额 3.7 亿元，发现水环境现状不容乐观，治理难度加大、个别污染防治项目因自筹资金不到位等 9 类 25 个问题，移送案件线索 1 件。通过审计，推动了当地相关部门开展专项整治，追回欠缴的排污费 30.5 万元、漏缴的排污费 510.25 万元。针对发现的一些突出问题，及时向省委、省政府报送了《审计要情专报》。

金融和企业审计 对全省安华农业保险股份有限公司资产负债损益情况的审计，查出违纪违规金额 56526 万元，发现农业种植险业务投保不真实、理赔不真实、违规承保、理赔、违规运用保险资金投资造成重大经济损失等问题。受省政府的委托，对省交通投资开发公司资产负债损益情况的审计调查，审计发现违规提供担保承担连带责任 1.3 亿元、投资损失 6428 万元以及借款无法收回487万元等问题。帮助追回拖欠的贷款本息434万元。交通投资公司根据审计建议，制定完善相关规章制度，加强内部控制，规范经营管理。根据审计署授权，对吉林省烟草行业2008年度财务收支情况和全省农村电网改造项目进行审计，查出违法违纪问题金额2.8亿元。

信息化建设　积极推动厅机关办公自动化，将日常办公、公文流转、机关管理等事务在网上进行，实现了无纸化办公。积极开展计算机审计，增大利用计算机技术开展审计项目的比重，提高审计工作的效率。积极开展计算机技术交流和攻关，及时总结计算机审计专家经验。全省有12篇计算机审计案例在审计署获奖。

队伍建设和机关建设　在全省审计系统中深入开展建一流队伍，做一流工作，创一流业绩的“三个一”创建活动，丰富职工业余文化生活，组织合唱、乒乓球比赛等活动。2009年，省审计厅被省精神文明指导委员会评为2006～2008年度省级文明单位，财政审计处党支部被省直机关党工委评为“省直机关2007～2008年度‘五好’党支部”。组织开办了会计基础、计算机理论和固定资产投资等几个大型培训班，培训审计干部近400人次。注重加强党风廉政建设，在全省组织开展“查风险、定制度、促廉审”活动和全省审计机关党风廉政建设自查互评活动。2009年，省审计厅被评为政行风先进单位。（撰稿人：董怀志）

【长春市审计局】　2009年，长春市审计局人员编制106人，在编101人。局长王福财，副局长李万成（—12月）、吴焕军、庞国忠、赵力彦，纪检组长孔维进（—6月，6月后任副巡视员、党组成员）。设有办公室、机关党委、法制处、人事监察处、财政金融审计处、教科文卫审计处、行政政法审计处、社会保障审计处、经贸外资审计处、农业与资源环保审计处、固定资产投资审计处、经济责任审计处、特派审计工作处；直属事业单位审计学会和机关服务中心。

机构改革　根据市政府要求完成自身机构改革，职能上调整对社会审计机构审计业务质量的监督范围，不再核查社会审计机构对审计机关审计监督对象以外的单位出具的相关审计报告。加强对经济责任、关系国计民生的资源能源、环境保护和社会保障资金、境外市属国有资产、财政资金使用效益的审计职责。领导职数增设总审计师1名（副局级）；处级领导职数32名，增设3名。撤销纪检组及特派处，设立派出一处及派出二处。

审计成果　长春市审计局本级完成审计项目126个，查出违规金额71432万元，应上缴财政13045万元，应归还原渠道资金8611万元，应调账处理金额20423万元；已上缴财政3305万元，已归还原渠道资金4657万元，已调账处理金额4388万元。移送司法机关、纪检监察部门处理事项1件，建议有关部门处理事项16件。提交审计工作报告、信息87篇，被采用107篇（次）。

财政审计　完成对市本级财政预算执行情况和22个预算执行单位的审计，查出违规金额23395万元，提出审计建议70余条。对4个县（市、区）政府财政决算情况进行审计，查出违规金额13121万元。

金融审计　根据省审计厅统一安排，对安华农业保险长春分公司进行审计，查出违规金额109万元。

行政事业审计　以查处“小金库”和检查“收支两条线”落实情况为重点，立足“审、帮、促”，对33个行政事业单位的财务收支情况进行审计，查出违规金额8097万元。

农业与资源环保审计　根据省厅统一安排，对长春市抗旱水桶补贴专项资金进行审计，组织相关市（县）审计局对长春地区松花江流域涉及的榆树等4个市（县）人民政府及相关单位水污染防治及资金管理使用情况进行专项审计调查，查出违规金额5591万元。

固定资产投资审计　对9个投资额大、政府关注、社会影响面广以及涉及民生的重点建设项目开展审计和审计调查，审计（调查）项目投资总额56182万元，查出违规金额8580万元。

社会保障审计　根据省审计厅统一安排，对长春地区福利彩票专项资金、殡葬行业收费情况进行审计，查出违规金额6494万元。

经济责任审计　全年完成21位领导干部的离任及任中经济责任审计，首次对13个单位、14位拟提拔的掌管资金、物资等部门的“一把手”进行任前经济责任审计，查出违规金额5329

万元。

专项资金审计（调查）　通过对 6 项政府性基金、农博会专项资金开展审计及审计调查，查出违规金额 716 万元。（撰稿人：杨冬玲）

【白城市审计局】　2009 年，白城市审计局人员编制 46 人，在编 45 人。局长李晓峰，副局长李清林、陈桂侠，纪检组长谢志远。设有办公室、行政政法审计科、科教文审计科、财政审计科、金融审计科、固定资产投资审计科、农业与资源环保审计科、领导干部经济责任审计科、经贸及外资运用审计科、社会保障审计科、法规科。下设经济责任审计中心。

机构改革　2009 年 9 月 18 日，白城市人民政府办公厅印发白城市审计局主要职责内设机构和人员编制规定（白政办发［2009］55 号），对审计局职责作以下调整：

1. 调整对社会审计机构审计业务质量的监督范围，不再核查社会审计机构对审计机关审计监督对象以外的单位出具的相关审计报告。

2. 加强对经济责任、关系国计民生的资源能源、环境保护和社会保障资金、财政资金使用效益的审计职责。

法制科更名为法规科，教科文审计科更名为科教文审计科。增设总审计师（副局级）职数 1 名。

审计成果　全市审计机关共审计和审计调查 380 个单位，查出违规金额 131463 万元，管理不规范金额 73798 万元，应归还原渠道资金 17024 万元，应缴财政 1118 万元。其中白城市审计局完成审计项目 25 个，查出主要问题金额 47497 万元，应上缴财政 905 万元，应归还原渠道资金 11036 万元；已上缴财政 266 万元。提交审计工作报告、信息 89 篇，被采用 57 篇。

预算执行审计　全市审计机关审计预算执行单位 36 个，查出违规金额 100784 万元，管理不规范金额 72592 万元。白城市本级审计了财政、地税、国库和参与预算执行的白城人民检察院、白城市水利局、白城市劳动和社会保障局、白城市广播电视局、白城市直机关事务管理局、白城市林业局等部门，审计查出主要问题金额 3757 万元。

专项资金审计　全市审计机关开展专项审计及审计调查项目 41 项，涉及资金总额 16081 万元。白城市本级重点实施 8 个审计调查项目，其中《关于白城市区供热管理和企业经营情况的审计调查报告》《关于市、区殡葬行业经营管理情况的审计调查报告》《关于市本级政府债务情况的审计调查报告》得到市委、市政府领导的关注和批示，殡葬行业经营管理情况的审计调查被省审计厅通报表彰。

固定资产投资审计　全市审计机关加强对重点建设项目的跟踪审计，注重从绩效的角度拓展审计视野，确保工程质量和投资效益。白城市本级继续实施对高速公路、“引嫩入白”工程进行跟踪审计，对白城市医学高等专科学校教学楼、白城师范学院图书馆、白城市地税局综合楼、白城市质量检验检测楼、白城市中级人民法院办公楼维修、白城市城市供水管网改造等工程进行竣工决算审计，共审计资金 23299 万元，审减资金 991 万元。

经济责任审计　全市开展领导干部经济责任审计 135 人，审计查出违纪金额 8907 万元。白城市本级共组织 10 户（项）领导干部经济责任审计，审计共查出主要问题金额 767 万元。

队伍建设和机关建设　全市审计机关结合审计工作特点，在系统内组织开展“树新风正气，促廉洁从审”和“查风险、定制度、促廉审”主题教育活动，举办了庆“七一”活动和乒乓球友谊赛。积极参加省审计厅组织的审计基础、计算机中级知识、固定资产投资审计培训。继续开展审计业务工作目标考核和优秀审计项目评比，完善审计复核制度，提高审计工作质量和水平。2009 年，市、县（市、区）审计局有 3 名同志被评为全省审计工作先进个人。（撰稿人：刘志新）

【松原市审计局】　2009 年，松原市审计局人员编制 30 人，在编 28 人。局长冯邦国，副局长冯志杰、张恭，总审计师吕龙，纪检组长王文彬。设有办公室、法制科、财政金融审计科、经济责任审计科、经贸审计科、行政事业审计科、农业与社会保障审计科、机关党委；下设直属事业单位固定资产投资审计中心、内审协会、审计学会。

机构改革 经市编委批准，市审计局成立了政府投资审计中心。

审计成果 松原市审计机关完成审计项目63个，查出违规金额69166万元，管理不规范金额69054万元，应归还原渠道资金13943万元，应缴财政金额2979万元，向司法机关移送案件2件。出具审计报告和审计调查报告63篇，提出审计建议219条。

财政审计 全市审计机关以预算执行审计为重点，围绕全部政府性资金，进一步深化对财政预算管理、政府部门预算执行的审计监督，突出对预算外资金和重点领域、重点环节以及政策执行情况的审计。全市预算执行审计共审计67个单位，查出违规金额70006万元，管理不规范金额43677万元。针对审计查出的问题，狠抓审计整改，注重从体制、机制的层面，提出具有针对性和前瞻性的建议。市审计局对审计整改情况向市人大常委会主任会议作了专题报告。同时，对市直机关和事业单位国有资产管理现状进行调查，代政府起草市直机关和事业单位管理情况的通报。

固定资产投资审计 为确保中央和省扩内需、促增长政策措施的落实，印发了《松原市审计局关于加强中央扩大内需促进经济增长政策落实监督检查工作安排意见》的通知。市审计局参加了省审计厅组织的哈达山水利枢纽工程跟踪审计，完成第二松花江大桥跟踪审计项目的前期招投标审计。完成天天乐股份有限责任公司"扩内需"项目审计。完成市残联、市住房公积金管理办公室的投资决算审计。

经济责任审计 全市开展领导干部经济责任审计106人，审计查出违规金额9066万元。市本级共安排经济责任审计13项，实际完成24项。召开市领导干部经济责任审计联席会议，审议市审计局所作的经济责任审计工作报告，讨论"关于进一步加强全市经济责任审计工作的建议"，对联席会议成员单位和成员进行调整。前郭县出台对股级法人实行经济责任审计的办法。

专项资金审计（调查） 市审计局加大对民生资金的审计力度，开展专项审计及审计调查项目8项。完成省审计厅下达的殡葬行业收费情况专项调查任务和松花江流域水环境专项调查项目。松原市市直行政事业单位固定资产管理使用情况审计调查报告，市委市政府在全市范围内进行通报，财政部门依此完善固定资产相关管理办法。完成农村公路建设情况审计及调查项目、二级公路里程和债务确认项目、大型农机具补贴调查项目、福利彩票调查项目和安华农业保险公司资产负债损益审计项目。（撰稿人：王 博）

【吉林市审计局】 2009年，吉林市审计局人员编制92名，在编85名。局长王松（女），副局长李福、姜亚男，总审计师赵世海，纪检组长黄文明。设有办公室、法规处、财政审计处、金融审计处、行政事业审计处、经贸审计处、农业与资源环保审计处、社会保障审计处、固定资产投资审计处、外资运用审计处、经济责任审计处、派出审计工作处、人事处、机关党委。

机构调整 2009年8月21日，吉林市人民政府办公厅印发吉林市审计局主要职责内设机构和人员编制规定（吉市政办发［2009］52号），对审计局职责作以下调整：

1. 调整对社会审计组织审计业务质量的监督范围，取消核查社会审计机构对审计机关审计监督对象以外的单位出具的相关审计报告职责。

2. 加强对经济责任、关系国计民生的资源能源、环境保护和社会保障资金、市属国有资产、财政资金使用效益的审计职责。

审计成果 吉林市审计局完成审计项目143个，查出违规金额10082万元，管理不规范金额21451万元。应上缴财政1250万元，应归还原渠道资金3476万元，应调账处理金额25572万元；已上缴财政1250万元，已归还原渠道资金3387万元，已调账处理金额25572万元。提交审计信息238篇，被采用211篇次。

财政审计 对36个单位进行预算执行审计，对昌邑区人民政府进行财政决算审计。审计发现挤占挪用专项资金、延压代扣税款、虚增残疾人就业保障金、扩大收费范围无证收费等违纪违规金额7186万元。

固定资产投资审计 对前两批扩大内需资金中市本级项目进行跟踪审计，配合相关部门做好监督检查工作。明确县（区）审计机关在扩大内需监督中按属地划分、按项目动态跟踪，市审计局定期调度督促检查，以确保中央扩大内需资金的安全高效运行。对17个建设项目的审计，核减工程造价、收回多付工程款、减少财政支出、直接查补入库税款2094万元。

经济责任审计　对26个单位的领导干部进行经济责任审计，其中，任前审计10项、任中审计11项、离任审计5项，基本形成以“任前、任中审计为主，离任审计为辅”的经责审计工作格局。审计查出违规金额4379万元，管理不规范金额10451万元。

队伍建设和机关建设　2009年，吉林市审计局被中国时代经济出版社、《中国审计》编辑部评为审计宣传工作先进集体，被《中国审计报》社评为通联宣传工作优秀单位，被省公务员局、省审计厅评为全省审计系统先进集体，在“吉林银行”杯全市38个部门参加的行政法律知识大赛获得团体第二名，连续七年被市政府授予行政执法标兵单位荣誉称号。吉林市审计局选送的3个AO应用实例入选审计署计算机审计专家经验。王雁鸣同志主编的《利用AO系统开展农村信用社贷款审计实用手册》，由审计署金融审计司司长作序，由时代经济出版社出版。

内部审计　全市共建立内部审计机构226个，其中专职机构46个；内部审计人员630人，其中专职人员213人。完成17909个审计项目，查出损失浪费金额9326万元，增加效益5126万元，提出建议意见被采纳9336条。（撰稿人：闫志国）

【四平市审计局】　2009年，四平市审计局人员编制66人，在编66人。局长王宏光，副局长郭玉文、李振才、孙景龙、孟宪国（5月—），总审计师孟宪国（—5月）、邢平（7月—），纪检组长郑斯忠。设有办公室、综合科、人事科、法制科、机关党委、财政审计科、金融审计科、行政事业审计科、经贸审计科、农业与资源环保审计科、社会保障审计科、固定资产投资审计科、经济责任审计科、外资运用审计科、政法审计科、科教文卫审计科、商粮审计科。机关直属事业单位经济责任审计中心。

审计成果　四平市审计局全年完成审计60个（项），查出违规金额6619万元，其中应上缴财政565万元，应归还原渠道资金27515万元，应调账处理金额3505万元；已上缴财政17万元，已归还原渠道资金26926万元，已调账处理39万元。提交审计工作报告、信息134篇，被批示采用79篇。

财政审计　对财政、国库、地税三个预算管理部门和部分重点预算执行单位以及重点资金的审计，查出财政部门用省级专项资金平衡预算、挪用彩票公益金和副食品价格调节基金、违规列支奖励款、占用农业综合开发资金、个别预算执行单位挤占挪用专项资金等问题。对这些问题依法及时进行纠正和处理，并从加强和规范管理的角度提出审计建议。对梨树县、双辽市、铁东区、四平经济开发区2008年度财政决算审计。

经济责任审计　全市对198个单位200名领导干部实施经济责任审计（离任149人、任中29人、任前22人），共查出违规金额15920万元，其中直接责任5750万元，管理不规范金额858万元，其中直接责任365万元。其中市局审计29个单位29名领导干部（离任24人、任中2人、任前3人），查出违规金额7250万元，其中直接责任2039万元。

其他项目审计　按照省审计厅授权和统一组织，对全市地税系统、政府还贷二级收费公路债务余额及里程、世行贷款项目、烟草专卖局财务收支、农村电网二期改造工程、四平市所属县（市、区）殡葬行业、四平市所属县（市、区）福利彩票公益金的管理及使用情况、全部政府性资金进行审计和审计调查，其中福利彩票和殡葬行业审计项目被省审计厅评为先进单位。

先后抽调多名工作骨干参与完成审计署驻长春特派办对中国农业发展银行湖南省分行、北京市财政局、辽宁省港口建设费、中国工商银行四平分行、中国建设银行四平分行的审计和审计调查工作，省审计厅对安华农业保险股份有限公司四平中心支公司的审计以及市纪检委对全市处级干部公费出国情况、国家拉动内需项目落实执行情况的检查工作，得到相关领导的充分肯定。

（撰稿人：李　林）

【辽源市审计局】　2009年，辽源市审计局人员编制 43 人，在编 43 人。局长曹莉，副局长慈向东（—12 月）、姜元东（1 月—）。设有办公室、法制科、执法监督审计科、财政审计科、金融审计科、经贸审计科、经济责任审计科、行政事业审计科、农业与资源环保审计科、固定资产投资审计科、社会保障审计科、机关党委；事业单位经济责任审计中心、审计信息中心、内部审计协会。

审计成果 辽源市审计局完成审计项目 73 个，查出违规金额 36827 万元，应上缴财政 1046 万元，应归还原渠道资金 16901 万元，已上缴财政 577 万元，已归还原渠道资金 206 万元。提交审计工作报告、信息 288 篇，被采用 487 篇。

队伍建设 市审计局被评为全市 2009 年度党风廉政建设免检单位，被省精神文明建设指导委员评为 2007～2009 年度全省精神文明建设先进单位，被省委省政府评为全省劳动模范集体、全省人民满意公务员集体，被省公务员局和省审计厅评为全省审计系统先进集体，被省委省政府评为全省“五五”普法（中期）先进集体，被市委市政府评为全市劳动模范单位，被市委评为全市 2008 年度至 2009 年度“争先创优”先进单位、全市学习实践科学发展观活动先进单位。曹莉同志被国家人事和社会保障部、审计署评为全国审计系统先进个人。

财政审计 在本级预算执行和其他财政收支情况审计中，查出各种违规问题 25528 万元。对上一年度问题整改情况进行跟踪检查，整改情况向人大常委会报告。辽源市人民政府召开专题会议研究整改措施，相关部门按照审计建议进行整改。

经济责任审计 创新审计方法，坚持“三位一体”“四个结合”的工作模式，即一项经济责任审计同时提交经济责任、财务收支和审计调查三个报告，经济责任审计与预算执行、财务收支、党风廉政建、领导干部绩效考核相结合，实现经济责任审计成果最大化。市委组织部出台《辽源市拟提拔担任市管领导干部任职前经济责任审计暂行办法》，制定领导干部经济责任委托审计工作计划，将市管领导干部全部纳入经济责任审计范围。2009 年对 31 名领导干部进行经济责任审计，查出违纪违规金额 3800 万元，有 11 名领导干部受到组织部门书面提醒。

固定资产投资审计 对农村公路建设项目进行审计，查出挪用、滞拨专项资金 700 万元违纪违规问题，被审计单位按照审计建议及时进行整改。

专项审计调查 围绕住房公积金、价格调节基金、农业专项资金等惠民惠农资金开展专项审计调查，向市政府提交审计调查报告 10 篇，有 7 篇审计调查报告被市领导批转相关部门落实整改。对县、区农业专项资金审计调查中发现挤占挪用等问题，有关部门根据审计建议制定了《关于加强惠农资金监管的意见》，采取公开公示、定期审计等措施加强对惠农资金的监管，纠正挤占挪用等违纪问题。

信息化建设 实现无纸化办公、计算机现场审计和财政局核算中心远程联网审计，农联社审计项目形成的“AO”专家经验获审计署应用奖。2 月，省审计厅在市审计局召开全省审计信息化建设现场会，曹莉局长在会上作市审计局审计信息化建设经验介绍，在《中国审计》刊发。

（撰稿人：宋发林）

【通化市审计局】 2009 年，通化市审计局行政编制 40 人，在编 36 人。局长王世谊，副局长张刚、刘颖、陈卿，纪检组长董德恩。设有办公室、人事教育科、法制科、财政审计科、行政事业审计科、政法审计科、经贸金融审计科、农业与资源环保审计科、固定资产投资审计科、社会保障审计科、执行科。事业单位经济责任审计中心、固定资产投资审计中心。

审计成果 全市审计机关共完成审计项目 122 个（341 户），查出违法违规金额 156466.8 万元、损失浪费金额 180 万元、管理不规范金额 9824.5 万元，应上缴财政 18991.75 万元。实际上缴财政 3077.25 万元，归还原资金渠道金额 10962.3 万元。应调账处理金额 58846.9 万元。移交检察机关涉嫌经济犯罪线索 8 件涉及 10 余人。提出审计整改建议 193 条，提交各类审计或专项审计调查报告 24 篇，调研文章和信息 625 篇，被批示、采用 310 篇。

通化市审计局被省精神文明指导委员会评为2006～2008年度市级文明单位，在省审计厅开展建一流队伍，做一流工作，创一流业绩的“三个一”创建活动，通化市审计局被省公务员局、省审计厅授予全省审计系统先进单位称号。

机构调整　2009年8月3日，通化市人民政府办公室印发通化市审计局主要职责内设机构和人员编制规定（通市政办发［2009］12号），通化市审计局机关行政编制36名，其中：局长1名，副局长3名，纪检组长1名，县（处）级非领导职数2名，科级领导职数13名（含总审计师1名），科级非领导职数6名。工勤事业编制4名。2009年增设事业单位固定资产投资审计中心。

上级授权和统一组织项目　开展全部政府性资金专项审计调查、殡葬行业审计和审计调查、世界银行贷款项目2008年度执行情况审计、二级公路债务认定和农村公路建设项目审计及审计调查、安华农业保险、农村电网改造完善工程审计、烟草专卖局财务收支审计等工作。其中农村电网改造完善工程审计被省审计厅评为优秀审计组、应用AO开展地税系统审计荣获审计署应用奖。

预算执行审计　全市审计机关共审计预算执行单位和行政事业单位56个，查出违规金额2059万元，损失浪费金额523万元。其中对公安系统实施市县联动、交叉审计的方法进行审计，查出违规金额481万元。

固定资产投资审计　全年审计3个政府投资项目，其中通化市绕城公路工程征地、拆迁补偿审计，向司法纪检机关移送案件线索6件，涉嫌违法金额158万元。

经济责任审计　全市两级审计机关按照组织部门的委托，对149名领导干部进行经济责任审计。市本级通过对25名领导干部的经济责任审计，共查出违法违规和管理不规范金额999万元，其中领导干部应负的主管责任667万元、直接责任332万元。共移交检察机关线索2件涉及15人。（撰稿人：孙海英）

【白山市审计局】　2009年，白山市审计局人员编制83人，在编54人。局长庄俊伦，副局长纪秉华、李本志，党委副书记潘玉梅，纪检书记李刚。设有办公室、综合科、人教科、法制科、固定资产投资审计科、财政审计科、经贸审计科、行政事业审计科、文教审计科、农业与资源环保审计科、政法审计科、外资金融审计科；直属事业单位经济责任审计处、审计培训中心。

审计成果　全市共完成审计项目222个，审计调查14户，查出违规金额143734万元，已上缴财政358万元，已归还原渠道资金3335万元，被采纳审计建议308条，移交案件及案件线索36项。其中，市本级完成审计项目64个，审计调查3户，查出违规金额61398万元，已上缴财政306万元，已归还原渠道资金931万元，并被采纳审计建议177条。

预算执行审计　全年共审计财政、地税、国库等重点部门和预算执行单位34个，查出违纪金额112663万元，上缴财政439万元。完成21户预算执行的专项审计调查。

固定资产投资审计　市本级继续实施对市采煤沉陷区综合治理等8个项目的审计，并完成了省统一组织的农村公路建设项目审计和政府还贷二级收费公路贷款余额和里程专项审计。全年共完成固定资产投资审计项目14个，审计和调查资金总额15多亿元，查出违规金额2.15亿元，超计划投资1.38亿元，挪用财政性资金549万元，核减工程造价423万元，抵顶工程款372万元，已上缴财政75万元，归还原渠道资金273万元，调账处理282万元，提出具有针对性有价值的审计建议7条。

经济责任审计　选择任职时间较长、资金流动较大的部门主要领导，安排任中或任前经济责任审计，变事后监督为事中、事前监督，提高经济责任审计的质量和实效。改变以往“只审问题、不审业绩”的做法，做到“问题与业绩共审、正反两方面评价”。全市审计机关完成经济责任审计项目121个，查出违规金额49657万元。

审计检查　全市审计机关，按照市委、市政府的部署，组织骨干力量参与扩大内需的监督检查工作。市审计局抽调6名审计干部参加市委、市政府组织的扩大内需监督检查小组。

绩效审计　市局对市应用技术研究与开发资金等7个项目进行了绩效审计，查出违规金额

17628万元。对审计中发现的违规使用资金、经费超支、资金审批制度不健全、管理不规范和管理部门职责不清等问题，提出了13条整改建议。围绕政策法规执行和重大决策落实情况、党委政府中心工作和群众关心的热点、焦点问题，开展了对全市全部政府性资金管理使用情况等7个项目进行了专项审计调查。

队伍建设 全市审计机关高度重视机关党建工作，深入开展学习实践科学发展观活动，并结合审计工作的特点，在系统内组织开展了“树新风正气，促廉洁从审”和“查风险、定制度、促廉审”主题教育活动，举办了庆“七一”活动和乒乓球友谊赛，市局和五个县（市区）局荣获省级精神文明建设先进集体称号。精心组织业务学习和AO认证考试，积极参加省厅组织的审计基础、计算机中级知识、固定资产投资审计培训。继续开展审计业务工作目标考核和优秀审计项目评比，完善审计复核制度，提高审计工作质量和水平。市、县（市、区）审计局有3名同志被评为全省审计工作先进个人。 （撰稿人：沈 武）

【延边州审计局】 2009年，延边朝鲜族自治州州审计局人员编制44人，在编42人。局长赵渭济，副局长宋树青、朴红花，总审计师玄龙男。设有办公室、法制处、财政金融审计处、经济贸易审计处、农业与环境保护审计处、行政事业审计处、固定资产投资审计处、社会保障审计处，政法审计处和经济责任审计处。下设经济责任审计中心。

审计成果 延边朝鲜族自治州审计机关完成审计项目532个，查出违法违规金额77015万元，管理不规范金额24357万元；审计决定处罚应上缴财政3428万元，应归还原渠道资金10056万元，应调账处理金额42363万元。提交专项或综合性报告和信息590篇，被批示采用169篇。中华人民共和国人力资源和社会保障部、审计署授予延边朝鲜族自治州审计局“全国审计系统先进集体”荣誉称号。

财政审计 对本级财政、税务、国资委、投资局、本级非税收入及缴库情况和全部政府性资金进行审计或审计调查。共查出违规金额491万元，管理不规范金额9436万元。

行政事业审计 以检查非税收入和“收支两条线”落实情况为重点，对6个行政事业单位的财务收支情况进行审计，查出违规金额58万元。

农业与环保审计 根据省厅统一安排，对延边境内松花江流域涉及的2个县（市）及相关单位水污染防治及资金管理使用情况进行专项调查。

固定资产投资审计 对农村公路建设项目、政府还贷二级收费公路债务及里程进行专项审计，查出违纪违规金额14377万元，核定政府还贷债务3.9亿元。

社会保障审计 一是对全州八个县（市）2008年福利彩票公益金的管理使用情况进行专项审计调查；二是对延边州慈善总会的捐赠收入进行专项审计调查；三是对延边州残疾人就业保障金的筹集情况进行专项审计调查，收缴残疾人保障金183.5万元。

经济责任审计 对本级27个部门的主要领导进行经济责任审计，查出违规金额441万元，管理不规范金额11195万元。

审计学会、内部审计协会 全年召开2次审计理论研讨会，收到审计机关和内部审计机构人员提交的理论文章204篇。 （撰稿人：石兴策）

2009年吉林省所辖区、县(市)级审计工作统计表

金额单位:万元

审计机关	完成审计项目(个)	查出违规金额	应上缴财政	应减少财政拨款或补贴	应归还原渠道资金	应调账处理金额	移送司法、纪检部门处理事项(件)	建议有关部门处理(件)	出具审计报告和审计调查报告(篇)	提出审计建议(条)	撰写审计信息(篇)
长春市											
长春市本级	126	71432	13045		8611	20423	1	16	128	382	87
朝阳区审计局	72	12445	30		3047	12741			72	90	12
南关区审计局	41	4242	1010			1458			42	65	45
宽城区审计局	38	24610	539			13560			38	49	22
二道区审计局	24	10951	3013		3				24	44	21
绿园区审计局	35	12169	69		1149	2016			36	67	49
双阳区审计局	38	6849	2816	582	243	1305			38	56	51
德惠市审计局	67	1980	922						67	70	4
九台市审计局	44	670	427		10	4060			44	54	9
榆树市审计局	54	6214	1311	101	2266	691			82	144	9
农安县审计局	29	5918	4215		1773	4331			35	69	4
白城市											
白城市本级	25	79371	289		16107	3659			57	3	57
洮北区审计局	35	3653	232		105	22			49	4	49
大安市审计局	64	41857	46		277	13			547		547
洮南市审计局	132	28440	221		468	198			225	308	225
镇赉县审计局	48	40856	242		16		1		489		489
通榆县审计局	76	11101	88		51				180		180
松原市											
松原市本级	63	69166	2979		13943		2		63	219	
宁江区审计局	39	2847	133		1275	561			38	98	49
扶余县审计局	65	10794	137		555	511			65		180
长岭县审计局	84	6725	110		1745	130			84	153	66
乾安县审计局	52	2586	335	1956	275						30
前郭尔罗斯蒙古族自治县审计局	134	21711	408		3628	1526			119	299	267
吉林市											
吉林市本级	143	10082	1250		3476	25572			143	384	238

（续 表）

审计机关	完成审计项目（个）	查出违规金额	应上缴财政	应减少财政拨款或补贴	应归还原渠道资金	应调账处理金额	移送司法、纪检部门处理事项（件）	建议有关部门处理（件）	出具审计报告和审计调查报告（篇）	提出审计建议（条）	撰写审计信息（篇）
船营区审计局	35	1480	11						35	31	8
龙潭区审计局	16	346	10			19			16	26	6
昌邑区审计局	9	2902	8						9	21	17
丰满区审计局	24	10	10						24	58	3
磐石市审计局	74	68	68						74	33	62
蛟河市审计局	34	17	5		24	37			34	11	36
桦甸市审计局	50	2922	44		498	131			50	3	6
舒兰市审计局	39	18	8						39	13	8
永吉县审计局	29	356	104		2748	406			29	9	10
四平市											
四平市本级	60	6619	565		27515	3505			62	129	41
铁西区审计局	19	189	32			9			19	68	5
铁东区审计局	40	264	5		43				40	45	
双辽市审计局	48	128	55						48	48	6
公主岭市审计局	50	6819	215		1001	1272			50	83	7
梨树县审计局	53	4897	61		50				53	99	81
伊通满族自治县审计局	29	1774	86			1266			29	48	8
辽源市											
辽源市本级	73	36827	1046	2	16901	4419	1		65	118	487
龙山区审计局	10	132	6	2	56	31			11	20	28
西安区审计局	7	350	310		23				4	8	17
东丰县审计局	21	412	62		15	230			20	30	20
东辽县审计局	17	873	23		147	586			16	23	15
通化市											
通化市本级	48	109267	11389		7067	21820	8		50	62	192
东昌区审计局	23	1230	60		144	4520			25		55
二道江区审计局	21	1290	80		156	3568			23		56
梅河口市审计局	40	3256	356		327	8206			42	36	62
集安市审计局	38	2032	1060		158	1468			40		65
通化县审计局	38	24658	2506		1944	6570			38	40	69
辉南县审计局	52	6532	2783		365	9306			54	25	58
柳河县审计局	81	8202	759	20	901	3389			83	30	68

（续表）

审计机关	完成审计项目（个）	查出违规金额	应上缴财政	应减少财政拨款或补贴	应归还原渠道资金	应调账处理金额	移送司法、纪检部门处理事项(件)	建议有关部门处理(件)	出具审计报告和审计调查报告(篇)	提出审计建议(条)	撰写审计信息(篇)
白山市											
白山市本级	64	61398	95		4717	10137			67	177	154
八道江区审计局	39	29655	33		1764	8440			39	27	291
江源区审计局	22	1031			16	4			22	30	165
临江市审计局	12	15527	5	80		4			12	30	61
抚松县审计局	28	3432	235		98	10			28	50	122
靖宇县审计局	31	2325	1						31	70	121
长白朝鲜族自治县审计局	37	30366	54		488	499			37	50	100
延边朝鲜族自治州											
延边州本级	62	32384	1311		6406	11155		2	89	71	92
延吉市审计局	77	4530	435		617	26104			77	19	136
图们市审计局	30	569	38		463		1		56	68	40
敦化市审计局	72	1532	122		60	910			72	34	70
珲春市审计局	41	11831	339		723	1847			41	49	60
龙井市审计局	64	217	8		210	37			64	40	67
和龙市审计局	51	330	167		981	1092			56	45	57
汪清县审计局	64	16618	215		393	4			64	35	25
安图县审计局	71	9004	793		203	1214			71	8	142

黑龙江省

【黑龙江省审计厅】　2009 年，黑龙江省审计厅人员编制 241 人，在编 230 人，领导职数 7 人。设有办公室、法规处、财政审计处、金融审计处、行政事业审计处、企业审计处、农业与资源环保审计处、境外审计处、社会保障审计处、外资运用审计处、人事教育处、离退休干部工作处、督察处、机关党委、监察室、固定资产投资审计局和经济责任审计局；另设有派驻的农林水审计处、经贸审计处、交通审计处、社会保障审计处、司法审计处、教育审计处、卫生审计处、科技审计处、发展计划审计处、公检法审计处、新闻通讯审计处、对外贸易审计处、资源环保审计处、经济执法审计处、直属事业审计处；还设有厅机关服务中心、审计计算机中心、审计科学研究所、现代审计与会计杂志社、审计干部培训中心、审计厅招待所直属事业单位。

领导成员

厅　　长：李希龙

副 厅 长：伞宏晶　王学文　原志峰

总审计师：张翠萍

纪检组长：董　秀

副巡视员：徐永成

审计成果　全省审计和审计调查 5269 个单位，查出各类违法违规和损失浪费金额 391 亿元，促进各级财政增收节支 7 亿元。移送经济案件线索 99 件。向社会公告审计结果 245 篇，各级党委政府批示采用审计报告和信息1615篇次。

财政审计 在2009年预算执行审计和财政决算审计中，全省审计和审计调查717个单位，查出违规金额50亿元、管理不规范金额68.1亿元，其中已上缴财政3亿元、归还原渠道资金1.8亿元、调账处理金额3.1亿元；向司法、纪检监察和有关部门移送各类违法犯罪案件线索2件；向各级党政机关和上级审计机关提交审计报告386篇；提出的审计建议被有关单位采纳571条。省审计厅组织完成省本级财政预算执行情况审计，全省税收征管情况审计和17个省直部门预算执行情况审计、17个市县转移支付资金审计调查、省财政厅及5个市县9个乡镇缓解县乡财政困难和补助资金分配管理使用情况审计调查、财政资金使用绩效评价等，并对省直部门预算执行审计项目、市县转移支付资金审计调查项目全部进行整改督察，促进整改落实。

经济责任审计 全省各级审计机关对1509名厅级以下党政主要领导干部和国有企业法定代表人进行经济责任审计，共查出违规金额31.3亿元、管理不规范金额19.4亿元；有7名被审计领导人员及6名其他人员涉嫌违法违规被移送司法和纪检监察机关查处。全省各级审计机关强化对领导干部经济权力运行的审计监督，有的市、县对领导干部坚持先审计后任用。一些市、县使用干部推行“待审制”。全省各级审计机关树立宏观意识，把经济责任审计作为服务于经济建设的重要手段，针对发现问题认真分析原因，提出整改建议，为经济决策提供参考依据。全省部分市（地）、县审计机关对74个行政村的村级组织主要负责人履行经济责任情况进行审计。对审计发现的一些行政村的资产管理、财务收支、财务管理等方面存在的问题进行了纠正整改。对一些行政村的村级组织负责人和财务人员进行了财经法规、财务知识培训，帮助建立了财经管理方面的制度，使农村基层财务管理工作逐步得到加强和完善。

企业审计 全省各级审计机关共组织开展147项经贸行业、企业的审计和审计调查，查出违法违规金额28.2亿元，其中违规金额12.1亿元、损失浪费金额37万元、管理不规范金额16.1亿元。审计（调查）处理应上缴财政2577万元，已上缴财政1808万元；应归还原渠道资金589万元，已归还425万元；应调账处理金额8278万元，已调账处理4728万元。出具审计报告和报送审计调查报告76份。提出审计建议199条，被采纳139条。移送司法机关案件1起，涉案人员3名。移交有关部门处理案件2起，涉案人员1名。

固定资产投资审计 省审计厅共组织全省性行业审计项目3个、审计项目5188个，审计金额643.9亿元，查出有问题金额149.6亿元。省本级开展审计和跟踪审计项目51个，审计金额148.4亿元，查出有问题资金13.6亿元，审减工程造价2.2亿元，收缴违规资金1045万元；编写审计信息19篇，被省委、省政府采用14篇。在国家和省重点项目审计工作中，注重运用跟踪审计，把审计关口前移。针对国家和省固定资产投资规模大幅增加，审计任务与审计力量不平衡的问题，采取“统一方案、内外结合、上下联动”的审计组织方式，妥善解决审计工作量大与审计力量不足的矛盾。审计中，采取内业资料审计与外业现场审计相结合、图纸文件审计与监理记录及施工资料审计相结合、财务资金审计与工程材料用量审计相结合等方式、方法，逐一进行对比分析，从中找出疑点和突破口，揭示出高估冒算、损失浪费、工程质量低下等重大违法违规问题。为加强全省扩大内需建设项目管理，省审计厅投资局与厅计算机中心联合研发中央扩大内需促进经济增长投资建设项目审计管理系统，增强审计机关对建设项目的整体动态审计监督力度，实现对建设项目“一键式”管理目标（即项目分级管理、数据集中使用、审计成果共享），提高了全省投资审计工作整体效率。

行政事业审计 全省各级审计机关共审计（调查）行政事业单位2423个，查出违法违规行为资金41.2亿元、管理不规范资金31.8亿元、损失浪费资金1000万元，审计决定处理处罚应上缴财政金额1亿元、应减少财政拨款或补贴1900万元、应归还原渠道资金8200万元、应调账处理金额10.9亿元；向纪检、司法机关移送案件49起。厅本级编发的审计信息被省委、省政府采用7篇；提交的审计报告被省领导批示7份；撰写的审计理论文章被《中国审计》刊载2篇。在组织开展的全省公安系统2008年度财务收支审计和审计调查工作中，采取抽查办案卷宗、运用计算机查询收费系统等方法，对公安部门收费、扣押款物和保证金管理进行重点审计，揭示公安部门无依据收费、超标准收费、少收费以及未按规定管理扣押款、取保候审保证金和没收物品等问题。在全省卫生医疗单位2008年度资金管理使用及社区卫生服务、县乡医疗服务体系建设审计和审计调查工作中，揭示全省医疗卫生服务单位在机构管理方面、医疗服务收费和药品加价、社区卫生服务专项补助资金管理、农村卫生基础设施建设投资项目及财务收支等方面存在的问题。在全省“新希望、新未来”百所希望小学援建项目审计和审计调查工作中，揭示项目建设、资金管理等方面存在的问题，并从健全制度、完善管理等方面提出审计建议。

社会保障审计　一是按照审计署2009年工作部署，组织开展全省2008年度企业职工基本养老保险基金、城镇职工基本医疗保险基金、失业保险基金、工伤保险基金、生育保险基金审计调查。在审计调查中，主要突出了三个重点，即看该由地方匹配的资金是否到位、该发放的社保资金是否到位、审计发现问题的整改是否到位。审计和审计调查总金额484.6亿元，查出违法违规金额6.7亿元，揭示既领养老金又领失业金、低保金和重复领取重复参保的问题。二是组织全省各级审计机关对全省13个地市及省森工总局、农垦总局2007～2008年度城市和农村居民最低生活保障资金进行审计。审计资金总额62.7亿元，查处违规金额1.2亿元，揭示不符合条件违规领取低保金、地方政府匹配城市和农村居民最低生活保障资金不足、滞留城市和农村居民最低生活保障资金等问题。三是组织全省各级审计机关对民政各项专项资金进行审计。查出各类违规金额1.1亿元，揭示挤占挪用、滞留、欠发民政专项资金以及专项物资未实行政府采购、部分工程项目未实行招投标、现金发放救灾资金等问题。

（撰稿人：孙洪波）

【哈尔滨市审计局】　2009年，哈尔滨市审计局共有在职干部职工157人，其中研究生学历11人、本科学历86人、大专学历60人。局长任继福（3月—），局长王长斌（—3月），副局长刘爱华、曲振玉、马有伟，总审计师吕刚，纪检组长黄宜成。设有办公室、法制处、财政（信息计算机）审计处、金融审计处（群力审计分局）、行政事业审计处、经贸审计处、固定资产投资审计处、外资运用审计处、农业与资源环保审计处、社会保障审计处、经济责任审计处，机关党委、人事教育处、哈尔滨市纪检委驻市审计局纪检组、审计培训中心以及派出松北区审计分局、开发区审计分局。

审计成果　全市审计机关完成审计和调查项目884个，查出违规金额33.5亿元、应上缴财政1.5亿元、应减少财政拨款和补贴1532万元、应归还原渠道资金4.8亿元、应调账处理金额6885万元；向司法、纪检监察机关移送案件线索和事项9件；提交审计报告和审计调查报告914份；提出审计建议692条；提交审计专题、综合性报告和信息简报968篇，被批示采用150篇次。市本级完成审计和调查项目124个，查出违规金额23.8亿元、应上缴财政7783万元、应减少财政拨款或补贴1070万元、应归还原渠道资金4.5亿元、应调账处理金额2.2亿元；向司法、纪检监察机关移送案件线索和事项5件；提交审计报告和审计调查报告140份；提出审计建议151条；提交审计专题、综合性报告和信息简报134篇，被批示采用33篇次。

信息化建设　2009年，哈尔滨市审计机关坚持以探索和创新信息化环境下的审计方式为核心，以AO与OA为应用平台，在数据库技术应用上重点突破，逐步探索联网审计，使审计信息化建设有了新发展。一是围绕业务应用，积极推动审计信息化技术创新。第一，根据审计项目业务特点和数据特征，实行计算机审计项目ABC分类管理。A类为拓展审计领域、重点突破的大型数据库审计项目，侧重总结审计专家经验；B类为审计经验丰富或数据量较小数据库审计项目，侧重利用成型经验查深查透，总结计算机审计案例；C类为审计人员能够利用AO独立完成的财务数据审计项目，侧重总结应用方法，提高计算机审计覆盖面。第二，运用外部关联数据开展综合分析，扩大计算机审计功效。二是推广应用审计管理系统，不断提高审计管理水平。按照审计署信息化发展规划和OA系统（1拖N模式）部署应用方案，在全省审计系统率先开通运行OA系统，实现了审计管理、审计作业模式的一体化和审计机关信息管理的网络化、无纸化。为了解决市政府来文无法导入OA系统问题，会同有关公司研制开发OA系统与书生公文系统接口软件，实现了自动接收市政府公文，全面提高了使用效率。三是强化成果提升，积极探索联网审计模式。根据审计署“金审工程”二期建设规划，建立与局域网、互联网完全物理隔离的审计业务专网，既可内联省审计厅的数据中心，又能外接被审计单位数据库，为建立多渠道数据来源、集成各种审计业务的联网审计系统奠定了基础。

（撰稿人：聂福贵）

【齐齐哈尔市审计局】 2009年，齐齐哈尔市审计局共有在职干部职工92人，其中本科学历89人、大专学历1人。局长孙炜航，副局长杨殿友、金淑莉、刘文峰，总审计师黄丽杰，纪检组长刘力杰。设有机关党委、监察室、办公室、人事教育科、法制处、审计督察科、财政审计处、行政事业审计处、固定资产投资审计处、经济责任审计处、金融审计科、农业资源与环保审计科、社会保障审计科、经贸审计科、外资运用审计科、派出文教卫生审计科、派出林业与水利审计科、计算机审计科、审计学会、老干部科和审计培训中心。

审计成果 全市审计机关共审计778个项目，查出各类违法违规金额28.7亿元；向司法、纪检监察机关和有关主管部门移送各类案件线索39件；提出审计建议376条；出具审计报告和审计调查报告778份；编发审计信息512篇。市本级审计191个项目，查出各类违法违规金额18亿元；向司法、纪检监察机关和有关主管部门移送各类案件线索23件；提出审计建议45条；出具审计报告和审计调查报告191份；编发审计信息211篇。

固定资产投资审计 为加强对重点项目立项、审批、建设、验收等全过程监督，预防问题发生，市政府在年内出台《齐齐哈尔市政府投资重大项目管理办法》和《齐齐哈尔市政府投资和以政府投资为主的建设项目审计办法》；对本市确定开工建设的十个重点水利工程，进行事前警示宣传，送法到基层；针对县级财政管理中存在的问题，提出11个方面52条审计建议，促进有关县政府出台加强财政资金监督管理等多项规范性文件。

经济责任审计 经济责任审计工作出台新办法。年内出台《齐齐哈尔市本级经济责任审计对象分类及计划管理暂行办法》；实行联合进点制度、共同分析制度、相互沟通制度、审计结果反馈制度和联合整改督办制度，确保县、区委书记与县、区长经济责任“同步审计”工作质量；审计人员走进“村官”培训课堂，对“村官”和财务人员进行财经法规、财务知识培训，提升“村官”财经法纪观念。

计算机审计 一是应用AO软件实现三个转变和三个扩展。即个别应用向普及应用转变，利用AO组织审计项目越来越普遍（已达到100%）；被动应用向主动应用转变，研究技术方法的审计人员越来越多；简单应用向复杂应用转变，审计人员编写复杂查询语句的能力越来越强。二是交叉审计首次利用计算机局域网开通远程审计指挥系统取得新效果。对涉及16个县区、23个审计组的公安系统交叉审计，市局开通远程审计指挥系统，对项目实行统一调度，实现了同一项目、不同区域、资源共享和业务协同。三是积极探索联网审计。2009年较好地实施了社保联网审计，利用软件嵌入的上百种审计方法筛选出审计疑点几千条，这是以往手工审计无法实现的。

效益审计 要求所有审计项目都要融入绩效审计。如在民政、新农合、财政预算执行和决算、农业综合开发和扶贫资金、南郊污水处理和固定资产投资项目审计中，转换审计视角，坚持从“制度运行效果、管理效率、资金使用效益三个方面”入手，重点揭示项目和资金重立项、重投入、轻管理、轻效益及内控制度未有效运行，造成设备闲置、项目运行效益差、国家投资存在或有风险等问题，促进增收节支1874万元。

（撰稿人：王彩扬）

【黑河市审计局】 2009年，黑河市审计局共有在职干部职工41人，其中硕士研究生学历2人、大学本科学历25人、专科学历14人。局长张建国，副局长王鹏锐、杨占华、仲建彬，总审计师马桂林，纪检组长刘艳湘，经济责任审计局局长姚富利。设有经济责任审计科、财政金融审计科、经贸审计科、农业与资源环保审计科、固定资产投资审计科、社会保障审计科、行政事业审计科、计算机审计科、法制审理科、人事教育科、办公室、审计协会和学会。

审计成果 全市完成审计项目221个，查出违规金额6.7亿元、应上缴财政143万元、应归还原渠道资金935万元、应调账处理金额3.1亿元；出具审计报告和审计调查报告232份；提出审计建议378条；撰写审计信息244篇。市本级完成审计项目72个，查出违规金额3.6亿元、应上缴金额35万元、应归还原渠道资金935万元、应调账处理金额3.1亿元；出具审计报告和审计调查报告72份；提出审计建议154条；撰写审计信息82篇。

预算执行审计 在本级预算执行审计中，按照市人大的要求，除对市直预算执行情况进行审计外，将市本级所辖的五大连池风景区和经济合作区的预算执行情况纳入审计范围，并对市直四个预算执行单位进行审计。采取上下结合、点面结合的工作方式，突出对预算编制、资金审批和项目资金使用效益的审计，针对审计中发现的预算编制不够科学、预决算数相差过大及区级财政未实行部门预算等问题，提出了强化预算管理、增强预算约束力的审计建议。

专项资金审计 市本级先后对13个扶贫项目、32个农业综合开发项目、政府实施建设的政府还贷二级收费公路项目和2008年度城镇职工基本养老保险基金征集、管理、使用情况进行审计，对2个县2007年度、2008年度部分财政涉农资金的管理使用和效果情况进行审计调查。揭示资金管理不规范、制度不健全、配套资金不到位、挤占挪用等问题，并按照有关规定进行处理，对提高资金管理水平和资金使用效益起到促进作用。

固定资产投资审计 市本级先后开展农村公路建设项目竣工决算、病险水库除险加固工程项目竣工决算以及中央扩大内需促进经济增长投资项目跟踪审计和审计调查。主要围绕工程招投标、合同签订、工程造价的真实性以及财务管理、资金使用等方面加大审计力度，揭示出自行变更项目地点、改变原设计内容、计划外工程占用建设资金、违规转包项目工程等问题。通过审计，进一步规范建设单位基本建设程序，促进政府相关政策的出台，保证建设资金真实、合法、有效使用。

（撰稿人：孙桂杰）

【大庆市审计局】 2009年，大庆市审计局共有在职干部职工40人，其中本科以上学历39人。局长张国骏，副局长李世宏、黄殿利、徐丽艳，纪检组长赵明日。设有办公室、法制督察室、监察室、计算机审计科、财政审计科、金融经贸审计科、行政事业审计科、农业与资源环保审计科、固定资产投资审计科、外资运用与社会保障审计科、经济责任审计处和国家建设项目审计中心。

审计成果 全市审计机关共审计和审计调查569个单位，查出违规金额12.8亿元、管理不规范金额18.9亿元，应上缴财政6.3亿元，已上缴财政2.7亿元，核减不实工程款1.9亿元；提交审计报告、审计结果分析和信息简报236篇。市本级审计71个单位，查出违规金额5.9亿元、管理不规范金额14.1亿元，应上缴财政3.4亿元，已上缴财政2.5亿元，核减投资额5685万元；提交审计报告、审计结果分析和信息简报124篇。

固定资产投资审计 全市各级审计机关通过成立专门机构、充实专业人员、出台专项审计办法、创新审计方式等有效措施，加大国家建设项目审计工作力度。年内全市共组织开展国家建设项目竣工决算审计185项、竣工结算审计107项，累计核减多计工程款1.9亿元。

专项资金审计 全市各级审计机关按照“关注民生，服务百姓”的审计宗旨，先后开展低保、社保、扶贫、农业综合开发、廉租房等涉及民生的专项资金审计和审计调查，揭示欠缴养老和医疗保险费、少安排廉租住房保障资金、滞拨涉农专项资金、擅自变更项目建设内容等各种损害群众切身利益的问题，并依法进行处理处罚，促进了国家各项惠民政策的贯彻落实。

经济责任审计 全市各级审计机关通过对162个单位、177名领导干部的经济责任审计，共查出违规金额4.5亿元、管理不规范金额3.2亿元，其中领导干部应负直接责任金额4399万元。在实践中逐步形成一整套较为完善的经济责任审计工作机制，确保经济责任审计质量的提升。通过对15个县（区）、乡（镇）党委和政府主要领导干部实施经济责任同步审计，更加客观、准确地评价了各级党政主要领导干部各自应承担的经济责任，为选拔任用干部提供更加科学的参考依据。通过实行“统一组织、分别实施、定期汇总”的管理方式和动态管理，促进村级组织主要负责人经济责任审计工作的进一步规范化。

绩效审计 大庆市审计局将绩效审计覆盖面从重点专项资金审计拓展到预算执行审计、国家建设项目审计、经济责任审计等多个领域，各县区审计局也都选取重点专项资金，就影响经济效益、社会效益和生态效益等问题开展绩效审计和评价。市审计局结合绩效审计实践，探索总结出“三看（看论证、看执行、看结果）、三查（查资金、查实物、查管理）、三评价（评价经济性、评价效率性、评价效果性）”的绩效审计方法，促进绩效审计工作水平的提升。

计算机审计 全市各级审计机关对所有审计项目都利用AO系统开展计算机审计和辅助审计，实现计算机审计的全覆盖。（撰稿人：孙继春）

【伊春市审计局】 2009年，伊春市审计局共有在职干部职工41人，其中硕士学历1人、本科学历24人、大专学历16人。局长佟林，副局长（调研员）宫林、马庆、陈玉林，纪检组长商立明，经济责任审计办公室主任窦连波。设有经济责任审计办公室、办公室、法制科、行政事业审计科、固定资产投资审计科、农业与资源环保审计科、社会保障审计科、经贸审计科、财政金融审计科、林业审计科、监察室和党总支。

审计成果 全市审计机关共审计390个单位，查出违规金额3亿元、管理不规范金额32.4亿元。市本级审计273个单位，查出违规金额2.6亿元、管理不规范金额30.5亿元；向纪检监察和司法机关移交经济案件线索6件。

预算执行审计 先后对财政及市直部门等10个单位进行预算执行审计，对地税部门进行税收征管专项审计，揭示未编制全口径预算、违规调整预算、截留挪用滞拨专项资金、长期借出国库资金、隐瞒彩票基金结余以及企业少提缴各项税款、欠缴税金等问题。在全面分析问题成因的基础上，提出整改建议98条，被审计单位采纳审计建议并制定和完善管理制度51项。

固定资产投资审计 对林都机场、西山水库、农村公路建设以及市中心城区供热工程、市中心城区污水处理工程等29个重大投资项目进行全程跟踪审计和审计调查，重点审计工程建设项目的立项、审批、施工程序、管理环节和资金使用的真实性、合法性、规范性、效益性，揭示和反映招投标及合同履行不规范、设计变更未按程序审批、现场监理不严格及农村公路建设施工单位不具资质、挤占建设成本、多结工程价款等问题。针对发现的问题，从体制和机制制度层面提出有针对性、可操作的建议，得到市政府高度重视和采纳，责令有关单位立即整改。

专项资金审计 组织开展社保五项基金、各林业局职工基本医疗保险基金、城乡居民低保资金、县乡医疗服务体系建设项目、民政各项专项资金、财政扶贫专项资金、希望小学援建项目、廉租住房保障资金、农业综合开发项目专项资金、中低产田改造项目等审计和审计调查。揭示应缴未缴养老保险费、占用养老保险基金、森工企业职工医保基金个人账户未按规定计息和林业局统筹资金不到位、滞拨挪用及超范围发放低保资金、县乡医疗服务医院药品违规加价、挤占截留和虚列民政专项资金、擅自调整扶贫专项资金建设项目规模、滞拨希望小学资助资金、廉租住房资金未设专户管理、农发资金和中低产田改造资金串项使用等问题。依照有关规定对上述问题进行处理并提出整改建议，为促进各项改革措施和惠民政策落实、避免金融危机可能引发的不稳定因素、维护社会稳定发挥积极作用。

（撰稿人：吴玉文）

【鹤岗市审计局】 2009年，鹤岗市审计局共有在职干部职工47人，其中研究生学历3人、本科学历7人、大专学历37人。局长张亚东，副局长吴宝寅，纪检组长高崇杰。设有办公室、人教科、法制科、行政事业与社会保障审计科、固定资产投资审计科、经贸审计科、金融审计科、经济责任审计科、财政审计科、农业与资源环保审计科以及派出区级审计科、公检法审计科、公用事业审计科、科教文审计科。

审计成果 全市审计机关审计和审计调查

121个项目和单位，查出违规金额2.6亿元，其中应上缴财政71万元、应减少财政拨款和补贴286万元、应归还原渠道资金743万元、应调账处理金额17754万元；提交审计和审计调查报告111份；提出审计建议154条；编发审计信息74篇。市本级审计和审计调查34个项目和单位，查出违规金额2418万元、管理不规范金额1.4亿元，归还原渠道资金30万元，促进增收节支33万元，核减投资额80万元；提交审计和审计调查报告34份；提出审计建议58条；编发审计信息46篇。

信息化建设 积极推广计算机审计软件的应用，在社保资金审计和税收征管审计等的多个项目中，积极探索计算机审计的新途径；加大计算机审计人才的培训力度，努力培养复合型的审计人员。

法制建设 以落实“五五”普法规划为契机，结合实际深入开展法制宣传教育工作，在依法治理方面取得了新的进展和成效。制定了《全市审计机关2009年度依法行政工作要点》《全市审计机关2009年度行政执法责任制实施及检查考评方案》，进一步加大《审计准则》和《审计规范》的贯彻落实力度，建立和完善了审计质量控制体系，实行了局领导、业务科、审计人员三级分解落实行政执法责任制，将审计业务行为、人员行为、各项工作行为纳入执法责任制进行考核，极大地提高了广大审计干部学法、用法、守法的积极性和主动性。加大审理复核工作力度，健全完善了三级复核制度，严把审计证据关、定性处理关和反馈落实关，促进了审计工作质量和执法水平的提高。

队伍建设 坚持以人为本，狠抓了审计队伍建设，严格要求、严格管理，努力打造一支政治可靠、作风优良、业务精湛、廉洁奉献的审计队伍。全年共举办11次理论学习和6次审计业务培训班，使全体审计人员的业务技能得到普遍提高；健全和完善各项规章制度52项，进一步规范了审计干部的从政行为，保障了机关各项工作的有序开展；建立健全了《审计局廉政考核制度》等8项廉政规章制度，局领导分别与主管科室签订了《廉政责任状》，形成了分级负责的廉政建设格局；深入开展了“关注民生、服务发展”群众最满意单位评议活动，实行送审方式审计，今年完成的审计项目中，90%以上采取送达审计方式。

（撰稿人：马江涛）

【佳木斯市审计局】 2009年，佳木斯市审计局共有在职干部职工69人，其中大学本科学历23人、大专学历40人。局长翟耀，副局长刘玉兰、崔新文、关胜超、李纲，总审计师安宝昌。设有办公室、法制科、人事教育科、纪检监察室、财政审计科、行政事业审计科、农业与资源环保审计科、固定资产投资审计科、经济责任审计办公室、社会保障审计科、金融审计科、外资运用审计科、经贸审计科、派驻公检法司审计科、派驻文教卫生审计科、计算机技术管理科及固定资产投资审计局。

审计成果 全市审计机关审计和审计调查单位356个，查出违规金额5.4亿元、管理不规范金额3340万元，归还原渠道资金913万元，调账处理金额5443万元；向党政机关、上级审计机关和新闻媒体提交审计报告、信息198篇，被领导批示、相关媒体采用103篇。市本级共审计和审计调查单位121个，查出违规和管理不规范金额3.2亿元，指明要求纠正金额1.3亿元，调账处理金额3764万元；提交审计报告、信息114篇，被上级机关和新闻媒体采用59篇次。

经济责任审计 市本级先后对56名市直、县区党政领导干部及事业单位负责人开展经济责任审计，共查出各类违法违规金额2.4亿元，明确被审计领导干部直接责任574万元、领导责任2.3亿元。审计揭示虚列财政支出、财政预算内收入列预算外、专项资金拨付不及时、政府预算少提或未提预备费、挪用本级专项资金用于部门经费支出、政府预算未提预算周转金等问题。针对上述问题依照有关财经法规进行处理和纠正，并提出整改建议。

财政审计 全年完成审计项目8个，编发审计信息16篇，撰写论文5篇。一是揭示了财政垫付资金额度较大，影响财政资金周转；专项资金被大量占用；政府债务负担过重，偿债风险逐步上升等深层次问题。针对债务负担过重问题，市政府专门起草《佳木斯市政府债务管理暂行办法》，为控制政府债务风险提供制度保证。二是突出审计深度，财政专项审计注重揭示问题。在转移支付审计中，揭示资金脱离人大监督、专项收费没有专款专用而是用于部门经费支出、转移支付建设项目支出没有实行政府采购等11个方面的问题。提出了7条审计建议，促进了相关部门采取措施，使问题得到有效解决。三是突出审计力度，财政决算审计注重规范管理。在富锦、汤原两个县（市）的财政决算审计中，重点对涉及民生政策和重大决策的落实情况、中央和省级专项资金的管理使用情况进行审计和审计调查，揭示两个县分别存在的没有按年初预算支出总额设置预备费、虚列专项支出挂暂存、滞拨专项资金等17个方面问题。四是突出审计精度，税收征管审计注重方法创新。在税收征管审计中，注重运用计算机辅助审计方式，把延压、下甩税款作为审计工作的重点，揭示了延期缴纳税款未加收滞纳金、税务登记管理不规范等问题。审后，税务部门主动进行整改，要求各基层分局从加强基础工作入手，认真进行自查。通过完善税收征管内控制度，建立长效机制，截至2009年年末，税收收入完成13.9亿元，同比增长19.9%，增收2.3亿元。

（撰稿人：韩俊峰）

【双鸭山市审计局】 2009年，双鸭山市审计局共有在职干部职工49人，其中研究生学历1人、本科学历23人、大专学历22人。局长李何仁，副局长杨会东、邸栋梁，总审计师王玲，纪检组长刘恒广，经济责任审计办公室主任汝兴华。设有经济责任审计办公室（副处级）、财政审计科、金融审计科、固定资产投资审计科、农业与资源环保审计科、经贸审计科、行政事业审计科、社会保障审计科、外资运用审计科、办公室、人事科、培训教育科、法制科、督察室和监察室。

审计成果 全市审计机关审计和审计调查456个单位，查出违法违规金额2.9亿元、管理不规范金额6.3亿元、损失浪费金额79万元；已上缴财政750万元，促进增收节支5700万元；建议有关部门处理事项14件；提交审计报告和信息简报374篇，被批示采用296篇（次）。市本级审计和审计调查79个单位，查出违法违规金额1.9亿元、损失浪费金额62万元、管理不规范金额2亿元，已上缴财政119万元，为国家挽回经济损失2628万元；移送有关部门处理事项5件。

预算执行审计 注重把同级预算执行审计与专项审计、行业审计和经济责任审计相结合，加大对重点单位、重点项目、重点资金和重点问题的延伸审计和调查力度，实现审计成果共享。在市本级财政预算执行审计中，揭示出未纳入预算管理、滞留专项资金和在地方税收征管中未按规定征收滞纳金、应征未征各项税金等问题。

经济责任审计 突出对权力的制约和监督这个重点，做到“三个注重”：注重以监督经济决策权为主线，促使领导干部科学民主决策；注重以监督经济管理权为基点，促使被审计单位提高经营管理水平；注重以监督财经政策执行权为重点，促使领导干部遵章守纪。市本级全年共审计领导干部43人次，查出违规金额6200万元，为财政增收70万元，为国家挽回经济损失1000万元。

农业开发资金审计 按照省审计厅的部署，组织对市本级和部分县农业开发办专项资金进行审计，并重点对使用农业开发资金的项目单位进行跟踪审计，揭示出挤占挪用农业综合开发资金、虚列农业综合开发项目资金、滞拨专项资金以及项目管理方面存在的后期管护不到位、部分土地治理工程建设标准低等问题。

环保资金审计 市本级先后对市环境保护局、建龙化工有限公司等7家单位涉及2006～2008年松花江流域水污染防治“十一五”规划各项重点水污染防治项目进行审计调查，揭示规划项目完成率较低、安邦河各断面水质污染仍比较严重、个别项目进度缓慢、排污费征收不到位等问题。

固定资产投资审计 重点对公共项目以及关系民生的基本建设项目开展工程决算审计。全年共完成沉陷区改造工程、农村公路工程、环路工程等固定资产投资审计项目7个，审计核减工程造价813万元。

（撰稿人：梁望秋）

【七台河市审计局】 2009年，七台河市审计局共有在职干部职工32人，其中研究生学历2人、大学本科学历15人、大专学历15人。局长孙云启，副局长陶佩行、王宝山、张玉星，纪检组长王启顺。设有法制科、办公室、财政审计科、金融审计科、行政事业审计科、经贸审计科、固定资产投资审计科、农业与资源环保审计科、经济责任审计科、社会保障审计科、外资运用审计科和国家建设项目审计中心。

审计成果　全市审计机关完成审计及审计调查项目122个，查出违规金额4.2亿元；移送司法、纪检部门处理事项1件；提交审计报告122份；提出审计建议128条；编发审计信息173篇。市本级共完成审计及审计调查70个，查出违规金额3.7亿元、管理不规范金额9.2亿元；提交审计报告70份；提出审计建议95条；编发审计信息79篇，被各有关媒体采用34篇。

预算执行审计　市本级在财政预算执行审计中，重点检查预算编制和执行以及转移支付资金的管理使用情况，揭露和查处财政资金分配使用中不规范、违反财经法纪等问题；组织开展对全市地税系统税收征管情况的审计，针对审计发现的问题提出了进一步完善税收工作考核机制、严格执行税收征管法、加强税收征管基础工作、完善日常控管措施、减少漏征税款、提高征管质量等建议；对市园林局、七台河日报社、市教育局和市科信局等部门2008年度预算收支执行、非税收入征缴管理情况进行审计，揭示政府采购项目未纳入部门预算、超预算支出、固定资产账实不符、往来款项清理不及时等问题，并向被审计单位提出了认真执行预算法和《预算法实施条例》、加强预算管理、完善财务管理制度、加强非税收入管理等建议。

专项资金审计　市本级先后开展农业综合开发资金审计、扶贫开发资金审计、企业职工基本养老保险基金审计、社会保险基金审计调查、城乡居民最低生活保障资金审计和审计调查、民政专项资金审计。摸清了专项资金的来源渠道、各级政府的配套资金及到位等情况，反映专项资金的使用效率和效果，揭示专项资金在使用过程中存在的未严格按照批准的设计实施、有偿资金提前归还、重复领取低保金、多记个人账户养老金、扩大民政事业费支出范围等问题，提出相关建议。

审计服务　在行政机关和企业事业单位中开展了财务管理规范化活动，促进各单位财务管理工作的制度化和规范化；进一步拓宽审计服务工作领域，采取领导干部包保包建非公有制企业联系点方式，开展“维权”服务，加大对有关涉企收费单位的审计力度，减轻非公有制企业负担；发挥审计保障作用，建立非公有制企业维权投诉站；为非公有制企业搭建信息交流的平台，提供政策法律法规咨询服务。

审计制度化建设　今年在原有的基础上，重新修订和完善内部管理制度，制定出台《关于加强审计纪律的八项规定》；为维护建设市场秩序，提高国家建设项目投资效益，防止国有资产流失，保障建设资金安全，制定出台《七台河市国家建设项目审计办法》和《国家建设项目跟踪审计操作规程》；为了加强审计执法能力建设，减少行政过错，防止权力失控，提高行政效能和工作效率，制定出台《关于推进行政问责制的实施意见》。

（撰稿人：金　成）

【鸡西市审计局】　2009年，鸡西市审计局共有在职干部职工49人，其中本科以上学历36人、大专学历11人。局长郑野岩，副局长齐明达、高晶、孙永宏，纪检组长王有良。设有经济责任审计办公室、办公室、法制科、监察室、财政审计科、经贸审计科、固定资产投资审计科、行政事业审计科、外资运用审计科、社会保障审计科、金融审计科、农业与资源环保审计科、驻执法机关审计科、驻公检法审计科、驻科教文审计科。

审计成果　全市审计机关完成审计项目152个，审计单位284个，查出违法违规金额12.2亿元，已上缴财政金额577万元，核减工程价款602万元；向市委、市政府和上级审计机关提交审计报告、信息和情况反映378篇，被采用179篇次，被市委、市政府领导批示5篇次。市本级完成审计项目61个，查出违法违规金额10.7亿元、应归还原渠道资金351万元、应调账处理金额3477万元，上缴财政126万元；向市委、市政府和上级审计机关提交审计报告、信息、情况反映204篇，被采用93篇次，被市领导批示5篇次。

固定资产投资审计　市本级组织开展的固定资产投资审计项目共7大类、14个大项、上百个子项目，主要包括中央扩大内需促进经济增长投资项目跟踪审计和审计调查；全市“两棚一草”改造工程2008年资金使用及项目进展情况审计调查；全市“三供两治”建设项目跟踪审计和审计调查；鸡西民用机场建设项目2008年资金使用及工程进展情况跟踪审计和审计调查；采煤沉陷区治理（二期）工程2008年资金使用、项目管理及工程结算情况审计和审计调查；医疗卫生系统2006～2008年固定资产投资建设项目工程决算及财务管理规范化情况审计和审计调查；省厅授权的农村公路、灌区建设、水库消险工程等项目审计以及全市取消收费的政府还贷二级公路的债务锁定专项审计等项目。审计资金总额27.9亿元，查出有问题金额1.4亿元，审减工程造价节约国家资金456万元，作出处理处罚决定金额1267.6万元。（撰稿人：李俊峰）

【牡丹江市审计局】 2009年，牡丹江市审计局共有在职干部职工81人，其中本科学历58人、大专学历23人。局长赵焕涛，副局长刘永和、孙秉海、佟卫东、吕春江、刘佳祥，纪检组长尹明霞。设有办公室、法制审理科、财政审计科、金融审计科、行政事业审计科、经贸审计科、农业与资源环保审计科、社会保障审计科、固定资产投资审计科、外资运用审计科、经济责任审计一科、经济责任审计二科、经济责任审计三科、总务科、综合科、计算机审计科、人事教育科、党委办公室、监察室、总审计师办公室。

审计成果 全市审计机关完成审计项目383个，其中市本级124项；查出违规金额10.8亿元（其中市本级8.3亿元），应上缴财政2379万元（其中市本级1517万元），应归还原渠道资金1196万元（其中市本级609万元），应调账处理金额4124万元（其中市本级771万元）。向司法机关和纪检监察部门移送各类违法犯罪案件线索38件，其中市本级13件。被各级党政机关和上级审计机关批示采用审计报告、审计调查报告、审计信息243篇。

预算执行审计 以保障积极财政政策贯彻实施、促进规范预算管理、提高财政绩效水平为目标，除审计财税和重点部门外，向二、三级单位和专项资金延伸，跟踪资金走向，全面揭示问题；实行从账户入手和逆查与顺查、详查与抽查相结合等审计方法，强化了财务规范化建设和效益分析，对审计查出的不合规问题，进行细致深入的审计调查，加大延伸审计力度。

经济责任审计 以开展党政领导干部“同步审计”为重点，严格按着“审书记重决策、审县长重执行”的思路，采取“谁决策谁负责”“谁分管谁负责”“权责结合，以权定责”的原则来区分和评价党政领导的经济责任。

固定资产投资审计 在农村公路竣工决算项目审计中，注重揭露、纠正项目建设过程中存在的高估冒算、工程质量低下、损失浪费、挤占挪用等问题，并注意把关系到农民切身利益的问题放在突出位置，对普遍性、倾向性问题进行剖析。对中央和省扩大内需促进经济增长的重点投资项目和市财政重点投资项目（防护林工程、农村卫生基础设施、乡镇综合文化站、产业技术进步、动物防疫体系建设、新建廉租房、污水治理二期工程等57个工程项目），及时跟进，全程参与。

专项资金审计 在新型工业化发展专项资金审计调查中，以摸清新型工业化发展专项资金底数和促进企业产业结构优化升级、技术改造、节能减排为目标，揭示虚报、挤占、挪用项目资金问题，分析资金使用效果和效益。在对社保基金、医保基金、民政资金、医疗卫生系统的审计中，从管理部门直至政策受益的单位、家庭逐步核实，针对存在的问题，从体制、机制、制度上提出改进完善的意见和建议。（撰稿人：冯春凯）

【绥化市审计局】 2009年，绥化市审计局共有在职干部职工45人，其中研究生学历10人、本科学历12人、大专学历21人。局长刘江，副局长袁国学、田学斌、赵德河、李永志，经济责任审计局局长张立君，纪检组长李中然。设有经济责任审计局、人事教育科、办公室、法制审理科、财政审计科、金融审计科、固定资产投资审计科、经贸审计科、农业与资源环保审计科、行政事业审计科、社会保障审计科、信息化审计科。

审计成果 全市完成审计项目473个，查出违法违规金额9亿元、应调账处理金额2.8亿元、应归还原渠道资金2亿元、应减少财政拨款2193万元，上缴财政137万元；出具审计报告和审计调查报告473份；提出审计建议934条；编发审计信息385篇，被上级审计机关、党政部门、新闻媒体采用 241 篇。市本级全年完成审计项目 63 个，查出违法违规金额 6.9 亿元、应调账处理金额 2.7 亿元、应归还原渠道资金 1.4 亿元；出具审计报告和审计调查报告 63 份；提出审计建议 206 条；编发审计信息 140 篇，被上级党政部门、省级以上新闻媒体采用 120 篇。

财政审计 市本级先后开展财政预算执行审计和肇东、兰西、绥棱、明水、青冈等 5 个县（市）2007～2008 年度财政决算审计以及本级 2008 年度税收计划及税收征管审计，同时对绥棱、明水、兰西 3 县的财政管理状况和绥棱县的财政转移支付资金使用情况进行审计调查，共查处违规金额 4.4 亿元，并对预算编制不完整、挤占挪用专项资金、虚列支出、税收征管力度不够等问题进行揭示和处理。

经济责任审计 市本级全年共完成领导干部任期和离任经济责任审计项目 10 个，查处违规金额 7066 万元，并对虚列支出、违规退税等问题进行揭示和处理；开展村干部经济责任审计项目 32 个，查处违规金额 374 万元。

固定资产投资审计 市本级全年共完成固定资产投资审计项目 7 个，查处违规金额 2542 万元，核减工程造价 2479 万元，对挤占项目成本、滞拨挪用建设资金、超计划投资等问题进行揭示和处理。

专项资金审计 市本级先后开展涉农、社保、民政等专项资金审计，共查出违规金额 1.8 亿元，对地方配套资金不到位、滞拨占用串项使用专项资金、挤占挪用欠缴保险金、利息不计收入、隐瞒财政收入、违规支出、决算不实等问题进行了揭示和处理。

经贸、金融和外资运用审计 市本级先后对市商务局及所属食品公司、饮食服务公司、蔬菜公司、屠宰管理所、商业学校和市粮食局、市公路管理处及所属单位财务收支情况进行审计，对本市 17 户粮食企业改制情况进行审计调查，对市本级 11 户企业的新型工业化资金进行审计调查，对日本协力银行援贷款公共卫生项目、外国政府援贷款项目及 6 家保险公司税收征管情况、肇东信用联社财务收支情况进行审计，查处违规金额 4650 万元，并对经费超支、欠缴保险、固定资产不入账、未执行政府采购、漏缴税款、骗取财政资金等问题进行揭示和处理。（撰稿人：宋文博）

【大兴安岭地区行署审计局】 2009 年，大兴安岭地区行署审计局共有在职干部职工 33 人，其中大专学历 3 人、本科学历 25 人、研究生学历 5 人。局长解学民，副局长宋学阳、孙庆俊，纪检组长夏岩。设有办公室、经济责任审计科、财政经贸审计科、金融外资审计科、法制审理科、农业与资源环保审计科、行政事业审计科、网络信息审计科、人事教育科。

审计成果 全市审计机关审计 121 个单位、审计调查 65 个单位，完成效益审计项目 30 个、经济责任审计项目 48 个，查出各类违规金额 3.3 亿元；移送司法、纪检监察机关处理事项 2 件，移送其他部门处理事项 1 件；提出审计建议 274 条，被采纳 108 条。行署本级审计 38 个单位、审计调查 40 个单位，查出各类违法违规金额 2.9 亿元。

审计管理 一是审计执法、质量管理。2009 年，全区各级审计机关进一步建立健全了三级复核制度，在实施审计项目法制审理过程中坚持项目复核与检查相结合，严格把好审计证据、定性处理和反馈落实“三关”，全面启动审计质量控制体系。地区行署审计局对全区审计系统 2008 年的行政执法责任制进行检查考评，并制定《大兴安岭地区审计机关 2009 年行政执法责任制实施及检查考评方案》，促进了行政执法责任制的深入实施；出台了《大兴安岭地区审计机关优秀审计项目评选办法》《大兴安岭地区审计机关优秀审计项目评分标准》《行署审计局审计执法过错行政问责办法（试行）》《2009 年大兴安岭地区审计机关审计项目质量检查实施方案》等一系列制度与办法，对审计项目质量实行全程监控和管理。二是创新审计方式方法。在审计过程中注意科学准确把握审计本质，用科学审计、文明审计的现代审计理念指导审计工作。即采取送达审计与就地审计相结合、经济责任审计与其他专项审计相结合、计算机审计与手工审计相结合的方式办法，积极开展计算机联网审计。通过采取以上方法，既节约审计成本、避免重复审计，又做到一果多用、提高工作效率。三是信息化建设。地区行署审计局进一步加大了信息化建设投入力度。目前，全局每名职工人手一台笔记本电脑，为更好地开展审计工作、提高工作效率打下了基础；建立了局机关局域网，并与省、县达到了三级审计专业网络接通，实现网络审计、视频会议、审计资源信息共享、远程 OA 办公以及与地委、行署的 OA 办公联网，有效推动电子政务和信息化审计的发展。

（撰稿人：孙春云）

2009 年黑龙江省所辖区、县(市)级审计工作统计表

金额单位:万元

审计机关	完成审计项目(个)	查出违规金额	应上缴财政	应减少财政拨款或补贴	应归还原渠道资金	应调账处理金额	移送司法、纪检部门处理事项(件)	建议有关部门处理(件)	出具审计报告和审计调查报告(篇)	提出审计建议(条)	撰写审计信息(篇)
哈尔滨市											
哈尔滨市本级	124	238276	7783	1070	45846	22708	2	3	140	151	56
道里区审计局	25	81	10		26	205			32	20	16
南岗区审计局	17	3524	1393			23			17	11	19
道外区审计局	40	930	65	7		602			39	68	
香坊区审计局	40	13287	425			306			40	57	44
平房区审计局	21	1071	283						21	38	8
呼兰区审计局	52	5122	248	107	108	2973			55	64	6
阿城区审计局	49	5913	4349	12	4	382		1	50	9	36
双城市审计局	43	21	11						43		
尚志市审计局	67	9618	45						23	3	
五常市审计局	78	9050	122		985				78	22	17
依兰县审计局	38	19570	95	336	126	2557			76	21	11
方正县审计局	42	11426	59		256	126			44	22	
宾县审计局	85	1960	49			2			85	38	26
巴彦县审计局	38	9321	65		452				41	39	19
木兰县审计局	50	1703	57		281	12	1		50	54	36
通河县审计局	41	3532	127			504	1		47	60	
延寿县审计局	34	1575	44						33	15	
齐齐哈尔市											
齐齐哈尔市本级	191	140924	1187		18346	49843	12	11	191	45	211
建华区审计局	7								7		24
龙沙区审计局	15	229	2						15		6
铁锋区审计局	10	72	58			1			10	14	12

（续表）

审计机关	完成审计项目（个）	查出违规金额	应上缴财政	应减少财政拨款或补贴	应归还原渠道资金	应调账处理金额	移送司法、纪检部门处理事项(件)	建议有关部门处理(件)	出具审计报告和审计调查报告(篇)	提出审计建议(条)	撰写审计信息(篇)
昂昂溪区审计局	14	62	5			631			14	3	9
富拉尔基区审计局	24	1	1			188			24		8
碾子山区审计局	23	244	11				1		23	36	8
梅里斯达斡尔族区审计局	45	3658	27				2		45	30	26
讷河市审计局	59	910	30		72	590			59	6	12
龙江县审计局	72	4901	267		1151	544	5		72	91	17
依安县审计局	49	728	30		3		5		49	3	24
泰来县审计局	40	3846	11			1147			40	19	15
甘南县审计局	58	572	28		973	3263			58	45	21
富裕县审计局	54	9506	38		7517	1294	3		54	16	14
克山县审计局	44	4489	50			2			44		31
克东县审计局	36	26983	43						36		36
拜泉县审计局	37	3216	18		6	78			37	63	38
黑河市											
黑河市地本级	72	36631	35		935	31003			72	154	82
爱辉区审计局	21	2664	15			6			21	32	26
北安市审计局	38	275	16			215			42	59	25
五大连池市审计局	25	24759	49			41			26	49	7
嫩江县审计局	37	599	4			27			39	28	73
逊克县审计局	12	741				180			12	15	16
孙吴县审计局	16	1415	24			293			20	41	15
大庆市											
大庆市本级	71	59971	34819		234	6162			48	145	76
萨尔图区审计局	27	1246							27	27	6
龙凤区审计局	112	20	20						112	19	26
让胡路区审计局	165	10779	411			877			165	227	15
大同区审计局	102	9329	325	8953	37	14			102	115	12
红岗区审计局	14	324	324	342		25			14	14	20
肇州县审计局	24	5536	35		564	550			116	98	13
肇源县审计局	21	6843	2487			1381	1		43	74	34
林甸县审计局	94	764	169	1577	25				94	204	7
杜尔伯特蒙古族自治县审计局	43	1069	417		1	169			43	36	13

（续表）

审计机关	完成审计项目（个）	查出违规金额	应上缴财政	应减少财政拨款或补贴	应归还原渠道资金	应调账处理金额	移送司法、纪检部门处理事项（件）	建议有关部门处理（件）	出具审计报告和审计调查报告（篇）	提出审计建议（条）	撰写审计信息（篇）
伊春市											
伊春市本级	273	26075	31		157	10891	6		268	596	92
伊春区审计局	22	2085				20	1		22	29	17
西林区审计局	14	132	0.2						14	32	10
铁力市审计局	35	554			101	1457			31	95	15
嘉荫县审计局	46	398	35		32	157			28	36	25
鹤岗市											
鹤岗市本级	34	17164	28	33	30	14746			34	58	46
萝北县审计局	45	3208	22		11	13			45	22	15
绥滨县审计局	32	5792	21.4	253	702	3000			32	74	13
佳木斯市											
佳木斯市本级	91	32921.64	240		360	3764.22	5		91	79	114
前进区审计局	10	5.335	5.335						10	6	2
向阳区审计局	4								4	6	4
东风区审计局	14	618	24			471			14	14	6
郊区审计局	45	739	109		232	11			45	96	5
同江市审计局	26	754	38		92	140			26	28	29
富锦市审计局	72	2768	94						72	14	18
桦南县审计局	16	2400	66		417	314	1	3	61	69	23
桦川县审计局	25	4276	94				2		25	36	21
汤原县审计局	30	558	67		14	477			30	29	11
抚远县审计局	23	9000	35		168	266			23	60	20
双鸭山市											
双鸭山市本级	44	22380	93						44	67	60
尖山区审计局	16	305	4			6			16	10	
岭东区审计局	20	87	2						20	8	
四方台区审计局	8	25	8		8	17			8	16	
宝山区审计局	9	105								17	
集贤县审计局	4	1092	15						4		
友谊县审计局	31	475	9						31		
宝清县审计局	52	5529	195		8	492			52	28	34
饶河县审计局	21	3621	443			149			21	19	

（续表）

审计机关	完成审计项目(个)	查出违规金额	应上缴财政	应减少财政拨款或补贴	应归还原渠道资金	应调账处理金额	移送司法、纪检部门处理事项(件)	建议有关部门处理(件)	出具审计报告和审计调查报告(篇)	提出审计建议(条)	撰写审计信息(篇)
七台河市											
七台河市本级	70	37687	263		114	6910	1		70	95	79
桃山区审计局	2								2	3	10
新兴区审计局	2	864							2	10	10
茄子河区审计局	2								2	2	10
勃利县审计局	46	4214	18		2				46	18	64
鸡西市											
鸡西市本级	61	107675	1479		351	3477			61	93	75
鸡冠区审计局	11	152	28		29				13	9	28
恒山区审计局	6	242.55	46.3		28.43	198.8			6	18	8
滴道区审计局	5	86	2						5	15	6
梨树区审计局	8	326	73			256			8	14	6
城子河区审计局	10	296			36	80			10	46	9
麻山区审计局	3	2879			877	711			3	6	7
虎林市审计局	29	4754	418		37	7			48		23
密山市审计局	19	4124	28			2894			19	48	49
鸡东县审计局	34	3006			2133				21	56	30
牡丹江市											
牡丹江市本级	124	83726	1517		609	771	13	26	124	443	221
东安区审计局	9	15	1		1				9	18	15
爱民区审计局	15	1013	58		85	166	4	4	27	44	12
阳明区审计局	7	225	67		35	59	1		7	19	11
西安区审计局	17	933.90	31						20	16	10
穆棱市审计局	43	821	32	9	52	256	1	3	43	96	161
绥芬河市审计局	37	4692	60		414	66			37	65	67
海林市审计局	39	5325	175				9		33	65	119
宁安市审计局	38	1756	187			2806	2		38	46	56
东宁县审计局	23	9085	194					3		110	26
林口县审计局	31	949	57				8		40	55	136
绥化市											
绥化市本级	63	69773	3	2193	14204	27820			63	206	140
北林区审计局	33	10823	15		291	658			33	78	25
安达市审计局	57	268	5						57	64	25

（续表）

审计机关	完成审计项目（个）	查出违规金额	应上缴财政	应减少财政拨款或补贴	应归还原渠道资金	应调账处理金额	移送司法、纪检部门处理事项(件)	建议有关部门处理(件)	出具审计报告和审计调查报告(篇)	提出审计建议(条)	撰写审计信息(篇)
肇东市审计局	66	209	46		20				66	129	40
海伦市审计局	14	423	5		76	11			14	19	25
望奎县审计局	62	1123	24		3596	76			62	90	20
兰西县审计局	24	3514							24	44	20
青冈县审计局	80	2065	23		40	43			80	160	20
庆安县审计局	17	1899	4		1782	4			17	35	30
明水县审计局	33	313	12			13			33	69	20
绥棱县审计局	24	144							24	40	20
大兴安岭地区											
大兴安岭地区本级	38	29749	218	3	1982	4922			78	69	57
加格达奇区审计局	19	421	8		392	3			22	74	20
呼中区审计局	18	110.29							18	30	22
新林区审计局	4	7.1							4	5	10
松岭区审计局	17	32.5							17	29	22
呼玛县审计局	30	300					2		31	70	37
塔河县审计局	12	28	20		8				12	20	15
漠河县审计局	27	3226	28.8	49.7					27	31	16

上海市

【上海市审计局】 2009年，上海市审计局人员编制380人，在编347人，领导职数7名。根据上海市人民政府办公厅印发《上海市审计局主要职责内设机构和人员编制规定》的通知（沪府办［2009］88号），设有办公室（信访办公室）、人事处（老干部处）、综合计划处（政策研究室）、法规处（复核审理处）、财政审计处、区县审计处、金融审计处、行政事业审计处、社会保障审计处、农业与资源环保审计处、经贸审计处、经济责任审计处（内部审计指导处）、国有资产鉴证审计处、固定资产投资审计一处、固定资产投资审计二处、外资运用审计处、计算机审计与信息技术处。按有关规定设置纪检监察机构和机关党委。另设有审计科学研究所、审计培训中心、审计信息中心、审计中心。

领导成员

局　　长：宋依佳

副 局 长：江小民　施　涛　吴茵蝶　范少军

纪检组长：沈荣华（6月—）

审计成果　全市共完成审计和审计调查项目864个，查出违规金额25.04亿元，促进财政增收节支11.37亿元，向司法、纪检监察机关移送案件线索和事项13件。市领导对市审计局31篇审计工作报告、专报和信息作了批示。

预算执行审计　市审计局对市财政局组织市级预算执行情况、市地方税务局组织地方税收征管情况、18个市级部门预算执行和其他财政财务收支情况进行审计，对部门下属210户一级预算单位中的101户进行抽查。市审计局注重从政策、法规、制度、管理等层面揭示问题、分析原因，向市政府领导上报14篇《审计情况专报》，为市政府领导掌握情况、作出决策提供依据。市政府领导对其中的10篇审计情况专报分别作了批示。有关部门根据市政府领导批示和审计建议，认真落实整改，取得较好成效。14个部门召开审计整改会议，落实整改责任，制定139项整改措施。根据审计建议，建立和完善50项制度。浦东、徐汇、普陀、闸北、虹口、黄浦、静安、闵行、宝山、崇明等区县审计局，立足推进财政体制改革，积极探索新形势下预算执行审计工作的新方法、新思路，审计报告有事实、有数据、有典型，全面客观反映本级预算执行情况，为本级人大常委会加强对预算执行情况的监督提供重要依据，受到本级政府和人大的一致好评。

固定资产投资审计　市审计局在做好重大建设项目竣工决算审计、国外贷援款建设项目审计的同时，加大世博项目跟踪审计力度，组织开展灾后重建资金和援建项目、迎世博600天行动项目和专项资金、本市扩大内需促进经济增长新增投资项目、虹桥综合交通枢纽工程项目等跟踪审计，研究制定进一步加强重大工程项目动拆迁费用审计的意见。对世博项目的跟踪审计，促使世博会建设和运营单位制定和完善制度24项。市委、市政府主要领导对审计情况专报分别作出批示，给予充分肯定。在国务院办公厅召开的相关专题协调会上，市审计局就世博项目跟踪审计情况作专题汇报。市审计局组织18个区县审计局开展迎世博600天行动项目和专项资金跟踪审计。对灾后重建项目的跟踪审计，根据审计揭示的问题，市长主持召开专题会议，要求各相关部门和单位研究落实整改措施，进一步加强对口援建项目的管理，完善相关援建管理制度。根据审计建议，相关单位制定和完善12项制度，进一步加强项目建设管理和资金管理。对新增投资项目的跟踪审计，市审计局完成对中央下达的第一、第二批34个新增投资项目的审计调查，市政府领导对审计情况专报作出批示，要求相关单位根据审计建议，认真整改。有关主管部门和项目建设单位根据市政府领导批示精神和审计建议，认真分析原因，积极研究整改方案，规范项目建设管理，加快推进项目实施进度，共制定和修订有关制度3项。浦东、长宁、普陀、闸北、黄浦、卢湾、闵行、嘉定、金山、青浦、奉贤、崇明等区县审计局，结合扩大内需新增投资的实际情况，强化投资审计工作，创新投资审计管理，加强项目管理和建设成本控制，促进提高财政性建设资金投资效益。

专项资金审计（调查）　全市审计机关对124项专项资金进行审计和审计调查。市审计局重点对社会保障资金、财政支农资金、国有土地使用权出让收支以及新增汽车额度拍卖取得收入及使用管理等14项专项资金进行审计和审计调查，注重拓展审计的深度和广度，注重从政策执行、政策效应、体制机制以及制度、管理等层面，揭示和反映问题，分析问题产生的原因，提出加强宏观管理、完善改革措施的意见和建议。市政府领导对6篇审计和审计调查报告作了批示。相关部门根据审计建议，认真抓好审计整改，完善了13项市级层面的管理制度。徐汇、普陀、杨浦、黄浦、闵行、宝山、金山、松江、青浦、奉贤、崇明等区县审计局对社会帮困、廉租住房、农业规模经营补贴、区域性公交补贴和社区卫生服务等民生资金进行审计和审计调查，确保政府惠民政策落到实处。

经济责任审计　全市审计机关组织开展293户单位、350名领导干部（人员）的经济责任审计，其中市审计局对26户市管单位30名领导干部（人员）进行任期经济责任审计。把重心放在领导干部对财政财务收支以及有关经济活动应负经济责任的履行上，重点关注执行国家方针政策措施情况，经济和社会事业发展情况，重大经济决策情况，资金资产管理情况，内部控制情况，政府负债情况，遵守国家法律法规和廉政规定情况。针对审计发现的问题，市审计局及时研究提出审计意见和建议，督促相关单位认真抓好整改。市审计局出台市管领导干部任期经济责任审计分类管理办法，推进经济责任审计分类管理试点，对有关大口党委的试点工作进行指导，提高试点单位经济责任审计质量；出台市管领导干部经济责任审计整改工作办法，进一步形成审计整改监督合力；研究起草本市乡镇党政领导干部任期经济责任审计指导意见和单位内部管理领导干部经济责任审计暂行办法，推动乡镇领导干部和单位内部管理领导干部经济责任审计的开展。浦东新区审计局结合原南汇区行政区域划入浦东新区的实际情况，积极调整联席会议组成人员，明确经济责任审计范围和对象，保证各项工作有序衔接、有效运转。嘉定区审计局坚持定性分析与定量分析、经济指标评价与社会指标评价、肯定成绩与指出不足相结合，增强经济责任审计报告的可读性。长宁、闸北、杨浦、卢湾、静安、宝山、崇明等区县审计局，以促进领导干部廉政建设和提高履职水平为目标，不断深化经济责任审计。同时，积极开展对内部审计的指导和监督，组织开展各种内部审计培训、讲座 33 期，参加 5460 人次，推动本市内部审计工作的开展。

审计公开　市审计局按照市政府要求，逐步加大审计公开力度，2009 年向社会公开 2007～2009 年度重点审计项目计划，2006～2008 年度审计工作报告和审计整改报告，同时公开社会保障资金、财政支农资金、帮困助学资金、绿地建设补贴资金、汽车额度拍卖收入、抗震救灾资金、灾后恢复重建等 7 个单项审计结果。全市审计机关依法受理社会公众提出的 213 件政府信息公开申请，其中市审计局受理 47 件。各区县审计局通过成立政府信息公开领导小组，制定和完善政府信息公开工作制度，加大主动公开力度，依法妥善处理政府信息公开申请等方式，积极推进政府信息公开和审计公开工作。徐汇、长宁、虹口、杨浦、黄浦、卢湾、宝山、松江、青浦等 9 个区审计局向社会公开年度审计项目计划和审计工作报告。

审计整改工作　市审计局加大审计整改力度，完善审计整改工作制度，提请市政府印发了《关于进一步加强审计整改工作的意见》，在健全和完善审计整改报告制度、督察制度、联动制度、跟踪检查制度、问责制度、结果通报和公告制度等 6 项制度方面，进一步形成长效机制。

（撰稿人：汪其水）

【黄浦区审计局】　2009 年，黄浦区审计局人员编制 50 人，在编 47 人。局长徐若海（—2 月）、臧蕙玲（2 月—），副局长徐其彬、虞海琴、朱润杰（11 月—）。设有办公室（政策研究室）、综合业务科、审计指导科、行政事业审计科、财政金融审计科、固定资产投资审计科、经济责任审计科、企业审计科。

审计成果　全年共完成审计和审计调查项目 36 个，审计资金 323 亿元，查出管理不规范资金 2.94 亿元，已落实整改 2297 万元。区领导对 7 篇审计报告作了批示。

财政审计　对 2008 年度区级财政预算执行和其他财政收支情况进行审计，对政府融资状况和廉租房资金实施效果开展审计调查，延伸审计文化、体育、社会福利等 6 个财政专项资金使用管理情况。对区科委、区民政局、区劳动局、区规划局、南京东路街道办事处、豫园街道办事处 6 个单位 2009 年度专项经费预算编制情况进行审计调查。审计建议调减部门预算申报数 180 万元。

经济责任审计　对原区房屋土地管理局等 12 名部门领导干部和 2 名区属企业集团领导人员进行任期经济责任审计，查出违规金额 4306 万元。

固定资产投资审计　对本区董家渡 13A、15A 地块土地储备项目前期项目资金全过程进行跟踪审计和审计调查。对 7 个建设项目的竣工决算和前期相关项目费用进行审计，核减项目投资金额 221 万元。对本区旧式小区新装电控防盗门及更新平安治安岗亭实事工程、黄浦区中心医院医疗救治中心一期（急救中心）工程、广场公园绿化建设工程、豫园社区卫生服务中心改建项目等项目进行竣工决算审计。对本区 2009 年度 38 个政府性投资社会事业建设项目情况进行跟踪审计调查，审计金额 18 亿元。对上海新黄浦（集团）有限公司、上海外滩一体化开发有限公司、黄浦区土地发展有限公司截至 2009 年 7 月 31 日资产负债状况进行审计。对外滩滨水区综合改造项目、外滩通道改建工程相关项目开展跟踪审计。

专项资金审计调查　对迎世博 600 天市容环境建设资金使用管理情况进行跟踪审计调查，涉及 2008 年至 2009 年度 22 个区管规定项目，审计资金 19 亿元。

（撰稿人：曹　群）

【卢湾区审计局】　2009 年，卢湾区审计局人员编制 35 人，在编 33 人。局长徐建荣，副局长米文蕾，纪检组长米文蕾（兼）。设有办公室、综合业务科、财政审计科、行政事业审计科、基建环保审计科、经济贸易审计科、经济责任审计科。

审计成果　全年共完成审计项目 20 个，审计查出管理不规范金额 5116 万元。提出审计建议和意见 47 条，采纳 40 条。提交审计报告 32 篇，区委区政府领导批示 3 篇。提交审计信息 64 篇，采用 61 篇。

财政审计　完成同级预算执行审计，首次将区属企业资产负债损益情况、政府投资建设项目的审计情况、区标准化菜场和社会化居家养老专项资金的审计结果纳入审计工作报告，受到好评。

固定资产投资审计　完成审计项目 4 个，审计资金 9.7 亿元。

经济责任审计　对 13 个部门 15 名党政领导干部进行经济责任审计。

专项资金审计（调查）　对区社会化居家养老状况、淮海中路商业街区属商业商务资源经营情况、迎世博 600 天环境综合整治专项资金使用情况等 4 个项目进行审计调查，区商委、区民政局等部门根据审计建议建立多项规章制度。

企业审计　对 2 家区属企业进行审计，延伸审计下属 22 家企业年度资产负债损益情况。

（撰稿人：王　静）

【徐汇区审计局】　2009 年，徐汇区审计局人员编制 34 人，在编 26 人。局长冯玉瑞，副局长翁国雷、魏敏。设有办公室、法规科、财政审计科、经济责任审计科、绩效审计科、固定资产投资审计科、企业审计科。

审计成果　全年完成审计和审计调查项目 43 个，审计资金 182.6 亿元，查处违规违纪和管理不规范金额 1.4 亿元，应上缴财政 1217 万元。移送司法机关经济案件线索 1 件。提交审计结果（工作）报告 20 篇、审计工作专报 10 篇，区委、区政府领导批示 13 篇。提交审计信息 58 篇，采纳 47 篇。

财政审计　重点对区超收财力使用、区教育卫生事业费支出、政府采购、节减公用经费和压缩经费用于灾区情况及部分预算单位预算执行和财务管理情况等进行审计。完成区财政部分专项资金投入使用情况专项审计调查，延伸审计外贸发展资金、产业发展资金等 10 项专项资金的管理和使用情况。开展区“45667”科技类财政专项资金管理和使用绩效情况审计调查，综合分析2006～2008 年科技资金投入、管理和使用效益情况。

固定资产投资审计　对区生态专项建设工程前期项目进行跟踪审计，与区监察委等有关部门共同取证确认查实了违规补偿资金 106 万元。对区公共卫生中心新建项目前期准备阶段进行审计调查，重点审计项目前期审批手续、招投标程序执行及前期资金使用情况等内容。对轨道交通 11 号线、12 号线（徐汇段）相关项目进行跟踪审计。

企业审计　完成上海徐汇滨江开发投资建设有限公司资金资产运作情况审计调查。完成区江秋教育活动基地、上海江秋度假村 2006 年 1 月至 2008 年 6 月资产负债损益情况审计。开展 19 个国资归口管理和授权管理企业的资产、负债、净资产和经营状况的专项审计，配合促进区政企分开专项国资监督管理工作。

经济责任审计　完成领导干部经济责任审计 29 个，审计资金 64.15 亿元。建立分层次经济责任审计机制，经济责任审计结果综合分析反馈制度和运用情况督查机制，深化经济责任审计工作。

专项资金审计（调查）　开展区迎世博 600 天行动项目和专项资金跟踪审计调查，涉及 19 个单位、部门近千个项目，审计资金 55.92 亿元，提出审计建议 10 条。完成 2008 年度区卫生事业资金管理情况专项审计，重点对区卫生系统执行国家卫生医疗改革政策、公共医疗收费、医疗药品设备采购管理以及内部控制制度等进行审计。完成 2008 年度区土地出让金收支管理使用情况专项审计调查，重点对土地出让金收入完成情况、总体入库情况、支出情况进行检查分析，审计建议得到区领导批示。区审计局提交的《关于建立和完善我区土地出让成本审计机制的建议》，被区政府采纳并出台《徐汇区土地储备项目结算操作意见》，该意见明确：“土地储备成本审计工作由区审计局负责，列入政府审计范围。”

内部审计　起草制定并以区政府名义转发《徐汇区关于进一步加强内部审计工作的意见》、《徐汇区关于建立和健全区属单位内部审计体系的通知》。

（撰稿人：傅明政）

【长宁区审计局】　2009 年，长宁区审计局人员编制 35 人，在编 29 人。局长金其根，副局长王智华。设有办公室、法规科、固定资产投资审计科、经贸审计科、行政事业审计科、财政金融审计科、经济责任审计科。

审计成果 全年完成审计和审计调查项目 29 个，审计资金 204.03 亿元，查出管理不规范金额 10.44 亿元。提出审计意见和建议 105 条，提交审计报告、信息 97 篇，被批示、采用 67 篇。

财政审计 对区 2008 年度财政预算执行、区财政预算收入（税务部分）、新泾镇政府、区体育局等部门预算执行情况进行审计，审计金额 115.26 亿元，查出管理不规范资金 4.94 亿元。

经济责任审计 对区体育局、区人事局等部门 9 名处级领导干部进行经济责任审计，审计金额 16.86 亿元，纠正管理不规范金额 8840.79 万元。

固定资产投资审计 开展对迎世博 600 天行动计划项目、虹桥交通枢纽、旧小区住房综合改造等项目进行跟踪审计，对西郊学校宿舍楼、周家浜河道项目、天山路市容景观建设等 5 项工程进行竣工决算审计，审计资金 26.83 亿元，查出管理不规范金额 3.97 亿元，核减建设资金 31.84 万元。

专项审计调查 对社区健身设施、残疾就业保障资金、街道（镇）房屋、体育场馆管理使用情况等开展专项审计调查，调查报告得到区领导批示，区委把审计建议作为区学习实践科学发展观活动的重要整改措施加以督促落实。根据区“小金库”专项治理领导小组的安排，对区城市监督管理执法大队、周家桥街道等 9 个单位进行专项检查。

审计公开 制定《长宁区审计局审计结果公开办法》，对审计结果公开范围、内容、程序作出规定。通过区审计局门户网站，向社会公开社区健身设施使用管理情况、《长宁区 2008 年度本级预算执行和其他财政收支的审计工作报告》、《审计整改工作情况的报告》。（撰稿人：周中明）

【静安区审计局】 2009 年，静安区审计局人员编制 38 人，在编 31 人。局长徐雪林（—3 月）、周文杰（3 月—），副局长王忠明、任箴（3 月—），纪检组长王忠明（兼）。设有办公室、人事监察科、综合业务科、经济责任审计科、基建环保审计科、财政财务审计科、绩效审计科、法纪审计科。

审计成果 全年完成审计项目 45 个，提出审计建议 45 条。委托审计项目 79 个，审核工程资金 3.2 亿元，核减资金 2678.3 万元。

财政审计 从政府为社会提供公共产品投入的资金着手，注重对公共财政资源配置的公平、公正和共享、均衡两方面资金使用情况的综合分析。一是注重分析区财政投入分配的整体状况；二是突出事关民生、迎世博 600 天行动和应对金融危机保增长等资金使用的绩效；三是重点反映部门重大实事工程推动、执行力度与财政支出效能。

绩效审计 对 5 个涉及政府投资的民生项目开展绩效审计，其中微生物处置粪便项目专项资金使用绩效审计结果，引起区政府主要领导重视并作出重要批示；帮困资金绩效审计建议被相关部门采纳。

经济责任审计 对 1 个部门领导干部进行经济责任审计，审计发现该部门及其下属公司 180 多万元相关经费未纳入单位预算统一管理等问题，审计报告引起区领导重视，责令予以整改。

专项资金审计 对市政配套、教育、卫生医疗、社区服务、迎世博 600 天行动等专项资金进行审计和审计调查。

基础工作 修订完善《审计工作计划管理》《委托审计和聘用外部人员参与审计操作办法》等 17 项制度，通过 BSI ISO9001：2008 国际质量管理体系年度复审。荣获“上海市推进学习型社会建设先进单位”“上海市五四特色团支部”和“上海市文明单位”称号。（撰稿人：王志明）

【普陀区审计局】 2009 年，普陀区审计局人员编制 32 人，在编 30 人。局长吴铭（—3 月）、李海云（3 月—），副局长李海云（—3 月）、顾薇玲、王廉之（3 月—），纪检组长李海云（—3 月）、王廉之（3 月—）（兼）。设有办公室、综合业务指导科、财政审计科、经济责任审计科、行政事业审计科、经济贸易审计科、固定资产投资审计科。

审计成果 全年完成审计和审计调查项目 37 个，查出管理不规范金额 11.9 亿元，已整改落实金额6.5亿元。提出审计建议69条，采纳45条，促进建立修订规章制度3项。提交审计报告、审计结果报告68份，领导批示6篇。提交审计信息73篇，采用42篇。

财政审计　开展2008年度本级预算执行情况和长征镇、桃浦镇2008年度财政决算及其他财政收支情况审计。

经济责任审计　对29个部门领导干部和企业领导人员开展任期经济责任审计。

固定资产投资审计　完成宜川社区学校、长风社区学校改扩建工程的竣工决算审计，送审工程造价金额4417.45万元，核减投资428.83万元。

专项资金审计（调查）　组织开展教育经费使用和管理情况、区促进就业专项资金、廉租住房专项资金、科技发展专项资金使用和管理情况以及区促进中小企业发展政策措施执行情况的审计和审计调查。

内部审计　组织全区内部审计人员进行专业理论和实务的继续教育培训，开设《审计案例精选》课程的培训讲座。　（撰稿人：顾建琪）

【闸北区审计局】　2009年，闸北区审计局人员编制32人，在编27人。局长郑志勇，副局长马国荣、郝晓民（—12月）、陈一（8月—），纪检组长郑志勇（兼）。设有办公室、法规科、财政审计科、国有企业审计科、经济责任审计科、固定资产投资审计科。

审计成果　全年共完成审计和审计调查项目18个，查出违规和管理不规范金额9.75亿元。

预算执行审计　开展财政预算执行和其他财政收支情况审计，审计单位36个，审计金额45.82亿元，查出违规和管理不规范金额1.55亿元。

经济责任审计　完成经济责任审计项目8个，审计单位42个，审计金额43.83亿元，查出违规及管理不规范金额2.57亿元。

固定资产投资审计　对扩内需促增长新增投资、迎世博600天行动项目进行跟踪审计。

专项资金审计（调查）　对教育卫生、社会保障等关系民生的专项资金进行审计和审计调查，移送集体私分国有资产案件、假发票诈骗案件线索各一起。配合市审计局、区纪委等部门开展税收征管调查等8项专项检查。

委托审计　全年委托社会中介实施审计（审价）项目35个，审计金额40亿元，调账处理1541万元，上缴财政34万元，归还原渠道资金240.52万元，节减投资140.27万元。

内部审计　全区内审机构和内审人员完成审计项目313个，其中财务收支审计3个，经济责任审计49个，基本建设审计178个，专项审计14个，其他审计69个，审计资金4.25亿元，提出审计建议244条。　（撰稿人：许小玲）

【虹口区审计局】　2009年，虹口区审计局人员编制30人，在编26人。局长高庆迁，副局长吴建庆、周辉权、姜靖，纪检组长周辉权（兼）。设有办公室、法规科、财政审计科、企业审计科、经济责任审计科、投资审计科。

审计成果　完成审计和审计调查项目35个，查出违规金额3666.91万元，提交审计工作报告、信息57篇，采用33篇。

预算执行审计　完成2008年度区预算执行和其他财政收支情况审计，审计工作报告受到区人大、区政府肯定。

经济责任审计　完成经济责任审计项目17个，其中任中经济责任审计项目5个，查出违规金额2258.91万元。

固定资产投资审计　完成固定资产投资审计项目6个，审计项目投资总额46.89亿元，核减工程资金447万元。

行政事业审计　完成行政事业审计和审计调查项目23个，查出隐瞒截留收入297万元，"账外账"资产664万元。

专项资金审计（调查）　完成专项资金审计与审计调查项目5个，审计专项资金73.52亿元。

内部审计　共有内审机构73个，其中专职机构6个；内审人员182名，其中专职人员21名。全年完成项目66个，建议、意见被采纳52条。

（撰稿人：童红春）

【杨浦区审计局】　2009年，杨浦区审计局人员编制37人，在编33人。局长吕亮（—11月）、秦卫国（11月—），副局长李阳放、许晓昀、周兰萍，纪检组长李阳放（兼）。设有办公室、法规科、经济责任审计科、行政事业审计科、财政审计科、经贸审计科、固定资产投资审计科、鉴证审计科。

审计成果　全年完成审计和调查项目 38 个，审计资金 207.59 亿元，查出违规金额 8543 万元，提交审计报告、信息 53 篇，采用 42 篇。荣获 2009 年度上海市学习型机关创建工作先进单位。

预算执行审计　针对预算执行中存在的个别预算编制不够细化、工程项目预算执行率不高、代建制工程项目管理不够规范等问题，提出严格按进度执行预算等建议，受到区大人、区政府的好评。

固定资产投资审计　对平凉西块旧区改造、轨道交通 12 号线前期相关项目等 9 个重大工程实施跟踪审计，对迎世博 600 天行动等 2 个项目开展审计调查。

经济责任审计　对 23 名领导干部（人员）进行经济责任审计，延伸审计下属单位 47 个，提出意见建议 52 条。制定《行政事业单位领导干部任期经济责任审计操作指南（试行）》、《街道（镇）领导干部经济责任审计操作指南（试行）》。

专项资金审计（调查）　对廉租房补贴资金、区促进就业专项资金和国有土地出让使用管理情况开展审计调查。

内部审计　全区内审机构完成审计项目 116 个，审计建议被采纳 123 条，促进增收节支 267 万元。

（撰稿人：黄渊倩）

【闵行区审计局】　2009 年，闵行区审计局人员编制 34 人，在编 32 人。局长王敏，副局长陈志强、岳崇，纪检组长孙林（—11 月）、马建国（11 月—）。设有办公室、综合法规科、财政审计科、经责审计科、经贸审计科、固定资产投资审计科。

审计成果　全年共完成审计项目 52 个，审计资金 929.39 亿元，查出管理不规范金额 28.25 亿元，已上缴财政 971.32 万元，已归还原渠道资金 3222.79 万元，已作调账处理金额 1498.33 万元。提交审计工作报告、信息 108 篇，采用 40 篇。

财政审计　对 2008 年度区级财政预算执行和其他财政收支情况进行审计，重点关注预算批复、调整及执行结果，超预算收入安排支出，转移支付资金分配使用，区级有关财政扶持政策兑现，中小企业信用担保贷款运行，国库集中收付、预算外专款资金管理使用的合规性等内容。

固定资产投资审计　对虹桥综合交通枢纽规划地块前期基础性开发、轨道 10 号线前期、外环绿化带（七宝段）前期、澄江路改建、闵行铁路货运土地储备、莘庄中心医院扩建、区档案保管中心等 7 个重大工程建设项目进行跟踪审计。全年完成审计复核项目 16 个，送审资金 3095.79 万元，核减资金 29.70 万元。

企业审计　对莘庄工业区、闵航公司、区土地储备中心（区地产公司）、区资产经营公司等 4 个企业进行资产负债损益审计。

经济责任审计　完成 20 个单位 23 名领导干部的经济责任审计。

专项资金审计（调查）　对区迎世博加强市容环境建设和管理 600 天行动项目进行跟踪审计。对 2008 年度区促进就业专项资金的使用和管理情况、区科技扶持资金、区 2008 年度工业反哺农业专项资金投入使用绩效情况进行审计调查。

内部审计　全年安排 28 名内审人员，参与区审计局组织的财政财务收支、经济责任、基本建设、审计调查等 14 个审计项目审计，提高实际操作能力。

（撰稿人：董晨元、张仁荣）

【宝山区审计局】　2009 年，宝山区审计局人员编制 35 人，在编 35 人。局长张晓宁，副局长陈仕宏、黄雁芳（—11 月）、张建忠、邱大德（12 月—）。设有办公室（人事科、法制科）、财政审计科、行政事业审计科、固定资产投资审计科、经贸审计科、经济责任审计科。

审计成果　全年共完成审计项目 41 个，审计单位 218 个，上缴财政 8330 万元，归还原渠道资金 5036 万元，调账处理金额 1.2 亿元。提交审计报告 11 篇，区领导批示 5 篇。提交审计信息 42 篇，采用 21 篇。提出审计建议 93 条，采纳 81 条，促进建立规章制度 26 项。

财政审计　加大财政预算执行审计力度，在加强财政资金使用真实性、合法性基础上开展绩效审计。

经济责任审计　对15个单位23名党政领导干部进行任期经济责任审计，延伸审计所属96个部门和单位。

固定资产投资审计　对宝山医院总体改造、顾村生态项目进行跟踪审计。对区级财政2006年至2008年度政府投资建设项目执行与管理情况、扩内需促进经济增长新增投资项目、迎世博加强市容环境建设和管理600天行动项目进行跟踪审计调查。

企业审计　对上海市监狱局整体移交的上海久安实业开发总公司及其3个所属单位，截至2009年2月末资产、负债、所有者权益的真实性进行审计。

专项资金审计（调查）　对农业规模经营补贴资金、区域性公交补贴资金、社区卫生服务中心财政投入及运作现状和绩效情况开展审计调查。

（撰稿人：苏琳贞）

【嘉定区审计局】　2009年，嘉定区审计局编制39人，在编34人。局长郑红，副局长谭思翔、徐青、陈兴华（10月—）。设有综合办公室、财政审计科、经济责任审计科、国资经贸审计科、固定资产投资审计科。下设上海嘉定审计中心（事业单位），编制27人，在编24人。

审计成果　全年完成审计项目43个，纠正违规金额19.58亿元。提出审计意见78条，采纳72条。提交信息127篇，采用103篇。有9篇审计报告受到区委、区政府领导批示，促进被审计单位落实制度、完善措施26项。被评为2007～2008年度区级文明机关、2009年嘉定区动拆迁工作先进集体。

预算执行审计　对2008年区本级预算执行和其他财政收支情况进行审计，针对审计发现的15类问题，提出的审计建议受到区人大、区政府领导肯定。

固定资产投资审计　对区司法中心、南翔医院、曹安路立交、长途客运中心、菜田设施建设5个区重点建设项目进行跟踪审计。对745个建设项目进行竣工结算审计。对京沪高铁、城际铁路、嘉定新城中心区3个重点建设项目进行跟踪审计。通过审计节约财政资金3.16亿元。

专项资金审计（调查）　开展基础教育经费统筹、现代服务业专项资金、社区卫生中心建设资金、新农村建设资金、促进就业专项资金等专项资金审计和审计调查。

经济责任审计　对13个单位领导人员进行经济责任审计。实施村干部任期经济责任审计项目151个，审计查出违纪违规金额955万元，管理不规范金额2.91亿元，提出审计建议238条，采纳230条，促进出台相关制度16项。

内部审计　全区内审机构完成审计项目915个，查出损失浪费资金397万元，增加经济效益3848万元，提出意见建议被采纳511条。

（撰稿人：范鼎宏）

【浦东新区审计局】　2009年，浦东新区审计局人员编制61人，在编57人。局长傅红岩，副局长谢毓敏、董勤发（—9月）、周敬国（9月—）、朱长勇（9月—），纪检组长朱长勇（兼）。设有办公室、综合法规处、财政审计处、经济责任审计处、综合经济审计处、投资建设审计处和绩效审计处。另下设审计事务中心（直属事业单位）。

审计成果　全年共完成审计和审计调查项目79个，完成委托审计项目79个，共查出违规金额5.84亿元，管理不规范金额36.50亿元，核减基本建设资金4.89亿元，补缴税收入库1400多万元。查处涉嫌违法案件1件，移送审计事项3件。提交专题及综合性报告50篇，提出意见建议207条。

财政审计　围绕“调结构、扩内需、保增长、促发展”，不断突出审计重点，进一步深化预算执行审计。一是改进审计方法，以规范管理为重点，以促进加快公共财政制度建设为目标，积极推动新区公共财政制度的建设与完善。二是组织形式采取优化审计流程、完善审计工作机制等措施，提升整合资源的能力。三是审计结果报告有事实、有数据，全面客观反映2008年本级预算执行情况。四是采取及时督促、跟踪落实等措施，审计整改工作取得进展。

固定资产投资审计　重点对4个保增长新增投资项目、97个世博项目进行跟踪审计调查。制订《浦东新区政府投资建设项目审计稽查办法》《浦东新区政府投资建设项目审计工作联席会议组织办法》。对迎世博600天行动计划财力补贴项目采取审计稽查方式，稽查内容涉及概算执行、资金管理使用、项目建设管理等情况，稽查项目14个，稽查资金17.09亿元，实现关口前移，加强过程监控。

经济责任审计　一是重点关注重大经济决策、内部管理控制、民生、权力公开运行及被审计单位内部审计工作开展情况。二是出台《浦东新区领导干部离任经济事项交接办法》《浦东新区领导干部任期经济责任审计分类管理办法》。三是加强与有关职能部门沟通协调，有效发挥联动作用，实现经济责任审计与干部队伍建设、廉政建设有机对接。

专项资金审计（调查）　全年安排审计调查项目占全年项目的20%，强化对重点领域、重点资金的监督，加强综合分析，提出建设性意见和建议。把使用财政专项资金全部纳入审计视野，突出民生问题，认真开展专项资金筹集、使用、管理情况专项审计调查。注重从体制、政策、管理等方面分析原因，注重揭示和反映影响宏观经济效益的普遍性、倾向性问题。

内部审计　强化内部审计业务指导、专业培训、交流评比、课题研究等工作，大力推广计算机辅助审计。针对浦东、南汇两区合并的实际，在内部审计协会中设两个专业委员会，推动内部审计工作的开展。　（撰稿人：李　敬）

【金山区审计局】　2009年，金山区审计局人员编制31人，在编28人。局长龚宗德（—2月）、杜莉芳（2月—），副局长顾明欢、潘浩（2月—）。设有办公室、法规审理科、财政审计科、行政事业审计科、经济责任审计科、固定资产投资审计科、国有资产鉴证科、内审指导科、审计监督科。下属审计中心系财政全额拨款事业单位，编制8人，在编4人。

审计成果　全年完成审计项目46个，查出管理不规范金额3.1亿元，核减建设资金5742万元；完成委托造价审计项目23个，核减资金4591万元。提交审计报告、信息采用258篇，区领导批示4篇。

财政审计　完成预算执行审计及财政决算审计项目7个。

经济责任审计　完成处级党政领导干部（企业领导人员）经济责任审计项目23个。

固定资产投资审计　完成投资审计项目12个，送审资金11.1亿元，审定资金10.5亿元。实施委托审计项目60个，其中造价审计项目23个，送审资金4.6亿元，审定资金4.1亿元，核减资金4591万元。

专项资金审计　组织专项审计调查3个。

企业审计　完成企业审计项目1个。

内部审计　全区内审机构完成审计项目1023个，查出损失浪费金额6178万元，促进增收节支4450万元，纠正违规金额3030万元。提出审计意见和建议被采纳775条。在完善审计联系制度的基础上，为联系单位提出会计基础工作、专项资金、往来账款等方面审计联系意见48条，提供财经法规宣传7次，调整不规范金额3890万元。

审计整改　根据《金山区关于加强审计整改工作的实施意见》的规定，会同区纪委、区委组织部、区府办制定《金山区关于落实审计整改工作的操作办法》。在此基础上，制定《金山区审计局落实审计整改的操作规程》。（撰稿人：许士杰）

【松江区审计局】　2009年，松江区审计局人员编制34人，在编33人。局长沈日新，副局长吴玲、顾逸程。设有办公室、法规科、财政金融审计科、经济责任审计科、行政事业审计科、基本建设审计科、内审经贸审计科。

审计成果　全年完成审计项目36个，审计纠正管理不规范金额19亿元。提交审计报告36篇、信息19篇，提出审计建议85条。移送纪检监察部门处理事项1件。

财政审计　组织实施2008年度本级财政预算执行情况审计。对7个单位部门预算执行和部分街道的财政决算情况进行审计。

经济责任审计　实施经济责任审计项目12个。

固定资产投资审计　开展农村护岸和排涝泵闸改造项目、区公交专项资金使用管理等项目审计调查。对松江区妇幼保健院迁建、叶榭学校迁建、松卫公路、辰塔路等项目进行跟踪审计。

（撰稿人：费晓冬）

【青浦区审计局】 2009年，青浦区审计局人员编制30人，在编29人。局长王健，副局长瞿坚春、朱民，纪检组长朱民（兼）。设有财政金融审计科、行政事业审计科、经济责任审计科、经贸审计科、综合法规科、固定资产投资审计科、办公室。

审计成果 全年完成审计和审计调查项目57个，审计单位356个，审计资金260.08亿元，查出违规金额3175.43万元，管理不规范金额18.1亿元，损失浪费金额183.57万元。提交工作报告、信息采用90篇。有关部门根据审计意见建议，制定整改措施及建立规章制度90项。

财政审计 开展对2008年度本级财政预算执行及其他财政收支审计，重点对财政部门具体组织预算执行情况、对30户一级预算单位、20户二级预算单位以及农业发展资金、财政转移支付和非税收入等进行延伸审计。对10个部门、单位开展财政、财务收支审计。通过"五个统一"，积极探索构建大财政审计格局，建立以本级预算管理为核心，以财政资金流向为主线，以部门预算执行审计和专项资金使用管理审计为基础的财政审计工作体系。与往年相比，提高审计资金量40%，增加被审计单位数十倍。提出审计意见和建议84条，促进被审计单位制定36项整改措施，建立完善7项制度。

专项资金审计（调查） 修订完善《青浦区规范财政专项扶持政策试行意见》。对促进就业专项资金、农村医疗保险基金进行专项审计，对财政专项扶持资金拨付和使用管理情况、本区政府投资项目运行管理情况进行专项审计调查。

经济责任审计 对9个单位11名党政领导干部、2个企业2名领导人员任期经济责任进行审计，综合报告受到区政府高度重视。制定完善镇、街道党政领导干部、部门（单位）领导干部以及区属企业领导人员经济责任审计工作方案，实施分类管理。尝试开展委托社会审计组织参与经济责任审计工作，基本实现镇级所属企业延伸审计全覆盖。

固定资产投资审计 对扩大内需中央投资的6个太湖流域水环境治理项目共2.86亿元资金进行审计调查。对迎世博600天行动项目专项资金跟踪审计，抽查6个镇（街道）及4个实施单位，涉及资金3.03亿元。完成25个项目竣工决算审计，审计资金2.71亿元，核减资金3011.01万元。

企业审计 对4个区属公司开展2008年度资产、负债、损益情况审计，提出审计意见和建议19条。

内部审计 制定《内部审计工作指导意见》。指导镇、街道内部审计机构制定《经济责任审计工作实施办法》《建设投资项目审计工作实施办法》等8项制度。完善《内部审计工作考核办法》，对2008年开展的40个内部审计项目质量进行检查，对32家内部审计机构和部门目标任务完成情况进行年度考核评比。研究制定《内部审计人员参加审计机关挂职工作试行办法》，首次安排6名内审人员到审计机关挂职锻炼。全区内部审计组织完成审计项目677个，查出损失浪费资金540.1万元，增加经济效益1058.81万元，纠正违规资金4781.13万元，提出审计意见和建议被采纳576条。

审计公开 研究制定《青浦区审计局政府信息公开办法（试行）》。2009年公开2008年度本级预算执行和其他财政收支审计工作报告以及审计整改工作报告、本区2008年度促进就业专项资金管理和使用情况审计结果。（撰稿人：赖伟春）

【奉贤区审计局】 2009年，奉贤区审计局人员编制30人，在编28人。局长陶永平，副局长沈洪才、胡卫雯、钟荣华。设有办公室、法规科、经济责任审计科、财政审计科、行政事业审计科、固定资产投资审计科和经贸内审科。

审计成果 全年完成审计项目40个，审计资金327.96亿元，查出违规金额211万元，应上缴财政211万元，已上缴财政211万元。向司法及纪检、监察机关移送案件线索3件，建议上级主管部门处理2件。完成计划外固定资产投资审计项目99个，核减资金2.45亿元。提交审计工作报告、信息89篇，采用49篇。

财政审计 开展2008年度本级预算执行情况审计、本级预算外资金管理使用情况审计和地方税务局税收征管情况审计，加强财政转移支付资金使用情况跟踪审计和政府采购执行情况审计。

行政事业审计 对资金使用管理情况、财务收支真实合法情况、财务制度和财经法规执行情况、单位内部控制制度建立及执行情况的监督检查。

涉农资金审计　对全区 2008 年度涉农专项资金进行审计，审计单位 44 个，查处违规金额 19.27 万元。对本区 2007 年至 2008 年度菜篮子工程建设项目专项资金的财政拨付情况进行审计。

企业审计　对上海奉贤南桥新城建设发展有限公司资产、负债及损益情况进行审计。对 2008 年度全区招商引资实业型项目到位资金进行审计，核减内资实业型项目到位资金 24.36 亿元，核减外资实业型项目到位资金 0.3 亿美元。

经济责任审计　完成经济责任审计项目 18 个，涉及 23 名党政领导干部，审计资金 151.76 亿元，查出管理不规范金额 6.11 亿元，提出整改意见和建议 112 条。完成 2 个区属集团公司 2008 年度财税贡献、资本增值两项经济指标以及 5 个经济开发区 2008 年度培育可持续发展能力、财税贡献和可支配财力、举债规模等三项经济指标的考核审计。

专项资金审计（调查）　完成迎世博加强市容环境建设和管理 600 天行动项目、2008 年度农业、水利等 9 个专项资金审计和审计调查项目。

内部审计　指导全区 25 个内部审计机构完成各类审计项目 650 个，查出损失浪费金额 3.24 万元，增加效益 205.28 万元，提出审计意见建议被采纳 343 条。　（撰稿人：汤顺贤）

【崇明县审计局】　2009 年，崇明县审计局人员编制 36 人，在编 30 人。局长张华，副局长秦雷、施蕾。设有办公室、财政审计科、行政事业审计科、经贸审计科、经济责任审计科、固定资产投资审计科和内部审计管理科。

审计成果　全年完成审计项目 160 个，查出违规和管理不规范金额 7.6 亿元，应上缴财政 1569 万元，应减少财政拨款或补贴资金 9565 万元，已减少财政拨款或补贴资金 9565 万元。提交审计工作报告、信息 53 篇，采用 20 篇。

预算执行审计　完成对县 2008 年度财政预算执行和其他财政收支的审计，查出管理不规范金额 3.7 亿元。

经济责任审计　对 23 名县管领导干部经济责任进行审计，涉及 6 个乡镇、7 个委办局、2 个事业单位、1 个社会团体、1 个国有企业。

固定资产投资审计　对富盛经济开发区新河镇配套商品房一、二期工程、陈家镇农村宅基地置换工程项目一期工程、31＃地块建设项目、2008 年度农村公路危桥改造工程以及陈家镇等 4 个乡镇农村自来水管网改造工程等 101 个项目进行竣工决算审计，核减工程决算资金 9565 万元。

财务收支审计　对县文广、住房保障、规划土地、计生等系统所属的 28 个企事业单位进行财务收支审计。

专项资金审计（调查）　对县政务外网建设资金管理使用情况、2006 年度第一、第二批菜田设施建设资金管理使用情况、上汽崇明生态型汽车研发中心项目资金使用情况、2007 年第一批粮田基础设施建设项目资金使用情况等 11 个项目进行专项资金审计。对港西镇宅基地置换专项资金筹集和使用情况、县迎世博加强市容环境建设和管理 600 天行动项目进行审计调查。

内部审计　全县共有内部审计机构 53 个，其中专职机构 7 个；内部审计人员 167 人，其中专职人员 12 人。完成审计项目 767 个，查出损失浪费资金 714 万元，增加效益 1264 万元，提出建议意见被采纳 535 条。　（撰稿人：唐　健）

2009 年上海市所辖区、县(市)级审计工作统计表

金额单位：万元

审计机关	完成审计项目(个)	查出违规金额	应上缴财政	应减少财政拨款或补贴	应归还原渠道资金	应调账处理金额	移送司法、纪检部门处理事项(件)	建议有关部门处理(件)	出具审计报告和审计调查报告(篇)	提出审计建议(条)	撰写审计信息(篇)
上海市本级	104	177213	95	56093	2528	226634	5	3	128	676	157
黄浦区审计局	43								44	74	21
卢湾区审计局	19								19	43	87
徐汇区审计局	20							1	31	10	43
长宁区审计局	29								29	97	47
静安区审计局	17	180				180			17	59	48
普陀区审计局	27								27	68	25
闸北区审计局	17								20	43	33
虹口区审计局	35					2596			37	93	26
杨浦区审计局	36								36	82	52
闵行区审计局	36								35	169	17
宝山区审计局	37	117	117						37	87	42
嘉定区审计局	34								34	60	88
浦东新区审计局	78	58409	19	10568	33159	12048		1	78	207	100
金山区审计局	39								39	25	76
松江区审计局	36								36	85	19
青浦区审计局	57	3175		3011	138				57	278	83
奉贤区审计局	40	211	211				1	2	40	212	49
崇明县审计局	160	11134	1569	9565					160	113	18

江苏省

【江苏省审计厅】 2009 年，江苏省审计厅机关人员编制 182 名，在编 180 人。厅机关设有办公室、法规处（审计督察处）、财政审计处、行政事业审计处、农业与资源环保审计处、固定资产投资审计处、金融审计处、企业审计处、社会保障审计处、外资运用审计处、任期经经济责任审计与内部审计指导处、计算机审计处、人事教育处、机关党委，直属审计一局、直属审计二局、直属审计三局和机关服务中心、审计科研所（直属事业单位）。另有省纪委派驻纪检组、省监察厅派驻监察室。

领导成员

厅　　长：赵耿毅

副 厅 长：王建康　顾树生　李荣荣

　　　　　赵长林　金海江

纪检组长：王谷明

审计成果 2009年，全省审计机关以邓小平理论和“三个代表”重要思想为指导，深入贯彻落实科学发展观，着眼于“保增长、保民生、保稳定”的大局，紧紧围绕党委、政府工作中心，全面履行审计监督职责，切实加强审计机关自身建设，各方面工作取得新的成绩。全省共审计6494个单位，查出各类违规金额142.69亿元，促进增收节支72.63亿元。向司法、纪检监察机关移送案件线索和事项80件，向有关部门提交各类审计报告和信息16398篇，被批示采用10918篇（次）。审计工作在严肃财经法纪、推进依法行政、维护群众利益、促进廉政建设等方面发挥积极作用，保障了经济社会健康运行。

预算执行审计 全省共审计本级财税部门和预算执行单位396个，查出违规金额66.17亿元，已上缴财政、减少财政拨款或补贴37亿元。在预算执行审计工作中，各地按照审计法和人大监督法规定的重点内容，着力检查积极财政政策的贯彻情况和效果以及用于拉动经济增长的财政资金分配、拨付、管理及使用情况。同时，更加关注财政资金支出的方向和绩效，促进财政支出结构优化。各地向同级人大常委会所作的审计工作报告普遍受到好评。对预算执行审计查出的问题，各级政府都十分重视。省政府专门召开省财政厅等十个部门相关负责人参加的会议，要求加大整改力度，确保审计意见和建议得到落实。盐城市政府就审计发现问题的整改进行专题会办，市人大常委会对审计整改情况作出决议。南通市审计局将审计整改情况向社会公告，受到广泛关注。

固定资产投资审计 全省共审计和审计调查固定资产投资项目单位2484个，审计和调查的项目投资总额1030.24亿元，项目完成投资689.62亿元，审计核减投资额（工程款）50.24亿元。为加强政府重大投资项目的监督，省审计厅对泰州长江公路大桥、省中医院扩建工程、通榆河北延送水工程和连云港疏港航道工程实施跟踪审计，将工程质量审计与资金审计相结合，不断拓展工程审计的内涵。为进一步规范固定资产投资跟踪审计，常州市、盐城市审计局出台跟踪审计操作办法。镇江市审计局尝试改进审计方式，前移监督关口，在签订合同前对工程预算进行审计，收到了良好效果。

恢复重建跟踪审计 根据省委、省政府提出的江苏和绵竹“一家人、一条心、一个目标”的要求以及审计署的统一部署，省审计厅组织全省21个审计机关226名审计人员，对支援绵竹灾后恢复重建204个项目实施全过程跟踪审计，审计资金达64.66亿元，直接节约资金或挽回损失9617万元，纠正工程质量方面的不规范事件204件，消除工程质量隐患49起。帮助制定了项目管理、资金管理、工程质量安全监督方面的一系列制度，为使援建工程成为合格工程、廉洁工程和群众满意工程奠定坚实的基础。新华社、《光明日报》、搜狐网和香港《文汇报》等7家主流媒体对江苏对口援建审计情况进行采访和报道。

企业审计 全省共审计194家企业，查出违规和损失浪费金额17.6亿元。根据审计署的部署，省审计厅统一组织开展国际金融危机对全省中小企业影响状况的专项审计调查。省审计厅和无锡等6个省辖市审计局及12个县（市、区）审计局，对当地300户规模以上的中小企业进行专项审计调查。审计反映的问题和提出的建议，为党委政府和有关部门全面掌握企业状况，采取有效扶持政策提供依据。省经贸委根据审计建议，制定加强对全省中小企业扶持的政策。无锡、南通等地根据审计建议，分别出台支持全市中小企业发展的财政政策和措施。根据审计署的授权，省审计厅组织南通、徐州、淮安市审计局，对江苏中烟工业公司进行财务收支审计。结合经济责任审计项目，省审计厅开展省纺织集团、省海外企业集团等企业的资产负债损益审计，摸清了企业基本状况，为客观评价企业领导人员经济责任提供依据，同时查出并纠正一些违法违规问题，促进企业加强管理、完善内部控制制度。

经济责任审计 全省共完成1657名领导人员的任期经济责任审计，其中党委政府领导干部411人、党政部门领导干部877人、事业单位领导人员319人、国有及国有控股企业领导人员50人。发现领导人员直接经济责任造成的违规问题和损失浪费金额2132万元，移送纪检监察和司法机关处理的经济责任人4名。省审计厅和省委组织部、省编办在总结南通做法的基础上，将“选人用人责任审查、机构编制责任审核和任期经济责任审计”三项工作有机结合，形成“三责联审”

工作制度。省委办公厅、省政府办公厅联合印发了《江苏省党政领导干部“三责联审”办法（试行）》。省委组织部、省编办和省审计厅在南通市召开现场会，推广党政领导干部“三责联审”，有力地促进经济责任审计工作的深化和发展。

省审计厅在高校领导干部经济责任审计方面进行积极探索；南京市审计局建立市管领导干部经济责任审计对象管理台账；苏州市审计局出台乡镇干部经济责任审计操作指南和村级干部经济责任审计实施办法；盐城、扬州市审计局制定了领导干部经济责任审计评价体系，促进经济责任审计工作不断规范。宿迁市继开展经济责任审计结果问责之后，又出台结果整改督查办法，并由市纪委、市委组织部牵头开展定期督查，提高了审计执行力。

专项资金审计（调查）　全省审计和审计调查专项资金总额 1536.69 亿元，查出违规金额 6.42 亿元、损失浪费金额 1520 万元，促进资金拨付到位 10.24 亿元、上缴财政 7203 万元。省审计厅统一组织对省级财政扩大内需 100 亿元资金、农村新五件实事资金、保障性住房建设资金、太湖水污染治理资金等进行审计和审计调查，揭示并纠正资金使用和管理中存在的问题，保障扩内需等各项资金的安全、合规，促进各项惠民政策落实到位。

绩效审计　省审计厅将 2009 年作为全省审计机关“绩效审计推进年”，下发了《关于开展“绩效审计推进年”活动的意见》，大力推动绩效审计工作的开展。省、市、县三级审计机关共实施“独立型”绩效审计项目 327 个、“结合型”绩效审计项目 788 个。全省审计机关涉及绩效审计的工作量占全部审计工作量的 60%，高于全国平均数十多个百分点。

机关建设　全省审计机关认真组织学习党的十七届四中全会精神，努力建设学习型审计机关，教育引导全体审计干部加强学习、加强实践、加强优良作风养成，不断提高审计队伍的整体素质。省审计厅制定了《关于新形势下加强审计队伍建设的意见》，在全省开展综合考核，推动开展争先创优活动。进一步加大教育培训工作力度，全年共举办赴美绩效审计培训、赴港审计管理培训、工程审计培训、计算机审计中级培训等 9 期培训班，培训 505 人（次）。全省通过审计署计算机中级水平考试人数 810 人，约占全国的四分之一。全省审计机关加强了“五五”普法教育，省审计厅被省有关部门评为“五五”普法中期检查先进单位。各地进一步加强审计质量控制，严格审计复核，积极探索审计项目审理制，规范行政处罚自由裁量权。为提高审计信息化水平，各级审计机关加大了 AO 应用的推进力度，全省已有 2780 人通过了 AO 认证考试，提前三年实现审计署确定的目标。24 个区县财政联网审计试点工作稳步推进，信息系统审计取得初步进展。全省各级审计机关坚持把廉政建设作为审计工作的生命线，着力加强重点领域的反腐倡廉工作。省审计厅出台加强固定资产投资审计反腐倡廉工作的意见。淮安市审计局狠抓源头治理，探索投资审计“流程再造”，强化权力制衡，维护审计机关的良好形象。

国际注册内部审计师资格考试　11 月 22 日，国际注册内部审计师（CIA）资格考试江苏考点第 10 次考试在南京举行。参加考试人数 1488 人。《内部审计在治理风险和控制中的作用》《实施内部审计业务》《经营分析和信息技术》《经营管理》四科全部通过的人数为 211 人，占实际参加考试人数的 14.18%。　（撰稿人：吴蓓蓓）

【南京市审计局】　2009 年，南京市审计局人员编制 168 人，在编 148 人。局长翁国玖，副局长徐卫平、徐卫华、王建华、林林，纪检组长陈永宏。设有办公室、法制处、财政审计处、金融审计处、行政事业与社会保障审计处、工业交通审计处、商贸审计处、农业与环境保护审计处、固定资产投资审计处、外资运用审计处、计算机审计处、人事教育处、机关党委、监察室、经济责任审计处、直属审计一局、直属审计二局。

审计成果　南京市审计局完成审计项目 53 个，查出违规金额 75145 万元，其中应上缴财政 34028 万元、应减少财政拨款或补贴 16131 万元、应归还原渠道资金 5082 万元、应调账处理金额 48857 万元；核减工程投资 10.66 亿元。移送司法机关、纪检监察部门处理事项 2 件，建议有关部门处理事项 1 件。提交审计工作报告、信息 1278 篇。

专项资金审计 开展了就业再就业财政专项资金管理使用情况审计，对农村现代化项目专项资金使用和管理情况进行审计调查，对全市体彩公益金的收支管理情况及其绩效进行调查，连续6年对农村新八件实事专项资金进行审计与审计调查，对“一区二县”8个欠发达镇帮促资金开展审计调查。南京市秸秆气化审计调查入选世界审计组织审计案例。市人大常委会采纳国省干线公路和农村公路养护绩效审计的建议出台《南京市农村公路条例》。有关部门依据审计建议出台《关于帮促欠发达镇项目资金管理的暂行办法》。

固定资产投资审计 会同市房产局出台《关于加强全市保障性住房建设项目审计监督的意见》，会同市监察局等部门出台《关于规范政府投资工程建设项目招投标活动的若干规定》《南京市政府投资项目市级中介机构预选库使用管理暂行办法》，会同监察、财政等7个部门，通过公开招投标方式建立了市级中介库。对地铁二号线征地拆迁、南湾营经济适用房等9个项目进行竣工决算审计，核减10.66亿元。对地铁二号线、秦淮河综合整治工程等12个重点工程进行跟踪审计。先后派出3批15人次对南京市承担的四川地震灾后恢复重建项目进行跟踪审计，共节约资金1062.04万元。

经济责任审计 提请市政府出台了《南京市领导干部经济责任审计问责暂行办法》《关于进一步做好经济责任审计工作的意见》。制定了市管领导干部、镇街领导干部任期经济责任审计评价办法。共完成经济责任审计项目26个（任中审计10个），查出违规金额4395万元。省纪委、省委组织部、省监察厅、省人事厅、省国资委、省审计厅联合对经济责任审计整改情况进行联合检查。首次开展书记经济责任审计，根据党委书记的角色定位，确定以“决策、督察、绩效”为主线，以“重大事项、重大工程、重大项目”为重点的思路。

廉政建设 加强对审计执法行为的监督，出台《廉政风险点预防及控制办法》，涵盖局机关3类重点对象、6个重点部门和3类关键岗位、10类重点事件、7个重点时期，其中将主管人、财、物的分配处置和审核把关的岗位列为“防控重点”，把职务变动、工作调动、婚丧嫁娶、生病住院等作为“预防重点”，制定了5个方面27条风险预控措施。邀请11名行风监督员暨特约审计员和共建单位南京市九三学社的7名成员，现场参与南湾营经济适用房、河西博览中心工程等项目审计。

（撰稿人：周新道）

【徐州市审计局】 2009年，徐州市审计局人员编制89人，在编88人。局长董明灿，副局长卢海良、冯志强、马绪明、屈哲，纪检组长刘江明。设有办公室、人事处、监察室、法制处、计算机审计处、财政金融审计处、行政事业与社会保障审计处、经贸审计处、农业与资源环保审计处、固定资产投资审计处、外资运用审计处、任期经济责任与内部审计指导处、城市土地经营审计处。

审计成果 全市审计机关完成审计项目607个，查出违规金额192488万元，其中应上缴财政131197万元，应减少财政拨款或补贴12073万元，应归还原渠道资金7870万元，应调账处理金额64024万元；已上缴财政128672万元，已减少财政拨款或补贴12073万元，已归还原渠道资金6951万元，已调账处理金额10228万元。移送司法机关、纪检监察部门处理事项9件，建议有关部门处理事项6件。提交审计工作报告、信息3060篇，被采用1610篇。

财政审计 全市审计机关对24个单位开展预算执行或财政决算审计，查出违规金额162429万元，损失浪费金额2624万元。徐州市本级预算执行审计工作报告中重点披露土地出让金逾期金额大、逾期比例高的问题，徐州市人大为此形成重要问题审议意见，并提请徐州市政府责成相关部门加大清缴力度。

行政事业审计 全年对346个行政事业单位财政财务收支情况开展审计和审计调查，重点放在查处违纪违规、强化内部管理上，发现应缴未缴预算收入100957万元、隐瞒截留收入3411万元及账外资产4856万元等问题。

固定资产投资审计 全市审计机关固定资产投资审计共核减投资金额36684万元，查出超计划超标准超规模金额15373万元。徐州市审计局就投资审计中发现的“三超”（决算超预算、预算超概算、概算超估算）等突出问题向市政府提交审计专报，受到市领导高度重视并予以批示整改。

社会保障审计　全市审计机关围绕各类社会保险基金、保障性住房、医疗服务等社会保障事项开展审计和审计调查，完成绩效审计项目39个，查出违规金额3511万元，提出审计建议21条。

企业审计　全市审计机关对13个企业进行审计，查出违规金额3941万元，向司法、纪检监察机关移送案件2件，涉及人员3人，涉及金额16155万元。

经济责任审计　全市审计机关对192个单位的204名领导干部开展经济责任审计，查出违规金额24971万元，2名领导干部涉嫌个人经济问题，金额237万元。

专项资金审计（调查）　全市审计机关开展124个专项资金审计和审计调查，审计专项资金总额810792万元，查出违规金额23657万元，促进拨付资金到位30848万元。

内部审计　全市308个内审机构共完成8026个内部审计项目，查出损失浪费金额10739万元，促使增加效益27637万元，发现大案要案线索6件。

（撰稿人：刘玉娟）

【连云港市审计局】　2009年，连云港市审计局人员编制81人（其中行政编制56人，参照公务员管理25人），在编79人。局长苏士军，副局长杨成功、沈未忠、刘利峰（—7月）、刘林、马伟（7月—），纪检组长杨广春，市经审局局长郑厚明。设有办公室、人教处、监察室、机关党委、法制处、经审处、计算机处、行保处、财金处、固投处、经贸处、农环处、外资处。另设连云港市经济责任审计局（副处级单位），下设3个科室。

审计成果　全市审计机关完成审计项目435个。审计查出违规金额14.39亿元，损失浪费金额1094万元，管理不规范金额82.56亿元。审计促进增收节支合计9.23亿元，其中上缴财政8.85亿元，减少财政补贴2133万元，已归还原渠道资金1634万元。提交审计专题、综合性报告和信息合计1904篇，被批示、采用1605篇。提出审计建议1238条，被采纳1052条。帮助被审计单位制定整改措施119项，促使被审计单位建立健全规章制度60项，向社会发布审计结果公告185篇。

财政审计　财政审计共查出违规金额7.74亿元，管理不规范金额34.81亿元。对市、县两级财政预算执行情况和决算进行审计。预算执行审计重点加强对预算完整性、财政收支真实性的审计，增强预算透明度和约束力。审计中，加强对查出问题的分析，从完善管理体制上提出解决问题的办法。先后查处了部分单位预算收入缴库不及时、支出不规范、部分专项资金使用不合规等问题。被审计单位边审边改、边查边改成为本年度预算执行审计最显著的特点，仅审计期间，相关单位就上缴财政近5亿元。财政决算审计发现自行制定和执行税收优惠政策、虚列收支、政府负债过大、历史挂账较多等问题。

行政事业审计　完成行政事业审计项目214个，查处应缴未缴预算收入、违规改变资金用途、虚列支出、乱收费乱摊派乱罚款、少计少缴税费以及超计划支出和账外资产等问题。全年共查出违纪违规金额3.48亿元、管理不规范金额30.55亿元，应上缴财政1.43亿元。

专项资金审计　全市共开展专项资金审计及审计调查项目91个，涉及资金总额64亿元。在涉农专项资金审计方面，由市审计局牵头，各县区审计局共同参与，先后开展农民健康工程、农村文化建设工程、农村环境整治工程、农村道路通达工程等专项资金的审计和审计调查。在住房公积金审计方面，首次开展计算机信息系统审计，查找不足，堵塞漏洞。审计发现公积金缴纳中存在部分效益好的单位违规多缴基金，造成税源流失等问题，及时提出审计建议，被公积金中心采纳，有效防范了违规行为的发生。同时，认真做好政府投资保障性住房专项审计调查。重点对保障性住房情况及政策执行效果、促增长过程中资金下拨落实、相关体制机制问题开展审计调查。在“支持企业扩大生产经营”项目资金审计调查中，为有效监督扩内需资金落实使用到位，根据国家和省审计部门的统一部署，先后审计调查市、县企业233家，涉及扩内需资金4200多万元。此外，还进行市区社会保险统筹审计，参与对四县社保基金专项治理工作等。

固定资产投资审计　全市安排投资审计项目74个，其中市级安排18个，审计资金总额36亿元，核减投资额1.93亿元，核减额创历史新高。

经济责任审计　全市共完成经济责任审计项目146个，其中连云港市审计局先后组织开展市档案局、市人防办、市旅游局、市环保局、市统计局等19家单位的经济责任审计，查出违规金额9708万元。重点对财政财务收支数额较大、有财政资金分配权和行政审批权的重点部门的领导干部、群众反映问题较多的部门领导干部以及重点国有企业领导人员的责任审计。大力推进任中审计，全市审计系统共开展任中审计项目58个，占经济责任审计项目的39%。工作中，坚持六部门联席会议制度，不断加强与市纪检、组织、监察、人事、国资等部门的沟通和联系，完善监督机制。

（撰稿人：吕文雯）

【宿迁市审计局】　2009年，宿迁市审计局人员编制46人（包括事业人员），在编人员42人。局长汪金普，副局长陆涛、王冬梅、张建华，纪检组长苗宗扬。设有办公室（人教处）、财政金融审计处、计算机审计处、任期经济责任审计与内部审计指导处、行政事业和社会保障审计处、经贸审计处（外资处）、农业资源环保审计处、固定资产投资审计处等8个处室。另下设宿迁市经济责任审计中心、固定资产投资审计评审中心，两个事业单位合署办公，核定编制16人，已到位11人。

审计成果　全市审计机关完成审计项目363个，查出违规金额9272万元。移送司法机关、纪检监察部门处理事项2件，建议有关部门处理事项5件。提交审计工作报告、信息718篇，被采用645篇。

财政审计　全市审计机关共对34个财税部门和预算执行单位进行了审计，查出违纪违规金额4669万元、管理不规范金额231510万元，提出审计意见和建议79条，被审计单位积极采纳75条。市审计局针对预算执行审计中发现的预算收入入库不及时、代征税收管理不到位等问题，及时提出审计意见和整改建议，市长作了重要批示，要求财税部门严格按照审计意见落实整改。市审计局结合沭阳县党政领导干部离任审计，对其财政决算进行审计。全市共对21个部门和单位实施财政财务收支审计，查出不规范资金20094万元，提出审计建议59条，被积极采纳48条，在化解债务、促进增收节支等方面发挥积极作用。

固定资产投资审计　全市共完成政府投资和领导交办项目838个，审计项目投资总额452817万元，核减工程款79227万元。为抓好对口援建四川省绵竹市绵远镇地震灾后恢复重建资金和建设项目的审计工作，市审计局先后4次赴四川实施跟踪审计，下发跟踪审计意见单16份，向市政府上缴审计报告3份，《建议对我市援川建设项目中招标投标问题予以关注》等多篇信息得到市委领导的批示。12月1日至2日，省审计厅在宿迁市召开全省援川建设项目审计工作座谈会，市审计局的有关做法在会上作了专题交流。市审计局抽调全市审计骨干对市区拆迁安置补偿情况进行历时3个月的专项审计调查，审计总额266600万元，查出弄虚作假骗取财政资金、挪用拆迁补偿款、拆迁政策执行不严格等问题，核减拆迁补偿资金5460万元，移送案件线索70余条。市委、市政府领导对此作出重要批示，要求相关部门对有关问题严肃查处，并依据审计建议出台了《宿迁市市区房屋拆迁管理实施办法》（宿政规发[2009]3号），较好地发挥了政府的参谋助手作用。

经济责任审计　全市完成领导干部经济责任审计156个，其中任中审计68个，查出违纪违规金额887万元、管理不规范金额57653万元、损失浪费金额237万元，有1人被司法机关处理。市审计局以“两办”名义出台《宿迁市领导干部任期经济责任审计结果整改督查暂行办法》，进一步促进审计成果的转化。受审计署培训中心邀请，市审计局汪金普局长先后三次赴北京怀柔培训中心为全国市（地）和县级审计局长培训班讲课，介绍宿迁市领导干部经济责任审计结果公开问责评议的做法；缪瑞林市长走进审计署“市长谈审计”栏目，为全国第二期市（地）和县级审计局长培训班作报告，产生重大影响。

专项资金审计（调查）　采取县（区）交叉审计等方式，全市审计机关对农村“新五件”实事、农业综合开发资金等42个项目单位进行了审计或审计调查，审计专项资金302300万元，查出配套资金不落实3615万元、虚列支出1309万元、违规改变项目计划和资金用途资金930万元，促进拨付资金到位659万元。市领导对市审计局报送的《农民健康工程资金管理中存在问题不容忽视》等10余篇信息作了批示，并召集相关部门对个别项目的整改落实情况进行督查。

信息化建设　对5个项目单位实施信息系统审计，撰写的5篇信息系统审计案例全部在审计署获奖，5篇信息系统论文全部在省审计厅获奖。扎实推进AO系统运用，51篇AO应用实例在省审计厅获奖、47篇在审计署获奖；通过抽查AO应用情况、尝试开展AO与OA数据定期交互式管理、AO应用成果演示交流等方式，进一步提高了审计人员的计算机审计水平，实现了省审计厅的“双百”目标。在全省审计信息化建设综合考核中，宿迁市以第四名的成绩获得全省“三等奖”。

队伍建设　市审计局通过公务员招考、调进和事业单位招聘，引进工程造价、计算机技术和应用、财会审计等年轻专业人才6名，进一步优化了干部队伍结构。同时，向市委组织部推荐中层干部3名担任市国有企业财务总监，在全省优秀审计项目评选中，有2个审计项目分别被评为全省“优秀审计项目”“表彰审计项目”；在全省统一组织的审计项目评比中，有2个项目获得第一名，4个项目获得第二名，2个项目获得第三名。继2005年之后，市审计局政（行）风建设、政府法制工作连续第五年被评为全市“先进单位”，汪金普局长获得市委、市政府“记三等功”表彰。局长汪金普被评为全省审计系统“先进工作者”，沭阳县审计局被评为全省审计系统“先进集体”。　　（撰稿人：吴　昌）

【淮安市审计局】　2009年，淮安市审计局人员编制70人，在编61人。局长韩海平，副局长梁三元、陈凤琴、徐增道、李顺英，纪检组长李焕光，局长助理刘孝武。设有监察室、办公室、人事教育处、法规处、综合（计算机审计）处、经济责任审计与内部审计指导处、财政金融审计处、行政审计处、事业与社会保障审计处、外资与经贸审计处、农业与资源环保审计处、固定资产投资审计处。事业编制部门固定资产投资审计中心，编制8人，在编4人。

审计成果　全市共完成1048个审计项目，查处违纪违规金额40125万元，管理不规范金额306478万元；审计处理后，促进自行纠正金额211035万元，直接缴入财政专户1362万元，固定资产投资审计直接减少财政拨款63949万元。向纪检司法机关移交案件线索40条，有21名党员干部受到刑事处理或党政纪处分。提交各类审计工作报告、信息稿件1867篇，揭示的问题多数得到整改。

预算执行审计　审计查出市本级财政收入不完整、预算不够细化等问题，查出管理不规范金额12.99亿元。在做好本级预算执行和其他财政收支审计工作的同时，市审计局对清河区开展财政决算审计，各县（区）局分别审计了40多个乡镇财政决算。

经济责任审计　对188名党政领导干部和国有企业负责人进行任期经济责任审计。初步形成了一套较为合理的领导干部经济责任评价体系，严格按《淮安市领导干部任期经济责任暂行规定》等制度依法文明审计。全年移交40条疑点线索，查办21名领导干部。

固定资产投资审计　完成竣工决算项目506个，核减工程造价6.4亿元。市审计局对政府投资较大的淮安机场、生态商务新城等20项共计投资36.68亿元的重点工程进行跟踪审计，项目单位和建设单位对存在的问题能够根据审计意见及时整改落实，按程序办事的意识逐步增强，跟踪审计取得阶段性成果。完成工程竣工决算项目36个，核减工程造价5633万元，促进政府投资项目的管理，为地方财政节省建设资金，提高投资效益。在固定资产投资审计领域，积极探索实施审计权力“流程再造”，将审计检查权、处理处罚权和督查落实权进行调整，使之既相互承接，又相互制约，努力实现有效的权力制衡，从源头上避免和防止以权谋私现象的发生，提高了工作效率，也从制度上保护了干部。省审计厅、市两办、《淮安日报》、淮安电视台等媒体对这一做法进行了广泛宣传报道。

专项资金审计　组织开展农村五件实事、五项社保基金、科技专项资金、环保资金、住房公积金、农业综合开发资金、扩内需财政补助资金、城乡社区事务支出资金等专项资金的审计和审计调查，揭示部分单位挪用资金、管理不规范等主要问题，提出加强和改进管理的建议，并督促整改。对化工、机电等8家资产公司的资产负债损益情况开展审计，涉及资金总额32509.71万元，理清大账，摸清家底，防止国有资产流失，为市委、市政府改制兼并提供翔实的参考资料。对保障性住房情况、慈善资金和受赠物资进行专项审计，对援建四川救灾资金实行跟踪审计，确保社会捐赠慈善款物能真正“救济”百姓，政府的惠民举措落到实处。

制度建设 着力在审计业务操作行为、审计管理行为、审计人员职业道德行为、软环境建设制度化等方面进行制度规范与创新。52万字的《审计方法与管理》上下册，已刊印分发全市审计机关，指导审计工作。《淮安市审计局审计行为监督办法》获市反腐倡廉制度建设创新奖，并入选市党风廉政建设制度库。《政府投资项目审计监督办法》被审计署《中国财经审计法规选编》2009年第21期采用，向全国审计机关推广。

（撰稿人：李　毅）

【盐城市审计局】 2009年，盐城市审计局人员编制82人，在编78人。局长范伯萍，副局长刘万平、宋建人、陈献东、孙红青、刘秋凤、荣乃顺，总审计师李树峰，纪检组长顾文明。设有财金处、经审办、经贸处、农环处、行保处、固投一处、固投二处、办公室、人事处、督察处、监察室、计算机处、法制处，另设市监察局派驻监察室、机关党委。

审计成果 全市审计机关完成审计项目571个，查出违规金额17.1亿元，其中，应上缴财政4.2亿元，应减少财政拨款或补贴0.8亿元，应归还原渠道资金3.5亿元，应调账处理2.8亿元；已上缴财政3.9万元，已减少财政拨款或补贴0.7亿元，已归还原渠道资金3.3亿元，已调账处理2.6亿元。移送司法机关、纪检监察部门处理事项20件，建议有关部门处理事项3件。提交审计工作报告、信息2082篇，被采用1896篇。市审计局荣获省审计厅和市委、市政府综合先进奖、人民满意的公务员集体等奖项。建湖县审计局被授予“全国审计系统先进集体”。

财政审计 全市共审计财税部门和预算执行单位42个，查出违规金额13.38亿元。在预算执行审计中，各地坚持把财政审计与专项资金审计、工程审计、经济责任审计等有机结合；坚持把财力增长、预算规范、财政安全、财政绩效作为重点，促进预算管理规范和财政支出结构优化。市审计局还对8个部门，以及市交投公司、城投公司、城南指挥部等政府投融资企业进行审计。根据审计建议，市人大出台《盐城市市本级财政预算审查监督办法》。

经济责任审计 全市对90位领导干部实施经济责任审计，查出违规金额2.54亿元。市审计局在对18位领导干部的经济责任审计中，重点关注领导干部贯彻落实各项政策措施情况。年初，盐城市委召开会议，对18位县处级领导干部经济责任审计项目集中进点。市委常委会讨论通过《关于进一步加强领导干部经济责任审计工作的意见》，出台《盐城市领导干部经济责任审计评价体系》。

专项资金审计 全市审计机关对农村新五件实事、县乡医疗服务体系、种粮农民直补资金、农业综合开发等涉农专项资金开展审计。市审计局还相继开展政府投资建设保障性住房、拆迁资金、教育收费、环保资金和扶贫等专项资金的审计和调查，揭示专项资金被挪用占用、虚报冒领等问题。在政府投资建设保障性住房资金审计调查中，审计发现77户重复领取一次性购房补贴和经济适用房补贴的问题，并进行督促整改。

固定资产投资审计 全市对268个单位进行审计，审计总额22.92亿元，核减投资额2.65亿元。市审计局全年实施竣工决算审计项目27个，核减投资额5643万元，对33个政府重点工程实施跟踪审计，实施通榆河取水口、城东污水处理厂、盐龙湖蓄水工程3个环保审计项目。还首次对4个BT项目进行跟踪审计。

（撰稿人：李德志）

【扬州市审计局】 2009年，扬州市审计局人员编制65人，在编54人。局长张俐，副局长陈发松（—2月）、蔡先建、袁竹青，纪检组长张峰。设有办公室、法制处、财政金融审计处、行政事业与社会保障审计处、经贸审计处、农业与资源环保审计处、固定资产投资审计处、外资运用审计处、人事教育处、经济责任审计办公室、计算机审计处、监察室。

审计成果　全市审计机关共审计362个单位，查出违规金额11.71亿元。移送司法机关、纪检监察部门处理事项3件，建议有关部门处理事项1件。市审计局完成审计项目52个，查出违规金额7.48亿元、管理不规范和损失浪费金额22.86亿元；应上缴财政3164万元，已上缴财政3137.58万元；提交审计报告和信息367篇，被市委、市政府、上级审计机关和新闻单位批示采用559篇(次)。扬州市审计局被江苏省审计厅评为四年一度的全省审计系统先进集体。

财政审计　全市审计机关审计本级财税部门和预算执行单位22个，查出违规金额1.79亿元，已上缴财政1.59亿元。市审计局围绕促进财税平稳增长、“机关管理促进年”活动、落实扩大内需政策、提高财政资金使用绩效、推进新农村建设这五大主题，开展大财政审计，并在地方税收和非税收入征管情况审计中，对208个纳税户税费申报缴纳情况进行延伸审计和调查。市人大常委会肯定审计工作“为推进公共财政体系建设、提高财政资金使用效益发挥了重要作用”，并要求“市政府责成有关部门和单位对审计中查出的问题，认真分析原因，切实整改”。财政审计工作推动财政部门、地税部门联合出台《关于加强行政事业单位税收管理的意见》，市政府对该文件作了转发。全市还完成下级政府财政决算审计项目24个。

经济责任审计　全市完成领导干部经济责任审计项目80个。扬州市经济责任审计联席会议首次将统计、环保两部门纳入经济责任审计联席会议成员单位，将统计、环保指标纳入领导干部经济责任审计评价范畴。市审计局、市委组织部、市编办根据省统一部署，结合扬州实际，将“选人用人责任审查、机构编制责任审核和任期经济责任审计”三项工作有机结合，形成“三责联审”工作制度。

专项资金审计　全市审计和审计调查专项资金总额48.06亿元，查出违规金额1.98亿元，审计促进拨付资金到位627万元、上缴财政85万元。

企业审计　全市完成企业审计项目12个，查出违规经营金额1.83亿元、损失浪费金额1.91亿元。为帮助中小企业应对国际金融危机，市审计局和江都市、邗江区审计局成立联合调查组，随机选定50户中小企业，对其生产经营状况开展专项审计调查。市审计局结合经济责任审计，对工业资产经营管理公司开展资产负债损益审计。结合信息系统审计，对扬州汽车运输集团公司开展“独立型”绩效审计。根据省审计厅要求，对江苏扬农化工集团公司使用CTC助剂淘汰项目实施情况进行审计。

固定资产投资审计　全市审计固定资产投资项目单位129个，审计的项目投资总额19.78亿元，项目完成投资额19.17亿元，审计核减投资额（工程款）2.2亿元。根据上级的统一部署，市审计局组织28人次、分4个批次赶赴地震灾区，对支援绵竹市九龙镇灾后恢复重建18个项目实施全过程跟踪审计，审计投资额达2.2亿元，纠正工程质量方面的不规范事项18件，消除工程质量隐患4起，同时帮助制定项目管理、资金管理、工程质量安全监督方面的一系列制度。

行政事业审计　全市审计机关对131个行政事业单位开展财政财务收支审计和审计调查。市审计局结合经济责任审计，对市环保局、市档案局、市粮食局、市民族宗教事务局财政收支进行审计，对市建设工程造价管理站、市慈善总会、市中医院财务收支进行审计，推进行政事业单位的社会公共服务职能，促进规范财务管理。

内部审计　市直44个内部审计机构共完成各类审计项目4198个，查出损失浪费金额210万元；促进增加效益13417万元；提出建议意见被采纳746条。其中，市直各内审机构共完成经济责任审计项目104个，完成基建审计项目2759个，开展内控制度评审项目29个，开展教育资产清理、通信工程、公安经费保障、“小金库”治理、邮政贺卡资金等专项审计和审计调查项目102个，开展财务审计项目154个，开展经济效益审计项目25个。市内部审计协会加强了对内部审计工作的服务和指导，开展内部审计与内部控制体系建设理论研讨；组织54个单位95名内部审计人员参加内部审计岗位资格考试，全部获得通过；组织60多人次参加省内部审计协会举办的各类培训班，提升内审人员素质。　　（撰稿人：杨道龙）

【泰州市审计局】 2009年，泰州市审计局人员编制50人，在编50人。局长唐志林，副局长陆啸峰、徐正荣、戴伟明、刘汉秋，纪检组长刘卫国。设有办公室、法制处、财政金融审计处、行政事业与社会保障审计处、经贸审计处、外资运用审计处、农业资源环保审计处、固定资产投资审计处、经济责任审计办公室、人事教育处、计算机审计处。全额拨款事业单位泰州市城市土地经营审计处。

审计成果 全市审计机关完成审计项目317个，查出违规金额62699万元，其中应上缴财政20960万元，应减少财政拨款或补贴369万元，应归还原渠道资金12087万元，应调账处理金额39432万元；已上缴财政7038万元，已减少财政拨款或补贴69万元，已归还原渠道资金5099万元，已调账处理金额21028万元。移送司法机关、纪检监察部门处理事项12件，建议有关部门处理事项2件。提交审计工作报告、信息352篇，被采用217篇。

财政审计 全市审计机关坚持“揭露问题、规范管理、促进改革、提高绩效”的审计思路，在扩大一级预算单位审计覆盖面的基础上，加大了对二、三级预算单位的审计力度。全市共审计44个一级预算执行单位，并对其下属单位进行延伸审计。

固定资产投资审计 全市完成竣工决算审计项目64个、预算审计项目12个，审计资金332571万元，核减工程款33368万元。

经济责任审计 3月份，经编制部门批准，市审计局经济责任审计和内部审计指导处更名为经济责任审计办公室，加强了与联席会议成员单位的沟通、协调和配合。注重深化经济责任审计内容，实行账面审计与经济活动审查、部门经济职责履行与经济决策管理等行政活动检查相结合，充分发挥审计的监督、警示、促进作用。全年共对82名党政领导干部任期经济责任进行审计，查出领导干部负有主管责任的违规问题金额3827万元，负直接责任的违规问题金额398万元。

专项资金审计（调查） 全市审计机关完成农村新五件实事、政府投资保障性住房建设、第七期农业综合开发资金、省扩大内需专项资金审计等省厅统一组织项目。对全市养老保险和失业保险基金、住房公积金、教育附加费和地方教育费附加、住宅专项维修资金等进行审计。住宅专项维修资金审计结果得到市委、市政府高度重视，促进市政府及市政房产管理局相继出台有关管理办法，实现全市住宅专项维修资金管理制度化、规范化。

（撰稿人：沈金勇）

【南通市审计局】 2009年，南通市审计局人员编制84人，在编85人。局长纪进，副局长张林、陈铭鑫、赵闻斌、张亚萍，纪检组长王志坚。设有机关党委、办公室、人教处、监察室、法制处、经管处、计算机处、工交处、固定资产投资审计处、农资处、外资处、行社处、财金处、开发区审计处、商贸处。

审计成果 全市审计机关共完成1190个审计项目，查出违纪违规、管理不规范和损失浪费金额126.2亿元，为财政增收节支7.5亿元。向司法、纪检监察机关移送案件线索15件。市审计局全年完成审计项目139个，查处违纪违规和管理不规范金额46.2亿元，为财政增收节支3.94亿元。移送案件线索8件。党组书记、局长纪进被人力资源和社会保障部、审计署联合表彰为全国审计系统先进工作者。

专项调查 市、县两级审计机关联动开展金融危机对中小企业影响状况、全市贯彻落实中央和省扩大内需各项政策措施以及中央、省级财政扩大内需项目的组织实施情况审计调查。审计调查报告得到市政府领导的批示，市领导召集相关部门召开专题会议，研究出台进一步扶持中小企业发展的政策措施。

预算执行审计 对市财政局具体组织预算执行情况，市地税局税收计划完成、征收管理情况进行审计，还对市委农工办，市国土资源局等10个单位2008年度部门预算执行情况进行审计调查，对农村新五件实事专项资金、企业搬迁补偿资金、科技发展资金等进行专项审计调查。市政府通过新闻媒体公告《2008年度南通市预算执行和其他财政收支情况审计报告》。市政府发言人通过《南通日报》通报市级预算执行审计发现问题的整改情况。

绩效审计 全市审计机关开展“绩效审计推进年”活动，共实施绩效审计项目498个，查处违纪违规和管理不规范金额 5.67 亿元，为财政增收节支 6015 万元，挽回（避免）经济损失 4795 万元，提出审计建议 286 个，移送案件线索 10 件。市审计局先后邀请 20 多名专家参与绩效审计。

固定资产投资审计 市审计局对 99 项工程竣工决（结）算实施审计，审计金额 22.51 亿元，核减金额 2.45 亿元。继续对投资数额大、政府和群众关心的重点建设项目实施跟踪审计。市审计局实施跟踪审计项目近 80 项，涉及投资金额达 40 亿元。

经济责任审计 全市完成 218 名领导人员的任期经济责任审计，其中离任审计 144 人、任中审计 74 人。发现领导人员直接经济责任造成的违规和管理不规范金额 2813 万元。8 月 25 日，江苏省委组织部、省编办、省审计厅联合在南通召开全省党政领导干部“三责联审”工作会议，总结推广南通开展领导干部“三责联审”的工作经验。市审计局出台了《县级地方党政领导干部任期经济责任审计操作规程》和《县处级以上部门党政领导干部任期经济责任审计操作规程》。

信息化建设 全市审计机关开展“审计信息化推进年”活动。全市上报省厅计算机审计 AO 应用实例和计算机审计专家经验各 170 余篇。其中 8 篇计算机审计专家经验入选审计署专家经验库，37 篇入选江苏省审计厅专家经验库，7 篇 AO 应用实例获审计署应用奖，28 篇获江苏省审计厅应用奖。273 人次参加审计署 AO 认证培训考试，考试通过率达 100%。已通过人数占全市审计干部人数的 82%。继续组织审计署计算机中级考试培训，全市有 103 人通过了中级考试。全市共完成信息系统审计项目 22 个。全市共征集信息系统审计案例 14 篇，相关论文 16 篇，其中有 11 篇分获全省一、二、三等奖。

环境审计 开展港闸经济开发区环境状况专项审计调查。重点调查污水处理、集中供热、危险固废处理等方面的情况。审计调查港闸开发区环保局、财政局等单位，延伸审计新兴热电厂、东港污水处理厂等二十多家企业，并就相关问题到市环保局、建设局进行核实和取证。

审计管理 出台《南通市审计局行政处罚自由裁量权适用实施办法》。制发《南通市审计局行政权力网上公开透明运行系统运行管理办法》。制定完善《工程项目审计工作规范》。审计档案管理工作迈上新台阶，被评为省档案工作“五星级”单位。

（撰稿人：陈　彦）

【镇江市审计局】 2009 年，镇江市审计局人员编制 61 人，在编 58 人。局长黄可，副局长张炳良、蒋建军、孙浩琦、乔文兵，纪检组长杜友义。设有办公室、监察室、人事教育处、法制综合处、财政金融审计处、行政事业审计处、经贸审计处、农业与资源环保审计处、固定资产投资审计处、外资运用审计处、经济责任审计与内部审计指导处、计算机审计处、社会保障审计处。

审计成果 全市审计机关完成审计项目 285 个，查出违规金额 63734 万元，其中应上缴财政 10547 万元，应减少财政拨款或补贴 566 万元，应归还原渠道资金 1411 万元，应调账处理金额 32898 万元；已上缴财政 10545 万元，已减少财政拨款或补贴 566 万元，已归还原渠道资金 1335 万元，已调账处理金额 32792 万元。移送司法机关、纪检监察部门处理事项 8 件，建议有关部门处理事项 6 件。提交审计工作报告、信息 1039 篇，被采用 760 篇。

财政审计 本级预算执行审计中，精心选择专题，拓展审计的深度和广度，提交的两个报告普遍受到本级人大、政府的好评。市审计局按照市长在“同级审”结果报告上的批示，将对各被审计单位的审计意见分别报送分管市长，并主动与市财政局沟通、协调，共同抓好跟踪落实，有力地促进审计查出问题的整改。

固定资产投资审计 共审计工程项目投资额 323989 万元，核减工程款 12399 万元。市审计局对汶川地震灾后恢复重建项目进行跟踪审计，出具审计建议书 7 份，提出审计意见 12 条，核减工程款 338 万元；关于沪宁城际铁路配套工程等 3 个政府重点建设项目拆迁资金的审计结果报告均被市长批示，市政府根据审计建议先后下发《关于进一步推进阳光拆迁的实施意见》等 3 份文件。

企业审计 全市审计机关审计国有及国有控股企业 13 家，查出违规经营 6199 万元、账外资产 6299 万元、少计少缴税费 302 万元。镇江市审计局开展城建、交通、水利等三大投资公司的资产负债损益审计，重点对债务情况进行分析，并提出具有针对性的建议，引起市领导高度重视。

经济责任审计 全市审计机关审计经济责任人 61 人，查出违规金额 22210 万元、管理不规范金额 21838 万元。市审计局制定《2009 年市属部门（单位）领导干部任期经济责任审计工作方案》、《规范任期经济责任审计报告和审计结果报告的意见》，联合市纪委、市委组织部对 7 个辖市（区）经济责任审计工作情况进行全面调查，在全市范围内启动实施党政正职“三责联审”工作等措施，进一步加强对权力的制约和监督。

专项资金审计（调查） 高度关注新农村建设、社会事业可持续发展和涉及群众切身利益的问题，全市审计专项资金总额达 1007338 万元，较好地完成了农村新五件实事专项资金审计、第七期农业综合开发资金效益审计、2007 年以来政府投资保障性住房情况专项审计调查（第一阶段）、省级财政扩大内需资金专项审计调查等一批署定、省定项目，促进惠民政策落实到位，取得较好的社会效应。 （撰稿人：张　乐）

【常州市审计局】 2009 年，全市审计局人员编制 79 人，在编 79 人。局长周效华，副局长吕全斌、崔业富、罗志敏，总审计师王祥君（8 月—），纪检组长陈四海。设有办公室、人事教育处、监察室、法制综合处、财政金融审计处、行政事业审计处、经贸审计处、社会保障审计处、固定资产投资审计处、农业与水利环保审计处、外资审计处、经济责任审计与内部审计指导处、计算机审计处、审计业务监督处。

审计成果 全市审计机关完成审计和审计调查项目 226 个，查出违规金额 17458 万元，其中应上缴财政 17380 万元，应归还原渠道资金 375 万元，应调账处理金额 11980 万元；已上缴财政 11783 万元，已归还原渠道资金 30 万元，已调账处理金额 5140 万元。审计后挽回（避免）损失 2094 万元；提交审计工作报告、信息 1404 篇，被采用 755 篇；通过审计，促进政府和有关单位出台文件、制度 16 项。7 月，常州市委办公室、市政府办公室出台《关于加快推进绩效审计工作的意见》。常州市审计局被评为 2006～2009 年度全省审计系统先进集体。

财政审计 全市审计机关查出违规金额 17065 万元、管理不规范金额 263171 万元，查出隐瞒转移截留财政收入、违规改变资金用途、违规采购等问题，提出的审计建议得到政府和相关部门的重视和采纳。常州市政府专门召集财政等有关部门研究落实促进我市中小企业信用担保机构发展的措施。

行政事业审计 全市审计机关审计 122 个行政事业单位，查出违规金额 356 万元，已上缴财政 245 万元。

农业与资源环保审计 实施农业综合开发资金效益审计、太湖水污染治理专项资金审计等项目。审计中以项目环境效益、经济效益和社会效益三个角度分析评价，取得良好效果。

固定资产投资审计 围绕“保增长、促发展”目标，推出《加强重点建设项目跟踪审计十条措施》，突出“不出事”和“高效益”。全市审计机关对 56 项政府投资项目进行跟踪审计，审计资金规模达 35.31 亿元，累计核减工程款 3.05 亿元。

经济责任审计 全市审计机关完成 66 个单位（73 个党政领导干部）的经济责任审计工作，查出违规金额 4770 万元，管理不规范金额 170466 万元。

专项资金审计（调查） 全市审计机关共开展专项资金审计（调查）51 项，审计专项资金总额 53.44 亿元。完成市旅游局旅游专项资金、市对外贸易经济合作局外向型经济专项资金、财政扶持经济发展类专项资金、政府投资保障性住房专项资金等项目的审计和审计调查，按照绩效审计的要求进行，并全部达到预期审计和审计调查目标。

内部审计 全市内部审计机构共完成审计项目 15751 个，审计后增加效益 97289 万元，向司法机关移送案件 10 件，移送司法机关处理 6 人，提出的审计建议意见被采纳 2379 条。

（撰稿人：刘　鸣）

【无锡市审计局】 2009 年，无锡市审计局人员编制 99 人，在编 90 人。局长王凡，副局长唐家粱、李晔、徐波，纪检组长李家虎。设有办公室（信息处）、法制综合处（审计督察处）、财政审计处、金融审计处、行政事业审计处、社会保障审计处、企业审计处、农业与资源环保审计处、固定资产投资审计处、外资运用审计处、经济责任审计与内部审计指导处、计算机审计处、人事教育处、纪检组、机关党委等职能处（室）。

审计成果　全市审计机关完成审计和审计调查项目 379 个，查出违规问题金额 13.51 亿元。为国家增收节支 11.20 亿元，其中已上缴财政 3.08 亿元，已减少财政拨款或补贴 8.06 亿元。提出审计建议 718 条，被采纳 679 条，提交各类工作报告和信息 893 篇，被批示采用 649 篇次。向司法机关、纪检部门移送案件 7 起，涉案金额 586 万元。无锡市审计局和江阴市审计局荣获 2005～2008 年度“全省审计系统先进集体”称号。

财政审计　全市审计机关围绕民生改善、资金绩效和制度执行三个主题开展财政审计，把揭露问题与规范管理、促进改革结合起来。全年共审计和审计调查各级财税部门和预算执行单位 41 个，查出违规问题金额 8938 万元，已上缴财政、减少财政拨款或补贴 8323 万元。

固定资产投资审计　全市审计固定资产投资项目单位 73 个，审计项目的投资完成额 73.98 亿元，核减 7.72 亿元。对太湖新城建设等重点建设项目实施跟踪审计，全年完成工作量 39.41 亿元。探索建立了该领域疑难问题和重要决策的会商会审制度。开展四川汉旺镇（含天池乡）和清平乡灾后重建跟踪审计，累计审核投资额 6.81 亿元，节约建设资金 2391.13 万元，提出审计建议 110 条，均被采纳。

农业与资源环保审计　开展市区城镇污水处理绩效专项审计调查、城市生活垃圾收集与处理情况绩效审计、市区公交车尾气治理绩效审计等环境保护审计项目。宜兴市审计局在太湖治理项目审计中及时介入，对 71 个项目和 3.2 亿元各类财政资金作了全面审计调查。

企业审计　全市审计机关围绕“保增长、维稳定、促发展”的目标开展企业审计，促进企业进一步深化改革，转变经济增长方式。审计和审计调查 29 家企业，查出违规和损失浪费金额 1.47 亿元。

经济责任审计　全年完成 129 名领导人员的任期经济责任审计。江阴市审计局连续 11 年由市纪委、市委组织部、市农村工作办公室和市审计局“四方联动”开展经济责任审计，破解了诸多难题，2009 年又扩大了领导干部经济责任审计结果公告范围。

专项资金审计　全市审计机关从制度执行入手，以维护人民群众利益、提高资金使用效率为目标，充分发挥审计建设性作用，切实做好专项资金审计工作。审计和审计调查专项资金 93 项，资金总额 102.09 亿元，查出违规金额 2.12 亿元，促进拨付资金到位 4420 万元，上缴财政 454 万元。

绩效审计　全市审计机关开展绩效审计项目 270 个，查出问题金额 9881 万元，审计后增收节支 6.82 亿元，挽回损失 2452 万元，审计提出建议 469 条，被采纳 436 条。绩效审计的成效在全省“绩效审计推进年”总结大会上作交流发言，政府部门信息化项目专项审计调查及绩效审计项目被评为全省优秀绩效审计项目，住房公积金绩效情况分析报告被评为全省优秀绩效审计分析报告。

探索“参与式”审计　从审计选项开始，就向党委、政府、人大、政协、相关部门和社会公众等社会各界征集对审计项目安排的意见，充分听取各方面的意见。在审计实施过程中，主动邀请社会公众和相关专家参与对被审计事项的评价，并将公众与专家的评价作为审计评价体系的重要组成部分。　（撰稿人：胡东杰）

【苏州市审计局】　2009 年，苏州市审计局人员编制 98 人，在编 90 人。局长周志豪，副局长孙和（12 月—）、许华柱、周雨晨，总审计师陆旭东，纪检组长曾锦杰。设有办公室、法制综合处、财政金融审计处、行政事业审计处、经贸审计处、农业与资源环保审计处、固定资产投资审计处、外资运用审计处、任期经济责任审计与内部审计指导处、计算机审计处、信息处（与计算机审计处合署办公）、人事教育处和监察室、苏州市经济责任审计中心（下属事业单位）。

审计成果　全市共完成审计项目 746 个，查出违规金额 181418 万元；移送司法机关、纪检监察部门处理事项 5 件，建议有关部门处理事项 15 件；提交审计工作报告、信息 801 篇，被采用 621

篇。苏州市审计局被国家人保部与审计署联合表彰为“全国审计系统先进集体”，自 1998 年以来连续 12 年保持了全国审计机关先进集体的殊荣。

财政审计 全市共审计 85 个单位，通过审计已上缴财政 131925 万元。市审计局审计 20 个单位，通过审计已上缴财政 96331 万元。苏州市政府和财政部门采纳审计建议出台《关于规范预算执行强化预算约束的实施意见》等规章，完善了预算执行管理。开展了非税收入管理改革情况、地方财政扩大内需资金、国有企业对外投资审计调查和太湖水污染治理、农村能源环境、教育文化发展资金审计。在太湖水污染治理审计中，苏州市、吴江市、相城区、吴中区等审计局突出东太湖网围整治等重点，收到了很好的效果。

固定资产投资审计 全市共实施重点公共工程审计 318 个，核减建设资金 10.18 亿元。市审计局开展苏州工人文化宫、苏州监狱等工程项目竣工决算审计，重点关注建设单位的管理水平和建设资金的使用效率；开展苏州火车站地区综合改造、轻轨一号线等重大工程跟踪审计，顺利完成轻轨一号线工程首轮跟踪审计，提交的审计专报均被市领导批示。全市两级审计机关还对约占江苏省四分之一援建规模的 25.22 亿元援建资金实行全程跟踪审计，提出建议近百条，采纳率和整改率均达到 100%，建立询价机制建议一项就直接节减建材成本 2%。

经济责任审计 全市实施经济责任审计 198 个，其中任中审计 106 个，已超越离任审计数，市审计局实施 23 项。苏州市委、市政府采纳审计建议，先后下发《关于新形势下加强经济责任审计工作的实施意见》《关于贯彻落实〈江苏省党政领导干部“三责联审”办法（试行）〉的意见》《苏州市领导干部离任交接工作办法（试行）》，全面推进经济责任审计制度化、法制化。通过试点推进，结合经济责任审计开展的区域环保绩效审计已覆盖全市。经济责任审计整改进一步强化，促进市监察局专项督查环保执法问题、市国资委出台意见规范国资公司薪酬管理。张家港市将整改结果纳入单位“一把手”年度廉政考核；常熟市审计局在经济责任审计中揭示的粮食储备安全问题，被省长批示。

专项资金审计（调查） 全市审计和审计调查专项资金 4633759 万元，通过审计已上缴财政 2003 万元。市审计局审计和审计调查专项资金 1679319 万元。各级审计机关开展再就业资金、社会保险基金、社区医疗卫生服务、政府投资保障性住房、住房维修基金审计和审计调查。《新华日报》对苏州审计“问计于民”的经验做法进行专题报道。

绩效审计 全市完成绩效审计项目 563 个，占全部项目数的 75.47%，绩效审计工作量占全部审计工作量的 66.76%，高出全省 8 个百分点。苏州市审计局关于区域环境审计绩效指标体系研究的课题被苏州市社科联评为二等奖。

内部审计 全市内审机构 513 家，其中专职机构 140 家，专职机构的比例比 2008 年增加 8%；全市内部审计人员 1788 人，其中从事专职审计人员占 28.5%，分别比 2007 年和 2008 年提高了 3.5%和 1.5%，达到 510 人。全市内部审计共完成各类审计项目 24381 项，其中基本建设审计项目 18662 项、财务收支审计项目 2137 项，经济效益、经济责任审计项目 1860 项；查出损失浪费金额 2356 万元、促进增加效益 27299 万元，提出并被采纳审计建议 2293 条。 （撰稿人：王之成）

2009年江苏省所辖区、县(市)级审计工作统计表

金额单位:万元

审计机关	完成审计项目(个)	查出违规金额	应上缴财政	应减少财政拨款或补贴	应归还原渠道资金	应调账处理金额	移送司法、纪检部门处理事项(件)	建议有关部门处理(件)	出具审计报告和审计调查报告(篇)	提出审计建议(条)	撰写审计信息(篇)
南京市											
南京市本级	679	38366	12048	15977	519	17681	1	11	70	203	215
玄武区审计局	18								18	38	
白下区审计局	36	181	164			3556			36	98	45
秦淮区审计局	21	154		154					21	60	57
建邺区审计局	49								49	105	29
鼓楼区审计局	195	40	2						195	42	
下关区审计局	20	240	23		1	54	1		20	60	
浦口区审计局	50	14939							50	111	61
六合区审计局	46	14198	14198			8			46	57	
栖霞区审计局	27								27	39	28
雨花台区审计局	18								18	37	40
江宁区审计局	39	389				723			39	74	33
溧水县审计局	27	6442	5565			2455			27	55	49
高淳县审计局	53	196	2028		4562	24380			53	133	42
徐州市											
徐州市本级	120	130286	94433	12073	3663	55620	2	3	120	65	1100
云龙区审计局	9	2270	2270						9	4	112
鼓楼区审计局	30	181	12			2		2	30	19	63
九里区审计局	23	233	2		3				23	7	60
贾汪区审计局	59	12137	2228		235	190	1	1	59	67	394
泉山区审计局	30	253	210			706			30		80
邳州市审计局	120	5290	51				2		120	9	214
新沂市审计局	39	20482	18352		1636	3708			39	85	139
铜山县审计局	42	8986	8699		66	922			42	78	25
睢宁县审计局	29	237	42			1441	2		29	58	156
沛县审计局	50	7437	4822		295	255			50	150	452
丰县审计局	56	4696	76		1972	1180			56	126	70

（续 表）

审计机关	完成审计项目（个）	查出违规金额	应上缴财政	应减少财政拨款或补贴	应归还原渠道资金	应调账处理金额	移送司法、纪检部门处理事项(件)	建议有关部门处理(件)	出具审计报告和审计调查报告(篇)	提出审计建议(条)	撰写审计信息(篇)
连云港市											
连云港市本级	73	99146	86026	13523	433	191			73	300	124
新浦区审计局	21	521	521		12				21	60	52
连云区审计局	27								27	68	13
海州区审计局	22	38							22	76	31
赣榆县审计局	91	7797	1465	1313	1167	51	1		91	248	409
灌云县审计局	56	282							56	182	208
东海县审计局	74	30503	430		22		2		74	127	558
灌南县审计局	57	5036	71			45			57	118	481
开发区审计局	14	542						1	14	59	28
宿迁市											
宿迁市本级	53	560	22	780	3316	5390		1	74	114	180
宿城区审计局	158	1159	62						158	133	160
宿豫区审计局	185	2759	78	10741	100				185	177	233
沭阳县审计局	213	572	282			130	4	2	213	261	264
泗阳县审计局	108	76	76		37		4		85	72	128
泗洪县审计局	109	4722	144				2	1	109	50	99
淮安市											
淮安市本级	110	18473	2062				12		110		459
清河区审计局	165	1763	3				1		165		87
清浦区审计局	84	1647	334				17		84		32
楚州区审计局	193	12200	80				2		193		133
淮阴区审计局	61	523	115				3		61		214
金湖县审计局	45	450	244						45		160
盱眙县审计局	115	5349	237						115		170
洪泽县审计局	94	2898	46				4		94		94
涟水县审计局	79	1213	125				1		79		192
盐城市											
盐城市本级	52	57281	19737	58	33890	5641	1	1	52	232	94
亭湖区审计局	27	19	1		51		2		27	60	146
盐都区审计局	32	35461	96		2				32	56	15
东台市审计局	25	5003	168	8			1		25	98	16
大丰市审计局	69	11777	6478			2760	6	1	69	67	125
射阳县审计局	153	13902	149	6588	207	6844	4	1	153	154	170

（续表）

审计机关	完成审计项目（个）	查出违规金额	应上缴财政	应减少财政拨款或补贴	应归还原渠道资金	应调账处理金额	移送司法、纪检部门处理事项(件)	建议有关部门处理(件)	出具审计报告和审计调查报告(篇)	提出审计建议(条)	撰写审计信息(篇)
阜宁县审计局	43	19677	4917						43	132	163
滨海县审计局	41	5732	1020			3930	5		41	117	184
响水县审计局	60	9553	9553	923	1105	7195			60	99	7
建湖县审计局	69	11991	164			1165	3		69	123	24
扬州市											
扬州市本级	52	74778	3164		1500	793	1		52	48	315
维扬区审计局	25					12415			25	76	6
广陵区审计局	32	6							32	41	35
邗江区审计局	51	482.21	371.4				1		51	59	126
仪征市审计局	74								74	35	226
江都市审计局	91	10308	10016		334		1		91	366	90
高邮市审计局	91	25478	140		848	22289	1	3	91	96	178
宝应县审计局	43	6045	5213		8	1078			43	100	79
泰州市											
泰州市本级	45	29527	10246		10516	23255			45	88	47
海陵区审计局	46	5416	12			8065	2		46	77	26
高港区审计局	25	5164	379		6	4460	6		25	9	60
靖江市审计局	35	651	4	300		348			35	53	14
泰兴市审计局	45	16337	3327		80	2159		1	45	110	47
姜堰市审计局	48	115	6640			117		1	48	66	115
兴化市审计局	73	5489	352	69	1485	1028	3	4	73	70	48
南通市											
南通市本级	139	36908	624	7018			8		112	261	189
崇川区审计局	72	2982	177						66	68	115
港闸区审计局	74	3298		3271					67	122	10
海门市审计局	304	91224	1121	290	103195				304	126	433
启东市审计局	84	688	21		4373	3499	1	4	86	107	133
通州市审计局	316	1145	1145			138	2		317	83	241
如皋市审计局	53	128			128	35619			40	54	162
如东县审计局	86	1391	190	1499	860	4502		1	77	111	148
海安县审计局	106	7354	235	2036	624	75972	6	1	118	232	262
镇江市											
镇江市本级	61	42976	5563		1367	30796		6	61	200	104

(续 表)

审计机关	完成审计项目(个)	查出违规金额	应上缴财政	应减少财政拨款或补贴	应归还原渠道资金	应调账处理金额	移送司法、纪检部门处理事项(件)	建议有关部门处理(件)	出具审计报告和审计调查报告(篇)	提出审计建议(条)	撰写审计信息(篇)
京口区审计局	15	863	44		14	809			15	33	30
润州区审计局	17	1	1						17	31	7
丹徒区审计局	41	5039	2425			1283			41	132	64
镇江新区审计局	12								12		7
扬中市审计局	36	5150	616		30	10	3		36	48	207
丹阳市审计局	61	6169	6	566			3		61	43	197
句容市审计局	42	3536	1892				2		42	47	138
常州市											
常州市本级	49	10588	10539		331	6162			49	177	604
钟楼区审计局	12								12	8	12
天宁区审计局	8								8	13	2
戚墅堰区审计局	35								35	21	4
新北区审计局	18	35	35		14	3968			18	43	20
武进区审计局	34	1469	1469			400			34	85	46
金坛市审计局	47	5363	5333		30	1450			47	104	140
溧阳市审计局	23	3	3						23	55	30
无锡市											
无锡市本级	68	66321	22036	35454	794	49109	2	2	68	161	337
崇安区审计局	18	266	20	101		281			18	41	6
南长区审计局	29	14841		13337	3	2001			29	44	3
北塘区审计局	10	2069	1343			726			10	25	10
滨湖区审计局	19	1653		1653					19	42	32
惠山区审计局	33	7736	998	6469	360		2		33	79	51
锡山区审计局	70	13260	398	10307		45092	2	13	70	139	38
新区审计局	11	2645							11	30	16
江阴市审计局	70	22390	7746	13233	84	24176			70	62	54
宜兴市审计局	51	3913	35		255			7	51	95	96
苏州市											
苏州市本级	64	101813	100196	5191		42031	2	9	64	270	135
金阊区审计局	27	20		1234	25	89			27	72	34
沧浪区审计局	18	18								51	15
平江区审计局	20			876					20	24	13
高新区审计局	68	293		3541		220			68	54	37
吴中区审计局	71	39363	3042	1257		52559			71	82	48

（续 表）

审计机关	完成审计项目（个）	查出违规金额	应上缴财政	应减少财政拨款或补贴	应归还原渠道资金	应调账处理金额	移送司法、纪检部门处理事项(件)	建议有关部门处理(件)	出具审计报告和审计调查报告(篇)	提出审计建议(条)	撰写审计信息(篇)
相城区审计局	368	235600	1332.27	111.1		34900		3	368	499	102
吴江市审计局	36	343.02	343.02					2	38	105	98
昆山市审计局	68	36856	37540	19232	218	14327			68	123	161
太仓市审计局	67	476	476	9011	14279	142493		5	67	110	60
常熟市审计局	42	2188	2188	2192	5757	5423	3	23	42	143	83
张家港市审计局	45	466.1		402	64				45	161	58
工业园区审计局	76	6606		1218.5	2084	52			76	143	22

浙江省

【浙江省审计厅】 2009年，浙江省审计厅机关共有干部职工163人。厅机关设有办公室、法规处、财政审计处、金融审计处、行政事业审计处、文化教育审计处、经贸审计处、外资运用审计处、农业审计处、环境资源审计处、社会保障审计处、投资审计处、经济责任审计处、人事教育处、机关党委和监察室；还设有计算机审计中心、省审计科研所、省审计干部培训中心直属事业单位。

领导成员

厅　　长：谢力群

副 厅 长：岑国荣　吴桂英　王广兵
　　　　　王小龙　康跃西

总审计师：陈焕昌

纪检组长：宋　涛（—11月）
　　　　　季　鸣（11月—）

副巡视员：张仕达　杨大建

审计成果 全省审计机关完成审计项目4270个，查出违规金额54.7亿元，其中应上缴财政8.9亿元，应减少财政拨款或补贴3.1亿元，应归还原渠道资金5.9亿元，应调账处理金额25.1亿元；已上缴财政5.7亿元，已减少财政拨款或补贴2.8亿元，已归还原渠道资金3.8亿元，已调账处理金额10.7亿元。移送司法机关、纪检监察部门处理事项58件，建议有关部门处理事项33件。提交审计工作报告、信息7538篇，被采用5503篇，向社会公告审计结果419篇。

全部政府性资金审计 围绕吕祖善省长提出的“收入一个笼子、预算一个盘子、支出一个口子”要求，着力推动全部政府性资金审计融入各专业审计，审计内容、审计方法和成果管理进一步创新。《我省综合预算改革情况的调研报告》引起刘家义审计长等3位署领导的高度重视，被批转全国审计系统学习借鉴。随后，审计署和省厅再次进行深入调研，国务院主要领导同志在调研报告上作出重要批示。继续积极探索全部政府性资产审计，《对全部政府性资产管理情况的调查思考》被审计署和省政府期刊采用，这一调研成果为许多地方政府的决策提供依据。结合市县长经济责任审计扩大试点实践，杭州市审计局在试点中开展专题调查，并形成对全部政府性资产审计的基本思路，绍兴市审计局试编县级政府资产负债表。省审计厅组织开展行政事业单位资产管理状况专项审计调查，台州、丽水、义乌等审计机关加强对非经营性资产的审计。

绩效审计 研究制定了《浙江省宏观服务型绩效审计管理办法（试行）》，明确分类管理方式、具体操作办法、质量控制要求、成果实现形式等内容。会同省交通运输厅加强对省重点交通建设项目的全过程跟踪审计，衢州市审计局积极探索审计提前介入工程项目前期工作的方法，台州市审计局在政府投资审计中尝试邀请外部专家参与审计争执事项论证。据统计，全省共完成绩效审计项目2706个，查出损失浪费金额1.79亿元，闲置滞留资金15.86亿元，充分发挥宏观服务型绩效审计的建设性作用。

专项调查　结合应对金融危机实际开展全部政府性资金与财政风险、国际金融危机对中小企业影响情况、金融危机对就业及社保基金影响等专项审计调查，及时反馈中央和地方宏观调控措施的贯彻落实情况，调查结果得到审计署和省委、省政府的高度重视，为领导决策提供依据。省委书记在《省级财政管理中存在与当前应对金融危机不相适应的几个问题》的专报上作了重要批示。湖州市审计局上报的《调查显示多数中小企业期盼政府围绕四个方面完善企业服务体系》的信息，被省委办公厅采用并转报国务院办公厅。组织开展政府主导性重大建设项目专项审计调查，通过对总投资1223亿元的1286个项目调查，促进项目快速启动和规范建设。

财政、金融和企业审计　始终把关注风险放在突出位置，扎实开展财政“同级审”、“上审下”和乡镇财政审计；组织开展20家农村信用社和12家地方商业银行经营风险审计；13家省属国有和国有控股企业2008年度经营绩效、85家承储企业储备粮情况、全省政府外债等专项审计调查。促进有关制度政策的完善。粮食安全专项审计调查对粮食储备、标准农田建设中的隐患问题作了反映。全省对187家国有企业进行审计和审计调查，查出违规金额3.47亿元。丽水市审计机关根据当地党委、政府的部署，继续做好相关房地产企业的审计与帮扶工作；金华市审计局着重关注政府性投融资风险，为政府提供决策依据；湖州、嘉兴、衢州等地加强对国有资产的监督，为保障经济安全发挥积极作用。

专项资金审计　组织开展全省高校负债管理情况、社保基金、企业年金制度实施情况、城镇“三无”和农村五保人员集中供养资金使用情况、千万农民饮用水工程、滩坑水电站移民资金等审计和审计调查，切实维护群众的根本利益。组织23个审计组开展青川灾后援建项目审计，通过对全省39个指挥部163个援建项目、总投资37.6亿元的跟踪问效，确保了项目、资金审计覆盖率达到100%的要求，得到审计署的充分肯定。宁波公共文体活动设施管理使用情况的审计调查成效显著，市领导要求将整改结果向新闻媒体公开，接受群众监督。

经济责任审计　落实各级党委交办的领导干部经济责任审计任务，全省审计机关对1014个单位的1218名领导干部进行经济责任审计，查出违规金额17.38亿元，损失浪费金额1.01亿元。市县长经济责任审计关注金融危机形势下市县政府管理中面临的突出问题，省委书记对《12个市县区新增政府性投资项目前期准备工作严重不足》的专报作了重要批示。先后在缙云、新昌开展县委书记和县长同步经济责任审计试点，新华社、《人民日报》等媒体多次作了报道。扎实推进高校校长经济责任审计评价体系的创建。《绍兴市政府部门行政首长经济责任问责暂行办法》被中央五部委联席会议办公室全文转发，金华市将责任追究列入经济责任审计主要工作环节，舟山市首次向市直单位主要负责人通报领导干部任期经济责任审计情况，宁波进一步加强了任中审计工作。

环境资源审计　根据审计署统一安排，首次开展跨省合作的2008年度太湖流域水污染防治情况专项审计调查，重点掌握了水污染防治的规划落实、项目建设和运营、资金筹管用等情况，促进太湖流域水污染防治管理工作。全省审计机关结合各地实际，进一步加大了环境审计的力度。

信息化建设　审计信息化基础建设取得较好成效，全省视频会商系统、审计数据中心一期建成并投入应用，金审工程二期核心应用系统建设国产化示范工程项目获国家发改委批准和授牌表彰。在审计项目实施中全面推进计算机审计，首次运用审计署联网审计系统开展社保基金审计，温州市审计局实现对市本级部门预算执行情况的实时监控，义乌市审计局开展信息系统审计。省审计厅开发了金财审计软件地方和部门专版、地方储备粮专项审计软件、标准农田计算机审计系统，完成全省11个地市财政数据采集转换专用接口的开发。嘉兴市审计局完成全部政府性资金联网审计模板、非税收入征缴管理联网审计模型建设。审计署AO应用实例和计算机审计专家经验评审中，入选和获优数量继续在全国保持领先水平。制定《浙江省联网审计管理办法（试行）》，编辑出版《计算机审计应用案例和实用技术》。继续改进和完善金审工程地方服务保障体系。

审计管理　项目综合管理得到加强。着力推动审计计划管理从任务导向为主向目标导向为主转变，审计现场管理从传统手工管理为主向运用信息化手段管理为主转变，审计质量控制从查错纠弊为主向预防规范为主转变，审计项目计划广泛征求意见，执行情况加大督查力度，坚持统筹管理全省同步审计项目，切实强化审计质量检查与考评。杭州市审计局总结的《审计实施方案的改革与创新》，得到刘家义审计长肯定；温州市审计局每季度在网站公示近期审计项目；舟山市审计局加强审计质量制度建设，清理、修订和完善多项审计工作制度。注意整合各级审计机关、社会审计、内部审计以及各类专家资源，优选中介机构开展组织审计，落实审计专家咨询制度和特约审计员制度。《浙江省内部审计工作规定》出台后，各地认真抓好学习贯彻，推动内审工作的开展。着力提高审计信息特别是专报的采用率和领导批示率，提升审计建议的可操作性。2009 年省以上领导对有关审计情况批示 140 次。扎实做好审计建议和决定整改的跟踪督查，加大审计结果公告力度。出台厅机关进一步加强宣传工作的意见，规范厅机关网站建设，加强新闻宣传，总结和推广浙江审计工作创新创业成果，《加强审计监督　服务发展大局——浙江审计工作 60 年》入选《浙江 60 年发展历程丛书》，进一步扩大审计的影响力。审计科研取得丰硕成果。承担了由刘家义审计长任组长的《中国特色社会主义审计理论研究》课题中的《关于审计功能研究》专题任务，在署重点课题《中国国家审计文化研究》《内部审计践行“免疫系统”功能研究》招标中中标，《财政综合预算实践与对策研究》被列入省哲学社会科学规划办重大委托课题。《“免疫系统”框架下的审计管理路径》《关于跟踪审计的思考》被审计署《审计研究简报》全文刊登。

相关工作　把学习实践科学发展观作为建设学习型机关的重要举措，厅党组中心组被省委评为中心组学习先进集体，并在省委召开的表彰大会上作了典型发言。各级领导班子自觉承担“免疫系统”责任，不断提高驾驭审计工作的水平。全省各级审计机关的领导率先垂范，担任重大项目和重大课题的审计组长和课题组长，提高审计工作的质量，提升理论研究的水平。省审计厅研究制定《关于加快建立审计人才培养机制的意见》，精心组织省厅和下级审计机关干部“下派上挂”工作。认真组织处级干部、新任局长培训班和冬季全员集训，大力探索网络培训、案例教学等方式，鼓励审计人员参加继续教育、各类培训和职称资格考试，注重提高综合素质。举办全省青年审计论坛，为青年干部成才提供舞台，选送参加全国青年审计论坛的 3 名代表分获相应专题一、二、三等奖。党风廉政建设深入推进。认真落实廉政建设责任制，着力抓好廉政建设专题教育，大力宣传清正廉洁先进事迹，认真剖析个别党员干部违法违纪问题，努力营造干净干事、创新创业良好环境。严格执行审计“八不准”规定。认真落实和完善审计程序公开、审计业务会议、审计质量控制、廉政检查回访、审计执法过错责任追究等规章制度，自觉接受社会各界监督。

（撰稿人：何刘坚）

【杭州市审计局】　2009 年，杭州市审计局人员编制 112 人，在编 97 人。局长潘再高，副局长丁洪汇（—12 月）吴志明、孙钧、张志文（12 月—），总审计师包晓东（4 月—），纪检组长徐德胜。设有办公室、法制处、财政审计处、行政事业审计处、固定资产投资审计处、经贸审计处、外资运用（开发区）审计处、农业与资源环保（社会保障）审计处、经济责任审计处、人事教育处（监察室）、计算机审计处、机关党委。

审计成果　杭州市审计机关完成审计项目和调查项目 616 个，查出违规金额 4.56 亿元、管理不规范金额 88.8 亿元、损失浪费金额 9840 万元。其中：应上缴财政 1.52 亿元，应减少财政拨款或补贴 1.43 亿元，应归还原渠道资金 9340 万元，应调账处理 1.63 亿元。移送司法机关、纪检监察和有关部门处理事项 26 件。提出审计建议 1382 条。提交审计工作报告、信息 351 篇，被省、市领导批示 42 篇，被采用 184 篇。

预算执行审计　围绕促进建立“收入一个笼子、预算一个盘子、支出一个口子”的公共财政管理体制，在摸清和掌握全部政府性资金家底的基础上，通过对相关数据的分析和挖掘，反映了财政运行中存在的深层次问题，得到当地党委、人大和政府的好评。在杭州市本级财政同级审计中，对政府性资金存款管理情况进行调查，并建议在政府性资金存款中引入竞争机制，实行政府性资金公开存储招投标制度，得到了杭州市领导的充分肯定。

固定资产投资审计　组织对一千多个政府投资项目进行审计，送审造价 117.8 亿元，核减工程投资额 11.2 亿元，平均核减率达 9.5%。对 320 亿元项目总投资的新增主导性项目进行专项调查。对杭州市支援四川省青川县灾后恢复重建项目开展跟踪审计。

社会保障审计　开展“春风行动”专项资金、养老服务业、农产品安全、社保基金等涉及民生的审计调查项目，促进各项惠民政策的落实。开展全市危旧房改善工程建设情况、市区庭院改善工程和杭州铁路东站枢纽配套工程建设情况跟踪审计，对经济适用房、拆迁安置房等保障性住房建设进行全面审计，提出审计建议。

经济责任审计　2 月 11 日，杭州市委、市政府专题召开了全市领导干部经济责任审计工作会议，浙江省委常委、杭州市委书记在会上作重要讲话。受浙江省审计厅委托，对天台县长开展经济责任审计，审计工作得到浙江省审计厅领导的好评，审计方案得到了审计署刘家义审计长、孙宝厚总审计师的批示肯定。

专项审计调查　立足国际金融危机这一背景，开展金融危机对地方税收及中小企业影响、财政扶持企业政策绩效、政府扶持企业发展政策措施落实情况等专题调查，及时反映了中小企业融资难、外贸出口退税体制亟待调整、多数担保企业未能享受优惠政策等问题，并提出一些合理化建议，切实发挥审计的建设性作用。

内部审计　以《浙江省内部审计工作规定》颁布为契机，修改完善了《杭州市内部审计考核办法》，配套制定杭州市内审项目评优办法。至 2009 年末，杭州市已有 616 家单位设立内部审计机构，从业人员达 2480 人。　（撰稿人：吴淑志）

【湖州市审计局】　2009 年，湖州市审计局人员编制 42 人（含工勤编制 2 人），在编 39 人。局长陆剑英，副局长费林海、沈佳明、丁颂辉（4 月—），总审计师施瑜，纪检组长徐言。设有办公室、组织宣传人事处、法规处、财政金融审计处、行政事业与社会保障审计处、农业与资源环保审计处、固定资产投资审计处、经济贸易审计处、经济责任审计处。下属事业单位湖州市国家建设项目审计中心（人员编制 8 人，在职 7 人）。

审计成果　湖州市审计机关完成审计项目 56 个，查出违规金额 1.04 亿元，其中应上缴财政 407 万元，应调账处理金额 164 万元；已上缴财政 346 万元，已调账处理金额 164 万元。建议有关部门处理事项 1 件。提交审计工作报告、信息 192 篇，被采用 234 篇。

财政审计　完成财政审计项目 3 个。认真组织开展 2008 年度市本级财政预算执行审计工作，对全部政府性资金与财政风险进行专项审计调查。市政府常务会议和市人大常委会先后听取了 2008 年度市本级预算执行和其他财政收支的审计工作报告，并给予充分肯定。

金融审计　完成金融审计项目 1 个，查出违规经营金额 107 万元。组织开展湖州市农村信用社系统（安吉县农村信用联社、德清县农村合作银行）经营风险情况专项审计调查，针对问题，提出进一步完善小法人治理结构、积极推进贷款结构优化、加强贷款单位资料管理、提高票据业务风险控制能力等审计建议。

固定资产投资审计　实施并完成政府投资建设项目审计 14 个，涉及投资总额 66.6 亿元，查出违规金额 4975 万元，核减工程款 4961 万元，提出资金管理、项目建设及绩效管理等方面的建议 41 条。及时掌握政府主导性建设项目的总体情况，了解在执行国家宏观调控政策措施过程中出现的新情况和新问题，并提出审计建议，为政府宏观决策服务。

企业审计　完成企业审计项目 2 个，查出管理不规范金额 77 万元，提出审计建议 3 条。组织开展国际金融危机对我市中小企业影响情况专项审计调查，针对存在的问题，提出审计建议。上报的《调查显示多数中小企业期盼政府围绕四个方面完善企业服务体系》审计信息，先后被市委办、市府办、省审计厅、省委办公厅录用，并由省委办公厅转报国务院办公厅。

经济责任审计　对15名领导干部实施经济责任审计。不断深化经济责任审计的内容，将内部审计制度的建立健全作为领导干部经济责任审计的重要内容并加以评价。市纪委、市委组织部、市监察局、市审计局共同研究出台了《关于开展市直单位内部管理领导人员任期经济责任审计工作的意见》。

专项资金审计（调查）　实施并完成专项资金审计和审计调查项目26个，提出规范资金管理、提高使用效益的意见和建议75条。重点围绕经济发展、新农村建设、环境保护和社会保障等民生问题展开，通过审计和审计调查帮助相关部门完善制度，规范管理，在保障民生、维护人民群众利益方面发挥积极作用。（撰稿人：葛学建）

【嘉兴市审计局】　2009年，嘉兴市审计局人员编制45人，在编46人。局长朱伟（—12月），副局长陈关华、张卫高、王海荣（10月—），总审计师王海荣（—10月）、蒋朝晖（10月—），纪检组长姚丽华。设有办公室、法规处、财政金融审计处、行政与社会保障审计处、经贸审计处、农业与资源环境审计处、固定资产投资审计处、经济责任审计处。另设市纪委（监察局）派驻纪检组和监察室。

审计成果　全市审计机关完成审计项目263个，查出违规金额4400万元，其中应上缴财政938万元，应减少财政拨款或补贴114万元，应归还原渠道资金509万元，应调账处理金额3526万元；已上缴财政858万元，已减少财政拨款或补贴114万元，已归还原渠道资金429万元，已调账处理金额3526万元。移送司法机关、纪检监察部门处理事项2件。提交审计工作报告309篇、信息457篇，被采用227篇。

财政审计　市财政“同级审”工作受到市政府的高度重视，市长、常务副市长两次听取专题汇报，审计结果报告获市政府常务会议较高评价；市人大常委会听取《审计工作报告》，并以公告形式全文刊载；市政府主要领导主持召开专题协调会，对《审计工作报告》涉及的相关部门提出整改要求，限期整改，年底向人大常委会专题汇报整改情况。

金融审计　开展嘉兴市商业银行2008年度的资产负债损益审计和嘉兴市农村信用社系统经营风险专项审计调查，揭示了贷款管理和经营风险方面存在的问题，引起市领导的高度重视，对其中部分问题作移交处理。

行政事业审计　全市审计机关完成62个行政事业单位的审计和审计调查。市审计局首次实现与54个部门、143个单位部门的联网，利用联网审计平台进行“预算跟踪、联网核查”，并建立了27个审计分析模型，较好地实现了由单个部门（单位）的预算执行情况的真实性、合法性审计，向侧重于开展综合分析调查为主的部门预算执行情况绩效审计转变。

农业与资源环保审计　开展的太湖流域水污染防治专项审计调查项目，受到审计署农业与资源环保审计司通报表彰，10篇信息分别被上级采用；还开展平湖市农业标准田、市级农业综合开发项目、外国政府贷款浙江城市污水处理项目（嘉兴）等审计和专项审计调查。

固定资产投资审计　全市审计机关共完成政府投资审计项目46个，审计项目投资额163.3亿元。组织开展新增政府主导性投资项目同步审计，促进项目快速启动和规范建设；组织实施对口支援青川县灾后恢复重建项目的同步审计，市本级项目荣获“天府杯”金奖；市局对国开行贷款项目建设情况等4个重大项目进行审计和审计调查，会同市财政组织中介机构对一批政府投资项目进行工程审价，核减工程造价1.0亿元。

社会保障审计　全市审计机关共完成社会保障审计项目6个。市审计局重点加强对社保基金信息系统基础信息管理的审计，在医疗保险基金审计中反映的问题信息，分别被市长、市纪委书记批示，并责成有关部门调查处理。

企业审计　全市审计机关共完成国有企业审计和审计调查项目10个。市审计局完成市级国资营运公司专项审计调查，针对审计调查报告反映的问题，国资委出台6项规范经营管理的制度，市委、市政府出台2项规范薪酬待遇的制度。

经济责任审计　全市审计机关对97名党政领导干部和国有企业负责人进行经济责任审计，发现违规问题金额1.26亿元，其中领导干部负直接责任问题金额5161万元，涉嫌个人经济问题1人。召开研讨会主动听取经济责任审计“产品”意见建议，首次推行“经责审计报告摘要制”，邀请人大、政协专委领导参与审计整改督查以增强力度；完成淳安县原县长经济责任审计项目，审计信息被省审计厅专报采用，得到省政府领导批示。

专项资金审计调查　全市审计机关共完成专项资金审计调查项目82个。市审计局开展市级工业发展资金、三产发展资金等专项资金审计调查，调查报告如实反映专项资金的使用绩效。

（撰稿人：吴国宗）

【舟山市审计局】　2009年，舟山市审计局人员编制42人，在编43人。局长励延年，副局长邵剑平、严雅萍，总审计师钱宁，纪检组长杨祝宏。设有办公室（计算机审计管理处）、法规处、财政金融审计处、经贸审计处、固定资产投资审计处、行政事业审计处、经济责任审计处、直属审计分局等部门。

审计成果　全市审计机关完成审计项目162个，查出违规金额6824万元，其中：应上缴财政566万元，应归还原渠道资金420万元，应调账处理金额5811万元；已上缴财政566万元，已归还原渠道资金33万元，已调账处理金额2155万元。提交审计工作报告、信息455篇，被采用224篇。

财政审计　以全部政府性资金审计为主线，重点关注预算分配、重点支出项目、新渔农村资金，积极探索全部政府性资产审计。组织开展行政事业单位资产管理状况、事业单位对外投资专项审计调查，舟山市政府主要领导在提交的《我市政府资产管理中存在的问题及相应对策建议》作出批示。全市完成财政同级审计项目5项，开展市区财政决算审计1项，乡镇财政决算审计11项。

经济责任审计　全市对46名领导干部开展经济责任审计，其中处级领导干部14名。查处违规金额2588万元，揭示管理不规范金额16046万元。其中领导干部应负直接责任的计1146万元，应负主管责任的计17488万元。受浙江省审计厅委托，对宁波市镇海区区长经济责任和2008年度财政决算进行审计。5月，首次召开舟山市本级领导干部任期经济责任审计情况分析通报会，通报近三年来全市经济责任审计中发现的倾向性、苗头性问题，提出下一阶段开展经济责任审计工作的意见建议。

固定资产投资审计　全市审计机关共审计和审计调查政府投资项目30项，直接审计及组织具有审计资格的中介机构审计净核减工程造价7274.99万元。组织开展政府主导性投资项目、招投标管理情况等专项审计调查。市局对舟山医院临城住院大楼等24个政府投资项目进行审计，净核减工程款4956万元。舟山市委、市政府主要领导分别对7个政府性投资项目的审计报告及审计信息作出批示。

专项资金审计（调查）　围绕现阶段舟山经济社会发展实际，密切关注财政风险、金融风险、民生风险、粮食风险、资产风险等，组织开展了国际金融危机对中小企业影响、地方税收收入及结构影响和政府负债与土地出让金影响的审计调查，农信社系统经营风险情况、地方储备粮、普陀区农业标准田、五项社会保险资金、住房公积金审计、企业年金等专项审计调查，积极发挥审计的建设性作用。继续对抗震救灾捐赠款物进行审计，按照上级审计机关的统一部署，开展舟山对口支援的四川地震灾区灾后援建项目审计，分阶段性及时公告审计结果。

基础建设　加强审计项目全过程质量控制，推动以“符合性质量”为主向“符合性质量”和“适用性质量”并重转变。组织清理《舟山市审计局关于执行审计署6号令的若干操作意见（试行）》等38项审计工作制度。加强审计现场管理和廉政监督，强化审计质量检查与考评。制定实施《舟山市审计局关于加快建立审计人才培养机制的意见》，按培养复合型人才的目标努力，加快审计人才培养。

信息化建设　全市审计机关全面采用现场审计实施系统，计算机审计技术在审计实施中的应用继续深化，在舟山市人民医院等三家医院的审计中，运用数据式审计方法，查明药品多收费和公费社保药品擅自串换自费药品等问题。完成了视频会议系统部署并投入使用，使用效果较好。全市78%的审计业务人员通过审计署组织的AO认证考试。

（撰稿人：吴　刚）

【宁波市审计局】　2009 年，宁波市审计局人员编制 60 人，在编 70 人。局长郑建飞，副局长王安华、王勤学、董国君、周信华，总审计师张列群。设有办公室、法规处、财政审计处等 8 个职能处（室）。

审计成果　宁波市审计机关完成审计项目 562 个，查出违规金额 112438 万元，其中应上缴财政 20463 万元，应减少财政拨款或补贴 3712 万元，应归还原渠道资金 25115 万元，应调账处理金额 65929 万元；已上缴财政 22727 万元，已减少财政拨款或补贴 2377 万元，已归还原渠道资金 21372 万元。宁波市城区内河污染治理情况专项审计调查项目连续第四年获得年度全国地方优秀审计项目殊荣。世界银行贷款浙江省城建环保（宁波）项目绩效专项审计调查获全国地方表彰审计项目。

财政审计　在宏观性上，注重全面摸清我市全部政府性资金运行情况，开展了财政体制结算、政府负债、土地出让金等专项审计调查，从整体上把握地方财政预算管理总体情况；在针对性上，始终坚持贯彻落实保持经济平稳较快发展这条主线，重点关注积极财政政策的贯彻落实情况、地方政府的债务风险问题、关注民生资金和民生工程的审计，注意揭露国家有关政策落实不到位、政策目标未实现以及严重影响和损害群众利益的突出问题。在时效性上，在审计工作报告中加大反映当年审计情况比重，同时将扩大内需新增投资项目和对支援地震灾后恢复重建资金跟踪审计情况及时向社会公开披露。

固定资产投资审计　针对党委、政府把抓投资作为应对危机、保增促调的重要抓手，科学安排审计项目计划，对重大政府投资项目、重大民生工程坚持审计“跟进”，高度关注重大固定资产投资项目建设，进一步加大跟踪审计力度。组织实施了宁波市轨道交通一期 1 号线、中心城区城中村改造项目、宁波文化广场项目、和丰创意广场工程、宁波国际贸易展览中心一期、宁波援助青川县灾后恢复重建项目等 13 个重大工程跟踪审计，出具审计意见单 53 份，提出审计建议 167 条，已采纳的 121 条，纠正违规金额上亿元，督促被审计单位建立健全规章制度 6 项，促进建设项目规范管理。

企业审计　为应对经济形势复杂多变的实际需求，宁波市审计机关组织 58 名审计干部和 358 名乡镇（街道）内审人员开展了金融危机对我市实体经济的影响情况专项审计调查，为市委、市政府制定“保增促调”有关政策提供依据。围绕维护政府投融资公司和地方金融机构安全，先后开展香港宁兴（集团）有限公司、市开发投资有限公司、报业集团公司等市属国有企业的审计，在审计中，切实加强服务意识，通过认真研究国家出台的投资、财税、金融信贷、出口等方面的扶持政策，指导企业用好用足用活政策，推进宏观政策在企业层面的落实，使审计监督融入国有资产管理之中。

经济责任审计　认真把握新形势下经济责任审计的新特点，坚持以财政财务收支审计为基础，以落实经济责任为主线，关注领导干部所在部门贯彻执行国家保增长、扩内需宏观调控政策情况，关注“小金库”治理、津补贴发放和公用经费支出结构情况，关注政府资产的管理运行情况。全年完成 113 名领导干部的经济责任审计，查出领导干部对违规行为负有主管责任和直接责任的问题金额 7697 万元。同时，通过市委、市政府办公厅转发《宁波市领导干部经济责任告知办法》，明确宁波新任的市管单位、部门主要负责人，将被提前告知任职期间应当履行的经济责任。

专项资金审计（调查）　先后组织实施五项社保资金、市住房公积金、粮食专项资金、农业综合开发资金、滩坑水电站移民资金等民生资金审计，审计金额 393.59 亿元。开展公共文体活动设施管理使用情况、政府投资建设保障性住房、执法部门罚没物品管理处置情况等民生项目的专项审计调查和审计，通过揭露和查处各种违规违法、损失浪费、损害群众切身利益的问题，促进健全管理制度，保障资金安全，规范资金管理和使用，切实加强对公共权力的监督与制约。在实施公共文体活动设施管理使用情况审计调查过程中，揭露部分由财政资金整修建设的公共文体活动场所，违背原定的使用原则和使用功能，改变公益用途，侵害公众利益等问题，引起市政府主要领导的高度重视，并要求有关部门将整改结果向新闻媒体进行公开，维护人民群众的切身利益和社会的公平正义。

环境审计 实施水环境建设、城建环保项目、沿海资源可持续开发项目、甬江流域污水排放和治理等环境项目审计和审计调查，审计成效显著。特别在甬江流域污水排放和治理等环境治理项目专项审计调查中，揭露了本市产生的建筑泥浆处置乱象，造成三江流域环境污染，影响行洪排涝。对上述问题，联合宁波电视台新闻频道栏目分5期报道甬江排污审计调查系列——《母亲河之伤》，市领导高度重视审计发现的问题，成立三江河道清淤领导小组，计划投入1.8亿元，对三江河道进行恢复性清淤，并出台《宁波市中心城区建筑渣土处置工作方案》，推动了甬江流域治理长效机制初步建立。 （撰稿人：吴旭光）

【绍兴市审计局】 2009年，绍兴市审计局人员编制43人，在编41人。局长钱水祥，副局长郭春敖、何小玲、魏仁林，总审计师陈明远，纪检组长胡云欣。设有办公室（审计干部培训中心）、监察室、综合处（计算机中心）、法规处、经济责任审计处、财政社保审计处、金融经贸审计处、行政事业与外资运用审计处、投资审计处（政府投资审计中心）、农业环保审计处。

审计成果 绍兴市审计机关共完成审计项目280个，查出违规金额1.1亿元，上缴财政1203.3万元；完成政府投资审计项目（标段）2307个，送审金额125.2亿元，核减工程造价7.1亿元。其中绍兴市审计局完成审计项目60个，查出违规金额2408.2万元，应缴并已缴财政141万元；对53个政府投资项目（标段）进行造价结算审计，审计总金额23.4亿元，审计结案28个，送审金额12.7亿元，核减工程造价1.4亿元。提交审计工作报告、信息432篇，被采用326篇。

财政审计 完成市本级预算执行审计以及全部政府性资金调查和嵊泗县、绍兴县财政决算审计。“同级审”重点揭示省补专项资金未列入当年预算草案可用资金范围、部分预算收入核算管理不够完善、国库存款账户资金调度和转存不合规、部分扶农重农政策执行落实不到位等情况，提出完善政府预算编制和执行管理等意见建议。

金融审计 开展金融危机对中小企业的影响、农信社系统经营风险情况审计。发现信用担保机构业务量严重不足、担保资源大量闲置、小额贷款公司资金来源不足等问题。上报“信用担保机构资源闲置亟待激活”“关于扶持发展小额贷款的三点建议”等审计信息专报，得到市长批示。

行政事业审计 完成10个行政事业审计，外资审计1项。市本级行政事业单位资产专项审计调查项目共调查16家行政单位，32处房产，账面金额38691.57万元，建筑面积131837平方米。

农业与资源环保审计 完成农业环保审计项目11个，其中农业综合开发项目9个，全省同步审计项目2个。主要发现标准农田建设未建立专项政策制度以及重复投资建设、数量缺失、质量不符合要求；千万农民饮用水工程动工在前报批在后，项目未及时动工建设和未完成计划投资额、未按规定进行定期水质检测、消毒设施未正常使用等问题。

固定资产投资审计 全市完成政府投资审计项目（标段）2307个，送审金额125.17亿元，审定金额118.08亿元，核减工程造价7.09亿元。其中市本级对53个政府投资项目（标段）进行造价结算审计，审计总金额23.44亿元，目前已审计结案28个，送审金额12.68亿元，审定金额11.33亿元，核减工程造价1.35亿元。

社会保障审计 重点组织开展“五项”社会保险基金、农村五保和城镇三无对象集中供养资金、企业年金制度调查等四项审计和审计调查。重点揭示社会保障资金未足额筹集、基本养老保险基金支付能力较低、部分参保人员的核心基础信息登记不正确、误征农民工失业保险基金、社会力量所办供养机构生存较难等问题，提出了相关建议。

企业审计 重点开展烟草公司、平铜集团以及汤浦水库资产负债损益等5项审计和审计调查。

经济责任审计 市本级对20名领导干部进行审计，首次把县市区任职的市管领导干部纳入审计范围，做到审计结果在被审计单位全部公开。五部委联席会议办公室全文转发市“行政首长经济责任问责暂行办法”。诸暨市审计局的“乡镇领导干部经济责任审计评价系统”得到审计署、审计厅领导和当地党委政府的肯定。《经济责任审计工作通讯》《中国审计报》先后介绍本市离任交接、经济责任问责等特色工作。

专项资金审计（调查） 先后组织开展地方储备粮、企业年金制度、农民饮用水工程、高校债务管理等专项审计和审计调查。按照省审计厅和市委、市政府的要求，检查这些资金和经费的征收、管理及使用情况，努力确保其安全和规范使用，取得较好的效果。（撰稿人：陈传良）

【衢州市审计局】 2009 年，衢州市审计局人员编制 34 人，在编 34 人。局长余广宇，副局长余建明、余裕明，总审计师毛金有，纪检组长盛建春。设有财政外资审计处、经济责任审计处、行政事业审计处、建设投资审计处、经贸审计处、直属审计分局、法规处、办公室。

审计成果 衢州市审计机关完成审计项目 346 个，查出违规金额 26299 万元，其中应上缴财政 1705 万元，应减少财政拨款或补贴 1562 万元，应归还原渠道资金 4384 万元，应调账处理金额 18794 万元。已上缴财政 2078 万元，已减少财政拨款或补贴 1363 万元，已归还原渠道资金 2957 万元，已调账处理金额 17580 万元。移送司法机关、纪检监察部门处理事项 5 件。提出审计建议 477 条，建议有关部门处理事项 37 件。提交审计工作报告、信息 609 篇，被采用 221 篇。市、县主要领导批示 26 件（次），撰写调研文章 21 篇，向社会发布审计公告 5 篇。

财政审计 在基本摸清全部政府性资金规模的基础上，一是加强全部政府性资金和资产审计。市、县两级 7 个财政同级审中，突出全部政府性资金和资产审计风险，相继开展了“全部政府性资金、金融危机对地方税收收入及结构影响、对政府负债与土地出让金影响”三大专项审计调查。调查中，在加大对财政支出的审计力度的同时，突出对重要部门的收费收据、往来款票据的领、用、缴、销的监督检查，促进相关部门将事业收入、规费收入近 6000 万元，及时纳入预算管理。二是加大预算执行单位延伸审计力度。对 42%的一级预算部门及其下属单位进行审计延伸，以财政资金管理使用的真实性、合法性与效益性为指向，致力于促进单位预算管理更趋规范，财政资金使用绩效不断提高，从而控制和降低风险。三是高度关注宏观政策措施的落实和执行。在金融危机对政府负债与土地出让金变动和对地方税收收入及结构的影响状况的调查、比照和分析中，集中揭示和反映一系列扩大内需政策的执行力度，影响刚度和财力营运难度，致力于提高政府财力营运质量和效益，着力化解财力营运风险。四是加强国有资产的监督检查。将开发区、城建、国土、投融资机构纳入重点审计对象，着重监督检查所管理的国有资产的真实完整性，资产市场化运作的规范性和资产收益处置的合规性。揭露一批国有资产长期不入账，出租出借出售公开化市场化程度低，收益长期用于部门支出等事项。

固定资产投资审计 全市审计机关已完成政府投资审计 332 个，占同期总量的 73%。送审工程造价 17.46 亿元，审计确认工程造价 14.94 亿元，核减工程造价 18792.9 万元，净核减率为 11%。市本级核减工程造价 9836.6 万元，其中仅衢州学院二期建设工程就核减了 7919.83 万元，核减率达 19.3%。加大对衢州学院、铁路电气化改造衢州市区段取直工程等一批重要基础设施的审计力度，严肃查处在工程建设中的违纪违规问题，将因工程建设管理不到位、个人虚假公司无资质承揽三通一平项目建设资金 256.43 万元的疑点线索，及时移送有关部门问责处理。围绕国家“拉动内需”宏观政策措施的执行，加强对新增政府主导性投资项目监管，对衢州市争取到的 53 个新增政府主导性投资项目开展专项调查。在针对项目管理存在的薄弱环节，协同上级审计机关和市纪委查纠的同时，市政府结合审计建议及时下发“加强新增政府主导性投资项目监管”的专项通知，着力在加强业务指导、财务管理培训，完善管理制度等方面强化监管。针对很多工程项目前期设计粗糙、造成工程造价增加，相关职能部门监管不到位，部分审核资料缺失，程序欠规范等问题，在督促有关部门加强投资项目的评审监管的同时，将审计介入政府投资项目全过程提上议事日程，特别是在审计提前介入工程项目可行性研究和前期设计的两大重要环节的路径和方法进行多方面探索，取得较大进展。

经济责任审计 衢州市审计机关全年完成经济责任审计 35 个，延伸审计下属单位 38 个，查处违纪违规金额 206 万元，揭露管理不规范金额 3362 万元，提出有针对性的审计建议 28 条，促使有关部门建立规范性文件21个。柯城区在区水利局经济责任审计中，查实套取水利建设专项资金37.55万元私设“小金库”的事实，及时将案件线索移送区纪委，目前责任人已被刑拘。在加强对权力监督制衡上，竭力推进行政问责、问效制，把“预防、抵御、揭露”免疫功能与批判性、建设性结合起来。实行经济责任审计过程全公开，接受被审计单位和社会双重监督。根据市经济责任联席会议研究决定，向被审计单位和责任人发出审计预告；审计进点张贴审计公告、公开对审计组廉政监督电话，征集对单位和领导的意见和建议；审计结束将结果报告视不同情况予以公开，并逐步向全社会公开发布。把效益审计融入经济责任之中，更多地从宏观决策，经济活动的效益性，政策执行的有效性等方面去评价领导干部三权的运作能力，从而进一步规范领导干部的履职行为，使屡查屡犯的问题得到有效遏制。市委组织部、审计、交接三方各司其职做好衔接，并督促指导相关单位财务人员对交接事项进行清理，及时完成离任交接工作。全市完成67个乡镇、部门91名领导干部离任交接。邀请内审人员参加国家审计重点项目的实施，组织开展内部审计人员后续教育培训，在常山县辉埠镇，开展乡镇长经济责任审计的试点工作。

农业与资源环保审计　一是建立统筹协调机制，促进专项调查资源优化配置。在金融危机对全市中小企业运行状况和相关扶持政策贯彻落实情况的专项调查中，全市六地18家职能部门的大力协作。调查涉及中小型规模以上企业973家，召开各类座谈会24次，访谈政府领导、部门负责人、专家92人次。针对中小企业运行中暴露出的问题和相关扶持政策贯彻落实方面出现的情况，审计就如何改善环境，助推中小企业应对和化解金融危机的影响，从六个方面提出意见建议。调查报告被衢州市政府《调查与思考》全文刊用。二是组织开展地方储备粮专项审计调查。通过调查，了解和掌握衢州市地方储备粮的安全现状，针对存在的问题，提出进一步健全完善地方储备粮安全制度和政策措施的3条建议，促进粮食主管部门和承储企业加强地方储备粮的管理，保证地方储备粮数量真实、质量可靠和储备安全。三是加强涉农资金专项审计调查。在标准农田建设专项审计调查中，充分利用国土系统标准农田图库资料，聘请农业专家，采用GPS技术、问卷调查、实地查勘等方式检查标准农田的数量和质量，为落实国家标准农田建设政策措施，推广粮食生产双季稻双机双抛省本高效科学技术，促进国家粮食安全、维护社会稳定提供审计保障。四是对抗震救灾资金和物资以及灾后恢复重建对口援建项目开展全程跟踪审计。重点关注抗震救灾捐赠款物筹集、拨付、管理情况，灾后恢复重建相关项目的规划、计划和国家有关政策落实以及建设项目工程质量情况。促成相关部门根据援建工程的进度，加快工程资金的审核，按照工程实际情况及时拨付进度款，确保新建学校、卫生院等关乎民生利益的重要基础项目如期交付使用。五是保护生态环境，检查化工淘汰项目执行情况。客观公正、实事求是地反映巨化氟化学、中俄科技园区“九洲”化工等三个世行赠（援）款3个外资项目审计情况，并分析评估赠（援）款项目的使用效益和生态环境保护取得的实际效果。其中衢州市审计局组织实施的衢化CTC生产淘汰审计项目，被省厅推荐审计署在山西太原举办的外资审计质量检查复核。六是关注农信社资产质量的风险评估。针对存在农信社单一客户贷款集中度偏高、前十大客户贷款占比偏高、资本利润率总体偏低、盈利能力不强问题以及成本收入比呈下降趋势等问题，重点调查实体企业实际融资状况和生产经营情况，剖析不良贷款的变化趋势，评价农信社抵御风险能力。

社会保障审计　一是衢州市审计机关共组织6个调查组，相继开展了“社会保险五项基金专项审计调查”。以促进和谐社会建设，切实做好老百姓“活命钱”为要义，突出事关国计民生，与人民群众利益息息相关的审计内容，重点查纠全市冒领失业金181657.40元，死亡人员冒领养老金107682.33元等问题，责成相关部门组织力量清理社保个人账户，健全失业、养老保险待遇追缴制度，及时追回冒领的失业金和养老金。二是加强救灾款物跟踪审计，对救灾捐赠款物的接收、筹集、管理、拨付中存在的薄弱环节，及时发出审计建议书，促进相关部门加强内部控制，健全完善社会捐赠管理运行机制，进一步规范资金运作。三是关注弱势群体，披露残疾保障金在政策、征收、管理、使用中存在的突出问题。建议加大对残疾人保障金的管理力度，强化征收环节的刚性，规范征收行为，提高残疾人保障金的惠及比例，对康复指导中心大楼建设资金补助给予政策倾斜。

（撰稿人：周江川）

【金华市审计局】 2009年，金华市审计局人员编制41人，在编39人。局长方卫民，副局长苏礼明、董巧娟、卢文浩，总审计师留义华，纪检组长夏培林。设有办公室、法规监察处、财政金融审计处、行政事业与社会保障审计处、经贸审计处、固定资产投资审计处、农业与资源环保审计处、经济责任审计处。

审计成果 金华市审计局完成审计项目58个，查出违规金额23633万元，其中应上缴财政1486万元，应减少财政拨款或补贴3886万元，应归还原渠道资金55万元，应调账处理金额2928万元；已上缴财政1486万元，已减少财政拨款或补贴3886万元，已归还原渠道资金25万元，已调账处理金额17万元。移送司法机关、纪检监察部门处理事项1件。提交审计工作报告、信息130篇，被采用115篇，获金华市主要领导批示47次。

财政金融审计 立足形势和民生，关注绩效、规范和风险，实施应对金融危机调查，社会保障专项资金调查，政府性资金调查和农信社风险专项调查，查出违规金额22914万元，其中应上缴财政1323万元；已上缴财政1323万元，已调账处理金额17万元。

行政事业审计 关注公共资产使用绩效和民生，完成审计项目22个，查出违规金额16630万元，已上缴财政163万元。移送司法机关、纪检监察部门处理事项1件。审计事项列入向人大审计工作报告后引起金华市人大代表的高度关注。

农业与资源环保审计 查出管理不规范金额3593万元，促进金华市本级修订出台《市级储备粮管理实施办法》。

固定资产投资审计 完成审计项目17个，查出违规金额3886万元；已减少财政拨款或补贴3886万元。

企业审计 金华市国资公司审计调查项目共撰写审计专报13期，获金华市主要领导批示16次。金华市审计局与市国资委联合出台《关于加强市国有企业审计监督的意见》。

经济责任审计 在探索中完成全省首次书记、县长经济责任同步审计，完成审计项目19个，查出违规金额3047万元，获金华市领导批示7次。有4名市管领导干部和2名科级领导干部被追究责任，9个单位按要求进行整改，其中1个单位加强污染源在线监控，2个单位加强工程管理，2个单位加强国有资产管理，3个单位加大资金清收力度，4个部门规范收费和资金管理，5个单位加强财务监管。

专项资金审计（调查） 完成审计项目14个，查出违规金额203万元，揭示金华市区企业应急互助基金筹集未到位、监管不力、发放不规范等问题，社会保障专项资金调查中揭示了廉租住房保障资金未有效整合的问题，政府性资金调查中查出企业骗取财政补助资金的问题。

（撰稿人：俞锦立）

【台州市审计局】 2009年，台州市审计局人员编制39人，在编35人。局长阮骅良，副局长侯丽君、汪毅华、郑必灼，总审计师王掌兴，纪检组长包荣足。设有办公室、监察室、法规处、经济责任审计处、财政审计处、行政事业社保审计处、农业环保审计处、经贸审计处、固定资产投资审计处、直属分局。

审计成果 台州市审计机关完成审计项目326个，查出违规金额7743万元，其中应上缴财政466万元，应减少财政拨款或补贴157万元，应归还原渠道资金1678万元，应调账处理金额1077万元；已上缴财政355万元，已归还原渠道资金1216万元，已调账处理金额315万元。移送司法机关、纪检监察部门处理事项8件，建议有关部门处理事项1件。提交审计工作报告、信息712篇，被采用403篇。

财政审计 组织全市审计机关开展金融危机对政府负债及土地出让变动影响和对地方税收收入及结构影响专项审计调查。申报和承担《全部政府性资产研究》的省重点课题。

金融审计 开展农村信用社经营风险专项审计调查，筛选出100家企业进行抽样分析和问卷调查，对20家企业进行实地调查，揭示信用风险状况欠佳、信贷资产质量不高，资本基础不够稳固、抗风险能力不强等问题。

行政事业审计　对行政事业单位办公用房资产开展专项审计调查，共调查单位285家，调查房屋建筑面积293.63万平方米、账面资产价值382940万元，重点揭露行政事业单位办公用房超标、配置占用不公、房屋出租随意、租金管理不规范等问题。

农业与资源环保审计　进行全市粮食安全专项审计调查和标准农田专项审计调查，重点关注地方储备粮、标准农田的安全现状。

固定资产投资审计　全年完成投资审计项目47个，审计项目投资总额29.69亿元，核减1.3亿元。对90个新增政府主导性项目进行专项审计调查。对市广播电视大楼工程施工价款结算审计，送审总造价1.58亿元，净核减3593.56万元，净核减率为22.63%。创新投资审计机制，在政府投资项目造价结算组织中首次尝试邀请外部专家参与审计争执事项论证。

社会保障审计　重点对关系经济社会发展、涉及人民群众利益的五项社保基金、住房公积金、农村五保和城市三无人员集中供养资金进行审计调查。全市共审计各类民生资金127.23亿元，查出有问题金额5.55亿元。

企业审计　开展国际金融危机对中小企业影响状况审计调查，实地调查240家、问卷调查324家中小企业，组织召开26场座谈会，摸清了金融危机对中小企业的影响现状和制约企业发展的主要问题。

经济责任审计　台州市对72位领导干部经济责任进行审计，查出违规金额3532万元；查处市外事（侨）办违纪违规问题，市检察机关和纪委已分别立案并正在进一步调查。

专项资金审计（调查）　开展企业年薪制、滩坑水电站移民资金、农业综合开发、千万农民饮用水工程、招投标中心、现代服务业引导资金等专项资金的审计调查。　（撰稿人：梁维力）

【温州市审计局】　2009年，温州市审计局人员编制78人，在编72人。局长盖爱萍，副局长岑利、赵有力、陈健、尤业先，总审计师谢立，纪检组长潘建国。设有办公室、政治工作处、监察室、法制处、财政审计处、金融审计处、行政事业审计处、经贸审计处、农业与资源环保审计处、固定资产投资审计处、经济责任审计处、外资运用审计处、开发区审计处等职能处室。

审计成果　温州审计机关共完成审计项目382个，查出违规金额19736万元，其中应上缴财政3843万元，应减少财政拨款或补贴2880万元，应归还原渠道资金2004万元，应调账处理金额37759万元。移送司法机关、纪检监察部门处理事项10件，建议有关部门处理事项6件。出具审计报告和报送审计调查报告441篇，提出审计建议1059条，提交审计信息、专报278篇，向社会发布审计结果公告86篇。

财政审计　完成财政预算执行审计项目25个。温州市本级审计工作报告通过"温州人大"网站向社会全文公开，并在当地报纸刊登。组织实施全部政府性资金与财政风险专项审计调查和国际金融危机对土地出让、地方税收收入及结构影响专项审计调查。完成24个乡镇财政财务收支审计。

固定资产投资审计　完成投资审计项目50个，涉及工程概算总投资268470万元，核减工程款51740万元。前移监督关口，开展建设工程造价审定工作。关注政府投资工程管理情况，加强对各工程建设指挥部的审计。

企业审计　完成企业审计项目34个。披露了温州市本级部分国有企业存在国有资产流失问题，开展国际金融危机对中小企业影响情况专项审计调查和农村信用社经营风险专项审计调查。

经济责任审计　完成130个单位151名领导干部经济责任审计。继续深化乡镇党委书记乡镇长经济责任"捆绑"审计。首次组织实施全市11个县（市、区）公安局长任期经济责任同步异地交叉审计。与市委组织部联合编纂《温州市领导干部经济责任审计实践与探索》论文集。

专项资金审计（调查）　完成社会保险基金审计、企业年金制度专项审计调查、高校债务管理情况审计调查、中小学校债务管理情况审计调查、地方储备粮专项审计调查、标准农田建设专项审计调查、城市三无和农村五保人员集中供养资金使用情况专项审计调查、千万农民饮用水工程专项审计调查等专项审计或审计调查项目，着

力检查各项资金管理、使用情况和有关政策措施落实情况。（撰稿人：陈振宇）

【丽水市审计局】 2009年，丽水市审计局人员编制48人，在编46人。局长吴利文，副局长胡振文、陈肇平，总审计师傅代兴（—12月），纪检组长陈珺。设有办公室、法制处、财政处、计算机处、行政事业处、农业处、经济责任处、直属分局。

审计成果 丽水全市审计机关完成审计项目377个，查出违规金额17364万元，应上缴财政5744万元，已上缴财政3998万元，核减工程造价24155万元。向司法纪检监察机关移送案件9起。审计报告与信息被采用937篇，审计建议被采纳323条。丽水市审计局完成审计项目51个，查出违规金额6583万元，应上缴财政4203万元，已上缴财政2771万元，核减工程造价4809万元。向司法纪检监察机关移送案件2起。审计报告与信息被采用149篇。

预算执行审计 丽水市审计局以全部政府性资金审计为主线抓好2008年度财政预算执行审计，《审计结果报告》和《审计工作报告》得到丽水市政府和丽水市人大的充分肯定。丽水市政府认真落实丽水市人大常委会审议意见，专题召开审计整改落实会，切实抓好审计问题整改。

经济责任审计 丽水市完成经济责任审计项目85个，查出违规金额中负有主管责任金额1514万元。丽水市审计局以“统一授权、统一方案、统一评价、分别实施”形式组织开展9县（市、区）检察长经济责任组织审计。丽水市审计机关配合纪委、组织完成70位领导干部离任交接。丽水市审计局认真搞好南浔区区长经济责任审计。

固定资产投资审计 共完成国家建设项目审计130个，核减工程造价24155万元。丽水市审计局核减政府投资支出4809万元。丽水市审计局抓好市体育培训中心、市中心医院综合大楼等项目跟踪审计，前移监督关口促进政府投资项目规范管理。丽水市审计机关认真搞好新增政府主导性项目建设审计调查，对该市援建青川县石坝乡的乡小学和乡卫生院、供水工程项目进行审计。

绩效审计 丽水市审计局重点抓好滩坑电站移民安置资金、城市绿化建设管理、地方粮食储备、物业维修资金审计调查等民生审计项目，取得较好的成效。滩坑水电站移民动迁安置资金审计调查重点关注和反映蓄水引发地质灾害隐患、移民后扶政策落实等情况，报送蓄水引发地质灾害隐患专报信息得到省委书记、副省长批示要求相关部门落实责任，进行处置。省政府已安排部分政策调概补助资金，并延长库区公建资金安排年限。

计算机审计 丽水市审计局第四次荣获全省审计信息化组织推进奖。丽水市审计局在标准农田调查、社会保障资金、财政预算执行等审计中运用计算机审计，取得较好的成效。莲都区标准农田建设管理情况审计调查运用标准农田地理信息系统和现场审计实施系统，查出虚报标准农田面积、标准农田质量偏低等四个方面问题。

企业审计调查 根据丽水市委、市政府的部署，丽水市审计局对金龙集团、强盛房地产公司、三农食品有限公司资产、负债、损益情况进行审计调查和测算，为丽水市委、市政府解决困难企业问题决策提供了依据。丽水市审计局参与银泰集团资产清算和追缴，协助皇都房地产公司、三农食品有限公司做好债权人劝访和现有资产盘活工作，配合丽水市公安局对民俗乐园股东经济纠纷进行审计和调查。（撰稿人：王仕元）

【义乌市审计局】 2009年，义乌市审计局人员编制27人，在编26人。局长汪小群，副局长朱旬华、王春明、陈兴武（—4月）、张介政（4月—），纪检组长李小芬。设有办公室（法规科）、财政金融审计科、行政事业审计科、基建外资审计科、经贸审计科、经济责任审计科等职能科（室），下属审计信息中心（人员编制3人，在编3人）。

审计成果 完成审计项目53个，查出管理不规范金额81447万元，损失浪费金额2274万元，违规金额230万元，其中应上缴财政168万元，已上缴财政168万元。提出审计建议意见114条。移送司法机关、纪检监察部门并立案查处案件1起。提交审计信息174篇，审计信息被采用116篇，得到市领导批示31项。义乌市审计局被评为浙江省审计系统先进集体，蒋建华同志被评为全省审计系统先进工作者。

财政审计　以本级财政预算执行审计为中心，开展全部政府性资金、金融危机对税收收入和结构的影响、对政府负债和土地出让变动的影响等专项审计调查，并将13个民生、资产、政策执行等审计调查项目作为财政同级审的配套项目，形成“1+N+M”的审计模式，财政同级审报告以PPT形式在人大及常委会上汇报，并将摘要内容在义乌商报等媒体公告，社会反响较好。

行政事业审计　开展信息化建设专项资金使用绩效审计调查，在肯定信息化建设取得成效的同时，也揭露了信息化设备及软件存在闲置浪费、重复建设等问题，引起市政府高度重视。开展行政执法单位罚没物品管理专项审计调查，审计提出建立全市统一的管理制度和设立“公物仓”等建议，促进义乌市出台了《义乌市罚没物品管理和处置暂行办法》。

固定资产投资审计　全年完成价款结算审计项目32个，工程送审造价45725.1145万元，净核减工程款3384.92万元，净核减率为7.4%。

跟进全市新增政府主导性项目，在镇街饮用水工程建设中，要求积极实施公开招投标，节约财政资金三百多万元。

先后四次与协审单位一起前往四川省青川县开展跟踪审计援建工程，完成第一批全额投资援建的板桥乡卫生院及板桥乡上马小学两个项目的竣工结算审计工作。

社会保障审计　社会保障审计每年必审，开展“五项社保基金”专项审计，对预防失业、促进就业的政策落实及基金使用管理提出建议，促进义乌市出台《扩大失业保险基金支出范围实施意见》和《义乌市就业专项资金管理办法》两项制度，进一步规范社保基金的支出和监管。

企业审计　开展国有及国有控股企业经营绩效情况专项审计调查，对企业经营管理中存在的管理体制不顺、投资收益率不高等问题进行反映和跟踪纠正，审计项目促进义乌市政府出台五项国资管理规定。

经济责任审计　开展4个镇街和17个行政事业单位领导干部经济责任审计和财政财务收支审计，四个镇街同步开展经济责任审计，撰写8篇《审计要情》，促进义乌市政府重视镇街资产管理，召开专题会议研究镇街资产管理对策。

专项资金审计（调查）　完成专项资金审计和审计调查16项，着重关注民生、政府资金、资产管理绩效等内容，是年度审计工作的重点。

（撰稿人：马雪婷）

2009年浙江省所辖区、县(市)级审计工作统计表

金额单位:万元

审计机关	完成审计项目(个)	查出违规金额	应上缴财政	应减少财政拨款或补贴	应归还原渠道资金	应调账处理金额	移送司法、纪检部门处理事项(件)	建议有关部门处理(件)	出具审计报告和审计调查报告(篇)	提出审计建议(条)	撰写审计信息(篇)
杭州市											
杭州市本级	79	7910	3774	20	1843	6591	2	8	82	174	58
拱墅区审计局	22	796	789			7	1		22	79	48
上城区审计局	25	746	39						25	72	33
下城区审计局	66	8161	527	7617		17			66	84	22
江干区审计局	36								36	88	129

（续表）

审计机关	完成审计项目（个）	查出违规金额	应上缴财政	应减少财政拨款或补贴	应归还原渠道资金	应调账处理金额	移送司法、纪检部门处理事项(件)	建议有关部门处理(件)	出具审计报告和审计调查报告(篇)	提出审计建议(条)	撰写审计信息(篇)
西湖区审计局	24	173	173			387			24	65	72
滨江区审计局	9								11	20	8
余杭区审计局	26	260			379	396	1	1	26	29	67
萧山区审计局	59	9449	6278	2033	248	1198	1		68	149	81
临安市审计局	77	6901	446	4127	861	4912			84	179	56
富阳市审计局	59	6524	2013	71	4411	2187	1	7	59	104	65
建德市审计局	45	2929	497	444	1018	376			45	113	88
桐庐县审计局	50	1776	611		570	202	1	1	50	126	35
淳安县审计局	41	26	4	12	13		1		42	49	45
湖州市											
湖州市本级	56	10426	407			164	1		90	179	130
吴兴区审计局	35	13254	692				2		35	104	48
南浔区审计局	24	607	43						30	53	1
长兴县审计局	74								74	91	42
德清县审计局	59	56	54		52	263	1		62	110	58
安吉县审计局	54	4006	21	2281	2				54	22	48
嘉兴市											
嘉兴市本级	38	2017			230				41	99	198
南湖区审计局	26	5				3509			26	82	
秀洲区审计局	26	228	228						26	79	
平湖市审计局	40	131					1		49	93	143
海宁市审计局	42	655	359		226				42	110	70
桐乡市审计局	28	1180						1	28	55	
嘉善县审计局	36	25	20			7		3	52	147	15
海盐县审计局	27	159	258	114	53	10	1		45	147	31
舟山市											
舟山市本级	46	5607	384		408	4788			64	139	35
定海区审计局	25	89	89						31	81	46
普陀区审计局	39	1025			2	1023			47	62	84
岱山县审计局	26	5	5						30	57	85
嵊泗县审计局	26	98	88		10				26	74	23
宁波市											
宁波市本级	45	72722	106		19048	64047			53	141	96

（续表）

审计机关	完成审计项目（个）	查出违规金额	应上缴财政	应减少财政拨款或补贴	应归还原渠道资金	应调账处理金额	移送司法、纪检部门处理事项（件）	建议有关部门处理（件）	出具审计报告和审计调查报告（篇）	提出审计建议（条）	撰写审计信息（篇）
海曙区审计局	15								16	21	11
江东区审计局	20								20	47	260
江北区审计局	29	51							29	74	68
北仑区审计局	38	1460	57	1435	3786	4	1		39	53	104
镇海区审计局	27	2320	17	2273			2		27	54	13
鄞州区审计局	166	21494	20192		15	218			167	554	445
慈溪市审计局	32								32	93	248
余姚市审计局	83			4	313	382	1		98	118	131
奉化市审计局	40	3261	27		1937	212			39	124	118
宁海县审计局	27	9829	64		16	28			27	51	24
象山县审计局	40	1301				1038	1	1	43	113	28
绍兴市											
绍兴市本级	60	2408	141			2109			77	197	71
越城区审计局	20	949	16						27	63	14
诸暨市审计局	40	0				340			53	106	35
上虞市审计局	42								65	90	26
嵊州市审计局	37	4050	584			45841			53	97	162
绍兴县审计局	44	3458	87		22	45			61	125	8
新昌县审计局	44	1225.84	133.34			164.81		2	57	47	24
衢州市											
衢州市本级	55	24998	1450	1240	3956	18118	1	18	60	123	39
柯城区审计局	12	128		50	380	78	1	1	12	52	28
衢江区审计局	27	9	6			3		4	27	105	52
江山市审计局	137	530	67	150		313	3	6	135	97	48
常山县审计局	53	146	133		13			3	53	7	10
开化县审计局	15	467	38	122	35	272		2	15	40	24
龙游县审计局	47	21	11			10		3	48	53	58
金华市											
金华市本级	58	23633	1486	3886	55	2928	1		71	132	59
婺城区审计局	17								11	26	50
金东区审计局	22	7958			8	815	1		23	24	20
兰溪市审计局	43	6115	5016			62	1		35	74	20
永康市审计局	107	17226	266		48	20786			97	245	50

（续表）

审计机关	完成审计项目(个)	查出违规金额	应上缴财政	应减少财政拨款或补贴	应归还原渠道资金	应调账处理金额	移送司法、纪检部门处理事项(件)	建议有关部门处理(件)	出具审计报告和审计调查报告(篇)	提出审计建议(条)	撰写审计信息(篇)
义乌市审计局	45	230	168			7	1		48	66	
东阳市审计局	61	18036	12261			26			52	67	76
武义县审计局	30	114			752		1		35	27	32
浦江县审计局	80	797	26		33	15	2		87	126	117
磐安县审计局	43	747	84		380	91	1		39	76	
台州市											
台州市本级	26	1127						1	26	84	102
椒江区审计局	27	275	86	157		4	3		27	94	88
黄岩区审计局	26	162	40						26	86	13
路桥区审计局	27	224	27			79	2		27	41	17
临海市审计局	27								27	107	20
温岭市审计局	36	237	50		124	129	2		36	73	34
三门县审计局	61	70	39			31	1		61	136	12
天台县审计局	24								24	39	10
仙居县审计局	35	2717	78		338	762			35	82	17
玉环县审计局	37	3197	146		1216	72			37	118	46
温州市											
温州市本级	48	6155	1212		1196	36899	2	1	66	147	81
鹿城区审计局	25	1814	339			1		1	29	66	13
龙湾区审计局	20	2434	197		192	333	1	1	20	57	22
瓯海区审计局	20	224	224						20	47	16
瑞安市审计局	47	2288	29	2008	1	276	3		51	137	35
乐清市审计局	38	2762	130		20		1		53	149	30
永嘉县审计局	30	829	406	180	155	20	1	1	44	93	34
文成县审计局	23	191	2		27				25	56	21
平阳县审计局	32								32	45	5
泰顺县审计局	28	1215	696		407	20	1		29	79	11
洞头县审计局	25	1173	473	692	6	210		1	26	53	12
苍南县审计局	46	651	135				1	1	46	131	10
丽水市											
丽水市本级	51	6583	4203			1312	2		55	59	143
莲都区审计局	97	296	38	1267		6	2		145	70	37
龙泉市审计局	34	1958	253		2	12		2	36	66	113

（续表）

审计机关	完成审计项目（个）	查出违规金额	应上缴财政	应减少财政拨款或补贴	应归还原渠道资金	应调账处理金额	移送司法、纪检部门处理事项(件)	建议有关部门处理(件)	出具审计报告和审计调查报告(篇)	提出审计建议(条)	撰写审计信息(篇)
缙云县审计局	21	4543	229	2508	358				27	27	297
青田县审计局	40	1087	394		79	11	1		46	92	115
云和县审计局	24	273	133		71	20			26	50	68
遂昌县审计局	27	688	39		1				27	28	28
松阳县审计局	31	1867	129						57	75	83
庆元县审计局	27	66	34						29	55	126
景宁畲族自治县审计局	25	3	292				2		25	86	41

安徽省

【安徽省审计厅】 2009 年，安徽省审计厅人员编制 165 人，实有 166 人，领导职数 11 名。设有办公室（审计信息技术应用处）、综合法规处、财政审计处、行政事业审计处、农业与资源环保审计处、固定资产投资审计处、金融审计处、企业审计处、社会保障审计处、外资运用审计处、人事教育处、机关党委、纪检监察室、计划统计审计室、经济审计室、科技教育审计室、劳动保障审计室、农业审计室、交通建设审计室、文化卫生审计室、新闻广电审计室。下辖省经济责任审计局、审计学会、内部审计师协会、省审计厅机关服务中心、省审计科研所、安徽审计职业学院。

领导成员

厅　　长：刘战平

副 厅 长：戴克柱、刘大群

　　　　　姜爱民、杨寿桃

总审计师：何结华

纪检组长：吴　毅

省经济责任审计局局长（副厅级）：刘春华

巡 视 员：李长柱

副巡视员：王运清

纪律检查员、监察专员：史守信

审计成果 2009 年，安徽省各级审计机关共对 6593 个单位进行审计和审计调查，查出违规金额 50.18 亿元、损失浪费金额 2.61 亿元，发现损害群众利益金额 5888 万元。为国家增收节支 17.27 亿元，核减固定资产投资或结算额 13.48 亿元。提交审计报告和信息 8749 份，被党政领导和有关部门批示、采用 6241 篇次。向社会发布审计结果公告 195 篇，提出建议 16251 条，被党委、政府和有关部门（单位）采纳 11497 条。安徽省审计厅被评为全国精神文明建设工作先进单位、第八届“安徽省文明单位”、省政府目标管理考核先进单位、省直“三优”文明机关、落实工会目标管理连续五年先进单位、效能建设先进单位，并在省政府政风评议中被评为满意等次。

财政审计 省审计厅组织对省财政厅、省发改委、省质监局、省劳动和社会保障厅、省建设厅、省卫生厅、省广电局、省商务厅等单位开展预算执行情况审计。省本级预算执行审计工作得到省委、省人大、省政府领导的充分肯定。省人大常委会还专门作出决议，省委书记、省人大主任要求认真贯彻人大常委会决议，加大审计整改力度。省长在省政府常务会议上强调，对审计出的问题要依法依规严肃处理；要加强制度建设，重视制度落实；要结合治理“小金库”工作，加强自查自纠，督促自觉整改。省政府将预算执行审计情况纳入政府工作目标考核管理体系。

农业与资源环保审计 围绕民生工程，组织全省审计机关开展 2006 年至 2008 年度农业综合开发资金审计，审计涉及省本级、17 个市及 87 个县（市、区），审计调查部门单位 286 个，审计资金总额 188371.95 万元，查出违规资金 4711.77

万元，审计促进资金投入到位2947.81万元，被采纳的审计建议达131条。统一组织全省17个市84个县（市、区）审计局，对全省2007年度、2008年度退耕还林工程补助资金的管理使用、政策执行和效益情况进行审计，审计涉及财政、林业有关部门单位665个，延伸调查251个乡镇、602个行政村和4081户退耕户。审计资金总额121295.46万元，查出违纪违规和管理不规范资金9775.57万元。

固定资产投资审计　根据省委、省政府要求和审计署统一部署，省审计厅组织对口支援四川松潘灾后重建情况实施全程跟踪审计。该项审计共涉及项目27个，资金22亿元，审计发现并查处了援建项目在资金使用管理、工程勘察设计、施工质量安全方面的一系列问题，提出审计建议38条。还组织对合肥新桥国际机场建设、高速公路建设、淮河治理工程等项目实施全过程跟踪审计，制定火电工程、高速公路、污水处理、垃圾处理四个行业的投资绩效审计评价指标体系及《全省中小学校舍安全工程审计监督指导意见》。

金融和企业审计　安徽省审计机关共对114户企业进行审计和审计调查，查出违纪违规和损失浪费金额62亿元，会计信息不真实金额2.69亿元。省审计厅组织对32户国有及国有控股企业受金融危机影响情况进行专项审计调查，省委书记在专项审计调查综合报告上批示："审计厅围绕全省发展大局，紧密联系本职工作有针对性的调查研究，工作积极主动，应予充分肯定。"省委常委、常务副省长也在该综合报告上批示："审计厅坚持服务'三保'，加强审计调查研究，工作积极主动，撰写了一份较高水平的审计调查报告。"省委办公厅以《内部通报》形式将该报告印发全省各地、各部门参阅。根据审计署授权，组织实施安徽中烟工业公司2008年度财务收支审计。为揭示金融危机对实体经济产生的影响，促进中央和省扩内需、保增长政策措施的贯彻落实，组织开展全省部分农村信用联社2008年度资产负债损益情况审计，重点检查17家行社贯彻执行国家宏观调控政策、业务经营的风险控制、资产质量、抵债资产管理和不良资产处置等情况，共查出各联社9个大类43个方面的问题，违规金额达16.74亿元，发现涉嫌经济犯罪案件线索1件。省审计厅继续与国家开发银行安徽省分行共同实施了贷款项目监督检查工作。同时，组织开展国外贷援款项目公证审计。

经济责任审计　全省共对1170名党政领导干部和企业领导人员实施经济责任审计，查出领导干部负有主管责任和直接责任的问题金额分别是8.76亿元和9127万元。省审计厅实行经济责任审计归口管理制度，制定了推进经济责任审计转型的指导意见和工作方案，细化不同类型领导干部经济责任审计内容，明确审计重点。认真开展任前经济责任审计试点，与省委组织部联合出台《关于对拟提拔领导干部（国有企业领导人员）进行任前审计的暂行办法》，确立对拟提拔领导干部进行任前审计的制度。

专项资金审计（调查）　省审计厅围绕监狱体制改革，组织实施全省监狱系统政策性超支挂账专项审计；围绕债务风险问题，组织实施政府还贷二级收费公路债务和部分省属高校负债情况审计调查；围绕农村金融改革和稳定健康发展，组织实施农村信用联社资产负债损益审计；围绕养老保险省级统筹，组织实施企业职工基本养老保险资金专项审计。围绕保障民生，组织实施企业职工基本养老保险资金专项审计、政府投资建设保障性住房情况专项审计调查、广播电视"村村通"工程专项审计调查。

信息化建设　2009年，全省审计管理系统已经全面部署完毕，视频会商系统正式开通并开始运行，省、市审计机关全部实现数据共享及互联互通，县级审计机关基本实现与市级审计机关的专网连接。省、市和部分县级审计机关基本实现无纸化办公、公文网上流转，审计项目质量逐步朝全程电子化控制方向迈进。全省共征集118篇计算机审计案例和15项四小软件，案例范围涉及财政、地税、医疗、教育、金融、社保、农业、环保、外资等多个行业和领域。有2篇获审计署的优秀案例奖，10篇入选审计署的专家经验库，17篇入选审计署AO应用实例库，10篇获得审计署鼓励奖。

业务管理　省审计厅加强审计项目立项可行性研究，分类型建立审计项目库，推进综合计划部门统一编制项目计划的工作模式；完善审计业务会议制度和审计专家制度，试行审计现场复核制度，逐步探索程序性审理复核向实质性审理复核转变；健全审计项目质量检查、优秀审计项目评选和审计质量通报相结合的审计质量监督机制和质量责任追究制度，审计质量有了一定提高，芜湖市、宣州区实施的两个项目分别被评为全国地方审计机关优秀审计项目和表彰审计项目；强化审计成本管理，推进送达审计模式和工作量核定、人力资源调配、审计经费管理三项制度的有机结合；注重审计成果运用管理，突出审计整改，健全部门协作，实行审计公告。

法规建设　省政府常务会议审议通过了《安徽省政府投资建设项目审计监督办法》并颁布实施。省审计厅制定《安徽省县级审计机关审计简易程序（试行）》《安徽省专项审计调查暂行办法》《固定资产投资项目绩效审计评价指南（试行）》《安徽省审计厅机关审计外勤经费管理办法（试行）》《安徽省审计厅关于审计系统干部挂职暂行办法》《安徽省审计厅审计项目人力资源调配办法（试行）》等制度办法，进一步提高审计工作规范化、制度化和科学化水平，为推进审计转型提供有效的制度保障。

队伍建设　省审计厅多次选派审计人员参加审计署和省内有关高校组织的研讨学习班，同时举办各类培训班、专题讲座 25 期，培训规模达 1300 人左右。研究制定了关于加强审计干部队伍建设与管理、开展通用能力培训的指导意见，完善审计干部上下挂职锻炼制度、县级审计机关定点联系制度、轮岗交流制度等，提高审计干部综合素质。实行审计组廉政责任制度，严格执行审计"八不准"工作纪律，完善审计质量责任追究制度，构建具有审计机关特色的惩治和预防腐败体系。通过努力，审计队伍的实战能力有明显提高，为推进审计转型提供坚实的智力支持和人才保障。

（撰稿人：张劲东）

【合肥市审计局】　2009 年，合肥市审计局人员编制 112 人，在编 97 人。局长吴利林，副局长米宏胜（—8 月）、李鲁青、陈卫（8 月—）、姚琳，总审计师顾强，纪检组长苏沙沙（—5 月）。设有办公室、综合处、法规审理处、财政审计处、金融审计处、行政事业审计处、经贸审计处、农业与资源环保审计处、社会保障审计处、固定资产投资审计处、外资运用审计处、计算机审计处、人事教育处、监察室、机关党委和合肥市经济责任审计局、直属分局、建设审计室、科教文审计室。

审计成果　合肥市审计局审计 52 个单位，查出各类违规金额 3258 万元，应上缴财政 199 万元，应归还原渠道资金 12 万元，应调账处理金额 3140 万元。向上级提交审计专题、综合性报告和信息简报 631 篇，被批示和采用 570 篇（次）。

预算执行审计　市审计局对市财政局组织市本级预算执行、市地税局税收征管和市属三大开发区预算执行情况，以及市经委、市检察院等 10 个部门 2008 年预算执行情况，就业再就业和其他社会保障、残疾人就业保障、市政养护 3 项专项资金的使用管理情况进行审计，并加强对各单位落实审计整改措施的督促检查和报告工作。市审计局首次向社会发布《合肥市 2008 年度市级预算执行和其他财政收支审计结果公告》。

固定资产投资审计　市审计机关落实《合肥市新增中央投资项目审计监督若干规定》要求，加大对重点项目的跟踪或决算的审计工作力度，先后开展长江西路高架桥、滨湖新区、渡江战役纪念馆等 31 个市属重点建设项目的跟踪跟进审计工作，并对 113 个竣工建设项目进行工程价款审计，另完成合肥外环森林生态长廊等 6 个项目的竣工决算审计工作。全年累计接审金额 77 亿元，审计完结工程价款 34.50 亿元，审计核减工程价款 6.02 亿元。此外，市审计局当年还对市辖三县政府投资项目开展审计调查，并提出有针对性的审计建议。

专项资金审计（调查）　市审计机关加强民生和涉农等专项审计工作，先后开展就业和其他社会保障、农业综合开发、退耕还林、农业产业化等资金运转情况以及"保增长、扩内需、调结构"执行情况、合肥企业自主创新情况等方面 14 项内容累计二十多亿元资金进行专项审计或审计调查；并完成对全市 2008 年 5 月至 2009 年 9 月 30 日为汶川地震捐赠资金物资的来源、支出和结存情况进行的跟踪审计工作，对有关调查结果进行了公告。

企业、金融审计　市审计局加强企业金融审计工作。参与合肥市《关于推进中小企业振兴计划解决企业流动资金问题的若干政策》等有关推动企业发展政策的制定与修改工作；按月核查合肥市工业发展专项资金和解决中小企业流动资金贷款贴息的申报与拨付情况；先后对新站区城开集团、高新区科实集团、市物资集团等企业开展资产负债损益审计；对市物资集团年薪制执行情况开展审计调查；开展安徽省取消收费的政府还贷二级公路锁定债务和里程情况审计工作，剔除公路部门自查债务余额逾4亿元；选择叉车集团、美菱集团等重点企业开展金融危机对合肥市企业影响情况的审计调查；对肥东县农村合作银行2008年度资产负债损益情况开展审计。

经济责任审计　市审计局试行《合肥市经济责任审计评价办法》，并据此开展对瑶海区委书记、区长及市台办、市经委、市公积金中心、市残联、市科协、市建设投资控股集团、市工业投资控股集团等12个部门、单位领导干部的经济责任审计工作。对领导干部遵守国家经济政策和财经法规、重大经济决策、内控管理制度建立执行、国有资产管理、部门经济指标完成及个人廉政建设等方面的情况进行分项审计评价后，再形成综合评价。　（撰稿人：徐俊军）

【宿州市审计局】　2009年，宿州市审计局人员编制38人，在编34人。局长吴健（—4月），副局长陈志强、孙勇（—12月）、黄莉（—12月），总审计师唐艳芳，纪检组长梁兆强。设有办公室、综合法规科、内部审计管理科、财政金融审计科、固定资产投资与外资运用审计科、农业与资源环保审计科、社会保障审计科、行政事业审计科、经贸审计科、纪检监察室和领导干部经济责任审计局（副处级机构）。

审计成果　宿州市审计机关完成审计项目278个，查出违规金额20962万元，其中应上缴财政1024万元，已上缴财政1185万元，应归还原渠道资金2103万元，已归还原渠道资金905万元，应调账处理金额2665万元，已调账处理金额2110万元。移送司法机关、纪检监察部门处理事项2件，建议有关部门处理事项1件。提交审计报告、信息1563篇，被采用1304篇。

财政审计　预算执行审计延伸审计关系国计民生、影响预算执行较大的资金。开展全部政府性资金审计，并建立基本数据库。注重抓好审计结果的分析评价工作，加强对预算收入的真实完整性、预算分配和资金拨付使用的合规性和时效性、非税收入征管情况和财政转移支付制度执行情况的审计结果进行评价，分析原因，提出可操作性建议。

审计调查　为适应审计工作转型，充分发挥审计的建设性作用，在安排32个审计项目中，审计调查项目占51%。组织开展"金融危机对市企业影响专项审计调查"，揭示金融危机对实体经济产生的影响及存在的风险；反映企业在应对金融危机中采取的各项措施及效果，发挥了审计监督的建设性作用。审计调查结果在《拂晓报》进行公告，为促进经济平稳较快发展，起到积极作用。针对各级领导关注、群众反映较多的计划生育经费管理问题，组织开展对县（区）2007～2008年度计划生育经费管理、使用等情况交叉审计（调查），把效益审计理念融入这次审计，在揭示问题并依法处理的基础上，注重从体制、制度、管理及运行机制等宏观层次上提出有针对性的意见和建议，促使市委《关于加强计划生育经费管理办法》的出台。市审计局编报的《金融危机对宿州市企业产生三大影响》和《计划生育经费支出票据管理和使用急需规范》、砀山县审计局编报的《五大因素制约地方中小企业担保有限公司发展》信息，分别被省委、省政府办公厅采用。

固定资产投资审计　审结工程招标控制价、经济签证及工程决算项目124个，审计工程价款总额6.2亿元，审定总额5.3亿元，审减额9097万元，平均核减率为14.63%。其中，累计审结工程决算项目56个，审计工程价款总额1.8亿元，审定总额1.58亿元，审计核减2933万元，核减率为16.29%。同时对工程管理中由于决策不慎、管理不善，造成损失浪费、资金使用效益低下等问题提出意见及建议。各县区在政府投资项目审计方面也进一步加大力度，埇桥区审计局的投资项目审计比2008年翻了两番；砀山县审计局成立投资审计局，面向全国公开招聘8名工作人员；萧县审计局在凤山国际大酒店投资审计中，审计核减2000多万元，为政府节约大量资金。

经济责任审计　共对75个单位、90名党委、政府或单位主要负责人进行经济责任审计。共查出领导干部负有主管责任和直接责任的问题金额分别是3784万元和1095万元；管理不规范负有主管责任和直接责任的问题金额分别是22778万元和582万元；损失浪费金额44万元。另就审计查明的问题，广泛听取被审计者个人、单位、有关部门和专家的意见，使审计处理得当，建议可行。审计报告得到组织部门的重视和肯定，并作重要批示。完成省审计厅授权“宿州学院经济责任审计”项目。召开了联席会议，在认真调研的基础上，出台《宿州市领导干部离任经济责任事项交接制度》等六个规范性文件。在经济责任审计中，各级审计机关对发现的违纪违规问题依法进行处理，并加强审计整改工作。

民生工程审计 根据市委市政府关于28项民生工程实施办法，制定了《关于进一步加强民生工程审计监督的意见》，完成政府投资建设保障性住房情况专项审计调查，组织实施农村计划生育家庭奖励扶助和新型农村合作医疗审计调查，农村低保资金和农村广播电视“村村通”工程审计调查。泗县审计局编报的《城镇廉租住房保障制度实施中存在的缺陷值得关注》和砀山县审计局编报的《农村各种债务负担较重直接影响农村改革发展》，分别被省政府办公厅《信息要情》采用。《安徽日报》对退耕还林项目进行专题报道，《中国审计报》以较大篇幅报道宿州市开展民生工程审计的做法和取得的成效。

信息化建设 2009年计划安排32个审计项目，全部实施计算机审计，采集数据量达58.3G，AO应用普及率达到100%。上报10篇AO应用实例，有4篇获审计署应用奖、2篇获审计署鼓励奖。市审计局连续六年被市政府评为“电子政务先进单位”，并在全省审计系统审计信息化工作评比考核中获得了第一名的优异成绩，被评为全省审计信息化工作先进集体。

（撰稿人：张　挺）

【淮北市审计局】 淮北市审计局编制人员67人，实有65人。局长戎培阜，副局长赵拥军、陈玉健，副总审计师周玉贞，纪检组长王家民，经济责任审计局局长李继友。设有办公室、人事教育科、政策法规科、财政审计科、金融审计科、行政事业审计科、经贸审计科、农业与资源环保审计科、社会保障审计科、固定资产投资与外资运用审计科、市经济责任审计局；经济责任审计局下设三个副科级职能科室，分别为计划管理科、党政领导干部经济责任审计科、企业领导人员经济责任审计科。下属市计算机审计中心、市投资审计中心正科级全额拨款事业单位。

审计成果 淮北市审计局完成审计（调查）单位59个，查出违规金额5028万元，其中应上缴财政749万元，应归还原渠道资金2505万元，应调账处理金额2573万元；已上缴财政101万元，已归还原渠道资金3万元，已调账处理金额177万元。查出损失浪费金额303万元，管理不规范金额21425万元，促进增收节支210万元。提交综合、专项审计报告、信息39篇，被批示采用16篇，移送司法机关、纪检监察部门处理事项2件，向社会公告审计结果3项。

财政审计 对市本级2008年度财政预算执行和其他财政收支情况进行全面审计，并延伸审计市林业局、市水务局、市卫生局、市计生委四个部门预算执行情况，同时对市水务局华家湖引闸入华工程建设项目投资绩效、城乡义务教育经费保障机制改革资金和农村广播电视“村村通”工程资金等进行审计和审计调查。审计对市本级财政和部门预算管理中存在的预算编制不够细化、执行预算不严格、部分基金支出和政府采购操作不规范等问题予以客观揭示，对政府非税收入、农民工培训、城乡义务教育经费保障、住房公积金、城市污水系统建设运营管理等方面存在的矛盾和问题，提出改进意见和建议。

专项资金审计（调查） 实施了城乡义务教育经费保障机制改革资金、农村广播电视“村村通”工程资金、市本级2006年至2008年国家批准立项、使用内资建设的农业综合开发项目资金、淮北市“保增长、扩内需、调结构”情况和廉租住房保障资金、科技三项费用、退耕还林项目、农业综合开发项目资金、政府投资建设保障性住房情况、全省农村居民最低生活保障经费等项目的专项审计调查，全面揭示在资金投入、分配、管理和使用中存在的突出问题，分析原因，提出对策和建议，促进项目资金的落实和工程目标任务完成。

经济责任审计 深化经济责任审计，努力实现经济责任审计从“财务型”向“绩效型”转变。先后起草《淮北市领导干部经济责任审计暂行办法》《淮北市审计机关经济责任审计操作规程（试行）》《淮北市领导干部经济责任审计文书规范文本》《淮北市领导干部离任经济责任审计事项交接暂行办法》等有关经济责任审计工作方面的规范性文件，进一步完善了经济责任审计工作制度。在方法上力求突破，探索经济责任审计结合方式，改进经济责任审计技术方法，深化经济责任审计重点内容。分别对市供销社、淮北卫校、市市容局等 19 个单位法人进行任中审计，对市工业学校、市第二高级职业中学、市政府驻浙江（温州）办事处、市人民医院 4 单位原法人进行离任审计。全年实际完成审计经济责任人 23 人，查出违规金额 1314 万元，管理不规范金额 34215 万元。

效益审计 积极推进效益审计工作，落实审计署发展规划提出的“真实合法审计与效益审计并重”的目标。完成对残疾人综合服务中心、淮北市引闸入华工程投资效益审计，对项目投资控制、项目区域环境状况、财务效益、社会效益等方面进行分析与评价，并对项目后期运作及相关措施进行研究与评审，为加快城市化建设，提高财政资金效益，提供有价值的决策信息。

（撰稿人：惠　薏）

【阜阳市审计局】 2009 年，阜阳市审计局人员编制 57 人，在编 44 人。局长朱贺明，副局长马晓峰、方向阳，纪检组长李援朝。设有办公室、财政金融审计科室、行政事业与社会保障审计科。

审计成果 阜阳审计局共完成审计项目 34 个，查出违规金额 10497 万元，其中应上缴财政 1213 万元，应归还原渠道资金 1310 万元；已上缴财政 989 万元，已归还原渠道资金 996 万元。移送司法机关、纪检监察部门处理事项 1 件，建议有关部门处理事项 1 件。提交审计工作报告、信息 209 篇，被采用 85 篇。

财政审计 在财政同级审和财政决算审计中，着力摸清全部政府性资金的分布状况及总量规模，分析其主要支出方向，检查评估其管理现状，分析评价其变动趋势。审计报告紧紧围绕经济工作中心和各项改革措施，并强调审计分析，注重从完善法律制度、促进规范管理的角度揭示问题、分析原因，有针对性地提出从根本上解决和预防问题的意见和建议，受到市委、市政府和市人大领导的高度重视。

金融审计 阜阳市审计局对颍泉区农村信用合作联社 2008 年度资产、负债、损益进行审计。审计发现不良贷款占比较高，不良贷款总额为 29891 万元、待处理抵债资产回收不力及存在少提拨备准备金等问题。

行政事业审计 主要围绕预算执行审计来开展工作，在对 10 个行政事业单位审计中，查出挤占和挪用专项资金 400 多万元；无政策依据发放各种补贴 1779 万多元；无政策依据收取相关费用 3129 万多元等问题。

农业与资源环保审计 2009 年对颍上县 2006 年至 2008 年农业综合开发项目财政资金、群众自筹资金的投入、管理、使用以及项目建设、管理、效益情况进行审计。审计结果表明，颍上县农业综合开发资金管理部门财务核算基本真实，能够按规定的用途拨付、使用专项资金，发挥了农业综合开发作用。

固定资产投资审计 加大对公共基础设施、民生工程、生态环境保护等重点政府投资项目审计，先后开展市医院大楼决算审计，沙颍河治理建设项目和资金审计等，审计发现管理不规范金额 5290 万元，核减投资 5112 万元，审计后挽回损失 1765 万元，促进被审计单位建立健全规章制度 4 项，重点投资项目审计取得明显成效。

企业审计 在对国企改制中，审计局主动提前介入，提早参与制定《阜阳市属国有企业改革若干问题实施意见的通知》，为改制工作顺利实施提供保障。

经济责任审计 对 12 名领导干部进行审计，其中副厅级领导干部 1 名。任中经济责任审计占全部任务的 50%。审计共查出违纪违规金额 762 万元。

专项资金审计（调查） 重点对退耕还林资金、政府投资保障性住房、农村低保等涉农惠农资金和事关群众切身利益的问题进行审计，实事求是地揭示问题，以保障人民群众的利益不受损害。

（撰稿人：岳　波）

【亳州市审计局】 2009 年，亳州市审计局人员编制 38 人，在编 34 人。局长蔡怀乾（—4 月）、李迎春（2009 年 6 月—），副局长和俊亮（—10月）、梁海波，调研员陈陵生（2009 年 10 月—）。设有办公室、综合法规科、财政审计科、行政事业和社会保障审计科、金融投资审计科、农业与外资审计科、经贸审计科、经济责任审计局。

审计成果 全市审计机关共完成审计和审计调查项目 178 个，查出违规金额 14589.94 万元，上缴财政 1301.47 万元。移交纪检监察机关处理案件 1 件，涉案 3 人。提交审计报告和专题信息 222 篇，被各级党政领导批示及各类媒体采用 161 篇，提出审计建议 422 条，促进被审计单位建立健全规章制度 174 项。

财政审计 市审计局将部门预算执行审计单位拓展到 10 个，将涉及民生的财政资金作为审计重点，加大对权力部门的审计监督。市人大常委会对审计工作报告的审议意见在《亳州晚报》上全文刊登。市审计局实施了谯城区政府 2008 年度财政决算审计。

金融审计 市审计局完成谯城区农村信用合作联社 2008 年度资产负债损益情况的审计，提出针对性较强的审计建议。

行政事业审计 市审计局对市中医药博览会组委会办公室 2008 年度财务收支进行审计调查。

农业与资源环保审计 开展谯城区 2007～2008 年度退耕还林资金审计，挪用的专项资金被全部追回并足额补发给农民，相关责任人受到撤职处分。开展全市农业综合开发资金使用情况、利辛县广播电视“村村通”工程实施情况等专项审计调查。

固定资产投资审计 市审计局在政府投资项目和土地收储项目的审计、审核中，总审减额 6332.83 万元，平均审减率 27.65%。市政府研究制定整改措施：加强城市建设项目审计；严格基本建设程序；对工程变更事宜作出严格的规定；制定出台《亳州市政府投资项目资金管理暂行办法》。市委、市政府主要领导要求对政府重大投资项目、政府投融资平台、土地征迁及收储项目实行必审制度。

社会保障审计 组织实施政府投资建设保障性住房专项审计调查、全市农村居民最低生活保障经费专项审计调查。完成全省统一组织的 2006～2008 年度养老保险基金交叉审计，维护社会稳定、保障群众利益。

企业审计 组织实施企业应对金融危机专项审计调查和城市建设投资有限责任公司 2008 年度财务收支审计，就审计查出的问题提出整改建议。

经济责任审计 市审计局开展经济责任审计项目 13 个，查出违规金额 3361.48 万元，市司法局等三个审计结果报告得到市委书记的重要批示，市政府分管领导找其相关负责人进行审计谈话，杜绝违规问题再次发生。

专项资金审计（调查） 市审计局制定了《亳州市审计局关于加强民生工程资金审计监督实施意见》，把农业、教育、医疗、社会保障等涉及人民群众切身利益的公共服务领域和民生资金作为重点审计项目。 （撰稿人：孙 博）

【蚌埠市审计局】 2009 年，蚌埠市审计局人员编制 77 人，在编 73 人。局长杨继顺，副局长徐德利、周波，总审计师汤瑶泉，纪检组长张春林。设有办公室、综合法规科、财政审计科、金融审计科、行政事业审计科、经贸审计科、农业与资源环保审计科、社会保障审计科、固定资产投资审计科、外资运用审计科、计算机审计科、派出审计一室、派出审计二室、人事教育科、机关党委、监察室、下属市经济责任审计局。

审计成果 蚌埠市审计机关完成审计项目 303 个，其中审计调查项目 29 个。查出违规金额 13769 万元，管理不规范金额 205431 万元，其中应上缴财政 650 万元，应归还原渠道资金 420 万元，应调账处理金额 1031 万元；经审计处理，已上缴财政 506 万元，已归还原渠道资金 5 万元，已调账处理金额 1003 万元；移送处理事项 4 件；提交各类审计报告和审计信息 525 篇，被批示、采用 230 篇（次）。

财政审计 全市各级审计机关以规范预算管理、推动财政体制改革、促进建立公共财政体系、保障财政安全、提高财政绩效水平为目标，坚持“揭露问题、规范管理、促进改革、提高绩效”的审计思路，不断深化预算执行审计，积极推进全部政府性资金审计。市属各级审计机关共审计各级预算执行部门 33 个，应上缴财政 186 万元。市本级财政预算执行和其他财政收支审计发现问题 11 个，专项审计调查发现问题 6 个。已经整改 12 个问题，部分整改或正在整改 3 个问题，需以后规范 2 个问题，整改金额 3400 万元，得到市人大充分肯定。

经济责任审计 全市审计机关共完成经济责任审计项目 45 个，其中市审计局完成禹会区（区长和区委书记）等 10 名领导干部任期经济责任审计。在对禹会区书记、区长的经济责任审计过程中，以关注履职绩效为重点，提出科学合理的审计建议。审计结束后，禹会区区委、区政府根据审计结果、审计意见及建议先后出台11个在全区范围内实施的管理制度和办法，对全区加强管理，提高管理和服务水平起到明显的推动作用。

专项资金审计 全市审计机关共完成专项审计和审计调查27项。通过专项审计调查更好地关注党委、政府关心以及与人民群众利益息息相关的领域，反映宏观政策执行效果及政府资金运行绩效，在更大范围和更高层次发挥审计对社会、经济运行“免疫系统功能”和建设性作用。

固定资产投资审计 全市审计机关共完成固定资产投资审计及审计调查项目182个，其中：预算执行类项目4个，竣工结算类项目178个，审计项目投资总额14592万元，核减投资额938万元。市审计局继续开展政府投资建设项目跟踪审计，先后完成东海大道环境整治等7个建设项目的跟踪审计。市长、副市长作出批示。从实际效果看，仅东海大道环境整治工程的跟踪审计就为政府节约投资2000余万元。

财务收支审计 完成儿童活动中心、外事服务中心等9个单位财务收支审计。通过财务收支审计揭示了未实行收支两条线管理、违规收费、收入未及时入账等问题，并依法进行了处理、处罚，促进被审计单位加强管理，规范收支行为。

交办事项 完成省审计厅委托的世行贷款淮河流域污染治理蚌埠子项目、世行贷款加强灌溉农业三期固镇子项目等三项审计以及蚌埠市部分企业自主创新情况等两项审计调查；其中企业自主创新情况专项审计调查报告获市领导充分肯定，市创新办已与市审计局会商出台创新资金使用管理审计监督办法等事项。 （撰稿人：赵海桦）

【淮南市审计局】 2009年，淮南市审计局编制68人，实有人员69人。局长陈永多，副局长丁常宝、李长安、王林，总审计师李宗林，纪检组长曹和平。设有办公室、综合法规科、人事教育科、监察室、党总支、计划财务（审计）科、计算机审计科、财政金融审计科、经济贸易审计科、社会保障审计科、行政事业审计科、农业与资源环保审计科、外资运用审计科、城市建设与固定资产投资审计科、文教卫审计科、经济责任审计局、经济技术开发区直属分局、山南新区直属分局、审计学会。下辖审计干部培训中心。

审计成果 全市审计机关共审计（调查）652个单位，查出违规金额1.07亿元，管理不规范金额6.04亿元，应上缴财政1833万元，应归还原渠道资金624万元，应减少财政拨款或补贴3909万元；提交审计报告和信息993篇，被批示、采用864篇（次），其中国家审计网、审计署网站采用70多篇（次），《中国审计》、《中国审计报》、《安徽审计》等采用40多篇（次），市委、市政府批示采用80多篇（次）。提出审计建议582条，被采纳381条，促进被审单位制定整改措施和建立健全规章制度141项。

财政审计 开展2007年度、2008年度市本级预算执行及17个部门、113个二级机构预算执行情况审计和审计调查，查处未按规定征收、缴纳预算收入、违规改变资金用途、财政收入核算不实、超预算列支等问题金额3.2亿元。通过对2008年度市本级预算执行和市国资委等9个部门的预算执行情况审计，揭示部分单位专项资金使用不合规、效益低下、部分政府投资项目高估冒算、未能实现预期经济和社会目标等突出问题，提出了进一步发挥财政资金使用效益、加强预算编制管理、预防政府债务风险等建议。市本级预算执行情况审计工作报告获得市人大常委会全票通过。

金融审计 根据省审计厅统一安排，组织审计力量对凤台农村信用社及下属5家单位资产负债情况进行审计，审计查出管理不规范金额299万元，针对审计查出问题，提出审计整改建议，按照整改要求，被审计单位及时做出整改。

行政事业审计 重点对市民委等一百多个行政事业单位预算外资金、罚没款以及行政性收费等相关经费进行审计，共查出应缴未缴预算收入834万元，违规改变资金用途1636万元。针对审计发现的部分单位挤占挪用、违规收费等问题，提出审计整改建议。以信息方式上报市委、市政府，分别被市委、市政府主要领导批示，有的还被省审计厅领导批示，使相关问题得到及时纠正和解决。

农业与资源环保审计 对市、县（区）农林局、凤台县水利局等部门相关资金进行审计，审计资金总额11260万元，查出资金闲置滞留、未纳入财政专户管理金额1575万元，审计促进资金到位763万元，应归还原渠道资金637万元。针对审计中发现的问题，建议相关部门要严格要求、细化管理、强化责任、规范操作，有效地解决相关资金拨付不及时、管理不规范等问题。

固定资产投资审计　先后对西水东调工程、朝阳东路东段、市级机关办公楼、武警支队大楼、龙湖公园改建、山南新区路网、西部第二通道、淮河大桥改造、沉陷区综合治理等二十多个重点项目实施跟踪审计和效益审计，确保政府投资项目、代建项目、融资项目得到顺利推进。其中，竣工决算报审资金 25 亿元，审结 15.4 亿元，核减工程造价 1.76 亿元。2009 年 1 月审计反映的《部分单位存在占用、滞留市沉陷区综合治理项目征地及拆迁补偿款问题》，市委书记作出重要批示，促进问题的解决和落实。

社会保障审计　对市殡葬行业、市就业资金等社会保障资金进行审计和审计调查，共审计和审计调查三十多个单位，审计资金 1.54 亿元，查出违规金额二百多万元，管理不规范金额 512 万元，资金滞留闲置 390 多万元。针对审计中发现的违规问题，提出审计意见和建议。

企业审计　全市对市华联商、市煤炭产销公司等十多个单位进行审计（调查），共查出违规金额 1100 多万元，收缴财政 176 万元。针对企业产生问题的原因，进行充分论证和分析，提出审计建议。

经济责任审计　开展凤台县原县长、市实验中学校长等 71 名党政主要领导干部和事业单位领导的任中和离任审计。其中党政领导干部 49 名、企业领导人员 22 名；县处级 25 名、科级 30 名。查出各类违规金额 16370 万元，其中主管责任 15720 万元，直接责任 650 万元。

专项资金审计（调查）　完成全市农业综合开发项目资金、退耕还林项目资金、水利建设资金、政府投资建设保障性住房情况、采煤沉陷区活动板房建设资金、部分城市中学债务水平、农村最低生活保障经费等审计（调查）。共审计（调查）单位 27 个，审计资金总额 38708 万元。审计发现滞留、配套资金不落实 2042 万元，相关部门认真制定整改措施，审计发现的问题得到很好解决。

（撰稿人：孙志远）

【滁州市审计局】　2009 年，滁州市审计局人员编制 48 人，在编 48 人。局长王成山，副局长刁天石、黄本明、徐军，总审计师朱哲，纪检组长李庆斌。设有办公室、监察室、综合科等职能科室和经济责任审计局、财金审计科等业务科室（局）。

审计成果　滁州市审计机关完成审计项目 550 个，查出违规金额 10605 万元，其中应上缴财政 451 万元，应归还原渠道资金 349 万元，应调账处理金额 46 万元；已上缴财政 443 万元，已归还原渠道资金 316 万元，已调账处理金额 30 万元。提交审计工作报告、信息 561 篇，被采用 248 篇。

财政审计　市四届人大常务会第十二次会议，审议了市审计局受市政府委托所作的《关于市本级 2008 年度预算执行和其他财政收支审计发现问题整改情况的报告》，会议认为，市政府和有关部门高度重视审议意见，对审计发现的问题认真进行整改，整改情况总体是好的，但是也存在一些未整改到位的问题。要求市政府及有关部门要依法查处问题，抓紧整改落实，对审计整改未到位的问题，要逐一核实，分析原因，限期整改，并在 12 月份再次向人大常委会报告审计发现问题整改落实情况。根据市人大常委会的要求，市政府组成督察组，深入有关部门和单位对审计发现问题整改工作进行督察。

行政事业审计　对两所医院的财务收支审计中，发现部分收费项目超标准收费达 110 万元的问题，经过进一步核对，发现物价部门在转发安徽省财政厅、物价局《关于修订部分医疗服务项目价格的通知》（皖价费［2005］326 号）文件时，漏装订了一页附表，导致部分收费标准未及时调整。这一信息反馈给物价部门后，物价部门即时进行纠正。

农业资金审计　在对全市农业综合开发项目的审计中，发现部分项目实施进度缓慢、到期应回收的财政有偿资金大部分未收回、部分项目及资金情况没有按规定进行公示接受社会监督等问题，编发《审计专报》报送市有关领导，市委常委、副市长作出批示。

社会保障审计　在对市本级 2007～2009 年 3 月政府投资保障性住房专项审计调查中，全面核查了廉租住房保障资金的筹集、管理、使用情况和廉租住房项目建设情况；同时深入到配建廉租住房的安置小区，对项目建设进展情况进行实地调查、拍照，对两区的廉租房补贴资金的申请、发放情况进行档案抽查和入户走访，并向市政府有关领导提交了审计专报。

经济责任审计　为进一步加强对党政领导干部的监督，充分发挥审计结果的作用，滁州市委办公室、市政府办公室联合下发《滁州市党政领导干部经济责任审计结果利用实施办法（试行）》和《滁州市本级党政领导干部经济责任审计分类管理暂行办法》。

固定资产投资审计　按照《滁州市政府投资项目管理暂行办法》要求，市政府在市审计局设立市政府投资项目跟踪审计办公室并积极开展相关工作。已对55个项目进行跟踪审计，概算投资总额31.96亿元；正在组织对完工项目进行竣工决算备案复核的项目有25个，工程价款总额1.30亿元，审定额1.14亿元，核减1613万元，核减率12.4％。

企业审计　按照省取消政府还贷二级公路收费工作部署，及时协调市发改委、财政局、交通局组成联合审计组，对7个收费站点债务及里程进行审计复核，并将核定的政府还贷二级公路债务情况及时上报。此外，根据政府要求，对市直涉企收费部门和单位进行全面督查，对各县、市、区开展清理涉企收费工作进行重点抽查。

（撰稿人：王　智）

【马鞍山市审计局】　2009年，马鞍山市审计局现有编制46人（含机关后勤行政管理服务人员单列编制3名）。局长夏光明，副局长王明营、陈陆林、金桂兰（2009.7—），纪检组长汤德生。设有办公室、综合调研科、党总支、法规审理科、审计执行科、内审指导科、计算机审计中心、财政金融审计科、固定资产投资审计科、经济社会审计科、经济责任审计局。

审计成果　全市审计机关完成审计项目287个，查出违规金额5194万元，其中应上缴财政700万元，应减少财政拨款或补贴3032万元，应归还原渠道资金3328万元，应调账处理金额614万元；已上缴财政465万元，已减少财政拨款或补贴410万元，已归还原渠道资金3412万元，已调账处理金额439万元。提交审计工作报告、信息共431篇，被采用555篇（次）。

财政金融审计　主要对市财政局2008年度具体组织本级预算执行和其他财政收支情况进行审计，同时组织开展市人防办等四个部门预算执行情况审计，侧重延伸审计部门所属9个单位。全市审计机关还对全市政府性资金情况开展专项审计调查。

固定资产投资审计　在开展传统投资工程价款结算时，开展审计调查、效益审计和跟踪审计等多种类型的审计项目。项目审计采取直接审计和招标委托中介机构审计两种方式。为规范政府投资重点建设项目跟踪审计行为，保证审计质量和效果，马鞍山市审计局总结经验，出台《马鞍山市政府投资建设项目跟踪审计操作办法（试行）》。

经济责任审计　完成市贸促会等部门单位领导干部经济责任审计14个；召开全市部分单位审计人员经济责任审计工作座谈会。草拟提交市委、市政府出台《进一步加强我市经济责任审计工作有关部门协调与配合的意见》《马鞍山市县处级领导干部任期经济责任审计对象分类管理试行办法》及《马鞍山市县处级领导干部离任经济事项交接试行办法》。通过招标方式选择中介机构参与经济责任审计。

专项资金审计（调查）　完成审计项目5个。按照安徽省审计厅的统一部署，完成马鞍山市2006～2008年度市级农业综合开发项目资金、政府投资建设保障性住房情况、退耕还林项目、金融危机对国有企业影响及“扩内需、保增长”新增中央投资项目等专项审计调查。

（撰稿人：司小敏）

【芜湖市审计局】　2009年，芜湖市审计局人员编制60名，实有59人。局长周明，副局长杨高、韩小平、王钢，总审计师张文清，纪检组长陈军，经济责任审计局局长吕荆海。设有经济责任审计局、办公室、监察室、人事教育科、法制科、财政审计科、行政事业审计科、固定资产投资审计科、社会保障审计科、金融审计科、经贸审计科、外资运用审计科、农业与资源环保审计科、内部审计指导监督科。2008年，市编办批准设立审计局计算机审计中心（二级事业单位，编制4人，实有4人）。

审计成果　全年共完成审计项目530个，查处违规问题金额41219万元，管理不规范金额120798万元，审计后避免损失86646万元，核减政府投资 37307.08 万元。被批示的专题或综合性报告 35 篇，被采用的审计信息 141 篇次，促进建立健全规章制度 4 项，审计发现和配合纪检委办案 5 件。荣获第四届全国精神文明建设工作先进单位、全省审计系统精神文明和党风廉政建设先进单位，华强地块拆迁安置资金审计项目荣获全国优秀审计项目。

固定资产投资审计　加强对城市拆迁安置专项资金和重点工程项目建设资金的跟踪审计和专项审计调查，重点揭示城市建设资金使用进程中违规操作、挤占挪用、损公肥私、重大损失浪费等违法违纪行为，维护政府投资安全、有效。对城东新区道路建设、滨江公园建设成本、华电和响水涧项目拆迁安置费用进行审计；实施对市法院办公楼装饰工程调概审计、住建委产权交易大楼竣工决算审计、宁安城际铁路镜湖区段拆迁资金审计。核减拆迁安置成本，节约政府投资 25683.13 万元。

加强了对社会中介机构报告质量的监督力度，对全市范围内的资产评估、工程审价、房地产评估等鉴证类中介机构承担的政府性投资项目的审价质量、资产评估、房地产评估质量进行专项核查。揭露中介机构执业过程中存在的玩忽职守、不负责任的行为，取消一个违规操作的中介机构政府性投资项目工程审价的资格。市政府以会议纪要形式责成相关主管部门制定中介机构的管理办法，加强对行业协会的监管。

财政联网审计　“芜湖市审计局财政联网审计系统”正式通过专家组验收，在市本级财政预算执行审计中运用效果良好，实现对财政资金审计监督关口的“前移”，将全部政府性资金纳入预算执行审计监督范围，积极服务于全市财政工作的制度创新。运用联网审计系统的强大数据分析功能，全面反映财政资金的分布状况和总量规模，分析资金的支出去向及结构，客观评价资金的管理现状及变动趋势。全面开展部门预算执行绩效审计，重点关注部门的预算安排是否保证其履行职责需要，专项资金使用是否推进事业发展及社会效果情况。

省审计厅在芜湖市召开全省审计信息化工作现场会暨成果展示会，重点介绍和推广市审计局财政联网审计经验，财政联网审计方面取得的成果得到省审计厅领导的高度赞扬和参会人员的一致认可。

行政事业审计　全程参与市属事业单位改制和资金资产的双清工作。组织 28 个审计组，对市属 141 个事业单位、35 个社会团体、758 个账户的资金资产清理情况进行审计核实确认，对改制单位国有资产评估价值进行审计确认。撤销单位账户 652 个，清理资金 18.9 亿元，为政府推进事业单位改革，强化管理，提高财政资金使用效益提供客观、准确的数据。

经济责任审计　市经济责任审计工作领导组正式出台《关于进一步加强部门管理领导干部经济责任审计工作的意见》，进一步扩大经济责任审计覆盖面。对新形势下领导干部经济责任审计的监督重点、审计内容和方法、审计结果报告提出新的要求。重点围绕芜湖市“四用”制度、收支两条线制度、招标采购制度、规范公务员津补贴制度和行政问责办法，强化对权力运行的制约，突出“部门问责”和“资金问效”。当年对 95 名领导干部进行任期或离任经济责任审计。

专项审计　根据国家四部委要求，与市交通局组成联合审计组，对芜湖市政府还贷二级公路锁定债务及里程进行专项审计。历时 3 个月，整理审计案卷 1000 多本，规范锁定债务 43 亿元，审计报告得到市政府和省审计厅、交通厅的充分肯定。

协调配合工作　2009 年，审计署京津冀特派办、上海特派办、广州特派办分别对市政府投资保障性住房实施情况、高新技术开发区（弋江区）土地使用政策执行情况、华强项目投资和用地情况进行专项审计调查；省审计厅对市 2006～2008 年企业职工基本养老保险进行审计，市审计局根据市委、市政府领导指示精神，积极做好协调、配合和沟通，争取审计组对地方政府超常规发展采取一些措施的理解和支持，圆满完成审计协调、配合工作。

专项调查　当年实施了国际金融危机对奇瑞公司影响、芜湖新联造船有限公司造船项目投资经营风险分析、廉租住房租金补贴、农村饮用水安全工程、企业自主创新等多项审计调查，在推动民生工程项目落实、促进企业应对金融危机、服务政府决策方面发挥建设性作用。《中国审计报》对市局创新企业审计新思路、服务企业发展的做法进行专题报道。　（撰稿人：胡媛媛）

【铜陵市审计局】　2009 年，铜陵市审计局编制人员 44 人，在编 58 人。局长王仁海，副局长陶和平、李丛林、宋同英、陈延友，总审计师王华，纪检组长何建敏。设有办公室、综合法规科、财政金融审计科、企业审计科、行政事业审计科、农业和资源环保审计科、投资审计科、社会保障审计科、经济责任审计局和市纪委派驻检察室。

审计成果　铜陵市审计局完成审计项目 52 个，查出违规金额 5240 万元，其中应上缴财政 180 万元，应减少财政拨款或补贴 2 万元，应归还原渠道资金 102 万元，应调账处理金额 1184 万元；已上缴财政 180 万元，已减少财政拨款或补贴 2 万元，已归还原渠道资金 68 万元，已调账处理金额 1010 万元。建议有关部门处理事项 3 件。提交审计工作报告、信息 99 篇，被采用 80 篇。

预算执行审计　全面开展 2008 年度市本级预算执行和其他财政收支审计工作。在市本级预算执行和预算收入征缴方面，审计市财税部门具体组织执行市本级预算、地方税收征管情况，以及市开发区预算执行和其他财政收支；在部门预算执行方面，对市广电局等 10 个部门进行审计，对市中级法院等 8 个部门进行重点审计调查。对市本级财政一级预算单位坚持每年开展审计或审计调查；对投资在 100 万元以上的市本级政府投资建设项目，均列入市审计机关审计项目计划管理，100 万元以下的由建设单位委托中介机构审计，审计机关进行检查监督。市审计局对市直部门实行"审计＋重点调查＋简易调查"，覆盖了 77 个一级预算单位。重点对"政府性负债"、"公车费用支出"、"执行津补贴制度"、"公务接待费用"、"经营性资产管理"五个方面专题进行审计调查。审计促成《铜陵市内宾接待工作暂行规定》《铜陵市政府债务管理办法（试行）》等制度办法的出台，充分发挥审计建设性作用。同时，积极拓展审计领域，把村集体组织经济活动和负责人经济责任纳入审计监督的关注点，审计机关负责指导开展审计监督工作。向市人大常委会所作的《审计工作报告》得到各方面的充分肯定。

专项资金审计（调查）　市审计局围绕保增长、保民生、保稳定，加强了对生态环保、农业、社保、教育、医疗等涉及群众切身利益的专项资金的审计监督。审计调查铜陵市"保增长、扩内需、调结构"情况。组织审计铜陵县、狮子山区和郊区退耕还林工程专项资金及铜陵县 2007～2008 年农业综合开发项目资金管理使用情况。对 2007 年至 2009 年 3 月铜陵市廉租住房保障资金的筹集、管理和使用情况，以及政策性保障住房政策措施的执行情况进行专项审计。对农村居民最低生活保障经费专项进行审计调查。对汶川抗震救灾资金物资的管理和使用情况进行审计调查等，及时提出并纠正存在的问题，促进加强项目资金规范管理和有效使用。

固定资产投资审计　认真组织开展对政府性投资项目全覆盖审计，重点组织对政府性投资 100 万元以上工程项目进行全面审计。审计 21 个工程项目工程造价，送审总额达 4.7 亿元。对西湖新区 BT 项目、港务集团兼并改制等提前介入，从审计角度进行把关、提出意见；对芜铜路 BT 项目、托莱多基础设施建设项目、西湖新区 BT 项目标底进行审核。

金融和企业审计　对铜化集团 2008 年度经营业绩情况进行审计，同时开展对铜化集团受金融危机影响情况进行审计调查，通过对六国化工、化工总厂的调查，了解掌握金融危机对企业生产经营和财务效益的影响。组织对铜陵县皖江农村合作银行的资产负债损益情况进行审计，通过审计揭示在农村金融改革和发展中存在的突出问题，促进农村金融稳定健康发展。审计调查原国资公司家底情况和铜陵市循环经济效益情况等。

经济责任审计　3 月，市委调整市经济责任审计工作领导小组成员，市委书记亲自担任组长。市审计局共对 22 位党政领导干部和国有及国有控股企业领导人员进行经济责任审计。审计查出违规收费，挤占专项资金，专项资金使用效益不高，对所属单位监管不到位，执行财经纪律不够严格等方面问题。

生态效益审计　发展循环经济促使铜陵从污染型的工矿城市向绿色生态城转型。2009 年，市审计局按照树精品意识、选精品项目、出精品报告的要求，实行"主审招标、独立运作"的模式，对"铜陵市循环经济建设效益情况"进行审计调查，为市委、市政府宏观决策提供可靠依据和参考。

（撰稿人：何　翠）

【安庆市审计局】　2009 年，安庆市审计局人员编制 71 人（含行政编制 50 人，事业编制 21 人），在职 72 人。局长何家虎，副局长张志国（兼总审计师）、朱菊云、尚晓玲（兼市经济责任审计局局长），纪检组长杨晓峰，调研员倪桂林。设有市经济责任审计局（副县级）、办公室、人事教育科、综合法规科、财政审计科、金融审计科、行政事业审计科、经贸审计科、农业与资源环保审计科、固定资产投资审计科、外资运用审计科、审计信息管理科、监察室。事业机构投资审计中心。

审计成果　安庆市审计机关共完成审计单位 567 个，审计调查单位 43 个，查出违规金额 44762 万元，管理不规范及损失浪费金额 178808 万元。其中审计处理上缴财政 1357 万元，核减工程投资为财政节约资金 6652 万元。移送公安机关处理案件 1 件，涉案人员 3 人，涉案金额 37 万元。上报的各类信息被上级有关部门采用 434 篇（次）。

财政审计　全市共完成审计单位 38 个（其中预算执行审计 27 个，财政决算审计 11 个），审计调查单位 1 个，查出违规金额 16842 万元，管理不规范金额 64658 万元。其中，应上缴财政 216 万元（已上缴财政 144 万元），应归还原渠道资金 1389 万元，应调账处理金额 488 万元。

行政事业审计　全市共完成行政事业单位审计 263 个，查出违规金额 21445 万元，管理不规范金额 28532 万元，审计发现侵害人民群众利益 597 万元。其中应上缴财政 598 万元（已上缴财政 563 万元）。

固定资产投资审计　全市审计机关审计政府投资项目共 214 个，占全市审计项目数的 35%，审计投资完成金额 74874 万元（其中市审计局审计 18196 万元），审计核减工程造价 8904 万元（其中市审计局核减 3849 万元），平均核减率 11.94%（其中市审计局平均核减率 21.15%）。

经济责任审计　全市共完成审计单位 107 个，审计经济责任人 116 人（其中：党政领导 69 人，事业单位领导 44 人），其中：县处级领导 13 人，县处级以下领导 103 人。共查出违规金额 14418 万元，管理不规范金额 27323 万元。任中审计率达 62%。

专项资金审计（调查）　全市审计机关完成对市经济技术开发区审计指导以及金融危机对实体经济和企业影响、政府投资建设保障性住房、退耕还林项目、农业综合开发项目资金、农村居民最低生活保障经费的专项审计或审计调查，开展市信用担保（集团）有限公司、市城市建设发展投资集团有限公司和市发展投资（集团）有限公司资产负债及资本构成、资金投向情况审计调查，对促进扩内需保增长政策的贯彻落实起到了推动作用。市审计局制定了《关于进一步加强民生工程资金审计监督的实施意见》。

（撰稿人：石　林）

【黄山市审计局】　2009 年，黄山市审计局人员编制 26 人，在编 25 人。局长徐立秋，副局长孙凤琴。设有办公室、综合法规科、财政金融审计科、行政事业审计科、经贸审计科、基建审计科、经济责任审计科（局）。

审计成果　黄山市审计机关完成审计项目 699 个，查出违规金额 21197 万元，其中应上缴财政 186 万元，应归还原渠道资金 1128 万元，应调账处理金额 129 万元；已上缴财政 75 万元，已归还原渠道资金 182 万元，已调账处理金额 264 万元。移送司法机关、纪检监察部门处理事项 2 件。提交审计工作报告、信息 524 篇，被采用 254 篇。

预算执行审计　财政预算执行审计进一步扩大审计监督覆盖面，突出党委、政府工作中心、社会关注的热点和难点问题等重点内容同时与经济责任审计和民生工程审计调查相结合，以资金走向为主线，以真实性、合法性和效益性为基础，充分利用计算机审计技术收集各种财务数据，强化对重点单位、重点项目、重点资金和重点问题的审查力度。对各种存在的问题进行深层次的分析和研究，提出切实可行的审计意见和建议，为党委和政府的宏观决策提供依据。

专项资金审计　围绕“保民生、保增长、保稳定”，以服务民生，维护民生为切入点，落实全市的民生工程政策，促进黄山经济平稳较快增长，加强对政府投资建设保障性住房情况、退耕还林项目、全市农业综合开发资金等项目的专项审计或审计调查，促进各项目资金管理的规范，提高财政资金的使用效率。

固定资产投资审计　一是把政府重点建设项

目、城市市政基础设施建设项目、民生工程建设项目等作为审计重点；二是狠抓审计项目质量管理，加大对中介机构审计项目过程的质量管理及控制，加大重点项目的自审力度。全市共完成投资审计项目456个，项目送审金额62798万元，核减额8369万元，核减率为13.33%。黄山市审计局制定《黄山市重大建设项目跟踪审计监督办法》，并选择黄山机场改造项目、新安江延伸段综合开发项目实施跟踪审计。

经济责任审计　全市已经完成对46个单位和46个个人的经济责任审计项目，查出违规违纪金额166万元，管理不规范4379万元。审计结果报告已被组织、纪检部门列入领导干部本人的干部考核材料和廉政档案，审计成果得到运用，审计意见整改落实的效果显著，为促进党风廉政建设和强化干部监督工作发挥积极作用。

（撰稿人：金泽芳）

【六安市审计局】　2009年，六安市审计局编制35人，在编30人。局长黄文应，副局长夏云、徐峰。设有办公室、综合法规科、财政金融审计科、行政事业审计科、投资与外资运用审计科、农业与资源环保审计科、社会保障审计科、经贸审计科、监察室。另设科级事业单位六安市经济责任审计局、投资审计局。

审计成果　六安市审计机关共完成审计项目539个，查出违规金额36628万元，纠正归还原渠道资金3176万元。提交审计工作报告、信息165篇（条），被地方党政领导和有关部门采用151篇（条）。其中市本级审计31个单位，审计调查25个单位，查出违规金额15297万元，收缴财政277万元。

财政审计　市本级预算执行情况审计重点审查预算的科学性，财政收支真实性、合法性，检查财政支出结构的合理性。《关于六安市本级2008年度预算执行和其他财政收支的审计工作报告》得到市人大常委会领导和委员们的充分肯定和高度评价，市人大常委会专门发文要求对审计发现的一些问题进行整改并按时向市人大常委会报告整改方案和结果。11月，省人大常委会相关工作机构专门组织《安徽日报》、安徽卫视等省级主流新闻媒体对六安市财政同级审整改工作进行重点采访报道。

金融审计　通过对农村信用合作联社2008年度资产负债损益情况审计，重点反映国家扩大内需促进经济增长各项政策措施落实情况，以及政策执行过程中存在的体制性和机制性问题，揭示信用社资产质量状况、信贷业务合规性和风险管理有效性，以及经营管理中存在的薄弱环节和风险隐患。

农业与资源环保审计　为促进各级政府和有关部门、单位提高资金绩效，提高农业综合生产能力，保护生态环境，促进农民增收和农村经济社会发展，对2006年至2008年全市农业综合开发项目开展审计；开展全市2007年至2008年退耕还林工程专项资金审计，为农村产业结构调整提供决策参考。

固定资产投资审计　对关系国计民生的重大投资项目实施全过程跟踪审计，查出违规金额15054万元，核减工程造价2316万元。

社会保障审计　对全市2007年至2008年农村低保政策制度运行和资金收支管理情况进行审计调查，并延伸调查2009年度农村低保提标扩面工作的开展情况，推动全市低保工作开展。

经济责任审计　全市共对141个单位进行审计，其中任中审计38人；共查出各类违规金额8649万元，领导干部应负直接责任的金额为964万元，应负主管责任金额为7685万元，收缴财政289万元。提交审计结果报告128篇，被有关领导批示17篇，提出审计建议189条；提炼信息53篇，被市级以上刊物和审计网采用39篇。审计后有关部门参考审计结果提拔重用7人。

（撰稿人：郭立刚）

【巢湖市审计局】　2009年，巢湖市审计局编制37人，在编37人（含工勤人员2人）。局长吕虎，副局长周善涛、张自道，市经济责任审计局长许迎春，总审计师沈少东。设有办公室、综合法规科、财政金融审计科、农业与资源环保审计科、外资运用审计科、经贸审计科、行政事业与社会保障审计科、固定资产投资审计科及副县级建制的巢湖市经济责任审计局。

审计成果　巢湖市审计机关完成审计项目330个，审计查出违规金额15060万元，其中应上缴财政787万元，应减少财政拨款或补贴3389万元，应归还原渠道资金510万元，应调账处理金额 238 万元；移交检察机关、纪检监察部门和建议主管部门处理 6 人；提交工作报告、信息 545 篇，被批示采用 414 篇。

财政审计　从注重财政支出审计转变为财政收入和支出审计并重，查出未收、未缴财政性资金、未缴国库收入、欠缴土地出让金等问题；延伸调查 41 个财政专项资金管理使用单位，查出专项资金未及时下拨使用、被挤占等问题；通过延伸调查 46 个市直单位经费收支结余情况，揭示了部门之间经费收支不均衡、财政资金大量闲置在少数单位的问题。在对庐江县财政决算审计中，重点分析该县财政收入状况，指出总量大，但人均水平低，增长快，自给能力弱，收入质量、税收结构不尽合理等问题。

固定资产投资审计　全市工程造价审计核减 1.78 亿元，同比增长近一倍；跟踪审计重点把握建设程序、设计变更、隐蔽工程、大宗设备物资采购等环节，前移监督关口，对发现的问题及时下达跟踪审计意见单。组织实施希安琪玩具厂建设项目效益审计，指出项目建设中存在前期工作不到位、造价控制不严、损失浪费等问题；会同市建委、市城市投资公司、市滨湖新区、市开发区对所有已完工和在建的政府性投资项目进行摸排；及时充实更新投资审计专家库，强化对建设项目初审和对中介机构的审计复核，确保效率和质量。

经济责任审计　对村（社区）负责人经济责任审计开展调研并形成专报，得到市委负责同志的高度重视。提高任中审计比例，丰富评价内容。联合市纪委、市委组织部制定《巢湖市经济责任审计整改情况检查办法》，规定在期限内未整改到位的，市纪委、市组织部将对主要负责人进行约谈、诫勉谈话或问责，相关做法得到省审计厅肯定，并被《中国审计报》报道。

专项资金审计（调查）　开展全市保障性安居工程建设情况、农村居民最低生活保障经费、医疗保险基金等民生工程专项调查，揭示城镇居民医疗保险中普通居民参保率有待提高、医保住院费用个人负担较重等问题；全市统一组织的退耕还林专项资金审计，查处了财政滞留、镇村挪用、承包大户侵占等严重损害农民利益问题，查出问题金额 7900 万元，移送案件 1 起 1 人。

（撰稿人：时　超）

【池州市审计局】　2009 年，池州市审计局人员编制 25 人，在编 22 人。局长刘永忠，副局长莫助国（—12 月）、吴明楣、吴熙祥、胡以民（12 月—），总审计师杨正发（5 月—）。设有办公室、综合法规科、财政审计科、行政事业审计科（社会保障审计科）、固定资产投资审计科、农业与资源环保审计科（外资运用审计科）、经贸审计科（金融审计科）、经济责任审计局。

审计成果　池州市审计机关完成审计项目 121 个，查出违规金额 2907 万元，其中应上缴财政 113 万元，应减少财政拨款或补贴 28 万元，应归还原渠道资金 284 万元，应调账处理金额 3886 万元；已上缴财政 96 万元，已减少财政拨款或补贴 28 万元，已归还原渠道资金 137 万元，已调账处理金额 2004 万元。提交审计工作报告、信息 151 篇，被采用 48 篇。　（撰稿人：陈锦旗）

【宣城市审计局】　2009 年，宣城市审计局人员编制 27 人，在编 26 人。局长汪志良，副局长章捷、王翔（6 月—），总审计师丁宏林（4 月—），纪检组长查燕萍（2 月—）。设有办公室、综合法规科、财政农水审计科、金融外资审计科、经贸与社会保障审计科、审计信息技术运用科、经济责任审计局。2009 年成立固定资产投资审计中心，增加事业编制 10 人，已招录 6 人。

审计成果　宣城市审计机关共完成审计项目 485 个，查出违规金额 22308 万元，其中应上缴财政 2487 万元，应减少财政拨款或补贴 2026 万元，应归还原渠道资金 37278 万元，应调账处理金额 150264 万元；已上缴财政 686 万元，已归还原渠道资金 39 万元，已调账处理金额 3980 万元。移送司法、纪检监察及有关部门处理案件（事项）3 件，涉案 3 人。提交审计报告、信息 550 篇，被采用 328 篇。

财政审计　深化预算执行审计，延伸全部政府性资金及政府债务。一是在预算收入方面，更加关注日益扩大的土地出让金收入和政府型基金收入；二是更加关注政府债务情况，摸清政府债务规模、结构、走向，以及未来还本付息对财政支出的影响，提请有关部门早做安排；三是在预算支出方面更加关注民生工程政策落实情况，中央扩大内需项目资金配套情况；四是透过问题的分析、揭示，更加注重揭示体制、机制和制度方面存在的漏洞、缺陷，提出有针对性的对策和建议，防止此类问题的再次发生。今年市本级及县（市、区）的《预算执行审计结果报告》都受到同级政府、人大的高度评价和一致肯定。

固定资产投资审计　市本级对市政府主要工程鳌峰东路延伸、宣港路、水阳江大道（南段和东南段）、环城大道、昭亭广场、318 国道宣广段拓宽改造等重点建设项目开展全过程跟踪问效审计，按照“盯梢跟踪、分期报告、迅速反馈、及时纠正”的原则，对每一工程项目实施开工前审计、施工期审计、竣工决算审计和财务决算审计，使审计进度与工程进度相衔接，及时发现并纠正各个环节存在的问题，避免小问题酿成大损失。市局重点审计（调查）6 个单位（包括市区住房容积率规划设计及变动情况审计调查项目），审计总金额 2.33 亿元，核减投资额 7313 万元，核减率达 31.43%，有效地节约国家建设资金，促进建筑市场秩序的规范。

联合财政局、监察局出台《关于进一步规范建设项目竣工决算管理的通知》，在市人民政府第 20 号令《宣城市建设项目审计监督办法》的基础上，进一步强调：凡投资额在 50 万元以上的政府投资建设项目必须经审计机关审计，审计机关的审计结果，作为建设单位与施工单位或者相关单位确定最终结算的依据；建设项目符合竣工验收条件的，建设单位应当在三个月内向审计机关提交竣工决算资料，审计机关根据审计项目计划组织实施。郎溪、绩溪、宁国等县市先后以政府名义出台投资审计规定或者办法，进一步明确和细化政府投资审计。

经济责任审计　一是审计领域进一步拓宽，由过去的政府、行政部门领导向企业、党群部门领导扩展，市审计局安排一个县委书记的审计，还安排了宣城宾馆总经理的审计、共青团宣城市委原书记的审计，各县（市、区）审计局均至少安排了一名乡镇党委书记任期经济责任审计，经济责任审计对象由单一的行政领导逐步转向党、政、企领导干部并重；二是任中审计比重加大，市审计局 2009 年任中审计比重达 30%，这样实现了监督关口前移，提高审计效果；三是拓宽审计内容，更加关注被审计人重大经济事项决策情况，评价经济决策责任和经济政策执行情况，促进科学决策、民主决策、依法决策。

专项资金审计（调查）　重点加大对扩大内需项目、涉及群众切身利益的农业、民生工程等专项资金的审计监督力度，确保专项资金的专款专用和国家政策的贯彻执行，切实维护广大人民群众的根本利益。审计针对发现的问题和不足，提出了相应的处理意见和建议，要求被审计单位尽快整改落实。10 月 16 日，将《宣城市 2007 年至 2008 年农村居民最低生活保障资金审计调查结果报告》在《宣城日报》、市局网站上公布，接受社会对审计工作的检验、监督，这是继 2008 年 6 月向社会公布抗震救灾捐赠款物审计结果后，再次向社会公开审计结果。

交办事项　今年以来，抽调精干力量，先后实施市领导交办的住房容积率审计调查、部分扩大内需项目审计调查、部分民生工程项目审计调查、撤销市直单位银行账户和“小金库”查处工作，审计摸清了有关情况，为领导决策提供有价值的信息。此外，抽调三名工作人员到市信访局、应急办和开发区从事信访接待、应急处理和征地拆迁工作，为维护社会稳定和开发区的经济建设作出积极贡献。

（撰稿人：王达平）

2009 年安徽省所辖区、县(市)级审计工作统计表

金额单位:万元

审计机关	完成审计项目(个)	查出违规金额	应上缴财政	应减少财政拨款或补贴	应归还原渠道资金	应调账处理金额	移送司法、纪检部门处理事项(件)	建议有关部门处理(件)	出具审计报告和审计调查报告(篇)	提出审计建议(条)	撰写审计信息(篇)
合肥市											
合肥市本级	52	3258	199		12	3140			631	570	
蜀山区审计局	14	76	77						81	18	
庐阳区审计局	180	4	4						517	179	
瑶海区审计局	15	523	523						51	40	
包河区审计局	107	1	1						107	26	
长丰县审计局	31	5288	362		1076	15069			116	116	
肥东县审计局	20	1196	34		40				20	20	
肥西县审计局	74	3334	50		3111	129			74	74	
宿州市											
宿州市本级	38	11672	683	790	1819	1864			683	279	
埇桥区审计局	60	1843	216		209	584			150	320	
砀山县审计局	52	260	156	157	5		2	1	400	498	
萧县审计局	68	6401	102		70	217			124	108	
灵璧县审计局	56	786	42						126	54	
泗县审计局	4		5						80	45	
淮北市											
淮北市本级	59	4648	749		2505	2573	2		39	16	
相山区审计局	20								5	5	
杜集区审计局	11										
烈山区审计局	30	171	16		21	20			8	3	
濉溪县审计局	18	912	65		115	105			15	1	
阜阳市											
阜阳市本级	34	10497	1213		1310		1	1	209	85	
颍州区审计局	11	5	5						50	12	
颍东区审计局		1475	134		203				29	18	
颍泉区审计局	27	4048	1				6		35	22	
界首市市审计局	97	8936	50		61	206			139	83	

（续表）

审计机关	完成审计项目（个）	查出违规金额	应上缴财政	应减少财政拨款或补贴	应归还原渠道资金	应调账处理金额	移送司法、纪检部门处理事项(件)	建议有关部门处理(件)	出具审计报告和审计调查报告(篇)	提出审计建议(条)	撰写审计信息(篇)
临泉县区审计局	17					330			19	10	
太和县区审计局	17	249	71	89	162	153			22	5	
阜南县市审计局	31	60	25						15	20	
颍上县县审计局	58	6	6		31	69			99	54	
亳州市											
亳州市本级	61	8771.94	1074.67						87	59	
谯城区审计局	45	986	20.4						55	36	
涡阳县审计局	24	945	142				1		26	14	
蒙城县审计局	24	761	49						30	51	
利辛县审计局	24	3126	15.4			15			24	1	
蚌埠市											
蚌埠市本级	36	10344	504		415	943	4		258	192	
蚌山区审计局	29								29	6	
龙子湖区审计局	27								27	10	
禹会区审计局	33								33	9	
淮上区审计局	6	23							6	4	
怀远县审计局	14	996							14		
五河县审计局	116	230	98						116	9	
固镇县审计局	42	2176	48		5	88			42		
淮南市											
淮南市本级	189	3903	773		453	7977			537	397	
田家庵区审计局	54	1246	20	306	8				15	8	
大通区审计局	72	113	41	391	8				84	83	
谢家集区审计局	44	700	30						36	36	
八公山区审计局	83	344	305						156	148	
潘集区审计局	46	413	399		140	51			75	71	
凤台县审计局	99	3834	252	3212			1		76	109	
毛集实验区审计局	65	144	13		15				14	12	
滁州市											
滁州市市本级	58	244	56		30	16			182	48	
琅琊区审计局	33	86	5		5				6	3	
南谯区审计局	47	258	6						27	6	
明光市审计局	56	321	35		40	8			15	12	

（续表）

审计机关	完成审计项目（个）	查出违规金额	应上缴财政	应减少财政拨款或补贴	应归还原渠道资金	应调账处理金额	移送司法、纪检部门处理事项（件）	建议有关部门处理（件）	出具审计报告和审计调查报告（篇）	提出审计建议（条）	撰写审计信息（篇）
天长市审计局	116	176	176						5	45	
来安县审计局	50	2298	4						12	6	
全椒县审计局	46	247	80		274	22			81	54	
定远县审计局	53	6837	64						56	41	
凤阳县审计局	91	138	25						136	33	
马鞍山市											
马鞍山市本级	86	4302	256	2721			1	1	86	78	184
花山区审计局	17								17	54	8
雨山区审计局	14								14	42	5
金家庄区审计局	6								6	7	4
当涂县审计局	164	892	444	311	3328	614			164	153	130
芜湖市											
芜湖市本级	72	27201	9		8	40			82	106	121
镜湖区审计局	30	15.5			6				32	44	18
弋江区审计局	16	9.8			3				16	25	15
三山区审计局	28	31			54				28	39	70
鸠江区审计局	14	9	7		2				19	55	17
芜湖县审计局	65	47	16	10	17	16			72	119	7
繁昌县审计局	52	204	23	14	2	20			54	88	12
南陵县审计局	67	676.95	26		17		1		67	92	20
铜陵市											
铜陵市本级	52	5240	180	2	102	1184			3	99	80
铜官山区审计局	20	259	3		256	6712					
狮子山区审计局	74									63	12
郊区审计局	12	747	126		18	603				12	
铜陵县审计局	55	618	618			176				63	7
安庆市											
安庆市本级	28	34173	178	494	1939	1748		1		369	319
大观区审计局	11	554	72	18		536				23	
迎江区审计局	27		150							18	2
宜秀区审计局	9									10	3
桐城市审计局	70	343	185	440	94	5				63	11
怀宁县审计局	31		69								

（续表）

审计机关	完成审计项目（个）	查出违规金额	应上缴财政	应减少财政拨款或补贴	应归还原渠道资金	应调账处理金额	移送司法、纪检部门处理事项（件）	建议有关部门处理（件）	出具审计报告和审计调查报告（篇）	提出审计建议（条）	撰写审计信息（篇）
枞阳县审计局	29	2648	200		320	11				8	5
潜山县审计局	76	1900	250							19	22
太湖县审计局	27		37							8	1
宿松县审计局	97	2432	186		65	52				123	
望江县审计局	93	2685	103		581	167				26	21
岳西县审计局	69	27	7		8						
黄山市											
黄山市本级	33	17995	44		688	71				77	30
屯溪区审计局	83	219								61	36
黄山区审计局	66	1801	38	1494	254	37				33	14
徽州区审计局	60	557	3		164					35	35
歙县审计局	206	378	7	1	1	5	366	1	1	104	104
休宁县审计局	158	13	1		2	5				144	
黟县审计局	70	146	89		16			1		42	16
祁门县审计局	23	88	4		3	11				28	19
六安市											
六安市本级	18	15297	59			15318				67	54
金安区审计局	27	757	51		593	13970					
裕安区审计局	4	479	26		62	216					
叶集区审计局	8	19	11		8						
寿县审计局	351							1			
霍邱县审计局	55	370	280	19	1052	33121				44	17
舒城县审计局	27	3471	81							49	40
金寨县审计局	29	451	4		283					5	
霍山县审计局	19	14734	4	56	1178	12034					
巢湖市											
巢湖市本级	24	1368	60		46	11		1		41	40
居巢区审计局	73	2245	139							135	110
庐江县审计局	33	5365	411	1394	113	64					
无为县审计局	102	5569	112	1995	46	160				280	181
含山县审计局	64	145	22		32				1	80	77
和县审计局	34	368	43		273	3		1	3	9	6

（续表）

审计机关	完成审计项目（个）	查出违规金额	应上缴财政	应减少财政拨款或补贴	应归还原渠道资金	应调账处理金额	移送司法、纪检部门处理事项(件)	建议有关部门处理(件)	出具审计报告和审计调查报告(篇)	提出审计建议(条)	撰写审计信息(篇)
池州市											
池州市本级	37	1221	25		235	25				76	30
贵池区审计局	19	366	9		31	1501				7	7
东至县审计局	29	153	14		5	3				25	2
石台县审计局	19	319	11							22	3
青阳县审计局	17	848	54	28	13	2357				21	6
宣城市											
宣城市本级	27	18643	1878	2152	37066	150244				31	10
宣州区审计局	66	835	102		6			1	1	66	128
宁国市审计局	78	71	38							75	65
朗溪县审计局	95	1580	192		4					90	174
广德县审计局	60	294	2		2	4		1		60	14
泾县审计局	33	646	318			16				36	43
旌德县审计局	27	273	8		200					26	2
绩溪县审计局	129	121	25							129	25

福建省

【福建省审计厅】 2009年，福建省审计厅（含事业单位）定编247人，在编223人。厅机关设有办公室、法制处、经济责任审计处、计算机审计处、财政审计处、金融审计处、行政事业审计处、经贸审计处（同时挂“中央属单位审计处”）、农业资源与环保审计处、社会保障审计处、固定资产投资审计处、外经贸审计处、人事教育处、机关党委和派驻监察室，以及经济执法审计处、工交商审计处、教育审计处、科文体审计处、卫生社保审计处、政法审计处、机关事务审计处、建设审计处、农林水审计处等派出审计处。厅属事业单位有福建省审计厅审计举报中心（参照公务员管理）、福建省审计科研所（加挂福建省政府投资项目和国外贷援款项目审计服务中心）、福建省审计干部培训中心、福建省审计厅计算机应用技术中心。挂靠单位有福建省经济责任审计联席会议办公室。

领导成员

厅　　长：俞传尧

副 厅 长：梁亦秋　王光远　林秋美

总审计师：江永森

纪检组长：金　江

审计成果 2009年，全省完成审计和审计调查项目3127个，查出违规金额31.93亿元、损失浪费金额3.40亿元，审计发现侵犯人民群众利益0.32亿元，应上缴财政5.97亿元，应减少财政拨款或补贴0.54亿元，应归还原渠道资金2.23亿元，应调账处理金额29.10亿元。向司法机关移送案件18件，涉案人员21人，涉案金额18.24亿元；向纪检监察部门移送事项42件，涉及人员55人，涉及金额1.52亿元；移送其他有关部门处理事项51件，涉及人员17人，涉及金额2.88亿元。增收节支6.09亿元，其中已上缴财政4.27

亿元、已减少财政拨款或补贴 0.36 亿元、已归还原渠道资金 1.46 亿元。已调账处理金额 18.84 亿元。审计后挽回损失 3.44 亿元。提出审计建议 7081 条，被采纳 3401 条。提交审计专题报告、综合报告和信息简报 6498 篇，被各级党政领导和有关部门批示、采用 5721 篇（次）。福州市、厦门市、莆田市、霞浦县、平和县、沙县、安溪县、新罗区审计局被福建省委、省政府授予“第十届省级文明单位”。福建省审计厅被中央精神文明建设指导委员会办公室授予“第四届全国精神文明建设工作先进单位”。福州市审计局、南安市审计局和省审计厅固定资产投资审计处获得全国审计系统先进集体，南平市审计局刘剑锋同志获得全国审计系统先进工作者称号。福建省审计厅实施的泉三高速公路（鲤城段）征地拆迁安置补偿费使用情况专项审计调查项目获得全国地方优秀审计项目，福建省审计厅实施的温福铁路征迁专项审计调查项目和厦门市审计局实施的厦门市巾帼园 2007 年度财务收支审计项目获得全国地方表彰审计项目。

财政审计　全年完成预算执行审计和审计调查 554 个单位、财政决算审计 193 个单位，应上缴财政 5.14 亿元，已上缴财政 3.58 亿元。省级预算执行审计共涉及 7 个省直部门和 2 所高校及所属部分二三级单位，并对政府投资建设保障性住房建设、县乡医疗服务体系建设、农村户用沼气工程建设 3 项省委、省政府为民办实事项目以及铁路建设资金开展审计调查，对 5 项省级社会保障资金开展审计。加大对各部门账外资金，账外资产，往来账款清理，二三级单位监管等情况的审计，促进部门单位依法理财、强化财政财务管理；加大对财政性结余资金的揭示和反映，推动财政性结余资金的统筹安排使用，促进集中财力办大事措施的落实；加大对政府性债务的运作方式、管理监督、偿债能力等存在问题的揭示、反映和分析力度，提出了规范债务管理，防范财政风险的建议，得到省政府的重视和采纳。福建省十一届人大常委会第十次会议审议认为，审计工作报告如实反映了 2008 年度省级预算执行情况，实事求是地指出了预算执行中存在的主要问题，有针对性地提出加强和改进预算管理工作的建议；对 2007 年度省级预算执行和其他财政财务收支审计反映的问题，在省政府的重视和督促下，有关部门和单位认真做好整改工作，取得成效。省政府对省人大常委会审议审计工作报告的意见，逐项逐条研究整改。行政事业审计全年共完成 1088 个单位，查出违规金额 3.72 亿元。

固定资产投资审计　全年共审计 435 个政府性投资项目，审计投资总金额 556.71 亿元，查出违规金额 4.02 亿元，核减投资概算和结算额 3.62 亿元，查出违规招投标项目 30 个。各级审计机关紧紧围绕促进国家宏观调控政策的落实，加强政府投资审计工作力度，组织开展对 50 个污水处理厂和水利工程、保障性住房等增投项目审计，参与省纪委组织的新增投资项目检查，开展对铁路、高速公路建设中征地拆迁和公路、市政等基础设施建设项目的审计或审计调查。各地审计机关还结合实际情况，选择当地有影响的重点建设项目开展跟踪审计。揭示和反映了建设项目工程招投标违规、不按既定标准补偿以及挤占挪用出借补偿资金、内外勾结弄虚作假骗取补偿款以及涉嫌职务犯罪、虚假评估、BOT 投资运作不规范等方面的突出问题，一批涉嫌违法违纪问题移送司法、公安、纪检部门处理，为规范建设项目管理发挥了积极作用。同时，根据审计署的统一部署及省政府的要求，组织各设区市审计局对福建省对口支援彭州市灾后恢复重建项目开展跟踪审计，结合投资审计工作开展工程建设领域突出问题的专项治理、中小学校舍安全工程建设的审计，取得较好成效。

金融与外资运用审计　全年共审计调查金融单位 19 个，审计和审计调查外资运用项目单位 200 个，查出管理不规范金额 10.33 亿元。省审计厅开展并组织厦门、漳州、龙岩、宁德等地对兴业银行 8 家分行 2008 年度信贷资产质量情况的专项审计调查，重点关注地方金融机构信贷资产质量，针对发现的问题提出加大对各分行的监管力度、规范政府融资行为、完善抵押质押手续等建议；组织泉州、南平、莆田、福州等地对 11 个农村信用合作联社 2008 年资产质量和经营状况开展审计调查，通过调查指出基层联社发展存在的一些困难和管理上存在的问题，提出了继续加大对农信社的扶持力度，探索实行全省统一法人体制，以增强农信社整体抗风险能力，降低省政府应承担的风险的建议。根据审计署授权，组织开展对 8 个国外贷援款项目 178 个项目执行单位的公证审计，揭示部分项目实施进展缓慢、国内配套资金未及时足额到位、滞留项目资金、财务管理不规范等问题；组织部分设区市对尚在执行的 34 个外国政府贷款项目进行审计调查，揭示资金管理和使用中不规范的问题。

经济责任审计　全年对 736 个单位、786 名经济责任人开展任期经济责任审计，其中党委政府领导 192 名、党政部门领导 373 名、事业单位领导 187 名、国有及国有控股企业 34 名，查出违规金额 14.52 亿元、损失浪费金额 2.57 亿元；领导干部涉嫌个人经济问题 2 人，移送司法机关和纪检监察部门处理的经济责任人 6 人、其他人员 13 人。2009 年，省审计厅首次对 2 个县区的党政主要领导干部一并开展任期经济责任审计。客观评价领导干部履行经济责任的情况，增强和提高了领导干部依法行政、依法理财的意识和水平，推动建立健全问责机制，有效发挥审计在促进干部队伍建设和廉政建设方面的作用。省审计厅和福州市、泉州市、三明市、宁德市、漳州龙文区等审计局在促进经济责任审计制度化建设和规范化管理方面进行了有益的探索和创新。

专项资金审计（调查）　全年完成专项审计 172 个单位、专项审计调查 316 个单位，涉及专项资金总额 916.95 亿元。全省审计机关围绕贯彻落实党和国家各项惠民利民政策措施，突出对涉及新农村建设、教育、卫生、社保、残疾人就业培训和帮扶等民生项目资金的审计调查，全省共对 488 个民生项目开展专项审计或审计调查。通过审计，揭示了有关政策措施落实不到位、政策目标未实现，以及部分严重影响和侵害人民群众利益的问题；从制度、管理层面提出审计意见建议，促进完善制度、落实政策，促进加强项目资金管理和资金及时拨付到位，取得了很好的效果。农村医疗服务体系建设、农村沼气建设、政府投资保障性住房建设三个审计调查项目，共审计 29 个县区 38 个投资项目，审计调查报告充分肯定成绩，揭示存在的问题、指出制度缺陷、提出意见建议，为省人大、省政府提供有力的决策参考依据。组织全省审计机关对政府还贷二级收费公路债务情况进行专项审计调查，为政府还贷二级公路债务余额和里程的认定提供依据；参与“小金库”的清理检查工作，在“小金库”的清理工作中发挥重要作用。

企业审计　全年审计和审计调查 150 个单位，查出违规金额 9.54 亿元、损失浪费金额 3.04 亿元。根据审计署的授权，省审计厅组织设区市局对中国烟草总公司福建省公司开展审计。通过对国有企业的审计，促进改善公司治理结构，进一步完善企业内部控制制度，促进国有资产保值增值和企业可持续发展。

信息化建设　建成国家审计数据中心福建分中心，基本完成福建省金审工程二期建设项目和审计署与省级审计机关审计专网的互联工作，厦门市、福州市还尝试开展联网审计。全省审计系统三级信息发布和网络教育培训系统正式投入全省各级审计机关使用。

内部审计　全年共举办各类内部审计培训班 13 期，参训人员达 2153 人次，组织开展全省国际注册内部审计师（CIA）考试，累计通过考试 460 人。

（撰稿人：温炎生）

【福州市审计局】　2009 年，福州市审计局人员编制 85 人，在编 85 人。局长林良云，副局长郑子平、郑生明、刘小红，总审计师翁国荣，纪检组长贺建国。设有办公室、综合处（下挂法制处）、财政金融审计处、行政事业审计处、固定资产投资审计处、经贸审计处、社会保障审计处、农业与资源环保审计处、经济责任审计处和驻局监察室。

审计成果　福州市审计机关共完成审计和审计调查项目（单位）416 个，查出违规金额 3.33 亿元，其中应上缴财政 1.38 亿元，应减少财政拨款或补贴 169 万元，应归还原渠道资金 1968 万元，应调账处理金额 8.09 亿元。移送司法机关、纪检监察部门处理事项 7 件，建议有关部门处理事项 5 件。提交审计专题或综合性报告、信息 1222 篇，被批示采用 830 篇（次）。福州市审计局荣获“全国审计系统先进集体”和“省级文明单位”称号，2 个项目分别获得审计署 AO 应用奖和鼓励奖，审计信息宣传和审计统计工作分别名列全省审计系统第一名，推荐的全市 6 个项目均被评为全省优秀和表彰审计项目，在全市政风行风工作考评中名列执法类第一名，并被福州市纠风办定为“免评”单位。

财政审计　对106个部门（单位）的预算执行情况和下级政府财政决算进行审计和审计调查。市本级结合预算执行审计，对市农业局、劳动与社会保障局、环保局、国资委和贸发局等5个部门的决算（草案）进行审签试点工作。有关单位认真整改审计发现的问题，充实完善了一批规章制度及内控管理机制，如市财政部门研究制定《关于进一步规范和完善部门预算编制工作意见》《市本级财政资金使用审批管理办法》《市本级发展性项目预算编制管理暂行办法》等制度，进一步规范预算管理工作。

固定资产投资审计　对57个政府投资项目进行审计和审计调查，共核减工程款6625万元，平均核减率11%，最高核减率达36%。市本级组织力量对扩内需促发展新增中央投资项目落实情况进行审计监督，同时前移审计关口，对福州“三坊七巷”、四川彭州灾后恢复重建等重大建设项目开展跟踪审计。

专项资金审计　对103个民生专项资金进行审计和审计调查，提交的多篇专题报告或审计信息引起省、市政府主要领导的高度重视，多次作出重要批示，责成相关部门（单位）采取措施加以整改落实。

经济责任审计　对132个单位的138位党政领导干部和国有企业领导人员进行任期经济责任审计。福州市经济责任审计工作领导小组研究出台《福州市领导干部经济责任审计项目计划委托管理办法（试行）》，进一步加强经济责任审计项目计划管理。

信息化建设　市本级“金审”工程一期全部建成验收，二期可行性研究报告通过市“数字办”专家评审，着手开展联网审计的软硬件系统建设。

审计学会　召开第七届会员代表大会，选举产生新一届学会领导班子，审议通过学会章程、会费收缴标准。2009年11月20日，成功举办以“加快审计转型　服务海西建设”为主题的第二届福州审计论坛。

内部审计　举办第三期内审人员岗位资格证培训班，34个单位70人参加培训并取得资格证书。

（撰稿人：宋　静）

【南平市审计局】　2009年，南平市审计局人员编制43人，在编40人。局长王宁新，副局长章复卿、陈祥安、肖志光，纪检组长吴禹松。设有办公室、法制科、经济责任审计科、行政事业审计科、经贸审计科、财政金融审计科、固定资产投资审计科及派驻监察室。直属事业单位有固定资产投资审计中心。

审计成果　南平市审计机关共完成审计项目339个，查出违规金额23208万元，其中应上缴财政2187万元，应归还原渠道资金911万元，应调账处理金额714万元；已上缴财政921万元，已归还原渠道资金399万元，已调账处理金额202万元。移送司法机关、纪检监察部门处理事项3件，建议有关部门处理事项4件。提交审计工作报告、信息271篇，被批示采用153篇。

财政审计　扎实开展2008年度预算执行审计，揭示部分支出预算执行率偏低、专项资金结余结转不规范等问题，引起市人大、市政府及预算管理部门的高度重视，南平市财政局在编制2010年市本级部门预算工作中，发文要求市直各部门要认真贯彻审计意见，加大结余资金统筹力度。

行政事业审计　审计揭示南平市教育局在济困助学类基金管理中违规投资260万元、违规借贷400万元以及基金运作不规范造成损失等问题，市长作了重要批示，市政府常务会议采纳整合三项兴教济困助学类基金、成立市教育基金的审计建议。审计发现南平市老区办专项资金管理内控制度不严，个别县（市）和乡（镇）挪用专项资金的问题，促使老区办新出台《南平市革命五老资金管理办法》和《南平市老区扶建专项资金管理办法》。

固定资产投资审计　全市共完成82个固定资产投资项目审计，审计项目总投资11480万元，核减工程造价1483万元。根据市政府部署，开展南平市工业园区、闽北产业集中区、荣华山产业组团三大产业组团建设资金跟踪审计，规范园区资金管理，促进园区发展。

经济责任审计　全市共完成经济责任审计项目100个，查出违规金额8767万元。邵武市长经济责任审计，追回违规出借资金6107万元、资金占用费610万元。顺昌县长经济责任审计，延伸审计查处顺昌县双溪街道水南村一组组长挪用征地补偿费从中谋取个人利益的问题。

专项资金审计（调查） 对政府还贷二级收费公路债务情况开展专项审计调查，对廉租房和经济适用房工程项目开展专项审计。

（撰稿人：叶文燕）

【三明市审计局】 2009 年，三明市审计局编制 38 名，在编 38 名。局长李光钦，副局长刘万年、叶清松（—2 月）、林寿佰，纪检组长林明芳。设有办公室、人事教育科、法规科、财政金融审计科、行政事业审计科、固定资产投资审计科、经贸审计科、经济责任审计科、农业与资源环保审计科、社会保障审计科及派驻监察室。直属事业单位有三明市网络审计工作站。

审计成果 三明市审计机关共完成审计和审计调查项目 271 个，查出违规金额 3.50 亿元，其中应上缴财政 290 万元，应归还原渠道资金 2040 万元，应自行纠正金额 1.46 亿元。向司法机关和纪检监察部门移送案件 1 起 1 人。出具审计报告和审计调查报告 343 篇，提出审计建议 286 条，撰写审计信息 389 篇。

财政审计 对市财政局、地税局及市建设局等 6 个部门的预算执行情况进行审计，对社会保障资金、城建资金及农村沼气池建设、政府投资保障性廉租住房建设、县乡医疗服务体系建设及经费管理使用情况等 5 个专项进行审计和审计调查，对清流县、明溪县政府财政决算情况进行审计。揭示财政预算执行过程中存在的突出问题，提出审计意见和建议。延伸审计效果明显，揭示一些企业流转税负不公平和纳税申报不实等现象。

经济责任审计 对市委组织部委托的 13 个党政领导干部开展任期经济责任审计，均为任中审计项目，逐步形成以任中审计为主的经济责任审计工作机制，有利于发挥经济责任审计工作在干部管理、监督中的作用。

专项资金审计 对 5 个财政专项资金审计和审计调查，针对审计发现的突出问题，提出了加大对各类专项资金监督管理的建议，促进建立和健全制度，确保这些资金在改善民生、促进经济社会协调发展中发挥应有作用，发挥财政资金的使用效益。

固定资产投资审计 对对口支援的四川彭州灾后恢复重建项目开展跟踪审计，揭示项目相关内业资料审批确认签证不及时、完工项目决算审核不及时、施工企业未严格按招标文件规定和施工现场管理不到位等问题。对三明科技会展中心、三明机场等建设项目开展审计，揭示项目管理、资金管理上存在不规范、项目超概算、部分项目未实行招标等问题。（撰稿人：何焱根）

【莆田市审计局】 2009 年，莆田市审计局人员编制 40 人，在编 37 人。局长钱元森，副局长朱明、张文庆、黄潮月，总审计师庄怀冰，纪检组长曾志明。设有办公室、法制科、财政金融审计科、社会保障审计科、经济责任审计室、行政事业审计科、农业与资源环保审计科、经贸审计科、固定资产投资审计科、特派审计室及经济责任审计联席会议办公室、派驻监察室。直属事业单位有计算机应用中心。

审计成果 莆田市审计机关共完成审计项目 199 个，查出违规金额 7347 万元，其中应上缴财政 1630 万元，应归还原渠道资金 867 万元，应调账处理金额 1346 万元；已上缴财政 1141 万元，已归还原渠道资金 630 万元，已调账处理金额 103 万元。移送司法机关、纪检监察部门处理事项 9 件，建议有关部门处理事项 2 件。提交审计工作报告、信息 503 篇，被批示采用 301 篇。莆田市审计局荣获“第十届省级文明单位”、“全省审计系统先进集体”、“创建平安莆田活动先进单位”、“第五届党建工作先进单位”等称号，2 个项目获得审计署 AO 应用实例应用奖。

财政审计 市本级组织对市财政局、地方税务局等 11 个部门开展预算执行情况审计，查出违规金额 485 万元，揭示预算编制、决算审批管理不规范及税收征管不到位，存在少征、漏征、混淆入库等问题。审计结果得到市人大常委会和市长的高度评价。根据市长批示，市审计局协同市财政局及时部署，督促被审计单位整改。

金融审计 对涵江区、荔城区、仙游县农村信用合作联社 2008 年度信贷资产质量及经营状况进行审计调查，查出管理不规范金额 2503 万元。揭示了信贷、财务等管理上的问题，对不良贷款及现行管理体制等进行剖析，提出 6 条整改意见。

行政事业审计　全市审计机关完成59个行政事业单位的审计，查出违规金额4386万元，移送案件线索2件，揭示截留财政收入、应缴未缴预算收入、超计划投资等问题。

固定资产投资审计　全市审计机关完成政府投资项目预决算审计830个，送审造价30.9亿元，核减造价1.4亿元。完成福厦铁路莆田段征地拆迁、汶川地震灾后重建、中小学校舍安全工程和5个中央新增投资项目的专项审计调查，查出违规金额382万元，移送案件线索6件。

社会保障审计　完成住房公积金、汶川地震对口援建资金、社保基金、抗震救灾资金和物资等项目审计，查出管理不规范金额1026万元，追缴社保费18万元。移交主管部门处理案件1起，市公积金管理中心有3位责任人分别被责令深刻检查，并被通报批评，有1人被调离岗位。社保审计项目被省审计厅评为全省表彰审计项目。社保审计相关理论和信息在报纸杂志网络上发表29篇，被国家级采用1篇、省级采用13篇。

经济责任审计　全年共完成46个单位、56名党政领导干部及企事业单位法人的任期经济责任审计，查出违规金额3199万元，移送案件线索3件。根据《莆田市领导干部经济责任审计结果公告实施意见》，对3个科级领导干部经济责任审计结果进行公告。

专项资金审计（调查）　完成省运会场馆、农村饮用水安全工程、石油价格补贴、国家开发银行基础设施项目贷款资金、政府还贷二级收费公路债务情况等51个专项审计（调查）项目，查出违规金额999万元，揭示工程前期运行管理不规范、石油价格补贴发放不及时等问题。

（撰稿人：郭健健）

【泉州市审计局】　2009年，泉州市审计局人员编制58人，在编54人。局长李健康，副局长黄志生、曾细川，纪检组长洪进星。设有办公室、综合科、法制科、财政金融审计科、行政事业审计科、固定资产投资审计科、工交商审计科、外经贸审计科、经济责任审计科及派驻监察室。

审计成果　泉州市审计机关完成审计（调查）项目494个，查出违规金额5035万元，其中应上缴财政822万元，应减少财政拨款或补贴1855万元，应归还原渠道资金777万元，应调账处理金额2063万元；已上缴财政543万元，已减少财政拨款或补贴1842万元，已归还原渠道资金250万元，已调账处理金额1484万元。移送司法机关、纪检监察部门处理事项3件，建议有关部门处理事项2件。提交审计工作报告、信息865篇，被采用1646篇次。

财政审计　全市完成预算执行审计和调查项目75个，查出违规金额462万元，应上缴财政262万元、应减少财政拨款或补贴30万元、应归还原渠道资金10万元，提出审计建议274条。通过审计，泉州市有关部门加大土地出让金收缴力度，加快滞留资金拨付进度，纠正违规使用专项资金，退还违规发放奖金补贴。泉州市审计局审计了鲤城区和惠安县财政决算，审计调查市本级及各县（市、区）预算外资金收支情况，各县（市、区）审计局共完成49个乡镇财政决算审计。

固定资产投资审计　全市完成61个工程项目竣工决算审计和59个工程项目预算审计，5个中央新增投资污水处理工程审计调查，14个对口支援彭州灾后恢复重建项目和泉三高速公路南惠支线项目的跟踪审计，福厦铁路泉州段（除南安外）和泉三高速公路南惠支线等项目征地拆迁安置补偿资金管理使用情况审计调查，以及部分建设项目资金管理使用情况审计调查，共核减工程造价7280万元。南安、安溪、鲤城、丰泽、洛江、泉港等地还组织基建审计中心完成685个基建项目审计，核减工程造价5907万元。

金融审计　泉州市及晋江市、安溪县、德化县审计局对农村信用合作联社的信贷资产质量和经营情况开展审计调查，发现信贷管理不规范、信贷资金存在风险、存在账外资金等问题，促进农村信用社改进经营管理。

行政事业审计　全市完成112个行政事业单位财务收支审计，查出违规金额1117万元，应上缴财政296万元。泉州市审计局查出2个单位超额发放绩效工资，依法予以扣减。永春县审计局查出一单位2名人员涉嫌贪污公款问题，移送有关部门处理。

企业审计　全市完成37个国有企业单位财务

收支审计，查出收支不实、账外资产、损失浪费等问题金额 14880 万元。泉州市审计局对 21 家企业国有资产保值增值情况进行审计调查，有关部门针对审计问题规范国有产权交易平台，着手拟定国有资产收益分配制度。惠安县审计局查出 1 家企业国有资产流失 300 多万元的问题。

经济责任审计　全市完成 83 名领导干部任期经济责任审计，查出领导干部应负直接责任问题金额 2027 万元。洛江区审计局联合区纪委、区委组织部等部门研究制定了深化和完善经济责任审计工作意见、审计成果利用的意见。

专项资金审计（调查）　全市完成 86 项专项资金审计和调查，涉及社会保障资金、教育资金、医疗资金、扶贫救济资金等，促进拨付资金到位 2326 万元。石狮市审计局查出一单位涉嫌侵占临时救济款和医疗救助款问题，移送检察部门处理。

（撰稿人：黄双福）

【厦门市审计局】　2009 年，福建省厦门市审计局编制 89 人，在编 84 人。局长沈永贵，副局长陈爱忠、花育明、陈培新（3 月—），纪检组长池国清（4 月—）。设有办公室（加挂法制处）、人事教育处、纪检监察室、经济责任审计处、财政审计处、金融与外资审计处（加挂计算机审计处）、行政事业审计处、农业与社保审计处、固定资产投资审计处、经贸审计处和经济责任审计联席会议办公室。

审计成果　厦门市审计局完成审计项目 104 个，查出违规金额 17838 万元，其中应上缴财政 1693 万元，应归还原渠道资金 7118 万元，应调账处理金额 34797 万元。已上缴财政 1596 万元。移送司法机关、纪检监察和有关部门处理事项 12 件。提出审计建议 396 条，被采纳 206 条，提交审计工作报告、信息 489 篇，被采用 436 篇。

预算执行审计　对厦门市本级预算执行和其他财政收支情况进行审计（以下简称“同级审”），主要对 14 个一级预算部门和 15 个事业单位 2008 年预算执行情况开展审计和审计调查，同时延伸审计 54 个下属单位。审计财政资金总额 200700 万元，占市本级财政支出的 13.11%。“同级审”于 6 月底结束后，先后向市政府和市人大常务会报告“同级审”审计结果，引起市政府和市人大常务会的高度重视，并分别召开会议研究整改工作意见，提出审计整改的具体要求，强化审计整改力度。查出 29 个部门和单位违规问题全部整改到位，取得良好的效果。一是 9 个部门和 22 个事业单位未及时上缴的历年专项资金结余和拆迁补偿收入、承包金、房租收入等预算外收入共计 1440.24 万元，已全部上缴财政。二是 13 个事业单位超标准发放绩效考核奖、违规发放奖金、补贴、过节费等 123.31 万元，已全部按规定处理。三是 6 个部门和 2 个事业单位挤占、挪用专项经费 196.66 万元的问题都整改到位。四是 2 个单位违规收费 122.41 万元的问题已整改。五是 4 个单位违规购买购物卡 139.43 万元的问题已采取措施予以纠正。

部门决算（草案）审签　根据厦门市人大财经委的要求，市审计局对市信息产业局等 10 个部门 2008 年度决算（草案）的审计结果表明，10 个部门的决算（草案）基本真实地反映了年度财政财务收支状况。但审计也查出 9 个部门存在少计收入、多计支出、少计结余、多计资产等影响决算（草案）真实性、完整性的问题，涉及金额 1061.87 万元；有 4 个部门存在预算编报不够准确、追加项目偏多等问题。另外，由于部门工作任务确定时间晚于部门预算编报时间，部门工作安排与部门预算安排不能很好地衔接，导致有的部门预算年初难以细化到具体项目和单位，影响部门预算编制的准确性和完整性。上述问题，市审计局依法签署《决算（草案）审签意见书》，要求予以纠正。

经济责任审计　共完成 14 个经济责任审计项目，查出违规金额 8356 万元，其中直接责任 8310 万元，主管责任 46 万元；管理不规范金额 44624 万元，其中主管责任 20755 万元，直接责任 23869 万元；审计查出涉嫌违法线索 3 件，移交司法机关进一步查处。市审计局在对市属某国有集团公司领导人员及其下属单位进行的经济责任审计中发现，该集团公司原总经理存在严重失职和经营失误造成巨额经济损失约 21704 万元的严重问题；其下属两家子公司的一名总经理和一名副总经理存在违规经营、滥用职权和经营失误，造成巨额经济损失约 10990 万元的严重问题。审计发现后移送司法机关处理。以上 3 名责任人当年均已被撤职并立案批捕。

固定资产投资审计　对厦门市新增中央投资项目资金管理使用情况进行跟踪审计调查结果表明，新增中央投资项目总体发展顺利，国家分 4 批安排厦门市新增中央资金 40110 万元（55 个项目），带动地方配套资金 90569 万元。通过审计及时反映发现问题，提出改进工作的建议，市政府和有关部门及时抓整改，进一步规范新增中央投资项目资金管理。同时市审计局紧紧围绕促进经济平稳较快发展这条主线和市委市政府工作中心，抓好重点工程项目资金的审计。全年共对 6 个投资项目、23 个援助彭州灾后恢复重建工程项目、14 个学校安全工程进行跟踪审计。

社会保障审计　厦门市政府根据市审计局披露市社保基金征收和管理使用审计发现存在的问题，于 9 月成立了厦门市社会保险基金监督委员会。厦门市财政局、地税局、人力资源和社会保障局等相关部门针对审计发现的问题，认真分析原因，研究完善相关制度，进一步加强对社保基金征收和使用的监督和管理。一是对部分企业缴费率不高、企业及职工申报基数偏低的问题，市地税局研究制订《社保费缴费评估办法》等相关制度，以对参保申报不实的单位进行检查纠正，提高企业参保率。二是对社保基金增值率不高的问题，市财政局对社保基金的银行存款进行招标，并采取优化定期存款结构等措施，较大幅度提高了基金增值水平。三是对 143 人重复参保的问题，社保中心进行了认真清查，个别人多享受的社保待遇也全部追回。四是对未终止支付部分参保死亡人员养老保险基金的问题，市社保中心已追回 34 万多元的基本养老保险基金。五是对部分医疗机构和参保人员弄虚作假侵蚀医保基金的问题，市劳动与社保局已对两家医疗机构做出处理处罚，追回经济损失和不合理的医疗费并取消两家门诊部的医保定点机构资格，对其罚款 4 万元；对 12 名违反相关医疗保险法规的参保人员下达了《劳动监察行政处罚告知书》，每人罚款 500 元；对 433 名已故参保人死亡三天后仍发生门诊费用的问题，社保中心已进行清理，违规发生的费用已追回。

（撰稿人：谢清海）

【漳州市审计局】　2009 年，漳州市审计局人员编制 39 人，在编 38 人。局长蔡耀明，副局长陈少凡、卢宗金。设有办公室、法规科、机关党委会、财政金融审计科、行政事业审计科、经贸审计科、农业资源与环保审计科、固定资产投资审计科、经济责任审计科。直属事业单位有计算机应用技术中心。

审计成果　漳州市审计机关共完成审计项目 369 个，查出违规金额 1.85 亿元，其中应上缴财政 3464 万元，应归还原渠道资金 1209 万元，应调账处理金额 4651 万元；已上缴财政 2125 万元，已归还原渠道资金 46 万元，已调账处理金额 1416 万元。移送司法机关、纪检监察部门处理事项 7 件。提交审计工作报告、信息 807 篇，被批示采用 544 篇（次）；提出审计建议 950 条，被采纳 413 条。

财政审计　全市完成预算执行审计项目 85 个，查出违规金额 5304 万元，其中应上缴财政 890 万元。市人大常委会认为审计工作有深度，有重点，有创新，有成效。积极开展县、乡两级财政决算审计，全市共完成 15 个财政决算审计项目，查出违规金额 1995 万元，其中应上缴财政 204 万元，应归还原渠道资金 302 万元。

行政事业审计　全年审计 160 个部门和单位，查出违规金额 8697 万元，损失浪费金额 195 万元，要求纠正侵害人民群众利益金额 22 万元，应上缴财政 1161 万元，应归还原渠道资金 858 万元，应调账处理金额 4642 万元，移送司法机关、纪检监察部门处理事项 4 件。其中对市广电系统审计中查出“小金库”等问题，移送纪检监察部门案件线索 1 起，涉案金额 1.07 亿元。

农业与资源环保审计　全年审计（调查）了 6 个部门和单位，审计专项资金 5693 万元，查出违规改变资金用途 211 万元，其他管理不规范金额 549 万元，应上缴财政 10 万元。

固定资产投资审计　全年对 32 个政府投资项目进行跟踪审计或调查，项目总投资额 19.9 亿元，核减工程款 1274 万元，查出违规改变资金用途 235 万元，超计划超标准 9435 万元，挽回损失 1274 万元。

社会保障审计　全年对 20 个部门和单位的社会保障资金进行审计，审计资金总额 4.4 亿元，应上缴财政 74 万元，管理不规范金额 875 万元。

企业审计　全年完成 22 个审计项目，应上缴财政 259 万元。组织对全市二十家省属国有林场 2006～2008 年度财务收支行业审计，查出欠缴税费 183.7 万元、未及时上缴省市育林基金、维简费 832.6 万元等问题。

经济责任审计　全年对 80 名党政领导干部和企业领导人员进行任期经济责任审计，查出违规金额 7293 万元，移送纪检监察和司法机关处理事项 1 件。

专项资金审计（调查）　全年共审计（调查）专项资金管理使用单位 54 个，查出违规金额 1155 万元，移送纪检监察和司法机关处理事项 2 件。组织开展中央扩内需新增投资资金、汶川地震救灾捐赠资金、农村公路建设资金、计生抚养费、国外援贷款等专项资金审计。

内部审计　2009 年，漳州市内审协会加强对各县（市、区）和各部门单位内审机构的业务指导，积极酝酿和筹办县级内审协会。抓好内审人员的教育培训工作，组织全市内部审计资格证书后续教育培训，开展财经法规培训班活动。

（撰稿人：叶月山）

【龙岩市审计局】　2009 年，龙岩市审计局人员编制 35 人，在编 38 人。局长黄华忠，副局长李春成、段淯景，纪检组长曾繁光。设有办公室、法制科、财政金融审计科、行政事业审计科、经贸外资审计科、固定资产投资审计科、经济责任审计科、农业与资源环保审计科等职能科室以及驻局监察室。直属事业单位有计算机辅助审计中心与审计举报中心、固定资产投资审计中心。挂靠单位有经济责任审计联席会议办公室。

审计成果　龙岩市审计机关共完成审计项目 246 个，查出违规金额 32320 万元，其中应上缴财政 631 万元，应减少财政拨款或补贴 2219 万元，应归还原渠道资金 794 万元，应调账处理金额 26154 万元；已上缴财政 427 万元，已减少财政拨款或补贴 1560 万元，已归还原渠道资金 23 万元，已调账处理金额 3123 万元。移送司法机关、纪检监察部门处理事项 2 件，建议有关部门处理事项 19 件。提交审计工作报告、信息 811 篇，被采用 761 篇。

财政审计　全市完成预算执行审计（调查）单位 45 个，查出违规金额 2818 万元；完成财政决算审计 23 个单位，查出违规金额 2813 万元。龙岩市人大常委会充分肯定审计成果，并就进一步加强审计工作提出了抓好督促整改、完善监管机制、提高审计效能等建议。组织全市审计机关对政府还贷二级收费公路债务情况开展专项审计调查，积极参与清理检查"小金库"工作。

固定资产投资审计　全市完成审计单位 51 个、审计调查单位 1 个，送审投资额 8.88 亿元，核减投资额（工程款）5490 万元。开展 15 个对口援建四川彭州灾后恢复重建项目，特别是 9 个"交钥匙"项目的全过程跟踪审计。龙岩市审计局充分发挥政府投资审计中心的作用，开展 8 个建设项目的跟踪审计，共审核预算控制价 1.07 亿元，核减 1252 万元。此外，还结合开展工程建设领域突出问题的专项治理工作，开展对中小学校舍安全工程建设的审计。

行政事业审计　对 71 家行政事业单位进行审计或审计调查，查出违规金额 668 万元。龙岩市审计局组织对市委、市人大、市政府、市政协四大办公室 2008 年度财政收支管理情况开展审计调查。

社会保障审计　开展养老、失业、工伤、生育和医疗保险等社会保障资金管理使用情况审计调查，开展残疾人就业保障金收支管理情况审计调查。

企业审计　审计或调查 20 家企业，查出违规金额 21697 万元、损失浪费金额 160 万元。揭示了企业资产管理和财务收支中会计信息不真实、资产处置不规范等问题。长汀县审计局对改制企业剩余资产及留守管理情况开展进行审计调查，促进改制企业规范管理，防止国有资产流失。

经济责任审计　完成经济责任审计单位 63 个，审计经济责任人 73 人，查出违规金额 19688 万元。

专项资金审计（调查）　对能繁母猪补贴及保险补贴资金、治理"餐桌污染"建设"食品放心工程"专项资金、市本级新农村建设资金的使用管理和效益情况、政府投资建设保障性住房情况、乡镇综合文化站建设改造工程项目资金、市房地产管理局 2008 年度住宅专项维修资金缴存及使用管理情况等开展审计调查。

内部审计　龙岩市人民政府办公室转发《关于进一步加强内部审计工作的意见》，要求各部门、各单位尽快建立健全内部审计制度，推进市直部门单位开展对所属二三级单位领导干部的经济责任审计工作。　（撰稿人：官尔洋）

【宁德市审计局】　2009年，宁德市审计局人员编制29人，在编28人。局长吴敏（9月—）、唐招增（—9月），副局长黄颖倩、陈端浦、谢坚，总审计师林挺仲（11月—），纪检组长汤万冰（7月—）。设有办公室、法制科、财政金融审计科、行政事业审计科、经贸审计科、农业与资源环保审计科、固定资产投资审计科、社会保障审计科和派驻监察室。挂靠单位经济责任审计联席会议办公室。直属事业单位有固定资产投资审计中心和计算机应用技术中心2个。

审计成果　全市共完成审计和审计调查项目344个，查出违规金额10038万元，其中应上缴财政577万元，应归还原渠道资金796万元，应调账处理金额97万元；已上缴财政153万元，已归还原渠道资金11万元，已调账处理金额68万元；移送司法和纪检机关案件2件，建议有关部门处理事项2件。提交审计工作报告、信息959篇，被批示采用356篇。

财政审计　以促进依法行政、依法理财、规范管理为目标，突出对重点领域、重点部门、重点项目、重点资金的审计监督。市级预算执行审计涉及部门、单位7个，查出管理不规范金额30786万元。

行政事业审计　对宁德市政府4个临时机构有关的项目前期经费进行审计调查，针对临时机构在引进项目成效、大额费用支出、固定资产及财务管理等方面存在问题提出审计建议，得到市政府领导重视。

固定资产投资审计　对四川彭州升平镇灾后重建项目和华庭小区经济适用房竣工决算开展审计。完成27个工程结算审计项目，项目送审金额1.44亿元，核减额1166万元。

社会保障审计　对政府投资保障性住房、县乡医疗服务体系建设及经费管理使用情况开展审计调查。审计发现的廉租住房保障工作实施机构不健全等问题，引起市政府和相关部门的重视，市政府召开专题会议研究部署审计发现问题的整改落实工作。

经济责任审计　对建瓯市长任期经济责任开展审计，对市直8个部门（单位）的领导干部开展经济责任审计，并组织力量对宁德市蕉城区漳湾镇党委书记开展经济责任审计试点。

内部审计　通过多种渠道、多种方法发展内审队伍，已发展团体和个人会员409个。举办内审资格培训班2期，参训人员331人次，促进了部门单位规范管理，依法履责。

（撰稿人：徐海萍）

2009年福建省所辖区、县(市)级审计工作统计表

金额单位：万元

审计机关	完成审计项目(个)	查出违规金额	应上缴财政	应减少财政拨款或补贴	应归还原渠道资金	应调账处理金额	移送司法、纪检部门处理事项(件)	建议有关部门处理(件)	出具审计报告和审计调查报告(篇)	提出审计建议(条)	撰写审计信息(篇)
福州市											
福州市本级	89	25844	12840	169	1272	77723	2	5	89	291	437
鼓楼区审计局	11								11	27	40
台江区审计局	9								9	25	21
仓山区审计局	15	72	1						15	31	31

（续表）

审计机关	完成审计项目（个）	查出违规金额	应上缴财政	应减少财政拨款或补贴	应归还原渠道资金	应调账处理金额	移送司法、纪检部门处理事项(件)	建议有关部门处理(件)	出具审计报告和审计调查报告(篇)	提出审计建议(条)	撰写审计信息(篇)
马尾区审计局	15	407	364		10				15	31	39
晋安区审计局	18	352			20				18	58	18
福清市审计局	71	2746	46		72	394	1		71	151	13
长乐市审计局	32	36	8			7			32	59	35
闽侯县审计局	20	167			167		1		20	77	21
连江县审计局	39	610	115		286	1109			39	115	53
罗源县审计局	24	311	56		21		1		24	58	70
闽清县审计局	20	740	85		94	40			20	62	30
永泰县审计局	27	118	36						27	66	14
平潭县审计局	26	1919	206		26	1602	2		26	77	43
南平市											
南平市本级	42	16854	300		13	32	1	2	42	103	82
延平区审计局	27	742	250		21	51		1	27	32	22
邵武市审计局	31	52	52		325	161			31	88	14
武夷山市审计局	19	1239	104		21	9			19	42	14
建瓯市审计局	39	2085	115		95	268			39	123	10
建阳市审计局	36	305	267			30	1		36	62	19
顺昌县审计局	41	235	159		37	49			41	4	5
浦城县审计局	33	187	13						33	91	12
光泽县审计局	22	1009	872		30	31	1	1	22	4	14
松溪县审计局	15	3	1						15	21	
政和县审计局	34	497	54		369	83			34	79	14
三明市											
三明市本级	37	14432	40	1059	63	8043	1	1	37	42	168
梅列区审计局	7								7	5	4
三元区审计局	5	437	3		315	287			5	4	2
永安市审计局	19	3745			80	2611			29	16	2
明溪县审计局	22	1005			16				22	15	1
清流县审计局	8	2784	19		20	1506			28	69	35
宁化县审计局	28	1176	39		462	50			32	25	29
大田县审计局	26	1237	6		177	518			39	4	13
尤溪县审计局	28	2531	134	30	701	834			28	16	66
沙县审计局	32	3888	25		173	24			37	21	32

（续表）

审计机关	完成审计项目（个）	查出违规金额	应上缴财政	应减少财政拨款或补贴	应归还原渠道资金	应调账处理金额	移送司法、纪检部门处理事项(件)	建议有关部门处理(件)	出具审计报告和审计调查报告(篇)	提出审计建议(条)	撰写审计信息(篇)
将乐县审计局	24	1248	9		33	705			34	25	14
泰宁县审计局	25	1850	11						35	16	3
建宁县审计局	10	716	4			50			10	28	20
莆田市											
莆田市本级	42	4289	700		816	149	8	2	42	131	201
城厢区审计局	29	173	95		1				29	76	50
涵江区审计局	22	130	6						22	74	44
荔城区审计局	22	1446	780		50	1197	1		22	85	18
秀屿区审计局	42	1253	18						42	56	47
仙游县审计局	42	56	31						42	140	25
泉州市											
泉州市本级	44	551	143	30	373	1027			44	159	79
丰泽区审计局	36			1208					36	98	25
鲤城区审计局	72	700	77	617		56			72	135	104
洛江区审计局	50	112	89		115	10			50	97	40
泉港区审计局	18	7			7				18	60	8
石狮市审计局	30	2189	54						30	106	27
晋江市审计局	49	200	4		71	43		1	49	141	123
南安市审计局	41	18	4		6	7	2		41	170	153
惠安县审计局	33	395	7		205	161			33	124	51
安溪县审计局	51	496	188			465			51	139	10
永春县审计局	41	364	256			291	1	1	41	133	50
德化县审计局	29	3				3			29	68	33
厦门市											
厦门市本级	104	17838	1693	1596	7118	34797	12	3	104	396	436
思明区审计局	19	1564	517		3	11422	1		19	52	60
海沧区审计局	8	6	6						8	29	16
湖里区审计局	18	2589	2538			20539	2	1	43	116	26
集美区审计局	19	2703	2661		9	33			19	71	38
同安区审计局	8	662			662				9	24	13
翔安区审计局	11	2298	70		608	105	2	2	11	48	27
漳州市											
漳州市本级	50	4072	1339		63	4562	2		50	168	70

（续表）

审计机关	完成审计项目（个）	查出违规金额	应上缴财政	应减少财政拨款或补贴	应归还原渠道资金	应调账处理金额	移送司法、纪检部门处理事项(件)	建议有关部门处理(件)	出具审计报告和审计调查报告(篇)	提出审计建议(条)	撰写审计信息(篇)
芗城区审计局	19	101	97						19	30	
龙文区审计局	16	57	28				1		16	42	26
龙海市审计局	28	2988	220						28	139	36
云霄县审计局	46	866	124						46	8	20
漳浦县审计局	35	3366	387					1	35	118	56
诏安县审计局	33	334	303		31				33	71	41
长泰县审计局	19	503	272						19	57	
东山县审计局	25	1145	446						25	66	
南靖县审计局	29	2349	92		75	89	1	1	29	73	4
平和县审计局	40	416	41				1		40	94	104
华安县审计局	29	2303	115		1040				28	139	36
龙岩市											
龙岩市本级	30	23248	62	1668		19554	1	18	30	73	410
新罗区审计局	56	2703	94	27	24	48	1		56	29	95
漳平市审计局	28	761	30		367	862		1	28	61	76
长汀县审计局	29	717	305	213					29	53	52
永定县审计局	24	387	26	311	50				24	26	33
上杭县审计局	20	1882				1830			20	84	37
武平县审计局	45	2580	77		353	3855			45	34	60
连城县审计局	14	42	37			5			14	45	48
宁德市											
宁德市本级	51	136			56		1	2	51	137	509
蕉城区审计局	20	351	305						20	20	12
福安市审计局	28	7015	87		586	1	1		28	84	32
福鼎市审计局	43	674	4						43	47	25
寿宁县审计局	19	172	4		141				19	36	9
霞浦县审计局	27	41	13			16			27	61	53
柘荣县审计局	31	112	19	10	2	12			31	105	72
屏南县审计局	43	59	56						43	50	4
古田县审计局	48	826	61		11	68			48	159	43
周宁县审计局	34	652	28						34	152	51

江西省

【江西省审计厅】 2009 年，江西省审计厅人员编制 217 人，在编 203 人。厅机关设有办公室、综合处、法规处、财政与金融审计处、行政事业审计处、农业与资源环保审计处、固定资产投资审计处、经贸审计处、社会保障审计处、外资运用审计处、经济责任审计处、人事教育处、机关党委、省纪委驻厅纪检组（监察室）。另设有五办审计处、政法审计处、教育审计处、科技体育审计处、药品审计处、经济执法审计处、经企审计处。同时还设有厅机关后勤服务中心、审计科研所、审计信息中心、审计干部培训中心和庐山培训基地。

领导成员

厅　　长：王殿军（11 月—）

伍自尧（—11 月）

副 厅 长：何干成　桑昌武（—2 月）

王卫亚（5 月—）、刘达（5 月—）

总审计师：胡志勇（5 月—）

纪检组长：邹水成（7 月—）

审计成果 2009 年，江西省审计机关共完成审计和审计调查单位 8352 个，查出违规金额 62 亿元，其中应上缴财政 22.5 亿元，应减少财政拨款或补贴 5951 万元，应归还原渠道资金 21 亿元，应调账处理金额 10.8 亿元；已上缴财政 22.7 亿元，已减少财政拨款或补贴 6238 万元，已归还原渠道资金 18 亿元，已调账处理金额 8 亿元。向司法机关、纪检监察部门及其他有关部门移送案件线索和事项 129 件；提交审计工作报告、信息 5069 篇，被采用 2845 篇。省审计厅实施的对景婺黄（常）高速公路建设项目竣工决算审计被审计署评为 2008 年度地方优秀审计项目。宜春市审计局、南城县审计局和修水县审计局局长分别被人力资源和社会保障部、审计署授予“全国审计系统先进集体”和“全国审计系统先进工作者”荣誉称号。

财政审计 全年共完成审计及审计调查项目 227 个，查出违规金额 15781 万元，损失浪费金额 72 万元，管理不规范金额 228190 万元，审计决定处理处罚应上缴财政 774 万元，已上缴财政 625 万元。全省各级审计机关突出对公共财政体系建设、宏观调控政策落实的审计监督，揭示问题、提出建议更有深度和力度。省政府主要领导、省人大常委会及人大财经委对省审计厅的预算执行审计都给予充分肯定，认为审计在维护江西财经秩序、促进经济发展等方面发挥了重要作用。为推动中央扩大内需政策措施顺利实施，组织对全省扩大内需项目资金进行重点检查、督察，对扩大内需项目的开工、配套资金的到位情况进行重点审计调查，查出项目前期审批不严、存在以虚假资料骗取立项、投资的问题，引起省领导的高度重视，要求认真整改、健全制度、规范管理。南昌市审计局审计工作报告，得到了省委常委、市委书记的肯定；上饶市等审计局探索以全部政府性资金为主线的审计方法，拓展了预算执行审计工作的内容和范围。

金融审计 全年共完成审计及审计调查项目 21 个，查出违规金额 2208 万元，损失浪费金额 9356 万元，管理不规范金额 266226 万元，审计决定处理处罚应上缴财政 642 万元，已上缴财政 639 万元。金融审计把保障金融安全，揭示金融机构资产、负债、损益的真实情况，揭露和纠正违规违法从事金融业务活动行为作为重点，在促进金融机构加强管理、健全制度、依法合规经营、提高经济效益等方面取得较好效果。如 2009 年 3 月至 10 月，江西省审计机关组织 11 个设区市审计局，对江西省农村信用联社及洪都农村商业银行、景德镇农村信用合作联社、新余市农村合作银行等 45 家法人联社 2008 年资产负债、损益情况进行审计，对重要事项作了必要延伸和追溯。针对审计发现的不良资产占比较大、抵御风险能力不强等问题，提出审计建议，得到省政府领导的高度重视，并批示要求及时解决存在的问题。

行政事业审计 全年共完成审计及审计调查项目 3916 个，查出违规金额 180194 万元，损失浪费金额 878 万元，管理不规范金额 352532 万元，审计决定处理处罚应上缴财政 51028 万元，已上缴财政 48227 万元。行政事业审计，把规范部门预算管理作为工作重点，关注预算编制、管理、执行全过程，通过查问题、找原因、提建议，推动部门预算改革深化，达到了规范管理的目的；

此外，把检查行政事业单位落实国家各项政策措施的情况作为审计的重要内容，与相关单位联合开展的全省“小金库”治理的专项检查工作，取得明显成效，确保了政令畅通；加强对行政事业单位国有资产的管理审计，为保证国有资产安全，促进经济发展提供服务。如在组织开展的全省广电网络公司资产、负债、损益审计中，重点突出对企业投资、经济担保和出借资金、大额采购等重大经济决策进行审计，注重揭露体制机制方面的问题，从标本兼治的角度有针对性地提出审计建议。省政府领导对此给予充分肯定。

固定资产投资审计 全年共完成审计及审计调查项目 3065 个，查出违规金额 63803 万元，管理不规范金额 166880 万元，审计决定处理处罚应上缴财政 5009 万元，已上缴财政 3350 万元。组织开展的对全省第一批开工建设的 45 个市县污水处理设施建设项目专项审计，查出违规金额 2.1 亿元、管理不规范金额 2.18 亿元，审计上缴财政 2649 万元，责成归还原渠道资金 9524 万元，核减工程造价 43 万元，省领导对审计报告反映的问题高度重视，副省长专门召集省财政厅、省发改委、省建设厅等省污水处理设施建设领导小组成员单位的负责同志，就审计报告提出的问题及建议进行认真研究，提出整改意见；在对鹰瑞、石吉、昌九调整公路技改项目审计中，查出多个施工单位在资金管理、招投标、分包转包过程中存在重大违法违纪行为，查出“小金库”5 个，并根据有关法律法规向省检察院及有关主管部门移送案件线索 4 起。新余、景德镇市审计局扩充了固定资产投资审计机构和力量；鹰潭、九江等地市审计局出台政府投资项目跟踪审计监督办法和操作规程。

企业审计 全年共完成审计及审计调查项目 297 个，查出违规金额 119732 万元，损失浪费金额 26065 万元，管理不规范金额 323068 万元，审计决定处理处罚应上缴财政 108658 万元，已上缴财政 108605 万元。企业财务收支等审计密切关注金融危机大背景下国家经济和国有资产安全，促进资产保值增值。如江西省审计厅组织对省煤田地质局下属的中煤建设工程有限公司的审计中，针对公司以全资私人股本，侵占国有资产、资金，并存在诸多违法违规问题，及时提出确认国有权益的审计建议，引起省政府的高度重视，并予以采纳。目前，相关改制方案已获省政府通过，中煤建设公司已重新成为国有控股企业。一位副省长称赞：中煤建设公司的这次改制，是审计成果运用的结果，充分体现了审计“一审二帮三促”的工作思路，体现了审计监督的建设性作用。南昌市审计局组织对 68 户国有工业企业改革费用进行审计核定；九江市审计局组织对市城市建设投资有限公司 2008 年资产负债损益情况进行审计，并督促抓好问题整改。

经济责任审计 全年共审计经济责任人 1237 人，查出违规金额 39107 万元，管理不规范金额 156135 万元，损失浪费金额 190 万元。审计查出领导干部涉嫌个人经济问题 3 人，移送纪检监察机关 2 人，移送其他人员 6 人。省审计厅、各设区市审计局加大对经济责任审计的力度，实现审计内容从财政财务收支人格化到“四权”再到“三力”的超越。各地市审计局在工作中大力推行以任中审计为主体的新工作模式，普遍与其他专业审计相结合，基本实现了县以下领导干部审计的常态化。

专项资金审计 全年共完成审计及审计调查项目 862 个，查出违规金额 48027 万元，损失浪费金额 36969 万元，管理不规范金额 357950 万元，审计决定处理处罚应上缴财政 10209 万元，已上缴财政 9691 万元。一是组织对江西省 2005～2008 年退耕还林工程专项资金的审计，涉及金额 28 亿元，查出违规金额 4.6 亿元，促进资金到位 5415 万元，应上缴财政和归还原渠道资金 1.95 亿元，查出并移交有关部门处理案件线索 11 件，涉案人员 18 人。二是组织的生态公益补偿资金审计，涉及部门 190 个，延伸审计项目实施林业单位、乡镇村 2828 个，走访调查农户 5834 户，审计金额 13.96 亿元，查出违规金额 1.95 亿元，促进资金到位 4135 万元，应上缴财政及归还原渠道资金 2384 万元，查出并移交有关部门处理案件线索 3 件，涉案人员 4 人。三是组织对部分设区市就业与再就业资金审计，共查出违纪违规金额 10384 万元，查出赣州市信州区就业局收受培训机构回扣、私设“小金库”236 万元的案件，并移送立案查处；四是在对 2008 年初低温雨雪冰冻灾害救灾资金的跟踪审计中，查出资金被挤占挪用、资金使用效益较低等问题，引起省领导的高度关注，并得到有效整改。继续对汶川地震救灾资金物资筹集、拨付、结余情况进行审计，审计结果表明各级政府及负责筹集救灾资金等部门在执行中未出现违规违纪问题。

外资运用审计　全年共完成审计及审计调查项目11个，查出违规金额4927万元，管理不规范金额2717万元，审计决定处理处罚应上缴财政18万元，已上缴财政1万元；选送的《海利贵溪化工农药有限公司使用四氯化碳作为化工助剂（二期）消费淘汰项目2008年度执行情况审计》项目档案，在审计署外资审计中心组织的项目质量评审中，被评为南宁评审区第一名。在日本国际协力银行贷款江西植树造林项目审计中，针对资金滞留问题，提出及时拨付滞留资金的审计建议，并如实向日方披露审计报告；全程力促有关市县的有关项目实施和管理单位将滞留资金全部拨付到位，获得日方高度认可，确保项目的继续实施。

机关建设　2009年，全省审计机关的自身建设取得了较好成效，“人、法、技”等各项基础建设取得了新的进步。加强了干部教育培养、交流和培训，审计干部队伍素质有了新的提高。注重精神文明建设，省审计厅首次荣获省级文明单位荣誉称号，抚州市审计局连续十二届24年荣膺省级文明单位，上饶、新余等市审计局成功创建省级文明单位，宜春、赣州、景德镇等市审计局被评为市级文明单位和文明机关。在审计法制化建设方面，省审计厅在全国省级审计机关率先对审计处罚自由裁量权进行全省统一规范，引起良好社会反响；开展审计项目质量检查，组织全省优秀审计项目评选，促进审计质量提高；审计信息化建设方面，省审计厅完成与审计署审计内网、专网联通方式的改造，全面启动金审工程二期建设项目，尽早建成并投入运行。

（撰稿人：周　波）

【南昌市审计局】　2009年，南昌市审计局人员编制83人，在编81人。局长李广辉，副局长詹善平、赵波、陈国广，总审计师郑克里，纪检组长刘承万。设有办公室、人事教育处、综合法规处、审计信息处、财政与金融审计处、行政事业审计处、经贸审计处、农业与资源环保审计处、固定资产投资审计处、社会保障审计处、经济责任审计室（市经济责任审计工作领导小组办公室）。

审计成果　南昌市审计机关完成审计单位（项目）341个，查出违规金额4.7亿元，其中应上缴财政18621万元，应减少财政拨款或补贴4304万元，应归还原渠道资金10675万元，应调账处理金额5741万元；已上缴财政24314万元（含上年度补缴金额），已减少财政拨款或补贴4304万元，已归还原渠道资金10675万元，调账处理金额5741万元。移送司法机关及纪检监察部门案件线索12件，司法机关已立案查处1件。提交审计工作报告、信息744篇，被采用274篇。

财政审计　市审计局对市财政局及21个预算执行单位和2个地税部门进行审计，查出预算编制批复不规范1595万元、未按规定征收缴纳预算收入25228万元、财政支出核算不实151万元、资金滞留闲置1117万元等问题。《审计工作报告》重点披露了部分非税收入未纳入预算管理，专项资金到位率低，转移支付资金管理分配使用欠规范，政府负债规模增加，财政还贷压力增大，公开招标未作为主要的政府采购方式，部分采购事项操作不规范等问题，并要求各有关部门和单位切实加强整改。

行政事业审计　审计单位226个，查出未落实“收支两条线”和专户管理规定金额776万元，超标准超计划支出3660万元，违规改变资金用途4854万元，损失浪费146万元，乱收费乱摊派乱罚款465万元，经审计上缴财政7377万元。

农业与资源环保审计　审计单位（项目）9个，审计资金总额1.5亿元，查出违规有偿使用金额218万元，资金滞留闲置359万元。重点对南昌县、进贤县、新建县、安义县和湾里区退耕还林和生态公益林专项资金开展审计，指出了一些县区执行退耕还林政策不力，退耕还林工程质量还有待提高，粮食补助资金和生活补助资金及公益林补偿资金管理和使用等方面仍存在不规范、不严格的现象，严肃查处在退耕还林和生态公益林建设过程中发生的套取国家资金和侵害林农权益的问题。

固定资产投资审计　审计36个竣工决算类项目，审计完成投资额10.2亿元，查出工程价款不实4362万元、违规改变资金用途758万元，审计核减投资额5361万元，挽回损失1224万元。对进贤县、南昌县、新建县污水处理厂三个中央扩内需新增投资项目审计，揭示了征地、资金及工程管理中存在违规及不规范行为，审计报告要求上述三个县整改，所涉县的县委、县政府高度重视，立即组织落实整改工作。

经济责任审计 全市对92名行政、事业单位领导经济责任进行审计，共查出违规金额1615万元，管理不规范金额58583万元，损失浪费136万元，移送司法机关案件线索1件。市审计局查出个别执法单位重业务质量提升轻财务制度建设和执行，疏于监管，导致单位出纳贪污，给国家财产造成损失。及时移送检察机关，在制止犯罪的同时，对被审计单位领导和全体人员起到警示教育作用。

专项资金审计（调查） 共审计住房公积金、退耕还林和生态公益林专项资金、五项社保基金等专项资金项目23个，查出未纳入财政专户管理289万元、违规改变项目计划和资金用途290万元、损失浪费403万元等主要问题。审计上缴财政135万元。 （撰稿人：王光明）

【九江市审计局】 2009年，九江市审计局人员编制57人，现有人员60人。副局长胡伟华（正县级、主持工作）、范定坤、何斌、汪建荣，纪检组长黎昭平。设有办公室（人教科）、综合法制科、财政与金融审计科、农业与资源环保审计科、固定资产投资审计科、行政事业与社会保障审计科、经贸审计科，外资运用审计科，经济责任审计办公室、机关党总支、监察室，下辖审计干部培训中心、审计信息中心。

审计成果 全市审计机关完成审计项目1178个，查出各类违规金额62673万元，管理不规范金额308365万元；审计处理后，应归还原渠道资金3896万元，应调账处理金额15282万元，应上缴财政2176万元（已上缴财政2058万元），核减投资额11613万元。移送纪检司法机关12件，处理人员14人。市本级完成审计项目101个，查出各类违规金额45514万元，管理不规范金额255120万元；审计处理后，应归还原渠道资金445万元，应调账处理金额10070万元，应上缴财政1065.4万元（已入库953.7万元），核减投资额4305万元，审计后挽回（避免）损失78万元。提交各类审计报告和审计调查报告、信息397份，被采用230份。提出审计建议1857条，被采用的审计建议1030条。

九江市审计局先后获得省审计厅目标管理考评三等奖、依法行政先进单位、全省审计机关公文处理工作先进单位、投资审计工作先进单位全市人秘工作先进单位。

预算执行审计 为做好本级预算执行审计工作，为代表依法履职、知情知政服务，九江市审计局将财政、行政事业、社会保障、投资、农业等专业审计有机结合，建立起目标统一、内容衔接、层次清晰的财政审计一体化工作机制。部门预算执行审计在了解掌握各部门的机构、人员、编制、职能职责、经费保障等基本情况的基础上，重点关注政府部门用于拉动经济增长投资的分配、拨付、管理、使用情况及其效果，将部门预算执行的真实性、合法性审计与绩效审计有机结合。

固定资产投资审计 九江市审计部门充分发挥审计“免疫系统”功能，全面、深入开展政府投资项目跟踪审计。年初及时制定《政府投资建设项目跟踪审计操作规程》，拟定投资额在5000万元以上的项目必须实行跟踪审计。为配合全市重点工程项目的建设，先后对市长虹西路、市十里河整治、市八里湖滨湖路等七个政府重点工程进行跟踪审计。根据跟踪审计的特点，制定《政府投资建设项目跟踪审计资料清单》和《跟踪审计日记》，分发到各业主单位，要求各项目单位按工程进度及时报送资料。在全年的跟踪审计中，审计组参加各类工程建设会议30多次，收录工程实地照片120多幅，记录和见证工程变更事项34起，当场制止虚假签证8起，发表审计意见28条，为工程完工后的决算审计取得了大量实证。跟踪审计的开展，使得各项目业主单位增强项目管理意识，加强建设资金管理，确保工程质量和项目资金安全，防止国有资产流失。九江市审计局2009年进一步整合审计资源，组织部分县区审计部门和社会中介机构的工程审计人员，先后对19个政府投资建设项目进行审计。已经完成的审计项目，审计投资额为2.2532亿元，核减工程造价3089万元，核减额达14%。审计严把审计质量关，加大审核力度，对县区审计部门和中介机构审计的项目进行指导和监督，对有疑点的项目直接参与，取得较好的审计效果。

社会保障审计　全市审计机关审计专项资金总额401958万元，查出的主要问题有：违规改变项目计划和资金用途56479万元，应缴未缴专项金额45963万元，虚报冒领2765万元，资金滞留闲置3765万元，未纳入财政专户管理8198万元，配套资金不落实2051万元。

企业审计　按照市委、市政府利用两年时间全面完成国有企业改制任务的部署，九江市审计局接受任务后立即着手安排，制订工作方案，组织精干力量，通过半年多的努力，及时全面地完成了68家企业改制“三项经费”的审核、26个方面遗留问题的落实和23家企业改制资金终结审计工作。

经济责任审计　全市共完成对119名党政领导干部的任期经济责任审计，查出违规金额3486万元，管理不规范金额4492万元。审计结果为各级组织人事部门管理任用干部提供客观依据，为九江市加强对领导干部的管理和监督，促进干部勤政廉政起到积极作用。　（撰稿人：兰　辉）

【景德镇市审计局】　2009年，景德镇市审计局人员编制40人，在编42人。局长王国华，副局长陈建平、王丽琴、王桦、高金虎，总审计师占玉芳，纪检组长詹镕文。设有办公室、法规科、监察室、行政事业审计科、农业与资源环保审计科、经济责任审计科、经贸审计科、财金与外贸审计科、园区审计科、社会保障审计科、投资与专项资金审计科、投资决算审计中心。

审计成果　景德镇市审计机关完成审计项目188个，查出违规金额1024万元，其中应上缴财政993万元，应减少财政拨款8485万元，应归还原渠道资金13086万元，应调账处理金额4448万元；已上缴财政993万元，已减少财政拨款8485万元，已归还原渠道资金9664万元，已调账处理金额4448万元。移送司法机关、纪检监察部门处理事项2件，建议有关部门处理事项1件。提交审计工作报告、信息52篇，被采用43篇。

财政审计　完成审计单位18个，查出违规金额294万元，应上缴财政294万元，应归还原渠道资金3603万元，应调账处理金额1482万元，移送有关部门处理1件。进一步强化财政预算执行审计，树立大财政的理念，强化审计监督，促进了财政规范政府收支科目核算，提高预算的易操作性和透明度。

金融审计　完成审计单位2个，查出违规金额69万元，应上缴财政69万元，应调账处理金额1036万元。

行政事业审计　完成审计单位111个，查出违规金额222万元，应上缴财政191万元，应归还原渠道资金96万元，应调账处理金额353万元。

农业与资源环保审计　完成审计单位12个，查出违规金额278万元，应上缴财政278万元，应归还原渠道资金1348万元，应调账处理金额222万元。

固定资产投资审计　完成审计单位32个，应归还原渠道资金1132万元，核减工程造价8485万元。共完成工程造价项目28个，并将审计结果情况以《审计专报》方式上报市委、市政府，引起高度重视，并要求相关单位认真整改。

社会保障审计　完成审计单位8个，查出违规金额18万元，应上缴财政18万元，应归还原渠道资金5412万元，应调账处理金额2683万元。加大对社会保障、教育、农业水利基本设施等12个关系民生和社会稳定专项资金的监督力度，维护群众利益；抓好对城市信用社、陶瓷股份公司等10家国有企业单位的审计工作，突出绩效，注重分析原因，解决问题，受到企业欢迎。

企业审计　完成审计单位11个，查出违规金额130万元，应调账处理金额1462万元，已调账处理447万元。

经济责任审计　完成审计单位33个，查出违规金额108万元，应归还原渠道资金736万元。坚持关口前移，加大对领导干部任中积极责任审计比重，全年共完成22个部门离任领导干部和7个任中领导干部的经济责任审计。

专项资金审计　完成审计单位14个，查出违规金额272万元，应归还原渠道资金8795万元，已归还原渠道资金5373万元，移送司法机关处理案件1件。　（撰稿人：吴同春）

【鹰潭市审计局】 2009年，鹰潭市审计局人员编制24人，在编25人。局长李力，副局长徐加样（—12月）、祝木水（12月—），总审计师王惠斌（12月—），纪检组长李荣生（—8月）、姚美娟（8月—）。设有办公室、综合法制科、经济责任审计科、财政金融审计科、固定资产投资审计科、行政文教审计科、农业审计科、企业审计科、监察室、机关党支部。

审计成果 鹰潭市审计机关完成审计项目199个，查出违规金额33747万元，其中应上缴财政1641万元，应归还原渠道资金7331万元，应调账处理金额1810万元；已上缴财政1226万元，已归还原渠道资金2641万元，已调账处理金额972万元。提交审计报告、发送工作信息263篇。

财政审计 审计或审计调查4个财税部门和部分部门预算执行单位，查出违规金额677万元，管理不规范金额33041万元，应上缴财政210.74万元，已上缴财政210.74万元。组织开展了2007～2008年经营性房产收支管理审计，发现部分单位存在房租收入和土地收益金不上缴财政、以收抵支、收支未入账、合同金额过低等问题，查出违规金额341.85万元。开展地税征管审计，查出管理不规范金额1747.44万元，违规金额147.1万元。

金融审计 对江西省联社驻鹰潭办事处、贵溪市农村信用社等2家金融机构开展2009年度资产负债情况审计，发现存在股金挂账、存款化股金、小额农贷多收利息、贷款入股等问题，查出违规金额3454.25万元，管理不规范金额24534.53万元，收缴违纪金额39.72万元。

行政文教审计 完成行政文教审计项目14个，查出违纪违规金额245万元，收缴违纪金额28.5万元，已上缴财政28.5万元。提出审计建议35条，被采纳22条。

农业资金审计 完成农业审计项目12个，查出违规金额1742万元，应归还原渠道资金10万元，应上缴财政140.81万元，已上缴财政89.87万元。提出审计建议20条，被采纳16条。

固定资产投资审计 完成固定资产投资审计项目29个（政府投资项目22个），审计金额43860万元，核减工程造价1592万元，查出违规和管理不规范金额2125万元，查出违纪金额885万元，应上缴财政356万元，已上缴财政356万元。提出审计建议22条，被采纳16条。

企业审计 完成企业审计项目9个，查出违规金额1691.91万元，应归还原渠道资金180万元，应调账处理金额281万元，应上缴财政461.69万元，已上缴财政461.69万元。提出审计建议17条，被采纳15条。

经济责任审计 完成50名领导干部经济责任，其中副县级以上干部34名，查出违规金额779万元，管理不规范金额15821万元。提出审计建议64条，被采纳48条。

专项资金审计 开展退耕还林专项资金、森林生态效益补偿基金、五项社会保险基金、计划生育专项经费等专项审计，应上缴财政83万元，已上缴财政40万元。（撰稿人：黄晓华）

【新余市审计局】 2009年，新余市审计局人员编制50人，在编40人。局长谢桂生，党组副书记、调研员李志坚，副局长肖劲鸿、周永平、周建辉，纪检组长张梅保。设有财政金融审计科、固定资产投资审计科、行政事业审计科、农业资源环保审计科、经济贸易审计科、经济责任审计科、综合法规科、人秘科及审计信息中心、政府投资工程项目审计中心。

审计成果 全年完成审计项目82个，查出违规金额17115万元，管理不规范金额67836万元，应调账处理金额2448万元，应归还原渠道资金369万元，已上缴财政590万元，固定资产审计总造价42343万元，核减5222万元，核减率达12.3%。提交审计工作报告110篇，其中被批示批转26篇，刊登审计信息、论文267篇。

财政审计 对市本级预算执行情况及渝水区、经济开发区、仰天岗管委会2007～2008年财政收支预决算级次管理进行审计，发现预算内往来款清理不及时、基金预算收入不实、预算外支出不真实、挪用专项资金、少交税费等方面的问题。及时向市政府提交同级审结果报告并代表市政府向市人大常委会作了同级审工作报告。

对市招商引资服务局、市司法局、市农业局、市安监局、市外经贸局、经济开发区公安局、分宜县公安局、渝水区公安局、市发改委、市建设局、市防空办、仙女湖区公安局、市台办、市直机关工委等单位的预算执行情况进行审计，发现挪用专项资金弥补行政经费不足、财务管理不规范、专项资金使用效益不高等问题，提出可行的审计处理意见和建议。

行政事业审计　对市二中、三中、五中、六中、九中、十中、铁路小学、西湖小学、新钢一小、新钢二小、高专等学校以及市卫生监督所、中心血站、疾控中心等事业单位的财务收支情况进行审计，发现少缴税费、固定资产未及时办理结转等方面问题，提出了进一步提高资金使用效益、改进财务管理等方面的审计建议。

经济责任审计　对渝水区、区检察院、仙女湖区等单位的主要领导任期经济责任开展审计，通过对被审计领导干部所在单位的财政财务收支的真实、合法、效益情况的审计来评价领导干部履行经济责任情况，从机制上、体制上寻找解决问题的办法，促进被审计单位规范管理。

固定资产投资审计　对长青互通立交桥二标段、文化健身广场、廉租房一期、仙女湖区武吉高速公路连接线、北京商务酒店装饰工程、妇幼保健院土建及装饰等工程进行决算审计，对分宜县污水处理项目、全市农村渡改桥、全市农村电网改造完善等进行审计调查，核查其项目管理是否规范、资金收付是否合法、工程造价是否真实等。固定资产审计总造价 42343.13 万元，核减 5222.19 万元，核减率达 12.3%。

企业审计　对市城乡建设投资集团公司、城乡建设投资开发公司、煤气公司、市政府采购中心的资产负债损益情况进行审计，客观公正地分析公司的财务状况。

专项资金审计　对计生经费、农业开发资金、生态公益林补偿资金、退耕还林资金、全市五项社保资金和中小企业担保资金使用效益进行专项审计和审计调查，充分了解专项资金管理的现状，揭示资金筹集、管理和使用中存在的问题，进一步加强资金管理，提高资金使用效益。

（撰稿人：廖南生）

【萍乡市审计局】　2009 年，萍乡市审计局人员编制 37 人，在编 38 人。局长肖放萍，党组书记罗铭权，副局长邓克坚、张增良、彭青兰（女），纪检组长杨生元。设有办公室、经贸与财政金融审计科、固定资产投资审计科、社会保障审计科、农林水审计科、行政文教审计科、行政文教审计二科、经济责任审计科。

审计成果　萍乡市审计机关完成审计项目 244 个，查出违规金额 25355 万元，其中应上缴财政 1175 万元，应归还原渠道资金 1974 万元；已上缴财政 948 万元，已归还原渠道资金 1974 万元。移送司法机关、纪检监察部门处理事项 3 件。提交审计工作报告、信息 153 篇，被采用 132 篇。市审计局参评的民政资金专项审计项目获省审计厅 2009 年优秀审计项目评比一等奖，班子年度考核被评为“五好班子”，并荣获“全市社会治安综合治理目标管理先进单位”、全市“机关效能（项目）建设年活动先进单位”等光荣称号。

财政审计　通过内查外调，发现市县财政部门在本级预算管理和预算执行中，预备费存在超范围使用、部分专项资金存在违规借支甚至不归还现象，从体制、机制、制度上分析原因，提出深化改革、规范管理的意见和建议。审计工作报告得到人大常务会的高度评价。

经济责任审计　根据《萍乡市政府系统主要负责人任中经济责任审计实施办法》《萍乡市党政领导干部任期经济责任审计实施办法（试行）》《关于在干部选拔任用和监督管理工作中充分运用经济责任审计结果的意见》三个文件精神，全年共完成经济责任审计项目 63 个，发现和查处违纪违规金额 8000 余万元。形成的综合汇总报告得到市领导的高度重视和关注。并能充分运用经济责任联席会议制度及时解决经济责任审计中遇到的难题和问题，促成政府出台有关加强机关事业单位工资和津贴补贴管理的规范性文件。

专项资金审计　对退耕还林工程及生态公益林补偿资金、五项社会保险基金、锁定取消二级公路收费债务、萍乡高专第三期征地项目前经费等项目进行专项审计，发现问题，摸清情况，提出建议，规范管理，提高资金使用效益，并初步探索绩效审计的方法和途径。

固定资产投资审计　在对全市农网完善工程及莲花县、芦溪县污水处理工程审计中，从工程质量监督管理、资金管理、工程成本管理等方面入手，发现工程造价不实、漏交税收、废旧物资

不入账等违纪违规问题。提出整改建议，发挥了审计的监督预防作用。（撰搞人：苏　青）

【赣州市审计局】 2009 年，赣州市审计局人员编制 56 人，在编 56 人。局长欧阳锋，副局长李加淳、刘垣林（—5 月）、郭德明，总审计师谢京华（—5 月）、谢忠祥（5 月—），纪检组长郭竞。设有办公室、法规科、总支办、监察室、财政金融审计科、经贸审计科、行政事业审计科、固定资产投资审计科、农业资源环保审计科、社会保障审计科、外资运用审计科、经济责任审计科、信息科、审计干部培训班（事业单位）。

审计成果 赣州市审计局全年完成审计项目 191 个，查出违规金额 22893 万元，管理不规范金额 81276 万元，查出损失浪费金额 9641 万元；已上缴财政 4881 万元。被省审计厅评为 2008 年度全省审计法制宣传先进单位；被市委、市政府评为和谐平安建设暨社会治安综合治理目标管理先进单位、新农村建设先进工作队；被市政府表彰为 2008 年度中心城区绿化先进单位；被审计署中国时代经济出版社、《中国审计》编辑部评为 2009 年度审计宣传工作先进集体；被审计报社评为 2009 年度通联宣传工作优秀单位。

财政审计 完成审计项目 22 个，查出违纪违规金额 63108 万元，已上缴财政 104 万元；提交专题或综合审计报告 4 份，被市人大、市政府批转 2 份，完成科研课题《江西省省直管县财政管理与审计对策专题调研报告》并获省厅二等奖。

经济责任审计 全年共对 30 名领导干部开展经济责任审计，已上缴财政 94.37 万元，提交审计信息 7 篇，《中国审计报》采用 6 篇，完成审计理论文章 2 篇，被采用 2 篇，向市委提交专题报告 1 份。

行政事业审计 共完成审计项目 32 个，查出违纪违规金额 398 万元，应上缴财政 41.49 万元，已上缴财政 38.26 万元。组织实施对南康、信丰等 9 个广播电视网络传输有限公司分公司的资产负债损益情况审计，被省审计厅评为第一名，提交信息 9 篇。

外资运用审计 开展审计项目 18 个，查出违纪违规金额 310 万元，已上缴财政 16.40 万元。主动服务被审计单位，防范审计风险。

农业与资源环保审计 完成退耕还林工程和公益林补助资金审计项目 18 个，经济责任审计项目 12 个，应上缴财政 390 万元，已上缴财政 200 万元。积极参与强农惠农专项资金监督检查工作，完成对抚州市强农惠农资金检查工作。

社会保障审计 完成审计项目 19 个，查出违纪违规金额 9929.46 万元，查出“三乱”金额 560.59 万元，查出“小金库”金额 985.78 万元，已上缴财政 87.04 万元，提交《关于我市 2008 年度五项社会保险基金收支管理情况的审计综合报告》。

固定资产投资审计 完成审计项目 27 个，查出违纪违规金额 7914.48 万元，查出管理不规范金额 5678.89 万元，已上缴财政 3038.3 万元，投资项目审计核减金额 566 万元，提交信息 2 篇。

企业审计 完成审计项目 20 个，查出违纪金额 3865.86 万元，已上缴财政 1064.86 万元，全年共提交审计信息及文章 9 篇，积极配合开展二级公路债务锁定审计，高速公路审计项目被省审计厅表彰为“先进单位”。

信息化建设 制定了《赣州市 2009～2012 年审计信息化发展规划》《赣州市审计局管理系统和现场审计实施系统管理办法》《赣州市审计局网站管理办法》，开展 AO 审计软件应用项目 78 个，举办 4 期信息化培训，发布信息 120 条，OA 系统实现与市政府的电子政务统一应用平台对接。

培训与调研 选送 23 名新调入人员参加省审计厅的干部培训学习，选送 6 名业务骨干参加计算机审计专家经验制作培训，举办三期较大规模的审计业务培训班，分两次组织全市 80 多人次参加 AO 认证考前培训，组织审计干部参加全市的各种理论考试及继续教育考试。

（撰稿人：钟儒沁）

【上饶市审计局】 2009 年，上饶市审计局人员编制 36 人，在编 34 人。局长何丰，副局长徐天寿、万金星、董岚，总审计师周锋，纪检组长邵忠宽。设有人秘科、监察室、法规科、财政金融审计科、行政事业和社会保障审计科、经贸审计科、固定资产投资审计科、农业环保与外资运用审计科、经济责任审计科、信息中心、基本建设审计中心、审计专业培训中心。

审计成果 上饶市审计机关共完成审计（调查）项目1088个，查出违规金额11240万元，管理不规范金额182615万元，调账处理金额14749万元，归还原渠道资金10430万元，上缴财政2670万元。提交审计报告、建议和信息2630篇（条），被批示采纳371篇（条）。

财政审计 对上饶市43个财税部门进行审计或审计调查，应上缴财政278万元，已上缴财政278万元，主要问题是：未按规定征收、缴纳财政预算收入16869万元，隐瞒转移截留预算收入27986万元，财政收入核算不实8969万元，财政支出核算不实31053万元，违规改变资金用途1804万元，资金滞留闲置6129万元，擅自动用支配国库款3934万元，其他1334万元。

金融审计 对上饶市6个金融单位进行审计或审计调查，应上缴财政207万元，已上缴财政207万元，主要问题是：少计少缴税费207万元。

行政事业审计 对上饶市484个行政事业单位进行审计或审计调查。应上缴财政1547万元，已上缴财政1355万元。共查出应缴未缴预算收入756万元，隐瞒截留收入144万元，违规改变资金用途3288万元，未按规定征提基金558万元，虚列支出及成本328万元，少计少缴税费1059万元，乱收费、乱摊派、乱罚款2011万元，未落实收支两条线和专户管理规定1200万元，超标准超计划支出449万元，其他10191万元。

固定资产投资审计 对上饶市485项政府投资项目开展审计，审计工程项目总金额215515万元，核减工程款33233万元。主要问题是：工程价款多计33021万元，少缴税费580万元，挤占建设成本1041万元，其他347万元。

企业审计 对上饶市22个重点企业进行审计，对1家企业进行审计调查。应上缴财政152万元，已上缴财政152万元。主要问题是：少计或虚列成本费用4万元，少计少缴税费6707万元，其他423万元。

经济责任审计 对上饶市92个党政机关领导干部和国有企业领导人进行经济责任审计，共查出违规违纪金额61万元，查出管理不规范金额1535万元。

专项资金审计（调查） 对上饶市47个单位（项目）开展专项资金审计和审计调查，审计专项资金总额68035万元，应上缴财政145万元，已上缴财政145万元，审计促进拨付资金到位391万元，查出违规改变项目计划和资金用途1187万元，应缴未缴专项资金7590万元，资金滞留闲置13915万元，配套资金不落实1873万元，其他3979万元。

（撰稿人：胡跃明）

【抚州市审计局】 2009年，抚州市审计局编制45人，在编45人。局长曾龙昌（6月—）、周付德（—6月），副局长黄德泉、郑瑞龙、黄琴轩、李兆龙（6月—），总审计师吴晓兰，纪检组长黄荣泉。设有人事秘书科、综合法规科、监察室、财政金融审计科、行政事业审计科、经贸审计科、固定资产投资审计科、经济责任审计科、农业资源环境审计科。下设培训中心、信息中心两个事业单位及审计学会。

审计成果 抚州市审计机关共完成审计和调查项目1182个，查出各类违规金额7.75亿元，上缴财政0.74亿元，累计核减投资3.11亿元（其中市本级1.12亿元）。向司法、纪检监察机关移送违法违纪案件线索18件。提交审计专题（综合性）报告七百余篇，各类审计信息、调研文章被采用300多篇。

财政审计 全市审计机关开展对本级预算执行和其他财政财务收支审计，财政预算执行审计报告反映问题准确、建议可行，受到本级人大、政府的充分肯定。抚州市审计局对市本级2008年预算执行情况及东乡、崇仁、乐安、广昌、南丰、金巢等县（区）2007～2008年的财政决算进行审计；县（区）审计局对县本级预算执行情况进行审计，促进市财政管理水平的提高。抚州市审计局还开展房地产税征收审计，直接为市财政增收1700多万元。

专项资金审计 全市审计部门加大对涉及百姓切身利益的污水处理设施、政府投资保障性住房、农网改造等项目跟踪审计力度，加强了对冰冻灾害专项资金、社保资金及就业再就业资金、全市退耕还林和生态公益林补偿资金等项目审计和调查。抚州市审计局重点对中央下拨的就业再就业资金管理使用情况进行审计，发现案件线索，现已被市检察院立案查处。县（区）审计局重点对防洪保安资金、扶贫资金、移民资金等专项资金加强审计，一些县在审计粮食直补和综合直补及良种补贴专项资金中，查出的问题引起当地党政领导的高度关注并专门召开专题会议督促有关部门进行整改。

金融、企业审计 抚州市审计局组织开展对全市5个县（区）农村信用社系统资产负债损益审计、东乡铜矿财务收支情况审计、全市烟草行业2008年度财务收支情况等项目的审计。

经济责任审计 全市审计机关共对212名党政领导干部进行经济责任审计，并首次开展县长任中经济责任审计和村委会书记主任的离任审计。抚州市还出台《抚州市党政领导干部经济责任审计结果运用办法（试行）》，为今后进一步规范全市经济责任审计工作提供政策依据。

固定资产投资审计 全市审计机关共完成1351个政府投资工程项目的预决算审计，审计金额29.61亿元，累计核减投资3.11亿元。各县（区）都成立工程造价审核中心。南城、乐安、宜黄等县还相应出台《关于加强重点建设项目审计监督暂行办法》《关于政府投资建设项目审计办法》等一系列规范性文件，进一步促进政府投资项目审计工作。 （撰稿人：杨志波）

【宜春市审计局】 2009年，宜春市审计局人员编制55人，在编56人。局长谢会明，副局长彭泽荣、陈国新、周洪波，总审计师邓余平，纪检组长程小军。设有秘书科、综合科、财金审计科、行政文教审计科、政法社保审计科、经贸审计科、农业与资源环保审计科、固定资产投资审计科、经济责任审计一科、经济责任审计二科、监察室和信息中心。

审计成果 宜春市审计机关完成审计项目1138个，其中：预算执行审计49个、财政决算审计59个、专项资金审计119个、行政事业审计622个、固定资产投资审计269个、企业审计17个、经济责任审计208个（228人）。查出违规金额19760万元，其中应上缴财政5937万元，应减少财政拨款或补贴16万元，应归还原渠道资金3718万元，应调账处理金额9424万元；已上缴财政5882万元，已减少财政拨款或补贴16万元，已归还原渠道资金2574万元，已调账处理金额5650万元；核减投资额21410万元。移送司法机关、纪检监察部门处理事项5件。提交审计综合性报告和信息958篇，被采用628篇。

财政审计 对49个单位进行预算执行审计，共查出违规金额6378万元，主要是未按规定征收、缴纳预算收入8282万元，财政支出核算不实8802万元，违规改变资金用途1001万元等问题，均按规定进行处理。

对袁州区、靖安县、铜鼓县等4个县（市、区）及55个乡镇进行财政决算审计，查出违规金额14268万元，主要是决算编制不规范1083万元，未按规定征收、缴纳预算收入2567万元，隐瞒转移财政收入2916万元，财政收入核算不实2233万元，财政支出核算不实2951万元，违规改变资金用途1519万元等问题，均按规定进行处理。

社会保障审计 开展2003～2008年度农村沼气建设项目审计，抽调审计干部50名，共调查清点654户沼气建设农户和沼气池，发现在项目建设和管理过程不同程度的存在问题，提出了进一步加强和改进项目、资金管理的意见建议，为使农村沼气建设这一惠民利民项目造福群众发挥积极作用。对宜春市及所属县（市、区）“五项保险（即基本养老保险基金、基本医疗保险基金、失业保险基金、工伤保险基金、生育保险基金）”资金进行审计，对相关银行未按优惠利率计息问题进行重点披露，发现银行少计付社会养老保险基金和医疗保险基金存款利息1400余万元，并督促各相关银行按国家规定的优惠利率计付利息，保证社保基金的增值。

专项资金审计 对丰城等8县市区2005～2008年退耕还林专项资金和2001～2008年生态公益林补偿资金的收支和管理情况进行审计，审计总金额57292.42万元，查出违纪违规金额9694.36万元，均按规定进行处理。对市本级“13579”工程、宜阳新区建设、全市农网完善工程和3县市污水治理建设项目进行审计；组织开展体彩公益金使用效益审计、市本级及5县市广电网络传输公司资产、负债、损益审计等。促进各被审计单位和项目单位进一步加强管理，确保各专项资金真正惠及广大人民群众。

金融审计 对袁州区等5县市农村信用社2008年资产、负债、损益情况进行审计，审计抽查1067笔贷款，金额65028万元，重点对信贷资产质量、不良贷款真实性、抵债资产处置，账外收支和损益核算的合法准确性及股金真实合规性等方面进行审计，均按规定进行处理。

效益审计 积极探索效益审计，开展效益审计项目（单位）865个，查出损失浪费金额3955万元、造成潜在损失金额39837万元，审计后增收节支1210万元，提出审计建议1499条，被采纳1376条。（撰稿人：张小平 陈国平）

【吉安市审计局】 2009年，吉安市审计局人员编制38人，在编人员42人。局长胡守慰，党组书记李祖江，副局长钟循育、黄廉传、周共和，纪检组长徐锐。设有办公室、综合法规科、财政金融审计科、经贸审计科、行政事业审计科、农业资源环保审计科、固定资产投资审计科、经济责任审计科、社会保障外资运用审计科、监察室，下设一个直属单位：审计信息中心。

审计成果 吉安市审计机关共完成审计项目1486个（其中：市本级85个），查出违规金额33805万元，其中应上缴财政6610万元，应归还原渠道资金1652万元，应调账处理金额9718万元。已上缴财政6606万元（其中：市局1448万元）；已归还原渠道资金810万元，已调账处理金额2905万元。移送司法机关、纪检监察部门处理事项77件。提交审计工作（调查）报告968篇，被批示采用704篇。

财政审计 财政预算执行审计以规范管理为重点，以效益审计为方向，强化政府性资金的大财政审计格局。从体制、机制、制度层面分析原因，有针对性地提出建议，为提高财政资金使用效益，促进规范预算管理和完善公共财政体系提供参考。审计工作报告在《井冈山报》摘要公告，审计整改成效好。财政审计工作得到市政府和市人大的高度重视和充分肯定。

农业与资源环保审计 开展退耕还林和生态公益林专项资金审计和农机购置补贴专项审计调查，揭示违规发放粮食补助，损害退耕农户利益等九个方面的问题。通过对农机具供应商和949名购机农户的调查，发现经销商骗取国家补贴、变相涨价和农机部门违规收费等问题，审计效果明显，社会反响强烈。

固定资产投资审计 按照《吉安市国家建设项目审计监督办法》以及国家有关法律、法规的规定，切实加大对交通、市政等工程固定资产投资审计力度，有效地遏制了工程建设中的暗箱操作、高估冒算、虚报工程量、多结工程款等违法违纪问题，提高了财政资金的使用效益。探索投资审计新路子，吉安市审计局出台了《固定资产投资跟踪审计办法》，固定资产投资审计不仅为财政节约了大量的建设资金，而且充分发挥审计监督在党风廉政建设和反腐败工作中的作用。

社会保障审计 组织开展全市城镇职工基本养老保险基金、城镇职工基本医疗保险基金、失业保险基金、工伤保险基金和生育保险基金的审计，利用审计成果，针对我市城镇职工医疗保险基金结余量大，参保人员起付点低等情况向市政府提出建议提高参保人员支付起点的建议，得到市政府的采纳，并出台《关于调整部分政策提高医疗保险待遇水平意见的通知》。

企业审计 组织开展对市国有资产运营公司的财务收支，吉安路桥股份公司的资产，负债、损益审计，完成二级公路债务锁定的审计，受到市政府领导的高度赞扬和充分肯定。利用AO系统实施了对江西中烟公司井冈山卷烟厂2008年度财务收支审计，探索出经贸行业对股权设置等方面审计的新特点。

经济责任审计 把有资金分配权、资金流量大和重大项目的建设部门作为领导干部经济责任审计的重点，促进建立领导干部权力监督与制约的新机制。吉安市委办公室、吉安市政府办公室印发《吉安市党政领导干部任期经济责任审计结果利用办法（试行）》，进一步提升经济责任审计在干部考核中的地位和作用。

专项资金审计和行业审计 吉安市审计局始终坚持以关注民生政策措施的落实和执行情况，促进国家惠民政策措施的落实为目标，进一步加强了对涉及人民群众切身利益的民生工程专项资金的审计。加大了对重点资金、重点项目、重点行业的审计监督力度，注重发挥审计的建设性作用。（撰稿人：吴兴平）

2009 年江西省所辖区、县(市)级审计工作统计表

金额单位:万元

审计机关	完成审计项目(个)	查出违规金额	应上缴财政	应减少财政拨款或补贴	应归还原渠道资金	应调账处理金额	移送司法、纪检部门处理事项(件)	建议有关部门处理(件)	出具审计报告和审计调查报告(篇)	提出审计建议(条)	撰写审计信息(篇)
南昌市											
南昌市本级	78	39348	17835	3967	7528	648	11	1	79	264	156
东湖区审计局	44	2217	6			2247			44	41	15
西湖区审计局	6	409	13		10	2			7	28	16
青云谱区审计局	14	29	29			21			14	45	45
湾里区审计局	11	351	256						11	28	8
青山湖区审计局	8	2202	72	189		627			8	20	25
南昌县审计局	22	1367		148	3137	2162			23	53	37
新建县审计局	18	80	46			35			18	4	8
安义县审计局	51	754	35						53	96	2
进贤县审计局	89	391	329						94	189	35
九江市											
九江市本级	101	45514	877		445	10070			101	208	62
浔阳区审计局	77	139	104			350			77	88	35
庐山区审计局	63	321	55	13	1119	698	4		63	65	20
庐山审计处	56	177	10						56	77	3
瑞昌市审计局	59	3155	295						59	102	19
九江县审计局	117	3704	186		1648	223			117	67	67
武宁县审计局	57	1107	127						57	56	56
修水县审计局	118	685	71		5				118	149	6
永修县审计局	44	651	48		379	2207			44	124	108
德安县审计局	86	163	15						86	75	8
星子县审计局	170	2782	89						170	216	8
都昌县审计局	112	1336	124		119	1674	4		112	124	16
湖口县审计局	73	2459	135				3		73	101	17
彭泽县审计局	45	480	40		181		1		45	135	25
景德镇市											
景德镇市本级	104	904	873		13086	4448	2	1	104	359	42
昌江区审计局	8	15	15						8	26	
珠山区审计局	9	5	5						9	21	

（续 表）

审计机关	完成审计项目（个）	查出违规金额	应上缴财政	应减少财政拨款或补贴	应归还原渠道资金	应调账处理金额	移送司法、纪检部门处理事项（件）	建议有关部门处理（件）	出具审计报告和审计调查报告（篇）	提出审计建议（条）	撰写审计信息（篇）
乐平市审计局	39	49	49						39	75	
浮梁县审计局	28	51	51						28	75	
鹰潭市											
鹰潭市本级	70	10734	1320		10	219			70	158	25
月湖区审计局	27	350	10			520			27	25	7
贵溪市审计局	41	16047	158		80	145			41	72	22
余江县审计局	61	6166	153	367	5600	926			61	35	10
新余市											
新余市本级	82	17115	590		369	2448			110	336	267
渝水区审计局	61	2850	36		635				61	83	16
分宜县审计局	68	1995	45						68	72	16
萍乡市											
萍乡市本级	101	18082	571	40	1259	3499	3		26	128	25
安源区审计局	23	465	166		165	1187			12	37	3
湘东区审计局	24	618	165		230	193			35	69	10
莲花县审计局	18	1409	146						14	36	6
上栗县审计局	17	893	85		54	90			7	29	2
芦溪县审计局	61	3888	42		266				10	37	3
赣州市											
赣州市本级	191	22893	4777		1046	2394			191	62	68
章贡区审计局	65	1802	168		51	43			65	178	75
瑞金市审计局	148	2583	576		69				148	322	69
南康市审计局	52	3990	148						52	23	38
赣县审计局	95	1225	212		280	510			95	63	50
信丰县审计局	102	348	334		602	521			102	148	5
大余县审计局	53	478	366		450	51	1		53	50	234
上犹县审计局	79	4944	107						79	102	34
崇义县审计局	505	3276	134		518				505	1	12
安远县审计局	74	1058	106		307	154			74	137	17
龙南县审计局	54	5084	336		257	14			54	31	7
定南县审计局	46	2006	494		798				46	2	12
全南县审计局	42	396	57						42	29	63
宁都县审计局	75	3869	210						75		24

（续表）

审计机关	完成审计项目（个）	查出违规金额	应上缴财政	应减少财政拨款或补贴	应归还原渠道资金	应调账处理金额	移送司法、纪检部门处理事项(件)	建议有关部门处理(件)	出具审计报告和审计调查报告(篇)	提出审计建议(条)	撰写审计信息(篇)
于都县审计局	118	2379	341				6		118	36	71
兴国县审计局	107	1750	165						107	159	17
会昌县审计局	120	6847	177				2		120		104
寻乌县审计局	108	2503	137		102				108	50	19
石城县审计局	58	1093	470		181	31			58	33	14
上饶市											
上饶市本级	107	625	625		221	311	4		108	325	5
信州区审计局	39	67	65		53	8409	1		37	79	
德兴市审计局	69	193	193			3062	2		69	84	
上饶县审计局	67	152	152	202	58				67	41	
广丰县审计局	66	484	145		196	2526			66	12	
玉山县审计局	129	218	218						129	16	
铅山县审计局	20	90	65		74	28	2		20	66	
横峰县审计局	62	142	81		876	33			62	146	
弋阳县审计局	61	134	134				3		61	69	2
余干县审计局	81	116	116				6		81	72	43
鄱阳县审计局	164	1615	683		2		1		155	198	
万年县审计局	80	7473	69	548	8609	375			80	138	98
婺源县审计局	143	61	61		341	2			144	152	5
抚州市											
抚州市本级	110	63000	6000	19000			5	2	103	98	28
临川区审计局	32	640	204	67	386	4			32	32	30
南城县审计局	86	3431	173	620	1413	1225	1	1	86	186	62
黎川县审计局	64	640	52	210	195	160	2	2	12	26	52
南丰县审计局	87	147	147						87	104	21
崇仁县审计局	62	579	87				4		16	10	28
乐安县审计局	177	1467	65		239	679			70	160	20
宜黄县审计局	120	1921	126		1023	772	1		120	10	15
金溪县审计局	52	1187	291		16	4	2		39	32	25
资溪县审计局	68	1609	71		37	890	2		15	9	9
东乡县审计局	78	2380	106				1	1	78	52	18
广昌县审计局	246	540	92						132	75	5

（续表）

审计机关	完成审计项目（个）	查出违规金额	应上缴财政	应减少财政拨款或补贴	应归还原渠道资金	应调账处理金额	移送司法、纪检部门处理事项（件）	建议有关部门处理（件）	出具审计报告和审计调查报告（篇）	提出审计建议（条）	撰写审计信息（篇）
宜春市											
宜春市本级	135	3566	3226	16	126	104	3		135	320	184
袁州区审计局	94	328	175		49	408			94	154	75
丰城市审计局	210	3097	1069				2		210	295	38
樟树市审计局	36	90	90						36	78	13
高安市审计局	163	3728	527		3383	5687			163	403	95
奉新县审计局	57	111	111						57	138	35
万载县审计局	48	991	190		63	3124			48	62	70
上高县审计局	97	2539	289			68			97	132	14
宜丰县审计局	90	359	73		23				90	173	22
靖安县审计局	97	4241	74		1	2			97	254	43
铜鼓县审计局	111	710	113		73	31			111	161	39
吉安市											
吉安市本级	85	6735	1448		405		7		85	243	110
吉州区审计局	181	675	30		105	2850	5	7	181	288	28
青原区审计局	95	260	90						95	86	
井冈山市审计局	76	404	112		105				76	34	13
吉安县审计局	79	1079	681		3		10	7	79	132	352
吉水县审计局	101	840	399				8	1	101	121	13
峡江县审计局	79	766	105				4		79	57	3
新干县审计局	232	2391	496				12	3	232	389	100
永丰县审计局	118	4835	234		395	2014	7		118	87	30
泰和县审计局	62	2906	501		372	2282	6		62	100	85
遂川县审计局	66	1910	697		235	478	3		66	179	76
万安县审计局	28	279	279		32	2094			28	30	17
安福县审计局	66	6882	1114				7		66	57	75
永新县审计局	226	3843	424				8		226	281	66

山东省

【山东省审计厅】 2009年，山东省审计厅人员编制193人，在编187人，领导职数6名。设有办公室、法规处、人事处（机关党委）、财政审计处、行政事业审计综合处、农业与资源环保审计处、固定资产投资审计处、金融审计处、企业审计处、社会保障审计处、外资运用审计处、行政事业审计一处、行政事业审计二处、行政事业审计三处、行政事业审计四处、行政事业审计五处、行政事业审计六处、省经济责任审计办公室。

领导成员

厅　　长：左　敏

副 厅 长：王谦华　刘均刚　于　谦
　　　　　李建军　魏惠育　黄利明

总审计师：王修歧

纪检组长：宋　晋

审计成果　全省审计单位（项目）9141 个，查出违规金额 338 亿元，为国家增收节支 131.87 亿元。向司法、纪检监察机关移送案件 75 件、涉及 84 人、涉及金额 1.87 亿元，移送其他部门处理事项 85 件。提交审计报告信息 12304 篇，被采用批示 6483 篇（次），提出审计建议被采纳 11145 条。省审计厅提交审计报告和信息 208 篇，被省委、省政府和审计署采用批示 107 篇（次），其中省长批示达 29 篇（次）。

预算执行审计　全省共审计部门单位 1292 个，查出违规金额 92.49 亿元，上缴财政 30 亿元。重点关注经济形势变化对财政安全的影响，组织开展税收收入增减变化趋势和政府债务情况专项调查，从加强财源建设、化解财政风险的角度提出审计建议，省长作出重要批示。持续关注收支两条线、政府采购、国库集中支付等改革措施的落实情况，揭示政策执行不到位、管理体制不完善、运行机制不健全等深层次问题。扎实做好审计发现问题的整改工作，省政府办公厅连续 4 年下发通知要求各级各部门及各大企业、各高等院校严格执行审计决定，有力地促进审计发现问题的整改落实，预算执行审计决定落实率达 99.97%。

专项资金审计　以保障民生安全、维护社会稳定为目标，强化专项资金审计（调查）。加强对惠民经济政策落实情况和党委政府关心、社会关注的重点资金和重要领域的审计监督，组织开展社会保障资金、政府投资建设保障性住房情况、就业保障资金管理使用情况、国有土地使用权出让金、停止收费的政府还贷二级公路债务等专项审计和调查。全省共审计（调查）专项资金管理使用单位 945 个、资金总额 2242 亿元，查出违规金额 124.97 亿元，应上缴财政 97.99 亿元，促进拨付到位资金 8.8 亿元，发现侵害人民群众利益金额 2.86 亿元。对社保五项基金连续审计三年，在保障民生方面发挥积极作用。

固定资产投资审计　组织实施新增投资项目、省扩大内需调控资金使用情况、汶川地震灾后恢复重建、全省中小学校舍安全工程等重大投资项目和重要民生工程跟踪审计（调查），提高审计工作的针对性、时效性。全省共审计投资项目 1494 个，审减工程结算价款 35.33 亿元。组织全省 790 名审计人员，对前三批 1828 个新增中央投资项目实施跟踪审计调查，省长、常务副省长对省审计厅直接审计调查 108 个新增中央投资项目形成的报告作出重要批示，省发改委向全省通报有关情况。在调控资金跟踪审计中，出具跟踪审计意见单 926 份，提出审计意见和建议 1194 条，落实和采纳 1013 条，帮助有关部门和项目单位建立健全制度 212 项。

绩效审计　拓宽绩效审计领域，在投资、外资运用、农业和资源环保、财政及其他专项资金审计中，都突出绩效目标，全省共开展绩效审计 5427 项，占全部审计项目的 59.37%，查出损失浪费金额 31.4 亿元、潜在损失金额 262.31 亿元，促进增收节支金额 28.74 亿元，挽回（避免）损失 4.46 亿元。实施利用世亚行贷款环保项目、农村药品监督网和药品供应网建设绩效情况等专项审计调查，深入分析揭示影响绩效的因素和问题，促进环保项目和“两网”绩效管理；审计中抓住影响绩效的关键环节提出针对性建议收到良好效果，在省调控资金审计调查中，提出优化融资进度的建议，有效节约融资成本。

经济责任审计　全省共审计经济责任人 3688 人，查出违规金额 73.82 亿元，其中应由领导干部承担直接责任金额 5.91 亿元。扩大任中审计比例，发挥预警防范作用，厅级领导干部任中审计达 33.33%，县处级领导干部任中审计达 51.25%。强化审计结果运用和责任追究，积极推进问责制，省审计厅会同省纪委、组织、监察和国资委 4 部门制发《山东省省管企业负责人经济责任问题追究暂行办法》，得到中央五部委经济责任审计联席会议办公室的充分肯定并全文转发。为纪念中办、国办两个暂行规定颁布 10 周年，全省审计机关积极开展宣传纪念活动，书记、省长分别对经济责任审计工作作出重要批示，有力推动山东经济责任审计工作的发展。

交办项目 根据省委、省政府部署，自2007年起连续三年组织对第十一届全运会16个省建场馆和13个赛区新建场馆进行跟踪审计，省长、副省长先后8次作出批示，给予充分肯定和高度评价；抽调8名干部参与第十一届全运会组委会监审部工作，对组委会办赛资金进行跟踪审计，副省长先后7次对审计报告作出批示；还按照省政府要求，圆满完成对口接待重庆代表团团部工作。省审计厅被表彰为第十一届全运会筹办工作先进集体。认真贯彻中央和省要求，积极开展“小金库”专项治理工作，把查处“小金库”作为审计关注的重点内容，取得显著成绩。

基础建设 一是加强体制机制建设。从促进科学发展的现实需要出发，围绕建设科学的审计工作机制，业务管理机制，行政管理机制，人事管理机制和对下指导机制，以制度建设为抓手，本着简洁实用、便于操作、讲求实效的原则，广泛调研、广开言路、广纳众智，着力做好制度清理修订工作，新制定制度17项、修订24项、保留14项。研究制发《加强资源环境审计促进科学发展的意见》《进一步加强绩效审计的意见》《关于加强和改进对市县审计工作指导的意见》等文件，形成了结构合理、功能完备、导向明确的制度体系，为审计工作的科学发展提供制度保障。二是强化机关行政管理。以制度建设为基础，按照快捷、节约、有效的原则，强化成本意识、效率意识，推进行政管理秩序化和规范化。加强财务资产管理，强化预算控制，严格日常财务核算，定期进行财务分析、开展资产清查，依法理财、科学理财水平不断提高，与上年度相比，2009年省审计厅的各项控制指标都有较大幅度下降。三是加强审计业务管理。对重点领域和关键环节实施业务管控，质量和效率进一步提升。探索实行计划、实施、执行相分离的业务管理机制，促进了审计结论落实；实行项目限时管理，对审计实施各阶段、各环节进行控制，节约了审计实施时间；运用审计管理系统与现场审计实施系统交互功能对项目实施动态监控，推动了质量控制制度的落实；加强对下工作指导，以审计业务指导为重点，整合系统资源和外部审计资源，保证了项目顺利实施。四是推动审计手段创新。以“金审工程”建设为抓手，大力推进审计信息化建设。建成了覆盖省、市、县三级的审计广域网，为审计管理系统的全面推广打下了坚实基础。深化信息系统审计，先后开展对省交运集团、鲁信集团、山工集团等大型企业集团业务及财务信息系统的审计，取得良好效果。积极探索联网审计，省审计厅与省质监局联网审计项目取得实质性进展，初步实现对质监系统财务数据的在线监督。五是强化审计队伍建设。健全考核制度，发挥导向作用，修订完善目标管理考核、审计人员成果记录办法等制度，坚持单位考核与个人考核、日常考核与年终考核、量化考核与民主测评相结合，激发了处室单位和审计人员工作的积极性和创造性。加大教育培训力度，实施分类分层次培训，提高培训的针对性，面向全省审计机关举办培训班18期、累计培训1500多人（次），提高了审计队伍的整体素质。

做到“五个更加突出” 省审计厅为了适应审计工作面临的新形势、新任务和新要求，努力做到“五个更加突出”。一是更加突出全面性。要求审计人员从片面的、狭隘的思维方式和习惯中跳出来，在更大的范围、更宽的领域去认识、分析和评判审计对象的行为，要善于分析问题和提出解决问题的办法；善于从个性问题中归纳、提炼出共性问题；注意发掘好经验、好做法，予以总结推广，发挥示范作用。二是更加突出动态性。在工作中更加注意对审计对象行为的跟踪监督。在总结投资跟踪审计成功经验的基础上，积极拓宽跟踪审计领域，将重大民生工程、环境资源项目和重大专项资金纳入跟踪审计范围，根据项目实施的不同阶段和资金运行的关键环节，选择恰当时点介入，力求最佳效果。三是更加突出绩效性。将绩效理念贯穿于审计工作的始终，特别是在当前经济运行面临多种困难的情况下，越是要加强对政府绩效管理的审计，促进严格控制支出，降低行政成本，提高财政资金使用效益。四是更加突出宏观性。就是要自觉地融入国家经济社会发展的全局中去，做到从宏观全局着眼，从微观入手，分析解决问题，改变传统思维定式，充分利用接触领域广、掌握情况详实的优势，加强综合分析，真正把影响国家安全和政策目标实现的突出问题揭露出来，提高审计建议的质量，在更高层次上发挥宏观服务作用。在国际金融危机发生之后，更要关注国家经济安全问题。五是更加突出建设性。在工作中，力求做到正确处理监督与服务的关系，通过监督，达到规范、完善、提高的目的；处理好批判性与建设性的关系，在批判的基础上实现建设的目标。在治标的同时，要在治本上下功夫，对审计中发现的问题进行全面、系统、辩证地分析，从体制、机制、制度层面深入查找根源，及时向党委政府和有关部门单位提出解决问题的对策建议，发挥好审计监督的建设性作用。（撰稿人：张庆功）

【济南市审计局】 2009 年，济南市审计局人员编制 167 人，在编 167 人。局长纪宝华(—12 月)、孙竹兮（12 月—），副局长毕永晔、丛培军(—7 月)、唐军、吕思修、丁小玲、许利群（12 月—），总审计师刘继强，纪检组长许利群（—12 月）。设有办公室、法制处、财政金融审计处、行政事业审计处、经贸审计处、外资运用审计处、农业与资源环保审计处、社会保障审计处、固定资产投资审计处、计算机审计技术处、组织人事处，按照有关规定设机关党委和纪检监察室，另设 4 个派出审计处及济南市经济责任审计办公室。

审计成果 完成审计或审计调查项目 60 个，查处违规金额 3.3 亿元、管理不规范金额 36.3 亿元、增加财政收入 8074 万元；向纪检、司法机关移送案件线索 4 起。“济南市财政预算执行及其他财政财务收支情况审计项目”荣获全国地方优秀审计项目第二名。连续四年荣获全国地方优秀审计项目。

预算执行审计 对市地税局等 13 个部门预算执行情况进行审计。在全市 124 个新增项目和 33 个省调控资金项目跟踪审计中，针对政策执行过程中遇到的新情况、新问题，提出审计建议 20 多条，促进有关部门和县区健全完善制度 10 多项。在对 14 项引导资金专项审计调查中，揭示部分引导资金在设立、分配环节中缺乏统筹协调机制，重复交叉，不利于集中财力解决等问题，有针对性地提出审计意见和建议，为促进该市“保增长、保民生、保稳定、保全运”中心任务的完成发挥积极作用。

固定资产投资审计 审计建设资金 112.4 亿元，审减工程造价 3.67 亿元。同时，在“全运会”等重点工程跟踪审计中，查处个别工程项目存有围标、串标等问题。市建委取消 4 名评标专家评标资格，停止 3 家施工单位投标资格，并通报批评。

经济责任审计 对 10 个部门单位领导干部开展经济责任审计，对 3 所市属高校的书记、院长开展同步经济责任审计。为规范权力运行，加强干部监督管理，推进党风廉政建设发挥着重要作用。

专项资金审计（调查） 组织开展社保资金、环卫资金、残疾人就业保证金、卫生事业资金、村村通自来水工程资金、抗震救灾资金、省道二级公路停止收费、市农村公路改造等 11 项审计或审计调查。提交审计调查报告 21 篇，被市委、市政府领导批示 20 篇。在促进完善相关制度、落实惠民政策、维护社会稳定等方面发挥着积极作用。（撰稿人：白俊国）

【聊城市审计局】 2009 年，聊城市审计局人员编制 82 人，在编 62 人。局长王连申，副局长崔玉忠、杨泽锋、郭明芳、张斌，总审计师高淑英（—5 月），纪检组长郭焕兴（—9 月）。设有办公室、人事科、法制科、财政金融审计科、社会保障审计科、经贸审计科、农业与资源环保审计科、行政事业审计科、开发区审计分局、监察室、机关党总支，另设有直属事业单位经济责任审计办公室、政府投资审计专业局、派出教育审计办公室、派出卫生审计办公室、派出政法审计办公室、派出城建审计办公室、审计科研所、审计培训中心、审计信息化办公室。

审计成果 聊城市审计局审计单位 110 个；查出违规金额 3.03 亿元，管理不规范金额 62.94 亿元，应上缴财政 2.28 亿元，已上缴财政 0.91 亿元。提交信息和综合报告 159 篇，信息被采用 60 篇，综合报告被领导批示 10 篇。

财政审计 共对 11 个单位开展预算执行审计，查出违规金额 1247 万元，管理不规范金额 51848 万元，提出建议 41 条。发现预算管理方面存在的一些深层次的矛盾和问题，对税收增减趋势进行审计调查。市人大常委会充分肯定审计工作取得的成绩，并给予高度评价。对 2 个县级政府财政决算情况进行审计，促进规范县级财政行为。

固定资产投资审计　紧紧围绕重大投资项目、重点民生工程以及城建征地拆迁进行审计，全年审计投资项目 8 个，涉及金额 54.8 亿元，查出管理不规范金额 18.8 亿元，审减工程造价 2531 万元。跟踪审计力度进一步加大，对体育公园建设、援川恢复重建、新增投资项目、扩大内需重点建设项目、运河四期征地拆迁、古城区保护与改造等工程均实施跟踪审计，确保项目的顺利进展，收到良好的效果。为配合古城区保护与改造，根据市领导指示，从社会上聘用 32 名专业人员组成审计组，参与古城区入户丈量工作，全力配合和推进古城保护与改造工程实施，较好地完成任务，受到市领导表扬。在拆迁审计中，使用 CAD 制图技术，运用电子档案进行管理，确保数据的准确性，提高工作效率。

经济责任审计　为进一步抓好市委《关于加强领导干部审计监督的意见》的落实，更好地发挥经济责任审计的作用，加强了制度建设，进一步规范经济责任审计工作。在项目的结合上做了积极的尝试，把部分经济责任审计项目与预算执行审计和财务收支审计结合开展。共对 72 名领导干部进行经济责任审计，其中县长 2 人，考察审计 26 人，促进领导干部依法行政，强化廉政建设，为党委、政府了解任用干部提供依据。

专项资金审计（调查）　对社保基金、就业资金、农村药品监督网和药品供应网、抗旱救灾资金、政府投资保障性住房等专项资金项目进行了审计调查，共查出违规金额 7170 万元，管理不规范金额 14307 万元，避免损失浪费金额 33 万元。

（撰稿人：杨　辉）

【德州市审计局】　2009 年，德州市审计局人员编制 66 人，在编 57 人。局长杨少华，副局长郑祥盾、韩吉庆、戴希祥、刘铁明，总审计师刘洪田，纪检组长刘铁明（兼）。设有办公室、人事教育科、法制科、财政金融审计科、行政事业审计科、经贸审计科、农业与资源环保审计科、固定资产投资审计科，局属事业单位德州市经济责任审计办公室（副县级），机关服务中心（正科级）。

审计成果　完成审计项目 59 个，查出违规金额 7998 万元，其中应上缴财政 7797 万元，应调账处理金额 6881 万元；已上缴财政 4359 万元，已调账处理金额 5910 万元。提交审计工作报告、信息 76 篇，被采用 25 篇。

财政审计　对市财政局、地税局、民政局等 10 个单位 2008 年度预算执行情况和陵县、齐河县财政决算情况进行审计。通过审计，查出违规金额 8751 万元，管理不规范金额 69040 万元。延伸审计 27 户纳税企业，查处税收违法行为金额 1520 万元，督促地税部门进行收缴。审计结果报告和审计工作报告受到政府和人大好评。

农业与资源环保审计　完成德州市农村药品供应网和监管网建设及运行情况审计调查、10 个县（市、区）的小麦、玉米、棉花良种补贴资金审计调查、德州市二期农村电网改造项目审计。查出违规金额 417 万元，促进有关单位加强管理、堵塞漏洞、提高效益。

固定资产投资审计　对德州市新增投资和省扩大内需调控资金项目进行跟踪审计，审计项目投资总额 22 亿多元，查出违规及管理不规范金额 3.8 亿元。对德州市体育中心、福利中心、博物馆等重大项目实行全过程跟踪审计，保证了建设项目优质高效、安全、廉洁运行。对行政中心装修工程、体育中心工程等进行竣工决算审计，审减工程价款 1712 万元，综合审减率为 13%。对河东绿地、长河公园等重点城建市政工程项目进行的决算审计，审计资金总额 8511 万元，审减资金 846 万元。对德州市援建北川地震灾后恢复重建 8 个建设项目进行跟踪审计。

经济责任审计　对市人防办、科技局、卫生局、民政局等 10 个单位原主要负责人的离任审计和任中审计，查出违规金额 641 万元，管理不规范金额 7323 万元。审计结果向市直各部门单位进行通报，提高审计结果的透明度，发挥经济责任审计的警示作用。组织召开新一届领导小组会议，总结十年来经济责任审计工作情况。市委书记、市长同志分别作出重要批示。

专项资金审计（调查）　连续三年对德州市企业职工养老、医疗、失业等五项社会保险基金的收支、管理情况进行审计，审计资金总额 15 亿元，查出违规及管理不规范资金 1 亿元。对德州市2006～2009年上半年就业资金管理使用情况进行专项审计，审计金额6345万元，查出违规及管理不规范金额2049万元。对德州市2007～2009年6月廉租住房保障资金和棚户区改造资金的筹集、管理和使用情况审计调查，审计发现配套不到位等问题金额900多万元，揭示廉租住房保障和棚户区改造中存在制度、体制、机制等方面存在的突出问题。（撰稿人：李 伟）

【东营市审计局】 2009年底，东营市审计局机关人员编制56人，事业单位编制3人；实际机关在编59人，事业单位在编9人。局长曲同德，副局长张树芹、耿考青，总审计师成志强，纪检组长王国军。设有经济责任审计办公室、政府投资审计办公室、东营港经济开发区审计分局、东营经济开发区审计分局、办公室、人事教育科、法制科、财政审计科、金融审计科、行政事业审计科、经济贸易审计科、农业与资源环保审计科、社会保障审计科。所属事业单位计算机审计中心。

审计成果 东营市审计局完成审计项目80个，查出违规金额48184万元，其中应上缴财政39092万元，应减少财政拨款或补贴40万元，应归还原渠道资金3528万元，应调账处理金额56728万元；已上缴财政12553万元，已归还原渠道资金245万元，已调账处理金额9394万元；提交审计工作报告、信息186篇，被采用36篇。

财政审计 预算执行审计和调查22个项目，审计（调查）查出违规金额40945万元，管理不规范金额57043万元，应上缴财政37257万元，应归还原渠道资金2134万元，应调账处理金额28388万元；已上缴财政12406万元，已归还原渠道资金245万元，已调账处理金额9348万元。财政决算审计单位2个，查出违规金额1467万元，管理不规范金额27083万元，应上缴财政1162万元，应归还原渠道资金305万元，应调账处理金额1258万元，已上缴财政145万元。

金融审计 审计金融单位1个，审计查出违规金额366万元，管理不规范金额16967万元，应上缴财政366万元，应调账处理金额26万元。

行政事业审计 审计单位21个，审计查出违规金额1915万元，管理不规范金额98297万元，应上缴财政244万元，应归还原渠道资金1011万元，应调账处理金额13138万元；已上缴财政2万元，已调账处理金额46万元。

固定资产投资审计 组织开展了“四区一城”、“三路两港一场”等黄河三角洲开发建设重点项目进行跟踪审计。在对东营港扩建工程跟踪审计中，为财政节约投资2747万元。在对汶川地震灾后重建资金进行的审计，节约采购成本108万元。

企业审计 完成企业审计项目1个，审计查出违规金额53万元，管理不规范金额5130万元，应上缴财政53万元，应调账处理金额5004万元。

经济责任审计 完成经济责任审计项目27个，审计查出违规金额26764万元，管理不规范金额136618万元。

专项资金审计（调查） 完成专项资金审计和审计调查28个，审计查出违规金额3398万元，管理不规范金额88796万元，应归还原渠道资金78万元，应调账处理金额8870万元。

内部审计 2009年底，全市共有内审机构277个，其中专职机构159个。内审人员695人，其中专职人员385个。全年共完成审计项目1901个，其中财务审计781个，效益审计270个，经济责任审计288个，基本建设审计142个，专项审计339个，内控评审60个，风险评估21个。共查出损失浪费金额1549万元，增加效益金额46291万元，财务决算审签30个。

（撰稿人：蔡 玲）

【淄博市审计局】 2009年，淄博市审计局人员编制92人，在编86人。局长王振升，副局长杜贞耐、梅立凯，总审计师贾立博，纪检组长徐可（—10月）。设有办公室、人事教育科、法制科、财政审计科、金融社保审计科、行政事业审计科、经贸审计科、农业与资源环保审计科、外资运用审计科、政法审计科、科教文卫审计科；经济责任审计办公室（建制级别为副处级），内设经济责任审计一科、经济责任审计二科；淄博市审计局领导和管理的副县级财政拨款事业单位——淄博市政府投资审计专业局，编制22人，在编27人。设有综合科、交通能源建设投资审计科、城市基础设施投资审计科、农林水环保投资审计科。

审计成果　审计（调查）项目 107 个（其中审计调查 25 项），查出违规金额 68546 万元，其中应上缴财政 5328 万元，归还原渠道资金 289 万元，应调账处理金额 131510 万元，审计查出的问题得到全面整改和落实。提交审计报告和调查报告 158 份，提出审计建议 138 条，撰写审计信息 293 篇，被采用 151 篇。

财政审计　进一步深化预算执行审计，对 16 个部门及所属二级单位进行审计，查出违规金额 4748 万元，应上缴财政 4521 万元。有针对性地提出了加强源头控管，加大综合治税力度的审计建议，引起政府高度重视，促进淄博市出台和完善《关于进一步加强地方税收管理有关问题的通知》等加强综合治税的措施。

行政事业审计　审计（调查）单位 46 个，审计查出违规金额 58761 万元，已上缴财政 772 万元，已调账处理金额 12.2 亿元，其中对 39 名行政事业单位主要负责人实施经济责任审计。

固定资产投资审计　把“扩内需、保增长”政府投融资项目审计作为淄博市审计局 2009 年工作的重中之重，审计提报值 17.3 亿元，审定值 14.1 亿元，审减值 3.2 亿元，综合审减率 18.25%。

企业审计　审计（调查）单位 9 个，其中经济责任审计 6 个，审计查出违规金额 4895 万元，已上缴财政 31 万元，虚增资产 207 万元，虚增负债 375 万元。

经济责任审计　对 45 名单位主要负责人实施经济责任审计，其中行政事业单位主要负责人 39 名，查出违规金额 6.3 亿元，已上缴财政 781 万元。审计结果表明，领导干部接受经济责任审计的自觉性显著增强，严重违规违纪现象明显减少。

专项资金审计（调查）　对重点社保基金、保障性住房建设资金、县乡医疗服务体系建设资金、企业技改项目资金、城市供热成本等进行专项审计和调查，审计（调查）单位 34 个，审计（调查）专项资金总额 1250.4 亿元，促进拨付资金到位 1.6 亿元，为政府宏观管理决策提供可靠依据。　（撰稿人：吴华龙）

【潍坊市审计局】　2009 年，潍坊市审计局人员编制 74 人，在编 64 人。局长宫智，副局长辛禄升（—6 月）、高保强、高敬禄，总审计师刘树龙。设有办公室、法制科、组织人事科、财政审计科、金融审计科、行政事业审计科、经贸审计科、农业与资源环保审计科、固定资产投资审计科、外资运用审计科、计算机审计管理科、经济责任审计办公室（副县级），下设潍坊市审计局派出审计处。

审计成果　潍坊市审计局完成审计项目 72 个，查出违规金额 16517 万元，其中应上缴财政 8522 万元，应减少财政拨款或补贴 186 万元，应归还原渠道资金 18005 万元，应调账处理 13049 万元；已上缴财政 7317 万元。提交审计工作报告、信息 163 篇，被采用 216 篇（次）。有关工作报告和专题报告被市委市政府主要领导批示 6 次。

财政审计　审计（调查）单位 11 个，查出违规金额 7051 万元，管理不规范金额 104030 万元。实施的市本级预算执行和税收征管情况审计，市人大常委会给予充分肯定，有关部门对审计发现的问题进行认真整改。结合税收征管审计，选取 16 个行业的 20 户重点企业，实施企业发展状况专项审计调查，为市政府积极应对金融危机提供决策参考。开展 2 个县级政府财政决算审计，并结合进行地方政府负债情况审计调查，摸清地方搭建的筹融资平台和负债规模的总体情况。

固定资产投资审计　审计（调查）单位 12 个，查出违规金额 190 万元，管理不规范金额 7041 万元。先后 4 次赴北川地震灾区援建现场，对北川县贯岭乡、桂溪乡和北川新县城等灾后恢复重建项目实施跟踪审计。组织开展全市 2007～2009 年 6 月投入和筹集的政府投资建设保障性住房补贴、实物配租情况审计调查，对查出的问题责成有关县市区政府予以整改。组织对第十一届全运会在潍坊市比赛场馆建设项目管理、资金使用情况跟踪审计，以及潍坊市直供区和 9 个趸售县县城电网和第二期农村电网建设改造项目、中小学校舍安全等审计和审计调查。

经济责任审计　完成 29 人的经济责任审计，查出违规金额 9156 万元，管理不规范金额 235623 万元。

专项资金审计（调查）　加强对重点专项资金的审计和审计调查，完成审计和调查项目 20 个，查出违规金额 120 万元，管理不规范金额 21258 万元。开展了市属 12 所职业院校资产负债情况审计调查，找准影响和制约市职业教育发展的突出问题。进行农村药品监管网和药品供应网建设及运行情况审计调查，有关部门整改落实查出问题，为全市医疗改革服务。实施市本级和4个县市就业资金审计，组织其他县市区审计局对当地就业资金情况进行审计，促进提高民生资金使用效益。开展中心城区污水处理费征收管理使用情况审计调查，抗旱救灾资金、粮食直补、停止收费的政府还贷二级公路债务情况和全市2008年度社保基金审计，保障惠民政策的贯彻落实。

（撰稿人：邵　磊）

【烟台市审计局】　2009年，烟台市审计局人员编制89人，在编86人。局长宋振国，副局长孙启东、王国勋、逄世毅、董瑞锋，总审计师董瑞锋（—11月）、翟宇翔（11月—），纪检组长贺传利。设有办公室、法制科、财政审计科、行政事业审计科、经贸审计科、固定资产投资审计科、社会保障审计科、农业与资源环保审计科、外资运用审计科、金融审计科、人事教育科、信息管理科，另设有派出审计一处（重点建设项目）、派出审计二处（公检法司）、派出审计三处（科教文卫），及直属的烟台市经济责任审计办公室（副处级，内设企业审计科和行政事业审计科）。

审计成果　完成审计（调查）项目80个，查出违规金额90183万元，应上缴财政70693万元，已上缴财政41111万元。出具审计报告105篇，提出审计建议140条，被采纳58条；提交专题报告、信息简报224篇，被批示采用41篇。局机关保持全省文明机关称号，宋振国局长被评为全国审计机关先进个人。

财政审计　对本级15个单位预算组织及执行情况、3个县级政府财政决算情况进行审计；组织全市税收收入增减变化趋势专项审计调查、开展地方政府负债情况专项审计调查。

行政事业审计　对全市停止收费的政府还贷二级公路债务情况进行专项审计调查，组织对全市公安系统、党校系统以及工会组织的财政财务收支进行审计。

固定资产投资审计　对四川地震灾区恢复重建资金管理使用情况进行跟踪审计，对套子湾污水处理厂升级改造工程试点开展环境效益审计；组织对全市新增中央扩大内需投资项目及省调控资金管理使用情况进行跟踪审计。

专项资金审计　组织对全市社会保障基金、就业保障资金、新型农村合作医疗基金、农村药品监督网和药品供应网建设绩效、村干部工资补贴保障情况及村级财务状况、全市小型水库除险加固专项资金、全市家电下乡政策执行及补贴资金落实情况以及五区城镇居民基本医疗保险基金进行专题审计或审计调查。

企业审计　开展市交运集团资产负债损益审计，对市属企业长期投资效益情况、市区主要供热企业成本情况进行专项审计调查。

经济责任审计　结合预算执行审计对12个部门单位主要负责人进行任中经济责任审计，结合财政决算审计对2个县市区党政主要领导进行任中经济责任审计，对11个部门单位主要领导进行离任经济责任审计。

内部审计　全市内审机构审计项目单位6560个，查处损失浪费金额4.68亿元，促进增收节支2.95亿元。目前全市已建内审机构430个、发展个人会员850名。

（撰稿人：车绍伟）

【威海市审计局】　2009年，威海市审计局人员编制52人，在编52人。局长于时文，副局长丛培军、李峰、孙思深，总审计师王旭。设有办公室、法制科、财政金融审计科、行政事业审计科、经贸审计科、农业环保审计科、外资运用审计科，另设政府投资审计中心（副县级）、经济责任审计办公室（副县级），政府投资审计中心下设投资审计一科、投资审计二科，经济责任审计办公室下设经济责任审计一科、经济责任审计二科、经济责任审计三科。

审计成果　全市审计机关共完成审计项目278个，查出违规和管理不规范金额28.2亿元，促进财政增收节支6.2亿元，向党委政府和上级业务机关提报专题报告和信息471篇，被采用和批示144篇（次）。

财政审计　全市审计机关在完成对2009年同级预算管理部门和部分预算执行部门“一体化”审计的同时，还结合开展专题审计项目27个，涉及部门单位214个，查出违规金额17.5亿元，促进增收节支5亿元。威海市审计局开展全市社保基金、市直就业资金、全市住房公积金、全市福利彩票公益金、市区落实保障性住房制度情况、全市新增中央预算内投资项目实施情况和市直国有企业经营管理情况的审计和审计调查，持续跟踪审计汶川抗震救灾资金物资筹集、管理和使用情况。市政府第25次市长办公会听取审计结果汇报，市人大常委会第13次会议听取并审议审计工作报告，市政府办公室、市审计局将问题逐一分解到相关部门单位，整改工作在30天内全部完成。9月29日，市政府办公室下发《关于切实做好审计整改工作的通知》，建立健全包括整改报告、整改联动、跟踪检查、责任追究、结果公告在内的审计整改工作五项制度，形成审计整改工作的长效机制。各市（县）、区、开发区审计机关加强对政府性资金和地方税收入库、国有资产管理等情况的审计监督，提报的本级预算审计结果先后被政府（管委）领导批示14（件）次。

经济责任审计　全市审计机关对138名领导干部进行经济责任审计，查出纠正违规和管理不规范问题金额13.8亿元，上缴财政1700万元。为了更好地发挥审计对权力的约束和预警作用，市审计局实行专题报告、综合汇报与集中通报"三报并重"，引起市委、市政府领导的高度重视，有效提高审计成果开发运用水平。荣成市五部门联合出台的《审计结果谈话办法》中强调，接受谈话的领导干部要在谈话后一个月内向组织、纪检部门和审计机关书面反馈审计整改情况，谈话记录、整改情况报告等存入领导干部的个人档案。高技区监察审计局以检查和评价领导干部经济决策权、经济管理权、经济政策执行与监督权和廉政规定执行情况为经济责任审计主线，促进党风廉政建设各项规定的有效落实。

专项资金审计　一是突出关注国有资产保值增值情况，看是否存在流失问题。威海市审计局对国资委、电力办、工业发展投资有限责任公司及威海创新投资有限公司管理使用政府资金情况进行审计调查，为政府加强资金管理提供重要依据，参与威海市国资委组织的50户市属国有企业2008年度财务决算审计，促进企业加强和改善管理，促进国有资产的保值增值。二是突出关注专项资金使用情况，看是否存在挤占挪用和损失浪费问题。威海市审计局组织开展社保基金专项审计、就业保障资金管理使用情况审计、全市福利彩票公益金使用情况审计、抗震救灾款物拨付使用情况审计、市区廉租房和经济适用房专项审计调查，揭示资金管理和使用中存在的效益不高、管理不规范等问题，提出整改建议，市政府办公室专门发出督查通知，要求各有关部门单位认真对照审计报告进行检查，尽快解决遗留问题，确保专项资金安全完整。三是突出关注保平稳促发展资金使用和惠民政策落实情况，看是否存在滞留和不到位的问题。组织市县两级审计机关审计人员，对全市新增中央投资的建设项目实行跟踪检查和全过程跟踪调查，从促进规范管理、提高资金效益的角度，帮助建设单位完善工程管理制度，督促完善相关建设手续，将建设项目存在的难以解决的重点问题、难点问题、热点问题及时汇总上报，取得政府相关部门的支持和帮助，使问题得到及时解决，促进项目如期建设。

固定资产投资审计　全市审计机关对45个固定资产投资项目进行审计，对83项工程进行跟踪检查，审减工程造价1.3亿元。市审计局先后对市公安局公安技术与业务综合楼、所前泊水库除险加固工程进行竣工决算审计，审减投资额2587万元，对支援北川县灾后恢复重建情况进行现场跟踪审计，保证援建资金的有效使用。高技区监察审计局对神道口学校等4项工程进行全程跟踪审计，节约财政资金2800万元。乳山市审计局对银滩1号路等35项工程进行审计，审减工程造价2813万元。环翠区审计局对黄金顶小区经济适用房等8项工程进行审计，审减工程造价2501万元。经技区监察审计局对凤林学校等7个工程进行审计，审减工程造价1905万元。荣成市审计局先后对3项重点工程和63座小型水库除险加固工程进行审计，文登市审计局对重点项目工程享受政府优惠政策情况进行审计，确保财政资金的有效使用。

内部审计　全市审计机关以内审协会为纽带，充分发挥《审计法》赋予的"管理、服务、宣传、交流"职能，进一步加强内部审计队伍建设，推动内审工作深入开展，全市各内审机构完成审计项目7320个，查出损失浪费资金1.8亿元，向司法机关移送处理案件4起，促进增收节支3.6亿元。

（撰稿人：宋宝军）

【青岛市审计局】 2009年，青岛市审计局人员编制215人，在编206人。局长韩明升，副局长侯杰、商建波、李志平、史祖平、栾心勇，总审计师李英明（—7月）、管卫东（11月—），纪检组长王大平。设有办公室，组织人事处，监察室，机关党委，法制处，财政审计处，金融审计处，行政事业审计处，农业与资源环保审计处，经贸审计处，社会保障审计处，外资运用审计处，经济责任审计办公室，政府投资审计专业局（规格为副局级，内设投资综合处、投资审计一处、投资审计二处、投资审计三处），派出审计一处，派出审计二处，派出审计三处，派出审计四处，计算机信息中心。

审计成果 青岛市审计局完成审计项目106个，查出违规金额53237万元，其中应上缴财政44217万元，应减少财政拨款或补贴35398万元，应归还原渠道资金6406万元，应调账处理金额145128万元；已上缴财政5961万元，已减少财政拨款或补贴35398万元，已归还原渠道资金38万元，已调账处理金额59430万元。移送司法机关、纪检监察部门处理事项6件，建议有关部门处理事项23件。审计提出建议229条，被采纳审计建议112条。提交审计专题、综合性报告和信息简报150篇，被批示采用112篇。

预算执行审计 完成审计项目15个，查出违规金额22519万元，管理不规范金额373666万元，应上缴财政22655万元，建议有关部门处理事项2件。

专项资金审计 完成审计项目27个，查出违规金额5250万元，管理不规范金额131261万元，应归还原渠道资金5037万元。移送司法机关、纪检监察部门处理事项1件，建议有关部门处理事项1件。

行政事业审计 完成审计项目27个，查出违规金额18592万元，管理不规范金额50075万元，应上缴财政17778万元，应调账处理金额24790万元。移送司法机关、纪检监察部门处理事项4件，建议有关部门处理事项10件。

固定资产投资审计 完成审计项目32个，查出违规金额2071万元，核减投资额35398万元。移送司法机关、纪检监察部门处理事项1件，建议有关部门处理事项3件。

外资运用审计 完成审计项目1个，查出违规金额1322万元，管理不规范金额7144万元。建议有关部门处理事项2件。

企业审计 完成审计项目4个，查出违规金额3483万元，应上缴财政2140万元，应调账处理金额100046万元。建议有关部门处理事项5件。

经济责任审计 审计经济责任人27人，查出违规金额20978万元，管理不规范金额105798万元，移送司法机关1人。

效益审计 完成审计项目52个，查出损失浪费金额7473万元，审计后增收节支金额38358万元，被采纳审计建议62条。（撰稿人：刘守茂）

【日照市审计局】 2009年，日照市审计局人员编制56人，在编56人。局长胡怀新，副局长韩华之、管雨春、滕世翠，纪检组长柳明忠（—11月），经济责任审计办公室主任徐衍继。设有办公室、法制科、财政金融审计科、行政事业审计科、经贸外资审计科、农业与资源环保审计科、社会保障审计科、固定资产投资审计科；另设经济责任审计办公室（加挂固定资产投资审计办公室的牌子），为副处级全额拨款事业单位，下设综合审计科、党政审计科、企事业审计科、投资审计科。

审计成果 日照市审计机关共完成审计项目216个，查出违规金额4115万元，其中应上缴财政1528万元，应减少财政拨款或补贴11230万元，应归还原渠道资金330万元，应调账处理金额8345万元；已上缴财政1528万元，已减少财政拨款或补贴11230万元，已归还原渠道资金330万元，已调账处理金额8345万元。提交审计工作报告、信息199篇，被批示采用112篇，其中被市委、市政府主要领导批示20篇（次）。

中央新增投资项目审计 日照市审计局制定《关于加强审计监督，促进经济平稳较快发展的意见》，对新增投资项目和调控资金进行全程跟踪审计，努力在扩内需、保民生、调结构、促发展等方面发挥审计的“免疫系统”功能。结合中央、省下达全市的新增投资计划，组织全市审计机关先后3次对全市第一、二、三批共计131个新增投资项目进行全面审计，针对发现的问题，及时向市委、市政府汇报，推进新增中央投资项目的开展。

预算执行审计　日照市审计机关共对89个预算执行单位，81户重点纳税企业进行审计和调查，进一步扩大审计监督覆盖面，提高审计成效。日照市人大常委会连续第三年对同级预算执行审计工作报告单独作出决议，决议指出，“市审计部门依法履行职责，全面监督财政收支的真实、合法和效益，重点领域、重点部门、重点资金的审计监督力度进一步加大，顺利完成了各项审计监督任务”。

固定资产投资审计　日照市审计机关对30项109个工程项目进行竣工结算审计，审减工程造价11230万元。日照市审计局连续三年对第十一届全运会比赛场馆项目进行跟踪审计和竣工结算审计，累计审减工程造价9000余万元，提出审计意见和建议122条；共对27项城市建设项目从前期准备到实施、竣工验收等全过程实施跟踪审计，提出审计意见和建议53条，全部被建设和施工单位采纳。日照市审计局还进一步加大对中介机构工程审计的复核力度，共复核中介机构审计的工程项目118个，工程投资总额1.72亿元。

经济责任审计　日照市经济责任审计联席会议成员单位研究制定《关于进一步加强对乡镇党委书记、乡镇长审计监督的意见》，进一步加强对乡镇领导干部的审计监督，强化经济责任审计结果运用。日照市审计机关共对122名党政领导干部和企业领导人员进行审计，向组织部门及时提交审计报告，为管理和使用干部提供参考依据。

专项资金审计　审计项目突出“为民、便民、利民”这一主题，在安排的审计项目中，民生项目就占项目总数的80%以上，涉及住房、医疗、社保、农业等十多个领域，使民生项目和资金实现“民众受益最大化，行政成本最小化”。日照市审计机关先后对20余项民生项目和资金开展专项审计和调查，严肃查处截留、挪用等问题。

跟踪审计　日照市审计局先后3次派出审计组赴地震灾区，对桃龙乡驻地道路、供排水、小学、卫生院、文化站及北川新县城道路工程等灾后恢复重建项目进行跟踪审计，共审计工程投资额1.5亿元，进一步提高援建资金的使用效益。

（撰稿人：滕仲明）

【临沂市审计局】　2009年，临沂市审计局人员编制83人，在编73人。局长王恒旭（—12月）、张少波（12月—），副局长康德忠（—7月）、张金堂（9月—）、张维莉、殷宗建（9月—），总审计师张金堂（—9月），纪检组长陈义祥（—7月）。设有办公室、法制科、人事教育科、社会保障审计科、行政事业审计科、经贸审计科、外资运用审计科、固定资产投资审计科、农业与资源环保审计科、财政金融审计和经济责任审计办公室、重点建设项目审计办公室、计算机中心事业单位。

审计成果　临沂市审计机关共审计934个单位，查出违规金额11.9亿元，其中应上缴财政19171万元，应归还原渠道资金10185万元，应调账处理金额46324万元；已上缴财政19171万元，已归还原渠道资金10185万元，已调账处理金额46324万元。提交审计工作报告、信息1403篇，被采用889篇。市审计局被国家人力资源和社会保障部、审计署授予“全国审计机关先进集体”称号，连续第八年被评为省级文明单位、省级文明机关，并获得全国表彰审计项目、全国审计宣传工作先进单位、平安临沂建设先进单位等32项市级以上荣誉。

财政审计　全市共审计160个一级预算执行部门，对政府债务负担等5个项目进行专项审计和调查，查出问题金额19.5亿元，上缴财政1.2亿元。预算执行审计结果连续第12年在主流媒体向全社会进行公开。市人大常委会连续10年听取预算执行审计整改情况报告，给予充分肯定。对6个县区、75个乡镇财政决算的审计，查处问题金额4.7亿元，增加财政收入3278万元。

经济责任审计　全市对377名单位主要负责人进行审计，认定领导干部负主管责任的问题金额25.1亿元，负直接责任的1亿元。对203个单位负责人进行任中审计，占经济责任审计项目数量的54%。市经济责任审计工作领导小组通报了68个部门单位和县区党政主要负责人任期经济责任审计情况，并对审计对象进行集体谈话。

固定资产投资审计　对22个市级重点建设项

目的跟踪审计和调查，涉及单体工程1020个、投资额159.8亿元。对118个项目的决算审计，核减工程造价9125万元。对71个新增投资项目进行跟踪审计调查，涉及资金13.6亿元，对10个投资额较大的项目实施跟踪审计，涉及资金2.3亿元。对83个使用省调控资金的新增投资项目的审计调查，涉及资金7.6亿元。对临沂市援助四川省北川县通口镇的15个灾后重建项目的跟踪审计，促进项目建设及资金的规范管理。

专项资金审计（调查） 对教育、社保、卫生、住房、文化、农业、环保等20个民生项目进行专项审计和调查，审计单位608个，查处问题资金32.6亿元，纠正侵害人民群众利益金额2146万元。

交办事项 全市共完成资产清理、企业改制、经济案件查证等领导交办项目122个，为党委政府科学决策提供重要依据。向党委、政府和上级审计机关提交审计报告和信息1403篇，被采用、批转、批示889篇。组织新闻报道324篇，有230篇在省级以上刊物、网站发表。

机关工作 开展深入学习实践科学发展观活动，着力解决影响审计事业发展的突出问题。举办理论和业务培训班14期，培训干部1200人次。加强审计质量控制，市审计局有3个项目被省审计厅评为优秀审计项目，有1个审计项目受到审计署表彰。完成了12个县区审计局“金审工程”服务器的调试安装，全面应用“现场审计实施系统”AO软件。狠抓机关廉政建设，有效防止不廉洁现象发生。（撰稿人：孟凡春）

【枣庄市审计局】 2009年，枣庄市审计局人员编制62人，在编57人。局长吴进立，副局长胡卫东、李黎、侍文学（1月—）、于晨（5月—），纪检组长庄福利（1月—10月）。设有办公室、人事科、法制科、财政审计科、金融与外资审计科、固定资产投资审计科、经济贸易审计科、行政事业审计科、农业与社会保障审计科，经济责任审计办公室（副县级参照公务员管理事业单位，下设综合科、审计一科、审计二科、审计三科、内审指导科）。另设局机关党总支专职副书记、离退休老干部工作者两个正科级职位。

审计成果 枣庄市审计局完成审计项目99个，查出违规金额10.8亿元，其中应上缴财政3.4亿元，应归还原渠道资金0.6亿元。查出管理不规范应调账处理金额10亿元。已上缴财政3.2亿元，已归还原渠道资金0.3亿元，已调账处理金额6.9亿元。移送纪检监察部门处理事项3件。提交审计工作报告、信息75篇，被采用45篇。

财政审计 市级预算执行审计11个市直部门及其49个所属单位，对税收收入增减变化趋势进行审计调查，查出各类违规金额2.7亿元。市人大常委会对预算执行审计工作报告作出审议意见。注重推动审计整改，查出问题整改率达100%。对峄城区、薛城区政府财政决算的审计，促进财政管理水平和资金使用效益的提高。

外资运用、金融审计 对世行灌溉农业三期外资公证、东沙河城建环保二期项目绩效、市商业银行进行审计，促进地方金融机构的规范经营和防范金融风险能力的进一步提高。

行政事业审计 审计单位40个，应上缴财政361万元。对农村药品监督网和药品供应网建设的审计调查，市委书记作出重要批示，指出“民心工程要好事办好”，市政府召开专题会议，研究“两网”建设工作，确保“两网”建设质量和人民群众的用药安全。

固定资产投资审计 市审计局成立扩内需促增长政策落实审计工作领导小组，组织全市50名审计人员及时跟进、全程参与，对中央三个批次110个投资项目的建设管理和资金使用情况进行审计调查。对北川县小坝乡援建项目进行两次现场跟踪审计，市长对审计结果作出重要批示。

社会保障审计 开展社会保险、就业保障、新型农村合作医疗的审计（调查）。对全市社保五项基金的审计，纠正历史挪用社保基金6352.1万元，清欠以前年度拖欠社会保险费2.8亿元。

企业审计 审计企业5个，查出违规金额3049万元，应上缴财政736万元，已上缴财政736万元。对市直11户国有（控股）企业资产负债损益情况的审计调查，为政府和有关部门提供决策依据。

经济责任审计 审计经济责任人28人，查出违规金额6638万元，管理不规范金额31533万元。对全市政法系统6个单位7名主要负责同志的任期经济责任审计，下达了审计建议书，促进财务管理工作的加强。

专项资金审计（调查） 对滕州、市中、薛城三个区（市）2008年度价格调节基金的审计调查，查出挤占挪用、违规出借、截留市级基金收入等6216.9万元。对全市停止收费政府还贷二级公路债务情况的专项审计，核实债务余额13.6亿元。

内部审计 召开市内审协会第二次会员代表大会暨二届一次理事会，完成市内审协会换届工作。全市已建立内审机构305个，配备内审人员608名。全年共审计单位（项目）2352个，查出损失浪费金额4848万元，发现案件线索21件，建议给予行政处分15人，提出建议被采纳1722条，促进增加效益1.6亿元。

（撰稿人：丁祥军　江庆玉）

【济宁市审计局】 2009年，济宁市审计局人员编制77人，在编74人。局长陈立民，副局长王岱峰、孙进、苏桂双，总审计师王忠东，纪检组长薛英林（1—11月），调研员刘清峰。设有办公室、审计保障科、人事科、法制审理科、财政审计科、行政事业审计科、企业科、农业与资源环保审计科、文化教育审计科、社会保障审计科、审计结果执行科、信息科、监察室。内设1个副处级行政机构济宁市经济责任审计办公室。下设副处级事业单位济宁市政府投资审计处；正科级事业单位济宁市审计局高新区审计工作处。

审计成果 济宁市审计机关完成审计（调查）项目930个，查出违规金额215240万元，其中应上缴财政70228万元，应减少财政拨款或补贴29694万元，应归还原渠道资金3710万元，应调账处理金额44151万元；已上缴财政48438万元，已减少财政拨款或补贴28007万元，已归还原渠道资金3710万元，已调账处理金额44151万元。向司法机关、纪检监察部门移交案件线索46件，涉及金额2296万元；移送有关部门处理事项37件。提交审计综合报告、审计专报及信息简报1240篇，被批示采用638篇。市审计局被国家人力资源和社会保障部、审计署联合表彰为“全国审计系统先进集体”，被命名为“省级文明单位”，“四分离”改革创新经验被中央电视台新闻联播等高级媒体报道，受到上级审计机关和各地同行的广泛关注；泗水县审计局、微山县审计局被省人力资源和社会保障厅、省审计厅联合表彰为“全省审计系统先进集体”，全市审计机关5名同志被表彰为“全省审计系统先进工作者”。

财政审计 全市审计机关对73个单位的预算执行情况和2个县的财政决算情况进行审计，同时开展财政收支真实性、县乡政府债务情况、税收收入增减变化趋势专项审计调查。重点检查了各项财政改革措施落实情况，本级预算执行情况，财政收支管理及财政资金使用效益情况、地税系统税收征管情况。查出违规金额139922万元，应缴财政58164万元。市审计局首次对2008年市级预算执行审计结果进行公告，引起社会各界强烈反响。

固定资产投资审计 全市审计机关完成193个政府投资项目竣工决算审计和16个政府投资项目预算控制价审计，并对重大政府投资项目实施跟踪审计，核减投资额54964万元，审计后挽回或避免损失11718万元，揭示建设项目在管理、质量及效益等方面存在的突出问题，提高建设资金使用效益，促进国家调控政策的落实。

专项资金审计 以维护民生、促进和谐，推动国家宏观调控政策落实为目标，加大了对社保、医疗、教育、住房、救灾、“三农”等民生项目的审计力度。开展了抗旱救灾资金、农村药品监管网和药品供应网、2007～2008年新型农村合作医疗基金筹集管理使用情况、政府投资保障性住房、中小学校舍安全等民生项目的专项审计和专项审计调查，揭示和分析管理中存在的问题，提出完善制度、规范管理的审计建议，促进各项惠民政策的落实。

经济责任审计 以促进领导干部贯彻落实科学发展观、树立正确的政绩观、切实履行经济责任，推动建立健全问责机制为目标，对369名党政领导干部和国有企业法定代表人进行经济责任审计，查出违规金额27136万元，损失浪费金额461万元。市审计局推行《离任领导干部经济责任事项监督交接办法》，大大提高了经济责任审计工作效率。

（撰稿人：王宗蕙）

【泰安市审计局】 2009年，泰安市审计局人员编制74人，在编64人。局长马纯勇，副局长王峰、李祥利、张仁安、刘安，总审计师靳印龙（2009年9月—），纪检组长续丙西（—12月）。设有办公室、政工科、法制科、财政审计科、金融审计科、行政事业审计科、社会保障审计科、农业与资源环保审计科、外资运用审计科、经贸审计科、派出审计科、经济责任审计办公室、政府投资审计专业局。

审计成果　全市共审计单位（项目）293个，查出违规金额8.4亿元，管理不规范金额28.6亿元，其中应上缴财政2.66亿元，应归还原渠道资金3.4亿元，应调账处理金额3亿元；已上缴财政7327万元，已归还原渠道资金3.28亿元，已调账处理金额1.6亿元。建议有关部门处理事项17件。提交审计工作报告、信息513篇，被批示、采用193篇。提出审计建议被采纳405条，挽回（避免）经济损失4177万元。

专项审计调查　共对97个扩内需投资项目进行审计调查，调查资金额22.67亿元。对税收收入增减变化趋势情况、政府债务情况、停止收费的政府还贷二级公路债务、市级老企业经营情况及工资政策执行情况进行专项审计调查。通过汇总分析大量经济指标和数据，客观评价受经济形势影响和有关政策执行情况，揭示和反映政策、制度和管理上的问题，提出对策建议，为宏观决策和管理服务。

财政审计　共审计预（决）算执行单位62个，查出违规金额2.2亿元，提出审计意见和建议122条，促进被审计单位制定整改措施110项，上缴财政6998万元。

专项资金审计（调查）　对社保基金、就业资金、抗旱救灾资金、汶川地震灾后恢复重建资金、中小学校舍安全工程、农村药品“两网”建设、县城电网和第二期农村电网建设改造等9个项目进行审计或调查。审计（调查）资金总额18.9亿元，查出挤占挪用、滞留闲置、配套资金不到位等违规金额1亿元，审计挽回损失2023万元。

固定资产投资审计　审计政府投资项目172个，核减投资和结算额1.49亿元。制定了《关于加强审计监督服务创建国际旅游名城工作的实施意见》，健全完善跟踪审计制度，实行审计项目责任制，共审计重点建设项目77个，审减投资额7293万元，审减率15.28%。

企业审计　对6个国有企业进行审计。查出少计或虚列成本费用、少计少缴税费等问题金额1.9亿元，为深化企业改革、改善经营管理提供决策依据。

经济责任审计　审计领导干部194名，审计单位187个，查出隐瞒截留收入、“账外账”、乱收费等各类违规金额5.3亿元，管理不规范金额7.73亿元，移交司法机关立案查处4人。

（撰稿人：霍瑞国）

【莱芜市审计局】　2009年，莱芜市审计局人员编制43人，在编42人。局长吕振宝，副局长黄翠萍、许荣利（—9月）、张建国、杨文安（5月—），总审计师任永生（—9月），纪检组长刘吉秀。设有办公室、法制科、财政审计科、金融审计科、经贸审计科等职能科室。管理市经济责任审计办公室、市政府投资审计办公室。

审计成果　莱芜市审计机关完成审计（调查）项目106个，查出违规违纪金额21135万元，管理不规范金额56993万元，审减工程造价3740万元，提出整改意见和建议207条，提交综合性报告、信息、宣传稿件264篇。

财政审计　审计（调查）预算执行部门（单位）24个，专项资金13项，查出违纪违规金额6260万元，管理不规范金额9760万元。各预算执行部门针对发现的问题，积极研究制定解决办法，落实审计决定和审计建议，修订和完善财政财务管理规章制度15项，取得了较好的审计效果，充分发挥了审计监督的职能作用，促进财政财务管理水平的进一步提高。

经济责任审计　全市审计经济责任人23人，查出违规金额8035万元，管理不规范金额25398万元。继续推进经济责任审计的规范化建设，重新修订《莱芜市党政领导干部经济责任审计实施办法》《莱芜市市级经济责任审计对象分类管理暂行办法》等制度办法。

固定资产投资审计　对市体育公园综合体育馆项目、青草河改造、雪野水库除险加固、牟汶河综合治理拦河闸建设、莱城大道等政府重点投资建设项目进行跟踪审计，节约资金2200万元。

对长勺路绿化等重点项目进行决算结算审计，审减工程造价 3240 万元。对我市前三批 81 个新增中央投资项目和利用省扩大内需调控基金投资项目实施全面跟踪审计，发现问题立即整改，并提出审计建议 28 条，督促完善管理制度 13 项；认真做好汶川地震灾后恢复重建跟踪审计，对援建的 7 个项目进行审计，审计工程总额 1800 多万元，审减工程造价 500 多万元。制定《政府重点投资建设项目跟踪审计实施细则》和《政府重点投资建设项目跟踪审计操作规程》。

专项资金审计　对廉租住房保障资金和经济适用房补贴资金、城镇职工五项社保基金、农村三项养老保险基金、再就业资金、县乡卫生医疗机构经费、农村药品监督网和药品供应网建设资金等民生资金开展专项审计调查，有效地规范民生资金的使用，维护人民群众的利益。

专项审计　围绕市委、市政府"节能减排"重点工作，对我市纳入关停范围的五个小火电企业（机组）的资产负债权益进行了核定，通过审计核定，核减关停企业资产近 4 亿元，制定了《关停小火电企业（机组）固定资产拆除补偿计算办法》；对全市就业资金和"培训券"资金、乡村卫生室建设资金、抗旱救灾资金等专项资金以及县城电网和二期农网建设改造项目进行专项审计；对 15 个部门单位开展"小金库"专项治理检查；积极做好泰山钢铁公司和银河纺织有限公司企业重组的资产核定工作；全力服务市承办的第十一届全运会莱芜赛区工作和首届中国国际航空暨第二届全国航空运动会，对第十一届全运会场馆建设进行全过程跟踪审计。　（撰稿人：孔德勤）

【滨州市审计局】　2009 年，滨州市审计局人员编制 80 人，在编 80 人。局长张子禹，副局长董建平、李少民、谭拴海、张凯，总审计师王爱云。设有办公室、审计法规科、人事教育科、财政金融审计科、农业与资源环保审计科（挂外资审计科的牌子）、行政事业审计科、经贸审计科、社会保障审计科、经济开发区审计分局。另设经济责任审计办公室（正处级，下设有经济责任审计一科、经济责任审计二科、经济责任审计综合科）、政府投资审计办公室（副处级，下设政府投资审计一科、二科）、审计干部培训中心、审计举报服务中心、计算机审计信息管理中心。

审计成果　滨州市审计局完成审计（调查）项目 83 个，查出违规金额 71963 万元、损失浪费金额 62 万元、管理不规范金额 670752 万元，应上缴财政 10642 万元，应归还原渠道资金 59935 万元，应调账处理金额 7247 万元；已上缴财政 271 万元，已归还原渠道资金 419 万元，已调账处理金额 3583 万元；移送司法、纪检监察部门处理事项 1 件；提交审计专题或综合报告、信息 112 篇，被批示采用 65 篇。

财政审计　对 11 个部门预算执行和 2 个县级人民政府财政决算进行审计，查出预算编报不实、未按规定征收缴纳预算收入、滞留财政资金等违规金额 6 亿元，应上缴财政 850 万元，已上缴财政 46 万元。预算执行审计"两个报告"受到市人大常委会和市政府充分肯定，向市人大呈报的审计查出问题整改落实情况报告也得到好评，促进财政、环保等部门制定出台规范财政预算支出、国有土地使用权出让收支、政府非税收入管理、环保专项资金等管理制度 8 项。

固定资产投资审计　对 27 个政府投资的建设项目进行竣工决算审计，核减工程造价 8596 万元。其中连续三年对第十一届全运会滨州赛区场馆建设项目实施的跟踪审计，提出审计建议 53 条，促进建章立制 12 项，审核工程签证 132 份，发送《跟踪审计建议书》89 份，审核工程进度款 19 期（次），纠正该项目在招投标、预算编制、施工合同签订、隐蔽工程等环节的问题，累计核减预算资金逾亿元；通过对中海航母娱乐城的投资审计，查出该项目在建设过程中 55 项工程未进行招投标、60 项工程未实行监理制度、11 项工程合同签订不完善等违反国家基本建设管理的问题，市政府领导给予充分肯定；对全市 174 个总投资达 21 亿多元的新增中央投资项目实施情况进行跟踪审计；对援建汶川禹里乡 8 个总投资额达 2882 万元的在建基础项目进行跟踪审计。

社会保障审计　对全市政策性保障住房和棚户区改造资金的筹集、管理和使用情况，以及相关政策措施的执行落实情况开展专项审计调查；对市民政等 66 个部门援川救灾资金筹集及管理情况进行审计，审计资金总额近 2 亿多元，确保援川救灾资金安全有效；对市直 5 家热电、供暖公司供热及供暖成本情况进行审计，为市政府制定出台《供热管理办法》提供依据。

经济责任审计　首次对无棣县委书记、县长开展“同步式”经济责任审计；在对市机械工业协会原主要负责人经济责任离任审计中查出违法案件线索一起，移交检察机关处理后被依法判处有期徒刑5年。年内通过对21名市直党政机关和企事业单位主要负责人的经济责任审计，查出违规金额3338万元、管理不规范金额32295万元、损失浪费金额62万元，其中领导干部负直接责任问题金额155万元。

专项资金审计（调查）　对农村药品供应监管“两网”建设、供电“两网”建设、亚行贷款污水处理、中央下拨特大抗旱救灾资金、第十一届全运会滨州赛区组委会竞赛经费等8项重大民生项目的审计和审计调查，审计资金总额11.15亿元，促进民生资金的管理使用，维护群众的根本利益。

（撰稿人：巩清华）

【菏泽市审计局】　2009年，菏泽市审计局人员编制80人，在编70人。局长王永华（—5月）、陶体华（5月—），副局长李永垠、毛宝军，纪检组长孙涛。设有办公室、人事科、法制科、行政事业审计科、财政审计科、经贸审计科、农业与资源环保审计科、金融审计科、社会保障审计科、固定资产投资审计科、外资运用审计科。

审计成果　菏泽市审计机关完成审计项目407个，查出违规金额432678万元，其中应上缴财政26700万元，应减少财政补贴3万元，应归还原渠道资金99488万元，应调账处理金额13861万元，已上缴财政19250万元，已减少财政补贴3万元，已归还原渠道资金82176万元，已调账处理金额10556万元。被审计单位制定整改措施36项。被审计单位建立健全规章制度14份。提交审计工作报告、信息483篇，被采用294篇。

财政审计　完成审计项目113个，完成市级预算执行单位13个，县级预算执行单位审计74个，县级财政决算审计2个，乡级财政决算审计24个，查出违规金额342444万元，其中应上缴财政23687万元，已上缴财政18791万元。

行政事业审计　完成审计项目267个，查出违规金额85025万元，其中应上缴财政2979万元，已上缴财政430万元。

固定资产投资审计　完成审计项目10个，审计工程资金48260万元，查出违规金额508万元，核减工程投资金额3946万元。

企业审计　完成审计项目3个，查出违规金额253万元，其中应上缴财政20万元，已上缴财政15万元。

经济责任审计　完成审计项目136个，查出违规金额68296万元。

专项资金审计（调查）　完成审计项目和审计调查项目14个，查出违规金额4448万元。

（撰稿人：张庆贺）

2009年山东省所辖区、县(市)级审计工作统计表

金额单位：万元

审计机关	完成审计项目(个)	查出违规金额	应上缴财政	应减少财政拨款或补贴	应归还原渠道资金	应调账处理金额	移送司法、纪检部门处理事项(件)	建议有关部门处理(件)	出具审计报告和审计调查报告(篇)	提出审计建议(条)	撰写审计信息(篇)
济南市											
济南市本级	45	33041	7031	110	994	28936		1	2	269	146
市中区审计局	29	4722	4322							55	22
历下区审计局	20	9121	7015			1888				111	28

（续表）

审计机关	完成审计项目（个）	查出违规金额	应上缴财政	应减少财政拨款或补贴	应归还原渠道资金	应调账处理金额	移送司法、纪检部门处理事项(件)	建议有关部门处理(件)	出具审计报告和审计调查报告(篇)	提出审计建议(条)	撰写审计信息(篇)
槐荫区审计局	22	2343	1421		790	1905				73	17
天桥区审计局	49	2254	886			1758				118	49
历城区审计局	113	10798	4505		2535	1060			1	290	64
长清区审计局	68	1981	381							121	34
章丘市审计局	71	15971	9385		310	11381			1	147	81
平阴县审计局	36	1100	372		532	197				215	113
济阳县审计局	61	846	555		4					122	39
商河县审计局	75	2845	148		91	1289		1		224	70
聊城市											
聊城市本级	110	30262	22795	862	3519	7202			110	280	159
东昌府区审计局	61	8460	5224		63	175			65	239	83
临清市审计局	50	5272	386						65	118	28
阳谷县审计局	55	5546	65						55	58	28
莘县审计局	50	2345	308		869	1201			76	12	84
茌平县审计局	59	6681	1158	812		611			59	36	101
东阿县审计局	36	12393	82			533			38	52	70
冠县审计局	59	2848	113			4			70	122	50
高唐县审计局	47	5722	183		3	12000			47	58	32
德州市											
德州市本级	59	7998	7797			6881			81	51	66
德城区审计局	20	242	242						20	6	215
乐陵市审计局	15	2176	37						15	36	4
禹城市审计局	30	23	23	449					30	26	55
陵县审计局	38	4535	257			9			38	45	
平原县审计局	23	523	418		20	80			23	30	65
夏津县审计局	27	3943	302		95	8824			27	72	52
武城县审计局	10	241	30		52	5			10	16	
齐河县审计局	11	96	16		212	362			11	33	12
临邑县审计局	6	529	13						6	14	
宁津县审计局	6	71	6		33				6		
庆云县审计局	7	73	3						7	6	
东营市											
东营市本级	80	48184	39092	40	3528	56728			106	253	20

（续表）

审计机关	完成审计项目(个)	查出违规金额	应上缴财政	应减少财政拨款或补贴	应归还原渠道资金	应调账处理金额	移送司法、纪检部门处理事项(件)	建议有关部门处理(件)	出具审计报告和审计调查报告(篇)	提出审计建议(条)	撰写审计信息(篇)
东营区审计局	14	1717	1179		522	4725			16	15	36
河口区审计局	31	258	102	156		819			46	60	58
垦利县审计局	35	981	817		26	114			50	65	105
利津县审计局	25	99	8			4			39	9	36
广饶县审计局	41	3347	3285		1465	3918	1		59	14	74
淄博市											
淄博市本极	107	68546	5328	199	289	131510			158	138	293
张店区审计局	39	474	159			39			57	142	80
淄川区审计局	89	11392	5813		232	107			156		
博山区审计局	40	931	286		8635		1		80	3	50
临淄区审计局	27	18	15	373	3				42		55
周村区审计局	33	62	62			6799			56	58	110
桓台县审计局	59	45769	3557		7213	20728			72	108	104
高青县审计局	36	353	54		27	2901			45	67	60
沂源县审计局	20	130	130			404			32	22	53
高新区审计局	9	21	7	199					11	14	
潍坊市											
潍坊市本级	72	16517	8522	186	18005	13049			103	204	152
奎文区审计局	68	10003	4735		5268	406	1		69	121	30
潍城区审计局	32	332	332						47	57	32
寒亭区审计局	41								43	93	12
坊子区审计局	32	27	27			4			32	80	46
安丘市审计局	154	19375	9077			6259	2		155	304	71
昌邑市审计局	105	2225	1948						105	198	31
高密市审计局	86	11578	2498	2	7775				86	183	201
青州市审计局	42	917	917			13639			71	52	61
诸城市审计局	75	28822	28704		121	30006	1		109	69	81
寿光市审计局	116	35334	18521	14120					164	198	350
临朐县审计局	92	5436	3639	353		10000	1		92	121	56
昌乐县审计局	61	113	113						88	48	95
烟台市											
烟台市本级	80	90183	70693		15346	11895			105	140	220
烟台市莱山区审计局	30	534	519			36			46	42	28

（续表）

审计机关	完成审计项目（个）	查出违规金额	应上缴财政	应减少财政拨款或补贴	应归还原渠道资金	应调账处理金额	移送司法、纪检部门处理事项(件)	建议有关部门处理(件)	出具审计报告和审计调查报告(篇)	提出审计建议(条)	撰写审计信息(篇)
烟台市芝罘区审计局	55	595	595			1414	1		91	66	38
烟台市福山区审计局	48	1556	1028	395	89				78	53	40
烟台市牟平区审计局	62	2442	2442			482			90	36	32
烟台经济技术开发区审计局	24	17834	686		41	558			40	20	37
栖霞市审计局	44	2297	2297						81	11	61
海阳市审计局	51	3989	3308		15	3293			81	25	40
龙口市审计局	59	7633	7633			2741			100	15	57
莱阳市审计局	69	2664	2390		187	4286			116	132	86
莱州市审计局	44	557	476	81		616			71	36	145
蓬莱市审计局	44	285	166		14	1425			70	30	35
招远市审计局	52	3124	2584		51	5051			70	39	68
长岛县审计局	34	86	58			6374			62	20	22
威海市											
威海市本级	60	7189	3127		93	122022			103	79	415
环翠区审计局	33	22746	20815	433		41793	1		64	71	28
荣成市审计局	35	22294	22270		22	10109			37	59	19
乳山市审计局	53	5579	5508			7756	2		95	74	182
文登市审计局	50	7074	1029			11783			57	167	19
经技区审计局	30	9758	9758	1679		67			41	20	71
高技区审计局	18	482	407						18	39	35
青岛市											
青岛市本级	106	53237	44217	35398	6406	145128	6	23	117	229	150
市南区审计局	49	6951	5280						50	45	141
市北区审计局	102	1990	1420	9309		447	1		102	115	153
四方区审计局	44								44	114	65
开发区审计局	112	8069	66.7	16800		7422			112	159	145
崂山区审计局	141	7740	7026	2708	47	1274			141	295	136
城阳区审计局	259	8804	887	7355	6	1424	1		259	581	112
李沧区审计局	51	72	72						51	94	63
胶州市审计局	120	1253	128	16515	298	37325			120	320	168
即墨市审计局	85	1088	76	4734	30	932	1		85	176	65
平度市审计局	100	29	76		11	557			100	97	57
胶南市审计局	71	1126	819						71	209	116

（续表）

审计机关	完成审计项目（个）	查出违规金额	应上缴财政	应减少财政拨款或补贴	应归还原渠道资金	应调账处理金额	移送司法、纪检部门处理事项(件)	建议有关部门处理(件)	出具审计报告和审计调查报告(篇)	提出审计建议(条)	撰写审计信息(篇)
莱西市审计局	83	2588	132	13948	6476	14980		15	95	73	55
日照市											
日照市本级	68	3379	1312	9755					129	178	76
东港区审计局	102	188	214	4817					131	120	33
岚山区审计局	5										
五莲县审计局	21	421	421						28	12	24
莒县审计局	20	127	2	68					20	38	33
临沂市											
临沂市本级	150	33909	12844		6541	24142			182	284	275
兰山区审计局	38	3258	1378		42	102			38	99	32
罗庄区审计局	58	2842	131		27				61	138	56
河东区审计局	40	9115	2106		719	1073			40	112	24
郯城县审计局	117	4666	1090		1478	19400			117	333	101
苍山县审计局	89	26608	121						89	125	41
莒南县审计局	34	6139	25						35	95	18
沂水县审计局	68	2966	566		1183	1605			70	132	57
蒙阴县审计局	55	708	54		27				84	133	38
平邑县审计局	49	18769	145						49	154	95
费县审计局	51	5826	493		168	2			51	187	36
沂南县审计局	116	2627	173						116	258	35
临沭县审计局	69	1323	45						102	163	55
枣庄市											
枣庄市本级	99	108098	34085		5823	100673	3		99	325	59
薛城区审计局	34	2931	13						34	75	90
市中区审计局	28	4924	2585		3117	2471			34	93	15
峄城区审计局	34	9378	181	322	4441	16022			47	86	18
台儿庄区审计局	40	14377	150		78	1312			73	79	16
山亭区审计局	94	12287	7147		553	20638			94	211	36
滕州市审计局	52	35445	10932	255	103	9364			53	121	33
济宁市											
济宁市市本级	162	141412	41213	11212	1391	40828	19	19	203	131	330
市中区审计局	34	2217	490			21	3		37	145	61
任城区审计局	39	2971	2423		21		1		39	63	39

（续表）

审计机关	完成审计项目（个）	查出违规金额	应上缴财政	应减少财政拨款或补贴	应归还原渠道资金	应调账处理金额	移送司法、纪检部门处理事项(件)	建议有关部门处理(件)	出具审计报告和审计调查报告(篇)	提出审计建议(条)	撰写审计信息(篇)
曲阜市审计局	62	11613	4263	3929	1038		3	16	66	168	36
兖州市审计局	57	5498	167		206	81	2		69	181	69
邹城市审计局	85	12729	165	11850					147	29	80
微山县审计局	37	5987	3621				1		38	84	50
鱼台县审计局	65	1664	119		27		3		65		63
金乡县审计局	76	1719	48		177	420			128	112	181
嘉祥县审计局	63	5851	4547			732	2	1	78	61	53
汶上县审计局	63	2523	29		222	1647	2		95	28	57
泗水县审计局	49	3349	1726		610	262	8	1	76		148
梁山县审计局	45	1600	176				2		46	82	70
高新区审计工作处	93	16107	11241	2703	18	160			95	110	3
泰安市											
泰安市本级	48	24209	23083		1217	13994			82	22	97
泰山区审计局	25	1886	1917			10674			46	12	12
岱岳区审计局	29	1888	47		32821	3428			46	64	14
新泰市审计局	38	39019	1058		43	2312			91	44	23
肥城市审计局	66	2614	106		6				109	106	14
宁阳县审计局	34	5951	14						54	78	22
东平县审计局	53	8442	377						85	148	11
莱芜市											
莱芜市本级	60	11346				35715			68	98	108
莱城区审计局	25	5132				8137			29	56	84
钢城区审计局	21	4657				13141			24	53	72
滨州市											
滨州市本级	83	71963	10642		59935	7247	1		83	192	112
滨城区审计局	51	210	170		40	56			51	13	38
惠民县审计局	26	623	2		261	362			26	37	29
阳信县审计局	77	2862	646		240	5216	3		77	56	91
无棣县审计局	75	752	133		443				98	216	67
沾化县审计局	45	3873	883		2723	30932			57	52	101
博兴县审计局	58	240	196		33	376			58	125	9
邹平县审计局	55	571	532			39			55	72	105

（续表）

审计机关	完成审计项目（个）	查出违规金额	应上缴财政	应减少财政拨款或补贴	应归还原渠道资金	应调账处理金额	移送司法、纪检部门处理事项（件）	建议有关部门处理（件）	出具审计报告和审计调查报告（篇）	提出审计建议（条）	撰写审计信息（篇）
菏泽市											
菏泽市本级	72	163651	25104		99234	5796				85	25
牡丹区审计局	70	6996	116							34	20
曹县审计局	26	10816	232		37	113				167	60
定陶县审计局	28	8493	60		6	7533				16	12
成武县审计局	23	2955	16							22	3
单县审计局	35	204030	743							35	12
巨野县审计局	8	11924	25		29					4	
郓城县审计局	20	2650	235		179	269				12	4
鄄城县审计局	59	13442	134							110	81
东明县审计局	66	7721	35	3	3	150				20	20

河南省

【河南省审计厅】 2009年，河南省审计厅人员编制170人，在编166人。设有办公室、法规处、财政审计一处、财政审计二处、金融审计处、行政事业审计一处、行政事业审计二处、行政事业审计三处、企业审计处、农业与资源环保审计处、社会保障审计处、固定资产投资审计一处、固定资产投资审计二处、外资运用审计处、人事处、机关党委、离退休干部工作处、经济责任审计办公室，另设有派驻纪检（监察）室，同时还设有审计科研所、审计干部培训中心、机关服务中心、审计信息中心等直属事业单位。

领导成员

厅　　长：史宁安

副 厅 长：祁敦芳　万明云

　　　　　赵国新　李笃明　张　昕

总审计师：邹淮滨（12月—）

纪检组长：董伯成（—7月）

　　　　　李振明（7月—）

审计成果 全省审计机关完成审计和审计调查单位8499个，查出损失浪费金额10.38亿元，促进国家增收节支36.23亿元。全年共提交审计工作报告、信息9427篇，被各级领导、部门、新闻媒体批示或采用5047篇。提出审计意见和建议16477条，被有关单位采纳12868条，采纳率达78.1%。全省共向纪检监察、司法机关和有关部门移送案件线索170件。

财政审计 预算执行情况审计。全省审计机关积极关注财政政策的贯彻落实，注重揭露、揭示、反映影响和制约经济社会发展的体制性障碍、机制性缺陷以及制度性漏洞，深入分析原因，提出建设性意见，促使政府部门依法行使权力、认真履行职责，建立完善有利于科学发展的体制和机制。共审计和审计调查单位745个，经审计处理，已上缴财政11.33亿元，提出审计建议1767条，挽回或避免经济损失2.56亿元。省审计厅重点对省财政厅、地税局、发改委等19个部门（单位）预算执行情况进行了审计，主要查出未及时征缴税款，非税收入专户利息长期闲置，未及时拨付或安排使用财政资金，不合规票据列支，以及财务收支核算不真实等问题。

财政决算审计。全省审计机关审计和审计调查单位689个，经审计处理，已上缴财政7.38亿元，已归还原渠道资金2.77亿元。重点揭露和查处决算编制不真实、不完整，财政收支管理不规范、虚收虚支、截留滞留、挤占挪用专项资金、资金体外循环、损失浪费等问题，促进地方政府严格执行财经法规，规范财政资金管理。

金融审计　全省农信社审计共向公安机关和省联社纪检委移送案件线索6起，其中已有14人受到行政记过、警告处分。通过审计，发现部分基层农信社，以新还旧，弄虚作假，掩盖不良贷款；违规发放贷款；违规办理票据业务；抵债资产处置不及时，存在贬值和毁损；历史包袱沉重，抵御风险能力较弱等普遍性、倾向性问题。及时向省政府提交综合审计报告，引起省政府的高度重视，省政府领导作了重要批示，对省农信社加强管理，规范运营，提高效能都发挥了积极作用。

行政事业审计　全省共审计行政事业单位4394个，查出管理不规范金额1125983万元，经审计处理后，应上缴财政90656万元，已上缴财政16320万元。

农业与资源环保审计　全省共完成农业与资源环保审计项目946个，出具审计报告1128份，下达审计决定383份，提出审计意见、建议1675条，采纳审计建议1059条。

固定资产投资审计　2009年，全省审计机关围绕中央新增投资项目、政府重大投资建设项目、支援江油市恢复重建项目以及工程建设领域突出问题专项治理工作等重点，开展固定资产投资审计和审计调查单位701个，核减投资额（工程款）11.96亿元，挽回或避免经济损失1.49亿元，为促进宏观政策措施落实，有效提高建设资金的经济效益和社会效益发挥积极作用。省审计厅围绕争取的中央新增投资项目，重点开展41个危险水库加固工程、基层医疗卫生服务体系建设资金等6个项目的跟踪跟进审计调查；组织力量对支援江油市第一批192个恢复重建项目进行全覆盖、全过程的跟踪跟进审计。从审计情况看，中央新增投资项目，有关部门及时分解下达投资计划，加快推进项目建设，没有发现挤占挪用专项资金等严重问题，但也发现个别单位将以前年度已建项目作为新增投资项目申报、部分项目未严格履行基本建设程序等问题。对口支援江油市恢复重建项目，管理各方协调一致、措施得力，保证了援建项目按计划实施，审计也发现部分援建项目未按规定进行专户核算、个别项目援建资金用于非省援建项目等管理不规范问题。

社会保障审计　全省社保审计共完成12个审计项目，查出管理不规范金额115339万元，经审计处理后，应上缴财政87万元，已上缴财政35万元，提出审计建议17条，被采纳审计建议6条。有4份审计报告受到常务副省长和省政府有关领导的批示。

企业审计　围绕企业改革和改制，对165家企业开展审计，揭示一些企业存在损益不实、决策失误造成国有资产流失和潜在损失等问题。针对国际金融危机对中小企业的影响，对500户中小企业进行审计调查。结果表明，中央和省出台的财税、金融和就业等方面的政策措施正在逐步得到贯彻落实，并已取得初步成效。审计调查也发现创业投资引导基金政策落实不到位，扶持中小企业的财政专项资金使用分散，就业优惠政策覆盖面窄，担保机构保证贷款比重低等问题。

经济责任审计　全省审计机关对1682名领导干部进行经济责任审计。总体来看，绝大多数被审计的领导干部能够贯彻执行党委、政府决策部署，认真履行职责，积极推动本地区和本单位发展。各级审计机关努力创新审计方式、方法，切实做到经济责任审计与财政财务收支审计、企业审计、财政决算审计等相结合，实现资源共享、成果互用。积极探索任中和任前经济责任审计。漯河市全年完成50名领导干部经济责任审计，任中和任前审计比例占95%。进一步整合审计资源。平顶山、濮阳等地打破科室界限、市局与县区局界限，统一调配人力，锻炼审计队伍。强化完善相关制度。省审计厅制定《经济责任审计项目实施管理暂行规定》《省辖市市长经济责任审计操作规范》，许昌、信阳、焦作、郑州等地出台经济责任审计计划管理、审计评价、结果运用、公示办法等规章制度，有效规范审计程序和审计行为。

专项资金审计　全省审计机关围绕“扩内需、保增长、保民生、保稳定”大局，结合省委、省政府提出的关系人民群众切身利益的“十件实事”，加强对扩大内需政策措施和涉及民生项目的审计监督。全省审计和审计调查单位1754个，审计资金总额765.49亿元，促进资金拨付到位8.59亿元，发挥了审计监督保障作用。省审计厅重点组织对抗旱专项资金、计划生育经费、排污费征收管理使用情况、政府投资保障性住房建设情况、新型农村合作医疗资金等25项重点资金和项目进行审计或审计调查。其中，全省抗旱专项资金审计结果表明，各级政府和有关部门及时下达和拨付抗旱资金，严格资金管理，未发现挤占挪用等违法违纪问题，审计为保障在50年一遇特大旱情下取得夏粮丰收发挥重要作用。全省排污费征收管理使用情况审计，查出两个年度挤占挪用排污费1.37亿元，追回被挪用资金4845万元。政府投资保障性住房建设审计调查，发现廉租房保障资金来源不能按规定落实，建设用地和配套资金未能落实到位，部分建设项目进展缓慢，个别地方购建廉租住房过程中存在违规行为等问题。

（撰稿人：吕鸣莉　韩清华）

【郑州市审计局】　2009年，郑州市审计局人员编制138人，在编138人。局长李连渠，副局长李忠仁、刘安杰、徐平、金振亚、王学荣、马志峰、桑富强，纪检组长张保全。设有办公室、财政审计处、行政事业审计处、农业与资源环保审计处、经济责任审计处、固定资产投资审计处、经贸审计处、社会保障审计处、金融审计处、外资审计处、人事教育处、法制处、监察室、党总支、审计科研所。

审计成果　郑州市审计机关完成审计项目666个，查出违规金额650508万元，其中应上缴财政360543万元，应减少财政拨款或补贴2518万元，应归还原渠道资金4171万元，应调账处理金额84959万元；已上缴财政5548万元，已减少财政拨款或补贴2335万元，已归还原渠道资金502万元，已调账处理金额46777万元。移送司法机关、纪检监察部门处理事项1件，建议有关部门处理事项9件。提交审计工作报告、信息231篇，被采用104篇。

财政审计　共对29个财政、地税及预算执行单位进行审计，查出未按规定缴纳预算收入、无预算列支专项支出等违规金额328075万元。完成财政决算审计项目46个，查出决算编制不规范、收支核算不实、违规改变资金用途等违规金额24229万元。

行政事业审计　完成审计项目452个，查出应缴未缴预算收入、账外资产、超标准超计划支出等违规金额277518万元，应上缴财政73014万元，应归还原渠道资金2807万元。

固定资产投资审计　结合国家扩大内需、增加投资的实际情况，加大对政府投资的基础设施、生态环境建设、社会事业等方面工程项目的审计监督。通过对87个建设项目开展竣工决算审计和跟踪审计，为政府节约6281万元，审计后挽回经济损失1201万元。

金融审计　完成审计项目3个，查出违规经营、账外经营、少计少缴税费等违规金额3378万元，管理不规范金额30030万元。

企业审计　完成审计项目2个，查出损失浪费金额2057万元，管理不规范金额5677万元。

经济责任审计　完成209名领导干部经济责任审计，查出违规金额70178万元，管理不规范金额72469万元，为监督和考核干部提供重要依据。

专项资金审计（调查）　审计单位75个，审计调查单位98个，查出违规金额4580万元，管理不规范金额449100万元，促进增收节支5347万元，挽回经济损失1327万元，促使有关单位制定整改纠正措施48项。　（撰稿人：白　虹）

【三门峡市审计局】　2009年，三门峡市审计局人员编制49人，在编55人。局长张玉清，副局长周国谦（—3月）、刘树军、尚秀丽、侯功亮，纪检组长张玉林（—3月）。设有财政金融科、固定资产投资科、经济责任科、社会保障科、行政事业科、农林水科、经济贸易科、外资运用科、办公室。

审计成果　三门峡市审计机关完成审计项目196个，查出违规金额48400万元，管理不规范金额120008万元；其中应上缴财政7743万元，应归还原渠道资金2675万元，应调账处理金额20379万元；已上缴财政7308万元，已归还原渠道资金2197万元，已调账处理金额5626万元。提交审计专题、综合性报告和信息简报102篇，被批示采用51篇。

财政审计　完成预算执行审计项目17个，查出问题金额61195万元，其中预算编制批复不规范2792万元，未按规定征收、缴纳预算收入9674万元，隐瞒转移截留预算收入1500万元，财政收入核算不实4664万元，资金滞留闲置9423万元，财政支出核算不实5500万元，违规改变资金用途523万元，超预算列支1483万元，未落实“收支两条线”和专户管理规定 2268 万元。

完成财政决算审计项目 14 个，查出问题金额 9906 万元，其中决算编制不规范 793 万元，财政收入核算不实 1484 万元，财政支出核算不实 1985 万元，违规改变资金用途 550 万元。

金融审计　完成审计项目 3 个，查出问题金额 67773 万元，其中因管理不善造成的损失浪费 1670 万元；会计信息质量情况存在资产不实，虚增 7511 万元；损益不实，虚增 21678 万元。

行政事业审计　完成审计与审计调查项目 60 个，查出问题金额 7621 万元，其中应缴未缴预算收入 104 万元，隐瞒截留收入 169 万元，违规改变资金用途 471 万元，虚列支出 1447 万元，未落实“收支两条线”和专户管理规定 667 万元，账外资产 1129 万元，乱收费、乱摊派、乱罚款 162 万元，超标准超计划支出 1168 万元。

固定资产投资审计　完成审计项目 8 个，审计项目投资额 1798 万元，完成投资额 1739 万元，核减投资额（工程款）1210 万元。

企业审计　完成审计项目 1 个，查出问题金额 985 万元，其中虚报或隐瞒转移收入 195 万元，少计少缴税费 402 万元。

经济责任审计　审计单位 23 个，审计经济责任人 23 人，查出违规金额 447 万元（其中主管责任 426 万元，直接责任 21 万元），管理不规范金额 1835 万元（主管责任），损失浪费金额 89 万元（主管责任）。

专项资金审计（调查）　完成审计与审计调查项目 93 个，其中社会保障类 10 个，农林水与环保类 23 个，科教文卫类 43 个，基础设施类 3 个，其他类 14 个。审计专项资金总额 104754 万元，查出问题金额 22809 万元，其中违规改变项目计划和资金用途 2468 万元，应缴未缴专项资金 3863 万元，虚列支出 1566 万元，资金滞留闲置 444 万元，账外资产 219 万元。

（撰稿人：武云景）

【洛阳市审计局】　2009 年，洛阳市审计局人员编制 78 人，在编 71 人。局长乔卫国，副局长马灿书（3 月—）、王英（—12 月）、姜黎明（—12 月）、孙联防（—9 月）、温志明（11 月—），纪检组长卫小平（—11 月）、史百里（11 月—）。设有办公室、法制科、人事科、财政审计科、金融审计科、固定资产投资审计科、外资运用审计科、行政事业审计科、农业与资源环保审计科、社会保障审计科、经贸审计科、经济责任审计科、监察室、机关党委、机关服务中心（事业编制）。局内设机构：审计科研所、神都大厦。

审计成果　洛阳市审计机关共完成审计（调查）项目 878 个，查出违规违纪金额 12.8 亿元、管理不规范金额 84.9 亿元，增收节支金额 3.7 亿元，核减投资（结算）额 1.1 亿元，帮助被审计单位和有关审计单位挽回或避免损失 1834 万元。移送司法机关、纪检监察部门处理事项 1 件。提交审计报告和信息 753 篇，被批示、采用 449 篇次。

财政审计　重点对财政部门的预算编制、批复，重点专项资金的使用、国库集中支付、政府采购计划及资金拨付情况、财政支出的合法性，部门单位及负责人执行财政纪律情况、地方税务部门征管及经费管理改革中出现的问题等进行审核，对去年“同级审”查出问题的整改情况进行检查。

金融审计　对洛阳市商业银行的审计中，核实该行盈亏的真实情况，查出大量管理不规范资金，为市财政增加收入 234 万元。对农村信用合作联社及其部分分支机构的审计中，查出农信社经营中存在的新增不良贷款超标、五级分类不真实、民营关联企业相互担保、挪用贷款、大额提取现金、违规办理票据业务、抵债资产长期不处置、不过户等不合规问题。

行政事业审计　组织开展了计划生育经费管理使用情况、农村中小学校舍维修改造资金审计和县乡医疗服务体系建设及经费管理使用情况专项审计调查，对市人民政府驻京办和市教育局 2008 年度财务收支进行审计，对 2008 年度教师工资及福利发放情况，口岸办公室及口岸基地管理处、口岸协会进行专项审计。

农业与资源环保审计　对农业综合开发资金、全市排污费征管使用情况、农作物良种补贴资金和农机购置补贴资金进行专项审计，对特大抗旱资金、抗旱夺丰收应急灌溉工程建设项目和中低产田改造项目进行跟踪审计。

固定资产投资审计　对 16 个政府投资重大在建项目进行跟踪审计。向市长办公会汇报工作进度 4 次，下达“跟踪审计意见书”15 份，建设项目单位根据意见书补办前期审批手续 5 项。

社会保障审计 对全市政府投资保障性住房、城市低保、抗震救灾资金进行专项审计，对河科大一附院、市妇幼保健院进行财务收支审计，完成市领导交办的企业离休干部医保基金专项审计调查。

企业审计 对市一运公司、市烟草公司、偃师供电公司、永华能源进行资产负债损益审计，完成金融危机对全市中小企业资产安全影响专项审计调查，完成周口市二级公路债务锁定审计。完成原东风轴承厂破产信访案件调查，得到市领导的表扬。

经济责任审计 对24名县处级党政领导干部任期经济责任进行审计，共查出违规违纪金额5975万元，管理不规范金额5946万元。

（撰稿人：贾小棣）

【焦作市审计局】 2009年，焦作市审计局人员编制67人，在编59人。局长刘政良（—1月）、闫万国（1月—），副局长尹柯玲、申文燕、王庆宝、范景致（9月—）、田晋源（—1月），纪检组长王天富。设有办公室、监督审理科、财政金融审计科、固定资产投资审计科、行政事业审计科、经济贸易审计科、农业与资源环保审计科、社会保障审计科、外资运用审计科、人事教育科、经济责任审计科、老干部工作科和监察室。下属二级机构为市基本建设工程预决算审计中心。

审计成果 焦作市审计机关共完成审计项目499个，查出违规金额17.28亿元，应上缴财政754万元，已上缴财政702万元，应归还原渠道资金3227万元，应调账处理金额1191万元；移送司法机关、纪检监察部门处理事项19件，建议有关部门处理事项2件。提交审计工作报告、信息1061篇，被采用680篇。

专项调查 上半年重点调查农村安全饮水工程、污水和垃圾处理工程两个扩内需项目，促使有关单位及时下拨600多万元的滞留资金。九月份又抽调18名审计人员，集中对扩内需项目和资金进行专项审计调查，向有关部门提出提高资金拨付率、加快项目进度等审计建议。

财政审计 在市本级预算执行情况审计中，从内容到方式都进行必要的改革，扩大了审计覆盖面，而且审计的深度也有所增强，审计报告得到市人大和市政府的广泛认可。

政府资金审计 组织对市级政府性资金的管理使用情况进行全面审计，摸清了政府性资金的整体状况，对政府性重点收入、政府性重点支出、政府重点建设项目、政府债务等方面存在的问题，进行认真的分析和反映，有针对性地提出解决问题的办法和建议，为全面加强政府性资金管理提供决策依据。

固定资产投资审计 共完成157个竣工决算审计项目，审计建设资金26.87亿元，审减1.98亿元。市基建审计中心完成的6个市本级重点建设项目决算审计项目，审计建设资金4.72亿元，审减7564万元，为政府节约大量投资。还抽调力量对南水北调城区段、工业集聚区等重点建设项目进行跟踪审计，及时发现和纠正在资金使用方面存在的问题。在对南水北调城区段征迁安置工程的跟踪审计中，共出具跟踪审计意见书40份，审查征迁安置资金5.48亿元，核减工程进度款和拆迁补偿款4882万元，建议暂停拨付土地补偿款5915万元。对政府投资建设项目审计取得的成效，市长作出长篇批示，给予充分肯定。

专项资金审计 全市统一安排民生资金审计项目15个，审计民生资金18.9亿元，涉及十件实事、家电下乡、城镇居民最低生活保障等方面。在抗旱资金审计中，对各级财政投入的4069万元抗旱资金进行连续三个月的跟踪审计，保证资金及时足额下拨到位。

经济责任审计 开展经济责任审计项目127个，查出负有直接责任的违规金额4464万元、管理不规范资金额7040万元，理清了领导干部的财务管理责任。其中，根据市委组织部的委托，对22名县级领导干部进行离任经济责任审计，全面审计财务收支情况，理清领导干部的财务管理责任，加强对领导干部落实科学发展观，完成经济责任目标的监督，促使领导干部更加全面地履行经济管理责任。

（撰稿人：谢晨光）

【新乡市审计局】 2009年，新乡市审计局人员编制62人，在编58人。局长邓立章（—3月）、李红旗（3月—），副局长王显生、牟振斌、李瑞霞，总审计师周彦斌，纪检组长何录良。设有党总支、人事教育科、办公室、法制科、监察室、离退休干部工作科、财政金融审计科、行政事业审计科、企业审计科、农业与资源环保审计科、社会保障审计科、固定资产投资审计科、外资运用审计科、经济责任审计办公室。

审计成果　新乡市审计机关完成审计（调查）项目 714 个，查出各类违规违纪金额 140789.5 万元，应上缴财政 2256.29 万元，应减少财政拨款或补贴 3640.8 万元，应归还原渠道资金 4474.5 万元。移送司法纪检部门处理 28 件 28 人，建议有关部门处理 1 件 1 人。出具审计报告和审计调查报告 750 份，提出审计建议 1681 条，撰写审计信息 654 篇，被采用 468 篇。

财政审计　完成新乡市本级财政预算执行情况和其他财政收支情况以及市地税局年度税收征管情况审计工作。“本级审”报告，受到市人大的高度评价和市政府的肯定，市政府专门召开专题会议，要求相关单位认真整改审计部门提出的问题，并对整改情况跟踪检查。完成长垣县、延津县 2008 年度财政决算审计。

金融审计　完成对新乡县、封丘县、长垣县农村信用联社 2008 年度资产、负债、损益情况审计，审计结果得到省审计厅和市政府领导的肯定。

行政事业审计　完成新乡市、延津县、长垣县人口和计划生育经费审计，以及辉县市、封丘县农村中小学校舍维修改造资金审计，并进行全市县乡医疗服务体系建设及经费管理使用情况的专项审计调查、市军转干部专项资金审计调查。全市计划生育经费审计项目、农村中小学校舍维修改造资金审计项目、县乡医疗服务体系建设及经费管理使用情况审计调查项目分别被省审计厅通报表彰。

农业与资源环保审计　开展新乡市全市排污费征管用情况审计、特大抗旱资金使用情况跟踪审计、抗旱夺丰收项目资金行业审计、全市第七期农业综合开发项目资金行业审计和辉县市、长垣县 2009 年农作物良种补贴、农机补贴审计。其中，对全市 2009 年农作物良种补贴资金和农业机械购置补贴资金的管理、使用及绩效情况的审计，取得较好成效，促进农作物良种补贴资金到位 2900 余万元，促进农业机械购置补贴资金到位 16 万元，督促退还农机购置差价款 38 万元，受到农民群众的赞扬。

固定资产投资审计　开展投资项目审计 32 个，查出各类违规金额 2.1 亿元，管理不规范金额 2.3 亿元，核减工程造价 3592 万元。其中，市审计局完成对新乡市东二环二期工程跟踪审计、省道 227 线石婆固至京港澳高速段改建工程预算审计、国道 107 线马村立交至南环大修工程和农科院至大堤段改建工程预算审计等，审减预、决算造价 2382.53 万元。通过对新乡市援建四川江油市恢复重建项目的审计，审减工程造价 107 万元。

在对四川省江油市灾后恢复重建项目跟踪审计工作中，针对援建项目具有投资规模小、项目多、工期不一致的特点，审计组创新审计方法，在确保审计质量的同时探索出了一条行之有效的异地审计模式。该项审计工作模式得到省审计厅的肯定，节约审计成本，提高审计工作效率。

社会保障审计　组织 6 个审计组，对 2008 年度 12 个县（市）、区城市居民最低生活保障资金进行审计。针对查出的问题，从现行制度上分析原因，提出对低保资金管理的改进建议，为进一步健全和完善全市城市居民最低生活保障制度，提供真实可靠的依据。市委书记、市长分别对该项审计报告作出重要批示。通过低保资金审计，已向纪检监察等部门移送处理 18 名相关责任人。

企业审计　组织对全市四十多家企业调查分析，找出中小企业经营面临的安全隐患，提出适当加大对中小企业的财政支持力度、建立和壮大中小企业金融和信用担保机构、加快建立中小企业发展基金、规范民间金融服务等方面的审计建议，受到政府有关领导的重视。按照省审计厅的安排，还完成“异地交叉”审计项目——开封市政府还贷二级公路债务情况专项审计任务，受到省审计厅和开封市政府的高度赞扬。

经济责任审计　开展经济责任审计项目 149 个，查出违规金额 22776 万元，管理不规范金额 31618 万元，其中市审计局完成经济责任审计项目 36 个。通过经济责任审计，为市委组织部门选人用人提供重要参考依据，使我市经济责任审计工作日趋规范。

专项资金审计（调查）　组织对全市廉租住房保障资金、县乡医疗服务体系建设及经费管理使用情况和军转干部专项资金审计调查，审计结果分别被市领导批示。（撰稿人：郑兴国）

【鹤壁市审计局】　2009 年，鹤壁市审计局人员编制 43 人，在编 43 人。局长王志贤，副局长张保成、杜胜洲、刘光连，总审计师李路平，纪检组长蔺玉堂。设有经济责任审计局、办公室、纪检室、法制科、财政金融审计科、社会保障审计科、经贸审计科、农业资源与环保审计科、外资审计科、行政事业审计科、固定资产投资审计科、计算机审计中心。另设机关党总支。

审计成果 鹤壁市审计机关共完成审计项目165个，查出违规金额12683万元，应上缴财政4158万元，应归还原渠道资金1507万元，应调账处理金额14124万元；已上缴财政4109万元，已归还原渠道资金966万元，已调账处理金额10546万元。移送司法机关、纪检监察部门处理事项5件，建议有关部门处理事项5件。提交审计工作报告、信息269篇，被采用201篇。

财政审计 突出财政资金重点，加大政府非税收入征管使用、财政支出结构调整、转移支付情况的监督力度，抓好财政收入的审计，促进建立科学的预算定额和支出标准。通过审计，查出财政、税务部门违纪违规问题金额10040余万元，并对进一步加强资金管理提出16条建议，向市政府提交的同级审结果报告和向市人大提交的同级审工作报告，得到市委、市人大、市政府领导的高度重视，市长、常务副市长分别对同级审问题整改报告和同级审结果报告进行批示。

金融审计 对市山城区农信社资产负债损益进行审计，查出违规金额3万元。

行政事业审计 重点对市计生委、市食品药品监督管理局、市教育局等61个掌握资金分配权、资金使用量大的重点部门和拥有收费罚没权的执法机关进行审计监督，查出应缴未缴预算收入86万元，隐瞒截留财政收入76万元，违规改变资金用途212万元，“乱收费、乱摊派、乱罚款”1094万元。

固定资产投资审计 围绕中央新增投资项目、政府重大投资建设项目、支援江油市恢复重建项目以及工程建设领域突出问题专项治理工作等重点，开展固定资产投资审计和审计调查单位9个，查出违规金额和管理不规范金额15217万元，核减工程款2632万元，政府投资审计为促进宏观政策措施落实，有效提高建设资金的经济效益和社会效益发挥积极作用。

企业审计 对16家中小企业受金融危机的影响情况进行审计调查，查出应上缴财政12万元，虚报或隐瞒转移收入281万元，少计或虚列成本费用118万元。

经济责任审计 对39名领导干部进行经济责任审计。审计工作中做好与财政财务收支审计、财政决算审计的结合，审计内容不断深化，重点关注民生、发展等重大政策措施的贯彻落实情况，关注土地转让、环境保护、节能减排等方面的问题。查出违纪违规问题金额1098万元，管理不规范金额369万元，全面、客观、公正地评价履行经济责任的情况。

专项资金审计（调查） 对全市农田水利基本建设、万村千乡市场工程、家电下乡政策执行审计调查单位67个，查出违规金额962万元，管理不规范金额12484万元，提出审计意见和建议，促进被审计单位进一步完善制度，规范管理，防范风险，确保资金安全运作，有效发挥审计监督保障作用。

（撰稿人：贾连星）

【安阳市审计局】 2009年，安阳市审计局人员编制94人，在编90人。局长李庆祥，副局长郭河山、张士吉、韩宣京（—3月）、李著亮（7月—）、郝保旺（7月—），总审计师陈永太（8月—），纪检组长郭虎山。设有办公室、法制科、财政审计科、金融审计科、行政事业审计科、经贸审计科、农业与资源环保审计科、社会保障审计科、外资运用审计科、信息技术科、人事教育科、老干部管理科。下辖安阳市经济责任审计办公室（设有4个职能科：综合科、机关事业审计科、企业审计科、县区审计科）。下辖安阳市政府投资审计办公室（设有3个职能科：审计一科、审计二科、审计三科）。下辖安阳市经济技术开发区审计分局。

审计成果 安阳市审计机关完成审计和审计调查项目80个，审计经济责任人13人，绩效审计项目51个，查出违规金额114276万元，管理不规范金额479318万元，损失浪费金额124万元，应上缴财政956万元，已上缴财政887万元，应归还原渠道资金12533万元，已归还原渠道资金12041万元，应调账处理金额102320万元，已调账处理75428亿元。核减投资948万元，审计后挽回损失479万元。提交综合性报告和信息简报80篇，被批示采纳38篇，提出审计建议227条，被采纳122条。

财政审计　完成6个审计项目，安阳市本级预算执行情况审计，财政超收收入安排使用情况审计，财政性资金结余情况审计，“万村千乡市场”工程建设审计，“家电下乡”政策执行审计调查，税收审计及全省税收审计三级联网现场会，汤阴县财政决算审计。移送处理案件1件，审计入库增加财政收入10万元，省领导批示1次。地税联网审计，筛选出疑点数据五百多条，涉及营业税、房产税、土地使用税、城建税、企业所得税5个税种，金额三千多万元，查证落实应缴未缴税款近2000万元，其中缴入市本级217万元。

行政事业审计　完成9个审计项目，分别对市农村小学校舍维修改造资金情况（安阳县、内黄县，其余3个县为县级审计部门审计）；市县乡医疗服务体系建设及经费管理使用情况（林州市、滑县，其余3个县为县级审计部门审计）、市计划生育经费情况（安阳县、汤阴县，其余3个县为县级审计部门审计）、卫生局部门预算执行情况、统计局部门预算执行情况、计生委部门预算执行情况进行审计调查。揭示预算单位在预算执行中存在的问题，并提出相关审计建议，促进被审计单位提高管理水平和资金的使用效益。

企业审计　完成7个审计项目，查出违纪金额105732万元，全年已入库14万元。

农业与资源环保审计　完成11个审计项目。对涉农专项资金的事前、事中审计进行尝试，从资金的下达、分配拨付到资金使用，以及资金的绩效情况，审计组都进行全面细致的审计监督，对资金及时、充分的发挥效益起到促进作用；对资源环保类资金审计，从账面资金的审计，逐步扩展到对业务数据的核查、比对与分析；对排污费专项资金审计和对土地出让金征收管理的审计调查，都围绕着排污费征收核定的程序进行审查、对土地出让资料的完整性、合法性进行核查、对土地出让的形式进行比对分析等。

社会保障审计　完成5个审计项目。对城市居民最低生活保障资金项目，审计发现收入超标，不符合最低生活保障资金条件，涉及5个乡镇9户14人。经过审计发现存在异地户口、收入超标享受城镇低保等情况。民政部门对有漏洞的环节已修改完善制度；对农村新型合作医疗基金项目，审计了开发区、林州市、内黄县，发现财政局未将利息6.53万元纳入新农合基金，部分乡（镇）医疗机构管理不到位等问题；对住房公积金审计，审计发现个别借款人贷款期间提取现金79.29万元，审计还发现超年限发放住房公积金贷款347.9万元。

金融审计　完成2个审计项目，查处信贷资产管理、抵债资产、财务收支等违纪违规资金4亿多元，向被审计单位提出11条审计建议。

外资运用审计　完成6个审计项目，对世行贷款英国/日本政府赠款结核病控制项目审计（简称卫十）、亚行贷款污水处理项目审计、世行贷款中小城市供水项目审计、日本政府贷款河南省造林项目审计、市结核病防治所2005～2007年财务收支审计、市文物局2007～2008年财务收支审计，审计查处违纪违规问题360余万元。

经济责任审计　完成9个审计项目，组织对9个单位进行经济责任审计，查出各类违纪违规金额237703万元，其中认定被审计人应负管理责任283万元、应负领导责任的226749万元、应负直接责任的10670万元，揭露管理不规范金额5673万元。

固定资产投资审计　完成27个审计项目，政府投资审计向深度和广度扩展，被审计单位针对审计发现的问题，进行整改和规范，提高资金的使用效益。　（撰稿人：龚　琳　邓全香）

【濮阳市审计局】　2009年，濮阳市审计局人员编制90人，在编86人。局长徐德良（—5月）、樊相奇（5月—），副局长李保国（—5月）、丁同海（—3月）、张正选，总审计师鲁付民，纪检组长林松。设有办公室、法制科、财政金融审计科、行政事业审计科、经贸审计科、农业资源与环保审计科、外资运用审计科、社会保障审计科、固定资产投资审计科、人事教育培训科。另设机关党总支、纪检监察室。下辖经济责任审计中心（副县级）、审计科研培训所、后勤服务中心。

审计成果　濮阳市审计机关共完成审计（调查）项目387个，为年初计划数141个的274%，查出违规违纪金额50314万元、管理不规范金额190224万元、损失浪费金额1438万元，应上缴财政969万元，促进财政增收节支15142万元，已调账处理金额3050万元。向纪检监察等部门移交案件线索7起。针对审计中发现的问题，向被审计单位提出整改建议 1118 条，被采纳 835 条。提交审计专题报告、情况反映、信息宣传稿件 450 篇，被采用 200 篇次。

财政审计　完成财政决算审计和审计调查单位 28 个，查出违规金额 5424 万元、损失浪费金额 493 万元、管理不规范金额 20800 万元。

预算执行审计　审计预算执行单位 18 个，开展市财政超收收入安排使用情况审计调查、市财政性资金结余情况审计调查、市企业所得税审计调查 3 项，查出违规金额 8696 万元、管理不规范金额 71100 万元。

行政事业审计　完成行政事业单位财政财务收支审计和审计调查单位 257 个，查出违规金额 9852 万元，管理不规范金额 24300 万元，归还原渠道资金 13800 万元，调账处理金额 1454 万元，上缴财政 570 万元。

固定资产投资审计　仅濮阳市审计局在政府投资项目审计方面就查出违规违纪金额 5153 万元，审减工程造价 947.9 万元，收缴财政 153.7 万元，保证建设资金使用的真实性、合法性，提高政府投资建设项目效益。

经济责任审计　完成 77 名领导干部的经济责任审计，查出违规金额 21900 万元，管理不规范金额 43000 万元。

专项资金审计　审计和审计调查单位 43 个，审计资金 42600 万元，查出违规金额 3804 万元、管理不规范金额 14600 万元。（撰稿人：孔丽娜）

【开封市审计局】　2009 年，开封市审计局人员编制 65 人，在编 59 人。局长魏宪忠，副局长李侠、张同安、张泽宣、赵守红、王珂。设有办公室、人事教育科、法制科、财政金融审计科、行政事业审计科、经贸审计科、农业与资源环保审计科、固定资产投资审计科、外资运用审计科、社会保障审计科、经济责任审计科、开发区审计局。另设有纪检监察室及下属事业单位审计科研所（事业编制 5 人）。

审计成果　开封市审计机关审计单位 445 个，查出违规金额 98293 万元，管理不规范金额 544492 万元，损失浪费金额 25479 万元。应上缴财政 6624 万元，应归还原渠道资金 8362 万元，应调账处理金额 117927 万元；已上缴财政 6480 万元，已归还原渠道资金 5268 万元，已调账处理金额 19840 万元。移送司法机关、纪检监察部门处理事项 1 件，建议有关部门处理事项 1 件。审计提出建议 759 条，被采纳的审计建议 572 条；被审计单位制定整改措施 32 项，建立健全规章制度 17 份；提交工作报告、信息等 934 篇，被采用 289 篇。

财政审计　审计预算执行单位 78 个，审计查出违规变更预算 5219 万元，未按规定征收、缴纳预算收入 1318 万元，隐瞒、转移、截留预算收入 265 万元，财政收入核算不实 23190 万元，资金滞留闲置 932 万元，财政支出核算不实 1373 万元，违规改变资金用途 1394 万元，超预算列支 5043 万元，账外资产 39 万元，其他资金 115438 万元等问题。财政预算执行情况审计得到各级人大、政府的充分肯定和社会各界的广泛关注。

审计财政决算单位 24 个，查出未按规定征收、缴纳财政收入 173 万元，财政收入核算不实 1371 万元，其他违规金额 4385 万元等问题。应上缴财政 217 万元，已上缴财政 215 万元，促进各级政府严格执行财经法规，规范财政资金的管理。

行政事业审计　审计行政事业单位 216 个，查出应缴未缴预算收入 3969 万元，隐瞒截留收入 3268 万元，违规改变资金用途 8038 万元，虚列支出 1339 万元，少计少缴税金 3508 万元，未按规定征提基金 1387 万元，账外资产 242 万元，“三乱”资金 6033 万元，超标准超计划支出 11058 万元，其他违规金额 67329 万元。应上缴财政 6134 万元，已上缴财政 6103 万元，为推进国库统一支付工作，规范行政事业单位财政财务收支行为发挥积极作用。

固定资产投资审计　审计项目 17 个，审计审减工程款 3017 万元，为财政节约建设资金，减少损失浪费，促进建设资金使用效益的提高。

企业审计　审计企业单位 8 个，审计查出账外资产 2 万元，虚报或隐瞒转移收入 25 万元，少计少缴税费 2709 万元，其他资金 94945 万元等问题，澄清企业家底，核实盈亏，为国有企业改革提供依据。

经济责任审计　审计单位 73 个、审计经济责任人 98 人，其中任中审计 41 人，占 41.8%；离任审计 57 人，占 52.2%。审计查出违规违纪金额 55888 万元，管理不规范金额 311134 万元，损失浪费金额 240 万元。

专项资金审计（调查）　开展专项资金审计单位 99 个，审计专项资金总额 159322 万元，审计查出违规改变项目计划和资金用途 1345 万元，配套资金不落实 1232 万元，应缴未缴专项资金 380 万元，资金滞留闲置 512 万元，其他问题金额 3152 万元，提高专项资金的使用效益，为整顿和规范经济秩序发挥积极作用。

（撰稿人：欧阳雄）

【商丘市审计局】　2009 年，商丘市审计局机关人员编制 52 人，在编 51 人，局属事业编制 18 人，实有 15 人。局长刘玉杰，副局长陈国立、李思义、冯永刚、贾玉强、吕义军，总审计师朱彦强，纪检组长张永建。设有办公室、监察室、法制科、财政与金融审计科、经济贸易审计科、投资审计科、行政事业审计科、社会保障审计科、农业审计科、外贸审计科、计算机科、经济责任办公室（经济责任审计一科、经济责任审计二科、经济责任审计三科）、培训中心。

审计成果　完成审计和审计调查项目 82 个，查出各类违规金额 127669 万元；管理不规范金额 69764 万元；审计促进归还原渠道资金 6131 万元；应调账处理金额 11328 万元；应缴财政 4671 万元，已上缴财政 3481 万元。其他违规违纪金额 44566 万元，为财政增收节支 3555 万元；审减工程造价 4612 万元。通过审计提出建议 283 条，被采纳的审计建议 265 多条。提交审计报告和审计信息 148 篇，被批示采用 88 篇。

财政金融审计　市本级安排一级预算执行审计 12 个单位，并对夏邑县、虞城县和宁陵县人民政府的 2008 年度财政决算进行送达审计。

市审计局组织精干力量对市财政局组织 2008 年度本级预算执行及其他财政收支情况进行审计，同时结合财政预算执行审计，对 2007 年、2008 年度财政性资金结余情况、2008 年度财政超收收入安排使用情况、万村千乡市场工程、农田水利基本建设专项资金及 2008 年度“家电下乡”政策执行情况进行审计调查。

为全面核实县级农信社资产状况、经营绩效和经营风险情况，根据《全省 45 家县级农信社 2007 年度资产负债损益审计工作方案》的要求，统一组织对夏邑县农信社、柘城县农信社、宁陵县农信社实施审计。

专项资金审计（调查）　组织全市审计机关完成全市人口和计划生育经费专项审计任务。重点审计市计生委和睢阳区计生委，并针对审计发现的问题深刻分析原因，提出合理化建议；在对全市 2008 年度农村中小学校舍维修改造资金审计调查中，深入乡村扎实开展审计调查，获取了真实可靠的审计证据，为市委市政府宏观决策提供可靠的依据。财政、教育等主管部门对审计发现的问题及时制定措施，认真进行整改，并加强对此项工作的督导和检查；完成 2007～2008 年度排污费的征收、管理和使用情况的审计工作任务，被审计单位对审计出查出的问题及时、认真地进行整改。

农业与资源环保审计　开展市财政抗旱资金跟踪审计、2007～2008 年度优质小麦基地建设项目、2006～2008 年度农业综合开发资金审计、2009 年农作物良种补贴和农机购置补贴及民权农场 2008 年度财务收支审计等审计项目，并保质保量地按时完成以上审计工作任务。审计及审计调查总金额 56326.64 万元。

固定资产投资审计　完成市奥林匹克体育中心（一期）建设项目竣工决算审计、市建设委员会 2008 年度援建四川灾区群众过渡安置房和园林绿化建设专项资金管理使用情况的审计、市政府临时交办的商丘市污水处理厂配套管网建设项目决算审核。审计报审造价 22318 万元，审定工程造价 17561 万元，审减工程价 4757 万元，平均审减率为 21.32%。查出管理不规范金额 4246 万元；查缴税金 63 万元；为政府节约资金 4757 万元。

企业审计　组织开展中小企业经营情况专项审计调查，重点抽查 21 户中小企业。审计调查发现，商丘市中小企业中面对不断蔓延的国际金融危机和国内市场的变化，部分中小企业经营出现较大困难。通过审计调查分析提出促进全市中小企业又好又快发展的建议，为相关部门提供决策依据。

社会保障审计　完成 8 项任务：其中，省审计厅安排的行业审计项目三个（全市 2008 年度城市居民最低生活保障资金管理及使用情况的审计、农村新型合作医疗基金筹集管理及使用情况的审计、对县乡医疗服务体系建设及经费管理使用情况专项审计调查）。完成省审计厅安排的抗震救灾捐赠款物和对广大党员缴纳“特殊党费”的审计，并根据商丘市主要领导安排，对2009年度省、市、县财政安排的风雹自然灾害补助资金、救灾捐赠资金的管理及使用情况进行跟踪审计。通过审计，确保政府投入的社会保障资金及社会捐赠资金的筹集、拨付、管理及使用得以有效监管，合理化建议被采纳。

经济责任审计 完成经济责任审计项目30个，临时安排经济责任项目2个（福源集团和市国土局）。通过审计，查出一些单位存在擅自处置国有资产、业务招待费严重超支浪费、政企不分；下属企事业单位借行政权力收费、设置“小金库”、以其他借口套取现金，开支去向不明；不合规及假发票；甚至有个别领导干部不作为，乱作为等问题，相关单位根据审计提出的意见加大整改力度。强化审计监督作用，发挥审计的“免疫系统”功能。 （撰稿人：王新明、薛 源）

【许昌市审计局】 2009年，许昌市审计局人员编制58人，在编58人。局长黄连平（—2月）、田茂盛（2月—），副局长唐学亭（2月—）、曹颖建（—12月）、孟国强、黄河（12月—）、张玲芝（12月—），总会计师乔千里（—7月）、朱臣峰（12月—），纪检组长黄河（—12月）、高留彬（12月—）。设有办公室、法制科、人事教育科、监察室、财政金融审计科、行政事业审计科、经贸审计科、农业与资源环保审计科、固定资产投资审计科、社保与外资运用审计科。另设许昌市经济责任审计局（直属事业单位）。

审计成果 全市审计机关完成审计项目331个，查出违规金额117194万元，经审计处理，应上缴财政1197万元，应减少财政拨款或补贴924万元，应归还原渠道资金18035万元，应调账处理金额39369万元；已上缴财政1000万元，已减少财政拨款或补贴924万元，已归还原渠道资金18035万元，已调账处理金额39369万元。建议有关部门处理事项4件。提交审计工作报告、信息501篇，被采用392篇。

财政审计 市本级（含许昌经济开发区、东城区）2008年度本级预算执行和其他财政收支情况审计，查出应缴未缴预算收入、超预算超范围退库、土地开发整理专项资金长期挂账、出借财政专项资金、不规范退税等问题。对禹州市、鄢陵县2007～2008年度财政决算进行审计，纠正应缴未缴预算收入、坐支预算收入、挤占城建专项资金、出借财政资金等问题。

固定资产投资审计 对许昌县尚集镇供水管网项目、许都公园、107国道市区改线、八一路西段、八龙游园、市社会福利院、市残疾人康复中心、市文史资料库二期、劳动路北引水渠等11个建设项目竣工决算实施审计，审减工程投资3083万元。

经济责任审计 对市直7个单位、禹州市、鄢陵县2个县（市）政府和许昌县、长葛市、襄城县、鄢陵县4个县（市）公安局的领导干部开展经济责任审计。查出账外收支、会议费招待费开支过大、暂存款未及时清理、资产管理以及发放补助不规范等问题，提出审计建议和整改意见。

企业审计 对许昌卷烟厂和许昌烟草分公司进行审计，促进企业规范经营。对禹州市、长葛市、襄城县和许昌县4家农村信用社的资产负债损益情况开展审计，维护金融资产安全。

专项资金审计（调查） 对城镇居民最低生活保障资金、县乡医疗服务体系建设资金、农村中小学校舍维修改造资金、结核病防治项目外资运用资金、农业综合开发资金、农业七项补贴资金、排污费、城市基础设施配套费、计划生育经费、住房公积金、物价调节基金、体育彩票专项资金、应急抗旱资金13项专项资金进行审计和调查，纠正违规改变资金用途、资金滞留闲置、未纳入财政专户管理等问题，促进资金拨付到位780万元。年初特大旱灾发生后，及时对应急抗旱资金进行跟踪审计，全面检查全市投入的1245万元抗旱资金拨付、管理和使用情况，对发现的管理不规范问题提出审计整改建议。

（撰稿人：陶 凯）

【漯河市审计局】 2009年，漯河市审计局人员编制70人，在编70人。局长李运生（11月）、陈会伟（11月—），副局长李东升、陈银坤、王宝玉、史秋学，总审计师李军（11月—），纪检组长曹新民。设有办公室、法制科、财政金融审计科、行政事业审计科、经贸审计科、农业与资源环保审计科、社会保障审计科、固定资产投资审计科、外资运用审计科。下属二级机构漯河市经济责任审计局（内设法制审理科、党政审计科、企事业审计科)、漯河市审计信息中心。

审计成果　漯河市审计机关完成审计及审计调查项目245个，查出违规金额6760万元，管理不规范金额7.9亿元，已上缴财政595万元，移送有关部门处理事项5件。审计工作得到市政府、市人大常委会的充分肯定。为市委、市政府和有关部门提供宏观情况报告、审计专报和审计信息525篇，被采用332篇，其中有13篇综合报告和信息得到市委书记、市长等领导同志批示。

财政审计　对市财政局等15个单位或部门的本级预算执行情况进行审计，对30个单位公用支出情况进行审计调查。8月19日，市政府召开第41次常务会议，听取了“本级审”情况汇报，针对审计发现的问题，提出具体整改要求。12月28日，市人大常委会专题听取贯彻落实市人大常委会审议意见情况的报告，对“本级审”工作给予高度评价。完成舞阳县、临颍县财政决算审计。

金融审计　完成舞阳、郾城农村信用联社的审计，审计人员从内部控制制度测试入手，选定400多户贷款人逐一排查，查出个人冒名贷款、超权限贷款等问题，两起案件线索已移送主管部门进行处理。

行政事业审计　完成漯河水利技校、市食品药品监督管理局的财务收支审计，人口计划生育经费、农村中小学校舍维修改造资金等专项资金的审计或审计调查。其中，全市计生经费审计，查出超范围收费、截留挪用社会抚养费等问题金额1760万元，上缴财政51万元。

农业与资源环保审计　完成排污费征收管理使用、农业综合开发资金等专项资金的审计或审计调查。查出不合规票据列支资金13.98万元、移送市国税局进行处理。对特大抗旱资金639万元、应急灌溉工程建设项目资金4306万元进行跟踪审计，确保特大抗旱资金及时拨付到位，发挥最大效益。

固定资产投资审计　重点组织援建江油市恢复重建项目决算及在建项目等审计。计划对口援建项目7个，总投资2155.25万元，已累计完成投资1934.34万元。各县区结合实际，先后对39个建设项目进行跟踪审计，共审减投资额1293万元。

社会保障审计　完成城市最低生活保障资金、县乡医疗体系建设资金、政府投资保障性住房资金等专项资金的审计或审计调查。对城市最低生活保障资金审计，查出虚报冒领骗取低保金、擅自改变资金用途等问题，为市财政节约资金上百万元，追回低保资金17.12万元。

企业审计　完成市发展投资有限责任公司的资产负债损益审计和金融危机对中小企业资产安全影响的审计调查。受省审计厅委托对烟草系统进行审计。对焦作和济源两市公路债务真实性审计，审减虚报应付工程款、多计贷款利息等违规违纪问题。

经济责任审计　对52名领导干部进行经济责任审计，其中任前审计18名，任中审计31名，离任审计3名。3月，市经济责任审计工作领导小组决定对2人进行诫勉谈话，对8人进行警示谈话，对私设“小金库”的4个单位通报批评。市经济责任审计局被省人力资源和社会保障厅、省审计厅评为全省审计机关先进集体。

专项资金审计(调查)　完成沙颍河近期治理工程征地拆迁和移民安置资金、财政性资金结余、财政超收资金、农田水利基本建设资金、家电下乡、万村千乡市场工程等专项资金的审计或审计调查。积极配合省审计厅完成了世界银行贷款结核病防治项目、林业可持续发展项目、日元贷款造林项目审计。　(撰稿人：李富宗)

【平顶山市审计局】　2009年，平顶山市审计局人员编制91人，在编91人。局长李顺和(—6月)、晏树斌(6月—)，副局长邵小红、高惠珍、王家民，总审计师虎继宗，纪检组长刘书芳。设有办公室、法制科、财政审计科、金融审计科、行政事业审计科、社会保障审计科、经贸审计科、农业与资源环保审计科、固定资产投资审计科、外资运用审计科、人事科、监察室、机关党委。另设有市经济责任审计局(副县级)和市审计科研所(正科级)。

审计成果　平顶山市审计机关完成审计(调查)项目681个，查出违规金额186743万元，管理不规范金额260689万元，应上缴财政39033万元，损失浪费金额418万元。经依法处理，已上缴各类财政36407万元。提出审计建议331条，被采纳276条。向司法机关、纪检监察部门移交案件11件，处理5人。编发《审计工作信息》、《审计情况反映》73期，被上级机关和市级及以上报刊采用500篇，被市领导批示6篇。

财政审计　对全市46个单位进行预算执行审计和审计调查，查出违规金额65904万元，管理不规范资金额71526万元，经审计处理，已上缴财政34750万元。

对3个单位进行财政决算审计和审计调查，查出违规金额14356万元，管理不规范金额49589万元，经审计处理，已上缴财政1257万元，已归还原渠道资金1020万元。

金融审计　对3家县级农信社资产负债损益情况进行审计，查出管理不规范金额105993万元，发现贷款质量反映不实、掩盖不良贷款、违规开展票据业务等违法违规问题。

行政事业审计　积极关注财务收支的真实性、合法性、效益性以及预算收支的合规性，重点检查内部控制制度建立和执行情况、执行政府采购情况、资产管理情况、各项经费尤其是专项经费的管理和使用情况，揭露财务管理不规范、损失浪费、国有资产流失等问题。共查出违规金额4255万元，管理不规范金额3349万元，应上缴财政334万元。

农业与资源环保审计　坚持从促进资源节约、生态建设和污染治理三个方面加强资源环境审计，积极关注财政资金支持“三农”工作力度，注意揭露挪用支农资金等违法违纪问题，查出违规资金额1984万元，管理不规范金额1402万元。

固定资产投资审计　组织开展政府投资建设项目审计和审计调查单位169个，查出违规金额21972万元，审减工程款7348万元，减少财政拨款813万元，避免经济损失185万元。

社会保障审计　重点对政府投资保障性住房建设情况、城镇居民最低生活保障资金等12项重点资金和项目进行审计或审计调查，查出违规金额14920万元，归还原渠道资金2590万元。

企业审计　对11家企业进行审计，查出违规金额8772万元，经审计处理，已上缴财政609万元。按照省审计厅统一组织，针对国际金融危机对中小企业的影响，对25户中小企业进行审计调查。

经济责任审计　对110名领导干部进行经济责任审计，查出违规金额13692万元，管理不规范金额10096万元，损失浪费金额192万元。移送案件线索1起，处理3人。

外资运用　围绕外资运用的规范和安全，对世界银行贷款等5个国际金融组织贷援款项目进行审计，查出并纠正违规问题资金1162万元，保证项目资金使用的安全性和效益性。

（撰稿人：张兰松　黑相伟）

【南阳市审计局】　2009年，南阳市审计局人员编制93人，在编93人。局长程建华，副局长方向、田青、鲁德岑、孔雪飞，纪检组长李冬晓。设有办公室、法制科、财政金融审计科、行政事业审计科、经贸审计科、农业与资源环保审计科、固定资产投资审计科、社会保障审计科、外资运用审计科、人事科（监察室）、机关党委、离退休干部工作科。下辖南阳市经济责任审计局（副处级事业单位）和南阳审计干部培训中心、南阳审计科学研究所两个科级事业单位。

审计成果　南阳市审计机关完成审计（调查）单位223个，查出违规金额509536万元，应上缴财政22894万元，应归还原渠道资金11555万元；已上缴财政21857万元，已归还原渠道资金9229万元。提交审计报告78份，被采用4份，提交审计信息137篇，被采用16篇，审计提出建议312条，被采纳198条。

财政金融审计　审计15个单位，查出违规金额472783万元，应上缴财政20665万元，应归还原渠道资金4977万元；已上缴财政20504万元，已归还原渠道资金4977万元。

行政事业审计　审计42个单位，查出违规金额2926万元，应上缴财政127万元，应归还原渠道资金195万元；已上缴财政124万元，已归还原渠道资金195万元。

固定资产投资审计　审计6个单位，查出违规金额6085万元，应上缴财政199万元，已上缴财政192万元，审减工程造价3532万元。

企业审计　审计31个单位，查出违规金额3228万元，应上缴财政286万元，应归还原渠道资金1991万元；已上缴财政286万元，已归还原渠道资金1991万元。对22家企业职工安置费用、新增改制成本进行审计复核，审减费用20668万元。

经济责任审计　审计38个单位，查出违规金额12604万元，管理不规范金额265万元。

专项资金审计（调查）　审计（调查）91个

单位，查出违规金额 11907 万元，应上缴财政 1617 万元，应归还原渠道资金 4392 万元；已上缴财政 751 万元，已归还原渠道资金 2066 万元。

（撰稿人：刘彦忠）

【信阳市审计局】　2009 年，信阳市审计局人员编制 71 人，在编 71 人。局长胡相云，副局长朱时锋、曾文物、马彦忠，总审计师卢世银，纪检组长王吉明。设有办公室、监察室、机关党委、人事科、法制科、财税金融审计科、工商企业审计科、外资运用审计科、行政事业审计科、社会保障审计科、固定资产投资审计科。下属事业单位为经济责任审计处、派出机构审计局、审计科研培训所。

审计成果　信阳市审计机关共审计单位 895 个，查出各类违规金额 13.5 亿元；责令上缴财政 4675 万元，归还原渠道资金 23784 万元，应调账处理金额 36226 万元；提交审计工作报告、信息 1351 篇，被上级机关和新闻单位采用 949 篇。

财政审计　全市“本级审”共审计财税部门和预算执行单位 91 个，查出违规金额 6.7 亿元，上缴财政 837 万元。9 月市政府召开全市审计整改工作会，通报审计发现的问题，要求切实加强整改，加强财政资金监管。

开展财政决算审计项目 87 个，重点检查执行国家财税法规政策情况、财政收支决算的真实性、合法性和效益性，揭露和反映决算编制中不真实、不合法、不规范、不完整等问题。

金融审计　市审计局对对息县、潢川县、光山县农村信用社 2008 年度资产负债损益情况实施审计，核实农信社资产、财务总体质量和状况，揭示经营管理中存在的突出风险和薄弱环节，促进农信社健全内控制度、增强风险意识、安全高效稳健经营。

固定资产投资审计　对市第一批援建四川江油市对口乡镇灾后恢复重建的 9 个项目，开展跟踪跟进全过程审计监督，在审前调查的基础上，及时对 7 个完工项目开展竣工决算审计，审减工程造价 158.3 万元。

企业审计　开展金融危机对中小企业影响专项审计调查，共调查中小企业 25 家，提出维护企业资产安全、完善相关政策等建议。对市烟草行业 2008 年度财务收支实施审计，摸清烟草企业家底，促进经营管理的加强和改善。市审计局审计南阳市政府还贷二级公路债务情况，全面查清该市交通公路系统 1992 年以来的 230 多个公路建设项目，涉及资金金额 68 亿元。

经济责任审计　完成经济责任审计项目 153 个，其中县处级党政领导干部 15 名。市审计局在继续抓好县区书记、县区长和市直部门主要领导干部经济责任审计的同时，对 8 个县区公安局原局长进行离任经济责任审计，试行系统行业经济责任审计。

专项资金审计（调查）　开展“万村千乡市场”、“家电下乡”、农田水利基本建设、计划生育、排污费、特大抗旱、农业综合开发、农机购置及良种补贴等专项资金审计，查处存在的违纪违规问题，促进资金规范安全运行，维护广大群众合法权益。

（撰稿人：王　猛）

【周口市审计局】　2009 年，周口市审计局人员编制 55 人，在编 70 人。局长韩洪然（—12 月）、杨元涛（12 月—），副局长张贵成（12 月—）、李廷旭。设有办公室、人事科、法制科、财政金融审计科、行政事业审计科、经贸审计科、农林水审计科、固定资产投资审计科、外资运用审计科、社会保障审计科、纪检监察室，2 个二级机构：经济责任审计局、审计科研所。

审计成果　周口市审计机关完成审计项目 523 个，查出违规金额 7.6 亿元，其中应上缴财政 2.5 亿元，应归还原渠道资金 1.6 亿元，应调账处理金额 1.6 亿元，已上缴财政 2.4 亿元，已归还原渠道资金 1.2 亿元，已调账处理金额 5329 万元。提交审计工作报告、信息 1192 篇，被采用 377 篇。

财政审计　全市审计机关预算执行审计（调查）单位 60 个，查出违规变更预算资金 3816 万元，隐瞒转移截留预算收入 6602 万元，资金滞留闲置 3963 万元，未按规定征收、缴纳预算收入 1.7 亿元，超预算列支 2255 万元，未落实收支两条线和专户管理规定资金 1807 万元等问题。周口市审计局对组织市本级预算执行的市财政局、地税局等 13 个一级预算执行单位及所属二级单位进行审计，查出违规金额 2.2 亿元，管理不规范金额 1.1 亿元，经审计处理后，应收缴财政增加市本级财政收入 1.8 亿元。

固定资产投资审计　全市审计机关共完成固定资产投资审计单位17个。周口市审计局主要对"三桥一路三馆"工程、周口公园和市文昌生态园项目工程进行跟踪审计和市中心医院等5个建设项目进行竣工决算审计。"二桥一路三馆"工程（二桥：大庆路沙颍河大桥和建设路贾鲁河大桥；一路：周口大道；三馆：市文化艺术中心、市体育中心、市气象服务中心）是中建七局以BT方式投资建设，即政府负担前期费用，工程由建设方投资，建成后移交，政府用分期付款的方式支付工程款。"二桥一路三馆"工程计划总投资8.15亿元，跟踪审计资金2.51亿元，目前整个工程进展顺利。对市中心医院等5个建设项目进行竣工决算审计。共审计建设项目资金4.62亿元，审减资金7533万元，审减率16%。

农业与资源环保审计　完成全市排污费征收、管理使用资金的审计。审计表明：2007～2008年全市共征收排污费2204万元，上缴财政2039万元，排污费支出1664万元。

专项资金审计　完成新型农村合作医疗资金和全市政府投资保障性住房资金的审计。截至2008年底，全市共有755万人参加合作医疗基金制度，参合率达到88.6%，共补偿参合农民337万人次；从2007年起国家实行城市廉租住房制度，全市2007年至2009年3月廉租住房保障资金收入2.13亿元，廉租住房保障资金使一部分低收入家庭改善住房条件，使党的惠民政策落到实处。

经济责任审计　全市审计机关完成经济责任审计119人。查出各类有问题金额4.38亿元。市审计局完成市委组织部委托的12名县处级党政领导干部任期经济责任审计任务（县长离任审计1名，部门县处级党政领导干部离任审计11名），并按照有关规定完成郸城、西华两个县审计局长离任经济责任审计任务。　（撰稿人：周孟教）

【驻马店市审计局】　2009年，驻马店市审计局人员编制48人，在编45人。局长张伟，副局长鲁新民（—6月）、王华典（—6月）、周雪莹、蒋迎春，总审计师罗宇威，纪检组长刘晓东。设有办公室、法制综合科、财税金融审计科、经贸审计科、行政事业审计科、农业与资源环保审计科、固定资产投资审计科、社会保障资金审计科、外资运用审计科、纪检监察室、机关党委。

审计成果　驻马店市审计机关完成审计项目689个，查处违规金额171364万元，其中应上缴财政2569万元，应归还原渠道资金8871万元，应调账处理18150万元；已上缴财政2496万元，已归还原渠道资金6487万元，已调账处理金额16755万元。移送司法机关、纪检监察部门处理事项2件。提交审计工作报告、信息630篇。

财政审计　完成同级预算执行审计（调查）单位7个，查出违规金额5959万元；完成财政决算审计（调查）项目2个，查出违规金额25127万元，其中，应上缴财政18万元，应归还原渠道资金1255万元，已上缴财政18万元，已归还原渠道资金1255万元。

行政事业审计　完成审计项目25个，查出违规金额5520万元，其中应上缴财政262万元，已上缴财政250万元。

农业与资源环保审计　完成审计项目4个，查出违规金额678万元，其中应上缴财政10万元，已上缴财政6万元。

固定资产投资审计　完成审计项目5个，项目投资额20121万元，完成投资额18224万元，核减投资额2171万元，工程价款不实3320万元。

社会保障审计　完成审计项目4个，查出违规金额30万元，其中应上缴财政30万元，已上缴财政30万元。

经济责任审计　完成审计项目12个，查出违规金额313万元，其中应上缴财政128万元，已上缴财政126万元。

灾后重建项目审计　根据省政府要求和省审计厅的统一部署，驻马店市审计局组织力量对支援江油市文胜乡、二郎庙镇第一批灾后恢复重建10个项目竣工决算进行就地审计。根据建设项目的完工情况，目前已对其中4个项目实施竣工决算审计，挽回投资损失近50万元。

（撰稿人：耿红毅　刘建伟）

【济源市审计局】　2009年，济源市审计局人员编制46人，在编40人。局长邱英平，副局长王陆平、李建成、樊其程，纪检组长孙恒文。设有法制综合科、办公室、纪检监察室、计算机审计中心、审计一室、审计二室、审计三室、审计四室、审计五室、基建审计一室、基建审计二室。

审计成果　济源市审计局完成审计项目152个，审计查出违规和管理不规范金额91965万元，为财政增收节支9975万元，向政府及有关部门提交审计要情、专题报告、审计建议书、审计服务建议函等53份，向司法、纪检监察机关及其他部门移送案件线索9件。先后荣获省审计厅、省人事厅“全省审计系统先进集体”、省文明办“省级文明单位”等各项荣誉21项，济源市审计局党组书记、局长邱英平同志荣膺“河南省人民满意的公务员”称号，2008年本级预算执行审计项目在省审计厅“精品项目”评选中荣获第一名，并被省审计厅推荐至审计署参评。

财政审计　预算执行审计，查出违纪违规和管理不规范金额57900万元，收缴国库或财政专户资金2500万元。向市政府报送专题报告和审计要情8份，针对内部管理和机制上存在的问题，向相关部门下发审计建议书和审计服务建议函19份。通过审计，进一步强化政府预算执行工作。

固定资产投资审计　一是对政府投资的84个重点项目进行跟踪审计，涉及投资额16.8亿元，向建设单位及相关部门提出审计建议书和整改建议书18份，为财政节约资金3070万元，核减超进度申请资金4730万元；二是对济源市政府投资的4个重点项目实施决算审计，核减资金3120万元；三是省审计厅授权济源市审计局对四川抗震救灾援建项目进行跟踪审计、对大广高速实施竣工决算审计，审减资金538万元，移交案件线索2起。审计保障了投资项目资金的安全、完整、有效运行。

经济责任审计　受市纪检委、市委组织部的委托，分别对28个单位负责人进行经济责任审计，查出违规违纪金额18580万元，其中涉及领导干部负直接责任金额3030万元，负主管责任金额15550万元。通过审计归还原渠道资金490万元，调账处理186万元，增加财政收入747万元，促进济源市经济秩序的健康发展。

专项资金审计（调查）　开展“10＋8实事”和农村抗旱资金的跟踪审计，并对“家电下乡”、“万村千乡”“农机具补贴”、城乡低保、扶贫开发、再就业扶持等20个涉农、社保项目进行审计和审计调查。发现弄虚作假套取、骗取市财政补贴资金，挤占、滞留、挪用专项资金等严重违纪问题，向纪检及其他部门移交案件线索6起，通过审计，保障了涉农、社保专项资金的安全性，维护群众的根本利益，赢得群众对政府的赞誉。

（撰稿人：段艳飞）

2009年河南省所辖区、县(市)级审计工作统计表

金额单位:万元

审计机关	完成审计项目(个)	查出违规金额	应上缴财政	应减少财政拨款或补贴	应归还原渠道资金	应调账处理金额	移送司法、纪检部门处理事项(件)	建议有关部门处理(件)	出具审计报告和审计调查报告(篇)	提出审计建议(条)	撰写审计信息(篇)
郑州市											
郑州市本级	58	497686	354809	183	3571	28496	1	9	84	179	55
中原区审计局	150	25602	2						157	484	11
二七区审计局	13			86					18	31	1
管城回族区审计局	30	1002	231		50	470			34	103	
金水区审计局	35	51829	23			20110			40	54	8
上街区审计局	29	3791	3791			312			37	38	

（续表）

审计机关	完成审计项目（个）	查出违规金额	应上缴财政	应减少财政拨款或补贴	应归还原渠道资金	应调账处理金额	移送司法、纪检部门处理事项(件)	建议有关部门处理(件)	出具审计报告和审计调查报告(篇)	提出审计建议(条)	撰写审计信息(篇)
惠济区审计局	20	4100	114		242				21	74	
新郑市审计局	61	11486	10	2249		23			71	156	66
登封市审计局	70	12761	440			74			77	254	13
新密市审计局	58	30513	196						70	149	12
巩义市审计局	51	2276	291			17576			56	74	65
荥阳市审计局	41	3727	438		260	995			46	45	
中牟县审计局	50	5735	198		48	16903			53	116	
三门峡市											
三门峡市本级	39	3806	5000		214				39	93	33
湖滨区审计局	12								12	26	30
义马市审计局	21	8324	2						21	38	7
灵宝市审计局	18	28692	50		2412	17976			18	91	15
渑池县审计局	28	1615	18		3	1228			28	54	20
陕县审计局	12	2231	7						12	32	15
卢氏县审计局	66	3732	2264		46	1175			66	70	46
洛阳市											
洛阳市本级	51	40489	27401		3531	33534			51	173	57
西工区审计局	37	15679	36						37	53	63
老城区审计局	29	189	188		1	13			29	36	14
廛河区审计局	57	63	9			969			57	35	12
涧西区审计局	41	1465	6	285					41	88	15
吉利区审计局	36	1821	574		51				36	57	12
洛龙区审计局	25	164	32			35			25	34	
偃师市审计局	132	20658	343	1824	238	16290			132	194	125
孟津县审计局	60	3085	127		3142				60	37	65
新安县审计局	98	8286	121	1778	2020	1536			129	204	40
栾川县审计局	82	58732	322			391			82	236	13
嵩县审计局	69	3035	226						69	144	24
汝阳县审计局	68	164302	99			558			68	112	127
宜阳县审计局	48	3016	32		11392	24711			48	62	18
洛宁县审计局	65	6908	98	1079	206	206	1		65	94	30
伊川县审计局	65	3388	64	10	311	133			65	41	16
高新区审计局	13	4149	721		260	143			16	41	7

（续表）

审计机关	完成审计项目(个)	查出违规金额	应上缴财政	应减少财政拨款或补贴	应归还原渠道资金	应调账处理金额	移送司法、纪检部门处理事项(件)	建议有关部门处理(件)	出具审计报告和审计调查报告(篇)	提出审计建议(条)	撰写审计信息(篇)
焦作市											
焦作市本级	64	108607	175		2997	1041	1	2	64	229	56
解放区审计局	52	4450	18				8		52	179	124
山阳区审计局	14	4771	12						14	29	33
中站区审计局	34	1760	7						34	23	13
马村区审计局	11	2390	12						11	14	53
孟州市审计局	63	3136	73			2	5		63	134	62
沁阳市审计局	65	31244	209						65	172	21
修武县审计局	56	1149	64				5		56	112	79
博爱县审计局	48	1504	45						48	66	72
武陟县审计局	31	6674	76						31	79	21
温县审计局	56	7132	63		230	148			56	150	43
新乡市											
新乡市本级	92	77026	1554.89	2382.53	1580		24		120	256	86
卫滨区审计局	31	937	5.5	2	2	265			31	55	30
红旗区审计局	18	10	9		0.5				18	49	13
凤泉区审计局	20	551	23		84	51	3		20	59	12
牧野区审计局	24	117	10.9		1				26	66	22
卫辉市审计局	60	15000	78	209.8	2063				60	182	66
辉县市审计局	120	12000	125	557	25				120	300	70
新乡县审计局	79	17447.47	92	464.47		268			64	92	107
获嘉县审计局	108	7316	56	25	210	87	1	1	108	261	75
原阳县审计局	42	5165	67			14.3			42	88	16
延津县审计局	39	2954	31		353	273			40	94	72
封丘县审计局	40	1090	166		16				40	118	65
长垣县审计局	41	1176	38		140	320			61	61	20
鹤壁市											
鹤壁市本级	165	12683	4158		1507	14124	1	2	167	358	269
淇滨区审计局	25	134			27	76			25	32	30
山城区审计局	25				121	30			25	10	19
鹤山区审计局	11								11	16	18
浚县审计局	24	1537	27		306	8668			24	70	11
淇县审计局	38	3680	51			460			40	79	35

（续表）

审计机关	完成审计项目（个）	查出违规金额	应上缴财政	应减少财政拨款或补贴	应归还原渠道资金	应调账处理金额	移送司法、纪检部门处理事项(件)	建议有关部门处理(件)	出具审计报告和审计调查报告(篇)	提出审计建议(条)	撰写审计信息(篇)
安阳市											
安阳市本级	144	114276	887		12533	102320	1		117	227	207
北关区审计局											
文峰区审计局	17	180	6						17	64	11
殷都区审计局	55	26.9	26.9						28	37	2
龙安区审计局	23	615	8		2				23	37	11
林州市审计局	56	9702	90			926	2	2	56	61	104
安阳县审计局	97	2895	67	30	1700	810		2	99	295	38
汤阴县审计局	31	9853	6.6	2.6	42	1546		3	31	124	39
滑县审计局	56	14284.6	697	1376.9			1	2	58	160	63
内黄县审计局	27	2961	29			186			31	74	2
濮阳市											
濮阳市本级	90	39462	689	3	16073	3436			54	212	50
华龙区审计局	12	370	4			226			3	11	
清丰县审计局	104	5881	130		2886	3			104	314	
南乐县审计局	26	1603	22		40	5			25	46	21
范县审计局	25		28						11	87	
台前县审计局	17	484	10			38			2	11	
濮阳县审计局	113	2514	86							437	53
开封市											
开封市本级	84	70468	6022		7146	117635		1	84	123	106
鼓楼区审计局	18	44	4						18	20	12
龙亭区审计局	22	526	196		3	1			22	36	20
顺河区审计局	30	9	5						20	50	11
禹王台区审计局	31	1424	4						31	99	20
金明区审计局	27	1134	12		6		1		27	57	29
杞县审计局	47	5293	37						47	122	168
通许县审计局	50	8549	90		16				50	65	80
尉氏县审计局	60	2246	102		1120	60			60	109	66
开封县审计局	20	3776	55		36	144			20	17	63
兰考县审计局	56	4824	97		35	87			56	42	65

（续表）

审计机关	完成审计项目（个）	查出违规金额	应上缴财政	应减少财政拨款或补贴	应归还原渠道资金	应调账处理金额	移送司法、纪检部门处理事项（件）	建议有关部门处理（件）	出具审计报告和审计调查报告（篇）	提出审计建议（条）	撰写审计信息（篇）
商丘市											
商丘市本级	82	127669	4671		6131	11328			82	283	148
梁园区审计局	29	379	95.64		23.1	1363.4			29	49	47
睢阳区审计局	15	6432	46.3		356	1398			15	126	
永城市审计局	72	26382		16	2201	7623			67	221	28
虞城县审计局	24	14807	127		2769	631			24	103	
民权县审计局	51	537	140		26	41			51		
宁陵县审计局	41	6414	712.3						41	97	
睢县审计局	67	4320	286						67		
夏邑县审计局	19	9010	860		3650	2870			19	216	56
柘城县审计局	64	1521	90		15	1449			64	94	
许昌市											
许昌市本级	54	36398	572	924	17917	34258		4	54	201	127
魏都区审计局	11	1943	3						11	33	14
禹州市审计局	66	16212	54			359			66	137	72
长葛市审计局	26	48840	90		3	4529			26	105	40
许昌县审计局	60	7467	228		1	5			60	168	170
鄢陵县审计局	83	4961	50			217			83	99	54
襄城县审计局	31	1373	200		114	1			31	76	44
漯河市											
漯河市本级	113	2487	408		772	1027		5	102	79	83
郾城区审计局	63	2161	68		286	91			63	147	58
源汇区审计局	33	373	4		253	4966			33	76	117
召陵区审计局	19		425	694	2080	1341			19	38	1
舞阳县审计局	6	1026	13		11	58	1	5	6	7	38
临颍县审计局	11	713	6		49	1179			11	23	35
平顶山市											
平顶山市本级	126	110429	37394		1384	105	10	1	126	103	506
新华区审计局	25	330	14		20	8			25	25	18
卫东区审计局	44	1662	1507			116		1	44	103	53
湛河区审计局	47	6662.66	4.5						47	32	40
石龙区审计局	59	2449	13		481				34	34	34
舞钢市审计局	67	45174	566		6415	29084			67	81	12

（续 表）

审计机关	完成审计项目(个)	查出违规金额	应上缴财政	应减少财政拨款或补贴	应归还原渠道资金	应调账处理金额	移送司法、纪检部门处理事项(件)	建议有关部门处理(件)	出具审计报告和审计调查报告(篇)	提出审计建议(条)	撰写审计信息(篇)
汝州市审计局	71	10737	215	22.1	42.3	3301.5			71	135	16
宝丰县审计局	87	16832	65	37	182	673	2	1	92	36	142
叶县审计局	199	36000		1879	5323				199	185	49
鲁山县审计局	77	39000	978	900	838	123	6	4	77	152	53
郏县审计局	114	9317.57	126.35						114	65	59
南阳市											
南阳市本级	223	509536	22894		11555		2		78	312	137
卧龙区审计局	109	23378	3872			9563			101	218	56
宛城区审计局	23	52370	110	325	1592	2526	2	3	35	153	10
邓州市审计局	17	9148	118.5		34		7	7	135	375	162
南召县审计局	7	3781	5			22			7	21	7
方城县审计局	112	11146	4502	385	991	4638	2		116	336	10
西峡县审计局	98	15587	96		312	1069			98	246	27
镇平县审计局	27	7175	69		360	3338			37	116	65
内乡县审计局	31	7101	2388		80	21809			70	11	12
淅川县审计局	121	7812	586	685	475	2897	5	5	143	320	76
社旗县审计局	37	555	101		111	807			37	89	50
唐河县审计局	32	32716	164		148	3300	5	3	66	181	86
新野县审计局	126	13071	89		2276	3725			126	230	120
桐柏县审计局	15	2000	75	640	500	400			50	160	32
信阳市											
信阳市本级	48	39899	852	5128	1864	8107	1	17	48	124	270
浉河区审计局	57	4643	44		14	146			57	21	76
平桥区审计局	52	10658	92		10929	18980			52	84	101
息县审计局	66	13678	58		2358	581	4	1	66	79	34
淮滨县审计局	30	12040	33						30	40	90
潢川县审计局	88	8391	100		2				88	305	81
光山县审计局	48	4867	127				8		48	150	147
固始县审计局	47	6765	2997		2609	6927			47	148	32
商城县审计局	58	15101	54		56	448			58	44	100
罗山县审计局	43	3917	26		2720				43	113	195
新县审计局	51	15315	292		5952	1037			51	37	59

（续表）

审计机关	完成审计项目（个）	查出违规金额	应上缴财政	应减少财政拨款或补贴	应归还原渠道资金	应调账处理金额	移送司法、纪检部门处理事项(件)	建议有关部门处理(件)	出具审计报告和审计调查报告(篇)	提出审计建议(条)	撰写审计信息(篇)
周口市											
周口市本级	78	29329	20217		9426	4795			78	225	116
川汇区审计局	11	66	6						11	15	38
项城市审计局	40	1054	33		186				40	108	26
扶沟县审计局	20	4552	19			24			20	19	
西华县审计局	36	1981	88		547				36	94	43
商水县审计局	35	2977	56						35	91	70
太康县审计局	61	3385	93						61	183	
鹿邑县审计局	45	7929	393		298	3031			45	120	81
郸城县审计局	58	42319	122		16				60	20	
淮阳县审计局	45	820	276		91	1			45	74	94
沈丘县审计局	94	1989	3414		5746	8557			94	130	74
驻马店市											
驻马店市本级	55	52726	352		1760	2396			52	142	32
驿城区审计局	67	7319	59			5			74	229	
确山县审计局	40	1919	48			86			40	134	
泌阳县审计局	15	1224	75		165				20	50	11
遂平县审计局	62	19279	76		1648	1420			67	45	13
西平县审计局	101	4277	76		20	240			101	193	11
上蔡县审计局	98	10694	264		65	3135			98	428	9
汝南县审计局	86	20024	99		2085	8605			86		1
平舆县审计局	49	18336	112		1804	1940	2		55	229	18
新蔡县审计局	47	5743	74						50		3
正阳县审计局	69	29823	1334		1324	323			79	165	21

湖北省

【湖北省审计厅】 2009 年，湖北省审计厅人员编制 152 人，在编 148 人，领导职数 6 名。设有办公室、综合处、法规处、经济责任审计工作领导小组办公室、财政审计处、金融审计处、行政事业审计处、经贸审计处、农业与资源环保审计处、社会保障审计处、固定资产投资审计处、外资运用审计处、人事教育处、离退休干部处、机关党委（包括工会）、纪检监察室，另设有派出发展计划及投资审计处、派出经贸审计一处、派出经贸审计二处、派出科教卫审计处、派出政法审计处、派出农林水审计处、派出经济执法审计处、派出新闻出版及文化审计处、派出综合审计一处、派出综合审计二处，还设有厅机关后勤服务中心、计算机中心、审计科研所、企事业单位内部审计指导中心、审计干部学校。

领导成员

厅　　长：张永祥

副 厅 长：杨元寿（2月—）　秦守成
　　　　　周德刚　刘彩霞　焦跃华（7月—）
　　　　　崔永辉（10月—）

纪检组长：冯兴国

巡 视 员：方国建（—11月）

副巡视员：徐世谦

审计成果　全省各级审计机关审计单位5003个，查出违规金额121.8亿元，其中应上缴财政17.3亿元，应减少财政拨款或补贴1.02亿元，应归还原渠道资金34.7亿元，应调账处理金额50.1亿元；已上缴财政11.1亿元，已减少财政拨款或补贴5091万元，已归还原渠道资金22.2亿元，已调账处理金额33.5亿元。移送司法机关、纪检监察部门处理事项27件，建议有关部门处理事项12件。提交审计工作报告、信息11559篇，被采用8173篇。精神文明建设再创佳绩，省审计厅和鄂州市、襄樊市、十堰市、荆门市、黄石市、应城市、神农架林区审计局被中央文明委分别授予“全国文明单位”、“全国精神文明建设工作先进单位”；全省62%审计机关是省级以上文明单位。

发挥审计部门在促进制度机制完善中的职能作用，牵头完成《湖北省审计厅审计结果公告试行办法》《湖北省领导干部经济责任审计问责暂行办法》《湖北省审计厅审计整改意见落实情况跟踪督促检查办法》和《湖北省监察机关和审计机关查处案件协作配合暂行办法》四项制度建设任务。为加强领导干部经济责任审计规范化建设，制定《湖北省领导干部经济责任审计评价暂行办法》；为加强打击经济领域违法犯罪活动，与省公安厅联合下发《关于进一步加强协作配合的通知》；通过对国有企业审计中发现的问题，协助省国资委制定《企业风险管理体系建设的实施意见》，完善《国有企业经营管理者薪酬管理和国有企业管理层投资持股管理办法》；针对在32个县市开展土地整理、低丘岗地改造资金和耕地开垦费审计中出现的问题，省国土资源厅下发《土地整理项目分批限时办结制度》、《关于进一步加强土地整理和低丘岗地改造项目管理的通知》、《关于加快低丘岗地改造项目验收的通知》。

财政审计　全省审计机关对2526个财税部门及行政事业单位预算执行、财务收支进行审计。省审计厅对省本级及12个省直部门预算执行情况、16个县（市、区）省对县转移支付资金进行审计。审计查出预算编制不完整、不规范，预算执行不严格等各类违规金额94.9亿元。审计情况表明：省本级预算编制、执行和管理情况总体趋好，上年审计查出问题整改积极，已纠正违纪违规问题47亿元，占应整改的87%。但也存在部分收入未纳入预算和专户储存、项目预算编制和执行不规范不严格、部分预算未完全执行到位、瞒报少报资产，以及转移支付资金结构不够合理、被部分地方挤占挪用、配套资金难落实等问题。

行政事业审计　组织全省审计机关对103个县（市、区）26137个村的债权债务情况、对46所省属公办高校债务和资产财务进行审计清理，对对口支援汉源县灾后恢复重建进行审计。经村级债务审计核实，截至2008年底实有各类债务179.47亿元。全省村均负债68万元、人均负债（按农业人口计算）462元。省属公办高校债务审计核实，实有债务145.8亿元，其中：2008年底债务余额119.23亿元，2009年1～8月新增债务26.57亿元；从高校性质看，省属公办高校债务139.66亿元，15所独立学院债务6.14亿元。

企业审计　全省审计机关对131家企业进行审计，对438家企业进行审计调查。审计查出应上缴财政3041万元，已上缴财政1042万元。经审计（调查）发现主要存在违规经营、账外经营、账外资产、公款私存、虚报或隐瞒转移收入、少计少缴税费等问题。审计后挽回（避免）损失8174万元。

社会保障审计　完成全省五项社保基金行业审计、原省劳动和社会保障厅预算执行审计、住房公积金省中心和省直分中心资产负债审计及该两中心领导经济责任审计等6个审计项目，审计

300多个单位，审计资金总额833.55亿元，查出违纪违规问题金额14.35亿多元，截至年底，全省已整改违纪违规问题资金10.71亿元，整改率达74.63%，修改完善制定各种规章制度12项。

农业与资源环保审计　组织部分审计机关对32个县（市、区）土地整理项目、31个县（市、区）耕地开垦征收、管理使用情况、29个县扶贫专项资金、汉江流域15个县市水污染防治及环保专项资金进行审计，查出违纪违规问题27.5亿元，督促归还原资金渠道3906.17万元。向纪检检察部门移送案件8起，涉案人员9人，涉案金额378.86万元。

固定资产投资审计　全省共审计固定资产投资项目1093个，核减投资额11亿元，查出各类违规和损失浪费问题金额7.09亿元。其中，省审计厅对38个建设项目进行审计，查出高估冒算工程款、虚报套取建设资金、截留挪用征迁补偿资金等违纪违规和损失浪费问题金额2.19亿元，移送经济案件线索8件。投资审计情况表明，经过近几年连续审计，当前全省交通建设项目的管理状况明显好于其他项目，省管项目明显好于地方管理项目，省管的重点交通项目建设中违法转包分包、挤占挪用建设资金等问题大幅下降。

外资运用审计　对世行、亚行、农发基金、外国政府等贷款涉及的32个单位进行审计和审计调查，审计发现在外资运用中主要存在违规改变资金用途、工作量不实、超计划超标准超规模、少计少缴税费、资金不到位不落实、损失浪费等问题。在审计方法上，贯彻“把外资当内资审、外资当财政专项资金审”的外资审计理念，以发挥审计“免疫系统”功能为目标，以绩效审计为突破，努力创新外资审计思路，构建了“三审合一、多项目打通、对比分析、分阶段评价”的外资审计新模式。

经济责任审计　全省共对955名领导干部进行经济责任审计，其中：审计党政领导干部936名，审计国有及国有控股企业领导人员19名。查出各类违规、管理不规范和损失浪费问题金额112.74亿元。接受审计的领导干部及所在地方、部门和单位采取自查自纠、边审边改、审计后集中整改等措施，认真整改审计查出的问题。截至目前，审计查出的问题已纠正78%，健全完善了规范重大经济事项决策程序和加强预算、财务管理等方面的制度办法80多项。

计算机审计　一是选择7个县区审计局作为全省区县联网审计示范单位，重点实现对区县财政局会计核算中心、乡镇财政所会计核算中心的联网审计，对国库集中支付系统的动态监控。二是建立湖北审计专网综合信息业务监控平台。监控并展示全省审计专网网络运行状况；监控全省OA服务器运行状况；监控OA后台数据库、中间件等软件运行状况。三是建设省级文件资料信息数据备份中心，信息集中存放、保证数据安全、达到信息共享。四是组织两期计算机中级培训班，101名审计人员参加，94人获得中级合格证，合格率达93%。五是根据《审计署AO培训认证考试大纲》，编制了《AO认证考试培训资料》和认证培训讲稿，600人已通过考试。六是继续组织全省审计系统开展AO应用实例征集活动，上报审计署132篇，较去年征集数量有大幅提高。

内部审计　全省现有内部审计机构2839个，内部审计人员5230人。完成审计项目13943个，查出损失浪费金额14129万元，促进增收节支23323万元；建议给予党政纪处分37人，建议被采纳9078条。　（撰稿人：王　琳）

【武汉市审计局】　2009年，武汉市审计局人员编制、在编206人（包括武汉市政府投资项目审计中心在岗人数）。局长刘金萍，副局长吴学民、孟晖、刘东喜，总审计师陈华林，纪检组长田晓汛，巡视员张建（12月由副局长转为巡视员）。设有办公室、综合处、法制处、财政审计处、金融审计处、行政事业审计处、经贸审计处、农业与资源环保审计处、社会保障审计处、固定资产投资审计处、重点建设项目审计处、外资运用审计处、经济责任审计处、政治处和机关党委、纪检监察室、政府投资项目审计中心。

审计成果　完成审计和审计调查项目56个，

查出违规金额73671万元，其中应上缴财政28530万元，应归还原渠道资金50675万元，应调账处理金额74844万元。移送司法机关、纪检监察部门处理事项8件，建议有关部门处理事项8件。提交审计工作报告、信息173篇，被采用77篇(次)，3个审计项目获全省优秀审计项目奖。

财政审计 完成市本级和13个区级财政预算执行审计、武昌区、蔡甸区财政决算和财政转移支付等专项资金审计。针对审计反映的财政预算个别项目编列不够完整、部分专项资金预算安排超范围、税收未及时清缴入库、国有资产经营收益未作预算收入等问题，市财政局制定《武汉市财政支出绩效评价实施办法（试行）》，明确财政支出绩效评价指标体系，强化支出责任和绩效意识；组织全市13个区局分四批次对武汉市中央扩大内需新增投资项目进行跟踪审计调查，对武汉市2009年地方政府债券资金及项目情况进行跟踪审计，涉及投资项目448项，投资总额542.39亿元。审计情况表明，市各部门、各单位认真贯彻落实中央各项政策，行动迅速，措施得力，注重效率，强化监管，中央扩大内需新增投资和地方政府债券项目建设进展顺利，但也存在地方和企业配套资金未足额到位、部分项目建设进度不快等问题，提出五十多条改进建议，绝大部分被采纳，促进相关问题的解决。

行政事业审计 对中小学教育费附加及教师工资福利保障情况进行审计调查，重点抽查105所不同类型的中小学校。审计情况表明：市、区两级政府进一步加大教育投入力度，使义务教育阶段学校经费保障水平逐步提高。但还存在教育费附加管理使用不够规范、教师待遇保障不足、远城区有限的财力与较大的教育投入需求矛盾突出等问题。

先后分8批次派出22名审计人员奔赴四川汉源县灾区，对市援建的11个建设项目实施现场跟踪审计，审计投资额5.44亿元，审计工程量23.54万平方米。有关部门和建设单位根据审计提出的10余条建议，坚持边审计、边整改、边规范、边提高，确保项目的顺利实施。

农业与资源环保审计 重点开展对粮食直补和农资综合直补、良种补贴、农村家园建设行动计划等支农惠农专项资金审计调查，针对审计查出的部分区级财政配套资金不到位、部分项目后期管理维护制度不健全、良种补贴资金“专惠”变为“普惠”等问题，政府有关部门积极整改，促进了各项支农惠农政策的落实到位。对汉江流域武汉段水污染防治及环保专项资金、武汉污水和雨水处理、植树造林、耕地开垦费、土地整理等生态环保资金和项目进行审计。审计不仅反映了上述项目为缓解城市水体进一步恶化，减轻内湖和长江污染，提高城市整体环境质量发挥的重要作用。也反映了部分项目财务管理不规范、城市湖泊水质和排污有待改善等问题，为市相关区及环保部门制定整体水污染防治专项规划，加快对直排江河湖泊排污口配套管网的改造，强化饮用水源地保护提供参考意见。

固定资产投资审计 重点关注重大政府投资项目、政府投融资平台、BT项目等“重点必审项目”资金管理使用情况的审计监督。先后对市80万吨乙烯工程、二七长江公路大桥、武汉轻轨、武汉美术馆、长江隧道征地拆迁等48个重大政府投资项目实施跟踪审计和竣工决算审计，延伸审计单位321个，审计项目资金134.82亿元，查出和纠正管理不规范金额4.25亿元。揭示部分投资项目未严格执行国家基本建设程序、工程管理没有执行“四制”规定、个别项目资金到位不及时，影响工程整体功能发挥等问题，引起相关部门和区局的高度重视。市城建委出台《关于加强建设工程设备材料采购招投标管理的若干意见》，有效规范我市建筑市场和项目法人投资行为。对武汉月湖文化艺术中心、武汉国际博览中心、武汉轨道交通、武汉火车站与武昌火车站周边配套设施建设等4个打包项目经营性用地储备成本开展审计调查，为政府加强土地管理、制定土地成本控制制度和标准提供第一手资料。

社会保障审计 连续三年对全市五项社保基金进行审计，揭示出五项社保基金管理的总体情况虽然较好，但也存在超范围列支大额医疗商业保险、企业养老保险欠费仍然比较突出等问题，并联合劳动社保和税务部门，督促4户企业清理解缴以前年度社保欠费967.66万元，维护了群众利益。

企业审计 组织13个区局对10个行业81家规模以上中小企业进行专项审计调查，及时反映全市中小企业面临的内需不足、出口下滑、价格下降、融资困难等问题，提出加大财税政策对中小企业扶持力度、构建多层次融资途径等7条建议，为市委、市政府更好地了解企业状况，采取有效扶持政策提供依据。

外资运用审计 对长江干堤加固、武汉污水处理、武汉市雨水和污水处理、植树造林等6个世行、亚行等外国银行贷款项目及武汉城市交通征地拆迁资金进行审计。

经济责任审计 对3个市直部门、3家大型国有企业、2个行政区的行政负责人和法人代表的经济责任审计，全面推进市管领导干部经济责任审计新格局的形成。审计查出管理不规范金额2亿元。在对武汉重型机床集团有限公司、中国长江动力公司、武汉锅炉集团有限公司三家大型国有企业的经济责任审计中，立足于服务企业发展，着重分析评价企业资产质量、技改投入、自主创新、经营绩效等情况，促进提高企业核心竞争力和抗风险能力。

内部审计 全市42个内审机构共完成158个审计项目，其中：完成财务收支审计38个，经济责任审计40个，基本建设审计27个，专项资金审计25个，其他审计28个。查出损失浪费金额129万元，提出审计建议和意见被采纳198条。

（撰稿人：汪　涛）

【十堰市审计局】 2009年，十堰市审计局人员编制115人，其中在编86人。局长翁仙王，副局长刘文明、陈勇、金华、祁国凯、陆高明，总审计师李坚，纪检组长叶大余。设有办公室、财务科、综合科、人事教育科、监察室、法制科、财政审计科、金融审计科、农业与资源环保审计科、外资运用审计科、行政事业审计科、经贸审计科、老干部工作科和9个派出审计办事处；另设市经济责任审计局、市固定资产投资审计局2个副县级单位，以及社会保障审计局、计算机中心、培训中心、内部审计指导中心4个二级单位。

审计成果 完成审计及调查项目137个，查出违规金额34862万元，管理不规范金额55262万元，损失浪费金额1300万元，审计发现侵害人民群众利益问题金额3908万元，处理处罚应缴财政1054万元，已缴财政895万元。提交审计工作报告、信息200篇，被批示、采用159篇。连续第三次荣获“全国精神文明建设工作先进单位”，顺利通过档案目标省特级复查。局长翁仙王被授予“全国审计系统先进工作者”和“全省优秀共产党员”称号，全市6个审计机关获省级最佳和省级文明单位称号。

财政审计 重点对2008～2009年中央新增扩大内需投资建设项目和资金进行跟踪审计，不断深化本级财政预算执行审计，对竹溪县2006～2008年财政转移支付资金、政府性收支预算及其执行结果进行审计，对潜江等9个县市103个乡镇1621个村级组织2004～2008年新增债务进行全面清理；对郧阳师专、郧阳医学院资产财务进行审计，为党委政府全面掌握省属公办高校资产情况，防范和规避债务风险提供翔实资料；深化二级收费公路债务审计，对随州市5条政府还贷二级收费公路债务进行交叉审计，配合省审计厅对全市境内7条收费公路债务进行审计，为党委政府取消二级公路收费，顺利实施燃油税费改革提供决策依据。

经济责任审计 对22名副县级以上领导干部开展经济责任审计，查处各类违规金额1062万元，管理不规范金额1936万元，领导干部应负主管责任金额2998万元。出台《十堰市经济责任审计对象分类管理办法》，重新修订《十堰市领导干部经济责任审计问题整改办法》。

农业与资源环保审计 一是深化土地开发整理资金审计，对郧西县、竹山县2005～2008年土地开发整理、低丘岗地改造项目及资金管理使用情况及2006～2008年耕地开垦费征收、管理和使用情况进行审计。二是深化扶贫专项资金审计，对全市各地2007～2008年度管理、使用的扶贫专项资金进行审计，并对扶贫开发项目实施效益情况进行审计调查。三是深化环保资金审计，对丹江口市2006年1月至2009年6月汉江流域水污染防治及环保专项资金管理使用情况进行审计调查，确保“一江清水送北京”。

社会保障审计　一是通过连续3年对全市养老、失业、医疗、工伤和生育五项社保基金跟踪问效审计，审计提出建议17条，提交专题情况4篇。根据审计建议出台了《十堰市社会保险基金管理监督实施办法》、《十堰市使用失业保险金帮助困难企业稳定就业岗位实施方案》、《关于调整十堰城区职工医疗保险有关政策的意见》等7个规范性文件。二是深化医疗服务体系建设经费调查，对竹溪县2007～2008年医疗服务体系建设及经费管理使用情况进行审计调查，延伸调查了县人民医院、妇幼保健院、2个乡镇卫生院及4个村卫生室，促进县乡医疗机构加大投入，加强资产和财务管理，规范收费行为。

固定资产投资审计　共对34个政府交办投资项目进行审计，审减工程款9869万元，查出违规金额1441万元，管理不规范金额105万元。出台《十堰市国家建设项目投资审计监督操作规程》，进一步规范投资审计程序、内容、取证等环节。继续对汶川地震灾后重建资金跟踪审计，根据对口支援四川汉源县灾后重建方案，两次赴现场对资金管理使用及工程造价进行审计。

外资运用审计　对世界银行贷款英国赠款结核病控制项目、联合国世界粮食署援助秦岭山区农业综合开发项目、世界银行贷款竹山堵河水电发展项目、亚行贷款农村能源生态建设项目4个项目进行审计。

审计整改　与市纪委、组织、监察、人事等部门组成检查组，对前两年审计过的财政局、中医院等13家单位整改情况进行检查，并将检查情况作为档案移交组织人事部门作为干部评价、单位年度考核、表彰评优的重要参考依据。

信息化建设　在六十多个项目中成功运用计算机审计，首次成功采集财政部门的总预算会计系统、预算指标管理系统、国库收付系统等六大账务系统的数据库数据，编写12个审计模块进行检索分析，为财政预算执行审计运用计算机辅助审计迈出了实质性一步。上报AO实例28篇，被审计署评选采用24篇，其中15篇获二等奖，9篇获三等奖。

职工培训　推行“网授＋面授”新型培训模式，增强审计干部实战能力。职工网授累计学习5598人次929小时；参加组织部门“武当数字化选学城”学习，99％职工达到规定学分要求；在面授方面，通过自编自演，对职工进行专题集中培训，下到县市开展计算机和信息写作“巡训”，派出19人参加省厅计算机和投资审计骨干培训，举办各种面授班15期1200人次。29名审计人员通过审计署计算机OA认证考试。

廉政建设　层层签订廉政建设责任书，严格实行“八条禁令”，禁止使用被审计单位办公用品、电话、车辆，禁止在被审计单位住宿、用餐，切断与被审计单位的经济联系，强化审计纪律。实行过错终身追究，凡是审计过的单位，在所属会计年度内被其他部门查出较大的经济案件，且被审计单位负责人或其他有关人员受到党政纪或刑事处分的，实行审计责任“倒查制”，追究原分管领导和审计组成员的执法过错责任。开展审计大走访活动，向社会发放征求意见书。推行政务公开，实行审计结果“四级通报”，即所有项目审计结果，在被审计单位大会通报；系统行业审计结果，在被审计全系统通报；经济责任审计结果，在全市大会上通报；大案要案查处情况，在新闻媒体通报，接受社会的监督。（撰稿人：罗　言）

【襄樊市审计局】　2009年，襄樊市审计局在编114人。局长王万清，副局长张振武、余汉国、胡国志（9月—），总审计师孙全华（9月—），纪检组长韩静。设有财政审计科、金融审计科、外资审计科、经贸审计科、农业与资源环保审计科、固定资产投资审计科、行政事业审计科、法规科、离退休干部管理科、派出综合科、人事科、综合科、纪检监察室、办公室。另设社会保障和重点项目审计局、经济责任审计局。

审计成果　完成审计项目25个，查出违规金额155052万元，其中应上缴财政4000万元，应归还原渠道资金9013万元；已上缴财政3997万元。移送司法机关、纪检监察部门处理事项3件。提交审计工作报告、信息2096篇，被采用1441篇。先后被中央文明委授予“全国精神文明建设工作先进单位”，被省委、省政府授予“人民满意公务员集体”等荣誉称号。

财政审计　组织对市本级、17个市直部门预算执行审计和1个县市财政决算审计以及市级转移支付资金审计，查出部分收入未按规定纳入预算管理、部分项目支出预算未细化、涉农专项资金分配较为分散、应缴未缴财政资金、预算编制不够规范以及部分县市财政收支核算反映不实、滞留欠拨和挤占挪用财政专项资金等问题。

金融及外资运用审计　组织开展市城市商业银行、日元贷款植树造林项目等审计。在对市城市商业银行审计中，查出违纪违规金额1300万元；日元贷款植树造林项目审计中，针对审计发现的项目可行性研究偏离实际，配套资金不到位，后期抚育管理投入不足等六个方面问题，进行深入分析，提出审计建议。

固定资产投资审计　一是突出抓好扩大内需新增投资项目审计，加强对项目资金到位和管理使用情况的审计监督。目前已对全市3.3亿元扩大内需项目资金进行跟踪审计，通过审计，查出部分地方配套资金不到位等问题，未发现截留、挤占挪用等现象，中央扩大内需政策在襄樊市经济发展进程中效果初显。二是不断探索政府投资审计的新思路、新方法，加强对全市重点工程的全程跟踪审计。去年底以来，重点开展了襄樊市对口支援单位——四川汉源县的皇木镇和清溪镇灾后恢复重建项目的跟踪审计，及时将审计发现的情况和问题向市政府反映，并提出整改建议，引起市政府的高度重视。

企业审计　先后开展国际金融危机对中小企业资产安全影响专项审计调查、政府还贷二级公路债务审计和破产企业审计。在中小企业专项审计调查中，重点对全市20户规模以上中小企业受金融危机影响状况、中央和地方政府出台的一系列扶持中小企业平稳健康发展的政策及实施效果等进行全面审计调查，综合分析襄樊市中小企业发展的现状与困境，从财税政策、信贷政策、外部环境、企业自身四个方面提出审计建议，引起市委、市政府的高度重视。市委、市政府专门组织市经委召开专题会议进行研究，帮助中小企业渡过难关。在破产企业审计中，对湖北襄樊陶瓷（集团）公司、市三九玻璃厂破产清算期间财务收支进行审计。查出挪用公款101.74万元，设置“账外账”17.18万元，清算费用超支274.62万元等问题。

经济责任审计　对68名党政领导干部进行经济责任审计，查出挤占挪用专项资金、私设“账外账”、乱收费、乱摊派和违反“收支两条线”规定，截留、坐支规费和罚没款等违纪违规金额105821万元。

专项资金审计（调查）　重点组织对五项社保基金、县乡医疗服务体系建设及经费管理使用情况、土地开发整理项目资金、汉江流域水污染防治资金、扶贫专项资金、住房公积金、城区移民资金等涉及民生和群众关心的专项资金审计。在五项社保基金审计中，市劳动和社会保障局积极采纳审计建议，做到边整改、边完善，先后出台《襄樊市特殊工种认定复核工作规则》《襄樊市劳动和社会保障局关于进一步规范企业退休人员档案管理工作的通知》《襄樊市医疗保险医用材料管理暂行办法》等规章制度，进一步规范和完善社保基金管理。同时，市劳动和社会保障局又根据审计建议，连续出台医保惠民政策，市政府以文件形式下发《关于调整襄樊市区城镇居民基本医疗保险有关政策的通知》和《关于调整城镇职工基本医疗保险住院医疗待遇的通知》，切实减轻参保住院患者个人医疗负担。在县乡医疗服务体系审计调查中，市审计局采取六结合的审计方式，弄清全市县乡医疗体系建设现状，揭露部分医疗管理部门及医疗服务单位存在的违规收费等现象。在土地整理项目审计中，市审计局揭露部分地方存在耕地开垦费应征未征到位、虚假招投标、非法转

分包、工程造价不实、虚报工程成本以及挤占挪用项目资金等问题。 （撰稿人：石 勇）

【荆门市审计局】 2009年，荆门市审计局共有干部职工65人（包括直属单位在岗人数）。局长丁岱，副局长肖正兰、李正元、刘海泉、张汉城、刘洪斌，纪检组长吴玉金。设有办公室、人事教育科、监察室、综合科、法规监督科、财政审计科、金融审计科、行政事业审计科、社会保障审计科、经贸审计科、农业与资源环保审计科、机关总支。另设经济责任审计局、固定资产投资审计分局、后勤服务中心。

审计成果 完成审计项目485个，审计查出违规金额10913万元，其中应上缴财政332万元，应归还原渠道资金7162万元，应调账处理金额4776万元，应自行纠正金额78462万元；已上缴财政332万元，已归还原渠道资金7162万元，已调账处理金额4776万元，已自行纠正金额78462万元。移送司法机关、纪检监察部门处理事项3件，提交审计报告384篇、信息1088篇，被批示、采用856篇。获得全国精神文明建设工作先进单位、省级最佳文明单位、全省审计系统依法行政示范单位等。五项社保审计项目荣获审计署优秀审计项目奖。

财政审计 对6个财政部门决算、29个单位的预算执行情况进行审计和审计调查，查出违规金额5486万元，管理不规范金额3.4亿元，处理上缴财政16万元。

行政事业审计 对134个机关、事业单位的资产负债及经营情况、各项改革资金及部门预算执行情况进行审计和审计调查，查出违规金额13261万元，处理上缴财政99万元，发现侵害人民群众利益金额1388万元。

企业审计 完成6个审计调查和专项检查，其中国际金融危机对荆门中小企业影响的专项审计调查，初步摸清全市中小企业的生产经营状况及金融危机影响下面临的困难和问题；提出促进中小企业平稳较快发展的五条对策建议。

专项资金审计（调查） 一是对全市五项社保、残疾人就业保障金征收管理和使用情况、新型农村合作医疗和城镇职工医疗保险基金专项等6个项目进行审计与审计调查，涉及资金总额22亿元，查出违规金额810万元，纠正不规范金额18463万元，处理上缴财政27万元，挽回经济损失14万元。二是对土地整理项目建设及资金管理使用情况、环保专项资金等5个项目进行审计和审计调查，查出违规金额3704万元，纠正不规范金额10703万元，挽回经济损失216万元。三是对沙洋县2007～2008年县乡医疗服务体系建设及经费管理使用情况专项审计调查，查出违规金额11万元，纠正不规范金额371万元。

固定资产投资审计 完成审计项目290个，送审金额7.18亿元。通过对高关水库、漳河水库灌区和汶川震后援建等建设项目开展跟踪审计，查出违规金额2290万元，处理上缴财政42万元，经审计核减为政府节约建设资金6148.54万元。出具的审计情况专报《应重视中央新增投资项目管理中存在的问题》和《我市政府投资审计取得明显成效》，引起市主要领导的高度重视，为政府进一步加强投资资金管理提供了很好的参考意见。

经济责任审计 对62名领导干部进行了任期经济责任审计，其中包括一名县市长经济责任审计，三名领导干部任中经济责任审计。查出违规金额5418万元，管理不规范金额1978万元。首次召开了本级2008～2009年度经济责任审计情况通报会，重点通报16个单位领导干部在履行政策执行、经济决策及行政管理职责中存在的5大类问题18种表现形式，有效地发挥源头预防的作用。

内部审计 年内共有内部审计组织409个（其中专职机构322个），内部审计人员485人（其中专职审计人员300人），完成审计项目1662个，增加效益580万元，提出建议294条。

（撰稿人：宋丽霞）

【孝感市审计局】 2009年，孝感市审计局编制54人，在编53人。局长钟淮山，副局长田卫民、金正谋、梁和平、陈鸿杰，党组成员、助理调研员侯祖禄，党组成员、经济责任审计局局长褚艺红。设有办公室、综合科、人事教育科、法制科、财政审计科、金融外资审计科、行政事业审计科、固定资产投资审计科（—3 月）、农林水审计科、经贸审计科，下设经济责任审计局和固定资产投资中心（4 月—），其中，经济责任审计局内设经济责任审计一科、经济责任审计二科、经济责任审计三科（3 月—）。

审计成果 完成审计和审计调查项目 112 个，查出违规金额 79167 万元，其中应上缴财政 126 万元，应减少财政拨款或补贴 101 万元，应归还原渠道资金 43392 万元，应调账处理金额 6370 万元；已上缴财政 126 万元，已减少财政拨款或补贴 101 万元，已归还原渠道资金 35387 万元，已调账处理金额 4753 万元。提交审计工作报告、信息 146 篇，被采用 110 篇。孝感市审计局被人力资源和社会保障部、审计署联合授予“全国审计系统先进集体”；被湖北省委、省政府授予“2007～2008 年度省级最佳文明单位”。

财政审计 完成市本级 2008 年度预算执行和其他财政财务收支审计、孝昌县 2006～2008 年财政转移支付资金审计、黄冈麻城市村级债务审计调查、十堰市政府还贷二级公路债务审计。根据孝感市人大对市本级 2008 年度预算执行审计要求，对“会计建账监管”“科技三项费”等 9 项专项预算进行延伸审计，同时，延伸审计调查市人防办、市行政服务中心、市房地产管理局、市发展和改革委员会、市财政局 5 个部门 2008 年度预算执行情况和国有土地使用权出让金、廉租住房资金、新型墙体材料专项基金、散装水泥专项资金、残疾人就业保障金等 5 项基金分配使用情况。审计结果表明，孝感市四届人大三次会议审查批准的市级预算得到较好执行。财政改革全面推进，预算编制质量、财政管理水平、预算执行效果进一步提高。审计揭露本级预算资金滞留闲置、财政收支核算不实、部门预算编制不规范、超预算列支、延压和滞留税费等方面的问题。

外资运用审计 完成孝南区、孝昌县、云梦县世行贷款林业持续发展项目和黄冈市黄州、团风、红安、麻城日元贷款植树造林项目审计。重点检查国外贷援款资金和国内建设资金的到位和使用、提款报账等情况。延伸调查黄冈 4 县市区日元贷款项目有关造林实体，实地察看了部分造林小班和封山育林小班。审计表明：通过人工造林和封山育林，扩大了森林资源总量，有效地改善当地生态环境，减少自然灾害的发生，增加项目区农民收入，促进林业可持续发展能力。审计揭露滞拨项目资金、报账面积不实、挪用项目资金、贷款抵押手续不合规等问题。

行政事业审计 对孝感学院资产财务进行审计，审计了孝感学院及其所属独立核算的二级单位截止到 2009 年 8 月资产财务情况，重点检查资产和资产管理、债务债权、财政财务收支等情况，审计核减债务 9824.56 万元，核减率 22.06%，审计查出“小金库”、违规收费、违规支出、应缴未缴税金等问题，为省人民政府全面掌握省属公办高校资产、财务、债务规模和构成情况提供决策依据。

农业与资源环保审计 对市双峰山旅游度假区管委会、云梦县、大悟县土地开发整理项目资金进行审计，并参与湖北省审计厅对汉川市汉江流域水污染防治资金进行审计。审计查出土地开发整理项目应征未征耕地开垦费、未纳入财政专户管理、违规改变项目计划和资金用途等问题。

固定资产投资审计 完成政府投资审计项目 77 个，共为政府节约资金 16119.4 万元。一是孝感市政府出台了《孝感市政府投资项目全程审计监督办法》（孝感政规［2009］2 号），对本市政府投资项目开展全程审计监督；二是进一步前移监督关口，对 16 个政府投资项目的工程前期准备进行了审计，审计前期费用总额 18888.63 万元，审减 1009.75 万元；三是继续加强对政府投资项目的源头控制，对 37 个政府投资项目开展工程预算审计，审计标底总额 75154.59 万元，审减 13760.03 万元；四是把好最后闸口，对 24 个政府投资项目竣工结算情况进行审计，审计投资总额 10489.94 万元，审减 1349.62 万元。

企业审计 完成国际金融危机对我市规模以上中小企业影响状况专项审计调查，重点对 8 户规模以上中小型工业企业进行审计调查，查出部分企业主营产品效益回落、成本费用上升、中小企业融资难等问题，形成审计情况专报上报市政府领导，政府领导作了重要批示，并出台《关于解决我市小企业融资难问题的决定》。

经济责任审计　完成市经责领导小组委托审计项目10项。在孝感市经济责任领导小组的委托下，组织对3名县市区“三长”（公安局局长、检察院检察长、法院院长）、6名市直部门领导干部开展任中审计，对1名事业单位负责人开展离任审计，查出主要问题金额13165万元，其中，违规金额9355万元、管理不规范金额3810万元。通过审计，促进了领导干部依法行政，廉洁自律和经济管理水平。

专项资金审计（调查）　完成五项社会保险基金审计、孝昌县县乡医疗服务体系建设及经费管理使用情况专项审计调查、汶川地震灾后恢复重建跟踪审计。根据审计署五项社会保险基金“一审三年”的要求，重点对市本级、云梦县、大悟县2008年度五项社会保险基金征缴、管理和使用情况进行审计，审计财政部门社保资金财政专户收支、地税部门养老保险基金征收情况，并对累计欠缴养老保险基金30万元以上的3户企业进行调查，部分涉及以前年度的相关问题整改情况进行跟踪，审计揭露参保单位欠费严重、挤占挪用、基金收支核算不实等问题。在五项社会保险基金连续三年的审计中，重点关注社保政策的公平合理性。在生育保险基金审计中发现：生育保险基金报销政策长期未调整，报销标准较低，基金结余较大。审计建议劳动部门根据生育基金现状，及时提高生育医疗费报销标准，切实保障生育职工的合法利益，充分体现对妇女的关怀。同时，将这一情况反映到市政府，得到市政府主要领导的重视，作出批示要求劳动部门认真整改落实。孝感市劳动和社会保障局正式发文（孝劳社文［2009］10号），从2009年4月1日起，提高参保女工生育保险统筹费用拨付标准，顺产2200元/人，难产3500元/人，同时对参保女工生育流产费用给予300～1000元的拨付。保障专项资金安全、合规、有效使用，促进和谐孝感建设。

信息化建设　按照湖北省审计厅的统一部署和安排，孝感审计局突出抓好无纸化办公、计算机中级培训、AO应用实例和专家经验编报、AO培训四项工作，一是出台无纸化办公实施方案及操作流程，组织无纸化办公培训，在全局范围内全面推广无纸化网上办公；二是组织两批人员参加湖北省审计厅举办的计算机中级培训，参加培训的8名同志全部通过计算机中级水平考试；三是组织编报审计专家经验3篇，AO应用实例21篇，在数量上与2008年有较大提升；四是举办孝感市审计系统AO资格认证培训及考试，全市125人参加培训和考试，其中98人通过AO资格认证考试；五是信息化工作成效显著，孝感市审计局编报的1篇专家经验入选审计署计算机审计专家经验目录；应城、云梦、安陆、孝昌县审计局合计7篇AO实例被审计署评为2008年AO实例应用奖，孝感、孝南、汉川、大悟审计局合计5篇AO实例被审计署评为2008年AO实例鼓励奖；孝感连续三年被湖北省审计厅表彰为AO应用实例和专家经验编报工作“优秀组织单位”，安陆市审计局被湖北省审计厅批准为全省县市（区）联网审计试点单位。

内部审计　孝感有专兼职内审机构178个，配备专兼职内审人员279人，其中专职机构26个，专职人员47人。完成审计项目176个，查出损失浪费金额356万元。　（撰稿人：冯　芸）

【黄冈市审计局】　2009年，黄冈市审计局在编51人，局长叶俊甫，副局长陈毅华、董家革、吴晓鹏、黄拥华（8月—），经济责任审计局局长张立平，总审计师曹安洲，纪检组长何敬东。设有办公室、政工科、监察室、综合法规科、财政审计科、金融审计科、行政事业和社会保障审计科、固定资产投资审计科、农业与资源环保审计科、经贸审计科、外资审计科和经济责任审计局。

审计成果　完成审计或审计调查项目46个，查出违规金额2775万元，其中应上缴财政72万元，应归还原渠道资金164万元，应调账处理金额2892万元；已上缴财政72万元，已归还原渠道资金164万元，已调账处理金额2450万元。提出审计建议147条，被采纳93条；提交审计专报、综合性报告和信息简报91篇（次），其中被批示采用45篇（次）。再次被评为省级最佳文明单位和全市文明系统，全省审计统计工作先进单位、全省审计通联工作先进单位等。

财政审计 对市本级财政及15个市直部门预算执行进行审计，开展黄州区财政转移支付资金审计，查出违纪违规和管理不规范金额15418万元，审计发现侵害人民群众利益金额210万元。

行政事业审计 组织开展全市五项社保基金、住房公积金审计；结合黄州区区委书记、区长经济责任同步审计，开展县乡医疗服务体系建设及经费管理使用情况专项审计调查；根据市政府安排开展五所中职学校资产债务审计和赤壁宾馆、菱湖宾馆债权债务审计以及第七届黄梅戏艺术节财务收支审计；按照省厅统一部署开展黄冈师范学院资产债务审计，参加全省村级债务审计。

固定资产投资审计 实施大别山电厂和白莲河抽水蓄能电站审计，核减投资额7278万元。组织开展扩大内需中央新增投资项目审计、援建汉源地震灾区工程跟踪审计、市区城市基础设施建设项目审计和政府投资建设保障性住房专项审计调查。

专项资金审计 对扩大内需中央新增投资、汶川地震救灾款物、土地开发整理、扶贫开发、财政支农等11项与老百姓生活息息相关的资金、物资进行了审计或审计调查，严肃查处截留挤占挪用资金、管理不规范、损失浪费等问题金额1.68亿元，为促进民生物资安全运行、确保党的惠民富民政策落到实处提供有力保障。开展日本政府贷款造林项目、中德财政合作小农户造林项目、亚行贷款生产能源建设项目、世行贷款长江回水堤防整险加固工程等6项外国政府援贷款项目审计，参加全省二级公路资产债务审计和国际金融危机对中小企业影响审计调查。

经济责任审计 对市劳动和社会保障局、市体育局、市总工会、市社会劳动保险事业管理局、市交警支队、市档案局等12个部门单位的主要负责人进行经济责任审计；对黄州区、团风县、英山县党政领导开展经济责任同步审计，审计项目实行“一拖N”和“多项目结合”模式，避免重复审计，节约审计资源。

审计信息化建设 进一步加强计算机专业人才培养和知识培训，继续开展计算机审计技术攻关，强力推进OA和AO系统在审计业务和管理中的应用，全面实现“四级互联”和网上办公，对电算化会计管理的单位基本实行计算机审计；部署与市财政局“金财工程”的对接，为推进财政联网审计打下一定基础；向省审计厅上报5份AO应用实例，其中3份获审计署AO应用奖。

内部审计 完成审计项目3382项，查出损失浪费问题资金4900万元，为单位增收节支15179万元，审计建议被采纳1311条，财务决算审签150个，向司法机关移送案件12件，建议给予党政处分75人，有力地促进单位加强财务管理，维护了财经秩序。 （撰稿人：付后裕）

【鄂州市审计局】 2009年，鄂州市审计局在编52人，局长胡澜，副局长李向平、何贤江、钟儒兰，总审计师柯金龙（1月—），纪检组长柯昌新。设有办公室、法规科、财政金融审计科、行政事业审计科、农业与资源环保审计科、经贸审计科、社会保障审计科、监察室和4个派出审计科。另设有经济责任审计局（副县级）和政府投资审计局。

审计成果 完成审计（调查）项目166个，查出违规金额14070万元；其中应上缴财政5403万元，应减少财政拨款或补贴27万元，应归还原渠道资金900万元，应调账处理金额4991万元；已上缴财政5403万元，已减少财政拨款或补贴27万元，已归还原渠道资金900万元，核减投资（结算）额10032万元，审计后挽回（避免）损失10895万元。审计提出建议322条，被采纳305条。提交审计工作报告、信息474篇，被采用268篇。荣获“全国文明单位”“全省落实党风廉政建设责任制先进集体” “全市学习型机关先进单位”和“全市深入学习实践科学发展观活动示范单位”等荣誉称号。

财政审计　重点对财政专项资金使用情况进行延伸审计，其中重点对市农业局的耕地地力保护项目、市水产局的水产大县及特色苗种基地建设项目、市水利局的花洋湖泵站更新改造工程项目、市计生委的省级转移支付项目、鄂州大学的省款结算和重点纳税户进行延伸审计。

行政事业审计　通过对市交通局、市房产局、市公安局及交警支队、市教育局、市低保中心、市物贸公司、市自来水公司、鄂州高中等17个单位的财政财务审计，查处应缴未缴预算收入114万元、隐瞒截留收入51万元、未落实“收支两条线”和专户管理规定402万元和少计缴税费57万元等违规问题。

农业与资源环保审计　对全市耕地开垦费的征管用和鄂城区省以上投资土地整理项目和低丘山地改造项目资金进行审计，延伸审计市、区两级土地整理中心及4个项目指挥，调查5个乡镇政府及13个财政所、土地所。通过审计，全面摸清全市耕地开垦费征收规模，促进市政府出台了《鄂州市土地整理管理办法》。

固定资产投资审计　审计政府投资项目98个，审计后挽回（避免）损失10226万元，其中：预算审计项目36个，核减投资额1698万元；结算、决算审计项目62个，核减投资额8528万元，综合审减率达24.29%。

社会保障审计　开展五项社保基金审计，重点检查社保基金收入的真实完整性、分配使用的合法合规性、政策执行的公平合理性、管理的安全有效性，跟踪落实上年审计查出问题的整改情况，督促清收社保费欠款1207万元；对新农合基金收支及管理情况开展专项审计调查，延伸调查6家定点医院，走访部分参合农户。

经济责任审计　对9名部门、单位领导干部实施经济责任审计，查出其中3个党政部门和5个事业单位分别存在管理不规范金额333万元和2930万元。

专项资金审计（调查）　完成全省统一组织部署的村级债务、政府还贷二级公路债务、日元贷款植树造林项目、土地整理项目、县乡医疗服务体系建设、扩大内需中央专项资金、国际金融危机对中小企业影响等交叉审计（调查）21项；完成市政府临时交办的鄂州日报扩版成本、市广播电视网络公司运行成本、车用天然气经营、居民用电一户一表改造、城区自来水“一户一表”改造工程成本核算、新型农村合作医疗基金资金和葛店镇白浒镇村1991～2009年的财务清理审计（调查）7项。

（撰稿人：周红兵）

【黄石市审计局】　2009年，黄石市审计局在编54人。局长刘文水，副局长鲍贤咏、黄振福、吴有祥、夏明省，总审计师翁世成，纪检组长潘宪章。设有办公室、综合法制科（督办执行室）、政工（监察）科、财政金融审计科、固定资产投资审计科、行政事业审计科、经贸审计科、农业与资源环保审计科、外资运用审计科、社会保障审计科和市经济责任审计局。

审计成果　完成审计项目324个，查出违规金额9.5亿元，移送司法机关、纪检监察部门处理事项4件，提交审计工作报告、信息895篇，被批示、采用301篇（次），发表、交流及获奖文章22篇（次）。上报的市城市排污项目建设资金使用情况审计调查项目被省审计厅评为优秀审计项目一等奖。局机关被评为全市“五一劳动奖状”。

财政审计　财政预算执行审计继续树立“大财政”审计理念，实行全局一盘棋审计管理模式，充分整合审计成果资源，取得了良好效果。审计工作报告包括财政预算执行、税收征管、8个单位部门预算执行、七所学校财务收支、社保基金、政府债务、政府投资等十个方面的内容，既反映相关单位违纪违规问题，也反映体制、机制上存在的问题，并提出解决问题的意见和建议，受到人大常委会的充分肯定，在表决中以全票通过。

行政事业审计　审计行政事业单位71个，查出违规金额2.8亿元。市本级行政事业审计工作与财政审计工作同步安排，对市公安局等8家单位部门预算执行情况进行审计。同时，结合当前社会普遍关注的"上学难、上学贵"的热点问题，对黄石九中等7所中小学2008年度财务收支进行了审计。黄石市政府责成市教育局牵头，加强对审计查出的违规收费、违规发放等问题的整改，要求从收费票据入手，切实加强学校的财务管理；同时政府将逐步加大对教育事业的经费投入，进一步整合教育资源，着力解决师资力量相对不足等问题。在大冶市医疗体系建设及经费使用情况审计调查项目中，通过对大冶市财政局、大冶市卫生局、大冶市人民医院、各乡镇基层卫生院等单位的审计，揭露县乡医疗体系建设中存在财政投入少、医疗机构人员素质不高、负债搞建设、新型农村合作医疗保障水平较低等问题，提出加大财政投入、规范收费行为、合理控制建设规模等八条建议。

农业与资源环保审计 完成省厅安排的对阳新县耕地开垦费、土地整理和低丘岗地改造项目审计。审计查明违规使用耕地开垦费1013万元。同时重点对工程承包商的结算进行审计，审计发现工程存在造价不实、虚报工程成本等问题，为国家挽回损失109万元。

固定资产投资审计 完成政府投资项目11项工程38个子项目的审计，审减6151万元，审减率10.7%。制定了《黄石市政府投资项目审计廉政建设及责任追究制》，规范审计行为，明确责任追究办法，保证政府投资审计健康发展。

社会保障审计 实施全市五项社保基金、城区再就业资金审计。审计项目注重整合审计资源，组织4个城区审计力量，对市本级和各城区2007～2008年再就业资金进行交叉审计，查出再就业配套资金不到位、虚列预算、挤占挪用、虚报冒领等违规问题。审计资金总额35亿元，查出违规金额9800万元。

企业审计 在对国际金融危机对中小企业影响状况专项审计调查中，对湖北三环锻压设备公司、远东麻业有限公司等八家单位进行审计调查，查明受国际金融危机影响，黄石市中小企业目前存在企业订单减少、经营收入和利润下降、企业开工不足等五个方面的问题，提出切实可行的审计建议。

经济责任审计 制定出台《黄石市领导干部经济责任审计评价办法》、《黄石市领导干部任中经济责任审计办法》和《黄石市领导干部经济责任专项审计调查实施办法》。审计党政领导干部41名，查处各类违纪违规金额2.3亿元。根据审计结果，组织部门已调整使用干部15名，其中提拔重用3名，撤职1人。

专项资金审计（调查） 对黄金山新区征地补偿资金、磁湖北岸土地运营资金、中央扩大内需投资资金、政府债务等10项专项资金进行审计或审计调查。如在黄金山工业新区2006～2008年度征地补偿资金审计调查中，审计查出挤占挪用土地补偿费等违规金额九百多万元，个别村干部涉嫌贪污征地补偿资金等问题。对存在的个人违纪问题，及时移送纪检监察部门处理，7名责任人得到相应的党纪政纪处分，并追回征地补偿资金9.31万元，挽回经济损失二十余万元。在对磁湖北岸土地收储项目拆迁还建资金审计调查项目中，土地拆迁还建成本账面反映为59422万元，经审计调查核实为53635万元，审计核减5787万元。审计调查结果为政府宏观决策提供依据。

内部审计 目前，建立市级内部审计协会1个，县级内部审计协会1个，阳新县内部审计协会正在筹建之中。市内部审计协会团体会员单位发展到62家，会员人数达二百多人。

（撰稿人：纪俊锋）

【咸宁市审计局】 2009年，咸宁市审计局在编60人。局长冯春，副局长廖三楚、陈仁汉、石深强、张旺宝，总审计师付冬，纪检组长陶向明，经济责任审计局局长熊振兴，助理调研员刘昌万、李德春。设有办公室、综合科、人事教育科、法制科、金融外资审计科、固定资产投资审计科、行政事业审计科、社会保障审计科、经贸审计科、财政审计科、农业与资源环保审计科、纪检监察室、工会。另设有经济责任审计局。

审计成果 完成审计项目197个，查出各类违规金额48802万元，损失浪费金额657万元，管理不规范金额58962万元，审计发现侵害人民群众利益金额4497万元，应上缴财政552万元，应归还原渠道资金8585万元，应调账处理金额7361万元，已上缴财政497万元。审计提出建议706条，被采用503条。提交审计专题、综合性报告和信息简报726篇，被批示、采用416篇。

财政审计　对市财政局、地税局具体组织市级预算执行情况进行审计，对市交通局、水利局、司法局、劳动保障局和林业局5个市直部门单位预算执行情况进行审计。已整改归位资金285万元，整改率接近83.15%。

专项资金审计　开展五项社会保险基金（养老、医疗、失业、工伤、生育）审计、土地开发整理资金和项目审计、四川地震恢复重建资金和项目审计、国外贷援款项目审计等专项审计工作。

固定资产投资审计　完成市直投资建设项目审计14个，其中：复审项目5个，决算审计项目9个，送审金额25513万元，审定金额19320万元，审减金额6193万元。（撰稿人：*石小钰*）

【荆州市审计局】　2009年，荆州市审计局在编82人。局长王本波，副局长李俊平、雷场彪、杨光忠、吴方俊，总审计师汤从华，纪检组长李翠峰。设有办公室、综合科、法规科、财政金融审计科、行政事业审计科、经贸审计科、外资运用审计科、农业资源与环保审计科、固定资产投资审计科、社会保障审计科、计算机审计科、人事教育科（机关党委）、工会、派驻纪检组、监察室。另设有派出综合审计科、派出科教文卫科、派出农林水审计科、派出计划城建投资审计科。另设经济责任审计局、政府投资审计局。

审计成果　完成审计（调查）项目264个，查出违规金额159619万元，其中应上缴财政1109万元，应归还原渠道资金14877万元，应调账处理金额15543万元。已上缴财政1072万元，已归还原渠道资金16480万元，已调账处理金额11860万元。提交审计工作报告825篇，被采用776篇。

财政审计　对市法院、检察院、司法、教育等20个部门的预算执行情况的审计结果表明：市本级财政严格意义上的部门预算制度得以建立，公共性支出苦乐不均，贫富差距大的问题得到遏制，政府采购制度、集中收付制度、收支两条线制度的执行得到进一步深化。各县市区审计局针对审计查明的问题，提出加强预算管理的建议，完善各项制度和措施67项，审计工作报告在当地人大常委会上全票或高票通过。

固定资产投资审计　一是完成了对松滋新江口大桥建设项目的审计，查明招投标不规范，施工单位违法转包工程、漏缴税款、多计工程量等问题金额1122万元，占国家投资额的39%，没收违法转包所得和追缴偷漏税款等上缴财政59.4万元；二是援川工程建设项目审计，审减施工单位申报赶工预算不准确金额249万元，审减工程结算371万元；三是四湖流域西干渠水利血防工程项目审计，追回违规收取的非法所得，归还原资金渠道12万元。

社会保障审计　完成审计单位（调查）32个，审计资金总额8.32亿元，查处违纪违规金额4729万元，管理不规范金额6209万元，追回被挤占挪用金额610万元。

企业审计　参与和完成审计项目21个，检查和延伸38个单位和部门，查明违纪违规金额67293万元，处理45678万元，收缴29.5万元，提交审计工作报告和信息9篇，被采用6篇（次），采纳审计建议16条。

农业资源与环保审计　审计（调查）项目11个，查处违纪违规金额8500万元，收缴各级财政519.29万元，移送市纪委案件2起。

行政事业审计　完成审计单位（项目）12个，审计涉及总金额近7亿元，查处违纪违规金额5000万元，提出审计整改建议36条。

经济责任审计　对111名党政领导干部进行经济责任审计。共查出被审计对象任职单位违纪违规金额15196万元，其中领导干部负主管责任13719万元，负直接责任1477万元；查出管理不规范金额14818万元，损失浪费金额3518万元；领导干部受贿案1个，涉案金额59.9万元，移送纪检监察机关和司法部门处理1人，审计后提拔使用4人，平调53人，免职3人。

计算机审计 全面推进OA和AO系统在审计业务和管理中的应用，充分借助“四级互联”平台，90%的审计项目应用AO系统开展计算机审计，使审计方法从传统的“由点到面”转变为“由面到点”，提高了审计工作质量和效率。

精神文明建设 紧扣“建设人水和谐城市，推动荆州科学发展”实践主题，找准学习实践活动与作风建设年能力建设年活动与绩效考核工作，“六型机关建设”、精神文明创建的结合点，做到以学促工，互相推进。全市审计系统连续7届荣膺文明系统，市局机关连续5届荣膺省级最佳文明单位。

内部审计 有内审机构71个，内部审计人员206人，审计单位（项目）362个，查出损失浪费金额507万元，促进增收节支3427万元，纠正违规金额684万元。提交审计意见和建议被采纳201条。有34人次参加国际内部注册审计师资格考试，合格7人。 （撰稿人：张节本）

【宜昌市审计局】 2009年，宜昌市审计局在编78人。局长杜伟，副局长韩永清、李德信、潘兴华、司汝安，纪检组长方正国，市经济责任审计局局长宋银教，调研员王华强（—11月），副调研员张昕（9月—）。设有办公室、人事教育科（机关党委与其合署办公）、行政管理科、纪检监察室、法规科、财政审计科、金融审计科、行政事业与社会保障审计科、经贸审计科、农业与资源环保审计科、固定资产投资审计科、外资运用审计科；另设经济责任审计局。

审计成果 完成审计项目398个，查出各类违规金额206453万元，管理不规范金额246401万元，损失浪费金额506万元，其中：应上缴财政75690万元，应减少财政拨款或补贴3259万元，应归还原渠道资金20177万元，应调账处理92737万元；已上缴财政75138万元，已减少财政拨款或补贴3259万元，已归还原渠道资金12766万元，已调账处理64775万元。提交审计工作报告及信息1753篇，被采用603篇，提出审计建议692条。

财政审计 完成财政同级审，市法院、市公安局、市国土资源局、市房管局、市粮食局、市档案局6部门预算执行审计，宜昌开发区财政决算审计，五峰财政转移支付资金、政府性收支审计和县乡医疗服务体系建设及经费管理使用情况审计调查，审计预决算单位12个，查出违规金额88274万元，管理不规范金额117812万元，处理上缴财政72119万元。

专项资金审计（调查） 完成中央扩大内需资金和项目、中小企业专项审计调查、宜昌市对口援建汉源县灾后恢复重建项目跟踪审计、当阳市耕地开垦费征收管理和土地开发整理项目及低丘岗地改造项目资金专项审计、市政府促进城区工业项目建设政策落实情况审计调查、宜昌开发区猇亭工业园区征地拆迁资金审计等项目。

固定资产投资审计 完成白河水库除险加固工程、三峡人家景区基础设施建设项目跟踪审计，猇亭大道改造项目、城区防洪护岸工程、图书馆建设项目竣工决算审计，教育局基建项目建设情况以及我市经济适用房建设和出售情况审计调查等9个项目的审计，共审计项目投资额94479万元，审减工程款364万元，审计后挽回损失1030万元。

经济责任审计 对78个经济责任审计对象进行审计，查出违规金额70833万元，管理不规范金额85469万元。其中《对张宗益同志任宜昌市人口与计划生育委员会主任期间经济责任审计》获全省优秀审计项目三等奖。2009年经宜昌市经济责任审计工作领导小组审议，由市纪委、市委组织部和市审计局联合发文，制定出台《宜昌市领导干部离任经济事项交接办法（试行）》。该办法规定了交接的方式、时限、内容、程序、纪律，以及交接双方职责和经济责任界限，为审计部门界定领导干部经济责任提供依据和制度规范。

信息化建设 伍家岗区审计局成功完成财政联网审计系统的安装调试，成为全省第二家开展联网审计的审计机关。共有5篇AO实例和1篇审计专家经验同时获得审计署和湖北省审计厅的

通报表彰，2篇AO实例获得审计署AO应用最高奖——优秀奖。（撰稿人：陈　谦）

【随州市审计局】　2009年，随州市审计局在编34人。局长夏洪国，副局长廖朝宏、敖股、梁随朝、金玉莲，纪检组长刘昌发。设有办公室、综合科、法规科、机关总支、行政事业审计科、经贸审计科、投资审计科、金融外资审计科、财政审计科、农业资源和环保审计科、社保审计科。另设经济责任审计局、投资审计中心。

审计成果　审计174个单位，查出各类违纪违规和管理不规范金额19673万元，为国家增收节支20756万元，其中上缴财政477万元，减少财政拨款或补贴258万元，归还原渠道资金546万元，核减投资（结算）额13087万元，审计后挽回（避免）损失4044万元。全市审计机关提交审计专题报告、综合性报告和信息调研材料335篇，其中被批示、采用213篇次。向被审计单位或有关单位提出审计建议255条，被采纳188条，占73%。被审计单位根据审计建议制定整改措施68项，建立健全规章制度38项。向司法机关和纪检监察机关移送案件线索3件，立案查处2件。

财政审计　组织实施2008年度市级预算执行和其他财政收支审计，并延伸审计市直11个部门，重点关注预算资金支出结构、预算分配的公平性和管理性、预算外资金的管理、超预算收入资金的使用和部门预算执行、财政财务管理，查处和纠正违规问题，分析共性问题产生的原因，提出规范管理的意见建议，审计报告得到市人大常委会的充分肯定。

行政事业审计　完成7个审计项目，查出违纪违规金额4166万余元。同时，配合省厅完成全省村级债务审计。

外资运用审计　完成省审计厅统一组织的对随州市、曾都区、广水市2008年度世界银行贷款和英国赠款结核病控制项目（卫Ⅹ项目）执行情况和财务收支的审计；协助配合省审计厅统一组织派出黄冈市审计组，完成了对随州市曾都区、广水市世界银行日元贷款造林项目执行情况和2008年度财务收支审计。

固定资产投资审计　完成固定资产投资审计项目19个，审计投资额48405万元，审计认定投资总额35318万元，核减投资（结算）额13087万元，审减率达27.04%。

专项资金审计（调查）　对涉农、社会保障、扶贫、五项社保基金、土地开发整理项目资金、市住房公积金、麻竹高速大悟至随州段拆迁资金等专项资金的审计和审计调查。通过审计，查出专项资金违规问题金额6518万元，向司法机关移送案件线索1件。

经济责任审计　对9个市直部门和单位主要领导干部进行经济责任审计，制定《随州市市本级经济责任审计对象分类管理办法》，将经济责任审计与财政财务收支审计、绩效审计有机结合起来，坚持离任审计，积极推进任中审计。

（撰稿人：邹　纯）

【仙桃市审计局】　2009年，仙桃市审计局在编32人。局长肖俊，副局长彭国黎、张文杰、杨新华、杨成红，纪检组长邓飞。设有办公室、财政金融外资审计科、行政事业审计科、经贸社保审计科、农业和资源环保审计科、经济责任审计科、固定资产投资审计科、综合科。另设有经济责任审计局（直属事业单位）。

审计成果　完成审计项目56个，查出违规金额34758万元，其中应上缴财政297万元，应归还原渠道资金930万元，应调账处理金额3211万元；已上缴财政297万元，已归还原渠道资金930万元，已调账处理金额3211万元。提出审计建议130条，被采纳112条。提交审计工作报告、信息105篇，被采用37篇。

财政审计　围绕全部政府性资金的使用绩效，关注本级财政支出的结构和方向，规范预算管理，促进公共财政体制的建立和完善。指出并纠正预算编制不完整、预算执行不严、收入延压未上解国库、未及时拨付各项资金、超范围使用资金等问题，切实提高了财政资金使用效益，被市人大予以高度评价。通过督促整改，各单位共整改问题资金 15340 万元，整改率达 80%。

行政事业审计　全年共完成审计项目 28 个，查处教育乱收费、执法部门违规收费等侵害人民群众利益问题金额 4347 万元，指出并纠正民生资金管理使用中存在的被截留、挤占及效益不佳等问题，促进政府的各项惠民政策落到实处。

农业与资源环保审计　重点对汉江流域水污染防治及环保专项资金管理使用情况、农业专项资金、水利建设资金、血防专项资金等进行了审计，查出部分环保项目地方配套资金不能到位、挤占挪用专项资金等问题，纠正违纪违规问题金额 1386 万元。

固定资产投资审计　对泽口灌区续建配套工程、周帮大型排涝更新改造项目等中央新增扩大内需重点投资建设项目及对口援建四川省汉源县灾后恢复重建项目工程质量、援建资金的效益安全进行全程跟踪审计，最大限度地提高援建资金的使用效益。全年共审核工程项目资金 8455 万元，审减金额 715 万元，核减率达 8.46%。

社会保障审计　组织对农村社会养老保险基金的管理使用情况开展审计，查出挤占挪用基金、债券投资及应收利息无法兑现等问题，并督促整改，规范基金运行。

经济责任审计　对全市 5 个镇办和 8 个科局的主要负责人进行经济责任审计，查出违规收费、违规发放各种奖金补助、挪用专项资金、违规支出等违纪违规问题金额 18413 万元。建立审计结果落实整改报告制度，对被审计领导干部及其所在部门、单位执行审计决定和落实整改情况进行跟踪检查，促进整改问题金额 6058 万元。

内部审计　共有内部审计机构 17 个，其中专职机构 10 个，兼职机构 7 个，内部审计人员 24 人。共查出损失浪费金额 512 万元，纠正违规金额 311 万元，促进增收节支 126 万元。

（撰稿人：昌　盛）

【天门市审计局】　2009 年，天门市审计局在编 29 人，局长甘孝荣，副局长张昌宏、潘承勇、郑国宏，总审计师方福祥，纪检组长郭坤，经济责任审计局局长金红波。设有办公室、财政金融外资审计科、农业审计科、经贸企业审计科、行政事业审计科、固定资产投资审计科、综合科、社会保险审计科，另设经济责任审计局。

审计成果　完成审计项目 29 个，查出违纪违规金额 9868 万元，其中违规金额 7708 万元，侵害人民群众利益金额 2160 万元；应上缴财政 106 万元，应归还原渠道资金 604 万元，应调账处理金额 348 万元，应自行纠正金额 3562 万元；已上缴财政 106 万元，已归还原渠道资金 604 万元，已调账处理金额 348 万元。提交审计工作报告、信息 68 篇，被批示、采用 39 篇（次）。

财政审计　完成审计项目 2 个，查出违纪违规金额 2129 万元，其中未按规定征收、缴纳预算收入 1149 万元，财政支出核算不实 980 万元。

行政事业审计　完成审计项目 5 个，查出违纪违规资金 1521 万元，其中违规收费 209 万元，未缴财政专户 581 万元，违规支出 731 万元。

企业审计　完成审计项目 1 个，主要是对全市 11 家中小企业受国际金融危机影响情况进行调查。

固定资产投资审计　完成审计项目 3 个，审减投资金额 19 万元。

专项资金审计　完成审计项目 7 个，查出违规改变项目计划和资金用途 1935 万元，应缴未缴专项资金 199 万元。

经济责任审计　共对 11 名党政领导干部实施经济责任审计，查出违规金额 471 万元，管理不规范金额 1345 万元。　（撰稿人：李　勇）

【潜江市审计局】　2009 年，潜江市审计局在编 84 人（其中退休 5 人）。局长黄振林，副局长周进、李先祥，总审计师张玲，纪检组长张绪新。设有办公室、综合科、人教科、财政金融审计科、经济责任审计分局（行政事业审计科）、审计一分局（社会保障审计科）、审计二分局（农业与资源环保审计科）、审计三分局（经贸审计科）、投资审计分局（固定资产投资审计科）。

审计成果　完成审计项目 85 个，查出违规金额 160773 万元，其中违规金额 4831 万元，损失浪费金额 384 万元，管理不规范金额 155558 万元。提交审计工作报告、信息 69 篇，被采用 13 篇。

财政审计　一是以人大批复的预算为基准，核实预算收支执行情况。二是以上级专项资金以及财政部门代政府掌管的资金为主线，核实预算暂存暂付情况。三是对预算资金大户开展部门预算执行审计。四是以提高管理水平为目的，找出预算管理中存在的问题。预算执行审计工作报告得到了市人大常委会的充分肯定。

行政事业审计　完成 3 个行政事业单位财务收支审计。通过审计，揭示问题，维护国家的财经秩序，促进财务管理的加强和国有资产保值增值。

农业与资源环保审计　完成汉江流域水污染防治资金审计项目。同时，针对全市废水排放量逐年上升，城市集中式饮用水源存在安全隐患，环保资金地方财政投入不足、征收不到位，管理使用不规范等问题，从政策、制度、体制、管理等方面进行分析产生问题的原因，提出整改意见和建议。

固定资产投资审计　共审计工程决算项目 135 个，送审造价总额 16839 万元，审减工程造价 2210 万元，审减率为 13.2%。预算审核项目 34 个计 2650 万元，审减预算造价 899 万元，预算审减率达 33.93%；以上两项共节约造价资金 3109 万元。标底编制及审核项目 10 个计 19446 万元。为政府拨付资金提供真实依据，进行征地面积核实，农作物核量，隐蔽工程测量等事前事中工作并出具审计报告 57 份次；进行多达 630 余人次跟踪审计，并从法规、制度、管理、经济效益、监督、人员素质等方面向政府或其主管部门提出建议 10 余条。

企业审计　完成潜盛、汇桥、城投、投资等政府投资“四大公司”的财务收支审计和投资风险分析，提出审计建议，促进财务管理的加强和国有资产保值增值。

外资运用审计　由省厅统一组织，对利用世行贷款结核病控制项目和林业持续发展项目财务收支情况进行审计。以促进项目单位合理、有效地利用国际金融组织贷款和国内配套资金为目标，对项目单位执行国家法规和贷款协定的事项，本着客观公正、实事求是的原则，如实揭露和处理项目执行中存在的有关问题，促进项目单位遵守国家财经法规和项目协定，建设资金合规、有效地使用，加强质量监督，提高投资效益。

经济责任审计　完成 15 个乡镇、17 个市直部门和 18 个副科级二级单位领导干部经济责任审计，上报单项审计报告 50 份，汇总结果报告 3 份。

专项资金审计（调查）　组织开展五项社保基金审计、耕地开垦费和土地整理项目资金审计、政府还贷二级公路债务审计、村级债务审计调查清理、县乡医疗体系建设及经费管理使用情况审计调查、国际金融危机对中小企业影响状况的审计调查、扩大内需中央专项资金审计调查、新型农村合作医疗基金审计、汶川地震灾后重建跟踪审计。对 15 个镇处财管所、经管站、农村会计服务中心及各零户统管单位账户、印鉴、账目、现金及银行存款、审批程序、票据等情况进行财务检查。对园林、泽口、张金 3 个经济开发区使用基础设施建设费、征地拆迁补偿费等资金管理运用情况进行审计调查。

内部审计　组织 17 名内审人员参加了省内审协会后续教育培训，组织 4 名人员参加了国际注册内部审计师考试的报名工作。完成了省内审中心安排的国际金融危机对中小民营企业的影响情况调查。

（撰稿人：汪海滨）

【神农架林区审计局】　2009 年，神农架林区审计局在编 21 人。局长张福旺，副局长刘忠君、许贵国。设有办公室、法规科、财政金融审计科、经贸审计科（与经济责任局合署办公）、行政事业与外资运用审计科、农业与资源环保审计科、固定资产投资审计科（与政府投资项目审计局合署办公）。另设林区经济责任审计局、政府投资项目审计局。

审计成果　完成审计项目 37 个，查出违规资金和管理不规范金额 35521.46 万元，审计处理应缴财政 48.01 万元，向纪检机关移交案件线索 1

起，提交审计工作报告、信息、审计情况专报及调研文章157篇，被批示、采用96篇。

财政审计 组织开展林区2008年财政预算执行及其他财政财务收支审计，林区地税局2008年度税收政策执行审计以及统计局、人防办、发改委、商务局、粮食局、安监局、科技局、农业局八个区直部门的部门预算执行审计，国土资源局、劳动局、人民防空办和矿产资源管理办、低丘岗改造项目四个财务收支审计，松柏镇、阳日镇两个乡镇的财政决算审计，气象局低温雨雪冰冻灾后恢复重建项目和气象局业务办公用房财务决算审计。查出各类违纪违规及管理不规范金额27993.57万元。

固定资产投资审计 组织实施第一人民医院住院部改造工程、松柏城区防洪一期工程、更生桥和岭口子桥新建工程、木鱼污水处理厂工程、武警中队综合楼工程、神农酒店四号楼工程、木鱼垃圾处理厂工程、疾控中心实验大楼工程、2009年度中小学校舍安全工程、2009年十大重点工程及新增中央投资项目10个项目的审计工作，审减工程造价557.66万元，为政府节约了大量建设资金。此外，积极开展跟踪审计，开展阳杜公路、武神公路和松柏供水工程三个跟踪审计项目，提出整改意见20余条。

经济责任审计 组织实施林区人民政府办公室、人民医院、交通局3个单位主要领导离任经济责任审计，查出违纪违规和管理不规范金额107.89万元。

专项资金审计（调查） 开展世行贷款和英国赠款结核病控制项目审计、五项社会保险基金审计、2008年度“旅农林”产业链资金审计、2007～2008年财政扶贫专项资金审计、粮食局企业改革改制资金收支审计、2007～2008年县乡医疗体系建设及经费使用情况专项审计调查。查出违纪违规金额2348.1万元。（撰稿人：王玉兰）

【恩施土家族苗族自治州审计局】 2009年，恩施土家族苗族自治州审计局在编44人。局长张安俊，副局长周立春、李东平、杨清利、徐青安（11月—），纪检组长何家祥，调研员程华，助理调研员向东红、王永一。设有办公室、综合与法规科、行政事业与社会保障审计科、农业与资源环保审计科、经贸审计科、财政金融审计科、固定资产投资与外资审计科、国家建设项目审计科，2009年7月新增信息科、社保审计科，另设有经济责任审计局。

审计成果 完成本级审计项目29个，其中4个审计调查项目，查出违规金额627万元，管理不规范金额9.81亿元，审计发现侵害人民群众利益金额953万元，应归还原渠道资金4.0亿元，应调账处理金额2983万元；审计挽回损失482万元，为财政增收节支482亿元，已归还原渠道资金3.11亿元。审计提出建议66条，被采纳41条。全年共提交审计信息、报告211篇，被采用85篇（次）。

经济责任审计 对13名领导干部进行经济责任审计，查出管理不规范金额3.74亿元。

专项资金审计 在专项资金审计（调查）中，重点揭露损失浪费或效益低下等问题。审计专项资金总额21.92亿元，违规改变项目计划和资金用途370万元，应缴未缴专项资金122万元，未纳入财政专户管理6733万元，审计发现侵害人民利益262万元。

内部审计 内审机构11个，内审人员36人，完成项目143个，查出损失浪费金额790万元，增加效益191万元。建议、意见被采纳94条。

（撰稿人：邓梅娇）

2009 年湖北省所辖区、县(市)级审计工作统计表

金额单位:万元

审计机关	完成审计项目(个)	查出违规金额	应上缴财政	应减少财政拨款或补贴	应归还原渠道资金	应调账处理金额	移送司法、纪检部门处理事项(件)	建议有关部门处理(件)	出具审计报告和审计调查报告(篇)	提出审计建议(条)	撰写审计信息(篇)
武汉市											
武汉市本级	56	73671	28530		50675	74844	8	8	56	162	173
江岸区审计局	37	929	2			520			37	110	50
江汉区审计局	29	16546	120			1484			29	92	46
硚口区审计局	29	4610	1			650			29	79	27
汉阳区审计局	28	50			8860	6751			28	64	32
武昌区审计局	27	430					15549			71	54
青山区审计局	22	5160				4698			22	47	10
洪山区审计局	25	2356	12		390	1953			25	55	64
东西湖区审计局	24	17535			2	922			24	83	12
汉南区审计局	17	35669	417		789	655			17	53	47
蔡甸区审计局	86	17711							86	248	93
江夏区审计局	28	3461	17				1	1	28	87	52
黄陂区审计局	22	216	1		1	38			22	75	28
新洲区审计局	65	1007	1184	3042	145	3395		1	90	94	28
十堰市											
十堰市本级	80	34862	1054	519	10228	50916			80	174	350
茅箭区审计局	16	1381			156	1873			16	30	15
张湾区审计局	29	187	10		13	74			29	29	16
丹江口市审计局	42	7927	64		977	2162	2		42	42	98
郧县审计局	73	18655	291	828	1855	15595			73	136	161
竹山县审计局	37	8673	36						37	54	116
房县审计局	47	7753	68	26	2468	4904		1	47	60	52
郧西县审计局	25	690	54		307	184			25	30	166
竹溪县审计局	34	5543	26		47				34	34	234
襄樊市											
襄樊市市本级	30	116777	3033		3879	26179	3		68	160	306
襄城区审计局	36	3844	12		208	10			36	123	15
樊城区审计局	30								30	73	10

（续表）

审计机关	完成审计项目(个)	查出违规金额	应上缴财政	应减少财政拨款或补贴	应归还原渠道资金	应调账处理金额	移送司法、纪检部门处理事项(件)	建议有关部门处理(件)	出具审计报告和审计调查报告(篇)	提出审计建议(条)	撰写审计信息(篇)
襄阳区审计局	42	9988	66		1331	405			42	125	191
老河口市审计局	16	9125	77		1136	328			15	58	337
枣阳市审计局	11	2699	16		606	1517			11	28	254
宜城市审计局	20	5754	441		251	167			29	67	304
南漳县审计局	45	4502	43		684	339			45	103	240
谷城县审计局	14	422			316	106			14	11	165
保康县审计局	26	1941	42		602	1929			26	69	340
荆门市											
荆门市本级	192	2009	178		5518	1534	3		99	96	553
东宝区审计局	62				40	1933			62	106	129
掇刀区审计局	58	324	16		142				62	89	21
钟祥市审计局	45	2042	50		1462	1309			45	76	133
沙洋县审计局	74	4450	8						74	116	80
京山县审计局	54	2088	80						42	74	172
孝感市											
孝感市本级	112	79167	126	101	43392	6370			117	281	146
孝南区审计局	80	4822	94		2531	104			80	151	35
应城市审计局	39	3445	50		763	1676			39	142	100
安陆市审计局	33	3024	95		100	4			41	86	110
汉川市审计局	47	5074	907		2737	10777		1	52	123	225
孝昌县审计局	58	6517	85		2404	548	2		58	138	152
大悟县审计局	41	1364	25		426		1		42	111	108
云梦县审计局	25	437	16		17550	1218			25	60	115
黄冈市											
黄冈市本级	46	2775	72		164	2892			46	147	91
黄州区审计局	17	14597	1503	825	342	1386	2	0	45	128	283
麻城市审计局	45	13680	180	1560	500	3000		3	45	20	80
武穴市审计局	18	1012	22						18	58	18
红安县审计局	92	4243	67		388	2658	1		92	62	120
罗田县审计局	53	40610	120		550				53	159	71
英山县审计局	45	1510	96		188	47			45	50	75
浠水县审计局	67	8720	150		161	14			56	176	288
蕲春县审计局	74	6319	350	216	1360	1920	1	2	76	196	204

（续表）

审计机关	完成审计项目（个）	查出违规金额	应上缴财政	应减少财政拨款或补贴	应归还原渠道资金	应调账处理金额	移送司法、纪检部门处理事项(件)	建议有关部门处理(件)	出具审计报告和审计调查报告(篇)	提出审计建议(条)	撰写审计信息(篇)
黄梅县审计局	94	17814	86	86	11	1907			19	194	163
团风县审计局	28	2967	68	466	122		2		83	208	97
鄂州市											
鄂州市审计局	166	14070	5403	27	900	4991			165	322	289
鄂城区审计局	7	164	21		27	95			7	6	15
梁子湖区审计局	10	53	5						10	5	12
华容区审计局	42	560	11						42	126	12
黄石市											
黄石市市本级	112	59471	518	217	1703	12026	3	2	112	306	244
下陆区审计局	23	2125	205	20	125	765	0	2	23	48	25
黄石港区审计局	34	8900	21	20	1560	6000	0	2	34	50	23
西塞山区审计局	23	374	1						23	26	20
铁山区审计局	23	1607	845	170	3241	1550			23	28	31
大冶市审计局	71	18646	91						71	90	126
阳新县审计局	38	4230	213	546	1740	632	1	3	47	124	93
咸宁市											
咸宁市本级	39	178	24		3418	3067			24	49	85
咸安区审计局	43	7590	109		2478	2174			43	346	44
赤壁市审计局	24	22008	61						24	69	192
嘉鱼县审计局	5	242	63						5	20	23
通城县审计局	39	6994	95		490	477	1		39	79	132
崇阳县审计局	18	2154	20			150			17	40	120
通山县审计局	29	9636	180		2199	1493			29	103	130
荆州市											
荆州市本级	31	90089	181		12255	5104			31	105	93
沙市区审计局	17	192	20			4315			16	53	46
荆州区审计局	33	1004	318		594	2644			33	50	120
石首市审计局	35	1519	92		554	44			30	80	59
洪湖市审计局	28	38041	182		750	386			28	66	100
松滋市审计局	76	17405	118						76	179	33
江陵县审计局	10	1005	1		92	290			17	37	52
公安县审计局	24	1313	151			2557			27	45	156
监利县审计局	28	9051	46		632	203			11	46	166

（续表）

审计机关	完成审计项目（个）	查出违规金额	应上缴财政	应减少财政拨款或补贴	应归还原渠道资金	应调账处理金额	移送司法、纪检部门处理事项（件）	建议有关部门处理（件）	出具审计报告和审计调查报告（篇）	提出审计建议（条）	撰写审计信息（篇）
宜昌市											
宜昌市本级	45	105429	28387		9813	32486			45	102	140
西陵区审计局	19	0							19	44	15
伍家区审计局	7	26				12			7	11	11
点军区审计局	22	46	2		26				22	26	60
猇亭区审计局	23	0				124			23	24	22
夷陵区审计局	47	2876	39317	2726		1845			47	79	98
枝江市审计局	17	32579	3004	16	254	17707			17	38	20
宜都市审计局	26	14193	1418	517	1378	9038			26	70	101
当阳市审计局	39	11557	221		7420	3870			39	63	290
远安县审计局	10	329			329				10	34	156
兴山县审计局	17	30733	2057		59	27609			17	40	30
秭归县审计局	79	5721	316		64				79	54	223
长阳土家族自治县审计局	36	2193	281						36	79	130
五峰土家族自治县审计局	11	771	687		834	172			11	28	59
随州市											
随州市本级	124	15023	477	258	546		3		294	229	234
曾都审计局	15	450							6	10	19
广水审计局	35	4200							35	16	40
恩施土家族苗族自治州											
恩施土家族苗族自治州本级	29	627	10		40000	2983			29	66	211
恩施市审计局	19	609	27		42364	1910			19	65	204
利川市审计局	18	23019	46		5431	27496			18	32	18
建始县审计局	19	2368	2227		50	285			19	61	102
巴东县审计局	38	588	527		1189	268	1		38	62	137
宣恩县审计局	11	883	493		5021	153			11	38	168
咸丰县审计局	12	1313	1313			10			12	21	64
来凤县审计局	19	36			53	12194			19	32	14
鹤峰县审计局	60	75	5		10	25			60	83	183

湖南省

【湖南省审计厅】　2009年，湖南省审计厅定编279人，在编253人。设有办公室、法制处、审理处、财政审计处、金融与社会保障审计处、行政事业审计处、经贸审计处、农业与资源环保审计处、固定资产投资审计处、外资运用审计处、经济责任审计处、人事教育处、机关党委、纪检组、监察室、综合计划处、审计执行处。另设有财政审计二处、经济责任审计二处及三处等10个审计处、计算机审计管理处、离退休人员管理处、机关后勤服务中心。还设有省内部审计指导中心、国外贷援款审计服务中心、省审计科研所和省审计厅张家界招待所。

领导成员

厅　　长：唐会忠

副 厅 长：罗良葆　胡吉祥　刘崇斌

　　　　　王建军　张晓菊

总审计师：陈庆林

纪检组长：王小华

审计成果　全省审计机关对5683个单位进行审计，对440个单位开展审计调查，查出违规金额160.7亿元，损失浪费金额8.7亿元，上缴财政3.8亿元，促进财政增收节支15.2亿元。同时，坚持以提升审计人员依法审计的能力和素质为核心，积极推进各项基础建设，取得明显成效。

扩内需政策落实情况审计　全省审计机关紧紧围绕促进经济平稳较快发展这条主线，把促进中央和省委、省政府各项政策措施的落实作为审计工作的重点，把是否有利于促进经济平稳较快发展作为揭示问题、分析原因、作出处理、提出建议的重要标准。省审计厅预算执行审计关注国家积极财政政策的贯彻情况，高速公路跟踪审计关注扩大内需投资政策的实施效果，领导干部经济责任审计关注国家宏观调控政策的落实情况，专项资金审计和审计调查等项目关注扩大内需资金的分配、拨付和落实情况，及时反映落实扩大内需政策过程中出现的新情况和新问题。各级审计机关按照党委、政府的要求，普遍加强对扩大内需政策措施落实情况的监督检查。省审计厅充分发挥纪检、监察、审计三家联合整改督查机制的作用，专门派出检查组先后三次参与全省扩内需保增长政策执行情况的监督检查，促进各项宏观政策措施的有效落实。

财政审计　全年共审计（调查）部门单位504个，查出违规金额46亿元，应上缴财政2.7亿元，已上缴财政1.3亿元。主要特点：一是注重突出重点。各级审计机关围绕资金分配和预算管理这条主线，突出对重点领域、重点环节以及政策执行的审计。省审计厅在对12个部门及其所属单位的预算执行审计中，以全部政府性资金为主线，突出“惠民资金”审计的主题，促进各项惠民政策的落实。二是注重分析研究。各级审计机关从体制、机制的层面加强分析研究，提出有针对性和前瞻性的建议。省预算执行审计结果报告，提出完善预算编制、加强专项收费和基金管理、规范社团组织管理、提高专项资金使用效益等4条建议，得到省政府的充分肯定。三是注重推动整改。各级审计机关坚持把审计期间推动部门自查自纠与审计后的督促全面整改相结合，收到较好成效。省本级预算执行审计查出违规问题金额已基本得到纠正。全省财政决算审计加强对转移支付资金使用、政府负债情况的检查，注意揭露和反映财政体制缺陷、财政收支矛盾、财源增长乏力等问题，在推动优化财政支出结构、完善财政管理机制、防范财政风险等方面发挥积极作用。

经济责任审计　全省对1722名党政领导干部和国有企业领导人员进行经济责任审计，查出违规金额25.8亿元、损失浪费金额1925万元，其中领导干部负直接责任问题金额2.3亿元。省本级在组织实施的18名省管领导干部和国有企业领导人员任期经济责任审计中，关注领导干部决策失误造成的损失浪费问题，关注资源环境的保护和利用，在促进领导干部增强贯彻落实科学发展观的自觉性和坚定性等方面发挥积极作用。

固定资产投资审计　全省共对1767个建设项目进行审计，核减投资额28.5亿元，审计后挽回和避免损失2.6亿元。省审计厅在对14条高速公路的跟踪审计中，采用自身审计力量与社会审计资源相结合、现代远程审计技术与现场审计监督相结合的方式，对工程的设计、施工、监理等环节实施全过程监督，以跟踪审计意见单的形式向相关项目公司和施工单位提出审计建议四百多条，纠正施工单位不合理合同清单报价和核减施工单位多报工程计量3.18亿元；在对四川理县灾后恢复重建项目的跟踪审计中，派出审计人员常驻理县开展工作，及时发现和预防各种风险，为理县灾后恢复重建发挥应有的作用。

专项资金审计 全省审计机关加强对民生工程和资金的审计监督。省审计厅重点实施生猪养殖专项资金补助、农业保险、政府投资建设保障性住房、部分中等职业学校国家助学金等十多项专项资金审计和审计调查，着力检查各项资金管理、使用情况和有关政策措施落实情况，促进发挥资金效益，促进党和政府的各项惠民政策落到实处。特别是在生猪养殖专项资金补助审计调查中，既提出了进一步完善生猪生产政策、提高生猪生产资金使用效益等方面的建议，促使有关部门及时制定关于加强生猪生产财政补贴专项资金管理的文件，同时又对生猪养殖过程中造成的环境污染问题予以高度关注，专题上报审计要情，引起有关领导的高度重视；在农业保险专项审计调查中，重点关注各级政府财政补贴资金和保险赔付是否及时足额到位，针对调查发现的问题，提出增强农民风险管理意识、加强农业保险制度建设、促进农业产业结构调整和新农村建设等方面的建议。株洲、衡阳、益阳、娄底、岳阳、郴州等地分别对政府保障性住房资金、住房公积金、新型农村合作医疗资金、残疾人就业保障金、社保资金等进行审计或审计调查，受到当地政府的高度重视和广大群众的普遍好评。根据审计署授权，组织对中德合作湖南扶贫项目、结核病控制项目等16个外资运用项目开展公证审计，对农业科技项目、湖南城市防洪项目2个国外贷援款项目开展绩效管理审计，在审计中关注外资利用的总规模、外资利用的经济效益和社会效益，在推动提高外资利用水平等方面发挥积极作用。

金融和企业审计 各级审计机关高度关注金融危机大背景下国家经济和国有资产安全，有重点地选择一些金融机构和国有企业开展审计或审计调查。重点组织实施全省农村信用社行业审计和湖南有色金属控股集团有限公司资产负债损益情况的审计。全省农村信用社行业审计，指出资产质量、财务管理、业务经营等方面存在的问题，提出抓紧制定农村信用社应对金融危机的措施、加快推进农村信用社股份制改造进程等建议。有关部门出台十多个规范性文件。湖南有色金属控股集团有限公司资产负债损益情况审计，关注企业国有资产安全，关注企业节能减排降耗，关注企业的可持续发展，并针对企业信息安全中存在的严重隐患专题上报审计要情，省长十分重视，批示有关部门要切实防范企业信息安全问题。

基础建设 （1）各级审计机关坚持深化干部人事制度改革，加强干部培训，提升队伍素质。省审计厅坚持严把进人关口，完善干部任用机制，实行审计实务导师制，促进干部队伍结构的优化，并注重加强审计业务培训，先后举办了计算机审计、工程造价审计等培训班，为全省培训审计干部360多人次。市州审计机关领导班子建设进一步加强，审计干部政治素养和专业水平进一步提高。各级审计机关坚持从教育和制度两方面着手，着力推进党风廉政建设，从严治理审计队伍：通过开展正面示范教育、反面警示教育等活动，从思想上筑牢了审计干部拒腐防变的基础；通过落实审前承诺制、审后回访制等一系列廉政规定，促进审计干部廉洁从审。（2）各级审计机关注重建立健全科学的审计业务管理机制，推动审计资源的进一步优化配置。省审计厅在大力推行审计权能“四分离”管理模式的基础上，进一步明确审计业务流程，制定审计质量控制规程，细化相关操作程序，率先在全省党政机关推行行政成本控制，实行外勤经费自理，全面执行新的审计纪律“八不准”，割断与被审计单位一切经济联系，并充分发挥纪检监察部门的职能作用，加强对执行审计纪律情况的外部监督，真正做到从源头上推动廉洁从审。（3）积极推进“金审工程”建设，《审计管理系统》（OA）和《现场审计实施系统》（AO）在审计工作中得到广泛运用，已连续两年被审计署评为计算机审计专家经验征集活动“优秀组织单位”。省审计厅完善审计专网和审计内网安全措施，实现与审计署网络的广域互联和审计会商系统的联通。省及大部分市县审计机关基本实现办公自动化，业务流程无纸化，提高办事效率，节约办公成本。积极组织业务骨干通过强化培训参加审计署计算机审计中级水平考试，有14

人全科通过，带动整个审计队伍计算机水平的提高。省审计厅自主开发的《财政收支数据库数据采集系统与审计分析模型》软件，已由国家版权局予以版权登记，颁发著作权证书，并获得 2009 年度湖南省科技进步二等奖。（撰稿人：廖湖波）

【长沙市审计局】 2009 年，长沙市审计局人员编制 105 人，在编 98 人。局长刘景旺，副局长刘金文、段安娜、邓国浩、黄永健、彭保刚（8 月—），总审计师关士麟，纪检组长赵志强。设有办公室、法制处、财政审计处、金融与社会保障处、行政事业审计处、农业与资源环保审计处、经贸审计处、外资运用审计处、人事教育处、计算机审计管理处、机关党委内部审计指导处、经济责任审计局。直属局政府投资审计专业局、派驻机构长沙市监察局、派驻市审计局监察室。

审计成果 长沙市共完成审计项目 1436 个（含政府投资审计项目），查出违规金额 12.1 亿元，管理不规范金额 160.8 亿元，上缴财政 7319 万元，核减政府投资金额 18.6 亿元。其中市审计局完成审计项目 1186 个（含政府投资审计项目），查出违规金额 8.3 亿元，管理不规范金额 134.7 亿元，上缴财政 5727 万元，核减政府投资金额 18.4 亿元。审计报告、信息、要情等被上级审计机关和长沙市委市政府采用、领导批示 62 篇（件），提出的审计建议得到相关部门的重视和采纳。年初，长沙市审计局向市政府提交《关于 2008 年审计工作中发现的一些共性问题和重大问题的综合报告》，政府常务会议通报相关情况，并由财政、监察和审计等部门组成联合督查组，对问题所涉及部门和单位进行专项督查，促进相关问题的及时整改。移送司法机关、纪检监察部门案件线索和事项 3 件，上缴财政金额和审计核减金额均创历史最高水平。长沙市审计局继年初获得湖南省文明单位之后，年底又荣获全国审计系统先进集体。

预算执行审计 首次实行“政府主持集体进点”，由市政府组织被审计单位主要负责人召开预算执行审计集体进点会，市长向被审计单位提要求，节约了审计时间和成本，凸显审计监督的重要性。审计范围从以往部门自身使用的财政资金，扩大到部门能够掌握或参与分配管理的所有财政资金，实现对财政资金的全过程、全方位监督。结合市本级预算执行审计，长沙市审计局对 54 家行政事业单位国有资产管理、使用、处置情况进行审计调查，调查结果得到长沙市委、市政府高度重视，从 9 月开始，由市纪委牵头，财政、审计等部门参加，对全市 67 个系统 544 家行政事业单位的国有资产进行全面清查，为健全和完善管理机制，防范流失风险发挥积极作用。

交办及经济责任审计 完成市委、市政府和市领导交办审计事项 8 件，完成省审计厅组织的行业审计和专项审计 8 项。对 108 家单位 149 名经济责任人进行审计，其中市审计局审计 24 家单位 37 名经济责任人。结合经济责任审计，对长沙市工业园区可持续发展状况进行专项审计调查，及时向市领导和相关部门反映问题、提出建议，市委书记、市长等领导均作了重要批示，要求相关部门进行认真研究，进一步整合园区资源、规范招商行为、提高投资效益、推进可持续发展。

固定资产投资审计 完成工程结算、招标控制价和预算审计项目 1057 个，送审金额 153.7 亿元，审定金额 135.3 亿元，核减 18.4 亿元，取得良好的经济效益和社会效果。结合审计工作实际，推动长沙市政府出台了《长沙市政府投资建设项目审计监督办法》《长沙市财政公共项目绩效评价实施细则（试行）》等规范性文件，为加强政府投资审计监督，优化财政支出结构发挥了积极作用。对 47 个重点工程项目开展全过程跟踪审计，及时发现和反映项目超概算、招投标不规范、虚报工程量等问题，一些重大项目审计效果显著。宁乡县、浏阳市、芙蓉区成立归口审计机关管理的政府投资审计中心，提高投资审计工作成效。

相关工作 对审计业务工作的各项规章制度进行了清理、修改和完善，形成新的《长沙市审计局审计业务控制规定》，为促进审计业务的规范化、制度化奠定了基础。深入开展以“一项高质量审计调研成果、一种审计技术与方法创新、一个优秀审计项目”为核心的“三个一”活动，完成调研课题 23 项，撰写审计论文 30 多篇，其中《加强政府投资建设项目管理的思考》入选全市学习实践科学发展观活动成果汇编并在《中国审计报》发表，11 个项目获得审计署 AO 应用实例奖，其中《经济责任审计中对往来款项的审计》

项目，是审计署评选中全省唯一的优秀奖。在长沙市委、市政府绩效考核中，市审计局优质高效完成了各项考核指标，被评为一等班子。

（撰稿人：何铁军）

【张家界市审计局】 2009年，张家界市审计局人员编制27人，在编27人。局长吕毅，副局长廖祖健（—4月）、曾维生（4月—）、宋德元、李文化，总审计师汤敬丁，纪检组长彭英。设有办公室、法制科、监察室、财政金融和社会保障审计科、行政事业审计科、经贸和外资审计科、固定资产投资审计科、张家界市领导干部经济责任审计处。

审计成果 全年共完成审计及专项审计调查项目45个，查出违纪违规和管理不规范金额9.6亿元，决定解缴财政3754万元，出具审计报告45份，提出审计建议117条。张家界市审计局由办公室、法制科牵头从市编办、市工商局、市财政局等部门搜集相关信息，摸清市本级审计监督对象共计211个，建立了比较完备的审计对象数据库，为科学编制年度审计项目计划打基础。

根据张家界市审计工作的现状，由张家界市审计局提出并报经市政府领导同意，决定从2009年开始，力争通过三年的努力，对应当纳入审计监督范围而长期没有审计的行政事业单位及其独立核算的二级机构、国有及国有控股企业、使用财政资金的社会团体、各种专项资金（基金）管理机构进行一次全面审计。2009年，将张家界市人大机关、张家界市政协机关、中共张家界市委宣传部、中共张家界市委统战部、中共张家界市委政法委五个领导机关的财政收支情况进行首次审计，针对审计发现的违规发放津补贴、收支票据不规范等问题提出审计建议，取得良好效果。

预算执行审计 张家界市审计局在财政预算执行情况审计中，树立并践行了收入、支出审计并重的理念，集中全局力量，对128家市直行政、企事业单位的个人所得税代扣代缴情况进行审计调查，提高市直各单位的个人所得税代扣代缴意识，促进税务部门加大对个人所得税的征管力度，个人所得税全年入库2557.89万元，较2008年度的1534.44万元增加1023.45万元，增长66.7%。

固定资产投资审计 完成张家界市广电中心暨宣传文化中心建设工程竣工决算审计等13个项目，在工程监理单位、建设单位和投资单位对工程造价审核审减的基础上，共审减工程造价5465.19万元，审减率达11%。为政府节约建设资金，反映了审计机关和审计人员任劳任怨、敬业奉献的精神。

经济责任审计 张家界市审计局积极与组织部门衔接经济责任审计项目计划，根据组织部门下达的审计委托书，到纪检监察部门了解被审计对象廉政纪律执行情况以及被审计单位信访等事宜，为审计工作提供导向。在审计进点时，邀请组织部门和纪检监察部门的人员参加，开好审计进点会，引起被审计对象和被审计单位对经济责任审计工作的高度重视。重要审计项目现场审计结束后，邀请组织、纪检部门的人员参加集体审定会议，听取和吸纳这些部门同志的意见和建议。通过部门之间的充分协作，及时交流工作信息，促进审计成果的运用。

相关工作 （1）张家界市审计局结合审计工作实际，制定并实施《审计业务简易工作程序》，使工作效率大大提高，得到审计署和省审计厅的肯定；结合《湖南省国家建设项目审计监督办法》的实施，制定《国家建设项目审计业务操作规程》，进一步规范国家建设项目审计程序，填补了操作制度上的空白；针对基础工作薄弱、工作中随意性强、审计质量不高的现状，组织人员对业务工作中容易忽视的一百多个问题进行全面梳理，并在此基础上出台《关于进一步规范审计业务操作相关事项的通知》，促使审计人员进一步关注审计质量。经2009年湖南省审计质量检查，张家界市的审计工作质量已由湖南省市州排名最后上升至全省中游行列。

（2）确定"市第二人民医院原院长蒋作新任期经济责任审计"、"市汽车运输有限责任公司2007～2008年资产负债损益审计"、"全市人防系统行业审计（2007～2008年）"、"市城区'四路'综合改造工程竣工决算审计"四个公告项目，涉及面进一步扩大，影响面进一步扩展。

（3）自2月中旬开始，张家界市审计局通过年初开展培训、年中树典型、年底抓考核等有效手段，促进张家界市计算机辅助审计工作的良性发展，在上报审计署的计算机审计辅助应用实例中，《慈利县公安局 2007～2008 年度财政收支审计项目》获鼓励奖，《慈利县农村信用合作联社 2008 年度资产负债损益审计》获应用奖。

（撰稿人：李美林）

【常德市审计局】　2009 年，常德市审计局人员编制 61 人，在编 60 人。局长吴让晓，副局长陈友康、李新辉、刘光华、李卫、张峰、谷素君、周罗生、聂国骏，总审计师李卫（兼），纪检组长王金华。设有办公室、综合计划科（加挂内部审计指导科牌子）、审理科（加挂法制科牌子）、执行科、人事教育科、监察室、查证一科、查证二科、查证三科、查证四科、查证五科、经济责任审计室、派出机构审计室（直属事业单位）。

审计成果　常德市审计机关完成审计项目 593 个，查出违规金额 68572 万元，管理不规范金额 121264 万元，损失浪费金额 2262 万元，其中应上缴财政 2251 万元，应归还原渠道资金 21529 万元，应调账处理金额 25115 万元；已上缴财政 2199 万元，已归还原渠道资金 20841 万元，已调账处理金额 24889 万元。向司法机关、纪检监察机关和有关部门移送处理案件、事项 27 件，涉案人员 34 人，涉案金额 1648 万元。提交审计工作报告、信息 232 篇，被采用 143 篇。

财政审计　审计单位 50 个，查出违规金额 14264 万元，查出管理不规范金额 43227 万元，决定收缴 204 万元。市本级“同级审”工作报告在《常德日报》公布。

专项资金审计　审计单位 58 个，审计专项资金总额 294820 万元，共查出违规金额 8299 万元，经审计处理上缴财政 240 万元，审计后挽回损失 198 万元。

行政事业审计　审计单位 390 个，查出违规金额 33733 万元，决定收缴 1218 万元，责令归还原渠道资金 8428 万元。

固定资产投资审计　审计 72 个固定资产投资单位，审计项目投资总额 76829 万元，查出违规金额 11206 万元，审减工程投资总额 10018 万元，决定收缴 411 万元。

外资运用审计　审计 3 个国外贷援款单位。

企业审计　审计单位 15 个，查出违规金额 867 万元，管理不规范金额 5585 万元，决定收缴 59 万元。

经济责任审计　共对 201 个单位的 233 名党政领导干部进行任期经济责任审计。查出违规金额 15312 万元，管理不规范金额 23282 万元。

内部审计　开展审计项目 6534 个，查出损失浪费金额 8028 万元，发现大要案线索 8 件，提出建议意见被采纳 2347 条，建议给予行政处分 22 人，移送司法机关处理 7 人。（撰稿人：邹爱娟）

【益阳市审计局】　2009 年，益阳市审计局人员编制 52 人。局长刘凌云，副局长李建勋、谭超美、叶立飞、刘俊科，总审计师潘俊高，纪检组长张松斌。设有办公室、法规科、人事教育科、经贸外资审计科、固定资产投资审计科、农业和资源环保审计科、行政事业审计科、财政金融审计科，下设市领导干部经济责任审计局、益阳高新区审计特派办、大通湖管区审计特派办。

审计成果　益阳市审计机关共完成审计项目 538 个，查出违规金额 52743 万元，其中应上缴财政 2400 万元，应减少财政拨款或补贴 8249 万元，应归还原渠道资金 7234 万元，应调账处理金额 37260 万元；已上缴财政 2400 万元，已减少财政拨款或补贴 8249 万元，已归还原渠道资金 7234 万元，已调账处理 37260 万元。移送纪检、司法机关案件处理事项 3 件。提交审计工作报告、信息 669 篇，被采用 598 篇。通过审计揭露和纠正违法违规问题，促进被审计单位整改，加强资金管理风险防范，较好地发挥审计监督的“免疫系统”作用。益阳市审计局在市直单位绩效管理考核中被评为优秀单位。

财政审计　益阳市审计局在 2008 年度市本级财政预算执行情况审计中，主要审计市财政局具体组织执行市本级预算情况，市地税局税收征管情况，高新区、大通湖区财政预算执行情况、市公安局、市粮食局等部门预算执行情况，并对市房管局管理的住房维修基金和廉租房建设资金的征收、管理、使用情况以及市就业管理处管理的失业保险和再就业资金的征收、管理和使用情况状况进行审计。发现财政预算管理中存在的预算约束力不够强、预算执行存在随意变更、不按预算拨付资金、个别部门违反财经纪律等问题，反映市本级财政调控能力较弱等情况，提出调整完善财政管理体制，合理扩大市级收入范围，增强市级财政调控能力等建议，得到市人大和市政府领导的肯定。各区、县（市）审计机关都高度重视财政“同级审”工作，根据本地实际情况，改进审计方法，加大审计力度，突出监督重点，有针对性地提出审计建议。市审计局对资阳区、南县进行财政决算审计，重点加强对转移支付资金使用、专项资金管理使用情况的检查，促进区、县（市）进一步加强对财政资金的管理。

行政事业审计　重点对益阳市第一中学、益阳市委党校、益阳市园林绿化管理处、益阳市农科所等主要领导任职时间较长或资金规模较大的单位进行财政财务收支审计，在促进各单位严格遵守财经纪律，合理使用财政资金，提高经济效益等方面发挥积极的作用。

固定资产投资审计　益阳市各级审计机关进一步加强对政府投资重点建设项目的审计监督，开展建设项目审计 192 个，审减工程造价 7949 万元。益阳市审计局对政府投资的 38 个市政建设项目进行工程造价决算审计，同时对益阳市东部新区基础设施建设工程、资江防洪大堤、梓山湖主题公园公益部分、中心医院外科大楼等重大建设项目开展跟踪审计，对部分行政事业单位的重要基本建设项目进行审计监督，核减工程造价 1240 万元，对一些建设项目超预算、超规模、超标准，招投标程序不规范、预算不细化，随意变更预算和设计方案，施工合同不规范等问题提出处理意见。

专项资金审计　开展中等职业学校国家助学金专项审计、住房公积金审计、政府保障性住房资金管理情况和住房建设分配情况的审计调查，责令归还挤占挪用的专项资金八百多万元，追回虚报冒领专项资金 31 万元，督促向群众发放应发未发专项资金 249 万元。桃江县审计局在对桃花江灌区管理处水利资金审计中，发现该单位职工刘某挪用国家专项资金 500 多万元用于网上赌博和个人消费，及时移送纪检、公安等部门，协助有关部门查处该重大违法违纪案件，追回被挪用资金，挽回国家经济损失。安化、沅江、赫山、南县等审计局积极开展医疗保险金、城镇职工和农村贫困户最低生活保障金、企业养老保险金、机关事业单位基本养老保险金、新型农村合作医疗基金、防洪保安资金、农业综合开发资金、农业保险资金等专项资金（基金）审计和审计调查，及时发现问题，及时依法处理，并提出切实可行的改进意见，促进被审计单位进一步完善制度，规范管理，防范风险，得到党委、政府的充分肯定。

经济责任审计　益阳市审计机关开展经济责任审计项目 81 个，经济责任审计在完善制度、运用成果、促进依法行政、推进党风廉政建设等方面取得明显进步。益阳市委、市政府高度重视经济责任审计工作，重新修订和发布《益阳市党政领导干部经济责任审计办法》，益阳市纪委、市委组织部主要领导亲自过问经济责任审计工作，支持审计机关依法审计。推动经济责任审计由离任审计为主，逐步向离任审计与任中审计、任前审计并重转变，建立任中审计与离任审计相结合的经济责任审计机制，较好地解决经济责任审计的时效性问题。纪检机关和组织部门更加重视经济责任审计成果的运用，益阳市委组织部将经济责任审计情况纳入领导干部提拔任用考察的内容，多数区、县（市）将经济责任审计作为选人、用人的重要环节，充分发挥经济责任审计在加强干部监督、管理、选拔中的作用。

（撰稿人：尹小田）

【岳阳市审计局】　2009 年，岳阳市审计局人员编制 75 人，在编 75 人。局长谢作文（—8 月）、罗陆平（8 月—），副局长邓春初、杨如松、李星吾、陈超、丁湘平，总审计师干忠叶，纪检组长曾建国。设有办公室、法制科、人事教育科、监察室、工会、机关党委、财政金融审计科、经贸审计科、固定资产投资审计一科、固定资产投资审计二科、行政事业与社会保障审计一科、行政事业与社会保障审计二科、外资运用审计科、农业与资源环保审计科、经济责任审计科、内审协会、审计学会、开发区审计分局。

审计成果　完成审计项目 70 个，查出违规金额 4.9 亿元、管理不规范金额 3.6 亿元，审计处理应上缴财政 750 万元，已全部入库；累计核减不合理工程造价 2088 万元。提交审计报告、审计信息 186 篇，被采纳各类审计建议四百多条；向市纪委和有关部门移交经济案件线索8件，经纪委查实后移送检察机关，有3名涉案人员受到法律制裁。岳阳市审计局审计项目质量受到省审计厅的高度赞扬。市审计局被市委、市政府评为促进经济发展先进集体、社会治安综合治理先进单位、行政执法先进单位。

财政审计　完成审计项目7个，查出违规金额7898万元，管理不规范金额59857万元，已收缴财政131万元，归还原渠道资金450万元，调账处理7196万元。3～5月，全市审计机关组织精干力量对市本级财政预算执行情况进行现场审计，全面反映2008年度市本级预算执行的整体状况，如实揭露违规问题，为政府加强预算管理、人大加强预算监督发挥有效作用。审计工作报告获得市人大常委会、市政府领导的充分肯定。市政府高度重视审计查出的问题，责成有关单位进行整改，进一步规范财政预算管理。对临湘市、岳阳县、南湖风景区、屈原管理区进行财政决算审计。在审核财政收支真实性的基础上，重点关注民生资金，关注基层引税及引税成本过高等问题。

固定资产投资审计　完成投资审计项目和审计调查14个，与市发改委联合稽查项目15个，涉及资金总额11.28亿元，查出违规金额6900万元，已上缴财政303万元，累计核减工程造价2088万元。对岳阳职院新院搬迁工程、市总工会职工培训中心、市劳动局劳动力市场等9个建设项目近40个单项工程的竣工决算进行现场审计。工程总造价29752万元，在经过有关部门审核的基础上，审计仍核减不合理工程造价801万元，为国家和项目单位节约有限资金。将城建项目的政府采购及部分城建项目的投标清单报价纳入审计范围，先后审计沿湖风光带一期、二期，金鹗西路、枫桥湖路等56个项目，121个单项工程，审计核减工程造价901万元。开发区分局先后审计通海路中学等4个投资项目，核减工程造价386万元。

行政事业审计　完成审计项目20个，查出违规金额1300多万元，应上缴财政205.78万元。重点加强对“农业专项资金、社会保障基金、外资运用”等关系经济和社会发展，涉及群众切身利益的专项资金的审计监督，促使国家和省市惠民、惠农政策落到实处。2007～2008年度扶贫资金审计，延伸审计和调查20多个项目实施单位，依法查处挤占挪用扶贫专项资金等违规问题，促进资金发挥应有效益。外资运用审计，完成省审计厅交办的世行贷款卫生发展、世行贷款林业持续发展、世行贷款农业科技发展等10个项目的年报公证审计任务，达到“强化监督、如实披露、促进管理、提高质量”的外资审计目标。社保基金审计，就“未及时足额征收社会保险费、以物抵费资产未及时处置、违规开户、社保基金收入户存款年末余额未转财政专户”等违规问题，要求市劳动和社会保障局加大社保基金征缴和清欠力度、加强社保基金的监管，确保资金安全、完整。

经济责任审计　完成市领导干部经济责任审计领导小组交办的经济责任审计项目18个，查出违规金额1.2亿元，管理不规范金额3.1亿元，收缴入库128万元。对市建设局局长经济责任延伸审计时，发现下属某公司利用企业改制优惠政策，采取虚假合作开发、股权转让等手法，为房地产开发商廉价获取27亩商业住宅综合用地开发权，以及违规拆迁、违规超标准还建140套住房等问题。审计及时将此线索移送市纪委立案查处。经查明，应追回少缴土地出让金等430万元（已追回100万元）。此案由市纪委移送检察机关后，3名涉案人员受到法律制裁。

内部审计　2009年，全市审计机关按照《审计法》的要求，加强对内部审计的业务指导与监督，制定了《岳阳内部审计师协会考核办法》和《岳阳内部审计工作考核办法》，督促内部审计机构健全工作制度，促进内部审计事业健康发展。全市建立内部审计机构438个，配备内部审计人员1076人。全年完成审计项目1479个，查出损失浪费金额9575万元，促进增收节支8740万元，有23人被建议给予行政处分和经济处罚。中石化巴陵有限责任公司、岳阳电业局、市烟草局、市人民银行、市规划局、市工商局、市教育局、市公安局、市国土局等内审机构重点围绕本单位经济活动查漏洞、提建议、促管理、争效益，较好地发挥内审作用。　（撰稿人：综合信息科）

【株洲市审计局】　2009年，株洲市审计局人员编制63人，在编66人。局长侯建国，副局长杨长云、傅依全、戴勇、唐琪（—12月），总审计师邓海林，纪检组长阎敬堂。设有办公室、政工科、计算机管理中心、法制审理科、经济责任审计处、重点建设项目审计中心、财政审计科、金融与社会保障审计科、行政事业审计科、固定资产投资审计科、外资运用审计科、农业与环保审计科、经贸审计科、驻城投审计室、后勤服务中心。另设机关党委和纪检监察室机构。

审计成果　株洲市审计机关完成审计和审计调查项目 312 个，查出违规金额 45486 万元，其中处理上缴财政 6693 万元，应归还原渠道资金 3947 万元，应调账处理金额 61699 万元；已上缴财政 6693 万元，已归还原渠道资金 3947 万元，已调账处理金额 61699 万元。移送司法机关、纪检监察部门处理事项 5 件，提交审计工作报告、信息 646 篇，被采用 313 篇。

财政审计　通过对 42 个单位的预算执行审计和对 11 个单位的审计调查，查出违纪违规金额 15210 万元，审计处理上缴财政 4103 万元；7 月 2 日，市本级预算执行和其他财政收支审计工作报告通过《株洲日报》向社会公布。开展对攸县和荷塘区政府以及 13 个乡镇部门的财政决算审计，有效地促进财政管理的加强和预算分配秩序的规范，得到各级人大和政府的充分肯定和好评，引起社会各界广泛关注和强烈反响。

固定资产投资审计　全市审计机关从促进减少损失浪费和节约资源，提高工程建设管理水平和投资效益出发，把投资审计的重点放在涉及民生和新增扩大内需的项目上，通过采取跟踪审计的方式，严肃查处建设项目资金管理和使用中存在的多报建安工程投资和多计工程价款、重复结算工程价款、无发票列支工程支出、向个人支付大额现金、未按规定实施招投标、违规分包工程等问题。通过审计，处理上缴财政 392 万元，核减工程造价 7300 多万元。为政府决策提供依据，节省大量财政资金，也赢得市委、政府对审计工作的支持。

经济责任审计　对各级党委政府、党政部门和企事业单位的 144 位经济责任人进行任期经济责任审计，通过审计，查出领导干部负直接责任金额 3198 万元。全市经济责任审计在完善制度、规范程序、探索方法、转化成果等方面取得可喜的进步，特别是在审计中高度关注环境问题的做法得到上级审计机关的充分肯定。

专项资金审计（调查）　开展了城市住房公积金、国土资金、基本养老保险基金、失业保险基金、医疗保险基金、工伤保险、建筑企业劳保基金、价格调节基金、农业综合开发资金等专项资金管理使用和效益情况的审计，揭露专项资金（基金）征收、管理和使用中普遍存在的一些问题，查出违规金额 1948 万元，责成归还原渠道资金 447 万元，处理上缴财政金额 287 万元；根据审计署和省审计厅的统一安排，开展利用外资、全市农村信用社资产负债损益、部分中等职业学校国家助学金专项资金、政府投资保障性住房建设、省级二级公路还贷资金等行业审计和专项审计调查，提出审计合理化建议，堵塞了漏洞，提高专项资金的使用效益。注重督促被审计单位认真进行整改，确保全市审计机关查出的主要问题得到有效改正，全市的审计决定落实率达到 100%。

（撰稿人：刘美飞）

【湘潭市审计局】　2009 年，湘潭市审计局机关核定编制 57 人，实有 57 人。局长贺庆华，副局长彭术龙、卢湘文、何爱莲、罗百慧，总审计师康海湘，纪检组长秦国钦。设有办公室、综合计划科、法制审理科、人事教育科、监察室、财金社保审计查证科、经济责任审计查证科、行政事业审计查证科、经贸审计查证科、农业与资源环保审计查证科、开发区审计查证科、审计执行科、计算机技术管理科和内部审计管理科。下辖正科级事业单位——湘潭市国家建设项目审计监督中心（核定编制 10 人，实有 10 人）。

审计成果　湘潭市审计机关完成审计项目 419 个，共查处各类违纪违规金额 10.7 亿元，应增加财政收入 4537 万元，核减固定投资额 1.21 亿元。提交审计工作报告、信息 396 篇（条），被批示、采纳 146 篇（条），移送案件线索 5 件，涉案金额 140 多万元。

财政审计　完成审计和审计调查项目 15 个，查处违规金额 19971 万元，提出加强预算管理的合理化审计建议 6 条。共查出税收混库收入 3659 万元，上缴市本级金库 678 万元。

固定资产投资审计　湘潭市审计机关共开展 107 个投资项目的结算审计，送审金额 4.21 亿元，核减 1.21 亿元，核减率 28.74%。市审计局将投资审计作为服务经济的主渠道，严把政府投资审计“准入关”、“质量关”、“效益关”和“基础关”“四道关口”，开展对市人大常委会办公楼等71个建设项目的审计，其送审金额63273.64万元；审结的项目49个，其送审金额29177.85万元，审结金额19985.89万元，核减金额9191.96万元，核减率31.50%。

专项资金审计　加强对教育、农业、医疗保障等涉及人民群众切身利益的公共服务领域和专项资金的审计监督，特别是在对市教育基金审计中，发现该基金余额1912万元中有1400万元被市教育局占用、基金支出超范围、基金缺乏有效监管等问题。在对市本级及高新区中等职业教育学校助学金审计中，发现管理部门存在审核把关不严、配套资金不到位等行为，查出各中职学校违纪违规金额1115.93万元，占审计总金额的43.65%。针对专项资金中存在的问题，向有关单位和部门提出审计建议，市政府非常重视，并作出重要批示，如对教育负债中存在的问题，市审计局以呈阅件的方式向市政府反映后，市政府有关领导立即作出批示，市财政局、教育局据此专项安排3047万元清偿教育负债。

经济责任审计　湘潭市审计机关共开展69个行政事业单位的“一把手”任期经济责任审计，共查出财经违纪违规金额1.23亿元、管理不规范金额5884万元，提出合理化审计建议138条，提交审计结果报告69个，其中市审计局完成经济责任审计14个，共查出财经违纪违规金额9235万元、管理不规范金额1245万元，提出合理化审计建议48条，提交审计结果报告14个。为组织部门考核任用干部提供可靠的参考依据。移送案件线索2件，现已立案查处。

查处大要案线索　湘潭市审计机关高度关注审计中发现的经济犯罪线索，全年共向有关部门移送案件5起，并积极协助查处，取得突出成效。湘潭市审计局在对市中小企业信用担保有限公司审计中，发现担保资金被银行划扣，担保风险加大，担保程序和审批手续存在缺陷与漏洞，原公司领导玩忽职守、损公肥私，致使财政投入的1500万元资金基本亏空等严重问题。市审计局以呈阅件的方式及时向市委、市政府领导反映，提出了追究有关责任人员责任的建议，引起了高度重视，市政府迅速成立专案组。经过缜密侦查，已认定该公司原正、副经理等3人涉嫌受贿、渎职，被担保对象2人涉嫌诈骗，检察机关现已启动公诉程序。湘潭县审计局、湘乡市审计局和雨湖区审计局均移送案件线索，并协助有关部门进行查处和责任追究，有力推动反腐倡廉建设。

内部审计　与湘大审计处、湘大商学院一起组成课题组，撰写了《上市公司内部审计模式及需求动因研究——基于湘潭市上市公司的调查》的论文。全市提交论文17篇，有3篇论文在全国内部审计与内部控制体系建设理论研讨会上获奖，其中二等奖1篇、三等奖2篇；在全省的评审中，有16篇论文获奖，其中一等奖2篇。通过宣传和鼓动，全年新发展金侨房地产股份有限公司（民营企业）、市烟草干部学校、市中医院为协会新成员。采取所有参评项目均可获奖，评比办法更加公开、公正、透明的等激励措施，调动内审单位参评的积极性。（撰稿人：杨　沛）

【衡阳市审计局】　2009年，衡阳市审计局人员编制75人，在编80人。局长伍元明，副局长廖义伟、李鹏飞、邱文，总审计师邓楚和，纪检组长许常礼。设有办公室、行政科、法规科、人教科、财金科、行政事业科、投资科、农业科、经贸科、外资科、内审科和领导干部经济责任审计中心。

审计成果　衡阳市市、县两级审计机关共完成审计项目324个，全市查出各种违纪违规和管理不规范金额60059万元，均依法依规进行处理。其中，市本级年初安排计划项目50个，共计完成审计项目65个，查出违纪违规金额35059万元，收缴违纪违规金额1095.75万元，全部上缴市财政。

财政审计　坚持以财政综合预算为主线，以财政部门具体组织预算执行审计为主导，以部门预算执行审计为基础，以专项资金审计调查为辅助，以其他财政收支审计为补充的预算执行审计工作体系，扎实工作，及时调度，协调到位，保证审计质量，圆满完成审计工作任务，得到政府领导的充分肯定。

固定资产投资审计　全市固定资产投资审计共完成工程造价审计项目115个，送审金额57771万元，审定金额45243万元，核减金额12528万元，平均核减率达到21.69%。

企业审计　市直共有12家企业通过审计，审计总资产达72469万元，审计总负债73087万元，共调增资产1944万元，调减负债1490万元，确保国有资产不流失，促进企业改制顺利进行。

资源环保审计　审计发现，市自来水总公司2004～2008年共征收污水处理费11585万元，已上缴财政4360万元，欠缴7225万元，其中7124万元已直接用于市城西污水处理厂建设和运行。

专项资金审计　（1）对市住房公积金管理中心2008年度住房公积金的收支情况进行审计，审计表明：市住房公积金管理中心在公积金的归集、管理，以及历史遗留问题的处理等方面均取得了较好的成绩，但也存在违规支取公积金、个别贷款发放不规范等问题。

（2）对市本级和南岳区2007年至2009年3月政府保障性住房资金进行专项审计调查，同时安排耒阳市、常宁市、衡山县和衡南县四县市审计局对其本级的政府保障性住房资金进行专项审计调查，及时纠正保障性住房建设中存在配套资金不到位等问题。

（3）组织对全市11所中等职业学校（其中公办学校5所、民办学校6所）国家助学金进行专项审计，共审计国家助学金4887余万元，查出违纪违规金额1963万元。

（4）重点对耒阳市农业保险资金进行审计调查，针对存在的问题，提出尽快规范农业保险工作，建立健全经办机构和工作制度的审计建议，引起市政府领导的高度重视。

经济责任审计　市本级全年共完成23个审计项目。协助组织部门、纪检监察部门完成领导干部电子政绩档案数据采集工作，召开全市领导干部经济责任审计联席会议，组成调研组对2007年、2008年经济责任审计开展情况进行调研，撰写高质量的调研报告。

授权审计项目　组织对南华大学附一医院、附二医院、县（市）地税局、农村信用社、衡阳水文水资源勘测局、雁南监狱六个省厅授权项目进行审计，为被审计单位加强财务管理、严格财经纪律提供帮助，较好地发挥审计“免疫系统”功能。　（撰稿人：邹东亮）

【郴州市审计局】　2009年，郴州市审计局人员编制46人，在编47人。局长段小卿，副局长张进、周柏桐、罗发旺、邓百成，总审计师陈利民，纪检组长肖敦武。设有办公室、法制科、财政金融审计科、行政事业审计科、农业外资审计科、经贸审计科、固定资产投资审计科、经济责任审计处、计算机审计科、开发区园审计科、政工科、监察室。

审计成果　郴州市审计机关完成审计项目738个，查出违规金额25.5亿元，其中应上缴财政4432万元，应归还原渠道资金9426万元，应调账处理金额27422万元；已上缴财政3441万元，已归还原渠道资金9331万元，已调账处理金额10928万元。移送司法机关、纪检监察部门处理事项5件。提交审计工作报告、信息424篇，被采用196篇。

财政审计　郴州市审计机关共完成财政预算执行和财政决算审计项目87个。查出违规金额7.79亿元，其中应上缴财政664万元，应归还原渠道资金3250万元，应调账处理金额2828万元；已上缴财政577万元，已归还原渠道资金3250万元，已调账处理金额2828万元。

固定资产投资审计　郴州市审计机关全年共完成固定资产投资审计项目180个，核减投资5153万元。郴州市政府2009年第31次常务会议，研究了政府投资审计体制改革工作。明确财政方面主要负责项目资金管理和项目工程概、预算评估审查等事前监督工作，审计、建设部门派人参与；审计部门主要负责投资审计和政府投资建设项目的事中、事后监督工作。并同意在不违背上级编制政策的前提下，增加市审计局3～5名全额拨款行政或事业编制。同意市审计局向社会公开择优招聘3名具有注册造价师资格的专业人员，聘用人员实行合同管理。同意市审计局通过招标方式选聘信誉优、专业力量强的中介机构参与政府投资建设项目初审。研究制定政府投资审计经费保障办法，确保政府投资审计工作正常开展。

经济责任审计　全市审计机关完成278个单位329名领导干部经济责任审计，查出违规金额3.52亿元。

专项资金审计　郴州市审计局组织市县两级审计机关完成新增中央预算内投资专项资金、汶川地震救灾资金、国外援贷项目资金等专项资金审计和行业审计。共审计或审计调查单位 80 个，审计专项资金总额 11.74 亿元，查出违规金额 3.33 亿元。（撰稿人：欧阳鹏）

【永州市审计局】 2009 年，永州市审计局人员编制 42 人，在编 42 人。局长易远宣，副局长宋仁彬、雷廷玉、何先旺、黄丽晃、胡建华，总审计师王平波，纪检组长柏玉。设有财政金融审计科、经济责任审计室、经贸审计科、固定资产投资审计科、行政事业与社会保障审计科、农业资源环保外资审计科、法制科、政工科、内部审计指导科、监察室、办公室。

审计成果 全市审计机关共审计（调查）单位 507 个，查出违规金额 96353 万元，决定处理处罚应上缴财政 1624 万元，应减少财政拨款或补贴 522 万元，应归还原渠道资金 9864 万元，应调账处理金额 151027 万元。移送司法、纪检监察机关和有关部门处理事项 5 件。提交审计专题、综合性报告和信息简报 911 篇，被批示采用 165 篇次。市审计局 2008 年实施的市万利集团公司改制终结审计项目在全省优秀审计项目评比中获一等奖。

财政审计 预算执行审计围绕预算执行的真实性、完整性和科学性，以预算管理和资金分配为切入点，突出对重点专项资金的审计，准确反映和客观评价预算执行情况，并注重发挥审计建设性作用，针对审计查出的问题，深入分析原因，从体制、机制和制度层面提出建议。全市审计机关在预算执行审计中共查出违规金额 42067 万元，管理不规范金额 131912 万元，提出审计建议 115 条。

经济责任审计 全市共对 165 名党政领导干部和国有企业负责人进行任期经济责任审计，查出违规金额 29892 万元，管理不规范金额 8738 万元，提出审计建议 230 条。

行业及专项审计 根据省审计厅的授权，组织对全市农村信用社系统 2007～2008 年资产负债损益和祁阳、东安等 9 县地方税务局 2007～2008 年财务收支情况进行审计，其中对农村信用社的审计在省审计厅组织的质量评比中获一等奖。按照省审计厅的统一部署，市审计局对衡阳市政府还贷二级收费公路进行专项审计。各县区审计局切实加强对重要专项资金的审计监督，对退耕还林、残疾人就业保障、测土配方施肥、再就业、扶贫开发等资金进行专项审计或调查，促进惠民政策的贯彻落实。

固定资产投资审计 进一步加强对政府投资建设项目，尤其是中央扩大内需建设项目的审计监督，并积极探索建设项目审计新路子，逐步加大工程造价审计力度，试行重大建设项目跟踪审计，取得了较好成效。全市审计机关共完成固定资产投资审计项目 155 个，核减工程造价 2698 万元。

基础建设 年内又有 4 个县区审计局配备总审计师，班子建设有所加强。组织开展全市审计项目质量检查和优秀审计项目评比活动，促进提高审计质量。以深入学习实践科学发展观活动为契机，健全完善了内部管理、业务工作和效能建设等方面的规章制度。强化文明创建工作，大力弘扬审计职业精神，涌现了一批先进人物，市审计局易远宣被评为“全国审计系统先进工作者”，受到国家人力资源和社会保障部与审计署的联合表彰。（撰稿人：周　波）

【邵阳市审计局】 2009 年，邵阳市审计局编制 67 人，在编 63 人。局长廖继芳（—9 月）、何晋意（9 月—），副局长谭友明、胡正桥、阳海贵、李柏升、袁连文，总审计师朱良华，纪检组长阳海贵。设有办公室、财政审计科、金融外资与社保审计科、行政事业审计科、经贸审计科、固定资产投资审计科、农业资源与环保审计科、法制科、领导干部经济责任审计处、人事教育科、内部审计指导科、纪检监察室、基本建设投资审计中心。

审计成果 全市审计机关创新审计理念，从偏重于微观层面向为宏观管理服务转变，从偏重于财政财务收支审计向以绩效为中心的审计转变，依法审计，文明审计，认真履行审计监督职责，审计工作成效显著。全市完成审计项目 637 个，查出违纪违规金额 175112 万元，管理不规范金额 107308 万元，归还原渠道资金 5026 万元，调账处理金额 126906 万元，应收缴财政 3468 万元，已收缴财政 2584 万元。

财政审计 一是加强预算编制环节的审计，从预算执行审计的结果，逆向延伸到预算编制环节，分析研究预算编制依据是否合法，方法是否正确，支出结构是否合理，从而为完善部门综合预算服务。二是扩大审计覆盖面。强化对有非税收入、收费和管理使用较大数额专项资金的预算执行部门的审计监督，扩大对预算资金多、下属二三级机构多的部门的延伸审计面，防止出现问题下沉或向外单位转移的情况出现。邵阳市审计局延伸审计市畜牧研究所等纳税单位发现应缴未缴税费 389 万元，延伸调查邵东县矿陷区治理财政专项资金使用情况发现该县财政滞留中央、省级配套资金 5009 万元。三是加大了整改落实力度。邵阳市人大常委会和邵阳市人民政府高度重视审计建议意见的落实，并听取预算执行审计查出问题的整改情况汇报。促进公共财政导向下的预算编制、资金管理和使用的科学化、规范化、法制化。

经济责任审计　全市完成 173 个单位 217 名领导干部的经责审计。在对邵阳市第一人民医院的审计中，运用 AO 系统导入医院收费业务备份数据，对部分检查项目进行抽样分析，发现该医院在药品加价、收取检查费、材料费中存在较大违规行为，向邵阳市政府提出规范全市医院药品加价与收费的建议。为进一步规范全市经责审计评价运用及责任追究，充分运用经济责任审计成果，促进领导干部树立正确的政绩观，邵阳市委、市政府还出台《邵阳市领导干部经济责任审计评价运用及责任追究暂行办法》。

固定资产投资审计　邵阳市审计机关积极开展以国家投资建设为主的绩效审计，加大对民生工程、基础设施、生态环境建设等重点项目和资金的审计力度。邵阳市审计局在邵阳医专梅子井校区建设项目审计中，发现其非法占用集体所有土地 25 亩、违规筹集建设资金、违规发包工程、违规扩大基建规模 12780 平方米等违规行为。在邵阳市宝庆路扩改工程审计中，发现路园公司截留土地出让金 1780 万元，少缴市级财政各项建设资金 238.52 万元等违规行为。在对邵阳市垃圾填埋场的跟踪审计中，大坝子项工程决算送审金额 4600 万元，核减近 2200 万元，核减率达 47.8%。对于邵阳市委、市政府临时交办的邵阳职业技术学院的基建项目审计，市局及时组织审计组，在详细审查施工图的基础上，通过实地丈量，对部分项目进行开挖核实，送审工程造价 1503 万元，核减 626 万元，核减率达 42%，为国家和建设单位节约大量资金。

企业审计　以服务“兴工强市”战略为目标。紧紧围绕邵阳市委、市政府“兴工强市”战略，按照“把握总体、揭露隐患、服务发展”的总体思路，加强企业审计。在湖南新龙矿业有限责任公司审计中，发现欠缴税款 518 万元，国有资产损失 32 万元等违纪违规问题，维护了国有资产安全。开展国有企业改制经费的审计，审计人员在审计中客观公正、实事求是，始终把维护企业职工合法权益放在首位，揭露和查处挤占挪用改制经费、侵占企业职工利益的行为，做到随送随审，按时审结，确保质量，全年共完成改制经费项目审计 9 个。

（撰稿人：刘　华）

【怀化市审计局】　2009 年，怀化市审计局人员编制 58 人，在编 56 人。局长黄黔元（—3 月）、梁明珍（3 月—），副局长杨安秀、李定良、黄现昕、刘序国、刘圣平、杨承连、姜小祥，总审计师杨南希（—9 月）、杨春洪（12 月—），纪检组长谌小文。设有办公室、法制科、人事科、监察室、财政金融审计科、经贸与外资运用审计科、开发区审计科、农业与资源环保审计科、固定资产投资审计科、行政事业审计科、经济责任审计办公室、投资审计中心。

审计成果　怀化市审计机关完成审计项目 412 个，查出违规金额 138542 万元，其中应上缴财政 1990 万元，应减少财政拨款或补贴 164 万元，应归还原渠道资金 25221 万元，应调账处理金额 25459 万元；已上缴财政 1307 万元，已归还原渠道资金 10687 万元，已调账处理金额 23815 万元。移送纪检监察部门处理事项 1 件。提交审计工作报告、信息 469 篇，被采用 113 篇。

财政审计　完成审计项目 66 个，查出违规金额 78825 万元，其中应上缴财政 375 万元，应归还原渠道资金 20512 万元，应调账处理金额 21075 万元；已上缴财政 339 万元，已归还原渠道资金 7133 万元，已调账处理金额 15658 万元。

金融审计　完成审计项目 9 个，查出违规金额 25059 万元，其中应上缴财政 72 万元，应归还原渠道资金 4 万元，应调账处理金额 2859 万元；

已上缴财政 66 万元，已归还原渠道资金 4 万元，已调账处理金额 1007 万元。

行政事业审计　完成审计项目 234 个，查出违规金额 25117 万元，其中应上缴财政 718 万元，应归还原渠道资金 4591 万元，应调账处理金额 1502 万元；已上缴财政 606 万元，已归还原渠道资金 3537 万元，已调账处理金额 597 万元。移送纪检监察部门处理事项 1 件。

固定资产投资审计　完成审计项目 57 个，查出违规金额 8827 万元，其中应上缴财政 683 万元，应减少财政拨款或补贴 164 万元，应归还原渠道资金 17 万元；已上缴财政 157 万元，减少财政拨款或补贴 164 万元，核减工程款 6564 万元，挽回损失 938 万元。

企业审计　完成审计项目 20 个，查出违规金额 453 万元，其中应上缴财政 114 万元，应调账处理金额 23 万元；已上缴财政 111 万元。

经济责任审计　对 156 名领导干部实施经济责任审计，查出被审计对象任职期间单位违纪违规金额 5.45 亿元。通过经济责任审计，78 名干部平调，18 名干部被提拔任用，有 1 名干部被移送司法、纪检监察机关。

专项资金审计（调查）　完成审计项目 26 个，查出违规金额 261 万元，其中应上缴财政 29 万元，应归还原渠道资金 97 万元；已上缴财政 28 万元，已归还原渠道资金 8 万元。

（撰稿人：粟双付　蒋　燕）

【娄底市审计局】　2009 年，娄底市审计局人员编制 53 人，在编 54 人。局长李赛斌，副局长胡锡辉、聂子永（—6 月）、张千秋、彭淑媛，总审计师胡仁升，纪检组长梁桓林。设有 16 个科（室）。

审计成果　全市审计机关共完成审计项目 252 个，查出违规违纪金额 177902 万元，损失浪费金额 41268 万元，管理不规范金额 91825 万元，已上缴财政 2246 万元，调账处理金额 20118 万元，归还原渠道资金 3170 万元。向有关部门提出审计意见和建议 525 条，被采纳的审计建议 409 条。移送司法机关案件 1 起、涉及人员 1 人。

财政审计　在预算执行审计中，全年共审计（调查）部门单位 36 个，查出违规金额 2.6 亿元，已上缴财政 2012 万元。注重财政预算批复和执行的全面性、及时性，预算追加和调整的合法、合理性，预算超收收入安排使用的合规性，预算结转、结余的真实性合法性。重点关注在当前国际金融危机的特殊背景下，财政收入不实、质量低、税源增长乏力、非税收入统筹不力、公共资源廉价出让等问题。重点关注新农合资金、残疾人就业保障金、政府廉租住房保障资金、最低生活保障资金、农业综合开发资金、排污费等专项资金的使用管理情况，揭示落实政策目标未实现以及严重影响和损害群众利益的突出问题。针对审计发现的问题，及时向市政府提出尽快调整市区财政体制，改革现行税收分配办法，对娄底城区范围的地方税收按合理的分享比例；采取强有力的措施尽快收回长期拖欠的国有土地出让收入等财政收入；财政部门切实加强对专项资金支出监管，保证财政资金专款专用；加大税收征管力度，堵塞税收漏洞，严肃处理违规混淆预算级次的行为；采取委托代征等措施加强土地税收的征收，防止税收严重流失等建议。

专项资金审计　积极组织开展还贷二级收费公路、住房公积金专项审计、新型农村合作医疗基金督促检查，查处一些带有普遍性、倾向性的问题，为促进宏观决策提供了重要依据。

对怀化市政府还贷二级收费公路专项审计，共审计工程项目 44 个，锁定公路里程 800 多公里，桥梁里程 2000 多延米，债务余额 20 余亿元，审计核减债务余额 5 亿余元。

对住房公积金征管用情况专项审计，积极运用效益审计手段和计算机辅助审计技术，取得良好效果。审计查出住房公积金征管用中存在缴费差距过大、贷款审批控制不严，抵押质押偏低等问题。

积极配合市纪委开展“心系群众、转变作风”专项行动，清理全市新型农村合作医疗资金，重点推进规范管理，提高农村群众的收益面、收益度和参合积极性，着力解决农村群众“看病难、看病贵”和“因病致病、因病返贫”的问题。审计人员深入到各县市区及乡村，共审计资金 3.83 亿元，发现虚报、冒领、挤占挪用等方面的违纪违规问题 27 个，查出违纪违规金额 1097.99 万元，为规范新农合的管理发挥应有的作用。

对全市 85 个独立核算的行政事业单位“小金库”进行重点检查，通过利用原有审计成果、收集整理原有审计信息、充分发挥审计职能技术优势等审计特点，查出挤占挪用专项金额580万元，其他违纪违规金额850万元。协助清理领导小组作出严肃处理。

固定资产投资审计 全市全年完成建设项目审计283个，送审金额达78179.53万元，审计审定额68559.04万元，核减工程造价9620.49万元。有效地减少投资领域的损失浪费，节约国家建设资金。

经济责任审计 全市共完成经济责任审计项目120个，共查出违规金额13526万元，管理不规范金额8033万元。通过对领导干部的经济责任审计，加强对领导干部的监督与管理，增强领导干部的经济责任意识，促进党风廉政建设。

（撰稿人：尹正秋）

【湘西土家族苗族自治州审计局】 2009年，湘西土家族苗族自治州审计局（以下简称州审计局）共有审计干部职工40人。局长胡少先，副局长肖远湘、黄大健、金利蓉、吴东升，总审计师印钊，纪检组长高光忠。设有办公室、法规科、人事科、纪检监察室、经济责任审计室、农业与资源环保审计科、行政事业审计科、财政金融审计科、经贸审计科、固定资产投资审计科。

审计成果 全年共完成审计项目45个，查出违规违资金额28799万元，管理不规范金额52332万元。审计决定处理处罚，应上缴财政1674万元，应归还原渠道资金15282万元，应调账处理3977万元。已上缴财政450万元，建设项目审计核减2789.42万元，核减率22.38%。提交审计信息、综合审计报告60余篇。

财政审计 在预算执行审计中，重点检查国家积极财政政策的贯彻情况和实施效果，注重真实性、合法性与效益性的结合，关注非税收入征收管理和财政专户管理情况，同时审计内容由合规、合法性审计向效益性审计转变。在财政决算审计中加强对转移支付资金使用、政府负债情况的检查，注意揭露和反映财政体制缺陷、财政收支矛盾、财源增长乏力等问题，在推动优化财政支出结构、完善财政管理机制、防范财政风险等方面发挥积极作用。通过审计，共查出违规金额20187万元，管理不规范金额37900万元。审计决定处理处罚，应上缴财政1433万元，应归还原资金渠道15281万元。

固定资金投资审计 进一步加强对基础设施、生态环境建设和交通建设等方面重大投资项目的审计监督，充分发挥审计揭露和查处违纪违规问题的作用。3月，根据州编办发［2009］34号文件，成立“湘西自治州政府投资审计中心”，为搞好政府投资项目审计打下基础。

经济责任审计 以科学发展观为指导，紧紧围绕经济社会科学发展大局，努力实现“三个转变”。一是审计目标、内容由关注经济活动的真实合法性向关注被审对象履行“四权一廉”职责转变；二是审计结果运用由发挥局部作用向发挥整体效能转变。审计前，及时召开班子成员和审计组会议，实行目标、内容、范围、评价、责任界定、审计处理“六统一”；三是审计质量控制由单向型向全员复合型转变。在今年的经济责任审计中充分利用AO软件数据现场分析功能，通过对AO软件的应用大大提高现场审计工作效率，在一些审计中拓宽审计范围，得到被审计单位的肯定和好评。

专项资金审计 加大对“三农”、医疗、住房、社会保障、环境保护以及外资运用等资金的审计力度。通过审计监督，规范各项资金的管理和使用，促进资金使用效益的有效发挥；揭示落实有关政策措施不到位、政策目标未实现以及严重影响和损害群众利益的突出问题，提出审计建议。在对中等职业学校国家助学金审计中，发现助学金发放管理中存在发放时间滞后、发放程序欠规范、管理上欠严谨的问题，有些学校在助学金申请、领取、发放过程中想方设法打埋伏套取资金，使助学金没有起到助学的作用，转变为“助校金”，对此，提出审计建议，同时也作出严肃处理。

行政事业审计 根据上级机关的安排和年初工作计划，先后完成州委统战部、州民政局、州农业局及所属单位、州荣复医院、职业技术学校等行政事业单位的财务收支审计。查出违纪金额1255万元，管理不规范金额4588万元，并针对审计发现的问题提出审计整改意见24条，规范行政、事业单位财务收支行为，纠正专款不专用现象；进一步遏制个别事业单位超标准加价、乱收费行为。

行业和授权审计 根据省审计厅的统一安排，成立以胡少先局长为组长、吴东升副局长为副组长的全州农村信用社审计领导小组，共抽调32人对湘西州农村信用社系统2008年度资产负债损益情况进行审计，摸清了全州农村信用社资产负债所有者权益情况、财务损益情况和信贷资产质量情况，对发现的问题分析了原因，提出建议。根据湘审发[2009] 114号文件规定，对湖南省地质矿产勘探开发局四〇五队2007～2008年财务收支进行审计，通过审计发现该队漏缴各项税费数额之大的问题，做出严肃的处理，也对该企业应对“金融危机”存在的困难提出建议。在组织实施全省政府还贷二级收费公路的债务审计项目中，为被审计单位服务，通过多方努力，最后锁定债务余额为187523万元，调减2.9亿元，缓解二级收费公路的还贷压力，得到州政府有关领导的肯定。

相关工作 （1）推进依法行政工作。一是就如何依法行政，提高审计质量，贯彻审计署关于《审计机关审计项目质量控制办法》和省审计厅颁发的《湖南省审计机关审计质量控制实施细则》于整个审计全过程进行专题研究，提出新举措。二是成立全州审计执法质量检查和优秀审计项目评比领导小组，州局6个业务科及八县（市）审计局进行交叉审计执法质量检查和优秀审计项目评比。三是根据国家审计署《审计机关审计质量控制办法（试行）》和省审计厅《湖南省审计机关审计质量控制实施细则》的要求，对《业务工作制度》的内容进行了修改，使审计过程更具操作性。四是坚持集体审议制度。所有审计项目原则上均要通过班子成员集体审议，以确保执法的公正和公平性。

（2）制定和完善管理制度。一是针对2009年9月社会各界人士在“对州审计局机关作风公开评议”活动中所提意见，制定了《湘西州审计局审计结果公告试行办法》，更好地规范审计结果公告工作，提高审计执法透明度，充分发挥审计监督作用。二是制定了《湘西自治州审计局2009年度绩效考核办法》，为充分调动员工的工作积极性，进一步转变机关作风，提高工作水平和工作质量，全面完成目标管理任务发挥积极作用。三是制定对县市的《湘西自治州审计机关目标责任考核办法》，将每个岗位责任作出明确界定，将11个考核目标进行量化。四是为搞好廉政建设，相继制定和完善《党风廉政责任制和领导干部廉洁自律工作计划》、《领导班子成员党风廉政建设责任制工作分工》等制度。五是民主法制建设、文明创建、综治和计划生育工作机关党建等各项制度都得到完善。

（3）加强业务能力建设。树立科学文明的审计理念，大力提倡文明审计，既坚持原则，又以理服人，从而提高审计干部把握和服务大局的能力。在狠抓审计业务理论学习的同时，注重在审计实践中提高审计人员依法审计能力，通过严格、科学和规范管理，绝大部分干部已成为审计事业发展的骨干力量。积极推广先进的审计方式和技术方法。8月份，邀请省审计厅计算机审计处的专家对全州审计人员进行审计现场实施系统AO认证培训，以促进计算机技术在审计工作中的普及和应用，在2009年9月举行的AO认证考试中，参加考试的38名审计人员全部合格。

（4）精神文明建设。以创建“诚信机关、和谐机关”为目标，以“知荣辱、讲正气、促和谐”为主题，以创建“文明机关”、争做“人民满意公务员”为内容，以改善工作条件、美化工作环境为途径，加强机关精神文明建设，努力构建和谐审计机关。积极开展“送温暖，献爱心”活动，向尿毒症患者贾光学同学捐款650元，向帮扶村帮扶资金13300元，棉被20床。

（5）审计信息化建设。为提高审计水平和效率，更好地适应审计对象的变化，积极推广审计信息化，新购11台手提电脑，达到人手1台。建立党员活动室，同时购买配齐电教设备，为政府投资审计中心安装《神机妙算软件》，为开展基建投资审计打好“硬件”基础。（撰稿人：张月月）

2009年湖南省所辖区、县(市)级审计工作统计表

金额单位:万元

审计机关	完成审计项目(个)	查出违规金额	应上缴财政	应减少财政拨款或补贴	应归还原渠道资金	应调账处理金额	移送司法、纪检部门处理事项(件)	建议有关部门处理(件)	出具审计报告和审计调查报告(篇)	提出审计建议(条)	撰写审计信息(篇)
长沙市											
长沙市本级	1186	82688	5727		31502		3		1186	247	87
岳麓区审计局	16	1793	116		1707				16	53	10
芙蓉区审计局	30	2585	33			16			30	79	12
天心区审计局	15	4441	92			2286			15	45	10
开福区审计局	24	739	150			212			24	116	5
雨花区审计局	20	18588	720						20	89	7
浏阳市审计局	51	3664	347		141	56			51	93	14
长沙县审计局	15	118	118		20				15	31	10
望城县审计局	24	97	97		765	1915			24	71	10
宁乡县审计局	55	5806	134		25091	859			55	123	5
张家界市											
张家界市本级	45	96055	3754	937	1335	47242			45	117	52
永定区审计局	43	4177	40		490	1200			50	120	10
武陵源区审计局	11	581	52			91			12	9	5
慈利县审计局	61	957	77			103			51	110	2
桑植县审计局	35	6000	91.2	104.1	1040.7		1	1	31	65	43
常德市											
常德市本级	118	24739	746		4358	2724	2	2	118	279	64
武陵区审计局	31	402	29				1	1	31	48	
鼎城区审计局	81	7045	270		14197	21801	4	4	81	233	61
津市市审计局	51	1864	76				3	3	51	99	
安乡县审计局	24	2119	101		1185				24	85	21
汉寿县审计局	51	4002	198		175		2	2	51	91	
澧县审计局	53	9727	357		182	203	5	5	53	154	86
临澧县审计局	67	3717	135		939	101	2	2	67	166	
桃源县审计局	70	11170	244		493	286	1	1	70	112	
石门县审计局	47	3787	95				7	7	47	122	
益阳市											
益阳市本级	107	14037	420	2740	2528	8349			107	389	59

（续表）

审计机关	完成审计项目（个）	查出违规金额	应上缴财政	应减少财政拨款或补贴	应归还原渠道资金	应调账处理金额	移送司法、纪检部门处理事项(件)	建议有关部门处理(件)	出具审计报告和审计调查报告(篇)	提出审计建议(条)	撰写审计信息(篇)
赫山审计局	50	6842	312	847	856	4858			50	126	32
资阳审计局	26	4521	279	1800	745	3530			26	95	26
沅江审计局	51	6930	308	698	736	5005	2		51	134	40
安化审计局	72	7919	360	1080	844	5432			72	204	42
南县审计局	32	4163	326	491	626	4405			32	87	35
桃江审计局	73	8331	395	593	899	5681	1		73	217	46
岳阳市											
岳阳市本级	70	49000	750			36000	8		75	210	186
岳阳楼区审计局	40	5731	150			293			40	120	5
君山区审计局	41	8627	60			7107	2		41	80	20
云溪区审计局	24	1878	65			1353	1		29	106	18
屈原管理区审计局	15	596	180		318	307			15	37	2
汨罗市审计局	96	9821	500		1172	1275	7		96	200	20
岳阳县审计局	56	8400	200				1		56	112	10
华容县审计局	60	8671	200		7180		5		60	148	20
湘阴县审计局	82	3800	220		561		2		82		15
临湘市审计局	48	3900	96		350	148	2		48	146	13
平江县审计局	49	10525	300		362	2612	1		49	150	20
株洲市											
株洲市本级	87	14185	2316		1673	37658			98	255	111
天元区审计局	6	5733	12		3	4135			6	11	15
荷塘区审计局	12	140	74			2362			12	25	12
芦淞区审计局	25	938	20				1		25	26	17
石峰区审计局	18	146	5			22			18	20	13
醴陵市审计局	47	5827	73				1		47	120	30
株洲县审计局	17	5193	2551			5658			22	51	31
攸县审计局	39	2018	107		9	3139	3		39	96	30
茶陵县审计局	26	1896	1461		2202	3336			26	4	32
炎陵县审计局	35	9410	74		60	5389			35	31	27
湘潭市											
湘潭市本级	198	26070	927		221	36782	3	3	200	174	82
岳塘区审计局	19	2375	1045	127		28			20	49	12
雨湖区审计局	30	4100	52		980				31	49	12

（续表）

审计机关	完成审计项目（个）	查出违规金额	应上缴财政	应减少财政拨款或补贴	应归还原渠道资金	应调账处理金额	移送司法、纪检部门处理事项(件)	建议有关部门处理(件)	出具审计报告和审计调查报告(篇)	提出审计建议(条)	撰写审计信息(篇)
湘乡市审计局	67	7861.43	681						69	24	31
韶山市审计局	37	1750	27.5						39	13	16
湘潭县审计局	68	7775	2209				2	2	71	45	21
衡阳市											
衡阳市本级	68	35059	1096		2368	1876			73	269	136
蒸湘区审计局	19	338	68						21	61	13
雁峰区审计局	24	663	102			98			26	87	23
珠晖区审计局	14	1256	35		78	178			17	42	21
石鼓区审计局	23	535	83			120			23	76	33
南岳区审计局	14	608	53				1		14	56	16
常宁市审计局	67	2547	219	326		673			68	237	33
耒阳市审计局	57	3666	376		15	1488			62	136	53
衡阳县审计局	48	1795	116		310	723			52	176	42
衡南县审计局	49	9284	113		1353				55	236	21
衡山县审计局	41	533	148		491	289			41	168	30
衡东县审计局	45	865	232		236	363			47	166	28
祁东县审计局	71	2910	236	152	528	1894			71	193	27
郴州市											
郴州市本级	71	83160	1807		4163	7785	1		71	248	71
北湖区审计局	61	10396	392		572	2536			61	150	56
苏仙区审计局	88	26811	723		1311	478	2		105	139	70
资兴市审计局	49	17358	200		37	8	1		49	95	60
桂阳县审计局	38	47699	172		2864				38	83	4
永兴县审计局	64	28126	197						64	95	9
宜章县审计局	63	22457	284			16531			63	82	15
嘉禾县审计局	66	9199	192		116				62	123	68
临武县审计局	38	3196	190		29	81	1		52	81	28
汝城县审计局	75	790	106						75	200	30
桂东县审计局	89	1635	79			3			89	44	3
安仁县审计局	36	3862	90		334				36	26	10
永州市											
永州市本级	57	10454	344		4924	51471	1		57	86	53
冷水滩区审计局	31	28519	111		442	393			35	70	6

（续表）

审计机关	完成审计项目(个)	查出违规金额	应上缴财政	应减少财政拨款或补贴	应归还原渠道资金	应调账处理金额	移送司法、纪检部门处理事项(件)	建议有关部门处理(件)	出具审计报告和审计调查报告(篇)	提出审计建议(条)	撰写审计信息(篇)
零陵区审计局	18	7581	82	43	256				18	36	4
东安县审计局	34	7500	80	58	573	1200			38	76	14
道县审计局	18	9838	127						18	61	12
宁远县审计局	39	5632	93						39	102	17
江永县审计局	30	407	170						30	27	21
蓝山县审计局	35	1112	48	45	3	1788			36	27	23
新田县审计局	67	13703	142	376	519	13152			76	114	19
双牌县审计局	17	2777	54		272	71			16	57	27
祁阳县审计局	120	7586	200		2690	66574		4	118	283	124
江华瑶族自治县审计局	41	1244	173		185	16378			39	78	71
邵阳市											
邵阳市本级	62	120242	1398		1088	115534			62	158	213
大祥区审计局	19	38	38		13				19	50	
双清区审计局	17	3417	33						17	36	
北塔区审计局	17	16.6	21						17	21	
武冈市审计局	48	14338	143		99	99			48	128	23
邵东县审计局	52	2878	180	185	398				42	80	60
邵阳县审计局	96	2578	246				1		96	45	
新邵县审计局	67	4763.5	286		199	1242	1		62	72	13
隆回县审计局	86	1122	174		429	3177	1		86	218	116
洞口县审计局	130	4497	280	46	4520	5340			130	275	27
绥宁县审计局	88	6507	150		2492	3606	2		88	96	20
新宁县审计局	78	2800	280	29	153	2585			78	172	47
城步苗族自治县审计局	30	2010	65		52	663			30	65	7
怀化市											
怀化市本级	45	34673	964		9505	16322			43	87	42
鹤城区审计局	40	5012	43		3806	568			40	21	58
洪江区审计局	16	289	21		18	682			16	25	16
洪江市审计局	22	15501	73		203	430			22	34	22
沅陵县审计局	47	5489	84						47	142	47
辰溪县审计局	21	13077	97		901	1869			21	44	21
溆浦县审计局	35	33423	71		7047	2785			35	72	42
中方县审计局	19	4924	141		819	496			19	36	19

（续表）

审计机关	完成审计项目（个）	查出违规金额	应上缴财政	应减少财政拨款或补贴	应归还原渠道资金	应调账处理金额	移送司法、纪检部门处理事项(件)	建议有关部门处理(件)	出具审计报告和审计调查报告(篇)	提出审计建议(条)	撰写审计信息(篇)
会同县审计局	8	815	30		134	607			8	32	8
麻阳苗族自治县审计局	50	4106	196		235	203	1		50	150	50
新晃侗族自治县审计局	34	382	78						17	40	17
芷江侗族自治县审计局	37	542	65	164					37	39	37
靖州苗族侗族自治县审计局	23	11152	59		1359				23	70	75
通道侗族自治县审计局	15	2831	18		1	2			14	35	15
娄底市											
娄底市本级	31	85546	1130		1612	1827			32	93	114
娄星区审计局	53	15802	419		984	184			56	109	26
冷水江市审计局	37	3334	118		722	1730	1		37	47	24
涟源市审计局	54	2737	150		13	288			24	49	20
双峰县审计局	42	5402	246		936	1806			38	117	66
新化县审计局	35	65081	235			2646			35	110	54
湘西土家族苗族自治州											
湘西土家族苗族自治州本级	45	28799	1674		15282	3977			60	122	20
吉首市审计局	35	872	474		152				35	60	10
泸溪县审计局	38	5524	184		16	587			40	45	8
凤凰县审计局	10	1450	121		438	47			12	20	3
花垣县审计局	18	2351	37						40	40	5
保靖县审计局	40	11194	137	378	3631	210			45	60	10
古丈县审计局	12	411	8		588				14	18	5
永顺县审计局	25	4283	47	1219					25	51	10
龙山县审计局	33	684	70	276	173	447			35	73	10

广东省

【广东省审计厅】 2009 年，广东省审计厅定编 322 人。厅机关设有办公室、政策法规处、财税审计处、金融审计处、行政事业审计处、经贸审计处、农业与资源环保审计处、社会保障审计处、固定资产投资审计处、外资运用审计处、经济责任审计处、人事教育处、监察室（与纪检组、直属机关党委办公室合署）、直属分局、驻深圳特派办等行政单位；设厅机关服务中心、科研所、内部审计协会等事业单位。

领导成员

厅　　长：蓝佛安

副 厅 长：欧阳标　李　心　潘享清
　　　　　何丽娟　李树之（—4 月）

纪检组长：叶昊文

总审计师：陈　剑

审计成果　全省审计机关积极应对国际金融危机给全省经济社会发展带来的影响，全力保增长、保民生、保稳定，充分发挥审计保障经济社会健康运行的“免疫系统”功能，服务经济社会平稳较快发展。2009 年共审计和审计调查 6089 个单位，查出违规金额 37.6 亿元，核减固定资产投资项目投资或结算额 51.0 亿元，为国家增收节支 20.22 亿元，其中已上缴财政 14.3 亿元。审计查处移送司法、纪检监察机关事项 41 件；提交审计专题、综合报告等 3391 篇，向被审计单位提出审计建议 10393 条，被采纳 7573 条。

财政审计　全省审计机关审计和审计调查预算执行审计部门单位 535 个，查出违规问题金额 9.82 亿元、损失浪费金额 562 万元，已督促上缴财政 6.1 亿元，移送有关部门处理事项 11 件，提出审计建议 1405 条，被采纳 961 条。

全省审计机关全年共开展财政决算审计（调查）140 项，查出应上缴财政 28169 万元，决算编制不规范金额 53682 万元，未按规定征收、缴纳财政收入 130433 万元，隐瞒转移截留财政收入 20044 万元，财政收入核算不实 556692 万元，财政支出核算不实 108505 万元，违规改变资金用途 49319 万元。

审计调查　（一）全省审计机关围绕中央关于扩大内需促进经济增长的政策和省委、省政府的工作部署，积极服务于广东应对国际金融危机、促进经济平稳较快发展。全年全省审计机关共投入 412 名审计人员，完成 516 个相关审计调查项目，涉及资金总额 62.01 亿元，有效促进了中央和省扩大内需、促进经济增长各项政策措施的贯彻落实。（二）省审计厅根据审计署的部署，积极开展中小企业经营情况审计调查，组织珠海等 9 个市审计局共 96 人，对 9 个市的 201 家中小企业进行审计调查，掌握了国际金融危机下广东省中小企业的生存状态和政府扶持政策的落实状况，为省委、省政府制定出台扶持中小企业发展的政策提供决策依据，得到省政府、审计署的肯定。根据省政府领导的意见，省审计厅对全省企业关停和淘汰落后钢铁产能情况进行审计调查，调查范围涉及广钢集团、韶钢集团和广州、韶关等 11 个市 240 家大中小型钢铁企业，推动全省关停和淘汰落后钢铁产能工作落实，促进广东省钢铁产业调整。

跟踪审计　全省审计机关在汶川地震救灾捐赠款物跟踪审计中，审计全省筹集到的捐赠款物折算价值共 72.3 亿元；组织广州、东莞、茂名等 14 个市的审计机关，对广东省援建川、甘两省的五县（区）的汶川地震灾后恢复重建项目开展跟踪审计，全年共审计和审计调查援建项目 185 个，总投资 45.29 亿元，项目涉及农村、城镇居民用房、学校、医院等民生工程和电力、公路、水利等基础设施。审计过程中均未发现重大违法违规问题。

环境资源审计　省审计厅组织广州、肇庆等 13 个市审计局对广东省珠江流域水环境综合整治情况进行专项审计调查，掌握了珠江水环境的总体状况，反映整治工作中存在的突出问题，对相关整治措施和重点防治项目、珠江综合整治的绩效情况进行总体评价，并提出审计建议。

经济责任审计　全省审计机关共完成领导干部经济责任审计项目 2136 个，涉及地厅级领导干部 28 人，县处级领导干部 529 人，县处级以下领导干部 1469 人。查出违规金额 14.05 亿元，管理不规范金额 262.1 亿元，损失浪费金额 4.07 亿元，其中领导干部应负直接责任金额 4.53 亿元。审计移送司法纪检监察机关 8 人。同时，扩大县级党政“一把手”同步审计的范围，探索开展镇级党政“一把手”同步审计。

企业审计　全省审计机关共完成 266 家国有企业审计，查出违规金额 64610 万元，损失浪费金额 39693 万元，管理不规范金额 1391953 万元。向司法、纪检监察和有关部门移交案件、事件 11 件，涉及人员 12 人，涉及金额 8190 万元。其中，省审计厅从 2009 年起对省属 24 家大型国有企业集团全面实行分类审计监督，对财产规模大、政府投入多、涉及国计民生的粤电集团、省交通集团、省铁路建设投资集团和省恒建投资控股公司等企业集团作为一类企业，重点加强审计监督；对资产规模大，且带有行政性业务职能的机场、盐业、航运等行业的8家企业纳入二类企业，实行定期审计监督；其余12家行业竞争比较激烈的集团公司，采取多种形式的审计监督方式。

外资运用审计　根据审计署的授权，省审计厅组织完成15个外资运用项目审计，查出违规金额244万元，管理不规范金额35947万元，移送处理案件2宗，提出的36条审计建议均被采用，并向社会公告全球环境基金赠款东亚家畜废物管理项目公证审计结果。

社会保障审计　省审计厅针对社会普遍关注的房价高、购房难问题，组织开展全省19个地级市的政府投资保障性住房情况审计调查；同时开展2008年度省级社保基金审计，提出的审计建议完善了省级社保基金的内部控制制度。

绩效审计　全省审计机关共开展绩效审计或相关审计调查项目3697个，占全部审计项目单位的60.72%，同比增加22.69%，共查出损失浪费金额13708万元，违规改变资金用途金额107265万元，账外资产43694万元，虚报冒领6589万元，资金滞留闲置320337万元，挽回（避免）损失浪费10.65亿元。

审计整改　省政府于10月首次召开审计整改工作会议，对2008年度省级预算执行审计查出问题的整改工作做了总体部署。会议的召开，标志着我省初步建立起由省政府主导、省人大监督，审计机关参与，被审计单位和省级主管部门落实的省级审计整改工作机制。

审计结果公告　全省审计机关2009年共向社会发布审计结果公告536篇，比上年同期增加38%。其中省审计厅公告了社会普遍关注的2008年度省级预算执行审计工作报告、利用外资项目公证审计结果和汶川地震灾后恢复重建项目阶段性审计情况。

内部审计　截至年底，全省设有内部审计机构3108个。内部审计机构全年共完成内部审计项目41037个，查出损失浪费金额1.89亿元，发现大案要案线索18件，提出建议意见被采纳28628条，促进相关部门单位加强管理，防范风险，提高效益。

（撰稿人：吴立全）

【广州市审计局】　2009年，广州市审计局人员编制150人，在编135人。局长袁锦霞，副局长陈宝雄、黎子良、严健蓓，纪检组长朱钢寰（—4月）、李雪蘋（9月—）。设有办公室、政策法规处、经济责任审计管理处、财政金融审计处、行政事业审计处、经济贸易审计处、固定资产投资审计处、外资运用审计处、社会保障审计处、人事处和监察室（与机关党委合署办公）。

审计成果　广州市审计机关完成审计项目448个，查出违规金额83560万元，其中应上缴财政66763万元，应减少财政拨款或补贴627万元，应归还原渠道资金9242万元，应调账处理金额353450万元；已上缴财政72654万元（含补缴上年数），已减少财政拨款或补贴375万元，已归还原渠道资金9474万元（含补归还上年数），已调账处理金额188230万元。移送司法机关、纪检监察部门处理事项13件，建议有关部门处理事项17件。提交审计工作报告、信息259篇，被采用169篇。

财政审计　全市审计机关完成预算执行审计项目70个，查出违规金额18632万元，管理不规范金额259666万元。加强对重点部门的审计，扩大对二级和基层预算单位的延伸审计面。全市各级人大常委会对预算执行和其他财政收支情况的审计工作以及各级审计机关代拟的审计工作报告均给予高度评价，认为报告能全面披露审计发现的问题，亮点多。强化对问题产生原因的分析，注重从宏观管理角度和体制机制层面提出审计建设性建议。绩效审计理念进一步提高，有效推动审计转型。

固定资产投资审计　全市审计机关完成固定资产投资审计项目15个，查出违规金额627万元，损失浪费金额2684万元，管理不规范金额199619万元。广州市审计局采用边调查、边交流、边整改、边规范的方式，对广州亚运城建设、亚运比赛场馆建设等项目进行审计，及时发现和纠正工程建设、资金使用和管理上的存在问题，提出审计建议，并跟踪检查整改情况，促进健全内控制度，提高资金使用效果，减少损失浪费。

灾后重建审计　广州市审计局采用在时间上实时监督、在空间上就地监督的全面跟踪方式，积极开展汶川灾后恢复重建和救灾捐赠款物跟踪审计（调查），揭示重建过程存在的突出问题，及时提出整改建议，保障资金使用安全、合规、有效，促进灾后重建工作顺利实施。

社会保障审计　围绕民生突出问题，开展全市解决中小学代课教师“代转公”和中小学教师待遇“两相当”问题情况审计调查，以及市本级中小学校舍安全工程审计调查，如实反映存在困难并提出审计建议。开展扩大内需促进经济增长新增投资项目专项审计调查，为宏观政策措施的落实提供保障。开展社区卫生建设专项资金等 7 项专项资金审计（调查），指出影响群众享受惠民政策的问题。继续对社保基金收支、管理情况进行审计，提出加强社保信息系统检查等建议。开展公交企业审计调查，促进公交企业不断改进服务。

经济责任审计　全市审计机关对 207 名领导干部（人员）进行任期经济责任审计。健全、完善经济责任审计规范，大力推进任中审计，完善沟通交流机制，不断扩大审计影响力。

资源环保审计　广州市审计局首次开展环境审计，对珠江水环境综合整治情况进行审计调查，提出加快西北部污水处理系统建设等建议。同时，组织全市审计机关对污水治理和河涌综合整治工程进行全过程动态跟踪审计，及时提出审计整改意见，并督促落实整改。

绩效审计　建立推进绩效审计的领导架构，明确长期发展规划和近期目标，制定相关制度，加强理论研讨。开展对扶持企业发展专项资金等 6 项绩效审计，将 5 项 2008 年绩效审计结果及有关整改工作情况向社会公告。（撰稿人：郭楚冰）

【清远市审计局】　2009 年，清远市审计局人员编制 33 人，在职人员 33 人。局长甘伟雄（4 月—），副局长杨汉、谭瑞基、黄文坚（4 月—），纪检组长谭志钊，总审计师招文锋。设有办公室、财政金融审计科、行政事业审计科、经济贸易审计科、固定资产投资审计科、经济责任审计科、政策法规科等部门。

审计成果　全市审计机关共完成审计及审计调查单位 282 个，查出违规金额 15065 万元，其中应上缴财政 6729 万元，应归还原渠道资金 1869 万元，应调账处理金额 1416 万元；已上缴财政 3602 万元，已归还原渠道资金 1459 万元，已调账处理金额 607 万元。移送司法机关、纪检监察部门处理事项 5 件，建议有关部门处理事项 6 件。审计提出建议 772 条、被采纳的审计建议 645 条、采用 83.5%，提交审计专题报告和信息简报 205 篇、被采用 76 篇，向社会公告审计结果 1 篇。

财政审计　全市预算执行和决算审计单位共 32 个，审计查出未按规定征收、缴纳财政收入 4137 万元，资金滞留闲置 22777 万元等问题。在清远市第五届人民代表大会常务委员会第二十三次会议上，甘伟雄局长受市政府委托所作的《关于清远市 2008 年度本级财政预算执行和其他财政收支的审计工作报告》得到市人大常委会的肯定，并获得高票通过。

行政事业审计　全市审计机关审计单位 165 个，查出主要问题有隐瞒截留收入 4918 万元，虚列支出 9717 万元，未落实收支两条线和专户管理规定 3868 万元，账外资产 3132 万元。

固定资产投资审计　全市共审计（或调查）单位 4 个，项目投资金额 38204 万元，完成投资金额 29637 万元，核减金额 874 万元。

企业审计　全市审计机关全年审计（或调查）单位 10 个，查出主要问题有少计或虚列成本费用 260 万元，少计少缴税费 53 万元，其他问题金额 1303 万元。

经济责任审计　全市完成审计责任人 135 名，审计单位 122 个，审计查出违规金额 1590 万元，管理不规范金额 32080 万元。

效益审计　全市审计机关全年开展绩效审计项目 72 个，审计查出问题金额 81905 万元，审计提出建议 201 条，被采纳的审计建议 168 条。

专项资金审计（调查）　全市开展专项资金审计（调查）单位 68 个，审计专项资金总额 348187 万元，审计促进 2712 万元资金拨付到位，审计查出问题金额 50753 万元。

（撰稿人：李　坚）

【韶关市审计局】　2009 年，韶关市审计局人员编制 46 人，在编 42 人。局长蒋伟民，副局长李贵堂、凌振伟、陈大川，总审计师钟定鸿，纪检组长李秋月。设有办公室、政策法规科、经济责任审计科、经贸审计科、行政事业审计科、农业与资源环保审计科、财政金融审计科、基建外资审计科。

审计成果 全市审计机关完成审计项目280个，审计调查32个，审计查出违规金额2879万元，管理不规范金额43268万元，应上缴财政196万元，应归还原渠道资金92万元，应调账处理金额1022万元；移送司法、纪检监察机关处理1人，审计提出建议518条，被采纳审计建议468条；提交专题或综合性报告和信息简报487篇，被批示采用336篇。

财政审计 开展韶关市本级预算执行情况审计，摸清政府性资金的分布状况及总量规模、财政税收结构、财政资金运行态势等以及各项资金的使用情况。开展南雄市、乐昌市和仁化县2008年度财政决算审计，对审计中发现的问题从完善体制、健全制度、规范管理的角度依法提出改进意见和建议。开展韶关市地方税务系统2008年度税收征管和财务收支情况的审计，通过对数据的定量分析，纠正了少量错库情况，促进地税部门加强内部管理，规范征税行为。

行政事业审计 全市审计机关完成行政事业审计项目179个，审计调查项目2个，查出应上缴财政111万元，已上缴财政99万元。审计查出的主要问题为违规改变资金用途、少计少缴税费、未落实收支两条线和专户管理规定等。

社会保障审计 全市审计机关对2008年度韶关市本级五项社会保险基金征缴、管理、使用情况进行审计，针对审计发现的问题依法提出了整改意见，有关审计调查综合报告得到市领导的高度重视和重要批示，进一步完善了被征地农民养老保险的有关制度。

企业审计 全市完成企业审计9个，审计调查1个，查出应上缴财政28万元，已上缴财政26万元。查出的主要问题是账外经营、虚报或隐瞒转移收入、少计或虚列成本费用等。

经济责任审计 全市审计机关积极探索经济责任审计与部门预算执行审计、专项资金审计相结合的路子，继续推进经济责任审计制度建设，同时积极推行任中审计，前移审计监督关口。完成经济责任审计165个，审计单位165个，查出违规金额1106万元，管理不规范金额16671万元。

专项资金审计（调查） 全市完成专项资金审计项目49个，审计调查单位29个，审计专项资金总额294252万元。完成审计调查35个，调查发现问题金额2564万元，主要问题是违规改变项目计划和资金用途、资金滞留闲置、配套资金不落实等。

内部审计 共有内审机构49个，其中专职机构21个；内审人员101人，其中专职人员18人。完成审计项目121个，查出损失浪费9万元，增加效益4万元，提出建议意见被采纳30条。

（撰稿人：徐望雄）

【河源市审计局】 2009年，河源市审计局人员编制37人，在编38人。局长陈钦添，副局长王超良、何国平，纪检组长黄炳忠。设有办公室、财税审计科、行政事业审计科、经济贸易审计科、农业与资源环保审计科、基建外资审计科、政策法规科、经济责任审计科、社会保障资金审计科、纪检监察室。

审计成果 全市审计机关共审计或审计调查239个单位，查出违规金额4740元，其中应上缴财政4008万元，应归还原渠道资金355万元，应调账处理金额3347万元。提交审计工作报告、信息280篇。

经济责任审计 全市经济责任审计工作在审计内容和方法上重点强化五个方面：一是明确一个目标。即分清权责，加强管理，完善制度，强化监督，促进发展的目标。二是抓住两条主线。即抓住重大决策事项，抓住各项经济考核指标的完成情况。三是发挥三大监督力量。即充分发挥纪检监督、组织监督和审计监督的力量，形成合力，实现审计成果共同利用。四是突出四大重点。即重大决策事项、主要经济指标、重大财务收支和重大资产负债变动情况。五是重视四大难题。即重视区分县委书记县长的权与责，重视分析各项经济考核指标的完成情况，重视评价书记县长的功与过，重视对问题的原因分析和对发现问题的整改落实。

预算执行审计 河源市审计局在对本级预算执行审计时，披露了基层有关部门低保资金管理和发放不规范，以及个别饲养户虚报能繁母猪数量，冒领补助资金等问题。指定专门机构跟踪和督促落实整改情况，整改率达100%，为市政府管好用好财政资金发挥应有的作用。

地方税收审计　全市审计机关对全市地税系统执行税收政策和税收稽查工作进行审计，发现并追缴未征税款四千多万元。同时还披露了个别税务部门存在违反税法征税，对房地产企业按“一城一价”的方式征收等问题。审计结果引起税收征管部门的高度重视，加大了税款征缴力度。河源市地税局下发了《关于进一步加强建筑安装和房地产行业税收管理的通知》，进一步强调各税收征管部门要及时调整房地产行业税收的征收管理方式，取消过去“一楼一价”核定最低计税价的征收管理模式，全面实行查账征收为主的征收办法，按照房地产开发企业房产的实际销售价格征税，有力地促进和规范了税收征管工作。

（撰稿人：谢统鹏）

【梅州市审计局】　2009年，梅州市审计局人员编制35人，在编36人。局长丘利清（—8月）、刘耿灵（8月—），副局长张少抗、王玉良（—8月）、刘少庭、刘鸿涛、杨伟南（11月—），纪检组长杨伟南（—11月）、徐位平（12月—）。设有办公室、政策法规科、财政金融审计科、经贸审计科、固定资产投资审计科、行政事业审计科、经济责任审计科。

审计成果　全市审计机关完成审计和审计调查单位32个，查出违规金额4970万元，管理不规范金额8932万元，应归还原渠道资金1033万元，应调账处理金额531万元；应上缴财政1229万元，已上缴财政1229万元；提交工作综合性报告、信息46篇，被采用22篇。

财政审计　全市审计机关围绕党委、政府、人大关心的重大经济事项，积极开展同级财政预算执行情况审计，审计单位2个，对3个县级财政进行决算审计，查出问题金额6229万元，处理上缴财政1169万元。

专项资金审计　全市审计机关开展扩大内需促进经济增长新增投资项目资、农业开发、教育、社保、救灾资金等项目的审计。审计资金总额268569万元，促进加强专项资金的使用和管理，查出问题金额271万元，作了纠正和整改。

行政事业审计　全市审计机关共开展行政事业审计项目22个，查出未落实收支两条线和专户管理金额25万元，其他问题金额5559万元，处理应上缴财政60万元。

绩效审计　全市审计机关重点选择部分行政事业、企业单位进行审计，帮促加强管理，提高财务管理水平。审计27个单位，查出潜在损失金额4015万元，提出并被采用审计建议44条。

经济责任审计　全市审计机关共审计县（处）级领导干部20人，审计单位20个。对县处级党政领导班子做到逢离必审，将离任经济责任审计与任中审计相结合，与财政预决算审计、财政财务收支审计、绩效审计相结合，提高了工作质量及成效。查出违规金额中负有主管责任的2846万元，管理不规范金额中负有主管责任的2005万元。

（撰稿人：古登信）

【潮州市审计局】　2009年，潮州市审计局人员编制31人，在编31人。局长张茂元，副局长周修喜、邱怀球、蔡舜娜、杨桂生。设办公室、政策法规科、财税金融审计科、固定资产投资审计科、行政事业审计科、工交商贸审计科、经济责任审计科。

审计成果　全市审计机关完成审计项目50个，查出违规金额5812万元，其中应上缴财政170万元，应减少财政拨款12万元，应归还原渠道资金578万元，应调账处理金额4615万元；已上缴财政125万元，已归还原渠道资金67万元，已调账处理金额77万元。移送司法机关、纪检监察部门处理事项2件。提交审计工作报告、信息50篇，被采用12篇。

财政审计　市县（区）两级审计机关分别对2008年度市、县区本级预算执行和其他财政收支情况、地税局税收征管和财务收支情况进行审计。市审计局对饶平县人民政府2008年度财政决算进行审计，结合潮安县原县长的离任审计，对潮安县近几年的财政税收情况进行审计。预算执行审计查出管理不规范金额31773万元；财政决算审计查出管理不规范金额5028万元。

固定资产投资审计　共开展固定资产投资审计和审计调查项目4个，查出管理不规范金额6716万元，核减工程投资支出6万元，处罚1万元。在对潮州市对口支援四川省汶川县耿达乡灾后恢复重建情况的审计中，通过对本市援建资金和项目进行跟踪检查，督促有关部门制定《潮州市对口支援地震灾区汶川县耿达乡灾后恢复重建专项资金使用管理办法》等管理办法。开展市直国有单位2004～2008年度投资建设项目的审计调查，通过对22个单位56个建设项目的调查，揭示部分建设项目的勘察、设计和施工没有办理招投标手续；部分建设项目设计深度不够，或施工过程中变更增加项目较多，造成工程结算造价超过中标金额数额大等问题。

经济责任审计　全市共开展经济责任审计项目76个，查出违规金额5550万元，管理不规范金额72805万元。移送纪检监察机关线索涉及的两个事件均已立案查处，促进潮州市的党风廉政建设。湘桥区对街道（镇）党政“一把手”进行“捆绑审计”，提高审计效能，更准确地进行权责界定和责任追究。对部分即将到达任职年龄的领导干部实行“先审后离”，使审计更具威慑作用。

专项资金审计（调查）　重点开展潮州市落实中央和省扩大内需促进经济增长新增投资项目，城镇居民医疗保险，社会保险基金收支和管理情况，政府投资建设保障性住房情况，解决中小学代课教师和中小学教师待遇“两相当”问题，农村合作医疗，农业综合开发土地治理项目资金情况，征地拆迁补偿等专项资金的审计和审计调查，发现和查处滞留、闲置和挤占挪用专项资金、侵占群众利益的问题，在促进完善相关制度、落实惠民政策等方面发挥积极作用。其中，对本市落实中央和省扩大内需促进经济增长新增投资项目审计调查，发现项目的地方配套资金不到位和项目进度慢、未能充分发挥效益等主要问题，提出的审计意见建议引起有关部门高度重视，收到较好的效果。

社会保障审计　利用计算机对全市社会保障基金进行审计，发现31个失业人员在享受失业待遇期间通过再就业缴纳养老保险多领取失业待遇、有62224个身份证号码重复、有473个不同身份证号码对应有948个医保IC卡号、个别人拥有多个医保IC卡号等现象，督促相关部门及时对存在的问题加以纠正和整改落实并建立健全多项规章制度，维护了参保人员的切身利益，确保社保基金安全稳定。　（撰写人：林　娟）

【汕头市审计局】　2009年，汕头市审计局人员编制68人，在编60人。局长林毅荣，副局长黄师杰、吴绚红、郭旭、吴少青，总审计师吴小琦，纪检组长林炎光。设有办公室、综合法规科、财政金融审计科、行政事业审计科、经贸审计科、固定资产投资审计科、经济责任审计科7个职能科室，以及直属分局、计算机审计中心。

审计成果　汕头市审计机关完成审计项目220个，查出违规金额6237万元，其中应上缴财政1221万元、应减少财政拨款或补贴1214万元、应归还原渠道资金1009万元；已上缴财政874万元，已减少财政拨款或补贴1209万元，已归还原渠道资金1285万元，已调账处理金额1.82亿元，移送纪检机关处理1宗。提交审计工作报告和信息80篇，被采用98篇（次），向社会发布审计结果公告3个。

预算执行审计　全市审计机关预算执行审计查出预算编报不真实1649万元，违规变更预算1.24亿元，财政收入核算不实1872万元，超预算超支3528万元，未落实收支两条线和专户管理规定268万元，预算结余不实360万元，其他问题金额7.81亿元。

专项资金审计　全市审计机关完成39个专项资金审计调查项目，审计专项资金总额37.5亿元，审计发现有问题资金总额1.99亿元，其中，违规改变项目计划和用途869万元，应缴未缴专项资金3167万元，虚报冒领37万元，资金滞留闲置439万元，未纳入财政专户管理120万元，配套资金不落实517万元，其他问题金额1.48亿元，审计促进拨付资金到位6315万元。

固定资产投资审计　全市审计机关共完成20个政府投资项目预（决）算审计，涉及投资金额76689万元，核减投资额2000万元。市审计局对市直管公房特危房住户撤离、安置工程项目的跟踪审计，严格把好危房拆迁等项目的造价审核。其中，金园危房拆迁送审预算造价128.53万元，经审计核实为74.4万元，核减54.13万元，核减率为42%，得到市领导的高度重视和充分肯定，并作出批示。

经济责任审计　全市审计机关审计经济责任人99人，其中党政机关领导62人、事业单位领导29人、国有及国有控股企业领导8人；审计单位95个，查出违规金额999万元、管理不规范金额34614万元。同市纪委等7个部门联合制定《汕头市领导干部任中经济责任审计暂行办法》和《汕头市领导干部离任经济事项交接办法（试行）》两个规定，进一步推动汕头市经济责任审计工作发展。

企业审计　全市审计机关审计 21 家国有企业，查出账外资产 301 万元、少计或虚列成本费用 341 万元，少计少缴税费 3 万元，其他问题金额 15071 万元。

内部审计　汕头市有内部审计机构 68 个，内部审计人员 183 名，完成审计项目 865 个，查处损失浪费 376 万元，促进增收节支（增加效益）473 万元，提出建议意见 401 条。市内部审计协会承办广东省内审协会粤东片区内部审计工作座谈会，促进了汕头、梅州、潮州、揭阳、汕尾 5 市的内部审计工作经验交流。（撰稿人：李依依）

【揭阳市审计局】　2009 年，揭阳市审计局人员编制 33 人，实有 40 人。局长唐莉，副局长林少波、杨愈勇、谢拱从，纪检组长方惠龙。设有办公室、法制科、财税金融审计科（加挂外资运用审计科牌子）、行政事业审计科、经济责任审计科、固定资产投资审计科、经贸审计科、直属分局和揭阳市审计局驻东山区办事处。另下设科级直属事业单位揭阳市审计信息管理办公室（2007 年 12 月 29 日前为揭阳市审计信息中心），编制 3 人，在编 3 人。

审计成果　全市审计机关共完成审计和审计调查单位 291 个，完成年度计划的 146.23%。查出违规金额 22781 万元，管理不规范金额 122986 万元，损益（收支）不实 49733 万元，促进增收节支 2129 万元；提出并已被采纳的审计建议意见 437 条；提交审计专题、综合性报告和信息简报 137 篇。其中市本级完成审计和审计调查单位 76 个，完成年度计划的 124.59%。查出违规金额 20577 万元，管理不规范金额 73934 万元，损益（收支）不实 37179 万元，促进增收节支 1081 万元；提出并已被采纳的审计建议意见 163 条；提交审计专题、综合性报告和信息简报 96 篇。

财政审计　全市审计机关不断深化预算执行审计，注重对财政资金管理和效益的跟踪检查，促使政府和财政部门重视和加强财政资金的管理，使本级预算执行审计更多地体现绩效审计的内涵。全市完成 24 个预算执行单位的审计，查出各部门、单位未按规定征收、缴纳预算收入 2434 万元，财政收入核算不实 39490 万元，审计处理上缴财政 850 万元。

经济责任审计　全市审计机关，着手审计制度建设、突出审计重点、明晰审计对象和审计政务公开工作，不断深化领导干部经济责任审计。全市共完成经济责任审计项目 190 个，查出有关责任人应负主管责任的违规金额 20996 万元，管理不规范金额 41846 万元。

固定资产投资审计　全市审计机关切实加强对政府投资重大工程建设项目的监管，在充分调查、科学分析的基础上，有序安排实施审计并完成市“新 30 亿工程”中 5 个建设项目立项、报建和招标第一阶段跟踪审计。提出应加强前期工程管理、健全工程质量监督登记、资金运用统筹安排和专款专用、按工程项目准确归集成本费用、严格控制工程成本、做好地方配套工程投资调整工作、加强对未纳入工程量结算的管理等建议意见。

专项资金审计（调查）　先后开展社会保险基金审计、全市 9 个县（市、区、管委会）财政状况的专项审计调查、市区 2007～2008 年政府投资建设保障性住房情况专项审计调查、普宁市土地出让金专项审计调查、普宁市殡仪馆 2001～2008 年财务收支进行审计调查、汶川地震款物专项审计、对口援建卧龙镇地震灾后恢复重建项目情况跟踪审计等 33 个专项审计和审计调查，查出违规金额 397 万元，管理不规范金额 25618 万元。

统一组织全市审计机关对中央和省安排揭阳市的 2008 年新增中央和省投资防护林和农村饮用水安全工程、农村公路新增投资等项目进行审计和审计调查。提出规范资金核算、完善内控制度、加快工程进度、落实地方配套资金等审计意见和建议，较好地发挥了审计“免疫系统”作用。

（撰稿人：许镇奇）

【汕尾市审计局】　2009 年，汕尾市审计局人员编制 36 人，实有人数 41 人。局长王晓东，副局长周建新（—12 月）、李明训，总审计师李桂芝。设有办公室、政策法规科、财税金融审计科、行政事业审计科、农业资源审计科、经济贸易审计科、基建外资审计科和经济责任审计办公室。

审计成果　全市审计机关共完成审计和审计

调查项目116个单位，查出违规金额5058万元，管理不规范金额6042万元，为财政增收节支2686万元，其中已上缴财政2655万元，归还原渠道资金31万元；提出审计建议361条，被有关部门和被审计单位采纳293条；提交审计专题、综合性报告和信息简报133篇，被批示、采用64篇次。市审计局被国家人力资源和社会保障部、审计署授予“全国审计系统先进集体”荣誉称号，并被审计署办公厅和《中国审计》编辑部评为2009年全国审计宣传工作先进单位。

跟踪审计　全市审计机关深入38个扩大内需投资项目资金使用单位和项目现场，从项目立项、建设性质、建设规模、建设内容、建设进度、建设质量、投资构成和资金管理使用等方面的情况进行全方位、全过程的跟踪审计，按期向省审计厅和市政府上报了3份阶段性审计报告。

财政审计　全市审计机关以《广东省预算执行审计条例》的出台为契机，按照“一体化”审计工作思路，积极整合审计资源，着力提高预算执行审计的水平。审计揭示了财政管理、财政改革、税收征管、预算执行等方面存在的问题，提出了进一步提高部门预算编制质量、规范部门预算管理、加强项目资金管理、规范执法机关预算管理等建议，得到市人大、市政府充分肯定和高度评价，取得预期效果。

经济责任审计　全市审计机关对45名领导干部进行经济责任审计，其中离任经济责任审计28人，任中经济责任审计17人。审计查出管理不规范金额2243万元，违规金额1210万元，为切实加强领导干部的管理和监督，促进领导干部勤政廉政起到积极作用。

固定资产投资审计　全市主要开展包括中小学校舍安全工程项目、市供水总公司工程项目、市体育馆工程项目等各类工程投资审计，已完成工程投资审计项目8个，送审结算总标的11980万元，审计核减工程投资222万元，节约财政资金，防止国有资产的流失。

专项资金审计（调查）　全市审计机关重点围绕住房、农业、教育、社会保障等民生资金实施审计，已完成专项资金审计和审计调查9个，审计资金总额达7.5亿元。一是抓好署定的保障性住房专项审计调查。审计调查结果得到市领导重视并作出批示。二是深入细致开展社保基金审计。针对我市社保基金征缴、管理和使用方面存在一些薄弱环节，提出继续扩大社保覆盖面，提高社保覆盖面和基金收缴率；加强社保基金稽核力度，提高参保基数和缴费率；落实养老基金银行存款实行优惠利率的政策，保证养老保险基金增值等审计建议。三是开展教师待遇“两相当”审计调查。通过调查，为市委、市政府加强我市教育工作提供决策依据。四是完成省定涉农及涉及民生等专项资金的审计和调查项目一批。

（撰稿人：陈云海）

【惠州市审计局】　2009年，惠州市审计局人员编制51人，在编48人。局长罗伟谊，副局长冯起忠、陈益明、张静远、骆英华，纪检组长雷远华。设有办公室、法制科、综合信息科、监察室、财政税务审计科、专项资金及基金审计科、经济责任审计科、固定资产投资审计科和企业审计分局。

审计成果　全市审计机关共审计（调查）项目280个，涉及单位429个，查出违规金额4.11亿元，应上缴财政4709.3万元，应减少财政支出10014.88万元，应归还原渠道资金7585.03万元。向纪检监察机关移送案件线索2宗。提交审计报告、综合信息94篇。其中市审计局审计（调查）项目71项，涉及单位182个，查出违规金额3.10亿元，应上缴财政2259万元，应减少财政支出9991万元，应归还原渠道资金4958万元。向纪检监察机关移送案件线索1宗，决定实行审计问责事项3宗，进一步跟踪检查4宗。提交监测、预警经济运行重要审计报告、综合信息68篇。

财政审计　全市审计机关共完成预算执行、财政决算、税务审计项目48个，查出未按规定征收、缴纳预算收入432万元，违规金额8260万元，管理不规范金额4.98亿元。市审计局对涉及地价款收缴、工程投入补偿、工程项目回购、公路还贷基数、物业收入等影响财政收支的7宗重大事项进行审计（调查），促进财政增收节支8394万元，解剖有关管理漏洞19个。

专项资金审计　市审计局全年主要审计林业、交通、公路、社保、残疾人基金、新型农村合作医疗基金、抗震救灾物资以及灾后重建等8大项民生资金，查出截留、挤占、挪用等违规金额

4528万元，披露有关管理漏洞21个，提出加强管理、提高资金使用效益的意见建议44条。市审计局对全市新型农村合作医疗基金2007～2009年4月管理使用情况审计调查，查处个别卫生院弄虚作假套取新农合基金、审核把关不严和监管不力导致新农合基金的浪费和流失等问题，引起市委、市政府领导高度重视，促进新农合基金的有效管理。

固定资产投资审计 全市审计机关对11个中央投资项目涉及的近90个工程及时跟进，全程监控。开展亚婆田住宅小区危房改造工程、江北45号小区、江北25号小区和马安阅粮畜牧场4个在建经济适用住房廉租住房建设项目审计调查，会同惠州市监察局开展2008年政府性投资项目工程管理审计调查发现问题整改情况的跟踪审计调查。惠州市对在建新增中央投资项目关口前移、动态监测、部门联动的做法，得到中纪委副书记重要批示和高度评价。

灾后重建审计 对惠州市对口援建汶川三江乡地震灾后恢复重建项目的全部44个援建项目实施跟踪审计，审计结果表明惠州市负责组织实施的援建项目已全部完工，累计完成投资额约21354万元。重建项目相关单位落实国家、省、市政策措施情况较好，工程管理和财务管理较为规范，未发现违法违规问题。

经济责任审计 市委、市政府批转了《关于进一步加强和改进经济责任审计工作的意见》，对全市经济责任审计对象实行分类管理，对不同类别的审计对象有针对性地开展审计。全市审计机关共完成经济责任审计项目127个，查出违规金额1.31亿元，发现并纠正管理不规范金额5.44亿元，向纪检监察机关移交案件线索2宗。

（撰稿人：刘文娜）

【东莞市审计局】 2009年，东莞市审计局人员编制61人，在编61人。局长杜沛游，副局长梁渠森、王汝铭、卢炳辉。设有办公室、综合法规科、内审指导科、财政金融审计科、经济责任审计一科、经济责任审计二科、固定资产投资审计一科、固定资产投资审计二科、行政事业审计科、经贸审计科。

审计成果 东莞审计机关完成审计和审计调查单位（项目）52个，查出违规金额21543万元，已上缴财政5615万元，已调账处理金额15936万元。提出审计报告、信息68篇。市审计局被评为市直机关先进单位，获市“金融稳定”奖；内审指导科被评为全省审计系统先进单位，经济责任审计一科麦林善同志被评为全省审计系统先进个人。

财政审计 市审计局对10个部门（项目）开展预算执行情况审计，查处挪用专项资金、收费未及时上缴财政、国库集中支付管理制度的执行力度不强等问题，促进增加税款和规费收入6000多万元，调账理顺一批资金，从源头上堵塞漏洞，有效推进依法理财。还对1个镇开展财政决算审计，查处违规金额1亿多元，一批管理不规范资金得到整改规范，促进规范资产和债务管理，提高基层应对危机的能力。

灾后重建审计 对汶川县映秀镇灾后恢复重建资金、物资及项目建设进行有效的全程动态跟踪审计。全面审核东莞市计划援建总投资9.95亿元、到位资金7.29亿元、已拨付资金3.32亿元，实事求是地反映了工程建设情况，促进加快映秀镇灾后恢复重建项目建设进度。

专项资金审计（调查） 对扩内需、保增长、促转型、惠民生等11项专项资金和项目开展审计。揭露和纠正欠缴社保基金、多拨专项资金、镇街配套资金不到位、个别投资项目进度慢、潜在损失等行为，促进完善制度，加强管理，落实相关政策，维护群众的切身利益。

经济责任审计 对12名领导干部实行经济责任审计。查处违规占用资金、政府采购不规范、决策机制不完善等问题，促进提高领导干部依法有效理财、廉洁从政的认识，进一步完善决策机制，推进廉政建设。

固定资产投资审计 对6项固定资产投资开展审计。审计项目投资额达40多亿元，依法查处多计建设成本、违规招投标、损失浪费等问题，促进加强工程管理，提高资金绩效，推进建设领域的廉政建设。

内部审计 全市建立内审机构325个，配备内审人员1481人，共完成审计项目2358项，查出违规金额13712万元，查出损失浪费745万元，促进增收节支6575万元，增加效益955万元，内部审计"免疫系统"功能作用不断得到发挥。

（撰稿人：何建东）

【深圳市审计局】 2009年，深圳市审计局人员编制199人，在编183人。局长陈志刚，副局长陈倩雯、沈安利、何锐军，总审计师陈华。设有办公室、综合处、审理处、财政审计处、行政审计处、资金审计处、经贸审计处、环境资源审计处、金融审计处，下辖经济责任审计专业局、政府投资审计专业局（副局级）。

审计成果 全市共审计和调查1798个单位，查出违规金额1.51亿元、损失浪费金额3.02亿元，审计后挽回（避免）损失10.09亿元，促进财政增收节支3807万元，核减政府投资项目工程款49.95亿元，审计提出建议1173条并被采纳857条，提交专题、综合性报告和信息简报277篇并被批示或采用143篇，向社会公告审计结果及审计报告457份。广东省审计厅对深圳市审计局为全省审计工作作出的积极贡献发来感谢信，福田区审计局被人力资源和社会保障部、审计署授予"全国审计系统先进集体"荣誉称号，南山、宝安两区审计局被评为广东省审计系统先进集体，吴仲兵等4名同志被评为广东省审计系统先进个人，宝安区审计局实施的社会治安电子防控工程建设管理绩效审计被审计署评为2008年度地方表彰审计项目。

对口支援审计 2009年，深圳市审计局按照援建计划继续开展抗震救灾与对口援建审计。一是派出援建项目审计组奔赴甘肃灾区长期驻点开展现场审计，二是完成援建四川地震灾区过渡安置房建设项目决算审计工作。9月11日，深圳市审计局和五位审计人员被深圳市委、市人民政府授予抗震救灾对口支援光荣集体和优秀个人称号。

财政审计 深圳市审计局在市本级预算执行和其他财政收支审计中反映了涉及10个部门单位的24个问题，依法出具审计报告、提出审计意见和作出审计决定，审计报告全文向社会公开，有关部门和单位就审计发现的问题向深圳市人大常委会作出说明并回答委员们的询问，深圳市监察局对有关问题逐一进行了调查并提出问责意见，引起较大的社会反响，审计发现的有关问题得到各被审计单位积极整改，取得良好成效。

绩效审计 深圳市审计局选择对市产业集聚基地建设和运营、市国有储备土地管理、市本级政府采购等8个项目进行绩效审计和审计调查，并受市政府委托向深圳市四届人大常委会报告审计情况，受到市委、市政府主要领导的高度重视或批示，引起社会、媒体和人大代表的热议和关注，深圳市科工贸信委、市规划国土委、市财政委员会、市政府采购中心等相关部门及时回应，研究提出相关具体措施，被审计单位积极整改采取措施改进管理，取得良好成效。

资源环境审计 深圳市审计局成立资源环境审计处，积极探索农业资源环境审计的方法和手段，先后完成珠江流域（深圳）水环境综合整治专项审计调查、深圳市国有土地储备管理和资金使用的绩效审计调查、深圳市基本农田改造试点审计调查等项目，提出一系列审计建议并督促落实整改，促进资源节约型、环境友好型社会的建设，为资源环境审计积累经验。

固定资产投资审计 深圳市审计局跟踪审计重大项目，检查建设程序的合法性、工程内容的真实性、设计变更的合规与合理性，合理控制工程投资，对发现的问题及时提出审计建议和整改意见，全力推动项目建设顺利实施。在审计过程中，探索采取借助专业机构的技术力量开展多专业融合的审计方式，不断采取措施推进竣工决算审计和历史遗留问题的解决，全年共完成决算审计项目286个，审计金额103.84亿元，取得良好效果。

经济责任审计 深圳市审计局稳步推进经济责任审计结果运用，配合深圳市委组织部完成2008年度23个市管干部经济责任审计结果的评议工作，其中1名基本合格，1名不合格，问责机制得到进一步落实和完善，在严肃财经纪律，加强财务管理，加强对领导干部权力的制约和监督，发挥"免疫系统"功能等方面发挥了积极作用。全年完成经济责任审计项目78个，审计查出违规金额6359万元，损失浪费金额2.52亿元。

审计"服务年"活动 2009年，深圳市审计局深入开展"服务年"活动，对深圳市民营及中小企业发展、科技研发等专项资金和市国资委所属20家国企近三年来投资情况进行审计调查，对影响深圳市经济长远发展和产业结构调整的政府储备土地管理、产业集聚基地建设运营等开展绩效审计，深入剖析各类企业、重点产业在金融危机影响下面临的发展问题，督促相关单位落实整改管理不规范等问题，提出解决问题的办法和建议，引起市领导的高度重视，得到审计署的充分肯定。

审计公开与整改 深圳市审计局落实《深圳市审计局审计报告公开暂行办法》，通过深圳审计信息网向社会公开审计报告139份，审计公开走向制度化，打造“阳光政府”。审计公开促进审计整改，在深圳市审计局的指导下，各内审机构高度重视审计发现问题整改，采取多种措施促进被审计部门单位落实审计意见，取得良好的内审监督实效。

（撰稿人：凌春杰）

【珠海市审计局】 2009年，珠海市审计局人员编制42人，在编41人。局长周昌，副局长郭圣勇，总审计师胡艳华。设有办公室、政策法规科、财政金融审计科、行政事业审计科、经济责任审计科、经贸审计科、固定资产投资审计科、资源环保与绩效审计科。

审计成果 珠海市审计机关完成审计项目119个，查出违规金额14615万元，其中应上缴财政13180万元；应减少财政拨款或补贴547万元，应归还原渠道资金321万元，应调账处理金额3万元；已上缴财政3403万元，已减少财政拨款或补贴441万元，已归还原渠道资金1万元。移送司法机关、纪检监察部门处理事项7件，建议有关部门处理事项1件。提交审计工作报告、信息142篇，被采用54篇。

行政事业审计 全市审计行政事业单位63个，查出应上缴财政4591万元，已上缴财政1410万元，应缴未缴预算收入13989万元，少计少缴税费2976万元，未落实收支两条线和专户管理规定678万元，账外资产275万元，其他问题62797万元。

固定资产投资审计 市审计局对全市工程总投资3000万元以上的政府投资项目纳入审计全过程监督，重点跟踪审计总投资9.56亿元的市重点建设项目竹银水源建设工程，对强台风“黑格比”水毁应急抢险工程进行审计，涉及政府投资6530.25万元，水毁工程108宗。

企业审计 全市审计机关对11家企业开展审计，查出应上缴财政852万元，已上缴财政96万元，违规经营1500万元，虚报或隐瞒转移收入2543万元，少计少缴税费764万元，其他问题金额34001万元。

经济责任审计 全市审计机关完成党政部门和国有及国有控股企业领导干部经济责任审计项目60个，查出违规金额6217万元，管理不规范金额17.31亿元，损失浪费金额3516万元；移送司法机关1人。

（撰稿人：孙安宇）

【中山市审计局】 2009年，中山市审计局人员编制50人，在编50人。局长吴维兴，副局长陈福成、杨伟文、冯欣荣、林文正（1月—），总审计师王梓明，纪检组长巫颖洁。设有办公室、人事科、综合计划与法规审理科、财政税务审计科、经济责任审计科、行政事业审计科、社会保障审计科、固定资产投资审计科、企业审计科、农业与资源环保审计科、内审指导监督科室。

审计成果 中山市审计机关完成审计项目44个（不计所属单位和延伸单位），为年度计划的105%。共查出违规金额763万元，管理不规范金额246153万元。向社会公告审计结果3篇，向市委市政府、省审计厅提交工作报告、信息125篇，被批示、采用69篇，向被审计单位提出意见及建议188条，被审计单位采纳建议144条。

财政审计 财政预算执行审计104个单位，涉及市级预算资金100亿元，镇区预算资金18.58亿元，重点审计热点资金3.36亿元、专项资金2.54亿元、建设资金1.14亿元。对预算执行总体情况和效果做出客观公正的评价，对预算编制、专项资金管理、镇区财政管理、绩效预算管理等6个方面，从体制制度、内部控制等深层次的角度揭示存在问题，并从机制上分析原因，提出加强预算执行管理的意见和建议。

专项资金审计 重点对涉及民生的专项资金进行审计，开展社会保障资金、县乡医疗服务体系建设及经费、社会治安视频监控系统建设资金、扶困助学资金、主干农路“硬底化”资金、政府投资保障性住房专项等多个专项资金的审计或审计调查，涉及审查单位一百多个。通过审计及审计调查，有效促进中山市本级财政部门及有关单位合理分配和使用财政资金。

经济责任审计　2009年出台《中山市落实科学发展观经济责任审计评价指标体系实施意见》，对经济责任审计的内容、评价的标准进行统一规范，重点关注“领导干部的主要职责、重大经济事项、内部控制制度和廉洁廉政情况”，完善“四审四评”体系。出台镇区和部门领导经济责任审计相关文书及表格的规范格式，并运用到经济责任审计项目中，有力地推动了经济责任审计工作的制度化、规范化建设。

环境审计　参加省审计厅开展的珠江水环境综合整治专项审计调查项目。先后对中山市环保局、建设局、水利局等市水环境综合整治工作的相关单位及部分镇区开展调查，对部分污水处理厂、垃圾处理场、河涌整治等项目进行重点抽查，为构建适合中山市实际的环境审计新模式迈进一大步。

扩内需促增长审计　对中央下达我市扩需促增资金涉及的7个项目进行审计或审计调查，涉及中央资金10330万元。中山市审计局把握“及早行动，提前介入，全程跟踪”的宗旨，按时向广东省审计厅提交审计阶段性专项报告和审计情况报告、报表，积极参与省、市的检查活动，并向有关单位提供合理化建议多条，促进中央的政策得到有效执行。

灾后重建审计　市审计局先后5批派出人员次赴汶川实施审前调查及现场审计，共审计和延伸审计单位8个，累计审计资金3.44亿元，跟踪审计“交钥匙”援建项目24个。

内部审计　中山市各内审机构共完成审计项目3445个，查出损失浪费金额6191万元，促进增加效益金额2402万元，提出建议意见被采纳4359条，建议给予行政处分1人。中山市审计局出台《中山市审计局关于加强年审工作监督指导的意见》，加强年审工作的监督指导，并于10月份对103个应开展年审制的单位组织进行交流和检查。　（撰稿人：何茵明）

【江门市审计局】　2009年，江门市审计局人员编制45人，在编45人。局长甄仁旺，副局长陈新汉、陈伟文，纪检组长王小丽。设有办公室、政策法规科、财政审计科、金融审计科、行政事业审计科、经贸审计科、农业与资源环保审计科、社会保障审计科和经济责任审计科。

审计成果　江门市审计局完成审计项目31个，查出违规金额8万元，管理不规范金额12.52亿元。审计提出建议75条，提交专题报告和信息63篇。

财政审计　江门市审计局对9个本级2008年度预算执行和其他财政收支情况进行审计，查出管理不规范金额5609万元；审计提出建议24条；对财政方面存在一般预算支出执行进度不够均衡，未严格执行彩票公益金管理规定，部分彩票公益金未及时缴入国库等问题提出审计意见和建议。对税务方面存在以核定方式征收土地增值税，查补税金入库率低延伸审计发现8家企业和单位纳税申报不实，少缴税费和滞纳金，以及缴税不及时等问题提出审计意见和建议。对七个部门预算执行单位存在年末结余资金未纳入预算，部分专项资金未纳入预算，项目支出专款未单独核算等问题提出审计意见和建议。

经济责任审计　江门市审计局对18人进行经济责任审计，查出违规金额38万元，管理不规范金额11.16亿元。充分发挥联席会议作用，创新工作思路，关注民生、可持续发展和新农村建设方面，重点对涉及农村教育、医疗、社会保障事业投入等问题进行审计、分析和评价，不仅重视揭露问题和查漏防弊，更着眼于服务，注重深刻分析问题本质，从体制、机制的层面提出高层次、有针对性的意见和建议，发挥经济责任审计的“免疫功能”。并对部分市（区）行政机关、镇级（街道）领导人的经济责任审计，进一步拓展经济责任审计对象的层次，开拓新的审计思路。

效益审计　全市共完成效益审计项目5个，查出违规金额7万元，管理不规范金额2409万元。对扩大内需促进经济增长新增投资项目专项审计调查，促进中央、省和我市经济增长的宏观调控政策出台后新增投资项目资金的管理，提高投资效益；对援建汶川地震灾后恢复重建资金和物资的筹集、分配、管理、使用情况全过程跟踪审计，促进灾后恢复重建资金和物资安全、合规、节约和有效使用，有效促进灾后恢复重建项目顺利完成；对政府投资建设保障性住房情况进行专项审计，查出廉租房租赁补贴发放程序不规范、廉租房和经济适用房未独立设账核算、购买二手房没有记入廉租房资产等问题提出审计意见和建议。

专项资金审计　江门市审计局围绕地方党委政府中心工作和人民群众关心的热点难点问题，开展专项资金审计。对市社保资金管理情况审计，查出市区养老保险基金和医疗保险基金未能按照优惠利率计息；对住房公积金审计，查出个别公积金管理部门存在住房公积金综合业务系统建设推进较慢；对解决市中小学代课教师和中小学教师待遇“两相当”问题财政经费使用情况审计，促进“两相当”工作有效开展；对市综治办经费结余等问题提出审计意见和建议。

（撰稿人：卢永锡）

【佛山市审计局】　2009 年，佛山市审计局人员行政编制 45 人，在编 44 人。局长杨耀松，副局长吴乃慧、何少英（—6 月）、林进浪，总审计师温美球（2 月—），纪检组长张六双（—2 月）、何内（3 月—）。设有办公室、政策法规科、财税审计科、行政事业审计科、金融审计科、经贸审计科、经济责任审计科、固定资产投资审计科 8 个职能科（室）。

审计成果　全市审计机关审计（调查）166 个单位。审计查出主要问题金额 411854 万元，其中违规金额 5195 万元，损失浪费金额 1055 万元，管理不规范金额 405604 万元。审计查出问题处理处罚应上缴财政 4786 万元，应减少财政拨款或补贴 125 万元，应调账处理金额 13542 万元。通过审计，为国家增收节支 2517 万元，其中已上缴财政 2445 万元（含补交以前年度数），已归还原渠道资金 72 万元。全年共出具审计报告和报送专项审计调查报告 164 篇，提交审计专题、综合性报告和信息简报 109 篇，其中被批示、采用 100 篇次。向被审计单位提出审计建议 581 条，被采纳 469 条。被审计单位根据审计建议制定整改措施 29 项，建立健全规章制度 6 份。

财政审计　全市审计机关全年进行财政审计（调查）60 个项目，查出违规金额 3482 万元，管理不规范金额 181124 万元。财政审计运用“三会三通报”做法，即通过全市财政税收分析会议、2010 年部门预算编制会议，以及到部分区召开审计回访座谈会，向分管财税工作的领导、财务负责人和相关区领导通报审计发现问题，促进佛山市出台了《关于加强财政资金管理的意见》，达到整改与预防的双重效果。

固定资产投资审计　全市审计机关运用跟踪审计、聘请社会中介、深化成果运用等方法手段开展固定资产投资审计，全年共审计（调查）15 个项目，查出违规金额 125 万元，管理不规范金额 14609 万元。其中，佛山市汾江河整治工程（二期）项目坚持跟踪问效，推动出台《佛山市城镇污水处理特许经营项目管理暂行规定》；通过对审计结果的“二次开发”，向佛山市政府提交《关于征地拆迁支付补偿款无原始资料等问题的报告》，促进出台《佛山市城市房屋拆迁补偿档案资料管理规定》。

经济责任审计　佛山市审计机关对 32 名领导干部开展经济责任审计，共查出违规金额 1222 万元，管理不规范金额 36060 万元。

专项资金审计（调查）　全市审计机关紧密围绕“保民生”工作大局，积极组织开展了涉及社会保障、医疗卫生、水环境治理、金融危机对中小企业影响等关系民生的各项审计和调查工作，有力地促进惠民政策措施的贯彻落实。全年共审计（调查）31 个项目，审计专项资金总额达 4327065 万元。市审计局派出审计组远赴汶川水磨镇灾区现场开展跟踪审计，从资金使用计划的制订、造价的动态控制、工程项目的管理、学校消防安全等方面，提出了一系列的建议和改进措施，保障灾后恢复重建工作有力、有序、有效开展。针对社保基金审计发现问题，从管理、制度、机制的层面向市政府提出改进建议，有效激活“财政与社保之间既相互监督、各自又强化内部管理，审计发挥外部再监督功能”的齐抓共管机制。

（撰稿人：王柏添）

【肇庆市审计局】　2009 年，肇庆市审计局人员编制 45 人，实有人数 44 人。局长江军洲，副局长周敏华、苏汉中、谢秋萍，纪检组组长苏汉中（兼）。设有办公室（与纪检组、监察室合署）、综合科、审计一科、审计二科、审计三科、审计四科、审计五科、审计六科、审计中心等部门。

审计成果　全市审计机关完成审计及审计调查项目 33 个，为年度审计项目计划的 110%，审计涉及单位 375 个，查出违规金额 11539 万元、损失浪费金额 100 万元、管理不规范金额 62981 万元，其中应上缴财政 2544 万元、应归还原渠道资金 1410 万元、应调账处理金额 28779 万元、应自行纠正金额 41887 万元。经审计处理后已上缴财政 1446 万元、已归还原渠道资金 663 万元、已调账处理 6432 万元。提出审计建议 82 条，被采纳 82 条。提交审计专题、综合性报告和信息简报 65 篇，被批示采用 65 篇。向社会公告审计结果 1 个。完成交办、协办事项 17 件。

财政审计　高度关注国家政策和各项改革措施贯彻落实情况，对 11 个预算执行单位和 1 个财政决算项目进行审计，揭露并查处财政收支不实、预算资金未及时拨付、挤占挪用专项资金、税收征管不规范、违法收费、会计核算不完善等问题，涉及违规金额 6023 万元、管理不规范金额 43470 万元。市审计局根据市人大常委会的审议意见，首次向社会公告市本级预算执行的审计结果。

跟踪审计　对中央下达本市第一、二、三批扩大内需促进经济增长新增投资项目的建设情况实施动态跟踪审计，涉及农村饮用水安全、农村公路等六大类 34 个投资项目，审计中央投资资金 1.6 亿元、地方投资资金 2.1 亿元。揭露了县（市、区）配套资金未足额到位、个别项目调整未取得批复以及个别项目违反建设程序等问题，涉及金额 1757 万元，督促落实配套资金 464.5 万元，提出审计建议 11 条。

专项资金审计（调查）　一是组织审计力量多次前往本市对口援建的汶川县克枯乡，对地震灾后恢复重建资金和捐赠物资实行全过程跟踪审计，共审计援建项目 53 个，保障了灾后恢复重建工作顺利实施；二是对五项社会保险基金筹集管理使用情况进行审计。共延伸审计 9 个单位，促进加强基金管理，保障基金安全完整；三是开展珠江水环境综合整治情况专项审计调查。对本市珠江流域（西江段）2003～2008 年珠江水环境综合整治情况进行专项审计调查，促进建立科学合理的流域治理体制；四是对本市 2007～2008 年政府投资保障性住房资金以及保障性住房政策措施的贯彻落实情况进行审计调查，促进完善住房保障制度；五是对全市住房公积金和高要市 2.4 万头优质瘦肉型猪苗繁育无抗基地新建项目进行绩效审计，促进提高资金使用效益；六是迅速推进中小学校舍安全工程审计，促进校舍安全工程目标的实现；七是开展解决中小学代课教师“代转公”和中小学教师待遇“两相当”问题专项经费审计，保障该项工作的顺利推进。在对民生资金审计中，高度关注了项目立项、资金流向、资金到位及资金效益等情况，共审计专项资金总额 76 亿元，揭露和反映个别援建项目建设超规模和超概算，各项社保基金之间调剂使用，社保专项经费的管理和使用不规范，发放社会保险基金不准确，未按规定安排廉租住房资金和使用住房保障资金，经济适用房超建筑面积和超标准配售，河流综合整治和污水、垃圾处理设施建设进度缓慢，环境保护资金征收管理使用不够规范等问题，涉及金额 1.8 亿元。

审计整改　进一步落实跟踪整改工作责任制及整改结果报告制。由于措施有力，责任到位，审计整改取得明显成效。市本级审计工作报告中反映的违规和管理不规范问题大部分得到整改，已促使各被审计单位上缴财政 260 万元、追回和归还各类被挤占挪用金额 296 万元、拨付财政金额 17204 万元、调账处理 12658 万元。有关单位根据审计意见和建议，相应建立和完善制度，加强管理。

内部审计　市直有内部审计机构 54 个，内审人员 191 人，完成审计项目 1628 个，增加经济效益 1548 万元，被采纳的审计意见和建议 580 条。市内部审计协会团体会员 16 个、个人会员 75 人。

（撰稿人：闲建中）

【云浮市审计局】　2009 年，云浮市审计局人员编制 32 人，在编 32 人。局长梁敏坚，副局长伍金明、莫剑平。设有办公室、政策法规科、财税审计科、金融与社会保障审计科、行政事业审计科、经贸审计科、农业与资源环保审计科、固定资产投资与外资运用审计科、经济责任审计科。

审计成果　全市共完成审计或审计调查单位 173 个，查出违规金额 10677 万元，损失浪费金额 518 万元，管理不规范金额 117419 万元，应上缴财政 695 万元。向司法机关移送案件 1 件，向纪检监察部门移送事项线索 2 件。出具审计报告和报送审计调查报告 223 篇，提出审计建议 310

条，被采纳231条。

财政审计 全市完成预算执行审计单位29个，查出违规金额852万元，管理不规范金额70384万元，就强化税收征管、加强财政支出管理，不断完善部门预算和专项资金分配机制，提高资金使用效益等提出审计建议。开展财政决算审计6个，查出违规金额8236万元，管理不规范金额16700万元。

专项资金审计 开展专项资金审计和审计调查49个，审计专项资金344918万元，审计查出违规金额10万元，管理不规范金额5308万元。

行政事业审计 开展行政事业审计69个，查出违规金额668万元，管理不规范金额6583万元，应上缴财政88万元，已上缴财政65万元。

固定资产投资审计 审计单位9个，审计项目投资总金额61835万元，核减投资额1306万元。

企业审计 全市审计企业单位11个，查出违规金额67万元，管理不规范金额12973万元。提出加强财务管理，防止国有资产损失；建立健全公司内控制度，严格按规定开展会计核算工作，依法缴纳税费等建议。

经济责任审计 重点关注资源、环境保护和民生问题，以及领导干部的决策能力和行政效果。对管理、使用财政资金的部门、事业单位领导干部的审计，重点检查财政资金特别是大额专项资金的管理使用及效益情况。全市完成47个单位的48名领导干部任期经济责任审计，查出违规金额621万元，管理不规范金额4141万元。

（撰稿人：梁美红）

【阳江市审计局】 2009年，阳江市审计局人员编制25人，在编29人。局长关泳芬，副局长黄华贤、陈红、林业玺、明康颂、林志远。设有办公室、法规监察复核科、综合审计科、财政行政事业审计科、固定资产投资审计科、企业审计科、金融外资审计科、经济责任审计科。

审计成果 阳江市审计机关完成审计项目128个，查出违规金额21307万元，其中应上缴财政6585万元，应归还原渠道资金1886万元，应调账处理金额4480万元；已上缴财政1243万元，已归还原渠道资金8万元，已调账处理金额783万元。提交审计工作报告、信息28篇，被采用13篇。

财政审计 以财政收支真实性、合法性、效益性为基础，审计单位37个，查出违规金额10419万元，其中应上缴财政1846万元，应归还原渠道资金1310万元，处理金额276万元，已上缴2万元，已归还渠道资金8万元。

行政事业审计 审计项目62个，查出违规金额9381万元，应上缴财政3194万元，应归还原渠道资金576万元，应调账处理金额4203万元，已上缴财政32万元，已调账处理金额783万元。对存在应缴未缴预算收入、虚列支出、违规改变资金用途等问题，提出依法规范管理等合理化建议。

固定资产投资审计 全年共审计单位5个，查出违规金额404万元，应上缴财政333万元。

社会保障审计 全年共审计社会保障项目6个。查出管理不规范金额5771万元。

企业审计 全年审计企业项目4个，查出违规金额1102万元，其中应上缴财政1212万元，已上缴财政1209万元。

经济责任审计 开展经济责任审计单位47个，审计经济责任人48人，查出违规金额9004万元。

专项资金审计（调查） 全年共审计（调查）项目14个，审计专项资金总额24110万元，查出违规金额1万元，应调账处理1万元。

（撰稿人：杜方杰）

【茂名市审计局】 2009年，茂名市审计局人员编制41人，在编40人。局长王伯昌，副局长王学才（—5月）、黄晓文、陈凡晓、李家胜（6月—），总审计师梁文超（6月—）。设有办公室、综合审计科、财政金融审计科、行政事业审计科、经贸审计科、农资环保社保审计科、固定资产投资审计科、经济责任审计科。

审计成果 全市审计机关完成审计项目310个，查出违规金额25234万元，其中应上缴财政19457万元，应归还原渠道资金2745万元，应调账处理金额1282万元；已上缴财政18459万元，已归还原渠道资金878万元，已调账处理金额216万元；移送纪检监察部门处理事项1件。提交审计工作报告、信息93篇，被采用64篇。实现了全过程精细化审计质量控制，地税征管审计项目被评为全省7个优秀审计项目之一。市审计局被评为全国审计系统先进集体和茂名市先进集体，各局党支部均被当地党委评为先进党组织。

财政审计　完成预算执行审计项目13个，查出违规金额14694万元，其中应上缴财政14397万元，已上缴财政14051万元，创造了茂名单项审计最高入库纪录。开展对3个县（市、区）财政困难状况审计调查，积极为促进县域经济发展服务。

金融审计　完成审计项目5个，查出违规金额73万元，其中应上缴财政73万元。

行政事业审计　完成审计项目228个，查出违规金额5507万元，其中应上缴财政669万元，已上缴财政338万元。

固定资产投资审计　完成审计项目1个，查出违规金额73万元，决定处理应上缴财政29万元，已全额上缴；核减投资额44万元。

企业审计　完成审计项目16个，查出违规金额4545万元，决定处理处罚应上缴财政3947万元，已上缴财政3737万元。

专项资金审计（调查）　突出抓好扩内需促增长、汶川抗震援建项目跟踪审计和教育、社保、住房、“三农”等民生发展资金绩效审计，完成审计（调查）项目44个，查出违规金额342万元，决定处理应上缴财政342万元，已全额上缴。

经济责任审计　完成对189名领导干部的经济责任审计，查出违规金额5651万元，移送纪检监察部门处理事项1件，涉及人员1人，涉及金额28万元。

内部审计　全市内审机构完成审计项目834个，查出损失浪费金额524万元，促进增加效益3088万元，提出建议意见被采纳261条。较好地发挥了审计“免疫系统”基础防线作用。

（撰稿人：凌启生）

【湛江市审计局】　2009年，湛江市审计局人员编制55人，在编53人。局长郑德胜，副局长牟必洲、高敬元，纪检组长宋进耀。设有办公室、政策法规科、财税金融审计科、行政事业审计科、经贸审计科、固定资产投资审计科、社会保障审计科、经济责任审计科。

审计成果　全市审计机关完成审计和审计调查项目221个；查出违规金额17049万元，损失浪费金额1494万元，管理不规范金额150104万元；应上缴财政1465万元，应归还原渠道资金261万元，应调账处理金额9603万元；已上缴财政403万元，已归还原渠道资金5万元，已调账处理金额540万元；移送司法、纪检监察机关案件4件8人；出具审计报告和报送审计调查报告223篇，提出审计建议295条，被采用99条。

财政审计　全市审计机关完成预算执行审计项目10个，查出违规变更预算914万元，未按规定征收、缴纳预算收入313万元，财政收入核算不实2228万元，财政支出核算不实12879万元，违规改变资金用途108万元，超预算列支4583万元，账外资产6146万元，未落实收支两条线和专户管理规定524万元。财政决算审计共完成3个审计单位，查出未按规定征收、缴纳财政收入760万元，隐瞒转移截留财政收入2448万元，违规改变资金用途1752万元。湛江市地税系统税收征管情况的审计，重点审计本级税收征管情况，审计共抽查34个纳税企业，查出违规和管理不规范金额2574万元。

行政事业审计　全市审计机关共完成审计及审计调查153项（含经济责任审计项目115个），查出应缴未缴预算收入41万元，隐瞒截留收入544万元，违规改变资金用途1616万元，未落实收支两条线和专户管理规定1768万元，少计少缴税费1006万元，超标准超计划支出3305万元；应上缴财政279万元，已上缴财政195万元。

固定资产投资审计　全市审计机关已完成固定资产投资审计2项，查出工程价款不实35万元，超计划超标准超规模344万元；核减工程款4万元。在未完成审计项目中，注重加强湛江市对汶川县龙溪乡援建项目的跟踪审计，共出具阶段性报告3份，提出合理化建议和整改意见19条，审计反映的问题得到了市领导的重视，促进了问题的整改。其中龙溪乡龙阿公路建设项目审计提出来的审计建议，经采纳后节约财政资金300多万元。注重加强对财政拨款重点投资项目审计，市审计局在对北站路、站前路改扩建工作全程审计中，及时纠正不按图纸施工、存在偷工减料和严重质量问题；在对遂溪至廉江段公路决算和体育南路工程决算审计中，审核减少工程造价 480 万元。

绩效审计　全市审计机关结合经济责任、行政事业、企业、专项资金等审计模式积极开展效益审计，查出损失浪费金额 199 万元，违规改变资金用途 4160 万元，其他造成潜在损失 78987 万元；审计后增收节支金额 103 万元；提出建议 263 条，被采纳的审计建议 96 条。

企业审计　全市审计机关共完成企业审计和调查单位 20 个（含经济责任审计 12 个），查出虚报或隐瞒转移收入 3657 万元，账外资产 1978 万元，少计或虚列成本费用 435 万元，少计少缴税费 143 万元，其他违规金额 4191 万元；应上缴财政金额 596 万元，已上缴财政 86 万元。

经济责任审计　全市审计机关共完成经济责任审计项目 127 个，共查出违规金额 9475 万元，管理不规范金额 43662 万元。涉及经济责任人 126 人，其中党政部门领导 79 人、事业单位领导 36 人、国有及国有控股企业领导 11 人；县处级领导 22 人、县处级以下领导 93 人，经济责任审计工作在促进党风廉政建设方面发挥重要作用。

专项资金审计（调查）　全市审计机关共完成专项资金审计和审计调查 33 项，资金总额达 1788072 万元，查出违规改变项目计划和资金用途 1766 万元，其他违规金额 18585 万元，共出具阶段性报告 3 份，提出合理化建议和整改意见 19 条。重点加强了中央扩大内需促增长专项资金审计调查，积极关注湛江市中央扩大内需项目的进展及其资金的使用和管理情况；加强政府投资保障性住房情况、全市社保基金的审计调查，为确保湛江市廉租房建设提供依据，维护基金的安全管理。对沿海防护林、农村饮用水安全、第一中医院综合楼等审计项目发现存在的问题，及时以专项报告形式向市政府报告，促进资金的管理。加强汶川地震救灾专项资金审计和援建项目的跟踪审计，先后三次奔赴汶川援建现场开展审计。

（撰稿人：关南全）

2009 年广东省所辖区、县(市)级审计工作统计表

金额单位：万元

审计机关	完成审计项目(个)	查出违规金额	应上缴财政	应减少财政拨款或补贴	应归还原渠道资金	应调账处理金额	移送司法、纪检部门处理事项(件)	建议有关部门处理(件)	出具审计报告和审计调查报告(篇)	提出审计建议(条)	撰写审计信息(篇)
广州市											
广州市本级	53	68296	56073		7670	160723	9	15	54	151	79
越秀区审计局	49	2088	2088			740			49	109	8
荔湾区审计局	69	2379	2379		200	5552			69	124	39
海珠区审计局	23	2149	1880		270	5548			23	59	34
天河区审计局	26	715	655		53	587	1		33	31	4
白云区审计局	29	1010	849			1670			29		1
黄埔区审计局	24	410	35	375		49			24	30	17
番禺区审计局	53	2784	1215		30	154051			53	127	
花都区审计局	32	763	317		79	7726	1		32	33	31
经济技术开发区审计局	16	1007	223	252		583	1		16	37	11
萝岗区审计局	8	729	164		587		1	2	8	24	
增城市审计局	39	768	768		54	14560			39	96	23

（续 表）

审计机关	完成审计项目(个)	查出违规金额	应上缴财政	应减少财政拨款或补贴	应归还原渠道资金	应调账处理金额	移送司法、纪检部门处理事项(件)	建议有关部门处理(件)	出具审计报告和审计调查报告(篇)	提出审计建议(条)	撰写审计信息(篇)
南沙区审计局	4								4	7	
从化市审计局	23	462	117		299	1661			24	37	12
清远市											
清远市本级	38	7658	5969		1869	1287		1	45	105	45
清城区审计局	23	3	3						29	41	11
英德市审计局	47	5220	106			83			52	148	11
连州市审计局	32	122	122				1		32	68	7
佛冈县审计局	54	224	236						54	244	2
阳山瑶族自治县审计局	20	933	254				3	5	24	65	57
清新县审计局	23	812	12			21	1		29	39	8
连山壮族瑶族自治县审计局	25	25	25			25			25	25	8
连南县审计局	20	8	2						20	37	8
韶关市											
韶关市本级	23								23	71	356
浈江区审计局	8								8	26	
武江区审计局	15								15	16	
曲江区审计局	33	2369	71						33	61	10
乐昌市审计局	23	2	2			16			23	58	15
南雄市审计局	34	8	8						34	9	44
始兴县审计局	35					168			35	37	38
仁化县审计局	31	169	86		82	9			31	93	29
翁源县审计局	45	391	29		10	829	1		45	47	18
新丰县审计局	27								27	15	7
乳源瑶族自治县审计局	38								38	85	
河源市											
河源市本级	48	4740	4008			230			48	100	30
源城区审计局	27	919	564		355	2861			32	24	7
紫金县审计局	41					256			41	164	
龙川县审计局	27								27	25	
连平县审计局	23								23	52	
和平县审计局	28	20	21						27	64	
东源县审计局	45								45	52	

（续 表）

审计机关	完成审计项目（个）	查出违规金额	应上缴财政	应减少财政拨款或补贴	应归还原渠道资金	应调账处理金额	移送司法、纪检部门处理事项(件)	建议有关部门处理(件)	出具审计报告和审计调查报告(篇)	提出审计建议(条)	撰写审计信息(篇)
梅州市											
梅州市本级	32	4970	1229		1033	531			32	81	22
梅江区审计局	17	20	20			2			17	35	
兴宁市审计局	23	2117	1328		2	1549			23	26	
梅县审计局	37	2606	307			8			37	38	
大埔县审计局	43	254	60			60			43	36	3
丰顺县审计局	42	6010	53		342	48709			42	124	
五华县审计局	38	750	22						38	63	1
平远县审计局	33	2929	185		1658	5522			33	37	3
蕉岭县审计局	23	27	27		2	185			23	56	
潮州市											
潮州市本级	50	5812	170	12	578	4615	1		51	62	
湘桥区审计局	12	323	1		6				13	29	
潮安县审计局	31	771	26		89	363			31	30	
饶平县审计局	38								38	110	
枫溪区审计局	9	259	70			1007	1		9	9	
汕头市											
汕头市本级	51	1715	530	1209	678	6481			52	154	57
金平区审计局	25	46		5	41				25	29	
濠江区审计局	15	151	9						15	23	
龙湖区审计局	24					668			24	87	9
潮阳区审计局	44	6	2						47	31	1
潮南区审计局	32	2956	620		290	1951			32	64	3
澄海区审计局	17								17	71	1
南澳县审计局	12	60	60						12	42	9
揭阳市											
揭阳市本级	76	20577	1471		7036	421			76	218	96
榕城区审计局	32	24	9						31	66	6
普宁市审计局	42	42	42						40	106	15
揭东县审计局	41	47	47						41	50	5
揭西县审计局	60	948	229		50	7476			60	52	15
惠来县审计局	40	1143	1103						40	39	
汕尾市											
汕尾市本级	28	2234	2095						28	101	84

（续表）

审计机关	完成审计项目（个）	查出违规金额	应上缴财政	应减少财政拨款或补贴	应归还原渠道资金	应调账处理金额	移送司法、纪检部门处理事项(件)	建议有关部门处理(件)	出具审计报告和审计调查报告(篇)	提出审计建议(条)	撰写审计信息(篇)
城区审计局	12	460	5						12	47	12
陆丰市审计局	31	2123	132		103				35	103	103
海丰县审计局	23	980	643		46	1252			23	88	4
陆河县审计局	22	1261	22		29	15			22	22	11
惠州市											
惠州市本级	71	6803		237			1		71	169	59
惠城区审计局	41	1353	492		16	6959		1	41	102	9
惠阳区审计局	39	7	7		91		1		39	50	
博罗县审计局	33	172	147			6			33	90	7
惠东县审计局	47	107	107						47	132	
龙门县审计局	30					26			30	90	16
大亚湾区审计局	19								19	40	3
东莞市											
东莞市本级	52	21543	5615			15936			50	209	18
深圳市											
深圳市本级	824	6827	840			1218			1539	107	22
福田区审计局	84	7							85	115	
罗湖区审计局	114								114	32	
南山区审计局	142		4						142	97	
宝安区审计局	73					245			73	101	
龙岗区审计局	331	8246	6843		456	26231			334	489	
盐田区审计局	98								99	160	
光明新区审计局	132								132	72	
珠海市											
珠海市本级	52	14320	12911	546	252	3	7		56	153	25
香洲区审计局	17	26							17	9	39
斗门区审计局	20	269	269		69				20	54	45
金湾区审计局	30			1				1	30	66	33
中山市											
中山市本级	44	763	710			54			42	188	125
江门市											
江门市本级	31	8	8						31	75	32
蓬江区审计局	8	60	60						8	18	5

（续表）

审计机关	完成审计项目（个）	查出违规金额	应上缴财政	应减少财政拨款或补贴	应归还原渠道资金	应调账处理金额	移送司法、纪检部门处理事项(件)	建议有关部门处理(件)	出具审计报告和审计调查报告(篇)	提出审计建议(条)	撰写审计信息(篇)
江海区审计局	18								18	22	2
新会区审计局	27	3	3						27	56	10
恩平市审计局	18								18	34	5
台山市审计局	27	1071	69			8			27	30	20
开平市审计局	14	5							14	41	10
鹤山市审计局	21	2318	17			14			21	16	5
佛山市											
佛山市本级	40	4558	4558			1991			38	153	
禅城区审计局	18	424	210			5220	1		18	51	
南海区审计局	28					6331			28	103	
顺德区审计局	32	14	14						32	90	
三水区审计局	24	70						1	24	63	
高明区审计局	24	129	4	125					24	121	
肇庆市											
肇庆市本级	33	11539	2544		1410	28779			33	82	22
端州区审计局	17	33	33						17	12	4
鼎湖区审计局	8	1952	1952		1				8	15	9
高要市审计局	33	50	4						33	55	9
四会市审计局	19	3271	565		345	343			19	41	27
广宁县审计局	19	408	261						19	24	8
怀集县审计局	18	200	42						18	24	20
封开县审计局	20	57	1		17	10			20	11	18
德庆县审计局	21	59				8			21	40	3
云浮市											
云浮市本级	23	8830	74		7610				30	76	26
云城区审计局	15	862	11				1		16		4
罗定市审计局	25	531	518		12				30	28	10
云安县审计局	25	352	10		234	37			26	72	38
新兴县审计局	41	5	1						65	32	6
郁南县审计局	44	97	81			310	2		56	102	10
阳江市											
阳江市本级	46	19617	6424		1156	1090			46	4	24
江城区审计局	26	458	14		27	2			26		

（续 表）

审计机关	完成审计项目（个）	查出违规金额	应上缴财政	应减少财政拨款或补贴	应归还原渠道资金	应调账处理金额	移送司法、纪检部门处理事项(件)	建议有关部门处理(件)	出具审计报告和审计调查报告(篇)	提出审计建议(条)	撰写审计信息(篇)
阳春市审计局	25	594	134			2023			25		
阳西县审计局	13	4	3		246	1			13		
阳东县审计局	18	634	10		457	1364			18	44	
茂名市											
茂名市本级	61	12334	11648		118				61	212	42
茂南区审计局	44	784	320		258	57	1		44	40	2
茂港区审计局	30	20	20						30	99	6
化州市审计局	30	4648	1385		915	922			30	71	10
信宜市审计局	30	2963	2114		20				30	87	20
高州市审计局	53	3646	3181						53	139	11
电白县审计局	62	839	789		1434	303			64	110	2
湛江市											
湛江市本级	45	5030	636		107	6286			45	74	31
赤坎区审计局	8								8	19	8
霞山区审计局	16	2610	1		1	2107			16	15	21
麻章区审计局	11	149	2						11		3
开发区审计局	6	5	5			10	1		6		2
吴川市审计局	23	2213	101				1		23	46	13
廉江市审计局	15	2300	19						15	24	15
雷州市审计局	30	920	118			76			30	40	24
遂溪县审计局	25	2745	90		5				25	3	8
徐闻县审计局	38	1075	491		148	1071	2		38	61	33
东海岛试验区审计局	4	2	2			53			4	13	

广西壮族自治区

【广西壮族自治区审计厅】 2009 年，广西壮族自治区审计厅行政编制 141 人，实有 139 人；事业编制 46 人，实有 45 人。设有办公室、人事教育处、法规处、财政审计处、金融审计处、行政事业审计处、经贸审计处、农业与资源环保审计处、社会保障审计处、固定资产投资审计处、外资运用审计处、经济责任审计处、机关党委、监察室、离退休人员工作处，设有派出发展计划审计处、派出经济贸易审计处、派出教育科学审计处、派出政法审计处、派出资源环保审计处、派出民政社保审计处、派出交通建设审计处、派出农业水利林业审计处、派出文化体育新闻审计处、派出卫生计划生育审计处、派出工商质监审计处、派出旅游民族事务审计处，还设有机关服务中心、内部审计指导中心、科学研究所、干部培训中心。

领导成员

厅　　长：黄必贵

副 厅 长：何小聪　聂江武（—5月）

　　　　　陆　斌　眭国华（5月—）

　　　　　黄绪全（7月—）

总审计师：陈勇新

纪检组长：朱名胜

副巡视员：钟南生

审计成果　广西各级审计机关共审计（调查）单位3846个，查出违规金额55.8亿元，损失浪费金额6.2亿元，管理不规范金额289.8亿元。应上缴财政7.6亿元（已上缴3.2亿元），应减少财政拨款或补贴1.4亿元（已减少1.1亿元），应归还原渠道资金5.9亿元（已归还2.7亿元），应调账处理金额51.9亿元（已调账25.5亿元）。移送司法机关案件8件（已立案5件），涉案人员16人（已追究刑事责任3人），涉案金额2199万元；移送纪检监察部门事项8件（已处理4件），涉及人员9人（已给予党政纪处分6人），涉及金额582万元；移送有关部门事项8件（已处理1件），涉及人员26人，涉及金额25.2亿元。出具审计报告和报送审计调查报告2504篇，提出审计建议4136条（被采纳1587条）。审计后挽回（避免）损失3.7亿元。向社会公告审计结果10篇。提交专题或综合性报告、信息简报1002篇，被批示、采用500篇。其中自治区审计厅审计（调查）单位86个，查出违规金额16.6亿元，损失浪费金额4.0亿元，管理不规范金额120.2亿元。应上缴财政198万元（已上缴45万元），应归还原渠道资金2.4亿元（已归还2.0亿元），应调账处理金额34.8亿元（已调账20.7亿元）。移送司法机关案件1件（已立案1件），涉案人员4人（已追究刑事责任1人），涉案金额250万元；移送纪检监察部门事项1件，涉及人员1人，涉及金额134万元；移送有关部门事项1件，涉及金额25.2亿元。出具审计报告和报送审计调查报告72篇，提出审计建议238条，被采纳220条。审计后挽回（避免）损失3248万元。

财政审计　全区共审计（调查）290个单位的预算执行情况，查出违规金额17.3亿元，管理不规范金额156.3亿元。共审计（调查）45个单位的财政决算情况，查出违规金额3.5亿元，管理不规范金额15.1亿元。

自治区审计厅审计（调查）10个单位的预算执行情况，查出违规金额5169万元，管理不规范金额78.9亿元。自治区本级2008年预算执行和其他财政收支情况审计项目，发现自治区本级政府采购执行率较低、部分非税收入未纳入国库或预算外财政专户管理、部分非税收入指标预算数与决算数相差较大、耕地开垦费未按规定全部纳入预算管理、自治区本级各单位年终资金结余较大而且上年度资金结余没有完全纳入各单位的部门预算反映等问题；提出加强非税收入管理、加强专项资金管理、规范政府采购、完善内控制度等审计建议。

专项资金审计　全区共审计（调查）单位707个，查出违规金额3.5亿元，损失浪费金额147万元，管理不规范金额30.0亿元。广西各级审计机关不断加大对与广大人民群众切身利益密切相关的社会保障、“两基”教育、扶贫移民、廉租住房、救灾救济、环境治理等专项资金的审计力度。桂林市、容县审计局对新型农村合作医疗基金的审计成果，得到所在市、县党委、政府的高度重视。玉林市、梧州市审计局对廉租住房的审计，贵港市、崇左市、来宾市审计局对救灾救济专项资金的审计，均取得明显成效。

自治区审计厅审计（调查）单位22个，查出违规金额1.8亿元，管理不规范金额9.9亿元。自治区某移民管理局2005～2007年广西库区移民资金专项审计调查项目，查出违规金额8719万元，管理不规范金额7.3亿元；发现移民资金未按规定纳入财政预算管理、违规将非农业户口纳入大中型水库后期扶持补助范围、移民补助资金支出超范围超概算、从实施管理费中购买小汽车等问题。

金融审计　自治区审计厅审计（调查）单位3个，查出违规金额11.8亿元，损失浪费金额3.7亿元，管理不规范金额13.8亿元。南宁市某银行2007年度资产负债损益审计项目，查出违规金额10.2亿元，损失浪费金额3.7亿元，管理不规范金额13.8亿元；发现银行存在违规发放贷款、私设“小金库”、资产不真实、违规办理企业年金等问题。其主管部门对有关责任人员已进行处理处罚。广西某证券有限责任公司2008年度资产负债损益审计项目，查出违规金额6039万元；

发现公司员工挪用客户资金用于个人投资、以内容不真实的发票报账、未经批准计提企业年金、以前年度费用挂账、未按规定清理以前年度应收款项等问题。

行政事业审计 全区共审计（调查）单位1080个，查出违规金额9.4亿元，损失浪费金额1.2亿元，管理不规范金额55.0亿元。自治区审计厅审计（调查）单位12个，查出违规金额5966万元，损失浪费金额2672万元，管理不规范金额22.5亿元。广西某事务局2004～2008年财政财务收支审计项目，查出管理不规范金额6410万元。广西5家医院2007～2008年药品采购资金管理使用专项审计调查项目，发现签订的药品采购合同不够规范、部分药品未按规定采购、应付药品款和应收医疗款未及时清理结算、药品库存有待加强核算和管理、药品价格存在虚高现象、药品采购管理中心体制有待进一步理顺等问题。

企业审计 全区共审计（调查）单位90个，查出违规金额4.1亿元，损失浪费金额3739万元，管理不规范金额16.5亿元。自治区审计厅审计（调查）单位6个，查出管理不规范金额5977万元。其中根据审计署的授权实施了广西中烟工业有限责任公司2008年度财务收支情况以及广西烟草公司2008年度财务收支情况的审计。

固定资产投资审计 全区共审计（调查）单位1609个，查出违规金额4.6亿元，损失浪费金额8787万元，管理不规范金额8.1亿元。区审计厅审计（调查）单位18个，查出违规金额3143万元，损失浪费金额93万元。

自治区审计厅组织对广西北部湾沿海第二期航道、供水、管网、道路等17项基础设施建设大会战重大基础设施项目进行审计，审计的覆盖面和规模逐步扩大，审计金额由2008年的100亿元增长到2009年的300亿元；对累计投资400多亿元的桂中治旱、漓江补水、南宁机场扩建、污水和垃圾处理设施建设、宜州至河池高速公路工程等10类218个扩大内需重特大投资项目进行全过程跟踪审计，取得良好效果。广西钦州沿海工业园某调水工程预算执行情况审计项目，查出违规金额541万元，损失浪费金额66万元，管理不规范金额451万元；发现施工方多计工程款、采购质量低劣的橡胶止水带造成损失，建设单位转移项目招标收入、超支管理费等问题，向有关部门移送涉嫌玩忽职守、贪污挪用征地拆迁补偿费等案件线索。

外资运用审计 全区共审计（调查）单位22个，查出违规金额1.5亿元，损失浪费金额388万元，管理不规范金额1.2亿元。

自治区审计厅根据审计署的授权完成国外贷援款公证审计项目14个，发现无偿占用履约保证金、世行项目国内配套资金用于非项目支出、滞留项目资金、项目物资和设备被截留、挪用和闲置等问题。世界银行贷款广西城市环境项目效益情况审计，发现项目设计不合理造成损失、项目运营不当造成资产闲置、配套资金不足导致项目延迟或取消等问题。

经济责任审计 全区共审计单位496个，审计经济责任人535人，查出领导干部应负主管责任的违规金额8.5亿元，损失浪费金额1153万元，管理不规范金额33.2亿元；领导干部应负直接责任的违规金额5491万元，损失浪费金额18万元，管理不规范金额1.7亿元。其中自治区审计厅共审计单位12个，审计经济责任人17人，查出领导干部应负主管责任的违规金额1.3亿元，管理不规范金额2.3亿元；领导干部应负直接责任的管理不规范金额3673万元。

各级审计机关继续加大任中经济责任审计的比例和力度，自治区审计厅和柳州市、桂林市、玉林市审计局均超过60%，钦州市审计局甚至达到100%。百色市对县委书记、县长，陆川县、容县、玉林市福绵管理区对乡（镇）党委书记、乡（镇）长实行同步审计。

内部审计 2009年，全自治区共有内部审计机构345个，其中专职机构226个；有内部审计人员1071人，其中专职人员787人。2009年全自治区内部审计机构共完成审计项目5829个，通过审计查出损失浪费金额1124万元，促进增加效益7112万元，提出建议意见被采纳3401条，财务决算审签133个。自治区审计厅全年举办各类培训班7期，培训内部审计人员450多人次。积极做好2009年度国际注册内部审计师（CIA）考试和广西内部审计人员岗位资格证书考试的组织工作。组织内部审计人员深入金融、保险、医院、农垦、电网等系统以及柳州五菱、南宁百货、柳州联华、柳州中医院等单位进行重点调研。组织完成内部审计的课题研究，选送 4 篇论文参加全国内部审计理论研讨暨经验交流会的评选，其中 1 篇获一等奖、1 篇获二等奖、2 篇获三等奖。

队伍建设　在思想政治建设方面，不断加强领导班子建设，强化班子的责任意识，引导审计干部树立创新学习、终身学习的理念；强化班子的民主意识，完善民主集中制，促进班子决策的民主化、科学化；创新“审计组成立临时党支部”党建制度，将思想政治工作做到审计现场。

在干部能力建设方面，积极实施“人才强审”战略。年内共举办各类培训班 21 期，培训审计人员 1691 人次。先后组织七十多名审计业务骨干参加与桂林电子科技大学联合举办的计算机审计业务骨干精修班、50 名审计业务骨干参加北京交通大学工程项目审计方向会计专业硕士学位进修班、100 名非审计财经类人员参加南京审计学院桂林函授站审计专业本科函授班。选派 9 名审计业务骨干到审计署以及审计署特派办挂职学习或参加审计项目锻炼；从市、县两级审计机关选派 17 名干部到厅机关挂职学习或参加审计项目锻炼；从厅机关选派 4 名干部到市、县、乡三级机关挂职锻炼。组织广西各级审计机关开展争创查核问题能手、分析问题强手、计算机应用高手、严格管理好手竞赛活动。

在精神文明建设方面，积极开展“文明单位”“文明庭院”“文明处室”“五好文明家庭”“军民共建”“单位社区共建”等精神文明创建活动，同时加强了县域经济联系、定点扶贫、支教等工作，为基层办实事、办好事，得到了当地干部群众的好评。广西审计系统有 14 个单位、14 名干部分别获自治区人事厅、审计厅授予的记集体二等功、记个人二等功的表彰。北海市审计局、平南县审计局被审计署评为“全国审计系统先进集体”。

法制建设　全年共复核审计项目 99 个，提出复核意见 81 条，全部得到采纳。开展 2008 年度广西审计机关优秀审计项目的评选，评出优秀审计项目 22 个、表彰审计项目 6 个，并推荐 2 个优秀审计项目参加审计署全国地方优秀审计项目的评比，其中柳州市审计局实施的柳州市某房屋开发公司资产负债情况审计项目被审计署评为“2008 年全国地方优秀审计项目”。年内对 3 个社会中介机构的审计质量进行检查，发现部分审计项目存在业务约定书内容不完整、部分审计证据不够充分、应实施函证的事项未实施函证等问题，提出了加强内部控制和质量复核、完善各项业务规章制度等意见。按照自治区人民政府的统一部署，全面清理广西审计机关自 1984 年成立以来至 2008 年 12 月 31 日止的所有规范性文件。

信息化建设　广西各级审计机关审计信息化建设的步伐不断加快。完成厅本级、大部分市及部分县的审计管理系统（OA）的部署和应用。广西各级审计机关应用计算机辅助审计的力度不断加大，在财政预算执行、政府投资、资源环境、企业金融、经济责任等项目审计中收到了良好的效果。通过组织广西计算机审计成果评选、AO 审计资格认证考试、计算机中级培训等。

审计科研　自治区审计厅在选择科研课题时将研究的侧重点放在应用研究上，突出科研工作的实用性、指导性和前瞻性。会同广西审计学会确定并组织完成“扩大内需重大项目跟踪审计研究”等 13 个广西审计重点课题的研究任务。举办第八届西部审计理论研讨会，扩大了广西审计科研的影响。

审计宣传　广西各级审计机关向《中国审计报》《中国审计》《广西日报》《法治快报》、广西电视台、广西人民广播电台以及审计署网站等省级以上新闻媒体报送稿件 55 篇。自治区审计厅在《广西壮族自治区人民政府公报》封面设置了《依法履行审计监督职责，促进经济社会科学发展》3 个版面的彩色专刊；在《广西日报》策划了《充分发挥“免疫系统”功能，保障经济社会健康运行》半个版面的专题报道。与广西财经学院合作在《广西财经学院学报》（双月刊）开辟“审计专栏”。

自治区审计厅组织完成审计报刊在广西的年度征订发行工作；编辑出版论文集《广西审计 2007 年重点研究课题成果报告》（53 万字），促进审计科研成果的转化和应用。组织完成《中国审计年鉴・2009》《广西年鉴・2009》《广西社会科学年鉴・2009》等相关年鉴中广西审计条目的编撰工作。继续组织开展《广西通志・审计志（1993～2007）》的编纂工作。（撰稿人：朱　明）

【南宁市审计局】　2009年，南宁市审计局人员编制63人，实有63人。局长朱林玉（—9月）、边作新（9月—），副局长陈建军（—10月）、杨路、黄令玲（—3月）、陈文建（—7月）、卢绍宁，纪检组长阳月生（—3月）。设有办公室、人事教育科、综合调研科、法规科、财政金融审计科、行政事业审计科、经贸审计科、农业与资源环保审计科、固定资产投资审计科、外资运用审计科、经济责任审计科，还设有南宁市公共投资审计中心。

审计成果　南宁市各级审计机关共审计（调查）单位189个，查出违规金额6412万元，管理不规范金额13.0亿元。应上缴财政1369万元（已上缴1059万元），应归还原渠道资金979万元（已归还1万元），应调账处理金额7937万元（已调账90万元）。移送司法机关案件1件，涉案金额30万元；移送纪检监察部门事项1件，涉及金额16万元；移送有关部门事项1件，涉及金额29万元。出具审计报告和报送审计调查报告90篇，提出审计建议230条（被采纳77条）。提交专题或综合性报告、信息简报28篇。

南宁市审计局共审计（调查）单位48个，查出违规金额2310万元，管理不规范金额7.0亿元。应上缴财政996万元（已上缴956万元），应归还原渠道资金11万元，应调账处理金额6956万元（已调账90万元）。移送司法机关案件1件，涉案金额30万元；移送有关部门事项1件，涉及金额29万元。出具审计报告和报送审计调查报告41篇，提出审计建议71条（被采纳1条）。

财政审计　全市共审计（调查）17个单位的预算执行情况，查出违规金额443万元，管理不规范金额5.9亿元。其中市审计局审计（调查）3个单位的预算执行情况，查出违规金额18万元，管理不规范金额3.6亿元。

专项资金审计　全市共审计（调查）单位82个，查出违规金额10万元，管理不规范金额5.7亿元。其中市审计局审计（调查）单位23个，查出管理不规范金额2.4亿元。

行政事业审计　全市共审计（调查）单位75个，查出违规金额5959万元，管理不规范金额6921万元。其中市审计局审计（调查）单位14个，查出违规金额2292万元，管理不规范金额3124万元。

企业审计　市审计局审计（调查）单位2个，查出管理不规范金额281万元。

固定资产投资审计　全市共审计（调查）单位13个，查出管理不规范金额6550万元。其中市审计局审计（调查）单位6个，查出管理不规范金额6510万元。

经济责任审计　全市共审计单位34个，审计经济责任人34人，查出领导干部应负主管责任的违规金额3707万元，管理不规范金额2858万元；领导干部应负直接责任的违规金额1747万元，管理不规范金额842万元。其中市审计局审计单位7个，审计经济责任人7人，查出领导干部应负主管责任的违规金额948万元，管理不规范金额2446万元；领导干部应负直接责任的违规金额1344万元。

（撰稿人：朱晓华）

【桂林市审计局】　2009年，桂林市审计局人员编制92人，实有89人。局长陆斌，副局长蒋基林（—9月）、蒋新友、姜方龙、钟晓梅（—9月）、唐正柱，总审计师张宁，纪检组长杨邦胜。设有办公室、人事教育科、法规科、财政金融审计科、行政事业审计科、经贸审计科、农业与资源环保审计科、社会保障审计科、固定资产投资审计一科、固定资产投资审计二科、旅游外资审计科、经济责任审计科、纪检监察室、离退休人员工作科、机关党委办公室。

审计成果　桂林市各级审计机关共审计（调查）单位277个，查出违规金额2.4亿元，损失浪费金额598万元，管理不规范金额18.6亿元。应上缴财政8303万元（已上缴1272万元），应归还原渠道资金1.5亿元（已归还2099万元），应调账处理金额6.5亿元（已调账9322万元）。移送司法机关案件2件（已立案1件），涉案人员8人，涉案金额1036万元；移送纪检监察部门事项2件（已处理2件），涉及人员4人（已给予党政纪处分4人），涉及金额156万元。出具审计报告和报送审计调查报告277篇，提出审计建议424条（被采纳234条）。提交专题或综合性报告、信息简报274篇。

桂林市审计局审计（调查）单位46个，查出违规金额1.5亿元，损失浪费金额598万元，管理不规范金额 8.8 亿元。应上缴财政 6894 万元（已上缴 1083 万元），应归还原渠道资金 1.1 亿元（已归还 90 万元），应调账处理金额 5.3 亿元（已调账 757 万元）。移送司法机关案件 2 件（已立案 1 件），涉案人员 8 人，涉案金额 1036 万元；移送纪检监察部门事项 2 件（已处理 2 件），涉及人员 4 人（已给予党政纪处分 4 人），涉及金额 156 万元。出具审计报告和报送审计调查报告 46 篇，提出审计建议 134 条（被采纳 76 条）。提交专题或综合性报告、信息简报 43 篇。

财政审计　全市共审计（调查）22 个单位的预算执行情况，查出违规金额 2798 万元，管理不规范金额 8.2 亿元。其中市审计局审计（调查）2 个单位的预算执行情况，查出违规金额 150 万元，管理不规范金额 700 万元。

全市共审计（调查）12 个单位的财政决算情况，查出违规金额 2373 万元，管理不规范金额 1.5 亿元。其中市审计局审计（调查）1 个单位的财政决算情况，查出违规金额 1990 万元，管理不规范金额 1.2 亿元。

专项资金审计　全市共审计（调查）单位 90 个，查出违规金额 3112 万元，管理不规范金额 3.0 亿元。其中市审计局审计（调查）单位 17 个，查出违规金额 2691 万元，管理不规范金额 2.1 亿元。

行政事业审计　全市共审计（调查）单位 130 个，查出违规金额 9143 万元，管理不规范金额 1.6 亿元。其中市审计局审计（调查）单位 19 个，查出违规金额 4303 万元，管理不规范金额 1.0 亿元。

由桂林市审计局实施的桂林市某集资建房管理单位自成立之日起至 2007 年 4 月 30 日财务收支审计项目，查出违规金额 1496 万元，管理不规范金额 4.3 亿元；发现该单位存在漏缴税金、列支应由职工个人负担的个人所得税、未归集应归集的房屋开发项目产品成本、未确认应确认的收入和支出等问题，并向有关部门移送该单位部分人员涉嫌侵吞国有资产、违规领取股利和兼职酬金等违规案件的线索。有关责任人员已被立案查处。

企业审计　全市共审计（调查）单位 13 个，查出违规金额 6424 万元，损失浪费金额 598 万元，管理不规范金额 4.4 亿元。其中市审计局审计（调查）单位 5 个，查出违规金额 5720 万元，损失浪费金额 598 万元，管理不规范金额 4.3 亿元。

固定资产投资审计　全市共审计（调查）单位 9 个，查出违规金额 306 万元，管理不规范金额 49 万元。其中市审计局审计（调查）单位 2 个，查出违规金额 306 万元。

经济责任审计　全市共审计单位 57 个，审计经济责任人 57 人，查出领导干部应负主管责任的违规金额 5773 万元，管理不规范金额 9774 万元；领导干部应负直接责任的违规金额 51 万元，管理不规范金额 567 万元。其中市审计局审计单位 15 个，审计经济责任人 15 人，查出领导干部应负主管责任的违规金额 3900 万元，管理不规范金额 8274 万元。

由桂林市审计局实施的桂林市某中等专业学校校长任期经济责任审计项目，查出违规金额 1065 万元；发现该单位存在违规收费、公款私存、私设“账外账”等问题。该校长等 3 人已被立案调查。

（撰稿人：梁　林）

【柳州市审计局】　2009 年，柳州市审计局人员编制 90 人，实有 88 人。局长莫晓钢，副局长樊顺长（—7 月）、徐庆东、陈钧、戴卫平（2 月—），总审计师李怡（8 月—），纪检组长吕建新。设有办公室、法规科、财政金融审计科、行政事业审计科、经贸审计科、农业与资源环保审计科、社会保障审计科、固定资产投资审计科、经济责任审计科、监察室，还设有机关党委办公室、计算机信息管理中心、柳州市政府投资项目审计中心。

审计成果　柳州市各级审计机关共审计（调查）单位 398 个，查出违规金额 4.8 亿元，损失浪费金额 257 万元，管理不规范金额 18.7 亿元。应上缴财政 1.2 亿元（已上缴 8570 万元），应减少财政拨款或补贴 1171 万元，应归还原渠道资金 3918 万元（已归还 3789 万元），应调账处理金额 9516 万元（已调账 1933 万元）。移送纪检监察部门事项 3 件（已处理 2 件），涉及人员 3 人（已给予党政纪处分 2 人），涉及金额 467 万元。出具审计报告和报送审计调查报告 312 篇，提出审计建议574条（被采纳190条）。审计后挽回（避免）损失52万元。向社会公告审计结果1篇。提交专题或综合性报告、信息简报126篇（被批示、采用110篇）。

柳州市审计局审计（调查）单位116个，查出违规金额4.7亿元，损失浪费金额257万元，管理不规范金额15.0亿元。应上缴财政1.2亿元（已上缴8410万元），应归还原渠道资金3830万元（已归还3789万元），应调账处理金额9502万元（已调账1933万元）。移送纪检监察部门事项1件，涉及金额284万元。出具审计报告和报送审计调查报告110篇，提出审计建议220条（被采纳152条）。向社会公告审计结果1篇。提交专题或综合性报告、信息简报126篇（被批示、采用110篇）。

财政审计　全市共审计（调查）26个单位的预算执行情况，查出违规金额1074万元，管理不规范金额2.9亿元。其中市审计局审计（调查）6个单位的预算执行情况，查出违规金额987万元，管理不规范金额2549万元。

市审计局审计（调查）3个单位的财政决算情况，查出违规金额791万元。

专项资金审计　全市共审计（调查）单位54个，查出违规金额1393万元，管理不规范金额1.8亿元。其中市审计局审计（调查）单位17个，查出违规金额1393万元，管理不规范金额1.4亿元。

行政事业审计　全市共审计（调查）单位89个，查出违规金额1.8亿元，损失浪费金额257万元，管理不规范金额7.8亿元。其中市审计局审计（调查）单位35个，查出违规金额1.7亿元，损失浪费金额257万元，管理不规范金额7.2亿元。

企业审计　全市共审计（调查）单位7个，查出违规金额7329万元，管理不规范金额3.9亿元。其中市审计局共审计（调查）单位3个，查出违规金额7297万元，管理不规范金额3.8亿元。

固定资产投资审计　全市共审计（调查）单位215个，查出违规金额1.9亿元，管理不规范金额2.0亿元。其中市审计局审计（调查）单位48个，查出违规金额1.9亿元，管理不规范金额1.9亿元。

外资运用审计　市审计局共审计（调查）单位4个，查出管理不规范金额3783万元。

经济责任审计　全市共审计单位80个，审计经济责任人80人，查出领导干部应负主管责任的违规金额2.1亿元，管理不规范金额10.6亿元；领导干部应负直接责任的违规金额329万元，损失浪费金额18万元，管理不规范金额1587万元。其中市审计局审计单位34个，审计经济责任人34人，查出领导干部应负主管责任的违规金额2.0亿元，管理不规范金额10.3亿元。

由柳州市审计局实施的某县原县长任期经济责任审计项目，查出违规金额9557万元，管理不规范金额2.92亿元，为国家挽回经济损失4420万元；发现该县一些部门存在滞留财政收入、挤占挪用专项资金、招商引资优惠政策执行程序不完善、财务管理存在漏洞、内部控制失控等问题，以及个别单位和部分人员套取并私分新型农村合作医疗基金、转移并私分行政性收费等案件线索。

（撰稿人：杨靖云）

【梧州市审计局】　2009年，梧州市审计局人员编制52人，实有49人。局长郭建平，副局长严伟维、陈坚强、蒙泽江，纪检组长严伟维（—12月）、姚启文（12月—）。设有办公室、法规科、财政金融审计科、行政事业审计科、经贸审计科、农业与资源环保审计科、社会保障审计科、固定资产投资审计科、外资运用审计科、经济责任审计科、监察室，还设有梧州市政府投资审计中心。

审计成果　梧州市各级审计机关共审计（调查）单位454个，查出违规金额2.0亿元，损失浪费金额1.7亿元，管理不规范金额7.7亿元。应上缴财政824万元（已上缴209万元），应归还原渠道资金461万元（已归还2万元），应调账处理金额2.5亿元（已调账1.7亿元）。移送司法机关案件2件（已立案1件），涉案人员2人，涉案金额15万元。出具审计报告和报送审计调查报告454篇，提出审计建议598条（被采纳591条）。审计后挽回（避免）损失729万元。提交专题或综合性报告、信息简报32篇（被批示、采用2篇）。

梧州市审计局审计（调查）单位44个，查出违规金额1.1亿元，损失浪费金额1.7亿元，管理不规范金额5.2亿元。应上缴财政7万元（已上缴3万元），应归还原渠道资金250万元（已归还2万元），应调账处理金额2.5亿元（已调账1.7亿元）。移送司法机关案件2件（已立案1件），涉案人员2人，涉案金额15万元。出具审计报告和报送审计调查报告44篇，提出审计建议135条（被采纳128条）。审计后挽回（避免）损失729万元。提交专题或综合性报告、信息简报11篇（被批示、采用2篇）。

财政审计 全市共审计（调查）4个单位的预算执行情况，查出违规金额6632万元，管理不规范金额6299万元。其中市审计局审计（调查）1个单位的预算执行情况，查出管理不规范金额389万元。

全市共审计（调查）2个单位的财政决算情况。

专项资金审计 全市共审计（调查）单位24个，查出违规金额566万元，管理不规范金额2837万元。其中市审计局审计（调查）单位5个，查出违规金额538万元，管理不规范金额2066万元。

行政事业审计 全市共审计（调查）单位96个，查出违规金额8442万元，损失浪费金额6709万元，管理不规范金额5.0亿元。其中市审计局审计（调查）单位25个，查出违规金额7013万元，损失浪费金额6709万元，管理不规范金额3.4亿元。

企业审计 全市共审计（调查）单位6个，查出违规金额495万元，损失浪费金额2835万元，管理不规范金额1.6亿元。其中市审计局审计（调查）单位3个，查出损失浪费金额2835万元，管理不规范金额1.6亿元。

固定资产投资审计 全市共审计（调查）单位322个，查出违规金额3859万元，损失浪费金额7008万元，管理不规范金额1451万元。其中市审计局审计（调查）单位10个，查出违规金额3859万元，损失浪费金额7008万元，管理不规范金额439万元。

经济责任审计 全市共审计单位31个，审计经济责任人42人，查出领导干部应负主管责任的违规金额7180万元，管理不规范金额3.8亿元；领导干部应负直接责任的违规金额33万元。其中市审计局审计单位14个，审计经济责任人15人，查出领导干部应负主管责任的违规金额5551万元，管理不规范金额2.2亿元；领导干部应负直接责任的违规金额33万元。（撰稿人：曹 悦）

【贵港市审计局】 2009年，贵港市审计局人员编制48人，实有45人。局长张立文，副局长陈修伟、伍勤，总审计师黄影，纪检组长李世琪。设有办公室、财政金融审计科、行政事业审计科、经贸审计科、固定资产投资审计科、经济责任审计科以及港北区审计办事处、港南区审计办事处、覃塘区审计办事处，还设有贵港市政府投资审计中心。

审计成果 贵港市各级审计机关共审计（调查）单位76个，查出违规金额1172万元，管理不规范金额5.8亿元。应上缴财政639万元（已上缴619万元），应归还原渠道资金6万元（已归还154万元，含归还上年应还未还款），应调账处理金额611万元（已调账515万元）。出具审计报告和报送审计调查报告74篇，提出审计建议144条（被采纳59条）。审计后挽回（避免）损失607万元。提交专题或综合性报告、信息简报18篇（被批示、采用7篇）。

贵港市审计局审计（调查）单位20个，查出违规金额752万元，管理不规范金额2.1亿元。应上缴财政545万元（已上缴564万元，含上缴上年应交未交款），应归还原渠道资金6万元（已归还154万元，含归还上年应还未还款），应调账处理金额135万元（已调账39万元）。出具审计报告和报送审计调查报告20篇，提出审计建议36条（被采纳12条）。提交专题或综合性报告、信息简报7篇（被批示、采用5篇）。

财政审计 全市共审计（调查）13个单位的预算执行情况，查出违规金额209万元，管理不规范金额2.0亿元。其中市审计局审计（调查）4个单位的预算执行情况，查出违规金额209万元，管理不规范金额3998万元。

专项资金审计 全市共审计（调查）单位11个，查出管理不规范金额3005万元。其中市审计局审计（调查）单位5个，查出管理不规范金额2985万元。

行政事业审计 全市共审计（调查）单位22

个，查出违规金额947万元，管理不规范金额3.4亿元。其中市审计局审计（调查）单位9个，查出违规金额543万元，管理不规范金额1.4亿元。

固定资产投资审计　全市共审计（调查）单位29个，查出管理不规范金额944万元。其中市审计局共审计（调查）单位2个，查出管理不规范金额27万元。

经济责任审计　全市共审计单位14个，审计经济责任人14人，查出领导干部应负主管责任的违规金额233万元，管理不规范金额2.1亿元。其中市审计局审计单位6个，审计经济责任人6人，查出领导干部应负主管责任的违规金额1万元，管理不规范金额1892万元。

（撰稿人：王育红）

【玉林市审计局】　2009年，玉林市审计局人员编制39人，实有35人。局长黄业诚，副局长李放明、劳林灵、陈磊，纪检组长钟耿（1月—）。设有秘书科、法规科、财政税务审计科、行政事业审计科、综合经济审计科、社会保障审计科、固定资产投资审计科、经济责任审计科、监察室，还设有玉林市政府投资审计中心。

审计成果　玉林市各级审计机关共审计（调查）单位183个，查出违规金额7337万元，损失浪费金额1044万元，管理不规范金额18.8亿元。应上缴财政522万元（已上缴113万元），应归还原渠道资金895万元（已归还1万元），应调账处理金额1961万元（已调账211万元）。移送有关部门事项1件（已处理1件），涉及金额12万元。出具审计报告和报送审计调查报告40篇，提出审计建议237条（被采纳109条）。审计后挽回（避免）损失8万元。提交专题或综合性报告、信息简报24篇（被批示、采用15篇）。

玉林市审计局审计（调查）单位30个，查出违规金额1487万元，损失浪费金额1044万元，管理不规范金额15.0亿元。应上缴财政214万元（已上缴3万元），应归还原渠道资金857万元，应调账处理金额1364万元（已调账5万元）。出具审计报告和报送审计调查报告9篇，提出审计建议45条（被采纳14条）。

财政审计　全市共审计（调查）30个单位的预算执行情况，查出违规金额3784万元，管理不规范金额17.1亿元。其中市审计局审计（调查）3个单位的预算执行情况，查出违规金额785万元，管理不规范金额14.0亿元。

全市共审计（调查）3个单位的财政决算情况，查出违规金额204万元，管理不规范金额98万元。

由玉林市审计局实施的玉林市直2008年度预算执行情况审计项目，对年度内本级财政资金的规模、投向、管理以及使用效益进行深查，追缴入库金额2.3亿元。该局根据审计结果上报的4篇审计信息已得到审计署采用；玉林市政府根据审计意见制定3个规范性文件。

专项资金审计　全市共审计（调查）单位72个，查出违规金额1846万元，管理不规范金额3411万元。其中市审计局审计（调查）单位7个，查出管理不规范金额390万元。

行政事业审计　全市共审计（调查）单位62个，查出违规金额1118万元，损失浪费金额1044万元，管理不规范金额1.3亿元。其中市审计局审计（调查）单位19个，查出违规金额702万元，损失浪费金额1044万元，管理不规范金额1.0亿元。

企业审计　全市共审计（调查）单位3个，查出违规金额32万元，管理不规范金额13万元。

固定资产投资审计　全市共审计（调查）单位13个，查出违规金额353万元，管理不规范金额8万元。

经济责任审计　全市共审计单位35个，审计经济责任人41人，查出领导干部应负主管责任的违规金额735万元，损失浪费金额1044万元，管理不规范金额2598万元；领导干部应负直接责任的违规金额44万元，管理不规范金额181万元。其中市审计局共审计单位5个，审计经济责任人5人，查出领导干部应负主管责任的违规金额649万元，损失浪费金额1044万元，管理不规范金额1763万元。

（撰稿人：郭裕贞）

【钦州市审计局】　2009年，钦州市审计局人员编制45人，实有40人。局长叶莉梅，副局长陆桂发（—8月）、陈洪珊，总审计师刘海伟，纪检组长曾文武。设有办公室、法规综合科、财政税务审计科、金融审计科、行政事业审计科、经贸审计科、社会保障和农业与资源环保审计科、固定资产投资审计科、外资运用审计科、经济责任审计管理科，还设有市经济责任审计中心、市政府投资审计中心。

审计成果 钦州市各级审计机关共审计（调查）单位252个，查出违规金额3.1亿元，损失浪费金额105万元，管理不规范金额12.1亿元。应上缴财政5754万元（已上缴221万元），应减少财政拨款或补贴1282万元，应归还原渠道资金8918万元（已归还238万元），应调账处理金额1.2亿元（已调账7597万元）。移送司法机关案件1件（已立案1件），涉案人员1人（已追究刑事责任1人），涉案金额863万元。出具审计报告和报送审计调查报告256篇，提出审计建议319条（被采纳150条）。审计后挽回（避免）损失2.2亿元。提交专题或综合性报告、信息简报370篇（被批示、采用302篇）。

钦州市审计局审计（调查）单位79个，查出违规金额1.5亿元，管理不规范金额9.7亿元。应上缴财政4617万元（已上缴170万元），应减少财政拨款或补贴1282万元，应归还原渠道资金8369万元（已归还232万元），应调账处理金额9268万元（已调账7479万元）。出具审计报告和报送审计调查报告89篇，提出审计建议116条（被采纳5条）。审计后挽回（避免）损失2.2亿元。提交专题或综合性报告、信息简报306篇（被批示、采用239篇）。

财政审计 全市共审计（调查）15个单位的预算执行情况，查出违规金额1.5亿元，管理不规范金额6.9亿元。其中市审计局共审计（调查）9个单位的预算执行情况，查出违规金额2790万元，管理不规范金额5.4亿元。

专项资金审计 全市共审计（调查）单位12个，查出管理不规范金额5329万元。其中市审计局审计（调查）单位2个，查出管理不规范金额660万元。

行政事业审计 全市共审计（调查）单位69个，查出违规金额6741万元，损失浪费金额105万元，管理不规范金额8349万元。其中市审计局审计（调查）单位11个，查出违规金额2430万元，管理不规范金额4485万元。

企业审计 全市共审计（调查）单位6个，查出违规金额9714万元，管理不规范金额1.3亿元。其中市审计局审计（调查）单位4个，查出违规金额9512万元，管理不规范金额1.3亿元。

固定资产投资审计 全市共审计（调查）单位150个，查出管理不规范金额2.5亿元。其中市审计局共审计（调查）单位53个，查出管理不规范金额2.5亿元。

由钦州市审计局实施的钦州市某基建工程预算控制价审计项目，发现施工方采取多计工程量、高套错套定额、违反计价规范等方式虚增造价的问题。送审金额2.1亿元，审计核定金额1.6亿元，核减金额0.5亿元，核减率为23.81%。钦州市政府出台《钦州市政府投资工程造价监督管理办法》，规定工程开标前标底必须经过审计。国务院法制办公室网站、审计署网站等登载该办法。该项目的成功经验作为探索标底审计的典型在广西进行介绍推广。

经济责任审计 全市共审计单位54个，审计经济责任人56人，查出领导干部应负主管责任的违规金额1.0亿元，损失浪费金额105万元，管理不规范金额1.1亿元；领导干部应负直接责任的违规金额234万元，管理不规范金额2848万元。其中市审计局共审计单位9个，审计经济责任人9人，查出领导干部应负主管责任的违规金额9784万元，管理不规范金额6867万元；领导干部应负直接责任的管理不规范金额1135万元。

（撰稿人：章年忠）

【北海市审计局】 2009年，北海市审计局人员编制54人，实有49人。局长康新春，副局长葛庆新、刘文惠，总审计师黄廷中，纪检组长刘跃。设有办公室、法规科、财政金融审计科、行政事业审计科、经贸审计科、农业环保社保审计科、固定资产投资审计科、外资运用审计科、经济责任审计科、监察室，还设有经济责任审计中心、市政府投资审计中心。

审计成果 北海市各级审计机关共审计（调查）单位103个，查出违规金额9.8亿元，损失浪费金额1836万元，管理不规范金额4.6亿元。应上缴财政3480万元（已上缴1933万元），应归还原渠道资金268万元，应调账处理金额873万元。移送有关部门事项1件，涉及金额448万元。出具审计报告和报送审计调查报告52篇，提出审计建议 210 条（被采纳 42 条）。审计后挽回（避免）损失 25 万元。提交专题或综合性报告、信息简报 10 篇（被批示、采用 3 篇）。

北海市审计局审计（调查）单位 52 个，查出违规金额 9.4 亿元，损失浪费金额 1836 万元，管理不规范金额 4.1 亿元。应上缴财政 1168 万元（已上缴 1152 万元），应归还原渠道资金 13 万元，应调账处理金额 793 万元。移送有关部门事项 1 件，涉及金额 448 万元。出具审计报告和报送审计调查报告 23 篇，提出审计建议 120 条（被采纳 31 条）。审计后挽回（避免）损失 25 万元。提交专题或综合性报告、信息简报 3 篇（被批示、采用 1 篇）。

财政审计 全市共审计（调查）13 个单位的预算执行情况，查出违规金额 7.5 亿元，管理不规范金额 3.6 亿元。其中市审计局审计（调查）9 个单位的预算执行情况，查出违规金额 7.5 亿元，管理不规范金额 3.2 亿元。

专项资金审计 全市共审计（调查）单位 19 个，查出违规金额 3040 万元，管理不规范金额 397 万元。其中市审计局审计（调查）单位 5 个，查出违规金额 1503 万元，管理不规范金额 297 万元。

行政事业审计 全市共审计（调查）单位 44 个，查出违规金额 7819 万元，管理不规范金额 6193 万元。其中市审计局审计（调查）单位 22 个，查出违规金额 5598 万元，管理不规范金额 5293 万元。

企业审计 全市共审计（调查）单位 2 个，查出违规金额 6106 万元，损失浪费金额 150 万元，管理不规范金额 1575 万元。

固定资产投资审计 全市共审计（调查）单位 25 个，查出违规金额 6477 万元，损失浪费金额 1686 万元，管理不规范金额 2177 万元。其中市审计局审计（调查）单位 14 个，查出违规金额 6247 万元，损失浪费金额 1686 万元，管理不规范金额 2177 万元。

由北海市审计局实施的北海市 2008 年中央新增投资项目跟踪审计项目，查出违规及管理不规范金额 2.6 亿元；发现相关部门和单位存在未按规定办理报建手续、未经招投标、自筹资金落实不到位、未按批复进度建设、缩减规模、未专户专账核算、监理不到位、超概算等问题。

经济责任审计 全市共审计单位 30 个，审计经济责任人 29 人，查出领导干部应负主管责任的违规金额 2988 万元，管理不规范金额 4361 万元。其中市审计局审计单位 13 个，审计经济责任人 12 人，查出领导干部应负主管责任的违规金额 930 万元，管理不规范金额 3941 万元。

（撰稿人：陈东方）

【防城港市审计局】 2009 年，防城港市审计局人员编制 24 人，实有 22 人。局长罗俊殿，副局长苏胜堂、李世初，总审计师陈有良（6 月—），纪检组长黄慧萍（11 月—）。设有秘书科、财政金融审计科、行政事业审计科、企业审计科、固定资产投资审计科、经济责任审计科，还设有政府投资审计中心、经济责任审计中心。

审计成果 防城港市各级审计机关共审计（调查）单位 209 个，查出违规金额 2.7 亿元，管理不规范金额 13.6 亿元。应上缴财政 647 万元（已上缴 606 万元），应减少财政拨款或补贴 3023 万元（已减少 3023 万元），应归还原渠道资金 27 万元（已归还 3 万元），应调账处理金额 171 万元（已调账 10 万元）。出具审计报告和报送审计调查报告 42 篇，提出审计建议 103 条（被采纳 26 条）。审计后挽回（避免）损失 1172 万元。提交专题或综合性报告、信息简报 45 篇（被批示、采用 17 篇）。

防城港市审计局审计（调查）单位 32 个，查出违规金额 1022 万元，管理不规范金额 10.1 亿元。应上缴财政 9 万元（已上缴 9 万元）。出具审计报告和报送审计调查报告 28 篇，提出审计建议 63 条（被采纳 23 条）。审计后挽回（避免）损失 1172 万元。提交专题或综合性报告、信息简报 17 篇（被批示、采用 16 篇）。

财政审计 全市共审计（调查）8 个单位的预算执行情况，查出违规金额 2.4 亿元，管理不规范金额 10.1 亿元。其中市审计局审计（调查）2 个单位的预算执行情况，查出管理不规范金额 7.4 亿元。

专项资金审计 全市共审计（调查）单位 14 个，查出违规金额 1120 万元，管理不规范金额 1.9 亿元。其中市审计局审计（调查）单位 7 个，查出违规金额 778 万元，管理不规范金额 1.9 亿元。

行政事业审计　全市共审计（调查）单位 22 个，查出违规金额 746 万元，管理不规范金额 5145 万元。其中市审计局审计（调查）单位 5 个，查出违规金额 244 万元，管理不规范金额 216 万元。

企业审计　市审计局审计（调查）单位 4 个，查出管理不规范金额 6701 万元。

固定资产投资审计　全市共审计（调查）单位 159 个，查出违规金额 937 万元，管理不规范金额 3982 万元。其中市审计局共审计（调查）单位 12 个，查出管理不规范金额 1206 万元。

外资运用审计　市审计局审计（调查）单位 2 个，违规金额、损失浪费金额、管理不规范金额均为零。

经济责任审计　全市共审计单位 10 个，审计经济责任人 15 人，查出领导干部应负主管责任的违规金额 6 万元，管理不规范金额 8580 万元。其中市审计局审计单位 5 个，审计经济责任人 5 人，查出领导干部应负主管责任的违规金额 4 万元，管理不规范金额 6107 万元。（撰稿人：苏　莺）

【崇左市审计局】　2009 年，崇左市审计局人员编制 33 人，实有 29 人。局长来燊烈，副局长李柏、黄财政、伍春，总审计师梁敬东，纪检组长赖小芬（—12 月）。设有办公室、法规科、财政金融审计科、行政事业审计科、企业审计科、社会保障审计科、固定资产投资审计科、经济责任审计科，还设有崇左市政府性投资审计中心。

审计成果　崇左市各级审计机关共审计（调查）单位 123 个，查出违规金额 3.8 亿元，损失浪费金额 1056 万元，管理不规范金额 14.4 亿元。应上缴财政 1.9 亿元（已上缴 6759 万元），应归还原渠道资金 322 万元（已归还 27 万元），应调账处理金额 2.5 亿元（已调账 5435 万元）。出具审计报告和报送审计调查报告 83 篇，提出审计建议 223 条（被采纳 62 条）。审计后挽回（避免）损失 25 万元。

崇左市审计局审计（调查）单位 31 个，查出违规金额 2.6 亿元，管理不规范金额 9.6 亿元。应上缴财政 1.9 亿元（已上缴 6521 万元），应归还原渠道资金 254 万元，应调账处理金额 1.7 亿元。出具审计报告和报送审计调查报告 31 篇，提出审计建议 74 条。

财政审计　全市共审计（调查）10 个单位的预算执行情况，查出违规金额 7454 万元，管理不规范金额 2.9 亿元。其中市审计局审计（调查）2 个单位的预算执行情况，查出管理不规范金额 2364 万元。

市审计局审计（调查）3 个单位的财政决算情况，查出违规金额 1.3 亿元，管理不规范金额 5.1 亿元。

由崇左市审计局实施的某县级市 2007～2008 年度财政决算和其他财政收支情况审计项目，查出违规金额 7732 万元，管理不规范金额 2.8 亿元；发现虚增和截留财政收入、虚减基金预算支出、欠缴本级财政土地出让金、未及时拨付上级专款、私存私放公款等问题。

专项资金审计　全市共审计（调查）单位 50 个，查出违规金额 278 万元，损失浪费金额 147 万元，管理不规范金额 3992 万元。其中市审计局审计（调查）单位 10 个，查出管理不规范金额 3120 万元。

行政事业审计　全市共审计（调查）单位 46 个，查出违规金额 1.6 亿元，损失浪费金额 819 万元，管理不规范金额 3.7 亿元。其中市审计局审计（调查）单位 13 个，查出违规金额 1.3 亿元，管理不规范金额 2.0 亿元。

企业审计　全市共审计（调查）单位 6 个，查出违规金额 724 万元，损失浪费金额 90 万元，管理不规范金额 2562 万元。

固定资产投资审计　年内全市共审计（调查）单位 8 个，查出管理不规范金额 2.1 亿元。其中市审计局审计（调查）单位 3 个，查出管理不规范金额 2.1 亿元。

经济责任审计　全市共审计单位 35 个，审计经济责任人 35 人，查出领导干部应负主管责任的违规金额 7677 万元，管理不规范金额 2.9 亿元；领导干部应负直接责任的违规金额 252 万元，管理不规范金额 481 万元。其中市审计局审计单位 12 个，审计经济责任人 12 人，查出领导干部应负主管责任的违规金额 7042 万元，管理不规范金额 1.9 亿元；领导干部应负直接责任的违规金额 245 万元，管理不规范金额 293 万元。

（撰稿人：黎茂华）

【百色市审计局】　2009年，百色市审计局人员编制43人，实有42人。局长覃格知（—12月）、黄武能（12月—），副局长钟超诚（—7月）、黄培钰、谭荣先、赵映杰（7月—），总审计师潘秋玲，纪检组长黄彧（—7月）、张祥俭（7月—）。设有办公室、法规科、财政金融审计科、行政事业审计科、经贸审计科、农业与社会保障审计科、固定资产投资审计科、经济责任审计科，还设有百色市政府投资审计中心。

审计成果　百色市各级审计机关共审计（调查）单位620个，查出违规金额4.1亿元，损失浪费金额41万元，管理不规范金额11.5亿元。应上缴财政1.1亿元（已上缴2916万元），应减少财政拨款或补贴8181万元（已减少8153万元），应归还原渠道资金3097万元（已归还148万元），应调账处理金额4700万元（已调账13万元）。移送司法机关案件1件（已立案1件），涉案人员1人（已追究刑事责任1人），涉案金额5万元。出具审计报告和报送审计调查报告438篇，提出审计建议498条（被采纳93条）。审计后挽回（避免）损失8339万元。向社会公告审计结果9篇。提交专题或综合性报告、信息简报5篇（被批示、采用1篇）。

百色市审计局审计（调查）单位73个，查出违规金额1.4亿元，管理不规范金额5.9亿元。应上缴财政7598万元（已上缴917万元），应归还原渠道资金2091万元，应调账处理金额991万元。出具审计报告和报送审计调查报告6篇，提出审计建议73条（被采纳8条）。提交专题或综合性报告、信息简报5篇（被批示、采用1篇）。

财政审计　全市共审计（调查）43个单位的预算执行情况，查出违规金额1.3亿元，管理不规范金额9.3亿元。其中市审计局审计（调查）6个单位的预算执行情况，查出违规金额1.0亿元，管理不规范金额5.4亿元。

全市共审计（调查）2个单位的财政决算情况，查出违规金额3121万元。其中市审计局审计（调查）1个单位的财政决算情况，查出违规金额3120万元。

专项资金审计　全市共审计（调查）单位106个，查出违规金额2045万元，管理不规范金额6282万元。

行政事业审计　全市共审计（调查）单位150个，查出违规金额5663万元，管理不规范金额1.5亿元。其中市审计局审计（调查）单位62个，查出违规金额383万元，管理不规范金额4696万元。

企业审计　全市共审计（调查）单位14个，查出违规金额7906万元，损失浪费金额41万元，管理不规范金额715万元。其中市审计局审计（调查）单位1个，查出违规金额133万元，管理不规范金额256万元。

固定资产投资审计　全市共审计（调查）单位305个，查出违规金额9113万元，管理不规范金额208万元。其中市审计局审计（调查）单位3个，查出违规金额251万元，管理不规范金额48万元。

经济责任审计　全市共审计单位31个，审计经济责任人32人，查出领导干部应负主管责任的违规金额1651万元，管理不规范金额4423万元；领导干部应负直接责任的违规金额2576万元，管理不规范金额463万元。其中市审计局审计单位4个，审计经济责任人4人，查出领导干部应负主管责任的违规金额198万元，管理不规范金额215万元；领导干部应负直接责任的管理不规范金额304万元。

（撰稿人：黄耿步）

【河池市审计局】　2009年，河池市审计局人员编制37人，实有33人。局长韦克风，副局长周凤、刘军（—4月）、刘自江（5月—），总审计师黄汉龙。设有办公室、法规科、财政金融审计科、行政事业审计科、社会保障审计科、经贸审计科、农业与资源环保审计科、固定资产投资审计科、经济责任审计科，还设有政府投资审计中心、机关后勤服务中心、计算机信息管理中心。

审计成果　河池市各级审计机关共审计（调查）单位297个，查出违规金额2.8亿元，损失浪费金额51万元，管理不规范金额19.9亿元。应上缴财政5867万元（已上缴4607万元），应减少财政拨款或补贴18万元（已减少294万元，含减少上年应减未减款），应归还原渠道资金921万元（已归还301万元），应调账处理金额1.5亿元（已调账3654万元）。移送纪检监察部门事项1件，涉及人员1人，涉及金额79万元；移送有关部门事项3件，涉及金额29万元。出具审计报告和报送审计调查报告242篇，提出审计建议361条（被采纳149条）。审计后挽回（避免）损失393万元。

河池市审计局审计（调查）单位31个，查出违规金额1.6亿元，损失浪费金额26万元，管理不规范金额12.1亿元。应上缴财政2687万元（已上缴2675万元），应归还原渠道资金536万元（已归还297万元），应调账处理金额1.2亿元（已调账3536万元）。出具审计报告和报送审计调查报告29篇，提出审计建议65条（被采纳25条）。

财政审计 全市共审计（调查）33个单位的预算执行情况，查出违规金额3517万元，管理不规范金额5.5亿元。其中市审计局审计（调查）5个单位的预算执行情况，查出违规金额121万元，管理不规范金额222万元。

市审计局审计（调查）3个单位的财政决算情况，查出违规金额1.4亿元，管理不规范金额7.4亿元。

专项资金审计 全市共审计（调查）单位83个，查出违规金额2651万元，管理不规范金额2.0亿元。其中市审计局审计（调查）单位4个，查出违规金额38万元，管理不规范金额1869万元。

行政事业审计 全市共审计（调查）单位74个，查出违规金额4340万元，损失浪费金额26万元，管理不规范金额4.8亿元。其中市审计局审计（调查）单位9个，查出违规金额1807万元，损失浪费金额26万元，管理不规范金额4.5亿元。

由都安瑶族自治县审计局实施的广西某高速公路建设都安分指挥部财务收支审计项目，查出违规金额113万元；发现该指挥部个别干部以及公路沿线村民委员会部分干部等涉嫌贪污公款的犯罪线索，移送检察机关立案侦查。

企业审计 全市共审计（调查）单位13个，查出违规金额3367万元，损失浪费金额25万元，管理不规范金额1100万元。其中市审计局审计（调查）单位1个。

固定资产投资审计 全市共审计（调查）单位91个，查出违规金额295万元，管理不规范金额499万元。其中市审计局共审计（调查）单位9个。

经济责任审计 全市共审计单位18个，审计经济责任人21人，查出领导干部应负主管责任的违规金额5093万元，管理不规范金额3.6亿元；领导干部应负直接责任的管理不规范金额77万元。其中市审计局审计单位3个，审计经济责任人3人，查出领导干部应负主管责任的违规金额1077万元，管理不规范金额3.5亿元。

（撰稿人：韦盛干）

【来宾市审计局】 2009年，来宾市审计局人员编制24人，实有24人。局长陈建强，副局长韦炳高、吴运生，总审计师覃锦平，纪检组长刘建平。设有办公室、法规科、财政金融审计科、行政事业审计科、经贸审计科、固定资产投资审计科、经济责任审计科。

审计成果 来宾市各级审计机关共审计（调查）单位289个，查出违规金额3796万元，管理不规范金额3.8亿元。应上缴财政2137万元（已上缴1683万元），应归还原渠道资金205万元（已归还11万元），应调账处理金额283万元（已调账120万元）。移送有关部门事项1件，涉及人员26人，涉及金额21万元。出具审计报告和报送审计调查报告283篇，提出审计建议245条（被采纳139条）。提交专题或综合性报告、信息简报36篇（被批示、采用3篇）。

来宾市审计局审计（调查）单位54个，查出违规金额1026万元，管理不规范金额3.3亿元。应上缴财政248万元（已上缴199万元），应归还原渠道资金87万元（已归还11万元）。移送有关部门事项1件，涉及人员26人，涉及金额21万元。出具审计报告和报送审计调查报告52篇，提出审计建议81条（被采纳71条）。提交专题或综合性报告、信息简报22篇（被批示、采用1篇）。

财政审计 全市共审计（调查）21个单位的预算执行情况，查出违规金额1569万元，管理不规范金额3991万元。其中市审计局审计（调查）2个单位的预算执行情况。

全市共审计（调查）4个单位的财政决算情况，查出违规金额252万元，管理不规范金额1462万元。其中市审计局共审计（调查）3个单位的财政决算情况，查出违规金额242万元，管理不规范金额1462万元。

专项资金审计 全市共审计（调查）单位23个，查出违规金额683万元，管理不规范金额2.7

亿元。其中市审计局审计（调查）单位 1 个，查出违规金额 480 万元，管理不规范金额 2.7 亿元。

行政事业审计　全市共审计（调查）单位 58 个，查出违规金额 1215 万元，管理不规范金额 5306 万元。其中市审计局审计（调查）单位 31 个，查出违规金额 304 万元，管理不规范金额 4337 万元。

固定资产投资审计　全市共审计（调查）单位 183 个，查出违规金额 77 万元。其中市审计局共审计（调查）单位 17 个。

经济责任审计　全市共审计单位 28 个，审计经济责任人 31 人，查出领导干部应负主管责任的违规金额 943 万元，管理不规范金额 2506 万元；领导干部应负直接责任的违规金额 24 万元，管理不规范金额 1862 万元。其中市审计局审计单位 10 个，审计经济责任人 11 人，查出领导干部应负主管责任的违规金额 346 万元，管理不规范金额 1678 万元；领导干部应负直接责任的管理不规范金额 1862 万元。　（撰稿人：陈盛福）

【贺州市审计局】　2009 年，贺州市审计局人员编制 29 人，实有 27 人。局长吴春生，副局长甘仕森、刘厚强，总审计师黄自珍。设有办公室、法规调研科、财政金融审计科、行政事业审计科、经贸审计科、固定资产投资审计科、经济责任审计科，还设有政府投资审计中心、审计信息管理中心。

审计成果　贺州市各级审计机关共审计（调查）单位 160 个，查出违规金额 2.1 亿元，管理不规范金额 7.3 亿元。应上缴财政 2610 万元（已上缴 1500 万元），应归还原渠道资金 260 万元（已归还 149 万元），应调账处理金额 3667 万元（已调账 512 万元）。出具审计报告和报送审计调查报告 61 篇，提出审计建议 59 条（被采纳 9 条）。提交专题或综合性报告、信息简报 27 篇（被批示、采用 7 篇）。

贺州市审计局共审计（调查）单位 40 个，查出违规金额 1.8 亿元，管理不规范金额 4.9 亿元。应上缴财政 2533 万元（已上缴 1449 万元），应归还原渠道资金 234 万元（已归还 149 万元），应调账处理金额 2764 万元（已调账 512 万元）。出具审计报告和报送审计调查报告 21 篇，提出审计建议 50 条（被采纳 9 条）。提交专题或综合性报告、信息简报 27 篇（被批示、采用 7 篇）。

财政审计　全市共审计（调查）15 个单位的预算执行情况，查出违规金额 1.4 亿元，管理不规范金额 1.9 亿元。其中市审计局共审计（调查）6 个单位的预算执行情况，查出违规金额 1.3 亿元，管理不规范金额 2596 万元。

全市共审计（调查）12 个单位的财政决算情况，查出违规金额 2555 万元，管理不规范金额 7585 万元。其中市审计局审计（调查）11 个单位的财政决算情况，查出违规金额 2555 万元，管理不规范金额 7584 万元。

由贺州市审计局实施的某县 2008 年度财政决算审计项目，查出违规金额 1378 万元，管理不规范金额 2575 万元；发现截留预算收入未缴国库、违规挤占土地出让金专户专款、违规转移财政资金、隐瞒单位经费结余等问题。

专项资金审计　全市共审计（调查）单位 32 个，查出管理不规范金额 3355 万元。其中市审计局审计（调查）单位 7 个，查出管理不规范金额 2015 万元。

行政事业审计　全市共审计（调查）单位 57 个，查出违规金额 2113 万元，管理不规范金额 9443 万元。其中市审计局审计（调查）单位 7 个，查出违规金额 117 万元，管理不规范金额 3799 万元。

企业审计　全市共审计（调查）单位 6 个，查出违规金额 175 万元，管理不规范金额 3.3 亿元。其中市审计局审计（调查）单位 2 个，查出违规金额 172 万元，管理不规范金额 3.3 亿元。

固定资产投资审计　全市共审计（调查）单位 38 个，查出违规金额 2067 万元，管理不规范金额 2 万元。其中市审计局审计（调查）单位 7 个，查出违规金额 2003 万元。

经济责任审计　全市共审计单位 32 个，审计经济责任人 32 人，查出领导干部应负主管责任的违规金额 217 万元，管理不规范金额 3.8 亿元。其中市审计局共审计单位 8 个，审计经济责任人 8 人，查出领导干部应负主管责任的违规金额 126 万元，管理不规范金额 3.7 亿元。

（撰稿人：董大星）

2009 年广西壮族自治区所辖区、县（市）审计工作统计表

金额单位：万元

审计机关	完成审计项目（个）	查出违规金额	应上缴财政	应减少财政拨款或补贴	应归还原渠道资金	应调账处理金额	移送司法、纪检部门处理事项（件）	建议有关部门处理（件）	出具审计报告和审计调查报告（篇）	提出审计建议（条）	撰写审计信息（篇）
南宁市											
南宁市本级	48	2310	996			6956	1	1	41	71	
青秀区审计局	20	219	92		101	26			20	32	
兴宁区审计局	4				16	32			4	12	
江南区审计局	4	56		23					4		
西乡塘区审计局	9	424	8						9	18	
良庆区审计局	7	17			1		1		6	9	
邕宁区审计局	6	3							6		
华侨投资区审计局											
武鸣县审计局	11	261	175			104			11	7	
横县审计局	20	452	18		52				20	4	
宾阳县审计局	19	2572	34		798	819			19	42	
上林县审计局	15	47	5						15	18	
隆安县审计局	16	51	41						16		
马山县审计局	10								10	17	
桂林市											
桂林市本级	46	15160	6894		10687	53004	4		46	134	
象山区审计局	7								7	19	
叠彩区审计局											
秀峰区审计局	1	1530				1530			1		
七星区审计局	3	2	2		20	1501			3	8	
雁山区审计局	4								4	13	
阳朔县审计局	18								18	48	
临桂县审计局	26		22		261	4874			26	26	
灵川县审计局	17	286	43		193	2001			17	56	
全州县审计局	31	892	59		809	337			31	21	
兴安县审计局	20	1189	15		552	645			20	5	
永福县审计局	10	149	18			57			10	12	
灌阳县审计局	15	460	31		192				15	40	

（续 表）

审计机关	完成审计项目（个）	查出违规金额	应上缴财政	应减少财政拨款或补贴	应归还原渠道资金	应调账处理金额	移送司法、纪检部门处理事项（件）	建议有关部门处理（件）	出具审计报告和审计调查报告（篇）	提出审计建议（条）	撰写审计信息（篇）
资源县审计局	13	132	17						13		
平乐县审计局	21	1129	2		1050	74			21		
荔浦县审计局	20	1888	195		729	560			20		
龙胜各族自治县审计局	9	1272	926		67	37			9		
恭城瑶族自治县审计局	16	67	79		211				16	42	
柳州市											
柳州市本级	116	46662	11862		3820	9502	1		110	220	166
柳北区审计局									4	7	2
城中区审计局		96	47						12	33	6
鱼峰区审计局		92	92						14	20	10
柳南区审计局	135	345	28			2406	2		135	181	5
柳江县审计局	15	522	522						15	20	2
柳城县审计局	41								26		5
鹿寨县审计局	41	264	100	1144					45	43	3
融安县审计局	32	384	251						8	21	3
三江侗族自治县审计局		15	4			11				9	
融水苗族自治县审计局	44	143	24	247	8	111			44	132	6
梧州市											
梧州市本级	44	11410	7		250	24685	2		44	135	11
长洲区审计局	1			25	82	300			1	3	
万秀区审计局	7	2400							7	10	12
蝶山区审计局	18	76							18	21	
岑溪市审计局	37	164	70			21			37	11	
苍梧县审计局	48	7597	601			1	2		48	50	
藤县审计局	108	729	132						108	152	21
蒙山县审计局	217	94	14		211				217	250	
贵港市											
贵港市本级	20	752	545		6	135			20	36	7
港北区审计办事处	3								3	12	
港南区审计办事处	7	16	16						7	8	
覃塘区审计办事处	5								4	6	

（续表）

审计机关	完成审计项目（个）	查出违规金额	应上缴财政	应减少财政拨款或补贴	应归还原渠道资金	应调账处理金额	移送司法、纪检部门处理事项（件）	建议有关部门处理（件）	出具审计报告和审计调查报告（篇）	提出审计建议（条）	撰写审计信息（篇）
桂平市审计局	17	333	54			63			17	45	2
平南县审计局	24	71	24			413			23	37	9
玉林市											
玉林市本级	30	1487	214		857	1364			30	4	4
玉州区审计局	43	13	13						43	2	
福绵管理区审计局	14	36	56			211	1		14	6	6
北流市审计局	17	411	76		1				17	20	
兴业县审计局	12	340							12		
容县审计局	19	47	9		1				19		
陆川县审计局	25	199	153		36	386			25	50	33
博白县审计局	23	4804	1						23	7	
钦州市											
钦州市本级	79	14732	4617	1282	8369	9268			89	116	85
钦南区审计局	111	462	235		7	184			111	132	
钦北区审计局	9	11281	817		521	2771	1		5	31	
灵山县审计局	14	352	10		6	118			12	31	
浦北县审计局	39	4153	75		15	5			39	9	
北海市											
北海市本级	68	108342	1303				3		68	165	40
海城区审计局	7	7	859						7	8	3
银海区审计局	12	615							12	7	2
铁山港区审计局	10					32			10	5	1
合浦县审计局	23	2451	1421						23	25	7
防城港市											
防城港市本级	32	1022	9						32	63	9
港口区审计局	45	151	1		27	161			45	12	
防城区审计局	27	20159	93	373					27		
东兴市审计局	91	893	544	2650		10			91	3	1
上思县审计局	14	4796							14	25	
崇左市											
崇左市本级	31	25788	18681		254	16803			31	74	22
江州区审计局	20	7732	158		12	7867	1		20	59	2
凭祥市审计局	8	81							8		

（续表）

审计机关	完成审计项目（个）	查出违规金额	应上缴财政	应减少财政拨款或补贴	应归还原渠道资金	应调账处理金额	移送司法、纪检部门处理事项（件）	建议有关部门处理（件）	出具审计报告和审计调查报告（篇）	提出审计建议（条）	撰写审计信息（篇）
扶绥县审计局	17	3532	40						17		9
大新县审计局	15	59	7		23	39			15	37	4
天等县审计局	11	177	3						11	17	
宁明县审计局	12	84							12	9	1
龙州县审计局	9	201	33		33	50			9	27	1
百色市											
百色市本级	73	14329	7598		2091	991			6	73	5
右江区审计局	20	246							3	12	
田阳县审计局	30	348	81		73	190	1			19	1
田东县审计局	22	7018			12	492			14	39	
平果县审计局	315	13808	1446		524	1605			287	43	3
德保县审计局	18	338	69			89			9	28	
靖西县审计局	19	934	177		152	324			18	53	1
那坡县审计局	27	17	10						13	38	
凌云县审计局	15	54							14		1
乐业县审计局	14	807	288		47	15			7	23	1
西林县审计局	38	1294	1218		115	706			18	68	
田林县审计局	15	461	101		39	288			46	61	
隆林各族自治县审计局	14	1229	448		44				3	41	
河池市											
河池市本级	31	15645	2687		536	12356			29	65	35
金城江区审计局	35	5072	87	58	2284	2643	1		42		2
宜州市审计局	16	1075	1075	294		1918			18	34	14
南丹县审计局	38	618	471				1	2	38	62	12
天峨县审计局	12	2				5			12	38	3
凤山县审计局	13	697	8		71	508			13	40	
东兰县审计局	27	552	145			407			27	77	
巴马瑶族自治县审计局	20	233	124						20		3
都安瑶族自治县审计局	36	2407	13	195	99				32		2
大化瑶族自治县审计局	19	204	168						19	10	2
罗城仫佬族自治县审计局	34	1165	50		180	898			34	40	
环江毛南族自治县审计局	30	4890	1454.97		15	105			30	54	2

（续表）

审计机关	完成审计项目（个）	查出违规金额	应上缴财政	应减少财政拨款或补贴	应归还原渠道资金	应调账处理金额	移送司法、纪检部门处理事项（件）	建议有关部门处理（件）	出具审计报告和审计调查报告（篇）	提出审计建议（条）	撰写审计信息（篇）
来宾市											
来宾市本级	54	1026	248		87			1	54	81	22
兴宾区审计局	90	330	93		118				90	65	
合山市审计局	13	3	3			74			13	18	2
象州县审计局	49	1849	1694						49	54	12
武宣县审计局	39	419	23			163			39	26	
忻城县审计局	26	94	71						26	19	
金秀瑶族自治县审计局	18	75	5			46			18	22	
贺州市											
贺州市本级	40	18141	2533		234	2764	1		45	149	10
八步区审计局	24	1738	20						26	80	5
平桂管理区审计局	11	85	3		26				13	39	2
昭平县审计局	23	971	7			903			25	70	6
钟山县审计局	39	44	44						41	130	5
富川瑶族自治县审计局	23	3	3						25	76	7

海南省

【海南省审计厅】 2009 年，海南省审计厅人员编制 110 人，在编 106 人，领导职数 7 名（其中非领导职数 2 名）。设有组织人事处（含机关党委、机关工会、机关团委）、办公室（含老干部管理处）、金融处、财政审计处、行政政法审计处、农业审计处、资源环境审计处、经济责任审计处、教科文卫审计处、社会保障审计处、企业审计处、政府投资审计处、政策法规处。

领导成员

厅　　长：陈如军

副 厅 长：林　东　何洪彬　何琼妹（女）
　　　　　刘自更（—4 月）

纪检组长：林　东（兼）

副巡视员：王旭平

审计成果　海南省各级审计机关完成审计项目 696 个，查出违规金额 38783 万元，应上缴财政 17629 万元，应减少财政拨款或补贴 12406 万元，应归还原渠道资金 1868 万元，应调账处理金额 96741 万元；已上缴财政 23731 万元，已减少财政拨款或补贴 11770 万元，已归还原渠道资金 2423 万元，已调账处理金额 209094 万元。移送司法机关、纪检监察部门处理事项 13 件，建议有关部门处理事项 1 件。提交审计专题、综合性报告、信息 385 篇，被采用 170 篇。提出审计建议 1066 条，被采用 382 采。

财政审计　对省财政厅具体组织 2008 年度省本级预算执行情况和其他财政收支情况进行就地审计，重点审计省本级预算执行的总体情况、财政厅在组织省本级预算执行中主要采取的措施、落实情况及效果。审计结果表明，财政厅在组织省本级预算执行和其他财政收支中做了大量的工作，也取得了不俗的成绩，有的改革走在全国的前列，如率先在全省推进国库集中支付制度改革，“小财政”办“大教育”、优化支出结构、优先保障民生支出等。审计还反映了财政部门在贯彻落实政策制度方面仍存在政策制度执行不完全到位、财政资金使用绩效不高等的突出问题。全省审计机关以促进预算规范管理、提高财政绩效、改善民生为目标，采用“用好一条线、盯住三个中心、监控十二个部门、详审二三级单位”的审计方法，实现与财政数据库和会计中心数据库联网，对416家部门单位预算执行情况实行常态监督，重点监控发改、交通、教育、水务等12个重要部门，着力解决财政管理中存在的突出问题，保障部门预算有效执行。

配合省检察院查处涉税腐败窝案的需要，对税务部门税收征管内控制度执行情况进行审计，查找税收征管的薄弱环节和漏洞，揭露个别分局内控意识不强、内控制度执行不力、相互制约的内控功能弱化；部分工作人员不称职，甚至串通舞弊，导致内部控制失效；与税收征管中的自由裁量权相对应的管理制度缺乏风险评估机制，影响税收安全等问题，引起省委省政府领导的高度重视，分别批示要求地税部门切实研究制定整改措施，省地税局按照省委书记批示，召开局党组扩大会议，研究制定整改措施，健全制度、整肃队伍。其整改报告由省委办公厅印发全省各市县党委、政府及省直有关部门参阅。

开展全省18个市县2006～2008年度土地出让金收支管理情况专项审计，审计涉及全省2034宗土地出让情况及168亿元土地出让金收支管理情况，揭露18个市县70.36亿元土地出让金未按规定纳入基金预算并长期欠缴省级土地出让金4.6亿元、少计提被征地农民社会保障和城镇廉租住房专项资金10.94亿元、应收未收土地出让金12.49亿元、20个用地单位因容积率调高未补缴土地出让金1.81亿元、坐支和超范围支出情况仍较严重等问题。审计期间积极督促各市县补缴省财政土地出让金2.8亿元，保证省级财政资金调度能力，为全省重点项目开发提供资金保障。

行政事业审计 全年审计行政事业项目10个，查出违规金额1096万元、管理不规范金额7878万元。针对省委省政府关注当前财政支出预算执行进度缓慢的问题，对省本级91个部门和325个所属单位及18个非部门预算单位预算执行总体情况进行审计调查，还对12个重点监控部门项目支出执行情况绩效进行审计调查，查找制度性和管理性问题，向省政府提交了《关于提交财政支出预算执行效率有关建议的报告》，得到省长的充分肯定，并批示将该报告分印各副省长，审计成果层次和水平得到进一步提升。

首次对省本级政府采购进行全面审计，发现的问题主要有：一是政府采购支出预决算差异大。2008年省本级政府采购预算5.5亿元，实际完成采购支出10亿元，支出决算数是年初预算的1.86倍，反映了年初预算编制不完整，降低了预算的约束力。二是政府采购的范围和规模仍有差距。2008年省本级政府采购支出占财政支出的4%左右，远低于全国9%～10%的平均水平；政府采购范围仍较狭窄，财政支出项目金额较大的会议费、油料费等开支，目前仍未纳入集中采购范围，而已纳入政府采购范围的工程和服务类比重仅占财政支出的1%。三是政府采购效率差、节约率远低于全国平均水平。2008年省本级未完成的政府采购计划为5.63亿元，占年度政府采购计划的35%，有的采购项目长达1年8个月仍未能完成采购事项；公开招标采购普遍耗时久；与采购预算比，节约率4.57%，不及全国平均数11%的一半。四是政府采购认识不足，存在有意规避公开招标政府采购的行为，规避采购公开招标。五是政府采购中心管理体制存在障碍，亟待理顺；政府采购评标专家结构单一，有待优化。提出改进建议上报省政府。省财政厅、省政府采购中心等单位已开始整改。

农业资金审计 围绕“三农”策划项目，重点实施农民“三补贴”和昌江县等5个市县2008～2009年农村沼气工程资金绩效专项审计调查。

组织力量对全省2008～2009年度农村沼气建设专项资金的绩效情况进行审计调查，重点调查东方、昌江、乐东、澄迈、陵水5个市县，抽查了33个乡镇67个村委会1059户农民、49个村级沼气服务网点及34个大中型沼气项目，审计调查涉及金额51966.54万元。审计调查发现，农村沼气建设存在以下不规范问题：政策措施落实不到位、政府部门间协作不顺畅、项目建设缺乏科学规划、项目审查审批不严，造成不具备建设条件的项目立项上马、部分市县未按规定拨付中央投资资金、部分市县配套资金未落实等。及时与市县沼气主管部门反馈情况，同时向市县政府通报。审计意见得到市县政府的高度重视。如昌江县政府，根据审计组意见作出指示：一是暂停某大中型沼气工程项目建设；二是责成该项目业主在暂停期间创造条件，积极引进战略伙伴，适时扩大养殖规模，达到项目要求的申报条件；三是要求该项目筹措资金满足项目的要求；四是成立以县监察局、审计局、财政局、农业局等部门组成验收工作小组，对全县2007年度户用沼气项目进行重新验收，按实际完成数量及工程量支付沼气工程款。

固定资产投资审计　对29类中央新增投资项目以及省文化公园、三亚绕城公路、海口港二期工程等15个重点政府投资项目实行“事前预防、事中控制、事后问责”的跟踪审计。2009年，共开展投资审计项目22个，涉及投资金额194亿元，共查出违规金额13632万元，核减工程造价14326万元。一是重点跟踪审计污水垃圾、保障性住房、农村公路3个新增投资项目，发现新增投资项目工程选址、征地拆迁、市县配套资金等前期工作准备不到位；污水处理项目工程招投标不规范、项目设计深度不足，设计错项和漏项较多、不合理超概算2731万元；廉租住房项目建设和施工单位管理不到位等问题。二是继续跟踪审计东环铁路、海口绕城和三亚绕城高速公路等省重点投资项目，发现2个公路项目存在质量问题、5个建设项目由于征地拆迁工作滞后严重影响工程进度等情况。三是按照省长提出海屯高速公路“审计要跟上”的指示，及时制订工作方案并贯彻实施，全过程监督该工程投资进度和建设质量。四是分析总结出省本级基本建设支出中存在项目审批部门多、耗时较长、年度投资计划下达较慢等管理机制上的问题，以专题报告、信息要情等形式向省政府提出阶段性审计建议。审计成果得到省政府的充分认可和被审计单位的采纳，省领导对部分市县污水垃圾处理项目存在问题亲自督办，启动“问责”机制，并指示省监察厅介入督察，省发展和改革委员会、省水务厅、省住房和城乡建设厅均积极协同有关市县政府，明确责任，落实整改。

社会保障审计　围绕《海南省2008～2012年重点民生项目发展规划》，积极开展社会保障审计和重点民生工程审计。全年审计项目9个，查出问题金额85614.5万元。重点开展2007～2008年度基本养老保险基金使用绩效情况审计，发现省本级财政挤占基本养老保险基金、个别单位违规参保骗取退休金、死亡冒领养老金、应保未保人员比例高、欠保数额大等问题。对三亚、儋州、琼海、澄迈、东方、保亭六市县就业再就业资金使用效益审计调查，抽查20余家培训机构、近千份培训档案，对800余名下岗失业人员及农民工进行了入户调查和电话回访。发现6市县存在弄虚作假套取资金、违规使用资金、违规建设项目闲置、资金使用效益不佳和虚报统计数据等问题，及时向各市县提出整改建议，并向省人事劳动保障厅和省人力资源开发局等省级主管部门进行通报，审计建议得到采纳，存在问题得到整改。

企业审计　重点组织实施市县政府利用国家开发银行贷款情况审计调查，省属企业国有资本运营审计调查、农村信用社改制进展情况审计调查，三亚市农村信用社存贷款业务审计等。初步探索地方金融审计新做法。组织2家会计师事务所对三亚、乐东、临高、陵水4个市县农村信用社2008年度财务收支情况审计。

通过审计，草拟了《常态审计操作细则》，加强与省农信社的沟通和联系，并充分利用省属企业国有资本运营情况审计调查获得的资料，初步建立了被审计单位基本情况数据库、省属国有企业领导人经济责任审计数据库和企业审计、金融审计备选项目数据库。

初步探索地方金融审计新做法。组织2家会计事务所对三亚、乐东、临高、陵水4个市县农村信用社2008年度财务收支情况审计。在市县政府利用国家开发银行贷款情况的审计调查时发现海口、三亚等6个市县18个贷款项目，资金使用效率较低，大量资金闲置时间长，导致增加融资成本等问题。

企业审计在2008年与洋浦开发建设控股有限公司签订审计合作框架协议的基础上，2009年又与省发展控股、水利电力、路桥建设公司签订审计合作框架协议，同时拟定下发《海南省审计厅关于审计合作工作指导意见》。

经济责任审计　按照省委建立健全惩治和预防腐败体系工作规划的要求，截至9月，全省审计机关共开展了65名党政领导干部的经济责任审计，加大对国土、规划、建设、税收征管、国有资产处置等腐败易发领域的监督管理，关注重点投资项目和重大民生工程的推动工作，关注履行经济责任情况，着重揭露重大决策失误、政策执行不力、严重损失浪费和经济犯罪问题，发现领导干部直接经济责任造成的违规金额1776万元，有效遏制了经济领域的违法违规行为。

创新领导干部日常经济责任监督制度，着重对各级领导干部所在单位日常财政财务收支进行适时、动态监督，关注领导干部在重点经济领域的权力运用，通过经常化的信息收集和分析评价，逐步建立起被审计对象（领导干部）数据库，并相应建立起审计对象工作绩效评估机制，在过程中监督干部、提醒干部、保护干部。同时，加强与纪检监察、组织部门的沟通联系，探索经济责任审计成果有效使用的途径，建立健全以"问责"为导向的责任追究机制，既为党委政府任用选拔干部提供决策参考，也实现对权力运行的制约，促进各级领导班子依法行政、依法理财。

专项资金审计（调查）　（1）农民"三补贴"资金使用管理情况绩效审计调查。审计发现部分市县虚报冒领种粮补贴21万元、未及时发放种粮补贴23万元，51个村委会截留抵扣、套取挪用种粮补贴49万元，10家农机经销商弄虚作假套取和侵占农机购置补贴58万元等情况。市县政府十分重视"三补贴"资金审计披露的问题，表示将不折不扣执行国家有关政策，严厉查处伤农坑农行为，在规定时间内退还虚报冒领、违规抵扣、侵占的各项补贴31万元，并将款项及时发放到老百姓手中。

（2）中小学"两免一补"资金使用管理情况绩效审计调查。审计发现市县配套资金不到位影响政策实施效果、资金结余7855万元未及时调整造成闲置、143所学校挤占挪用1529万元、2所中学私设"小金库"709万元、8所学校虚报学生人数套取补助、9名校长及报账员涉嫌贪污等问题。省教育厅在审计期间主动配合整改，组织对"两免一补"资金管理情况的专项检查，对19名相关责任人给予党纪政纪处分，并对相关学校班子启动诫勉谈话"问责"机制。省教育厅会同省财政厅出台《海南省农村义务教育阶段家庭经济困难寄宿生生活补助资金管理暂行办法》，进一步规范资金管理，确保贫困学生上得起学。

（3）就业再就业资金管理使用绩效审计调查。审计发现部分市县就业资金累计结余大造成资金使用效率低，挪用资金5034万元，就业局均存在虚报培训统计数据、33期就业培训班不同程度存在造假且其中8期为完全造假，部分培训管理不到位、质量不高、通过培训就业率仅为21%。省人力资源和社会保障厅根据审计通报，及时着手部署全省专项自查和清理整顿，会同省财政厅完善《就业再就业资金管理暂行办法》和使用绩效考核办法，有关市县政府也制定了限期整改措施，解决存在的问题。　　（撰稿人：潘春雄）

【海口市审计局】　2009年，海口市审计局人员编制41人，在编43人，局长孙芬，副局长刘建。设有财政金融审计处、固定资产投资审计处、经济责任审计处、行政事业审计处、经贸审计处、法制处、办公室。下属事业单位：海口市工程项目审计中心。

审计成果　完成审计项目34个，查出违规金额11745万元，其中应上缴财政11627万元，应减少财政拨款或补贴20万元，应归还原渠道资金53万元，应调账处理金额40073万元；已上缴财政11031万元，已减少财政拨款或补贴20万元，已调账处理金额36980万元。移送司法机关、纪检监察机关处理事项1件。提交审计工作报告、信息71篇，被批示、采用37篇。

财政审计　以提高财政资金效益，推动完善公共财政管理体制为目标，组织财政审计项目15个，其中市、区本级预算执行审计5个，预算执行单位审计9个，财政决算审计1个。市本级财政预算执行审计以规范预算管理制度为重点，充分关注财政性资金支出的结构和部门预算编制是否符合法律法规、有无细化等。主要审计了市本级部门预算的编制、批复和调整，预算内外资金、社保资金、土地出让金的管理、分配、使用情况，"非税收入"收缴、政府采购情况，同时审计4个部门及下属62个单位的预算执行情况，对部门预算的完整性和补贴收入发放情况进行审计调查。依法处理违规应上缴财政11031万元，预算编制批复不规范6882万元。从预算法规制度、预算管理体制等方面揭示了影响财政资金使用效率的原因；对部分预算资金没有批复落实到具体部门和单位、部门预算编制不完整、预算编制与执行偏差大等预算编制及管理中存在的主要问题，提出细化预算编制等整改建议。

固定资产投资审计 全年共完成工程项目竣工决算和结算审计132个，是上年的227.5%，增长一倍多；审计总金额21.96亿元，是上年的313%；核减工程造价3.11亿元，是上年的257%；核减率14.14%，进一步提高了政府投资效益；对全市2008年新增中央投资民生项目及续建项目等15个工程进行跟踪审计调查，涉及资金72213万元；对审计发现的问题提出审计意见和建议，并督促各有关部门单位采取相应的措施进行整改。继续完善以"三权分离"为核心的投资审计模式，不断加强政府投资审计领域的廉政建设。重点完善了社会中介机构参与政府投资审计的遴选监督机制，成立由分管工程审计和复核工作的局领导、中心主任、固投处处长和办公室主任5人组成的审计项目安排小组，通过遴选监督程序，确保社会中介机构的入选过程公正和透明，杜绝"暗箱操作"。在促进政府投资审计效率大幅提高的同时，有效控制审计质量和审计风险。

经济责任审计 全年完成党政部门领导干部和事业单位领导干部任期经济责任审计项目12个，其中任中审计5个。审计处理违规应负直接责任金额1651万元，应负主管责任金额210万元；管理不规范应负直接责任金额931万元。完成领导干部任中经济责任审计项目5个。在审计组织方式上，将经济责任审计与部门预算执行审计有机结合，避免重复和交叉审计，降低审计成本，实现审计资源的整合和审计成果的共享。注重形成联席会议成员单位合力，建立审前信息沟通制度，审计结果报告制度，为加强审计成果综合运用起到促进作用。

专项资金审计（调查） 组织开展社保基金、教育"两免一补"资金、农民"三项补贴"资金、住房公积金和土地出让金等专项资金审计和审计调查项目19个，审计专项资金总额21.55亿元。通过审计，揭示问题，督促整改，促进各项惠民、惠农政策措施的落实。审计促进专项资金管理和使用的安全完整、规范有序。审计期间，社保部门加大力度追缴历史欠款565万元；海口地税社保征稽局对社保补缴人员审批档案资料重新进行复核和清理，并根据资料审批与收费管理职责分离原则，将补缴审批职责交由社保其他部门办理。财政和各级教育部门在审计期间主动配合，加强对"两免一补"资金执行情况的监督检查，及时处理有关问题，将贫困寄宿生生活补助款拨付到位；未及时足额发放补助款的各学校在审计期间补发；多拨的专项资金退回原资金渠道。

（撰稿人：李洋波）

【三亚市审计局】 2009年，三亚市审计局人员编制43人，实有47人。局长许焕中，副局长黄良志（—12月）、麦军、史晓辉（12月—），总审计师廖沙（12月—）。设有办公室、经济责任审计室、行政事业审计科、财政审计科、固定资产投资审计科、企业审计科、农业与资源环保审计科、法规科、派出审计室。

审计成果 全年完成审计项目262个，查出违规金额7468万元，损失浪费金额50万元，管理不规范金额168692万元，其中应上缴财政1626万元，应调账处理金额5839万元，应核减工程款23151万元；已上缴财政12489万元，已核减工程款23151万元。提交审计报告、信息303篇，被批示采用12篇次。获人力资源和社会保障部、审计署授予"全国审计系统先进集体"荣誉称号。

财政审计 完成5个单位预算执行情况审计，重点检查财政部门的预算收入组织、预算支出安排及使用和地税部门的税收征管情况，并对地税局、教育局、科工委3个部门预算执行情况进行审计。共查出违规金额1082万元，管理不规范金额9.49亿元，其中应上缴财政1082万元；已上缴财政686万元。通过审计，发现预算执行和预算管理中还存在应征未征预算收入、预算项目资金滞留等问题，促进相关职能部门纠正和改进，并促使财政部门出台一项办法，进一步完善管理制度。

固定资产投资审计 全年完成240个投资项目，送审总额达13.5亿元，查出违规金额100万元，损失浪费金额50万元，核减工程造价2.3亿元，核减率17%。主要对市政府投资和以市政府投资为主的建设项目的预算执行情况和决算进行审计，注重揭露多报工程量等问题，促进相关部门和单位合理、有效、正确使用建设资金，在加强各类基建工程监督和维护建设市场秩序等方面发挥积极作用，为市政府节约建设资金。前移审计监督关口，继续对三亚绕城公路连接线工程项目实施跟踪审计。

企业审计　审计重点企业4个，查出违规金额6261万元，管理不规范金额1428万元，其中应上缴财政430万元，已上缴财政100万元，调账处理金额5851万元。针对审计查出的转移收入、账外资产、少列政府利润分成、少缴税费、资产负债等问题，审计机关作出相应的处理处罚，提出可行性建议。

经济责任审计　全年完成7名领导干部经济责任审计，查出各类管理不规范金额1601万元，其中应负主管责任金额1357万元，为市委正确使用干部提供决策依据。

专项资金审计（调查）　对养老保险、林业、“两免一补”、涉农补贴、预算项目支出、大型（赛事）活动资金等7个专项资金进行审计与审计调查，审计资金总额71.3亿元，发现违规改变项目资金用途、资金滞留闲置等问题，查出管理不规范金额4.7亿元，针对查出的问题，进行审计处理，提出审计建议。　（撰稿人：羊建权）

2009年海南省所辖区、县(市)级审计工作统计表

金额单位：万元

审计机关	完成审计项目(个)	查出违规金额	应上缴财政	应减少财政拨款或补贴	应归还原渠道资金	应调账处理金额	移送司法、纪检部门处理事项(件)	建议有关部门处理(件)	出具审计报告和审计调查报告(篇)	提出审计建议(条)	撰写审计信息(篇)
海口市											
海口市本级	34	11745	11627		53	40073			34	84	66
秀英区审计局	6	1671			20	1			6	9	5
龙华区审计局	10	80	80						10	34	
琼山区审计局	11								11	25	
美兰区审计局	6	20		20					6	26	
三亚市											
三亚市本级	262	7468	1626			5839			262	76	39
省辖行政单位											
文昌市审计局	8	91	73		18				8	16	8
琼海市审计局	10	9	1						9	20	2
万宁市审计局	24	4878	686	4192					24	53	6
五指山市审计局	18				288	28			18	8	
东方市审计局	15	236		236					14	34	12
儋州市审计局	13	175	17						13	42	16
临高县审计局	17	53	53			1391			17	36	3
澄迈县审计局	33	3093	295	2782	5	1308	1		33	120	6
定安县审计局	71	4597	43	4570	63	2581			71	86	1

（续表）

审计机关	完成审计项目（个）	查出违规金额	应上缴财政	应减少财政拨款或补贴	应归还原渠道资金	应调账处理金额	移送司法、纪检部门处理事项（件）	建议有关部门处理（件）	出具审计报告和审计调查报告（篇）	提出审计建议（条）	撰写审计信息（篇）
屯昌县审计局	31								31	81	12
昌江县审计局	18	92	25		49	21					30
白沙县审计局	11	17	17						11	31	10
琼中县审计局	14	18	4		14				14	42	7
陵水县审计局	9	239	223						9		
保亭县审计局	16	93	37		14	479	1		16	56	5
乐东县审计局	15	2024	2008			21	1		14	48	

重庆市

【重庆市审计局】　2009 年，重庆市审计局人员编制 298 人，在编 270 人；设有办公室、综合处、人事处、法规处、机关党委（与机关工会、机关团委合署办公）、计算机应用管理处、内部审计管理处、离退休人员工作处、经济责任审计处、财政审计处、行政事业审计处、固定资产投资审计处、经贸审计处、金融审计处、农业审计处、移民审计处、社会保障审计处、外资运用审计处、工业审计处、市政建设审计处、教科文审计处、商贸审计处、资源环保审计处、交通审计处，另有市监察局派驻市审计局监察室、重庆市审计中心（重庆市审计科学研究培训中心）。

领导成员

局　　长：王耘农

副 局 长：杨春林（正厅级）　胡可惠

杨成超　李永春　丁时勇

纪检组长：冉隆兴

审计专员：周　菁

局长助理：李新建

副巡视员：李高书　王　义　谢大全（7 月—）

审计成果　全市审计机关共审计（审计调查）2245 个单位，查出违规金额 124.02 亿元，管理不规范金额 525.27 亿元，损失浪费金额 7.72 亿元；审计发现侵害群众利益金额 1071 万元；审计决定应上缴财政 65.46 亿元，应减少财政拨款或补贴 8.03 亿元，应归还原渠道资金 33.81 亿元，应调账处理金额 58.09 亿元；向司法机关、纪检监察机关及有关主管部门移送案件 174 件，涉案人员 161 人，涉及金额 7.76 亿元。审计处理后，已上缴财政 45.82 亿元，已减少财政拨款或补贴 12.16 亿元，已归还原渠道资金 23.38 亿元，已调账处理金额 49.54 亿元。审计移送事项已立案或处理 73 件，已惩处 75 人（注：审计处理结果落实指标含跨年度落实数）。全年提交专题和综合性审计报告、审计调查报告、审计要情等 2921 篇，被批示、采用 1685 篇；提出审计建议 5384 条，被采纳 4508 条。向社会公告 2008 年度市级预算执行和其他财政收支审计工作报告，对口支援崇州市灾后恢复重建跟踪审计、国外贷援款项目公证审计等审计结果。

财政审计　高度关注宏观调控政策落实、“五个重庆”建设、库区“三农”、民生社保、生态环保等重大领域，组织实施市级预算执行、市级部门预算、区县财政决算、重点专项资金、政府投资项目审计。审计结果表明，全市各级各部门坚持依法理财，圆满完成人大批准的预算；优化支出结构，促进财政资源合理配置；加大调控力度，促进区域全面协调发展；推进财政改革，加快公共财政建设步伐。存在问题，一是市财政局少数财政收入上缴不及时，部分专项预算批复下达不及时，部分项目资金审查不严，市级预算单位结余资金未及时清理安排。市发改委部分项目审批不严，存在虚报投资计划、重复安排项目资金、投资计划与实际不符等问题，少数项目实施缓慢，项目计划执行不严，项目资金监管不力，区县财政和业主自筹资金未落实。市地税局税源监控不力，缓税审批不严，货运发票监管不严，重庆聚奎运输有限责任公司涉嫌虚开巨额货运发票4.1亿元，造成税收大量流失。二是少数市级部门单位收入征缴不规范，预算支出不严格，财务核算不合规，决策不当造成损失或潜在损失。三是少数区县应征未征、违规减免、应缴未缴财政资金，挤占挪用专项资金和专项贷款，滞留专项资金，违规集资和乱收费，违规出借财政资金。

市三届人大常委会第十一次会议审议了《关于2008年度市级预算执行和其他财政收支审计工作报告》，对审计反映的问题提出整改要求，市政府对此高度重视，责成相关市级部门和区县（自治县）政府限期整改，及时上报整改情况。相关市级部门和区县（自治县）政府认真进行整改。市财政局对少数财政收入上缴不及时的，已全额上缴财政；对部分专项预算批复下达不及时的，已全部批复下达相关部门单位，并将进一步完善市级部门预算项目库建设和管理工作，提高年初预算到位率；制定《重庆市财政农业专项贴息资金的管理办法》，加强对申报农业专项贴息资金的审核。市发改委认真部署整改，相关区县已进行项目调整；对少数项目实施缓慢，已全部开工建设；部分区县对自行调整建设规模和内容的项目完善手续；对项目资金监管不力的，相关区县已全部归垫或拨付到位；对区县财政和业主自筹资金未落实的，区县财政配套资金已全部到位。市地税局对部分企业少缴税收的，已全部追缴入库；对不符合缓税条件企业延期纳税的，相关地税局加大催收力度；对重庆聚奎运输有限责任公司涉嫌虚开巨额货运发票的问题，市审计局已移送司法机关立案查处。

固定资产投资审计　全年完成固定资产投资审计（审计调查）项目1051个，审计工程投资金额316亿元，查出违规金额26.13亿元，管理不规范金额14.37亿元，损失浪费65万元；审计决定应上缴财政4323万元，应减少财政拨款或补贴7.61亿元，应归还原渠道资金8.63亿元，应调账处理金额9.89亿元；向纪检监察机关及有关主管部门移送案件23件，涉案人员39人，涉及金额7133万元。为配合市内环外移收费改革，对内环高速公路的投资及经营情况进行审计，确定79公里内环高速公路的资产净值、负债余额、通行费总收入、成本总费用、净利润、现金净流量，揭示资产损益核算不真实、资产管理不规范、部分资产被占用、权属不明、账实不符等问题。审计主城区危旧房改造项目情况，发现拆迁政策执行不严，拆迁费用控制不严，个别区政府挤占危旧房改造资金，拆迁工作组织管理和内控制度较薄弱。审计重庆至长沙高速公路水江至界石段、嘉华大桥等29个市级重点建设项目，发现工程计量、计价、结算有误，虚增工程造价，计划外工程和费用挤占项目成本，项目概预算执行不严格，个别项目建设效果未达标，部分项目建设管理不规范等问题。

企业审计　全年对59户企业进行审计，查出违规金额8.34亿元，管理不规范金额74.52亿元，损失浪费1.4亿元；审计决定应上缴财政2536万元，应减少财政拨款或补贴566万元，应归还原渠道资金1.17亿元，应调账处理金额28.04亿元；向司法机关、纪检监察机关及有关主管部门移送案件14件，涉案人员14人，涉及金额9559万元。审计市能投集团、市交旅集团等6个市级重点国有企业资产负债损益情况，发现经营管理不善，造成损失或潜在损失，损益不实，工资及福利性支出不规范，工资发放总额超标、多计提职工福利性基金，少缴税金等问题。审计调查全市2004～2007年第一批29户主城区环境污染安全隐患重点企业搬迁情况，发现26户搬迁企业原厂址污染未作评估与处理，3个区县未全面落实市政府优惠政策，3个区县未兑现招商政策，部分企业由于历史负担重、搬迁负债大，搬迁后困难多、压力大等问题。审计调查2006～2008年度市级排污费征缴使用和管理情况，发现排污费征收不力，排污费支出安排不合理、拨付不及时，污染防治项目进展较慢等问题。

经济责任审计　全市审计机关积极探索创新经济责任审计方法和手段，大力开展计算机审计，把经济责任审计同财政决算审计、专项资金审计相结合，关注领导干部政绩的真实性、任期负债的合理性、投资的风险性以及群众利益、资源环境保护等问题，客观公正地评价领导干部履行经济责任情况，为各级党政科学评价干部业绩，加强干部管理提供重要参考。全年对428名领导干部进行经济责任审计，查处违规金额43.71亿元，管理不规范金额133.9亿元，损失浪费金额1.35亿元；向司法机关、纪检监察机关移送处理经济责任人及相关人员30人，市委组织部根据审计结果对领导干部进行谈话。审计区县（自治县）党政领导干部履行经济责任情况，发现部分区县未及时征缴财政收入，土地管理政策执行不严，部分专项资金被挤占挪用滞留，影响使用效益，部分重点建设工程未严格执行公开招投标程序，违规集资和收费，政府负债规模较大，存在较大债务风险等问题。审计市级部门、单位党政领导干部履行经济责任情况，发现少数市级部门、单位未及时征缴财政收入，挤占挪用滞留专项资金，违规设立“账外账”，会计核算不规范，违规收费，未严格执行政府集中采购等问题。

专项资金审计（调查） 全市审计机关坚持围绕中心、服务大局的方针，关注民生问题，加强对涉及人民群众利益的救灾、医疗、扶贫、家电下乡等重点专项资金的审计，注重资金使用环节问题，关注惠民政策落实情况，提高资金使用效益。全年查出违规金额5.53亿元，管理不规范金额127.08亿元，损失浪费金额5.27亿元；审计决定应上缴财政1.86亿元，应减少财政拨款或补贴803万元，应归还原渠道资金3.49亿元，应调账处理金额1.61亿元；向司法机关、纪检监察机关及有关主管部门移送案件34件，涉及人员20人，涉及金额5198万元。跟踪审计抗震救灾款物管理使用情况，发现资金划拨不及时，少数单位挤占挪用救灾款物，资金及物资管理工作尚待加强等问题。审计调查家电下乡专项资金和相关政策落实情况，发现家电下乡销售网点设置、管理仍需完善，少数区县资金兑付开户行不合规，资金补助工作效率尚需提高等问题。审计调查2008年低温雨雪冰冻救灾资金和物资管理分配使用情况，发现市财政局、市民政局未及时拨付救灾资金，市级有关单位和6个区县滞留救灾资金，市农业局和6个区县挤占挪用救灾资金，3个区县虚报灾情骗取、套取救灾资金，部分区县救灾资金管理尚待规范等问题。审计2008年度市级统筹基本医疗保险基金的收支、管理情况，发现部分单位欠缴、少缴医保基金，医保定点医院医疗费用结算异常，个别患者采用重复就诊和虚假处方购药，个别企业虚构劳动用工关系骗取医保基金，市级医疗保险信息系统、定点医院信息管理系统不健全等问题。审计2006～2008年度扶贫资金管理使用情况，发现33个区县滞留和未及时拨付资金，23个区县挤占挪用资金，个别区县扩大范围、超标准使用扶贫资金，19个区县擅自调整项目，6个区县及10个培训学校弄虚作假套取扶贫资金，4个区县违规收取扶贫工作经费，5个区县科技产业扶贫资金未能发挥预期效益，15个区县存在大额现金支付等问题。审计调查2002～2008年度病险水库除险加固项目资金管理使用情况，发现13个区县挤占挪用资金，7个区县弄虚作假套取资金，6个区县截留、滞留资金，20个区县多计工程价款，4个区县未及时上缴工程结余资金，部分项目工程建设管理不规范，少数项目存在质量和安全隐患等问题。审计2005～2007年度第六期农业综合开发资金情况，发现17个区县财政未配套项目资金，16个区县挤占挪用项目资金，6个区县多结算工程价款，部分项目未达到预期目标，资金使用效益差等问题。审计调查2005～2007年度农村饮用水安全项目资金拨付、管理及使用情况，发现项目实施进度缓慢，水质安全缺乏保障，5个区县财政配套资金未落实，2个区县滞留资金，6个区县挤占挪用资金，4个区县擅自调整项目计划等问题。审计调查2004～2007年三峡库区库周绿化带建设资金管理使用情况，发现少数区县库周绿化建设任务只完成计划任务量的63%，个别市级主管部门及区县挤占挪用资金，少数区县部分工程决算不及时，致使滞留建设资金等问题。审计2007年度应用技术研究与开发资金使用管理情况，发现部分项目资金计划安排不合理，部分单位超范围使用项目资金，部分项目单位自筹资金未到位，部分项目未按时结题，部分资金未及时发挥效益等问题。

内部审计 2009年末，全市各部门、各企事业单位（包括中央在渝单位）设内部审计机构1585个，其中专职机构592个；配备内部审计人员5233人，其中专职审计人员2040人。全市各级内部审计机构完成审计项目 42033 个，查出损失浪费金额 16309 万元，增加效益 80627 万元，提出的建议和意见被采纳 13740 条，发现大案要案线索 12 件，移送纪检监察机关和有关主管部门建议给予党纪政纪处分 36 人。（撰稿人：刘　钢）

【渝中区审计局】　2009 年，渝中区审计局人员编制 24 人，在编 22 人。局长李成跃，副局长温国文（6 月—）、甘旭中、胡曦。设有秘书科、综合审计科、财政金融审计科、投资审计科、行政事业审计科、经济责任审计科。

审计成果　完成审计项目 49 个，查出违规金额 894 万元，其中应减少财政拨款或补贴 934 万元；已减少财政拨款或补贴 934 万元。提交审计工作报告 49 篇，信息 18 篇，被采用 12 篇。

预算执行审计　审计单位 8 个，发现和纠正涉及部门的三类问题，查出管理不规范金额 261 万元，提出审计意见和建议。向区人大常委会作了审计工作报告，圆满完成年初人民代表大会审定通过的财政预算收支计划目标，保持了区级财政收入持续稳定增长，为渝中区的经济社会发展和城市改造建设提供有力的财力保障，实现财政收支平衡，略有节余。

行政事业审计　审计 5 个行政事业单位的财政、财务收支情况。发现财政、财务管理不够规范，往来款清理不够及时等问题。查出管理不规范金额 8521 万元。

固定资产投资审计　完成 20 个基本建设项目审计，核减工程造价 934 万元，应减少财政拨款 934 万元。审计中利用中介机构力量协助完成国家审计任务，基本建设投资审计覆盖面达到 100%。在审计手段上，加强对招投标管理环节和合同管理环节的审计服务，使建设过程中资金的使用管理问题及时得到纠正。

经济责任审计　完成对 7 名党政领导干部经济责任审计。审计查出应缴非税收入未及时上缴区财政、固定资产管理不够规范、往来款项未及时清理等问题，查出管理不规范金额 648 元。

专项资金审计　开展专项资金审计项目 3 个，审计专项资金总额 509360 万元，已促进拨付资金到位 509360 万元。

专项审计调查　开展专项审计调查 6 个。调查单位 6 个，调查金额 208510 万元，调查发现问题金额 8 万元。及时反映情况，提出审计建议，引起区领导及相关部门的重视。

内部审计　全区各部门、各企事业单位内部审计机构 9 个，其中专职机构 2 个；配备内部审计人员 12 人，其中专职审计人员 5 人。2009 年，全区内部审计机构共完成审计项目 18 个。

（撰稿人：唐　红）

【大渡口区审计局】　2009 年，大渡口区审计局人员编制 18 人，在编 16 人。局长温良德，副局长袭苹、刘厚成，纪检组长袭苹（兼）。设有办公室、财政金融审计科、行政事业审计科、经济责任审计科、审计中心。

审计成果　完成审计项目 23 个，查出违规金额 5192 万元；审计决定应上缴财政 1254 万元，应归还原渠道资金 30 万元，应调账处理金额 11062 万元；已上缴财政 1254 万元，已归还原渠道资金 30 万元，已调账处理金额 11062 万元。移送司法机关、纪检监察部门处理事项 1 件，建议有关部门处理事项 1 件。提交审计工作报告、信息 56 篇，被采用 9 篇。

预算执行审计　审计单位 2 个，发现和纠正涉及部门的 8 类问题，查出管理不规范金额 59591 万元，提出审计意见和建议。向区人大常委会作了审计工作报告，推动财政体制改革的不断深化，提升财政预算管理水平。

固定资产投资审计　完成 7 个基本建设项目审计，核减工程造价 3908 万元。在项目安排上，加大对当年投资建设项目资金使用情况的审计，确保后续资金使用的合理和高效；审计手段上，坚持对建设项目全过程的跟踪审计，使建设过程中资金的使用管理问题及时得到纠正，避免建设资金的损失和浪费。

企业审计　对 1 个企业的资产、负债、损益真实性进行审计，发现被审计单位存在虚列成本费用、虚增负债等问题。查出违规金额 3003 万元，管理不规范金额 302 万元。

经济责任审计　完成对 7 名主要领导干部的经济责任审计，其中党政领导 7 名。审计查出资产不实、管理不善、违规操作等问题，查出违规金额 33 万元，管理不规范金额 2326 万元。

行政事业审计　审计 7 个行政事业单位的财政、财务收支情况。发现财政、财务核算不规范，固定资产不入账，往来账项清理不及时，内控制度执行不到位等问题，查出管理不规范金额 242 万元。

专项资金审计　开展专项资金审计项目 4 个，审计专项资金总额 7762 万元，已促进拨付资金到位 7762 万元。

专项审计调查　开展专项审计调查项目 3 个。调查单位 3 个，及时反映情况，提出审计建议，引起区领导及相关部门的重视。

内部审计　全区各部门、各企事业单位设内部审计机构 8 个；配备内部审计人员 22 人。2009 年，全区各级内部审计机构共完成审计项目 76 个，提出的建议和意见被采纳 47 条。

（撰稿人：梁　爽）

【江北区审计局】　2009 年，江北区审计局人员编制 29 人，在编 25 人。局长朱小玲，副局长马彦、陈捷，纪检组长罗翠渝（8 月—）。设有办公室、财政审计科、经济责任审计科、企业审计科、行政事业审计科、固定资产投资审计科。

审计成果　完成审计项目 73 个，查出违规金额 11483 万元；审计决定应上缴财政 8007 万元，应减少财政拨款或补贴 3462 万元，应归还原渠道资金 46 万元，应调账处理金额 3397 万元；已上缴财政 8007 万元，已减少财政拨款或补贴 3462 万元，已归还原渠道资金 46 万元，已调账处理金额 3397 万元。移送司法机关、纪检监察部门处理事项 1 件。提交审计工作报告 73 篇、信息 134 篇，被采用 85 篇（次），其中 19 篇审计报告和审计要情被区委、区政府主要领导作重要批示。提出审计建议 141 条，被采纳审计建议 141 条。促进被审计单位建立规章制度 4 条，促进被审计单位制定整改措施 6 项。全年未发生一起审计复议和审计诉讼。被市审计局评为 2009 年度审计工作先进集体、2009 年审计信息工作先进集体、2009 年度审计信息化建设工作先进集体，观农贸资产、负债、损益情况审计被评为区县优秀审计项目。江溉片区拆迁资金审计和鸿恩寺公园建设资金审计 AO 应用实例获审计署鼓励奖。江北区审计局被评为重庆市文明单位。

预算执行审计　审计单位 3 个，查出违规金额 7505 万元，管理不规范金额 1538 万元，提出审计意见和建议。向区人大常委会作了审计工作报告，推动财政体制改革的不断深化，提升财政预算管理水平。

固定资产投资审计　完成 52 个基本建设项目审计，核减工程造价 3457 万元，应减少财政拨款 3457 万元。在项目安排上，加大对当年投资建设项目资金使用情况的审计，确保后续资金使用的合理和高效；审计手段上，坚持对建设项目全过程的跟踪审计，使建设过程中资金的使用管理问题及时得到纠正，避免建设资金的损失和浪费。

企业审计　对 2 个企业的资产、负债、损益真实性进行审计，发现被审计单位存在会计信息失真、财务管理薄弱、投资效益差、资产损益不实等问题。查出违规金额 16 万元，管理不规范金额 2716 万元，应上缴财政 3 万元。

经济责任审计　完成对 3 名主要领导干部的经济责任审计。审计查出资产不实、管理不善、违规操作等问题，查出违规金额 500 万元，管理不规范金额 1041 万元。

专项资金审计　开展专项资金审计项目 8 个，审计专项资金总额 1130340 万元，查出违规金额 5 万元，管理不规范金额 3570 万元。

专项审计调查　开展专项审计调查项目 3 个。调查单位 3 个，调查金额 731 万元。及时反映情况，提出审计建议，引起区领导及相关部门的重视。

内部审计　全区各部门、各企事业单位设内部审计机构 31 个；配备内部审计人员 95 人，其中专职审计人员 12 人。2009 年，全区各级内部审计机构共完成审计项目 182 个，增加效益 269 万元，提出的建议和意见被采纳 91 条。

（撰稿人：龚　争）

【沙坪坝区审计局】　2009 年，沙坪坝区审计局人员编制 28 人，在编 24 人。局长霍平，副局长许兵、林国勇（10 月—）。设有办公室、财政审计科、行政事业审计科、经济责任审计科、固定资产投资审计科、沙坪坝区审计中心。

审计成果　完成审计项目 37 个，查出违纪违规金额 29248 万元，审计决定应上缴财政 934 万元，应减少财政拨款或补贴 2223 万元，应归还原渠道资金 1601 万元，应调账处理金额 5169 万元；已上缴财政 777 万元，已减少财政拨款或补贴 26340 万元，已归还原渠道资金 179 万元，已调账处理金额 5169 万元。移送司法机关、纪检监察部门处理事项 1 件，建议有关部门处理事项 5 件。提交审计工作报告、信息 93 篇，被采用 41 篇。

预算执行审计　审计单位 6 个，发现和纠正了涉及部门的 5 类问题，查出管理不规范金额 46642 万元，提出了审计意见和建议，在教育专项和再就业培训资金审计中进行效益评价，取得新的突破。向区人大常委会作了审计工作报告，推动了财政体制改革的不断深化，提升了财政预算管理水平。

行政事业审计　审计 4 个行政事业单位的财政、财务收支情况。发现财政、财务核算不规范，固定资产不入账，往来账项清理不及时，内控制度执行不到位等问题，查出违规金额 52 万元，管理不规范金额 1243 万元。

固定资产投资审计　完成 10 个基本建设项目审计，核减工程造价 1054 万元，应减少财政拨款 1054 万元。在项目安排上，加大了对当年投资建设项目资金使用情况的审计，确保后续资金使用的合理和高效；在审计手段上，坚持对建设项目全过程的跟踪审计，使建设过程中资金的使用管理问题及时得到纠正，避免建设资金的损失浪费。

企业审计　对 3 个企业的资产、负债、损益真实性进行了审计，发现被审计单位存在会计信息失真、财务管理薄弱、投资效益差、资产损益不实等问题。查处违规金额 24189 万元，应上缴财政 24189 万元。

经济责任审计　完成 7 名主要领导干部的任期经济责任审计，审计查处资产不实、管理不善、违规操作等问题，查出违规金额 1748 万元，管理不规范金额 3449 万元。

专项资金审计　开展专项资金审计项目 5 个，审计专项资金总额 9775 万元，已促进拨付资金到位 9775 万元。

专项审计调查　开展专项审计调查项目 2 个。调查单位 2 个，调查金额 2264 万元，调查发现问题金额 472 万元。及时反映情况，提出审计建议，引起区领导及相关部门的重视。

内部审计　全区各部门、各企事业单位设内部审计机构 120 个，其中专职机构 3 个；配备内部审计人员 144 人，其中专职机构人员 26 人。2009 年，全区各级内部审计机构共完成审计项目 343 个，查出损失浪费金额 1225 万元，提出的建议和意见被采纳 17 条，移送有关部门建议给予行政处分的 9 人。　（撰稿人：李　缇）

【九龙坡区审计局】　2009 年，九龙坡区审计局人员编制 30 人，在编 26 人。局长刘波，副局长吴秋云、兰华、姜道云，纪检组长兰华（兼）。设有办公室、监察室、综合法制科、财政金融审计科、行政事业审计科、固定资产投资审计科、经济责任审计科、内部审计管理科。

审计成果　完成审计项目 74 个，查出违规金额 19094 万元，审计决定应上缴财政 16055 万元，应减少财政拨款或补贴 3039 万元；已上缴财政 10566 万元，已减少财政拨款或补贴 2805 万元，已归还原渠道资金 722 万元，已调账处理金额 301 万元。提交审计工作报告、信息 111 篇，被采用 37 篇（次）。

预算执行审计　审计单位 3 个，发现和纠正涉及部门的未按规定征收、缴纳预算收入、超预算列支、违规采购、决算草案编制不完整等五类问题，查出管理不规范金额 1972 万元，提出审计意见和建议，在教育专项和再就业培训资金审计中进行效益评价，取得新的突破。向区（县）人大常委会作了审计工作报告，推动财政体制改革的不断深化，提升财政预算管理水平。

行政事业审计　审计 2 个行政事业单位的财政、财务收支情况。发现财政、财务核算不规范，固定资产不入账，往来账项清理不及时，内控制度执行不到位等问题，查出违规金额 15 万元，管理不规范金额 1068 万元。

固定资产投资审计　完成 50 个基本建设项目审计，核减工程造价 2805 万元，应减少财政拨款 2805 万元。在项目安排上，加大了对当年投资建设项目资金使用情况的审计，确保后续资金使用的合理和高效；审计手段上，坚持对建设项目全过程的跟踪审计，使建设过程中资金的使用管理问题及时得到纠正，避免建设资金的损失和浪费。

经济责任审计　完成 14 名主要领导干部的经济责任审计，其中包括党政领导 12 名、国有及国有控股企业领导 2 名。审计查出资产不实、管理不善、违规操作等问题，查出违规金额 113 万元，管理不规范金额 84240 万元。

专项资金审计　开展专项资金审计项目 6 个，审计专项资金总额 13598 万元。

专项审计调查　开展专项审计调查项目 4 个。调查单位 4 个，调查金额 15541 万元，调查发现问题金额 10725 万元。及时反映情况，提出审计建议，引起区（县）领导及相关部门的重视。

内部审计　全区（县）各部门、各企事业单位设内部审计机构 52 个，其中专职机构 4 个；配备内部审计人员 63 人，其中专职审计人员 7 人。2009 年，全区各级内部审计机构共完成审计项目 74 个，增加效益 25 万元，提出的建议和意见被采纳 23 条。　（撰稿人：张利群　罗　陶）

【南岸区审计局】　2009 年，南岸区审计局人员编制 26 人，在编 24 人。局长张林，副局长赵勇、赵开颜、杨柳，纪检组长张治国。设有办公室、经济责任审计科、财政审计科、金融经贸审计科、行政事业审计科、固定资产投资审计科、经济责任审计中心。负责全区 7 个街道、9 个镇、29 个区直部门的审计监督。

审计成果　完成审计（调查）项目 32 个，查出违规金额 2831 万元，管理不规范金额 21183 万元，审计决定上缴财政 2004 万元、审减财政拨款或补贴 1560 万元、调账处理 486 万元；审计移送区纪委处理 1 件 1 人，涉及金额 60 万元。提交工作报告、信息、审计要情 53 篇，被采用 11 篇，提出审计建议 79 条，采纳 12 条。

预算执行审计　审计单位 5 个，发现和纠正涉及部门的 7 类问题，查出违规金额 2003 万元，管理不规范金额 15155 万元，审计决定处理处罚金额 2003 万元。审计移送区纪委处理 1 件 1 人，涉及金额 60 万元。提出了审计意见和建议，提请区人大常委会审议的审计工作报告，获全票通过，并受高度评价。

行政事业审计　完成行政事业单位的财政、财务收支情况审计项目 3 个。查出财政、财务核算不规范，固定资产不入账，往来账项清理不及时，内控制度执行不到位等问题，查出违规金额 1 万元，管理不规范金额 4252 万元，审计决定处理处罚金额 1 万元。

固定资产投资审计　完成基本建设项目审计 17 个，查出多计工程款、挤占建设成本、概预算编报不真实等问题。审计项目投资额 35153 万元，完成投资额 33612 万元，审减投资额 1542 万元，其中：概算 1383 万元，结算 159 万元，审计后挽回损失 1542 万元。挤占建设成本 59 万元，调减工种成本管理费 67 万元。

专项资金审计　开展专项资金审计和审计调查项目 6 个，其中审计调查项目 4 个。审计专项资金总额 25668 万元。查出虚列支出、多提风险基金、专项资金未及时拨补到户等问题。审计查出违规金额 18 万元，管理不规范金额 906 万元。

经济责任审计　完成 3 名党政主要领导干部的经济责任审计。查出长期挂暂存、收费许可不完善、财表不符、固定资产管理不规范等问题。查出违规金额 1 万元，管理不规范金额 4252 万元。

内部审计　南岸区有 24 个单位设内审机构，其中专职机构 4 个。配备内审人员 96 人，其中专职 7 人。全年完成审计项目 162 个，其中：财务审计 67 个，效益审计 7 个，经济责任审计 30 个，基本建设审计 54 个，专项审计 1 个，内控评审 1 个，其他审计 1 个。查出损失浪费金额 384 万元。提出建议意见被采纳 21 条，财务决算审签 2 个。对基层内审部门在加强财务管理、促进增收节支等方面起到重要作用。　（撰稿人：冯　静）

【北碚区审计局】　2009 年，北碚区审计局人员编制 31 人，在编 21 人。局长李皓（—7 月）、汪仕全（7 月—），副局长吴镜熙、唐小勤，纪检组长吴镜熙（兼）。设有办公室、经济责任审计科、财政金融审计科、行政事业审计科、投资与企业审计科，下属事业单位有经济责任审计中心和投资审计中心。

审计成果　完成审计项目 47 个，查出违规金额 24915 万元，其中应上缴财政 23217 万元，应减少财政拨款或补贴 280 万元，应归还原渠道资金 323 万元，应调账处理金额 16005 万元；已上缴财政 21505 万元，已减少财政拨款或补贴 280 万元，已归还原渠道资金 565 万元，已调账处理金额 6031 万元。移送司法机关、纪检监察部门处理事项 4 件，建议有关部门处理事项 2 件。提交审计工作报告、信息76篇，被采用29篇（次）。

预算执行审计　审计单位4个，发现和纠正涉及部门的5类问题，查出违规金额8500万元，上缴财政8475万元，提出审计意见和建议，审计项目审理工作先行先试，促进了审计项目质量的提高。向区人大常委会作了审计工作报告，推动财政体制改革的不断深化，提升财政预算管理水平。

固定资产投资审计　完成18个基本建设项目审计，核减工程造价2158万元，应减少财政拨款2158万元。在项目安排上，加大对重点园区投资建设项目资金使用情况的审计，确保建设资金使用合理和高效；审计手段上，尝试对建设项目全过程的跟踪审计，使建设过程中资金的使用管理问题及时得到纠正，避免建设资金的损失和浪费。

经济责任审计　完成7名党政主要领导干部的经济责任审计。审计查出私借专项资金、公款私存、违规收费、私设“小金库”、贪污挪用等严重违纪违法问题，向纪检监察、司法机关移送案件4件，已有3人受到纪律处分、2人受到刑事处罚，对全区领导干部起到警示教育作用。查出违规金额2971万元，管理不规范金额25583万元。

行政事业审计　审计14个行政事业单位的财政、财务收支情况。发现财政、财务核算不规范，未落实收支两条线和专户管理，固定资产不入账，乱收费乱罚款，内控制度执行不到位等问题，查出违规金额197379万元，上缴财政12950万元。

专项资金审计　开展专项资金审计项目6个，审计专项资金总额657115万元，已促进拨付资金到位32万元。

专项审计调查　开展专项审计调查项目3个。调查单位37个，调查金额1020991万元，调查发现问题金额234068万元。及时反映情况，提出审计建议，引起区领导及相关部门的重视。

内部审计　全区各部门、各企事业单位设内部审计机构58个，其中专职机构3个；配备内部审计人员106人，其中专职审计人员4人。2009年，全区各级内部审计机构共完成审计项目91个，查出损失浪费金额47万元，增加效益840万元，提出的建议和意见被采纳15条。

（撰稿人：蒋科旭）

【万盛区审计局】　2009年，万盛区审计局行政人员编制15人，事业编制3人；在编行政人员13人，事业人员2人。局长幸敏，副局长任永明、朱启学。设有办公室、外资企业审计科、金融投资审计科、经济责任审计科、行政财政审计科、审计中心。

审计成果　完成审计审计项目30个。应减少财政拨款或补贴269万元，已减少财政拨款269万元，提交信息35篇，被采用8篇。

预算执行审计　审计单位6个，查出管理不规范金额1329万元，提出审计意见和建议。向区人大大常委会作了审计工作报告，推动财政体制改革的不断深化，提升财政预算管理水平。

行政事业审计　审计5个单位的财政、财务收支情况。发现个别单位财政、财务核算不规范，往来账目项清理不及时，内控制度执行不到位等问题，提出审计意见和建议。

固定资产投资审计　完成7个基本建设项目审计，核减工程造价269万元，应减少财政拨款269万元。在项目安排上，加大对当年投资建设项目资金使用情况的审计，确保后继资金使用的合理和高效；审计手段上，坚持对建设项目全过程的跟踪审计，使建设过程中资金的使用管理问题及时得到纠正，避免建设资金的损失和浪费。

经济责任审计　全年完成5名主要领导干部的经济责任审计。

专项资金审计　开展专项资金审计项目7个，审计专项资金总额64582万元，通过对各种专项资金的审计，查处和纠正不规范的行为，帮助指导被审单位建立健全账务，完善各种专项资金必须“专户存储、专款专用”支出有据的管理制度，使专项资金发挥应有的效益，促进本地区经济健康发展。

（撰稿人：杨武权）

【双桥区审计局】　2009年，双桥区审计局人员编制8人，在编7人。局长黄茂胜，副局长刘学能。设有办公室、经济责任审计科、综合业务科。

审计成果　完成审计项目11个，查出违规金额313万元，其中应上缴财政303万元，应调账处理金额372万元；已上缴财政303万元，已调账处理金额127万元。提交审计工作报告、信息

19篇，被采用2篇（次）。

预算执行审计 审计单位3个，发现和纠正涉及部门的财政收入支出核算不实、资金滞留闲置、违规改变资金用途、未落实收支两条线等7类问题，针对问题提出审计意见和建议。通过审计，提高了相关单位和部门对预算程序、调整、执行的认识，规范单位财经行为，促进财政资金的有效使用。向区人大常委会作了审计工作报告。

行政事业审计 审计4个行政事业单位的财政、财务收支情况。发现财政、财务核算不规范，固定资产不入账，往来账项清理不及时，内控制度执行不到位等问题，查出违规金额318万元，管理不规范金额417万元。

经济责任审计 完成4名党政主要领导干部的经济责任审计。为组织、纪检、监察、人事部门考察使用干部提供依据，对促进领导干部勤政廉政发挥积极作用。

专项资金审计 开展专项资金审计项目1个，审计专项资金总额266万元。

专项审计调查 开展专项审计调查项目2个。调查单位2个，调查金额964万元，调查发现问题金额368万元。及时反映情况，提出审计建议，引起区领导及相关职能部门的重视。

（撰稿人：彭吉丽）

【渝北区审计局】 2009年，渝北区审计局人员编制为27人，在编24人。局长吴云霞（—5月）、常涛（5月—），副局长邓友兴、刘晓东、曾泉（9月—），纪检组长王正福。设有办公室、行政事业审计科、经贸社保审计科、经济责任审计科、渝北区审计中心。

审计成果 完成审计项目226个，查出违规金额40676万元，审计决定应上缴财政35119万元，应减少财政拨款或补贴813万元，应归还原渠道资金69万元，应调账处理金额19910万元；已上缴财政35119万元，已减少财政拨款或补贴813万元，已归还原渠道资金69万元，已调账处理金额19910万元。移送司法、纪检监察部门处理事项1件。提交审计工作报告、信息265篇，被采用40篇，提出和采纳审计建议141条。

预算执行审计 审计单位4个，查出管理不规范金额1711万元，发现和纠正涉及部门的15类问题，提出审计意见和建议。向区人大常委会作了审计工作报告，其结果政府重视、人大满意，提升财政预算管理水平。

固定资产投资审计 完成207个政府投资建设项目审计，其中预算审计项目37个、竣工决算审计项目170个，核减工程造价10287万元，应减少财政拨款10287万元。在项目安排上，加大了对政府投资建设项目竣工决算审计；在审计手段上，实行送达审计和计算机审计，提高了审计工作效率。

企业审计 对重庆市空港新城建设投资（集团）有限公司、重庆渝港资产经营有限公司、渝北区建龙投资有限公司、渝北区中小企业信用担保中心等4个企业2008年度的资产、负债、损益进行审计，发现被审计单位存在账外资产、未执行政府采购、工程成本核算不实、融资及担保贷款不规范、违规补助工会经费等问题。查出违规金额201万元，管理不规范金额19403万元，应归还原渠道资金29万元，应调账处理金额12964万元。

经济责任审计 完成5名党政主要领导干部的经济责任审计，查出财务核算不规范、固定资产不入账、超范围现金结算、工程款结算未使用建筑工程专用发票、破产企业债权债务清算不及时等问题，查出违规金额127万元，管理不规范金额950万元。

专项资金审计 开展专项资金审计项目2个，审计专项资金总额11464万元，查出管理不规范金额64万元，应归还原渠道资金2万元，应调账处理金额29万元。

专项审计调查 开展汶川地震救灾捐赠资金物资、渝北区2007～2008年度社会抚养费、粮畜补助资金、2008年12月至2009年3月家电下乡专项资金等审计调查项目4个，调查单位36个，调查金额19196万元，调查发现管理不规范金额2628万元，提出并被采纳审计建议6条。

内部审计 全区各部门、各企事业单位设内部审计机构36个，其中专职机构1个；配备内部审计人员107人，其中专职审计人员2人。2009年，全区各级内部审计机构共完成审计项目65个，发现大案要案线索1件，增加效益1621万元，提出的建议和意见被采纳 47 条。

（撰稿人：谢文全）

【巴南区审计局】 2009 年，巴南区审计局人员编制 35 人，在编 32 人。局长马义华，党组书记林建起（12 月—），副局长文平忠（—12 月）、彭朝友、徐仁伟，纪检组长徐仁伟（兼）。设有办公室、财政金融审计科、行政事业审计科、经济责任审计科、投资审计科、综合法制科、审计中心。

审计成果 完成审计项目 34 个，查出管理不规范金额 63856 万元，违规金额 24571 万元；审计决定应上缴财政 238 万元，应减少财政拨款 5412 万元，应归还原渠道资金 18174 万元，应调账处理金额 912 万元；已上缴财政 206 万元，已减少财政拨款 5412 万元，已归还原渠道资金 68 万元，已调账处理金额 912 万元；向司法机关、区纪委（监察局）、税务等移送违纪线索 6 件。有 5 个审计项目被市审计局评为优秀审计项目。提交审计信息 70 篇，被采用 53 篇（次）；提交审计要情 3 篇，为政府宏观决策提供依据。

预算执行审计 审计单位 2 个，发现和纠正涉及部门的 6 类问题，查出管理不规范金额 56026 万元，违规金额 18110 万元，提出审计意见和建议。向区人大常委会作了审计工作报告，推动财政体制改革的不断深化，提升财政预算管理水平。

行政事业审计 审计 14 个行政事业单位的财政、财务收支情况。发现财政、财务核算不规范，固定资产不入账，往来账项清理不及时，内控制度执行不到位等问题。查出管理不规范金额 4567 万元，违规金额 1021 万元。

固定资产投资审计 完成投资审计项目 10 个，审减工程造价 5381 万元，审减比例达 16.27%。查出高估冒算、虚报工程量、损失浪费等问题，为国家挽回大量资金损失，促进我区政府投资建设项目的规范运行和效益水平的提高。

经济责任审计 完成 15 名主要领导干部的经济责任审计，其中包括党政领导 14 名，事业单位领导 1 名。查出管理不规范金额 4567 万元，违规金额 1017 万元。审计查出资产不实、管理不善、违规操作等问题。

专项资金审计 采用经常性审计与专项审计相结合、项目审计与专项审计调查相结合的方式，开展专项资金审计项目 9 个，资金总金额 56457 万元。加强对社保、教育、医疗、救灾扶贫、城乡统筹和移民资金的审计，确保资金专款专用，各项惠民政策得到落实。

专项审计调查 2009 年开展专项审计调查项目 4 个。调查单位 4 个，及时反映情况，提出审计建议，引起区领导和相关部门的重视。

内部审计 全区各部门、各企事业单位设内部审计机构 39 个，其中专职机构 3 个；配备内部审计人员 119 人，其中专职审计人员 6 人。2009 年，全区各级内部审计机构共完成审计项目 63 个，查出损失浪费金额 12 万元，增加效益 26 万元，提出的建议和意见被采纳 127 条。

（撰稿人：皮开伦）

【万州区审计局】 2009 年，万州区审计局有在编 63 人。局长楼秋玲，副局长陈建云、吴雪峰，纪检组长罗良杰，调研员魏泽凌。设有办公室、后勤服务科、离退休干部管理科、监察室、法制科、信息调研科、经济责任审计科、财政审计科、固定资产投资审计科、行政事业审计科、经贸审计科、农业与资源环保审计科、三峡移民资金审计科、社会保障审计科、乡镇财政审计科；下设事业单位万州区审计中心。

审计成果 全年完成审计项目 64 个，审计处理处罚金额 16.8 亿元，促进财政增收节支 12 亿元，全年移送司法、纪检监察机关案件线索和部门处理事项 26 件，涉及人员 9 人，涉及金额 2734 万元，全年提交报告 64 篇，批示 45 篇；报送信息 136 篇，批示采用 121 篇（次）；提出审计建议 222 条，被采纳 151 条，推动了 10 项相关制度和办法的出台。

区审计局被国家人力资源和社会保障部、审计署联合表彰为“全国审计工作先进集体”；被国家三建委评为“三峡工程建设资金监管工作先进集体”；被重庆市审计局表彰为“2009 年度全市审计工作先进集体”；实施的“万光集团资产负债损益审计项目”荣获审计署优秀审计项目；在 2009 年度重庆市审计局综合考核中名列榜首；信息调研工作和审计信息化建设工作获得优秀奖；进行的《种粮直补绩效审计研究》课题获评重庆市 2009 年度优秀审计研究课题。实施的粮畜直补资金审计调查等 6 个项目获得重庆市审计局行业审计优秀项目。党组书记、局长楼秋玲被重庆市委评为“优秀共产党员”。局机关党风廉政建设、社会治安综合治理、法制建设、人口与计划生育、政务信息等 6 项工作和“强作风、保增长”主题活动均获区委、区政府优秀表彰。

财政审计 初步建立预算执行审计体系，形成以对财税部门审计为主导，对部门单位审计为基础，对其他财政收支和镇乡（街道）财政决算审计为补充的预算执行审计监督体系。审计的资金量和单位覆盖面都超出历史水平，审计的目标要求和重点内容更加自觉地融入万州经济社会发展大局；更加注重增强审计的时效性，加大跟踪审计的力度，审计的成效也更加显著。通过对 9 个部门、6 个事业单位、6 个镇乡的审计，发现主要存在财政资金拨付不及时、预算编制不够细化、部分项目监管不严格致使随意调整建设内容、混淆税收级次、财政非税收入不能及时足额征收、镇乡财政决算不真实等问题，审计共揭示违纪违规金额 4.4 亿元，移送案件线索和处理事项 19 件。

固定资产投资审计 按照区政府 300 万元以上工程必审制的工作要求，积极推进投资项目效益审计。全年对 24 个工程建设项目进行审计，审计投资总额 15 亿元，核减工程造价 11337 万元，审减率达 7.55%。审计发现主要存在部分项目概算编制不实或执行不严格、部分项目资金不到位、建设业主决策失误管理疏漏造成损失浪费、个别项目执行招投标及监理制度不严格、工程资料管理混乱等问题。投资审计项目数量、投资总额、核减工程投资均创历史最高水平。

专项资金审计 开展移民、扶贫、粮畜直补、家电下乡等 17 个强农惠民专项资金的审计和审计调查。审计发现主要存在挤占挪用专项资金、个别项目实施失败造成资金损失、设备物资采购不执行政府采购政策、惠农补贴政策未执行到位，损害群众利益等问题，审计共揭示违纪违规金额 9000 万元，移送案件线索和处理事项 4 件。通过审计，有效促进了国家政策贯彻落实、提高资金使用效益和项目管理水平，同时，从体制机制方面分析问题存在的原因，提出切实可行的审计意见和建议，为区委、区政府决策提供重要参考依据，审计机关的监督和服务职能得到有效发挥。

经济责任审计 对 5 个镇乡（街道）、5 个部门、3 个企事业单位的 18 名主要领导人员进行经济责任审计。审计发现领导干部在决策程序、资产处置、项目资金使用、工程建设管理以及职责履行等方面都不同程度地存在问题。经济责任审计对象从镇乡、部门领导干部拓展到企事业单位领导人员。审计内容从单纯关注财政财务收支、资产负债的真实合法拓展到关注领导决策程序及效果、资产处置、土地转让、招商引资、基本建设、经济发展等履行法定经济事项的真实性、合法性、效益性。审计结果的利用进一步加强。通过纪委、组织部将审计结果运用到干部使用和考核考察中，形成了干部监督管理的合力。通过对被审计领导干部谈话和将审计结果在被审计单位中层以上通报等做法，使审计结果在一定范围内得以公告，增强了领导干部勤政廉政、有效管理，科学发展的意识，促进审计决定落实率达到 99.83%。

企业审计 开展 2 家公益服务型企业和 1 家破产改制企业的审计监督。发现主要存在会计信息失真影响企业年薪考核结果、资产管理不到位影响资金安全、企业基本建设管理不规范、财务人员贪污公款等问题，共查出违纪违规金额 1.8 亿元，查出个人侵占国有资产 18 万元，移送案件线索和处理事项 6 件。

内部审计 2009 年全区各内审机构共完成审计项目 1731 个，审计总金额 352.18 亿元，减少损失浪费 2717.7 万元，增加效益 3360.1 万元，提出的建议意见被采纳 862 条，发现大案要案线索 1 件，向司法机关移送案件 1 件，建议给予行政处分 14 人。（撰稿人：付　勇）

【涪陵区审计局】 2009 年，涪陵区审计局在职干部职工共 51 人。局长向文豪，副局长肖义贵、周德勇、陈仁勇、蒋青峰，纪检员任红伟。设有办公室、法制科、财政审计科、金融外资审计科、行政事业审计科、经贸审计科、农业与生态环保审计科、固定资产投资审计科、审计中心、社会保障审计科、经济责任审计办公室和组织人事教育科。

审计成果 共完成审计项目 66 个，查出各类问题金额 169861 万元，其中违规金额 10482 万元，管理不规范金额 159379 万元；核减工程投资 2793 万元，促进增收节支 9411 万元，审计后挽回或避免损失 8250 万元。提出审计建议 135 条，被采纳 125 条；提交审计专题、综合性报告和信息简报 158 篇，被批示采用 153 篇次。2009 年获全市审计工作先进集体、全市审计信息化建设工作先进集体、全市审计信息工作先进集体、2009 年优秀审计项目等审计署、市审计局和区委区政府表彰 14 项，连续 7 年获全市审计工作先进集体。

财政审计　完成财政财务收支审计项目 22 个，涉及单位 35 个，查出违规金额 5035 万元，管理不规范金额 152608 万元，收缴财政 4915 万元。提出有效的整改意见和进一步深化财政预算以及规范土地出让金管理、增强乡镇财政管理水平、提升国有资产管理效益等审计建议 44 条，移送有关部门处理事项 5 件，涉及金额 1853 万元，已给予党纪政纪处分 2 人。

固定资产投资审计　完成 10 个投资项目审计，涉及工程投资额 142464 万元，审减投资额 2793 万元，管理不规范金额 822 万元。收缴财政 2740 万元。揭示建设项目在管理、质量及效益等方面存在的突出问题，促进项目规范管理，提高资金使用效益。

企业审计　完成企业审计 6 个，其中企业领导经济责任审计 2 个，查出违规金额 4 万元，管理不规范金额 561 万元。根据区委、区政府交办，积极参与国有企业改革，配合有关部门完成 10 户国企改革任务。

经济责任审计　完成领导干部任期经济责任审计项目 36 个，查出违规金额 2651 万元，管理不规范金额 5388 万元。移送有关部门处理事项 6 件，涉及金额 2044 万元。

计算机审计　有 1 个计算机审计案例获审计署优秀奖，有 3 个计算机审计案例获审计署应用奖，有 3 个计算机审计案例获审计署鼓励奖，在重庆区县审计机关计算机审计应用案例中获奖项最多。2009 年度向市局报送 5 个计算机审计案例。

内部审计　全区内审机构 46 个，内审人员 182 人。全年完成审计单位 439 个，其中：财务收支审计 86 个，效益审计 26 个，经济责任审计 14 个，基本建设审计 31 个，专项资金审计 172 个，内控评审 57 个，风险评估审计 44 个，其他审计 9 个。增加效益 1363 万元，提出合理化建议被单位领导采纳 187 条，财务决算审签 67 个。

（撰稿人：胡　俊）

【黔江区审计局】　2009 年，黔江区审计局共有干部职工 36 人。局长秦建川，副局长王明昌、程仁义（—3 月），纪检组长李伟。设有办公室、法制科、经济责任审计科、财政金融审计科、行政事业审计科、农业与资源环保审计科、企业审计科、固定资产投资外资运用审计科、内部审计管理科。

审计成果　完成审计项目 49 个，审计查出违规金额 3999 万元，管理不规范金额 41297 万元，应上缴财政 418 万元，应调账处理金额 25009 万元，应归还原渠道资金 782 万元。提交专题审计报告 44 个、综合性审计工作报告 3 个、审计调查报告 3 个，发出审计决定 20 个，移送处理 1 件；提出审计建议 155 条，被采纳 155 条；上报信息 75 条，被采用信息 41 条（次）。区民政局预算执行审计获全市优秀审计项目；质监局预算执行审计、酉阳结核病控制项目审计、社会抚养费审计调查、家电下乡专项资金审计调查获市审计局优秀行业审计项目。

财政审计　完成财政审计项目 22 个，其中：预算执行审计项目 11 个。完成区财政本级和区发改委、地税局、安监局、环保局、市政办、卫生局、科委、民政局、质监局和质检中心等部门 2008 年度预算执行审计。财务收支审计项目 3 个。完成区新华中学、民族中学、人民小学 2008 年度财务收支审计。专项资金审计 7 个。完成 2007 年度区农业局测土配方施肥项目资金使用情况审计、2008 年农业综合开发项目资金分配拨付和管理使用情况审计、2008 年度社会抚养费征管及使用情况审计调查、2007～2008 年度粮畜直补资金审计调查、区家电下乡专项资金管理使用拨付及政策执行情况审计调查。完成对万州区取消政府还贷二级公路审计、武隆县 2006～2008 年度扶贫资金管理及使用情况审计，配合市局业务处室完成我区新型农村合作医疗资金审计工作。外资运用审计项目1个。完成酉阳县结核病控制项目审计。审计查出并从严处理违规改变资金用途、未按规定征收缴纳财政收入、挤占挪用滞留专项资金、未严格执行收支两条线规定、虚列支出、超标准列支、乱收费乱摊派乱罚款、隐瞒截留收入和应作未作收入等问题。查出违规金额1177万元，决定处理处罚收缴财政396万元，应归还原渠道资金782万元，应调账处理23002万元。

固定资产投资审计 完成319线城区过境路改造、濯水古镇恢复及改造项目沿江河堤、正阳石油路、正阳工业园区货场连接路、正阳经四正黄道路、黔江中心医院外科大楼等竣工决算审计和黔江大桥拓宽工程、消防特勤站工程结算审计。审计查出并从严处理多计工程价款、挤占建设成本、超计划超标准超规模、少计少缴税金、财务管理不规范等问题。送审金额达12594万元，核减工程造价1970万元，审减率16%。

经济责任审计 完成经济责任审计20个（27人）。审计揭示隐瞒截留收入、违规改变资金用途、超标准超计划支出等问题。查出管理不规范金额9784万元。对处级以上领导干部任期经济责任审计结果得到区委高度重视。12月中旬，区委常委会专门听取审计局经济责任审计工作情况汇报，会后责成相关职能部门与问题较多的部门责任人进行谈话。

企业审计 完成原黔江区交通建设总公司、区旅游发展有限责任公司2008年度资产负债损益审计。审计揭示土地出让收入未及时解缴入库、未真实反映盈亏、未及时计提固定资产折旧等问题。查出管理不规范责成被审计单位自行纠正356万元。

内部审计 全区各内部审计机构共开展内部审计项目139个，其中：财务审计30个、经济效益审计22个、经济责任审计21个、基本建设审计11个、内控评审3个、专项审计27个、其他25个；审计资金总额达284303.09万元，查处损失浪费669.42万元，增加效益56.28万元，提出的审计建议和意见被采纳118条，建议给予行政处分20人。区鸿业实业（集团）有限公司的财政收支审计被评为重庆市内部审计优秀项目。

（撰稿人：秦　健）

【长寿区审计局】 2009年，长寿区审计局人员编制29人，在编21人。党组书记、局长聂华甫，副局长程庸、张涛，纪检组长余永惠。设有办公室、法制综合科、财政审计科、行政事业审计科、固定资产投资审计科、经济责任审计及内部审计管理科、审计中心。

审计成果 完成审计项目91个，查出违规金额10746万元，管理不规范金额7912万元；审计决定应上缴财政10706万元，应归还原渠道资金6万元，应调账处理金额217万元；已上缴财政1079万元，已归还原渠道资金6万元，已调账处理金额217万元。移送司法机关、纪检监察部门处理事项1件，提交审计工作报告、信息119篇，被采用23篇（次）。在市以上审计报刊发表理论业务文章10篇。被中共重庆市委、重庆市人民政府命名为市级文明单位，被重庆市审计局评为全市审计工作先进集体，被长寿区法制建设领导小组评为全区依法行政示范单位。

预算执行审计 审计单位30个，发现和纠正财政预算编报不够完整、年初部门预算到位率低、少数部门行政经费挤占项目资金、公务接待、会议生活“两费”支出占比大、增长快等7类问题，查出违规金额10111.5万元，提出了审计意见和建议3条。向区人大常委会作了审计工作报告，推动了财政体制改革的不断深化，提升财政预算管理水平。

行政事业审计 审计15个行政事业单位的财政、财务收支情况。发现财政、财务核算不规范，固定资产不入账，往来账项清理不及时，内控制度执行不到位等问题，查出违规金额505万元，管理不规范金额402万元。

固定资产投资审计 完成60个基本建设项目审计，核减工程造价4544万元。在项目的安排上，加大对中央、市、区“保增长、扩内需、调结构、惠民生”投资建设项目资金使用情况的审计，确保国家建设资金使用安全；在审计手段上，将现场查勘纳入审计监督重要内容，成立专家组对固定资产投资项目中重大的变更事项及隐蔽工程进行现场核实，避免建设资金的损失和浪费。

经济责任审计 完成22名党政主要领导干部的经济责任审计。审计查出资产不实、管理不善、违规操作等问题，查处违规金额474万元，管理不规范金额 432 万元。

专项资金审计　开展专项资金审计项目 7 个，审计专项资金总额 13885 万元，已促进拨付资金到位 22 万元。

专项审计调查　开展专项审计调查项目 3 个。调查单位 17 个，调查金额 20751 万元，调查发现管理不规范金额 2908 万元。及时反映情况，提出审计建议，引起区领导及相关部门的重视。

内部审计　全区各部门、各企事业单位设内部审计机构 40 个，其中专职机构 4 个；配备内部审计人员 65 人，其中专职审计人员 4 人。2009 年，全区各级内部审计机构共完成审计项目 114 个，查出各类违纪违规行为金额 580 万元，管理不规范金额 980 万元，调账处理金额 56 万元，指明应纠正金额 650 万元，查处损失浪费金额 126 万元。提出的审计建议和意见被采纳 25 条。

（撰稿人：陈湧健）

【江津区审计局】　2009 年，江津区审计局人员编制 37 人，在编 41 人。局长王贵福，副局长朱文良、张进洪、罗强，纪检组长刘德福，局长助理陈家富。设有办公室、行政事业审计科、经济责任审计科、社会保障审计科、政府投资审计科、审计中心。

审计成果　完成审计项目 93 个，查出违规金额 4181 万元，管理不规范金额 56297 万元，发现侵害人民群众利益 118 万元；审计决定应上缴财政 1006 万元，应减少财政拨款或补贴 2729 万元，应归还原渠道资金 72 万元，应调账处理金额 442 万元；已上缴财政 834 万元，已减少财政拨款或补贴 2729 万元，已归还原渠道资金 72 万元，已调账处理金额 136 万元。移送司法机关、纪检监察部门处理事项 2 件，1 人被追究刑事责任；建议有关部门处理事项 1 件。提交审计工作报告、信息 118 篇，被采用 37 篇。被区委、区政府评为优化环境、服务发展优秀单位。市审计局统一组织的审计和审计调查项目中有三个项目获得先进。

预算执行审计　审计单位 8 个，发现 11 类问题，包括预算编报不真实 36 万元，预算编制批复不规范 28682 万元，未按规定征收、缴纳预算收入 1180 万元，隐瞒转移截留预算收入 53 万元，财政收入核算不实 41 万元，资金滞留闲置 3785 万元，违规改变资金用途 1729 万元，超预算列支 11 万元，未落实收支两条线和专户管理规定 221 万元，违规担保 58 万元，其他 136 万元。应上缴财政 619 万元，已上缴财政 619 万元。

行政事业审计　审计 15 个行政事业单位的财政、财务收支情况，发现应缴未缴预算收入，违规改变资金用途，虚列支出，少计少缴税费，未落实收支两条线和专户管理规定，账外资产，乱收费乱摊派乱罚款，超标准超计划支出等问题，查出违规金额 682 万元，管理不规范金额 3959 万元，发现侵害人民群众利益 111 万元。

固定资产投资审计　完成 49 个基本建设项目审计，核减工程造价 2719 万元，应减少财政拨款 2719 万元。通过对投资立项、概预算、招投标以及工程量、费、价的从严审查，依法、客观、公正地保护建设方、施工方的合法权益。针对审计中发现的问题，提出加强管理的建议意见，提高经济效益。

企业审计　对 3 个园区的资产、负债、损益真实性进行审计，及时发现园区财务管理和项目管理中的薄弱环节，提出建议，有利于园区建设的健康化发展。

经济责任审计　完成 15 名主要领导干部的经济责任审计，其中包括党政领导 7 名、事业单位领导 8 名。审计查出违规金额 721 万元，其中主管责任 721 万元。查出不规范金额 3611 万元，其中主管责任 3540 万元，直接责任 71 万元。

专项资金审计　开展专项资金审计项目 13 个，审计专项资金总额 208039 万元，发现五类问题，其中违规改变项目计划和资金用途 71 万元，虚报冒领 14 万元，资金滞留闲置 438 万元，账外资产 37 万元，其他 16492 万元，侵害人民群众利益 7 万元。

审计调查　开展专项审计调查项目 14 个，调查单位 14 个，调查发现问题金额 15362 万元。及时反映情况，提出审计建议，形成有价值的审计信息，引起区领导及相关部门的重视。

内部审计　全区各部门、各企事业单位设内部审计机构各内审机构 10 个，其中专职机构 6 个；配备内部审计人员 42 人，其中专职审计人员 8 人。2009 年，全区各级内部审计机构共完成审计项目 112 个，其中：财务收支审计 28 个，经济责任审计5个，基本建设审计25个，专项审计9个，其他审计45个。增加效益159万元，提出的建议和意见被采纳49条，发现大案要案线索1件，移送纪检监察机关和有关部门建议给予党纪政纪处分的1人。（撰稿人：王　艳）

【合川区审计局】　2009年，合川区审计局人员编制38人，在编33人。局长余有华，副局长李关海、罗中正，纪检组长李建忠。设有办公室、监察室、法制科、财政金融审计科、行政事业审计科、专项资金审计科、经济责任审计及内部审计管理科、基本建设审计科。下辖全额拨款事业单位重庆市合川区审计中心，编制10人，在编10人。

审计成果　完成审计项目76个，查出违规金额36740万元，审计决定应上缴财政21018万元，应减少财政拨款或补贴12478万元，应归还原渠道资金3079万元，应调账处理金额320万元；已上缴财政20959万元，已减少财政拨款或补贴12153万元，已归还原渠道资金2310万元，已调账处理金额297万元。移送司法机关、纪检监察部门处理事项5件，涉及人员2人，涉及金额1103万元；建议有关部门处理事项9件。提交审计报告、信息106篇，被批示、采用99篇（次）。2009年，获全国审计系统先进集体表彰，局长余有华获重庆市委表彰优秀共产党员。

预算执行审计　审计单位8个，查出问题金额12757万元，其中违纪违规金额11492万元。重点审计区级财政预算编制情况，税收计划执行情况，土地出让综合价金等非税收入执收情况，区融资平台借入、使用、偿还资金及风险制度建立情况。向区人大常委会作审计工作报告，得到高度评价。

行政事业审计　审计10个行政事业单位的财政、财务收支情况，发现违规改变资金用途、固定资产不入账等问题，查出问题金额8511万元。

固定资产投资审计　完成41个基本建设项目审计，核减工程造价7799万元。在审计中突出两个重点：对列入“双十工程”的项目，竣工验收后全覆盖审计；中央扩大内需资金投资项目全覆盖审计。在方法上探索创新，实行建设项目财务审计、管理审计、结算审计、效益审计“四审并举”。

经济责任审计　完成10名主要领导干部的经济责任审计，其中包括党政领导7名、事业单位领导3名。坚持把制度的健全性、决策的科学性和干部的廉洁性作为审计重点，实事求是地评价被审计领导干部在经济决策、经济管理等方面的能力和廉洁从政等方面的情况，查出违纪违规金额1564万元，其中直接责任759万元；查出领导干部涉嫌经济问题1人，移送司法机关、纪检监察部门，已受到组织处理和刑事处罚。

专项资金审计　开展专项资金审计项目7个，审计专项资金总额93683万元，审计后挽回（避免）损失309万元。

内部审计　全区各部门、各企事业单位设内部审计机构39个，其中专职机构37个；配备内部审计人员91人，其中专职审计人员21人。2009年，全区各级内部审计机构共完成审计项目232个，查出损失浪费金额417万元，增加效益632万元，提出的建议和意见被采纳27条，建议有关主管部门给予党纪政纪处分的2人。

（撰稿人：李世伟）

【永川区审计局】　2009年，重庆市永川区审计局人员编制28人，在编25人。局长覃兴建，副局长符宏（—10月）、陈勇（—3月）、程刚（—7月）、龙晓燕（7月—），纪检组长程刚（兼）（—7月）。内设办公室、法制综合科、行政事业审计科、经济责任审计科、社保与农业审计科、财政审计科，下属事业单位审计中心。

审计成果　完成审计项目111个，查出违纪违规金额3.71亿元，管理不规范金额9.46亿元。向有关部门移送案件6件，是区审计机关成立以来完成项目个数最多、查出问题资金量最大的一年。对79个政府投资项目实施工程预算及竣工结（决）算审计，送审金额13.55亿元，核减工程款1.44亿元，核减率11%。荣获重庆市审计局以上表彰奖项18项。全年编写信息、专报54篇，被批示采用40篇次，上报的审计报告被批示16份。重庆市审计局针对区县局的13个表彰奖项全部囊括。在重庆市40个区县审计机关年度综合考核排名中从2006年的第26位，到2009年的第4位。

预算执行审计　除区本级预算执行审计共享市审计局审计成果外，重点对园区、开发区税收征管及优惠政策兑现落实情况开展审计调查；对区国资局、发改委、市政局部门预算执行情况，对区农业局、区法院的财务收支情况，对双竹镇、红炉镇、永荣镇、胜利路办事处财政决算实施审计。审计成果得到区第十五届人大常委会第十七次会议肯定，并向区人大常委会报告整改落实情况。

固定资产投资审计　围绕永川区“加快推进重点投资项目建设”的安排部署，在做好工程预决算审计的同时，按照《永川区政府投资项目跟踪审计实施办法》的有关规定有计划地实施跟踪审计。全年共完成工程竣工结算审计项目 79 个，审计投资总额 13.5 亿万元，核减工程款 1.44 亿元。对高速公路匝道口迁建工程等 4 个项目开展跟踪审计，共出具审计意见单 37 份，审计建议函 9 份，核减（节约）工程投资 1022 万元，累计审减进度款 3467 万元。非常规交办审计，一是渝隆路回购审计。该工程送审金额 7.2 亿元，审定金额 6.17 亿元，审减 1.03 亿元，审减率 14%。审计结果为节约回购成本、承接国家取消公路收费还贷政策奠定基础。二是茶山竹海经营权回购复核审计。该工程送审金额 7485 万元，审定金额 6284 万元，核减率 16%。其中在建工程核减 939 万元，前期费用和装饰装修改造工程在有关部门初核的基础上核减 262 万元，节约了回购资金，充分发挥审计绩效作用。

企业审计　针对企业转制和整合的现状，对地产集团、市政公司、豪江公司、惠通公司实施审计。审计查出单位违纪违规金额 218 万元，管理不规范金额 5.61 亿元。对审计发现的征地拆迁中涉嫌私分补偿款的 4 名正处级领导干部进行移送，全部免职并进入司法程序；对应收未收到期土地出让综合价金、债权债务未清理等问题依法作出处理；对收费程序、标准、入账渠道不规范、财务基础工作不完善等问题提出审计整改建议。

经济责任审计　完成林业局、公路管理所、文广新局、新闻社、新城建管委、总工会、胜利路、红炉镇、朱沱镇、永七中、文理学院附中等 11 个单位 14 名领导干部的审计任务，审计查出单位违纪违规资金 683 万元，管理不规范金额 1.87 亿元。审计中发现案件线索 5 件，分别移送区纪委、主管部门进行处理。

专项资金审计（调查）　对取消政府还贷二级公路、扶贫资金、新农村合作医疗资金、家电下乡专项资金、粮畜直补资金、抗震救灾资金进行了审计或调查。审计成果引起区领导和相关部门高度重视，促进了相关管理制度的建立和完善。

内部审计　全区各部门、各企事业单位设内部审计机构 40 个，其中专职机构 30 个；配备内部审计人员 151 人，其中专职审计人员 30 人。2009 年全区内审机构共完成审计项目 143 个，查出损失浪费金额 98 万元，增加效益 152 万元，工程审计减少财政拨款和补贴 1350 万元，移送纪检监察案件 2 起，撤销村社干部 3 人。提出建议被采纳 56 条，建立完善内控制度 26 项。

（撰稿人：李金明）

【南川区审计局】　2009 年，南川区审计局人员编制 37 人，在编在职 21 人。局长陈纯秀，副局长余碧容、唐继伦、刘虹，纪检组长金华。设有办公室、法规科、财政审计科、行政事业审计科、经济责任审计和内审指导科、固定资产投资审计科、经贸审计科；2009 年 12 月新成立下属事业单位审计中心。

审计成果　完成审计项目 28 个，查出违规金额 1677 万元。审计决定应上缴财政 156 万元，应减少财政拨款或补贴 901 万元，应归还原渠道资金 602 万元，应调账处理金额 3390 万元；已上缴财政 146 万元，已减少财政拨款或补贴 810 万元，已归还原渠道资金 32 万元，已调账处理金额 3390 万元。移送地方税务局和其他主管部门处理事项 1 件。提交审计工作报告、信息 97 篇，被采用 64 篇（次）。

预算执行审计　审计单位 6 个，发现和纠正部门未按规定征收缴纳预算收入、截留预算收入、财政收入核算不实、滞留财政资金等问题，查出管理不规范金额 448 万元，提出审计意见和建议，向区政府提交审计结果报告，向区人大常委会作审计工作报告。推动财政体制改革的不断深化，提升财政预算管理水平。

行政事业审计　审计 6 个行政事业单位的财政、财务收支情况。发现财政、财务核算不规范，固定资产不入账，往来账项清理不及时，内控制度执行不到位等问题，查出违规金额 3 万元，管理不规范金额 870 万元。

固定资产投资审计　完成 4 个政府投资建设项目审计，核减工程造价 870 万元，应减少财政拨款 901 万元。在项目安排上，加大对当年投资建设项目资金使用情况的审计，确保后续资金使用的合理和高效；审计手段上，探索对建设项目全过程的跟踪审计，使建设过程中资金的使用管理问题及时得到纠正，避免建设资金的损失和浪费。

企业审计　对 3 个企业的资产、负债、损益真实性进行审计，发现被审计单位存在财务管理薄弱、投资效益差、资产损益不实等问题。查出企业资产不实 1339 万元，其他管理不规范金额 7656 万元，损益不实 3136 万元。

经济责任审计　完成 5 名主要领导干部的经济责任审计。审计查出资产不实、管理不善等问题，查出违规金额 3 万元，管理不规范金额 697 万元。

专项资金审计　开展专项资金审计项目 2 个，审计专项资金总额 7100 万元，审计发现问题金额 50 万元，其中 29 万元进行重新安排使用。

专项审计调查　开展专项审计调查项目 4 个。调查单位 35 个，延伸调查农户 150 户，调查金额 17637 万元，调查发现问题金额 149 万元，促进拨付惠农资金到位 11 万元。及时反映情况，提出审计建议，引起区领导及相关部门的重视，有关部门修订完善相关政策措施。

内部审计　全区各部门、各企事业单位设内部审计机构 22 个，其中专职机构 2 个；配备内部审计人员 59 人，其中专职审计人员 5 人。2009 年，全区各级内部审计机构共完成审计项目 84 个，增加效益 464 万元，提出的建议和意见被采纳 14 条。

（撰稿人：韦延华）

【綦江县审计局】　2009 年，綦江县审计局人员编制 24 人，在编 22 人。局长郑平，副局长文道永、陈建，纪检组长杨云德。设有办公室、投资审计科、财政经贸审计科、行政事业审计科、经济责任审计科。下属事业单位綦江县审计中心，人员编制 12 人，在编 3 人。

审计成果　完成审计项目 85 个，查出违规金额 37752 万元，审计决定应上缴财政 33516 万元，应减少财政拨款或补贴 2741 万元，应归还原渠道资金 1069 万元，应调账处理金额 1663 万元；已上缴财政 299 万元，已减少财政拨款或补贴 2741 万元，已归还原渠道资金 149 万元，已调账处理金额 89 万元。移送司法机关、纪检监察部门处理事项 11 件，建议有关部门处理事项 6 件。提交审计工作报告、信息 150 篇，被采用 22 篇。

预算执行审计　审计单位 5 个，发现和纠正涉及部门的 8 类问题，查出管理不规范金额 46508 万元，存在未按规定征收、缴纳预算收入，违规变更预算，财政支出核算不实等问题，并提出完善财政监督制约机制，进一步推动财政管理走向制度化、规范化、科学化和透明化。加强对单位、部门的监督管理，及时发现和纠正单位、部门的违纪违规问题。进一步加强税收征管，建立信息共享平台，健全税控机制，防止税收流失等建议意见。向县人大常委会作了审计工作报告。

行政事业审计　审计 10 个行政事业单位的财政、财务收支情况。发现财政、财务核算不规范，固定资产不入账，往来账项清理不及时，内控制度执行不到位等问题，查出违规金额 815 万元，管理不规范金额 13016 万元。

固定资产投资审计　完成 57 个基本建设项目审计，核减工程造价 2741 万元，应减少财政拨款 2741 万元。在项目安排上，紧紧围绕“六个园城”、“五个綦江”、“民心工程”等社会、经济发展中心目标展开，从强化政府投资审计免疫功能出发，抓住这几个主战场积极开展投资跟进审计工作，服务全县社会、经济发展大局，建立成效；审计手段上，坚持对建设项目全过程的跟踪审计，强化职能创新审计工作，彰显审计成效，使建设过程中资金的使用管理问题及时得到纠正，避免建设资金的损失和浪费。

企业审计　对 1 个企业的资产、负债、损益真实性进行审计，发现被审计单位存在会计信息资产不实、负债不实、损益不实等问题。

经济责任审计　完成 13 名主要领导干部的经济责任审计。审计查出资产不实、管理不善、违规操作等问题，查出违规金额 815 万元，管理不规范金额 13133 万元。

专项资金审计　开展专项资金审计项目 12 个，审计专项资金总额 26467 万元，已促进拨付资金到位366万元。

专项审计调查　开展专项审计调查项目3个。调查单位3个，调查金额27754万元，调查发现问题金额531万元。及时反映情况，提出审计建议，引起县领导及相关部门的重视。

内部审计　全县各部门、各企事业单位设内部审计机构35个，其中专职机构2个；配备内部审计人员178人，其中专职审计人员5人。2009年，全县各级内部审计机构共完成审计项目162个，查出损失浪费金额571万元，增加效益110余万元，提出的建议和意见被采纳166条。

（撰稿人：李　科）

【潼南县审计局】　2009年，潼南县审计局人员编制26人，在编23人。局长杨德海，副局长李晓兰、王劲松、钟晓琴（—6月）。设有办公室、综合审计科、投资审计科、财政金融审计科、经济责任审计科，下设审计中心。

审计成果　完成审计项目28个，查出违规金额7380万元，审计决定应上缴财政5171万元，应归还原渠道资金13334万元，应调账处理金额5529万元；已上缴财政5170万元，已归还原渠道资金13334万元，已调账处理金额5529万元。提交审计工作报告、信息58篇，被采用13篇（次）。

预算执行审计　审计单位7个，发现和纠正涉及部门的13类问题，查出违规金额7379万元，其中应上缴财政5170万元，应归还原渠道资金13334万元，应调账处理金额5529万元；已上缴财政5170万元，已归还原渠道资金13334万元，已调账处理金额5529万元。查出管理不规范金额51543万元，提出审计意见和建议，在教育专项和再就业培训资金审计中进行效益评价，取得新的突破。向县人大常委会作了审计工作报告，推动财政体制改革的不断深化，提升财政预算管理水平。

行政事业审计　审计5个行政事业单位的财政、财务收支情况。发现财政、财务核算不规范，固定资产不入账，往来账项清理不及时，内控制度执行不到位等问题，查出违规金额1万元，管理不规范金额3027万元。

固定资产投资审计　完成10个基本建设项目审计，核减工程造价874万元，应减少财政拨款874万元。在项目安排上，加大对当年投资建设项目资金使用情况的审计，确保后续资金使用的合理和高效；审计手段上，坚持对建设项目全过程的跟踪审计，使建设过程中资金的使用管理问题及时得到纠正，避免建设资金的损失和浪费。

经济责任审计　完成5名党政主要领导干部的经济责任审计。审计查出资产不实、管理不善、违规操作等问题，查出违规金额1万元，管理不规范金额3027万元。

专项资金审计　开展专项资金审计项目4个，审计专项资金总额36266万元，已促进拨付资金到位1244万元。

专项审计调查　开展专项审计调查项目2个。调查单位2个，调查金额11308万元，发现问题金额907万元。及时反映情况，提出审计建议，引起区（县）领导及相关部门的重视。

内部审计　全县各部门、各企事业单位设内部审计机构4个，其中专职机构3个；配备内部审计人员23人，其中专职审计人员9人。2009年，全县各级内部审计机构共完成审计项目190个，查出损失浪费金额0万元，增加效益2388万元，提出的建议和意见被采纳64条，发现大案要案线索0件，向司法机构移送案件0件，涉案人员0人，移送纪检监察机关和有关主管部门建议给予党纪政纪处分的0人。　（撰稿人：黎　勋）

【铜梁县审计局】　2009年，铜梁县审计局人员编制19人，在编19人。局长丁政，副局长陈树刚、刘志（—8月）、刘黎（8月—），纪检组长冷华琼。设有综合科、财经和企业审计科、经济责任审计科、行政事业审计科。

审计成果　完成审计（调查）项目94个，查出违规金额2100万元，审计决定应上缴财政1250万元，应减少财政拨款或补贴2113万元，应归还原渠道资金21万元，应调账处理金额5805万元；已上缴财政1250万元，已减少财政拨款或补贴829万元，已归还原渠道资金21万元，已调账处理金额5805万元。提交审计工作报告、信息128篇，被采用38篇（次）。

预算执行审计　审计单位26个，发现和纠正涉及部门的6类问题，查出管理不规范金额7652万元，查出违规金额742万元，其中应上缴财政

742万元，已上缴财政742万元，提出审计意见和建议，本级财政预算执行审计取得新的突破。向县人大常委会作审计工作报告，推动财政体制改革的不断深化，提升财政预算管理水平。

行政事业审计 审计2个行政事业单位的财政、财务收支情况。发现应缴未缴预算收入、未落实收支两条线和专户管理、财政、财务核算不规范，固定资产不入账，往来账项清理不及时，内控制度执行不到位等问题，查出违规金额32万元，管理不规范金额180万元。

固定资产投资审计 完成35个基本建设项目审计，核减工程造价821万元，应减少财政拨款821万元。在项目安排上，加大对当年投资建设项目资金使用情况的审计，确保后续资金使用的合理和高效；审计手段上，坚持对建设项目全过程的跟踪审计，使建设过程中资金的使用管理问题及时得到纠正，避免建设资金的损失和浪费。

企业审计 对1个企业的资产、负债、损益真实性进行审计，发现被审计单位存在财务管理薄弱、投资效益差、资产损益不实等问题。查出违规金额476万元，应上缴财政476万元。

经济责任审计 完成8名党政领导干部的经济责任审计。审计查出资产不实、管理不善等问题，查出违规金额97万元，管理不规范金额1337万元。

专项资金审计 开展专项资金审计（调查）项目26个，审计专项资金总额26805万元，查出违规改变项目计划和资金用途、资金闲置滞留、未纳入专户管理等问题资金1225万元。

专项审计调查 开展专项审计调查项目4个。调查单位4个，调查金额20596万元，调查发现问题金额161万元。及时反映情况，提出审计建议5条，引起县领导及相关部门的重视。

内部审计 全县各部门、各企事业单位设内部审计机构18个，其中专职机构3个；配备内部审计人员27人，其中专职审计人员3人。2009年，全县各级内部审计机构共完成审计项目65个，查出损失浪费金额9万元，增加效益21万元，提出的建议和意见被采纳94条。

（撰稿人：袁　梅）

【大足县审计局】 2009年，大足县审计局人员编制24人，在编24人。局长李雪梅（—12月），党组书记黄珍扬（12月—），副局长罗代光、姚晓红、李连友，纪检组长刘朝树。设有办公室、法制科、综合审计科、财政金融审计科、行政事业审计科、固定资产投资审计科和审计中心。

审计成果 完成审计项目48个，查出违规金额8734万元，审计决定应上缴财政6194万元，应减少财政拨款或补贴1319万元，应归还原渠道资金1220万元，应调账处理金额2466万元；已上缴财政5834万元，已减少财政拨款或补贴1144万元，已归还原渠道资金352万元，已调账处理金额2315万元。提出审计建议137条，被采纳117条，提交审计工作报告、信息88篇，被采用12篇（次），县政府主要领导批示12次，粮畜补助资金行业审计等4个审计项目荣获市级优秀项目奖，2009年度荣获全市审计系统先进集体和县级目标考核一等奖。审计整改落实率明显提高，审计成果服务宏观作用得到增强。

预算执行审计 完成财政预算执行审计项目1个，对相关财政资金投入、使用、效益情况，从机制和体制等方面进行深入分析，发现和纠正涉及部门的4类问题，查出管理不规范金额2308万元，提出审计意见和建议，在教育专项和再就业培训资金审计中进行效益评价，取得新的突破。向县人大常委会作了审计工作报告。有力推动财政体制改革的不断深化，提升财政预算管理水平。

行政事业审计 完成行政事业财务收支审计项目10个，查出违规金额2321万元，管理不规范金额4394万元。发现不严格执行“收支两条线”管理规定，上缴财政预算收入不及时，执行国有资产管理规定不严格，固定资产不入账，内控制度执行不到位等问题，已责成有关部门整改。

固定资产投资审计 完成政府投资建设项目审计26个，核减工程造价1140万元，减少财政拨款1140万元。提出审计意见建议42条，并责成有关单位和部门认真执行审计意见，促进各项政策措施有效落实。

经济责任审计 完成7个单位8名主要领导干部的经济责任审计，其中包括党委政府4个、党政部门2个、事业单位2个。审计查出违规金额2266万元，管理不规范金额3881万元。在扩大经济责任审计覆盖范围的同时，加强对镇乡党政领导干部任期经济责任审计评价存在问题的剖析和探索，在调查研究的基础上建立一套适合镇街党政领导干部任期经济责任审计评价的指标体系，有效规范镇街党政领导干部经济责任审计评价，更好地服务于镇乡领导干部经济责任工作。

专项资金审计　开展县农业综合开发资金、扶贫资金的管理和使用等专项资金审计项目 6 个，审计专项资金总额 38163 万元，坚持把查处问题与完善体制机制有机结合，剖析产生问题原因，从标本兼治角度有针对性地提出审计意见和建议，保障专项资金的稳步运行和惠民政策落实到位，已促进拨付资金到位 157 万元。

审计调查　开展家电下乡、2007～2008 年度计划生育资金专项审计调查项目 2 个，调查单位 6 个，调查金额 30110 万元，调查发现问题金额 4651 万元，并及时反映调查情况，提出合理审计建议，引起县领导及相关部门的高度重视，责成有关部门查处整改。（撰稿人：曾令君）

【荣昌县审计局】　2009 年，荣昌县审计局人员编制 32 人，在编 24 人。局长梁堂林，副局长李可农、杜冬梅（6 月—），纪检组长李恭林。设有办公室、财政金融审计科、行政事业审计科、基建综合审计科、经济责任审计科、荣昌县审计中心。

审计成果　完成审计项目 31 个，查出违规金额 2313 万元，审计决定应上缴财政 511 万元，应减少财政拨款或补贴 133 万元，应归还原渠道资金 7 万元，应调账处理金额 2075 万元；已上缴财政 27 万元，已减少财政拨款或补贴 133 万元，已调账处理金额 1711 万元。移送司法机关、纪检监察部门处理事项 4 件，建议有关部门处理事项 1 件。提交审计工作报告、信息 87 篇，被采用 23 篇（次）。

预算执行审计　审计单位 4 个，发现和纠正涉及部门的 4 类问题，查出违规金额 13 万元，管理不规范金额 60 万元，提出审计意见和建议，促进规范预算管理，提高资金使用效益，推动财政体制改革的不断深化，提升财政预算管理水平。

行政事业审计　审计 10 个行政事业单位的财政、财务收支情况。发现财务核算不规范，固定资产不入账，往来账项清理不及时等问题，查出违规金额 512 万元，管理不规范金额 1248 万元。

固定资产投资审计　完成 11 个基本建设项目审计，核减工程造价 1786 万元，应减少财政拨款 96 万元。对政府投资项目在工程招投标、合同签订、工程施工和管理中存在的招标不规范、工程实施中变更大缺乏必要的审批手续、签证不规范、工程造价缺乏有效控制等问题进行披露，提出审计建议 36 条，发挥投资审计在控制工程投资、节约国家建设资金、提高投资效益、规范建筑市场秩序等方面的作用。

经济责任审计　完成 15 名主要领导干部的经济责任审计，审计查出主要问题有：固定资产管理不规范、往来账项核算不规范、应缴未缴财政等问题，查出违规金额 462 万元查出，管理不规范金额 1297 万元。

专项资金审计　开展专项资金审计项目 2 个，审计专项资金总额 23760 万元。及时反映情况，提出审计建议，引起县领导及相关部门的重视。

内部审计　全县各行政事业单位设内部审计机构 32 个，其中专职机构 3 个；配备内部审计人员 47 人，其中专职审计人员 4 人。2009 年，全县各级内部审计机构共完成审计项目 50 个，查出损失浪费金额 2 万元，提出的建议和意见被采纳 18 条。（撰稿人：李海燕）

【璧山县审计局】　2009 年，璧山县审计局人员编制 27 人，在编 25 人。局长黄志强（—4 月），局长张玉平（4 月—），书记黄志强（4 月—），副局长董其鑫、杨用明，纪检组长杨用明（兼）。设有办公室、财政金融审计科、行政事业审计科、经济责任审计科、投资审计科、法制科和下属事业单位璧山县审计中心。

审计成果　完成审计项目 58 个，查出管理不规范金额 25513 万元，违规金额 1341 万元，提出审计建议 103 条，在国家建设项目审计中审减工程款 1289 万元，对 10 位部门或乡镇党政主要领导干部进行任期经济责任审计；建议有关部门处理事项 2 件。提交审计工作报告 60 篇；提交信息 65 篇，被采用 34 篇（次）。

预算执行审计　开展对县本级财政预算执行情况审计，按时向县政府提交审计结果报告，代县政府起草的 2008 年度县本级预算执行审计工作报告得到县人大的高度评价，对该县财政预算管理、发改委政府投资项目管理、融资平台资金的使用等方面既指出存在的问题，又提出规范整改的建设性意见。县财政局、县地税局等部门按照审计提出的建议意见，逐步完善制度、规范管理。县财政局加强对非税收入的管理，将水资源公司取水费按照有关的财政制度规定落实整改，严格执行"收支两条线"，纳入财政综合预算管理。会计集中核算中心对审计查出的报销原始凭证审批不齐的情况已责令报账单位进行完善和纠正；县地税局按照审计提出的问题和建议意见，对新的税收征管软件正在进行进一步的完善和调试。

固定资产投资审计　完成国家投资建设项目37个，送审金额17095万元，审减工程造价1289万元，综合审减比例为7.54%；其中：电视塔公园一期工程，送审造价2013.35万元，审减487.07万元，审减比例为24.20%；璧南河一期延伸段综合整治工程，送审造价1796.76万元，审减266.46万元，审减比例为14.83%；璧城机电小河河道璧青公路中心线以西段整改工程，送审金额686.01万元，审减161.39万元，审减比例为23.53%；来凤中学教学楼工程，送审1349.01万元，审减128.04万元，审减比例为9.49%。

经济责任审计　完成10位主要领导干部的经济责任审计，审计类型上由"离任审计为主"向"届中审计为主"转变，离任审计2个，占25%，届中审计6个，占75%；审计对象的确定由"共同议定"向"随机抽选"转变，对近三年内未接受过审计的单位按照确定的审计数量进行随机抽签确定审计对象；街道、镇乡的审计由"分别审计"向"捆绑审计"转变，对街道、镇乡党政主要领导实行"捆绑审计"；促进领导干部廉政、勤政，从源头上预防和治理腐败。

专项资金审计　开展移民资金、救灾资金、扶贫资金、新农合基金等关系民生资金的审计(调查)。其中，移民资金审计，查出违纪违规金额31.35万元；新农合基金审计针对查处的问题提出审计建议，县城乡医保中心积极落实审计整改建议，出台了《璧山县城乡居民合作医疗保险管理中心内部控制制度》；退耕还林资金审计调查，抽查了退耕还林大户5户，查出违规资金40万元，追回了退耕还林大户退耕还林面积不实多得的直补款38.7万元和超范围领取的直补款1.5万元；查出扶贫资金管理使用中存在的问题，县委、县政府主要领导作出重要批示，县财政局和县扶贫办及时根据批示精神认真分析，出台《璧山县财政扶贫资金管理暂行办法》。

行政事业审计　对县质量技术监督局2008年度预算执行和其他财政收支情况进行审计，查出违纪违规金额133.47万元，针对存在的问题，建议县质监局加强预算编制、预算执行的管理、严格执行财务制度和相关规定。

内部审计　全县各部门、各企事业单位设内部审计机构25个；配备内部审计人员64人，其中专职审计人员2人。2009年，全区各级内部审计机构共完成审计项目82个，查出损失浪费金额7万元，增加效益78万元。　（撰稿人：周　波）

【垫江县审计局】　2009年，垫江县审计局人员编制30人，在编28人。党组书记、局长张光福（—3月）、梁辉（3月—），副局长朱华章、雷中山、冯文权、白云，局纪检组长罗显容。设有办公室、财政金融审计科、行政事业审计科、固定资产投资审计科、经贸审计科、经济责任审计科，下属事业单位有垫江县审计中心。

审计成果　完成审计项目38个，查出违规金额1345万元，管理不规范金额33597万元，发现侵害人民群众利益金额8万元；审计决定应上缴财政72万元，已上缴财政72万元。提交审计要情、信息、经济责任审计简报等32篇，被采用或批示15篇（次）。

财政审计　完成2008年度县本级预算执行及其他财政财务收支审计和三溪镇财政决算审计。向财政局等相关部门提出加强专项资金拨付、管理、使用的建议意见，为推进统筹城乡综合配套改革示范县建设发挥重要作用。

经济责任审计　完成10个单位12名领导干部的经济责任审计，查出违规金额256万元，管理不规范金额904万元。按照《垫江县乡镇党委书记乡镇长任期经济责任审计评价及责任界定办法（试行）》，对乡镇党委书记、镇长任期内的经济社会发展业绩进行科学的评价，对任期内的经济责任进行合理的界定。

行政事业审计　审计14个行政事业单位的财政、财务收支情况，发现财政、财务核算不规范，固定资产不入账，往来账项清理不及时，内控制度执行不到位等问题，审计发现侵害人民群众利益金额5万元。促使行政事业单位建立和完善6项内部管理制度，有效地规范行政事业单位的经济管理秩序。

企业审计　对1个国有及国有控股企业开展资产负债损益审计，发现存在少计企业所得税、违规使用现金、对外投资效益不佳、资金账外循环等问题，提出加强管理、规范经营的建设性建议，得到被审计单位及其主管部门的重视和采纳。

专项资金审计　开展专项资金审计项目7个，审计专项资金总额103322万元。通过审计，加强专项资金使用的统筹规划，确保资金的及时足额到位，提高专项资金的使用效益。

固定资产投资审计　按照《重庆市国家建设项目审计办法》（重庆市人民政府令182号）的要求，加强国家建设项目的审计，完成8个基本建设项目审计，核减投资金额678万元，查出概预算编报不规范、超计划超标准超规模等问题。完成县政府临时交办项目5个，提出加强工程项目招投标和建设管理、规范资金运作的建议，引起县委、县政府和有关部门的高度重视，采纳审计建议强化监督管理措施，进一步完善相关的制度规定。　（撰稿人：李一奎）

【武隆县审计局】　2009年，武隆县审计局人员编制24人，在编23人。局长罗文生（—4月）、龚文（4月—），副局长谭明波、熊波、黄小林，纪检组长谭明波（兼）。设有办公室、政策法规科、财政金融审计科、行政事业和社会保障审计科、固定资产投资和外资审计科、农业和资源环保审计科、经济责任审计和内部审计管理科、审计中心。

审计成果　完成审计项目20个，查出违规金额124万元，审计决定应上缴财政41万元，应归还原渠道资金84万元，应调账处理金额146万元；已上缴财政41万元，已归还原渠道资金84万元，已调账处理金额146万元。提交审计工作报告、信息60篇，被采用11篇（次）。

预算执行审计　审计单位4个，发现和纠正涉及部门的2类问题，查出管理不规范金额1836万元，提出审计意见和建议。在教育专项和再就业培训资金审计中进行效益评价，取得新的突破。向区（县）人大常委会作了审计工作报告，推动财政体制改革的不断深化，提升财政预算管理水平。

行政事业审计　审计1个行政事业单位的财政、财务收支情况。发现财政、财务核算不规范，固定资产不入账，往来账项清理不及时，内控制度执行不到位等问题，查出管理不规范金额1291万元。

固定资产投资审计　完成4个基本建设项目审计，核减工程造价191万元。在项目安排上，加大对当年投资建设项目资金使用情况的审计，确保后续资金使用的合理和高效；审计手段上，坚持对建设项目全过程的跟踪审计，使建设过程中资金的使用管理问题及时得到纠正，避免建设资金的损失和浪费。

企业审计　对1个企业的资产、负债、损益真实性进行审计，发现被审计单位存在会计信息失真、财务管理薄弱、投资效益差、资产损益不实等问题。查出管理不规范金额853万元。

经济责任审计　完成8名主要领导干部的经济责任审计，其中包括党政领导7名、国有及国有控股企业领导1名。审计查出资产不实、管理不善、违规操作等问题。查出违规金额26万元，管理不规范金额1310万元。

专项资金审计　开展专项资金审计项目2个，审计专项资金总额6286万元，查出违规金额2万元，管理不规范金额2870万元。

专项审计调查　开展专项审计调查项目3个。调查单位3个，调查金额8554万元，调查发现问题金额870万元。及时反映情况，提出审计建议，引起区（县）领导及相关部门的重视。

内部审计　全区（县）各部门、各企事业单位设内部审计机构72个，其中专职机构7个；配备内部审计人员131人，其中专职审计人员11人。全区各级内部审计机构共完成审计项目54个，审计金额17369元，查出违规金额237万元，增加效益12万元，提出的建议和意见被采纳12条。　（撰稿人：冉毅莉）

【丰都县审计局】　2009年，丰都县审计局人员编制41人，在编36人。局党组书记、局长付强（—8月）、秦宗成（局党组书记8月—，局长10月—），副局长吴小平、熊伟，纪检组长范福义，党组成员张增新（12月—）。设有办公室、法制科、财政金融审计科、行政事业审计科、固定资产投资审计科、移民资金审计科、经济责任审计科、企业审计科，丰都县审计中心，丰都县固定资产投资审计中心。

审计成果 完成审计项目44个，审计查出主要问题金额33213万元（其中：违规金额8275万元，管理不规范金额24938万元）。应上缴财政718万元，应减少财政拨款或补贴1302万元，应归还原渠道资金4822万元，应调账处理金额1727万元；已上缴财政718万元，已减少财政拨款或补贴1302万元，已归还原渠道资金4822万元，已调账处理金额1727万元。移送司法机关、纪检监察部门处理事项2件，涉案人员7人，涉案金额14万元；建议有关部门处理事项1件，涉及金额12万元。提交审计专题、综合性报告和信息170篇，被采用162篇（次）。

财政审计 审计单位4个，其中：本级财政预算执行审计1个，县级部门预算执行审计3个。发现和纠正涉及部门的14类问题，审计查出主要问题金额14504万元（其中：违规金额5951万元，管理不规范金额8553万元），提出审计意见和建议17条，均被采纳。总的来看，各部门单位内部管理不断完善，依法理财和预算观念不断增强，预算执行总体情况较好。向县人大常委会作了审计工作报告，推动财政体制改革的不断深化，提升财政预算管理水平。

审计1个乡镇财政决算，查出主要问题金额282万元（其中：违规金额11万元，管理不规范金额271万元）。审计发现未按规定征收、缴纳财政收入、违规改变资金用途、虚报冒领等问题。

行政事业审计 审计8个行政事业单位的财政、财务收支情况。发现应缴未缴预算收入、违规改变资金用途、虚列支出、少计少缴税费、未落实收支两条线和专户管理规定、乱收费乱摊派乱罚款、超标准超计划支出等问题，查出主要问题金额16772万元（其中：违规金额1011万元，管理不规范金额15761万元）。

固定资产投资审计 完成24个基本建设项目审计，核减工程造价1302万元，应减少财政拨款1302万元，查出管理不规范金额300万元。通过审计，完善监督管理制度，及时出台《丰都县人民政府关于开展国家建设重点项目跟踪审计的通知》和《丰都县人民政府关于加强审计监督工作的通知》等规范性文件，促进了基本建设项目程序的规范，保证了资金的使用管理合规合法和有效。

经济责任审计 完成8名主要领导干部的经济责任审计，其中党政领导7名、事业单位领导1名。审计查出违规改变资金用途、未落实收支两条线和专户管理规定、乱收费乱摊派乱罚款、超标准超计划支出等问题，查出违规金额1010万元，管理不规范金额929万元。

专项资金审计（调查） 开展专项资金审计项目1个，审计专项资金总额6151万元，发现管理不规范金额53万元。

开展专项审计调查项目6个。调查单位6个，调查金额19485万元，调查发现问题金额7842万元。为关注民生，维护人民群众利益起到积极的作用。所反映的情况，提出的审计建议，得到县委、政府领导及相关部门的高度重视。

内部审计 全县各部门、各企事业单位设内部审计机构31个，其中专职机构11个；配备内部审计人员58人，其中专职审计人员19人。2009年，全县内部审计机构共完成审计项目187个，查出损失浪费金额66万元，增加效益9万元，提出的建议和意见被采纳49条。

（撰稿人：李　勤）

【城口县审计局】 2009年，城口县审计局人员编制16人，在编16人。局长肖冬辉，副局长雷光泉、田忠培、汪元媛，纪检组长熊学东。设有办公室、财政农业审计科、行政事业审计科、固定资产投资审计科、经贸金融审计科、经济责任审计科，下属全额拨款事业单位审计中心。

审计成果 完成审计项目12个，查出违规金额1万元，审计决定应归还原渠道资金1万元；已归还原渠道资金1万元。提交审计工作报告、信息40篇，被采用2篇（次）。

预算执行审计 审计单位1个，发现和纠正涉及部门的2类问题，查出管理不规范金额149万元，提出审计意见和建议。通过审计发现部分单位挪用专项资金113万元，工程建设管理费超支较大。向区（县）人大常委会作了审计工作报告，推动财政体制改革的不断深化，提升财政预算管理水平。

行政事业审计 审计1个行政事业单位的财政、财务收支情况。发现财政、财务核算不规范，固定资产不入账，往来账项清理不及时，内控制度执行不到位等问题，查出管理不规范金额40万元。

固定资产投资审计 完成3个基本建设项目审计，核减工程造价651万元。分别对1个幼儿园工程结算造价、1个乡镇办公楼竣工决算进行审计，审计发现存在着多计工程造价、部分报销单据不规范，无购货发票、超概算投资等问题。对建设项目存在的问题，依法作出审计决定。责令调减工程结算价款、补缴税金、调整相关账目。

专项资金审计（调查） 开展专项资金审计项目5个，审计（调查）专项资金总额6287万元，审计（调查）发现管理不规范金额274万元，审计后挽回损失1万元。及时反映情况，提出审计建议，引起区（县）领导及相关部门的重视。

内部审计 全县各部门、各企事业单位设内部审计机构20个，其中专职机构8个；配备内部审计人员26人，其中专职审计人员2人。

（撰稿人：冉　茂）

【梁平县审计局】 2009年，梁平县审计局在编17人。局长、局党组书记程伟，副局长孔令、高保勇、刘坚（10月—）、胡显平（—10月）。设有办公室、财政金融审计科、行政事业审计科、经济责任审计科、建设项目审计科。

审计成果 完成对财政、税收、农业、教育、交通、水利、国土、计生、文化、救灾、社保、外资、基建、企业以及干部任期经济责任等38个审计项目，查处违规金额15484万元，管理不规范金额7589万元，审计决定应上缴财政15459万元，应归还原渠道资金10万元，应调账处理金额776万元；提交审计工作报告38篇，信息及简报17篇；提出审计建议82条，被采纳68条。

预算执行审计 审计单位4个，发现和纠正涉及部门的10类问题，提出4条审计意见和建议。通过审计，进一步加强财政预算的监督管理，规范财政预算行为，提高财政财务会计水平，有效防范和化解财政资金风险，确保国家财政资金的安全完整。

行政事业审计 对全县7个行政事业单位财政财务收支进行审计，查处违规金额5万元。审计发现存在财务核算不合规，部分单位收支核算不真实等问题。

专项资金审计 开展专项资金审计项目8个，审计专项资金总额59093万元，已促进拨付资金到位99万元。

固定资产投资审计 完成9个基本建设项目审计，核减工程造价314万元。坚持对建设项目全过程的跟踪审计，使建设过程中资金的使用管理问题及时得到纠正，避免建设资金的损失和浪费。

企业审计 对1个企业的资产负债损益情况进行审计，查处违规金额13万元，应上缴财政13万元。针对审计查出的问题，我局已按照国家法律法规的规定提出了纠正建议和作出了处理意见。

内部审计 全县各部门、各企事业单位设有内部审计机构17个，其中专职机构3个；配备内部审计人员29人，其中专职审计人员8人。2009年全县各级内部审计机构共完成审计项目52个，其中：财务收支审计18个，经济责任审计5个，专项资金审计14个，内控评审12个，提出建议意见被采纳28条，查处损失浪费88万元，增加效益90万元。促进下属单位的经营管理，提高行业经济效益。

（撰稿人：袁其亚）

【开县审计局】 2009年，开县审计局人员编制22人，在编21人。局长雷晓玲，副局长谭显春、谢从新。设有办公室、纪检监察室、法规科、内部审计管理科、社保资金审计科、移民资金审计科、经济责任审计科、财政金融审计科、行政事业审计科。

审计成果 完成审计（调查）项目41个，查出违规金额10597万元，审计决定应上缴财政3116万元，应减少财政拨款或补贴111万元，应归还原渠道资金5674万元，应调账处理金额3163万元；已上缴财政3142万元，已减少财政拨款或补贴111万元，已归还原渠道资金5674万元，已调账处理金额3163万元。建议主管部门处理事项1件。提出审计建议145条，被审计单位采纳111

条；提交审计工作报告、信息 65 篇，被采用 36 篇（次），其中审计署采用理论文章 2 篇、信息 4 篇。获市审计局审计信息工作先进集体、信息化建设工作先进集体，获县综合目标考核二等奖。2 个项目获审计署 AO 应用实例应用奖，4 个项目获市审计局优秀审计项目。

预算执行审计　审计（调查）单位 11 个，发现和纠正涉及部门的 10 类问题，查出违规金额 8639 万元，管理不规范金额 23928 万元，加强对水利、农业、林业等惠及民生资金的审计监督力度，针对性提出审计意见和建议，有效地促进财政资金预算管理不断规范。向县人大常委会作了审计工作报告，获得“五个更加注重”的高度评价。

固定资产投资审计　完成 6 个基本建设项目审计，审计总投资额 17098 万元，审减金额 2219 万元（审减率 13.0%），应减少财政拨款 111 万元，上缴财政金额 243 万元，审计避免损失 513 万元。结合移民搬迁项目基本完成和后扶项目不断上马的实际情况，不断强化政府投资审计跟进，加大移民相关建设项目和移民后扶项目资金到位使用效益的审计监督，确保资金使用效益和后续资金的及时到位。

行政事业审计　审计 8 个行政事业单位的财政、财务收支情况，发现违规改变资金用途、固定资产不入账、未严格执行收支两条线和专户管理规定等问题，查出违规金额 663 万元，管理不规范金额 1626 万元，上缴财政 135 万元，着力审计促进整改，有效地促进各被审计单位加强经费常态化、规范化管理。

经济责任审计　完成 1 名乡镇主要领导干部的任期经济责任审计，查出未缴税费、违规收费、挤占挪用专项资金、超计划投资、违规出借银行账号、违规处置闲置资产等问题，查出违规金额 4 万元，管理不规范金额 243 万元。

专项资金审计　开展专项资金审计项目 16 个，其中交叉审计项目 4 个。审计专项资金总额 102221 万元，查处违规金额 488 万元，管理不规范金额 7089 万元，促进资金到位 256 万元，上缴财政 135 万元，审计挽回损失 195 万元，促进专项资金发挥应有的资金效益和社会效益。

专项审计调查　开展专项审计调查项目 4 个（含 1 个交叉审计调查项目），调查单位 4 个，调查金额 3732 万元，调查发现问题金额 49 万元。针对审计调查中发现的问题进行深入分析，从宏观、机制层面提出审计建议，并通过审计情况反映给县领导决策提供依据，促进相关部门完善机制。撰写的审计要情反映《一票难求成了“家电下乡”路上的一道坎》引起县领导的重视，促进相关部门完善机制，规范管理。

内部审计　全县各部门、各企事业单位设内部审计机构 31 个，其中专职机构 3 个；配备内部审计人员 65 人，其中专职审计人员 9 人。2010 年，全县各级内部审计机构共完成审计项目 190 个，查出损失浪费金额 9 万元，增加效益 213 万元，提出的建议和意见被采纳 211 条。

（撰稿人：段辉东）

【巫溪县审计局】　2009 年，巫溪县审计局人员编制 18 人，在编 15 人。局长马攀华，副局长夏友福、许建川（7 月—）。设有办公室、财政金融审计科、行政事业审计科、投资审计科、经济责任审计科、审计中心。

审计成果　完成审计项目 34 个，查出违规金额 6364 万元，审计决定应上缴财政 3189 万元，应减少财政拨款或补贴 486 万元，应归还原渠道资金 2641 万元，应调账处理金额 25 万元；已上缴财政 3168 万元，已减少财政拨款或补贴 336 万元，已归还原渠道资金 2641 万元，已调账处理金额 25 万元。移送纪检监察部门处理事项 1 件，建议有关部门处理事项 15 件。提交审计工作报告、信息 48 篇，被采用 42 篇。

预算执行审计　审计单位 2 个，发现和纠正涉及部门的 5 类问题，查出违规金额 3099 万元，查出管理不规范金额 6411 万元，针对性地提出审计建议，向县人大常委会作了审计工作报告，推动财政体制改革的不断深化，提升财政预算管理水平。

行政事业审计　审计 7 个行政事业单位的财政、财务收支情况。发现财政、财务核算不规范，固定资产不入账，往来账项清理不及时，内控制度执行不到位等问题，查出违规金额 2752 万元，管理不规范金额 5640 万元。

固定资产投资审计　完成 9 个基本建设项目

审计，核减工程造价 481 万元，应减少财政拨款 481 万元。加大对当年投资建设项目资金使用情况的审计，确保后续资金使用的合理和高效；坚持对建设项目全过程的跟踪审计，使建设过程中资金的使用管理问题及时得到纠正，避免建设资金的损失和浪费。

经济责任审计　完成 9 名主要领导干部的经济责任审计，审计查出资产不实、管理不善、违规操作等问题，查出违规金额 2161 万元，管理不规范金额 5145 万元。

专项资金审计　开展专项资金审计项目 5 个，审计专项资金总额 10196 万元，查出违规金额 29 万元，管理不规范金额 656 万元。

专项审计调查　开展专项审计调查项目 4 个。调查单位 4 个，调查金额 8366 万元，调查发现问题金额 106 万元。及时反映情况，提出审计建议，引起县领导及相关部门的重视。

内部审计　全县各部门设内部审计机构 4 个，其中专职机构 1 个；配备内部审计人员 16 人，其中专职审计人员 4 人。2009 年，全县各级内部审计机构共完成审计项目 54 个，查出损失浪费金额 5 万元，提出的建议和意见被采纳 17 条。

（撰稿人：钟国敏）

【巫山县审计局】　2009 年，巫山县审计局编制 28 人，在编 24 人。局长王碧，党组书记毛勇，副局长刘大伟，副局长刘前忠（—11 月），纪检组长毛勇（兼）。设有办公室、法制科、财政金融审计科、行政事业审计科、经济责任审计科、固定资产投资审计科、经贸审计科、固定投资与经济责任审计中心。

审计成果　完成审计项目 44 个，查出违规金额 7044 万元，审计决定应上缴财政 1611 万元，应减少财政拨款或补贴 1353 万元，应归还原渠道资金 3426 万元，应调账处理金额 1024 万元；已上缴财政 1605 万元，已减少财政拨款或补贴 1591 万元，已归还原渠道资金 3464 万元，已调账处理金额 1002 万元。移送司法机关处理事项 1 件。提交审计工作报告、信息 62 篇，被采用 54 篇（次），县领导批示审计报告、决定和审计信息 17 篇（次）。

预算执行审计　开展县本级预算管理及执行情况审计及 3 个部门预算执行审计，查出违规金额 3417 万元，管理不规范金额 2000 万元。发现和纠正民政低保资金管理中存在的问题，引起县委主要领导高度重视，并做出批示；揭示财政预算资金年底集中拨付、会计核算中心专项资金核算不明细等财政改革措施推进中存在的问题。向县人大常委会作了审计工作报告，推动财政体制改革的不断深化，提升财政预算管理水平。建议县政府修订了《巫山县预算执行和其他财政收支审计监督办法》。

行政事业审计　审计 3 个行政事业单位的财政、财务收支情况。发现部门和单位在非税收入征管中存在的问题以及在财务收支中存在的超范围列支、虚列支出等问题，促进了单位进一步规范财务收支行为，提高财务管理水平。查出违规金额 1455 万元，管理不规范金额 194 万元。

固定资产投资审计　完成 21 个基本建设项目审计，送审金额 18931 万元，核减工程造价 1591 万元，审减率 8.4%。突出对县内重点建设项目的审计，充分运用社会审计机构的力量，加大审计质量复核，充分听取建设单位和施工单位的意见。建议县政府出台了《巫山县政府投资建设项目审计办法》。

经济责任审计　完成 10 个单位主要领导干部的经济责任审计，其中包括党政领导 12 名、事业单位领导 1 名。发现违规改变资金用途、违规收费、未按照规定取得发票等问题，查出违规金额 307 万元，管理不规范金额 451 万元。县政府主要领导在 4 个审计报告上作出批示，要求所在单位认真整改，完善制度，规范管理。

专项资金审计（调查）　开展专项资金审计项目 1 个，审计专项资金总额 5251 万元。发现骗取资金、扩大报销范围等问题，查出违规金额 0.83 万元，管理不规范金额 275 万元。

开展专项审计调查项目 4 个。调查单位 4 个，调查金额 11782 万元，调查发现财政滞留专项资金，补助资金发放不及时、套取资金等问题，调查发现问题金额 1073 万元，移送县检察院处理事项 1 件。

内部审计　全县各部门、各企事业单位设内部审计机构 32 个，其中专职机构 6 个；配备内部审计人员 56 人，其中专职审计人员 9 人。2009

年，全县各级内部审计机构共完成审计项目 57 个，查出损失浪费金额 1.9 万元，增加效益 3.2 万元，提出的建议和意见被采纳 27 条。

（撰稿人：向天泉）

【奉节县审计局】 2009 年，奉节县审计局人员编制 23 人，在编 23 人。党组书记王劲，局长王劲（—7 月）、向朝阳（7 月—），党组副书记向朝阳（6 月—），副局长刘刚、雷廷雄。设有办公室、农业资源环保审计科、财政金融审计科、行政社保审计科、经济责任审计科、法规综合科、投资审计中心。

审计成果 完成审计项目 41 个，查出违规金额 669 万元；审计决定应上缴财政 254 万元，应减少财政拨款或补贴 99 万元，应归还原渠道资金 316 万元，应调账处理金额 11945 万元；已上缴财政 245 万元，已减少财政拨款或补贴 99 万元，已归还原渠道资金 209 万元，已调账处理金额 11945 万元。建议有关部门处理事项 1 件。提交审计工作报告、信息 64 篇，被采用 25 篇（次）。

预算执行审计 审计单位 5 个，发现和纠正涉及部门的三类问题，查出管理不规范金额 11567 万元，提出审计意见和建议 11 条，在促进依法规范管理财政资金，提高资金使用效益起到积极作用。代县政府向县人大常委会作财政预算执行和其他财政收支的审计工作报告，推动财政体制改革的不断深化，提升财政预算管理水平。

行政事业审计 审计 9 个行政事业单位的财政收支情况。发现会计核算不规范，固定资产不入账，往来账清理、结算不及时，内控制度执行不到位等问题，查出违规金额 181 万元，管理不规范金额 1685 万元。

固定资产投资审计 完成 11 个基本建设项目审计，核减工程造价 248 万元，应减少财政拨款 99 万元。加大了对当年投资建设项目资金使用情况的审计，确保后续资金使用的合理和高效。坚持对建设项目全过程的跟踪审计，使建设过程中资金的使用管理问题及时得到纠正，避免建设资金的损失和浪费。

企业审计 对 1 个企业的资产、负债、损益真实性进行审计，发现被审计单位存在投资效益差、资产损益不实等问题。建议明确偿债资金来源，防范政府融资风险。审计查出管理不规范金额 34 万元。

经济责任审计 完成 2 名主要党政领导干部的经济责任审计，查出管理不规范金额 412 万元。

专项资金审计（调查） 开展专项资金审计项目 8 个，审计专项资金总额 27887 万元。

开展专项审计调查项目 5 个。调查单位 5 个，调查金额 4359 万元，调查发现问题金额 108 万元。及时反映情况，提出审计建议，引起县领导及相关部门的重视。

内部审计 全县各部门、各企事业单位设内部审计机构 43 个，其中专职机构 13 个；配备内部审计人员 67 人，其中专职审计人员 4 人。2009 年，全县各级内部审计机构共完成审计项目 43 个，提出的建议和意见被采纳 61 条。

（撰稿人：周　娅）

【云阳县审计局】 2009 年，云阳县审计局人员编制 25 人，在编 23 人。局长杨兵，副局长刘小文、姜翠平（7 月—）。设有人秘综合科、财政金融审计科、行政事业审计科、固定资产投资与企业审计科、农业外资审计科、经济责任审计科、计算机管理科以及直属参公事业单位审计中心。

审计成果 完成审计项目 80 个，查出违纪违规金额 744 万元，损失浪费金额 120 万元，管理不规范金额 42464.26 万元；审计决定应上缴财政 38 万元，已上缴财政 37.02 万元；核减投资额 594.35 万元。提出审计建议 295 条，被采纳 229 条；提交综合性审计报告和信息简报 105 篇。

预算执行审计 组织实施 21 个单位的财政财务收支审计项目，重点审计县财政局、县地税局、地方金库、县发改委，延伸审计农业局、林业局、经委、劳动社保部门和部分镇乡，揭示 3 个方面的 10 个问题。重点揭示政府性财政借款及财政为企业在银行贷款担保金额远远超过本级当年财政收入总额，给政府财政带来潜在风险等问题。通过财政财务收支审计，纠正单位法人纳税意识不强、会计核算基础较弱、存在挪用专项资金等问题，纠正各类违规金额 25638 万元，审计处罚 22 万元。

固定资产投资审计 审计增强对政府性投资融资项目的监督，截至 10 月底送审金额 11700 万元，审减 594.35 万元，审减率 5.08%。强化对政府投资项目及资金的监管力度，主要揭示管理费超支、多报工程造价、超计划投资等问题。

企业审计　对4个企业的资产、负债、损益真实性进行审计，发现被审计单位存在会计信息失真、财务管理薄弱、投资效益差、资产损益不实等问题。

经济责任审计　组织实施8项党政领导干部15人的经济责任审计。揭露违反财经法纪、决策失误、损失浪费等违规问题金额2333.07万元，处罚9.02万元，提出规范管理审计建议28条。

（撰稿人：汪　军）

【忠县审计局】　2009年，忠县审计局人员编制20人，在编18人。局长陈新，副局长易文明、肖晓明。设有办公室、财政金融审计科、经济责任审计科、行政事业审计科、外资移民投资审计科。

审计成果　完成审计和审计调查单位25个，查处违规金额4583万元，损失浪费金额3172万元，管理不规范金额14338万元。提交审计信息21篇，被采用14篇。

预算执行审计　审计单位4个，发现和纠正涉及部门的7类问题，查出管理不规范金额12777万元，提出审计意见和建议，在科技专项和交通建设资金审计中进行效益评价，取得新的突破。市审计局对县原主要领导干部进行任期经济责任审计，忠县审计局充分利用市局审计结果，代县政府起草《关于2008年度县级预算执行和其他财政收支的审计工作报告》。根据县人大审议意见，及时组织力量，对审计意见落实情况进行跟踪监督，保证按整改意见落实，推动财政体制改革的不断深化，提升财政预算管理水平。

行政事业审计　审计单位10个，发现财政、财务核算不规范，固定资产不入账，往来账项清理不及时，内控制度执行不到位等5类问题，查出违规金额6181万元，损失浪费金额3172万元。

固定资产投资审计　完成3个基本建设项目审计，核减工程造价98万元，应减少财政拨款98万元。加大对当年投资建设项目资金使用情况的审计，确保后续资金使用的合理和高效；坚持对建设项目全过程的跟踪审计，使建设过程中资金的使用管理问题及时得到纠正，避免建设资金的损失和浪费。

经济责任审计　完成9名主要领导干部的经济责任审计，其中包括党委领导6名，政府部门领导3名。审计查出资产不实、管理不善、违规操作等问题，查出违规金额350万元，管理不规范金额877万元。

专项资金审计　开展抗震救灾资金、农业综合开发资金、县合管办资金等专项资金的审计，共审计项目4个，审计调查项目3个，审计专项资金总额49371万元，纠正挤占挪用、套取专项资金发放奖金、补贴，私设“小金库”和“账外账”、违规采购等违纪违规问题，促进增收节支，提高专项资金的使用效益。根据市审计局安排，对秀山县2006～2008年度扶贫资金管理使用情况、渝北区1993年以来的移民资金管理使用情况及云阳县结核病控制项目进行审计。

内部审计　全县各部门、各企事业单位设内部审计机构56个，其中专职机构6个；配备内部审计人员145人，其中专职审计人员14人。2009年，全县各级内部审计机构共完成审计项目184个，查出损失浪费金额357万元，增加效益21万元，提出的建议和意见被采纳46条。

（撰稿人：张永斌）

【石柱土家族自治县审计局】　2009年，石柱土家族自治县审计局人员编制20人，在编18人。局长谭地勇，副局长胥志雄，纪检组长刘晓涛。设有办公室、财政金融审计科、行政事业审计科、经贸基建审计科、经济责任审计科，下辖经济责任审计中心。

审计成果　完成审计项目34个，查出违规金额7533万元，审计决定应上缴财政6045万元，应减少财政拨款或补贴639万元；已上缴财政5506万元，已减少财政拨款或补贴544万元。提交审计信息62篇，被采用48篇（次）。提出建议112条，被采纳107条。全年审计工作得到重庆市审计局的充分肯定。“石柱土家族自治县土地储备中心2008年度非税收入审计”被市审计局表彰为“优秀审计项目”，年度考核被市审计局表彰为“重庆市2009年度审计工作先进集体”、“2009年度审计信息工作先进集体”。

预算执行审计　审计单位7个，查出违规金额 5453 万元，管理不规范金额 3595 万元，揭示相关部门应征未征财政收入、非税收入未纳入预算管理、超预算支出、无据发放补助和实物等问题，提出审计意见和建议。向县人大常委会作了工作报告，被批转相关部门即行整改，推动财政体制改革的不断深化，促进财政预算管理水平的提高。

行政事业审计 审计 10 个行政事业单位的财政、财务收支情况。发现未落实收支两条线和专户管理规定，违规改变资金用途，少计少缴税费、超标准超计划支出等问题。查出违规金额 1075 万元，管理不规范金额 1924 万元。

固定资产投资审计 完成 11 个基本建设项目审计，核减工程造价 631 万元，揭示政府投资建设项目中存在的前期工作粗糙、发包不规范、造价不真实等问题。项目安排上，根据《石柱土家族自治县国家建设项目审计暂行办法》（石柱府办发［2008］162 号）要求，实行 100 万元以上项目必审，100 万元以下项目自查备案制度，并积极开展重点项目全程跟踪审计，审计中充分利用社会中介机构专业力量参与审计。

经济责任审计 结合财政财务收支审计，全年完成经济责任审计项目 9 个，涉及领导干部 13 人。查出违规金额 1776 万元，管理不规范金额 867 万元，其中领导干部应负直接责任 58 万元，应负主管责任 2585 万元。移送县纪委调查处理事项 1 件。为加强干部监督管理，促进领导干部依法理财发挥积极作用。

专项资金审计 开展专项资金审计项目 6 个，审计专项资金总额 7081 万元，查出违规金额 109 万元，查出管理不规范金额 2738 万元。揭示滞留扶贫资金、挤占挪用扶贫项目培训费、未及时拨付救灾款物等问题，促进专项资金专款专用。审计结果得到重庆市审计局和县政府的肯定。粮畜直补资金审计项目被市审计局表彰为“行业优秀审计项目”，家电下乡、社会抚养费、新型农村合作医疗基金审计报告被县政府领导批转有关部门整改。

内部审计 县政府出台了《关于进一步加强内部审计工作管理的意见》（石柱府办发［2009］125 号）文件，促进和推动全县内部审计工作的开展，共成立或组建内部审计机构 27 个，配备专兼职内部审计人员 43 人。全县内审机构共开展审计项目 41 个，查出损失浪费等违规问题。通过审计，增加资金效益 165 万元，提出审计建议被采纳 61 条，较好地发挥内部审计的职能作用。

（撰稿人：张　程）

【彭水苗族土家族自治县审计局】 2009 年，彭水苗族土家族自治县审计局人员编制 12 人，在编 14 人。局长王露波，副局长张和奎、冉晓艳，纪检组长陈敬容，审计中心主任秦维娅（8 月—）。设有综合科、行政事业科、经济责任科、经贸外资投资科、财政金融科，下设审计中心核定参照公务员法管理编制 13 人，在编 11 人。

审计成果 完成审计项目 59 个，查处违规金额 8575 万元，管理不规范金额 28879 万元，为财政增收节支 1596 万元。提交审计报告 59 篇，编报《审计要情》2 期、《审计信息》87 期，被领导批示、采用 48 期。

预算执行审计 审计单位 7 个，发现和纠正涉及部门的 8 类问题，查出管理不规范金额 1152 万元，提出审计意见和建议。向县人大常委会作了审计工作报告，推动财政体制改革的不断深化，提升财政预算管理水平。

行政事业审计 审计 12 个行政事业单位的财政、财务收支情况。发现财政、财务核算不规范，固定资产不入账，往来账项清理不及时，内控制度执行不到位等问题，查出违规金额 476 万元，管理不规范金额 2227 万元。

固定资产投资审计 完成 24 个基本建设项目审计，核减工程造价 1053 万元（其中核减工程结算款 1053 万元），应减少财政拨款 594 万元。加大对当年投资建设项目资金使用情况的审计，确保后续资金使用的合理和高效。坚持对建设项目全过程的跟踪审计，使建设过程中资金的使用管理问题及时得到纠正，避免建设资金的损失和浪费。

经济责任审计 完成 13 名党政主要领导干部的经济责任审计。审计查出资产不实、管理不善、违规操作等问题，查出违规金额 453 万元，管理不规范金额 2046 万元。

专项资金审计 开展专项资金审计项目 5 个，审计专项资金总额 10751 万元。

专项审计调查 开展专项审计调查项目 5 个。调查单位 5 个，调查金额 69386 万元，调查发现问题金额2781万元。及时反映情况，提出审计建议，引起县领导及相关部门的重视。

（撰稿人：王元华）

【酉阳土家族苗族自治县审计局】 2009年，酉阳土家族苗族自治县审计局人员编制23人，在编20人。局长张鹰，党组书记田维君，副局长杨再萍，纪检组长梁胜举。设有办公室、财政金融审计科、农业及社保审计科、经贸投资审计科、经济责任审计科、审计中心。

审计成果 完成审计项目28个，查出违规金额52万元，审计决定应减少财政拨款或补贴71万元，应归还原渠道资金52万元；已减少财政拨款或补贴71万元，已归还原渠道资金52万元。建议有关部门处理事项1件。提交审计工作报告、信息30篇，被采用30篇（次），提出审计建议74条。

预算执行审计 审计单位7个，查出管理不规范金额7247万元，提出审计意见和建议，在教育专项和再就业培训资金审计中进行效益评价，取得新的突破。向县人大常委会作了审计工作报告，推动财政体制改革的不断深化，提升财政预算管理水平。

固定资产投资审计 对7个项目进行审计，送审额3649万元，审减额959万元，直接为财政节省资金959万元。加大对当年投资在200万元以上的建设项目资金使用情况的审计，确保后续资金使用的合理和高效；坚持对建设项目全过程的跟踪审计，特别是对钟多镇至渤海快速通道建设工程的跟踪审计，使建设过程中资金的使用管理问题及时得到纠正，避免建设资金的损失和浪费，有效控制了政府投资风险。

专项资金审计 完成民生资金审计4个，主要包括新型农村合作医疗基金审计、家电下乡专项补贴资金审计调查、粮畜补助资金审计调查和社抚费审计调查，保证资金专款专用和使用安全。

经济责任审计 完成9个部门和单位（乡镇）的10名主要领导的任期经济责任审计。通过审计发现县经济运行和管理中普遍性存在的问题，纠正工作中的一些苗头性问题，促进廉政建设。

（撰稿人：张　鹰）

【秀山土家族苗族自治县审计局】 2009年，秀山土家族苗族自治县审计局有在职干部职工18人。局长雷天军，副局长刘军、张玉芬，纪检组长杨诚。设有办公室、行政事业审计科、财政金融审计科、经贸外资基建审计科、经济责任审计科、审计中心。

审计成果 完成审计（调查）项目28个，查出违规金额8423万元，管理不规范金额38846万元，应归还原渠道资金5779万元；应上缴财政158万元，已全额入库。针对审计发现的问题，提出审计建议89条，被采纳的审计建议86条；提交审计专题报告、综合性报告和信息61篇，被批示采用35篇，协助有关部门查处案件2件，向纪检监察机关移送案件1件。局领导班子被县委、县政府评为“先进领导集体”，连续荣获市级“文明单位”和“市级卫生单位”称号。

预算执行审计 审计单位5个，查出管理不规范金额1122万元，针对存在的问题提出审计意见和建议。向县人大常委会作了审计报告，推动县财政体制改革不断深化，提升财政预算管理水平。

行政事业审计 审计8个行政事业单位的财政、财务收支情况。查出挪用专项资金、业务招待费突破规定限额、财务核算不规范等问题。查出违规金额1115万元，管理规范金额1434万元。

专项资金审计 开展专项资金审计项目2个，对县2008年农业综合开发项目资金和南川区2006～2008年度扶贫资金管理及使用情况进行审计。通过审计，对保证专项资金的安全完整，提高资金的整体管理水平作出积极贡献。

固定资产投资审计 完成对县城至溶溪公路，县级土地开发整理工程、石堤至大溪和龙池至干川公路工程、县石堤至海洋公路、川洞至涌洞公路、龙凤中桥工程、2008年农业综合开发土地治理项目、县城镇生活垃圾处理场、石堤至保安、塘坳至焦溪公路工程、县高级中学工程、清溪至孝溪、溶溪至膏田公路工程、朝阳大道第三期建设工程竣工决算10个国家基本建设项目审计，完成审计金额33112万元，审减2106万元，审减率6.36%。加强对国家建设项目的审计监督力度，保证建设资金的安全、合理、有效使用。

经济责任审计　完成 7 名主要领导干部任期经济责任审计和县环保局、钟灵乡 2 名主要领导干部任中审计。审计查出挤占挪用专项资金 984.9 万元、任期内业务招待费超支 262.7 万元、白条列支项目工程款、购置固定资产未实行政府采购、超标准发放津补贴、部分乡镇财务管理较为混乱等问题，已提出整改建议 19 条。

企业审计　对县国兴土地开发有限公司资产、负债、损益进行审计，提出审计建议 3 条。通过审计，促进企业加强管理，推进企业发展。

审计调查　开展审计调查项目 5 个，及时反映情况，针对存在的问题分析原因，提出有针对性的审计建议 15 条，引起县委、县政府领导高度重视，为县委、县政府决策提供翔实可靠的依据。

内部审计　县级部门单位设有内部审计机构 11 个，其中专职机构 7 个；内部审计人员 31 人，其中专职审计人员 17 人；2009 年，内部审计机构共审计单位 78 个，查出损失浪费 295 万元，促进增收节支 465 万元，提出加强管理的建议和意见 85 条，被采纳 79 条，内审工作越来越受到部门领导的重视。

（撰稿人：侯少宏）

2009 年重庆市所辖区、县(市)级审计工作统计表

金额单位:万元

审计机关	完成审计项目(个)	查出违规金额	应上缴财政	应减少财政拨款或补贴	应归还原渠道资金	应调账处理金额	移送司法、纪检部门处理事项(件)	建议有关部门处理(件)	出具审计报告和审计调查报告(篇)	提出审计建议(条)	撰写审计信息(篇)
重庆市											
重庆市本级	121	707395	400064	6443	164647	439584	23	17	118	398	114
渝中区审计局	49	894		934					49	44	18
大渡口区审计局	23	5192	1254		30	11062	1		23	67	56
江北区审计局	73	11483	8007	3462	46	3397	1		73	141	134
沙坪坝区审计局	37	29248	934	2223	1601	5169	1	5	37	136	56
九龙坡区审计局	74	19094	16055	3039					74	179	37
南岸区审计局	32	2831	2004	1560		486	1		32	79	21
北碚区审计局	47	24915	23217	280	323	16005	4	2	46	137	30
万盛区审计局	30					9			30	45	35
双桥区审计局	11	313	303			372			11	40	8
渝北区审计局	226	40676	35119	813	69	19910	1		226	141	39
巴南区审计局	34	24571	238	5412	18174	912	6		34	81	70
万州区审计局	64	129241	15620	11337	102296	8224	8	18	64	222	136
涪陵区审计局	66	10482	8063	26	1568	2218	8	3	66	135	92
黔江区审计局	49	3999	418		782	25009			49	155	75
长寿区审计局	91	10746	10709		6	217	1		90	92	29
江津区审计局	93	4181	1006	2729	72	442	2	1	93	271	25
合川区审计局	76	36740	21018	12478	3079	320	5	9	76	162	30
永川区审计局	111	37053	19645	14413	2940	2262		6	111	318	54

（续表）

审计机关	完成审计项目（个）	查出违规金额	应上缴财政	应减少财政拨款或补贴	应归还原渠道资金	应调账处理金额	移送司法、纪检部门处理事项(件)	建议有关部门处理(件)	出具审计报告和审计调查报告(篇)	提出审计建议(条)	撰写审计信息(篇)
南川区审计局	28	1677	156	901	602	3390		1	28	85	69
綦江县审计局	85	37752	33516	2741	1069	1663	11	6	85	166	65
潼南县审计局	28	7380	5171		13334	5529			28	78	30
铜梁县审计局	94	2100	1250	2113	21	5805			94	129	34
大足县审计局	48	8734	6194	1319	1220	2466			48	137	40
荣昌县审计局	31	2313	511	133	7	2075	4	1	31	117	56
璧山县审计局	58	1341		1301					58	103	65
垫江县审计局	38	1345	72	3	40	24			38	189	32
武隆县审计局	20	124	41		84	146			20	77	40
丰都县审计局	44	8275	718	1302	4822	1727	2	1	44	73	126
城口县审计局	12	1			1				12	38	28
梁平县审计局	38	15485	15459		10	776			38	82	17
开县审计局	41	10597	3116	111	5674	3163		1	41	145	24
巫溪县审计局	34	6364	3189	486	2641	25	1	15	34	123	14
巫山县审计局	44	7044	1611	1353	3426	1024	1		44	81	18
奉节县审计局	41	669	254	99	316	11945		1	39	100	25
云阳县审计局	80	744	38		82			1	80	295	25
忠县审计局	25	4583	12828		494	25			25	71	21
石柱土家族自治县审计局	34	7533	6045	639	230	701	1		34	112	62
彭水苗族土家族自治县审计局	59	8575	558	594	2531	2823	2	1	59	177	87
酉阳土家族苗族自治县审计局	28	52		71	52				28	74	12
秀山土家族苗族自治县审计局	28	8423	158	1953	5779	2011	1		28	89	33

四川省

【四川省审计厅】　2009年，四川省审计厅人员编制231人（含事业编制65人），在编179人（含事业人员34人），领导职数8名。设有办公室、法制处、财政审计处、金融审计处、行政事业审计处、经贸审计处、农业与资源环保审计处、社会保障审计处、固定资产投资审计处、外资运用审计处、人事教育处、综合信息处、离退休人员工作处、机关党委、监察室、经济责任审计分局和厅机关后勤服务（干部培训）中心、审计科研所和计算技术中心直属事业单位。

领导成员

厅　　长：高仁全

副 厅 长：杨书军　蔡文强

　　　　　唐　萍　陶志伟

纪检组长：曹晓雪

审计成果　全省审计机关完成审计（调查）

项目9193个，查出违规问题经审计处理后，应上缴财政276906万元、应减少财政拨款或补贴38858万元、应归还原渠道资金475772万元、应调账处理金额526777万元；已上缴财政173303万元，已减少财政拨款或补贴32918万元，已归还原渠道资金83405万元，已调账处理金额365917万元。移送司法机关、纪检监察部门处理事项70件，涉案人员110人，涉案金额22266万元，已立案、处理34件，有52人被追究刑事责任或给予党纪政纪处分；建议有关部门处理事项76件；提交审计专题、综合性报告和信息9021篇，被采纳5156篇次。

跟踪审计　全省共派出审计人员4252人/次，组成1445个审计组，对2292个灾后恢复重建和扩大内需项目开展跟踪审计，涉及项目投资414亿元；审计调查1615个项目，涉及项目投资1209亿元；提出审计建议并被采纳整改2129条；促进1077个项目加快建设进度、1443个项目改进工程质量管理，节约资金或挽回损失9.26亿元，其中核减工程造价6.41亿元，保障了灾后重建的顺利推进。一是加强对资金筹集、分配、管理、使用情况的阶段性动态跟踪审计。年内已三次向省政府和审计署提交了阶段性跟踪审计情况报告。二是建立上下左右联动机制，实施对重点项目的跟踪审计。省审计厅对18个对口受援县外的33个重灾县选定了99个涉民重建项目（每县各1所学校、1家医院、1个基础设施）进行了全程跟踪审计，各市县审计局同步对当地重点项目实施了跟踪审计。三是全面开展对城乡住房灾后重建情况的专项审计调查，推进了涉民重建项目的加快实施。四是及时开展各类捐赠资金的专项审计调查，为政府加强捐赠资金的管理提供第一手资料。五是加大对港澳援建资金项目的专项跟踪审计监督力度。全年共组织76个审计组，对已开工项目进行跟踪审计。配合财政、发改委组织各地开展对灾后重建资金使用管理情况的全面自查和重点抽查。10月26日，将阶段性审计结果面向社会进行公告，引起新闻舆论的良好反响。对全省城乡住房灾后恢复重建审计调查情况在一定范围内予以公告。

财政审计　坚持把财政审计作为重头戏，密切关注体制性障碍、制度性缺陷和管理漏洞作为拓展财政审计广度和深度的着力点，全省共完成财政审计项目1576个，其中预算执行审计1194个、财政决算审计382个，比上一年度增加187个，增幅13.5%。一是将预算执行审计与推进灾后重建审计结合。除对省财政、发改委进行重点审计外，选定14个与重建资金分配、使用和项目实施、管理有关的主要厅局进行审计。二是扩大延伸审计覆盖面。同步对40个二、三级预算单位实施延伸审计，拓展了审计的广度。三是首次组织近100个省一级预算单位的内审、财务机构开展对部分基础管理情况的专项调查。并将调查结果纳入预算管理审计的内容，扩大审计成效。四是对宜宾等4个市2008年度财政决算进行审计。揭示财政运行风险，规范预决算管理。指导各市县审计机关依法开展同级预算执行和下级财政决算审计，整个工作呈现出注重从机制制度层面揭示问题、注重检查政策措施落实和资金使用效益情况、注重发挥审计的建设性功能、注重发挥审计公开的作用、注重抓好审计整改工作的明显特点。

金融审计　坚持把维护地方金融安全摆在重要位置，继续采取“一次授两年，两年授一次”的受权审计方式，组织全省非重灾区市、州审计局对16个农村信用联社2008年度资产、负债、损益情况进行审计，揭示违规发放贷款、财务核算不规范、管理不到位等问题，审计结果和审计建议对防范地方金融风险、推动地方金融改革、促进地方发展起到积极作用，得到省政府和审计署的充分肯定。

固定资产投资审计　认真贯彻中央关于开展工程建设领域突出问题专项治理的工作部署，进一步加大政府投资项目审计力度。全年共审计（调查）投资项目4636个，审计工程投资额489亿元，核减政府投资概算3.77亿元、结算28.56亿元，核减总额首次跨进30亿元的台阶，比上年增加幅度高达50.37%，为国家节约大量建设资金。

企业审计　结合扩大内需和灾后恢复重建审计及企业领导人员经济责任审计，开展省纺织集团和华西集团两家省属大型企业领导人员经济责任审计，有力维护了国有资产安全，促进了企业可持续发展，进一步积累了对现代企业资产负债损益审计的经验；组织实施全省政府二级公路收费还贷里程及债务余额的核实锁定工作，揭示地方交通债务沉重及收费公路建设、运营、管理中存在的问题，为政府加强交通建设管理提供第一手资料；组织部分重点市开展了金融危机对我省实体经济影响的审计调查，为政府帮助企业摆脱困境、止滑提速提供依据，审计成果引起省政府的高度重视。

外资运用审计　坚持不断创新审计组织方式，在组织实施对港澳援助四川灾后恢复重建项目跟踪审计的同时，采用授权和委托形式，整合省市县三级审计机关力量，实施16个世行、亚行贷款和其他国际金融组织贷援款项目、8个国际机构紧急优惠贷款项目的公证审计，审计结果得到省政府领导高度重视，促使有关主管部门和项目执行单位及时整改、规范管理，促进外资的有效利用和政府偿债风险的有效防范。

经济责任审计　坚持以制度创新为抓手，通过完善经济责任审计的评价体系、问责机制和责任追究制度，初步建立我省经济责任审计制度的框架体系。在当年审计项目开展中，进一步加大任中审计和县乡政府主要负责人经济责任审计力度。全省共完成1423个经济责任人的审计，查出由于领导干部直接责任造成的违规问题金额2.47亿元，9名被审计领导干部和35名其他人员的问题被移送司法、纪检监察机关处理。

专项资金审计（调查）　坚持把维护人民群众的根本利益作为审计工作出发点，强化"维护国家经济安全观"和"民本审计观"，进一步加强了涉民资金的绩效审计。组织15个市开展了对其本级及所辖的65个县区职业培训补助资金审计调查、对7个市及所辖22个县农作物良种补贴和农机购置补贴的专项审计、对19个市州及25个扩权试点县教育经费管理及使用情况的审计、对26个扩权试点县"普九"化债工作的审计验收、对阿坝州8个县防治大骨节病资金的专项审计，还参与了全省社保五项基金和住房公积金的专项治理工作。

相关工作　坚持以强化能力建设为抓手，切实加强审计管理与审计机关基础建设。一是加强队伍建设。通过持续开展社会主义核心价值观和审计职业道德教育，加大干部培训力度，加强机关党的建设，进一步提高审计人员思想政治素质；通过建立新老审计人员"一对一"导师制培养模式，完善干部选拔任用、教育培训、考核评价机制，不断提高干部管理的科学化和规范化。二是加强审计法制建设。省审计厅制定6个新的规范性文件和制度，进一步加强审计项目管理和质量控制，同时促进计划、统计工作的进一步规范；出台的《四川省突发重特大自然灾害救灾款物审计监督工作应急预案》，弥补了紧急状态下审计监督的制度空白，并被刊载入《中国财经审计法规选编》。三是加强审计机关惩防体系建设。认真落实"一把手"责任制，深入开展廉政教育，加强审计效能监察，制定领导干部日常廉政谈话制度、审计组廉政建设若干规定等促廉措施，强化惩治和预防腐败的工作机制，促使廉政建设的细化目标与具体业务工作的联系更加紧密。四是加强信息化建设。"金审工程"二期建设正有序推进，省审计厅专网接入电子政务外网工作已实现单点落地，市级审计机关已全面完成转网工作；AO和OA系统的应用进一步扩大且效果日渐明显；计算机中级培训和AO认证考试培训力度不断加大；省审计厅开通与审计署的会商系统；组织研发的中介机构及专家数据管理软件已投入使用。五是加强行政效能建设。切实强化首问责任制、限时办结制、责任追究制三项制度的执行刚性，促使审计履职能力与效率进一步提高。

（撰稿人：廖　敏　孙珑英）

【成都市审计局】　2009年，成都市审计局人员行政编制118人，实有137人。局长戴志勇，副局长范光远、罗济沙、陈虹、曾京。设有办公室、人教处、法制处、综合信息处、监察处、财政处、金融处、经贸处、行事处、投资处、外资处、农业处、社保处和机关党委等内设机构。另设二级局——经济责任审计局，编制25人，下辖部门领导处、区县处和综合处。

审计成果　成都市审计机关共完成审计（调查）项目2717个，审计（调查）查出违规金额78806万元，管理不规范金额837166万元，已上缴财政38067万元，核减投资（结算）额135436万元。审计移送司法、纪检监察和其他部门处理事项14件，涉及人员13人。审计提出建议2299

条，被采纳的审计建议1875条，被审计单位制定整改措施161项，被审计单位建立健全规章制度138份。提交审计专题、综合性报告和信息简报1393篇，被批示采用729篇次，向社会公告审计结果78篇。其中：市局本级完成审计（调查）项目99个，审计（调查）查出违规金额10905万元，管理不规范金额152489万元，已上缴财政7474万元，核减投资（结算）额9772万元。审计移送司法、纪检监察和其他部门处理事项5件。审计提出建议218条，被采纳的审计建议88条，被审计单位制定整改措施33项，被审计单位建立健全规章制度22项。提交审计专题、综合性报告和信息简报130篇，被批示采用57篇次，向社会公告审计结果1项。

预算执行审计　一是开展城乡困难群众和重点优抚对象发放消费券、城乡医疗救助和城乡最低生活保障专项资金审计调查。2008年，上述3项资金年初余额10602.92万元，当年实际筹集47661.39万元，实际支出39819.48万元，年末余额18444.83万元；均能专户管理，专款专用，未发现重大违纪违规问题。但也存在个别区（市）县部分消费券及低保金的发放中由于受助对象外出务工、治病以及城市改造、地震住址变动等原因未按时发放、个别区县将未发出的消费券用于不属于此次发放对象的其他困难群众、个别低保户瞒报骗取低保金及补助以及个别乡镇敬老院的个别人员克扣侵占消费券等问题。按照市政府领导的批示要求，被调查单位针对上述问题立即进行了纠正和整改，未发出的消费券已与商家联系收回资金；所用不属于此次发放对象的消费券资金已归垫到位；瞒报骗取的低保金及克扣侵占的消费券已如数退回，并对当事人作出了处理。二是开展新型农村养老保险基金的审计调查。截至2008年12月31日，调查的16个区（市）县，实际参保20.91万人，参保率7.18%。共筹集新型农村养老保险基金30537万元，使用6946万元，当年结余23591万元。16个区（市）县的新型农村养老保险基金，均在国有或国有控股银行开设了专户，实行财政专户和“收支两条线”管理。个别区县存在未按规定建立个人账户、财务核算不规范、财务数据与业务信息不符；国有银行在农村乡镇特别在边远山区的营业网点极少，给参保农民缴费带来极大不便等问题。三是开展就业培训资金的审计调查。2008年，全市劳动就业部门实际培训城镇失业人员、进城务工农民、失地农民30.02万人，取得培训合格证28.28万人，合格率94.20%。全市就业培训补助资金支出8756.60万元。该市就业职业培训工作，已逐步形成政府主导、市场推动的城乡劳动者就业工作运作体系。但还存在个别培训机构办班不符合规定、重复领取补助，就业部门难以掌握培训后的实际就业情况等问题。对上述问题，劳动与社会保障部门按照审计提出的建议，加以整改和落实。

抗震救灾款物审计　一是抗震救灾捐赠款物审计。成都市审计局于2009年5月向社会公告了截至2008年12月31日全市抗震救灾捐赠资金物资审计结果。“5·12”汶川特大地震后，从2008年5月18日至12月31日，全市共审计了682个单位，延伸审计乡镇150个、村161个、受灾群众893户。审计结果表明：全市救灾捐赠资金物资使用总体情况良好。审计中，未发现重大违法违规行为。二是抗震救灾活动板房竣工决算审计。20个区（市）县自建和援建的救灾活动板房报送的总投资17.51亿元，经过审计，审定金额13.39亿元，审减4.12亿元。地震临时安置点供电设施工程费用审计，12个区（市）县临时安置点供电设施工程费用送审总金额为5485万元，经过审计，审定金额4725万元，审减759万元。三是灾后恢复重建跟踪审计。按照灾后恢复重建审计方案，对灾后恢复重建资金实行月份跟踪、定期审计。审计工作坚持以科学规划为基础，着力构建新型城乡形态的思路，进行城乡住房、学校、医疗卫生机构等灾后重建项目的审计。4月，组织了第一期灾后恢复重建资金定期审计，对都江堰市、彭州市、崇州市、大邑县及邛崃市灾后恢复重建资金进行专项审计调查。截至2009年3月31日，上述灾区财政恢复重建资金预算安排74.55亿元，已安排支出41.57亿元，结存32.98亿元（到目前为止，随着城镇住房重建和维修加固项目的启动和推进，该结存资金已陆续拨付）。从审计调查情况来看，各灾区恢复重建资金的筹集、管理、分配、使用情况总体上是好的，被抽查的部门和单位对恢复重建资金的使用基本符合有关财经法规规定。但也存在城镇住房重建项目推进较慢、区（市）县农房补助资金未及时与上级财政清算等问题。都江堰、崇州、彭州、大邑、邛崃、蒲江、龙泉驿 7 县（市）区围绕灾后重建开展投资审计，为灾后重建又好又快地实施，起到积极的作用。

经济责任审计　全市审计机关共完成党政领导干部任期经济责任审计 277 个。审计结果表明，被审计领导干部都能认真履行经济职责，较好地完成了所在地区和部门的社会经济发展任务。查出领导干部任职期间所在地区和部门违规金额 4955 万元，管理不规范金额 195617 万元。崇州、邛崃、锦江、温江、金牛、成华、青白江等区（市）县局进一步完善经济责任审计内容，由单一的财务审计过渡到对领导干部履行职责，作出的经济决策是否合法、合规和效益性的全面审计。

专项资金审计（调查）　一是开展重大产业化项目等 6 项专项资金的审计调查。2008 年，20 个区（市）县 6 项产业化资金项目预算为 89330 万元，项目预算执行金额 82615 万元，项目预算执行率为 92.48%。各项产业化专项资金均纳入了财政的预算管理，并执行相应的资金管理办法，基本能按照专账核算、专款专用的原则进行封闭管理和使用。存在一些问题主要表现在：项目预算未全部执行；服务外包业发展专项超出规定比例多发补助 7 万元；技术改造和技术创新项目贴息及补助资金管理中存在区县配套贴息资金 1226.40 万元不到位、部分项目验收资料不实等问题。二是应用技术研究与开发资金的审计调查情况。2008 年，中央、省、市三级财政投入研发资金 15118 万元，项目支出 13540 万元，结余 1578 万元。审计调查结果表明：2008 年，研发资金拨付、使用和管理总体情况较好。存在研发资金投入较为分散，投入在 10 万元以下的项目占立项项目的 63.49%；现有研发资金管理办法不够完善等问题。　　（撰稿人：黄衍定）

【广元市审计局】　2009 年，广元审计局人员编制 60 人，在编 55 人。局长唐小平（—6 月）、马军（6 月—），副局长郑世红、唐玉瑶、龙显棋，纪检组长闫川建。设有办公室（挂人事教育科牌子）、法制科、经济责任审计科、财税审计科、金融外资运用审计科、行政事业审计科、经贸审计科、农业与资源环保审计科、固定资产投资审计科、社会保障审计科、审计直属分局等职能科（室）。

审计成果　完成审计项目和审计调查项目 169 个，查处违纪违规金额 7064 万元，管理不规范金额 354536 万元。收缴财政 4117 万元，归还原渠道资金 2028 万元，调账处理 44904 万元，政府投资审计节约财政支出 41403 万元。向被审计单位提出审计建议和意见 361 条，其中 175 条被采用，提交专题报告、信息 238 篇，被采用 178 篇次。

灾后重建项目审计　一是突出重点，大力开展灾后重建和扩大内需项目资金跟踪审计。全市审计机关主动跟进，同步推进，实行全程跟踪审计。共出动审计人员 2956 人次，跟踪审计重建项目 1077 个，审计进度资金 131.32 亿元。二是开展工程结算、决算审计，共核减（节约）工程投资 3.51 亿元。三是对 37 个港澳援建项目进行全程跟踪审计。全市针对港澳援建项目共发出审计建议书和建议单 20 份，提出审计建议 34 条，涉及金额 5742.76 万元，提交信息 22 篇。

预算执行审计　通过审计，发现在财政预算执行中存在部分非税收入滞留专户未缴入国库、省财政厅下达市本级扩大内需国债资金 1960 万元未拨付到项目单位、应收未收土地出让收入等问题；在税收征管中存在税务稽查结论执行较差、抽查的部分企业税收征管政策执行较差、历年欠税等问题；部门预算执行中存在捐赠款和收入未及时上缴、滞留挪用专项资金、固定资产管理欠规范、部门预算管理不规范等问题。

经济责任审计　完成 40 名领导干部的任期经济责任审计，其中：县级领导干部 8 人、县级以下领导干部 32 人，共查出主要问题金额 17447.73 万元，其中被审计领导干部应承担直接责任 4355.68 万元，应承担主管责任 13092.05 万元。组织部门参考审计结果，平调 27 人、晋级 3 人、免职 4 人、其他 6 人。

专项资金审计（调查）　完成专项资金审计项目 8 个，审计调查项目 6 个。审计各类专项资金 4349 万元，查出违规改变项目计划和资金用途 181 万元，其他问题 800 万元。

固定资产投资审计　全年审计固定资产投资项目 378 个，审计投资额 52562 万元，审减（节约）投资 7306 万元。　（撰稿人：冯小强）

【绵阳市审计局】　2009 年，绵阳市审计局人员编制 80 人（其中工勤 8 人），在编 77 人（工勤 6 人）。局长刘清华，副局长苏继林（—12月）、杨选留（11 月—）、郭兴林、唐巨龙，总审计师张勇，纪检组长杜桢荣，经济责任审计分局局长冯庆友。设有办公室、人事教育科、法制科、财政审计科、行政事业审计科、金融与社会保障审计科、农业与资源环保审计科、固定资产投资与外资运用审计科、经济责任审计科、经贸审计科，直属审计分局。

审计成果　全市完成项目审计 439 个，审计调查 33 个。市本级完成项目审计 93 个，审计调查 20 个。全市共查处违规金额 3.32 亿元，管理不规范金额 83.9 亿元，上缴财政 1.46 亿元，归还原渠道资金 1236 万元，调账纠正 2.52 亿元。移送司法纪检监察部门处理事项 15 件，建议有关部门处理事项 3 件。市审计局被评为全国审计系统先进集体。

财政审计　全市共完成 42 项财政预算执行审计，延伸审计单位和部门 109 个。查出各类违法违纪违规金额 48.5 亿，收缴财政 939 万元，归垫原渠道资金 442 万元。对江油市等武都水库移民资金进行了审计，相关部门针对审计发现的问题出台了相应的管理制度。

灾后重建项目审计　抽派 70 余人协助重庆特派办、参加省审计厅对绵阳市本级及 5 个重灾县跟踪审计，集中力量对北川等 4 个极重灾县进行跟踪审计。全年共派出 166 个审计组、584 人次，对 377 个重建项目进行跟踪审计，涉及项目投资 304.3 亿元；查出问题金额 1.39 亿元，促进被审计单位节约或挽回损失共计 4.88 亿元；各级政府及上级审计机关领导批示 127 次；提出并整改的审计建议 423 条；建立健全各项规章制度 149 项。

港澳援建项目审计　对 22 个援建项目进行二次授权审计，建立港澳援建项目信息台账和单项审计项目档案，对跟踪审计发现问题及时发出审计建议函，并督促整改落实。

固定资产投资审计　建立"每投必审"制度。全市共完成投资审计项目 224 个，送审金额 31.68 亿元，审定金额 28.17 亿元，审减金额 3.51 亿元，审减率 11.1%。市本级完成投资项目审计 29 个，送审金额 13.69 亿元，审定金额 11.84 亿元，审减金额 1.85 亿元，审减率 13.51%。对涪城区、盐亭县、游仙区 10 个乡镇"金土地工程"项目投资及效益开展了审计，送审 1.18 亿元，审减工程投资金额 2393.97 万元，审减率达 20.13%。

经济责任审计　全市共完成经责审计项目 64 个，涉及党政领导干部 72 人。查出违规金额 8071.93 万元。被审计领导干部晋升 3 人，平调 33 人，移送纪检监察部门处理 2 人。

审计公开　全年主动公开审计信息 372 条。在《绵阳日报》和市人大网站上全文公告《绵阳市 2008 年度市级财政预算执行和其他财政收支的审计工作报告》；通过政务网公开了市县审计机关恢复重建审计工作动态、规范性文件和相关信息。对《绵阳市涪城区供水管网工程竣工财务决算审计》等项目进行审计结果公告。积极参加"政风行风热线值守"和"网上在线访谈"，规范审计机关的执法行为，提高审计执法力度。

（撰稿人：黄江洪）

【德阳市审计局】　2009 年，德阳市审计局人员编制 66 人，在编 60 人。局长向庆田，副局长廖永春、张泽琴、冯亚辉（10 月—审计署下派挂职），纪检组长罗荣华。设有办公室，人事教育监察科、法制科、财金审计科、经贸审计科、固定资产投资审计科、行政事业与外资审计科、公共社保审计科、经济责任审计分局、审计信息管理中心。

审计成果　德阳市审计机关完成计划审计项目 203 个，查出违规金额 21330 万元，其中应上缴财政 10940 万元，应减少财政拨款或补贴 727 万元，应归还原渠道资金 293 万元，应调账处理金额 16281 万元；已上缴财政 9437 万元，已归还原渠道资金 152 万元，已调账处理金额 13391 万元。提交审计工作报告、信息 509 篇，被采用 281 篇，审计后挽回（避免）损失 2768 万元。

财政审计　按照财政审计"一体化"的要求，全年完成 42 个单位预算执行情况审计和 16 个财政决算审计，查出违规金额19230万元，管理不规范金额98692万元，应上缴财政9874万元，已入库7690万元，应归还原资金渠道153万元，已归还163万元（含上年10万元），调账处理金额11916万元。提出审计建议195条，被采纳66条，被审计单位建立健全规章制度6个。市人大常委会对审计查出问题纠正情况给予高度评价，对整改结果表示满意。

行政事业审计 完成计划审计项目46个，查出违规金额971万元，其中应上缴财政219万元，应归还原渠道资金27万元，应调账处理金额2620万元；已上缴财政1747万元，已归还原渠道资金20万元，已调账处理金额2493万元。提交审计报告46篇，提出审计建议159条，被采用75条。

农业与资源环保审计 完成农业与资源环保计划审计项目7个，查出问题金额347万元。

固定资产投资审计 全市灾后恢复重建项目4441个，资金规模464.29亿元，审计项目1792个（其中计划项目54个），审计金额250.05亿元，查出违纪违规金额10422.60万元，管理不规范金额88007.47万元，核减工程造价5385.16万元，移送处理案件1件，审计意见建议被采纳268条（件），制定出台规范性制度60件。

社会保障审计 完成计划审计项目4个，查出问题金额219万元。

企业审计 共完成计划审计项目1个，查出违规金额23万元。

经济责任审计 共完成审计项目31个，跨年度项目1个；查出违纪违规金额3834万元，其中：直接责任金额7万元，主管责任金额3827万元。

专项资金审计（调查） 完成包括“5·12”汶川地震捐赠资金等审计（调查）项目12个，查出违规金额3万元，应归还原渠道资金2万元；已归还原渠道资金2万元，已调账处理金额3538万元。 （撰稿人：徐荣福）

【南充市审计局】 2009年，南充市审计局人员编制53人，在编52人。局长廖大春，副局长罗东涛、周生安、张彦，纪检组长吴小华，经济责任审计分局局长陈长清。设有办公室、法制综合科、人事教育科、财政税务审计科、固定资产投资审计科、社会保障审计科、农业与资源环保审计科、行政事业审计科、金融外资审计科、经济贸易审计科、计算机审计技术服务中心、经济责任审计分局。

审计成果 南充市审计机关完成审计项目637个，审计单位545个，查出违规金额31157万元，管理不规范金额94556万元，核减工程造价2.7亿元，挽回经济损失23849万元，决定处理处罚2300万元，其中市本级收缴财政1440万元，比上年增长300%。向纪检、司法机关移送各类涉嫌违法违纪线索8件，涉及责任人7人，追究领导责任1人。提出审计建议816条，被采纳615条，建立和完善规章制度58个。南充市审计局在全省审计系统的综合考核中，被评为优秀等次。在市政府目标考核中，位列第九。

财政审计 围绕资金分配和预算管理这条主线，突出对重点领域、重点环节以及政策执行的审计。完成高坪区、营山县的财政决算审计。对市财政局、市地税局、市发改委2008年度预算执行情况进行审计，并结合预算执行审计开展税收征管政策执行情况审计调查。查出市经委截留坐支工业发展资金及利息收入414万元的问题，处理处罚上缴财政354万元。

金融审计 在省审计厅组织下，对南充市顺庆区农村信用联社、西充县农村信用联社2008年度资产负债损益审计中，查出违纪违规金额1亿多元、潜在金融风险近3亿元等问题，及时进行审计预警并按规定移送市银监局调查处理。2008年移送南充银监局处理的营山、高坪区信用联社7位相关责任人分别受到撤职、调离、行政记过等处分。

行政事业审计 结合扩大内需、灾后恢复重建资金审计和经济责任审计，南充市审计局统一组织各业务科室对市交通局、市教育局、市民政局、市林业局、市经委、市药监局6个部门的预算执行情况进行审计。完成南充日报社及下属单位2007～2008年财务收支的审计，查出违纪违规金额2689万元，提出审计建议3条；完成市教育局2008年度预算执行与其他财政财务收支的审计，查出违纪违规金额2240万元，提出审计建议3条。提出教育基础设施建设项目与偿还主体发生变化的管理问题（涉及银行贷款本息1650余万元），引起市委、市政府高度重视。全年共查出行政事业单位违纪违规金额 7800 多万元，收缴财政 36 万元。

农业与资源环保审计　完成 2008 年度杭州市对口帮扶项目专项资金的审计（含嘉陵区、阆中市、西充县）、西充县 2007 年至 2008 年良种及农机专项补贴资金审计调查、仪陇县及营山县土地整理等项目审计。查出西充县林业局套取天保工程专项资金 100 多万元设立“小金库”的问题，该县林业局局长和分管副局长被免去领导职务；查出西充县青狮镇套取良种补贴 8 万元、套取农机补贴 5 万元，相关责任人受到党政政纪处理。查出顺庆及高坪国土分局挤占截留土地出让收入 2000 余万元，处理收缴财政 657 万元，揭示了三区国土部门在国土出让金的征收、农民拆迁还房资金的使用和管理中存在的突出问题和薄弱环节，并专题向市人大常委会作了《南充市 2008 年度国土资金征收使用及管理情况的报告》。查出顺庆区还房办出纳庞小龙涉嫌贪污公款 36 万元的问题，已移送司法机关。撰写《关于加强杭州对口帮扶资金管理的审计建议》、《关于用好社会捐赠资金的审计对策》等审计信息 5 篇。

固定资产投资审计　全年政府投资累计送审金额 16 亿元，核减造价 2.7 亿元，平均审减率 16.9%，其中市本级核减工程造价 1.1 亿元。南充市上中坝嘉陵江大桥送审金额 1.8 亿元，核减 3175 万元，并撰写了《南充市上中坝嘉陵江大桥审计的启示》；核减龙吟水郡农民还房工程造价及安置补偿费、过渡费等支出 2300 多万元；核减城南工业集中区工程项目造价 884 万元。对南充中专学校实验楼、市污水处理厂二期、南充市特殊教育学校、南充卫校等 6 个涉及扩大内需专项资金项目及下中坝土地整理项目实行全过程跟踪审计监督。全力配合省审计厅对南充市本级、南部、仪陇、阆中三县（市）扩大内需和灾后恢复重建项目资金进行审计。南部县审计局对全县的公路建设实行全覆盖跟踪审计。

社会保障审计　对市本级 2008 年度养老保险基金征收使用进行审计，专题向市人大常委会作了《关于对南充市本级 2008 年度养老保险基金征收使用及管理情况的审计报告》。组织三区审计局对市本级和顺庆、高坪、嘉陵 2008 年度职业培训资金进行专题调查，查处培训机构套取培训资金近 7 万元。在对市级社保资金审计中，查出某银行少计养老保险基金利息 91 万元。营山县率先对新型农村合作医疗开展审计调查，摸清情况，堵塞漏洞，强化管理。

企业审计　南部县审计查出四川盘龙电力股份有限公司、县供排水公司涉嫌个人贪污的问题。

经济责任审计　市本级对南充高中校长、市体育局局长、营山县县长、营山县人民法院院长等 18 名同志的任期经济责任履行情况进行审计。查出市体育局、南充白塔中学、南充卫校、南充高中等单位收入不入账、违规收费、少缴财政专户等问题。全年共开展领导干部经济责任审计 15 个，划分主管责任 9679 万元、直接责任 1275 万元。为各级党委和组织部门提拔使用干部提供依据。仪陇县审计局着眼制度创新，将审计监督置于权力运行之初，实践并推行《科级领导干部经济责任告知承诺暂行办法》，该办法被转发全省审计机关。

专项资金审计（调查）　组织三区审计局对市本级和顺庆、高坪、嘉陵 2008 年度职业培训资金进行了专题调查，查处培训机构套取培训资金近 7 万元。完成了农民良种补贴专项资金、城区户外广告位有偿使用费征收及使用情况、社会保障资金、日元贷款四川省生态环境综合治理项目的专项审计调查。　（撰稿人：王天配　方国华）

【广安市审计局】　2009 年，广安市审计局人员编制 32 人，在编 29 人。局长秦小平，副局长张力、唐素珍、吕玲，纪检组长黎毅翔。设有办公室、法制科、经济责任审计分局、财政金融审计科、行政事业审计科、经贸审计科、农业与资源环保审计科、社会保障审计科、固定资产投资与外资运用审计科、人事教育科。

审计成果　全市共完成审计项目（单位）594 个，审计调查 20 个。查出违纪违规金额 17334 万元，管理不规范金额 136695 万元，处理收缴各级财政 1757 万元，归还原渠道资金 589 万元，调账金额 11679 万元。完成基本建设审计项目 394 个，审计投资总额 94179 万元，核减工程造价 9880 万元。审计移送纪检监察和司法机关查处案件线索 5 件，涉案金额 13 万元。市本级完成审计项目（单位）51 个，审计调查 7 个。查出违纪违规金额7008万元，管理不规范金额85671万元，处理收缴财政553万元，归还原渠道资金330万元，调账处理金额5493万元；完成基本建设审计项目26个，审计投资总额25172万元，核减工程造价3222万元；向市委、市政府和上级审计机关提供审计报告、要情、信息等稿件614篇（条），先后被各级报刊采用、领导批示628篇（次）。

财政审计　全市共完成审计项目42个，查出违纪违规金额6499万元，管理不规范金额80795万元，处理收缴各级财政1018万元。市本级重点对财政预算收支、结转，市地税税收征管、退库、解缴情况进行审计，审计单位10个，查出违纪违规金额2109万元，管理不规范金额62754万元，处理收缴财政36万元，帮助被审计单位建章立制10个，完善内部控制制度，规范财政财务管理，促进财政资金合理有效、公开透明地分配和使用。加强对2008年度市级财政预算执行和其他财政收支审计查出问题整改情况的跟踪检查，确保审计提出问题的彻底整改。

经济责任审计　全市共完成经济责任审计97个，审计领导干部118人。查出违纪违规金额7717万元，管理不规范金额10062万元。市本级共完成经济责任审计项目7个，审计领导干部7人（其中县委书记1人）。查出违纪违规金额5894万元，管理不规范金额1797万元。

固定资产投资审计　全市共完成基本建设审计项目394个，审计投资总额94179万元，核减工程造价10479万元，审计核减率11.1%。市本级共完成基本建设审计项目26个，审计投资总额25172万元，核减工程造价3222万元，审计核减率12.7%。

行政事业审计　审计行政部门111个，审计调查4个，审计处理应上缴财政584万元，已上缴财政584万元，调账处理8045万元，应缴未缴预算收入2862万元，隐瞒截留收入510万元，违规改变资金用途1997万元，虚列支出511万元，未落实收支两条线和专户管理规定319万元，乱收费乱摊派乱罚款470万元，超标准超计划支出834万元。

企业审计　审计企业8个，审计调查3个，审计处理上缴财政29万元，已上缴财政29万元，管理不善，损失浪费215万元，虚列或隐瞒转移收入47万元，少计或虚列成本费用59万元，少计少缴税费19万元。

专项资金审计　审计专项资金7个，审计调查15个，审计专项资金总额47235万元，审计处理上缴财政1万元，已上缴财政1万元，审计促进拨付资金到位111万元，违规改变项目计划和资金用途47万元，应缴未缴专项资金274万元，违规有偿使用资金16万元，虚列支出1万元。

灾后重建项目审计　市本级及各区市县先后组织77名审计人员，组成21个审计组，开展对全市扩大内需和灾后恢复重建项目审计调查342批次，涉及市县两级75个部门，审计完工项目107个，审计总投资17825万元。开展广安对口援建宝兴县硗碛乡灾后重建资金筹集及拨付的审计调查工作，采取直接实施审计监督和部分委托雅安市宝兴县审计局实施审计监督相结合的方法，加强对援建项目的跟踪审计，确保项目建设的质量、安全和效益，为灾后重建提供有效的审计服务。

（撰稿人：何中权）

【遂宁市审计局】　2009年，遂宁市审计局编制35人，在编36人。局长青小平，副局长蔡立春、唐建生（—6月），纪检组长冉启秀，直属分局局长邓兵。设有办公室、人教法制科、财政金融审计科、行政事业审计科、社会保障审计科、经贸审计科、经济责任审计科、固定资产投资审计科、农业外资审计科。

审计成果　遂宁市审计机关完成审计项目192个，查出违规金额5482万元，其中应上缴财政4511万元，应减少财政拨款或补贴1015万元，应归还原渠道资金1398万元，应调账处理金额35449万元；已上缴财政4321万元，已减少财政拨款或补贴1015万元，已归还原渠道资金1112万元，已调账处理金额30158万元。移送司法机关、纪检监察部门处理事项1件，建议有关部门处理事项2件。提交审计工作报告、信息577篇，被采用203篇。

财政审计　开展对29个部门的预算执行情况及蓬溪县财政决算审计，查出违规和管理不规范金额56337万元。对蓬溪县财政决算审计后，引起县政府高度重视，建立了非税收入、专项资金管理制度。

农业与资源环保审计　对蓬溪县天福镇土地

整理项目的审计中，查出问题金额 353 万元，其中：单项费用超预算支出 102 万元，新增变更工程 140 万元未按规定程序报批，审减工程造价 111 万元，工程管理不到位等。

固定资产投资审计　全年完成投资审计项目 336 个，送审 10.6 亿元，审减 1 亿元。建立了社会中介机构、外部专业人员参与政府投资建设项目审计工作备选库。建议市政府出台了《遂宁市政府投资项目跟踪审计实施办法（试行）》。审计发现突出问题移交市招监办、某区政府处理 2 件。

经济责任审计　全市对 26 名党政领导干部实施经济责任审计，查处违规和管理不规范金额 21696 万元，移送纪检监察机关处理案件 1 件。加大领导干部任中经济责任审计，全市任中审计占 46.2%，比上年提高 10.9 个百分点。与市委组织部联合印发《遂宁市领导干部经济责任审计结果运用办法》，进一步规范审计程序。

专项资金审计（调查）　完成 2009 年度“民生工程”中的扶贫解困、教育助学、社会保障三大工程 18 个小项的资金管理、使用以及项目完成情况专项审计调查。全市三项“民生工程”总投入资金 61862.40 万元，其中：上级财政资金 39268.37 万元，县级财政资金 7185.48 万元，其他资金 15408.55 万元。已拨出 44968.21 万元。查出有问题资金 415.20 万元。（撰稿人：毛江川）

【内江市审计局】　2009 年，内江市审计局人员编制 45 人，在编 44 人。局长刘洪伟，副局长李水和、蔡涤、葛明，纪检组长黄京力。设有办公室、人事教育科、法制科、财政审计科、金融审计科、行政事业审计科、经贸审计科、农业与资源环保审计科、社会保障及外资运用审计科、固定资产投资审计科、固定资产投资审计分局和经济责任审计分局等职能科（室、分局）。

审计成果　内江市审计机关完成审计项目 45 个，查出违规金额 4952 万元，其中应上缴财政 176 万元，应归还原渠道资金 82 万元，应调账处理金额 6635 万元；已上缴财政 176 万元，已归还原渠道资金 82 万元，已调账处理金额 6635 万元。移送司法机关、纪检监察部门处理事项 1 件，建议有关部门处理事项 2 件。提交审计工作报告、信息 56 篇，被采用 37 篇。

财政审计　完成预算执行审计单位 11 个，查出违规金额 261 万元，移送有关部门处理 1 件。

金融审计　完成审计（调查）单位 1 个，查出管理不规范金额 2092 万元，移送有关部门处理 1 件。

行政事业审计　完成审计（调查）单位 9 个，查处违规金额 82 万元，管理不规范金额 3863 万元。

农业与资源环保审计　完成审计（调查）单位 10 个，审计专项资金总额 23717 万元，查出违规改变项目计划和资金用途 1 万元，资金滞留闲置 536 万元。

固定资产投资审计　完成审计（调查）单位 16 个，查处违规金额 4243 万元，核减投资额 4317 万元。

经济责任审计　完成审计（调查）单位 6 个。查处违规金额 109 万元，管理不规范金额 2996 万元。

专项资金审计（调查）　完成审计（调查）单位 10 个。（撰稿人：赖常禄）

【乐山市审计局】　2009 年，乐山市审计局人员编制 53 人，在编 50 人。局长王频，副局长李秀木、龚德勤（3—12 月）、宋红玢（5—12 月）、陈学焦（12—12 月）、赖华清（1—3 月），纪检组长雷邦军。设有办公室（信息中心）、法制科、经济责任审计科、财政审计科、外资基建审计科、行政事业审计科、农业审计科、金融审计科、经贸审计科、监察室。

审计成果　完成审计和审计调查项目 37 个。审计查出违规金额 6934 万元，管理不规范金额 42482 万元，审计处理应上缴财政 3627 万元，应归还原渠道资金 94 万元，应调账处理金额 3221 万元，核减基建投资金额 6329 万元；移送案件 1 件。审计提出建议 95 条，被采纳 55 条。

财政审计　除对财政地税组织预算执行情况进行审计外，对教育、商务、交通、林业、发改、药监等部门预算执行进行审计，进一步充实和丰富了两个报告。审计发现财政部门在一般预算收入中垫支土地基金预算支出 7012 万元，地税部门未严格执行稽查决定、致使稽查出的应缴税款 341 万元未入库，部门预算执行单位虚报预算、超预算支出、滞留挪用专项资金、违规收费等问题。

金融审计　完成1个农村信用社和全市金融审计对象专项审计调查。审计指出该社不良贷款清收难、下降难、转化难，资本充足率低，抵债资产处置难度大，基层信用社内控执行不力，基础工作亟待加强，拨备提取不足等风险控制不足的问题，针对问题提出建议意见，促进被审计单位的制度健全和完善。

固定资产投资审计　2月市政府出台《乐山市国家建设项目审计监督实施办法》。随后，市局制发《关于委托工程造价咨询单位和专业技术人员审核建设项目质量控制及管理办法（试行）》《关于固定资产投资项目审计费用财务管理暂行办法》等配套性文件。向社会公开选择具有相应资质和信誉较好的中介机构，建立市本级政府投资基建项目造价审计中介机构备选库，采用随机的方式从中选择造价审计中介机构。完成固定资产投资审计项目10个，项目总投资为75816万元，审计核减投资额为6329万元。发挥了审计对财政性资金或国有资金投资的建设项目的监督作用，促进项目管理和建设成本控制，提高工程项目的投资效益。

经济责任审计　完成7名县级领导干部的经济责任审计，查出管理不规范金额5878万元，其中：领导干部负主管责任的金额4944万元，负直接责任的金额934万元。审计查出账外资金、扩大支出范围、使用违规票据收费等问题。

专项资金审计（调查）　完成良种补贴、农机购置补贴、职业培训补助资金等资金的审计和审计调查。调查中发现良种补贴资金的兑现上未按时间兑现补贴资金，补贴面积核实不统一、未按实结算，农机购置补贴存在违反规定程序购机，培训机构提供虚假合同、虚报时间，多领培训补贴资金；政府职能部门未通过公开招标的方式选择培训机构等问题。

交办任务　完成全市小金库清查、农业用水水费征收管理审计调查、全市收费还贷二级公路债务核实等交办任务，选派4名同志参与全市政府性债务工程全程监督检查，派出审计人员参加澳星公司、金顶集团、长药公司、金桥集团、五通桥二建司等案件处理和化解工作。

（撰稿人：金中强）

【自贡市审计局】　2009年，自贡市审计局人员编制52人，在编50人。局长王志超，副局长江鸿、张碧辉、周大元，纪检组长孙红。设有办公室、人教科、纪检室、法制科、财政审计科、金融外资审计科、经济责任审计科、经贸审计科、基建审计科、行政事业审计科。

审计成果　全市共完成审计（调查）项目286个，审计查出违规金额3827万元，损失浪费金额1280万元，管理不规范金额59949万元。审计为财政增收节支9483万元，核减政府建设投资额6773万元，移送纪检监察部门处理事项1件，涉及金额2815万元，移送有关部门处理事项2件，涉及人员31人，涉及金额16万元。审计提出建议469条，被采纳314条，促进被审计单位制定整改措施8项，促进审计单位建立健全规章制度1份，提交审计专题、综合性报告和信息简报597篇，被批示采用154篇，向社会公告审计结果4篇。

财政审计　自贡市审计机关完成自贡市、县（区）财政、地税2008年预算执行情况审计，完成全市教育系统、药监系统、市国土局、市商务局、市交警支队等25个单位的预算执行审计和16个财政决算审计项目，共查出违规资金3747万元，管理不规范金额28005万元，已上缴财政3369万元，已归还渠道资金362万元，已调账处理金额13187万元。

固定资产投资审计　按照省审计厅统一部署和市委、市政府要求，对204个重点建设项目实施跟踪审计，核实到位资金48791.58万元，提交专题报告和信息简报46篇，提出审计建议44条，促进相关部门建立健全规章制度13项，确保项目资金安全，保证国家拉动内需的建设项目发挥最好的效益。继续加强对政府投资建设项目的预算执行和竣工决算审计，共完成投资审计项目129个，送审总投资53885万元，核减工程款概算3032万元、结算3741万元。

行政事业审计　完成审计项目44个，审计查出违规金额12万元，损失浪费金额1280万元，管理不规范金额990万元，已上缴财政12万元，已减少财政拨款或补贴73万元，已调账处理金额622万元。

经济责任审计　坚持“积极稳妥、量力而行、提高质量、防范风险”的原则，进一步深化和完善领导干部经济责任审计工作机制，共完成审计项目45个，审计查出违规金额393万元，管理不规范金额481万元。

专项资金审计（调查） 牢固树立“民本审计观”，加强对关系经济社会发展、涉及人民群众切身利益的资金和政策的审计，共完成审计（调查）项目57个，审计查出违规金额68万元，损失浪费金额1280万元，管理不规范金额22841万元，已上缴财政12万元，以减少财政拨款或补贴29万元，已归还原渠道资金4万元，已调账处理金额17560万元。（撰稿人：熊 俊）

【泸州市审计局】 2009年，泸州市审计局人员编制61人，在编57人。局长刘国林，副局长樊小玲、章华、叶青，纪检组长曹英强。设有财政科、金融科、行政事业科、农业外资科、固定资产投资科、社会保障科、经贸科、经济责任审计分局、法制科、人事教育科、办公室、监察室。

审计成果 泸州市审计机关完成审计和调查项目245个，查出违规金额21035万元，其中应上缴财政1310万元，应减少财政拨款或补贴70万元，应归还原渠道资金3687万元，应调账处理金额15647万元；已上缴财政1283万元，已减少财政拨款或补贴70万元，已归还原渠道资金3025万元，已调账处理金额13286万元。移送司法机关、纪检监察部门处理事项3件，建议有关部门处理事项4件。提交审计工作报告、信息1213篇，被采用559篇。泸州市审计局获全省综合目标考核第三名，泸县和合江县审计局分获全省扩权试点县综合考核优秀单位。

财政审计 完成审计和调查项目70个，其中财政预算执行和税收征管审计24个，部门预算审计29个，财政决算审计17个，查出违规金额11291万元，管理不规范金额55864万元。审计中进一步加大预算执行审计的公告力度，泸州市对2008年预算执行情况和部门预算执行情况审计结果以及上年度的审计整改情况在泸州日报上进行全文公告，泸县、古蔺、合江、纳溪、江阳等也分别在公开媒体上对预算执行情况及其他财政收支情况审计结果进行公告。

金融审计 开展农村信用社资产负债损益审计，运用计算机技术重点对信贷业务进行审计，查出信贷业务中的问题，管理不规范金额1764万元，编写的AO运用实例获得省审计厅2009年度AO运用实例一等奖。

行政事业审计 结合部门预算审计和经济责任审计开展行政事业审计，完成审计项目61个，查出违规金额2134万元，管理不规范金额8459万元。

固定资产投资审计 完成计划内投资审计项目39个，审减工程概、结算价款6875万元（含计划外项目）。投资审计成效明显，扩大跟踪审计监督的覆盖面，市本级跟踪审计项目占计划的近60%。切实关注重大工程建设项目投资效益，市本级对全部投资项目均进行效益分析和评价，跟踪审计与效益分析相结合、绩效审计与工程结算审计相结合，有力地促进业主单位加强项目管理。审计成果受到党委政府高度重视，市审计局上报的《关于创建国家园林城市政府投资项目跟踪审计报告》得到市长批示和肯定。对酒城大道道路工程结算审计进行审计公告，积极推进政务公开和强化社会监督。

企业审计 完成企业审计和调查项目11个，查出违规金额556万元，管理不规范金额877万元。针对金融危机对地方经济的影响，组织对财政、人民银行、税务、发改委等13个单位以及对地方经济有代表特征的酒类、化工、物流等4户企业开展审计调查，提出的一系列有助于规避企业风险、深化工业强市战略的审计建议。

经济责任审计 对42名党政领导干部和国有企事业领导人开展经济责任审计，查出违规金额1727万元，管理不规范金额6261万元，移送纪检司法和有关部门案件2件。经济责任审计报告受到党政主要领导、纪委和组织部门的高度关注，制发了《中共泸州市委办公室泸州市人民政府办公室关于进一步强化领导干部遵守财经制度纪律意识的意见》，对强化领导干部监督管理起到积极推动作用。

专项资金审计（调查） 重点关注涉及人民群众切身利益的民生工程项目，开展金土地工程审计、社会抚养费审计和职业培训就业补助资金审计调查、良种补贴、农机购置补贴审计调查以及政府收费还贷二级公路债务及里程审计核实等多项工作，完成审计和调查项目60个，查出违规金额7032万元，管理不规范金额32267万元。金土地审计和社会抚养费审计分别以专报形式向党委、政府报告并得到批示，促进有关部门以及县区政府整改，完善制度和办法，保障国家惠民政策措施的落实。

外资运用审计 完成世界银行贷款审计项目2个，概算投资2013万元。

灾后重建项目审计 制定了《泸州市政府投资项目和扩大内需及灾后恢复重建资金跟踪审计实施办法》，使跟踪审计工作方法明确，有章可循，进一步规范了跟踪审计的监督行为。通过跟踪审计，为国家节约资金178.8万元。援建昭化镇灾后重建的跟踪审计报告得到市长和副市长批示，肯定审计部门做了大量深入细致的工作，并要求相关部门尽快整改和完善。

（撰稿人：古 刚）

【宜宾市审计局】 2009年，宜宾市审计局人员编制58人，在编56人。局长刘岗，副局长田劲松、尹昌文、许波（3月—），纪检组长肖军。设有办公室、政工科、法制科、监察室、财政税务审计科、行政事业社保审计科、固定资产投资审计科、农业与资源环保外资审计科、金融审计科、经贸审计科和经济责任审计分局。

审计成果 宜宾市审计机关完成审计和审计调查项目366个，查出违规金额81670万元，其中应上缴财政63275万元，应减少财政拨款或补贴1332万元，应归还原渠道资金10760万元，应调账处理金额10490万元；已上缴财政18949万元，已减少财政拨款或补贴1137万元，已归还原渠道资金10527万元，已调账处理金额7577万元。移送司法机关案件1件，移送纪检监察部门事项2件，建议有关部门处理事项13件；已立案1件，有2人被追究刑事责任，已处理事项6件，有7人被给予党政纪处分或其他处理。提交审计工作报告、信息749篇，被采用432篇，向社会公开审计工作报告和单项审计结果公告83篇。

财政审计 完成预算执行审计项目55个，查出违规金额20658万元，管理不规范金额27970万元。完成财政决算审计项目19个，查出违规金额11635万元，管理不规范金额874万元。

金融审计 完成审计项目1个，查出违规金额13万元，管理不规范金额5952万元。

行政事业审计 完成审计项目62个，审计调查项目9个，查出违规金额2519万元，管理不规范金额13236万元。

固定资产投资审计 完成审计项目99个，审计调查项目26个，查出违规金额549万元，管理不规范金额7476万元，损失浪费金额178万元。

企业审计 完成审计项目4个，查出违规金额46294万元，管理不规范金额57764万元。

经济责任审计 完成审计项目67个，查出违规金额2532万元，管理不规范金额12173万元。

专项资金审计（调查） 完成审计项目25个，审计调查项目64个，查出违规金额2万元，管理不规范金额2406万元。

外资运用审计 完成审计项目2个，查出管理不规范金额282万元。

灾后重建项目审计 完成全过程跟踪审计（调查）项目14个，已审计（调查）项目总投资13263.57万元，已审计（调查）实际完成投资9005.04万元，查出管理不规范金额170.45万元。

效益审计 完成审计（调查）项目213个，查出问题金额2350万元，非金额计量问题25个。

内部审计 全市有内审机构39个，内审人员283名，其中专职机构21个，专职人员95人。

（撰稿人：刘利川）

【攀枝花市审计局】 2009年，攀枝花市审计局人员编制59人，在编52人。局长谢安德，副局长程兴国、曾妍妍、汪沛川，纪检组长万启树。设有办公室、法制处、监察室、人事教育处、社保外资审计处、农业与资源环保审计处、财政金融审计处、固定资产投资审计处、行政事业审计处、经贸审计处、经济责任审计分局。

审计成果 全市审计机关完成审计项目196个，查出违规金额6577万元，损失浪费金额259万元，管理不规范金额42832万元，核减投资额6676万元。审计处理后应上缴财政662万元，应归还原渠道资金504万元，应调账处理金额10432万元。向市、县相关主管部门移送违纪违法案件线索2件。提交信息82篇，被采用42篇。

财政金融审计　预算执行情况审计以推进实施积极的财政政策，促进建立公共财政体系、保障财政安全、提高财政绩效水平的目标，全市开展了43个预算执行情况审计。在审计内容上重点关注审计扩大内需新增投资、灾后恢复重建等民生资金安排支出情况、预算收支平衡情况、部门预算制度完善情况、财政转移支付情况，并将预算执行审计向二、三级预算单位拓展和延伸。以防范地方金融风险、推动地方金融改革和促进发展为目标，开展了对米易县农村信用合作联社的审计。

经济责任审计　加强任期经济责任审计项目管理，在项目计划上突出对县乡两级政府及直接使用资金的重点部门的领导干部任期经济责任审计；在审计项目内容上，注重将经济责任审计与扩大内需、灾后恢复重建资金等专项审计和专项审计调查相结合。积极探索新的审计工作机制和工作方法，提出了新官要理旧账的经济责任审计新思路；大力推行任中审计，前移审计监督关口；推行经济责任审计与预算执行、财政财务收支、专项资金等审计结合的模式。

专项资金审计　开展涉民、惠农专项资金及党委、政府重视、社会关注、群众关心的热点、难点资金的审计监督。审计（调查）过程中加大延伸审计、入户调查的力度，突出对资金使用效益与法规、政策的落实情况的监督，注重问题原因分析，督促及时整改，针对发现的问题提出的建议，受到市领导的高度重视，督促相关部门及时整改。

固定资产投资审计　围绕攀枝花市委市政府灾后恢复重建、重点基础设施建设、民生工程等政府资金投入的工程开展审计监督。加大跟踪设计力度，坚持边审计，边整改，边规范，边提高，及时发现、预防和抵御各种问题。在竣工决算审计中，注重将财政财务收支和工程造价审计有机地结合起来，探索竣工决算效益审计。加强与相关部门单位的沟通联系，营造良好的外部审计环境。

救灾款物审计　开展对攀枝花市“8·30”地震灾后重建学校、医院、基础设施项目的审计监督、灾后农房恢复重建专项资金筹集使用管理效益情况的跟踪审计调查、对攀枝花市对口援建的广元市旺苍县五权镇援建项目跟踪审计调查、汶川地震救灾捐赠资金及折价物资情况审计调查。对项目建设、运行中存在的突出问题，积极分析问题产生的原因，提出加强建设、管理的审计建议，促进灾后恢复重建工作顺利推进。

（撰稿人：陈　黎）

【巴中市审计局】　2009年，巴中市审计局人员编制38人，在编32人。局长康远奎，副局长苟中珏、巩仕和、肖双平，纪检组长刘朝文。设有办公室、法制科、人事教育科、财政审计科、金融审计科、行政事业审计科、社会保障资金审计科、农业资金审计科、经贸审计科、外资运用审计科、固定资产投资审计分局、直属审计分局、机关后勤服务中心。

审计成果　2009年，巴中市审计局完成审计项目27个，查出违规金额3219万元，其中应上缴财政336万元，应归还原渠道资金5035万元，应调账处理金额7439万元；已上缴财政336万元，已归还原渠道资金5035万元，已调账处理金额7439万元。建议有关部门处理事项1件。提交审计工作报告、信息96篇，被采用52篇。

财政审计　对市级财政预算执行情况、1个县级财政决算、8个预算执行单位进行审计。查出违规金额2215万元，应上缴财政17万元，应归还原渠道资金2393万元，应调账处理金额5142万元。

行政事业审计　对巴中市实验小学财务收支进行审计。查出违规金额2万元。

企业审计　对巴中国家粮食储备库、巴中市粮油总公司、巴中市江北宾馆、恒丰饭店2008年度资产、负债及损益情况进行了审计。查出违规金额39万元，应上缴财政3万元。

经济责任审计　受党委组织部门委托，开展6名领导干部任期经济责任审计，如实向党委、政府提交审计结果报告。查出违规金额634万元，应上缴财政6万元，应归还原渠道资金72万元，应调账处理金额7234万元。

专项资金审计（调查）　对南江县国土专项资金进行审计，对巴中市本级职业培训补助资金、“特殊党费”资金管理使用情况进行专项审计调查。查出违规金额329万元，应上缴财政310万元，应归还原渠道资金2570万元。

灾后重建资金审计　对南江县、巴州区灾后重建项目进行跟踪审计。建立项目信息台账 1156 个，审计投资额 35.1 亿元，审减项目资金 6458 万元；对港澳援建项目进行审计调查，审计资金 5.1 亿元。（撰稿人：柳从明）

【达州市审计局】　2009 年，达州市审计局人员编制 52 人，在编 46 人。局长王新权、副局长王隆琼、张国煌、聂永生，总审计师徐浩，纪检组长游从文。设有办公室、法制科、财政审计科、金融审计科、行政事业审计科、农业与资源环保审计科、社会保障审计科、外资运用审计科、固定资产投资审计科、经济责任审计科、经贸审计科、人事科。

审计成果　达州市审计机关完成审计项目 490 个、审计调查项目 11 个，查出违规金额 16811 万元，审计处理上缴财政 1005 万元，减少财政拨款或补贴 1275 万元，归还原渠道资金 16423 万元，调账处理 46393 万元。移送司法机关、纪检监察部门处理案件 6 起。提出审计建议 823 条被采纳 614 条，提交审计专题、综合性报告、信息 165 篇被各级党政主要领导批示和刊物采用 147 篇。

财政审计　完成财政审计项目 80 个，决定处理处罚并指明要求纠正金额 45906 万元，提出审计建议 178 条。对市财政局、市地税局和 6 个行政事业单位 2008 年度的预算执行和财政财务收支进行重点审计，对达县人民政府、万源市人民政府的县级财政决算进行审计。

金融审计　对市县两级主管的 10 个金融机构开展审计调查，对达县、开江县农村信用社 2008 年度的资产负责损益情况进行审计，发现经营管理、财务核算等方面存在违规行为 27 个，涉及违规、损失浪费、管理不规范金额 29106 万元，提出审计建议 7 条。

行政事业审计　完成 116 个行政事业单位的债务核实和财政财务收支审计，查出违规金额 3640 万元，管理不规范金额 29143 万元，审计处理收缴财政 2449 万元，归还原渠道资金 2450 万元，调账处理 9571 万元。

固定资产投资审计　完成固定资产投资审计项目 167 个，审计资金总额 15818 万元，查出违规金额 3471 万元，核减工程造价 8181 万元。市审计局有 3 篇投资审计结果报告被市委、市政府主要领导批示，达县、开江县聘请技术人员加强审计力量，全县投资审计覆盖面达到 90%以上。

企业审计　开展电力、给排水、天燃气等 6 户城镇公用企业的审计，查出违规金额 455 万元，管理不规范金额 413 万元，审计处理收缴财政 68 万元，归还原渠道资金 198 万元，调账处理 3123 万元。

经济责任审计　对 69 名党政部门、企事业领导人的任期经济责任进行审计，查出违规金额 3296 万元，决定收缴财政、罚款 414 万元，归还原渠道资金 221 万元，减少财政拨款或补贴 17 万元，调账处理 1178 万元，责成部门单位自行纠正 6733 万元。

外资运用审计　对香港援建项目宣汉县医院和通川区、渠县 3 所中小学校的基础设施建设项目进行跟踪审计。组织 10 名审计人员参与省审计厅组织的对亚洲银行贷援款项目达陕高速公路征地拆迁资金的审计，审计资金总额 5.2 亿元，查出违规金额 3763 万元，移送处理案件 2 起，涉及金额 94 万元。

专项资金审计　对 2008 年度全市职业培训补贴资金、7 个县（市、区）水利资金、2009 年省财政下拨“特殊党费”援助农户恢复重建补助资金等专项资金进行审计，查处培训补贴资金管理使用不规范、水利工程招投标和材料采购中的违规行为，向纪检部门移送案件 2 起。

灾后重建项目审计　审计全市 13911 户农房和 1837 户城镇居民住房的 21649 万元灾后恢复重建补助资金，派出 4 人到重灾区参与对灾后重建资金的监督检查，对绵阳市魏城镇达州大道工程、关帝村基础设施建设等达州市对口援建的灾后恢复重建项目进行审计。（撰稿人：冉从全）

【资阳市审计局】　2009 年，资阳市审计局人员编制 40 人，在编 38 人。局长何伯忠（—12 月），副局长张晓燕、廖念俊、吕静（12 月—），纪检组长樊佳。设有办公室、人事教育科、政策法规科、经济责任审计分局、财政金融审计科、行政事业审计科、社会保障审计科、经贸审计科、农业外资环保审计科、固定资产投资审计科。

审计成果　资阳市审计机关完成审计项目44个，查出违规金额7041万元，管理不规范金额50377万元，应上缴财政442万元，应减少财政拨款或补贴1536万元，应归还原渠道资金17448万元，应调账处理金额3617万元，审计后挽回（避免）损失2013万元。提交审计专题、综合性报告和信息简报121篇，被采用61篇（次）。

审计调查　为搞好抗震救灾工作，加强抗震救灾捐赠资金和物资的规范管理，对资阳市汶川地震救灾捐赠资金物资进行审计调查。审计结果表明，截至2009年9月底，资阳市共收到捐赠资金7499.26万元，捐赠支出6595.11万元，结存904.15万元；收到捐赠物资折价1872.53万元，拨付使用物资折价1793.41万元，结存79.12万元；特殊党费收入888.73万元，上缴省委组织部655.63万元，结存233.10万元。审计针对发现的薄弱环节，及时提出整改意见。

财政审计　全年对9个财政决算和预算执行单位进行审计，查处未按规定征收缴纳预算收入、隐瞒转移截留预算收入、超预算列支、预算结余不实等违规金额5987万元，规范了财政资金管理，提高财政资金使用效益。并向同级人民政府和人大常委会提交2008年财政预算执行及其他财政收支情况的审计工作报告，如实披露党政领导关心和人民群众关注的热点问题，得到当地政府和人大常委会的充分肯定。

固定资产投资审计　全年对7个固定资产投资项目进行审计和审计调查，审减投资额1989万元，为国家节约大量资金，很好地发挥审计监督在节约投资成本和提高投资效益方面的作用。

经济责任审计　全年对5名经济责任人进行审计，查出应负主管责任的违规金额204万元，应负主管责任的管理不规范金额47万元，为党政领导机关任免干部和加强干部管理提供切实可行的依据。

专项资金审计（调查）　对良种及农机购置补贴、农业综合开发项目资金、“金土地工程”项目、职业培训资金、社会养老保险基金、城市公用事业电附加等7个项目单位进行审计和审计调查，审查各种专项资金总额328440万元，查出违规金额319万元，管理不规范金额1933万元，发挥审计在规范国家财政资金管理和促进提高使用效益方面的建设性功能。

审计大要案查处　实现了大案要案大突破，在雁江区小院镇方广村违规收取救灾资金发放手续费信访调查、市广电网络公司国有资产审计等项目审计中，向纪委监察检察院等部门移送案件3个，涉案人员8人，已被有关部门处理处罚5人。

（撰稿人：周卫国）

【眉山市审计局】　2009年，眉山市审计局人员编制51人，在编48人。局长陈泽文，副局长王杰、魏聂、兰可，总审计师周京慧，纪检组长万义。设有办公室、法制科、财政金融审计科、固定资产投资审计科、经济贸易审计科、行政事业审计科、农业与社会贸易审计科、经济责任审计分局、眉山市审计直属分局。

审计成果　眉山市审计机关完成审计项目222个，查出违规金额8998万元，其中应上缴财政5115万元，应减少财政拨款或补贴4088万元，应归还原渠道资金16096万元，应调账处理金额6273万元；已上缴财政1052万元，已减少财政拨款或补贴4057万元，已归还原渠道资金253万元，已调账处理金额1648万元。移送司法机关、纪检监察部门处理事项1件，建议有关部门处理事项1件。提交审计工作报告、信息292篇，被采用185篇。

财政审计　完成预算执行审计项目43个，查出违规金额5247万元、管理不规范金额267049万元、应上缴财政金额4548万元、应归还原渠道资金14874万元。

完成财政决算审计项目9个，查出违规金额131万元、损失浪费金额91万元、管理不规范金额33809万元、应上缴财政44万元、应归还原渠道金额91万元。

专项资金审计　完成专项资金审计项目38个，审计查处违规资金821万元、管理不规范金额24689万元、应上缴财政32万元、应归还原渠道资金30万元。

行政事业审计　完成行政事业审计项目86个，审计查处违规金额2618万元、管理不规范金额10423万元、应上缴财政412万元、应归还原渠道资金1101万元。

固定资产投资审计　完成审计固定资产投资项目43个，查出违规金额181万元，管理不规范金额2863万元、应上缴财政79万元、应减少财政拨款或补贴2919万元。

经济责任审计　完成领导干部经济责任审计项目64个，查出违规行为金额1668万元（其中主管责任金额876万元，直接责任金额792万元），管理不规范金额28211万元。

专项资金审计（调查）　完成专项资金审计与审计调查38个，查出违规金额821万元、管理不规范金额24689万元、应上缴财政32万元、应减少财政拨款或补贴1169万元、应归还原渠道资金1169万元。　（撰稿人：叶　莉）

【雅安市审计局】　2009年，雅安市审计局人员编制40人，在编35人。局长王唯，副局长刘楠、王东，总审计师陈浮，纪检组长王露凤。设有办公室、人事教育法制科、经济责任审计分局、固定资产投资审计分局、财政审计科、金融审计科、行政社会保障审计科、农业外资审计科、经贸审计科。

审计成果　全市共完成审计项目95个，查出违规金额4762万元，管理不规范金额58704万元，审计处理处罚后应上缴财政4332万元，投资审计核减工程投资和扣减政府重点工程预付款947万元。提交信息196篇，被采纳52篇。

财政审计　雅安市审计局完成市财政局、市地方税务局具体组织2008年度市级财政预算执行审计；完成市民政局、市国土资源局、市林业局、市粮食局、市农机局、市药监局6个部门及其下属部分二、三级预算执行单位的预算执行及其他财政财务收支情况进行审计。完成石棉县、天全县2008年度财政决算和其他财政财务收支情况审计，查出违规金额并上缴市县两级财政3211.1万元。

金融审计　雅安市审计局配合四川省审计厅对雅西高速公路征地拆迁及公司本部的财务收支进行审计。完成四川省审计厅授权的港澳援建项目的前期审计调查。完成政府收费还贷二级公路债务及里程审计核实专项审计调查，基本锁定截至2008年12月31日，雅安市境内7条线路市政府收费还贷二级公路累计债务余额为100258万元。

固定资产投资审计　雅安市审计机关共完成竣工结算或决算审计项目346个，审计总金额56335万元，审减额3772万元（其中计划项目20个，审计总金额3563万元，审减额217万元）；政府重点工程和跟踪审计项目进度支付款审核72笔，审核进度款总金额17108万元，审减进度款1454万元。其中市本级完成竣工结算或决算审计项目70个，审计总金额23917万元，审减额954万元；政府重点工程和跟踪审计项目进度支付款审核46笔，审核进度款总金额5032万元，审减进度款802万元。

企业审计　完成雅安市商业银行、企业信用担保公司、雅安发展投资公司基本情况的审计调查。完成市政府交办的雅安市供排水公司经营状况的审计调查以及土粮公司资产负债及改制留守组费用开支情况的审计调查。

经济责任审计　完成领导干部任期经济责任35人，其中，县级领导干部7人、县级以下领导干部28人，任中审计22人，查出被审计领导干部应承担直接责任的违规金额534.7万元，应承担分管责任的违规金额384.7万元，应承担一般领导责任的违规金额783.4万元。经审计后，被组织部门平调的干部20人，免职的1人。移送司法机关1人，涉案金额21万元。

灾后重建项目审计　雅安市审计机关配合四川省审计厅对名山、雨城、天全、石棉、芦山、宝兴6县区灾后恢复重建实施跟踪审计，直接组织对市本级、汉源、荥经灾后恢复重建实施跟踪审计。全市跟踪审计27个重点工程项目，资金总额8.5亿元。对香港、澳门特区政府援助雅安市灾后恢复重建项目2009年度财务收支及项目执行情况进行审计。　（撰稿人：曾乐伟）

【阿坝藏族羌族自治州审计局】　2009年，阿坝藏族羌族自治州审计局人员编制37人，在编32人。局长罗启贵，副局长蔡永斌、杨国彬、韩殿友（12月—），纪检组长刘波。设有办公室、复核法制科、财政金融审计科、行政事业审计科、经贸审计科、固定资产投资审计科、经济责任审计科、审计信息科、监督室。

审计成果　阿坝州审计机关共完成审计项目205个。查出违规金额1466万元，管理不规范金额51048万元，应上缴财政1314万元（其中：税金16万元，罚没2万元，其他应缴财政1296万元），应减少财政拨款或补贴 200 万元，应归还原渠道资金 750 万元，应调账处理金额 5971 万元。已上缴财政 1313 万元，已减少财政拨款或补贴 200 万元，已归还原渠道资金 578 万元，已调账处理金额 5971 万元。审计后挽回（避免）损失 3998 万元。提出并被采纳建议 474 条。帮助被审计单位制定整改措施 15 项、建立健全规章制度 22 份。提交审计专题、综合性报告和信息简报 164 篇，被批示和采用 36 篇。

财政审计　州本级对州财政局、州地税局预算执行进行审计。组织审计力量对州发改委、州教育局、州民政局、州建设局、州药监局 5 个部门预算执行的延伸审计。

行政事业审计　全州县审计机关根据预算执行审计的情况，分别开展所辖行政事业单位的审计（或审计调查）。审计和审计调查 24 个单位，查出应缴未缴预算收入 19 万元、违规改变资金用途 439 万元、少缴税费 11 万元、未落实收支两条线和专户管理违规 21 万元。

固定资产投资审计　全州县审计机关共开展 8 个预算执行单位、31 个竣工决算单位固定资产投资项目进行审计。核减投资额 3998 万元。

企业审计　州县审计对 2 个国有企业开展审计，查处虚列成本费用 51 万元、负责不实 360 万元、损益不实 99 万元。

经济责任审计　全州、县审计机关共实施和完成经济责任审计项目 17 个，审计经济责任人 17 人。查出违规金额 38 万元，管理不规范金额 1207 万元，已提交审计报告 14 篇。其中，县级审计机关完成经济责任审计项目 13 个，审计经济责任人 13 人（党委政府领导 5 人、部门领导 5 人、事业单位领导人员 3 人），查出违规金额 38 万元，管理不规范金额 755 万元。州本级完成经济责任审计项目 4 个，审计经济责任人 4 人（其中：政府部门 1 人、国有及国有控股企业 2 人、事业单位领导人 1 人），查出管理不规范金额 452 万元。

专项资金审计（调查）　一是根据省审计厅安排，组织阿坝州 13 县审计机关及州本级开展 2008 年度全州扶贫开发和综合防止大骨节病试点工程资金的审计。审计总金额 32403.54 万元，查出违规金额 2188.66 万元，归还原渠道资金 40.66 万元，促进资金到位 1059.69 万元，规范管理 1088.3 万元。提出审计建议 4 条，被审计单位采纳 4 条；二是对 7 个非重灾县开展 2008 年度“民族地区教育十年行动计划”项目资金的审计。查出违规金额 124 万元，提出审计建议 3 条，被采纳 3 条，进一步规范专项资金的管理和使用；三是组织县审计局对涉及退牧还草工程资金的 6 个县开展审计。审计专项资金总额 6311 万元，提出审计建议 14 条，被采纳 14 条。

外资运用审计　州审计局根据省审计厅授权通知书，组织九寨沟、汶川县审计机关对辖区内港澳援建项目进行审计。对审计发现的问题，做到边跟进边审计，边促进边整改边规范。

灾后重建项目审计　根据《国家审计署关于汶川地震灾后恢复重建审计工作安排意见》和《四川省人民政府办公厅关于印发四川省汶川地震灾后恢复重建审计工作方案的通知》的要求，审计署直接对重灾县的中央、省投资的资金项目进行审计，全州十三县中汶川、理县、茂县、黑水、松潘、小金六县的中央、省投资的资金、项目由审计署特派办审计；州本级、九寨沟县和金川县的中央、省投资的资金、项目由省审计厅审计；州审计局负责辖区内审计监督工作的统筹协调，并对州本级投资的资金、项目进行审计监督，组织对其余 5 县审计机关开展灾后恢复重建资金项目的审计监督工作；对对口援建资金、项目由援建省审计机关进行审计。

州县审计机关累计派出审计组 51 个，派出审计人员 136 人次，外聘审计人员 13 人。对 255 个扩大内需灾后恢复重建资金、项目开展跟踪审计。其中：审计项目个数 26 个，审计调查项目个数 229 个。审计项目总投资 983623.11 万元，实际完成投资 368669.99 万元。节约或挽回损失 9217 万元（核减工程造价 9217 万元）。有关县政府和部门高度重视审计查出的问题，认真进行整改，审计整改落实率达到 100%，充分发挥审计在开展扩大内需和灾后恢复重建中的“免疫功能”作用。

（撰稿人：邓维学）

【甘孜藏族自治州审计局】　2009 年，甘孜藏族自治州审计局人员编制 40 人，在编 37 人。局长格绒，副局长肖志明、欧康清，纪检组长梁红。设有办公室、法制科、财政金融审计科、行政事业审计科、固定资产投资审计科、经贸审计科、农业资源环保审计科、社保审计科、经济责任审计分局。

审计成果　甘孜州审计机关共完成审计和审计调查项目442个，其中审计项目479个，审计调查项目21个。共查出违规金额2982万元，管理不规范金额18353万元，挽回经济损失4120万元，移送纪检监察部门进一步调查处理1件，涉案金额366万元。提出审计建议1059条，被审计单位采纳852条，促进制定整改措施11项，建立健全各种制度15个。2009年，甘孜州审计局被省审计厅评为2008～2009年度审计业务工作“优良单位”，荣获州委、州政府目标考核一等奖，被州直工委命名为州级机关文明单位、“四好”班子创建成效显著单位、优秀基层党组织，州审计局李孟虹被评选为全国审计系统先进工作者。

财政审计　全州审计机关完成对州本级和全州18个县2008年财政预算执行情况及转移支付资金及其他财政收支审计项目77个，审计查出未按规定征收、缴纳预算收入1101万元，资金滞留闲置598万元，违规改变资金用途268万元，账外资产7万元，其他问题查处金额2443万元。审计决定处理处罚71万元，其中罚没16万元，应归还原渠道资金64万元，应调账处理金额48万元。已上缴财政71万元，已归还原渠道资金64万元，已调账处理金额48万元。移送纪检监察部门进一步调查处理1件，涉案金额366万元。

行政事业审计　全州审计机关完成行政事业单位审计107个项目（包括经济责任审计项目81个），查出违规改变资金用途404万元，虚列支出480万元、少计少缴税费39万元，未落实收支两条线和专户管理规定109万元、账外资产16万元、超标准超计划支出77万元，其他问题查处金额6015万元。审计决定处理处罚107万元，应归还原渠道资金126万元，应调账处理金额837万元。已上缴财政107万元，已归还原渠道资金57万元，已调账处理金额381万元。

固定资产投资审计　全州完成固定资产投资审计项目253个，项目总投资260712万元，核减工程结算款4119万元。查出的主要问题有工程价款不实多计3489万元，工程价款不实少计16万元，挤占建设成本27万元，决算编报不规范248万元，超计划超标准超规模758万元，其他查处问题金额1219万元。审计后挽回（避免）损失4119万元。

经济责任审计　全州审计机关共完成经济责任审计项目84个，审计县级主要领导干部19人（其中企业法人1人）、区科级领导干部65人（其中企业法人2人）；在完成的审计项目中，任中审计8人，离任审计76人。审计查出违规金额1519万元（其中领导负主管责任1167万元、直接责任352万元），管理不规范金额5741万元。审计决定应缴财政107万元，应归还原渠道资金69万元，已上缴财政107万元，审计决定执行率100%。向有关部门提交审计结果报告84份，为组织人事部门考核任用干部提供依据。

专项资金审计（调查）　全州共完成专项资金审计及审计调查项目55个。审计专项审计资金总额298902万元，审计查出违规改变项目计划和资金用途1184万元，虚列支出40万元，资金滞留闲置96万元，配套资金不落实225万元，其他查处问题金额1851万元。

（撰稿人：郑泽兵　郑迎春）

【凉山彝族自治州审计局】　2009年，凉山彝族自治州审计局人员编制63人，在编63人。局长苏志明，副局长邢琦、李伟玲、伍皎辉（1月—），总审计师李文品，纪检组长龙建平。设有办公室、人事教育科、法制科、财政审计科、外资与资产投资审计科、行政事业与社会保障审计科、农业与资源环保审计科、经贸审计科、经济责任直属分局、监察室、信息中心。

审计成果　凉山州审计机关完成审计项目433个，查出违法违规金额80579万元，其中应上缴财政20998万元，应减少财政拨款或补贴843万元，应归还原渠道资金8636万元，应调账处理金额21025万元；已上缴财政19638万元，已减少财政拨款或补贴782万元，已归还原渠道资金7317万元。移送司法机关、纪检监察部门处理事项10件，建议有关部门处理事项1件。提交审计工作报告、信息348篇，被采用206篇。凉山州审计局被国家社会保障和人力资源部、审计署评为“全国审计系统先进集体”。

财政审计　开展财政审计项目共130个，查出违规金额70832万元，管理不规范金额57861

万元；依法出具审计报告和审计决定处理处罚后已上缴财政18439万元，已归还原渠道资金6453万元，已调账处理17009万元；应上缴财政19739万元，应减少财政拨款或补贴28万元，应归还原渠道资金7685万元，应调账处理15972万元。

行政事业（企业）审计　完成行政事业审计项目128个，查出违规金额5898万元，管理不规范金额11882万元；依法出具审计报告和审计决定处理处罚后应上缴财政1192万元，应归还原渠道资金797万元，应调账处理2607万元。向司法机关移送案件1起，涉案人员10人，涉案金额940万元；向纪检监察部门移送案件6起，涉案人员24人，涉案金额179万元。

固定资产投资审计　开展投资项目审计106个，查出违规金额2745万元，管理不规范金额682万元；核减投资额（结算）2913万元，违规改变资金用途90万元，工程造价不实（多计）2893万元，少计少缴税费41万元；挽回（避免）损失2913万元，依法出具审计报告和审计决定处理处罚后应上缴财政43万元，应减少财政拨款或补贴815万元，应归还原渠道资金90万元，应调账处理2199万元。

金融、外资运用审计　完成金融外资运用审计项目8个，查出违规金额114万元，管理不规范金额88万元。向有关部门移送案件1起，涉案金额82万元。

经济责任审计　完成经济责任审计103人（100个单位），查出违规金额属主管责任4275万元，属直接责任105万元；管理不规范金额属主管责任10444万元，属直接责任366万元；查出领导干部涉嫌个人经济问题2人，涉及金额10万元。24人被移送纪检监察机关，10人被移送司法机关。

专项资金审计　完成专项审计项目67个，查出违规金额1008万元，管理不规范金额1673万元；依法出具审计报告和审计决定处理处罚后应上缴财政24万元，应归还原渠道资金64万元，应调账处理159万元。　（撰稿人：张保权）

2009年四川省所辖区、县级审计工作统计表

金额单位：万元

审计机关	完成审计项目(个)	查出违规金额	应上缴财政	应减少财政拨款或补贴	应归还原渠道资金	应调账处理金额	移送司法、纪检部门处理事项(件)	建议有关部门处理(件)	出具审计报告和审计调查报告(篇)	提出审计建议(条)	撰写审计信息(篇)
成都市											
成都市本级	99	10905	10249			876	5		99	218	82
青羊区审计局	130	1838	39	1799					130	112	43
锦江区审计局	324								324	61	42
金牛区审计局	208	133	129		4				208	32	30
武侯区审计局	103	2433	2397		899				103	73	27
成华区审计局	134	1471	1471		8110	93	1		134	190	97
龙泉驿区审计局	23	5640	5639			1	1		23	84	39
青白江区审计局	33	10920	7770	3142	8	3098			33	101	88
新都区审计局	45	31091	31014		1685	1412			45	62	42
温江区审计局	26	8586	8180			1644	4		26	80	78
都江堰市审计局	75	62	34		3	5	1		75	147	55
彭州市审计局	147	140	140				1		147	117	20

（续表）

审计机关	完成审计项目(个)	查出违规金额	应上缴财政	应减少财政拨款或补贴	应归还原渠道资金	应调账处理金额	移送司法、纪检部门处理事项(件)	建议有关部门处理(件)	出具审计报告和审计调查报告(篇)	提出审计建议(条)	撰写审计信息(篇)
邛崃市审计局	183	348	294		5594				183	74	31
崇州市审计局	57	12	12				1		57	70	97
金堂县审计局	20	1	1						20	29	58
双流县审计局	129	586	283		252	51			129	85	50
郫县审计局	90	1534	1534			8594			90	69	51
大邑县审计局	157	2850	2849						157	285	
蒲江县审计局	52	84	1		892	162			52	71	127
新津县审计局	128								128	47	49
高新区审计局	554	172	233		40	1			554	292	2
广元市											
广元市本级	40	7735	7104		991	558	1		40	91	65
利州区审计局	11	435	39		458	13879			12	48	60
元坝区审计局	7	985	18		631	294			5	26	
朝天区审计局	27	903	70		410	676			27	42	40
旺苍县审计局	32	206	1590		55	25296			32	36	48
青川县审计局	19	19725	2		286	5523	1		19	54	
剑阁县审计局	33	42	42			15			33	79	8
苍溪县审计局	45	1993	324	417	23	2417			45	92	15
绵阳市											
绵阳市本级	113	19819	18763		399	126268	6	4	117	275	213
涪城区审计局	61	1117	193		549	675			61	80	69
游仙区审计局	37								37	29	
江油市审计局	40	1100	1100		69		1	1	31	66	73
三台县审计局	43	6177	6177		394	363	3	1	43	80	171
盐亭县审计局	37	591	89	84	88	2313			37	69	40
安县审计局	52	2616	2445	44	7	2959			52	51	50
梓潼县审计局	37	1662	1289		111	16823			37	60	
北川羌族自治县审计局	18	99	93			3567			22	49	
平武县审计局	34	4	4		1	2			34	41	33
德阳市											
德阳市本级	53	3133	2946	727	252	4931			53	148	96
旌阳区审计局	25	13005	3559		26	3462			23	72	76
什邡市审计局	28	1053	796			4951			25	71	56

（续表）

审计机关	完成审计项目（个）	查出违规金额	应上缴财政	应减少财政拨款或补贴	应归还原渠道资金	应调账处理金额	移送司法、纪检部门处理事项(件)	建议有关部门处理(件)	出具审计报告和审计调查报告(篇)	提出审计建议(条)	撰写审计信息(篇)
广汉市审计局	40	1191	914		2	1424			40	106	71
绵竹市审计局	21	1871	1704			167			21	50	41
罗江县审计局	16	50	37		13				16	23	21
中江县审计局	112	1001	984			4991			148	169	72
南充市											
南充市本级	51	11755	1352		1949	6025	1	2	51	110	17
顺庆区审计局	102	1593	84						102	114	8
高坪区审计局	82	11420	141		3010	1362			78	95	15
嘉陵区审计局	49	1155	79		49	8			49	83	31
阆中市审计局	40	228	63						40		9
南部县审计局	101	231	45				4		101		
营山县审计局	134	945	41				1		134	268	26
蓬安县审计局											
仪陇县审计局	23	3030	178		2082	15772			23	85	
西充县审计局	72	800	413		13	20			72	61	27
广安市											
广安市本级	58	7008	553		330	5493			58	97	55
广安区审计局	97	2271.4	46.11	759.04		592.03	1		113	46	86
华蓥市审计局	89	11998	24		2936	9038			92	110	93
岳池县审计局	157	3826	821		64	1485	1		157	403	127
武胜县审计局	141	604	12	1430	10	196	1		141	46	125
邻水县审计局	182	17982	108	3	3	7	2		128	192	65
遂宁市											
遂宁市本级	59	3379	3363		83	22363		2	59	101	103
船山区审计局	12	471	471		1032	836			12	33	38
安居区审计局	22	385	3	859	3	2832			22	48	38
蓬溪县审计局	55	600	119	156	279	412			55	73	10
射洪县审计局	34	620	528		1	7964	1		34	53	42
大英县审计局	10	27	27			1042			10	30	11
内江市											
内江市本级	45	4952	176		82	6635	1	2	45	82	105
市中区审计局	20	1494	428			433			20	51	182
东兴区审计局	63	1283	42		2033	289			63	212	64
威远县审计局	35	2048	1322		92	793	2		35	88	95

（续表）

审计机关	完成审计项目(个)	查出违规金额	应上缴财政	应减少财政拨款或补贴	应归还原渠道资金	应调账处理金额	移送司法、纪检部门处理事项(件)	建议有关部门处理(件)	出具审计报告和审计调查报告(篇)	提出审计建议(条)	撰写审计信息(篇)
资中县审计局	56	3549	464		180	1161	3		56	139	98
隆昌县审计局	35	794	276		2	1094			35	80	172
乐山市											
乐山市本级	37	6934	3627		94	3221	1		37	95	17
市中区审计局	24	704	551		44	954			24	20	48
沙湾区审计局	42	274	56	955	60	88			42	55	24
五通桥区审计局	37	11468	3953	710	5	7510	1		37	48	26
金口河区审计局	13	562		89		12				20	
峨眉山市审计局	21	17	18	178			1		21	77	47
犍为县审计局	24	1	3						24	53	4
井研县审计局	60	381	132	248					60	91	13
夹江县审计局	24	351	1492	302		49			24	58	13
沐川县审计局	63	9986	592	31	173	5297			65	155	12
峨边彝族自治县审计局	18	13	7			489			18		10
马边彝族自治县审计局	36	5630		126	225	126			36		13
自贡市											
自贡市本级	42	322	323	901	43	5927	1	2	42	118	108
自流井区审计局	16	8	8	36	335	2978			16	35	12
大安区审计局	13	276	276	57		370			13	15	6
贡井区审计局	32	686	686	524		1040			32	28	23
沿滩区审计局	15	539	539	402	1	2934			15	14	40
荣县审计局	107	1996	1996	789	106	2068			107	75	72
富顺县审计局	60		1	3297		1040			60	183	50
泸州市											
泸州市本级	58	6418	1029		2907	7585	1	3	59	99	208
江阳区审计局	30	2590	52		6	3447			30	85	131
纳溪区审计局	15	28	4			132			15	48	162
龙马潭区审计局	17	1510	19				1		17	44	71
泸县审计局	30	124	28		57	101			30	57	117
合江县审计局	26	994	58		8	563			26	90	147
叙永县审计局	39	8330	47	70	406	728			40	60	55
古蔺县审计局	30	1041	73		303	3091	1	1	30	123	79

（续表）

审计机关	完成审计项目（个）	查出违规金额	应上缴财政	应减少财政拨款或补贴	应归还原渠道资金	应调账处理金额	移送司法、纪检部门处理事项（件）	建议有关部门处理（件）	出具审计报告和审计调查报告（篇）	提出审计建议（条）	撰写审计信息（篇）
宜宾市											
宜宾市本级	52	59128	57987		740	4616	1	12	52	4	123
翠屏区审计局	34	209	119	622	173	1267	1	1	34	100	78
宜宾县审计局	36	2175	670	290	37	221			36		85
南溪县审计局	54	146	146		302	2171			54	61	140
江安县审计局	30	492	240	229	7	1347			30		60
长宁县审计局	26	1	1	4	74	76			26	58	48
高县审计局	26	2314	1789	3	278	147			26	58	65
筠连县审计局	18	1644	1575			82			18		31
珙县审计局	38	8	8		5	12			38	66	77
兴文县审计局	33	14838	25	184	9070	400			33	48	24
屏山县审计局	19	715	715		74	151			19	57	18
攀枝花市											
攀枝花市本级	68	3877	422		333	4881	1		68	249	60
东区审计局	16	73				73			16	15	4
西区审计局	23	88	88						23	45	5
仁和区审计局	16	215	50			120			16	37	4
米易县审计局	34	2213	53	112	140	4965			34	116	7
盐边县审计局	39	111	49		31	393			39	157	2
巴中市											
巴中市本级	27	3219	336		5035	7439		1	21	78	75
巴州区审计局	28	1424	56	4952	57882	22341			28	102	
通江县审计局	16	1304	19		1153	27			16	70	
南江县审计局	8	2158	53		5588	500			8	24	
平昌县审计局	21	307	5			30			21	56	15
达州市											
达州市本级	68	5151	473		31	32838	1	2	68	204	84
通川区审计局	46	1695	51	44		1599			46	50	14
万源市审计局	41	650	102		734	82	1	2	9	97	20
达县审计局	94	709	238	58	3101	2434	1		94	79	42
宣汉县审计局	61	578	49	2452	11414	3630	3		61	96	24
开江县审计局	80	477	46	44	789	1008			80	37	34
大竹县审计局	85	3439	84	19	1417	2932			85	242	120

（续表）

审计机关	完成审计项目（个）	查出违规金额	应上缴财政	应减少财政拨款或补贴	应归还原渠道资金	应调账处理金额	移送司法、纪检部门处理事项（件）	建议有关部门处理（件）	出具审计报告和审计调查报告（篇）	提出审计建议（条）	撰写审计信息（篇）
渠县审计局	26	4112	67	16	89	1870			26	18	50
资阳市											
资阳市本级	44	7041	442	1536	17448	3617	2		44	136	121
雁江区审计局	72	1896	52	700		4			72	137	82
简阳市审计局	10	91523	125	5020		307			100	108	33
乐至县审计局	55	1949	240	34	3	403			55	19	30
安岳县审计局	57	2388	114	2649		19999	1		57	117	23
眉山市											
眉山市审计局	42	1004	917	2251	313	1361	0		42	86	74
东坡区审计局	40	998	893	258	47	91			40	60	35
仁寿县审计局	37	2195	240	140	46	644	2		37	46	35
彭山县审计局	29	1173	119	586	113	275			29	71	41
洪雅县审计局	16	2348	2248	285	4220	13			16	49	10
丹棱县审计局	27	113	72	352	10311	3867			27	39	43
青神县审计局	31	1167	626	216	1046	22	1		31	86	54
雅安市											
雅安市本级	14	3826	3298		16	1913			15	45	98
雨城区审计局	12	553	513		20	2		1	13	26	13
名山县审计局	13					1534			14	25	12
荥经县审计局	18	1	1	78					19	52	11
汉源县审计局	7					11			8	21	5
石棉县审计局	9			41	227	79			11	27	19
天全县审计局	6	284			52	238			8	15	17
芦山县审计局	8	133	1		9	84			10	24	11
宝兴县审计局	8	519	519						9	21	10
阿坝藏族羌族自治州											
阿坝藏族羌族自治州本级	15	148	37		245	797			15	37	65
马尔康县审计局	11	8	8		6				11	32	
汶川县审计局	12	28	1			46			12	29	27
理县审计局	11	22	22		166	14			11	42	
茂县审计局	11	19	5		41	111			11	43	
松潘县审计局	9	7	7		37	11			9	19	

（续表）

审计机关	完成审计项目(个)	查出违规金额	应上缴财政	应减少财政拨款或补贴	应归还原渠道资金	应调账处理金额	移送司法、纪检部门处理事项(件)	建议有关部门处理(件)	出具审计报告和审计调查报告(篇)	提出审计建议(条)	撰写审计信息(篇)
九寨沟县审计局	22	1077	1077		1	168			22	53	31
小金县审计局	18	7	7	19					18	38	19
金川县审计局	15	112	112	50	64	30			15	45	
黑水县审计局	11	1	1			20			11	16	
壤塘县审计局	19			18	35	5592			19	37	
阿坝县审计局	19				1				19	19	
若尔盖县审计局	20	24	24	113	5	662			20	49	
红原县审计局	12	13	13		149	120			12	35	
甘孜藏族自治州											
甘孜藏族自治州本级	64	2435	65		69	53	1		84	257	97
康定县审计局	11	21	21		3				11	26	
泸定县审计局	18	14	7						18	43	57
丹巴县审计局	20	24	24		39	286			20	9	4
九龙县审计局	23	27	27		13	96			23	86	43
雅江县审计局	15								15	3	10
道孚县审计局	109	28	3		3	650			110	230	30
炉霍县审计局	16	4							16	44	32
甘孜县审计局	4								4		
新龙县审计局	20					441			20	50	7
德格县审计局	10	353	18		63	1			10	23	38
白玉县审计局	11								11	29	10
石渠县审计局	11	6	1		17		11	30	6		
色达县审计局	23								23	18	12
理塘县审计局	15								15	20	20
巴塘县审计局	14	33	5						14	18	12
乡城县审计局	24			4		456			24	73	36
稻城县审计局	37								37	67	19
得荣县审计局	34	37	18			3			34	33	9
凉山彝族自治州											
凉山彝族自治州本级	52	36594	8517		2318	12482	1	1	52	163	64
西昌市审计局	79	16776	7069		1430	2741	7		79	139	34
盐源县审计局	14	1243	188		103	1546			14	31	12

（续表）

审计机关	完成审计项目（个）	查出违规金额	应上缴财政	应减少财政拨款或补贴	应归还原渠道资金	应调账处理金额	移送司法、纪检部门处理事项（件）	建议有关部门处理（件）	出具审计报告和审计调查报告（篇）	提出审计建议（条）	撰写审计信息（篇）
德昌县审计局	27	3424	1690	59	1	279	1		27	51	15
会理县审计局	17	1323	1203	68		4			17	38	18
会东县审计局	47	1763	486	539	66	489			47	91	24
宁南县审计局	17	615	7			9			17	18	12
普格县审计局	21	11374	6	28	939	1892			21	68	15
布拖县审计局	14	229				11			14	30	8
金阳县审计局	16	265	219			247			16	23	10
昭觉县审计局	16	4436	1			98			16	53	12
喜德县审计局	10	81				43			10	31	8
冕宁县审计局	18	304	17		2382	162	1		18	29	16
越西县审计局	17	1115	120	88		4			17	35	12
甘洛县审计局	24	254	32			418			24	20	14
美姑县审计局	11	226	23		2	126			11	41	12
雷波县审计局	16	415	37		30	61			16	51	12
木里藏族自治县审计局	17	158	23		46	413			17	45	6

贵州省

【贵州省审计厅】　2009年，贵州省审计厅人员编制176人，在编166人，领导职数9名。厅机关设有办公室、法规处、财政审计处、行政事业审计处、农业与资源环保审计处、金融审计处、企业审计处、社会保障审计处、外资运用审计处、人事处、机关党委、离退休干部处；下辖贵州省经济责任审计局和固定资产投资审计局，其中经济责任审计局设3个处；固定资产投资审计局设有2个处；另外还设有发展统计审计处、国资及经济和信息审计处、教育审计处、科技审计处、政法民（族）宗（教）审计处、国土环保审计处、人力资源民政审计处、建设审计处、交通审计处、农林水审计处、文体卫新闻审计处、经济执法及外事旅游派出审计处；还设有审计培训中心、审计信息中心直属事业单位。

领导成员

厅　　长：张如飞

副 厅 长：丁诗建　黄启明　寇　平

　　　　　吕建军　游明进

总审计师：卢　伟（4月—）

专职纪检监察员：张　杰

审计成果　2009年，全省共审计2674个单位，查出违规问题金额14.92亿元，损失浪费金额44733万元，促进财政增收节支15.97亿元。向司法、纪检监察机关及有关部门移送案件、事项56件，涉及人员54人，涉及金额3851万元。通过审计为国家增收节支159749万元，其中已上缴财政38920万元，已减少财政拨款或补贴7335万元，已归还原渠道资金113494万元。在坚持公开、公平、公正的原则下，对全省推荐的34个项目进行认真评选，有9个项目被评为2008年度表彰项目、6个项目被评为2008年度优秀审计项目。在全国优秀项目评选中，省审计厅荣获1个优秀审计项目和1个表彰项目。在全国审计系统先进集体和先进工作者表彰大会上，黔南州审计局、大方县审计局荣获全国审计系统先进集体；贵阳市审计局方鉴常同志荣获全国审计系统先进工作者。

预算执行审计　全省各级审计机关在以规范预算收支管理和财政分配秩序为重点的基础上，深化本级财政预算管理审计。全年共对9个省级预算执行单位、66个地级预算执行单位、326个县级预算执行单位实施审计，揭示本级预算和部门预算执行中存在的主要问题，并针对性地提出了加强管理、完善制度的建议，有力地推进公共财政体制改革，较好地发挥审计机关的建设作用。受省政府委托，厅长张如飞向省十一届人大常委会第九次会议作了《关于2008年度贵州省级预算执行和其他财政收支的审计工作报告》，并得到省人大常委会的高度肯定。

新增中央投资项目审计　针对全省获得中央新增投资163.8亿元，全省审计机关成立27个审计调查组对省新增中央投资项目进行审计调查，同时对涉及发改、财政、水利、建设、交通、农业等部门的新增投资资金进行审计调查。从调查结果来看，存在部分项目进度缓慢、个别竣工工程未能发挥效益等一些值得关注的问题。有关部门对这些问题高度重视并及时组织力量进行整改，审计机关及时跟进，保障了全省宏观决策部署得到及时贯彻落实。

农村危房改造跟踪审计　组织对全省18个县（市、区）农村危房改造资金进行“交叉”审计，共抽查119个乡镇8261户的档案资料，占18个县危改计划任务数的54.53%，其中实地到农户走访调查3164户，占18个县危改计划任务数的20.89%。审计反映揭示的套取危改资金、挪用挤占和滞留资金、优亲厚友等情况，引起省政府领导的高度重视，省纪委、省监察厅就审计查出的问题召开全省农村危房改造工程督查督办专题工作会议，要求各级地方党委政府认真整改，确保全省危房改造工作顺利推进。

专项审计调查　（1）对2007年插秧机购置补贴资金进行专项审计调查。重点抽查惠水县、黄平县和兴义市农业机械服务中心。审计调查发现，上述三个地方插秧机购置中存在虚假报账、转手倒卖、闲置浪费等问题。利用虚假报账和转手倒卖，共套购机取补贴资金121.38万元。调查表明插秧机闲置浪费严重，利用率较低，主要是有的地方机插秧的育秧技术不成熟、不过关、所购机型不适应山区多田块小的实际，制约了插秧机的大力推广。重点抽查的县（市）还存在将所购置的插秧机，主要保存在农机中心及农户家，大部分闲置未使用，部分存放在露天的已生锈，闲置浪费情况较为严重。省有关领导同志对审计调查发现的问题作出重要批示，省农委组织对插秧机购置使用情况进行认真全面清查，省纪委组织对惠水等三个县进行重点督促整改。

（2）组织对六盘水市、安顺市、黔南州及所辖的8个县（区）2006年至2008年长江上游水污染防治及资金管理使用情况进行审计调查。本次审计调查是在审计署的直接指导下，首次通过资金的使用延伸到对环保的技术审查，向另一领域进行开拓式的探索。调查结果反映，三个市（州）境内长江上游水质仍不容乐观，2008年COD排放量未完成国家“十一五”水污染总量削减目标责任书规定的目标；城镇生活污水排放与2005年的排放量相比略有增加；城市生活污水处理率距2010达到60%的目标还相差甚远；污水处理厂和垃圾填埋场建设项目缓慢，工程投资效益还未得到有效发挥；小水电开发大多未经环评，存在无序开发；排污费征收管理中存在应收未收、挤占挪用行为；水污染防治工作体制、机制需进一步健全完善。根据存在的问题，提出审计建议，为确保饮用水安全，创建环境友好型社会做出积极努力。

（3）组织完成省农业委员会、铜仁市和遵义县的沼气专项资金审计调查，揭示大中型沼气建设资金、乡村清洁工程、养殖小区及联户建设等项目资金在申报、使用、管理中存在的问题。完成黔西县2007年至2008年度沼气建设专项资金的审计，查出滞留专项资金433万元，财务及项目管理资料未能真实反映沼气建设专项资金的支出和项目完成情况，部分地方存在虚报项目及工程量套取资金100多万元设置“小金库”等问题，有关的违规事项及个人，已移送有关部门进行处理。

（4）组织完成了贵阳市 2007 年至 2008 年度政府投资保障性住房资金专项审计调查。结果表明：贵阳市政府积极采取措施扩大廉租房保障制度的惠及面，2008 年保障家庭从上年的 2398 户增加至 6174 户，保障范围由上年人均住房建筑面积 8m² 以下的低保家庭扩大至人均住房建筑面积 12m² 以下，对改善城市低收入家庭住房条件方面发挥了积极作用。审计调查也发现了政策执行不够到位，未达到应保尽保；资金使用效率不高，部分资金管理不够规范；建设项目管理不规范，给项目管理、房源分配及后续管理带来影响；有关部门管理监督职责履行不够到位，缺乏协调和监督机制等一些突出问题。审计调查揭示的一些问题引起有关单位的重视，组织力量进行整改。

（5）完成了对贵州黄果树旅游集团股份有限公司、贵阳市黔灵山公园管理处、贵阳市花溪公园 2006 年以来景区经营收入、相关支出及负债情况的审计调查。审计调查在全面分析了这三个单位收入和支出结构组成、历年变化情况的基础上，对其债务情况作了全面的了解，对其在管理体制方面、景区经营、景区企业经营管理及其他方面存在的问题均作了具体的反映，对审计调查中发现的被审计调查单位存在的不符合财经制度和相关规定的问题，已向相关单位提出要求整改的意见及合理化的建议。

固定资产投资审计　全省审计机关共完成投资审计项目 775 项，核减工程投资 6.13 亿元。省厅组织完成崇遵高速公路的竣工决算审计，核减投资 18909 万元；贵阳市对南环线、奥体中心等重大投资项目提前介入审计，同时还完成政府投资项目 300 多项，核减建设资金 9000 多万元；黔南州对烟水配套工程进行审计，核减投资 535 万元；铜仁、黔西南创新审计方法，开展项目前期审计，节约了大量公共财政资金；赫章县实行建设项目招标控制价审查，一年核减建设资金 3000 多万元。经过各级审计机关的努力，重大投资领域高估冒算、损失浪费、管理不严等问题得到一定程度的遏制，在促进全省经济又好又快发展中发挥了积极作用。

外资运用与政府外债审计　按照新的外资审计管理方式组织完成国外贷援款审计项目 8 个，出具公证审计报告 7 份、综合审计调查报告 1 份、整改建议函 4 份。查出违规资金 1301 万元，通过“交叉审计”，基本解决了涉及政府行为的违规问题不能向上反映的弊病，重点揭示国外贷援款项目资金整体概况和效益情况，披露了违反国家法规和国外贷援款项目协定，以及内部控制存在重大缺陷等问题，促进外资项目经济社会效益不断提高。

组织全省审计机关对省各级政府截至 2008 年底的外债情况进行专项审计调查。分析反映了省国际金融组织和外国政府贷款的来源、规模、分布、投向以及还本付息情况和债务管理情况，同时揭示部分国外贷款项目投资存在损失浪费、项目单位拖欠国外贷款、财政部门垫付贷款本息比较严重等问题，促进政府加强与完善外债管理。

监狱及监办企业审计　组织完成贵州省安顺监狱、轿子山监狱、凯里监狱、都匀监狱、平坝监狱五所监狱及其监办企业 2006 年至 2008 年度财政财务收支审计。审计表明，五所监狱及其监办企业存在资产不实、利润不实、基本建设管理薄弱、相关内部控制制度不健全等问题，特别突出的有私设“小金库”、“账外账”、库存产品去向不明等问题。审计均依法作出处理处罚，并提出审计建议，有效地促进各监狱加强完善内部管理，推进监企改革。

体育彩票资金审计　完成省体育局的彩票审计，揭示省体育局 2008 年度各种体育彩票销售收入 69367 万元，提取公益金 21301 万元，返奖等各项支出 37066 万元。审计揭示公益金使用中存在的滞留、挪用问题，体彩中心财务管理中不合规问题及与民营公司合作中存在的投资分成问题。

经济责任审计　全省对 385 名领导干部进行经济责任审计，查出违规金额 30544 万元、管理不规范金额 176978 万元。省审计厅完成黔南州州长、贵州省委党校副校长、贵州省水利厅厅长、贵州省乡镇企业局局长、贵州省商务厅原厅长、瓮福（集团）有限责任董事长、贵州九联企业（集团）有限责任公司原总经理、贵州省人民政府驻北京、深圳办事处主任等 9 名省管干部的经济责任审计，揭示私设“小金库”、乱收费、截留上级收入、挤占挪用专项资金等问题。

省本级制定《贵州省领导干部经济责任审计结果运用暂行办法》；六盘水市制定《六盘水经济

责任审计评价实施细则》；都匀、龙里等县（市）建立《经济责任审计结果运用办法（试行）》和《审计结果公告办法》等制度。

相关工作 （1）审计制度建设，建立完善《审计执法过错责任追究制度（试行）》、《审前调查实施办法》、《审计证据质量控制实施办法》、《审计日记和审计工作底稿质量控制实施办法》、《审计结果落实情况检查办法》等规章制度，为进一步规范审计质量控制程序、提高审计质量、防范审计风险提供制度保障。

（2）AO系统培训与运用，加大现场审计实施系统实务操作培训，全年共举办AO系统培训班6期，培训人数达600多人次，在此基础上组织全省审计系统400余人参加国家审计署统一举行的AO认证考试。并在2009年的审计项目中，全面推广应用AO系统，使现场审计取得了事半功倍的成效。

（3）加强整改落实，一是督促检查2006年至2007年扶贫资金违纪违规问题的整改。已归还被挤占挪用资金1090.8万元，占应整改资金的85.77%；违规私设“小金库”的93.20%得到整改。二是对农低保审计中发现的重大问题督促当地政府处理、纠正，及时维护了农民群众利益，已有100多名涉及农低保问题的责任人受到党纪政纪处分。三是两次督促义教经费审计整改，各市（州、地）、县及乡镇教育管理部门违规挤占挪用的义务教育经费已归还14101.20万元，各级政府对审计机关查出的私存私放义务教育经费的相关责任人进行责任追究。

（4）学习贯彻科学发展观，按照贵州省委学习实践科学发展观活动领导小组实施方案的安排和要求，扎实做好学习实践活动每一个环节，精心组织实施，圆满地完成了整个学习实践活动的各项任务。召开各类型座谈会近60次，梳理影响审计发展的问题共五类、28条，征求合理化建议12条，形成调研报告7篇。为保证整改落实方案中涉及的主要问题得到有效落实，在建立有关整改责任制的基础上，对相关制度做了一次全面清理，修订完善制度12个，新建制度20个。通过对机关管理制度和审计工作管理制度的完善，强化整改落实工作的长期性、实效性。学习实践活动的开展，加深全厅广大党员特别是党员领导干部对科学发展观的理解，增强忧患意识、责任意识和机遇意识，促进审计工作科学发展上水平。

（撰稿人：陈迎春）

【贵阳市审计局】 2009年，贵阳市审计局人员编制106人，在编97人。局长方鉴常，副局长周毅、罗继荣、王雄伟，总审计师汪耘，纪检组长彭中利。设有固定资产投资审计处、财政审计处、经济责任审计处等14个职能处（室）。

审计成果 贵阳市审计机关完成各类审计和审计调查项目215个，查出各类违规金额4587万元，经审计处理，应上缴财政4120万元，应减少财政拨款补贴173万元，应归还原渠道资金1801万元，应调账处理金额4552万元；已上缴财政2395万元，已归还原渠道资金1772万元，已调账处理金额2433万元。移送纪检监察部门处理3件，涉及人员4人，涉及金额755万元。全市完成政府交办投资审计项目365个，审计总金额9.72亿元，核减约9000余万元。提交审计信息简报450期，其中被审计署采用3篇，被省审计厅采用10篇，被市委、市政府采用17篇。

财政审计 完成财政审计项目40个，共查出各类问题金额73715万元，其中违规金额1340万元，管理不规范金额72375万元；审计处理处罚金额3390万元，其中应上缴财政1340万元，应归还原渠道资金6万元，应调账处理金额2044万元。组织开展下级政府财政决算的审计，完成审计项目17个，审计查出违规金额2834万元，管理不规范金额16660万元，应上缴财政2379万元，应调账处理金额580万元。

行政事业审计 共审计（调查）52个行政事业单位，查处违规金额54万元，管理不规范金额23356万元。通过审计，促进行政事业单位不断完善内部财务管理。

农业与资源环保审计 完成农业与资源环保审计项目19个。通过审计促进拨付资金到位246万元，审计查出违规改变项目计划和资金用途24万元，资产滞留闲置373万元，未纳入财政专户管理10万元，配套资金不落实282万元。

固定资产投资审计 贵阳市审计局完成“投转固”任务9个，审计总金额4.13亿元，其中工程决算审计3.23亿元，核减0.28亿元。还完成对贵阳市地理信息系统项目一期工程竣工财务决算以及贵阳市新增中央投资项目的审计和审计调查。

社会保障审计 组织开展审计项目22个，审计专项资金47629万元。审计查出违规改变项目计划和资金用途4万元，资金滞留闲置385万元，配套资金不落实161万元。

企业审计 对贵阳煤气气源厂、贵州华能焦化制气股份有限公司等9家企业2008年度资产、负债和损益情况进行审计，查出违规金额171万元，管理不规范金额2316万元。

经济责任审计 完成40名领导干部的经济责任审计（审计单位40个），其中县处级领导干部10人、县处级以下领导干部29人、国有及国有控股企业领导干部1人。查出违规金额97万元，其中主管责任金额88万元，直接责任金额9万元；查出管理不规范金额5040万元，其中主管责任金额4983万元，直接责任金额57万元。领导干部涉嫌个人经济问题1人，金额1万元。

专项资金审计 重点对全市10个区（市、县）人民政府义务教育经费、就业再就业专项资金、国有资产收益及国有企业改革发展等涉及“三保”工作的专项基金以及贵阳市价格调节基金进行审计。（撰稿人：王秋明）

【六盘水市审计局】 2009年，六盘水市审计局人员编制54人，在编44人。局长李丽，副局长张勤荣、李文旭，专职纪检员张传义。设有办公室、人事教育科、经济责任审计一科、经济责任审计二科、法制科、财政金融审计科、行政事业审计科、经贸审计科、农业与资源环保审计科、固定资产投资审计科、社会保障与外资审计科、农业资源环保派出审计组、社会保障救济派出审计组、文教体卫科技经贸派出审计组、基本建设投资派出审计组、审计政策咨询中心。

审计成果 六盘水市审计机关共完成审计及审计调查项目105个，其中审计项目91个，审计调查项目14个。查出违规金额8489万元，其中应上缴财政4415万元，应减少财政拨款或补贴70万元，应归还原渠道资金9217万元，应调账处理金额11143万元；已上缴财政3853万元，已减少财政拨款或补贴64万元，已归还原渠道资金7594万元，已调账处理金额9698万元。移送司法机关、纪检监察部门处理事项3起，建议有关部门处理事项1件。提交审计工作报告、信息119篇，被采用89篇。

财政审计 开展财政审计项目34个，应上缴财政3451万元，已上缴财政3344万元。

行政事业审计 完成17个行政事业审计项目，查出违规改变资金用途352万元，虚列支出435万元，账外资产155万元，未落实收支两条线和专户管理规定287万元，应上缴财政452万元，已上缴财政120万元。

固定资产投资审计 完成固定资产投资审计项目16个，审计项目投资总额34169万元，完成投资额19280万元，审减工程款2605万元。

经济责任审计 完成经济责任审计项目13个，查出违规金额2912万元，管理不规范金额25309万元，损失浪费463万元。认真落实市、县经济责任审计工作部门联席会议制度，推进党政主要领导干部任期经济责任年度自查备案制度，为进一步规范经济责任审计工作和运用经济责任审计结果，由市纪委、组织、监察、人事、审计、财政等经济责任审计联席会议六部门联合下发《六盘水市经济责任审计审前公示制度》。从2010年1月1日起，全市审计机关对领导干部任期经济责任审计全面实行“审前公示”制度。

专项资金审计（调查） 完成专项资金审计和审计调查项目29个，审计专项资金总额465330万元，查出应缴未缴专项资金40798万元，违规改变项目计划和资金用途3851万元，促进拨付资金到位862万元，应上缴财政280万元，已上缴财政280万元。

企业审计 完成企业审计项目6个，查出账外资产230万元，虚报或转移收入1188万元，少计或虚列成本费用2064万元，应上缴财政232万元，已上缴财政109万元。

学习实践科学发展观 以“牢固树立科学审计理念、充分发挥审计免疫系统功能”为主题，认真开展第二批深入学习实践科学发展观活动，开展审计调研、查找问题、整改落实及“废、改、立”等活动。新建立《六盘水市经济责任审计审前公示制度》《市审计局执法过错责任追究办法（试行）》《市审计局行政问责制实施办法（试行）》

《市审计局审计执法责任制度（试行）》《市审计局领导干部与干部职工交心谈话制度》，修改完善《市审计局八不准费用管理办法（暂行）》《市审计局考勤管理办法（试行）》和《市审计局信息工作管理办法（试行）》等规章制度，坚持“外强纪律，内抓管理”，积极创建“平安单位”，荣获“平安单位”称号。（撰稿人：高　赫）

【遵义市审计局】　2009 年，遵义市审计局人员编制 37 人，在编 35 人。局长翁永厚，副局长何其毓、雷以怀，总审计师张辉，纪检组长王卫平。设有办公室、固定资产投资审计科、财政金融审计科、经济贸易审计科、经济责任审计科、农业与环保资源审计科、行政事业审计科、法制科。

审计成果　遵义市审计机关完成审计项目 637 个，查出违规金额 31258 万元，其中应上缴财政 4183 万元，应减少财政拨款或补贴 4418 万元，应归还原渠道资金 3133 万元，应调账处理金额 32461 万元；已上缴财政 4166 万元，已减少财政拨款或补贴 4413 万元，已归还原渠道资金 2993 万元，已调账处理金额 30982 万元。移送司法机关、纪检监察及有关部门处理事项 5 件，涉及人员 5 人，金额 6 万元。提交审计信息（要情）246 篇。

财政审计　全市完成预算执行审计 57 个，财政决算审计 36 个。查出违规金额 16605 万元。

专项资金审计（调查）　加大对新增中央投资项目、义务教育经费管理使用情况、农村沼气建设专项资金、工会经费、土地出让金和农村危房改造建设项目等专项资金的审计和审计调查力度。在抓重大违法违规经济案件线索的同时，注重从机制性、制度性等方面提出完善管理的建议和意见。全市完成专项资金审计（调查）92 个，查出违规金额 4247 万元。

经济责任审计　一是抓好重点环节，提升审计质量，健全工作制度，防范审计风险；二是加大对经济责任审计决定执行情况的检查力度，确保审计监督作用的有效发挥；三是坚持五部门联席会议制度，各成员单位密切配合、齐抓共管，审计成果得到充分运用。全市完成经济责任审计项目 34 个。审计查出违规金额 3723 万元，管理不规范金额 6747 万元。

固定资产投资审计　认真贯彻执行《遵义市政府投资建设项目审计试行办法》，重点检查项目建设中概预算执行、资金使用情况和执行招投标制度、监理制度、合同制度的情况，审计工程造价的真实性，揭露和纠正违法违规、管理混乱、重大损失浪费和商业贿赂等问题。提出进一步完善投资管理体制，规范项目管理，提高政府投资效益的意见和建议。同时，结合实际，逐步委托具有法定资格的社会中介组织参与政府投资建设项目的审计工作，加强了对社会中介组织参与政府投资建设项目审计的指导和监督。全市完成固定资产投资审计项目 400 个，审计核减投资额（工程价款）6787 万元，为国家节约大量公共建设资金。

整改落实　为巩固审计成果，下发《遵义市审计局关于对 2009 年上半年审计决定执行情况进行检查的通知》，对市审计局 2009 年上半年下达的《审计决定书》的执行情况和《审计报告》中有关整改措施的落实情况进行督促检查。经检查，审计决定执行率达到 100%。（撰稿人：李　励）

【安顺市审计局】　2009 年，安顺市审计局人员编制 36 人，在编 34 人。局长陈勇，副局长甘宗祥、徐晓艳、汪泽荣，总审计师陈敏。设有办公室、综合科、经济责任审计一科、经济责任审计二科、经济责任审计三科、财政金融审计科、农业与资源环保审计科、社保与外资审计科、经贸审计科、固定资产投资审计科。

审计成果　安顺市审计机关完成审计项目 160 个，查出违规金额 1351 万元，管理不规范金额 97600 万元，其中应上缴财政 1244 万元，应归还原渠道资金 458 万元，应调账处理金额 305 万元；已上缴财政 1244 万元，已归还原渠道资金 458 万元，已调账处理金额 305 万元。移送司法机关、纪检监察部门处理事项 3 起，建议有关部门处理事项 1 件。提交审计工作报告和审计信息 279 篇，被采用 79 篇，提出审计建议 487 条。

财政审计　在预算执行情况审计中，市本级查出有关部门在使用银行贷款资金效率低，造成利息损失 489 万元，查出西秀区城市回迁工作久未落实，造成财政资金损失浪费 1128 万元；平坝县审计局查出未缴入库税金2370万元，管理不规范金额3863万元；镇宁县审计局查出违规金额718万元。

固定资产投资审计　完成固定资产投资审计项目53个，审计核减工程款1021万元，查出多计工程款74万元，超计划超概算242万元，多付工程款1.3万元，重复支付设计费0.9万元，少计到位资金0.76万元，损失浪费17万元。

经济责任审计　完成领导干部经济责任审计项目28个。其中，县处级领导干部5人，乡科级领导干部23人。审计查出违规金额3269万元，管理不规范金额27138万元，移送纪检监察机关调查处理案件1起。

教育经费审计　对8个县区（管委会）2006至年2008年义务教育经费投入管理使用情况进行审计。审计查出应征未征教育费附加292万元；应征未征地方教育附加532万元；被挤占、挪用100万元；虚报、冒领5万元；滞留资金198万元；私设"账外账"、"小金库"1171万元；个人涉嫌私分、侵吞公款和收入不入账53万元。

专项资金审计（调查）　（1）农村危房改造资金审计，查出改变用途资金16万元，缩小补助标准，导致危房改造资金结余165万元，公款私存330万元等问题。

（2）土地出让金审计，查出应收未收土地出让金46787万元，应缴未缴土地出让金9848万元，挪用土地出让金4345万元，挪用农业土地开发资金240万元；应缴未缴省级土地出让收入3388万元，坐支土地出让收入18560万元，少提农业土地开发资金11569万元，土地出让收入不应缴纳营业税988万元，未按规定将土地出让收入缴入金库、隐瞒土地出让收入212万元。

（3）煤调基金审计，查出漏缴市级煤调基金收入49万元，挤占、挪用煤调基金1584万元，应收未收煤调基金收入17万元；滞留、未解市级煤调基金收入238万元，违规划转煤调基金存量167元，挤占、挪用煤调基金94万元，公款私存12万元；截留市级煤调基金60万元，挪用技改资金22万元。

（4）长江上游水污染防治及资金管理使用情况审计调查，查出挤占挪用排污费1887万元，不合理收费425万元，因管理不善造成资金损失147万元等问题。

（5）政府外债（世行贷款和外国贷款）审计调查，对安顺市政府外债的来源、规模以及还本付息情况和财政垫付情况等进行专项审计调查，审计查出个别县（区）存在挤占挪用项目资金；资金使用监管不力，存在坏账和损失浪费等问题。

"小金库"治理　派出6名审计人员配合市纪委、市监察局、市财政局等部门开展对"小金库"的治理工作，查出"小金库"7个，金额300万元，收缴违规资金及物资100余万元，对违纪问题移交纪检监察部门查处。　（撰稿人：陈朝洪）

【毕节地区审计局】　2009年，毕节地区审计局人员编制32人，在编31人。局长刘晓益，副局长陈兴华（—12月）、肖应刚，总审计师李明祥，纪检组长吴光辉。设有办公室、财政农业审计科、固定资产投资审计科、经济责任审计科、行政事业审计科、企业审计科、法制科。

审计成果　毕节地区审计机关共完成审计（调查）项目155个，查出违规金额6231万元，管理不规范金额152939万元，损益（收支）不实10524万元；审计决定应上缴财政6231万元，已经上缴财政6231万元，收缴入库率达100%，已归还原渠道资金10768万元，已调账处理金额37837万元。提交审计专题、综合性报告和信息简报152篇，被批示采用40篇。审计提出建议251条，被采纳111条。由地区审计局组织完成的《毕节地区新增中央投资项目及资金审计调查情况报告》和全区《2008年住房公积金审计综合报告》，受到地委、行署领导高度重视，行署领导亲自批示，要求各县、市、区政府对审计查出问题进行及时整改。

财政审计　全区共完成同级预算执行审计42个，查出违规金额5013万元，管理不规范金额106242万元，应上缴财政5013万元，应调账处理金额35335万元，已上缴财政4971万元，已调账处理金额16394万元。完成财政决算审计10项，查出违规金额28万元，管理不规范金额477万元，应上缴财政28万元，应归还原渠道资金23万元，应调账处理金额289万元，已上缴财政28万元，已归还原渠道资金21万元，已调账处理金额289万元。出具和报送审计（调查）报告10

篇，审计提出建议 11 条，被采纳 4 条。

专项资金审计（调查） 一是扩大内需资金审计调查情况发现的主要问题：地方配套资金不能及时足额到位，部分勘测设计项目没有按规定进行招投标，滞留新增中央投资建设资金 1390.06 万元。二是义务教育经费审计发现的主要问题有：未按规定投入各种义务教育经费 2176.91 万元，截留义务教育经费 297.58 万元，挤占各种义务教育经费 3298.11 万元，挪用义务教育专项资金 1548.46 万元等。

社会保障审计 一是对社保五险基金审计发现的主要问题有：部分单位少报缴费基数，导致少缴保险费 778.86 万元；部分参保单位欠费严重，累计欠费 12337.66 万元；企业养老保险基金利息收入损失 110634.98 万元等。二是住房公积金管理使用情况审计发现的问题有：部分企业仍未将公积金纳入缴存范围；应缴未缴公积金 797.8 万元。三是对金沙县 2008 年新型农村合作医疗基金的审计发现的主要问题有：定点医疗机构多头审批，责任主体不明确；未按规定开设银行账户收入户，存款余额 68 万元未及时汇缴财政专户等问题。

经济责任审计 共完成经济责任审计项目 65 个，审计县处级干部 4 人，审计乡科级干部 61 人。查出违规金额及管理不规范金额 5493 万元，损失浪费金额 35 万元，其中直接责任 4773 万元，主管责任 755 万元。

行政事业审计 全区审计机关共完成行政事业审计项目 47 个，审计查出应上缴财政 675 万元，已上缴财政 675 万元。审计发现的问题主要是：应缴未缴预算收入 785 万元，虚列支出 173 万元、违规改变资金用途 647 万元、乱收费乱摊派乱罚款 161 万元等。 （撰稿人：项学新）

【铜仁地区审计局】 2009 年，铜仁地区审计局人员编制 47 人，在编 36 人。局长田应银，副局长刘榕生、文玉宏，总审计师唐平，专职纪检员邱明福。设有办公室、财政金融审计科、农业外资审计科等 9 个科室，下设铜仁地区固定资产投资审计中心。

审计成果 铜仁地区审计机关完成审计项目 287 个，审计调查项目 37 个，查出违规金额 4036 万元，管理不规范金额 172677 万元，其中应上缴财政 4028 万元，应归还原渠道资金 3346 万元，应调账处理金额 4886 万元；已上缴财政 3578 万元，已归还原渠道资金 1394 万元，已调账处理金额 641 万元。移送纪检监察部门处理违纪事项 3 起。提出审计建议 783 条，被采纳 528 条。提交审计工作报告、信息 345 篇，被批示、采用 153 篇。

财政审计 完成财政预算执行审计项目 54 个，查出违规金额 2014 万元，管理不规范金额 53895 万元，其中应上缴财政 2014 万元，应归还原渠道资金 71 万元，应调账处理金额 4447 万元；已上缴财政 1863 万元，已归还原渠道资金 31 万元，已调账处理金额 617 万元。查出的主要问题：未按规定缴纳预算收入 1740 万元，截留预算收入 411 万元，财政支出核算不实 11879 万元。

固定资产投资审计 完成审计项目 72 个，专项审计调查项目 3 个，查出违规金额 45 万元，管理不规范金额 29642 万元，其中应上缴财政 41 万元，已上缴财政 29 万元。核减概算投资额 25166 万元，核减结算投资额 1521 万元。查出的主要问题：违规改变资金用途 275 万元、工程价款不实多计 1623 万元、其他问题金额 27061 万元。

专项资金审计（调查） 完成审计项目 95 个，专项审计调查项目 34 个，查出违规金额 112 万元，管理不规范金额 73447 万元，其中应上缴财政 112 万元，应归还原渠道资金 2344 万元；已上缴财政 35 万元，已归还原渠道资金 1232 万元。移送纪检监察部门处理违纪事项 3 件。查出的主要问题：违规改变项目计划和资金用途 2878 万元、虚报冒领 68 万元、虚列支出 88 万元、资金滞留闲置 1728 万元。

行政事业审计 完成审计项目 61 个，查出违规金额 1865 万元、管理不规范金额 15693 万元，其中应上缴财政 1861 万元，应归还原渠道资金 634 万元；已上缴财政 1651 万元，已归还原渠道资金 131 万元。查出的主要问题：应缴未缴预算收入 4605 万元，截留收入 1251 万元，违规改变资金用途 857 万元，虚列支出 534 万元。

经济责任审计 完成审计项目 49 个，审计经济责任人 59 人，其中县处级 5 人、乡科级 54 人。查出违规金额 1863 万元、管理不规范金额 15259 万元。对松桃县寨英镇镇长任期经济责任的审计，查出该镇政府 2006 年至 2008 年财政预算外收入应缴未缴“政府发展基金”1531万元；对石阡县甘溪乡书记、乡长任期经济责任的审计，查出该乡挤占挪用专项资金182万元、虚列财政支出51万元。审计对上述问题分别依法作出了上缴财政、归还原渠道资金和调账的处理。在对万山特区区长任期经济责任的审计，查出涉嫌违法案件的线索2条，分别移送贵州省检察院铜仁分院依法查处。

（撰稿人：朱亚明）

【黔东南苗族侗族自治州审计局】 2009年，黔东南苗族侗族自治州审计局（以下简称黔东南州审计局）人员编制44人，在编人员35人。局长姜庭桂，副局长崔平、刘坤群，纪检组长王琳。设有办公室、法制科、财政金融审计科、行政事业审计科、固定资产投资审计科、经济贸易审计科、农业环保审计科、经济责任审计办公室、经济责任审计一科、经济责任审计二科、经济责任审计三科和建设工程预结算审查中心。

审计成果 黔东南州审计机关完成审计项目453项，查出违规金额165648万元，其中：应上缴财政1987万元（已上缴财政1935万元），应减少财政拨款或补贴2386万元，已减少财政拨款或补贴2716万元；应归还原渠道资金6379万元，已归还原渠道资金4537万元；应调账处理资金25449万元，已调账处理资金14515万元；移送纪检监察、司法机关处理案件3起，涉案金额58万元，处理人员3人；固定资产投资审计核减投资额（工程款）3333万元。提交审计工作报告和审计信息329篇，被批示采用97篇。提出审计建议913条，被采纳521条。

财政审计 完成财政预算执行情况审计项目17个，审计查出存在主要问题金额34584万元，其中：违规金额6538万元；管理不规范金额28046万元。应归还原资金渠道资金1804万元，已归还原渠道资金496万元；应调账处理金额4138万元，已调账处理金额1416万元；应上缴财政946万元，已上缴财政946万元。完成财政决算审计项目34个，其中县级财政决算审计4个，乡（镇）财政决算审计30个。审计查出存在主要问题金额19938万元。

行政事业审计 完成审计单位64个，查出主要问题金额18428万元，其中违规金额2415万元；管理不规范金额15967万元；损失浪费金额46万元。应归还原渠道资金796万元，已归还原渠道资金311万元；应调账处理金额20592万元，已调账处理金额12543万元；应上缴财政370万元，已上缴财政345万元。

农业与资源环保审计 组织对州内15个县2006～2008年度土地出让金审计，查出截留省州土地出让金660.38万元；应缴未缴预算收入5481.33万元等。违规即收即返土地出让金、土地出让收入未纳入政府基金预算管理、违规办理国有土地使用证、未及时足额征收土地出让金等问题。

固定资产投资审计 完成固定资产投资审计（审计调查）项目111个，送审工程项目决（结）算价款144011万元，审计核减工程投资价款3333万元。查出主要问题金额16647万元，其中：违规金额3004万元，管理不规范金额13643万元。应减少财政拨款或补贴2344万元，已减少财政拨款或补贴2143万元；应调账处理金额295万元，已调账处理金额295万元；应上缴财政7万元，已上缴财政6万元，移送纪检监察部门处理事项1起，涉及金额21万元。

经济责任审计 完成领导干部经济责任审计项目87个，其中：县级领导干部4人，科级干部83人。审计查出主要问题金额6684万元，其中：违规金额1600万元，管理不规范金额5084万元，领导干部负直接责任金额总计690万元。

专项资金审计 完成专项资金审计项目58个，审计查出主要问题金额56019万元，其中：违规金额1538万元；管理不规范金额54445万元；损失浪费金额26万元。应减少财政拨款或补贴33万元，已减少财政拨款或补贴33万元；应归还原渠道资金3741万元，已归还原渠道资金3728万元；应调账处理金额250万元，已调账处理金额250万元。应上缴财政508万元，已上缴财政482万元。

审计调查 完成审计调查项目67个，主要开展新增中央投资项目、汶川地震救灾资金、政府外债资金、县乡医疗服务体系专项资金地质灾害学校工程资金等审计调查。发现问题金额21169万元，其中：违规改变资金用途2594万元；资金滞留闲置7046万元；账外资产620万元；损失浪费金额26万元；虚报冒领金额2万元；未按规定进行项目结算或竣工决算13万元；其他违规金额10868万元。通过审计调查，促进增收节支2875万元，挽回损失338万元。（撰稿人：时　建）

【黔南布依族苗族自治州审计局】 2009年，黔南布依族苗族自治州审计局（以下简称黔南州审计局）人员编制39人，在编33人。局长管跃敏，副局长汪南、李先文（—3月）、宋淑琴（7月—），总审计师宋淑琴（—7月）、罗宪平（7月—），纪检组长司文丽。设有办公室、法制科、财政金融审计科、经济责任审计科、经贸外资审计科、社保与行政事业审计科、农业与环保资源审计科、固定资产投资审计科、固定资产投资项目审计技术服务中心等职能科（室）。

审计成果 黔南州审计机关共完成审计项目291个，查出违规金额16142万元，其中应上缴财政4774万元，应减少财政拨款或补贴426万元，应归还原渠道资金9496万元，应调账处理金额2386万元；已上缴财政4470万元，已减少财政拨款或补贴426万元，已归还原渠道资金8797万元，已调账处理金额2207万元。移送司法机关、纪检监察部门处理事项3起，移送有关部门处理事项1件。提交审计专题、综合性报告和信息405篇，被采用108篇。

财政审计 共完成财政预算和其他财政收支审计项目60个，查出违规金额3476万元，其中应上缴财政2574万元，已上缴2496万元，查出管理不规范金额13493万元。促进加强预算管理，规范财政资金分配秩序。州、县两级预算执行情况审计报告得到州、县人大常委会的充分肯定和高度评价。

行政事业审计 完成行政事业审计项目45个，查出违规金额9518万元，其中应上缴财政1871万元，已上缴1689万元，查出管理不规范金额5790万元。

固定资产投资审计 完成固定资产投资预(决)算审计88个，审计项目投资额20859万元，审计核减投资额1921万元。通过审计，重大投资领域高估冒算、损失浪费得到有效遏制，项目管理进一步规范，提高了建设资金使用效益。黔南州审计局对州老年公寓经济适用房工程竣工决算的审计，审减工程价款1030万元，审减率21.59%。黔南州审计局及时组织13个审计组对全州新增中央投资项目进行审计调查，调查资金量5.7亿，并针对发现问题，向政府和有关部门提出建议，促使问题得到及时整改，促进国家宏观调控政策措施的有效落实。

企业审计 完成企业审计项目6个，查出违规金额918万元，应上缴财政147万元，已上缴财政147万元，查出管理不规范金额9629万元。

经济责任审计 完成经济责任审计项目27个，审计经济责任人县处级领导干部3人，县处级以下领导干部21人、国有及国有控股企业领导人员3人。查出违规金额6585万元，管理不规范金额10989万元。移送司法、纪检监察机关处理案件1起。审计成果运用进一步提升，都匀、龙里等县（市）建立《经济责任审计结果运用办法（试行）》和《审计结果公告办法》制度。

专项资金审计（调查） 完成专项审计或审计调查项目79个，查出违规金额1600万元，管理不规范金额10351万元。其中：应上缴财政118万元，应归还原渠道资金2287万元；已上缴财政74万元，已归还原渠道资金2087万元。黔南州审计局组织实施的全州义务教育经费审计，查出欠拨经费、挤占挪用、学校乱收费等问题，并组织对整改落实情况的督促检查。促进全州补拨历年欠拨的义教经费1.98亿元，促进财政资金到位3924.54万元，归还原渠道资金2025.86万元，清退违规收费25.53万元，收缴违规资金56万元，较好地履行了审计监督职责。都匀市审计局在对农村危房改造试点工程审计中，查出该市两个乡镇违规收取危房改造农户押金11.5万元的问题并提出审计意见，促进违规收取的押金全部退还危房改造农户。（撰稿人：习　旭）

【黔西南布依族苗族自治州审计局】 2009年，黔西南布依族苗族自治州审计局人员编制38人，在编32人。局长梁天庆，副局长谢剑辉、龙敏，总审计师沈浩廷，纪检组长文建荣。设有办公室、法制科、财政金融审计科、行政事业审计科、固定资产投资审计科、经贸审计科、经济责任审计局、国家基本建设投资审核中心、前置审计中心。

审计成果 全州审计机关共安排审计项目61

个，完成审计和审计调查项目 108 个（不含投资审计、审核项目 416 项和前置审计项目 153 个）。查出违规金额 30003 万元，应调账处理资金 15404 万元，应归还原渠道资金 5382 万元，应上缴财政 5226 万，核减工程投资 10975 万元。审计移送司法及有关部门处理案件 6 件，涉案人员 6 人，涉案金额 196 万元。

跟踪审计　一是完成对新增中央投资项目的审计调查。二是为深入贯彻落实科学发展观，规范建设投资行为，从源头上治理建设领域的腐败，根据州委、州政府的决策部署，抓好政府性投资项目前置审计工作。州及兴义市、兴仁、晴隆等六县（市）共完成前置审计项目 153 项，建设单位送审项目预算价 8.92 亿元，前置审计审定为 8.11 亿元，其中审计核增 507 万元，核减 8637 万元，综合核减率为 9.11%。三是国家基本建设项目竣工决算审计（审核）工作。据统计，全州各级审计机关根据地方政府的安排或受部门的委托，共实施国家基本建设竣工决（结）算审计、审核项目 416 个，建设单位送审金额 4.57 亿元，通过审计查出了一些建设项目弄虚作假、高估冒算的问题，审计共核减投资 2845 万元。

预算执行审计　2008 年本级预算执行情况审计结果表明，全州本级预算执行情况保持了经济平稳较快发展，预算执行和其他财政收支情况总体较好，预算收支超额完成预定的任务。州县市审计局积极开展部门延伸审计。州局除对州财政、地税局进行延伸外，对州司法局、计生局、文化局和州直机关幼儿园等部门和单位的财政财务收支情况进行审计。各县市在开展同级预算执行情况审计的同时，也根据人员力量，特别加大对于资金量大、有预算资金分配权和下属单位多的部门的审计。

专项资金审计　一是完成义务教育经费审计。查出违纪违规金额 14952.46 万元。二是完成科技三项费用和民族专项经费的审计。三是完成对各级政府外债审计调查。此外，各县（市）审计机关根据地方党委、政府的安排开展多项专项资金审计和审计调查。

经济责任审计　各级审计机关（安龙县除外）共完成经济责任审计项目 23 个（任期 19 个，离任 4 个），查出各种违规金额 8137.98 万元，查出管理不规范资金 8580.97 万元。查出的问题主要有：收入不入账、私设“小金库”；隐瞒截留财政预算收入；虚列支出；挤占、截留、挪用专项资金；欠缴省、州级土地出让金分成收入；虚报冒领财政资金；滞留项目资金；预算外收入未纳入财政预算外专户管理，未执行收支两条线规定；乱收费、乱集资；漏缴各项税款；扩大开支范围乱发津贴补贴及招待费超支；改变资金用途以及白条列支、固定资产账实不符、账外资产、往来款余额过大且长期挂账等。对上述问题，州及各县（市）审计机关已向有关部门出具经济责任审计结果报告，并依法下达审计决定。对财务管理不规范、内控制度不健全方面的问题，提出整改意见和建议。

企业审计　除完成年初计划安排和省厅年内调增的审计项目外，根据州政府安排，还完成对州工业投资公司 2005～2008 年度财务收支进行审计，对黔西南州日报社 2005～2007 年财务收支审计。各县（市）局根据自身实际，在完成上级指令性项目的基础上，精心组织人员完成了地方党委、政府关注，人民群众反映强烈的“热点”项目的审计。此外，还积极抽人配合、协助、参与纪检、监察、财政、发改、农业等部门的中央新增投资、教育收费、社保资金、“小金库”、农村合作医疗、农业综合等专项资金的检查，较好地履行部门的职责。（撰稿人：沈浩廷）

2009 年贵州省所辖区、县(市)级审计工作统计表

金额单位:万元

审计机关	完成审计项目(个)	查出违规金额	应上缴财政	应减少财政拨款或补贴	应归还原渠道资金	应调账处理金额	移送司法、纪检部门处理事项(件)	建议有关部门处理(件)	出具审计报告和审计调查报告(篇)	提出审计建议(条)	撰写审计信息(篇)
贵阳市											
贵阳市本级	54	3879	3815		1780	4025	1		12	202	121
乌当区审计局	13			11					1	7	53
南明区审计局	15		67								
云岩区审计局	21								1		64
花溪区审计局	16	21	21			331	1		1	40	48
白云区审计局	15	572	117	2						8	37
小河市审计局	7		1	39					1	16	19
清镇市审计局	24	30	9	21					1	23	21
开阳市审计局	20	71	71						1		50
修文县审计局	12						1		3	32	25
息烽市审计局	18	14	19		21			1	1	49	35
六盘水市											
六盘水市本级	35	2992	2406	70	9151	7582	2	1	35	147	106
钟山区审计局	13	1942	1765			262			13	33	13
盘县审计局	12	3294	52			258			12	27	13
六枝特区审计局	21	30	30			2889			21	35	16
水城县审计局	24	231	162		66	152	1		24	45	22
遵义市											
遵义市本级	21	7454	1284	188	372	3571			21	80	25
汇川区审计局	12	488			3	6			12	29	14
红花岗区审计局	59	88	4	1991					59	63	18
赤水市审计局	174	4018	699	1622	1294	23			174	110	15
仁怀市审计局	16	6890	122		3	309			16	69	9
遵义县审计局	98	1064				25944			98	29	18
桐梓县审计局	48	1219	156		419	769	3		48	145	17
绥阳县审计局	15	1126	23		43	23		1	15	38	17
正安县审计局	25	577	100	233	186	3			25	16	2
凤冈县审计局	49	1032	548		17	13			49	74	15
湄潭县审计局	16	196	171	1	24	458			16	51	19

（续表）

审计机关	完成审计项目（个）	查出违规金额	应上缴财政	应减少财政拨款或补贴	应归还原渠道资金	应调账处理金额	移送司法、纪检部门处理事项(件)	建议有关部门处理(件)	出具审计报告和审计调查报告(篇)	提出审计建议(条)	撰写审计信息(篇)
余庆县审计局	22	1239	573	2	202	462			22	55	28
习水县审计局	26	3245	149	343	5	172			26	12	19
道真仡佬族苗族自治县审计局	32	804	46	38	164	229	1		32	79	16
务川仡佬族苗族自治县审计局	24	1818	308		401	479			24	60	14
安顺市											
安顺市本级	36	990	990		345	1	1		36	141	13
西秀区审计局	31					1			31	70	12
开发区审计局	7								7	20	12
平坝县审计局	12								12	27	12
普定县审计局	33	306	199		106				33	113	14
黄果树审计局	6								6	22	7
关岭布依族苗族自治县审计局	13	46	46			303			13	33	13
镇宁布依族苗族自治县审计局	12	9	9		7		2	1	12	42	23
紫云苗族布依族自治县审计局	10								10	19	13
毕节市											
毕节市本级	45	33533	38		10	10338			45	16	12
大方县审计局	32	17340.75	69.95		15	40.94	1		35	70	15
黔西县审计局	19	72	59		3050	19751			19	45	
金沙县审计局	23	1040	831		187	566	1			69	21
织金县审计局	33	311	32	306		3805			35	46	7
纳雍县审计局	31	1169	196		2936	167			31	17	12
赫章县审计局	19	201	60		244	2566			19	20	19
威宁彝族回族苗族自治县审计局	29	3649.5				843	3		29	77	9
铜仁地区											
铜仁地区本级	35	418	418		1436		1		35	106	34
铜仁市审计局	38	132	132		444				38	72	5
江口县审计局	20	305	305		216	3800	1		20	70	12
石阡县审计局	23	1226	1226		246	381			23	87	34
思南县审计局	43	108	108		289				43	63	44
德江县审计局	41	124	124		445	15			41	68	13

（续表）

审计机关	完成审计项目（个）	查出违规金额	应上缴财政	应减少财政拨款或补贴	应归还原渠道资金	应调账处理金额	移送司法、纪检部门处理事项(件)	建议有关部门处理(件)	出具审计报告和审计调查报告(篇)	提出审计建议(条)	撰写审计信息(篇)
玉屏侗族自治县审计局	13					9			13	30	7
印江土家族苗族自治县审计局	39	26	22	4	39				39	98	25
沿河土家族自治县审计局	21	53	53		109	628	1		21	92	36
松桃苗族自治县审计局	30	1629	1629		97				30	44	60
万山特区审计局	21	15	11	4	25	53			21	53	14
黔东南苗族侗族自治州											
黔东南苗族侗族自治州本级	54	1109	1109		3831	8579			68	126	53
凯里市审计局	38	629	59		496	160			38	62	61
黄平县审计局	53	443	33	290	10	156			53	100	44
施秉县审计局	16	190	73		85	369			16		12
三穗县审计局	24	1193	10		1133	142			30	58	24
镇远县审计局	28	620	417	210	154	284			67	81	17
岑巩县审计局	17	1027	3			1052			19		14
天柱县审计局	23	129	71						29	48	44
锦屏县审计局	17	337	20		13	202			26	55	14
剑河县审计局	15	71	38			1710			18	5	41
台江县审计局	17	2968	14		56	1231			39	88	28
黎平县审计局	19	882	46		57	483			21	58	14
榕江县审计局	16	1075	43		66	10			16	52	15
从江县审计局	27	171	3		244	124			55	39	12
雷山县审计局	23	2046	15	1884	21	13	2		26	38	45
麻江县审计局	30	223	1	2	213	9			30	17	13
丹寨县审计局	36	760	32						36	86	14
黔南布依族苗族自治州											
黔南布依族苗族自治州本级	23	3499	1793		5553	1437		1	85		47
都匀市审计局	25	5369	15		12	150			36		5
福泉市审计局	14	90	666	72					26		5
荔波县审计局	8	785	193		280	131			20		5
贵定县审计局	38	427	77	308	21	4			24		4
瓮安县审计局	13	114	35		3297				25		2

（续表）

审计机关	完成审计项目（个）	查出违规金额	应上缴财政	应减少财政拨款或补贴	应归还原渠道资金	应调账处理金额	移送司法、纪检部门处理事项(件)	建议有关部门处理(件)	出具审计报告和审计调查报告(篇)	提出审计建议(条)	撰写审计信息(篇)
独山县审计局	49	645	117		21	72	1		41		11
平塘县审计局	25	89	322	1	243	44			28		12
罗甸县审计局	25	357	15		48	291			20		1
长顺县审计局	14	1981	808		5	102	2		13		2
龙里县审计局	33	1659	392		13	98			27		6
惠水县审计局	12	993	24						30		5
三都水族自治县审计局	12	134	13	45	3	57			30		3
黔西南布依族苗族自治州											
黔西南布依族苗族自治州本级	27	23827	4433		4624	12823			30	116	6
兴义市审计局	13	547	96		429	301			16	49	7
兴仁县审计局	16	2613	49		209	408			18	57	5
普安县审计局	14	598	164		73	364	4	4	14	21	12
晴隆县审计局	6	465	70		17				6	20	8
贞丰县审计局	4	414	414						3	11	
望谟县审计局	14								14	10	
册亨县审计局	5								5	5	
安龙县审计局	9	1539			30	1508			8	11	

云南省

【云南省审计厅】 2009年，云南省审计厅人员编制255人，在编229人，领导职数5名。设有办公室、法规处、财政审计处、行政事业审计处、农业与资源环保审计处、固定资产投资审计处、金融审计处、企业审计处、社会保障审计处、涉外审计处、人事处、机关党委、离退休人员办公室、派出审计一处、派出审计二处、派出审计三处、派出审计四处、派出审计五处、派出审计六处、派出审计七处、派出审计八处、派出审计九处、派出审计十处、派出审计十一处。厅机关下设云南省经济责任审计局，所辖经济责任审计一处、经济责任审计二处、经济责任审计三处；省纪委派驻的纪检组和省监察厅派驻的监察室；还设有后勤服务中心、审计科研培训中心、计算机技术中心直属事业单位和内部审计指导中心。

领导成员

厅　　长：尹建业

副 厅 长：段义田　吴绍吉

　　　　　苏　黎　任晓珍

总审计师：史　峰（正处级，12月—）

纪检组长：罗廷才

审计成果　全省审计机关共审计7599个单位，查出违规金额117.2亿元，损失浪费及管理不规范金额186.1亿元，审计决定收缴财政11.5亿元，促进增收节支24.5亿元。移送纪检监察、司法机关和相关部门违法违纪案件线索129件。提交审计报告和信息4124篇，其中1136条被批示和采用。楚雄州“牟定县委原书记经济责任审计”项目、省审计厅“省煤炭工业局2007年度预算执行审计”项目被审计署评为优秀项目和表彰项目。

财政审计 省级预算执行审计了16个部门，查出违规金额2.1亿元、管理不规范金额24.7亿元。其中：对11个部门管理的专项资金进行绩效分析，首次尝试对2个部门的决算审签。省政府出台了《关于进一步加强审计整改工作的意见》，将审计整改工作列入了政府督查事项和行政问责范围，2009年省级预算执行审计的整改率达到了96%。云南财政审计的做法，审计署高度重视，在全国财政审计和行政事业审计培训班上作了经验交流。

固定资产投资审计 把扩大内需政策的落实作为政府投资审计的重中之重，通过整合社会中介资源，对所有中央新增预算内扩大内需专项资金进行了全程跟踪审计，涉及资金270亿元，其中：审计厅直接审计资金53.5亿元、项目547个；组织14个州市审计资金216.5亿元、项目3996个。还组织开展57条政府还贷二级收费公路债务情况，以及昆明新机场建设等35个政府投资重点建设项目的审计，以及涉外项目云港投资有限公司的审计调查。全省政府投资审计总额首次突破1000亿元，核减投资31.1亿元。大理州审计局投资前置审计经验，在全省逐步推开。

专项资金审计 围绕省政府确定的20项重要工作，以及社会关注的热点问题，安排10类496个关系民生的项目。其中：组织开展财政支农专项资金审计，审计资金总额118.5亿元，查出违规及管理不规范金额5.2亿元，省政府对此专门下发了《关于进一步加强财政支农资金监管工作的通知》。参加审计署组织的2006年至2008年长江上游水污染防治及资金管理使用情况的专项审计调查，完成对昭通、曲靖、大理3州（市）的审计调查和会泽等10县（区）的重点抽查。社保基金审计由全面审计转向单一险种的重点审计，完成2008年度企业职工基本养老保险基金审计，查出问题的整改纳入了全省社保基金专项治理工作。还对全省再就业资金、农村中小学校舍维修改造专项资金、中小学校舍安全工程等项目进行审计和审计调查，楚雄、普洱、丽江等地开展了抗震救灾资金审计。

经济责任审计 全年共审计962名领导干部，查出违规金额21.9亿元，管理不规范金额21.3亿元，损失浪费金额1060万元。省委65次常委会议专题听取全省经济责任审计工作情况汇报，对今后审计工作提出6个方面要求；刘家义审计长、令狐安副审计长对云南省经济责任审计工作专门作出批示，给予充分肯定。省经济责任审计工作领导小组下发了进一步做好经济责任审计工作的“两个意见”；省委组织部制定了省管干部任职前听取省检察院和审计厅意见的试行办法。审计厅召开了全省经济责任审计工作座谈会，确定由省经济责任审计局开展省属国有及国有控股企业领导人员、楚雄州开展县（市、区）长、大理州开展乡（镇）长的经济责任审计评价办法试点工作。审计厅还与昆明市审计局联合对东川区党政“一把手”开展“合并式”审计，玉溪市审计局开创“1+5”审计模式。

金融审计 自2008年省政府授权审计厅对全省农信社系统和富滇银行实施审计监督职权后，地方金融审计的空间得到了进一步拓展。2009年，审计9个农信社县联社的资产负债损益情况，查出违法违规金额6.21亿元，移送涉嫌经济犯罪线索5件，涉案金额4124万元；派出审计人员现场指导富滇银行总行的财务收支内部稽核审计，初步掌握了富滇银行的经营管理和核算模式，为下一步实施审计打下了良好基础。审计省本级和14个州市、62个县区的省级固定资产投资贷款贴息项目资金，查出违规金额2.3亿元，为国家挽回经济损失1.3亿元，移送涉嫌经济犯罪线索3件，查出私设“小金库”6个，收缴资金400余万元，有30名相关责任人受到党纪政纪处理，其中：1件涉嫌领导干部职务犯罪的案件被纪检部门作为警示教育案例。

企业审计 通过审计署授权，对红塔集团2008年度财务收支情况进行审计，揭示企业在资产管理、产权管理、可持续发展等方面存在的问题，以及承载企业电子数据的信息系统存在的安全隐患，并就企业可持续发展的问题提出专家咨询报告，审计结果得到了副省长的充分肯定和被审计单位的高度认同。还对全省农垦系统开展绩效审计调查，移送涉嫌经济犯罪线索5件，为企业改制、实现二次创业提供决策依据。

基础建设　一是在新一轮机构改革中，审计厅新增21名行政编制、4个派出机构，现有处以上领导职数108名。二是省政府以73号文件出台了《关于加强基层审计工作的意见》，省财政每年投入3000万元专项实施“云南审计发展工程”，拟到2012年初步实现“审计队伍职业化、机关建设标准化、制度规范体系化、基础设施现代化”的目标，审计署转发了这个《意见》。三是审计厅制定实施《突发重特大自然灾害救灾款物审计应急预案》，建立全省应急审计“绿色通道”，且在2009年姚安“7·9”地震中第一时间启动，实现省、州、县三级审计机关迅速联动，确保抗震救灾款物的安全有序发放。四是审计信息化建设稳步推进，全省有146个审计机关全部实现专网互联互通和OA、AO系统的部署应用，有1076名审计人员通过审计署AO认证考试，审计署将“地方税收征管动态监测审计应用示范”课题交由审计厅承担，为率先在全国试点开展地税联网审计提供机遇。五是开展“审计理论研究年”活动，与省政府研究室、云南财经大学等单位合作，完成了基层审计机关建设、预算执行审计创新和经济责任审计制度创新的课题研究，积极参与全国审计机关青年论坛活动。六是党风廉政建设和精神文明建设成效明显，“八不准”审计纪律得到严格执行，全省已有113个审计机关实行审计外勤经费自理，全省147个审计机关全部建成各级文明单位，其中大理州审计局、楚雄州审计局分别被中央文明委命名为全国文明单位、全国精神文明创建先进单位，审计厅连续三届保持了省级文明单位的荣誉。此外，审计厅还成功举办全省审计系统庆祝新中国成立60周年文艺会演等活动。

相关工作　一是审计厅首次委托社会中介对厅机关财务收支情况进行审计，并向新闻媒体通报审计结果。《中国审计报》评论认为，此举充分表明云南审计机关以身作则搞好审计监督工作的决心。二是向社会公开征集2009年审计项目计划意见，并将群众关注程度最高的44个项目列入2009年审计项目计划。三是全省发布审计结果公告的数量大幅提升，达到953个，比上年增长5倍多。四是首次开展对外交流，9月25日，应老挝审计署的邀请，云南审计代表团赴老挝进行为期6天的友好访问和业务交流，建立了定期互访和交流机制，迈出云南审计对外友好交往的第一步。

内部审计　省审计厅注重整合内部审计资源，对8个单位的内审机构或财务部门下达了预算执行审计指导性计划。共查出本单位违规及管理不规范金额6701万元。其中：应缴未缴财政专户资金1906万元，被挪用专项资金2228万元弥补行政经费，在往来款中列支费用639万元，财务核算不规范1442万元。（撰稿人：张凯峰）

【昆明市审计局】　2009年，昆明市审计局人员编制118人，在编114人。局长李冰晶，副局长周大民、舒永恒、林英，总审计师陈林。设有办公室、法制处、财政审计处、金融审计处、行政事业审计处、经贸审计处、农业与资源环保审计处、社会保障审计处、固定资产投资审计处、外资运用审计处、领导干部任期经济责任审计办公室、审计执行检查处、信息处、人事教育处、内部审计管理办公室、机关党委。

审计成果　全年共完成审计项目582个，查出违规金额48106万元，其中应上缴财政38009万元，应减少财政拨款或补贴205万元，应归还原渠道资金2519万元，应调账处理金额34632万元；已上缴财政3785万元，已减少财政拨款或补贴205万元，已归还原渠道资金591万元，已调账处理6032万元。移送司法机关、纪检监察部门处理事项1件。提交审计工作报告652份、信息472篇，信息被采用111篇。

财政审计　加强对财政部门执行预算情况、税务部门税收计划完成和政策执行情况及部门预算执行情况的审计，发现财政管理体制、部门和单位内部财务管理中存在的问题，并提出审计建议。

金融审计　在审计厅统一安排下，对安宁市农村信用联社资产负债损益实施审计。

行政事业审计　开展20所农村中小学标准化建设资金审计、中共昆明市纪律检查委员会机关2004年至2008年财务收支情况的审计。

农业与资源环保审计　在审计厅统一组织下，实施滇池水污染防治资金审计调查，提出改进和加强资金管理、提高资金使用效益的意见和建议。开展了全市 2008 年度财政支农专项资金审计、2007 年至 2008 年农村民居地震安全工程建设资金审计。

固定资产投资审计 按照市委、市政府“八个百分之百”的要求，出台《昆明市政府投资建设项目预决算审计办法》，确保政府性投资建设项目做到“百分之百工程预决算审计到位”。聘请社会中介机构开展政府投资项目跟踪审计，确保审计项目的顺利实施。

社会保障审计 开展市级企业职工基本养老保险基金的审计，充分发挥审计“免疫系统”功能，促进社保审计科学发展。

企业审计 组织开展昆明市公交集团有限责任公司 2008 年度经营状况和经营成本审计。

经济责任审计 共对 160 名领导干部进行经济责任审计，其中，市管领导干部 28 名，县（市）区管领导干部 132 名。年初，出台《昆明市人民政府环保审计办法》，要求在经济责任审计项目中对领导干部环保责任的检查和评价。制订《昆明市审计局关于昆明市经济责任审计工作实现“全覆盖、全过程、动态化、信息化”的实施方案》，推动全市经济责任审计工作的创新发展。

专项资金审计 按照审计厅统一部署，对 4 个县（区）2006 年至 2008 年全省农村中小学校舍维修改造资金的筹集、管理、使用情况进行审计。

理论研究 提交的《地方政府投资建设项目跟踪审计浅议》在“云南机场杯”2009 年度审计理论研讨会暨经验交流会上荣获优秀论文一等奖，《领导干部任期经济责任审计评价体系研究》和《浅析政府投资建设项目跟踪审计的内容和方法》荣获优秀论文二等奖。

审计结果公告 对 2007 年度昆明市市级预算执行及其他财政收支审计查出问题的纠正结果等 5 个项目进行公告。修订《昆明市审计局审计结果公告暂行办法》，加大了审计结果公告的力度。

党风廉政建设 把落实党风廉政建设责任制纳入岗位责任制目标管理考核办法进行严格考核，切实落实党风廉政建设“一岗双责”。“八不准”工作纪律得到严格执行。一年来，全市审计机关没有发现有违反廉政纪律的情况。

内部审计 加强对内部审计工作的业务指导和监督，将重点基础设施建设项目的审计计划下达给市属有关单位，由各单位内审机构组织实施审计。全年共组织内审人员参加国家审计 4 人次，指导内审单位开展内审项目 132 个。

（撰稿人：张 颖）

【曲靖市审计局】 2009 年，曲靖市审计局人员编制 55 人，在编 55 人。局长宁伯浩，副局长郭建春、李生荣。设有办公室、法制科、财政审计科、行政事业审计科、社会保障审计科、经贸审计科、行政事业审计科、农业与资源环保审计科、经济责任审计科、固定资产投资审计科、政府性投资前置审计科、金融与外资运用审计科。

审计成果 曲靖市审计机关完成审计项目 2041 个，查出违规金额 7417 万元，管理不规范金额 147228 万元，其中应上缴财政 3824 万元，应减少财政拨款和补贴 436 万元，应归还原渠道资金 316 万元，应调账处理 6494 万元；已上缴财政 2772 万元，已减少财政拨款和补贴 436 万元，已归还原渠道资金 312 万元，应调账处理 6149 万元；移送纪检监察机关处理 1 件 1 人，涉案金额 7 万元。提出建议 2769 条，被采纳的审计建议 1339 条。提交审计专题、综合性报告 2121 份、信息 188 篇，被采用 56 篇。

财政审计 完成预算执行审计 60 项，查出未按规定征收缴纳预算收入 2364 万元，隐瞒转移截留预算收入 255 万元，财政收入核算不实 4256 万元，资金滞留闲置 334 万元，财政支出核算不实 1865 万元，违规改变资金用途 478 万元，超预算列支 11716 万元，账外资产 615 万元，未落实收支两条线管理规定 2440 万元，决算草案编报不完整 232 万元，预算结余不实 7015 万元，资产核算不实 131 万元，其他违规金额 3632 万元。审计处理应上缴财政 546 万元。完成财政决算审计 34 项，查出未按规定征收缴纳预算收入 2164 万元，财政收入核算不实 850 万元，其他金额 1557 万元。审计处理应上缴财政 854 万元。

固定资产投资审计 对 803 项重点建设项目招标文件、施工合同、重大设计变更事项计量计价办法进行审计监督，发出招标文件、合同审查意见、批复 681 份，提出审查意见 986 条。对 258 个工程项目竣工决算进行审计，查出多计工程价款 6276 万元，少计少缴税费1578万元，其他问题2967万元。审计处理核减工程款6887万元，应上缴财政1861万元，审计后挽回或避免损失31105万元。

完成前置审计项目1414个，审计拦标价金额66.90亿元，前置审计价为59.44亿元，审计核减工程造价7.46亿元，核减率为11.15%。市审计局完成前置审计项目297项，审计拦标价金额16.75亿元，前置审计价为14.10亿元，核减2.65亿元，核减率为15.81%。

专项资金审计　开展农业综合开发资金、中小学校舍维修改造资金、财政支农专项资金、社会保障基金、新型农村合作医疗资金等专项资金的审计。完成专项资金审计115项，审计资金总额49.08亿元，查出违规改变项目计划和资金用途90万元，资金滞留闲置1138万元，配套资金不落实609万元，管理不规范金额10511万元。促进拨付到位资金1964万元。

经济责任审计　完成113名领导干部的任期经济责任审计，其中：县处级领导5人，县处级以下领导88人。查出违规金额846万元，其中：主管责任452万元，直接责任394万元；管理不规范金额5895万元，其中：主管责任5575万元，直接责任320万元。

行政事业审计　完成178个党政部门和行政事业单位的审计，查出应缴未缴财政收入200万元、隐瞒转移截留收入238万元、违规改变资金用途566万元、虚列支出661万元，未落实收支两条线管理和专户管理规定1572万元，账外资产2268万元，少计少缴税费329万元，乱收费乱摊派乱罚款337万元，其他问题9373万元。审计决定处理应上缴财政487万元。

文明创建　曲靖市审计局、富源县审计局、会泽县审计局被省委、省政府命名为“文明单位”，麒麟区、宣威市、沾益县、陆良县、罗平县审计局被市委、市政府命名为“文明单位”，马龙县、师宗县审计局被县委、县政府命名为“文明单位”。8月，全市审计机关被市委、市政府命名表彰为市级文明行业。　（撰稿人：陈守忠）

【玉溪市审计局】　2009年，玉溪市审计局人员编制50人，在编50人。局长申列京，副局长禹联信、杨海明、黄太武。设有办公室、法规科、财政金融审计科、领导干部经济责任审计科、行政事业审计科、固定资产投资审计科、建设项目概算审计科、工业交通审计科、商粮外贸审计科、信息科。

审计成果　玉溪市审计机关共完成审计项目469个，查出有问题金额174232万元，其中违规金额44362万元，管理不规范金额129870万元。审计决定应上缴财政4255万元，应归还原渠道资金6049万元，应调账处理金额6646万元。已上缴财政3357万元，已归还原渠道资金5865万元，已调账处理4123万元。移送司法机关处理案件2件，涉及人员5人，涉案金额97万元。移送纪检监察机关处理事项12件，涉及人员7人，涉及金额676万元。审计后出具审计（调查）报告486份、信息263篇，被批示和采用93篇次，提出建议938条，被采纳759条。

财政审计　全市共完成财政审计项目57个，其中：财政预算执行审计11个，地税税收征管审计11个，国库收支审计5个，部门预算执行审计21个，财政决算审计9个。查出违规金额22517万元，管理不规范金额42474万元。审计决定应上缴财政2847万元，应归还原渠道资金4836万元，应调账处理2088万元。

固定资产投资审计　全市共完成固定资产投资审计项目264个，其中，中央新增资金建设项目审计9个，建设项目前置审计60个，竣工决算审计195个。核减工程投资达16790万元。

经济责任审计　全市共完成经济责任审计项目53个，查出违规违纪金额3835万元，管理不规范金额13849万元，其中：被审计领导干部应负主管责任的15304万元，应负直接责任的2380万元。共向纪检监察机关和相关部门移送案件线索7件，涉及人员2人，涉及金额272万元。

专项资金审计　全市共完成专项资金审计59个，审计专项资金总额达490038万元，查出违规金额17488万元，管理不规范金额28178万元。审计决定应上缴财政629万元，应归还原渠道资金383万元，应调账处理208万元。

（撰稿人：王　曦）

【保山市审计局】　2009年，保山市审计局人员编制33人，在编31人。局长罗建国，副局长于剑武、王秀梅（—10月）。设有办公室、人事教育法制科、计算机信息中心、财政金融审计科、行政事业审计科、农业与资源环保审计科、社会保障审计科、经贸审计科、经济责任审计科、固定资产投资审计科和内部审计指导科。

审计成果　全市共完成审计和审计调查项目303个，查出违规金额30243万元、损失浪费金额36万元、损益（收支）不实金额5331万元、管理不规范金额34307万元。审计决定应上缴财政1404万元、应减少财政拨款或补贴1万元、应归还原渠道资金3235万元、应调账处理金额2975万元。移送纪检监察部门处理事项2件、涉案资金205万元。已上缴财政971万元，已归还原渠道资金2692万元，核减投资（结算）764万元。全年提出审计建议659条，被采纳574条；提交审计工作报告305份、信息205篇，被采用66篇。

财政审计　对37个单位预算执行进行审计，审计后应上缴财政389万元，年内已全部上缴。完成4个单位财政决算审计，审计后应上缴财政55万元，已上缴5万元。

行政事业审计　完成行政事业单位审计74个，审计后应上缴财政813万元，已上缴442万元。

固定资产投资审计　完成审计项目90个，审计项目投资额77998万元。审计后核减投资764万元，应上缴财政139万元，已上缴128万元。

企业审计　全年完成企业审计项目3个、调查项目1个。审计后应上缴财政8万元，年内已上缴7万元。

经济责任审计　完成40个单位的领导经济责任审计，查出违规金额3540万元、管理不规范金额6154万元。

专项资金审计　共完成社会保障、科教文卫、农林水与环保、基础设施、扶贫救灾等方面的专项资金审计项目93个和审计调查1个，占完成项目数31%，审计资金总额165130万元，审计查出违规及管理不规范金额3872万元。

绩效审计　开展绩效审计项目164个，占审计项目数54%。审计查出违规改变资金用途93万元、账外资产51万元、虚报冒领280万元和其他问题金额7280万元，审计后增收节支64万元。

内部审计　全市181个内审机构（其中专职77个）、500名内审人员（其中专职195名）完成审计项目932个，查出损失浪费38万元、增加效益6万元、被采纳建议意见355条、建议给予行政处分6人。

（撰稿人：杨国寿）

【昭通市审计局】　2009年，昭通市审计局人员编制48人，在编42人。局长陈明甫，副局长唐琼颐（—8月）、赵萍（8月—）、杨永剑（—8月）、王兴宝（8月—）、丁昌勇（8月—）。设有社保科、外金科、法制科、行财科、经责一科、经责二科、财政科、农业科、投资科、计算机中心、投资审计中心、办公室。

审计成果　昭通市审计局完成审计项目293个，查出违规金额61740万元，其中应上缴财政4387万元，应归还原渠道资金4926万元，应调账处理9979万元；已上缴财政852万元。移送司法机关、纪检监察部门处理事项2件，涉及金额59万元，行政问责1人。审计后出具审计（调查）报告293份、信息130篇，提出建议495条，被采纳264条。

财政审计　共完成财政决算、预算执行、税收征管审计98个，审计查出主要问题金额34003万元，其中：违规金额2167万元、管理不规范金额31836万元。审计决定应上缴财政908万元。

专项资金审计（调查）　共完成审计项目78个，主要是财政支农资金、养老保险基金、市级农业综合开发资金、“5·12”地震救灾资金、特殊党费、11个县（区）农村通达工程建设资金、水麻高速公路征地拆迁资金、5个县农村中小学校舍维修改造资金、巧家县义务教育资金的管理使用情况和巧家县农村信用合作联社2008年资产负债损益情况的审计或审计调查，审计总额165046万元，查出问题金额11679万元，审计决定应收缴财政210万元。

经济责任审计　共完成经济责任审计项目55个，查出问题金额2815万元，其中：违规金额1013万元、管理不规范金额1802万元。市审计局开展7个市直部门主要负责人和4个县（区）人民政府主要领导任中经济责任审计。

固定资产投资审计　共完成投资项目审计62个，核减投资2242万元，查出问题金额1838万元。市县审计机关还抽调20余名业务骨干组成扩大内需跟踪审计监督工作组，负责全市扩大内需投资项目跟踪审计的日常监督工作。

（撰稿人：王　娜）

【丽江市审计局】　2009 年，丽江市审计局人员编制 21 人，在编 20 人。局长和波涛，副局长陈秀英、文金海（7 月—）。设经贸投资审计科、农业资金审计科、法制科、财经审计科、经济责任审计办公室、固定资产投资审计中心、局办公室共 7 个部门。

审计成果　丽江市审计局完成审计项目 32 个，查出违规金额 21916 万元，应调账处理金额 830 万元；应归还原渠道资金 40 万元，已归还原渠道资金 40 万元，已调账处理金额 830 万元。提交审计工作报告 167 份、信息 61 篇。

财政审计　重点突出对民生领域的审计监督，加大了对"三农"、教育、医疗、社保、救灾等民生资金和市委市政府确定的重点工作、重大建设项目资金的审计监督和延伸审计力度，全年完成审计项目 6 个，查出违规金额 57 万元，管理不规范金额 114 万元。

经济责任审计　强化经济责任审计和专项资金审计的结合，实现了从离任审计向任中审计为主的转变。全年完成审计项目 5 个，查出违规金额 69 万元，管理不规范金额 737 万元。

专项资金审计　开展了对企业职工基本养老保险基金、农村中小学教育危房改造专项资金、中央预算内扩大内需资金、财政支农专项资金、玉龙雪山门票管理收入情况等审计和审计调查。完成审计项目 9 个，查出违规金额 12031 万元，管理不规范金额 8373 万元。

固定资产投资审计　完成市行政中心、丽江古城管理局工程等 8 个政府投资建设项目的竣工决算审计，共核减投资额 10080 万元。在投资审计中，尝试对雪山路建设项目进行跟踪审计，在市行政中心、泸沽湖管理委员会等工程项目竣工决算审计中，聘请中介机构，整合全市投资审计力量，扩大投资审计覆盖面。

相关工作　（一）制定了《丽江市审计局创建学习型机关奖励制度》，共组织集中学习培训 3 次近 210 人次，选送到上级审计机关参加学习培训近 50 人次。有 2 人获得了中级职称，有 2 人通过了审计署计算机中级，3 人获得了高级审计师资格。

（二）贯彻落实省政府 73 号文件精神，及时向审计厅提交《丽江市基层审计机关建设实施方案》，积极筹措资金，购买了新办公楼，更新了审计人员的笔记本电脑和台式机，完成全市"金审工程"局域网和视频会议室建设。

（三）制定《丽江市审计局关于执行审计纪律"八不准"规定的实施办法》，成立廉政监督小组，负责监督机关廉政情况和审计组执行审计纪律情况。在 2008 年度党风廉政考核中丽江市审计局获得优秀单位荣誉称号。　（撰稿人：范小琴）

【普洱市审计局】　2009 年，普洱市审计局人员编制 40 人，在编 40 人。局长张保国，副局长秦永勋（—4 月）、李海鹰（11 月—）、段萍，总审计师罗恒林，纪检组长任向前。设有办公室、法制综合科、财政金融审计科、行政事业审计科、经贸审计科、农业与资源环保审计科、社会保障与外资审计科、固定资产投资审计科、领导干部任期经济责任审计科、内部审计指导中心。

审计成果　普洱市审计机关共完成审计项目 354 个，查出违规金额 19369 万元，其中应上缴财政 3808 万元，应减少财政拨款或补贴 2492 万元，应归还原渠道资金 2215 万元，应调账处理金额 8196 万元；已上缴财政金额 2580 万元，已减少财政拨款或补贴 2456 万元，已归还原渠道资金 874 万元，已调账处理金额 3929 万元。移送违法违规案件线索 3 件。提交审计工作报告 406 份，信息简报 138 篇。在全市 11 个审计机关全部建成各级文明单位的基础上，9 月，普洱市审计局创建为市级"文明行业"。

预算执行审计　全市审计机关共审计预算执行单位和部门预算执行单位 62 个，审计查出违规金额 7137 万元，管理不规范金额 49773 万元。应上缴财政 3375 万元，已上缴 1953 万元。

固定资产投资审计　全市审计机关共完成投资审计项目 96 个，审计项目投资额 62013 万元，核减工程价款 2896 万元。

经济责任审计　3 月，普洱市审计局经济责任审计分局经市委、市政府批准成立，经济责任审计工作得到强化。全年共对 64 名（市级 11 人，县级 53 人）领导干部进行经济责任审计，其中：党委政府领导干部12人、党政部门领导干部38人、事业单位领导干部13人、国有及国有控股企业领导1人。审计查出违规违纪金额3938万元。移送纪检监察部门处理事项1件，移送司法机关处理1人。

专项资金审计（调查） 完成宁洱“6·3”地震救灾资金及恢复重建项目资金跟踪审计、农村中小学校舍维修改造专项资金、财政支农专项资金、企业职工基本养老保险基金等审计。全年共审计专项资金总额159.29亿元，查出违规金额540万元，管理不规范金额7276万元。

内部审计 内审机构全年完成审计项目238个，查出损失浪费金额2万元，增加经济效益146万元，被采纳审计建议155条，有效促进了部门单位加强内部管理，提高经济效益。

（撰稿人：陶　军）

【临沧市审计局】 2009年，临沧市审计局人员编制42人，在编42人。局长查天云，副局长陈震武、罗家贤，总审计师邓绍华。设有办公室、法制科、财经科、行政事业科、经贸科、农业科、社保科、工业与民用建筑投资审计科、基础设施建设投资审计科、内审科、信息化科、领导干部任期经济责任审计办公室12个科室。

审计成果 全市共完成审计（调查）项目268个，其中：市级50个，县（区）级审计机关218个。审计查出违规金额61906万元，损失浪费金额136万元，管理不规范金额76021万元。其中：已上缴1308万元、已归还原渠道资金20116万元、已调账处理金额5179万元。投资审计核减5561万元，审计后挽回（避免）损失3079万元。移送纪检监察部门、司法机关等处理事项7件24人，涉及金额2799万元。向被审计部门提出建设性和合理化建议672条，被采纳的审计建议585条，提交审计工作报告406份、信息130篇，向社会公告审计结果60篇。

财政审计 完成财政决算审计5个，查出应上缴财政408万元，已上缴153万元，查出违规金额1804万元。

固定资产投资审计 审计单位98个，送审投资额95675万元，实际完成投资审计总额97464万元，核减工程款（决算额）5563万元，应上缴财政301万元，已上缴39万元，查出违规总额8557万元，审计后挽回损失2667万元。

专项资金审计 审计（调查）单位72个，审计专项资金总额88870万元，应上缴财政77万元，已上缴46万元，审计查出违规金额7032万元，审计后挽回（避免）损失403万元。

企业审计 重点审计双江、耿马国营农场资产、负债、损益情况，查出违规金额5806万元，应上缴财政167万元，已上缴3万元。

经济责任审计 共审计经济责任项目35个，查出违规金额4004万元，管理不规范金额4519万元。

内部审计 选送内审人员参加各类培训班9批次，自办内审人员资格认证、审计实务培训班2期，同时抽调5批内审人员参与市审计局的重点项目审计，通过“以审代训”，提高内审人员素质，提高各单位内部日常监督质量，扩大审计监督面。

（撰稿人：王明华）

【德宏傣族景颇族自治州审计局】 2009年，德宏傣族景颇族自治州审计局人员编制26人，在编26人。局长郝豫昆，副局长刘宗燕、雪琳。设有办公室、综合法制科、财政金融审计科、领导干部任期经济责任审计科、行政事业审计科、经贸社会保障审计科、农业与资源环保审计科、固定资产投资外资运用审计科8个部门。

审计成果 德宏州审计局共完成审计项目30个、审计调查2个，查出违规资金324万元、管理不规范资金7917万元。已上缴财政4万元，已归还原渠道资金260万元，已调账处理813万元、核减工程投资1万元。提出审计建议16条均被采纳，发布审计公告1篇；提交审计工作报告251份、信息276篇，批示采用34篇。

财政审计 开展预算执行审计5个、财政决算审计2个，查出未按规定征收缴纳收入608万元、财政收入核算不实3790万元。审计结果表明，经过历年的审计监督，各项预算收入的征缴、管理工作已逐步趋于规范。在审计厅的指导下，利用AO系统开展了地税局税收征管业务的审计，为做“深”财政审计进行有益的尝试。

专项资金审计 开展专项资金审计10个、审计调查1个，审计总金额48488万元，查出违规金额35万元，对资金管理和使用效益作出评价，找出运行机制中存在的问题，并从体制、机制和制度上并提出改进建议和意见。

行政事业审计　审计行政事业单位10个，重点审计预算外收入、行政事业费收入、其他收入的资金管理和支出情况，查出的主要问题是违规改变资金用途97万元、未落实收支两条线和专户管理规定212万元，依法进行处理处罚，责令上缴财政4万元。同时还注意总结提炼审计中带有普遍性、倾向性、苗头性的问题，提出针对性强的意见和建议，为政府及有关部门的科学决策服务。

固定资产投资审计　将工程决算审计和工程财务收支审计相结合，通过对政府投资建设项目的绩效审计，揭示项目建设和管理中存在的问题，客观评价项目投资的经济性、效率性和效果性，提高建设项目的管理水平，完善工程建设项目的管理制度。开展对新增中央预算内扩大内需投资专项资金的调研及审计，通过了解资金的管理、拨付、使用情况，分析、揭示了项目建设的投融资体制、建设管理体制和运行机制中存在的问题，并提出审计建议。

经济责任审计　完成领导干部任期经济责任审计9个，查出违规金额291万元，管理不规范金额1577万元，均依法进行处理处罚，促进领导干部正确履行经济责任。　（撰稿人：李志远）

【怒江傈僳族自治州审计局】　2009年，怒江傈僳族自治州审计局人员编制30人，在编27人。局长刘双宝，副局长毛宝荣（—5月）、杨世周。设有办公室、领导干部经济责任审计办公室、企业审计科、农业审计科、行政事业审计科、财政金融审计科、法制综合科、计算机信息管理科、固定资产投资审计中心。

审计成果　全州共完成审计项目33个，查出违纪违规金额9905万元，管理不规范金额5416万元，应上缴财政194万元，应归还原渠道资金2044万元，应调账处理金额1653万元，出具审计报告92份，发布审计结果公告19个。

财政审计　完成审计项目9个，查出违纪违规金额201万元，管理不规范金额2354万元，应归还原渠道资金25万元。

行政事业审计　完成审计项目1个，查出管理不规范金额58万元。

农业与资源环保审计　完成审计项目2个，查出违纪违规金额740万元，管理不规范金额122万元，应上缴财政157万元，应归还原渠道资金283万元。

固定资产投资审计　完成审计项目7个，查出违纪违规金额117万元。整合审计资源，引进中介机构参与审计，开展扩大内需项目、校安工程跟踪审计调查，成效明显。

社会保障审计　完成审计项目1个，查出违纪违规金额5万元。经过连续审计，促使全州救灾救济资金、城市低保资金、养老保险、失业保险基金管理使用趋于规范，违纪问题明显减少，维护了人民群众切身利益，确保了边疆少数民族地区的和谐稳定。

企业审计　完成审计项目1个，查出违纪违规金额479万元，管理不规范金额619万元，应调账处理金额1098万元。

经济责任审计　完成审计项目12个，查出违纪违规金额8363万元，管理不规范金额2263万元，应上缴财政37万元，应归还原渠道资金1736万元，应调账处理金额555万元。开展了福贡县委书记、县长合并式审计。　（撰稿人：刘　婕）

【迪庆藏族自治州审计局】　2009年，迪庆藏族自治州审计局人员编制23人，在编22人。局长浦永兴，副局长赵凤英、张柱能（9月—）。设有办公室、行政事业审计科、财政金融审计科、综合法规科、投资经贸审计科、经济责任审计科。

审计成果　共完成41个单位的审计和审计调查，其中：预算执行审计8个，财政决算审计1个，专项资金审计7个，固定资产投资审计11个，企业审计8个，领导干部任期经济责任审计6个。查出违规金额2614万元，管理不规范金额8882万元。应上缴财政44万元，已上缴财政44万元，应调账处理金额10842万元，已调账处理金额9278万元，核减工程投资2569万元，出具审计报告及审计调查报告41份，提出审计建议90条，被采纳61条。提交综合报告115份、信息19篇。

财政审计　完成审计项目9个，其中预算执行审计8个，财政决算审计1个，查出管理不规范金额775万元。

固定资产投资审计　完成固定资产审计项目11个，核减投资额2569万元，其中预算执行96万元，竣工决算2473万元，工程价款不实多计2554万元，少计314万元，挤占建设成本14万元，应上缴财政19万元，已上缴19万元。

经济责任审计　完成经济责任审计项目6个，查出管理不规范金额407万元，其中主管责任407万元。

企业审计　完成企业审计项目8项，查出账外经营126万元，账外资产20万元，虚报转移收入2万元，其他违规资金859万元。

专项资金审计　完成专项资金审计项目7个，查出违规金额32万元，其中违规改变项目和资金用途22万元，虚报冒领10万元。

（撰稿人：和集义）

【大理白族自治州审计局】　2009年，大理白族自治州审计局人员编制56人，在编54人。局长张学义，副局长杜永进、施黄、梁育鸿。设有办公室、法制科、财政金融审计科、行政事业审计科、经贸审计科、农业与资源环保审计科、固定资产投资审计科、前置审计科、领导干部任期经济责任审计科、内部审计指导科。

审计成果　全州共完成审计项目915个，审计查出违规金额9945万元，损失浪费及管理不规范金额2.51亿元；通过审计处理处罚，共上缴财政1565万元，归还原渠道资金642万元，调账处理金额792万元。移送司法机关案件线索1件，涉及金额3万元，移送纪检监察部门案件线索1件，涉及金额300万元，提交审计工作报告915份、信息236篇。

跟踪审计　共跟踪审计州本级和祥云县等29个县（市）扩大内需项目和资金，未发现低水平重复建设、投入产业过剩行业及党政机关建设楼堂馆所等项目，也未发现挪用、侵占资金等违规违纪问题，针对部分建设项目基本建设程序不合规、资金未到位情况突出等问题，及时提出整改意见和建议。

财政审计　全州审计机关创新财政审计思路，关注重点向二、三级单位的财务收支和经济活动延伸，州审计局查处收缴违规违纪金额500余万元；同时更加注重审计整改效果，按照省政府关于进一步加强审计整改工作意见的要求，州政府召开常务会议，专题研究审计整改工作，促进各级政府完善相关制度。

固定资产投资审计　完成政府性投资建设项目前置审计448个，比上年同期增加132个，送审价20.67亿元，比上年同期增长了46%。通过审计，核减投资2.33亿元，比上年同期增长了90%。完成竣工项目结算（决算）审计177个，审计投资额5.93亿元，核减工程价款3013万元。

经济责任审计　完成55个单位的领导干部经济责任审计，查出违规金额4276万元，管理不规范金额1212万元，损失浪费金额322万元，进一步规范领导干部经济行为。

社会保障审计　根据省审计厅的安排部署，对2008年度企业职工基本养老保险基金的征缴、管理、使用、结余情况进行全面审计。审计发现少核缴费基数导致基金收入减少147.67万元，缴费单位历年欠缴社会保险费145.89万元，社保机构少计收入3万元、虚列支出2万元。审计机关及时提出了整改纠正意见，规范全州的企业职工基本养老保险基金管理与发放工作。

基础建设　全面落实了省政府《关于加强基层审计工作的意见》，狠抓了审计机关的干部队伍职业化、机关建设标准化、职业规范体系化、基础设施现代化建设，全州审计机关的基础设施建设、党风廉政建设和精神文明建设再上新台阶，被州委、州政府表彰为党风廉政建设和惩防腐败工作优秀单位，被省委、省政府再次命名为省级文明单位，局长张学义被国家劳动人事部、审计署表彰为全国审计机关先进工作者，受到了温家宝总理的亲切接见，并代表全国审计机关先进集体、先进工作者在表彰会上宣读了倡议书。

（撰稿人：谢云山）

【楚雄彝族自治州审计局】　2009年，楚雄彝族自治州审计局人员编制54人，在编51人。局长张万礼，副局长王之忠、徐永金、陶光明（9月—），总审计师胡晓雯。设有局办公室、党总支办、法制、经责、信息、财政、农业与资源环保、金融与外资运用、行政事业、社会保障、固定资产投资、经贸、人事培训等部门。

审计成果　楚雄州审计机关完成审计项目

688 个，查出违规金额 14335 万元，其中应上缴财政 4481 万元，应减少财政拨款或补贴 1492 万元，应归还原渠道资金 816 万元，应调账处理金额 2530 万元；已上缴财政 3857 万元，已减少财政拨款或补贴 1365 万元，已归还原渠道资金 293 万元，已调账处理金额 1935 万元。移送司法机关、纪检监察部门处理事项 3 件。提交审计工作报告 536 份、信息 625 篇，被采用 271 篇。

财政金融审计　一是选择国家资金使用量大的部门与财政部门沟通，把共同关注的重点纳入审计范围。二是加强对二、三级预算单位延伸审计。三是注重以简报和信息的形式及时通报阶段性成果和情况。四是提出合理化建议，促进财税工作规范管理。根据授权对南华县农信社 2008 年资产负债损益进行审计。

专项资金审计　开展财政支农、企业职工养老保险、农村中小学危房改造等项目的审计或调查；开展全州基本烟田建设竣工决算及财务收支、"8·30"地震救灾民房恢复资金、"11·2"特大自然灾害恢复重建等跟踪审计。《楚雄州汶川地震捐赠款物跟踪审计》被评为全省 10 个优秀审计项目之一。

经济责任审计　对县城所在地镇党委书记的经济责任审计，制定县长经济责任审计评价指标体系，组织编印《楚雄州经济责任审计工作资料汇编》。《牟定县原县委书记任期经济责任审计项目》被评为 2008 年度审计署和云南省的优秀审计项目。

固定资产投资审计　政府投资审计加速放大，从 2007 年的 7.6 亿元上升到 2009 年的 18 亿元，核减 2312 万元。在审计厅的统一组织下，对辖区内 9 亿多元的扩大内需资金进行拉网式审计，全面落实重大建设项目必审制度。南永公路一期工程竣工决算审计被评为 2008 年度云南省优秀项目。

相关工作　州政府第二十次、第二十二次常务会议专题研究了审计工作，并提出了新的更高要求。州委、州政府制定出台了《关于进一步加强审计工作的意见》《楚雄彝族自治州内部审计工作规定》《关于进一步加强审计整改工作的意见》，使审计的执法环境得到有效改善。

（撰稿人：蓝紫云）

【红河哈尼族彝族自治州审计局】　2009 年，红河哈尼族彝族自治州审计局人员编制 46 人，在编 44 人。局长吴自云，副局长解友发、谭亚东、龚宁华，纪检组长郭智明（—1 月）。设有办公室、综合法制科、经济责任审计办公室、行政审计科、财金审计科、社会保障审计科、投资审计科、经贸审计科、农业与环保审计科、事业审计科、计算机技术中心。

审计成果　全州审计机关完成审计项目 565 个，查出违规金额 12080 万元，其中应上缴财政 9671 万元，应减少财政拨款或补贴 4918 万元，应归还原渠道资金 1760 万元，应调账处理金额 54153 万元；已上缴财政 5506 万元、已减少财政拨款或补贴 4918 万元、已归还原渠道资金 783 万元、已调账处理金额 52390 万元。提交审计工作报告 575 份、信息 506 篇，被采用 121 篇。全州 14 个审计机关分别建成省、州级文明单位，建成州级文明行业。

财政审计　开展预算执行审计项目 61 个，查出违规金额 1027 万元，管理不规范金额 19219 万元，应上缴财政 773 万元，应归还原渠道资金 301 万元，应调账处理金额 9669 万元；开展财政决算审计项目 4 个，查出管理不规范金额 47 万元，应上缴财政金额 2 万元。从加强管理、强化预算编制、规范转移支付分配等提出审计建议，依法向人大常委会作了预算执行审计和其他财政收支审计工作报告，得到人大常委会的充分肯定。

固定资产投资审计　共审计项目 125 个，查出违规金额 47 万元，管理不规范金额 9873 万元，核减投资额 8990 万元。

经济责任审计　完成审计项目 128 个，查出违规金额 6805 万元，其中领导干部负主管责任的 6732 万元，直接责任的 73 万元；查出管理不规范金额 16184 万元，其中领导干部负主管责任的 15753 万元，直接责任的 431 万元。

企业审计　全年完成企业审计项目 9 个，查出违规金额 179 万元，管理不规范金额 4495 万元，应归还原渠道资金 300 万元，应调账处理金额 3108 万元。

专项资金审计　重点开展企业职工养老保险基金、支农专项资金审计，共完成审计和审计调查项目 190 个，查出违规金额 1251 万元，管理不规范金额 15072 万元，应上缴财政 863 万元，应归还原渠道资金 509 万元，应调账处理金额 1087 万元。（撰稿人：普发俊）

【文山壮族苗族自治州审计局】 2009 年，文山壮族苗族自治州审计局人员编制 28 人，在编 36 人。局长余游，副局长李建祥、何淑清、陆明会、李云山。设有办公室、综合法规科、财政金融审计科、企业审计科、农业资金审计科、经济责任审计科、固定资产投资审计科、行政事业审计科、计算机技术中心 9 个部门。

审计成果 全年共完成审计项目 74 个，查出违规金额 24917 万元，其中应上缴财政 384 万元，应减少财政拨款或补贴 357 万元，应归还原渠道资金 986 万元，应调账处理金额 1400 万元；已上缴财政 345 万元，已减少财政拨款或补贴 357 万元，已归还原渠道资金 555 万元，已调账处理金额 1400 万元。移送司法机关、纪检监察部门处理事项 3 件，建议有关部门处理事项 3 件。提交审计工作报告 482 份、信息 319 篇，被采用 4 篇。

财政审计 全年完成本级财政预算执行和税收计划、征管及政策执行情况的审计，查出管理不规范金额 3868 万元，提出加强财政预算管理的审计建议 3 条均被采纳，受州政府委托向本级人大常委会作了审计工作报告。

金融审计 根据省审计厅授权对砚山县农村信用社联社的资产负债损益情况进行审计。查出跨地区、异地贷款 1035 万元，贷款抵押不实 400 万元，漏缴个人所得税 58 万元等问题，提出审计建议 5 条均被采纳，收缴金额 58 万元。

行政事业审计 完成审计项目 7 个，查出违规金额 3759 万元，管理不规范金额 1227 万元。提出审计意见和建议 32 条，已被采纳 26 条。

固定资产投资审计 完成 28 个重点工程项目竣工决算及 26 个工程项目拦标价审计。审计投资金额 169874 万元，审减工程投资 13909 万元，核减率为 8.19%，揭示问题，分析原因，提出建议 68 条，已被采纳 60 条。

企业审计 根据省审计厅的统一组织和部署，完成文山农垦分局的绩效审计调查任务，为云南农垦系统的改革发展和二次创业作出贡献。

专项资金审计（调查） 组织开展财政支农专项资金、企业职工基本养老保险基金、农村中小学学校危房改造专项资金的审计，审计总额 19836 万元，重点揭露和查处违规改变项目计划和资金用途 8227 万元。（撰稿人：伍 宾）

【西双版纳傣族自治州审计局】 2009 年，西双版纳傣族自治州审计局人员编制 18 人，在编 18 人。局长刀金海，副局长唐兴朝、安永祥。设有办公室、法制科、财政审计科、经贸审计科、固定资产投资审计科、经济责任审计科等 6 个部门。

审计成果 西双版纳州审计局完成审计项目 36 个，查出违规资金 759 万元，其中应上缴财政 53 万元，应减少财政拨款或补贴 641 万元，应归还原渠道资金 32 万元，应调账处理金额 2 万元；已上缴财政 22 万元，已减少财政拨款或补贴 599 万元，已归还原渠道资金 32 万元，已调账处理金额 2 万元。提交审计工作报告 143 份、信息 75 篇。

财政审计 对县级财政预算执行和其他财政财务收支、地方税收征管情况进行审计，并对全州地税系统 2008 年度税收计划和政策执行情况进行审计，抽查纳税户 33 户。完成预算执行审计项目 2 个，查出违规金额 9 万元。

行政事业审计 完成审计项目 2 个，查出应上缴财政 9 万元，均已按审计决定及时上缴财政。

固定资产投资审计 完成竣工决算审计项目 9 个，审计投资总额 8201 万元，核减投资额 671 万元；完成前置审计项目 17 个，送审价 21598 万元，审计核减 1416 万元。

专项资金审计 把关注民生作为重点，完成审计项目 6 个，审计总金额 53501 万元，促进拨付到位资金 7 万元。

基础建设 成立西双版纳傣族自治州内部审计指导中心，单位性质为全额拨款事业单位，为正科级，事业编制 5 名。州政府颁布实施了《西双版纳傣族自治州政府性投资建设项目审计办法》，理顺了政府投资建设项目的审计监督机制。全州审计机关“金审工程”二期建设全面完成，审计专网开始试运行。（撰稿人：刘 怡）

2009年云南省所辖区、县(市)级审计工作统计表

金额单位:万元

审计机关	完成审计项目(个)	查出违规金额	应上缴财政	应减少财政拨款或补贴	应归还原渠道资金	应调账处理金额	移送司法、纪检部门处理事项(件)	建议有关部门处理(件)	出具审计报告和审计调查报告(篇)	提出审计建议(条)	撰写审计信息(篇)
昆明市											
昆明市本级	81	42935	35812		29	30762			81	175	126
盘龙区审计局	45	143			143				57	94	22
五华区审计局	36	2470	1268	158	1263	922			36	83	27
官渡区审计局	10	247	247						10	20	26
西山区审计局	50	95	31			2322			50	119	100
东川区审计局	34	56	6		59				41	107	28
安宁市审计局	16								16	38	2
呈贡县审计局	44	43	31		12				58	56	
晋宁县审计局	25	125	174		200	479			35	73	43
富民县审计局	25	466	14		34			1	25	29	2
宜良县审计局	32	97	97	47	37				42	81	16
嵩明县审计局	35	772	153		601	18			35	98	
石林彝族自治县审计局	49	86	7			26			49	89	52
禄劝彝族苗族自治县审计局	47	307	46			103			47	67	12
寻甸回族彝族自治县审计局	53	264	123		141				70	86	16
曲靖市											
曲靖市本级	392	3040	1272		152	111			395	237	6
麒麟区审计局	301								319	790	4
宣威市审计局	221	221	202						252	388	25
马龙县审计局	127	285	38		50				126	51	1
沾益县审计局	127	282	221	1	60	3862			128	532	30
富源县审计局	204	1002	592			1585	1		204	123	11
罗平县审计局	146	448	173		27				146	199	44
师宗县审计局	150	1227	883		1	922			152	137	28
陆良县审计局	215	108	108						241	299	7
会泽县审计局	158	804	335	435	26	14			158	13	32
玉溪市											
玉溪市本级	100	19374	1324		491	2067	8	12	108	203	77

（续表）

审计机关	完成审计项目（个）	查出违规金额	应上缴财政	应减少财政拨款或补贴	应归还原渠道资金	应调账处理金额	移送司法、纪检部门处理事项(件)	建议有关部门处理(件)	出具审计报告和审计调查报告(篇)	提出审计建议(条)	撰写审计信息(篇)
红塔区审计局	31	109	63		521	488		3	31	89	11
江川县审计局	45	642	102		37	2122			45	73	17
澄江县审计局	51	736	274		8	62		3	52	117	17
通海县审计局	37	512	77		23	645	2	5	43	90	19
华宁县审计局	33	269	8		45	433	1	1	35	39	4
易门县审计局	26	19346	970		4	107			30	65	26
峨山彝族自治县审计局	40	1941	915		75	1			44	75	40
新平彝族傣族自治县审计局	71	1220	424		10		2		71	126	45
元江哈尼族彝族傣族自治县审计局	23	214	97		4836	721	1	2	27	61	7
保山市											
保山市本级	32	1144	287		357	493			32	104	81
隆阳区审计局	58	1784	594		281	909			58	126	27
施甸县审计局	57	730	66		185	107	2		57	132	31
腾冲县审计局	43	23256	30		72	579			43	84	21
龙陵县审计局	66	222	51		13	484			66	85	26
昌宁县审计局	47	3107	376	1	2327	403			49	128	19
昭通市											
昭通市本级	68	2265	1183		350	26	1		68	169	40
昭阳区审计局	71	742	742						71	39	5
鲁甸县审计局	16								16	25	
巧家县审计局	12								12	19	9
盐津县审计局	6								6	25	22
大关县审计局	6	18			15				6	13	8
永善县审计局	29	13	3		10				29	65	8
绥江县审计局	15	416	187		8	1			15	22	12
镇雄县审计局	18	1109	197		516	193			18	39	6
彝良县审计局	23	90	3		25				23	43	
威信县审计局	12	79	30		42	7		1	12	29	10
水富县审计局	17								17	22	10
丽江市											
丽江市本级	32	21916				830			32	32	24
古城区审计局	21	3005	2473		45	3819			21	69	4

（续表）

审计机关	完成审计项目(个)	查出违规金额	应上缴财政	应减少财政拨款或补贴	应归还原渠道资金	应调账处理金额	移送司法、纪检部门处理事项(件)	建议有关部门处理(件)	出具审计报告和审计调查报告(篇)	提出审计建议(条)	撰写审计信息(篇)
永胜县审计局	42	270		5		77			42	42	15
华坪县审计局	34	1349	1028		2	832			34	34	15
玉龙纳西族自治县审计局	19	499	710		90	209			19	53	1
宁蒗彝族自治县审计局	19	122	1		97	278			19	19	2
普洱市											
普洱市本级	84	10632	1804	1659	1481	5338			90	305	55
思茅区审计局	28	73	16	7	83	155	1		29	74	26
宁洱县审计局	26	796	30	679	27				32	80	
墨江哈尼族自治县审计局	29	4442	1194	41	24	1254	1	1	38	127	11
景东彝族自治县审计局	33	811	75	40	20	547			40	75	2
景谷傣族彝族自治县审计局	23	280	96		29	24			23	48	
镇沅彝族哈尼族自治县审计局	17	209	77		164				17	24	16
江城哈尼族彝族自治县审计局	26	455	380		24	29			35	51	2
孟连傣族拉祜族佤族自治县审计局	30	688	64	1	59	292			41	106	
澜沧拉祜族自治县审计局	42	830	50	65	170	557			44	102	22
西盟佤族自治县审计局	16	153	22		134				17	43	4
临沧市											
临沧市本级	50	35862	2314		18395	3208	6	21	133	134	77
临翔区审计局	42	18957	47		1	3			54	102	12
凤庆县审计局	17	373			152	1789			20	63	2
云县审计局	39	645	160		5	499			47	62	8
永德县审计局	19	675	2		1373	37			22	41	2
镇康县审计局	22	3302	88		235	3975			30	52	8
双江拉祜族佤族布朗族傣族自治县审计局	30	598	87		26	156			38	61	8
耿马傣族佤族自治县审计局	29	1001	51						37	102	8
沧源佤族自治县审计局	20	493	27	1380	148	133			25	55	5
德宏傣族景颇族自治洲											
德宏傣族景颇族自治洲本级	30	324	4		260	813			32	16	67

（续 表）

审计机关	完成审计项目（个）	查出违规金额	应上缴财政	应减少财政拨款或补贴	应归还原渠道资金	应调账处理金额	移送司法、纪检部门处理事项(件)	建议有关部门处理(件)	出具审计报告和审计调查报告(篇)	提出审计建议(条)	撰写审计信息(篇)
潞西市审计局	37	322				322			40	113	55
瑞丽市审计局	22	6367	55			462			31	86	36
梁河县审计局	37	146	6						37	90	38
盈江县审计局	59	787	10		30				62	139	19
陇川县审计局	27	2	13				1		29		51
畹町开发区审计局	17	255			2				20	26	10
怒江傈僳族自治州											
怒江傈僳族自治州本级	33	9905	194		2044	1653			43		23
泸水县审计局	20	2610	63		423	6					9
福贡县审计局	18	620	2		19	61			18		17
贡山独龙族怒江自治县审计局	11	50			26	24			12		11
兰坪白族普米族自治县审计局	18	5740	745		3842	13	1	1	19		6
迪庆藏族自治州											
迪庆藏族自治州本级	41	2614	44	51		10842			41	90	7
香格里拉审计局	26	44	30			427			26	58	1
德钦县审计局	18	222	52		23	84			18	37	
维西傈僳族自治县审计局	30	2525	475		315	1116	1	1	30	79	11
大理白族自治州											
大理白族自治州本级	58	7037	2165	14	2	632	2	5	58	122	53
大理市审计局	121	487	297	29	34	94			121	20	19
祥云县审计局	49	109	52		17			1	49	54	22
宾川县审计局	48	703	65		627	12		9	48	96	23
弥渡县审计局	64	686	26	42	347	191		2	64	44	16
永平县审计局	76	70	68					2	76	10	3
云龙县审计局	75	4			4				75	33	11
洱源县审计局	86	238	76		14	105		4	86	54	1
剑川县审计局	48	96	61		35				48	68	3
鹤庆县审计局	153	48	48			52		1	153	2	40
漾濞彝族自治县审计局	39	26	21		3	2			39	13	26
南涧彝族自治县审计局	66	335	54		45	204		2	66	42	11
巍山彝族回族自治县审计局	32	106	23		4	31			32	69	8

（续表）

审计机关	完成审计项目（个）	查出违规金额	应上缴财政	应减少财政拨款或补贴	应归还原渠道资金	应调账处理金额	移送司法、纪检部门处理事项（件）	建议有关部门处理（件）	出具审计报告和审计调查报告（篇）	提出审计建议（条）	撰写审计信息（篇）
楚雄彝族自治州											
楚雄彝族自治州	64	5880	2283	828	300	718	1		86	211	129
楚雄市审计局	77	812	441	354	12	803			91	195	44
双柏县审计局	30	824	109	6	34	281			36	81	54
牟定县审计局	28	432	384	15	10	5	1		36	78	94
南华县审计局	37	928	657	3	158	10			46	83	40
姚安县审计局	35	140	58		4	46			40	71	36
大姚县审计局	44	279	102	109	29	22			54	144	30
永仁县审计局	29	2244	127		34	5	1		30	81	32
元谋县审计局	34	1023	31	108	221	71			40	51	23
武定县审计局	28	1674	194	27	14	559			37	56	22
禄丰县审计局	28	99	95	42		10			40	79	121
红河哈尼族彝族自治州											
红河哈尼族彝族自治州本级	66	8391	7351		411	44650			72	179	123
蒙自县审计局	23	75	54		95	6			23	33	20
个旧市审计局	25				33				25	30	34
开远市审计局	44	82	82	4918	345	6072			44	117	28
绿春县审计局	33	331	22		227	1408			33	74	23
建水县审计局	56	167	11		146	72			56	162	58
石屏县审计局	45	14	14		64	1084			45	84	56
弥勒县审计局	65	1285	1231		62	318			65	68	21
泸西县审计局	42	295	290		5	39			42	73	39
元阳县审计局	47	341	269		62				47	75	26
红河县审计局	32	298	22		274	6			32	62	23
金平苗族瑶族傣族自治县审计局	39	342	56		26	203			39	83	17
河口瑶族自治县审计局	25	236	204		2	283			25	61	14
屏边苗族自治县审计局	23	223	65		8	12			27	48	24
文山壮族苗族自治州											
文山壮族苗族自治州本级	74	24917	384	357	986	1400	3	3	72	130	56
文山县审计局	57	578	38	442	3	250			57	109	35

（续表）

审计机关	完成审计项目（个）	查出违规金额	应上缴财政	应减少财政拨款或补贴	应归还原渠道资金	应调账处理金额	移送司法、纪检部门处理事项(件)	建议有关部门处理(件)	出具审计报告和审计调查报告(篇)	提出审计建议(条)	撰写审计信息(篇)
砚山县审计局	56	322	179	71	111	2332			56	73	14
西畴县审计局	58	6732	157			7692			58	105	21
麻栗坡县审计局	41	1747	103		480	592			41	137	15
马关县审计局	52	811	258		3	242			52	67	44
丘北县审计局	28	749	197		37	169			28	23	30
广南县审计局	61	472	132		1	239			61	136	22
富宁县审计局	57	2772	88		287	459			57	110	82
西双版纳傣族自治州											
西双版纳傣族自治州本级	36	759	53	641	32	2			41	83	18
景洪市审计局	22	399	357			42			24	53	28
勐海县审计局	43	516	312	91	39	40			44	80	16
勐腊县审计局	30	1134	100	539		60			34	72	13

西藏自治区

【西藏自治区审计厅】 2009 年，西藏自治区审计厅人员编制 95 人（其中行政编制 69 人、事业编制 26 人），在编 81 人，厅领导职数 7 名。设有办公室、政工人事处、纪检监察室、法规处、财政金融审计处、固定资产投资审计处、经济责任审计处、行政事业审计处、社会保障审计处、经贸外资审计处、农业与资源环保护审计处，另设有审计事务所（直属事业单位）。

领导成员

厅　　长：贵　桑

副 厅 长：马国超（党组书记）　李瑞富

　　　　　孙玉英（2008 年 2 月—）

　　　　　宋　民（审计署兰州特派办援藏）

总审计师：周忠祥

纪检组长：张福山

审计成果　西藏自治区各级审计机关共审计和审计调查 320 个项目（单位），查出违纪违规金额 24.81 亿元。向司法、纪检监察机关等相关部门移送案件线索 16 件。向自治区党委、区政府上报审计信息 30 期，区党委、人大、政府主要领导批示 10 件次。

财政预算执行审计　对 2008 年度自治区本级预算执行和其他财政收支进行审计，查出虚减财政支出、滞留应缴财政收入、重复拨付粮食风险基金、未按规定程序拨付基建项目资金、未按预算规定支出财政资金、基建结余资金未纳入预算、应缴未缴预算外收入、未按规定设置“财政社会保障补助资金专户”等违纪违规问题金额 3.82 亿元，提出审计建议 8 条；对 2008 年税收征管和其他财政收支审计，查出税务机关自身应缴未缴相关税费的问题，提出审计整改建议 2 条。向自治区政府上报《关于 2008 年度自治区本级预算执行的审计结果报告》，并受自治区政府委托向人大常委会作《关于 2008 年度西藏自治区本级预算执行的审计工作报告》，人大常委会对审计在查处问题，推进依法理财，提高财政资金使用效益，规范预算管理等方面发挥的作用给予充分肯定。

固定资产投资审计　重点对 4 个建设项目进

行审计，审计资金总额 31.32 亿元，查出违纪违规金额 3.84 亿元。审计揭示和反映了部分项目未进行公开招标，多计工程结算价款，概算外新增投资，虚列待摊投资，挪用征地拆迁资金，违反基本建设程序未批先建、以虚假征地拆迁合同骗取国家建设资金、虚列建设成本等突出问题。及时向区党委、政府和有关主管部门揭示和反映投资领域存在的普遍性和倾向性的问题，深入分析产生问题的原因，从体制、制度层面提出建议，为党委政府提供决策依据。

企业审计 始终坚持审计监督与为企业发展服务相结合、财务收支审计与效益审计相结合，重点关注企业的经济效益、社会效益和环境效益，促进企业深化改革和可持续发展，提高管理水平和市场竞争能力。对 4 个单位和部门进行审计和审计调查，审计发现会计失真、虚增收入、多计成本等违纪违规金额 3470.15 万元。

经济责任审计 受区党委组织部和区国资委的委托，并经自治区经济责任审计工作领导小组会议批准，对 8 名领导干部进行经济责任审计，查出挤占挪用项目（专项）资金和事业费、坐收坐支预算外收入、虚列支出、私设"小金库"、隐瞒收入等违纪违规金额 9.84 亿元，移送相关单位处理事项 9 件。一是前移审计关口，积极推行任中经济责任审计。为扭转离任审计"新官不理旧账"等弊端，今年的经济责任审计中，任中审计占 87%。二是建章立制。组织召开自治区经济责任审计工作领导小组联席会议，讨论通过《西藏自治区经济责任审计工作立项制度》《西藏自治区经济责任审计工作领导小组联席会议制度》《西藏自治区领导干部和国有及国有控股企业领导人员任期经济责任审计结果运用办法》；编印了《党政领导干部和企业领导人员履行经济责任涉及的违反财经法律法规事项汇编》。

农业与资源环保审计 对农业及其相关单位和部门进行审计，查出违纪违规金额 8719.58 万元，其中：会计信息失真 3478.13 万元、违纪违规 5060.9 万元、资产质量方面 136.46 万元、其他问题 44 万元。针对审计中查出的违反财经法规问题，依据有关法律法规做出处理和处罚。对促进农村经济发展、惠农强农政策的落实，保护种粮农民利益、稳定粮食增产、保证粮食安全、促进农民增收具有重要意义。

行政事业审计 开展了 13 家行政单位和全额（差额）事业单位的审计，共查出违纪违规金额 12491.79 万元，其中挪用专项资金 1860.44 万元，滞留专项经费 97.40 万元，虚列支出 2861.46 万元，账外资产 3452.07 万元，坐支预算收入 162.17 万元，私存私放资金 1323.40 万元，其他 2734.85 万元。

相关工作 （1）旗帜鲜明反对分裂，扎实做好维护社会稳定工作。教育干部职工深刻认识到我们同达赖集团斗争的长期性、艰巨性、复杂性，时刻绷紧反分裂斗争这根弦，坚持与分裂破坏活动作斗争。

（2）认真落实整改措施，切实做好科学发展观"回头看"后续工作。及时将科学发展观学习实践活动中建立的 26 项规章制度反复修改完善并汇编成册，切实抓好规章制度的执行，建立起用制度管人、用制度管权、用制度管事的长效机制。通过学习实践科学发展观活动"回头看"，对检查发现的涉及群众利益方面的一些突出问题，领导带头，率先垂范，认真整改，真正使干部职工满意。

（3）积极开展领导干部作风建设年活动。根据区党委提出要解决的"六个问题"，结合审计厅机关作风的实际，重点抓好"六个结合"，坚持用好的作风推进工作落实，用好的工作业绩检验作风建设成效，增强干部职工的政治意识、责任意识、服务意识、学习意识、团结意识、管理意识和效率意识。

（4）注重实际、突出重点，着力加强基础性工作。第一，加强纪检监察，促进廉政建设。驻厅纪检组将党风廉政建设同年度审计工作一同安排布置、一同监督检查；将反腐败工作与实施重大审计项目相结合，要求审计人员坚持原则、顶歪风、挡诱惑，做到公正履职，廉洁从审。第二，强化服务意识，抓好常规工作。狠抓各项规章制度的建立健全，用制度管人、用制度管权、用制度管事，促进审计工作制度化、规范化；加强机关财务管理，严格执行收支审批程序，合理安排使用资金，为开展审计工作提供财力支撑；狠抓舆论宣传、文秘和机要工作，精心组织、周密安排各种会议，科学合理调度车辆，机关工作有序运转；扎实抓好社会治安综合治理和信访工作，建设平安单位、和谐单位。第三，注重审计工作信息化建设。完成厅机关与审计署、厅机关与七地市审计局的审计专网的联网工作；开通了审计内网（涉密网）；对七地（市）审计局“金审工程”管理系统进行部署，安装审计管理系统，RTX 腾讯通通信软件，PDF 阅读软件；对局域网（审计专网）和互联网分别安装了防火墙、网络巡警等安全设施，对已有的网络信息安全防护措施开展一次有针对性的检查；安装部署审计会商系统。第四，突出审计人才培训工作。在审计署的大力关心支持下，于 8～9 月在拉萨成功举办计算机审计培训班和固定资产投资审计培训班，组织了 2009 年计算机培训及 AO 认证考试，为今后开展计算机审计和固定资产投资审计提供了人才保障。

（5）不断完善制度，强化审计法制建设。拟定了《审计项目质量检查暂行办法》；为强化审计项目计划管理，提高审计业务管理的科学化、规范化，严格审计项目进度，提高审计工作效率，规范审计行为，制定并下发《西藏自治区审计厅审计项目计划管理办法（试行）》和《西藏自治区审计厅审计项目进度管理办法（试行）》；为从严治理审计队伍，加强审计机关的廉政建设，结合西藏审计实际，参照审计署《关于加强审计纪律的八项规定》，修订《西藏自治区审计厅贯彻〈审计署关于加强审计纪律的规定〉的办法》和《西藏自治区审计厅审计外勤经费管理试行办法》。

（撰稿人：杜一鹭）

【拉萨市审计局】 2009 年，拉萨市审计局人员编制 40 人，在编 35 人。局长次旦，副局长阳荣义、彭多、格桑平措。设有办公室、法规科、财政金融审计科、基本建设投资审计科、行政事业审计科、经济责任审计科、经贸农业与资源环保审计科、信息中心。

审计成果 拉萨市审计局完成审计项目 37 个，审计总金额 20.37 亿元，查出违纪违规金额 8448.72 万元，审计指明要求调账 2841.97 万元，应上缴财政 5606.75 万元，已上缴 5606.75 万元。核减工程款 864.04 万元。提交审计工作专题调查、综合性报告 42 篇，编报审计信息简报 54 篇，被采用 21 篇。针对存在问题提出整改意见和建议 91 条，采纳率达 100%。

财政金融审计 2009 年市审计局按照“核实收支，揭露问题、规范管理、促进改革”的总体思路，以财政资金使用绩效为重点，对 25 个相关部门的行政事业性收费及专项资金管理使用情况进行延伸审计。实施审计项目 4 个，审计总金额 8.24 亿元，查出违纪违规金额 6159.61 万元（其中：审计要求纠正、调账 999.26 万元，应上缴财政 5160.35 万元，已上缴县财政 5160.35 万元）。

行政事业审计 重点对 6 个单位 2007～2008 年度财政及财务收支情况进行审计。审计总金额 1.51 亿元，查出违纪违规金额 474.53 万元（其中：审计要求纠正、调账 362.13 万元，应上缴财政 112.40 万元，已上缴财政 112.40 万元）。有效规范行政事业单位财务收支行为。

经贸、农业与资源环保审计 重点对 12 个单位和部门进行审计，审计总金额 1.09 亿元，查出违纪违规金额 1322.81 万元，其中：要求纠正、调账 1056.28 万元，应上缴财政 266.53 万元，已上缴财政 266.53 万元。提出审计建议意见 29 条，被相关单位采纳 29 条。

固定资产投资审计 全年完成审计项目 9 个，审计金额 2.13 亿元，核减工程款 864.04 万元。提出审计建议意见 24 条，被被审单位采纳 24 条，被审计单位建立健全规章制度 2 条。促进工程建设项目管理水平和投资效益的提高，为建设项目节约大量资金。

经济责任审计 重点开展 5 个单位主要领导的经济责任审计。审计总金额 7.28 亿元，查出违纪违规金额 491.77 万元，其中：审计要求纠正、调账 424.30 万元，应上缴财政 67.47 万元，已上缴财政资金 67.47 万元。撰写审计信息简报 5 篇，提出审计建议意见 8 条，被相关单位采纳 8 条。逐步实现了任中审计与离任审计相结合的经济责任审计模式，促进经济责任审计监督逐步从事后监督向事中监督转变，促进干部监督管理部门及时利用审计结果，充分发挥经济责任审计作用。

（撰稿人：沈士虹）

【那曲地区审计局】 2009 年，那曲地区审计局人员编制 33 人，在编 25 人。局长徐春林，副局长谢天明（离岗待退）、卓玛措姆，纪检组长塔尔培（副调研员）。设有财政金融审计科、行政事业审计科、企业基建审计科、经济责任审计科、政策法规科、行政办公室、审计事务所等职能科（室）。

审计成果　全年对16个单位（项目）进行审计和审计调查，查出各类违纪违规金额5347.77万元，管理不规范金额2789.19万元，应归还原渠道资金1254.31万元，应调账处理630.21万元，应上缴财政168.93万元（其中税金4.13万元，罚没款46.46万元，其他118.34万元）。向行政署提交专题报告1篇。向纪检部门移送案件线索3件，向税务部门移送线索4件。

农业与资源保护审计　开展了6个项目的审计和审计调查，对资金管理和使用情况以及有关政策的落实情况进行审计（调查），切实维护群众的切身利益。结合中央、区党委和地委关于扩大内需，保增长、保民生、保稳定等一系列决策部署，重点检查了农牧民安居工程二期建设、沼气建设、安全饮水等资金使用情况，发现存在资金到位不及时的情况。

经济责任审计　主要对16个县（区）、单位和部门的行政“一把手”进行经济责任审计（其中离任经济责任审计14个，任期经济责任审计2个），在审计过程中发现漏缴税金、往来账清理不及时、虚列支出、挪用专款等现象突出，还发现个别单位存在私设“小金库”等严重问题，同时对以前年度的审计决定整改和落实情况进行督促，进一步强化了审计结果的运用，也为组织人事部门考核、使用干部提供参考依据。

专项资金审计　结合学习实践科学发展观活动，对“三包”经费和社保资金进行审计调查，在项目资金的审计中发现存在国家投资资金和自筹资金未到位情况。

行政事业审计　配合有关部门对地区交通局，地区编译室等4个单位和部门进行审计调查，为依法行政、依法理财、维护群众利益、推动廉政建设等方面发挥积极作用。　（撰稿人：李兴林）

【昌都地区审计局】　2009年，昌都地区审计局行政编制29名，事业编制12名。局长欧珠达瓦，副局长叶国荣（党组书记）、张高林。设有办公室（法规监督科）、财政金融审计科、行政事业社会保障审计科、经贸农业与资源保护审计科、固定资产投资审计科、经济责任审计科等职能科室。

审计成果　昌都地区审计局共审计单位18个，审计调查单位36个。查出各类违规金额18343万元（其中审计决定上缴财政449万元，管理不规范金额5884万元，应归还原渠道资金4052万元，应自行纠正和调账处理金额7958万元）。移交纪检监察机关案件线索3人3件，涉案金额85万元。向有关单位提出审计建议54条，已被采用54条，向上级单位报送审计报告和审计调查报告17个，被批示采用17个。

财政审计　审计和审计调查单位17个，审计促使被审计单位上缴财政356万元，财政收入核算不实金额110万元，财政支出核算不实金额4019万元，违规改变资金用途2240万元，揭示了预算收支管理、安居工程、教育“三包”等资金管理问题，移交纪检监察机关案件线索3人3件，涉案金额85万元，提交的审计报告得到地委、行署的高度重视。

行政事业审计　对2个单位的财政财务收支进行审计。审计揭示资产疏于管理、财务管理和账务处理不规范、往来款项结算清理不及时等问题，查出虚列支出15万元，超标准超计划支出3万元。引起被审计单位的重视，促进财务管理的加强和国有资产保值增值。

经贸审计　对2个单位的资产、负债、损益及其他有关经济活动的真实、合法、效益情况进行全面审计。重点对财务收支的真实性、资产的有效性、经营的合规性进行检查，查出管理不善、账务处理不规范以及损失浪费等问题，查出账外资产773万元，虚增负债139万元，虚减负债452万元，少计少缴税金93万元。针对企业经营状况及存在问题，提出加强管理的建议。

专项资金审计（调查）　全年完成专项资金审计和审计调查项目11项，单位33个，对教育“三包”资金、农牧民安居工程建设资金、涉农资金、“天保”资金的审计和审计调查，涉及专项资金总额77251万元，审计促进拨付到位资金1179万元，违规改变资金用途333万元，虚列支出59万元，滞留闲置资金1516万元，未落实配套资金28万元。　（撰稿人：吴江波）

【林芝地区审计局】　2009 年，林芝地区审计局人员编制 31 人，在编 25 人。局长玉珍，副局长赵全智（党组书记），副调研员刘应萍、路文玲。设有办公室、法规科、行政事业审计科、经济责任审计科、财政金融审计科、固定资产投资审计科。

审计成果　林芝地区审计局共完成审计项目 17 个，查出违纪违规金额 6230 万元，其中：应缴未缴财政收入 311 万元，隐瞒财政收入 237 万元，挪用专项资金 53 万元，违规收取各种费用 431 万元，虚列支出 3530 万元，欠征社会保险费 673 万元，其他 995 万元。提出审计建议 37 条。向纪检监察机关移送违法违纪案件 1 件。提交审计信息、综合审计报告 120 余篇。

财政审计　林芝地区审计局对 3 个县级财政决算及其他财政收支情况进行审计，查出违纪违规金额 4255 万元，其中：应缴未缴财政 269 万元，隐瞒财政收入 218 万元，挪用专项资金 43 万元，违规收取各项费用 77 万元，虚列支出 3530 万元，其他 118 万元，提出审计建议 9 条。

行政事业审计　林芝地区审计局对 6 个地直单位进行审计，查出违纪违规金额 1022 万元，其中：应缴未缴财政收入 28 万元，欠征社会保险费 673 万元，其他 321 万元。提出审计建议 18 条。通过审计，进一步规范了全地区行政事业单位的财务管理和会计核算，促进行政事业单位严格依法办事，有效制约损失浪费现象。

专项资金审计　受地区农发办委托，对 1 个县农业综合开发项目进行专项审计。通过审计将有效地促使资金的使用管理，确保重大项目的效益发挥，使挤占挪用专项资金等行为得到有效遏制。

企业审计　受林芝地区国资委的委托，积极配合地区企业改制，对林芝地区 1 个加工厂进行审计。在审计中坚持走企业资产负债损益审计与经济责任审计、经济效益审计相结合的路子，切实为促进国有企业深化改革、加强管理、提高整体效益服务，为促进国家宏观经济调控服务。

固定资产投资审计　为了尽快启动固定资产投资审计，林芝地区审计局派出审计人员走访了 3 个部门，本着“摸家底、揭隐患、促发展”的审计理念，针对工程项目的建设程序、工程进度、资金管理、内部控制制度等情况进行了解。通过走访，摸清地区固定资产投资的总体概况，拓展固定资产投资审计的思路，为下一步开展固定资产投资审计奠定基础。

经济责任审计　受林芝地委组织部的委托，完成经济责任审计项目 3 个，正在进行项目 3 个，查出违纪违规金额 953 万元，其中：应缴未缴财政收入 14 万元，隐瞒财政收入 19 万元，挪用专项资金 10 万元，违规收取各种费用 354 万元，其他 556 万元。提出审计建议 10 条。林芝地区审计局全面加强与地区纪检、组织及有关部门的沟通，进一步建立和完善经济责任审计联席会议制度，推动了经济责任审计从事后监督向事中监督转变，发挥经济责任审计成果在干部监督管理中的作用。

（撰稿人：陆　洋）

【山南地区审计局】　2009 年，山南地区审计局定编 32 名，其中：行政编制 26 名，事业编制 3 名，后勤事业编制 3 名。实有在职干部职工 37 人（公益性岗位 3 人）。局长贾德文，副局长扎西（党组书记）、卫东、张洪林，纪检组长扎西罗布，副调研员王显琼。设有办公室（下设信息中心，为办公室管理的副科级全额拨款事业单位）、法规科、财政金融审计科、行政事业审计科、社会保障审计科、经济责任审计科、固定资产投资审计科、经贸外资审计科、农业与资源环保审计科。

审计成果　共审计完结 30 个单位，审计调查 102 个单位，查出违规金额 6336 万元，审计决定应上缴地区国库 42 万元（含罚金 22 万元），上缴县国库 245 万元，调账处理金额 5947 万元，归还原渠道资金 102 万元。已上缴地区国库 42 万元，已上缴县国库 245 万元，已调账处理金额 5947 万元，已归还原渠道资金 102 万元。向被审计单位提出审计建议 89 条。

经济责任审计　受地委组织部门的委托，对 34 名党政领导干部进行审前调查，针对其是否分管财务，有重点地对 6 名党政领导干部开展经济责任审计。查出违规金额 107 万元，审计决定处理处罚应上缴地区国库 18 万元，上缴县财政专户 66 万元，调账处理金额 9 万元。提出审计建议 20 条。

专项资金审计　全面开展了汶川地震救灾捐赠资金、物资来源、支出和结存情况的审计调查；组派工作组对“10·26”特大雪灾资金和物资管理使用情况进行审计；在全面、详细调查的基础上，深入开展4个县的扶贫项目和2个县的农业综合开发项目资金审计。审计总金额15038万元，查出违规金额6万元。针对存在的问题，提出审计建议38条，有效地发挥审计“免疫系统”功能。

行政事业审计　首次开展乡镇财务收支情况审计，突出对医疗、卫生等重点部门的审计。全年完成2个单位的财务收支审计，查出违纪违规金额87万元，应上缴地区国库1万元，上缴县国库9万元，归还原渠道资金70万元。针对存在的问题提出审计建议6条。

固定资产投资审计　开展了2个建设项目资金管理使用情况审计，查出违规金额35万元，归还原渠道资金32万元，上缴地区国库1万元。针对存在的问题就加强和完善现行的财务管理办法、建立健全内部监督、控制、审核制度等方面提出审计建议6条。

财政决算审计　完成3个县人民政府的财政决算和预算外资金管理使用情况的审计。查出违规金额6101万元，上缴地区国库22万元，上缴县国库169万元，调账处理金额5938万元。针对存在的问题提出审计建议19条。

（撰稿人：蒋艳华）

【日喀则地区审计局】　2009年，日喀则地区审计局人员编制41人，在编36人。局长多吉旺久，副局长陈元森、多吉、刘志远、阿旺赤来。设有办公室、法规科、经济责任审计科、财政金融审计科、固定资产投资审计科、经贸农业与资源保护审计科、行政事业社会保障审计科。

审计成果　日喀则地区审计局完成审计项目18个，审计涉及47个单位，查处违纪违规金额1505万元，其中应上缴财政179万元，应归还原渠道资金104万元，应调账处理金额1130万元。提交审计工作报告48篇、信息23篇，向有关部门和被审计单位提出审计建议62条。

财政审计　围绕规范财政管理行为，提高资金使用效益的目标，在财政预算的制定和执行上，在财政资金合规合法性、财政集中支付、预算执行的结果上加大审计力度，组织实施对拉孜县2008年度财政决算编制及其他财政收支情况审计，查出应缴未缴财政其他收入78万元，虚列支出25万元，应缴未缴基建资金2万元。

经济责任审计　为了加强对党政领导干部的管理和监督，正确评价领导干部任期经济责任审计，促进领导干部廉政勤政，全面履行职责，地区经济责任审计工作领导小组下发《县级以下党政领导干部任期经济责任述职报告格式》。受日喀则地委组织部的委托，完成对9名领导干部的任期经济责任审计。查出违规改变资金用途104万元，虚列支出57万元，超标准超计划支出39万元，账外资产19万元，应缴未缴财政收入28万元，其他违规金额162万元，财政支出核算不实178万元，对以上违规金额离任者应负主管责任金额548万元。

专项资金审计　为严肃财经法纪，规范财政专项资金管理，使日喀则地区民生资金发挥更大效益，切实维护广大人民群众的切身利益，组织实施8个专项资金的审计。审计专项资金总额20225万元，查出应缴未缴财政收入18万元，“三包”经费拨付不及时73万元，应列未列支出680万元，应记未记固定资产38万元。通过审计，对促进专款专用、提高专项资金的使用效益以及项目区效益的更大发挥起到推动作用。

行政事业审计　受主管部门的委托，组织对日喀则地区律师事务所事业经费及预算外资金收支情况进行审计。查出违规金额35000元，应调账处理金额35000元。通过审计，揭示存在的问题，对今后加强资金管理，规范资金管理行为等方面提出意见和建议。（撰稿人：陈鸿娣）

【阿里地区审计局】　2009年，阿里地区审计局人员编制28人，在编13人。局长边巴卓玛，副局长向国平（党组书记）、罗杰、刘军，调研员桑杰多吉。设有行政办公室、行政事业社会保障审计科、干部经济责任审计科、农业与资源保障审计科、固定资产投资审计科、法规科、审计事务所。

审计成果　完成审计项目8个，开展对阿里地区3个县2008年度财政预算执行及其他财政财务收支审计，查出违规违纪金额2600万元（其中：预算编报不真实金额557万元；未按规定征收、缴纳预算收入 761 万元；财政收入不实 21 万元；支出核算不实 1250 万元；违规改变资金用途 11 万元），管理不规范金额 900 万元，罚没上缴财政 21 万元，归还原渠道资金 15 万元。提交审计报告、信息 39 篇，被采纳 3 篇。

财政审计　对 3 个县 2008 年度财政预算执行及其他财政财务收支审计，查出违规违纪金额 2600 万元（其中：预算编报不真实金额 557 万元；未按规定征收、缴纳预算收入 761 万元；财政收入不实 21 万元；支出核算不实 1250 万元；违规改变资金用途 11 万元），管理不规范金额 900 万元，罚没上缴财政 21 万元，归还原渠道资金 15 万元。提出审计建议 9 条，被审计单位采纳建议 6 条。在审计中揭露了部门预算执行中存在的隐匿收入和结余、虚列支出、擅自调剂和挤占、挪用、滞留专项资金、部分项目资金闲置而未发挥效益以及行政事业性收费和政府性基金征收、管理方面的问题。同时从体制、机制、制度建设和管理层面方面分析原因，提出合理建议，促使政府部门严格按照法定权限和程序行使权力、履行职责，促进完善公共财政制度，规范管理。

专项资金审计　完成阿里地区“两基”攻坚专项资金审计；开展阿里地区 1 个县专项资金的审计调查；开展 2007 年至 2008 年阿里地区 3 个县的整乡推进、扶贫、退牧还草专项资金审计调查。

（撰稿人：段安江）

2009 年西藏自治区本级及所辖区、县(市)级审计工作统计表

金额单位:万元

审计机关	完成审计项目(个)	查出违规金额	应上缴财政	应减少财政拨款或补贴	应归还原渠道资金	应调账处理金额	移送司法、纪检部门处理事项(件)	建议有关部门处理(件)	出具审计报告和审计调查报告(篇)	提出审计建议(条)	撰写审计信息(篇)
自治区本级	38	199359.98					9		33	68	30
拉萨市	37	8448.72	5606.75						42	91	
日喀则地区	18	1505	179		104	1130			48	62	23
山南地区	30	6336	287		102	5947				89	
林芝地区	17	6230	311				1		120	9	37
昌都地区	18	18343	449		4052	7958	3		17	54	
那曲地区	16	5347.77	168.93		1254.31		3		1		
阿里地区	8	2600	21		15						39

注:拉萨市及各地区没有提供所辖区(市)县审计机关具体统计数据。

陕西省

【陕西省审计厅】　2009 年，陕西省审计厅定编 276 名（其中行政编制 205 名，事业编制 71 名），实有人员 260 名（其中行政编制 197 名，事业编制 63 名）。设有办公室、法规处、财政审计处、行政事业审计处、农业与资源环保审计处、固定资产投资审计处、金融审计处、企业审计处、社会保障审计处、外资运用审计处、经济责任审计处、审理稽核处、人事处、机关党委、老干部服务管理处、监察室；派出市县财政审计处、派出教育科技审计处、派出农林水利审计处、派出交通建设审计处、派出经济执法审计处、派出经贸审计处、派出民政社保审计处、派出外事外贸审计处、派出发展统计审计处、派出国资监管审计处；还设有研究所、培训中心、后勤服务中心、

计算机技术信息中心。

领导成员

厅　　长：屈方方

副 厅 长：徐宗一　周新生（—8月）

　　　　　张海成　李　健

总审计师：宋宏印（—6月）

纪检组长：陈宗海

审计成果　全省共审计（调查）单位和项目7531个，查出违纪违规金额174亿元，管理不规范金额374.78亿元。经审计处理，已上缴财政6.02亿元，促进归还原渠道资金1.77亿元，经审计挽回和避免经济损失3793万元。向各级政府提交专题、综合报告和信息2654篇，被批示采用1363篇（次）。向纪检监察和司法机关移送案件17件、涉案人员23人，涉及金额2038万元。向社会发布审计结果公告81篇。

预算执行审计　把财政预算执行审计与其他审计相结合，突出对专项资金和部门预算资金管理使用情况的审计，强化对下级政府管理使用财政补助资金和转移支付资金情况的检查力度，关注财政资金管理和使用的效益。省审计厅和宝鸡、咸阳、渭南首次组织开展本级预算执行单位内审自查和抽查，扩大预算执行审计覆盖面，收到较好效果。延安对20个部门的预算执行审计结果全部进行公告。全省共审计（调查）预算执行单位1039个，查出违规金额57.7亿元，促进归还原渠道资金1.05亿元。

行业和专项资金审计　全省统一开展了种粮农民四项补贴、农村税费改革转移支付、失业保险和再就业、公益性文化设施、计划生育、探矿权和采矿权价款、矿产资源补偿费、渭河流域污水处理、陕南三市省级旅游、天然保护林工程、全省司法系统津补贴发放、新华发行集团系统12项审计和审计调查。西安种粮农民四项补贴审计调查报告被市政府转发，宝鸡开展了移民搬迁资金专项审计调查，铜川开展了棚户区和市政改造工程专项资金审计并进行结果公告。全省共审计（调查）行业与专项资金项目1602个，查出违规金额51.6亿元，促进归还原渠道资金1561万元。

企业审计和金融审计　全省审计机关对省投资集团公司、有色金属集团等376户国有企业进行审计，查出违规金额5.1亿元，提出审计建议638条。省审计厅对西部信托投资有限公司、开源证券有限公司和咸阳14家县级农村信用联社的信贷资产进行审计或审计调查，揭示存在的问题，推动金融机构加强了内部控制和风险防范。

固定资产投资审计　围绕扩大内需，组织全省审计机关对5大类184个新增中央投资项目进行了审计调查；省审计厅和5个设区市、杨凌示范区和40个县区审计机关，先后派出1143人组成339个审计组，对965个灾后恢复重建项目进行了跟踪审计，审计项目总投资83.63亿元，节约资金和挽回损失579.8万元。省审计厅审计了禹门口至阎良高速公路、冯家塔煤矿等重点建设项目，省审计厅和西安、咸阳、延安、榆林、安康、商洛等市局对引红济石、西安地铁、延安革命纪念馆等一批重点项目进行了跟踪审计。全省共审计建设项目和项目施工单位1998个，查出违规金额14.1亿元，核减工程款7.34亿元，经审计挽回和避免经济损失2024万元。

外资运用审计　开展14个利用世、亚行贷款项目230个项目执行单位的审计和审计调查，查出违规金额4.33亿元，出具中英文审计公证报告11份。对利用亚行紧急优惠贷款的16个灾后恢复重建项目进行跟踪审计。

经济责任审计　进一步改进经济责任审计方式方法，推进经济责任与预算执行情况审计相结合，提高任中审计比例，探索经济责任审计制度化。加强与经济责任审计工作领导小组成员单位的协调、配合，积极运用审计结果。宝鸡、渭南、商洛尝试对县委书记、县长经济责任一并审计，安康探索经济责任与效益审计相结合。全省共完成1515人的经济责任审计，查出领导干部直接责任金额1.28亿元。

全省审计机关完成了各级党委、政府交办的审计事项1253件，占全部审计任务的16%。宝鸡市局和乾县、旬邑等县局在查处腐败案件工作中发挥了重要作用。

绩效审计　省审计厅出台了《关于开展绩效审计的实施意见》，结合省政府对渭河流域治理的规划，组织五市一区对流域内的污水排放、垃圾处理等项目进行绩效审计调查。铜川、延安、汉中、安康相继开展绩效审计，渭南安排绩效审计项目18个。全省共实施绩效审计项目1541个，占全部项目的20.5%，数量和质量较上年有了明显提高。

审计创新及业务管理　学习实践科学发展观活动中制定的审计工作发展规划和一系列整改意见，为审计事业科学发展提供思路和举措；探索实行内部审计自查、审计整改通报、审计建议书、审计现场总结会等制度，对审计成果突出者记功表彰，对外资运用项目审计结果进行公告。省审计厅制定《审计业务会议实施办法》《审计项目审理工作试行办法》，审计业务流程和内控机制进一步完善，实现AO与OA交互和审计数据包定期报送，建立由148人组成的审计专家库；延安率先成立投资审计专职机构；铜川、渭南市政府出台加强政府投资项目审计的办法。

基础建设　各级审计机关学习实践科学发展观活动深入扎实、成效明显。落实全国和全省审计工作座谈会精神，加强领导班子和干部队伍建设，提高审计职业能力。全系统26个单位、69名同志分别被评为全国和全省审计系统先进单位和先进个人。省审计厅面向全系统举办培训班10个、培训人员590人。坚持从严治审，严格遵守审计工作纪律，全省共拒收礼品、有价证券等479次，谢绝公款宴请、公费旅游和健身活动等1044次。结合庆祝新中国成立60周年活动，宝鸡、渭南、延安、商洛、汉中举办审计系统系列文化活动。金审工程建设步伐加快，省市审计专网广域网实现连接，延安、铜川、咸阳完成OA系统安装部署，审计会商系统顺利建成。榆林、延安、安康等争取市级财政有力支持，加大对县区审计机关的扶持力度。省审计厅为基层机关补助了500万元资金、100万元培训经费，逐步改善基层审计机关的工作条件。

内部审计　贯彻实施《陕西省内部审计规定》，进一步加强对内部审计工作的管理和指导，开展了内审理论研讨、经验交流及后续教育培训等活动。全省内审机构共审计单位和项目38273个，查出损失浪费资金8.74亿元，促进增收节支50.82亿元。在部分预算执行单位开展内审自查工作，促进了党政部门内审机制的建立。

（撰稿人：吕富臣）

【西安市审计局】　2009年，西安市审计局人员编制84人，在编98人。局长石桂英，副局长李永奇、张敏琦、王建军，总审计师贺成志，纪检组长李中澍。设有办公室、组织人事处、政策法规处、财政金融审计处、行政事业审计处、农业与环境保护审计处、固定资产投资审计一处、固定资产投资审计二处、企业审计处、社会保障与外资运用审计处、经济责任审计处、审理稽核处、机关党委、监察室，另设正处级事业单位计算机审计信息中心。

审计成果　西安市审计机关完成审计项目717个，查出违规金额214339万元，其中应上缴财政62120万元，应减少财政拨款或补贴1333万元，应归还原渠道资金12608万元，应调账处理金额72980万元。已上缴财政47391万元，已减少财政拨款或补贴6223万元，已归还原渠道资金8852万元，已调账处理金额71139万元。移送司法机关、纪检监察部门处理事项8件，建议有关部门处理事项6件。提交审计工作报告、信息410篇，被采用238篇。

财政审计　对98个预算执行单位和部门的预算执行情况进行审计，揭示了未按规定征收和缴纳预算收入、隐瞒转移截留预算收入、预算编报不真实、违规改变资金用途等违规金额147060万元，应上缴财政资金36466万元。对46个区县、乡镇政府决算收支审计，查处了未按规定征收和缴纳财政收入、财政支出核算不实、违规办理结算或批复决算等问题金额64273万元，应上缴财政12120万元。

行政事业审计　对254个单位审计，查处了应缴未缴预算收入、未落实收支两条线和专户管理规定、违规改变资金用途等问题金额41026万元。殡葬部门审计提出的完善殡葬价格管理机制、改革工资管理办法等审计建议，得到有关部门的采纳。

农业与资源环保审计　实施天然林保护工程、种粮农民四项补贴、农村税费改革转移支付、县乡医疗服务体系管理等审计项目78个，查出专项资金滞留闲置、未纳入财政专户管理、配套资金不落实等问题金额19011万元。提出管理建议90多条，促进拨付资金到位2922万元。

固定资产投资审计　渭河流域污水处理、三环路部分排障等84个项目审计，查处建设程序不完善、部分单项工程未招标，多计工程成本、投资项目超概算等问题。西安博物院文物库馆工程项目竣工决算审计，查出多计建设成本 1460 万元以及项目投资超概算、施工合同条款与招标文件规定不符、部分材料认价高于采购合同价等问题，审减工程造价 1338 万元。

经济责任审计 把各项专项资金管理、部门单位领导落实市委市政府各项重大决策情况作为领导干部经济责任审计的重点，关注领导干部所在部门单位贯彻执行国家宏观调控政策、规范公务员津补贴政策落实、公费出国（境）和“小金库”专项治理，以及项目资金的使用效益，组织实施审计 78 项。

汶川地震灾后重建资金审计 对 53 个项目跟踪审计，发现项目建设进展不平衡、部分项目基本建设程序执行滞后、项目施工合同签订不规范、报销手续不完善等问题，提交审计专题和综合报告 29 篇，提出审计建议 8 条，得到有关部门采纳。

专项资金审计（调查） 涉及单位 131 个，资金总额 14.67 亿元。种粮农民四项补贴审计调查结果报告被市政府转发。农村税费改革转移支付资金审计调查，提出的转移支付资金单独下达、教育经费单独列项、科学调整村级规模、提高村级运转财政补助标准等审计建议，引起有关部门的高度重视。对工业发展专项资金扶持的 50 户企业审计调查，提出的审计建议得到采纳。

交办事项 完成“小金库”专项检查、工程建设领域专项治理、城市和农村基础教育三项经费检查、经济案件协办、城中村改造等审计事项 132 件，为政府决策提供依据。

（撰稿人：王恭让）

【延安市审计局】 2009 年，延安市审计局人员编制 70 人，在编 70 人。局长李来存，副局长樊鹏英、李海生、卜长江、张景庭，总审计师朱晓冬，纪检组长屈宏。设有政秘科、法制科、监察室、财政金融审计科、农林水审计科、行政事业审计科，市直企业审计处，内部审计管理中心，机关后勤服务所；经济责任审计局党政事业审计科、企业审计科；审计处行政事业审计科，固定资产投资审计处投资审计一科、投资审计二科、投资审计三科。

审计成果 全市共完成审计（调查）项目单位 1189 个，查出违规金额 312277 万元，管理不规范金额 630062 万元，应上缴财政 9844 万元，核减工程投资额 25530 万元。提出审计建议 1361 条，被采纳 658 条。其中：市审计局完成审计（调查）项目单位 100 个。查出违规金额 258003 万元，管理不规范金额 458953 万元，应上缴财政 9496 万元，核减工程投资额 8744 万元，提出审计建议 308 条。

预算执行审计 对市本级 2008 年财政预算和 20 个部门预算执行情况进行审计，对 20 个市直单位部门预算执行审计结果在《延安日报》进行公告。全市共对 466 个行政事业单位的财务收支进行审计（调查）。

专项资金审计 全市对涉及环境与民生的天然林保护工程、种粮农民直补资金、农村税费改革转移支付等 180 个单位的专项资金管理使用情况进行审计和审计调查。

固定资产审计 全市对 341 个投资项目（单位）进行审计或调查。

经济责任审计 全市对 355 名领导干部进行经济责任审计。

专项审计调查 全市审计机关抽调 59 名审计人员组成 21 个审计组，用两个月时间，采用深入企业走访、了解、座谈等审计调查方式，对市国有及非国有 96 户中小企业进行专项审计调查。对我市中小企业共同应对金融危机，调整发展思路，规范企业管理，探索新的增长点提出切实可行的审计建议，受到市领导的好评。

绩效审计 在天保工程资金审计中，运用调查、统计、现场测量等相关的方法，在注重真实性和合法性的基础上，着力揭示项目实施的效益性，使得审计报告及建议更具建设性、全局性和宏观性，为市委市政府科学决策提供依据。

（撰稿人：刘柏青）

【铜川市审计局】 2009 年，铜川市审计局人员编制 47 人，在编 45 人。局长彭群才，副局长侯东强、季铜章、付俊楼，总审计师刘仁忠，纪检组长段小玲。下辖经济责任审计局，内审管理中心、计算机信息中心 2 个事业单位。设有办公室、法制科、行政事业审计科、财政金融审计科、经贸审计科、农业与资源环保审计科、社会保障审计科、固定资产投资审计科。陕西省审计厅铜川审计处人员编制10人，在编9人。设有业务一科、业务二科。

审计成果 铜川市审计局完成审计（调查）单位和项目104个（含省厅委托项目1个），审计资金总额388383万元，查出违规金额5428万元，管理不规范金额69007万元，应缴财政2652万元，审计核减工程造价2952万元，应归还原渠道资金8607万元，应调账处理金额15360万元。以市政府名义印发审计办法2个，被市政府办公室转发审计意见4个，市长批示4件，报送《审计要情》2期，报送专题、综合性报告和信息116篇，编发《审计情况》15期，刊发审计信息64篇，被市级以上刊物转发、刊载审计信息24篇。

财政审计 审计资金总额85384万元，查出管理不规范金额14473万元，应调账处理金额14473万元。收缴财政2593万元。围绕民生工程，制定并印发《铜川市民生财政资金审计暂行办法》（铜政发［2009］34号），进一步加大关系人民群众利益的各项财政支出的审计和监督力度。

行政事业审计 完成13个单位财务收支审计，审计资金总额4420万元，查出违规金额87万元，管理不规范金额465万元，应调账处理金额240万元。

农业与资源环保审计 完成8个专项资金审计及审计调查，审计资金总额67611万元，查出违规金额339万元，管理不规范金额13324万元，应归还原渠道资金768万元，应调账处理金额377万元。

固定资产投资审计 完成重点建设项目和市政改造工程竣工决算审计28个，审计资金总额28980万元，审计核减工程造价2921万元。对254个中央新增投资项目开展审计调查，提出审计建议4条。为了强化对政府性投资项目的审计监督，制定并印发《铜川市政府投资项目跟踪审计实施办法》。

企业审计 完成金融危机对我市中小企业的影响及市属7户政策性破产企业的审计调查，针对发现的问题提出审计建议。完成市公共交通有限责任公司等审计项目，查出违规金额350万元，管理不规范金额628万元，应缴财政32万元。

经济责任审计 完成19名县级领导干部任期经济责任审计，审计资金总额98224万元，查出违规金额3711万元，管理不规范金额11327万元，应缴财政20万元，应归还原渠道资金8184万元，应调账处理金额357万元。将31个部门和单位贯彻落实《中共铜川市委关于进一步加强领导班子及领导干部监督管理的意见》列入审计范围，促进市委决策的贯彻落实。

内部审计 完成内审协会的换届工作。举办“内部审计在实施企业内部规范中的作用”专题理论研讨会。开展村级财务管理和审计的调研试点工作，并和市农业局联合制定《关于进一步加强我市农村集体财务管理和审计监督工作的意见》。向市政府报送了《关于加强政府部门内部审计工作的建议》，并得到市长的批示，要求市编办提出具体落实意见。（撰稿人：王书胜）

【渭南市审计局】 2009年，渭南市审计局人员编制73人，在编73人。局长王俊杰，副局长马德民、王忠义、朱福秦，纪检组长袁崇义。设有办公室、监察室、法制科、财政金融审计科、行政事业审计科、经济责任审计处、农业与资源审计科、经贸与社保审计科、固定资产投资审计科、驻渭单位审计科、计算机信息中心、内审管理中心、后勤管理中心。

审计成果 全市共完成审计项目976个，查出违规金额156388万元，发现侵害人民群众利益金额598万元，损益（收支）不实金额17756万元，审计后增收节支2197万元，核减投资（结算）金额3453万元。提出审计建议1904条，被采纳1436条，提交审计专题、综合报告478份，被批示采用201份。

财政审计 共完成审计单位155个，查出违规金额84093万元，审计决定应上缴财政258万元，应归还原渠道资金463万元，应调账处理金额14122万元。

专项资金审计 共完成审计署、省审计局安排的行业和专项资金审计单位42个，审计调查单位150个，审计专项资金总额111299万元，查出违规金额11224万元，审计促进拨付资金到位215万元，挽回经济损失11万元。

行政事业审计　共对759个行政单位的财务收支进行审计，查出违规金额48639万元，管理不规范金额9056万元，损失浪费金额718万元。

经济责任审计　完成党政领导干部和企业领导人员经济责任审计项目141个，审计经济责任人157名。查出违规金额10088万元，管理不规范金额2726万元，损失浪费金额215万元。

固定资产投资审计　完成固定资产投资审计项目104个，查出违规金额9118万元，核减工程造价3453万元。

企业审计　审计国有企业29户，查出违规金额4910万元，资产不实金额177万元，所有者权益不实金额2862万元，损益不实金额162万元。

绩效审计　共开展绩效审计项目255个，查出损失浪费金额144万元，违规改变资金用途763万元，资金滞留闲置5万元。审计提出建议321条，被采纳256条。

内部审计　渭南市现有内审机构105个（专职机构70个），内审人员227人（专职人员156人）。全年完成审计项目814个，查出损失浪费金额1020万元，促进增收节支425万元，提出建议采纳626条。（撰稿人：马笃祥）

【咸阳市审计局】　2009年，咸阳市审计局人员编制69人，实际在岗69人。局长陈普选，副局长郑天瑞、赵乃斌、焦文治，总审计师张克忠（—4月），纪检组长姚广迎。设有秘书科、法规科、监察室、财税审计科、金融外资审计科、行政事业审计科、社保审计科、农业与环保资源审计科、固定资产投资审计科、经贸企业审计科、经济责任党政审计科、经济责任企事业审计科、咸阳审计处一科、二科和经济责任审计处、内部审计中心。

审计成果　咸阳市审计机关完成审计项目1281个，查出违规金额81247万元，应上缴财政1012万元，应减少财政拨款或补贴5104万元，应归还原渠道资金7035万元，应调账处理金额12800万元。市本级完成审计项目58个，查出违纪违规金额30459万元，应上缴财政265万元，应减少财政拨款或补贴5104万元，应归还原渠道资金4096万元，调账处理4992万元。全市移送司法、纪检、监察部门处理1件，建议有关部门处理2件。出具审计报告和审计调查报告1010篇，提出审计建议1144条，被采纳911条，撰写审计报告556篇。

财政审计　重点加大整改力度，对2008年查出的问题限期整改，撤销专户39个。对礼泉、彬县、三原、乾县、秦都人民政府进行财政决算审计，开展10个预算执行单位自查抽查工作，发现的问题得到及时纠正，并按照法定程序向同级人大常委会作了2008年度市级预算执行和其他财政收支的审计工作报告。

金融审计　对14个农村信用联社信贷款资金进行专项审计调查。共查出违纪金额508万元，管理不规范金额490万元，收缴违纪金额23万元。

行政事业审计　按省厅统一安排，对全市新华发行集团系统2008年度财政财务收支进行审计，查出10个方面问题，依据相关法规作出相应处罚。

农业与资源环保审计　对天然林保护工程资金进行专项审计，对农村税费改革转移支付资金进行审计调查、摸清了情况，查出了问题，向省厅和本级政府提交综合报告。开展渭河流域污水处理专项资金审计调查，提出5项意见和建议，要求有关部门整改落实，对违规行为作相应处罚。

固定资产投资审计　对市重点工程咸阳湖工程景观建设后续工程、渭城西路工程、东郊污水处理厂工程、迎宾大道工程进行审计，审计总金额9788.93万元，核减工程造价891万元，收缴违纪金额40万元。

社会保障审计　开展计划生育专项资金审计调查、失业保险基金和再就业资金审计调查、县乡医疗服务体系建设及经费管理使用情况审计调查。对审计查出的计划生育奖励扶持政策执行不到位、截留挪用专项资金、项目配套资金不到位等问题，提出了整改意见和建议，缓解了群众和政府之间的矛盾，推动社会和谐健康发展。

企业审计　开展国际金融危机对中小企业影响专项审计调查、财政种粮农民直补资金审计调查，并对陕西八方纺织有限公司、良友集团公司和市交通局系统进行财务收支审计，查出各类违纪违规金额2538万元，管理不规范金额355万元，收缴违纪金额35.36万元。乾县查处县百货公司公款私存及挥霍浪费等违纪问题移送司法机关处理。

经济责任审计　对市人才交流服务中心、陕西华电材料总公司等 7 个单位的原领导进行任期经济责任审计，审计结果报告已全部上报市委组织部，为评价和考核干部提供重要依据。旬邑县查处原县电影公司经理王浩的违纪违规问题，组织部门已作免职处理。

交办事项　按政府领导安排，对市自来水公司污水处理费情况，渭河咸阳城区北岸景观建设工程房屋拆迁项目等进行审计。参与清理“小金库”、厉行节约八项要求、扩大内需促进增长、治理重点工程领域突出问题等中心工作。

（撰稿人：任生堂）

【宝鸡市审计局】　2009 年，宝鸡市审计局人员编制 65 人，在编 68 人。局长胡德成，副局长陈金仓、王兴英、汪彩玲、刘红霞，总审计师谭鸿彬，纪检组长陈科林。设有办公室、综合审计科、法规复审科、内部审计科、财政金融审计科、农业环保审计科、固定资产投资审计科、社会保障审计科、经贸审计科、行政事业审计科、经济责任审计一处、经济责任审计二处、监察室等职能科（室）。

审计成果　宝鸡市审计局完成审计项目 64 个，审计调查 122 个单位，查出违规金额 5898 万元，管理不规范金额 90092 万元。通过审计，上缴财政 190 万元，核减投资金额 2740 万元，责令归还原渠道资金 564 万元。提出审计建议 92 条，被采纳 31 条。宝鸡市审计局荣获 2009 年度“突破西山”包村扶贫先进单位、2009 年度全市纪检监察工作先进集体、2009 年度全市保密工作先进集体、2009 年度社会治安综合治理平安单位、“全市窗口单位创优”优质服务单位等。

财政审计　采取直接审计与单位内部自查及审计机关抽查相结合的方式，首次对市级 78 个一级预算单位进行审计调查。通过审计和审计调查，查出违规金额 2822 万元，管理不规范金额 48134 万元；对金台区、千阳县、陇县、扶风县等 4 个县区 2008 年度财政决算进行审计，查出违规金额 2861 万元，管理不规范金额 2228 万元。

行政事业审计　共完成政府部门和事业单位审计 26 个，查出违规金额 53 万元。

农业与资源环保审计　完成种粮农民直补资金、渭河流域污水处理项目、农村税费改革转移支付资金审计调查。发现和纠正了个别县区未严格执行补贴政策、地方配套资金不到位、污水处理费征收不力等问题，提出进一步明确相关政策、及时调整实际种粮面积、提高良种补贴标准、加大农业投入力度等建议 46 条。

固定资产投资审计　完成宝鸡技术学院实训楼竣工决算、市中心医院综合楼竣工决算、市人民医院综合楼竣工决算、陈仓大道西段公路工程建设项目竣工决算、北坡地质灾害治理、冯家山水库灌区节水改造等 6 个重点建设项目审计，审减资金 2740 万元。

社会保障审计　对县乡医疗服务体系建设及经费、计划生育专项资金、失业和再就业资金进行审计和审计调查。共查出违规金额 421.94 万元，提交的审计综合报告被副市长批示 2 次。

企业审计　对市兴业股份有限公司、市饮食服务公司、陕西凤县四方金矿有限责任公司、新华发行有限责任公司进行审计，审计查出违规金额 162 万元；对 32 户中小企业应对金融危机政策落实情况进行审计调查，提出金融扶持、政府支持、税务优惠、企业创新等积极落实国家各项政策的 5 条建议，被省审计厅采用。

经济责任审计　全年共完成 4 个县区、6 个部门、13 个企事业单位的 33 人经济责任审计，查出违规金额 3465 万元，管理不规范金额 5675 万元。起草《宝鸡市领导干部任期经济责任审计结果利用试行办法》，以宝鸡市组发［2009］402 号联合印发执行，为干部考核、使用和提任提供客观依据。

灾后重建审计　对全市灾后恢复重建项目继续进行跟踪审计，分别对农村民房和中小学校、农村水库、乡镇卫生院、中心敬老院等 221 个项目、11 亿元资金开展跟踪审计。

其他审计　完成市长交办的热力公司、自来水公司、燃气公司、公交总公司 4 户城建企业资产负债及经营情况审计调查，完成西山地区移民搬迁资金的审计调查。抽调人员参与凤翔血铅事件维稳工作、学习实践活动办工作、纪检监察部门办案、清理“小金库”和厉行节约专项检查、宝鸡“两会”接待等工作，得到领导和组织的好评。

（撰稿人：冯利利）

【汉中市审计局】　2009年，汉中审计局人员编制44人，实有46人。局长黄生怀，副局长李振武、吴加录，总审计师赵明华，纪检组长郭久箐。设有经济责任审计处、办公室、监察室、综合法制科、经贸审计科、中央省属企事业审计科、财政审计科、行政事业审计科、农业与资源环保审计科、固定资产投资审计科、社会保障资金审计科、外资运用审计科、机关事务所等职能科室。

审计成果　汉中市审计局完成审计项目90个，查出违规金额10042万元，其中应上缴财政49万元；已上缴财政49万元，已调账处理金额329万元。提交审计工作报告、信息155篇。

财政审计　完成市级财政预算执行情况审计，对汉中经济开发区、汉台区、南郑县、宁强县等四县区财政决算进行审计。对上年预算执行和其他财政收支情况审计查出问题的整改情况进行督促检查。

行政事业审计　对市公安局等18个市直行政事业单位财务收支进行审计，审计资金总额1.6亿元。在第十六次市人大常委会主任会议上专题汇报了全市审计工作和市直部门审计情况。

社会保障审计　开展全市计划生育专项资金、全市地震救灾捐赠款物审计调查，对市级失业保险基金和再就业资金进行审计调查。同时对3个市属医疗卫生社保行政事业单位财务收支进行审计。

专项资金审计　对市级和勉县、洋县、西乡、宁强四县财政种粮农民直补资金进行审计调查，对全市农村税费改革转移支付资金进行审计调查。同时对8个市直和县区农业系统行政事业单位财务收支以及农林水专项资金进行审计。

企业审计　开展全市22户规模以上中小企业国际金融危机对其影响状况专项审计调查，开展全市新华书店行业审计。对汉中市汽车运输总公司等3个市属企业2008年度资产负债损益进行审计。同时根据省审计厅授权，对西北有色地质勘察局711总队和陕西省汉中疗养院财务收支进行审计。

固定资产投资审计　开展全市新增投资项目专项审计调查，对10个固定资产投资项目进行审计。同时配合省审计厅完成全市卫十项目审计。

经济责任审计　根据组织人事部门委托，开展市直行政事业单位领导和市直国有及国有控股企业领导人员经济责任审计10项，查出管理不规范金额2452万元。

灾后重建审计　组织全市审计机关对401个灾后恢复重建项目进行跟踪审计，审计项目总投资62亿元，对355个重建项目或相关主管部门进行审计调查，审计调查项目总投资30亿元，通过跟踪审计收回挤占挪用资金12万元，核减工程造价198万元。对市级灾后恢复重建项目资金和管理情况进行审计调查。　（撰稿人：袁怀兰）

【榆林市审计局】　榆林市审计局现有编制59人，在编人员59人。局长乔乃章，副局长吕登榜、高林、强少炜、冯占廷，总审计师张随平，纪检组长贺占彪。设政秘科、法制科、监察室、财政金融审计科、行政事业审计科、农业与资源环保审计科、经贸审计科、固定资产投资审计科、审计处企业审计科、审计处事业审计科、经责办党政事业审计科、企事业审计科、综合科、经济开发区审计室，神府开发区审计室，党总支，工会，机关事务中心。

审计成果　全市共审计（调查）单位1433个，查出违规金额4.86亿元，管理不规范金额18.88亿元，损失浪费金额4220万元，收缴财政1856万元，工程决算审计核减造价1.54亿元，工程预算审计核减造价2.73亿元，为财政增收节支4.45亿元；向被审计单位提出审计建议1391条，被采纳1146条，督促被审计单位制定整改措施13项，建立健全规章制度5项；提交审计专题、综合性报告和信息简报87篇，被上级部门和新闻媒体采用57篇；向社会发布审计结果公告项目13个。2009年1月市审计局被中央文明委评为“全国精神文明建设工作先进集体”，12月被人保部、审计署评为“全国审计系统先进集体”。

预算执行审计　全市共审计（调查）财政预算执行单位503个，查出违规金额2.77亿元。市审计局对186个预算单位进行“三费”调查（招待费、会议费、车辆费），发现分别比上年增长44%、30%和28%，为规范和治理“三费”提出重要依据。

固定资产投资审计　全市审计机关紧紧围绕扩大内需和实施项目带动战略，坚持项目预、决算审计与效益审计相结合，促进建设单位加强内部管理，确保建设资金的节约、安全、有效使用。市审计局先后对市本级 139 个建设项目进行审计，审计投资总额 24.66 亿元，审定金额 23.14 亿元，净核减工程投资 1.52 亿元，综合核减率达 6.2%。

企业审计　全市审计机关着重关注金融危机对国有企业、中小企业的效益影响，以及对企业资产安全、社会就业和我市经济发展的影响。把单一的审查企业资产、负债、损益的真实性、合法性转变为在合规性审计基础上同时关注企业内、外部环境问题、政策导向、经济规律和效益实现情况的分析，客观公正地评价企业经营情况，促进企业提高竞争力和抗风险能力。全市共审计 29 户国有企业（项目），查出违规金额 1132 万元，提出审计建议 54 条，被采纳 32 条，督促被审计单位制定整改措施 8 项，促进企业增收 3000 多万元。

经济责任审计　全市共对 127 名党政领导干部和企业领导人员进行了经济责任审计，共查出违规责任金额 3736 万元，管理不规范金额 13518 万元。

专项资金审计　把涉农资金、社保资金作为审计重点，加强对市委、市政府确定的“民生八大工程”的审计监督。全市统一组织开展县乡医疗服务体系建设及经费管理、城镇居民职工医疗保险、财政种粮农民直补资金、农村税费改革转移支付资金、农田水利建设、新农村重点村建设资金等 13 项专项资金的审计及审计调查。市审计局的关于加强全市税费改革转移支付资金管理意见被市政府办转发。全市共审计（调查）278 个单位，审计资金总额 8.9 亿元，促进拨付资金到位 6048 万元。

内部审计　组织参加省内审协会举办的各类专业培训班 5 期，共培训 111 人次，51 人考取内部审计人员岗位资格证书。积极开展宣传、交流工作，组织内审人员参加各类学习交流活动。市审计局抽调专人配合市交通局对全市交通系统进行内部审计，收到非常好的效果。全市内审机构共审计项目 362 个，查出损失浪费金额 48 万元，促进增收节支 650 万元，提出建议被采纳 520 条。

机关建设　全市审计机关深入扎实地开展学习实践科学发展观活动，成效明显。市局自去年三月份以来，紧紧围绕“党员干部受教育，科学发展上水平，人民群众得实惠”的总体要求，结合审计工作，先后召开 20 多次座谈会，发放征求意见表 150 份，走访群众百余人，征集各类意见和建议 78 条，撰写了 11 篇调研报告，制订具体的整改方案，已解决 22 个突出问题，新出台政策制度 5 项，修改完善政策制度 4 个，为群众办实事办好事 6 件。在党风廉政和机关效能建设上，建立了抓落实的制度，强化决定、建议执行的反馈和督办机制，把整改结果与成果利用有效结合起来，提高审计成果利用水平；建立具有审计系统特点的教育、制度、监督并重的防腐体系，严格执行党风廉政建设责任制和审计纪律“八不准”规定，全面实行审计外勤经费自理，切断与被审计单位的经济往来。在学习教育培训上，先后举办审计业务培训班 2 期，并以以会代训的形式培训审计人员 270 多名，派出 20 多名干部参加署、省各类培训，逐步扭转业务知识技能落后的被动局面。在机关建设上，全市审计机关充分调动各方面的积极因素，自力更生改善机关办公条件，省审计厅、市审计局也积极协调筹措资金 70 多万元帮助县区审计机关搞基础建设。全市的“金审”工程建设已进入收尾阶段。审计会商系统已投入使用。

（撰稿人：李艳飞）

【安康市审计局】　2009 年，安康市审计局人员编制 50 人，在编 50 人。局长杜保华，副局长陈国进、陈建国，纪检组长张诚（—4 月）、兰天安（5 月—）。设有政办科、法制科、行政事业审计科、农林水审计科、财政金融审计科、基建投资审计科、经贸审计科、计算机审计技术中心、监察室，省属企事业审计处下设省属企业审计科、省属事业审计科，经济责任审计处下设党政领导干部经济责任审计科、企事业单位领导人员经济责任审计科。

审计成果　审计项目（单位）374 个，涉审单位 745 个。查出违规金额 35713 万元，管理不规范金额 38847 万元；审计决定上缴财政 242 万元，归还原渠道资金 682 万元，调账处理金额 3337 万元；核减工程造价 1148 万元。提交工作报告、信息 378 篇，被采纳 232 篇。市县审计机关还完成本级党委、政府领导交办审计事项 94 项，查出各类违规金额 432 万元，收缴财政 28.2 万元。

财政审计　预算执行审计单位45个，审计调查单位12个，审计查出违规金额4711万元，管理不规范金额38847万元，损失浪费金额88万元，应上缴财政22万元，应归还原资金渠道625万元，应调账处理1179万元；财政决算审计单位39个，审计调查单位2个，审计查出违规金额12660万元，管理不规范金额2267万元，应上缴财政50万元，应归还原渠道资金311万元，应调账处理69万元。

行政事业审计　审计单位140个，审计调查单位39个，审计查出违规金额14706万元，管理不规范金额16801万元，损失浪费金额16万元，应上缴财政164万元，应归还原渠道资金3501万元，应调账处理8307万元，审计移交司法机关处理1人，涉案金额12万元。

专项资金审计　审计单位55个，审计调查单位254个，审计查出违规金额2155万元，管理不规范金额3361万元，应上缴财政15万元，应归还原渠道资金446万元，应调账处理424万元。

固定资产投资审计　审计单位73个，审计调查单位53个，审计查出违规金额630万元，管理不规范金额4247万元，应上缴财政7万元，应归还原渠道资金149万元。

企业审计　审计单位13个，审计调查单位20个，审计查出违规金额851万元，管理不规范金额374万元，损失浪费金额52万元，应上缴财政10万元，应调账处理626万元。

经济责任审计　审计经济责任人74人，审计查出违规金额3563万元，其中主管责任2900万元，直接责任663万元；审计查出管理不规范金额2919万元，其中主管责任2775万元，直接责任144万元；审计查出损失浪费金额9万元，均属主管责任。

（撰稿人：刘志辉）

【商洛市审计局】　2009年，商洛市审计局人员编制36人，在编35人。局长卫星，副局长赵晓伟、李久敏（—3月），总审计师郭正。设有办公室、法制科、财政与金融审计科、行政事业审计科、固定资产投资审计科、经贸审计科、农业与资源环保审计科、经济责任审计办公室、内部审计管理中心。

审计成果　商洛市审计机关共完成审计项目395个，审计调查项目80个。审计查出违规金额53855万元，损失浪费金额414万元，管理不规范金额86645万元。领导干部经济责任审计项目134个，负直接责任金额2501万元。提出审计建议590条，被采纳审计建议286条，提交审计专题、综合性报告和信息简报154篇，被批示采用54篇，向社会公告审计结果报告10个。

财政审计　全市共实施预决算审计项目67个。市审计局实施市本级2008年度财政预算执行及其他财政收支情况的审计，并对柞水县、镇安县、丹凤县的财政决算进行审计。

行政事业审计　坚持完善监督制约机制、推进行政管理体制改革、促进依法行政，重点对行政事业单位的财政财务收支进行审计，提高单位内部管理水平。

经济责任审计　实施县委书记、县长“一并式”经济责任审计。将书记、县长经济责任审计与财政决算审计、农业、交通、行政事业等审计项目相结合，实现审计资源和审计成果共享。积极探索村级干部经济责任审计，及时与农经、监察等部门沟通联系，在全省率先开展村级干部经济责任审计。镇安县审计局实施的铁厂镇西沟口村村干部经济责任审计，被评为全省优秀审计项目。

专项资金审计　统一组织实施失业保险基金、再就业资金、农民种粮财政直补资金、农村税费改革转移支付资金、天然林保护工程资金、人口和计划生育局2007～2008年度财政财务收支及计划生育专项资金、种粮农民四项补贴资金管理使用情况等项目的审计调查；6个县区矿产资源补偿费的审计。商南县审计局还结合当地实际，实施高速路占补资金、农业综合开发资金、艾滋病项目资金等专项资金审计。3篇综合报告得到了市政府的高度重视，市长做了重要批示，要求被审单位认真整改。

企业审计　组织实施13户中小企业审计调查。根据审计调查情况，从加强企业内控、转变经营策略、提高企业效益等方面，提出6条建议，得到企业的采纳；实施市燃气发展有限责任公司2007～2008年度财务收支审计、市黄金建材办公室2007～2008年度财务收支审计、市道路工程咨询监理所2007～2008年度财务收支审计。

固定资产投资审计　全年共完成竣工决算审计项目 32 个。查出工程建设领域内问题金额 3197 万元，工程超规模、超投资 2636 万元。围绕扩内需、促增长政策的贯彻落实，市县审计机关对全市扩大内需新增建设项目实施审计和审计调查。开展工程建设领域突出问题专项治理工作。积极创新审计方法，前移审计关口，对南大门工程实行全过程跟踪审计，加强建设项目及资金管理，防范风险，提高投资效益，切实发挥审计在保障经济健康运行中的“免疫系统”功能。

（撰稿人：赵飞虎）

2008 年陕西省所辖区、县(市)级审计工作统计表

金额单位:万元

审计机关	完成审计项目(个)	查出违规金额	应上缴财政	应减少财政拨款或补贴	应归还原渠道资金	应调账处理金额	移送司法、纪检部门处理事项(件)	建议有关部门处理(件)	出具审计报告和审计调查报告(篇)	提出审计建议(条)	撰写审计信息(篇)
西安市											
西安市本级	58	163285	54613	1204	8559	67269	4	2	58	134	152
未央区审计局	35	1348	1769			380	1	3	35	65	23
莲湖区审计局	18	284	1891	121	1105	148			18	56	24
新城区审计局	27	6740	57						27	42	24
碑林区审计局	33	5492	2878			2004			33	22	11
灞桥区审计局	77	2465	254		1075	542	3		77	39	22
雁塔区审计局	40	4911	54		1769	2512			40	78	23
阎良区审计局	64	752	83		29				64	87	17
临潼区审计局	61	4618	123		7				61	17	11
长安区审计局	73	9340	17	8					73	35	15
蓝田县审计局	52	547	235		34	125		1	52	52	29
周至县审计局	35	552	9						35	50	13
户县审计局	40	9286	21		30				40	69	31
高陵县审计局	104	4719	116						104	53	15
延安市											
延安市本级	100	258003	9496	80	4604	7713			100	368	32
宝塔区审计局	46	571	64		234	238			14	44	11
延长审计局	39	1364	5						39	70	
延川审计局	59	4	2			137			48	50	
子长审计局	84	2110	18						60	151	
安塞审计局	70	10746	81						97	206	
志丹审计局	119		57		215	62			101	102	
吴起审计局	168	9042	29		40	210			83	16	
甘泉审计局	152	533	21						92	29	7

（续表）

审计机关	完成审计项目(个)	查出违规金额	应上缴财政	应减少财政拨款或补贴	应归还原渠道资金	应调账处理金额	移送司法、纪检部门处理事项(件)	建议有关部门处理(件)	出具审计报告和审计调查报告(篇)	提出审计建议(条)	撰写审计信息(篇)
富县审计局	96	344	24		207	1083			55	119	
洛川审计局	18	1028							18		6
宜川审计局	81	4220	17			2			57	75	11
黄龙审计局	31	331	1		72	63			28	59	24
黄陵审计局	60	20091	29		16	1040			59	132	11
铜川市											
铜川市本级	104	5428	2652		8607	15360			116	180	121
耀州区审计局	94	286	30		14	807			94	32	28
王益区审计局	30	10	4		14	107			30	28	7
印台区审计局	21	115	2						21	4	5
宜君县审计局	27	278	8			190			27	122	9
渭南市											
渭南市本级	66	95937	231	8	108	14419	2	2	66	179	105
临渭区审计局	142	7533	820		1363	775			142	160	32
华阴市审计局	59	77							59	70	26
韩城市审计局	248	4738	339		322				248	218	68
华县审计局	100	2607	125		40				100	217	34
潼关审计局	62	2496	34						62	144	28
大荔县审计局	55	8000	418		545				55	97	34
蒲城县审计局	66	14157	66				1	1	66	153	39
澄城县审计局	126	7611	108						126	122	37
白水县审计局	70	1133	84		157				70	215	24
合阳县审计局	57	4704	562						57	65	22
富平县审计局	75	4100	286	13	290				75	195	37
咸阳市											
咸阳市本级	58	30459	265	5014	4069	4992			75	102	103
秦都区审计局	46	2530	23		340						
渭城区审计局	69	5283	51		117	1					
兴平市审计局	71	2220	31						71	118	
三原县审计局	70	1241	60		232	68			70		70
泾阳县审计局	55	1052	32		28	135			55	82	23
乾县审计局	217	19277	81		215		1	1		209	230
礼泉县审计局	87	3183	53		156	486			109	136	6

（续表）

审计机关	完成审计项目（个）	查出违规金额	应上缴财政	应减少财政拨款或补贴	应归还原渠道资金	应调账处理金额	移送司法、纪检部门处理事项（件）	建议有关部门处理（件）	出具审计报告和审计调查报告（篇）	提出审计建议（条）	撰写审计信息（篇）
永寿县审计局	88	1735	48		82	127			95	112	12
彬县审计局	178	2958	200.3		398	6971			178	245	8
长武县审计局	103	1596	48		724	21			118	29	2
旬邑县审计局	68	1942	52		114			1	68	35	10
淳化县审计局	81	6508	30.5		560				81		2
武功县审计局	90	1263	38						90	76	90
宝鸡市											
宝鸡市本级	64	5898	190		705	27989			64	92	20
渭滨区审计局	16	6	2						16	27	4
金台区审计局	30	1573	2		897	1913	1		32	64	3
陈仓区审计局	71	533	10			1061			17	63	14
凤翔县审计局	48	4356	260		21				47	53	28
岐山县审计局	55	734	21		79	1			60	77	8
扶风县审计局	39	2418	676			727			39	58	11
眉县审计局	53	3061	17		349	1226			53	56	13
陇县审计局	56	1962	55		244	2258			56	42	6
千阳县审计局	47	3506	10		58	40			47	50	6
麟游县审计局	49	390	250		277	24			42	54	6
凤县审计局	56	33	93		113	764			69	96	
太白县审计局	27	611			65	546			27	21	18
汉中市											
汉中市本级	90	10042	49						90	71	65
汉台区审计局	48	481	12	111					48	100	4
南郑县审计局	82	4889	31	108	244	108		2	13	14	5
城固县审计局	164	13825	70			48			164	219	203
洋县审计局	146	614	25	63					146	164	13
西乡县审计局	60	2468	46	66		527			64	66	3
勉县审计局	67	60	14	42		406			67	83	38
宁强县审计局	55	2506	11	4		2			55	56	5
略阳县审计局	64	247	12				1		148	32	32
镇巴县审计局	79	1035	36						54	56	11
留坝县审计局	87	1583	8		175	1408			30	185	26
佛坪县审计局	64	139	1	17		36			64	66	3

（续表）

审计机关	完成审计项目（个）	查出违规金额	应上缴财政	应减少财政拨款或补贴	应归还原渠道资金	应调账处理金额	移送司法、纪检部门处理事项（件）	建议有关部门处理（件）	出具审计报告和审计调查报告（篇）	提出审计建议（条）	撰写审计信息（篇）
榆林市											
榆林市本级	171	7726	622			139			171	410	15
榆阳区审计局	153	4350	79			11			153	132	4
神木县审计局	124	6969	405						124	110	5
府谷县审计局	103	3064	20	22					103	92	4
横山县审计局	40	5165	509			132			40	30	3
靖边县审计局	99	2203	8		79	79			99	78	3
定边县审计局	74	5576	39		22	56			74	65	4
绥德县审计局	76	4560	40						76	68	5
米脂县审计局	117	2140	31						117	91	4
佳县审计局	51	2388	9		37	31			51	50	3
吴堡县审计局	88	2076	9						88	60	3
清涧县审计局	222	1708	55						222	97	4
子洲县审计局	115	693	30						115	108	3
安康市											
安康市本级	745	35713	242		682		1	2	378	770	232
汉滨区审计局	36	341					1	2	92		73
汉阴县审计局	30	533	22						32	75	32
石泉县审计局	78	2237	35						24	42	20
宁陕县审计局	44	3752	2						7	77	6
紫阳县审计局	43	121							15	58	9
岚皋县审计局	26	862	35						23		16
平利县审计局	106	4533	12		290				11	60	
镇坪县审计局	66	333	2						42	85	2
旬阳县审计局	123	52	26						45	72	16
白河县审计局	99	49	11						20	128	17
商洛市											
商洛市本级	48	30191	391		646	821			16	66	5
商州区审计局	70	2231	23		71	14			38	80	
洛南县审计局	57	5007	50		77				55	175	3
丹凤县审计局	84	4231	47		531	315			42	66	6
商南县审计局	29	7942	21		230	30			33	70	40
山阳县审计局	72	1621	19						8		2
镇安县审计局	73	1615	37			19			71	58	71
柞水县审计局	42	1017	23							75	

甘肃省

【甘肃省审计厅】 2009年，甘肃省审计厅人员编制212人，在编206人，领导职数10名。设有办公室、法规处、内部审计监督处、社会审计核查处、经济责任审计办公室、经济责任审计一处、经济责任审计二处、经济责任审计三处、财政审计处、行政事业审计处、农业与资源环保审计处、固定资产投资审计处、金融审计处、企业审计处、社会保障审计处、外资与运用审计处、人事处、机关党委、监察室、服务中心、科培中心、信息中心。

领导成员

厅　　长：何振中

副 厅 长：郝发忠（12月—）　胡秀龙　丁建华　边　恺（1月—）　郭晓蔼（—12月）

纪检组长：成荣生

审计成果 2009年，甘肃省审计厅共审计和审计调查项目117个，查出违规金额48911万元，管理不规范金额1333191万元，损失浪费金额28085万元；通过审计处理，上缴财政4848万元，促进增收节支11593万元；向各级党委、政府和上级审计机关提交综合报告、专题报告、调研、信息55篇（次），其中被采用和批示16篇（次）；向被审计单位提出审计建议321条；向司法和纪检监察部门移送案件线索1件，涉案人员1人。

预算执行审计 重点对省级预算执行情况、税收征管情况，省林业厅、省委统战部等11个部门的预算执行和财务收支情况，金昌、武威、庆阳、平凉4个市的财政决算情况进行审计。共审计和延伸审计399个一、二级预算单位，审计资金总额476.6亿元，占一般预算支出、基金预算支出、预算外支出总额的38.1%。审计资金总额和审计覆盖面比往年进一步扩展。省、市两级预算执行都比较严格，内部管理不断完善，但仍存在挤占挪用、多报多领、公务费管理不严等问题。7月8日，省政府召开第33次常务会议，听取2009年度省级预算执行及其他财务收支的审计结果报告。7月29日，省人大十一届十次会议上，省审计厅受省政府委托，向会议作审计工作报告，8月10日，在《甘肃日报》上全文公告省级预算执行情况审计工作报告。

扩大内需和灾后重建审计 省、市、县三级审计机关整合审计力量，对中央扩大内需新增投资项目和灾后恢复重建项目进行跟踪审计和督促检查。全省共投入审计力量1200多人（次），开展审计及审计调查项目2200多个，审计资金220多亿元，提出审计建议400多条。通过审计，客观反映重建过程中存在的部分优惠政策未落实，乡镇政府对重建资金管理不规范等问题。灾后恢复重建审计结果分上、下半年两次在《甘肃日报》向社会进行公告。

经济责任审计 一是对武威、庆阳、金昌3市政府和省商务厅等15个部门、单位的省管干部进行离任审计，对省水利厅等13个单位的省管干部进行任中审计。审计查出地方政府违规出台土地出让金、有关税费减免政策等问题；行政部门挤占挪用专项资金、对下属单位监管不力等问题；国有企业“一把手”权力过于集中、经济决策随意性大等问题。二是采取回访制度，对2008年至2009年6月底前接受经济责任审计的25个单位的审计整改情况进行现场督查。对没有或无法整改的问题进行原因分析，帮助被审计单位落实整改任务。

专项资金审计 对种粮农民四项补贴和退耕还林（草）专项资金、全省五项社保基金的管理使用情况进行审计；对省直管县财政管理体制改革试点、省重大科技专项经费、政府投资保障性住房、14个市州为民办实事等项目进行审计和审计调查。审计采取账实相结合的方法，审查账目、实地检查、随机抽取、逐一核对。在揭示问题的同时，注重提高审计建议质量，对财政厅、建设厅、民政厅和人力资源和社会保障厅等资金主管部门提出审计建议和意见。

绩效审计 对引洮供水一期工程等15个政府投资项目开展绩效审计探索，对省属14所高校教育经费管理使用情况开展审计调查，授权武威和白银市审计局对石羊河流域治理、景电二期延伸向民勤调水等重点项目进行跟踪审计。目前各级审计机关出具的竣工决算审计报告，已成为政府加强基建项目管理、财政及建设单位拨付资金和结算工程款的重要依据。

企业审计　重点对华亭煤业集团、兰州电机有限责任公司、祁连山水泥集团股份有限公司、省烟草公司、窑街煤业集团5户国有企业进行审计，揭露和反映企业资产质量不高、损益不实、决策不规范、违规拆借资金、因管理不善造成国有资产流失、因监管缺失导致贪污腐败等问题。

外资运用审计　根据审计署授权和省政府交办，对截至2008年底的世行贷款林业持续发展项目、亚行贷款甘肃道路发展项目等18个国外贷、援、赠款项目进行审计和审计调查。查出国内配套资金不到位、世行回补资金被滞留等问题。及时向省委、省政府和有关部门反映，出具审计结果报告。4月20日，在《甘肃日报》公告了国外贷援款项目公正审计工作报告。

社会审计核查　结合企业审计项目和审计厅其他审计成果，重点对兰州恒通会计师事务所等9家社会审计机构出具的15份相关审计评估报告进行核查。核查发现问题涉及金额52531.6万元。其中，资产评估中少评估破产前资产1285.6万元，年报审计中对存在影响信息质量的重大问题未发表或未明确发表意见涉及金额51246万元。

交办事项　省审计厅共完成33项。会同省纪委、监察厅、财政厅核查处理民勤县财政支农资金存在的问题；抽调人员配合审计署驻兰州特派办开展全省粮食直补等7个方面的专项审计；认真履行成员单位职责，抽调业务骨干，配合有关部门开展全省“小金库”治理、粮食清仓查库、工程建设领域突出问题专项治理、国有土地使用权出让、治理商业贿赂、国有企业领导人职务消费调查、治理教育乱收费等专项检查和案件查办工作。

审计整改　省委、省政府领导对审计查处问题高度重视，全年作出重要批示十余次，要求各有关领导研究完善措施并督促做好整改落实工作。各级党委、政府将整改工作纳入督查督办事项，出台加强和改进财政财务管理的意见和办法，建立和落实问责制，督促有关部门和单位细化部门预算、健全完善制度、加强财政监管、提高资金效益。审计中发现的一些项目配套资金不到位、管理不规范等问题，审计机关联合纪检、监察、财政、发改等部门加强督促检查，坚持边审边改，绝大部分问题都得到整改。

教育培训　省审计厅全年共举办各类培训18期，参训人员1986人（次），全省选派158名干部参加审计署组织的审计和培训，培养锻炼干部。注重加强审计理论研究，加大科研成果的推广运用力度，举办青年论坛和优秀课题、论文评选，推出一些好的审计理论研究成果，为指导审计实践发挥重要作用。

审计质量检查　一是制定以审计风险控制、业务人员职责、审计工作底稿审核、执法责任追究、目标任务考核等为主要内容的制度、办法和业务控制规程，从制度上为审计业务质量提供保证，形成以制度管人、以制度管事的工作格局。二是组织专门力量，按照《甘肃省审计结果落实督查暂行办法》的要求，对2008年7月以来重点审计的32个单位审计发现问题的整改落实情况和审计决定落实情况进行专项督查。其中经济责任审计项目25个，企业及预算执行等审计项目7个；涉及各类违纪违规问题180余项，金额12.93亿元，管理不规范金额79.88亿元，审计建议91条。截至2009年12月底，已整改落实资金89.75亿元，审计决定落实率达到96.7%，审计建议采纳率达到80%以上；被审计单位建立健全各类内控制度和管理办法100余项，取得了良好的效果。

党的建设　一是深化学习实践科学发展观活动成果。把学习实践活动同推动审计工作发展结合起来，同解决干部职工实际问题结合起来，努力做到学习工作两不误、两促进。在《甘肃审计》开设专栏，宣传教育活动开展情况和刊登部分同志学习交流文章。二是坚持用党的十七大和十七届四中全会精神统一思想，狠抓政治理论学习。制定《党组中心学习组2009年度理论学习安排意见》，对本年度党组中心组理论学习做出安排部署。三是坚持用《中国共产党党和国家机关基层条例》规范党建工作，严格落实“三会一课”制度，重视党员发展，不断加强基层党组织建设。四是以“双优一文明”创建活动为载体，积极推进精神文明建设上台阶，努力构建和谐机关。

队伍建设　一是在广泛调研的基础上，争取省政府出台了《关于进一步加强审计工作的意见》，各级审计机关认真落实，解决了人员编制、经费、基础建设等许多困难和问题。二是注重责、权、利紧密结合，建立健全和认真落实《工作规则》《干部管理办法》《政务督查制度》《审计质量管理暂行办法》《执法过错责任追究制度》《审计结果公告制度》，以及民主集中制和党风廉政建设责任制等一系列规章制度，逐步形成了用制度管权、按制度办事、靠制度管人的科学管理模式。三是建立和落实以目标管理责任书考核和领导班子、领导干部考核相结合的“三位一体”的考核制度，推行“一报告两评议”制度。

信息化建设　一是金审工程项目建设顺利推进，通过了一期项目后评价；完成二期项目的设计及批复。金审工程一期项目建设较好地完成网络系统、应用系统、安全系统及人员培训等各项建设任务。二是信息化硬件环境进一步改善，网络互联互通工作有效推进。依托国家电子政务外网实现与审计署审计专网的互联互通，极大地提高信息共享和办公效率；通过审计署驻兰州特派办实现与审计署审计内网的连接。三是强化信息化系统应用。通过组织专门培训和指定专人实行定点技术服务，提高审计人员应用OA系统和AO系统的技术水平；派专人赴审计现场指导和解决审计人员实施计算机审计过程中遇到的问题，促进审计软件的推广使用和计算机审计工作的开展；制定《信息化工作考评办法》，推动信息化系统应用。　（撰稿人：梁　建）

【兰州市审计局】　2009年，兰州市审计局人员编制106人，在编104人。局长高兴贵，副局长郑登江、韩林、何金春（10月—），纪检组长程国珍，调研员宋应中。设有办公室、人事教育处、法制处、财政金融审计处、行政事业审计处、经贸审计处、农业与资源环保审计处、社会保障审计处、外资投资审计处、计算机审计处、审计执法监督处、社会审计核查处和经济责任审计分局及所属党政机关主要领导干部审计处、企事业单位领导人员审计处，机关党委、监察室等职能处（室）。

审计成果　兰州市审计局完成审计项目41个，查出违规金额47491万元，其中应上缴财政135万元，应归还原渠道资金12835万元，应调账处理金额9063万元，应自行纠正金额25355万元；已上缴财政48万元，提交审计工作报告、信息48篇。积极配合市金融办对重大经济案件的查证及市纪委对有关重要案件的审查。

财政审计　对市财政局组织预算执行情况、市地税局税收征管情况进行审计，并对皋兰县和七里河区财政决算及其他财政收支情况进行审计。

行政事业审计　对市政府办公厅、市水利局、市口腔医院、市军粮供应服务中心、市中小企业信用担保中心、市建筑市场管理办等17个一、二级预算单位2008年度部门预算执行情况进行审计，延伸审计相关部门及单位，并对兰州大剧院等单位的财务收支情况进行审计。

农业与资源环保审计　对2006年至2008年兰州市新农村建设试点示范村项目专项补助资金的投入、使用和管理情况进行审计调查，重点审计市级及三县五区新农村建设办公室，抽审所属的36个乡镇、街道的60个行政村。

固定资产投资审计　对兰州市西津坪垃圾处理场工程项目及财务收支进行审计；对兰州市雁滩南河道疏浚工程等3个建设项目进行竣工决算审计；对孙家台经济适用房、西热东输热力管网改造等10个项目进行跟踪审计；对市政府交办的民安大厦建设项目进行竣工决算审计；对西固区一级饮用水源保护区内五家企业搬迁经费进行审计核查；与兰州市发改委等部门联合，对全市扩大内需项目建设情况进行监督检查。

社会保障审计　对2008年度兰州市社会保险基金的筹集管理使用情况、2008年度兰州市城乡最低生活保障资金进行审计。

经济责任审计　对市委老干部工作局、市委党校等6个单位的原主要负责人任职期间的经济责任履行情况进行审计，对市安全生产监督管理局、市建一公司2个单位主要负责人任职以来的经济责任履行情况进行审计。

专项资金审计（调查）　对2007年度兰州市计划生育特别扶助资金、2008年度兰州市种粮四项补贴和退耕还林专项资金进、世行贷款/英国赠款结核病控制项目等8个项目进行审计和审计调查。继续加强对全市灾后恢复重建资金和物资的筹集、分配、拨付、使用和效果进行跟踪审计。

（撰稿人：韩文钦）

【嘉峪关市审计局】　2009年，嘉峪关市审计局人员编制27人，在编25人。局长王万平，副局长梁建勋。设有办公室、经济责任审计科、行政事业审计科、法制科、经贸审计科、社保金融审计科、社会审计核查科、基建审核中心。

审计成果　嘉峪关市审计局完成审计项目33个，查出违纪违规金额3816万元，其中应上缴财政235万元，应归还原渠道资金44万元，应调账处理金额80万元，应自行纠正金额3458万元。已上缴财政39万元，已调账处理金额15万元，核减固定资产投资1454万元。提出审计建议和意见46条。

财政审计　一是在审计内容的安排上注重预算收支组织和管理的规范性，在审计的重点上关注非税收入和上级补助收入的安排与使用。二是审计监督注重了五个加强，即加强对事关经济发展、经济管理决策事项的监督；加强对权力部门的监督；加强对关系群众切身利益资金的监督；加强对政府投资重点建设项目的监督；加强对领导干部的廉政监督。三是在组织方式上注重整体联动，统一调配的原则，分管领导带队，突出抓好全年的审计工作。四是审计结果突出重点。重大审计部门预算编制、报批、执行是否符合《预算法》的规定，政府采购是否做到预算、执行、监督并举。

经济责任审计　受市委组织部委托，先后完成市政府驻上海办事处原主任胡绍雄，市经济委员会原主任贾兴智等10位同志的离任审计。在审计过程中，对领导干部在法定职权内履行经济责任的情况进行认真的审核监督。经责审计对促进领导干部加强廉政建设起到推动作用。

固定资产投资审计　对固定资产投资的来源与使用、审批手续、基本建设程序、建设规模以及项目的竣工决算进行把关，对高套定额、高价取费、多报耗材、多报工程量等弄虚作假行为进行审核和剔除。全年共完成嘉峪关市博物馆工程以及博物馆维修改造工程、嘉峪关气象塔工程等25个项目的竣工决算审计，核减工程造价1454万元。

其他审计　一是对嘉峪关市2007年至2009年第一季度设廉租住房保障资金的筹集管理和使用情况进行审计；二是对嘉峪关市2008年度五项社会保险基金进行审计；三是对嘉峪关市2008年至2009年9月底城市低保资金筹集管理使用及相关政策落实情况进行审计；四是对嘉峪关市内审机构设置情况进行专项调查。同时，对市政府交办的国土资源局1999年至2008年财政收支情况进行审计。对有关部门委托的8个二级预算单位的财务收支进行审计。　（撰稿人：茹作臻）

【金昌市审计局】　2009年，金昌市审计局人员编制25人，在编23人。局长高善鹏，副局长侯永林、梁福山，总审师张作龙。设有办公室、经济责任审计办公室、财政金融审计科、行政事业审计科、企业审计科、基本建设审计科。

审计成果　金昌市审计局完成审计项目63个，查出各类违规违纪金额14312.9万元，其中工程核减4743.4万元。提出审计建议129条，被市委、市政府采纳10条，相关单位采纳119条。提交审计信息71篇，被采用22篇。

财政审计　以促进规范预算管理，提高财政资金使用效益为目标，以全部政府性资金为主线进行预算执行审计，同时对农业、社保、基本建设、城乡社区事务、国债资金等专项资金进行审计，共审计一、二级拨款单位及资金使用单位214个，延伸审计12个乡镇，9个农林场（站）。审计深入到300多户农户进行调查，共查处违纪违规金额5064.5万元。

固定资产投资审计　完成引硫济金工程引水隧道除险加固、文化中心等31个项目的竣工决算审计，审计资金总额28112.2万元，核减投资额4743.4万元，核减率为16.87%。

经济责任审计　对省审计厅授权的市工商局原局长赵新军任职期间经济责任进行审计，查处违纪违规金额1645.9万元。完成市委组织部委托的经济责任审计项目10个（其中任中审计4个），共查处违纪违规金额1528.3万元。

专项资金审计（调查）　围绕群众关心和政府关注的“热点”和“民生”问题加强专项资金和民生资金的审计监督，主要开展市级卫生系统2008年度资金投入及财务收支情况、城乡社区事务资金、2008年度种粮四项补贴和退耕还林、国债、社会保险五项基金等专项资金的审计，共查处违纪违规金额1036.4万元。

外资运用审计　按照省厅统一安排，完成对世界银行贷款及英国赠款结核病控制项目、世界银行贷款永昌牧业发展项目、世界银行贷款牧业发展全球环境基金协会（GEF）赠款项目和甘肃省日元贷款风沙区生态环境整治工程项目金昌（金川区）子项目审计。

其他审计　按照市政府的安排，完成了市住房公积金管理中心、金昌饭店等单位财务收支审计，并对市政府办财务收支情况、市开发区债权债务情况、省体彩中心金昌分站和市福彩中心财务收支情况等项目进行审计，共查处违纪违规金额 294.3 万元。（撰稿人：邱进新）

【白银市审计局】　2009 年，白银市审计局人员编制 42 人，在编 37 人。局长盛维忠，副局长李继明、王世勇、宋建强，纪检组长程德选，经济责任审计联席会议办公室副主任马志武。设有办公室、法制科、财政金融审计科、行政事业审计科、经济责任审计一科、经济责任审计二科、企业审计科、固定资产投资审计科、白银市基本建设审计中心（直属事业单位）。

审计成果　白银市审计局完成审计和审计调查项目 62 个，查出违规金额 5278 万元，管理不规范金额 20123 万元，其中应上缴财政 1718 万元，应归还原渠道资金 617 万元，应调账处理金额 18602 万元。已上缴财政 196 万元，已归还原渠道资金 150 万元，已调账处理 15722 万元。提交审计工作报告、信息要情 93 篇，被党委、政府部门采用 62 篇（次），审计提出建议 71 条，被采纳的审计建议 46 条。

财政审计　审计财税部门和一、二级预算单位 15 个，查出违规金额 282 万元，管理不规范金额 12730 万元，其中应上缴财政 277 万元，应归还原渠道资金 63 万元，应调账处理金额 11953 万元。已上缴财政 192 万元，已归还原渠道资金 45 万元，已调账处理 11170 万元。审计县级政府决算 2 个，查出违规金额 1284 万元，管理不规范金额 112 万元，其中应上缴财政 1178 万元，应归还原渠道资金 105 万元，已归还原渠道资金 105 万元。

行政事业审计　审计单位 10 个，查处违规金额 316 万元，管理不规范金额 153 万元，其中应上缴财政 28 万元，应调账处理金额 110 万元，已调账处理 110 万元。

固定资产投资审计　审计竣工决算项目 9 个，查处管理不规范金额 1297 万元，应调账处理金额 1063 万元，已调账处理 1028 万元。

企业审计　审计单位 2 个，查处违规金额 201 万元，查处管理不规范金额 3414 万元，应上缴财政 201 万元，应调账处理金额 3414 万元，已调账处理 3414 万元。

经济责任审计　审计单位 17 个，查处违规金额 3195 万元，管理不规范金额 2017 万元。结合预算执行审计认真开展领导干部任期经济责任审计。在市管干部任期经济责任审计积累经验的基础上，就如何全面推开经济责任审计，尤其是任中经济责任审计工作，采取了一系列措施，取得良好效果。

专项资金审计（调查）　审计单位 7 个，查出管理不规范金额 400 万元，其中应归还原渠道资金 400 万元。（撰稿人：贾小龙）

【天水市审计局】　2009 年，天水市审计局人员编制 63 人，在编 63 人。局长刘永年，副局长晏平、林育德、石怀智（3 月—），纪检组长田建民。设有办公室、综合科、财政审计科、金融外资审计科、行政事业审计科、经贸审计科、农业与资源环保审计科、社会保障资金审计科、固定资产投资审计一、二科，另设有副县级建制的直属事业单位天水市经济责任审计办公室和天水审计培训中心。

审计成果　天水市审计局完成审计项目 93 个，查出违规金额 8977 万元，其中应上缴财政 71 万元，应归还原渠道资金 24 万元，应调账处理金额 3483 万元；已上缴财政 66 万元，已归还原渠道资金 8 万元，已调账处理金额 3091 万元。提交审计工作报告、信息 126 篇，被采用 45 篇。

财政审计　完成财政审计项目 34 个，查出违规金额 2858 万元，其中应上缴财政 67 万元，应归还原渠道资金 24 万元，应调账处理金额 1360 万元；已上缴财政 62 万元，已归还原渠道资金 8 万元，已调账处理金额 1304 万元。针对审计查出的突出问题，天水市审计局加强综合分析，从机制、体制和制度上查找根源，进一步促进预算执行单位加强财务管理。

固定资产投资审计　完成固定资产投资审计项目 19 个，查出违规金额 942 万元，应调账处理金额 433 万元；已调账处理金额 433 万元。

企业审计 完成企业审计项目2个，查出违规金额26万元，应调账处理金额58万元，已调账处理金额58万元。

经济责任审计 对17个单位的经济责任人进行审计，查出违规金额1132万元，其中应上缴财政4万元，已上缴财政4万元，应调账处理金额1632万元；已调账处理金额1296万元。审计后，组织部门利用审计成果晋升3人、平调14人。

专项资金审计（调查） 完成17个专项资金审计与审计调查项目，查出违规金额4019万元。一是天水市审计局加大社保资金的审计覆盖面，对企业职工基本养老保险基金、失业保险基金、城镇职工基本医疗保险基金、工伤保险基金、生育保险基金等进行审计和审计调查，全面掌握五项社保基金的收支规模、基金结余的分布以及基金管理运行情况，揭示基金筹集、管理、使用中存在的突出问题，进一步促进县区政府及有关部门严格执行国家各项政策和制度，切实维护了人民群众的切身利益。二是对县区水利专项资金开展全面审计，分析资金管理使用中的问题，向市政府及有关部门提出加强资金管理的建议。

外资运用审计 对世界银行贷款卫生X项目、西部地区基层教育发展项目、畜牧综合发展项目、林业持续发展4个项目进行审计。重点检查国外贷款资金和国内建设资金的到位、使用情况和项目设备的采购、使用、提款报账情况；督促项目执行单位严格遵守项目协议，规范财务管理和会计核算；揭露项目执行中存在的违反国家法规和国外贷款项目协议、内部控制中存在的重大缺陷等问题。（撰稿人：王　荣　李卫周）

【武威市审计局】 2009年，武威市审计局人员编制31人，在编31人。局长邹志坚（—11月）、王晓文（12月—），副局长李天忠、马忠民，纪检组长李镜，市经济责任审计局局长薛崇瑞。设有办公室、法制科、财政金融审计科、经济责任审计办公室、农业审计科、社会保障审计科、行政事业审计科、固定资产投资审计科、社会审计核查科。

审计成果 完成审计项目102个，查出违规金额4366万元，其中应上缴财政807万元，应归还原渠道资金364万元，应调账处理金额1860万元；已上缴财政683万元，已归还原渠道资金299万元，已调账处理金额1812万元。审计核减工程投资额685万元，审计后挽回损失174万元。移送纪检监察机关事项1件，涉及人员3人，涉及金额11万元。提交审计专题、综合性报告和信息221篇，其中被批示采用64篇。

财政审计 一是完成预算执行审计项目23个，查出未按规定征收缴纳预算收入30万元，隐瞒转移截留预算收入80万元，资金滞留闲置145万元，违规改变资金用途49万元，未落实收支两条线和专户管理规定66万元，违规采购26万元，资产核算不实29万元。二是完成凉州区、古浪县财政决算审计，应上缴财政721万元，已上缴财政604万元。针对审计查出的问题，市政府专门召开全市审计整改动员大会，对审计整改工作提出明确要求，有力地促进审计整改。

行政事业审计 完成行政事业审计项目34个。审计查出违规改变资金用途268万元，虚列支出175万元，未落实收支两条线和专户管理规定735万元，账外资产588万元，乱收费乱摊派乱罚款684万元。

专项资金审计 完成专项资金审计项目20个，审计专项资金总额108293万元。审计发现虚列支出923万元，资金滞留闲置4819万元，配套资金不落实8560万元。重点加强对救灾、扶贫、医疗、社保等专项资金的管理使用情况的审计和审计调查，武威市审计局出台了《武威市投资项目跟踪审计实施办法》，进一步规范专项资金项目审定的程序和方法。

固定资产投资审计 完成投资审计项目18个，审计项目投资额17959万元，完成投资额19108万元，核减工程投资685万元。重点对市属范围内2008年年底已竣工未审计的基础设施建设项目、部分单位办公楼等建设项目进行跟踪审计，积极探索绩效审计的方法和路子。

经济责任审计 完成经济责任审计34项，其中县处领导干部32人。共查出各类违纪违规金额1426万元，管理不规范金额3976万元。出台《武威市县级主要领导干部离任手续交接管理暂行规定》，加大任中审计力度。

外资运用审计 完成世行贷款牧业发展项目等5个项目的公正审计。审计项目概算投资额

34313 万元，其中外资 26079 万元。审计发现的主要问题是资金不到位不落实 3198 万元。

（撰稿人：李永富）

【酒泉市审计局】 2009 年，酒泉市审计局人员编制 34 名，在编 36 人。局长成茂和，副局长张贵虎、刘红艺、张东平，总审计师李翠萍。设有办公室、综合法制科、经济责任审计科、财政金融审计科、行政事业审计科、经贸审计科、农业与资源环境审计科、社会保障审计科、固定资产投资与外资运用审计科。

审计成果 酒泉市审计局完成审计项目 52 个，查出违纪违规金额 29635.5 万元；应上缴财政 1676.8 万元，促进增收节支 5313.72 万元。上报审计要情 4 期。连续两次荣获国家人力资源和社会保障部、审计署“全国审计系统先进集体”荣誉称号。

财政审计 完成市本级预算执行审计和敦煌、瓜州、玉门 3 县市财政决算审计。结合 6 名领导的经济责任审计，加大了对部门预算执行的延伸审计力度，共审计和涉及延伸审计的部门、单位 94 个。揭示和反映当前全市财政管理体制中存在的部分非税收入未纳入预算管理、非税收入未应收尽收、个别企业单位漏缴税金，个别县市政府性投资建设项目未经国家审计机关依法审计等一些突出问题。按时向市政府和市人大常委会提交审计结果报告和审计工作报告，提出 6 条建议，得到市人大常委会和市政府领导的肯定。根据市人大常委会和市政府领导的要求，各有关部门积极采取措施，整改存在的问题。

专项资金审计（调查） 对城镇职工养老金等 5 项社保资金、粮食直补等 4 项补贴和退耕还林（草）资金、市直医院、酒泉市新增中央投资的等 31 个项目的实施效果进行审计和审计调查；市委书记、市长等领导对粮食直补 4 项资金和退耕还林（草）资金、保障性住房建设资金的审计结果作了重要批示，提出整改要求，促进党和政府惠民政策的落实，维护人民群众的切身利益。

固定资产投资审计 完成投资审计项目 19 个，审计金额 93475.41 万元，核减造价 4622.42 万元。出具的竣工决算审计报告已成为政府加强基建项目管理、财政及建设单位拨付资金和结算工程款的重要依据。

经济责任审计 完成 14 名市管领导干部经济责任审计，其中离任审计 12 项。对部门领导的审计，紧紧围绕领导干部所承担的职责、其履行职责中的经济决策权、经济管理权、经济政策的执行和监督权以及廉政情况进行了审计；对县市政府领导干部的审计，重点关注民生和发展等重大政策措施的贯彻落实情况，关注土地转让，新农村建设，环境保护、节能减排等方面的问题，准确界定了领导者个人的经济责任，同时也揭露财政、财务管理和预算执行等方面存在的问题。经市政府常务会、市委常委会审议通过，印发了《酒泉市县处级领导干部经济责任审计结果利用办法（试行）》和《酒泉市县处级领导干部离任经济责任事项交接办法（试行）》。

外资运用审计 完成了世行贷款结核病控制等 5 个外资利用项目的审计，查出项目计划执行滞后，项目资金不落实、不到位等问题。通过审计，为合理有效利用外资，规范管理，提高资金使用效益发挥积极作用。

交办任务 按照“交办一个，完成一个”的原则，强化服务意识，在核实资产负债损益基本情况、揭示问题的同时，更加注重从完善制度层面发挥审计的建设性作用。完成了政府交办的市接待局政务接待费等 4 个项目的审计。完成了市工商局原任领导干部经济责任审计。

（撰稿人：魏　韡）

【张掖市审计局】 2009 年，张掖市审计局人员编制 33 人，在编 31 人。局长陈华，副局长姬忠、赵光源、王天荣，副总审计师龙建国，纪检组长李鸿寿，经济责任审计联席会议办公室专职副主任李万贵。设有办公室、综合法制科、财政金融审计科、行政事业审计科、经济责任审计科、基建投资审计科、经贸审计科、社会保障审计科、农业与资源环保审计科。

审计成果 完成审计项目 69 个，查出各类违规金额 4119 万元，其中应上缴财政 180 万元，应归还原渠道资金 1599 万元，应调账处理金额 3288 万元；已上缴财政 180 万元，已归还原渠道资金 1599 万元，已调账处理金额 3288 万元。提交审计工作报告、信息 180 篇，被采用 117 篇。

扩大内需项目审计 开展中央投资保障性住房资金和扩大内需政府性投资建设项目的审计监督，及时揭露国债资金拨付、项目管理和资金使用中存在的问题，并向市政府提交专题审计报告。市委常委、常务副市长在审计报告上作出重要批示，要求有关部门采取措施，抓好落实，促进了中央、省、市委重大决策部署的贯彻落实。

财政审计 主要审计80个部门的预算执行情况，延伸审计25户纳税企业。审计机关提出整改意见和建议，得到财政、地税及相关部门的高度重视，并积极进行整改。代表市政府向人大作的审计工作报告得到人大常委会的好评。张掖市审计局结合县级财政决算审计，拓宽审计领域，将财政决算审计与县区长经济责任审计相结合，坚持以财政财务收支审计为基础，以专项资金检查为重点，充分运用审计与审计调查等方法，查出财政收入核算不实和隐瞒截留财政收入等问题。

固定资产投资审计 对22个重点建设项目进行审计，审计资金总额3.8亿元，查出违规改变资金用途和拖欠工程款和漏缴税金等问题。对项目建设中存在的违纪违规问题，依据国家的有关财政经法规进行处理，并向有关部门提出切实可行的意见和建议。

专项资金审计 对财政投入的粮食直补、良种补贴、农机具补贴、农资综合直补等农业补贴资金、森林生态效益补偿基金和退耕还林（草）等重点专项资金进行审计监督，审计资金总额3.1亿元，查出管理不规范和有问题金额1556万元。

开展社会保险基金、城乡最低生活保障资金、住房公积金和化解农村义务教育“普九”债务补助资金等管理使用情况的审计和审计调查，共审计（调查）单位64个，审计专项资金总额9.7亿元，查出管理不规范和有问题金额1974万元。针对存在的问题，提出合理建议，加强督促整改，基本上实现真实合法性与效益性并重审计目标，为保证专项资金的正确使用发挥审计监督的重要作用。

经济责任审计 对18名领导干部的经济责任履行情况进行审计。市长、副市长先后在上报的市卫生局原局长离任审计的《审计要情》上作出重要批示，要求卫生局进行认真整改，搞好优质服务，提高政府的公信力。

外资运用审计 对世行贷款结核病控制项目等5个项目进行公证审计。审计资金总额4663万元，查出违规列支世行贷款利息79.2万元，财政部门未按规定建立还贷准备金等问题。向市政府提交国外贷援款项目还贷风险应引起足够重视的《审计要情》，提出合理化建议，得到市政府领导的肯定。（撰稿人：陈维文）

【庆阳市审计局】 2009年，庆阳市审计局人员编制35人，在编32人。局长刘俊峰，副局长云天祥、陈建学，纪检组长李文虎。设有人事秘书科、综合法制科、社会审计核查科、财政金融审计科、行政事业审计科、基建外资审计科、经贸社保审计科、农业环保审计科、经济责任审计办公室、经济责任审计联席会议办公室。

审计成果 庆阳市审计局完成审计项目53个，查出违规金额2638万元，上缴财政49.2万元，归还原渠道资金502万元。移送司法机关、纪检监察部门处理事项1件，建议有关部门处理事项1件。提交审计报告、信息49篇，被采用39篇。庆阳市审计局分别获省审计厅2009年度目标管理考核一等奖和庆阳市市直部门2009年度目标管理责任制考核综合奖；经责办实施的市旅游局原局长任职期间经济责任审计项目获全省优秀审计项目奖。

财政审计 重点对市人事局、市建设局、市国土局等10个市直部门2008年度预算执行情况进行审计。对华池县、宁县人民政府2008年度财政决算进行审计，共审计资金总额21.9亿元，查出违规金额1833.6万元，收缴金额20.2万元。

社会保障审计 对市医保局、市社保局2008年度企业职工基本养老保险等五项基金的筹集、管理和使用情况进行审计。对存在的欠缴社会保险费、个别县社保局占用医疗基金等问题如实反映，并提出审计处理意见和建议。

专项资金审计 一是种粮四项补贴和退耕还林专项资金。抽调58名审计干部，组成9个审计工作组，深入76个乡镇、354个行政村和10.17万农户，比较翔实地掌握全市种粮四项补贴和退耕还林资金的管理和使用情况。对审计发现的两起问题，依法移交检察机关处理。二是城市居民最低生活保障资金审计。对个别县（区）城市居民低保标准过低、城市低保资金管理不规范等问题提出审计意见和建议，并督促整改落实。

经济责任审计　坚持以任中审计为主，积极探索任中审计与离任审计相结合的有效方法，加强对同一岗位任期三年以上党政“一把手”的审计。共完成经济责任审计项目 28 个，其中县（区）委书记、县（区）长经济责任审计项目 2 个。

外资运用审计　对世行贷款宁县牧业发展项目等 4 个外资运用项目 2008 年 12 月 31 日的项目资金平衡表、项目进度表、信贷协定执行情况以及其他情况进行审计。督促项目管理及执行单位加强管理，完善措施，规范运营，促进项目的持续发展，规范外资的利用。

固定资产投资审计　一是对庆阳市公安消防支队特勤消防站综合楼工程决算进行审计。经审计，该工程实际完成投资额 874.5 万元，核减工程造价 2.1 万元。二是对庆阳市子午岭林区人民检察院办案技术楼工程决算进行审计。经审计，该工程完成投资 241.2 万元，核减工程造价 4.2 万元。审计对存在工程建设投资超概算、未设专账核算的问题，提出审计处理意见和建议。

（撰稿人：王　旭）

【平凉市审计局】　2009 年，平凉市审计局人员编制 45 人，在编 41 人。局长邢建军，副局长刘继荣（9 月—）、朱江，纪检组长柳明德（—8 月），调研员李生祥（—8 月）。设有办公室、法制科、财政金融审计科、固定资产投资审计科、行政事业审计科、农业审计科、经济贸易审计科、经济责任审计科、社会审计核查科。

审计成果　平凉市审计局完成审计项目 451 个，查处违规金额 5.9 亿元，其中应上缴财政 2534 万元，应归还原渠道资金 8466 万元，应调账处理金额 22278 万元；已上缴财政 2534 万元，已归还原渠道资金 8466 万元，已调账处理金额 22278 万元。提交审计工作报告、信息 692 篇，被采用 148 篇。

财政审计　完成财政审计项目 8 个，审计资金总额 44.7 亿元，查出违规金额 18440 万元，应归还原渠道资金 803 万元，应上缴财政 1377 万元，审计决定均已按期落实。审计提出改进和加强管理的意见建议，受到市人大、市政府的充分肯定。

行政事业审计　完成审计项目 176 个，查出违规金额 3079 万元，应归还原渠道资金 230 万元，应上缴财政 221 万元，应调账处理 221 万元。

专项资金审计　完成审计项目 83 个，审计资金总额 49.3 亿元，查出违规金额 36961 万元，其中：应缴未缴预算收入 506 万元，违规改变资金用途 948 万元，资金滞留闲置 28796 万元，未纳入财政专户管理 27 万元。应归还原渠道资金 7892 万元，应调账处理 1416 万元，应上缴财政 578 万元。

农业与资源环保审计　完成审计项目 19 个，审计资金总额 1.7 亿元，查出违规金额 27843 万元，其中：违规改变项目计划和资金用途 765 万元，资金闲置 654 万元，虚列支出 15 万元。应上缴财政 18 万元。

固定资产投资审计　完成审计项目 63 个，审计资金总额 7.0 亿元，查出违规金额 632 万元，应归还原渠道资金 380 万元，应调账处理 145 万元，应核减工程投资 213 万元，应上缴财政 14 万元，确保了工程建设资金的依法有效使用。

社会保障审计　完成审计项目 28 个，审计资金总额 11.5 亿元，查出违规金额 13 万元，应上缴财政 2 万元，审计决定已按期落实。社会保障审计发挥维护群众利益，促进社会和谐的作用。

企业审计　完成审计项目 13 个，查出违规金额 841 万元，管理不规范金额 5 万元。主要是虚报隐瞒转移收入、少计或虚列成本费用等问题。应调账处理 666 万元，应上缴财政 13 万元。对企业的盈利能力、资产质量、债务风险、经营状况进行综合对比分析，针对薄弱环节提出加强管理，规范核算，提高效益的意见及建议。

经济责任审计　研究制定《平凉市经济责任审计联席会议部门工作协调办法》，召开平凉市第二次经济责任审计联席会议。增加任中审计的比重，变事后监督为事先防范。审计经济责任人 144 人，查处违规金额 6328 万元，管理不规范金额 1573 万元。通过审计，明晰领导干部任期内的经济责任。

外资运用审计　完成甘肃省审计厅委托的世行贷款牧业发展等 3 个项目审计，审计资金总额

8131.7亿元，查出配套资金不到位等问题780万元。提出审计意见和建议，为规范外资运用、防范外债风险发挥积极作用。

抗震救灾款物审计　“5·12”地震发生后，平凉市审计局抽组34人组成审计组，对抗震救灾物资的筹集、拨付、管理、分配和使用情况进行全程跟踪审计，审计资金总额11.5亿元，其中财政资金4亿元、捐赠资金1.2亿元，确保抗震救灾资金物资的安全规范使用。

（撰稿人：王其红　苏　越）

【定西市审计局】　2009年，定西市审计局人员编制37人，在编34人。局长董惠兰（—7月）、岳余之（7月—），副局长漆锐、张晓伟、潘欣、胡世祯，纪检组长米得学。设有办公室、法制科、财政金融审计科、行政事业审计科、经贸审计科、农业与资源环保审计科、固定资产投资审计科、经济责任审计办公室。

审计成果　定西市审计局完成审计和审计调查项目94个，查出各类问题金额27651万元（其中：违规金额21956万元，管理不规范金额5598万元，损失浪费金额97万元），应上缴财政7212万元，应减少财政拨款或补贴2521万元，应归还原渠道资金2075万元，应调账处理金额274万元，应自行纠正金额15569万元；已上缴财政2597万元，已减少财政拨款或补贴2521万元，已归还原渠道资金1907万元，已调账处理金额8万元。建议有关部门处理事项6件。提交审计工作报告、信息20篇，被采用20篇。

财政审计　重点审计20个一二级市级预算执行单位和临洮、漳县、岷县3个县级财政决算，查出少应征未征税款、挤占专项资金、违规收费等问题金额14141万元。2009年财政审计更加注重整改落实，把规范管理、推动工作、促进发展作为审计的出发点和落脚点，发挥了审计的建设性作用和“免疫系统”功能。

经济责任审计　根据省审计厅授权和组织部门委托，完成经济责任审计项目23个，查出各类问题金额2635万元。注重帮助规范、促进管理，提出针对性强的建设性意见；注重从重大经济决策事项的落实入手，提高审计的广度和深度；注重与被审计单位和经济责任人的协调沟通，促进整改问题。

专项资金审计　围绕中央扩大内需政策落实和民生问题，统一组织市县区审计机关完成外资运用、廉租房建设、社保基金、农村沼气建设、种粮四项补贴和退耕还林、救灾捐赠资金物资、城乡住房灾后恢复重建、城市居民最低生活保障和扩大内需项目9类专项资金审计和审计调查，查出各类问题金额10446万元。发挥计算机审计特点，审计质量和效率得到明显提高。

固定资产投资审计　围绕市委市政府“发展抓项目”的重大战略部署，定西市审计机关完成31个政府投资性建设项目的竣工决算审计，查出各类问题金额429万元，审计资金总额3.7亿元，核减工程结算款2560万元。（撰稿人：王国会）

【陇南市审计局】　2009年，陇南市审计局人员编制35人，在编35人。局长曹代成，副局长张欣平、马治斌、秦汝宁、吴星（10月—），纪检组长段秀福。设有办公室、法制科、监察室、财政审计科、外资经贸审计科、政府投资审计科、行政事业审计科、农业与资源环保审计科、经济责任审计一科、经济责任审计二科、社会保障审计科。

审计成果　陇南市审计局完成审计项目84个（其中专项审计调查34项）。查出各类违规金额9076万元，其中应缴财政金额8185万元，应归还原渠道资金243万元，应调账处理金额352万元；管理不规范金额31245万元（其中：专项审计调查20928万元）；已上缴财政8185万元，已归还原渠道资金243万元，已调账处理金额352万元；向政府和上级审计机关提交专题或综合性报告、信息28篇，被批示采用17篇。

财政审计　对市本级财政预算执行和文县、康县、武都财政决算进行审计。查出各类违规金额8880万元。一是主要审计市财政局预算执行情况，市地税局税收征管及经费收支情况，市国库收支情况，市国土资源局、武都一中、市人事局、市机构编制委员会、市人才开发中心5个部门的预算执行情况。查出各类违规金额6万元，管理不规范金额3878万元；应上缴财政6万元，已上缴财政6万元。二是对文县、康县、武都区2008年度的财政决算进行了审计，延伸审计行政事业单位20多个，查出各类违规金额8874万元，应上缴财政8131万元，应归还原渠道金额158万元，应调账处理金额284万元。以上都已落实。

固定资产投资审计　按照市政府安排，完成市直单位购车资金来源审计22项，审计资金总额749.77万元，为加强政府宏观调控，从源头上预防和制止挤占挪用专项资金、超标准购车发挥作用。

社会保障审计　对全市基本养老保险基金、基本医疗保险基金、失业保险基金、工伤保险基金、生育保险基金等基金收支和管理情况进行审计，查出各类专项资金管理不规范金额274万元。

外资运用审计　对全市世行贷援款结核病及西部教育资金等13个项目进行审计。查出管理不规范金额6万元。

经济责任审计　组织开展经济责任审计项目23个。查出各类违规金额196万元，其中负直接责任的金额111万元。

农业与资源环保审计　完成两县种粮四项补贴和退耕还林专项资金审计，查出管理不规范金额6119万元。

专项审计调查　完成专项审计调查34项，主要是对灾后重建资金及项目建设资金、汶川地震红十字会捐赠资金物资，武都、礼县、宕昌县3县以下学校及卫生院灾后重建资金，政府投资保障性住房，政府12件实事进展情况，2008～2009年扩大内需资金等项目进行审计调查，查出管理不规范金额20928万元。　（撰稿人：王雁勤）

【临夏回族自治州审计局】　2009年，临夏回族自治州审计局（以下简称州审计局）人员编制81人，在编90人。局长任学礼（—8月）、金存智（9月—），副局长马崇清、马理荣，纪检组长崔永奎。设有人事秘书科、财政金融审计科、行政事业审计科、农业与资源环保审计科、社会保障审计科、固定资产投资审计科；3个事业科室：审计执法监督检查室、经济责任审计第一办公室、经济责任审计第二办公室。

审计成果　州审计局完成审计项目173个，查出违规金额2649.57万元，管理不规范金额5133.93万元，其中应上缴财政114万元，应归还原渠道资金528万元，应调账处理金额198万元；已上缴财政148.39万元，已归还原渠道资金528万元，已调账处理金额198万元。提交审计工作报告、信息15篇，被采用11篇。

财政审计　对州级2008年度财政预算执行及其他财政财务收支情况进行审计，延伸审计19个一级预算单位和3个二级预算单位。审计总金额43401.38万元，占当年州级财政支出的52%。从审计情况看，2008年度州级预算执行总体情况良好。对临夏市、永靖县人民政府2007年至2008年度财政决算的真实性、合法性进行审计。8月31日，受临夏州人民政府委托，向临夏州十三届人大常委会第十六次会议提交《关于2008年度州级财政预算执行及其他财政收支情况的审计工作报告》，受到委员们的一致好评。

固定资产投资审计　完成东乡南阳渠灌溉工程、临夏市红园路拓宽改建工程等34项审计任务，核减工程价款342.33万元，查处多计工程价款、挤占建设成本等问题，为提高财政资金使用效益发挥积极作用。对全州扩大内需促进经济增长项目进行审计调查，实地查看23个建设项目，针对存在的问题，提出审计建议。

经济责任审计　完成任中经济责任审计项目27个，离任经济责任审计项目33个，加大审计监督关口前移的力度。通过经济责任审计，领导干部依法履行经济责任的观念增强，财务管理逐步规范，未发现领导干部个人有不廉洁行为。

专项资金审计　对涉及民生的全州农业和粮食生产等支农资金、退耕还林资金等9类专项资金58个具体项目进行审计。加大深入乡、村、社、户跟踪审计调查的力度，深入全州103个乡镇，276个行政村，1143个合作社，对13792户农户进行面对面的核查。对各类发现的问题，依法进行处理和纠正。通过审计，督促核发“一折统”442册，计3.75万元，督促发放支农资金102.86万元，督促拨付退耕还林资金2319.33万元，确保各项惠民政策的落实和“民生工程”的顺利实施，维护了群众的切身利益，受到了群众的一致好评。农业和粮食生产等支农资金审计结果上报后，州委书记作了重要批示，肯定审计工作所取得的成绩，并就一些问题提出具体要求。

外资运用审计　对世行贷款及英国赠款结核病控制等3个项目进行审计。针对部分县财政滞留项目资金、配套资金不到位等问题，提出解决的措施和方法。审计结果表明，外资项目资金管理使用基本规范，发挥应有的社会效益。审计中充分运用AO审计软件，降低了审计风险，提高审计工作效率和质量。

抗震救灾款物审计 对地震灾后恢复重建项目进行跟踪审计；对全州八县（市）地震灾后恢复重建项目资金管理使用情况进行审计督查，督查结果在全州进行通报。从审计情况来看，各县（市）对灾后恢复重建工作高度重视，资金运行正常，未发现挤占挪用的现象。

质量核查 根据年初工作计划，对临夏州欣荣会计师事务所的执法资格、相关人员执法资格及2008年度出具的审计报告质量进行核查，提出审计建议。（撰稿人：张国福）

【甘南藏族自治州审计局】 2009年，甘南藏族自治州审计局（以下简称州审计局）人员编制40人，在编37人。局长安旭林，副局长范元龙、安玉荣，纪检组长吕保平，经责局局长陈克明。设有办公室、行政事业审计科、农业与资源环保审计科、社会审计核查科、固定资产投资审计科、财政金融审计科、企业审计科、经济责任审计局。

审计成果 州审计局完成审计项目97个，查出违规金额33746万元，其中应上缴财政473万，应减少财政拨款或补贴118万元，应归还原渠道资金3477万元，应调账处理金额4197万元，应自行纠正金额902万元；已上缴财政131万元，已归还原渠道资金61万元，已调账处理金额4万元，已自行纠正金额356万元。提交审计工作报告、信息96篇，被采用35篇。

财政审计 完成预算执行审计项目16个，查出截留挤占挪用预算资金、延压滞留预算资金、账外资产等违规金额27万元，管理不规范金额233万元，应上缴财政1万，应归还原渠道资金61万元，应调账处理金额75万元，应自行纠正金额96万元。

对迭部县人民政府2008年度财政决算及税收计划完成情况进行审计。查出漏缴税金199万元，违规改变资金用途340万元，管理不规范金额98万元。

行政事业审计 完成审计项目29个，查出隐瞒截留资金10361万元、虚列支出990万元、少计少缴税金1573万元、预算外收入未缴专户17452万元、账外资产60万元、超标准超计划支出等违规金额31037万元，管理不规范金额416万元；应上缴财政195万元，应归还原渠道资金216万元，应调账处理金额50万元；已上缴财政65万元，已归还原渠道资金61万元。

农业与资源环保审计 完成审计项目4个。审计专项资金总额19532.2万元，查出违规改变项目计划和资金用途金额862万元，虚报冒领75万元，虚列支出27万元，资金闲置1197.7万元，漏缴税金5.6万元。

固定资产投资审计 完成审计项目9个。审计工程决算造价10069万元，核减工程造价436万元，违规改变资金用途金额260万元、少计少缴税费16万元，应上缴财政16万元，应调账处理金额98万元。

社会保障审计 对州本级和七县一市2008年度社会保险基金、城乡最低生活保障资金和政府投资保障性住房资金进行专项审计。审计专项资金19399.8万元。在社会保险基金审计中，查出延压各项社会保险基金289万元，欠缴养老保险基金2259万元、失业保险基金1489万元、城镇职工基本医疗保险基金1247万元，工伤保险基金未纳入财政专户管理78万元，从医疗保险基金中累计出借给个人医药费12万元。

经济责任审计 完成审计项目23个。查出挤占挪用、虚列支出、账外资产、超标准超计划支出等各类违规金额32527万元，管理不规范资金2977万元。

专项资金审计（调查） 完成审计和审计调查项目15个。审计和审计调查专项资金395981万元。查出违规改变项目计划和资金用途金额1055万元、应缴未缴专项资金230万元、虚报冒领资金16万元、虚列支出资金27万元、资金滞留闲置1353万元、未纳入财政专户管理78万元、配套资金不落实19万元。

外资运用审计 对州本级和七县一市世界银行贷款/英国赠款结核病控制项目以及玛曲、碌曲、舟曲三县西部地区基础教育基金项目进行审计，重点检查国外援贷款资金和国内建设资金的到位使用、项目设备采购、提款报账等情况。经审计未发现问题。

跟踪审计　对灾后重建资金的拨付、管理、使用、效益情况等进行专项跟踪审计监督。审计涉及 142 个县直部门和 83 个乡镇，已审在建和已建项目 163 个。审计项目总投资 147680 万元，实际完成投资 141800 万元。审计调查项目 35 个，审计调查项目总投资 62341 万元，实际完成投资 29199 万元。提出审计意见建议 43 条，已全部被采纳。　（撰稿人：党育林　张晓峰）

【甘肃矿区审计局】　2009 年，甘肃矿区审计局人员编制 8 人，在编 8 人。局长薛继峰。设有综合科、企业审计科。

审计成果　甘肃矿区审计局主要开展社会保障资金审计、专项资金审计、经济责任审计和财务收支审计等工作。全年完成审计项目 10 个，提交审计工作报告 10 篇，审计资金量 28848 万元。查出存在问题 19 个，提出审计意见 19 条，被审计单位按照审计意见进行了整改。

财政审计　对甘肃矿区财政局 2008 年度财政收支情况进行审计，审计资金量 12218 万元，提出审计建议 3 条，被采纳 3 条。

社会保障审计　对甘肃矿区社会劳动保险局职工基本养老保险基金、医疗保险基金、失业保险基金、工伤保险基金、生育保险基金的征集、管理及使用情况进行了审计。重点关注社会保障资金的筹集、使用及管理和社会保障政策的执行情况，审计资金量 9735 万元，提出审计意见 2 条，被采纳 2 条。

经济责任审计　对甘肃矿区 4 个单位的领导干部进行任中经济责任审计。针对在项目管理、财务管理、资产管理、合同管理等方面存在的问题，提出管理建议 5 条，全部被采纳。

专项资金审计　一是对 2008 年甘肃矿区住房公积金的归集、管理及使用情况进行审计，审计资金量 3262 万元，为矿区政府加强住房公积金的管理提供参考意见。二是对甘肃矿区工会委员会 2008 年度的经费收支情况进行审计，审计资金量 674 万元，针对经费收支管理中存在的问题，提出审计意见 5 条，甘肃矿区工会委员会按照审计提出的意见进行整改。三是对甘肃矿区民政局 2008 至 2009 年 9 月城市居民最低生活保障资金的筹集、管理、使用和相关政策落实情况进行审计，审计资金量 114 万元，提出审计意见 3 条，矿区民政局按照审计提出的意见进行整改。四是对甘肃矿区政府投资保障性住房进行专项审计调查。

内部审计　内部审计机构 1 个，其中专职人员 8 人。2009 年完成审计项目 27 个。提交审计报告 27 份，提交管理建议书 6 份，在确保中核四〇四有限公司经济安全，提高经营管理水平，防范经营风险方面发挥积极作用。（撰稿人：张景良）

2009 年甘肃省所辖区、县(市)级审计工作统计表

金额单位:万元

审计机关	完成审计项目(个)	查出违规金额	应上缴财政	应减少财政拨款或补贴	应归还原渠道资金	应调账处理金额	移送司法、纪检部门处理事项(件)	建议有关部门处理(件)	出具审计报告和审计调查报告(篇)	提出审计建议(条)	撰写审计信息(篇)
兰州市											
兰州市本级	41	47491	135		12835	9063	12046			48	19
城关区审计局	38						3430			7	2
七里河区审计局	24	55	1		47	1171	5333			8	
西固区审计局	34	676	29				818			6	1
安宁区审计局	25						25			10	2

（续表）

审计机关	完成审计项目（个）	查出违规金额	应上缴财政	应减少财政拨款或补贴	应归还原渠道资金	应调账处理金额	移送司法、纪检部门处理事项（件）	建议有关部门处理（件）	出具审计报告和审计调查报告（篇）	提出审计建议（条）	撰写审计信息（篇）
红古区审计局	25	8	64				66			9	1
永登县审计局	47	11551	6604			2027	2970			5	
皋兰县审计局	30						659			6	
榆中县审计局	51	68	10				8			7	
金昌市											
金昌市本级	63	14313								71	22
金川区审计局	32	653			343	13				61	35
永昌县审计局	21	230								21	7
白银市											
白银市本级	62	5278	1718		617	18602				61	46
白银区审计局	34	15	15			200				34	
平川区审计局	32	1557	5		114	1028				34	
靖远县审计局	30	1774	407		588	262				30	
会宁县审计局	54	42	46		207	146				54	
景泰县审计局	61	927	608	19	217	37					
天水市											
天水市本级	93	8977	71		24	3483				126	45
秦州区审计局	51									74	
麦积区审计局	45	12	764	12	27	323				97	46
清水县审计局	23	19	7							97	40
秦安县审计局	96		24							160	96
甘谷县审计局	30	236	1							30	
武山县审计局	55					189				55	
张家川回族自治县审计局	21		148							53	24
武威市											
武威市本级	102	4366	807		364	1860			1	221	64
凉州区审计局	146	219	379		1373	9617		4	22	146	
民勤县审计局	96	3300	1567			45				103	2
古浪县审计局	81	61	6		11	2				81	
天祝藏族自治县审计局	128	339	5		15	51				128	
酒泉市											
酒泉市本级	52	29635	1677		862					73	71

（续表）

审计机关	完成审计项目（个）	查出违规金额	应上缴财政	应减少财政拨款或补贴	应归还原渠道资金	应调账处理金额	移送司法、纪检部门处理事项(件)	建议有关部门处理(件)	出具审计报告和审计调查报告(篇)	提出审计建议(条)	撰写审计信息(篇)
肃州区审计局	42	645	181		55					45	2
玉门市审计局	41	160	6							45	4
敦煌市审计局	20	3759	24		108					20	
金塔县审计局	22	1236	2		187					26	4
瓜州县审计局	27	1753	22							27	
肃北蒙古族自治县审计局	9	186	200		171					11	
阿克塞哈萨克族自治县审计局	14	143	36							16	1
张掖市											
张掖市本级	69	4119	180		1599	3288				180	117
甘州区审计局	91	971	31		8					20	6
民乐县审计局	49	1614	44		507	2266				30	20
临泽县审计局	52	771	78		85	8				35	28
高台县审计局	52	1234	41		65	304				30	15
山丹县审计局	39	143	273		48	590				35	25
肃南裕固族自治县审计局	48	679	37		603					30	15
庆阳市											
庆阳市本级	53	2638	49		502			1	1	49	39
西峰区审计局	60	39	19	1						60	33
庆城县审计局	59	1266	5	611	181	1202				33	20
环县审计局	12	4	4			157				8	6
华池审计局	74	231	19	9	121	22				69	50
合水审计局	42	1750	10		199	190				32	8
正宁审计局	66	3081	40							57	25
宁县审计局	37	68	32		11	1449				37	15
镇原审计局	74	4668	11							74	15
平凉市											
平凉市本级	131	54406	2005		7321	10103				271	107
崆峒区审计局	50	1056	53		204	2365				59	5
泾川县审计局	48	312	43		127	223				53	3
灵台县审计局	33	248	79		112					50	3
崇信县审计局	32	960	30		85	9442				45	11
华亭县审计局	49	1040	246							60	10

（续表）

审计机关	完成审计项目（个）	查出违规金额	应上缴财政	应减少财政拨款或补贴	应归还原渠道资金	应调账处理金额	移送司法、纪检部门处理事项(件)	建议有关部门处理(件)	出具审计报告和审计调查报告(篇)	提出审计建议(条)	撰写审计信息(篇)
庄浪县审计局	61	748	16		328	145				93	3
静宁县审计局	47	622	61		289					61	6
定西市											
定西市本级	94	27651	7212	2521	2075	274	15569		6	20	20
安定区审计局	76	106	11		75	19	6			12	5
通渭县审计局	62	2662	194		357	1735	3760			62	1
临洮县审计局	202	8283	28	716	30	246	7263			21	16
漳县审计局	50	994	6				988				
岷县审计局	94	6965	82		27		6856				
渭源县审计局	110	2829	329		203	115	2182				
陇西县审计局	112	7271	274		259	6738				47	13
陇南市											
陇南市本级	84	9076		31245	8185		243	352			
武都区审计局	48			20278			4	66	3		
成县审计局	56	260		825	26						
宕昌县审计局	51	530		32728			491	30			
康县审计局	80	52686	153	10190	1487		8728	42340			
文县审计局	32			10698							
西和县审计局	56	704		6	13		65	612			
礼县审计局	79	1300		1848	247						
两当县审计局	38	72			66		6				
徽县审计局	50			8			8				
临夏回族自治州											
临夏回族自治州本级	173	2650	114		528	198				188	11
临夏市审计局	68	1805	888			850				75	2
临夏县审计局	69	569	14		569			1		75	2
康乐县审计局	53	49	28	20						63	3
永靖县审计局	75	487	65	73	349					88	4
广河县审计局	67	329	62		221	41	36			70	1
和政县审计局	43	335	267		36	3	26			66	2
东乡族自治县审计局	55	150	15							56	1
积石山保安族东乡族撒拉族自治县审计局	59	426	30			61				75	3

（续表）

审计机关	完成审计项目（个）	查出违规金额	应上缴财政	应减少财政拨款或补贴	应归还原渠道资金	应调账处理金额	移送司法、纪检部门处理事项(件)	建议有关部门处理(件)	出具审计报告和审计调查报告(篇)	提出审计建议(条)	撰写审计信息(篇)
甘南藏族自治州											
甘南藏族自治州本级	97	33746	473	118	3477	4197	902			96	35
合作市审计局	54	38								69	2
临潭县审计局	72	12	12							72	4
卓尼县审计局	56	158	9			149				27	2
舟曲县审计局	27	16	1		14	1				27	2
迭部县审计局	42	208	12				196			73	4
玛曲县审计局	31	218	3		1		40			25	4
碌曲县审计局	26	49	49			33	16			33	5
夏河县审计局	26	15.7	1							26	5

青海省

【青海省审计厅】　2009年，青海省审计厅人员编制138人，在编121人，领导职数6名。设有办公室、政策法规处、人事处、财政审计处、行政事业与社会保障审计处、农业与资源环保审计处、固定资产投资审计处、经贸与外资运用审计处、经济责任审计处、派出审计一局、派出审计二局、派出审计三局、派出审计四局、计算机审计处、机关党委、审计信息中心（事业单位）、机关后勤服务中心（事业单位），还设有省纪委驻厅纪检组。

领导成员

厅　　长：张国生

副 厅 长：王继卿（2月—）　刘小丽（—3月）
　　　　　周文成　王新平

纪检组长：沈继伟

审计成果　全省各级审计机关共审计1328个项目，查出违法违规金额34343万元，促进增收节支9292万元。各级审计机关向当地党委政府提交审计专题和综合性工作报告及信息简报等1130篇，被各级党政领导或有关部门批示采用290篇（次），审计建设被采纳380条。向司法、纪检监察机关移送案件线索和事件9件，有16人已被立案查处，涉案金额达2418万元。其中，省审计厅完成37个审计项目，查出违规金额6780万元，管理不规范金额977261万元，上缴财政5163万元，归还原渠道资金1509万元。向纪检司法机关移送案件6起，涉案金额1957万元、涉案人员16名。2009年，省审计厅党风廉政建设工作连续7年被评为省级优秀，机关党建工作连续8年被评为先进单位、精神文明建设继2008年再获全国先进称号。

预算执行审计　全省各级审计机关共审计预算执行单位和部门156个，其中省审计厅审计6个。预算执行审计加大对预算管理和执行中典型性问题的揭示力度，注重把握总体情况，立足宏观管理和财政预算改革的全局，关注积极财政政策的实施效果，提高财政绩效，防范财政风险、维护财政安全、促进公共财政体系建设。7月受省政府委托，省审计厅向省十一届人大常委会第十次会议作《关于2008年度省本级预算执行和其他财政收支情况的审计工作报告》，省人大常委会在审议中对《报告》给予了充分肯定和高度评价。

2009年省审计厅组成6个检查组对16个省级部门及所属单位的“小金库”治理工作进行重点检查，对14个举报事项进行核查，共查出11个单位存在“小金库”，收缴账外资金73.47万元，对5个单位和17名责任人进行罚款处理，建议给予党纪、政纪处分3人，建议进行通报批评3个单位，诫勉谈话5人，建议吊销会计从业资格证书2人。其中查出青海省考试管理中心出纳员涉嫌贪污报名费的违法问题，移送检察机关立案查处。

专项资金审计 对省林业局、省气象局、泽库县、兴海县人民政府2007～2008年度三江源生态保护和建设工程项目实施情况和资金管理使用情况进行审计。审计发现挤占挪用三江源项目资金、擅自变更项目计划、未经批准擅自动用预备费和擅自使用结余资金，工程设计编制、合同管理不规范等问题。

组织全省审计机关对2007年至2009年3月种粮农民四项补贴的管理、发放情况进行审计。发现普遍存在因退耕地和征用地面积未及时核减，形成耕地面积不实；计税面积与实际耕种面积不符，形成种粮补贴资金结余等问题，上述情况经《审计要情专报》和《审计综合报告》上报省政府后引起高度重视，领导同志分别作了重要批示。

对全省游牧民定居工程和农村困难群众危房改造工程进行跟踪审计调查。重点审计资金管理使用是否符合规定；工程进度、工程质量是否按照规划方案进行等。《综合调查报告》上报省政府后，领导同志作了重要批示，要求有关单位依据反映的问题，认真进行整改。

为促进农村牧区综合改革的深化和新农村新牧区建设，组织全省审计机关对农牧区义务教育“普九”债务数额的真实性与合法性进行审计锁定，为化解农村牧区义务教育“普九”债务奠定了基础。

固定资产投资审计 根据省扩内需领导小组的统一安排，先后5次对海西、海南州的150多个扩大内需投资项目进行检查。专门开展了对全省扩大内需中央新增投资项目的专项审计调查。检查和审计调查发现的部分项目擅自调整建设内容、建设规模和建设标准，财务和项目管理不规范，挪用挤占建设资金等问题，引起了省扩大内需领导小组的高度重视，并在全省范围进行了通报。审计还查出黄南州尖扎县财政局核算中心会计贪污税款的问题，移送检察机关立案查处。

在湟水北干渠扶贫灌溉一期工程审计中，发现工程监理招投标工作不符合招投标法有关规定、挤占建设成本、个别工程建设单位管理费及设备投资大幅超概算、部分公务员集资入股并获得分红收入等问题。对此，省审计厅已下达审计决定和审计整改通知书，提出审计建议，要求被审计单位限期整改，并就相关问题向省政府作了专报。

针对目前全省部分中小学校舍仍达不到国家抗震设防标准和其他自然灾害设防要求的现状，在全省范围内实施“校安工程”。根据分工，积极跟进，印发“校安工程”跟踪审计工作方案，并组织人员对工程前期工作开展情况进行专项审计调查。

企业审计 随着金融危机的不断蔓延，给青海经济社会发展也带来了严重冲击。针对青海企业到底受到多大影响？如何面对金融危机？如何化解风险等问题，省审计厅及时安排了“国际金融危机对青海骨干企业影响情况专项审计调查”项目。通过广泛深入地调查了解，审计对取得的大量数据进行对比分析、综合判断、认真研究后，提出抓住国家稳定外需、扩大内需的有利时机，加大金融对企业的扶持力度、充分利用证券市场，加快推进优势企业上市，扩大直接融资比例，加大科研投入，培育和引导企业提高科技创新能力等5项意见和建议，并以专报的形式向省政府上报，受到省政府及相关部门的高度重视。

经济责任审计 全省共完成领导干部及国有企业领导人员任期责任审计375项，发现违规金额4327万元。其中省审计厅完成14项，查出违规金额2098万元。为了加强对经济责任审计的领导，8月恢复成立了青海省经济责任审计工作领导小组，制定《青海省党政领导干部经济责任审计操作流程和概要》及《青海省国有及国有控股企业领导人员经济责任审计操作流程和概要》，为进一步规范经济责任审计工作发挥指导作用。

审计人员坚持寓服务于监督之中，将审计工作从单纯的监督向监督与服务并重转变。如在青海电视台原台长白巨璧同志任期经济责任审计中，省电视台根据审计建议，针对广告费的收取不规范，许多环节缺乏有效制约和监督等问题，出台《广告收入财务管理办法》；针对大宗设备及设施采购招标违规操作等问题，制定《青海电视台招标管理办法》；针对国有资产管理不规范等问题，制定《固定资产管理办法》。这些制度的建立，促进了省电视台的规范化、科学化管理。在青海省教育厅原厅长杜小明经济责任审计中，针对审计报告提出的建议，省教育厅经有关部门批准，及时设置了内部审计机构，促进和完善了监督机制，审计的服务职能得到较好的体现。

信息化建设　制定了《2008～2012 年审计信息化发展规划》，以及“网络信息报送审核评比奖励暂行规定”“门户网站应急预案”等多项规章制度。为积极推进 OA 审计管理系统的应用，编制《青海省审计厅 OA 系统分步实施方案》《信息和公文处理流程》等。帮助指导格尔木市审计局完成《格尔木市审计局“金审”工程二期可行性研究报告》，并通过了格尔木市发改委的审核。

推进审计会商系统建设，目前已实现省审计厅与审计署的视频会议系统互联，并已实现多次会议直播；同时完成青海省视频会议系统的规划、设备采购配发及相关培训工作。为了进一步指导各州市地审计局做好这项工作，还印发《青海省审计厅关于审计会商系统建设及联调工作的通知》，进行具体指导。目前已完成除果洛、玉树外其他州市地及格尔木市审计局的设备调试。

认真组织审计署 AO 认证考试培训，三次培训共参加 114 人，系统地讲解现场审计实施系统的应用技能，目前已有 67 人通过考试。针对西宁市审计局 AO 审计软件使用不熟练的现状，抽调业务骨干帮助市局举办了 4 期培训班，参加人员达到 100 余人次。在具体审计项目方面，指导和帮助西宁市审计局对所承担的城西区财政预算执行审计、法院预算执行审计、公交公司经济责任审计的计算机数据进行采集和分析工作。

定点扶贫工作　厅领导带领相关人员，先后 3 次赴果洛州玛沁县下达武乡，送去价值 12 万余元扶贫物资和资金，开展结对帮扶活动。还为帮扶户解决了 25 袋青稞和 80 床棉被、500 余件衣物；为 6 户丧失劳动能力，经济十分困难的低保户和贫困党员发放了慰问金及慰问品，并为他们购买了 30 只具有繁殖能力的母羊、为学生食堂解决了 180 袋面粉。帮扶小组还深入各个牧委会，为他们完善了 4 个党员活动室。同时还开展文化扶贫活动，送去了藏文科技及法制书籍 300 余册，藏语光盘 400 余张，并配备了电脑、电视、DVD 播放器、打印机、电脑桌、办公桌椅和书柜。

机关党建和精神文明建设　为认真贯彻落实省直机关党建工作会议精神，及时制定印发《安排意见》，并组织召开 2009 年机关党建工作会议，对党建工作作出具体安排部署。坚持“围绕中心、结合实际、重在创建”的基本原则，将审计工作同创建工作紧密结合起来，与审计业务工作同部署、同落实、同检查、同考核，形成了党组统一领导、党委组织协调，工青妇组织齐抓共管、处室各负其责、干部职工积极参与的创建氛围，确保了工作任务的落实。在干部选拔任用方面，厅党组始终严格按《党政领导干部选拔任用工作条例》的规定选人用人，认真落实群众对干部选拔任用工作的知情权、参与权、选择权和监督权，建立健全干部选拔任用工作的民主监督制度。制定印发《厅党组中心组 2009 年理论学习计划》、《全厅干部职工 2009 年理论学习计划》和《青海省审计厅 2009 年精神文明建设工作要点》。全年共组织学习 14 次，重点学习十七届三中、四中全会精神以及《社会主义核心价值体系学习读本》、《公民道德建设实施纲要》、文明礼仪知识等有关理论书籍。先后 6 次召开中心组扩大学习会，组织机关处以上干部认真学习省委有关重要会议精神、加强党的执政能力建设学习读本和有关维护稳定工作会议精神等。全年厅级干部共撰写读书笔记 70 多篇，处级干部 260 多篇，处以下干部 270 多篇。为进一步激发审计人员“团结奋进、争创一流”的工作热情，促进党员队伍整体素质的提高，保证各项工作的顺利开展，厅里出资设立职工阅览室，购买各类书籍 600 余种 1200 余册供干部职工借阅学习。投资近 15 万元建成职工健身房，购置乒乓球、台球、跑步机、多功能健身器材等，为干部职工强身健体提供了方便。邀请省中医院妇科专家、省二医院心理咨询专家为干部职工作保健知识讲座和心理健康知识专题辅导。组织 30 多名干部职工，赴广东、福建、云南 9 省区进行学习考察。2009 年安排参加审计署和省委党校举办的培训班 10 期，共培训 28 人（次）；全年共举办各类培训班 9 期，培训 535 人。另外，还为州县审计局举办的各类培训班派遣师资共 6 人（次）；安排 2 名基层审计机关的同志到审计署特派办参加为期 3 个月的审计项目实习，4 名同志到审计署兰州特派办学习计算机审计业务。37名参加省委党校审计专业研究生及本科学历班的干部均圆满完成各类课程，全部顺利毕业。目前，研究生学历人数占全厅干部职工的25.6%，本科学历占62.8%。

党风廉政建设　制定印发《2009年机关纪检工作要点》及《党风廉政建设和反腐败工作安排意见》，对厅机关党风廉政和纪检监察工作作出安排部署。党组书记与班子成员、班子成员与分管处室分别签订《党风廉政责任书》，处室负责人与每个同志签订目标责任书，把廉政建设纳入各处室和个人的目标管理中，与年终考评和提职晋级、评先选优挂钩，对发生不廉政问题者实行“一票否决制”。严格落实述职述廉制度，全年共进行廉政谈话6次，处以上领导干部述职述廉19人次。先后组织干部职工参加王瑛先进事迹报告会，观看《女法官——宋鱼水》《真水无香》电影和反腐倡廉光碟片等。同时，组织处以上干部旁听一次公务员职务犯罪的庭审。抽调有关人员组成审计组，对厅机关2008年度财务收支、资产管理、重大决策事项等进行审计，规范了内部管理。认真组织开展与民主党派的对口联系工作。根据省有关文件精神，积极与省民革委员会、省农工民主党委员会开展了对口联点工作，及时交流信息通报情况。

（撰稿人：王志哲）

【西宁市审计局】　2009年，西宁市审计局人员编制72人，在编68人。局长于勇，副局长侯孔明、顾焕平、苟让德（5月—），纪检组长安殿玉。设有办公室、政策法规处、财政金融审计处、行政事业审计处、经贸与外资运用审计处、农业资源与环保审计处、固定资产投资审计处、社会保障审计处、运用计算机审计处，另设经济责任审计局办公室。

审计成果　全市共完成审计项目180个，查出违规金额8366万元；提出审计建议102条，被有关部门采纳24条，采用率24%；提交审计专题、综合性报告及信息简报165篇，被批示采用60篇，采用率36%。向社会发布审计结果公告2篇；提交审计专题、综合性报告和信息简报59篇。完成省审计厅和西宁市政府交办的各项审计任务，被授予全国审计系统、全省审计系统先进集体荣誉称号。

财政审计　主要审计市财政局具体组织的市本级预算执行情况以及市科技局、市文化广播电视局等6个部门预算执行情况。开展城中区、大通县人民政府财政决算“上审下”工作。重点审计下级政府和财政部门在执行国家统一政策、管理和使用上级财政补助资金，以及事关经济工作全局的问题。审计发现应缴未缴预算收入、虚列支出、专项资金使用不规范等问题，根据有关法规向有关部门提出改进意见和建议。

固定投资效益审计　重点围绕全市基础设施建设工程项目概预算执行和竣工决算开展审计监督，对市政府确定的重点建设项目实施全过程跟踪审计。特别是2008年中央扩大内需投入大量资金，审计部门全力以赴进行全程监督。重点对浦宁之珠景观室外配套工程竣工决算、2008年至2009年扩大内需国债资金等项目进行审计，审计资金总额3.14亿元。审计中发现部分建设项目存在竣工决算不实、多计工程量、定额套项不正确、工程措施费计算错误、未按规定和标准控制待摊投资支出、超计划投资、建设资金未能全部到位等问题。市审计局已依据相关法律、法规做出审计处理决定。审计核减工程费用，节约建设资金4387.07万元。

专项资金审计（调查）　重点对全市2008年度再就业资金、2007年至2009年上半年四项种粮直补专项资金等进行审计。审计发现滞留粮食直补资金拨付发放不及时、多发粮食补贴资金等问题。西宁市审计局已出具审计报告和决定，责令相关区县督促农村信用社及各乡、镇、村按照有关规定及时将粮食直补资金拨付兑现给农户并按实有种植面积拨付发放粮食补贴资金。

围绕政府经济工作中心和群众反映的热点、难点问题以及发现的苗头性、倾向性问题，开展审计调查。着重围绕2008年1至9月市、区非营利性医疗机构收费情况和2006年至2007年度西宁市农村公路建设专项资金审计调查情况开展专项审计调查。

经济责任审计　实施市委组织部委托经济责任审计项目6项。针对审计中发现的挤占专项资金、坐支应当上缴的财政收入、挪用专项资金、非税收入未上缴财政专户等问题，已责令有关单位严格按照规定使用专项资金并将坐支的应缴财政收入上缴财政专户。

交办事项　对市政府交办的关于全市 2000 年至 2009 年 9 月住房维修资金归集、管理、使用情况进行审计调查，对市政府驻北京联络处原主任 2007 年至 2009 年经济责任履行情况进行审计，对西宁市公共交通有限责任公司原董事长 2006 年至 2008 年任期经济责任履行情况的审计在进行中。（撰稿人：程建荣）

【海东地区审计局】　2009 年，海东地区审计局人员编制 16 人，在编 14 人。局长赵晓静，副局长张建华、熊成芳，纪检组长韩芳忠。设有办公室、财政金融审计科、行政事业审计科、农业资金审计科、经济责任审计科。

审计成果　海东地区审计局完成审计（调查）项目 16 个，查出违规金额 9658 万元，其中应上缴财政 2455 万元，应调账处理金额 3414 万元；已上缴财政 2455 万元，已调账处理金额 3414 万元。提交审计专题、综合性报告和信息简报 18 篇，被采用 4 篇。

财政审计　对地区本级 2008 年度财政预算执行情况进行审计（包括延伸审计预算执行单位 4 个）。对平安、民和两县人民政府 2008 年度财政决算进行审计。重点揭露和纠正了截留预算收入、虚列支出、扩大开支范围向非预算单位拨款、虚列结转下年支出、财政决算数字不真实、超预算列支、预算单位滞留财政专户资金等违规金额 7885 万元；往来款项清理核算不及时等管理不规范金额 2782 万元。对存在的问题按照有关法律法规进行处理处罚，并提出加强管理和改进工作的建议。

行政事业审计　共对 6 个行政事业单位的财务收支情况进行审计，为减轻被审计单位的接待负担，整合审计资源，节约审计成本，对部分单位实行送达审计。

农业与资源环保审计　组织县级审计机关对 2007 年至 2009 上半年粮食直补资金和农资综合直补资金的管理使用情况进行审计，审计结果表明，全区 2007 年至 2009 年上半年农民种粮直补、农业综合补贴、农牧机械购置补贴和良种补贴资金的分配、管理和使用基本合理、合规，会计资料基本真实地反映了直补资金的收支情况。

社会保障审计　以摸清社会保障资金的管理现状，揭露资金筹资、管理和使用中存在的突出问题，促进加强资金管理，保障资金安全完整为目标，对地区社保部门管理 2008 年度企业职工的养老保险基金、城镇职工基本医疗保险基金、失业保险基金、工伤保险基金进行审计。

经济责任审计　对 4 个单位 4 名领导干部进行任期经济责任审计，重点揭露和纠正个别被审计单位违反规定的财务收支行为，对领导干部任期经济责任作出客观公正的评价。

专项资金审计（调查）　一是对地区住房公积金管理中心管理的 2008 年度职工住房公积金的归集、使用、管理情况进行审计。二是组织县级审计机关对 2009 年度全区实施的农村困难群众危房改造工程及资金管理使用情况进行专项审计调查，审计调查结果表明，农村困难群众危房改造工程及补助资金档案资料基本齐全、手续基本完整，对补助资金县级财政设立专户，实行专户管理。三是为进一步稳定农牧民负担，促进农村牧区综合改革的深化和新农村新牧区建设，推动开展清理化解农村牧区义务教育“普九”债务工作，配合省审计厅对平安、互助、化隆、循化四县的农牧区义务教育“普九”债务数额的真实性与合法性进行审计锁定工作。经审计锁定四县“普九”债务 4320 万元。四是按照审计厅的统一安排，从十一月份起对已立项的中小学校校舍安全工程建设项目全过程进行跟踪审计，今后将逐步实施的项目继续进行跟踪审计。

其他审计　一是受行署委派对地区住房公积金管理中心管理的 2009 年度上半年的财务收支进行审计；二是对 10 个地直单位开展“小金库”专项治理检查；三是对 2009 年秋季开学后学校收费及开学情况进行督导检查；四是对民和县组织实施的农村困难群众危房改造工程进行检查验收；五是对拉动内需项目进行审计调查；六是对全区粮食工作进行清仓查库；七是开展治理工程建设领域突出问题工作。（撰稿人：李伶业）

【海北藏族自治州审计局】　2009 年，海北藏族自治州审计局人员编制 12 人，在编 14 人。局长丁光寿（—8 月）、陈杰（8 月—），副局长祁兴福、张国权。设有行政法制办公室、财政金融审计科、经贸固定资产投资审计科、行政事业专项资金（基金）审计科、经济责任审计局。

审计成果 州审计局完成审计项目27个，查处违规金额304.2万元，其中应上缴财政76.46万元，应调账处理金额23.5万元；已上缴财政76.46万元，查处管理不规范金额128万元。提交审计工作报告、信息78篇，被采用17篇。

财政审计 完成州本级财政预算执行审计1个，部门预算执行审计4个。完成“上审下”门源县财政决算审计1个，查出违规金额113.5万元，管理不规范金额121.6万元，应上缴财政71.13万元（已收缴财政71.13万元），对相关责任单位处以罚款3000元，对相关责任人处以罚款1000元。通过审计，为维护财经纪律，促进廉政建设，推进经济发展等方面，发挥积极作用。

行政事业审计 深化行政事业财政预算支出审计，加强对资金使用及各项经济活动的监督，及时发现单位财务中存在的问题，促进财政性资金规范管理，提高财政资金的使用效益。完成州委组织部、州住房公积金管理中心的财务收支审计。

企业审计 加大对国有资产的监督力度，对海北州金银滩藏家风情苑有限公司财务收支及经营情况进行了审计。

固定资产投资审计 对2008年1月至2009年7月底全州中央扩大内需投资项目资金管理使用情况进行审计调查；按照海北州扩大内需领导小组的要求，先后三次对四县中央扩大内需投资项目资金的到位、管理、使用、制度等情况进行审计检查，制定下发《海北州关于进一步加强对中央扩大内需投资项目进行审计监督的通知》，明确在投资项目中审计的职能；在门源县和刚察县举办了“投资项目培训班”，提高投资项目会计核算、工作程序，特别是对管理费的核算和使用等财务管理水平。

经济责任审计 接受州委组织部的委托完成州司法局、民宗局、人事局局长，州委办公室、州经贸委、住房公积金管理中心、人防办主任，州第一人民医院院长、法院副院长，州职校校长10项经济责任审计，共查出违纪违规金额69.3万元，应上缴财政5.33万元（已收缴财政5.33万元）。

专项资金审计（调查） 完成全球基金援助青海省结核病控制项目、浩门农场、门源马场种粮补贴、州农业科学研究所种子补贴、青海省第四届少数民族传统体育运动会、海北州藏区游牧民定居工程、海北州农村困难群众危房改造工程7个专项资金审计。查出违纪、违规金额21.4万元，管理不规范金额36.4万元。

（撰稿人：李照雄）

【海南藏族自治州审计局】 2009年，海南藏族自治州审计局人员编制21人，在编17人。局长王常明，副局长杨立业、赵忠。设有行政事业审计科、经济责任审计科、财政税务审计科、外资运用审计科、法规科、办公室。

审计成果 全州审计机关共完成审计项目114个，完成年初计划95个的120%，其中：预算执行审计13个，财政决算审计1个，专项资金审计51个，行政事业审计7个，经济责任审计42个。审计查出违规金额182万元，管理不规范金额3994万元。应上缴财政182万元，应归还原渠道资金2712万元。已上缴财政137万元，已归还原资金渠道2434万元。提出审计建议78条，采纳70条。提交审计专题、综合性报告和信息简报257篇。

州审计局完成审计项目19个，完成年初计划的126.7%，查出违规金额137万元，应上缴财政137万元，已上缴财政137万元。提出审计建议11条，提交审计专题、综合性报告和信息简报46篇。

财政审计 在审计过程中不断总结和探索预算执行审计的方法和经验，为审计内容拓展逐步转移奠定基础。2009年预算执行审计13个单位，查出隐瞒转移截留预算收入56万元，未按规定征收、缴纳财政收入35万元，其他违规金额20万元，应上缴财政111万元，已上缴财政76万元。

行政事业审计 审计49个单位，查出应缴未缴预算收入61万元，未落实收支两条线和专户管理规定11万元，其他22万元。应上缴财政71万元，已上缴财政61万元。

经济责任审计 全州共完成经济责任审计项目42个（其中：党政领导33名、事业单位领导9名），查出违规金额61万元（主管责任61万元）、管理不规范金额11万元（主管责任11万元）。其中；州审计局完成经济责任审计11个。按照“积极稳妥、量力而行、提高质量、防范风险”的原则，积极探索和完善经济责任审计的内容、重点、方式、方法及评价体系，注意总结经验，在逐步深化、规范和提高上下工夫。州、县审计局与有关部门加强协调，克服人员少、任务重的困难，确保项目的顺利完成，并适时向州、县委实事求是地汇报领导干部经济责任审计结果和审计决定的整改落实情况。

专项资金审计（调查） 全州审计机关共完成专项资金审计38项，审计专项资金总额为39268万元。配合省审计厅对同德县、兴海县三江源生态保护项目进行审计，充分发挥审计职能，确保项目资金安全、合理、高效。按照省审计厅的统一安排，州、县审计局对四项种粮农民补贴资金的拨付、管理、使用情况进行专项审计和审计调查。在审计中紧紧抓住资金的安排、拨付、管理和使用这条主线，积极尝试支出效益审计，对审计中发现的问题及时提出意见建议，为促进合理有效使用专项资金，进一步规范专项资金的管理发挥积极作用。州县审计机关重点配合省审计厅完成“普九”债务认定工作。最终认定债务为2334.8万元，其中新增认定债务915万元。

全州共完成审计调查13项。根据省审计厅的安排，各县审计机关对全州2009年度游牧民定居工程资金管理使用情况和农牧区困难群众危房改造工程资金管理使用情况进行审计调查，审计资金17980.5万元。在调查过程中，严格按省审计厅和有关部门的要求，赴相关部门了解项目资金使用管理情况和查看资料后，实地察看了各项目实施点，并对项目实施户的30%进行调查，详细填写调查表。经调查，项目资金均设有专户管理，进行专账核算，无挤占挪用现象。

（撰稿人：樊尚录）

【黄南藏族自治州审计局】 2009年，黄南藏族自治州审计局人员编制15人，在编15人。局长雷延鹏，副局长辛晓震、杜勇（—9月）、耿常春（9月—）。设有综合科、工交基建审计科、财经商贸审计科、行政事业审计科、经济责任审计科5个职能科室。

审计成果 全州审计机关完成审计项目123个，查出违规金额1128万元，损失浪费金额6万元，管理不规范金额16949万元，应上缴财政624万元，挤占挪用专项资金16万元，调账处理金额6667万元。移交纪检等部门线索2件，金额95万元。其中州审计局完成26个单位，查出违规金额628万元，管理不规范金额6493万元，应上缴财政536万元，应调账处理金额744万元。提交审计报告、审计调查报告、综合专题报告26篇，信息26篇。2009年荣获黄南州年度目标责任考核优秀领导班子。

财政审计 完成2008年度财政预算执行和其他财政收支情况进行审计，审计查出违规金额143万元，管理不规范资金10423万元。对预算编制批复不规范、未按规定征收、缴纳预算收入、资金滞留闲置等问题，提出加强财政资金监管、加强财政财务管理，强化审计整改等审计建议。州政府领导在州审计局《关于上报2008年度州本级财政预算执行和其他财政收支情况审计的结果报告》上作出由州监察局牵头对审计出的问题跟踪督促、尽快整改的重要批示，为审计结果的落实奠定基础。对河南县财政决算进行审计。重点突出对县级财政组织的预算编制、预算调整、预算执行及财政决算、非税收入的管理情况进行审计，并对部分专项资金管理单位进行延伸审计。通过审计发现县财政主要存在收支不实、延压应缴未缴预算收入、往来款项不及时清理、滞留专项款等问题。共查出违规金额80万元，管理不规范金额632万元。

专项资金审计 全州各级审计部门分别对三江源生态保护和建设、尖扎县文化站、同仁县城至加吾至吾屯公路、泽库县多福顿龙藏村人畜饮水等建设项目进行审计；完成粮食直补、农村牧区义务教育“普九”债务清理、人畜饮水草原畜棚建设资金、灌区建设资金、农村公路建设资金等项目的审计，共审计专项资金总额35858.55万元，查出违规金额52.79万元，管理不规范金额345万元，归还挤占挪用专项资金6万元。针对查出的违规问题依法进行审计处理处罚。

经济责任审计 共完成36位党政领导干部经济责任审计，其中县处级领导干部9人，县处级以下领导干部27人。共查出违纪违规金额501万元，管理不规范金额4521万元。针对查出的隐瞒收入、预算管理不规范、财务收支核算不实、挤占挪用专项资金等问题，帮助被审计单位建立完善财务制度、严格审批手续的同时，依法进行处理处罚。另外，针对当前经济责任审计存在“先离后审计”、审计整改落实不力，审计任务过于集中而影响审计质量的问题，审计部门实事求是，改变方式，对在一个部门任职时间长、单位资金量大、专项资金多的“一把手”实施任中经济责任审计。

行政事业审计　对70个行政事业单位的财务收支进行审计。审计查出违规金额653万元，管理不规范金额5246万元，调整账务处理金额224万元，应上缴财政208万元等问题，依据财经法规和政府有关规定进行处理处罚，使行政事业单位的财务管理得到进一步规范。

专项审计调查　为了保障藏区游牧民定居、廉租住房保障、中小学校舍安全、农村群众危房改造等工程建设资金的安全有效运行，发挥资金的使用效益，根据省审计厅审计专项调查实施方案和各级政府的工作安排，全州审计部门认真开展专项审计调查，审计调查资金总额20077.86万元。发现游牧民定居点工程建设资金不足、配套资金落实缓慢、牧民自筹资金落实困难等问题，及时向党委、政府及项目实施单位提出建议，加强对资金的监管力度，确保工程建设的顺利实施。

其他工作　为了加强各专项资金的安全有效运行，堵塞各种漏洞，州审计局会同州纪检委、州财政局、州发改委、州教育局、州三江源办公室组成联合监督检查小组，分别对全州2008年至2009年度各类专项资金管理费提取、使用情况，“两基”攻坚县寄宿制学校建设工程招标工作，州热贡宾馆资产负债损益情况的真实性、效益性，全州“小金库存”的清理、中央扩大内需新增投资项目资金管理使用情况进行检查，并参与三江源建设项目的竣工验收、游牧民定居工程及农村公路的验收等工作。

相关工作　一是坚持用邓小平理论和“三个代表”的重要思想、科学发展观武装审计人员的头脑，指导审计工作实际，用先进人物的事迹和崇高的理想，激发审计人员的思想政治素质。二是把年度工作逐项分解到科室及个人，逐月列出台账。做到处处有人管，事事有人抓，打破了平均主义的“大锅饭”，变过去衡量审计工作看现象、凭印象，为注重实绩、在竞争机制中实现机会均等，提高了考核工作实绩的透明度和公开性，使大家的素质在工作实绩上亮相，形成你追我赶争上游、不甘示弱争先进的局面。三是坚持政治教育与业务教育两手抓的方针，本着缺什么补什么的原则，努力提高审计人员的业务素质。四是领导当好“排头兵”，始终坚持要求审计人员做到的，领导班子首先做到；要求审计人员不做的，领导班子首先不做。通过召开支部会，民主生活会，在思想上时刻绷紧作风建设这根弦。工作中，坚持民主集中制，研究工作畅所欲言，经常深入审计一线，同审计人员一起研究分析问题，及时解决工作中遇到的困难。注重自身的廉洁，使全局形成较强的向心力、凝聚力。五是深入开展“送温暖、献爱心”活动。六是按照党委、政府的要求，深入开展定点帮扶、民族团结进步、综合治理等中心工作。　（撰稿人：辛晓震）

【果洛藏族自治州审计局】　2009年，果洛藏族自治州审计局人员编制10人，在编8人。局长李海林。设有综合科、经济责任审计科、财政与社会保障审计科、经贸与外资运用审计科。

审计成果　全州审计机关完成审计项目122个，查出违规金额413万元，管理不规范金额1475万元，应上缴财政19万元，应调账处理金额20万元。提出审计建议209条，出具审计报告和调查报告122篇，撰写审计信息49篇，被有关部门采用11篇。

财政审计　一是对2008年度州本级预算执行情况进行审计，并延伸审计州水务环保局、经贸委、发改委2008年度专项资金管理使用情况和州财政局、教育局、公安局2008年度部门预算执行情况、财政部门集中管理的预算外专户资金等其他财政收支情况。对审计查出的历年超预算安排支出导致财政赤字过大、预算资金使用中领导批条子拨付资金现象突出等问题提出纠改意见和建议，及时上报审计结果报告。受州政府委托，向州人大常委会作了关于2008年度州本级预算执行情况的审计工作报告并受到好评。二是对玛多、班玛、久治三个县2008年度财政决算及其他财政收支情况进行审计。对审计查出的财政往来资金清理不及时、应缴未缴预算等问题依法进行处理和处罚，在增加地方财政收入、维护财经秩序方面取得一定的成绩。

专项资金审计（调查） 对全州2007年度退牧还草及2006年度补播项目进行审计，为各项目顺利通过省级验收作出贡献。组织全州审计机关，对涉及民生的三江源保护与开发资金、2008年度乡村道路建设资金、游牧民定居工程、中小学校校舍安全工程、2008年度新农合资金管理使用等情况进行审计或调查，对审计查出的挤占挪用专项资金、固定资产管理核算混乱、会计核算不规范等问题依法提出纠改意见和建议，为政府宏观决策提供依据。

企业审计 对自来水公司、路桥公司两家企业2007～2008年度资产负债损益情况进行审计，对审计查出的白条列支、漏缴税款、超范围使用现金结算、往来款清理不及时等违纪违规问题，依法进行处理、处罚。 （撰稿人：管全军）

【玉树藏族自治州审计局】 2009年，玉树藏族自治州审计局人员编制15人，在编15人。局长邱德，副局长李超英、汪生启。设有综合业务科、行政事业与社会保障审计科、财税金融审计科、农牧环保审计科、经济责任审计科。

审计成果 2009年，玉树州审计机关完成审计项目112个，查出违规金额311万元，管理不规范金额1834万元，其中应上缴财政23万元，应归还原渠道资金3万元。提交审计信息43篇，被采用6篇。

财政审计 全州共完成财政预算执行审计18个单位，查出违规金额18万元，管理不规范金额35万元，应上缴财政7万元。加强对财政支出、承算外收支和“收支两条线”的审计。做到预算执行审计与专项资金审计、经济责任审计相结合，提高了审计工作的效率和质量。提出加强管理和完善制度方面的建议，审计成果得到各级政府和人大的充分肯定。

行政事业审计 全州共完成行政事业审计28个单位，查出违规金额31万元，管理不规范金额1799万元，应上缴财政9万元。

固定资产投资审计 全州完成固定资产投资审计2个。查出违规金额43万元，提出加强工程建设管理的意见和建议，提高建设资金管理和使用效益。

经济责任审计 全州审计机关对20名党政领导干部进行经济责任审计，查出违规金额15万元，管理不规范金额1799万元。审计查出的预算管理不规范、资产管理不严、产权不明、造成国有资产流失等问题引起党委、政委和被审计单位的高度重视，使存在的问题及时得到整改。

专项资金审计 按照全州审计工作“一盘棋”的思想，采取“混合编组”的审计方法，加强三江源生态保护和建设工程专项资金的审计。完成专项资金审计64个（4个专项审计调查），查出违规金额219万元，应上缴财政7万元，应归还原渠道资金3万元。 （撰稿人：永措毛）

【海西蒙古族藏族自治州审计局】 2009年，海西蒙古族藏族自治州审计局人员编制22人，在编22人。局长李东亮，副局长刘凤莲、才让卓玛，纪检组长董永。设有办公室、财政行政事业审计科、企业固定资产投资审计科、农牧林水审计科、经济责任审计科等职能科室。

审计成果 海西州审计局完成审计（审计调查）项目28个，其中预算执行审计1个，财政决算审计2个，专项资金审计10个，行政事业审计12个（经济责任审计7个），企业审计3个。查出违规金额784万元，管理不规范金额50915万元；已上缴财政945万元，已归还原渠道资金120万元，已调账处理金额437万元，增收节支达1065万。审计提出建议39条，被采纳审计建议35条。全年抽调25人次，完成省审计厅组织审计项目、州政府交办及配合纪检、财政等相关部门联合检查事项16项。

财政审计 开展2008年度州本级预算执行情况审计和德令哈市、都兰县财政决算审计，共查出管理不规范金额32861万元，其中违规改变资金用途5910万元，未按规定征收、缴纳财政收入5352万元，隐瞒截留财政收入641万元，违规改变资金用途106万元，其他管理不规范金额20852万元。坚持把揭露问题与规范管理、促进改革结合起来，从完善制度建设的高度提出审计意见和建议，促进政府部门严格按照法定权限和程序行使权力、履行职责，不断完善公共财政制度，促进财政财务收支行为的规范管理和全州各市、县财政资金的安全、完整、有效运行，引起州委、州政府的高度重视和州人大的高度评价，较好体现审计工作的建设性作用。

行政事业审计　全州各级审计机关共完成行政事业单位审计项目 65 个，审计查出违规金额 393 万元，管理不规范金额 5291 万元，已上缴财政 592 万元，已调账处理金额 272 万元。完成行政事业审计项目 12 个，审计查出违规金额 89 万元，管理不规范金额 2375 万元，其中应缴未缴预算收入 70 万元，隐瞒截留收入 60 万元，违规改变资金用途 6 万元，虚列支出 598 万元，未落实收支两条线和专户管理规定 526 万元，账外资产 104 万元，超标准超计划支出 26 万元，其他管理不规范金额 1074 万元。

经济责任审计　全州各级审计机关共审计经济责任人 55 人，其中：州局审计县级经济责任人 7 人（国有控股企业 1 人、任中审计 3 人、离任审计 3 人）；县级审计机关审计科级经济责任人 48 人（任中审计 9 人、乡镇长经济责任审计 6 人）。共查出违规金额 54 万元，管理不规范金额 1614 万元，审计决定和意见已全部落实。

专项资金审计　全州各级审计机关共开展专项资金审计（审计调查）项目 141 个，审计专项资金总额 101556 万元，查出违规金额 531 万元，管理不规范金额 312 万元，其中违规改变项目计划和资金用途 144 万元，虚报冒领 5 万元，虚列支出 80 万元，资金滞留闲置 168 万元，配套资金不落实 26 万元，其他管理不规范金额 420 万元。还开展廉租房建设、四项种粮农民补贴、游牧民定居工程、农村困难群众危房改造工程、林业专项资金、社会保障资金、住房公积金等涉及民生保障方面的 10 个审计（审计调查）项目，审计专项资金总额 19468 万元，查处和纠正个别地区存在的申请补贴资金不实、未发放补贴资金、补贴违规发放和挤占专项资金等违规问题，并提出具体可行的改进措施和有针对性的审计建议，进一步提高全州专项资金管理水平和资金效益，确保各项惠民政策的落实。共计查出违规金额 470 元，管理不规范金额 123 万元，其中违规改变项目计划和资金用途 120 万元，资金滞留闲置 123 万元，其他违规金额 350 万元。已上缴财政 350 万元，已归还原渠道资金 120 万元。（撰稿人：何　莺）

2008 年青海省所辖区、县(市)级审计工作统计表

金额单位：万元

审计机关	完成审计项目(个)	查出违规金额	应上缴财政	应减少财政拨款或补贴	应归还原渠道资金	应调账处理金额	移送司法、纪检部门处理事项(件)	建议有关部门处理(件)	出具审计报告和审计调查报告(篇)	提出审计建议(条)	撰写审计信息(篇)
西宁市											
西宁市本级	43	6114	314	4	183	3354			35	66	65
城中区审计局	12								14	8	4
城东区审计局	9	1674	7			141			4		22
城西区审计局	3									12	
城北区审计局	14	28	5			4			18	16	2
大通回族土族自治县审计局	33	4							43		37
湟源县审计局	27	508	2			461	3		36		15
湟中县审计局	35	38	23			5			21		20
海东地区											
海东地区本级	16	9658	2455			3414			16	32	18
平安县审计局	16	38							16	3	13

（续 表）

审计机关	完成审计项目（个）	查出违规金额	应上缴财政	应减少财政拨款或补贴	应归还原渠道资金	应调账处理金额	移送司法、纪检部门处理事项（件）	建议有关部门处理（件）	出具审计报告和审计调查报告（篇）	提出审计建议（条）	撰写审计信息（篇）
乐都县审计局	41	4	1		3				41	8	44
民和回族自治县审计局	76	3743	64		55	491			75	34	30
互助土族自治县审计局	43	719	286		430				43		
化隆回族自治县审计局	50	554			18	2			50		
循化撒拉族自治县审计局	13	11			2	9			13		
海北藏族自治州											
海北藏族自治州本级	27	304.2	76.46			23.5			27		51
海晏县审计局	23	19	18		1	46			23		
祁连县审计局	28	13							28		
刚察县审计局	23								23		
门源回族自治县审计局	15	1729.8	152.87						15		
海南藏族自治州											
海南藏族自治州本级	19	137	137						29	11	98
共和县审计局	31				2712				39	10	68
同德县审计局	11								15	3	30
贵德县审计局	24					253			35	39	78
兴海县审计局	15	45	45						13	8	43
贵南县审计局	14								24	7	78
黄南藏族自治州											
黄南藏族自治州本级	26	628	536			744			26	4	26
同仁县审计局	35	72	9		4	3			35	28	16
尖扎县审计局	11	48	29		12	5920			14	5	
泽库县审计局	28	369	46						28		10
河南县蒙古族自治县审计局	23	11	4						24	2	15
果洛藏族自治州											
果洛藏族自治州本级	24	315	6						24	30	22
玛沁县审计局	19	91	6			20			19	33	
班玛县审计局	26								26	65	10
甘德县审计局	9								9	20	
达日县审计局	10								10	6	
久治县审计局	25	7	7						25	49	4

（续表）

审计机关	完成审计项目（个）	查出违规金额	应上缴财政	应减少财政拨款或补贴	应归还原渠道资金	应调账处理金额	移送司法、纪检部门处理事项（件）	建议有关部门处理（件）	出具审计报告和审计调查报告（篇）	提出审计建议（条）	撰写审计信息（篇）
玛多县审计局	9								9	6	13
玉树藏族自治州											
玉树藏族自治州本级	15	77							15		12
玉树县审计局	27	221	10		3				27		16
杂多县审计局	8	13	13						8		3
称多县审计局	14								14		3
治多县审计局	23								23		3
囊谦县审计局	11								11		3
曲麻莱县审计局	14								14		3
海西蒙古族藏族自治州											
海西蒙古族藏族自治州本级	28	945	784		120	437			28	39	18
德令哈市审计局	47	62	6						47	55	15
格尔木审计局	48	7895							48	67	29
乌兰县审计局	44	13	14		10				44		
都兰县审计局	33	182	135		788.3	0.9			33	73	12
天峻县审计局	29								29	39	24
大柴旦行委审计局	12	204	33						12	49	3
冷湖行委审计局	7					250			7		12
茫崖行委审计局	9								9		11

宁夏回族自治区

【宁夏回族自治区审计厅】 2009 年，宁夏回族自治区审计厅行政编制 97 人，在职 93 人，事业单位定编 46 人，在职 38 人。厅机关设有财政金融处、行政事业处、外资处、社会保障处、经贸处、投资处、农业环保处、经济责任局、办公室、政策法规处、纪检监察室、机关党委、还设有科研培训中心、信息中心。

领导成员

厅　　长：章建忠

副 厅 长：陈霭琛　胡仲秋　马　健

总审计师：王金平

纪检组长：安　武

经济责任审计局局长（副厅级）：梁雪铖

副巡视员：徐嘉云　马　其（—11 月）

审计成果　全区各级审计机关共审计和调查 860 个单位，查出违规金额 48 亿元，促进有关部门和地方健全完善制度 743 项，移送司法机关和纪检监察部门案件 13 件。审计工作在推进政府提高行政效能、维护群众利益、促进廉政建设等方面发挥了积极作用。

预算执行审计　各级审计机关按照“揭示薄弱环节、促进规范管理、推动财税体制改革”的思路，对各级政府175个部门、单位的预算执行情况进行审计。审计厅重点审计了10个一级预算部门的预算执行情况，查出部门预算未细化、资金拨付不及时等问题。审计结果及整改落实情况分别向自治区政府、人大常委会作了汇报，并通过新闻媒体公告，引起社会各界的普遍关注。

各市、县（区）审计机关关注预算管理、国库集中支付、政府采购、国有资产管理等改革政策的落实情况，揭示和纠正一些深层次问题。

专项资金审计　全区共开展民生和专项资金审计及审计调查114项。审计厅重点实施了10个大项：一是组织调查全区药品统一招标采购情况，发现管理环节存在问题。二是对银川市30所中小学教育经费审计调查，揭示出截留挪用、套取财政补助等问题。三是开展彭阳、平罗县财政支农资金专项审计，发现资金使用分散、项目论证不充分等问题。四是调查全区农村沼气项目绩效情况，发现项目进度、使用率等方面的问题。五是调查并摸清农垦系统负债情况，为自治区政府启动农垦系统体制改革工作提供依据。六是实施10个市县就业再就业资金审计调查，揭示出挤占、未及时下拨专项资金等问题。七是对银川、石嘴山市政府保障性住房资金进行调查，查出违规使用资金、政策执行不到位等问题。八是对22个市县（区）新型农村合作医疗资金进行审计调查，查出参合底数不清、统筹基金结余偏高等问题。九是跟踪审计汶川地震捐赠款物后续管理情况，并深入甘肃援助点进行延伸检查，及时向社会公告审计结果。十是对8个市县工业园区建设审计调查，揭示出财政扶持资金、土地管理等方面的问题。

各地对新型农村合作医疗、粮食直补、社区卫生、公交车燃油补贴等资金进行审计，查处截留挪用专项资金、侵占群众利益的突出问题，规范资金管理。

经济责任审计　全区共对349名领导干部进行了经济责任审计，其中厅级8名、县处级91名、科级241名、企业领导9名。审计厅组织对5个市县党委、政府“一把手”和2户企业董事长、总经理实行同步审计，扩大了审计监督覆盖面；前移审计监督关口，将任中审计比例提高到全部经济责任审计的三分之二，增强了审计监督效果。

永宁、西吉、原州区等10个县区开展乡镇党政领导同步审计，彭阳县尝试部门原任和现任领导同步审计，银川市将民主测评结果纳入经济责任审计报告，探索经济责任审计新领域、新方法。

固定资产投资审计　全区共审计1316个建设项目，查出招投标不规范等违规金额2.2亿元，核减工程价款4.5亿元，核减工程预算2.7亿元。其中审计厅核减工程价款0.75亿元，石嘴山市、平罗县审计局分别核减工程价款1.15亿元和0.88亿元，中宁县审计局核减工程预算1亿元。

各地积极探索实践工程建设领域审计方式方法。76%的基层审计机关聘请中介机构参与工程建设项目决算审计，36%的基层审计局开展工程标底和拦标审计；吴忠市、金凤区、海原县等地对政府重点投资项目进行全程跟踪检查，取得明显成效。

企业、金融及外资运用审计　全区共对22户企业、2家金融机构和9个外资运用项目进行审计。审计厅在宁夏电投、发电集团和黄河银行审计中，揭示投资管理、资产处置等经营管理上的漏洞和风险隐患，反映法人治理结构方面的问题，为党委政府和有关部门全面掌握企业发展现状、采取有效扶持政策提供依据。在外资项目审计中，揭示出地方配套资金不到位、投资完成比例低等方面的问题，并首次将外资审计结果在预算执行审计工作报告中披露和向社会公告，增强外资审计透明度。

中卫市、西夏区等地围绕企业监管和改制开展审计，揭露决策失误、损失浪费等问题，帮助查找管理中的薄弱环节，促进企业可持续发展。银川市审计局揭示出中小企业信用担保和工业扶持资金管理中的问题，促使有关部门规范企业扶持工作。

专项治理和其他审计　全区各级审计机关普遍把促进经济平稳较快发展作为重中之重，关注扩大内需政策措施落实情况。审计厅跟踪审计8个市县的60个扩大内需投资项目，配合有关部门巡回检查全区扩大内需项目实施情况。抽调骨干力量参与全区“小金库”专项治理，揭示和纠正了财务管理方面的突出问题。各地也组织相关审计和检查工作。

绩效审计　全区审计机关积极树立关注体制制度缺失、管理漏洞和资金使用效益的审计新理念，注重从全局、宏观的高度分析问题、提出建议，发挥了审计建设性作用。审计厅重点选取财政支农资金、世行贷款教育、市县工业园区等项目实施绩效审计，其他所有项目都引入绩效审计方法，从资金整合利用、项目效益发挥等方面揭示问题，及时向党委政府反映情况和提出建议，收到较好效果。在评价领导干部履行经济责任情况时，与干部考核指标对接，突出责任界定，侧重评价决策事项的科学合理性、资金使用效益和行政效能。探索外资项目绩效审计指标评价方法，设定基本和关键指标，提高评价的科学性、准确性。

各地因地制宜引入绩效审计模式，其中 64% 的市县探索了单独立项的绩效审计，选择土地治理、住宅维修基金等项目进行绩效分析评价。盐池县审计局在设施农业审计中，分析设施农业在种植、销售等环节的制约因素，建议县政府调整相关措施。

审计法治建设　各地根据审计事业发展的需要，健全审计业务、内部控制等方面的制度，进一步规范执法行为。审计厅组织实施加拿大政府无偿援助的“政策选择项目”，草拟《宁夏绩效审计办法》，上报自治区政府审议。《宁夏社保资金审计监督条例》经自治区人大常委会表决通过，修订了审计质量检查、目标责任考核等制度，促进审计规范化。

市县审计局普遍出台了建设项目审计和委托审计制度，制定了离任交接等经济责任审计工作制度，个别地方出台了绩效审计办法和操作规程。石嘴山市、大武口区、惠农区推行审计巡查制度，简化审计程序，关注审计盲区，扩大审计检查面。

审计成果转化　审计厅对审计发现的普遍性、典型性和重大问题，及时以《审计专报》向自治区党委、政府主要领导汇报，既反映问题，又提出建议，为领导决策提供参考。对于审计专报反映的工程建设投资、资源税征管、沼气建设和新农合资金管理等方面的问题，自治区党委、政府主要领导都作出重要批示，促进问题的解决。

吴忠市人大对政府部门落实审计意见情况进行评议，青铜峡市、泾源县由监察、财政和审计等部门联合督查审计结果落实情况，海原县政府根据审计结果，出台《义务教育经费监督管理办法》等制度，促进问题整改。

行业创建　全区审计机关在自治区审计厅的统一领导下，开展创建文明行业活动。7月 16 至 17 日在石嘴山市召开“全区审计机关精神文明建设工作会议”，全面部署了文明行业创建活动的目标、要求，签订创建目标责任制，确保全系统整体推进。各级审计机关均成立了文明创建工作领导机构，明确自身的创建目标、措施和载体，积极投身文明创建活动。审计厅加强创建指导，定期巡回检查，各地党委、政府和有关部门也积极支持审计机关的创建活动。截至 2009 年底，已有 3 家审计机关通过自治区级文明单位验收，8 家通过市级验收，3 家通过县级验收。涌现出了一批全国和全区审计系统先进集体和先进工作者、优秀审计项目和审计标兵。审计厅保持了自治区级“文明单位”荣誉，与同心县审计局共同被评为“全区依法治理示范单位”，盐池县审计局获得“全国精神文明建设先进单位”荣誉，中卫市审计局被评为“自治区卫生先进单位”。

（撰稿人：金　荣）

【银川市审计局】　2009 年，银川市审计局编制 55 人，在职 56 人。局长李自辉，副局长苏广清、郎武、张国华，纪检组长张乾洲。原设有财政金融审计科、固定资产投资审计科、经济责任审计科、经贸审计科、农业与资源环保审计科、社会保障审计科、行政事业审计科、法规科、办公室。按照银川市委、市政府机构“扁平化”改革要求，目前设有财政金融审计处、固定资产投资审计处、经济责任审计处、综合处四个大处。

审计成果　银川市审计局共完成审计项目（单位）35 个，查出违规金额 19347 万元、管理不规范金额 216153 万元，应上缴财政 2519 万元，已上缴财政 890 万元，应归还原渠道资金 59 万元。移送有关部门处理事项 2 件。提交专题或综合性报告、信息简报 248 篇，被批示或采用 189 篇。

预算执行审计　共安排 5 个项目，经审计查出违规金额 1981 万元、管理不规范金额 20262 万元，应上缴财政 999 万元，应归还原渠道资金 59 万元。对审计揭示的问题，从体制、机制、整改层面提出审计意见和建议。在审计过程还积极催收应缴财政款项，累计追回并入库应缴未缴金额

2700多万元，其中包括供电局应缴未缴电费附加720万元，住房公积金中心应缴未缴增值收益1816万元。

行政事业审计　全年共审计2个单位，查出管理不规范资金92万元，提出了审计建议。

农业与资源环保审计　全年共安排2个审计项目，查出违规金额254万元，管理不规范金额1121万元，应上缴财政60万元，应归还原渠道资金59万元。

社会保障审计　安排对市医疗保险基金和市住房公积金进行审计，查出违规金额3235万元，管理不规范金额12661万元，应上缴财政10万元，已全部上缴入库。

企业审计　全年完成4个审计项目，查出违规金额248万元，管理不规范金额4433万元

经济责任审计　受市委组织部委托，共安排领导干部经济责任审计项目18个。查出违规金额4616万元、管理不规范金额181387万元，损失浪费金额46万元，应减少财政拨款或补贴8万元，应上缴财政56万元，已上缴财政58万元，提出审计建议43条。其中任中审计13项，占76%，实现了由离任审计向任中审计的转变。

专项资金审计　对2008年度医疗保险基金收支管理情况、市住房公积金、银川市中小企业担保中心资金绩效审计、宁夏“五十大庆”专项资金等8个专项资金实施现场审计及审计调查，按时出具审计报告。共查出管理不规范金额8168万元，损失浪费金额27万元。配合市纪检委等完成中央拨付市拉动内需专项资金检查，配合市民政局完成低保人员专项资金落实情况检查。对发现的问题提出处理意见，提出审计建议17条。

（撰稿人：耿江宁）

【石嘴山市审计局】　2009年，石嘴山市审计局人员编制49人，在编48人。局长李树岩，副局长瞿祖贵、黄德志、朱桂华，纪检组长黄德志（兼）。设有办公室、政策法规科、财政金融审计科、企业审计科、行政事业审计科、社会保障审计科、固定资产投资审计科（挂财政投资评审办公室牌子）、经济责任审计处。

审计成果　石嘴山市审计局完成审计项目48个，查出违规金额47917万元，其中应上缴财政19万元，应归还原渠道资金418万元，应调账处理金额4134万元。已上缴财政19万元，已调账处理金额2194万元。提交审计报告、信息137篇，审计信息被采用67篇。

预算执行审计　完成财政预算执行审计项目7个。审计查出主要问题金额24732万元，其中未按规定征收、缴纳预算收入11056万元，财政收入核算不实2万元，财政支出核算不实2376万元，超预算列支8274万元，未落实收支两条线和专户管理规定436万元，其他问题金额2588万元。经审计处理，应上缴财政10万元，已上缴财政10万元。

专项资金审计　专项资金审计调查单位3个，审计单位1个，审计专项资金总额13364万元。审计查出主要问题金额793万元，其中，违规改变项目计划和资金用途15万元，资金滞留闲置421万元，未纳入财政专户管理130万元，配套资金不落实143万元。在专项资金审计过程中，移送司法、纪检监察机关处理事项1件，人员1人，涉案金额84万元，审计后挽回（避免）损失42万元。

行政事业审计　审计单位22个。审计查出主要问题金额10406万元，其中违规改变资金用途56万元，虚列支出13万元，未落实收支两条线和专户管理规定4万元，账外资产22万元，乱收费乱摊派乱罚款34万元，超标准超计划支出2万元，损失浪费（决策失误）64万元，其他问题金额10211万元。

固定资产投资审计　审计单位14个，应上缴财政8万元，已上缴财政8万元，核减投资额11673万元。审计查出主要问题金额13904万元，其中多计工程价款10965万元，少计少缴税费15万元，概预算编报不规范812万元，损失浪费（管理不善）15万元，其他问题金额2097万元。

企业审计　对石嘴山市星瀚集团公司、供销社等单位的财务收支开展审计；对市土地储备中心土地出让金收缴情况进行审计，补缴土地出让金8657.9万元，并处以3万元罚款。

经济责任审计　开展领导干部经济责任审计12项，审计查出违规金额9919万元，管理不规范金额354万元，损失浪费金额64万元。

（撰稿人：黄俊逸）

【吴忠市审计局】 2009年，吴忠市审计局人员编制31人，在编31人。局长白永祯，副局长王学仲、朱卫东、马月华。设有办公室（内设法规科）、经济责任审计室、财政审计科、行政农业审计科、经贸投资审计科、利通区特派办、红寺堡特派办。

审计成果 吴忠市及所辖（区）县审计机关共完成审计项目264个，查出各类违纪违规金额43317万元，其中应上缴财政9211万元，归还原渠道资金2993万元，应调整处理金额5934万元。移送司法部门处理事项1件。提交审计专报、信息285篇，被采用202篇。吴忠市审计局被评为全区审计系统先进集体，盐池县审计局被评为全区“绩效审计年”活动先进单位；市审计局实施的2008年度本级预算执行情况及其他财务收支审计和青铜峡市审计局、盐池县审计局实施的本级财政预算执行情况审计3个项目被自治区审计厅评为全区优秀审计项目；市审计局马莲、青铜峡市审计局吴晖、盐池县审计局温锦梅3名同志荣获全区审计标兵称号；盐池县审计局被中央精神文明建设指导委员会命名为“全国精神文明建设工作先进单位”，吴忠市审计局被吴忠市人民政府评为“依法行政”先进单位，同心县审计局被评为自治区“第二批依法治理示范单位”。

预算执行审计 全市审计机关进一步深化预算执行审计和重点部门、重点行业、收支大户、行政执法部门的审计监督。市本级预算执行审计查出违规及管理不规范金额1.88亿元，上缴财政3774.17万元。同心县审计局查出滞留专项资金、挪用专项资金、应缴未缴预算收入等违规及管理不规范金额1.3亿元。

经济责任审计 全市各级审计机关完成43名领导干部的经济责任审计，市审计局移送违纪违法涉嫌人员3名。

固定资产投资审计 全年完成投资审计项目135个，核减工程投资4799万元，进一步规范建筑市场经济秩序，节约政府投资。

专项审计调查 市审计局对2008年度政府投资重点建设的16项城市建设项目实施情况的审计调查，揭示建设项目成本以及项目建设整体情况存在的问题，提出建设性的意见和建议26条，5份专题报告都得到政府领导的重要批示。红寺堡审计局根据工委指示，对红寺堡开发区义务教育债务化解情况和交通局基本建设欠款情况进行专项审计调查，查出违规金额723.3万元，查处相关债务单位截留、重复申报化解债务资金等问题。

（撰稿人：蒲建芳）

【固原市审计局】 2009年，固原市审计局人员编制21人，在编20人。局长杨大素，副局长李国安、孟光军。设有办公室、经济责任审计科、行政事业审计科、财政审计科、企业基建审计科、法规科。

审计成果 完成审计项目51个，占年初计划的121%。查出各类违纪违规金额8944万元，管理不规范金额884万元，存在潜在风险资金300万元。经审计处理，应上缴财政212万元，归还原渠道资金8450万元，减少财政拨款补贴1379万元。出具审计报告和审计调查报告45篇，提出审计建议26条，提交审计专题综合性报告30篇。

预算执行审计 完成市财政、税务部门及农科所等7个一级预算单位预算执行审计，查出未按规定征收、缴纳预算收入105万元，超预算列支8363万元等违规问题。经审计处理，上缴财政3万元，归还原资金渠道8363万元。

经济责任审计 完成市委办、政府办、发改委等28个部门领导干部经济责任审计，查出损失浪费、隐瞒截留收入等违纪违规金额475.61万元，管理不规范金额881万元。经审计处理，上缴财政208万元，归还原资金渠道87万元。

专项资金审计 完成住房公积金、养老保险、失业保险、医疗保险、工伤保险、生育保险基金的审计。确保资金的安全完整，提高使用效益。通过审计公告，扩大全社会对民生资金的监督权、知情权、参与权。

固定资产投资审计 根据《固原市政府投资建设项目审计监督暂行办法》，聘请社会中介组织配合，开展固原市回中二期、南塬供热公司工程等7个项目工程结算审计。送审工程造价13496.93万元，审定工程造价12117.94万元，核减1378.99万元，核减率10.22%。揭露出项目发包招标中的不规范、工程结算中多计工程造价、投资损失浪费等问题，受到市委、市政府领导及社会各界的一致好评。

（撰稿人：孟光军）

【中卫市审计局】　2009 年，中卫市审计局人员编制 22 名，在编人员 20 名。局长马忠林，副局长鲍成文、王谦、拓兆成，总审计师杨学芳（—11 月）。设有办公室（政策法规科）、经济责任审计科、农水环保审计科、固定投资审计科、财贸审计科、行政事业审计科。

审计成果　中卫市审计局完成审计项目 46 个，查处违规金额 2.03 亿元，经审计处理，应上缴财政 2785 万元，应归还原渠道资金 2572 万元，核减工程造价 1064 万元，调账处理 411 万元。提交审计工作报告、综合材料、信息 289 篇，被采用 152 篇。

财政审计　市本级财政预算执行审计，查出预留预算指标 4630 万元，擅自改变支出用途 5560 万元，滞留专项资金 1022 万元，应缴未缴预算收入 171 万元、挤占挪用专项资金 1471 万元、虚报冒领专项资金 300 万元等问题。县级财政决算审计查出挤占挪用专项资金 775 万元和虚增预算收入 75 万元，部门预算中存在的挤占挪用专项资金 367 万元、截留挪用财政基金收入 3031 万元等问题。

专项资金审计（调查）　开展沙坡头区新型农村合作医疗基金及医疗服务体系建设调查和沙坡头区滨河、文昌两镇 2006～2008 年三年村级财务收支情况审计调查。完成沙坡头区兴仁及蒿川供销社资产负债损益、常乐镇上游新村移民资金、农业综合开发、测土配方施肥、退牧还草、宣和镇禽蛋批发市场国债项目 6 个专项资金项目的审计。

经济责任审计　开展领导干部任期经济责任审计 17 项，查出违规金额 2008 万元，纠正应缴未缴财政 220 万元、违规套取专项资金 52 万元、挤占挪用截留滞留专项资金 443 万元、建设工程未进行招投标 172 万元、违规收费 61 万元。

固定资产投资审计　开展了滨河沙漠湿地保护建设工程、五环广场、环城东路、财政局办公楼等 5 项农业水利基础设施、2 条道路、2 座办公楼、2 个卫生服务体系和 1 个广场建设项目共 12 项工程决算审计。审计资金总额 1.17 亿元，审减工程造价 1064 万元，审减率 9.1%。

基础工作　针对信息宣传和理论调研弱化等问题，及时修订完善局机关信息宣传奖罚制度、行政效能建设、机关学习等内部管理制度。实行每周例会工作机制，狠抓各项工作任务落实，审计行政效率明显提高。针对审计项目前紧后松、进展缓慢等问题，及时提出严格执行《中卫市审计局审计项目计划管理及进度控制办法》，加快审计项目工作进度。（撰稿人：方振荣）

2009 年宁夏回族自治区所辖区、县(市)级审计工作统计表

金额单位:万元

审计机关	完成审计项目(个)	查出违规金额	应上缴财政	应减少财政拨款或补贴	应归还原渠道资金	应调账处理金额	移送司法、纪检部门处理事项(件)	建议有关部门处理(件)	出具审计报告和审计调查报告(篇)	提出审计建议(条)	撰写审计信息(篇)
银川市											
银川市本级	35	19347	2519	8	59	4421	1	2	35	91	200
兴庆区审计局	7	500	81		281	4355			7	25	25
金凤区审计局	9	2604	1						9	23	40
西夏区审计局	11	2300	69		52				15	27	
灵武市审计局	40	8770	14		69	5248	1		50	128	96
永宁县审计局	25	25511	3			92			42	67	52

（续表）

审计机关	完成审计项目（个）	查出违规金额	应上缴财政	应减少财政拨款或补贴	应归还原渠道资金	应调账处理金额	移送司法、纪检部门处理事项(件)	建议有关部门处理(件)	出具审计报告和审计调查报告(篇)	提出审计建议(条)	撰写审计信息(篇)
贺兰县审计局	29	62438	4		373			1	29	25	68
石嘴山市											
石嘴山市本级	48		19		418	4134	1	1		69	79
大武口区审计局	22	1816	774		627	31		1	32	25	22
惠农区审计局	18	5522	585						28	23	30
平罗县审计局	159	14741	28						159		70
吴忠市											
吴忠市本级	45	5808	3866		188		1	1	45	61	128
青铜峡市审计局	60	4241	2235						60	45	25
盐池县审计局	81	8303	2925		940				81	66	31
同心县审计局	30	9371	35		1524				30	21	12
固原市											
固原市本级	46	8944	212		8450				46	26	40
原州区审计局	30	3084	30		6				30	87	60
西吉县审计局	47	11724	537		2689	1768			47	77	88
隆德县审计局	53	4066	503		3356	4895			53	44	96
泾源县审计局	29	4778	12		121				29	66	49
彭阳县审计局	13	2327	33		124	185		3	13	47	74
中卫市											
中卫市本级	46	20300	2785		2572	411			46	50	243
中宁县审计局	44	9896	517	11704	3415				44	48	37
海原县审计局	46	2335	292		1665	377		1	46	36	20

新疆维吾尔自治区

【新疆维吾尔自治区审计厅】 2009年，新疆维吾尔自治区审计厅人员编制280人，在编238人，领导职数7人。设有办公室、法制处、财政审计处、金融审计处、行政事业审计处、经贸审计处、农业与资源环保审计处、社会保障审计处、固定资产投资审计局、外资运用审计处、经济责任审计局、人事教育处、机关党委、老干部工作处；派出审计一处、派出审计二处、派出审计三处、派出审计四处、派出审计五处、派出审计六处；另有自治区纪委、监察厅派驻机构纪检监察室，还设有计算机技术中心、机关服务中心、审计培训中心、审计科研所。

领导成员

党组书记、副厅长：吉力力·纳斯（2月—）

党组副书记、厅长：朱登云

副 厅 长：周贤荣　王占武　维力功　廖金梅

总审计师：宣国苗

纪检组长：褚东井

副巡视员：王兴武　车恒祥

审计成果　审计厅完成审计和调查项目91个（含绩效审计项目23个），查出违规改变资金用途、账外资产、未按规定征收缴纳财政收入等问题金额22.22亿元；损失浪费3833万元，损益（收支）不实7428万元；审计处理后已上缴财政3.17亿元，已归还原资金渠道5120万元；已移送司法、纪检监察机关处理事件10件，涉案人员11人，涉及金额893万元；移送其他部门处理事件4件。审计提出建议被采纳163条，被审计单位制定整改措施35项，提交的审计专题、综合性报告和信息简报被批示采用67篇。审计监督为促进加强管理，维护经济秩序，加强廉政建设，推进改革和发展发挥了积极作用。

财政审计　主要审计财政厅、地税局组织的自治区本级预算执行和税收征管情况；部分自治区本级部门单位部门预算执行情况；自治区重点投资项目管理审批及实施情况；社会保险基金、城乡最低生活保障资金、农业综合开发资金、粮食和农资综合直补专项资金、卫生专项资金、塔里木河流域综合治理项目资金、彩票公益金等专项资金管理使用以及自治区高校债务情况。揭示了政府部门单位预算编制、政府采购、财政财务核算、重点税源监管、执行部门预算、非税收入管理等方面存在的问题涉及金额10.6亿元。提出加强部门预算编制、强化财政收入管理、建立和完善重点税源监控等意见建议。

专项资金审计　实施专项资金审计和调查项目共28个，比2008年的12个增长1倍多，涉及社会保障、农林水与环保和科教文卫类资金额约125.2亿元。开展政府投资建设保障性住房情况、农村义务教育经费保障机制、2005～2006年新建乡镇综合文化站资金管理使用及效果情况审计。并对自治区本级教育专项资金、科研单位专项资金管理使用情况进行审计调查。揭露（处理了）违规改变项目计划和资金用途7.38亿，资金滞留闲置7.47亿元，以及配套资金不落实、违规采购、账外资产和损失浪费等问题，审计后挽回（避免）损失1069万元。提高资金使用效益，确保国家相关政策的贯彻落实。

固定资产投资审计　审计厅组织开展公路、水利、民建等政府投资项目审计13个，其中：全过程跟踪审计5个，竣工决算审计2个，预算执行情况审计5个。这些建设项目涉及资金总概算99.55亿元，完成投资额35.96亿元。审计查出工程价款不实、挤占建设成本、超计划超标准、少缴税费等金额4.88亿元，损失浪费3277万元，审计后挽回损失1.7亿元，核减投资额1.72亿元。与2008年相比审计成效更明显。继续对国家建设项目采取公开招投标的方式，委托15家社会审计机构对30个项目进行审计，收到较好效果。

经济责任审计　注重改进经济责任审计工作方法，规范和完善审计评价体系，加强审计结果利用，对经济责任审计的单位和领导及涉及的问题在全区党政系统和国有企业中进行实名通报。根据自治区经济责任审计联席会议决定和自治区党委组织部委托，组织开展14个单位21位领导干部的经济责任审计。

金融审计　组织全疆14个地州审计机关开展对23家农信社资产负债损益审计，查处违规经营、账外资产、违规改变资金用途等问题2.01亿元，揭示农村信用社抗风险能力不足、信贷资产质量不高、盈利水平低等问题，取得较好效果。

外资运用审计　组织开展15个国外贷（赠）款和国外援助项目审计和审计调查，涉及外资39.04亿元，查处了违规改变资金用途、资金不落实、骗取项目资金等问题5769万元。

（撰稿人：张　磊）

【乌鲁木齐市审计局】　2009年，乌鲁木齐市审计局人员编制108人，在编108人。局长黎忠，副局长和新玲、李钢建、杨少英，纪检组长杨明。设有办公室、组织人事教育处、纪检监察室、法制处、经济责任审计室、财政审计处、固定资产投资审计处、行政事业审计处、经贸审计处、农牧与资源环保审计处、外资运用与金融审计处、社会保障审计处和3个负责对相关部门、资金进行审计监督管理的派出审计处。

审计成果　乌鲁木齐市审计机关完成审计项目103个，查出违规金额12895万元，其中应上缴财政2796万元，应归还原渠道资金63万元，应调账处理金额47815万元；已上缴财政73万元，已调账处理金额35144万元。提交审计工作报告、信息261篇，被采用134篇。

财政审计　对财政、税务部门和部分预算执行单位开展了本级预算执行情况审计，查出违规金额 5098 万元，管理不规范金额 140176 万元，其中应上缴财政 2502 万元。披露个别区县未严格落实收支两条线规定、迟滞上缴预算资金、违规改变资金用途、资金滞留闲置等问题。

行政事业审计 对全市 46 个行政事业单位财务收支情况开展审计，查出违规金额 3668 万元，管理不规范金额 6322 万元，损失浪费金额 34 万元，应上缴财政 21 万元，应归还原渠道资金 33 万元，应调账处理金额 4092 万元。查出私存私放财政资金或者其他公款、代管资产计提折旧和账外资产等问题，促进提高财政资金使用效益。

固定资产投资审计 开展 9 项竣工决算审计和 1 项概算审计，项目投资总额 13285 万元，项目完成投资总额 18321 万元。查出超计划超规模投资，决算编报不规范和工程价款不实等问题，查出违规金额 314 万元，核减投资 2392 万元，提出审计建议 11 条，挽回经济损失 209 万元。

企业审计 审计国有企业 2 个，查出违规金额 10 万元，管理不规范金额 34 万元。为促进国有企业改善经营管理，建立健全内控制度，实现国有资产保值增值发挥作用。

经济责任审计 对 24 个单位的 24 名领导干部实施任期经济责任审计，查出违规金额 3622 万元，全部是领导干部主管责任，管理不规范金额 5189 万元。审计揭露虚列财政支出、隐瞒、截留应上缴财政收入、损失浪费等方面的问题。

专项资金审计 围绕"医疗保障资金""国家农业综合开发资金"等涉及群众切身利益的项目，开展重点行业和社会热点问题的 11 个专项审计和 8 个审计调查。审计专项资金总额 126152 万元，共查出违规金额 254 万元，管理不规范金额 24694 万元，其中应归还原渠道资金 14 万元。查出改变资金用途、资金转拨部门未及时下拨、截留挪用等方面的问题。（撰稿人：高雪庆）

【克拉玛依市审计局】 2009 年，克拉玛依市审计局人员编制 28 人，在编 26 人。局长王军，副局长况萍、苏富庆（兼纪检组长）。设有办公室、法制监察科、财政审计科、经贸与金融审计科、行政事业审计科、经济责任审计科、固定资产投资审计科和农业资源与环保审计科。

审计成果 市审计局审计和调查 18 个单位，查出违规改变资金用途、未按规定征收缴纳财政收入等问题金额 3292.1 万元，损失浪费金额 425.8 万元，收支及损益不实金额 180.61 万元。审计挽回损失 2846.99 万元，已收缴财政税金和罚没款 1106.63 万元。提出审计建设被采纳 45 条，提交的审计专题报告、综合性报告和信息简报被批示、采用 9 篇次。

财政审计 以规范预算管理和资金分配，关注财政资金管理使用的科学性和有效性，推进财政管理体制改革为重点，组织开展本级预算执行审计工作。重点对市区两级农业综合开发资金、新农村建设资金、就业和再就业专项资金、医疗保障资金、社区卫生服务补助资金、建市 50 年庆典和水节专项资金、市本级教育专项资金和规划、水务、国土等部门管理使用的专项资金的管理使用和绩效情况进行审计或审计调查。

经济责任审计 加强与相关部门的沟通和审计结果利用，改进工作方法、规范审计评价，努力抓好审计决定、意见和建议的跟踪落实，使审计监督与纪检监察、组织监督和财政监督有效结合，经济责任审计结果得到市委、市人大和市政府的认可以及联席会议相关部门的高度重视。

固定资产投资审计 聘请社会中介机构人员参与投资审计项目。全年组织实施审核完毕的单项工程 174 项，包括市区道路改造、河道改造、校园建设、石化工业园区基础设施建设等项目，报审工程造价（经造价咨询机构审定价）为 125913.74 万元，在此基础上经审计机关审定为 124199.02 万元，审计核减 1714.72 万元，综合核减率 1.36%，取得较好的审计效果。

（撰稿人：徐 瑛）

【石河子市审计局】 2009 年，石河子市审计局人员编制 24 人，在编 23 人。局长杨全义，副局长张新江（5 月—）、刘文。设有办公室、法制科、财金审计科、行政事业审计科、企业审计科、固定资产投资审计科、经济责任审计科共 7 个科（室）。

审计成果 截至 2009 年 10 月底，石河子市审计局实际完成审计（调查）项目 18 个，查出违规金额 495 万元，管理不规范金额 6069 万元，应上缴财政 4490 万元，已缴财政 4431 万元，通过审计核减造价 21 万元。出具审计报告和审计调查报告 24 篇，提出建议 41 条，被采纳 18 条，出具审计要情 1 篇。

财政审计　审计财政局具体组织的 2008 年度市本级预算执行情况；对开发区财政、北泉镇财政、西工业园区管委会进行延伸审计调查；对地税局 2008 年税收征管进行审计；对石河子市人民防空办公室等 5 个预算执行单位 2008 年度预算执行情况进行审计；对石河子乡 2007～2008 年财政财务收支情况进行审计。审计发现北泉镇财政少计各项收入 762 万元；税务稽查绿清房地产开发公司等 3 家企业的查补税款 175 万元长期不能追缴入库；事业单位资产管理不规范，固定资产账实不符现象仍然存在，人防办未按规定收取防空地下室易地建设费 12 万元；石河子乡存在乡、站、村三级财务会计核算不规范，往来账项长期不清、呆坏账长期挂账、固定资产账实不符等问题。

经济责任审计　完成石河子驻乌鲁木齐办事处等 6 名主要领导干部的经济责任审计。共查出违规金额 38 万元，管理不规范金额 422 万元。针对石河子大厦在经营、管理中存在的问题，向师市上报审计要情，提出加强管理的建议。

固定资产投资审计　完成市供水改扩建工程等 1 个工程竣工项目审计，审计投资额 3377 万元，查出管理不规范金额 63 万元，核减造价 21 万元。

专项资金审计（调查）　根据自治区审计厅统一安排，对石河子乡文化站资金管理使用及效果进行专项资金审计。开展残疾人就业保障金和社区公共卫生服务站等 2 个专项审计调查项目，审计调查发现主要问题有残疾人保障金存在征收不力，违规出借残疾人保障金 61 万元未收回，农场未按师市规定提取征收残疾人保障金，残疾人保障金支出结构不合理，社区卫生服务站提高检查项目收费标准，“六位一体”功能没有充分发挥，执行财政部门收支两条线政策不到位，资源闲置、设备缺乏。（撰稿人：刘宏军）

【喀什地区审计局】　2009 年，喀什地区审计局实有人数 40 人。党组书记、副局长古康拜尔·吾不力，副局长吐鲁洪·买买提、尚军。设有办公室、法制科、财政审计科、社保和经贸审计科、行政事业审计科、农林水牧审计科、固定资产投资审计科、金融外资审计科、经济责任审计科。

审计成果　全地区完成审计和调查项目（单位）441 个，共查出违规金额 8140 万元，管理不规范金额 86089 万元，损失浪费金额 4110 万元，应上缴财政 1290 万元，应归还原渠道资金 872 万元，应调账处理金额 2192 万元。审计处理移送司法纪检监察机关 41 人，涉案金额 570 万元；提交工作报告、信息 501 篇，被批示采用 148 篇，向社会发布审计结果公告 22 个。

财政审计　完成同级预算执行审计单位 78 个、县级财政决算审计 2 个，查出违规金额 1338 万元，管理不规范金额 51184 万元，损失浪费金额 224 万元，应上缴财政 422 万元，应归还原渠道资金 206 万元，应调账处理金额 101 万元。移送纪检监察部门事项 1 件。

专项资金审计　完成审计项目（单位）74 个，查出违规金额 105 万元，管理不规范金额 15107 万元，应上缴财政 7 万元，应归还原渠道资金 514 万元，应调账处理金额 24 万元。

经济责任审计　完成审计项目（单位）80 个，审计经济责任人 104 人，查出违规金额 1379 万元，管理不规范金额 15985 万元，损失浪费金额 3195 万元，应上缴财政 225 万元，应归还原渠道资金 16 万元，应调账处理金额 1460 万。移送纪检监察部门事项 1 件，建议有关部门处理件数 3 件；被审计经济责任人受撤职、降职 2 人，其他人员移送司法机关 34 人，移送纪检监察部门 1 人。

固定资产投资审计　完成审计项目（单位）181 个，项目送审总金额 76200 万元；核减工程价款 7775 万元，应调账处理金额 570 万元。

（撰稿人：冯庆华）

【阿克苏地区审计局】　2009 年底，阿克苏地区审计局人员编制 45 人，在编 41 人。局长苏耀民，副局长樊建国（兼纪检组长）、史军团（正县调研员）、刘艳，总审计师黄疆萍。设有财政金融审计科、行政文教事业审计科、农林水牧审计科、经济贸易审计科、固定资产投资审计科、经济责任审计科、法制科、人事教育科、办公室。

审计成果　阿克苏地区审计机关完成审计和审计调查项目 244 个，查处各类违规金额 65347 万元，应上缴财政 3938 万元，应归还原渠道资金 5137 万元，应调账处理金额 18589 万元，损失浪费金额 55 万元，管理不规范金额 166296 万元。移送司法、纪检、监察部门事项 4 件，涉及人员 7 人，涉及金额 34 万元。建议有关部门处理事项 19 件，涉及金额 3645 万元。提交审计报告和审计调查报告 244 篇，提出审计建议 748 条，被采纳 465 条。其中地区审计局完成审计和审计调查项目 40 个，查处各类违规金额 19830 万元，应上缴财政 952 万元，应归还原渠道资金 14 万元，应调账处理金额 9422 万元，管理不规范金额 33792 万元。移送司法、纪检、监察部门事项 1 件，建议有关部门处理事项 2 件，涉及金额 1431 万元。提交审计报告和审计调查报告 40 篇，提出审计建议 136 条，被采纳 112 条。

财政审计　阿克苏地区审计局组织开展地区本级 2008 年度预算执行及其他财务收支情况审计。审计突出以规范预算管理和资金分配，推进财政管理体制改革，促进提高财政资金使用效益为重点内容，围绕预算管理和国库集中收付、政府采购等财政改革措施实施审计，重点审计部门预算、税收征管、国库集中支付及各项财政政策措施执行落实情况。开展 19 个行政事业单位的财务收支审计，主要问题有应缴未缴财政专户资金、未及时上缴预算收入、虚列支出、挤占专项资金、虚增固定资产、往来款未及时处理、未按规定设置会计科目、违规使用票据、现金支付、未参加政府集中采购、报表不真实、财务核算不规范、未及时拨付专项资金、预算收入未纳入预算管理、虚列预算支出等，对促进规范预算管理发挥重要作用。

金融审计　阿克苏地区审计局组织阿克苏市、库车县、沙雅县、拜城县、温宿县、阿瓦提县、柯坪县审计局，对 2008 年度乡镇债务情况进行审计调查。发现问题有存在大量未入账债务，部分乡镇隐瞒收入，虚挂债务，财务核算不规范。

专项资金审计　阿克苏地区审计局组织对阿克苏市、乌什县 2007 年至 2009 年 3 月政府投资保障性住房（以下简称廉租住房）情况进行专项审计调查，发现的主要问题有未严格执行地区发改委廉租住房实施方案批复，廉租住房资金管理不规范，应发放未发放租赁补贴，挤占中央、自治区廉租住房保障专项资金，未按项目协议，提前支付工程款，财务核算不规范。组织七县一市，分别对地区社会保险管理局和阿克苏市、阿瓦提县、乌什县、柯坪县、库车县、沙雅县、新和县、拜城县 2008 年 1 至 12 月医疗保障资金筹集、管理、使用以及政策、制度落实和执行情况进行审计，并延伸调查地、县（市）部分医疗机构，发现问题有少核缴费基数导致基金收入减少，财政部门未及时拨补大额医疗补助，未按规定及时足额缴纳医疗保险金，未及时征缴医疗保险费，支出反映不真实，扩大支出范围，大病医疗挤占基本医疗或公务员医疗补助，医疗保险业务数据信息失真，资产负债表数与总账反映不一致，定点医疗机构在医疗结算中存在不规范行为。开展地区农综办、阿瓦提县农综办、拜城县农综办 2006 年至 2008 年农业综合开发专项资金管理使用及项目实施情况审计。阿克苏地区审计局按照自治区审计厅统一部署，分别对地区财政局、地区项目办和库车、拜城、温宿三个项目县开展 2008 年世界银行贷款新疆畜牧业发展项目资金审计，对 158 户牧民取得贷款、从事的产业、投入、收益及建议要求等内容进行入户调查，并按要求完成汇总上报。对库车、拜城两县 2007 年至 2008 年粮食直补和农业综合直补资金进行专项审计调查，并延伸调查 15 个乡（镇）财政所粮食直补和农业综合直补资金兑付情况，发现问题有享受补贴的粮食种植面积与粮食上缴任务不相符；计划外粮食收购价高于计划内粮食收购价；粮食购销公司未能完成粮食收购计划；农户实际种植小麦面积比补贴的小麦面积多，对超计划部分没有补偿；跨年度发放粮食直补和农资综合直补资金；个别乡镇未设农村信用社，给当地农户支取现金带来困难。组织阿瓦提县、阿克苏市、沙雅县、拜城县、库车县审计局，分别对所辖县（市）2008 年度农村中小学义务教育经费保障机制及 2009 年消除中小学校舍 D 级危房改造专项资金管理使用情况进行审计，并对有关学校进行审计调查，发现问题有扩大贫困寄宿生生活补助面，贫困寄宿生生活补助支出手续不完备，部分学校领取贫困寄宿生生活补助无学生个人申请、未经审批和公示，未及时拨付寄宿生生活补助资金，调剂使用寄宿制学生生活补助资金，地区本级农村中小学校舍维修改造专项资金 624 万元没有专项用于义务教育阶段，抽查的部分学校培训费支出未达到规定比例，购置固定资产未入账，D 级危房改造项目投标截止时间少于法定时间，调整变动 D 级危改项目建设内容资金，个别县项目进展滞后，计划未能按期完成，部分学校违规代理收费。组织五县一市审计局，分别对地区本级、阿克苏市、温宿县、阿瓦提县、库车县、沙雅县、拜城县（以下简称“五县一市”）2005～2006 年乡镇综合文化站项目建设专项资金管理使用情况进行审计，发现主要问题有财政滞拨专项资金，挤占挪用乡镇文化站专项资金，损失浪费 10.09 万元，擅自改变乡镇文化站建设项目地点，附属工程未招标，地区文体局未开设乡镇文化站建设资金专户，未办理固定资产移交手续，文化站所属房屋及土地未办理产权证。

固定资产投资审计　阿克苏地区审计局组织八县一市审计局对 2008 年第四季度新增中央预算内资金投资项目进行专项审计调查。发现问题有地方配套资金未足额到位，应发放而未发放租赁补贴，挤占中央、自治区廉租住房保障专项资金，支付红枣嫁接技术服务费无发票，个别项目未严格履行基本建设程序，项目档案管理不规范。组织对 2008 年度各县（市）抗震安居工程项目实施及资金的落实、使用、管理情况进行审计，主要问题有补助资金未及时拨付到位，未及时下拨建材物资，抗震安居补助资金发放标准不统一，专项资金管理不规范，内控制度不健全，会计核算不规范，财务手续不完备。监督检查不到位，滞留专项补助资金，重复发放、超标准发放补助资金。

金融审计　阿克苏地区审计局组织对库车县农村信用社和拜城县农村信用社 2007～2008 年度资产负债损益情况进行审计，发现主要问题有改变贷款用途，贷后监管不力，违规办理贷款展期，向无完全民事行为能力人员发放贷款，一人多贷，超比例发放贷款，贷款三查不力形成不良贷款，基层社化整为零逃避审批权限违规发放贷款，贷款审批不规范存在放贷风险，抵债资产处置不及时未及时办理过户手续，未落实个人账户实名制，单个法人持股超比例，未及时拨付计划生育奖励扶助金，违规核销呆账，资产类别划分不清，多计营业税金，未及时清理往来款项，不合理发放清贷奖励资金。

经济责任审计　阿克苏地区审计局组织开展 8 个单位 9 个责任人的经济责任审计，未发现重大违法违纪问题，为组织部门和各级党委使用提拔干部提供参考。（撰稿人：任　鹏）

【和田地区审计局】　2009 年，和田地区审计局人员编制 24 人，在编 33 人。局长艾热提·日介甫，副局长刘新英、孙明山（兼纪检组长），副调研员雷凤霞。设有办公室、综合科、财政基建审计科、经济责任审计科、行政事业审计科、农牧审计科。

审计成果　和田地区审计局完成审计项目 16 个，查出违规金额 2451 万元，其中应上缴财政 185 万元，应归还原渠道资金 608 万元，应调账处理金额 254 万元；已上缴财政 180 万元，已归还原渠道资金 449 万元，已调账处理金额 143 万元。提交审计工作报告、信息 220 篇，被采用 74 篇。

财政审计　和田地区审计局对财政、地税和 6 个预算执行单位的非税收入、国库集中收付等财政财务收支及管理情况进行审计。促进各职能部门围绕增收节支和保增长、保民生、保稳定的目标，发挥自身职能作用，进一步加大对教育、社保、公共安全等民生领域的投入，成效明显。和田地区审计局对洛浦县财政决算进行了审计。

固定资产投资审计　和田地区审计局对 2008 年第四季度新增中央预算内投资项目资金管理使用及项目实施情况进行专项审计调查，涉及 12 类共 145 个项目，除 39 个能源项目是直属项目以外，到位资金 13413.72 万元，拉动和田地方投资 3137.64 万元，促进国家扩大内需政策的落实执行，为“保增长”做出积极的贡献。

经济责任审计　对 3 个单位 8 名领导干部进行经济责任审计。促进被审计单位财务核算的规范和相关制度的建立完善，增强领导干部财经法规意识和经济责任意识，也为组织部门管理、评价和考核使用干部提供第一手资料。

专项资金审计（调查）　和田地区审计局主要对政府投资建设保障性住房、农业综合开发、粮食直补和农资综合直补、农村义务教育、新建乡镇文化站等6个方面进行专项审计和审计调查，审计专项资金总额91409万元。进一步加强资金监督的力度，资金管理和使用效益的提高，促进国家有关政策的落实。（撰稿人：赵传奇）

【吐鲁番地区审计局】 2009年，吐鲁番地区审计局人员编制28人，在编24人。局长王平，副局长龙书江、迪力夏提·乃依不拉（—6月）、田桂林，纪检组长李雪琴。设有8个职能科（室）：法规科、财政金融审计科、行政事业审计科、固定资产投资审计科、经贸审计科、经济责任审计科、农业社保科和办公室。

审计成果 吐鲁番地区审计机关完成审计单位94个，查出违规金额7872万元，其中应上缴财政17万元，应调账处理金额26万元；已上缴财政10万元，已调账处理金额14万元。提交审计工作报告、信息162篇，被采用20篇。

财政审计 审计预算单位20个，财政决算单位2个，查出各类违规金额7380万元，管理不规范金额43692万元。围绕"双基"迎国检中心工作，在本级预算执行审计中，揭示存在的问题，为地区顺利通过"双基"国检发挥审计机关的积极作用。在人大工委会议上作的报告引起地区人大和行署高度关注，并以行署名义转发报告，要求各有关单位认真抓好整改落实。

固定资产投资审计 完成31个项目的预决算审计，项目投资额11226万元，完成投资额9511万元，核减投资额2393万元。以制定出台的《吐鲁番地区政府投资项目审计监督办法（试行）》为抓手，以中央拉动内需新增政府投资项目为重点，通过大量聘请专业技术人员，引进社会中介力量等方式，全面推开政府投资审计工作。在中央拉动内需新增政府投资项目审计调查方面，涉及农林水牧、教育卫生等领域45个项目，完成三县市26所学校的D级危房改造项目、阿拉沟水库建设2个项目的审计调查工作，以及地区博物馆等7个项目的前期调查工作等。

经济责任审计 审计单位30个，查出违规金额512万元，管理不规范金额1516万元。以抓好《吐鲁番地区县处级党政领导干部离任经济事项交接办法》等三个办法的执行落实为重点。所有离任的领导与接任的领导均办理了书面交接手续，有效地改变了"新官不理旧账"的状况，促进有关单位内部管理的规范化；继续探索和完善县（市）党政正职经济责任审计工作，对吐鲁番市市委书记、市长履行经济责任情况进行审计。统筹安排、科学规划，克服人员不足的困难，完成32个经济责任审计项目。对近十年来援疆干部经济责任审计情况进行分析、汇总，形成《吐鲁番地区援疆干部任期经济责任审计发现的问题及建议》，被地区组织部门采纳，进一步完善援疆干部经费管理相关制度。

专项资金审计（调查） 审计单位12个，审计调查单位1个，审计专项资金总额7683万元，资金滞留闲置1815万元，配套资金不到位1249万元，损失浪费382万元。开展2007～2008年城乡最低生活保障资金、2009年中央一次性补贴发放落实情况专项审计，揭露未按照政策规定足额发放最低生活保障补贴600余万元，造成国家发放的最低生活保障资金未得到充分利用等突出问题；开展世行贷款新疆畜牧业发展项目审计，查出违规金额514.93万元，揭示项目实施过程中历年存在的问题，引起地区领导的高度重视，并召开专题会议，责成项目办立即整改，有效规范了吐鲁番市世行贷款新疆畜牧业发展项目；开展吐鲁番地区人民医院2008年外国政府贷款引进医疗设备项目效益专项审计调查，揭示在外国政府贷款引进医疗设备工作中，立项时未进行充分的可行性研究，出现负债经营等问题，引起地区领导的高度重视。（撰稿人：吕建成）

【哈密地区审计局】 2009年，哈密地区审计局行政编制23名，工勤编制2名。局长段西麟，副局长阿不列孜·阿不都热依木、谢飞（—3月）、于伟远。设有办公室、财政金融审计科、行政事业审计科、农牧环保资源审计科、固定资产投资审计科、经贸科、法制科。隶属地区审计局管理全额拨款事业单位：地区经济责任审计办公室、地区审计信息技术室。

审计成果 全地区审计机关共完成审计单位（项目）181个。查处违规金额2199万元（同比减少4744万元），管理不规范金额32628万元（同比减少3402万元）。已上缴财政115万元。固定资产投资审计核减工程投资款 5046 万元，审计挽回损失 3082 万元（同比上年增加 1003 万元）。向地区检察分院、公安局移送涉嫌经济犯罪案件线索 2 个，向社会团体主管单位移送处理违规问题 1 个。

出具审计报告 223 篇，向被审单位提出审计建议被采纳 21 条，同时进行整改。提交审计工作专题报告和信息简报 129 篇，被批示采纳 35 篇。

财政审计　重点对财政和部门单位预算编制和执行、政府采购制度执行、专项资金和非税性收入管理等情况进行审计。全年完成预算执行审计项目（单位）12 个，查出违规金额 686 万元，管理不规范金额 13366 万元。审计处理决定，应上缴财政 30 万元，应归还原渠道资金 445 万元，应调账处理 3774 万元。

专项资金审计（调查）　主要组织开展城乡最低生活保障资金、医疗保险资金、农业综合开发资金等专项资金审计和专项审计调查。共审计专项资金 17816 万元，查出管理不规范金额 1747 万元，审计后促进社会保障类资金配套资金拨付到位 27 万元；决定处理，应减少财政拨款或补贴 12 万元，应调账处理 94 万元。

固定资产投资审计　哈密地区各级审计机关加强对政府重点建设项目全过程跟踪审计，重点对建设资金使用、建设项目管理和工程质量等方面情况进行审计。全年完成投资审计项目 85 个，核减工程投资款 5046 万元。审计后，避免或挽回损失 3082 万元。哈密市开展两项基础设施效益审计，避免或挽回损失 482 万元，增收节支 35 万元。

经济责任审计　哈密地区各级审计机关共审计 46 个单位，经济责任人 50 人，其中县级政府主要领导干部 1 人，部门（单位）县处级领导 15 人，县处级以下领导 34 人。查出违规金额 966 万元，其中主管责任 963 万元，直接责任 3 万元；查出管理不规范金额 4159 万元，其中主管责任 4966 万元，直接责任 93 万元。审计后应上缴财政 18 万元，追还原单位资金 10 万元。

行政事业和企业审计　哈密地区各级审计机关共完成行政事业单位审计 67 个。查出违规金额 1054 万元，管理不规范金额 4824 万元。审计后已上缴财政 111 万元，应减少财政拨款或补贴 12 万元，应归还原渠道资金 201 万元，应调账处理 1863 万元；审计企业单位 8 个，查出违规金额 8 万元，管理不规范金额 603 万元。审计后，应调账处理 72 万元，责令补缴税款 1 万元。

全疆统一项目审计　哈密地区审计局完成本级预算执行、城乡最低生活保障资金、医疗保险资金、自治区 2006～2008 年度农业综合开发专项资金管理使用及项目实施情况、2005～2006 年新建乡镇综合文化站资金管理使用及效果情况、世行贷款新疆畜牧业发展项目、世行全球环境信托基金赠款牧业发展项目、外国政府贷款引进医疗设备项目效益审计、2009 年汶川地震救灾捐赠资金物资审计调查 9 个自治区审计厅统一项目。

其他审计　地区及县市审计局积极组织力量，按照当地党委政府和上级审计机关的统一部署，积极参与治理“小金库”的各项工作和对教育系统抗震加固改造工程（D级危房改造）验收工作。特别是组织实施重点检查的任务，与有关部门密切配合，把治理和验收工作作为审计监督的重要内容，结合各项审计，坚决查处和纠正各种违纪违规问题。（撰稿人：张旭鑫）

【昌吉回族自治州审计局】　2009 年，昌吉回族自治州审计局人员编制 47 名，在编 44 人。局长程军，副局长刘晓明、周恒，纪检组长吴承凯（2 月—）。设有办公室、法制科、财政审计科、行政事业审计科、经济责任审计科、农牧审计科、外资社保审计科、经贸与金融审计科、事业单位政府投资审计中心。

审计成果　昌吉州审计机关共完成审计（审计调查）项目 277 个，审计查出违规金额 5782 万元，管理不规范金额 27164 万元；经审计核减投资额 1.3 亿元；上缴财政 166 万元；对 56 名领导干部进行经济责任审计，查出直接责任金额 1332 万元，主管责任金额 8411 万元；查处损害人民群众利益金额 60 万元。出具审计（审计调查）报告 280 篇，提交专题、综合报告和信息 327 篇，有 194 篇被批示和采用；提出审计整改意见建议 483 条，有 372 条被采纳。全州业务工作质量明显提升，在全疆审计业务评比中，昌吉州扩大内需投资审计项目、农村义务教育经费及中小学校舍改造专项资金审计项目分别被评为一等奖；政府投资审计工作名列全疆第一；利用北欧投资银行（外国政府）贷款引进医疗设备项目效益情况审计调查被评为二等奖；乡镇文化站建设审计项目、玛纳斯县农村信用社审计项目和2009年城乡最低生活保障资金统一项目分别被评为三等奖。

财政审计　昌吉州审计局针对乌昌财政合并实际，积极与乌市审计局联合组成审计组，重点对乌昌财政2008年预算执行情况进行审计，对乌昌财政农业综合开发资金、财政专户资金、政府债务、乌昌优惠财力安排等进行重点审计，基本掌握了乌昌财政合并后财政收支和财力保障能力。还就乌昌财政新体制在促进新型工业化进程、加大社会保障和民生发展等方面资金投入压力大的问题，有针对性提出审计建议。在自治州十三届人大常务会第十三次会议上审计工作报告得到州人大常委的一致好评。

固定资产投资审计　昌吉州政府投资审计工作呈现出大好形势，自治区人民政府办公厅225号文件在政策层面提升了其影响力，州人民政府批准成立8个政府投资审计中心、增加39名人员编制、1辆公务车编制、资金等，为全面深入开展政府投资审计工作创造条件。全州审计机关围绕“保增长、保民生、调结构、促稳定”的宏观经济政策，以规范建设行为、节约政府投资、提高投资绩效为目标，进一步加强对基础设施和生态环境建设等方面重大投资项目的审计监督。对州检察院办公楼、州党委办公楼、档案局办公楼装修工程、州老年活动中心楼、回民中学田径运动场、州信访楼等13个工程进行竣工决算审计。完成委托中介机构审计的22项重点水利工程项目的核查，通过政府采购选定7家符合资质要求的中介机构参与州2009～2010年政府投资项目审计工作，完成标的7.8亿元的“500”水库西延干渠工程项目和6000余万元的农村公路工程委托中介审计工作，并对其中5个项目进行核查；全州开展政府投资审计项目多达152个，涉及工程项目金额16.1亿元，通过审计核减工程造价1.38亿元。玛纳斯县、呼图壁县、昌吉市、呼图壁县、吉木萨尔县、木垒县审计局高度重视审计政府投资审计工作，积极采取措施，成立政府投资审计中心，实现当年进人，当年见效。重点对项目招投标、资金管理、工程质量等关键环节跟踪审计监督，并取得了重大成果。对昌吉市中水回用项目等拉动内需项目审计中，发现工程转包、擅自改变工程设计等问题，及时专题报告州党委、政府主要领导，州党委书记作出重要批示，连同审计建议对昌吉市进行通报批评，并对施工企业予以处罚。针对公路工程审计中存在的问题，及时反馈州交通部门，州交通局领导高度重视，立即召开推进会，使审计监督得到了行业支持。对州2008年中西部农村初中校舍改造工程开展审计调查，审计发现木垒县维族中学宿舍楼面积超标等诸多问题，州长对此高度重视，批示全州予以通报。

经济责任审计　为强化经济责任审计结果运用工作，制定的《昌吉州经济责任审计结果运用办法》已下发执行，对相关部门评价和任用干部提供重要依据。玛纳斯县审计局加大任中审计力度，积极开展效益评价。阜康市审计局充分发挥经济责任审计功能，注重揭露腐败问题，对问题生产的根源和解决对策进行认真探索实践，既查处典型违法案件，又得到了党委、政府的高度评价，充分发挥了审计监督“免疫系统”功能。

审计调查　牵头组织对州直机关事业单位固定资产管理及公车消费情况进行审计调查，就存在的十方面突出问题，以《审计调查》形式分别报告州党委、政府及纪委主要领导，其中审计提出州直单位经营性资金统一交州国资委管理的建议已被州人民政府采纳并实施。配合州教育、财政等部门，认真对农村义务教育经费保障机制运行情况进行专项审计和审计调查，使昌吉州“两基”国检顺利通过。

专项治理　在对州公安局、州劳动就业局审计中，从深化审计内容、转变审计方式入手，先后通过深入干部谈话、政策引导等方式，查出两单位私设“小金库”达280余万元，查出州林业局下属公司资金管理不规范等问题，州长已作出重要批示。　（撰稿人：王若斌）

【博尔塔拉蒙古自治州审计局】　2009年，博尔塔拉蒙古自治州（以下简称博州）审计局人员编制34人，在编33人。局长林方，副局长宝音代力格、张自贤（兼纪检组长）、马克（—8月）、周娟（8月—）。设有办公室、财政审计科、法制科、行政事业审计科、固定资产投资审计科、经济责任审计科和经贸金融审计科。

审计成果　博州审计机关完成审计项目124个，查出违规金额31038万元，其中应上缴财政50万元，应归还原渠道资金557万元，应调账处理金额3938万元；已上缴财政34万元，已归还原渠道资金299万元，已调账处理金额3872万元。移送司法机关、纪检监察部门处理事项1件。提交审计工作报告、信息203篇，被采用17篇。为落实审计结果公告制度，经州人民政府批准，对群众关心的2008年医疗保障基金和新建文化站建设资金两个项目审计结果进行公告。

财政审计　州审计局组织实施州财政局具体组织预算收支、州地税局税收征管、阿拉山口口岸委预算执行情况审计。及时向本级人民政府提交2008年度预算执行情况审计结果报告，受州人民政府委托，向州人大常委会作了州本级2008年度预算执行及其他财政收支情况的审计工作报告。年底根据《新疆维吾尔自治区实施〈中华人民共和国各级人民代表大会常务委员会监督法〉办法》向人大作了审计整改落实的专题报告，博州审计局还完成对精河县2008年度财政决算情况审计。

各县（市）审计局均开展对财政、地税、国库2008年度预算执行及其他财政收支情况审计，对部分预算资金流量较大的单位和部门进行必要的追溯和延伸。对查出的随意调整预算、违规退库、延压预算资金等问题提出整改意见及建议，被审计单位都能积极认真地整改。分别对1～2个乡镇财政决算进行审计。

金融审计　州审计局审计博乐市、温泉县信用联社。在全区率先完成农村信用社审计工作。通过审计，揭示信贷管理基础薄弱、违规放贷、贷后监督不力等问题。

行政事业审计　博州审计局对州党委办公室2008年预算执行和其他财政财务收支情况进行审计。

固定资产投资审计　博州审计机关共完成审计投资项目36个，项目投资额32257万元，审计核减投资额5116万元，审减率15.9%。

州审计局制定了《政府投资项目跟踪审计操作规程》，对博州5个政府投资重点建设项目进行跟踪审计，出具阶段性审计报告和审计意见书26份，有关单位完成整改49项，促进了重点投资项目的规范管理。充分整合审计资源，对部分政府投资项目采用委托社会中介机构、聘请专业人员等方式进行审计。温泉县审计局经县政府批准，成立政府投资审计中心。博州审计局已按审计厅的统一部署，开展工程建设领域突出问题专项治理工作。

社会保障审计　博州审计局对博乐市、温泉县城乡低保资金进行审计。州审计局组织实施全州医保专项基金审计。

企业审计　博乐市和精河县审计局分别市自来水公司、鸿锦枸杞实业有限责任公司实施资产负债损益审计，摸清家底，揭示存在的问题，规范经营管理。

经济责任审计　博州审计机关共完成组织部门委托的31名领导干部经济责任审计，其中县处级领导干部11名。发现单位违规违纪金额8716万元。向纪检监察机关移送1人。

自治州经济责任审计工作联席会议审议通过了《自治州经济责任审计工作联席会议操作规程》和《自治州经济责任审计结果运用办法》。县市审计局也完善了经济责任审计各项规章制度，推动经济责任审计工作向法制化和规范化发展。

专项资金审计（调查）　博州审计机关完成农业综合开发、农村义务教育保障机制和中小学D级危房改造、新建文化站建设、粮食直补和农资综合直补专项资金审计，促进各项政策措施的贯彻落实和制度完善。

外资运用审计　州审计局组织实施世行畜牧业贷款项目的审计，规范项目资金的管理。

（撰稿人：马斌妍）

【巴音郭楞蒙古自治州审计局】　2009年，巴音郭楞蒙古自治州审计局人员编制52人，在编50人。局长李爱民，副局长那永刚、阿里木·吐尔逊（—12月）、韩贵兵，总审计师陈志军，纪检组长何遄。设有经济责任审计处、固定资产投资审计处、财政审计科、金融与外资审计科、经贸审计科、农业资源与环保审计科、行政事业与社保审计科、法制科、纪检监察室、办公室等职能处、科、室。

审计成果　全州审计机关完成审计项目 210 个，查出违规金额 72704 万元，损失浪费金额 97 万元，其中应上缴财政 6976 万元，已上缴财政 5918 万元，应归还原渠道资金 1318 万元，应调账处理金额 14223 万元，已调账处理金额 924 万元。政府投资审计核减投资（结算）额 6033 万元，移送司法纪检监察部门处理事项 2 件，涉案金额 174 万元。移送其他部门处理事项 1 件。审计机关提出的审计建议被采纳 172 条，提交审计专题报告、综合性报告和信息简报 883 篇次，被批示、采用 304 篇次。

财政审计　全州审计机关以规范预算管理和资金分配，推进财政管理体制改革，促进提高财政资金使用效益为目标，强化对部门预算、国库集中收付、收支两条线管理及政府采购等制度执行情况的审计力度。加大财政专项资金的审计和审计调查力度，更加注重强化效益审计，审计的范围和内容进一步深化，成效更加显著。全州审计机关完成本级预算执行和其他财政收支、地税部门税收征管及预算单位财务收支情况的审计。

专项资金审计　全州审计机关先后开展全州城乡居民最低生活保障专项资金及中央下拨城乡困难群众一次性生活补贴情况专项审计和审计调查，州审计局会同有关部门对五个县 2009 年度财政扶贫资金项目进行专项检查。全州各级审计机关普遍开展涉农、社保、教育等关系民生方面的审计和审计调查，促进各项惠民政策的落实。

固定资产投资审计　全州审计机关以投资项目资金安全和投资效益为监督重点，加大政府投资项目审计监督力度。重大建设项目实行“跟踪审计”，促进项目管理，规范投资行为，揭露在投资建设过程中违背国家宏观调控政策的问题，全州固定资产投资审计核减投资结算额 6033 万元。

经济责任审计　全州审计机关对 48 个单位的 60 名党政领导干部进行任期经济责任审计，查出违规金额 9373 万元，管理不规范金额 17534 万元，损失浪费金额 70 万元。领导干部涉嫌个人经济问题 1 人，移送纪检监察机关 1 人。

金融、企业审计　州审计局完成自治区统一组织的对博湖县、尉犁县农村信用社资产负债损益的审计，完成世界银行贷款新疆畜牧业发展项目、世界银行 GEF 信托基金赠款新疆畜牧业发展项目、巴州人民医院利用以色列政府贷款购置医疗设备项目等 4 个外资项目审计和审计调查。全州审计机关完成博湖县、和静县粮食清仓查库工作，并对巴州水利综合经营实业公司资产、负债、损益情况进行审计。（撰稿人：孙至武）

【伊犁哈萨克自治州审计局】　2009 年，伊犁哈萨克自治州审计局人员编制 59 人，在编人员 56 人。局长阿曼，副局长陈洁、任志国、马兴慧，纪检组长王军强。设有办公室、法制处、财政金融审计处、文教行政事业审计处、经济责任审计处、农业与资源环保审计处、社会保障审计处、固定资产投资审计处、经贸审计处、老干处和机关服务中心。

审计成果　全州审计机关完成审计及审计调查项目 434 个，查出违规金额 69630 万元，管理不规范金额 103736 万元。移送司法、纪检监察机关案件 2 件，涉案人员 2 人。出具审计报告、审计调查报告 446 份，提出审计建议 929 条被采纳，提交审计专题或综合报告、动态信息 544 篇。有 6 个审计项目被自治区审计厅评为优秀，较好地发挥审计服务于经济社会发展的职能作用。

伊犁州审计局荣获州直效能考核优秀单位、公民道德建设先进单位、党风廉政建设和纠风工作先进单位、社会扶贫先进单位、老干部工作先进单位、支援社区建设先进单位、纪检监察工作先进单位、模范职工之家等，并顺利通过自治区级精神文明单位的三年复验，各项工作取得新的明显进步。

财政审计　全州审计机关共审计（调查）财政、税务、国库及预算执行单位 145 个；查出违规金额 30992 万元，管理不规范金额 32628 万元，应上缴财政 298 万元。为加强预算执行审计工作力度，提高审计质量，伊犁州审计局在制订了《伊犁州审计局关于 2008 年度本级财政预算执行及其他财政收支情况的审计工作方案》后，分别向伊犁州党委、人大、政府、纪检委、政协书面征求对审计方案的意见，并修订完善。在实施审计过程中，实行上下结合，处室联动，力量整合，交叉审计。向州政府提交审计结果报告，并受州人民政府委托向自治州十二届人大常委会第五次会议做《关于2008年度自治州本级预算执行和其他财政收支情况的审计工作报告》，受到人大常委会组成人员的好评。

专项资金审计 全州审计机关以贯彻落实州党委工作会议精神为目标，以涉农资金、民生资金为重点，组织开展专项资金审计69个，审计调查19个，涉及资金69624万元。查出违规金额1229万元，管理不规范金额4447万元，审计促进拨付资金到位712万元。伊犁州审计局统一组织开展政府投资保障性住房建设情况、住房维修基金、医疗保障资金、粮食直补和农资综合直补资金、农业综合开发资金的管理使用情况、农村义务教育经费保障机制及中小学校舍D级危房改造专项资金使用情况等专项审计和审计调查。揭露处理违规改变项目计划、违规使用资金、配套资金不落实和损失浪费等问题，挽回经济损失33万元。尼勒克县、伊宁市、霍城县、奎屯市、昭苏县审计局在以上统一审计项目的评比中获奖。另外，伊宁市、昭苏县、伊宁县、特克斯县、察布查尔县、新源县等县市审计局还结合地方实际，组织开展了防洪、牧民定居、沼气池建设、民政救济救灾、抗震安居、农村公路建设等专项资金的审计，促进了相关资金管理使用效益的提高和具体政策措施的落实。

固定资产投资审计 审计机关积极探索政府投资项目审计的新路子、新方法，通过外聘人员和委托中介机构审计等办法，加大对水利、公路、医院、学校、城市基础设施等政府投资项目的审计。完成固定资产投资审计项目48个，审计投资金额60079万元。查出违纪违规金额2284万元，核减投资1312万元。在减少损失浪费、规范建设市场秩序、提高项目管理水平和投资效益等方面，取得明显成效。霍城县审计局对县城镇居民服务中心、农业服务中心、科技研发中心等多个工程建设项目进行全程跟踪审计，并全程参加30个工程项目的招投标监督工作，较好地发挥审计在政府投资项目建设与管理中的监督作用。

经济责任审计 全州审计机关对90个单位122位党政领导干部及企业负责人进行经济责任审计。伊犁州审计局对州直7个部门9位副厅级领导、2位正县级部门领导和2个县市4位党政主要领导进行审计，授权阿勒泰地区审计局对1个县2位党政主要领导进行经济责任审计。审计中，注重创新方法，在请被审计领导在审计进点见面会上做经济责任审计专题述职报告、纪检组织部门共同参加审计见面会和审计意见反馈会、规范审计内容和评价标准、把绩效审计引入经济责任审计等方面都有新的尝试和探索，收到较好实效。尼勒克县审计局着力推动党政领导干部经济责任审计，全年完成12名党政领导干部的经济责任审计，移送纪检监察机关处理事项2件涉及2人，2人受到党纪政纪处分，较好地发挥经济责任审计作用。（撰稿人：郭　敏）

【塔城地区审计局】 2009年，塔城地区审计局人员编制25人，在编24人。局长孙文斌，副局长哈依拉提、程和新，纪检组长陈学芳。设有办公室、财政金融审计科、经济贸易审计科、文教行政事业审计科、固定资产投资科、经济责任审计科。

审计成果 地区审计局完成审计和审计调查项目（单位）291个，查出违规金额6342万元；管理不规范金额3627万元；应上缴财政293.4万元；应减少财政拨款或补贴746万元；应归还原渠道资金83万元；应调账处理金额12149万元。建议处理案件9件。出具审计报告332篇。提交审计建议629篇，撰写信息126篇。开展业务培训2次，参加学习110人次。

预算执行审计 完成预算执行审计和延伸单位11个，查出收入核算不实261万元，违规改变资金用途47万元，超预算列支87万元等。认真分析发生问题的原因，提出推进完善财政管理体制等意见和建议，督促各项改革措施落实到位，得到地区人大的充分肯定和行署的高度重视。预算执行情况审计为规范预算管理，推进各项财政改革和完善管理制度发挥重要作用。

专项资金审计 开展医保、教育经费、抗震救灾、粮食直补和农业综合直补资金、中小学危房改造等专项资金审计及审计调查10项，审计专项资金总额31282万元，揭露处理违规使用资金、配套资金不落实等问题，促进相关政策措施的贯彻落实和制度的完善。

经济责任审计　认真贯彻地区经济责任审计联席会议精神，加强领导，完善制度，注重改进工作方法，不断规范和完善经济责任审计评价体系，推进经济责任审计的深入开展。共对 9 个单位 11 名党政领导干部进行经济责任审计，查出负有直接责任的违规金额 23 万元，管理不规范金额 461 万元。

固定资产投资审计　完成固定资产投资审计项目 9 个，审计项目投资额 8478 万元，审计查出配套资金不落实 974 万元，超计划超规模 416 万元。

（撰稿人：廖祖贵）

【阿勒泰地区审计局】　2009 年，阿勒泰地区审计局人员编制 39 人，在编 36 人。局长张玉兰，副局长庞维江、刘洛阳、塔斯肯·哈扎太。设有办公室、监察综合室、法规科、财政金融审计科、文教行政社保审计科、农业企业审计科、固定资产投资和外资审计科、经济责任审计中心。

审计成果　2009 年，全地区共完成审计（调查）项目 178 个，查出违规金额 15289 万元，管理不规范金额 57677 万元，损失浪费金额 64 万元。应上缴财政 6231 万元（其中税金 306 万元，罚没 80 万元），应归还原渠道资金 2402 万元，应调账处理金额 6797 万元。已上缴财政 4935 万元（其中税金 279 万元，罚没 72 万元），已归还原渠道资金 2364 万元，已调账处理金额 6142 万元。提出审计建议 426 条，被采纳 272 条。提交审计专题、综合性报告和信息简报等 501 篇，被批示采用 318 篇。

财政审计　审计单位 8 个，查出违规金额 2856 万元，其中违规改变资金用途 166 万元，未按规定征收、缴纳财政收入 395 万元，其他 2295 万元。通过审计，促进了财政部门进一步加强对资金的管理，维护财政安全、防范财政风险。

金融审计　根据自治区审计厅统一安排对农村信用社进行审计。审计单位 2 个，查出主要问题 3453 万元，其中违规经营 1379 万元，其他 2074 万元。通过审计，促进信用社加强管理，建立健全内部控制制度，建议有关部门完善法规，维护金融安全，促进整顿和规范金融秩序。

固定资产投资审计　关注重点投资项目资金安全和投资效益，审计（审计调查）单位 51 个，项目投资额 38693 万元，完成投资金额 31419 万元，审计查出资金不落实 5310 万元，违规改变资金用途 98 万元，多计工程价款 628 万元，少计工程价款 103 万元，挤占建设成本 1 万元，超计划超标准超规模 846 万元，其他 4812 万元，核减投资额（结算工程款）1088 万元。审计挽回损失 190 万元。

经济责任审计　审计经济责任人 41 个，涉及单位 38 个，查出违规金额 1197 万元（主管责任 755 万元，直接责任 442 万元），管理不规范金额 3913 万（主管责任 2469 万元，直接责任 1444 万元）。首次授权阿勒泰市、哈巴河县、福海县、富蕴县等四县（市）审计局，开展“交叉审”试点，分别对福海县、布尔津县、富蕴县和哈巴河县的部门行政负责人进行任期经济责任异地交叉审计。

专项资金审计　审计（审计调查）单位 39 个，审计专项资金总额 37256 万元，查出违规金额 2739 万元，其中违规改变项目计划和资金用途 168 万元，应缴未缴专项资金 142 万元，其他 2429 万元。

一是开展 2006～2008 年度农业综合开发项目资金、农村义务教育保障机制和新建乡镇综合文化站资金管理使用情况审计。审计农业综合开发专项资金总额 2342 万元。

二是开展对拉动内需新增政府投资项目的专项审计调查。通过调查发现，建设项目立项、审批、招标投标程序基本合规、资金管理使用情况良好，但在建设和管理过程中还存在未及时办理土地、环批手续，工程项目的档案资料不完整等问题。

三是开展政府投资建设保障性住房情况专项审计调查。重点调查和分析廉租住房保障政策执行情况，查出扩大廉租住房单户建设面积、配套资金不到位、拆迁补偿费未实行收支两条线管理等问题。

四是开展医疗保险资金专项审计。阿勒泰地区医疗保障资金审计工作为提高工作效率进行创新，根据上级审计工作方案编制审计实施方案的同时编制全地区通用的医疗保障资金审计计算机辅助审计方案，全地区同步执行计算机辅助审计，采取传统的审计方法与先进的审计手段相结合，充分利用AO现场审计软件实施审计。审计发现社保部门存在部分医疗保险待遇政策执行不到位，扩大医疗保险待遇支付范围、部分人员违规享受待遇、为断保人员超比例报销医疗费的问题，部分定点医疗机构和定点药店还存在违规操作现象。

（撰稿人：张　丽）

2008年新疆维吾尔自治区所辖区、县(市)级审计工作统计表

金额单位：万元

审计机关	完成审计项目(个)	查出违规金额	应上缴财政	应减少财政拨款或补贴	应归还原渠道资金	应调账处理金额	移送司法、纪检部门处理事项(件)	建议有关部门处理(件)	出具审计报告和审计调查报告(篇)	提出审计建议(条)	撰写审计信息(篇)
乌鲁木齐市											
乌鲁木齐市本级	26	6740	269		27	41176		1	20	56	117
天山区审计局	15	3499	12		35	3915			24	47	5
沙依巴克区审计局	7								10	10	1
新市区审计局	22								22		2
水磨沟区审计局	5								6	13	
头屯河区审计局	5								4		5
达坂城区审计局											
东山区审计局	13	65	5		1	11			13	14	16
乌鲁木齐县审计局	10	2591	2510			2713			9	17	7
克拉玛依市											
克拉玛依市本级	16	904	31		80	4234				16	1
克拉玛依区审计局	7	17				14					
独山子区审计局	15	262			94	4				15	8
白碱滩区审计局	1					25				1	1
乌尔禾区审计局	5								5		
石河子市											
石河子市本级	18	495	4490	21					24	41	1
喀什地区											
喀什地区本级	49	5306	645		131	59			49	109	
喀什市审计局	14	115	11						14	19	7
疏附县审计局	38	301	32		26	6			38	89	3
疏勒县审计局	84	109	1						84	140	15
英吉沙县审计局	29	47	22		7		1		29	80	23
泽普县审计局	56	111	80		1	81			56	5	15
莎车县审计局	54	64	31		16	1439	1		54	130	2

（续表）

审计机关	完成审计项目（个）	查出违规金额	应上缴财政	应减少财政拨款或补贴	应归还原渠道资金	应调账处理金额	移送司法、纪检部门处理事项(件)	建议有关部门处理(件)	出具审计报告和审计调查报告(篇)	提出审计建议(条)	撰写审计信息(篇)
叶城县审计局	17	703	23						17	59	
麦盖提县审计局	17								17	10	
岳普湖县审计局	13	7	7						13	8	4
伽师县审计局	50	1003	405		181	546	46		50	104	9
巴楚县审计局	9	374	33				1		9	1	23
塔什库尔干塔吉克自治县审计局	49	5306	645		131	59			49	109	
阿克苏地区											
阿克苏地区本级	40	19830	952		14	922		2	40	126	97
阿克苏市审计局	23	2261	2491						26	81	30
温宿县审计局	32	20189	143		75	298		1	32	126	38
库车县审计局	33	3377	11			3377			33	75	42
沙雅县审计局	21	11028	294		4721	3947			21	83	40
新和县审计局	9								9	17	3
拜城县审计局	18	900	36		267		1464	1	18	64	20
乌什县审计局	15	4638							15	30	36
阿瓦提县审计局	38	3124	11		60	81		15	38	112	65
柯坪县审计局	12								12	41	30
和田地区											
和田地区本级	16	2451	185		608	254			19	54	220
和田市审计局	16								16	39	27
和田县审计局	19	35			1				20	48	111
墨玉县审计局	25	136	10						25	102	90
皮山县审计局	30	501	20	42		689			30	33	27
洛浦县审计局	11								11	19	126
策勒县审计局	12	1500	59						12	31	30
于田县审计局	23	128	23						23	60	33
民丰县审计局	10	1279			620	521			10	43	59
吐鲁番地区											
吐鲁番地区本级	26	76	10			23			36	50	28
吐鲁番市审计局	15	567	3			3			15	41	7
鄯善县审计局	37	7112	1						37		12
托克逊县审计局	19	117	3						25	24	2

（续表）

审计机关	完成审计项目(个)	查出违规金额	应上缴财政	应减少财政拨款或补贴	应归还原渠道资金	应调账处理金额	移送司法、纪检部门处理事项(件)	建议有关部门处理(件)	出具审计报告和审计调查报告(篇)	提出审计建议(条)	撰写审计信息(篇)
哈密地区											
哈密地区本级	34	708	47			567			35	55	39
哈密市审计局	79	103	172	24		63			90	112	59
伊吾县审计局	10	446	1			4738			10	12	6
巴里坤哈萨克自治县审计局	73	942	17		661	1781			88	60	25
昌吉回族自治州											
昌吉回族自治州本级	34	602	36						34	99	26
昌吉市审计局	50	155	17		45				50	19	4
阜康市审计局	35	2027	48				1		35	105	31
呼图壁县审计局	33	691	27		10	267		1	36	44	13
玛纳斯县审计局	26	1688	22						26	49	45
奇台县审计局	27	208	6			87			27	47	44
木垒哈萨克自治县审计局	34	193	23		33	627			34	65	76
吉木萨尔县审计局	38	218	5		92	44			38	55	27
博尔塔拉蒙古自治州											
博尔塔拉蒙古自治州本级	34	4073	4		446	3910	1		46	83	45
博乐市审计局	15	9737	27		111	28			20	32	22
精河县审计局	53	17175	15						61	72	51
温泉县审计局	22	53	4						30	17	23
巴音郭楞蒙古自治州											
巴音郭楞蒙古自治州本级	48	28086	893		1270	9338		1	48	102	55
库尔勒市审计局	14	11571	5209			4594			14	46	101
轮台县审计局	24	109	75						24	65	200
尉犁县审计局	14	15669	16						14		68
若羌县审计局	24	2565	8		12	3	1		24	58	13
且末县审计局	18	108	61						18	45	33

（续表）

审计机关	完成审计项目(个)	查出违规金额	应上缴财政	应减少财政拨款或补贴	应归还原渠道资金	应调账处理金额	移送司法、纪检部门处理事项(件)	建议有关部门处理(件)	出具审计报告和审计调查报告(篇)	提出审计建议(条)	撰写审计信息(篇)
和静县审计局	15	13610	608		36				15	55	60
和硕县审计局	14	355							14	22	60
博湖县审计局	13	90	2				1		13	32	60
焉耆县审计局	26	541	104			288			26	55	205
伊犁哈萨克自治州											
伊犁哈萨克自治州本级	56	61	23629	94		1559	811		65	20	
伊宁市审计局	25	54	3672	26					56	11	
奎屯市审计局	17	35	683	133		275	155		30		
伊宁县审计局	14	37	4786	13			47		68	24	
霍城县审计局	17	41	4661	33					99	13	
巩留县审计局	15	49	2753	18			1		75		
新源县审计局	17	54	6165	26		77	229		33	6	
昭苏县审计局	11	28	11528	8		80	157		40		
特克斯县审计局	9	18	210						14		
尼勒克县审计局	15	32	11410	264		429		2	21	3	
察布查尔锡伯自治县审计局	10	25	133	2			3		43	11	
塔城地区											
塔城地区本级	41	52	29						48	103	12
塔城市审计局	36	771	14		29	33			36	87	10
乌苏市审计局	46	20			20				46	74	23
额敏县审计局	42	2800	6	726	20	34			42	70	20
沙湾县审计局	72	1714	240	15		196	2	5	75	152	18
托里县审计局	16	186	0.4			18.9			28	34	12
裕民县审计局	18	324	4		10	471		2	30	40	15
和布克赛尔蒙古自治县审计局	20	475	0	5	4	462			27	69	16
阿勒泰地区											
阿勒泰地区本级	36	749	675		330	747			36	132	74
阿勒泰市审计局	20	288	21		187	287			20	89	61
布尔津县审计局	18	2066	2041		37	28			18	29	26
富蕴县审计局	23	5043	3216		1843	4822			23	32	16

（续表）

审计机关	完成审计项目（个）	查出违规金额	应上缴财政	应减少财政拨款或补贴	应归还原渠道资金	应调账处理金额	移送司法、纪检部门处理事项(件)	建议有关部门处理（件）	出具审计报告和审计调查报告(篇)	提出审计建议（条）	撰写审计信息（篇）
福海县审计局	27	5170	31			5			27	43	49
哈巴河县审计局	15	868	29		3		1		15	26	60
青河县审计局	12	105	26						12	46	61
吉木乃县审计局	27	1000	192		2	908			27	29	59

新疆生产建设兵团

【新疆生产建设兵团审计局】 2009年，新疆生产建设兵团审计局（以下简称兵团）定编28人，在编28人，领导职数3人。设有办公室、法制处、财金审计处、社会保障暨专项资金审计处、企业审计处、固定资产投资审计处、经济责任审计处。

领导成员

局　长：李国平

副局长：李金荣　向春华

审计成果　兵团审计机关全年共完成审计（调查）单位794个，查出违规金额82042万元，损失浪费金额9076万元，管理不规范金额188520万元。审计发现侵害职工群众利益金额236万元。移送司法机关案件2起，涉案人员3人，涉案金额269万元；移送纪检监察部门处理事项15件，涉及人员26人，涉及金额4307万元；移送有关部门处理事项4件，涉及人员7人，涉及金额225万元。全年共提出审计建议1784条，被采纳1443条，审计后挽回（避免）经济损失总计2204万元。

专项审计及审计调查　一是统一组织14个师审计局对兵团14个师及兵直单位和222团2008年度廉租住房建设情况开展专项审计调查。其中兵团审计局抽调农一师、二师、三师、六师对农二师、三师、六师、七师、十师和建工师廉租住房建设情况开展专项审计调查，审计调查结果得到兵团领导的高度重视。由兵团建设局牵头，发改委、财务局等部门共同编订《新疆生产建设兵团廉租住房政策读本》，并由相关部门领导和业内专家组成政策宣讲团深入到各师、团场进行宣讲。二是对石河子肯斯瓦特水利枢纽工程及农二师且末垦区苏塘灌区（38团）水利工程等重大投资项目积极探索全过程跟踪审计。三是对国家下达兵团扩大内需投资资金和中央预算内资金到位情况，兵团财务局下达预算，拨付资金情况，拨付到项目的资金及新增投资项目配套资金落实情况进行专项审计调查，并对农六师、十二师新增中央投资项目落实情况进行实地检查。从检查情况看，兵团贯彻执行中央扩大内需决策及时、有力，但部分建设项目存在着超规模、超概算的问题，个别项目存在进展较慢及配套资金未完全落实到位的问题。

财政审计　一是对上年度兵团财务局具体组织的兵团本级预算执行情况实施审计。审计结果表明，2008年度兵团本级预算执行总体情况良好，但个别部门和单位在预算管理等方面还存在着预算外资金管理不规范，债权债务未及时清理结算，预拨款项及兑现工资未能在年度内转列支出或及时清理收回等问题。二是对13个师财务改革政策的制定情况、86个团场贯彻兵团公共预算管理办法情况、29个团场公共预算管理执行情况及58个团属纳入公共预算管理的部门（单位）预算执行情况进行专项审计调查。三是对农九师161团、166团和农十师181团、188团2007年至2008年财政涉农资金管理使用以及相关涉农政策执行情况进行审计调查，重点调查退耕还林、扶贫和种粮职工直接补贴三项涉农专项资金，延伸抽查8个连队。查出4个团场挤占挪用涉农专项资金总计 1263.73 万元等问题。

专项资金审计（调查） 进一步加强对重要民生资金的监督力度。兵团审计机关全年总计对 239700 万元民生专项资金进行审计和审计调查。兵团审计局组织 13 个师审计机关对兵团农业综合开发办公室、13 个项目师和石河子大学 2006 年至 2008 年度农业综合开发资金项目任务量、投资额完成情况、资金到位及拨付情况进行审计。对农一师阿克苏至阿拉尔公路（以下简称阿塔公路）改扩建工程项目和 222 团农网二期建设项目竣工决算情况进行审计。其中，在阿塔公路改扩建工程项目审计中核减该项目决算金额 2552.09 万元。发现的主要问题包括：一是两个标段的监理招标中存在违规行为，金额总计 408 万元。二是工程项目结算不规范金额总计 2323.4 万元。三是建设计划外项目结算总额为 464.58 万元。四是有 207 万元的重大设计变更项目没有向上级主管部门报批。五是造价 125.14 万元的两座桥梁闲置未用，造成损失浪费。在 222 团农网二期建设项目竣工决算审计中发现的主要问题包括：一是该建设项目有 1478 万元的 10KV 线路和 0.4KV 线路施工和安装工程没有进行招标。二是违规改变 35KV 线路架设工程施工的中标合同金额。三是挪用农网建设资金 850 万元用于建设灌溉渠道及配套设施和科技园绿化等工程。

企业审计 兵师两级审计机关对 289 户国有及国有控股企业进行审计，查出违规金额 44138 万元，虚报或隐瞒转移收入 31513 万元，损失浪费金额 8651 万元，公款私存 1970 万元。审计后挽回经济损失 574 万元，移送司法、纪检监察部门违法犯罪线索 12 起，涉案金额 3160 万元。兵团审计局抽调农七师、八师审计人员对兵团国有资产经营公司（以下简称国资公司）及所属 8 个独立公司 2007 年至 2008 年度的资产、负债、损益情况进行就地审计，并对 21 个子公司的存货情况、对外投资情况、公司委托理财情况、未使用固定资产情况、应收账款、其他应收款、银行贷款清理等情况进行审计调查。查出违规金额 1476 万元，损失浪费金额 2707 万元，移送纪检监察部门处理案件 2 起，涉案金额 988 万元。

经济责任审计 兵师两级审计机关对 32 名党政领导干部和 46 位国有及国有控股企业领导进行经济责任审计。查出由于领导干部直接责任造成的违规问题金额 15097 万元，损失浪费金额 794 万元，2 名被审计的党政领导干部受到撤职降级处分。受兵团党委组织部委托，兵团审计局全年重点对农二师、十师、十四师原师长、兵团监狱管理局原局长等师职领导干部实施任期经济责任审计

专项治理“小金库” 按照中央和兵团的统一部署，兵师两级审计机关组成 5 个检查组，对 5 个师、10 个兵团直属部门（单位）等总计 54 个单位进行“小金库”治理工作检查，查出“小金库”金额总计 167.73 万元，揭示部分单位现金管理不规范、在往来账中列支现金、资产长期闲置等问题，提出 32 条审计整改建议。

基础建设 （1）继续做好审计干部培训和审计项目质量检查工作。一是组织 12 名师审计局和审计中心负责人参加审计署举办的 4 期审计局长综合知识培训。二是组织 21 名审计人员参加南京审计干部管理学院举办的审计业务高级研修班。三是组织兵、师审计机关 101 名审计人员参加兵团审计局与兵团人事局举办的审计系列专业技术人员继续教育培训。四是对农八师审计机关（含 4 个审计中心）审计质量管理制度建立健全情况、“五五”普法工作开展情况和上年度、本年度已完成审计项目质量情况进行检查。结合检查中发现的问题，检查组在当地组织了审计执法及审计实务规范培训。

（2）继续开展优秀审计项目评选表彰活动。3～5月，兵团审计局抽调 8 名师审计人员开展 2008 年度兵团审计机关优秀审计项目评选工作。农五师、六师、九师、十师、十三师审计机关实施的 6 个审计项目被评为“优秀审计项目”；农四师、六师、七师、九师审计机关及兵团审计局财金处、企业处、投资处实施的 13 个审计项目被评为“表彰审计项目”。兵团审计局在对评选情况分析、研究的基础上，印发《优秀审计项目评选结果通报》和《优秀审计项目评选结果分析情况通报》，并结合审计工作发展新趋势，制定《兵团优秀审计调查项目评选评分实施细则》。

（3）继续推进审计信息化建设。在审计署和兵团的关心支持下，14 个师启动了金审工程二期建设项目。在审计署当年开展的 AO 软件应用实

例评选活动中，农六师、八师审计局选送的2个项目获得审计署AO应用实例优秀奖项，农四师、七师、八师、十三师审计局选送的10个项目获得审计署AO应用实例应用奖项，农一师、四师、八师审计局选送的4个项目获得审计署AO应用实例鼓励奖项。

理论研讨 兵团审计学会在农四师71团组织召开三届二次审计理论研讨会，兵团审计局和12个师审计局共计57人参加会议。与会代表结合审计工作实际，对预算执行审计、经济责任审计、计算机审计、农牧团场审计工作中遇到的难点问题进行探讨和交流。（撰稿人：焦 平）

【农一师阿拉尔市审计局】 2009年，农一师阿拉尔市审计局（含2个派出审计机构）编制32人，在编29人。局长兰新华，副局长邹桂霞、蒋晓进（—3月）、张建民（3月—）。设有财金及固定资产投资审计科、综合科。

审计成果 完成审计项目95个，查出问题金额总计32549万元，其中，违规金额16296万元，管理不规范金额16181万元，损失浪费金额72万元。审计决定处理处罚金额13494万元。提交审计结果综合报告5篇、经济责任审计结果报告13篇、审计报告95篇，出具审计决定62篇，提出审计建议262条。

财政审计 对师、阿拉尔市本级预算执行情况实施了审计，并延伸审计9个师市直属的二级预算单位及部门，审计查出违纪违规金额3529.21万元，主要问题包括：一是个别单位隐瞒预算收入及预算收入征收不及时。二是个别单位存在公款私存、以白条抵库存现金等问题。三是在会计核算中部分单位未严格按制度执行，造成资产、负债、损益不实。四是部分单位固定资产账实不符达2485.13万元。

专项资金审计（调查） 进一步加强涉及民生专项资金的审计监督力度，重点对13个单位的农业综合开发资金、15个团场的退耕还林资金、17个单位农业机械购置补助的涉农资金、5个团场的廉租住房建设资金实施审计或审计调查。查出问题金额3070万元。对居民医疗保险基金的筹集、管理、使用情况开展审计，揭示基金未分账核算、多支付待遇和业务信息不完整等问题，并首次通过媒体向社会进行公告。

固定资产投资审计 审计投资项目27个，审计投资额43394万元。重点对国债资金和投资额较大项目及阿拉尔市政建设项目实施审计，并对国家拉动内需新增政府投资项目进行跟踪审计调查。查出问题金额5639万元，核减投资金额408万元。

企业审计 对7户企业的资产负债损益情况和11个农牧团场的财务收支情况进行审计，查出虚报隐瞒或转移收入1047万元，虚列成本费用6864万元，账外资产769万元，公款私存14万元等问题。

经济责任审计 对13名团（处）级领导干部和企业领导干部实施任期经济责任审计，查出涉及财务管理、经营管理和资金管理等问题金额15840万元，其中违规金额9349万元，损失浪费金额153万元，管理不规范金额6338万元。涉及领导主管责任金额15797万元。

相关工作 全年共举办审计业务培训班3期，累计培训人员107人（次），组织审计理论研讨活动1次，局内部开展审计质量检查工作。

（撰稿人：焦 平 勾亚雄）

【农二师审计局】 2009年，农二师审计局编制28人，在编16人（含1个派出审计机构）。局长芦河水，副局长金银花。

审计成果 完成审计项目54个，查出违规金额10824.56万元。管理不规范金额34797万元，损失浪费金额97万元。提出整改意见及建议139条，得到落实整改建议116条。提交审计报告、审计结果报告、综合及调查报告54篇。

预算执行审计 重点对师财务局具体组织上年度师本级预算执行情况进行审计。主要内容包括：财务局按照师党委常委会批准的师本级预算向各预算单位批复预算情况，师本级预算执行中调整和预算收支变化情况，属于师本级的预算单位和预算收支项目纳入预算管理情况，财务局依照有关法律、行政法规和兵团有关规定，及时、足额征收应征的各项收入、上解收入、调入资金等预算收入情况，财务局按照批准的年度预算和用款计划、预算级次和程序、用款单位的实际用款进度拨付本级预算支出资金和办理情况等，并对2个团场的公共预算执行情况开展审计调查，查出管理不规范金额2509万元。

行政事业审计　对师属8个公、检、法、司单位进行财务收支审计，查出违规金额77万元，管理不规范金额19427万元。

专项资金审计（调查）　一是对廉租房建设资金、国家重点建设项目资金的审计监督，发现22个基层单位在执行廉租住房政策中存在的不规范问题。二是对师社会保障基金的归集、管理和使用情况进行专项审计，审计专项资金总额76875万元。

固定资产投资审计　对2个建设工程项目实施竣工决算审计，并对部分项目实施单位进行延伸审计。核减工程投资额336万元，查出企业配套未到位资金706万元。

企业审计　对师天宇公司、天润公司等9户企业进行审计或审计调查，查出违规金额1312万元，管理不规范金额12818万元。

经济责任审计　对14名领导干部进行经济责任审计。查出违规金额1312万元，管理不规范金额28337万元，损失浪费金额97万元。审计后移送纪检监察部门事项3件，涉及人员4人，涉及金额1892万元。

内部审计　共有内审机构7个，均为专职科室。内审人员11名，其中专职审计人员8人。全年共审计单位51个，查出违规金额76万元，已纠正违规金额76万元，提出建议、意见并被采纳24条。　（撰稿人：焦　平　段国华）

【农三师图木舒克市审计局】　2009年，农三师图木舒克市审计局编制45人（含3个派出审计机构），在编22人。局长闻庆新（—3月）、何小强（3月—），副局长周淑梅、施智春、朱媛。

审计成果　完成审计项目72个，查出违规金额2212万元，建议有关部门处理事项83件，提交审计工作报告、信息2篇，被采用2篇。

财政审计　对师财务局具体组织的上年度师本级预算执行情况和8个行政事业单位、师属农牧团场预算执行情况进行审计，为维护师市政令统一，促进师市、团场两级财（政）务预算管理规范化、科学化、制度化，提高预算资金使用效益起到积极的推动作用。

固定资产投资审计　完成固定资产投资项目19个，核减金额1482万元。

企业审计　对23个农牧团场及师市企业上年度财务收支、资产、负债及经营成果进行审计。

经济责任审计　对6名国有企业领导人实施离任经济责任审计。

专项资金审计（调查）　对师9个项目团场2006年至2008年度农业综合开发专项资金进行审计。配合兵团审计局对本师2008年廉租房建设资金使用情况开展专项审计调查。

（撰稿人：焦　平　王　峰）

【农四师审计局】　2009年，农四师审计局编制31人，在编26人（含3个派出审计机构）。局长史新斌，副局长谢明清。

审计成果　完成审计项目109个，查出违规金额943.47万元，移送纪检监察部门处理事项1件，提供综合性报告、审计要情3篇。

行政事业审计　完成审计项目9个，出具审计报告9篇，提交审计要情报告1篇。

固定资产投资审计　完成审计项目48个，出具审计报告48篇，提交综合性报告1篇。

专项资金审计（调查）　完成审计项目8个，审计专项资金12254万元，出具审计报告8篇。

企业审计　完成审计项目38个，查出违规金额943.47万元，出具审计报告38篇，移送纪检部门处理事项1件，提交审计要情报告1篇。

经济责任审计　完成审计项目6个，出具审计报告6篇。

审计质量检查　对24个被审计单位整改情况进行检查。

内部审计　内审机构2个，内审人员4人，完成审计项目19个，其中，完成财务审计4个，效益审计11个，经济责任审计1个。

（撰稿人：焦　平　谢明清）

【农五师审计局】　2009年，农五师审计局编制25人，在编20人（含2个派出审计机构）。局长李发州，副局长李菊萍。

审计成果　完成审计项目112个，审计总金额64.95亿元，查出管理不规范金额6636.58万元，违规金额3069.41万元。提出审计建议180

条。移送师纪检监察部门案件1起，涉案金额6.43万元，移送师检察院案件一起，涉案金额124万元。

专项资金审计 一是对全师2006～2008年度农业综合开发专项资金进行审计。二是对90团生态修复水土保持试点工程及高效节水灌溉工程项目的效益、效果进行审计、分析和评价。三是对2008年师属农牧团场财务决算情况进行审计，查出利润不实5444.79万元。四是对师2008年度廉租住房建设情况进行专项审计调查，重点审计调查师建设局、财务局、民政局、廉租住房保障制度办公室等部门，并对81团等四个建设单位及40户入住廉租住房和未享受廉租住房的家庭进行抽查。

固定资产投资审计 完成18个基本建设审计项目。重点对师属八十一团水库、八十七团水电站等重大建设项目进行跟踪审计，审计资金总额1.68亿元，查出管理不规范金额14.33万元，在中介机构审定的基础上核减工程造价44.06万元。

行政事业审计 对师医疗、教育系统进行全面审计。查出隐瞒收入金额543.68万元，管理不规范金额523万元。

企业审计 对38个师属企业进行资产负债损益审计及清产核资审计，查出违规金额5355万元，损失浪费金额573万元，管理不规范金额5450万元，向司法机关移送案件1件1人，涉案金额124万元。

经济责任审计 对4名团（处）级领导干部进行任期经济责任审计，审计总金额5.32亿元，查出主管责任违规金额647万元，管理不规范金额9万元。

内部审计 全年对12个单位进行审计，审计总金额11320万元，查出损益不实23万元，提交综合审计报告7篇，提出综合审计意见和建议28条。

相关工作 为规范本师建设市场管理工作，师颁布了《农五师政府投资项目审计管理办法（试行）》《农五师关于建设市场管理的有关规定（试行）》两个文件。两个审计项目被评为兵团优秀审计项目。全年共10人（次）参加了审计署、兵团组织的业务培训班，3篇审计专业论文获得兵团审计学会审计理论研讨二、三等奖。

（撰稿人：焦　平　叶海英）

【农六师五家渠市审计局】 2009年，农六师五家渠市审计局编制36人，在编34人（含3个派出审计机构）。局长赵俊霞，党组书记、副局长马新中（3月—），副局长秦万德。

审计成果 完成审计项目61个，查出违规金额1593万元，管理不规范金额48600万元，损失浪费金额566万元。移送当地纪委、监察部门案件1起。共提出审计建议181条，已被采纳158条。获得全国审计系统先进集体荣誉称号。获审计署2009年度AO应用实例优秀奖项1个，获兵团审计局优秀审计项目奖项1个，表彰审计项目奖项1个。

预算执行审计 对师财务局具体组织的上年度师本级预算执行情况进行审计，对4个预算执行部进行延伸审计，提出进一步规范预算管理，加强团场总预算、部门预算的监督管理力度以及提高政府采购资金的使用效率等审计建议。有关部门按照人大常委会的要求进行整改。

行政事业审计 对9个师属行政事业单位进行审计。查出应缴未缴预算收入57万元，隐瞒截留收入31万元，违规改变资金用途946万元，未落实收支两条线和专户管理26万元，账外资产34万元，其他违规金额9694万元等问题。

固定资产投资审计 对7个单位固定资产投资项目进行竣工决算审计，查出违规金额1566万元，其中：核减工程投资532万元，其他不合规金额59万元，超计划投资545万元，招标投标违规402万元，超付工程款28万元。

专项审计调查 一是对师财务局、农业综合开发办及相关项目团场财务科、农业开发办2006年至2008年度农业综合开发资金管理使用情况进行审计。二是参加由兵团审计局组织的廉租房建设情况审计及“小金库”专项检查。三是对本师党政领导干部因公出国（境）经费情况进行审计调查。四是对农牧团场公共预算管理政策执行情况及执行效果进行专项审计调查。

企业审计 对14个农牧团场及9个国有及国有监管企业的年度预算执行及资产负债损益情况进行审计，重点从预算执行情况、当年利润完成情况、资产负债率和资产增值保值情况等方面着手，帮助被审计单位查找存在的问题及其根源，分析运作中存在的不规范、不合理的原因以及解决的方法。

经济责任审计　对13名团（处）级领导干部进行任职期间经济责任审计。

相关工作　全年总计39人（次）分别参加了由审计署，自治区审计厅和兵团审计局组织的业务培训及专业技术人员继续教育培训学习。组织开展审计执法跟踪检查。

（撰稿人：焦　平　赵俊霞）

【农七师审计局】　2009年，农七师审计局编制28人，在编23人（含2个审计派出审计机构）。局长边峰，副局长张明炜。

审计成果　完成审计项目57个，查出违规金额1561万元，管理不规范金额7459万元，核减基建项目财政支出62万元。移送纪检监察部门处理事项2件。提交综合性报告、信息3篇，被采用3篇。

财政审计　一是对师本级预算执行及其他财政收支情况进行审计。二是对师上年度农牧团场公共预算管理情况进行审计调查，并对农牧团场财务改革政策落实总体情况进行分析和评价。

固定资产投资审计　对17个建设项目竣工决算情况实施审计，查出拖欠工程款119万元，超概算投资669万元等问题。

专项资金审计（调查）　对农七师农业综合开发资金土地治理项目等8个农业基础设施建设项目资金的投向、管理、使用、效益情况以及内控制度的建立和落实情况进行审计，并针对工程完工后实现经济效益情况进行分析。

企业审计　对9户师属工、交、商、建企业资产、负债、损益情况和10个农牧团场的财务收支情况进行进行审计，查出虚报或隐瞒转移收入439万元，少计或虚列成本费用1146万元，公款私存24万元，其他问题金额573万元，对违纪事项进行移送处理。

经济责任审计　对1名团（处）级领导干部任期经济责任情况进行审计。

质量检查　年末对被审计单位执行审计决定及审计报告的情况进行跟踪回访。

（撰稿人：焦　平　杨建芳）

【农八师石河子市审计局】　2008年，农八师石河子市审计局人员编制68人（含4个派出审计机构），在编64人。局长党组副书记杨全义，副局长党组书记张新江（5月—）、副局长刘文。设有综合科（办公室）、法制科、财金审计科、行政事业审计科、企业审计科、固定资产投资审计科、经济责任审计科。

审计成果　完成审计（调查）项目76个，查出违规违纪金额11253万元，损失浪费金额4707万元，管理不规范金额37042万元，侵害人民群众利益金额57万元。应上缴财政4494万元，已缴财政4335万元。通过投资审计核减投资额6957万元。编写审计报告、审计结果报告和审计调查报告90份，提出建议146条，被采纳76条，编写审计要情4篇。2009年，师市审计局连续12年被师市直属机关党工委评为文明机关、先进基层党组织，有29人（次）获个人荣誉称号，师市审计局局长杨全义同志获得“全国审计系统先进工作者”荣誉称号。

预算执行审计　一是对上年度农八师本级预算执行情况和其他财务收支情况进行审计，发现的主要问题包括，师本级在预算中列赤字418万元，基本建设项目预算执行率不高，团场公共预算未严格按“以收定支”的原则编制等。二是对上年度石河子市预算执行和其他财政收支情况进行审计，并对开发区财政局等三个单位进行延伸审计调查，对5个预算执行单位上年度预算执行情况进行审计，发现的主要问题包括，北泉镇财政少计各项收入761.59万元，地税局延期缓征各项税费4238.3万元，事业单位资产管理不规范，固定资产账实不符等。审计结束后，向市政府和人大常委会提交了审计结果报告和审计工作报告。

专项资金审计（调查）　一是对师市残疾人就业保障资金管理和使用情况进行审计，发现残疾人保障金在管理和使用中存在着征收不力，违规出借和未按师市规定提取等问题。二是对师市社区卫生服务站运营及收费情况进行审计。三是对石河子乡文化站资金管理使用及效果进行专项审计。四是对2006～2008年度农八师农业综合开发资金的管理使用情况进行审计。

企业审计　一是对1户企业上年度资产、负债、损益情况进行审计，查出虚增利润969.54万元等违规问题。二是对5户大中型企业负责人上年度经营业绩进行审计考核。三是对14个团场和2个水管处上年度资产、负债、所有者权益情况进行审计，查出部分单位存在的公款私存、资产不实等违规违纪问题。

固定资产投资审计　对市供水改扩建工程等17个项目进行竣工决算审计。查出管理不规范金额2146万元，审减投资额56万元。完成工程结算审计项目26个，建设单位送审额57897万元，审计后减少投资额6901万元。

经济责任审计　对15名团（处）级领导干部进行经济责任审计。共查出违规金额1811万元，管理不规范金额712042万元。

（撰稿人：焦　平　魏建新）

【农九师审计局】　2009年，农九师审计局人员编制25人，在编23人（含两个派出审计机构）。局长吴新国，副局长张艳丽。

审计成果　完成审计项目54个，查出违纪违规金额7803万元。移送师纪检监察部门违纪案件2起，移送被审计团场处理违纪案件2起，涉案人员10人、涉案金额65万元。提交审计报告54篇，审计综合报告2篇，提出审计建议97条。

财政审计　对师财务局具体组织上年度师本级预算执行情况和师畜牧兽医站等4个预算执行单位预算管理及执行情况实施审计。查出违规金额1233万元。

专项资金审计（调查）　对师2008年度廉租住房专项资金和2006年至2008年农业综合开发资金进行审计（调查）。查出违规改变资金用途532万元，滞留闲置资金93万元，其他违规金额200万元。对全师9个农牧团场2008年度财政专项资金的管理、使用情况及对团场损益的影响程度，以及师属企业资产情况进行专项审计调查。

企业审计　对师属12户国有企业和9个农牧团场2008年度资产、负债和损益情况开展审计。查出公款私存40万元，账外资产684万元，虚报、隐瞒转移收入977万元，虚列、少计成本费用1956万元，资产不实966万元，负债不实875万元，所有者权益不实950万元，损益不实615万元，其他违纪违规金额2078万元。

固定资产投资审计　对师播控中心综合楼工程、二运司综合楼工程项目进行审计。查出建设单位违反规定擅自扩大建设规模以及高套单价、重复计算等问题，并提出改进建议和措施。

经济责任审计　对一六四团原团长、师绿翔工贸有限责任公司总经理进行任期经济责任审计。

相关工作　在严格执行《农九师审计机关审计质量控制实施细则（试行）》的基础上，实行了审计组长竞聘制度。制定了《农九师审计局审计组组长管理暂行办法》，实行审计组组长任职资格制度。制定了《农九师审计局量化考核暂行办法》，推行审计质量考核奖惩制、行政过错责任追究制，把审计质量纳入绩效考核范围。

（撰稿人：焦　平　王　红）

【农十师审计局】　2009年，农十师审计局编制25人，在编人数20人（含2个派出审计机构）。局长张瑶，副局长蔡建新。

审计成果　完成审计项目72个，查出违规金额6304万元，管理不规范金额10427万元，侵害人民群众利益金额179万元。审计中发现经济违法违纪事项3起，违纪违规金额218.5万元，涉案人员5人，已由司法机关立案审理2起。提出并被采纳的审计意见和建议164条。

预算执行审计　对师财务局具体组织上年度师本级预算执行情况和师属8个农牧团场、北屯高级中学等13个预算执行单位上年度预算管理及执行情况实施审计，共查出违纪违规金额351万元，管理不规范金额8078万元。

专项资金审计（调查）　共完成专项资金审计和专项审计调查项目3个，查出违规改变项目计划和资金用途16万元，账外资产1万元。

固定资产投资审计　对经济适用房、团场节水灌溉、农业综合开发、煤矿安全改造及监控等36个基础设施类建设项目进行审计，查出问题金额1298万元，提出整改意见和建议70余条。

企业审计　对8个农牧团场和10户师属企业进行资产负债损益审计，查出违规金额4982万元，管理不规范金额1897万元。

经济责任审计　对3名团（处）级领导进行任期经济责任，查出违规金额18万元，管理不规范金额16万元。　（撰稿人：焦　平　刘保民）

【农十二师审计局】　2009 年，农十二师审计局编制 6 人，在编 5 人。局长高军。

审计成果　完成审计任务 20 项，查出问题金额 328 万元，提交审计工作报告、审计调查报告 20 篇，提出审计建议 79 条。

专项审计（调查）　全年相继对农十二师农村电网完善工程财务决算情况、师部电网改造工程财务决算情况、一〇四团 2007 年天然草原退牧还草工程项目专项资金管理使用情况、2005 年农村饮用水安全工程竣工财务决算情况、三坪农场 2005 年度农村饮用水安全工程、2005 年度节水增效示范项目和 2007 年度小型农田水利“民办公助”中央补助项目等 13 个项目进行审计。对新疆天恒基热力有限公司 2008 年度生产经营状况、红岩水库供水工程投资完成情况、和二二一团大河沿第七级水电站投资完成情况进行专项审计调查。

企业审计　对新疆天思味食用菌科技有限公司 2007 年度资产负债损益情况进行审计。

（撰稿人：焦　平　高　军）

【农十三师审计局】　2009 年，农十三师审计局人员编制 23 人，在编 16 人（含 2 个派出审计机构）。局长黄玉华，副局长廖红川（3 月—）。

审计成果　完成审计项目 46 个，查出违规金额 11921 万元，管理不规范金额 415 元。审计决定处理处罚金额 6119 万元。提出审计建议和意见 121 条。

预算执行审计　对师财务局具体组织上年度师本级预算执行情况和 10 个预算执行单位上年度预算执行情况实施审计，查出违规金额 1913.99 万元，查处个人贪污挪用公款违纪违法案件一起，涉及金额 198.92 万元。提出审计建议 32 条。

专项资金审计（调查）　对农业综合开发等 12 个项目开展审计（调查），查出各类违规违纪金额 3947.79 万元，提出审计建议 37 条。

固定资产投资审计　对师属红山农场北干渠项目、柳树泉农场人饮水安全工程等 12 个建设项目进行了审计。查出违规金额 1383 万元，审计处理处罚 346 万元。

企业审计　对师属天元供销公司、建安总公司、监理公司等 7 户企业进行资产负债损益审计，查出违规金额 923.42 万元，审计决定处理处罚金额 683.99 万元，提出审计建议和意见 15 条。

经济责任审计　对火箭农场原场长等 4 名团（处）级领导干部进行经济责任审计，查出违规金额 271.96 万元。

相关工作　对上年度审计整改情况进行检查。在师审计系统组织开展优秀审计项目评选活动。两个审计项目获得兵团优秀审计项目奖项，上报的 1 个 AO 应用实例获得了审计署 AO 实例应用奖项。　（撰稿人：焦　平　李杉杉）

【农十四师审计局】　2009 年，农十四师审计局人员编制 4 人，在编 4 人。局长何志强，副局长庞开洪。

审计成果　完成审计（调查）项目 17 个，查出违规金额 44 万元。提交审计工作报告 9 篇、信息 4 篇。

经济责任审计　完成审计项目 3 个，出具审计报告 3 篇。

专项资金审计（调查）　完成审计项目 1 个，查出违规金额 44 万元，出具审计报告 1 篇。审计调查项目 3 个，出具审计调查报告 1 篇。

固定资产投资审计　完成审计项目 44 个，出具审计报告 3 份，认定中介机构审核报告 41 份。

企业审计　完成审计项目 9 个，查出管理不规范资金 872 万元，出具审计报告 5 篇。

质量检查　对 2008 年审计项目中要求被审计单位整改内容的执行情况进行检查。

（撰稿人：焦　平　郭建盛）

【建工师审计局】　2009 年，建工师审计局编制 7 人，在编 3 人，借调 2 人。负责人陈建文。设有综合审计部、综合办公室。

审计成果　完成审计项目 19 个，延伸审计项目所属分公司（单位）36 个。查出违规金额 1074 万元，管理不规范金额 18074 万元。出具审计（调查）报告 8 篇，审计决定 3 篇，提出审计建议 16 条。

行政事业审计　对师医院等 2 个事业单位 2007 年至 2008 年经费收支情况进行审计调查，发现虚列支出挂应付款，药品出入库手续不完备，“白条”、假发票入账等问题。

固定资产投资审计　对师阳光小区一、二期工程项目进行审计。

企业审计　对兵团建工集团、建容集团及德坤建材有限公司2008年度资产、负债及损益情况进行审计，对兵团八建2007年至2008年损益真实性进行审计调查。

专项资金审计（调查）　对师廉租住房建设项目前期工作完成情况及2008年新增中央投资情况进行审计调查。

内部审计　2009年度，内部审计机构共审计单位151个，其中建筑安装单位147个，其他单位4个，包括老年公寓、大型机械租赁公司、雁池水泥厂、物业公司。查出违纪金额2517.85万元。

（撰稿人：焦　平　周　红）

科研、培训、出版、学术团体

【审计署审计科研所】 2009年，审计署审计科研所人员编制30人，在编人员23人；领导编制4人，实有人数3名。设有审计基础理论研究处、审计技术方法研究处、审计管理研究处、审计法制研究处、科研管理处。

领导成员

所　长：王秀明

副所长：于汉贵　刘力云（12月—）

课题研究 （1）开展“审计发挥免疫系统功能的途径和方式研究”课题的研究。该课题借鉴生物免疫系统的功能，在比较生物体免疫与经济社会运行免疫的异同基础上，分析和评价审计“免疫系统”功能的各种观点，界定审计“免疫系统”的功能。阐述了审计是沿着完善制度、推进民主和提高道德三条途径发挥“免疫系统”功能的，它的实现方式包括揭示外部冲击引起的系统性风险，评价政府与市场职能错位引起的系统性风险，揭示部门之间职能交叉导致的效率损失风险和部门内部责任履行不到位的风险。

（2）开展“新形势下国家审计为宏观调控服务的思考”课题的研究。该课题研究当前国家宏观调控的主要特点，论述新形势下国家审计为宏观调控服务的主要工作，提出国家审计服务宏观调控政策的未来趋势。

（3）开展“审计在责任政府建设中的作用”课题的研究。本课题在明确责任与责任政府内涵的基础上，分析责任政府建设中存在的主要问题，指出国家审计机关作为国家经济的监督部门，依法全面履行审计监督责任，充分发挥审计的“免疫系统”功能，对强化政府责任，推进政府依法行政和依法治国将发挥重要作用。

（4）开展“国有企业绩效审计难点及对策”课题的研究。该课题从国有企业绩效特点出发，阐述深化国有企业效益审计的意义，国家审计在国有企业效益管理中的定位，分析国有企业效益审计的几个难点，提出突破难点的对策。

（5）开展“企业国有资产法对国有资产审计的影响分析及建议”课题的研究。该课题详细论述国有资产在国民经济中的重要地位，从而决定了国有资产审计是国家审计的重要组成部分，分析贯彻实施《企业国有资产法》对国有资产审计将产生广泛而深刻的影响，提出完善国有资产审计监督制度的相关建议。

（6）开展“未来金融审计战略的选择”课题的研究。该课题揭示近期中国金融业已经暴露于审计中发现的风险、尚未暴露但已显露风险苗头的系统性风险、比较重要的非系统性风险，基于中国市场经济和金融产业发展的实际情况，金融审计“维护国家金融安全”这个最高战略目标，提出未来几年金融审计应当是“揭示系统性风险、评估金融政策、维护金融安全”的战略选择。

（7）开展“资源审计研究”课题的研究。该课题概括国家资源审计的形势，阐述资源审计的内容、主要对象、主要特点、评价指标体系的构建、发挥作用的基本路径，提出资源审计的方式，特别是在无法借助查账手段的情况下超越常规审计的审计方式等。

（8）开展“联合国审计及其对我国审计的启示”课题的研究。该课题介绍联合国审计的基本情况及参加联合国审计的意义，阐述了联合国审计计划、现场审计、审计报告三个阶段的主要内容，从审计的程序化与规范化、审计内容包括管理事项、重视对以往年度审计建议落实情况的检查和揭示、比较客观科学的审计方法、计算机网络在审计中的广泛应用等方面提出联合国审计对中国审计的启示。

撰写、编译《审计研究简报》《国外审计动态》

为深入学习实践科学发展观，深刻理解和把

握审计“免疫系统”功能，今年在撰写《审计研究简报》中，突出审计“免疫系统”功能的研究，重点研究“国家审计‘免疫系统’功能理论的基本概念辨析”、“充分发挥审计‘免疫系统’功能保障经济社会健康安全运行”、“审计‘免疫系统’功能的理解与探索”、“发挥国家审计的‘免疫系统’功能”、“‘免疫系统’框架下的国家审计管理途径”等问题。从审计“免疫系统”的理论来源与时代背景、审计“免疫系统”功能的表现方面、发挥审计“免疫系统”功能的思路和理念、实现审计“免疫系统”功能的途径等方面进行阐述。同时，紧跟审计工作的实际，针对近几年跟踪审计的开展情况，开展专题研究和调研，撰写2期《审计研究简报》，论述跟踪审计提出的背景、跟踪审计的定位和特点、跟踪审计的重点内容、跟踪审计的组织管理应把握的问题。还针对目前开展跟踪审计工作中存在的主要问题，提出加强和改进跟踪审计的建议，得到审计署领导的肯定。这些短、平、快的研究成果，为大家提出一些贴近审计实际的观点、思路和方法。

《国外审计动态》重点关注美、英、澳等国家审计机关的审计动态。针对全球性金融危机的影响，特别关注美国审计署在应对金融危机中的一些做法，主要编译了“2008～2009年美国审计署应对金融危机有关审计报告和证词摘要”、“美国审计署对金融风险监管状况的检查报告”、“美国代理审计长就金融监管体系改革向国会的证词——金融监管：制定和评估美国金融监管体系改革提案的框架”、“美国代理审计长就问题资产救助计划向国会的证词——增强监督救市资金的透明度和责任”、“美国审计署在美国国会的证词——美国企业外国收购国家安全审查的问题与改进”等，比较系统地介绍美国审计署关注的重点、工作做法、提出的审计建议等问题，为借鉴国外审计做法提供了有益的参考。

开展发挥审计“免疫系统”功能征文活动

2008年3月，刘家义审计长在中国审计学会五届三次理事会上，全面系统地阐述了国家审计的本质是国家经济运行的“免疫系统”，全国审计机关和广大审计人员结合深入开展学习实践科学发展观活动，围绕如何“牢固树立科学审计理念，充分发挥审计免疫功能”进行广泛深入的思考和研究，取得一批科研成果。为进一步推动这方面的理论研究，科研所组织“国家审计是经济社会运行的‘免疫系统’”的征文活动，得到各级审计机关和广大审计人员的大力支持和积极响应，共收到论文582篇。按照公平、公正、公开的原则，组织聘请署机关和院校专家进行匿名评审，确定70篇获奖论文，将其整理出版《审计“免疫系统”功能探索与思考》论文集，对广大审计人员继续开展审计“免疫系统”功能的研究和思考，并将其应用于审计实践起到积极作用。

组织撰写“新中国审计工作60年”特稿

2009年是新中国成立60周年。60年来，社会主义建设和改革开放事业取得举世瞩目的成就。按照审计署领导的指示，组织有关人员研究撰写了庆祝新中国成立60周年特稿“新中国审计工作60年”，经领导修改审定后，及时在《中国审计报》发表，并以单行本形式印发各有关方面。“新中国审计工作60年”概括地回顾新中国审计工作60年的发展历程，系统地梳理各项主要审计工作，提炼总结成功的做法和基本经验，对于宣传和了解审计工作具有积极意义。

（撰稿人：韩乃志）

【审计干部培训中心】 2009年，审计署审计干部培训中心（以下简称培训中心）人员编制38人，在编32人，领导职数4名。设有办公室、培训一处、培训二处、国际合作处、职业发展处、考试处（考试中心）、电教处、国际会计审计师培训部以及审计署怀柔干部培训基地（以下简称“怀柔基地”）。

领导成员

主　任：徐吉明（—2月）　陈太辉（4月—）

副主任：张　进（—4月）　刘建础

工作综述　2009年，在审计署党组领导下，培训中心以党的十七大和十七届四中全会精神为指引，深入学习实践科学发展观，认真贯彻落实审计署2008至2012年审计工作发展规划、人才队伍建设规划和干部教育培训规划各项要求，努力践行审计干部培训工作“三个服务”的根本宗旨，积极探索建立有利于审计干部培训工作实现健康、稳定、可持续发展的体制和机制，圆满完成各项工作任务。

培训体系建设　全年共组织实施各类培训班48期，培训4842人次。其中初任和任职培训班3期，培训359人次；专业培训班19期，培训2229人次；知识补充和更新培训班10期，培训1384人次；领导能力培训班5期，培训634人次；境外培训11期，培训236人次。

(1) 为贯彻落实审计工作发展规划中"不断健全具有审计系统特色的干部职业教育培训体系"的要求，围绕审计任务和审计事业发展需要，以审计队伍能力建设为核心，组织开展了审计干部职业教育培训体系课题研究工作，获得专家论证通过。审计干部职业教育培训体系研究将系统科学理论与教育培训实际相结合，并把体系划分为基础体系、支持体系和控制体系三个不同层级的子系统。在此基础上，指出体系中需要重点加强的各要素、各环节及其建设思路，为教育培训体系从理论结构到操作性系统所需经历的路线进行了规划。理论和战略层面的研究将为教育培训工作的进一步开展指明科学的发展方向，奠定坚实的理论基础。

(2) 司（厅、局）级领导干部培训在组织方式上，实现了从综合培训向专题研究的转变，分别以"加强审计监督，促进经济平稳较快发展"和"积极构建财政审计大格局，推动财政审计工作发展"为专题；在管理方式上，实现了从日常管理和服务向教学过程控制转变，充分发挥班委作用，利用学习简报通报教学和研究进展情况；在考评方式上，实现了从注重讲课内容掌握程度向注重研究成果的转变。刘家义审计长对该班给予高度评价，指出成功之处在于引导学员积极开展研究，共同受到启发，为以后开展好领导干部培训探索路子，积累经验。

(3) 集中培训以"认真履行审计职责，促进经济平稳较快发展"为主题，安排任务与要求、宏观形势、安全性审计和审计建设性、素质与修养、会计知识和审计公文写作水平摸底调查五方面培训内容，部分课程首次向全国省级以上（含计划单列市）审计机关同步视频直播，有效扩大培训覆盖面，充分发挥培训资源使用效益，取得良好反响。

(4) 新录用公务员培训班针对学员特点，围绕国家审计概览、公务员制度和任职能力、审计理论和实务、理想信念与使命四个教学主题，充分开展案例式、体验式教学并举行爱国主义教育活动，有效调动和发挥学员学习热情，增强学员投身审计事业的荣誉感和责任感，为其快速转变角色，适应审计工作岗位打下良好基础。

(5) 案例教学师资培训研讨班以体验式教学为主，通过培训和研讨，学员基本掌握了案例教学的基本理论和方法，基本明确了审计案例教学模式和教学要求，基本确定审计案例编写模板和编写要求，并初步形成8个审计教学案例。

(6) 专业培训班主要结合审计专业人才队伍建设要求，对审计业务骨干分行业开展政策法规、行业发展状况及改革进展、专业审计技术等培训，就工作中遇到的难点问题，采取专家引导、小组讨论等模式，开展了深入研讨，促进业务骨干了解行业审计相关背景，深化对相关问题的认识，进一步理清工作思路，掌握了有效的审计技术与方法。以会代训培训主要结合年度审计项目安排进行。通过讲解审计项目工作方案，进一步明确工作要求、目标和进度安排，统一审计实施思路，同时通过相互交流，推广好的审计实践经验和做法，为更好地开展项目审计奠定坚实基础。

(7) 市（地）和县级审计局长培训班在坚持既有成功经验做法基础上，进一步加强培训管理，建立学员培训档案，引入现场访谈、范例教学等新的教学方式，注重培训实效，使培训班真正成为市、县审计局长与署领导、署相关司局之间联系和交流的平台，帮助市、县审计局长进一步明确审计工作思路，学习借鉴好的经验和做法。

(8) 信息系统审计高级研讨班在全面总结信息系统审计实践、评估2007年、2008年两次培训效果和研究成果基础上，重点研究信息系统审计操作指南以及审计实施方案，为更好地开展信息系统审计和培训工作指明方向。

网络培训体系　2009年，审计署正式下发了《关于加强网络培训工作的通知》，标志着全国审计干部网络培训工作正式全面展开。培训中心面向全国审计机关发布了第一批网络培训课件，共计130门课程，总时长超过1800个课时，内容涉及思想政治、会计等相关知识、审计业务等多个领域，为解决培训供需矛盾、实现审计干部个人自主选学、低成本广覆盖的大规模培训审计干部提供了可能。

为进一步提高网络培训课件体系建设的科学化、系统化水平，培训中心根据审计业务特点，参照国内部分重点高校相关专业课程设置和中央党校、国家行政学院在党员干部思想政治理论及个人修养教学方面的情况，组织编制了《国家审计网络培训课件参考目录》（初稿），并以此为参考，开展课件采购和制作工作。同时，充分利用各级审计机关师资人才和典型案例素材资源，拓宽课件制作途径，创新课件制作方法，扩大课件制作队伍规模。截至 2009 年底，已完成第二批待发布课件共 79 门课程，总时长超过 800 课时，超额完成目标任务。

师资体系建设 根据加强审计案例教学的要求，举办案例教学师资研讨班，45 名审计系统内专家和业务骨干参加培训，系统提高师资的授课能力。整理现有师资情况，建立起较为详细的师资专家档案，初步形成由 172 名培训师资和 72 名考试专家（其中 9 人同时为培训师资）构成的师资专家库。师资专家库中，来自审计系统内部专家 85 人，来自高校、科研机构和其他部委的外部专家 150 人，既有讲授审计理论和审计战略的领导和专家，也有主讲审计实务和专门技能的专家和业务骨干，还有讲授宏观经济形势、改革进展和政策的权威大家。

教材体系建设 组织出版发行《审计相关知识专题研究》与《社会保障审计案例》2 本职业教育教材，完成《世界银行贷款项目审计操作指南》修订工作并印刷成册，组织《政府环境审计指南》的审校修改。全年累计发行各类图书 30 种，共 42882 册。此外，结合经济社会发展形势，围绕热点问题，编发了 12 期活页文选，总计 30 多万字，总印数 51600 册，方便审计干部选学相关内容。

考核评价体系建设 修订高级审计师资格考试大纲，重新再版修订初中高级资格考试教材，加强命审题工作环节控制与高级审计师资格考试网上阅卷流程管理，建立审计考试专家库，加强对考试专家后备队伍的选拔与培养，考试工作进一步规范。全国共有 25378 人报名参加 2009 年审计专业技术资格考试，其中 2629 人报考高级审计师、合格 521 人，18494 人报考审计师、合格 3709 人，4255 人报考初级资格、合格 688 人。

模拟实验室建设 大胆尝试在审计专业培训中引入现代模拟实验环境下的培训模式。经审计长会议同意，起草制定了模拟实验室建设规划，并且决定从建设项目审计模拟实验室入手，建设一个具备“造价工程师基础知识学习、计算机工程造价软件应用练习和模拟工程审计实务操作”三位一体的现代多媒体教学实验环境，帮助广大从事投资审计工作的专业干部，在形象逼真的建设工程模拟场景下，学习工程造价知识，掌握工程造价工具软件，对真实的工程建设项目进行审计，建设工作已取得初步成果。

多媒体宣传与电教服务 积极运用多媒体技术配合署机关工作重点，认真做好全国审计工作会议、“全国审计系统贯彻落实工程建设领域突出问题专项整治工作视频会议”等多个重要会议的现场转播工作，全年拍摄编辑各类领导讲话、专题讲座、灾后重建审计、农村饮用水安全项目审计等重要审计现场音像资料共计 200 个小时。大力配合署办公厅开展审计宣传工作，为中央电视台、北京电视台等国内主流媒体的《新闻联播》《新闻 30 分》《晚间新闻报道》多个栏目和《共和国部长访谈录》专题节目提供大量有价值的音像素材。以审计署官方门户网站为平台，制作播出 70 期《审计播报》节目，内容涉及全署党建廉政、重要会议活动、重大审计事项、业务培训学习、干部队伍建设等各个方面，并不断提升节目的思想内涵和传播价值，主动营造积极正面的宣传氛围，为发挥审计免疫系统功能做好舆论导向工作。

内部管理 （1）党支部认真落实署党建和纪检工作要点，党建工作和精神文明建设不断取得新成效，为培训工作发展提供了强大思想动力和作风保障，并光荣获得署机关“2007～2008 年先进党支部”称号。

（2）在进一步明确培训工作存在的主要差距、分析教育培训发展方向基础上，培训中心为有效完成教育培训工作发展目标和任务，从有利于教育培训事业发展的角度，对自身职能定位和发展方向进行深入分析，设想“调整增加教育职能”和“参照公务员法管理”两个可行方案，力图在改革和发展中解决目前培训中心和教育培训工作所存在和遇到的各类问题，以使教育培训工作职能更完整、业务更全面、管理更深入、工作更专业，不断适应新时期审计事业发展和审计队伍建设的更高要求。

（3）围绕审计署党组提出的“实、高、新、严、细”工作要求，针对培训工作涉及面广、责任重、影响大、事无巨细的特点，对各个处室主要工作流程规范和质量控制节点进行全面梳理，修改、充实和完善，保证主要工作在计划、分工、落实、实施、调整、检查、评估的各个阶段都有章可循，并全面推行项目管理制、请示报告制、工作流程复核制和重大事项集体讨论（议事）制，把减少纰漏瑕疵、降低失误率作为完成每项工作的基本准则，倡导“换位思考、多问为什么”的工作理念，及时总结和交流各处室在工作中形成的有利于改善管理、提高质量的做法和经验，相互学习，实现培训中心工作水平的全面跃升。

（4）加大队伍建设力度。组织干部研讨业务，参加网络培训、案例教学、等相关课题研究。采取“请进来，走出去”的方式，做好培训中心自身的培训，聘请外部专家讲课，选派十余人次参加党校、TOT、BFT 学习。组织丰富多彩的集体活动，构建和谐的工作氛围。

基地管理　怀柔基地不断加强党支部、团组织建设，进一步加强制度建设、财务管理、资产管理、节能降耗、安全管理等工作，较好地完成全年工作任务。2009 年，成功接待内外宾客 38581 人，实现经营收入 1842 万元。

（撰稿人：华海峰）

【计算机技术中心、信息化建设办公室】　计算机技术中心（以下简称中心）现有四个处：系统运行处、网络管理处、辅助审计处、应用技术推广处（兼办公室）。信息化建设办公室现有网络与安全建设组、应用系统建设组。实有工作人员 29 人。

领导成员

主　任：王智玉

副主任：李进建　于广军

总工程师：杨蕴毅

信息化建设办公室主任：周德铭（兼办公厅巡视员）

信息化工作的协调和指导　（1）与国家相关信息化建设部门的联系与沟通。按发改委的要求进行金审工程一期项目自我总结，报《金审工程一期项目后评价报告》，接受发改委评价评估。检查 2008 年中央财政支持中西部审计信息化转移支付资金应用情况，结果报财政部。协助办公厅向财政部申请补助中西部地区信息化建设资金。向财政部申请二期 2009 年度应用系统研制集成和网络系统建设集成、安全单向数据自动导入系统、SQL server 数据库国外系统软件单一来源采购方式，经批准后委托中央国家机关政府采购中心组织采购。接待其他部委信息化建设部门、国家信息中心等单位的来访，介绍审计信息化建设的经验和做法，参观审计数据中心。

（2）指导、支持地方审计机关信息化建设。印发《金审二期工程中央本级建设部分初步设计方案和投资概算（简本）》，促进地方审计机关按照审计署金审工程的统一规划、统一标准，结合本地实际情况，积极协调相关主管部门尽快立项，尽早启动金审二期工程建设和应用。了解金审工程二期中央对西部地区补助资金的落实情况。组织浙江、湖北两省采用自主信息化装备和信息安全等级保护要求进行国家审计交换中心省级分中心的试点。组织对辽宁、河南、湖北、江苏、广东、上海、重庆、四川、云南等省和相关地市区县审计信息化情况的调研，指导地方审计机关的信息化建设。调研并宣传浙江省宁波、绍兴、嘉兴等地方审计机关开展联网审计的做法，受理批复了浙江省及宁波市、丽水市、绍兴市、福建省福州市、河南省、贵州省贵阳市、湖北省、江苏省无锡市等地方审计机关申请使用金审一期联网审计成果，加快地方对重要行业联网审计的进展。

（3）推广应用一期开发的 AO 和 OA 两个系统。继续举办 AO 实例征集活动，推动 AO 的深度应用。评选 2008 年 AO 应用实例，通报评选结果并对获奖的项目和获奖组织单位进行了奖励，继续征集 2009 年度 AO 应用实例，收到实例 2151 篇。向各派出审计局征集部门预算执行审计方法应用实例，其评选结果将列入 2009 年度 AO 应用实例结果一并通报。支持地方审计机关部署 OA 地方版和 1 拖 N 版。审核并批复 59 个单位部署 OA。截至 12 月底，36 个省级机关、206 个市级机关、1404 个县级机关共计 1646 个单位已完成 OA 部署，155 个单位正在部署。

（4）制发计算机审计实务公告，提供技术指导。累计完成了数据中心基本规划和中央部门预算执行审计、金融审计（商业银行）、企业审计、社保审计（社会保险）、外资审计、海关审计、国税审计、地方税收审计、地方财政审计等 9 项专业审计数据规划，安排了环保审计、投资审计、经济责任审计（乡镇领导干部经济责任审计）3 项专业审计数据规划。

累计完成了中央部门预算执行审计、金融审计、社保审计、海关审计 4 项审计方法体系建设，安排经济责任审计（乡镇领导干部经济责任审计）方法体系建设。

现已制发计算机审计实务公告 21 个，其中各个应用系统的技术规格说明书、操作指南 7 个，有关数据规划 10 个，有关计算机审计方法体系 4 个。编写并发布了《联网审计技术规格说明书》。

（5）建章建制完善审计信息化的管理规范。制定了国家保密局要求的涉及国家秘密的信息系统分级保护的技术和管理的 8 个管理制度。已组织各个特派办起草的信息化管理制度（范本），正在逐个整理、印发。现已制定近 20 项审计信息化管理制度。

（6）协调署机关各单位、各特派办的信息化建设工作。按照署领导要求，调研署机关各单位信息化建设需求，制定工作方案、落实相关工作，印发了《审计署办公厅关于印发当前审计信息化工作的主要任务及责任单位的通知》，为充分发挥审计保障国家经济社会健康运行的“免疫系统”功能，根据审计工作的长远发展需要，结合金审工程规划建设，研究提出了审计署下一步加强审计信息化工作的 6 个方面 40 项主要任务及其责任单位的意见。协助人教司完成对特派办 2008 年的信息化考核，协助行政事业司完成对派出局 2008 年的信息化考核。

金审工程二期建设　（1）金审工程 2009 年预算执行计划基本完成。2009 年发改委和财政部安排年度建设预算资金 3886 万元，上年结转 3587.54 万元，本年可用预算资金 7473.54 万元。通过招标和政府采购安排 77 份采购合同，安排项目预算资金 7792.66 万元，国库集中支付资金 7149.03 万元。2008 至 2009 年累计安排预算资金 12000 万元，国库集中支付资金累计 11675.49 万元，国库支付执行率为 97.29%，2009 年底国库预算指标余额为 324.51 万元。

2009 年组织了 77 个招标和政府采购合同项目，44 份合同项目采用政府协议采购，其他为招标投标合同项目。其中，应用系统研制集成、网络系统建设集成、审计数据中心所用操作系统和数据库、信息安全单向导入设备等，均报财政部批准采用单一来源采购方式购置。

2009 年安排的 77 份招标采购合同项目预算资金总额 7792.66 万元中，购置审计数据中心国外数据库和操作系统 522.18 万元。2008 至 2009 年共购置国外产品 704.09 万元，占项目合同资金总额 13544.83 万元的 5.19%，其余均采用国产工程、货物和服务。

2008 至 2009 年安排合同预算支出 14101.1 万元（含一期结转 556.28 万元），形成信息资产 13644.11 万元，形成资产率为 96.76%。

使用工程管理软件跟踪金审工程二期各分项任务进展情况，登记合同 102 个，登记财务支出 208 笔。

（2）审计数据中心建设取得了决定性的进展。完成审计数据中心的土建工程。审计数据中心改建工程竣工，审计专网主机房、互联网和通信机房、数据处理机房、存储主机房均已投入使用，较为彻底地改变了数据无处存储、处理的局面。1000 平方米的长沙数据备份中心竣工，建成涉密数据和非涉密数据两个备份机房，以及相关环境设施。12 月长沙特派办局域网工程通过验收检查。

建设专网安全认证系统。按照金审工程二期规划要求，在审计署完成了专网 CA 系统，包括 RA 制证系统，CA 认证系统、安全客户端软件（微点主动防御软件、迷彩 U 锁控制台、专网连接认证和 CA 认证）的部署，完成了 OA 平台升级和其相关应用软件适应性改造。目前共发放迷彩 U 锁及 CA 证书 974 份。

建设密网安全认证系统。根据金审工程二期规划和涉密网络分级保护要求，对在审计署密网运行的应用系统进行安全改造，包括增加 CA 身份认证、OA 平台安全改造。目前改造工作已经完成，尚未部署。

建设审计数据中心数据存储系统。根据金审工程二期规划的要求，已经在审计专网完成了一套磁盘有效容量为60TB的存储系统，具备了为海量数据提供存储与处理的能力。目前企业审计部分数据已经装载到存储中并为企业司提供服务。

建设审计数据中心监控系统。根据金审工程二期规划的要求，已经完成审计署专网监控系统的建设，通过监控系统能够实时掌握审计署、特派办、派出局网络设备、服务器、应用系统的运行情况。监控系统部署在审计数据中心的总体监控室。

建设专网交换中心。专网交换中心目前正在建设中，已经完成数据共享、项目管理（试运行）模块，数据交换模块正在建设中，可逐步实现信息化条件下大型项目审计组织管理，以满足审计业务和审计管理的工作协同。

（3）中央部门预算执行联网审计继续积累数据。有24个派出审计局的30家一级预算单位部署了31台前置机。有19个派出局与23家被审计单位达成协议，通过拨号或审计专网向审计数据中心回传数据。2009年有16个派出局的20家单位财务数据正常回传到了审计数据中心。到目前为止，审计数据中心存储了2700套从前置机传回的账套，存储了10430份单位预算。

支持和参与审计业务　（1）支持并参与署机关业务司、派出局的审计业务。承担了署机关业务司、派出局使用AO的技术支持服务，开发新的转换模版。配合农业司、财政司和企业司实施大项目统一组织管理，共传输了692个领导查阅包，涉及项目组55个。

派人参加联合国审计维和项目。参与对原中国联通、原中国网通法人代表任职期间经济责任履行情况的审计，按照企业司、南京办、太原办等参审单位的要求，准备并下发审计数据。按照审计工作方案，编写信息系统审计工作方案和实施方案，并组织实施五个审计域的审计工作。

（2）实施信息系统审计探索。在办公厅和企业司的大力支持下，继续实施对中化集团的信息系统审计。12月8日向中化集团发了《审计署办公厅关于送达信息系统审计报告的函》。

面向全国审计机关征集信息系统审计案例，截至9月10日共征集210个案例，从中选取了25个较典型的案例，于12月16日在南京召开信息系统审计案例系统座谈会。

对各特派办信息系统审计工作的人才储备情况和近年来开展信息系统审计项目情况进行调查了解。通过调查，掌握了各特派办的信息系统审计人才现状，了解特派办对信息系统审计工作的认识和参与积极性。

以财政部等五部委发布的《企业内部控制基本规范》及相关指引为基础框架，编写完成了信息系统审计指南初稿。

审计署信息化系统的运行和维护　（1）保障了“三网”的持续运行，为机关提供信息化管理和办公环境。

审计内网是运行涉密信息的网络，网络连接到省。1月20日完成了审计专网与审计内网的网络切分。现在25个派出局、双榆树办公区的所有单位和在外办公的3个事业单位、怀柔基地、18个特派办均接入了审计内网。34个省级审计机关以单机接入方式接入审计内网远程站邮件的访问，河北、福建、青海省审计厅未提交单机接入署机关大楼的审计内网的申请。审计署涉密系统运行在审计内网上，署机关密网信息点360个，接入260余人。

审计专网是借助于国家电子政务外网建设的非涉密网，计划实现中央到县的四级互联。5月22日，审计专网服务器和网络设备从审计署主楼迁移到审计数据中心专网主机房和专网络机房。现在25个派出局、双榆树办公区的所有单位和在外办公的3个事业单位、怀柔基地、18个特派办、37个省级审计机关均接入了署机关大楼的审计专网。审计署的主要办公系统运行在审计专网上，署机关专网信息点1368个，接入700余人。

5月15日审计署互联网服务器和网络设备从署主楼迁移到审计数据中心。审计署互联网信息点432个，接入400余人，在互联网上运行的有审计署的5个网站。

中心经历了涉密网机房改造、审计数据中心土建改造、审计内网与审计专网切分、署机关各单位搬至华审宾馆办公等较大的工程，“三网”设备几经搬迁调整。为了保证署机关和各级审计部门审计工作正常有序，中心（信息办）反复设计、优化方案，调配各方面资源，全部利用节假日和夜间工作，顺利地完成了各次调整，保证了所有设备运转，系统正常，没有出现工作日大面积的停网，没有因为设备搬迁而对机关日常工作和审计工作产生重大影响。

（2）提供经济适应的计算机设备，保障审计和办公的需要。目前署机关在用的计算机将近 2000 台（专网、内网、互联网、联合国审计、培训、周转等），日常的管理、维护工作十分繁重。国家对保密工作提出要求后，实行分类管理严禁混用、更换计算机硬盘、清理计算机硬盘上的数据、购置涉密计算机拆除不符合要求的多余部件等，平添大量工作。在这种情况下，以有限的资金，向署机关提供了经济适用的计算机设备，保障了审计和办公的需要。

（3）利用已建成的专网通道，实现署机关大型会议的视频转播。先后完成了“审计署开展深入学习实践科学发展观活动总结大会”、“我将青春献审计”青年英语演讲比赛、2009 年度集中培训部分课程视频转播、贯彻落实工程建设领域突出问题专项治理工作会议、部署工程建设领域突出问题专项治理工作会议和 2009 年的全审工作会议的视频转播。今年视频转播的覆盖范围从署机关、特派办扩大到 31 个省级审计厅局、5 个计划单列市审计局和新疆生产建设兵团审计局。

（4）充分利用审计专网带宽，丰富应用内容。搭建网上培训平台，130 个新培训课件在这个平台上下发各审计机关。保证公文分发畅通，保证审计计划、审计报表、联网审计数据加载传输畅通，保证 RTX 即时通讯、公告、邮件等通讯平台畅通。加载维护法规、宏观经济信息、专家经验等资料数据。

（5）继续开展计算机培训，进一步改善审计队伍的知识结构。继续组织审计署计算机审计中级培训和审计署计算机中级水平考试，今年共举办三期培训，参加培训共 136 人；组织了 6 次考试，参加考试的有 1009 人次，通过考试的有 497 人。到目前为止，审计署共举办中级培训 26 期，培训 1442 人；组织计算机审计中级水平考试 42 次，通过计算机审计中级水平考试 3314 人。

继续组织 AO 培训认证考试，今年组织了 3 次考试，参加考试共有 23000 多人，已合格人员有 11861 人。今年第三次有 15000 多人参加。AO 培训认证考试对一线审计人员掌握 AO 操作并应用于审计业务起到了重要的推动作用。

审计信息化科研和对外交流　（1）会计标准。拆分现有的《信息技术会计核算软件数据接口》（GB/T19581），组织修订企业版、行政事业版、总预算会计版、商业银行版四个标准。征集观察员，开通全国审计信息化标准化技术委员会互联网网站。

（2）信息化科研。科技部批复《政府预算执行动态审计监测关键技术研究与示范》项目立项，完成了可行性研究报告的编写和论证，落实了课题承担单位，正在准备课题预算申报。

中国内部审计协会批复了《数据式系统基础审计理论和实践研究》课题，正在组织相关单位实施。

与中科院合作的《联网审计技术研究与应用》通过了专家组的评审验收。

完成 GAO 的信息系统审计手册（FISCAM）的翻译工作。

（3）外事交流。继续做好 IT 审计委员会中国工作组的日常工作，跟踪 IT 审计委员会官方网站，翻译重点文章的摘要，为杂志和网站提供稿件。前往卡塔尔多哈，参加世界审计组织 IT 审计工作组第 18 次年会，并于会后顺访了乌克兰审计院。

接待印度尼西亚审计人员来访，专项调研中国审计信息化建设情况。在为期四天的访问中，中心介绍了中国审计信息化概况、中国的软件开发指南、中国的 IT 审计、AO，介绍了会计核算软件数据接口标准。印尼方面则介绍了信息系统审计技术在审计项目中的应用、审计项目信息管理软件、计算机软件在工作中的应用。

5 月，组织有工信部、发改委、财政部人员参加的“国外审计信息化考察团”，赴澳大利亚、新西兰考察，完成考察报告。

党风廉政建设　中心已连续八年被评为中央国家机关文明单位，连续两年被评为首都文明单位。中心王智玉主任被评为“2008 年度中央国家机关精神文明建设先进工作者”。中心党支部跟随机关党委参加了与京郊农村开展文明共建活动，与门头沟区斋堂镇法城村结成共建对子，并向共建村捐赠了台式计算机；参观白洋淀雁翎队纪念馆，接受爱国主义教育；组织向贫困地区捐款捐物；组织健身活动。

中心的工作在业内也得到好评。在中国电子信息产业发展研究院和中国信息化推进联盟主办的“2009 年中国 IT 用户年会”上，中心王智玉主任被评为"新世纪十年信息化建设优秀人物"。信息办周德铭主任在由 IT 价值联盟、《商业价值》联合举办的 2009 年度中国最具价值 CIO 评选颁奖及论坛入选 50 位最具价值 CIO 奖，并获最佳领导力单项奖。

中心一贯注重加强廉政教育，提高防腐的自觉性，保持廉政工作的高压态势。在工程管理过程中，严格执行政府采购规定，严格执行审计人员"八不准"和金审工程"六不准"纪律。目前没有发现不廉洁行为，没有发现以权谋私的现象。在财务管理上，中心接受行政事业司组织的 2008 年预算执行审计，没有重大问题；接受财政部的小金库专项检查，没有重大违规问题。

（撰稿人：程建勤）

【中国时代经济出版社】 2009 年，中国时代经济出版社（以下简称出版社）在编职工 33 人，招聘职工 67 人，领导职数 5 名。设有职能管理部门：行政人事管理部、财务部、总编室。业务部门：期刊编辑一部（即《中国审计》编辑部）、期刊编辑二部（即《中国审计年鉴》、《中国财经审计法规选编》编辑部）、图书编辑一部、图书编辑二部、对外合作部、期刊营销部、图书营销部、教材编辑出版中心、编审室。二级企业为《生活杂志》杂志社。控股公司为北京时代先博多媒体科技有限责任公司。

领导成员

社长兼总编辑：宋灵恩

副社长兼副总编辑：杨岗

副社长：乔晚根

纪检组长：丁方

副总编辑：林晓靖

工作综述 全年共出版图书 561 种，其中新书 287 种，修订、重版图书 274 种，重版率 48.89%。全年共出版各类图书 213.82 万册，发行各类图书 200.65 万册。征订《中国审计》杂志 64207 份，比上年增加 2607 份，期刊发行码洋 1232.77 万元，比上年同期增长 4%。全年实现总发行码洋 8990.43 万元，比上年同期增长 5.3%，实现总收入 5616.47 万元，比上年同期增长 12%。全年实现利润总额 792.17 万元，比上年增长 26%，被新闻出版总署评定为"全国百佳图书出版单位"，从而使该社在全国近 600 家出版社中跻身前 100 名行列。

审计宣传与审计书刊出版 认真贯彻落实全国审计工作会议精神，严格按照刘家义审计长提出的"六个一"要求，充分利用《中国审计》平台，继续发挥财会、审计类等专业图书出版的优势，进一步促进审计宣传和审计书刊的出版工作。

为贯彻全国审计工作会议精神，宣传审计工作方针政策，组织刊发了《全国审计工作会议全观察》《围绕经济平稳较快发展，充分发挥审计"免疫系统"功能》《大力加强审计队伍建设，推进审计事业科学发展》等专题。

为大力宣传温家宝总理"财政资金运行到哪里，审计就跟进到哪里"的重要指示，组织策划《温总理的审计愿景》《非常时期，非常使命——做好"跟进"审计大文章》专题。

为贯彻落实中央治理"小金库"电视电话会议精神，组织并完成《"小金库"缘何屡查屡犯》等专题。

为宣传新中国成立 60 周年审计工作的辉煌成果，完成《建国 60 周年审计回眸》专题。

为反映审计署对救灾款物跟踪审计的成效，在总编辑宋灵恩的直接策划下，组织记者奔赴一线采写了《两千亿救灾款物的审计壮举》《灾后重建的审计守望》《跟踪审计全面打响"免疫"战》专题。

为宣传审计工作在保增长、保民生、保稳定中的重要作用，完成《宏观调控，提振地方经济信心》《基层审计，怎样为地方经济社会"免疫"——济宁市审计工作机制创新启示录》专题。

为进一步推广和应用审计署业务司局的重要调研成果，组织完成《关于深化资源环境审计工作的思考》《财政审计的回顾与思考》《我国社会保障制度现状及社会保障审计展望》等专题。还组织召开了发挥审计"免疫系统"功能第三次学术讨论会，参会人员近 200 人，征集学术论文近百篇。

在做好《中国审计》编辑出版工作的同时，全年出版审计类图书 41 种，比上年增长 13 种，单本效益均好于往年；出版内部控制类图书十余种，其中《08' 中国国有企业内部审计发展研究报告》、《政府绩效审计》均已加印，《违反财经法规行为审计定性和处理处罚向导（上、下）》年内已第四次加印，单本回款达139.09万元。由该社策划，知名审计学专家王光远、时现教授主编的《内部审计前沿报告书系》已出版，其中《内部审计思想》和《全球信息系统审计指南》已销售近2万册。

由该社承担的《中国财经审计法规选编》、《中国审计年鉴》的编辑出版工作，以及审计署交办的有关图书、资料的编辑出版工作，均按计划如期圆满完成。

综合类图书出版 在全年已出版的图书中，《中华人民共和国经济史》、《中国时代经济名家丛书》（20部）、《中国经济学家理论贡献纲要》（上、下册）等已被列为新闻出版总署新中国成立60周年重点图书和国家"十一五"规划重点选题。《中国时代学术文库》（已出版十几种）、《报告系列丛书》、《关注丛书1—2》（各5本）等图书出版后得到了专家学者、领导干部的好评，现已成为该社时政类图书的品牌。《张伯华教作文系列》等作文系列图书已批量出版60种，形成作文品牌的规模效益。《和明星去旅行》荣获2009最受大学生欢迎的旅游图书奖。纪念汶川地震一周年出版的图书《汶川案例》（应急篇、决策篇、重建篇）、《非常使命——中国"5·12"抗震救灾审计纪实》社会反响良好。

高等教育教辅图书出版 根据图书市场变化，于年初制定了"减品种、减投入、保市场"的高等教育教辅图书"两减一保"的出版策略。全年总投入为95.94万元，发货码洋550余万元，较上年同期增长6%，进一步降低了库存，发货与库存比例达到94∶6。全年出版新书14种，重印58种（次），达到"大学教辅系列图书"出版总品种104种的55.77%。

对外合作出版和版权贸易 与中国留学生服务中心和英国SQA合作的HND项目，全年共编辑出版HND原版教材35种，累计出版已达172种，全年收益为407万元，较上年增长31%。该项目运行五年来，已累计实现收入1550余万元，从2005年起已实现投入与产出持平，自2007年起，该项目每年均有盈利。

2009年，坚持"走出去、引进来"的出版战略，从澳大利亚引进了在国际上具有良好反响且潜在效益明显的系列金融丛书，其中包括在我国上市的第一套金融风险管理与衍生金融工具书《结构性产品》（第一卷、第二卷）和《衍生产品与定价》《风险管理》《信用衍生产品》等，并在翻译的基础上进一步细分市场，撰写本土化的系列图书；《当代英美新闻传播高级实务译丛》项目涵盖新闻传播学的各个领域，旨在引进发达国家先进新闻理念，以国内开设新闻专业的重点院校为依托，进一步拓展市场，与项目配套的翻译工作也在进行中。

数字化出版 一年来，继续坚持"同业合作、异业结盟、跨媒体发展"的新思路，进一步发挥"跨媒体数字出版平台"的作用，积极探索新的出版模式。通过借助数字技术、网络技术和软件技术，将传统出版与互联网无缝融合，深入发掘图书的跨媒体阅读功能，以多种技术形式来满足读者对图书的全方位需求。该社投资控股的北京时代先博多媒体科技有限公司结合传统图书推出了第二代图书形式——图书2.0，即跨媒体图书，制作多媒体读书卡129100张。该公司还将跨媒体出版和企业知识营销进行整合，提出了新颖的企业知识营销解决方案。经过近两年的试运营，现已与十多个行业中多家知名企业建立了合作关系，在数字出版行业产生很大的影响。

图书营销 通过调整图书发行片区和人员结构及业务模式，修改完善营销管理制度等措施，进一步提高了图书营销能力。在2009年全国图书订货会上，参展图书给全国的批发、代理商、书店及业内的同行留下深刻的印象。中宣部、新闻出版总署和审计署领导给予充分肯定。加大图书营销网络建设力度，开发新的业务网点26家、清理拖欠款户30余家，实洋近81万元。2009年图书批销回款为2118万元，当当网全年回款较上年增长23%、卓越网图书销售额较上年增长100%，两家网上销售年回款共计160万元。

为抵御全球金融危机和图书批销行业整合的双重影响给图书市场带来的压力，采取各种措施，主动出击，在农村书屋以及中小学图书馆配招标项目方面想办法，经过多方努力最终在各省的17家招标活动中成功中标，中标图书码洋达320余万元。2009年单品种图书销售码洋250万元，实洋100万元。针对上海图书客户分散、不易管理的状况，及时在该地区选定图书代理商，极大地促进本版图书的营销与管理。还策划组织多次营销宣传活动以及参加全国的书市订货活动。针对《张伯华作文》系列的特点，分别在常州、武汉、长沙、山西、宁波等地进行16场专题讲座及签售活动，听讲学生近万人。通过采取积极有效的发行方式，使图书单品种发行量有了很大提高，其中《中国国策报告(2008—2009)》《中国图书发行史（增订本）》《我为人民说真话》《非常使命——中国“5·12”抗震救灾审计纪实》《Photoshop数码人像后期修饰魔法72变》荣获中国书刊发行业协会“全国优秀畅销书奖”。

经营管理　2009年，积极应对中央部委所属出版社转企改制的实际，扎实推进与创新体制、转换机制有关的各项工作，着手建立与具有完全市场主体资格的现代出版企业相适应的内部管理机制。

(1) 严格遵守《中华人民共和国劳动合同法》《中华人民共和国劳动合同法实施条例》和与之相关的部门及属地政府的有关规定，依法办事、合规操作，切实维护了单位和职工的合法权益。在巩固过去改革成果和总结经验的基础上，进一步完善了用人制度、考核制度、奖惩制度和激励机制，在分配方面坚持效率优先、兼顾公平的原则，充分调动全社员工的积极性和创造性，推动出版业务和其他经营活动持续发展。

(2) 为适应未来出版社的企业化管理和市场化运营，在全面分析论证社内各机构运行情况的基础上，结合出版社长期从事审计宣传工作所形成的专业、人才、资源方面的优势，以及宣传审计、服务审计的特殊任务，适时地对部分机构和人员进行了调整，使社内机构设置和人员构成更趋合理，在一定程度上减少了不符合出版社发展方向、不适应市场经济要求的消极因素，进一步强化了自身的专业特色。

(3) 完善各类规章制度。该社根据经营管理的需要，对现行规章制度进行修改和完善，先后制订《中国时代经济出版社书号管理办法》《中国时代经济出版社选题管理办法》《中国时代经济出版社简明图书印制成本核算指南》等一系列新的规章制度，初步构建了涵盖图书编辑、出版管理、财务核算等主要工作环节的制度体系，形成了比较科学、系统、严谨的业务工作流程，使各部门的经营活动更加规范。

(4) 根据出版行业的特点，进一步加强对原材料的管理，定期审核原材料购进、使用的出入库情况，定期核对库存及出入库情况。同时强化对固定资产的管理，严格审核各部门固定资产的申购，建立固定资产卡片，定期对固定资产进行盘存，做到账物相符。

(5) 推进信息化建设。根据实施全面系统管理的总体规划及该社对编辑、出版、发行、财务等业务管理与核算的特殊要求，通过深度开发内部管理软件系统，拓展系统模块，细化管理单元，在出版与发行业务流程管理、单据处理、财务核算与统计分析、信息管理、书库远程管理等方面实现了电子化，显著提升全社的基础管理水平。

(6) 积极推进员工队伍建设。为实现创建一流出版社的发展目标，一年来，积极推进以政治过硬和专业化为方向的员工队伍建设工作，有效提升员工的思想观念和整体业务素质。

在努力实现员工队伍政治过硬方面，主要是通过开展有针对性的政治思想教育活动，不断提高员工的思想观念和政治觉悟。一是结合学习实践科学发展观、学习贯彻党的十七届四中全会精神等活动，举办专题报告会，邀请中央党校等单位的高水平学者，为全社员工作专题辅导报告，以提高员工对党的方针政策的理解能力和对国内外政治经济形势的把握能力。二是在自然灾害发生之际，号召和组织员工积极参加捐款、捐物等献爱心活动，激发员工热爱祖国、爱热人民的热情。三是组织生动活泼的参观践学活动，通过参观革命传统教育基地，对全社员工进行革命传统教育，引导广大员工以英雄人物为榜样，进一步增强在本职岗位为审计宣传事业建功立业的信心和决心。

在努力实现员工队伍专业化方面，一是安排业务部门负责人参加新闻出版总署组织的编辑部主任培训班，以提高他们对出版业发展与变革的认识水平，增强他们策划图书选题以及规划、组织图书编印工作的业务能力。二是与新闻出版总署培训中心合作，安排编辑人员分批参加编辑业务培训班，以开阔他们在联系作者和编辑图书时的观察视野和工作思路，进一步提高他们编辑加工图书的技巧和能力。三是为社内书刊编辑人员创造良好的环境和条件，鼓励他们积极参加新闻出版总署于2009年启动的编辑人员职业资格注册登记，使社内多数编辑人员取得了能在未来从事新闻出版工作的职业资格。　（撰稿人：王文友）

【中国审计报社】　2009年，中国审计报社（以下简称报社）在编人员28人，编外人员23人，领导职数4名。设有办公室、总编室、新闻部、专刊部、发行部、广告部、财务部、信息技术部。

领导成员

社长兼总编辑：刘玉慧

副总编辑：姚汝杰　陈胜利

纪检组长：张友芳

工作综述　2009年，在署党组的正确领导和全国各级审计机关的大力支持下，报社坚持以科学发展观统领审计宣传工作全局，坚持“立足审计、面向市场、利用优势、办出特色”的办报方针，紧紧围绕署党组的各项决策和工作部署，解放思想、大胆创新、内树正气、外树形象，充分发挥了《中国审计报》在审计宣传工作中的主阵地作用，做了大量富有成效的思想宣传和舆论引导工作，办报质量不断提高，经营工作有序开展，为审计事业发展提供了强有力的舆论保障。

新闻宣传工作　（1）开展重大主题宣传报道。2009年，报社围绕署党组的各项中心工作，始终坚持正确舆论导向，把握社会关注的热点和难点，先后组织了“两会”、审计工作会议、审计长向人大作报告、审计工作座谈会、审计质量评比、“五五”普法活动、审计结果公告、共和国五任审计长访谈等大型报道活动。在这些报道中，重点安排采编力量，科学编制报道计划，既突出了报纸权威性、指导性，又增强了报纸的感染力、引导力。同时，不断增强各项宣传报道的计划性、预见性，完成了庆祝新中国成立60周年、汶川地震一周年特别报道、经济责任审计十年、纪念“五四”运动90周年以及重要节日、纪念日的报道工作。先后推出了《为祖国建设添砖加瓦——庆祝建国60周年》《透过审计看发展》《我·祖国·审计》《风雨十年情——我与〈中国审计报〉》《审计精神文明建设巡礼》《审计队伍建设巡礼》《审计进行时》《治理小金库》《张灯结彩迎华诞》等一系列新栏目，报纸宣传呈现出主题突出、特色鲜明的态势。

除重大题材宣传报道外，报社注意追踪审计工作动态，开展深度报道，先后对病险水库、家电下乡、金融危机调查、廉租房、种粮补贴等审计项目和审计调查结果进行综合报道，增强报道的冲击力，起到较好的宣传效果。

（2）创新报道形式。2009年，报社立足审计工作，创新报道形式，不断增强报纸的可读性，在贴近性上取得新进展。如在“两会”报道中，配合“三八”节的到来，记者利用“两会”采访空隙访问了著名形象设计师张晓梅和专门研究家庭孝道的叶剑英的女儿凌孜，从女性和家庭着眼，刊出“三八”节特别策划“女政协委员谈女性”，话题既有新闻性也有一定的可读性。在新中国成立60周年的报道专刊中，把文章的着重点定位在“中国特色”上面，如发展观的历史演进及时代意蕴、中国特色社会主义的历史及前景、新中国的时代精神等，既有思想性又有时效性。在纪念“五四”运动90周年的报道中，把史学和现实联系起来，着重解析“五四”运动和现代社会的结合，采访了武汉社科院“五四”运动的研究员，文章由浅入深，以史鉴今，解析了“五四”运动精神的精髓和对现代社会的影响，以及如何更好地发扬“五四”精神。文章刊发后被多家媒体转载。

（3）加强多角度报道，形成合力。在2009年的各项重大报道中，无论是新闻部的版面，还是专刊部的每个特刊，报社采编部门既各司其职，各尽其责，又能加强统筹，协调配合，充分调动全体采编人员的智慧。如在庆祝新中国成立60周年的系列报道中，除新闻部开设的常规栏目外，《财经周刊》做了一个反映60年成就的专版；《学习周刊》开辟了“60年审计与共和国共成长”专栏和“庆祝中华人民共和国成立60周年专稿”；《周末特刊》则开辟了“亲历60年”和“祖国颂”等栏目。通过一系列、多角度、各具特色的报道，形成宣传报道的合力，使报纸在一定时期的报道意图更加鲜明。

（4）重大报道以策划为先，编辑意识先行。报社高度重视新闻策划工作，坚持重大报道策划为先，确保宣传报道质量。除每周编前例会外，报社从2009年开始，还组织每季度召开一次采编工作的策划会议，研究落实下一阶段的策划方案和报道选题，推动报社的宣传策划整体水平，工作效果十分明显。

（5）组织2008年度好稿件评选工作和征文评选。2009年好稿件评选工作在以往评选的基础上，增加了“好副刊作品”“好评论”等评选项目，使评选内容更加丰富。同时，报社还组织了“老照片背后的故事”和“我与审计”两个征文活动的评选，从评选的结果看，好新闻和好副刊作品的获奖数量和质量明显提高，好评论作品和好版面的获奖数量也大幅度增加。“老照片背后的故事”和“我与审计”征文来稿总体质量较高，达到了评选活动的预期效果。

（6）进一步明确报纸定位，完善报纸栏目和版面。2009年，报社对一些内容有重复的版面和栏目进行合并。经过调整后，各版面的可读性和指导性都得到了明显的增强。《考试周刊》经过两年多的运行，已经形成独特的风格，树立起品牌，并且拥有一部分读者群。但随着读者阅读需求的不断变化，报社经过充分的酝酿，多次召开会议研究，反复修订改版方案，广泛征求意见，最终形成将原《考试周刊》的内容调整到由网站管理，创办《内审专刊》的方案，增强报纸的趣味点，扩大报纸的阅读市场。

（7）报网互动，营造舆论氛围。2009年初，中国审计新闻网进行了重新定位和整合，顺利完成改版工作，这是审计新闻网自开通后的第一次改版。新版加快了新闻的更新速度，调整了部分栏目设置，如增设了以评论热点时事为主的《鹰眼扫世界》栏目，新闻资源不断丰富，极大地满足社会各界了解审计工作最新动态的需求。在宣传方面，审计新闻网充分发挥自身优势和特点，积极参与各种报道。在各项重大活动宣传中，开设专题网页，采取文字、图片、视频等多媒体手段，实现报网互动。

8月，报社进一步加大对网站的技术投入，完成了对署内网和专网的升级改造，安装了机房专用的气体消防系统，同时着力开展视频新闻技术的应用。10月，为庆祝建国60周年，视频栏目组织了一台地方审计机关国庆会演视频，收到节目十余个。该栏目推出了审计长访谈视频，采访了五任审计长，精心制作了视频短片，反响十分强烈。视频新闻业务的开展，更加充分利用审计宣传工作的特色资源和网络优势，创造良好的社会效益和经济效益。

（8）召开报社创刊十周年座谈会，总结办报经验。2009年1月6日，是《中国审计报》创刊十周年纪念日，报社在北京召开了创刊十周年座谈会，会议回顾了《中国审计报》创刊十年来的发展历程，认真总结十年来的办报经验。全国政协副主席李金华、审计长刘家义、全国记协副书记翟惠生等领导同志到会并作重要讲话。他们充分肯定审计报社十年来所取得的成绩，以及在宣传党和国家的方针政策、传达审计署的工作方针和动态、交流审计工作经验，丰富广大审计人员及读者精神文化生活等方面所发挥的重要作用，并对报社今后的发展提出希望和要求。副审计长余效明、石爱中以及署办公厅、人教司、机关党委主要负责同志应邀出席并发表讲话，报社退休老领导和职工代表参加了这次座谈会。

此外，为了更好地总结经验，扩大宣传影响，报社还组织编写了《中国审计报创刊10周年系列文库》，共有《新闻篇》《言论篇》《实务篇》《案例篇》《文学篇》五本书稿，近百万字。这套丛书收集了审计报创刊十年来在审计新闻报道、言论、审计实务、审计案例等方面的优秀作品。

经营工作 在广告经营工作上，由于政策调整、市场变化等因素，广告经营工作难度不断加大，广告部和广告公司的同志们能够认真做好市场调研，一方面增强效益意识，转变经营思想，不等不靠不要，对原有广告客户进行梳理，主动联系大客户，自主开展经营工作；另一方面主动出击，积极开辟新的广告源，创造性地开展经营业务，积极努力，有益探索，基本达到了预期的经营目标。

在发行工作上，据2009年1月份数字统计，《中国审计报》在全国的发行量是58635份，到2月份上升为60218份。到12月30日，印厂实际印数为62931份，发行量达到了一个新的高度，取得突破性进展，特别是市、县一级的发行有了比较大的突破，新出现的百份县数量有所增长。报社注重加强市场调研、增收节支，发行收入稳定增长，取得社会效益和经济效益的双丰收，为今后的发展开辟了新的经济增长点。

内部管理 （1）完善各项规章制度。报社通过建立完善各项管理制度，不断强化内部管理，为进一步提高内部管理水平，落实2008年各项工资改革政策，先后公示了一系列管理制度，如《编外职工招聘管理办法》《编外职工人事管理制度》《编外职工工资管理制度》，等等，在公示过程中注意收集整理反馈意见，使各项制度更加完善，便于操作。

（2）着手清理固定资产。报社在2009年对1999年至2004年的固定资产进行一次全面细致的账实清点工作，发现许多固定资产，如照相器材、计算机等都超过使用年限，而且经评估，都已不具有使用价值。对这部分固定资产，报社做到无账的建账，有账的物实相符，该销账的按规定和程序销账，该报废的根据规定年限和使用程度，严格按照固定资产管理办法，逐步清理报废。

（3）严抓编校质量。在实行采编一体化和电子排版后，报社仍保留对重要稿件的校对工作，如在审计工作会议、审计工作座谈会、审计长向人大作报告、审计公告等重大宣传报道中，保留编辑校样和清样的核红校对工作。同时每月编制《版面编校差错明细表》和《版面差错统计情况说明》，对报纸八个版面做了差错审核统计和说明等工作，确保编校质量不断提高。

（4）改善办公环境。2009年，报社对办公区域进行了整体的装修改造，成立了装修工作小组，具体落实各项工作，在不影响报纸正常出版、各项工作正常开展的情况下，各部室统一协调，互相配合。在装修采购过程中，办公室、财务部能够精打细算，严把质量关。装修改造后的办公区，风格一致，庄重大气，既符合报社的整体文化氛围，也为职工提供了良好的办公环境。

队伍建设　（1）民主决策，加强班子团结。一是坚持民主集中制原则，民主决策。对社内重大问题的决策，充分尊重民意，坚持走群众路线，反复酝酿，广泛讨论，民主决策，集体决定。二是加强班子团结，增强凝聚力和战斗力。在班子内部倡导互相信任、互相支持、互相谅解的良好风气。通过召开领导班子民主生活会，开展批评与自我批评，班子成员之间开诚布公、坦诚相见。每个班子成员都做到了大事讲原则，小事讲风格，讲党性，识大体，顾大局，守纪律。三是坚持原则，强化制度管人、管事。以事业为重，既分工负责，又相互协作，按章办事，通过班子成员的模范作用，促进整个队伍的建设。

（2）严暖结合，切实保障职工福利。报社一直注重严暖结合，切实保障职工的各项福利和待遇。在用人上，近几年，逐步打破了编制内和编制外的用人差别。在社内工资和福利待遇上，坚持多劳多得、按劳分配的原则，在女工生育保险及相应的福利兑现上，报社参照社会上的通用做法，最大可能地保障女工福利及相关利益，使国家的有关政策得到较好的落实和体现。为了更好地解决职工就医看病的问题，在2009年初，报社在广泛征求职工意见的基础上，经过对多家保险公司的比较和了解，同北京新华保险公司签订了职工补充医疗保险合同，解决了职工的后顾之忧。

（3）寓教于乐，增强工作活力。报社注重加强集体主义教育，培养员工爱社如家的归属感、荣誉感，党、工、团、妇等组织积极开展各类活动，全年有计划，月度有重点。通过丰富多彩的活动，对外树形象，内树正气，提高职工个人素质和修养都起到了很好的作用。

6月，报社邀请四川省北川审计局的代表一行十人来京，给全社职工就灾后重建、工作生活状况做了一次生动的报告，使全社职工受到一次生动的人生观和价值观教育。报社组织了合唱队、舞蹈队、篮球队等，参加署机关庆祝新中国成立60周年的大合唱，得到署机关各单位的一致好评。还组织全体职工到天津、隆化等地参观，让大家接受爱国主义和革命传统教育。通过记者节的小型自助酒会和全员参与的冬季运动会等一系列集体活动，使报社职工在生动活泼中消除了紧张工作带来的疲劳，增强了员工的集体荣誉感和奉献精神，员工的精神面貌焕然一新。

（4）健全网络，加强通讯员队伍管理。2009年，报社加强对记者、通讯员队伍的管理建设，健全组织，完善制度，完成了驻各地记者站的年度审验工作和新版记者证的核发工作，先后在厦门、长沙召开两次通联培训班，通过对记者站和通讯员队伍的业务指导和培训，有效地提高通联队伍的整体素质和业务水平，激发了参与新闻报道的积极性。

（撰稿人：李铬铬）

【国外贷援款项目审计服务中心】　2009年，国外贷援款项目审计服务中心（以下简称外资中心）编制35人，在编16人，聘用人员16人。领导职数3名。设有综合管理部（处）、业务一部（处）、业务二部（处）、业务三部（处）。

领导成员

主任：陈华

副主任：鹿云飞　李丹（3月—）

工作综述　2009年，外资中心完成审计署下达的国外贷援款公证审计项目91个，对外出具公证审计报告91份，对11个审计项目及1个审计项目中的8个子项目发表了保留意见审计报告，对2个审计项目中的4个子项目发表了拒绝表示意见审计报告，其他审计项目为无保留意见审计报告。经审计，共发现损失浪费、违规改变项目资金用途、工作量不实、挪用项目物资、项目实施超计划超标准、少计少缴税费、资金不到位不落实等各类问题130个，涉及违法违规和违反协议金额共计7.353亿元人民币。

针对审计发现的问题，外资中心共提出审计建议130条，其中建议项目执行单位制定整改措施20条，促使项目执行单位建立健全规章制度20条，建议项目执行单位加强项目监督、严格执行各项规章制度44条，其他完善性建议46条。以上审计建议全部被相关项目执行单位采纳。外资公证审计在促进被审计单位提高项目管理水平和资金使用效益等方面发挥了积极作用。

国外贷援款项目公证审计　为全面履行国外贷援款项目公证审计职能，促进项目单位不断提高国外贷援款项目的管理水平和资金使用效益，充分发挥公证审计在促进经济平稳较快发展方面的作用，外资中心在总结以前年度审计经验的基础上，认真研究国际金融危机背景下国外贷援款项目的新情况、新特点，根据项目类型，相应明确不同的审计重点。例如，对UNDP援助项目和世界银行赠款项目，重点关注项目内部控制是否健全，有无财务管理不规范问题，有无违规支付专家费、咨询费、会议费等资金使用问题；对国内银行转贷款项目，重点关注有无利用虚假合同和项目骗取贷款的问题，有无违反国家产业结构调整政策上新项目和重复建设问题，有无贷款资金进入股市、房地产市场等问题；对世界银行和亚洲开发银行贷款铁路建设等资金量大的建设项目，重点关注有无项目进度缓慢、资金不落实、征地拆迁侵害群众利益、建设施工破坏环境等问题。由于审计重点突出，审计针对性明显增强，审计力度明显加大，同类项目执行中的共性问题得以充分揭示，为从制度机制方面分析问题根源并相应提出整改建议奠定了基础。在对新承担的世界银行节能转贷项目和微小企业转贷项目审计中，由于突出了审计重点，有针对性地投入审计力量，审计发现的项目执行及贷款使用问题、信贷管理问题都引起了世界银行的关注。审计报告出具后，国家开发银行致信署领导表示感谢，中国进出口银行及时采取整改措施，并向外资中心报送整改情况。

项目管理　为不断提高项目审计质量，外资中心在坚持审计项目全过程质量控制的基础上，积极探索审计项目管理的新方法、新制度，重点从四个方面加强项目管理。一是在项目计划阶段探索建立项目审计风险评估制度。2009年初，外资中心从92个审计项目中选出37个项目，按照高、中、低和特例的顺序，分四级对项目的审计风险进行评估，并根据评估结果采取不同的审计组织方式，由高至低递减审计资源的投入。孙宝厚总审计师对外资中心的有关情况汇报批示："外资中心、外资司要加强对此问题的研究。另请法规司研究审计准则的同志阅研。"二是在审前准备阶段加强统一培训。外资中心于2009年3月组织18个省市审计机关召开世界银行赠款消耗臭氧层物质淘汰项目审前培训班，从环保技术、项目执行和审计要求三个方面进行全面培训，统一各参审单位的审计标准和审计步骤。项目审计过程中，对项目数量多的天津、江苏和浙江进行现场检查和指导。三是在审计报告阶段加强报告复核工作。外资中心成立审计报告复核组，实行专人专岗报告复核制度，并将对外出具的审计报告全部导入报告复核软件，实行标准化复核，复核质量和审计报告质量都有明显提高。四是对公证审计项目档案组织了集中复核。2009年12月，外资中心组织19个省级审计机关和8个特派办，对2009年以外资中心名义对外出具公证审计报告的51个国外贷援款项目审计档案进行集中复核。此次复核查找出目前外资公证审计工作存在的问题和不足，明确了今后工作中需要加强和完善的地方，对提高外资公证审计质量起到积极的促进作用。

跟踪检查 外资中心在对外出具审计报告后，一是积极促进审计发现问题的整改和落实。如对个别项目存在的违规支付项目资金、项目结束后滞留违规资金等遗留问题，外资中心在与被审计单位充分交换意见的基础上，主动与财政部、国家发改委、商务部等部门沟通，实事求是地提出处理意见，并商请有关部门做出处理。如针对国家发改委能源所滞留违规项目资金、科技部21世纪议程管理中心违规领取专家咨询费等问题，以向有关部门提出审计建议函的形式督促解决问题。针对世行贷款节能转贷项目审计发现的诸多问题，外资中心先是积极促进被审计单位进行整改，深入自查，又帮助被审计单位加强对分支机构和贷款企业的培训和业务指导，提高其项目执行能力，同时帮助被审计单位对有关制度办法进行完善和修改，从制度层面建立防范措施。二是开展延伸审计。2009年下半年，外资中心重点对世界银行贷款国家铁路三期项目大型养护设备的采购和使用情况开展延伸审计，并进行现场盘点。外资中心还派出审计组对世行贷款节能转贷项目和微小企业转贷款项目的子项目进行中期审计，进一步摸清子项目进展情况和整改措施落实情况，为明年审计工作夯实基础。三是开展项目绩效审计调查。2009年9月份开始，外资中心从25个国外赠款项目中抽取100项课题研究类活动，从经济性、效率性、效果性、合法性和环境性等方面进行整体调查和评价。对于调查发现的突出问题和普遍性问题，提出有针对性的审计建议，促进有关部门加强国外赠款项目管理，提高赠款使用效益。四是开展专题调研。针对上半年对环保部外经办执行的国际履约臭氧层保护项目审计中发现的有关项目企业臭氧层有害物质（ODS）四氯化碳单耗较高的问题进行调研，定量分析四氯化碳管理中存在的问题，从机制和制度上分析产生问题的原因，提出有价值的审计建议，帮助项目执行机构改善管理，防范项目执行风险。

此外，外资中心还以执行亚行技援项目“建立中国污水和农村发展项目内部控制系统模型”为契机，推动国外贷援款项目管理和审计的科学化、规范化，同时达到培训和锻炼队伍的目的。

队伍建设 本着德才兼备、任人唯贤的原则，外资中心围绕抓班子，带队伍，加快多层次培养干部的工作。2009年，经报署党组和人教司批准，1人被聘任副主任领导岗位，3人被聘任中层领导岗位，1人被选派到陕西地震灾区挂职任县审计局副局长，2名业务骨干从外地调入北京。对聘任到领导岗位的干部，实行民主推荐、组织考察、集体研究和任前公示制度，切实贯彻民主化、科学化、制度化。外资中心坚持凡进必考、按需录用、因事设岗的原则，严把干部入口关。

外资中心针对干部队伍年轻，工作经验欠缺的实际情况，实行多元化的培训制度，除组织全体员工参加署整训外，还自行组织国外无偿援助项目审计、国际会计准则、招投标法、AO外资2008版应用等外资审计必备技能的培训，并鼓励审计干部参加与业务相关的学历教育，考取专业技术资格和社会执业资格。2009年有1人获得硕士研究生学位，2人参加审计署司局级领导干部培训，2人参加审计署固定资产投资审计（造价工程师）培训，2人参加审计署非审计专业人员培训，1人参加审计署公文写作培训，半数以上的同志参加中级审计师、注册会计师、ACCA、造价工程师、一级建造师、计算机应用能力等考试。通过综合岗位和人员特长的培训，人员知识结构更加合理。

内部管理 以制度促管理是外资中心一贯坚持的管理原则，随着中心的发展，外资中心相继建立了一系列的规章制度，已经初步形成了一套比较完善的制度体系和比较规范的操作程序，包括管理制度体系、审计业务制度体系、财务管理制度体系、队伍建设制度体系和后勤管理制度体系，有效保证了各项管理工作的科学化、规范化。

根据实际工作情况，继续修订和完善内容，使各项制度更加科学、有效、可行。例如，完善了审计业务会议制度，进一步控制审计风险，保证审计质量；完善了审计报告质量控制制度，通过审计报告由审计一部统一复核的方式，加大复核力度，提高审计报告质量；此外，还改进聘用会计师事务所人员的管理模式，进一步明确聘用人员的资格要求、完善人员聘用流程、修改聘用合同条款内容、明确聘用人员的相应责任和义务，并加强该部分支出的预算控制。

在“有制可依”的基础上，狠抓“有制必依”和“执制必严”，将科学管理落到实处，在全中心形成良好的工作作风，如档案管理上，严格执行档案与项目审计同步，杜绝事后再编的情况，并在审计组复核通过后由综合处再次进行检查，全部顺利通过档案处的验收。　（撰稿人：于　荣）

【中国审计学会】　2009 年，中国审计学会共有单位会员 121 个、个人会员 840 名，学会第六届理事会有理事 181 人、常务理事 60 人。学会设有学术委员会、编辑委员会和培训委员会等三个专门委员会。学会办事机构为秘书处，设有办公室和《审计研究》编辑部。

领导成员

会　　长：翟熙贵

副 会 长：石爱中　李景春（—12 月）
李清和（12 月—）　张立民
秦荣生　王家新
刘达朱（4 月—）　刘英来（—4 月）
王秀明（12 月—）

秘 书 长：刘达朱（兼，4 月—）
刘英来（兼，—4 月）

副秘书长：韩笃明（—12 月）
崔振龙（—12 月）
周德铭（12 月—）
刘力云　尹　平
章轲（12 月—）
王本强（12 月—）

工作综述　2009 年，中国审计学会在审计署的领导下，坚持以中国特色社会主义理论为指导，认真贯彻落实科学发展观，紧紧围绕“服务审计工作中心，促进审计事业科学发展”这个主旨，解放思想，求实创新，注重学术研究与调查研究相结合，进行专项课题攻关与组织审计实务人员开展研究活动相结合，充分调动各方面积极性，努力提高研究质量和水平，认真履行学会职责，较好完成了学会理事会批准的年度工作计划，各项工作取得新的成绩。

学会换届　根据中国审计学会五届四次常务理事（扩大）会议的决定，做好学会换届筹备工作是 2009 年学会第五届理事会的一项重要工作任务。从 2009 年下半年开始，在审计署党组的领导下，学会有计划地开展了换届筹备的各项工作。主要包括三个方面：一、研究制定学会换届筹备工作方案；二、组织草拟学会第五届理事会工作报告；三、做好学会第六届理事会、常务理事会组成人员的酝酿、推荐和提名工作。

2009 年 12 月 30 日，中国审计学会在北京召开了第六届会员代表大会暨六届一次理事（扩大）会议。审计长刘家义出席会议并讲话，副审计长石爱中、中国审计学会会长翟熙贵出席会议。会议通过了中国审计学会第五届理事会的工作报告，选举产生了中国审计学会第六届理事会理事、常务理事和会长、副会长、秘书长。学会第六届理事会中，理事的范围更加广泛，不仅有审计、会计专业的同志，还适当增加了金融、环境、法律等专业和宏观经济研究部门、金融监管机构的同志。第六届理事会理事总数 181 人，比第五届理事会成立时的理事总数 175 人有所扩大，专业结构和年龄结构进一步优化，能够更好满足学会工作需要。在这 181 人中，担任过学会第五届理事会理事的 105 人，占 58%；新当选的 76 人，占 42%。这一构成既保证了理事会工作的连续性，又较好实现了理事会成员的新老交替。

刘家义审计长在讲话中充分肯定了中国审计学会第五届理事会五年来取得的成绩。他指出，中国审计学会在审计署党组的领导下，在各级审计机关和有关方面的积极支持、配合下，团结带领广大会员和全体理事，紧密结合我国审计事业发展的新趋势、新要求，组织开展了一系列富有成效的调查、研究、宣传和学术交流活动，取得了很好的成绩，为推动我国审计事业发展作出了积极贡献。

刘家义指出，审计理论研究是审计工作的基础和重要组成部分，对推动审计事业发展具有重要作用。他强调，审计理论研究工作要立足现状、着眼长远，重点做好五个方面的工作：一是坚持解放思想，勇于探索，进一步研究和掌握审计的客观规律，为健全完善中国特色社会主义审计理论体系作出新贡献。二是学习借鉴一切适应于我国审计工作实践的好做法、好经验。要在审计理论研究中大力倡导学习他人经验的良好风气，积极研究、引进和介绍其他国家审计工作的先进做法。三是明确目标，突出重点。当前审计理论研究的目标，是逐步构建并不断完善中国特色社会主义审计理论体系。认真总结审计实践经验，科学分析经济社会发展与审计工作发展的内在联系，牢固树立科学审计理念，充分发挥审计保障国家经济社会健康运行的“免疫系统”功能，推进审计事业科学发展。四是改进审计理论研究的方式方法。坚持“百花齐放”“百家争鸣”的“双百”方针，倡导研究方法的多样性，重视对被审计对象的研究，密切关注审计理论研究与审计实务之间的联系，抓好审计理论研究成果的转化。发扬求真务实的作风，在“中国特色”上做文章，力争用三年时间，在2013年审计署成立三十周年之际，研究完成中国特色社会主义审计理论的初步框架体系。五是加强审计理论研究队伍建设，努力建设一支政治坚定、思想敏锐、研究能力强、甘于奉献的审计理论研究队伍。要加强与高等院校、科研机构的交流合作，拓宽培养人才的渠道。加大对高层次审计理论研究人才特别是中青年专门人才的培养力度，造就一批理论功底扎实、勇于开拓创新、在学术界具有影响力的理论研究带头人。

石爱中副审计长在会议总结中指出，中国审计学会要按照署党组要求，进一步结合审计工作实际，明确今后一段时间的重点研究课题，进一步加强科研队伍建设，加强信息技术在科研领域的应用，加大科研成果转化力度，为审计事业的不断发展提供更多更好的理论支持。

学术理论研究 （1）政府审计与国家经济安全研讨会。为更好地贯彻落实科学发展观，树立科学审计理念，充分发挥政府审计在维护国家经济安全方面的作用，2009年5月，学会在江苏省苏州市举办了政府审计与国家经济安全专题研讨会，来自部分特派办和省市审计厅（局）、有关高校以及审计署2008至2009年度审计科研立项课题“政府审计与国家经济安全”方向6个课题组课题研究报告的主要执笔人，共40多位代表参加研讨。西南财经大学教授蔡春等9位代表围绕政府审计维护国家经济安全的基本依据、作用机理及路径选择、政府审计如何在维护国家经济安全方面发挥更大作用、经济全球化下我国政府审计与国家经济安全、强化地方金融审计维护地方经济安全、境外国有企业审计与国家经济安全等专题做了重点发言。与会代表还围绕政府审计与国家经济安全之间的关系、政府审计如何维护国家经济安全等问题进行了深入热烈讨论。

翟熙贵会长在总结讲话时指出，学会召开此次研讨会，目的是要在总结过去二十多年审计工作实践经验的基础上，明确政府审计与国家经济安全的关系，提高对政府审计维护国家经济安全的认识，进一步树立政府审计维护国家经济安全的科学理念。在维护国家经济安全方面，要正确认识并处理好微观与宏观的关系问题。

（2）全国审计青年论坛。培养审计系统青年理论骨干，是《中国审计学会2005至2009年审计理论研究规划》确定的一项重要举措。论坛通知发出后，各级审计机关和学会组织积极响应，浙江、黑龙江、陕西等省审计厅及广州特派办等单位，先后举办了本省、本单位的青年论坛，并为全国审计青年论坛选送了较高质量的论文。论坛共收到论文133篇，经过组织专家认真评审，有28篇论文分获一、二、三等奖，其中一等奖4篇，二等奖8篇，三等奖16篇。6月，学会与审计署人事教育司在北京联合举办了全国审计青年论坛。论坛的主题是“贯彻落实科学发展观，树立科学审计理念，推动审计工作科学发展”。在论坛上，来自全国各地审计机关100多名青年干部围绕科学审计理念、审计管理机制创新、中国特色绩效审计模式和国家审计文化4个专题进行深入研讨。刘家义审计长全程参加论坛，并发表重要讲话，令狐安、石爱中副审计长和孙宝厚总审计师也参加论坛并对论文进行点评。论坛闭幕时通过的《2009年全国审计青年论坛宣言》，阐明了这次论坛达成的共识。

（3）跟踪审计专题研讨会。9月，学会在山东省济南市举办跟踪审计专题研讨会。70余名来自全国部分审计机关、大专院校、科研单位及企业内审机构的专家学者齐聚一堂，就当前跟踪审计的实践与理论问题进行广泛深入的研讨。学会会长翟熙贵到会并作重要讲话。这次研讨会对于深入探讨跟踪审计方式，防范审计风险都提出了许多有益的新观点，对于推动科学管理，创新审计工作方式，厘清工作思路有积极意义。

（4）中国特色社会主义审计理论课题讨论会。11月，学会在北京承办了中国特色社会主义审计理论课题讨论会。会议由课题组副组长石爱中副审计长主持，课题组组长刘家义审计长到会作重要讲话。课题组成员共11人参加了讨论会。

刘家义审计长强调，在课题研究中，要对审计的若干重要问题从理论上阐述清楚；总的来说这些问题是审计人员普遍关心、需要统一思想认识的问题，是目前社会上还不大了解、需要给予回答和解释的问题，是国外同行们不大了解、需要向他们介绍、宣传的问题。研究过程中要从实际出发，总结我国26年的审计工作经验，借鉴国外有益的经验，进行开放式而不是固化式的研究；要尊重历史规律，不拘泥于书本上或已有的结论；要有所创新，不故步自封；要体现中国特色，不盲目照搬教条。要把基于实践形成的认识、观点鲜明地反映出来，作为主导观点，供大家进一步研究、思考。

讨论会上，课题的每个专题负责人介绍了各自专题的研究思路、重点和要解决的问题。与会同志提出了对每个专题研究的意见和建议。通过讨论，在整个课题研究的框架结构、各个专题的研究内容和重点以及各专题之间的关系等问题上达成了共识。

为了加强地方审计学会工作经验交流，9月，学会在大连召开地方审计学会秘书长会议。来自各省、自治区、直辖市和计划单列市以及新疆生产建设兵团审计学会秘书长共40余人参加了会议。

在这次会议上，辽宁、上海、浙江、江苏、湖北、广东、云南、陕西和大连这九个地方的审计学会秘书长做了经验交流，介绍了各自审计学会的经验做法。大会还讨论了《中国审计学会第五届理事会工作报告》(初稿)，并提出修改建议。会后报告起草组根据秘书长会议提出的意见进行认真研究，对报告初稿进行较大幅度修改。

会议结束时，翟熙贵会长作了重要讲话。他指出，近几年来，地方审计学会取得了很大的成绩，总结经验，有以下五点：一是学会的工作要始终坚持以科学发展观为指导，坚持正确的办会方向；二是要紧紧依靠审计机关对学会的引导和指导，自身要主动融入大局之中，要有所作为；三是要围绕审计工作中心，有计划、有重心地开展工作，要量力而行，尽力而行；四是要广泛开展活动，凝聚各方面力量；五是要不断加强学会自身建设，健全各项规章制度。他强调，各审计学会今后要以科学发展观为指导，切实履行自身职责，更加卓有成效地开展各项工作，为促进审计事业科学发展作出新的贡献。

科研课题研究管理　(1) 组织课题招标立项和结项评审。受审计署委托，学会于2008年1月至4月组织实施了审计署2008至2009年度审计科研课题招标和立项评审工作。这次招标确定了政府审计与国家经济安全、金融审计、信息化条件下的计算机审计方法体系这三个课题研究方向。各地审计机关审计工作者和高等院校、科研院所的专家教授积极参加投标，共提交课题立项申请50份。经科研课题招标立项评审委员会认真评审，并报经署领导批准，确定13项课题为审计署2008至2009年度审计科研课题，其中，政府审计与国家经济安全研究方向的6项；金融审计研究方向的4项；信息化条件下的计算机审计方法体系研究方向的3项。

在课题研究过程中，为提高研究水平、达到研究目的，学会和审计署审计科研所参照2009年初制订的《审计署重点科研课题管理办法》的规定，坚持高标准严要求，及时了解掌握各课题组工作开展情况，加强工作协调和指导，认真进行中期检查和结项评审。在各方面的共同努力下，课题研究进展顺利，取得了良好的成果，达到了结项要求并已将课题研究成果汇编出版。

(2) 制订《审计署重点科研课题管理办法》。为加强审计理论研究工作，提高审计理论研究的质量和水平，规范审计署重点科研课题的管理，保证重点科研课题经费的合理、有效使用，按照《国务院办公厅转发科技部等部门关于国家科研计划实施课题制管理规定的通知》要求，结合审计科研工作的特点，学会在认真总结过去几年课题管理经验的基础上，起草了《审计署重点科研课题管理办法》。2009年初，审计署批准了该办法，为课题管理工作更加规范，课题成果质量不断提高创造了有利条件。

专题调查研究　2009年，为深入研究探讨跟踪审计方式，推动跟踪审计工作健康发展，学会调研组先后到上海、江苏、重庆、四川等地开展跟踪审计专题调研。在了解掌握署机关、特派办和各地开展跟踪审计基本情况、经验做法及存在问题的基础上，9月份召开了跟踪审计专题研讨会。之后，学会向审计署领导提交了《关于跟踪审计课题的调研报告》。调研报告充分肯定开展跟踪审计取得的效果，指出开展跟踪审计充分体现了发挥国家审计的“免疫系统”功能，它已成为一种具有中国特色的有效审计方式。针对当前跟踪审计存在的几个值得注意的问题，提出了经过研讨形成的共识和建议，主要是，跟踪审计是一种过程审计，是在审计事项发生的全过程中分阶段、有重点实施审计的一种方式，还构不成一种新的审计类型；跟踪审计作为一种审计方式，可以在各类型审计中有选择地运用；跟踪审计的目标是促进项目和资金规范管理，提高效益，达到预期的效果和政策目标，实现整个项目“不出问题，少出问题，至少不出大问题”的总体目标；开展跟踪审计要突出重点、量力而行，尤其要注重防范审计责任风险和质量风险。刘家义审计长，令狐安、石爱中副审计长对调研报告做了重要批示，给予充分肯定。

刊物出版和网站建设 《审计研究》是我国审计界的重要理论刊物，多年来始终贯彻理论联系实际的办刊方针，及时反映审计理论研究的最新成果和审计实践的新鲜经验，为繁荣审计学术理论，推动中国特色社会主义审计事业发展服务。近年来，编辑部加强了对政府审计理论研究稿件的组稿、约稿工作，注重反映审计实践基础上的理论创新成果，同时进一步规范了编辑流程，严格实行专家双向匿名审稿制度，使编发的论文质量进一步提高。2009 年共编辑出版 6 期，刊载论文 91 篇，共 130 万字。杂志涉及领域不断拓宽，除政府审计、民间审计和内部审计的论文外，还选登了与审计相关的其他领域如会计理论、内部控制、公司治理、财政管理等方面的论文。为方便广大读者开展理论研究，从第 6 期开始，有针对性地选登一些国外审计研究信息，供读者参考。《审计研究》杂志受到越来越广泛的认可，发行量逐年上升，社会影响逐步扩大。

为了扩大《审计研究》发行量，交流各地在《审计研究》发行工作中的经验和做法，7 月，学会召开《审计研究》通联发行会，来自各省、自治区和直辖市共 40 多名从事《审计研究》发行工作的同志参加会议。通过会上交流，普遍认为《审计研究》是宣传审计最新成果、最新动向的良好载体，代表着审计学术领域的最高水准，要尽力抓好《审计研究》的发行工作，更好地为审计科研工作服务。

学会一直把网站作为对外宣传和向会员服务的重要渠道，不断加强网站建设和管理，指派专人负责，丰富网站内容。2009 年，又建立了网站通讯员制度，进一步扩大网站信息来源。

境内外培训和交流 3 月份，举办了环境审计理论与实务培训班。这次专题培训班应广大审计人员的要求举办的，目的是宣传和推广现有环境审计理论研究成果和实务工作经验，提高广大环境审计工作人员的能力和水平，推进环境审计工作的更好开展。学会会长翟熙贵出席开班仪式并讲话。来自全国各地审计机关和部分内部审计机构的同志近 200 人参加了培训。培训班邀请环境保护部、审计署农业与资源环保审计司有关专家学者，作了中国环境形势与战略、当前我国的环境审计工作、国际环境审计经验做法、建设项目环境审计、水污染审计的基本思路和做法等专题讲座。这是学会贯彻落实科学发展观，推动审计理论研究与实践相结合，更好地为审计工作服务所采取的一项重要措施。

7 月份，举办了社会保障审计理论与实务培训班。来自全国各地审计机关和部分内部审计机构的学员约 180 人参加培训。培训班邀请中国社会科学院和审计署从事社会保障理论研究和社会保障审计实务工作的专家，分别就我国社会保障制度现状与未来发展情况、我国的社会保障与社会保障审计、住房公积金审计、汶川地震救灾款物全过程跟踪审计 4 个方面的问题，作了专题讲座。培训班结束后，许多学员反映，这次培训的内容很有针对性，既有对宏观方面的社会保障制度及社会保障审计的讲解，也有对社会保障基本概念的介绍和社会保障审计案例的具体分析，为基层审计人员与上级审计机关和科研院所的领导专家进行交流搭建了平台，开阔了审计人员的视野，对于提高社会保障审计工作人员的能力和水平，推进社会保障审计工作更好发展将起到积极作用。

4 月份，学会组团赴台湾与台湾静宜大学联合举办“当前审计理论与实务研讨会”。在台湾交流和考察期间，向台湾审计界宣传了大陆近年来各项审计工作取得的成绩、成功做法和经验，较深入地了解台湾审计情况。通过两岸审计界的这次沟通和交流，推动了审计理论与实务的发展，增进了感情，为两岸和平发展贡献力量。

11月份，为拓宽审计理论研究的视野，掌握国际审计实务及理论研究的发展动态，学会组织赴美的政府责任和绩效审计专题培训考察活动，邀请美国审计署、有关大学、政府会计师协会等单位的专家为学员授课，考察有关地方审计局、美国联邦和州的预算管理部门，就政府内部控制、政府绩效评估、绩效审计等专题进行交流研讨。通过这次培训与交流，进一步了解美国政府审计和财务管理的体制及基本职能，交流绩效审计的经验，同时扩大了学会开展国际交流的渠道，为深化学会在相关领域的研究提供借鉴。

（撰稿人：王大强）

【中国内部审计协会】 2009年，中国内部审计协会秘书处共有在职员工30人，下设综合业务部、准则与学术部、职业教育部、公共宣传部、书刊服务部5个业务部门。

领导成员

会　长：王道成

副会长：张连华　佟吉禄　舒家伟　易仁萍　欧阳胜英　王光远　李淑琴　刘志远　刘德恒

特邀顾问：刘鹤章

秘书长：易仁萍（兼）

副秘书长：徐志中　张秀林　张　和　王向东　曹志勇　时　现

准则委员会主任：王光远

副主任：冯均科　时　现

学术委员会主任：刘志远

副主任：张秀林　韩传模

培训委员会主任：张连华

副主任：欧阳胜英　席　晟

考试委员会主任：李淑琴

副主任：徐志中　谭劲松　李延敬

质量委员会主任：薛蓓儿

副主任：王景华　黄　慧

2009年的主要工作情况

总结内部审计25年发展经验，推动内部审计转型发展

2月，协会召开研讨会，纪念新中国内部审计制度实施25周年。全国政协副主席、协会名誉会长李金华和审计署董大胜副审计长出席研讨会并发表重要讲话。山东省审计厅、中国海洋石油总公司、公安部、中国建设银行的代表，介绍各自单位实施内部审计制度的做法和经验。会议畅谈新中国内部审计25年的发展历程和取得的巨大成就，总结新中国内部审计25年实践的宝贵经验，形成了政府推动和内在需求是加快内部审计发展的根本动力、内部审计与组织治理结合是实现内部审计价值的保障、职业道德与胜任能力是内部审计健康发展的重要基础、审计机关的监督和协会的职业管理是内部审计健康发展的推进器、充分发挥内部审计"免疫系统"功能是时代赋予的新使命等五点共识。

开展调研与理论研讨相结合，推动风险导向内部控制审计

为了总结内部审计在推进转型与发展中的典型经验，了解国际金融危机下企业对内部审计期望的新变化，促进构建以风险为导向、以控制为主线、以增值为目标的内部审计新模式，协会从3月起，召开座谈会和实地走访，先后对中国石油化工集团公司、中国神华能源股份有限公司、中国光大集团、中国建设银行、首钢总公司、中国机械工业集团公司、中国普天信息产业股份有限公司、中国南车股份有限公司、中国五矿集团公司、中国储备粮管理总公司、中国邮政集团公司、中国移动通信集团公司、中国华电集团公司和中国建筑工程总公司等企业，实施转型与发展的情况进行调研。李金华名誉会长对协会开展的调研工作非常重视，6月亲临座谈会，听取情况并发表重要意见。调研结果显示：内部审计的免疫功能、风险管理、内部控制、增加价值和治理基石等新理念已经日益深入人心，推进内部审计从传统财务收支审计向现代内部控制审计转型与发展，已经成为广大内部审计机构的共同实践，并赢得社会各界的广泛认同。内部审计工作在稳固和强化传统的财务收支审计基础上，引入风险管理和内部控制审计的理念和方法；在经济责任审计和新拓展的运营审计项目中，采用以风险管理和内部控制审计的方式方法，探索开展内部控制适当性与有效性审计；各上市公司按照监管部门要求，普遍开展与财务报告相关的内部控制有效性审计，部分金融机构探索开展风险管理审计。通过内部审计转型与发展的实践，逐步形成了一条以相关理念和方法提升传统审计价值，逐步将风险导向审计与传统财务审计相融合，在整合提升中实现内部审计渐进式转型的路线图。

4月，为了贯彻实施《企业内部控制基本规范》，支持和促进企业内部控制体系建设，加快实现内部审计转型与发展，充分发挥内部审计“免疫系统”功能，协会会同中天恒会计师事务所，在北京联合举办“2009年春季高峰论坛”，来自全国各地的130余名企业事业单位代表，围绕“应对危机——内部控制与内部审计”的主题，共同研讨内部审计如何在风险与危机管理中有效发挥作用，真正成为企业风险管理实践的推动者。

12月，中国内部审计协会与中国总会计师协会，联合举办了“中国企业全面风险管理高层论坛”，全国政协副主席、协会名誉会长李金华，审计署副审计长石爱中，两家协会的会员代表近200人参加了论坛。李金华名誉会长作了《企业实现全面风险管理的根本出路在于深化改革》的主题演讲，石爱中副审计长作了《期待风险管理审计能够成为审计的主题、主流和常态》的主题演讲。财政部、国资委有关领导作了《当前企业风险管理应当关注的重点问题》的主题演讲。为推动企业增强全面风险管理理念和意识，正确把握风险管理发展方向，积极组织实施《企业内部控制基本规范》，提供了理论支持和实践指引。

2月至10月，协会在全国内部审计系统以“内部审计与内部控制”为主题，开展了多种形式的研讨交流活动。10月，协会召开了“内部审计与内部控制”理论研讨暨经验交流会，来自全国近200名内部审计工作者参加会议，会议收到218篇论文，经学术委员会评审，获一等奖论文8篇，二等奖论文26篇，三等奖论文78篇，优秀论文提名奖106篇。

中国内部审计发展研究中心在南京审计学院的大力支持下，完善组织机构，充实研究队伍，开展内部审计基础理论研究，在引进国际内部审计理论成果，传导国际内部审计发展走势，研究我国内部审计转型路子，开展内部审计发展战略研究等方面，发挥思想库、智囊团的作用。

开展重点科研课题研究，用研究成果指导内部审计实践

4月和6月，协会对2008年审计署批准立项的《中外内部审计准则比较研究》《实现战略并购价值的内部控制研究》《公共财政视角下的政府内部审计》和《内部审计业务分类研究》四个重点科研课题，进行了中期检查和结项评审。8月和9月，协会对2009年审计署批准立项的《内部审计践行“免疫系统”功能的途径或方式》《内部审计为组织增加价值》《上市公司如何开展内部控制审计》《数据式系统基础审计理论与实践研究》《政府部门内部控制审计》《小企业内部控制审计实务》《内部审计质量外部评估方法》《股东审计与集团公司治理研究》等8个课题，进行了公开招标和定向委托，目前，已按计划开始各项研究工作。

推进准则建设和质量评估，促进内部审计的规范化建设

协会以制订实务指南和修订内部审计准则为重点，本着成熟一个发布一个的原则，7月发布了《内部审计实务指南第4号——高校内部审计》。

为适应内部审计转型升级的需要，增强准则强制性和权威性，加快准则国际化、法制化进程，从9月起，协会成立准则修订小组，对《内部审计基本准则》《内部审计人员职业道德规范》和29个具体准则进行梳理和修订。

为推动实施内部审计质量外部评估工作，协会增设质量委员会，11月召开第一次会议，研究有关质量委员会职责任务和制定内部审计质量评估手册（试行）、举办全国性的质量评估培训班、遴选内部审计质量评估专家、推动开展内部审计质量评估试点等工作安排。

创新教育培训方法和机制

本着适应转型、更新知识和提高能力的需求，进一步压缩普及型培训班的规模，增加高级培训班的比重。同时，在课程设置上新开设注重提高能力的课程，继续坚持以实务界和高校知名学者授课为主的原则，提高培训质量和效果。全年举办各类培训班80期，培训人员5000多人次，由于培训内容新、授课质量高、实用性较强，得到了参加培训人员的好评。

协会首次推出《建设项目审计》《内部控制理论与实务》和《国际内部审计基础》三门网络后续教育课程，拓展了培训途径。同时，对CIA考前辅导网络课程的内容进行调整和更新，后续教育网络培训有了可喜的开端，CIA考前网络辅导的发展情况良好。

在培训教材建设上，完成《内部审计计算机应用技术》的重新编写，对2006年以来协会编写的培训教材和采用其他渠道选择的培训教材进行梳理，为下一步培训教材的编写、修订和选择提供依据。

内部审计职业专业化建设

目前，CIA考试已被广大内部审计机构和内部审计人员所认可，协会加大了对考试工作的宣传力度，继续在《中国审计报》和《中国内部审计》杂志开辟专栏，以鲜活的事例宣传通过参加CIA考试，树立先进理念、拓宽审计视野、更新知识技术、提高审计水平的典范，进一步扩大参加CIA考试人员规模。2009年，有23884人报名CIA考试，较2008年增长了3823人，各科参考率均在70%以上，再创报名参考人数的历史新高。

宣传转型发展典型经验

协会以《中国内部审计》杂志和网站为主要媒介，大力宣传和交流国内外内部审计先进理念、最佳实践和先进技术方法，促进提升新理念、借鉴新实践，追踪新热点，推进经验共享，达到共同提高。

《中国内部审计》杂志，以宣传开展风险导向审计实践经验为重点，一方面对专题理论研究和实务探讨等重点栏目扩充新内容，另一方面新开辟了法规建设、风险导向审计、乡镇审计等栏目，进一步扩大宣传面和宣传力度。杂志全年采用各类稿件计4000多篇，约1200万字。

协会网站建设，在巩固提高现有栏目的基础上，新增设了IIA资讯栏目，增加对国外内部审计动态和经验的宣传。2009年，网站采集和更新信息3040条，累计点击2288万人次。为进一步发挥网站的功能作用，从下半年开始，协会启动网站改版工作，为2010的改版创造良好条件。

4月底，协会和德勤华永会计师事务所联合召开“金融危机下内部审计热点问题调查报告”发布会，新华社、《中国内部审计》、《第一财经日报》、《新京报》、《中国审计报》、《中国审计》等11家媒体参加了发布会。调查结果表明：金融危机使得企业主要领导提高了对内部审计的重视程度，为内部审计地位提升和转型提供良好契机；大多数企业表示会依据《企业内部控制基本规范》开展内部控制体系建设，内部控制审计的基础日趋成熟并正在向纵深发展。同时，调查报告还研究总结了中国内部审计转型的一般模式，提出分为四个阶段的建议：即内部审计传统业务的规范化阶段，传统审计业务提升与扩展阶段，内部控制审计全面化、常规化阶段，最后过渡到成熟的风险管理审计阶段。每个阶段对风险的关注程度（成熟度）逐步提升。这次调查活动和结果的发布，对加快实现我国内部审计转型与发展，发挥了积极影响作用。

开展对外交流

5月，协会派团参加在南非举行的IIA第68届国际大会，了解国外内部审计的现状及未来发展的趋势。

7月，协会承办“2009年亚洲首席审计执行官论坛”，来自亚洲内部审计师协会联合会成员协会的100余名代表参加论坛。论坛以“内部审计如何应对全球金融危机”为主题，分5个专题进行讨论和交流，分享各国内部审计在应对危机中的经验，彰显了内部审计潜在的职业能力。论坛期间，全国政协副主席、协会名誉会长李金华，审计署副审计长董大胜分别会见了IIA执行主席理查德·钱伯斯先生，双方就内部审计近年来的发展，以及在当前全球经济危机情况下如何发挥内部审计的作用交换了意见。

9月，协会主办第九届海峡两岸内部审计研讨会，以“内部审计质量外部评估的作用”和“内部控制自我评估的方式方法”为主题，进行理论研讨和实务经验交流，展现了两岸内部审计质量外部评估和内部控制自我评估的发展态势，达到了相互沟通、分享经验、共同提高的目的。

10月，协会派团参加在吉隆坡举行的“2009年亚洲内部审计大会”，大会主题为“先进经验——向可持续的成功发展”。会议期间，还召开了亚洲内部审计师协会联合会第四届会员代表大会，选举产生新一届执行委员会成员。

书刊发行　为搞好书刊发行工作，协会通过实地走访、电话问询、现场问卷等形式，开展调查研究工作，听取各方需求，使书刊发行工作更贴近内部审计工作实际。5月和9月，协会分别召开省区市内部审计协会和中央单位参加的专门会议，交流通联宣传工作的经验和作法，查找存在的主要问题，提出改进工作措施。同时，与400多个相关单位建立联系，进一步拓展书刊发行的领域和渠道。2009年发行《中国内部审计》杂志42146份，比上年增长2.18%。发行各类图书13万册，支持和促进内部审计职业知识体系建设。

（撰稿人：王蕙娜）

【南京审计学院】　2009年，南京审计学院全日制在校生人数19796人，(其中民办独立学院在校生人数7042人)，教职工1298人，其中专任教师798人（教授92人、副教授244人、讲师357人）。学院有浦口和莫愁两个校区，占地2200余亩，设有国际审计学院、会计学院、管理学院、经济学院、金融学院、法学院、信息科学学院、数学与统计学院、外国语学院、国际文化交流学院、政治与行政学院等11个二级学院，1个独立民办学院——金审学院、1个继续教育学院、体育部、艺术教育部2个教学部。设有25个本科专业，其中，审计学、金融学、财政学为教育部特色专业建设点，审计学为江苏省品牌专业，金融学为江苏省高校品牌专业建设点，财政学、信息管理与信息系统、国际经济与贸易、会计学、工商管理为江苏省高校特色专业建设点。

学院独立设置江苏省审计信息工程重点建设实验室、中国内部审计协会内部审计发展研究中心、国民经济研究所、公共管理绩效评估研究院、分工与超边际研究所、货币研究所、高教研究所等科研机构，设置招生就业中心、实践教学中心、教育技术与网管中心、图书馆、学报编辑部、档案馆等教辅机构，后勤服务机构为成立总务委员会，下设7个办事机构，以及教育发展基金会办公室、校友联谊会办公室、人才交流中心、金融高级人才培训中心、国际学术交流中心等5个附属机构。

领导成员

党委书记：熊仁民

党委副书记、院长：王家新

副院长：张建红　尹　平　郭宏之

王会金　时　现　张金城

党委副书记、纪委书记：吴朝国

坚持创新全面修订人才培养方案　2009年，学院“推进内涵建设，创建特色名校”的重大举措是全面修订了所有专业的人才培养方案，将审计学等11个专业放在“一本”招生，并在二级学院实行“大类招生，分流培养”的人才培养模式改革，同时大力推进完全学分制改革。建构了与新一轮人才培养方案配套的大类招生的课程设置、教学管理系统改造、自主选课等制度；修订了《南京审计学院学籍管理规定》《南京审计学院本科毕业生学士学位授予实施细则》；全面启动通识课程、研究性课程与新生研讨课程，审计学通论、管理学通论、经济学通论、法学通论“四大通论”已面向学生开放选课。

新的人才培养方案主要体现五个方面的创新：积极适应大类招生的改革，实现本科生分级分类培养，逐步完善学分制；共享学校“大审计”平台建设成果，加强通识教育，所有专业均修读“经济学通论”“管理学通论”“审计学通论”和“法学通论”等课程；全面改革实践教学，推动创新人才培养，将自主学习、入学教育、创业就业教育、社团和学生组织活动、公益活动、竞赛活动等“第二课堂”纳入人才培养方案；推进课程建设创新，贯彻“通、实、精、活”的原则，引进国外成熟课程和开发研究性课程；压缩无效课时，减少规模，提高效能。合并相同相近课程，充分利用现代信息手段提高教学效率，增加自主学习、辅导、启发等教学方法，破除课程在二级学院之间的壁垒。

学科建设教学科研水平明显提升　2009年，被列入新增硕士学位授权立项建设单位，其中，工商管理、应用经济学、理论经济学3个一级学科为授权学科，公共管理、法学、数学3个一级学科为支撑学科。这标志着，学科建设经多年的努力，取得突破性进展，迈入新的发展阶段。

在江苏省新一轮省级重点建设学科评选中，会计（审计）学、国民经济学、金融学、行政管理、政治经济学、企业管理、法学理论7个二级学科被评为江苏省重点建设学科。

遴选和确定了2009～2011年校级重点学科和重点建设学科。工商管理、应用经济学、理论经济学、公共管理、法学、数学6个一级学科为校级重点学科，马克思主义理论、中国语言文学、计算机科学与技术、管理科学与工程4个一级学科和英语语言文学1个二级学科为校级重点建设学科。至此，学校以一级学科建设为重点，基本构建和完善了省、校两个层次重点学科建设体系，基本覆盖了全校所有学科门类以及大部分一级学科。

根据江苏省教育厅《关于公布2009年省级实验教学示范中心和高职实训基地建设点遴选结果的通知》（苏教高［2009］28号），学校信息管理实验教学中心和企业管理实验教学中心被遴选为“2009年江苏省省级实验教学示范中心建设点”。

根据教育部公布《关于批准第六届高等教育国家级教学成果奖获奖项目的决定》（高教［2009］12号），王家新院长领衔的“审计高等教育理论探索与实践创新”荣获教育部第六届国家级教学成果奖二等奖，实现了我校建校史上国家级教学成果奖零的突破。

根据教育部、财政部《关于立项建设2009年国家级教学团队的通知》（教高函［2009］18号），我校尹平副院长为带头人的审计学教学团队榜上有名，审计学教学团队从而成为学校历史上第一个国家级教学团队。

根据江苏省教育厅《关于公布2009年江苏省高等教学成果奖一等奖与二等奖获奖项目的通知》（苏教高［2009］2号），汪祖杰教授主持的“金融学实践教学改革与创新”，获得省级教学成果一等奖、程乃胜教授主持的“法学专业实践教学改革”，获得省级教学成果二等奖。

根据江苏省教育厅《关于公布2009年江苏省高等学校精品教材建设遴选结果的通知》（苏教高［2009］29号），尹平副院长《政府审计理论与实务》、汪祖杰教授的《现代货币金融学》、王会金教授（主持）的《企业财务审计》、孙国祥、魏昌东副教授（主持）的《经济刑法学》等教材被评为2009年江苏省高等学校精品教材。

根据江苏省教育厅《关于公布高等学校优秀多媒体教学课件遴选结果的通知》（苏教高［2009］16号），沈雁副教授主持的“空间解析几何网络课程”、刘玉老师主持的“经济学课程开放式研究性学习平台”，获得江苏省高校第四届多媒体教学课件竞赛一等奖。卢加元副教授主持的“《计算机网络》实验多媒体课件”，获得江苏省高校第四届多媒体教学课件竞赛二等奖。

由尹平副院长领衔的“现代审计发展研究中心”被确立为江苏高校哲学社会科学重点研究基地，是全省13家重点研究基地之一。

公共管理与绩效评估研究院胡宁生院长主持的国家社科基金《我国县、乡（镇）政权建设研究》的结项成果《地方政府治理结构改革研究报告》获得“优秀”等级。这是国家社科基金学术水平、实践价值综合评定的最高等级，代表其研究成果达到国内前沿水平。

在“第九届全国多媒体课件大赛”上，数学与统计学院沈雁、张宝善、仇惠玲及教育技术与网管中心高银花等老师制作的参赛课件《空间解析几何网络课程》，以93.5的高分，荣获高教理科组一等奖和最佳艺术效果奖。国际文化交流学院张映光教授和教网中心课件制作部共同研制，并由南京大学电子音像出版社正式出版的《诗词鉴赏》电子音像出版物，荣获第二届中华优秀出版物（电子）奖。

在省大学生心理健康教育暨省级示范中心建设工作会议上，南京审计学院大学生心理健康教育与指导中心获批为省级示范中心。

人才培养成果丰硕　2009年，进入京、津、沪、苏、浙、粤等经济发达地区工作的应届毕业生占签约人数的80%以上；进入德勤、毕马威等“四大”会计师事务所、三资企业、金融机构的应届毕业生已有400多人。

毕业生公务员考试取得初步成果，已有100多名应届毕业生通过政审被中央机关及其直属机构录用为公务员、参加国家项目、应征入伍等；部分应届毕业生即将被录用为各省、直辖市、自治区公务员。

有200余名应届毕业生进入悉尼大学、新南威尔士大学、伦敦大学、清华大学、复旦大学、南开大学、东北财经大学等国内外知名学府继续深造。其中，数统学院35名毕业生中有6人考取南京大学、中央财经大学、上海财经大学、对外经贸大学、中国传媒大学等国内知名高校研究生，

2人申请香港城市大学、澳大利亚莫纳什大学攻读硕士学位；

2月，在江苏省高校科协主办的“首届江苏省大学生科技创新论文大赛”中，路志鹏、李然、高晓磊、李哲四名同学撰写的《大学生税收意识状况与影响因素分析》《江苏小额信贷的实践创新——基于江苏阜宁地区的调查》两篇论文荣获一等奖，李东海等5名同学荣获二等奖。

3月，在CISA（注册信息系统审计师）全球统考中，本校CISA考试培训中心47名CISA学员参加考试，25人顺利通过，其中在校学生22人。此次统考，CISA学员的考试通过率达53.2%，超过全球平均通过率二十多个百分点；

4月，敏华、朱亚娟、王慧、房帅四位同学参加了2009年“金蝶杯”全国大学生创业大赛，获得江苏赛区一等奖，并将和东南大学、中国矿业大学等高校学生代表江苏省参加华东地区决赛和全国选拔赛。

5月，07级法学5班许天同学撰写的论文《论审计的独立性》在“第二届全国高校法律英语大赛”中喜获三等奖；金融学院07级沈博文同学一次性通过CCIE LAB考试，获得思科认证网络专家（CCIE）证书。

在6月份ACCA全球统考中，国际审计学院06级魏董浩若同学获得ACCA高级阶段课程P3 Business Analysis（企业分析）大陆第一名的好成绩；07级朱韵同学获得课程F5 Performance Management（绩效管理）大陆第一的好成绩；06级有5位同学已经通过全部十四门课程的考试，学习两年就获得ACCA准会员资格。作为ACCA全球黄金级培训机构，本校ACCA办学十多年来，先后有21位同学获得全球第一和大陆第一的殊荣，学员单门课程的通过率也普遍超出全球平均通过率。

7月，第十一届“挑战杯”全国大学生课外学术科技作品竞赛江苏省组委会发布竞赛结果，经济学院留守儿童调研小分队与信息科学学院流动儿童调研小分队共同撰写的《江苏省农村儿童成长问题调研》获得江苏赛区二等奖，金融学院李哲撰写的《农村小额信贷的实践创新——基于江苏阜宁地区的调研》和国际审计学院余欧琼主导的top团队撰写的《基于会计模拟环境的会计教学软件》分别获得三等奖。

10月，在江苏科技大学举行的2009年“CCTV杯”全国英语演讲大赛江苏赛区比赛中，07英语2班夏贝纳同学和07金融5班钮辰青同学分获得一等奖和三等奖。夏贝纳同学还代表江苏省高校，与南京理工大学和南京师范大学的两位同学进军北京，参加在中央电视台举行的2009年“CCTV杯”全国英语演讲大赛决赛。

11月，国家司法考试成绩揭晓，法学院取得优异成绩，参加考试的141名06级学生中，49人通过，通过率为35%。

国际合作与交流　2009年，学院与南非比勒陀利亚大学就互派教师讲学、交换学生、互认课程等签订了合作协议；与台湾世新大学就进一步加大交换生规模、深化科研合作、开拓合作新领域达成共识；与台湾静宜大学签订了《南京审计学院与静宜大学交流合作备忘录》和《南京审计学院与静宜大学交换学生协议》。

3月份，作为与新加坡特许科技学院的合作项目，学校迎来了首批马来西亚留学生。这是与国外高校进行“2.5年+1.5年本科学历”合作项目的一种新模式。国际文化交流学院为这批留学生量身订制了审计专业本科培养方案，旨在培养适应中国与新加坡市场经济要求，熟悉中国会计与审计等财经知识，了解中国当代经济运行体制和跨文化商务沟通的技巧，并较熟练掌握汉语、英语两种语言的基本技能，将来能够从事跨国商务工作的复合型专门人才。　（撰稿人：唐　明）

审计理论与科研

科研成果综述

一、进一步完善与部门预算执行审计相结合的部门决算草案审签制度研究

国家法律没有赋予审计机关审计财政决算（中央决算）的职能，但授权审计机关审计预算执行情况和部门决算，为立法机构监督财政预算执行和审批财政决算提供依据。做好这项工作，可以借鉴国外政府报表审计的方法，对部门预决算的真实合法效益做出全面公正的评价，这也是审计机关提高审计水平、发挥审计监督职能的基本要求。根据党的十七大确定的战略和审计署五年规划，中央部门预算管理及其预算执行审计都将致力于推进部门预算的公开透明，这就要求审计机关对中央部门预算执行和决算草案审签后，对部门预决算提出全面公正的审计意见。因此，不断改进部门决算草案审签制度显得十分必要和紧迫。

（一）突出重点先易后难

影响部门决算草案审签意见质量的因素很多，除了审计覆盖面不尽完整，还有审计思路、审计技术、审计经验的不适应。建议选择一些适当的部门和重要会计报表开展全过程预算执行审计和决算草案审签试点，突出重点、先易后难，借鉴国外政府报表审计的方法，核实部门决算草案反映的主要财务数据，在此基础上，不断提高对部门预算执行和年度决算草案审计评价意见的质量。初步考虑：

1. 部门选择。在现有的审计力量和审计手段条件下，考虑审计工作量可以完成的前提下，试点可以选择所属单位较少，部门预决算中财政拨款比例高的部门进行。2005 年审计署按照中央部门财政资金量、所属二级单位数量、资金分配使用权力、财政财务管理特点等，将纳入部门预算执行审计管辖范围的 150 个中央部门（派出局和业务司管辖）分为三类：一类部门 27 个，主要是年度财政拨款大、所属二级单位多、财政财务管理比较复杂的部门；三类部门 90 个，主要是年财政拨款少、所属二级单位数量少、财政支出主要用于自身行政开支和日常运转的部门、一些财政拨款较少且政企合一的部门、一些财政财务管理比较规范的部门；其他 33 个为二类部门。因此，试点主要选择二、三类部门中财政拨款比例高、所属二级单位数量少且主要在京的部门。

2. 报表选择。部门决算报表是一套完整的报表，内容比较丰富。以 2007 年度部门决算报表为例，部门决算报表体系包括基础数据表、填报说明、分析报告和分析表 4 个部分。对部门决算报表全面确定审定数，工作量很大，在时间和人员不足的条件下，只能突出重点，抓住关键报表。

建议选取能够体现部门总体情况、反映资产负债和收入支出水平以及与部门预算关系最为密切和财政部在批复部门决算时最为关注的报表，如财决 02 表《收入支出决算表》和财决 08 表《资产负债简表》，财决 07—1 表《一般预算财政拨款收入支出决算表》，财决 07—2 表《政府性基金收入支出决算表》和财决 07—3 表《预算外资金收入支出决算表》等。试点审计后应当确定对上述报表的审定数，在此基础上对部门预算执行情况和决算草案的总体情况发表审计意见。

（二）逐步扩大决算草案审签范围

扩大决算草案审签范围是全国人大的一贯要求。扩大范围包括横向、纵向两方面，横向是指增加被审计部门的个数，纵向是指扩大已审计部门所属单位的范围。相比较而言，横向增加主要需要足够的审计人力和充分的审计时间，相对比较容易；纵向增加则直接影响部门财务报表总体评价，对于所属单位较多的部门，这种影响还十分重要。因此，课题研究时主要考虑针对部门预决算范围的具体特点，充分运用多种审计方式，

扩大纵向审计范围，不断扩大审计覆盖面和提高审计效率。

1. 加强对在京下属单位的延伸审计或轮审频率。对部门京内所属单位实现一定的审计覆盖面是近年来预算执行审计的重要内容。2007 年中央部门预算执行审计和决算草案审签要求延伸审计京内二级单位的财政拨款额不低于部门预算安排全部京内二级单位当年财政拨款总额的 50%，2008 年和 2009 年预算执行审计工作规划中提出延伸审计京内二级单位的财政拨款（预算）资金不低于 50%和 70%。继续强化对中央部门京内所属单位的审计，注意利用年中审计和重点延伸等方式，加强对部门所属京内重点单位和重点资金的审计，有利于全面掌握和评价部门预算执行总体情况。通过延伸审计和增加轮审频率，加大审计力度，扩展审计覆盖面，推动部门加强内控制度和健全财务管理基础，着力解决屡查屡犯的问题。

2. 推行重点项目审计的上下联动。继续在中央部门中央部门预算审计和决算草案审签工作中推行上下联动制度，加强特派办对中央部门京外单位预算执行情况的审计，将在部门预决算中财政拨款所占比例较高的京外单位作为审计重点，形成对中央部门京外单位一定的审计覆盖面。坚持以部门预算为核心，以预算执行为主线，对部门预算执行的全过程进行跟踪，摸清京外所属单位预决算管理情况，对于拓宽部门预算执行审计内容，全面掌握部门预算执行情况极为有利。

3. 推广日常经济活动的联网跟踪审计。充分发挥联网审计的作用，改变单一的就地审计方式，延展审计的覆盖面，审计范围可以实现空间和时间上的跨越：由京内扩展到京外，由本级扩展到所属单位，由当年延伸到以前年度，由某个时点延伸到年中和全年，实现对整个财务收支活动过程的实时跟踪监督。在保证审计质量的前提下，有助于扩大审计覆盖面、提高审计工作效率和节约审计人力。

（三）不断总结经验、改进方法、健全规范

审计质量是审计工作的生命线。预算执行审计与决算草案审签结合后，应在总结经验的基础上，逐步完善部门预算执行和决算草案审计全面质量控制的制度和方法。

进一步建立健全审计工作规范，在审计署不断完善审计准则和审计文书规范意见的同时，对因项目结合带来的审计程序、审计文书和审计管理等方面的变化有所反映和体现。

由于“审计免疫论”的提出、审计范围的拓展、重点项目的上下联动以及日常经济活动的联网审计，为审计观念、方式、方法、程序带来革命性变化，也会给审计机关带来新的审计风险。严格执行审计质量控制办法，加强审计过程中的质量控制措施，增强审计定性处理的规范行和准确性，是确保审计质量、降低审计风险的重要保障。

二、部门预算执行审计风险控制措施

审计风险由被审计单位错弊风险和检查风险构成，被审计单位错弊风险取决于被审计单位内部的因素，为不可控制因素。检查风险源自审计人员自身，是审计人员唯一能控制的风险。所以，控制审计风险就是要控制检查风险，即控制失察风险和误查风险。

（一）失察风险的控制措施

1. 形成失察风险的原因

（1）未履行必要的审计程序。部门预算执行审计经过十几年的实践和发展，已经初步建立起一套规范的审计程序，严格遵循必需的审计程序在一定程度上能够保证审计人员发现应该披露的问题。如审前承诺，填写银行账户调查表，收集充分的资料，取证合法、合理、充分等。但有的审计人员凭经验感觉审计，想到什么查什么，没有履行必要的审计程序，容易造成失察风险。

（2）审计人员业务能力不足。部门预算执行审计是一项专业性和政策性很强的工作，客观上对审计执业人员的知识结构、业务能力及职业判断能力提出很高的要求。审计人员在审计过程中可能会出现知识、经验和能力的不足，从而引发一些失误。尤其是近年来随着政府审计的发展，被审计单位财务规章制度越来越“完善”，“法纪观念”越来越强，舞弊手段越来越高明、隐蔽，常规的审计方法和审计手段无法发现隐藏在表象背后的问题。比如没有任何账面痕迹的现金交易；不以本单位名称设立的账户；行贿受贿；与银行联手作假等。如果审计人员没有足够的知识、经验和胜任能力，就会形成失察风险。

（3）审计人员职业道德问题。审计人员的风险意识、职业关注意识和职业道德素质对审计结论有着重要影响。职业道德素质要求审计人员德才兼备，即必须具有高尚品德、正直人格和高度的工作责任心，但并不是所有审计人员都能达到上述要求。审计人员屈从于某种压力或出于私利的考虑，在审计过程中未能保持独立、客观、公正，对被审计单位存在的问题避重就轻，查出问题后，有意“放水”等，都将造成重大的失察风险。

（4）现行审计复核制度的缺陷。从审计风险管理的角度来看，目前的审计机关复核只检查做了什么及相应的审计工作底稿，而没有检查应该做而没有做的事项，只能防止审计结论和处理的差错，遗漏了失察风险的控制。

2. 失察风险的控制措施

（1）建立有效的激励导向。在传统查错纠弊的激励导向下，审计人员更多关注的是查出一些问题，而较少关心是否还有没查出的问题。党的十六大明确提出审计要在权力制约方面发挥作用，这个激励导向对审计人员的工作模式影响很大。审计机关不能再满足于发现问题，更需要发现有无没有制约的盲点，思考如何让制约机制发挥作用来防止新的问题产生。比较两种激励模式，前者显然更容易接受审计人员的随意性，风险较大；而后者则更强调规范和程序。建立适宜的激励导向有利于控制失察风险。

（2）摸清家底、把握总体。预算执行审计中要发现部门和单位存在的主要问题，首先要把握总体，而不是一头扎进某一个具体的审计事项。摸清被审计单位的家底，不仅要弄清被审计单位的财务收支状况，还要充分了解其业务职能和中心工作，更要关注预算资金的管理制度及有效性，分析其管理环节中的各个薄弱点，这样才能找准审计切入点，减小失察风险。

（3）建立有效的风险控制规范指南和运用机制。目前部门预算执行审计指南已集结成书，对规范和引导部门预算执行审计行为起到了引导作用，但也还存在一些需要完善和解决的问题。一是被审计单位情况千差万别，每个审计项目的审计目标、审计重点、审计要求各不相同，运用起来还不够灵活，仍显缺乏针对性和可操作性。二是需要及时完善、修改。随着我国经济社会的快速发展和财政预算体制改革的不断深化，会出现各种新的情况，旧的问题解决了，新的问题还会出现。因此应建立有效的风险控制规范，将指南做成一个动态的数据库，不断加以修改和完善。还可以开发一些专门问题、专门事项、专项审计和审计调查的审计指南。这样会更加灵活和具有较为普遍的适用性。在相关准则指南体系逐步完善的基础上，以此严格审计人员在资料获取、风险事项确定、具体查证以及处理定性等方面的规范程序，将会在很大程度降低失察风险。

（4）提高人员业务能力，合理配置审计资源。提高审计人员业务能力既要提高单个人员业务水平，又需从整体优化结构、协调分工，而后者更为重要。审计组作为一个团队，必须具有合理的人才结构，配备一定数量与完成审计事项相应的审计人员。从专业角度讲，审计人员必须具备与被审计事项、工作量及工作难度等相适应的审计胜任能力。比如对固定资产投资项目审计，审计组成员的构成，不仅要有懂财务的人员，还要有懂投资概预算、工程技术等方面的人员。审计组内部需要分工协作，组长或主审要对审计组成员的工作给予指导、督促、协调和检查，特别是对新参加工作的人员言传身教。即便是有一定工作经验的人，也不能疏于管理，要加强督促检查，严把质量关，这样才能在更大程度上降低失察风险。

（5）建立健全审计责任制度。在依法区分审计与被审计责任的同时，要使各项审计规制执行到位，必须增强审计责任意识，严格界定审计内部责任，建立健全审计责任制度及责任追究制度。从实际情况看，失察风险控制得如何，与相关人员责任心、责任制及履行职责情况等有着直接的关系。审计业务各个环节、各个层面人员的责任，都应当有明确的规定，这样才能从制度上防范失察风险。

审计机关和审计人员应该重视审计日记的编写。审计日记是审计人员独立性的体现，是审计风险控制的第一道关口，是明确审计责任的重要依据。审计日记应分人、逐日编写，并按要求记录必要的内容，包括审计内容、程序、方法、过程和结论，等等，不应过于简化。审计日记能起到记录审计过程“黑匣子”的作用，对于失察的问题，审计日记可以区分责任归属。

（6）提高审计职业道德素养。针对审计人员查出问题有意“放水”问题，一要加强反腐倡廉建设，提高道德素养，强化职业操守，弘扬审计精神；二要严格“八不准”审计纪律，规范审计行为。

（二）误查风险的控制措施

1. 形成误查风险的原因

（1）审计人员主观判断失误。审计是一项运用专业判断较多的工作，难免出现主观判断错误。尤其在政府审计的背景下，审计机关以政府监督机构的形式出现，审计人员有时会对自我判断过于信赖，出现主观失误的可能性就更大。另一方面，审计工作要求具备高度敏感性，以防范失察风险，而实际操作中往往会出现矫枉过正的问题，形成误查风险。

（2）被审计单位的影响。审计是以被审计单位提供的资料为基础实施监督工作，并得出结论的。如果被审计单位提供的资料不真实、不完整、不全面，而审计人员又没能及时发现，甚至假账真审，则无法得出正确结论，误查风险则会很大。

（3）缺乏与被审计单位的充分沟通。一般情况下，为了避免主观判断失误，审计机关查出问题后要与被审计单位作充分的沟通，在事实认定方面征得被审计单位的认可，否则容易产生“误查风险”。在实际操作中，审计人员往往因为防范失察风险，避免审计证据“丢失”或被改变，回避了沟通环节，而不能真实反映问题本质，很可能面临巨大的“误查风险”。

2. 误查风险的控制措施

（1）从事实出发，充分沟通。其一应以客观公正的态度对待审计中发现的问题。因为在审计工作中，客观公正与怀疑一切同样重要，怀疑一切能防范失察风险，而客观公正则是有效控制误查风险的基本态度。其二要保证审计证据充分有力。审计实施过程是围绕审计目标，针对审计内容所进行的审计证据获取、鉴定、加工和利用的过程。在被审计单位提供的纷繁复杂的信息资料中，审计人员应获取能达到审计目标所需要的证据，进而鉴定这些证据是否相关、可靠、合法、充分，以证明所查事实真相，才能从根本上控制误查风险。其三要健全完善审计工作底稿。审计工作底稿是审计过程和结果的反映，重在留下审计本身的痕迹。审计工作底稿中，应记载审计内容、过程、程序、方式、方法、证据、依据、结论、操作和时间，以及底稿的复核人、复核意见及复核时间，等等，从内容到形式将其健全与完善，从而有效地降低误查风险。

（2）完善和严格审计复核制度。一方面审计组内部力争做到“万无一失”。目前，国家审计机关法制部门对中央部门预算执行审计文书的审计复核对象是不附带审计证据的审计报告和审计决定等成果性文件，对于审计证据等第一手资料的复核集中在审计组内部，审计组长应从取证记录到事实认定、从工作底稿到审计报告等严把审核关。严格审计业务会议制度，对重大问题要集体讨论、慎重定性，做到“万无一失”，将“误查风险”最大程度化解在审计组内部。另一方面审计机关复核部门应高度关注被审计单位的不同意见。审计复核过程中要认真分析研究被审计单位的反馈意见，尤其对审计结论的不同意见要征询审计组意见，共同研究，对重大分歧还应调阅相关审计取证记录和工作底稿。

三、财政资金绩效审计评价标准

研究财政资金绩效审计评价标准，必须先讨论财政资金绩效审计评价的含义。所谓财政资金绩效审计评价，是指审计机关和审计人员运用数理统计、运筹学原理和特定指标体系，对照统一的标准，按照一定的程序，通过定量定性对比分析，对政府及其部门、单位或其他组织使用财政资金提供公共产品和服务的经济性、效率性和效果性做出客观、公正评价的行为。所有的评价、判断都是建立在一定的标准之上的。审计要作出评价，就必须有一个参照物，这就是审计评价标准。因此，财政资金绩效审计评价标准，是指审计机关和审计人员评价财政资金绩效状况的尺度。

1. 评价标准的作用。对财政资金绩效审计而言，评价标准至关重要。财政资金绩效审计评价标准反映了一种理想化（或者是标准化）的模式。具体而言，财政资金绩效审计评价标准的作用主要表现在以下几个方面：

第一，评价标准是审计机关内部审计人员进行沟通联系的基础。绩效审计是一种团队而非个人的审计行为，需要多名审计人员分工合作共同完成。但是，每个人对于“三 E”的理解并不完全相同，这种不同主要是来自审计人员对于经济性、效率性和效果性的不同侧重。但对同一审计项目、同一审计事项来说，无论是评价绩效、分析问题，还是寻找原因、提出建议，审计人员都需要一个统一的评价标准来帮助做出合理的判断。因此，评价标准是审计人员讨论问题、交流看法的共同基础。

第二，评价标准是审计人员和被审计单位管理层进行沟通联系的基础。评价标准不仅要为审计机关和审计人员接受，还应当为被审计单位所接受。因此，开展绩效审计，审计人员应当选择在绩效审计过程中使用的评价标准，并取得被审计单位管理层对评价标准的理解与认同。在此基础上，审计机关和被审计单位可以对审计发现的绩效问题以及相应的建议措施进行沟通与讨论。只有这样，才能确保被审计单位接受绩效审计结果，承认审计发现的绩效方面存在的问题，积极采纳审计机关提出的改进建议。

第三，评价标准是审计人员评价被审计单位绩效状况的参照物和依据，也是提出审计改进意见和建议的基础。审计人员可以根据双方认可的评价标准，去设计相应的审计方法与实施步骤，与实际情况进行对比、分析，就被审计单位绩效状况得出客观公正的结论，指出存在的问题。同时，审计人员也可以根据评价标准，针对被审计单位存在的绩效问题提出改进的意见和建议。

第四，评价标准是财政资金绩效审计结果使用者理解绩效审计结果的基础。在财政资金绩效审计中，绩效审计结果是审计机关生产、提供的主要公共产品，党委、政府、人大、政府各部门和社会各界是绩效审计结果的使用者。而党委、政府、人大、政府各部门和社会各界要正确理解、使用绩效审计结果，必须先了解绩效审计的评价标准。从这个角度讲，评价标准也是党委、政府、人大、政府各部门和社会各界理解绩效审计结果的基础。

2. 评价标准的分类。按照不同的分类标准，可以对财政资金绩效审计评价标准进行不同的分类。

第一，根据来源的不同，财政资金绩效审计评价标准可以分为三种类型：一是被审计单位自身所确定的目标，包括被审计单位的预算、合同、定额等所确定的目标。审计就是看被审计单位的预算、合同、定额所确定的目标是否实现、实现的程度和未实现的原因。二是当前社会公认的标准，包括国家法律、法规和相关政策与原则等所确定的标准，以及国际标准、国家标准、行业标准等。这些标准具有充分的权威性，是包括审计机关和被审计单位在内的社会各界公认的标准。三是审计机关与被审计单位共同商定的标准。经审计人员和被审计单位管理层协商同意，专家意见、理论依据、科学计算数据等也可以作为财政资金绩效审计评价标准。

第二，根据是否具有可计量性以及用途的不同，财政资金绩效审计评价标准可以分为定量评价标准和定性评价标准。财政资金绩效审计评价，有的可以量化，借助量化指标和量化标准来分析说明绩效状况具有说服力，但不一定每项绩效审计都必须用量化指标和量化标准来评价，有时用描述性表达方式更合适，这主要视具体审计目标和具体情况而定。相应的，财政资金绩效审计评价标准可以分为定量评价标准和定性评价标准。其中，具有可计量性、用于对财政资金绩效状况进行定量分析的评价标准是定量评价标准，不具有可计量性、用于对财政资金绩效状况进行定性分析的评价标准是定性评价标准。

第三，根据取值基础的不同，财政资金绩效审计评价标准可以分为预算标准、历史标准、经验标准、行业标准和国际标准等五种类型。其中，预算标准是以被审计单位事先制订的预算、目标计划、定额等预定数据和预定目标作为评价绩效状况的标准；历史标准是以本地区、本部门、本单位或者同类部门、单位、项目的历史数据作为样本，运用一定的统计学方法计算出的平均历史水平；经验标准是根据长期的管理实践和经济活动发展规律，由在有关领域有丰富经验的专家学者，在经过严密分析研究后得出的有关标准；行业标准是以一定行业许多群体的相关数据为标本，运用数理统计方法计算和制定出的该行业评价标准；国际标准是指国际上普遍接受和认可的评价标准，包括国际标准化组织、国际电工委员会和国际电信联盟制定的标准以及国际标准化组织确认并公布的其他国际组织制定的标准等。

3. 评价标准的选择原则。选择财政资金绩效审计评价标准，必须围绕审计目标，从被审计单位实际出发，既要考虑该部门该行业的一般要求，又要考虑适用于被审计单位的专门的具体的标准和要求，力求做到全面、客观、科学、适用。为此，审计人员选择财政资金绩效审计评价标准，必须遵循以下原则：

第一，科学性原则。审计人员选择的财政资金绩效审计评价标准本身必须科学合理，符合客观规律，简明易懂、易操作，使用时无手续烦琐、程序不清、口径不当等情况，否则不能得出科学合理的绩效评价结论。

第二，客观性原则。审计人员选择的财政资金绩效审计评价标准本身必须是客观存在的，立足于能够真实反映审计对象绩效的真实状况，而与审计人员或管理人员的感情、偏好以及个人偏见无关。特别应当指出的是，审计机关和审计人员不得自行制定评价标准，否则就是审计人员的主观性标准，难以得出令被审计单位和其他审计结果使用者信服的绩效评价结论。

第三，多样性原则。财政资金绩效审计的评价标准必须体现审计目标，审计目标不同，评价标准也不同。审计人员必须根据特定审计目标为不同财政资金绩效审计项目选择不同的评价标准，设计不同的评价标准体系。因此，财政资金绩效审计评价标准是多样的，不可能有统一的、放之四海皆适用的评价标准体系，为不同的项目选择统一的评价标准是不现实的。而且，财政资金绩效审计评价标准的来源、渠道也是多样的，有的来自法律法规的规定，有的来自被审计单位内部的相关文件、规定，还有的来自专家、专业部门制定的标准。

第四，先进性和现实性相结合的原则。审计人员选择财政资金绩效审计评价标准时，应当充分考虑被审计单位的现有条件、经验和管理水平，同时考虑其增长提高因素和潜力。一方面，被选择的财政资金绩效审计的评价标准应当具有一定的先进性，能够有效促进被审计单位进一步加强管理，提高绩效；另一方面，被选择的财政资金绩效审计的评价标准又不能脱离现在的客观实际，必须从现实和实际出发，否则容易影响被审计单位的信心和积极性。

第五，风险规避性原则。审计人员选择财政资金绩效审计评价标准时，应当遵循职业谨慎，注意防范和规避审计风险。内容不明确具体、要求明显落后或者被审计单位有不同意见的评价标准，不得作为财政资金绩效审计的评价标准。

此外，审计人员选择财政资金绩效审计评价标准时，应当注重职业判断。评价标准的选择与审计人员的经验、能力有很大关系。在选择评价标准的过程中，审计人员应当充分考虑项目的特征、审计的目标以及评价指标的性质，并在此基础上做出合理判断。

四、审计业务职权分离的基本设想研究

审计业务职权，主要是指审计机关及其审计人员围绕审计业务工作的各个不同阶段，行使审计规划计划、实施查证、复核审理、跟踪执行等四项主要的业务职权，不涉及如组织人事、行政事务、党团工会、财务后勤等其他非审计业务的职权。审计机关的主要职责是对相关单位行使审计监督，在行使审计监督职责过程中涉及这四项业务职权的运行。为正确把握和运用好《宪法》和《审计法》赋予的审计监督权，真正做到依法行政，近几年来，以湖南省审计机关为代表的部分审计机关，设置、整合相应的内部职能部门，将不同的职权分别赋予各职能部门行使，并有“四分离”“三分离”“两分离”等各种形式，此为审计业务职权分离，简称“审计业务分权”。

（一）审计业务职权分离的运行机制

审计业务职权分离涉及审计机关内部在动员、支配审计资源上的权责划分以及分权关系依据何种原则处理，确定被授权和采取行动去处理问题和解决问题的模式。我们应洞察审计计划规划、实施查证、复核审理、跟踪执行等审计业务职权的差异，注意到这些职权的运作是有着不同的规律性要求的，关注职权功能性的分配，明晰职权运行的脉络。业务分权运行的科学逻辑是，将每一个审计项目视为一种产品，其生产工序由几个部门分工完成，以权力控制为核心，以操作流程为主线。

在调整内部职能部门时，第一应保证审计质量，任何有损审计质量，以牺牲审计质量为代价的内部机构调整都是不可取的。第二应加强部门之间的协作和配合，以充分的信息沟通为基础，以有效的监督为保障。第三应制定一系列的制度和办法，如机构设置、岗位职责、业务流程、项目管理、质量检查、成果运用、文书规范、奖惩考核等，形成以业务管理为中心的制度体系。第四应系统地考虑到人力资源管理、目标考核、财务管理等多方面的工作，务必相互配套，全面跟进。第五应统筹安排工作量。与传统的审计业务组织方式相比，各部门按职权分立是一种更高程度的责任与权力相统一的审计业务管理模式，在

组织更为有效、管理更为严格的同时，工作量明显加大，应协调好各部门的工作任务。

1. 强化审计计划部门的职能。进一步加强审计机关综合计划部门的计划职能。该部门的主要职责是建立被审计对象基本情况数据库和信息资料库，在广泛调查研究、科学论证、与有关宏观经济管理部门工作进行衔接的基础上，编制中长期审计计划和年度审计项目计划。在征求其他职能部门的意见后，报审计机关领导办公会议审定后下达。负责及时检查、监督、调整、反馈、统计、评估和考核各类审计计划的实际执行情况。建立“预算有约束、执行有标准、决算有考核”的审计项目成本管理机制。

2. 整合审计查证部门。将原来的各审计业务部门整合为若干个大的审计查证部门，各查证部门可称为审计查证一部、审计查证二部等，原则上不再按被审计对象的行业、系统或资金性质命名。当然各查证部门之间也应在原来负责的审计管辖范围的基础上，有个大概的分工。各查证部门的主要职责是根据审计项目计划，编制审计工作方案，开展审前调查，制定审计实施方案，严格按照审计准则和审计实施方案实施现场审计。草拟审计报告征求意见稿，征求被审计单位对审计报告初稿的意见。草拟审计建议函、审计决定、审计移送处理书等结论性审计文书的初稿。

3. 将审计法制复核部门调整为审计审理部门。将审计机关原有的法制复核部门调整为审计审理部门。该部门根据年度计划将项目审理分工到人，以便提前收集相关法规资料，与查证组沟通情况。审理人员应适当关注、控制和跟踪审计实施全过程，在审计项目实施前随审计组深入被审计单位进行审前调查，可以对审计实施方案有感性认识；适当参与现场审计可以对审计报告所涉及问题的审理工作提供证据复核上的便利，从程序性复核深入到审计思路，对审计证据的收集和支撑、审计工作底稿的形成、审计执法程序的恰当性进行审查；参与审计组对审计报告初稿的定性讨论，现场提供法律服务；参加审计组与被审计单位的审计意见交换会议，听到多种声音，可以为之后发表独立的审理复核意见提供借鉴；查证部门移交项目审计资料后，由 2 人同时对审计项目的全部审计资料、查证过程和结果，以审计报告为总揽，以审计方案为基础，以法律法规为准绳，进行严格的审理。审理人员认为事实不清、证据不足时，可要求查证部门补正，必要时可协同查证部门补充查证，也可直接到被审计单位核实有关情况，直至符合方案的目标与要求。审理人员在审理底稿上签字负责，审理情况经审理业务会议研究后，向查证部门出具审理意见书。最后制作审计报告、审计决定、审计建议函、审计移送处理书等结论性的审计法律文书。

4. 增设审计执行部门。该部门在收到审理部门的结论性审计法律文书后，负责将这些文书送达被审计单位和协助执行的单位，跟踪、检查审计建议事项、被审计单位自行纠正事项、审计处罚事项、决定收缴的有关款项、审计移送处理书中的移送处理事项及办理申请审计强制执行事项等的执行情况，督促对方执行，及时反馈执行整改情况，每个审计事项执行完毕后制作执行报告。与纪检、监察和司法等相关部门建立审计整改工作联系与协调机制，与被审计单位建立联系与协商制度。对有的单位采取下达“限期执行审计决定书”或“审计督促整改通知书”的方式加大执行力度。

调整四个职能部门的关键，一是要合理划分事权范围，分解审计责任；二是要明确界定各部门的权利、义务和责任。只有明确权责，才能对各职能部门形成约束，才能使审计人员真正承担相关责任。

（二）审计业务职权分离实施中应注意的问题

实行审计业务职权分离不仅取决于审计机关这一单方面的因素，还涉及法律、文化、制度安排、权力配置、意识形态领域以及政府机构改革和调整等诸多因素。它在一定程度上会对审计工作全局产生某些影响，因而显得复杂。由于制度约束具有刚性和相对稳定性，就审计业务职权分离本身与审计环境的相容、适应和磨合无疑需要较长的一段时间，与此相应的，消除制约审计业务职权分离的深层次障碍，将是一个长期的过程。我们应充分认识可能遇到的困难，不能急于求成，应采取稳妥、慎重的策略。

1. 在实施时间上，应循序渐进，逐步推行。审计业务分权尚处于探索期。要实现完整意义的分权制衡，应有计划、有步骤地开展试点、分区试行、全面实施等。在试点期，主要是对业务职权分离的制度规范和内部机制进行探索，及时总结经验教训，适时提出改进做法，追踪评估社会反应。在分区试行期，主要是加快建立审计业务职权分离的法律法规和配套制度，在机构职能、执法依据、执法程序、工作纪律等方面落实责任，完善内部环境，不断总结提高。在全面实施期，应完善内外部环境，使其符合业务分权的要求，使业务分权步入制度化、规范化轨道，成为基本原则。

2. 在实施范围上，应系统考虑，区别对待。当前我国地区之间、层级之间审计工作发展不平衡，构建一个分布于广大区域的、各层次审计机关条件差异显著的统一的业务分权模式，难度很大。对于不同区域、不同级别的审计机关，应对照前提条件，紧密结合各自的工作实际，采取不同的做法，切忌一刀切、简单化。中央审计机关应从稳妥的角度出发，主要实行计划规划、审计查证、审理“三分离”。条件成熟的东部地区、经济发达地区、省级及地市级审计机关可实行“四分离”。不具备第一个前提条件的中西部地区、落后地区、县市级的审计机关，因审计力量薄弱，人手不够，财力物力不足，无法设置更多的科室，可暂不实施业务分权，或根据各审计机关的实际情况，实施四项职权中某两项职权的“两分离”或某三项职权的“三分离”等。经过一个或短或长的时期，审计业务分权最终在全国范围内逐步达到稳步发展、全面发展、协调发展，并基本做到同步发展。

五、关于跟踪审计的研究

通过跟踪审计，以资金为主线，以项目为基点，对权力运行进行及时有效的监督和制约，可以拉长和拓展审计监督的时空距离，将问责和问效有机统一，促进决策的民主性和科学性，保证政策的可行性和连续性，发挥审计在服务党委、政府宏观决策和经济社会发展大局中的建设性作用。

（一）跟踪审计的定位和特点

跟踪审计是审计机关根据审计产品使用者的需要，通过对资金流向和权力运行轨迹两方面的审计监督，在事前、事中、事后全过程进行跟踪的动态的审计方式。跟踪审计具有如下特点：

1. 时效性。时效性是跟踪审计的第一要素。对政府关心、社会关注的热点、难点、焦点问题只有在第一时间跟进，及时发现苗头性、倾向性问题，并立即提出有效的对策建议，跟踪审计才有意义。

2. 持续性。审计机关克服传统审计滞后性的局限，将关口前移，在事前、事中、事后三个阶段持续对某个专项资金或某项政策进行动态审计，是跟踪审计持续性的具体表现。通过对相同或相类似审计项目的多次审计，在促使被审计单位持续整改的基础上，审计目标层层递进，促进制度更加完善，管理更加规范，使跟踪审计的作用大大提升。

3. 针对性。针对性是以专业的眼光，有选择地关注，突出重点，而不是面面俱到。跟踪审计的针对性主要体现在项目的选择上，注意针对经济形势变化的趋势、针对各级党委政府关注的问题、矛盾漏洞较大的问题、可能发生的风险确立跟踪审计项目，从而提出具有针对性、可行性的建议。

4. 准确性。审计机关在实施跟踪审计的过程中，能及时获得第一手资料，确保了材料的真实性和数据的准确性，进而依此做出准确的分析和判断，提出针对性强、可操作的建议。

（二）跟踪审计的重点内容

1. 资金的跟踪。对资金的跟踪审计，以实现资金的安全有效、防范资金运行的风险为目标。审计机关对资金的跟踪审计，就是要沿着资金的流向、轨迹和运行脉络，对资金的收、支、管、效等环节进行有效的监督，及时跟进，发挥主动性、整体性、预防性、批判性、促进性、公开性作用，防范财政资金、信贷资金、建设项目资金、社会保障资金和环境保护资金等的风险，最大限度地减少损失浪费，提升资金使用的效率和效果。

2. 项目的跟踪。对投资项目的跟踪审计，以实现投资项目的有力、有序、有效为目标。所谓有力，即投资既要适应经济社会发展的要求，保持适当的增长，又要量力而行，尽力而为，不层层加码，不搞攀比，杜绝“政绩工程”“形象工程”；所谓有序，就是要尊重科学、尊重发展规律，严格按照建设项目的程序进行运作，在保稳促调上下工夫，防止一哄而起，盲目投资，搞低水平重复建设；所谓有效，就是要注重投资的效率、效果，注重投资结构的优化。

3. 政策的跟踪。对政策的跟踪审计，以促进政策的落实和对政策的改进完善为目标。审计机关对政策的跟踪审计，可以先进行政策执行的可行性、连续性和有效性进行评估。政策评估项目可以参照波兹曼与马瑟的观点，一是考虑政策执行和经济社会变化存在明显因果关系的政策，二是短期效益具有较大价值的政策，三是代表性较强的政策，四是运作充分、执行信息资料比较丰富的政策，五是高成本、高效益的政策等。据此，当前审计机关对政策的跟踪审计可首先选择公众反响强烈、事关国计民生的重大经济发展、社会发展政策进行跟踪、评估。

（三）跟踪审计组织管理中应把握的几个问题

1. 审计目标与管理重点。管理的目的是确保审计目标的有效实现。现代审计理念下的跟踪审计，范围十分宽广，不同的跟踪对象，其审计的目标也不尽相同。根据审计目标与项目特点加强审计管理，是跟踪审计项目成败的关键。按审计目标不同，跟踪审计项目大致可分为过程监督、绩效评价和决策咨询三类。

过程监督类项目往往实施周期较长，有一个相对独立的实施单位和有明确的项目计划与目标，如建设投资项目的跟踪审计。审计的主要目标是对项目实施的全过程的真实性与合法性进行跟踪监督，审计管理的目的在于项目实施过程中问题的有效揭示与整改，促使项目朝既定目标实现。因此，审计管理要根据不同的项目实施期，确定项目审计重点，使项目实施执行与项目计划目标的偏差、项目中存在的错误和弊端得以有效充分揭示，并通过加强成果管理，使问题与偏差得以有效整改。

绩效评价类项目包括资金绩效评价与制度绩效评价二类。资金绩效评价类跟踪审计，是在监督各类资金安全的前提下，对资金使用的绩效进行跟踪评估的项目；制度绩效评价类项目，是通过对已出台的制度的执行情况进行持续的跟踪与分析，判断分析制度实施效果，提出加强或完善制度的审计意见。这二类项目的共同特点：一是涉及面广，且大多涉及民生。二是审计最终都要对项目的效果发表意见与建议。因此管理的重点如何保证审计计划与结果的科学、有效，即如何根据社会热点与党委政府工作重点选定跟踪对象，如何在点多面广的情况下，既全面审计，又把握重点，如何确定审计判断标准，提出合理有效的审计建议等。

决策咨询类项目往往表现为通过对社会热点问题的持续关注，以审计固有的独立性角色，提出解决问题的意见与建议，从而发挥审计的咨询与建设性作用。这类项目，由于审计所关注的问题通常广泛存在于不同的单位与部门，仅靠对一个单位一个时点的审计，难以提出令人信服的审计意见与建议，因此如何在不同单位、不同时点持续跟踪成为审计管理的重点。

当然，以上的分类不是绝对的。在实践中，有的跟踪审计项目可能同时要求几个审计目标的实现，有的项目可能要求在不同的跟踪阶段确定不同的审计目标。

2. 审计对象与组织方式。选择合适的审计组织方式，是确保跟踪审计有效发挥作用的基本条件。跟踪审计的组织方式是多样的，既可以是对单一对象的持续跟踪，也可以是多个审计机关对多个对象的协同持续跟踪；既可以是对审计对象执行情况同步跟踪，也可以是对某一事项的发展趋势分析跟踪；既可以通过单独立项重点跟踪，也可结合其他审计项目附带关注跟踪；既可以传统方式定期审计跟踪，也可以借现代网络技术进行联网实时跟踪；既可以凭审计机关自身力量进行审计，也可组织社会中介组织或内部审计机构进行跟踪；既可以是一般的审计项目，也可以是专项审计调查，等等。审计机关必须根据跟踪对象的不同，选定不同的审计组织方式。

3. 审计成果与项目优选。国家审计建设性作用的发挥，很大程度上取决于国家审计能否最大程度地实现并转化审计成果。因此，审计项目的科学立项及审计成果的有效管理成为关键的因素。

首先，必须将可预见审计成果的大小作为跟踪审计立项的重要标准。从实践看，成效好的审计项目立项时一般都有较好的可预见审计成果。以可预见成果的大小决定是否立项，可以从源头上保证审计成果最大化。这种立项机制，要求审计人员集思广益，多途径、多方式获取选项预案，充分了解每个预案项目的基本情况信息，并通过评估项目可预见的审计成果，保证最优选项。

其次，必须将跟踪审计项目锁定于围绕中心、服务大局。依照“跟进”的要求，跟踪审计项目的立项，必须紧紧围绕中心、服务大局，将经济社会发展和群众切身利益方面的难点、热点问题，关系国家经济安全和国家利益的突出问题，关系深化改革和民主法治建设的重大问题作为立项重点。特别是按照刘家义审计长提出的当前审计工作要坚持"一条主线，三个重点"，审计机关在选择跟踪审计项目时要更多地关注中央宏观调控有关政策措施的落实和经济社会发展各个方面趋势性、动态性的信息，促进社会深层次问题的解决以及体制机制的建立和完善。

最后，必须建立跟踪审计成果形成和利用机制。要将审计成果的导向性作用体现于审计管理的全过程，多层次、多形式、多途径确保审计成果的及时和有效转化。跟踪审计重在解决问题并提出适用对策，因此，必须针对不同的使用者的需求，多层次提供审计成果，让使用者好用、有用、能用；跟踪审计要发挥审计建设性作用，成果的时效性是前提，在跟踪审计实施过程中，分阶段、分类别，以报告、专报、信息、公告，甚至研究报告、新闻稿等多形式产出审计成果是确保成果时效性的有效方式；跟踪审计强调促进性，利用相关职能部门、媒体与公众等各种渠道，多途径、有选择地运用审计成果，共同推进问题的及时解决。

六、环境审计在可持续发展中的定位研究

十七大报告明确提出："加强能源资源节约和生态环境保护，增强可持续发展能力。"这表明生态资源、环境保护已经成为党中央关注的重大战略问题。审计机关作为国家专门的经济监督部门，有必要通过开展环境审计为环境资源保护和可持续发展保驾护航，使国家的环境政策得到贯彻落实，促使环保资金得到合理利用，从而减少环境污染、提高自然资源的利用率，促进国家、社会可持续发展。

（一）环境审计可以为建立恰当的国家可持续发展战略提供基础的、可靠的信息，并促进可持续发展战略的建立

完整、准确地认识当前环境和环境保护的问题，是有效开展环境审计、切实发挥审计建设性作用的基本前提。审计机关通过开展环境审计，发现各种不利于可持续发展的问题和隐患，对问题进行分析和评估，获得与可持续发展相关的全面、可靠的信息，向政府报告并提出合理化的整改建议。政府可以对这些信息进行分析，结合自身特点和情况，制定出适合本国的可持续发展战略。审计机关用具体的、实际的、科学的数据为政府及有关部门制定合理的国家可持续发展战略提供信息，不仅符合当前国际社会走可持续发展道路的指导思想，更有利于国家相关政策的完善和社会各项事业的协调可持续发展。

（二）环境审计可以为政府可持续发展目标和指标提供合理建议，促进可持续发展战略和相关政策的完善

政府在实现社会经济可持续发展方面扮演着重要的角色，它负责指引发展方向、制定相关政策、提供综合协调管理，并在发展和环境方面的国际事务中代表本国的利益。为实现国家可持续发展战略，政府需要在社会经济各相关领域制定可持续发展的目标、指标及其相关的政策。环境审计通过对这些目标、指标及其相关政策的检查，可以为政府提供建议，促进可持续发展战略和相关政策的完善。

审计机关检查可持续发展目标的重点是看其是否：覆盖关键领域；符合国际承诺；与其目的和指标具有直接的关联性；理由清晰充分；基于底线标准；有时间限制；基于合理的计划；符合计划和资源配置等。审计机关检查可持续发展指标的重点是看其是否：有相关的政策依据；可以被分析；可被衡量。只有可持续发展战略目标和指标符合社会发展规律和趋势，适应未来发展的需求，并且能够取得长远的效果，才能促进国家可持续发展战略的实施。

（三）环境审计可以进一步纠正可持续发展战略、政策和法律执行中存在的不当和无效行为，直接问责，并促进问责机制的完善

当前，中国环境问题表现在方方面面，如大气污染、水污染、噪声和固体废物污染、土地退化等；环境保护工作也还存在诸多薄弱的地方，如挤占、挪用环保资金以及损失浪费等。但是归根到底，这些问题都是有关环境保护的政策与法规不完善，及相关政策制度落实不到位引起的。看待环境问题和环境保护的问题，不能停留在这些问题的外在表现形式，要深究其产生的根源。环境审计正是站在这个着眼点上，通过对环境政策和法规的执行情况进行监督和检查，对可能存在的危害环境的隐患进行监督和检查，发现问题，提出解决问题的方法和建议。

环境审计内容的一个重要的组成部分是审查和监督被审计单位和团体遵守和执行国家环境保

护政策法规的情况是否符合国家可持续发展战略。如审查被审计单位或项目的生产经营活动是否按照规定采取了环境保护措施，环境指标是否符合可持续发展的标准，等等。通过审计和监督检查，发现并指出问题，向被审计单位或其主管部门提出合理意见，对不当的、无效的、违规违法的行为进行纠正和问责。这种审计和监督的形式不仅有利于国家可持续发展战略的执行，更对国家法律、法规及问责机制的建设和完善起到积极地促进作用，促进社会经济的可持续发展。

七、国家审计“免疫”系统功能理论的基本概念辨析

国家审计“免疫”系统功能理论至少涉及五个基本概念，即国家审计、审计监督，以及免疫系统、“免疫系统”和“免疫”系统。

（一）国家审计概念的古与今

自国家建立社会主义审计制度以来，人们一直试图从不同角度为国家审计下一个准确的定义。其根本原因就在于，国家审计的实践性非常强，国家审计的定义只能是国家审计实践一定发展阶段的产物。

1. 古代国家审计的概念。古代国家审计的概念，可以从两个角度进行研究：一个是古人眼中的古代国家审计，一个是现代人眼中的古代国家审计。宋人潜说友在《咸淳临安志》一书中，对诸军诸司审计院的审计职责曾有一段精辟的概括。潜说友对审计的“审”解释为：“自宫禁、朝廷，下至斗食佐史，凡赋禄者，以式法审其名数，而稽其辟名者。唯郊赐给已乃审，禄有疑予，则诏以法。”意思是：审的依据是“式”。唐宋的法律由律令格式构成。律，刑典；令，尊卑等级规定；格，朝廷官员、部门职责；式，官员、部门行为准则。式，这里可以理解为法律法规。审的对象是“赋禄者”，即朝廷的百官和贡赋。审的重点是“稽其辟名者”，即隐藏钱粮物品的情况。潜说友对审计的“计”的解释是：“凡四方之计籍，上于大农则逆其会。凡有司议调度、会赋出，则诹焉。”意思是：审的手段是查“三计”账簿，包括官员财物收支之计、四方贡物之计和赋税收支筹划之计。1999 年 12 月开始编撰的《中国审计史》进一步拓宽了国家审计的视野，提出古代国家审计的三个典型特征，即以财政财务收支为监督检查的对象、以审查账目为基本手段、拥有相对独立的机构和人员，从而解决了《中国审计史》编撰过程中的突出问题，把古代审计从古代财政、官吏监督中成功地剥离出来。

2. 现代国家审计的概念。1989 年中国审计学会贵州研讨会提出：国家审计“是由专职的机构或人员，依法对被审计单位的财政、财务收支及其有关的真实性、合法性和效益性进行审查，评价责任，用以维护财经法纪，改进管理，提高效益，促进宏观调控的独立性经济监督活动”。如果将这个定义中冗长的定语省略，就成为：国家审计“是独立性经济监督活动”；再进一步依次省略，就是：国家审计“是经济监督活动”；国家审计“是监督活动”；国家审计“是活动”。活动，是个一般性的概念；经济监督活动，范围明显收窄；独立性经济监督活动，体现了国家审计的法定性。这个定义实际上是对国家审计行为外在形式的一种客观描述。1995 年，审计署提出：国家审计“是独立检查会计账目，监督财政、财务收支真实、合法、效益的行为”。省略定语后，就是：国家审计“是行为”。行为，从定义的角度观察，仍然是一个相当宽泛的概念。这个定义的意义在于，它从国家审计实践出发，提出了一个实务性的国家审计定义。

3. 国家审计功能认识的发展。国家审计的定义，涉及国家审计理论的基本概念。由于审计基础理论研究尚不充分，国家审计的概念一直也没有取得共识。但是，国家审计实践在审计理论概括相对滞后的情况下，有了极大的发展。国家审计定义的研究也逐渐走出了纯学术的逻辑推演，开始了不断总结、提炼国家审计实践经验的新路径。国家审计的定义也不再拘泥于学术概念的形式，重点要反映人们对国家审计功能不断深化的新认识，以适应国家审计实践发展的最新需求。

1998 年，李金华审计长在接受央视记者采访时表示，很欣赏德国前审计长扎威尔伯格说过的一句话：“审计是国家财产的‘看门狗’（英文 watchdog）。”2003 年，李金华审计长又提出：国家审计“要发挥‘眼睛’作用”。后来演变为国家审计“是国家的经济卫士”。“经济卫士”的提法，实际上不是一个严格的定义。它只是一个修辞学上暗喻的喻体。但它表达了这样一个定义方向，就是要从国家审计与国家社会、经济的关系以及国家审计在国家社会、经济运行中的功能或作用的角度来定义国家审计的概念。

2008 年初，刘家义审计长对国家审计功能做出新的概括，提出了国家审计“免疫”系统功能理论，认为：“国家审计是国家经济、社会运行的‘免疫’系统。”这个新概括精炼地反映了国家审计实践的最新发展，集中反映了审计机关对国家审计认识的最新理论成果。这个概括应当具有这样几个基本含义，即国家审计是一个系统；国家审计是一个具有类似人体免疫系统功能的系统；国家审计是国家经济、社会运行系统中的子系统。它重点强调：国家审计是国家经济、社会运行系统中内生的、具有不可替代的建设性作用的子系统。

但是，仅仅对这个概括做出这种解释，还是很不够的。作为一个来源于国家审计实践的科学论断，必须能够科学地回答人们的实践疑惑。

疑惑之一：如果说国家审计是“免疫”系统，其他监督部门是什么系统？这里涉及一个重要的理论问题，就是国家审计“免疫”系统是否具有唯一性。如果不具有唯一性，如果国家经济社会“免疫”系统还包括其他监督系统，那么，国家审计“免疫”系统的提法就要加上一定的限定语。如果具有唯一性，就要做必要的理论阐释。既然是作为一个科学的论断提出来，应当具有唯一性。首先，“‘免疫’系统”本身是一种比喻性提法，这种比喻具有特定的对象，它专指国家审计。其次，国家审计“免疫”系统有特定的内涵。它专指国家审计的安全防护、问题揭露、机制修复和科学预警功能。最后，“‘免疫’系统”提法针对的是国家审计的核心功能，不是针对国家审计机关的职责。国家审计与国家审计机关是两个具有不同内涵的概念。国家审计的主体是国家审计机关，但国家审计不能等同于国家审计机关。国家审计机关是一个政府部门。在这一点上，与其他政府部门一样，国家审计机关有着自己的部门职责和任务。国家审计作为一种专业监督，无疑是国家监督体系的组成部分。问题的关键在于，国家审计活动的客观作用和核心功能，已经超出了政府部门职责的范畴。专业监督只是国家审计履行审计监督职责的实践形式。现代国家审计的特殊性在于，它是民主法治的工具。在一定历史阶段，针对特定被审计对象，它可能以查处问题为主要目的，然而，国家审计本质的内在驱动，必然要向国家审计“免疫”系统功能的方向发展。这种“免疫”系统功能，只能是国家审计特有的。

疑惑之二，国家审计的“免疫”系统作用是否等同于审计机关作为政府部门的职责作用？它与经济管理部门的专业预警、防范风险是什么关系？这里也涉及一个国家审计“免疫”系统作用的唯一性问题。首先，“国家审计是国家经济、社会运行的‘免疫’系统”，这个定义中的定语“国家经济社会运行”，是国家审计发挥“免疫”作用的宏观审计环境和主要作用、服务的对象。这里应当对“国家经济社会”与“国家经济社会运行”的这两个提法的内涵加以区别。国家经济社会，是一个相对静止的概念。作为一个大系统，它是由各个部门系统、专业系统、行业系统等组成的一个宏大的复杂系统。每个部门、专业、行业等在履行管理职能或监督职能的同时，也在各自专业领域内发挥类似免疫系统的作用。它们的部门职责与它们的作用是一致的。从部门、专业、行业等角度来说，它们比审计更专业，审计不可能取代它们对本部门、本专业、本行业等的专家型的“免疫”作用。从这个意义上讲，国家审计作为“免疫”系统的作用，并不否定其他部门等也具有的部门性、专业性、行业性的免疫性作用，恰恰相反，是要在这些部门、专业、行业性免疫性作用的基础上，发挥综合性、整体性的宏观系统的免疫性作用。国家经济社会运行，则是一个动态的概念。国家审计虽然在实践中是针对一个部门、一个行业等，但其着眼点是整个国家经济社会的运行情况，是部门、行业对整个国家经济社会运行的影响。审计机关是与财政等部门一样的政府部门。审计机关首先要履行政府部门的职责，这与其他政府部门是一样的，不同之处在于，现代国家审计是民主法治的产物，又是民主法治的工具。审计机关作为国家审计的主体，单纯满足于履行政府部门职责是不够的，应当通过不断深化对国家审计本质的认识，使现代国家审计的本质作用充分地体现在审计机关的部门职责和法定职责的活动之中和审计成果的运用之中。

（二）免疫系统概念的本义与比喻义

免疫系统的本义，原本与审计是一个不相干的概念。它之所以与审计发生关系，主要是基于其与审计在功能上的相似性。

1. 免疫系统。免疫系统的概念，是国家审计

"免疫系统"论比喻性概念的出发点。免疫系统与国家审计相似的地方，主要体现在免疫系统的基本特性、核心构成特点和主要功能方面。

免疫系统，是一个生物学概念。它是生物在长期进化中与各种致病因子的不断斗争中逐渐形成的机体保护自身的防御性结构。构成免疫系统的核心成分是淋巴细胞，它使免疫系统具备识别能力和记忆能力。免疫系统具有三种功能，即使人体免于病毒、细菌、污染物质及疾病攻击的保护功能，对新陈代谢后的废物等的清除功能，恢复受损器官和组织的修补功能。

2. "免疫系统"与"免疫"系统。"免疫系统"，这是加上引号的免疫系统，它是一个修辞学上暗喻（或叫隐喻）的喻体。正是这种暗喻关系，使国家审计这个政治学和审计学的概念与生物学的免疫系统概念产生了联系。带引号的"免疫系统"这种表达形式，说明的是国家审计是像人体的免疫系统一样的。

国家审计"免疫系统"的提法，很明显暗含了这样一个意思，就是国家审计是一个系统，一个像人体免疫系统那样的系统，一个具有免疫性功能的系统。于是就引出另一个概念，即"免疫"系统。

"免疫"系统，则是一个偏正词组，中心词是系统。意思是具有"免疫"性作用的系统。"免疫系统"与"免疫"系统，二者的区别就在于，前者是个被比喻的对象，突出国家审计的形象性，但是并没有明确说明国家审计究竟是什么。后者则相反，它明确说明国家审计是一个系统，一个具有类似人体免疫系统的系统。这样概括，有利于确立国家审计"免疫"系统功能理论的基本概念。理论上的概念都是抽象的，在其外延中忽略了事物各种具体差异。而加引号的"免疫系统"，其实仍然是一个具体的事物，一个以暗喻形式表现的具体事物。暗喻是比喻的一种，由于任何比喻都是将某种事物的某种或某些特征作为比喻的对象，自然都是具体的，当然是有局限的。国家审计的"免疫"系统概念也不可能完全等同于人体的免疫系统的概念。

国家审计是在国家经济、社会的长期发展中，主要是在现代民主国家中逐步成熟起来的。它既与国家的产生几乎同样悠久，又与现代国家同样年轻。它是在与各种危害国家经济安全因素的斗争中，特别是适应民主法治需要、促进民主法治发展的历史进程中，逐步形成的国家经济、社会健康运行的"免疫"功能系统。

国家审计"免疫"系统功能可以概括为四种形式：一是安全防护。国家审计主要通过对有关部门、有关组织的安全防护机制的监控，保证其正常履行其安全防护职责，使国家经济社会运行始终处于健康、可控的状态，形成有效的国家安全防火墙。二是问题揭露。就是要及时揭露项目审计中发现的微观问题，以及这些微观问题所反映出的体制、机制性的问题。三是机制修复。审计机关通过与有关部门、被审计单位等的开放性互动，使国家经济、社会运行实现机制性自动修复。或者通过审计建议，督促被审计单位进行整改；或者通过审计建议，完善政策、制度等；或者通过公之于众，引入舆论监督；或者通过审计移交，由有关职能部门进行问责处理。国家审计的机制修复功能，并不是说审计机关"包打天下"，而是说国家审计主要是促进并完善国家经济、社会的健康运行机制。四是科学预警。国家审计的预警功能，一方面体现在重要问题的风险预警方面，它不但揭示问题的现状，同时要阐明问题的风险趋势；一方面还体现在政策性问题预警方面，它通过审计结果的综合分析，针对倾向性问题可能对宏观经济产生的影响提前预警，并提出可行的审计建议。

八、当前节能减排审计工作面临的问题与建议

（一）节能减排审计监督现状及存在的主要问题

1. 开展节能减排环境审计的法律、法规依据不足。节能减排审计不仅涉及资金还涉及较多的节能减排业务数据。被审计单位，出于谨慎性原则，有可能对环境审计的法律依据提出质疑，认为环境审计中需要获取的环境业务数据超出了审计机关的权限，以至于经常出现被审计单位提供资料不及时、不完整的情况，审计取证难以正常进行。目前的《中华人民共和国宪法》中虽然规定"国务院设立审计机关，对国务院各部门和地方各级政府的财政收支，对国家的财政金融机构和企事业组织的财务收支，进行审计"，但并没有明确对环境的审计；2006 年 6 月 1 日起施行的新修订的《中华人民共和国审计法》第三章"审计机关职责”规定的审计职责中，也没有环境审计的明确规定。这在一定程度上制约了包括节能减排审计在内的环境审计的实施。

2. 开展节能减排环境审计的专业人才不足。由于环境审计面广，审计内容除资金外，还有许多政策、技术、管理方面的内容，需要审计人员具备广泛的知识。而目前的审计人员主要是学财经专业的，受水平和专业限制，在审计过程中取证可信性差。此外，环保行政主管部门往往从其专业角度对一些环境指标完成情况进行评估，审计人员受技术手段的限制，无法对有关排污数据进行核实，难以得出审计结论。

3. 在环境审计方面的审计资源整合力度仍显不足。一方面，由于节能减排审计牵涉到方方面面，单独立项开展节能减排审计可能因审计内容广而散而带来操作方面的难题。另一方面，不同的审计类型可能都会涉及节能减排方面的内容，如企业审计会涉及企业在节能减排方面的工作情况，重点建设项目审计会涉及节能减排等环境效益实现情况，经济责任审计会涉及相关节能减排政策落实和环境管理职责履行情况，等等。而相当多的审计机关按业务对口安排审计项目，对同一企业或单位开展不同类型的审计，就有可能出现审计成本加大、重复审计浪费审计资源的情况，甚至出现被审计单位厌烦审计、设置障碍的尴尬局面。除此之外，横向和纵向资源不能共享也影响审计资源的整合力度，如环保行政主管部门有时对审计组在审计中发现的一些涉及环保业务方面数据不真实的问题，往往采取消极抵触态度，甚至不予认可。

4. 审计的基期数据难以确定。降耗减排一个重要的指标是基期数据，基期数据是历史数据，与当期数据具有连续性，如某市发现部分企业虚报“十五”期间节能降耗完成情况，在制定“十一五”节能减排目标责任时，为了不让企业背上永久的目标包袱，企业自己暴露出来上期没有完成，上报的基期数据含有水分。但因节能减排数据专业性太强，审计目前还没有有效的手段去核准其真实性，审计人员难以对基期数据的真实性进行审计认定。遇到环境保护基础管理薄弱，相关基础统计数据资料遗失或不全的被审计单位，基期数据更难以确定。基期数据不准确，必然影响当期目标责任完成情况的审计评价。

5. 节能减排国家审计未普遍开展。迄今为止，第三方审计如国家审计还未完全介入，目前实施的主要是内部审计，以及中介或节能减排监管部门的监督检查。企业尤其是跨国企业并不希望接受第三方审计，如果接受第三方审计，企业担心泄露商业机密。而企业内部审计通常由生产部门牵头，其他部门配合实施审计，等于是自己审计监督自己，这样的审计深度不够，发现的问题又是生产部门和其他部门习以为常的，不能引起企业管理层的高度重视，审计成果受限。

（二）完善节能减排审计工作的意见和建议

1. 完善审计法制建设，加大处理处罚力度。“屡查屡犯”是行政执法的通病，也使得审计成果流于形式。形成这种恶性循环的原因之一是现有人事任免制度和不同执法、执纪主体之间的配合与协作客观存在的问题，导致审计处理处罚只对事不对人。一方面，各级党委政府应赋予审计机关更大的处理处罚权，增强审计机关的独立性。另一方面，应对《审计法》《环境影响评价法》进行修订，加大对违纪违规行为的处罚力度和处罚范围，修订完善相关的法律法规，制定赋予审计机关行之有效的制裁措施，为审计执法提供保障。

2. 加强审计业务培训，重点培养“双复合型”的审计人才。进行企业节能减排审计工作政策性强，涉及的部门与行业较广，对审计人员的要求高，不仅要求其掌握各种统计、检测、分析的标准和方法，根据企业能源投入产出的有关数据，计算出各种能耗指标，而且还要根据这些指标分析出企业用能存在的问题，找出节能潜力，提出合理的建议。因此，对参与企业能源审计工作相关人员和机构进行培训，是开展好企业能源审计工作的重要保障。

3. 实现资源共享，形成监督合力。实现资源共享，可以节约审计成本，提高审计效率，扩展审计成果。审计资源共享问题一直是各级审计机关密切关注又始终未得到妥善解决的大问题，除了审计管理体制本身制约外，与审计信息化建设未完全普及也有关。建议，首先，适当安排各地区审计人员的业务交流与合作，建立节能减排环境审计资料库，正确引导各级审计机关深入开展审计，增加审计报告的分量，引起党政领导的高度重视。其次，加强与政府发改委、环保、经委等有关职能部门的沟通协调，逐步形成节能减排监督合力。建设资源节约型和环境友好型社会是一项系统工程，需要方方面面的共同努力来实现，也还有大量工作要做。从目前来说，落实节能减排目标责任，加大行政执法力度，形成监督合力，强化责任追究，是现阶段首先需要考虑的问题。但从审计监督的角度来说，目前有关节能减排环境审计的法律法规还相对滞后，审计监督在这一领域还缺乏权威性。因此，我们要通过组织实施节能减排环境审计，从不同角度反映环境保护领域一些重要情况，揭示存在的问题，提出审计建议，与其他环保专项监督互动，形成节能减排监督合力，提高节能减排环保监督的成效。

4. 有效组织审计力量，整合审计资源。列入名单的节能减排大型企业全国上千家，仅依靠审计署的力量远远不能适应节能减排审计发展要求，审计署可以适当授权下级审计机关进行审计，这么做不仅因为地方审计机关对被审计单位的情况比较了解，可以取得理想的审计成果，达到审计目标，也可以密切中央与地方审计机关的协调合作关系。对于同一个审计单位，不应把节能减排审计只局限于环境与农业审计部门人员实施，可以根据项目的具体情况，抽调其他部门的人员参加。每年底对所有审计成果进行归纳汇总，并对带普遍性和典型性的问题进行深入分析，有针对性地提出建议，促进节能减排审计的有效开展。除此之外，必须加强对专业节能减排审计人员的培养，形成专业的节能减排审计队伍。同时，由于节能减排审计的复杂性和特殊性，审计中离不开相关环境专家的协助，应适当聘请环境专家帮助审计工作的开展。

客观形势的发展要求有效整合现有审计资源，形成节能减排环境审计全局一盘棋，走“大环保”审计的路子，就是说应当把节能减排环境审计同财政审计、金融审计、经济责任审计、企业审计、投资审计、专项审计调查等专业审计有机结合起来，把审计署、省市县各级审计机关的业务精英有机组合起来，把国家审计、内部审计、专业中介审计联合起来，形成合力，提高审计效能。

5. 全民参与。环境保护是一项必须人人参与才能取得成功的事业，因而节能减排是个全民行动的发展战略。首先，建立有效的环境保护宣传教育机制，有针对性地开展环境保护教育项目，提高全社会的环保意识，为环境保护有效展开奠定良好的基础。其次，要实现公众参与节能减排审计，必须明确环境权利的主体是公众。审计署、省审计厅、各市县审计机关均可在各自管辖范围内广泛开展节能减排审计工作，并有责任向公众公开环境信息（国家法律、法规、规章明确规定为不予公开的环境信息、商业秘密、个人隐私除外），让更多的人认识到节能减排工作的重要性和紧迫性，并积极参与到节能减排行动中来。最后，必须有相关的制度保证公众的环境参与，使其有章可循，建立完善的环境保护信息公开和公众参与制度，保护社会公众环境保护知情权、参与权和监督权的实现，促进环境保护活动的开展。

九、联合国审计对中国审计的启示

审计机关作为独立的机构对被审计单位的财务收支活动及业务活动进行检查、评价，提出建议。对于联合国审计来说，被审计单位是联合国机构，其财务活动和业务活动遵循的是联合国的标准或国际通行的标准，相应的审计机关用于检查、评价的依据也是这些高度国际化的标准，并且审计本身要遵循联合国审计的规定和国际通行的审计准则。因此联合国审计处于一种完全国际化的环境，采用的审计程序、审计依据无不体现着国际化的要求，为国际社会所普遍接受，它为中国审计的进一步发展和提高提供了很多有价值的启示。

（一）审计的程序化与规范化

联合国每一审计项目从开始到结束，有一套完整的程序，环环相扣，严密合理。各个环节所用文书格式高度规范。虽然中国政府审计与联合国审计都包括审计计划、现场审计、审计报告和审计档案整理四个阶段，对不同阶段也进行了规范，但规范的程度和执行情况仍存在差距。

在审计计划阶段，中国政府审计目前主要是制作审计工作方案和审计实施方案，而联合国审计不仅要制定总体审计战略和审计实施方案，而且要通过一整套文书记录审计重点确定和审计方案生成的过程，包括了解被审计单位的业务活动、分析被审计单位的业务循环、分析被审计单位的内部控制环境、分析被审计单位计算机使用环境、分析性复核、综合评价被审计单位的风险水平及确定重要性水平，等等。现场审计阶段，中国政府审计目前注重检查违法违规，审计取证和整理审计工作底稿也以此为重点，而联合国审计要求对审计实施方案确定的每一审计事项都要编制一整套工作底稿，包括审计程序表、审计备忘录、审计发现问题备忘录等，无论有无问题都需要记录在案。审计程序表根据每一审计事项编制，以审计风险为基础，确定审计目标及相应的审计程序，标明审计执行人及工作底稿索引，审计思路一目了然。在审计报告阶段，对管理意见书及审计报告的格式、内容和审核都有严格的要求。审计档案整理要求归集各个审计阶段的完整材料，能够较为全面地体现审计工作及被审计单位的情况。

与联合国审计比较，总的来看，目前中国审计应进一步加强审计程序和审计业务文书方面的规范化建设。审计机关在检查违法违规方面投入较多，从目前被审计单位违法违规情况较为严重的情况下较具合理性，但从长远来看，审计的程序化和规范化将是审计发展的必然方向。不论被审计单位问题多或少，各个事项都按程序查到了，都有完整的审计档案记录在案，这样有助于提高审计的公信力，也有利于对审计工作的监督检查。

（二）重视对被审计单位各业务领域的风险分析

联合国审计十分注重对被审计单位的了解与分析。以联合国维和项目审计为例，在维和总部层面，审计人员要了解和分析环境、信息、资金人力资源供应、公众、维和价值、总部管理、后勤支持业务等内容的成功因素和存在风险；在特派团层面，审计人员要了解和分析该特派团内外部环境、特派团目标、会计账户系统、信息系统及为实现目标相关的一系列行动的成功因素和存在风险，如航空运输、地面运输、给养管理、采购和合同管理、结果基础预算、人力资源管理、特遣队装备管理、战略配置存货管理、速效项目等。在对被审计单位充分了解及成功因素、存在风险细致分析的基础上，确定重要性水平及重点审计领域。

在对具体事项的审计上，十分注重风险因素，审计程序表中具体列出每一事项的审计风险、审计目标及相应的审计程序。经常采用统计抽样、问卷调查等方法，获取比较客观的审计证据和信息。

国内的审计工作，对被审计单位的了解及风险分析，无论是广度还是深度都做得不够。抽样方法，较多运用的是判断抽样，主要凭借审计人员的主观判断，不如结合统计抽样，抽取的样本及其数量根据统计原理计算，比较客观，易于得到被审计单位及社会的认同。随着中国政府审计作用的日渐显现和地位的不断提升，人大、政府、社会公众对审计的要求越来越高，审计面临的风险也越来越大。在这种形势下有必要进一步加强对审计风险的关注，采用风险基础审计及相应的技术方法。

（三）审计内容包括业务管理事项

联合国审计检查和评价被审计单位的内容，除了财务收支活动和报表揭示，还包括业务管理事项。如联合国维和审计项目中对航空运输、地面运输、给养、采购、人力资源等业务管理方面的检查，侧重的是业务管理制度的遵守情况。

中国政府审计目前从事的主要是对财政财务收支的审计，但从充分发挥审计在国家经济社会“免疫系统”功能的要求出发，还应适当检查被审计单位的一些业务管理事项，因为被审计单位除了专门从事财政财务收支的财政部门，一般被审计单位的活动更多地表现为各种各样的业务管理事项。这些业务管理事项一般比较具体，如环境保护、安全生产、政府采购、贷款业务等方面具体的规章制度，这些规章制度是否被遵守，规章制度本身是否健全等，从某一地区来说只是局部的问题，但从全国来看就是全局性的问题，关系到国家全局的利益，审计机关应该根据被审计单位业务的特点，选择部分业务管理事项进行审计。

（四）重视对以往年度审计建议落实情况的检查和揭示

联合国审计将以往年度审计建议落实的情况作为审计的一项重要内容，要求在管理意见书和审计报告正文中列出未被落实或正在落实的审计建议，说明这些建议未被落实或正在落实的具体原因，本次审计的意见及理由。在管理意见书和审计报告中以附录形式附上审计建议落实情况一览表，列明审计建议的摘要、管理意见书和审计报告索引、落实状况等。在审计工作底稿中要列明被审计单位对审计建议落实情况的陈述、审计人员的意见及相应的理由等。联合国行政与预算问题咨询委员会每年要向联合国大会提交综合的《前一年度财务报告和经审计的财务报表及审计委员会报告》，审计建议落实情况是其中的一项重要内容。

被审计单位屡查屡犯和审计建议落实难是目前中国审计工作面临的一个突出问题，影响审计作用的充分发挥。因此必须狠抓审计建议的落实。可以借鉴联合国审计的做法，将前一年度审计建议的落实情况作为审计报告的组成部分，在报告中说明未能落实的具体原因，并将各被审单位审计建议落实情况作为年度工作汇报的重要内容，这样有利于督促被审计单位落实审计建议，有利于督促审计建议质量的提高，也有利于分析原因，从制度建设上逐步解决被审计单位屡查屡犯的问题。

（五）计算机网络在审计中的广泛应用

审计组内部、审计组与审计署联合国审计委员办公室、审计组与联合国审计执行委员会、审计组与被审计单位的沟通，绝大部分都是通过计算机互联网或被审计单位局域网进行沟通的。审计组成员来自全国各地各个单位，只是现场审计和短期审前准备、审后整理档案在一起工作，与被审计单位除了现场审计更是相隔万里，联合国审计执行委员会在纽约，也只能主要通过互联网进行沟通。

实际上国内的审计项目也越来越需要利用计算机网络提供的便利，如全国性审计项目的组织和沟通，特别是近年来财政审计大格局形势下更是如此。构建国家财政审计大格局，中央预算执行审计形成一个有机的体系，它以中央财政管理审计为核心，以中央部门预算执行审计、财政转移支付审计、财政专项资金审计、财政收入征管情况审计为基础，要求有效整合相关业务司、特派办和派出局的财政审计资源。中央预算执行审计的计划组织部门需要及时、充分和准确地将审计的要求及时传达给各个审计小组及全体审计人员，并随时下达新的指令，同时要求各审计小组及有关人员提供信息。各审计小组需要随时向有关方面汇报情况或请示工作。审计小组之间、审计人员之间，也需要沟通信息。审计工作一旦开始，分布在各个审计点的审计小组、审计人员和综合部门之间，上下左右有大量的信息需要沟通。在所有的沟通方式中，通过构建计算机网络沟通平台是最为高效的沟通方式。一是通过网络平台，采取邮件群发的形式，使信息传递扁平化，能及时将信息发给所有相关人员，避免层层转发，从而节省时间；二是网络平台能基本上消除时间、空间的限制，只要能上网，就能随时随地发送和接收信息，极大地提高沟通的效率；三是能节省费用，相比电话、传真、纸质信件等其他方式，网络通信最为节约成本。在这种形势下有必要借鉴联合国审计的经验，构建计算机网络沟通平台，从而确保中央预算执行审计体系内部信息沟通的及时、充分和准确。　（撰稿人：韩乃志）

论文摘登

【审计在责任政府建设中的作用研究】　作为政治发展的必然结果和现代民主社会的必然要求，责任政府的概念已被学术界和公众所了解，并逐渐发展成为中国行政体制改革的目标和建设服务型政府的内在要求，特别是近些年来，建设责任政府已经成为政府的发展取向。在构建责任政府的历史进程中，审计作为国家政治制度中不可缺少的组成部分，作为民主政治的产物和推进民主法治的手段，作为保障国家经济社会健康运行的“免疫系统”，必将发挥不可或缺的重要作用。

一、中国责任政府建设中的主要问题

中国构建责任政府的制度安排始于党的十一届三中全会后，至今大体可分四个历史发展阶段：第一阶段：1978 至 1989 年，为起步和打基础阶段。第二阶段：1989 至 2002 年，为建章立制阶段。第三阶段：2003 至 2007 年，探索和完善阶段。第四阶段，2008 年以来，步入制度化建设阶段。从责任政府建设的具体情况看，由于起步较晚，大量基础性工作亟须不断探索和深化，相关法律及运行程序有待研究制订或进一步规范，总体来说与责任政府的要求仍相距甚远，存在的主要问题突出表现在以下 6 个方面：

一是责任观念淡薄。在传统的习惯中，政府是权力的主导者，是社会公共事务的管理者。“政府本位”思想的存在，导致一些行政人员将个人意志等同于国家的意志和人民的意志，将个人放在社会主导者的位置上，从思想根源上忽视社会、公民和其他组织的权利和要求，严重缺乏责任意识和服务意识，不仅认识不到运用公共权力为公民服务是自己的义务和责任，反而将手中的权力视为牟取部门权力、私人利益的手段和工具。

二是责任分工不明确。在行政权责的划分方面，既面临着中央政府与地方政府之间职权范围交叉、权责界限模糊的问题，也面临着各级政府部门内部权责划分不清、争夺权力、推卸责任等问题。在行政权责运用方面，由于行政首长负责制与集体决策之间权力范围与边界不清，既可能导致行政首长由于责任过重而不堪重负，也可能以集体决策的名义推卸责任。

三是依法行政能力有待提高。对依法行政重视不够，一些机关的行政管理人员仍然存在比较严重的"人治"思想，不同程度地存在着以权压法，以言代法的现象；在一些行政部门中仍然存在滥用职权，以权谋私，以权代法及行政不作为等问题；执法标准的可塑性、自由裁量权弹性过大，而导致的执法不严、执法不公，严重影响了法律的公正性和人们对行政执法活动的认同程度。

四是问责主体缺失且问责机制不健全。没有行政问责，就无所谓责任政府。虽然目前有明确的审计机构、监察机构等问责机构，但问责之后，却并无明确的执行机构，导致长期以来那种"屡审屡犯，屡犯屡审"的制度化困境。此外，目前也还没有形成问责的社会氛围，既没有建立完善的问责制度也缺乏规范的问责程序，有关重大事件的问责对于不同级别、不同层次官员之间的责任划分具有很大的不确定性和不可预期性。

五是政府透明度较低。近几年逐步推出一系列政治改革措施，如政府采购、行政许可听证、人事任免公示、收入申报、金融实名制、离任审计、新闻发言人制度等，这些制度都是朝着透明公开的方向发展的。但从总体情况看，政府的信息披露仍不充分，行政机关仍存在以内部规定代替法律规定等情况，仍然存在严重的暗箱操作、内幕交易等问题，公共行政总体透明度依然很低。

六是政府的回应性不足。许多政府机关对市民社会的需求往往表现出超强的自我中心主义，政府的管理方式仍是以政府为主导，转而以政府公务员为主导，然后集中在以政府领导人为主导的权力运行体系中。在这种权力运行模式下，一些政府部门，特别是拥有较大公共权力的强势机关，对民众的问责诉求往往置之不理，对审计机关指出的问题也是敷衍了事，或"捂盖子""堵窟窿"，并不考虑如何去进行积极的整改和回应。

二、审计对推动责任政府建设应发挥的作用

（一）加强审计成果的综合分析，推动政府责任的进一步明确。明确责任是为建立责任政府提供最基本的基础，只有明确不同层级政府所应担负的责任，才能使政府机关及其工作人员在工作中明确应该做什么及应该怎么做，使失职后的责任追究有据可依、公平公正，使受责者服气，使旁观者警醒。全国政协副主席李金华在担任审计长期间就强调指出"国家审计是国家治理的工具。""明确责任，进而落实责任，是国家治理的关键所在。"因为如果政府的责任不能清晰界定，那么错位、越位和不到位的情况就会不断发生。国家审计机关作为全面监督国家财政和社会公共资金管理和使用的专业机构，有责任、有义务、有能力、有条件通过加强综合研究与分析，提高审计结果使用的层次，推动政府责任的明确。

（二）强化审计的监督和制约功能，促进政府部门更好地依法行政。审计机关自成立以来，一直在不断加强和深化合规性审计，通过审计严肃查处违法违规问题，发挥审计对权力的制约和监督作用，促进依法行政。今后，审计机关不仅要继续强化合规性审计，在严格检查被审计单位财政财务支出的合法性、合规性的同时，下更大力量拓展、深化经济责任审计和绩效审计。经济责任审计将经济决策权、管理权和执行权置于有效的审计监督之下，对权力使用相关责任进行界定和评价，对违法违纪问题进行披露和纠正，促进领导干部依法、合规使用自己手中的权力。绩效审计则是通过评价被审计单位财政支出的效率性、效益性及效果性，检查并披露被审计单位的越权行为和不作为行为，促进被审计单位在思想上提高对依法行政的认识，在行为上提高依法行政的能力和水平。

（三）加强与问责机构的协调与配合，促进责任追究机制的逐步建立和完善。长期以来，审计机关只有"问"的权力，而少有"责"的权力，尤其是针对官员个人的违法违规行为，审计机关只能指出问题并移交相关部门处理，至于下一步是否追究及如何追究责任，审计自身没有后续的追踪落实手段和能力。对此，审计机关在加强向政府首长报告及落实自身具有的处理处罚权的同时，可加强与其他政府问责人之间的协调配合，如与立法机关、司法机关、全国人大、社会公众

及新闻媒体之间的协调，以形成合力，弥补审计机关处理处罚权的不足。

（四）充分发挥审计的透视功能，推动阳光政府建设。责任政府首先是阳光政府，而要打造阳光政府，首先要建立阳光财政。政府审计的透视功能，可有效地解决政府与民众之间与财政管理、分配相关的信息不对称问题，促使政府行为从封闭向透明转变。要发挥好国家审计的透视功能，如实公布审计结果是一项“必须”的重要举措。今后，审计机关要在寻求加强审计结果披露的“硬约束”的同时，将政府信息公开情况作为一个特殊的关注点，可建议或通过审计披露帮助被审计单位增强透明度，以保障公众的知情权、参与权和监督权。

（五）强化质询和督促整改工作，增强政府的回应性。目前，审计机关应抓紧研究如何将政府部门履行审计整改情况作为审计公告或政务公开的重要内容。各级审计机关都要以认真负责的态度，要求并督促有关部门就审计中发现、查处的问题做出积极的回应，并通过审计公告向社会做出及时、有效的回应。要将审计机关的质询和督促整改情况，通过审计公告和审计信息公开，让人民群众及时了解政府及其官员履行责任情况，了解被审计单位就审计指出问题的整改和向官员问责的情况，了解被审计单位对审计的回应情况，以促进人大、司法和社会公众对政府部门的监督能力、水平和力度的提高。此外，作为国务院的一个行政部门，审计机关的工作透明度也要不断增强，要通过研究和探索逐步实现审计事务的公开，以更好地尊重公众的知情权，不断提高审计结果的公信力。　（撰稿人：韩乃志　于　昆）

【审计发挥“免疫系统”功能的途径研究】　经济社会的健康运行依赖于良好的制度规范、产生良好制度规范的体制机制和执行良好制度规范的人民。围绕这样的目标要求，当前，审计在宏观上发挥免疫系统的预防、揭示和抵御功能，保障经济社会健康发展的途径，就是要通过完善制度、推进民主和提高道德的途径，从根本上提高经济社会运行的免疫力。

一、完善制度

审计发挥免疫系统功能必须把完善制度放在重要地位。这是因为，首先，经济社会大系统的健康运行必须有良好的制度保证，制度缺失必然提高经济社会运行子系统之间的协调成本，导致经济社会运行的无序或无效，对构成经济社会运行的各个子系统来说，其自身的健康运行也同样需要良好的制度保证。其次，审计发挥预防、揭示和抵御的免疫系统功能也要以完善的制度为出发点和归宿。从根本上说，预防的过程实际上就是制度的完善过程，好的制度才能有好的预防结果；揭示有两方面的内容，一是揭露影响经济社会健康运行的行为或方式，而判断这种行为或方式优劣的标准是良好的制度；二是公开经济社会运行的真实情况，使决策、执行和监督的实施者做出正确的判断，而进行正确判断的标准也靠良好的制度；抵御就是对违背良好制度的行为进行纠正，并使其回到正确的轨道，这当然离不开良好的制度。

审计机关完善制度，就是在审计工作中通过审计调查或绩效评价发现制度的缺失、制度的冲突和制度的过时。制度的缺失源于经济社会的快速发展或转型，制度的冲突源于制度制定的政出多门，制度的过时源于制度环境或条件的变化。审计机关在提出完善制度建议时，要注意制度的实用性、连续性和层次性，避免提出没有实用性的超前制度建议，避免提出制度断层或缺乏衔接的制度建议，避免提出张冠李戴的制度建议。

二、推进民主

民主即人民当家做主，广义上民主是一种在社会生活各个领域的治理中，以尊重人们的平等权利和多数人的意志、利益为原则的制度和机制。民主不仅是经济社会健康运行的条件，同时也是经济社会健康运行的标准；不仅是实现经济社会健康运行的工具，更是经济社会发展的价值追求。审计机关通过推进民主发挥免疫系统功能主要体现以下几个方面：

一是评价一定范围内的社会成员的权利和义务是否平等，分析和揭示经济社会运行中存在的不平等现象。民主意味着在形式上承认公民一律平等，承认大家都有决定组织制度和管理组织的平等权利。平等是民主的基石，没有平等也就不会有民主。

二是评价领导机构、领导者是否无例外地接受人民（权力委托者）的监督，分析和揭示权力失控、行为失范的情况。民主监督就是权力的拥有者——人民不便直接行使权力而将权力委托给他人行使以后，人民控制、监察、保证后者按照自己的意志和利益行使权力的行为过程。民主的监督与专制的监督存在着重大差异，其核心在于它的主体是人民而不是君主，路径主要是自下而上而不是自上而下。

三是评价重大问题和重要事项是否在充分讨论的基础上按照少数服从多数的原则作出决定，分析和揭示违背这种原则的现象或做法。民主的首要价值，是尊崇多数人的意志，而不是发现和坚持真理，检验真理的唯一标准是实践。当然多数人的意见容易亲近真理、纠正错误，所以民主有纠错机制。少数服从多数不是多数人对少数人的统治，不是压制少数。

四是评价重大事务特别是决策活动是否在相应范围内公开，重大情况是否让人民知道，重大问题是否经人民讨论，分析和揭示违背公开原则的行为。知情是参与和监督的前提，有了公开就可以形成普遍的监督。

五是评价民主实施过程中是否贯彻了法律化、制度化和程序化，个人意志是否服从法律的权威。法治是民主的规范和保障，民主为众人之治，当然需要制定大家都遵守的规则，即法律和制度。①

审计发挥经济社会运行的免疫系统功能，对经济社会运行中的障碍、矛盾和风险进行预防、揭示和抵御，就是审计监督通过推进民主，使民主的平等、监督、多数决定、公开和法治原则在经济社会运行中得到贯彻，通过民主制度的健全和完善促进经济社会的健康运行。

三、提高道德

道德与法律是保证经济社会健康发展的两个车轮，他们同属于上层建筑，都是为一定的经济基础服务的，两者相互促进、相互推动。首先，法律是传播道德的有效手段。道德分为两类：第一类是社会有序化要求的道德，即社会要维系下去所必不可少的“最低限度的道德”，如不得暴力伤害他人、不得用欺诈手段谋取利益、不得危害公共安全等；第二类是有助于提高生活质量、增进人与人之间紧密关系的原则，如博爱、无私等。其中，第一类道德通常上升为法律，通过制裁或奖励的方法得以推行，而第二类道德是较高要求的道德，一般不便转化为法律。法律的实施过程也是一个惩恶扬善的过程，不但有助于人们法律意识的形成，还有助于人们道德的培养。其次，道德是法律的评价标准和推动力量，是法律的有益补充。任何法律应包含最低限度的道德，没有道德基础的法律是一种“恶法”，是无法获得人们的普遍尊重和自觉遵守的；道德对法的实施有保障作用，执法者的职业道德的提高，守法者的法律意识、道德观念的加强，都对法的实施起着积极的作用；道德对法有补充作用，有些不宜由法律调整的，或本应由法律调整但因立法的滞后而尚“无法可依”的，道德调整就起了补充作用。最后，道德和法律在某些条件下会相互转化。一些道德随社会的发展逐渐凸显出来，被认为对社会是非常重要的并有被经常违反的危险，这些道德应当将之纳入法律的范畴。反之，某些过去曾被视为不道德的因而需用法律加以禁止的行为，则有可能退出法律领域而转为道德调整。虽然道德败坏并非必然在短期内导致违规违纪和绩效低下，但良好道德则有助于遏制违规违纪行为的发生和绩效的提高。因此，审计发挥免疫系统功能，完善法律和提高道德具有同等重要的地位。

良好道德行为既是审计发挥免疫系统功能的条件，也是审计发挥免疫系统的目的。如果被审计人不能诚实守信，在审计过程中，利用假话、假材料欺骗审计人员，使审计监督的绩效降低或审计判断的质量下降，这势必影响审计免疫系统功能的发挥。审计机关就是通过对不良道德问题的揭露或纠正，在整个社会形成良好的道德氛围，把外在的法律规范约束变成人们的内在道德要求，以良好道德调节经济社会运行中的矛盾和问题，促进经济社会的健康运行。

道德对经济社会的健康运行具有自身的特点。道德规范的内容存在于人们的意识之中，并通过人们的言行表现出来，它的内容比较原则、抽象和模糊；道德在调整人们外部行为的同时，还调整人们的行为动机和内心活动，它要求人们根据高尚的意图而行为，要求人们为了善而去追求善；道德主要靠社会舆论和传统的力量以及人们的自律来维持；道德不像法律要求权利与义务的对等，它一般只规定了义务，并不要求对等的权利。因此，审计监督通过提高道德水平而发挥免疫系统

① 郑和，“民主是什么”，2003年06月10日，人民网。

的功能更具有间接性、长期性和挑战性。

当前，审计监督通过提高道德途径发挥免疫系统功能，就是要揭示和抵御危害祖国、背离人民、愚昧无知、好逸恶劳、损人利己、违法乱纪和骄奢淫逸的可耻行为，倡导热爱祖国、服务人民、崇尚科学、辛勤劳动、团结互助、诚实守信、遵纪守法和艰苦奋斗的社会主义新风尚。中国国家公务员局2008年12月2日发布的《公务员考核规定（试行）》，已经把个人品德、职业道德、社会公德等方面的表现作为公务员考核的重要内容，审计监督应当在经济责任审计和其他审计业务中，应当把道德评价作为审计的重要内容。通过道德评价，一方面促进道德水平的提高，另一方面也有利于审计重点的确定和审计绩效的提高。

（撰稿人：王长友）

【审计发挥"免疫系统"功能的方式研究】 经济社会运行具有不同层次的免疫系统，审计作为经济社会运行的整体性和综合性免疫系统，发挥宏观性和建设性作用，应当着力预防、揭示和抵御经济社会运行的整体性或系统性风险。因此，审计发挥免疫系统功能的方式包括，揭示外部冲击引起的系统性风险，评价政府与市场职能错位引起的系统性风险，揭示部门之间职能交叉导致的效率损失风险和部门内部责任履行不到位的风险。

一、揭示外部冲击引起的系统性风险

外部风险是从国家外部或者经济社会运行外部输入的风险，这种风险对被输入的国家来说具有不可控制性，但这些国家可以对这种风险进行预测、揭示、预防和抵御。外部风险可以分为自然风险（传染病风险、生态环境恶化风险等）和社会风险（战争风险、经济危机蔓延风险等）。生态环境恶化风险包括全球气候变暖、危险废物和垃圾的越境转移、臭氧层破坏、酸雨、生物多样性减少等影响国家健康的系统性风险，这些风险不但制约经济社会的健康发展，而且从根本上威胁人类的生存。如全球气候变暖带来的人类生存风险以及国外经济危机蔓延的风险。

无论全球性生态环境恶化和全球性经济危机形成的全球性风险，还是一国的生态环境恶化和一国经济危机蔓延对其他国家形成的输入性国家风险，都会严重影响经济社会的健康运行，因此，都需要进行监管。对这种系统性风险的监管不是哪一个国家或哪一个部门的责任，全球性风险的监管需要国际机构或者国家机构之间的合作，国家风险的监管需要专门的国家监管部门或者监管部门之间的协作。当前，系统性风险的国际监管机构和国家监管机构都不太健全，监管机构之间也缺乏必要的沟通和协作，系统性风险的监管责任不明确，监管的内容不全面，监管的标准不严格，监管的目标不清晰。随着国家风险意识的增强，跨国风险评价需要审计的国际合作，如国际河流水资源分配和水污染防治的评价。国家审计通过揭示外部冲击引起系统性风险的方式发挥免疫系统的功能，就是审计机关通过双边或者多边国际审计合作，研究和揭示这种系统性风险的形成、传播和危害，审计机关通过对国内监管部门的审计，揭示其监管风险并评估其监管绩效，推动国际或国内监管机构的建立和完善，并督促其履行责任、交流信息、提高绩效，使国际的系统性风险能够得到及时发现、及时预防和及时治理，保障经济社会的健康运行。

二、评价政府与市场职能错位引起的系统性风险

对经济社会的健康运行来说，如果把输入性风险看成外生风险，政府与市场关系的错位则是内生性风险，这种风险对经济社会的健康运行也具有整体性和系统性，他们的关系一旦错位，将使经济社会运行产生大的起伏。传统自由竞争资本主义制度过度迷信市场的作用导致的生产过剩的周期性经济危机，和传统计划经济社会主义制度过度迷信政府的作用导致的商品短缺，都证明了政府与市场职能错位对经济社会运行的致命伤害。

中国经济体制改革的目标模式是社会主义市场经济，市场经济就是市场在资源配置中起基础性作用，但由于市场运行中的垄断、公共产品、外部性和信息不对称的存在，使市场机制不能按照人们的意愿有效地配置资源而导致市场失灵。（1）垄断。由于资源的稀缺性和规模收益递增规律的作用，自由市场竞争的结果往往导致一个或者几个厂商的垄断，垄断一旦形成，垄断厂商利用其市场控制力，制定与均衡价格相背离的价格，以获得更多的超额利润。垄断导致较高的价格和较低的产量，降低资源配置效率。（2）公共产品。

由于公共物品具有消费上的非竞争性和非排他性，消费者都想无偿使用这些产品，于是就出现了“搭便车”行为。厂商无法收回其成本，就会丧失提供产品的积极性，从而导致生产的萎缩。这些特点使得边际私人成本与边际社会成本、边际私人受益和边际社会收益的偏离，从而导致市场配置资源的失灵。（3）外部性。外部性指个体的经济活动或行为给社会上其他成员造成影响而又不承担这些影响所带来的成本或利益，当个体的经济活动或行为给其他社会成员带来好处，但他自己却不能得到相应的补偿时，称为正外部性；当个体的经济活动或行为使其他社会成员受损，但他自己却没有承担相应的成本时，称为负外部性。无论是正的外部性还是负的外部性，都会导致市场失灵，影响市场对资源的配置。（4）信息不对称。信息不对称指的就是市场交易双方掌握的信息状况不对等，其中一方掌握的信息多一些，一方掌握的信息少一些。掌握信息多的一方被称为信息优势方，掌握信息少的一方被称为信息劣势方，信息不对称导致市场交易主体的道德危险和逆向选择，使价格不再是引导资源流动的明确信号，消费者可能以较高的价格购买到质量很差的商品，生产者也可能生产出市场并不需要的产品。这势必降低市场配置资源的效率。市场失灵不仅影响微观经济主体效率，而且还会导致宏观经济波动、收入分配不公、失业等。由于市场失灵的存在，政府通过对垄断企业进行价格管制、直接组织公共物品的供给、通过直接管制和税收或补贴的方式解决外部性问题、制定信息公开制度或者直接公开信息弥补信息不对称等来矫正市场失灵，以缓解经济波动、收入不公和失业，维护经济社会的健康运行。

政府职能错位并非理论上的假设，20 世纪八九十年代，由于对市场经济的规律认识不清，各级党政机关、军队武警部队和政法机关陆续组建了一批公司和企业集团等经济实体，这些经济实体以权经商、强买强卖、垄断经营，严重影响了经济社会的健康运行，这种错位必须得到纠正。为此，1993 年和 1998 年中共中央办公厅、国务院办公厅先后下发《关于党政机关与所办经济实体脱钩的规定》《关于军队武警部队政法机关不再从事经商活动的通知》和《关于中央党政机关与所办经济实体和管理的直属企业脱钩有关问题的通知》规定，一直到 2000 年这种错位基本得到纠正。

政府职能错位也并非转型国家的专利，即使市场经济最发达的美国也不例外。由于对金融市场的监管不力，致使风险很大的大量金融创新产品在美国市场上泛滥，并通过杠杆作用和国际资本渠道向世界蔓延，最终酿成世界性金融经济危机。2009 年 12 月 11 日，美国众议院通过了《金融改革议案》，赋予政府监管系统风险的权力，赋予政府拆分大型金融机构的权力，并决定创立消费者金融产品保护署，开始纠正政府职能的缺位。

国家审计通过评价政府与市场职能错位风险的方式发挥免疫系统功能，就是评价政府在弥补市场失灵，解决垄断、公共产品、外部性、信息不对称等方面问题制定政策的适当性和有效性，评价政府政策的环境和时效，为政策的制定、修订和废止提供意见建议，预防和抵御政策越位、错位的系统性风险，维护经济社会的健康运行。

三、揭示部门之间职能交叉导致的效率损失风险和部门内部职能履行不到位的风险

在市场经济条件下，为了履行政治、经济、文化和社会各方面的政府职能，政府按照专业分工、决策等级和职能协调的原则设置相应的政府部门。政府部门之间往往存在直接或间接的职能交叉，这是因为，一方面部门设置也要贯彻竞争性原则、避免监管垄断，另一方面经济社会运行的复杂性很难进行明确的职能界定，而且随着经济社会的发展，部门职能可能出现新的交叉。如中央政府对金融业的管理分别有央行、证券、保险、银行等四个部门，食品安全的监管至少有工商、农业、质监、卫生、食品药品等部门。部门职能交叉可能导致两个方面的效率损失，难以监管事项（风险事项）的推诿扯皮和容易监管事项的重复监管。现实生活中推诿扯皮的现象很多，如突发事件上的推诿扯皮，信访事件上的推诿扯皮，行政审批事项推诿扯皮等。推诿扯皮一旦使风险事项失控，其风险就会迅速聚集，最终形成系统性风险。

即使部门职责明确也会出现职能履行不到位的情况，这种情况也会成为经济社会健康运行的系统性风险。每个政府部门都履行特定的职能，职能履行不到位的情况一般发生在风险事项上，任由风险累积，其结果也会形成整体性、系统性风险。政府部门职能履行不到位既有组织管理和协调方面的原因，也有公共政策决策失误、工作机构效率低下、寻租行为、扩张偏好等导致政府失灵方面的原因。

审计机关通过揭示部门之间职能交叉导致的效率损失风险和部门内部职能履行不到位的风险的方式发挥免疫系统功能，就是审计机关对部门绩效进行评估，分析绩效低下的原因，督促有关部门履行责任，提高绩效；对推诿扯皮形成的重大系统性风险事项进行披露，督促有关部门加强协调和配合。同时为机构改革和职能设置提出意见或建议。

审计发挥经济社会健康运行的免疫系统功能，既要对局部风险进行防范，更要对系统性风险进行防范；既要抵御风险，更要预防风险；既要提高单一审计免疫力，更要提高经济社会运行的综合免疫力；既要关注制度建设，更要关注素质提高；既要注意经济社会健康运行的物质内容，更要注意经济社会健康运行的精神实质。审计发挥经济社会健康运行的免疫系统功能的重点，是对影响经济社会健康运行的整体性或系统性风险进行揭示，对影响经济社会健康运行的重大危害进行预防，对正在损害经济社会健康运行的行为或事项进行抵御。（撰稿人：王长友）

内部审计

【大同煤矿集团有限责任公司】 大同煤矿集团有限责任公司的前身大同矿务局成立于1949年8月30日，2000年7月改制为大同煤矿集团有限责任公司（以下简称同煤集团）。公司现有总资产750亿元，矿井54对，分布在山西和内蒙古，东西跨度300多公里、南北跨度600多公里的区域内。2009年煤炭产销量1.13亿吨，连续五年突破亿吨。现已形成煤炭为主，电力、化工、冶金、机械制造等多业并举的特大型综合能源集团。正在建设的晋北煤炭基地是国家规划的13个大型煤炭基地之一。同煤集团共有在职员工20万人，有39个子公司、14个分公司、9个生产矿厂、5个实体处室、21个职能部门、23个机关辅助单位、4所医院、3所学校、5个驻外机构。

领导成员

董事长：吴永平

总经理：金智新

审计职责 同煤集团设有审计机构49个，专职审计人员207人。同煤集团审计部属公司董事会下设的部门，共有审计人员31人（其中高级职称4人，中级职称21人，助理职称6人。有注册税务师和注册造价师资格的各1人），设有审计一科、审计二科、审计三科、审计四科和价格审计科五个科室。主要负责同煤集团财务收支审计、财务决算审计、资产负债损益审计、内控制度审计、经济效益审计、物资采购价格审计、工程预结算审计、招投标审计、经营指标真实性审计、经济责任审计、年终兑现审计、专项审计调查等工作，并负责对同煤集团各审计机构进行业务指导和监督管理。

审计成果 2009年，同煤集团审计部完成审计项目24个、审计调查3个，其中财务收支审计2个、经济责任审计21个、工程预结算审计1个，促进了企业增收节支近5000万元，有针对性地提出多条合理化建议。

工作特点 （一）高度重视，审计网络已覆盖全公司经济领域。长期以来，同煤集团领导高度重视内部审计工作，董事会授予审计部门“三个一票否决”，使审计部门做到了有职有责。同时，审计部门被同煤集团领导誉为是企业经营管理的“眼睛”和保障企业经营运行秩序的“卫士”。各子（分）公司及生产矿厂均设独立的审计机构和专职审计人员，审计项目已由传统的财务收支审计拓展到效益审计、招投标审计、工程预决算审计等各个经济领域，审计网络已覆盖全公司。

（二）着力健全和完善经常化、长效化的审计机制，充分发挥了监督、提示、规范、促进与服务的作用。针对性地开展了经营指标真实性审计、年薪兑现审计以及招投标审计工作，进一步加大了审计整改力度，审计工作实现了源头参与，事前监督，为同煤集团节约成本，降低消耗做出了努力。客观、真实、详尽的审计结果也为同煤集团经营理念、经营思路以及经营战略的调整提供了参考依据。

（三）经济责任审计工作取得新进展。审必严，责必究，离任者不能一走了之，对于审计查出的有关问题，同煤集团对责任单位和责任人给予了相应处罚，对企业领导人员任用和选拔机制的规范和完善以及责任追究制和问责机制的建立起到了积极的推动作用。2009年，同煤集团出台了《集团公司领导人员问责实施细则（试行）》，对于今后经济责任审计工作的开展具有很强的现实意义和指导意义。

（四）物资采购价格审计取得新成效。2009年，同煤集团审计部重点对子公司自采物资价格进行了审计，规范了子（分）公司的采购行为。经过不懈努力，全公司物资采购价格逐年下降，采购成本逐年降低。

（五）工程预结算审计采取新举措。在同煤集团多项行之有效的决定举措下，建立了事前参与、事中控制、事后监督机制，实行全过程跟踪执行，促使在施工预（结）算资料方面逐步得到了完善和规范。

当前，同煤集团的内部审计工作正按照审计署对内部审计工作的具体要求，在省审计厅的大力指导下，围绕同煤集团“高起点上再跨越，创造同煤新历史”的总体工作部署，扎实、有效地开展各项工作。（撰稿人：苏晓娟）

【内蒙古电力（集团）有限责任公司】 内蒙古电力（集团）有限责任公司为内蒙古自治区所属国有独资特大型电网企业，负责自治区中西部8个盟市的电网建设运营工作，供电面积72万平方公里，服务人口1230万。受自治区政府委托，管理区内大型国有电力设计、科研、施工企业。

截至2009年底，公司资产总额398.87亿元，长期职工18840人。运营500千伏变电站14座，输电线路30条，长度2780千米；220千伏变电站84座，输电线路233条，长度8751千米；110千伏变电站204座，输电线路360条，长度9098千米。拥有两条500千伏“网对网”东送华北电力通道，输送能力430万千瓦。电网统调发电装机容量3402.3万千瓦，最大发电负荷1842万千瓦，最大供电负荷1619万千瓦，其中区内最高供电负荷1237万千瓦，东送华北电网最高负荷419.3万千瓦。

公司职能机构设置二十个：办公室、机关工作部、发展策划部、市场营销部、生产技术部、安全监察部、基建部、财务部、人力资源部、农电部、企业管理部、审计部、组织部（干部管理部）、纪委监察部、离退休管理部、特高压及跨区电网工作部、党委工作部、工会、电力调度通信中心、电力交易中心。挂靠公司本部管理的有新闻中心、住房资金管理中心等七个单位。另有十个直属供电单位，七个委托管理单位，两个调峰电厂，五个多种经营、服务单位，及所属的内蒙古电力科学研究院、内蒙古电力培训中心、内蒙古电力信息通信中心。

领导人员

董 事 长：刘 锦
总 经 理：张福生
副总经理：张景生 高 野 于立新
耿 白 鲁当柱 杨 泓
纪检书记：张日成
总会计师：孙文彪

审计职责 公司本部设置审计部，下属内审机构18个，其中专职机构10个，其他为审计与纪委监察合署办公机构。全公司共有内部审计人员72人，其中专职审计人员67人，公司本部编制14人，公司各二级单位审计人员58人。

公司审计部在公司董事长、总经理的双重领导下开展工作：负责对所属各单位生产经营活动的过程和结果进行监督审查，对二级单位主要负责人任期经济责任实施审计，对公司基建投资和专项资金使用进行监督审查，对公司组织的招投标活动进行现场监督、审计咨询服务，对所属单位审计机构和人员进行业务指导和教育培训，配合公司有关部门对所属单位经营业绩进行考核，配合各级政府审计机构对本企业的审计工作、接受自治区内部审计协会的工作指导。

审计成果 2009年，全系统各级审计部门完成审计项目1585项。其中，财务审计43项、经济责任审计46项、效益审计43项、投资项目审计1406项、专项审计29项、内控审计9项、物资采购审计4项、审计调查5项。查处违规金额125654万元，提出审计意见被采纳335条，促进增收节支2588万元。

工作特点 2009年，公司系统的审计工作进一步加大对整个经营活动过程的监督力度。抓住经营管理中的弱点难点问题，开展审计和审计调查，揭示影响和制约公司实践科学发展的深层次问题。有计划、有步骤地对公司生产经营活动、物资采购、用电营销、基建工程项目、企业领导人任期经济责任等全面审计。在扩大审计覆盖面的同时，又突出重点，关注重点项目，重点资金、重点事项和带有倾向性和普遍性的问题开展审计和审计调查。努力将审计关口前移，全年参与公司各类工程项目的可行性研究、初步设计的审查工作67项，加大对公司设备、材料及工程施工招投标活动的审计监督，努力从源头上控制造价，促进实现降本增效目标。对促进各单位提高经营管理水平、规范经营行为、防范经营风险起到了积极作用。在工作中也逐步形成了适合本企业的内部审计思路和方式方法。

（1）准确定位、牢记宗旨。由传统的以监督为主转变为“服务、监督、效益”兼顾，即树立以服务为前提，以监督为手段，以效益为宗旨的内部审计理念，由单纯的监督者向咨询专家和服务者转变。在具体的工作实践中，一是突出为企业领导决策提供服务。二是突出管理监督，强化企业执行力。三是突出经济责任审计，为公司干部管理服务。四是突出咨询与服务职能，为企业防范风险、减少损失、改进工作和提升管理水平服务。

（2）精细管理、创新方法。在审计管理方面，一是将审计程序精细化，明确审计业务实施细则，规定工作执行程序，建立三级复核机制，逐步搭建审计业务实施过程中的内部控制。二是将审计向纵深发展，审计关注点更多落在了业务管理的效率与效益上。三是以标准化的制度建设来夯实审计工作基础，加强审计标准化建设，建立制度建设的动态管理机制。在审计方式、方法上，一是采取自审、与会计师事务所联合审计和委托会计师事务所独立审计等多种方式进行审计。二是把握重点，突出对重点单位、重点领域、重点资金的审计。三是关口前移，积极参与输变电工程项目可行性研究、初步设计的审查工作；参与输变电工程的设计、施工、设备材料的招标评标监督工作；对大型、重点工程开展跟踪审计；四是推广利用计算机审计，实现审计手段的现代化。五是突破以财务收支审计为主要内容的审计范围，开展绩效审计、内控审计以及风险评估审计，更好地为企业决策者服务，为企业提高管理水平降低经营风险服务。

（3）以人为本、打造团队。一是每年都安排2～3个学习班，从基础管理入手，有计划、有目标地对审计人员进行培训。二是从2006年起建立审计人才专家库，并将其纳入常规管理，积极培养审计领军人物。三是采取以审代培的方式，使从业人员在实践中学习和掌握业务技能。

（4）注重绩效、落实成果。一是建立了审计报告联席会议制度，分管审计领导定期组织财务、监察、组织、人事以及其他相关部门听取审计工作汇报，会上研究审计意见书和审计决定内容，为落实审计成果提供了制度保障。二是公司把审计意见书和审计决定的落实以制度的形式纳入考核单位主要领导人工作内容，为落实审计成果提供了强有力的支持。三是积极开展后续审计，加大督促检查力度，真正做到“审必究、审必改、审必用”。（撰稿人：米乡卿）

【内蒙古蒙牛乳业（集团）股份有限公司】

内蒙古蒙牛乳业（集团）股份有限公司（简称蒙牛公司）共有在职员工21100人，设有常温液奶、低温鲜奶、冰淇淋、奶粉及其他乳制品等事业本部，下辖近30家子公司。公司于2004年6月在香港联交所挂牌交易。2009年主营业务收入达257.11亿元，净利润达11.16亿元。

领导成员

董 事 长：于旭波

副董事长：杨文俊

总　　裁：杨文俊

审计职责　公司实行董事会领导下的内部审计体制。在董事会的直接领导下独立、客观、公正地履行审计职责，对公司各项经营管理活动进行全面审计，向董事会负责并报告工作。

审计成果　2009年，公司各级审计部门完成审计项目86个、审计调查项目17个，其中财务收支及内部控制审计项目54个、经济效益审计项目23个、经济责任审计项目9个、专项审计调查17个，查出违规金额近千万元，促进增收节支近500万元，完成工程结算审计项目142个，审减金额合计3500多万元。提出审计意见及建议500多条，均由被审计单位采纳并进行整改，各级审计部门对整改情况进行后续审计以强化审计结果的权威性和执行力。

工作特点　公司实行以风险管理为导向、以内部控制为主线、以实现公司治理为目标的管理审计制度。采取系统化、规范化的方法对风险管理中的控制机制及治理程序进行评价，识别和评估公司运营过程中面临的风险，提出改善建议，以防范和化解风险。充分发挥审计的监督、评价职能，对管理流程关键控制点进行重点测评和持续监控，为经营管理系统的有效运行提供服务和保障，以保证公司实现目标。（撰稿人：周立功）

【中国石油天然气股份有限公司辽河油田分公司】　辽河油田是中国石油天然气集团公司的骨

干企业。总部坐落在辽宁省盘锦市，地跨辽宁、内蒙古两省 13 个市（地）、35 个县（旗），下设采油、科研、集输、工程技术、装备制造、工程建设、矿区服务、多种经营等 50 多个单位，原油年生产能力 1000 万吨，天然气年生产能力 9 亿立方米，是全国最大的稠油、高凝油生产基地。公司实行总经理领导下的两级审计管理体制，内部审计由总经理直接领导。公司层面设审计处、审计室，所属单位设 50 个二级审计机构。配备专职内部审计人员 219 人，其中，审计处和审计室 52 人。

领导成员

总 经 理：谢文彦

党委书记：孙崇仁

审计职责　负责制定审计规章制度及规范和编制审计发展规划及年度审计工作计划；负责建设工程项目的标底、预算、结算等全过程审计及竣工决算审计；负责物资采购及其他合同的标底审计及其签约前、结算前审计；负责财务收支、年度财务决算及执行财经纪律情况的审计；受组织部门委托对所属单位领导（含总会计师）任期届中、届满或离任经济责任审计；负责管理效益、内控制度、风险管理、表外资金等专项审计；负责公司内控体系运行有效性测试工作；负责信息系统审计和 ERP 环境审计；负责组织对外委托审计项目；负责对公司境外市场及国内合资、合作、股份制等企业的联合账簿、投资收益审计。

审计成果　全年共开展各类审计项目 139 个，审计资金 174 亿元，取得直接经济成果 2.54 亿元。在取得较好经济成果的同时，提出有价值的审计建议 447 条，促进相关单位建立健全相关管理制度 60 项，督促 13 个单位对 32 名责任人进行了责任追究。

工作特点　一是加强预算执行和财务收支审计，客观反映企业经营信息。组织审计人员对公司所属 54 个二级单位和 9 个直属公司年度预算执行、财务决算和经营业绩指标完成情况进行了审计，实事求是、客观公正地报告了各单位经营业绩情况，为油田公司经营兑现提供依据。在以往查错纠弊的基础上，注重从改善经营管理的层面查找问题、分析原因、提出建议，开展财务收支审计 39 项，核实收支的真实性、合理性和合法性，找出了经营管理中存在的违反规定及不规范问题，提出了严肃的处理意见及加强管理的建议，促进了相关单位加强管理，规范经营。

二是突出事前防范与监督，工程、合同、物资采购审计成果显著。一方面对工程项目进行过程审计与监督，降低工程造价，提高投资效益。全年审计单项基建工程 10635 个、资金 64 亿元，审减 8665 万元。加强签约前审计与防范，严格审查施工队伍是否具备资质和市场准入，拒签无资质、无市场准入工程合同 28 份，涉及金额 1084 万元。加大工程现场真实性审计力度，严格现场签证管理，对所有工程项目现场实测实量，全年深入现场 10614 人次，发现工作量不实问题 3693 个，审减 2936 万元。加强工程质量审计，将工程设计、图纸、预算相结合，监督是否按设计和规范程序施工，发现存在质量和安全隐患工程 32 个，涉及金额 1338 万元，下发审计意见书 14 份。加强工程材料价格、取费标准和定额审查，发现高报材料价格、取费误差和高套定额问题 2857 个，审减 2507 万元。另一方面积极开展经济合同审计，避免企业经济利益流失。几年来，先后开展了对劳务、修理、租赁、买卖、物资采购等经济合同的签约前、结算前审计。2009 年，在此基础上，我们又加大了对技术服务、化学品采购、软件开发等专业化项目的审计力度，全年审计单项经济合同 2.4 万份，审计资金 62 亿元，审减合同价款 1.15 亿元。加强对合同计划、供应商资质、招投标过程的审计，拒签资质不合格、无计划合同 82 份，涉及金额 1518 万元，取消了 403 个资质不合格的投标商当次投标资格。突出合同履行过程审计，特别是现场审计，全年对 270 种不合格产品提出退换货处理，涉及金额 628 万元。

三是推进审计转型与发展，管理效益和内部控制审计服务职能充分彰显。认真学习借鉴行业先进理论和经验，以提升企业管理能力，增加公司价值为目的，以问题整改及风险防范、加强管理为主线，以经营管理类审计为工作重点，注重监督服务作用的发挥，对新的业务领域进行了积极探索，推动了专项审计向增值型、管理型、效益型、服务型审计转变。审计部门紧紧围绕“降成本、增效益、促管理”总体目标，在成本费用支出、工程结算管理、施工企业经营情况、节能项目内部控制、软件开发、物资消耗等领域开展管理效益和内部控制审计18项，促进了企业科学决策和规范管理。基层审计部门在审计处的指导下，充分发挥贴近生产经营实际、熟悉管理情况的优势，开展了锅炉燃煤消耗管理、高含水油井成本支出、成品油料管理、科技增油后评估、联合站化学品一体化管理、物料消耗及管理等管理效益审计，有效发挥了基层审计在控制成本、促进精细管理方面的作用。

四是强化经济责任及届中审计，促进领导干部认真履行职责。审计处按要求在离任必审的基础上，开展了2名同一单位任职4年以上行政主要领导的届中经济责任审计。在审计中，将管理效益和内部控制审计相结合，重点关注领导干部贯彻落实公司重大决策部署和内控制度的执行情况，从业绩指标、财务状况、资产质量、财经纪律等方面入手，对领导个人履职能力和单位整体运行情况进行评价，为任期考核、干部任免提供重要依据，为加强管理、提高效益服务，实现了经济责任审计从事后向事前、事中审计的转变。

五是扎实开展内控测试工作，促进公司内控体系建设审计部门重点突出对关键环节和重要风险的监督，组织对上市与未上市10个基层单位2009年执行内部控制情况进行了审计测试，发现例外事项217个，对测试发现的问题及时提出整改意见，促进了油田公司内控体系的运行和完善。同时，组织审计人员完成了对中国石油浙江油田公司、国际事业公司的内控测试工作，较好地完成了内部控制管理层测试任务。

六是推进信息化审计建设，审计手段得到进一步改变。我们从2001年就开始自行研发了物资采购审计信息系统软件，2006年建立了适合两级审计部门的工程、合同、物资采购事前审计综合信息系统，实现了事前审计业务网上操作。2009年，我们继续加大资金投入，对系统软件进行了完善，确定了“合同审计”“钻探与地面工程审计”“矿区建设工程审计”“招投标审计”“物资审计”“统计报表”“数据查询”和“系统设置”八个审计业务处理模块，满足了辽河油田工程、合同事前审计的业务需求，提高了审计效率。同时，加强计算机辅助审计、信息系统审计的研究，由专业科室牵头研究辽河油田信息技术审计发展目标和推进措施，促进审计手段向现代审计技术转变。

七是科学组织运行，内部管理体制日趋完善。审计部门实行“两级机构独立设置、审计业务垂直管理”的内部管理体制，在审计过程中，公司重大项目实行集中系统人员、上下联动的工作方式，实现了两级审计优势互补和资源优化配置。加强审计制度建设，确立了经济责任审计制度、质量控制办法、责任追究制度、重要岗位轮岗制度等系统配套的管理规范，明确了审计业务范围，规范了内部审计行为，确保辽河油田内部审计工作有效开展。实行科长例会制度，定期组织听取基层审计工作汇报，交流好的经验和做法；建立基层单位审计业绩考核制度，多角度的进行考评，激发审计人员的工作积极性和创造性，促进了两级审计的协调发展。

八是以职业化审计队伍建设为目标，审计人员素质得到较大提升。按照构建一支“学习型、服务型、知识型、廉洁型、效率型”审计队伍的要求，审计部门以学习实践科学发展观活动为契机，加强审计人员的政治思想建设和业务能力建设。举办培训班，聘请专家讲解基建工程、合同审计、审计文书、审计信息管理等业务。派人员参加辽宁省内审协会和中国石油天然气集团公司举办的风险管理、内部控制、管理效益审计、基建工程、财务审计、信息系统审计等培训。加强审计项目管理和理论研究工作。积极开展优秀审计项目、审计案例的整理、编写；加强审计论文的写作和评选，组织专人对相关课题进行研讨。通过政治、业务学习及理论研讨，有力促进了审计人员素质、审计项目质量和审计理论研究水平的提升。在中国石油天然气集团公司组织的2008年度优秀审计项目评选中，有11个项目获得集团公司三等以上奖项，其中一等奖4个。有17篇论文获得中国石油内部审计协会优秀论文三等以上奖项，其中一等奖3篇。

（撰稿人：姚红光　王　平）

【工商银行吉林省分行】　中国工商银行股份有限公司吉林省分行（以下简称吉林分行），共有在职员工11388人，设有办公室、管理信息部、财务会计部、运行管理部、个人金融部、个人贷款部、银行卡业务部、信贷管理部、公司业务部、机构业务部、授信审批部、风险管理部、结算与现金管理部、电子银行部、国际业务部、法律事务部、信息科技部、人力资源部、离退休管理部、监察室、工会、保卫部、内控合规部等23个部(室)，下辖省行营业部和吉林市、四平、辽源、通化、白城、白山、松原、延边州8个二级分行。

领导成员

行　　长：梁延国

副 行 长：马玉贤　张晓辛　周春晓

　　　　　毕晓宏

纪委书记：常景恩

内审机构审计职责　(一)研究制定内控合规管理工作计划，建立健全内部控制与合规管理的制度体系；

(二)负责审核各项经营活动是否遵循有关法律、法规，并组织开展银行内部各项规章制度的合规性检查；

(三)指导与检查分支机构内部控制体系建设；

(四)识别、计量、分析与报告全行各类操作风险；

(五)对分支机构关键岗位人员的离任、离岗及责任进行审计；

(六)组织落实反洗钱各项工作；

(七)负责全行内控合规人员的业务指导与培训。

审计成果　2009年，各级审计部门完成专项审计项目83个，完成离任(岗)、经济责任审计共251个，审计调查4个。其中财务收支审计12个、经济责任审计13个、其他专项审计71个。

工作特点　2009年，按照上级行内控合规工作要求，结合吉林分行着力加强风险管理和内部控制的工作目标，确定了围绕和服务于全行中心工作，突出重点、强化监督、防范风险、促进发展的内控管理理念，通过开展形式多样的内控文化活动、内控合规工作现场交流会、全员岗位大练兵业务大考核、反洗钱宣传周、创建《内控合规工作动态》、专项审计、业务调研、违规积分管理、操作风险监测、内外审计发现问题整改等工作，突出内控管理工作特色，发挥了内控合规部门在全行稳健经营、快速发展方面的保障监督作用，实现全年无事故、无案件的工作目标。

吉林分行领导高度重视内控工作，始终强调内控管理工作是覆盖全行机构、全部业务和贯穿业务全过程的系统工程，除从机构设置、人员配备、设备添置等方面全力支持外，还要求各职能部门提高对内控管理工作的认识并对内控合规部门的工作给予充分的理解、支持、配合，为内控工作的深入开展提供有力保障。一是行领导多次主持召开内控工作会议，听取内控管理工作汇报，确定内控管理目标和工作要点、认真总结内控工作经验和不足，完善内控机制建设。二是将内控管理工作纳入绩效考核机制。通过实施《吉林省分行内控管理问责制实施办法》、《吉林省分行评选内控管理先进单位和先进个人办法》等，既对违规操作人员和负责人实施严格的问责，也对内控管理取得成绩的单位和个人进行奖励，做到有奖有罚，完善了内控管理激励约束机制。三是行领导重视内部审计检查结果的应用。在多次会议上，反复强调“认真整改、全面防控，确保内控与案防工作平稳运行”的重要意义。

努力构建和完善对各项经营管理活动全方位覆盖、全过程控制，有效实施风险识别、计量、评估、监测和缓释的内部控制体系。充分利用内控管理委员会和操作风险委员会、反洗钱领导小组例会的平台，以增强风险防范有效性为原则，充分发挥组织推动职能，持续深化过程控制与细节管理，围绕加强内控和操作风险、反洗钱管理体系建设、制度建设、风险控制等议题进行审议，通报、总结、分析操作风险、内控评价、违规积分、反洗钱管理等情况。使全行对内控管理工作措施、方法有了充分的了解和理解，充分体现内控不仅是管理，更是服务的理念。

吉林分行着力加强风险管理和内部控制，坚持把严格规范管理作为首位的工作目标，通过加大检查监督力度等一系列卓有成效的工作，不断提高全行经营管理的规范化、标准化、流程化水平。

各经营管理部门作为内部控制的建设、执行部门，积极组织、督促各业务部门、分支机构建立和健全内部控制管理体制，并对本专业内部控制活动进行监督和纠正，定期或不定期对内控制度执行情况及经营管理状况进行检查，对发现的问题，及时纠正，对责任人提出处理建议。

各级内控合规部门作为内部控制的监督、评价部门，对全行内部控制总体情况进行监督检查、评价和指导，并对违反内部控制制度的行为，提出处罚建议。这些工作措施的实施，为保证全行依法合规稳健经营起到了重要作用。

为适应新形势下对反洗钱工作的新要求，吉林分行对各级内控合规部内部机构设置作了适当调整，将反洗钱科改制为反洗钱中心并增加人员，加强对全行反洗钱工作的组织领导和管理。2009年，吉林分行积极配合人民银行开展反洗钱协查工作，共协助调查嫌疑人40余人，向人民银行提供嫌疑人个人账户56个、涉案金额4000余万元，为人民银行、公安部门侦破案件提供有力支持，充分体现出反洗钱的工作成果。

定期对全行操作风险管理基本情况、操作风险事件的分布及特点等进行了全面的分析，并有针对性地提出了强化操作风险管理的措施及建议。推动操作风险识别、评估、监测、计量、报告工作的全面实施。

为实现内控与业务同步发展的目标，吉林分行加大对内控合规工作的科技投入。2009年根据内控合规工作的信息化建设的需求，先后配备了专用服务器等设备，充分满足内控非现场检查的数据处理要求。内控合规部与科技部门共同努力，搭建了吉林分行非现场数据平台，完成部分大机返传数据的下载应用。 （撰稿人：高　虹）

【中铁十三局集团有限公司】 中铁十三局集团有限公司是世界500强企业中国铁建所属的中央企业，是集施工、设计、科研于一体的大型工程总承包企业集团。其前身是组建于1948年8月的铁道兵第三师，1984年1月兵改工为铁道部第十三工程局，2001年6月改制为集团有限公司。现有员工13000余人，其中具有中级以上技术职称的专业技术人员5000余人。企业总资产80亿元，年施工能力在150亿元以上。设有办公室、风险管理部、经济管理部、财务部、审计部、工程管理部、技术质量部、安全监察部、市场开发部人力资源部、法律事务部等20个部室，下辖12个子分公司。

领导成员

董 事 长：雷升祥

副董事长：梁君

总 经 理：雷升祥

副总经理：张景升　翁行炎　吴焕通
臧守杰　任汉波　李素清

审计职责 制定集团公司审计工作制度，编制年度审计工作计划，经审计委员会审议后实施；参与组织集团公司及所属单位年度财务决算的审计工作，负责监督社会中介机构的聘用、更换和报酬支付，并对集团公司及所属单位年度财务决算的审计质量进行监督；对集团公司本级及派出机构（包括工程项目）、各子企业实施审计监督；统一部署全集团专项审计任务，指导、监督、检查集团公司所属单位的审计工作；组织开展企业内的审计课题研究，负责审计新技术、新方法的推广应用，安排内部审计人员后续教育；总结审计工作，交流、推广审计工作经验，评选推荐总公司表彰的审计工作先进单位和个人；组织实施上级审计部门提出其他审计事项。

审计成果 2009年，各级审计部门完成审计项目70个、审计调查项目2个，其中财务收支审计39个、经济效益审计8个、经济责任审计15个、专项资金审计8个、审计调查2个，促进增收节支1289万元。

工作特点 随着股份公司上市和企业经营规模的扩大，经济数据的准确性和企业经营风险显得尤为突出。根据股份公司的整体要求和集团公司的实际情况，集团公司审计部2009年提出了“大审计”模式，即在全集团组织审计人员，采取统一安排审计计划、统一实施现场审计、统一撰写审计报告、统一决定审计整改的工作方式。并运用这种模式先后对第五工程有限公司、第三工程有限公司、第六工程公司进行任期内经济责任审计。通过审计，摸清被审计单位的经济状况，揭示被审计单位存在的经营风险，为管理层提供了真实的经济数据，达到预期的目的。

（撰稿人：孙　伟）

【山东省公安厅】 山东省公安厅共有在职干部职工1178人，设有指挥中心等42个处（室），下辖滨海公安局等5个直属公安局。2009年，省公安厅在省委、省政府和公安部的坚强领导下，紧紧围绕中心任务，组织和带领全省公安机关，开拓进取，扎实工作，各项工作取得新的发展进步、新的成效。公安部先后两次对全省公安机关通令嘉奖，省公安厅被省委、省政府评为“平安建设先进集体”、“第十一届全国运动会筹办工作先进集体”，被公安部评为“全国公安机关排查化解矛盾纠纷先进集体”，厅机关连续六年被评为省级文明机关，一大批集体和个人受到上级表彰。省委、省政府主要领导和分管领导多次予以表扬，社会各界也给予一致好评。据省社情民意调查中心调查统计，群众对我省社会治安的安全感达93.86%，对公安机关的满意率达93.1%，同比分别上升1.18个和1.34个百分点。

领导成员

党委书记、厅长：吴鹏飞

党委副书记（正厅级）、副厅长：朱有林

副厅长兼山东警察学院院长：王献增

副厅长：秦　黎　任学增　毕宝文

山东警察学院党委书记：杨和德

纪委书记：张志华

指挥中心主任：吴德生

政治部主任：王兆玉

审计职责　贯彻落实审计工作的法律法规，制定全省公安机关内部审计规章制度，部署和指导全省公安审计工作。负责对公安厅机关和直属单位的审计监督，对公安厅下拨公安系统的各项专款进行审计监督。负责对全省公安机关各类经费、收费、罚没收入、涉案财物和保留企业经营收支的抽审。负责厅机关基本建设项目、经济合同、招投标、集中采购等经济活动的审计监督。负责对厅机关内设机构及所属企事业单位承担经济责任的领导干部进行经济责任审计。负责对厅机关国家财经法规和有关财务管理规章制度执行情况进行审计监督。负责组织全省公安审计人员培训，总结交流审计工作经验，表彰内部审计先进单位和个人。负责对全省公安经费管理中的重点问题开展审计调查，组织全省公安审计工作研讨。

审计成果　2009年，全省公安审计工作在省厅党委和公安部审计局的正确领导下，紧紧围绕公安中心工作，按照“干在实处、干出实效、走在前列”的总体要求，较好地完成了年度工作任务，在“强管理、出效益、促发展、保廉洁”方面充分发挥职能作用，有力地服务和保障了公安工作和队伍建设。全年共审计单位（项目）6598个，审计总金额220.54亿元，查出违纪金额2363万元，查出违规金额1.23亿元，促进增收节支金额1.33亿元。全省公安审计系统有25个单位，51名个人受到表彰奖励。省公安厅审计室的工作经验在全国公安机关反腐倡廉建设会议上做了书面交流。省公安厅审计室和五个地市公安机关审计处被省审计厅内审协会评为2009年度作出突出贡献和创造新经验的内审机构。

工作特点　在山东省公安厅党委和公安部审计局的领导下，公安审计工作紧紧围绕公安机关中心任务，忠实履行职责，勇于开拓创新，在规范各级公安机关内部管理，提高公安经费使用效益，预防财经重大违法违纪问题的发生等方面做了大量工作，为推动全省公安机关反腐倡廉建设，保障和服务各项公安工作的顺利开展，作出了重要贡献。有三个显著特点：

（一）领导高度重视。省厅把审计工作作为完善公安机关内部监督制约机制，促进公安工作和公安队伍建设的一项基础性工作，摆到优先和突出的位置。厅党委经常听取审计工作汇报，给予指导和支持，强调审计部门和审计工作的重要作用，对审计工作和审计队伍建设提出新的要求。按照厅党委的要求省厅印发了《关于进一步加强公安审计工作的意见》（鲁公发［2007］206号），要求全省各级公安机关要按照公安部和省厅要求，进一步增强抓好审计工作的紧迫感和责任感，切实把公安机关内部审计工作抓紧抓好，抓出成效。领导的高度重视极大地促进了全省公安审计工作的开展。

（二）审计领域进一步拓展。全省公安审计部门以创新工作思路为先导，推动审计领域不断拓展，逐步形成了以经济责任审计为龙头，以建设项目和财务收支审计为基础，以执法环节审计为重点的公安审计工作新格局。随着审计领域的不断拓宽，公安审计工作已由事后监督延伸至事前、事中全过程监督，从着力加强机关内部管理延伸至关注基层和执法一线，对重点领域、重点部门、重点资金的审计监督不断加强，审计内容不断深化，审计工作的影响力日益扩大。公安审计工作越来越有效地融入干部的任免使用工作中去，融入执法活动和内部管理中去，有力地促进了公安机关的反腐倡廉建设和公安队伍建设。

（三）审计基础更加扎实。省厅高度重视对地市公安审计部门的业务指导，通过建立和完善综合考评制度，定期对市级公安审计工作进行量化考核，并将考核结果作为评先树优的重要依据。近年来在全省公安审计系统组织开展“百十一”练兵活动，确定了全省审计民警应熟记的百条法规，明确了应掌握的十项岗位技能，要求练就一项岗位特长。省厅抓住关键环节完善制度，健全规范，以文件形式印发了山东省公安机关领导干部任期经济责任审计、建设项目审计和经济合同审计三个暂行办法。全省公安审计工作以审计信息化建设为依托，加大计算机辅助审计培训力度，全面推进审计日常工作的电子化和网络化，逐步走上科学化、制度化、规范化的发展轨道。

（撰稿人：迟玉丹）

【莱芜钢铁集团有限公司】　莱芜钢铁集团有限公司（以下简称莱钢）共有在职职工3.9万人，设有企业管理部/法律事业部、规划发展部、财务部/财务总监管理办公室、组织部/人力资源部、资本运营部/外派董事工作办公室、公益事业部、工程管理部、工程预算部、纪委/监察处/审计处/监事会工作办公室、宣传部/统战部/企业文化部、新闻中心、工会/团委/人民武装部、总调度室/运输管理部、机械动力部、技术资源部/环境保护部、安全生产部、外事管理办公室、离退休职工管理服务部、技术研发中心、品质保证部/中心实验室等部室；有原料部、供应部、销售中心等经营单位；下属动力部、自动化部/计控处、运输部、医院、党校/培训中心、保卫部等六个直属单位；控股莱钢股份、鲁银投资两个上市公司和齐鲁证券等14个子公司，参股11个辅业改制单位。

领导成员

董事长：宋兰祥

党委书记、副总经理：田克宁

副董事长、总经理：陈启祥

副总经理：魏佑山　赵雁彬　王玉昌

　　　　　张胜生　罗登武　董立志

审计职责　莱钢的内部审计工作实行两级管理。公司董事会下设审计委员会，董事会审计委员会是董事会按照董事会决议设立的专门工作机构，主要负责公司内、外部审计沟通、监督和核查工作。审计委员会下设办公室为日常办事机构，办公室设在审计处，负责日常工作联络和会议组织等工作。集团公司、股份公司设审计处（复合设置），各子公司、直属单位、其他参股公司设审计科（室），配备专（兼）职审计人员。集团公司审计处是内部审计的综合管理部门，其主要职责是对集团公司及其子公司、直属单位的资产质量、生产经营管理、财务收支、经济责任、经济效益、经济合同、招投标、基建技改技措大修工程项目以及单位的内部控制等经济活动进行审计监督，并指导监督各子公司、直属单位的专（兼）职审计人员开展审计工作。

审计成果　2009年，莱钢共完成审计项目183个，审计资金总额277.75亿元，提出审计整改意见445条，督办落实423条，正在落实22条，提高经济效益12514万元。

工作特点　（一）扎实推进内部审计工作的全面转型，不断提升经营绩效。审计处在内部审计工作转型方面着重结合企业自身实际进行深入的探索和实践。全体审计人员转变观念，紧紧围绕公司中心任务开展审计工作，在2008年对销售环节成功开展内部控制和管理效益审计的基础上，2009年又根据国家重视环境保护、清洁生产的要求和积极应对金融危机、降低企业成本的需要，对环境保护、节能减排、循环经济环节和资金管理开展了内部控制和管理效益审计，并根据审计情况向公司提出了降本增效的管理建议，为公司消除管理控制短板、提高经营管理水平、降低成本费用、持续提升经营绩效做出应有的贡献。

（二）不断强化审计整改，持续提升审计整改效果。莱钢由分管经理主持，按月召开由企业管理部/法律事务部、财务部、人力资源部、资本运营部、规划发展部、办公室、审计处、纪委/监察处等有关部门参加的审计整改联席会议。及时研究确定审计中发现问题的整改意见，对审计整改意见的落实情况进行严格考核，对未按照要求及时进行整改的责任单位和责任人进行处理处罚，并对有关部门的整改情况进行验证，以问题点彻底消除作为项目审计闭环的结束，并向审计整改联席会汇报，形成一套完整的闭路循环的审计整改体系。审计整改，及时解决审计发现的一些长期悬而未决的问题，大大缩短审计整改意见从下发到有效落实的时间，审计发现问题整改率为97.47%。通过审计整改联席会议，各主管部室加深了对审计重要性的认识，积极督办落实审计中发现的问题，及时修订、完善专业管理制度，从源头上解决管理控制的薄弱环节。形成各主管部室专业检查和过程控制、审计部门审计监督、各单位自查自纠的多层次、多角度、多部门的立体监控网络，进一步理顺了监督、检查、整改的渠道，做到了经济事项立项有审核、过程有控制、结果有监督的控制体系，减少了失控点，增强管理控制的环节，从源头上堵塞和减少管理漏洞，提高经济效益。

（三）深入分析研究体制机制问题，为公司决策提供支持。在对2008年度绩效进行审计过程中，审计人员针对部分辅业单位改制完成后出现的集团管理控制中出现的一些新问题、新情况，向公司提出了改制单位代管集团资产问题以及公司对外投资管理中存在的管理方面问题的建议，引起了集团公司的高度重视，公司召开专题会议研究部署加强代管资产的管理问题，并提交董事会专题研究该事项，形成董事会决议，为加强集团公司代管资产起到积极的作用。

（撰稿人：沈立军）

【上海市司法局】 上海市司法局机关共有在职人员302人，内设16个机构：办公室（外事办公室）；政治部（副局级）内设组织干部处、人事警务处（老干部处）、宣传处、教育培训处；市劳动教养工作管理局（戒毒管理局，副局级，对外称上海市劳动教养工作管理局）；市社区矫正工作办公室（副局级）对外称上海市社区矫正工作办公室；监狱劳教政策研究室；计划财务处（技术装备处）；审计处；法制宣传处；依法治市工作处；律师工作管理处；公证工作管理处；法律援助工作处；基层工作处；司法考试处（上海市国家司法考试办公室）；司法鉴定管理处；法制处；按有关规定设置纪检监察机构和机关党委。下辖市监狱管理局、上海政法学院、市公证协会、市律师协会、市法学会、市东方公证处、市司法宣传资料中心、市爱心帮教基金会、上海司法会堂、市法律援助中心、市司法鉴定中心、市预防青少年犯罪帮教中心、市政法人才培训中心等单位。

领导成员

党委书记、局长：吴军营

党委副书记：郑善和、李和平

副局长：刘忠定、郃荀、蔡永健

审计职责 结合本系统实际，研究起草内部审计工作制度，制定并组织实施本系统内部审计工作规划和年度工作计划；对本局、各部门（含直属单位）预算的执行情况和其他财务收支情况、国有资产管理情况、投资建设项目的预决算、政府采购执行情况进行审计监督；组织、协调本系统经济责任审计工作，对正处职领导干部进行经济责任审计；指导系统内部审计工作；组织系统内部审计工作会议和内审人员培训。

审计成果 2009年，系统各级审计部门完成审计项目213个，其中财务收支审计109个，经济效益审计22个，经济责任审计37个，专项资金审计24个，基建审计5个，内控评审6个。

工作特点 一是领导重视，审计工作环境不断改善。各级领导对审计工作大力支持，希望审计查找问题，改进工作，并对审计发现的问题能够正确面对努力整改。二是合理取舍，科学安排审计项目。三是审深审透，有效提高审计工作质量。四是寓教于审，充分体现内审咨询作用。五是精益求精，不断完善工作细节。修订了审计通知书、征求意见通知书和审计工作底稿等8份表格和6份文档模版，充实了《审计报告执行情况反馈表》。

（撰稿人：黄　燕）

【申能（集团）有限公司】 申能（集团）有限公司（简称申能集团）主要从事电力、燃气等生产供应和能源基础设施的投资、建设和管理，以及金融企业股权投资与资产管理，为上海市国有资产监督管理委员会出资监管的国有独资有限责任公司。申能集团现有在职员工1.1万余人，其中集团本部54人。集团本部设有办公室、安全管理部、综合管理部、投资管理部、资产管理部、财务部、审计室、人力资源部、金融管理部等9个职能部门。申能集团下属有申能股份有限公司、上海燃气（集团）有限公司、上海液化天然气有限责任公司、上海申能房地产有限公司、上海申能新能源投资有限公司、申能集团财务有限公司等主要控股子公司。申能集团秉承“锐意开拓，稳健运作”的经营理念，在产业结构、资产规模和企业效益等方面保持了健康向上的发展态势，基本形成了电气并举、产融结合的发展格局，已连续八年荣列中国企业500强。

领导成员

董事长：杨祥海

总经理：吴建雄

副总经理：仇伟国、葛维昌、乔志刚

审计职责 申能集团审计室是在总经理领导下，指导、协调公司内部所有审计业务的专业职能部门。申能集团现有内审机构9个，其中专职机构8个；内审人员35人，其中专职人员28人。申能集团内部审计的主要工作职责为：在公司总经理授权范围内，运用审计方法，客观反映和监督下属公司的财务收支状况以及与财务收支有关的经营管理情况，检查评价各项内部控制制度、工作目标和经济责任，维护公司合法利益。

审计成果 全年共开展各类审计项目532个，其中财务经营审计21个，经济责任审计7个，重大建设项目跟踪审计4个，工程结算审价审计489个，专项审计调查11个。通过审计提出审计建议和意见被采纳112条，核减工程资金5761万元。

工作特点 一是领导重视和支持内审工作。申能集团党委和总经理每年在新一年工作报告中，对审计工作提出要求，把内部审计工作作为规范企业经营行为，防止经营风险和治理商业贿赂、反腐倡廉的有效手段之一。申能集团每年一季度召开系统审计工作会议。二是形成三级审计体系，保证审计工作的全覆盖。三是围绕中心工作，开展内部审计。认真做好对所属公司年度经营审计，强化风险控制，提升企业管理水平。对重大建设项目，实施过程跟踪审计。以服务企业为宗旨，开展专项审计调查。 （撰稿人：徐 龙）

【江苏省监狱管理局】 江苏省监狱管理局为省政府部门管理机构，由省司法厅管理，负责全省监狱工作，领导监狱企业等职责。内设机关处室25个，下辖监狱25所（其中成年男犯监狱22所、女犯监狱2所、未成年犯管教所1所），另有双龙集团公司、司法警官高等职业学校、金源置业有限公司（民警接待站）、康新戒毒所、方源集团工程部、局社保中心等6个直属单位。方源集团公司内设部室5个，下辖二、三级企业65家，主要从事劳务加工、机械、农业生产，为改造罪犯服务。

领导成员

局长兼省司法厅副厅长：于爱荣

政委：黄运海

副局长：倪龙兴 池凤云 刘保民

纪委书记：王保权

政治部主任：沈建生

审计职责 江苏省监狱管理局审计处工作职责：管理、指导全省监狱系统内部审计工作；承担全省监狱系统监狱行政财务和监狱企业财务的审计监督工作；承办全省监狱系统建设项目开工前审计、概预算执行情况审计和竣工财务决算审计监督工作；承办全省监狱系统处级领导干部和企业法定代表人任期经济责任审计与经营业绩审计监督工作；负责全省监狱系统现代化审计技术推广应用工作；承担对违反财经纪律行为的专项审计工作。2009年末，江苏省监狱管理局审计处实有专职内部审计人员6人；下属监狱单位设有内部审计机构27个，共有专职内部审计人员67人。

审计成果 2009年，全省监狱系统内部审计工作，紧紧围绕厅、局党委中心工作，积极履行监督评价和咨询服务职责，完成各类审计项目956个，其中：财务收支审计115个、经济效益审计196个、经济责任审计81个、建设项目竣工财务决算审计350个、专项审计调查214个，促进增收节支3282万元，提出审计建议937条。全面实现审计工作“形式创新、内容拓展、质量提升”的目标任务。

工作特点 （一）抓好“六必审”，扩大了审计广度和深度。适应内部审计转型发展需要，合理调度审计资源，优化审计任务安排，提高审计工作效率。一是有序进行监狱部门预算执行情况审计。以财务收支和绩效审计为主线，不断加强和改进预算执行审计，强化罪犯钱款管理、生活物资采购供应、伙食实物量标准、教改经费使用等重点执法环节经济行为审计监督。二是创新开展监狱企业经济效益审计。抓住投资决策、融资理财、供应销售、成本费用等关键环节，认真分析影响单位效益的主要因素，提出切实可行的审计建议，促进建立健全内部控制机制。三是重点实施领导干部任期经济责任审计。按照“统一方案、统一标准、统一组织、统一程序”的要求，完成了23名监狱和企业领导干部任期经济责任审计。四是扎实推进工程项目竣工财务决算审计。组织对25个工程项目竣工财务决算进行审计。将审计内容向前延伸，切实做好项目招标、开工前审计和建设过程跟踪审计，认真把好建设资金使用关，提高投资效益。五是大力深化风险管理控制审计。组织实施了双猴混凝土铜陵站管理控制审计，指导开展了内控制度、购销比价、应收账款等风险管理控制审计，提出防范意见和建议；加强内部控制制度评审，不断完善内部管理控制，进一步规范经济行为。六是积极开展专项审计调查。布置开展了“厉行节约”专项审计，完成监狱体制改革、企业会计准则转轨跟踪审计、财政专项补贴资金使用情况专项审计调查，指导开展了科技开发费、安全生产保证金、农机发展准备金、住房公积金、养老保险、党团费、工会经费、教育培训经费等资金管理专项审计调查，提高资金使用效果。协助完成党风廉政建设工作责任分解、惩治预防腐败体系2008～2012年工作规划和治理“小金库”等临时交办的工作任务，发挥审计威慑作用，促进反腐倡廉建设。

（二）抓好评估试点，提升工作质量和水平。根据省审计厅、省内部审计协会《关于在全省开展内部审计质量评估的通知》安排，省监狱管理局被选定为首批七个试点单位之一。省监狱管理局高度重视，成立评估试点工作领导小组，认真制订试点工作计划，按照《评估手册》规定的内容进行全面自查，对标找差，及时提出整改措施。并制定《江苏省监狱系统内部审计工作考核办法(试行)》，全面夯实基础，努力提高质量和水平。圆满完成了试点阶段自我评估各项任务，试点工作有关做法得到了省审计厅、省内部审计协会的充分肯定和推介。

（三）抓好基础建设，提高履职能力和素质。一是加强技能培训。采取“以审代训”、“以会代训”和课堂培训相结合方式，培养高素质、复合型审计人才。在审计小组成员安排上实行新老搭配，在“实战”中培训新手；组织12名专兼职审计人员参加审计署、中国内部审计协会、省内部审计协会举办的经济效益审计、固定资产投资审计和岗位资格证书培训；开办《企业内部控制基本规范》培训班，组织业务骨干40人参训，取得了较好的效果。组织参加高级审计师申报评审，3名同志获得高级审计师资格。二是加强理论研讨。积极组织参加“内部审计与内部控制体系建设”主题研讨活动，向省内部审计协会提交论文19篇，有14篇获奖。三是加强工作考核。省监狱管理局对各单位2008～2009年度内部审计工作情况和审计项目质量情况进行全面考核评估，进一步促进了规范化建设。　　（撰稿人：沈光烨）

【传化集团有限公司】　传化集团创建于1986年，是中国知名的多元化民营企业集团，目前已初步形成化工、物流、农业、科技城、投资五大事业平台。集团长期立足于具有发展潜力的产业领域，秉承“社会责任感”的核心价值观，通过创新产业发展的关键技术和商业模式，推动产业转型升级，致力于创造生机勃勃的、可持续发展的企业，促进社会的和谐发展。

2009年，集团实现工业和服务业总收入114.9亿元，利润7.7亿元，上缴税金5.68亿元，位列“中国大企业集团竞争力500强”第10位、“中国企业500强”第379位、“中国民营企业500强”第64位、“中国品牌500强”第93位。

领导成员

董事长：徐冠巨

副董事长：徐观宝

总　裁：应天根

副总裁：赵益明

审计职责　传化集团审计部是隶属于集团公司董事会审计委员会的独立审计部门，是审计委员会的常设机构。传化集团审计部设置审计总监，主要负责集团审计体系建设和管理，下设财务审计、工程审计、管理审计、法律室等四大专业板块。传化集团审计部实行审计垂直领导，向各下属产业、企业派驻内部审计师担任审计负责人，形成了符合传化企业实际的三级审计管理体系。

集团审计部全面负责集团总部及下属企业的内部审计，根据国家有关法律法规、财务会计制度和企业内部控制制度规定，开展独立、客观的确认和咨询活动，评价并改善风险管理、控制和治理过程的效果，增加价值和改善企业管理，促进企业健康运营与发展。主要职能有审计体系管理、法务体系管理、合规控制审计、财务控制审计、运营控制审计、专项审计等。

审计成果 2009年，集团审计部直接为企业增加效益（减损）1752.13万元，完成工程审计项目54项，完成管理审计项目15项，完成财务审计项目5项。其中，工程审计项目涉及金额11317.99万元，核减1557万元；查处涉及刑律的舞弊案件2件，涉及金额350万元。

工作特点 传化集团审计部率先以一个部门为单位制定了《审计部战略规划》，确立以“价值贡献和顾客满意度”为导向的审计发展战略。审计部全体通过回答“审计是什么、审计做什么、审计怎么做”，实现审计全员“6明确”，落实了“6措施”。“6明确”主要是：审计定义、观念、定位、愿景、“五项关键绩效目标”导向、专业化建设方向。“6措施”分别为：优化审计部和审计项目组工作规范、优化沟通和满意度测评机制、优化审计报告体系、优化审计季度报告规范、优化月度会议规范等。在审计战略规划中，同时确立了专业化、流动性组织建设方向，通过人才引进和优化培养，实现“财务审计专业组”、“工程审计专业组”、“管理审计专业组”等专业管理，实现了专业管理和三级审计管理的矩阵管理体系，通过“流动性机制”，建设一个有激情、有活力的组织，让组织里的每一个成员有成就感、有发展空间。

传化集团审计部确立一个“量化价值”的“游戏规则”，创建“项目—价值—发展”审计体系。审计部创建《审计体系核算评价办法》和项目管理体系结合，旨在建立一个“精确的管理＋绩效挂钩”和具有“切身感”的机制，通过“革”自己的“命”，让组织全员“不甘平庸、激发斗志、有成就、求发展”，实现了团队绩效和个人绩效的全面共振提升。2009年度，集团审计部部门价值实现619.95万元。本年度审计部的工资总额为120万元，部门费用72万元，合计192万。部门价值增值322％。

传化集团审计部实践运行了“团队经营和标准化审计推进”新模式。审计部团队经营主要是：确立审计团队建设要求为“建设一支传化文化武装的、思维灵活的、专业的、阳光的、合作的、包容的、有亲和力、执行力和渗透力的审计团队”；确立审计产品为“审计（项目）报告”；确立审计价值的实现途径为“通过项目制运作—生产专业品质的产品—通过有效沟通把产品卖给顾客—以获得价值（满意度和价值）”；确立审计内部运作核心机制为“项目—价值—发展”体系。审计部的标准化审计推进主要是：确立“以标准化建设的审计团队和体系，扎实和持续地推动企业的标准化、规范、健康运营和发展”；确立审计推进的主要方法和途径为“对企业‘PDCA’循环的审计”。（撰稿人：钱之杨）

【中国洛阳浮法玻璃集团有限责任公司】 中国洛阳浮法玻璃集团有限责任公司（以下简称洛玻集团公司）共有在职员工6335人，设有董事会秘书处、公司办公室、计划财务部、人力资源部、法律事务部、投资部、审计部、总工程师办公室、纪委、党群工作部、煤焦化项目组、技术中心，下辖12家子公司。

领导成员

董事长：朱雷波

副董事长：申安秦

总经理：赵远翔

副总经理：丁建洛、陈静

审计职责 洛玻集团审计部组建于1986年，内部审计工作经历了“边组建、边工作”“抓重点、打基础”“积极发展、逐步提高”“总结经验、全面发展”“全面审计，突出重点”等20余年的发展历程。现有专职审计人员10名，其中工程审计人员4名。具有高级职称1人，中级职称7人。

洛玻集团公司审计工作根据国家有关规定，结合财务监督和企业管理工作的需要，对洛玻集团公司及其所属公司财务收支、经济责任（离任）、经济效益、财务决算、资产质量、预算执行情况、内部控制制度遵循性以及建设项目（预）决算等相关经济活动的真实性、合法性和效益性进行监督和评价。

审计成果 2009年，开展审计项目15个，其中经济责任审计4个、财务收支审计4个、工程项目全过程跟踪审计2个、专项审计调查2个、工程财务决算审计2个，审计金额120618.49万元，查出违规金额3038.12万元，促进增收节支354.21万元。

工作特点 洛玻集团公司内部审计工作着眼于服务、着手于监督，突出重点、突出亮点、突出热点和难点，通过扎扎实实的审计监督，实现了监督与服务的有机结合。

（一）突出重点，继续深化经济责任审计。经济责任审计是加强干部管理和监督的重要环节，是促进领导干部廉洁勤政、从源头上预防和治理腐败的重要举措。2009年组织开展经济责任审计4项，离任审计覆盖面达100%。

（二）突出亮点，开展工程项目的全过程跟踪审计，注重过程的服务。2009年组织开展了2项全过程工程跟踪审计工作，完成了Low－E项目工程决算审计，审减率达9.96%，核减额152万元；完成了洛玻唐三街坊新9＃、10＃楼工程决算审计，在一审的基础上通过审计人员认真细致的工作，仍然为该项目节省工程投资10.6万元。

（三）突出难点，实施审计转型，开展内部控制审计。2009年在经济责任审计、专项审计、工程审计过程中，突出内部控制审计，将内控制作为审计的重点，给予评价，促进子公司管理的提升。

（四）突出专项审计的特色。在审计工作中，洛玻集团公司审计部以科学发展观为统领，务实创新，扎实工作，采取多种形式，除盲点、扫死角，不断扩大审计工作的覆盖面，满足公司管理热点难点问题对审计工作的要求。2009年开展昌祥公司专项审计、证券部原上海业务部专项审计，在对证券部原上海业务部专项审计后，为公司收回账外资金220余万元。

（撰稿人：洛玻集团公司审计部）

【安徽中烟工业公司】 安徽中烟工业公司共有在职员工9049人，设有办公室、人力资源部、企业管理部、财务部、审计部、制造管理部、投资管理部、原料部、物资采购部、进出口部等十五个部门，下辖蚌埠、芜湖、合肥、滁州、阜阳五个非法人生产企业和营销、技术、物流三个分中心。

领导成员

总经理：朱建华

副总经理：卢安宁、赵辉、张会廷、吴信芳

审计职责 贯彻执行国家审计法规，负责及指导公司总部和下辖单位建立健全审计监督制度，开展经济责任审计及财务收支、内部控制制度、专项资金、预算管理、基建审计、经济合同、重大经济事项等审计项目，对经济活动进行评价。根据管理需要适时开展审计调查项目，提出管理意见和建议，为领导决策提供依据。配合相关部门监督招投标、比价、商务谈判工作。负责督促被审计单位（部门）对所开展审计项目提出审计意见和建议的落实整改。

审计成果 2009年，公司两级审计部门完成审计项目170个，审计调查项目2个，其中财务收支项目11个，基建审计46个，经济效益审计95个，经济责任审计8个，专项资金审计10个，审计调查2个，查出违规金额963.35万元，促进增收节支379.10万元。

工作特点 2009年审计工作紧紧围绕公司经营发展目标，以突出重点为原则，以规范程序为核心、以创新模式为抓手，扎实有效地开展各项工作。（一）认真开展经济责任审计，客观评价经营者的经营业绩和经济责任。在蚌埠、滁州两厂负责人的离任经济责任审计项目中，采取实施双向承诺制、规范工作底稿格式、推行三级复核制等措施，有力保证审计项目质量。在蚌埠卷烟材料厂法人离任经济责任审计项目中，通过风险评估选定受托事务所，在委托协议中落实拟派人员资质要求、现场审计任务考核、双方沟通协调机制、审计失察风险分担等条款，有效地规避了委托审计项目的固有风险，以上项目共提出意见和建议21条，在后续的跟踪检查中督促被审计单位积极整改落实。（二）拓宽工作领域，评价经营管理，认真开展预算管理和企业年金管理评价。适时开展公司企业年金调查，人力资源部门已就报告提出的“开立投资资金托管账户，委托投资管理人”的建议进行落实，采用公开招标，确定投资托管人，规范年金运作。在继续开展年度预算审计的同时，着手开展月度资金预算审计，尝试将事后审计向事中审计延伸。从月度资金预算编制依据的合理性、计算过程的准确性，特别是大额采购资金预算安排是否符合企业的付款政策和年度预算目标等几个方面重点把关，指出因国家价税政策调整实现的效益应换算成同口径，对原辅材料资金支付本着“必需、高效”的原则，引导各单位及相关部门把资金用在刀刃上。同时抽查分析大额资金预算的实际执行情况，并及时向相关部门反馈，达到运用预算调节功能，发挥资金最大效应的目标。在月度预算审核中，提出建议六条被当即采纳，充分体现审计成果利用的时效性。（三）规范内部监管工作，继续开展同级审计。按照财务 EAS 系统中的账簿和科目明细表模块进行综合审核，提出管理建议四条。（四）积极开展基建投资审计，促进企业节支增效。针对下辖单位在基建项目跟踪审计管理中的不足进行深度分析，就招投标基数存在的错误问题深挖根源，对已经公开招标的结果及签订的合同督促修改，促使中标价为 87 万元的跟踪审计费用，降至 56.8 万元，全年共节约投资资金 35 万元。同时对基建审计关口前移过程中出现的苗头性问题，及时进行全面总结，完成《基建项目跟踪审计案例报告》，在全省审计季度例会上研讨剖析，推动事前审计管理水平的快速提升。选择典型项目采用解剖麻雀的方法，认真分析技术中心大楼改造工程项目审计结算情况，从投资批复、经济签证制度、工程设计、工作量清单等几个方面，总结提报了《技术中心大楼改造工程项目管理建议书》，指出了风险控制点，有效降低经营风险。（五）关注经营热点，开展专题审计调查。抓住公司发展中的焦点、难点、热点问题，开展存量资产和资本性支出预算的专题调查，针对各单位存量资产的具体构成、使用状态、形成原因，就如何盘活存量资产、找出提高使用效益的可行途径等问题与下辖单位展开深入探讨；按照国家局“资本性支出预算先立项后预算”的原则，结合公司近两年资本性预算实际执行情况，就如何提高资本性预算编制的科学性、准确性的方法，以满足资本性投资管理的需要进行调查。存量资产调查报告引起公司领导的高度重视，掀起存量资产全面清理工作的热潮。资本性支出预算调查报告中提出的五条建议，得到了预算管理办公室具体落实。（六）降低经营风险，开展内部控制专题评审。通过对五金配件管理、预算管理、投资管理三个业务流程开展内控制度评审，发现管理的薄弱环节，提出管理建议，促进公司整体业务流程的优化。（七）坚持关口前移和促进痕迹化管理，深入开展合同审核。从合同条款的合法性、完整性，对合同价格的合理性严格审核，全年审签经济合同 2135 份，提出审计建议 45 条。（八）全年参加各类业务知识培训达 460 课时，组织赴厦门和龙岩两厂进行现场学习和交流，增长业务素质，提升工作能力。　（撰稿人：茆　华）

【安徽省立医院】　安徽省立医院建院于 1898 年，前身为合肥基督医院，是一所设备先进、专科齐全、技术力量雄厚，集医学、教学、科研、预防、保健、康复、急救为一体的省级大型综合性三甲医院。医院实现集团化发展战略，下属有安徽省立医院南区（安徽心脑血管医院）、安徽省立医院西区（安徽省肿瘤医院）和微创中心。2009 年，年门诊量 185.5 万多人次，出院病人 7.15 万多人次，手术量 2.89 万多人次。医院占地面积 26.4 公顷，建筑面积 29.38 万平方米。编制床位 1900 张，开放床位 2254 张，全院现有职工 2955 人，其中卫生专业技术人员 2465 人，正高职称 179 人，副高职称 313 人；享受政府津贴的专家 86 人；博士 64 人，安徽省学术技术带头人 15 人、后备人选 20 人，安徽省卫生厅第四周期学术和技术带头培养对象 20 人。医院设有 34 个临床科室、15 个医技科室。现有博士学位点 7 个，博士生导师 14 人；二级学科硕士学位点 20 个，硕士生导师 100 余人。拥有 3 支安徽省“115”产业创新团队（立体定向神经外科技术的基础和临床应用研究、肝细胞癌转移复发研究、造血干细胞移植细胞）。医院 25 个专科被卫生部中国医师协会批准为首批专科医师培训基地试点单位。医院是卫生部内镜诊疗技术培训基地、心律失常介入诊疗技术培训基地、全国立体定向技术培训基地。风湿、内分泌、呼吸、中医肿瘤四个专业具备国家药物临床试验资格。医院设有全国心脑血管病防治指导组，省级研究所 3 个（省立体定向神经外科研究所、安徽省老年病研究所、省心血管病研究所），省级中心 12 个（省循证医学中心、省心脏中心、省临床检验中心、省防盲技术指导中心、省放免中心、省儿麻矫治中心、省白内障复明中心、省血友病管理中心、省器官移植中心、省听力康复研究中心、省麻醉质量控制中心、安徽省护理质量控制中心)，省级中心实验室1个（中心实验室）以及3个院级研究室(肝胆病、血液病、糖尿病研究室)。

领导成员

党委书记：胡世莲

院　　长：许戈良

审计职责　安徽省立医院审计科成立于1992年，为单位负责人直接领导的独立建制的直属科室，现有专职审计人员3人，均为本科学历，其中高级职称2人，初级1人。依照法律、法规和规章制度，对医院及其下属单位的财政财务收支、经济活动的真实性、合法、效益性进行审计监督和评价，以促进医院加强经济管理和实现经济目标。独立行使内部审计职责，对医院主要领导人或权力机构负责并报告工作。对全院及所属单位的财政收支、财务收支及其有关的经济活动进行审计。对医院及所属单位的固定资产投资项目进行审计。对医院基建工程的预（决）算、投资规模进行审计。对医院及所属单位内部控制制度的健全性和有效性以及风险管理进行评审。对本单位及所属单位的资金管理和使用情况、经济管理和效益情况进行审计。委托中介机构对医院及下属单位法人代表任期经济责任进行审计。经医院领导授权，参加有关财务、经管、采购、招标等经济工作方面的会议，并提出审计方面的意见和建议。对医院资产的使用、购置、管理等情况进行检查监督。

审计成果　2009年，安徽省立医院审计科以医院建设为中心，积极服务医院大建设，加强基建审计工作，继续开展对医院综合病房大楼等7个大型建设项目的跟踪审计工作，同时完成52项零星基建修缮工程，为医院节约建设资金1617万元；针对医院大型设备较多特点，完成经济效益审计一项，对医院皮肤科一贵重仪器的经济效益进行分析评价，提出审计建议；针对医院物资采购量较大的特点，完成审计调查2项，分别是对医院上一年度支出预算执行情况和物流中心招标采购合同执行情况进行审计调查；做好医院内控制度的检查；针对医院收费现金流量较大情况，全年对出入院管理科收费人员现金账实相符情况进行检查近100人次；对医院资金财产安全情况进行检查监督，对医院有独立账号部门的货币资金情况进行检查，对物流中心固定资产、低值易耗品及耗材仓库账实情况进行检查。审计关口前移，参与工程及物资采购招投标会议，审核工程招投标文件及合同。　（撰稿人：操乐勤）

【湘潭大学审计处】　湘潭大学审计处共有在职员工8人，设有2个科室：财务审计科、工程审计科。

领导成员

处　长：钟希余

副处长：刘朝晖

审计职责　受校长委托，对学校各部门、各下属单位遵守国家财政财务法律法规及学校规章制度情况进行监督、检查、处理、处罚。

审计成果　2009年，湘潭大学审计处完成审计项目86个，其中财务收支审计20个、经济责任审计4个、工程预决算审计61个、审计调查1个，查出违规金额54327万元，促进增收节支3160万元。

工作特点　（一）审计工作制度化、规范化。该处组织制定了《湘潭大学审计工作流程》《湘潭大学预算审计实施细则》等一系列制度，使内部审计各项工作均有章可循，忙而不乱。（二）事前、事中、事后审计并举，全方位、全过程监督。审计处作为学校工程招标和物资采购监管小组成员，充分发挥了事前、事中、事后审计的监督作用。2009年，参加学校基建维修监管会议80余次，物资采购招标会议60余次。（三）理论研究氛围浓厚，特色明显。2009年，该处成功申报中国教育审计学会重点审计课题，积极参加国家、省、市内审协会组织的理论研讨，获得中国内审协会理论研讨优秀论文三等奖2项，共发表学术论文10余篇。（四）队伍建设紧抓不懈，专业层次高。2009年，共派出12人次参加中国内部审计协会以及省、市相关部门举办的各种业务培训班，现有高级职称4人，注册会计师2人，注册造价工程师1人。　（撰稿人：钟希余）

【四川师范大学】　四川师范大学（以下简称川师大）是四川省人民政府举办的全日制综合性省属重点大学。学校位于四川省成都市，校园面积3300余亩，设有学院和教学辅助单位28个，党政职能部门22个，学校控股单位4个，省级培训机构7个。现有各类教学、科研人员3000余人，全日制本专科学生32000余人，博士生和硕士研究生3000余人。

领导成员

党委书记：高林远

校　　长：周介铭

党委副书记：钟仕伦　唐尚朴

副 校 长：李　培　祁晓玲　严余松

　　　　　张　健　王万民

审计职责　学校设有专门的内部审计机构——审计处（正处级），现有专、兼职审计人员11名（其中专职人员6名），具有经济、工程、法律、管理等专业背景，由获得国际注册内部审计师、全国造价工程师（员）、会计师、工程师等职业资格人员组成。审计处依法依规对学校的资金、资产和有关经济活动的真实性、合法性、效益性及内部控制实施审计监督与评价。主要开展预算执行与决算审计、干部任期经济责任审计、财务收支审计、专项资金审计、工程审计、内控制度审计、绩效审计等工作。

审计成果　2009年，审计处完成审计项目270个，其中预算审计1个、财务收支审计1个、经济责任审计13个、抗震救灾资金物资专项审计1个、清产核资及资产评估委托审计3个、工程竣工结算委托审计18个，中小型基建维修工程审计233个，促进增收节支5339万元。

工作特点　（一）学校领导重视，机制健全有效。学校党政高度重视审计工作，形成了审计工作由校长主管，副校长协管的领导体制。学校党委常委会、校长办公会每年召开专题会研究审计的有关问题；主管和协管校领导对年度审计计划亲自审定，对重大审计问题的定性与处理亲自把关，认真批阅每份审计报告，亲自参加审计处组织的活动，这为内部审计工作的开展提供强有力的保证。审计部门参与学校重大财经决策、重要项目安排、重要建设工程、大额资金使用、干部年度考核等制度的执行，使内部审计监督评价和服务的职能得到充分的发挥，和谐的内部审计环境和良好的审计氛围得以形成。

（二）适应内部审计转型，推进审计制度体系化建设。根据内部审计转型的要求，积极推进学校审计制度体系建设，用制度来规范审计行为，推动审计工作。学校先后制定和完善了《四川师范大学审计工作规定》《建设项目全过程审计工作流程》《专项资金绩效审计暂行办法》《委托审计招标实施办法》等20多个涵盖内部审计主要工作的体现现代内部审计要求的制度，初步实现学校审计制度体系化。

（三）改进审计方式和手段，审计信息化建设取得成效。审计处通过强化学习和培训，提高审计人员在信息化条件下开展审计工作能力，积极探索信息化环境下的审计方式和手段。审计人员已全面使用《审计作业系统》《清单计价专家》和其他计算机辅助审计软件开展审计工作，初步实现了审计工作的数字化、网络化，提高了审计工作效率。

（四）重审计工作创新，审计成效明显。一是内审与外审优势互补，全面开展建设工程全过程跟踪审计工作。学校新建校区占地面积1935亩，规划总建筑面积近48万平方米，总投资10个多亿。审计处负责建设工程跟踪审计工作的组织、管理、协调和评价工作，同时参与基建管理的监督工作，对重要阶段、重要环节、重要内容，实施全方位、全过程监控。通过招标方式引进8家造价咨询公司对30个工程实施了全过程跟踪审计和竣工结算审计。2009年竣工结算18个工程，送审总价为4.5亿元，审定总价为4.0亿元，审减总价为4974万元。学校对基建维修工程竣工结算采取必审制，审计处2009年完成了学校基建维修工程233项，工程送审总价为3750万元，审定总价为3385万元，审减总价为365万元。二是突出审计重点，深入开展干部任期经济责任审计。四川师大是在经济责任审计中最早实行内部审计双向承诺制的单位之一，形成了既能实现审计目的又能让被审计对象易于接受的规范的审计程序。在经济责任审计工作中突出领导干部重大经济（经营）决策、内部控制制度、领导干部及所在单位经济行为的监督检查，客观反映领导干部的决策、管理和政策执行及自我约束的能力。2009年完成了12个单位13名处级干部任期经济责任制，被采纳审计建议41条。三是以风险管理和绩效评价为导向，开展专项审计工作。学校对重点单位和重要资金适时安排审计，先后开展了全校教学设备的购置和使用管理及效益专项审计、全校二级财务核算单位财务收支全面审计、校办产业及后勤部门财务收支和内控制度审计等。2009年对学校各单位在校内组织的与抗震救灾相关的捐款及捐物情况和接受外来捐赠情况及国家财政下拨经费使用情况进行了专项审计（审计总金额2268万元），对相关资金的使用和审计建议的落实情况进行跟踪，促进对抗震救灾款物使用的合法、合理和效益性。四是前移审计关口，主动参与学校经济管理活动。审计处广泛参与学校有关经济管理活动，诸如各类招标、物资设备和教材图书资料等的采购及验收、经费预算安排、基建维修工程立项审签、重大经济决策等，实现了审计监督的过程化。

（撰稿人：李兴聪）

【四川省宜宾五粮液集团有限公司】　四川省宜宾五粮液集团有限公司（以下简称五粮液集团）共有在职员工3万多人，设有集团办（公关部）、生产部、质管部、财务部、经营部、审计部、安全生产监督管理部、资产监管部、技术改造监督管理部、防火监督管理部、能源设备部、环境保护监督部、信息服务中心、后勤管理部、总法律顾问办公室、保卫部、计划生育管理部、党委办公室、纪检监察部、党委宣传部、党委组织部（人力资源部）、工会、团委、武装部、工卫医疗管理部等20多个职能部门，下辖20多个二级子（集团）公司及数十个三级子公司。

领导成员

董事长：王国春

总　裁：唐　桥

董　事：陈　林　范德宽　刘中国

叶伟泉　何成基　郑晚宾

李培奇

审计职责　五粮液集团审计部是集团公司专门的内部审计机构，独立行使审计监督权，直接向主要领导负责并报告工作。职能职责如下：一是负责依照国家法律、法规和政策，以及集团公司规章制度，对集团公司所属独立核算二级单位和非独立核算的公司、部门、车间的财务收支及其经济效益进行内部审计。二是接受上级审计机关的业务指导和监督，在财务收支真实、会计信息可靠的基础上，针对发现的问题，及时、有效地采取措施，提出建议，督促纠正和改正。三是以集团公司所属独立核算二级单位和非独立核算的公司、部门、车间的固定资产投资项目进行审计。四是依法对集团公司所属独立核算二级单位的法人和非独立核算的公司、部门、车间的主管负责人进行离任审计。五是依法建立健全企业内部审计制度及内控制度。六是依法对集团公司范围的各级组织独立开展专项审计和后续审计。七是认真完成上级审计部门和集团公司领导交办的有关审计事项。

审计成果　2009年，五粮液集团审计部坚持以国家审计法律法规及公司的内部审计规章制度为依据，紧紧围绕公司生产经营目标和集团公司党委的工作要点，突出审计重点，加大事前、事中监督力度，着重从经济责任审计、经济效益审计、专项审计、监督招投标、完善内审制度五个方面开展审计工作。全年完成审计项目9个、审计调查项目6个，其中经济责任审计2个、经济效益审计3个、专项审计4个、审计调查项目6个，审计金额23.1亿元，查出违规金额1.9亿元并进行了督促和纠正，促进增收节支7656万元；针对被审计单位存在问题提出审计建议共39条，均得到公司领导的采纳；监督招投标活动300余次，节约资金达5600多万元；与经营部、财务部等相关职能部门共同对集团公司重点投资项目的审批手续、资金使用、完成情况等进行了全面调查与清理，查找项目投资存在问题并提出解决方案，促使投资项目顺利开展。同时，为加强对投资项目的审计监督力度，拟定了《五粮液集团有限公司投资项目审计管理办法（试行）》制度。

工作特点　（一）目标明确，严格按照工作程序开展内审工作。明确了“以促进集团公司经济效益可持续发展，保障国有资产保值增值”的内审工作总体目标，严格工作程序，使内审工作能够真正做到有责有权、有为有位。

（二）在做好常规审计的基础上，逐步探索和完善经济责任、建设项目审计等工作。严格按“有离必审”的原则开展经济责任审计，有计划地开展经济效益审计，加强内控制度的评审工作，对重点建设项目严格按照《五粮液集团公司投资管理办法》的规定开展审计调查工作。

（三）加强内部审计队伍建设，努力提升内审工作公信力。不断提高审计人员的综合素质，重点强化审计人员的能力建设，建立审计业务培训体系，在审计人员中形成了以自学为主、集中学习为辅，以实践学习为主、培训学习为辅的学习方式，多管齐下，提高审计人员的职业素养，对培养和强化审计人员职业思维能力有很大帮助。人才队伍的保障，奠定了审计工作的组织保障。

（四）加强审计成果的运用。在审计实践工作中不断进行总结和提炼，对审计成果进行综合分析和开发利用，使审计成果转化为生产力并用于指导实践工作。以提高审计信息的综合利用水平，促进审计成果为企业经济发展服务，有效扩大审计工作影响力。

（撰稿人：五粮液集团公司审计部）

【中国电信贵州分公司】 中国电信股份有限公司贵州分公司在职员工共有6786人，设综合部、市场部、公众客户事业部、客户服务部、监管事务部、网络发展部、移动建设部、宽带提速办公室、计划财务部、审计部、人力资源部、企业信息化部、企业发展部、安全保卫部、离退休人员管理部、纪检监察部、企业文化部、网络运行维护部、网络监控维护中心、传输线路维护中心、无线网络优化中心、政企客户支撑中心、10000号运营中心、物资采供中心、机关事务中心、业务支撑中心、个人客户部。下辖分支机构包括贵阳、遵义、安顺、黔南、黔东南、铜仁、毕节、六盘水、黔西南等九个本地网分公司和贵州信息港分公司、ICT分公司、号百信息服务公司等三家专业分公司。

领导成员

总 经 理：廖康

副总经理：王炳华　姜宗强

陈　杰　郑成渝　付承才

审计职责 中国电信股份有限公司贵州分公司审计部是公司内部监督机制的重要组成部分，是由公司内部设置的审计机构和审计人员，依据国家有关法律法规、财务会计制度和中国电信股份有限公司及省公司内部管理制度、公司章程，对贵州分公司经济活动的真实性、合法合规性和效益性以及内部控制系统的健全性、合理性和有效性，进行独立客观地监督和评价，以促进省有限公司加强经济管理、提高经济效益，实现公司价值最大化和股东利益最大化。

中国电信贵州公司设置独立的一级内部审计机构（审计部），并向地（州、市）分公司派出驻分公司内部审计办事机构（审计室）和审计人员。公司审计部负责全省内部审计工作，指导和监督全资及控股子公司的内部审计工作。

审计成果 2009年，全省共完成审计项目4137个，其中工程审计4070个，财务审计1个，经济责任审计13个，内控制度审计31个，专项审计调查19个，其他审计3个（其他审计项目是派驻机构配合分公司相关部门开展的调查工作）。查出内部控制缺陷3个，提出管理建议175条，促进增收节支8201万元。

工作特点 在集团公司和省公司的领导下，认真落实集团审计工作会议精神，坚持以科学发展观为指导，继续以“提升价值，防范风险”为目标，紧密围绕企业转型战略和全业务经营的中心任务开展审计工作，通过开展内控评估、工程审计、经济责任审计、专项审计调查，努力发挥审计保障企业运行的“免疫系统”功能，坚持审计创新，逐步深化审计工作转型，为企业顺利完成年度目标任务做好支撑保障。

（撰稿人：毛慧颖）

【贵阳供电局】 贵阳供电局共有在职员工3051人，设有局办公室、新闻中心、政治工作部、企业管理部、市场营销部、人事部、财务部、生产技术部、安全监察部、农电工作部、监察部、审计部等部门，下辖龙里、开阳、乌当、白云、修文、惠水、罗甸、长顺八家县级供电企业。

领导成员

总 经 理：娄　山

副总经理：方　雄　谭小青　曾　和

马春雷　康　鹏　金学军

高　军

审计职责 依据国家有关法律法规、财务会计制度和企业内部管理规定，对本企业及所属单位财务收支、财务预算、财务决算、资产质量、经营绩效，以及建设项目或者有关经济活动的真实性、合法性和效益性进行监督和评价，明确经济责任，纠正违规行为，检查内部控制程序的有效性，防范和化解经营风险，维护企业正常生产经营秩序，促进企业提高经营管理水平，维护国有资产的保值增值。

审计成果　2009年贵阳供电局审计部共完成审计项目51个，其中任期经济责任审计9个，内控审计3个，预算审计1个，工程项目审计38个；参与招标监督、重大合同谈判32次；经济合同签证审计4484份，合同审计金额250404万元，其中物资采购合同金额130834万元，工程合同90931万元，设计、监理合同及协议28639万元；大修、技改工程结算签证审计1090份，结算金额30064万元，共促进增收节支6172万元；共提出审计建议342条。

工作特点　2009年，审计部围绕“保增长、抓建设、强基础”中心任务，强化电网建设工程监督、协调、服务工作，在做好经济责任、乡镇供电所审计、合同审计等常规性审计外，逐步扩大审计领域，积极开展工程过程管理审计等审计项目，加大审计成果运用和审计问题整改跟踪检查力度，认真开展“审计整改年”活动，取得较好审计成效，为保障电网建设的有序开展，促进电网建设任务的圆满完成发挥了审计的“眼睛”作用和“保健医生”职能，有力地促进了依法经营大局。

（撰稿人：晏摩天）

【黄石东贝机电集团有限责任公司】　黄石东贝机电集团有限责任公司（以下简称东贝集团）是研究开发、生产销售制冷压缩机、商用制冷机械、各类铸件、太阳能热水器（光伏产品）和光纤陶瓷插芯为主营业务的大型企业。公司创建于1966年，1994年组建集团公司。公司总部位于湖北省黄石市东方山风景区，分别在黄石铁山、大冶罗桥、黄石黄金山开发区、安徽芜湖建有生产基地。目前，拥有员工6000多人，设有审计部、总裁办、企管部、人力资源部、证券部等14个部门。下辖黄石东贝电器股份有限公司（B股上市公司）、黄石东贝制冷有限公司、黄石东贝铸造有限公司、黄石晨信光电有限公司等七个控股子公司。

领导成员

董 事 长：杨百昌

副董事长：沈忠文

总 经 理：杨百昌

副总经理：朱金明　黄　鹤　陈　红
叶俊方　刘传宋　陈保平

审计职责　审计部充分发挥检查、监督、控制、管理、咨询、服务职能的作用。在审计过程中发现问题，查找漏洞，提出合理化的审计建议；对审计建议决定执行情况进行检查，规范企业管理，促进完善各项管理制度。根据企业经营目标和审计工作实际，申报审计立项，收集审计资料，决定审计方法，拟订项目审计实施计划。组织实施对公司所属单位中层干部离任审计；评价领导干部在任职期间的经营业绩；出具审计报告提出评价及建议。组织实施对公司所属单位实行常规收支、经济效益审计；开展风险导向审计；组织基建项目的专项审计，提出管理的改进意见。根据审计结果，编制、报批、下达审计决定执行通知书并监督执行，落实奖惩处理结果并协调好内部工作关系。

审计成果　全年共完成审计项目17个。其中，完成计划内项目13个，计划外项目4个。其中常规收支及管理审计项目10个；经济效益审计项目1个（海观山宾馆2008年经济效益情况审计）；经济责任审计项目2个（制冷公司销售部副部长、生产部副部长离任审计）；专项审计项目4个（2007～2008年度电股公司质量状况审计、电股公司外协业务专项审计、晨信公司管理情况审计、2003～2008年度集团非生产用能情况核查）。在以上审计项目中，涉审金额共达40亿余元。审计人员针对被审计单位存在的问题，提出针对性的审计建议97条，被接受和采纳90条，建议采纳率为92.78%。通过这些项目的审计和审计交流，在一定程度上促进了经济效益的提高。

参与各公司基本建设、零星维修工程量复核达100多个项目，聘请、配合有资质的工程造价咨询公司完成基本建设及维修审计项目34个大项，涉审金额8310.94万元，审减工程资金1904.11万元，审减率为22.91%；完成各公司零星维修审计项目81项，涉审资金210.14万元，审减工程资金27.07万元，审减率为22.91%。为企业增收节支，咨询服务做出了应有的贡献。

为加强事前控制和提前掌握相关的第一手资料和情况，审计部还对罗桥工业园、艾博工业园、电器股份公司黄金山（国家级）开发区新建项目、芜湖经济（国家级）开发区欧宝机电公司及黄石市八卦嘴东贝名苑集资楼 4 个大项目实施了预算审计和必要的现场跟踪监督，共涉审资金 9238.31 万元。

积极配合后勤部和企管部，对废旧物资、职工食堂食品、微机耗材的市场价格参与调查和进行必要的程序监督。还将调查了解的实际情况进行合理分析并向相关部门交流、沟通，维护了多方共赢利益。

配合人力资源部、企管部，对集团新增和调整的 10 余个管理岗位、20 多名人员的薪酬进行了职位评估。为充分调动其积极性，提高工作效率和效果发挥了一定的作用。

开展风险导向审计，使审计工作更好地服务于领导决策；首先，内部审计充分利用质检、质保、工程等岗位的专业人员，通过现场测试和检查，评价与分析内部控制风险，并将审计结果直接在报告中反映，充分发挥其在客观评价经营管理状况、防范经营风险、促进执行力的提升作用。其次，利用审计人员自身经历对组织现状和风险认知全面的优势，为组织提供确认；同时，通过对组织风险导向审计这一间接管理行为和风险源的监督和测试检查、揭示风险，并通过与存在风险部门的交流、沟通，及时对各种风险采取应对措施，达到虽不直接参与风险管理与控制，但能帮助和促进决策者和管理层防范、降低、规避和控制风险的目的。（撰稿人：张贵发）

【富滇银行】 富滇银行股份有限公司（以下简称富滇银行）截至 2009 年末共有在职员工 1665 人，设有董事会办公室、监事会办公室、办公室、人力资源部、纪检监察室、风险管理部、稽核审计部、公司机构部、个人金融部等 27 个部门，下辖保山分行、红河分行、五华支行、官渡支行、安宁支行等 85 个分支机构及 2 个参控股机构（昭通昭阳富滇村镇银行、禄丰龙城富滇村镇银行），于 2009 年成为云南内审协会会员单位。

领导成员

董事长：夏　蜀

行　长：卢　云

监事长：叶一杉

审计职责 富滇银行稽核审计部负责对全行财务审计、业务审计、重要岗位人员经济责任审计和内部控制制度执行情况的检查监督。其主要工作职责是：贯彻执行有关稽核审计法规政策，制订本行稽核审计规章制度，组织和管理全行稽核审计业务；负责制订全行稽核审计工作的规划、计划并组织实施和考核；负责对全行业务经营管理情况、内部控制状况和风险状况进行审计和评价，并对总行有关部门、分支行的各项业务、财务活动实施监督检查；负责对全行重要岗位人员任期内和离任后的经济责任审计；组织开展稽核调查研究，及时反馈稽核监督检查中发现的问题，为提出整改意见和建议，为行领导决策提供依据；负责建立和维护全行稽核审计组织网络，对下级稽核审计监督部门或岗位开展工作进行指导和检查；负责对审计监督中发现的重大问题、事件和有关责任人提出处理意见或建议；负责与银行业监督管理机构和外部审计机构的工作联络；负责组织全行稽核审计信息的收集、整理、分析，并向行内各部门提供相关共享信息；完成上级领导交办的其他工作事项。

审计成果 作为地方一级法人金融机构的内审部门，富滇银行稽核审计部在董事会的领导下，在监事会的指导与帮助下，严格遵守国家各项金融法规政策，认真贯彻落实中国银监会的各项监管要求，结合富滇银行开展学习实践科学发展观活动，秉承“全面、协调、可持续的科学发展观”思想，紧扣发展战略规划，围绕本行风险管理指导思想和管理理念，充分发挥在银行治理、内部控制和风险管理中的作用，在科学审计理念指导下，推行审计公开，扩大审计效应，整合并合理运用审计资源，建设审计队伍，走出一条科学审计之路。2009 年，富滇银行稽核审计部共完成审计项目 54 个，检查项目 2 个。其中财务收支审计 2 个、经济责任审计 51 个、专项审计 1 个，审计覆盖面达到 66.67%，并对审计发现问题的整改情况进行跟踪问效。实践证明，审计在规范管理、提高风险管理水平、提升经营效益，促进富滇银行持续健康发展等方面发挥了积极作用。

任期经济责任审计 完成任期经济责任审计 51 个，揭示出部分支行管理不到位、操作风险突出等问题，客观、公正地反映被审人任职期间的经营管理水平，界定其工作业绩和经济责任，切实履行了审计部门鉴证和评价职能。

财务管理专项审计　完成财务管理审计 2 个，其中与云南省审计厅联合开展本级财务专项审计，发现了在财务管理政策上存在理解不深、财务制度不健全及制度执行不到位、核算不规范等方面问题，并提出了富滇银行应进一步规范财务行为、提高财务管理能力、增强财务核算真实性和合规性的审计意见。

追踪审计　揭示出了 4 个总行部门、19 个一级支行、41 个二级支行未整改或整改无效问题的经营风险或管理缺陷，促使改进和完善了经营管理，及时消除了隐患，推动了审计整改的执行力建设。

经营管理检查　牵头组织对 13 家一级支行、24 个机构网点及总行票据保理部进行现场检查。通过检查，进一步增强了富滇银行牢固树立依法合规的经营意识，提升了自身查找问题、发现问题、解决问题的能力。同时开展了公司类贷款五级分类检查，基本摸清了部分公司类贷款资产分类状况和新发放贷款资产质量情况，完善了信贷资产分类的制度化建设，进一步加强了全行信贷管理，防范和化解信贷风险。

工作特点　一是实行独立垂直的内部审计体系，明确审计定位和服务大局的审计理念。富滇银行稽核审计部按照《银行业金融机构内部审计指引》和《富滇银行公司章程》开展审计监督工作，审计部门由董事会审计委员会进行业务指导，行内由董事长分管，监事长协管，在银行内部审计的管理模式上实现了独立、垂直的组织管理体系，站在服务全行的角度切实履行内部审计监督、评价和服务职能。二是勇于创新，兼收并蓄，努力开创内部审计工作新局面。在新的组织管理体系下，稽核审计部进一步更新了审计观念，完善了审计手段，丰富了审计渠道，提高了审计成果运用。重视行业间的审计工作动态和学习交流，建立了与监管部门和省审计厅对口部门的联系。同时积极探索联合审计新模式，一方面组织富滇银行数名经验丰富的风险管理人员参加省审计厅固定资产贷款贴息资金审计项目，并受到好评；另一方面与省审计厅金融处共同开展对富滇银行本级财务管理审计，得到审计厅专业人士的精心指导，拓展了审计监督的深度。三是加强内部审计工作基础建设，规范审计作业标准，打造专业化团队。夯实了审计基础管理工作，推行了项目经理负责制，建立健全了审计制度体系。同时加大了培训力度，组织审计人员参加昆明市审计系统干部培训班，提高了内审人员业务水平和资质。

（撰稿人：孟奇晖）

【福建省交通运输集团有限责任公司】　福建省交通运输集团有限责任公司（简称福建交通集团）是由福建省交通运输（控股）有限责任公司与福建省物资（集团）有限责任公司、福建省商业（集团）有限责任公司合并组建的福建省属专业从事港口码头、交通运输、仓储物流经营的大型企业集团，经营港口、海上运输、道路运输、现代物流、商贸等主业。共有在职员工 2 万多人，本部设有办公室、法律事务部、人力资源部、资金财务部、审计部、监察室、党群工作部、资产运营部、发展规划部、技术信息部、安全监督部、港口发展中心等 12 个部室，拥有全资、控股子公司及境外企业 14 家，并在国内外有各类三级及以下企业和机构 100 多家。福建交通集团位列 2009 年“全国百强物流企业”第 12 位，是福建省首家获得 5A 级的物流企业，所属子企业中有 4 家企业为福建省“百强重点企业”。

领导成员

董事长：刘小健

副董事长兼总经理：李兴湖

董　事：陈国荣　严　正

副总经理：刘克坤　卞谦祥　陈　乐

审计职责　福建交通集团本部自 2004 年 4 月起设立审计部，所属二级较大型企业均设有独立审计部门，内部审计工作实行两级分工负责制，即集团审计部主要负责对二级企业及控股、子公司的审计工作，二级企业审计部门负责其下属的子公司、分公司及其合资公司的审计工作。在开展具体审计项目时，根据需要统筹安排二级专兼职审计人员，组成审计项目组开展审计工作，从而实现了审计力量、管理经验的整合。主要职责：制定、完善福建交通集团内部审计制度及审计工作程序和方法；编制年度内部审计工作计划，检查、指导下属单位内审工作开展情况，做好审计工作年度总结，编制内部审计工作报表；对企业财务收支、经营成果等真实性、合法性、完整性以及资产运行效果等实施审计监督与评价；保持与外部审计正常的业务沟通协调；实施经营业务和生产供应链流程的跟踪审计调查，参与投资项目的前期可行性评估，提出内审监证和咨询意见；实施对外投资项目审计；对企业内控制度的健全性和有效性开展审计调查，提出完善内控制度和促进风险防范的审计建议；开展对单位领导人员任期终结经济责任审计；组织内审人员审计专业以及相关知识培训学习，通过项目审计实践，锻炼和培养审计干部队伍，提高审计工作技能和水平。

审计成果 2009 年，福建交通集团两级审计部门共完成审计项目 72 个、审计调查项目 25 个，其中财务收支审计 50 个、经济效益审计 13 个、审计调查 25 个，查出并纠正违规金额 2160 万元，促进增收节支 27354 万元。

工作特点 福建交通集团审计工作，坚持科学发展观和坚持实事求是、求真务实、服务基层的精神，树立以促进实现福建交通集团任期目标为宗旨，主动融入企业各项经济工作，采取有效的方法，及时了解掌握经济业务信息，注重实效创造性地开展工作，发挥内部审计监督和咨询作用，促进提升集团核心竞争力，转变经济发展方式，打造优质、高效、低成本的物流体系和客运体系，为海西经济建设服务。2009 年审计工作主要特点如下：

（一）以促进公司发展战略落实为导向，开展内部审计工作。根据福建交通集团中长期发展战略需要，公司加强对核心业务经营的管控，促进业务整合，体现供应链优势，促进集团内部职能管理，这些工作作为今年内部审计关注的重点内容，并针对性地开展了专项审计调查，为企业从传统产业向物流型企业转型提供审计意见。加强对投资项目的前期可行性调查研究，提出对新增战略性投资项目的审计意见。围绕福建交通集团年度经济目标，开展经济效益审计、财务收支审计，帮助企业经营业绩顺利实现。在审计过程中，客观指出问题提出管理建议，并对完善企业内控、增收节支等提供咨询活动。

（二）实施生产经营过程审计，发挥审计监督和咨询作用。对各单位财务收支审计从事后审计逐渐转变为事前、事中的审计或审计调查。根据企业预算制定的指标，对生产经营全过程的跟踪审计，及时了解经济运行动态和完成指标的变化与差异，及时向生产经营的单位、部门反馈。2009 年受到国际金融危机的影响企业遇到前所未有的外部环境变化，内部审计能够主动与被审计单位有效沟通了解情况，从管理审计、内控制度评估入手，通过对企业诊断，探讨完成经营目标提升经营绩效的对策，充分发挥内部审计监督和咨询作用。

（三）有效作为，推动新企业会计准则的实施。2009 年是福建交通集团全面实施新企业会计准则的第一年，福建交通集团及各单位内部审计部门积极配合财务部门工作，推动新企业会计准则的实际运用，实现以实质控制为标准的合并报表体系的实务创新。开展对商贸业务资金使用效率的审计调查，促进库存商品的盘活、减少供应商、客户资金占用的时间等，促进企业适应新经济发展的需要。

（四）以审计具体准则为指导，提升审计职业水平。组织学习中国内审协会颁布的具体审计准则，在项目审计中加以实际运用，加深对审计准则的理解，并在审计实践中得以运用，提高审计人员的专业悟性和执业水平，通过内部审计作用的发挥树立内审的地位。同时注重培养专兼职审计人员，建立专业结构合理、爱岗敬业的审计人才队伍，为福建交通集团内部审计的可持续打好基础。 （撰稿人：刘 燊）

【深圳能源集团有限公司】 深圳能源集团股份有限公司（以下简称“深圳能源”）目前共有员工约 3600 多人，集团总部设有董事会办公室、行政管理部、人力资源部、财务管理部、电力资产管理部、规划发展部、燃料管理部、企业文化部、审计管理部、产权法律部、工程管理部及信息技术中心 12 个部室。截至 2009 年底，深圳能源下辖东部电厂和物业公司 2 家分公司，妈湾电力、广深沙角 B 电力、能源环保、深能合和电力（河源）、北方能源控股、能源财务、能源运输、安所固电力（加纳）等 18 家控股企业，以及广东大鹏液化天然气、中海油深圳天然气、河北西柏坡发电、长城证券、永诚保险等11家参股企业。

领导成员

董事长：高自民

副董事长：谷碧泉

总经理：李　冰

副总经理：孙启云　张小东　皇甫涵

审计管理部总监：赖粤江

审计职责　深圳能源审计管理部，隶属于集团董事会，直接受董事长管理；董事会下设审计委员会，对审计管理部进行业务指导。目前编制9人，审计管理部总监下设审计高级经理和风控高级经理，分别开展审计业务及风险管理内部控制业务。深圳能源审计管理部主要职责是：根据集团战略规划，制定集团审计管理的策略与流程，开展对各部门及下属企业的内部审计，督促企业完善风险内控体系，以规避经营与管理风险，确保集团运营的安全和稳健。

审计成果　2009年，深圳能源审计管理部完成审计项目33个、审计调查项目4个，其中财务收支审计1个、经济效益审计23个、经济责任审计1个、专项资金审计1个、后续跟踪审计5个、风险管理审计和内部控制情况审计各1个，审计调查4个，对集团重点企业和项目的审计覆盖率达到80%（资产总额）以上；各类审计报告共提出审计问题及建议49条，同时加强以前年度审计项目的后续跟踪，审计建议跟进率达到100%。在风险管理和内部控制方面，2009年完成6家下属企业的风险识别、评估和风险应对措施的初步制定，7家下属企业的内部控制梳理，并完成绝大部分缺陷整改，提交了深圳能源2008年度风险评估以及规划报告和内部控制检查评价报告、内部审计职能等5份报告，制定并发布有关风险管理与内部控制相关的制度5个，草拟《内部控制手册》和《风险管理手册》。

工作特点　（一）以制度建设为基础，着眼全局，建立健全各项审计管理和业务流程制度。夯实制度建设的基础工作，用制度提供指导，以制度规范运作，使审计工作规范有序、有章可循。

（二）以审计工作为主线，在开展财务收支、经济效益、经济责任等传统审计的同时，发挥审计管理职能，对基建项目开展过程审计。过程审计将以往对建设项目的事后审计、评价，提前到事前评估、预测，事中参与、建议，将审计的职能从事后监督、评价逐渐过渡到参与、建议和管理，扩大了审计的范围和功能。目前主要开展的工作包括：及时与待建项目组沟通，积极推广过程审计；从企业利益出发，组织审计中介的选聘；跟进项目进展，及时了解审计情况；适时开展调查，总结经验不足。

（三）走在改革前列，开展全面风险管理和内控制度梳理提升，坚持以风控项目为抓手，统筹规划，大力推进内控和风险管理体系的全面梳理和完善提升。深圳能源在开展风控工作时，通过大量的前期调研，完善咨询项目方案，以重要业务风险管理与流程梳理为突破口，逐步建立风险管理体系；采用科学方法和工具，选择重点企业实施风险评估和业务流程梳理，再推广到其他企业，并结合员工培训、适时开展风险管理和内部控制审计等方式，逐步建立深圳能源特有的风控体系；从而起到推动公司政策制度优化和执行、完善岗位职责划分和分工、协助公司优化管控模式、建立风险管理的文化，进行知识传递的作用。

（四）创新审计手段，在计算机辅助审计的基础上，不断提升审计信息化建设水平。围绕审计署提出的审计信息化建设总体目标，深圳能源审计信息化建设经历了从单机版审计软件到互联网版审计软件，再逐步到审计软件与ERP接轨，实现实时采集数据、实时审计的过程。从手工到网络，着力加强计算机辅助审计工具的运用，充分发挥网络版审计软件异地取数和异地审计的作用，由计算机辅助审计逐渐向审计信息化转变，通过实时审计、效率审计的特点，来满足不断拓展的审计需求，保持审计工作的创新精神和领先地位。

（五）建立优秀内审团队。根据职位划分采用阶梯式管理——即总监、高级经理、高级审计师、审计师之间，采用上一级对下一级进行业务指导，下一级向上一级汇报工作的模式，大大增强审计人员之间的沟通、经验交流和理论探讨。通过努力，深圳能源培养了一批既懂审计、又懂风险管理；既善于学习、又善于实践总结；既能独立解决问题、又能协助他人完成工作；既擅长传统审计方法，又擅长科技手段的复合型审计人员，建立了一支战斗力强、政策水平高、专业素质好、团结向上的内审队伍。

（撰稿人：深圳能源审计管理部）

【中国石油化工股份有限公司茂名分公司】

中国石油化工股份有限公司茂名分公司（以下称“茂名石化”）现有主业原油加工能力1350万吨/年、乙烯生产能力100万吨/年，辅业动力公用工程、港口储输、铁路运输等业务。截至2009年底，公司在册正式职工11009人。

领导成员

总 经 理：李安喜

总会计师：程　忠

审计职责　茂名石化设立审计处（部）下设财务审计科、效益审计科、工程审计科和综合审计科，审计人员21人。主要职责是开展年度财务预算执行和财务决算情况审计监督；开展基本建设工程、技术改造项目和检维修项目等审计监督；对生产经营管理和经济效益，内部控制制度的健全性、合理性、有效性和风险管理进行审计监督和评价；开展所属单位负责人或重要部门负责人履行经济责任情况的审计监督和评价；对合作合资企业的经营管理活动进行审计监督和评价；开展重大经营管理和对外投资活动以及财务管理异常情况的专项审计或审计调查；完成公司主要负责人交办的其他审计监督事项。

审计成果　2009年，茂名石化按照“紧紧抓住对外经济活动和影响成本效益的源头开展审计监督工作”的要求，着力抓好管理效益、工程结算和物资采购的审计监督，充分发挥内部审计在防范风险、改进管理、提高效益三大方面的建设性作用，全年完成审计项目18个，其中财务收支审计2个，管理效益审计5个，内控审计评价2个，经济责任审计2个，竣工决算审计1个，审计调查6个。同时，完成工程结算和物资采购日常审计监督214项。审计查出问题54项，提出并采纳审计意见和建议33条，促进企业增收节支1817.14万元。公司被中国石化集团评为2007～2009年度审计工作先进单位。

工作特点　茂名石化以紧紧围绕生产经营中心，以风险为导向、以内控为主线、以治理为目标，创新审计思路，拓宽审计领域，深化监督内容，全面履行监督、控制和服务职能，在促进公司强化内部控制、从严从细管理、规范经营和核算、增加公司价值、维护公司权益等方面发挥积极作用，取得显著的审计监督成效。

（一）践行科学理念是实现内部审计价值增值的核心关键。茂名石化把加强审计监督作为“强化管理，提高效益”的有力抓手，提出并认真践行“查出问题是水平，整改问题是业绩”的科学审计理念，先后组织开展了原油采购、固定资产管理、自销产品管理、节能降耗等专项审计。公司主要领导都亲自主持召开审计问题整改专题会，通报查出问题，研究并落实审计整改意见的措施。在公司管理层的积极推动下，公司上下主动按照审计意见，细化落实措施抓好整改。如炼油分部、化工分部等被审计单位多次召开审计整改专题会议，按照公司整改部署进一步细化整改措施，其他单位也自觉对照审计查出的问题，查找和整改管理上的薄弱环节，审计问题整改率和审计建议采纳率均达到99%以上，促进公司增收节支。

（二）突出管理效益审计是实现内部审计价值增值的重要保证。认真落实“两个层次、双层管理、分层负责”的审计管理要求，克服审计任务繁重、人员紧缺的困难，通过合理统筹审计力量，打破专业界限，借助业务部门专业技术人员参与项目审计，做好“炼化自销产品”“土地资产管理与处置”“节能降耗”“煤炭采购供应”等管理效益审计项目。在审计中，审计人员不断深入生产经营管理的各重要环节，从专业管理到车间管理，从机关部室到生产一线，深入查找公司管理的薄弱环节和影响公司效益最大化的问题，注意消除审计对效益监督的盲区和死角，如通过开展原油采购管理审计，加强了原油到港接卸及验收入库工作，明确港口分部为原油进厂的第一个计量点，严把原油接卸关，努力降低原油损耗，促进了公司供、产、销全环节的降本增效工作；通过开展固定资产审计，摸清了公司固定资产的状况，规范了固定资产管理和核算行为，保证了固定资产安全和有效利用，提高了固定资产的精细化管理水平；通过开展化工产品包装编织袋委托加工审计，找出了编织袋存在一定程度的质量过剩、委托加工协议存在内涂膜原料消耗定额偏高等问题，为企业增加效益服务。实践证明，开展管理效益审计有效消除了审计对效益监督的盲区和死角，突出管理效益审计是实现内部审计价值增值的重要保证。

（三）深化应用信息系统是实现内部审计价值增值的强力支撑。辅助审计信息系统（AIS）成功上线以来，茂名石化认真落实总部 AIS 系统深化应用的要求，把 AIS 系统作为提升审计工作水平、提高审计监督质量、实现审计目标的重要手段。如在 2009 年开展的炼油分部设备检维修管理专项审计、化工分部生产成本核算及管理专项审计中，就是充分利用 AIS 强大的穿透、排序、查询功能对审计内容进行多角度查询，多个模块综合运用，穿透查询、追本溯源，采取 ERP 在线审计和线下审计以及车间装置现场检查相结合的审计方式。实践证明，AIS 系统的深化应用扩大审计覆盖面，大幅提高了审计工作效率和审计项目质量，深化应用审计信息系统是实现内部审计价值增值的强力支撑。

（撰稿人：郑　灿）

【广西壮族自治区总工会】　广西壮族自治区总工会（简称自治区总工会）是广西职工自愿结合的工人阶级群众组织，受自治区党委和中华全国总工会领导。现有在职人员 109 人，设有办公室、研究室、组织部、宣传教育部、劳动保护部、保障工作部、财务部、民主管理部、法律工作部、女职工工作部、对外联络部、资产监督管理部、经费审查委员会办公室、机关党委、纪检监察室、离退休人员工作处、机关服务中心、自治区教育工会、自治区财贸工会、自治区农林水利工会、自治区机关工会（自治区直属企事业工会）、自治区职工技术协作办公室等 22 个部室、驻会产业工会，下辖广西工人报社、广西壮族自治区总工会干部学校、南宁工人疗养院、桂林工人疗养院、陆川温泉疗养院、北海国际海员俱乐部、防城港国际海员俱乐部等 7 个直属事业单位。

领导成员

主席：李达球（广西壮族自治区政协副主席）

党组书记：吴玉斌

副主席：吴玉斌、梁建强、陈湘文、廖志刚

纪检组长：黄宇群

经费审查委员会办公室主任：何大英

巡视员：杨建新

审计职责　自治区总工会设有内部审计机构——经费审查委员会办公室，现有专职审计人员 3 人。

经费审查委员会办公室是经费审查委员会的工作机构，其主要职责是：

（1）负责对本级工会及其直属企业、事业单位的经费收支和资产管理情况进行审查审计监督；

（2）负责对下一级工会及其直属企业、事业单位的经费收支和资产管理情况进行审查审计监督；

（3）负责指导下级工会经审会办公室开展审查审计监督工作，并接受上级工会经费审查委员会的指导；

（4）负责完成广西壮族自治区总工会和上级工会经费审查委员会交办的各项工作任务。

审计成果　2009 年自治区总工会经费审查委员会办公室完成审计项目 38 个，其中财务收支审计 23 个，经济责任审计 2 个，固定资产专项审计 1 个，委托会计师事务所进行基建竣工决算审计 11 个，全自治区拨缴工会经费网上审查审计 1 项。审计总金额 96422.18 万元，查出违规金额 18.56 万元，促进增收节支 5029.20 万元。其中：开展拨缴工会经费网上审查审计总金额 28941.63 万元，查出漏缴经费 3929.42 万元，补缴经费 3393.42 万元，补缴入库率 86.36%。

年内由自治区总工会经费审查委员会办公室实施的广西某单位 2008 年度经费预算执行情况审计项目，查出管理不规范金额 205.97 万元。发现的主要问题有：固定资产管理不够规范、往来款清理不够及时、有的会计账务处理不够规范、帮扶资金发放手续不够规范。审计报告提出以下主要建议：一是按规定进行固定资产核算；二是及时清理往来款；三是加强帮扶资金管理，完善发放签收手续；四是由工会管理使用工会下属事业单位的收入。报告引起本单位主要领导的高度重视。审计提出的意见及时得到了整改落实。

工作特点　（一）形成良好的经费审查工作格局。工会经费审查工作环境得到不断优化，形成了“领导重视、各方配合、自身努力、整体推进”的良好工作格局。自治区总工会领导班子高度重视经费审查工作，支持经费审查机构依法履行审查审计监督职责。有关部门积极配合经费审查机构开展工作，为审查审计监督提供工作条件和帮助，对审查审计提出的意见和建议采取措施落实整改。

（二）建立审查审计监督机制。首先是实行拨缴工会经费网上审查审计，适应全国总工会经费收缴“一改三策”和广西工会经费地税机关代收形势变化的需要。其次是实行审计回访制度，推动审计意见的整改落实。

（三）强化实务审计。经费审查机构不断加大审计监督力度，促进工会经费的收集、管理和使用更加合规、合理，促进工会经济活动的规范运作。

（四）创新审查审计手段。首先是探索五种类型审计的有机结合，即预算执行情况审计与预决算审查相结合、经费收支审计与专项资金审计相结合、事业财务收支审计与经济目标完成情况审计相结合、审计揭露问题与促进整改相结合，传统手工审计与计算机辅助审计相结合。其次是积极推进审计信息化建设，实行计算机辅助审计，提高审计的质量和效率。

（五）推进经费审查工作规范化建设。经费审查机构根据《省级工会经费审查工作规范化建设标准》，较好地完成了组织建设、制度建设、业务建设、审查审计、经费设备和创新工作任务，并根据《广西市级工会经费审查工作规范化建设标准》对市级工会进行量化考评、选树典型，建立和完善激励机制。

（六）加强调研指导。经费审查机构联合自治区地税等有关部门到柳州、贵港、来宾、崇左等市开展专题调研，了解拨缴工会经费网上审查、职工工资总额录入、工会经费申报等情况；开展县级工会经费审查工作现状调查，形成《广西县级工会经费审查工作现状调查报告》；配合中华全国总工会经费审查委员会审计调研组到南宁、柳州、桂林、崇左等市开展调研，形成《强化经费审查工作提升监督效能》一文。

（撰稿人：蔡绮春）

【海南省内部审计协会】　海南省内部审计协会是企业和行政事业单位内部审计机构和内部审计人员自愿结成的全省性的社会团体，协会共有专职人员 4 人，设有秘书处。

领导成员

会　长：刘自更

副会长：张立志（常务）　陈泽钧

王雄姿　郭　强

郭民科　林生策　张　勇

秘书长：王生辉

审计成果　2009 年，协会会员单位和广大内审人员创造性地开展内部审计业务，取得很好业绩。全省内审机构共对 5594 个项目进行审计，查出损失浪费金额 7657.00 万元，促进增收节支 7389.00 万元。财务决算审计 466 个，提出审计意见和建议为被审计单位采纳 2598 条，发现大案要案 5 件。省农垦总局审计局对某农场的基建专项审计，只有 5000 多万元的工程，核减了 1400 多万元，这个局在基建审计方面，全年核减工程款 1.6 亿多元，为单位挽回了经济损失。

内部审计培训　组织内部审计人员参加中国审计学会、中国内部审计协会、审计署审计培训中心举办的各类审计业务培训班。以开阔视野、学习和推广先进理念为目的，组织内审人员 40 多人次到云南、内蒙、宁夏等地培训考察，学习兄弟省、市内审工作的先进经验。以创新培训模式，提高培训质量为重点，举办了《经济责任审计》《经济效益审计》两期培训班，培训人员 260 多人次。《经济效益审计》培训班聘请了福州大学管理学院硕士生导师胡继荣教授授课，教授重点从经济效益审计的方法评价、企业经济效益审计等全面阐述经济效益审计的理论与实务，具有很强的操作性、针对性与指导性。协助会员单位省农垦总局审计局举办派驻纪检监察审计组审计人员《内部审计准则》培训班，参加培训人员 50 人次。

审计理论研讨和经验交流　2009 年，协会以解决会员实际问题，引导内审工作转型发展为目标，大力宣传、推广典型的内部审计工作经验。一是召开内部审计管理座谈会，主要内容侧重内审成果管理与运用的交流，提高内部审计成果的应用与转化水平，促进组织内部管理水平的改善，更好地发挥内部审计的职能作用。二是根据中国内部审计协会和省审计厅审计科研课题计划，结合海南内部审计工作的实际，协会精心组织开展“内部审计与内部控制体系建设理论研讨”等课题研究和优秀论文评选活动。协会报送的《内部审计在企业内部控制中的作用》和《对中国建设银行内部控制审计评价实践的思考》两篇论文在中国内部审计协会在烟台召开的全国内部审计与内部控制体系建设理论研讨暨经验交流会上获得三等奖。三是协助建行海南总审计室召开内部审计理论座谈会，与会人员结合审计体制、法制建设、经济责任审计、经济效益审计等方面作了发言，就如何推进内部审计事业健康发展进行了专题座谈，取得良好效果。协会还加大了对CIA资格考试各项报名工作，2009年CIA海南报名人数达62人，比2008年增加50%。

办好会刊《海南审计》和《海南内审通讯》

2009年，《海南审计》编辑部作了调整，省审计厅选派一位年轻干部任总编，负责《海南审计》的编辑发行工作，杂志主要围绕反映最新理论动态，突出当前审计工作的亮点，介绍先进的经验、技术方法、解读热点难点问题，通过专栏开辟专家约稿等各种形式，丰富杂志栏目，创新栏目的内容，开辟了“案例分析”“天涯审计人”“审计文化萃”等新栏目，提高刊物质量和社会影响力。从2009年起，《海南审计》杂志增加了10多位责任编辑，实行编辑负责制。《海南内审通讯》作为省内审协会不定期刊物，承担着宣传内部审计工作情况，报送内审工作信息的重任，为内审机构及内审人员提供了学习和交流工作经验的信息平台，使内审人员及时了解内审工作信息。

（撰稿人：林炽超）

【海南省审计学会】 是由全省市县级审计学会、全省性的行业审计学会、从事审计教育研究的大专院校和科研机构、社会审计组织和内部审计机构、审计界及相关领域的知名人士自愿参加的全省性的研究审计科学的学术性团体。学会共有专职人员4人，设有秘书处。

领导成员

会　长：陈如军

副会长：张立志（常务）　黄淑芬

　　　　郭民科　孙秋明

秘书长：邝必清

学会换届　2009年6月，举行第五次会员代表大会和五届一次理事会，在第五届理事会第一次会议上，陈如军厅长当选为新一届海南省审计学会会长，会议还选举产生了副会长、秘书长和常务理事。

审计理论研讨成果　2009年，学会根据《中国审计学会2005至2009年审计理论研究规划》和海南省审计厅审计工作的要求，结合审计工作实际，积极组织会员开展理论与实务研究活动，效果显著。

4月，学会在全省范围内征集政府绩效审计论文，为研讨会召开做准备。全省审计人员表现了较高的理论研究热情，共征集到论文20余篇，经严格评审后，选出7篇优秀论文，15篇入选论文。6月，学会协同省审计厅举办政府绩效审计理论与实践研讨会。120余人参加研讨会。研讨会系统总结了近年来全省各级审计机关绩效审计工作好的做法、成功经验，并结合当前绩效审计理论和实践面临的新形势、新要求、新问题以及未来发展趋势，对绩效审计进行系统研究，进一步探索深化绩效审计的新路子，从而推动绩效审计工作更好地发展。

为了顺应全面开展绩效审计的形势需要，省审计厅和学会充分发动全省审计业务骨干、审计科研人员、专家学者和审计教育工作者，对我省开展绩效审计的实践经验进行总结和理论探析，组织出版了《政府绩效审计实践探析》一书。该书由陈如军厅长作序，何洪彬副厅长主编撰并亲自撰写第一章，汇集策论篇六章23个论题，谋略篇5个有借鉴意义的经验交流材料，实案篇7个典型案例，共十四章35万字，进一步丰富了现有的政府绩效审计理论研究成果。

5月，在中国审计学会苏州召开的“政府审计与国家经济安全”研讨会上，本会3名同志提交的3篇论文：《浅议审计免疫与国家经济安全——地方政府审计维护国家经济安全的切入点》《从国家经济安全的审计需求视角浅析地方政府审计作用——兼论审计“免疫系统”的保障性功能》《政府审计与国家经济安全相关问题研究》在会上缴流并被收录为研讨会论文集。邓伟强同志作为9位主讲人之一在会上作主题发言。9月，在中国审计学会济南市召开的“跟踪审计理论与实务研讨会”研讨会上，提交王拔智同志的论文《政府投资项目跟踪审计的几点思考》被收录为研讨会论文集。

10月，学会经过深入研究，以《海南国际旅游岛生态环境审计监督研究》《海南农垦系统内外协同审计监督模式研究》为题向省社科联申请课题立项。12月，省社科界开展第六次社会科学优秀成果评奖工作，为了及时申报审计科研成果，学会动员广大审计人员参与评奖活动，并于11月底向省社科联申报何洪彬副厅长主编的《公共财政审计探索》一书及撰写的论文《公共财政审计核心理念的探讨与实践》两项科研成果。

制定审计理论研究三年规划 为进一步做好审计理论研究工作，推进审计事业的发展，根据审计署、中国审计学会科研工作规划，结合本省“一体化”审计工作新模式发展的需要，在充分调研、广泛征求意见的基础上，拟定了《海南省审计学会2010至2012年审计理论研究规划》。规划围绕省委省政府工作重点和我省审计工作中心，深入开展符合省审计工作实际的审计理论研究。规划明确今后三年学会审计理论研究的指导思想、总体目标、主要任务以及具体措施，促进审计科研服务审计实践，服务领导决策，服务人才培养，为推动我省审计理论研究起到积极作用。

培训与沟通 学会秘书处从培训入手，积极引导会员单位结合本单位的实际，进一步拓宽审计领域，促进审计进一步转型升级，取得明显的效果。8月，学会秘书处与省审计厅人事教育处举办绩效审计培训班，担任培训的老师，既有高校的教授、学者，又有中央和地方审计机关具有丰富工作经验的领导、专家，还有长期工作在审计一线的审计骨干，师资雄厚，层次较高，具体讲授《政府绩效审计》《部门预算资金绩效审计》《审计公文与综合报告写作》等，通过系统的培训学习，使广大会员拓宽了视野，提高了认识，活跃了思维，也帮助会员将绩效审计理论和实际进行结合，促进理论知识的吸收和实际工作能力的提高，达到了培训的预期效果。9月，学会还组织学员参加中国审计学会在海口举办的环境审计理论与实务培训班，弥补了审计干部相关领域理论知识的不足，使培训针对性更强，收效更大。

2009年，学会秘书处加强与审计署、中国审计学会的联系和沟通，及时领会全国审计工作会议精神，明确审计工作重点，并派人参加9月在大连举行的全国地方秘书长会议，交流学习各地办会的经验和做法，了解中国审计学会对审计科研的重点和要求，作为确立全省审计科研的方向和重要依据，指导广大审计工作者开展审计科研活动；加强与海南省社会科学界联合会的联系和沟通，及时掌握和了解我省其他行业和领域的科研动态，为审计服务；加强与兄弟省市审计学会的联系和沟通，积极开展学术交流、信息交流和考察活动。组织50人次业务骨干到北京、上海、青岛等地培训考察。学习先进的审计方法和经验，同时把海南倡导的审计工作一体化模式新理念和他们交流。还接待中国审计学会和北京、湖南、安徽等省市来琼举办业务培训、经验交流和考察等活动。

（撰稿人：杜军奎）

【海南省邮政公司】 设有审计监察部，审计人员共3人。

领导成员

总 经 理：文兴元

副总经理：王进美　李柏平

审计监察部主任：吴泽春

审计成果 坚持“全面审计、突出重点”的指导方针，求真务实，扎实开展了各项内控制度、工程建设项目、任中经济责任等审计工作。2009年海南邮政审计部门共对26审计对象，实施了88个审计项目，其中：经济责任审计项目完成5个；业务专项审计调查完成4个；工程项目结算审计27个项目；邮政业务合同及工程施工合同审计完成52个。

经济责任审计 随着海南邮政企业体制改革的不断深化和干部交流力度的加大，领导干部离任经济责任审计已成为今年审计工作中的一项核心内容。共开展离任经济责任审计项目5个，通过离任经济责任审计，为企业全面考察、正确使用干部提供依据，探索加强干部管理与监督的新途径，进一步提高领导干部的财经法规意识和经济责任意识、自律意识，增强了自我约束机制，增强了经济责任审计的可操作性和规范性。

工程审计 共计完成工程项目结算审计27个项目，其中技改项目9项，零星工程18项。送审金额740.12万元，审定金额677.95万元，核减金额62.17万，核减率为8.40%。邮政业务合同及工程施工合同审计完成52个。工程结算审计围绕施工方送审的结算书和省公司企发部初审的结算书进行量、价、费和投资审核，把好结算关。通过审计，真实反映固定资产投资的实际效果，进一步促进了减少投资浪费，提高投资效益及工程管理水平。

财务收支审计　今年重点关注企业财务收支、往来账款清理，业务资金和内控制度执行等情况进行审计督查，特别是针对专项审计调查中发现存在的用户欠费和企业之间三角债问题，组织相关单位有重点、有计划、有措施地开展自查整改，通过对整改情况的反馈检查，促进审计成果的转化利用，既严肃了财经纪律，又规范企业经营行为，使企业严格执行财务预算，规范财务支出审批制度和支出效益考核制度，为企业健康发展创造条件。

经济效益审计　随着邮政企业快速发展和改革的不断深入，各种潜在的风险也日益显现，目前企业内部控制机制还不够完善，制度执行不力的现象普遍存在，针对去年集团公司审计部企业合同内控管理、资金管理、财务核算审计等方面发现的一些问题，今年加大力度抓好存在问题整改的后续审计工作，要求被审计单位进一步完善内控制度，防范经营风险，提高其可持续发展的能力。

专项资金审计（调查）　根据集团公司审计工作的部署，今年在全省范围内开展了新邮预定、报刊收订、贺卡业务和速递业务代收货款资金到账及管理情况专项审计调查。在开展几个专项审计调查工作中，省公司领导高度重视，要求成立由审计部牵头，计财部、市场部和相关专业局参加的专项审计调查组开展工作，并深入现场进行仔细的审计检查，通过专项审计调查，针对企业在经营管理活动中的疏漏和不足等问题提出建议和意见，并认真督促整改，促进完善管理。为企业持续稳定发展服务。　（撰稿人：丁　雄）

【陕西日报社】　陕西日报社（以下简称报社）共有职工685人。设有社委会办公室、编采委员会办公室、企划考核部、政治要闻部、社会法律部、农业新闻部、工交新闻部、财经新闻部、科教新闻部、文体新闻部、理论新闻部、新闻调查部、记者部、摄影部、专题新闻部、编辑出版中心、网络信息部、资料信息部、《新闻知识》、《三秦都市报》、《陕西农村报》、《当代女报》、《报刊荟萃》杂志社、纪检组、机关党委、人事处、工会、老干处、保卫处、产业经营管理中心、计财处、广告处、发行处、印刷厂、审计室（副处级）、物业管理中心、后勤服务中心、物资采供中心、电子技术服务中心、新闻实业公司、劳动服务公司、省记协、省报业协会。

领导成员

社　长：杜耀峰

总编辑：雷一鸣

副总编：杨建民　姜冯俊　张若遇

副社长：薛晓燕

纪检组长：李金山

审计室职责　审计监督报社的财务计划的执行与决算，与财务收支有关的经济活动及其经济效益，各经营单位承包合同的兑现情况，内部控制制度的健全、有效，部门领导干部的离任经济责任审计，固定资产投资项目和单位资产的管理情况，专项资金的提取、使用，国家财经纪律的执行情况，承包、租赁经营的有关审计事项，报社领导交办的和上级审计部门委托的其他审计事项。

审计成果　2009年共审计基建、维修、修缮等工程项目40个，财务收支及效益审计4个，离任经济责任审计1个。提交审计报告5份，调研、调查报告31份，提出了整改意见和合理化建议59条。部分意见建议经采纳后，取得了良好的经济效益和社会效益。全年审计总金额9.22亿元，查出各类违规金额629万元，促进增收节支177.79万元。

工作特点　在报社社委会的坚强领导下，审计室认真贯彻依法审计、服务大局、围绕中心、突出重点、求真务实的工作方针，认真履行内部审计监督职责，坚持原则，客观公正，坚持一边抓法规制度的学习，一边抓内审业务工作。

一是加强理论学习，不断提升内审人员素质。为不断提升内审人员的专业水平和业务素质，保证其岗位胜任能力，审计室加强对内审人员的业务培训，认真学习践行《审计法》《内审4号令》《内部审计29个具体准则》《审计纪律八不准》，参加陕西省内审协会岗位资格培训、内审人员继续教育培训，以审计法规制度作为开展内审工作的依据，用法规制度规范内审人员行为。鼓励内审人员自学以提高自身专业知识及技能，审计室有一人取得全国建设工程造价员资格。经常性召开业务交流会，互相讨论交流审计项目中发现的问题，积极主动研究新办法、新措施。积极开展用计算机对基建、修缮等工程预决算审计工作，提高了内审工作质量和效率。

二是增强审计服务意识，规范经济行为和经营管理。根据社委会工作安排，审计室及时调整工作思路，紧紧围绕社委会的中心工作，做好本室内部审计工作安排。开展了《三秦都市报》、海外版、农村报、新闻实业公司的财务收支及效益审计；查清四个单位的财务收支及经济效益情况，帮其理顺财务管理，规范经营行为。对任职8年的计财处长进行长达5个月的离任经济责任审计，撰写一万二千余字的审计报告，并针对存在的问题，提出31条审计建议与意见。

三是突出审计重点，强化监督功能。审计室针对报社近年来基建项目多、开支大的特点和群众最关心的热点问题，确定以基建项目投资审计为重点。先后组织对职工住宅楼基础土方和桩基工程、新区建设、报社北大门临街门面房装修改造等一系列工程预（决）算的审计，为报社核减工程款138.96万元。针对报社多年来修缮、维修等项目杂种类多、投入资金较大的特点，组织对30多个工程的预决算进行审计，送审总金额为242.04万元，审定总金额203.21万元，共核减金额38.83万元。

四是从严要求，严格执法。审计人员始终坚持实事求是，客观公正的原则，排除干扰，依法审计。为了掌握翔实的依据，不畏严寒酷暑跑市场搞调研，查阅相关文件、定额等资料。对每个工程都去现场查看、测量，并根据现场查看了解到的真实情况，对工程预决算进行认真的审核。有的施工队想让审计人员手下留情，少核减工程款，有意套近乎，软缠硬磨，甚至有人托上级领导说情，还有人企图用钱物贿赂等，都被审计人员耐心说服而拒绝。对工程预决算中不合理的款项，按照规定予以核减，堵塞漏洞，挽回损失，维护了审计的严肃性和报社的利益。

（撰稿人：李福怀）

【陕西延长石油（集团）有限责任公司】 陕西延长石油（集团）有限责任公司（以下简称延长石油集团）是国内拥有石油和天然气勘探开发资质的四家企业之一。1905年创建、1907年打出中国陆上第一口油井，经过百余年的奋斗，今已发展成为集油气探采、储运、管输、销售、科研以及能源化工、工程建设和装备制造为一体的大型省属国有企业。2009年度，油气产炼销均突破千万吨，实现销售收入806亿元、上缴各级财政税费273.9亿元，排名中国企业500强第87位、中国企业效益200佳第23位。

领导成员

董事长：沈　浩

总经理：张积耀

副总经理：闫世可　田维宽　冯大为
冯和平　卢礼栓　梁苏权

审计部部长：刘玉华（副总会计师）

审计职责　延长石油集团内部审计实行统一管理，分级实施。集团公司设有审计部，在总经理的领导下全面管理集团公司审计工作。截至2009年底，延长石油集团各级单位建立审计机构32个，配备审计人员136名。各级审计部门的主要职责是：拟定本单位内部审计规章制度及工作规程；编制本单位年度审计工作计划，并提交审计委员会或有关会议审定；组织审计本单位财务收支及其有关的经济活动；监督本单位基建工程和重大技术改造、大修等项目的立项、初步设计及施工图预算审查、招标、竣工验收等，组织审计工程结（决）算；组织审计本单位所管理的领导人员的任期经济责任履行情况；监督本单位内部价格的制定与执行；检查和评价下属单位内部控制系统的健全性、合理性和有效性；监督本单位大宗物资采购、产品销售、对外投资等经济活动和重要经济合同；组织审计人员的专业知识培训，进行职业道德教育；指导、监督和评价所属单位内部审计工作；编写本单位年度审计工作总结，并向审计委员会或单位主要负责人报告；完成上级业务主管部门和本单位主要负责人交办的其他审计事项。

审计成果　2009年，延长石油集团实施审计项目5007个，其中财务收支审计10个，企业领导人员任期经济责任审计42个，工程结算审计4673个，基建工程项目审计49个，其他专项审计233个。审核工程造价61.19亿元，审减工程造价 9.32 亿元，审计查出违规金额 2592 万元，提出审计意见及建议 306 条。

工作特点　(一) 领导重视。延长石油集团总经理亲自主管审计工作，坚持一年一度的审计工作大会，会会强调审计工作，强调利用审计成果。充分肯定审计成绩，为审计人员撑腰壮胆，经常听取审计工作汇报，指导帮助审计部门工作。为审计人员配备笔记本电脑，改善工作条件。

(二) 对审计人员实行"双重管理"。延长石油集团所属各单位审计人员，既服从所在单位管理，在业务上又服从延长石油集团审计部门的统一调度和管理。集团项目审计，审计组成员大多从各单位抽调，一方面有效地整合了审计资源，另一方面通过审计现场指导，对各单位审计人员起到培养作用，同时加强上下沟通，增强凝聚力。

(三) 将管理审计寓于经济责任审计之中。在企业领导人员任期经济责任审计中，始终坚持以"促进企业管理、推进党风廉政建设"为目标，全方位、多视角对企业的经营活动和内部管理进行认真审计、客观评价，对于审计发现的问题实行零保留通报，并督促整改，收到良好效果。

(四) 严把工程结算审计关。在全面做好建设项目重点环节监督和竣工决算审计的基础上，严把工程结算审计关。一是所有工程结算必须审计，不经审计，不得办理结算付款；二是按照投资额大小将建设项目分为"限上项目"和"限下项目"，其中"限上项目"在各单位内部审计的基础上，必须报送集团公司审定；三是对于单项工程结算金额较大的，在内部审计的基础上，必须委托社会中介机构进行复审；四是工程结算审计结果，除出具定案表外，还须出具审计报告，提出管理意见及建议；五是对施工单位建立"黑名单"制度，即对于审减率超过 30%的，以及无正当理由不签字认可审计结果的施工单位，列入延长石油集团市场准入"黑名单"，遏制了施工单位结算金额虚高现象，提高了审计工作效率，降低了审计风险。

(五) 积极推进交叉审计。根据审计项目特点和管理需要，审计方法以单位自审为主，积极推进交叉审计。目前，主要是对于三级单位领导任期经济责任审计，由集团公司审计部门统一组织、安排二级单位交叉审计。这种做法，有利于加大审计力度，有利于促进审计单位提高审计能力和水平。

(六) 狠抓制度建设。2005 年陕北石油重组后，陆续制定下发《内部审计实施办法》《财务收支审计暂行办法》《企业领导人员任期经济责任审计暂行办法》和《基本建设工程审计实施办法》等一系列审计制度，集团所属单位随着审计机构的建立，审计制度逐步建立和完善，为规范审计行为、保证审计质量提供制度保障。

(七) 人才强审。将理论培训与现场审计培养相结合，仅 2009 年举办审计业务培训两期，组织审计人员参加各类专业培训 193 人次，现场审计中通过"传、帮、带"等方式培养审计人员 22 人次，审计队伍整体素质及实际工作能力不断提升。注意培养复合型审计人才，提高人力资源利用率。

(撰稿人：韩　正)

【甘肃省水利厅】　甘肃省水利厅系统在职职工 4783 人，厅机关设有 14 个处（室），厅直属单位有 26 个（事业单位 20 个、企业单位 6 个）。

领导成员

厅　　长：康国玺

副 厅 长：杨成有　周兴福　魏宝君　栾维功

纪检组长：何春三

副巡视员：徐登、李发喜

审计职责　甘肃省水利厅审计处成立于 1989 年 10 月，是省级水利行业中较早独立设置的内审机构之一，现有公务员 3 人。截至 2009 年底，全省水利行业有内审机构 24 个，其中专职机构 5 个；有内审人员 60 人，其中专职人员 15 人。

按照审计署《关于内部审计工作的规定》、水利部《水利基本建设项目竣工决算审计暂行办法》和《甘肃省内部审计施行办法》等规定，甘肃省水利厅审计处履行着对水利行业管理中重大的、带倾向性的财务收支和经济效益问题的审计和审计调查；对行业内部审计工作的组织和指导；对水利基本建设项目资金的审计监督；对厅属单位预算内、预算外资金管理、使用及其有关经济活动的真实、合法、效益进行审计监督；对厅属单位领导干部经济责任审计的重要职责。

审计成果　2009 年，共完成审计项目 15 项，审计金额 22535.96 万元，提出审计建议 29 条，纠正违纪资金 18 万元，纠正违规资金 556.53 万元。审计项目涉及病险水库除险加固、灌区续建配套与节水改造、农村饮用水安全等民生工程以及厅直单位财务收支审计、领导干部经济责任审计等方面。

工作特点 2009 年，甘肃省水利厅内部审计工作在水利部审计室和省审计厅的关心指导下，紧紧围绕水利工作中心，不断完善审计思路，拓展审计领域，整合审计资源，狠抓审计质量，提升审计水平，充分发挥审计"免疫系统"和建设性功能，为水利事业科学发展，为确保"资金安全、工程安全、干部安全"起到保驾护航的积极作用。

（一）厅党组高度重视，内部审计工作有序推进。省水利厅党组一贯重视内部审计工作，把审计工作作为落实科学发展观、确保水利建设"三个安全"、实现水利事业科学发展的系统工程来抓，在审计机构设置、人员配备、经费保障、学习培训、工作指导部署等方面都给予大力的支持，充分保证水利审计工作的权威性和有效性。

（二）坚持改革创新，积极探索内部审计工作的新路子。主动适应水利发展需要，树立科学审计新理念，突出内部审计特色，坚持以理念创新、制度创新、方法创新、管理创新促水利内部审计的转型与发展。

（三）围绕民生水利，全面履行水利审计的监督与服务职能。按照"突出重点、全面审计"的方针，深入开展水利基本建设项目审计。加大工作力度，加强对病险水库除险加固、农村饮用水安全、灌区节水改造等涉及民生水利资金项目的审计；以资金流程为主线，加强对厅属单位财务收支情况的审计；以促进领导干部正确履行职责为目标，积极稳妥地推进领导干部经济责任审计。

（四）采取有力措施，大力宣传和贯彻落实省政府印发的《甘肃省内部审计试行办法》，进一步明确水利审计的性质、作用，使内部审计更加规范化、程序化。

（五）整合审计资源，不断加强自身建设。利用好现有的专业审计资源，积极探索根据审计需要，聘请行业内具有规划、设计、概预算、招投标、合同管理、物资采购、施工监理等相关专业专家参与的水利审计协同工作机制，即有利于发现问题和解决问题，同时又满足审计工作对不同专业人员的需求，保证审计取得实效。

（六）完善水利审计制度，提升水利审计质量。修订完善《甘肃省水利基本建设项目审计申报办法》，制定《甘肃省水利厅内部审计规定》，为依法、依规开展审计提供制度保障。

（七）围绕水利中心，做好审计调查工作。针对社会关注的重点、难点和焦点问题，有针对性地开展各类专项审计或调查，揭示资金管理和使用中存在的问题，推动政策措施和制度的落实。

（八）注重强化内审人员审计廉政建设。始终将审计廉政建设贯穿审计工作全过程，努力从思想上增强自身"免疫力"，切实树立水利审计良好形象。具体工作中，向被审计单位发出《审计通知书》，必附审计人员廉政建设有关规定；审计组进入被审计单位，必与被审计单位领导和财务人员共同学习审计纪律；现场审计结束时，被审计单位必填审计人员执行审计纪律情况回执，以此规范审计人员审计行为，监督和提升审计工作质量和水平。

（九）不断加强内部审计人员能力建设。随着水利建设项目的增多和投资的增大，水利审计的业务范围越来越广泛，对加强内部审计自身建设提出了新的更高的要求。通过继续教育、岗位培训、工作实践等方式，提高了审计人员把握宏观政策能力、组织协调能力、实施有效审计监督能力以及语言文字表达能力，进一步适应了水利内部审计工作的发展需要。（撰稿人：雷小平）

【中国石油青海销售公司】 共有在职员工 3344 人，设有经理办公室、营销调运处、人事处、财务资产处、投资工程处、党群处、审计监察处、信息中心等十二个处室，下设四个直属成品油库、九个成品油零售分公司。

领导成员

总经理：杜丽学

党委书记：封希声

审计职责 中国石油青海销售公司设有审计监察处，其中专职审计人员 3 人。在工作中，采用内部审计和外委审计相结合的办法，认真履行审计职责。独立监督和评价公司及所属单位财务收支、经济活动的真实、合法和效益的行为，促进加强各项经营管理和经营目标的实现。

审计成果　2009年公司审计监察处共完成审计项目41个、审计调查项目3个，其中经济责任审计1个、内部控制审计9个、专项资金审计31个、审计调查3个，查处违规金额675万元，促进增收节支724万元。

工作特点　（一）审计工作程序日臻完善。公司领导高度重视和支持审计工作，审计部门按《中国内部审计规范》健全规章制度，完善工作流程，有力地推动了各项审计工作的有序开展。审计工作的规范化、标准化、制度化、信息化建设得到进一步加强，先后修订完善和新出台了10多个管理办法。审计人员职业道德水准不断提升，建设工程项目竣工决算审计不断规范，并积极利用现代信息技术手段，改进审计方式方法，已经应用了中国石油审计管理信息系统和中国石油内部控制测试系统。

（二）审计工作规模和范围不断扩大。随着公司的快速发展，投资规模加大，业务领域拓宽，审计工作任务量大幅增加。同时，内部审计范围不断拓展，已经由单纯的财务审计扩大到经营管理审计。财务收支审计、基本建设工程审计、离任经济责任审计、采购合同审计、专项资金审计等常规审计更加规范，公司负责人任中经济责任审计、各类表外资金审计得到加强，管理层测试、内部控制审计、风险管理审计等顺利实施。内部审计的覆盖面更宽，针对性更强，避免了损失浪费，有效地维护国家和企业利益。

（三）审计工作质量和水平明显提升。审计处按照集团公司“一个接轨、三个转变”的要求，紧紧把握“管理＋效益”的基本定位，加快推进审计转型，强化监督与服务两大职能，改进工作作风，审计工作的质量和水平明显提升。在重点工程及合同审计中，坚持全过程跟踪审计，严格监督控制，有效防止了资金流失。在经济责任审计中，坚持离任必审，不断深化任中审计，有效规范各所属单位领导人员的履职行为。在专项及管理效益审计中，针对公司关注的重点领域、热点问题，加大专项审计工作力度，促进了专项资金的规范管理和企业的挖潜增效。

（四）审计成果应用效果突出。公司审计处坚持做好审计成果的有效利用和转化，对审计发现的问题及时提出整改意见和建议，督促有关单位进行整改。内部审计取得直接经济成果1502万元，共提出审计建议85条。公司领导及有关部门、分公司高度重视，有68条被采纳，采纳率80%，大多数问题得到了有效整改和落实。

（撰稿人：赵生明）

【青海省监狱管理局（青海监狱企业集团有限公司）】　2009年，共有在职民警、职工5656人，监狱管理局机关设有8个内设机构、3个单设机构、1个产业工会。分别为办公室、政治部、狱政管理处、刑罚执行教育处、生活卫生处、罪犯劳动安全处、信息装备处、财务处、机关党委、纪委（监察、审计）、离退休干部处、系统工会。下辖7个监狱，1个中心医院，4个干部休养所，1个老干部活动中心。监狱企业集团公司机关设有办公室、财务处、资产管理处、人力资源处四个处室。下辖八个子公司。

领导班子

局长、集团公司董事长：杨　光

副局长、集团公司总经理：铁　轮

副局长：刘建家　都永军

政治部主任：刘海生

纪委书记：国永明

集团公司副总经理：李育海　贾宝成

审计职责　监狱局设审计处，现有人员3名，主要负责对监狱局及集团公司下辖机构进行经济责任审计、预算执行审计、经济效益审计、固定资产投资审计、专项资金审计等，并负责对下辖监狱内审科室的业务指导和人员培训等工作。

审计成果　2009年，监狱局、监狱两级内部审计部门共完成各类审计项目30项，涉及资产总额122963.13万元。其中财务收支和财政预算审计5项，涉及资产总额29463.71万元；经济效益审计16项，涉及资产总额79117.45万元；固定资产投资审计3项，涉及资产总额14000万元；离任审计6项，涉及资产总额1381.97万元；通过审计提出审计意见和建议107条，纠正不规范金额3478.50万元，促进增收节支405万元。

工作特点　监狱作为国家刑罚执行机关，承担着改造罪犯的任务，它既有一般行政机关的经费开支业务，也有企业的经营管理行为以及基本建设等工作；既有财政预算行为，又有企业经营行为；既有工业，还有农业、基本建设等。基于以上原因，所以负有经济监督和评价责任的监狱内部审计相对其他性质单一的单位而言更为复杂而全面。由此监狱内部审计的特殊性显而易见。因此，其他单位采用的内部审计制度，就与监狱内部审计工作不完全适宜，这是由单位的性质和经济运行模式决定的。自 20 世纪 90 年代青海监狱系统两级内审部门相继成立以来，在监狱局党委的正确领导和上级审计机关业务指导下，监狱两级内审部门勇于进取、积极开拓，经过近十多年的发展，在维护青海监狱系统财经秩序、查处和预防腐败和经济犯罪、推动监狱体制改革和监狱管理水平的提高、促进党风廉政建设等诸多方面都发挥了重要的作用。近年来，随着监狱体制改革的不断深入、经费保障的逐步到位、执法要求的转变，监狱系统面临的社会形势和工作环境正在发生重大而深刻的变化，这些变化也自然对监狱内审部门的工作提出严峻的挑战。这种情况下管理局审计处紧跟监狱体制改革的步伐，拓展工作思路，不拘泥于以往的工作范围和方式，努力转变传统的审计观念，跳出狭窄的财政、财务收支的小圈子，从经营、管理、机制、体制、法制等视野去评价微观审计所碰到的问题，用联系、发展的观点去评价静止或孤立的经济事项。按照“依法审计、服务大局、围绕中心、突出重点、求真务实”方针，积极拓展审计类别，目前有财务收支和财政预算执行审计，经济效益审计，领导干部离任审计，物资采购审计，专项经费审计，固定资产管理审计，基本建设审计，内部控制制度健全性审计等。工作中大力推进四个“转变”，即不断促进内部审计由保证资产安全为主，向促进资产增值为主转变；内部审计角色由单纯充当查错纠弊的“警察”向注重承担单位和领导的“参谋”和“顾问”转变；内部审计内容由传统的检查财务收支为主向以财务收支为基础、加强效益审计为主转变；内部审计手段以手工操作为主向注重运用计算机网络技术审计转变；内部审计方式由事后审计向事前、事中和事后审计相结合转变。更加注重从内部控制制度层面揭示问题、分析问题和反映问题，注重增强改进和完善建议的针对性，把查出问题和促进改革、完善制度、强化管理相结合，充分发挥监狱内审促进监狱管理健康稳定协调发展的特殊职能作用。

（撰稿人：王　芳）

【新疆有色金属工业（集团）有限责任公司】

新疆有色金属工业（集团）有限责任公司是以有色金属、稀有金属、黄金资源开发为主，集地质、采矿、选矿、冶炼、科研设计、建筑安装、机械加工、运输仓储及房产开发、集中供热、物业管理等多种经营为一体的、产供销相结合的多元化的大型国有企业集团。其前身为新疆有色金属工业公司，始建于 1950 年 12 月，时称“中苏有色及稀有金属股份公司”，是新中国成立后最早的中外合资企业之一，现为自治区 30 强重点支持的工业（集团）之一和新疆实施优势资源转换战略、推进工业化进程的重要力量。

公司现有在职员工 1.16 万人。设有审计部、发展管理部、投资管理部、财务部、资源管理部、人力资源部、党委工作部等十三个部室及两个管理中心，下辖企业 26 家，其中全资子公司 9 家、子企业 11 家、控股子公司 4 家、参股公司 2 家。

领导成员

董事长：袁泽

总经理：郭海棠

副总经理：赵富平　张国华　彭世群
　　　　　史文峰　库马提·托盖

审计职责　公司内部审计由董事长直接领导。下设两级审计机构：集团总部设有审计部，所属各单位设有审计机构。现有内部审计从业人员 52 人。

审计部的职责是在集团公司的领导下，依照《内部审计工作实施办法》规划并独立开展审计工作，组织并实施公司级审计项目，向董事长汇报工作，帮助并促进管理部门和被审计单位改善管理、加强控制，规避风险，堵塞漏洞，提高经济效益。同时，接受上级审计机关的业务指导和监督，并对所属单位审计工作进行检查、指导和帮助。

集团公司所属各单位内部审计机构由各单位行政主要负责人直接领导，审计业务受集团公司审计部指导，独立组织并实施本单位审计项目，监督本单位各项管理措施的落实。配合集团公司审计部开展审计工作。

审计成果　2009年度公司各级审计部门除完成领导交付的各项临时任务及对各自下属单位经济责任考核外，完成审计项目75项，其中经济责任审计10项，财务审计9项，基本建设项目审计2项，内部控制审计3项，专项审计25项，经济效益审计11项，后续审计2项，其他审计13项。查出违规金额1200万元，促进增收节支3900余万元。

工作特点　（一）强化组织领导，确保审计工作扎实推进。各单位认真贯彻落实集团公司从严治企强化管理专题会议精神（新色集党［2008］24号），独立设置与本单位其他职能部门同级的内审机构，规模较小，审计业务较少的单位，也设置了专、兼职内部审计人员（多与本单位纪委合署办公），在单位负责人领导下独立开展工作。各级领导的重视和支持，机构和人员的落实，及有关部门、单位支持和配合，为内部审计工作的顺利开展创造良好的氛围，从而确保2009年各项审计工作的扎实推进。

（二）树立科学审计理念，推进内部审计工作全面转型。将内部审计工作“服务于企业持续提高经营管理水平，促进企业健康有序发展”，作为工作的出发点和落脚点，积极探索“以风险为导向，以控制为主线，以治理为核心，以发展为目标”的新模式，积极探索创新审计方式和方法，工作方式从“由财务控制入手”向“由业务控制和信息系统控制入手”转变，积极介入企业内部控制和制度建设。

（1）主动加强与集团公司及所属企业领导以及其他业务部门的沟通联系，营造良好的内部审计工作的社会小环境。

（2）不断改进审计工作方式方法，提高审计工作效率和审计工作质量，用高质量的工作赢得大家对审计工作的支持与理解。认真实施的内部审计片区协作制度，实现内部审计资源的合理配置，不仅提高了审计效率，而且给内审人员提供了互相学习和交流的平台，促进内部审计人员的交流和业务素质的提高。

（3）通过树立科学审计理念，不断完善审计机制，切实加强源头控制，取得了一定成效。各级审计部门强化风险意识，注重预防，到企业日常生产经营的全过程中，充分发挥审计的“免疫系统”功能。

（三）着力夯实基础，不断提高审计工作水平。着力加强内审队伍建设，始终把提高内部审计人员的综合能力和素质作为首要任务来抓，不断增强内部审计人员的业务能力，努力提高审计队伍的专业胜任能力和执业水平。

2009年以国家五部委《企业内部控制基本规范》发布实施为契机，组织内部审计人员集中参加了自治区内审协会举办的《企业内部控制基本规范》解读暨内部控制与风险管理培训，学习《中华人民共和国企业国有资产法》《内部审计实务指南第3号—审计报告》，并对《内部审计工作手册（初稿）》进行讨论，组织学员之间就审计工作开展心得、内部控制审计经验进行交流。

积极参加自治区内审协会组织的各项工作，通过内审协会搭建的平台，组织内审人员开展课题研究，促进审计业务水平的提高；参加优秀审计项目评选，促进审计项目质量的提高。2009年度推荐的十篇参选论文，获自治区审计论文竞赛三等奖两名，优秀奖两名。推荐的五个参选审计项目，取得二、三等奖各一名及两名优秀奖。

继续在已明确的审计制度体系建设总体框架和思路指导下编制《内部审计工作手册（2009版）》，统一集团内部审计工作标准、方法、审计流程和审计内容，细化、规范审计工作程序和审计质量控制措施。目前，审计工作基本实现了流程化控制，通过这种流程化控制，为保障审计工作质量起到了积极的作用。

（四）结合单位实际，积极开展富有特色的内部审计工作。2009年度集团公司审计部紧紧围绕“两降一升”经营目标和袁泽董事长提出的“三不动摇”“五个不减”“八个加快”应对措施，重点选择与企业管理和经济效益有关的重要或薄弱环节开展经济效益审计，帮助被审计单位建立健全管理制度，挖掘企业潜力，立足开源节流，突出成本控制，促进企业加强管理，提高科学管理水平，完善相关内控制度与措施，堵塞各种漏洞，不断规避风险，提高经济效益，充分发挥了审计部门的“免疫系统”职能。

集团公司所属各单位内审机构在继续建立和完善内部审计各项规章制度基础上，除了完成集团公司安排部署的审计任务之外，还结合本单位实际情况，对企业领导关心、职工关注的热点、难点问题开展经济效益审计、基本建设审计、财务收支审计、经济责任审计等各种富有特色的审计项目，对本单位内控制度的建设和执行情况提出合理化建议。同时，还积极配合本单位纪检监察部门完成清理“小金库”工作。

（撰稿人：丁　鲲）

重要财经审计法规

中共中央办公厅　国务院办公厅印发《关于实行党政领导干部问责的暂行规定》的通知

中办发〔2009〕25 号　2009 年 6 月 30 日

各省、自治区、直辖市党委和人民政府，中央和国家机关各部委，解放军各总部、各大单位，各人民团体：

《关于实行党政领导干部问责的暂行规定》（以下简称《暂行规定》）已经党中央、国务院同意，现印发给你们，请认真贯彻执行。

《暂行规定》的颁布实施，是加强反腐倡廉法规制度建设、完善领导干部行为规范的重要举措，对于加强党政领导干部的管理和监督，增强党政领导干部的责任意识，更好地贯彻落实科学发展观，不断提高党的执政能力和执政水平，具有重要意义。

各级党政领导干部要认真践行全心全意为人民服务的宗旨，以对党和国家高度负责、对人民群众高度负责的精神，切实履行党和人民赋予的职责，兢兢业业完成好各项工作任务。各级党委和政府要依照《暂行规定》严肃问责，充分发挥问责在党风廉政建设中的积极作用。

各地区各部门在执行《暂行规定》过程中的情况和建议，要及时报告中央。

（此件公开发布）

关于实行党政领导干部问责的暂行规定

第一章　总　则

第一条　为加强对党政领导干部的管理和监督，增强党政领导干部的责任意识和大局意识，促进深入贯彻落实科学发展观，提高党的执政能力和执政水平，根据《中国共产党章程》《党政领导干部选拔任用工作条例》等党内法规和《中华人民共和国行政监察法》《中华人民共和国公务员法》等国家法律法规，制定本规定。

第二条　本规定适用于中共中央、国务院的工作部门及其内设机构的领导成员；县级以上地方各级党委、政府及其工作部门的领导成员，上列工作部门内设机构的领导成员。

第三条　对党政领导干部实行问责，坚持严格要求、实事求是，权责一致、惩教结合，依靠群众、依法有序的原则。

第四条　党政领导干部受到问责，同时需要追究纪律责任的，依照有关规定给予党纪政纪处分；涉嫌犯罪的，移送司法机关依法处理。

第二章　问责的情形、方式及适用

第五条　有下列情形之一的，对党政领导干部实行问责：

（一）决策严重失误，造成重大损失或者恶劣影响的；

（二）因工作失职，致使本地区、本部门、本系统或者本单位发生特别重大事故、事件、案件，或者在较短时间内连续发生重大事故、事件、案件，造成重大损失或者恶劣影响的；

（三）政府职能部门管理、监督不力，在其职责范围内发生特别重大事故、事件、案件，或者在较短时间内连续发生重大事故、事件、案件，造成重大损失或者恶劣影响的；

（四）在行政活动中滥用职权，强令、授意实施违法行政行为，或者不作为，引发群体性事件或者其他重大事件的；

（五）对群体性、突发性事件处置失当，导致事态恶化，造成恶劣影响的；

（六）违反干部选拔任用工作有关规定，导致用人失察、失误，造成恶劣影响的；

（七）其他给国家利益、人民生命财产、公共财产造成重大损失或者恶劣影响等失职行为的。

第六条 本地区、本部门、本系统或者本单位在贯彻落实党风廉政建设责任制方面出现问题的，按照《关于实行党风廉政建设责任制的规定》，追究党政领导干部的责任。

第七条 对党政领导干部实行问责的方式分为：责令公开道歉、停职检查、引咎辞职、责令辞职、免职。

第八条 党政领导干部具有本规定第五条所列情形，并且具有下列情节之一的，应当从重问责：

（一）干扰、阻碍问责调查的；

（二）弄虚作假、隐瞒事实真相的；

（三）对检举人、控告人打击、报复、陷害的；

（四）党内法规和国家法律法规规定的其他从重情节。

第九条 党政领导干部具有本规定第五条所列情形，并且具有下列情节之一的，可以从轻问责：

（一）主动采取措施，有效避免损失或者挽回影响的；

（二）积极配合问责调查，并且主动承担责任的。

第十条 受到问责的党政领导干部，取消当年年度考核评优和评选各类先进的资格。

引咎辞职、责令辞职、免职的党政领导干部，一年内不得重新担任与其原任职务相当的领导职务。

对引咎辞职、责令辞职、免职的党政领导干部，可以根据工作需要以及本人一贯表现、特长等情况，由党委（党组）、政府按照干部管理权限酌情安排适当岗位或者相应工作任务。

引咎辞职、责令辞职、免职的党政领导干部，一年后如果重新担任与其原任职务相当的领导职务，除应当按照干部管理权限履行审批手续外，还应当征求上一级党委组织部门的意见。

第三章　实行问责的程序

第十一条 对党政领导干部实行问责，按照干部管理权限进行。纪检监察机关、组织人事部门按照管理权限履行本规定中的有关职责。

第十二条 对党政领导干部实行问责，依照下列程序进行：

（一）对因检举、控告、处理重大事故事件、查办案件、审计或者其他方式发现的党政领导干部应当问责的线索，纪检监察机关按照权限和程序进行调查后，对需要实行问责的，按照干部管理权限向问责决定机关提出问责建议；

（二）对在干部监督工作中发现的党政领导干部应当问责的线索，组织人事部门按照权限和程序进行调查后，对需要实行问责的，按照干部管理权限向问责决定机关提出问责建议；

（三）问责决定机关可以根据纪检监察机关或者组织人事部门提出的问责建议作出问责决定；

（四）问责决定机关作出问责决定后，由组织人事部门办理相关事宜，或者由问责决定机关责成有关部门办理相关事宜。

第十三条 纪检监察机关、组织人事部门提出问责建议，应当同时向问责决定机关提供有关事实材料和情况说明，以及需要提供的其他材料。

第十四条 作出问责决定前，应当听取被问责的党政领导干部的陈述和申辩，并且记录在案；对其合理意见，应当予以采纳。

第十五条 对于事实清楚、不需要进行问责调查的，问责决定机关可以直接作出问责决定。

第十六条　问责决定机关按照干部管理权限对党政领导干部作出的问责决定，应当经领导班子集体讨论决定。

第十七条　对党政领导干部实行问责，应当制作《党政领导干部问责决定书》。《党政领导干部问责决定书》由负责调查的纪检监察机关或者组织人事部门代问责决定机关草拟。

《党政领导干部问责决定书》应当写明问责事实、问责依据、问责方式、批准机关、生效时间、当事人的申诉期限及受理机关等。作出责令公开道歉决定的，还应当写明公开道歉的方式、范围等。

第十八条　《党政领导干部问责决定书》应当送达被问责的党政领导干部本人及其所在单位。

问责决定机关作出问责决定后，应当派专人与被问责的党政领导干部谈话，做好其思想工作，督促其做好工作交接等后续工作。

第十九条　组织人事部门应当及时将被问责的党政领导干部的有关问责材料归入其个人档案，并且将执行情况报告问责决定机关，回复问责建议机关。

党政领导干部问责情况应当报上一级组织人事部门备案。

第二十条　问责决定一般应当向社会公开。

第二十一条　对经各级人民代表大会及其常务委员会选举或者决定任命的人员实行问责，按照有关法律规定的程序办理。

第二十二条　被问责的党政领导干部对问责决定不服的，可以自接到《党政领导干部问责决定书》之日起15日内，向问责决定机关提出书面申诉。问责决定机关接到书面申诉后，应当在30日内作出申诉处理决定。申诉处理决定应当以书面形式告知申诉人及其所在单位。

第二十三条　被问责的党政领导干部申诉期间，不停止问责决定的执行。

第四章　附　则

第二十四条　对乡（镇、街道）党政领导成员实行问责，适用本规定。

对县级以上党委、政府直属事业单位以及国有企业、国有金融企业领导人员实行问责，参照本规定执行。

第二十五条　本规定由中央纪委、中央组织部负责解释。

第二十六条　本规定自发布之日起施行。

附件：《党政领导干部问责决定书》（略）

中共中央办公厅　国务院办公厅关于印发《国有企业领导人员廉洁从业若干规定》的通知

中办发［2009］26号

各省、自治区、直辖市党委和人民政府，中央和国家机关各部委，军委总政治部，各人民团体：

《国有企业领导人员廉洁从业若干规定》（以下简称《若干规定》）已经党中央、国务院同意，现印发给你们，请遵照执行。

2004年中央纪委、中央组织部、监察部、国务院国资委联合发布的《国有企业领导人员廉洁从业若干规定（试行）》，对于规范国有企业领导人员廉洁从业行为，加强国有企业党风建设和反腐倡廉工作，发挥了重要作用。但是，随着近年来国有企业反腐倡廉建设不断深入，该试行规定的有关内容已经不能完全适应新形势需要，中央决定予以修订。

《若干规定》是规范国有企业领导人员廉洁从业行为的基础性法规，对于加强国有企业反腐倡廉建设、维护国家和出资人利益、促进国有企业科学发展、保障职工群众合法权益具有重要作用。各地区各部门要从深入贯彻落实科学发展观的高度，对学习贯彻《若干规定》作出具体部署。要认真做好宣传教育工作，为贯彻实施《若干规定》营造良好舆论环境。要认真分析本地区本部门本单位留有企业领导人员廉洁从业方面的薄弱环节，采取有效措施加以解决。要严格对国有企业领导人员的管理和监督，切实做到预防为先、关口前移。要加强对《若干规定》贯彻执行情况的监督检查，及时纠正并严肃处理违反《若干规定》的行为。国有企业领导人员要认真执行《若干规定》，严于律己，自觉接受监督，坚决杜绝违反《若干规定》行为的发生。

各地区各部门在执行《若干规定》过程中的情况和建议，要及时报告中央。

中共中央办公厅
国务院办公厅
2009 年 7 月 1 日

国有企业领导人员廉洁从业若干规定

第一章　总　则

第一条　为规范国有企业领导人员廉洁从业行为，加强国有企业反腐倡廉建设，维护国家和出资人利益，促进国有企业科学发展，依据国家有关法律法规和党内法规，制定本规定。

第二条　本规定适用于国有独资企业、国有控股企业（含国有独资金融企业和国有控股金融企业）及其分支机构的领导班子成员。

第三条　国有企业领导人员应当遵守国家法律法规和企业规章制度，依法经营、开拓创新、廉洁从业、诚实守信，切实维护国家利益、企业利益和职工合法权益，努力实现国有企业又好又快发展。

第二章　廉洁从业行为规范

第四条　国有企业领导人员应当切实维护国家和出资人利益。不得有滥用职权、损害国有资产权益的下列行为：

（一）违反决策原则和程序决定企业生产经营的重大决策、重要人事任免、重大项目安排及大额度资金运作事项；

（二）违反规定办理企业改制、兼并、重组、破产、资产评估、产权交易等事项；

（三）违反规定投资、融资、担保、拆借资金、委托理财、为他人代开信用证、购销商品和服务、招标投标等；

（四）未经批准或者经批准后未办理保全国有资产的法律手续，以个人或者其他名义用企业资产在国（境）外注册公司、投资入股、购买金融产品、购置不动产或者进行其他经营活动；

（五）授意、指使、强令财会人员进行违反国家财经纪律、企业财务制度的活动；

（六）未经履行国有资产出资人职责的机构和人事主管部门批准，决定本级领导人员的薪酬和住房补贴等福利待遇；

（七）未经企业领导班子集体研究，决定捐赠、赞助事项，或者虽经企业领导班子集体研究但未经履行国有资产出资人职责的机构批准，决定大额捐赠、赞助事项；

（八）其他滥用职权、损害国有资产权益的行为。

第五条　国有企业领导人员应当忠实履行职责。不得有利用职权谋取私利以及损害本企业利益的下列行为：

（一）个人从事营利性经营活动和有偿中介活动，或者在本企业的同类经营企业、关联企业和与本企业有业务关系的企业投资入股；

（二）在职或者离职后接受、索取本企业的关联企业、与本企业有业务关系的企业，以及管理和服务对象提供的物质性利益；

（三）以明显低于市场的价格向请托人购买或者以明显高于市场的价格向请托人出售房屋、汽车等物品，以及以其他交易形式非法收受请托人财物；

（四）委托他人投资证券、期货或者以其他委托理财名义，未实际出资而获取收益，或者虽然实际出资，但获取收益明显高于出资应得收益；

（五）利用企业上市或者上市公司并购、重组、定向增发等过程中的内幕消息、商业秘密以及企业的知识产权、业务渠道等无形资产或者资源，为本人或者配偶、子女及其他特定关系人谋取利益；

（六）未经批准兼任本企业所出资企业或者其他企业、事业单位、社会团体、中介机构的领导职务，或者经批准兼职的，擅自领取薪酬及其他收入；

（七）将企业经济往来中的折扣费、中介费、佣金、礼金，以及因企业行为受到有关部门和单位奖励的财物等据为己有或者私分；

（八）其他利用职权谋取私利以及损害本企业利益的行为。

第六条　国有企业领导人员应当正确行使经营管理权，防止可能侵害公共利益、企业利益行为的发生。不得有下列行为：

（一）本人的配偶、子女及其他特定关系人，在本企业的关联企业、与本企业有业务关系的企业投资入股；

（二）将国有资产委托、租赁、承包给配偶、子女及其他特定关系人经营；

（三）利用职权为配偶、子女及其他特定关系人从事营利性经营活动提供便利条件；

（四）利用职权相互为对方及其配偶、子女和其他特定关系人从事营利性经营活动提供便利条件；

（五）本人的配偶、子女及其他特定关系人投资或者经营的企业与本企业或者有出资关系的企业发生可能侵害公共利益、企业利益的经济业务往来；

（六）按照规定应当实行任职回避和公务回避而没有回避；

（七）离职或者退休后三年内，在与原任职企业有业务关系的私营企业、外资企业和中介机构担任职务、投资入股，或者在上述企业或者机构从事、代理与原任职企业经营业务相关的经营活动；

（八）其他可能侵害公共利益、企业利益的行为。

第七条　国有企业领导人员应当勤俭节约，依据有关规定进行职务消费。不得有下列行为：

（一）超出报履行国有资产出资人职责的机构备案的预算进行职务消费；

（二）将履行工作职责以外的费用列入职务消费；

（三）在特定关系人经营的场所进行职务消费；

（四）不按照规定公开职务消费情况；

（五）用公款旅游或者变相旅游；

（六）在企业发生非政策性亏损或者拖欠职工工资期间，购买或者更换小汽车、公务包机、装修办公室、添置高档办公设备等；

（七）使用信用卡、签单等形式进行职务消费，不提供原始凭证和相应的情况说明；

（八）其他违反规定的职务消费以及奢侈浪费行为。

第八条　国有企业领导人员应当加强作风建设，注重自身修养，增强社会责任意识，树立良好的公众形象。不得有下列行为：

（一）弄虚作假，骗取荣誉、职务、职称、待遇或者其他利益；

（二）大办婚丧喜庆事宜，造成不良影响，或者借机敛财；

（三）默许、纵容配偶、子女和身边工作人员利用本人的职权和地位从事可能造成不良影响的活动；

（四）用公款支付与公务无关的娱乐活动费用；

（五）在有正常办公和居住场所的情况下用公款长期包租宾馆；

（六）漠视职工正当要求，侵害职工合法权益；

（七）从事有悖社会公德的活动。

第三章　实施与监督

第九条　国有企业应当依据本规定制定规章制度或者将本规定的要求纳入公司章程，建立健全监督制约机制，保证本规定的贯彻执行。

国有企业党委（党组）书记、董事长、总经理为本企业实施本规定的主要责任人。

第十条　国有企业领导人员应当将贯彻落实本规定的情况作为民主生活会对照检查、年度述职述廉和职工代表大会民主评议的重要内容，接受监督和民主评议。

第十一条　国有企业应当明确决策原则和程序，在规定期限内将生产经营的重大决策、重要人事任免、重大项目安排及大额度资金运作事项的决策情况报告履行国有资产出资人职责的机构，将涉及职工切身利益的事项向职工代表大会报告。

需经职工代表大会讨论通过的事项，应当经职工代表大会讨论通过后实施。

第十二条　国有企业应当完善以职工代表大会为基本形式的企业民主管理制度，实行厂务公开制度，并报履行国有资产出资人职责的机构备案。

第十三条　国有企业应当按照有关规定建立健全职务消费制度，报履行国有资产出资人职责的机构备案，并将职务消费情况作为厂务公开的内容向职工公开。

第十四条 国有企业领导人员应当按年度向履行国有资产出资人职责的机构报告兼职、投资入股、国（境）外存款和购置不动产情况，配偶、子女从业和出国（境）定居及有关情况，以及本人认为应当报告的其他事项，并以适当方式在一定范围内公开。

第十五条 国有企业应当结合本规定建立领导人员从业承诺制度，规范领导人员从业行为以及离职和退休后的相关行为。

第十六条 履行国有资产出资人职责的机构和人事主管部门应当结合实际，完善国有企业领导人员的薪酬管理制度，规范和完善激励和约束机制。

第十七条 纪检监察机关、组织人事部门和履行国有资产出资人职责的机构，应当对国有企业领导人员进行经常性的教育和监督。

第十八条 履行国有资产出资人职责的机构和审计部门应当依法开展各项审计监督，严格执行国有企业领导人员任期和离任经济责任审计制度，建立健全纪检监察和审计监督工作的协调运行机制。

第十九条 各级纪检监察机关、组织人事部门和履行国有资产出资人职责机构的纪检监察机构，应当对所管辖的国有企业领导人员执行本规定的情况进行监督检查。

国有企业的纪检监察机构应当结合年度考核，每年对所管辖的国有企业领导人员执行本规定的情况进行监督检查，并作出评估，向企业党组织和上级纪检监察机构报告。

对违反本规定行为的检举和控告，有关机构应当及时受理，并作出处理决定或者提出处理建议。

对违反本规定行为的检举和控告符合函询条件的，应当按规定进行函询。

对检举、控告违反本规定行为的职工进行打击报复的，应当追究相关责任人的责任。

第二十条 各级组织人事部门和履行国有资产出资人职责的机构，应当将廉洁从业情况作为对国有企业领导人员考察、考核的重要内容和任免的重要依据。

第二十一条 国有企业的监事会应当依照有关规定加强对国有企业领导人员廉洁从业情况的监督。

按照本规定第十一条至第十四条向履行国有资产出资人职责的机构报告、备案的事项，应当同时抄报本企业监事会。

第四章 违反规定行为的处理

第二十二条 国有企业领导人员违反本规定第二章所列行为规范的，视情节轻重，由有关机构按照管理权限分别给予警示谈话、调离岗位、降职、免职处理。

应当追究纪律责任的，除适用前款规定外，视情节轻重，依照国家有关法律法规给予相应的处分。

对于其中的共产党员，视情节轻重，依照《中国共产党纪律处分条例》给予相应的党纪处分。

涉嫌犯罪的，依法移送司法机关处理。

第二十三条 国有企业领导人员受到警示谈话、调离岗位、降职、免职处理的，应当减发或者全部扣发当年的绩效薪金、奖金。

第二十四条 国有企业领导人员违反本规定获取的不正当经济利益，应当责令清退；给国有企业造成经济损失的，应当依据国家或者企业的有关规定承担经济赔偿责任。

第二十五条 国有企业领导人员违反本规定受到降职处理的，两年内不得担任与其原任职务相当或者高于其原任职务的职务。

受到免职处理的，两年内不得担任国有企业的领导职务；因违反国家法律，造成国有资产重大损失被免职的，五年内不得担任国有企业的领导职务。

构成犯罪被判处刑罚的，终身不得担任国有企业的领导职务。

第五章 附 则

第二十六条 国有企业领导班子成员以外的对国有资产负有经营管理责任的其他人员、国有企业所属事业单位的领导人员参照本规定执行。

国有参股企业（含国有参股金融企业）中对国有资产负有经营管理责任的人员参照本规定执行。

第二十七条 本规定所称履行国有资产出资人职责的机构，包括作为国有资产出资人代表的各级国有资产监督管理机构、尚未实行政资分开代行出资人职责的政府主管部门和其他机构以及授权经营的母公司。

本规定所称特定关系人，是指与国有企业领导人员有近亲属以及其他共同利益关系的人。

第二十八条　国务院国资委，各省、自治区、直辖市，可以根据本规定制定实施办法，并报中央纪委、监察部备案。

中国银监会、中国证监会、中国保监会，中央管理的国有独资金融企业和国有控股金融企业，可以结合金融行业的实际，制定本规定的补充规定，并报中央纪委、监察部备案。

第二十九条　本规定由中央纪委商中央组织部、监察部解释。

第三十条　本规定自发布之日起施行。2004年发布的《国有企业领导人员廉洁从业若干规定（试行）》同时废止。

现行的其他有关规定，凡与本规定不一致的，依照本规定执行。

财政部关于印发《财政投资评审管理规定》的通知

财建［2009］648号

财政部（投资评审中心），各省、自治区、直辖市、计划单列市财政厅（局）：

为指导财政部门及财政投资评审机构开展财政投资评审工作，规范财政投资评审行为，提高财政投资评审工作效率，我部对《财政投资评审管理暂行规定》（财建［2001］591号）的有关内容进行了修订。现印发给你们，请遵照执行。执行中有什么问题，请及时反馈。

附件：财政投资评审管理规定

2009年10月14日

财政投资评审管理规定

第一条　为加强财政投资评审管理，规范财政投资评审行为，依据《中华人民共和国预算法》《中华人民共和国预算法实施条例》《中华人民共和国政府采购法》《基本建设财务管理规定》等法律和行政规定，制定本规定。

第二条　财政投资评审是财政职能的重要组成部分，财政部门通过对财政性资金投资项目预（概）算和竣工决（结）算进行评价与审查，对财政性资金投资项目资金使用情况，以及其他财政专项资金使用情况进行专项核查及追踪问效，是财政资金规范、安全、有效运行的基本保证。

财政投资评审业务由财政部门委托其所属财政投资评审机构或经财政部门认可的有资质的社会中介机构（以下简称财政投资评审机构）进行。其中，社会中介机构按照《政府采购法》及相关规定，通过国内公开招标产生。

第三条　财政投资评审的范围包括：

（一）财政预算内基本建设资金（含国债）安排的建设项目；

（二）财政预算内专项资金安排的建设项目；

（三）政府性基金、预算外资金等安排的建设项目；

（四）政府性融资安排的建设项目；

（五）其他财政性资金安排的建设项目；

（六）需进行专项核查及追踪问效的其他项目或专项资金。

第四条　财政投资评审的内容包括：

（一）项目预（概）算和竣工决（结）算的真实性、准确性、完整性和时效性等审核；

（二）项目基本建设程序合规性和基本建设管理制度执行情况审核；

（三）项目招标程序、招标方式、招标文件、各项合同等合规性审核；

（四）工程建设各项支付的合理性、准确性审核；

（五）项目财政性资金的使用、管理情况，以及配套资金的筹集、到位情况审核；

（六）项目政府采购情况审核；

（七）项目预（概）算执行情况以及项目实施

过程中发生的重大设计变更及索赔情况审核；

（八）实行代建制项目的管理及建设情况审核；

（九）项目建成运行情况或效益情况审核；

（十）财政专项资金安排项目的立项审核、可行性研究报告投资估算和初步设计概算的审核；

（十一）对财政性资金使用情况进行专项核查及追踪问效。

（十二）其他。

第五条 财政投资评审的方式：

（一）项目预（概）算和竣工决（结）算的评价与审查。包括：对项目建设全过程进行跟踪评审和对项目预（概）算及竣工决（结）算进行单项评审；

（二）对财政性资金使用情况进行专项核查及追踪问效；

（三）其他方式。

第六条 财政投资评审的程序：

（一）财政部门选择确定评审（或核查，下同）项目，对项目主管部门及财政投资评审机构下达委托评审文件；

（二）项目主管部门通知项目建设（或代建，下同）单位配合评审工作；

（三）财政投资评审机构按委托评审文件及有关规定实施评审，形成初步评审意见，在与项目建设单位进行充分沟通的基础上形成评审意见；

（四）项目建设单位对评审意见签署书面反馈意见；

（五）财政投资评审机构向委托评审任务的财政部门报送评审报告；

（六）财政部门审核批复（批转）财政投资评审机构报送的评审报告，并会同有关部门对评审意见作出处理决定；

（七）项目主管部门督促项目建设单位按照财政部门的批复（批转）文件及处理决定执行和整改。

第七条 财政部门负责财政投资评审工作的管理与监督，履行以下职责：

（一）制定财政投资评审规章制度，管理财政投资评审业务，指导财政投资评审机构的业务工作；

（二）确定并下达委托评审任务，向财政投资评审机构提出评审的具体要求；

（三）负责协调财政投资评审机构在财政投资评审工作中与投资主管部门、项目主管部门等方面的关系；

（四）审核批复（批转）财政投资评审机构报送的评审报告，并会同有关部门对评审意见作出处理决定；

（五）对拒不配合或阻挠财政投资评审工作的项目建设单位，根据实际情况，财政部门有权暂缓下达项目财政性资金预算或暂停拨付财政性资金；

（六）根据实际需要对财政投资评审机构报送的投资评审报告进行抽查或复核；

（七）按规定向接受委托任务的财政投资评审机构支付评审费用。

第八条 项目主管部门在财政投资评审工作中履行以下职责：

（一）及时通知项目建设单位配合财政投资评审机构开展工作；

（二）涉及需项目主管部门配合提供资料的，应及时向财政投资评审机构提供评审工作所需相关资料，并对所提供资料的真实性、合法性负责；

（三）对评审意见中涉及项目主管部门的内容，签署书面反馈意见；

（四）根据财政部门对评审报告的批复（批转）意见，督促项目建设单位执行和整改。

第九条 项目建设单位在财政投资评审工作中履行以下义务：

（一）积极配合财政投资评审机构开展工作，及时向财政投资评审机构提供评审工作所需相关资料，并对所提供资料的真实性、合法性负责；

（二）对评审工作涉及需要核实或取证的问题，应积极配合，不得拒绝、隐匿或提供虚假资料；

（三）对财政投资评审机构出具的建设项目投资评审意见，项目建设单位应在收到日起五个工作日内签署意见，并由项目建设单位和项目建设单位负责人盖章签字（具体格式见附件）；逾期不签署意见，则视同同意评审意见；

（四）根据财政部门对评审报告的批复（批转）意见，及时进行整改。

第十条 财政投资评审机构应当按照以下规定开展财政投资评审工作：

（一）按照财政部关于财政投资评审质量控制办法的要求，组织机构内部专业人员依法开展评审工作，对评审报告的真实性、准确性、合法性负责；

（二）独立完成评审任务，不得以任何形式将财政投资评审任务再委托给其他评审机构。对有特殊技术要求的项目，确需聘请有关专家共同完成委托任务的，需事先征得委托评审任务的财政部门同意，并且自身完成的评审工作量不应低于60%；

（三）涉及国家机密等特殊项目，不得使用聘用人员；

（四）对评审工作实施中遇到的重大问题应及时向委托评审任务的财政部门报告；

（五）编制完整的评审工作底稿，并经相关专业评审人员签字确认；

（六）建立健全对评审报告的内部复核机制；

（七）在规定时间内向委托评审任务的财政部门出具评审报告；如不能在规定时间完成评审任务，应及时向委托评审任务的财政部门报告，并说明原因；

（八）建立严格的项目档案管理制度，完整、准确、真实地反映和记录项目评审的情况，做好各类资料的存档和保管工作；

（九）未经委托评审任务的财政部门批准，财政投资评审机构及有关人员，不得以任何形式对外提供、泄露或公开评审项目的有关情况；

（十）不得向项目建设单位收取任何费用；

（十一）对因严重过失或故意提供不实或内容虚假的评审报告承担相应法律责任。

第十一条　经委托评审任务的财政部门批准，因评审业务需要，评审人员可以向与项目建设单位有经济业务往来的单位查询相关情况，依法向金融机构查询项目建设单位及相关单位有关银行账户资金情况。

相关单位和金融机构应当对财政投资评审机构的查询工作予以配合。

第十二条　财政部门对评审意见的批复和处理决定，作为调整项目预算、掌握项目建设资金拨付进度、办理工程价款结算、竣工财务决算等事项的依据之一。

第十三条　财政投资评审机构出具的评审报告质量达不到委托要求、在评审或核查中出现严重差错、超过评审及专项核查业务要求时间且没有及时书面说明或者说明理由不充分的，财政部门将相应扣减委托业务费用，情节严重的，将不支付委托业务费用。

财政投资评审机构故意提供内容不实或虚假评审报告的，财政部门将不支付委托业务费用，终止其承担委托业务的资格，并按有关规定严肃处理。

第十四条　对投资评审机构在财政投资评审工作中存在的违反财政法规行为，财政部门应当按照国务院《财政违法行为处罚处分条例》予以处理。

第十五条　各省、自治区、直辖市、计划单列市财政厅（局）可以根据本办法并结合本地区实际情况制定具体实施办法，并报财政部备案。

第十六条　各级财政部门所属的财政投资评审机构可根据本规定及相关文件，制定财政投资评审内部操作办法、内部控制与评审风险管理办法、评审工作底稿及档案管理办法、评审人员管理办法以及投资评审质量管理技术岗位职责等办法，报同级财政部门核准后执行。

第十七条　本规定自2009年10月1日起施行。财政部颁布的《财政投资评审管理暂行规定》（财建［2001］591号）同时废止。

附件：建设项目投资评审报告

建设项目投资评审报告

评审机构名称：
被评审项目名称：
委托评审时间：
委托评审文号：
项目评审起止时间：
评审报告出具时间：

评审人员名单及专业技术职称或资格：
组长：（正式工作人员）
组员：（正式工作人员）
组员：（临时聘请人员）

稽核人员名单及专业技术职称或资格：
组长：
组员：

评审机构负责人签发：
（加盖评审机构公章）

评审情况摘要表
单位：万元
项目名称：
委托评审阶段（预、概、结、决算）
项目批准总概算
（或投资）
送审金额
概算内审增金额
概算内审减金额
审定概算内金额
概算漏项需增加的投资

一、评审中概算内审增、审减的原因，概算漏项的原因及需要增加的投资

二、评审发现建设项目存在的主要问题

三、对建设项目存在问题的处理建议

注：若篇幅较长请另附页并加盖公章

建设单位意见

对评审意见中审定的预（概、结、决）算情况及提出问题的意见：

建设单位法人或项目负责人（签字）：

建设单位公章：

年　　月　　日

注：建设单位意见若篇幅较长请另附页，并在每一页上加盖公章。

评审机构对“建设单位意见”的意见

评审机构负责人签字：

单位公章

年　　月　　日

注：1. 若篇幅较长，请另附页并加盖公章。

2. 抄送建设单位。

财政部关于印发《中央级事业单位国有资产使用管理暂行办法》的通知

财教［2009］192 号

党中央有关部门，国务院各部委、各直属机构，全国人大常委会办公厅，全国政协办公厅，高法院，高检院，有关人民团体，有关中央企业，新疆生产建设兵团财务局：

为进一步加强中央级事业单位的国有资产管理，根据《事业单位财务规则》（财政部令第 8 号）、《事业单位国有资产管理暂行办法》（财政部令第 36 号）、《中央级事业单位国有资产管理暂行办法》（财教［2008］13 号）的有关规定，我们制定了《中央级事业单位国有资产使用管理暂行办法》。现印发给你们，请遵照执行。

2009 年 8 月 28 日

中央级事业单位国有资产使用管理暂行办法

第一章　总　则

第一条　为了规范和加强中央级事业单位国有资产使用管理，提高资产使用效益，防止国有资产流失，根据《事业单位财务规则》《事业单位国有资产管理暂行办法》《中央级事业单位国有资产管理暂行办法》，制定本办法。

第二条　本办法适用于执行事业单位财务和会计制度的中央级各类事业单位。

第三条　中央级事业单位国有资产使用应遵循权属清晰、安全完整、风险控制、注重绩效的原则。

第四条　中央级事业单位国有资产使用包括单位自用、对外投资和出租、出借等，国有资产使用应首先保证事业发展的需要。

第五条　财政部、中央级事业单位主管部门（以下简称主管部门）按照规定权限对中央级事业单位国有资产对外投资和出租、出借等事项进行审批（审核）或备案。中央级事业单位负责本单位国有资产使用的具体管理。

第六条　财政部、主管部门对中央级事业单位国有资产使用事项的批复，以及中央级事业单位报主管部门备案的文件，是中央级事业单位办理产权登记和账务处理的重要依据。账务处理按照国家事业单位财务和会计制度的有关规定执行。

第七条　中央级事业单位应对本单位对外投

资和出租、出借资产实行专项管理，并在单位财务会计报告中对相关信息进行披露。

第八条　中央级事业单位国有资产使用应按照国有资产信息化管理的要求，及时将资产变动信息录入管理信息系统，对本单位国有资产实行动态管理。

第九条　中央级事业单位拟对外投资和出租、出借的国有资产的权属应当清晰。权属关系不明确或者存在权属纠纷的资产不得进行对外投资和出租、出借。

第二章　资产自用

第十条　中央级事业单位资产自用管理应本着实物量和价值量并重的原则，对实物资产进行定期清查，完善资产管理账表及有关资料，做到账账、账卡、账实相符，并对资产丢失、毁损等情况实行责任追究制度。

第十一条　中央级事业单位要建立健全自用资产的验收、领用、使用、保管和维护等内部管理流程，并加强审计监督和绩效考评。

第十二条　中央级事业单位国有资产管理部门对单位购置、接受捐赠、无偿划拨等方式获得的资产应及时办理验收入库手续，严把数量、质量关，验收合格后送达具体使用部门；自建资产应及时办理竣工验收、竣工财务决算编报以及按要求办理资产移交和产权登记。中央级事业单位财务管理部门应根据资产的相关凭证或文件及时进行账务处理。

第十三条　中央级事业单位应建立资产领用交回制度。资产领用应经主管领导批准。资产出库时保管人员应及时办理出库手续。办公用资产应落实到人，使用人员离职时，所用资产应按规定交回。

第十四条　中央级事业单位应认真做好自用资产使用管理，经常检查并改善资产使用状况，减少资产的非正常损耗，做到高效节约、物尽其用，充分发挥国有资产使用效益，防止国有资产使用过程中的损失和浪费。

第十五条　财政部、主管部门应积极引导和鼓励中央级事业单位实行国有资产共享共用，建立资产共享共用与资产绩效、资产配置、单位预算挂钩的联动机制。中央级事业单位应积极推进本单位国有资产的共享共用工作，提高国有资产使用效益。

第十六条　中央级事业单位应加强对无形资产的管理和保护，并结合国家知识产权战略的实施，促进科技成果转化。

第十七条　中央级事业单位应建立资产统计报告制度，定期向单位领导报送资产统计报告，及时反映本单位资产使用以及变动情况。

第三章　对外投资

第十八条　中央级事业单位利用国有资产对外投资，单项或批量价值（账面原值，下同）在800万元人民币以上（含800万元）的，经主管部门审核后报财政部审批；单项或批量价值在800万元以下的，由主管部门按照有关规定进行审批，并于批复之日起15个工作日内将审批文件（一式三份）报财政部备案。

第十九条　中央级事业单位应在科学论证、公开决策的基础上提出对外投资申请，附相关材料，报主管部门审核或者审批。主管部门应对中央级事业单位申报材料的完整性、决策过程的合规性、拟投资项目资金来源的合理性等进行审查，并报财政部审批或者备案。

中央级事业单位对外投资效益情况是主管部门审核新增对外投资事项的参考依据。主管部门要严格控制资产负债率过高的中央级事业单位的对外投资行为。

第二十条　中央级事业单位申请利用国有资产对外投资，应提供如下材料，并对材料的真实性、有效性、准确性负责：

（一）中央级事业单位对外投资事项的书面申请；

（二）拟对外投资资产的价值凭证及权属证明，如购货发票或收据、工程决算副本、国有土地使用权证、房屋所有权证、股权证等凭据的复印件（加盖单位公章）；

（三）中央级事业单位进行对外投资的可行性分析报告；

（四）中央级事业单位拟同意利用国有资产对外投资的会议决议或会议纪要复印件；

（五）中央级事业单位法人证书复印件、拟合作方法人证书复印件或企业营业执照复印件、个人身份证复印件等；

（六）拟创办经济实体的章程和工商行政管理

部门下发的企业名称预先核准通知书；

（七）中央级事业单位与拟合作方签订的合作意向书、协议草案或合同草案；

（八）中央级事业单位上年度财务报表；

（九）经中介机构审计的拟合作方上年财务报表；

（十）其他材料。

第二十一条 中央级事业单位转让（减持）对外投资形成的股权，按照《中央级事业单位国有资产处置管理暂行办法》的有关规定办理。

第二十二条 中央级事业单位经批准利用国有资产进行对外投资的，应聘请具有相应资质的中介机构，对拟投资资产进行资产评估。资产评估事项按规定履行备案或核准手续。

第二十三条 中央级事业单位不得从事以下对外投资事项：

（一）买卖期货、股票，国家另有规定的除外；

（二）购买各种企业债券、各类投资基金和其他任何形式的金融衍生品或进行任何形式的金融风险投资，国家另有规定的除外；

（三）利用国外贷款的事业单位，在国外债务尚未清偿前利用该贷款形成的资产对外投资；

（四）其他违反法律、行政法规规定的。

第二十四条 中央级事业单位应在保证单位正常运转和事业发展的前提下，严格控制货币性资金对外投资。不得利用财政拨款和财政拨款结余对外投资。

第二十五条 中央级事业单位应加强无形资产对外投资的管理，防止国有资产流失。

第二十六条 中央级事业单位利用国有资产进行境外投资的，应遵循国家境外投资项目核准和外汇管理等相关规定，履行报批手续。

第二十七条 中央级事业单位应加强对外投资形成的股权的管理，依法履行出资人的职能。

第二十八条 中央级事业单位利用国有资产对外投资取得的收益，应按照预算管理及事业单位财务和会计制度的有关规定纳入单位预算，统一核算，统一管理。

第二十九条 财政部、主管部门应加强对中央级事业单位国有资产对外投资的考核。中央级事业单位应建立和完善国有资产内控机制和保值增值机制，确保国有资产的安全完整，实现国有资产的保值增值。

第四章 出租、出借

第三十条 中央级事业单位国有资产出租、出借，资产单项或批量价值在800万元人民币以上（含800万元）的，经主管部门审核后报财政部审批；资产单项或批量价值在800万元以下的，由主管部门按照有关规定进行审批，并于15个工作日内将审批结果（一式三份）报财政部备案。

第三十一条 中央级事业单位国有资产出租、出借，应在严格论证的基础上提出申请，附相关材料，报主管部门审核或者审批。主管部门应对中央级事业单位申报材料的完整性、决策过程的合规性进行审查，按规定报财政部审批或者备案。

第三十二条 中央级事业单位申请出租、出借国有资产，应提供如下材料，并对材料的真实性、有效性、准确性负责：

（一）中央级事业单位拟出租、出借事项的书面申请；

（二）拟出租、出借资产的价值凭证及权属证明，如购货发票或收据、工程决算副本、国有土地使用权证、房屋所有权证、股权证等凭据的复印件（加盖单位公章）；

（三）中央级事业单位进行出租、出借的可行性分析报告；

（四）中央级事业单位同意利用国有资产出租、出借的内部决议或会议纪要复印件；

（五）中央级事业单位法人证书复印件、拟出租出借方的事业单位法人证书复印件或企业营业执照复印件、个人身份证复印件等；

（六）其他材料。

第三十三条 中央级事业单位国有资产有下列情形之一的，不得出租、出借：

（一）已被依法查封、冻结的；

（二）未取得其他共有人同意的；

（三）产权有争议的；

（四）其他违反法律、行政法规规定的。

第三十四条 中央级事业单位国有资产出租，原则上应采取公开招租的形式确定出租的价格，必要时可采取评审或者资产评估的办法确定出租的价格。中央级事业单位利用国有资产出租、出借的，期限一般不得超过五年。

第三十五条 中央级事业单位国有资产出租、出借取得的收入，应按照预算管理及事业单位财务和会计制度的有关规定纳入单位预算，统一核算、统一管理。

第五章　监督管理

第三十六条　财政部、主管部门应加强对中央级事业单位国有资产使用行为及其收入的日常监督和专项检查。

财政部驻各地财政监察专员办事处（以下简称专员办）对所在地的中央级事业单位国有资产使用情况进行监督检查。

第三十七条　财政部批复的中央级事业单位国有资产对外投资和出租、出借文件，应抄送相关的专员办；中央级事业单位收到主管部门对其国有资产对外投资和出租、出借的批复文件后，应将复印件报当地专员办备案。

第三十八条　主管部门、中央级事业单位在国有资产使用过程中不得有下列行为：

（一）未按规定权限申报，擅自对规定限额以上的国有资产进行对外投资和出租、出借；

（二）对不符合规定的对外投资和出租、出借事项予以审批；

（三）串通作弊，暗箱操作，违规利用国有资产对外投资和出租、出借；

（四）其他违反国家有关规定造成单位资产损失的行为。

第三十九条　主管部门、中央级事业单位违反本办法规定的，依照《财政违法行为处罚处分条例》等国家有关规定追究法律责任。

第四十条　中央级事业单位应依照《中华人民共和国企业国有资产法》、《中华人民共和国公司法》、《企业财务通则》和《企业国有产权转让管理暂行办法》等企业国有资产监管的有关规定，加强对所投资全资企业和控股企业的监督管理。

第四十一条　中央级事业单位应于每个会计年度终了后，按照财政部规定的部门决算报表格式、内容和要求，对其国有资产使用情况做出报告，报主管部门的同时抄送当地专员办备案，由主管部门汇总后报财政部。

第六章　附　则

第四十二条　参照《中华人民共和国公务员法》管理并执行事业单位财务和会计制度的中央级事业单位国有资产使用管理，按照本办法执行。

执行《民间非营利组织会计制度》的中央级社会团体及民办非企业单位国有资产使用管理，参照本办法执行。

实行企业化管理并执行企业财务和会计制度的中央级事业单位，其国有资产使用按照企业国有资产监督管理的有关规定实施监督管理。

第四十三条　主管部门应依据本办法，结合本部门实际制定本部门所属事业单位（包括驻外机构）国有资产使用的具体实施办法，报财政部备案。主管部门可以根据实际工作需要，授予所属事业单位一定限额的国有资产使用权限并报财政部备案。

第四十四条　对涉及国家安全的中央级事业单位国有资产使用管理活动，应按照国家有关保密制度的规定，做好保密工作，防止失密和泄密。

第四十五条　本办法自 2009 年 9 月 1 日起施行。此前颁布的有关规定与本办法不一致的，以本办法为准。

关于印发《财政票据检查工作规范》的通知

财综［2009］38 号

各省、自治区、直辖市、计划单列市财政厅（局），新疆生产建设兵团财务局：

为进一步加强财政票据监管，规范财政票据检查工作行为，明确财政票据检查工作程序，保证财政票据检查工作质量，根据《财政违法行为处罚处分条例》（国务院令第 427 号）和《财政检查工作办法》（财政部令第 32 号）等有关规定，我部制定了《财政票据检查工作规范》，现印发给你们，请遵照执行。

附件：财政票据检查工作规范

财政部
2009 年 6 月 20 日

财政票据检查工作规范

第一章　总　则

第一条　为了规范财政票据检查工作行为，明确财政票据检查工作程序，保证财政票据检查工作质量，根据《财政违法行为处罚处分条例》和《财政检查工作办法》等有关规定，制定本规范。

第二条　本规范所称财政票据检查，是指县级以上财政部门为履行财政票据监督管理职责，纠正财政票据违法违规行为，维护国家财政经济秩序，对财政票据使用单位执行政府非税收入及财政票据管理政策和制度情况进行检查的活动。

第三条　县级以上财政部门依法实施财政票据检查，适用本规范。

第四条　财政部门实施财政票据检查，应当遵循合法、客观、公正、公开、透明的原则。

第五条　财政部门应当按照法律、法规、规章和本规范的规定，在规定的职权范围内，实施财政票据检查，依法作出检查结论或处理、处罚决定。

第二章　财政票据检查准备

第六条　财政部门应当制订年度财政票据检查工作计划，按计划组织开展财政票据检查，或者根据日常财政票据管理需要，组织开展财政票据检查。

第七条　财政部门组织开展财政票据检查，应当组成检查组，并指定检查组组长。检查组至少由两人组成，实行组长负责制。

第八条　财政票据检查人员（以下简称“检查人员”）应当具备下列条件：

（一）熟悉有关法律、法规、规章和政策；

（二）掌握相关的专业知识；

（三）具有一定的调查研究、综合分析和文字表达能力；

（四）财政票据检查工作需要的其他条件。

第九条　根据财政票据检查工作需要，财政部门可以聘请专门机构或者具有专门知识的人员协助检查人员开展检查工作。

第十条　检查人员应当遵守国家有关保密规定和回避制度。

第十一条　检查组在实施财政票据检查前，应当熟悉与检查事项有关的法律、法规、规章和政策，了解被检查单位的基本情况，制订财政票据检查工作方案。

第十二条　财政票据检查的主要内容包括：

（一）财政票据使用单位领购和使用财政票据所执行的文件依据是否合法有效，是否存在擅自设立收费项目、扩大收费范围、提高收费标准等违规收费或罚款问题；

（二）是否按规定办理《财政票据购领证》，实际领购的财政票据种类及数量是否与《财政票据购领证》记录相符；

（三）是否有专人负责管理财政票据，是否建立票据登记制度，并设置票据管理台账；

（四）财政票据使用记录是否齐全，票据所开金额与收取金额是否一致；

（五）是否存在混用、串用、代开财政票据的行为；

（六）是否存在使用财政票据收取经营性收费的行为；

（七）是否按规定及时清理、登记、核销已使用的财政票据存根，并妥善保管；

（八）是否存在擅自印制、买卖、转让、转借、涂改、伪造、销毁财政票据的行为；

（九）是否存在丢失财政票据现象，如有丢失，是否按规定及时声明作废，并向财政票据监管机构备案；

（十）取得的政府非税收入是否按规定及时足额上缴国库或财政专户，实行“收支两条线”管理；

（十一）是否存在违反政府非税收入和财政票据管理规定的其他行为。

第三章　财政票据检查通知

第十三条　财政部门一般应于检查实施 3 个工作日前向被检查单位送达财政票据检查通知书。

第十四条　财政票据检查通知书的内容包括：

（一）被检查单位的名称；

（二）检查的依据、范围、内容、方式和时间；

（三）对被检查单位配合检查工作的具体

要求；

（四）检查组组长及检查人员名单、联系方式；

（五）检查单位公章及签发日期。

第四章　财政票据检查实施

第十五条　实施财政票据检查时，检查人员应当向被检查单位出示证件。

第十六条　检查人员可以向被检查单位询问有关情况，被检查单位应当予以配合，如实反映情况。询问应当制作笔录，并签字或盖章。

第十七条　检查人员可以要求被检查单位提供有关资料，并对有关资料进行复制。

第十八条　根据财政票据检查工作需要，检查人员可以向与被检查单位有经济业务往来的单位查询有关情况。

第十九条　被检查单位或者有关人员不得销毁或者转移证据。在有关证据可能灭失或者以后难以取得的情况下，检查组可以先行登记保存，并应当在7个工作日内做出处理决定。

第二十条　检查组组长应当对其他检查人员的工作质量进行监督，并对有关事项进行必要的审查和复核。

第二十一条　检查组在实施财政票据检查中，遇到重大问题应当及时向财政部门请示汇报。

第二十二条　财政票据检查工作结束前，检查组应当就检查工作的基本情况、被检查单位存在的问题等事项书面征求被检查单位的意见。被检查单位自收到书面征求意见函之日起5个工作日内，提出书面意见或说明；在规定期限内没有提出书面意见或说明的，视为无异议。

如有异议，检查组应当进一步核查、取证，逐项进行认定，形成书面意见，明确是否采纳其反馈意见，并说明理由和根据。

第五章　财政票据检查工作底稿

第二十三条　实施财政票据检查时，检查人员应当将检查内容与事项予以记录和摘录，编制财政票据检查工作底稿。

第二十四条　检查人员应当按照规定的格式和要求编制财政票据检查工作底稿，做到一项一稿或一事一稿。

第二十五条　财政票据检查工作底稿的主要内容包括：

（一）被检查单位名称；

（二）财政票据检查项目名称；

（三）检查期间或截止日期；

（四）实施检查过程记录；

（五）检查情况摘要，即与检查结论或者被检查单位违法违规行为有关的事项摘录；

（六）工作底稿编号和页数；

（七）附件的主要内容及页数；

（八）被检查单位签署意见并签名（盖章）；

（九）编制人签名及编制日期；

（十）复核人签名及复核日期；

（十一）其他与检查事项有关的记录和证据。

第二十六条　编制财政票据检查工作底稿应当做到客观真实、内容完整、条理清楚、格式规范。

第二十七条　财政票据检查工作底稿附件是指与财政票据检查工作底稿情况摘要所反映事项相关的、必要的证明材料。

第二十八条　财政票据检查工作底稿附件可包括下列证明材料：

（一）与被检查事项有关的账簿、报表、凭证等资料的原件或复印件；

（二）与被检查事项有关的文件、合同、协议、会议记录、往来函件等资料的原件、复印件或摘录件；

（三）检查人员制作的与情况摘要所反映事项有关的表格和文字材料；

（四）其他与情况摘要所反映事项有关的证明材料。

第二十九条　财政票据检查工作底稿附件应当按照财政票据检查工作底稿所反映事项内容顺序编号。

第三十条　财政票据检查工作底稿附件应当有提供者的签名或盖章。

未取得提供者签名或者盖章的材料，检查人员应当注明原因。

第三十一条　财政票据检查工作底稿应由检查组组长或其指定的人员复核并签名，在确定其事实清楚、证据确凿、表述准确、附件完整之后，交被检查单位签署意见。若被检查单位拒绝签署意见，检查人员应当注明原因。

第三十二条　经被检查单位签署意见的财政

票据检查工作底稿不得增删或修改。在形成财政票据检查报告之前，财政票据检查工作底稿确有必要补充或修改的，检查人员应当另行编制财政票据检查工作底稿，并交被检查单位签署意见认定。

第六章 财政票据检查报告

第三十三条 检查组应于检查工作结束5个工作日内，向财政部门提交书面财政票据检查报告；特殊情况下，经批准提交财政票据检查报告的时间可以延长，但最长不得超过10个工作日。

第三十四条 检查组根据财政票据检查工作底稿及被检查单位书面意见或说明等相关材料，在综合分析、归类、整理、核对的基础上，编制财政票据检查报告。

第三十五条 财政票据检查报告应当包括下列内容：

（一）被检查单位的基本情况；

（二）检查范围、内容、方式和时间；

（三）被检查单位执行政府非税收入及财政票据管理政策和制度的基本情况；

（四）被检查单位存在财政票据违法违规行为的基本事实及认定依据、证据；

（五）被检查单位的意见或说明；

（六）检查组对被检查单位的认定意见及对违法违规行为的处理建议；

（七）应当向财政部门报告的其他事项；

（八）检查组组长签名及报告日期。

第三十六条 财政票据检查报告应当内容完整，语言简练，表述准确，结构合理，层次清晰，格式规范。

第三十七条 财政票据检查报告应当经检查组集体讨论并由检查组组长审定。

第三十八条 检查组在提交财政票据检查报告时，还应当一并提交财政票据检查处理、处罚建议或者移送处理建议以及财政票据检查工作底稿等材料。

第七章 财政票据检查复核

第三十九条 财政部门应当建立健全财政票据检查复核制度，指定专门人员，对检查组提交的财政票据检查报告以及相关材料予以复核。

复核人员与被检查单位或者检查人员有直接利害关系的，应当回避。

第四十条 负责财政票据检查复核的专门人员（以下简称“复核人”），应当从以下几个方面进行复核：

（一）检查事项认定的事实是否清楚；

（二）取得的证据是否真实、充分；

（三）检查程序是否合法；

（四）认定财政票据违法违规行为的法律依据是否适当；

（五）提出的行政处理、处罚建议或者移送处理建议是否适当；

（六）其他需要复核的事项。

第四十一条 复核人应当根据不同情况对复核事项分别作出以下处理，并出具相应的财政票据检查复核意见书：

（一）相关材料不完整或不规范的，退回检查组补充材料；

（二）检查的有关事项事实不清、证据不真实、不充分的，要求检查组予以说明并补正；

（三）不符合法定程序的，经向财政部门报告并批准后，要求检查组采取必要措施弥补；

（四）适用的法律依据不准确，提出的行政处理、处罚建议或者移送处理建议不恰当的，提出修正意见；

（五）复核认定财政票据检查工作底稿、财政票据检查报告及其提出的行政处理、处罚建议或移送处理建议事实清楚、证据真实充分、程序合法、依据准确的，复核通过。

第四十二条 复核人一般应在收到财政票据检查报告5个工作日内提出复核意见，出具财政票据检查复核意见书。

第四十三条 财政票据检查复核意见书主要包括以下内容：

（一）复核时间；

（二）复核的范围和内容；

（三）复核依据；

（四）复核结论；

（五）复核机构负责人或复核专门人员签字。

第四十四条 检查组认为复核意见正确的，应当按复核意见处理。检查组与复核人意见存在重大分歧的，经协商仍不能取得一致的，由财政部门裁决。

必要时，财政部门可以责成检查组进一步核

实、补正有关情况和材料或者另行派出检查组重新实施财政票据检查。

第八章　财政票据检查处理

第四十五条　财政部门对财政票据检查报告和复核意见进行审定后，应当根据不同情况作出如下处理：

（一）对有财政票据违法违规行为的被检查单位依法作出检查结论，并作出行政处理、处罚决定；对未发现有财政票据违法违规行为的被检查单位作出检查结论。

（二）对不属于本部门职权范围的事项依法移送。

第四十六条　财政部门作出行政处理、处罚决定的，应当制作行政处理、处罚决定书。行政处理、处罚决定书应当载明以下事项：

（一）当事人的名称、地址；

（二）违反法律、法规或者规章的事实和证据；

（三）行政处理、处罚的种类和依据；

（四）行政处理、处罚履行的方式和期限；

（五）不服行政处理、处罚决定，申请行政复议或者提起行政诉讼的途径和期限；

（六）作出行政处理、处罚决定的财政部门名称、日期、印章。

财政部门根据财政票据监督管理工作的需要，可以将行政处理、处罚决定有关事项函告被处理、处罚当事人的上级主管部门或者单位，并提出加强财政票据管理的建议。

第四十七条　财政部门依法作出行政处理、处罚决定书后，应当将行政处理、处罚决定书送达当事人。

行政处理、处罚决定书自送达之日起生效。

第四十八条　当事人对行政处理、处罚不服的，依照《中华人民共和国行政复议法》、《中华人民共和国行政诉讼法》的规定申请行政复议或者提起行政诉讼。

行政复议和行政诉讼期间，行政处理、处罚决定不停止执行，法律另有规定的除外。

第四十九条　财政部门应当依法对财政票据行政处理、处罚决定执行情况进行监督检查。

第五十条　被检查单位有财政票据违法违规行为的，财政部门可以公告其财政票据违法违规行为及行政处理、处罚决定。

第九章　附　则

第五十一条　财政票据检查工作结束后，财政部门应当做好财政票据检查工作相关材料的立卷归档工作。

第五十二条　各省、自治区、直辖市、计划单列市财政部门，可以结合本地实际，根据本规范制定具体规定，并报财政部备案。

第五十三条　本规范自印发之日起施行。

附件：

1. 财政票据检查通知书（基本格式）（略）
2. 财政票据检查工作底稿（基本格式）（略）
3. 财政票据检查报告（基本格式）（略）
4. 财政票据检查征求意见函（基本格式）（略）
5. 财政票据检查复核意见书（基本格式）（略）

国务院国有资产监督管理委员会令

第 22 号

《中央企业负责人经营业绩考核暂行办法》已经国务院国有资产监督管理委员会第 84 次委主任办公会议修订通过，现将修订后的《中央企业负责人经营业绩考核暂行办法》公布，自 2010 年 1 月 1 日起施行。

国务院国有资产监督管理委员会主任　李荣融

2009 年 12 月 28 日

中央企业负责人经营业绩考核暂行办法

2009 年 12 月 31 日国务院国有资产监督管理委员会令第 22 号

（2003年10月21日国务院国有资产监督管理委员会第8次委主任办公会议审议通过。2006年12月30日国务院国有资产监督管理委员会第46次委主任办公会议修订。2009年12月28日国务院国有资产监督管理委员会第84次委主任办公会议第二次修订）

第一章　总　则

第一条　为切实履行企业国有资产出资人职责。维护所有者权益，落实国有资产保值增值责任，建立有效的激励和约束机制，根据《中华人民共和国企业国有资产法》《企业国有资产监督管理暂行条例》等有关法律法规，制定本办法。

第二条　本办法考核的中央企业负责人是指经国务院授权由国务院国有资产监督管理委员会（以下简称国资委）履行出资人职责的国家出资企业（以下简称企业）的下列人员：

（一）国有独资企业的总经理（总裁）、副总经理（副总裁）、总会计师；

（二）国有独资公司的董事长、副董事长、董事，列入国资委党委管理的总经理（总裁）、副总经理（副总裁）、总会计师；

（三）国有资本控股公司国有股权代表出任的董事长、副董事长、董事，列入国资委党委管理的总经理（总裁）、副总经理（副总裁）、总会计师。

第三条　企业负责人的经营业绩，实行年度考核与任期考核相结合、结果考核与过程评价相统一、考核结果与奖惩相挂钩的考核制度。

第四条　年度经营业绩考核和任期经营业绩考核采取由国资委主任或者其授权代表与企业负责人签订经营业绩责任书的方式进行。

第五条　企业负责人经营业绩考核工作应当遵循以下原则：

（一）按照国有资产保值增值和股东价值最大化以及可持续发展的要求，依法考核企业负责人经营业绩。

（二）按照企业所处的不同行业、资产经营的不同水平和主营业务等不同特点，实事求是，公开公正，实行科学的分类考核。

（三）按照权责利相统一的要求，建立企业负责人经营业绩同激励约束机制相结合的考核制度，即业绩上、薪酬上，业绩下、薪酬下，并作为职务任免的重要依据。建立健全科学合理、可追溯的资产经营责任制。

（四）按照科学发展观的要求，推动企业提高战略管理、价值创造、自主创新、资源节约、环境保护和安全发展水平，不断增强企业核心竞争能力和可持续发展能力。

（五）按照全面落实责任的要求，推动企业建立健全全员业绩考核体系，增强企业管控力和执行力，确保国有资产保值增值责任层层落实。

第二章　年度经营业绩考核

第六条　年度经营业绩考核以公历年为考核期。

第七条　年度经营业绩责任书包括下列内容：

（一）双方的单位名称、职务和姓名；

（二）考核内容及指标；

（三）考核与奖惩；

（四）责任书的变更、解除和终止；

（五）其他需要规定的事项。

第八条　年度经营业绩考核指标包括基本指标与分类指标。

（一）基本指标包括利润总额和经济增加值指标。

1. 利润总额是指经核定的企业合并报表利润总额。利润总额计算可以加上经核准的当期企业消化以前年度潜亏，并扣除通过变卖企业主业优质资产等取得的非经常性收益。

2. 经济增加值是指经核定的企业税后净营业利润减去资本成本后的余额（考核细则见附件1）。

（二）分类指标由国资委根据企业所处行业特点，针对企业管理“短板”，综合考虑企业经营管理水平、技术创新投入及风险控制能力等因素确定，具体指标在责任书中明确。

第九条　确定军工企业和主要承担国家政策性业务等特殊企业的基本指标与分类指标，可优先考虑政策性业务完成情况，具体指标及其权重在责任书中确定。

第十条　确定科研类企业的基本指标与分类指标，突出考虑技术创新投入和产出等情况，具体指标及其权重在责任书中确定。

第十一条　年度经营业绩责任书按照下列程序签订：

（一）报送年度经营业绩考核目标建议值。每年第四季度，企业负责人按照国资委年度经营业绩考核要求和企业发展规划及经营状况，对照同行业国际国内先进水平，提出下一年度拟完成的经营业绩考核目标建议值，并将考核目标建议值和必要的说明材料报送国资委。考核目标建议值原则上不低于上年考核指标实际完成值或者前三年考核指标实际完成值的平均值。

（二）核定年度经营业绩考核目标值。国资委根据"同一行业、同一尺度"原则，结合宏观经济形势、企业所处行业发展周期、企业实际经营状况等，对企业负责人的年度经营业绩考核目标建议值进行审核，并就考核目标值及有关内容同企业沟通后加以确定。凡企业年度利润总额目标值低于上年目标值与实际完成值的平均值的，最终考核结果原则上不得进入A级（处于行业周期性下降阶段但与同行业其他企业相比仍处于领先水平的企业除外）。

（三）由国资委主任或者其授权代表同企业负责人签订年度经营业绩责任书。

第十二条　国资委对年度经营业绩责任书执行情况实施动态监控。

（一）年度经营业绩责任书签订后，企业负责人每半年必须将责任书执行情况报送国资委，同时抄送派驻本企业的监事会。国资委对责任书的执行情况进行动态跟踪。

（二）建立重大生产安全事故、环境污染事故和质量事故，重大经济损失，重大法律纠纷案件，重大投融资和资产重组等重要情况的报告制度。企业发生上述情况时，企业负责人应当立即向国资委报告，同时向派驻本企业监事会报告。

第十三条　年度经营业绩责任书完成情况按照下列程序进行考核：

（一）每年4月底前，企业负责人依据经审计的企业财务决算数据，对上年度经营业绩考核目标的完成情况进行总结分析，并将年度总结分析报告报送国资委，同时抄送派驻本企业的监事会。

（二）国资委依据经审计并经审核的企业财务决算报告和经审查的统计数据，结合企业负责人年度总结分析报告并听取监事会对企业负责人的年度评价意见，对企业负责人年度经营业绩考核目标的完成情况进行考核（计分细则见附件2），形成企业负责人年度经营业绩考核与奖惩意见。

（三）国资委将最终确认的企业负责人年度经营业绩考核与奖惩意见反馈各企业负责人及其所在企业。企业负责人对考核与奖惩意见有异议的，可及时向国资委反映。

第三章　任期经营业绩考核

第十四条　任期经营业绩考核以三年为考核期。

第十五条　任期经营业绩责任书包括下列内容：

（一）双方的单位名称、职务和姓名；

（二）考核内容及指标；

（三）考核与奖惩；

（四）责任书的变更、解除和终止；

（五）其他需要规定的事项。

第十六条　任期经营业绩考核指标包括基本指标和分类指标。

（一）基本指标包括国有资本保值增值率和主营业务收入平均增长率。

1. 国有资本保值增值率是指企业考核期末扣除客观因素（由国资委核定）后的国有资本及权益同考核期初国有资本及权益的比率。计算方法为：任期内各年度国有资本保值增值率的乘积。企业年度国有资本保值增值率以国资委确认的结果为准。

2. 主营业务收入平均增长率是指企业任期内三年主营业务的平均增长情况。计算公式为（略）。

（二）分类指标由国资委根据企业所处行业特点，综合考虑企业技术创新能力、资源节约和环境保护水平、可持续发展能力及核心竞争力等因素确定，具体指标在责任书中确定。

第十七条　确定军工企业和主要承担国家政策性业务等特殊企业的基本指标与分类指标，可优先考虑政策性业务完成情况，具体指标及其权重在责任书中确定。

第十八条　任期经营业绩责任书按照下列程序签订：

（一）报送任期经营业绩考核目标建议值。考核期初，企业负责人按照国资委任期经营业绩考核要求和企业发展规划及经营状况，对照同行业国际国内先进水平，提出任期经营业绩考核目标建议值，并将考核目标建议值和必要的说明材料报送国资委。考核目标建议值原则上不低于前一任期的考核指标实际完成值，或者不低于目标值与实际完成值的平均值。

（二）核定任期经营业绩考核目标值。国资委根据“同一行业、同一尺度”原则，结合宏观经济形势、企业所处行业发展周期及企业实际经营状况等，对企业负责人的任期经营业绩考核目标建议值进行审核，并就考核目标值及有关内容同企业沟通后加以确定。

（三）由国资委主任或者其授权代表同企业负责人签订任期经营业绩责任书。

第十九条 国资委对任期经营业绩责任书执行情况实施年度跟踪和动态监控。

第二十条 任期经营业绩责任书完成情况按照下列程序进行考核：

（一）考核期末，企业负责人对任期经营业绩考核目标的完成情况进行总结分析，并将总结分析报告报送国资委，同时抄送派驻本企业的监事会。

（二）国资委依据任期内经审计并经审核的企业财务决算报告和经审查的统计数据，结合企业负责人任期经营业绩总结分析报告并听取监事会对企业负责人的任期评价意见，对企业负责人任期经营业绩考核目标的完成情况进行综合考核（计分细则见附件3），形成企业负责人任期经营业绩考核与奖惩意见。

（三）国资委将最终确认的企业负责人任期经营业绩考核与奖惩意见反馈各企业负责人及其所在企业。企业负责人对考核与奖惩意见有异议的，可及时向国资委反映。

第四章 奖 惩

第二十一条 根据企业负责人经营业绩考核得分，年度经营业绩考核和任期经营业绩考核最终结果分为A、B、C、D、E五个级别，完成全部考核目标值（经济增加值指标除外）为C级晋级点。

第二十二条 国资委依据年度经营业绩考核结果和任期经营业绩考核结果对企业负责人实施奖惩，并把经营业绩考核结果作为企业负责人任免的重要依据。

第二十三条 对企业负责人的奖励分为年度绩效薪金奖励和任期激励或者中长期激励。

第二十四条 企业负责人年度薪酬分为基薪和绩效薪金两个部分。绩效薪金与年度考核结果挂钩。绩效薪金＝绩效薪金基数×绩效薪金倍数。具体计算公式为：

当考核结果为E级时，绩效薪金为0；

当考核结果为D级时，绩效薪金按照“绩效薪金基数×（考核分数－D级起点分数）/（C级起点分数－D级起点分数）”确定，绩效薪金在0～1倍绩效薪金基数之间；

当考核结果为C级时，绩效薪金按照“绩效薪金基数×〔1＋0.5×（考核分数－C级起点分数）/（B级起点分数－C级起点分数)〕”确定，绩效薪金在1倍绩效薪金基数到1.5倍绩效薪金基数之间；

当考核结果为B级时，绩效薪金按照“绩效薪金基数×〔1.5＋0.5×（考核分数－B级起点分数）/（A级起点分数－B级起点分数)〕”确定，绩效薪金在1.5倍绩效薪金基数到2倍绩效薪金基数之间；

当考核结果为A级时，绩效薪金按照“绩效薪金基数×〔2＋（考核分数－A级起点分数）/（A级封顶分数－A级起点分数)〕”确定，绩效薪金在2倍绩效薪金基数到3倍绩效薪金基数之间。

但对于利润总额低于上一年的企业，无论其考核结果处于哪个级别，其绩效薪金倍数应当低于上一年。

第二十五条 被考核人担任企业主要负责人的，其分配系数为1，其余被考核人的系数由企业根据各负责人的业绩考核结果，在0.6～0.9之间确定，报国资委备案后执行。

第二十六条 绩效薪金的60%在年度考核结束后当期兑现；其余40%根据任期考核结果等因素，延期到任期考核结束后兑现。对于离任的法定代表人，还应当根据经济责任审计结果，确定延期绩效薪金兑现方案。

第二十七条 对于任期经营业绩考核结课为A级、B级和C级的企业负责人，按期兑现延期绩效薪金。根据考核结果、经济增加值改善情况等，给予企业负责人相应的任期激励或者中长期激励。

第二十八条 对于任期经营业绩考核结果为D级和E级的企业负责人，根据考核分数扣减延期绩效薪金。

具体扣减绩效薪金的公式为：

扣减延期绩效薪金＝任期内积累的延期绩效

薪金×（C级起点分数－实得分数）/C级起点分数。

第二十九条 未完成任期经营业绩考核目标或者连续两年未完成年度经营业绩考核目标，且无重大客观原因的，对企业负责人予以调整。

第三十条 对业绩优秀及在自主创新、管理增效、节能减排方面取得突出成绩的，给予任期特别奖（实施细则见附件4）。对承担国家重大结构性调整任务且取得突出成绩的，年度考核给予加分奖励。

第三十一条 实行企业负责人经营业绩考核谈话制度。对于年度考核结果为D级和E级、发生重大生产安全责任事故和重大环境污染责任事故、严重违规经营和存在重大经营风险等情形的企业，经国资委主任办公会议批准，由国资委业绩考核领导小组与企业主要负责人进行谈话，帮助企业分析问题、改进工作。

第三十二条 对于全员业绩考核工作开展不力的企业，扣减经营业绩考核得分（计分细则见附件2）。

第三十三条 企业违反《中华人民共和国会计法》、《企业会计准则》等有关法律法规规章，虚报、瞒报财务状况的，国资委根据具体情节给予降级或者扣分处理，并相应扣发企业法定代表人及相关负责人的绩效薪金、任期激励或者中长期激励；情节严重的，给予纪律处分或者对企业负责人进行调整；涉及犯罪的，依法移送司法机关处理。

第三十四条 企业法定代表人及相关负责人违反国家法律法规和规定，导致重大决策失误、重大安全与质量责任事故、重大环境污染责任事故、重大违纪和法律纠纷案件，给企业造成重大不良影响或者造成国有资产流失的，国资委根据具体情节给予降级或者扣分处理，并相应扣发其绩效薪金、任期激励或者中长期激励；情节严重的，给予纪律处分或者对企业负责人进行调整；涉嫌犯罪的，依法移送司法机关处理。

第五章　附　则

第三十五条 对于在考核期内企业发生清产核资、改制重组、主要负责人变动等情况的，国资委可以根据具体情况变更经营业绩责任书的相关内容。

第三十六条 国有独资企业、国有独资公司和国有资本控股公司党委（党组）书记、副书记、常委（党组成员）、纪委书记（纪检组长）的考核及其奖惩依照本办法执行。

第三十七条 国有资本参股公司、被兼并破产企业中由国资委党委管理的企业负责人，其经营业绩考核参照本办法执行。具体经营业绩考核事项在经营业绩责任书中确定。

第三十八条 对符合下列条件的国有独资公司，国资委授权董事会对高级管理人员的经营业绩进行考核：

（一）公司法人治理结构完善；

（二）经营业绩考核制度健全；

（三）外部董事人数超过董事会全体成员半数；

（四）薪酬与考核委员会成员全部由外部董事担任。

国资委依据有关规定和规范性文件，对董事会业绩考核工作进行指导和监督。

第三十九条 各省、自治区、直辖市国有资产监督管理机构，设区的市、自治州级国有资产监督管理机构对国家出资企业负责人的经营业绩考核，可参照本办法执行。

第四十条 本办法由国资委负责解释。

第四十一条 本办法自2010年1月1日起施行。

附件1：

经济增加值考核细则

一、经济增加值的定义及计算公式

经济增加值是指企业税后净营业利润减去资本成本后的余额。

计算公式：

经济增加值＝税后净营业利润－资本成本＝税后净营业利润－调整后资本×平均资本成本率

税后净营业利润＝净利润＋（利息支出＋研究开发费用调整项－非经常性收益调整项×50％）×（1－25％）

调整后资本＝平均所有者权益＋平均负债合计－平均无息流动负债－平均在建工程

二、会计调整项目说明

（一）利息支出是指企业财务报表中“财务费

用”项下的“利息支出”。

（二）研究开发费用调整项是指企业财务报表中“管理费用”项下的“研究与开发费”和当期确认为无形资产的研究开发支出。对于为获取国家战略资源，勘探投入费用较大的企业，经国资委认定后，将其成本费用情况表中的“勘探费用”视同研究开发费用调整项按照一定比例（原则上不超过50%）予以加回。

（三）非经常性收益调整项包括：

1. 变卖主业优质资产收益：减持具有实质控制权的所属上市公司股权取得的收益（不包括在二级市场增持后又减持取得的收益）；企业集团（不含投资类企业集团）转让所属主业范围内且资产、收入或者利润占集团总体10%以上的非上市公司资产取得的收益。

2. 主业优质资产以外的非流动资产转让收益：企业集团（不含投资类企业集团）转让股权（产权）收益，资产（含土地）转让收益。

3. 其他非经常性收益：与主业发展无关的资产置换收益、与经常活动无关的补贴收入等。

（四）无息流动负债是指企业财务报表中“应付票据”、“应付账款”、“预收款项”、“应交税费”、“应付利息”、“其他应付款”和“其他流动负债”；对于因承担国家任务等原因造成“专项应付款”、“特种储备基金”余额较大的，可视同无息流动负债扣除。

（五）在建工程是指企业财务报表中的符合主业规定的“在建工程”。

三、资本成本率的确定

（一）中央企业资本成本率原则上定为5.5%。

（二）承担国家政策性任务较重且资产通用性较差的企业，资本成本率定为4.1%。

（三）资产负债率在75%以上的工业企业和80%以上的非工业企业，资本成本率上浮0.5个百分点。

（四）资本成本率确定后，三年保持不变。

四、其他重大调整事项

发生下列情形之一，对企业经济增加值考核产生重大影响的，国资委酌情予以调整：

（一）重大政策变化；

（二）严重自然灾害等不可抗力因素；

（三）企业重组、上市及会计准则调整等不可比因素；

（四）国资委认可的企业结构调整等其他事项。

附件2：

年度经营业绩考核计分细则

一、年度经营业绩考核综合计分

年度经营业绩考核综合得分＝（利润总额指标得分＋经济增加值指标得分＋分类指标得分）×经营难度系数＋奖励分－考核扣分

上述年度经营业绩考核指标中，若某项指标（不含经济增加值指标）未达到基本分，则该项指标正常计分，其他指标只得基本分，所有考核指标得分不再乘经营难度系数。

二、年度经营业绩考核各指标计分

（一）利润总额指标计分。

利润总额指标的基本分为30分。企业负责人完成目标值时，得基本分30分。该指标计分以基准值为基础。基准值是指上年实际完成值和前三年实际完成值平均值中的较低值。

1. 利润总额考核目标值不低于基准值时，完成值每超过目标值3%，加1分，最多加6分。完成值每低于目标值3%，扣1分，最多扣6分。

2. 利润总额考核目标值低于基准值时，该指标按照以下规则计分：

(1) 目标值比基准值低20%（含）以内的，完成值每超过目标值3%，加1分，最多加5分。完成值每低于目标值3%，扣1分，最多扣6分。

(2) 目标值比基准值低20%～50%的，完成值每超过目标值3%，加1分，最多加4分。完成值每低于目标值3%，扣1分，最多扣6分。

(3) 目标值比基准值低50%（含）以上的，完成值每超过目标值3%，加1分，最多加3分。完成值每低于目标值3%，扣1分，最多扣6分。

3. 利润总额考核目标值为负数，完成值减亏部分折半计算，盈利部分正常计算；超额完成考核目标，最多加3分；减亏但仍处于亏损状态，考核得分不超过C级最高限；扭亏为盈，考核得分不超过B级最高限。

（二）经济增加值指标计分。

经济增加值指标的基本分为40分。企业负责人完成目标值时，得基本分40分。该指标计分以基准值为基础。基准值是指上年实际完成值和前三年实际完成值平均值中的较低值。

1. 经济增加值考核目标值不低于基准值时，完成值每超过目标值（绝对值）2%，加1分，最多加8分。完成值每低于目标值（绝对值）3%，扣1分，最多扣8分。

2. 经济增加值考核目标值低于基准值时，完成值每超过目标值（绝对值）3%，加1分，最多加8分。完成值每低于目标值（绝对值）3%，扣1分，最多扣8分。

3. 经济增加值考核目标值在零附近的，计分给予特别处理。

（三）分类指标计分。

分类指标应当确定2个。分类指标加分与扣分的上限与下限为该项指标基本分的20%。

（四）考核指标目标值达到行业优秀水平的，企业负责人完成目标值时，该项指标直接加满分。

三、奖惩计分

（一）奖励计分。

承担国家结构性调整任务且取得突出成绩的企业，国资委根据有关规定视任务完成情况加0.5～2分。

（二）考核扣分。

1. 企业发生重大资产损失、发生生产安全责任事故、环境污染责任事故等，国资委按照有关规定给予降级、扣分处理。

2. 企业发生违规违纪或者存在财务管理混乱等问题，国资委按照有关规定视情节轻重扣0.5～2分。

3. 企业全员业绩考核制度不健全，未对集团副职、职能部门负责人、下属企业负责人进行经营业绩考核的，视情况扣减0.1～1分。

4. 剔除重组和会计准则调整等客观因素影响，利润总额目标值与完成值差异超过50%以上的，依据差异程度相应扣减0.1～2分。本条款不受其他条款限制。

四、经营难度系数

经营难度系数根据企业资产总额、营业收入、利润总额、净资产收益率、职工平均人数、经济增加值等因素加权计算，分类确定。

附件3：

任期经营业绩考核计分细则

一、任期经营业绩考核综合计分

任期经营业绩考核综合得分＝（国有资本保值增值率指标得分＋主营业务收入平均增长率指标得分＋分类指标得分）×经营难度系数＋任期内三年的年度经营业绩考核结果指标得分－考核扣分

上述任期经营业绩考核指标中，若某项指标未达到基本分，则该项指标正常计分，其他指标只得基本分，所有考核指标得分不再乘经营难度系数。

二、任期经营业绩考核各指标计分

（一）国有资本保值增值率指标计分。

国有资本保值增值率指标的基本分为40分。企业负责人完成目标值时，得基本分40分。该指标计分以基准值为基础。基准值是指前一任期实际完成值和前一任期考核目标值与实际完成值平均值中的较低值。

1. 国有资本保值增值率考核目标值不低于基准值时，完成值每超过目标值0.4个百分点，加1分，最多加8分。完成值低于目标值但大于100%，每低于目标值0.4个百分点，扣0.5分，最多扣4分；完成值低于100%，每低于目标值0.4个百分点，扣1分，最多扣8分。该指标考核目标值达到行业优秀水平的，完成目标值时直接加满分。

2. 国有资本保值增值率考核目标值低于基准值时，该指标按照以下规则计分：

（1）目标值比基准值低30%（含）以内的，完成值每超过目标值0.4个百分点，加1分，最多加7分。完成值低于目标值但高于100%，每低于目标值0.4个百分点，扣0.5分，最多扣4分；完成值低于100%，每低于目标值0.4个百分点，扣1分，最多扣8分。

（2）目标值比基准值低30%～50%的，完成值每超过目标值0.4个百分点，加1分，最多加6分。完成值低于目标值但高于100%，每低于目标值0.4个百分点，扣0.5分，最多扣4分；完成值低于100%，每低于目标值0.4个百分点，扣1分，最多扣8分。

（3）目标值比基准值低50%（含）以上的，

完成值每超过目标值 0.4 个百分点，加 1 分，最多加 5 分。完成值低于目标值但高于 100%，每低于目标值 0.4 个百分点，扣 0.5 分，最多扣 4 分；完成值低于 100%，每低于目标值 0.4 个百分点，扣 1 分，最多扣 8 分。

(4) 目标值低于基准值，但处于行业领先水平的，该指标加分上限可以调整为 8 分。

3. 国有资本保值增值率考核目标值低于 100%的，完成值超过目标值，不予加分。完成值低于目标值，每低于 0.4 个百分点，扣 1 分，最多扣 8 分。

（二）主营业务收入平均增长率指标计分。

主营业务收入平均增长率指标基本分为 20 分。企业负责人完成目标值时，得基本分 20 分。该指标计分以基准值为基础。基准值是指前一任期实际完成值和前一任期考核目标值与实际完成值平均值中的较低值。

1. 主营业务收入平均增长率考核目标值不低于基准值时，完成值每超过目标值 1 个百分点，加 1 分，最多加 4 分。完成值每低于目标值 1 个百分点，扣 1 分，最多扣 4 分。该指标考核目标值达到行业优秀水平的，完成目标值时直接加满分。

2. 主营业务收入平均增长率考核目标值低于基准值时，该指标按照以下规则计分：

(1) 目标值比基准值低 30%（含）以内的，完成值每超过目标值 1 个百分点，加 1 分，最多加 3 分。完成值每低于目标值 1 个百分点，扣 1 分，最多扣 4 分。

(2) 目标值比基准值低 30%～50%的，完成值每超过目标值 1 个百分点，加 1 分，最多加 2 分。完成值每低于目标值 1 个百分点，扣 1 分，最多扣 4 分。

(3) 目标值比基准值低 50%（含）以上的，完成值每超过目标值 1 个百分点，加 1 分，最多加 1 分。完成值每低于目标值 1 个百分点，扣 1 分，最多扣 4 分。

(4) 目标值低于基准值，但处于行业领先水平的，该指标加分上限可以调整为 4 分。

3. 主营业务收入平均增长率考核目标值为负数，完成值超过目标值，不予加分。完成值低于目标值，每低于 1 个百分点，扣 1 分，最多扣 4 分。

（三）分类指标计分。

分类指标应当确定 2 个。分类指标加分与扣分的上限与下限为该项指标基本分的 20%。

分类指标考核目标值达到行业先进水平的，完成目标值时直接加满分。

（四）任期内三年的年度经营业绩考核结果指标计分。

任期内三年的年度经营业绩考核结果指标的基本分为 20 分。企业负责人三年内的年度经营业绩综合考核结果每得一次 A 级得 8 分；每得一次 B 级得 7.335 分；每得一次 C 级得 6.667 分；每得一次 D 级及以下得 6 分。

三、考核扣分

（一）未完成节能减排考核目标的，视情况扣减 0.1～2 分。

（二）剔除重组、结构调整和会计准则调整等因素的影响后，基本指标考核目标值与实际完成值差异超过 8 个百分点以上的，依据差异程度相应扣减 0.1～2 分。本款不受其他条款限制。

四、经营难度系数

经营难度系数根据企业任期内最后一年的资产总额、营业收入、利润总额、净资产收益率、职工平均人数、经济增加值等因素加权计算，分类确定。

附件 4：

任期特别奖实施细则

一、奖项设立

国资委在任期考核中设立任期特别奖，包括“业绩优秀企业奖”“科技创新企业奖”“管理进步企业奖”和“节能减排优秀企业奖”。

二、获奖条件及评定办法

（一）对任期考核结果为 A 级且在该任期中年度考核获得三个 A 级或者两个 A 级、一个 B 级的企业，授予“业绩优秀企业奖”。

（二）符合以下条件之一的企业，授予“科技创新企业奖”：

1. 任期中获得国家科技进步或者技术发明一等奖以上，且为项目主要承担者的。

2. 在国际标准制订中取得重大突破的。

（三）资产负债率控制在合理范围内（工业企业 75%，非工业企业 80%），同时符合下列条件之一的企业，授予“管理进步企业奖”，奖励名额根据具体情况确定：

1. 效益大幅度增加。

以任期中企业利润总额增长率排名为评选依据，计算方法为：任期内最后一年利润总额/任期前一年利润总额×100%。按照任期前一年利润总额为5亿元以上和5亿元以下（含）两个类别分别评定。

2. 盈利水平显著提高。

以任期中企业净资产收益率增长幅度排名为评选依据，计算方法为：任期内最后一年末净资产收益率－任期前一年末净资产收益率。按照任期前一年末净资产规模为80亿元以上及80亿元以下（含）两个类别分别评定。

3. 价值创造能力优异。

以任期中企业经济增加值增长率排名为评选依据，计算方法为：任期内最后一年经济增加值/任期前一年经济增加值。按照任期前一年末总资产规模为100亿元以上及100亿元以下（含）两个类别分别评定。

4. 扭亏增效成绩突出。

对于任期前一年经营亏损的企业，以任期中扭亏增效幅度排名为评选依据，计算公式为：任期内最后一年利润总额－任期前一年利润总额。

（四）符合以下条件之一的企业，授予“节能减排优秀企业奖”：

1. 任期末，主要产品单位能耗、污染物排放水平达到国内同行业最好水平，接近或者达到国际同行业先进水平的。

2. 任期内，单位综合能耗降低率、主要污染物排放总量降低率在中央企业居于前列的。

3. 任期内，节能减排投入较大，在节能减排技术创新方面取得重大突破，在推动全行业、全社会节能减排方面作出突出贡献的。

三、奖励方式

每个任期结束时，国资委对上述奖项进行评定，并对获奖企业进行表彰。

中华人民共和国商务部令

［2009］第5号

境外投资管理办法

第一章　总　则

第一条　为促进和规范境外投资，根据《国务院对确需保留的行政审批项目设定行政许可的决定》，制定本办法。

第二条　本办法所称境外投资，是指在我国依法设立的企业（以下简称企业）通过新设、并购等方式在境外设立非金融企业或取得既有非金融企业的所有权、控制权、经营管理权等权益的行为。

第三条　企业开展境外投资应当认真了解并遵守境内外相关法律法规、规章和政策，遵循“互利共赢”原则。

第四条　商务部负责对境外投资实施管理和监督，省、自治区、直辖市、计划单列市及新疆生产建设兵团商务主管部门（以下简称省级商务主管部门）负责对本行政区域内境外投资实施管理和监督。

第二章　核　准

第五条　商务部和省级商务主管部门对企业境外投资实行核准。商务部建立“境外投资管理系统”（以下简称“系统”）。对予以核准的企业，颁发《企业境外投资证书》（以下简称《证书》，样式见附件1）。《证书》由商务部统一印制，实行统一编码管理。

第六条　企业开展以下情形境外投资应当按本办法第十二条的规定提交申请材料，并按本办法第十三条的规定报商务部核准：

（一）在与我国未建交国家的境外投资；

（二）特定国家或地区的境外投资（具体名单由商务部会同外交部等有关部门确定）；

（三）中方投资额1亿美元及以上的境外

投资；

（四）涉及多国（地区）利益的境外投资；

（五）设立境外特殊目的公司。

第七条 地方企业开展以下情形的境外投资应当按照本办法第十二条要求提交申请材料，并按第十四条的规定报省级商务主管部门核准：

（一）中方投资额1000万美元及以上、1亿美元以下的境外投资；

（二）能源、矿产类境外投资；

（三）需在国内招商的境外投资。

第八条 企业开展本办法第六条、第七条规定情形以外的境外投资，须提交《境外投资申请表》（以下简称申请表，样式见附件2），并按第十六条规定办理核准。

第九条 企业境外投资有以下情形之一的，商务部和省级商务主管部门不予核准：

（一）危害我国国家主权、安全和社会公共利益，或违反我国法律法规；

（二）损害我与有关国家（地区）关系；

（三）可能违反我国对外缔结的国际条约；

（四）涉及我国禁止出口的技术和货物。

境外投资经济技术可行性由企业自行负责。

第十条 商务部核准第六条规定的境外投资应当征求我驻外使（领）馆（经商处室）意见。涉及中央企业的，由商务部征求意见；涉及地方企业的，由省级商务主管部门征求意见。

省级商务主管部门核准第七条第二款规定的境外投资应当征求驻外使（领）馆（经商处室）意见；其他情形的境外投资核准，省级商务主管部门可视情征求驻外使（领）馆（经商处室）意见。

第十一条 商务部和省级商务主管部门征求意见时应当向驻外使（领）馆（经商处室）提供投资事项基本情况等相关信息。

驻外使（领）馆（经商处室）主要从东道国安全状况、对双边政治和经贸关系影响等方面提出意见，并自收到征求意见函之日起10个工作日内予以回复。

第十二条 企业开展本办法第六条、第七条规定情形的境外投资须提交以下材料：

（一）申请书，主要内容包括境外企业的名称、注册资本、投资金额、经营范围、经营期限、投资资金来源情况的说明、投资的具体内容、股权结构、投资环境分析评价以及对不涉及本办法第九条所列情形的说明等；

（二）企业营业执照复印件；

（三）境外企业章程及相关协议或者合同；

（四）国家有关部门的核准或备案文件；

（五）并购类境外投资须提交《境外并购事项前期报告表》（样式见附件3）；

（六）主管部门要求的其他文件。

第十三条 企业开展第六条规定的境外投资，中央企业向商务部提出申请，地方企业通过所在地省级商务主管部门向商务部提出申请。

收到申请后，省级商务主管部门应当于10个工作日内［不含征求驻外使（领）馆（经商处室）的时间］对企业申报材料真实性及是否涉及本办法第九条所列情形进行初审，同意后将初审意见和全部申请材料报送商务部。

商务部收到省级商务主管部门或中央企业的申请后，于5个工作日内决定是否受理。申请材料不齐全或者不符合法定形式的，应当在5个工作日内一次告之申请人；受理后，应当于15个工作日内［不含征求驻外使（领）馆（经商处室）的时间］做出是否予以核准的决定。

第十四条 企业开展第七条规定的境外投资，向省级商务主管部门提出申请。

收到申请后，省级商务主管部门应当于5个工作日内决定是否受理。申请材料不齐全或者不符合法定形式的，应当在5个工作日内一次告之申请人；受理后，应当于15个工作日内（不含征求驻外使（领）馆（经商处室）意见的时间）做出是否予以核准的决定。

第十五条 对予以核准的第六条、第七条规定的境外投资，商务部和省级商务主管部门应当出具书面核准决定并颁发《证书》；不予核准的，应当书面通知申请企业并说明理由，告知其享有依法申请行政复议或者提起行政诉讼的权利。

第十六条 企业开展第八条规定的境外投资按以下程序办理核准：

中央企业总部通过"系统"按要求填写打印申请表，报商务部核准。地方企业通过"系统"按要求填写打印申请表，报省级商务主管部门核准。

商务部和省级商务主管部门收到申请表后，于3个工作日内进行审查，申请表填写完整且符合法定形式的即予颁发《证书》。

第十七条 两个以上企业共同投资设立境外

企业，应当由相对最大股东在征求其他投资方书面同意后负责办理核准手续。商务部或相对最大股东所在地省级商务主管部门应将相关核准文件抄送其他投资方所在地省级商务主管部门。

第十八条　商务部或省级商务主管部门核准矿产资源勘查开发类境外投资应当征求国内有关商会、协会的意见，以作为核准时的参考。

第三章　变更和终止

第十九条　核准后，原境外投资申请事项发生变更，企业应参照第二章的规定向原核准机关申请办理变更核准手续。企业之间转让境外企业股份，由受让方负责申请办理变更手续，商务部或受让方所在地省级商务主管部门应当把相关核准文件抄送其他股东所在地省级商务主管部门。

第二十条　企业终止经核准的境外投资应向原核准机关备案，交回《证书》。原核准机关出具备案函，企业据此向外汇管理等部门办理相关手续。企业及其所属境外企业应当按当地法律办理注销手续。

终止是指原经核准的境外企业不再存续或我国企业均不再拥有原经核准的境外企业的股权等任何权益。

第四章　境外投资行为规范

第二十一条　企业应当客观评估自身条件、能力和东道国（地区）投资环境，积极稳妥开展境外投资。境内外法律法规和规章对资格资质有要求的，应当取得相关证明文件。

第二十二条　企业对其投资设立的境外企业冠名应当符合境内外法律法规和政策规定。未按国家有关规定获得批准的企业，其境外企业名称不得冠以“中国”、“中华”、“国家”等字样。境外企业外文名称可在申请核准前在东道国（地区）进行预先注册。

第二十三条　企业应当落实各项人员和财产安全防范措施，建立突发事件预警机制和应急预案，并接受驻外使（领）馆在突发事件防范、人员安全保护等方面的指导。

在境外发生突发事件时，企业应当及时、妥善处理，并立即向驻外使（领）馆和国内有关主管部门报告。

第二十四条　企业应当要求境外企业中方负责人当面或以信函、传真、电子邮件等书面方式及时向驻外使（领）馆（经商处室）报到登记。

第二十五条　企业应向原核准机关报告境外投资业务情况和统计资料，确保报送情况和数据真实准确。

第二十六条　企业应当在其对外签署的与境外投资相关的合同或协议生效前，取得有关政府主管部门的核准。

第五章　管理和服务

第二十七条　商务部负责对省级商务主管部门及中央企业总部的境外投资管理情况进行检查和指导。

第二十八条　商务部会同有关部门建立健全境外投资引导、促进和服务体系，强化公共服务。

商务部发布《对外投资合作国别（地区）指南》，帮助企业了解东道国（地区）投资环境。

商务部会同有关部门发布《对外投资国别产业导向目录》，引导企业有针对性地到东道国（地区）开展境外投资。

商务部通过政府间多双边经贸或投资合作机制等协助企业解决困难和问题。

商务部建立对外投资与合作信息服务系统，为企业开展境外投资提供统计、投资机会、投资障碍、预警等信息服务。

第二十九条　企业境外投资获得核准后，持《证书》办理外汇、银行、海关、外事等相关手续，并享受国家有关政策支持。

第三十条　企业自领取《证书》之日起 2 年内，未在东道国（地区）完成有关法律手续或未办理本办法第二十九条所列境内有关部门手续，原核准文件和《证书》自动失效，《证书》应交回原核准机关。如需再开展境外投资，须按本办法规定重新办理核准。

第三十一条　《证书》不得伪造、涂改、出租、转借或以任何形式转让。已变更、失效或注销的《证书》应当交回发证机关。

第六章　罚　则

第三十二条　企业提供虚假申请材料或不如实填报申请表的，商务部和省级商务主管部门不予受理或不予核准，并给予警告，且可在一年内不受理该企业任何境外投资核准申请；企业以提供虚假材料等不正当手段取得境外投资核准的，商务部及省级商务主管部门应当撤销相关文件，并可在三年内不受理该企业任何境外投资核准申请。

第三十三条　违反本办法规定的企业三年内不得享受国家有关境外投资政策支持。

第三十四条　省级商务主管部门未按本办法规定进行核准和履行管理监督职责的，商务部责令改正并提出批评。

第三十五条　商务主管部门有关工作人员不依本办法规定履行职责，或者滥用职权的，依法给予行政处分。

第七章　附　则

第三十六条　省级商务主管部门可依照本规定制定相应的管理办法。

第三十七条　本办法所称特殊目的公司系指企业为实现其实际拥有的境内公司权益在境外上市而直接或间接控制的境外公司。

第三十八条　事业单位法人开展境外投资、企业在境外设立非企业法人适用本办法。企业赴香港、澳门及台湾地区投资参照本办法执行。

第三十九条　企业控股的境外企业的境外再投资，在完成法律手续后一个月内，应当由企业报商务主管部门备案。企业为地方企业的，须通过“系统”填报相关信息，打印备案表（样式见附件4）并加盖本企业公章后向省级商务主管部门备案；企业为中央企业的，中央企业总部通过“系统”填报相关信息，打印备案表并加盖公章后向商务部备案。企业递交备案表后即完成备案。

第四十条　本办法由商务部负责解释。

第四十一条　本办法自2009年5月1日起施行。《关于境外投资开办企业核准事项的规定》（商务部2004年16号令）和《商务部、国务院港澳办关于印发〈关于内地企业赴香港、澳门特别行政区投资开办企业核准事项的规定〉的通知》（商合发［2004］452号）同时废止。此前有关规定与本办法不符的，以本办法为准。

附件：1.《企业境外投资证书》样式
http：//tfs.mofcom.gov.cn/accessory/200903/1237250375949.doc
2.《境外投资申请表》样式
http：//tfs.mofcom.gov.cn/accessory/200903/1237250387666.doc
3.《境外并购事项前期报告表》样式
http：//tfs.mofcom.gov.cn/accessory/200903/1237250398874.doc
4.《境外中资企业境外投资备案表》样式
http：//tfs.mofcom.gov.cn/accessory/200903/1237250408197.doc

审计署关于印发加强和改进对地方审计工作指导意见的通知

审办发［2009］10号

各省、自治区、直辖市和计划单列市、新疆生产建设兵团审计厅（局），署机关各单位、各特派员办事处、各派出审计局：

《审计署关于加强和改进对地方审计工作指导的意见》已经审计长会议讨论通过，现印发给你们，请结合本地区、本单位实际贯彻落实。

2009年1月16日

审计署关于加强和改进对地方审计工作指导的意见

审计机关成立二十五年来，地方各级审计机关按照宪法和审计法的规定，围绕当地党委和政府工作中心，认真履行审计监督职责，不断提高审计质量和工作水平，有力地促进了地方政治、经济和社会发展。为了贯彻落实《审计署2008年至2012年审计工作发展规划》的要求，提升审计监督的整体效能，推动审计事业全面、协调、可持续发展，充分发挥审计保障国家经济社会健康运行的“免疫系统”功能，根据审计法的有关规定，现就审计署进一步加强和改进对地方审计工作指导提出以下意见：

一、建立重要情况通报制度

及时向省级审计机关传达党中央、国务院及其领导同志对审计工作的重要指示，通报政治经济形势及审计工作指导思想、重大审计项目的组织实施、重要法规制度、重要审计情况等，促进地方审计机关及时了解把握国家大政方针和审计工作发展全局，增强宏观意识和大局意识，围绕地方经济工作中心，确定自身工作思路和重点，深入开展审计工作。（主要责任单位：办公厅）

二、继续实行署领导分片联系点和调研制度

署党组每年要作出计划，确定指导和调研的重点；署领导要确定重点联系省份，坚持深入基层开展定点调研，通报审计署重要审计信息，及时了解地方审计机关重要情况和主要困难，解决具体问题，分类进行指导；推进有关审计工作方针政策和审计业务规范的贯彻落实，总结和推广基层好的经验，带动面上工作；每次调研，要写出有指导性的调研报告。（主要责任单位：办公厅）

三、加强审计法律规范建设的协调指导

加强调查研究，总结地方审计立法经验，指导地方因地制宜开展审计立法工作。加强审计法律、法规的宣传和普及工作，推动地方审计机关认真贯彻审计法、审计法实施条例及国家审计准则；定期组织对地方审计机关执行审计准则情况进行调研，及时掌握情况，总结经验，以促进提高审计业务质量；有计划地组织对地方审计机关审计项目质量进行检查，推动省级审计机关开展本级和下一级审计机关审计项目质量检查工作；进一步规范地方优秀审计项目评选工作，完善评选办法和评分标准，适当扩大地方优秀和表彰审计项目数量，加强对优秀审计项目的总结、点评和宣传推广，注重发挥其典型示范效应。（主要责任单位：法规司）

四、加强计划指导，促进整合审计力量

每年年底审计署制定下一年度审计工作指导意见，提出下一年度审计重点，供地方审计机关制订项目计划时参考；审计署安排年度审计项目计划时，要加强与地方审计机关的沟通协调；加强对地方审计机关审计计划管理工作的指导，及时总结交流经验，提高计划管理水平；整合全国审计资源，按照自愿参加的原则，适当安排和组织地方审计机关参与署统一组织的审计或专项审计调查项目，注重从审计思路上加以引导，注重从宏观层面揭示和反映共性问题，并及时总结推广好的审计经验和做法；严格控制统一组织项目的审计质量，抓好审前调查、审计方案、审计取证、审计工作底稿、审计报告、审计处理、审计整改等关键环节的具体指导，加强督促检查。（主要责任单位：办公厅、各业务司）

五、加强和改进审计业务授权管理

在总结审计业务授权管理工作经验的基础上，制订《审计署管辖范围内审计事项授权地方审计机关审计管理办法》；要从有效利用审计资源和有利于加强审计监督出发，科学确定年度授权审计项目计划，每年组织地方审计机关实施行业性授权审计，注意上下结合，重点解决一些带有普遍性、倾向性的问题；地方审计机关要及时向审计署报告授权审计结果，审计署每年组织对授权审计项目计划执行情况、项目实施质量、审计成果等进行抽查考核，并通报抽查考核结果。（主要责任单位：办公厅、有关业务司）

六、加强经验总结推广

审计署各司局要结合自身业务特点，有针对性地加强对地方审计机关对口部门的业务指导和交流；要加强调研，注意研究发现新情况、新问题，通过不定期举办审计专业培训班和专题研讨班等方式，研究新课题，推广好的经验和做法，促进提升业务层次和水平；统一组织或指导开展项目审计或专项审计调查，适时提出指导意见，对地方审计机关提出的业务问题，要及时研究答复；逐步研究制定专项审计操作指南，编发典型审计案例，发挥示范、带动和规范作用；要把指导情况纳入司局年度工作考核。（主要责任单位：各业务司）

七、加大对地方审计人员的培训力度

研究制定地方审计机关在职人员培训考核办法，强化职业培训和考试，提高审计人员的职业胜任能力。五年内对省级审计机关厅局级领导干部、正处长和市县级审计机关“一把手”轮训一遍。积极组织省级审计机关厅级领导干部开展专题研讨，加强对地（市）、县级审计机关“一把手”的培训，重点培训工作思路、审计管理等方面内容，促进提高依法行政和审计管理能力，有针对性地加大对省级审计机关正处长的专业培训力度，重点培训审计技术与方法、审计质量控制、计算机应用等方面内容，提高审计业务能力。采取送教上门的方式，派出师资，结合地方审计机关实际开展有针对性的专题培训；加强对地方培训工作的指导，采取代培代训、以审代训等方式，培养地方审计机关师资力量，建立师资信息库；充分发挥网络培训的优势，突出重点内容，扩大培训的覆盖面；加大计算机中级培训的力度，为有能力举办中级培训的省级审计机关进行师资培训，提供技术支持；有计划地加强对西部地区审计干部的培训，在培训教材、师资及培训费用等方面予以倾斜。（主要责任单位：人教司、培训中心）

八、建立健全署与省级审计机关人员双向交流制度

逐步完善审计署和地方审计机关干部双向交流制度，审计署每年选派一定数量的副司级领导干部到省级审计机关挂职，省级审计机关每年选派一定数量的副厅级领导干部到审计署机关、派出机构挂职；每年从审计署和地方审计机关各挑选一定数量的处级干部派往对方单位挂职；在建立经常性工作指导和业务交流机制的基础上，有计划地安排地方审计机关业务骨干到审计署交流锻炼或参加署统一组织的审计项目，同时从审计署机关和派出机构选派骨干到地方审计机关挂职或参加地方的审计项目，加强业务指导和交流；组织协调东中西部地区审计机关形成对口支援的长效机制。要有重点地加大西部地区审计干部到审计署交流的力度，每年有计划地接受西部地区选送部分审计人员到审计署机关、派出机构实践锻炼，培养西部地区审计机关业务骨干。（主要责任单位：人教司、办公厅）

九、推动加快信息化建设步伐

对全国审计机关金审工程建设实行统一规划，统一标准，分步实施。通过制发工程申报文档样本、编制审计信息化建设指导书、工程建设指导意见等，从审计信息化的组织领导、工程规划、项目实施及管理等方面，为地方提供指导；积极努力创造条件，帮助地方审计机关解决审计信息化建设中的实际困难和问题，特别对西部等困难地区省级审计机关予以重点支持；审计署开发的软件允许地方审计机关免费使用；每年要组织对应用计算机审计技术中发现的重大典型案例进行交流推广，促进提高审计人员的实际运用能力。（主要责任单位：信息办、计算中心）

十、加强审计信息管理，建立信息共享机制

省级审计机关要及时向审计署报送业务综合报告，重大情况随时上报，按要求上报全年审计工作情况；署机关有关部门要进一步加强对审计情况的综合分析和研究，充分利用审计成果；注意掌握地方审计机关工作情况，加强反映和宣传，及时总结推广典型经验；审计署及派出机构到地方实施有关审计项目时，要与地方审计机关沟通，注意利用地方审计机关信息和成果，交流有关审计情况，取得地方帮助。同时注意加强对地方审计宣传工作的指导。（主要责任单位：办公厅、各业务司）

十一、加强地方审计机关领导班子建设和干部队伍建设

审计署会同中央有关部门研究和探索审计人员专业资格，研究制定审计机关审计人员专业资格准入条件；根据新的情况，会同有关部门完善对地方审计机关领导干部双重管理办法，按照干部管理权限加强对省级审计机关负责人的协管工作。审计署要加强与地方党委的沟通联系，及时掌握地方审计机关领导班子建设和干部队伍建设情况，全面了解掌握省级审计机关领导班子的配备情况；及时与地方党委政府沟通，根据实际情况，提出领导干部选拔任用的意见和建议；及时了解掌握地方审计机关在班子建设中遇到的问题和困难，积极协调沟通，努力提供帮助；注重对地方审计队伍建设、机关党的建设、廉政建设情况进行调研，针对存在的共性问题，从体制、政策、法规上提出切实可行的措施；研究制定县级审计机关“一把手”任职资格条件，为加强基层审计机关建设打好基础。（主要责任单位：人教司）

十二、组织各方面力量，加强审计理论研究

要重视并充分发挥地方审计机关和审计学会在审计理论研究中的作用，加强对审计理论研究工作的组织和指导，尤其要指导地方结合审计工作实际加强应用理论研究，重点加大信息技术应用研究力度，组织计算机审计方法体系的研发，同时大力开展绩效审计理论和应用研究，推动绩效审计工作取得新突破，增强理论研究的系统性、计划性和针对性，提高研究的质量和整体水平；进一步完善审计科研协作制度，加强署科研所与地方审计机关科研机构、地方科研机构之间以及审计科研与审计业务部门、审计学会之间的协作，推动审计科研部门与院校、其他理论研究机构的合作，使各方能够充分发挥自身优势，形成研究合力；逐步建立健全审计系统科研项目的立项与评审验收制度，加强对理论研究成果的考核与奖励；通过理论研讨会、专题论坛等形式，交流、总结和推广优秀理论研究成果。（主要责任单位：科研所、审计学会）

审计署关于印发审计署管辖范围内审计事项授权地方审计机关审计的管理办法的通知

审办发［2009］11号

各省、自治区、直辖市和计划单列市、新疆生产建设兵团审计厅（局），署机关各单位、各特派员办事处、各派出审计局：

《审计署管辖范围内审计事项授权地方审计机关审计的管理办法》已经审计长会议讨论通过，现印发给你们，请遵照执行。

2009年1月16日

审计署管辖范围内审计事项授权地方审计机关审计的管理办法

第一条　为了规范审计署审计管辖范围内的审计事项授权地方审计机关审计的管理工作，保证审计质量和成效，更好地发挥授权审计作用，根据《中华人民共和国审计法》第二十八条的有关规定，制定本办法。

第二条　审计署审计管辖范围内的审计事项授权地方审计机关审计的工作，实行统一管理、一年一定的办法。

第三条　安排授权审计项目（国外贷援款公证审计项目按已有规定执行，下同）计划，应当以整合审计资源、发挥审计机关的整体效能为目标，注重与审计署统一组织审计项目计划的配合和协调，逐步扩大审计监督覆盖面，加强对中央部门和企事业单位在基层的分支机构的审计监督。

第四条　审计署原则上只安排行业性授权审计项目，一般不对个别审计事项单独安排授权。

第五条　审计署审计管辖范围内的审计事项只授权省级审计机关（含新疆生产建设兵团、计划单列市审计局，下同），由省级审计机关直接实施或统一组织下级审计机关实施。省级审计机关对审计署负责并报告审计结果。

第六条　审计署在调查研究的基础上，于每年年底前提出次年授权审计项目安排意见，包括明确授权审计项目安排的指导思想、授权范围或行业、选定被审计单位的原则和要求等。省级审计机关根据授权审计项目安排意见，本着自愿原则，选定审计项目，向审计署提交授权审计项目立项申请书（格式见附件），说明选定的审计项目基本情况，立项理由，审计目标，审计内容、范围和重点，以及审计的组织分工等事项。

第七条　审计署收到省级审计机关申请授权的文件后，由办公厅统一汇总，进行综合平衡，并征求相关业务司、派出机构意见，形成授权审计项目计划草案，报审计长会议研究审定后，正式下达给省级审计机关执行。

第八条　授权审计项目计划一经下达，地方审计机关必须确保在当年完成，并在计划规定的期限向审计署报告审计结果。因特殊原因当年无法完成的，应当及时向审计署申请调减计划。

第九条　省级审计机关统一组织下级审计机关实施授权审计项目时，应当由省级审计机关制发审计工作方案，签发审计通知书，提出审计报告，出具审计移送处理书，作出审计决定。省级审计机关的法制工作机构应当对相关审计文书进行复核，提出复核意见。审计工作方案应当抄报审计署。

第十条　地方审计机关在实施授权审计项目过程中，应当严格执行审计法、相关审计准则和审计署关于审计质量控制的规定，规范审计行为，确保审计质量。审计查出被审计单位违反国家规定的财政收支、财务收支行为，应当严格依法进行处理处罚。在对违反国家规定的财政收支、财务收支行为的定性和处理处罚上，遇有政策界限不清，或与被审计单位有重大意见分歧的，省级审计机关应当报告审计署，由审计署有关职能机构研究提出意见。

第十一条　在实施授权审计项目过程中，发现有下列问题之一的，省级审计机关应当以《重要审计情况》及时向审计署报告，由审计署转送有关部门查处，或由审计署以《审计要情》《重要信息要目》等形式上报：

(一) 因决策失误、失职渎职、管理不善造成国有资金、资产损失金额较大；

(二) 厅（局）级以上领导干部涉嫌严重违法犯罪，涉案金额较大；

(三) 影响国家重要宏观政策执行的重大问题，涉及金额较大；

(四) 其他性质特别恶劣，金额巨大的严重违法违规问题或案件。

第十二条　省级审计机关制发授权审计项目的审计报告、审计决定书及审计移送处理书时，应当抄报审计署并抄送审计署有审计管辖权的派出机构。审计终结后，对涉及多个被审计单位的行业性授权审计项目，省级审计机关应当及时汇总审计成果，编制授权审计综合报告报送审计署。

第十三条　对于未按上述要求报送包括不报送审计文书的审计机关，审计署将视情况作出处理，直至取消其承办授权事项的资格。

第十四条　授权审计项目的审计档案由省级审计机关统一保存并归档。

第十五条　授权审计项目可以参加审计署组织的地方优秀审计项目评选。

第十六条　审计署每年组织对授权审计项目计划执行、项目实施质量、审计成果等情况进行考核和抽查，并通报考核和抽查结果。

第十七条　在实施授权审计项目过程中，地方审计机关应当严格遵守审计工作纪律和各项廉政规定。发生以审计权力谋取单位和个人私利问题的，审计署暂停对其授权、限期整改并依法依纪作出相应处理。因审计人员失职、渎职等行为造成审计项目重大质量问题的，依法追究有关领导和直接责任人员的责任。

第十八条　本办法由审计署负责解释。

第十九条　本办法自发布之日起执行。《中央审计项目授权地方审计机关审计管理办法》（审办发［2005］34号）同时废止。

附件：授权审计项目立项申请书（略）

审计署关于印发审计署预决算管理暂行办法的通知

审办发［2009］15号

署机关各单位、各特派员办事处：

《审计署预决算管理暂行办法》已经署领导研究同意，现印发给你们，请遵照执行。

2009年1月23日

审计署预决算管理暂行办法

第一章　总　则

第一条　为进一步加强和改进审计署预决算工作，实现预决算管理的制度化、规范化、科学化，推进民主理财和政务公开，提高财政资金的使用效益，根据《中华人民共和国预算法》和财政部关于预决算管理的有关规定，结合署实际情况，制定本办法。

第二条　本规定适用于署机关、各直属事业单位及各特派员办事处（以下简称各单位）。

第三条　审计署部门预决算由各单位的预决算组成，各单位预决算由本单位及应纳入预决算管理的下属单位的预决算组成。

第四条　审计署部门预决算管理坚持“公开、规范、科学、公平”原则。

第五条　各单位预决算必须经本单位办公会议讨论通过，并由单位负责人、财务负责人和制表人共同签字、盖章方可上报。单位负责人对本单位预决算的真实性、合法性和完整性负责。

第二章　预算编制

第六条　各单位预算编制应遵循以下原则：

(一) 真实完整原则。预算编制要从实际需要出发，以真实的基础数据和经济事项为前提，不得编制虚假预算。要将本单位及其下属单位的各项收入及安排的各项支出全部纳入预算。

（二）收支平衡原则。预算编制要科学严谨，坚持收支平衡的原则，既要体现实际需要，又要考虑财力可能，从严控制各项支出，勤俭节约，量入为出，综合平衡，不得编制赤字预算。

（三）统筹兼顾原则。预算编制应根据本单位预算年度的工作任务和事业发展目标，在财力可能的条件下，按照有保有压、确保重点支出需要的原则，分别轻重缓急，统筹安排。

第七条　预算编制应经过"两上两下"的过程，具体时间按年度部门预算编报要求办理。

（一）编报预算建议数。编报预算要从基层预算单位编起，层层汇总，由各单位审核汇编成预算建议数，报送审计署，再由审计署审核、调整，汇总编制审计署部门预算建议数，报请署领导审定后送财政部审批。

（二）核定财政拨款预算控制数。审计署根据财政部核定的各项经费的财政拨款预算控制数，结合各单位预算建议数，综合平衡后提出财政拨款预算控制数的分配方案，报请署领导审定，下达各单位预算控制数。

（三）正式编报预算。各单位根据审计署核定的预算控制数，重新确定预算年度的支出重点，科学安排人员经费、日常公用经费和项目支出，编制单位预算草案报送审计署，再由署汇总编制审计署部门预算，报请署领导审定后送财政部审批。

（四）批复预算。审计署在接到财政部批复本部门预算之日起15日内，将各单位"二下"预算批复完毕，并在批复完毕后的5个工作日内将各二级单位预算批复结果报财政部备案。

第八条　各单位要按照财政部和审计署关于年度部门预算编制的统一要求，编制全面反映本单位各项收入和支出的预算。

（一）收入预算应包括本单位及其所属单位取得的财政拨款、事业收入、事业单位经营收入、其他收入等全部收入。各单位不得少报或瞒报预算收入。

（二）支出预算主要包括本单位及其所属单位的基本支出、行政事业类项目支出、基本建设类项目支出、经营支出及其他支出等。基本建设类项目支出应按国家和署有关规定，履行申请立项、概算及投资计划等报批手续。

第九条　预算编制方法包括：

（一）收入预算的编制。各单位应根据历年收入情况和下一年度收入增减变动因素，按收入类别逐项测算预算年度取得的各项收入来源，编制收入预算。各单位各项收入应全部纳入预算管理。

署直属事业单位已纳入预算管理的行政事业性收费等政府非税收入，不得编入收入预算。

（二）基本支出预算的编制。基本支出预算包括人员经费和日常公用经费预算。

人员经费预算应按机构编制主管部门批准的人员编制内的预算年度实有人数和国家规定的工资、津贴、补贴等标准测算。

日常公用经费预算应根据国家规定，结合当地支出水平和本单位实际需要，本着勤俭节约的原则科学测算。

符合国家规定的人员经费和公用经费支出预算，由审计署向财政申请予以保证。

（三）项目支出预算的编制。项目支出预算是为保证各单位完成其特定的职责和目标，在基本支出预算以外，按指定的用途和对象编制的预算支出计划。

项目支出预算应根据事业发展需要和财力可能统筹安排，申报项目预算前要进行科学的可行性论证，提出项目的效益目标、支出标准和测算依据，并按照财政部和审计署的统一要求提出项目支出预算申请报告，填写项目支出预算报表，报署审核。审计署根据国家有关政策、审计事业发展需要、申报项目的紧迫程度，结合申报项目的可行性研究情况，对各单位的申报项目进行筛选排序，汇总报送财政部。

（四）政府采购预算的编制。政府采购预算是部门和单位预算的一个有机组成部分。在编制预算时，各单位要按照年度政府采购预算编制要求，将基本支出预算和项目支出预算中按规定应当实行政府采购的项目，按照采购品目和单价单独编列，与各单位预算一并编报。

第十条　各单位编报的"一上""二上"预算和署批复各单位的"一下""二下"预算，应于编报成文或收到署批复之日起10日内在本单位内部公开，接受群众监督。

第三章　预算执行

第十一条　各单位预算经审计署审核批复后即成为预算执行的依据，应严格执行。

第十二条 各项收入应当合法合规，不得违反国家财经制度。各单位各项收入取得后，应及时确认入账，不得在往来科目核算或形成账外资金。

已纳入预算管理的行政事业性收费等政府非税收入应及时足额上缴国库，不得截留使用。

第十三条 各项支出要严格执行国家有关财务规章制度规定的开支范围和标准。项目支出资金应专款专用，不得擅自改变资金用途。

第十四条 各单位不得发生无预算支出，原则上不得超预算支出。

第十五条 各单位使用财政资金，要按照国库管理制度改革的有关规定，按序时进度编制分月用款计划，并及时支付。

第十六条 各单位动用部门机动经费，应按以下顺序安排支出：编制内增人、增编增加的支出，当年执行中新增不可预见的项目支出，当年预算已安排项目执行中出现的资金缺口。

第十七条 预算执行中，各单位需追加预算时，应结合本单位财政拨款结余资金情况，优先动用其结余资金。结余资金不足以安排时，再申请追加预算。

各单位在预算执行中产生的零星增人增编等人员经费支出和日常公用经费支出，应首先通过财政拨款基本支出结余资金来安排，并将基本支出结余资金动用情况报审计署备案。

各单位在预算执行中动用财政拨款净结余资金安排项目支出，或调整项目支出财政拨款专项结余资金使用用途的，均应报审计署审批。

第十八条 特派办不得从地方财政或被审计单位取得资金支持。确有困难，需向地方财政申请资金支持的，必须事先报审计署批准。

第十九条 各单位应于每年6月至12月，按月在本单位内部公布预算执行情况。

第四章 预算调整

第二十条 经审计署正式批复的预算，各单位原则上不得调整。

第二十一条 确需调整预算时，各单位应按程序向审计署提出申请。审计署审核汇总后，报财政部审批。财政部批复后，审计署将调整后的预算批复到各单位。各单位按照调整后的预算执行。

第五章 决算编报

第二十二条 各单位决算编制应遵循以下原则：

（一）全面性。各单位决算报表必须按照年度决算的要求编制，全面反映本单位及所属下级单位各项经费的财务收支状况，以及资产、负债和权益等情况。

（二）真实性。各单位决算报表应根据登记完整、核对无误的会计账簿记录和其他有关资料编制，并保证报表数字真实、计算准确、说明清楚。

（三）及时性。各单位应按照年度决算要求的时间，及时编制决算报表，报署审核汇总。

第二十三条 各单位应按部门预算规定口径填报单位各项财务收支、资金活动及人员、机构、资产负债等基本情况。

第二十四条 决算编制方法包括：

（一）各单位应按照《行政单位会计制度》《事业单位会计制度》《会计基础工作规范》等有关规定，做好会计凭证编制、会计账簿记录等会计核算工作，核对各项收支数字，核查财政拨款与署批复预算是否一致，与开户银行核对银行存款余额，认真做好资金清理和财产盘点工作并按有关规定进行账务处理，做到账账相符、账证相符、账实相符。确定无误后，按规定的结账日结账，在此基础上，编制决算报表。

（二）各单位在决算报表编制工作完成后，必须对各项经费做好数据分析工作，编制决算分析报告，为审计署对各单位进行经费使用绩效考评提供数据基础。决算分析报告内容应包括：单位基本情况，财务收支总体状况，各项经费预算执行情况，影响预算执行的原因，管理中存在的问题和改进措施，以及对上级会计主管单位的建议和要求等。

（三）政府采购信息统计年报编制。在编制政府采购信息统计年报时，各单位要按照财政部当年政府采购信息统计年报编制要求编报。

第二十五条 各单位应在收到署批复10日内，在本单位内部公开本单位决算。

第六章 管理和监督

第二十六条 审计署办公厅负责对各单位预

算编制、执行、调整及决算编报等工作进行指导、管理和监督。各单位负责对单位本级及所属单位的预算编制、执行、调整及决算编报等工作进行指导、监督和管理。

（一）各单位每年第一季度应组织对本级及所属单位上一年度的财务收支和预算执行情况等进行内部审计。内部审计报告于6月30日前报署办公厅备案。

各单位要按规定及时登账。各单位负责同志和纪检组长要利用财务联网系统对本单位财务管理的重大问题实施实时监控。

（二）审计署对各单位主要负责同志原则上每两年进行一轮任期（含任中和离任）经济责任审计，每年审计覆盖面达到各单位总数的二分之一。

（三）审计署通过财务联网信息系统，对各单位财务状况进行实时监控，并不定期组织对各单位进行财务管理专项检查。

（四）审计署对各单位经费使用进行绩效考评。绩效考评结果作为下一年署预算安排的参考依据。

第二十七条　对预决算工作不规范的单位和行为，审计署酌情予以通报批评。

第七章　附　则

第二十八条　本规定由审计署办公厅负责解释。

第二十九条　本规定自印发之日起执行。《审计署关于印发〈加强署机关及直属单位预决算管理的暂行规定〉的通知》（审办发［2001］54号）同时废止。

审计署关于印发署机关及派出机构审计外勤经费管理办法的通知

审办发［2009］20号

署机关各单位、各特派员办事处、各派出审计局：

为进一步加强审计外勤经费管理，保障审计纪律切实执行，经商财政部，现将《审计署机关及派出机构审计外勤经费管理办法》印发给你们，请认真遵照执行。各单位在执行本办法过程中，要认真总结经验，并将存在的问题及时反馈给署办公厅。

2009年2月9日

审计署机关及派出机构审计外勤经费管理办法

第一条　为加强审计外勤经费管理，保障审计纪律切实执行，依法有效履行审计监督职责，根据国务院和财政部的有关规定，本着以人为本、方便审计、节约开支的原则，制定本办法。

第二条　本办法所称的审计外勤经费是指审计署机关及派出机构（以下简称“各单位”）履行审计职责（含项目审计、审计调查、对社会审计机构出具的相关审计报告的核查、审计复议、专案审计等）期间发生的符合有关规定并应在本单位报销的住宿费、伙食费、交通费、加班费和公杂费等。

第三条　审计外勤经费支出中的住宿费和城市间交通费实行凭据报销，由审计人员在上述各项费用的规定开支标准内据实支付，节约归公，超支自理。实行审计外勤经费自理后，审计人员不再按照《财政部关于印发〈中央国家机关和事业单位差旅费管理办法〉的通知》（财行［2006］313号）享受出差期间的伙食和交通补贴（含途中），相关费用支出按照本办法执行。

第四条　审计外勤经费按照专项审计经费管理，各单位在编制年度预算和决算时，审计外勤经费作为审计业务费单独列报。

第五条　各单位参加其他单位牵头组织的联合调查组、专案组，或者协助配合其他单位工作，其费用支出标准从其牵头单位的有关规定，由牵头单位报销各项费用。牵头单位不能负责报销费用的，署机关和派出局经分管署领导批准，特派办经特派员批准按照本办法执行。

第六条　审计外勤任务按照所执行审计任务的地点是否为审计机关驻在城市而分为同城审计

和异地审计，同城审计和异地审计执行不同的审计外勤经费标准。

第七条　异地审计外勤经费标准

（一）异地审计外勤经费中的住宿费、伙食费和公杂费分职级执行不同的开支标准：

副部长级人员到一般地区审计或审计调查，每人每天开支标准为 700 元（其中：住宿费 600 元，伙食费 70 元，公杂费 30 元）；到经济特区（深圳、珠海、厦门、汕头市和海南省）和北京、上海、广州市审计或审计调查，每人每天开支标准为 710 元（其中：住宿费 600 元，伙食费 80 元，公杂费 30 元）。

司局级人员到一般地区审计或审计调查，每人每天开支标准为 400 元（其中：住宿费 300 元，伙食费 70 元，公杂费 30 元）；到经济特区（深圳、珠海、厦门、汕头市和海南省）和北京、上海、广州市审计或审计调查，每人每天开支标准为 460 元（其中：住宿费 350 元，伙食费 80 元，公杂费 30 元）。

处级以下（含处级）人员到一般地区审计或审计调查，每人每天开支标准为 300 元（其中：住宿费 200 元，伙食费 70 元，公杂费 30 元）；到经济特区（深圳、珠海、厦门、汕头市和海南省）和北京、上海、广州市审计或审计调查，每人每天开支标准为 360 元（其中：住宿费 250 元，伙食费 80 元，公杂费 30 元）。

（二）城市间交通费。审计人员乘坐交通工具的种类按照《财政部关于印发〈中央国家机关和事业单位差旅费管理办法〉的通知》（财行［2006］313 号）、《关于印发〈中央国家机关和事业单位差旅费管理补充规定〉的通知》（国管财［2007］218 号）执行。异地审计时间超过一个月的，原则上每三周可安排一次短暂回家休整。城市间交通费要从严掌握、节约使用、凭据按实报销。

（三）异地审计期间，审计人员确因工作需要经批准利用法定节假日或休息日加班，每天超过 4 小时，可以适当发放节假及休息日加班费，每人每天最高标准原则上不得超过 40 元。审计人员法定节假日及休息日之外，经批准利用晚上时间加班超过 3 小时，可以适当发放加班误餐费，每人每天最高标准原则上不得超过 30 元。审计组安排节假日及休息日加班天数原则上不超过现场审计期间节假日及休息日总天数的二分之一，利用晚上加班的天数原则上不超过现场审计总天数（不含节假日及休息日）的三分之一。审计加班费直接在各单位审计外勤经费总额中列支。

（四）异地审计的伙食费和公杂费，在规定开支标准内，伙食费由审计组统筹安排、包干使用；公杂费由审计组按审计项目包干调剂使用。异地审计的住宿费，在规定开支标准内，据实支付，凭据报销。异地审计住宿费，不得与伙食费和公杂费串项使用。

第八条　同城审计外勤经费标准

（一）住宿费。同城审计原则上不得在外住宿，如遇特殊情况，署机关和派出局需经主管署领导批准，特派办需经特派员批准，可以执行异地审计外勤经费的规定和标准，不再享受同城审计的有关补助。

（二）市内交通费和中午误餐费。署机关及派出机构对本单位或驻在单位办公地点以外的同城市内单位实施审计，审计人员每人每天计发市内交通费 20 元、中午误餐费 30 元。

（三）同城审计期间，审计人员确因工作需要经批准利用法定节假日或休息日加班，每天超过 4 小时，可以适当发放节假日及休息日加班费，每人每天最高标准原则上不得超过 40 元。审计人员法定节假日及休息日之外，经批准利用晚上时间加班超过 3 小时，可以适当发放加班误餐费，每人每天最高标准原则上不得超过 30 元。审计组安排节假日及休息日加班天数原则上不超过现场审计期间节假日及休息日总天数的二分之一，利用晚上加班的天数原则上不超过现场审计总天数（不含节假及休息日）的三分之一。审计加班费直接在各单位审计外勤经费总额中列支。

（四）署机关及派出机构在本单位或驻在单位办公地点实施项目审计或加班，不执行同城审计的经费支出规定。

第九条　各单位应本着节约的原则，在外勤经费总额控制的前提下，合理预算并控制加班费和往返审计现场交通费等开支。加班和往返审计现场均应有记录并得到批准。

第十条　其他情况

（一）确需在被审计单位就餐的，应在被审计单位职工食堂用工作餐，并按被审计单位伙食标准交费；无伙食标准的，据实交费。

（二）境外审计项目经费的费用开支标准按国家有关规定另行制定。

第十一条　审计外勤经费支出报销程序

（一）审计人员审计确需借款的，需凭审计通知书或审计计划或审计计划草案，由借款人填写借款凭单，经所在司（局、办）主要领导批准，方可借款。

（二）现场审计结束后，审计组应在一周内填好报销凭单，根据审计人员出勤情况填写审计情况登记表和节假日、休息日及晚上加班情况登记表（表式附后），由审计组经办人、审计组组长签字，并经本单位主管领导审签后，按照本办法及有关规定到本单位财务部门办理报销手续。财务部门审查、复核无误后，方可办理报销事宜。

第十二条　经费的监督检查

（一）实行"两公示"制度。即审计组进点时，要张榜公示审计纪律"八不准"。审计结束离开被审计单位时，要张贴《审计组执行审计纪律和经费自理情况》，就在被审计单位执行审计纪律、在职工食堂就餐和交费等情况，向被审计单位干部职工张榜公示。

（二）各单位要加强审计外勤经费的会计核算和财务管理，严格报销审核程序，建立和完善经费台账登记制度，自觉接受监督。

（三）各项费用要如实填报。如发现弄虚作假，本人要如数退回已领取的款项，当事人和审计组组长应承担相应责任。

（四）署办公厅负责对各单位经费的管理和使用情况进行监督检查。

第十三条　各特派员办事处可以根据本办法，结合实际情况，制定具体操作细则，并报署办公厅备案。

第十四条　本办法自发布之日起执行，由署办公厅负责解释。2000 年 2 月 24 日发布的《审计署办公厅关于印发〈审计署机关及派出机构审计外勤经费管理试行办法〉的通知》、2000 年 3 月 21 日发布的《审计署办公厅关于印发〈审计署机关审计外勤经费开支管理的补充规定〉的通知》、2002 年 1 月 1 日发布的《审计署办公厅关于印发〈审计署机关及派出机构审计外勤经费管理补充规定〉的通知》、2003 年 10 月 30 日发布的《审计署办公厅关于审计外勤经费管理有关问题的通知》以及 2007 年 1 月 29 日发布的《审计署办公厅关于转发国内公务接待管理规定等 4 个文件和调整异地外勤审计经费开支标准的通知》中有关审计外勤经费的规定同时废止。

附件：审计（加班）情况登记表（1—4，略）

审计署办公厅关于印发审计署审计项目进度管理办法（试行）的通知

审办发［2009］44 号

署机关各单位、各特派员办事处、各派出审计局：

《审计署审计项目进度管理办法（试行）》已经审计长会议审议通过，现印发给你们，请认真执行。

2009 年 2 月 10 日

审计署审计项目进度管理办法（试行）

第一条　为了进一步严格审计项目进度，提高审计工作效率，增强审计成果的时效性，根据审计法、审计准则及其他有关规定，制定本办法。

第二条　本办法适用于审计署及其派出机构实施的审计和专项审计调查项目（以下统称审计项目）。

审计署办理反映审计结果的行政公文、审计信息、审计结果公告等文书，按相关规定办理，不受本办法规定的时间限制。

第三条　办公厅负责对审计署及其派出机构实施的审计项目进度进行管理、监督、检查和考核。

第四条　审计署确定年度审计项目计划应当讲求时效，一般不跨年度安排项目。确需跨年度完成的审计项目，须提出具体原因，经分管署领导审核后报审计长批准或报审计长会议审定。

跟踪审计、联网审计等情况特殊的审计项目的进度安排，可以根据具体情况确定。

第五条　审计署及其派出机构实施的审计项

目，从审前调查、现场审计到出具审计报告、归集审计档案等全过程，实行严格的进度管理。

第六条 办公厅在编制年度审计项目计划时，应当与有关单位进行充分沟通、协商，根据审计项目规模大小和时效性要求等情况，明确各审计项目的审前调查、现场审计和出具审计报告的时间。其中，审前调查和现场审计时间按照下列要求确定：

（一）重大建设项目审计，大型企业、金融机构及其领导人员经济责任审计，重大资源环境审计，大型专项审计调查等，审前调查时间控制在30日内，现场审计时间控制在3个月内。

（二）省（部）长经济责任审计，省级财政收支审计，社会保障等重点专项资金审计，审前调查时间控制在20日内，现场审计时间控制在2个月内。

（三）财政部具体组织中央预算执行审计和中央部门预算执行审计，审前调查和现场审计的时间按有关规定办理。

（四）其他审计项目的审前调查时间控制在10日内，现场审计时间控制在1个月内。

前款规定的时间为日历时间。

第七条 业务司根据年度审计项目计划编制的审计工作方案，应当明确规定审计项目进点、现场审计结束、向审计署提交审计报告和汇总审计报告的时间。

第八条 审计组应当在年度审计项目计划确定的时间范围内，根据审计工作方案组织开展审前调查，并在此基础上编制审计实施方案，细化审计项目的进度，具体到事，落实到人。

第九条 审计组应当按照审计实施方案的要求，严格控制审计进度，确保在计划时间内完成现场审计工作，不得自行延期。

第十条 审计组应当在现场审计结束之日起7个工作日内，完成审计组审计报告的起草、审核工作，并送被审计对象征求意见。

审计组的审计报告征求被审计对象意见时，应当明确要求被审计对象自接到审计报告征求意见稿之日起10个工作日内，将书面意见送交审计组或者审计机关。

第十一条 审计组应当在收到被审计对象书面意见之日起3个工作日内，研究、核实被审计对象意见，修改审计报告并提交审计组所在部门。

第十二条 审计组所在部门应当在收到审计组的审计报告之日起7个工作日内，复核审计组的审计报告，并完成审计机关审计报告、审计决定书、审计移送处理书等审计结果类文书的代拟工作。

第十三条 法制工作机构开展审计项目审理（复核）工作的时间，应控制在7个工作日内；审理后修改审计机关审计报告等审计结果类文书的时间，应控制在5个工作日内。

审计组所在部门应当在收到审理（复核）意见书之日起3个工作日内，将审理（复核）意见采纳情况书面说明提交法制工作机构。属于复核的审计项目，审计组所在部门同时还应当完成审计报告等审计结果类文书的修改工作。

第十四条 法制工作机构开展审理（复核）工作时，如发现相关审计结果类文书存在明显不当或有重大差错的，应将原稿退回拟稿单位修改或者补正。拟稿单位对由于文书退回所造成的时间延迟等后果，承担相应的责任。

第十五条 总审计师审核审计结果类文书的时间，应控制在7个工作日内；审计结果类文书经审计业务会议审议后，署领导（或特派办领导）审定、签发的时间，应控制在3个工作日内。

第十六条 业务司审核、汇总各审计组或者派出机构的审计报告，并完成审计机关审计报告等审计结果类文书代拟稿的时间，应控制在15个工作日内。

第十七条 本办法规定的时间要求，是审计项目各环节可用的最长时间。审计组和各有关单位在实际执行中，应当尽可能提高效率，缩短本环节的时间。

现场审计环节因特殊情况确需延长时间的，由项目执行单位提前向署有关业务司提出延期申请，由业务司商办公厅同意，报分管署领导审批，必要时报审计长审定。

其他环节因特殊情况需要延长时间的，经分管署领导（或特派办领导）批准后可适当延长，但延长的时间不得超过上述规定时间的一半。

第十八条 审计项目涉及审计处罚事项且符合审计听证条件的，应当按规定告知并组织审计听证。告知并组织审计听证的时间另行计算。

第十九条 各项目执行单位应当及时检查审计决定的执行情况，最晚应于审计决定书载明的审计决定执行期限届满之日起7个工作日内，向办公厅和主管业务司报送检查结果。

检查结果需要汇总的，主管业务司应当在收到各项目执行单位报送的检查结果后 7 个工作日内，向办公厅报送汇总情况。

第二十条　审计项目结束后，审计组应当按照审计档案工作有关规定及时归档，归档时间最晚不得迟于该项目结束后的次年 4 月底。

第二十一条　业务司和项目执行单位应当加强对审计项目进度情况的监督和检查，根据审计项目计划管理的规定按月向办公厅填报审计项目台账，并按季度向办公厅填报《审计项目进度计划及执行情况表》(按审计项目分别填写，见附件 1) 和《审计项目进度计划及执行情况汇总表》(按项目执行单位汇总填写，见附件 2)。

第二十二条　办公厅按月编发计划执行情况简报，定期通报审计项目进度执行情况。其中，对擅自拖延进度、造成不良后果的，由责任单位作出书面说明，并在年度考核时相应扣减其得分。

第二十三条　本办法由审计署负责解释。

第二十四条　本办法自印发之日起施行。

附件：1. 审计项目进度计划及执行情况表

2. 审计项目进度计划及执行情况汇总表

审计署关于印发《审计署工作规则》的通知

审办发［2009］131 号

署机关各单位、各特派员办事处、各派出审计局：

现将 2009 年 6 月 29 日署党组会议通过的《审计署工作规则》印发给你们，请认真组织学习，并遵照执行。

2009 年 7 月 15 日

审计署工作规则

第一章　总　则

一、为切实履行法律赋予的各项职责，完成党中央、国务院交给的各项任务，加快推进审计署各项工作法治化、规范化、科学化，进一步提高工作质量和效率，根据《中华人民共和国宪法》、《中华人民共和国国务院组织法》、《中华人民共和国审计法》和审计署工作实际，制定本规则。

二、审计署工作的指导思想是，高举中国特色社会主义伟大旗帜，以邓小平理论和“三个代表”重要思想为指导，深入贯彻落实科学发展观，把审计工作更好地融入经济社会发展全局，认真履行审计监督职责，坚持“依法审计、服务大局、围绕中心、突出重点、求真务实”的工作方针，把推进法治、维护民生、推动改革、促进发展作为审计工作的出发点和落脚点，严肃查处重大违法违规问题和经济犯罪案件，推进绩效审计和审计公开，注重从体制、机制、制度层面揭示、分析和反映问题，提出改进和完善的建议，促进中央方针政策措施的贯彻落实，全力维护国家安全，积极推进体制制度创新和民主法治建设、反腐倡廉建设，充分发挥审计保障国家经济社会健康运行的“免疫系统”功能。

三、审计署工作的准则是，实行科学民主决策，坚持依法审计，推进政务公开，健全监督制度，加强廉政建设。

第二章　领导职责

四、审计署领导要依法依规履行职责，确保权力正确行使；开拓创新，求真务实，勤勉廉洁；充分发挥审计署机关各单位、各派出机构和地方审计机关的职能作用，保证政令畅通。

五、审计署领导由审计长、副审计长、总审计师、中央纪委驻署纪检组长组成。

六、审计署实行审计长负责制，审计长领导

审计署的工作。副审计长、总审计师协助审计长工作。

七、副审计长、总审计师、中央纪委驻署纪检组长按照分工负责处理分管工作或受审计长委托负责某些方面的工作或专项任务，并可代表审计署进行相关审计外事活动。

八、各分管署领导要按照中共审计署党组（以下简称署党组）决定，各负其责，全力协助审计长抓好队伍建设、审计业务工作、内部管理；对分管的工作要切实加强领导，精心组织，创造性地开展工作。对分管工作中的重大事项和重要审计工作的进展情况应及时向审计长报告。

九、审计署领导在工作中要密切沟通，团结协作。署领导参加党中央、国务院会议后要及时将会议精神向其他署领导通报。会议文件应送相关署领导传阅后交办公厅审计长办公室存查。

十、审计署机关各单位、各派出机构主要负责同志负责本单位的工作。

审计署机关各单位和各派出机构要各司其职，各尽其责，相互协调，密切配合，提高工作质量和效率，切实贯彻落实署党组和审计署的决定，及时反馈执行情况，努力完成各项工作任务。

第三章　依法行政

十一、审计署及署机关各单位、各派出机构要严格按照法定权限、有关规定和程序履行职责，行使行政权力。

十二、审计署根据经济社会发展和审计工作实际，不断完善审计法律体系。适时提出制定、修改或者废止有关审计法律和行政法规的建议。适时制定、修改或者废止有关审计规章，并就审计规章的应用性问题适时作出解释。

十三、审计署制定的规章和其他规范性文件，必须符合宪法、法律和国务院的行政法规、决定、命令，必要时征求相关部门的意见；涉及审计署与其他部门职权范围的事项，应报请国务院制定行政法规、发布决定和命令，或与有关部门联合制定规章及其他规范性文件。与有关部门联合制定的规章及规范性文件发布前须经国务院批准。审计规章应及时向国务院报送备案。

十四、提请审计长会议讨论的审计法律、行政法规草案送审稿和决定的审计规章以及其他相关规范性文件草案由法规司组织起草或审查。审计规章的解释工作由法规司组织办理。

十五、严格行政执法责任制和执法过错追究制，有法必依、违法必究，公正执法、文明执法。

第四章　会议制度

十六、审计署实行党组会议、审计长会议、审计业务会议制度。

审计署工作中的重大事项，必须经党组会议、审计长会议或审计业务会议讨论决定。

十七、党组会议由党组成员组成，由党组书记或其委托党组副书记召集和主持，必要时可请有关领导和相关单位负责同志列席。主要任务是：

（一）学习党中央、国务院的有关文件、决定，传达党中央、国务院领导同志的重要指示和重要会议精神；

（二）研究制定审计工作的方针政策，发展战略、规划和重大措施；

（三）研究国务院委托审计署拟定的审计法律、行政法规草案；

（四）研究向党中央、国务院请示、报告的重大事项；

（五）研究部署审计署重要工作；

（六）研究决定审计署内部机构设置和干部管理中的重要问题；

（七）研究处理重大审计事项和重要涉外问题；

（八）研究加强党的思想建设、组织建设、作风建设、制度建设、反腐倡廉建设和思想政治工作；

（九）研究议定其他需要党组会议决定的事项。

党组会议不定期召开。必要时可召开党组扩大会议。

十八、审计长会议由审计长、副审计长、总审计师、中央纪委驻署纪检组长组成，由审计长或其委托其他署领导召集，根据需要可安排有关单位负责同志列席。主要任务是：

（一）研究贯彻落实党中央、国务院的决定、指示；

（二）分析审计工作形势，研究决定年度审计工作计划、年度工作要点和其他重大事项；

（三）讨论通过向国务院总理报送的中央预算执行和其他财政收支的审计结果报告；

（四）讨论通过其他向国务院的报告、请示；

（五）讨论通过由审计署制定和发布的审计规章；

（六）讨论通过对地方审计工作的指导意见；

（七）研究国务院有关部门与审计署协调的重要事项；

（八）讨论决定地方审计机关请示审计署的重要事项；

（九）研究特派办建设和署机关职工生活中的重大问题；

（十）研究议定其他需要审计长会议决定的事项。

审计长会议一般每个月召开两次，根据需要可临时召开。

十九、审计业务会议由审计长、副审计长、总审计师、中央纪委驻署纪检组长、办公厅主任、法规司司长和有关审计专业人员组成。由审计长或其委托其他署领导召集，根据需要可安排有关单位负责同志列席。主要任务是：审议各审计业务司提交的需经审计业务会议讨论的审计（调查）工作方案、审计（调查）实施方案、审计（调查）报告、审计决定和审计公告稿。

二十、审计署党组会议、审计长会议、审计业务会议的议题，由分管署领导审核或召开专门会议研究后提出，报党组书记、审计长或主持会议的署领导确定后提交会议研究，除特殊情况外，不得临时动议。

提交审计业务会议讨论的审计（调查）工作方案和审计（调查）报告，应事先由法规司、总审计师初步审核，分管署领导初步审定。审计业务会议讨论通过的审计（调查）工作方案，由责任单位根据会议意见修改后，主管业务司送办公厅办理发文；审计业务会议讨论通过的审计（调查）报告，由主管业务司按规定征求国务院有关部门意见后，连同有关会议纪要，送法规司、总审计师审核，分管署领导审定后按程序办理发文。

二十一、审计署党组会议、审计长会议、审计业务会议的组织工作，由办公厅负责；一般要在会前三天把讨论文件发给参加会议的同志。

党组会议、审计长会议、审计业务会议要编写会议纪要。党组会议纪要由党组秘书负责编写；审计长会议纪要由办公厅负责编写，办公厅主任审核；审计业务会议纪要由法规司负责编写，总审计师审核。会议纪要由会议主持人签发。

党组会议、审计长会议、审计业务会议的开会时间要相对集中，以保证审计署领导同志既能集中时间参加会议，又能有足够的时间深入基层调查研究、指导工作。

二十二、署机关各单位需召开由其他单位负责同志参加的专题会议，除紧急情况外，应事前报经分管署领导同意，并告知办公厅值班室；如会议安排有冲突，由办公厅值班室负责协调。

二十三、根据党中央、国务院指示和审计工作需要，召开全国性审计工作会议。全国性审计工作会议一般每年召开一至两次，由审计长或其委托其他署领导主持。召开属于二类会议的全国性审计工作会议，要按照规定报送国务院办公厅审批；召开属于三类会议的全国性专业会议按每年年初署党组批准的会议计划召开。

二十四、召开全国性的审计工作会议和专业会议要按规定严格控制会议地点、会议规模和会期，注重会议质量，提高会议效率。尽可能采用电视电话会议等快捷、节俭的形式召开。不得向地方和企事业单位摊派会议经费，不得组织会议代表游览及与会议无关的参观，不得发放纪念品及与会议无关的物品。

第五章　公文审批制度

二十五、审计署机关公文应当符合国务院《国家行政机关公文处理办法》的规定，按照《审计机关行政公文处理办法》办理。

二十六、审计署收到的党中央、国务院文电，由办公厅报送党组书记、审计长或主持工作的署领导阅批。

审计署收到的国务院各部门、直属机构、办事机构、直属事业单位和各省、自治区、直辖市人民政府的文件，由办公厅按各司局的职责分工分送有关司局提出意见后，报送分管署领导阅批，重大事项由办公厅主任或副主任负责呈报有关署领导阅批后转有关司局办理。

审计署机关各单位、各派出机构和各省、自治区、直辖市审计厅（局）的请示、报告，由办公厅按照署领导职责分工呈批，重大事项报审计长审批。除署领导交办事项和必须直接报送的绝密事项外，一般不得直接向署领导个人报送公文。

二十七、在公文办理过程中，遇有承办或牵头单位不明确的事项，由办公厅负责协调或报请署领导确定，有关司局不得推诿扯皮。涉及署内多个司局业务的公文，有关司局要进行协商，并在公文签发前由主办司局送有关司局会签。

二十八、以署党组和审计署名义发的文电，在送党组书记或署领导签发前，有关经办单位要认真做好审核工作，最后由办公厅负责审核把关。

二十九、以署党组名义发的文电，由党组书记或其委托党组副书记签发。

三十、以审计署名义发的文电，其签发权限分为两级：

（一）由审计长签发的文电：向党中央、国务院报送的报告、请示、意见；向国务院报送的审计报告和审计调查报告；审计署令，审计结果公告；发往各地区、各部门的重要政策性文电；审计规章和涉及审计工作重大问题的处理；重要的涉外事项和重要的政策性宣传稿件；推广全国性典型经验和指名批评某一地区或某一部门违纪问题的通报；向审计系统或审计人员颁发各种荣誉证书或奖状；审计署司局级机构变动和司局级干部的任免、处分等。审计长外出时，由主持工作的署领导签发。

（二）由分管署领导签发的文电：回复国务院办公厅征求意见的文件；单项审计工作制度；有关审计规章的实施细则及解释；列入年度审计项目计划的审计业务文书；列入年度计划的各种专业会议文电；年度审计计划中的个别项目调整等。

三十一、以审计署办公厅名义发出的文电，由主办司局领导审核，办公厅主任签发。如有必要，可报分管署领导或审计长签发。办公厅主任外出时，由主持工作的副主任签发。

三十二、审计署会同党中央和国务院有关部门的联合发文或会签发文，一般由审计长签发。党中央和国务院有关部门会同我署的联合发文或会签发文，一般应按照对等原则由分管署领导审签。

三十三、审计署署印由办公厅秘书处保管，经审计长、分管署领导、办公厅主任或其委托的人员签字后使用。

三十四、署机关各单位、各派出机构要指定专人，严格按照有关规定和要求，认真做好审计署公文的审核工作，进一步精简公文，提高公文质量。同时，要加快网络办公进程，提高公文处理效率。

第六章　公务活动及宣传报道制度

三十五、署领导在国内考察工作，要减少随行和陪同人员，简化接待礼仪，轻车简从；深入基层，要尽量减少地方陪同人员，特派办和地方审计机关负责同志不到机场、车站迎送。

审计署机关各单位、各派出机构负责同志也应当按此原则办理。

三十六、除党中央、国务院统一组织安排的活动以外，署领导一般不出席各部门、各地方、各单位召开的会议或接见、照相、颁奖、剪彩、联欢及首发、首映式等事务性活动；不为署机关各单位、各派出机构和地方审计机关的工作会议签发贺信、贺电，不题词、题名。

三十七、署领导因公出访，严格执行党中央和国务院有关规定。出访安排列入审计署年度外事工作计划。出访前，按规定报国务院批准，抄送外交部。回国后，向国务院报送出访报告。副审计长、总审计师、中央纪委驻署纪检组长一般每年出国（境）不超过1次。

三十八、审计署邀请的外国重要官方人士拟请国家领导人会见的，由审计署向国务院提出请示，抄送外交部，呈有关领导同志批准。

与台湾的交流活动，由审计署向国务院台办报批。

会见港澳人员、华侨知名人士，由国际合作司报审计长或分管外事的署领导批准。

三十九、审计署代表参加国际会议，如在会前有国际性审计组织提议拟在中国举办或由中国承办大型、多边国际会议等事宜，应多方了解情况，请示署领导，做好应对预案；如在会上临时受邀，应将相关信息带回国内，向分管外事的署领导汇报，经审计长同意并报请有关部门批准后，由国际合作司正式发函协商予以确认。

四十、署领导活动的宣传报道要从严掌握。全国性的审计工作会议和其他有较大影响的会议、活动，要按经署领导审定的方案进行新闻报道。署领导接受新闻单位采访，应由办公厅统一安排。署内会议需要报道的，由办公厅通知署有关媒体进行报道。署领导的讲话，可以公开发表的，由办公厅安排发表。署领导下基层调查研究、考察工作，需要新闻报道或在内部刊物上报道的，报道内容要经署领导本人审定。署领导参加外事活动，需要公开报道的，由国际合作司向办公厅提出方案，办公厅通知署管媒体进行报道。

第七章　外出请示报告制度

四十一、审计长离京出差（出访）或休假，要确定一位署领导主持工作，审计署办公厅应按规定事前向国务院办公厅报告。副审计长、总审计师、中央纪委驻署纪检组长离京出差（出访）或休假，应事前向审计长报告，经批准后，由秘书把离京外出的时间、前往地点等有关事项通知办公厅值班室。署领导重要出差（出访）结束后，应在党组会议或审计长会议上通报情况。副审计长、总审计师离京出差（出访）或休假期间，应委托在京署领导代理分管工作，由秘书把委托情况告知办公厅值班室。遇有特殊紧急情况，由办公厅主任酌情商请在京署领导处理。

四十二、审计署机关各单位、各派出审计局主要负责同志离京出差（出访）或休假，应确定临时负责本单位工作的司局级领导同志，经分管署领导批准，并报办公厅值班室。办公厅值班室要随时掌握各单位主要负责同志离京外出的情况，及时向有关署领导和办公厅领导报告。

四十三、审计署驻地方特派员办事处主要负责同志，离开驻地 2 天（含）以上，应事前报办公厅值班室。办公厅值班室应及时向有关署领导和办公厅领导报告。

第八章　政务公开

四十四、要大力推进政务公开，健全审计信息发布制度和审计结果公告制度，完善各类公开办事制度，提高审计工作和内部管理各项工作的透明度。

四十五、审计长会议、审计业务会议决定的事项，审计署制定的规章和规范性文件，除需保密的外，应及时公布。

四十六、凡涉及群众切身利益、需要群众广泛知晓的事项以及其他依照法律、法规和国家有关规定应当主动公开的事项，均应通过审计署门户网站、审计结果公告、新闻发布会以及报刊、广播、电视等方式，依法、及时、准确地向社会公开。

第九章　作风纪律

四十七、审计署要坚决贯彻执行党和国家的路线方针政策及工作部署。审计署及署机关各单位、各派出机构领导必须坚决执行审计署的决定，如有不同意见，可在审计署内部提出，在没有重新作出决定之前，不得有任何与审计署决定相违背的言论和行为。署领导发表涉及国家重要政策的讲话和文章，若无统一口径，事先要报国务院同意。署机关各单位、各派出机构领导发表涉及重要政策的讲话和文章，须报分管署领导批准。

四十八、审计署要建设学习型机关。署领导要做学习的表率，密切关注国际国内经济、社会、科技等方面发展变化的新趋势，不断充实新知识，丰富新经验。

四十九、署领导要深入基层，考察调研，了解实情，关心群众，解决实际问题，坚持署领导对地方审计工作调研重点联系地区制度。

五十、要从严治政，对职权范围内的事项要规范工作程序，按程序和时限认真负责办理。

五十一、审计署及署机关各单位、各派出机构领导人员要严格遵守保密纪律和外事纪律，严禁泄露国家秘密、工作秘密或因履行职责掌握的商业秘密等，坚决维护国家的安全、荣誉和利益。

第十章　廉政建设

五十二、结合审计署实际，认真贯彻落实国务院廉政工作会议的部署和要求。

五十三、要严格执行财经纪律，规范公务接待，不得用公款送礼和宴请，不得违反规定接受送礼和宴请。要艰苦奋斗、勤俭节约，切实降低行政成本，建设节约型机关。

五十四、审计署各级领导干部要廉洁从政，严格执行中央有关廉洁自律的规定和审计纪律，不得利用职权和职务的影响为本人或关系人谋取不正当利益；要严格要求亲友和身边的工作人员，不得利用特殊身份谋取私利。

第十一章　行政监督

五十五、要认真对待全国人大代表、全国政协委员的建议、提案，及时反馈意见。要按照有关法律的规定接受司法监督，自觉接受纪检、监察和相关部门的监督，对发现的问题要认真查处和整改，重大问题应向国务院报告。

五十六、加强审计系统内部监督，严格执行审计法和行政复议法律法规，实行规章备案制度，及时撤销或修改违反法律、行政法规的审计规章和其他规范性文件，纠正违法或不当的行政行为。

五十七、审计署和机关各单位、各派出机构要自觉接受新闻舆论和群众的监督。对新闻媒体报道和各方面反映的涉及审计机关的重大问题，署机关各单位、各派出机构要在第一时间向审计署报告，并按审计署要求积极主动地查处和整改。

五十八、要重视人民群众来信来访工作，进一步完善信访制度，确保信访渠道的畅通。

五十九、要进一步完善署党组派驻纪检组长制度、审计项目质量责任追究制度，建立健全巡视工作制度。明确问责范围，规范问责程序，严格责任追究。

六十、审计署办公厅要认真履行署内督办职责，对党中央和国务院领导同志的批办件，国务院交办件，人大代表议案、建议和政协委员提案，有关部委的办理件，署党组会议、审计长会议、审计业务会议议定事项，署领导批示和交办重要事项等要及时督办，并适时通报各单位办理情况。

第十二章　附　则

六十一、本规则自署党组通过之日起执行。1998年6月9日印发的《审计署工作规则》（审发［1998］136号）同时废止。

六十二、本规则适用于署机关各单位、各派出机构，由办公厅负责解释。

审计署办公厅关于印发联合国审计工作规范（试行）的通知

审办境外发［2009］172号

各省、自治区、直辖市和计划单列市、新疆生产建设兵团审计厅（局），署机关各单位、各特派员办事处、各派出审计局：

现将《联合国审计工作规范（试行）》印发给你们，请参加联合国审计人员遵照执行。

2009年7月14日

联合国审计工作规范（试行）

第一章　总　则

第一条　为了规范联合国审计工作，确保联合国审计工作质量，更好地履行联合国审计委员会委员的工作职责，根据联合国、联合国审计委员会、联合国专门机构和国际原子能机构外部审计师小组（以下简称联合国外部审计师小组）、世界审计组织、国际会计师联合会和中华人民共和国审计署（以下简称审计署）等机构发布的相关规定，制定本规范。

第二条　本规范所称联合国审计工作，是审计署为了履行审计署审计长作为联合国审计委员会委员的工作职责，根据联合国审计委员会的授权，对联合国组织的账目、基金和项目等实施外部审计的有关工作。

第三条　本规范所称联合国审计工作人员（以下简称审计人员），是审计署组织、协调和参与完成联合国审计工作的人员，包括常设机构人员和参加审计项目的人员。

所有审计人员开展联合国审计工作时，应遵守本规范。

第四条　本规范所称联合国审计项目（以下简称项目），是指根据联合国审计委员会的任务分工，由审计署承担的、需要出具审计报告的审计项目。

本规范所称联合国审计子项目（以下简称子项目），是指审计人员为了更好地实施项目审计，将被审计单位划分为多个业务单元或者分支机构，而后对这些业务单元或者分支机构实施审计的审计项目。

除特别说明外，本规范所称审计组既包括项

目审计组，也包括子项目审计组；审计组组长既包括项目审计组组长，也包括子项目审计组组长。

第五条　审计署开展联合国审计工作时，应遵循公认审计准则和其他相关规定。这些公认审计准则和其他相关规定包括但不限于：

（一）联合国审计委员会、联合国外部审计师小组、联合国行政与预算问题咨询委员会等机构颁布的审计准则、规则和提出的要求；

（二）国际会计师联合会颁布的国际审计准则；

（三）世界审计组织颁布的审计准则；

（四）审计署颁布的审计准则和有关规则。

若以上准则、规则和要求间有冲突，审计人员应以满足联合国和联合国审计委员会的要求为标准，选择适当的准则、规则和要求予以执行。

第六条　审计署开展联合国审计工作时，应以联合国系统会计准则、国际公共部门会计准则、联合国财务条例、联合国采购手册、联合国大会相关决议、联合国相关机构的财务制度和管理制度等作为审计评价标准。

第七条　联合国审计工作是财务审计与绩效审计的结合。

财务审计的目标是对下列事项发表意见，并对发现的相关问题提出审计建议：

（一）财务报表总体的真实公允性，具体包括：

1. 财务报表是否公允地反映了被审计单位期末的财务状况和当期的运营结果；

2. 财务报表是否按照联合国系统会计准则和相关会计制度编制；

3. 当期采用的会计政策是否与前一个会计期间的一致。

（二）各项交易业务是否符合联合国系统财务规定并得到授权。

绩效审计的目标是对下列事项发表意见，并对发现的相关问题提出审计建议：

1. 被审计单位财务程序、会计系统、内部控制以及运营和管理是否符合联合国或被审计单位设定的目标或利益关联方的期望，是否安全。

2. 联合国内部或外部监督机构在以前年度指出的被审计单位存在的缺陷和问题是否得到纠正或改进，监督机构提出的建议是否被采纳。

第八条　审计署开展联合国审计工作时，对编制年度审计计划、总体审计策略和审计实施方案，收集审计证据，编写审计工作底稿、出具管理意见书和审计报告，直至归集审计档案的全过程实行质量控制。

第九条　联合国审计工作依照联合国审计委员会的审计质量控制检查表（Quality Assurance Checklist，附件 1）实施质量控制，并接受审计署和联合国审计委员会的质量监督。

第二章　审计人员

第十条　审计人员应保持实质上和形式上的独立，不得因任何利害关系或个人感情影响客观和公正的审计立场。与被审计单位或审计事项有利害关系的，应回避。

第十一条　审计人员应保持职业谨慎，对高风险的审计领域予以关注。

第十二条　审计人员应保持廉洁，不得利用审计工作的便利为自己或他人谋求或获取任何利益或机会。不得收受被审计单位的礼金、礼品或有价证券，不得在被审计单位报销任何因公因私费用，不得向被审计单位申请职位。

第十三条　审计人员应严格遵守国家、审计署、联合国和被审计单位的保密规定，保守国家秘密、国内审计工作秘密、国内被审计单位的工作秘密和商业秘密，以及联合国审计工作秘密。审计人员应自觉遵守被审计单位所在国家或地区的法律、法规和规则，尊重当地的文化和宗教习俗。

第三章　联合国审计风险

第十四条　联合国审计风险（以下简称审计风险）是指被审计单位财务报表存在重大错报，或者被审计单位内部控制严重失控，财务程序、会计系统、运营和管理严重背离联合国或被审计单位设定的目标或利益关联方的期望，而审计人员发表不适当审计意见的可能性。

第十五条　审计风险是两类风险的总和：

第一类审计风险是财务审计风险，即被审计单位财务报表存在重大错报，或者存在重大的违反联合国系统财务规定或授权的交易业务，而审计人员发表不恰当审计意见的可能性。

第二类审计风险是绩效审计风险，即被审计单位内部控制严重失控，财务程序、会计系统、运营和管理严重背离联合国或被审计单位设定的目标或利益关联方的期望，而审计人员未能发现这些重大绩效问题，或者发表不适当的审计意见、提出不适当审计建议的可能性。

第十六条　财务审计风险包括重大错报风险和财务检查风险。

重大错报风险是财务报表在审计前存在重大错报的可能性。重大错报风险分为财务报表和认定两个层次。

财务检查风险是某一认定存在错报，该错报单独或连同其他错报是重大的，但审计人员未能发现这种错报的可能性。

第十七条　认定层次的重大错报风险包括固有财务风险和财务控制风险两个要素。

固有财务风险是假设不存在相关的内部控制，某一认定发生重大错报的可能性，无论该错报单独考虑，还是连同其他错报都构成重大错报。

财务控制风险是某一认定发生了重大错报，无论该错报单独考虑，还是连同其他错报都构成重大错报，而该错报没有被被审计单位的内部控制及时预防、发现和纠正的可能性。

第十八条　绩效审计风险包括重大失望风险和绩效检查风险。

重大失望风险是指被审计单位在审计前内部控制严重失控，财务程序、会计系统、运营和管理等方面存在严重背离联合国或被审计单位设定的目标和利益关联方期望的可能性。

绩效检查风险是被审计单位内部控制严重失控、财务程序、会计系统、运营和管理等方面严重背离联合国或被审计单位设定的目标和利益关联方的期望，但审计人员未能发现这种绩效问题的可能性。

第十九条　重大失望风险包括固有绩效风险和绩效控制风险两个要素。

固有绩效风险是假设不存在相关的内部控制，被审计单位的财务程序、会计系统以及运营和管理严重背离联合国或被审计单位设定的目标和利益关联方期望可能性，无论该问题单独考虑，还是连同其他问题都构成利益关联方的重大失望。固有绩效风险受审计事项的敏感度和目标实现程度的影响（重大失望风险为敏感度/目标实现程度），越敏感的审计事项，重大失望风险越高；目标实现程度越高的审计事项，重大失望风险则越低。

绩效控制风险是某项交易业务背离联合国或被审计单位设定的目标和利益关联方的期望，无论该项背离单独考虑，还是连同其他背离都构成重大失望，而该项背离没有被被审计单位的内部控制及时预防、发现和纠正的可能性。

第二十条　审计人员应当通过计划和实施审计工作，获取充分、适当的审计证据，将审计风险降至可接受的低水平。

第四章　年度审计计划

第二十一条　联合国审计委员办公室应根据联合国审计委员会对委员的工作分工、联合国审计委员会确定的年度审计计划、审计项目的会计期间和审计报告的提交要求等，于每年 12 月提出下一年度审计计划草案，经联合国审计工作领导小组审定后，作为审计署联合国审计年度计划。

第二十二条　联合国审计年度计划的主要内容包括：

（一）计划审计的项目和子项目的名称、地点和性质（指审前调查、期中审计或期末审计）；

（二）各项目和子项目审计组人数；

（三）预计现场审计起讫时间；

（四）各项目和子项目结论性文书（管理意见书、审计报告等）的报出时间；

（五）审计工作量的测算；

（六）审计项目的经费预算等。

现场审计起讫时间须与联合国审计委员会和被审计单位沟通后确认，审计人员名单需根据最后确定的审计时间予以确认。

第二十三条　联合国审计委员办公室对联合国年度审计计划的适当性、可行性和执行效果负责。

第二十四条　联合国年度审计计划确定后，根据实际情况确需调整的，应报分管署领导批准。

第二十五条　联合国审计委员办公室制定联合国审计年度计划时，应同时编写或更新联合国审计工作手册。

第二十六条　联合国审计工作手册是审计人员顺利实施联合国审计项目的指南，内容包括对外宣传口径、联合国审计工作指引、被审计单位所在国家（地区）基本情况和应急预案等内容。

第二十七条　对外宣传口径的内容包括国内国际政治、经济、人文、历史、社会等方面的热点或焦点问题及应对政策，编写的目的是帮助审计人员了解国内国际时事，统一对外宣传口径。

第二十八条　联合国审计工作指引从审计业务和审计行政管理两个方面，列明审计人员参与联合国审计工作的注意事项、工作程序和相关要求。

第二十九条　被审计单位所在国家（地区）基本情况包括被审计单位所在国家或地区的政治、经济、军事、外交、卫生和交通等情况；应急预案则包括应急通讯联系方式、当地应急电话、当地使领馆情况、国际医疗和意外事故救助及保险理赔方法等内容。

第五章　审计准备

第一节　组成审计组

第三十条　联合国审计委员办公室根据联合国审计年度计划确定的审计项目配备审计人员，组成审计组。各审计组实行审计组组长负责制。

第三十一条　审计组组长可以委托一名有资格的审计人员担任主审，履行审计组组长授权范围内的职责。审计组组长对主审履行职责的结果承担责任。

第二节　审计通知书

第三十二条　联合国审计委员办公室应在对项目实施审计六周前，会同联合国审计委员会向被审计单位发出审计通知书（Notification Letter，附件2）。

审计通知书由联合国审计委员办公室草拟，联合国审计委员会执行秘书签署，以联合国审计委员会名义发送。

第三十三条　审计通知书的主要内容包括：

（一）审计项目和子项目的名称；

（二）各子项目现场审计的起讫日期；

（三）审计组及各子项目审计组组长及成员姓名；

（四）对被审计单位配合审计工作提出的要求；

（五）签发人及签发日期；

（六）抄送人员名单。

第三节　审计授权的确认

第三十四条　审计组应在现场审计开始前进行审计授权的确认，确认的内容包括：

（一）已取得了联合国审计委员会任命决议、业务约定条款的副本，并将其归入审计档案；

（二）如果将要实施的是追加审计项目或服务（即该项目不包含在联合国审计委员会委员分工中，且联合国审计委员会将额外拨付审计经费），应与被审计单位达成一致，并取得相关信函或决议；

（三）充分考虑审计组成员的专业胜任能力和技能，保证审计人员有能力实施审计，且能对该项目实施适当的监督和复核。

审计组对本条第（三）项的考虑应贯穿审计业务的全过程。

第四节　追踪以前年度审计建议的落实情况

第三十五条　审计人员应对被审计单位落实以前年度审计建议的情况进行汇总，编制审计建议落实情况追踪表（Matrix of Issues in Previously issued MLs，附件3），反映截至资产负债表日，以前年度审计建议的落实情况，并逐项分析对本次审计的影响，提出需要进一步采用的审计程序。

第五节　调查了解被审计单位及其运营环境

第三十六条　审计组应根据审计项目的规模和性质，安排适当的人员和时间，对被审计单位、运营环境和相关内部控制，进行充分的调查了解，以识别和评估重大错报风险和重大失望风险，设计和实施相应的审计程序。

第三十七条　审计人员调查了解被审计单位及其运营环境的内容包括但不限于：

（一）政治环境、法律环境、监管环境及其他外部因素；

（二）业务性质、敏感度、运营目标、绩效管理目标、运营战略及相关运营风险；

（三）职责范围、机构设置、权力架构及人员状况；

（四）财务程序、会计系统，重大会计政策的选用及变动情况；

（五）相关的内部控制及执行情况；

（六）财务及运营管理绩效目标的实现程度的衡量和评价；

（七）计算机信息系统的基本情况和相关管理制度；

（八）以往年度审计的情况；

（九）其他需要了解的情况。

第三十八条 调查了解被审计单位及其运营环境时，审计人员应从以下来源获得信息：

（一）联合国相关条例、规定和联合国大会的决议；

（二）被审计单位的职责或任务说明；

（三）被审计单位的战略计划、中期计划和各种方案；

（四）被审计单位的年度财务报告和业绩报告；

（五）被审计单位的组织机构图、内部方针政策和操作手册；

（六）被审计单位的项目评估、咨询报告和内部审计报告；

（七）以前年度审计报告、管理意见书和审计档案；

（八）被审计单位的利益关联方（诸如会员国、联合国行政与预算问题咨询委员会等）的要求；

（九）联合国内部监督事务厅及其他监督机构的检查结果和改进建议；

（十）其他来源。

第三十九条 审计人员可以实施下列风险评估程序，以了解被审计单位及其环境：

（一）询问被审计单位管理层和其他内部相关人员；

（二）发放审计调查问卷；

（三）执行初步分析性程序；

（四）观察和检查；

（五）其他适当方式。

第四十条 观察和检查程序可以印证对管理层和其他相关人员的询问结果，并可提供有关被审计单位及其运营环境的信息，审计人员可以通过以下方式实施观察和检查程序：

（一）观察被审计单位的业务活动；

（二）检查被审计单位的文件、记录和内部控制手册；

（三）阅读由被审计单位治理层和管理层编制的报告；

（四）实地察看被审计单位的办公场所和设备；

（五）追踪交易业务在财务报告信息系统中的处理过程（也称穿行测试）。

第四十一条 如果审计人员根据职业判断认为从被审计单位外部获取的信息有助于识别重大错报风险和重大失望风险，审计人员应实施其他审计程序来获取这些信息。

第四十二条 对于包含若干子项目的审计项目，审计人员应当在对被审计单位总部进行调查了解时，对子项目进行适当的调查了解并作出记录，这些记录应与子项目审计档案形成交叉索引。

第四十三条 对子项目较多的审计项目，应根据联合国审计委员会的要求和审计资源等方面的考虑，选择对所有分支机构进行全面审计，或对部分分支机构实施轮流审计。

第四十四条 对两个以上会计期间连续实施审计的项目，若审计人员拟利用以前审计期间获取的信息，则应先确定被审计单位及其运营环境是否已发生变化，以及该变化是否影响以前获取的信息在本期审计中的利用。

第四十五条 审计人员应根据调查了解到的被审计单位及其运营环境的情况完成调查了解被审计单位及其运营环境记录（Understand the Agency’s Business，附件 4）。

第六节 调查了解内部控制

第四十六条 在调查了解被审计单位及其运营环境时，审计人员应对与审计相关的内部控制进行充分的调查了解，以便：

（一）识别潜在错报和绩效问题的类型，判断影响重大错报风险和重大失望风险的因素；

（二）设计相应的审计程序。

第四十七条 内部控制是被审计单位为了合理保证单位目标的实现，由被审计单位治理层、管理层和其他人员设计和执行的程序。这些目标包括财务报表的可靠性、运营管理的安全、合理、效率、效果和遵循相关法律法规。

内部控制通常包括下列五个要素：

（一）控制环境；

（二）风险评估程序；

（三）信息系统和沟通；

（四）控制活动；

（五）对控制的监督。

区分上述五个要素只是帮助审计人员判断被审计单位内部控制的不同方面对审计产生的影响。在调查了解内部控制时，审计人员应重点判断特定控制是否能够及如何预防、发现或纠正重大错报风险和重大失望风险，而不是判断控制属于上述哪个要素。

第四十八条　与审计相关的控制，通常指被审计单位为了实现财务报表可靠性、提高运营管理的效率和效果及对联合国系统相关法规的遵循等目标而设计和实施的、与审计人员对上述事项发表意见相关的控制。

第四十九条　审计人员应运用职业判断，判断一项控制单独发挥作用或与其他控制共同发挥作用，是否及如何影响对重大错报风险和重大失望风险的评估，以及相应的审计程序的设计和实施。

审计人员在运用职业判断时应考虑下列因素：

（一）被审计单位的性质；

（二）被审计单位的规模；

（三）被审计单位业务的敏感度、多样性和复杂性；

（四）法律法规和监管要求；

（五）利益关联方的期望；

（六）内部控制各组成部分的性质和复杂性。

第五十条　审计人员调查了解内部控制，可以实施下列程序：

（一）询问被审计单位相关人员；

（二）观察特定内部控制的执行情况；

（三）检查相关文件和报告；

（四）追踪交易业务在财务报告信息系统中的处理过程（穿行测试）。

除非存在某些可以使内部控制得到一贯运行的自动化控制，审计人员对内部控制的了解并不能够代替对内部控制运行有效性的测试。

第五十一条　内部控制可能既包括人工作业又包括自动化作业，在了解内部控制、评估风险及设计和实施相应的审计程序时，审计人员应判断内部控制的人工作业或自动化作业的不同影响。

第五十二条　在了解内部控制时，审计人员应判断被审计单位是否针对人工管理系统或者计算机信息管理系统制定了相应有效的内部控制，以应对这些系统产生的风险。

第五十三条　审计人员应在调查了解被审计单位风险管理及内部控制记录（Understand Agency's Risk Management and Control Environment，附件 5）等审计工作底稿中，记录和分析被审计单位的内部控制，特别是控制环境、风险评估和管理等情况。审计人员还应采用文字描述、问卷调查和绘制流程图等形式，记录对被审计单位内部控制其他方面的调查情况。

第七节　实施初步分析性程序

第五十四条　审计组在调查了解被审计单位及其运营环境时，应实施初步分析性程序。通过预测可能存在的合理关系，并将之与被审计单位记录的金额、依据记录金额计算的比率或趋势相比较，从而识别异常的交易业务或事项，判断这些异常对财务报表和审计产生的影响，并在识别重大错报风险和重大失望风险时考虑这些分析结果。

第五十五条　实施初步分析性程序的目的在于：

（一）总体了解财务报表内容及业务或财务方面的重大变动；

（二）发现财务报表的异常或预期之外的变动，并识别特定风险；

（三）总体了解被审计单位及其运营环境；

（四）确认可能对被审计单位持续经营能力产生重大影响的事项；

（五）帮助确定重要性水平。

第五十六条　审计人员在实施初步分析性程序时，应考虑将被审计单位的财务信息与下列各项信息进行比较：

（一）以前会计期间的可比信息；

（二）被审计单位的预期结果或审计人员的预期数据；

（三）类似项目或其他单位的可比信息。

第五十七条　审计人员在实施初步分析性程序时，还应考虑下列关系：

（一）财务信息各构成要素之间的关系；

（二）财务信息与相关非财务信息之间的关系。

第五十八条　审计人员应将实施初步分析性程序的过程和结果记录在初步分析性程序记录（Perform Preliminary Analytical Procedures，附件 6）之中。

第八节　确定重要性水平

第五十九条　在审计准备阶段，审计人员应确定重要性水平（Determine Planning Materiality，附件 7）。

第六十条　就财务审计而言，重要性取决于在具体环境下对错报金额和性质的判断。如果一项错报单独或连同其他错报可能影响财务报表使用者依据财务报表做出的决策，则该错报是重大的。

就绩效审计而言，重要性取决于对于特定审计事项，其相关内部控制失控程度、绩效问题性质的判断。如果内部控制失控程度或者财务程序、会计系统、运营和管理等方面存在的绩效问题可能导致严重背离联合国或被审计单位设定的目标和利益关联方的期望，则该失控或者绩效问题是重大的。

第六十一条　重要性水平的确定是一个复杂的过程，需要审计人员充分运用职业判断，并考虑多种因素。

就财务审计而言，这些因素包括但不限于：

（一）被审计单位及其运营环境的重大变化；

（二）以前会计期间的运营结果和财务状况；

（三）当期的运营结果和财务状况；

（四）当期的预算和预测结果。

就绩效审计而言，这些因素包括但不限于：

（一）审计事项的性质、复杂程度和敏感度；

（二）各种法律法规和监管要求；

（三）利益关联方的期望。

第六十二条　就财务审计而言，审计人员应当计算出一个重要性水平数值，作为确定适当的审计范围、帮助审计人员发现财务报表重大错报的基础。即审计人员应当在考虑上述因素的基础上，选择一个适当的基准（如预算收入、预算支出、总资产、收支结余或净资产等），再选用适当的比率乘以该基准，计算出重要性水平。

通常情况下，审计人员应优先采用预算支出或实际支出作为重要性水平计算的基准，必要时，也可选用其他基准。比率的确定，应结合对审计风险的判断来进行。

第六十三条　审计人员除从数量方面考虑财务审计的重要性水平外，还应从性质方面考虑重要性，即金额不重要的错报从性质上看可能是重要的。

第六十四条　就绩效审计而言，审计人员应当确定一个定性的重要性，作为确定适当的审计事项、帮助审计人员发现内部控制严重失控或者重大绩效问题的基础。

第六十五条　对重大错报风险较高的交易业务或账户余额，以及重大失望风险较高的审计事项，审计人员可以根据实际情况适当调低其重要性水平，以将总体审计风险降低至可接受的水平。

第六十六条　在审计实施阶段，随着审计的深入，审计人员应及时评估审计准备阶段确定的重要性水平是否合理，并根据具体环境的变化或在审计实施过程中进一步获取的信息，修正审计准备阶段确定的重要性水平，进而调整相应的审计程序的性质、时间和范围。

第六十七条　在审计终结阶段，审计人员在评估错报和绩效问题影响时，应当运用重要性水平。

第九节　评估审计风险

第六十八条　财务审计风险和绩效审计风险中各风险要素的含义虽有差异，但是审计人员对这些风险进行分析和评估，并根据评估结果设计和实施相应审计程序的过程是类似的。

第六十九条　审计人员应实施审计程序，评估财务报表层次的重大错报风险，评估交易业务、账户余额或列报的认定层次的重大错报风险，评估审计事项的重大失望风险，并根据评估结果设计和实施相应的审计程序，以控制财务检查风险和绩效检查风险。

第七十条　审计人员应实施下列审计程序，以识别和评估重大错报风险：

（一）在了解被审计单位及其运营环境的整个过程中识别风险，并考虑各类交易业务、账户余额和列报的具体情况；

（二）将识别的风险与认定层次可能发生错报的领域相联系；

（三）判断识别的风险是否重大；

（四）判断识别的风险导致财务报表发生重大错报的可能性。

第七十一条　审计人员应实施下列审计程序，以识别和评估重大失望风险：

（一）在了解被审计单位及其运营环境的整个过程中识别风险，并考虑各类审计事项的敏感度和目标实现程度；

（二）将识别的风险与该审计事项可能发生失望的领域相联系；

（三）判断识别的风险是否重大；

（四）判断识别的风险导致利益关联方重大失望的可能性。

第七十二条　审计人员应判断由于舞弊可能导致的重大错报风险和重大失望风险，以将审计风险降至可接受的水平。

第七十三条　审计人员可以将评估重大错报风险和重大失望风险的结果，转化为固有保证系数、控制保证系数来进行度量，运用审计保证系数模型计算检查保证系数，并在审计风险评估汇总表（Summary of Risk Assessment，附件8）中记录风险评估的过程和结果。

第七十四条　审计人员应根据风险识别和评估的结果，确定针对财务报表层次重大错报风险、审计事项的重大失望风险的总体应对措施，这些措施包括：

（一）在收集和评价审计证据过程中保持职业怀疑态度；

（二）分派更有经验或能力的审计人员，或利用专家的工作；

（三）实施更多的监督指导；

（四）在选择相应的审计程序时，使用一些不为被审计单位管理层预见的程序。

第七十五条　审计人员还应根据风险识别和评估的结果，确定针对认定层次重大错报风险、审计事项的重大失望风险的审计程序的性质、时间和范围。

第七十六条　审计程序的性质是指审计程序的目的和采用的审计方法的类型。

审计程序的目的包括通过实施控制测试以确定内部控制运行的有效性，或通过实施实质性程序以发现认定层次的重大错报或者审计事项的重大绩效问题。

审计方法的类型包括检查、观察、询问、函证、重新计算、重新执行、分析性程序和调查等。

不同性质的审计程序应对特定认定层次重大错报风险和特定审计事项的重大失望风险的效力不同。

第七十七条　审计程序的时间是审计人员何时实施相应的审计程序，或审计证据适用的期间或时点。例如，可以选择在期中或期末实施控制测试或实质性程序。

第七十八条　审计程序的范围是实施相应的审计程序的数量，包括抽取的样本量、对某项控制活动的观察次数等。

第七十九条　对重大错报风险和重大失望风险的评估应以获取的审计证据为基础，并可能随着不断获取审计证据而做出相应的变化。

如果通过实施相应的审计程序获取的审计证据与初始评估获取的审计证据相矛盾，审计人员应修正风险评估结果，并相应修改原计划实施的审计程序。

第十节　审计组内部的讨论

第八十条　审计组组长应组织审计组成员对财务报表存在重大错报、审计事项内部控制严重失控、存在重大绩效问题的可能性进行讨论，并运用职业判断确定审计组内部讨论的目标、内容、参加人员、时间和方式。

第八十一条　审计人员通过讨论更好地了解在各自负责的领域中，由于舞弊或错误导致财务报表重大错报、审计事项内部控制严重失控或存在重大绩效问题的可能性，并了解各自实施审计程序的结果如何影响审计的其他方面，包括如何影响相应的审计程序的性质、时间和范围。

第八十二条　审计人员应根据审计的具体情况，在整个审计过程中持续交换有关财务报表发生重大错报和审计事项内部控制严重失控或存在重大绩效问题可能性的信息。

第十一节　利用其他监督机构和内部审计的成果

第八十三条　在审计准备阶段，审计人员应调查了解联合国内部监督事务厅、联合检查组等其他监督机构和被审计单位内部审计部门的工作情况及工作成果，判断其对审计程序和审计结果的影响，以及是否能够利用其工作成果。

第八十四条　如果审计人员决定利用联合国内部监督事务厅等其他监督机构或被审计单位内部审计部门的工作成果，应对这些机构和人员进行适当评估，了解他们实施监督的范围和程序，判断其专业胜任能力和工作成果的可靠程度。

第十二节　制定总体审计策略和审计实施方案

第八十五条　对有子项目或需要进行期中审计的项目，审计组应制定联合国审计项目总体审计策略，用于汇总审计准备阶段工作结果，确定审计范围、时间和工作方向，指导审计人员有效完成对该会计期间财务报表的审计工作。

第八十六条　制定总体审计策略时，审计组应：

（一）确定审计业务特征，包括采用的会计准则和相关会计制度、审计项目的报告要求和被审计单位组织架构，以及各部门的地域分布等，以界定审计范围；

（二）明确审计业务的报告目标，从而计划实施审计的方式（包括是否需要期中审计、期中审计的次数、需要审计的子项目名称及地点）、审计过程中人员的调配、时间的安排和所需沟通的性质，包括提交管理意见书、审计报告的时间要求，预期与管理层沟通的重要日期等；

（三）判断影响审计业务的重要因素，以确定审计组的工作方向，包括确定适当的重要性水平，初步评估被审计单位财务报表层次和认定层次的重大错报风险，审计事项的重大失望风险，初步确定重要的审计领域，判断是否需要获取审计证据以评价内部控制的有效性，了解被审计单位、财务报告要求及其他相关方面最近发生的重大变化等。

审计组还应结合初步评估被审计单位业务活动的结果，及以前年度对被审计单位实施审计时取得的经验，来制定总体审计策略。

第八十七条　总体审计策略的详略程度应随审计项目的复杂程度和被审计单位的规模不同而变化。总体审计策略的主要内容应当包括：

（一）摘要（包括制定总体审计策略的目的、过程、依据和内容概要等）；

（二）联合国审计委员会及审计委员会委员工作情况的介绍（包括中国审计长任命时间、委员会委员构成及职责、审计执行委员会及职责、遵循的审计准则及职业道德规范、审计结果的沟通方式和采用的审计方法等）；

（三）被审计单位的基本情况（包括被审计单位与联合国的关系，被审计单位业务性质、组织架构、战略目标、重要业务领域、采用的会计准则及政策，利益关联方及其期望，业务和财务管理情况，及对控制环境的描述等）；

（四）审计目标和范围；

（五）实施初步分析性程序的过程和结果；

（六）初步识别和分析重大错报风险和重大失望风险的过程及结果，需要关注的重点审计领域、确定该重点审计领域的理由及可能存在的风险；

（七）确定重要性水平（包括定性定量的重要性水平、确定审计准备阶段重要性水平的基准和比率、确定审计准备阶段重要性水平与报告阶段重要性水平的关系、确定货币精度等）；

（八）审计工作的初步安排（包括是否实施期中审计，实施期中审计的次数，拟实施的子项目审计的范围、时间和人员安排，审计通知书、审计进点会、出点会的安排，对审计工作底稿、管理意见书和审计报告的要求等）；

（九）编制人和编制日期；

（十）批准人和批准日期。

第八十八条　总体审计策略由审计组组长负责编制，报联合国审计委员办公室审核批准，由审计组负责实施。

重要审计项目的总体审计策略应向联合国审计工作领导小组报告。

第八十九条　联合国审计委员办公室应对总体审计策略的下列事项进行审核：

（一）审计目标的可行性；

（二）实施初步分析性程序的适当性；

（三）重要性水平确定、审计风险评估和审计保证程度确定的合理性；

（四）审计范围、重点审计领域的适当性；

（五）审计步骤和方法的可操作性；

（六）时间安排的合理性；

（七）审计分工的恰当性；

（八）其他需要审核的事项。

第九十条　针对每个具体项目（包括期中审计和期末审计、项目审计和子项目审计等），审计组应根据总体审计策略确定的方针，结合具体项目的审计准备情况，编制审计实施方案（Initial Planning Memorandum，附件 9）。

对于没有子项目且无须进行期中审计的项目，可以不必编制总体审计策略，仅编制审计实施方案。

第九十一条　审计实施方案的重点是识别交易业务和账户余额认定层次的重大错报风险，确定审计事项的重大失望风险，确定审计事项和重点审计领域，描述审计工作各个阶段应采取的步骤、相应的人员、时间和地点安排等。

第九十二条　审计实施方案的内容主要包括：

（一）实施审计项目的依据（包括联合国审计委员会的授权、审计项目总体审计策略、该子项目与审计项目的关系等）；

（二）被审计单位的名称和基本情况；

（三）审计目标、范围和现场审计起讫日期；

（四）实施初步分析性程序的过程和结果；

（五）重要性水平的确定（包括定性定量的重要性水平、确定审计准备阶段重要性水平的基准和比率、确定审计准备阶段重要性水平与报告阶段重要性水平的关系和确定货币精度等）；

（六）初步识别和分析重大错报风险和重大失望风险的过程及结果（包括确定固有保证系数、控制保证系数和检查保证系数）；

（七）审计事项和重点审计领域，确定重点审计领域的理由及可能存在的风险；

（八）各阶段采取的审计步骤，相应的人员、时间和地点安排；

（九）拟采用的主要审计方法；

（十）对被审计单位提出的要求；

（十一）编制人和编制日期；

（十二）批准人和批准日期。

第九十三条　总体审计策略和审计实施方案中确定的重点审计领域是对实现审计目标有重要影响的审计事项。

审计组应根据实施初步分析性程序、对相关内部控制进行调查了解、对重大错报风险和重大失望风险的评估等的结果，分析被审计单位相关记录及有关业务活动中可能存在的重要问题和线索，确定重点审计领域。此外，审计组还应将联合国行政与预算问题咨询委员会和联合国审计委员会要求关注的领域，确定为重点审计领域。

审计事项和重点审计领域一般可以按照被审计单位业务活动、管理活动或财务报表项目划分。

第九十四条　审计实施方案由子项目审计组组长编制，项目审计组组长复核，联合国审计委员办公室审核批准，子项目审计组实施。

第九十五条　联合国审计委员办公室应对审计实施方案的下列事项进行审核：

（一）审计目标的适当性；

（二）重要性水平确定、审计风险评估和审计保证程度系数确定的合理性；

（三）审计范围、重点审计领域的适当性；

（四）审计步骤和方法的可操作性；

（五）时间安排的合理性；

（六）审计分工的恰当性；

（七）其他需要审核的事项。

第九十六条　审计组应当根据审计实施方案编制审计进点会议程安排（Entrance Conference Agenda，附件10），并在审计进点前发送被审计单位。

第九十七条　审计进点会议程安排的主要内容包括：

（一）会议时间；

（二）审计组组长及成员姓名和分工；

（三）审计目标、审计范围和重点审计领域；

（四）现场审计实施时间及具体工作安排；

（五）审计结论性文书种类和报出程序；

（六）审计涉及的部门和人员；

（七）对被审计单位配合审计工作提出的要求；

（八）起草人和审批人等。

第十三节　审计程序表

第九十八条　审计人员应针对审计实施方案确定的各审计事项，分别设计审计程序表（Audit Program，附件11）。

第九十九条　审计程序表的主要内容包括：

（一）审计项目或子项目的名称、会计期间和现场审计起讫日期；

（二）审计事项名称；

（三）与该审计事项相关的风险、相应的具体审计目标、审计程序、工作底稿索引号和审计程序执行人；

（四）编制人和编制日期；

（五）批准人和批准日期。

第一百条　审计程序表由负责执行具体审计事项的审计人员编制，报项目审计组组长审核批准。

子项目的审计程序表，应由子项目审计组组长复核后，报项目审计组组长审核批准。

第一百零一条　审计组组长应对审计程序表的下列事项进行审核：

（一）具体审计目标的可行性；

（二）审计风险评估的合理性；

（三）审计步骤和方法的可操作性；

（四）时间安排的合理性；

（五）其他需要审核的事项。

第十四节　调整总体审计策略、审计实施方案和审计程序表

第一百零二条　如果出现未预期事项或在实施审计过程中获取新的审计证据，审计组应在审计过程中对总体审计策略做出必要的更新和调整。

第一百零三条　实施审计过程中有下列情形之一的，应调整审计实施方案或审计程序表：

（一）总体审计策略调整的；

（二）审计组在对被审计单位内部控制实施测试后，认为需要调整重点审计领域、审计步骤和

审计方法的；

（三）审计组人员发生变化，足以影响审计实施方案和审计程序表执行的；

（四）审计范围受到限制，不能正常开展审计工作的；

（五）其他需要调整的情况。

第一百零四条　总体审计策略、审计实施方案中下列事项的调整应报经联合国审计委员办公室批准：

（一）重点审计领域；

（二）重要性水平及审计保证系数；

（三）重要的审计步骤和方法；

（四）审计组组长和成员；

（五）审计时间安排；

（六）审计组组长认为需要报联合国审计委员办公室批准的其他事项。

第一百零五条　审计程序表中审计程序、具体审计目标和审计时间安排的调整应报经项目审计组组长批准。

第一百零六条　审计组在特殊情况下不能按照本规范第一百零四条、第一百零五条规定办理审批手续的，可以在口头请示相关机构或者人员后，调整并实施新的总体审计策略、审计实施方案和审计程序表。审计结束后，及时补办审批手续。

第六章　审计实施

第一节　控制测试和实质性程序

第一百零七条　审计人员根据审计通知书确定的审计实施时间，进入被审计单位，开展现场审计工作。

第一百零八条　审计人员根据预先提供给被审计单位的议程安排，召开审计进点会，并编制会议纪要（Minutes of Entrance Conference，附件12）。

审计组组长应在进点会上介绍审计组成员，说明审计目的、范围、可能涉及的审计领域、审计时间安排和审计结果的沟通方式等，并要求被审计单位配合审计工作和提供必要的条件。

第一百零九条　审计人员应按照总体审计策略、审计实施方案确定的审计事项和重点审计领域实施审计，执行审计程序表中确定的以下类型审计程序：

（一）控制测试（必要时或决定测试时）；

（二）实质性程序。

第一百一十条　当存在下列情形之一时，审计人员有必要实施控制测试：

（一）在评估重大错报风险和重大失望风险时，预期控制的运行有效；

（二）仅实施实质性程序不足以提供认定层次充分和适当的审计证据。

第一百一十一条　审计人员应实施实质性程序，以应对评估的重大错报风险和重大失望风险。

对重大错报风险和重大失望风险的评估只是一种判断，由于内部控制存在固有局限性，无论评估的重大错报风险和重大失望风险结果如何，审计人员均应针对所有重大的交易业务、账户余额和列报实施实质性程序，以获取充分和适当的审计证据。

第一百一十二条　审计人员应实施审计程序，评价财务报表列报是否符合所适用会计准则和相关会计制度的规定，判断财务报表是否正确反映财务信息并合理分类，判断重大事项的披露是否充分，并对财务报表总体发表适当的审计意见。

第一百一十三条　审计人员应实施审计程序，评价被审计单位的运营和管理是否符合联合国和被审计单位的相关规定。

审计人员在审计过程中应考虑哪些法规方面的重大变动将对财务报表产生直接影响。

第一百一十四条　审计人员应实施审计程序，评价被审计单位的财务程序、会计系统、内部控制以及运营和管理是否符合联合国或被审计单位设定的目标或利益关联方的期望。

第一百一十五条　在实施绩效审计时，审计人员可以考虑通过采取同一测试程序，完成证实相关内部控制运行有效性和其他绩效审计目标，即双重目的测试。

第二节　审查会计估计

第一百一十六条　审计人员应设计和实施审计程序，获取充分和适当的审计证据，判断特定环境下被审计单位的会计估计是否合理，是否得以充分披露。

第一百一十七条　在审查会计估计时，审计人员应采用下列一种或多种审计程序：

（一）审查和测试管理层做出会计估计的

过程；

（二）运用独立估计与管理层做出的会计估计进行比较；

（三）审查能够证实会计估计合理性的期后事项。

第三节　关注舞弊

第一百一十八条　审计人员应在整个审计过程中以职业怀疑的态度计划和实施审计工作，充分考虑由于舞弊导致财务报表发生重大错报的可能性。

第一百一十九条　舞弊是被审计单位的治理层、管理层、员工或第三方使用欺骗手段获取不当或非法利益的故意行为。

如果审计人员在审计实施过程中发现了舞弊的征兆，应采取适当的审计程序进行追查。

第一百二十条　如果审计人员证实了由管理层之外其他人员舞弊导致的错报或绩效问题，应及时告知子项目审计组组长（对于子项目审计而言）或者项目审计组组长（对于无子项目的审计项目而言），并由该组长：

（一）尽早地与管理层就该问题进行讨论（通常情况下，拟沟通的管理层应比涉嫌舞弊人员至少高出一个级别）；

（二）与管理层讨论进一步调查的方法；

（三）判断其对审计报告的影响并予以适当的记录。

第一百二十一条　一旦在审计过程中发现了管理层成员涉嫌舞弊的线索，子项目审计组组长（对于子项目审计而言）应立即向项目审计组组长报告，项目审计组组长（包括无子项目的审计项目）应通过联合国审计委员办公室向联合国审计委员报告，以决定是否及如何通过联合国审计委员会与被审计单位更高层次的管理机构或者联合国的相关机构沟通。

第四节　关注关联交易

第一百二十二条　审计人员应设计和实施审计程序，获取充分和适当的审计证据，判断管理层是否按照联合国系统会计准则和相关会计制度的规定识别、披露关联方和关联交易，以及关联交易对财务报表的影响是否重大。

第五节　与管理层沟通

第一百二十三条　审计人员应就审计过程中的相关事项与管理层沟通，除非这些事项涉及管理层的胜任能力或诚信等问题，不适合与管理层沟通。

第一百二十四条　如果被审计单位设有内部审计机构，审计人员可以在与管理层沟通特定事项前，先与内部审计人员讨论有关事项。

第一百二十五条　审计组根据审计实施方案完成所有现场审计工作后，应召开出点会，编制出点会会议纪要（Minutes of The Exit Conference），与被审计单位管理层沟通审计过程中发现的主要问题和提出的审计建议，并进一步听取管理层的意见。

被审计单位管理层对审计发现问题做出解释的，审计人员应索取相应的书面原始凭据，审计人员应据此考虑对审计发现问题的定性，并判断相应审计建议的合理性和适当性。

第六节　获取审计证据

第一百二十六条　审计证据是审计人员为了得出审计结论和形成审计意见而使用的所有信息，包括财务报表和会计记录中含有的信息以及财务报表和会计记录之外的其他信息。

其他信息包括审计人员从被审计单位内部或外部获取的会计记录以外的信息，通过询问、观察和检查等审计程序获取的信息，及审计人员自己编制或获取的可以通过合理推断得出结论的信息。

第一百二十七条　审计人员应获取充分和适当的审计证据，以得出合理的审计结论，作为形成审计意见的基础。

第一百二十八条　审计人员应保持职业怀疑态度，运用职业判断，评价审计证据的充分性和适当性。

第一百二十九条　审计证据的充分性是对审计证据数量的衡量。其他审计人员通过分析同样的审计证据，可以得出相同的审计结论，则这些审计证据就是充分的。审计人员需要获取审计证据的数量取决于错报风险。错报风险越大，需要的审计证据可能越多。

第一百三十条　审计证据的适当性是对审计证据质量的衡量，即审计证据在支持各类交易业务、账户余额、列报的相关认定，或发现其中存在错报、绩效问题方面具有相关性和可靠性。

第一百三十一条　审计证据的充分性和适当

性有密切关联，审计人员需要获取审计证据的数量受审计证据质量的影响。审计证据质量越高，需要的审计证据可能越少。

尽管审计证据的充分性和适当性相关，但如果审计证据的质量存在缺陷，审计人员仅靠获取更多的审计证据也无法弥补其质量上的缺陷。

第一百三十二条 在判断审计证据的相关性时，审计人员应考虑：

（一）特定的审计程序可能只为某些认定提供相关的审计证据，而与其他认定无关；

（二）针对同一项认定可以从不同来源获取审计证据或获取不同性质的审计证据；

（三）只与特定认定相关的审计证据并不能替代与其他认定相关的审计证据。

第一百三十三条 审计证据的可靠性受其来源和性质的影响，并取决于获取审计证据的具体环境。

审计人员通常按照以下原则判断审计证据的可靠性：

（一）从外部独立来源获取的审计证据比从其他来源获取的审计证据更可靠；

（二）内部控制有效时内部生成的审计证据比内部控制薄弱时内部生成的审计证据更可靠；

（三）直接获取的审计证据比间接获取或推论得出的审计证据更可靠；

（四）以文件记录形式（无论是纸质、电子或其他介质）存在的审计证据比口头形式的审计证据更可靠；

（五）以原件方式存在的审计证据比以传真或复印件形式存在的审计证据更可靠。

在运用上述原则评价审计证据的可靠性时，审计人员应注意可能出现的重大例外情况。

第一百三十四条 如果从不同来源获取的审计证据或获取的不同性质的审计证据能够相互印证，审计证据具有更强的说服力。如果从不同来源获取的审计证据或获取的不同性质的审计证据不一致，可能表明某项审计证据不可靠，审计人员应追加必要的审计程序。

第一百三十五条 审计人员应当判断获取审计证据的成本与所获取审计证据的有用性之间的关系，但不应以获取审计证据的困难和成本为由减少不可替代的审计程序。

第一百三十六条 审计人员可以根据需要单独或综合运用下列审计方法来获取充分和适当的审计证据：

（一）检查记录或文件；

（二）检查有形资产；

（三）观察；

（四）询问；

（五）函证；

（六）重新计算；

（七）重新执行；

（八）分析性程序；

（九）调查。

第一百三十七条 检查记录或文件是审计人员对被审计单位内部或外部生成的，以纸质、电子或其他介质形式存在的记录或文件进行审查。

检查记录或文件可提供可靠程度不同的审计证据，审计证据的可靠性取决于记录或文件的来源和性质。

第一百三十八条 检查有形资产是审计人员对实物资产进行审查。

检查有形资产可为实物资产的存在性提供可靠的审计证据，但不一定能够为计价认定提供可靠的审计证据。

第一百三十九条 观察是审计人员察看被审计单位相关人员正在从事的活动或执行的程序。

观察提供的审计证据仅限于观察发生的时点。如果相关人员已知被观察，相关人员从事活动或执行程序可能与日常的做法不同，从而影响审计人员了解真实情况。

第一百四十条 询问是审计人员以书面或口头方式，从被审计单位内部或外部的知情人员处获取财务信息和非财务信息，并对答复进行评价的过程。

知情人员对询问的答复可能为审计人员提供尚未获悉的信息或佐证证据，也可能提供与已获悉信息存在重大差异的信息。审计人员应根据询问结果考虑调整审计方法或追加审计程序。

询问本身不足以发现认定层次存在的重大错报或者重大失望，也不足以测试内部控制运行的有效性，审计人员还应实施其他审计程序获取充分和适当的审计证据。

第一百四十一条 函证是审计人员为了获取影响财务报表或相关披露认定的信息，通过直接来自第三方对有关信息和现存状况的声明，获取和评价审计证据的过程。

第一百四十二条 重新计算是审计人员以人

工方式或使用计算机辅助审计技术，对记录或文件中数据的准确性进行检查。

第一百四十三条 重新执行是审计人员以人工方式或使用计算机辅助审计技术，重新独立执行作为被审计单位内部控制组成部分的程序或控制。

第一百四十四条 分析性程序是审计人员通过研究不同财务数据之间及财务数据与非财务数据之间的内在关系，对财务信息的可靠性做出评价。

分析性程序还包括调查识别出的、与其他相关信息不一致或与预期数据严重偏离的波动和关系。

第一百四十五条 调查是审计人员通过问卷、面对面和电话等多种方式，收集调查对象观点、态度和行为等方面信息，并进行分析的方法。审计人员可以较多地将调查法运用于实现绩效审计目标。

第一百四十六条 收集审计证据的审计程序的性质和时间可能受会计（业务）数据和其他相关信息的生成和储存方式的影响，审计人员应提请被审计单位提供某些信息以供查阅，或在可获得该信息的期间执行审计程序。

第一百四十七条 某些会计（业务）数据和其他信息只能以电子形式存在，或只能在某一时点或某一期间得到，审计人员应判断这些特点对审计程序的性质和时间的影响，并考虑如何通过使用计算机辅助审计技术实施特定审计程序。

第一百四十八条 对实现审计目标有重要影响的审计事项的审计步骤和方法难以实施或实施后难以取得充分审计证据的，审计人员应实施追加或替代的审计步骤和方法，仍难以取得充分审计证据的，应由审计组组长确认，并在审计工作底稿中予以记录；审计人员应判断这种情况是否构成审计范围受到限制，并判断对审计报告可能产生的影响。

第一百四十九条 审计人员应对取得的审计证据进行分析、判断和归纳。对审计证据按照审计事项分类，并按照审计证据与审计事项相关程度排序；对审计证据进行比较判断，决定取舍，剔除与审计事项无关、无效、重复或冗余的证据；对审计证据进行汇总和分析，确定审计证据是否足以支持审计结论。

第一百五十条 经过分析、判断和归纳的审计证据，应编制索引号排序，作为审计工作底稿归档保存。

第一百五十一条 审计组组长应督导审计人员收集审计证据。审计组组长应审核审计证据，发现审计证据不符合要求的，应责成审计人员进一步取证。

第七节　编制审计工作底稿

第一百五十二条 审计工作底稿是审计人员对制定的总体审计策略、审计实施方案和审计程序表，实施的审计程序，获取的相关审计证据，以及得出的审计结论做出的记录。

第一百五十三条 审计人员应及时编制审计工作底稿，以实现下列目的：

（一）提供充分和适当的记录，作为审计报告的基础；

（二）提供证据，证明审计工作按照联合国审计委员会的相关规定执行。

第一百五十四条 审计工作底稿可以以纸质、电子或其他介质形式存在。审计人员应将以电子或其他介质形式存在的审计工作底稿打印成纸质工作底稿，并与其他纸质形式的工作底稿一并存档。

第一百五十五条 审计工作底稿通常包括：

（一）总体审计策略；

（二）审计实施方案；

（三）审计程序表；

（四）审计备忘录；

（五）审计发现问题备忘录；

（六）审计发现问题汇总表；

（七）被审计单位对审计发现问题的反馈意见；

（八）审计进点会和出点会会议纪要；

（九）各种审计证据，如分析表、询证函回函、核对表、有关重大事项的往来信件（包括电子邮件）、被审计单位文件记录摘要或复印件等；

（十）其他格式的审计工作底稿。

第一百五十六条 审计人员编制的审计工作底稿，应使得未曾接触该项审计工作的有经验的专业人士清楚地了解：

（一）按照相关审计准则实施的审计程序的性质、时间和范围；

（二）实施审计程序的结果和获取的审计证据；

（三）就重大事项得出的结论。

有经验的专业人士，是对下列方面有合理了解的人士：

（一）审计过程；

（二）相关法规和审计准则；

（三）被审计单位所处的环境；

（四）与被审计单位所处环境相关的会计和审计规则。

第一百五十七条 审计人员根据审计程序表对各审计事项实施控制测试或实质性程序时，应编制审计备忘录（Audit Memorandum，附件 13），记载对该审计事项实施审计的主要情况。

第一百五十八条 审计备忘录的主要内容包括：

（一）被审计单位名称；

（二）审计事项；

（三）会计期间；

（四）背景情况（即确定该事项为重点审计领域的原因）；

（五）审计目标和审计程序（通常参照该审计事项的审计程序表）；

（六）审计结论或审计查出问题摘要及其依据，即简要描述审计结论或审计查出问题的性质、金额、数量、发生时间、地点、方式等内容，及相关依据；

（七）对下一次审计是否需要关注该审计事项提出的建议；

（八）审计人员及编制日期；

（九）复核人员、复核意见及复核日期；

（十）索引号及页码。

第一百五十九条 对被审计单位违反联合国系统相关规定的交易业务行为、重大管理问题和控制弱点及对审计结论有重要影响的审计事项，审计人员应在编写审计备忘录的基础上，编制审计发现问题备忘录（Audit Observation Memorandum，附件 14），提出审计建议。

通常情况下，审计人员应针对每条审计建议分别编制审计发现问题备忘录。

第一百六十条 审计发现问题备忘录的主要内容包括：

（一）被审计单位名称；

（二）审计事项；

（三）会计期间；

（四）收件人姓名及职务（通常是被审计单位的主要负责人）；

（五）发现的主要问题及依据；

（六）改进建议；

（七）被审计单位管理层在收到备忘录之日起两日之内给予书面答复的要求；

（八）被审计单位管理层的答复（留待被审计单位填写）；

（九）审计人员及编制日期；

（十）复核人员、复核意见及复核日期；

（十一）索引号及页码。

第一百六十一条 除上述特殊格式的审计工作底稿外，审计人员还可以根据审计工作的需要，将审计实施的过程和结论等记录在通用审计工作底稿中。

第一百六十二条 联合国审计项目的审计工作底稿实行三级复核制度，即审计发现问题备忘录在提交被审计单位管理层征求意见前，其他审计工作底稿在用于编制管理意见书和审计报告前，应经过同组其他审计人员、子项目审计组组长和项目审计组组长的复核。重要的审计工作底稿还要经过联合国审计委员办公室复核。

第一百六十三条 复核人员应对审计工作底稿的下列事项进行复核，并提出复核意见：

（一）审计程序表确定的审计事项是否实施审计；

（二）审计程序表确定的审计步骤和方法是否执行，具体审计目标是否实现；

（三）事实是否清楚，产生问题的原因是否清楚（对此要区分目标层面、战略层面、政策层面、转化层面和执行或监督层面进行分析），问题引起的后果是否清楚；

（四）审计证据是否充分和适当；

（五）适用的联合国和被审计单位相关规定是否恰当；

（六）审计结论是否恰当；

（七）改进建议是否可行；

（八）其他有关重要事项。

第一百六十四条 经复核发现审计工作底稿确需修改的，审计组组长应责成审计人员及时修改。

经复核审定的审计工作底稿，不得随意删除或修改。

第一百六十五条 审计发现问题备忘录经复核后，在审计现场送被审计单位征求意见。审计人员应将“被审计单位对审计发现问题的反馈意见”归入审计档案。

其他审计工作底稿的复核可以根据情况在现场审计过程中或现场审计结束后进行。

第一百六十六条　所有审计工作底稿均应根据《联合国审计项目审计工作底稿索引号编制规则（试行）》编制索引号，并注意各审计工作底稿之间的交叉索引。

第一百六十七条　审计人员应对所收集审计证据的充分性和适当性负责；对收集到的审计证据严重失实，或隐匿、篡改、毁弃审计证据，未执行审计程序表导致重大问题未发现，审计过程中发现问题隐瞒不报或不如实反映的行为承担责任。

复核人员应对审计工作底稿中记载的审计结论的适当性、适用法律法规的恰当性和改进建议的可行性负责；对重要审计事项未收集审计证据或审计证据不足以支持审计结论，造成严重后果的行为承担责任。

审计人员和复核人员对审计工作底稿中记载的信息负有保密责任。

第一百六十八条　审计结束后，审计人员应按照《联合国审计项目档案管理办法（试行）》和《联合国项目电子文档管理办法（实行）》的相关规定，及时将审计工作底稿归集存档。

审计组审计工作底稿的归档期限为现场审计工作结束后的十个工作日。

第七章　审计终结

第一节　完成现场审计工作

第一百六十九条　审计人员根据审计程序表完成对各审计事项的审计测试后，应汇总测试结果、汇总审计发现的问题、汇总并评估错报、实施总体复核、获取管理层声明、编写管理意见书和审计报告。

第一百七十条　审计人员应汇总审计发现问题备忘录，形成审计发现问题汇总表（Summary of Audit Observations，附件15）。

审计发现问题汇总表的主要内容包括：

（一）被审计单位名称；

（二）会计期间；

（三）审计发现的主要问题、相应的审计建议以及反映这些问题和建议的审计发现问题备忘录的索引号；

（四）被审计单位管理层的反馈意见；

（五）下一次审计时上述审计建议的落实情况（空白，留待下一次审计时填列）；

（六）联合国审计委员会/审计人员对被审计单位反馈意见的意见；

（七）审计人员及编制日期；

（八）复核人员、复核意见及复核日期；

（九）索引号及页码。

第一百七十一条　完成实质性程序后，审计组组长（或主审）应汇总并评估审计人员在审计中发现的财务报表各项错报（包括会计披露方面的差异）和审计事项相关内部控制严重失控或者重大绩效问题。汇总并评估错报、内部控制失控或者绩效问题应通过评估错报记录（Evaluation of Misstatement，附件16）审计工作底稿进行。

第一百七十二条　审计人员在汇总并评估错报时，应考虑错报的金额和性质两个方面的影响。

第一百七十三条　财务报表错报可以分为已发现错报和可能错报两大类。

已发现错报是可以准确计量其货币金额的错报。

可能错报是根据审计人员已经获取的审计证据，无法准确计量其货币金额的错报。这些错报金额往往是审计人员运用职业判断和统计推断技术估计出来的。可能错报包括：

（一）运用代表性审计抽样推断出的总体可能错报减去实施这些审计程序过程中已发现错报；

（二）运用实质性程序中的分析性程序发现的估计错报；

（三）审计人员认为会计估计不合理形成的错报。

第一百七十四条　审计人员应将所有金额超过重要性水平2%或性质上重要的（如涉及舞弊或违规的会计处理事项）已发现错报和可能错报进行汇总。

审计人员汇总错报时，还应判断上一会计期间错报对当期财务报表的影响。

第一百七十五条　汇总错报后，审计人员应及时以适当方式将已发现错报和可能错报与管理层进行沟通，要求管理层进行如下调整：

（一）调整那些金额超过重要性水平2%或性质上重要的已发现错报；

（二）调整那些由于已记录的会计估计超出审计人员认为合理的金额范围所产生的可能错报，及金额超过重要性水平 2%的可能错报；

（三）调整会计披露方面的差异，除非这些差异对财务报表的公允表达不重要。

第一百七十六条　如果管理层拒绝调整上述已发现错报或可能错报，审计人员应了解其拒绝调整的理由，并判断这一情况对审计报告的影响。

第一百七十七条　现场审计临近结束时，审计人员应对经过管理层调整后的财务报表实施总体复核，即运用分析性程序判断调整后的财务报表总体上是否与审计人员对被审计单位的了解一致。

在运用分析性程序进行总体复核时，如果识别出以前未识别的重大错报风险，审计人员应重新判断对全部或部分交易业务、账户余额和列报评估的风险评估是否适当，并在此基础上重新评价已经实施的审计程序是否充分，判断是否有必要追加审计程序。

第一百七十八条　现场审计临近结束时，审计人员应获得管理层承诺，以明确管理层对财务报表的责任。被审计单位在管理层承诺中对提供给审计人员的有关资料的真实性、合法性和完整性做出正面陈述，并明确其对财务报表的责任。

第二节　考虑期后事项

第一百七十九条　审计人员应当考虑期后事项对财务报表和审计报告的影响。

第一百八十条　期后事项是指资产负债表日至审计报告日之间发生的事项以及审计报告日后发现的事实。

下列两类期后事项可能对财务报表和审计报告产生影响：

（一）资产负债表日后调整事项，是指对资产负债表日已经存在的情况提供了新的或进一步证据的事项；

（二）资产负债表日后非调整事项，是指表明资产负债表日后发生的情况的事项。

第一百八十一条　对于截至审计报告日发生的、需要在财务报表中调整或者披露的期后事项，审计人员应当实施必要的审计程序进行识别，并审查其中对财务报表有重大影响的事项是否已经在财务报表中得到恰当的会计处理并予以充分披露。

第一百八十二条　对于审计报告日后至财务报表报出日前发现的事实，审计人员没有责任实施审计程序或进行专门审查。但是在此期间管理层有责任告知审计人员可能影响财务报表的事实。

在审计报告日后至财务报表报出日前，如果审计人员知悉可能对财务报表产生重大影响的事实，应当与管理层讨论是否需要修改财务报表，并根据具体情况采取适当措施。

第一百八十三条　财务报表报出后，审计人员没有责任识别期后事项。

如果审计人员知悉在审计报告日已存在的、可能导致修改审计报告的事实，应当与管理层讨论是否需要修改财务报表，同时根据具体情况采取适当措施。

第三节　编制管理意见书和审计报告

第一百八十四条　审计组对各审计项目（包括子项目）实施现场审计（包括期中审计和期末审计）后，应根据审计发现问题备忘录和被审计单位对审计发现问题的反馈意见，起草管理意见书。

第一百八十五条　管理意见书（Management Letter，附件 17）是联合国审计委员会在实施审计后，就发现的被审计单位在财务报表的真实公允性、内部控制系统有效性和运营和管理的绩效等方面存在的问题和审计人员提出的审计建议，向被审计单位最高管理层出具的书面文件。

第一百八十六条　审计组应在现场审计结束后七个工作日内，完成管理意见书代拟稿（以下简称管理意见书）的编写工作。

第一百八十七条　审计组起草管理意见书时，应认真核实被审计单位对审计发现问题备忘录提出的书面反馈意见和提供的证明材料，并做出书面说明。必要时，应修改对审计发现问题和审计建议的表述。

第一百八十八条　管理意见书包括下列基本要素：

（一）标题，通常表述为“对××××（被审计单位名称）××年度（会计期间）期中或期末审计的管理意见书”；

（二）编号，由联合国审计委员会统一编号；

（三）收件人，通常为被审计单位主要负责人。如果是对子项目实施审计或对被审计单位下属单位进行延伸，则收件人为该单位或项目的最高管理部门的主要负责人；

（四）引言，通常包括本次审计基本情况、审计范围和关注重点的介绍，对审计发现问题和审计建议已现场征求过意见、希望在规定时限（通常为一个月）内得到收件人对本管理建议书书面反馈意见、对被审计单位配合审计工作表示感谢等方面的说明；

（五）发件人，外部审计主任签名；

（六）签发日期；

（七）正文。

第一百八十九条　管理意见书正文的主要内容包括：

（一）审计建议摘要；

（二）按照审计实施方案确定的审计事项进行归类，对审计发现问题、适用的相关依据和相应审计建议的具体说明。

第一百九十条　项目审计组对审计项目实施期末审计后，应根据审计发现问题备忘录和被审计单位对审计发现问题的反馈意见，针对被审计单位财务报表的真实公允性、内部控制有效性和运营和管理的绩效等，起草审计报告。

子项目和期中审计项目，不需要起草审计报告。

对于实施期终审计的项目，只需起草审计报告，不需起草管理意见书。

第一百九十一条　审计报告是联合国审计委员会在每个财政年度结束后，对被审计单位财务报表整体的真实公允性、内部控制的有效性、运营和管理的绩效发表审计意见的书面文件，是财务审计和绩效审计结果的综合体现。

第一百九十二条　审计报告包括下列基本要素：

（一）标题，通常表述为“审计委员会的报告”（以下简称审计报告）；

（二）目录；

（三）正文，主要内容包括：

1. 审计委员会的报告；

2. 审计师意见。

第一百九十三条　审计报告正文中的审计委员会的报告，是汇总财务审计和绩效审计过程中发现的主要问题、提出审计建议的详式审计报告。主要包括以下内容：

（一）摘要；

（二）导言，主要说明审计依据、审计范围，与内部审计师的配合，审计提出的主要建议等；

（三）按照审计事项逐一列示审计发现的问题和相应的审计建议；

（四）致谢；

（五）附件，包括当年审计项目涉及地点的汇总和上一财政年度所提审计建议落实情况的汇总。

第一百九十四条　审计报告正文中的审计师意见，是通过财务审计对被审计单位财务报表总体的真实公允性发表审计意见的简式审计报告。包括以下内容：

（一）引言和责任段；

（二）审计范围和程序段；

（三）审计意见段；

（四）审计委员会主席及委员的签名。

第一百九十五条　审计师意见的引言和责任段，主要包括以下内容：

（一）被审计单位的名称和财务报表已经过审计的表述，并指明财务报表的日期和涵盖的会计期间；

（二）管理层对财务报表的责任；

（三）审计人员的责任。

第一百九十六条　审计师意见的审计范围和程序段，主要包括以下内容：

（一）适用的审计准则；

（二）审计准则要求审计人员计划并实施审计工作，以对财务报表是否不存在重大错报获取合理保证；

（三）通过测试，对用于证明财务报表内数额和所披露事项的证据进行了审计委员会认为必要的检查；

（四）审计过程中对会计原则的采用和重大会计估计的决策进行了判断，并对财务报表的列报方式进行了总体评价；

（五）审计人员相信其审计工作为发表审计意见提供了合理依据。

第一百九十七条　审计意见段，主要对下列事项发表意见：

（一）财务报表是否按照联合国系统会计准则，在所有重大方面公允反映了资产负债表日的财务状况及该日终了会计期间的运营结果和现金流量；

（二）审计过程中测试的各财务事项，是否在所有重大方面符合联合国财务条例和法律授权。

第一百九十八条　审计意见段中表达的审计

意见，通常包括无保留意见、保留意见、否定意见和无法表示意见四种类型。

第一百九十九条　如果认为被审计单位财务报表同时符合下列情形，审计人员应发表无保留意见：

（一）财务报表符合联合国系统会计准则，在所有重大方面公允反映了资产负债表日的财务状况及该日终了会计期间的运营结果和现金流量；

（二）审计人员已经按照相关审计准则计划和实施了审计工作，审计过程未受到限制；

（三）不存在应调整或披露而被审计单位未予调整或披露的重要事项。

当发表无保留意见时，审计人员应以"我们认为"作为审计意见段的开头，并使用"在所有重大方面公允反映了"等专业术语。

第二百条　在下列情况下，审计人员虽然发表无保留意见，但是应考虑在审计意见段后增加一个强调事项段对某些情况予以强调：

（一）存在可能导致对持续经营能力产生重大影响的事项或情况，但是不影响已发表的意见；

（二）存在可能对财务报表产生重大影响的不确定事项（持续经营问题除外），但是不影响已发表的意见。

审计人员应在强调事项段中指明，该段内容仅用于提醒财务报表使用人关注，并不影响已发表的审计意见。

第二百零一条　如果审计人员认为财务报表就其整体而言是公允的，但还存在下列情形之一时，应发表保留意见：

（一）会计政策的选用、会计估计的决策或财务报表的披露不符合联合国系统会计准则的规定，虽影响重大，但不至于发表否定意见；

（二）因审计范围受到限制，无法获取充分和适当的审计证据，虽影响重大，但不至于无法表示意见。

当发表保留意见时，审计人员应在审计意见段中使用"除……的影响外"等专业术语。如因审计范围受到限制，审计人员还应在审计范围和程序段中提及这一情况。

第二百零二条　如果审计人员认为财务报表不符合联合国系统会计准则的规定，未能从整体上公允反映被审计单位的财务状况、运营结果和现金流量，应发表否定意见。

当发表否定意见时，审计人员应在审计意见段中使用"由于上述问题造成的重大影响"或"由于受到前段所述事项的重大影响"等专业术语。

第二百零三条　如果审计范围受到限制可能产生的影响非常重大和广泛，审计人员不能获取充分和适当的审计证据，以至于无法对财务报表发表意见，审计人员应得出无法表示意见的结论。

当无法表示意见时，审计人员应删除引言和责任段中对自身责任的描述及审计范围和程序段，并在审计意见段中使用"由于审计范围受到限制可能产生的影响非常重大和广泛"和"我们无法对上述财务报表发表意见"等专业术语。

第二百零四条　如果审计人员发表的是保留意见、否定意见或无法表示意见，应在审计意见段前增加说明段，清楚地说明导致所发表意见或无法发表意见的所有原因，并在可能情况下，指出其对财务报表的影响程度。

第二百零五条　联合国审计项目的管理意见书和审计报告实行三级复核制度，即所有管理意见书和审计报告在提交联合国审计委员会前，应经过项目审计组组长、联合国审计委员办公室和外部审计主任的复核，审计报告在正式提交联合国审计委员会签发之前，还要报署领导审定。

第二百零六条　项目审计组组长应对审计组起草的管理意见书或审计报告进行复核，并要求审计组根据复核结果进行必要的修改。

第二百零七条　项目审计组组长应对管理意见书或审计报告的下列事项进行复核：

（一）总体审计策略和审计实施方案确定的审计目标是否实现；

（二）格式是否规范，要素是否齐全，内容是否完整，语言表述是否恰当；

（三）认定的事实是否清楚，数据是否准确；

（四）审计证据是否充分；

（五）适用的联合国和被审计单位相关规定是否恰当；

（六）评价意见是否恰当；

（七）审计建议是否可行；

（八）其他需要复核的事项。

第二百零八条　审计组应将经项目审计组组长复核修改后的管理意见书或审计报告、审计发现问题备忘录、被审计单位对审计发现问题的反馈意见、审计组的书面说明、总体审计策略、审计实施方案、审计程序表、其他审计工作底稿及有关材料，报联合国审计委员办公室复核。

第二百零九条　联合国审计委员办公室应对

下列事项进行复核：

（一）格式是否规范，要素是否齐全，内容是否完整，语言表述是否恰当；

（二）认定的事实是否清楚，数据是否准确；

（三）审计证据是否充分；

（四）适用的联合国和被审计单位相关规定是否恰当；

（五）评价意见是否恰当；

（六）审计建议是否可行；

（七）审计程序是否符合规定；

（八）其他需要复核的事项。

第二百一十条　联合国审计委员办公室在复核过程中，发现材料不完整的，应通知审计组在一定期限内补正。

第二百一十一条　审计组应对联合国审计委员办公室的书面复核意见进行认真研究。决定采纳联合国审计委员办公室复核意见的，应根据复核意见修改审计组的管理意见书或审计报告；如果决定不采纳联合国审计委员办公室的复核意见的，应书面说明理由。

第二百一十二条　审计组应当在收到联合国审计委员办公室书面复核意见后的三个工作日内，完成对管理意见书或审计报告的修改，并将修改后的管理意见书或审计报告，连同联合国审计委员办公室的书面复核意见及审计组采纳情况说明、审计发现问题备忘录、被审计单位对审计发现问题的反馈意见等，送外部审计主任复核。

第二百一十三条　外部审计主任应对下列事项进行复核，并根据情况出具书面复核意见：

（一）认定的事实是否清楚，数据是否准确；

（二）审计证据是否充分；

（三）适用的联合国和被审计单位相关规定是否恰当；

（四）评价意见是否恰当；

（五）审计建议是否可行；

（六）其他需要复核的事项。

第二百一十四条　审计组应当在收到外部审计主任对管理意见书或审计报告的书面复核意见后的三个工作日内，完成相应的修改工作，并将管理意见书或审计报告报联合国审计委员办公室。

第二百一十五条　联合国审计委员办公室应将经外部审计主任复核的管理意见书或审计报告送纽约办事处。纽约办事处应及时将管理意见书或审计报告送交联合国审计执行委员会审核，并至少为其预留五个工作日的审核时间。

第二百一十六条　审计报告经联合国审计执行委员会审核并征求被审计意见后，联合国审计委员办公室应将审计报告（中英文稿）报送署领导审定。

第二百一十七条　审计组组长对其提出的管理意见书和审计报告的真实性和完整性负责，对管理意见书和审计报告反映的问题严重失实、证据不充分承担责任。

联合国审计委员办公室对其复核意见的恰当性负责，对管理意见书和审计报告适用的联合国和被审计单位相关规定不恰当承担责任。

外部审计主任对其复核意见的恰当性负责，对管理意见书和审计报告提出的评价意见和审计建议不恰当承担责任。

第二百一十八条　审计项目结束后，各审计组还应向联合国审计委员办公室提交中文的项目审计工作总结，内容包括项目的基本情况、审计发现问题、审计建议、审计工作经验及对今后该项目审计的启示和建议等。

第八章　联合国审计项目质量责任

第二百一十九条　审计组成员、审计组组长、联合国审计委员办公室负责人和复核人员在执行联合国审计项目过程中，违反本规范有关审计质量控制规定的，应追究相应责任。

第二百二十条　联合国审计委员办公室应加强对联合国审计项目质量的控制和检查，发现有违反审计质量控制规定行为的，应及时报告并督促纠正。

第九章　附　则

第二百二十一条　根据联合国审计委员会的要求，审计署开展联合国审计工作，使用英文作为工作语言。

所有归档文件、与联合国审计委员会和被审计单位之间的文书往来均使用英文。

需由联合国审计工作领导小组和审计署领导审阅的文件，由审计组负责提供中文版本或中文摘要。

第二百二十二条　本规范由审计署境外审计司（联合国审计委员办公室）负责解释。

第二百二十三条 本规范自发布之日起试行。

附件：1. 审计质量控制检查表（Quality Assurance Checklist）

2. 审计通知书（Notification Letter）

3. 审计建议落实情况追踪表（Matrix of Issues in Previously issued MLs）

4. 调查了解被审计单位及其运营环境记录（Understand the Agency's Business）

5. 调查了解被审计单位风险管理及内部控制记录

（Understand Agency's Risk Management and Control Environment）

6. 初步分析性程序记录（Perform Preliminary Analytical Procedures）

7. 确定重要性水平工作记录（Determine Planning Materiality）

8. 审计风险评估汇总表（Summary of Risk Assessment）

9. 审计实施方案（Initial Planning Memorandum）

10. 审计进点会议程安排（Entrance Conference Agenda）

11. 审计程序表（Audit Program）

12. 审计进点会会议纪要（Minutes of Entrance Conference）

13. 审计备忘录（Audit Memorandum）

14. 审计发现问题备忘录（Audit Observation Memorandum）

15. 审计发现问题汇总表（Summary of Audit Observations）

16. 评估错报记录（Evaluation of Misstatement）

17. 管理意见书（Management Letter）

审计署办公厅关于印发联合国审计经费管理办法的通知

审办境外发［2009］184 号

署机关各单位、各特派员办事处、各派出审计局：

现将《联合国审计经费管理办法》印发给你们，请参加联合国审计人员遵照执行。

2009 年 7 月 23 日

联合国审计经费管理办法

第一章 总 则

第一条 为规范联合国审计经费开支，加强联合国审计经费管理，根据国家有关财经法规，结合审计署实际，制定本办法。

第二条 本办法所称联合国审计工作，是指审计署审计长作为联合国审计委员会（以下简称审计委员会）委员所承担的对联合国有关机构的审计工作。

第三条 本办法所称联合国审计经费，是指用于联合国审计工作的各类经费，包括两部分：一是联合国支付给审计署，用于实施联合国审计的经费（以下简称联合国拨款）；二是财政部通过部门预算下达给审计署，为实施联合国审计所配套提供的专项预算经费（以下简称国内配套经费）。

第四条 联合国审计经费管理和使用坚持依法合规、专款专用、勤俭高效的原则。

第二章 经费来源

第五条 根据审计委员会的规定，联合国拨款的额度由审计委员会根据过去两年中每年执行的审计项目来确定，并需获得联合国行政与预算问题咨询委员会的同意；联合国拨款由接受审计的联合国各组织承担。审计署按季度接收联合国行政部门拨入的联合国拨款。

第六条 审计署境外审计司（联合国审计委员办公室）负责定期向联合国方面提出报告，按季度申请联合国拨款。

第七条 审计署办公厅财务一处（以下简称财务一处）和审计署办公厅财务二处（以下简称财务二处）负责开设接收联合国拨款的银行账户，

并将银行账户信息及必要资料提供给境外审计司。境外审计司负责向联合国方面提供有关信息，并积极促成联合国拨款及时、足额到位。

第八条　为尽量减少汇兑损失，财务二处应关注人民币汇率走势，选择合适的货币存储形式存储。

第九条　境外审计司会同财务一处，根据联合国审计工作的实际情况，将客观需要发生而无法由联合国拨款承担和支付的开支费用，汇总向财政部申请国内配套经费。国内配套经费是审计署部门预算的组成部分，应严格执行国家和审计署的有关规定。

第三章　经费开支

第十条　根据联合国规定，联合国拨款用于在履行对联合国的外部审计职责时所需开支，包括审计人员的差旅费、补助和有关工作人员的薪金。联合国拨款额度的确定和拨款的使用，遵循收支平衡的原则，每年度将支出情况汇总报告联合国并接受其监督。审计委员会委员所在机构，不得从联合国拨款中获利或将这一款项挪作他用。

第十一条　联合国拨款的使用范围：

（一）审计署派往联合国审计委员会常驻的外部审计主任及其他工作人员的工资、津贴、奖励、房租、保险、必要生活设施购置以及本人及家属探亲等费用。

（二）审计署派往联合国审计委员会常驻人员的办公费用、差旅费、通信费、接待费、设备购置及其他必要的开支。

（三）联合国审计人员审计期间的差旅费、保险费、审计组公用经费，以及保证联合国审计人员必要工作条件的其他办公用品购置费用。

（四）联合国审计工作人员开展联合国审计工作发生的差旅费、保险费、公用经费等。

（五）相关重要审计资料的翻译、校对费用。

（六）发生在境外，与联合国审计工作直接有关的其他费用。

第十二条　国内配套经费的使用范围：

（一）境外审计司为组织管理联合国审计而发生的房租费、网络通信及邮电费、办公设备购置费、文印费、文具费以及其他日常办公经费。

（二）审计长及其随员出席联合国审计委员会会议的相关费用。

（三）联合国审计专用计算机购置费用。

（四）联合国审计软件、网站及邮件系统开发、升级维护及配套软件和除计算机以外其他硬件的购置费。

（五）联合国审计人员国内培训费，包括邀请国内专家和国外专家的相关费用、学员的往返交通费。

（六）聘请专家咨询和质量审核的相关费用。

（七）开发研制联合国审计有关指南和操作手册的费用。

（八）联合国审计有关人员办理护照、签证和防疫手续的费用。

（九）联合国审计人员审计前和审计后集中准备审计方案或编写审计文档期间的交通和食宿费用。

（十）为联合国审计组配备的应急药品等费用。

（十一）购买专业参考资料、订阅相关报刊杂志等费用。

第十三条　联合国拨款和国内配套经费的报销，采用三级审核程序。境外审计司负责人指定专人，从开支程序合规性、开支内容真实性、票据合法性以及金额计算准确性等方面，对报销单据进行初步审核。境外审计司负责人对报销单据进行审批。财务二处从预算控制、开支范围、开支标准等方面对报销单据进行审核。

第十四条　联合国拨款开支的批准实行分级授权的做法：差旅费及50000元人民币以下（或等值外币、不含50000元，下同）的联合国拨款，由境外审计司负责人予以审批；除差旅费以外的50000元人民币以上的联合国拨款应报经主管署领导批准。

第四章　开支标准

第十五条　审计署派往联合国审计委员会常驻的外部审计主任及其他工作人员的职务工资、级别工资、交通补贴、年终奖励、住房公积金、家属探亲和其他待遇，参照我国外交人员的相关标准，按审计署人事教育司制定的标准执行。

第十六条　审计署派往联合国审计委员会常驻的外部审计主任，可以享受相当于纽约市区二居室公寓住房房租的补贴，其他工作人员，可以享受相当于纽约市区一居室公寓住房房租的补贴。

房租标准，根据市场情况适当调整，由境外审计司确定，报经审计署领导批准后执行。

第十七条 审计署派往联合国审计委员会常驻的外部审计主任及其他工作人员购买美国当地的医疗保险和人身意外保险，由外部审计主任提出方案，由境外审计司报经审计署领导批准后执行。

第十八条 联合国审计工作期间的差旅住宿，原则上由境外审计司商联合国有关行政服务部门或人员提前确定。特殊情况，需要工作人员和审计人员自行临时选定宾馆的，应及时向境外审计司请示，得到同意后方可入住。

第十九条 联合国审计工作需要购买的国际机票，由境外审计司统一预订。特殊情况，需要工作人员和审计人员自行购买的，应及时向境外审计司请示，得到同意后方可购买。未经境外审计司同意，不得随意改签机票。司局级干部国际旅程可以乘坐公务舱，处级及处级以下干部乘坐经济舱。

第二十条 非工作需要延长在外住宿或改签航班增加的费用，不得报销。

第二十一条 联合国审计人员和工作人员出差期间的伙食费、交通费及公杂费用按附件1标准执行。境外审计司应根据联合国审计工作目的地的变化和联合国提供的资料，适时更新标准。

第二十二条 到战乱地区出差或审计，每人每天补贴20美元。境外审计司应根据相关地区时局变化随时调整战乱地区名单（见附件2）。

第二十三条 差旅费从出差当日起计算，返回日终止。

第二十四条 审计人员和工作人员的差旅费借支和报销，一律使用人民币。审计人员和工作人员应根据出差目的地情况和工作需要，自行到商业银行换取外汇。境外审计司按季度向财务二处提供美元汇率结算标准，在该季度内所有外汇报销均以此为标准转换为人民币结算。

第二十五条 审计组与联合国纽约总部及境外审计司之间的通信联系费用，以及审计组在审计现场需要开支的各类杂项费用实行定额包干。每个审计项目，根据人员多少和时间长短，发放1000美元至2000美元不等的公务费。境外审计司领导到审计现场看望审计人员，可以根据实际需要开支对审计人员予以慰问的慰问品费用。

第二十六条 境外审计司可购置部分箱包供审计人员借用。考虑到国际旅行及频繁转机对箱包的损毁，审计人员出国审计四次以上，可重新借用箱包。鉴于借用的箱包价值不高且损耗快，只进行登记和借用管理，不作固定资产管理，不计入固定资产账。

第二十七条 每次审计期间为审计人员购买短期人身意外及境外医疗救助保险。由境外审计司提出备选方案，报经审计署领导批准后执行。

第五章　会计核算

第二十八条 联合国拨款应单独建账核算。应当设立工资、差旅费、综合费用等会计科目进行核算。

第二十九条 工资科目核算审计署派往联合国审计委员会常驻的外部审计主任及其他工作人员的职务工资、级别工资、交通补贴、年终奖励、其他待遇、房租、医疗保险、意外保险、必要生活家具和基本电器、本人探亲费用和家属探亲费用。差旅费科目核算所有审计人员、工作人员的差旅费，以及战乱地区补贴、审计组公用经费、为审计人员购买的短期人身意外及境外医疗救助保险费用，以及境外审计司领导到审计现场慰问审计人员发生的费用。综合费用科目核算审计署派往联合国审计委员会常驻的外部审计主任及其他工作人员，在美国为接待审计组或服务审计项目需要开支的必要费用，以及境外审计司必须开支的、不属于以上开支范围和国内配套经费开支范围的其他费用。

第三十条 国内配套经费的会计核算应按照财政部和审计署有关规定进行。

第三十一条 财务二处应每季度编制联合国拨款的收支情况报表，每年度编制决算报告。收支情况和决算报告应同时提供给境外审计司和财务一处。

第六章　附　则

第三十二条 审计署办公厅负责对联合国审计经费的监督。

第三十三条 本办法由审计署境外审计司负责解释。

第三十四条 本办法自发布之日起施行，原印发的《审计署办公厅关于印发联合国审计经费管理办法（试行）的通知》（审办办发［2008］

154 号）同时废止。

附件：1. 联合国审计伙食费、交通费及杂费标准

2. 战乱国家和地区名单

附件 1：

联合国审计伙食费、交通费及杂费标准

一	特殊标准地	特殊标准
1	意大利	150 美元/人天
2	日本东京	168 美元/人天
3	日本横滨	159 美元/人天
4	荷兰海牙	155 美元/人天
5	瑞士日内瓦	152 美元/人天
6	德国波恩	125 美元/人天
7	加拿大蒙特利尔	165 美元/人天
8	丹麦	126 美元/人天
9	美国	113 美元/人天
二	其他国家和地区	一般标准
		110 美元/人天

附件 2：

战乱国家和地区名单

序号	国家和地区
1	东帝汶
2	阿富汗
3	以色列
4	黎巴嫩
5	叙利亚
6	伊拉克
7	苏丹
8	布隆迪
9	埃塞俄比亚
10	厄立特里亚
11	西撒哈拉
12	坦桑尼亚
13	中非
14	乍得
15	刚果
16	索马里
17	海地
18	格鲁吉亚

审计结果公告

中华人民共和国审计署审计结果公告（2009 年第 1 号）

2007 年度中央预算执行和其他财政收支审计查出问题的纠正情况和整改结果

（2009 年 4 月 17 日公告）

十一届全国人大常委会第四次会议审议了审计署审计长刘家义受国务院委托所作的《关于2007 年度中央预算执行和其他财政收支的审计工作报告》，要求国务院责成有关部门对审计查出的问题，严格责任追究，认真从体制和机制上分析原因，切实进行整改，并将纠正情况和处理结果向全国人大常委会报告。国务院十分重视这项工作。温家宝总理主持召开国务院常务会议，研究部署了 2007 年度中央预算执行审计查出问题的整改工作，要求各地区、各部门、各单位建立整改工作责任制，对在现行法规制度下能够整改而未落实整改的，严肃追究责任；整改要着眼于制度建设，完善体制和机制，做到标本兼治。国务院各有关部门和单位按照全国人大常委会的要求和审计署依法下达的审计决定，认真进行整改。截至 2008 年 10 月底，各被审计单位已追回或归还被挤占挪用的资金 267.73 亿元，根据审计建议完善各项制度规定 158 项；审计发现的 116 起涉嫌违法犯罪案件线索移送纪检监察和司法机关查处后，已有 30 人被依法逮捕、起诉或判刑，117 人受到党纪政纪处分。现将审计查出问题的纠正情况和整改结果公告如下：

一、中央财政管理审计查出问题的纠正情况

（一）关于向十一届全国人大一次会议报告的 2007 年中央预算执行情况不够详细和完整的问题。财政部将在报经国务院批准后，向全国人大常委会预工委报告按照权责发生制核算的收支项目；将结合修订预算法，提出进一步规范预留资金管理的建议。

（二）关于有 376.87 亿元资金未纳入预算管理的问题。财政部已将储备物资变价款收入纳入预算管理，并会同发改委下发了《关于规范全国网络统考考试费有关问题的通知》（财综［2008］69 号），要求将“全国网络统考考试费”上缴国库，纳入一般预算管理；对 2007 年中央财政专户管理的行政事业性收费等非税收入 343.6 亿元未清理纳入预算的问题，财政部拟从 2009 年起将全国性及中央部门单位的所有行政事业性收费全部纳入预算管理，同时要求地方财政部门在 2010 年前将省级批准设立的行政事业性收费全部纳入预算管理。

（三）关于财政部批复的部分中央部门项目支出预算年初不细化的问题。财政部拟采取三项措施：一是做好预算申报项目的立项、评估等前期准备工作，对项目进行严格的遴选、论证、审核和排序，每年度开展项目清理，推动项目库建设和项目滚动管理。二是从编制 2009 年部门预算起，将基本支出和项目支出全部细化到基层单位、细化到款级科目以下。三是在编制 2009 年部门预算时，明确要求有预算分配权的部门提高年初预算到位率；对一般支出项目，除特殊情况外，要求各部门原则上不允许代编预算，尽量争取全部进入部门预算。

（四）关于未及时完成对 49 项行政事业性收费项目的清理规范工作的问题。在这 49 项收费中：1 项已公布取消；4 项即将在有关法律法规中予以明确，可依法继续收取；8 项依据国际惯例以及相关部门履行特定管理职能的需要应当保留，财政部将会同有关部门按程序报请国务院批准保留；其余 36 项属于财政部制定的《清理规范行政事业性收费和政府性基金方案》拟清理取消的项目，近期将公布取消。

（五）关于批准金融保险企业用工效挂钩办法核定的职工工资作为企业所得税纳税扣除额的问题。按照2008年1月1日实施的企业所得税法，金融保险企业与其他企业一样，实际发生的合理性的工资支出都允许在税前据实扣除，财政部将不再单批金融保险企业的计税工资税前扣除标准。

（六）关于未及时清理中央农业综合开发财政有偿资金的问题。财政部拟在报经国务院批准后，调整农业综合开发产业化经营项目扶持方式，取消财政有偿资金。

（七）关于向不承担国债分销业务的社保基金理事会支付国债发行手续费的问题。财政部拟从2009年起将社保基金理事会作为记账式国债承销团特别成员，承销国债时不再享有国债发行手续费。

（八）关于未完成南水北调工程基金征缴任务的问题。财政部拟采取三方面措施做好基金征缴工作：一是联合审计署、监察部等部门，强化对地方政府的监督，严格落实地方政府基金征缴责任。二是根据南水北调工程建设的实际进度情况，会同发改委、南水北调办向国务院提出调整基金筹集计划的建议。三是会同有关部门严格考核6省市基金上缴任务完成情况，每年度向国务院报告。

（九）关于世界银行贷款项目债务减免管理制度还不够健全、完善的问题。财政部争取在2009年3月底前完成国际金融组织贷款债务减免管理办法的制定工作。

（十）关于少数投资项目审查审批把关不严，安排投资失当的问题。发改委采取了以下措施：一是严禁已实施政策性破产、停产的煤矿上报安全改造项目，并加大了监督检查力度。二是对个别已近完工项目申请国债资金的问题，已责成项目单位作出深刻检讨，并暂停其下一年度项目申报资格。三是拟收回已安排给北京一家公司的400万元国家服务业发展引导资金，调整用于北京市其他符合条件的服务业项目，并进一步改进工作，严把项目审核关，避免此类问题再发生；责成北京市发改委严格按照服务业发展引导资金使用管理办法申报项目，并加强项目申报审查工作。四是加强发改委内部司局间的沟通配合，健全工作协调机制，杜绝重复安排投资问题再发生。

（十一）关于脱离进度下达个别项目年度投资计划的问题。发改委今后将严格按照《关于规范中央预算内投资计划下达工作的通知》，按程序下达投资计划。同时，加强调查研究，及时掌握项目建设进展情况，根据项目建设进度合理安排投资计划。

（十二）关于污水处理厂项目中央投资补助标准不一的问题。发改委将进一步规范有关项目中央投资补助标准，在编制新规划时，统筹考虑不同流域污水处理设施建设情况，采用合理的补助标准，并做到公开、透明。

（十三）关于部分项目审批不够严格，监督管理不够到位的问题。针对部分项目难以按期完工的问题，一是对煤矿安全改造项目，发改委督促地方进一步加快项目前期工作进度，力争在年初即下达投资计划，并督促配套资金及时到位，确保工程按期完成；二是对危险废物和医疗废物项目，发改委已会同环境保护部门进行了全面检查，并要求地方加强项目建设管理、加快工程进度；三是对物资储备综合仓库安全改造和成品油改扩建项目，发改委已要求国家物资储备局进一步加强组织领导，督促有关施工单位严格按期履行合同。针对少数项目单位资质不符合规定的问题，发改委已会同环境保护部要求项目运营单位必须按照《危险废物许可证经营管理办法》的规定程序，申领经营许可证，取得经营许可证的项目，方可投入正式运营；同时将督促有关项目单位尽快补办环境保护部门颁发的许可证，确保项目安全、稳定运营。针对一些项目建成后未达到预期效果的问题，国家物资储备局将尽快增强储备实力，优化调整仓库布局结构；同时加强储备体系建设，建立起充分利用现有储备资源的体制机制。

二、中央转移支付资金审计发现问题的纠正情况

（一）关于结构不够合理，一般性转移支付安排比例较低的问题。财政部将积极配合有关部门研究政府间支出责任划分，进一步规范转移支付制度，加大财力均衡力度，推进基本公共服务均等化。

（二）关于部分专项转移支付设立时间长、分配数额相对固定，已成为对地方的稳定财力补助的问题。已将军队转业干部经费、特殊县财政困难补助、解决部分企业军转干部生活困难补助等较为固定项目划转列入一般性转移支付管理。财政部今后将继续对地方专款进行清理和规范。

三、中央部门预算执行审计查出问题的纠正情况

这次审计查出53个中央部门本级存在的问题金额293.79亿元中，除174.98亿元属于预算不细化、不完整和批复不及时问题需要结合财政改革和下年度预算安排等逐步解决外，其他各类问题金额118.81亿元中，已纠正和落实整改措施的金额为84.42亿元，占71.1%。主要是：

（一）关于教育部、中科院等28个部门存在年初预算不细化、不完整和批复不及时等174.98亿元的问题。此类问题要结合部门预算改革逐步解决。有关部门表示将进一步提高预算编制的科学性，增强预算的约束力，规范预算程序，切实提高财政资金使用效益。

（二）关于税务总局、广电总局两个部门重复申报项目、多报单位人数等多领取预算资金3800万元的问题。已采取抵顶项目预算拨款等方式纠正的问题金额818万元，占21.5%。尚在纠正的问题金额2982万元，主要是税务总局在本级预算中多编报所属3个自收自支事业单位人员经费等基本支出预算2982万元的问题，税务总局正在与中央编办协商对这些人员比照公务员管理。

（三）关于统计局、质检总局等29个部门挪用财政资金和有专项用途的其他资金2.63亿元的问题。已采取上缴中央财政、调整账目、纳入部门统一管理等方式纠正的问题金额1.57亿元，占59.7%。其他问题尚在纠正，其中统计局挪用专项普查活动经费1451万元的问题，由于没有资金来源，有909.74万元被挪用的专项普查活动经费尚未归还原渠道。

（四）关于贸促会、人口计生委等9个部门少计收入、虚列支出等截留、转移资金2.49亿元的问题。已采取上缴中央财政、调整账目、纳入部门统一管理等方式纠正的问题金额1.76亿元，占70.7%。其他问题尚在纠正中。

（五）关于商务部、财政部等20个部门因预算编制不合理、项目执行进度缓慢等，2007年底共结余资金73.41亿元，致使这些资金当年不能发挥作用的问题。已采取纳入部门统一管理、编入下年预算和加快项目进度等方式纠正的问题金额61.95亿元，占84.4%。其他问题尚在纠正中。

在审计查出的中央部门所属单位存在问题金额170.7亿元中，除9.81亿元属于预算体制机制方面的问题，需要结合预算制度改革逐步解决外，其他160.89亿元问题中，已纠正和落实整改措施的有155.15亿元，占96.4%。主要是：

（一）关于水利部、知识产权局等15个部门所属的59个单位预算不细化、不完整和批复预算不及时等9.81亿元的问题。有关部门表示将采取补办相关手续、加强内部管理、完善制度等措施，结合部门预算改革在今后的预算编制管理工作中逐步加以纠正。

（二）关于农业部、国资委等6个部门所属的8个单位重复申报、多报财政预算资金1530万元的问题。已采取上缴中央财政、收回本级、调账或按审计意见清理等方式纠正的问题金额1023万元，占66.9%。其他问题尚在纠正中。

（三）关于文化部、侨办等25个部门所属的71个单位改变资金用途、扩大项目支出范围等，挪用财政资金3.31亿元的问题。已采取收回本级、调账、清理专项资金及补办手续等方式纠正的问题金额1.96亿元，占59.2%。其他问题尚在纠正中。

（四）关于国土资源部、原劳动保障部等14个部门所属的30个单位采取隐瞒收入、虚列支出等手段截留、转移资金3.09亿元的问题。已采取上缴中央财政、收回本级、调账、补签合同和强化内部管理等方式纠正的问题金额2.89亿元，占93.5%。其他问题尚在纠正中。

（五）关于广电总局、卫生部等12个部门所属的14个单位违规收费或未按规定上缴非税收入33.64亿元的问题。已采取上缴中央财政、收回本级、调整机构和清退收费等方式纠正的问题金额32.42亿元，占96.4%。其他问题尚在纠正中。

（六）关于12个部门所属的14个单位违规投资、违规出借、经营不善等造成国有资产损失浪费或形成损失风险8815万元的问题。已采取收回本级、调账、补办手续和归还资产等方式纠正的问题金额7534.11万元，占85.5%。其他问题尚在纠正中。

这次预算执行审计移送纪检、监察和司法机关立案查处案件6起，移送主管部门查处案件1起，已有1人被批捕，其他案件正在查处中。

此外，审计25个中央部门2007年度决算（草案）查出的20个部门各类问题金额4.95亿元中，已通过调整账目和决算报表等方式纠正的问题金额为4.59亿元，占92.7%。

四、铁路建设项目审计查出问题的纠正情况

铁道部高度重视审计查出的问题，建立了整改工作责任制，将这次审计查出的问题纳入了各部属单位经营业绩考核范围，降低了这次审计查出问题的铁路局的考核等级；将审计查出问题的纠正情况作为重要的检查内容，开展了多项检查活动。截至2008年10月底，审计查出的问题已基本纠正，多列的3.01亿元概算和多结算的2.17亿元工程款已全部收回，存在违规分包等问题的22个责任单位及相关责任人员受到了严肃处理，15家施工单位、12家监理单位被取消投标资格。同时，铁道部及所属各有关单位还注重将问题整改与建立规范管理的长效机制结合起来，制定和完善了招投标、合同、验工计价和建设程序管理等多个方面的办法。

五、财政专项审计和审计调查查出问题的整改情况

（一）中央支农专项资金审计调查发现问题的整改情况。

农业部、发改委等中央有关部门认真研究了此次审计调查反映的问题和提出的意见，表示将以"加强规划、分类指导、严格监管、稳步推进"的方式，加强部际间的沟通协调，共同研究制定资金管理办法和项目落实方案；加大支农专项资金的整合力度，资金投放向优势区域集中、向重点环节倾斜，充分发挥支农专项资金对农业和农村经济的调控作用；强化省级政府责任，探索实行目标、任务、资金、责任和权力"五到省"的管理方式。16个省（区）政府责成有关部门和单位认真对待、抓紧研究、及时落实整改，切实管好用好各项支农资金，提高支农资金使用效益。各地都提出了具体整改措施，一方面追缴归还被套取、挤占挪用的支农资金，并追究相关部门（单位）和人员的责任；另一方面建立健全工作责任制，加强监督检查，确保支农资金规范管理、安全合规使用。截至2008年10月底，审计调查查出的50个县挤占挪用的1.25亿元资金中，有1.12亿元已纠正或正在落实整改措施，占89.6%。

（二）农村义务教育经费审计调查发现问题的整改情况。

国务院领导同志高度重视审计调查发现的问题，批示要求财政部、教育部共同研究做好中央和地方分项目、按比例分担的农村义务教育经费保障机制的落实工作。教育部、财政部召开了各省（区、市）教育行政部门主要负责同志参加的会议，全面部署了核查和整改工作，要求各地严肃纪律，严格管理，切实落实好国务院领导同志对农村义务教育的要求，并决定举办两期中小学校长预算管理专题培训班。16个接受调查的省（区、市）高度重视和认真对待审计调查发现的问题，都制定了具体整改措施，有的地区还成立了专门的清查小组，对审计反映的问题逐项核查整改。

截至2008年10月底，审计调查发现的问题已基本得到整改。地方投入已全部落实到位或制定整改措施，滞留的资金已拨付2.65亿元，占88.6%；挤占挪用的公用经费、寄宿生生活补助费等已归还1.13亿元，占98.3%；自立项目乱收费或向学生收取明令禁止的费用已清理退还学生4960万元，占97%。其他尚未整改到位的问题都已制定了具体整改措施。

（三）国有土地使用权出让金审计调查发现问题的整改情况。

截至2008年10月底，各地方政府已收回被挪用、返还和欠征的土地出让金132.69亿元，收回被挪用、欠收的征地补偿资金和被征地农民社会保障资金2.93亿元，归还被挪用的土地储备贷款18.44亿元。重庆、合肥、成都等城市还结合整改，制定和修改了土地出让收支管理实施细则、征收集体土地补偿安置办法等制度，北京、山东等省（市）制定了整改方案和具体措施，正在落实整改。

（四）救灾资金审计调查发现问题的整改情况。

民政部党组高度重视审计调查发现的问题，召开全国民政系统电视会议，部署整改工作。各有关省（区）政府针对审计查出的问题，及时研究制定了整改措施。截至2008年10月底，各地已清理和追回违规使用的1.95亿元救灾资金，其余0.63亿元由于财政及经费困难等原因尚未追回，有关地方正在积极采取措施，尽快落实整改。

（五）住房公积金审计查出问题的纠正情况。

中央有关部门和相关地方政府高度重视此次审计查出的问题。住房和城乡建设部、财政部、审计署等7部门2008年联合开展的全国加强住房公积金管理专项治理工作将督促有关地方政府执行审计决定作为重要的工作内容，专项治理工作领导小组派出的 6 个联合检查组在对 14 个省（区、市）进行检查时，对审计决定的落实进行了现场督促。江苏、河北、福建、江西、海南、大连等省（市）主要负责同志均作出批示，要求有关单位认真落实审计决定，逐项加以整改。对审计查出的挤占挪用、违规发放个人住房公积金贷款、管理机构未调整到位以及违规自行归集住房公积金等问题，有关地方已基本整改；对以前年度购买国债等投资形成损失风险的住房公积金，有关地方已采取诉讼保全、第三方偿还等方式力求损失最小化。

（六）农村社会养老保险基金审计查出问题的纠正情况。

为搞好这次审计查出问题的纠正工作，人力资源和社会保障部成立了整改工作领导小组，制订了工作计划，在草拟的《关于开展新型农村社会养老保险试点工作的指导意见》中，提出了解决集体补助、财政补贴较多补给村干部和领取标准低、保障功能弱两个问题的具体办法。该意见正在征求有关部门和地方意见，拟在报国务院审定批准后下发执行。

（七）税务部门征税成本审计调查发现问题的整改情况。

对此次审计调查反映的问题，税务总局专门召开会议研究制定了具体整改措施。对人员支出水平较高的问题，正在按照六部委的统一部署规范奖金津贴补贴的发放，推行并逐步规范定员定额管理，并提出今后将建立定额定员动态管理机制，逐步按全部支出核定定额；对办公用房面积超标的问题，拟进一步加强基本建设项目跟踪管理，并组织必要的交叉检查，清理闲置的办公用房，严格控制超投资、超规模建设；对无编制和超编制购置小汽车的问题，已制定办法明确了车辆编制和配备标准，要求各地按标准核定车辆编制，严格按程序进行采购；对招待费、会议费、培训费和出国费控制不够严格的问题，拟采取措施加强预算源头控制，严格审核，在预算执行中强调不得突破预算指标，并通过日常内部审计监督及时发现问题、及时纠正。

（八）利用外国政府贷款项目和世界银行贷款扶贫项目审计调查发现问题的整改情况。

为促进 50 个外国政府贷款项目审计调查发现的问题整改到位，财政部组织有关财政监察专员办事处开展了专门检查，并会同发改委等部门，积极研究采取措施，加强和完善外国政府贷款监管机制。截至 2008 年 10 月底，财政部已制定下发《外国政府贷款项目绩效评价暂行办法》（财金[2008] 24 号），正在制订《外国政府贷款管理规定》、《外国政府贷款转贷管理办法》、《外国政府贷款采购管理办法》等有关规定，积极研究建立政府外债管理统计监测预警信息系统。有关地方政府负责同志就这次审计调查发现问题的整改工作都作出批示，明确了工作要求。截至 2008 年 10 月底，对这次审计调查发现的未实现其总体目标的 10 个项目和存在资产长期闲置、利用率不高和损失浪费问题的 33 个项目，有关地方政府和项目单位按照有关法津法规已进行了处理，力求减少损失。

针对这次世界银行贷款西南扶贫项目和秦巴山区扶贫项目审计查出的问题，国务院扶贫办专门研究和部署，提出了具体整改措施。广西、陕西两省（区）政府、财政部门和扶贫办，高度重视审计查出问题的整改工作，制订了具体整改计划和方案。审计查出的问题现已基本得到纠正。各地还制定、完善相关制度，加强了对外国政府贷款项目的监督管理。

六、金融机构审计和审计调查查出问题的纠正情况

（一）国家开发银行资产负债损益审计查出问题的纠正情况。

国家开发银行成立了整改领导小组，建立了整改进度动态跟踪机制，制定了具体整改措施。截至 2008 年 10 月底，已纠正违规放贷问题金额 90.53 亿元，占 99.4%；纠正挪用贷款问题金额 229.34 亿元，占 93.3%；纠正违规进入股票市场、房地产市场，以及国家限制发展的产业和领域的贷款金额 57.85 亿元，占 99%。已处理有关责任人员 22 人，其中厅局级干部 10 人。同时，重点加强了贷后管理和相关制度建设，推进了评审专项改革，强化了内部控制和风险管理。

（二）中国农业银行 2006 年资产负债损益审计查出问题的纠正情况。

中国农业银行多次召开会议，研究部署整改工作，并督促各级分支机构对审计发现的问题，逐条落实整改措施。截至 2008 年 10 月底，已纠正违规问题金额 240.9 亿元，占 99.1%，已处理有关责任人 2673 人，其中对移送司法机关查处的辽宁省锦州市分行副行长郑凤来、黑山县支行行长刘福德等人采取借款和虚假贴现等手段累计挪用银行资金31亿元的问题，中国农业银行已对186名责任人进行了处理。结合整改，中国农业银行全面梳理了现行制度，取消了网上银行交易量指令性计划完成指标，强化了对网上银行交易的日常监测；在二级分行建立了个人消费信贷业务审批中心，实行集中审查；完善了风险管理委员会及其专业委员会设置，成立了风险管理部，统筹全行信用风险、市场风险和操作风险的规划和管理。

（三）金融资产管理公司处置不良资产审计调查发现问题的整改情况。

财政部、银监会和四家资产管理公司对审计调查发现的问题高度重视，认真研究分析，提出了进一步强化公司内部管理、加大不良资产处置力度、进一步加强商业化转型工作等措施，还加强了内部控制、财务制度、风险管理等方面制度建设，对业务进行实时监控，对资产处置、财务收支、资本金运营等经营情况实施监督，完善了内部审计机制。

中国光大银行股份有限公司、中国人民保险集团公司和中国再保险（集团）公司采取多种措施，认真整改，已整改审计发现的问题金额160.01亿元，占95.3%；还有7.4亿元问题正在整改中，另有理赔损失0.49亿元无法追回，但也制定了完善机制、堵塞漏洞的措施，避免此类问题再次发生。

对9家金融机构的审计和审计调查共移送各类涉嫌犯罪案件线索43件，涉案金额141.62亿元，涉案责任人144名。

七、企业审计和审计调查查出问题的纠正情况

（一）3家中央企业原领导人员任期经济责任审计查出问题的纠正情况。

1. 关于损益不实78.65亿元的问题。3家企业已经调账56.23亿元，其余22.42亿元，主要是从成本费用中列支劳务用工工资性支出的问题，目前相关企业正与国资委联系，申请调整工效挂钩基数。

2. 关于决策不当、管理不善造成损失和潜在损失16.63亿元的问题。除2.42亿元损失无法收回外，相关企业通过监控担保企业贷款资金的使用情况、提高经营管理水平等措施，一定程度上化解了14.21亿元的潜在损失风险；相关企业还修改或完善各项管理制度27项，包括制定重大决策程序办法、招标监督以及合同管理办法、建立资金管理制度、企业股权管理规范、市场化用工管理暂行办法等，防止因决策失误或管理不善发生新的损失和国有资产流失。

3. 关于海外投资管理不规范，形成或面临损失4.24亿元的问题，相关企业正积极采取措施建立海外项目运作风险管理体系，完善应急预案制度。

4. 关于违法违规操作导致国有资产流失的问题。截至2008年10月底，已收回980万元，合并账外账处理877万元，通过司法诉讼等手段正在追缴7090万元，其余4.83亿元由于责任人外逃等原因无法追回。相关企业已通过进一步建立健全内部规章制度、明晰产权关系等措施，加强管理，完善内部控制，以有效避免国有资产流失问题的再次发生。

（二）5家电信运营企业投入产出效益审计调查发现问题的整改情况。

针对审计调查发现的问题，工业和信息化部组织专人进行了研究，向国务院报送了调查报告，全面分析了电信企业网络资源利用不充分的主要原因，有针对性地提出了加强统筹规划、明确部门职责、强化横向协调和建立信息平台等加强网络建设监管的建议。9月28日，针对当前电信重组和即将启动的新一轮网络建设的实际情况，工业和信息化部与国资委联合紧急下发了《关于推进电信基础设施共建共享的紧急通知》（工信部联通［2008］235号），明确提出已有铁塔、杆路必须共享，新建铁塔、杆路必须共建，其他基站设施和传输线路具备条件的应共建共享，禁止租用第三方设施时签订排他性协议等具体要求，并制定了相应的考核和处罚措施。该部调查报告中提出的其他相关措施将于近期出台。这些措施有利于从根本上解决我国电信企业重复建设和闲置浪费问题。

（三）铁道部铁路运输企业财务收支审计查出问题的纠正情况。

铁道部铁路运输企业在审计期间，边纠正问题边建立相关管理制度。对核算不实、多计利润10.59亿元的问题，已全部进行了调账处理，补缴了相应税款。为规范主业与多元经营企业之间关系，采取了以下措施：一是将多元经营企业从事的自备车、专用线共用服务收费项目全部纳入运输主业管理，并通过变更资产权属、建立资产有偿使用制度、合理进行资产调剂等方式纠正了一些铁路局向多元经营企业无偿提供资产、低价出租资产的问题。二是对多元经营企业发生的为运输主业人员承担工资、奖金问题，分别采取规范财务核算、规范经济和劳务关系、主业用历年结余工资置换和个人退款等方式进行了纠正。三是对于未经物价部门批准的收费项目，已全部停止或取消；对经营性服务收费，通过与客户签订规范的合作服务协议、转变经营模式等方式，保证服务到位、收费合理。结合整改，铁道部还制定了34个管理制度和指导意见，规范了企业管理和会计核算。

上述9户企业审计查出的34起案件线索移送有关部门查处后，已依法批准逮捕、起诉或判刑27人，给予撤职、降职等党纪政纪处分9人。

中华人民共和国审计署审计结果公告（2009年第2号）

104个国外贷援款项目2008年度公证审计结果

（2009年4月22日公告）

根据《中华人民共和国审计法》和有关国外贷援款协议的规定，审计署组织国外贷援款项目审计服务中心和相关特派员办事处于2008年对由中央单位执行或组织执行的104个国外贷援款项目2007年度财务收支和项目执行情况，遵照国际审计准则和中国国家审计准则进行了公证审计，向国外贷援款机构出具了107份审计报告（有2个项目按照国外贷援款机构的要求各出具了2份审计报告。还出具了1份关于联合国开发计划署核心资源项目的汇总报告）。

一、基本情况

2008年度审计的104个国外贷援款项目（详见附件1）包括：贷款项目27个、援助项目77个；按项目的贷援款机构划分，世界银行项目46个、亚洲开发银行项目11个、联合国开发计划署项目40个、全球环境基金项目1个、英国国际发展部项目6个。这104个项目的计划投资总额折合人民币2041.11亿元，其中协议利用外资额369.87亿元（50.64亿美元）。截至2007年12月31日，这104个项目累计完成投资额折合人民币1324.26亿元，其中累计利用外资额折合人民币231.64亿元（31.71亿美元）。全部项目涉及农业、能源、交通、教育、卫生、城市建设、环境保护等领域。

在出具的107份审计报告中，无保留意见的审计报告104份，占97.20%；有保留意见的审计报告3份，占2.80%。

审计结果表明，项目单位总体能够认真执行国家财经法规和贷援款协议，真实、公允地记录和反映项目经济活动，保证了项目的顺利实施。这些项目的实施取得了较好的经济和社会效益，在促进我国经济社会发展和环境保护、借鉴国际先进管理经验等方面发挥了积极作用。但审计也发现部分项目单位在财务核算、资金管理和项目实施中存在一些问题。

二、审计发现的主要问题

（一）10个项目（详见附件2）国内配套资金未及时、足额到位，占项目总数的9.62%，未及时、足额到位配套资金为20163.82万元。

（二）4个项目（详见附件3）执行地区的财政部门或项目单位滞留项目资金，导致资金不能及时拨付到位，占项目总数的3.85%，涉及金额5833.33万元。

（三）2个项目（详见附件4）未按时缴纳资本金，占项目总数的1.92%，未按时缴纳的资本金为223043万元。

（四）22个项目（详见附件5）财务管理不规范、会计核算不合规，占项目总数的21.15%。主要表现为：未按规定设置账簿，会计核算不完整，账务处理不正确，支出证据不充分，内控制度不健全。

（五）15个项目（详见附件6）存在投资完成额比例偏低或提款报账进度较慢的问题，占项目总数的14.42%。

三、审计发现问题的处理和整改情况

针对审计发现的上述问题，审计报告中已提出审计意见和建议；对于违反国家规定的问题，已下达审计决定书，进行了处理。

各项目单位高度重视审计发现的问题，正在进行整改。截至 2008 年 11 月底，未及时、足额到位的 20163.82 万元配套资金中，有 720.78 万元已到位，整改率为 4%；滞留的 5833.33 万元项目资金中，有 5430.05 万元已拨付到位，整改率为 93%；未按时缴纳的资本金 223043 万元中，有 92174 万元已缴纳，整改率为 41%。针对财务管理不规范、会计核算不合规的问题，有关项目单位调整了相关账目，健全完善了财务管理制度，加强了对财务人员的培训。针对项目实施进度缓慢的问题，有关项目单位通过抓紧设备采购和加强项目工程进度管理等工作，加快了项目建设进度，同时加强了与财政部门的沟通协调，完善了报账程序，加快了提款报账进度。

四、审计建议

（一）财政部门和有关部门应督促地方政府履行相关承诺，地方政府应重视并研究解决地方项目配套资金不到位的问题。对于社会公益和扶贫性质的项目，应考虑扩大中央或省一级配套比例，不搞“一刀切”、层层配套，以更好地保证项目建设资金的需要。

（二）项目主管部门应进一步加强对国外贷援款项目执行过程的管理与监督，建立责任追究制度，提高资金使用效率，促使项目实施单位严格执行项目协议。

（三）各项目实施单位应进一步完善内部控制制度，严格按协议执行项目，加强财务管理，采取有效措施保证资本金按期足额到位，加快项目建设和执行，确保实现项目目标和发挥资金效益。

附件：

1. 2008 年度审计的 104 个国外贷援款项目清单（略）
2. 国内配套资金不到位问题及其整改情况表（略）
3. 滞留项目资金问题及其整改情况表（略）
4. 未按时缴纳资本金问题及其整改情况表（略）
5. 财务管理不规范、会计核算不合规问题及其整改情况表（略）
6. 项目实施进度缓慢问题及其整改情况表（略）

中华人民共和国审计署
审计结果公告
（2009 年第 3 号）

审计署关于中央保持经济平稳较快发展政策措施贯彻落实的审计情况

（2009 年 5 月 18 日公告）

按照党中央、国务院的部署，全国审计机关把促进经济平稳较快发展作为当前工作的重中之重，切实加强了对中央政策措施贯彻落实情况的审计监督。审计署一是迅速下发通知，要求全国各级审计机关以高度的政治责任感和强烈的历史使命感，坚决贯彻落实中央的决策部署，有效履行好审计的法定职责和社会责任。二是及时调整计划安排，在去年下半年紧急部署开展国际金融危机对我国实体经济、商业银行和中小企业的影响，金融衍生品业务情况，境外投资风险以及能源安全等审计和调查，以摸清金融危机影响状况，提供决策参考。三是科学确定年度审计项目，要求 2009 年的所有审计都要把检查中央政策措施贯彻落实情况作为重要内容，同时统一组织对 10 项重点资金项目和 5 个重大投资项目的审计或跟踪审计，促进各项投资尽快启动和落到实处。四是注重整合中央和地方审计力量，审计署发布了加强对地方审计工作指导的两个意见，建立了审计署与特派办、地方审计机关之间的联动机制，及时沟通和反映审计情况。五是抽调 20 多人参加中央扩大内需促进经济增长政策落实检查工作领导小组的工作，与其他部门共同做好监督检查。总体上看，沿着财政资金流向跟进、覆盖中央和地方、资金和项目、管理和制度的全方位审计监督网络已经初步建立。

根据《中华人民共和国审计法》的规定，现将截至 2009 年第一季度的有关审计情况公告如下：

一、基本情况

为应对国际金融危机影响，中央提出了保增长、调结构、抓改革、重民生的宏观政策目标，全面实施了促进经济平稳较快发展的一揽子计划。中央各部门密切配合，行动迅速，措施有力，认真落实中央政策措施。发改委和财政部迅速研究制定了新增中央投资工作方案，明确了项目实施责任主体和项目安排方向、原则等一系列工作要求；人民银行和银监会对进一步加强信贷结构调整、促进国民经济平稳较快发展提出指导意见，要求保证符合条件的中央投资项目所需配套贷款及时落实到位，并要求加大对中小企业、农业等经济薄弱环节的金融支持力度；农业部迅速编制完成和下达了涉及 51.5 亿元的投资项目计划；卫生部建立了项目执行进度和资金支付情况周报制度；教育部、交通运输部、民航总局、国家林业局等部门派出检查工作组，督导检查项目实施情况，确保中央投资形成新增实物工作量。

地方各级政府在贯彻中央部署的同时，都迅速制定了符合本地实际的促进经济增长政策，并强化了保障措施：一是建立了领导协调机制，确定责任主体，细化工作方案；二是及时分解下达中央新增投资，优先安排新增中央投资项目的配套资金；三是进一步明确投资项目安排原则，加大了对民生和社会事业发展项目、节能减排和生态工程以及对铁路、公路和机场等重大基础设施的投入力度；四是普遍组织了由当地纪委、监察、发展改革、财政、审计等部门组成的联合检查组，加强了对新增投资项目建设全过程的监督检查；五是健全项目和资金管理制度，确保项目顺利实施，尽快形成实物工作量。

审计情况表明，截至今年第一季度，2008 年底新增 1000 亿元中央投资计划和预算已全部下达，2009 年初新增 1300 亿元中央投资计划和预算基本下达。各地区各部门按照中央“出手要快、出拳要重、措施要准、工作要实”的要求，认真贯彻落实中央“保增长、保发展、保民生”的重大方针政策，迅速采取了一系列措施，大规模的政府投入，大范围的产业调整和振兴，大力度的科技支持，大幅度提高社会保障水平，成效开始显现。据国家统计局公布的数据，今年第一季度国民经济运行出现了积极变化，整体表现好于预期。国内生产总值 65745 亿元，同比增长 6.1%；全社会固定资产投资同比增长 28.8%，比上年同期加快 4.2 个百分点；城乡居民收入继续增长，居民消费价格同比下降 0.6%；货币信贷增速加快，外汇储备有所增加。

二、审计发现的主要问题及整改情况

审计在监督检查中央政策措施的贯彻落实情况中，尚未发现重大违法违规问题，但也查出了一些值得关注的问题：

一是有些项目的地方配套资金到位率不高。截至 2009 年 3 月底，审计抽查的 18 个省（自治区、直辖市）335 个新增投资项目，中央投资资金平均到位率为 94%，其中有的项目按工程进度地方配套资金到位仅为 48%。从投资完成情况看，由于配套资金未到位、部分项目前期准备不充分等原因，有些项目不能按计划及时开工，有的已开工项目进展缓慢，一些项目已到位资金闲置，还有个别地方虚报到位配套资金和工程进度，个别项目用新增投资偿还以前年度拖欠的工程款，没有形成新的实物工作量。

审计指出上述问题后，发改委下发了《关于进一步落实新增中央投资项目地方配套投资有关问题的紧急通知》，有关地方正在采取措施，加快资金落实和项目前期工作，促进项目尽快开工并形成实物工作量。

二是部分政策的实施办法不够完善。如由于税收政策调控目标的多重性，个别高耗能、高排放（以下简称“两高”）企业享受了一些税收优惠；一些企业在利用本企业中间环节产生的废弃物和再生资源进行生产时，没有充分享受到国家支持发展循环经济的优惠政策；一些扶持中小企业政策操作性不够强，影响了扶持中小企业政策的实施效果。

审计指出上述问题后，有关部门和地方政府正在研究完善相关政策制度。

三是部分病险水库除险加固工程规划和管理亟待进一步加强。审计调查 18 个省（自治区、直辖市）病险水库除险加固工程情况发现，由于一些地方在水库安全鉴定和治理上投入不足，审核申报工作不到位，有 155 座大中型和 3156 座重点小型水库病险状况比较突出，需要加强治理。

审计指出上述问题后，水利部下发了《关于对病险水库除险加固审计调查发现问题进行整改的紧急通知》和《关于加强在建病险水库除险加固工程质量安全管理的紧急通知》，要求各地限期整改。

四是由于一些基层银行审核把关不严，一些企业利用虚假合同和发票办理票据贴现，部分贴现资金被存入银行谋取利差，而未注入实体经济运行中。这不仅影响金融对实体经济增长的支持力度，虚增了银行存贷规模，也加大了银行系统性风险。

审计指出上述问题后，有关部门和银行正在研究制定改进办法。

三、审计建议

根据前一阶段审计情况，审计署建议：

（一）针对地方配套资金到位率不高的问题，地方各级政府应进一步采取措施，明确新增投资资金配套主体和责任，加快资金落实，促进项目尽快开工并形成实物工作量，确保工程质量；有关部门和地方应进一步做好中央财政代发2000亿元地方政府债券工作。

（二）发改委、财政部等部门应加强对新增投资项目的跟踪检查，督促地方各级政府和相关部门严格执行节能减排等宏观调控政策，做好项目选择和前期准备工作，防止低水平重复建设和盲目扩张，不断提高投资的经济和社会效益。

（三）金融监管机构应进一步加大监管力度，促进提高金融机构的服务能力；同时加强与有关部门的沟通，建立应对重大经济金融风险的有效监控、预警和应急机制，防范和控制金融系统性风险；特别要加强对票据业务贸易背景的真实性、票据业务操作的规范性以及假票据等方面的现场检查。

下一步，审计署将按照党中央、国务院的部署，积极与中央纪委、监察部等部门配合，做好面上的检查工作，同时跟进财政资金运用过程，及时发现问题，揭示潜在风险，推动和保障中央政策措施贯彻落实。

一是进一步加大审计监督力度，保证中央政策措施贯彻落实。

——对种粮农民直补等支农资金、政府投资建设保障性住房、城乡最低生活保障资金、县乡医疗服务体系建设、饮用水安全等重点民生资金和民生工程进行审计和审计调查，重点揭示资金管理和项目管理中存在的问题，促进各项惠民政策的贯彻落实。

——对汶川地震灾后恢复重建、京沪高速铁路、金沙江向家坝水电站、三峡输变电和西气东输二线建设项目进行跟踪审计，重点关注相关建设项目规划、计划和国家有关政策落实情况，建设资金使用、建设项目管理和工程质量情况。

——对部分省（自治区、直辖市）新增投资项目进行审计调查，重点关注新增投资项目是否存在违规建设“两高”和产能过剩项目、“搭车”建设楼堂馆所或搞“政绩工程”等问题，以及建设项目对资源环境的影响情况。

——对长江上游水环境保护资金、国有土地使用权出让金和土地开发整理资金、矿产资源专项资金等资源环保资金进行审计调查，重点关注环境治理、环境保护、土地资源开发利用情况，地方政府贯彻落实国家土地政策、环境保护政策情况，以及各项资金的管理、使用和资金效益情况。

——对中国农业发展银行、中国农业银行、中国进出口银行和中国出口信用保险公司以及重点国有控股商业银行执行国家金融政策情况进行审计调查，重点关注金融机构落实中央有关扩大内需、促进经济增长政策所采取的措施和实施效果，以及影响国家金融政策贯彻落实的机制和体制问题。

另外，在对企业领导人员任期经济责任审计中，关注国际金融危机对企业可持续发展的影响，促进提高企业的竞争力和控制力。

二是加大对重大违法违规和损失浪费等问题的揭示和查处力度，促进管好用好资金。在审计和审计调查中，着力揭示和反映决策不当、重复建设“两高”和产能过剩项目，建设“政绩工程”和“豆腐渣工程”，破坏环境、随意侵占耕地，铺张浪费建设办公楼和宾馆、购买高档轿车等问题。一旦发现重大违法违规和损失浪费等问题，集中力量依法查处。

三是加强审计情况的反映和公告，推动完善制度和规范管理。对影响中央宏观调控政策实施的普遍性和倾向性问题以及在政策执行中出现的新情况和新问题，及时向国务院和有关部门反映。对政府投资资金的管理、使用情况和审计情况定期向社会公告，重大事项随时公告，使社会公众通过审计情况的披露及时了解政府投资资金的管理、使用情况，增强社会凝聚力和抵御国际金融危机的信心。

中华人民共和国审计署审计结果公告（2009 年第 4 号）

10 省区市财政支农资金管理使用情况审计调查结果

（2009 年 5 月 20 日公告）

为了促进党中央、国务院关于加快农村经济社会发展，保障农业稳定发展和农民持续增收方针政策的贯彻落实，审计署于 2008 年，对河南、甘肃、山西、黑龙江、江苏、湖南、福建、陕西、内蒙古和重庆 10 省（自治区、直辖市，以下简称 10 省区市）2006 年至 2007 年财政支农资金管理使用以及相关涉农政策执行情况进行了审计调查，重点抽查了 30 个县（市、区、旗）。现将审计调查结果公告如下：

一、基本情况

2007 年，10 省区市财政支农资金投入 3848.92 亿元（比 2006 年增长 36%），其中：中央财政投入 1737.48 亿元（含专项补助 1251.9 亿元、财力性转移支付 456.9 亿元和部门对口下达 28.68 亿元），占 45%；地方财政投入 2111.44 亿元，占 55%。财政支农资金支出 3492.03 亿元（比 2006 年增长 37%），其中：用于农业生产和农民生活方面支出 2709.93 亿元，占 78%；公益性投资支出 185.47 亿元，占 5%；政府涉农部门支出 569.76 亿元，占 16%；其他支出 26.87 亿元，占 1%。

审计调查结果表明，近几年来，中央和地方陆续出台了一系列支农惠农政策，加大了支农投入，在支持农业增产增收、改善农民生产生活、推动农村经济社会发展等方面发挥了积极作用。主要表现在：

——财政支农资金投入总量增长较快，直接用于农业和农民的支出比例增加。从投入方面看，2005 年至 2007 年，10 省区市财政支农资金投入总量增长 84%，其中中央财政支农投入同期增长 92%，比地方财政支农投入同期增幅高出近 14 个百分点。从支出方面看，10 省区市 2007 年直接用于农业和农民的支出占财政支农支出总额的 78%，比 2005 年增加了 3.45 个百分点，其中对农民的直接补贴为 426 亿元，比 2005 年翻了一番。

——用于农业基础设施建设的投入不断加大，促进了增粮增收。2007 年，各级财政对 10 省区市农村基础设施建设的投入为 976 亿元，比 2005 年增长 39%。上述投入的增加，促进了 10 省区市增粮增收，与 2005 年相比，10 省区市 2007 年的农林牧渔业总产值增长了 23%，粮食总产量增长了 7%，农民人均纯收入增长了 17%。

——农村社会事业支出不断增加，推动了农村经济社会全面发展。2007 年，10 省区市各级财政用于农村义务教育、卫生等社会事业发展的支出达到 1282 亿元，比 2005 年增长 81%。安排新型农村合作医疗补助资金 113 亿元，使 1.55 亿人次参合农民受益；安排农村义务教育资金 847 亿元，实际享受免除学杂费补助、免费教科书补助和免除寄宿生生活费补助的学生达 9556 万人次。

二、审计调查发现的主要问题

（一）财政支农投入政策在一些地方未完全落实到位。

1. 部分地方财政支农投入未达到法定要求。据对 10 省区市（包括 10 个省级、113 个市级和 980 个县级）的数据分析，农业总投入增长幅度未达到财政经常性收入增长幅度的省市县个数占总数的 33%，财政支农投入增量未达到上年增长水平的省市县个数占总数的 18%。

2. 部分地方未按规定对财政支农投入进行统计和考核。未按规定对固定资产投资用于农村的增量、土地出让收入用于农村建设的增量和建设用地税费提高后新增收入主要用于“三农”的部分 3 项指标进行统计和考核的地区，分别占 80%、75%和 87%，其中甘肃、山西等省的地方政府基本未对上述 3 项指标进行全面统计和考核。

（二）农业基础设施建设投入仍然不足。

1. 农田水利设施建设亟待加强。一是病险水库较多。截至 2007 年底，10 省区市的病险水库总数为 11186 座（大部分是中小型水库），占这些地区水库总数的 44%，当年列入国家除险加固计划的病险水库只有 2002 座，占病险水库总数的 18%。如粮食主产区湖南省截至 2007 年底有 5645 座病险水库（大部分是小型水库），只有 634 座大中型和重点小型水库列入了当年中央补助规划，其他小型病险水库的除险加固工程完全由地方政府负责实施，由于财力有限，很难完成任务。二是灌溉渠道老化损毁比较严重。截至2007年底，10省区市渠道完好的灌溉干支渠长度为36.8万千米，占总长度的57%，其中山西省完好的灌溉干支渠长度不到总长度的30%。

2. 防汛抗旱监测预警系统建设滞后。2003～2007年，陕西、重庆等8省市防汛抗旱监测预警系统建设投入1.31亿元，仅占其同期防汛抗旱经费投入的4%。截至2008年3月，上述8省市实际设立水情监测站点1434个，尚不及水利部《水文站网规划技术导则》要求的一半，其中111个有重要防汛任务的区县未设立水情监测站点。

3. 一些地方农村饮用水安全项目实施缓慢。2007年，10省区市财政投入农村饮用水安全项目的资金为28.68亿元，约占同期财政支农投入的0.75%。如国家在2006～2007年批复江苏省的26个农村饮用水安全项目（总投资5.74亿元），本应于2007年底前全部完成，由于地方配套资金不能按时足额到位，截至审计调查时，有21个项目尚未动工。

4. 部分省市耕地面积减少。与2003年相比，10省区市中仅有黑龙江、甘肃和内蒙古的耕地面积有所增加，其余7省市耕地面积减少了953万亩。

（三）财政支农资金分配、使用和管理不够规范。

1. 部分地方存在违规使用财政支农资金或资金管理不规范的问题。10省区市财政和有关主管部门违规使用资金26.93亿元（其中用于建房买车5837.4万元），不规范管理资金45.75亿元，配套资金不到位65.97亿元。审计重点抽查的30个县在支农资金管理和使用方面均不同程度地存在问题。

2. 部分地区结存资金数额较大。截至2007年底，10省区市结存财政支农资金90.73亿元。其中，由于部分地方发放大中型水库移民后期扶持资金的移民数与国家有关部门核定的移民数不一致、扶持项目规划编制滞后等原因，造成10省区市结存中央财政下拨的扶持资金13.3亿元，占中央下拨这些地方的扶持资金总额的23%。

3. 部分项目资金使用效益较差。审计抽查的10省区市应于2007年底完成的86个财政支农项目中，有32个未达到设计要求和预期目标，占抽查项目总数的37%，致使已到位的8.24亿元支农资金未能充分发挥效益。如内蒙古自治区应于2007年完工而未完工的支农项目总投资超过4.87亿元；重庆市林业局所属重庆市森林病虫害防治检疫站投资建设的昆虫博览园项目，因决策失误造成投资失败，其项目所有资产被法院拍卖用于抵偿债务，致使财政支农资金和国有土地增值收益1444万元全部损失。

三、审计调查发现问题的整改情况

国家发改委、财政部和水利部等部门高度重视审计调查发现的问题，认真研究完善政策制度，并督促相关地方政府进行整改。如针对大中型水库移民后期扶持资金结存过多的问题，全国水库移民后期扶持政策部际联席会议专门发文要求各地自查自纠，并向存在问题较多的6省市派出了中央部门联合督导组。截至2008年底，除甘肃、重庆、河南3省市尚有部分大中型水库移民后期扶持资金未兑现外，其余7省市的结存资金已全部兑现。移民人口较多的重庆市还制定了项目扶持实施管理办法，建立了移民工作稽查特派员制度，将各县（区）扶持政策实施情况纳入年度考核目标。

10省区市人民政府积极进行整改。如针对财政支农投入政策落实不到位的问题，黑龙江、内蒙古、陕西和福建等省区制定了相关制度和考核激励办法，鼓励市县政府加大财政支农投入；江苏省及时调整和完善了农村饮用水安全项目省级财政补助比例，加大了资金投入力度，加快了工程建设，截至2008年底，该省农村饮用水安全项目已全部完工。

四、审计调查建议

（一）继续加大财政支农投入力度，突出支农投入重点。各级政府应按照党的十七届三中全会精神和当前“保增长，保民生，保发展”的政策要求，不断加大对农村水利设施、标准农田建设和农村饮用水安全等工程的投入，突出重点地区和项目，因地制宜，整合支农资金。中央财政要进一步加大转移支付力度，逐步取消对中西部地区财政困难市县农村公益性建设项目的资金配套要求。

（二）进一步认真落实国家支农政策法规，完善农业投入保障机制。国家有关部门应加强调查研究，加快农业投入立法进程，建立健全全国统一的财政支农投入统计和考核制度，逐步建立起支持“三农”发展的长效机制。地方各级政府应认真贯彻落实《中华人民共和国农业法》及国家支农政策法规，完善支农补贴政策，规范和保障各级财政对农业和农村建设的投入。

（三）加强支农资金监管，提高资金使用效益。财政部、农业部等部门和地方各级政府应进一步建立健全责任机制，切实加强对支农专项资金和建设项目的全程跟踪检查与绩效评估，严肃查处资金分配、管理和使用中的违法违规问题，追究相关人员的责任，确保财政支农资金安全、规范、高效地使用。

中华人民共和国审计署审计结果公告（2009年第5号）

渤海水污染防治审计调查结果

（2009年5月22日公告）

为了贯彻保护环境的基本国策，加强海洋水污染防治，促进渤海地区经济社会可持续发展，审计署于2008年3月至9月，对环渤海地区2006至2007年水污染防治情况进行了专项审计调查，重点调查了天津、大连、营口、盘锦、锦州、葫芦岛、唐山、秦皇岛、沧州、滨州、东营、潍坊和烟台13个市。现将审计调查结果公告如下：

一、渤海水污染防治工作的基本情况

审计调查结果表明，“十五”以来，国务院各部门和13市政府高度重视渤海水污染防治工作，采取多项措施加强渤海环境保护，取得了一定成效。

一是国家有关部门重视污染治理工作的综合协调和指导检查。发改委、环境保护部、国家海洋局等有关部门按照国家环境保护工作的总体部署，先后编制和实施了《渤海碧海行动计划》和《渤海环境保护总体规划》，组织对渤海环境治理工作效果进行了中期评估，加大了对渤海水污染防治工作的指导、协调、督促和检查力度。

二是环渤海13市政府积极开展水污染防治工作。组织实施了《渤海碧海行动计划》和海河、辽河流域水污染防治专项规划，落实了水污染物总量削减目标责任，任务分解到重点行业和单位，将目标完成情况纳入了当地社会经济发展综合评价体系。政府和辖区企业投入治理污染资金351.13亿元，其中，建成污水处理厂78个，形成污水处理能力466.8万吨/日。

三是企业节能减排工作取得进展。尤其是一些大型企业，高度重视节能减排工作，加大污染治理投入，取得明显成效。如北京首钢股份有限公司搬迁到唐山市曹妃甸循环经济示范区后，通过提高工业用水循环率、回收钢铁废渣和剩余能源再利用等措施，节约了资源，降低了能耗，减少了污染。中国石油化工集团公司胜利分公司、中国石油天然气集团公司大连和辽河石化分公司等企业，投入6.48亿元引进污染治理先进技术，优化生产工艺，有效地降低了污染物排放量。

调查也发现，部分地方产业结构调整政策没有完全落实到位，环境保护基础设施建设投入不足，工业和生活污染还比较突出，对一些小型企业的污染监控由于成本过高而难以实现，水污染防治资金使用效益不高以及海域使用管理粗放等问题突出。

二、审计调查发现的主要问题

（一）水污染防治措施落实不完全到位。

一是污水处理能力不足。13市“十五”期间计划投入63亿元建设86座污水处理厂，截至2007年底，有14.5亿元没有到位，23座污水处理厂尚未开工建设。“十一五”期间计划建设的146座污水处理厂，有71座未开工建设，仅完成计划投资的21%。2007年，7个市的城市污水处理率低于全国60%的平均水平。与2005年相比，2007年13市城镇生活污水中排放的化学需氧量（COD）增长7%。

二是部分污水垃圾处理不达标。审计调查的51座已运行污水处理厂中，有18座（占35%）处理后的水质和污泥不达标。审计抽查的10座垃圾处理场，有6座将收集的62万吨垃圾（占收集总量的31%）简易填埋或露天堆放。

三是部分重点监控企业超标排放。2007年，13市正常生产的180户国家重点监控废水排放企业中有41户废水超标排放，其中35户属于石油化工、造纸和印染等污染物排放大户。一些县乡企业污染依然十分严重。

四是开发区新增污染控制不力。2007年底，13市的34个经济开发区中，有17个未设立环保机构，有的开发区仅有1至2名兼职人员；有15个开发区未建成污水集中处理设施，2007年有4000万吨污水未经处理直接排放；有358个建设项目（占项目总数的8%）未按要求进行环评，727个已竣工项目（占竣工项目的26%）未进行“三同时”验收。

（二）海域监督管理比较粗放。

一是渤海海域整体开发利用控制计划不完备。目前，我国对渤海海域的用海规模、开发进度等实施规划或计划控制不够，尤其是对一些环境影响比较大的围填海项目的开发利用控制底线还不完备，规模越来越大的围填海活动改变了海岸生态环境，加剧了海洋环境污染，影响了重要渔业资源。

二是一些地方违法违规用海问题突出。2006至2007年，由于渤海沿岸一些地方政府拆分项目审批、海洋部门违规批准和用海单位违法使用等，违法违规用海面积达189平方公里，欠缴海域使用金48.7亿元。

三是有的地方和单位对海洋倾倒废弃物的管理比较薄弱。截至2007年底，渤海16个临时性海洋倾倒区中，有7个已超过使用期限而未按规定封闭。个别地方存在政府干预海洋执法、主管部门违规审批倾倒和单位擅自倾倒等问题。

（三）部分资金征管使用不规范。

一是有的单位排污费、污水处理费征缴问题比较突出。据不完全统计，13市少征排污费和污水处理费5.78亿元，占应征额的15%。其中，主管部门和代收单位违规减免2.95亿元，缴费单位欠缴2.83亿元。

二是部分专项资金未完全按规定用途使用。审计调查发现违规使用资金6.07亿元，占审计调查资金总额76.46亿元的7.9%。由于地方财政对环保部门的经费保障能力不足，污水处理费未按要求纳入财政专户管理，被挪用的5.3亿元主要用于补充环保部门经费和污水处理费代收企业的生产经营。

三是部分资金使用效益不高。审计调查排污费补助的471个企业污染治理项目中，有151个未按期完成。盘锦市将1611万元排污费平均分配到152个项目，每个项目10.6万元，难以形成治理合力。

四是海域使用金制度不完善。由于目前对海域使用金具体用途的规定不十分明确，13市2006年至2007年安排使用的3.44亿元海域使用金中，有2.22亿元返还给用海单位，7072万元用于弥补海洋部门经费，只有5194万元用于海域保护和管理。

三、审计调查发现问题的整改情况

审计调查结束后，审计署将有关情况分别通报给了国家有关部门和13市政府。国家有关部门和13市政府高度重视审计调查发现的问题，积极采取措施进行整改，现已取得初步成效。

一是完善相关制度。《渤海环境保护总体规划（2008～2020年）》已于2008年底报经国务院批准。该规划中，进一步明确责任，提出加大工作力度，加快海洋污染防治与生态修复、陆域污染源控制和综合治理、流域水资源和水环境综合管理与整治、环境保护科技支撑和海洋监测五大系统的建设，以及建立陆海统筹的污染防治体系。发改委正会同国家海洋局起草关于加强围填海管理的意见，将对围填海等实行严格管理。天津市及时下发文件，出台管理办法，结束了该市主城区污水处理费长达8年未纳入财政专户管理的局面。盘锦市制定了市级环保专项资金使用有关规定，完善了环保专项资金管理使用制度。

二是加强环境执法。国家海洋局开展了全海域倾废管理工作自查，对7个超期使用的临时性海洋倾倒区分别作出了立即封闭、按要求申请转为正式海洋倾倒区等处理决定。该局下属北海分局在渤海海区组织了68个海洋执法单位，抽调近600人开展了为期42天的联合执法行动，发现和查处了一批违法违规用海项目，并对2007年度未处理的25起非法填海项目进行督促整改。唐山市加强曹妃甸循环经济示范区环境保护工作，成立了环保机构，编制的用海总体规划已获得国家海洋局批准，规范了项目用海。

三是加快项目建设。天津、大连、营口、沧州、滨州、东营、烟台等市加大投入，加快污水处理厂建设，升级污水处理工艺。营口市针对造纸行业落后、产能淘汰措施落实不到位的问题，将以前年度列入关停范围而未关停的19户造纸企业全部关停。唐山市加大造纸厂污染治理力度，关闭了唐海县国信造纸厂。玉田县投资1400万元建设造纸企业专用输水管道，所有造纸企业都已开工建设污水处理、白水回用和中水回用系统，减少了对双城河的污染。

四是追缴（归还）资金。天津市已追缴海域使用金109892万元；辽宁省和大连市两级海洋管理部门，已全部追缴因违规发放海域使用证导致欠缴的海域使用金8836万元。天津、锦州、葫芦岛、沧州、秦皇岛、烟台、潍坊等市加大排污费和污水处理费征收和追缴力度，有关单位已补缴和归还挪用资金15877万元。

四、审计调查建议

（一）国家发改委、环保、海洋等部门和环渤海各省市政府应按国家规定和国务院要求，进一步重视、统筹规划渤海的开发利用和环境保护工作。建立和完善严格的渤海海域保护制度和机制，建立起跨部门、跨地区和跨流域的渤海环境治理协调机制，统筹区域和流域环境治理工作。研究制定有关海域使用金用途的规定，提高资金使用效益。

（二）加大产业结构调整和工业污染治理力度。国家有关部门和地方政府应根据渤海的环境和资源承载能力，制定调整实施环渤海地区产业结构和布局的具体措施。加大对点源尤其是经济开发区新增污染源的控制，加强对重点监控企业监测和河流断面监测。加强环境污染治理设施的运行和监管，确保达标排放。

（三）抓住扩大内需有利时机，加大环渤海地区污水处理设施建设投入力度。国家有关部门和地方政府应大幅度增加已列入“十五”和“十一五”期间污染治理项目的投入，重点是新增污水处理厂建设、污泥处理装置、配套管网建设、技术改造和再生水利用等。

（四）加强排污费、污水处理费征收管理力度。国家有关部门和地方政府应严肃查处违规减免、挤占挪用等违规行为，提高资金使用效益；加强污水处理制度建设和收费改革，多渠道解决污水处理设施运行费用；建立健全财政对环保部门的经费保障机制。

中华人民共和国审计署审计结果公告（2009年第6号）

41户中央企业节能减排情况审计调查结果

（2009年6月17日公告）

2008年，审计署对41户中央企业2006～2007年节能减排情况进行了审计调查，重点调查了这些企业的能源消耗以及二氧化硫和化学需氧量排放等情况。现将审计调查结果公告如下：

一、企业采取的节能减排措施及取得的成效

这41户企业是从全国千家重点耗能和国家重点监控污染源企业中随机选取的，包括16户电力企业、13户石化企业、12户钢铁及有色金属企业。审计调查结果表明，为确保国家“十一五”期间节能减排目标的实现，这些企业都成立了负责节能减排工作的专门机构，制定了工作规划，建立健全了管理制度，并采取了有力措施：一是加大资金投入。在2006～2007年间，41户企业共投入168.89亿元（其中企业自筹165.83亿元，财政及国债投入3.06亿元）用于节能减排。二是淘汰落后产能设备。41户企业共淘汰落后工艺装备589台（套），年节约标准煤67.58万吨；16户电力企业关停小火电机组22台，总装机容量达157万千瓦。三是推进脱硫设施建设。16户电力企业脱硫机组容量由2005年底的442万千瓦（占16户企业总装机容量1844万千瓦的23.97%）上升到2008年9月的1467万千瓦（占16户企业总装机容量2195万千瓦的66.83%）。四是创新生产技术工艺。有33户企业推广应用了612项（次）先进的生产工艺与技术，年节约标准煤212.18万吨。

通过“十一五”前两年的努力，41户企业节能减排工作取得了积极进展：截至2007年底，其中36户重点耗能企业已提前完成了“十一五”期间节能879.81万吨标准煤的目标；与2005年相比，41户企业2007年的二氧化硫排放量下降了

21.64%，25户石化、钢铁及有色金属企业的化学需氧量排放量下降了24.57%。

二、节能减排工作中存在的主要问题及其原因

审计调查发现，尽管41户企业节能减排工作已取得了积极进展，但部分企业的节能减排工作仍存在一些问题，节能减排任务艰巨。具体情况：一是有的企业节能效果不佳。例如包头铝业公司由于主要产品电解铝单位能耗上升了1.83%，导致能耗增加；大唐张家口发电厂至2007年底仅完成“十一五”节能目标的19.3%。二是10户企业的二氧化硫排放量超标。2006年和2007年有的企业二氧化硫排放量超过当地政府下达的年度排放控制量一倍以上。三是9户企业的主要污染物排放浓度超标。个别企业生化排污口2006年的化学需氧量最高排放浓度超过地方标准的5倍，个别企业2007年的二氧化硫最高排放浓度超过国家标准的1.41倍。

产生上述问题的主要原因：

一是部分企业节能减排措施尚未完全落实。审计调查发现，有的企业未及时关停和淘汰高耗能设备。如大唐唐山热电公司等5户企业未及时关停31台小火电机组、小焦炉，国电集团双辽公司等28户企业仍在使用国家明令淘汰的1.18万台（套）高耗能设备。有的企业已建项目的脱硫改造工程未按期完成，有的脱硫设施建成后运行不稳定。如中铝中州分公司等13户企业的31台机组（锅炉）未按期完成脱硫工程改造，华能珞璜电厂等12户企业已建成的37台机组（锅炉）的脱硫设施因存在质量问题有的投运率较低。有的企业新建项目环保配套设施建设滞后。如国电谏壁发电厂等9户企业的14个新建项目（机组）配套环保设施未能与主体工程同时建成投运。

二是部分企业固体废物处置不当，给周边环境造成污染和污染隐患。按规定，企业对其产生的固体废物应实行无害化处置，对其中具有毒性等危险废物应交由有危险废物经营许可证的单位进行妥善处置。但审计调查发现，部分企业未严格执行上述规定。如9户企业将20.98万吨危险废物交给150家无经营许可证的企业处置；5户企业将10.80万吨危险废物简易填埋或直接堆放；2户氧化铝生产企业在处置腐蚀性较强的固体废物赤泥时，因安全防护措施不当，造成部分赤泥泄露污染周边土地；5户电力企业采用工业污水混合或直接排入灰场等方式处置未综合利用的脱硫石膏，造成环境污染隐患。

三是部分政府部门监管不到位。审计调查发现，部门下达给企业的节能减排目标存在偏高、偏低或者没有下达的情况；个别地方政府2007年7月后未严格执行企业脱硫电价政策，没有对企业脱硫设施的投运情况进行考核，却对企业全额支付了脱硫电价。

三、审计调查发现问题的整改情况

有关部门、地方政府和企业高度重视此次审计调查提出的问题和建议，采取积极措施进行整改。一是加快淘汰落后产能和设备。如中铝贵州分公司、大唐太原第二热电厂等加强了对旧生产线的改造，开始分批淘汰现有落后变压器；大唐唐山热电公司已关停了5台5万千瓦小火电机组。二是加快脱硫改造的步伐。如国电天津第一热电厂等在脱硫设施建成投运前，采取减少锅炉运行小时和购进低硫煤等方法降低二氧化硫排放浓度；华能上安电厂完成了符合排放标准的脱硫改造。三是加快烟气脱硫及在线监测系统的建设进程。如中铝山西分公司于2009年1月完成了对自备电厂锅炉的脱硫改造工作；中铝山东分公司将8台锅炉脱硫改造在线监测装置列入了固定资产投资计划。四是修改完善了节能减排管理和考核制度。如中石化集团所属的13家公司重新梳理了节能减排管理体制和机制，层层落实各管理层的职责和目标任务，严格内部管理和考核；宝钢集团积极与地方环保部门、钢铁工业协会沟通，规范污染物排放数据统计工作；中国铝业公司所属6家分公司以及国电大同二电厂修改完善了能源管理等多项制度。五是环境保护部等部门采取了一系列措施，出台了一系列文件加强对脱硫设施的运行监督和脱硫电价改革。

四、审计调查建议

（一）进一步加大节能减排资金投入。财政应适度加大对节能减排的投入力度，同时鼓励和引导社会资本以多种形式投资节能减排项目，探索建立政府引导、企业为主、社会参与的节能减排投入机制。

（二）进一步加大环境执法力度。环境保护部、国资委等部门应全面跟踪重点监控污染源企业的污染物治理工作进度，尤其关注企业环保配套措施建设、自备电厂脱硫治理进度。同时应加强对已投资建设项目的后续监管，充分发挥资金效益。发改委、环境保护部等部门应尽快完善和推广执行节能发电调度、差别电价、排污权交易等节能减排措施，督促地方强化脱硫电价政策的落实。

（三）继续控制高耗能和高污染行业过快增长。发改委等部门应进一步严格高耗能和高污染项目的审核或备案，加大淘汰落后产能政策执行情况的监督检查力度，严肃查处擅自开工建设的高耗能和高污染项目，健全节能减排指标体系和监测体系。发改委等部门应研究建立高耗能和高污染行业新建项目与地方节能减排指标完成进度挂钩、与淘汰落后产能政策执行情况相结合的机制。

中华人民共和国审计署审计结果公告（2009年第7号）

554座病险水库除险加固工程审计调查结果

（2009年6月17日公告）

根据《中华人民共和国审计法》的规定，审计署于2008年12月至2009年3月对河北、山西等18个省（自治区）554座病险水库除险加固工程截至2008年底的建设进展情况进行了审计调查。现将审计调查结果公告如下：

一、基本情况和总体评价

我国已建成各类水库85412座，其中大型水库493座、中型水库3110座、小型水库81809座。这些水库为我国经济社会发展作出了重要贡献。但绝大多数水库修建于20世纪50至70年代，设计和施工质量缺陷较多，不少水库存在大坝单薄、渗漏严重、泄洪能力不够、防洪标准偏低等问题，同时由于大量水库已届设计使用年限，运营维护经费不足，部分水库疏于管理、老化失修，大量存在病险情况。

党中央、国务院对病险水库除险加固工作高度重视，水利部会同发改委、财政部从1999年起先后编制了三批建设规划，合计安排7887座病险水库除险加固，规划总投资892亿元，其中中央投资484亿元。一、二期规划1647个项目（其中大中型水库1049座）的投资计划已经下达完毕；第三期规划即《全国病险水库除险加固专项规划》（以下简称专项规划）项目正在实施中，目前已对3871座水库下拨了中央投资200.2亿元，地方配套资金也正逐步分批到位。

本次审计调查重点抽查了18个省（自治区）完成投资较多的554座水库，其中大中型水库395座、小型水库159座，下拨计划总投资合计162.84亿元，占这些省份已开工水库数量和已下达计划总投资的16.6%、32.6%。由于各项目建设进度不一，审计现场查勘了这些水库的工程质量情况，核实了549座水库的资金到位情况，分析了371座水库的概算，检查了220座水库的财务管理和会计核算情况。

审计结果表明，病险水库除险加固工程建设进展顺利，效益显著。具体表现在：

（一）各部门高度重视病险水库除险加固工作。

自1998年以来，发改委、财政部、水利部制定完善了病险水库除险加固工程有关项目管理办法，及时下达了投资计划和财政预算，并足额下拨了财政资金。水利部建立了分省对口的指导监督检查工作机制，与有关省级人民政府签署了责任书，明确省级政府负总责，确保工程进度、质量和安全，确保配套资金及时足额到位；下发了除险加固项目初步设计、财务管理、建设管理指导意见等管理制度，对各省（自治区、直辖市）开展了监督检查和年度考核，为工程开展提供了有力保障。

（二）各级地方政府积极组织项目建设。

按照水库管辖权限，除险加固工程由省、市、县政府水利部门分别组织实施。各级地方政府高度重视病险水库除险加固工程建设。总体上看，病险水库除险加固项目的建设管理制度较完善，绝大部分项目的法人组建、招投标工作较为规范，建设监理、质量和安全监督比较到位。

除完成列入国家规划和中央补助资金的项目外，浙江、广东等10个省（自治区）还自定规划、自筹资金，对17124座水库进行了除险加固，累计已完成投资129亿元，效果良好。如，浙江省委、省政府高度重视病险水库防洪保安工作，从2003年起开始实施“千库保安”工程，将除险加固工作列入省“五大百亿”工程实施计划，纳入新农村建设、生态省建设的考核内容，省、市、县合计投入资金32亿元，完成了1021座病险水库的除险加固；广东省自1998年以来，安排对219座大中型水库、5808座小型水库进行除险加固，完成投资72.75亿元。

（三）大多数项目能按规划完成建设。

党中央、国务院关于加大病险水库除险加固工作力度的决策得到了深入贯彻落实。18个省（自治区）列入水利部三批规划的水库工程已完成投资283亿元，683座水库除险加固后已经通过完工验收，开始发挥效益，其中大型水库60座、中型水库363座。另有2649座水库已开工建设，其中大中型水库417座，规划项目开工率达到61%。2107座未开工水库基本完成了大坝安全鉴定，其中1950座水库已经完成初步设计编制工作，正在积极准备开工。

（四）已建成项目效益显著。

审计调查结果表明，病险水库除险加固工程建设及时，进展顺利，效益显著，深得民心。建设过程中未发生重特大安全事故，完成除险加固工程的项目已发挥巨大的社会效益。一是提升了防洪抗震能力，有效降低了灾情损失。18个省（自治区）新增防洪库容45.26亿立方米，防洪抗灾能力得到提升。如，陕西省县河水库成功防御了500年一遇的特大洪水，有力保障了下游人民群众的生命财产安全；四川省黑龙滩水库和陕西汉中石门水库除险加固后经受住了“5·12”汶川特大地震的考验。二是增强了供水和灌溉能力，改善了农业生产条件。病险水库除险加固增强了水库蓄水能力，提高了供水保障率，不少水库成为当地工农业生产和城镇、农村人畜饮水的重要水源地。据18个省（自治区）水利部门统计，病险水库除险加固工程新增灌溉面积1784万亩，年新增供水量36.8亿立方米，灌溉供水能力显著增强。北方一些水库在抗击2009年春季特大旱情中发挥了重要作用。如，除险加固后的甘肃省西营水库与红崖山水库联合调度，2009年春季向民勤县调水1232万立方米，有效缓解了该县的旱情；陕西省石堡川等8座水库2009年春季新增农田灌溉用水8190万立方米，多灌溉农田48.39万亩，有效缓解了渭北平原及宝鸡等地的旱情。三是通过实施除险加固工程，拉动了内需，推动了地方经济发展。18个省（自治区）合计新增养殖面积79万亩，年新增发电量8.92亿千瓦时。

但审计也发现，由于本次病险水库除险加固项目多、时间集中、工程量大，设计、管理、施工、监理等任务繁重，加之一些地方政府及水利部门工程管理能力不足，质量意识不强，导致部分工程项目存在概算不实、资金不足、进展不畅、管理不善、质量不过关等问题。

二、工程建设实施中存在的主要问题

（一）部分已开工项目进度滞后，未开工项目工期紧迫。

18个省（自治区）合计有844个项目拖延了工期，平均拖期达18个月。现已完工的大、中、小型水库实际工期分别平均长达45、30、18个月。自2007年以来，专项规划项目建设进度明显加快，但14个省（自治区）未开工水库中的330座水库（包括大中型水库212座），必须进一步采取得力措施，才能确保在2010年底前完成主体工程建设，确保中央提出的3年内完成大中型和重点小型水库除险加固建设目标如期实现。

（二）少数工程存在质量缺陷或安全隐患。

审计重点抽查并现场查勘了554座水库，绝大多数工程质量合格。浙江、山东等省已完工单项工程验收优良率达到60%以上。但由于有的地方水利部门和项目法人单位质量意识不强，专业人员缺乏，工程质量管理体系存在缺陷，导致168座水库在除险加固工程基本完工后，仍存在局部质量缺陷。审计调查发现，92座水库擅自减少或变更部分主体工程，38座水库施工不规范或存在偷工减料现象，32座水库设计漏项或初步设计不到位，6座水库大坝安全鉴定漏项或不准确，还有个别地方质检、验收未尽责。其中29座水库主体工程质量问题较为严重，已经影响到水库防洪能力的发挥。

（三）部分项目存在高报或多报概算、人为调减配套资金问题。

审计抽查已完工的212座水库，完成投资合计43.2亿元，只占概算62.87亿元的三分之二略强；有7座水库的防汛公路与交通部门农村公路项目重复立项，重列投资2149.95万元；有4座水库与灌区工程重叠，重列投资576.16万元；有5座水库另行申报水利事业费预算，重复安排投资288.15万元。

审计抽查的549个项目多是一、二期规划项目，虽已开工多年，配套资金到位率仍只有

45%，个别水库数量较多的地方配套资金到位率不到10%。个别市县财政、水利部门工程结算不够真实、准确，将23个项目中央资金4418.65万元套出后，再返回财政部门作为地方配套资金拨付。

（四）部分项目管理存在疏漏。

多数除险加固项目按规定设立了项目法人，但部分管理人员工程专业知识、经验和能力欠缺，部分项目法人还利用项目建设机会为本单位谋取利益，导致一些项目在建设管理、监理、财务管理方面出现问题。

一是夹带其他工程较多。抽查的371座水库有四分之一的投资被用于与除险加固无直接关系的其他工程，如办公及管理用房3.82亿元、防汛道路改造5.25亿元、观测通信和控制系统3.4亿元等。其中138座水库夹带了扩大库容淹没补偿、兴修电站等明确规定不能纳入除险加固工程的投资3.36亿元。

二是违规招投标、转分包、无资质承包问题比较突出。审计抽查的554个水库项目，有194个（占35%）存在招投标不合规问题，涉及合同金额7.4亿元，占这些项目应招标合同金额的22%；有95个项目存在违规转分包问题，涉及金额4.2亿元。

三是财务管理不严格、不规范。抽查220个水库项目的财务管理情况发现，部分项目存在白条和虚假发票抵账、大额提取现金和建设资金被侵占、出借、挪用现象，其中51个项目的5658万元建设资金被侵占，42个项目的15311万元建设资金被出借或挪用，55个项目的21407万元建设资金被财政部门和上级主管部门滞留达半年以上。

四是管理费支出过多。抽查发现119座水库建设单位管理费用已支出17675万元，超概算47%，超过财政部《基本建设项目财务管理规定》的标准94%。

五是79个项目存在较严重的监理人员不到位，监理工作不规范现象。

上述问题，在病险水库除险加固工程开展前期较为严重，近年来各地水利部门建设管理能力逐步加强，项目管理逐步规范。

三、审计调查发现问题的整改情况

水利部十分重视审计调查发现的问题，通过多种方式督促有关地方、部门和单位进行整改，并针对审计发现问题多次发出紧急通知，要求加强病险水库除险加固工程质量安全管理，对问题严重的部分项目进行通报批评，对涉及度汛安全的问题要求必须在主汛期前整改到位，消除隐患。

目前，有关省（自治区）的整改工作已经开展。至2009年3月底，10个省（自治区）已出台相关制度文件16份，对一些共性问题从源头上进行预防。福建省政府针对水库多头管理造成的问题，已着手制定《福建省水库安全管理办法》，确定省水利厅作为全省水库的牵头管理单位，切实负起管理责任。安徽省财政厅依据审计指出的问题，紧急下发《关于规范和加强病险水库专项资金管理的通知》，要求确保资金安全。山西省水利厅将病险水库工程配套资金到位率列为年度考核重要指标，凡到位率为零的地市将被“一票否决”。各省已有23座存在质量问题可能影响度汛安全的水库工程得到整修、重建，消除了安全隐患。已收回被挪用或多支付的资金6550.36万元，已下拨被滞留或未筹措到位的资金19313万元。部分相关责任人已被追究了司法或行政责任。

四、审计调查建议

（一）中央财政应继续对水库除险加固给予补助。

各省水利部门反映，规划外仍有近20000座病险水库未纳入除险加固规划，亟待治理。主要包括由于前期工作滞后未纳入规划的155座大中型水库和专项规划未顾及的大批小型病险水库。水库数量多、前期工作量大的省份更为突出，如江西、云南、广西、湖南4个省（自治区）尚有8242座小型病险水库需要除险加固。有关部门和地方政府应继续加大对未纳入规划的病险水库除险加固项目的资金投入。同时应研究建立保证水库定期鉴定、及时除险的经常性工作机制。

（二）继续深化水库管理体制改革。

发改委、水利部应采取有力措施，督促各地方政府继续深化水库管理体制改革，保证公益性水库管理人员基本支出和工程正常维修养护经费。通过建立水库长效良性运行机制，减少水库出现病险的几率，同时切实割断公益性水库管理单位对建设项目投资的依赖，避免以基本建设代替维修养护带来的巨额浪费。

（三）完善水库责权划分机制。

水利部应在目前水利部和地方政府签署的《病险水库除险加固工程建设责任书》等责权约束

机制的基础上，针对地方政府如何切实负起水库防洪保安责任，如何更好地履行工程建设职责，设计可操作、可度量、可控制的执行机制，避免责权划分流于形式。

（四）完善投资“拼盘”办法。

为解决项目“拼盘”出资名不副实的问题，发改委、财政部等部门应研究在严格履行基本建设程序的前提下，或参考专项规划小型病险水库除险加固项目投资补助模式，对更多水利工程采取中央政府补助、地方政府包干建设的方式；或建立灵活、可滚动的投资计划和预算下达机制，以落实“拼盘”项目的同步出资原则。

中华人民共和国审计署审计结果公告（2009 年第 8 号）

北京奥运会财务收支和奥运场馆建设项目跟踪审计结果

（2009 年 6 月 19 日公告）

为落实党中央、国务院“廉洁办奥运、节俭办奥运”的指示精神，按照“服务奥运、保障奥运”的总体指导思想，根据《中华人民共和国审计法》规定，审计署于 2005 年 9 月至 2009 年 3 月，组织对第 29 届奥林匹克运动会组织委员会（以下简称北京奥组委）的财务收支情况和奥运场馆建设情况进行了全过程跟踪审计。现将审计结果公告如下：

北京奥运会财务收支审计结果

一、财务收支总体情况

（一）北京奥组委财务收支情况。

北京奥组委系奥运会历史上第一次同时组织举办奥运会和残奥会的组委会，其收入和支出分为奥运会和残奥会两部分。

1. 奥运会部分。

根据截至 2009 年 3 月 15 日的实际收支数、后续应实现收入和待结算支出的统计结果，北京奥组委收入将达到 205 亿元，较预算增加 8 亿元；支出将达到 193.43 亿元，较预算略有增加；收支结余将超过 10 亿元。

收入的主要构成包括国际奥委会开发的市场收入和电视转播权收入中按协议分配给主办城市的部分，此部分收入约占组委会收入总额的 40%；北京奥组委根据主办城市合同，在国际奥委会授权下实施的市场开发收入 98.7 亿元，主要包括合作伙伴、赞助商、供应商等不同级别的赞助收入以及特许经营收入；门票、住宿、收费卡、利息、资产处置等其他收入 19.6 亿元，其中，门票收入 12.8 亿元，财产处置收入 2.4 亿元。

按国际奥委会开支范围的有关规定和北京奥运会筹办工作中部门职责和项目划分的实际情况，北京奥组委共设有 28 个预算支出科目，按性质和用途划分为 8 个方面，分别是：根据国际奥委会对于主办城市举办奥运会的场馆及周边环境的“硬件”设施要求，安排的场馆改造补贴以及赛时使用的帐篷、活动板房、围栏、隔断、管线等临时设施投入和租赁支出 39.62 亿元；依据北京奥运会竞赛指南和技术手册，为满足国际单项体育组织和电视转播商的需要，安排的赛时计时计分系统、通信等技术支出 32.98 亿元；用于竞赛、训练场馆等场地所需的体育器材购置、租赁支出，举办“好运北京”测试赛的支出以及赛时对各场馆的能源消耗、运行保障等补助支出 19.65 亿元；根据主办城市合同及往届奥运会惯例，安排的赛时电视转播、住宿、交通、医疗、餐饮等服务支出 50.92 亿元，其中，电视转播运行费用 17.23 亿元，运动员、官员及贵宾住宿餐饮、车辆租赁、兴奋剂检测、医疗设备购置、定点医院补助等支出 33.69 亿元；用于开闭幕式的创意、组织、实施，火炬的境内外传递、奥运宣传和主题活动支出 12.72 亿元；用于支付工作人员工资和用于工作人员、志愿者的招募、培训、激励、制服等人力资源支出 14.24 亿元；北京奥组委行政办公、法律咨询，以及涵盖运动员、技术官员、工作人员和志愿者的人身保险和财产保险，收费卡等运行支出 18.46 亿元；根据《主办城市合同》的约定，奥运会对残奥会的补助支出 4.84 亿元。

2. 残奥会部分。

为体现“节俭办奥运”的原则，减少重复投入，对于可从奥运会延续使用的设施、设备（如临时建筑、转播、技术等），以及行政办公、人员工资、法律服务等与奥运会无法分割的支出项目，统一由奥运会预算负担。残奥会预算主要是直接用于残奥会筹办和向残奥运动员提供特别服务的预算（如残奥会开闭幕式、火炬接力、体育器材、住宿、餐饮、制服、计时计分系统、医学分级、假肢轮椅维修等），按此口径计算，残奥会收入、支出均为8.63亿元。

（二）中央专项彩票公益金投入使用情况。

在北京奥组委预算之外，经国务院批准，财政部向北京市单独安排了中央专项彩票公益金预算27.5亿元用于北京奥运会相关项目，实际拨款27.03亿元，主要用于增加的临时设施改造和对安保、交通、废弃物清理等方面的补助，这些资金的投入对圆满举办奥运会（残奥会）发挥了积极作用。

（三）重要事项组织及开支情况。

1. 开闭幕式情况。为确保奥运会开闭幕式表演成功，北京奥组委成立北京奥运会开闭幕式工作领导小组、开闭幕式工作部以及开闭幕式运营中心，按照决策层、管理层和执行层三层机制运行，同时北京奥组委监察审计部向开闭幕式运营中心派驻监察审计组负责全程监督，保障了各项筹备工作顺利进行。北京奥运会、残奥会开闭幕式共支出8.31亿元。

2. 火炬传递情况。北京奥运会火炬传递是奥运历史上传递路线最长、传递范围最广、参与人数最多的一次火炬接力活动。北京奥运会火炬传递支出3.12亿元。北京残奥会火炬传递支出0.2亿元。

3. 志愿者情况。北京奥运会、残奥会共招募赛会志愿者10万人，其中，奥运会志愿者7万人，残奥会志愿者3万人。北京奥组委用于志愿者招募、培训、组织运行等相关支出共计1.71亿元。

4. 奥运会门票销售情况。奥运会可销售门票共计680.43万张，实际售出646.41万张，销售率达95%，实现销售收入12.8亿元。

5. 资产处置情况。奥运会结束后，北京奥组委将所有资产分为通用物资、专用物资和特殊物资3类，分别采取公开拍卖、场馆有偿留用、供应商回购、折价转让、捐赠等多种方式进行处置。截至2009年3月15日，北京奥组委账面物资（包括固定资产和低值耐用品）原值为9.09亿元，其中56%的物资已完成处置，实现处置收入1.46亿元。其余物资，北京奥组委计划采取公开拍卖，向公益、福利事业和政府部门捐赠，将具有重要意义的开闭幕式道具、演出服装等交与文物部门、档案部门以及博物馆收藏等方式进行处置。

二、审计情况

审计署自2005年9月开始对北京奥组委财务收支进行全过程跟踪审计，每年审计两次，至今共审计5次。奥运会结束后，审计署又及时组织对北京奥组委财务收支决算（草案）情况进行审计。

审计署在跟踪审计中，始终以“服务奥运、保障奥运”和促进奥组委贯彻落实中央“廉洁办奥运、节俭办奥运”的方针为主要目标，结合北京奥组委筹备工作进程，有重点、有步骤、分层次开展工作，帮助北京奥组委加强内部控制，规范管理，查找问题，提高效率和效益，取得显著效果。

三、审计评价

自2001年12月13日北京奥组委成立以来，党中央、国务院高度重视奥运会筹办工作，指示要举办一届“有特色、高水平”的运动会，并提出“廉洁办奥运、节俭办奥运”方针。中央和北京市政府成立多个协调领导小组，制定有关税收、知识产权保护等政策，并专项安排中央彩票公益金用于奥运筹办。

审计结果表明，北京奥组委认真落实党中央、国务院关于“廉洁办奥运、节俭办奥运”的方针，坚持贯彻“绿色奥运、科技奥运、人文奥运”理念，经过7年多的不懈努力，北京奥运会、残奥会取得圆满成功，实现了“有特色、高水平”和“两个奥运、同样精彩”的目标。北京奥组委根据筹办工作进程，不断建立健全组织机构，稳步推进场馆建设、团队建设、开闭幕式、测试赛等重点工作，保障了筹办工作高效有序进行。北京奥组委重视加强内部控制，严格审批预算，不断完善资金使用审批权限和程序，加强对经费支出各环节审批制约，有效控制了开支，资金使用效益总体较好，结余将超过10亿元，比原预算的4.1亿元增加较多，预算规模得到较好控制。赛后，认真审查未结项目和遗留事项，坚持实事求是、从严控制原则，确保后续预计支出的真实、合理。同时，北京奥组委按照公平公正、公开透明的原则认真做好赛后物资保全、回收和处置工作。总的来看，北京奥组委各项内控制度比较健全，监督管理比较严格，资金支出得到较好控制，审计未发现重大违法违规问题。

四、审计发现的主要问题和审计建议

（一）审计发现的问题及整改情况。

在跟踪审计中发现，北京奥组委有的部门在奥运会筹办过程中存在一些管理上的问题，主要体现在有的项目计划性不强、有的项目预算标准偏高、有的信息系统设备使用效益不高、有的物资采购备用比例较高等问题。

北京奥组委高度重视审计发现的问题和提出的审计意见及建议，按照国务院领导和奥组委领导批示，及时采取有效措施整改落实，取得明显成效。先后制定、修改、完善内部管理制度 10 项，并根据审计建议调整项目活动方案，加强管理，压缩开支，提高资金使用效益，节约资金超过亿元，审计决算（草案）反映奥组委实际结余资金大幅超过预算。

（二）审计建议。

1. 认真总结筹办奥运会的成功经验，为今后组织开展大型运动会（赛事）、提高管理水平提供借鉴。

2. 深入探索大型活动规律，加强对运动会筹办工作计划性的研究，进一步提高物资、资金的使用效益。

3. 坚持"适度、必要"原则，在今后举办大型运动会时进一步强化对支出规模和标准的控制。

4. 北京奥组委应通过拍卖、捐赠、博物馆留存等多种形式妥善处理好剩余库存物资，以获得最大的社会和经济效益。同时，北京奥组委要继续坚持"节俭"方针，加强管理，从严掌握和控制后续支出。

奥运场馆建设项目审计结果

一、基本情况

北京奥运会新建和改扩建比赛场馆 36 个、独立训练馆和国家队训练基地 66 个，共计 102 个奥运项目，分别位于北京、天津、上海、沈阳、秦皇岛、青岛等城市。项目总投资 194.9 亿元，自 2007 年 6 月陆续建成投入使用。

除少数独立训练馆外，审计署组织对 93 个项目进行了审计，审计项目总投资 194.55 亿元，占全部项目总投资的 99.82%。截至 2009 年 3 月底，除沈阳奥林匹克体育中心项目正在进行工程结算审核外，其余 92 个项目已完成工程结算，正在办理竣工决算手续。已完工结算的 92 个项目总投资 183.44 亿元，累计到位建设资金 175.3 亿元，其中：中央财政安排 35.05 亿元，地方政府安排 82.64 亿元，海外华人华侨捐资 10.84 亿元，奥组委补助资金 3.68 亿元，教育部所属 3 所高校自筹 3.86 亿元，其余资金通过项目法人招标、银行贷款等方式解决。

二、审计情况

审计署自 2005 年下半年开始对奥运场馆建设项目进行全过程跟踪审计，其中国家体育场、国家游泳中心等标志性工程，全部由中央投资属国家体育总局管理的 41 个奥运项目，以及教育部、原国防科工委所属高校建设的 5 个场馆项目，由审计署直接组织审计；其他项目分别由项目所在地的地方审计机关按照审计署统一部署进行审计。

审计署在跟踪审计过程中，始终以"服务奥运、保障奥运"为总体指导思想，坚持预防为主的原则，从工期、质量、安全、投资控制和资金使用等方面对项目进行全面审计，发现问题，及时提出建议，并跟踪检查被审计单位整改情况，促进项目管理部门和建设单位切实履行职责，加强管理，按时、保质完成场馆建设任务。四年来，审计累计抽查隐蔽工程验收记录、材料进场检验、监理旁站等方面质量控制文件 3 万多份，出具 240 余份单项审计报告，发现违规招投标、项目法人招标遗留问题未解决等各类问题 350 多个，提出审计建议近 800 条。审计发现的问题和建议大部分已整改和落实，效果明显。单项工程完工后，审计署及时组织开展工程结算审计，共审核工程结算资料 4500 多份。已完工结算的 92 个项目共上报工程结算额 166.7 亿元，审计核定工程结算额 152.53 亿元，审减 14.17 亿元，审减率 8.5%。

三、审计评价

审计结果表明，国家体育总局、教育部、北京市及相关地方政府高度重视奥运场馆建设，并成立了专门机构统筹组织。发改委等相关部门密切协调、特事特办，给奥运项目建设创造了良好的外部环境。各项目法人及设计、施工、监理等参建单位认真履行职责，加强工程进度、质量、投资和安全生产等控制，不断规范财务管理和资金使用。相关部门和单位高度重视审计意见，积极整改，采取有效措施加强管理。总的来看，奥运场馆建设进展顺利，全部项目均按期建成并投入使用，验收合格率 100%，其中 38 个项目获得国家建筑工程鲁班奖、中国土木工程詹天佑奖、结构长城杯金奖等各类奖项 118 项，较好地满足了奥运会赛事运行要求，得到国际奥委会、各国奥运代表团官员和运动员以及国内外来宾的高度评价。工程建设中未发生重大质量和安全生产事故，也未发现重大损失浪费和违法违规问题，资金筹集和使用基本合规，项目投资控制总体情况良好。奥运会结束后，奥林匹克中心区成为北京市新地标和旅游热点，举办了多项大型活动，截至目前已接待国内外游客 400 多万人，取得良好的社会和经济效益。

四、审计发现的主要问题

跟踪审计发现部分项目存在违规招投标、法人招标遗留问题未解决等问题。

（一）个别项目招投标存在违规现象。

审计发现 14 个项目的 28 项专业分包和材料采购招投标存在违规行为，主要表现为不按主管部门核准方式招标和评标，工作存在错漏，影响中标结果。

（二）国家体育场等项目超概算。

国家体育场初步设计概算批复总投资 31.4 亿元，但因结构复杂、技术难度大、工艺要求高、功能和标准调整以及主要建材涨价等原因投资超概算约 4.56 亿元。

（三）项目法人招标遗留问题未解决。

为吸引社会资金参与奥运项目建设，同时解决赛后场馆经营问题，北京市政府对国家体育场等奥运场馆采取项目法人招标方式，由中标人组建项目公司负责融资、设计、建设和赛后经营。其中一些项目投资方存在资金不到位、中途退出、将主体结构工程分解后各自组织施工等问题，政府在项目法人招标时承诺的土地和税费优惠政策在实际执行中也比较困难。如国家体育场股东之一的金州控股集团有限公司自项目开工投资就不到位，至今仍拖欠 4700 万元。

五、审计发现问题的整改情况

国家体育总局、北京市政府等部门和单位高度重视审计提出的问题，积极采取措施整改，随审随纠，效果明显。审计提出有的项目进度滞后问题后，国家体育总局、北京市政府多次研究落实解决方案，对问题较大的项目实施重点督导、全程跟踪，主管部门和建设单位采取倒排工期、责任到人的有力措施，保证了工程进度和质量。

六、审计建议

（一）通过筹办奥运会，北京具备了世界一流水平的比赛场馆和系统配套的相关设施，奥运场馆成为国际社会了解北京、认识中国的新窗口。建议北京市政府认真研究奥运场馆赛后运营机制，统筹规划奥林匹克中心区运营管理，兼顾经济和社会效益，促进奥运项目更好地发挥整体投资效益。

（二）对奥运项目建设过程中发生的违规招投标问题，相关部门和单位应认真研究产生问题的原因，吸取教训，并加大处罚力度。对地方建设资金到位不及时、项目法人招标遗留问题未全部解决等问题，相关部门应高度重视，采取有效措施，避免影响奥运整体形象。

中华人民共和国审计署
审计结果公告
（2009 年第 9 号）

16 省区市国税部门税收征管情况审计调查结果

（2009 年 7 月 17 日公告）

根据《中华人民共和国审计法》的有关规定，2008 年，审计署对广东、湖北、内蒙古等 16 个省（自治区、直辖市）国税部门 2007～2008 年的税收征管情况进行了审计调查。现将审计调查结果公告如下：

一、基本评价

审计调查结果表明，国税部门近几年通过推进依法治税，不断夯实税收法制建设基础，税收征管工作逐步走向规范化和法治化，重大违法违规问题与以往相比已明显减少；通过推进税制改革和税收政策调整，逐步清理优惠政策，完善配套管理制度，税收政策和管理制度不断优化；通过大力实施科学化、精细化、信息化管理，税收征管工作从粗放式、共性化管理逐步向集约化、专业化管理转变，税收管理的质量和效率进一步提高；通过推行“一窗式”、“一站式”服务等方式优化纳税服务，积极为纳税人提供便利，节约成本，税收征纳关系不断改善。

受国际金融危机影响，国内经济 2008 年下半年出现下滑，国税部门努力贯彻中央“扩内需、保增长、调结构、惠民生”的宏观调控政策，加快推进结构性减税，认真执行出口退税调整政策，进一步精简办税程序并主动提供纳税服务，帮助企业渡过难关。与此同时，各级国税局依法加强税收征管，努力克服经济增速下滑、自然灾害严重和政策性减收因素的影响。2008年，16个省（自治区、直辖市）国税部门共组织税收收入19348.76亿元，比2007年增加1731.24亿元，增幅为10%，继续保持了税收收入平稳较快增长，为经济社会发展提供了重要的财力保障。

但调查发现，在税收征管工作中还存在一些执法不严的问题，不利于维护税法的严肃性和建立公平的税收环境；有些税收制度还不够科学合理，需要引起重视并加以完善。

二、审计调查发现的主要问题

（一）审计抽查了11个省（自治区、直辖市）的214户申请缓缴税款、延期申报缴税以及缴税情况异常的企业，发现国税部门违规将71户企业的130.92亿元税款延期征收，占企业当期应缴税款的54%，其中：7个省级国税局批准49户不符合条件的企业缓缴税款27.93亿元；9个市、县级国税局批准13户企业以各种虚假理由延期申报缴税47.75亿元；个别省级国税局甚至在企业正常申报并有能力缴税的情况下，将企业已申报的应缴税款44.39亿元延期至下年征收。

此外，还有13个省的62个县级国税局为完成税收任务，违规向169户企业提前征税和多征税款共23.4亿元。

（二）审计抽查了11个省（自治区、直辖市）的116户享受高新技术税收优惠的企业，其中85户不符合条件的企业，享受税收优惠36.31亿元。

（三）2007年，12个省（自治区、直辖市）的国税部门共对58.75万户企业实行所得税核定征收，占全部企业所得税征管户数的39%。审计抽查12个省（自治区、直辖市）的176户实行核定征收的企业，有104户（占59%）具备查账征收条件，按规定不应实行核定征收。这些企业2007年按核定征收方式仅缴纳所得税1.14亿元，若实行查账征收，按账面利润测算则应缴纳税款4.74亿元。还有一些国税局未按规定分类逐户核定企业的应税所得率，而是普遍执行较低的应税所得率。

（四）消费税税制设计不尽合理，税收流失比较严重。现行税制规定，烟、酒、化妆品等产品的消费税均在生产环节主要从价计征。调查发现，酒和化妆品类生产企业通过关联交易等手段明显压低产品出厂价从而少缴消费税的情况比较突出，主管税务机关也普遍未对企业做纳税调整；卷烟生产企业消费税计税价格虽然由国家税务总局核定，但有些产品的计税价格远低于销售企业的批发价格，消费税流失现象仍然存在。抽查的52户应税企业中有44户存在此类问题，据测算，2007年至2008年这些企业共少缴消费税116.15亿元，是其同期实缴消费税的27%。

（五）一些税收优惠政策与产业政策要求不够协调。一些现行税收优惠政策主要以企业性质、企业所在地域为条件，没有充分体现国家控制高污染、高耗能（以下简称“两高”）行业过快发展的要求。审计抽查287户“两高”企业，发现有156户属应关停、淘汰、限制或环保不达标企业，占54%，2007年共享受税收优惠19.01亿元，占其同期入库税收的51%。

三、审计调查发现问题的整改情况

审计调查结束后，审计署向国税部门及时通报了审计调查结果，国家税务总局及各省级国税局对审计调查发现的问题比较重视，专门召开会议研究部署整改工作。截至目前，有关国税局违规延期征收的税款基本上已征缴入库，部分省级国税局已根据国家税务总局要求，责成下属单位对征收过头税的相关责任人进行责任追究；部分国税局对不具备高新技术企业资格和实际经营情况不符合高新技术企业认定条件的，已停止执行优惠政策并追缴税款；有关征收局对财务核算健全的企业基本上已由核定征收改为查账征收，一些省国税局已着手细化核定征收管理办法，拟分类逐户核定企业应税所得率并对外公示。国税部门对一些企业利用关联交易等方式避缴消费税，以及税收政策与产业政策不尽协调的问题十分重视，表示将进一步加强管理，并将会同有关部门认真研究完善相关税收政策。目前，财政部、国家税务总局已经对烟、酒、化妆品等产品消费税政策及相关管理规定进行了调整和完善。

四、审计调查建议

针对以上问题，审计署建议：

（一）税务部门应严格遵循税法规定，进一步规范和加强减免缓税审批，堵塞管理漏洞，防止税款流失；完善企业所得税核定征收管理办法，严格按规定确定适用范围和征收率，提高透明度，防止随意性。

（二）税务部门要加强对消费税计税依据的审查，进一步完善消费税税收制度，研究将消费税计征环节从生产环节调整至批发、零售环节的可行性，从源头上防止企业利用关联交易等手段侵蚀消费税，以充分发挥消费税的调节功能。

（三）税务部门要按照产业政策和环保政策要求，尽快调整和完善各类税收优惠政策，切实清理对高耗能、高污染和落后产能企业的税收优惠，为税收优惠设置“绿色”门槛，促进产业升级和节能减排，支持循环经济发展。

18省区市财政预算管理情况审计调查结果

（2009年7月17日公告）

根据《中华人民共和国审计法》的有关规定，审计署2008年对18个省（自治区、直辖市）财政预算管理情况进行了审计调查，重点抽查了45个市（州）及其所属106个县（区、旗）。现将审计调查结果公告如下：

一、基本情况和总体评价

审计调查结果表明，在各级党委、政府的有力领导下，财政部门坚持以科学发展观为统领，紧紧围绕建立和完善公共财政体制，积极推进财政各项改革，逐步规范财政预算管理，实现了财政收入较快增长。2007年，18省（自治区、直辖市）地方一般预算收入为1.49万亿元，比上年增长26.28%。2008年，在受国际金融危机影响的情况下，仍然增长32%。财力逐年增长保证了国家宏观调控措施的贯彻落实，为经济社会的稳定发展提供了有力保障。

（一）继续深化部门预算改革，着力提高预算管理水平。

山东、河南等7省进一步加强部门预算制度建设，建立健全基本支出定员定额管理体系，稳步推进项目支出预算滚动管理，逐步完善预算分配制度。各地还积极推进国库集中支付制度改革，不断扩大国库集中支付制度改革覆盖面，山西、内蒙古等4省（自治区）已将所属市县全部纳入国库集中支付范围。

（二）积极创新征管机制，逐步完善非税收入管理。

辽宁、湖南等3省在国家有关政府非税收入管理政策指导下，积极研究和制定地方非税收入管理制度，先后出台了多项地方性规章，为规范非税收入征管秩序夯实了制度基础；黑龙江、吉林等9省进一步深化非税收入收缴管理改革，实行“单位开票、银行代收、财政统管”，着力建立收缴管理新机制，为强化非税收入收缴管理提供了机制保障。

（三）全面加强支出管理，切实规范财政支出行为。

广东、云南等6省积极探索建立专项资金运行机制，通过建立完善支出绩效评价制度，逐步加大对重点支出的绩效评价力度，着力提高专项资金使用管理水平。广西、上海等5省（自治区、直辖市）积极完善政府采购监管机制，以规范采购行为、提高采购效率为重点，进一步强化政府采购监管，充分发挥财政资金使用效益。

从审计调查情况看，通过改革，地方财政管理水平有了很大提高，取得了一定成效，但在预算管理和资金管理等方面仍存在一些需要进一步改进和完善的问题。

二、地方财政预算管理中存在的主要问题

（一）部分地方财政预算管理不严格。

1. 一些地方对上级专项补助的预算编报不够完整。抽查的13个省本级预算2007年共少编中央专项补助2127.71亿元，相当于上年中央专项补助3446.34亿元的61.74%。其中6个省的中央专项补助全部未编入本级预算。市县财政编报上级专项补助不完整的情况更为突出。抽查的29个市县中有24个上级专项补助全部未编入本级预算。

2. 土地出让收入等非税收入未全部纳入预算管理。近年来，国家先后出台政策要求将土地出让收入等非税收入全额纳入预算管理。但从调查情况来看，一些地区执行国家政策还不到位。抽查的10个省本级、23个市本级和41个县，2007年有848.26亿元非税收入未纳入一般预算和基金预算管理，占这些地区应纳入预算管理的非税收入的22.63%，其中16个市县超过50%。从结构上来看，上述应纳未纳入预算管理的非税收入主要是土地出让收入626.42亿元和已收缴的国有资本经营收益44.56亿元，合计占上述848.26亿元的79.1%。

3. 部分城市的开发区预算收支未纳入所属城市本级预算管理。作为所属城市本级的派出单位，开发区的预算收支应纳入本级预算管理。但审计调查发现，抽查11个省的43个开发区中，有31

个尚未纳入2007年本级预算管理。这些开发区当年预算收支规模分别为234亿元和246亿元，占抽查开发区预算收支的79.59%和78.09%。有的开发区预算收入在本级财政预算收入中已经占有相当大的比重。

产生上述问题的主要原因：一是地方人大审查批准预算的时间早于全国人大审查批准中央预算的时间，中央部分专项转移支付未分解到地区和项目。因此，虽然财政部已要求地方按上年实际数或预计数来编制中央补助预算，但地方财政仍难以准确预计中央专项补助的具体数额并将其编入预算。二是对开发区财政收支应否纳入所在地区本级预算管理，目前规定尚不明确。三是一些地方财政管理水平不高。

（二）部分地方财政决算收支不准确。

1. 审计调查发现，一些地方对专项转移支付资金采取了如下拨付方法：将专项资金在省本级列支后拨入专户，再通过专户向省本级或下级财政拨付。这种管理方式虽然有利于专款专用，但这些通过专户拨付给下级财政最终使用的专项资金和滞留在省级专户的资金实际虚增了省本级支出。抽查的13个省本级，2007年因上述原因虚增支出782.24亿元，占这些地区当年一般预算支出5191.6亿元的15%。

2. 一些地方财政收支不够准确。从抽查情况看，2007年有3个省本级、14个市本级和21个县少列财政收入70.8亿元；有1个省本级、4个市本级和8个县少列财政支出100.49亿元。此外，还有5个省本级、16个市本级和20个县虚增财政支出149.04亿元；有9个市县虚增财政收入19.73亿元。

3. 一些地方财力结余不实。审计调查发现，部分地区将一些无具体对应项目的资金结转下年支出，造成当年结余不实。抽查的11个省本级、11个市本级和8个县结转下年的1510.38亿元支出中，有282.3亿元（占18.69%）无具体对应项目：分级次看，主要是省本级结转261.81亿元，占92.74%；分区域看，主要是东部地区5个省本级、6个市本级和7个县结转201.36亿元，占71.32%。按规定，这些无对应项目结转的财力应体现为当年结余并纳入下年预算安排使用。上述做法既影响了下年预算可统筹安排的财力，也不利于全面反映当年财政支出情况。

上述问题产生的原因：一是一些地区财政管理还不能适应近年来财政收入增长较快的形势，对大量增加的财政收入，还不能科学合理地安排好支出，往往通过账务处理调增支出，将结余的财力留存下来，致使财政信息失真。二是财政部门未完全做到专户管理与预算管理的协调一致，对于专户资金预算管理，规定不够细致和明确，对于下级财政专户管理中出现的新情况、新问题研究掌握不够，管理机制尚不健全。

（三）部分地方财政资金管理不严格。

1. 账户设置过多，资金大量沉淀。截至2007年末，抽查的15个省本级中有9个在商业银行开设的账户数量均超过50个。在这些账户中，有些账户的核算内容交叉重复，财政资金管理较为分散。调查发现，有7个省本级存在同类资金分散在多个账户管理的问题。上述问题容易导致财政资金大量滞留，资金使用效益不高。据不完全统计，截至2007年底，抽查的15个省本级财政在商业银行的账户资金余额达3319.28亿元。

2. 财政资金安全保障有待加强。目前，部分地方财政对外借款规模较大，截至2007年底，抽查的9个省本级暂付款余额达653.77亿元。有的地区暂付款长期未清理收回。同时国家早已明令禁止的财政资金办信用的问题仍然存在。调查发现，抽查的4个省本级未按规定清理财政周转金或变相设置新的财政周转金，截至2007年底累计发放财政周转金贷款118.75亿元；还有5个省的一些部门违规将79.51亿元财政资金有偿出借给下级财政或企业。

3. 部分地方在收入征管和支出管理上还存在一些违规问题。抽查的11个省本级、22个市本级和22个县2005年至2007年累计应征未征、违规减免和先征后返财政收入共253.45亿元。2007年，11个省本级、23个市本级和29个县坐支、挪用非税收入达239.1亿元。

产生上述问题的主要原因是，部分地方财政部门对资金管理重视不够，特别是在近年来财政收入形势较好、资金较为充裕的情况下，一些地方财政部门往往忽视了资金管理的效率性和安全性，加之在收支管理上国家规定还不够严格，导致一些违规行为时有发生。

三、审计调查发现问题的整改情况

18省（自治区、直辖市）地方政府高度重视审计调查提出的问题，根据本地区实际情况，积极组织有关部门研究制定整改措施并加以落实。

一是进一步完善转移支付和非税收入预算管理。2009年，各省级财政均在按照财政部告知的转移支付预计数编制省级预算的基础上，将省对下级补助预计数提前告知下级财政，切实提高了市县预算编制的完整性。同时，各地陆续着手将土地出让收入等应纳未纳入预算管理的非税收入全额上缴国库，纳入预算管理。有的地区整改进度较快，于2008年底前已将调查发现的应纳未纳入预算管理的非税收入全部缴入国库。二是注重保证财政决算的真实性。各有关地区在整改中，均突出强调了财政决算要如实反映财政收入、支出和结余规模，有的地区已对虚列支出等问题通过调账进行了纠正，有的地区还将长年结转及已完事项的结转财力列入了净结余统筹安排。三是着力加强财政资金管理，加大账户清理归并力度，严格规范有偿出借财政资金行为。2008年，4个省（自治区）本级共撤销了22个账户，有的地区已将专户滞留专项资金拨付到下级财政或项目。

四、审计调查建议

（一）进一步加强预算管理，努力提高预算完整性。目前，中央财政虽已将下年转移支付预计数提前告知地方，但与当年预算执行情况相比，预计数与实际数仍有较大差距。地方据此准确编报预算仍有一定难度。财政部应采取措施，进一步提高地方转移支付预计数的科学性，以利于地方完整准确编制预算，同时尽快出台政策，进一步明确开发区预算管理相关制度。

（二）进一步规范专户管理，切实保障决算真实性。当前对部分财政资金实行专户管理的方式，既影响决算支出的真实性，也不利于地方政府和人大对预算进行管理和监督。财政部应加大专户清理归并力度，进一步完善国库单一账户体系，在保证专款专用的同时，避免出现虚增财政支出的问题。

（三）严格依法行政，切实加强监督。地方各级政府及其财政部门要切实提高财政管理水平，自觉依法行政，特别是地方财政部门要严格执行国家财政规章制度；地方各级人大要依法履行监督职责，切实加强对地方财政预算和决算的审查监督。

中华人民共和国审计署审计结果公告（2009年第10号）

金沙江溪洛渡水电站工程审计结果（第一阶段）

（2009年7月20日公告）

根据《中华人民共和国审计法》的有关规定，审计署2007年和2008年连续对中国长江三峡开发总公司（以下简称三峡总公司）投资建设的金沙江溪洛渡水电站工程（以下简称溪洛渡工程）建设管理、移民安置等情况进行了跟踪审计，第一阶段审计已经结束。现将审计结果公告如下：

一、溪洛渡工程基本情况

溪洛渡工程是三峡总公司在金沙江下游开发的4个大型水电站之一，也是国家实施“西电东送”的第一期工程，设计装机容量1260万千瓦。2002年原国家计委批准立项。2005年11月批准可研设计，可研总投资674.78亿元，其中静态总投资503.42亿元，建设期贷款利息171.36亿元。建设资金来源为企业自有资金、企业债券和银行贷款，建设总工期13年。溪洛渡工程2003年3月开始筹建，2007年11月完成大江截流。目前，场内外交通、施工营地、导流等工程已基本完工，地下厂房、大坝正在开挖施工。截至2008年8月，三峡总公司累计筹集建设资金158.68亿元，累计完成投资152.95亿元。

根据发改委批复的溪洛渡工程可行性研究阶段建设征地和移民安置规划，建设征地和移民安置补偿投资概算为77.8亿元。三峡总公司与四川、云南两省签订包干协议，分别为34.6亿元和43.2亿元。截至2008年8月底，两省累计收到三峡总公司拨付的移民资金20.74亿元，累计下拨14.17亿元，本级使用2.3亿元，余额为4.48亿元（含利息收入）。溪洛渡水电站水库淹没影响区涉及四川、云南两省8县1区，规划搬迁总人口61035人。截至2008年8月底，施工区及围堰区已累计搬迁安置9639人，库区移民安置工作正在进行。

二、审计评价

审计结果表明，三峡总公司及各参建单位在“建设一座电站、带动一方经济、改善一片环境、造福一批移民”的开发理念下，克服建设周期长、技术复杂、移民安置任务重等困难，逐步建立健全各项内部控制制度，较好地完成了阶段性建设任务。

（一）建设资金管理使用情况较好。三峡总公司重视财务管理工作，按照可行性研究报告要求，根据工程进度需求及时筹集建设资金，内控制度比较健全，会计核算和财务管理比较规范，审计没有发现挪用和严重侵占建设资金的问题。

（二）工程建设管理不断加强并逐步规范。审计署2006年对三峡工程实施审计后，三峡总公司举一反三，加大了对溪洛渡工程的管理力度，细化工程组织、合同管理和质量安全管理流程，采用先进的信息化管理系统进行控制，工程建设管理水平逐步提高，已完工程质量优良率达90%。

（三）建立市场准入制度，不断规范施工企业行为。三峡总公司在总结三峡工程建设经验基础上，结合国内建筑市场现状和溪洛渡工程实际情况，制定了多项管理制度，实行了建筑市场施工单位准入制度，工程建设资金封闭运行，定期清理不合格施工队伍，有效保障了工程顺利实施。

（四）四川、云南两省政府积极组织协调，移民安置进展基本顺利。两省政府高度重视移民安置工作，建立和健全了移民管理机构，制定多项移民资金使用和管理规定。各级移民管理机构克服人员少、任务重、移民安置政策调整等困难，积极组织实施移民安置、实物指标调查复核等工作，保证了工程建设顺利进行。

审计也发现溪洛渡工程在投资控制、工期进度、招投标、关联企业管理等方面还存在一些影响项目投资效益的问题，四川、云南两省在移民安置进度、移民资金管理和使用上也还存在一些问题，需要加以改进。

三、审计发现的主要问题

（一）项目执行概算尚未编制完成，投资控制目标不够明确，投资控制管理尚待加强。

溪洛渡工程2003年开始筹建，已签订各类合同金额380亿元，累计完成投资152亿元，但三峡总公司至今尚未编制完成项目执行概算。因工程投资缺少分部门、分项目的控制标准和依据，建设中出现合同执行不严谨、工程造价审核把关不严等问题，导致工程建设成本增加，部分单项工程超过可研估算。统计264份完成比例在90%以上的建安工程合同，合同原始金额38.17亿元，截至2008年8月底，投资累计增加10.97亿元，增加比例达28.74%。由于没有执行概算，审计难以对投资总体控制作出评价。

（二）大幅压缩工期，一定程度上增加了工程建设风险。

根据可行性研究报告，溪洛渡工程计划2002年初开始筹建，2008年11月金沙江截流。而实际2003年3月开始筹建，2007年11月完成金沙江截流。筹建工作较原计划推迟15个月，截流提前12个月，合计压缩工期27个月，加大了工程建设风险和难度，也增加了项目建设成本。统计45个对外交通建安工程，合同金额20.14亿元，因赶工期等原因导致大量变更，最终结算金额26.85亿元，变更率达33.32%。对外交通工程2003年8月开始详勘，同年10月开工，由于勘察设计时间短，地质勘察不到位，发生F标大路梁子隧道突发瓦斯溢出并燃烧的重大安全事故，工程进口段停工34天。

（三）部分项目招投标管理不够规范。

溪洛渡工程应招标分项目464项，合同金额248.98亿元。实际执行中，未招标项目219项，占47.2%，合同金额16.79亿元，占6.74%。

（四）部分关联企业管理、履行职责不到位，获取不当收益。

审计抽查参与溪洛渡工程建设的部分三峡总公司下属企业，发现一些关联企业收费偏高，履行职责不到位。如三峡总公司将溪洛渡工程的招标代理直接委托给下属关联企业三峡国际公司。根据三峡总公司内部招标代理收费标准，三峡国际公司收取代理费2571万元，超出国家收费标准1010万元。经对审计抽查的91个项目进行统计，由于招投标文件的编制和审查以及清标工作不到位，部分项目招标文件技术条款和商务条款描述歧义，导致投资增加5000多万元。

2003年3月至2006年11月，三峡总公司将溪洛渡工程部分监理业务直接委托给下属企业三峡发展公司，并签订17份工程监理和其他服务合同协议，合同总价15328.69万元，扣除成本费用，三峡发展公司取得收益3471.09万元。在实际监理过程中，三峡发展公司现场人员投入严重不足，资质偏低，审核把关不严。抽查22个工程监理日记发现，监理人员跨岗位、跨项目、跨专业上岗现象严重；抽查2007年8月份人员名单发现，无监理员资格证上岗49人，占该公司溪洛渡工程监理部人员的23%。

此外，审计还发现，溪洛渡工程建设中部分项目合同管理及结算管理不够严格，工程建设、生产、管理用房面积和投资超标，增大了工程建设成本；个别项目工程质量、安全管理还存在疏漏；概算多计列勘察设计费；部分环保项目未能达到规划要求等。

（五）移民安置未如期完成。

主要是施工区移民安置尚未全部完成。2003年，为满足工程建设需要，四川、云南两省采取临时过渡方式开始施工区移民搬迁。目前，四川省已完成施工区移民搬迁安置工作。云南省施工区移民安置实施规划尚未修编完成。

此外，审计发现有14.41亿元移民资金因管理环节多，拨付不及时。

四、审计发现问题的处理情况及建议

针对审计发现问题，审计署已依法出具审计报告，下达了审计决定书。同时建议：

（一）三峡总公司应尽快编制完成项目执行概算，加强对工程动态投资的有效控制，建立科学合理的工程价差测算、结算机制，完善投资控制管理体系，切实提高建设资金使用效益。

（二）三峡总公司应进一步加强工程建设管理，严格执行招投标法，确保招投标公开、公平、公正；加强合同管理，提高招投标文件和合同条款的严密性和可操作性，严格执行合同约定，减少不合理支出；加强对关联企业的管理，用市场机制引导其参与投标竞争，并监督下属企业履行合同约定的义务和责任。

（三）国家有关部门和地方政府应加强协调和领导，妥善处理发展地方经济与控制项目投资的矛盾，尽快完成移民安置实施规划，切实落实移民安置政策，完善相关措施，确保社会稳定。

五、审计发现问题的整改情况

三峡总公司及其相关单位高度重视审计提出的问题和意见，把落实整改与加强内部控制管理结合起来，进一步规范了工程计量和合同管理，纠正违规金额3600多万元。制定多项管理办法，调整机构、充实监理人员、明晰岗位职责、加强岗位知识和技术培训，完善了监理管理机制。对不合格施工企业及时清退，严格准入制度。

四川、云南两省政府高度重视审计发现问题的整改工作，针对移民安置实施规划滞后和政策不够完善的问题，积极研究妥善解决办法。云南省政府已责成省移民局对移民资金实施严格的限时拨付制度，加快移民安置进度。

中华人民共和国审计署 审计结果公告 （2009年第11号）

10省区市财政支农资金审计调查发现违规问题整改结果

（2009年8月23日公告）

2008年，审计署对河南、甘肃、山西、黑龙江、江苏、湖南、福建、陕西、内蒙古和重庆10个省（自治区、直辖市，以下简称10省区市）2006至2007年财政支农资金管理使用以及相关涉农政策执行情况进行了审计调查。审计调查发现上述10省区市有关部门和单位违规使用支农资金26.93亿元，其中5837.4万元用于建房买车（审计调查结果已于2009年5月20日公告）。近期，审计署对违规使用支农资金问题的整改结果进行了跟踪调查。现将整改结果公告如下：

一、有关部门和地方政府高度重视整改工作

发改委、财政部、水利部等部门和10省区市政府高度重视审计调查发现的问题，采取有效措施，督促相关单位进行整改。

发改委牵头召开全国水库移民后期扶持政策部际联席会议，及时下发文件，要求各省市对大中型水库移民后期扶持资金结存过多问题进行自查自纠，并向6省市派出了中央部门联合督导组。财政部多次召开会议，对落实审计调查发现问题的整改工作进行了研究，对违规违纪问题作了进一步核实，逐项逐类进行了分析，提出了全面落实整改的措施和意见，向10省区市下发了进一步加强财政支农资金审计调查发现问题整改工作的通知，督促各地加快整改，并拟对违规违纪问题进行相应的处理。

10省区市政府积极采取措施进行整改。黑龙江、陕西等省政府专门召开会议，通报了有关部门及市县存在的问题，要求对审计调查查出的问题深入研究，逐项分析，查找症结所在，逐级落实责任，及时进行整改。据调查了解，此次审计调查查出的违规问题，大部分单位已整改落实到位，整改工作取得了较好成效。

二、积极收缴归还被挤占挪用的财政支农资金

据统计，截至2009年5月底，各地已经整改的违规资金22.86亿元，占审计调查发现违规资金总额的84.91%。10省区市被挤占挪用的财政支农资金已经归还原渠道7.53亿元。其中，归还被挪用于建房买车的财政支农资金4084.93万元，占被挪用于建房买车违规资金总额的70%，其余挪用于建房买车的违规问题正在整改之中。

三、依法严肃查处相关责任人员

各地强化问责制，对于严重违法违规问题，依法追究相关人员责任，严肃处理。在审计调查期间，审计机关共向地方检察机关和纪检监察部门移交案件线索14起，涉案金额2960.5万元，涉案人员26人，目前已有2人被立案调查，23人受到党纪政纪处分。

四、建立和完善相关规章制度

有关部门和地方政府针对审计调查反映的问题，认真分析原因，查找内部控制的薄弱环节，积极建章立制，加强管理。如内蒙古自治区制定下发和修订完善了《内蒙古自治区旗县级财政支农资金整合工作考评暂行办法实施细则》等5项规定，建立完善了财政支农资金绩效考评制度。陕西省完善了《陕西省省级财政专户管理暂行办法》等多项规章制度，并在2009年进一步细化了部门预算编制，提高了预算编制的准确性。甘肃省民勤县废止了实施11年的《项目资金管理办法》，撤销了县财政局开设的4个“归集资金”专户，同时根据省财政厅的指导意见，制定了新的支农资金管理办法，建立健全了资金管理制度，进一步规范了行政行为。

下一步，审计部门将继续跟踪相关地方和单位的后续整改情况，督促加大整改力度，切实纠正存在的问题，确保中央支农惠农政策落到实处。同时，与发展改革、财政、农业、水利等相关主管部门加强沟通、协调与配合，促进不断完善支农资金管理制度，建立健全严格的财政支农资金问责机制和责任追究制度，努力从根本上杜绝违规使用支农资金情况的发生，进一步加强支农资金管理，提高资金使用效益。

中华人民共和国审计署审计结果公告（2009年第13号）

“三河三湖”水污染防治绩效审计调查结果

（2009年10月28日公告）

根据《中华人民共和国审计法》的有关规定，审计署2008年对“三河三湖”（辽河、海河、淮河、太湖、巢湖、滇池）2001～2007年水污染防治绩效情况进行了审计调查，审计调查涉及“三河三湖”流域内北京、辽宁、江苏等13个省（自治区、直辖市）。现将审计调查结果公告如下：

一、“三河三湖”水污染防治取得了一定成效

2001～2007年，中央和地方各级政府投入910亿元财政性资金及国内银行贷款，用于“三河三湖”流域城镇环保基础设施、生态建设及综合整治等7大类共8201个水污染防治项目建设。

以2007年7月1日至2008年6月30日作为最新水质评价年度，用该期间环境保护部对“三河三湖”347个国控断面水质的监测情况与2000年至2007年的监测情况进行对比分析表明，“三河三湖”水污染防治取得了一定成效。具体情况是：淮河水系Ⅰ－Ⅲ类水质断面比例由21.9%上升到33.7%，劣Ⅴ类水质断面比例由48.4%下降到21%；辽河水系Ⅰ－Ⅲ类水质断面比例由6.2%上升到43.2%，劣Ⅴ类水质断面比例由87.6%下降到32.4%；海河水系Ⅰ－Ⅲ类水质断面比例由12.5%上升到24.6%，劣Ⅴ类水质断面比例由47.5%上升到49.2%；巢湖水质由劣Ⅴ类变为Ⅴ类，营养状态指数由57变为60.1；太湖水质一直为劣Ⅴ类，营养状态指数由63变为61.5；滇池草海水质一直为劣Ⅴ类，营养状态指数均为72，滇池外海水质除2004年为Ⅴ类外，其他年度均为劣Ⅴ类，营养状态指数由64变为69。

二、"三河三湖"水污染防治存在的主要问题及原因

从审计调查情况看，"三河三湖"目前整体水质还比较差。环境保护部对"三河三湖"347个国控断面2007年7月1日至2008年6月30日的水质监测情况显示：淮河、辽河为中度污染；海河49.2%的断面水质为劣Ⅴ类；巢湖平均水质为Ⅴ类；太湖平均水质为劣Ⅴ类；滇池平均水质为劣Ⅴ类。

形成这种状况，除环境变化、社会发展、经济增长等客观因素外，还有以下重要原因：

（一）相关政策措施不够完善。

一是环保审批前置相关制度不够完善。将环保审批作为企业工商注册登记的前置条件是从源头上控制污染的重要手段。但目前法律、行政法规仅对经营危险废物、设置拆船厂以及设立娱乐场所等特种行业有此要求，其他绝大多数行业，包括化工、造纸等重污染行业都未列入。

二是生态环境补偿机制尚不健全完善。在水污染防治工作中，为保障下游地区的水环境和水资源，上游地区的经济社会发展往往会受到一定影响，需要对上游地区进行补偿。但"三河三湖"流域内的13个省（自治区、直辖市）中，除江苏、浙江两省外，其他地方的生态环境补偿机制大多尚未建立或不完善。

三是水污染防治统计和考核指标体系不够完善。总磷、总氮是反映湖泊污染状况的主要指标，但目前有关部门在水污染物总量减排考核和环境统计报表中，均未包括这两个指标，不利于对水污染防治工作和水质状况的全面反映和评价。

（二）部分水污染防治工作尚不完全落实到位。

一是水污染防治五年规划落实不力。"三河三湖"水污染防治五年规划下达时间比较滞后，部分项目责任主体或资金来源不够明确，造成规划执行不十分到位。

二是部分地区环境执法不到位。如淮河和巢湖等5个流域1199个项目的环境影响评价和环保验收工作不够规范；海河和巢湖等5个流域的7个省（直辖市）部分地区环境统计数据不够准确；海河、淮河2个流域的4个省（直辖市）部分地区污染源自动监控设备联网率低，少数单位甚至违规干扰自动监控设备的正常运行，以逃避处罚。

三是部分入湖河流及源头地区水污染治理力度不够。如流入滇池流域的29条河流水质目前为劣Ⅴ类。

四是部分地方农业和农村面源污染治理工作薄弱，城镇污水、污泥和垃圾处理不完全到位。如有的地方种植业过量施用化肥和农药，养殖业污染物环保处理率低；有的地方生活污水未经处理或仅经简易处理就对外排放，污水处理厂出水水质不达标、污泥和垃圾渗滤液未妥善处置，造成二次污染。

五是部分经济技术开发区等园区对环保工作重视不够。如淮河、海河等4个流域部分经济技术开发区、高新技术开发区和工业园区环保基础设施建设滞后，污水直接排放或超标排放，对当地水污染防治工作造成严重影响。

（三）部分水污染防治资金管理和使用不够规范。

一是挪用和虚报多领水污染防治资金5.15亿元。其中：7省市的一些部门和单位挪用水污染防治资金4.03亿元；4省的一些部门和单位虚报项目和虚报投资完成额等多领水污染防治资金1.12亿元。

二是少征、挪用和截留污水处理费及排污费36.53亿元。其中：9省（自治区、直辖市）应征未征、单位欠缴污水处理费和排污费21.43亿元；13省（自治区、直辖市）的相关企业、单位和部门挪用、截留污水处理费和排污费15.10亿元。

三是水污染防治资产闲置和部分污水处理厂实际处理能力未达到设计要求。其中：10省（自治区、直辖市）存在水污染防治项目资产闲置的问题，涉及金额8.06亿元；"三河三湖"流域有206座污水处理厂实际污水处理能力达不到设计要求。

三、审计调查发现问题的整改情况

审计调查发现的违法违规问题，已依法转送有关部门和地方处理。有关部门和各级政府高度重视审计调查发现的问题和提出的建议，积极采取措施，认真加以整改。截至目前，整改工作取得较好效果。

（一）关于"相关政策措施不够完善"的整改情况。针对"环保审批前置相关制度不够完善"问题，环境保护部等正在研究将环境影响评价作为高污染、高能耗行业企业登记的前置性行政许可。针对"生态环境补偿机制尚不健全完善"的问题，发改委、财政部在安排项目中央补助投资时，加大了对生态环境重点保护区域的投入和财政转移支付力度；财政部正会同环境保护部，以试点方式推动建立跨省流域水环境补偿机制；河

北、河南等省已在本省范围开展了流域生态补偿试点工作。针对“水污染防治统计和考核指标体系不够完善”问题，环境保护部准备开展将总磷、总氮纳入环境统计指标体系和污染物总量减排考核范畴的研究工作。

（二）关于“部分水污染防治工作尚不完全落实到位”的整改情况。针对“水污染防治五年规划落实不力”问题，环境保护部正会同有关部门和地方政府，在重点流域水污染防治专项规划的编制、审批、执行和考核等各个环节改进工作方法，切实提高规划的科学性、可行性和操作性，加快推进规划项目建设进度；经国务院同意，国务院办公厅转发了环境保护部会同发展和改革委员会、监察部、财政部、住房城乡建设部、水利部等有关部门制订的《重点流域水污染防治专项规划实施情况考核暂行办法》，将水质状况、水污染治理项目作为考核的主要内容，强化了重点流域水污染防治工作的考核评估。针对“部分地区环境执法不到位”问题，环境保护部正在进一步完善环境影响评价和验收、环境统计以及污染源自动监测的相关管理制度和规定，加大执法督查工作力度，推动各地环保部门严格依法管理。针对“部分入湖河流及源头地区水污染治理力度不够”问题，环境保护部会同有关部门，一方面严格跨界考核，切实落实地方政府责任；另一方面，通过推广生态治污技术，建立“清水产流机制”，保障湖库生态健康。针对“部分地方农业和农村面源污染治理工作薄弱，城镇污水、污泥和垃圾处理不完全到位”问题，农业部将在“三河三湖”流域全面推行测土配方施肥，推广高效施药器械，应用生物农药，淘汰高毒、高残留农药，控制化肥和农药的过量不合理使用，并大力推进农村户用沼气和畜禽养殖场大中型沼气工程建设，努力解决畜禽养殖污染；住房城乡建设部、环境保护部和地方政府将进一步加快城镇污水、垃圾处理设施建设；环境保护部会同有关部门研究相关措施，解决污水处理厂和垃圾渗滤液二次污染问题。针对“部分经济技术开发区等园区对环保工作重视不够”问题，环境保护部将继续督促各地环保部门强化对工业园区的环境监管，加强园区内环境基础设施建设。

（三）关于“部分水污染防治资金管理和使用不够规范”的整改情况。针对“挪用和虚报多领水污染防治资金”和“少征、挪用和截留污水处理费及排污费”问题，财政部、住房城乡建设部、环境保护部和相关省市正按有关规定，采取有效措施，一是尽快追回被挪用和虚报多领的水污染防治资金以及被挪用和截留的污水处理费和排污费，强化污水处理费和排污费征缴力度；二是依法依纪追究相关单位和人员责任；三是完善相关管理办法。针对“水污染防治资产闲置和部分污水处理厂实际处理能力未达到设计要求”问题，发改委、住房城乡建设部已要求地方进一步完善项目前期工作，提高项目论证的科学性；住房城乡建设部和环境保护部已出台办法，推动各地城镇污水处理厂的正常运行。

四、审计调查建议

（一）进一步完善水污染防治政策措施。环境保护部和农业部应开展农业面源污染的调查研究，完善农业面源污染防治政策措施。环境保护部门和工商行政管理部门应明确环保审批方面的职责，完善相关法规，推进完善环保审批前置制度，强化水污染的前期预防。中央部门和地方政府应实行严格的问责制，将水污染防治规划的落实情况作为主要领导干部政绩考核的重要内容。环保部门应加强对水污染防治工作的监督检查，加大执法力度，严肃处理违法违规问题。

（二）进一步加大水污染防治资金投入。中央和地方各级政府应结合当前扩大内需的要求，加大“三河三湖”水污染防治资金的投入力度，尽快制定切实可行的生态环境补偿政策和措施；进一步加强对排污费和污水处理费等水污染防治资金征缴和使用的管理，切实提高资金效益。

中华人民共和国审计署审计结果公告（2009 年第 14 号）

关于 1981 个扩大内需投资项目建设管理和资金使用情况的审计调查结果

（2009 年 12 月 29 日公告）

按照党中央、国务院的部署和要求，2009 年以来，审计署紧紧围绕促进经济平稳较快发展这条主线，加强了对中央相关政策措施落实情况的审计监督，并对重点资金的管理使用和重大投资项目的建设情况进行了跟踪审计。2009 年 9 至 10 月，审计署组织对北京、内蒙古、辽宁、吉林、黑龙江、上海、江苏、浙江、安徽、山东、湖北、湖南、广东、重庆、四川、云南、陕西等 17 个省（区、市），以及铁道部、国家电网公司、中国南方电网有限责任公司、中国工商银行股份有限公司、中国建设银行股份有限公司和中国银行股份有限公司贯彻落实中央扩大内需有关政策情况进行了审计调查。在调查了解这些地区、部门和单位贯彻落实中央政策措施情况及取得的阶段性成果的基础上，重点调查了 1770 个政府投资项目的建设管理和资金使用情况、211 个政府核准或备案的社会投资项目的建设管理等情况。现将审计调查结果公告如下：

一、扩大内需促进经济增长政策措施取得明显成效

据有关地区和部门统计，截至 2009 年 8 月，17 个省（区、市）、铁道部和 2 家电网公司共安排扩大内需政府投资项目 115040 个，计划总投资 18017.98 亿元，已到位资金 10667.18 亿元，其中：中央投资 1855.71 亿元，地方各级政府投资 2950.09 亿元，带动银行贷款、建设单位自筹等社会投资 5861.38 亿元；已完成投资 8354.92 亿元。

从审计调查情况看，各地区、各部门认真贯彻落实中央保持经济平稳较快发展一揽子计划和各项政策措施，着力保增长、惠民生、促就业，取得了明显成效。

（一）经济发展势头企稳向好。17 个省（区、市）在及时转批分解和落实中央扩大内需投资计划的同时，还结合本地实际，自行安排扩大内需地方政府投资项目 26588 个，计划总投资 9916.03 亿元。政府扩大内需投资的安排及项目实施，带动了社会投资，有力地拉动了经济增长。据各地统计资料显示，2009 年 1 至 9 月，17 个省（区、市）在进出口总额大幅下滑（有 15 个省、自治区、直辖市与去年同比负增长超过 15%）的情况下，城镇固定资产投资同比增长 30.58%。从 17 个省（区、市）地区生产总值（GDP）的增长情况看，2009 年第一季度，有 15 个省（区、市）的 GDP 增速比 2008 年全年增速下滑，其中有 11 个省（市）增速下滑超过 3 个百分点；至第二季度末，这 15 个省（区、市）全部扭转了 GDP 增速下滑局面，17 个省（区、市）中有 12 个省（区、市）GDP 的增速超过了 8%；至第三季度末，GDP 累计增速超过 8%的省份达到 15 个，其中有 12 个省（区、市）达到了两位数增长。

（二）涉及民生的社会事业得到较大发展。据 17 个省（区、市）不完全统计，2009 年 1 至 8 月，共投入 1444.25 亿元用于提高粮食收购价格和低收入人群社会保障水平等惠民支出；在扩大内需政府投资中，对保障性安居工程、农村民生和农村基础设施、医疗卫生和教育等社会事业的投资达 5129.12 亿元，占计划总投资的 34.31%。惠民政策的落实，保障了居民收入的持续增长，使民生有了很大的改善。1 至 9 月，15 个省（区、市）城镇居民人均可支配收入、农村居民人均纯收入的增速保持在 8%以上；建成廉租住房面积 623.70 万平方米，解决了 240 万低收入人群的住房问题；建成农村饮用水安全项目 22003 个，解决了 1438.68 万人的饮水安全问题；建成基层卫生医疗体系项目 3120 个，购置医疗设备 4.28 万台，增设病床 4.40 万张；完成中学校舍改造 75.25 万平方米，改善了 49.16 万名学生的就学条件。

（三）就业和企业经营形势不断好转。统计资料显示，2009 年 1 至 8 月，17 个省（区、市）共安排 92.34 亿元用于职业培训和扶持中小企业发展，通过实行结构性减税、取消或停征行政事业性收费等措施减轻企业和个人负担 1719.59 亿元；审计调查的 3 家国有商业银行持续增加对交通、城建、能源等重点领域的贷款，贷款投放量比年初新增 29965 亿元，比 2008 年同期增长 238.87%。这些措施拓宽了就业渠道，增强了企业抵御危机的能力。2009 年前三个季度，规模以上工业增加值增长速度回升，11 个省（区、市）保持了两位数增长。

（四）为经济的可持续发展奠定了比较扎实的基础。据 17 个省（区、市）、铁道部和 2 家电网公司统计，2008 年 11 月至 2009 年 8 月，共完成重大基础设施投资 3384.51 亿元，已建成公路 7902 条，新增公路里程 5.34 万公里；建成机场 8 个，年新增旅客吞吐量 509.40 万人次；234 个在建的铁路投资项目建成后，全国铁路营运里程将由 2008 年的 8 万公里增加到 11 万公里，电气化率、复线率均达到 50%以上；完成城市和农村电网建设改造工程项目1028个，新增电网7.3万公里。重大基础设施的加快建设，为今后一段时期经济的持续较快发展奠定了基础。

二、1981个项目建设和资金管理使用中存在的主要问题

对1981个项目的审计调查情况表明，这些项目建设总体较为顺利，资金管理和使用总体情况较好，未发现重大违法和损失浪费问题，但也发现部分项目建设不完全符合国家环保及土地等政策要求，有的地方还存在用已完工项目申请政府投资补助、挤占挪用资金等问题。

（一）53个项目不完全符合环保要求，占抽查项目总数的2.68%。其中：有39个项目未经环评审批即开工建设；有10个项目未完全按照环评审批内容建设；有4个项目未进行环评验收即投入运行和使用。

（二）140个项目占用或征用土地审批手续不完备，占抽查项目总数的7.06%。其中：132个项目未经用地审批，建设单位占用或征用土地8.36万亩，其中耕地2.61万亩；8个项目的建设单位超出审批面积违规占用或征用土地0.62万亩，其中耕地0.20万亩。

（三）137个项目未按规定程序报经批准，改变建设规模、用途或降低建设标准，占抽查项目总数的7.74%。

（四）在中央扩大内需项目中，有90.07亿元地方政府配套资金尚未落实到位，占应配套资金总额的45.58%。

此外，审计调查还发现，有些地方用已完工项目申请政府投资补助，有的项目建设资金存在挤占挪用的现象，合计金额为12.48亿元，占抽查项目计划投资总额的0.43%。

对审计调查情况及发现的问题，审计署已按国务院要求向各相关地方、部门和单位提出了整改建议，要求采取措施加以纠正。

三、审计调查发现问题的整改情况

有关地方政府和部门高度重视审计调查发现的问题，正在或已责成相关部门和项目建设单位进行整改，将套取的资金及时追回，将挤占挪用的资金及时归还原渠道，对改变建设内容的项目及时研究并重新申报调整计划，同时积极落实配套资金。截至2009年10月底，已追回或归还被套取或挤占挪用的资金1.18亿元，地方配套资金有11.87亿元已到位。如对黑龙江省佳木斯市挤占廉租住房补助专项资金4899万元的问题，佳木斯市政府已将资金归还原渠道；浙江省长兴县城乡供水一体化项目等4个项目的地方配套资金1521万元已全部到位。有的地方在追回被套取或挤占挪用资金的同时，还处理了有关责任人员。如对广东省封开县农业技术推广中心套取政府补助52.70万元的问题，该县纪委已立案调查，其中36.54万元已经追回；对江苏省淮安市淮阴区农村饮用水项目涉嫌转移资金121.74万元的问题，当地政府已对相关责任人进行了行政处分；对安徽省泾县、望江等10个区（县）挪用资金购置车辆的问题，安徽省农业委员会立即督促整改，并对有关责任人员作出了行政处分，截至10月20日，宿松、枞阳等5个县已取消了购车合同，望江、桐城等5个区（县）正在办理退车手续。

对其他问题，有关地方、部门和单位正按照国务院要求进行整改，审计署将继续跟踪后续整改情况，并将整改结果适时向社会公告。

中华人民共和国审计署审计结果公告（2009年第15号）

2008年度中央预算执行和其他财政收支审计查出问题的整改结果

（2009年12月30日公告）

第十一届全国人大常委会第九次会议审议了审计署审计长刘家义受国务院委托所作的《关于2008年度中央预算执行和其他财政收支的审计工作报告》，要求加大整改和处理力度，认真分析产生问题的深层次原因，推动有关部门完善财政管理方面的政策措施，建立预防财政违法违纪行为的长效机制，并将整改和处理情况向全国人大常委会报告。国务院十分重视审计查出问题的整改工作，温家宝总理7月1日主持召开国务院常务会议专题研究部署，要求有关地区、部门和单位以高度负责的精神，进一步抓好整改工作，不断推进制度建设，逐步健全责任追究和问责机制。各被审计单位认真进行整改，截至2009年11月底，已追回或归还被套取或挤占挪用的资金26.34亿元，根据审计建议完善各项制度规定1125项；审计发现的119起涉嫌违法犯罪案件线索移送纪检监察和司法机关查处后，已有31人被依法逮捕、起诉或判刑，91人受到党纪政纪处分。现将审计查出问题的整改情况公告如下：

一、中央财政管理审计查出问题的整改情况

（一）中央预算管理审计查出问题的整改情况。

1. 关于财政部对以前年度按照权责发生制核算的支出净结余541.19亿元未及时清理的问题。财政部已报经国务院同意，将上述支出净结余全部清理并安排使用。

2. 关于中央部门未严格执行政府采购规定的问题。财政部在2010年部门预算基本支出政府采购预算表中增加了集中采购、部门集中采购和分散采购等分类，并要求中央单位对项目支出预算表中属于政府采购的项目，要编制详细的政府采购计划，为逐步细化政府采购预算创造条件。

3. 关于预算偿债基金41.27亿元未冲销的问题，财政部将减少国债发行，同时冲减预算偿债基金，并取消这一会计科目；关于收缴的药品收支结余1513.29万元未安排使用的问题，财政部已将结余资金安排使用，并将2009年6月30日以后的利息收入上缴中央金库。

4. 关于国际金融组织贷款还贷准备金余额折合人民币551.91亿元管理不规范的问题，财政部将在报送给全国人大审议的预算草案中增加“还贷准备金收支情况表”，具体反映国际金融组织贷款还贷准备金收支情况，并将还贷准备金增值收益净额纳入预算管理；关于收回的国债转贷资金本息余额225.89亿元未及时入缴国库的问题，财政部拟每年分两次将资金上缴中央金库：每年2月底前，将列入当年债务预算、已确认本息的上年回收资金，上缴中央金库；每年6月底，待中央财政与地方财政上一年度年终结算确认后，将剩余资金上缴中央金库。

5. 关于中央财政安排的救灾类专项转移支付资金管理方式不利于统筹使用的问题。财政部拟在现行管理体制框架下，研究建立新形势下防灾减灾资金管理机制，并加大各主管部门和财政部各业务司的工作协调力度，切实发挥减灾救灾工作的整体合力。

6. 关于就业、再就业资金结余123.71亿元影响资金使用效益和政策实施效果的问题。财政部采取了以下措施：一是起草了《关于就业补助资金结余情况及下一步整改措施的报告》，并会同人力资源和社会保障部制定了关于研究分析就业专项资金结余问题的工作方案；二是下发了《关于进一步加大各项就业政策落实力度的通知》、《关于建立就业资金统计月报制度有关问题的通知》，要求各级财政部门建立就业专项资金统计月报制度，加强资金拨付和预算执行管理，做好就业形势分析，努力推进各项政策的落实。财政部还将会同有关部门做好就业政策落实情况的督查工作，并研究完善资金分配考核制度。

7. 关于发改委向不符合基本建设程序和有关规定的3个项目下达中央预算内投资计划的问题。这些问题已全部得到整改，其中“甘肃石羊河流域西营河专用输水渠工程”的可行性研究报告和初步设计，已得到发改委的批复；“第一重型机械集团铸锻基地及大型铸锻件自主化改造项目”的环境影响评价报告，已得到环境保护部的批复；“北方重工集团大型装备产业升级项目”已按评审意见补充了相关资料。同时，发改委要求有关部门和地方提前做好建设项目前期工作，严格执行规定，手续和材料不完备的项目不得列入投资计划。

8. 关于部分项目投资完成率低和已到位资金闲置的问题。发改委采取了以下措施：一是针对大型灌区续建配套与节水改造项目的问题，向有关地方发出通知，要求逐一调度项目建设进展情况，加快建设进度，目前已基本完成2008年第四季度中央新增投资项目的建设；二是针对采煤沉陷区治理项目的问题，发出整改通知，并赴各地进行督导，要求加快落实各项前期工作，加快工程建设进度。

（二）国税部门税收征管审计调查发现问题的整改情况。

税务总局及各省级国税局高度重视审计调查发现的问题，专门召开会议部署整改工作。税务总局表示将进一步研究完善相关政策制度，并加大督查和审计力度，切实保障严格依法征税。对部分县级国税局违规提前或延期征税、多征税款的问题，相关地方和单位正积极进行整改。对不符合条件企业享受高新技术企业税收优惠的问题，有关税务机关对这些企业已停止执行优惠政策，追缴税款，并追究了有关人员的责任。对环保不达标企业享受税收优惠的问题，税务总局正在会同有关部门研究解决。对消费税制度不够完善的问题，税务总局下发了《关于加强白酒消费税征收管理的通知》和《白酒消费税最低计税价格核定管理办法（试行）》，改进了白酒消费税制度，并会同财政部、烟草局对烟产品消费税政策进行了调整。

（三）财政体制审计调查发现问题的整改情况。

针对审计调查发现的问题，财政部和有关地方政府认真研究制定了整改措施。关于“基层政府自主调控财力较少，事权与财力不完全匹配”和“地区间财力不够均衡，基本公共服务供给水平差距较大”的问题，财政部拟结合新形势下地区间经济社会发展、财力变化以及转移支付运行情况，积极推进财政体制改革，不断完善转移支付办法，提高转移支付的规范性和合理性，加大对中西部地区的补助力度，进一步推进地区间财力均衡和公共服务均等化进程。对部分地方收支管理不够规范的问题，在专项转移支付预算编报方面，财政部已开始测算2010年中央对地方的财力性转移支付和专项转移支付预计数，确保按要求提前通知地方，进一步提高预算编报的完整性。在土地出让收入等纳入预算管理方面，财政部会同国土资源部、人民银行、监察部和审计署下发了《关于进一步加强土地出让收支管理的通知》，要求省级有关部门对本地区土地出让收支纳入基金预算管理的落实情况进行检查，督促未落实到位的市县限期整改，确保土地出让收入及时足额地缴入国库；对已收缴的土地出让收入，要及时从非税收入汇缴专户划转地方国库，省级财政、国土资源部门要汇总编制本地区土地出让收支预算。在开发区预算管理方面，财政部拟配合有关部门研究确定开发区预算的编列方式。

二、中央部门预算执行审计查出问题的整改情况

这次中央部门预算执行审计发现违规和损失浪费问题共计45.17亿元，已整改31.66亿元，占70%。主要是：

（一）关于挤占挪用和转移财政资金14.83亿元的问题。已通过归还原资金渠道、上缴中央财政和规范管理等方式整改11.91亿元，占80%；对其他问题，相关单位已制定整改措施，正在落实中。

（二）关于多报多领财政资金3668万元的问题。已通过上缴财政或缴入上级部门统一管理等方式全部整改。

（三）关于违规收费6.22亿元的问题。已通过停止违规收费、补办收费报批手续等方式整改3.99亿元，占64%；关于未及时上缴非税收入19.08亿元的问题，已通过上缴中央财政或报财政部调整预算等方式整改15.33亿元，占80%。对其他问题，相关单位已制定整改措施，正在落实中。

（四）关于会议费和公务出国费管理不够严格的问题。中央部门高度重视，有17个部门组建了会议费清查小组，清理会议支出，收回存放账外和被侵占的资金，将挤占挪用资金归还原资金渠道。各相关部门在深入分析和研究审计查出问题的基础上，进一步完善了会议费和公务出国费计划和审批制度，建立了量化管理机制，对会议费和公务出国费实行全过程监督。有的部门还通过组织学习和培训，强化了相关人员的责任意识。

（五）关于20个中央部门2008年决算（草案）中少计收入、结余和资产共计16.71亿元的问题。这20个部门已通过调整决算及有关账务等方式整改15.76亿元，占94%。其余9489.84万元涉及少计固定资产等方面的问题，有关部门正在组织清理，待核实无误后再调整账务。

（六）关于部门工作安排与部门预算安排不能很好地衔接，导致部分部门预算年初难以细化到具体项目和单位，影响部门预算编制的准确性和完整性的问题。中央各部门表示，将在下年度的预算编制中改进方式方法，项目申报前要进行充分论证，并加强对申报项目的审核；逐步理顺预算各环节的关系，加强对所属单位的管理和培训，提高内部预算的审核效率。

三、重大投资项目审计查出问题的整改情况

（一）金沙江溪洛渡水电站工程建设项目跟踪审计查出问题的整改情况。

三峡总公司及相关单位高度重视审计提出的问题和意见，把落实整改与加强内部控制结合起来，进一步规范了工程计量和合同管理。对部分项目投资控制不到位的问题，三峡总公司已于2009年初编制完成溪洛渡水电站单项工程执行概算，计划于2009年内编制完成总执行概算，并表示将按投资管理要求，进一步明确相关部门的目标和责任，加强合同执行过程中的投资控制和目标管理。对招投标管理不够严格的问题，三峡总公司修订了《中国三峡总公司招标管理办法》，进一步规范了招标规划、招标文件编审、评标专家组成、分包管理、评标标准和关联交易管理等工作，并加强了对招投标工作的监督检查，由招标、纪检监察及审计部门共同组织对下属公司、职能部门的招标管理工作进行了全面检查。对超出国家标准收取招标代理费的问题，三峡总公司进一步规范了内部关联交易行为和关联价格定价机制，按分类指导原则颁布了有关招标代理等内部关联交易价格的定价标准和办法。

（二）电力建设审计调查发现问题的整改情况。

对电力建设审计调查发现的问题，有关部门和地方政府高度重视，积极整改。关于部分项目未批先建的问题，有关地方正在按照要求补办项目核准手续。关于违规征占土地的问题，国土资源部根据审计提供的资料，正在进行专项调查，有关地方正在向国土资源部补办手续。关于少征、漏征差别电价的问题，发改委、电监会和能源局联合下发了《关于清理优惠电价有关问题的通知》和《关于规范电能交易价格管理有关问题的通知》，进一步规范了电价征收工作，有关地方正在按照通知要求清理优惠电价政策。

（三）病险水库除险加固工程审计调查发现问题的整改情况。

水利部十分重视审计调查发现的问题，通过多种方式督促有关地方、部门和单位进行整改，通报批评了问题严重的部分项目单位，要求必须在主汛期前整改涉及度汛安全的问题，以消除隐患。对延长工期的问题，有关单位采取措施加快了工程建设进度，截至2009年10月底，列入全国病险水库除险加固3年目标任务的6000多座水库，除个别大型水库需按计划跨年度施工外，其他项目可在2010年底前完工。对162座因擅自减少或变更部分主体工程等存在质量缺陷或安全隐患的水库，有关地方政府已整修或重建了127座，其余35座水库在2010年汛期到来前可全部完成整修或重建工作。对一些水库除险加固工程建设和财务管理比较混乱的问题，相关地方和单位已收回被侵占、出借或挪用的资金1.68亿元，处罚项目法人12家、施工企业43家、监理单位15家和设计单位5家，处理责任人67人，并进一步完善了招标代理、项目法人、施工和监理等制度。

四、汶川地震抗震救灾资金和物资跟踪审计查出问题的整改情况

审计机关和各部门及相关地方政府紧密配合，坚持边审计、边整改、边规范、边提高的原则，全部整改了审计指出的问题。有关方面根据审计建议，出台了570多项制度规定。

五、重点资金审计调查发现问题的整改情况

（一）城市基础教育经费审计调查发现问题的整改情况。

教育部、财政部和有关地方政府高度重视审计调查发现的问题。教育部、财政部联合下发了《关于进一步加强中小学财务管理工作的意见》，要求加强全国城市基础教育财务管理工作和制度建设。19个城市通报了审计调查情况，有针对性地制定和完善了一系列规章制度。有的地区还对审计调查未涉及的中小学校进行了全面检查，建立了整改工作督察制度。截至2009年11月底，违规收取的择校等费用已退还学生或上缴财政3.84亿元，占审计调查发现此类违规资金总额的76%；违规统筹和挤占挪用资金已归还原渠道10.93亿元，占审计调查发现此类违规资金总额的60%；滞留资金已安排使用23.41亿元，占审计调查发现此类违规资金总额的96%；化解学校债务8.44亿元，占审计调查发现此类违规资金总额的40%。同时，还对31名相关责任人作出了党纪政纪处分。其他尚未整改到位的问题，主要是由于部分违规资金已用于项目建设或学校日常支出，一时无法退还，滞留的经费需要逐步安排消化，学校偿债资金来源还有待进一步统筹解决。对于这些问题，有关地方都制定了具体整改措施。

（二）财政支农资金审计调查发现问题的整改情况。

针对审计调查发现的问题，发改委、财政部等部门认真研究完善政策制度，督促地方整改。财政部按照国务院要求，迅速向10省（区、市）逐类逐项核实问题，下发了进一步加强财政支农资金审计调查发现问题整改工作的通知，并对违规违纪问题进行了处理。10省（区、市）政府积极采取措施，逐级落实责任，及时进行整改。对财政支农投入未达到要求比例和部分项目建设未达到设计要求或预期目标的问题，相关地方制定了加大财政支农投入的相关制度和考核激励办法，加快了工程建设进度，加强了工程建设管理。截至2009年10月底，违规使用的26.93亿元支农资金，已整改26.37亿元，占违规资金总额的98%，其中挪用5837.4万元建房买车的问题已全部纠正。

（三）种粮农民补贴资金审计调查发现问题的整改情况。

根据审计调查情况，财政部加强了对良种补贴工作的指导和管理，会同有关部门对良种补贴政策执行中的各个环节进行了深入调研和论证，制定了《2009年中央财政农作物良种补贴项目实施指导意见》及《中央财政天然橡胶良种补贴资金管理办法》，正在制定《中央财政农作物良种补贴资金管理办法》。对非种粮或非耕种土地享受补贴、已种粮土地应得未得补贴及资金拨付不及时的问题，有关地方政府已责成财政、农业等部门，完善相关制度措施，确保补贴资金及时足额拨付到位，补贴资金发放给应享受补贴的种粮农民。截至2009年10月底，审计调查发现的问题已基本得到整改。

六、应对国际金融危机相关审计调查发现问题的整改情况

针对审计调查发现的部分中央新增投资项目配套资金不到位等问题，发改委和财政部制定了《关于进一步加强扩大内需中央投资项目管理有关问题的紧急通知》，要求各地确保项目100%开工建设、地方配套资金100%落实和检查中发现的问题100%整改到位，确保地方政府债券资金优先用于中央投资项目地方配套资金；对达不到“三个100%”考核目标的，将调减或暂停安排中央投资。有关地方积极采取措施，加快资金落实和项目管理，促进项目建设尽快形成实物工作量。对有些扶持中小企业的政策措施未落实到位的问题，发改委等部门研究提出了改进措施。

七、环境保护专项审计调查发现问题的整改情况

针对审计调查发现的问题，环境保护部、发改委等部门和相关地方政府进一步完善了有关政策措施，逐项加以整改。对水污染防治措施在部分地区未能完全落实和监管不到位的问题，截至2009年10月底，环渤海地区未按计划开工建设的23座污水处理厂中，有22座已开工建设，另1座因企业已采取节水环保等措施不需要再建设；未建成污水集中处理设施的15个经济开发区中，有14个已开工建设；海洋局封闭了7个超期使用的临时性海洋倾倒区。对水污染防治资金征收管理不够严格的问题，9省（区、市）对无故拖欠污水处理费、排污费等的企业和单位依法采取了强制执行措施；“三河三湖”流域13省（区、市）已追回少征、套取、挪用和截留水污染防治资金20亿元；环渤海地区13个城市已追回少征和违规使用水污染防治资金1.58亿元。各地政府还将环保机构经费全部纳入了同级财政预算予以足额保障，以杜绝挤占、挪用问题再次发生。对41户中央企业污染物排放超标的问题，相关企业正在采取加快淘汰落后设备和技术改造等措施，确保按时完成节能减排任务。

八、金融机构审计和审计调查发现问题的整改情况

关于“违规发放土地储备贷款、虚假按揭贷款以及向不符合条件的房地产企业提供贷款215亿元”和“因贷后监管不严有43.6亿元信贷资金违背贷款用途”等问题，6家银行已全部整改；关于向不符合国家产业政策或未经批准立项的投资项目发放106.9亿元贷款的问题，6家银行已收回或整改74.55亿元。这些银行还从体制、机制和流程等方面深入查找违规原因，认真清理和修订相关制度，进一步加强和改进了公司治理。

九、企业审计查出问题的整改情况

关于多计、少计利润和资产的问题，13户企业已全部整改。关于因决策失误、管理不善和违规操作等造成损失63.72亿元的问题，有关企业正在采取措施挽回损失，初步确认有28.42亿元损失已无法追回。13户企业还建立健全了360项财务和内部管理等方面的制度，加强了财务管理，规范了决策程序。有关部门正在研究进一步完善引导和支持企业提升核心竞争力的相关政策措施。

十、加强财政管理意见的落实情况

对审计提出的五条加强财政管理的意见，有关部门认真研究落实，进一步完善了相关政策制度，加强和改进了管理。

（一）关于“尽快修订预算法，推进财政管理的统一完整和公开透明”的意见。财政部表示，有关部门已成立预算法修改起草小组，积极推进预算法修订工作。对审计提出的意见，有关方面正在认真研究，将通过进一步完善相关预算管理制度予以体现和落实。

（二）关于“进一步加强和改进预算管理，切实推进预算公开，增强预算的约束力和严肃性”

的意见。财政部采取了以下措施：一是积极推进部门预算精细化管理，实行基本支出和项目支出改革，建立预算编制与执行相结合的机制，强化财政拨款专项结余和净资金结余管理，加强预算支出绩效评价体系建设；二是继续推进预算公开，初步建立起财政预算信息披露制度，主动公开了2008年全国财政收支决算情况，中央财政报送全国人大审议的部门预算数量2009年达到95家，2010年将达到99家，基本上涵盖了国务院所有组成部门和直属机构，并加强对地方预算公开的指导。中央各部门表示，将进一步加强预算编制和审核工作，强化预算执行中的监督和管理，努力建立规范预算执行的长效机制。

（三）关于“进一步加强协调、指导和监督，确保中央关于保持经济平稳较快发展各项政策措施落实到位”的意见。财政部表示，已于2009年9月上旬完成30个省份和5个计划单列市2000亿元地方政府债券发行工作，将会同有关部门及时跟踪检查地方政府债券资金的管理和使用情况，督促地方严格按规定使用资金。发改委派出专项稽查组，赴各地检查新增投资项目的资金配套、开工建设情况，确保项目及时开工建设，提高政府投资效益和宏观调控效果。

（四）关于“加强金融监管协作，防范和化解系统性风险”的意见。人民银行、银监会等部门先后出台了一系列加强金融监管协作的政策措施，完善了反洗钱合作机制；建立了金融风险监测周报制度，积极推进金融风险监测与评估系统的建设；注重加强不同监管政策、法规之间的协调，改进和完善跨行业、跨市场的金融机构和交叉性金融业务及产品的监管政策，完善金融信息共享制度。

（五）关于“积极推进政务公开，健全责任追究和问责机制”的意见。各部门按照国务院要求，进一步加大了政务公开力度，积极推进预算和财务公开，同时不断强化内部监督，健全内部监督约束机制，特别是加强了对重点领域和关键环节权力运行的监督，并严格责任追究。

汶川地震灾后恢复重建跟踪审计结果（第1号）

——76个重点项目阶段性跟踪审计结果

（2009年9月14日公告）

根据《汶川地震灾后恢复重建条例》、《汶川地震灾后恢复重建总体规划》和《审计署关于汶川地震灾后恢复重建审计工作安排意见》的有关规定，审计署自2009年1月开始，统一组织四川、甘肃、陕西3个汶川地震受灾省和20个对口支援省市（含深圳市）地方审计机关，以及审计署驻成都、西安、兰州、重庆4个特派办，累计派出1233个审计组，共4502名审计人员，按照“统筹安排、分级负责、把握总体、分头公告”的原则，对四川、甘肃、陕西3个受灾省的灾后恢复重建情况进行了跟踪审计。截至2009年5月底，重点对3个受灾省的3948个项目进行了跟踪审计。其中，23个省级审计机关组织跟踪审计项目3872个，审计资金1352亿元，阶段性跟踪审计结果将由各省级审计机关分别向社会公告。审计署组织驻成都等4个特派办对投资较大的76个重建项目（以下简称76个项目，涉及计划总投资336.94亿元）进行重点跟踪审计。审计工作得到四川、甘肃、陕西3省各级政府及所属部门、参建单位、灾区有关中央企业的支持和配合，进展顺利。现将第一批76个项目阶段性跟踪审计结果公告如下：

一、跟踪审计情况和审计评价

（一）项目跟踪审计情况。本次公告的76个项目分布在四川、甘肃和陕西10市（州）28个重灾县（区）。其中，农村居民住房项目10个、学校项目4个、交通项目21个、电力和电网项目20个、水利项目7个、通信项目5个、重点产业项目6个、其他项目3个，共涉及10个行业，计划总投资336.94亿元。截至2009年5月底，已完成投资104.72亿元，占31.08%。其中已完工项目14个，计划总投资3.08亿元，已完成投资2.25亿元；在建项目62个，计划总投资333.86亿元，已完成投资102.47亿元。

本次审计以资金为主线，从项目入手，及时跟进，及时查处，及时整改。通过跟踪审计，及时揭示了灾后恢复重建项目前期审批、资金使用和工程管理等方面的问题，以点带面，积极反映重建规划实施等方面情况，及时防止和纠正一些项目建设中违纪违规问题。审计中，各审计组提前介入，全过程跟踪，立足服务，着眼预防，帮助规范，坚持边审计、边整改、边提高，督促各参建单位及有关部门及时整改，充分发挥国家审计"免疫系统"功能。76个项目跟踪审计共提出审计建议36条，有关部门和单位全部采纳，目前已整改完成28条，另有8条正在整改中。

（二）审计评价。审计结果表明，四川、甘肃、陕西3个受灾省各级政府部门和各项目参建单位认真落实《汶川地震灾后恢复重建总体规划》和专项规划要求，积极采取措施保障灾后恢复重建进度和工程质量。76个项目中，农村住房重建、学校及交通、电力和通信等基础设施建设进展比较顺利。截至2009年5月底，9个农村住房恢复重建项目完工率达70%，宝成铁路新109隧道改线工程已于2008年11月提前通车，都汶高速公路和汶马二级公路已恢复通车，映秀湾电站3台机组已恢复发电，二台山变电站也恢复运行。东方汽轮机有限公司新基地37个单项合同中，有27个项目完成50%以上工作量，7个单项工程完成90%以上工作量。

76个项目的重建资金和建设管理水平逐步提高。各级政府主管部门和项目建设单位对灾后恢复重建资金和工程质量的"高压线"意识较强，不断建立健全各项管理制度，项目资金基本上做到专户管理、专账核算，加强了项目建设管理和监督，并对跟踪审计发现的问题及时整改规范。

76个项目的资金使用和建设管理情况总体是好的，没有发现重大违法违规问题。但跟踪审计也发现，部分项目存在一些应引起重视的问题。

二、跟踪审计发现的主要问题及整改情况

（一）8个项目规划编制及落实不够准确。其中，四川省安县新县城堤防工程多计地震受灾损失，造成项目规划与实际情况不符，导致多安排中央财政资金1554万元；广元电力局110千伏乔庄站扩建输变电项目包含地震前已建设，并已支付部分设备款的工程；广元市元坝区堤防工程高报概算，多申请中央资金104.3万元；广元市剑阁县剑门蜀道风景区恢复重建项目包含地震前已基本完工的剑门关隧道建设工程，导致规划与实际情况不符；陕西省勉县将震前已支付征地款400万元，并正在实施的诸葛路工程项目纳入灾后重建规划；四川省德阳市中江县省道101线中江段2个道路修复项目和省道106中江到乐至界道路修复项目在规划实施过程中，重复列入当地投资计划，多列1.84亿元。

审计发现上述问题后及时提出审计建议，目前，安县政府已将新县城堤防工程中重复安排的中央资金1544万元收回财政，其他项目多安排的829.3万元中央资金正在整改中；中江县已根据审计意见对投资计划进行了调整。

（二）5个项目建设资金管理使用不够严格，涉及金额2605.73万元。其中甘肃省陇南市成县农村住房重建、康县整村就地重建2个项目因进展缓慢，农房维修加固资金1601万元滞留在乡镇恢复重建专户；陇南市武都区城关镇将农村住房灾后重建项目资金850万元，借给武都区发改委，用于2004年、2005年该区扶贫搬迁试点工程；剑门关景区项目指挥部将剑门蜀道风景区恢复重建项目资金150万元拨付剑门关景区管委会，用于支付以前年度其他项目所欠的设计费；广元市元坝区水务农机局在泉坝防洪工程项目资金中，列支办公设备款4.73万元。

根据审计意见，甘肃省陇南市成县、康县滞留在乡镇恢复重建专户的农房维修加固资金1601万元，已拨付到农户；陇南市武都区、广元市元坝区已归还了被改变用途的资金854.73万元；其他项目资金使用问题正在整改中。

（三）28个项目环境评价、设计、招标等前期工作不到位。其中，省道210线宝兴至夹金山122公里公路、国道108线雅安至菩萨岗段二级公路154公里、中国移动陇南公司生产楼工程等18个项目没有环境评价审批。四川省阿坝州茂县500千伏输变电恢复重建、攀钢集团四川长城特殊钢有限公司异地重建等14个项目边设计审批、边施工。阿坝二台山220千伏输变电恢复重建等8个项目未按规定进行招投标。

根据审计意见，上述项目正在逐步补充完善相关建设审批手续；项目主管和审批部门在简化审批程序、缩短前期工作时间的同时，也在着手规范和加强关键环节审批管理。

（四）5个项目工程建设管理不规范。其中，四川省广元市元坝区堤防工程浆砌石砂浆强度较低、石质较差，工程所使用的部分水泥无检验单；陕西省勉县金牛大道项目设计单位无相应设计资质，12个施工单位有6个无城市市政工程所需资质，且该项目业主单位勉县城建指挥部超付工程款41万元；甘肃省陇南市武都区汉王镇和两水镇农村住房重建项目拖欠供应商钢材、水泥款946万元；陕西省宝鸡市陈仓区阳平镇概算投资100万元的水塔加固项目因政府投资未足额到位，建设资金由村民集资和施工单位垫付；四川省安县高川乡灾后防洪堤新建和加固工程在未得到主管部门审批情况下变更设计，导致工程结算价比中标价增加164万元。

此外，审计抽查的汶川县6栋住房维修加固工程，报送的结算价为258.84万元，经审计核实，实际工程造价仅为90.88万元，占送审造价的35.11%。

跟踪审计过程中，审计人员就上述问题及时向有关地方政府和参建单位提出审计建议，各有关项目建设单位正在认真进行整改。

三、审计建议

（一）发展改革、财政、民政、国土资源、住房城乡建设等有关部门和四川、甘肃、陕西3省应按照国务院部署和要求，对重建规划实施情况开展专项调研，尽快启动规划中期评估、修订工作，调整和完善重建规划，进一步增强规划的科学性、可行性，并明确规划的强制性。

（二）四川、甘肃、陕西3省有关部门在优化建设程序的同时，应加强对关键环节的审核把关。项目可研、环评、土地等政府审批部门要区分项目类型，优化审批程序；对列入规划的中小项目，通过集中办公等方式，并联审批流程、及时下放审批权限，提高审批效率。同时，强化建设用地审批、可研、环评、勘查设计、地质灾害评估等关键环节审批控制，完善相关程序。

（三）四川、甘肃、陕西3省各级政府部门应强化灾后恢复重建项目投资控制和资金管理。统筹安排好各项资金，控制好投资规模，防止铺张浪费，充分发挥各项重建资金的使用效益。切实完善项目与资金管理制度，强化项目建设监管机制，保障灾后恢复重建资金安全、有效使用。

审计署领导活动大事记

一　月

1月4日至5日　石爱中副审计长出席全国宣传部长会议。

1月5日下午　董大胜副审计长出席中央纪委监察部召开的制止公款出国（境）旅游专项工作电视电话会议并讲话。署行事司负责同志参加会议。

1月5日下午　余效明副审计长出席中央学习实践活动第20指导检查组召开的第五次联席会议。

1月6日上午　全国政协副主席李金华，审计署审计长刘家义，中国记协党组书记翟惠生出席《中国审计报》创刊10周年座谈会并讲话。石爱中副审计长主持座谈会。余效明副审计长，中国内部审计协会王道成会长，署机关有关司局主要负责同志出席座谈会。

1月6日下午　党组书记刘家义主持召开署党组会议，研究《中共审计署党组贯彻落实科学发展观情况的分析检查报告（评议稿）》。党组成员董大胜、余效明、孙宝厚出席，石爱中副审计长，机关党委负责同志和署深入学习实践科学发展观活动领导小组办公室有关同志列席会议。

1月6日下午　刘家义审计长主持召开审计长会议，研究部署有关专项审计工作。董大胜、余效明和石爱中副审计长，孙宝厚总审计师出席，办公厅、法规司、金融司和企业司主要负责同志参加会议。

1月6日下午　孙宝厚总审计师在署机关主持召开会议，研究修改《审计署审计项目进度管理办法（试行）》。办公厅和法规司负责同志参加会议。

1月7日上午　孙宝厚总审计师到外资中心进行调研，听取外资中心关于2008年工作和当前面临的困难与问题的汇报。

1月7日下午　刘家义审计长和董大胜副审计长出席在中央纪委召开的中央扩大内需促进经济增长政策落实检查工作领导小组第二次会议。署行事司负责同志参加会议。

1月7日下午　孙宝厚总审计师在署机关出席机关党委召开的“以史为鉴”读书座谈会。

1月8日上午　余效明副审计长在署双榆树办公楼主持召开署离退休干部座谈会，听取了署机关离退休干部代表对离退休干部工作的意见和建议。署离退休干部领导小组成员单位的负责同志参加会议。

1月8日下午　党组书记刘家义主持召开署党组会议，研究《审计署关于审计专业人才培养的实施意见》《2009年审计培训计划》《审计署党组中心组2008年学习总结和2009年学习计划》《关于加强党组中心组学习的意见》和杨新民同志等5位特派员的任期经济责任审计报告稿和对违反计算机使用保密规定问题的处理意见。党组副书记令狐安，党组成员董大胜、余效明、孙宝厚出席，石爱中副审计长，办公厅、法规司、经责司、国际司、人教司、机关党委、监察局、服务局和培训中心主要负责同志列席相关内容的讨论研究。

1月8日　石爱中副审计长在署机关出席投资司召开的病险水库除险加固工程专项审计调查专家咨询会。投资司负责同志及署外专家参加会议。

1月9日上午　刘家义审计长主持召开审计长会议，讨论研究了《中国航天科技集团公司原法定代表人张庆伟同志任期经济责任审计报告》《中国石油化工集团公司原法定代表人陈同海任期经济责任审计报告》《2008年41户中央企业节能减排情况专项审计调查报告》《“三河三湖”水污染防治绩效审计调查报告》《审计署审计项目进度管理办法（试行）》和关于对口支援省市交支票项目审计方式、规范我署向有关省（区、市）和部门、单位发贺信（贺电）等事项。令狐安、董大胜、余效明和石爱中副审计长，孙宝厚总审计师出席，办公厅、法规司、行事司、企业司、外资司、经责司和人教司主要负责同志参加相关内容的讨论研究。

1月12日　董大胜、石爱中副审计长和孙宝厚总审计师出席《中国国家审计准则（修订初稿）》专家研讨会。署法规司负责同志、审计准则修订工作组成员和署内有关专家参加会议。

1月12日下午　余效明副审计长在署机关与国家电网公司陈月明副总经理进行工作会谈。署企业司和投资司主要负责同志参加会谈。

1月13日上午　董大胜和石爱中副审计长在署机关与奥组委刘敬民、蒋效愚和李炳华副主席进行了工作会谈。署投资司主要负责同志参加了会谈。

1月13日　余效明副审计长到署定点扶贫的河北省顺平县走访慰问。机关党委和服务局负责同志陪同。

1月13日下午　石爱中副审计长在署机关与中石油股份公司周吉平总裁就西气东输工程审计进行工作会谈。署投资司主要负责同志参加会谈。

1月13日下午　石爱中副审计长出席网络培训课件论证会并讲话。

1月13日下午　刘家义审计长和孙宝厚总审计师出席2009年全国外资审计业务培训班并讲话。

1月12日至14日上午　中国共产党第十七届中央纪律检查委员会第三次全体会议在京举行。刘家义审计长出席13日上午的大会。令狐安副审计长作为中央纪委常委出席会议全部议程。

1月14日上午　刘家义审计长在署机关会见光大集团唐双宁董事长。署金融司主要负责同志参加会见。

1月14日上午　石爱中副审计长和孙宝厚总审计师在署机关主持召开会议，专题研究保密工作有关问题。办公厅、计算中心和服务局负责同志参加会议。

1月14日下午　署党组书记、审计长刘家义主持召开署党组扩大会议。署党组副书记、副审计长令狐安传达胡锦涛总书记和贺国强同志在十七届三中全会上的讲话和报告，刘家义审计长就贯彻落实胡锦涛总书记讲话和贺国强同志报告精神作了全面部署。党组成员董大胜、余效明、孙宝厚出席，石爱中副审计长，署机关各单位和各派出审计局主要负责同志参加会议。

1月15日下午　刘家义审计长和余效明副审计长出席中央国家机关第23次党的工作会议暨第21次纪检工作会议。署机关党委主要负责同志参加会议。

1月15日下午　孙宝厚总审计师出席经济责任审计联席会议办公室会议，听取联席会议办公室2008年工作汇报，研究部署2009年的工作任务。中央组织部、监察部、国务院国有资产监督管理委员会、国家公务员局和署经济责任审计司负责同志参加会议。

1月16日上午　刘家义审计长出席署离退休干部2008年度审计工作情况通报会。余效明副审计长出席并主持情况通报会。署机关120多位离退休干部参加会议。

1月16日上午　令狐安副审计长和孙宝厚总审计师出席署经济责任审计协调领导小组会议，听取2008年经济责任审计项目完成情况的汇报，研究2009年经济责任审计工作。办公厅、财政司、行事司、企业司、金融司和经责司负责同志参加会议。

1月16日上午　石爱中副审计长在署机关出席计算机中心组织的南京地税数据规划课题验收会。财政司、计算中心、信息办和南京市审计局负责同志参加会议。

1月16日下午　审计署在北京市委党校礼堂举办2009年春节团拜会。刘家义审计长致新春贺词。董大胜、余效明和石爱中副审计长，孙宝厚总审计师，署老领导吕培俭、任景德、罗进新、郑力、王道成、翟熙贵，铁道部陆东福副部长、余邦利总经济师，署机关各单位和各派出审计局全体干部职工参加团拜会。

1月19日上午　刘家义审计长出席国务院第2次全体会议。

1月19日上午　孙宝厚总审计师在署机关主持召开署保密委员会会议，传达学习中央有关文件精神，总结2008年保密工作，研究和部署2009年保密工作任务。署保密委员会全体委员和保密委员会办公室负责同志参加会议。

1月20日上午　孙宝厚总审计师在署机关主持召开会议，研究审计信息工作有关问题。办公厅和法规司负责同志参加会议。

1月20日下午　余效明和石爱中副审计长在署机关召集研究事业单位离退休人员待遇有关问题。办公厅、人教司、离退休干部局和署各直属事业单位主要负责同志参加会议。

1月21日下午　刘家义审计长到解放军审计署进行春节慰问。署办公厅主要负责同志随同前往。

1月22日上午　审计署举行2009年老领导春节团拜会。全国政协副主席李金华应邀出席团拜会。刘家义审计长，董大胜、余效明、石爱中副审计长，孙宝厚总审计师，署老领导于明涛、吕培俭、郭振乾、任景德、罗进新、郑力、王道成、翟熙贵，署离退休干部工作领导小组成员单位负责同志出席团拜会。

1月22日下午　董大胜副审计长和孙宝厚总审计师在署机关会见国家统计局马建堂局长和徐一帆副局长。署行事司和发展统计审计局主要负责同志参加会见。

1月23日上午　董大胜副审计长在署机关会见中国投资公司金立群监事长和汪建熙副总经理。署金融司和办公厅负责同志参加会见。

1月24日上午　刘家义审计长出席中共中央办公厅和国务院办公厅在人民大会堂举行的春节团拜会。

二　月

2月1日上午　党组书记刘家义主持召开署党组会议，研究有关干部人事问题和沈阳特派办部分职工住房超标清退有关事项等。党组副书记令狐安，党组成员董大胜、余效明、孙宝厚和安国出席，石爱中副审计长，办公厅、人教司、机关党委、驻署监察局和服务局主要负责同志列席相关内容的研究。

2月1日上午　刘家义审计长主持召开审计长会议，听取机关服务局关于署机关临时易地办公有关情况的汇报，讨论研究《2008年社会审计机构审计报告核查情况的报告》和《2009年政府投资保障性住房情况专项审计调查工作方案》。令狐安、董大胜、余效明、石爱中副审计长，孙宝厚总审计师和安国纪检组长出席，署机关各单位负责同志参加相关内容的讨论研究。

2月4日下午　党组书记刘家义主持召开署党组会议，研究有关干部人事问题，听取办公厅关于废止、修订和保留内部管理规范性文件情况的汇报等。党组副书记令狐安，党组成员董大胜、余效明、孙宝厚和安国出席，石爱中副审计长，办公厅、人教司、机关党委、驻署监察局和服务局主要负责同志列席相关内容的研究。

2月4日下午和5日上午　刘家义审计长在署机关主持召开审计长会议，讨论研究《2009年省（市）长经济责任审计工作方案》《地方财政收支专项审计调查工作方案》《四项种粮农民补贴资金专项审计调查工作方案》《18个省（区、市）财政收支管理情况审计调查的报告》《中国第一汽车集团公司原法定代表人竺延风同志任期经济责任审计报告》《中国通用技术（集团）控股有限责任公司原法定代表人陈伟根同志任期经济责任审计报告》《关于中国证券监督管理委员主席尚福林同志任期经济责任审计实施方案》《关于中国保险监督管理委员会主席吴定富同志任期经济责任审计实施方案》《关于国家外汇管理局局长胡晓炼同志任期经济责任审计实施方案》《国外优惠紧急贷款汶川地震灾后恢复重建项目公证审计工作方案》《104个国外贷援款项目2008年度公证审计结果》公告和《全国饮用水安全保障资金绩效审计调查工作方案》。令狐安、董大胜、余效明、石爱中副审计长，孙宝厚总审计师和安国纪检组长出席，办公厅、法规司、财政司、金融司、企业司、外资司和经责司主要负责同志参加相关内容的讨论研究。

2月5日下午　余效明副审计长参加国务院召开的部署“两会”涉及国务院有关工作的会议。署办公厅主要负责同志参加会议。

2月6日上午　刘家义审计长主持召开署宣传工作领导小组第四次会议，传达全国宣传部长会议精神，听取办公厅2008年审计宣传工作情况的汇报，讨论2009年审计宣传工作要点，精简、规范署管媒体对署有关会议和署领导活动新闻报道的意见。署宣传工作领导小组副组长、副审计长令狐安和石爱中，领导小组成员单位的主要负责同志参加会议。

2月6日下午　受刘家义审计长委托，余效明副审计长在署机关主持召开有关单位负责人会议，部署“两会”期间署相关工作。办公厅、法规司、人教司、机关党委、驻署监察局、离退休局、服务局和计算中心负责同志参加会议。

2月9日下午　党组书记刘家义主持召开署党组会议，研究有关干部人事问题、关于2009年度干部交流工作有关事宜和关于确定2009年度借调干部计划等。党组副书记令狐安，党组成员余效明、孙宝厚和安国出席，石爱中副审计长，办公厅、人教司、机关党委和驻署监察局主要负责同志列席相关内容的研究。

2月9日下午　刘家义审计长主持召开审计长会议，讨论研究《关于国际金融危机对我国中小企业影响专项审计调查工作方案》。令狐安、余效明、石爱中副审计长，孙宝厚总审计师和安国纪检组长出席，办公厅、法规司、企业司、人教司、机关党委和计算中心主要负责同志参加相关内容的讨论研究。

2月9日下午　孙宝厚总审计师在署机关召集办公厅和法规司负责同志，研究保证审计结果类报告和审计信息质量的有关问题。

2月11日　署党组成员、副审计长兼机关党委书记余效明主持召开署机关第七届党委第六次会议暨审计署精神文明建设领导小组会议，审议《审计署机关2009年党建工作要点》、《审计署机关先进党支部评选办法（修订稿）》和《2009年审计机关精神文明建设工作指导意见》。署机关党委委员和署精神文明建设领导小组成员出席会议。

2月12日下午和13日上午　受党组书记刘家义委托，党组副书记令狐安主持召开署党组学习会，认真研读《向中央政治局通报中央政治局常委参加深入学习实践科学发展观活动专题民主生活会的报告》，并结合学习研究了《审计署2009年工作要点》。党组成员余效明、孙宝厚和安国出席，石爱中副审计长，办公厅和署学习实践活动领导小组办公室负责同志列席学习会。

2月6日至15日　董大胜副审计长率中国审计代表团访问挪威审计署，赴奥地利维也纳出席第20届联合国——世界审计组织论坛。

2月11日至15日　刘家义审计长赴广西壮族自治区，就贯彻落实中央进一步扩大内需促进经济增长政策情况进行专题调研。

2月16日上午　刘家义审计长主持召开会议，通报全署学习《向中央政治局通报中央政治局常委参加深入学习实践科学发展观活动专题民主生活会的报告》的情况，对进一步学习和贯彻报告精神作出部署。令狐安、余效明、石爱中副审计长，孙宝厚总审计师，安国纪检组长，署机关各单位和各派出审计局主要负责同志参加会议。

2月17日下午　余效明副审计长在署双榆树办公楼出席企业司主持召开的国际金融危机对我国中小企业影响情况专项审计调查汇报会并讲话。

2月18日下午　孙宝厚总审计师与中央纪委负责同志座谈，听取对2009年省部长经济责任审计工作安排的意见。署财政司、金融司、行事司和经责司负责同志参加座谈。

2月17日上午和19日下午　石爱中副审计长和孙宝厚总审计师主持召开会议，研究审计信息编写中的有关问题。办公厅、法规司和投资司负责同志参加会议。

2月19日上午　刘家义审计长应邀出席国务院新闻办公室举行的新闻发布会，介绍加强审计监督、促进经济平稳较快发展有关情况，回答媒体提问。署办公厅、财政司、金融司和社保司主要负责同志随同参加新闻发布会。

2月19日下午　刘家义审计长和董大胜副审计长在华审宾馆会见国家林业局贾治邦局长和祝列克副局长。署行事司和农林水利审计局负责同志参加会见。

2月20日　刘家义审计长到上海特派办视察工作。

2月23日下午　审计署召开深入学习实践科学发展观活动总结大会。署党组书记、审计长、署学习实践活动领导小组组长刘家义作了总结讲话，中央学习实践活动第20指导检查组组长张中伟出席会议并讲话。署党组副书记、副审计长、署学习实践活动领导小组副组长令狐安主持会议。署机关各单位、各派出审计局和各特派员办事处全体干部职工在署机关主会场和在各自分会场通过视频参加会议。

2月23日上午　余效明副审计长出席在卫生部召开的新型农村合作医疗部际联席会议。署社保司主要负责同志参加会议。

2月23日上午　石爱中副审计长在北京市审计局会见北京市陈刚副市长，就奥运场馆决算审计有关事项进行沟通。署投资司和北京市审计局负责同志参加会见。

2月23日上午　孙宝厚总审计师主持召开会议，研究部署规范经济责任审计报告有关工作。办公厅、法规司、财政司、行事司、金融司和企业司负责同志参加会议。

2月24日　党组书记刘家义在华审宾馆主持

召开署党组会议，研究组建境外审计司有关事宜、有关干部人事问题、《审计署机关2009年党建工作要点》和《2009年审计机关精神文明建设工作指导意见》。党组副书记令狐安，党组成员董大胜、余效明、孙宝厚和安国出席，石爱中副审计长，人教司、机关党委和驻署监察局负责同志列席会议。

2月24日　刘家义审计长在华审宾馆主持召开审计长会议，讨论研究《中国国电集团公司原法定代表人周大兵同志任期经济责任审计报告》《中国华能集团公司原法定代表人李小鹏同志任期经济责任审计报告》《中国电力投资集团公司原法定代表人王炳华同志任期经济责任审计报告》《中国储备粮管理总公司原法定代表人林军同志任期经济责任审计报告》《审计署关于渤海环境保护审计调查情况的报告》《审计署长江上游水污染防治资金审计调查工作方案》《审计署土地专项资金审计调查工作方案》和《审计署矿产资源专项资金审计调查工作方案》。令狐安、董大胜、余效明、石爱中副审计长，孙宝厚总审计师，安国纪检组长出席，办公厅、法规司、农业司、企业司、经责司和武汉、昆明、郑州、沈阳、兰州特派办主要负责同志列席相关内容的研究。

2月24日　署党组成员、副审计长兼机关党委书记、署学习实践活动领导小组副组长兼办公室主任余效明主持召开署学习实践活动指导检查组工作总结会并讲话。署学习实践活动3个指导检查组全体成员和署学习实践活动领导小组办公室的同志参加会议。

2月25日上午　令狐安副审计长作为审计组组长，出席国家外汇管理局胡晓炼局长经济责任审计进点会。国家外汇管理局班子成员和各部门主要负责同志、审计组副组长及审计组有关同志参加会议。

2月25日下午　令狐安副审计长和安国纪检组长出席中央纪委召开的中央和国家机关贯彻落实2009年反腐倡廉工作任务分工会议。

2月25日下午　余效明副审计长在成都特派办召集全办干部职工大会，宣布该办主要负责同志调整事宜。署人教司主要负责同志主持会议。

2月25日　孙宝厚总审计师在哈尔滨特派办召开全办干部职工大会，宣布该办主要负责同志任免交接事项。署人教司负责同志陪同前往。

2月26日上午　余效明副审计长在京津冀特派办召集全办干部职工大会，宣布该办主要负责同志调整事宜。署人教司主要负责同志主持会议。

2月26日　刘家义审计长率中国审计代表团赴澳门特别行政区出席葡语国家审计组织审计研讨会开幕式并作演讲。

2月26日至27日　中国内部审计协会第五届理事会第六次（扩大）会议暨新中国内部审计制度实施25周年研讨会在北京召开。全国政协副主席、中国内部审计协会名誉会长李金华，副审计长董大胜出席会议并讲话，副审计长石爱中出席会议。中国内部审计协会会长王道成作工作报告。中国内部审计协会理事，各省、自治区、直辖市和计划单列市内部审计协会会长、秘书长共240余人参加会议。

2月27日上午　令狐安副审计长作为审计组组长，出席国家证券监督管理委员会尚福林主席经济责任审计进点会。证监会班子成员和各部门主要负责同志、审计组副组长及审计组有关同志参加会议。

2月27日上午　安国纪检组长出席并主持在卫生部礼堂举办的审计署第一季度形势任务报告会。社会科学院金融研究所李扬所长以“金融危机”为主题作了专题报告。署机关各单位和各派出审计局300余人参加报告会。

2月27日下午　令狐安副审计长作为中央纪委常委出席中央纪委常委会议。

2月27日下午　董大胜副审计长出席在国家发改委召开的中华人民共和国成立60周年成就展筹备委员会会议。署办公厅负责同志参加会议。

三　月

3月2日上午　刘家义审计长先后主持召开办公厅领导班子和处级以上干部会议，宣布办公厅主要负责同志任免交接事项并讲话。

3月2日上午　石爱中副审计长和孙宝厚总审计师出席高级审计师考试大纲修订会。署人教司、培训中心负责同志和署内外有关专家参加会议。

3月2日下午　刘家义审计长和安国纪检组长在华审宾馆会见广西壮族自治区党委常委、组织部长陈向群。署人教司主要负责同志参加会见。

3月2日下午　刘家义审计长和孙宝厚总审计师在华审宾馆会见江西省政府吴新雄省长、凌成兴常务副省长和孙刚副省长。署办公厅和人教司主要负责同志参加会见。

3月2日　余效明副审计长在署双榆树办公楼听取企业司关于国际金融危机对我国中小企业影响专项审计调查阶段性工作情况汇报会。

3月2日下午　石爱中副审计长在署机关会见江苏省政府赵克志常务副省长。署投资司主要负责同志参加会见。

3月2日下午　孙宝厚总审计师在外资司召开全司干部会议，宣布该司主要负责同志任免交接事项。署人教司负责同志陪同前往。

2月28日至3月3日　2009年财政审计项目培训班在署怀柔审计干部培训基地举办。3月3日上午，刘家义审计长、余效明副审计长出席培训班，刘家义审计长就当前财政审计工作状况以及如何做好今年财政审计工作作了讲话。董大胜副审计长全程出席培训班。财政司、农业司、社保司和相关特派员办事处共170余人参加培训。

3月3日上午　孙宝厚总审计师主持召开署保密委员会全体会议，传达学习中央有关文件精神，审议署保密委员会2009年工作要点。

3月3日下午　董大胜副审计长列席中国人民政治协商会议第十一届全国委员会第二次会议开幕式。

3月4日上午　刘家义审计长主持召开会议，听取企业司关于国际金融危机对我国中小企业影响专项审计调查报告提纲有关情况的汇报。余效明、董大胜副审计长和孙宝厚总审计师出席，办公厅和企业司主要负责同志参加会议。

3月4日下午　董大胜副审计长到国家发改委出席该委2008年度组织分配中央财政投资情况审计进点会。署行事司和发展统计审计局主要负责同志参加会议。

3月5日下午　董大胜副审计长会见墨西哥审计署及议会联合代表团。署办公厅、法规司和国际司负责同志参加会见。

3月6日上午　受令狐安副审计长委托，董大胜副审计长出席农业司举办的2009年资源环境审计培训班开班式并讲话。

3月7日上午和下午　董大胜副审计长先后列席全国政协十一届二次会议民盟5、6组界别联组会议和第二次全体会议。

3月9日上午　董大胜副审计长在华审宾馆听取财政部会计司李玉环副巡视员关于制订《内部控制配套指引》工作进展情况的汇报。署法规司负责同志参加。

3月9日上午　董大胜副审计长在华审宾馆会见人口计生委王培安副主任，就有关审计事项进行沟通。署行事司和卫生药品审计局主要负责同志参加会见。

3月9日上午　孙宝厚总审计师召集外资司主要负责同志和有关人员，研究修改《饮用水安全状况审计调查工作方案（稿）》。

3月9日下午　刘家义审计长和董大胜副审计长会见西班牙审计法院院长努内兹·佩雷斯一行。双方就各自国家审计近况、审计双边交流及如何应对国际金融危机等进行交流。

3月9日下午　董大胜副审计长在华审宾馆主持召开会议，研究境外司提交的《关于中央驻港机构和在港国有资产管理专项审计调查实施方案（稿）》。行事司和境外司主要负责同志参加会议。

3月10日上午　刘家义审计长在华审宾馆主持召开会议，讨论研究企业司提交的《关于2008年41户中央企业节能减排情况审计调查报告》。余效明副审计长和孙宝厚总审计师出席，办公厅和企业司主要负责同志参加讨论研究。

3月10日下午　董大胜副审计长和孙宝厚总审计师在华审宾馆会见国务院发展研究基金会卢迈秘书长，就有关审计事项进行研究。署行事司和宣传审计局主要负责同志参加会见。

3月10日下午　孙宝厚总审计师召集农业司主要负责同志和有关人员，研究修改《关于渤海水污染防治审计调查报告（稿）》。

3月11日上午　刘家义审计长在华审宾馆就当前审计工作重点和今后发展方向等问题，先后接受人民日报和新华社的专访。署办公厅主要负责同志在座。

3月11日上午　董大胜副审计长在华审宾馆主持召开会议，听取民政社保审计局关于民政部部长李学举同志任期经济责任审计工作情况的汇报。行事司主要负责同志参加会议。

3月11日上午　董大胜副审计长在华审宾馆会见工业和信息化部奚国华副部长，就有关审计事项进行沟通。署行事司和工业审计局负责同志参加会见。

3月11日上午　孙宝厚总审计师主持召开经责司全体干部会议，宣布该司主要负责同志任免交接事项。人教司负责同志参加会议。

3月11日下午　刘家义审计长主持召开会议，专题学习《政府工作报告》。董大胜副审计长、孙宝厚总审计师，办公厅、法规司、各业务司、科研所、报社和出版社主要负责同志参加学习。

3月11日下午　余效明副审计长在武汉特派办召开全办干部职工大会，宣布该办主要负责同志任免交接事项。署人教司负责同志主持会议。

3月12日上午　孙宝厚总审计师主持召开会议，听取法规司关于审理工作开展情况的汇报，研究下一步审理工作的任务和重点。

3月3日至12日　石爱中副审计长作为全国政协委员出席全国政协十一届二次会议。

3月5日上午、9日上午、10日下午和13日上午　刘家义审计长先后列席十一届全国人大二次会议开幕式、第二次、第三次全体会议和闭幕会。3月5日下午，刘审计长代表国务院参加浙江代表团全体会议，听取意见、回答问询。署办公厅主要负责同志陪同参加会议。

2月28日至3月13日　令狐安副审计长到江西、广东和湖南三省进行工作调研。其间，到长沙特派办听取职工住房改造工作情况的汇报。

3月11～13日　董大胜副审计长先后听取资源环保审计局、新闻报刊审计局、教育审计局、卫生药品审计局和发展统计审计局主要负责同志对中央部门预算执行审计有关事项的汇报。

3月12日至13日　余效明副审计长在湖北省结合金融危机对中小企业影响专项审计调查进行调研。其间，与黄石市政府及相关部门、部分中小企业负责人和审计机关参审人员进行座谈。湖北省审计厅和武汉特派办主要负责同志陪同调研。

3月13日下午　孙宝厚总审计师主持召开会议，了解今年中央部门预算执行审计进度，明确了出具审计报告的期限，要求相关业务司和各派出局抓紧时间工作，按时保质完成审计任务。行事司、金融司和各派出审计局负责同志参加会议。

3月16日上午　董大胜副审计长在华审宾馆会见中央国家机关工委邵旭军副书记，就有关审计事项进行沟通。署行事司和建设建材局主要负责同志参加会见。

3月17日上午　董大胜副审计长在华审宾馆会见教育部袁贵仁常务副部长，就有关审计事项进行沟通。署行事司和教育审计局主要负责同志参加会见。

3月17日下午　令狐安副审计长作为中央纪委常委出席中央纪委常委会议。

3月18日上午　刘家义审计长列席国务院第53次常务会议。

3月17日下午和18日上午　党组书记刘家义在华审宾馆主持召开署党组会议，研究《审计署干部管理制度》《关于司局级后备干部工作实施方案》《关于建立后备干部名单实施方案》《关于审计署机关服务局原局长王道平同志任期经济责任审计报告》和有关干部人事问题。18日上午，受党组书记刘家义委托，党组副书记令狐安主持研究《关于审计专业人才培养的实施意见》和《审计署2008年大事记》。党组成员董大胜、余效明、孙宝厚和安国出席，石爱中副审计长，办公厅、法规司、人教司、机关党委和培训中心负责同志列席相关内容的研究。

3月18日下午　刘家义审计长在华审宾馆主持召开审计长会议，讨论研究《关于调整饮用水安全状况审计调查范围的意见》《署机关经济适用住房配售方案》《审计署关于18个省（区、市）预算管理情况审计调查的报告》《关于财政部具体组织2008年中央预算执行情况的审计工作方案》《审计署关于17个省区市电力建设情况的审计调查报告》《审计署关于18个燃煤电厂建设项目审计情况的报告》和汶川地震灾后恢复重建跟踪审计有关问题。令狐安、董大胜、余效明、石爱中副审计长，孙宝厚总审计师和安国纪检组长出席。办公厅、法规司、财政司、行事司、投资司、外资司、境外司、人教司、机关党委和服务局负责同志列席相关内容的讨论研究。

3月19日上午　余效明副审计长在人民网就审计署开展深入学习实践科学发展观活动情况接受在线访谈。

3月19日　刘家义审计长代表党组，到南京看望金基鹏同志并到南京特派办检查工作。

3月17日至20日　审计署2009年度审计案例教学师资培训研讨班在署怀柔审计干部培训基地举办。17日上午，刘家义审计长、石爱中副审计长和孙宝厚总审计师出席培训班。署机关各单位、各特派员办事处、各派出审计局，部分地方审计机关和高等院校的42名审计案例教学师资人员参加培训研讨。

3月19日至20日　董大胜副审计长就贯彻落

实中央扩大内需促进经济增长政策落实情况到河北省进行调研，与河北省纪委、省政府、发改委、财政厅、审计厅、国土厅、建设厅和金融办的负责同志和有关人员进行座谈，并结合审计署审计项目的安排，了解廉租房建设项目、大型灌区基本建设项目和采煤沉陷区治理项目的情况。其间，董副审计长还听取了河北省审计厅、京津冀特派办在冀审计组的工作情况汇报。

3月20日上午　余效明副审计长在华审宾馆就汶川地震救灾资金和物资全过程跟踪审计情况接受中央电视台《铭记》栏目记者的采访。

3月13日至22日　审计署2009年度西部民族地区审计业务骨干投资审计专题培训班在署怀柔审计干部培训基地举办。13日下午，刘家义审计长与全体学员进行座谈。西部民族地区的61名审计业务骨干参加培训。

3月21日至22日　董大胜副审计长在京出席中国发展研究基金会举办的中国发展高层论坛。

3月19日至22日　孙宝厚总审计师在兰州出席甘肃省省长徐守盛同志任期经济责任审计进点会，先后与省委、省政府领导同志就经济责任审计的有关情况进行谈话。兰州特派办主要负责同志参加会议和谈话。

3月23日下午　余效明副审计长在国务院出席保障性安居工程情况汇报会。署社保司主要负责同志参加会议。

3月24日上午　刘家义审计长和董大胜副审计长在京出席中央扩大内需促进经济增长政策落实检查组第二轮检查培训动员会。署行事司主要负责同志参加会议。

3月23日下午和24日上午　令狐安副审计长到证监会与该会班子领导就尚福林同志经济责任审计有关情况进行谈话。署金融司负责同志参加谈话。

3月24日上午　受刘家义审计长委托，令狐安副审计长参加中央政治局常委会议讨论有关议题。

3月24日下午　刘家义审计长在国务院小礼堂主会场出席国务院第二次廉政工作电视电话会议。

3月24日晚　党组书记刘家义在署怀柔审计干部培训基地主持召开署党组会议，听取服务局关于王道平同志任期经济责任审计发现问题整改情况的汇报，研究有关干部人事问题、对2007年公务员和公务员集体奖励有关事宜等。党组副书记令狐安，党组成员董大胜、余效明、孙宝厚和安国出席，石爱中副审计长，办公厅、人教司、机关党委、驻署监察局和服务局主要负责同志列席相关内容的研究。

3月24日晚　刘家义审计长在署怀柔审计干部培训基地主持召开审计长会议，讨论研究《关于2009年授权地方审计机关审计项目计划安排的意见》。令狐安、董大胜、余效明、石爱中副审计长，孙宝厚总审计师和安国纪检组长出席。办公厅主要负责同志参加讨论研究。

3月23日至25日　审计署党组中心组在署怀柔审计干部培训基地举行第一季度学习会，围绕“深入学习贯彻落实科学发展观，切实履行审计监督职责，促进经济平稳较快发展”这一主题进行深入学习讨论。党组书记刘家义，党组副书记令狐安，党组成员董大胜、余效明、孙宝厚、安国，石爱中副审计长，办公厅、人教司、机关党委、驻署监察局和服务局主要负责同志参加学习会。

3月25日下午　余效明副审计长在国务院小礼堂出席全国粮食清仓查库工作动员电视电话会议。署企业司主要负责同志参加会议。

3月26日下午　令狐安副审计长作为中国投资公司外部监事，出席中国投资公司监事会2009年度第一次会议。

3月26日至27日　全国审计机关党风廉政建设工作会议在署怀柔审计干部培训基地召开。党组书记、审计长刘家义代表署党组作重要讲话，党组副书记、副审计长令狐安作会议总结讲话，党组成员、纪检组长安国受署党组委托作工作报告。董大胜、余效明、石爱中副审计长和孙宝厚总审计师出席会议。各省（区、市）、计划单列市审计厅（局）纪检组长，署机关各单位、各特派员办事处、各派出审计局主要负责同志，署党组派驻特派员办事处和直属事业单位纪检组长共130余人参加会议。

3月27日上午　董大胜副审计长在财政部出席该部审计进点会，就有关审计事宜与廖晓军副部长进行研究和沟通。署财政司主要负责同志参加会议。

3月27日上午　董大胜副审计长在华审宾馆会见国务院机关事务管理局高翔副局长，就有关审计事项进行沟通。署办公厅和行事司有关人员参加会见。

3月27日上午 董大胜副审计长在华审宾馆会见国家发改委纪检组长兼国家物资储备局局长苏波，就有关审计事项的相关问题进行沟通。署行事司有关同志和发展统计局主要负责同志参加会见。

3月27日 孙宝厚总审计师参加法规司主持召开的预算执行审计项目审理会。

3月27日下午 董大胜副审计长在华审宾馆会见国家税务总局钱冠林和解学智副局长，就有关审计事项进行沟通。署行事司有关同志和财税海关局主要负责同志参加会见。

3月27日下午 董大胜副审计长在华审宾馆会见农业部危朝安副部长，就有关审计事项进行沟通。署行事司有关同志和农林水利局主要负责同志参加会见。

3月27日下午 孙宝厚总审计师出席外资司举办的英语演讲选拔赛。

3月30日 余效明副审计长出席在长沙举行的全国保障性安居工程工作会议。署社保司主要负责同志参加会议。

3月31日 余效明副审计长到长沙特派办听取职工住房有关工作情况汇报。

3月30日至31日 令狐安副审计长到哈尔滨特派办进行工作调研。

3月30日至31日 经刘家义审计长同意，受令狐安副审计长委托，安国纪检组长出席中央组织部在京西宾馆召开的全国培养选拔年轻干部工作座谈会和省部级后备干部集中调整工作部署会。署人教司主要负责同志参加会议。

四　月

4月1日上午 刘家义审计长列席国务院第55次常务会议。

3月30日至4月2日 董大胜副审计长作为审计组组长，到重庆市出席该市市长王鸿举同志任期经济责任审计进点会。

4月2日上午 令狐安副审计长与新疆、内蒙古和青海三省区来我署行事司、农业司、社保司挂职和调动到企业司工作的4位同志进行座谈，代表署党组提出工作要求，表达了生活上的关心。人教司负责同志参加座谈。

4月2日下午 令狐安副审计长在华审宾馆会见证监会李小雪纪委书记，就审计工作有关问题交换意见。署金融司主要负责同志参加会见。

3月31日至4月3日 孙宝厚总审计师在南昌出席江西省省长吴新雄同志任期经济责任审计进点会，先后与省委、省政府领导同志就经济责任审计的有关情况进行谈话。署驻武汉和长沙特派办负责同志参加进点会和谈话。

4月3日上午 党组书记刘家义在华审宾馆主持召开署党组会议，研究关于副处级以上非领导职务选拔条件和有关干部人事问题。党组副书记令狐安，党组成员董大胜、余效明和安国出席，石爱中副审计长，办公厅、人教司、机关党委和驻署监察局负责同志列席相关内容的研究。

4月3日下午 刘家义审计长在华审宾馆主持召开审计长会议，讨论研究《审计机关网络培训管理办法（试行）》《审计机关网络培训课件目录（2008）》《2009年11户中央企业领导人经济责任审计工作方案》《审计署关于16省（区、市）国税部门税收征管情况的专项审计调查报告》《审计署关于金沙江溪洛渡水电站工程跟踪审计情况的报告》《关于下达灾后恢复重建跟踪审计2009年度第一批项目名单》《城市基础教育经费保障及使用管理情况审计调查的报告》《违反审计法律法规行为处分暂行规定》《审计署公开署部门预算实施办法》和全国审计工作座谈会有关事项。令狐安、董大胜、余效明、石爱中副审计长和安国纪检组长出席，办公厅、法规司、财政司、行事司、投资司、经责司、人教司、机关党委、科研所、计算中心和培训中心主要负责同志列席相关内容的讨论研究。

4月4日 石爱中副审计长到南京出席审计署和北京大学联办的2009级MPA班开学典礼，召集南京审计学院领导班子研究我署与南京审计学院加强合作有关事宜。署人教司主要负责同志陪同前往。

4月7日上午 刘家义审计长和石爱中副审计长出席科研所和培训中心主要负责同志交接会并讲话。刘审计长指出科研所应定位为我署的智库，要出思想、出技术方法；培训中心应定位为审计管理科学学院，构建以案例教学为主的审计职业教育体系。人教司主要负责同志参加会议。

4月7日至8日 令狐安副审计长先后到国家粮食局、国务院法制办公室、国务院侨办、中国国际贸易促进委员会和国务院南水北调办公室，向聂振邦局长、曹康泰主任、李海峰主任、万季飞会长和张基尧主任通报了将要开展的部门领导干部经济责任审计工作情况。署经责司和相关派出局负责同志陪同前往。

4月8日上午 刘家义审计长列席国务院第56次常务会议。

4月8日上午 石爱中副审计长在京出席地方财政联网审计业务研讨会。云南、山东和湖北省审计厅，青岛、济南和宁波市审计局，署计算中心、信息办和财政司负责同志参加研讨。

4月8日 孙宝厚总审计师召集法规司和行事司负责同志，研究有关法规的修改意见。

4月8日至9日 令狐安副审计长到国家外汇管理局，与该局领导就吴晓炼同志经济责任审计有关情况进行谈话。署金融司负责同志参加谈话。

4月9日上午 党组书记刘家义在华审宾馆主持召开署党组会议，研究有关干部人事问题。党组副书记令狐安，党组成员余效明和安国出席，石爱中副审计长，人教司主要负责同志列席。

4月9日上午 刘家义审计长在华审宾馆主持召开审计长会议，讨论研究《中国农业银行2008年度资产负债损益审计工作方案》《中国农业发展银行2008年度资产负债损益审计工作方案》《审计署2009年西气东输二线工程（西段）跟踪审计工作方案》《三峡输变电工程审计工作方案》《京沪高速铁路建设项目审计工作方案》《审计署关于10省区市财政支农资金管理使用情况的审计调查报告》。令狐安、余效明、石爱中副审计长，孙宝厚总审计师和安国纪检组长出席，办公厅、法规司、农业司、投资司、金融司和武汉特派办负责同志列席相关问题的讨论研究。

4月9日上午 受董大胜副审计长委托，孙宝厚总审计师出席全国治理教育乱收费工作会议。署行事司负责同志参加会议。

4月9日下午 石爱中副审计长在国务院出席全国中小学校舍安全工程领导小组第一次全体会议。署投资司负责同志参加会议。

4月10日上午 令狐安副审计长出席部门领导干部经济责任审计审前培训会并讲话。

4月10日 余效明副审计长在京西宾馆出席国务院召开的深化医药卫生体制改革工作会议。署行事司负责同志参加会议。

4月10日下午 孙宝厚总审计师主持召开会议，研究经济责任审计报告规范化问题。办公厅、法规司、财政司、行事司、企业司和经责司负责同志参加会议。

4月12日至13日 令狐安副审计长作为审计组组长，到广州市出席广东省省长黄华华同志任期经济责任审计进点会。会议由中央政治局委员、广东省委书记汪洋主持，令狐安副审计长介绍了本次省长经济责任审计工作的有关情况，黄华华省长作了简要表态。广东省委、省人大、省政府、省政协主要领导同志、秘书长及省政府组成人员，广州特派办经济责任审计组有关人员、署经责司负责同志参加会议。其间，令狐安副审计长还就经济责任审计事项与汪洋和黄华华同志分别谈话。审计组副组长、广州特派办主要负责同志参加谈话。

4月13日上午 孙宝厚总审计师出席法规司全体干部会议，宣布该司有关负责同志任职事宜并谈话。人教司负责同志参加会议。

4月13日下午 孙宝厚总审计师出席全国纠风工作电视电话会议。驻署监察局负责同志参加会议。

4月13日 刘家义审计长在怀柔审计干部培训基地出席审计署举办的审计新闻宣传工作培训班并讲话。署机关各单位、各派出审计局、各特派办和各省（区、市）审计厅（局）的129名同志参加培训。

4月13日下午 余效明副审计长在国家发改委出席中华人民共和国成立60周年成就展综合展区筹展组第一次会议。署办公厅负责同志参加会议。

4月13日 石爱中副审计长在京出席中国审计学会主办的2009～2010年度审计署重点课题立项评审会。署机关和部分高校专家学者参加评审。

4月7日至14日 董大胜副审计长作为审计组组长，到昆明市出席云南省省长秦光荣同志任期经济责任审计进点会。董大胜副审计长还到云南省审计厅和昆明特派办进行工作调研。

4月14日上午 余效明副审计长出席国务院召开的研究事业单位实施绩效工资有关问题会议。署行事司负责同志参加会议。

4月14日上午 石爱中副审计长在华审宾馆与河南省张大卫副省长就国家重点电力建设项目审计有关事项进行会谈。署投资司主要负责同志参加会谈。

4月16日上午 石爱中副审计长、中国审计学会翟熙贵会长在署双榆树办公楼出席中国审计学会会长会议。

4月14日　刘家义审计长在署机关会见爱沙尼亚大使安德瑞斯·翁卡，就两国审计机关的合作及如何应对金融危机进行交谈。

4月14日　令狐安副审计长作为中央纪委常委出席中央纪委常委会议。

4月16日下午　董大胜副审计长在京出席中央治理“小金库”工作领导小组第一次会议。署行事司和工业审计局有关同志参加会议。

4月17日上午　党组书记刘家义在华审宾馆主持召开署党组会议，研究关于开展庆祝新中国成立60周年爱国主义教育活动和在京直属事业单位离退休人员组织活动等事项。党组副书记令狐安，党组成员董大胜、余效明、孙宝厚和安国出席，石爱中副审计长，办公厅、人教司、机关党委、驻署监察局和离退休局主要负责同志列席有关议题的研究。

4月17日上午　刘家义审计长在华审宾馆主持召开审计长会议，讨论研究《2009年部长经济责任审计工作方案》和《审计署2009年预算分配方案》，听取办公厅关于特派办结余资金、事业单位津贴补贴有关情况的汇报。令狐安、董大胜、余效明、石爱中副审计长，孙宝厚总审计师和安国纪检组长出席。办公厅、法规司、行事司、经责司、人教司和服务局主要负责同志列席相关内容的讨论研究。

4月20日　刘家义审计长和董大胜副审计长在署机关会见世界审计组织国家关键指标工作组主席、俄罗斯联邦审计院院长斯捷帕申，就世界审计组织国家关键指标的开发和使用、两国审计合作、审计机关如何应对金融危机等进行交谈。

4月21日　世界审计组织国家关键指标工作组第二次会议在北京召开。会议讨论工作组相关工作情况及2009～2010年工作计划，并就国家关键指标体系的开发和使用的概念性方法进行研讨。刘家义审计长，国家关键指标工作组主席、俄罗斯联邦审计院院长斯捷帕申，16个国家最高审计机关以及经合组织的共34名代表出席会议。

4月21日上午　董大胜副审计长在华审宾馆主持召开派出审计局局长会议，听取对当前预算执行审计汇总工作的意见和建议，布置派出局2009年度课题研究、派出局联网审计和绩效审计、派出局业务考核等工作。行事司和各派出审计局主要负责同志参加会议。

4月21日上午　石爱中副审计长在华审宾馆与署怀柔审计干部培训基地的退休老同志座谈。人教司、培训中心和服务局负责同志参加座谈。

4月21日下午　董大胜副审计长在华审宾馆会见环境保护部周建副部长，就有关审计事项进行研究。署行事司负责同志参加会见。

4月21日下午　石爱中副审计长在华审宾馆与国家发改委穆虹副主任就审计有关事项进行会谈。署投资司主要负责同志参加会谈。

4月22日上午　刘家义审计长列席国务院第58次常务会议。

4月22日上午　石爱中副审计长在华审宾馆召集投资司、培训中心、科研所、内审协会和计算中心负责同志会议，研究加强财务管理有关工作。

4月22日下午　董大胜副审计长在华审宾馆会见国家质检总局魏传忠副局长，就有关审计事项进行研究。署行事司和经济执法审计局负责同志参加会见。

4月22日下午　石爱中副审计长在华审宾馆与水利部矫勇副部长就病险水库审计有关事项进行会谈。署投资司负责同志参加会谈。

4月23日　董大胜副审计长在华审宾馆会见外交部李金章副部长，就有关审计事项进行研究。署行事司和外交外事审计局主要负责同志参加会见。

4月20日至24日　令狐安副审计长作为审计组组长，到西宁市出席青海省省长宋秀岩同志任期经济责任审计进点会，与青海省委、省人大、省政府、省政协领导同志分别谈话听取意见。郑州特派办参加经济责任审计组的有关同志参加会议。审计组副组长、郑州特派办主要负责同志参加会议和谈话。

4月24日上午　董大胜副审计长在京西宾馆出席全国“小金库”治理工作电视电话会议。

4月26日上午　审计署原副审计长金基鹏同志遗体告别仪式在南京殡仪馆大礼厅举行。刘家义审计长、余效明副审计长，江苏省委、省人大、省政府、省政协，青海省，南京市、无锡市、盐城市负责同志，审计署机关、审计署驻南京特派办、江苏省审计厅、南京市审计局、南京审计学院的干部职工代表，以及金基鹏同志的生前好友参加了遗体告别仪式，对金基鹏同志的逝世表示深切哀悼。

4月27日上午　董大胜副审计长在京出席全国人大预算工作委员会召开的关于听取我署落实决算决议情况报告的会议。署办公厅、财政司、行事司和投资司负责同志参加会议。

4月19日至28日　孙宝厚总审计师率中国审计代表团赴卡塔尔多哈出席世界审计组织IT审计委员会第18次会议，并访问了乌克兰审计院。

4月28日上午　董大胜副审计长在京出席全国人大预算工作委员会召开的预算法（修改）起草组成立大会。署财政司有关人员参加会议。

4月28日上午　余效明副审计长在人民大会堂出席中华全国总工会召开的庆祝“五一”国际劳动节暨“同舟共济保增长、建功立业促发展”劳动竞赛推进大会。

4月15日至29日　审计署2009年第一期市（地）和县级审计局长培训班在怀柔审计干部培训基地举办。刘家义审计长，令狐安、董大胜、余效明、石爱中副审计长和孙宝厚总审计师先后为培训班作了牢固树立科学审计理念、当前我国反腐败斗争形势与任务、财政体制改革与财政审计、做好社会保障审计发挥国家审计经济社会运行“免疫系统”作用、绩效审计和审计质量控制等专题讲座。全国市（地）和县级审计机关的170名主要负责同志参加本次培训。

4月29日上午　党组书记刘家义在华审宾馆主持召开署党组会议，研究2009年度干部交流工作安排、开展巡视工作、2009年全国审计系统先进表彰大会筹备工作、审计博物馆筹建工作和有关人事干部问题等。党组副书记令狐安，党组成员董大胜、余效明、孙宝厚和安国出席，石爱中副审计长，办公厅、人教司、机关党委、驻署监察局、服务局和科研所主要负责同志列席有关内容的研究。

4月29日上午　刘家义审计长在华审宾馆主持召开审计长会议，讨论研究《关于进一步加强经济责任审计工作的意见》和《经济责任审计报告标准化格式》，听取关于贯彻《经济责任审计条例》暨纪念中央“两办规定”颁布十周年活动宣传有关情况的汇报。令狐安、董大胜、余效明、石爱中副审计长，孙宝厚总审计师和安国纪检组长出席，办公厅、法规司、财政司、行事司、企业司、经责司和人教司主要负责同志参加讨论研究。

4月29日　令狐安副审计长作为审计组组长听取贸易审计局主要负责同志对贸促会主要领导同志经济责任审计安排情况的汇报。

4月29日下午　余效明副审计长出席国务院召开的研究中央企业负责人薪酬管理有关问题会议。署企业司主要负责同志参加会议。

4月29日下午　刘家义审计长出席署机关纪念五四运动青年干部座谈会。办公厅、人教司和机关党委主要负责同志参加座谈会。

4月30日上午　刘家义审计长到北京市崇文区审计局就廉政风险防范管理工作进行专题调研。

4月30日　令狐安副审计长到证监会与该会尚福林主席就经济责任审计有关事项交换意见。署金融司主要负责同志参加交换意见。

4月30日上午　署党组成员、副审计长兼机关党委书记余效明同志在署机关接受审计署已故离休干部曹江一同志的爱人——郑兆英同志按曹江一同志的遗愿向党组织交纳的8万元党费。机关党委和离退休局负责同志参加了党费交纳接收。

五　月

5月4日上午　刘家义审计长出席中央宣传部、教育部、共青团中央在人民大会堂举行的纪念五四运动90周年大会。

5月4日下午　机关党委和国际司联合举办的“我将青春献审计”青年英语比赛决赛在署双榆树办公楼会议室举行。刘家义审计长，余效明、石爱中副审计长和孙宝厚总审计师现场观看了比赛。刘审计长在比赛结束后讲话，孙总审计师对比赛进行点评。

5月5日上午　孙宝厚总审计师到国务院法制办出席该办主任曹康泰同志任期经济责任审计进点会。署经责司和经济执法审计局负责同志参加会议。

5月5日至6日　刘家义审计长和董大胜副审计长在京出席中央扩大内需促进经济增长政策落实检查组第二轮检查汇报会。署财政司、行事司和投资司负责同志参加会议。

5月6日上午　刘家义审计长列席国务院第62次常务会议。

5月6日下午　令狐安副审计长作为中央各部门各单位出版社体制改革工作领导小组成员，出席中央各部门各单位出版社体制改革工作领导小组第一次会议。署人教司负责同志参加会议。

5月6日下午　石爱中副审计长到国务院侨办出席该办主任李海峰同志任期经济责任审计进点会。署旅游侨务审计局负责同志参加会议。

5月7日上午　刘家义审计长在华审宾馆主持召开中国特色社会主义审计理论研究课题组第一次全体会议。董大胜、余效明、石爱中副审计长和安国纪检组长，中国审计学会翟熙贵会长，以及课题组全体成员出席会议。

5月7日下午　党组书记刘家义在华审宾馆主持召开署党组会议，传达中央扩大内需促进经济增长政策落实情况检查工作领导小组会议精神，研究部署全国审计机关进一步加强审计监督促进经济平稳较快发展的有关工作。令狐安、余效明、石爱中副审计长，孙宝厚总审计师和安国纪检组长出席，办公厅、法规司、有关业务司和科研所负责同志参加会议。

5月7日下午　董大胜副审计长到国家粮食局出席该局局长聂振邦同志任期经济责任审计进点会。署经责司和发展统计审计局主要负责同志参加会议。

5月8日上午　党组书记、审计长刘家义在署怀柔审计干部培训基地出席署机关2009年党支部书记培训班总结会并讲话。副审计长兼机关党委书记余效明主持总结会。署机关各单位、各派出审计局党总支和党支部书记，各特派办机关党委专职副书记共80余人参加培训班。

5月8日上午　董大胜副审计长到国务院南水北调工程建设委员会办公室出席该办主任张基尧同志任期经济责任审计进点会。署经责司和农林水利审计局主要负责同志参加会议。

5月8日上午　孙宝厚总审计师召集法规司和经责司负责同志，研究10户中央企业领导人经济责任审计实施方案的审核意见。

5月8日下午　董大胜副审计长在华审宾馆听取民政社保审计局负责同志关于民政部部长李学举同志任期经济责任审计工作情况的汇报。

5月8日下午　石爱中副审计长在国务院小礼堂出席全国中小学校舍安全工程电视电话会议。署投资司有关同志参加会议。

5月11日上午　党组书记刘家义在华审宾馆主持召开署党组会议，研究关于报送第七届人民满意公务员人选和组织开展保密承诺书签订工作。党组副书记令狐安，党组成员董大胜、余效明、孙宝厚、安国出席，石爱中副审计长，办公厅、人教司、机关党委和驻署监察局主要负责同志列席相关内容的研究。

5月11日　刘家义审计长在华审宾馆主持召开审计长会议，讨论研究《2009年10户中央企业领导人经济责任审计实施方案》《关于加强和改进资源环境审计工作的意见》《关于2008年北京奥运会财务收支决算审计报告》，听取关于召开全国审计工作座谈会有关事项和在审计署建立“青年就业创业见习基地”有关情况的汇报。令狐安、董大胜、余效明、石爱中副审计长，孙宝厚总审计师和安国纪检组长出席。办公厅、法规司、农业司、投资司、企业司、经责司、人教司、机关党委和各特派办负责同志列席相关内容的讨论研究。

5月11日下午　令狐安副审计长作为起草组成员出席中国反腐败白皮书起草组会议。署办公厅有关同志参加会议。

5月12日上午　董大胜副审计长在华审宾馆主持召开会议，与署机关交流到派出审计局工作的同志进行座谈。行事司、人教司和有关派出审计局负责同志参加会议。

5月12日上午　安国纪检组长在华审宾馆主持召开会议，专题研究加强“一把手”监督问题。办公厅、人教司、机关党委、服务局和驻署监察局主要负责同志参加会议。

5月12日下午　石爱中副审计长召集会议，研究信息系统审计有关问题。办公厅、金融司、企业司、社保司、人教司和计算中心负责同志参加会议。

5月13日　董大胜、石爱中副审计长和孙宝厚总审计师出席审计准则修订外部专家研讨会。署法规司负责同志、审计准则修订工作组全体人员和外部专家参加会议。

5月13日下午　董大胜副审计长在京出席中央国家机关会计管理工作暨表彰先进会计工作者会议。

5月13日下午　余效明副审计长到哈尔滨出席全国粮食清仓查库抽查工作黑龙江检查组进点见面会，听取黑龙江省政府负责同志的情况汇报。担任黑龙江省检查组组长的审计署企业司负责人和检查组20余名同志参加见面会。

5月14日下午　董大胜副审计长在华审宾馆会见人口计生委王培安副主任，就有关审计事项进行沟通。

5 月 14 日下午 孙宝厚总审计师召集会议，听取外资司关于近几年参加财政部审计情况的汇报。

5 月 15 日下午 石爱中副审计长到国务院侨办就李海峰主任任期经济责任审计与该办领导同志分别谈话。署旅游侨务审计局负责同志参加谈话。

5 月 15 日 孙宝厚总审计师出席外资司组织召开的农村饮用水安全审计调查工作中期汇报会。外资司和各特派办外资处有关同志参加会议。

5 月 13 日至 16 日 刘家义审计长赴山东省济南、潍坊和淄博市，就如何加强审计监督促进经济平稳较快发展和审计队伍建设等情况进行调研。署办公厅有关同志参加调研。

5 月 16 日上午 孙宝厚总审计师出席全国打击发票违法犯罪活动工作协调小组第二次会议。署法规司负责同志参加会议。

5 月 18 日 刘家义审计长在华审宾馆主持召开审计长会议，讨论研究《2008 年财政部具体组织中央预算执行审计报告》《54 个县 4 项种粮农民补贴资金审计调查报告》《2008 年发改委组织分配中央政府投资审计报告》《2009 年政府投资保障性住房审计调查报告》《审计署 2009 年预算执行情况审计报告》和《2008 年度中央预算执行和其他财务收支的审计结果报告》，听取关于 55 个中央部门预算执行审计汇总情况的报告。董大胜、余效明、石爱中副审计长，孙宝厚总审计师和安国纪检组长出席，办公厅、法规司和各业务司主要负责同志列席相关内容的讨论研究。

5 月 19 日下午 董大胜副审计长在华审宾馆会见香港华人会计师公会代表团。

5 月 19 日下午 石爱中副审计长在华审宾馆与第 29 届奥组委刘敬民和李炳华副主席就奥运会决算审计有关事宜进行会谈。署投资司主要负责同志参加会谈。

5 月 19 日下午 安国纪检组长出席国务院纠正行业不正之风办公室在监察部召开的中央国家机关部门和行业作风建设经验交流会。驻署监察局主要负责同志参加会议。

5 月 14 日上午和 20 日上午 孙宝厚总审计师到国务院法制办就曹康泰主任任期经济责任审计与该办有关领导同志分别谈话。署经责司和经济执法审计局负责同志参加谈话。

5 月 19 日上午和 20 日上午 令狐安副审计长作为全国干部监督工作领导小组成员分别出席全国干部监督工作会议的开幕式和闭幕式。署人教司主要负责同志参加会议。

5 月 20 日 董大胜副审计长先后到国家保密局、国家档案局、中直机关管理局和外宣办，与这些单位负责同志就有关审计事宜进行研究。署行事司和相关派出审计局主要负责同志分别参加研究。

5 月 21 日下午 令狐安副审计长作为中央各部门各单位出版社体制改革工作领导小组成员，出席中央各部门各单位出版社体制改革工作会议。署人教司和中国时代经济出版社负责同志参加会议。

5 月 21 日下午 余效明副审计长在华审宾馆主持召开会议，明确事业单位离退休人员服务管理责任，研究落实事业单位离退休人员政治和生活待遇的责任分工。离退休干部工作领导小组成员单位主要负责同志，培训中心、科研所和内审协会等单位负责同志参加了会议。

5 月 22 日下午 董大胜副审计长到中央国家机关工委与该单位负责同志就有关审计事宜进行研究。行事司和建设审计局主要负责同志陪同前往。

5 月 12 日至 24 日 令狐安副审计长参加在国家行政学院举办的政府体制改革研讨班的学习。

5 月 25 日下午 董大胜副审计长在署机关听取重庆特派办有关审计工作情况的汇报。

5 月 25 日上午 余效明副审计长在华审宾馆出席办公厅主持召开的署机关及在京直属事业单位治理“小金库”工作动员会并讲话。署机关各单位和在京事业单位主要负责同志参加会议。

5 月 25 日下午 孙宝厚总审计师召集办公厅、法规司和行事司负责同志，研究预算执行审计报告模板及审计结果公告的内容与方式等事项。

5 月 25 日 刘家义审计长在京会见印度尼西亚审计委员会主席安瓦尔·纳素申先生，就加强双边合作、审计机关如何应对当前金融危机以及审计在反腐败中的作用等进行交流，签署了《中国审计署和印度尼西亚审计委员会审计合作备忘录》。董大胜副审计长，国际司、金融司和经责司负责同志参加上述活动。

5 月 27 日上午 党组书记刘家义在华审宾馆主持召开署党组会议，研究《审计署领导干部管理若干规定》。党组副书记令狐安，党组成员董大胜、余效明、孙宝厚和安国出席，石爱中副审计长，办公厅、人教司、机关党委和驻署监察局主要负责同志列席。

5月27日上午 刘家义审计长在华审宾馆主持召开审计长会议，讨论研究《审计署审计项目质量责任追究办法（试行）》《民政部部长李学举同志任期经济责任审计报告》《审计署关于采煤沉陷区治理工程和大型灌区续建配套以及节水改造项目的审计报告》、病险水库审计外聘专家经费和署机关办公楼保密防护设施有关问题等。令狐安、董大胜、余效明、石爱中副审计长，孙宝厚总审计师和安国纪检组长出席，办公厅、法规司、行事司、投资司、人教司、驻署监察局、服务局和民政社保审计局主要负责同志列席相关内容的讨论研究。

5月27日上午 令狐安副审计长到国家贸易促进委员会出席万季飞会长任期经济责任审计进点会。贸易促进委员会全体班子成员、司局以上干部、二级单位负责人以及审计组全体同志参加会议。

5月27日下午 董大胜副审计长在京出席国务院新闻办召开的扩大内需促进经济增长政策落实检查情况新闻发布会，介绍促进中央宏观调控各项政策措施贯彻落实审计工作有关情况。

5月29日 刘家义审计长出席在北京举办的世界审计组织和亚洲审计组织“指导技能”讲师研讨班闭幕式，为来自亚洲15个国家的32名学员颁发结业证书。5月22日，董大胜副审计长宴请研讨班的全体教师和学员。

5月底 令狐安副审计长两次到国家贸易促进委员会与该会4名班子成员就万季飞会长经济责任审计进行谈话。署贸易审计局主要负责同志参加谈话。

5月31日 石爱中副审计长在署双榆树办公区会议室主持召开会议，专题研究中国特色社会主义审计理论研究课题有关问题。中国审计学会和办公厅负责同志参加会议。

六　月

6月1日上午 孙宝厚总审计师召集办公厅、法规司、人教司和经责司负责同志，研究修改《关于进一步加强经济责任审计工作的意见》。

6月2日下午 孙宝厚总审计师召集办公厅、各业务司和发展统计审计局负责同志，研究有关“保持国民经济平稳较快发展政策措施贯彻落实情况”审计信息的编报工作。

6月3日上午 余效明副审计长在署双榆树办公区会议室出席离退休干部第二季度例会，通报离退休干部座谈会所征求到意见的反馈情况，介绍上半年审计工作开展情况。署离退休干部及离退休局工作人员199人参加会议。

6月3日 孙宝厚总审计师赴毕马威华振会计师事务所和北京京都天华会计师事务所专题调研社会审计工作程序、审计计划方案编制和审计质量控制等问题。法规司负责同志参加调研。

5月14日上午、22日上午和6月4日下午 董大胜副审计长到国家粮食局就聂振邦同志任期经济责任审计与该局有关领导同志分别谈话。

6月4日上午 董大胜副审计长在京出席当前财政收入状况审计调查培训班并讲话。

6月5日上午 余效明副审计长在发改委出席全国粮食清仓查库部际联席会议第三次工作会议。署企业司负责同志参加会议。

6月5日 石爱中副审计长到署怀柔审计干部培训基地与司（厅、局）级领导干部专题研究班全体学员进行座谈。

6月8日上午 董大胜副审计长在华审宾馆会见全国人大预算工委姚胜副主任，就审计工作报告有关事宜进行研究。署办公厅主要负责同志参加会见。

6月8日上午 余效明副审计长参观国家地震紧急救援训练基地。署机关服务局和地震气象审计局主要负责同志一同参观。

6月8日下午 董大胜副审计长在华审宾馆会见民政部姜力副部长，就民政部部长李学举同志任期经济责任审计有关事宜进行研究。民政社保审计局主要负责同志参加会见。

6月8日 孙宝厚总审计师在署怀柔审计干部培训基地出席蒙古外资项目审计培训班开班式。此次培训班是中国审计署应蒙古审计署要求，由署外资司和国际司共同承办的。

6月9日上午 石爱中副审计长在华审宾馆主持召开会议，研究中俄计算机审计研讨会有关问题。计算中心、国际司和京津冀特派办负责同志参加会议。

6月9日上午 石爱中副审计长在署双榆树办公区会议室主持召开会议，研究中国审计学会有关立项课题结项事宜。中国审计学会和计算中心负责同志参加会议。

6月9日下午 余效明副审计长在中航集团审计现场听取了中航集团审计数据库建设情况、京津冀特派办审计现场数据平台情况和中航集团经济责任审计项目进展情况的汇报。企业司、计算中心和京津冀特派办主要负责同志参加汇报。

6月11日上午 董大胜副审计长在华审宾馆会见国务院机关事务管理局尚晓丁副局长，就加强驻京办事处监督管理有关事宜进行研究。署行事司有关人员参加会议。

6月12日上午 董大胜副审计长在华审宾馆主持召开派出审计局局长会议，听取各派出审计局近期工作情况汇报，研究部署今年下半年有关工作。

6月12日 董大胜、石爱中副审计长和孙宝厚总审计师出席审计准则修订工作组会议，集中对审计准则（送审稿）条款进行逐条修改。

6月4日至13日 令狐安副审计长率中国审计代表团访问秘鲁和玻利维亚两国最高审计机关。

6月15日上午 石爱中副审计长到水利部出席全国病险水库除险加固整改工作会议。署投资司负责同志参加会议。

6月15日下午 董大胜副审计长在京出席中央治理"小金库"工作领导小组第二次会议。署行事司和工业审计局有关同志参加会议。

6月15日下午 石爱中副审计长在华审宾馆主持召开中国时代经济出版社转制工作领导小组预备会。领导小组成员参加会议。

6月16日上午 孙宝厚总审计师主持召开会议，研究如何加强审计质量控制等问题。办公厅、法规司、行事司、农业司、投资司、金融司和企业司负责同志参加会议。

6月16日下午 孙宝厚总审计师到中央组织部就经济责任审计条例（送审稿）有关条款的修改问题进行会谈。署经责司负责同志参加会谈。

6月17日上午 董大胜副审计长在华审宾馆会见水利部周英副部长。署行事司和农林水利审计局负责同志参加会见。

6月17日 石爱中副审计长和孙宝厚总审计师出席审计准则修订工作组会议，集中对审计准则（送审稿）条款进行逐条修改。

6月18日下午 董大胜副审计长在华审宾馆主持召开会议，研究讨论中央扩大内需促进经济增长新增投资审计方案初稿。办公厅、行事司和发展统计审计局有关人员参加会议。

6月18日下午 石爱中副审计长在华审宾馆召集人教司和培训中心负责同志研究审计干部培训中心职能定位问题。

6月14日至18日 刘家义审计长赴四川省就汶川地震灾后恢复重建和"扩内需、保增长"政策落实情况进行调研，指导灾后恢复重建跟踪审计工作。

6月23日上午 董大胜副审计长在华审宾馆会见国家电力监管委员会史玉波副主席，就有关事宜进行研究。署行事司和国资监管审计局主要负责同志参加会见。

6月23日下午 董大胜副审计长到民政部同李学举部长会谈，就其任期经济责任审计交换意见。署民政社保审计局主要负责同志参加会谈。

6月24日上午 受国务院委托，刘家义审计长向第十一届全国人民代表大会常务委员会第九次会议作了《2008年度中央预算执行和其他财政收支的审计工作报告》。董大胜副审计长，署办公厅和财政司主要负责同志陪同参加。

6月25日至26日 中国审计学会和人教司在署怀柔审计干部培训基地共同举办全国审计青年论坛。刘家义审计长，令狐安、石爱中副审计长，孙宝厚总审计师和中国审计学会翟熙贵会长为论文获奖者颁发证书。本次论坛围绕贯彻落实科学发展观，树立科学审计理念，促进审计工作科学发展，从科学的审计理念、审计管理机制创新、中国特色绩效审计模式和国家审计文化等方面进行研讨，并通过了论坛宣言。来自全国各地的109名青年审计干部参加论坛。

6月26日下午 董大胜副审计长出席境外司召开的座谈会。

6月26日下午 孙宝厚总审计师主持召开署经济责任审计协调领导小组会议，研究2010年经济责任审计计划。署经济责任审计协调领导小组各成员单位负责同志参加会议。

6月29日上午 党组书记刘家义主持召开署党组会议，研究署机关2007～2008年度先进党支部、优秀共产党员和优秀兼职党务干部名单，关于四川、江西等省审计机关对抗震救灾审计移送案件数据失真问题的处理情况和下一步工作意见，《中共审计署党组工作规则》和《审计署工作规则》等。党组副书记令狐安，党组成员董大胜、孙宝厚和安国出席，石爱中副审计长，办公厅、法规司、社保司、人教司、机关党委和驻署监察局主要负责同志列席有关内容的研究。

6月29日上午　刘家义审计长主持召开审计长会议，听取各业务司、外资中心和计算中心关于审计信息化建设情况的汇报。令狐安、董大胜、石爱中副审计长，孙宝厚总审计师和安国纪检组长出席，办公厅、法规司、各业务司、人教司、机关党委、驻署监察局、计算中心、科研所和外资中心主要负责同志参加会议。

6月30日上午　董大胜副审计长在华审宾馆主持召开会议，研究中央有关文件征求意见稿。法规司和投资司负责同志参加会议。

6月30日下午　董大胜副审计长在华审宾馆会见科技部刘燕华副部长，就有关事宜进行研究。署财政司负责同志参加会见。

七　月

6月30日至7月1日　令狐安副审计长到哈尔滨特派办调研。

7月1日上午　刘家义审计长参加国务院第71次常务会议，汇报关于2008年度中央预算执行和其他财政收支审计查出问题初步整改情况。会议研究部署了审计查出问题的整改工作。署办公厅主要负责同志随同。

7月1日上午　董大胜副审计长在华审宾馆会见重庆市童小平副市长，就有关审计事宜进行研究。署行事司负责同志参加会见。

7月1日下午　审计署机关先进党支部、优秀共产党员和优秀兼职党务干部表彰大会在北京市委党校礼堂召开。刘家义审计长出席会议并讲话。孙宝厚总审计师宣读《中共审计署机关委员会关于表彰先进党支部、优秀共产党员和优秀兼职党务干部的决定》。董大胜副审计长主持会议。石爱中副审计长、安国纪检组长，署老领导于明涛、吕培俭、任景德、罗进新、郑力、王道成、翟熙贵，署机关各单位、各派出审计局全体干部职工参加会议。举行“歌唱祖国、歌颂党”歌咏活动，署领导和老领导、署机关各单位、各派出审计局干部职工组成的16支合唱队，演唱了30首歌曲。

7月2日　中央单位“小金库”治理重点检查工作布置会议在北京召开。董大胜副审计长作为中央治理“小金库”工作领导小组副组长代表中央治理“小金库”领导小组对重点检查工作进行全面布置。

7月2日至4日　审计署党组中心组第二季度学习会在署怀柔审计干部培训基地召开。会议的主题是增强法治观念，自觉知法守法，切实履行法定职责。重点学习宪法、审计法、公务员法、政府信息公开条例、中国共产党章程、党政领导干部选拔任用工作条例、中国共产党纪律处分条例等。结合学习，讨论了明年审计工作的总体思路。党组书记刘家义，党组副书记令狐安，党组成员董大胜和孙宝厚出席，石爱中副审计长，署机关各单位主要负责同志列席会议。

7月6日上午　令狐安副审计长到中国农业发展银行走访，听取郑晖行长就有关情况的介绍并进行交流。署金融司负责同志陪同前往。

7月6日上午　余效明副审计长出席中央治理“小金库”检查组对审计署检查进点见面会。办公厅和署机关直属事业单位主要负责同志参加会议。

7月6日下午　董大胜副审计长在华审宾馆会见北京市吉林副市长，就有关审计事宜进行研究。署财政司主要负责同志参加会见。

7月6日至7日　刘家义审计长和石爱中副审计长出席审计署2008～2009年度审计科研立项课题中的计算机审计方向课题结项评审会议。

7月8日下午　石爱中副审计长出席国务院召开的研究上海世博会有关问题会议。署投资司负责同志参加会议。

7月6日至9日　孙宝厚总审计师赴天津市和河北省唐山市，就利用外资项目公证审计有关问题进行调研。署外资司和外资中心负责同志参加调研。

7月9日下午　令狐安副审计长到国家贸易促进委员会与万季飞会长进行经济责任审计谈话。署贸易审计局主要负责同志参加谈话。

7月10日下午　孙宝厚总审计师召集外资司和外资中心负责同志及各处室负责人，研究如何深化外资审计工作等问题。

7月13日上午　孙宝厚总审计师到商务部出席整顿和规范市场经济秩序部际联席会议第一次会议。署法规司负责同志参加会议。

7月14日下午　董大胜副审计长在华审宾馆会见国际内部审计师协会执行主席理查德·钱伯

斯先生。双方就内部审计的发展状况交换意见。

7月15日下午 孙宝厚总审计师在华审宾馆会见水利部鄂竟平副部长一行。署外资司负责同志参加会见。

7月16日上午 石爱中副审计长和孙宝厚总审计师出席审计案例编写工作研讨会。法规司负责同志和审计案例编写工作组的部分同志参加会议。

7月16日下午 孙宝厚总审计师主持召开会议，研究修改《虚假发票的主要表现形式与违法目的》。办公厅、法规司、财政司和金融司负责同志参加会议。

7月16日下午 孙宝厚总审计师召集办公厅和法规司负责同志，研究部署对各类审计文书质量进行系统检查分析有关事宜。

7月17日上午 石爱中副审计长到双榆树办公区召集会议，研究培训中心职能定位与职业教育培训体系建设有关问题。人教司和培训中心负责同志参加会议。

7月17日下午 石爱中副审计长到双榆树办公区召集会议，研究如何加强科研工作、更好发挥"智库"作用有关问题。科研所负责同志与全体科研人员参加会议。

7月17日上午和18日下午 董大胜副审计长出席第十一次驻外使节会议第一次和第二次全体会议。

7月20日下午 审计署召开专题会议，就贯彻落实全国纪委书记座谈会精神和中央近期印发执行的《中国共产党巡视工作条例（试行）》《关于实行党政领导干部问责的暂行规定》《国有企业领导人员廉洁从业若干规定》和《关于开展工程建设领域突出问题专项治理工作的意见》作出部署。刘家义审计长作了讲话。令狐安副审计长主持会议。中央纪委驻署纪检组安国组长传达中央领导同志在全国纪委书记座谈会上的讲话精神。董大胜、余效明副审计长，孙宝厚总审计师，署机关各单位和各派出审计局主要负责同志参加会议。

7月20日下午 余效明副审计长在署机关召开会议，通报署本级2009年度上半年预算执行情况，并提出抓紧预算执行进度的要求。署机关各单位主要负责同志参加会议。

7月20日下午 石爱中副审计长出席国务院研究电力发展有关问题的会议。

7月21日下午 董大胜副审计长在华审宾馆会见蒙古预防腐败局局长桑嘎拉格查先生。双方就审计在反腐倡廉中发挥的作用等问题进行交流。

7月21日下午 石爱中副审计长到双榆树办公楼召集会议，研究中国审计学会换届有关事宜。中国审计学会翟熙贵会长出席会议。

7月22日上午 余效明副审计长在华审宾馆与中国航空工业集团公司副总经理、总会计师顾惠忠进行工作会谈。署企业司主要负责同志参加会谈。

7月22日下午 董大胜副审计长和孙宝厚总审计师在华审宾馆主持召开会议，研究《关于中央扩大内需促进经济平稳较快发展有关政策措施实施情况的专项审计调查工作方案》。办公厅、财政司、行事司、农业司、投资司、金融司、企业司和发展统计审计局负责同志参加会议。

7月23日上午 董大胜副审计长在华审宾馆主持召开财政审计协调领导小组全体会议，研究《关于2009年11月至2010年4月财政审计工作思路和总体计划》。办公厅、财政司、行事司、农业司、投资司、金融司、企业司、社保司和外资司负责同志参加会议。

7月23日下午 孙宝厚总审计师主持召开会议，研究2010年外资审计工作意见。办公厅、法规司、企业司、外资司和外资中心负责同志参加会议。

7月22日至24日 石爱中副审计长先后召开派出审计局、署机关综合管理部门座谈会，研究如何贯彻落实科学发展观、发挥审计信息化提升审计"免疫系统"功能的作用，并围绕这一主题到北京市审计局进行专题调研。署计算中心、署机关有关单位和派出局、北京市审计局负责同志分别参加相关座谈和调研。

7月24日上午 刘家义审计长和余效明副审计长在华审宾馆会见由中央国家机关工委杨衍银常务副书记带队的调研组。署机关党委汇报审计署机关党的建设情况。

7月24日下午 余效明副审计长在人民大会堂出席中央组织部主办的"小康社会领导者培训项目"交流会。

7月24日上午 孙宝厚总审计师赴国务院国有资产监督管理委员会，商谈经济责任审计条例（送审稿）有关条款的修改意见。署经责司负责同志陪同前往。

7月27日上午　刘家义审计长和余效明副审计长代表署党组看望并慰问了在审计署执勤的武警官兵。办公厅、人教司、机关党委、离退休干部局和服务局主要负责同志参加慰问活动。

7月27日下午　刘家义审计长和余效明副审计长出席我署军队转业干部代表座谈会。办公厅、人教司、机关党委、离退休干部局和服务局主要负责同志参加会议。

7月28日下午　令狐安、余效明副审计长和安国纪检组长召集署基本建设工作领导小组工作会议。成员单位主要负责同志参加会议。

7月28日　董大胜副审计长在华审宾馆会见巴西审计法院秘书长保罗·马斯滕先生。双方就审计职能等问题进行交流。

7月29日上午　董大胜副审计长在京出席财政部召开的京外单位规范津贴补贴检查情况通报会。

7月29日上午　董大胜副审计长在华审宾馆会见国务院台湾事务办公室郑立中常务副主任和龙明彪主任助理。双方就有关审计事项进行研究。署行事司和旅游侨务审计局有关同志参加会见。

7月29日下午　董大胜副审计长和孙宝厚总审计师主持召开会议，研究有关审计事项。办公厅、法规司、财政司、行事司、企业司、发展统计审计局和贸易审计局负责同志参加会议。

7月29日下午　余效明副审计长出席署配售住房委员会工作会议。

八　月

7月31日至8月1日　全国审计工作座谈会在浙江省杭州市召开。会议总结交流了近年来审计机关干部队伍建设取得的基本经验，研究讨论了进一步加强审计干部队伍建设的措施和任务。刘家义审计长作了题为《大力加强审计队伍建设推进审计事业科学发展》的讲话。浙江省吕祖善省长到会并致辞。董大胜、余效明副审计长，孙宝厚总审计师和安国纪检组长出席会议。各省、自治区、直辖市、计划单列市、副省级省会城市和新疆生产建设兵团审计厅（局），南京审计学院，署机关各单位和各派出机构主要负责同志，部分特约审计员和中央有关单位的200余名代表参加会议。

7月29日至8月7日　令狐安副审计长率中国审计代表团访问日本会计审计院，赴印度尼西亚出席世界审计组织环境审计工作组指导委员会第8次会议。

8月7日上午　刘家义审计长前往北京市审计局北京银行审计组进行工作调研。署金融司和北京市审计局负责同志参加调研。

8月7日下午　刘家义审计长在华审宾馆与来自“5·12”汶川地震灾区的27名审计干部代表，就灾后恢复重建审计工作等进行座谈。办公厅、社保司、人教司、机关党委和服务局主要负责同志参加座谈。

8月10日上午　刘家义审计长出席国务院第三次全体会议。

8月10日上午　令狐安副审计长和安国纪检组长到北京八宝山革命公墓大礼堂参加卓琳同志遗体告别仪式。

8月12日　刘家义审计长在华审宾馆会见印度审计署特使苏塔·克里斯南女士。双方就亚洲审计组织改革和即将召开的亚洲审计组织大会等有关问题进行交流。

8月14日　石爱中副审计长到中央纪委出席中央治理工程建设领域突出问题工作领导小组第一次会议。署投资司和驻署监察局负责同志参加会议。

8月17日下午　党组书记刘家义主持召开署党组会议，研究关于长沙特派办住房处置、中国审计学会换届选举和干部人事等问题。党组副书记令狐安，党组成员董大胜、余效明和安国出席，石爱中副审计长，办公厅、人教司、机关党委、驻署监察局、服务局、审计学会和长沙特派办主要负责同志列席相关问题研究。

8月18日上午　石爱中副审计长和安国纪检组长到国务院出席全国工程建设领域突出问题专项治理工作电视电话会议。署投资司负责同志参加会议。

8月18日下午　石爱中副审计长召集会议，研究培训中心职能定位与职业化建设有关问题。人教司和培训中心负责同志参加会议。

8月19日上午　刘家义审计长列席国务院第77次常务会议。

8月19日上午　令狐安副审计长作为中央纪委常委出席中央纪委常委会议。

8月19日上午　余效明副审计长在署机关与中国华电集团公司陈飞虎副总经理进行工作会谈。

署企业司主要负责同志参加会谈。

8月20日　董大胜副审计长在署怀柔审计干部培训基地出席行事司召开的派出审计局局长座谈会。

8月21日上午　党组书记刘家义在署机关主持召开署党组会议，研究广州等5个特派办原特派员经济责任审计报告和干部人事问题。党组成员董大胜、余效明和安国出席，石爱中副审计长，办公厅、法规司、经责司、人教司、机关党委和驻署监察局主要负责同志及有关人员列席研究相关问题。

8月21日上午　刘家义审计长在署机关主持召开审计长会议，研究《关于2009年11月至2010年4月财政审计总体思路和工作计划》和《关于民政部部长李学举同志任期经济责任审计报告》。董大胜、余效明、石爱中副审计长和安国纪检组长出席，办公厅、法规司、各业务司、科研所、培训中心和民政社保审计局主要负责同志参加相关内容的讨论研究。

8月21日下午　刘家义审计长、余效明和石爱中副审计长、安国纪检组长在署机关会见解放军总后勤部秦银河副部长、解放军审计署李清和审计长和王社副审计长。署办公厅主要负责同志参加会见。

8月24日上午　审计署机关举行2009年度集中培训开班式。刘家义审计长作了题为《认真履行审计职责　促进经济平稳较快发展》的讲话。董大胜副审计长主持开班式并作了集中培训动员。余效明副审计长、安国纪检组长，署机关各单位和各派出审计局干部职工730余人参加开班式。

8月24日下午　董大胜副审计长到南水北调工程建设委员会办公室同张基尧主任就有关审计事项交换意见。

8月25日上午　令狐安副审计长在署机关集中培训大会上作了《提高科学判断经济社会形势的能力　在应对金融危机中推进审计工作创新》的专题报告。

8月27日上午　刘家义审计长和董大胜副审计长在京出席行事司举办的中央扩大内需促进经济平稳较快发展有关政策措施实施情况及效果专项审计调查培训班开班式。刘家义审计长作动员讲话，董大胜副审计长主持会议并在培训结束时作总结讲话。

8月27日下午　刘家义审计长在署机关会见江西省凌成兴常务副省长。署办公厅、财政司和经责司主要负责同志参加会见。

8月28日上午　董大胜副审计长在署机关会见中国文联冯远副主席，就有关事宜进行沟通。署行事司主要负责同志参加会见。

8月28日上午　余效明副审计长在京西宾馆出席中央深入学习实践科学发展观活动领导小组召开的深入学习实践科学发展观活动第二批总结暨第三批动员会议。

8月31日上午　刘家义审计长在署机关会见中国农业银行项俊波董事长。署法规司和金融司负责同志参加会见。

8月31日下午　令狐安副审计长在署机关召开署出版社体制改革领导小组会议，审议中国时代经济出版社体制改革工作实施方案。

九　月

9月1日下午　令狐安副审计长在署机关会见辽宁省许卫国常务副省长，就有关审计事项交换意见。署农业司主要负责同志参加会见。

9月2日上午　刘家义审计长列席国务院第79次常务会议，汇报汶川地震灾后恢复重建跟踪审计情况。

9月2日上午　余效明副审计长在署怀柔审计干部培训基地出席亚审组织社保审计研讨班开幕式，受刘家义审计长委托致开幕辞。7日上午，余效明副审计长在署机关出席研讨班闭幕式。期间，受董大胜副审计长委托，设宴迎送代表。来自亚审组织27个国家和地区的30余名代表，以及署社保司有关同志参加研讨。

9月2日上午　石爱中副审计长出席投资司年中整训座谈会并讲话。

9月3日上午　按照刘家义审计长批示要求，余效明和石爱中副审计长在署机关召开会议，研究贯彻中央办公厅和国务院办公厅有关通知要求、做好国庆期间相关工作等问题。办公厅、行事司、人教司、机关党委、驻署监察局、离退休局、服务局、计算中心和培训中心负责同志参加会议。

9月3日下午　余效明副审计长在署机关与中国兵器工业集团公司张国清总经理进行工作会谈。署企业司主要负责同志参加会谈。

9月7日上午　令狐安副审计长作为审计组组长出席保监会主席吴定富同志任期经济责任审

计进点会并讲话。保监会领导班子成员及各部门主要负责同志、审计组全体同志参加会议。

9月7日至9日　令狐安副审计长先后与吴定富主席及保监会班子成员进行审计谈话。

9月7日上午　石爱中副审计长在京出席中央各部门各单位出版社体制改革经验交流会。署人教司和出版社负责同志参加会议。

9月8日上午　石爱中副审计长到培训中心出席审计干部职业教育培训体系专家论证会。署行事司、外资司、人教司、培训中心和署外有关专家参加论证。

9月3日至9日　刘家义审计长先后到沈阳和长春特派办进行工作调研。其间，听取了两个特派办和辽宁、吉林省审计厅的工作汇报，与特派办离退休老干部和青年干部进行座谈，会见辽宁省、吉林省党委和政府主要领导同志，并就审计工作情况交换了意见。署办公厅负责同志参加调研。

9月10日上午　刘家义审计长、令狐安副审计长和安国组长在中央组织部机关报告厅出席纪念安子文同志诞辰100周年座谈会。

9月10日下午　党组书记刘家义在署机关主持召开署党组会议，听取人教司关于选派干部赴“5·12”地震灾区挂职锻炼有关情况和经责司关于中国时代经济出版社社长宋灵恩同志经济责任审计报告的汇报，研究了有关人事问题。党组副书记令狐安，党组成员董大胜和安国出席。办公厅、经责司、人教司、机关党委和驻署监察局主要负责同志及有关人员列席参加相关内容的研究。

9月10日下午　刘家义审计长主持召开审计长会议，研究关于庆祝新中国成立60周年走访慰问老干部老党员活动方案。令狐安、董大胜副审计长和安国纪检组长出席。办公厅、人教司、机关党委、驻署监察局、离退休局和服务局主要负责同志参加会议。

9月11日上午　刘家义审计长和安国纪检组长出席中央纪委召开的贯彻落实中央厉行节约要求和制止公款出国（境）旅游情况汇报会。署行事司负责同志参加会议。

9月11日上午　余效明副审计长在人民大会堂出席全国先进离退休干部党支部和离退休干部先进个人表彰大会。署离退休干部第二党支部获得先进离退休干部党支部荣誉称号。署离退休干部局主要负责同志参加会议。

9月11日下午　刘家义审计长和余效明副审计长出席中央国家机关工委在首钢篮球中心举办的中央国家机关干部职工庆祝新中国成立60周年大型歌会。审计署有42名干部职工参加演出。

9月11日　石爱中副审计长出席审计署2008～2009年度审计科研课题结项评审会。署金融司、科研所、审计学会和署外有关专家参加评审。

9月14日上午　令狐安副审计长在署机关会见越南审计署人事管理代表团，向越南代表团介绍审计署人事管理及人才培养的经验和做法。

9月15日下午　余效明副审计长在署怀柔审计干部培训基地看望参加编纂《汶川特大地震抗震救灾志——审计监督部分》的工作人员。

9月15日　石爱中副审计长到南京审计学院出席固定资产投资审计培训班座谈会，召集研究审计署第三期信息系统审计培训班实施方案。投资司、培训中心、计算中心和南京审计学院负责同志参加座谈和研究。

9月16日下午　受刘家义审计长委托，余效明副审计长出席北京市审计机关先进集体、先进工作者表彰大会暨第六届“审计之光”文艺会演。

9月15日至18日　刘家义审计长作为中央委员出席党的十七届四中全会。令狐安副审计长作为中央纪委常委列席全会。

9月18日上午　余效明副审计长在南京特派办召开全办干部职工大会，代表署党组宣布南京特派办主要负责同志任免交接事宜。署人教司负责同志参加会议。

9月18日上午　受余效明副审计长委托，安国纪检组长出席署离退休局在双榆树办公区会议室召开的审计署庆祝新中国成立60周年离退休干部慰问大会，宣读了署党组致署全体离退休干部的慰问信，代表署党组向离退休干部第二党支部颁发了全国先进离休退休干部党支部奖牌。署离退休干部及离退休局工作人员共200余人参加会议。

9月19日　令狐安副审计长作为中央纪委常委，出席十七届中央纪委四次全会。

9月19日晚　刘家义审计长参观在北京展览馆举办的“辉煌60年——中华人民共和国成立60周年成就展”。

9月21日上午　审计署召开传达贯彻党的十七届四中全会精神会议。刘家义审计长传达党的十七届四中全会精神，并对贯彻落实全会精神作了全面部署；令狐安副审计长传达十七届中央纪委四次全会精神。余效明、石爱中副审计长和安国纪检组长，署机关各单位、各派出审计局副司局级（含）以上干部90余人参加会议。

9月22日下午　党组书记刘家义主持召开署党组会议，研究《审计署2010年度考试录用公务员工作实施方案》、署与北京市门头沟区法城村开展共建活动具体事项安排和有关人事问题。党组副书记令狐安，党组成员董大胜、余效明、安国出席，石爱中副审计长，办公厅、人教司、机关党委、驻署监察局和计算中心主要负责同志列席会议。

9月22日下午　刘家义审计长主持召开审计长会议，研究《审计署关于工程建设领域突出问题专项治理的工作方案》。令狐安、董大胜、余效明、石爱中副审计长和安国纪检组长出席，办公厅、法规司、财政司、行事司、农业司、投资司、金融司、企业司、社保司、外资司、机关党委和驻署监察局负责同志列席会议。

9月22日下午　余效明副审计长在署机关出席署机关党委召集的国庆庆典活动动员会并讲话。署机关党委主要负责同志和署参加庆典活动的同志参加会议。

9月23日上午　董大胜副审计长在署机关主持召开会议，研究中华全国供销合作总社审计有关事宜。法规司、行事司和发展统计局负责同志参加会议。

9月23日至24日　令狐安副审计长到山西省就矿产资源专项资金审计调查工作进行调研，专题听取太原特派办审计组对山西省矿产资源专项资金审计调查情况的汇报。其间，令狐副审计长还与昔阳县审计局部分同志进行了座谈。

9月24日至26日　刘家义审计长到上海市和江苏省进行工作调研。25日，刘审计长出席在南京召开的中央扩大内需促进经济平稳较快发展有关政策措施实施情况及效果专项审计调查中期汇报交流会并讲话。

9月27日至29日　审计署党组中心组2009年第三季度学习会在署怀柔审计干部培训基地举办。刘家义审计长做学习动员和总结。这次学习会重点学习胡锦涛同志在党的十七届四中全会上的重要讲话、《中共中央关于加强和改进新形势下党的建设若干重大问题的决定》和中央关于反腐倡廉建设的四个重要文件，进行了分组讨论和大会交流。结合贯彻落实十七届四中全会精神，研究了2010年审计工作安排。余效明和石爱中副审计长、安国纪检组长，署机关各单位、各派出审计局主要负责同志参加学习会。

9月30日上午　党组书记刘家义主持召开署党组会议，研究有关人事问题。党组副书记令狐安，党组成员董大胜、余效明、安国出席，石爱中副审计长，人教司、机关党委和驻署监察局主要负责同志列席会议。

9月30日晚　刘家义审计长，令狐安、董大胜、余效明副审计长，署老领导于明涛、吕培俭出席国务院在北京人民大会堂举行的国庆招待会，庆祝中华人民共和国成立60周年。

十　月

10月1日上午　刘家义审计长，令狐安、董大胜、余效明副审计长，安国纪检组长，署老领导吕培俭、任景德、罗进新、郑力、王道成、翟熙贵、刘鹤章出席在天安门广场举行的首都各界庆祝中华人民共和国成立60周年大会。

10月1日晚　刘家义审计长，令狐安、董大胜、余效明副审计长，署老领导吕培俭、罗进新、郑力、王道成、刘鹤章出席在天安门广场举行的首都各界庆祝中华人民共和国成立60周年联欢晚会。

10月9日上午　董大胜副审计长在中央党校会见江西省凌成兴常务副省长。双方就有关审计事项交换意见。署财政司和武汉特派办负责同志参加会见。

10月9日上午　余效明副审计长出席国务院召开的全国粮食清仓查库工作总结电视电话会议。署企业司主要负责同志参加会议。

10月12日下午　董大胜副审计长出席国务院召开的研究中央预算有关问题会议。署财政司有关人员参加会议。

10月12日下午　受董大胜副审计长委托，余效明副审计长出席在署怀柔审计干部培训基地举办的2009年中央部门财务暨内审工作研讨班，并作了题为《加强沟通交流深化部门预算管理》的讲话。130多个中央部门的财务和内审工作负责同志、署行事司和部分派出局主要负责同志200余人参加研讨班。

10月13日　受董大胜副审计长委托，余效明副审计长出席中央扩大内需促进经济增长政策落实检查工作领导小组会议。会议期间，余副审计长在检查组第三轮动员培训会上作辅导讲话。署行事司和投资司负责同志参加会议。

10月13日上午　令狐安副审计长到中国农业发展银行与郑晖行长进行会谈。双方就有关审计事项交换意见。署金融司主要负责同志参加会谈。

10月6日至15日　刘家义审计长率中国审计代表团访问印度审计署，赴巴基斯坦伊斯兰堡出席亚洲审计组织第40次和第41次理事会以及第十一届大会暨第四次研讨会。在巴基斯坦期间，巴基斯坦总统扎尔达里在总统府会见了刘家义审计长。

10月16日上午　余效明副审计长出席在双榆树办公楼举办的署离退休干部金婚庆典，向参加庆典的11对金婚夫妇赠送金婚纪念照，并向他们表示祝贺和祝福。机关党委负责同志参加金婚庆典活动。

10月16日上午　石爱中副审计长在双榆树办公楼主持召开会议，研究网络培训计算机审计课件制作与模拟实验室开发有关事宜。培训中心和计算中心负责同志参加会议。

10月16日下午　审计机关离退休干部国庆60周年座谈会在署机关召开。全国政协李金华副主席、刘家义审计长、余效明和石爱中副审计长、安国纪检组长，署老领导于明涛、吕培俭、郭振乾、任景德、罗进新、郑力、刘鹤章、翟熙贵，以及全国审计机关的100多位离退休干部代表参加座谈会。

10月18日　余效明副审计长到北京建工培训中心考点巡视2009年全国审计专业技术资格考试现场。

10月19日上午　党组书记刘家义在署机关主持召开署党组会议，通报了访问印度审计署和出席在巴基斯坦举行的亚审组织会议情况，研究了署所属单位主要负责人经济责任审计报告在局域网上公开事项和有关人事问题。党组成员董大胜、余效明和安国出席，石爱中副审计长，办公厅、经责司、人教司、机关党委和驻署监察局主要负责同志列席相关问题的研究。

10月19日　刘家义审计长在署机关主持召开审计业务会议，研究《2009年关税及进口环节税征管情况审计工作方案》《农业综合开发资金专项审计调查工作方案》《审计署2009年节能减排专项资金审计调查工作方案》《发改委组织分配2009年中央投资情况上下联动审计调查工作方案》《交通运输部海事系统2009年度预算执行情况和交通运输部港口建设费征收管理使用情况上下联动审计调查工作方案》《城市最低生活保障资金审计方案》《政府投资保障性住房专项审计调查方案》《外债总体情况专项审计调查方案》《审计署关于南水北调工程建设和管理情况的专题报告》《原中国网络通信集团公司原法定代表人张春江同志任期经济责任履行情况审计实施方案》《中国联合网络通信集团有限公司2008年度财务收支暨原中国联合通信有限公司原法定代表人常小兵同志任期经济责任履行情况审计实施方案》。董大胜、余效明、石爱中副审计长和安国纪检组长出席，办公厅、法规司、财政司、行事司、农业司、金融司、企业司、社保司、外资司、经责司、农林水利局和太原、南京特派办负责同志列席相关内容的研究讨论。

10月19日下午　董大胜副审计长在京出席中央治理"小金库"工作领导小组第三次会议。

10月19日晚　令狐安副审计长到青海省人民政府驻京办事处与青海省宋秀岩省长就有关审计事项交换意见。署财政司有关人员参加交换意见。

10月20日　刘家义审计长看望署准备派往四川、陕西、甘肃、云南4省汶川地震灾区和广西壮族自治区、河南省挂职交流的39名干部并讲话。

10月20日　令狐安副审计长出席中央纪委在国谊宾馆召开的反腐倡廉建设检查工作部署会议。

10月20日下午　署党组成员、副审计长兼机关党委书记余效明主持署机关举办的学习贯彻党的十七届四中全会精神辅导报告会。中央党校《学习时报》钟国兴副主编以建设学习型政党为主题，就如何贯彻落实十七届四中全会精神作了辅导。署机关各单位、各派出审计局400多名干部职工参加报告会。

10月20日下午　石爱中副审计长在署机关与中国石油天然气集团公司陈明纪检组长就西气东输审计有关事项进行会谈。署投资司负责同志参加会谈。

10月20日下午 石爱中副审计长在署机关与铁道部卢春房副部长就京沪高铁审计有关事项进行会谈。署投资司负责同志参加会谈。

10月21日上午 令狐安副审计长到广东大厦与广东省黄龙云常务副省长就有关审计事项交换意见。署财政司和广州特派办有关人员参加交换意见。

10月22日上午 余效明副审计长到京西宾馆听中央国家机关工委杨衍银常务副书记作的"加强和改进新形势下机关党的建设"专题报告。

10月22日上午 石爱中副审计长在京出席中央治理工程建设领域突出问题工作领导小组办公室召开的工程建设领域突出问题专项治理工作座谈会。驻署监察局和署投资司负责同志参加会议。

10月15日至23日 2009年度司（厅、局）级领导干部"积极构建财政审计大格局，推动财政审计工作发展"专题研讨班在京举办。刘家义审计长、令狐安和董大胜副审计长先后在研讨班上作专题讲座。

10月21日至23日 2009年中央预算执行审计培训班在京举办。21日刘家义审计长出席培训班开班式并讲话。23日受董大胜副审计长委托，余效明副审计长出席培训班总结会并讲话。财政司、行事司、农业司、社保司、外资司，各特派办和各派出审计局主要负责同志及有关人员参加培训。

10月23日上午 令狐安和石爱中副审计长在署机关召开中国时代经济出版社改制工作领导小组第三次会议，对《中国时代经济出版社体制改革工作实施方案》相关修改内容进行审议。中国时代经济出版社改制工作领导小组各成员单位有关人员参加会议。

10月25日 余效明副审计长在江苏省苏州市出席第16届中印审计研讨会——"国有企业审计研讨会"开幕式并讲话。署企业司、南京特派办、上海特派办，江苏省审计厅和苏州市审计局负责同志和专家参加研讨会。

10月26日 余效明副审计长到江苏省南通市参观视察中国审计博物馆。

10月26日下午 石爱中副审计长在署机关召开会议，研究灾后恢复重建县审计人员培训有关问题。投资司、人教司和培训中心负责同志参加会议。

10月27日 刘家义审计长出席在人民大会堂举行的中国红十字会第九次全国会员代表大会开幕式。

10月27日上午 受令狐安副审计长委托，石爱中副审计长到中国时代经济出版社与该社领导班子进行谈话。人教司有关同志参加谈话。

10月27日下午 令狐安副审计长出席在国务院小礼堂召开的中央国家机关政务公开工作座谈会。署办公厅主要负责同志参加会议。

10月28日下午 令狐安副审计长出席中央纪委召开的《中国的反腐败和廉政建设》白皮书起草工作领导小组第二次全体会议。署办公厅有关同志参加会议。

10月28日 石爱中副审计长在署机关会见世界银行财务管理局局长托尼·赫加蒂先生。双方就外资审计、会计准则等方面的有关内容进行交流。署外资司负责同志参加会见。

10月29日上午 党组书记刘家义在署机关主持召开署党组会议，研究《关于新疆审计厅厅长朱登云同志经济责任审计报告》《关于审计科研所原所长刘英来同志经济责任审计报告》《审计署党组关于开展2009年度推进惩治和预防腐败体系建设检查工作的具体实施方案》和有关人事问题。党组副书记令狐安，党组成员董大胜、余效明出席，石爱中副审计长，办公厅、法规司、经责司、人教司、机关党委、驻署监察局和服务局主要负责同志列席相关问题的研究。

10月29日 刘家义审计长在署机关主持召开审计业务会议，研究《中国国际贸易促进委员会会长万季飞同志任期经济责任审计报告》《国家粮食局局长聂振邦同志任期经济责任审计报告》《国务院法制办曹康泰同志任期经济责任审计报告》《国务院南水北调建委办公室主任张基尧同志任期经济责任审计报告》《国务院侨办主任李海峰同志任期经济责任审计报告》《关于云南省省长秦光荣同志任期经济责任的审计报告》《关于甘肃省省长徐守盛同志任期经济责任的审计报告》《关于江西省省长吴新雄同志任期经济责任的审计报告》《关于重庆市市长王鸿举同志任期经济责任的审计报告》《关于广东省省长黄华华同志任期经济责任的审计报告》和《关于青海省省长宋秀岩同志任期经济责任的审计报告》等。令狐安、董大胜、余效明和石爱中副审计长出席，办公厅、法规司、行事司、经责司、贸易审计局、发展统计局、经济执法局、农林水利局、旅游侨务局和重庆、兰州、武汉、昆明、广州、郑州特派办负责同志列席相关内容的研究。

10月29日 刘家义审计长在署机关主持召开审计长会议，研究关于推进审计信息化建设应用的任务分工、领导干部信息化素质培训和《审计署机关基本建设项目管理暂行办法》。余效明和石爱中副审计长出席，办公厅、法规司、各业务司、人教司、机关党委、驻署监察局、科研所、培训中心、计算中心和服务局主要负责同志列席相关内容的研究。

10月29日 刘家义审计长在署机关会见来华出席第16届中印审计研讨会的印度审计署沙瑞·潘迪特先生。双方就国有企业审计有关内容进行深入交流。

10月30日上午 刘家义审计长和石爱中副审计长出席审计署贯彻落实中央工程建设领域突出问题专项治理工作视频会议并讲话。署机关各单位和各派出审计局主要负责同志在主会场参加会议。

10月30日上午 余效明副审计长出席在人民大会堂举办的“中国科学院建院60周年”座谈会。署科学工程局主要负责同志参加座谈会。

10月30日下午 令狐安副审计长在署怀柔审计干部培训基地与培训中心和培训基地负责同志进行谈话。

十一月

11月2日上午 令狐安副审计长到中国银行与肖钢董事长和李礼辉行长就审计工作有关事项交换意见。署金融司主要负责同志参加交换意见。

11月2日 余效明和石爱中副审计长在国家审计数据中心会议室出席中央企业审计数据库验收总结汇报会并讲话。署企业司、计算中心和信息办主要负责同志及有关特派办的相关人员参加会议。

11月3日上午 余效明副审计长在署机关与神华集团公司党组成员、纪检组长孙文健进行工作会谈。署企业司负责同志及有关特派办的相关人员参加会谈。

11月3日至4日 石爱中副审计长在京出席国外贷援款项目绩效审计评价指标体系与技术方法课题研讨会。外资司负责同志参加会议。

11月4日上午 刘家义审计长在署机关会见福建省人民政府张志南副省长。双方就海西经济圈建设和审计有关工作进行交流和沟通。署办公厅和人教司主要负责同志参加会见。

11月4日上午 刘家义审计长列席国务院第86次常务会议。

11月5日上午 令狐安和余效明副审计长在署机关召开署基本建设工作领导小组第二次会议，听取关于关东店有关事项和新办公楼建设前期工作的汇报，并就相关问题进行研究。署基本建设工作领导小组成员单位有关人员参加会议。

9月1日至11月6日 董大胜副审计长参加第46期中央党校省部级干部进修班“国际金融危机与应对”研究专题的学习。

11月5日至8日 按照中央扩大内需促进经济增长政策落实检查工作领导小组的统一部署，刘家义审计长赴黑龙江省就中央扩大内需促进经济增长政策落实情况进行调研，听取黑龙江省政府的汇报，到哈尔滨市部分新增投资项目现场检查实施情况。其间，刘审计长先后会见了黑龙江省委书记、省人大常委会主任吉炳轩，省委副书记、省长栗战书。

11月9日上午 余效明副审计长在署机关与神华集团有限责任公司张玉卓总经理进行工作会谈。署企业司负责同志和法规司有关人员参加会谈。

11月4日和9日 令狐安副审计长到保监会就吴定富同志经济责任审计与保监会领导班子成员进行谈话。

11月10日上午 石爱中副审计长在署计算中心会议室出席汶川地震灾后恢复重建跟踪审计视频会议。署投资司和有关省（市）审计机关负责同志通过视频参加会议。

11月10日下午 石爱中副审计长在署机关与中国内部审计协会王道成会长和易仁萍副会长研究内审协会换届有关工作。

11月10日下午 石爱中副审计长在署机关与水利部鄂竟平副部长就农村饮用水安全状况审计调查有关内容进行工作会谈。署外资司负责同志参加会谈。

11月10日下午 石爱中副审计长在署机关召集人教司负责同志研究出版社改制工作有关问题。

11月10日 刘家义审计长在陕西省西安市

出席第三届中国非洲高级审计研讨班开幕式并致辞。董大胜副审计长，非洲19个国家和地区的38名高级审计官员参加本次研讨班。

11月11日　刘家义审计长和石爱中副审计长在京出席中国特色社会主义审计理论课题研讨会。课题组成员及受邀的署外专家参加了研讨会。

11月12日　刘家义审计长在署怀柔审计干部培训基地出席中央部门2009年度预算执行审计工作方案暨技术方法培训班并讲话。刘审计长强调，中央部门预算执行审计必须坚持“严肃查处、立足整改、规范提高”的工作方针，注重把握总体、抓住重点，要通过审计促进深化财政体制改革，促进提高行政效率和财政资金使用效益。

11月12日上午　令狐安副审计长召集行事司、经责司、贸易审计局、发展统计局、经济执法局和农林水利局相关人员，研究部长经济责任审计报告有关问题。

11月13日　刘家义审计长在京出席署新任副司级领导干部培训班，就如何做好领导干部作了讲话。

11月13日上午　余效明副审计长在中央组织部出席中央深入学习实践科学发展观活动领导小组召开的建立健全学习实践科学发展观长效机制座谈会，并汇报交流审计署建立健全长效机制的工作情况。8个中央和国家机关部委的负责同志参加座谈。

11月13日上午　石爱中副审计长在京出席国务院召开的公共卫生与基层医疗卫生事业单位实施绩效工资工作会议。

11月18日上午　令狐安副审计长召集办公厅、财政司、行事司、经责司、企业司和法规司相关人员，研究省（市）长经济责任审计报告有关问题。

11月18日　石爱中副审计长到天津商业大学考察国泰安金融模拟实验室，并到京津冀特派办进行调研。署人教司、服务局、计算中心、信息办、外资中心和培训中心负责同志参加考察和调研。

11月19日　刘家义审计长在党组会议室主持召开署党组会议，研究《中国时代经济出版社改制方案》。党组副书记令狐安、党组成员余效明出席，石爱中副审计长，办公厅、法规司、经责司、人教司、机关党委、驻署监察局和出版社主要负责同志参加会议。

11月19日　刘家义审计长在党组会议室主持召开审计长会议，研究署新建办公楼有关前期工作和京津冀特派办购置周转用房等事项。令狐安、余效明和石爱中副审计长出席，办公厅、投资司、人教司、机关党委、驻署监察局、服务局和京津冀特派办主要负责同志列席相关内容的研究。

11月19日　刘家义审计长在党组会议室主持召开审计业务会议，研究《审计署关于中央扩大内需促进经济平稳较快发展政策措施实施情况及效果的审计调查报告》和《中央国有资本经营预算收支情况专项审计调查工作方案》。令狐安、余效明和石爱中副审计长出席，办公厅、法规司、财政司、行事司、农业司、投资司、金融司、企业司、科研所和培训中心主要负责同志列席相关内容的研究。

11月19日上午　石爱中副审计长在署机关与中国审计学会翟熙贵会长研究学会换届有关事宜。

11月19日上午　余效明副审计长在署机关主持召开特派办考核工作领导小组会议。会议对《审计署驻地方特派员办事处综合考核评价办法（试行）》及审计业务等四个方面量化考核指标体系相关修改内容进行了审议。特派办考核工作领导小组各成员单位负责同志参加会议。

11月19日上午　石爱中副审计长在署机关听取中国审计学会和科研所工作汇报。

10月20日至11月20日　安国纪检组长带领第三中央检查组检查河北省落实中央扩大内需促进经济增长政策情况。

11月20日　刘家义审计长在署怀柔审计干部培训基地出席审计署2009年度公文写作培训班并讲话。

11月20日上午　令狐安副审计长作为中央纪委常委，出席中央纪委常委会议。

11月20日上午　石爱中副审计长到科学技术局就联网审计工作进行调研。计算中心主要负责同志参加调研。

11月22日　石爱中副审计长到北京经济管理职业学院考点巡视北京地区国际注册内部审计师资格考试现场。北京市审计局和中国内部审计协会负责同志参加巡视。

11月23日　石爱中副审计长在署机关会见来访的印度尼西亚审计委员会审计经理阿格斯·

高比特先生。双方就计算机审计等方面的内容进行深入交流。

11 月 14 日至 25 日　董大胜副审计长率中国审计代表团赴南非出席世界审计组织第 59 次理事会议，访问了埃及中央审计署。

11 月 26 日　刘家义审计长在党组会议室主持召开署党组会议，研究中国审计学会换届有关工作、人事问题，传达了中央有关文件精神。党组副书记令狐安，党组成员董大胜和余效明出席，石爱中副审计长，审计学会翟熙贵会长，办公厅、人教司、机关党委、驻署监察局、科研所、出版社、培训中心和审计学会负责同志列席相关内容的研究。

11 月 26 日　刘家义审计长在党组会议室主持召开审计长会议，研究署机关 2009 年预算执行有关事项、《全国审计工作会议方案》《关于进一步完善审计干部职业教育培训体系的初步方案》和《关于审计干部职业教育考试体系的初步设想》。令狐安、董大胜、余效明和石爱中副审计长出席，办公厅、法规司、各业务司、人教司、机关党委、驻署监察局、计算中心、科研所和培训中心负责同志列席相关内容的研究。

11 月 26 日　刘家义审计长在党组会议室主持召开审计业务会议，研究《2009 年地方财政收支审计情况的报告》《关于改进审计工作报告相关工作的意见》《关于改进中央部门预算执行审计报告和审计公告的意见》、京沪高速铁路建设项目跟踪审计及公告有关事项。令狐安、董大胜、余效明和石爱中副审计长出席，办公厅、法规司、财政司、行事司和投资司主要负责同志列席相关内容的研究。

11 月 27 日　余效明副审计长赴门头沟区斋堂镇出席城乡统筹文明先行——审计署文明办与斋堂镇法城村共建签字仪式并讲话。中央国家机关精神文明建设协调领导小组、首都文明办、审计署机关，以及门头沟区有关方面的负责同志参加签字仪式。

11 月 27 日　石爱中副审计长到南京审计学院出席了中国内部审计理论与实务研究高层论坛。中国内部审计协会王道成会长和国内有关院校专家参加论坛。

11 月 30 日上午　余效明副审计长主持召开 2009 年机关党委第五次会议，讨论《审计署党组关于党的基层组织实行党务公开的意见（试行）》和《审计署党组关于建设学习型审计机关的意见》，审议了《中共审计署机关委员会关于学习褚志德同志先进事迹的通知》，批准接收 7 名同志为中共预备党员，批准 6 名预备党员按期转正。署机关党委 11 位委员出席会议。

11 月 30 日上午　石爱中副审计长在双榆树办公楼主持召开会议，研究审计干部职业教育培训体系有关事宜。人教司和培训中心负责同志参加会议。

11 月 30 日下午　令狐安副审计长在署机关主持召开会议，专题听取中央纪委、中央组织部、监察部、国资委、发改委、财政部等部门对《关于进一步加强领导干部任期经济责任审计的意见（征求意见稿）》的修改意见。署经责司负责同志及有关人员参加会议。

11 月 30 日下午　董大胜副审计长在署机关与部分派出审计局的新任局领导进行座谈。行事司主要负责同志参加座谈。

11 月 30 日下午　石爱中副审计长在署机关会见用友软件股份有限公司马德富总裁助理，研究用友 ERP 和用友财务软件模拟教学系统与署建设模拟审计实验室中的应用合作事宜。署计算中心和信息办主要负责同志参加会见。

十二月

12 月 1 日下午　石爱中副审计长出席在国务院召开的南水北调工程建设委员会第四次协调会。

12 月 1 日晚　石爱中副审计长在署机关召开会议，研究溪洛渡水电站联网审计有关事宜。投资司负责同志参加会议。

12 月 2 日上午　刘家义审计长列席国务院第 90 次常务会议。

12 月 3 日上午　刘家义审计长出席北京市审计局主办的“树立科学审计理念，促进首都经济社会发展”审计发展论坛，并作主题发言。

12 月 3 日下午　党组书记刘家义主持召开署党组会议，研究《关于援藏、援疆干部管理办法》《审计署关于严格公务接待管理的通知》《中共审计署机关党委关于学习褚志德同志先进事迹的通知》《审计署 2010 年外事工作计划》和有关人事事项等。党组成员董大胜、余效明和安国出席，石爱中副审计长，办公厅、境外司、国际司、人教司、机关党委、驻署监察局和服务局主要负责同志列席相关内容的研究。

12月3日下午　石爱中副审计长到中央纪委出席落实中央厉行节约工作专项调研动员会。

11月25日至12月4日　审计署在怀柔审计干部培训基地举办2009年财政审计业务培训班。其间，刘家义审计长就财政审计工作发表讲话；财政部王军副部长应邀作题为《关于积极财政政策若干问题的思考》的讲座，余效明副审计长主持讲座；董大胜副审计长作题为《深化财政审计的思考》的讲座，并对培训班作了小结。各省、自治区、直辖市和计划单列市、新疆生产建设兵团审计机关，署财政司、行事司、社保司，各特派办和各派出审计局共170人参加培训。

12月4日　中国企业全面风险管理高层论坛在北京举行。全国政协副主席、中国内部审计协会名誉会长李金华，石爱中副审计长分别作主题演讲；中国内部审计协会王道成会长、中国总会计师协会刘长琨会长分别致辞。

12月5日至7日上午　刘家义审计长出席中央经济工作会议。

12月7日下午　刘家义审计长主持召开会议，传达中央经济工作会议精神。董大胜、余效明、石爱中副审计长，安国纪检组长，署机关各单位、各派出审计局主要负责同志参加会议。

12月8日上午　党组书记刘家义主持召开署党组扩大会议，研究2010年审计工作思路及项目计划。党组成员董大胜、余效明和安国出席，石爱中副审计长，办公厅、法规司、各业务司、人教司、机关党委、驻署监察局、计算中心、科研所和培训中心主要负责同志参加会议。

12月9日上午　刘家义审计长列席国务院第91次常务会议。

12月9日下午　刘家义审计长主持召开审计业务会议，研究中国南方航空集团公司等10户企业领导人经济责任审计报告。董大胜、余效明、石爱中副审计长和安国纪检组长出席，办公厅、法规司、企业司、经责司和各特派办负责同志及相关人员参加会议。

12月10日上午　刘家义审计长主持召开座谈会，专题听取各特派办对署党组及其本人的意见和建议。各特派办负责同志参加座谈。

12月11日下午　刘家义审计长主持召开署特约审计员座谈会，听取特约审计员对当前审计工作，以及加强、完善特约审计员工作的意见和建议。余效明副审计长介绍了审计署2009年工作情况及2010年审计工作初步打算，办公厅主要负责同志介绍了特约审计员赴四川对汶川地震灾后恢复重建跟踪审计进行督导后提出意见和建议的办理情况。署特约审计员，法规司、各业务司、人教司、机关党委、驻署监察局和服务局负责同志参加座谈会。

12月11日下午和12日上午　令狐安副审计长在京西宾馆出席了全国组织部长会议。署人教司主要负责同志参加会议。

12月13日上午　令狐安副审计长在京西宾馆出席了贯彻落实深化干部人事制度改革规划纲要座谈会。署人教司主要负责同志参加会议。

12月14日上午　刘家义审计长列席国务院第92次常务会议。

12月9日至16日　按照中央纪委的统一安排，石爱中副审计长到山东省就贯彻中央厉行节约要求工作进展情况进行专题调研。

12月17日　石爱中副审计长到南京审计学院出席审计机关信息系统审计案例交流研讨会。署人教司、计算中心、培训中心和南京审计学院负责同志参加研讨会。

12月18日上午　党组书记刘家义主持召开署党组会议，研究《审计署党组2009年工作情况的报告》《在全国审计工作会议上的讲话》《关于2010年对地方审计工作的指导意见》《特派办综合考核评价办法（试行）》、2008年度全国优秀审计项目、2008年度署机关和派出局公务员奖励、2009年度派出局考核结果和有关人事问题等。党组成员董大胜、余效明和安国出席，石爱中副审计长，办公厅、法规司、各业务司、人教司、机关党委、驻署监察局、服务局和计算中心主要负责同志列席相关内容的研究。

12月18日上午　刘家义审计长主持召开审计长会议，听取关于审计署2010年会议计划及预算安排情况汇报，研究关于举办2010年署机关新春团拜会有关事项。董大胜、余效明、石爱中副审计长和安国纪检组长出席，办公厅、服务局和计算中心主要负责同志及有关人员列席相关内容的研究。

12月18日上午　刘家义审计长主持召开审计业务会议，研究《2010年上半年汶川地震灾后恢复重建跟踪审计计划》，董大胜、余效明、石爱中副审计长和安国纪检组长出席，办公厅、法规司和投资司主要负责同志列席会议。

12月16日上午、17日下午和18日下午 刘家义审计长在署机关先后主持召开派出审计局局长、直属事业单位主要负责同志和署机关各单位主要负责同志3个座谈会，专题听取各单位对署党组及其本人的意见和建议。

12月18日下午 董大胜副审计长在京出席全国政法工作电视电话会议。

12月22日上午 令狐安副审计长在全国政协礼堂出席"毛泽东同志诞辰116周年"纪念大会。

12月22日上午 余效明副审计长在广州特派办召集全办干部职工大会，宣布该办主要负责同志任免交接事宜。署人教司负责同志主持会议。

12月22日上午 石爱中副审计长和安国纪检组长到中央纪委出席工程建设领域突出问题专项治理工作汇报会。署投资司主要负责同志参加会议。

12月23日上午 令狐安副审计长到中国审计报社召开座谈会，听取报社领导班子关于2009年工作总结及2010年工作设想的汇报，并与报社中层以上管理人员进行座谈。

12月23日 董大胜副审计长在京出席行事司召开的交通运输部和发改委2009年度预算执行"上下联动"审计工作会议并讲话。

12月23日上午 余效明副审计长在署机关召集会议，协调布置全国审计工作会议前期筹备相关事宜。办公厅、法规司、人教司、服务局和计算中心负责同志参加会议。

12月23日下午 董大胜副审计长在署机关主持召开会议，就有关省部长经济责任审计事宜进行研究。法规司、财政司、经责司、重庆特派办、发展统计局、农林水利局、贸易审计局、经济执法局和旅游侨务局有关人员参加会议。

12月24日上午 董大胜副审计长在京出席国务院新闻办召开的中央扩大内需促进经济增长政策落实检查工作新闻发布会，介绍了审计机关围绕中央扩大内需保持经济平稳较快发展这一主线开展审计调查工作有关情况，并回答相关媒体的提问。

12月24日上午 余效明副审计长在署机关与中国石油化工集团公司李春光副总经理进行工作会谈。署企业司负责同志参加会谈。

12月24日下午 董大胜副审计长出席署财政司领导班子民主生活会。

12月24日下午 余效明副审计长主持召开署机关住房配售委员会会议，审议署机关2009年经济适用住房配售工作总结，研究职工租住房等问题。

12月25日上午 温家宝总理在国务院听取关于审计工作情况的汇报，并对审计工作作了重要指示。刘家义审计长，令狐安、董大胜、余效明、石爱中副审计长和安国纪检组长，办公厅主要负责同志参加汇报。

12月25日下午 令狐安副审计长出席署金融司年终工作总结会。

12月27日上午 署领导班子和领导干部述职述廉与测评会在署机关召开。刘家义审计长代表署党组总结工作，并进行个人述职述廉，令狐安、董大胜、余效明副审计长和安国纪检组长先后述职述廉。下午，参会人员对署领导述职述廉情况进行民主评议。中央纪委、中央组织部和中央国家机关工委派员到会指导。署机关各单位、各特派办、各派出局主要负责同志，以及署机关各单位和各派出局党员代表参加会议。

12月27日上午 石爱中副审计长在京出席中央农村工作会议。

12月27日下午 党组书记刘家义主持召开署党组民主生活会，党组副书记令狐安，党组成员董大胜、余效明、安国，石爱中副审计长，办公厅、人教司、机关党委、驻署监察局主要负责同志参加会议。中央纪委、中央组织部和中央国家机关工委派员到会指导。

12月28日至29日 全国审计工作会议暨全国审计系统先进集体和先进工作者表彰大会在京召开。28日下午，中共中央政治局常委、国务院总理温家宝到会看望全体与会代表并作重要讲话，国务委员兼国务院秘书长马凯一同到会，并与全体代表合影留念。28日上午的会议上，令狐安副审计长传达了温家宝总理在25日听取审计署工作汇报时所作的重要指示，刘家义审计长作审计工作报告，董大胜副审计长主持会议。会议表彰了全国审计系统先进集体和先进工作者，为2008年度全国优秀审计项目颁奖。余效明、石爱中副审计长，安国纪检组长，解放军审计署李清和审计长出席会议。各省、自治区、直辖市、计划单列市、新疆生产建设兵团和副省级省会城市审计厅（局）、南京审计学院、署机关各单位、各特派办和各派出局主要负责同志，署部分特约审计员和中央有关受邀单位代表，全国审计系统先进集体和先进工作者代表370余人参加会议。

12月30日上午 刘家义审计长出席中国审计学会第六届会员代表大会暨六届一次理事（扩大）会议并作讲话。石爱中副审计长出席会议。

12月30日上午 令狐安副审计长作为中国投资有限公司外部监事出席该公司监事会2009年度第二次会议。

12月31日 石爱中副审计长出席审计专网总体监控系统开通仪式。计算中心和信息办主要负责同志参加开通仪式。

8月至12月底 孙宝厚总审计师受中央组织部和审计署派遣赴美国哈佛大学肯尼迪政府学院学习。

审计工作统计

2009年全国审计机关分行业审计(调查)情况表

金额单位:万元

指标 / 分类	审计(调查)单位(个)	审计(调查)查出主要问题情况：违规金额	审计(调查)查出主要问题情况：损失浪费金额	审计(调查)查出主要问题情况：管理不规范金额	审计发现侵害人民群众利益	审计决定处理处罚：应上交财政：小计	审计决定处理处罚：应上交财政：其中：税金	审计决定处理处罚：应上交财政：其中：罚没	审计决定处理处罚：应减少财政拨款或补贴	审计决定处理处罚：应归还原渠道资金	审计决定处理处罚：应调账处理金额	移送处理：司法机关：案件(件)	移送处理：司法机关：涉案人员(人)	移送处理：司法机关：涉案金额	移送处理：纪检监察部门：事项(件)	移送处理：纪检监察部门：涉及人员(人)	移送处理：纪检监察部门：涉及金额	移送处理：有关部门：事项(件)	移送处理：有关部门：涉及人员(人)	移送处理：有关部门：涉及金额
甲	1	2	3	4	5	6	7	8	9	10	11	12	13	14	15	16	17	18	19	20
合计	139868	32286341	2286940	372339604	521507	7199892	1285129	139441	795858	4886907	15331663	398	544	621245	1058	1295	318102	1116	666	7216575
审计小计	123549	29322037	1543251	196398916	371690	7199892	1285129	139441	795858	4886907	15331663	360	481	604509	985	1156	247735	1003	468	7077343
审计调查小计	16319	2964304	743689	175940688	149817							38	63	16736	73	139	70367	113	198	139232
一、预算执行	17441	10634674	199963	143209834	91024	3101464	711485	43281	30398	2004598	6902832	43	49	58938	226	291	19074	182	48	95873
审计	15865	10217079	195339	102727293	90958	3101464	711485	43281	30398	2004598	6902832	43	49	58938	225	290	19057	163	48	90354
审计调查	1576	417595	4624	40482541	66										1	1	17	19		5519
二、财政决算	5186	3610759	157841	78914664	2568	1376770	78010	16799	8213	587404	1040340	6	5	277	76	60	5538	87	15	186517
审计	4970	3590147	71708	14146344	2568	1376770	78010	16799	8213	587404	1040340	6	5	277	74	60	3811	87	15	186517
审计调查	216	20612	86133	64768320											2		1727			
三、专项资金	23858	5023069	355178	54983288	160104	1267679	9789	7473	21858	880801	884849	62	87	10349	160	256	20353	124	175	66836

（续 表）

指标／分类	审计（调查）单位（个）	审计（调查）查出主要问题情况			审计发现侵害人民群众利益	审计（调查）处理情况														
						审计决定处理处罚						移送处理								
						应上交财政			应减少财政拨款或补贴	应归还原渠道资金	应调账处理金额	司法机关			纪检监察部门			有关部门		
		违规金额	损失浪费金额	管理不规范金额		小计	其中：税金	其中：罚没				案件（件）	涉案人员（人）	涉案金额	事项（件）	涉及人员（人）	涉及金额	事项（件）	涉及人员（人）	涉及金额
甲	1	2	3	4	5	6	7	8	9	10	11	12	13	14	15	16	17	18	19	20
审计	14544	3319967	104764	13897683	46073	1267679	9789	7473	21858	880801	884849	44	49	3555	113	144	9561	91	119	65178
审计调查	9314	1703102	250414	41085603	114031							18	38	6794	47	112	10792	33	56	1658
四、行政事业	50165	5844542	181480	22564795	137027	823251	92387	49271	16840	619188	2771884	180	238	15818	457	538	79233	323	176	50618
审计	47501	5714082	172189	21048367	119952	823251	92387	49271	16840	619188	2771884	178	237	15806	451	530	79072	318	165	50421
审计调查	2664	130460	9291	1516428	17075							2	1	12	6	8	161	5	11	197
五、固定资产投资	36783	2599393	227449	23614808	76372	65000	25234	12497	716858	326946	730893	28	48	243291	45	58	57760	166	20	254463
审计	35555	2559281	101268	11961617	61987	65000	25234	12497	716858	326946	730893	18	40	241492	38	50	12050	144	14	250784
审计调查	1228	40112	126181	11653191	14385							10	8	1799	7	8	45710	22	6	3679
六、金融	424	1395469	129067	22548496		23043	21507	413		105356	463392	26	36	214055	8	4	26434	99	158	6266439
审计	294	1319163	128581	11861528		23043	21507	413		105356	463392	24	33	209011	8	4	26434	74	37	6251639
审计调查	130	76306	486	10686969								2	3	5044				25	121	14800
七、外资运用项目	1184	211814	10629	1160528		10636	965	9		41437	25222	1	2	1489	1		412	11	1	28003
审计	1016	183755	5738	1038822		10636	965	9		41437	25222		1	120	1		412	11	1	28003
审计调查	168	28059	4891	121706								1	1	1369						
八、企业	4746	2966621	1025333	25342051	54412	532021	345752	9690	1691	321177	2512230	52	79	77028	82	84	109027	121	73	168706
审计	3778	2418563	763664	19716121	50152	532021	345752	9690	1691	321177	2512230	47	67	75310	72	74	97067	115	69	154447
审计调查	968	548058	261669	5625930	4260							5	12	1718	10	10	11960	6	4	14259
九、其他	81			1145		28		8			21				3	4	271	3	.	99120
审计	26			1145		28		8			21				3	4	271			
审计调查	55																	3		99120

（续 表）

指标 分类	审计（调查）处理结果落实情况												出具审计报告和报送审计调查报告（篇）	审计提出建议（条）	被采纳的审计建议（条）	审计后挽回（避免）损失
	已上交财政			已减少财政拨款或补贴	已归还原渠道资金	已调账处理金额	移送处理落实情况									
							司法机关		纪检监察部门		有关部门					
	小计	其中：税金	其中：罚没				已立案（件）	已追究刑事责任（人）	已处理（件）	已给予党政纪处分（人）	已处理（件）	已处理人员（人）				
甲	1	2	3	4	5	6	7	8	9	10	11	12	13	14	15	16
合计	4751132	971719	105904	760818	2522025	10033136	211	265	447	7751886	364	153	135105	227775	154654	1640070
审计小计	4266393	962498	105579	727430	2316256	9946014	192	232	420	7751827	330	125	123206	205876	141850	1560778
审计调查小计	484739	9221	325	33388	205769	87122	19	33	27	59	34	28	12023	21899	12804	79294
一、预算执行	2321970	588082	31827	16863	1030934	5282229	19	23	72	76	74	31	16526	35155	23244	62532
审计	2191602	586063	31815	16863	997311	5240925	18	22	72	76	58	31	15521	33632	22371	52005
审计调查	130368	2019	12		33623	41304	1	1			16		1005	1523	873	10527
二、财政决算	1086775	44441	16451	6549	290454	598067	8	14	24	22	33	10	4971	11240	7581	39044
审计	1086754	44432	16440	4421	287916	597460	8	14	24	22	33	10	4815	11032	7458	39031
审计调查	21	9	11	2128	2538	607							156	208	123	13
三、专项资金	472383	12040	5658	21500	381237	227127	41	42	83	124	42	42	21581	41516	26581	229374
审计	130297	6032	5464	19444	232117	193097	32	34	63	83	30	23	14026	26267	17695	194802
审计调查	342086	6008	194	2056	149120	34030	9	8	20	41	12	19	7555	15249	8886	34572
四、行政事业	447180	64865	34734	10068	332873	1411670	91	115	228	7751600	126	46	50115	88177	60474	36716
审计	438906	64832	34705	9838	332567	1410875	88	110	225	7751599	125	43	48277	86140	59152	36411
审计调查	8274	33	29	230	306	795	3	5	3	1	1	3	1838	2037	1322	305
五、固定资产投资	44669	13439	8355	667152	174990	559214	15	41	17	36	43	14	36300	39787	29254	1194875
审计	44619	13429	8343	663541	162551	549113	12	23	14	19	39	8	35683	38645	28574	1180936

（续 表）

指标 / 分类	审计(调查)处理结果落实情况												出具审计报告和报送审计调查报告(篇)	审计提出建议(条)	被采纳的审计建议(条)	审计后挽回(避免)损失
	已上交财政			已减少财政拨款或补贴	已归还原渠道资金	已调账处理金额	移送处理落实情况									
							司法机关		纪检监察部门		有关部门					
	小计	其中：税金	其中：罚没				已立案(件)	已追究刑事责任(人)	已处理(件)	已给予党政纪处分(人)	已处理(件)	已处理人员(人)				
甲	1	2	3	4	5	6	7	8	9	10	11	12	13	14	15	16
审计调查	50	10	12	3611	12439	10101	3	18	3	17	4	6	619	1142	680	13941
六、金融	17047	15504	433		60125	168673	10	9	1	3	8		410	1379	819	26956
审计	17047	15504	433		52676	168673	9	9	1	3	8		292	1072	656	9956
审计调查					7449		1						118	307	163	17000
七、外资运用项目	47	27	9		27631	25449	1	1			1		1012	1125	864	160
审计	47	27	9		27631	25449					1		885	928	756	120
审计调查							1	1					127	197	108	40
八、企业	361028	233321	8428	38686	223781	1760707	26	20	20	22	37	10	4269	9380	5836	50413
审计	357088	232179	8361	13323	223487	1760422	25	20	19	22	36	10	3669	8145	5187	47517
审计调查	3940	1142	67	25363	294	285	1		1		1		600	1234	649	2896
九、其他	33		9						2	3			43	16	1	
审计	33		9						2	3			38	14	1	
审计调查													5	2		

2009 年审计署业务司审计(调查)情况统计表

金额单位:万元

指标 / 分类	审计(调查)单位(个)	审计(调查)查出主要问题情况			审计发现侵害人民群众利益	审计(调查)处理情况														
						审计决定处理处罚						移送处理								
						应上交财政			应减少财政拨款或补贴	应归还原渠道资金	应调账处理金额	司法机关			纪检监察部门			有关部门		
		违规金额	损失浪费金额	管理不规范金额		小计	其中:税金	其中:罚没				案件(件)	涉案人员(人)	涉案金额	事项(件)	涉及人员(人)	涉及金额	事项(件)	涉及人员(人)	涉及金额
甲	1	2	3	4	5	6	7	8	9	10	11	12	13	14	15	16	17	18	19	20
合计	251	38537	851	50964983							2671600									
财政审计司	1	885		50932733							2671600									
金融审计司																				
行政事业审计司																				
企业审计司																				
农业与资源环保审计司																				
社会保障审计司																				
固定资产投资审计司																				
外资运用审计司																				
经济责任审计司																				
境外审计司																				
外资审计中心	250	37652	851	32250																

（续 表）

指标 / 分类	审计（调查）处理结果落实情况												出具审计报告和报送审计调查报告（篇）	审计提出建议（条）	被采纳的审计建议（条）	审计后挽回（避免）损失
	已上交财政			已减少财政拨款或补贴	已归还原渠道资金	已调账处理金额	移送处理落实情况									
							司法机关		纪检监察部门		有关部门					
	小计	其中：税金	其中：罚没				已立案（件）	已追究刑事责任（人）	已处理（件）	已给予党政纪处分（人）	已处理（件）	已处理人员（人）				
甲	1	2	3	4	5	6	7	8	9	10	11	12	13	14	15	16
合计						2671600							323	133	133	
财政审计司						2671600							1	4	4	
金融审计司																
行政事业审计司																
企业审计司																
农业与资源环保审计司																
社会保障审计司																
固定资产投资审计司																
外资运用审计司																
经济责任审计司																
境外审计司																
外资审计中心													322	129	129	

2009 年审计署派出审计局审计(调查)情况统计表

金额单位:万元

指标 分类	审计(调查)单位(个)	审计(调查)查出主要问题情况			审计发现侵害人民群众利益	审计(调查)处理情况														
						审计决定处理处罚						移送处理								
						应上交财政			应减少财政拨款或补贴	应归还原渠道资金	应调账处理金额	司法机关			纪检监察部门			有关部门		
		违规金额	损失浪费金额	管理不规范金额		小计	其中:税金	其中:罚没				案件(件)	涉案人员(人)	涉案金额	事项(件)	涉及人员(人)	涉及金额	事项(件)	涉及人员(人)	涉及金额
甲	1	2	3	4	5	6	7	8	9	10	11	12	13	14	15	16	17	18	19	20
合计	108	364692	16588	8698295	844	28785	142		4582	27648	168955	8	12	3938	13	27	3048	6	2	715
外交外事审计局	5	6115	11359	238663		143					5169									
发展统计审计局	5	4716		1144018						4455	62				2	2	136			
教育审计局	5	2993		1147531		726				2267								1		
科学技术审计局	4	19305	534	343552		17401				988	956									
工业审计局	4	587		122767						552	3485							1		
民族宗教审计局	5	779		17929						4165	2444									
政法审计局	3			358928							421									
监察人事审计局	2	2618		43359						181										
民政社保审计局	9	18007		15231	844										1		30			
财税海关审计局	4	1508	3497	126473		1351				116	7272	2	5	2666	1	3	31			
资源环保审计局	4	16145		378602		3230				2169	5218	2	3	553	5	7	1451	2		687
建设审计局	4	922		26778						40	270									
交通运输审计局	4	124192		3547125		12					20	2	2	45						
新闻报刊审计局	3	10229		8292						43	330									
农林水利审计局	4	25618		215925		1089				4094		1	1	228	1	1	1060			

（续 表）

指标 / 分类	审计（调查）单位（个）	审计（调查）查出主要问题情况			审计发现侵害人民群众利益	审计（调查）处理情况														
						审计决定处理处罚						移送处理								
						应上交财政			应减少财政拨款或补贴	应归还原渠道资金	应调账处理金额	司法机关			纪检监察部门			有关部门		
		违规金额	损失浪费金额	管理不规范金额		小计	其中：税金	其中：罚没				案件（件）	涉案人员（人）	涉案金额	事项（件）	涉及人员（人）	涉及金额	事项（件）	涉及人员（人）	涉及金额
甲	1	2	3	4	5	6	7	8	9	10	11	12	13	14	15	16	17	18	19	20
贸易审计局	5	5540		135748		142	142			360										
文化体育审计局	3	385		45363						1189	3511									
卫生药品审计局	4	5880		29765		144				2682	649									
国资监管审计局	4	2885		78776		2320				566	1323				2	13				
经济执法审计局	4	14953	1198	177034		1262			4582	17	31108	1	1	446				1		
广电通讯审计局	4	85438		207498		101					94159									
旅游侨务审计局	3	5218		1816							929									
科学工程审计局	4	7855		260530						3153	11128									
地震气象审计局	10	39		8309																
宣传审计局	3	6350		18283		864				611	501				1	1	340	1	2	28

（续 表）

指标 / 分类	审计（调查）处理结果落实情况												出具审计报告和报送审计调查报告（篇）	审计提出建议（条）	被采纳的审计建议（条）	审计后挽回（避免）损失
	已上交财政			已减少财政拨款或补贴	已归还原渠道资金	已调账处理金额	移送处理落实情况									
							司法机关		纪检监察部门		有关部门					
	小计	其中：税金	罚没				已立案（件）	已追究刑事责任（人）	已处理（件）	已给予党政纪处分（人）	已处理（件）	已处理人员（人）				
甲	1	2	3	4	5	6	7	8	9	10	11	12	13	14	15	16
合计	128578	142		749	32387	47938	1		4	3	2		123	259	154	224
外交外事审计局	22					3469							6	15	6	224
发展统计审计局					1611	50			1				6	13	13	
教育审计局													4	10	2	
科学技术审计局					32								5	26	26	
工业审计局					552	3485							8	6	6	
民族宗教审计局					1287	2444							5	13	9	
政法审计局						421							3	5	5	
监察人事审计局													3	16	13	
民政社保审计局													9	10	4	
财税海关审计局					116	5774							5	10	7	
资源环保审计局	3230				2169	5218			2	3			5	10	10	
建设审计局													4	8		
交通运输审计局	124192				21989	658							4	7	7	

（续 表）

分类 \ 指标	审计（调查）处理结果落实情况												出具审计报告和报送审计调查报告(篇)	审计提出建议(条)	被采纳的审计建议（条）	审计后挽回(避免)损失
	已上交财政			已减少财政拨款或补贴	已归还原渠道资金	已调账处理金额	移送处理落实情况									
	小计	其中：税金	其中：罚没				司法机关：已立案（件）	司法机关：已追究刑事责任(人)	纪检监察部门：已处理（件）	纪检监察部门：已给予党政纪处分(人)	有关部门：已处理（件）	有关部门：已处理人员（人）				
甲	1	2	3	4	5	6	7	8	9	10	11	12	13	14	15	16
新闻报刊审计局													4	9	3	
农林水利审计局	628				4082		1		1				5	11	9	
贸易审计局	142	142			360						1		9	12	3	
文化体育审计局					166	2576							10	8	8	
卫生药品审计局					17								2	8	5	
国资监管审计局													4	12		
经济执法审计局	254			749		5270							4	6	6	
广电通信审计局	101					17644							5	15		
旅游侨务审计局						929					1		4	11		
科学工程审计局													5	6		
地震气象审计局														7	7	
宣传审计局	9				6								4	5	5	

2009 年驻地方特派办审计(调查)情况统计表

金额单位:万元

指标 / 分类	审计(调查)单位(个)	审计(调查)查出主要问题情况			审计发现侵害人民群众利益	审计(调查)处理情况														
						审计决定处理处罚						移送处理								
		违规金额	损失浪费金额	管理不规范金额		应上交财政			应减少财政拨款或补贴	应归还原渠道资金	应调账处理金额	司法机关			纪检监察部门			有关部门		
						小计	其中:税金	其中:罚没				案件(件)	涉案人员(人)	涉案金额	事项(件)	涉及人员(人)	涉及金额	事项(件)	涉及人员(人)	涉及金额
甲	1	2	3	4	5	6	7	8	9	10	11	12	13	14	15	16	17	18	19	20
合计	368	3286045	995342	178369518	161017	42064	40806	40		82136	348108	25	48	209173	24	60	109539	41	14	5914654
京津冀特派员办事处	16	80754	8788	4663122		7285	7285			640	980	2	3	550	7	25	5947	2		20296
太原特派员办事处	22	660506	8923	7118427		344												1		179
沈阳特派员办事处	22	460358	1	4742698	3011					6	6504	1		467				3		333956
哈尔滨特派员办事处	14	1167	93396	7041716	79983						1167	1	6	678				1		277055
上海特派员办事处	18	12046	9848	4469761								1	2	4500	1	2	900	1	3	11362
南京特派员办事处	14	40046	58604	4031309						665	17533									
济南特派员办事处	19	12005	251950	21643807	31842					12005	12478							2		799676
郑州特派员办事处	19	614874	36178	15289445		7152	7127	25		21862	204699	2	3	7922	2	5	3088	6	2	212751
武汉特派员办事处	28	40657	34627	5411316	8	7				30621	72631	8	18	78504	3	15	27337	2	2	10340
长沙特派员办事处	11		103	10092832						465		1	1	43						
广州特派员办事处	29	798958	21563	6890339		26224	26224					1	1	660						
深圳特派员办事处	28	31432	3474	11164892						10768	5013				1		420	2	1	250800
成都特派员办事处	15	700	1796	7745471											1	2	148	1		235303
昆明特派员办事处	28	105490	115818	9720706	12723	588				108	5740				2	4	246	2		98213
西安特派员办事处	21	15059	27477	9427545	3675						14664							6		399053
兰州特派员办事处	15	301252	1916	10179676	873						280	1		8	2		1400	6		154537
长春特派员办事处	20	33984	44974	34718969	14092	464	170	15		4996	1729	4	7	4742	5	7	70053	3	6	131133
重庆特派员办事处	29	76757	275906	4017487	14810						4690	3	7	111099				3		2980000

（续 表）

指标 分类	审计（调查）处理结果落实情况												出具审计报告和报送审计调查报告(篇)	审计提出建议(条)	被采纳的审计建议(条)	审计后挽回(避免)损失
	已上交财政			已减少财政拨款或补贴	已归还原渠道资金	已调账处理金额	移送处理落实情况									
							司法机关		纪检监察部门		有关部门					
	小计	其中：税金	其中：罚没				已立案(件)	已追究刑事责任(人)	已处理(件)	已给予党政纪处分(人)	已处理(件)	已处理人员(人)				
甲	1	2	3	4	5	6	7	8	9	10	11	12	13	14	15	16
合计	346333	11653	25	12760	226187	108265	5	5	4	9	5	9	342	1324	742	68261
京津冀特派员办事处	4816	4816			774	980							17	54	54	
太原特派员办事处	333861				999								18	69	62	991
沈阳特派员办事处					121895	2838							32	80	80	
哈尔滨特派员办事处							1	5					13	58	14	111
上海特派员办事处							1						17	78	22	
南京特派员办事处				1450	2111								11	48	17	1216
济南特派员办事处	263	57		11310	1164	12478							19	71	58	9316
郑州特派员办事处	6805	6780	25		6260	2667	1						8	37	16	
武汉特派员办事处					39422	69026			2	3	1	2	26	120	53	17959
长沙特派员办事处													11	44	41	18150
广州特派员办事处							1						22	99	27	
深圳特派员办事处						700							30	99	70	11260
成都特派员办事处					100								15	50	43	100
昆明特派员办事处	588				108	622							28	94	13	
西安特派员办事处						14125							19	70	63	
兰州特派员办事处					975				1	3			8	79	36	
长春特派员办事处					52057	139			1	3	1	5	19	79	24	
重庆特派员办事处					322	4690	1				3	2	29	95	49	9158

2009年地方审计机关审计(调查)情况统计表

金额单位:万元

分类 \ 指标	审计(调查)单位(个)	审计(调查)查出主要问题情况：违规金额	损失浪费金额	管理不规范金额	审计发现侵害人民群众利益	审计(调查)处理情况：审计决定处理处罚：应上交财政：小计	其中：税金	其中：罚没	应减少财政拨款或补贴	应归还原渠道资金	应调账处理金额	移送处理：司法机关：案件(件)	涉案人员(人)	涉案金额	纪检监察部门：事项(件)	涉及人员(人)	涉及金额	有关部门：事项(件)	涉及人员(人)	涉及金额
甲	1	2	3	4	5	6	7	8	9	10	11	12	13	14	15	16	17	18	19	20
合计	139141	28597067	1274159	134306808	359646	7129043	1244181	139401	791276	4777123	12143000	365	484	408134	1021	1208	205515	1069	650	1301206
北京市审计局	823	56453	28894	5940092		28338	14454	55	5307	891	27185							5		15208
天津市审计局	563	125688	1205	2974046		72220	6806	120	3	27326	21889									
河北省审计厅	3805	1294807	4431	1608279	493	294197	108375	8644	19529	138736	455321	4	4	157	14	19	1272	17	2	3735
山西省审计厅	4468	1912260	6838	3394599	21162	713003	76614	10498	15758	174753	222188	6	5	6621	190	207	5817	60	67	60654
内蒙古自治区审计厅	5641	1413154	4220	1441524	1358	108676	8637	8873	15466	161198	249555	8	7	96153	9	16	1661	8	2	1657
辽宁省审计厅	4277	528289	4781	2541586	727	107289	8817	3177	35035	81652	212543	6	8	2796	14	45	1953	43	154	24271
吉林省审计厅	3139	1662384	24304	1454162	201	263994	11190	10889	883	205820	321342	6	23	438	6	7	4058	25	14	24317
黑龙江省审计厅	5269	1514105	16477	2381889	2361	68735	30783	4219	5406	108909	231741	16	18	606	54	28	2595	29	8	18245
上海市审计局	864	250439	129560	10721624	9120	2011	114	204	79237	35825	241458	7	2	3016	6	1	18498	7	7	2230
江苏省审计厅	6924	1426885	84666	12565229	783	598320	133035	4753	189413	210843	1033527	15	22	12485	65	74	28185	109	15	86524
浙江省审计厅	4270	547231	127761	6184585	950	89204	42019	6478	31066	59299	251929	26	38	2394	32	61	7143	33	22	5128
安徽省审计厅	6593	501763	26089	2751941	5888	57012	5316	2628	14473	242133	331277	12	7	8828	16	13	2386	20	11	10247
福建省审计厅	3127	319315	33980	3047613	3225	59669	1611	1561	5380	22282	291003	18	21	182433	42	55	15163	51	17	28795
江西省审计厅	8706	620012	73346	2350672	4065	225420	129160	7071	5951	214256	108031	41	47	502	88	97	3737	60	43	9665
山东省审计厅	9139	3374802	123086	20107748	176692	1742078	207949	7785	157620	541954	1964950	24	30	9811	51	54	8921	85	23	348387
河南省审计厅	8499	2693315	103820	6644614	20714	523172	86631	11509	14373	285785	883446	13	17	6465	50	37	813	107	16	81516
湖北省审计厅	5003	1218052	61750	4029893	59120	173043	61188	8044	10183	347303	500984	13	37	3742	14	14	6598	12	35	805
湖南省审计厅	6123	1607507	86847	5032333	1707	74019	25385	8028	6680	177736	644130	13	19	8420	36	57	5935	8	9	3535

（续 表）

指标 / 分类	审计（调查）单位（个）	审计（调查）查出主要问题情况：违规金额	审计（调查）查出主要问题情况：损失浪费金额	审计（调查）查出主要问题情况：管理不规范金额	审计发现侵害人民群众利益	审计（调查）处理情况：审计决定处理处罚：应上交财政：小计	应上交财政其中：税金	应上交财政其中：罚没	应减少财政拨款或补贴	应归还原渠道资金	应调账处理金额	移送处理：司法机关：案件（件）	司法机关：涉案人员（人）	司法机关：涉案金额	纪检监察部门：事项（件）	纪检监察部门：涉及人员（人）	纪检监察部门：涉及金额	有关部门：事项（件）	有关部门：涉及人员（人）	有关部门：涉及金额
甲	1	2	3	4	5	6	7	8	9	10	11	12	13	14	15	16	17	18	19	20
广东省审计厅	6089	375734	57542	11281390	6515	178739	53669	1310	3005	127510	599218	2	2	84	39	50	26052	29	10	24967
广西壮族自治区审计厅	3846	557557	62038	2897912	1341	75871	9563	2389	13675	59371	518591	8	16	2199	8	9	582	8	26	252068
海南省审计厅	696	38783	1640	1369180	13	17629	3000	31	12406	1868	96741	7	11	3153	6	31	1743	1		650
重庆市审计局	2245	1242851	74515	5252676	1071	654559	79196	5664	80268	340754	580916	17	25	43479	68	91	8594	90	45	25541
四川省审计厅	9193	536820	3607	5081421	998	276906	21937	9211	38858	475772	526777	9	16	1634	61	94	20632	76	81	155429
贵州省审计厅	2674	149249	44733	1864711	211	50582	3358	638	9460	147381	264363	5	4	152	36	35	3103	15	15	596
云南省审计厅	7599	1171831	8240	1852927	36237	114559	50896	2364	13197	239773	450365	19	40	8911	44	32	4586	66	5	5273
西藏自治区审计厅	421	145976	313	31346		28541	3112	5041		17113	23824				5	5	91	6		216
陕西省审计厅	7531	1740547	31152	3747881	1414	245841	13681	4925	2881	130948	207211	1	1	12	16	22	2026	9	7	8159
甘肃省审计厅	5629	417037	29641	1812846	103	187640	4393	1227	4026	141365	404206				9	3	1405	31		1648
青海省审计厅	1328	34343	20	1163146	1167	7686	813	120	4	5338	20788	6	12	1957	3		461			
宁夏回族自治区审计厅	860	481178	1152	834524	35	16548	201	530	921	26769	116643	6	5	229	7	6	16584	18	3	81786
新疆维吾尔自治区审计厅	3003	556658	8435	1755899	1739	73261	42278	1223	812	25569	294251	55	44	1188	17	19	614	37	6	19729
新疆生产建设兵团审计局	794	82042	9076	188520	236	281		192	891		46607	2	3	269	15	26	4307	4	7	225
大连市审计局	485	29818	1558	440924		14245	45	313	26516	2201	14160	1	2	51	2	22	75	7	21	1939
深圳市审计局	1798	15080	30157	2619299		7687	2231	57		456	27694									
宁波市审计局	562	112438	16759	1176420		20463	20248	63	3712	25115	65929	1	1	3	2	3	30	1	2	22
青岛市审计局	1288	88609	11139	2101524		68456	3528	88	95865	13667	209806	2	1	263	5	6	807	23	2	12798
厦门市审计局	207	27660	28067	725161		7485	2	1	3	8461	46357	5	6	37146	12	5	2112	3	3	117

（续 表）

指标 / 分类	审计（调查）处理结果落实情况												出具审计报告和报送审计调查报告（篇）	审计提出建议（条）	被采纳的审计建议（条）	审计后挽回（避免）损失
	已上交财政			已减少财政拨款或补贴	已归还原渠道资金	已调账处理金额	移送处理落实情况									
							司法机关		纪检监察部门		有关部门					
	小计	其中：税金	其中：罚没				已立案（件）	已追究刑事责任（人）	已处理（件）	已给予党政纪处分（人）	已处理（件）	已处理人员（人）				
甲	1	2	3	4	5	6	7	8	9	10	11	12	13	14	15	16
合计	4276221	959924	105879	747309	2263451	7205333	205	260	439	7751874	357	144	134317	226059	153625	1571585
北京市审计局	18298	8307	42	4364	1609	28029					2		908	1347	847	11025
天津市审计局	62348	5035	105	6	27213	395631							566	785	396	330
河北省审计厅	214235	82533	7021	19371	97511	375336	1	1	7	12	1	1	3741	5957	4920	6219
山西省审计厅	384037	71924	5534	15543	125866	136617	2	1	47	35	10	6	4468	6164	2627	5038
内蒙古自治区审计厅	94212	7072	7916	14332	90702	123645	2		5	2	1	1	2994	3623	2445	12700
辽宁省审计厅	65186	9866	1955	6797	31067	103130	4	1	4	5	1	1	4156	5474	4218	47368
吉林省审计厅	37060	1964	2167	80	68101	123634	7	20	7	4	8	8	2088	3731	2361	4887
黑龙江省审计厅	38593	14094	3411	5374	26956	99387	13	8	19	10	8		3338	5269	3047	2017
上海市审计局	2650	34		76166	34837	122635					1	2	903	2481	1310	9
江苏省审计厅	507963	90925	1516	163933	54413	443684	13	17	34	48	47	10	6924	11945	9434	78186
浙江省审计厅	57896	19387	6376	28165	38676	107270	31	38	29	38	16	13	4702	9675	6301	60442
安徽省审计厅	13298	3159	2175	9778	149583	139482	6	5	6	2	7	2	6589	16251	11497	189745
福建省审计厅	42716	2570	1513	3580	14567	188370	8	30	10	36	24	9	2953	7081	3401	34377
江西省审计厅	227237	134545	6778	6238	180313	80569	27	28	58	50	25	13	8709	11709	8587	27053
山东省审计厅	956619	118623	5776	155135	206969	815347	16	14	26	18	21	10	11295	16368	11135	60872
河南省审计厅	215245	32815	10581	13504	134535	634829	6	7	24	23	43	7	8280	16478	12868	47315
湖北省审计厅	111188	29288	6572	5091	222146	335081	6	1	9	14	5	22	3992	9300	6281	124732
湖南省审计厅	38124	13610	7276	2758	111008	360921	6	9	23	28	2	2	6123	9757	6650	26325

（续 表）

分类 \ 指标	审计（调查）处理结果落实情况												出具审计报告和报送审计调查报告（篇）	审计提出建议（条）	被采纳的审计建议（条）	审计后挽回（避免）损失
	已上交财政			已减少财政拨款或补贴	已归还原渠道资金	已调账处理金额	移送处理落实情况									
							司法机关		纪检监察部门		有关部门					
	小计	其中：税金	罚没				已立案（件）	已追究刑事责任（人）	已处理（件）	已给予党政纪处分（人）	已处理（件）	已处理人员（人）				
甲	1	2	3	4	5	6	7	8	9	10	11	12	13	14	15	16
广东省审计厅	142452	41740	1027	6770	53019	282324	1	2	8	11	7	1	6914	10393	7573	115652
广西壮族自治区审计厅	32106	6721	1541	11476	27213	255274	5	3	4	6	1		2504	4136	1587	37180
海南省审计厅	23731	1045	28	11770	2423	209094	6	9	2	4	1		692	1066	382	33
重庆市审计局	458214	68941	5596	121551	233759	494867	13	28	33	44	27	3	2237	5379	4503	189530
四川省审计厅	173303	22956	9265	32918	83405	365917	7	11	27	41	19	10	9193	14582	9935	250007
贵州省审计厅	38920	3172	525	7335	113494	137478	4	2	9	7751395	7	5	2674	5213	3348	4370
云南省审计厅	167222	124366	1741	12754	65342	364351	15	8	20	10	54	6	7996	13770	10101	200004
西藏自治区审计厅	9027	3000	3881		3485	9082			3	3			175	468	258	370
陕西省审计厅	60245	2581	3017	7665	17689	116590			11	16	7	11	7531	10135	7015	3793
甘肃省审计厅	27299	2645	905	3266	23403	221163			1		4		5356	7069	4608	1610
青海省审计厅	4223	87	79	4	5065	11995	3	14					1431	1016	380	
宁夏回族自治区审计厅	5244	184	463	844	9006	22720	1	1			1		918	1481	743	805
新疆维吾尔自治区审计厅	47096	36735	952	741	9722	62053	1	1	6	4	7	1	3129	6172	3424	27387
新疆生产建设兵团审计局	234		145		354	38828	1	1	7	15			838	1784	1443	2204
大连市审计局	13090	42	168	2116	2156	13002			1				485	968	782	5350
深圳市审计局	3807	379				245							2518	1173	857	100898
宁波市审计局	22727	14614	63	2377	21372	2147	2	6	4	3	1	2	590	1443	953	3260
青岛市审计局	23495	3047	98	95797	6520	77095			3	2	6	1	1508	2386	1467	
厦门市审计局	6623	2	1		7906	45042			2	16	2	1	207	761	372	

附　　录

联合国审计

2009年是审计署履行联合国审计职责的第二个年头。在2008年下半年审计工作实现良好开局的基础上，总结经验、认真筹划，继续以促进联合国更加公开、透明和高效为目标，以把握总体、突出重点、严谨高效、耐心沟通为原则，揭示风险、客观评价、科学建议，积极倡导发挥外部审计的免疫系统作用，圆满完成了当年联合国审计工作，审计成果得到联合国有关单位的高度评价。

（一）2009年联合国审计工作的总体情况

根据联合国审计项目计划安排，2009年，审计署共派出38个审计组、近150人次实施联合国审计。审计工作涉及联合国维和行动、联合国儿童基金会、联合国大学、联合国训练研究所、前南斯拉夫问题国际法庭、国际犯罪（卢旺达）特别法庭、联合国气候变化框架公约秘书处、联合国防治沙漠化公约秘书处和联合国代管（伊拉克）账户等九个联合国机构和项目，审计地点涉及近30个国家和地区，投入工作量累计超过500人·周。

通过这些审计，共向联合国有关部门发出审计发现问题备忘录500多份，向联合国审计委员会提交管理意见书30份，审计报告2份。此外，还复核了联合国审计委员会其他两个委员的管理意见书30份，审计报告5篇。

联合国审计工作得到全国审计系统的大力支持，共有24个省、自治区、直辖市和计划单列市审计机关，13个特派员办事处，8个派出审计局，8个署机关业务司局和事业单位选派人员参加审计项目，此外，还有部分内审系统人员和高等院校的教师也参与了这项工作。

（二）开展联合国审计工作的主要举措

2009年的联合国审计工作，按照创新管理、深化培训、强化规范、服务大局的工作思路，重点抓好以下几个环节：

1. 创新管理模式。

（1）扁平化管理。联合国审计时间紧、压力大，审前无法实地调查、审后难以当面沟通，绝大多数问题和质量控制工作都需要在现场解决。针对这些特点，审计署实施扁平化管理，由联合国审计委员会委员工作领导小组办公室（以下简称联审办，目前由境外审计司履行联审办职责）负责联合国审计工作的组织、协调和管理。联审办领导、项目负责人、审计组长、主审和复核人员保持24小时随时联络，坚持做到所有审计工作底稿复核不超过24小时，发现问题立刻解决。

（2）逻辑化思路。审计署用“横纵结合”的“十要素分析法”来指导联合国审计工作，取得较好的效果。“横”的要素就是要求针对每一个问题，都要把握“是什么、为什么、怎么样和怎么办”四个环节；“纵”的要素就是要针对“为什么”，仔细分析问题是发生在目标环节、战略环节、政策环节、执行环节、转化环节还是监督环节，找准问题关键点，保证审计建议有的放矢。这一方法具有很强的可操作性，既提高了审计质量，也受到联合国外部审计师小组和联合国审计委员会的好评。

（3）集约化作业。考虑到审计人员都来自各个单位，为确保最有效地完成联合国审计项目，审计署要求审计人员在出发前5天到北京进行审前集中，熟悉审计工作方案，完善审计实施方案；完成现场审计后在北京集中一周，完成审计文书编写、审计资料移交等之后，回本单位工作。这种集约化作业模式大大提高了审前准备的效果和审计文书撰写、审计档案归集的效率。

（4）军事化效率。受签证限制，联合国审计现场工作的时间是一定的。审计署要求所有同志都按照进度落实到天、责任落实到人的方法进行管理，所有的工作都倒计时，明细规划、严格执行。在署计算机技术中心的大力支持下，建立联合国审计专用网站，开发加密的专用邮箱系统，实施基于互联网的审计管理，实现随时在线、随时指挥、及时反馈的工作模式，大大提高工作效率。

2. 深化业务培训。

（1）业务强化培训。根据联合国审计人员轮换较为频繁、审计人员缺乏相关经验的特点，审计署 2 月份举办了联合国审计业务强化培训班，将 2008 年底新选拔的审计人员分成维和行动审计组、联合国儿童基金会审计组和综合项目审计组，由骨干人员作为自有师资，进行重点突出、联系实际、强调实战演练的强化培训，收到较好的培训效果。

（2）应战式审计方案培训。在业务强化培训的基础上，3 月、7 月和 8 月审计组出发较为集中的月份，对相关审计人员进行应战式的审计工作方案的培训，通过案例式、研讨式、互动式等多种方式的培训与交流，引导全体审计人员经验共享、相互启发以达到良好的临战状态。

（3）网络培训。为了积极响应审计署加强网络培训工作的精神，及时总结工作、提炼经验，提高联合国审计培训的灵活性，联审办积极与审计干部培训中心协调，2009 年组织联合国审计业务骨干共录制网络培训课件 7 部，供联合国审计人员自学使用。

3. 重视规范化建设。

联合国审计是一项全新的任务，为了使流动的联合国审计人员尽快熟悉业务、确保质量，我署提出“兵马未动、规范先行”的工作思路，着力加强联合国审计工作规范化建设。截至 2009 年底，先后起草和发布制度规范近 20 个，形成了以《联合国审计工作规范》为主体、以相关业务规则为支撑、以相关行政管理制度为补充的规范化体系。规范的内容涉及审计质量控制、经费管理、支部建设、保密和后勤等各个方面。在此基础上，还利用 AO 联合国审计版对相关规则进行一固化。这些规范既是控制审计质量、严格规范管理的标杆，又是业务和行政培训的教材，为高效顺利完成审计任务发挥了积极作用。

4. 立足服务大局。

（1）强化对联合国审计经验的总结，立足服务审计工作大局。一是以联合国审计为平台，通过选拔、培训人员、组织参与实践，加强国际型审计人才的培养，目前，联合国审计已经成为审计系统培养干部、锻炼队伍、积累经验的平台；二是注重总结联合国审计经验做法，2009 年共有 4 个联合国审计方面的专家经验入选审计署计算机审计专家经验，其中 1 个获得优秀，另外有一个信息系统审计案例在审计署 2009 年度信息系统审计高级研讨班进行交流。

（2）强化对联合国情报的分析研究，立足服务国家外交工作大局。一是关注联合国全局和国家外交工作的大局，结合联合国审计实践，分析了“中国在联合国等国际组织中国际职员偏少、职位偏低”“中国在国际组织采购中份额不足”等重要情况，专题上报国务院后，得到国务院领导同志的高度重视，要求外交部牵头组织有关部门认真研究审计所提建议。二是及时总结联合国系统的先进管理经验或相关动态，形成审计信息，与有关部门共享。2009 年，搜集整理了欧盟通过提供附带条件的自愿捐款介入联合国事务、法国审计法院首次审计总统府、联合国有关单位高度评价审计署维和行动审计报告等情况，撰写信息上报办公厅，其中两篇审计简报和一篇信息转送函被采用。三是定期整理联合国系统及联审办组织联合国审计的相关情况，编发联合国审计动态 24 期，供署领导和参与联合国审计的同志参阅。

（三）2009 年联合国审计的主要成果

一年来的联合国审计实践证明，中国审计师完全有能力参与国际审计事务，有能力胜任联合国审计工作，有能力通过审计为联合国改革的顺利进行和千年目标的实现贡献力量。

1. 审计成果得到联合国相关部门的高度肯定。

2009 年初，审计署向联合国提交了第一份联合国审计报告——2007～2008 财年联合国维和行动审计报告。该报告围绕维和行动采购管理、资产管理以及人力资源管理等重点内容，集中反映了采购管理不规范、资产账实差异大、达尔富尔维和特派团部署工作不到位、人员空缺率居高不下等问题，提出了明确的改进建议。特别是对约占维和行动经费 1/3 的采购业务的审计，改变了以往这类审计避重就轻、回避矛盾的做法，揭示了相关实施单位违背公开、公平原则、未经市场调查就指定供应商、技术评标不规范导致采购失败造成浪费等问题。审计报告得到联合国有关各方的广泛关注和高度肯定，联合国行政及预算问题咨询委员会用十年来最长的篇幅和最高的评价，全面肯定审计工作，认为这份审计报告内容全面、质量很高，并大量引用审计发现问题来指出联合国行政当局的管理缺陷，并对当局全面尽快执行审计建议提出明确要求。

2. 中国审计师的高度敬业精神赢得了国际同行的尊重。

联合国审计，特别是联合国维和行动审计的工作现场基本上都是战乱频发、局势动荡、条件艰苦、环境恶劣的，但中国审计师凭着昂扬的斗志克服困难，靠严格的纪律团结队伍，将无限的热情投入事业，在此工作中表现出“志存高远、勇往直前、舍已忘我、为国争光、谨慎谦虚、追求卓越”的精神，成为审计人员一笔宝贵的精神财富。在战乱频发的达尔富尔、疾病肆虐的乍得、劫后重生的东帝汶、危机四伏的黎巴嫩、局势动荡的泰国、多国角力的日内瓦、遍地黄沙的西撒哈拉、冰天雪地的塔吉克斯坦，中国年轻的审计师们以专业扎实的审计技能、勤奋敬业的工作态度、严谨细致的工作作风、谦逊耐心的沟通技巧，赢得了被审计单位和国际审计同行的尊重。

3. 联合国审计工作组织管理方式得到国际审计界的赞赏。

面对联合国审计工作对审计人员英语水平、专业技能和审计组织管理模式等提出的诸多挑战，审计署通过深化业务培训、强化审计规范、创新管理方式等多种措施做了充分的前期准备。这一系列措施，促使能在短时间内高效组织人员、高质量开展联合国审计，得到联合国外部审计师小组的充分认可。4 月，应联合国外部审计师小组要求，审计署将这些经验总结汇编成册，提交给联合国审计委员会和外部审计师小组，供新参与国际机构审计的各国最高审计机关学习借鉴；应巴基斯坦审计署邀请，还派员赴巴介绍审计人员选拔培训和前期准备的工作经验。

（撰稿人：周　凝　梁　晶）

审计署机关庆祝新中国成立 60 周年爱国主义教育活动情况简介

2009 年，审计署围绕新中国成立 60 周年，积极开展庆祝活动和爱国主义教育活动，取得良好效果。

一是参加庆祝建国 60 周年群众游行和联欢活动。选派 17 位青年同志代表审计署参加首都国庆 60 周年群众游行和联欢活动。这些青年同志在近三个月的时间里，始终以高昂的斗志、饱满的热情和良好的精神面貌参加训练，战高温、斗酷暑，甚至是风餐露宿，圆满地完成了训练和游行任务，展现出审计人员的良好素质和过硬作风。“十一”前，召开了国庆庆典活动动员会。审计署组织的游行和联欢活动多次受到表扬，先后被评为首都和中央国家机关先进单位。

二是积极参与中华人民共和国成立 60 周年成就展。按照组委会的统一部署，成立了成就展筹备组，由董大胜副审计长任组长，办公厅、法规司、人教司、机关党委、国际司、培训中心、报社、出版社和计算机中心各指派一位司级领导作为筹备组成员。筹备组制订详实周密的工作方案。根据成就展的日程安排，按时完成成就展审计部分的备展资料征集、大纲起草、脚本撰写、解说词提供等工作内容。成就展展出后，署机关广大党员干部纷纷前往参观，审计部分的内容获得了较好反响。

三是组织爱国主义教育活动。开展参观爱国主义教育基地活动，20 多个党支部（总支）陆续组织近 400 名党员干部参观了西柏坡中共中央旧址、易县狼牙山五壮士纪念馆、红旗渠、周恩来邓颖超纪念馆、平津战役纪念馆、盘山烈士陵园、平北抗日战争纪念馆、顺义焦庄地道战遗址等爱国主义教育基地，并深入当地贫困地区开展扶贫助学等活动。在集中培训期间，协助组织参观了我军地空导弹部队和武警特技表演，开展现代国防教育。

四是开展多种形式的文化活动。组织了以“歌唱祖国歌颂党”为主题的歌咏活动，署领导、老领导和来自署机关各单位、各派出审计局的 16 支合唱团相继登台，演唱了《没有共产党就没有新中国》《歌唱祖国》等 30 首歌曲，以饱满的热情和动听的歌声向党的 88 周年生日献礼。承办了中央国家机关“共和国部长书画展”，并赴澳门展览。举办了署机关纪念新中国成立 60 周年书法摄影展。选派 40 多名干部职工参加了“中央国家机关干部职工庆祝新中国成立六十周年大型歌会”。

《中国财经审计法规选编》

《中国财经审计法规选编》 原名《中国财经审计法规公报》，中国时代经济出版社编辑、出版、发行。其内容主要收集选编国家和国务院及各主管部门、地方颁布的法律、条例、规定、规则、办法、通知、意见、方案、程序等，范围涵盖了综合性法律、会计、审计、财政、金融、税务、国有资产、银行、证券、保险、行政事业、计划、统计、经贸、固定资产投资、海关、电力、石油、邮电、煤炭、房地产、农业、林业、水利、资源环保、教育、科技、卫生以及其他相关内容。具有携带方便、适用广泛、分类合理、实效性强的特点，既是审计工作人员依法进行审计监督的依据，也是广大财会人员贯彻执行国家有关财经法规的准绳、企业经理依法经营管理的指南，同时还可以作为众多经济工作者、法律工作者及各大院校财经及相关专业师生了解、掌握、运用国家各级各类财经法规的工具书。

定价5.00元　　全年120.00元

《中国财经审计法规选编（光盘）》 光盘不仅收录了全年《中国财经审计法规选编》的全部内容，还收集了文字版限于篇幅未能载入的增补内容。相比较而言，光盘收录的内容更广泛，携带更方便，查阅更快捷。一张光盘让您总览全年重要法律、法规，可谓《中国财经审计法规选编》的有益补充。

定价：70元

地址：北京市丰台区玉林里25号楼

电话：010-88361317　传真：010-68320697

邮编：100069

中国石化审计工作成效显著

中国石油化工集团公司（以下简称中国石化）是国家设立的国有独资公司、国家授权投资的机构和国家控股公司，注册资本1820亿元，是目前国内最大的成品油和石化产品供应商、第二大油气生产商，世界第二大炼油公司、第四大乙烯生产商，加油站总数位居世界第二，在《财富》全球500强中2011年度中排名第5位。“十一五”期间，在公司、企业领导的高度重视和亲切关怀下，中国石化审计人认真履职、传承创新，公司内部审计事业得到了快速发展。

一是构建了新的审计管理体制。建立了“两个层次、双重管理、分层负责”，“上审下”与“同级审计”相结合，审计业务与审计管理适当分离的审计管理新体制，切实加强了总部审计力量，理顺了审计管理体制和工作机制，已形成了由总部审计局和北京、南京、广州、武汉4个审计分局、78户独立设置内审机构企业组成的、拥有1487名审计人员的内部审计队伍；

二是确立并牢固树立了具有中国石化特色的“四大”审计理念，即“大审计”理念、审计“免疫系统”功能理念、审计监督与服务并重理念、审计增加价值理念，为审计人员准确把握公司发展大局和审计发展规律、理清审计事业科学发展的目标和思路发挥了重要指导作用；

三是夯实并创新了审计管理基础和机制。加强了审计制度建设，探索形成了“围绕中心、服务大局、抓住重点、科学立项、统一方案、优化组织、适时指导、动态管理、分层负责、注重效果”的审计计划管理模式和办法，建立了以审计组长负责制为基础，以审计项目“三级”审理制度为核心，以审计质量考评和优秀审计项目评比办法为标准，以审理退回、通报和审计回访机制等为手段的审计项目质量控制体系。同时创新建立了审计业务“双重管理”的企业审计工作督导机制。

四是探索并初步规范了审计监督方法。初步确立了“以风险为导向、以内控为主线、抓重点”的审计方法，探索制定了经济责任审计和投资项目审计的标准化审计模板，并正在建立科学抽样审计方法的模型。

五是研究开发了先进的审计信息管理系统。组织研发了ERP环境下的辅助审计信息系统（AIS）和审计信息集成管理系统，基本形成了从审计计划制定下发、审计项目管理到审计成果利用的审计业务综合信息管理流程，审计监督和审计管理手段得到了有效提升。

“十一五”期间，中国石化审计部门共开展各类审计项目27588项，促进增收节支112.82亿元，提出审计意见和建议并被采纳22833条。在今年召开的全国内部审计“双先”表彰大会上，中国石化有9个审计部门、7位同志分别荣获全国内部审计先进集体和全国内部审计先进工作者荣誉称号。

南京审计学院审计文化与教育博物馆

审计文化与教育博物馆是一座兼有教学、科研、社会服务以及文化创新与传承功能的高校博物馆。全馆由南京审计学院审计文化与教育研究院设计，上海美术规划设计院施工建设，占地面积1400平方米，分为两大展区，六大部分，即世界审计经纬、中国古代审计、中国近代审计、中国当代审计、中外审计高等教育概况和审计高等教育在南审六部分内容。

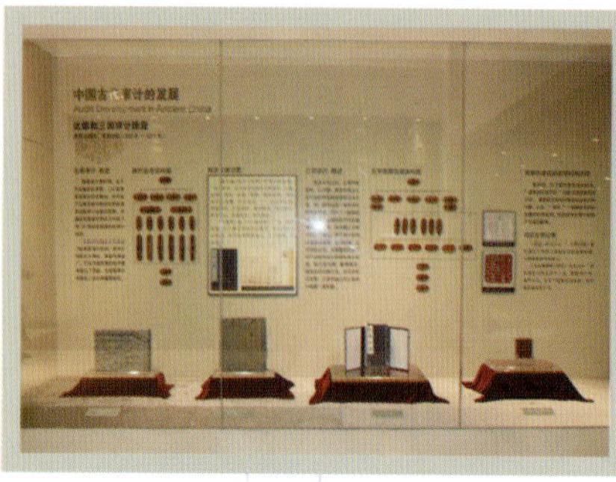